lonely planet

England

W0057746

Newcastle & Nordostengland
S. 652

Lake District & Cumbria
S. 611

Yorkshire
S. 514

Manchester, Liverpool & Nordwestengland
S. 573

Birmingham, Midlands & Marches
S. 420

Cambridge & East Anglia
S. 375

Oxford, Cotswolds & Umgebung
S. 184

London
S. 54

Bath & Südwestengland
S. 231

Canterbury & Südostengland
S. 145

Belinda Dixon, Oliver Berry, Fionn Davenport, Marc Di Duca, Damian Harper, Catherine Le Nevez, Isabella Noble, Neil Wilson

PORTOBELLO ROAD MARKET, LONDON S. 138

LINDISFARNE CASTLE, HOLY ISLAND S. 685

Inhalt

REISEZIELE IN ENGLAND

WENDELTREPPE IN DER
TATE BRITAIN S. 83

Inhalt

Willkommen in England

Dieses grüne Land, diese königliche Insel, dieser Schmelztiegel des Empire und Vorreiter der Demokratie ist der exzentrischste, außergewöhnlichste und faszinierendste Platz unter der Sonne.

Vielfalt im Überfluss

Von den Überresten des römischen Hadrianswalls bis zu Londons unvergleichlicher Theaterszene – England strotzt förmlich vor Vielfalt. In den Städten mit ihren verführerischen Läden und Restaurants und einigen der besten Museen der Welt ist immer was los. Abends sorgen hypermoderne Clubs und eine bunte Livemusikszene für tolle Erlebnisse. Am nächsten Tag locken dann vielleicht ländliche Idyllen oder klassische Badeorte am Meer. Es gibt tatsächlich für jeden etwas, egal ob acht oder 80, ob allein unterwegs oder mit Freunden, Kindern oder der Oma.

Zeitreisen

Eine Reise durch England ist wie eine Reise durch die Geschichte – und zwar eine Geschichte, die man hautnah ertasten und erleben kann. Hier kann man seine Hände auf die Megalithen eines 5000 Jahre alten Steinkreises legen oder genauso wie die Ritter vor Jahrhunderten über die Wehrgänge einer mittelalterlichen Festung spazieren. Neben den Schauplätzen der Legende von König Artus und der Sonette Shakespeares locken hier die Paläste der Royals aus Vergangenheit und Gegenwart. Und dann geht's ab in die Zukunft zur Architektur des 21. Jhs. in Manchester oder zu den Kuppeln des Eden Project in Cornwall.

Wir sprechen Englisch

Zwar hat England eine Kultur und Traditionen ausgebildet, die komplex anmuten, doch zumindest oberflächlich betrachtet sind diese den Besuchern aus der Popmusik und zahllosen Filmen und Fernsehserien bekannt, die in die ganze Welt exportiert wurden. Dasselbe gilt für die Kommunikation, denn dies ist die Heimat der englischen Sprache. Für viele Reisende bedeutet das, dass sie kein Wörterbuch mit herumschleppen müssen, wenn auch die regionalen Dialekte zum Teil nicht so leicht zu verstehen sind.

Immer locker bleiben!

In England herumzureisen ist ein Kinderspiel, auf jeden Fall im Vergleich zu vielen anderen Gegenden des Globus. Zwar schimpfen die Einheimischen gern über die öffentlichen Verkehrsmittel, doch sind diese eigentlich sehr gut und eine Zugfahrt übers Land kann an sich schon eine wahre Freude sein. Aber egal, wie man sich auch fortbewegt: In diesem kompakten Land ist der nächste Ort, das nächste Pub, das nächste Restaurant, der nächste Nationalpark oder die nächste imposante Burg nie weit entfernt. Die Auswahl ist wahrlich endlos!

Warum ich England so liebe

von Neil Wilson

Das Reizvolle an England ist, dass einem aus beinahe jedem Winkel der Atem der Geschichte entgegenweht. Die Städte und Dörfer, Burgen, Schlösser und Kathedralen scheinen im Verlauf vieler Jahrhunderte organisch gewachsen zu sein, um Wohlfühllandschaften zu schaffen, in die sich der Geist wie in einen gemütlichen Sessel versenken kann. Es ist ein Ort, der zur geruhsamen Betrachtung einlädt, ob man nun von einer Brücke auf verträumte Turmspitzen schaut, den Ausblick von einem kleinen Hügel genießt oder sich in einem alten reetgedeckten Pub ein wohlverdientes Pint einverleibt.

Mehr über unsere Autoren siehe S. 771

Clifford's Tower (S. 524), York

England

Hadrianswall
An der spektakulären römischen Ruine entlangstiefeln (S. 671)

York
In das Erbe der Wikinger eintauchen (S. 519)

Peak District
Durch phantastische Landschaften streifen (S. 501)

Lake District
Grüne Hügel und schroffe Gipfel erklimmen (S. 615)

Liverpool
In den umgenutzten Docks Kultur genießen (S. 592)

HÖHE

500 m
300 m
200 m
100 m
0

100 km
50 Meilen

N

55°N
56°N
54°N
53°N

2°O
1°O
0° (Greenwich)
1°W

NORDSEE

IRISCHE SEE

SCHOTTLAND
NORDIRLAND
IRLAND

EDINBURGH
BELFAST
DUBLIN

Campbeltown
Greenock
Dumbarton
Glasgow
Kilmarnock
Ayr
Motherwell
Dunbar
Kelso
Hawick
Moffat
Dumfries
Dundalk
Holyhead

Isle of Man
Ramsey
Douglas
Castletown

Berwick-upon-Tweed
Holy Island
Farne Islands
Coldstream
Alnwick
Northumberland National Park
Hadrian's Wall
Warwick
Haltwhistle
Corbridge
Carlisle
Whitehaven
Keswick
Lake District National Park
Grasmere
Coniston
Windermere
Kendal
Ulverston
Grange-over-Sands
Barrow-in-Furness
Blackpool
Southport
Liverpool
Birkenhead
Chester
Preston
Blackburn
Burnley
Bolton
Blackburn
Manchester
Stockport
Warrington
Crewe
Castleton
Buxton
Peak District National Park
Bakewell
Matlock
Stoke
Derby
Newcastle-upon-Tyne
Sunderland
Hartlepool
Durham
Darlington
Middlesbrough
Whitby
Scarborough
Castleton
North York Moors National Park
Ripon
Harrogate
Yorkshire Dales National Park
York
Leeds
Bradford
Halifax
Huddersfield
Wakefield
Barnsley
Doncaster
Sheffield
Worksop
Chesterfield
Bath
Beverley
Hull
Grimsby
Louth
Skegness
Scunthorpe
Lincoln
Newark-on-Trent

Tyne
Tees

NORDSEE

Cambridge
Auf den malerischen „Backs" Stechkahn fahren (S. 379)

Canterbury
Das geschichtsträchtige Gotteshaus besichtigen (S. 148)

Seven Sisters
Über die auffälligen weißen Klippen spazieren (S. 171)

London
Nicht versäumen: die erstklassige Theaterszene (S. 54)

Stonehenge
Die Mystik der berühmten prähistorischen Stätte spüren (S. 273)

Eden Project
Cornwalls drei gigantische Treibhäuser besuchen (S. 563)

Stratford-upon-Avon
Ein Shakespeare-Stück im Geburtsort des Dichters erleben (S. 438)

Oxford
Über altehrwürdige Fakultäten und Traditionen staunen (S. 186)

Cotswolds
Durch englische Bilderbuchlandschaften schweifen (S. 200)

Bath
Großartige georgianische Architektur bewundern (S. 325)

ENGLAND
WALES
FRANKREICH
ATLANTIK
Ärmelkanal

LONDON
CARDIFF

Great Yarmouth
Norwich
The Broads
King's Lynn
Cambridge
Aldeburgh
Ipswich
Felixstowe
Bury St. Edmunds
Colchester
Chelmsford
Southend-on-Sea
Margate
Sandwich
Dover
Folkestone
Calais
Canterbury
Peterborough
St Ives
Bedford
Northampton
Milton Keynes
Luton
Watford
St Albans
Windsor
Reading
Farnham
Royal Tunbridge Wells
Rye
Hastings
Eastbourne
Beachy Head
Lewes
Brighton
Hove
Arundel
Chichester
Portsmouth
Isle of Wight
Le Havre
Rouen
Leicester
Coventry
Warwick
Stratford-upon-Avon
Birmingham
Wolverhampton
Stafford
Shrewsbury
Ironbridge Gorge
Church Stretton
Ludlow
Hereford
Great Malvern
Worcester
Gloucester
Cheltenham
The Cotswolds
Oxford
Swindon
Avebury
Stonehenge
Salisbury
Winchester
Southampton
Bournemouth
Weymouth
New Forest National Park
Lyndhurst
Farnham
Dorchester
Jurassic Coast
Bath
Bristol
Glastonbury
Aberystwyth
Hay-on-Wye
Fishguard
Pembroke
Swansea
Ilfracombe
Exmoor National Park
Exeter
Dartmoor National Park
Torquay
Dartmouth
Totnes
Plymouth
Eden Project
Newquay
St. Ives
Penzance
Land's End
Isles of Scilly

6°W
5°W
4°W
3°W
2°W
1°W
1°E
50°N
51°N
52°N

Englands
Top 20

1

Stonehenge

1 Das mysteriöse und faszinierende Stonehenge (S. 273) ist Englands berühmteste prähistorische Stätte. Schon seit mehr als 5000 Jahren zieht es die Menschen zu diesem geheimnisumwitterten Steinkreis und wir wissen auch heute noch nicht genau, warum er errichtet wurde. Die meisten Besucher schauen sich die 50-t-Kolosse von außerhalb des Umfassungszaunes an, doch wer frühzeitig plant, kann frühmorgens oder abends auch in den inneren Kreis selbst hineingehen. Ohne den normalen Besucherandrang und im Licht der Dämmerung ist dies ein der Welt entrückter Ort – ein Erlebnis, das man nicht vergisst.

Oxford

2 Näher als bei einer Besichtigungstour in Oxford (S. 186) kommen die meisten von uns wohl kaum den brillanten Geistern und altehrwürdigen Institutionen, die diese Stadt auf der ganzen Welt so berühmt gemacht haben. Einen Eindruck von dieser exklusiven Welt vermitteln die Kopfsteinpflastergassen und alten Colleges, in denen radelnde Studenten und angegraute Akademiker umherstreifen. Die wunderschönen Gebäude und die uralten Traditionen haben sich im Verlauf der Jahrhunderte kaum verändert – und das inmitten einer ganz normalen munteren, modernen Stadt. Unten: Radcliffe Camera (S. 188)

JUSTIN BLACK / SHUTTERSTOCK ©

CHRISTIAN OFFENBERG / SHUTTERSTOCK ©

2

3

4

Lake District

3 William Wordsworth und seine Romantikerfreunde schwärmten als erste vom Reiz des Lake District (S. 615) und es ist nicht schwer zu erkennen, was sie dazu veranlasste. Die dramatische Landschaft aus buckeligen Hügeln, tiefen Tälern, nebelverhangenen Bergseen und hohen Gipfeln – darunter der höchste Englands – macht diese zerklüftete Ecke des Landes zum Paradies für Wanderer. Also Stiefel an, Proviant einpacken und die zauberhaften Ausblicke genießen! Oben links: Keswick (S. 637) am Ufer des Derwentwater

York

4 Mit seinem römischen und Wikinger-Erbe, seinen alten Stadtmauern und dem Labyrinth aus Kopfsteinpflasterstraßen ist York (S. 519) ein echtes Highlight für Geschichtsfans. Auf einer der vielen angebotenen Stadtführungen kann man in das Netz der Gassen eintauchen, von denen jede mit einer Spuk- oder sonstigen Geschichte aufwartet. Das York Minster ist die größte mittelalterliche Kathedrale in ganz Nordeuropa. Errungenschaften aus neuerer Zeit sind im National Railway Museum mit der weltweit größten Sammlung historischer Lokomotiven zu bestaunen. Unten links: York Minster (S. 519)

Bath

5 In einem Land voller schöner Städte sticht Bath (S. 325) noch einmal deutlich hervor. Gegründet von den Römern, die sich an den warmen Quellen des Orts labten, erlebte Bath im 18. Jh. seine eigentliche Blüte: Damals erfand es sich unter der Ägide des reichen Unternehmers Ralph Allen nach Plänen der beiden Architekten John Wood des Älteren und des Jüngeren völlig neu als georgianische Musterstadt. Mit seinen zahllosen honigfarbenen Stadthäusern, eleganten Häuserreihen und palladianischen Villen verlangt Bath nach ungeteilter Aufmerksamkeit. Oben: Roman Baths (S. 325)

MARBURY / SHUTTERSTOCK ©

Museen in Liverpool

6 Nach einer gut zehnjährigen Sanierung ist das Hafengebiet heute wieder das Herz von Liverpool. Im Mittelpunkt steht das Albert Dock (S. 595), eine Welterbestätte mit denkmalgeschützten Wahrzeichen und einigen Top-Museen: Das Merseyside Maritime Museum und das International Slavery Museum beleuchten die guten und die schlechten Seiten der Geschichte der Stadt: die Tate Liverpool und die Beatles Story (Foto oben links; S. 595) befassen sich mit Popkultur und den immer noch berühmtesten Söhnen der Metropole.

Hadrianswall

7 Der Hadrianswall (S. 671) ist eine der faszinierendsten römischen Hinterlassenschaften des Landes: Durch die wilde, einsame Landschaft Nordenglands erstreckt sich eine 2000 Jahre alte Abfolge verlassener Befestigungen, Garnisonen, Türme und Meilenfestungen. Dieser Wall diente der Verteidigung und Kontrolle, aber hier am Rand des Römischen Reiches verlief auch die Grenze der zivilisierten Welt – dahinter lag das Land der brandschatzenden Kelten, davor die römische Welt mit Steuern, Fußbodenheizung und Bädern.

Die Cotswolds

8 Das Schönste an den Cotswolds (S. 198) ist, dass man, egal wohin man fährt oder wie sehr man sich verirrt, immer in einem unglaublich idyllischen Dorf aus honigfarbenem Stein mit rosenüberwucherten Cottages herauskommt. Sicher gibt es einen reizenden Dorfanger, ein Pub mit schiefen Böden und gutem Bier und einen Ausblick auf die grünen Hügel. Hier ist es einfach, den Massen zu entkommen und ein eigenes Stück altes England sowie einige der besten Boutiquehotels des Landes für sich zu entdecken.

Oben rechts: Broadway (S. 212)

Stratford-upon-Avon

9 Im hübschen Stratford-upon-Avon (S. 438) wurde der weltberühmte Dramatiker William Shakespeare geboren und hier starb er auch. Heute erzählen die alten Straßen der Stadt vom Leben und der Zeit Shakespeares und das renommierte Theater lockt scharenweise Theaterfreunde zu seinen Vorstellungen. Wer möchte, kann die fünf historischen Häuser besuchen, die der Familie des Autors gehörten, außerdem sein Klassenzimmer und schließlich die alte Steinkirche, in der der Dichter seine letzte Ruhestätte fand.

Cambridge

10 Zu den Highlights in Cambridge (S. 379), einer der beiden großen alten Universitätsstädte des Landes, zählt die Besichtigung eines der altehrwürdigen Colleges und des grandiosen Deckengewölbes der King's College Chapel. Aber kein Cambridge-Trip ist vollständig ohne eine Stechkahntour durch die malerischen „Backs", die schattigen Weiden hinter den Colleges. Am Ende des Tages lockt dann ein Pint in einem der alten Pubs. Und bald fragt man sich, wie man je woanders hat studieren können!

Peak District

11 Komischerweise gibt's im Peak District (S. 501) nicht viele *peaks* (Gipfel) – dafür aber meilenweit Moore, tiefe Täler, erodierte Sandsteinfelsen, üppiges Farmland und alte Dörfer. An Sommerwochenenden lockt diese schöne Landschaft scharenweise Outdoorfreaks wie Wanderer und Kletterer an. Wer es lieber etwas ruhiger angeht, genießt den ländlichen Markt und die berühmten Puddings von Bakewell, die viktorianischen Pavillons im Kurort Buxton und das grandiose Architekturjuwel Chatsworth House (siehe Foto).

Tower of London

12 Der Londoner Tower (S. 71) ist die besterhaltene mittelalterliche Burg Europas und eine der berühmtesten Sehenswürdigkeiten Englands. Er ist über tausend Jahre alt – älter, wenn man die römischen Fundamente mitzählt – und schon immer ein Wahrzeichen der Stadt. Im Verlauf der Jahrhunderte hat diese unbeugsame Festung als Palast, Gefängnis, Waffenarsenal und Münze gedient. Heute sind hier die Kronjuwelen, die legendären Beefeater und die Raben zu Hause, denen mythische Kräfte zugeschrieben werden.

MILAN GONDA / SHUTTERSTOCK ©

PAWEL KOWALCZYK / SHUTTERSTOCK ©

Afternoon Tea

13 Der *afternoon tea* ist eine der reizendsten der vielen unterschiedlichen Traditionen Englands – und sicher eine der leckersten. Im Mittelpunkt steht das beliebte Getränk selbst, aufgebrüht in einer Kanne, am besten einer versilberten, und dann sorgfältig in feine Porzellantassen eingeschenkt. Je nachdem, wo man sich im Land befindet, werden dazu *scones* und *cream*, Obstkuchen oder dünne Gurkensandwiches gereicht. Am besten probiert man diese kulinarische Wonne in einem schicken Stadthotel oder einem traditionellen Tearoom wie Bettys (S. 528) in Harrogate.

Londons Theaterszene

14 Egal, was man in London sonst so macht, man sollte auf jeden Fall eine Theatervorstellung (S. 132) besuchen. Bekannte Schauspieler treten auf den Bühnen des West End wie dem National Theatre, Old Vic, Shaftesbury und Theatre Royal in der Drury Lane auf. Wer's lieber experimenteller mag, steuert z. B. das Donmar Warehouse oder das Royal Court Theatre an. Auf jeden Fall wird man Bestätigung dafür finden, dass die Londoner Theaterszene zu den besten der Welt zählt. Oben rechts: National Theatre (S. 132)

Canterbury Cathedral

15 Nur wenige andere englische Kirchen können es mit der Canterbury Cathedral (S. 149) aufnehmen, dem Zentrum der anglikanischen Kirche; hier finden seit über 1500 Jahren Gottesdienste statt. Der reich verzierte Turm der Kirche beherrscht die Skyline der Stadt. Im Innern der Kirche verbirgt sich ein Tatort: Hier wurde im 12. Jh. auf Geheiß des Königs Erzbischof Thomas Becket ermordet – bis heute pilgern deswegen Gläubige hierher. An die grausame Tat erinnert eine einsame Kerze; der rosa Sandstein davor ist von den Knien der Pilger ganz glatt poliert.

MAT ROBINSON / 500PX ©

Wandern in England

16 Dank seiner recht kompakten Größe und der traditionellen Wegerechte lässt sich England wunderbar zu Fuß erkunden. In den berühmten historischen Städten des Landes laden enge Sträßchen und versteckte Gassen zum Bummeln ein. In den offenen Landschaften des Südens an einem gewundenen Fluss entlangzuwandern oder in den Nationalparks wie dem Peak District die Hügel zu erklimmen, kann eine tolle Art sein, England und seinen Bewohnern ein wenig näher zu kommen. Oben links: Winnats Pass, Peak District (S. 501)

Fußball

17 Trotz allem, was die Fußballfans in Spanien oder Deutschland sagen mögen, umfasst die englische Premier League noch immer einige der Top-Mannschaften der Welt, mit vielen der besten Spieler. Einer der berühmtesten Vereine überhaupt ist nach wie vor Manchester United, aber natürlich gibt's auch noch Manchester City, Arsenal, Liverpool und Chelsea. An Karten für wichtige Spieler ist nur schwer zu kommen – als Trost bleibt eine Stadionführung an spielfreien Tagen. Oben rechts: Old Trafford (S. 583), das Heimstadion von Manchester United

Kreidefelsen Seven Sisters

18 Die weißen Klippen von Dover kennt jeder, doch weitaus spektakulärer sind die Seven Sisters (S. 171). Diese 6,5 km lange Abfolge schierer weißer Felsen erstreckt sich an der Küste von Sussex am Ärmelkanal. Sie bilden die imposante Südgrenze des South Downs National Park und sind am eindrucksvollsten an der hoch aufragenden Landspitze Beachy Head. Von den Klippenpfaden oben bieten sich weite Blicke aufs Meer – in jedem Sinne atemberaubend.

Das Eden Project

19 Die gigantischen halbkugelförmigen Gewächshäuser des Eden Project (S. 361) ähneln einer Kreuzung aus einer Mondlandefähre und dem Unterschlupf eines Bond-Film-Bösewichts. Die in einer alten Tongrube bei St. Austell errichteten „Biome" gehen auf eine Idee des ehemaligen Schallplattenproduzenten Tim Smit zurück. In ihnen sind Biotope aus aller Welt nachgebildet, vom üppigen Dschungel des Amazonas-Regenwalds bis zu den Bäumen und Blumen des Mittelmeers, Südafrikas und Kaliforniens.

Englands Pubs

20 Trotz der vielen neuen Clubs und Bars ist das traditionelle Eck- oder Dorfpub – das älteste des Landes ist Ye Olde Trip to Jerusalem (siehe Foto; S. 476) – noch immer das Zentrum des geselligen Lebens in England. Ein Pub anzusteuern zählt zu den besten Möglichkeiten, das Land besser kennenzulernen. Das traditionelle englische Ale mag Nicht-Briten warm und schal erscheinen, aber wer sich auf das Experiment einlässt, lernt bald die komplexen Aromen dieser Biere und die regionalen Unterschiede zu schätzen.

19

20

Gut zu wissen

Weiteres siehe Praktische Informationen (S. 737)

Währung
Britisches Pfund (£)

Sprache
Englisch

Einreise
Deutsche, Österreicher und Schweizer benötigen für die Einreise nur ihren Personalausweis.

Geld
Geldautomaten sind fast überall zu finden; Kreditkarten sind ein gängiges Zahlungsmittel..

Handy
Das britische Handynetz ist ein GSM 900/1800-Netz, also mit Handys vom europäischen Kontinent kompatibel.

Zeit
Greenwich Mean Time (GMT): MEZ minus eine Stunde.

Reisezeit

Carlisle
REISEZEIT
Mai–Sept.

York
REISEZEIT
Mai–Sept.

Liverpool
REISEZEIT
Mai–Sept.

Norwich
REISEZEIT
Mai–Sept.

London
REISEZEIT
ganzjährig

Exeter
REISEZEIT
Mai–Sept.

Hochsaison
(Juni–Aug.)

➡ Gutes Wetter, aber hohe Übernachtungspreise, besonders während der Schulferien im August.

➡ Viel Verkehr, besonders am Meer, in Nationalparks und in beliebten Städten wie Oxford, Bath und York.

Zwischensaison
(Ostern–Mai, Mitte Sept.–Okt.)

➡ Weniger Andrang, niedrigere Preise.

➡ Oft gutes Wetter: Mix aus Sonne und plötzlichem Regen von März bis Mai; teils Altweibersommer im September und Oktober.

Nebensaison
(Dez.–Feb.)

➡ Gewöhnlich nass und kalt. Vor allem im Norden kann Schnee fallen.

➡ Von Oktober bis Ostern eingeschränkte Öffnungszeiten, teils komplette Schließung über den Winter. Attraktionen in den großen Städten sind ganzjährig geöffnet.

Websites

BBC (www.bbc.co.uk) Nachrichten und Unterhaltung.

Enjoy England (www.visit england.com) Offizielle Tourismus-Website.

Lonely Planet (www.lonely planet.com/england) Informationen, Hotelbuchungen, Reiseforum und mehr.

National Traveline (www.traveline.info) Tolles Portal für öffentliche Verkehrsmittel in England.

British Arts Festivals (www.artsfestivals.co.uk) Festivalkalender für Kunst, Literatur, Tanz, Folk und mehr.

Wichtige Telefonnummern

Ländervorwahl Großbritannien	☏44
Internationaler Zugangscode	☏00
Notruf (Polizei, Feuerwehr, Ambulanz, Bergrettung und Küstenwache)	☏112 oder ☏999

Wechselkurse

| Eurozone | 1 € | 0,85 £ |
| Schweiz | 1 SFr | 0,80 £ |

Aktuelle Wechselkurse siehe www.xe.com.

Tagesbudget

Budget: bis 55 £

➡ Hostelbett: 15–30 £

➡ Günstiges Essen in Cafés und Pubs: 7–11 £

➡ Fernbus: 15–40 £ (320 km)

Mittelklasse: 55–120 £

➡ Doppelzimmer in Mittelklassehotel oder B&B: 65–130 £ (London 100–200 £)

➡ Hauptgericht in Mittelklasserestaurant: 10–20 £

➡ Bahnfahrt: 20–80 £ (320 km)

Gehoben: über 120 £

➡ 4-Sterne-Hotelzimmer: ab 130 £ (London ab 200 £)

➡ 3-Gänge-Mahlzeit in gutem Restaurant: ca. 40 £

➡ Mietwagen: ab 35 £

Öffnungszeiten

Öffnungszeiten variieren je nach Jahreszeit, besonders in ländlichen Gegenden, wo kürzere Öffnungszeiten die Regel sind – hier ist vieles von Oktober oder November bis März oder April komplett geschlossen.

Banken Montag bis Freitag 9.30–16 oder 17 Uhr, teils auch Samstag 9.30–13 Uhr.

Pubs & Bars Montag bis Donnerstag 11–23, Freitag und Samstag 11–1, Sonntag 12.30–23 Uhr

Geschäfte Montag bis Samstag 9–17.30 oder 18 Uhr und oft Sonntag 11–17 Uhr.

Restaurants Mittagessen 12–15 Uhr, Abendessen 18–21/22 Uhr (in den Städten auch später).

Ankunft in England

Flughafen Heathrow Züge, U-Bahnen und Busse in die Londoner Innenstadt ab kurz nach 5 bis kurz vor 24 Uhr (danach Nachtbusse) 5,70–21,50 £; Taxi 45–85 £.

Flughafen Gatwick Züge in die Londoner Innenstadt 4.30–1.35 Uhr 10–20 £; Busse in die Innenstadt stündlich rund um die Uhr ab 5 £; Taxi 100 £.

Bahnhof St. Pancras International Im Zentrum von London (für Eurostar-Züge vom Kontinent); zahlreiche U-Bahnen in andere Stadtteile.

Unterwegs vor Ort

Die öffentlichen Verkehrsmittel können in England teuer sein. In abgelegeneren Gegenden sind die Bus- und Bahnverbindungen lückenhaft. Fahrpläne bietet www.traveline.info.

Auto Gut für unabhängiges Reisen und für Gegenden mit schlechten öffentlichen Verbindungen. Autoverleiher gibt's in allen größeren Orten.

Zug Recht teuer, mit gutem Netz und regelmäßigen Verbindungen im größten Teil des Landes.

Bus Billiger und langsamer als Züge, aber nützlich für abgelegenere Gebiete ohne Bahnanbindung.

Mehr zum Thema
Unterwegs vor Ort
ab S. 747

England für Einsteiger

Weiteres siehe Praktische Informationen (S. 737)

Checkliste

→ Gültigkeit der Reisedokumente prüfen

→ Buchungen vornehmen (Sehenswürdigkeiten, Unterkünfte, Reisen)

→ Bei Flügen Höchstgrenze fürs Reisegepäck prüfen

→ Bei Flügen Gegenstände wie Taschenmesser, Haargel usw. aus dem Handgepäck nehmen und einchecken

→ Kreditkartenunternehmen bzw. Bank von der Reise unterrichten

→ Eventuell Reiseversicherung abschließen

→ Bedingungen der Handynutzung klären

→ Eventuell Mietwagen buchen

An alles gedacht?

→ Adapter für britische Steckdosen

→ Regenschirm – die Gerüchte übers Wetter stimmen

→ Wasserdichte Outdoorjacke – weil der Regenschirm manchmal nicht reicht

→ Bequeme Schuhe – England lässt sich am besten zu Fuß erkunden

Top-Tipps für die Reise

→ An den Londoner Flughäfen sind Fahrkarten für die Expresszüge in die Innenstadt gewöhnlich schon in der Ankunftshalle erhältlich.

→ Britische Pfund besorgt man sich am besten an Geldautomaten.

→ Wer länger in London ist, sollte sich für die U-Bahn eine Oyster Card besorgen, wie sie auch die Londoner benutzen.

→ In den beliebten Touristengegenden und besonders in London sind Taschendiebe und Trickbetrüger unterwegs. Kein Grund zur Paranoia, man sollte einfach nur die Augen offen halten.

→ Britische Steckdosen unterscheiden sich von denen des restlichen Europas, daher benötigt man einen Adapter.

Was anziehen?

Ins Gepäck gehört auf jeden Fall eine Regenjacke, und ein Rucksack, damit man sie bei gutem Wetter herumtragen kann, ist auch nicht verkehrt. Im Sommer braucht man Sonnencreme und einen Regenschirm – vielleicht am selben Tag.

Unbequeme Schuhe können einem den ganzen Urlaub verderben. Wer in der freien Natur unterwegs ist, sollte für schrofferes Terrain entsprechend ausgerüstet sein. Für kleinere Spaziergänge reicht normales Schuhwerk.

In einigen Bars und Restaurants sind Jeans, T-Shirts und Turnschuhe tabu.

Übernachtung

Besonders für den Sommer, für Wochenenden und die Inseln, wo es oft nur ein begrenztes Angebot gibt, sollten Unterkünfte vorgebucht werden, für Juli und August mindestens zwei Monate im Voraus.

→ **B&Bs** Diese kleinen, familiengeführten Unterkünfte sind gewöhnlich relativ preisgünstig. Luxuriösere B&Bs ähneln Boutiquehotels.

→ **Hotels** Englische Hotels reichen von ein paar Zimmern über einem Pub bis zu restaurierten Landsitzen und Schlössern mit entsprechenden Preisen.

→ **Hostels** Es gibt ein gutes Angebot an offiziellen Jugendherbergen und unabhängigen Hostels, oft in schönen Gebäuden.

Geld

In den größeren und auch kleineren Orten gibt's fast überall Geldautomaten *(cash machines)*. Wie überall sollte man auch hier darauf achten, dass der Automat nicht manipuliert wurde.

Für die Abhebung von Bargeld an einem Geldautomaten fallen Gebühren an – am besten erkundigt man sich vor der Abreise bei seiner Bank danach.

Feilschen

Auf Flohmärkten und in Antiquitätengeschäften ist höfliches Handeln akzeptabel, sonst jedoch nicht.

Trinkgeld

➡ **Restaurants** In Restaurants und Tearooms mit Bedienung am Tisch rund 10 %, in schickeren Restaurants eher 15 %. Es kann sein, dass das Trinkgeld als *service charge* schon in der Rechnung enthalten ist. Trinkgeld zu geben oder die *service charge* zu zahlen ist jedoch absolut freiwillig

➡ **Pubs & Bars** Wer an der Theke Getränke (und Essen) bestellt und bezahlt, braucht kein Trinkgeld zu geben. Wer am Tisch bestellt und das Essen gebracht bekommt, sollte 10 % Trinkgeld geben.

➡ **Taxis** Gewöhnlich rund 10 % oder aufs nächste volle Pfund aufgerundet, besonders in London.

Das Logo der Londoner U-Bahn

Etikette

➡ **Benehmen** Die Engländer sind für ihre Höflichkeit bekannt und gutes Benehmen gilt in den meisten Situationen als wichtig, darum auch immer brav *please* und *thank you* sagen.

➡ **Schlangen** In England ist das Schlangestehen, ob beim Einsteigen in einen Bus, beim Kartenkauf an einem Schalter oder vor den Toren einer Sehenswürdigkeit, die absolute Norm. Wer sich vordrängelt, wird mit entrüstetem Kopfschütteln bestraft.

➡ **Rolltreppen** Wer eine Rolltreppe (besonders in den Londoner U-Bahnhöfen) oder ein Rollband (z. B. am Flughafen) benutzt, muss rechts stehen, um links überholt werden zu können.

Essen

In Mittelklasserestaurants sollte man besonders fürs Wochenende einen Tisch reservieren, in Top-Restaurants ein paar Wochen im Voraus.

➡ **Restaurants** Englands Esslokale reichen von fröhlich-billig bis zu sternengekrönt und decken jede nur vorstellbare ethnische Küche ab.

➡ **Cafés** Tagsüber, selten bis nach 18 Uhr geöffnete Cafés eignen sich prima für ein lockeres Frühstück oder ein zwangloses Mittagessen oder einfach nur einen Kaffee.

➡ **Pubs** Die meisten englischen Pubs servieren zu recht vernünftigen Preisen Essen und viele können es im Hinblick auf die Qualität durchaus mit Restaurants aufnehmen.

Was gibt's Neues?

Feine Wurstwaren

Nachdem die Engländer den Franzosen
mit eigenem erstklassigem Schaumwein
und Käse auf die Nerven gefallen sind,
setzen sie nun mit feinen Wurstwaren
noch eins drauf. Einige Erzeuger stellen
eigene Versionen italienischer und französischer Klassiker her, andere versuchen
sich an Wurstprodukten, die englischer
daherkommen. Interessant für Wurst-
freunde sind etwa **Cannon & Cannon**
(www.cannonandcannon.com) oder auch
Reliance, eine Bar in Leeds mit eigenen
Wurstwaren aus Yorkshire. (S. 560)

Nachts mit der U-Bahn

Es hat gerade einmal 153 Jahre gedauert,
aber seit August 2016 fahren die Londoner
U-Bahnen freitags und samstags rund um
die Uhr. (S. 144)

Shakespeare's School Room

Die Schule in Stratford, in der der berühmteste Dramatiker der Welt von 1571 bis 1578
Lesen, Schreiben und Rechnen lernte, kann
seit 2016 besichtigt werden. (S. 440)

Lakes Distillery

Nimm dich in Acht, Schottland! Nach
mehr als 100 Jahren hat in Keswick wieder
eine englische Whiskybrennerei eröffnet.
Der erste Single Malt ist 2018 erhältlich.
(S. 638)

i360 Tower

Aus der Asche des historischen West Pier
in Brighton, der 2003 durch ein Feuer
zerstört wurde, erhebt sich nun ein futuristischer, 162 m hoher Turm mit einer

gläsernen runden Aussichtskabine – die
Antwort Brightons auf das London Eye.
(S. 173)

Magna Carta

Aus Anlass des 800. Jubiläums der Un-
terzeichnung der Magna Carta 2015 entstand im Lincoln Castle im Rahmen eines
22 Mio. £ teuren Restaurierungsprojekts
für eins der vier erhaltenen Exemplare
des wegweisenden Dokuments ein unter-
irdisches Gewölbe. (S. 270)

York City Art Gallery

Die Bedeutung Yorkshires als Zentrum
der britischen Bildhauerszene wurde noch
einmal bekräftigt, als im Kunstmuseum
von York 2015 das Centre of Ceramic Arts
eröffnet wurde. (S. 525)

Größere Nationalparks

Die Nationalparks Lake District und Yorkshire Dales wurden 2016 um 3 bzw. 24 %
vergrößert. Zum zweiten gehört jetzt auch
das Leck Fell, der höchste Berg in der Grafschaft Lancashire, Yorkshires traditioneller
Rivalin. (S. 615 & S. 548)

Sky Garden

Im Wolkenkratzer 20 Fenchurch Street,
einem der neuen Londoner Wahrzeichen,
im Volksmund Walkie Talkie genannt, hat
man nun freien Zugang zum spektakulären Dachgarten samt Aussichtsplattform
in 155 m Höhe. (S. 128)

Noch mehr aktuelle Tipps und
Empfehlungen gibt's auf:
lonelyplanet.com/England

Wie wär's mit ...

Royals

Nach 60 Jahren auf dem Thron feierte Königin Elisabeth II. 2012 ihr diamantenes Thronjubiläum. Angesichts einer 1500 Jahre alten Monarchie überrascht es kaum, dass die Royals im ganzen Land ihre Spuren hinterlassen haben.

Buckingham Palace Die offizielle Londoner Residenz der Königin mit dem Balkon, von dem die Royals herabwinken, und der Wachablösung. (S. 62)

Westminster Abbey Wo die englischen Monarchen gekrönt werden und heiraten, zuletzt William und Kate. (S. 58)

Tower of London Burg und Königspalast seit Jahrhunderten, beherbergt die Kronjuwelen – 900 Jahre Geschichte in einem einzigen Gebäude. (S. 71)

Sandringham Die Landresidenz der Monarchin mit einem Museum für königliche Erinnerungsstücke. (S. 417)

Royal Pavilion Opulenter, phantastischer Palast, erbaut für König Georg IV. (S. 173)

Althorp House Stammsitz ihrer Familie und Begräbnisstätte von Diana, Prinzessin von Wales. (S. 487)

Osborne House Sommerfrische der Royals auf der Isle of Wight, erbaut für Königin Victoria. (S. 249)

Burgen

Windsor Castle Größte und älteste noch bewohnte Festung der Welt und Wochenend-Refugium der Königin. (S. 223)

Warwick Castle Eine der schönsten Burgen in England, gut in Schuss und so imposant wie romantisch. (S. 436)

Tintagel Castle Stimmungsvolle Ruinen auf einer Klippe und legendärer Geburtsort von König Artus. (S. 345)

Bamburgh Castle Spektakulär gelegene und größtenteils rekonstruierte Festung an der Küste Northumberlands. (S. 684)

Richmond Castle Eine der ältesten Burgen Englands, mit phantastischer Aussicht vom mittelalterlichen Burgfried. (S. 554)

Skipton Castle Kaum bekannt, aber wohl die besterhaltene mittelalterliche Burg im Land. (S. 549)

Kathedralen

St. Paul's Cathedral Seit Jahrhunderten ein Londoner Wahrzeichen und noch immer ein wesentlicher Bestandteil der Skyline. (S. 74)

York Minster Eine der größten mittelalterlichen Kathedralen Europas, besonders berühmt für ihre Fenster. (S. 519)

Canterbury Cathedral Wichtigstes Gotteshaus der anglikanischen Kirche, zieht immer noch Tausende Pilger und Besucher an. (S. 149)

Salisbury Cathedral Wahrhaft majestätische Kathedrale und Wahrzeichen Englands mit dem höchsten Kirchturm des Landes. (S. 270)

Ely Cathedral Im ostenglischen Flachland meilenweit sichtbar, im Volksmund das „Schiff der Fens" genannt. (S. 393)

Liverpool Cathedral Die größte anglikanische Kathedrale der Welt. (S. 593)

Museen

British Museum Englands größtes und meistbesuchtes Museum ist auch eins der ältesten und besten weltweit. (S. 92)

National Railway Museum Englands Mekka für Dampfeisenbahnfreaks. (S. 521)

Natural History Museum Ein Hit bei Kindern aller Altersstufen, mit Dinosaurierskeletten, Erdbebensimulatoren und interaktiven Exponaten. (S. 83)

Museum of Liverpool Die vielschichtige Vergangenheit der Stadt wird anhand von kulturellen und historischen Meilensteinen erzählt. (S. 597)

Ashmolean Museum Englands ältestes Museum, gegründet 1683 und vollgestopft mit ägyptischen Mumien, seltenem Porzellan und unbezahlbaren Musikinstrumenten. (S. 192)

Mary Rose Museum Tolles modernes Museum, erbaut um die Überreste des Flaggschiffs von König Heinrich VIII. aus dem 16. Jh. (S. 240)

Historische Häuser

Blenheim Palace Monumentaler Barockbau, Geburtsort Winston Churchills und eines von Englands prächtigsten Herrenhäusern. (S. 199)

Castle Howard Imposante Barockanlage, am besten bekannt als Kulisse für *Wiedersehen mit Brideshead.* (S. 530)

Audley End Eines der stattlichsten Herrenhäuser Englands, inmitten prächtiger von „Capability" Brown gestalteter Gärten. (S. 397)

Chatsworth House Der Inbegriff eines Adelssitzes mit entsprechenden Parkanlagen und ein Schatzkästchen voller Erbstücke und Kunstwerke. (S. 512)

Longleat Das erste englische Herrenhaus, das sich für die Öffentlichkeit öffnete, ergänzt durch einen Safaripark auf dem Gelände. (S. 276)

Wilton House Erlaubt mit seinen Kunstschätzen und Stilmöbeln einen Einblick in das exklusive Dasein des britischen Adels. (S. 272)

Urige Dörfer

Clovelly Malerisches Fischerdorf, in dem sich niedliche Cottages einen steilen Hügel zum Hafen hinunterziehen. (S. 314)

Oben: Skulptur von Barbara Hepworth im Yorkshire Sculpture Park (S. 563)
Unten: Blenheim Palace (S. 199)

Lavenham Wunderbar erhaltene mittelalterliche Gebäude in East Anglia, so gut wie unberührt seit dem 15. Jh. (S. 400)

Painswick Der auf einem Hügel gelegene Ort ist ein absolutes Juwel, unprätentiös und wunderbar unkommerziell. (S. 214)

Goathland Eines der schönsten Dörfer in Yorkshire, mit Dorfanger und Bahnhof für Dampfeisenbahnen. (S. 550)

Hawkshead Das Labyrinth aus Kopfsteinpflastersträßchen und weißen Cottages ist das schönste Dorf des Lake District. (S. 627)

Moore & Berge

North York Moors National Park Wild und windgepeitscht, mit buckeligen Hügeln bis hinunter ans Meer und der ausgedehntesten Heidelandschaft Englands. (S. 515)

Lake District Ein Fest aus Bergen, Tälern, Ausblicken und – natürlich – Seen; dies sind die Hügel, die den Dichter William Wordsworth inspirierten. (S. 615)

Yorkshire Dales National Park Mit ihren reizvollen Tälern, hohen Hügeln und tiefen Höhlen sind die Dales fürs Wandern, Radfahren und Caving wie geschaffen. (S. 548)

Dartmoor Umwerfende Wildnis, versteckte Täler und die höchsten Berge Südenglands. (S. 304)

Peak District Der meistbesuchte Nationalpark Europas, aber all die Outdoorfans können sich einfach nicht irren! (S. 501)

Shoppen

Portobello Road Market Einer der bekanntesten Straßenmärkte des Landes, umgeben von schrägen Boutiquen und Geschenkeläden. (S. 138)

Victoria Quarter In Leeds; hübsche Arkaden mit Buntglas und Schmiedeeisen und mehreren Top-Modeboutiquen. (S. 561)

North Laine Der ideale Ort in Brighton für vegane Schuhe, Elvis-Outfits und Zirkus-Einräder. (S. 179)

Ludlow Gourmetparadies, in dem fast alles ökologisch, handwerklich, nachhaltig oder regional erzeugt ist. (S. 469)

Kunstmuseen

Tate Britain Das bekannteste Kunstmuseum in London, bis zum Rand gefüllt mit erstklassigen Kunstwerken. (S. 83)

Tate Modern Die andere Londoner Tate befasst sich mit moderner Kunst in all ihren wunderbaren Ausprägungen. (S. 79)

BALTIC – Centre for Contemporary Art Die „Tate of the North" bietet Werke einiger der bekanntesten Namen der Gegenwartskunst. (S. 659)

Hepworth Wakefield Das preisgekrönte Museum wartet mit moderner Bildhauerei auf; im Mittelpunkt steht die erstklassige Sammlung von Arbeiten von Barbara Hepworth, die aus Wakefield stammt. (S. 563)

Barber Institute of Fine Arts Mit Werken von Rubens, Turner und Picasso ist dieses Provinzmuseum wahrlich kein Leichtgewicht. (S. 426)

Turner Contemporary Das neueste Kunstmuseum der Südküste residiert in einem Museumsbau direkt am Meer. (S. 156)

Yorkshire Sculpture Park Englands größter Freiluft-Skulpturenpark, v. a. mit Werken von Henry Moore und Barbara Hepworth. (S. 563)

Festivals

Notting Hill Carnival Londons Karibik-Community zeigt der Stadt, wie man richtig feiert. (S. 108)

Glastonbury Nach mehr als 40 Jahren immer noch voll im Geschäft: Großbritanniens größtes und beliebtestes Musikfestival. (S. 339)

Brighton Festival Dieses Kulturfestival hat sich inzwischen fest auf dem Festkalender etabliert und sich sogar ein Alternativprogramm zugelegt. (S. 175)

Latitude Eine bunte Mischung aus Musik, Literatur, Tanz, Drama und Comedy, in toller Lage in Southwold. (S. 406)

Grassington Festival Dieses tolle zweiwöchige Kulturspektakel richtet ein Dorf in den Yorkshire Dales aus. (S. 551)

Reading Festival Altehrwürdiges Rockfestival mit Wurzeln in den 1960er-Jahren. (S. 228)

Leeds Festival Das nördliche Gegenstück zum lang etablierten Reading Festival. (S. 558)

Küstenlandschaften

Holkham Bay Der naturbelassene 5 km lange Strand vermittelt ein echtes Gefühl von Einsamkeit. (S. 416)

Jurassic Coast Hoch aufragende Felsnadeln, vom Meer ausgespülte Felsbrücken und jede Menge Fossilien sowie einige der besten Strände des Landes. (S. 262)

Beachy Head & Seven Sisters Hier stürzen die South Downs ins Meer: Diese gewaltigen Kreidefelsen liefern ein dramatisches Finale. (S. 171)

North York Moors National Park (S. 515)

Robin Hood's Bay Malerisches Fischerdorf inmitten imposanter Klippenlandschaft. (S. 548)

Land's End Die Kliffs und Buchten gehören zu den dramatischsten des Landes. (S. 357)

Badeorte

Scarborough Das urtypische englische Seebad – hier nahm damals im 17. Jh. alles seinen Anfang. (S. 534)

Southwold Ein vornehmes Seebad mit hübschem Sandstrand, reizender Seebrücke und bunten Strandhütten. (S. 406)

Bournemouth Elf Kilometer Sandstrand, 3000 Liegestühle, 1800 Strandhütten und zwei edwardianische Klippenlifte. (S. 253)

Brighton Abseits der hypercoolen Szene gibt's im „London-by-the-Sea" auch noch jede Menge Strandurlaubskitsch. (S. 173)

Eastbourne Einst bekannt als das Altenheim der Nation; heute locken neue Attraktionen und ein munteres Ambiente ein weitaus jüngeres Publikum an. (S. 169)

Monat für Monat

Januar

Nach Weihnachten und Neujahr ist im Januar etwas die Puste raus, verstärkt vom meist schlechten Wetter.

✯✰ The London Parade

Die Londoner Neujahrsparade wirft ein bisschen Licht ins Dunkel und ist eine der größten ihrer Art weltweit, mit Blaskapellen, Straßenkünstlern, Oldtimern und Festzugswagen. Siehe www.londonparade.co.uk.

✯✰ Chinesisches Neujahr

Ende Januar/Anfang Februar zischt, knattert und knallt es überall in Chinatown. Zum farbenprächtigen Straßenfest gehören auch die Golden Dragon Parade und jede Menge Essen und Partys.

Februar

Im Februar, zur Mitte des Winters, hüllt sich das Land vielleicht idyllisch unter eine Schneedecke, aber wahrscheinlich ist's eher grau und trübe. Festivals und Events zur Aufhellung der Stimmung sind nach wie vor eher rar.

☆ Six Nations Rugby Championship

Das Highlight des Rugbyjahres (www.rbs6nations.com) findet von Ende Januar bis März statt. England trägt seine Heimspiele im Londoner Twickenham Stadium aus.

✯✰ Jorvik Viking Festival

Zur Mitte des kalten Februars fallen die hornbehelmten Wikinger wieder in ihre alte Hauptstadt York ein und es finden spannende Langschiffrennen statt. (S. 525)

März

Der Frühling zeigt sich zaghaft, blühende Narzissen tragen zur Aufmunterung bei. Manche verharren noch im Wintermodus, doch Hotels und Gasthäuser versuchen, sie mit Wochenendrabatten unter den warmen Bettdecken hervorzulocken.

☆ University Boat Race

Das jährliche Bootsrennen Ende März auf der Themse in London zwischen den Rudermannschaften der Universitäten Cambridge und Oxford wird seit 1856 ausgetragen und schlägt die Nation auch heute noch in seinen Bann. (S. 107)

April

Mit dem Wetter geht's aufwärts, längere und wärmere Tage bringen alles zum Blühen. Zur Monatsmitte oder zu Ostern öffnen Sehenswürdigkeiten, die den Winter über geschlossen hatten, wieder ihre Pforten.

☆ Grand National

Das halbe Land wettet beim Highlight des dreitägigen Pferderennevents in Aintree, einem Hindernisrennen über einen schwierigen Parcours. Erster Samstag im April. (S. 598)

🏃 London Marathon

Anfang April laufen die fittesten Teilnehmer die 42 km lange Strecke in knapp über zwei Stunden. Andere nehmen in verrückten Kostümen teil und brauchen erheblich länger. (S. 108)

Mai

Die Frühlingstage werden sonniger und der Veranstaltungskalender füllt sich. An den beiden langen Wochenenden vor dem ersten und letzten Montag des Mais herrscht viel Verkehr.

☆ FA Cup Final

Der Höhepunkt der Spielzeit seit mehr als einem Jahrhundert: das Pokalfinale im Wembley-Stadion, dem Mekka des englischen Fußballs. Anfang Mai.

✖ Cotswold Food & Farming Festival

Eine Feier der regionalen Landwirtschaft und der vor Ort angebauten Lebensmittel im Cotswold Farm Park bei Cheltenham mit Ständen, Darbietungen, Aktivitäten und Kochvorführungen. Das Hauptfestival ist im Mai, weitere finden später im Jahr statt. Siehe www.thecotswold foodandfarmingfestival. com.

🎆 Chelsea Flower Show

Die Blumenschau der Royal Horticultural Society Ende Mai ist das Highlight des Gärtnerjahres. Die besten Gartengestalter heimsen Medaillen und

Fernsehruhm ein und das Publikum deckt sich am letzten Tag mit Pflanzen ein. (S. 108)

☆ Glyndebourne

Das erstklassige Freiluft-Opernfestival belebt von Ende Mai bis Ende August die ländliche Idylle des Glyndebourne House in Ost-Sussex.

🏃 Keswick Mountain Festival

Ende Mai wird an einem langen Wochenende im Herz des Lake District alles gefeiert, was mit der freien Natur zu tun hat, mit Outdooraktivitäten, Konzerten und Sportevents.

Juni

Jetzt ist fast Sommer: Im Juni fängt die Festivalsaison richtig an und Sportveranstaltungen von Rudern bis Pferderennen füllen den Kalender.

🎆 Salisbury Festival

Das renommierte, bunte Festival von Ende Mai bis Anfang Juni bietet neben klassischer, Welt- und Popmusik auch Theater, Literatur und Kunst.

☆ Derby Week

Pferderennen, Leutegucken und Klamottenerkennen stehen auf dem Programm dieser einwöchigen Rennveranstaltung Anfang Juni in Epsom in Surrey. Siehe www.epsomderby.co.uk.

☆ Isle of Wight Festival

Das Musikevent fand ursprünglich von 1968 bis 1970 auf dem Höhepunkt

der Hippiekultur statt und wurde 2002 neu belebt. Heute zieht es Top-Bands an, besonders aus der Indie- und Rockszene. Mitte Juni; siehe www.isleofwight festival.com. (S. 251)

👁 Trooping the Colour

Militärkapellen und Grenadiere mit Bärenfellmützen marschieren Mitte Juni bei diesem Umzug zur Feier des Geburtstags der Königin die Londoner Whitehall hinunter. (S. 108)

☆ Royal Ascot

Es ist schwer zu sagen, was bei diesem Höhepunkt im Pferderennkalender, der Mitte Juni in Ascot in Berkshire stattfindet, wichtiger ist: die Mode oder die Pferde. Zylinder, Designerfummel und jede Menge fieberhaftes Wetten prägen das Bild. (S. 224)

☆ Wimbledon Lawn Tennis Championships

Die All England Club Championship, das berühmteste Rasenplatz-Tennisturnier der Welt, lockt all die großen Stars an. Ende Juni. (S. 108)

🎆 Glastonbury Festival

Englands beliebtestes Pop- und Rockfestival findet (fast) jedes Jahr Ende Juni auf einer Milchfarm in Somerset statt – unweigerlich artet dieser Initiationsritus eines jeden britischen Musikfans, der etwas auf sich hält, jedes Mal wieder zu einer Schlammschlacht aus. (S. 339)

⭐ Royal Regatta

Ende Juni oder Anfang Juli nehmen alle möglichen Boote an der vornehmen Flussregatta von Henley-on-Thames teil. (S. 230)

🎊 Broadstairs Dickens Festival

Charles Dickens, einer der berühmtesten englischen Schriftsteller, wird in der Stadt, in der er seine Sommer verbrachte und in der viele seiner Romane spielen, mit diesem Literaturfestival geehrt. (S. 158)

🎊 Aldeburgh Festival

Das vom Komponisten Benjamin Britten 1948 ins Leben gerufene Festival ist das größte Festival East Anglias. Es dient der Erkundung der klassischen Musik in all ihren Facetten.

🎊 Pride

Das wichtigste Event für Schwule und Lesben ist diese bunte Straßenparade durch das Londoner West End, das mit einem Konzert auf dem Trafalgar Square endet. Ende Juni oder Anfang Juli. (S. 108)

Juli

Der Sommer ist da, mit Festivals und Landwirtschaftsschauen jede Woche. Am Ende des Monats ist die Schule zu Ende und Ferienstimmung liegt in der Luft. Nur der Freitagabendverkehr stört die Freude.

🎊 Great Yorkshire Show

Im reizenden Harrogate findet eine der größten

Oben: Notting Hill Carnival (S. 108)
Unten: Glastonbury Festival (S. 339)

Landwirtschaftsshows des Landes statt. Hier gibt's alles, was irgendwie aus Yorkshire kommt. Siehe www.greatyorkshireshow.co.uk. (S. 532)

 **Latitude Festival**

Das beliebte, vielseitige Festival findet beim hübschen Küstenort Southwold in Suffolk statt. Neben Alternative-Music-Konzerten gibt's Theater, Varieté und Literatur. Mitte Juli. (S. 406)

☆ **Cowes Week**

Das größte Segelspektakel des Landes findet Ende Juli rund um die Isle of Wight statt. (S. 249)

 **Womad**

Dieses Festival Ende Juli, das früher in Reading stattfand, bietet jetzt in einem Park bei Malmesbury in den südlichen Cotswolds v. a. Roots- und Weltmusik. Siehe www.womad.org.

Truck

Dieses Indie-Musikfestival Ende Juli in Steventon in Oxfordshire erfreut sich einer treuen Gefolgschaft und ist für sein vielseitiges Programm bekannt. Siehe www.thisistruck.com.

August

Die Schulen und Colleges sind geschlossen, das Parlament macht Pause, die Sonne scheint (hoffentlich) und die meisten Leute fahren für eine oder zwei Wochen in den Urlaub, einige auch ins Ausland – England ist in Ferienstimmung.

Notting Hill Carnival

Multikultureller Straßenkarneval im Karibikstil Ende August im Londoner Stadtteil Notting Hill mit Steeldrums, Tänzern und schrillen Kostümen. (S. 108)

Reading Festival

Englands zweitältestes Musikfestival war ursprünglich ein Rockfestival, tendiert heute aber mehr in Richtung Pop. Nach wie vor treten bekannte Namen auf. Ende August. (S. 228)

Leeds Festival

Das größte Musikfestival in Leeds und die nördliche Schwester des Festivals in Reading. Die beiden Festivals finden am selben Wochenende Ende August statt und bieten dasselbe Programm: Wer freitags in Reading spielt, spielt samstags in Leeds – und umgekehrt. (S. 558)

Manchester Pride

Eines der größten Events in England für Schwule, Bi- und Transsexuelle. Ende August; siehe www.manchesterpride.com. (S. 585)

☆ **International Beatleweek**

Die weltweit größte Hommage an die Beatles wartet in Liverpool mit sechs Tagen voller Musik, Ausstellungen, Führungen und Sammlerstückmärkten auf. Letzte Augustwoche. (S. 598)

September

Die erste Septemberwoche wirkt noch wie der August, doch dann beginnen die Schulen wieder, auf den Autobahnen herrscht wieder Normalverkehr und die Sommerparty ist wieder vorbei. Das Wetter kann aber immer noch gut sein.

☆ **International Birdman Competition**

Am ersten Septemberwochenende wetteifern bei dieser schrägen Feier des menschlichen Flugs in Bognor Regis in West-Sussex als Batmen, Feen und fliegende Maschinen kostümierte Teilnehmer. Wer am weitesten fliegt, gewinnt 30 000 £. Bisher hat es niemand auch nur in die Nähe der 100-m-Marke geschafft. Siehe www.birdman.org.uk.

Bestival

Uriges Musikfestival Anfang September, jedes Jahr mit einem anderen Kostümmotto. Findet im Robin Hill Country Park auf der Isle of Wight statt. (S. 251)

☆ **World Gurning Championships**

Gurning bedeutet Grimassenschneiden – dies ist sicher eines der irrsten Events des Jahres: Mitte September verziehen in Egremont in Cumbria jedes Jahr Leute ihr Gesicht zu den groteskesten Fratzen. Siehe www.facebook.com/EgremontCrabFairWorldGurningChampionships.

 **Great North Run**

Großbritanniens größter Marathon findet zwar in London statt, doch der Great North Run in Tyneside ist die größte Halbmarathonveranstaltung der Welt. (S. 659)

Oktober

Der Herbst hält Einzug, die Blätter verfärben sich und es wird ungemütlich. Manche Sehenswürdigkeiten schließen langsam ihre Pforten für den Winter und die Übernachtungspreise fallen.

☆ Horse of the Year Show

Die wichtigste Hallenpferdeschau des Landes mit Dressur, Schauspringen und anderen Reitsportevents. Anfang Oktober in der NEC Arena bei Birmingham. Siehe www.hoys.co.uk.

✕ Falmouth Oyster Festival

Das Festival in Falmouth markiert den Beginn der traditionellen Austernfangsaison und feiert die Erzeugnisse, die das Meer und die Bauern Cornwalls bieten. (S. 365)

⚔ Cheltenham Literature Festival

Das seit 1949 existierende, älteste Literaturfestival der Welt präsentiert zehn Tage im Herbst die wichtigsten Namen der Bücherwelt. (S. 219)

November

Es wird winterlich und trüb. Im nasskalten Wetter sehnt man sich nach dem Sommer zurück und auch Weihnachten ist noch weit entfernt: eine angemessen nüchterne Stimmung für den Remembrance Day. Für ein bisschen Spaß sorgt die Guy Fawkes Night.

☆ Guy Fawkes Night

Am Abend des 5. November, auch Bonfire Night und Fireworks Night genannt, erleuchten Feuerwerkskörper den Himmel, um an den gescheiterten Versuch im Jahr 1605 zu erinnern, das Parlament in die Luft zu jagen. Oft werden auf Freudenfeuern Puppen von Guy Fawkes verbrannt, dem Anführer des Gunpowder Plot. Siehe www.bonfire night.net.

◉ Remembrance Day

Am 11. November trägt man rote Mohnblumen

und es werden im ganzen Land Kränze niedergelegt. Dieser Tag erinnert an die in den Weltkriegen und Kriegen seither in Erfüllung ihrer Pflicht Gefallenen und Verletzten. Siehe www.poppy.org.uk.

Dezember

Die Schule ist Mitte Dezember zu Ende, die meisten Geschäfte haben bis zum Heiligabend geöffnet. Vielerorts finden Weihnachtsmärkte statt.

⚔ Victorian Festival of Christmas

Bei dieser Feier viktorianischer Weihnachtstraditionen wird das historische Hafenviertel von Portsmouth mit der HMS *Victory* und dem Mary Rose Museum nach Dickens-Manier umgestaltet, mit Straßenkunst, Weihnachtsliedersingen und einem Weihnachtsmarkt. Erstes Wochenende im Dezember oder letztes Wochenende im November. Siehe www.christmasfestival.co.uk.

⚔ Silvester

Am 31. Dezember finden überall im Land Straßenpartys mit Feuerwerk statt, um das neue Jahr einzuläuten.

Reiserouten

Map showing travel route through England with labeled locations: SCHOTTLAND, NORDIRLAND, Lake District National Park, Isle of Man, IRLAND, IRISCHE SEE, York, NORDSEE, ENGLAND, Stratford-upon-Avon, Cambridge, The Cotswolds, NIEDERLANDE, WALES, Oxford, LONDON, Bath, Stonehenge, Salisbury, Winchester, BELGIEN, ATLANTIK, Ärmelkanal, FRANKREICH

8 TAGE — England in Kürze

Eine gute Woche reicht, um einige der Highlights Englands abzukaken. Diese Tour führt zu einem Dutzend Top-Sehenswürdigkeiten, von London bis zum Lake District.

Los geht's mit einem Tag in der britischen Hauptstadt **London** und einem Bummel entlang weltberühmter Sehenswürdigkeiten wie dem Buckingham Palace und der Tower Bridge. Dann geht's weiter nach **Winchester** oder **Salisbury** mit ihren großen Kathedralen. Nächster Stopp sind die berühmten Megalithen von **Stonehenge**.

Ein Stückchen nordwestlich liegt die schöne Stadt **Bath** mit ihrer römischen Geschichte und sagenhaften georgianischen Architektur. Durch die klassisch englische Landschaft der **Cotswolds** führt die Route dann in die alte Universitätsstadt **Oxford**. Nicht weit entfernt liegt das Shakespeare-Städtchen **Stratford-upon-Avon**.

Anschließend steht der **Lake District** hoch oben im Norden auf dem Programm, eine der schönsten englischen Landschaften, sowie **York** mit Hinterlassenschaften der Wikinger und dem umwerfenden Münster. Die letzte Etappe ist Englands zweite große Unistadt **Cambridge**. Am letzten Tag in **London** hat man die Qual der Wahl aus Museen, Galerien, Luxusläden, Straßenmärkten, West-End-Theater und East-End-Cafés.

Das volle Programm

Wer einen ganzen Monat Zeit hat, kann sich in aller Ruhe die Rosinen aus den Schönheiten Englands herauspicken. Diese Rundreise deckt alle Facetten des Landes ab.

Los geht's in **London**: Hier kann man zwei Tage lang Sehenswürdigkeiten abklappern, es sollte aber auch noch Zeit bleiben für einen Bummel am Südufer der Themse oder über die Märkte des East End. Danach geht's hinunter ans Meer zum quirligen Badeort **Brighton**, danach Richtung Westen über das historisch bedeutsame **Portsmouth** in den malerischen **New Forest**. Anschließend führt der Weg zurück ins Landesinnere in die Bischofsstädte **Winchester** und **Salisbury** sowie weiter nach **Stonehenge**, Englands berühmtester prähistorischer Stätte, und zum **Avebury Stone Circle** – größer als Stonehenge, aber nicht so überlaufen.

Durchs tiefste Essex geht's über **Dorchester** zum wilden **Dartmoor National Park**. Danach stehen weitere Städte auf dem Programm: **Wells** mit seiner schönen Kathedrale, **Bath** mit seiner umwerfenden georgianischen Architektur und **Bristol**, die Metropole des Südwestens. Es folgt die klassische englische Landschaft der **Cotswolds** mit einer Pause im hübschen Stow-on-the-Wold und vielleicht Broadway oder Chipping Campden. Schließlich erreicht man **Oxford**, Englands älteste Stadt der Gelehrsamkeit. Nicht weit entfernt liegt die Shakespeare-Heimatstadt **Stratford-upon-Avon** – eine Aufführung eines Stücks des Meisters sollte man sich nicht entgehen lassen. Durch die Heide- und Moorlandschaften des **Peak District** führt die Route sodann nach **Manchester** und in dessen Nachbarstadt **Liverpool**.

Danach lockt wieder die Wildnis, und zwar im schönen **Lake District**. Von der Grenzstadt **Carlisle** folgt die Route dem römischen **Hadrianswall** hinüber zum wiedererblühten **Newcastle-upon-Tyne**. Ab hier geht's wieder in den Süden: über **Durham** und **York** mit ihren wundervollen Kathedralen nach **Cambridge**, der zweiten berühmten Unistadt des Landes. Von hier ist's nicht mehr weit zurück nach **London**; hier kann man sich noch Highlights wie den Trafalgar Square, die National Gallery, die Tate Modern und den Tower zu Gemüte führen und über die Westminster Bridge bummeln, während Big Ben zur vollen Stunde sein Geläut erklingen lässt.

Durch das wilde England

Diese Rundreise führt durch die schönsten Landschaften Englands, die schon Generationen von Dichtern, Schriftstellern und Komponisten inspiriert haben. Also Wanderschuhe anziehen und Kamera bereithalten: Durch einige der schönsten Nationalparks und Landschaften geht's vom Norden hinunter in den Südwesten.

Los geht's mit den spektakulären Überresten des römischen **Hadrianwalls**: Hier kann man alte Befestigungsanlagen erkunden. Dann führt die Route nach Cumbria zu den höchsten Gipfeln des **Lake District National Park**, der spirituellen Heimat von Wordsworth und den Dichtern der englischen Romantik. Heute ist dies ein Mekka für Naturfreaks mit Wanderwegen auf allen Niveaus sowie gemütlichen Gasthöfen und traditionellen Landhotels.

Richtung Osten geht's danach über die Pennines, das Rückgrat Englands, zu den grünen Hügeln und Tälern des **Yorkshire Dales National Park**. Ganz in der Nähe liegt inmitten der wilden Moorlandschaft der Ort **Haworth**, Heimat der Schriftstellerschwestern Brontë.

Durch die Hügel und Täler des **Peak District National Park** – wer Zeit hat, kann noch den grandiosen Landschaftspark des Chatsworth House besichtigen – führt die Route Richtung Süden über Elgars geliebte **Malvern Hills** zur typisch englischen Landschaft der **Cotswolds**. Noch weiter südlich erstreckt sich die weite **Salisbury Plain** mit **Stonehenge** und anderen archäologischen Rätseln. Ganz in der Nähe liegt **Avebury** mit dem zweiten wunderbaren Steinkreis Englands. Und nach ein paar weiteren Meilen erreicht man schließlich in Dorset die spektakuläre, fossilienreiche **Jurassic Coast**.

Im Südwesten erstreckt sich die Westcountry Peninsula in den Atlantik. Durchs üppige Farmland Devons und die Heidehügel und Sandbuchten des **Exmoor National Park** geht die Reise zu den geheimnisvollen Granithügeln des **Dartmoor National Park** mit herrlich einsamen Landschaften. Nächster Halt ist **Cornwall** mit seinen hübschen Häfen, ginsterüberwucherten Klippen und glitzernden Buchten. Den Schlusspunkt dieser Landpartie bildet **Land's End**: Hier geht dem englischen „Festland" die Puste aus und es stürzt Hals über Kopf in den ruhelosen Ozean.

 Das Herz Englands

 Städteabenteuer

Die Reise durch die englischen Kernlande führt zu Burgen, Kathedralen und malerischen Städten und Dörfern.

Die Reise beginnt in **London** mit den Top-Attraktionen Westminster Abbey, Tower, St. Paul's Cathedral und Buckingham Palace. Sehenswert sind vor den Toren der Stadt zudem die Kew Gardens, das Eton College und das **Windsor Castle**.

Außerhalb der Hauptstadt erstreckt sich das wahre England, besonders um die Marktstädte Kents herum. Die schönsten Sehenswürdigkeiten hier sind die **Canterbury Cathedral** und das **Leeds Castle**.

Sodann geht's nach Hampshire. Hier wartet die alte englische Hauptstadt **Winchester** mit einer weiteren schönen Kathedrale auf. Der Kirchturm der Kathedrale im nahen **Salisbury** beherrscht meilenweit die Landschaft.

Im Westen verzaubert das georgianische **Bath**; die **Cotswolds** bergen zahlreiche hübsche Orte wie Northleach, Wantage und **Cirencester**. Nach dem reizenden **Oxford** und **Stratford-upon-Avon**, der Heimat Shakespeares, bildet das imposante **Warwick Castle** den Schlusspunkt.

Neben London bieten auch andere Städte einen quirligen Kontrast zu den stillen Küsten und Landschaften Englands.

Startpunkt ist **Bristol**, eine blühende Regionalhauptstadt mit einem reichen technischen Erbe und einer lebendigen Kulturszene. Die nächste Etappe ist **Birmingham**, einst heruntergekommen, heute ein Synonym für städtische Erneuerung.

Weiter im Norden steht die Musik- und Fußballstadt **Manchester** auf dem Programm. Zu den architektonischen Highlights hier zählt das großartige Imperial War Museum North. Das nahe **Liverpool** erfindet sich gerade neu als Kulturstadt.

Über die **Pennines** geht's ins Shoppingparadies **Leeds**: Hier haben sich stillgelegte Fabriken und leere Lagerhäuser inzwischen in Lofts und Boutiquen verwandelt. An die industrielle Vergangenheit der Region erinnert das **National Coal Mining Museum**.

Noch weiter nördlich liegen **Newcastle-upon-Tyne** und Gateshead, wo die Schwerindustrie durch Kunst und Kultur ersetzt wurde. Den Schlusspunkt der Tour bildet das berühmte Freiluftkunstwerk **Angel of the North**.

Die Ostküste

2 WOCHEN

Durch den Südwesten

2 WOCHEN

Wer gerne draußen ist und Vogelschwärme lieber mag als Menschenmassen, fühlt sich sicher an der stillen Ostküste wohl.

Von **Colchester** mit seiner tollen Burg führt die Route ins verschlafene **Suffolk** mit seinen urigen Dörfern und Markt-städtchen wie Sudbury und Lavenham. Die Küste lockt mit Tierschutzgebieten, Kies-stränden, Fischerhäfen wie **Aldeburgh** und dem netten Retro-Seebad **Southwold**.

Noch stiller wird's in Norfolk, beson-ders um die Seen und Flüsse der **Norfolk Broads**. Für Strandspaziergänge und ein Pint in Landpubs bieten sich die Küs-tendörfer bei **Wells-next-the-Sea** an.

Nördlich von Norfolk erstreckt sich die flache Landschaft der **Fens**, heute ein Vo-gelparadies. Weiter geht's Richtung Norden nach Yorkshire mit den Heidelandschaften der **North York Moors**: Hier ziehen sich die Hügel bis hinunter zur Küste, um dra-matisch in die Nordsee zu stürzen.

Den krönenden Abschluss bilden eine Wanderung zwischen den Burgen von Bamburgh und Dunstanburgh an der wilden **Northumberland Coast** und eine Besichtigung der Insel **Lindisfarne**.

Der Südwesten Englands beeindruckt mit wunderbar üppigen Berg- und Moorland-schaften inmitten des glitzernden Meeres.

Der Startschuss fällt in **Bristol**, dann geht's durch Somerset nach **Glastonbury**, berühmt durch sein alljährliches Musikfes-tival. Ein Highlight im südlich gelegenen Dorset ist das malerische **Shaftesbury**.

Westlich erstrecken sich die Heideland-schaften des **Exmoor National Park**. Devon bietet schöne Küsten und den **Dartmoor National Park**: Hier erheben sich die höchsten und wildesten Berge Südenglands.

Im benachbarten Cornwall harren die spacigen „Biodome" des **Eden Project** der Erkundung. Im nahen Tintagel Castle, einem Relikt aus einer ganz anderen Zeit, wurde der Legende nach König Artus ge-boren. Dann kann man im Surfermekka **Newquay** abhängen oder in **St. Ives** in den Galerien stöbern.

Land's End bildet den natürlichen Schlusspunkt dieser Tour durch den wilden Westen, gebührend begossen mit einem Pint im First & Last Inn im nahen Sennen.

Felsklettern im Great Langdale (S. 633)

Outdooraktivitäten

Wie kann man am besten entschleunigen, Einheimische treffen und die ausgetretenen Touristenpfade verlassen? Ganz einfach: indem man sich in die freie Natur begibt. Das macht viel mehr Freude als sie durch ein Autofenster oder ein Kameraobjektiv anzustarren.

Top-Naturerlebnisse

Fernwanderwege
Coast to Coast, Hadrianswall, Cotswold Way, South West Coast Path

Für kurze Wanderungen
Lake District, Yorkshire Dales, Cotswolds, Dartmoor

Küstenwanderungen
Northumberland, Devon & Cornwall, Norfolk & Suffolk, Dorset

Reisezeit
Sommer (Juni bis August) Die beste Zeit zum Wandern: gewöhnlich warm und hoffentlich auch trocken und die Tage sind lang.

Spätfrühling (Mai) und Frühherbst (September) In der Zeit vor und nach dem Sommer ist weniger los und die Tage sind oft mild und sonnig.

Wanderkarten
Ordnance Survey (britische Landvermessungsbehörde) Explorer-Reihe (1:25 000).

Harvey Maps (Wanderkarten) Superwalker-Reihe (1:25 000).

Wandern

Wandern ist die beliebteste Outdooraktivität in England. Erst auf Wanderungen erschließen sich den Besuchern einige der schönsten Ecken des Landes. Außerdem kann man meist ganz spontan losgehen. Im Unterschied zu einigen anderen Gegenden der Welt ist hier fast keine Vorausplanung nötig.

Englands Wegenetz

England wird von einem riesigen Netz an Wanderwegen durchzogen. Viele Wege gibt es schon seit Jahrhunderten, aus einer Zeit, als die meisten Leute sich nur zu Fuß von Ort zu Ort oder von Tal zu Tal fortbewegen konnten. Diesen historischen Pfaden folgen die heutigen Wanderwege. Selbst die längsten Routen sind im Prinzip nur eine Verbindung von mehreren kürzeren We-

gen. Zuweilen geht man auch auf *bridleways* (Reitweigen) und alten unbefestigten Straßen, den *byways*.

Wegerecht

Fast alle Fußwege, auch die, die über Privatland verlaufen, dürfen von jedermann benutzt werden. Das meiste Land in England, von kleinen landwirtschaftlich genutzten Flächen bis zu gewaltigen Bergregionen, befindet sich in Privatbesitz, aber der Eigentümer kann das Recht der Öffentlichkeit auf Nutzung der Wege nicht beschränken.

Wanderer können den öffentlichen Fußwegen also über Felder, Weiden und Koppeln, durch Wälder und selbst über Höfe folgen, solange sie sich auf den Wegen halten und nichts beschädigen.

In einigen Berg- und Moorgegenden ist es sogar noch besser: Hier dürfen Wanderer die Wege verlassen und die Landschaft nach Gutdünken erkunden. Diese *freedom to roam* ist, falls sie gilt, durch Schilder an Gattern und durch andere Hinweisschilder klar ausgewiesen.

Ist Erfahrung notwendig?

Welche Gegend man sich für seine Wanderabenteuer aussucht, sollte auch davon abhängen, über welche Erfahrungen man verfügt. Im Allgemeinen gilt: Je flacher und und stärker bewirtschaftet die Landschaft, desto einfacher das Wandern, mit klar gekennzeichneten Pfaden und Wegweisern – ideal für Anfänge.

In höheren Gegenden steigen in der Regel auch die Anforderungen. In beliebten Berg- und Moorregionen gibt's – wenn auch teils schwer zu erkennende – Pfade, jedoch nur wenige Wegweiser. Das ist okay für Leute, die schon über ein wenig Wandererfahrung verfügen.

In abgeschiedeneren Gegenden gibt's vielleicht gar keine Pfade und überhaupt keine Schilder – hier muss man also wissen, was man tut, und eine gute Karte und einen Kompass dabeihaben.

Englands beste Wanderreviere

Zwar kann man überall in England wandern, doch einige Gebiete sind schöner als andere. Einige eignen sich eher für kürzere Spaziergänge, andere eher für längere Tagesausflüge.

Lake District

Der Lake District ist wohl das schönste Wanderparadies Englands: ein wunderschönes Gebiet mit hohen Berggipfeln, weiten Aussichten, tiefen Tälern und schönen Seen. Der Lake District National Park – oft einfach zu „the Lakes" abgekürzt – ist auch deshalb so beliebt bei Wanderern, weil er neben toller Landschaft auch jede Menge Geschichte bietet. Dank dem Dichter William Wordsworth und seinen Romantiker-Freunden nahm das Wandern aus purer Freude hier seinen Anfang.

Südwestküste

Cornwall und Devon genießen das beste Wetter in England und bieten Landschaften, die zu den schönsten Englands zählen, besonders an den Küsten. Aber das Wandern in der zerklüfteten Landschaft stellt schon gewisse Ansprüche. Wegen der hübschen Flüsschen, die sich durch steile Täler zum Meer hinunter ergießen, geht man ständig hoch oder runter. Die Küste im benachbarten Dorset – angesichts der vielen Fossilien Jurassic Coast (Jura-Küste) genannt – ist weniger anstrengend und ein weiteres tolles Gebiet für Küstenwanderungen.

Peak District

Trotz des Namens hat der Peak District nur sehr wenige höhere Gipfel zu bieten. Doch die zahlreichen Hügel, Täler und Moore macht dieses Hügelland zu einem beliebten Wandergebiet in Nordengland, geschützt als Nationalpark. Der Süden des Peak District besteht zumeist aus von Kalksteintälern durchschnittenem Farmland; im kargeren Norden erstrecken sich Hochmoore mit Felsnasen.

Yorkshire Dales

Mit seinen sanften Hügeln, wilden Mooren, Kalksteinfelsen und grünen Tälern zählt der Yorkshire Dales National Park zu den beliebtesten Wandergebieten Englands. Hier sind die Pfade ein wenig sanfter und das Wandern ist etwas weniger anstrengend als im Lake District. In die Täler schmiegen sich einige hübsche Dörfer – viele mit Pubs und Tearooms zur Stärkung der Wanderer.

Cotswolds

Die Cotswold Hills zählen zu den beliebtesten Wanderrevieren Südenglands:

WANDER-WEBSITES

Bevor man losgeht, sollte man sich die ausführliche Website der **Ramblers** (www.ramblers.org.uk) anschauen, der führenden Wanderorganisation Englands. Einzelheiten zu einigen längeren Strecken bietet auch www.nationaltrail.co.uk.

Hier führen Wege durch eine klassisch englische Landschaft mit adretten Feldern und hübschen Dörfern aus honigfarbenem Stein. Die Ostseite der Cotswolds ist eher sanfter, die Westseite etwas steiler, besonders am Cotswold Escarpment – jedoch sind hier auch die Ausblicke besser.

Dartmoor

Der Dartmoor National Park in Englands Südwesten trumpft mit den höchsten Bergen weit und breit auf und im Hochland mit weiten, überraschend wilden Landschaften fast ohne Bäume. Die hübschen Täler im Schatten der Berge eignen sich im Sommer wunderbar für ein Picknick oder einen Spaziergang an einem Fluss entlang.

North Downs & South Downs

Die North und South Downs sind zwei parallel verlaufende Höhenzüge mit breiten Kalkhügeln zwischen London und der Südküste. Auf der Karte erscheinen die North Downs eingekesselt von Autobahnen und

WETTERLAUNEN

Wer in England wandern möchte, sollte immer an die Unbeständigkeit des launischen englischen Wetters denken. Das Land sieht oft sanft und einladend aus, und meist ist es das auch, doch besonders im Hochland kann sich das Blatt schnell wenden. Wer in den Bergen oder auf dem offenen Moor unterwegs ist, sollte zu jeder Jahreszeit gut ausgerüstet sein und selbst im Sommer warme, wasserdichte Kleidung dabeihaben, außerdem Karte und Kompass, Wasser und Proviant, z. B. Energielieferanten wie Schokolade. Und wer abseits der Wege wandert, sollte jemanden über seine Pläne informieren.

Wandern auf dem Hadrian's Wall Path (S. 67)

Siedlungen. Zwar ist das Gebiet sicher keine Wildnis, doch die Wanderwege sind oft unerwartet ruhig. Die South Downs sind höher und werden nicht so von Siedlungsgebieten bedrängt; sie bieten mehr Wandermöglichkeiten sowie den jüngsten englischen Nationalpark.

Exmoor

Exmoor, der zweite Nationalpark Südwest-Englands, liegt unmittelbar nördlich von Dartmoor und fristet sein Dasein oft im Schatten des größeren Nachbarn. Heidebewachsene Hügel und tiefe Täler bilden hier ein tolles Wanderterrain. Und dazu kommt noch eine spektakuläre Küste mit Klippen und Stränden.

Northumberland

Die auf karge Weise schönen Moore des Northumberland National Park an der englischen Nordgrenze sind sehr beliebt bei Wanderenthusiasten. Weniger anstrengend, aber genauso spektakulär sind die hohen Klippen und die langen leeren Strände an der Küste – ideal für Spaziergänge am wilden Meer.

Die besten Fernwanderwege

Einige Fernwanderwege durchziehen das Land von West nach Ost, andere folgen der Küste oder verlaufen durch Nationalparks.

South West Coast Path

➡ 1014 km; 8–10 Wochen; www.southwest coastpath.com

Die Achterbahn-Wanderung über die Südwesthalbinsel Englands führt vorbei an Stränden, Buchten, Schiffswracks, Seebädern, Fischerdörfern und Klippenburgen. Angesichts seiner Länge wird er meist abschnittsweise begangen: Am beliebtesten ist der zweiwöchige Teil von Padstow um Land's End herum nach Falmouth.

Pennine Way

➡ 412 km; 14–21 Tage; www.nationaltrail.co.uk/ pennineway

Der Weg führt entlang der Bergkette, die das Rückgrat Nordenglands bildet, durch hohe, wilde Landschaften. Selbst im Sommer kann einem das Wetter hier übel mitspielen und für viele Wanderer ist der Weg ein echter Härtetest – aber einer, der sich lohnt.

Wegweiser am Pennine Way (S. 421)

Coast to Coast Walk

➡ 306 km; 12–14 Tage; www.wainwright.org.uk/coasttocoast.html

Der nach dem Mann, der die Strecke ausgearbeitet hat, auch Wainwright's Coast to Coast genannte Weg ist kein *national trail,* aber dennoch der beliebteste Fernwanderweg im Land. Er führt auf einer spektakulären Strecke durch drei Nationalparks.

Hadrian's Wall Path

➡ 135 km; 7–8 Tage; www.nationaltrail.co.uk/hadrianswall

Der Weg folgt dem berühmten römischen Wall durch Nordengland, vorbei an Befestigungsanlagen und Burgen, und ist dem Coast to Coast in Sachen Beliebtheit dicht auf den Fersen.

Cotswold Way

➡ 164 km; 7–10 Tage; www.nationaltrail.co.uk/cotswold

Die malerische Route präsentiert England von seiner charmantesten Seite. Außerdem begibt man sich hier auf eine Zeitreise

vorbei an prähistorischen Hügelfestungen, römischen Relikten und Herrenhäusern.

South Downs Way

➡ 161 km; 7–9 Tage; www.nationaltrail.co.uk/southdowns

Die Route führt auf einem alten Kreideweg von Winchester durch Südostengland ans Meer. Dabei folgt sie unter einem weiten Himmel zumeist den sanften Hügeln, mit wunderbaren Ausblicken, malerischen Dörfern und prähistorischen Stätten.

Dales Way

➡ 137 km; 6 Tage; www.dalesway.org.uk

Der kaum anstrengende Weg führt durch einige der schönsten Täler Nordenglands in den reizenden Yorkshire Dales nach Windermere im Lake District.

Radfahren & Mountainbiken

Ein Fahrrad ist perfekt, um England abseits der Hauptstraßen zu erkunden: Zahllose Landstraßen durchziehen das Land, vorbei an Feldern und Dörfern – ideal für Radtouren. Genussradler cruisen durch sanfte Landschaften und gönnen sich unterwegs einen *cream tea,* andere kämpfen sich durch die Berge und erfreuen sich an steilen Anstiegen und langen Abfahrten. Man kann von Ort zu Ort radeln und zelten oder in B&Bs absteigen oder man sucht sich einen Stützpunkt und fährt dann tageweise in verschiedene Richtungen. Alles, was man braucht, ist eine Karte und einen Sinn für Abenteuer.

Mountainbiker können auf den Trails und Reitwegen, die die Hügel und die Hochmoore Englands durchziehen, weiter in die Wildnis eindringen. Oder sie steuern eins der zahlreichen Trail Center an, in denen speziell angelegte Singletrails durch die Wälder führen. Hier reichen die Wege von für Familien geeigneten netten Pisten bis zu knorrigen Felsgärten und steilen Abhängen für Hardcore-Biker, allesamt in Skipistenmanier von grün bis schwarz klassifiziert.

www.sustrans.org.uk Informationen über Radwege in Großbritannien.

www.forestry.gov.uk/england-cycling Führer zu den Waldtrails in England.

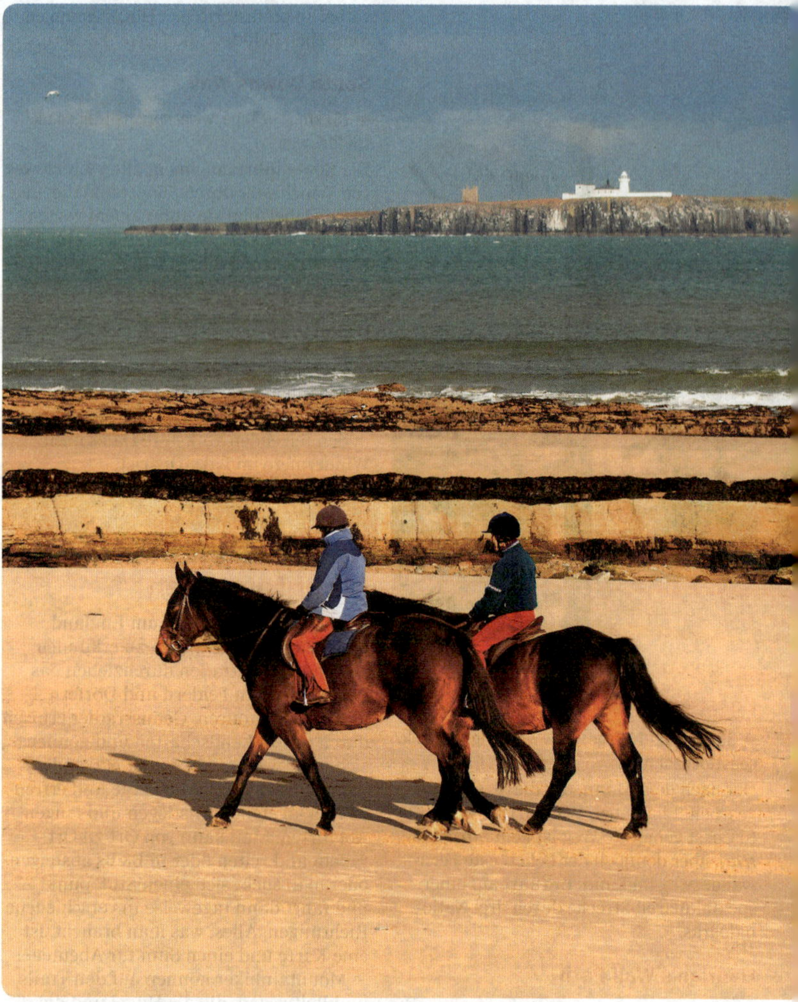

JENNYT / SHUTTERSTOCK ©

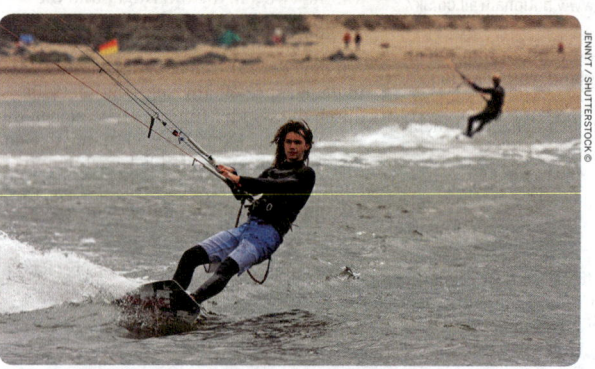

Oben: Ausritt am Strand von Seahouses

Unten: Kitesurfen an der Küste von Devon

Surfen & Windsurfen

England ist vielleicht nicht gerade das naheliegendste Ziel für Surfer, doch die Bedingungen sind überraschend gut und dank des großen Tidenhubs bieten sich bei Ebbe und Flut oft total unterschiedliche Breaks. In den Surfzentren kann man meist problemlos Surfbretter und Neoprenanzüge leihen.

Die besten Spots sind die Atlantikküsten von Cornwall und Devon – das Surfmekka ist Newquay mit der üblichen, von VW-Bussen und blondierten Haaren geprägten Surferszene – und auch anderswo gibt's kleinere Surferzentren, besonders in Norfolk und Yorkshire im Osten Englands.

Windsurfen ist überall an der Küste beliebt. Zu den besten Gebieten zählen Norfolk, Suffolk, Devon und Cornwall sowie die Isle of Wight.

http://ukwindsurfing.com Gute Informationsquelle fürs Windsurfen.

http://surfinggb.com Verzeichnisse geprüfter Surfschulen, Kurse, Wettkämpfe usw.

Kanu- & Kajakfahren

Mit ihren geschützten Buchten und ihrem eingekerbten Verlauf ist die Südwestküste Englands wie geschaffen fürs Seekajakfahren. Im Landesinneren bieten Seen und Kanäle ideale Bedingungen für Touren im Kanadier. Die turbulenten Flüsse des Lake District, von Northumberland und Devon können je nach Wasserstand gute Bedingungen fürs Wildwasserkajaken bieten.

In den Kajakzentren wie Cornwall, Devon und dem Lake District ist vielerorts Ausrüstung zu leihen und wird Unterricht angeboten.

www.gocanoeing.org.uk Verzeichnet geprüfte Kanuzentren in England.

Segeln & Bootfahren

Mit ihrer grandiosen Landschaft und den starken Winden und ausgeprägten Tiden

zählt die Südküste Englands zu den beliebtesten Segelrevieren Europas. Dagegen bieten die englischen Kanäle ein klassisches Kanalboot-Erlebnis. Anfänger können in vielen Segelschulen an der Küste einen Segel- oder Jollensegelkurs der Royal Yachting Association belegen. Kanalbootskapitäne benötigen zu Beginn ihres Abenteuers lediglich eine kurze Einweisung.

www.rya.org.uk Website der Royal Yachting Association.

www.canalholidays.com Infos zu Kanalbooten und Kursen.

Reiten & Ponytrekking

Wer die Hügel und Moore erkunden möchte, sich aber nicht wandernd oder radelnd verausgaben möchte, kann sich die Landschaft auch sehr schön vom Rücken eines Pferdes anschauen. In ländlichen Gebieten und Nationalparks wie Dartmoor und Northumberland bieten Reiterhöfe Ausritte auf allen Fertigkeitsstufen, mit Ponys für Kinder und Anfänger und großen Pferden für Leute mit Erfahrung.

British Horse Society (www.bhs.org.uk) Bietet ein Verzeichnis lizenzierter Reiterhöfe, die Tagesritte und auch längere Treks anbieten.

Klettern

England blickt auf eine lange Geschichte im Felsklettern und Bergsteigen zurück – viele der klassischen Routen wurden zum ersten Mal im 19. Jh. begangen. Zu den wichtigsten Klettergebieten zählen der Lake District, der Peak District und Yorkshire, außerdem die Meeresklippen von Devon und Cornwall, doch gibt es im ganzen Land Hunderte von Felsen zu bezwingen.

Kletterführer werden herausgegeben vom **Fell & Rock Climbing Club** (www.frcc.co.uk) und vom **Climbers Club** (www.climbers-club.co.uk).

www.ukclimbing.com Website mit jeder Menge nützlichen Informationen.

Reiseplanung

Reisen mit Kindern

Dank seiner recht kompakten Größe mit zahlreichen Attraktionen auf eher kleiner Fläche ist England ideal für Urlaube mit Kindern. So können Mama und Papa auf die Frage „Wann sind wir endlich da?" häufig mit „Jetzt!" antworten.

Die besten Regionen mit Kindern

London
Jede Menge Sehenswertes für Kids – einige nicht ganz so günstig, andere kostenlos.

Südwestengland
Einige der schönsten Strände in England mit recht zuverlässigem Ferienwetter – im Sommer ist's hier jedoch voll.

Peak District
Ideal für Radtouren dank autofreier Radwege auf alten Eisenbahntrassen.

Oxford & die Cotswolds
Oxford bietet kinderfreundliche Museen und Harry-Potter-Drehorte, die Cotswolds sind ideal für kurze Beine.

Shropshire
Viele Burgen und tolle Museen im historischen Grenzland zwischen England und Wales.

Lake District & Cumbria
Super für Aktivitäten an der frischen Luft: Ziplines und Mountainbikes für Teenager, Bootsfahrten und Beatrix Potter für die Kleinen.

England für Kids

Viele Sehenswürdigkeiten wenden sich sowohl an Erwachsene als auch Kinder. Auf einer Burg z. B. können *mum and dad* die mittelalterliche Architektur bestaunen, während die Kinder ihren Spaß daran haben, über die Wehrgänge zu streifen und einer Falknereivorführung zuzuschauen. Ebenso organisieren viele Nationalparks und Urlaubsorte spezielle Aktivitäten und Events für den Nachwuchs – besonders viel wird natürlich in den Schulferien geboten.

Schnäppchenjagd

Viele Sehenswürdigkeiten bieten Familientickets – gewöhnlich für zwei Erwachsene und zwei Kinder –, die günstiger sind als mehrere Einzeltickets. Auch für einzelne Elternteile mit Kindern werden oft ermäßigte Tickets geboten. Auf jeden Fall fragen – die Ermäßigungen sind nicht immer sofort ersichtlich.

Auf Tour

Wer als Familie mit öffentlichen Verkehrsmitteln reist: Gut sind Züge, denn hier gibt's genug Platz fürs Gepäck und für Kinderwagen und die Kinder haben ein bisschen Bewegungsfreiraum, wenn ihnen langweilig wird. In Fernbussen dagegen müssen sie auf ihrem Platz bleiben.

Wer ein Auto leiht: Die meisten Autovermietungen können Kindersitze zur Verfügung stellen – am besten vorher nachfragen. Aus Versicherungsgründen muss man die Kindersitze meist selbst im Auto befestigen.

Essen statt stressen

Die meisten Cafés und Tearooms sind kinderfreundlich. Bei den Restaurants ist es unterschiedlich: Einige bieten Hochstühle und Kinderteller, bei anderen heißt es ganz strikt „Keine Kinder nach 18 Uhr!".

In einigen Pubs haben Personen unter 18 Jahren keinen Zutritt, doch in den Touristengebieten servieren die meisten Pubs auch Essen und präsentieren sich so familienfreundlich. Wer unsicher ist, fragt einfach das Personal.

Und schließlich noch ein Wort zu einer anderer Art von Nahrungsaufnahme: Was das Stillen in der Öffentlichkeit angeht, ist England nach wie vor recht zugeknöpft. Ältere Leute schauen vielleicht etwas missbilligend, aber wenn das Stillen auf einigermaßen dezente Weise erfolgt, dann sollte es gewöhnlich okay sein.

Highlights für Kinder

Zum Anfassen

„Bitte nicht berühren!"? Keine Chance! Hier sind schmutzige Finger und neugierige Geister auf jeden Fall willkommen:

Science Museum, London (S. 88) Sieben Etagen voller lehrreicher Exponate in der Mutter aller Naturwissenschaftsmuseen.

Discovery Museum, Newcastle (S. 656) Hier wird die reiche Geschichte von Tyneside erzählt; ein Highlight ist ein Wissenschaftslabyrinth mit allen möglichen Knöpfen und Klingeln.

National Railway Museum, York (S. 521) In den Führerstand einer Dampflok klettern, einen Postzug erkunden, bei technischen Vorführungen zuschauen … all das ist hier möglich.

Action Stations!, Portsmouth (S. 240) Spielzeuge mit militärischen Hintergrund: Hier können Kinder einen Hubschrauber fliegen, einen Flugzeugträger steuern oder durch das Periskop eines U-Boots schauen.

Enginuity, Ironbridge (S. 461) Zahllose interaktive Exponate an der Geburtsstätte der Industriellen Revolution.

An der frischen Luft

Wenn die Kids von den Burgen und Museen genug haben, dann können sie sich an der frischen Luft austoben:

Conkers, Leicestershire (S. 496) Drinnen, draußen oder inmitten der Bäume im Herzen des National Forest spielen.

Puzzlewood, Forest of Dean (S. 220) Ein wundervoller Waldspielplatz mit labyrinthischen Pfaden, skurrilen Felsformationen und unheimlichen Gängen – toll für echte Entdeckungstouren!

Whinlatter Forest Park, Cumbria (S. 638) Zu den Highlights hier zählen ein „Go Ape"-Abenteuerpark, tolle Mountainbike-Trails sowie Live-Videofeeds von Eichhörnchen-Kameras.

Bewilderwood, Norfolk (S. 414) Seilrutschen, Dschungelbrücken, Baumhäuser, Marsch-Spaziergänge, Bootstouren, Labyrinthe und alle möglichen altmodischen Freiluftabenteuer.

North York Moors, Yorkshire (S. 515) Schöne einfache Radwege bei Sutton Bank, anspruchsvolle Bike-Trails im Dalby Forest.

Lyme Regis & die Jurassic Coast, Dorset (S. 266) Auf Führungen kann man hier prähistorische Fossilien suchen.

Tissington Trail, Derbyshire (S. 501) Auf dieser alten Eisenbahntrasse zu radeln macht Spaß und kostet kaum Kraft. Kinderfahrräder, Mountainbikes, Tandems und Kinderanhänger können ausgeliehen werden. In den Tunneln das Hupen nicht vergessen!

An Regentagen

An den unvermeidlichen trüben Tagen steuert man am besten Attraktionen wie die tollen Museen des Landes an. Oder man probiert Outdooraktivitäten wie Coasteering in Cornwall oder Canyoning im Lake District aus – das macht immer Spaß, egal ob's regnet oder nicht.

Cadbury World, Birmingham (S. 426) Der Zahnarzt muss es ja nicht wissen – aber die Kinder lieben die Geschichte der Schokolade. Und ja, es gibt Gratis-Kostproben!

Eden Project, Cornwall (S. 361) Draußen regnet es vielleicht, aber in diesen riesigen halbkugelförmigen Gewächshäusern herrscht immer das Klima des tropischen Regenwalds oder des Mittelmeers.

Cheddar Gorge Caves, Somerset (S. 337) In den tiefen Höhlen im Westcountry lernt man vielleicht endlich den Unterschied zwischen Stalaktiten und Stalagmiten.

WEBSITES

Baby Goes 2 (www.babygoes2.com) Tipps und Ansporn – sowie jede Menge Werbung – für Familien auf Reisen.

Visit England (www.visitengland. com) Offizielle Tourismus-Website für England, mit zahlreichen nützlichen Infos für Familien.

Mumsnet (www.mumsnet.com) Geradlinige Reiseratschläge und mehr von englischen Müttern.

Lonely Planet (www.lonelyplanet.com/ family-travel) Interessante Artikel zum Reisen mit Kindern.

Underground Passages, Exeter (S. 289) Hier kann man mittelalterliche Katakomben erkunden – die einzigen ihrer Art in England, die öffentlich zugänglich sind.

National Media Museum, Bradford (S. 562) Zu den Highlights hier zählen ein Fernsehstudio, in dem man sich selbst filmen kann, eine Galerie mit Videospielen aus den 1980er-Jahren, die man sogar spielen kann, und ein IMAX-Kino.

Etwas lernen, ohne zu merken, dass man was lernt

Hier können die Kleinen etwas lernen, während sie glauben, dass sie einfach nur Spaß haben:

At-Bristol Science Centre, Bristol (S. 318) Eins der besten interaktiven Wissenschaftsmuseen Englands, zu den Themen Weltall, Technologie und menschliches Hirn.

Jorvik Viking Centre, York (S. 521) Ein toller Nachbau einer Wikingersiedlung mit allem Drum und Dran.

Natural History Museum, London (S. 83) Überall Tiere! Zu den Highlights zählen der lebensgroße Blauwal und die Animatronik-Dinosaurier.

Thinktank, Birmingham (S. 424) In dem unterhaltsamen Wissenschaftsmuseum verfügt jedes Exponat über einen Knopf oder Hebel.

National Space Centre, Leicester (S. 489) Raumanzüge, schwerelose Toiletten und Training für Mini-Astronauten – das alles befeuert sicher die kleinen Geister.

Reiseplanung

Reisezeit

Die beste Reisezeit für Familien mit Kindern ist quasi dieselbe wie für alle anderen – die gesamte Zeit von April/Mai bis Ende September. Den August, die Kernzeit der Schulferien im Sommer, meidet man jedoch besser: Dann steigen die Preise und es herrscht viel Verkehr, besonders an den Küsten.

Unterkünfte

Einige Hotels heißen Kinder willkommen und stellen Kinderbetten, Spielzeug und Babysitter-Dienste zur Verfügung, andere wiederum pflegen ein ausschließlich erwachsenes Ambiente. Viele B&Bs bieten „Familiensuiten" – zwei aneinandergrenzende Zimmer mit einem gemeinsamen Bad – und immer mehr Jugendherbergen und unabhängige Hostels haben Familienzimmer mit vier oder sechs Betten, einige sogar mit eigenem Bad. Wer länger an einem Ort bleiben möchte, sollte vielleicht ein Feriencottage mieten. Bei englischen Familien ist Camping sehr beliebt und es gibt zahllose phantastische Plätze, doch gewöhnlich benötigt man seine eigene Ausrüstung.

Gut gewickelt

Die meisten Museen und anderen Attraktionen in England bieten gute Einrichtungen zum Windelnwechseln. Ansonsten gibt's in einigen öffentlichen Toiletten in den Stadtzentren Wickeltische, wenn diese oft auch nicht gerade sauber sind. Am besten versucht man es in einem der besseren Kaufhäuser. An den Autobahnraststätten und in Supermärkten außerhalb der Städte sind die Wickeleinrichtungen gewöhnlich okay.

England im Überblick

Vom multikuturellen Schmelztiegel London bis zum einsamen spirituellen Vorposten Lindisfarne: Englands Regionen bieten ein wahres Füllhorn an klassischen Reiseerlebnissen. In Südengland findet man die typischen englischen Landschaften mit üppigen Weiden, reetgedeckten Cottages und Dorfwiesen, auf denen Cricket gespielt wird. Die südwestlichen Grafschaften Cornwall und Devon sind wilder und für ihre Surferstrände und Fischrestaurants bekannt. Liebhaber von Moor- und Berglandschaften kommen im Lake District und Peak Districht voll auf ihre Kosten. Wer sich eher für das industrielle Erbe Englands und für ein munteres Nachtleben interessiert, ist wiederum in den nördlichen Metropolen Manchester, Liverpool und Newcastle gut aufgehoben. Und dazu kommt noch Yorkshire mit der wundervollen Stadt York und den sanften Hügeln der Yorkshire Dales.

London

**Geschichte
Unterhaltung
Kultur**

Historische Straßen

Londons uralte Straßen säumen viele der berühmtesten und geschichtsträchtigsten Sehenswürdigkeiten Englands. An Orten wie dem Tower, der Westminster Abbey und der St. Paul's Cathedral, aber auch in Pubs und alten Postkutschstationen, in denen einst Dickens, Shelley, Keats und Byron zu Gast waren.

Unterhaltung

Von den Theatern des West End bis zu den Clubs des East End, von den Rockläden Camdens bis zur Oper von Covent Garden, vom Tennis in Wimbledon bis zum Cricket im Lord's oder Fußball in Wembly – Londons weltberühmte Kultur- und Freizeiteinrichtungen bieten Unterhaltung ohne Ende.

Museen

Das große Publikummagnet ist zwar das British Museum, doch die britische Hauptstadt lockt mit Museen aller Art und Größe – und viele der besten kosten keinen Eintritt.

S. 54

Canterbury & Südostengland

Kathedrale
Geschichte
Essen & Trinken

Canterbury Cathedral

Canterbury Cathedral ist schon allein ein Grund für eine Reise nach Südost-England: Sie ist eine der schönsten Kirchen Europas und eine der heiligsten Stätten der Christenheit, mit stimmungsvollen Kapellen, Kreuzgängen und Krypten.

Invasionen

Der Südosten war schon immer ein Tor für Ankömmlinge vom Kontinent, einige willkommener als andere. Burgen und Festungen, das Schlachtfeld von 1066 und die geheimen Kriegstunnel von Dover erzählen die von Invasion und Verteidigung geprägte Geschichte der Region.

Hopfen & Trauben

Kent ist zu Recht bekannt als der Garten Englands und ist schon lange für seinen Hopfen berühmt, der auch heute noch englischen Bieren Aroma verleiht. Auch Sussex macht von sich reden: Hier werden die besten Schaumweine Englands produziert.

S. 145

Oxford, Cotswolds & Umgebung

Architektur
Herrenhäuser
Dörfer

Colleges in Oxford

Oxfords Architektur lässt niemanden kalt, ob man nun vom Carfax Tower auf die verträumten Türme schaut, die mittelalterlichen Straßen zu Fuß erkundet oder einfach die phantastischen Wasserspeier an den Fassaden der Colleges bestaunt.

Blenheim Palace

Diese Region ist schon seit Jahrhunderten beliebt bei den Reichen und Mächtigen und so gibt's hier einige der schönsten Herrenhäuser Englands. Am bekanntesten ist das Barockmeisterwerk Blenheim Palace, Geburtsstätte von Winston Churchill.

Dörfer der Cotswolds

Mit ihren malerischen honigfarbenen Steincottages, Reetdächern, gepflegten Gärten und Kopfsteinpflastergassen sind die Dörfer der Cotswolds ein reizendes Stück ländliches England.

S. 184

Bath & Südwestengland

Küste
Geschichte
Aktivitäten

Strände in Cornwall

Englands Südwesthalbinsel sticht stolz in den Atlantik, gesäumt von einer fast endlosen Serie von Sandstränden, von der malerischen Kynance Cove bis zum Surfmekka Newquay.

Römische Ruinen

Die hübsche georgianische Stadt Bath – die in ihrer Gesamtheit Weltkulturerbe ist – beherbergt einen der besterhaltenen römischen Bäderkomplexe überhaupt.

Wandern & Surfen

Wer es gerne ruhig angehen lässt, kann hier über die Moore wandern oder auf den Radwegen entlangrollen. Und wer's lieber schnell und spannend mag, kann auf den besten Wellen Englands reiten oder tauchen oder kitesurfen lernen.

S. 231

Cambridge & East Anglia

Architektur
Küste
Wasserwege

Historische Kirchen

Von den prächtigen Kathedralen von Ely, Norwich und Peterborough bis zur King's College Chapel, dem Great Court des Trinity College und dem New Court des St. John's College in Cambridge: Das architektonische Erbe East Anglias braucht sich wahrlich nicht zu verstecken.

Seebäder

Weite Sandstrände, tolle Meeresfrüchte, reizende alte Pubs, Vogelschutzgebiete von Weltrang, historische, auch heute noch auf ihr maritimes Erbe stolze Dörfer und klassische Badeorte wie Southwold und Cromer: Die Küste East Anglias erweist sich als extrem vielfältig.

The Broads

Die Norfolk und Suffolk Broads sind ein stilles Paradies der Seen und Flüsse und ideal zum Boot-, Kanu- und Radfahren, zum Wandern und zur Vogelbeobachtung oder einfach nur zum gemächlichen Eintauchen in die Natur.

S. 375

Birmingham, Midlands & Marches

Aktivitäten
Herrenhäuser
Essen & Trinken

Wandern & Radfahren

Der Peak District National Park, Cannock Chase, die Shropshire Hills, die Roaches, die Malvern Hills, der Offa's Dyke Path, der Tissington Trail und der Pennine Cycleway machen diese Region zu einem wahren Wander- und Radelparadies.

Chatsworth

Herrschaftliche Häuser wie Haddon Hall, Burghley House und insbesondere Chatsworth, der prächtige Stammsitz des Herzogs und der Herzogin von Devonshire, versprechen Landschaftsparks voller Skulpturen und prächtige Inneneinrichtungen voller unbezahlbarer Familienerbstücke und Ölgemälde.

Curry-Kapitale

Ein Tipp für Gourmets: Birmingham ist die Curry-Hauptstadt des Landes und inzwischen auch vermehrt ein Magnet für Sterneköche. Das winzige Ludlow ist ein Zentrum gastronomischer Erkundungen.

S. 420

Yorkshire

Aktivitäten
Essen & Trinken
Geschichte

Wandern & Radfahren

Mit seinen sanften Hügeln, schönen Tälern, Hochmooren und seiner Steilküste, allesamt geschützt in zwei der beliebtesten Nationalparks Englands, ist Yorkshire ein echter Abenteuerspielplatz für Wanderer, Radfahrer, Surfer und Kletterer.

Roastbeef & Real Ale

Fruchtbare Äcker und saftige Weiden machen Rind- und Lammfleisch aus Yorkshire zu begehrten Erzeugnissen. Die ausgezeichneten Brauereien Theakston's und Black Sheep in Masham wiederum produzieren erstklassige *real ales,* die man am besten in den schönen alten Pubs von Yorkshire probiert.

Uralte Abteien

Vom römischen und Wikingererbe Yorks und den alten Abteien Rievaulx, Fountains und Whitby bis zur Industriegeschichte von Leeds, Bradford und Sheffield: Hier werden wichtige Stränge der englischen Geschichte erzählt.

S. 514

Manchester, Liverpool & Nordwestengland

Geschichte
Sport
Seebäder

Museen

Die vielen historischen Stätten des Nordwestens, vom wunderbaren People's History Museum in Manchester bis zum International Slavery Museum in Liverpool, zeugen von der vielschichtigen Geschichte der Region und ihrer Fähigkeit, diese in Erinnerung zu halten.

Fußball

Die beiden Städte Liverpool und Manchester beherbergen gleich vier weltbekannte Fußballvereine, darunter die beiden erfolgreichsten der englischen Fußballgeschichte. Das National Football Museum in Manchester ist nur ein weiterer Grund für Fußballfreunde, diese Region zu besuchen.

Blackpool

Blackpool, der Inbegriff des klassischen englischen Seebads, lässt sich durch nichts aufhalten, u. a. dank dem Freizeitpark Pleasure Beach, in dem sich Adrenalinjunkies austoben können.

S. 573

Lake District & Cumbria

Landschaft
Aktivitäten
Literatur

Seen & Berge

Der Lake District National Park ist der bergigste Teil Englands, mit dem Scafell Pike (Englands höchstem Gipfel) und unzähligen schönen Seen, einige davon groß und berühmt wie Windermere, Coniston und Ullswater, andere klein, versteckt und kaum bekannt.

Wandern

Der Lake District ist Englands Eldorado für Wanderer. Für Spaziergänger gibt's leichte Wege durch kleine Hügel und Täler, hartgesottene Wanderer zieht es in die Berge, viele davon auf den Scafell Pike.

William Wordsworth

Die Schönheit des Lake District inspirierte William Wordsworth zu einer berühmten Ode. Wordsworth-Stätten wie Dove Cottage und Hawkshead Grammar School sind beliebte Ziele von literaturbegeisterten Besuchern.

S. 611

Newcastle & Nordostengland

Geschichte
Landschaft
Burgen

Hadrianswall

Der Hadrianswall ist eine der bedeutendsten römischen Stätten überhaupt: Das Symbol imperialer Macht erstreckt sich mehr als 110 km weit von Tyneside bis zum Solway Firth über Nordengland. Wer möchte, kann die ganze Strecke ablaufen und unterwegs an Festungen Pausen einlegen.

Northumberland National Park

Wer auf Breitbildpanoramen aus ist: Die weiten Moore, Steindörfer und unverstellten Ausblicke in Englands nördlichstem Nationalpark werden sicher nicht enttäuschen. Außerdem lässt sich hier nachts wunderbar der Sternenhimmel bestaunen.

Alnwick Castle

Northumberland ist mit einigen der schönsten Burgen Englands gespickt, darunter die Küstenfestungen Bamburgh und Dunstanburgh. Am berühmtesten ist jedoch Alnwick, Drehort der *Harry Potter*-Filme.

S. 652

Reiseziele in England

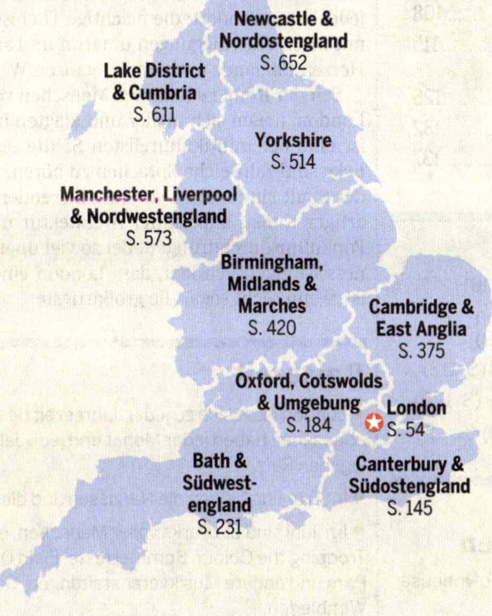

Newcastle &
Nordostengland
S. 652

Lake District
& Cumbria
S. 611

Yorkshire
S. 514

Manchester, Liverpool
& Nordwestengland
S. 573

Birmingham,
Midlands &
Marches
S. 420

Cambridge &
East Anglia
S. 375

Oxford, Cotswolds
& Umgebung
S. 184

London
S. 54

Bath &
Südwest-
england
S. 231

Canterbury &
Südostengland
S. 145

London

8,7 MIO. EW. / 📱020 / FLÄCHE 1569 KM²

Gut essen

➡ Gymkhana (S. 116)

➡ Dinner by Heston
Blumenthal (S. 119)

➡ Brasserie Zédel (S. 117)

➡ Gordon Ramsay (S. 120)

➡ Ledbury (S. 120)

Schön
übernachten

➡ Zetter Hotel & Townhouse
(S. 115)

➡ Citizen M (S. 111)

➡ Clink78 (S. 114)

➡ Beaumont (S. 109)

➡ Hoxton Hotel (S. 110)

Auf nach London

Londonreisende kommen mit vielen Erwartungen in die Metropole, der sie in Romanen, Filmen und Songs schon so oft begegnet sind. Aber welche Vorstellungen sie sich auch gemacht haben, diese faszinierende, wandelbare Stadt wirft sie alle über den Haufen. Man kann London ein Leben lang erkunden und wird jedes Mal überrascht sein. Eines bleibt jedoch unverändert: die mächtige Themse, welche die Stadt mit ihren Flussbiegungen umarmt und sie mit dem grünen Herzen Englands und mit der ganzen Welt verbindet.

Seit der Römerzeit kamen Menschen von überallher nach London, ließen sich nieder und klagten über das Wetter. Es ist eine der multikulturellsten Städte der Welt – an jeder Ecke sind zahlreiche Sprachen zu hören. Die engen Straßen der Stadt sind zudem von faszinierender Geschichte, großartiger Kunst, imposanter Architektur und weltberühmter Popkultur durchdrungen. Bei so viel unerschöpflicher Coolness ist eigentlich klar, dass London eine großartige Stadt ist, wenn nicht sogar die großartigste.

Reisezeit

➡ London lässt sich zu jeder Jahreszeit besuchen. Davon abgesehen haben jeder Monat und jede Jahreszeit ihren eigenen Reiz.

➡ Im Frühling blühen die Narzissen und die Bäume.

➡ Im Juni sind die Parks voller Menschen, es gibt das Trooping the Colour, Sommerfeste, Field Day im Victoria Park und andere Musikveranstaltungen, Gay Pride und Wimbledon.

➡ Auch wenn die Tage spürbar kürzer sind – der Herbst ist in London die Zeit der Literatur-, Kunst- und Kulturfestivals.

➡ Im Dezember funkelt es weihnachtlich in Oxford und Regent Street und vielleicht gibt's etwas Schnee.

Geschichte

London entstand als keltisches Dorf an einer Furt durch die Themse, aber zur Stadt entwickelte es sich erst nach der römischen Eroberung 43 n. Chr. Die Invasoren bauten um ihr „Londinium" eine Mauer, die bis heute in der Form der City of London nachzuvollziehen ist.

Ende des 3. Jhs. n. Chr. lebten bereits um die 30 000 Menschen in Londinium. Interne Konflikte und Angriffe von außen zermürbten die Römer jedoch, die schließlich im 5. Jh. Britannien verließen. Die Stadt sank zum Provinznest herab.

Als nächstes kamen die Angelsachsen, deren „Lundenwic" blühte und sich zu einer großen, gut organisierten Stadt entwickelte. Mit ihrer wachsenden Bedeutung erregte die Stadt die Aufmerksamkeit der dänischen Wikinger, die sie mehrmals überfielen. 1016 waren die Angelsachsen schließlich geschlagen und gezwungen, das dänische Stammesoberhaupt Knut als König von England anzuerkennen, unter dem London Winchester als Hauptstadt ersetzte. 1042 bestieg sein angelsächsischer Nachfolger Eduard der Bekenner den Thron, der die Westminster Abbey errichten ließ.

Nach der normannischen Eroberung 1066 wurde Wilhelm der Eroberer in London zum König von England gekrönt. Er baute den White Tower (das Kernstück des Tower of London), handelte mit den Kaufleuten Steuern aus und bekräftigte die Unabhängigkeit der Stadt. Von da an war die Stadtpolitik von Kämpfen zwischen Monarchie, Kirche und Zünften bestimmt, bis Ende des 15. Jhs. ein wackliger politischer Kompromiss zwischen den drei Mächten geschlossen wurde. Im 16. Jh. dehnte sich die Stadt unter den Tudors rasch aus.

Die Pest, die bereits zwischen 1348 und 1350 die halbe Bevölkerung Londons ausgelöscht hatte, schlug 1665 erneut zu. Als die Winterkälte die Epidemie bremste, waren bereits 100 000 Londoner gestorben. Der Katastrophe folgte eine weitere Verwüstung, als das Große Feuer von 1666 die Stadt in Schutt und Asche legte. Die Feuersbrunst hinterließ Freiflächen, auf denen Meisterarchitekt Christopher Wren prachtvolle Kirchen baute.

Trotz solcher Rückschläge wuchs London weiterhin und war 1700 mit 600 000 Einwohnern die größte Stadt Europas. Durch den Zustrom ausländischer Arbeiter wuchsen der Osten und Süden, während jene, die es sich leisten konnten, in die besseren Gegenden im Norden und Westen zogen. Im georgianischen London erblühte die künstlerische Kreativität: Menschen wie Dr. Johnson, Händel, Gainsborough und Reynolds bereicherten das kulturelle Leben und große Architekten gestalteten eine elegante neue Metropole.

1837 trat die 18-jährige Victoria ihre lange Herrschaft an und London wurde zum Drehund Angelpunkt des Britischen Weltreichs. Die Industrielle Revolution brachte den Bau neuer Hafenbecken und Eisenbahnen mit sich (1863 wurde die erste U-Bahnstrecke eröffnet) und die Weltausstellung von 1851 präsentierte London der Welt. In viktorianischer Zeit wuchs die Stadtbevölkerung von knapp über 2 Mio. auf 6,6 Mio. Einwohner.

Im Ersten Weltkrieg erlitt London nur relativ geringe Schäden, aber im Zweiten Weltkrieg wurde die Stadt von deutschen Bomben schwer getroffen: Große Flächen im Zentrum und im East End wurden dem Erdboden gleichgemacht und 32 000 Menschen getötet. In den wiederaufgebauten Stadtteilen prägten unansehnliche Wohnblocks und kostengünstige Neubauten das Bild und Schadstoffe aus Haushalten und Industrie belasteten die Luft. Am 6. Dezember 1952 kam es zur großen Smogkatastrophe. Eine tödliche Kombination aus Nebel, Rauch und Luftverschmutzung kostete über 4000 Menschen das Leben.

Allmählich kehrte der Wohlstand in die Stadt zurück und all die kreative Energie, die sich in den Nachkriegsjahren angestaut hatte, wurde plötzlich freigesetzt. In den Swinging Sixties wurde London zur coolen Hauptstadt der Mode und Musik – eine Party, auf die in den 1970er-Jahren Ernüchterung folgte. Seither reitet London auf der Welle der globalen Entwicklung auf und ab, hat aber seine Stellung als weltweit führendes Finanzzentrum beibehalten.

Im Jahr 2000 wählte die Metropole erstmals ihren Bürgermeister für die City und alle 32 Stadtbezirke. 2008 übernahm der überzeugte Radfahrer Boris Johnson, ein Tory (Konservativer) mit blondem Struwwelschopf und leutseligem Auftreten, das Amt. 2016 zog er nach zwei Amtsperioden ins britische Außenministerium. Ins Amt des Bürgermeisters wurde Sadiq Aman Khan gewählt.

Als im August 2011 die Polizei in Tottenham einen Mann erschoss, brachen in zahlreichen Londoner Bezirken Krawalle

Highlights

1 **Regent's Park** (S. 90) In einem der hübschesten Parks von London faulenzen

2 **British Museum** (S. 92) In diesem tollen Museum die Beute eines Weltreichs durchkämmen

3 **Tower of London** (S. 71) Die berühmte Burg erkunden, in der mehrere Angehörige des Königshauses enthauptet wurden

4 **Westminster Abbey** (S. 58) Die beeindruckende Architektur des Gotteshauses bewundern

5 **Lamb & Flag** (S. 126) Hier oder in einem anderen Pub mit Blick auf die Themse ein Gläschen heben

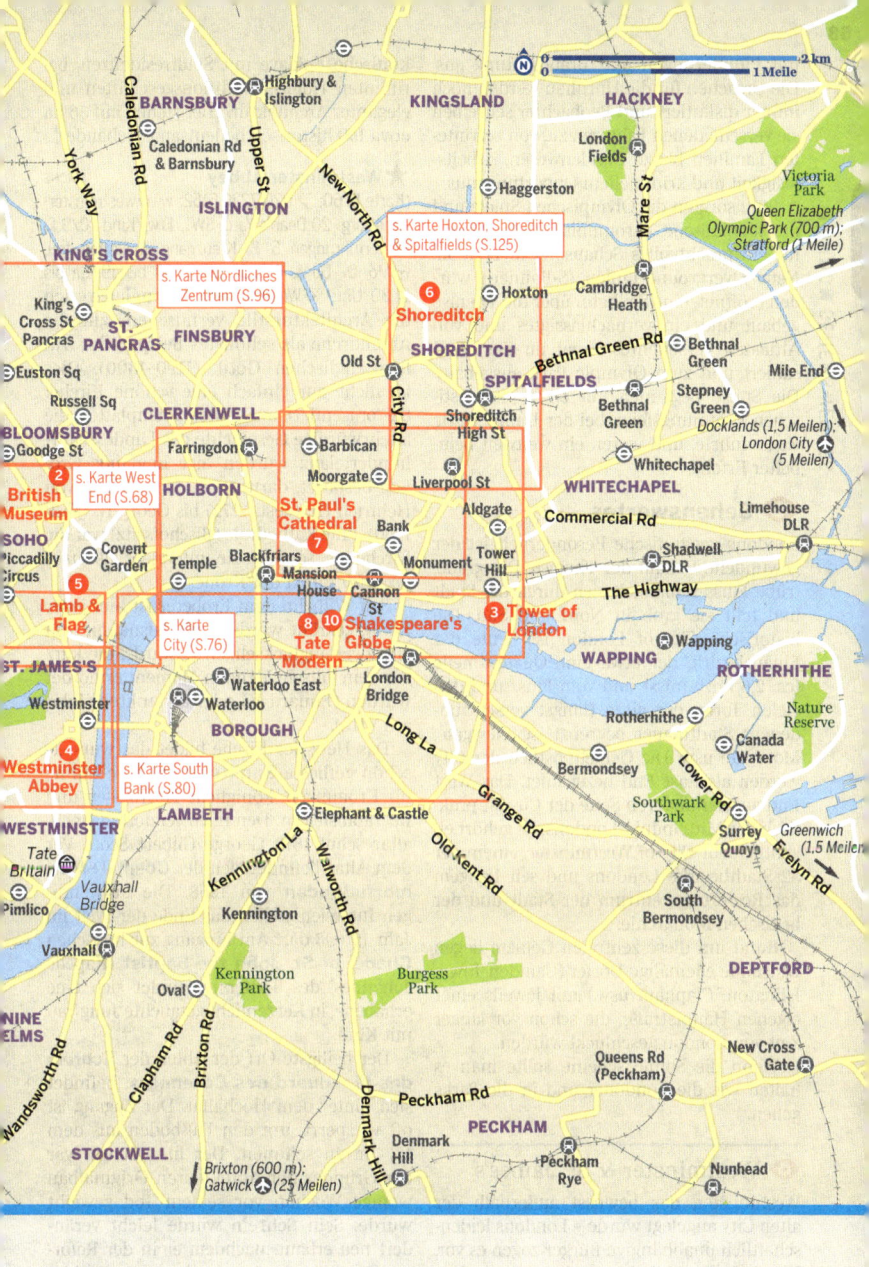

s. Karte Hoxton, Shoreditch & Spitalfields (S.125)

6 Shoreditch

s. Karte Nördliches Zentrum (S.96)

2 s. Karte West End (S.68)

British Museum

5

Lamb & Flag

s. Karte City (S.76)

St. Paul's Cathedral 7

8 Tate Modern

10 Shakespeare's Globe

3 Tower of London

4 Westminster Abbey

s. Karte South Bank (S.80)

Queen Elizabeth Olympic Park (700 m); Stratford (1 Meile)

Docklands (1,5 Meilen); London City (5 Meilen)

Greenwich (1,5 Meilen)

Brixton (600 m); Gatwick (25 Meilen)

---

6 Kneipenbummel durch Shoreditch Auf einer Kneipentour durchs angesagte Shoreditch (S. 130) mit Londonern ins Gespräch kommen

7 St. Paul's Cathedral (S. 74) Von der Kuppel aus nach den Wolken greifen

8 Tate Modern (S. 79) Moderne und zeitgenössische Kunst auf neue Art erleben

9 Natural History Museum (S. 83) Die tollen Exponate und Gärten des 5,7 ha großen Komplexes bestaunen

10 Shakespeare's Globe (S. 79) Im Freilufttheater ein Drama miterleben

mit Plünderungen und Brandstiftung aus. Die Ursachen für die Unruhen werden noch immer diskutiert und Beobachter schreiben sie verschiedenen Faktoren zu, von zerrütteten Familien bis zu Bandenwesen, Arbeitslosigkeit und kriminellem Opportunismus.

2012 sorgten die Olympischen Spiele und das diamantene Thronjubiläum der Queen für ein prachtvolles Schauspiel in London. Neue Overground-Linien (S-Bahnen) wurden eröffnet, eine Seilbahn über die Themse gebaut und ein vernachlässigtes und von Altlasten verseuchtes Areal im East End saniert und zum Olympic Park ausgebaut. Die Spiele begannen mit einer phantastischen Eröffnungsfeier, bei der Danny Boyle Regie führte, und waren ein weltweit bejubelter Erfolg.

◉ Sehenswertes

Londons geografische Besonderheit ist der gewundene Verlauf der Themse. Der graue, trübe Fluss schlängelt sich durch die Stadt und teilt sie grob in Nord und Süd. Die historische City of London ist heute der Finanzbezirk, der etwa eine Quadratmeile (ca. 2,6 km²) misst und vom Fluss und den vielen Toren der alten (längst verschwundenen) Stadtmauer begrenzt ist: Newgate, Moorgate usw. Die Gebiete östlich der City werden als East End bezeichnet. Das West End auf der anderen Seite der City ist praktisch der Mittelpunkt Londons. Es gehört eigentlich zur City of Westminster, einem der 32 Stadtbezirke Londons und seit Langem das Regierungszentrum der Stadt und der britischen Monarchie.

Rund um diese zentralen Gebiete liegen Dutzende ehemalige Dörfer (Camden Town, Islington, Clapham usw.) mit jeweils einer eigenen Hauptstraße, die schon vor langer Zeit von London geschluckt wurden.

Wenn die Sonne scheint, sollte man es halten wie die Londoner und in die Parks gehen.

◉ Westminster & St. James's

Westminster, das bewusst außerhalb der alten City angelegt wurde – Londons leidenschaftlich unabhängige Bürger zogen es vor, Monarchen und Parlament in gebührendem Abstand zu halten –, ist seit fast einem Jahrtausend das Zentrum der politischen Macht des Landes. Die vielen Wahrzeichen der Gegend ergeben zusammen ein phantastisches Bild von Obrigkeit, Prunk und ehrfurchtgebietender Würde. St. James's ist eine aristo-

kratische Enklave mit Stadtresidenzen, berühmten Hotels, Traditionsgeschäften und eleganter Architektur. Hier stehen auf 36 ha etwa 150 historisch bedeutsame Gebäude.

★ **Westminster Abbey**   KIRCHE
(Karte S. 60; ☏ 020-7222 5152; www.westminster-abbey.org; 20 Dean's Yard, SW1; Erw./Kind 20/9 £, Küsterführungen 5 £, Kreuzgang & Gärten frei; ⊙ Mo, Di, Do & Fr 9.30–16.30, Mi bis 19, Sa bis 14.30 Uhr; ⊜ Westminster) Wenngleich sich die Architekturstile vermischen, gilt die Abteikirche als schönstes Beispiel der frühen englischen Gotik (1190–1300). Dies ist nicht nur einfach eine schöne Kirche: Sie präsentiert auf kalten Steinplatten die altehrwürdige Geschichte des Landes. Jahrhundertelang wurden hier Englands Größen bestattet, darunter 17 Monarchen, von Heinrich III. (gest. 1272) bis Georg II. (gest. 1760). Eine Kathedrale (Bischofssitz) war die Kirche nie, sondern sie untersteht als *royal peculiar* direkt der Krone.

Seit Wilhelm dem Eroberer ist hier jeder König gekrönt worden, mit Ausnahme von ein, zwei unglückseligen Edwards, die kurz vor dem entscheidenden Moment ermordet wurden (Eduard V.) oder abdankten (Eduard VIII.).

Das Herz der Kirche bildet das wunderschön geflieste **Sanktuarium**, eine Bühne für Krönungen, königliche Hochzeiten und Begräbnisfeiern. Den reich verzierten Hochaltar schuf 1873 George Gilbert Scott. Vor dem Altar befindet sich der **Cosmati-Marmorfußboden** von 1268. Die aufwendigen Intarsien stellen das Ende der Welt im Jahr 19 693 dar! Am Eingang zur hübschen **Chapel of St. John the Baptist** (Kapelle Johannes' des Täufers) befindet sich eine erhabene, in Kerzenlicht getauchte Jungfrau mit Kind.

Der heiligste Ort der Abtei, der **Schrein des hl. Eduard des Bekenners**, befindet sich hinter dem Hochaltar. Der Zugang ist oft versperrt, um den Fußboden aus dem 13. Jh. zu schonen. Der hl. Eduard war der Gründer der Abtei, deren Originalbau wenige Wochen vor seinem Tod geweiht wurde. Sein Schrein wurde leicht verändert neu erbaut, nachdem er in der Reformationszeit zerstört worden war, enthält aber noch immer die sterblichen Überreste Eduards – der einzige vollständige Heiligenleichnam in Großbritannien. Bei den von Kirchendienern durchgeführten 90-minütigen **Führungen** durch die Kirche wird auch der Schrein besichtigt.

LONDON IN ...

... zwei Tagen

Nur zwei Tage? Startpunkt ist **Trafalgar Square**. Von hier aus werden die großen Sehenswürdigkeiten wenigstens von außen besichtigt: **London Eye**, **Houses of Parliament**, **Westminster Abbey**, **St. James's Park & Palace**, **Buckingham Palace**, **Green Park**, **Hyde Park** und **Kensington Gardens**. Am Nachmittag düst man durch die **Tate Modern**. Abends geht's ab nach **Soho**. Der zweite Tag beginnt mit dem Besuch des **British Museum** und einem **Spaziergang** durch die **City**, der am **Tower of London** endet. Zu Abend gegessen wird in einem der internationalen Restaurants in **Clerkenwell**, später zieht man in die angesagten Bars in **Hoxton** und **Shoreditch** um.

... vier Tagen

Gleiches Programm wie oben, nur weniger gedrängt, das heißt, mit mehr Zeit für die Tate Modern, das British Museum und den Tower of London. Am Trafalgar Square wird die **National Gallery** ins Programm genommen, Westminster Abbey und **St. Paul's Cathedral** sind ebenfalls die Besichtigung wert. An den zusätzlichen Abenden werden **Camden** und **Islington** erkundet oder es wird fein und teuer in **Kensington** oder **Knightsbridge** gespeist.

... einer Woche

Wie oben, mit jeweils einem zusätzlichen Tag in **Greenwich**, **Kew Gardens** und **Hampton Court Palace**.

Der Quire (Chor), ein feines neugotisches Werk in Gold, Blau und Rot von Edward Blore, stammt aus der Mitte des 19. Jhs. Hier versammelten sich früher die Mönche zum Gottesdienst, an den ursprünglichen Chorraum erinnert inzwischen jedoch nichts mehr. Im heutigen Chor steuert der Westminster Choir – 22 Jungen und zwölf „Laienvikare" (Männer) – den Gesang zu den täglichen Gottesdiensten bei.

Heinrich III. begann 1245 mit einem neuen Kirchenbau, der aber nicht fertiggestellt wurde. Das gotische Kirchenschiff wurde 1388 unter Richard II. vollendet. Die spektakuläre spätgotische Lady Chapel Heinrichs VII. wurde 1519 nach 16 Jahren Bauzeit geweiht. Im Vestibül der Lady Chapel steht üblicherweise der ziemlich gewöhnlich aussehende Krönungsthron, auf dem alle Monarchen seit Anfang des 14. Jhs. gekrönt wurden – außer Maria II., die sich für ihre Krönung einen eigenen Thron herstellen ließ, der sich heute im Westminster Abbey Museum (Karte S. 60; ⊙10.30–16 Uhr) befindet.

Außer den Königsgräbern lohnt sich auch ein Blick auf die Grabstätten vieler berühmter Bürgerlicher, besonders in der Poets' Corner mit den Gräbern von Chaucer, Dickens, Hardy, Tennyson, Dr. Johnson und Kipling sowie Gedenkstätten für andere Berühmtheiten (Shakespeare, Austen, Brontë usw.).

Nicht weit entfernt befinden sich die Gräber von Händel und Isaac Newton.

Im achteckigen Chapter House, das in den 1250er-Jahren erbaut wurde, trafen sich die Mönche zum täglichen Gebet, bevor Heinrich VIII. rund drei Jahrhunderte später die Klöster zerschlug. Bei der Tür rechts vom Eingang soll es sich um die älteste Tür in Großbritannien handeln – sie verrichtet hier seit 950 Jahren ihre Dienste. Die kryptaähnliche Pyx Chamber, die als Schatzkammer und „königlicher Kleiderschrank" genutzt wurde, entstand um 1070. Im angrenzenden Museumsgewölbe sind die Totenmasken vieler Generationen von Königen, Wachsfiguren von Karl II. und Wilhelm III. – er steht erhöht, um so groß zu sein wie seine Gattin Maria II. –, aber auch Rüstungen und Buntglas zu sehen. Zu den Highlights zählen der für die Krönung von Maria II. genutzte Mary Chair und das Westminster Retable, Englands ältestes Altarbild, aus dem 13. Jh.

Teile der Abbey-Anlage können kostenlos besichtigt werden. Dazu gehören der Cloister (Kreuzgang) und der 900 Jahre alte College Garden (Karte S. 60; ⊙April–Sept. Di–Do 10–18 Uhr, Okt.–März bis 16 Uhr). Neben der Abteikirche liegt die St. Margaret's Church, seit 1614 die Kirche des House of Commons. Darin befinden sich Fenster zum Gedenken an die Kirchgänger Caxton und

Westminster & St. James's

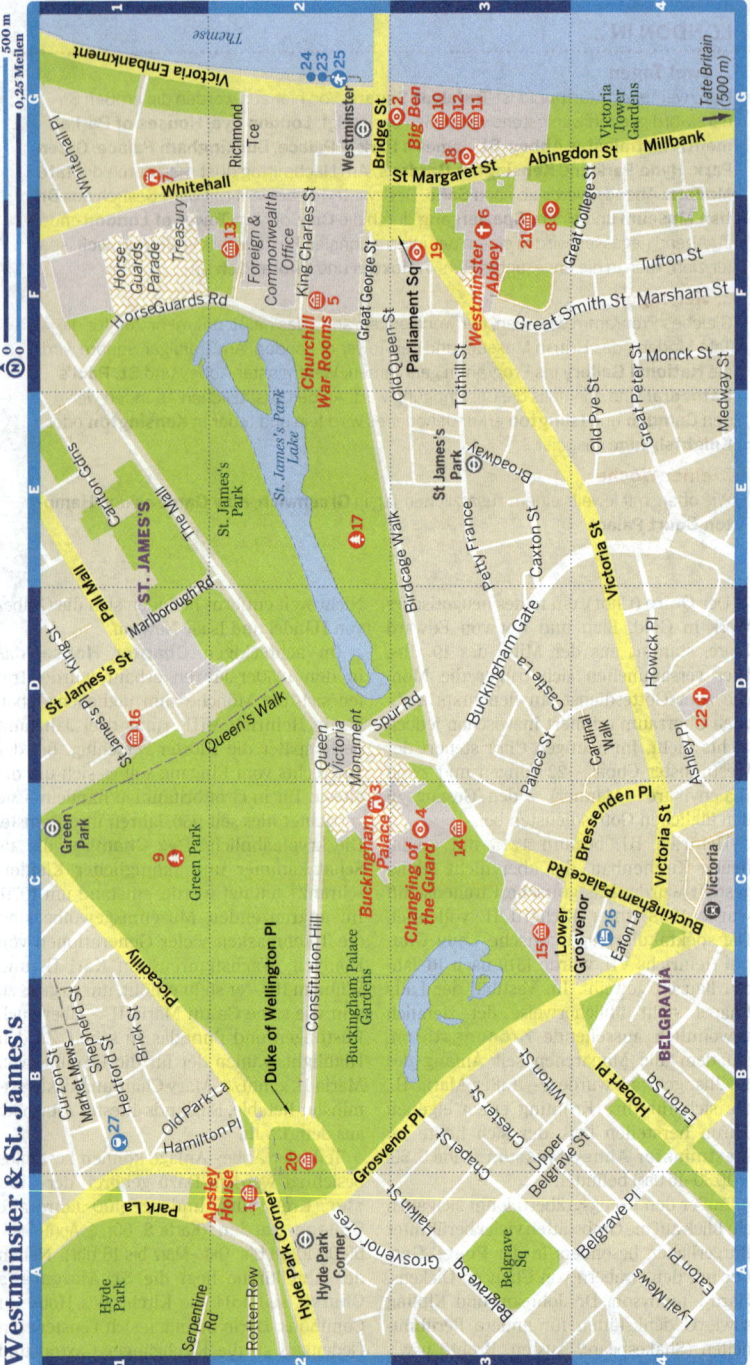

Themse

Victoria Embankment

500 m

0,25 Meilen

Whitehall Pl

Richmond Tce

Whitehall ⓘ 7

Horse Guards Parade

Treasury

HorseGuards Rd

Foreign & Commonwealth Office

King Charles St

Churchill War Rooms 5

🏛 13

St. James's Park Lake

St. James's Park

🏛 17

🏛 24
✪ 23
🏛 25

Westminster Bridge St

Big Ben

🏛 2

🏛 10 🏛 12
18 🏛 11

St Margaret St

Abingdon St   **Millbank**

Victoria Tower Gardens

Tate Britain (500 m)

✚ 6

Westminster Abbey

19

21 🏛   8

Great College St

Tufton St

Parliament Sq

Great George St

Old Queen St

Tothill St

St James's Park

Broadway

Great Smith St   **Marsham St**

Monck St

Great Peter St

Medway St

Old Pye St

Petty France

Caxton St

Victoria St

Howick Pl

ST. JAMES'S

Pall Mall

King St

St James's St

Marlborough Rd

The Mall

Carlton Gdns

Queen's Walk

Birdcage Walk

Buckingham Gate

Castle La

Palace St

Buckingham Gate

Cardinal Walk

22 ✚

Ashley Pl

🏛 16

St James's Pl

Green Park

Ⓟ

Green Park

🏛 9

Spur Rd

Queen Victoria Monument

Buckingham Palace 🏰 3

Changing of the Guard ⓘ 4

🏛 14

15 🏛

Lower Grosvenor

Buckingham Palace Rd

Bressenden Pl

Victoria St

Eaton La

🏛 26

Ⓥ **Victoria**

Piccadilly

Constitution Hill

Buckingham Palace Gardens

Duke of Wellington Pl

BELGRAVIA

Hobart Pl

Eaton Sq

Curzon St

Market Mews

Shepherd St

Hertford St

Brick St

Old Park La

Hamilton Pl

🏛 27

Park La

Apsley House 1 🏛

20 🏛

Hyde Park Corner

Hyde Park Corner Ⓤ

Grosvenor Cres

Halkin St

Grosvenor Pl

Chapel St

Chester St

Wilton St

Upper Belgrave St

Belgrave St

Belgrave Sq

Wilton Cres

Belgrave Pl

Eaton Pl

Eaton Sq

Lyall Mews

Eaton La

Hyde Park

Serpentine Rd

Rotten-Row

Westminster & St. James's

Milton, und am Altar ist Walter Raleigh begraben.

2018 soll im mittelalterlichen Triforium ein neues Museum eröffnet werden, die **Queen's Diamond Jubilee Galleries**.

⭐ **Houses of Parliament**   HISTORISCHES GEBÄUDE
(Karte S. 60; www.parliament.uk; Parliament Sq, SW1; Ⓜ Westminster) **GRATIS** In den Houses of Parliament schlägt das Herz der britischen Demokratie. Der älteste Teil des Gebäudekomplexes, der offiziell Palace of Westminster heißt, ist die **Westminster Hall** aus dem 11. Jh. Sie gehört zu den wenigen Gebäudeteilen, die das verheerende Feuer im Jahr 1834 überstanden haben. Ihr Stichbalkendach wurde zwischen 1394 und 1401 aufgesetzt und ist das älteste bekannte seiner Art. Beim Rest handelt es sich größtenteils um einen neugotischen Bau von Charles Barry und Augustus Pugin aus den Jahren 1840 bis 1858.

Der berühmteste Teil des Komplexes ist der Glockenturm, der Elizabeth Tower, allgemein als **Big Ben** (Karte S. 60; Ⓜ Westminster) bekannt.

Ben ist eigentlich der Name der 13,5 t schweren Glocke im Turm, die nach Benjamin Hall benannt wurde, dem Baumeister zur Zeit der Fertigstellung des Turms 1858.

Das Parlament besteht aus zwei Häusern. Das in Grün gehaltene **House of Commons** (Karte S. 60; www.parliament.uk/business/commons; ⊙ Mo & Di 14.30–22, Mi 11.30–19.30, Do 10.30–18.30, Fr 9.30–15 Uhr) ist das Unterhaus, in dem 650 vom Volk gewählte Mitglie-

der tagen. Auf den roten Lederbänken des **House of Lords** (Karte S. 60; www.parliament.uk/business/lords; Parliament Sq, SW1; ⊙ Mo & Di 14.30–22, Mi 15–22, Do 11–19.30, Fr 10 Uhr bis Sitzungsende; Ⓜ Westminster) sitzen Blaublüter, denen dieser Platz ursprünglich zusammen mit dem Adelstitel vererbt wurde. Heutzutage werden sie bei Freiwerden eines Sitzes von den anderen Lords gewählt oder von der Regierung berufen. Beide Häuser debattieren und segnen Gesetze ab, die dann der Queen zur Genehmigung *(royal assent)* vorgelegt werden (in der Praxis ist das nur eine Formalität, zuletzt verweigert wurde ein *royal assent* 1708). Bei der alljährlichen Parlamentseröffnung im Mai fährt die Queen in der goldverzierten Irish State Coach vor und nimmt im House of Lords auf ihrem Thron Platz. Es lohnt sich, an der Strecke auszuharren, um einen Blick auf die Kronjuwelen zu erhaschen, die in der Sonne glitzern.

Ganzjährig samstags und an den meisten Wochentagen während der Parlamentsferien (inkl. Ostern, Sommer und Weihnachten) gibt es 90-minütige **Führungen** (Karte S. 60; ☎ 020-7219 4114; www.parliament.uk/visiting/visiting-and-tours; Erw./Kind 25,50/11 £) in sieben Sprachen mit ausgebildeten Blue-Badge-Guides durch beide Kammern, die Westminster Hall und andere historische Gebäude. Viele lassen ihren Besuch danach mit einem Afternoon Tea im Terrace Pavilion mit Blick auf die Themse ausklingen. Die Zeiten der Führungen ändern sich zu jeden Parlamentsferien und können sich auch gelegentlich aufgrund besonderer Parlamentsveranstaltungen kurzfristig

TOP-TIPPS FÜR DEN LONDON-TRIP

→ London ist riesig – am besten erkundet man die Stadt Viertel für Viertel, um nicht unnötig hin und her zu pendeln.

→ Die öffentlichen Verkehrsmittel nutzt man am günstigsten mit einer Oyster Card. Wer eine Kredit- oder Bankkarte für kontaktloses Bezahlen besitzt, kann auch mit dieser zahlen.

→ Viel zu Fuß gehen – so erlebt man die Stadt hautnah.

→ Für preisgünstige Vorstellungen im West End kauft man entweder direkt im Theater an der Abendkasse Restkarten oder am Kiosk am Leicester Square Last-Minute-Tickets.

→ Wer sich ein gutes Essen gönnen möchte, ohne sich zu ruinieren, geht besser mittags als abends essen oder probiert es mit einem günstigen Dinner-Menü vor oder nach dem Theater.

ändern – am besten also vorher erkundigen und frühzeitig buchen.

Der öffentliche Zugang zu den Houses of Parliament ist der **St. Stephen's Entrance** (Karte S. 60; www.parliament.uk; Parliament Sq, SW1; ⊖ Westminster) im St. Stephen's Tower.

★ **Buckingham Palace**   PALAST
(Karte S. 60; 📞020-7766 7300; www.royalcollection.org.uk; Buckingham Palace Rd, SW1; Erw./Kind/Kind unter 5 J. 21,50/12,30 £/frei; ⊙Ende Juli–Aug. 9.30–19.30 Uhr, Sept. bis 18.30 Uhr; ⊖St James's Park, Victoria oder Green Park) Der Buckingham Palace, der 1703 für den Herzog von Buckingham gebaut wurde, löste 1837 den St. James's Palace als offizielle Londoner Residenz des Monarchen ab. Wenn Königin Elisabeth II. nicht gerade in weit entfernten Teilen des Commonwealth den Leuten zuwinkt, lebt sie hier, in Windsor oder – im Sommer – in Balmoral. Wenn sie daheim ist, weht die gelb-rot-blaue Standarte. 19 verschwenderisch ausgestattete **State Rooms** können besichtigt werden, wenn Her Royal Highness von Ende Juli bis September Urlaub macht.

Die zweistündige Führung durch die State Rooms, in denen Werke von Künstlern wie Rembrandt, van Dyck, Canaletto, Poussin und Vermeer hängen, schließt den **Thronsaal** mit ein, in dem zwei ziemlich seltsame rosa Stühle mit den königlichen Initialen E R und P stehen. Die Eintrittskarten werden mit festen Einlasszeiten im 15-Minuten-Takt ausgegeben, der Audioguide ist im Eintritt inbegriffen.

Seit 2016 ist auch die Ausstellung *Fashioning a Reign: 90 Years of Style from The Queen's Wardrobe* Teil der Besichtigung. Sie gewährt einen Einblick in die königliche Garderobe.

Nach dem Buckingham Palace kann man noch einen Teil des Gartens besichtigen. Wer allerdings das mit Glyzinien überrankte Sommerhaus und andere berühmte Gartenelemente sehen und einen Eindruck von der Weitläufigkeit der 16 ha großen Gartenanlagen erhalten möchte, muss sich der dreistündigen State Rooms and Garden Highlights Tour (Erw./Kind 27,50/16,40 £) anschließen.

Die Eintrittskarte für den Buckingham Palace erlaubt einen zweiten Besuch, wenn sie direkt vor Ort gekauft wurde (sie muss dazu im Kartenbüro abgestempelt werden).

Von April bis Juli findet täglich um 11.30 Uhr, im restlichen Jahr – wenn das Wetter mitspielt – an jedem zweiten Tag auf dem Vorhof des Buckingham Palace der Wachwechsel der Foot Guards of the Household Regiment statt, die **Changing of the Guard**. Das höchst beliebte Spektakel dauert etwa 40 Minuten und lockt immer jede Menge Schaulustige an.

Die von Nash ursprünglich als Wintergarten entworfene **Queen's Gallery** (Karte S. 60; Südflügel, Buckingham Palace, Buckingham Gate, SW1; Erw./Kind 10,30/5,30 £, mit Royal Mews 17,70/9,70 £; ⊙10–17.30 Uhr; ⊖St James's Park, Victoria oder Green Park) zeigt in wechselnden Ausstellungen Schätze aus dem Schloss. Der Eingang zur Galerie ist das Buckingham Gate.

Beim Betrachten der feinen Staatskarossen in den **Royal Mews** (Karte S. 60; www.royalcollection.org.uk; Buckingham Palace Rd, SW1; Erw./Kind 9,30/5,50 £, mit Queen's Gallery 17,70/9,70 £; ⊙April–Okt. tgl. 10–17 Uhr, Nov.–März Mo–Sa bis 16 Uhr; ⊖Victoria), den Stallungen für die mustergültig gepflegten Pferde und opulenten Fahrzeuge zum Herumkutschieren der Königsfamilie, werden Aschenputtel-Phantasien wach. Zu den Highlights zählen die prachtvolle Goldkutsche von 1762 und die Glaskutsche von 1911.

Die Karte „Royal Day Out" (Erw./Kind 35,60/20 £) ist ein Kombiticket für die State Rooms, die Queen's Gallery und die Royal Mews.

Supreme Court   WAHRZEICHEN
(Karte S. 60; ☑ 020-7960 1500, 020-7960 1900; www.supremecourt.uk; Parliament Sq, SW1; ⊗ Mo–Fr 9.30–16.30 Uhr; ⊜ Westminster) GRATIS Der Supreme Court, das höchste Gericht Großbritanniens, war bis 2009 das Berufungsgremium des House of Lords. Es ist heute in der neogotischen Middlesex Guildhall (1913) untergebracht. Im Erdgeschoss gibt es eine ständige Ausstellung zur Arbeit und Geschichte des höchsten Gerichts Großbritanniens und zur Geschichte des Gebäudes. Eine Broschüre für einen Rundgang gibt's für 1 £; freitags werden außerdem Führungen (5 £; 11, 14 & 15 Uhr) angeboten.

St. James's Park   PARK
(Karte S. 60; www.royalparks.org.uk; The Mall, SW1; Liegestühle 1,50/7 £ pro Std./Tag; ⊗ 5–24 Uhr, Liegestühle März–Okt. tagsüber; ⊜ St James's Park oder Green Park) Mit nur 23 ha ist der St. James's einer der kleinsten, aber gepflegtesten königlichen Parks Londons. Er bietet tolle Ausblicke auf das London Eye, nach Westminster, zum St. James's Palace, zur Carlton Terrace und Horse Guards Parade. Der Blick von der Fußgängerbrücke über den zentralen See auf den Buckingham Palace ist postkartenschön und kaum zu toppen.

Auf dem See tummeln sich verschiedene Arten von Enten, Gänsen, Schwänen und anderen Wasservögeln. Und die Felsen am Südufer dienen als Ruheplätzchen für ein halbes Dutzend Pelikane, die täglich um 14.30 Uhr gefüttert werden.

Green Park   PARK
(Karte S. 60; www.royalparks.org.uk; ⊗ 24 Std.; ⊜ Green Park) Der 19 ha große Green Park mit seinen mächtigen Eichen und den hügeligen Wiesen ist zwar weniger gepflegt als der angrenzende St. James's Park, aber dafür auch nicht so überlaufen. Früher wurden hier Duelle ausgetragen. Und im Zweiten Weltkrieg diente der Park wie der Hyde Park als Gemüsegarten.

Westminster Cathedral   KIRCHE
(Karte S. 60; www.westminstercathedral.org.uk; Victoria St, SW1; Turm Erw./Kind/Fam. 6/3/12 £; ⊗ Kirche 7–19 Uhr, Bell Tower & Ausstellung Mo–Fr 9.30–17, Sa & So bis 18 Uhr; ⊜ Victoria) John Francis Bentleys Kathedrale aus dem 19. Jh., die Hauptkirche des Katholizismus in England und Wales, ist mit ihrem unverwechselbaren gestreiften Turm aus roten Backsteinen und weißem Stein ein großartiges Beispiel für neobyzantinische Architektur. Mit dem Bau wurde 1896 begonnen und die Gläubigen besuchten bereits sieben Jahre später hier Gottesdienste. Doch dann ging der Kirche das Geld aus, weshalb die Innenausstattung größtenteils noch immer unvollendet ist. Jedoch funkeln in der Dunkelheit einige schöne Mosaike.

Banqueting House   PALAST
(Karte S. 60; ☑ 020-3166 6000; www.hrp.org.uk/banquetinghouse; Whitehall, SW1; Erw./Kind 6,60 £/frei; ⊗ 10–17 Uhr; ⊜ Westminster) Nach dem Abriss des Holbein Gate 1759 ist dies der einzige erhaltene Teil des Whitehall Palace aus der Tudor-Zeit (1532), der sich einst entlang Whitehall erstreckte und 1698 niederbrannte. Das von Inigo Jones 1622 entworfene und im 19. Jh. mit Portland-Stein erneuerte Banqueting House war Englands erstes reines Renaissancegebäude und in jener Zeit einzigartig. Anscheinend hassten es die Engländer über ein Jahrhundert lang.

No 10 Downing Street   HISTORISCHES GEBÄUDE
(Karte S. 60; www.number10.gov.uk; 10 Downing St, SW1; ⊜ Westminster) Das Haus Nr. 10 war seit 1732, als es Georg II. Robert Walpole schenkte, das offizielle Büro des britischen Regierungschefs und ist seit dem Umbau 1902 auch die Londoner Residenz des Premierministers. Für eine so berühmte Adresse ist Nr. 10 ein ziemlich kleines Haus in einer unscheinbaren Straße und mit anderen Regierungszentralen, etwa dem Weißen Haus, kaum zu vergleichen. Tatsächlich besteht die Residenz aber aus drei zu einem Gebäude verbundenen Häusern mit rund 100 Zimmern und einem 2000 m² großen Garten.

★ Churchill War Rooms   MUSEUM
(Karte S. 60; www.iwm.org.uk; Clive Steps, King Charles St, SW1; Erw./Kind 17,25/8,60 £; ⊗ 9.30–18 Uhr, letzter Einlass 17 Uhr; ⊜ Westminster) In diesem unterirdischen Stabsquartier koordinierte Winston Churchill im Zweiten Weltkrieg über ein Bakelit-Telefon den Kampf der Alliierten gegen Nazi-Deutschland. Die Cabinet War Rooms sehen heute noch fast genauso aus wie 1945, als die Lichter ausgeschaltet wurden, und vermitteln noch

WILL RODRIGUES / SHUTTERSTOCK ©

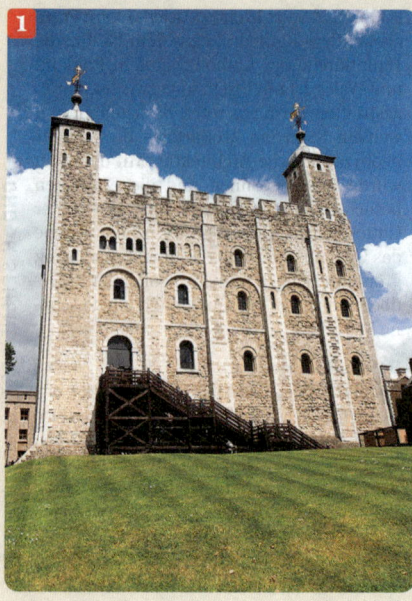

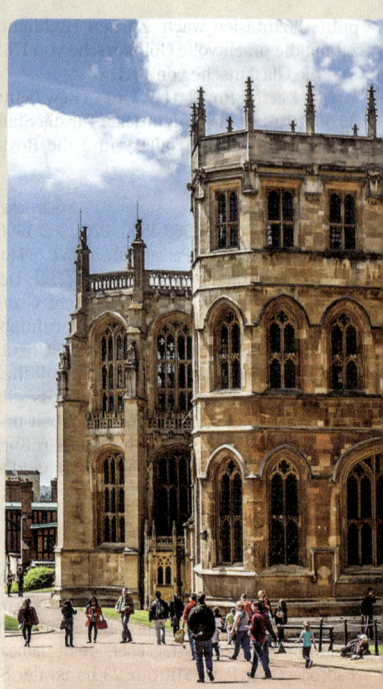

1. Tower of London 2. Windsor Castle 3. Hampton Court Palace
4. Buckingham Palace

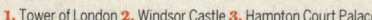

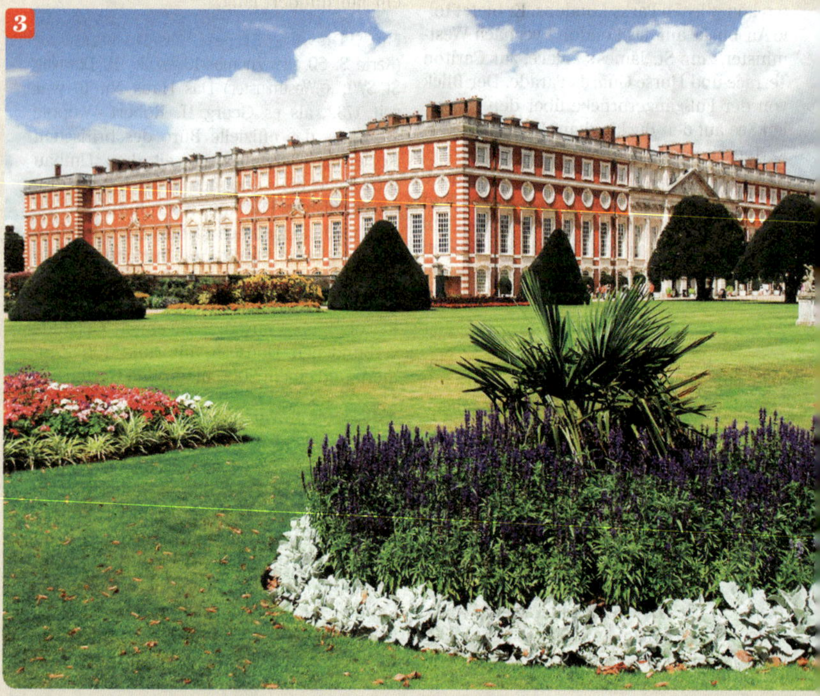

KIEV.VICTOR / SHUTTERSTOCK ©

Königliches London

Neben Stonehenge und Big Ben steht kaum etwas so sehr für das gute alte England wie die derzeitige Monarchin, Königin Elisabeth II. So gut wie alles, was mit dem königlichen Erbe des Landes zu tun hat, zieht garantiert die Aufmerksamkeit auf sich – insbesondere die tolle Ansammlung von Palästen und Burgen der Hauptstadt.

Tower of London (S. 71)

Der Tower of London blickt auf eine 1000-jährige Geschichte zurück, einige Fundamente stammen sogar noch aus der Römerzeit. Über die Jahrhunderte hinweg diente er als königliche Residenz, Schatzkammer, Münze, Gefängnis und Waffenarsenal. Heute beherbergt er die spektakulären Kronjuwelen ebenso wie die Beefeaters mit ihren roten Mänteln und Raben, denen mythische Kräfte zugeschrieben werden.

Windsor Castle (S. 225)

Windsor Castle ist zwar nicht in London, aber nah genug, um es auf einem Tagesausflug zu besichtigen. Die größte und älteste noch bewohnte Burg ist ein erstaunliches Bauwerk aus Festungsmauern, Türmen und Zinnen. Sie wird für Staatsanlässe und als Wochenendrefugium der Queen genutzt.

Buckingham Palace (S. 62)

Buckingham Palace ist seit 1837 die Londoner Residenz des Monarchen, und die Queen verbringt ihre Zeit entweder hier, in Windsor Castle oder in Balmoral in Schottland. Ist sie zu Hause, weht die königliche Standarte. Ist sie unterwegs, kann man bei einer Führung das Innere besichtigen. Auf keinen Fall die berühmte Wachablösung verpassen.

Hampton Court Palace (S. 103)

Hampton Court Palace, Englands größter und prächtigster Tudorbau, wurde von Heinrich VIII. als Rückzugsort genutzt. Nach der Besichtigung des vornehmen Interieurs kann man sich in den ausgedehnten Gärten erholen. Bloß nicht im 300 Jahre alten Irrgarten verlaufen!

immer die Dramatik der Stunde und die Entschlossenheit der Beteiligten. Das multimediale **Churchill Museum** gewährt faszinierende Einblicke in die Persönlichkeit des Zigarre rauchenden Kriegspremiers.

Spencer House   HISTORISCHES GEBÄUDE
(Karte S. 60; ☎020-7514 1958; www.spencer house.co.uk; 27 St James's Pl, SW1; Erw./Kind 13/11 £; ⊙Feb.–Juli & Sept.–Dez. So 10–16.45 Uhr; ⊜Green Park) Das gleich am Green Park gelegene Spencer House wurde 1766 für den ersten Earl Spencer, einen Vorfahren von Prinzessin Diana, im palladianischen Stil vollendet. Die Spencers zogen 1927 aus und ihr grandioser Familienwohnsitz wurde als Bürogebäude genutzt, bis Lord Rothschild einsprang und ihm 1987 mit einer 18 Mio. £ teuren Renovierung wieder zur einstigen Pracht verhalf.

★Apsley House   HISTORISCHES GEBÄUDE
(Karte S. 60; www.english-heritage.org.uk/visit/ places/apsley-house; 149 Piccadilly, Hyde Park Corner, W1; Erw./Kind 8,80/5,20 £, mit Wellington Arch 10,50/6,30 £; ⊙April–Okt. Mi–So 11–17 Uhr, Nov.–März Sa & So 10–17 Uhr; ⊜Hyde Park Corner) Das atemberaubende Haus ist voller Ausstellungsstücke des Herzogs von Wellington, der bei Waterloo über Napoleon siegte. Es war einst das erste Gebäude, das man sah, wenn man sich der Stadt von Westen her näherte. Deshalb war es auch als „No. 1 London" bekannt. Wellington-Memorabilien (z. B. seine Totenmaske) füllen die **Kellergalerie**, während in der Waterloo Gallery im 1. Stock eine wunderschöne Porzellan- und Silberwarensammlung sowie Gemälde von Velasquez, Rubens, van Dyck, Brueghel, Murillo und Goya zu sehen sind.

Wellington Arch   MUSEUM
(Karte S. 60; www.english-heritage.org.uk/visit/ places/wellington-arch; Hyde Park Corner, W1; Erw./ Kind 4,70/2,80 £, mit Apsley House 10,50/6,30 £; ⊙April–Sept. 10–18 Uhr, Nov.–März bis 16 Uhr; ⊜Hyde Park Corner) Der imposante klassizistische Bogen auf der Grünanlage mitten auf dem Kreisverkehr der Hyde Park Corner stand ursprünglich vor dem Hyde Park Screen, wurde aber 1882 wegen einer Straßenerweiterung hierher versetzt. Einst beherbergte er eine Polizeistation, heute eine Galerie für Wechselausstellungen und eine Ausstellung zu seiner Geschichte. Die mit einem Fahrstuhl zu erreichenden Balkone bieten einen unvergesslichen Blick über den Hyde Park, den Buckingham Palace und die Mall.

⊙ West End

Das West End ist eine grelle Mischung aus Kultur und Konsumwahn und damit eher so etwas wie ein Konzept als ein geografisches Gebiet. Es ist ein Synonym für begeisternde Musicals, helle Lichter, herausragende Restaurants und unendliche Einkaufsmöglichkeiten. Im Süden umfasst es Piccadilly Circus und Trafalgar Square, im Westen die Regent Street, im Norden die Oxford Street, im Osten Covent Garden und im Südosten The Strand.

Die Piccadilly, benannt nach den Spitzenkragen *(picadils)*, die im 17. Jh. zum üblichen Angebot der hier ansässigen Schneider gehörten, wurde die bevorzugte Meile einer betuchten Klientel. Hier stehen das Hotel Ritz und das Luxuskaufhaus Fortnum & Mason, zwei Ikonen des Establishments. Auf dem neongrellen Piccadilly Circus – wo die beliebte, fälschlicherweise als Eros gedeutete, geflügelte Figur steht – trifft die Piccadilly mit der Regent Street, der Shaftesbury Avenue und Haymarket aufeinander.

In Mayfair, westlich des Piccadilly Circus, liegen all die teuren Straßen des Londoner Immobilien-Monopolys, darunter Park Lane und Bond Street. Sie werden gesäumt von exklusiven Läden, Restaurants mit Michelin-Sternen, Nobelhotels und Herrenclubs. Die in einem eleganten Bogen geführte Regent Street und die hektische Oxford Street sind die wichtigsten Einkaufsmeilen der Stadt.

Im Herzen des West End befindet sich Soho, ein szeniges Straßengewirr voller Schwulenbars, Stripclubs, Cafés und Werbeagenturen. Die Carnaby Street war in den 1960er-Jahren das Zentrum des Swinging London, heute ist sie voller Modeläden. Die Lisle Street und besonders die chinesisch geschmückte Gerrard Street (nördlich des Leicester Square) bilden das Herz von Chinatown, einem Viertel mit preisgünstigen asiatischen Restaurants und duftenden kantonesischen Supermärkten. Der angrenzende Leicester Square (sprich: Les-ter), Touristenmagnet und Standort großer Kinopaläste (in denen gelegentlich Premieren mit erheblichem Staraufgebot stattfinden), wurde jüngst runderneuert. The Strand, im 19. Jh. von Benjamin Disraeli als schönste Straße Europas bezeichnet, ist noch immer Sitz einiger Nobelhotels, aber ihr Glanz ist verblasst.

Piccadilly Circus PLATZ

(Karte S. 68; ⊖Piccadilly Circus) John Nash hatte eigentlich in den 1820er-Jahren die Regent Street und Piccadilly als die elegantesten Straßen der Stadt geplant. Doch er konnte sein Vorhaben nicht vollenden, da ihm die Stadtplaner einen Strich durch die Rechnung machten. Vom Piccadilly Circus, wie er sich heute präsentiert, wäre er vielleicht enttäuscht: voller Touristen und blinkender Reklametafeln – trubelig und laut, aber auch ein Erlebnis.

★ Trafalgar Square PLATZ

(Karte S. 68; ⊖Charing Cross) Der Trafalgar Square ist in vielerlei Hinsicht das Zentrum Londons. Hierher strömen Zehntausende ins Freilichtkino, zu Weihnachts- und Silvesterfeiern oder zu politischen Protesten. Der Platz wird von zahlreichen prächtigen Gebäuden wie das National Gallery und der Kirche St. Martin-in-the-Fields gesäumt, dominierend ist aber die 52 m hohe **Nelson's Column**. Im Falle einer erfolgreichen Eroberung Großbritanniens wollte Hitler die Säule samt Admiral nach Berlin entführen.

★ National Gallery KUNSTGALERIE

(Karte S. 68; www.nationalgallery.org.uk; Trafalgar Sq, WC2; ⊙Sa–Do 10–18, Fr bis 21 Uhr; ⊖Charing Cross) GRATIS Mit etwa 2300 ausgestellten europäischen Gemälden ist die National Gallery eines der größten Museen der Welt. Zu bewundern sind wegweisende Werke aus allen wichtigen Epochen der Kunstgeschichte vom 13. bis frühen 20. Jh., u. a. von Leonardo da Vinci, Michelangelo, Tizian, van Gogh und Renoir.

Viele Besucher zieht es in den Ostflügel (1700–1900) mit großartigen Werken britischer Künstler des 18. Jhs. wie Gainsborough, Constable und Turner sowie hochkarätigen impressionistischen und postimpressionistischen Meisterwerken von van Gogh, Renoir und Monet.

★ National Portrait Gallery KUNSTGALERIE

(Karte S. 68; www.npg.org.uk; St Martin's Pl, WC2; ⊙Sa–Mi 10–18, Do & Fr bis 21 Uhr; 🕾; ⊖Charing Cross oder Leicester Sq) GRATIS Das Faszinierende an der National Portrait Gallery, dem einzigen Museum dieser Art in Europa, ist der hohe Grad an Vertrautem: In vielen Fällen kennt man die Dargestellten (Mitglieder des Königshauses, Wissenschaftler, Politiker, Promis) oder den Künstler (Andy Warhol, Annie Leibovitz, Lucian Freud). Weitere Glanzlichter sind das berühmte „Chandos-Porträt" von William Shakespeare, das erste Kunstwerk, das die Galerie 1856 erwarb und wohl das einzige Bildnis des Dichters, das zu seinen Lebzeiten entstand, sowie eine von ihrer Schwester angefertigte Zeichnung von Jane Austen.

★ Royal Academy of Arts KUNSTGALERIE

(Karte S. 68; www.royalacademy.org.uk; Burlington House, Piccadilly, W1; Erw./Kind 10/6 £, unterschiedliche Preise für Ausstellungen; ⊙Sa–Do 10–18, Fr bis 22 Uhr; ⊖Green Park) Der älteste Kunstverein Großbritanniens wurde 1768 gegründet und zog genau 100 Jahre später in das Burlington House. Die Sammlung umfasst Zeichnungen, Gemälde, Baupläne, Fotos und Skulpturen vergangener und heutiger Mitglieder der Akademie wie Joshua Reynolds, John Constable, Thomas Gainsborough, William Turner, David Hockney und Norman Foster.

Covent Garden Piazza PLATZ

(Karte S. 68; ⊖Covent Garden) Londons ältester geplanter Platz ist heute v. a. ein Anziehungspunkt für Touristen, die in den malerischen alten Arkaden shoppen, an Marktständen herumstöbern, lebenden Statuen Münzen zukommen lassen oder das unterhaltsame London Transport Museum (S. 67) besuchen. Die hübsche **St. Paul's Church** (Karte S. 68; www.actorschurch.org; Bedford St, WC2; ⊙Mo–Fr 8.30–17, So 9–13 Uhr, Sa unterschiedliche Zeiten; ⊖Covent Garden) an der Westseite des Platzes entstand 1633.

London Transport Museum MUSEUM

(Karte S. 68; www.ltmuseum.co.uk; Covent Garden Piazza, WC2; Erw./Kind 17 £/frei; ⊙Sa–Do 10–18, Fr 11–18 Uhr; ⊖Covent Garden) Das unterhaltsame und informative Museum beschäftigt sich mit der Entwicklung Londons im Hinblick auf immer bessere Verkehrsmittel. Ausgestellt sind Pferdeomnibusse, die ersten Taxis, U-Bahnen, die selbst gefahren werden können, und vieles mehr. Außerdem wird hier ein Ausblick auf Crossrail gegeben, die schnelle Bahnverbindung zwischen Reading und Ost- und Südostlondon und Essex, die 2018 in Betrieb gehen soll. Im Museumsshop gibt's originelle Souvenirs, darunter auch historische Poster der Londoner U-Bahn und „Mind the Gap"-Socken.

★ Sir John Soane's Museum MUSEUM

(Karte S. 68; www.soane.org; 13 Lincoln's Inn Fields, WC2; ⊙Di–Sa 10–17 & 1. Di im Monat 18–21 Uhr; ⊖Holborn) GRATIS Das kleine Museum gehört

West End

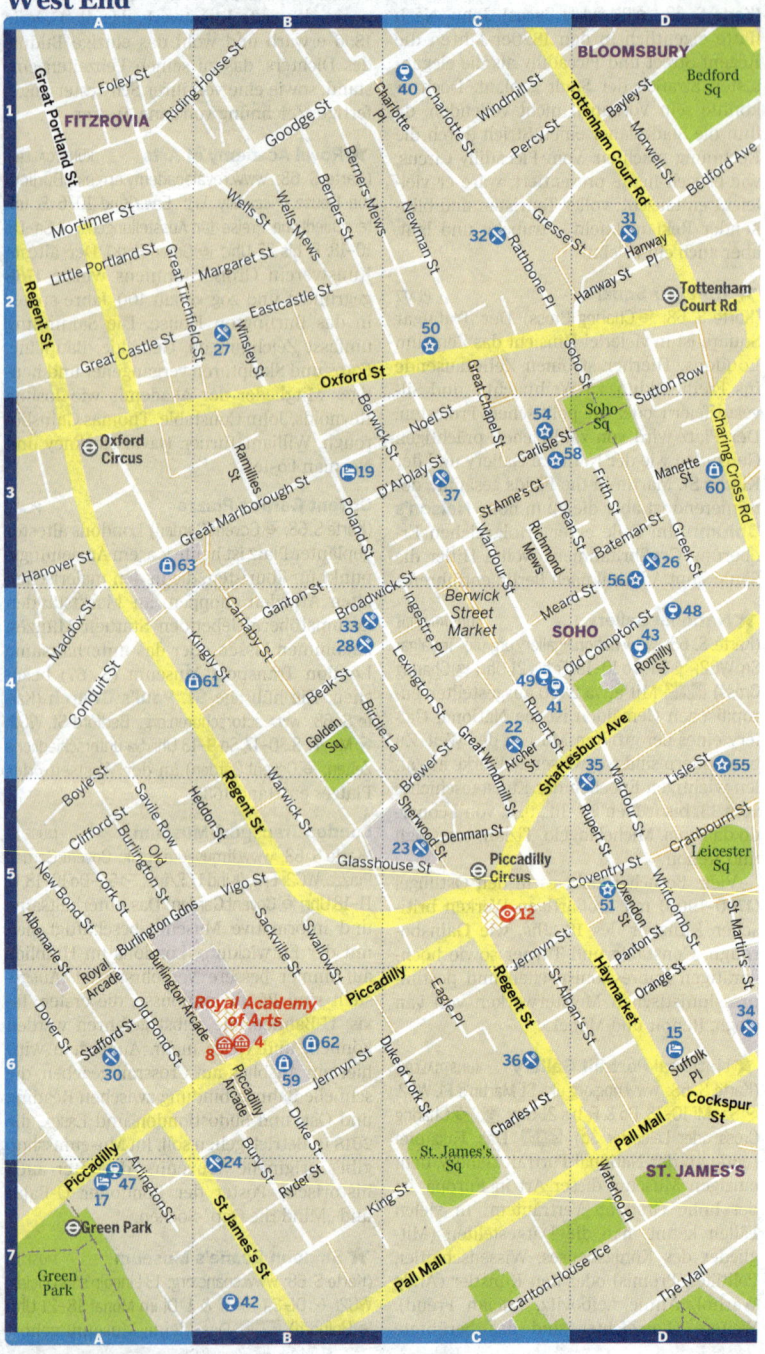

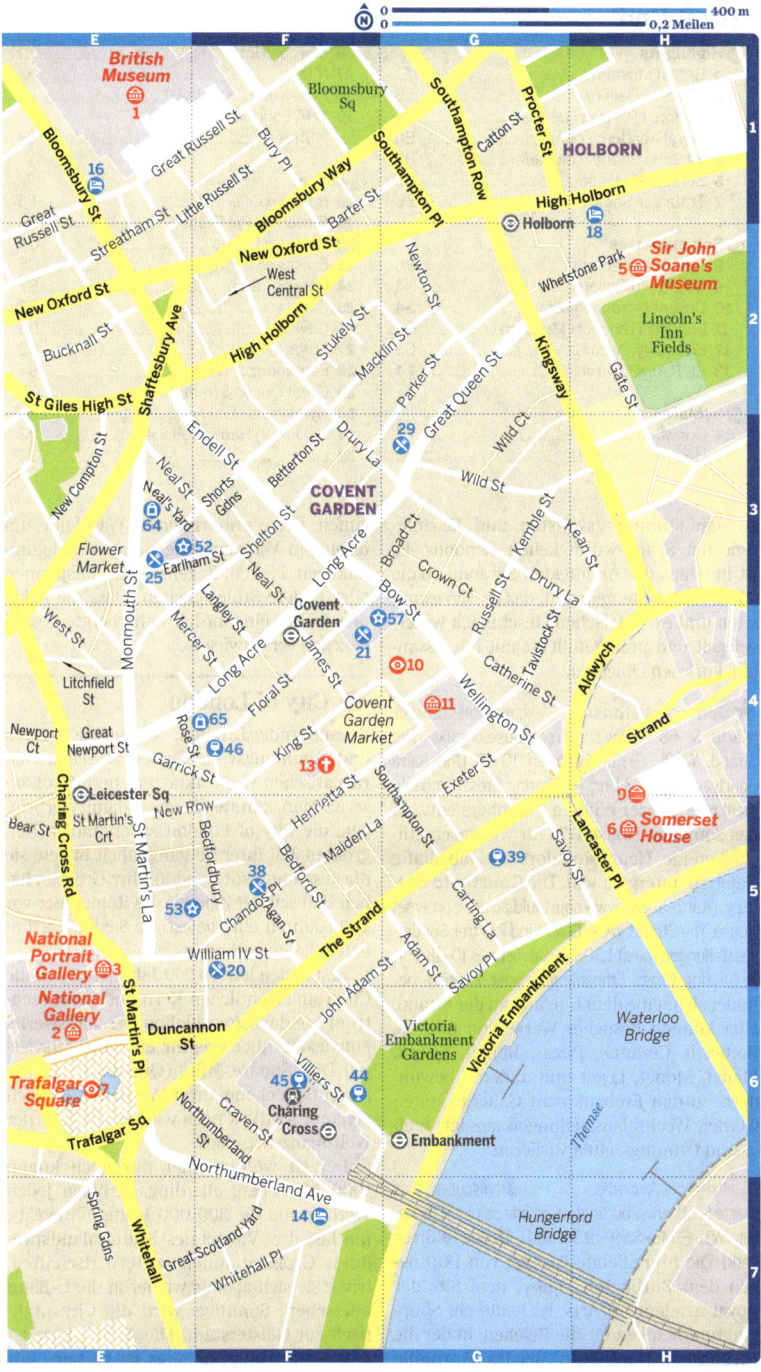

0 — 400 m
0 — 0,2 Meilen

British Museum 1

16

Bloomsbury Sq

Southampton Row

Procter St

Catton St

HOLBORN

High Holborn

Holborn 18

Sir John Soane's Museum 5

New Oxford St

West Central St

High Holborn

Whetstone Park

Lincoln's Inn Fields

Gate St

Kingsway

St Giles High St

Endell St

Betterton St

Drury La

29

Great Queen St

Wild Ct

Wild St

COVENT GARDEN

Neal's Yard

64

Shorts Gdns

Shelton St

Long Acre

Broad Ct

Crown Ct

Kemble St

Kean St

Flower Market

52

Earlham St

25

Neal St

Bow St

57

Russell St

Drury La

Tavistock St

West St

Langley St

Mercer St

Covent Garden

James St

21

10

Catherine St

Aldwych

Litchfield St

Long Acre

Floral St

Covent Garden Market

11

Wellington St

Strand

Newport Ct

Great Newport St

Rose St

65

King St

46

Garrick St

13

Southampton St

Exeter St

9

6 **Somerset House**

Leicester Sq

New Row

Henrietta St

Maiden La

Lancaster Pl

Savoy St

39

National Portrait Gallery 3

St Martin's Crt

Bedfordbury

38

Bedford St

Agar St

Chandos Pl

William IV St

20

The Strand

Adam St

Carting La

Savoy Pl

53

National Gallery 2

St Martin's La

St Martin's Pl

Duncannon St

John Adam St

Victoria Embankment Gardens

Victoria Embankment

Waterloo Bridge

Trafalgar Square 7

Villiers St

45

44

Craven St

Charing Cross

Embankment

Themse

Trafalgar Sq

Northumberland St

Northumberland Ave

Whitehall

Spring Gdns

Great Scotland Yard

14

Whitehall Pl

Hungerford Bridge

West End

zu den stimmungsvollsten und faszinierendsten Sehenswürdigkeiten Londons. Es ist im Haus des Architekten Sir John Soane (1753–1837) untergebracht, das dessen exquisiten und exzentrischen Geschmack widerspiegelt und prall gefüllt ist mit interessanten, kuriosen Objekten.

★ **Somerset House** HISTORISCHES GEBÄUDE
(Karte S. 68; www.somersethouse.org.uk; The Strand, WC2; ⊙Kunstgalerien 10–18 Uhr, Safra Courtyard 7.30–23 Uhr; ⊜Charing Cross, Embankment oder Temple) William Chambers entwarf das Somerset House 1775 für wissenschaftliche Vereine. Heute sind dort zwei fabelhafte Galerien untergebracht. Die **Courtauld Gallery** (Karte S. 68; www.courtauld.ac.uk; Somerset House, The Strand, WC2; Erw./Kind 7 £/frei, Sonderausstellungen meist 1,50 £ zusätzlich; ⊙10–18 Uhr; ⊜Charing Cross, Embankment oder Temple) befindet sich nahe dem Eingang an der Strand. Hier können Besucher Werke von Rubens, Botticelli, Cézanne, Degas, Renoir, Seurat, Manet, Monet, Leger und anderen bewundern. In den Embankment Galleries unten werden Wechselausstellungen gezeigt; Preise und Öffnungszeiten variieren.

Burlington Arcade HISTORISCHE PASSAGE
(Karte S. 68; www.burlington-arcade.co.uk; 51 Piccadilly, W1; ⊙Mo–Sa 9–19.30, So 11–18 Uhr; ⊜Green Park) Die hinreißende Passage von 1819 neben dem Burlington House, dem Sitz der Royal Academy of Arts, ist heute ein Shoppingtummelplatz für die Reichen, in der die berühmten Burlington Berties Patrouille

laufen. Diese uniformierten Wachleute unterbinden Vergehen wie Rennen, Kaugummikauen, Pfeifen, Regenschirm-Aufspannen oder andere Stillosigkeiten. Dass die Arkaden früher ein Bordell beherbergten, wird dagegen verschwiegen.

◉ City of London

Bezaubernde Kirchen, versteckte Gärten und stimmungsvolle Gassen zwischen charismatischen Wolkenkratzern und Bürohäusern: Man könnte Wochen damit verbringen, die City of London zu erkunden. Den größten Teil ihrer Vergangenheit bildete sie die gesamte Stadt London. Ihre Grenzen haben sich seit der Zeit, als die Römer hier vor 2000 Jahren eine befestigte Siedlung gründeten, kaum verändert.

Erst in den letzten 250 Jahren hat sich die City vom eigentlichen Kern und Lebenszentrum Londons zum bloßen Geschäftsviertel entwickelt. Aber was für ein Geschäftsviertel! Die „Square Mile" (Quadratmeile, wie sie entsprechend ihrer Ausdehnung auch genannt wird) ist nach wie vor das Herz der Weltfinanzwirtschaft.

Derzeit wohnen hier nur noch knapp 1000 Menschen, allerdings strömen jeden Werktag um die 300 000 Leute in die City, um fast drei Viertel des Bruttoinlandsprodukts Großbritanniens zu erwirtschaften, bevor sie sich abends wieder in die U-Bahn quetschen. Sonntags wird die City praktisch zur Geisterstadt. Die Atmosphäre ist angenehm ruhig, aber es ist ratsam, mit vollem Magen zu kommen, denn die meisten Läden, Restaurants und Pubs sind dann geschlossen.

⭐ Tower of London BURG

(Karte S. 76; ☏ 0844 482 7777; www.hrp.org.uk/toweroflondon; Tower Hill, EC3; Erw./Kind 25/12 £, Audioguide 4/3 £; ⏱ März–Okt. Di–Sa 9–17.30, So & Mo 10–17.30 Uhr, Nov.–Feb. Di–Sa 9–16.30, So & Mo 10–16.30 Uhr; ⊖ Tower Hill) Der einzigartige Tower („Turm"), eigentlich eine Burg mit 22 Türmen, beeindruckt mit einer schaurigen, aber fesselnden Geschichte. Hier fanden zwei Könige und drei Königinnen den Tod und zahlreiche weitere bedeutende Persönlichkeiten der Geschichte waren hier eingesperrt. Heute lockt der Tower mit den knallig gewandeten Yeoman Warders (Beefeaters), den spektakulären Kronjuwelen, den weissagenden Raben und der Rüstung für einen König von *sehr* großer Leibesfülle.

Wilhelm der Eroberer ersetzte in den 1070-er Jahren mit dem White Tower jene Burg, die er zuvor an gleicher Stelle hatte errichten lassen. Seit 1285 war der Turm von einer Mauer mit Türmen und einem Burggraben umgeben. Diese Anlage wurde seither kaum verändert. Die Burg war Königssitz, Schatzkammer, Münze und Zeughaus, aber am berühmtesten wurde sie als Gefängnis. Heinrich VIII., der 1529 in den Whitehall Palace umgezogen war, praktizierte hier seine bevorzugte Bestrafung.

Das eindrucksvollste Gebäude ist der zentrale **White Tower** mit seiner robusten normannischen Architektur und vier Türmchen. Heute befindet sich dort im Eingangsgeschoss die Sammlung **Royal Armouries** mit der ausladenden Rüstung von Heinrich VIII. Im 1. Stock liegt die **St. John's Chapel**. Sie wurde 1080 fertiggestellt und ist somit die älteste Kirche Londons. An der Nordseite sind die **Waterloo Barracks**, in denen die spektakulären Kronjuwelen aufbewahrt werden, darunter die Platinkrone der verstorbenen Queen Mother mit dem 106-karätigen Diamanten **Koh-i-Noor** (Berg des Lichts) und die Imperial State Crown, die die Königin bei der feierlichen Eröffnung des Parlaments trägt. Ein Laufband führt die staunenden Besucher an der Sammlung vorbei. Hinter dem White Tower steht der **Bloody Tower**, wo der zwölfjährige Eduard V. und sein kleiner Bruder Richard „zu ihrer eigenen Sicherheit" gefangen gehalten wurden. Später wurden sie beide ermordet, vielleicht von ihrem Onkel, dem zukünftigen Richard III. Auch Walter Raleigh saß hier unter Jakob I. 13 Jahre ein und schrieb in dieser Zeit seine *History of the World*.

Vor der **Chapel Royal of St. Peter ad Vincula** stand das Schafott, auf dem Heinrich VIII. z. B. Anne Boleyn und Catherine Howard, Heinrichs zweite bzw. fünfte Frau, köpfen ließ. Berühmt sind auch die Raben des Tower – der Legende nach wird der White Tower einstürzen, sollten sie jemals davonfliegen; damit sie nicht auf dumme Gedanken kommen, wurden ihnen die Flügel gestutzt.

Zur Orientierung lohnt sich die unterhaltsame und kostenlose Führung mit einem

Tower of London

AUF IN DEN TOWER

Am Spätnachmittag ist es zwar meist ruhiger, aber es lohnt sich trotzdem, etwas früher am Tower einzutreffen: Selbst nach Stunden hat man längst noch nicht alles gesehen. Eine Orientierung bieten die Führungen mit einem der Yeoman Warders („Beefeaters"); sie sind im Eintrittspreis enthalten, unterhaltsam und die einfachste Möglichkeit, die **Chapel Royal of St. Peter ad Vincula** ❶ zu betreten, wo die Tour endet.

Gegenüber dem Ausgang der Kapelle liegt gleich die **Scaffold Site** ❷. Das Gebäude zur Linken sind die Waterloo Barracks, wo die **Kronjuwelen** ❸ aufbewahrt werden. Sie sind das absolute Highlight des Tower. Es ist daher ratsam, den Eingang im Auge zu behalten und sie zu besuchen, wenn es relativ ruhig aussieht. Drinnen kann man sich Zeit lassen. Langsame Laufbänder transportieren Besucher an den etwa einem Dutzend Kronen vorbei, den Glanzstücken der Schatzkammer. Wer sie ausführlich bewundern will, kann die Tour auch mehrmals machen.

Viel Zeit sollte für den **White Tower** ❹, den Kern der Anlage mit seiner Ausstellung königlicher Rüstungen und im 1. Stock mit der **St. John's Chapel** ❺, eingeplant werden.

Die berühmten **Raben** ❻ tummeln sich im Hof südlich des White Tower. Als Nächstes geht es durch die Türme des **Mittelalterlichen Palastes** ❼, mit anschließendem Bummel über den **East Wall Walk** ❽, der einen Eindruck der mächtigen Zinnen der Burg vermittelt. Der Rest des Besuchs ist der Erkundung der vielen anderen faszinierenden Ecken des Tower gewidmet.

AN DER SCHLANGE VORBEI

» **Tickets** am besten online kaufen, Wochenenden vermeiden und frühmorgens kommen, wenn es noch nicht ganz so voll ist.

» **Mitgliedschaft** Mit der Jahreskarte für die Historic Royal Palaces kann man ohne Anstehen den Tower (und vier weitere Londoner Paläste) so oft man will besuchen.

MIKE BOOTH / ALAMY ©

Chapel Royal of St. Peter ad Vincula

Die Kapelle diente als Begräbnisstätte für Könige und andere Aristokraten, die auf der Grünfläche davor hingerichtet wurden. Auch mehrere andere historische Persönlichkeiten sind hier bestattet, darunter Thomas More.

Burggraben

Scaffold Site

Sieben Menschen, darunter drei Königinnen (Anne Boleyn, Catherine Howard, Jane Grey) wurden hier geköpft, um dem Tudor-König eine peinliche öffentliche Hinrichtung auf dem Tower Hill zu ersparen. Heute steht hier eine etwas seltsame „Kissen"-Skulptur von Brian Catling.

Beauchamp Tower

Haupteingang

Middle Tower

Byward Tower

Bell Tower

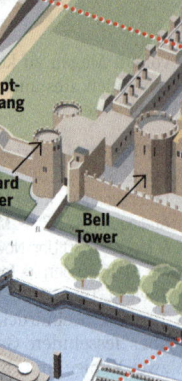

White Tower

Der White Tower ist größtenteils einer Ausstellung zu 500 Jahren königlicher Rüstungen gewidmet. Interessant ist die würfelförmige Rüstung für den aufgedunsenen 49-jährigen Heinrich VIII. samt einem gepanzerten Hosenbeutel, um die, ähem, Kronjuwelen zu schützen.

CHRISDORNEY / SHUTTERSTOCK ©

St. John's Chapel

Die Kapelle im 1. Stock des White Tower, schlicht und schmucklos wie zu normannischen Zeiten gehalten, stammt von 1080 und ist die älteste erhaltene Kirche.

TOM HANLEY / ALAMY ©

Kronjuwelen

Hier werden die Klunker Ihrer Majestät aufbewahrt, wenn sie nicht zu Zeremonien getragen werden. Unter den 23 578 Juwelen ist auch der 530-Karat-Diamant *Der große Stern von Afrika* auf dem Zepter mit Kreuz, das größte Stück des damals größten Diamanten, der jemals gefunden wurde.

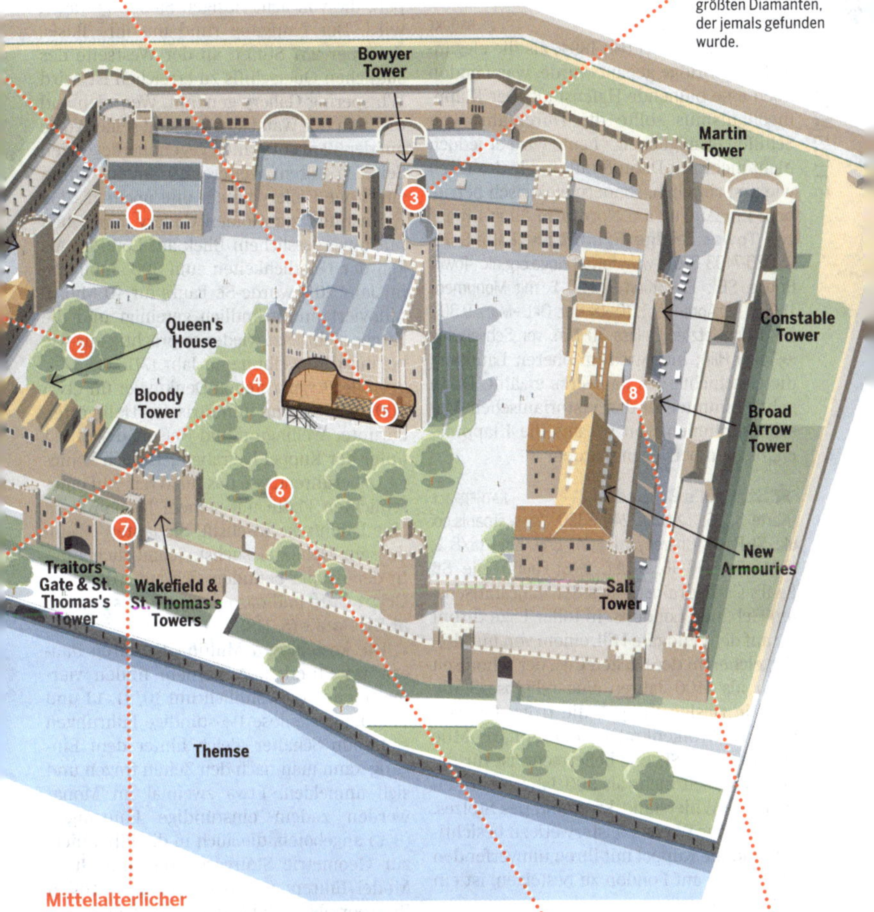

Bowyer Tower

3

Martin Tower

1

Queen's House

2

Bloody Tower

4

5

Constable Tower

8

Broad Arrow Tower

6

7

Traitors' Gate & St. Thomas's Tower

Wakefield & St. Thomas's Towers

Salt Tower

New Armouries

Themse

Mittelalterlicher Palast

Dieser Teil des Tower entstand ab 1220 und war Sitz der mittelalterlichen Monarchen. Sehenswert sind die Replik der Schlafkammer von Eduard I. (1272–1307) im St. Thomas's Tower und der Thronsaal seines Vaters Heinrich III. (1216–72) im Wakefield Tower.

CRISTIAN SANTINON / SHUTTERSTOCK ©

Raben

Hier werden die Raben des Tower gehalten und mit rohem Fleisch und blutgetränkten Keksen gefüttert. Der Legende nach wird der Tower fallen, wenn die Raben die Festung verlassen.

East Wall Walk

Der Weg führt über die inneren Festungsmauern ab dem Salt Tower aus dem 13. Jh., durch den Broad Arrow Tower und den Constable Tower bis zum Martin Tower, wo die Kronjuwelen bis Mitte des 19. Jhs. aufbewahrt wurden.

Beefeater (Burgwächter). Die einstündigen Touren beginnen alle halbe Stunde an der Brücke nahe dem Haupteingang, die letzte eine Stunde vor Schließung.

Das backsteinerne **New Armouries Café** in der Südostecke des Innenhofs bietet warme Mahlzeiten und Sandwiches. Der Eintritt zum Tower wird bei Online-Buchung billiger.

★ Tower Bridge BRÜCKE

(Karte S. 76; ⊖ Tower Hill) 1894, als die elegante Tower Bridge gebaut wurde, war London noch eine blühende Hafenstadt. Der Klappmechanismus sollte die Durchfahrt von Schiffen ermöglichen – heute wird er jedoch nicht mehr mit Dampfkraft und hydraulisch wie ursprünglich, sondern elektrisch betrieben. Ein Aufzug am Nordturm fährt hinauf zur **Tower Bridge Exhibition** (Karte S. 76; ☏ 020-7403 3761; www.towerbridge.org.uk; Tower Bridge, SE1; Erw./Kind 9/3,90 £, mit Monument 11/5 £; ⊗ April–Sept. 10–18 Uhr, Okt.–März 9.30–17.30 Uhr, letzter Einlass 30 Min. vor Schließung; ⊖ Tower Hill); hier wird im oberen Laufgang die Geschichte des Bauwerks erzählt. Dann geht's hinunter zu den viktorianischen Maschinenräumen, von wo aus die Klappmechanismen betrieben wurden.

★ St. Paul's Cathedral KATHEDRALE

(Karte S. 76; ☏ 020-7246 8350; www.stpauls.co.uk; St Paul's Churchyard, EC4; Erw./Kind 18/8 £; ⊗ Mo–Sa 8.30–16.30 Uhr; ⊖ St Paul's) Die St. Paul's Cathedral ist eines der majestätischsten Gebäude Londons. In toller Lage thront sie auf dem Ludgate Hill, einem von nur drei Hügelchen in der flachen City, der schon seit mehr als 1400 Jahren eine religiöse Stätte ist. Die riesige Kuppel, die trotz der weit höheren Wolkenkratzer der Square Mile weiterhin die Skyline beherrscht, ist für die Londoner seit mehr als 300 Jahren ein Zeichen der Widerstandskraft und des Stolzes. Christopher Wrens Meisterwerk zu besichtigen und die Kuppel mit ihren umwerfenden Ausblicken auf London zu besteigen, ist ein tolles Erlebnis.

Die Kathedrale entwarf Christopher Wren nach dem Großen Feuer, sie wurde zwischen 1675 und 1710 erbaut und 1711 geweiht. Der Standort ist eine uralte heilige Stätte, auf der vor Wrens Barockbau bereits vier andere Gotteshäuser standen; das älteste stammte aus dem Jahr 604.

Die Kuppel, die zweitgrößte Kirchenkuppel der Welt und rund 65 000 t schwer, entging im Dezember 1940 den Brandbomben der deutschen Luftwaffe und wurde zum Symbol für Londons Widerstandsfähigkeit während des Kriegs. Nördlich der Kirche wird mit einem einfachen Denkmal der 32 000 Londoner gedacht, die während des Zweiten Weltkriegs umkamen.

Innen ist 30 m über dem Hauptschiff die erste der drei Kuppeln zu sehen (eigentlich eine Kuppel in einem Kegel in einer Kuppel), die von acht riesigen Säulen getragen wird. Der Laufgang rund um ihre Basis, der über 257 Stufen an der Westseite des südlichen Querschiffs zu erreichen ist, wird Whispering Gallery genannt. Wenn jemand dicht an der Wand spricht, sind seine Worte auf der 32 m entfernten gegenüberliegenden Seite zu hören. Weitere 119 Stufen führen zur Stone Gallery hinauf und nochmals 152 Eisenstufen zur Golden Gallery ganz oben mit unvergesslichem Blick auf London. Als Teil der Feierlichkeiten zum 300. Jubiläum im Jahr 2011 wurde St. Paul's für 40 Mio. £ renoviert und gründlich gereinigt und die Kirche sieht jetzt wieder so prächtig aus wie bei ihrer Einweihung im Jahr 1711.

In der Krypta stehen Denkmäler für etwa 300 Helden und militärische Halbgötter, darunter Wellington und Nelson, der direkt unter der Kuppel begraben ist. Doch keins ist so berührend wie das für Wren. Auf einer schlichten Platte mit seinem Namen steht eine lateinische Inschrift, die lautet: „Wenn du sein Denkmal suchst, schau dich um." In der Krypta befinden sich außerdem das **Crypt Café** und das exzellente **Restaurant at St. Paul's** (S. 118).

Die kostenlosen Multimediatouren dauern 1½ Stunden. Außerdem finden viermal täglich (gewöhnlich um 10, 11, 13 und 14 Uhr) kostenlose 1½-stündige Führungen statt; am Schalter gleich hinter dem Eingang kann man nach den Zeiten fragen und sich anmelden. Etwa zweimal im Monat werden zudem einstündige Führungen (8 £) angeboten, die auch in die Bibliothek, zur Geometric Staircase und zum Great Model führen; von oberhalb des Großen Westportals genießt man außerdem einen eindrucksvollen Blick ins Kirchenschiff. Die Termine für diese Führungen stehen auf der Website – weit im Voraus buchen! Filmen und Fotografieren ist in der Kirche übrigens nicht gestattet.

★ Museum of London MUSEUM

(Karte S. 76; www.museumoflondon.org.uk; 150 London Wall, EC2; ⊗ 10–18 Uhr; ⊖ Barbican) GRATIS Das Museum of London ist eines der besten

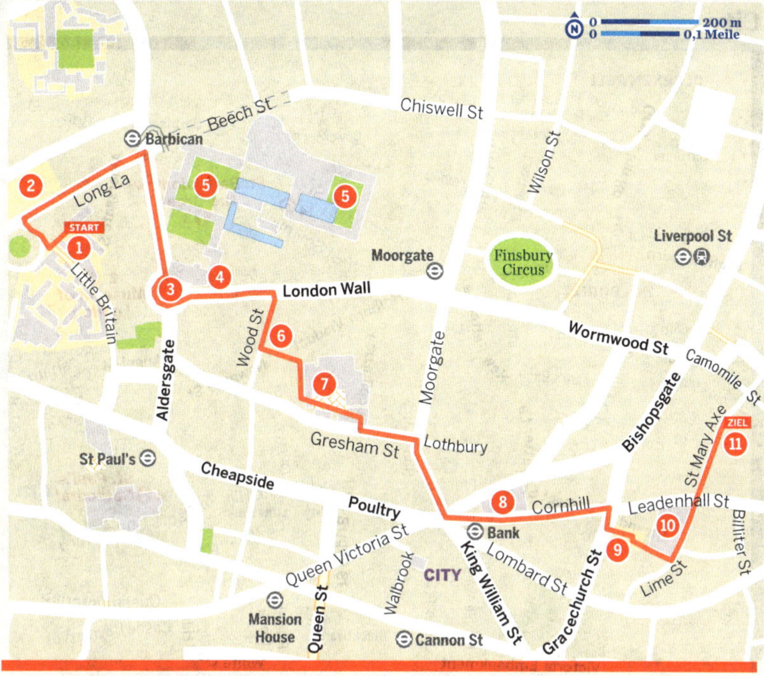

🏃 Spaziergang
Die City

START ST. BARTHOLOMEW-THE-GREAT
ZIEL 30 ST. MARY AXE (THE GHERKIN)
LÄNGE/DAUER 2,4 KM; 3 STUNDEN

Die kleine City of London bietet so viel Geschichte wie das restliche London zusammen. Diese Tour führt zu einigen Highlights.

Die stimmungsvolle Kirche ❶ **St. Bartholomew-the-Great** (S. 77) aus dem 12. Jh. diente oft als Filmkulisse. Durch das Tudor-Torhaus führt der Weg nach rechts zu den bunten viktorianischen Bogen des ❷ **Smithfield Market** (S. 78).

Dann geht's rechts in die Long Lane und noch mal rechts in die Aldersgate Street. Nun folgt man dem Kreisverkehr nach rechts und erklimmt die Stufen (oder nimmt den Aufzug) zum ❸ **Museum of London** (S. 74). Nach einem Rundgang durch das exzellente Museum geht's weiter nach rechts zu den Ruinen der ❹ **römischen Stadtmauer** und den markanten Türmen des ❺ **Barbican** (S. 135).

Der Abzweig rechts in die Wood Street führt zum einzig erhaltenen Turm von ❻ **St. Alban's** (1698), einer von Wren entworfenen

Kirche, die 1940 von Bomben zerstört wurde. Weiter geht's links in die Love Lane und rechts in die Aldermanbury – die ❼ **Guildhall** (S. 76) aus dem 15. Jh. liegt zur Linken. Nach Querung des gepflasterten Hofs – wo der Umriss des römischen Amphitheaters schwarz markiert ist – geht's nach Osten in die Gresham Street, dann rechts in die Prince's Street zur Kreuzung mit der Straße Bank mit ihren klassizistischen Kommerztempeln. Hinter dem Reiterstandbild des Duke of Wellington steht eine Metallpyramide mit Infos zu vielen bedeutenden Gebäuden im Umfeld.

Von der ❽ **Royal Exchange** (S. 78) führt der Weg über die Cornhill und dann rechts in die Gracechurch Street. Links befindet sich der Eingang in den wunderbaren ❾ **Leadenhall Market** (S. 139), etwa dort, wo sich einst das römische Forum befand. Nach dem Ausgang am hinteren Ende des Marktes zeigt ❿ **Lloyd's of London** (S. 78) sein Innenleben an der Außenfassade. Links in der Lime Street ragt schließlich, fast 900 Jahre nach St. Bartholomew-the-Great erbaut, ⓫ **30 St. Mary Axe** (S. 78), das „Gürkchen", stolz empor.

City

Map labels:
CLERKENWELL · Portpool La · Leather Lane Market · Cross St · Farringdon · Cowcross St · Barbican · Beech St · Gray's Inn Gardens · Gray's Inn Rd · Hatton Garden · Greville St · Farringdon · Charterhouse St · Long La · Aldersgate St · Chancery La · Leather La · 23 · West Smithfield · St. Bartholomew-the-Great · 14 · 3 · Little Britain · High Holborn · Holborn · HOLBORN · Furnival St · Fetter La · Holborn Viaduct · Snow Hill · HosierLa · Glttspur St · 2 · Museum of London · Angel St · Gresham St · Lincoln's Inn Fields · Chancery La · New Fetter La · Bream's Bldgs · Farringdon St · Newgate St · Foster La · Gutter La · Wood St · Lincoln's Inn Fields · Serle St · Carey St · Fetter La · St Bride St · Old Bailey · St Paul's · St. Paul's Cathedral · 4 · 21 · 22 · Shoe La · Fleet St · New Bridge St · Ludgate Hill · St Paul's Churchyard · Strand · Fleet St · Bouverie St · City Thameslink · Carter La · 18 · Temple Ave · Tudor St · Carmelite St · Queen Victoria St · Essex St · Milford La · Blackfriars · Puddle Dock · Castle Baynard St · Surrey St · Arundel St · Temple · Victoria Embankment · White Lion Hill · Blackfriars Bridge · Millennium Bridge · Bankside Pier · Waterloo Rd · Upper Ground · Rennie St · Stamford St · SOUTHWARK · Southwark St · The Queen's Walk · Hopton St · Holland St · Tate Modern · Sumner St · New Globe Walk · Southwark Bridge Rd · Zoar St

Museen der Stadt: In zwei Dutzend Abteilungen ermöglicht es einen faszinierenden Streifzug durch die verschiedenen Phasen der Stadt vom angelsächsischen Dorf bis zur Metropole des 21. Jhs. Bei den zahlreichen interaktiven Exponaten geht es weniger um die Wissensvermittlung als um ein London-Erlebnis.

Guildhall · HISTORISCHES GEBÄUDE

(Karte S. 76; 020-7332 1313; www.guildhall. cityoflondon.gov.uk; Gresham St, EC2; Bank) GRATIS Die Guildhall mitten in der Square Mile war über 800 Jahre lang Regierungssitz der City. Das heutige Gebäude stammt aus dem frühen 15. Jh. Es ist somit das einzige noch existierende nicht kirchliche Steingebäude, welches das Große Feuer von 1666 überlebt hat. Aber es wurde damals und auch während der Luftangriffe 1940 schwer beschädigt.

★ Monument · SÄULE

(Karte S. 76; www.themonument.info; Ecke Fish Street Hill & Monument St, EC3; Erw./Kind 4/2 £; mit Tower Bridge Exhibition 10,50/4,70 £; April–Sept. 9.30–18 Uhr, Okt.–März bis 17.30 Uhr; Monument) Christopher Wrens 1677 errichtete Säule ist einfach als das Monument bekannt. Sie erinnert an das Große Feuer von

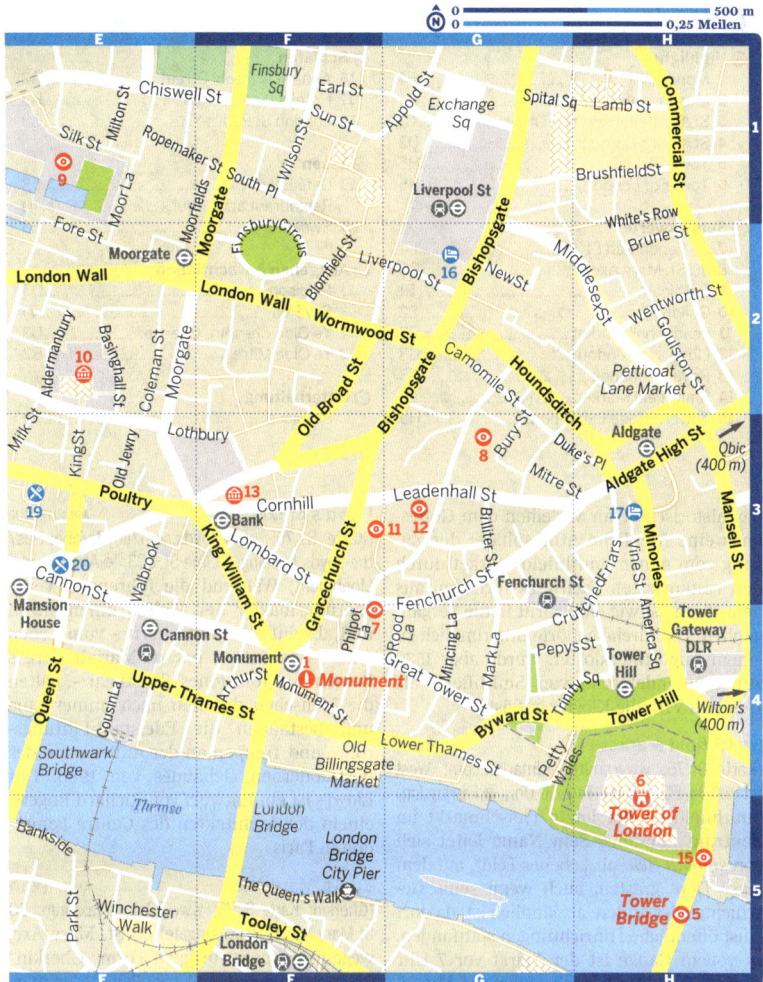

London 1666, das riesige Auswirkungen auf die Geschichte der Stadt hatte. Die dorische Säule aus Portland-Stein ist 4,5 m breit und 60,6 m hoch – das ist die exakte Entfernung zur Bäckerei in der Pudding Lane, in der das Feuer angeblich ausbrach.

Inns of Court
HISTORISCHES GEBÄUDE

Jeder Londoner Rechtsanwalt (mit Gerichtszulassung) muss sich in einem der vier stimmungsvollen Inns of Court niederlassen, die zwischen den alten Mauern der City und Westminster liegen. Es dauert wohl ein ganzes Anwaltsleben, alle Feinheiten des undurchsichtigen Protokolls zu verstehen, das

hier seit dem 13. Jh. herrscht. Lieber genießt man stattdessen das idyllische Ambiente der Gassen und Plätze und freut sich darüber, dass man hier nicht als Rechtsanwalt mit Perücke herumhasten muss.

★ St. Bartholomew-the-Great
KIRCHE

(Karte S. 76; ☑ 020-7600 0440; www.greatstbarts. com; West Smithfield, EC1; Erw./erm. 5/4,50 £; ⊙ Mo–Fr 8.30–17, Sa 10.30–16, So 8.30–20 Uhr; ⊕ Farringdon oder Barbican) St. Bartholomew-the-Great (1123) neben einem der ältesten Krankenhäuser Londons ist eine der geschichtsträchtigsten Kirchen der Stadt. Die authentischen normannischen Bogen und

City

das historische Flair verleihen dem Gotteshaus eine friedliche Atmosphäre; der Zugang vom nahen Smithfield Market durch den restaurierten Fachwerk-Torbogen aus dem 13. Jh. ist wie ein Schritt in die Vergangenheit. Die Kirche gehörte ursprünglich zu einem Augustinerkloster, wurde aber 1539 zur Gemeindekirche von Smithfield, als Heinrich VIII. die Klöster auflöste.

Smithfield Market
MARKT
(Karte S. 76; www.smithfieldmarket.com; West Smithfield, EC1; ⊙ Mo–Fr 2–10 Uhr; ⊖ Farringdon) Smithfield ist der letzte Fleischmarkt im Zentrum Londons. Sein Name leitet sich von *smooth field* ab, „ebenes Feld", auf dem einst Tiere grasten, auch wenn seine Geschichte alles andere als ländlich ist, da dort einst öffentliche Hinrichtungen stattfanden. In vollem Gange ist der Markt vor 7 Uhr morgens. 2021 soll nach einem 70 Mio. £ teuren Umbau das Museum of London (S. 74) hierher umziehen.

Royal Exchange
HISTORISCHES GEBÄUDE
(Karte S. 76; www.theroyalexchange.co.uk; Royal Exchange, EC3; ⊙ Läden 10–18 Uhr, Restaurants Mo–Fr 8–23 Uhr; ⊖ Bank) Die Königliche Börse wurde 1564 von Thomas Gresham gegründet. Das stattliche Gebäude mit Säulenportikus an der Kreuzung Threadneedle Street und Cornhill ist das dritte an dieser Stelle: Das erste wurde 1570 von Elisabeth I. offiziell eröffnet. Seit den 1980er-Jahren spielt es keine Rolle mehr als Finanzinstitution, sondern beherbergt noble Geschäfte, Cafés und Restaurants.

Lloyd's of London
ARCHITEKTUR
(Karte S. 76; www.lloyds.com/lloyds/about-us/the-lloyds-building; 1 Lime St, EC3; ⊖ Aldgate oder Monument) Während die führenden Versicherungsmakler der Welt drinnen sitzen und absolut alles versichern – vom Leben eines Astronauten bis zu Mariah Careys Beinen und Tom Jones' Brusthaar –, halten die Menschen draußen noch immer inne und bestaunen die Edelstahl-Lüftungsrohre und Treppen an der Außenwand des postmodernen Gebäudes von 1986. Das Lloyd's ist ein Entwurf von Richard Rogers, einem der Architekten des Centre Pompidou in Paris.

30 St. Mary Axe
ARCHITEKTUR
(Gherkin; Karte S. 76; www.30stmaryaxe.info; 30 St Mary Axe, EC3; ⊖ Aldgate) 30 St. Mary Axe, wegen der merkwürdigen Form „Gherkin" (Gürkchen) genannt, ist vielleicht der markanteste Wolkenkratzer der City. Er dominiert die Skyline, obwohl er etwas niedriger ist als der benachbarte NatWest Tower. Die futuristische Fassade des Gherkin, Norman Fosters preisgekrönter Entwurf von 2003, ist zu einem Wahrzeichen des modernen Londons geworden und hat einen ebenso hohen Wiedererkennungswert wie Big Ben oder das London Eye.

⊙ South Bank

Einst überquerten die Londoner den Fluss, um am rechten Themseufer, wo der ausschweifend lebende Bischof von Southwark das Sagen hatte, allen möglichen unzüchtigen Vergnügungen nachzugehen, die in der City verpönt waren. Heute geht es dort weitaus schicklicher und zahmer zu, aber die Theater und Vergnügungsstätten sind geblieben. Genau genommen bezeichnet „South Bank" nur das Flussufer zwischen Westminster und Blackfriars Bridge (wenn auch Teile der sich schlängelnden Themse eher am Ost- als am Südufer liegen), aber im weiteren Sinne sind jene Gegenden von Southwark und Lambeth gemeint, die in unmittelbarer Nähe des Flusses liegen.

⭐ Tate Modern — MUSEUM
(Karte S. 80; www.tate.org.uk; Queen's Walk, SE1; ☺ So–Do 10–18, Fr & Sa bis 22 Uhr; 🚇 🚻; ⊜ Blackfriars, Southwark oder London Bridge) GRATIS Das herausragende Museum für moderne und zeitgenössische Kunst in der grandios umgebauten **Bankside Power Station** südlich der Millennium Bridge ist eine der größten Attraktionen Londons. Die faszinierende Synthese aus abgefahrener moderner Kunst und großräumigem Backstein-Industriedesign ist eine Glanzleistung in Sachen Kunstpräsentation. Auch in ihren Ausstellungen zeigt sich die Tate Modern außerordentlich erfolgreich darin, mit anspruchsvollen Werken die Massen anzuziehen. Dies gilt sowohl für die kostenlose Dauerausstellung als auch für die großen Sonderausstellungen, für die Eintritt erhoben wird. 2016 wurde ein atemberaubender Erweiterungsbau eröffnet, womit die Ausstellungsfläche um 60 % erweitert wurde.

Die 200 m lange, aus 4,2 Mio. Backsteinen erbaute Tate Modern bietet einen imposanten Anblick. Die Schweizer Architekten Herzog & de Meuron erhielten für ihren Umbau des leeren Kraftwerks den renommierten Pritzker-Preis. Sie behielten den 99 m hohen mittleren Schornstein bei, erweiterten das Dach um einen zweistöckigen Glaskasten und nutzten die gigantische Turbinenhalle als atemberaubenden Eingangsbereich – gleich drei Geniestreiche auf einmal. Sie entwarfen auch den neuen elfstöckigen Anbau.

Die Hauptattraktion bildet jedoch die herausragende Sammlung moderner Kunst. Den Kuratoren stehen Gemälde von Georges Braque, Henri Matisse, Piet Mondrian, Andy Warhol, Mark Rothko und Jackson Pollock, ferner Werke von Joseph Beuys, Damien Hirst, Rebecca Horn, Claes Oldenburg und Auguste Rodin zur Verfügung.

Die Dauerausstellungen sind auf den Ebenen 2, 3 und 4 chronologisch und nach Themen angeordnet. Über 60 000 Arbeiten werden ständig wechselnd ausgestellt, was für Besucher, die ein bestimmtes Werk sehen wollen, frustrierend sein kann, aber für Mehrfachbesucher spannend ist. Auf der hervorragenden Website ist jedoch nachzulesen, ob und wo ein spezielles Kunstwerk gezeigt wird.

Die Tate Modern ist zudem klasse gelegen – davon zeugen die beliebten Balkone auf Ebene 3 mit herrlichem Blick auf St. Paul's. Auch von der eleganten **Millennium Bridge** (Karte S. 80; ⊜ St Paul's oder Blackfriars) blickt man direkt auf die St. Paul's Cathedral am anderen Ufer der Themse.

Kostenlose Highlight-Führungen beginnen täglich um 11, 12, 14 und 15 Uhr. Audioguides (in fünf Sprachen) für 4 £ erläutern etwa 50 Kunstwerke in allen Sälen und schlagen Rundgänge für Erwachsene und Kinder vor.

Zum Schwestermuseum Tate Britain fährt vom Bankside Pier das **Tate Boat** (Karte S. 80; www.tate.org.uk/visit/tate-boat; einfach Erw./Kind 7,50/3,75 £).

⭐ Shakespeare's Globe — HISTORISCHES GEBÄUDE
(Karte S. 80; www.shakespearesglobe.com; 21 New Globe Walk, SE1; Erw./Kind 14/8 £; ☺ 9–17 Uhr; 🚻; ⊜ Blackfriars, Southwark oder London Bridge) Im Gegensatz zu anderen Shakespeare-Bühnen wurde das neue Globe dem Original so genau wie möglich nachempfunden. Der Zuschauerraum ist offen und somit dem launischen Wetter ausgesetzt: Die 700 Besucher auf den billigen Plätzen stehen so auch mal im berühmten Londoner Regen. Eine Besichtigung des Globe schließt eine Führung durch das Theater (in der Regel vormittags ab 9.30 Uhr jede halbe Stunde, außerdem montagnachmittags) und den Besuch des Ausstellungsraums unter dem Theater mit faszinierenden Exponaten zu Shakespeare und zum Theater im 17. Jh. ein.

⭐ London Eye — AUSSICHTSPUNKT
(Karte S. 80; ☎ 0871 781 3000; www.londoneye.com; Erw./Kind 21,20/16,10 £; ☺ 10–20 Uhr, im Sommer bis 21.30 Uhr; ⊜ Waterloo) Wenn das Wetter es erlaubt, kann man vom höchsten Punkt (135 m) des in der recht flachen Metropole stehenden Riesenrads 40 km weit sehen. Interaktive Tablets informieren (in sechs Sprachen) über die Wahrzeichen, die nacheinander in den Blick geraten. Jede Umdrehung dauert eine gemächliche halbe Stunde. Zu Spitzenzeiten (Juli, August und Schulferien) hat es jedoch den Anschein, als

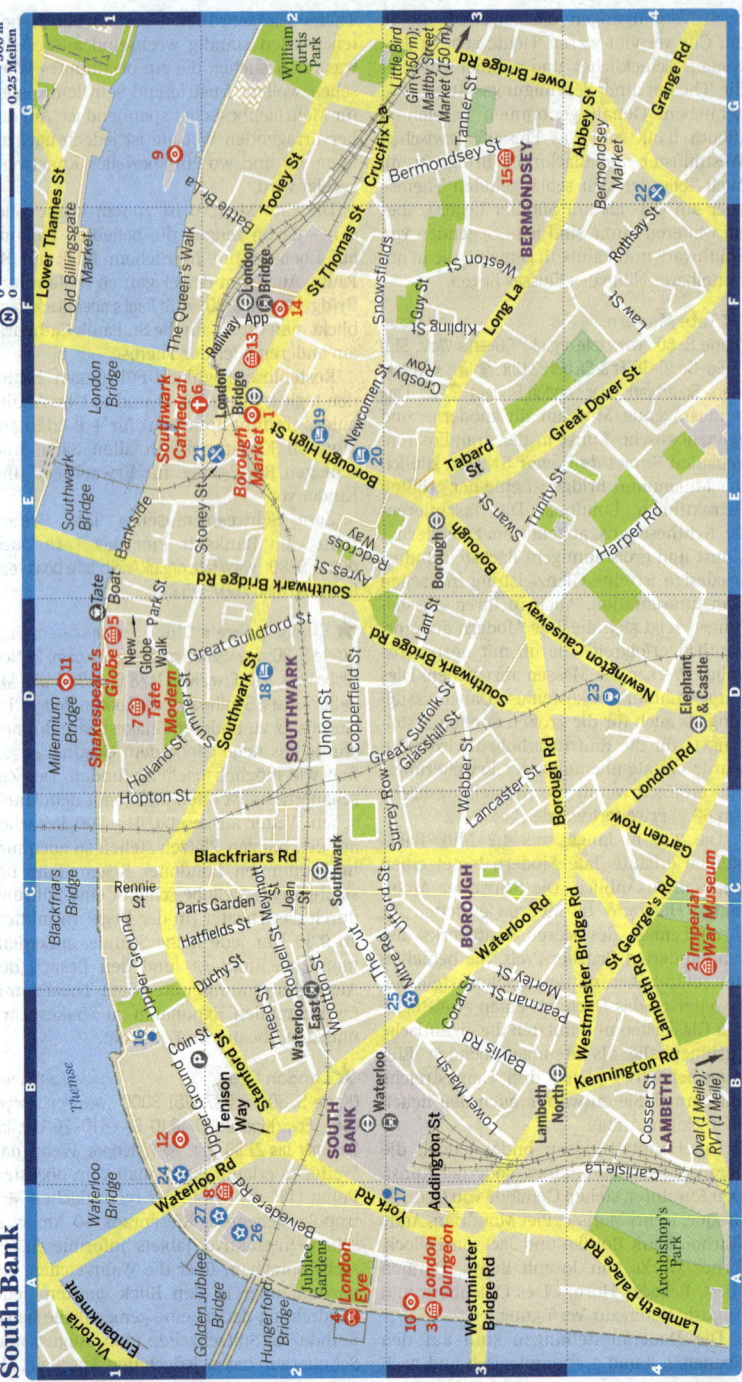

South Bank

N
500 m
0,25 Meilen

South Bank

würde man mehr Zeit beim Anstehen als in der Kabine selbst verbringen. Für 27,95 £ erhält man bevorzugt Eintritt.

★ **Imperial War Museum** MUSEUM
(Karte S. 80; www.iwm.org.uk; Lambeth Rd, SE1; ◷10–18 Uhr; ⊜Lambeth North) GRATIS Das spannende Museum mit den zwei einschüchternden 15-Zoll-Marinegeschützen vor dem Eingang ist im ehemaligen Bethlehem Royal Hospital untergebracht. Das Museum konzentriert sich zwar hauptsächlich auf die Militäreinsätze von britischen oder Commonwealth-Truppen im 20. Jh., der Begriff „Krieg" wird dabei jedoch sehr weit gefasst. Zu den Highlights zählen die topmodernen **First World War Galleries** und die **Witnesses to War** („Kriegszeugen") im Vorhof und im Atrium.

Shard GEBÄUDE
(Karte S. 80; www.theviewfromtheshard.com; 32 London Bridge St, SE1; Erw./Kind 30,95/24,95 £; ◷10–22 Uhr; ⊜London Bridge) Das spektakuläre, splitterartige Hochhaus Shard hat sich rasch zu einem Wahrzeichen Londons entwickelt. Von den öffentlichen Aussichtsplattformen in den Stockwerken 68, 69 und 72 bietet sich, wie in 244 m Höhe nicht anders zu erwarten, ein weiter Blick, aber zu einem saftigen Preis – bei Onlinebuchung mindestens einen Tag im Voraus ist der Eintritt 5 £ billiger.

Old Operating Theatre Museum & Herb Garret MUSEUM
(Karte S. 80; www.thegarret.org.uk; 9a St Thomas St, SE1; Erw./Kind 6,50/3,50 £; ◷10.30–17 Uhr; ⊜London Bridge) In dem einzigartigen Museum, über 32 Stufen die Wendeltreppe hoch im Turm der **St. Thomas Church** (1703) gelegen, befindet sich der älteste Operationssaal Großbritanniens. Die 1956 wiederentdeckte Dachkammer wurde vom Apotheker des St. Thomas's Hospital zur Aufbewahrung von Heilkräutern genutzt. Das Museum zeigt die Schrecken der Medizin des 19. Jhs. – vor Äther, Chloroform und Antiseptika.

★ **Southwark Cathedral** KIRCHE
(Karte S. 80; ☎020-7367 6700; www.cathedral. southwark.anglican.org; Montague Cl, SE1; ◷Mo–Fr 8–18, Sa & So 9–18 Uhr; ⊜London Bridge) Die ältesten erhaltenen Teile dieser relativ kleinen Kathedrale sind der Chorraum an der Ostseite, der vier Kapellen enthält und Teil des Priorats von St. Mary Overie aus dem 13. Jh. war, einige alte Bogen beim Südwestportal, Mauerkerne aus dem 12. Jh. im nördlichen Querschiff und ein Bogen aus der ursprünglichen normannischen Kirche. Der Großteil der Kathedrale ist jedoch viktorianisch. Drinnen sind jede Menge Denkmäler zu finden, u. a. eins für Shakespeare. Gesungene Andachten (evensong) finden

dienstags, donnerstags und freitags um 17.30 Uhr, samstags um 16 Uhr und sonntags um 15 Uhr statt.

Design Museum
MUSEUM

(☎020-7940 8790; www.designmuseum.org; 224–238 Kensington High St, W8; ☺10–17.45 Uhr; ☻High St Kensington) Das Design Museum will einem breiten Publikum die Bedeutung guten Designs im Alltag deutlich machen und zeigt wechselnde Sonderausstellungen. In der Vergangenheit gehörten dazu Themen wie Manolo-Blahnik-Schuhe oder Formel-1-Rennwagen. Die jährliche Ausstellung „Design of the Year" zeigt die besten und neuesten Design-Innovationen – wie der Slogan des Museums sagt: „Eines Tages werden die anderen Museen diese Sachen ausstellen".

HMS Belfast
SCHIFF

(Karte S. 80; www.iwm.org.uk/visits/hms-belfast; Queen's Walk, SE1; Erw./Kind 14,50/7,25 £; ☺ März–Okt. 10–18 Uhr, Nov.–Feb. bis 17 Uhr; ☻London Bridge) Die HMS *Belfast* ist ein Magnet für Kinder jeden Alters. Das große Kriegsschiff, das 1938 vom Stapel lief, kam im Zweiten Weltkrieg zum Einsatz: Es war u. a. an der Versenkung des deutschen Schlachtschiffs *Scharnhorst* und an der Landung der Alliierten in der Normandie beteiligt; später wurde es dann im Koreakrieg eingesetzt. Mit den 6-Zoll-Kanonen konnten mehr als 20 km entfernte Ziele beschossen werden. Die Ausstellungen bieten einen großartigen Einblick in das Leben an Bord zu Friedenszeiten und bei Militäreinsätzen.

★ London Dungeon
HISTORISCHES GEBÄUDE

(Karte S. 80; www.thedungeons.com/london; County Hall, Westminster Bridge Rd, SE1; Erw./Kind 28,95/24,45 £; ☺10–17, Sa & So bis 18 Uhr; ☻Waterloo oder Westminster) Für ältere Kinder ist das Gruselkabinett ein Vergnügen, wie die ellenlangen Schlangen in den Schulferien und am Wochenende beweisen: Hier gibt's gespenstische Musik, schaurige Bootsfahrten, Kunstblut und Schauspieler, die als mörderische Schurken (darunter Jack the Ripper und Sweeney Todd), Folterknechte und Richter ganz schön dick auftragen, sowie grausiges interaktives Chaos.

London Sea Life Aquarium
AQUARIUM

(Karte S. 80; www.visitsealife.com; County Hall, Westminster Bridge Rd, SE1; Erw./Kind 24,50/18,10 £; ☺Mo–Fr 10–19, Sa & So 9–19 Uhr; ☻Waterloo oder Westminster) Die Ausstellungen wirken etwas altbacken, aber es gibt ein paar herausragende Attraktionen, darunter

der Haitunnel, die Rochenlagune und das Gehege der Eselspinguine (die Pinguine springen und tauchen mit faszinierender Geschwindigkeit). Fütterungen und Vorträge finden den ganzen Tag über zu festen Zeiten statt. Die Chancen, sie beim Besuch zu erleben, sind also groß.

White Cube Bermondsey
KUNSTGALERIE

(Karte S. 80; www.whitecube.com; 144–152 Bermondsey St, SE1; ☺Di–Sa 10–18, So 12–18 Uhr; ☻London Bridge) GRATIS Die neueste und zugleich größte der White-Cube-Galerien beeindruckt durch ihre großen Ausstellungsräume, in denen monumentale Werke oder ausladende Installationen mit verschiedenen Medien präsentiert werden. Die Galerie wurde von Jay Jopling gegründet, einem Kunsthändler der Brit-Art-Stars, der in den 1990er-Jahren seinen Ruf durch Ausstellungen von damals unbekannten Künstlern wie Damien Hirst und Antony Gormley erwarb.

Hayward Gallery
KUNSTGALERIE

(Karte S. 80; www.southbankcentre.co.uk; Belvedere Rd, SE1; ☺Mo 12–18, Di–Mi, Sa & So 11–19, Do & Fr bis 20 Uhr; ☻; ☻Waterloo) Die Hayward Gallery im Southbank Centre veranstaltet in einem brutalistischen Gebäude aus den 1960er-Jahren Ausstellungen mit Gegenwartskunst: Video, Installationen, Fotografie, Collagen, Malerei usw. Zur Zeit der Recherche war die Galerie zwecks Restaurierung geschlossen – aktuelle Infos auf der Website.

★ Borough Market
MARKT

(Karte S. 80; www.boroughmarket.org.uk; 8 Southwark St, SE1; ☺Mi & Do 10–17, Fr 10–18, Sa 8–17 Uhr; ☻London Bridge) An dieser Stelle befindet sich in der einen oder anderen Form seit dem 13. Jh. „Londons Speisekammer". In den letzten 15 Jahren hat sie eine unglaubliche Renaissance erlebt: Es wimmelt hier von Gourmets, passionierten Gastronomen, staunenden Besuchern und Londonern auf der Suche nach Inspiration für ihre nächste Dinnerparty. Der phantastische Markt hat sich zu einer echten Attraktion entwickelt. Spezialität des Markts sind hochwertige frische Erzeugnisse; dazu kommen zahlreiche Imbissbuden sowie irrsinnig viele Kuchenstände!

⊙ Chelsea & Kensington

In Chelsea und Kensington, dem sogenannten Royal Borough, leben die reichsten

TATE BRITAIN

Die ältere und altehrwürdigere der beiden Tate-Schwestern ist in einem Gebäude aus Portland-Stein an der Themse untergebracht und wurde mit einer atemberaubenden, an den Art déco angelehnten Treppe und einer Neuhängung der Sammlung aufgefrischt. Die **Tate Britain** (www.tate.org.uk; Millbank, SW1; ⊙10–18, 1. Fr im Monat bis 22 Uhr; ⊕Pimlico) widmet sich der britischen Malerei von 1500 bis zur Gegenwart, mit Werken von Blake, Hogarth, Gainsborough, Barbara Hepworth, Whistler, Constable und Turner sowie moderner Kunst z. B. von Lucian Freud, Francis Bacon und Henry Moore. Neben 45-minütigen **Themenführungen** (⊙11 Uhr) gibt es auch die Reihe **Art in Focus** (Millbank, SW1; ⊙Di, Do & Sa 13.15 Uhr) mit 15-minütigen Vorträgen.

Die Stars der Show in der Tate Britain sind jedoch die lichtdurchfluteten Werke von William Turner in der Clore Gallery. Nach seinem Tod 1851 gingen alle in seinem Atelier vorhandenen Werke – 300 Ölgemälde und rund 30 000 Entwürfe und Zeichnungen – gemäß seinem Testament in Staatsbesitz über. Zu sehen sind Klassiker wie *The Scarlet Sunset* und *Norham Castle, Sunrise*.

Außerdem sind hier wichtige Arbeiten z. B. von Constable, Gainsborough und Reynolds und den Präraffaeliten wie etwa William Holman Hunts *The Awakening Conscience*, John William Waterhouse' *The Lady of Shalott*, *Ophelia* von John Everett Millais und Edward Burne-Jones' *The Golden Stairs* versammelt. Interessant sind auch Francis Bacons *Three Studies for Figures at the Base of a Crucifixion*. Die Tate Britain ist alljährlich von Oktober bis Anfang Dezember Schauplatz des renommierten und oft kontroversen Turner Prize für zeitgenössische Kunst.

Die Tate Britain veranstaltet außerdem Sonderausstellungen, die alle paar Monate wechseln und Eintritt kosten – Näheres auf der Website. Der Kartenschalter schließt um 17.15 Uhr.

Menschen Großbritanniens. Die Kensington High Street ist eine quirlige Mischung aus Ladenketten und Boutiquen und auf der King's Road sehen selbst die Secondhand läden wie Fashion-Outlets aus. Einige der schönsten und attraktivsten Museen Londons liegen in South Kensington.

⭐**Victoria & Albert Museum**   MUSEUM
(V&A; Karte S. 86; www.vam.ac.uk; Cromwell Rd, SW7; ⊙Sa–Do 10–17.45, Fr bis 22 Uhr; ⊕South Kensington) GRATIS Das Museum of Manufactures, wie das V&A bei der Eröffnung 1852 hieß, gehörte zum Vermächtnis von Prinz Albert nach der Weltausstellung von 1851. Es beherbergt die weltweit größte Kunstgewerbesammlung: asiatische Keramik, orientalische Teppiche, chinesische Gemälde, westliche Möbel, Mode aus allen Epochen und moderne Haushaltsgeräte. Ein weiteres Highlight sind die Sonderausstellungen wie etwa zu David Bowie und dem Designer Alexander McQueen oder zu speziellen Materialien und Trends.

Das Museum hat mehr als 100 Abteilungen, sodass man sich am besten gezielt etwas aussucht oder an einer der kostenlosen einstündigen Führungen teilnimmt:

Diese beginnen mehrmals täglich beim Infoschalter in der Empfangshalle, und zwar zu verschiedenen Themen (Einführungstouren, Mittelalter und Renaissance, Theater usw.).

⭐**Natural History Museum**   MUSEUM
(Karte S. 86; www.nhm.ac.uk; Cromwell Rd, SW7; ⊙10–17.50 Uhr; ☎; ⊕South Kensington) GRATIS Das riesige, prächtige Museum vermittelt die viktorianische Leidenschaft für das Sammeln, Katalogisieren und Ergründen der Natur. Kinder lieben natürlich die **Dinosaurs Gallery** (Blue Zone) mit dem animatronischen T-Rex, den Fossilien und faszinierenden Ausstellungen. Erwachsene dagegen zieht es vielleicht eher in die fesselnde „Treasures"-Ausstellung in der **Cadogan Gallery** (Green Zone) mit einer Reihe von Exponaten, die jeweils eine einzigartige Geschichte erzählen, von einem Stück Mondgestein bis zu einem Dodo-Skelett.

Ebenfalls in der Green Zone befindet sich die **Mineral Gallery**; von hier geht's weiter zum **Vault** mit der **Aurora Collection** mit fast 300 farbigen Diamanten. Das riesige **Darwin Centre** in der Orange Zone beherbergt in einem gewaltigen „Kokon" 28 Mio. Insektenpräparate und 6 Mio. Pflanzen.

Victoria & Albert Museum

HALBTÄGIGE HIGHLIGHTS-TOUR

Das mit Kunst und Design vollgestopfte V&A ist riesig. Im Folgenden wird deshalb eine besucherfreundliche Tour zu den Highlights des Museums beschrieben, die zu einigen berühmten Stücken führt und auch die Pracht des Museumsbaus erleben lässt.

Nach Eintritt durch den Grand Entrance des V&A an der Cromwell Road geht es sofort nach links zur Islamic Middle East Gallery und dem üppigen **Ardabil-Teppich** ❶ aus Seide und Wolle. Zu den Stücken aus Südasien in der angrenzenden Galerie gehört der furchterregende automatisierte **Tipus Tiger** ❷. Weiter geht's in die großartige **Fashion Gallery** ❸, wo Kleidungsstile aus allen Epochen ausgestellt sind. Die prächtige Galerie gegenüber beherbergt die **Raffael-Kartons** ❹, großformatige Zeichnungen von Raffael, die als Vorlage dienten, um Wandteppiche für den Vatikan zu weben. Die Treppe zur Ebene 2 führt in die Britain 1500–

Raffael-Kartons

Die sieben Zeichnungen von Raffael, die das Leben der Apostel Petrus und Paulus darstellen, waren vollmaßstäbliche Vorarbeiten für sieben Wandteppiche, die für die Sixtinische Kapelle gewoben wurden.

Fashion Gallery

Die runde und chronologisch arrangierte Galerie zeigt Kleidung vom 18. Jh. bis heute. Dazu zählen Abendkleidung, Unterwäsche und bahnbrechende Mode, wie Kleider aus den 1960er-Jahren der Designerin Mary Quant.

Das Große Bett von Ware

Das eichene Große Bett von Ware aus dem 16. Jh. entstand zur Zeit Königin Elisabeths I. Es wird in Shakespeares Stück *Was ihr wollt* erwähnt. In Kopfteil und Bettpfosten sind alte Graffitischnitzereien eingekerbt.

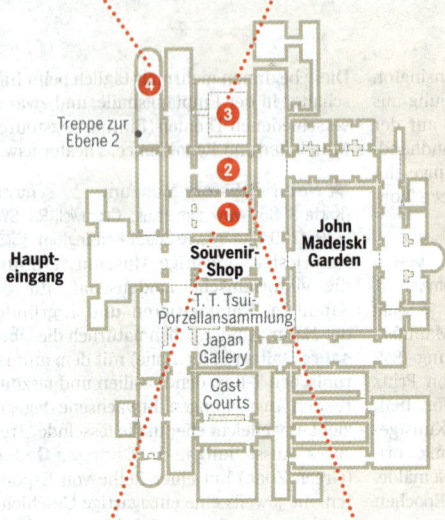

Britain 1500-1760 Gallery

Treppe von der Ebene 1

Treppe zur Ebene 3

Treppe zur Ebene 2

Haupteingang

Souvenir-Shop

John Madejski Garden

T. T. Tsui Porzellansammlung

Japan Gallery

Cast Courts

EBENE 1

EBENE 2

Der Ardabil-Teppich

Der Ardabil, einer der schönsten Teppiche der Welt, wurde 1540 als einer von zweien im Auftrag des Schahs Tahmasp von Persien gefertigt. Beeindruckend ist vor allem die Kunstfertigkeit der Details und des subtilen Designs.

Tipus Tiger

Der Automat aus dem 18. Jh. stellt einen Europäer dar, der von einem Tiger zerfleischt wird. Wird ein Hebel gedreht, imitiert eine Orgel im Inneren der Katze die Schreie des Sterbenden, dessen Arm sich außerdem erhebt.

1760 Gallery; von dort nach links geht es zum **Großen Bett von Ware** ❺, hinter dem das wunderschön gearbeitete **Schreibpult Heinrichs VIII.** ❻ zu sehen ist. Treppen führen hinauf zum **Hereford Screen** ❼ in der Metalware Gallery auf Ebene 3. Es geht weiter durch die Ironwork and Sculpture Galleries und den Leighton Corridor zur funkelnden **Jewellery Gallery** ❽. Hinaus geht es durch die Stained Glass Gallery, an deren Ende sich eine Treppen hinab zur Ebene 1 befindet.

TOP-TIPPS

» **Mehr Infos** Museumswärter stehen auf der Tour stets zur Verfügung.

» **Fotografieren** Ist erlaubt. Ausnahmen: die Jewellery Gallery, die Raffael-Zeichnungen und Ausstellungen.

» **Abendbesuche** Freitags ist das V&A bis 22 Uhr geöffnet und dann auch leerer.

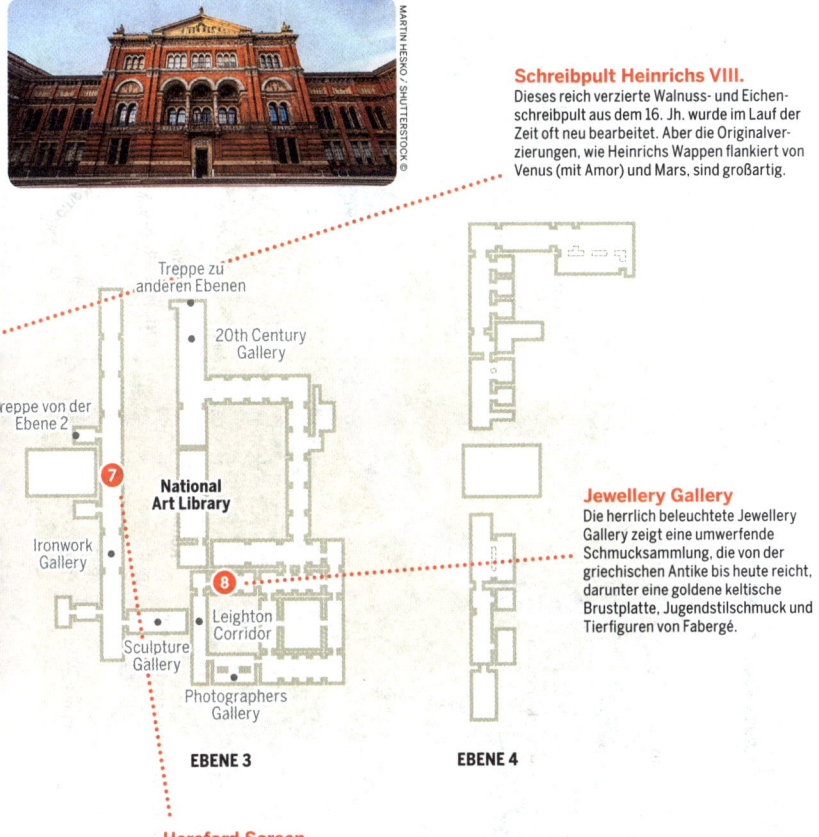

MARTIN HESKO / SHUTTERSTOCK ©

Schreibpult Heinrichs VIII.
Dieses reich verzierte Walnuss- und Eichenschreibpult aus dem 16. Jh. wurde im Lauf der Zeit oft neu bearbeitet. Aber die Originalverzierungen, wie Heinrichs Wappen flankiert von Venus (mit Amor) und Mars, sind großartig.

Treppe zu anderen Ebenen

20th Century Gallery

Treppe von der Ebene 2

❼

National Art Library

Ironwork Gallery

❽

Leighton Corridor

Sculpture Gallery

Photographers Gallery

EBENE 3

EBENE 4

Jewellery Gallery
Die herrlich beleuchtete Jewellery Gallery zeigt eine umwerfende Schmucksammlung, die von der griechischen Antike bis heute reicht, darunter eine goldene keltische Brustplatte, Jugendstilschmuck und Tierfiguren von Fabergé.

Hereford Screen
Die prachtvolle, von George Gilbert Scott entworfene und aufwendig ausgeführte Chorschranke wurde ursprünglich für die Hereford Cathedral gefertigt. Nur wenige Räume des V&A konnten das gewaltige Gewicht des mächtigen Gebildes aus Holz, Eisen, Kupfer, Messing und Stein tragen.

Knightsbridge, South Kensington & Chelsea

Map labels:

500 m
0,25 Meilen

Marble Arch (150 m)

Park La

MAYFAIR

Mount Row
Adam's Row
Mount St
Grosvenor Sq
Hill St
Farm St
Charles St
Hay's Mews
Curzon St
Curzon Sq
Shepherd St
Hertford St
Brick St
Deanery St
Hill St
South St
Aldford St
Culross St
Upper Grosvenor St
Woods Mews
Park St

Green Park

Piccadilly

Buckingham Palace Gardens

Grosvenor Pl
Chapel St
Chester St
Halkin St
Belgrave Sq
Motcomb St

Hyde Park Corner

Park La

Knightsbridge

Kinnerton St
Lowndes St
Sloane St
Basil St
Raphael St

Knightsbridge

KNIGHTSBRIDGE

South Carriage Dr
Serpentine Rd
The Serpentine
Rotten Row

North Ride

Hyde Park

Hyde Park 1

W Carriage Dr

Bayswater Rd
Buck Hill Walk
Lancaster Gate
The Long Water
Kensington Gardens

Paddington (300 m)
Lancaster Gate
Bayswater Rd
Leinster Tce
Porchester Tce
Budge's Walk

Lancaster Walk

Round Pond

The Flower Walk

Montpelier St
Rutland Gate
Ennismore Gdns
Exhibition Rd
Prince Consort Rd

Kensington Rd
Kensington Gore
Kensington Rd

Palace Gate

Brompton Rd

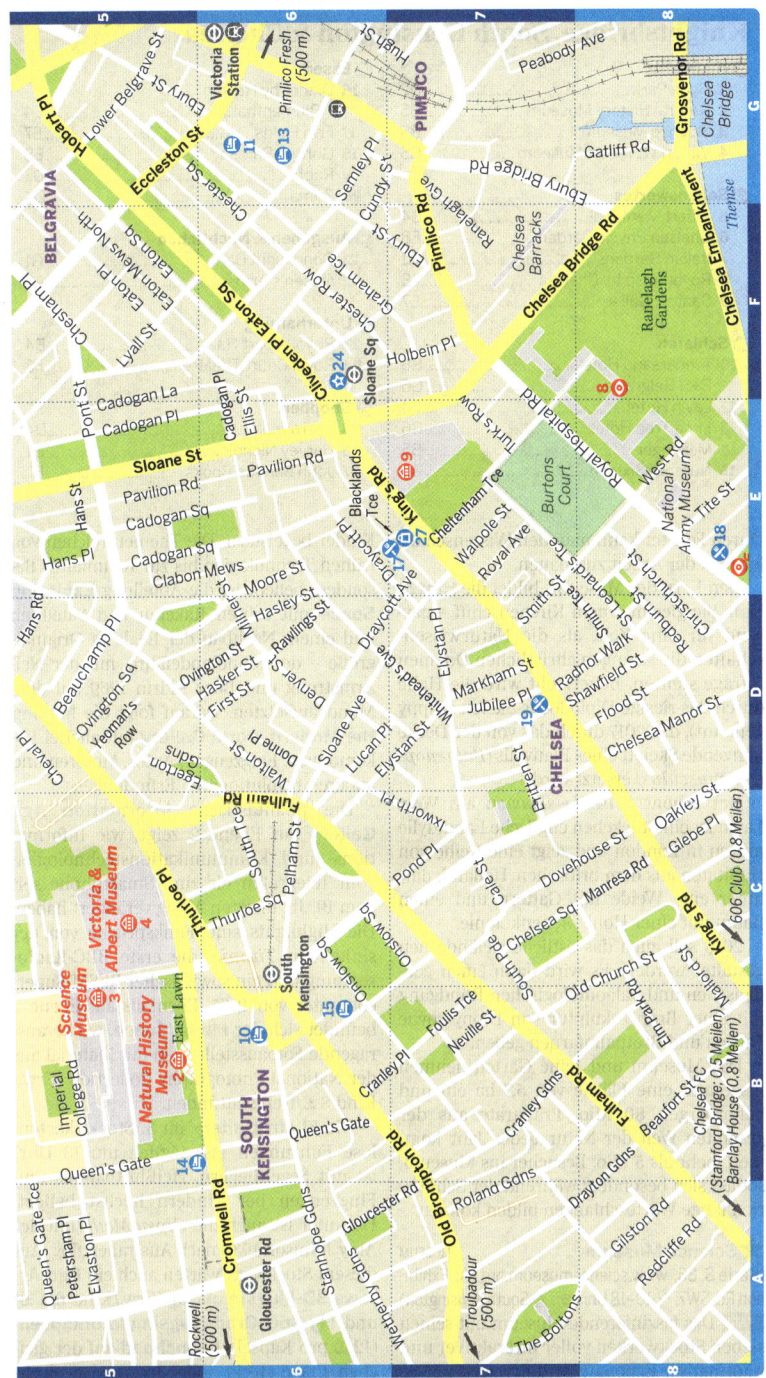

Knightsbridge, South Kensington & Chelsea

Durch Fenster kann man den Wissenschaftlern bei der Arbeit zuschauen.

Den Kern des Museums bildet die **Hintze Hall**. Sie gleicht einem Kirchenschiff – passend für eine Zeit, als die Naturwissenschaften die strengen christlichen Dogmen infrage stellten. Beherrscht wird die Halle durch das riesige Diplodocus-Skelett (Dippy genannt), das 2017 durch das von der Decke hängende Skelett eines Blauwals *(Balaenoptera musculus)* ersetzt wird.

Der schöne **Wildlife Garden** am West Lawn ist ein Stückchen englische Landidylle mitten in London und zeigt eine Reihe von Habitaten aus dem britischen Tiefland, darunter eine Weide mit Gattern und einen Baum mit einer Honigbienenkolonie.

2018 soll auch das östliche Gelände neu gestaltet werden: Es wird dann einen geologischen und paläontologischen Rundgang mit einer Bronzeskulptur von Dippy sowie Farnen und Brotpalmfarnen geben.

Das Museum und seine Gärten nehmen insgesamt eine Fläche von 5,7 ha ein und beherbergen 80 Mio. Präparate aus der gesamten Welt der Natur. Jedes Jahr kommen mehr als 5 Mio. Besucher ins Museum, sodass sich besonders während der Schulferien lange Warteschlangen bilden können.

★ Science Museum MUSEUM
(Karte S. 86; www.sciencemuseum.org.uk; Exhibition Rd, SW7; ☉10–18 Uhr; ☎; ⊖South Kensington) GRATIS Das faszinierende Museum mit seinen sieben Stockwerken voller interaktiver und informativer Exponate wird Erwachsene wie

Kinder begeistern. Die Themen reichen von frühen Technologien bis zur Raumfahrt. Besonders beliebt ist die Abteilung **Exploring Space** mit echten Raketen und Satelliten und einem Nachbau der Eagle in Originalgröße – der Mondlandefähre, mit der Neil Armstrong und Buzz Aldrin 1969 auf dem Mond aufsetzten. Darauf folgt die **Making the Modern World Gallery** mit allerlei Lokomotiven, Flugzeugen, Autos, Motoren und anderen revolutionären Erfindungen.

Die phantastische **Information Age Gallery** auf Ebene 2 zeigt, wie Informations- und Kommunikationstechnologien vom Telegrafen bis zum Smartphone seit dem 19. Jh. unseren Alltag verändert haben. Die Highlights sind Funksprüche von der sinkenden *Titanic*, die erste BBC-Radiosendung und ein sowjetischer BESM-Supercomputer von 1965. Ebenfalls auf Ebene 2 befindet sich der **Media Space**, wo herausragende Fotoausstellungen mit Material aus der National Photography Collection (Erw./Kind 8 £/frei) stattfinden.

Die **Flight Gallery** im 3. Stock (kostenlose Führungen fast täglich um 13 Uhr) ist mit Segelfliegern, Heißluftballons und Flugzeugen bei Kindern höchst beliebt. Darunter ist auch die *Gipsy Moth*, mit der Amy Johnson 1930 nach Australien flog. Auf diesem Stockwerk warten auch ein **Red-Arrows-3D-Flugsimulator** (Erw./Kind 6/5 £) und **Fly-360-Grad-Flugsimulatorkapseln** (12 £ pro Kapsel). **Launchpad** auf der gleichen Etage steckt voller interaktiver Technikspielereien zur Erkundung der Physik und der Eigenschaften von Flüssigkeiten.

Die Abteilung **Glimpses of Medical History** auf Ebene 4 ist nicht so voller Hightech wie der Rest des Museums, erklärt jedoch sehr anschaulich anhand von Modellen und lebensgroßen Rekonstruktionen, wie im Verlauf der Zeit Medizin – von der Zahnmedizin bis zum Geburtswesen – praktiziert wurde.

Toll für Kinder unter fünf Jahren ist der **Garden** im Untergeschoss mit einem kurzweiligen Spielangebot und Wasserspielen, in denen sich Knirpse in wasserdichten orangefarbenen Kitteln vergnügen.

⭐**Hyde Park**   PARK
(Karte S. 86; www.royalparks.org.uk/parks/hyde-park; ⏱5–24 Uhr; ⊜Marble Arch, Hyde Park Corner oder Queensway) Der Hyde Park ist mit 145 ha die größte Grünanlage im Zentrum Londons. Heinrich VIII. konfiszierte 1536 das Areal von der Kirche und nutzte es als Jagdrevier. Später wurde der Park zum Schauplatz von Duellen, Hinrichtungen und Pferderennen. 1851 fand auf seinem Gelände die Weltausstellung statt und im Zweiten Weltkrieg wurde ein gigantischer Kartoffelacker daraus. Heute dümpeln auf dem See **Serpentine** Paddelboote und im Sommer wird der Park gelegentlich für Konzerte (Bruce Springsteen, Florence + The Machine, Patti Smith), Freiluftkino und andere Events genutzt.

⭐**Kensington Palace**   PALAST
(Karte S. 113; www.hrp.org.uk/kensingtonpalace; Kensington Gardens, W8; Erw./Kind 16,30 £/ frei; ⏱März–Okt. 10–18 Uhr, Nov.–Feb. bis 17 Uhr; ⊜High St Kensington) Der 1605 erbaute Palast wurde 1689 unter Wilhelm und Maria von Oranien zur bevorzugten königlichen Residenz – bis Georg III. König wurde und in den Buckingham Palace umzog. Heute ist der Palast noch immer eine königliche Residenz: Hier wohnen Royals wie der Duke und die Duchess of Cambridge (Prinz William und seine Frau Catherine) und Prinz Harry. Ein großer Teil des Palastes ist jedoch öffentlich zugänglich, darunter die King's und Queen's State Apartments.

Kensington Gardens   PARK
(Karte S. 113; www.royalparks.org.uk/parks/ kensington-gardens; ⏱6 Uhr–Sonnenuntergang; ⊜Queensway oder Lancaster Gate) Die malerischen, 275 ha großen Gärten gleich westlich des Hyde Park gehören eigentlich zum Kensington Palace. Der Park ist eine wunderschöne Ansammlung gepflegter Rasenflächen und schattiger Alleen. Der große **Round Pond** lässt sich nett umrunden und hübsch sind auch die Brunnen in den **Italian Gardens** (Karte S. 86; Kensington Gardens; ⊜Lancaster Gate), angeblich ein Geschenk von Albert an Königin Victoria.

Albert Memorial   DENKMAL
(Karte S. 86; 🔗Führungen 020-8969 0104; Kensington Gardens; Führungen Erw./erm. 8/7 £; ⏱Führungen März–Dez. 1. So im Monat 14 & 15 Uhr; ⊜Knightsbridge oder Gloucester Rd) Das prächtige viktorianische Gebilde am Südrand der Kensington Gardens ist genauso pompös, wie Victorias deutscher Ehemann Albert (1819–1861) angeblich bescheiden war. Denn Albert hatte ausdrücklich erklärt, er wünsche kein Denkmal. Der Lord Mayor ignorierte die Wünsche des Prinzgemahls und beauftragte George Gilbert Scott 1872 mit dem Bau des 53 m hohen, kitschigen neugotischen Denkmals. Die 4,25 m hohe vergoldete Statue des Prinzen aus dem Jahr 1876 ist von 187 Figuren umgeben, die die Kontinente Asien, Europa, Afrika und Amerika, die Künste, die Industrie und die Wissenschaft symbolisieren.

Saatchi Gallery   KUNSTGALERIE
(Karte S. 86; www.saatchigallery.com; Duke of York's HQ, King's Rd, SW3; ⏱10–18 Uhr; ⊜Sloane Sq) GRATIS Die interessante Galerie für zeitgenössische Kunst zeigt Wechselausstellungen experimenteller und tiefschürfender Werke verschiedenster Art. Die Kunst wird in weißen Räumen mit sandgestrahlten Holzböden stilvoll präsentiert, aber nichts toppt Gallery 15, wo Richard Wilsons Werk *20:50* ständig ausgestellt ist: faszinierend, bewegungslos, unbeschreiblich. Im 1. Stock befindet sich ein cooler Shop.

Royal Hospital Chelsea HISTORISCHES GEBÄUDE
(Karte S. 86; www.chelsea-pensioners.co.uk; Royal Hospital Rd, SW3; ⏱Gelände Mo–Sa 10–16.30 Uhr, Great Hall tgl. 12–14 Uhr geschl., Museum Mo–Fr 10–16 Uhr; ⊜Sloane Sq) GRATIS Das schöne, von Christopher Wren entworfene Bauwerk wurde 1692 errichtet, um ehemaligen Soldaten ein Dach über dem Kopf zu geben. Seit der Regentschaft von Karl II. haben hier Hunderte von Kriegsveteranen gewohnt, die als Chelsea Pensioners bekannt sind. Sie werden liebevoll wie ein nationaler Schatz gehütet und geben bei zeremoniellen Anlässen in ihren dunkelblauen Soldatenmänteln (im Winter) oder scharlachroten Gehröcken (im Sommer) eine prima Figur ab.

Chelsea Physic Garden GÄRTEN
(Karte S. 86; www.chelseaphysicgarden.co.uk; 66 Royal Hospital Rd, SW3; Erw./Kind 9,50/6,95 £; ☺April–Okt. Di–Fr & So 11–18 Uhr, Nov.–März Mo–Fr 9.30–16 Uhr; ⊖Sloane Sq) 1673 gründete die Apothekergesellschaft für Studenten, die sich mit Heilpflanzen und -methoden befassten, den faszinierenden pharmazeutischen Garten, der heute einer der ältesten seiner Art in Europa ist. Hier gibt's z. B. fleischfressende Schlauchpflanzen, gelbe Sumpfschwertlilien, eine Korkeiche aus Portugal, den größten Olivenbaum, der auf den Britischen Inseln im Freien Früchte trägt, und seltene Bäume und Sträucher. Die Nähe zur Themse beschert dem Gelände ein etwas wärmeres Mikroklima. Deshalb können hier auch Pflanzen gedeihen, die hier eigentlich nicht heimisch sind.

Fulham Palace HISTORISCHES GEBÄUDE
(www.fulhampalace.org; Bishop's Ave, SW6; ☺Palast im Sommer Mo–Do 12.30–16.30, So 12–17 Uhr, im Winter etwas frühere Öffnungszeiten, Gärten tgl. Sonnenaufgang–Sonnenuntergang; ⊖Putney Bridge) GRATIS Der Fulham Palace nahe der Themse war von 704 bis 1975 das Sommerhaus der Bischöfe von London. Das Gebäude ist eine reizvolle Mischung architektonischer Stile inmitten herrlicher Gärten. Ursprünglich war es vom längsten Burggraben Englands umgeben, bis dieser 1924 mit Schutt aufgefüllt wurde. Der älteste Palastteil ist das kleine Tudor-Tor aus Backstein, das Hauptgebäude stammt hingegen aus der Mitte des 17. Jhs., wurde aber im 19. Jh. umgebaut.

◉ Marylebone

Das trendige Marylebone ist längst nicht so exklusiv wie der südliche Nachbar Mayfair, hat aber eine der nettesten Hauptstraßen Londons. Hier befindet sich die berühmte, wenn auch eher enttäuschende Baker Street, unsterblich gemacht im Hit von Gerry Rafferty und durch den viktorianischen Detektiv Sherlock Holmes (unter dessen fiktionaler Adresse Nr. 221b gibt es ein Museum und einen Souvenirladen).

Regent's Park PARK
(www.royalparks.org.uk; ☺5–21.30 Uhr; ⊖Regent's Park) Der Regent's Park ist die ästhetisch anspruchsvollste und strengstens formal angelegte Grünfläche Londons – und eine der schönsten noch dazu. Sie birgt zahlreiche Attraktionen wie z. B. den London Zoo (S. 90), den Regent's Canal sowie einen See und Sportplätze, auf denen Einheimi-

sche Fußball, Rugby und Volleyball spielen. Die **Queen Mary's Gardens** im Süden des Parks sind besonders hübsch. Im Juni blühen hier die Rosen. Den Sommer über wird das **Freilufttheater** (☎0844 826 4242; www.openairtheatre.org; Queen Mary's Gardens, NW1; ☺Mai–Sept.; ⊖Baker St) für verschiedene Veranstaltungen genutzt.

★ ZSL London Zoo ZOO
(Karte S. 123; www.londonzoo.co.uk; Outer Circle, Regent's Park, NW1; Erw./Kind 25,50/18,50 £; ☺März–Sept. 10–18 Uhr, Okt. bis 17 Uhr, Nov.–Feb. bis 16 Uhr; ⊠274) Der 1828 gegründete zoologische Garten gehört zu den ältesten der Welt – hier soll sogar das Wort „Zoo" entstanden sein. Heute liegt der Schwerpunkt ausdrücklich auf Arterhaltung, Zucht und Information. Zu den Highlights zählen der Penguin Beach, das Gorilla Kingdom und das Tiger Territory sowie die begehbaren Gehege In with the Lemurs, In with the Spiders und Meet the Monkeys. Das Land of the Lions ist ein neues Gehege für die asiatischen Löwen des Zoos. Fütterungen und Vorträge gibt es den ganzen Tag über – auch kombinierbar mit einem Nachmittagstee (Erw./Kind 19,75/10 £).

Regent's Canal KANAL
(Karte S. 123) Die Kanäle spielten einst eine wichtige Rolle für den Güterverkehr in der Hauptstadt. Heutet bietet sich vom Wasser

Marlyebone

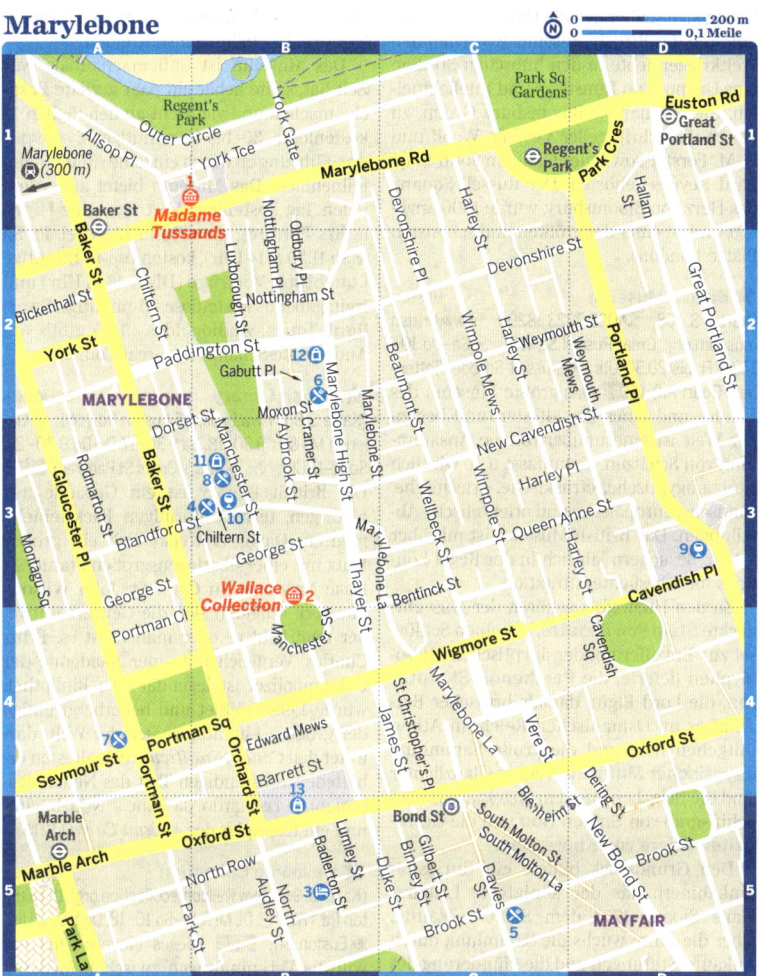

aus ein malerischer Blick auf North London abseits der überfüllten Straßen. Der Uferweg am Regent's Canal ist zu Fuß oder mit dem Fahrrad eine reizvolle Abkürzung quer durch North London. Der Wasserweg verläuft über 14 km von Little Venice, wo er mit dem Grand Union Canal zusammenfließt, bis zur Themse in Limehouse.

★ Madame Tussauds   MUSEUM
(Karte S. 91; ☏0870 400 3000; www.madame-tussauds.com/london; Marylebone Rd, NW1; Erw./Kind 35/29,50 £; ◷Mo–Do 8.30–18, Fr–So 9–18 Uhr; ☉Baker St) Madame Tussauds mag zwar kitschig und teuer sein (erheblich güns-

tiger sind die Tickets im Internet), ist aber trotzdem ein großes Vergnügen. Jeder kann sich hier mit dem Star seiner Träume (Daniel Craig, Miley Cyrus, Audrey Hepburn, den Beckhams), bei der Bollywood-Truppe (mit den Helden Hrithik Roshan und Salman Khan) und dem „Royal Appointment" (der Königin, Harry, William und Kate) fotografieren lassen.

◉ Bloomsbury & St. Pancras

Kein Wunder, dass das feine Bloomsbury im Lauf der Jahre zahlreiche intelligente und gebildete Menschen angezogen hat: Hier befinden sich schließlich die University of London und das British Museum. Zwischen den Weltkriegen lebte in den hübschen Straßen eine Gruppe von Künstlern und Intellektuellen, die sogenannte Bloomsbury Group, zu denen die Schriftsteller Virginia Woolf und E. M. Forster sowie der Ökonom John Maynard Keynes gehörten. Der Russell Square, das Herz von Bloomsbury, wurde 1800 angelegt und ist einer der größten und schönsten Plätze Londons.

★ British Museum   MUSEUM

(Karte S. 68; ☏ 020-7323 8299; www.british museum.org; Great Russell St, WC1; ⊙ Sa–Do 10–17.30, Fr bis 20.30 Uhr; ⊖ Russell Sq oder Tottenham Court Rd) GRATIS Das größte Museum des Landes und eines der ältesten und besten der Welt ist eine unübertroffene Ansammlung von Schätzen. Es umfasst u. a. wirklich riesige ägyptische, etruskische, griechische, römische, europäische und orientalische Abteilungen. Das British Museum ist mit über 6 Mio. Besuchern jährlich in der Regel Londons meistbesuchte Attraktion.

Zu den Highlights gehören der 1799 entdeckte Stein von Rosette, der einen Schlüssel zur Entzifferung der ägyptischen Hieroglyphen lieferte, die Parthenon-Skulpturen, die Lord Elgin, damals britischer Botschafter im Osmanischen Reich, in Athen mitgehen ließ, und die große Sammlung ägyptischer Mumien. Weitere Glanzlichter sind die Beigaben aus dem angelsächsischen Schiffsgrab von Sutton Hoo und die Geflügelten Stiere von Khorsabad.

Den Grundstock bildete ein Kuriositätenkabinett, das der königliche Leibarzt Hans Sloane 1753 dem Staat verkaufte. Über die Jahre wuchs die Sammlung durch Ankäufe, Stiftungen und die Plünderung des britischen Weltreichs. Die erste Abteilung, die bei der Umgestaltung des Museums in den 1820er-Jahren fertiggestellt wurde, war die prachtvolle Enlightenment Gallery.

Der Great Court wurde im Jahr 2000 restauriert und erweitert und besitzt seither ein spektakuläres Dach aus Glas und Stahl. Das Werk von Norman Foster ist schlicht eine architektonische Meisterleistung. Im Zentrum befindet sich der Reading Room mit seiner großartigen blauen und goldenen Kuppeldecke, unter der Karl Marx Das Kapital schrieb.

2014 wurde die Erweiterung des British Museum eröffnet, das 135 Mio. £ teure World Conservation and Exhibitions Centre in der Nordwestecke. Neu ist ebenfalls die Sainsbury Exhibitions Gallery, in der hochkarätige Ausstellungen stattfinden.

Das Museum ist unüberschaubar; wer Zeit hat, sollte lieber ein paar gezielte Besuche machen und vielleicht an den täglich 15 kostenlosen, 30- bis 40-minütigen Eye-Opener-Führungen durch einzelne Abteilungen teilnehmen. Das Museum bietet außerdem jeden Tag kostenlose Vorträge, etwa die Highlights-Führung (Erw./Kind 12 £/frei, Fr, Sa & So 11.30 & 14 Uhr), kostenlose 45-minütige Lunchtime-Vorträge (Di–Fr 13.15 Uhr) und freitagabends kostenlose 20-minütige Spotlight Tours. Audioguides (5 £) gibt's am Audioguide-Schalter im Great Court.

★ British Library   BIBLIOTHEK

(Karte S. 96; www.bl.uk; 96 Euston Rd, NW1; ⊙ Galerien Mo & Fr 9.30–18, Sa 9.30–17, Di–Do 9.30–20, So 11–17 Uhr; ☏; ⊖ King's Cross St Pancras) GRATIS Die British Library ist ein Gebäude aus niedrigen, terrassenförmigen Backsteinelementen. Davor erstreckt sich ein großer Platz mit einer überlebensgroßen Statue Sir Isaac Newtons. An Colin St. John Wilsons Bauwerk scheiden sich die Geister: Entweder man liebt es oder man hasst es. Prinz Charles' Vergleich mit einer Akademie der Geheimpolizei ist legendär. Die Bibliothek wurde 1998 eröffnet und beherbergt einige der größten Literaturschätze der Welt, darunter den Codex Sinaiticus (den ältesten erhaltenen vollständigen Text des Neuen Testaments), Leonardo da Vincis Notizbücher und ein Exemplar der Magna Carta (1215).

★ Wellcome Collection   MUSEUM

(Karte S. 96; www.wellcomecollection.org; 183 Euston Rd, NW1; ⊙ Di, Mi & Fr–So 10–18, Do bis 22 Uhr; ⊖ Euston Sq) GRATIS Dieses clevere Museum will die Verknüpfungen zwischen Medizin, Wissenschaft, Leben und Kunst ausloten. Hier können Besucher z. B. ihr Gesicht scannen und dann zuschauen, wie es zum statistischen Durchschnitt verbogen wird, es gibt irre moderne Skulpturen, die von verschiedenen Krankheiten inspiriert sind, und gruselige Sachen wie einen Querschnitt durch einen echten Körper und Furcht einflößende Vergrößerungen von Parasiten wie Flöhen, Läusen und Krätzemilben.

Charles Dickens Museum   MUSEUM

(Karte S. 96; www.dickensmuseum.com; 48 Doughty St, WC1; Erw./Kind 9/4 £; ⊙ 10–17 Uhr, letzter Einlass 16 Uhr; ☏; ⊖ Chancery Lane oder Russell Sq) Nach einer 3,5 Mio. £ teuren Renovierung ist das Museum in einem schönen vier-

INSIDERWISSEN

LONDON GRATIS

Natural History Museum (S. 83) Jedes britische Kind kommt mindestens einmal hierher – das sollte man sich zum Vorbild nehmen.

Tate Modern (S. 79) Beeindruckt mit faszinierender Kunst.

Victoria & Albert Museum (S. 83) Wahrscheinlich das bedeutendste Kunstgewerbemuseum der Welt.

National Gallery (S. 67) Eine der wichtigsten Kunstsammlungen weltweit mit rund 2300 ausgestellten Gemälden aus Europa.

Hyde Park (S. 89) Hierher zieht es die Menschen zum Sonnenbaden, Bootfahren, Baden und Picknicken – oder man lauscht an der Speaker's Corner all jenen, die dort etwas zu sagen haben.

Science Museum (S. 88) Sieben Etagen voller interaktiver und lehrreicher Exponate.

Wallace Collection (Karte S. 91; www.wallacecollection.org; Hertford House, Manchester Sq, W1; ⊙10–17 Uhr; ⊖Bond St) Ein faszinierender Einblick in den Alltag des Adels im 18. Jh.

Grant Museum of Zoology (Karte S. 96; www.ucl.ac.uk/museums/zoology; Rockefeller Building, University College London, 21 University St, WC1; ⊙Mo–Sa 13–17 Uhr; ⊖Euston Sq) Versammelt 68 000 Präparate aus dem Tierreich.

Highgate Cemetery (S. 102) Londons berühmtester Friedhof ist im Grunde ein Naturreservat.

Tate Britain (S. 83) Mit Gemälden von 1500 bis heute und einem Schwerpunkt auf William Turner.

Regent's Park (S. 90) Eine der nettesten Grünflächen der Stadt.

Wellcome Collection (S. 92) Am Schnittpunkt von Kunst, Wissenschaft und Medizin.

Hampstead Heath (S. 102) Wäldchen und Wiesen auf einer Fläche von 320 ha.

stöckigen Haus – dem einzigen erhaltenen Londoner Wohnhaus des großen viktorianischen Schriftstellers – nun größer und besser als je zuvor. Hinzugefügt wurden eine historische Küche im Keller und ein Kinderzimmer im Dachgeschoss. Durch das neu erworbene Haus Doughty Street Nr. 49 wurde der Ausstellungsraum erheblich vergrößert.

⊙ Hoxton, Shoreditch & Spitalfields

Die trendigen Stadtviertel nordöstlich der City sind durchaus auch tagsüber ein reizvolles Besuchsziel. Aber richtig los geht es erst am Abend, wenn die Pubs, Clubs und Restaurants sich mit Leben füllen. Das quirlige Hoxton und Shoreditch bilden das Epizentrum des Nachtlebens. Für einen gemächlichen Bummel durch Spitalfields ist der Sonntag nach einer durchfeierten Nacht gerade recht. Über die Jahrhunderte hinterließen verschiedene Einwandererwellen ihre Spuren, ein wunderbarer Ort also, um unterschiedlichste Küchen und ein lebhaftes Nachtleben zu genießen.

★ Dennis Severs' House   MUSEUM
(Karte S. 125; ☏020-7247 4013; www.dennissevers house.co.uk; 18 Folgate St, E1; tags/abends 10/15 £; ⊙Mo 12–14 & 17–21, Mi & Fr 17–21, So 12–16 Uhr; ⊖Shoreditch High St) Das außergewöhnliche georgianische Haus ist eingerichtet, als ob seine Bewohner, eine hugenottische Seidenweberfamilie, es gerade erst verlassen hätten: halb leer getrunkene Teetassen und halb aufgegessene Speisen, brennende Kerzen und, vielleicht etwas zu realistisch, ein voller Nachttopf unterm Bett. Nicht nur ein Museum, sondern eine Gelegenheit, das Alltagsleben im georgianischen England aus der Nähe zu erleben.

★ Geffrye Museum   MUSEUM
(Karte S. 125; www.geffrye-museum.org.uk; 136 Kingsland Rd, E2; ⊙Di–So 10–17 Uhr; ⊖Hoxton) **GRATIS** Wer gern seine Nase in anderer Leute Wohnungen steckt, wird dieses Museum lieben. Die ehemaligen Armenhäuser (1714) wurden zu Wohnzimmern umgestaltet, welche die bürgerliche Wohnkultur über einen Zeitraum von 1630 bis heute spiegeln. Auch der Garten ist nach Epochen unterteilt und

British Museum

EIN HALBER TAG IM MUSEUM

Das British Museum ist mit fast 8 Mio. Exponaten so groß und umfassend, dass es erstmalige Besucher überwältigt. Um einen frustrierenden Besuch zu vermeiden und sich nicht auf dem Weg zu den ägyptischen Mumien zu verlaufen, sei diese Halbtagstour empfohlen, die einige der wichtigsten Highlights einschließt. Wer mehr sehen will, kann sich einer Führung anschließen oder sich einen Audioguide (5 £) schnappen.

Startpunkt ist der **Stein von Rosette** ❶, der Schlüssel, der die altägyptische Schrift entziffern half. Nach den Schätzen aus Assyrien, einer antiken Zivilisation in Mesopotamien zwischen Euphrat und Tigris, darunter die **Geflügelten Stiere von Khorsabad** ❷, folgen die **Parthenon-Skulpturen** ❸, Glanzstücke klassischer griechischer Kunst, die uns noch heute beeinflusst. Auch das monumentale Fries, das die Geburt Athenes feiert, ist beeindruckend. Auf dem Weg zur Westtreppe

Geflügelte Stiere von Khorsabad
Die beiden großartigen geflügelten Alabasterstiere mit Menschenköpfen bewachten einst das Tor zum Palast des assyrischen Königs Sargon II. im mesopotamischen Khorsabad, der Wiege der Zivilisation im heutigen Irak.

Parthenon-Skulpturen
Der Parthenon, ein weißer Marmortempel der Athene, war Teil der Akropolis, der antiken Stadtfestung Athens. Das Museum zeigt Dutzende Skulpturen und Friese sowie Modelle und interaktive Darstellungen, die den Zusammenhang erläutern.

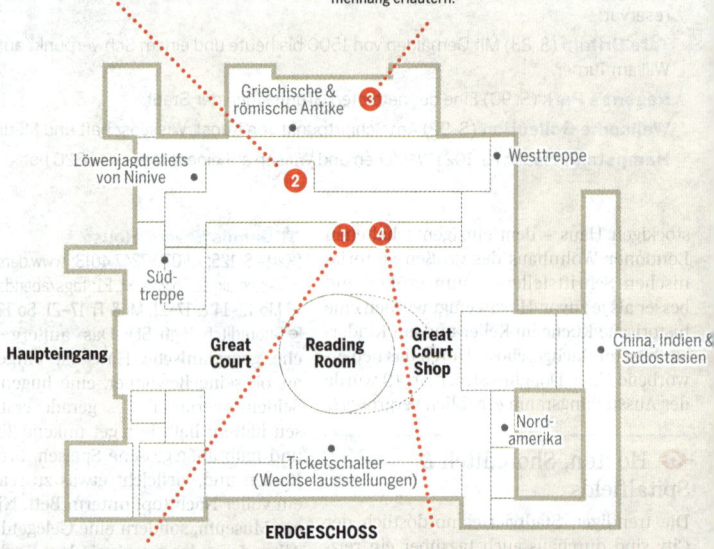

Griechische & römische Antike ❸

Westtreppe

Löwenjagdreliefs von Ninive

❷

❶ ❹

Süd-treppe

Haupteingang

Great Court

Reading Room

Great Court Shop

China, Indien & Südostasien

Nord-amerika

Ticketschalter (Wechselausstellungen)

ERDGESCHOSS

Stein von Rosette
Der 762 kg schwere Stein mit demotischen (kursiven altägyptischen Hieroglyphen für den Alltagsgebrauch) und griechischen Inschriften enthält einen Steuererlass für Priester zum ersten Jahrestag der Krönung des jungen Ptolemäus V.

Büste von Ramses dem Großen
Die 7,5 t schwere Büste, die eindrucksvollste Skulptur der ägyptischen Sammlung, stellt Ramses II., die Geißel der Israeliten im 2. Buch Mose, als großen Wohltäter dar.

steht eine riesige Büste von **Ramses II.** ④, ein Hinweis auf die umfängliche Sammlung **ägyptischer Mumien** ⑤ oben. (Die älteste, wegen des rötlichen Haares liebevoll Ginger – Rotschopf – genannte Mumie, blieb nur durch heißen Sand erhalten). Von den Römern geht es über den **Schatz von Mildenhall** ⑥ in die frühenglischen Galerien. Es folgen das angelsächsische **Schiffsgrab von Sutton Hoo** ⑦ und die mittelalterlichen **Lewis-Schachfiguren** ⑧.

ESSEN IM MUSEUM

» **Court Cafes** An der Nordseite des Great Court; Imbisstheken mit Salaten und Sandwiches; gemeinschaftliche Tische

» **Gallery Café** Etwas abseits nahe dem Saal 12; ruhiger; serviert warme Mahlzeiten

» **Court Restaurant** Oben mit Blick auf den Reading Room; Bedienung am Tisch

Lewis-Schachfiguren
Die 78 allseits beliebten Schachfiguren porträtieren gesichtslose Bauern, besorgt blickende Damen, Läufer mit seitlich aufgesetzter Bischofsmütze und Türme als „Wächter", die an ihren Schildern knabbern.

FEARGUS COONEY / GETTY IMAGES ©

Ägyptische Mumien
Zu der umfangreichen Sammlung von Mumien und Grabbeigaben gehören auch „Ginger", der vor über 5000 Jahren in Gebelein in Oberägypten begraben wurde, und Katebet, eine rituelle Sängerin im Tempel des Amun in Karnak.

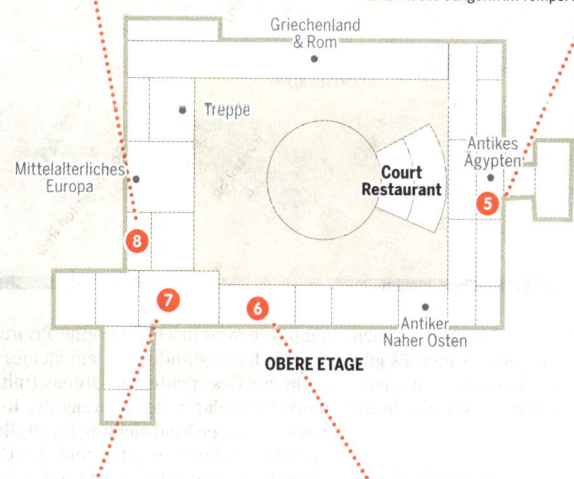

Griechenland & Rom

Treppe

Mittelalterliches Europa

Court Restaurant

Antikes Ägypten ⑤

⑧

⑦   ⑥

Antiker Naher Osten

OBERE ETAGE

Schiffsgrab von Sutton Hoo
In dem einzigartigen Grab eines bedeutenden (aber unbekannten) angelsächsischen Fürsten wurden Trinkhörner, Goldschnallen und ein Helm mit Gesichtsmaske entdeckt.

Schatz von Mildenhall
Auf den silbernen Schalen, Tellern und Löffeln des Schatzes sind römische Götter wie Neptun und Bacchus und frühchristliche Symbole wie *chi-rho* (kurz für „Christus") dargestellt.

Nördliches Zentrum

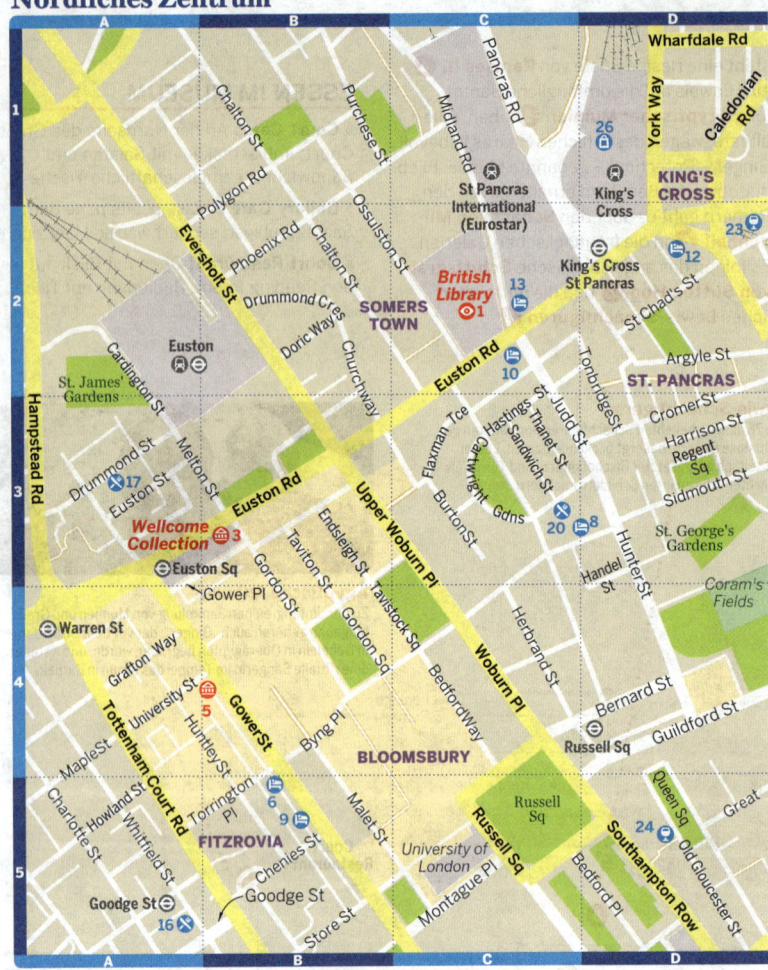

spiegelt wie das Museum häusliches Leben im Verlauf der Jahrhunderte wider. Es gibt auch einen sehr eindrucksvollen, ummauerten Kräutergarten mit 170 verschiedenen Pflanzen.

⭐ **St. John's Gate**   HISTORISCHES GEBÄUDE
(Karte S. 96; www.museumstjohn.org.uk; St John's Lane, EC1M; empfohlene Spende für Führungen 5 £; ☺ganzjährig Mo–Sa 10–17 Uhr, Juli & Aug. auch So 10–17 Uhr, Führungen Di, Fr & Sa 11 & 14.30 Uhr; ☻Farringdon) GRATIS Das bemerkenswerte Tudor-Torhaus stammt von 1504. Im 12. Jh. gründeten die Malteserritter (ein religiöser und militärischer Orden, der sich der Kran-

kenpflege verschrieb) hier eine Priorei. In dem Torhaus befindet sich ein kleines Museum zur Geschichte des Ordens (mit seltenen Exemplaren der Rüstung der Ritter) sowie zu seiner Neubelebung im 19. Jh. als säkularer Johanniterorden und der Gründung des Rettungsdienstes St. John Ambulance.

⊙ East End & Docklands

Das riesige Gebiet von East End und Docklands bietet nicht viele Sehenswürdigkeiten, aber mit dem Olympic Park entstand ein neues attraktives Freizeitgelände im East

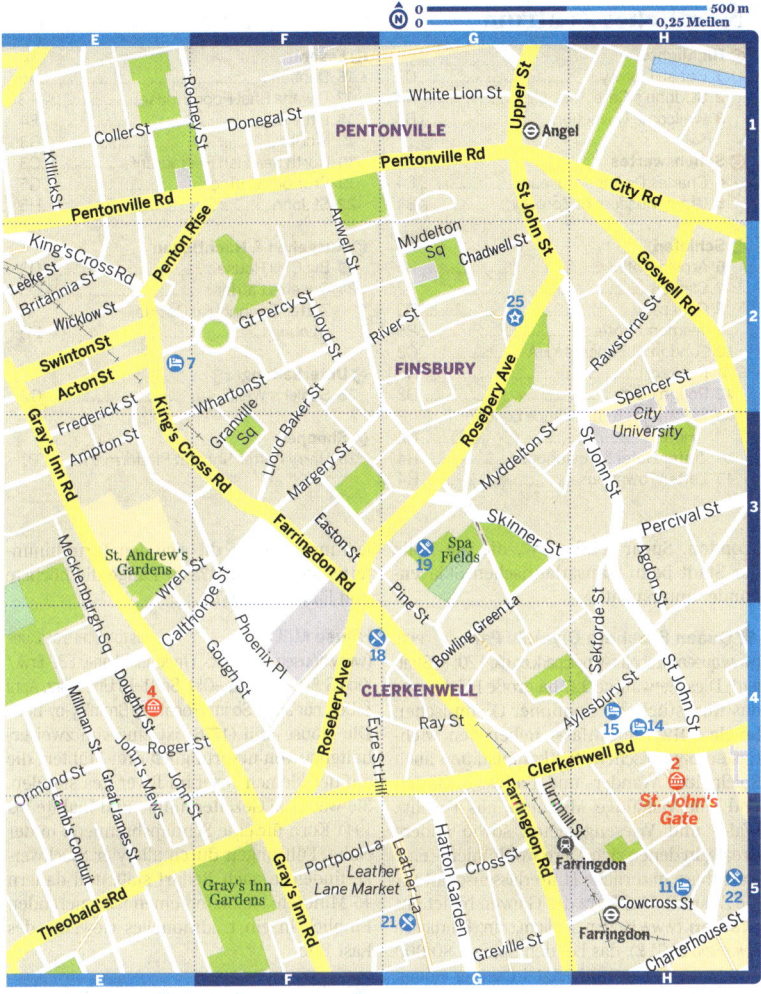

End und mit den neuen Overground-Linien ist die Anfahrt ein Kinderspiel. Die Hochhäuser auf der Isle of Dogs in den Docklands machen jenen in der City Konkurrenz. Der Londoner Hafen war einst der größte der Welt und Knotenpunkt des enormen Welthandels des Britischen Reichs. Seit der Bombardierung durch die deutsche Luftwaffe im Zweiten Weltkrieg ging es mit dem Hafen auf und ab. Mit dem gigantischen Bürogebäudekomplex Canary Wharf kamen Büroangestellte in dunklen Anzügen und ersetzten im Herzen der Docklands die rauen Hafenarbeiter.

⭐ Museum of London Docklands
MUSEUM

(www.museumoflondon.org.uk/docklands; West India Quay, E14; ⊙10–18 Uhr; 🚇DLR West India Quay) **GRATIS** Das in einem Lagerhaus von 1802 untergebrachte Museum erzählt anhand von Gegenständen und Multimedia-Exponaten die Geschichte der Stadt mit ihrem Fluss und Hafen. Am besten beginnt man im 3. Stock mit der römischen Siedlung Londinium und arbeitet sich dann durch die verschiedenen Epochen nach unten. Am lehrreichsten und vielleicht auch verstörendsten ist die Ausstellung

Nördliches Zentrum

„London, Sugar & Slavery", die die Rolle der Stadt beim transatlantischen Sklavenhandel untersucht.

★ **Queen Elizabeth Olympic Park**   PARK
(www.queenelizabetholympicpark.co.uk; E20; ⊖Stratford) Diese gewaltige 227 ha große Fläche war das Kernstück der Londoner Olympischen Spiele 2012. Sie umfasst neben den wichtigsten olympischen Wettkampfstätten auch Spielplätze, Wander- und Radwege, Gärten und eine vielfältige Mischung aus Feucht-, Wald- und Wiesengebieten sowie andere Areale, in denen sich Tiere wohlfühlen – eine fruchtbare natürliche Hinterlassenschaft für die Zukunft. Das Herz des Ganzen bildet das **Stadion** (www.london-stadium.com; Führungen Erw./Kind 19/11 £), das bei den Spielen 80 000 Zuschauer fasste und jetzt in seiner neuen Funktion als Heimstadion des Fußballclubs West Ham United 54 000 Sitzplätze bietet.

★ **ArcelorMittal Orbit**   TURM
(☏0333 800 8099; www.arcelormittalorbit.com; Queen Elizabeth Olympic Park, E20; Erw./Kind 12/7 £, mit Rutsche 15/10 £; ⊙April–Sept. 10–18 Uhr, Okt.–März bis 17 Uhr; ⊖Stratford) Über dem Südrand des Olympic Park erhebt sich die auffallende 115 m hohe Turmskulptur aus gewundenem Stahl des Turner-Prize-Gewinners Anish Kapoor. Eigentlich ist dies ein Kunstwerk, doch in 80 m Höhe gibt's eine verspiegelte Aussichtsplattform, von der sich ein phantastisches Panorama eröffnet; zur Plattform fährt ein Aufzug hoch. Die tolle Tunnelrutsche, die sich den Turm hinunterwindet, ist mit 178 m Länge die höchste und längste der Welt.

House Mill   HISTORISCHES GEBÄUDE
(www.housemill.org.uk; Three Mill Lane, E3; Erw./Kind 3 £/frei; ⊙Mai–Okt. So 11–16 Uhr, März, April & Dez. nur am 1. So im Monat; ⊖Bromley-by-Bow) Die House Mill (1776) ist eine von zwei erhaltenen von ursprünglich drei Mühlen, die auf der kleinen Insel im River Lea standen. Sie war eine Gezeitenmühle und mahlte bis 1941 Korn für eine Schnapsbrennerei in der Nähe. Führungen durch alle vier Stockwerke finden je nach Bedarf statt und dauern 45 Minuten; sie bieten einen faszinierenden Einblick in ein traditionelles Gewerbe des East End.

★ **Viktor Wynd Museum of Curiosities, Fine Art & Natural History**   MUSEUM
(www.thelasttuesdaysociety.org; 11 Mare St, E8; Eintritt 5 £; ⊙Mi–So 11–22 Uhr; ⊖Bethnal Green) Museum? Kunstprojekt? Bar? Dieser Ort ist nicht leicht einzuordnen. Das Wynd's orientiert sich an den Kuriositätenkabinetten der viktorianischen Zeit und zeigt eine absichtlich zusammengewürfelt wirkende Sammlung von ausgestopften Vögeln, eingelegten Genitalien, Schrumpfköpfen, Skeletten, Promi-Exkrementen, alten chinesischen Dildos und Spielzeug aus Happy Meals von McDonald's. Das alles kann man interpretieren, wie man möchte. Oder man kommt nur auf einen Cocktail (8 £) in der winzigen Bar vorbei.

◉ Greenwich

Greenwich (sprich: *Grän*-nitsch) ist der Ort, an dem östliche und westliche Hemisphäre aufeinandertreffen und die Weltzeit gemessen wird. Eine historisch gewachsene, enge Verbindung von Meer und Wissenschaft und außerordentliche Bauwerke, die aus dieser Verbindung hervorgegangen sind, prägen den Stadtteil und haben „Maritime Greenwich" den Status als Unesco-Welterbe eingetragen.

★ Old Royal Naval College
HISTORISCHES GEBÄUDE

(www.ornc.org; 2 Cutty Sark Gardens, SE10; ⏱ Gelände 8–18 Uhr, im Sommer bis 23 Uhr; 🚇 DLR Cutty Sark) **GRATIS** Das von Wren entworfene Old Royal Naval College ist ein prachtvolles Beispiel klassizistischer Profanarchitektur. Teile werden heute von der University of Greenwich und dem Trinity College of Music genutzt, aber die **Kapelle** und die **Painted Hall**, für die der Künstler James Thornhill 19 Jahre brauchte, können besichtigt werden. Die einstündigen Führungen (6 £) beginnen täglich um 12 Uhr und schließen auch Teile ein, die der Öffentlichkeit sonst nicht zugänglich sind. Außerdem werden mindestens viermal täglich kostenlose 45-minütige Führungen angeboten.

★ National Maritime Museum
MUSEUM

(www.rmg.co.uk/national-maritime-museum; Romney Rd, SE10; ⏱ 10–17 Uhr; 🚇 DLR Cutty Sark) **GRATIS** Das Museum widmet sich der langen und ereignisreichen Seefahrtsgeschichte Großbritanniens. Zu den Höhepunkten gehören die *Miss Britain III* von 1933 (das erste Boot, das auf offenem Gewässer 160 km/h erreichte), die 19 m lange goldene Staatsbarkasse, 1732 erbaut für Friedrich, Prinz von Wales, die riesige Schiffsschraube und die farbenfrohen Galionsfiguren im Erdgeschoss. Familien werden begeistert sein! Weitere Hits für Kinder sind der Schiffssimulator und die Kindergalerie im 2. Stock.

★ Royal Observatory
HISTORISCHES GEBÄUDE

(www.rmg.co.uk; Greenwich Park, Blackheath Ave, SE10; Erw./Kind 9,50/5 £, mit Cutty Sark 18,50/8,50 £; ⏱ Sept.–Juni 10–17 Uhr, Juli & Aug. bis 18 Uhr; 🚇 DLR Cutty Sark, 🚇 DLR Greenwich, 🚇 Greenwich) Das Royal Observatory bietet dank seiner Hügellage im idyllischen **Greenwich Park** (www.royalparks.org.uk; King George St, SE10; ⏱ Winter 6–18 Uhr, Frühjahr & Herbst bis 20 Uhr, Sommer bis 21 Uhr; 🚇 DLR Cutty

Sark, 🚇 Greenwich oder Maze Hill) einen herrlichen Blick über London. Es wurde 1675 von Karl II. gegründet, damit die Astronomen das Problem der Bestimmung des Längengrades auf offenem Meer lösten. Nördlich des Observatoriums befinden sich das schöne **Flamsteed House** und der **Meridian Courtyard**, wo man mit jeweils einem Bein in der westlichen und in der östlichen Hemisphäre stehen kann (Eintrittskarte erforderlich). Südlich stehen die sehr informativen (und kostenlosen) **Weller Astronomy Galleries** und das **Peter Harrison Planetarium** (☎ 020-8312 6608; www.rmg.co.uk/whats-on/planetarium-shows; Erw./Kind 7,50/5,50 £).

Queen's House
HISTORISCHES GEBÄUDE

(www.rmg.co.uk/queens-house; Romney Rd, SE10; ⏱ 10–17 Uhr; 🚇 DLR Cutty Sark) **GRATIS** Das erste palladianische Gebäude des Architekten Inigo Jones nach seiner Rückkehr aus Italien ist wegen seiner Form ebenso reizvoll wie wegen der Kunstsammlung, die es birgt. Die Great Hall ist ein hübscher würfelförmiger Raum mit einem kunstvoll gefliesten Boden. Im 1. Stock, am Ende der schneckenförmigen Tulip Stairs, erwarten die Besucher Gemälde und Porträts mit Meeres- oder Seefahrtsmotiven aus der Kunstsammlung des National Maritime Museum.

★ Cutty Sark
MUSEUM

(☎ 020-8312 6608; www.rmg.co.uk/cuttysark; King William Walk, SE10; Erw./Kind 13,50/7 £, mit Royal Observatory 18,50/8,50 £; ⏱ Sept.–Juni

---

DIE SEILBAHN EMIRATES AIR LINE

Die Seilbahn **Emirates Air Line** (www.emiratesairline.co.uk; 27 Western Gateway, E16; einfach Erw./Kind 4,50/2,30 £, mit Oyster Card oder Travelcard 3,40/1,70 £; ⏱ Mo–Fr 7–21, Sa 8–21, So 9–21 Uhr, Okt.–März bis 20 Uhr; 🚇 DLR Royal Victoria, ⦿ North Greenwich) kann in beiden Richtungen stündlich 2400 Personen über die Themse befördern und so sind die Royal Docks von der Greenwich Peninsula aus wirklich schnell zu erreichen. Zwar sind hier meist Touristen unterwegs, die die Aussicht auf den Fluss genießen, doch ist die Bahn auch auf der Londoner U-Bahn-Karte als Teil des öffentlichen Verkehrsnetzes verzeichnet. Inhaber einer Oyster Card und Travelcard erhalten Ermäßigungen und auch Fahrräder dürfen mitfahren.

Die Themse

EINE FLUSSTOUR

Londons Geschichte wird seit jeher von der Themse bestimmt. Die Stadt wurde vor fast 2000 Jahren als römischer Hafen gegründet. Seither entstanden am Flussufer viele Denkmäler der Hauptstadt. Auf einer Bootstour lassen sich die Attraktionen wunderbar erkunden.

Anleger gibt's in regelmäßigen Abständen an beiden Ufern, wo man beliebig die Boote für Besichtigungen verlassen und wieder besteigen

kann. Die beste Anlegestelle ist Westminster Pier, von wo die Boote flussabwärts vom Regierungssitz City of Westminster bis zur City of London, dem heutigen Finanzbezirk mit seinen Wolkenkratzern, schippern. Am Südufer liegen an der einst schäbigen und vernachlässigten South Bank heute ebenso viele Topattraktionen wie an der Nordseite des Flusses, darunter auch der schlanke Wolkenkratzer The Shard.

Unsere Abbildung zeigt die wichtigsten Highlights, die man vom Boot aus sieht. Es

KIEVVICTOR / SHUTTERSTOCK ©

St. Paul's Cathedral
Zwar stand hier seit 604 n. Chr. eine Kirche, aber der heutige Bau, das Meisterwerk von Christopher Wren, entstand nach dem Großen Feuer von 1666. Berühmt ist er, weil er den Zweiten Weltkrieg intakt überstand und weil Charles und Diana hier heirateten. Seit seiner Renovierung zum 300. Jahrestag 2011 sieht er wieder aus wie neu.

Blackfriars

Somerset House
Der klassizistische Palast war einst eines von vielen Adelshäusern an der Themse. Die großen Bögen auf Flusshöhe dienten bis zum Bau des Embankment in den 1860er-Jahren als direkter Zugang zur Themse.

3 **Temple**

Blackfriars Pier
Blackfriars Bridge

Charing Cross

Savoy Pier
Waterloo Bridge

National Theatre

Victoria Embankment Gardens

Embankment

OXO Tower

Queen Elizabeth Hall
Southbank Centre

London Eye
Das Riesenrad von 2000 sollte nur kurzzeitig stehen, wurde aber sofort zu einem beliebten Wahrzeichen. Die 30-minütige Runde führt 135 m hinauf und bietet einen tollen Blick auf die Stadt.

2

Waterloo Millennium Pier

Westminster Pier

Westminster

Westminster Bridge

Houses of Parliament
Nachdem der alte Palace of Westminster 1834 niedergebrannt war, wurde das heutige britische Parlament im neugotischen Stil wieder aufgebaut. Der berühmteste Teil ist der Uhrenturm, der Big Ben, der nach dem Baumeister Benjamin Hall benannt wurde.

1

VERDOONIE / BUDGET TRAVEL ©

sind, von West nach Ost, die **Houses of Parliament** ❶, das **London Eye** ❷, das **Somerset House** ❸, die **St. Paul's Cathedral** ❹, die **Tate Modern** ❺, **Shakespeare's Globe** ❻, der **Tower of London** ❼ und die **Tower Bridge** ❽.

Außer dieser Route im Stadtzentrum fahren die Boote auch flussaufwärts zu den Kew Gardens und zum Hampton Court Palace und flussabwärts nach Greenwich und zur Thames Barrier.

BOOTS-HOPPING

Die „Wasserbusse" Thames Clippers richten sich an Pendler, sind aber auch für Besucher attraktiv. Sie schippern alle 15 Minuten von den Anlegern Embankment, Waterloo, Blackfriars, Bankside und London Bridge zum Tower und wieder zurück, andere auch von Westminster. Mit der Oyster Card gibt es Ermäßigungen.

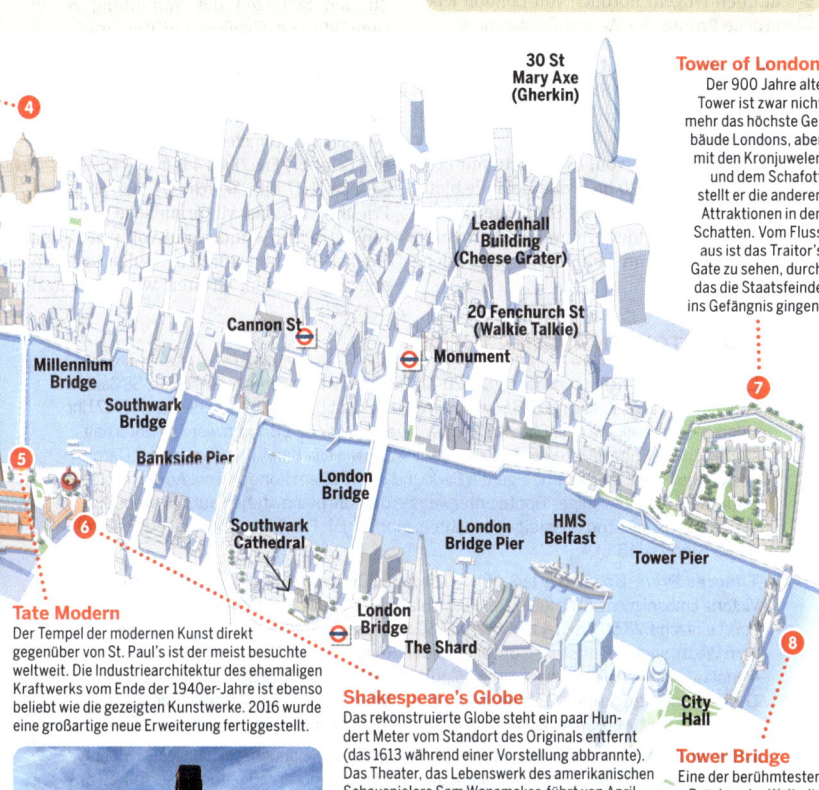

Tower of London
Der 900 Jahre alte Tower ist zwar nicht mehr das höchste Gebäude Londons, aber mit den Kronjuwelen und dem Schafott stellt er die anderen Attraktionen in den Schatten. Vom Fluss aus ist das Traitor's Gate zu sehen, durch das die Staatsfeinde ins Gefängnis gingen.

Tate Modern
Der Tempel der modernen Kunst direkt gegenüber von St. Paul's ist der meist besuchte weltweit. Die Industriearchitektur des ehemaligen Kraftwerks vom Ende der 1940er-Jahre ist ebenso beliebt wie die gezeigten Kunstwerke. 2016 wurde eine großartige neue Erweiterung fertiggestellt.

Shakespeare's Globe
Das rekonstruierte Globe steht ein paar Hundert Meter vom Standort des Originals entfernt (das 1613 während einer Vorstellung abbrannte). Das Theater, das Lebenswerk des amerikanischen Schauspielers Sam Wanamaker, führt von April bis Oktober höchst beliebte Stücke auf.

Tower Bridge
Eine der berühmtesten Brücken der Welt, die zwar so alt wie ihr Namensvetter nebenan aussehen mag, aber erst 1894 eingeweiht wurde. Die Klappbrücke, nicht zu verwechseln mit der London Bridge, ermöglichte es Großseglern im alten Hafen im Westen anzulegen und wird noch immer bis zu 1000·mal im Jahr angehoben.

10–17 Uhr, Juli & Aug. bis 18 Uhr; 🚇DLR Cutty Sark) Das Wahrzeichen von Greenwich, der letzte der großen Klipper, die im 19. Jh. zwischen China und England segelten, ist nach sechsjähriger und 25 Mio. £ teurer Restaurierung nach einem verheerenden Feuer 2007 endlich wieder voll einsatzfähig. Die Ausstellung im Laderaum des Schiffes erzählt seine Geschichte als Teeklipper Ende des 19. Jhs.

⊙ Hampstead & Highgate

In den malerischen und betuchten Dörfern auf den Hügeln nördlich von London leben etliche Promis der A- und B-Kategorie.

★ Hampstead Heath   PARK

(🚇Hampstead Heath) Die Hampstead Heath mit ihren hügeligen Wäldern und Wiesen scheint Welten entfernt vom Londoner Stadtzentrum, obwohl es de facto nur etwa 6 km sind. Das 320 ha große Gelände bietet etwa 180 Vogelarten, 23 Schmetterlingsarten sowie Ringelnattern und Fledermäusen Unterschlupf und beherbergt eine reiche Flora.

★ Kenwood   HISTORISCHES GEBÄUDE

(www.english-heritage.org.uk; Hampstead Lane, NW3; ⊙10–17 Uhr; 🚌210) GRATIS Das prächtige klassizistische Herrenhaus steht am Nordrand von Hampstead Heath inmitten von wunderbar gestalteten Gärten, die sich bis zu einem malerischen See erstrecken. Das im 17. Jh. errichtete Haus wurde in den 1760er-Jahren von Robert Adam umfassend umgebaut und von Edward Cecil Guinness, dem 1. Grafen von Iveagh, vor Immobilienspekulanten gerettet. Er spendete es 1927 zusammen mit der wunderbaren Kunstsammlung, die es enthält, der englischen Nation. Zu den Schätzen der Sammlung zählen Gemälde von Größen wie Rembrandt (eines seiner vielen Selbstporträts), Constable, Gainsborough und Vermeer.

★ Highgate Cemetery   FRIEDHOF

(www.highgatecemetery.org; Swain's Lane, N6; East Cemetery Erw./Kind 4 £/frei; ⊙Mo–Fr 10–17, Sa & So 11–17 Uhr; 🚇Archway) Der Highgate-Friedhof ist das viktorianische Walhalla: Ein gotisches Wunderland voll von Urnen, Obelisken, eingestürzten Säulen, schlummernden Engeln, Grüften wie bei den al-

---

BOOTSTOUREN AUF DER THEMSE

London Waterbus Company (📞020-7482 2550; www.londonwaterbus.co.uk; 58 Camden Lock Pl, NW1; Erw./Kind einfach 8,50/7 £, hin & zurück 12,50/10,50 £; ⊙April–Sept. 10–17 Uhr stündl.; 🚇Warwick Ave oder Camden Town) Mit geschlossenen Booten werden unterhaltsame 50-minütige Fahrten auf dem Regent's Canal zwischen Little Venice und Camden Lock angeboten, vorbei am Regent's Park und mit Halt am London Zoo. Außerhalb der Hauptsaison sind weniger Boote unterwegs – die Fahrpläne stehen auf der Website. Für Leute, die am Zoo aussteigen möchten, gibt's auch Fahrkarten inklusive Zooeintritt (Erw./Kind 25/18 £).

Thames River Boats (Karte S. 60; 📞020-7930 2062; www.wpsa.co.uk; Westminster Pier, Victoria Embankment, SW1; Kew Erw./Kind einfach 13/6,50 £, hin & zurück 20/10 £, Hampton Court einfach 17/8,50 £, hin & zurück 25/12,50 £; ⊙April–Okt. 10–16 Uhr) Diese Boote fahren vom Westminster Pier stromaufwärts zu den Royal Botanic Gardens in Kew (1½ Std., 4-mal tgl.) und weiter zum Hampton Court Palace (weitere 1½ Std., nur das Boot um 11 Uhr), eine Strecke von 22 Meilen (35 km). Abhängig von den Gezeiten, die vor der Fahrt gecheckt werden sollten, ist es möglich, in Richmond auszusteigen.

London Duck Tours (Karte S. 80; 📞020-7928 3132; www.londonducktours.co.uk; County Hall, SE1; Erw./Kind ab 26/18 £; 🚇Waterloo) Die Amphibienfahrzeuge für diese Touren ähneln denen, die bei der Landung in der Normandie benutzt wurden. Vom **London Eye** (S. 79) geht's bei der County Hall durch die Straßen des Zentrums von London, bis die Tour in Vauxhall schließlich auf die Themse führt. Es sind unterschiedliche Touren im Programm, von klassischen Sightseeing-Touren bis zu einer James-Bond-Tour und einer D-Day-Duck-Tour, außerdem individuelle Rundfahrten.

City Cruises (Karte S. 60; 📞020-7740 0400; www.citycruises.com; einfach/hin & zurück ab 12,50/16,50 £, Tageskarte 16,65 £) Fährverbindung (alle 30 Min.) zwischen den Anlegern Westminster, London Eye, Bankside, Tower und Greenwich sowie Rundfahrten (11,70 £) ab Tower und Bankside.

ten Ägyptern und zugewachsenen Gräbern erstreckt sich über ein wildromantisches 20 ha großes Areal mit viel Atmosphäre. Die Grabstätten von Karl Marx und Mary Ann Evans (besser bekannt unter dem Namen George Eliot) befinden sich im Osten. Den eigentlichen Höhepunkt bildet jedoch der überwucherte **West Cemetery**, der nur im Rahmen einer **Führung** (Erw./Kind 12/6 £; ☺Mo–Fr 13.45 Uhr, außerdem Nov.–März Sa & So 11–15 Uhr alle 30 Min., April–Okt. bis 16 Uhr) besichtigt werden kann.

◉ Außerhalb des Zentrums

★ **Kew Gardens** GÄRTEN
(www.kew.org; Kew Rd; Erw./Kind 15/3,50 £; ☺April–Aug. 10–18.30 Uhr, Sept.–März frühere Schließung; 🚢Kew Pier, 🚆Kew Bridge, ◉Kew Gardens) Im Jahr 1759 durchstöberten Botaniker die Welt nach Pflanzen für die 3 ha großen Royal Botanic Gardens in Kew. Da sie immer weiter sammelten, bieten die Gärten, die auf 120 ha anwuchsen, heute die umfassendste botanische Sammlung der Welt und sind Unesco-Welterbe. Hier kann man problemlos einen ganzen Tag verbringen. Wer nicht so viel Zeit hat: Eine gute Übersicht ermöglicht der **Kew Explorer** (Erw./Kind 5/2 £), an dessen Haltestellen die Fahrgäste beliebig ein- und aussteigen können.

Wer keine Ahnung hat, was ein Goldener Frauenschuh, ein *fengoky*, ein Köcherbaum oder Flammengras ist, braucht nicht nervös zu werden. Ein Besuch in Kew ist für alle eine Entdeckungsreise. Zu den Highlights zählen das frühviktorianische **Palm House**, ein großes Gewächshaus aus Metall und gewölbtem Glas; das eindrucksvolle **Princess of Wales Conservatory**; der backsteinerne **Kew Palace** (www.hrp.org.uk/kewpalace; mit Eintrittskarte zu den Kew Gardens; ☺April–Sept. 10.30–17.30 Uhr) von 1631, einst der Landsitz von König Georg III.; die berühmte, von William Chambers 1762 entworfene **Chinesische Pagode** (zwecks Renovierung bis 2018 geschlossen); das **Temperate House**, das größte nichtindustrielle Treibhaus der Welt (zwecks Renovierung bis 2018 geschlossen), und der vergnügliche **Rhizotron & Xstrata Treetop Walkway**: Dabei blickt man aus 18 m Höhe auf die Baumwipfel. Die 17 m hohe **Hive** besteht aus einem Geflecht aus Tausenden von Aluminiumstücken, die mit Hunderten von LED-Lämpchen beleuchtet werden. Diese Installation imitiert das Hin und Her in einem Bienenstock – zu sehen bis Ende 2017. Auf der Website der Gärten

ABBEY ROAD STUDIOS

Beatles-Fans werden kaum nach London kommen, ohne eine Pilgerfahrt zu den **Abbey Road Studios** (www.abbeyroad. com; 3 Abbey Rd, NW8; ◉St John's Wood) in St. John's Wood zu unternehmen – die Studios selbst sind allerdings nicht für einen Besuch geöffnet. Die Mauer davor ist von Graffiti übersät, seit Jahrzehnten verewigen sich hier die Fans. Die Autofahrer sind längst an Gruppen von Touristen gewöhnt, die auf dem Zebrastreifen das Cover des Meisterwerks von 1969, *Abbey Road*, nachstellen. 2010 wurde der Zebrastreifen unter Denkmalschutz gestellt.

sind alle möglichen Aktivitäten aufgeführt, von kostenlosen einstündigen Rundgängen (tgl.) und Fotospaziergängen bis zu Theateraufführungen, Freiluftkino und saisonalen Events.

Die Kew Gardens sind mit der U-Bahn einfach zu erreichen, aber schöner ist eine Schiffsfahrt mit der **Westminster Passenger Services Association** (Karte S. 60; ☎020-7930 2062; www.wpsa.co.uk; hin & zurück bis Hampton Court Erw./Kind 25/12,50 £; ◉Westminster). Die Schiffe legen von April bis Oktober täglich mehrmals am Westminster Pier ab.

★ **Hampton Court Palace** PALAST
(www.hrp.org.uk/hamptoncourtpalace; Erw./Kind/Fam. 19/9,50/47 £; ☺April–Okt. 10–18 Uhr, Nov.–März bis 16.30 Uhr; 🚢Hampton Court Palace, 🚆Hampton Court) Der Hampton Court Palace, der größte und prächtigste Tudorbau Englands, wurde 1514 von Kardinal Thomas Wolsey gebaut, aber Heinrich VIII. schwatzte ihn Wolsey ab, kurz bevor dieser (als Kanzler) in Ungnade fiel. Das Schloss war bereits eins der elegantesten in Europa, als Christopher Wren im 17. Jh. mit einem Erweiterungsbau beauftragt wurde. Das Ergebnis ist eine wunderschöne Verbindung aus Tudor- und „dezenter" Barockarchitektur. Mit der Besichtigung des Schlosses und der 24 ha großen Parkanlage am Fluss lässt sich ein ganzer Tag verbringen, ohne dass Langeweile aufkommt, besonders wenn man sich in dem 300 Jahre alten **Irrgarten** (Erw./Kind/Fam. 4,40/2,80/13,20 £; ☺April–Okt. 10–17.15 Uhr, Nov.–März bis 15.45 Uhr) verläuft.

Die thematischen Führungen mit kostümierten Historikern sind ihr Geld wert, bei

Hampton Court Palace

EIN TAG IM PALAST

Wo anfangen? Es gibt viel zu entdecken und die Gärten scheinen endlos zu sein. Wie hat sich der Palast über die Jahrhunderte entwickelt und wie haben die aufeinander folgenden königlichen Bewohner Hampton Court nach ihren jeweiligen Wünschen zeitgemäß umgestaltet?

Kaum hatte Heinrich VIII. den Palast von Kardinal Thomas Wolsey übernommen, begann er, die **Tudor-Architektur 1** auszubauen. Er ergänzte die **Great Hall 2**, die exquisite **Chapel Royal 3**, die Great Watching Chamber und die riesige **Küche 4**. 1540 war der Palast zu einem der prächtigsten und exklusivsten Europas angewachsen. Jakob I. hielt sich noch zurück, aber Karl I. ließ einen neuen Tennisplatz bauen und erwarb einige wertvolle Kunststücke, darunter jene, die in der neu eröffneten **Cumberland Art Gallery 5** zu sehen sind.

Tudor-Küche

Diese riesige Küche war der Maschinenraum des Palasts. 200 Leute arbeiteten u.a. an sechs Spießen, auf denen ständig Braten rösteten (bei einem Verbrauch von 8200 Schafen und 1240 Ochsen im Jahr).

7 Der Irrgarten

150 m nördlich vom Hauptgebäude

Das rund 10 ha große Labyrinth aus Hainbuchen und Eiben wurde um 1700 gepflanzt und umfasst etwa einen Drittel des berühmten Palastgartens. Besucher benötigen durchschnittlich 20 Minuten, um ins Zentrum zu gelangen.

Tudor-Architektur

Der Kern des Palasts von 1515 gehört zu den schönsten Beispielen englischer Tudor-Architektur. Kardinal Thomas Wolsey lies damals ein mittelalterliches Herrenhaus in einen atemberaubenden Tudor-Palast umbauen.

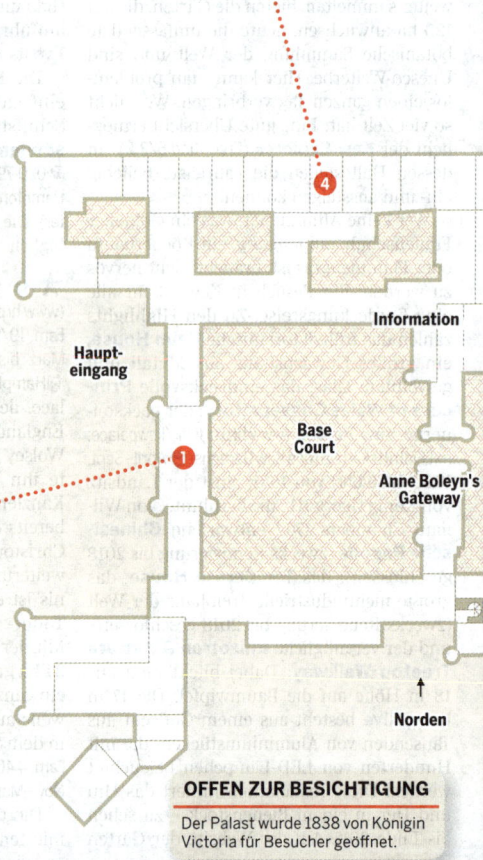

Information

Haupteingang

Base Court

Anne Boleyn's Gateway

↑ Norden

OFFEN ZUR BESICHTIGUNG

Der Palast wurde 1838 von Königin Victoria für Besucher geöffnet.

VISITBRITAIN / GETTY IMAGES ©

KIEV.VICTOR / SHUTTERSTOCK ©

Nach dem Bürgerkrieg lernte der puritanische Oliver Cromwell die königlichen Vorteile schätzen. Er verbrachte die Wochenenden im komfortablen Schlafzimmer der Königin und verkaufte die Kunstsammlung von Karl I. Ende des 17. Jhs. beauftragten Wilhelm und Maria Sir Christopher Wren mit barocken Erweiterungen, insbesondere den William III Apartments, zugänglich über die **King's Staircase** ⑥. Auf das Konto Williams III. geht auch der weltberühmte **Irrgarten** ⑦.

TOP-TIPPS

» Die Aufseher in roter Uniform nach Anekdoten und Informationen fragen

» An einer Führung mit kostümierten Historikern teilnehmen oder im Sommer mit einer von Shire Horses gezogenen Kutsche durch den östlichen Park rumpeln.

» Einen Audioguides aus dem Informationszentrum mitnehmen

PULISONE / SHUTTERSTOCK ©

Great Hall

Dieser famose Speisesaal mit Englands schönstem Stichbalkengewölbe, flämischen Wandteppichen aus dem 16. Jh, auf denen die Geschichte Abrahams erzählt wird, und einigen tollen Buntglasfenstern ist der zentrale Raum des Palasts.

Chapel Royal

Die blau-gold gewölbte Decke war ursprünglich für die Christ Church in Oxford gedacht. Das Eichenaltarretabel wurde im 18. Jh. von Grinling Gibbons geschnitzt. Unter den ausgestellten Büchern ist eine Erstausgabe der King-James-Bibel, gedruckt von Robert Baker, von 1611.

King's Staircase

Einer von fünf Räumen von Antonio Verrio und ein bombastischer Vorgeschmack auf die Gemächer des Königs. Die schwülstige King's Staircase schmeichelt Wilhelm III., der über einer Reihe von römischen Kaisern steht.

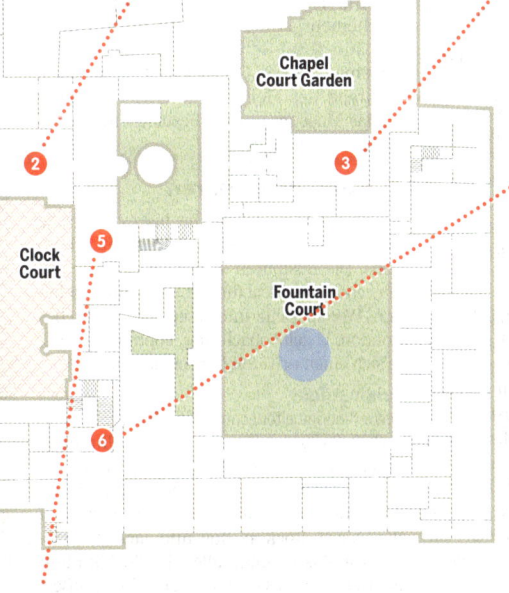

```
Chapel
Court Garden

②

③

Clock
Court

⑤

Fountain
Court

⑥
```

Cumberland Art Gallery

Die ehemalige Cumberland Suite, entworfen von William Kent, wurde restauriert, hier ist jetzt eine Auswahl einiger der beachtlichsten Werke aus der Royal Collection zu sehen.

GORDON BELL / SHUTTERSTOCK ©

Zeitknappheit sollte wenigstens ein Besuch der Highlights drin sein: Das sind die **State Apartments Heinrichs VIII.**, einschließlich der **Great Hall** mit ihrer spektakulären Stichbalkendecke, die **Tudor Kitchens**, in denen „Personal" werkelt, das **Wolsey Closet**, die **Chapel Royal**, die **Gemächer von Wilhelm III. & Maria II.**, die **King's Staircase** und die **Chocolate Kitchens**, Mantegnas **The Triumphs of Caesar**, die restaurierte und kürzlich eröffnete **Cumberland Art Gallery** am Clock Court und die prächtigen Gärten mit dem **Küchengarten** – und nett verlaufen kann man sich im Irrgarten. Interessant sind auch die herrlichen **Palastgärten** am Fluss: An einem sonnigen Tag präsentiert sich London hier von seiner schönsten Seite. Außerdem finden im Palast einige spektakuläre **Events** statt: Ritterturniere, Falknerei-Vorführungen, Geisterjagden für Kinder, Gartenabenteuer, Familienrundgänge u. v. m. Im Sommer starten am East Front Garden von 11 bis 17 Uhr 15- bis 20-minütige **Kutschfahrten** (Erw./Kind 6/3 £).

Informationen gibt's beim in Rot gekleideten Aufsichtspersonal, das auch die eine oder andere Anekdote zum Besten geben kann. Gleich beim Base Court können hervorragende **Audioguides** ausgeliehen werden, die man, wenn man den Palast in Richtung der Gärten verlässt, in die dafür vorgesehenen Behältnisse legen kann.

Hampton Court liegt 21 km südwestlich vom Zentrum Londons und ist mit dem Zug ab Waterloo Station einfach zu erreichen. Alternativ bieten sich Themseboote ab Westminster Richtung Kew an, die von dort weiterfahren (Erw./Kind 17/8,50 £, 3 Std.).

Weitere Informationen siehe S. 102.

Richmond Park   PARK

(☺7 Uhr–Sonnenuntergang; ⊖Richmond) Die mit fast 1000 ha größte urbane Parklandschaft Europas hat viel zu bieten: geometrisch angelegte Gärten, alte Eichen und unübertroffene Ausblicke auf die fast 20 km entfernte Stadt. Die Straßen, die durch die weitläufige Wildnis führen, sind leicht zu umgehen. Dadurch ist der Park selbst im Sommer, wenn am Flussufer von Richmond eine Menge los ist, der ideale Ort für einen ruhigen Spaziergang oder ein Picknick mit den Kids. Von Richmond aus ist es am einfachsten, den Park über das Richmond Gate oder von der Petersham Road zu betreten.

Strawberry Hill   HISTORISCHES GEBÄUDE

(www.strawberryhillhouse.org.uk; 268 Waldegrave Rd, TW1; Erw./Kind 12 £/frei; ☺Haus März–Okt. Mo–Mi 13.40–17.30, Sa & So 12–17.30 Uhr, Garten tgl. 10–18 Uhr; ☒Strawberry Hill, ⊖Richmond Station, dann Bus R68) Das märchenhafte Gebilde aus schneeweißen Mauern und Türmchen ist das Werk des Kunsthistorikers, Schriftstellers und Politikers Horace Walpole, der es im 18. Jh. in Twickenham errichten ließ. Glanzpunkt des komplett restaurierten Schlösschens mit wunderbaren Buntglasfenstern ist die Säulenhalle mit einer prachtvollen Decke, die aus Pappmaché gefertigt ist. Der ganze Zauber erschließt sich am schönsten in einer Abendführung (20 £). Letzter Einlass ins Haus ist um 16 Uhr.

Wimbledon Lawn Tennis Museum   MUSEUM

(☎020-8946 6131; www.wimbledon.com/museum; Gate 4, Church Rd, SW19; Erw./Kind 13/8 £, Museum & Führung 24/15 £; ☺10–17.30 Uhr, letzter Einlass 17 Uhr; ☒Wimbledon, dann Bus 93, ⊖Wimbledon) Das Museum dokumentiert die Geschichte des Tennis, vom französischen Vorgänger *jeu de paume*, das mit der offenen Hand gespielt wurde, bis zu den rasanten Aufschlägen heutiger Champions. Die Ausstellung ist hochmodern, mit vielen Videoclips und einer Projektion, die John McEnroe als Geist in der Umkleidekabine in Wimbledon erscheinen lässt. Das Highlight ist jedoch der **360-Grad-Schaukasten**, aus dem heraus man auf den Centre Court sehen kann. Während der Meisterschaften im Juni/Juli ist das Museum nur für Besucher mit Stadiontickets zugänglich.

☞ Geführte Touren

Es gibt zahllose lehrreiche bis exzentrische Führungen zu den Sehenswürdigkeiten Londons. Die Bustouren sind zwar nicht besonders cool, aber ideal für alle, die wenig Zeit haben. Wer spezielle Interessen hat – jüdisches London, Vogelbeobachtung, Popmusik –, sollte sich einen privaten Führer suchen.

Original Tour   BUSTOUR

(www.theoriginaltour.com; Erw./Kind 30/15 £; ☺8.30–20.30 Uhr) Ein rund um die Uhr angebotener Busservice mit beliebigem Ein- und Ausstieg samt einer Bootstour und drei thematischen Stadtspaziergängen: Changing of the Guard, Rock 'n' Roll und Jack the Ripper. Die Busse fahren alle 5 bis 20 Minuten; Fahrkarten gibt's im Bus oder online. Außerdem ist eine 48-Stunden-Karte (Erw./Kind 40/19 £) inklusive längerer Bootsrundfahrt erhältlich.

Big Bus Tours
BUSTOUR
(www.bigbustours.com; Erw./Kind 26/12,50 £; ⊙alle 20 Min. April–Sept. 8.30–18 Uhr, Okt. & März bis 17 Uhr, Nov.–Feb. bis 16.30 Uhr) Informative Touren mit Kommentar in zwölf Sprachen. Im Preis enthalten sind eine Bootsfahrt mit City Cruises und drei thematische Stadtspaziergänge (Royal London, Filmlocations, Rätsel). Bei Onlinebuchungen gibt es recht gute Ermäßigungen.

London Mystery Walks
STADTRUNDGANG
(☏07957 388280; www.tourguides.org.uk; Erw./Kind/Fam. 10/9/20 £) Montags, mittwochs, freitags und sonntags um 19 Uhr geht's zu den Schauplätzen von Jack the Rippers Gräueltaten. Sonntags um 12.30 Uhr finden Schokoladentouren (39 £) statt. Jeweils nur mit vorheriger Anmeldung.

London Beatles Walks
STADTRUNDGANG
(☏07958 706329; www.beatlesinlondon.com; Erw./Kind 10 £/frei) Öffentliche und private Touren auf den Spuren der Pilzköpfe. Die meisten Führungen dauern etwas mehr als zwei Stunden.

London Bicycle Tour
RADFAHREN
(Karte S. 80; ☏020-7928 6838; www.londonbicycle.com; 1 Gabriel's Wharf, 56 Upper Ground, SE1; Tour inkl. Fahrrad ab 23,95 £, Verleih 20 £ pro Tag; ⊖Southwark, Waterloo oder Blackfriars) Auf den dreistündigen Touren ab der South Bank werden die Londoner Highlights beiderseits der Themse abgeklappert. Außerdem wird auch eine Abendtour angeboten. Besucher können auch pro Stunde oder pro Tag normale wie auch spezielle Fahrräder wie Tandems und Klappräder leihen.

🏃 Aktivitäten

London Aquatics Centre
SCHWIMMEN
(www.londonaquaticscentre.org; Queen Elizabeth Olympic Park, E20; Erw./Kind 4,95/2,50 £; ⊙6–22.30 Uhr; ⊖Stratford) Die geschwungenen, Linien von Zaha Hadids preisgekröntem Aquatics Centre machen es zu einem architektonischen Highlight des Olympic Park (S. 98). Es ist wirklich ein außergewöhnliches Erlebnis, in dem ganz in natürliches Licht getauchten 50-m-Becken zu schwimmen. Das große, gewellte Dach ruht nur auf drei Stützen. Dazu gibt's noch ein zweites 50-m-Becken, einen Tauchbereich, ein Fitnessstudio, einen Kinderhort und ein Café.

Lee Valley VeloPark
RADFAHREN

(☏0300 0030 610; www.visitleevalley.org.uk/velopark; Abercrombie Rd, E20; Schnupperstunde Erw./

Kind 40/30 £, pay & ride Wochenende/werktags 5/4 £, Fahrrad- & Helmverleih ab 8 £; ⊙9–22 Uhr; ⊖Hackney Wick) Ein architektonisches Highlight des Olympiaparks (S. 98) ist das Velodrom, das jetzt für die Öffentlichkeit zugänglich ist – entweder um den Profis dabei zuzuschauen, wie sie auf der steilen Bahn ihre Runden drehen, oder um selbst in die Pedale zu treten. Sowohl das Velodrom als auch der angeschlossene BMX-Park bieten Schnuppersessions. Mountainbiker und Straßenradler können die Pisten auf *pay-and-ride*-Basis angehen.

Up at the O2
ABENTEUERSPORT
(www.theo2.co.uk/upattheo2; O2, Greenwich Peninsula, SE10; werktags/Wochenende ab 28/35 £; ⊙unterschiedlich; ⊖North Greenwich) London ist nicht gerade berühmt als Ziel für Leute, die den Nervenkitzel suchen, aber der Kletteraufstieg auf die Kuppel des O2 ist garantiert nichts für Angsthasen. Abenteurer in Kletterausrüstung und mit Gurt besteigen die berühmte weiße Kuppel bis zur Aussichtsplattform 52 m oberhalb der Themse – mit weitem Blick über Canary Wharf, den Fluss, Greenwich und darüber hinaus. Die Öffnungszeiten variieren je nach Jahreszeit; möglich sind auch Besteigungen zum Sonnenuntergang.

⭐ Festivals & Events

Chinesisches Neujahr
KULTUR
(⊙Ende Jan. oder Anfang Feb.) Beim chinesischen Neujahrsfest geht's in Chinatown mit knallenden und zischenden Feuerwerkskörpern, einem farbenfrohen Umzug und reichlich Essen richtig rund.

University Boat Race
RUDERN
(www.theboatrace.org; ⊙Ende März) Der erbitterte Zweikampf zwischen den Rudermannschaften der Universitäten Oxford und Cambridge findet seit 1829 jährlich statt.

INSIDERWISSEN

WARUM ICH LONDON SO LIEBE

von Steve Fallon

Wie die meisten Londoner erfreue ich mich an unseren Wahrzeichen wie dem Big Ben, der Tower Bridge, der Themse und dem London Eye. Ich bin immer wieder dankbar, dass einige der großartigsten Museen der Welt kostenlos offen stehen. Das Angebot an Restaurants, Bars und Clubs ist einfach überwältigend und toll ist auch das viele Grün. Was aber meine Wahlheimat so einzigartig macht, ist seine Toleranz. „Solange du die Pferde nicht scheu machst, wirst du hier keine Probleme haben", wurde mir bei meiner Ankunft vor mehr als 20 Jahren beschieden. Und tatsächlich: Nach wie vor fühle ich mich in London pudelwohl.

Virgin Money London Marathon
MARATHON

(www.virginmoneylondonmarathon.com; ☺Ende April) Bis zu einer halben Million Zuschauer feuern die hageren Champions und die ausgefallen gekleideten Mitläufer an, die durch Londons Straßen rennen.

Chelsea Flower Show
GARTENBAU

(www.rhs.org.uk/chelsea; Royal Hospital Chelsea; Eintritt ab 23 £; ☺Mai) Die vielleicht bekannteste Gartenausstellung der Welt zieht jedes Jahr ein internationales Publikum an.

Trooping the Colour
PARADE

(☺Juni) Die zeremonielle Militärparade zu Ehren des Geburtstags der Queen marschiert zur königlichen Inspektion über die Mall. Ein überwältigendes Spektakel.

Field Day
MUSIK

(www.fielddayfestivals.com; Victoria Park, Grove Rd, E3; ☺Juni; ◉Hackney Wick) Seit 2007 findet im **Victoria Park** (www.towerhamlets.gov.uk/victoriapark; Grove Rd, E3; ☺7 Uhr–Sonnenuntergang; ◉Hackney Wick) jedes Jahr das Musikfestival Field Day statt. In den vergangenen Jahren sind damit z. B. PJ Harvey, Air und James Blake aufgetreten.

Royal Academy Summer Exhibition
KUNST

(www.royalacademy.org.uk; Erw./Kind 9,50/5 £; ☺Mitte Juni–Mitte Aug.) Die jährliche Ausstellung zeigt rund 1200 Werke von Künstlern aus ganz Großbritannien.

Meltdown Festival
MUSIK

(www.southbankcentre.co.uk; ☺Ende Juni) Das Southbank Centre übergibt die programmatischen Zügel an eine Legende der zeitgenössischen Musik (z. B. Morrissey, Patti Smith oder David Byrne), die ein Programm aus Konzerten, Diskussionsveranstaltungen und Filmvorführungen präsentiert.

Wimbledon Lawn Tennis Championships
SPORT

(www.wimbledon.com; ☺Ende Juni; ◉Wimbledon) Das glanzvollste Tennisturnier der Welt findet Ende Juni statt.

Wireless
MUSIK

(www.wirelessfestival.co.uk; Finsbury Park, N4; ☺Juli) Das beliebte Rock- und Popfestival wird jedes Jahr an drei Tagen im Juli veranstaltet.

Pride
SCHWULE & LESBEN

(www.prideinlondon.org; ☺Ende Juni oder Anfang Juli) Die knallbunte Parade, das große Event des schwullesbischen Jahres, führt durchs West End und endet mit einem Konzert auf dem Trafalgar Square.

Lovebox
MUSIK

(www.loveboxfestival.com; Victoria Park, E9; ☺Mitte Juli) Das beliebte Festival ist eines von mehreren Sommer-Musikfestivals und findet im Victoria Park statt.

Notting Hill Carnival
KARNEVAL

(www.thenottinghillcarnival.com; ☺Aug.) Jedes Jahr ertönen am letzten Augustwochenende in Notting Hill drei Tage lang die Rhythmen von Calypso, Ska, Reggae und Soca. Der Karneval wurde 1964 von den afrokaribischen Bewohnern ins Leben gerufen, um ihre Kultur und ihre Traditionen zu feiern. Seither hat er sich zu Europas größtem Straßenfest entwickelt (mit bis zu 1 Mio. Menschen) und ist ein Highlight im jährlichen Eventkalender Londons.

🛏 Schlafen

Eine Übernachtung in London kann ziemlich teuer werden und eine Unterkunft sollte man zu jeder Jahreszeit möglichst frühzeitig reservieren. Diverse gute Hostels in zentraler Lage bieten auch Doppelzimmer zu zivilen Preisen an. B&B-Zimmer sind verlässlich und vergleichsweise preisgünstig, aber schlicht. Das Spektrum der Hotels reicht von einfachen Ketten über Boutiquehotels bis hin zu altehrwürdigen Nobelherbergen.

🛏 West End

Für ein Hotelzimmer in Mayfair muss man wie bei Monopoly unter Umständen erst sein Haus verkaufen oder zumindest eine Hypothek aufnehmen. Immerhin gibt es im Zentrum des Geschehens ein paar Hostels für Möchtegern-Soho-Hipster mit bescheideneren Mitteln.

YHA London Oxford Street   HOSTEL £
(Karte S. 68; ✆ 020-7734 1618; www.yha.org.uk; 14 Noel St, W1; B/2BZ ab 18/46 £; @ ⓦ; ⊖ Oxford Circus) Die zentralste der acht YHA-Jugendherbergen ist mit nur 104 Betten und schönen Gemeinschaftsbereichen auch eine der kleinsten: Uns gefielen besonders die pinkfarbene Küche und die fröhliche Lounge. Die Schlafsäle haben drei bis vier Betten und es gibt Doppel- und 2-Bett-Zimmer. Der Hausladen verkauft Kaffee und Bier. Kostenloses WLAN und kostenlose Stadtspaziergänge.

Morgan Hotel   B&B ££
(Karte S. 68; ✆ 020-7636 3735; www.morgan hotel.co.uk; 24 Bloomsbury St, WC1; EZ/DZ/3BZ mit Frühstück 120/145/165 £, Suite ab 175 £; ❋ @ ⓦ; ⊖ Tottenham Court Rd) Der Familienbetrieb in einer hübschen georgianischen Reihenhauszeile aus dem 18. Jh. überzeugt mit Freundlichkeit, tollem Service, fürstlichem Frühstück und günstigen Preisen. Die 17 Zimmer wirken etwas altmodisch, sind aber pieksauber. Die größeren Suiten (EZ/DZ/3BZ 175/205/250 £, aber ohne Klimaanlage) sind den Aufpreis absolut wert. Es gibt keinen Aufzug und ins oberste Stockwerk ist's eine ganz schöne Kraxelei.

Jesmond Hotel   B&B ££
(Karte S. 96; ✆ 020-7636 3199; www.jesmond hotel.org.uk; 63 Gower St, WC1; EZ/DZ/3BZ/4BZ mit Frühstück ab 70/90/120/150 £; @ ⓦ; ⊖ Goodge St) Die 15 Zimmer – die billigsten ohne eigenes Bad – sind schlicht, aber sauber und nett; außerdem hat das von einer Familie betriebene georgianische Hotel in Bloomsbury einen hübschen kleinen Garten und wartet mit sehr günstigen Übernachtungspreisen auf. Es gibt einen Wäscheservice, kostenlosen Internetzugang und leckeres Frühstück für einen guten Start in den Tag. Sehr zentrale Lage.

★ **Beaumont**   HOTEL £££
(Karte S. 91; ✆ 020-7499 1001; www.thebeaumont. com; Brown Hart Gardens, W1; DZ/Studio/Suite mit Frühstück ab 395/625/900 £; ❋ ⓦ; ⊖ Bond St) Das stylische, hübsch anzusehende und luxuriöse Beaumont hat 73 opulente Art-déco-Zimmer. Das auffallende weiße Gebäude stammt von 1926. Vorn befindet sich eine beeindruckende Art-déco-Skulptur aus Edelstahl und Räuchereiche von Antony Gormley mit dem Titel *Room*. Sie gehört zu einer Suite, die 1130 £ pro Nacht kostet. Auch die restlichen Zimmer und Suiten sind elegant und schick und verströmen die modernistische Ästhetik der 1920er-Jahre. Im Zimmerpreis inbegriffen sind Fahrten innerhalb von Mayfair im alten Daimler des Hotels.

★ **Corinthia**   HOTEL £££
(Karte S. 68; ✆ 020-7930 8181; www.corinthia. com; Whitehall Place, SW1; DZ/Suite/Penthouse 425/1380/3000 £; ❋ ⓦ 🛊; ⊖ Embankment) Die Corinthia-Hotelgruppe ist überall zwischen Malta und St. Petersburg vertreten, das Vorzeigehotel steht aber in London: ein prachtvolles viktorianisches Gebäude in Whitehall. Es ist so schick, wie man sich nur vorstellen kann, aber weder übertrieben noch angemufft. Da wird eine Übernachtung zum absoluten Vergnügen! Die Zimmer sind ebenso perfekt wie der Service, der wunderbare Afternoon Tea und die Lage mitten im Herzen von London, aber dennoch etwas abseits der Hektik.

★ **Haymarket Hotel**   HOTEL £££
(Karte S. 68; ✆ 020-7470 4000; www.haymarket hotel.com; 1 Suffolk Pl, nahe Haymarket, SW1; Zi./Suite ab 336/504 £; ❋ ⓦ 🛊; ⊖ Piccadilly Circus) Die Schöpfung des Hotelier- und Designerpaars Tim und Kit Kemp mit den für sie typischen Farben und Formen beeindruckt mit schwelgerischer Schönheit: handgemalte Gournay-Tapeten, markante Gestaltung der 50 Zimmer in Fuchsia und Grün, ein sensationeller 18-m-Pool mit stimmungsvoller Beleuchtung, eine wunderbar gemütliche Bibliothek mit Selbstbedienungsbar und Originalkunst im ganzen Haus. Wunderbar sind auch die Hundesilhouetten auf Stühlen und Barhockern.

★ **Rosewood**   HOTEL £££
(Karte S. 68; ✆ 020-7781 8888; www.rosewood hotels.com/en/london; 252 High Holborn, WC1; DZ ab 380–750 £, Suite 1140–9000 £; ❋ @ ⓦ; ⊖ Holborn) Seit einer 85 Mio. £ teuren Sanierung beherbergt das prachtvolle Pearl Assurance

INSIDERWISSEN

HOXTON HOTEL

Das schicke **Hoxton Hotel** (Karte S. 125; ☑ 020-7550 1000; www.hoxtonhotels.com; 81 Great Eastern St, EC2; Zi. ab 49 £; ❄@🐾; ⊖Old St) mit 210 kürzlich renovierten Zimmern im Herzen des hippen Shoreditch funktioniert ein bisschen wie die Deutsche Bahn: Je früher man reserviert, desto billiger – Frühbucher zahlen mit etwas Glück nur 49 £. Die Zimmer sind klein, aber stilvoll und mit Flachbild-TVs, Schreibtisch und einem mit Wasser und Milch (gratis) bestückten Kühlschrank ausgestattet, das Frühstück wird zum Zimmer geliefert.

Building von 1914 dieses umwerfende Hotel. Die 262 Zimmer und 44 Suiten verkörpern eine meisterliche Verbindung von zeitgenössischem und modernem Stil. Die Bar, das Restaurant, der Imbiss, die Lobby und sogar die Uniformen des Reinigungspersonals tragen ganz eindeutig einen traditionell britischen Stempel.

⭐ **Ritz** LUXUSHOTEL £££
(Karte S. 68; ☑ 020-7493 8181; www.theritzlondon.com; 150 Piccadilly, W1; Zi./Suite ab 380/770 £; ❄@🐾; ⊖Green Park) Das 136-Zimmer-Luxushotel in spektakulärer Lage am Green Park ist eine lebende Legende und angeblich so etwas wie das zweite Zuhause der königlichen Familie (es liegt nahe am Palast und besitzt eine königliche Urkunde für Hoflieferanten, unterschrieben vom Prince of Wales). Alle Zimmer sind traditionsbewusst mit antikem Mobiliar eingerichtet.

🛏 City

Unter der Woche wimmelt es in der City von Bankern, aber an Wochenenden gibt es hier oft beachtliche Schnäppchen.

London St Paul's YHA HOSTEL £
(Karte S. 76; ☑ 020-7236 4965; www.yha.org.uk/hostel/london-st-pauls; 36 Carter Lane, EC4; B 17–30 £, DZ 65–79 £; @🐾; ⊖St Paul's) Das 213-Betten-Hostel ist in einer ehemaligen Chorknabenschule im Schatten der St. Paul's Cathedral untergebracht. Neben Gemeinschaftsschlafräumen mit drei bis elf Betten gibt's auch 2-Bett- und Doppelzimmer. Das Haus hat eine tolle Lounge und eine Cafeteria mit Alkoholausschank (Frühstück 5,25 £, Abendessen 7–10 £), aber keine Küche und

eine Menge Treppen (kein Aufzug). Die Aufenthaltsdauer ist auf maximal sieben Nächte beschränkt.

Hotel Indigo Tower Hill BOUTIQUEHOTEL ££
(Karte S. 76; ☑ 020-7265 1014; www.ihg.com; 142 Minories, EC3; Zi. werktags/Wochenende ab 100/260 £; ❄🐾; ⊖Aldgate) Der Ableger der US-amerikanischen Boutiquehotelkette InterContinental hat 46 unterschiedlich eingerichtete Zimmer mit Himmelbetten und iPod-Dockingstationen. Überdimensionierte Zeichnungen und Fotos aus der Umgebung erinnern einen immer daran, wo man sich gerade befindet.

Andaz Liverpool Street HOTEL ££
(Karte S. 76; ☑ 020-7961 1234; www.liverpoolstreet.andaz.hyatt.com; 40 Liverpool St, EC2; Zi. werktags/Wochenende ab 180/365 £; ❄🐾; ⊖Liverpool St) Das Londoner Flaggschiff der eleganten Andaz-Kette, einer Tochtergesellschaft des Hyatt-Konzerns, hat keine Rezeption. Schwarz gekleidetes Personal checkt die Gäste per iPad ein. Die 267 Zimmer sind cool und geräumig mit attraktiven Möbeln und Beleuchtungssystem. Dazu gibt es fünf Restaurants, zwei Bars, ein Fitnesscenter und einen unterirdischen Freimaurertempel, der beim Umbau des Hotels in den 1990er-Jahren entdeckt wurde.

🛏 South Bank

Eine Unterkunft direkt an der Südseite der Themse ist optimal, um schnell zu den zentralen Sehenswürdigkeiten zu gelangen und gleichzeitig die Atmosphäre von South London aufzunehmen.

St Christopher's Village HOSTEL £
(Karte S. 80; ☑ 020-7939 9710; www.st-christophers.co.uk; 163 Borough High St, SE1; B/Zi. ab 15,90/43 £; @🐾; ⊖London Bridge) Das Hostel mit 194 Betten hat jetzt neue Bäder und ist frisch gestrichen, und an den Betten sorgen Vorhänge für mehr Privatsphäre. Weitere Extras sind Leselampen, Steckdosen (britische und kontinentaleuropäische) und USB-Steckplätze. Auch die Gemeinschaftsbereiche wurden generalüberholt. In den Schlafsälen (darunter auch welche nur für Frauen) stehen vier bis 22 Betten; Frühstück und Bettzeug sind inbegriffen. Dann gibt es noch zwei beliebte Bars, Belushi's und Dugout.

Ein Ableger des Hostels liegt 100 m die Straße rauf: Das **St Christopher's Inn** (Karte S. 80; ☑ 020-7407 2392; www.st-christophers.co.uk; 121 Borough High St, SE1; B/Zi. ab

13,90/50 £; @🛜; ⊖London Bridge) befindet sich über einem traditionellen Pub. Die Mehrbettzimmer sind kleiner und verwohnter, insgesamt ist diese Unterkunft aber ruhiger als das Village.

★**Citizen M** BOUTIQUEHOTEL **££**
(Karte S. 80; 📞020-3519 1680; www.citizenm.com/london-bankside; 20 Lavington St, SE1; Zi. 109–249 £; ✳@🛜; ⊖Southwark) Wenn das Citizen M ein Motto hätte, hieße es „weniger Tamtam, mehr Komfort“. Die Hotelbetreiber haben alles weggelassen, was sie überflüssig finden (Zimmerservice, Rezeption, große Räume) und setzen stattdessen voll und ganz auf Matratzen und Betten (himmlisch und übergroß), auf moderne Technologie (von der Beleuchtung bis zum Fernseher wird alles im Zimmer über einen Tablet-PC gesteuert) und eine herrliche Einrichtung.

Shangri-La Hotel at the Shard HOTEL **£££**
(Karte S. 80; 📞020-7234 8000; www.shangri-la.com/london/shangrila; 31 St Thomas St, SE1; DZ/Suite ab 420/750 £; ✳@🛜☒; 🚇London Bridge, ⊖London Bridge) Das erste 5-Sterne-Hotel Großbritanniens südlich der Themse ist auch das höchste Hotel Westeuropas mit atemberaubendem Blick vom 34. bis 52. Stock des Shard. Von der Lobby im 35. Stock bis zu den Zimmern besteht das Shangri-La aus einer stilvollen Mischung aus chinesischer Ästhetik, asiatischer Gastlichkeit und raffinierter Modernität.

🛏 Pimlico & Belgravia

Lime Tree Hotel BOUTIQUEHOTEL **££**
(Karte S. 86; 📞 020-7730 8191; www.limetreehotel.co.uk; 135–137 Ebury St, SW1; EZ 120–160 £, DZ & 2BZ 180–210 £, 3BZ 230 £, jeweils mit Frühstück; @🛜; ⊖Victoria) Dieses schöne 25-Zimmer-Hotel in einem georgianischen Bürgerhaus wird seit 30 Jahren von derselben Familie betrieben. Es steht für Komfort, britisches Design und gewollt dezente Eleganz. Die Zimmer sind individuell eingerichtet, viele mit offenem Kamin und Schiebefenstern, aber einige sind kleiner als der Rest – am besten genau nachfragen! Die Strahlen der Nachmittagssonne fallen in den hübschen Garten hinterm Haus, was im Sommer zu einem abendlichen Picknick verlockt. Im Preis ist ein herzhaftes English Breakfast enthalten. Kein Aufzug.

B+B Belgravia B&B **££**
(Karte S. 86; 📞020-7259 8570; www.bb-belgravia.com; 64–66 Ebury St, SW1; DZ 79–209 £, Studio 130–279 £; @🛜; ⊖Victoria) Das tolle sechsge-

schossige B&B stammt ursprünglich aus der georgianischen Ära, wurde aber geschmackvoll modernisiert, mit Gemeinschaftsbereichen und einer schicken Lounge. Die 17 Zimmer (teils mit Dusche, teils mit Badewanne, teils zur Straße, teils zum Garten raus) sind nicht riesig, aber wahlweise gibt es auch noch ein paar Studios/Apartments mit kompakten Küchen in No. 82 Ebury Street. Das B&B hat einen hübschen Gartenhof, aber keinen Aufzug.

★**Goring** HOTEL **£££**
(Karte S. 60; 📞020-7396 9000; www.thegoring.com; Beeston Pl; Zi./Suite ab 395/825 £; ✳🛜; ⊖Victoria) Das (modernisierte) Goring rückte kurz ins Rampenlicht der internationalen Presse, als Kate Middleton ihre letzte Nacht als Bürgerliche in der Royal Suite (8400 £ pro Nacht) verbrachte, bevor sie in die königliche Familie aufgenommen wurde. Der Familienbetrieb versprüht auf sehr vornehme und gleichzeitig wunderbar entspannte Weise englischen Lebensstil – mit funkelnden Kronleuchtern, hier und dort flauschigen Schafen (dem Markenzeichen des Hotels) und äußerst professionellem Personal. Auch der Garten ist prächtig.

🛏 Knightsbridge

In Knightsbridge, nach einer Brücke über den Fluss Westbourne benannt, liegen die bekanntesten Kaufhäuser Londons und einige Spitzenhotels.

Levin Hotel HOTEL **£££**
(Karte S. 86; 📞020-7589 6286; www.thelevinhotel.co.uk; 28 Basil St, SW3; Zi. ab 374 £, Suite ab 619 £ mit Frühstück; ✳@🛜; ⊖Knightsbridge) Das luxuriöse Zwölf-Zimmer-Hotel ist ein herrliches Boutiquehotel-Kleinod. Ein Blick fürs Detail (Steckdosen, die mit den unterschiedlichsten Steckern kompatibel sind, in jedem Zimmer, Ladestationen fürs iPhone, Nespresso-Maschinen, feinste Bettwäsche, Leih-iPads), das exquisite Design und herzliche Gastfreundlichkeit sorgen für einen wunderbaren Aufenthalt. Ein kontinentales Frühstücksbuffet ist im Preis inbegriffen. In der Nebensaison beginnen die Zimmerpreise bei 274 £.

🛏 Chelsea & Kensington

Von den gepflegten Stadtteilen Chelsea und Kensington sind Museen, schicke Läden und einige der attraktivsten Straßen Londons bequem zu erreichen.

Meininger   HOSTEL £

(Karte S. 86; ☎ 020-3318 1407; www.meininger-hostels.com; Baden Powell House, 65–67 Queen's Gate, SW7; B 16–50 £, EZ/2BZ ab 60/70 £; ✳ @ ☎; ⊖ Gloucester Rd oder South Kensington) Ende der 1950er-Jahre war dieses Gebäude gegenüber dem Natural History Museum das Baden Powell House. Heute bietet das „City-Hostel und -Hotel" unter deutscher Leitung 48 blitzsaubere Zimmer – größtenteils Mehrbettzimmer mit vier bis zwölf Betten und engen Duschkabinen. Es stehen auch eine Handvoll Privatzimmer zur Verfügung. Das Hostel ist sicher und hat nette Gemeinschaftsbereiche, darunter eine Bar und eine große Dachterrasse, – und es ist phantastisch gelegen.

★ **Number Sixteen**   HOTEL £££

(Karte S. 86; ☎ 020-7589 5232; www.firmdalehotels.com/hotels/london/number-sixteen; 16 Sumner Pl, SW7; EZ ab 192 £, DZ 240–396 £; ✳ @ ☎ ⊞; ⊖ South Kensington) Das hinreißende Number Sixteen besticht mit leichten Farben, erlesener Kunst und einem ausgeklügelten und abwechslungsreichen Designkonzept. Es beherbergt 41 individuell eingerichtete Zimmer, einen anheimelnden Salon und eine gut ausgestattete Bibliothek. Zusätzliche Pluspunkte sind der idyllische, lang gezogene Garten mit zentralem Springbrunnen und der lichtdurchflutete Wintergarten, in dem das Frühstück gereicht wird. Auch für Familien top.

Ampersand Hotel   BOUTIQUEHOTEL £££

(Karte S. 86; ☎ 020-7589 5895; www.ampersandhotel.com; 10 Harrington Rd, SW7; EZ 170–192 £, DZ 216–360 £; ✳ @ ☎; ⊖ South Kensington) Das Ampersand versprüht eine leichte, frische und quirlige Atmosphäre. Die lächelnden Angestellten tragen Jeans und Westen statt unpersönlicher dunkler Anzüge, die Gemeinschaftsbereiche sind farbenfroh und großzügig und die stilvollen Zimmer sind mit Tapetendesigns geschmückt, die die Künste und Wissenschaften der nahe gelegenen Museen von South Kensington hervorheben.

🛏 Earl's Court & Fulham

Earl's Court in West London ist lebhaft, kosmopolitisch und so beliebt bei australischen Touristen, dass es Kangaroo Valley genannt wird. Es gibt zwar so gut wie keine Sehenswürdigkeiten, aber dafür preiswerte Unterkünfte und eine ansteckende Urlaubs-

atmosphäre. Und es ist nur ein kurzer Weg mitten hinein ins Geschehen. In Fulham, weiter westlich, steht direkt am Themseufer der berühmte Fulham Palace.

★ **Barclay House**   B&B ££

(☎ 077 6742 0943; www.barclayhouselondon.com; 21 Barclay Rd, SW6; EZ 110 £, DZ 135–168 £; @ ☎; ⊖ Fulham Broadway) Die drei schmucken, absolut modern eingerichteten und gemütlichen Zimmer in dem zauberhaft gepflegten viktorianischen Haus sind ein Traum, von den Duschbädern von Philippe Starck, den Walnussmöbeln, neuen, doppelverglasten Schiebefenstern und der Fußbodenheizung bis zu den kleinen, aufmerksamen Details (unkomplizierte Kleiderbügel, Nähzeug in den Schubladen und Stadtpläne). Die herzlichen, musikliebenden Inhaber, die gerne Tipps und ihr Wissen über London weitergeben, sorgen für eine einnehmende und warme Atmosphäre.

Rockwell   BOUTIQUEHOTEL ££

(☎ 020-7244 2000; www.therockwell.com; 181–183 Cromwell Rd, SW5; EZ 120–125 £, DZ 145–180 £, Suite ab 200 £; ✳ @ ☎; ⊖ Earl's Court) Ein von dezenter Coolness geprägtes Design, hübsche Bodenfliesen hier und da, gedämpfte Töne und eine minimalistische Ausstattung überzeugen in diesem günstigen Boutiquehotel. Die 40 schmucken und stilvollen

Notting Hill & Bayswater

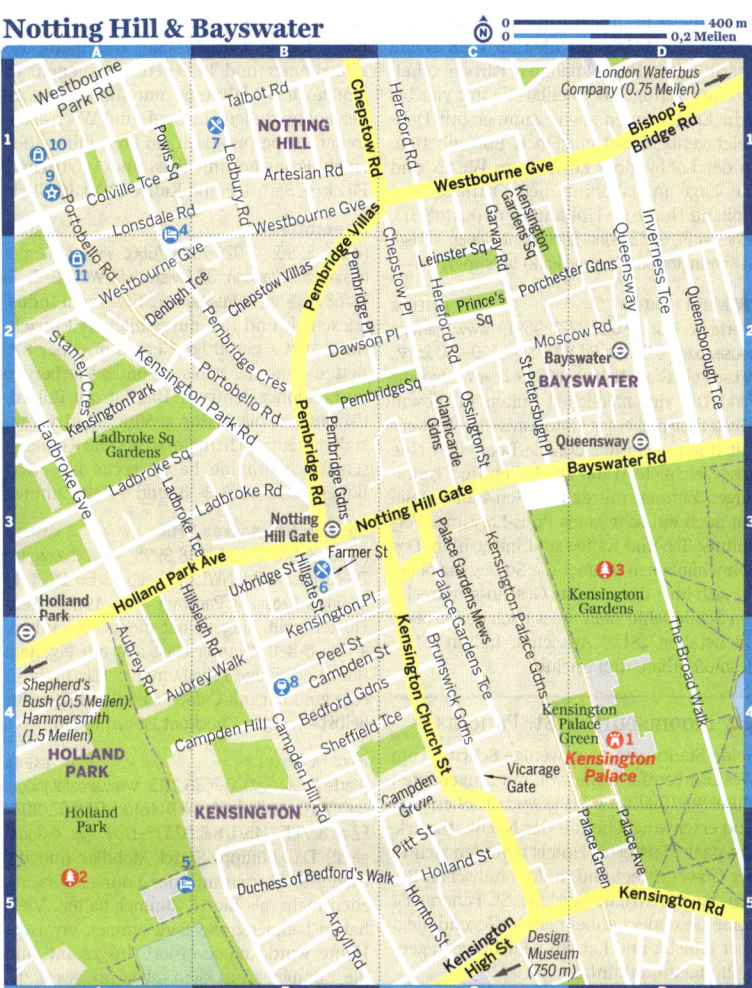

Zimmer haben alle eine Dusche. Die Maisonettesuiten sind einfach nur klasse und die drei Zimmer (LG1, 2 und 3), die zum Garten hinausgehen, sind besonders schön.

🛏 Notting Hill, Bayswater & Paddington

Von dem Mumpitz rund um Julia Roberts und Hugh Grant sollte sich niemand täuschen lassen, Notting Hill und die Gegenden unmittelbar nördlich des Hyde Park sind so schäbig wie schick – aber immer noch cool. Es gibt dort einige wunderschöne Plätze mit

eingezäunten Grünanlagen und georgianischen Stadthäusern drum herum, aber typischer für die Gegend sind der Portobello Road Market und der Notting Hill Carnival. Im schmuddeligen Paddington gibt es viele billige Hotels: Die größere Ansammlung unscheinbarer Unterkünfte an den Sussex Gardens lohnt sich, wenn sonst nicht viel Auswahl ist.

Safestay Holland Park   HOSTEL £

(Karte S. 113; 📞 020-3326 8471; www.safestay. co.uk; Holland Walk, W8; B 18 £, 2BZ ab 58 £, EZ ab 66 £; 🛜; 🚇 High St Kensington oder Holland

Park) Diese brandneue Bleibe ersetzt das altgediente YHA, das hier ab 1958 Gäste begrüßte. Es ist in knalligen Farben gehalten und verfügt über Schlafsäle mit vier bis acht Etagenbetten sowie Zimmer mit Doppeletagenbett und einzelnen Etagenbetten. In der Lobby gibt's kostenloses WLAN und die Lage im jakobinischen Ostflügel des Holland House im **Holland Park** (Karte S. 113; ⊙ 7.30 Uhr–Sonnenuntergang; ⊖ High St Kensington oder Holland Park) ist super.

⭐ **Main House**   HOTEL ££

(Karte S. 113; ☏ 020-7221 9691; www.themain house.co.uk; 6 Colville Rd, W11; Suite 120–150 £; ☏; ⊖ Ladbroke Grove, Notting Hill Gate oder Westbourne Park) Die vier niedlichen Suiten in diesem Musterbeispiel eines viktorianischen Reihenmittelhauses an der Colville Road sind eine ausgezeichnete Wahl. Die hellen und geräumigen Zimmer mit den großen Bädern bieten auch ein sehr gutes Preis-Leistungs-Verhältnis; Tee und Kaffee sind inbegriffen. Das Sahnehäubchen ist aber die Suite ganz oben, die sich über das gesamte Geschoss erstreckt. Ein Schild fehlt; man muss nach den großen Buchstaben „SIX" Ausschau halten. Mindestaufenthalt: drei Nächte.

🛏 Bloomsbury & St. Pancras

Beide Stadtviertel, nur wenige Schritte vom West End entfernt und voll mit umgebauten alten Stadthäusern im georgianischen Stil, sind erschwinglicher als der Nachbarbezirk. Ein paar günstigere Hotels befinden sich in der Gower Street und in dem hübschen Bogen der Cartwright Gardens. St. Pancras ist keine besonders anheimelnde Gegend, liegt aber günstig und hat ein paar hervorragende Budgetunterkünfte.

⭐ **Clink78**   HOSTEL £

(Karte S. 96; ☏ 020-7183 9400; www.clinkhostels. com/london/clink78; 78 King's Cross Rd, WC1; B/Zi. ab 16/65 £ mit Frühstück; @☏; ⊖ King's Cross/St Pancras) Das phantastische 630-Betten-Hostel residiert in einem Gerichtsgebäude aus dem 19. Jh., in dem Dickens seinerzeit als Schreiber arbeitete und im Jahr 1978 Bandmitglieder von The Clash vor dem Kadi standen. In den Mehrbettzimmern (4–16 Betten) stehen Kastenbetten mit eingebautem Stauraum. Außerdem gibt es eine spitzenmäßige Küche mit großem Essbereich und eine gut besuchte Kellerbar namens Clash.

    Teile des Gebäudes stehen unter Denkmalschutz, u. a. sechs Zellen, die zu Gästezimmern umfunktioniert wurden, und zwei holzgetäfelte Gerichtssäle, die heute als Filmzimmer und Internetraum dienen. Es gibt auch Schlafräume nur für Frauen. In der Lobby stehen ein Geld- und Wechselautomat – superpraktisch. Im Preis inbegriffen ist ein Frühstück mit Toast und Aufstrichen, Flocken, Saft, Tee und Kaffee (7–10.30 Uhr).

Generator   HOSTEL £

(Karte S. 96; ☏ 020-7388 7666; www.generator hostels.com/london; 37 Tavistock Pl, WC1; B/Zi. ab 18/68 £; @☏; ⊖ Russell Sq) Mit seinem Industrieschick und der ausgefallenen Einrichtung ist das gewaltige Generator (über 870 Betten) eine der coolsten Budgetherbergen im Londoner Zentrum. Die Bar mit Billardtischen hat bis 2 Uhr geöffnet und veranstaltet häufig Themenpartys. Die Gemeinschaftsschlafräume haben sechs bis zwölf Betten, dazu gibt's 2-, 3- und 4-Bett-Zimmer.

London St Pancras YHA   HOSTEL £

(Karte S. 96; ☏ 020-7388 9998; www.yha.org.uk; 79–81 Euston Rd, NW1; B/Zi. ab 16/60 £; @☏; ⊖ King's Cross/St Pancras) Das 186-Betten-Hostel (acht Etagen) hat moderne, saubere 4- bis 6-Bett-Zimmer (fast alle mit eigenem Bad) und einige Privatzimmer. Dazu gibt es eine gute Bar mit Café, aber keine Küche für Selbstversorger. Checkout ist um 10 Uhr.

Arosfa Hotel   B&B ££

(Karte S. 96; ☏ 020-7636 2115; www.arosfalondon. com; 83 Gower St, WC1; mit Frühstück EZ/2BZ/3BZ/ FZ ab 82/135/145/178 £, DZ 139–175 £; ☏; ⊖ Goodge St) Das Philippe-Starck-Mobiliar und die moderne Einrichtung der Lounge versprechen mehr, als die 16 Zimmer halten. Viele haben kabinengroße Badezimmer, etwa die Hälfte wurde modernisiert. Insgesamt sind die Zimmer zwar klein, aber preiswert. Es gibt auch einige Familienzimmer. Zimmer Nr. 4 blickt auf einen kleinen, aber hübschen Garten. Am Samstag höhere Tarife.

Rough Luxe   BOUTIQUEHOTEL £££

(Karte S. 96; ☏ 020-7837 5338; www.roughluxe. co.uk; 1 Birkenhead St, WC1; Zi. 209–239 £; ❄☏; ⊖ King's Cross/St Pancras) „Rau, aber luxuriös" lautet das Motto in diesem außergewöhnlichen Hotel mit neun Zimmern, dem das Interieur voll gerecht wird: Alte Zeitungsfetzen nebst Originalkunstwerken schmücken die Wände, aber die klobigen 1970er-Fernseher sind nur Deko. Die Zimmer sind zugegebenermaßen winzig, aber der Service, die Lage und der hübsche Terrassengarten hinten wiegen das allemal auf.

St Pancras Renaissance
London Hotel

LUXUSHOTEL **£££**

(Karte S. 96; 020-7841 3540; www.stpancras renaissance.co.uk; Euston Rd, NW1; DZ ab 230 £; ❄☎; King's Cross/St Pancras) Dieser Backsteinbau von Sir George Gilbert Scott, das frühere Midland Grand Hotel (1873), ist ein viktorianisches Wunder. Leider sind aber nur 38 der 245 Zimmer in dem Originalgebäude untergebracht; die übrigen befinden sich in einem Anbau an der Rückseite und wirken relativ nichtssagend.

Clerkenwell & Farringdon

⭐ Zetter Hotel
& Townhouse

BOUTIQUEHOTEL **£££**

(Karte S. 96; 020-7324 4444; www.thezetter. com; 86–88 Clerkenwell Rd, EC1; DZ ab 222 £, Studio 300–438 £; ❄☎; Farringdon) Das Zetter besteht aus zwei ganz unterschiedlichen Häusern. Das Stammhaus ist ein Tempel der Coolness mit einem Hauch von Kitsch in der Hauptstraße von Clerkenwell. Es wurde in nachhaltiger Bauweise auf dem Grundstück eines baufälligen Bürogebäudes errichtet. Seine 59 Zimmer sind klein, aber perfekt konzipiert. Das **Zetter Townhouse** (Karte S. 96; 49–50 St John's Sq; Zi. 222–294 £, Suite 438–480 £) an einem hübschen Platz hinter dem Zetter hat nur 13 Zimmer in einem georianischen Altbau.

Der Clou im Hauptgebäude sind die Studios im Dachgeschoss, deren Terrassen einen Traumblick über die Stadt bieten. Die Zimmer im Zetter Townhouse sind alle unterschiedlich und im zeitgenössischen Stil eingerichtet. Witzige Details sind die Kopfteile der Betten, die von einem alten Karussell stammen. Die phantastische Cocktailbar ist schon für sich einen Besuch wert.

Rookery

HERITAGE-HOTEL **£££**

(Karte S. 96; 020-7336 0931; www.rookery hotel.com; 12 Peter's Lane, Cowcross St, EC1; EZ/DZ 222/294 £, Suite 474–660 £; ❄☎; Farringdon) Das bezaubernde Labyrinth aus 33 Zimmern ist in einer georgianischen Reihenhauszeile aus dem 18. Jh. untergebracht und zeitgemäß ausstaffiert: mit antikem Mobiliar, einer museumswürdigen Sammlung viktorianischer Badewannen, Duschen und Toiletten, Originalholztäfelung aus Irland und vom Eigentümer sorgfältig ausgesuchter Kunst. Highlights sind der kleine Hofgarten und die zweigeschossige Penthousesuite Rook's Nest.

East End & Docklands

⭐ Qbic

DESIGNHOTEL **££**

(020-3021 3300; www.london.qbichotels.com; 42 Adler St, E1; DZ 70–250 £; ❄☎; Aldgate East) Im Zentrum der 171 Zimmer steht die quadratische Form, jedes Bett und jedes Bad ist Teil eines viereckigen Designs. Das erzeugt ein durchweg modernes Flair, das von weißen Fliesen, Neonschildern, lebhaften Kunstwerken und Stoffen noch unterstützt wird. Die Zimmer sind schallisoliert, die Matratzen hervorragend und die Regenwaldduschen haben ordentlich Power. Das leckere kontinentale Frühstücksbuffet gibt es schon für 9,95 £.

40 Winks

BOUTIQUEHOTEL **££**

(020-7790 0259; www.40winks.org; 109 Mile End Rd, E1; EZ/DZ 120/195 £ mit Frühstück; ☎; Stepney Green) Die „Boutiquepension" in Stepney Green hat zwar nur zwei Zimmer, dafür aber unglaublich viel ausgefallenen Stil und Charme. Sie ist im Haus eines erfolgreichen Designers untergebracht, das aus dem frühen 18. Jh. stammt und auch als Schauplatz für Modeaufnahmen dient. Die Zimmer sind individuell und fachmännisch gestaltet, das Einzelzimmer ist allerdings recht klein. Weit im Voraus reservieren.

Essen

Der große Trend in London heißt Essen gehen. Man kann kaum noch eine Speisekarte aufschlagen, ohne auf den einen oder anderen Promikoch zu stoßen. Die Auswahl und Qualität der Restaurants hat sich in den vergangenen Jahrzehnten enorm verbessert. Die Essenskultur vieler Einwanderergruppen hat die Küche durch und durch geprägt und die heutigen Londoner sind höchst anspruchsvoll. Die folgenden Restaurants und Cafés haben wir nach ihrer Lage, ihrem Preis-Leistungs-Verhältnis, ihrem Ambiente und selbstverständlich nach der Qualität des Essens ausgewählt. Vegetarier können unbesorgt sein: In London gibt es eine Menge Lokale, in denen fleischfrei gegessen wird, und die meisten anderen haben auch vegetarische Angebote.

West End

Mayfair, Soho und Covent Garden sind das gastronomische Herz Londons mit einer tollen Auswahl an Restaurants und Küchen, zu Preisen, die Schluckspechten, Theaterbesuchern und leidenschaftlichen Essern zusagen.

★ Shoryu

NUDELN £

(Karte S. 68; www.shoryuramen.com; 9 Regent St, SW1; Hauptgerichte 9–15 £; ⊙Mo–Sa 11.15–24, So bis 22.30 Uhr; ⊖Piccadilly Circus) Das kompakte, kultivierte Lokal Shoryu lockt viele Nudelfans an seine Holztheken und kleinen Tische. Es ist gut besucht und das tüchtige Personal ist freundlich und kennt sich gut aus. Am besten ist das *tonkotsu ramen* mit *nori* (getrocknet, gepresster Seetang), Frühlingszwiebeln, *nitamago* (weich gekochte Eier) und Sesamsamen. Keine Reservierungen.

Ceviche

SÜDAMERIKANISCH £

(Karte S. 68; www.cevicheuk.com; 17 Frith St, W1; Hauptgerichte 6–13,50 £; ⊙Mo–Sa 12–23.30, So bis 22.15 Uhr; ☎; ⊖Leicester Sq) Diese farbenprächtig eingerichtete Bodega serviert einige der authentischsten peruanischen Gerichte der Stadt. Als Vorspeise empfehlen sich *cancha* (große knackige Maiskörner), gefolgt von einem der namensgebenden Ceviche (Fisch oder Schalentiere, mariniert in Limettensaft mit Chilis, Zwiebeln und Koriander). Die Salate aus Quinoa und Palmherzen sind hervorragend.

The Breakfast Club

FRÜHSTÜCK £

(Karte S. 68; ☎020-7434 2571; www.thebreakfast clubcafes.com; 33 D'Arblay St; Hauptgerichte 5–12,50 £; ⊙Mo–Sa 8–22, So bis 19 Uhr; ☎; ⊖Oxford Circus) In dieser freundlichen Originalniederlassung des Breakfast Club wird schon seit über zehn Jahren erfolgreich warmes Frühstück gebrutzelt. Die naheliegende Wahl wäre natürlich ein englisches oder amerikanisches Frühstück, aber es gibt auch Kartoffelpuffer mit Chorizo, Pfannkuchen und leckere Sandwiches – wenn man's dann mal bis zur Spitze der Schlange geschafft hat.

Wahaca

MEXIKANISCH $

(Karte S. 68; www.wahaca.com; 66 Chandos Pl, WC2; Hauptgerichte 7–10,50 £; ⊙Mo–Sa 12–23, So bis 22.30 Uhr; ☎; ⊖Covent Garden) 🖉 Die wunderbare *cantina*, eine Filiale einer ständig expandierenden Kette, bezeichnet sich selbst als ein Restaurant mit „mexikanischer Marktküche". Mehrere Personen können sich eine Auswahl an Snacks (Tacos, Tostadas, Quesadillas) teilen oder sich traditionellere Hauptgerichte wie gegrillte Hühnchenbrust bestellen, mariniert in Gewürzen aus Yucatán und Ananassaft. Dazu kann man aus einem Dutzend Tequilas wählen.

Fernandez & Wells

CAFÉ £

(Karte S. 68; www.fernandezandwells.com; 73 Beak St, W1; Gerichte 4,50–6 £; ⊙Mo–Fr 7.30–18, Sa & So 9–18 Uhr; ⊖Piccadilly Circus) Das Fernandez ist ein wunderbares Stück Spanien in Soho und serviert einfache Gerichte mit *jamón* (Schinken) und Wurst sowie Käseplatten. Sandwiches mit gegrillter Chorizo sind ideal für einen schnellen Mittagsimbiss. Das Café ist meist ziemlich voll und hat eine lässige Atmosphäre. Der Kaffee ist exzellent.

Mildreds

VEGETARISCH £

(Karte S. 68; www.mildreds.co.uk; 45 Lexington St, W1; Hauptgerichte 8–12 £; ⊙Mo–Sa 12–23 Uhr; ☎🖉; ⊖Oxford Circus oder Piccadilly Circus) Mildreds ist das kreativste vegetarische Restaurant Londons und zur Mittagszeit proppenvoll. Es ist also völlig in Ordnung, sich an einen schon besetzten Tisch in dem Speiseraum mit Oberlicht zu setzen. Serviert werden sri-lankisches Curry mit Süßkartoffeln und Cashewnüssen, Ravioli mit Kürbis und Ricotta, orientalische Mezze, wunderbar exotische (und sättigende) Salate und köstliche Pfannengerichte. Vegane und glutenfreie Speisen sind auch im Angebot.

Monocle Cafe

CAFÉ £

(Karte S. 91; http://cafe.monocle.com; 18 Chiltern St, W1; Hauptgerichte ab 5,50 £; ⊙Mo–Mi 7–19, Do & Fr 7–20, Sa 8–20, So 8–19 Uhr; ☎; ⊖Baker St) Das nach der gleichnamigen Zeitschrift benannte Monocle ist ein kleines und cooles Erdgeschoss- und Kellerrefugium für die Hipster von Marylebone – ein reizender Neuling an der quirligen Chiltern Street. Hier gibt's alles von schwedischen Backwaren bis zu japanischem und skandinavischem Frühstück, vom Birchermüsli mit Erdbeeren bis zu Sandwiches mit panierten Garnelen.

★ Gymkhana

INDISCH ££

(Karte S. 68; ☎020-3011 5900; www.gymkhana london.com; 42 Albemarle St, W1; Hauptgerichte 8–38 £, 2-/3-Gänge-Mittagessen 25/30 £; ⊙Mo–Sa 12–14.30 & 17.30–22.30 Uhr; ☎; ⊖Green Park) Das eher nüchterne Ambiente steht mit Deckenventilatoren, Eichendecke, alten Cricketfotos und Jagdtrophäen ganz im Zeichen der britischen Herrschaft über Indien, doch die Karte ist wirklich inspiriert. Wer gern abwechslungsreich speist, findet verschiedene Menüs zur Auswahl, so das siebengängige Probiermenü (70 £, vegetarisch 65 £) oder das Wildmenü (7 Gänge 80 £).

⭐ **Brasserie Zédel** FRANZÖSISCH **££**

(Karte S. 68; ✆ 020-7734 4888; www.brasserieze del.com; 20 Sherwood St, W1; Hauptgerichte 8,75–30 £; ⊙ Mo-Sa 11.30–24, So bis 23 Uhr; 🕾; 🚇 Piccadilly Circus) Die Brasserie in einem renovierten Art-déco-Ballsaal eines ehemaligen Piccadilly-Hotels ist das französischste Restaurant westlich von Calais. Im Angebot sind die üblichen Gerichte wie *choucroute alsacienne* (Sauerkraut mit Würsten und Rauchfleisch, 14 £) und *steak haché, sauce au poivre et frites* (Hacksteak mit Pfeffersauce; 9,75 £). Die Menüs (9,75/12,75 £ für 2/3 Gänge) und Tagesgerichte (14,25 £) bieten ein tolles Preis-Leistungs-Verhältnis in fabelhaftem Ambiente.

Auch Vegetarier kommen hier nicht zu kurz. Für einen Aperitif bietet sich die **Bar Américain** im klassischen Art-déco-Stil an.

⭐ **Barrafina** SPANISCH **££**

(Karte S. 68; www.barrafina.co.uk; 10 Adelaide St, WC2; Tapas 6–14,50 £; ⊙ Mo-Sa 12–15 & 17–23, So 13–15.30 & 17.30–22 Uhr; 🚇 Embankment oder Leicester Sq) Da hier keine Tische reserviert werden können, muss man vielleicht ein Stündchen in der Schlange stehen: Die Tapas, die zu den besten Londons zählen, sind heiß begehrt. Jede davon ist eine echte Köstlichkeit, von den gefüllten Zucchiniblüten bis zum Spanferkel und Krebs auf Toast. Dafür üben sich die Feinschmecker gern einmal ein bisschen in Geduld.

⭐ **Palomar** JÜDISCH **££**

(Karte S. 68; ✆ 020-7439 8777; 34 Rupert St, W1; Hauptgerichte 6,50–19 £; ⊙ Mo-Sa 12–14.30 & 17.30–23, So 12–15.30 & 18–21 Uhr; 🕾; 🚇 Piccadilly Circus) Das muntere Ambiente in diesem hübschen Lokal, das sich der modernen Jerusalemer Küche in all ihren Ausformungen verschrieben hat, ist durchaus ansteckend, doch noch besser sind die Speisen. Phantastisch sind die Polenta auf Jerusalemer Art und die gegrillten Auberginen. Die Portionen sind allerdings eher klein. Reservierung dringend empfohlen.

⭐ **Cafe Murano** ITALIENISCH **££**

(Karte S. 68; ✆ 020-3371 5559; www.cafemurano. co.uk; 33 St James's St, SW1; Hauptgerichte 9–24 £, 2-/3-Gänge-Mahlzeit 19/23 £; ⊙ Mo-Sa 12–15 & 17.30–23 Uhr; 🚇 Green Park) Das Ambiente in diesem herausragenden Restaurant ist zwar etwas nüchtern, aber dank der wundervollen norditalienischen Küche hat es das Etablissement nicht nötig, sich schick und angesagt zu geben. Das Rinder-Carpaccio, die Linguine mit Krabben und das Lammragout sind nahezu perfekt. Reservieren!

Battersea Pie Station BRITISCH **£**

(Karte S. 68; www.batterseapiestation.co.uk; Lower Ground Floor, 28 The Market, Covent Garden, WC2; Hauptgerichte ab 7,50 £; ⊙ So-Do 11–19, Fr & Sa bis 20 Uhr; 🚇 Covent Garden) Genau das, was Covent Garden gefehlt hat: In diesem kleinen, weiß gekachelten Café gibt's kleine und große Pasteten für jeden Hunger, ob sorgsamer Knabberer oder unersättlicher Teenager. Das Fleisch stammt von glücklichen Tieren, die Geschmacksrichtungen erweisen sich als klassisch-deftig (Lamm mit Minze, Fisch, Steak und Ale, Huhn mit Pilzen, Kürbispüree mit Ziegenkäse) und dazu gibt's jeweils einen Schlag Kartoffelpüree.

Great Queen Street BRITISCH **££**

(Karte S. 68; ✆ 020-7242 0622; www.greatqueen streetrestaurant.co.uk; 32 Great Queen St, WC2; Hauptgerichte 16,80–18 £; ⊙ Mo-Sa 12–14.30 & 17.30–22.30, So 13–15.30 Uhr; 🚇 Holborn) Die Gerichte in einem der besten Restaurants in Covent Garden wechseln täglich, mit Schwerpunkt auf Qualität, deftigen Speisen und guten, saisonalen Zutaten – es gibt stets köstliche Eintöpfe, Braten und einfache Fischgerichte. Die Atmosphäre ist lebhaft, unten gibt's auch eine kleine **Kellerbar** (⊙ Di-Sa 17–24 Uhr) für Cocktails und andere Drinks und die Bedienung ist in puncto Essen und Wein sachkundig. Reservierung ist ein Muss und kann online erledigt werden.

National Dining Rooms BRITISCH **££**

(Karte S. 68; ✆ 020-7747 2525; www.peytonand byrne.co.uk; 1. OG, Sainsbury Wing, National Gallery, Trafalgar Sq, WC2; Hauptgerichte 14,50–21,50 £; ⊙ Sa-Do 10–17.30, Fr bis 20.30 Uhr; 🕾; 🚇 Charing Cross) Das Restaurant des Kochs Oliver Peyton in der National Gallery (S. 67) ist eine tolle Wahl: Auf der Speisekarte steht eine umfangreiche und wunderbare Auswahl an britischem Käse für ein leichtes Mittagessen. Etwas gehaltvoller ist das County Menu, monatlich wechselnde regionale Spezialitäten von den Britischen Inseln. Das Mittagsmenü mit zwei Gängen kostet 19,50 £.

Ethos VEGETARISCH **££**

(Karte S. 68; 48 Eastcastle St, W1; mittags/abends 2,60/2,85 £ pro 100 g; ⊙ Mo-Fr 8–22, Sa 11.30–22, So 10–16 Uhr; 🕾🖉; 🚇 Oxford Circus) 🍴 Im geschäftigen Ethos bedienen sich die Gäste am vegetarischen Buffet und zahlen die ausgewählten Speisen nach Gewicht. Hier kann man frühstücken (Avocadopüree auf Toast, glutenfreier Porridge mit Mandelmilch usw.), zu Mittag und zu Abend essen (z. B. Guacamole-Kichererbsen-Kokos-Curry, japanische Miso-Aubergine) und zwischendurch einen Afternoon Tea (20 £ pro Pers.) oder sonntags einen Brunch genießen.

Bocca di Lupo
ITALIENISCH ££

(Karte S. 68; ☏ 020-7734 2223; www.boccadilupo. com; 12 Archer St, W1; Hauptgerichte 8–23 £; ⊙ Mo–Sa 12.30–15 & 17.30–23, So 12.15–15.15 & 17.15–21.30 Uhr; ⊖ Piccadilly Circus) Das Bocca in einer dunklen Seitenstraße Sohos verströmt elegante Kultiviertheit. Die Gerichte stammen aus ganz Italien (die Herkunft ist auf der Speisekarte vermerkt). Jedes Hauptgericht kann als große oder kleine Portion bestellt werden. Zudem gibt es eine gute Auswahl an italienischen Weinen und phantastische Desserts. Es ist oft voll, eine Reservierung ist also ratsam.

Canela
PORTUGIESISCH ££

(Karte S. 68; www.canelacafe.com; 33 Earlham St, WC2; Hauptgerichte 11–13 £; ⊙ Mo–Do 8–22.30, Fr & Sa bis 23, So bis 21 Uhr; ☎; ⊖ Covent Garden) Das kleine Café in Seven Dials im Herzen von Covent Garden serviert schmackhafte portugiesische und brasilianische Gerichte. Empfehlenswert sind die klassischen Tagesgerichte, das portugiesische Nationalgericht *feijoada,* ein Bohneneintopf mit Räucherfleisch, oder früher am Tag ein rustikales Frühstück. Es gibt auch eine gute Auswahl an vegetarischen Gerichten und portugiesischen Weinen.

★ Foyer at Claridge's
BRITISCH £££

(Karte S. 91; www.claridges.co.uk; 49–53 Brook St, W1; Nachmittagstee 58 £, mit Champagner 68 £; ⊙ Afternoon Tea 14.45–17.30 Uhr; ☎; ⊖ Bond St) Ganz nobel fühlt man sich beim Afternoon Tea im klassischen Art-déco-Foyer des bekannten Hotels. Das sanfte Klirren des feinen Porzellans und der Champagnergläser ist vielleicht der schönste Sound einer London-Reise. Das Ambiente ist großartig; dazu kleidet man sich sportlich-elegant (keine zerrissenen Jeans und Baseballcaps).

Chiltern Firehouse
MODERN EUROPÄISCH £££

(Karte S. 91; ☏ 020-7073 7676; www.chilternfire house.com; 1 Chiltern St, W1; Hauptgerichte 24–42 £; ⊙ Mo–Fr 7–10.30, Sa & So 9–10.30, Mo–Mi 12–14.30, Do & Fr 12–15, Sa & So 11–15, Mo–Mi 17.30–22.30, Do–So 18–22.30 Uhr; ☎; ⊖ Baker St oder Bond St) Die Gäste kommen ebenso zum

Promigucken und Genießen des prächtigen Ambientes wie zum Speisen in die wunderbar adrette Marylebone Fire Station – vorausgesetzt, sie ergattern einen Tisch. Küchenchef Nuno Mendes hat seiner Karte erhebliches kulinarisches Flair eingehaucht, aber dank dem Hype und der Tatsache, dass dieser Gourmettempel so ungeheuer angesagt ist, muss man hier jede Menge Pfunde auf den Tisch blättern.

✕ City

Wer an einem Sonntagmorgen mit leerem Magen in die City kommt, wird bitter enttäuscht werden. Selbst unter der geschäftigen Woche sind die Kettenlokale die einzige Rettung.

Café Below
CAFÉ £

(Karte S. 76; ☏ 020-7329 0789; www.cafebelow. co.uk; St. Mary-le-Bow, Cheapside, EC2; Hauptgerichte 8–15,50 £; ⊙ Mo–Fr 7.30–14.30, Mi–Fr bis 21.30 Uhr; ☏; ⊖ Mansion House oder St Paul's) Das stimmungsvolle Café-Restaurant in der Krypta einer der berühmtesten Kirchen Londons ist preisgünstig und bietet leckere Speisen aus aller Welt. Es gibt stets ebenso viele vegetarische wie Fleischgerichte. Im Sommer stehen auch im schattigen Innenhof Tische. Manchmal werden auch Abendmenüs angeboten – Näheres auf der Website oder telefonisch.

★ Restaurant at St Paul's
MODERN BRITISCH ££

(Karte S. 76; ☏ 020-7248 2469; www.harbourand jones.com/restaurant/restaurant-at-st-pauls; Krypta, St. Paul's Cathedral, EC4; Hauptgerichte ab 14 £, Brunchmenü 25 £; ⊙ Frühstück Do & Fr 9–11 Uhr, Mittagessen 12–14.15 Uhr, Nachmittagstee Mo–Sa 15–16.15 Uhr; ☎; ⊖ St Paul's) Die Qualität der Speisen in diesem Restaurant in der Krypta von St. Paul's (S. 74) entspricht der Pracht der Kirche darüber. Auf der Karte stehen u. a. zwei- und dreigängige Menüs mit Speisen wie Schweinebauch-Confit oder Ziegenkäse-Ravioli mit pikanten Tomaten.

Sweeting's
FISCH & MEERESFRÜCHTE £££

(Karte S. 76; ☏ 020-7248 3062; www.sweetings restaurant.co.uk; 39 Queen Victoria St, EC4; Hauptgerichte 15–45 £; ⊙ Mo–Fr 11.30–15 Uhr; ⊖ Mansion House) 🌱 Das Sweeting's, eine Institution in der City, stammt von 1889. Mit seinem kleinen Sitzbereich, dem Mosaikboden und den schmalen Tresen, hinter denen die Kellner mit ihren weißen Schürzen stehen, hat es sich kaum verändert. Serviert werden Fisch aus nachhaltigem Fang (gegrillt, gebraten oder pochiert), *potted shrimps* (in Muskatnussbutter eingelegte Krabben), Aal und die berühmte Fischpastete (16 £) des Hauses. Und am Ende lockt ein Teller *spotted dick* (Pudding mit Trockenfrüchten).

✖ South Bank

Die beliebtesten Restaurants liegen am Fluss mit klassischen Ausblicken, aber wer sich umschaut, entdeckt auch abseits der Ufergegend tolle Möglichkeiten. Ein Essen mit London-Flair gibt's auf dem Borough Market (S. 82) oder in der Bermondsey Street.

M Manze
BRITISCH £

(Karte S. 80; www.manze.co.uk; 87 Tower Bridge Rd, SE1; Hauptgerichte ab 2,95 £; ☉Mo 11–14, Di–Do 10.30–14, Fr 10–14.30, Sa 10–15 Uhr; ☐Borough) M. Manze eröffnete 1902 zunächst als Eisdiele, bevor dann die legendären Speisen aufgetischt wurden: *pie* (mit Rinderhack). Die alternden Fliesen im Lokal sind so klassisch wie die traditionellen Arbeitergerichte: *pie and mash* (4 £), *pie and liquor* (2,95 £) und Aal, ob in Aspik oder gedünstet (4,65 £).

★ Skylon
MODERN EUROPÄISCH ££

(Karte S. 80; ☎020-7654 7800; www.skylon-restaurant.co.uk; 3. OG, Royal Festival Hall, Southbank Centre, Belvedere Rd, SE1; Grillrestaurant 3-Gänge-Menü 25 £, Restaurant 3 Gänge Menü 32 £, ☉Grillrestaurant Mo–Sa 12–23, So bis 22.30 Uhr, Restaurant Mo–Sa 12–14.30 & 17.30–22.30, So 12–16 Uhr; ☎; ☐Waterloo) Das ausgezeichnete Restaurant in der Royal Festival Hall (S. 135) wird von einer großen **Bar** (☉Mo–Sa 12–1, So bis 22.30 Uhr) in ein Grillrestaurant und ein feines Restaurant geteilt. Die Einrichtung huldigt den 1950er-Jahren: gedämpfte Farben und Stühle aus jener Zeit – damals trendy, heute erst recht. Durch die bodentiefen Fenster genießen die Gäste einen wunderbaren Blick auf die Themse und die City. Das sechsgängige Degustationsmenü im Restaurant kostet 59 £. Reservierung ist ratsam.

★ Arabica Bar & Kitchen
ORIENTALISCH £££

(Karte S. 80; ☎020-3011 5151; www.arabicabarandkitchen.com; 3 Rochester Walk, Borough Market, SE1; Gerichte 6–14 £; ☉Mo–Mi 11–23, Do 8.30–23, Fr & Sa 8.30–23.30, So 11–16 Uhr; ✎; ☐London Bridge) Orientalische Küche ist heutzutage ein bewährter Klassiker, aber das Arabi-

ca Bar & Kitchen verleiht dem eine frische Note: Die Einrichtung ist modern und hell, das Essen delikat und leicht und ist eher zum Teilen gedacht (zwei bis drei Gerichte pro Person). Nachteil dieser Tapas-Portionen ist, dass sich die Rechnung schnell summiert.

✖ Belgravia

★ Pimlico Fresh
CAFÉ £

(86 Wilton Rd, SW1; Hauptgerichte ab 4,50 £; ☉Mo–Fr 7.30–19.30, Sa & So 9–18 Uhr; ☐Victoria) Das freundliche Café mit zwei Räumen sorgt stets für eine ordentliche Verköstigung, ob zum Frühstück (French Toast, Porridge mit Honig oder Ahornsirup), Mittagessen (hausgemachte Quiches und Suppen, allerlei Sachen auf Toast) oder nur zum guten alten Kaffee und Kuchen.

✖ Knightsbridge

★ Dinner by Heston Blumenthal
MODERN BRITISCH £££

(Karte S. 86; ☎020-7201 3833; www.dinnerbyheston.com; Mandarin Oriental Hyde Park, 66 Knightsbridge, SW1; 3-Gänge-Mittagsmenü 40 £, Hauptgerichte 28–42 £; ☉12–14 & 18–22.15 Uhr; ☎; ☐Knightsbridge) Das opulent ausgestattete Dinner ist eine kulinarische Glanzleistung und entführt die Gäste auf eine Reise durch die Geschichte der britischen Küche mit modernem Touch. Jedes Gericht trägt eine Jahreszahl, um den historischen Kontext herzustellen. Die Einrichtung des Restaurants ist ein Designfeuerwerk, von der gläsernen Küche bis hin zu den großen Fenstern zum Park. Reservieren!

Außerdem steht ein privater Speiseraum im Tudor-Stil des 16. Jhs. für bis zu zwölf Personen zur Verfügung. Gespeist wird hier an einem extravaganten ovalen Tisch aus Sapelli-Mahagoni und Rosenholz. Montags bis freitags sind Mittagsmenüs erhältlich.

Zuma
JAPANISCH £££

(Karte S. 86; ☎020-7584 1010; www.zumarestaurant.com; 5 Raphael St, SW7; Hauptgerichte 15–75 £; ☉Mo–Fr 12–15, Sa & So 12–15.30, Mo–Sa 18–23, So 18–22.30 Uhr; ☎; ☐Knightsbridge) Das höchst stilvolle Zuma ist eine moderne Version des traditionellen japanischen *izakaya* („ein Ort zum Bleiben und Saketrinken"), in dem sich Trinken und Speisen harmonisch verbinden. Am besten sind die *robata*-Grillgerichte, zu denen sicher eine der 40 angebotenen Sorten Sake passt. Am sichersten ist es zu reservieren, jedoch gibt's am Sushi- und *robata*-Tresen auch Platz fürs Laufpublikum.

✖ Chelsea & Kensington

In den beiden Nobelvierteln liegen einige der besten (und teuersten) Restaurants Londons.

★ Rabbit   MODERN BRITISCH ££

(Karte S. 86; ☎020-3750 0172; www.rabbit-restaurant.com; 172 King's Rd, SW3; Hauptgerichte 6–24 £, Mittagsmenü 13,50 £; ⏱Di–Sa 12–24, Mo 18–23, So 12–18 Uhr; ⏹; ⊖Sloane Sq) Drei Brüder wuchsen auf einem Bauernhof auf. Einer wurde Bauer, der zweite Fleischer und der dritte Gastronom. Als sie merkten, wie wunderbar sich ihre Berufe ergänzten, taten sie sich zusammen und gründeten das Rabbit. Märchenhaft! Das Rabbit haucht dem noblen Chelsea ein bisschen frische Luft ein: Das Restaurant kommt im schönsten Landschick daher und die kreative saisonale moderne britische Küche ist einfach fabelhaft.

★ Five Fields   MODERN BRITISCH £££

(Karte S. 86; ☎020-7838 1082; www.fivefieldsrestaurant.com; 8–9 Blacklands Tce, SW3; 3-Gänge-Menü 60 £; ⏱Di–Sa 18.30–22 Uhr; ☎; ⊖Sloane Sq) Die einfallsreiche britische Küche, der vollendete Service und die helle und einladende Einrichtung des erfolgreichen Restaurants in Chelsea sind äußerst verlockend, daher sehr frühzeitig buchen, um einen Tisch zu bekommen. Nur an fünf Abenden in der Woche geöffnet.

★ Gordon Ramsay   FRANZÖSISCH £££

(Karte S. 86; ☎020-7352 4441; www.gordonramsay.com; 68 Royal Hospital Rd, SW3; 3-Gänge-Mittag-/Abendessen 65/110 £; ⏱Mo–Fr 12–14.30 & 18.30–23 Uhr; ⊖Sloane Sq) Dies ist eins der besten Restaurants Großbritanniens und Londons ältestes mit drei Michelin-Sternen – eine heilige Stätte für alle Jünger des Herds. Und tatsächlich bietet es vom Amuse-Bouche bis zu den Trüffeln einen Festschmaus, doch viel Zeit, um diesen zu genießen, wird den Gästen nicht gerade gelassen. Das siebengängige Probiermenü, das Menu Prestige (145 £), ist der kulinarische Himmel auf Erden.

Die Buchungen gelten für bestimmte Servierzeiten und man sollte sich nicht einbilden, länger verweilen zu können. Wer sich also nicht hetzen lassen möchte, sollte ein späteres Zeitfenster buchen.

✖ Notting Hill, Shepherd's Bush & Hammersmith

In Notting Hill wimmelt von guten Lokalen, von billigen Take-aways bis zu atmosphärischen Pubs und Restaurants, die das Etikett „gehoben" verdienen. Shepherd's Bush und Hammersmith weiter westlich haben auch ein paar gute Anwärter zu verzeichnen.

★ Potli   INDISCH £

(www.potli.co.uk; 319–321 King St, W6; werktags 1-/2-Gänge-Mittagessen 7,95/10,95 £, Hauptgerichte 7,50–15 £; ⏱Mo–Sa 12–14.30, Mo–Do 18–22.15, Fr & Sa 17.30–22.30, So 12–22 Uhr; ☎; ⊖Stamford Brook oder Ravenscourt Park) Das betörende Potli mit seinem Krimskrams vom Mumbaier „Diebesmarkt", indischer Basar-Küche und hausgemachten Pickles und Gewürzmischungen fängt geschickt das Flair seiner kulinarischen Heimat ein. Die Küche unten ist einsehbar und der Service sehr freundlich, aber was wirklich zählt, sind die Speisen, die ein opulentes und absolut authentisches indisches Esserlebnis bieten.

★ Geales   FISCH & MEERESFRÜCHTE ££

(Karte S. 113; ☎020-7727 7528; www.geales.com; 2 Farmer St, W8; 2-Gänge-Express-Mittagessen 9,75 £, Hauptgerichte 9–39,50 £; ⏱Di–Fr 12–15 & 18–22.30, Sa 12–22.30, So 12–16 Uhr; ⊖Notting Hill Gate) Das Geales in ruhiger Lage an der Ecke von Hillgate Village brät hier schon seit 1939. Der saftige Fisch in knuspriger Panade ist eine gute Wahl auf einer Speisekarte, die auch andere britische Klassiker wie Schweinebauch mit Apfelsauce und Krüstchen sowie Rindfleisch- und Speckpastete verzeichnet.

★ Ledbury   FRANZÖSISCH £££

(Karte S. 113; ☎020-7792 9090; www.theledbury.com; 127 Ledbury Rd, W11; 4-Gänge-Mittagsmenü 85 £, 4-Gänge-Abendessen 95 £; ⏱Mi–So 12–14 & tgl. 18.30–21.45 Uhr; ☎; ⊖Westbourne Park oder Notting Hill Gate) In Brett Grahams raffiniertem und hinreißend elegantem französischem Restaurant mit zwei Michelin-Sternen speisen wohlhabende Gäste in Jeans und Designerjacken. Die Gerichte sind exquisit: Jakobsmuscheln, Ceviche, Seetang und Kräuteröl mit gefrorenem englischem Wasabi oder Herdwick-Lamm mit in Salz gebackenen Kohlrüben, Schafsmilch und Knoblauchsprossen. Londoner Feinschmecker haben das Ledbury im Handy gespeichert, Reservierung weit im Voraus ist also unerlässlich.

✖ Marylebone

Bei den Restaurants in Marylebones hübscher High Street kann man nicht allzu viel falsch machen.

La Fromagerie CAFÉ ££
(Karte S. 91; www.lafromagerie.co.uk; 2–6 Moxon St, W1; Hauptgerichte 8,50–18 £; ⊗ Mo–Fr 8–19.30, Sa 9–19, So 10–18 Uhr; 🛜; ⊖ Baker St) 🍴 Auf dem langen Gemeinschaftstisch des Cafés und Feinkostladens stehen Schüsseln mit köstlichen Salaten, Antipasti, Paprika und Bohnen. Große Stücke Brot laden zum Zugreifen ein, während aus dem Käseraum ein himmlischer Duft lockt. Die Käseplatten gibt es als kleine und große Teller (9,25 bzw. 16 £).

Locanda Locatelli ITALIENISCH ££
(Karte S. 91; 📞 020-7935 9088; www.locandalocatelli.com; 8 Seymour St, W1; Hauptgerichte ab 13,50 £; ⊗ tgl. 12–15, Mo–Do 18–23, Fr & Sa bis 23.30, So bis 22.15 Uhr; 🛜; ⊖ Marble Arch) Das dunkle, aber dezent glamouröse Restaurant in einem ansonsten unscheinbaren Hotel am Marble Arch ist noch immer eines der angesagtesten Lokale Londons, weswegen hier oft berühmte Gestalten zu sehen sind, die vom Promikoch Giorgio Locatelli begrüßt werden. Das Restaurant ist bekannt für seine Pasta-Gerichte; als Hauptgericht stehen sechs Fisch- und fünf Fleischgerichte zur Auswahl. Reservierung ist ein Muss.

✖ Bloomsbury & St. Pancras

Diwana Bhel Poori House INDISCH £
(Karte S. 96; 📞 020-7387 5556; www.diwanabph.com; 121–123 Drummond St, NW1; Hauptgerichte 5,10–8,95 £; ⊗ Mo–Sa 12–23.30, So bis 22.30 Uhr; 📶; ⊖ Euston) Das Diwana ist einer der besten vegetarischen Inder der Stadt. Spezialität des Hauses sind *bhel poori* im Bombay-Stil (ein süßsaurer, weich-knuspriger Partysnack) und *dosas* (gefüllte Pfannkuchen aus Reismehl). Wer allein zum Essen kommt, könnte sich an einem *thali* (eine vollwertige Mahlzeit aus mehreren kleinen Speisen) zu Gemüte führen. Das All-you-can-eat-Mittagsbuffet (7 £) ist legendär; Tagesgerichte kosten 6,60 £.

North Sea Fish Restaurant FISH & CHIPS ££
(Karte S. 96; www.northseafishrestaurant.co.uk; 7–8 Leigh St, WC1; Hauptgerichte 9,95–23 £; ⊗ Mo–Sa 12–22.30, So 14.30–21.30 Uhr; ⊖ Russell Sq) Das North Sea legt Wert auf die Verarbeitung von frischem Fisch und Kartoffeln – ein schlich-

tes Anliegen, das großartig umgesetzt wird. Gäste können sich auf riesige frittierte oder gegrillte Schollen- und Heilbuttfilets mit Riesenportionen Pommes freuen. Nebenan gibt es auch einen Takeaway, falls der eher nüchterne Speiseraum nicht zusagt.

✖ Fitzrovia

Charlotte Street und Goodge Street in Fitzrovia, hinter der verkehrsreichen Tottenham Court Road, bilden eine der lebendigsten Restaurantmeilen im Zentrum von London.

Dabbous MODERN EUROPÄISCH ££
(Karte S. 96; 📞 020-7323 1544; www.dabbous.co.uk; 39 Whitfield St, W1; Mittagsmenü 3/4 Gänge 28/35 £, Abendmenü 4 Gänge 59 £; ⊗ Di–Sa 12–15 & 17.30–23.30 Uhr; 🛜; ⊖ Goodge St) Das preisgekrönte Restaurant ist die Schöpfung des neuen angesagten Kochs Ollie Dabbous; Reservierung oder ein Besuch zum Mittagessen sind also ratsam. Die Geschmackskombinationen sind genial – Königskrabben mit warmer Knoblauchbuttermilch, Schweinefleisch mit Mango, Rhabarber mit Lavendel – und scheinen auf den ersten Blick nicht recht zur kantigen Industrieeinrichtung zu passen. Aber alles zusammen ergänzt sich bestens. Reservierung auf jeden Fall ratsam.

Lima SÜDAMERIKANISCH £££
(Karte S. 68; 📞 020-3002 2640; www.limalondon.com; 31 Rathbone Pl, W1; Hauptgerichte 22–29 £; ⊗ Di–So 12–14.30, Mo–Sa 17.30–22.45, So 17–21 Uhr; 🛜; ⊖ Tottenham Court Rd) Herrlich pikante peruanische Speisen stehen in dem phantastischen, bescheidenen Restaurant in Fitzrovia im Mittelpunkt. Die hinreißend präsentierten Gerichte haben einen Michelin-Stern eingebracht und das Personal ist stolz auf seine Arbeit.

Hakkasan Hanway Place CHINESISCH £££
(Karte S. 68; 📞 020-7927 7000; www.hakkasan.com; 8 Hanway Pl, W1; Hauptgerichte 13,80–100 £; ⊗ Mo–Fr 12–15, Sa & So bis 16, So–Mi 17.30–23, Do–Sa bis 0.15 Uhr; 🛜; ⊖ Tottenham Court Rd) Das mit einem Michelin-Stern ausgezeichnete Kellerlokal in einer Seitengasse verbindet erfolgreich Promistatus, umwerfendes Design, überzeugende Cocktails und anspruchsvolle chinesische Küche. Das gedämpfte, nachtclubartige Licht ist ideal für ein Date oder einen Abend mit Freunden (die Bar serviert richtig kreative Cocktails). Reservieren ist ratsam, mittags (drei Gänge für 38 £, gibt es auch von 18 bis 19 Uhr) ist es leerer.

✖ Camden Town

Camden ist super für ein preisgünstiges Essen. Die benachbarten Viertel Chalk Farm und Primrose Hill stecken voller Gastropubs und gehobener Restaurants.

★ Hook Camden Town
FISH & CHIPS £

(Karte S. 123; www.hookrestaurants.com; 65 Parkway Rd, NW1; Hauptgerichte 8–12 £; ⊙Mo–Do 12–15 & 17–22, Fr & Sa 12–22.30, So 12–21 Uhr; ⊖Camden Town) 🌱 Das Hook arbeitet ausnahmslos mit kleinen, nachhaltig arbeitenden Fischereibetrieben und regionalen Lieferanten zusammen. Außerdem werden alle Saucen vor Ort zubereitet und der Fisch wird in recycelten Materialien gereicht – das Resultat sind einige echte Leckerbissen! Der frische Fisch kommt in Pankomehl-Panade oder Tempura-Teig und wird zusammen mit gesalzenen Seetang-Pommes serviert. Auch erhältlich: Craft-Biere und gute Weine.

Mango Room
KARIBISCH ££

(Karte S. 123; ☎020-7482 5065; www.mangoroom.co.uk; 10–12 Kentish Town Rd, NW1; Hauptgerichte 12,50–17 £; ⊙12–23 Uhr; ⊖Camden Town) Mit seiner modernen, hellen Einrichtung und dem ausgezeichneten Service verspricht der Mango Room ein gehobenes karibisches Speiseerlebnis – und dazu passt auch das Essen: Meeresfrüchtesuppe, gegrillter Ziegenkäse mit Pesto und gemischtem Salat, Salzfisch mit Ackee, einer jamaikanischen Frucht, die merkwürdig an Rührei erinnert, und Ziegen-Curry mit Peperoni und Gewürzen, alles sorgfältig präsentiert. Reservierung ratsam.

CAMDEN MARKET
....

Obwohl – oder vielleicht auch gerade weil – der **Camden Market** (Karte S. 123; www.camdenmarket.com; Camden High St, NW1; ⊙10–18 Uhr; ⊖Camden Town) seit zigtausend verkauften billigen Lederjacken nicht mehr besonders hipp ist, pilgern jedes Jahr spektakuläre 10 Mio. Besucher zu einer der beliebtesten Attraktionen Londons. Was als eine Handvoll hübscher Kunsthandwerksstände am Camden Lock des Regent's Canal begann, erstreckt sich heute über die gesamte Strecke zwischen den U-Bahnhöfen Camden Town und Chalk Farm.

✖ Islington

Wenigstens ein Abend sollte der Erkundung der Upper Street in Islington samt Seitenstraßen gewidmet werden.

★ Ottolenghi
BÄCKEREI, MEDITERRAN ££

(☎020-7288 1454; www.ottolenghi.co.uk; 287 Upper St, N1; Frühstück 5,50–10,50 £, Hauptgerichte mittags ab 12,90 £, abends ab 11 £; ⊙Mo–Sa 8–22.30, So 9–19 Uhr; ✷; ⊖Highbury & Islington) Baiser, und zwar bergeweise, lockt die Kundschaft in den Laden, in dem noch mehr Backwaren und frische Salate warten. Die Mahlzeiten sind so leicht und wunderbar wie das leuchtend weiße Dekor – der östliche Mittelmeerraum lässt grüßen.

Trullo
ITALIENISCH ££

(☎020-7226 2733; www.trullorestaurant.com; 300–302 St Paul's Rd, N1; Hauptgerichte 15–21 £; ⊙Mo–Sa 12.30–14.45 & 18–22.15, So 12.30–15 Uhr; ⊖Highbury & Islington) Die hausgemachte Pasta ist ein Gedicht, aber das absolute Highlight ist der Kohlegrill, auf dem saftige Schweinekoteletts, Steaks und Fisch nach italienischer Art gegart werden. Toller Service, abends kann es jedoch sehr voll werden.

Le Mercury
FRANZÖSISCH ££

(☎020-7354 4088; www.lemercury.co.uk; 140a Upper St, N1; Hauptgerichte 10,95 £; ⊙Mo–Sa 12–1, So bis 23 Uhr; ⊖Highbury & Islington oder Angel) Das Le Mercury ist ein tolles und irre beliebtes französisches Esslokal und bietet, um so erfolgreich zu sein: eine romantische Atmosphäre mit Kerzenlicht, kleine Tischchen und Pflanzen überall, dazu fabelhaftes französisches Essen zu unschlagbaren Preisen. Für die Londoner ist dies schon lange kein Geheimtipp mehr, also reservieren!

✖ Clerkenwell & Farringdon

Clerkenwells verborgene Schätze lohnen die Entdeckung. Die Fußgängerzone des Exmouth Market ist ein guter Startpunkt.

★ Prufrock Coffee
CAFÉ £

(Karte S. 96; www.prufrockcoffee.com; 23–25 Leather Lane, EC1N; Hauptgerichte 4–7 £; ⊙Mo–Fr 8–18, Sa & So 10–17 Uhr; ✷✷; ⊖Farringdon) Das Prufrock gibt sich nicht einfach damit zufrieden, einer der Stars der Kaffeeszene Londons zu sein (es bietet Ausbildung zum Barista und Workshops in „Latte Art"), sondern serviert auch Köstliches zum Frühstück und Mittagessen sowie Gebäck und Imbiss zum Kaffee. Den zahlreichen Lap-

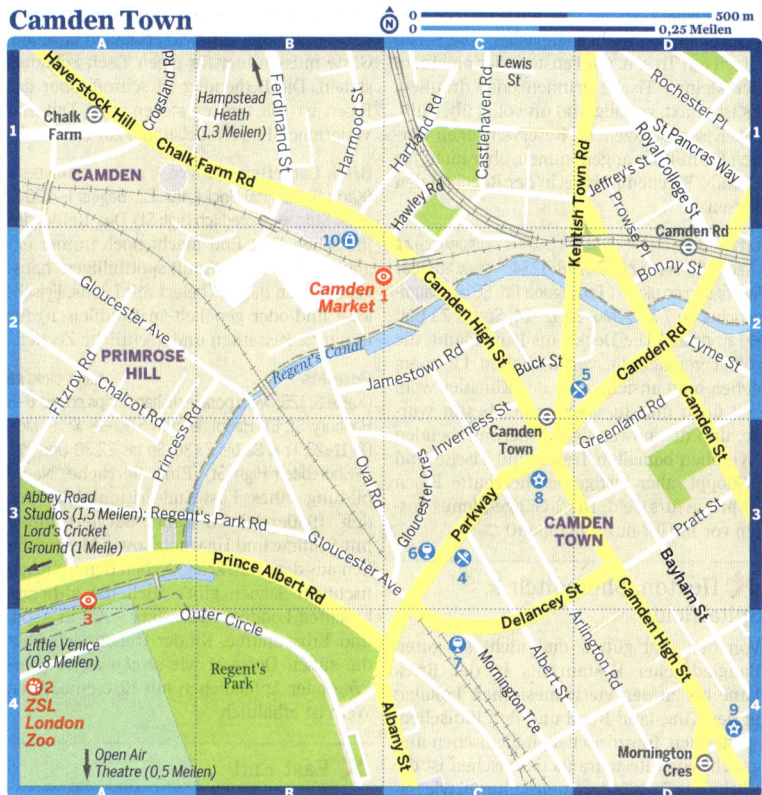

Camden Town

tops nach zu schließen, nutzen es viele Gäste als Büroersatz.

★ St John

BRITISCH ££

(Karte S. 96; ☎020-7251 0848; www.stjohnrestaurant.com; 26 St John St, EC1M; Hauptgerichte 18–21,50 £; ☺Mo–Fr 12–15 & 18–23, Sa 18–23, So 12.30–16 Uhr; ⊖Farringdon) Inmitten weiß gestrichener Ziegelwände, hoher Decken und einfachem Holzmobiliar können sich die Gäste ganz auf die berühmten Gerichte konzentrieren, die im St. John aus allen Teilen des Tieres zubereitet werden. Die Portionen sind groß, deftig und eine Hommage an Englands kulinarischer Vergangenheit. Nicht versäumen sollte man den Klassiker: einen Salat aus gebratenem Knochenmark und Petersilie (8,90 £).

★ Morito

TAPAS ££

(Karte S. 96; ☎020-7278 7007; www.morito.co.uk; 32 Exmouth Market, EC1R; Tapas 4,50–9,50 £; ☺tgl. 12–16, Mo–Sa 17–23 Uhr; ☎; ⊖Farringdon)

Camden Town

Das winzige Lokal ist eine authentische Version einer spanischen Tapasbar. Die Gäste sitzen am Tresen, am Fenster oder an einem der kleinen Tische drinnen oder draußen. Es ist relaxt, gesellig und oft völlig überfüllt. Das Essen ist exzellent; Reservierungen werden für mittags angenommen, aber nicht für abends. Pärchen zieht es in der Regel an den Tresen.

Little Bay
EUROPÄISCH ££

(Karte S. 96; ☎020-7278 1234; www.littlebay farringdon.co.uk; 171 Farringdon Rd, EC1R; Hauptgerichte ab 7 £; ⊙Mo–Sa 12–24, So bis 23 Uhr; ⊝Farringdon) Die Decke aus Pannesamt, die selbst gemachten, verzwirbelten Lampen, denen man ansieht, dass der Künstler wohl erst üben musste, aber immer besser wurde, und die aufwendig mit herumtobenden Nymphen bemalten Tresen und Tische sind bekloppt, aber lustig. Das herzhafte Essen ist prima fürs Geld: Die 2-Gänge-Menüs kosten vor 18 Uhr nur schlappe 10 £.

✖ Hoxton, Shoreditch & Spitalfields

Von den mal guten, mal nicht so guten Bangladescher Restaurants in der Brick Lane bis zu den vietnamesischen Lokalen in der Kingsland Road und den jüdischen, spanischen, französischen, italienischen und griechischen Restaurants dazwischen ist die Küche des East End so multikulturell wie seine Bewohner.

Sông Quê
VIETNAMESISCH £

(Karte S. 125; www.songque.co.uk; 134 Kingsland Rd, E2; Hauptgerichte 7,40–9,50 £; ⊙Mo–Fr 12–15 & 17.30–23, Sa 12–23, So 12–22.30 Uhr; ⊝Hoxton) Das schlichte, krankenhausgrüne vietnamesische Lokal ist so gefragt, dass andere Londoner Restaurants vor Neid erblassen könnten. Gäste müssen hier für einen Tisch Schlange stehen. Die Bedienung ist schroff, aber das Essen ist toll und es stehen zwei Dutzend Variationen Pho (Nudelsuppe) zur Auswahl.

Brick Lane Beigel Bake
BÄCKEREI £

(Karte S. 125; 159 Brick Lane, E2; Bagels 1–4,20 £; ⊙24 Std.; ⊝Shoreditch High St) Das Relikt des jüdischen East End macht noch immer ein glänzendes Geschäft mit spottbilligen, hausgebackenen Bagels (belegt mit Lachs, Frischkäse und/oder gepökeltem Rindfleisch) für hungrige Passanten und nächtliche Zecher.

Poppies
FISH & CHIPS ££

(Karte S. 125; www.poppiesfishandchips.co.uk; 6–8 Hanbury St, E1; Hauptgerichte 5,90–18 £; ⊙Mo–Do 11–23, Fr & Sa bis 23.30, So bis 22.30 Uhr; ☎; ⊝Shoreditch High St) Eine herrliche Nachbildung eines East-End-Frittenlokals aus den 1950er-Jahren samt Serviererinnen mit Schürze und Haarnetz sowie Memorabilien aus dem Blitzkrieg. Neben den üblichen fischigen Sachen gibt's auch die althergebrachten Londoner Klassiker – Aal in Aspik und Erbsenpüree. Kinder freuen sich über die süßen Desserts wie *sticky toffee pudding* oder Apfelkuchen mit Eiscreme. Auch Wein ist erhältlich.

✖ East End

★ Corner Room
MODERN BRITISCH ££

(☎020-78710460; www.townhallhotel.com/corner room; Patriot Sq, E2; Hauptgerichte 10–14 £, 2-/3-Gänge-Mittagessen 19/23 £; ⊙Mo–Fr 7.30–10, Sa & So 7.30–10.30, Mo–Do 12–15, Fr–So 12–16, Mo–Mi & So 18–22, Do–Sa 18–22.30 Uhr; ⊝Bethnal Green) Das relaxte Restaurant im 1. Stock

Hoxton, Shoreditch & Spitalfields

des Town Hall Hotel serviert fachkundig zubereitete Gerichte mit komplexen, aber gleichzeitig delikaten Aromen, die erstklassige saisonale britische Zutaten wunderbar zur Geltung bringen. Das 6-Gänge-Verkostungsmenü schlägt mit 45 £ zu Buche.

★ **Brawn**   BRITISCH, FRANZÖSISCH **££**

(Karte S. 125; ☎ 020-7729 5692; www.brawn.co; 49 Columbia Rd, E2; Hauptgerichte 11,50–28 £; ☺ Di–Sa 12–15, Mo–Sa 18–22.30, So 12–16 Uhr; ☻ Hoxton) Das lockere Eckrestaurant verströmt ein Pariser Bistroflair, doch die Karte bewegt

Hoxton, Shoreditch & Spitalfields

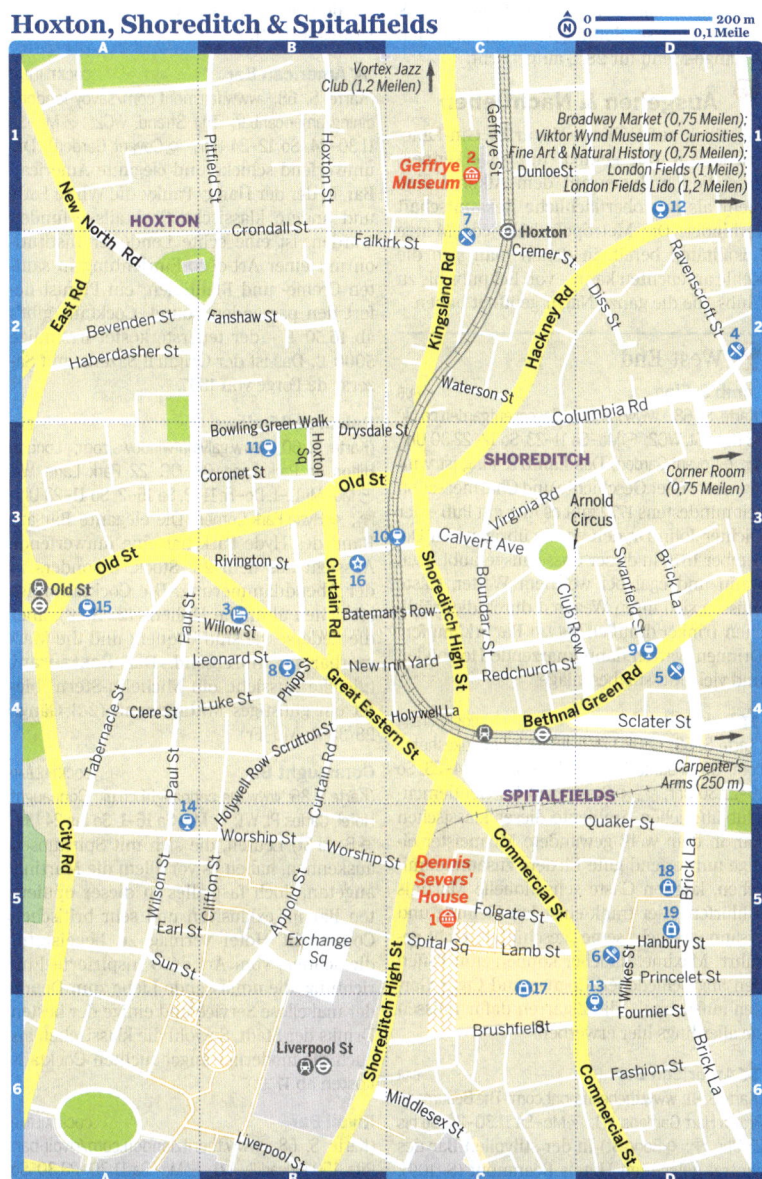

sich auf der Grenze zwischen britischen und französischen Kochtraditionen. Daher gibt's hier neben Ochsenschwanz-Kalbsnieren-Pastete Scholle auf Grenobler Art und die Soufflés sind mit Westcombe-Cheddar gefüllt. Probieren sollte man als Vorspeise das legendäre würzige *Scotch egg* – einen britischen Klassiker, zelebriert mit französischer Finesse. Die Metropole hält jede Menge Lokalitäten bereit, in denen man sich die Kehle anfeuchten kann – von Eckpubs bis zu Clubs, die die ganze Nacht geöffnet haben.

Ausgehen & Nachtleben

Ein Blick auf William Hogarths Gin-Lane-Stiche von 1751 genügt, um zu erkennen, dass die Londoner mit dem Alkohol eine mehr als nur oberflächliche Bekanntschaft verbindet. Die Metropole hält jede Menge Lokalitäten bereit, in denen man sich die Kehle anfeuchten kann – von Eckpubs bis zu Clubs, die die ganze Nacht geöffnet haben.

West End

Lamb & Flag   PUB
(Karte S. 68; www.lambandflagcoventgarden.co.uk; 33 Rose St, WC2; ⊙Mo–Sa 11–23, So 12–22.30 Uhr; 🖥; ⊖Covent Garden) Das Lamb & Flag ist winzig, aber voller Geschichte und Charme; schon seit mindestens 1772 gibt es hier ein Pub – der Dichter John Dryden wurde übrigens im Dezember 1679 in dieser Gasse ausgeraubt. Egal wann und egal bei welchem Wetter, Gäste müssen sich ihren Weg erst durch die fröhlichen Trinker draußen bis zur Bar erkämpfen. Drinnen warten dann knarzende Holzböden und viele Messingbeschläge.

★ Dukes Bar   COCKTAILBAR
(Karte S. 68; ☎020-7491 4840; www.dukeshotel. com; 35 St James's Pl, SW1; ⊙Mo–Sa 14–23, So 16–22.30 Uhr; 🖥; ⊖Green Park) Im Gentlemen-Club-ähnlichen Ambiente dieser klassischen Bar, in dem weiß gewandete Mixmeister einige umwerfend gute Elixiere zusammenmischen, können Gäste sensationelle Martinis schlürfen. Hier trank einst Ian Fleming und ersann vielleicht seine „geschüttelt, nicht gerührt"-Maxime. Raucher können zum Paffen den abgeschiedenen Cognac and Cigar Garden aufsuchen – die Zigarren dafür müssen sie allerdings hier erwerben.

★ American Bar   BAR
(Karte S. 91; www.thebeaumont.com; The Beaumont, Brown Hart Gardens, W1; ⊙Mo–Sa 11.30–24, So bis 23 Uhr; 🖥; ⊖Bond St) In der stilvollen Bar des zentral gelegenen Hotels Beaumont (S. 109), das für sich schon ein echtes Londoner Wahrzeichen ist, können die Gäste inmitten einer klassischen Walnuss-Art-déco-Einrichtung aus den 1930er-Jahren einen Bourbon oder einen klassischen Cocktail schlürfen. Die Bar wirkt zwar wie ein Gentlemen-Club, ist aber überhaupt nicht bieder. Obwohl sie erst ein paar Jahre alt ist, verströmt sie ein Flair, als würden hier schon seit dem Zeitalter des Jazz Drinks serviert.

★ American Bar   COCKTAILBAR
(Karte S. 68; www.fairmont.com/savoy-london/ dining/americanbar; The Strand, WC2; ⊙Mo–Sa 11.30–24, So 12–24 Uhr; ⊖Covent Garden) Die umwerfend schicke und elegante American Bar, in der die Hanky Panky, die White Lady und andere klassische Cocktails erfunden wurden, ist eine echte Londoner Institution mit einer Art-déco-Einrichtung in sanften Creme- und Blautönen; ein Pianist liefert den passenden Sound. Cocktails gibt's ab 16,50 £ – der teuerste kostet irrsinnige 5000 £: Das ist der Original Sazerac mit Sazerac de Forge von 1857.

Galvin at Windows   BAR
(Karte S. 60; www.galvinatwindows.com; London Hilton on Park Lane, 28. OG, 22 Park Lane, W1; ⊙Mo–Mi 11–1, Do–Fr 11–2, Sa 15–2, So 11–23 Uhr; 🖥; ⊖Hyde Park Corner) Die elegante Bar am Rand des Hyde Park hat eine umwerfende Aussicht aus dem 28. Stock, besonders in der Abenddämmerung. Die Cocktailpreise erreichen ähnliche Höhen (12–40 £), aber die Ledersessel sind bequem und die Marmorbar ist hinreißend. Das **Restaurant** (gleiche Aussicht, ein Michelin-Stern) bietet ein günstiges Mittagsmenü (2/3 Gänge 28/33 £; Mo–Fr).

Connaught Bar   COCKTAILBAR
(Karte S. 86; www.the-connaught.co.uk; Connaught Hotel, Carlos Pl, W1; ⊙Mo–Sa 16–1, So bis 24 Uhr; ⊖Bond St) Leuten, die sich mit Spirituosen auskennen, haben es vor allem die Martinis angetan, doch fast alles in dieser opulenten Bar im exklusiven und sehr britischen Connaught Hotel vermag zu begeistern: die schöne, vom Art déco inspirierte Einrichtung, die umfassende Liebe zum Detail, der makellose Service und einige der besten Drinks der Stadt. Sowohl die klassischen als auch die moderner angehauchten Cocktails kosten ab 17 £.

Rivoli Bar   COCKTAILBAR
(Karte S. 68; www.theritzlondon.com/rivoli-bar; Ritz, 150 Piccadilly, W1; ⊙Mo–Sa 11.30–23.30, So 12–22.30 Uhr; 🖥; ⊖Green Park) Wer sich mit

LONDON FÜR SCHWULE & LESBEN

Das West End, besonders Soho und dort die Gegend um die Old Compton Street und ihre Lokale herum, ist der Treffpunkt der Schwulen und Lesben in London, hält jedoch kein Monopol auf die Schwulenszene. London ist für Schwule und Lesben generell eine sichere Stadt. Es gibt selten Probleme, in der Innenstadt ein Zimmer zu teilen oder Händchen zu halten. Es ist dennoch ratsam, nachts vorsichtig zu sein und auf das Umfeld zu achten.

Einige Lokale für den Anfang:

Village (Karte S. 68; www.village-soho.co.uk; 81 Wardour St, W1; ⊗ Mo–Di 17–1, Mi–Sa bis 2, So bis 23.30 Uhr; ⊜ Piccadilly Circus) Im Village geht immer eine Party ab, egal an welchem Wochentag. Es gibt Karaoke-Abende, „diskotolle" Abende, Go-Go-Tänzer-Abende – was das Herz begehrt. Und wer unbedingt schon vor Öffnung der Clubs zeigen will, was er draufhat, kann sich auf dem Dancefloor unten austoben, mit Tanzstange natürlich. Am letzten Wochenende des Monats bis 3 Uhr geöffnet.

She Soho (Karte S. 68; ☑ 020-7287 5041; www.she-soho.com; 23a Old Compton St, W1D; ⊗ Mo–Do 16–23.30, Fr & Sa bis 0.30, So bis 22.30 Uhr; ⊜ Leicester Sq) Eine Lesbenbar (die Candy Bar) hat Soho verloren, dafür mit dieser intimen und schummrig beleuchteten Kneipe mit DJs am Wochenende, Comedy, Livemusik und Quiz-Abenden eine neue hinzugewonnen. Am letzten Freitag und Samstag des Monats bis 3 Uhr geöffnet.

Heaven (Karte S. 68; www.heavennightclub-london.com; Villiers St, WC2; ⊗ Mo, Do & Fr 23–5, Sa 22–5 Uhr; ⊜ Embankment oder Charing Cross) Der 37 Jahre alte, seit jeher beliebte Schwulenclub in den Bogen unter dem Bahnhof Charing Cross hat schon immer gute Konzerte und Clubnächte organisiert. Das montägliche Popcorn (gemischte Tanzparty, alle willkommen) ist wohl eine der besten Clubnächte unter der Woche in London. Das berühmte G-A-Y findet hier donnerstags (G-A-Y Porn Idol), freitags (G-A-Y Camp Attack) und samstags (plain ol' G-A-Y) statt.

Duke of Wellington (Karte S. 68; 77 Wardour St, W1; ⊗ Mo–Fr 12–24, Sa 11–24, So 12–23.30 Uhr; ⊜ Leicester Sq) In diesem unprätentiösen Pub nahe der Old Compton Street ist oft viel los: Es lockt ein bärtiges, vergnügungsfreudiges schwules Publikum an, das sich im Sommer oft draußen tummelt.

RVT (Royal Vauxhall Tavern; www.rvt.org.uk; 372 Kennington Lane, SE11; Eintritt 4–8 £; ⊗ Mo–Do 19–24, Fr 21–3, Sa 21–2, So 15–24 Uhr; ⊜ Vauxhall) Die gelinde gesagt etwas derbe Royal Vauxhall Tavern ist das perfekte Gegenstück zum aalglatten, blasierten Chic der Schwulentreffs, die sich mittlerweile in Vauxhalls Schwulenviertel drängen. Das samstägliche „Duckie", als „London's Authentic Honky Tonk" bezeichnet, ist die charakteristische schwule Bühnennacht des Clubs. Beim „Sunday Social" werden bis 24 Uhr Varieté und Tanz geboten.

Two Brewers (www.the2brewers.com; 114 Clapham High St, SW4; Eintritt nach 22 Uhr 3–6 £; ⊗ So–Do 16–2, Fr & Sa bis 4 Uhr; ⊜ Clapham Common) Clapham und besonders die High Street verströmen eine Art Vorortflair, doch das alteingesessene Two Brewers behauptet sich schon lange als eine der besten Londoner Schwulenkneipen außerhalb der Schwulenviertel von Soho, Shoreditch und Vauxhall. Hier trifft sich unter der Woche ein freundliches und entspanntes Publikum aus der Umgebung auf einen ruhigen Drink, während am Wochenende verrücktes Varieté und Tanz geboten werden.

Diamanten schmücken kann, ist hier sicher nicht fehl am Platz. Dieses prächtige kleine Juwel von einer Bar glänzt mit Kampferholz, beleuchtetem Glas, goldenen Deckenkuppeln und atemberaubenden Cocktails. Im Gegensatz zu anderen Teilen des Ritz ist hier sportlich-elegante Garderobe angesagt.

Gordon's Wine Bar　　　　BAR
(Karte S. 68; www.gordonswinebar.com; 47 Villiers St, WC2; ⊗ Mo–Sa 11–23, So 12–22 Uhr; ⊜ Embankment) Das Gordon's ist dem eigenen Erfolg zum Opfer gefallen: Es ist ständig voll und wer nicht rechtzeitig kommt, bevor gegen 18 Uhr die Feierabendtruppe hier einfällt, wird keinen Tisch mehr ergattern.

Die Bar ist riesig und dunkel, die Weine aus Frankreich und Übersee sind vollmundig und relativ preiswert. Zum Wein werden auf Wunsch Brot, Käse und Oliven gereicht. Im Sommer gibt's Tische im Garten.

French House   BAR
(Karte S. 68; www.frenchhousesoho.com; 49 Dean St, W1; ⊙ Mo–Sa 12–23, So bis 22.30 Uhr; ⊖ Leicester Sq) Das French House ist Sohos legendäre Bohèmekneipe mit entsprechender Geschichte: Hier trafen sich im Zweiten Weltkrieg die Freien Französischen Streitkräfte, auch de Gaulle soll hier oft getrunken haben. Dylan Thomas, Peter O'Toole und Francis Bacon landeten alle mindestens einmal unter dem Tisch.

City

⭐**Sky Pod**   BAR
(Karte S. 76; ☎0333-772 0020; http://skygarden. london/sky-pod-bar; 20 Fenchurch St, EC3; ⊙ Mo 7–1, Di–Fr 7–2, Sa 8–2, So 9–24 Uhr; ⊖Monument) Eines der besten Lokale hoch oben unter den Sternen ist das Sky Pod im Sky Garden im 35. Stock des sogenannten Walkie-Talkie. Die Ausblicke von hier oben sind wirklich phänomenal, besonders von der offenen Südterrasse; inmitten üppiger Gärten erleben Besucher den einzigen Ort, wo dieses nervige Gebäude nicht die Aussicht stört.

Madison   COCKTAILBAR
(Karte S. 76; ☎020-3693 5160; www.madison london.net; Rooftop Terrace, One New Change, EC4; ⊙ Mo–Mi 11–24, Do–Sa bis 1, So bis 21 Uhr; ⊖St Paul's) Das Madison oben auf dem One New Change mit direktem Blick auf St. Paul's und darüber hinaus hat eine der größten offenen Dachterrassen der Stadt. Auf der einen Seite ist ein Restaurant mit Bar, auf der anderen eine Cocktailbar mit Außentischen. Letztere ist besonders attraktiv. Wer Alkohol konsumieren möchte, muss mindestens 21 Jahre alt sein; angesagt ist außerdem sportlich-elegante Kluft.

Ye Olde Cheshire Cheese   PUB
(Karte S. 76; ☎020-7353 6170; Wine Office Court, 145 Fleet St, EC4; ⊙ Mo–Fr 11.30–23, Sa 12–23 Uhr; ⊖Chancery Lane) Der Eingang des historischen Pubs liegt an einer schmalen Seitengasse der Fleet Street. Über die Jahrhunderte zählten Dr. Johnson, Thackeray und Dickens zu den Stammgästen. Trotzdem (oder vielleicht genau deshalb) hat das Cheshire heute etwas von einem Museum. Dennoch ist dies eines von Londons berühmtesten Pubs und immer gut für ein Bier.

South Bank

⭐**Little Bird Gin**   COCKTAILBAR
(www.littlebirdgin.com; Maltby St, SE1; ⊙ Sa 10–16, So ab 11 Uhr; ⊖ London Bridge) Die Südlondoner Brennerei betreibt in einer Werkstatt auf dem **Maltby Street Market** (www.maltby.st; Maltby St, SE1; ⊙ Sa 9–16, So 11–16 Uhr; ⊖London Bridge) eine Pop-up-Bar. Hier werden in Marmeladengläsern und Apothekenflaschen umwerfend gute Cocktails (5–7 £) serviert.

⭐**Oblix**   BAR
(Karte S. 80; www.oblixrestaurant.com; 32. OG, Shard, 31 St Thomas St, SE1; ⊙12–23 Uhr; ⊖London Bridge) Das Oblix im 32. Stock des Shard (S. 81) bietet phantastische Aussichten auf London. Bei einem Kaffee (3,50 £) oder ein paar Cocktails (ab 10 £) gibt's praktisch den gleichen Blick wie von den offiziellen Aussichtsplattformen des Shard (aber preiswerter und dazu mit einem Drink!). Ab 19 Uhr wird täglich Livemusik geboten.

Ministry of Sound   CLUB
(Karte S. 80; www.ministryofsound.com; 103 Gaunt St, SE1; Eintritt 10–22 £; ⊙ Fri 22–6.30, Sa 11–7 Uhr; ⊖ Elephant & Castle) Der legendäre und weltweit bekannte Club (vier Bars, drei Tanzflächen) hat Anfang des 21. Jhs. etwas von seinem Image als Trendsetter verloren. Dank der vielen Top-DJs zählt er aber mittlerweile wieder zu Londons besten Nightspots. Bei der „Gallery" am Freitagabend läuft Trance und samstags gibt es House, Electro und Techno von der *Crème de la Crème* der DJ-Szene.

Chelsea & Kensington

Queen's Arms   PUB
(Karte S. 86; www.thequeensarmskensington.co.uk; 30 Queen's Gate Mews, SW7; ⊙ Mo–Sa 12–23, So bis 22.30 Uhr; ⊖ Gloucester Rd) Das blau-grau gestrichene Pub gleich um die Ecke von der Royal Albert Hall ist ein Glücksfall. Es liegt in einem reizenden kopfsteingepflasterten Hinterhof an der trubeligen Queen's Gate und lockt mit einem gemütlichen Gastraum und einer wahrlich königlichen Auswahl an Ale und Cider vom Fass.

Außerdem wird gute Kneipenkost geboten, z. B. montags ein Burger und ein Bier für einen Zehner.

🍷 Bloomsbury & St. Pancras

Big Chill House   PUB
(Karte S. 96; www.wearebigchill.com; 257–259 Pentonville Rd, N1; ⊙So–Mi 11–24, Do bis 1, Fr & Sa bis 3 Uhr; 🔊; ⊖King's Cross St Pancras) Am Wochenende ist die tolle, großzügige Dachterrasse der einzige auch nur annähernd entspannte Ort in diesem riesigen viktorianischen Pub. Der Schuppen wird von den Besitzern des Plattenlabels Big Chill betrieben, deshalb kann man auf abwechslungsreiche Livebands und DJs zählen. Die Anlage ist ebenfalls erste Sahne und an den meisten Abenden ist der Eintritt kostenlos.

Queen's Larder   PUB
(Karte S. 96; www.queenslarder.co.uk; 1 Queen Sq, WC1; ⊙Mo–Sa 11.30–23, So 12–22.30 Uhr; ⊖Russell Sq) Das Pub an einem hübschen Platz südöstlich des Russell Square erhielt seinen Namen, weil Königin Charlotte, die Frau des „verrückten" Königs Georg III., einen Teil des Pubkellers zur Lagerung von speziellen Speisen für ihren Mann mietete, während der in der Nähe behandelt wurde. Es ist ein kleines, aber wunderbar gemütliches Pub; draußen stehen Bänke für Schönwetterfans und oben gibt es einen Speiseraum.

69 Colebrooke Row   COCKTAILBAR
(www.69colebrookerow.com; 69 Colebrooke Row, N1; ⊙So–Do 17–24, Fr & Sa bis 2 Uhr; ⊖Angel) Der winzige Laden, auch als „die Bar ohne Namen" *(the bar with no name)* bekannt, sieht von außen vielleicht nach nichts aus, die Cocktails sind aber legendär (10,50 £). Die saisonale Getränkekarte strotzt nur so von ambitionierten Aromen und Mischungen. Für konservativere Geschmäcker gibt's die typischen Klassiker. Ein Plätzchen zu ergattern ist auch zu günstigen Zeiten schwer, also reserviert man am besten eins im Voraus.

Draft House   BAR
(Karte S. 68; www.drafthouse.co.uk; 43 Goodge St, W1; ⊙Mo–Do 12–23, Fr & Sa bis 24 Uhr; 🔊; ⊖Goodge St) Obwohl auch das Essen gut ist, steht in dem winzigen Draft House die Bierauswahl im Mittelpunkt. Ein Pub für Ale-Kenner, die hier ein Flying Dog Gonzo Imperial Porter oder ein brummschädeliges Samichlaus 14 % schlürfen können.

🍷 Notting Hill, Bayswater & Paddington

★ Troubadour   BAR
(www.troubadour.co.uk; 263–267 Old Brompton Rd, SW5; ⊙8.30–24 Uhr; 🔊; ⊖Earl's Court) Das exzentrische, altmodische und gesellige Szenecafé, ganz ähnlich wie der Shakespeare and Company Bookshop in Paris, unterhält schon seit den 1950er-Jahren seine Gäste. Tief Luft holen: Adele, Paolo Nutini, Joni Mitchell und (noch tiefer Luft holen) Jimi Hendrix und Bob Dylan traten hier auf; Livemusik (Folk, Blues) gibt es noch immer fast jeden Abend, im Sommer auch einen großen, netten Garten.

Windsor Castle   PUB
(Karte S. 113; www.thewindsorcastlekensington. co.uk; 114 Campden Hill Rd, W11; ⊙Mo–Sa 12–23, So bis 22.30 Uhr; 🔊; ⊖Notting Hill Gate) Das klassische Pub auf der Kuppe der Campden Hill Road hat jede Menge Geschichte, Nischen und Charme. Es lohnt sich schon allein wegen des unterteilten Innenraums, des prasselnden Kamins (im Winter), des herrlichen Biergartens (im Sommer) und der (fast immer) leutseligen Anwohner. Der Legende nach liegt das Skelett von Thomas Paine (Autor des Werks *Die Rechte des Menschen*) im Keller.

Dove   PUB
(📞020-8748 9474; www.dovehammersmith.co. uk; 19 Upper Mall, W6; ⊙Mo–Sa 11–23, So 12–22.30 Uhr; 🔊; ⊖Hammersmith oder Ravenscourt Park) Das wunderbare Pub aus dem 17. Jh., das von der gewaltigen Flut von 1928 schwer getroffen wurde, bietet viel historischen Charme und einen herrlichen Blick auf die Themse. Der schottische Dichter James Thompson soll hier im 18. Jh. zum Text von *Rule Britannia* inspiriert worden sein, das Dove war Graham Greenes Stammkneipe, auch Hemingway und Dylan Thomas tranken hier und William Morris lebte um die Ecke.

🍷 Marylebone

Purl   COCKTAILBAR
(Karte S. 91; 📞020-7935 0835; www.purl-london. com; 50–54 Blandford St, W1; ⊙Mo–Do 17–23.30, Fr & Sa bis 24 Uhr; ⊖Baker St oder Bond St) Das Purl, ein „Lieferant für feine Streichhölzer und alkoholische Getränke", ist eine großartige Kellerbar, die mit altem Mobiliar ausgestattet ist. Geboten werden originelle Cocktails mit faszinierenden Namen (*What's Your Poison?* oder *Mr Hyde's No 2*) und ein Punsch des Tages. Das gedämpfte Licht und das leise Stimmengewirr tragen noch zum geheimnisvollen Ambiente der Bar bei. Reservierung empfohlen.

LONDON AUSGEHEN & NACHTLEBEN

Artesian BAR

(Karte S. 91; ☑020-7636 1000; www.artesian-bar.
co.uk; Langham Hotel, 1c Portland Pl, W1; ☺Mo–Sa
11–2, So bis 24 Uhr; ☏; ⊖Oxford Circus) Eine Do-
sis Kolonialglamour mit einem Touch Orient
bietet diese opulente Bar im Langham. Die
Spezialität des Hauses ist Rum – aus den
rund 60 Sorten, die es hier gibt, werden
preisgekrönte Cocktails (17 £) gezaubert.

Camden Town

⭐Dublin Castle PUB

(Karte S. 123; www.thedublincastle.com; 94 Parkway, NW1; ☺13–2 Uhr; ⊖Camden Town) Beinahe
jeden Abend treten Punk- und Alternative-
Bands im Hinterzimmer dieses angenehm
abgerockten Pubs auf (Eintritt gewöhnlich
zwischen 4,50 und 7 £). Freitags, samstags
und sonntags sind nach den Konzerten DJs
am Zug.

⭐Edinboro Castle PUB

(Karte S. 123; www.edinborocastlepub.co.uk; 57
Mornington Tce, NW1; ☺Mo–Fr 12–23.30, Sa 10–
23.30, So 12–22.30 Uhr; ☏; ⊖Camden Town) Das
große, entspannte Edinboro hat eine gediegene Atmosphäre, eine schöne Bar und
eine richtige Speisekarte. Die Möbel sind
wie gemacht zum Reinfallenlassen (und Sit-
zenbleiben). Das Highlight ist aber der riesige Biergarten samt Grill und Kickertisch.
An langen, lauen Sommerabenden funkeln
bunte Lichter.

Clerkenwell & Farringdon

⭐Zetter Townhouse
Cocktail Lounge COCKTAILBAR

(Karte S. 96; ☑020-7324 4545; www.thezetter
townhouse.com; 49–50 St John's Sq, EC1V;
☺7.30–0.45 Uhr; ⊖Farringdon) Die Bar im Erdgeschoss mit einer unscheinbaren Tür am
St. John's Square ist originell mit schweren
Sesseln, ausgestopften Tierköpfen und jeder
Menge Lampen ausstaffiert. Die Cocktailkarte orientiert sich an der Brennereige-
schichte der Gegend. Nach alten Rezepturen
werden hausgemachte Tinkturen und Likö-
re zu interessanten und ungewöhnlichen
Drinks vermischt. Die Cocktails des Hauses
schlagen allesamt mit 10,50 £ zu Buche.

⭐Ye Olde Mitre PUB

(Karte S. 76; www.yeoldemitreholborn.co.uk; 1 Ely
Ct, EC1N; ☺Mo–Fr 11–23 Uhr; ☏; ⊖Farringdon)
In einer Seitenstraße nicht weit von der
Straße Hatton Garden versteckt sich dieses

historische Pub mit einer umfangreichen
Bierauswahl. Es wurde 1546 für die Bediensteten des Ely Palace gebaut. Hier läuft
keine Musik, aber das Gemurmel der Gäste
sorgt für eine gemütliche Geräuschkulisse.
Angeblich tanzte Königin Elisabeth I. um
den Kirschbaum bei der Bar. Samstags und
sonntags geschlossen.

Hoxton, Shoreditch & Spitalfields

⭐XOYO CLUB

(Karte S. 125; www.xoyo.co.uk; 32–37 Cowper St,
EC2A; ☺unterschiedlich; ⊖Old St) Der super
Club in einem Speicher in Shoreditch bietet
eine pulsierende, populäre Mischung aus
Gigs, Clubnächten und Kunstevents. Das
vielfältige Programm (Indie-Bands, Hip-
Hop, Electro, Dubstep und alles Mögliche
dazwischen) zieht die unterschiedlichsten
Clubber an, von Hipstern in Skinny-Jeans
bis zu reiferen Lebenskünstlern, aber keine
Anzugträger.

⭐Worship St Whistling Shop COCKTAILBAR

(Karte S. 125; ☑020-7247 0015; www.whistling
shop.com; 63 Worship St, EC2A; ☺Mo & Di 17–24,
Mi & Do bis 1, Fr & Sa bis 2 Uhr; ⊖Old St) Der
Name ist zwar ein viktorianischer Slangaus-
druck für illegalen Alkoholverkauf, aber die
Barkeeper in dieser Kellerkneipe erkunden
futuristische Grenzwerte der Cocktailche-
mie und Aromawissenschaft. Viele Zutaten
stammen aus den Rotationsverdampfern
im hauseigenen Laboratorium. Es werden
auch Meisterklassen im Cocktailmixen angeboten.

Happiness Forgets COCKTAILBAR

(Karte S. 125; www.happinessforgets.com; 8–9
Hoxton Sq, N1; ☺17–23 Uhr; ☏; ⊖Old St) Die
schummrig beleuchtete Kellerbar mit preisgünstigen Cocktails und entspannter und
lauschiger Atmosphäre wartet mit zuvor-
kommendem und professionellem Personal
auf. Zu erkennen am Schild zum Café Ruby
und dort die Treppe runter. Reservierung
empfehlenswert.

BrewDog BAR

(Karte S. 125; www.brewdog.com; 51–55 Bethnal
Green Rd, E1; ☺12–24 Uhr; ☏; ⊖Shoreditch High
St) BrewDog ist ein Paradies für Ale-Lieb-
haber: Es gibt etwa 20 verschiedene Biere
vom Fass, Hunderte in der Flasche und
Dirty Burgers als Trinkgrundlage. Die eigene, Crowd-finanzierte Ökobrauerei liegt

in Schottland bei Aberdeen. Aber die Bar führt auch viele Biere aus anderen Kleinbrauereien.

Book Club
BAR

(Karte S. 125; ☏020-7684 8618; www.wearetbc.com; 100–106 Leonard St, EC2A; ⏱Mo–Mi 8–24, Do & Fr bis 2, Sa 10–2, So 10–24 Uhr; 🛜; ⊖Old St) Den phantastischen ehemaligen viktorianischen Speicher durchzieht ein kreatives Flair. Hier gibt's DJs und schräge Events (Aktzeichnen, Workshops, Twerking-Kurse, den Crap Film Club) zusätzlich zum Trinken, Tischtennis- und Billardspielen. Essen gibt es den ganzen Tag über und unten eine leicht heruntergekommene Kellerbar.

Sager + Wilde
WEINBAR

(Karte S. 125; www.sagerandwilde.com; 193 Hackney Rd, E2; ⏱Mo–Fr 17–24, Sa & So 14–24 Uhr; 🛜; ⊖Hoxton) Diese stilvolle Weinbar, ein attraktiver Neuling in der East-End-Ausgehszene, bietet eine modische Barhäppchen-Karte, eine auffällige Glasbausteintheke und ausgezeichnete Weine (offen oder in der Flasche). Auch draußen stehen ein paar Tische.

Ten Bells
PUB

(Karte S. 125; www.tenbells.com; 84 Commercial St, E1; ⏱So–Mi 12–24, Do–Sa bis 1 Uhr; 🛜; ⊖Shoreditch High St) Das klassische viktorianische Pub ist mit seinen großen Fenstern und schönen Fliesen perfekt für ein Bier nach einem Streifzug über den Spitalfields Market und das berühmteste Jack-the-Ripper-Pub: Es wurde von seinem letzten Opfer vor ihrem grausigen Tod besucht – und vermutlich auch vom Serienmörder selbst. Mit Gin-Karte und *pork scratchings* (Speckchips).

Cargo
BAR, CLUB

(Karte S. 125; www.cargo-london.com; 83 Rivington St, EC2A; ⏱So–Do 12–1, Fr & Sa bis 3 Uhr; ⊖Shoreditch High St) Das Cargo ist einer der vielseitigsten Clubs Londons. Unter den Backstein-Eisenbahnbogen gibt es eine Tanzfläche, eine Bar und eine Freiluftterrasse mit zwei originalen Banksy-Bildern. Unterschiedlichste Musikrichtungen sind hier vertreten, auch mit vielen Newcomer-Bands im Programm. Essen wird den ganzen Tag über angeboten.

♀ East End

★ Prospect of Whitby
PUB

(57 Wapping Wall, E1; ⏱12–23 Uhr; 🛜; ⊖Wapping) Als angeblich ältestes Pub am Londoner Themseufer wirkt die ehemalige Devil's Tavern von 1520 heute ziemlich touristisch. Das Whitby bietet eine kleine Terrasse mit Flussblick, ein gutes Restaurant im Obergeschoss und offenes Kaminfeuer zur Winterzeit. Hier zechten einst Charles Dickens und Samuel Pepys.

★ Carpenter's Arms
PUB

(www.carpentersarmsfreehouse.com; 73 Cheshire St, E2; ⏱Mo–Mi 16–23.30, Do & So 12–23.30, Fr & Sa 12–0.30 Uhr; 🛜; ⊖Shoreditch High St) Das schicke, aber gemütliche Pub gehörte in den 1960er-Jahren den berüchtigten Kray-Brüdern, die es für ihre Mutter erwarben. Inzwischen ist es schön restauriert worden, sodass man sich in den vielen Holzflächen geradezu spiegeln kann. Zusätzlichen Platz bieten ein Hinterzimmer und ein kleiner Hof. Das Angebot an Bier und Cider ist wirklich toll.

♀ Greenwich

★ Cutty Sark Tavern
PUB

(www.cuttysarktavern.co.uk; 4–6 Ballast Quay, SE10; ⏱Mo–Sa 11–23, So 12–22.30 Uhr; ⊠DLR Cutty Sark) Das Cutty Sark liegt direkt an der Themse in einem entzückenden georgianischen Haus mit Erkerfenstern und Holzbalken. Und es ist eines der wenigen verbliebenen unabhängigen Pubs in Greenwich. Ein halbes Dutzend im Fass vergorener Ales werden hier gezapft und draußen am Fluss stehen Tische bereit. Das Pub liegt zehn Minuten zu Fuß von der DLR-Station.

Trafalgar Tavern
PUB

(☏020-8858 2909; www.trafalgartavern.co.uk; 6 Park Row, SE10; ⏱Mo–Do 12–23, Fr 12–24, Sa 10–24, So 10–23 Uhr; ⊠DLR Cutty Sark) Das elegante Pub mit großen Fenstern zur Themse hat reichlich Geschichte zu bieten. Schon Dickens soll sich hier ein paar Bierchen gegönnt haben – und er ließ hier auch das Hochzeitsmahl in *Unser gemeinsamer Freund* spielen. Die Premiers Gladstone und Disraeli schätzten die berühmten Sprotten des Pubs.

♀ Hampstead & Highgate

★ Holly Bush
PUB

(www.hollybushhampstead.co.uk; 22 Holly Mount, NW3; ⏱Mo–Sa 12–23, So bis 22.30 Uhr; 🛜📶; ⊖Hampstead) Dieses wunderbare georgianische Pub oberhalb der Heath Street hat eine antike Innenausstattung, eine abgeschiedene Hügellage, offene Kamine im Winter und eine Atmosphäre, die Gäste dazu verleitet, länger zu bleiben als geplant. Zu erreichen über die Holly Bush Steps.

 Außerhalb des Zentrums

⭐ **White Cross**　　　　　　　PUB

(www.thewhitecrossrichmond.com; Water Lane, TW9; ⏰ Mo–Sa 10–23, So bis 22.30 Uhr; 🚇; ⊖ Richmond) Die Lage am Fluss sowie gutes Essen und Ale machen das Pub mit Erkerfenstern, das auf dem Grund eines ehemaligen Klosters errichtet wurde, zum Renner. Es gibt unterschiedliche Eingänge bei Ebbe und Flut, aber wenn der Flusspegel Höchststände erreicht, ist der Cholmondeley Walk am Themseufer überflutet und das Pub nicht mehr zugänglich für Leute, die nicht durchs Wasser waten wollen. Gummistiefel stehen zur Verfügung.

⭐ **City Barge**　　　　　　　PUB

(www.metropolitanpubcompany.com/our-pubs/the-city-barge; 27 Strand on the Green, W4; ⏰ Mo–Do 12–23, Fr 12–24, Sa 10–24, So 10–22.30 Uhr; 🚇; ⊖ Gunnersbury) Neben einer Reihe von kleinen Uferhütten gegenüber der bewaldeten Oliver's Island (Cromwell soll hier Zuflucht gesucht haben) liegt dieses schmucke Pub mit lila gestrichener Innenausstattung direkt an der trüben Themse. Ein Pub gibt es hier bereits seit dem Mittelalter (seit genau 1484). Allerdings musste es nach dem Bombenbeschuss durch die Deutschen modernisiert werden und auch kürzlich ist es noch einmal aufgehübscht worden.

 Unterhaltung

Ob West-End-Schickis oder East-End-Käuze, die Londoner waren schon immer amüsierwillig. Da Bärenhatz und öffentliche Hinrichtungen seit Längerem tabu sind, greifen sie auf Londons heutiges Repertoire zurück, nämlich eines der weltbesten Theater- und Livemusikangebote. Ein umfassendes Programm für jeden Tag steht in *Time Out*, *Evening Standard* und *Metro*.

⭐ **Theater**

Der Begriff „West End" bezieht sich allgemein auf die teuren Großproduktionen wie Musicals, schließt aber auch große Sprechtheater mit ein. Im Off West End – zu dem auch Almeida und Donmar Warehouse zählen – gibt es meist die originelleren Aufführungen.

⭐ **Shakespeare's Globe**　　　THEATER

(Karte S. 80; 📞 020-7401 9919; www.shakespearesglobe.com; 21 New Globe Walk, SE1; Sitzplätze 10–43 £, Stehplätze 5 £; ⊖ Blackfriars oder London Bridge) Shakespeare- und Theaterfans werden von diesem authentischen Shakespeare-Theater begeistert sein. Die Zentralbühne des O-förmigen Holzgebäudes ist nicht überdacht – wohl aber die Holzbänke auf den kreisförmig verlaufenden Rängen. Dennoch ziehen es viele Besucher vor (700 passen hier rein), wie die „Groundlings" (Parterrebesucher) des 17. Jhs. direkt vor der Bühne zu stehen.

Da das Globe relativ wenig Schutz gegen Witterungseinflüsse bietet, empfiehlt sich entsprechende Bekleidung. Weil Regenschirme verboten sind, werden vor Ort günstige Regenhäute verkauft. Achtung: In Abschnitt D versperren zwei Tragpfeiler des „Bühnenhimmels" („Heavens") größtenteils den Blick. Es ist fast besser, unten zu stehen. Manchmal gehört auch Flugzeuglärm zur Soundkulisse.

Während der Theatersaison (Ende April–Mitte Okt.) stehen hier Werke von Shakespeare und seinen Zeitgenossen wie Christopher Marlowe auf dem Spielplan.

Wer nicht gern im Regen steht oder in der Kälte sitzt, kann sich ein Stück bei Kerzenlicht im **Sam Wanamaker Playhouse** anschauen, einem jakobinischen Schauspielhaus ähnlich jenem, das Shakespeare im Winter nutzte. Auch Opern stehen auf dem Programm.

⭐ **Wilton's**　　　　　　　THEATER

(📞 020-7702 2789; www.wiltons.org.uk; 1 Graces Alley, E1; Führung 6 £; ⏰ Führungen zumeist Mo 18 Uhr, Bar Mo–Sa 17–23 Uhr; ⊖ Tower Hill) Das Wilton's ist ein wunderbar stimmungsvolles Beispiel für eines der viktorianischen Varieté- und Musiktheater Londons. Hier finden unterschiedlichste Veranstaltungen statt, von Comedy und klassischer Musik bis zu Oper und Theater. Wer mehr über die faszinierende Geschichte des Hauses erfahren möchte, kann an einer einstündigen Führung durchs Gebäude teilnehmen. Auch ohne eine Aufführung zu besuchen, kann man sich in der Mahogany Bar einen guten Eindruck vom Ganzen verschaffen.

National Theatre　　　　　THEATER

(Karte S. 80; 📞 020-7452 3000; www.nationaltheatre.org.uk; South Bank, SE1; ⏰ Mo–Sa 9.30–23, So 12–18 Uhr; ⊖ Waterloo) In Englands Vor-

FUSSBALL IN LONDON

Als Hauptstadt eines fußballverrückten Landes ist in der kühleren Jahreshälfte halb London auf den Beinen, um die Spiele mitzuerleben.

Wembley Stadium (☎ 0800 169 9933; www.wembleystadium.com; Führung Erw./Kind 19/11 £; ◉ Wembley Park) Hier trägt England traditionell seine Länderspiele aus und hier findet auch das Endspiel um den FA Cup statt. Auf den Führungen geht's u. a. in die Umkleidekabinen des englischen Teams, den Spielertunnel und die Königliche Box und man kann sich eine Nachbildung des FA Cups schnappen.

Chelsea (☎ 0871 984 1955; www.chelseafc.com; Stamford Bridge, Fulham Rd, SW6; Stadiontouren & Museum Erw./Kind 20/13 £; ◷ Museum 9–17, So 10–16 Uhr; ◉ Fulham Broadway) Führungen durch das Heimstadion des FC Chelsea, die Stamford Bridge, und Zugang zum Museum.

West Ham United (www.whufc.com; Boleyn Ground, Green St, Upton Park, E13; Führung Erw./Kind 19/11 £; ◉ Upton Park) Seit 2016 trägt West Ham United seine Heimspiele im Olympiastadion aus. Näheres zu Führungen siehe Website.

Tottenham Hotspur (www.tottenhamhotspur.com; White Hart Lane, 748 High Rd, N17; Führung Erw./Kind 20/9 £; ▣ White Hart Lane) Die 1½- bis 2-stündigen Führungen führen durch alle wichtigen Bereiche des Stadions White Hart Lane, so auch in die Umkleidekabinen.

zeigetheater werden in drei Spielstätten (Olivier, Lyttelton und Dorfman) klassische und zeitgenössische Stücke mit tollen Besetzungen aufgeführt. Der herausragende Intendant Nicholas Hytner leitete in diesem Theater eine goldene Dekade mit bahnbrechenden Inszenierungen wie *War Horse*. Sein Nachfolger Rufus Norris trat im April 2015 an.

Bei Travelex gibt's für bestimmte Aufführungen in der Hauptsaison Tickets für nur 15 £; Tickets, die am Tag der Aufführung erworben werden, kosten ebenfalls 15 £. Unter 18-Jährige zahlen nur die Hälfte. Das Theatergebäude, das Prinz Charles mit einem Atomkraftwerk verglich, ist eine Ikone brutalistischer Architektur.

Almeida   THEATER
(☎ 020-7359 4404; www.almeida.co.uk; Almeida St, N1; 10–38 £; ◉ Highbury oder Islington) Das vornehme Theater in einem denkmalgeschützten viktorianischen Gebäude bietet 325 Plätze und hat ein verlässlich kreatives Programm.

Donmar Warehouse   THEATER
(Karte S. 68; ☎ 0844 871 7624; www.donmarware house.com; 41 Earlham St, WC2; ◉ Covent Garden) Das behagliche Donmar Warehouse ist das „Intellektuellentheater" Londons. Die derzeitige künstlerische Leiterin Josie Rourke inszenierte hier interessante und erfolgreiche Produktionen wie die Komödie *My Night with Reg*.

Royal Court Theatre   THEATER
(Karte S. 86; ☎ 020-7565 5000; www.royalcourt theatre.com; Sloane Sq, SW1; Tickets 12–38 £; ◉ Sloane Sq) Als eines der progressivsten Theater in London ist das Royal Court für die Inszenierung sowohl neuer Stücke als auch alter Klassiker berühmt und fördert nach wie vor große Dramatikertalente aus dem ganzen Land. Das Haus verfügt über zwei Bühnen, das große Jerwood Theatre Downstairs und das viel kleinere Jerwood Theatre Upstairs. Montags kosten alle Tickets 10 £.

Old Vic   THEATER
(Karte S. 80; ☎ 0844 871 7628; www.oldvictheatre. com; The Cut, SE1; ◉ Waterloo) Der US-Schauspieler Kevin Spacey übernahm 2003 die Leitung dieses alteingesessenen Londoner Theaters und gab ihm neuen Schwung. Nach seinem Rücktritt im April 2015 trat Matthew Warchus seine Nachfolge an (Regisseur von *Matilda the Musical* und dem Film *Pride*). 2016 inszenierte er für das Old Vic das Musical *Groundhog Day*.

☆ Livemusik

Es versteht sich von selbst, dass London eine musikalische Talentschmiede ist und in der ganzen Stadt junge Bands auftreten.

★ Jazz Cafe   LIVEMUSIK
(Karte S. 123; ☎ 020-7485 6834; www.thejazzcafe london.com; 5 Parkway, NW1; ◉ Camden Town) In diesem clubähnlichen Laden mit lauschiger

Atmosphäre ist der Name nur so halb Programm: Jazz ist nur ein kleiner Teil dessen, was auf der musikalischen Speisekarte steht. Weitere Schmankerl werden in Form von Funk, Hip-Hop, R&B und Soul kredenzt und immer wieder schauen bekannte Vertreter dieser Musikrichtungen vorbei. Samstags ist Clubnacht mit Soul.

★ Pizza Express Jazz Club   JAZZ

(Karte S. 68; ☎ 020-7439 4962; www.pizzaexpress live.com; 10 Dean St, W1; Eintritt 10–35 £; ☺ Livemusik Mo–Do 19–22.30, Fr & Sa 19–23, So 12–15.30 & 18.30–22 Uhr; ☻Tottenham Court Rd) Das Pizza Express ist schon seit seiner Eröffnung 1969 einer der besten Jazzschuppen in London. Der Standort ist etwas merkwürdig, nämlich im Keller unter dem Lokal der Restaurantkette, aber es funktioniert. Hier treten viele Größen der Szene auf; auch Künstler wie Norah Jones, Jamie Cullum und die verstorbene Amy Winehouse spielten hier zu Beginn ihrer Karrieren.

★ 606 Club   BLUES, JAZZ

(☎ 020-7352 5953; www.606club.co.uk; 90 Lots Rd, SW10; ☺ So–Do 19–23.15, Fr & Sa 20–0.30 Uhr; ☻Imperial Wharf) Diese phantastische, aber etwas versteckt gelegene Mischung aus Jazzkeller und Restaurant, in der allabendlich zeitgenössische Brit-Jazzer live aufspielen, ist nach ihrer alten Adresse in der King's Road benannt, die in den 1980er-Jahren eine Pilgerstätte für die Londoner Jazzliebhaber war. Der Club darf Alkohol nur an Leute ausschenken, die auch etwas essen, und eine Tischreservierung ist sehr empfehlenswert.

★ Vortex Jazz Club   JAZZ

(☎ 020-7254 4097; www.vortexjazz.co.uk; 11 Gillet Sq, N16; ☺ 20–24 Uhr; ☻Dalston Kingsland) Das Vortex hat ein herausragendes Programm. Hier treten Jazzmusiker, Sänger und Songwriter aus Großbritannien, Europa, Afrika und darüber hinaus auf. Der Schuppen ist klein, es empfiehlt sich also zu buchen, wenn es ein bestimmtes Konzert sein soll.

★ O2 Academy Brixton   LIVEMUSIK

(www.o2academybrixton.co.uk; 211 Stockwell Rd, SW9; ☺ meistens ab 19 Uhr; ☻Brixton) In der Brixton Academy gibt's kaum miese Abende, auch wenn hinterher die Schuhsohlen von den Bierlachen kleben. Das riesige ehemalige Art-déco-Theater (5000 Plätze) ist einfach ein toller Ort zum Tanzen. Der schräge Boden erleichtert die Sicht auf die Bühne und

genügend Bars gibt's auch, ebenso wie ein exzellentes Programm von etablierten und neuen Künstlern.

★ KOKO   LIVEMUSIK

(Karte S. 123; ☎ 020-7388 3222; www.koko.uk. com; 1a Camden High St, NW1; ☺ So–Do 19–23, Fr 18.30–4, Sa ab 24 Uhr; ☻Mornington Cres) Im legendären Camden Palace, wo schon Charlie Chaplin, die Goons und die Sex Pistols aufgetreten sind, hält jetzt das Koko die Stellung. Es ist einer der besseren Auftrittsorte in London. Das alte Theater mit Tanzfläche und opulenten Logen lockt am Freitag mit dem Club NME das Indie-Volk an. Fast jeden Abend spielt eine Band und es gibt eine tolle Dachterrasse.

O2 Arena   LIVEMUSIK

(www.theo2.co.uk; Peninsula Sq, SE10; ☻North Greenwich) Mit 20 000 Plätzen ist die O2 Arena eine der größten Konzerthallen der Stadt, in der all die Superstars auftreten: die Rolling Stones z. B., Paul Simon und Sting, One Direction, Ed Sheeran und viele mehr. Sie ist auch beliebt als Austragungsort von Sportveranstaltungen. Im kleineren Indigo at The O2 finden 2350 Personen Platz.

Ronnie Scott's   JAZZ

(Karte S. 68; ☎ 020-7439 0747; www.ronniescotts. co.uk; 47 Frith St, W1; ☺ Mo–Sa 19–3, So bis 24 Uhr; ☻Leicester Sq oder Tottenham Court Rd) Ronnie Scott eröffnete seinen Jazzclub 1959 ursprünglich in der Gerrard Street unter einer chinesischen Spielhalle. Sechs Jahre später zog der Club an seinen heutigen Standort und wurde als bester Jazzclub Großbritanniens weithin bekannt. Die Gigs beginnen um 20.15 Uhr (sonntags 20 Uhr), freitags und samstags meist auch um 23.15 Uhr, gefolgt von einer informelleren Spätaufführung bis 3 Uhr.

100 Club   LIVEMUSIK

(Karte S. 68; ☎ 020-7636 0933; www.the100club. co.uk; 100 Oxford St, W1; Eintritt 8–20 £; ☺ Konzerttermine siehe Website; ☻Oxford Circus oder Tottenham Court Rd) Der legendäre Schuppen war stets auf Jazz abonniert, bietet nun aber auch Swing und Rock. Hier traten einst Chris Barber, B. B. King und die Stones auf, fand die Punkrevolution statt und gab sich die Indie-Szene der 1990er-Jahre ein Stelldichein. Geboten werden Swing-Dance-Gigs und Londoner Jazzmusiker, manchmal auch Stars und Alt-Stars.

☆ Klassische Musik

Mit mehreren Weltklasse-Sinfonieorchestern und Opernensembles, verschiedenen kleineren Orchestern, großartigen Häusern, erschwinglichen Preisen und hohem künstlerischen Niveau ist London eine Hauptstadt der Klassik. Auch die kostenlosen (oder fast kostenlosen) Mittagskonzerte in vielen Kirchen der Stadt lohnen sich.

Royal Albert Hall   KONZERTSAAL
(Karte S. 86; ☎ 0845 401 5034; www.royalalbert hall.com; Kensington Gore, SW7; ⊖ South Kensington) Durch diese prächtige Konzerthalle aus der viktorianischen Ära schallt Klassik, Rock und andere Musik. Am berühmtesten sind jedoch die von der BBC gesponserten Proms. Reservierungen sind möglich, zwischen Mitte Juli und Mitte September können sich Proms-Fans aber auch in letzter Minute für Stehplatzkarten anstellen („Promenading Tickets"; 5 £). Die gibt's eine Stunde vor Konzertbeginn. Vorverkaufsstelle und Abholschalter für bereits bezahlte Tickets sind durch Eingang 12 auf der Südseite des Gebäudes erreichbar.

Royal Festival Hall   KONZERTSAAL
(Karte S. 80; ☎ 0844 875 0073; www.southbank centre.co.uk; Southbank Centre, Belvedere Rd, SE1; Eintritt 6–60 £; ☏; ⊖ Waterloo) Im Auditorium der Royal Festival Hall finden 3000 Personen Platz – dies ist einer der besten Konzertsäle der Stadt für Weltmusik und klassische Musik. Der Sound ist phantastisch, das Programm herausragend und im wunderbar weitläufigen Foyer finden regelmäßig Gratiskonzerte statt.

Barbican   DARSTELLENDE KÜNSTE
(Karte S. 76; ☎ Kasse 020-7638 8891; www.barbican. org.uk; Silk St, EC2; ⊙ Kasse Mo–Sa 10–20, So ab 11 Uhr; ⊖ Barbican) Das Kulturzentrum ist das Stammhaus des wunderbaren London Symphony Orchestra und seines Partnerorchesters, des weniger bekannten BBC Symphony Orchestra. Es veranstaltet aber auch laufend Konzerte mit anderen Musikrichtungen, besonders Jazz, Folk, Weltmusik und Soul. Tanz ist ein weiterer Schwerpunkt und es werden auch Filme gezeigt: Neben aktuellen Streifen gibt's Filmfestivals und -reihen.

☆ Oper & Tanz

Royal Opera House   OPER
(Karte S. 68; ☎ 020-7304 4000; www.roh.org.uk; Bow St, WC2; Tickets 7–250 £; ⊖ Covent Garden)

Der 210 Mio. £ teure Umbau bis zum Jahr 2000 brachte eine phantastische Bühne für die klassische Oper in London hervor. Der Besuch einer Aufführung hier ist eine opulente, wenn auch teure Angelegenheit. Das Programm wurde zwar durch moderne Einflüsse aufgelockert, aber die Hauptattraktionen sind immer noch Oper und klassisches Ballett – alles wunderbare Produktionen mit Künstlern der Weltklasse.

Die Nachmittagsvorstellungen unter der Woche sind meist billiger als die Abendaufführungen; die billigsten Karten (mit eingeschränkter Sicht) kosten dann nur 7 £. Karten für den gleichen Tag (eine pro Person für die ersten 67 Leute in der Schlange) werden ab 10 Uhr für 8 bis 44 £ verkauft, Standby-Karten für Studenten für 10 £. Standby-Karten zum halben Preis vier Stunden vor der Aufführung sind nur gelegentlich erhältlich. Montags finden (je nach Programm) im Crush Room oder in der Paul Hamlyn Hall kostenlose Mittagskonzerte statt.

Sadler's Wells   TANZ
(Karte S. 96; ☎ 020-7863 8000, 0844 412 4319; www.sadlerswells.com; Rosebery Ave, EC1R; ⊖ Angel) Das strahlende, moderne Sadler's Wells wurde tatsächlich erstmals 1683 eröffnet. Die momentan vielseitigste und modernste Tanzbühne Londons bietet experimentelle Tanzshows aller Genres und aus allen Ecken der Welt. Weniger aufwendige Produktionen sind im Lilian Baylis Studio zu sehen.

London Coliseum   OPER
(Karte S. 68; ☎ 020-7845 9300; www.eno.org; St Martin's Lane, WC2; ⊖ Leicester Sq) Das London Coliseum ist das Stammhaus der English National Opera (ENO) und berühmt dafür, die Oper moderner und aktueller zu inszenieren, da alle Aufführungen auf Englisch gesungen werden. Das Gebäude von 1904 wurde 100 Jahre später liebevoll restauriert und ist sehr eindrucksvoll. Das English National Ballet tritt hier ebenfalls regelmäßig auf. Karten kosten zwischen 12 und 99 £.

☆ Comedy

Comedy Store   COMEDY
(Karte S. 68; ☎ 0844 871 7699; www.thecomedy store.co.uk; 1a Oxendon St, SW1; Eintritt 8–23,50 £; ⊖ Piccadilly Circus) Einer der ersten (und noch immer einer der besten) Comedy-Clubs in London. Die Comedy Store Players treten mittwochs und sonntags abends auf und sind mit der wunderbaren Josie Lawrence

die berühmteste Improvisationstruppe der Stadt. Best in Stand Up bietet donnerstags, freitags und samstags die besten Komiker Londons.

Comedy Cafe Theatre · COMEDY

(Karte S. 125; ✆020-7739 5706; www.comedy cafetheatre.co.uk; 68 Rivington St, EC2A; Eintritt frei–12 £; ⊖ Shoreditch High St) In dem eigens gebauten Theater wird Comedy und Abendessen geboten. Die zweistündigen Shows beginnen in der Regel freitags und samstags um 20 Uhr. Die kostenlose New Act Night am Mittwoch ist eine gute Gelegenheit, zum Teil peinliche Unterhaltung zu erleben. In der hauseigenen **Bedroom Bar** (www.bed room-bar.co.uk) gibt es an den meisten Abenden Livemusik.

Soho Theatre · COMEDY

(Karte S. 68; ✆020-7478 0100; www.sohotheatre. com; 21 Dean St, W1; Eintritt 10–25 £; ⊖ Tottenham Court Rd) Das Soho Theatre hat sich einen hervorragenden Ruf als Bühne für neue Comedy-Autoren und Komiker erworben. Hier traten auch schon spitzenmäßige Stand-up- oder Sketchkomiker auf, z. B. Alexei Sayle und Doctor Brown.

☆ Kinos

Glamouröse Premieren finden meistens in einem der riesigen Multiplexkinos am Leicester Square statt.

Electric Cinema · KINO

(Karte S. 113; ✆020-7908 9696; www.electric cinema.co.uk; 191 Portobello Rd, W11; Tickets 8– 22,50 £; ⊖ Ladbroke Grove) Das Electric ist mit nunmehr über 100 Jahren auf dem Buckel eines der ältesten Kinos Großbritanniens. Zuschauer kommen in den Genuss von luxuriösen Ledersesseln, Sofas, Fußbänken und Tischen für Essen und Getränke oder in der vordersten Reihe sogar sechs Doppelbetten! Montags sind die Tickets am billigsten.

Prince Charles · KINO

(Karte S. 68; www.princecharlescinema.com; 7 Leicester Pl, WC2; Tickets 8–16 £; ⊖ Leicester Sq) Die Kartenpreise in den Kinos um den Leicester Square sind Straßenraub. Man wartet also besser, bis die Premierenfilme im Prince Charles aufgeführt werden, dem billigsten Kino im Zentrum Londons. Hier zahlen Nichtmitglieder nur 8 bis 10 £ für neue Filme. Es gibt auch Minifilmfeste, Gespräche mit Regisseuren, alte Klassiker, nächtliche Filmmarathons und Aufführun-

gen zum Mitsingen von *Die Eiskönigin – Völlig unverfroren, The Sound of Music* und *The Rocky Horror Picture Show.*

BFI Southbank · KINO

(Karte S. 80; ✆020-7928 3232; www.bfi.org.uk; Belvedere Rd, SE1; Tickets 8–12 £; ⊙11–23 Uhr; ⊖ Waterloo) Das British Film Institute liegt fast unsichtbar unter den Bogen der Waterloo Bridge. Seine vier Kinos zeigen alljährlich Tausende von Filmen (meist Arthouse). Es gibt auch eine filmgeschichtliche Galerie und die Mediathek, in der man Fernseh- und Kinohighlights aus dem BFI National Archive anschauen kann.

☆ Rugby

World Rugby Museum · MUSEUM

(✆020-8892 8877; www.rfu.com; Erw./Kind 8/6 £, mit Führung 20/12 £; ⊙ Di–Sa 10–17, So 11–17 Uhr) Das Museum in der Osttribüne des Twickenham Stadium beherbergt die weltweit größte und umfassendste Sammlung von Rugby-Memorabilien. Es werden auch Führungen angeboten.

☆ Cricket & Tennis

Wimbledon Championships · ZUSCHAUERSPORT

(✆020-89441066; www.wimbledon.com/champion ships/tickets) Seit 1877 blickt jedes Jahr im Juni und Juli die Welt des Sports für ein paar Wochen auf die stille Vorstadt Wimbledon im Süden Londons. Die meisten Karten für das Turnier der Wimbledon Championships werden durch öffentliche Verlosung zugeteilt. Die Anträge für die Teilnahme müssen meist ab Anfang August bis Ende Dezember des Vorjahres eingereicht werden.

Die Teilnahme an der Verlosung bedeutet allerdings nicht, dass die Bewerber auch eine Karte erhalten. Wer sich am Spieltag in die Schlangen stellt, kann vielleicht auch noch Tickets für den Centre Court, Court 1 und Court 2 sowie Geländepässe und Wiederverkaufskarten ergattern. Wer allerdings ein Ticket für den Centre Court will, sollte schon in der Nacht zuvor in der Schlange campen. Näheres auf www.wimble don.com.

Lord's · STADION

(✆ Infos über Führungen 020-7616 8595; www. lords.org; St John's Wood Rd, NW8; Führung Erw./ Kind 20/12 £; ⊙ Führungen 10–15 Uhr stündl.; ⊖ St John's Wood) Ein Ausflug ins Lord's ist für viele Cricket-Fans so etwas wie eine Pilgerfahrt. Hier werden Testmatches ausgetragen, für die man sich Karten schon frühzeitig besorgen sollte. Doch Cricket-Fans sollten sich auf keinen Fall die interessante und anekdotengeschwängerte 100-minütige Führung übers Gelände und durch die verschiedenen Einrichtungen entgehen lassen. Auf den Führungen gelangt man auch in den berühmten Long Room, wo die Clubmitglieder inmitten der Porträts der Größen des Sports die Spiele verfolgen, und ins Museum mit zahlreichen Gegenständen, die das Herz sowohl alter als auch junger Fans erfreuen.

Oval ZUSCHAUERSPORT
(☎ 0844 375 1845; www.kiaoval.com; Kennington, SE11; internationale Begegnung 20–350 £, County-Match 20–35 £; ❷ Oval) Das Oval, in dem der Surrey County Cricket Club zu Hause ist, ist nach dem Lord's das zweitwichtigste Cricketstadion Londons. Neben den Surrey-Spielen werden hier auch regelmäßig internationale Begegnungen ausgetragen. Karten für regionale Spiele zu bekommen ist in der Regel kein Problem, für Länderspiele ist es jedoch erheblich schwieriger. Die Spielzeit dauert von April bis September.

 Shoppen

Vom spottbilligen Schnäppchen im Secondhandladen bis zur aktuellsten Designer-Handtasche – in London gibt es Tausende Wege, sein Geld loszuwerden. Viele der berühmten Shopping-Eldorados wie Harrods, Hamleys, Camden Market und Old Spitalfields Market kann man natürlich auch besuchen, ohne etwas zu kaufen, aber nur Hartgesottene schaffen es, den Verlockungen dort zu widerstehen und auf den Geldbeutel zu achten.

 West End

Oxford Street ist *die* Straße für Konfektionsmode, die Regent Street ist eine Stufe nobler. In der Bond Street haben sich Tür an Tür Designer niedergelassen, in der Savile Row dreht sich alles um Maßanzüge und in der Jermyn Street sind schicke Klamotten (besonders Hemden) zu finden.

★ **Fortnum & Mason** KAUFHAUS
(Karte S. 68; www.fortnumandmason.com; 181 Piccadilly, W1; ❷ Mo–Sa 10–21, So 11.30–18 Uhr; ❷ Piccadilly Circus) Londons ältestes Lebensmittelgeschäft, gegründet 1707 und in klassischem Nilgrün gehalten, beugt sich nicht der

HARRY POTTER SHOP

Die Winkelgasse gibt es leider nur auf dem Studiogelände, wenn also der hex- und zauberwütige Nachwuchs auf der Suche nach dem eigenen Zauberstab ist, sollte sich die Familie am besten zu dem kleinen, holzvertäfelten **Harry Potter Shop at Platform 9¾** (Karte S. 96; www.harrypotterplatform934.com; King's Cross Station, N1; ❷ Mo–Sa 8–22, So 9–21 Uhr; ❷ King's Cross St Pancras) in der King's Cross Station begeben. Er hat ausgewählte Fanartikel vorrätig, darunter Sweatshirts in den Farben der vier Häuser von Hogwarts; besonders gern gekauft wird das Modell Gryffindor.

Moderne. Die Angestellten sind noch immer in Fracks gekleidet und in der prachtvollen Lebensmittelabteilung werden wie eh und je Delikatessenkörbe, Orangenmarmelade, Spezialtees und dergleichen verkauft – ein klassisches Londoner Shopping-Erlebnis!

Hatchards BÜCHER
(Karte S. 68; www.hatchards.co.uk; 187 Piccadilly, W1; ❷ Mo–Sa 9.30–20, So 12–18.30 Uhr; ❷ Green Park oder Piccadilly Circus) Londons älteste Buchhandlung stammt von 1797. Der Laden besitzt drei königliche Hoflieferanten-Urkunden – daher das Porträt der Königin – und ist ein grandioser unabhängiger Buchladen mit einem guten Angebot an signierten Ausgaben und einem sehr umfangreichen Sortiment. Im Erdgeschoss gibt es viele Erstausgaben und es finden regelmäßig Literaturveranstaltungen statt.

Selfridges KAUFHAUS
(Karte S. 91; www.selfridges.com; 400 Oxford St, W1; ❷ Mo–Sa 9.30–22, So 11.30–18 Uhr; ❷ Bond St) Selfridges liebt Innovation – das Kaufhaus ist berühmt für seine kreative Schaufenstergestaltung von internationalen Künstlern, für seine Galashows und vor allem für die erstaunliche Warenangebot. Es ist das trendigste Kaufhaus Londons und führt Labels wie Boudicca, Luella Bartley, Emma Cook, Chloé und Missoni, hat eine unvergleichliche Lebensmittel- und Europas größte Kosmetikabteilung.

Liberty KAUFHAUS
(Karte S. 68; www.liberty.co.uk; Great Marlborough St, W1; ❷ Mo–Sa 10–20, So 12–18 Uhr;

INSIDERWISSEN

MARKTGENÜSSE

Eine besondere Besucherattraktion der Stadt sind ihre Märkte. Mit ihrem bunten Mix aus Produkten von unabhängigen Designern, Schmuckunikaten, antiken Fotos und Plakaten, Vintage-Klamotten und Trödel bilden sie den Gegenentwurf zu allen seelenlosen Einkaufszentren.

Am beliebtesten sind Camden, Old Spitalfields und die Portobello Road, die an den meisten Tagen geöffnet sind. Es gibt jedoch noch Dutzende andere Märkte, die nur am Wochenende stattfinden, wie den tollen Sunday Upmarket an der Brick Lane. Camden und Old Spitalfields sind zumeist überdacht, doch auch auf den Märkten unter freiem Himmel ist bei jedem Wetter viel los.

Portobello Road Market (Karte S. 113; www.portobellomarket.org; Portobello Rd, W10; ⏱Mo–Mi, Fr & Sa 8–18.30, Do bis 13 Uhr; ⊖Notting Hill Gate oder Ladbroke Grove) Der quirlige Portobello Road Market ist eine Londoner Attraktion mit Kultcharakter – und der üblichen Mischung aus Imbissständen, Obst und Gemüse, Antiquitäten, Kuriositäten, Sammlerstücken, farbenfrohen Klamotten und allerlei Krimskrams. Die Läden in der Portobello Road sind zwar täglich geöffnet und die Obst- und Gemüsestände (vom Elgin Crescent bis zur Talbot Road) machen nur sonntags dicht, aber am belebtesten ist es hier am Samstag, wenn die Antiquitätenhändler ihre Stände aufbauen (von Chepstow Villas bis Elgin Crescent).

Sunday UpMarket (Karte S. 125; www.sundayupmarket.co.uk; Old Truman Brewery, 91 Brick Lane, E1; ⏱So 10–17 Uhr; ⊖Shoreditch High St) Auf dem überdachten Parkplatz gibt's den besten Sonntagsmarkt. Hier verkaufen junge Designer ihre Waren, es gibt Stände mit ungewöhnlichem Kunsthandwerk und etliche appetitanregende Imbissstände.

Stables Market (Karte S. 123; Chalk Farm Rd, NW1; ⏱10–18 Uhr; ⊖Chalk Farm) Ist mit dem Lock Market verbunden und der originellste Teil des Camden-Market-Komplexes, mit Antiquitäten, Asiatika, Teppichen, Retro-Möbeln und -Mode.

Camden Passage Market (www.camdenpassageislington.co.uk; Camden Passage, N1; ⏱Mi & Sa 8–18, So–Di, Do & Fr 11–18 Uhr; ⊖Angel) Die Camden Passage (nicht mit dem Camden Market verwechseln!) ist eine hübsche Straße mit Kopfsteinpflaster in Islington, an der sich Antiquitätenläden, Boutiquen für Vintage-Kleidung und Cafés sowie vier separate Marktbereiche mit antiken Raritäten u. Ä. aneinanderreihen. Die Hauptmarkttage sind Mitt-

⊖Oxford Circus) Liberty ist eine unwiderstehliche Verbindung aus modernen Stilen und altmodischer Pseudo-Tudor-Atmosphäre. Das Kaufhaus hat eine riesige Kosmetikabteilung und eine Accessoire-Etage sowie eine atemberaubende Dessousabteilung, alles zu sehr überhöhten Preisen. Ein klassisches London-Souvenir ist bedruckter Liberty-Stoff, besonders in der Form eines Schals.

Stanford's BÜCHER, LANDKARTEN
(Karte S. 68; www.stanfords.co.uk; 12–14 Long Acre, WC2; ⏱Mo–Sa 9–20, So 11.30–18 Uhr; ⊖Leicester Sq oder Covent Garden) Das seit über 100 Jahren an dieser Stelle bestehende Geschäft für Karten, Reiseführer und Literatur ist ein Veteran der Reisebuchläden und schon selbst ein Reiseziel. Ernest Shackleton und David Livingstone und jüngst auch Michael Palin und Brad Pitt haben hier schon vorbeigeschaut.

Hamleys SPIELWAREN
(Karte S. 68; www.hamleys.com; 188–196 Regent St, W1; ⏱Mo–Fr 10–21, Sa 9.30–21, So 12–18 Uhr; ⊖Oxford Circus) Hamleys zog 1881 an diese Adresse in der Regent Street und soll heute der älteste und vielleicht auch größte Spielzeugladen der Welt sein. Vom Erdgeschoss – wo die Angestellten mit geübter Nonchalance UFOs und Schaumstoff-Bumerangs durch die Gegend segeln lassen – bis zur Legowelt und dem Café im 5. Stock ist eine wahre Fundgrube für Spielzeugliebhaber.

Foyles BÜCHER
(Karte S. 68; www.foyles.co.uk; 107 Charing Cross Rd, WC2; ⏱Mo–Sa 9.30–21, So 11.30–18 Uhr; ⊖Tottenham Court Rd) Der legendäre Buchladen führt auf seinen vier Regalkilometern garantiert auch die unbekanntesten Titel. 2014 zog der Laden die Straße hinunter in neue großzügige Räumlichkeiten, die auf umwerfende Weise neu gestaltet wurden – toll!

woch und Sonntag. Die Standbesitzer wissen um die Qualität ihrer Waren; Schnäppchen sind eher die Ausnahme.

Old Spitalfields Market (Karte S. 125; www.oldspitalfieldsmarket.com; Commercial St, E1; ⏰ Mo–Fr 10–17, Sa 11–17, So 10–17 Uhr; 🚇 Shoreditch High St) Seit 1638 verkaufen hier Händler ihre Waren und es ist immer noch einer der besten Märkte Londons. Die heutige Markthalle wurde Ende des 19. Jhs. erbaut, die moderne Erweiterung kam 2006 hinzu. Sonntag ist der beste Tag mit den meisten Ständen, donnerstags gibt es überwiegend Antiquitäten und freitags Mode von unabhängigen Labels. Imbissstände gibt es auch reichlich.

Broadway Market (www.broadwaymarket.co.uk; Broadway Market, E8; ⏰ Sa 9–17 Uhr; 🚌 394) Auf dieser hübschen Straße findet schon seit Ende des 19. Jhs. ein Markt statt; heute werden hier v. a. Feinkostwaren, Kunstgewerbe, Bücher, Schallplatten und Vintage-Mode verkauft. Ein toller Ausflug mit anschließendem Picknick in den London Fields (Richmond Rd, E8; 🚇 Hackney Central).

Leadenhall Market (Karte S. 76; www.cityoflondon.gov.uk/things-to-do/leadenhall-market; Whittington Ave, EC3; ⏰ Mo–Fr 10–18 Uhr; 🚇 Bank oder Monument) Ein Besuch in dem überdachten Einkaufszentrum an der Gracechurch Street ist wie eine Zeitreise in die Vergangenheit. Schon zu römischer Zeit gab es hier einen Markt, die bis heute erhaltene Konstruktion aus Pflastersteinen und Eisen stammt aus dem späten 19. Jh. Der Markt war das Vorbild für die Winkelgasse in dem Film *Harry Potter und der Stein der Weisen* und ein Optikerladen diente als Eingang zum Hexenpub Zum Tropfenden Kessel in *Harry Potter und der Feuerkelch*.

Greenwich Market (www.greenwichmarketlondon.com; College Approach, SE10; ⏰ 10–17.30 Uhr; 🚉 DLR Cutty Sark) Der Markt in Greenwich mag zwar der kleinste der allgegenwärtigen Märkte Londons sein, aber er behauptet sich in Sachen Qualität: Dienstags, mittwochs, freitags und an Wochenenden dominieren meist Stände mit originalen Drucken kleiner, unabhängiger Künstler, ganzheitlicher Kosmetik, originellem Schmuck und Accessoires, coolen Modeartikeln und dergleichen. Dienstags, donnerstags und freitags gibt's Trödel, Antiquitäten und Sammlerstücke. Auch wer etwas essen möchte, kommt nicht zu kurz.

Cadenhead's Whisky & Tasting Shop GETRÄNKE
(Karte S. 91; www.whiskytastingroom.com; 26 Chiltern St, W1; 🚇 Baker St) Der Laden von Schottlands ältestem unabhängigem Abfüller von reinem, unvermischtem Whisky ist ein echtes Mekka für Freunde des *uisge* (Gälisch für „Wasser"). Alle abgefüllten Whiskys stammen aus individuell ausgewählten Fässern, ohne Filterung, Zusätze oder Farbstoffe, sodass die Reinheit garantiert ist. Unten finden regelmäßig Whisky-Verkostungen statt (max. 12 Pers.).

Monmouth Coffee Company LEBENSMITTEL & GETRÄNKE
(Karte S. 68; www.monmouthcoffee.co.uk; 27 Monmouth St, WC2; Gebäck & Kuchen ab 2,50 £; ⏰ Mo–Sa 8–18.30 Uhr; 🚇 Tottenham Court Rd oder Leicester Sq) Das Monmouth ist im Wesentlichen ein Laden, der Kaffeebohnen aus nahezu jedem Kaffee produzierenden Land verkauft. Er besteht schon seit 1978 und hat hinten ein paar hölzerne Sitzecken, wo Gäste Kaffee aus aller Welt zum Kuchen aus lokalen Patisserien genießen können.

🔒 Knightsbridge, Kensington & Chelsea

In Knightsbridge befinden sich Niederlassungen aller bekannten englischen Kaufhäuser.

★ John Sandoe Books BÜCHER
(Karte S. 86; www.johnsandoe.com; 10 Blacklands Tce, SW3; ⏰ Mo–Sa 9.30–18.30, So 11–17 Uhr; 🚇 Sloane Sq) Dieser stimmungsvolle kleine Buchladen ist der perfekte Gegenentwurf zu den großen unpersönlichen Buchsupermärkten: eine Schatztruhe voller literarischer Schätze und verborgener Überraschungen. Die treue Kundschaft des seit fast 60 Jahren bestehenden Geschäfts ist auf jeden Fall begeistert, und das belesene Personal geizt nicht mit sachkundigen Tipps.

Harrods
KAUFHAUS

(Karte S. 86; www.harrods.com; 87–135 Brompton Rd, SW1; ⊘Mo–Sa 10–21, So 11.30–18 Uhr; ⊜Knightsbridge) Im protzigen, aber stilvollen Kaufhaus Harrods, das stets voll ist und zu den obligatorischen Zielen einer Londonreise zählt, treffen sich sowohl die oberen Zehntausend als auch weniger begüterte Käuferschichten. Und die Auswahl ist der reine Wahnsinn, genauso wie teils die Preise. Der superkitschige „Ägyptische Fahrstuhl" sieht aus, als wäre er einem Indiana-Jones-Film entsprungen, und der Gedenkbrunnen für Dodi und Di im unteren Erdgeschoss verleiht der ganzen Szenerie etwas Surrealistisches.

Harvey Nichols
KAUFHAUS

(Karte S. 86; www.harveynichols.com; 109–125 Knightsbridge, SW1; ⊘Mo–Sa 10–20, So 11.30–18 Uhr; ⊜Knightsbridge) Londons Nobel-Modetempel verkauft u. a. Taschen von Chloé und Balenciaga. Hinzu kommen die beste Jeansauswahl der Stadt, eine riesige Kosmetik-Abteilung mit exklusiven Marken und toller Schmuck. Eine Food Hall und das Hausrestaurant **Fifth Floor** befinden sich, wer hätte es gedacht, im 5. Stock. Von 11.30 bis 12.00 Uhr darf nur gestöbert werden.

🔒 Notting Hill, Bayswater & Paddington

Ceramica Blue
HAUSHALTSWAREN

(Karte S. 113; www.ceramicablue.co.uk; 10 Blenheim Cres, W11; ⊘Mo–Sa 10–18.30, So 12–17 Uhr; ⊜Ladbroke Grove) Ein wunderbarer Laden für farbenfrohes, originelles und schönes Geschirr, das aus über einem Dutzend Ländern importiert wurde. Es gibt japanische Teeschalen mit Eierschalenglasur, Servierteller mit Ethno-Mustern aus Südafrika, Kronleuchter aus Italien, tolle Tischdecken aus der Provence, handverziertes Glas aus der Türkei und vieles mehr.

🔒 Marylebone

Daunt Books
BÜCHER

(Karte S. 91; www.dauntbooks.co.uk; 83 Marylebone High St, W1; ⊘Mo–Sa 9–19.30, So 11–18 Uhr; ⊜Baker St) Daunt ist ein originaler edwardianischer Buchladen mit Holztäfelungen und herrlichen Oberlichtern und einer der wunderbarsten Reisebuchhandlungen. Auf zwei Stockwerken werden Belletristik und Sachbücher verkauft.

🔒 Hoxton, Shoreditch & Spitalfields

★ Rough Trade East
MUSIK

(Karte S. 125; www.roughtrade.com; Old Truman Brewery, 91 Brick Lane, E1; ⊘Mo–Do 9–21, Fr 9–20, Sa 10–20, So 11–19 Uhr; ⊜Shoreditch High St) Der große Plattenladen gehört zwar nicht mehr direkt zum legendären Plattenlabel (mit Bands wie The Smiths, The Libertines und The Strokes), aber er ist immer noch der beste Ort für Indie- und Alternativmusik. Abgesehen von dem beeindruckenden CD- und Vinyl-Sortiment gibt's hier auch Kaffee und Promo-Gigs.

🔒 East End & Docklands

Westfield Stratford City
EINKAUFSZENTRUM

(http://uk.westfield.com; Westfield Ave, E20; ⊘Mo–Fr 10–21, Sa 9–21, So 12–18 Uhr; ⊜Stratford) Das drittgrößte Einkaufszentrum Großbritanniens, direkt beim Queen Elizabeth Olympic Park (S. 98), ist ein Riese mit mehr als 250 Geschäften, 70 Ess- und Trinklokalen, einem Kino mit 17 Sälen, einer Bowlingbahn, einem rund um die Uhr geöffneten Kasino und einem Hotel der Kette Premier Inn. Allein in der Eröffnungswoche 2011 zog die Mall den Einkaufswütigen 20 Mio. £ aus der Tasche.

ℹ Praktische Informationen

GEFAHREN & ÄRGERNISSE

Für seine Größe ist London recht sicher – wer also gesunden Menschenverstand walten lässt, sollte keine Probleme haben.

Wer nach einer Tour durch die Clubs mit dem Taxi ins Hotel fährt, sollte ein schwarzes Taxi oder ein lizensiertes Minicab nehmen. Viele der Leute, die vor den Clubs und Bars Taxis anpreisen, haben keine Lizenz und sollten besser ignoriert werden.

Natürlich gibt's in London auch Taschendiebe: Besonders in Bars und Clubs sowie in Menschenmengen wie in der U-Bahn gilt es, auf seine sieben Sachen zu achten.

INTERNETZUGANG

Fast jedes Hotel in London bietet mittlerweile kostenloses WLAN – nur bei ein paar wenigen Billigunterkünften muss man dafür bezahlen.

Auch zahlreiche Cafés und immer mehr Restaurants bieten ihren Gästen kostenloses WLAN, darunter Ketten wie Starbucks, Costa und Pret a Manger.

MEDIZINISCHE VERSORGUNG

St Thomas' Hospital (020-7188 7188; www.guysandstthomas.nhs.uk; Westminster Bridge Rd, SE1; ☻Waterloo oder Westminster) Großes Krankenhaus, von Westminster gesehen auf der anderen Seite der Themse

University College London Hospital (0845 155 5000, 020-3456 7890; www.uclh.nhs.uk; 235 Euston Rd, NW1; ☻Warren St oder Euston) Eins der größten Krankenhäuser im Zentrum von London

NOTFALL

Polizei/Feuerwehr/Krankenwagen (999)
Rape & Sexual Abuse Support Centre (0808 802 9999; www.rasasc.org.uk; ⏱12–14.30 & 19–21.30 Uhr) Notruf bei sexuellem Missbrauch und Vergewaltigung
Samaritans (gebührenfrei 116 123; www.samaritans.org) Telefonseelsorge

PRAKTISCHE INFORMATIONEN

Visit London (www.visitlondon.com) informiert über Attraktionen, Events, Touren und Unterkünfte.
City of London Information Centre (Karte S. 76; www.visitthecity.co.uk; St Paul's Churchyard, EC4; ⏱Mo–Sa 9.30–17.30, So 10–16 Uhr; ☎; ☻St Paul's) Touristeninformation mit mehrsprachigem Personal, Tickets für den Eintritt ohne Anstehen für Attraktionen in der City und Stadtrundgänge (Erw./Kind 7/6 £).
Greenwich Tourist Office (0870 608 2000; www.visitgreenwich.org.uk; Pepys House, 2 Cutty Sark Gardens, SE10; ⏱10–17 Uhr; ☖DLR Cutty Sark) Jede Menge Infos über Greenwich und Umgebung sowie jeden Tag kostenlose Rundgänge um 12.15 und 14.15 Uhr.

❶ An- & Weiterreise

BUS

Victoria Coach Station (Karte S. 86; 164 Buckingham Palace Rd, SW1; ☻Victoria) Fernbusse aus dem In- und Ausland steuern den Busbahnhof Victoria beim gleichnamigen U- und Zugbahnhof an.

FLUGZEUG

Es gibt mehrere Flughäfen in London. Weitere Informationen s. Seite 746.

ZUG

Auf dem britischen Schienennetz verkehren Züge verschiedener privater Eisenbahngesellschaften. Die Fahrkarten sind nicht gerade billig, doch dafür sind die zwischen den Städten verkehrenden Züge zumeist pünktlich. Fahrpläne und Preise findet man bei **National Rail** (www.nationalrail.co.uk).

❶ VOR DER REISE

Drei Monate Jetzt reservieren: Karten für gefragte Wochenendvorstellungen, Tische in Restaurants mit Starköchen, Karten für wichtige Sonderausstellungen, Zimmer in beliebten Hotels.

Ein Monat Auf Veranstaltungs-Websites wie **Time Out** (www.timeout.com/london) Informationen über Vorstellungen kleiner Theater, Livemusik und Festivals einholen; Tickets reservieren.

Einige Tage Auf der Website des **Met Office** (www.metoffice.gov.uk) Wettervorhersage checken.

Zwischen der Londoner St. Pancras International Station und der Gare du Nord in Paris (bzw. Bruxelles Midi in Brüssel) verkehrt 14- bis 16-mal täglich der **Eurostar** (www.eurostar.com). Die Fahrkartenpreise schwanken beträchtlich, von 69 £ für die billigste Hin- und Rückfahrt bis zu mehr als 300 £ für ein Flexipreis-Ticket zu begehrten Zeiten.

❶ Unterwegs vor Ort

AUTO

In London gibt es eine Citymaut, die sogenannte *congestion charge* (Staugebühr), um im Zentrum den Verkehr einzudämmen. Alle Informationen stehen auf www.tfl.gov.uk/roadusers/congestioncharging.

Die Citymautzone umfasst den Bereich von der Euston Road und der Pentonville Road im Norden, der Park Lane im Westen, der Tower Bridge im Osten und Elephant & Castle und Vauxhall Bridge Road im Süden. Die Zone ist mit einem großen weißen „C" in einem roten Kreis markiert.

Wer die Zone Montag bis Freitag (außer an Feiertagen) zwischen 7 und 18 Uhr befährt, muss 11,50 £ zahlen (im Voraus oder am gleichen Tag) oder 14 £ am ersten Verrechnungstag nach der Fahrt, um kein Bußgeld zahlen zu müssen (130 £ oder bei Zahlung innerhalb von zwei Wochen 65 £).

Bezahlt werden kann online, in Zeitungsläden, Tankstellen oder in jedem Geschäft, das das „C"-Zeichen anzeigt.

FAHRRAD

Ebenso wie Paris und andere europäische Städte hat auch London einen öffentlichen Fahrradverleih, die **Santander Cycles** (0343 222 6666; www.tfl.gov.uk/modes/cycling/santander-cycles). Sie werden auch „Barclays Bikes" oder nach dem ehemaligen Bürgermeister Boris Johnson (2008–2016), der die Initiative in Gang

ⓘ INFOS IM INTERNET

Lonely Planet (www.lonelyplanet.com/london) Buchungen, Traveller-Forum und mehr.

Londonist (www.londonist.com) Website über London und alles, was in der Stadt so los ist.

Transport for London (www.tfl.gov.uk) Wichtiges Tool, um in der Stadt mobil zu sein.

BBC London (www.bbc.co.uk/news/england/london) Aktuelle Nachrichten über London.

setzte, „Boris Bikes" genannt. Die Fahrräder erwiesen sich bei Besuchern wie bei Londonern als sehr beliebt.

Das Prinzip ist einfach: Man nimmt sich ein Fahrrad an einer der 700 Verleihstationen in der ganzen Stadt, radelt und gibt es an einer anderen Station wieder ab.

Die Teilnahmegebühr beträgt 2 £ für 24 Stunden. Bezahlt wird mit Kredit- oder Debitkarte. Die erste halbe Stunde ist kostenlos, danach kostet jede weitere halbe Stunde 2 £.

Es können im über die Teilnahmegebühr bezahlten Zeitraum (24 Stunden) beliebig viele Fahrräder ausgeliehen werden, mit jeweils fünf Minuten Pause vor einer erneuten Fahrt.

Die Preise sind so gestaffelt, dass sie eher Kurzstrecken begünstigen als längere Leihzeiten; für Letztere sind Fahrradverleiher besser. Die Räder sind zwar einfach zu fahren, haben aber nur drei Gänge und sind ziemlich schwer. Die Teilnahmeregistrierung können nur Personen über 18 Jahren vornehmen, Radfahrer müssen mindestens 14 Jahre alt sein.

VOM/ZUM FLUGHAFEN
Gatwick

Gatwick Express (www.gatwickexpress.com; einfach/hin & zurück Erw. 19,90/34,90 £, Kind 9,95/17,45 £) Der Flughafenzug verbindet den Bahnhof nahe dem South Terminal mit dem Bahnhof Victoria im Zentrum Londons. Er fährt vom Flughafen alle 15 Minuten zwischen 4.35 und 0.50 Uhr ab, von Victoria zwischen 3.30 und kurz nach 0.32 Uhr. Die Fahrt dauert 30 Minuten.

National Rail (www.nationalrail.co.uk) hat regelmäßige Zugverbindungen von/nach London Bridge (30 Min., alle 15–30 Min.), London King's Cross (55 Min., alle 15–30 Min.) und London Victoria (30 Min., alle 10–15 Min.). Die Preise hängen von Uhrzeit und Bahngesellschaft ab, liegen aber zwischen 10 und 20 £ für die einfache Fahrt.

National Express (www.nationalexpress.com) Die Busse (einfach ab 6 £, 80 Min. bis 2 Std.) verkehren den ganzen Tag über zwischen Gatwick und dem Busbahnhof Victoria. Abfahrt ist stündlich rund um die Uhr.

EasyBus (www.easybus.co.uk) Die 19-sitzigen Minibusse nach Gatwick fahren rund um die Uhr alle 15 bis 20 Minuten auf zwei Strecken: von Earl's Court/West Brompton und von Waterloo (einfach ab 5,95 £). Die Fahrt dauert im Durchschnitt 75 Minuten.

Heathrow

Heathrow Express (www.heathrowexpress.com; einfach/hin & zurück 22/36 £) Der Schnellzug fährt in nur 15 Minuten vom Bahnhof Heathrow Central (Terminals 2 und 3) und vom Terminal 5 nach Paddington. Passagiere vom Terminal 4 sollten den kostenlosen Pendelzug zwischen den Terminals zum Bahnhof Heathrow Central nehmen. Die Züge fahren von kurz nach 5 Uhr bis 23.25 Uhr (von Paddington) bzw. 23.40 Uhr (vom Flughafen) alle 15 Minuten in beide Richtungen. Die Züge der Piccadilly Line halten in Heathrow an drei Bahnhöfen: Ein Bahnhof ist an den Terminals 2 und 3, ein zweiter am Terminal 4 und Endstation ist am Terminal 5. Die U-Bahn, allgemein nur *the tube* genannt (einfach 5,10 £, vom Zentrum 1 Std., alle 3–9 Min.) ist das billigste Verkehrsmittel nach Heathrow. Sie fährt ab kurz nach 5/5.45 Uhr bis 23.45/0.30 Uhr (freitags und samstags durchgängig, aber in der Nacht weniger häufig) vom/zum Flughafen. Fahrkarten gibt es im Bahnhof.

National Express (www.nationalexpress.com) Die Busse (einfach ab 6 £, 35–90 Min., alle 30–60 Min.) verbinden den Busbahnhof Heathrow Central mit dem Busbahnhof Victoria. Der erste Bus fährt von Heathrow (an den Terminals 2 und 3) um 4.40 Uhr los, der letzte kurz vor 23 Uhr. Von Victoria ist die erste Abfahrt um 3 Uhr, die letzte kurz vor 24 Uhr.

Der **Nachtbus N9** (1,50 £, 1¼ Std., alle 20 Min.) verbindet Heathrow mit dem Zentrum Londons; Endstation ist in Aldwych.

London City

Die **Docklands Light Railway** (DLR; www.tfl.gov.uk/dlr) hält am Bahnhof London City Airport (einfach 2,80–3,30 £). Die Fahrt zum Bahnhof Bank dauert gut 20 Minuten. Die Züge verkehren montags bis samstags alle 8 bis 10 Minuten von etwa 5.30 bis 0.15 Uhr, sonntags von 7 bis 23.15 Uhr.

Luton

National Rail (www.nationalrail.co.uk) Die Züge (einfach ab 10 £, 35–50 Min., alle 6–30 Min., 7–22 Uhr) fahren von den Bahnhöfen London Bridge und King's Cross zum Bahnhof Luton

Airport Parkway mit Anschluss an einen Shuttlebus (einfach 1,60 £) zum Flughafen (10 Min.).

Stansted

Der **Stansted Express** (☎ 0845 8500150; www.stanstedexpress.com; einfach/hin & zurück 19/32 £) verbindet den Flughafen mit dem Bahnhof Liverpool Street (45 Min., alle 15–30 Min.). Vom Flughafen fährt der erste Zug um 5.30 Uhr, der letzte um etwa 0.30 Uhr. Vom Bahnhof Liverpool Street verkehren die Züge von 3.40 bis 23.25 Uhr.

National Express (www.nationalexpress.com) Die Busse verkehren weit über 100-mal täglich rund um die Uhr. Der A6 fährt über North London zum Busbahnhof Victoria (einfach ab 12 £, 85 Min. bis gut 2 Std., alle 20 Min.), der A9 zum Bahnhof Liverpool Street (einfach ab 10 £, 60–80 Min., alle 30 Min.).

EasyBus (www.easybus.co.uk) fährt alle 15 Minuten zu den U-Bahnhöfen Baker Street und Old Street. Die Fahrt (einfach ab 4,95 £) dauert vom Bahnhof Old Street eine Stunde, vom Bahnhof Baker Street 1¼ Stunden.

Busse von **Terravision** (www.terravision. eu) verbinden von 6 bis 1 Uhr alle 20 bis 40 Minuten Stansted mit Liverpool Street Station (Bus A51, einfach/hin & zurück ab 8/14 £, 55 Min.) und Victoria Coach Station (Bus A50, einfach/hin & zurück ab 9/15 £, 75 Min.).

MINICABS

→ Minicabs haben ebenfalls eine Taxikonzession und sind (meist) billigere Konkurrenten der Black Cabs.

→ Anders als Black Cabs dürfen Minicabs von Rechts wegen nicht auf der Straße herangewunken, sondern müssen telefonisch oder direkt in einem der Minicabbüros bestellt werden (in jeder Hauptstraße gibt es mindestens eines und die meisten Clubs arbeiten mit einer Minicabfirma zusammen, um Nachtschwärmer sicher nach Hause zu bringen).

→ Von Leuten, die einen ansprechen und sich als Minicabfahrer ausgeben, sollte man keine Angebote annehmen – dies sind nur Privatleute mit Auto.

→ Minicabs haben kein Taxameter; der Preis wird meist in der Zentrale festgelegt und sollte vorher auf jeden Fall erfragt werden.

→ Hotels oder sonstige Vermieter können eine seriöse Minicabfirma im jeweiligen Viertel empfehlen; jeder Londoner hat die Nummer von mindestens einer Firma. Oder man wendet sich an eine große 24-Stunden-Firma wie z. B. **Addison Lee** (☎ 020-7387 8888; www.addison lee.com).

→ Mit Apps wie **Uber** (www.uber.com) oder **Kabbee** (www.kabbee.com) lässt sich ein Minicab doppelt so schnell buchen.

ÖFFENTLICHE VERKEHRSMITTEL
Bus

Die allgegenwärtigen roten Doppeldecker Londons bieten tolle Ausblicke auf die Stadt, allerdings geht es wegen der Verkehrsstaus und der Fahrgäste, die an jeder Haltestelle ein- und aussteigen, nur langsam voran.

An jeder Bushaltestelle hängen hervorragende Streckennetzkarten, die alle Strecken und Zie-

LONDON UNTERWEGS VOR ORT

OYSTER CARD

Auf der Chipkarte Oyster Card können Guthaben als Vorauszahlung für Fahrkarten und auch für Travelcards (Zeitkarten) für einen Zeitraum von einem Tag bis zu einem Jahr gespeichert werden. Oyster Cards gelten für sämtliche öffentliche Verkehrsmittel Londons. Beim Betreten und nochmals beim Verlassen eines Bahnhofs muss die Karte nur an ein Lesegerät (mit gelbem Kreis mit dem Bild einer Oyster Card) gehalten werden. Das Gerät zieht dann den passenden Betrag vom Guthaben der Karte ab. Bei Busfahrten muss die Karte nur einmal beim Besteigen ans Lesegerät gehalten werden.

Der Vorteil ist, dass mit der Oyster Card die Preise niedriger sind als mit normalen Fahrscheinen. Es gibt außerdem eine tägliche Preisobergrenze – wer also viele Fahrten unternimmt, zahlt nicht mehr als den Preis für eine Travelcard (gültig zu allen Zeiten oder nur außerhalb der Spitzenzeiten).

Oyster Cards können in jedem U-Bahnhof, in Reisezentren oder in Läden mit dem Oyster-Logo gekauft (5 £ Pfand) und aufgeladen werden.

Zurückgegeben werden können sie an jedem Fahrkartenschalter. Das Pfand und ggf. das Guthaben werden erstattet.

Kontaktlose Karten (also Karten ohne Chip, PIN oder Unterschrift) können nun direkt an den Lesegeräten für Oyster Cards benutzt werden, einschließlich der gleichen Oyster-Fahrpreise. Der Vorteil ist, dass man sich die Mühe mit Kaufen, Aufladen und Zurückgeben einer Oyster Card sparen kann. Ausländische Besucher sollten jedoch die Kosten für Kartentransaktionen berücksichtigen.

lorte ab der jeweiligen Gegend anzeigen (meist ab ein paar Bushaltestellen im Umkreis von zwei bis drei Minuten zu Fuß, die auf einem Stadtplanausschnitt gezeigt werden).

Die Busse verkehren normalerweise von 5 bis 23.30 Uhr.

→ Über 50 Nachtbusstrecken (mit vorgestelltem „N") werden von etwa 23.30 bis 5 Uhr befahren.

→ Es gibt weitere 60 Busstrecken, die rund um die Uhr befahren werden, allerdings zwischen 23 und 5 Uhr seltener.

→ Oxford Circus, Tottenham Court Road und auch Trafalgar Square sind die Knotenpunkte für die Nachtbusse.

→ Einige Nachtbusse fahren nur unregelmäßig und halten nur auf Wunsch, d. h. wenn Fahrgäste die Klingel drücken.

→ Außerdem verkehrt freitags und samstags die U-Bahn auf fünf Linien rund um die Uhr.

Schiff

Es gibt etliche Schiffsgesellschaften, die die Themse befahren. Allerdings bieten nur die **Thames Clippers** (www.thamesclippers.com) einen Pendlerservice an. Die Fahrten sind schnell und angenehm. Es gibt fast immer genug Plätze und außerdem viel zu sehen.

Die Boote (Erw./Kind 7,50/3,75 £) verkehren von 6.55 bis etwa 24 Uhr (am Wochenende ab 9.29 Uhr) zwischen den Anlegestellen Embankment, Waterloo (London Eye), Blackfriars, Bankside (Shakespeare's Globe), London Bridge, Tower Bridge, Canary Wharf, Greenwich, North Greenwich und Woolwich.

Mit dem Thames Clipper River Roamer Ticket (Erw./Kind 17,35/8,65 £) kann man auf den meisten Routen einen ganzen Tag lang beliebig ein- und aussteigen.

Ermäßigungen von einem Drittel gibt's auf die normalen Fahrkarten und das River Roamer Ticket mit der Oyster Card und einer Travelcard (Fahrschein oder auf der Oyster Card). Kinder bis fünf Jahre fahren auf den meisten Booten gratis mit.

U-Bahn, DLR & Overground

Die Londoner U-Bahn (Underground oder *tube*; elf farblich gekennzeichnete Linien) ist Teil eines Verkehrsverbunds, zu dem auch die Docklands Light Railway (DLR; www.tfl.gov.uk/dlr; eine führerlose S-Bahn im östlichen Teil der Stadt)

und die Overground (eine S-Bahn meist außerhalb der Zone 1 und manchmal unterirdisch) gehören. Trotz der ewigen Ausbesserungen und Bauarbeiten mit Wochenendschließungen ist sie insgesamt die schnellste und einfachste, wenn auch nicht die billigste Art, in der Stadt herumzukommen.

Die Züge verkehren Montag bis Samstag von etwa 5.30 bis 0.30 Uhr, sonntags von 6.45 bis 23.30 Uhr.

Auf bestimmten Linien (Victoria und Jubilee Line sowie der größte Teil der Piccadilly, Central und Northern Line) fahren Züge freitags und samstags etwa alle zehn Minuten die ganze Nacht durch, um Nachtschwärmer nach Hause zu bringen.

Während der Wochenendschließungen hängen Fahrpläne, Streckenkarten und alternative Routenvorschläge in jedem Bahnhof aus, zudem stehen Bahnangestellte bei Fragen zur Verfügung.

Einige Bahnhöfe wie Leicester Square und Covent Garden liegen in Wirklichkeit viel näher beieinander, als es auf der Karte den Anschein hat.

TAXI

Das Londoner Black Cab (schwarzes Taxi) gehört ebenso ins Stadtbild wie der rote Doppeldecker. Zugelassene Black-Cab-Fahrer kennen sich nach strenger Ausbildung und mehreren Prüfungen bestens aus. Sie müssen 25 000 Straßen in einem Radius von knapp 10 km um Charing Cross/Trafalgar Square kennen und dazu die 100 aktuell meistbesuchten Adressen wie Sehenswürdigkeiten, Clubs und Restaurants.

→ Ein Taxi ist frei, wenn das gelbe Schild über der Windschutzscheibe aufleuchtet; es wird dann mit ausgestrecktem Arm herangewunken.

→ Die Preise werden nach Taxameter berechnet. Die Grundgebühr beträgt 2,60 £ (für die ersten 248 m an Werktagen), dann 0,20 £ für jeweils alle folgenden 124 m.

→ Die Gebühren sind abends und nachts höher.

→ Bis zu 10 % Trinkgeld sind empfehlenswert. Die meisten Londoner runden den Betrag aber nur bis zum vollen Pfund auf.

→ Apps wie Hailo (www.hailocab.com) oder Black Cabs App (www.blackcabsapp.com) benutzen das GPS des Smartphones eines Fahrgastes, um ein Black Cab in nächster Nähe zu lokalisieren. Gezahlt wird nur der Taxameter-Preis.

Canterbury & Südostengland

Gut essen

➜ Deeson's (S. 153)

➜ Allotment (S. 163)

➜ Iydea (S. 176)

➜ Terre à Terre (S. 177)

➜ Town House (S. 180)

Schön übernachten

➜ Bleak House (S. 158)

➜ Jeake's House (S. 165)

➜ Wallett's Court (S. 163)

➜ Reading Rooms (S. 156)

➜ Hotel Una (S. 176)

Auf nach Canterbury & Südostengland

Imposante Kalksteinklippen, viktorianisch geprägte Badeorte, Hopfenfelder und Reben: Willkommen in Englands Südosten! Vier Grafschaften wetteifern um die Besuchergunst mit Landgütern, Märchenschlössern und dem Besten aus Englands Küche und Kellereien. Die Sonne meint es hier besonders gut, lässt Obst und Gemüse reifen und sorgt in den von Felsen umrahmten Küstenstädtchen für Urlaubsstimmung. Ob Mittelalterflair in Sandwich, Künstleratmosphäre in Brighton oder gepflegte Eleganz in Eastbourne, hier ist für jeden etwas dabei.

Aber auch dunklere Zeiten haben ihre Spuren hinterlassen. Für Angreifer vom Festland war die Region stets das erste Ziel. Daran erinnern römische Ruinen, Geheimtunnel unter der Burg von Dover und natürlich das Schlachtfeld von 1066.

Englands christliche Seele hat ihren weltlichen Sitz in Canterbury. Seine Kathedrale und weitere von der Unesco geschützte Attraktionen haben auch für moderne Pilger nichts von ihrer Faszination eingebüßt.

Reisezeit

➜ Im Mai wird in Brighton mit Großbritanniens zweitgrößtem Kunstfestival ein Fest der Kreativität gefeiert.

➜ Im Juni sind Strohhut und Kniehosen angesagt: Das Dickens Festival in Broadstairs vermittelt viktorianisches Lebensgefühl.

➜ Von Mai bis Oktober lädt der South Downs Way zu Wanderungen durch Englands jüngsten Nationalpark ein.

➜ Im Hochsommer brodeln die wunderbaren Strände der Isle of Thanet vor ausgelassenem Badevergnügen.

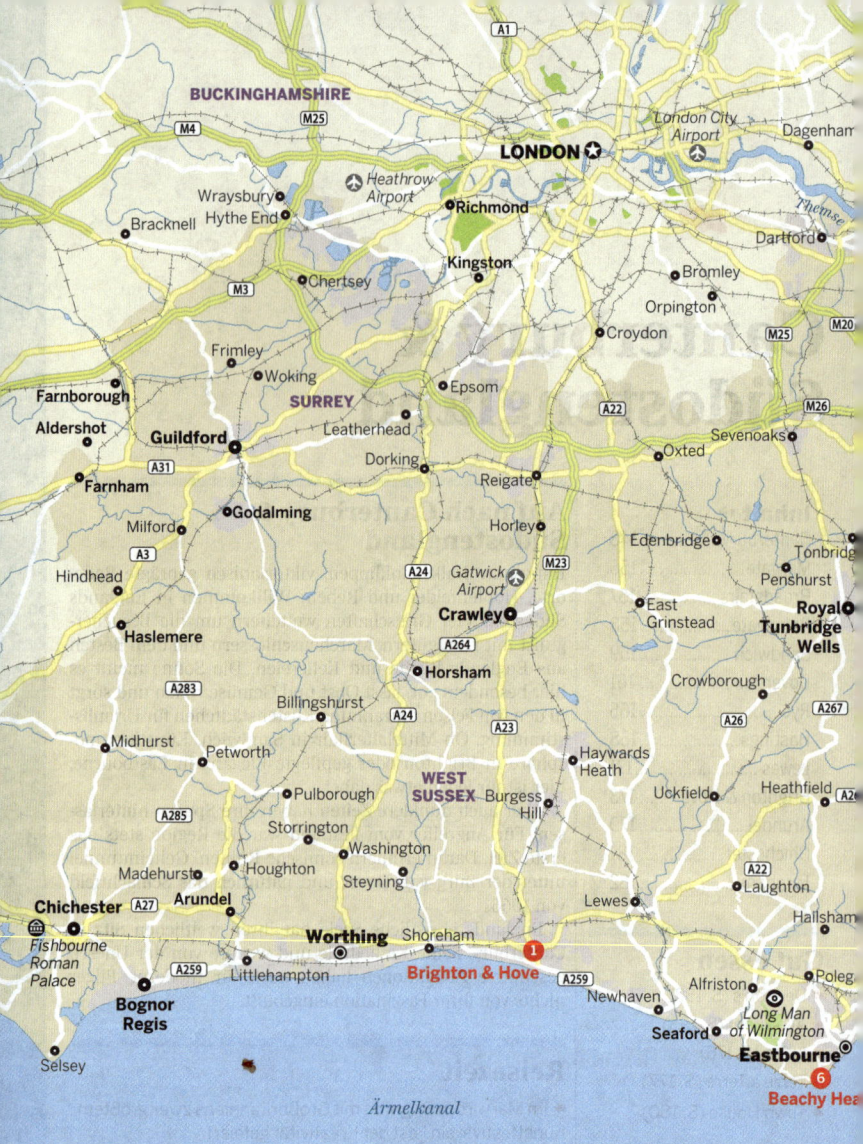

Highlights

1 Brighton & Hove
(S. 173) Shoppen, Sonnen-
baden und feiern in der
Hedonistenhochburg von
Südostengland

2 Canterbury (S. 148)
Zu einem der bedeutendsten
religiösen Zentren Englands
pilgern

3 Dover Castle (S. 161)
In den Tunneln unter der

Burganlage Weltkriegs-
stimmung erahnen

4 Rye (S. 165) Auf Kopfsteinpflaster durch ein Bilder-
buchstädtchen bummeln

5 **Leeds Castle** (S. 154)
Ein Juwel von Wasserschloss
auskundschaften

6 **Beachy Head** (S. 171)
Schneeweiße Kalksteinfelsen
erklimmen

7 **Isle of Thanet** (S. 157)
Das Strandlaken auspacken
und es sich gut gehen lassen

8 **Sandwich** (S. 159)
Im mittelalterlichen
Gassengewirr die
Orientierung verlieren

🏃 Aktivitäten

Auch wenn Südostengland die am dichtesten besiedelte Ecke der britischen Insel ist, bietet sie jede Menge Wander- und Radwege fernab von jeglicher Hektik.

Radfahren

Zugegeben, es ist nicht immer leicht, im Südosten ruhige Landstraßen zum Radeln zu finden. Aber die Mühe lohnt sich. Außerdem führen diverse Fernradwanderwege des National Cycle Network (NCN; www.sustrans.org.uk) durch die Region, darunter die Downs & Weald Cycle Route (177 km; NCN-Routen 2, 20 & 21) von London bis Brighton und weiter nach Hastings und die Garden of England Cycle Route (266 km, NCN-Routen 1 & 2) von London über Dover nach Hastings.

Auf der NCN-Website gibt's auch Vorschläge für weniger anspruchsvolle Touren. Mountainbiker, die nach bergigen Herausforderungen suchen, können es mit den zahlreichen Wanderwegen versuchen. Auf dem **South Downs Way National Trail** (160 km) sind sie zwei bis vier Tage gut beschäftigt.

Wandern

Zwei Fernwanderwege schlängeln sich quer durch die Region in Richtung Westen. Eine ganze Palette kürzerer Routen wird verschiedenen Ansprüchen an Kondition, Zeitumfang und bevorzugter Landschaft gerecht.

South Downs Way National Trail (www.nationaltrail.co.uk/south-downs-way) Die 160 km lange Wanderroute durch Englands jüngsten Nationalpark ist ein abwechslungsreiches Auf und Ab entlang uralter Triftwege zwischen Winchester und Eastbourne.

North Downs Way National Trail (www.nationaltrail.co.uk/north-downs-way) Nicht weit von Farnham (Surrey) beginnt dieser 246 km lange Fernwanderweg, dessen attraktivste Abschnitte zwischen Ashford und Dover liegen. Am Ende schlägt er eine Schleife über Canterbury.

1066 Country Walk Die Verlängerung des South Downs Way führt auf 51 km vom Pevensey Castle nach Rye.

ℹ️ Touristeninformationen

Kent Attractions (www.kentattractions.co.uk)
Tourism South East (www.visitsoutheast england.com) Die offizielle Website für Englands Süden und Südosten.

Visit Kent (www.visitkent.co.uk)
Visit Surrey (www.visitsurrey.com)
Visit Sussex (www.visitsussex.org)

ℹ️ Anreise & Unterwegs vor Ort

Den Südosten per Bus und Zug zu erforschen, ist kein Problem. Viele Attraktionen eignen sich für einen Tagesausflug ab London. Ausführliche Infos über öffentliche Verkehrsmittel in der Region liefert die Website von **National Traveline** (www.travelinesoutheast.org.uk).

BUS

Explorer Tickets (Erw./Kind 7,20/5,10 £) gelten einen Tag lang für fast alle Busse der Region und sind beim Fahrer erhältlich.

ZUG

33 % Rabatt auf so gut wie alle Zugtickets für Fahrten im Südosten gewährt die Network Railcard (pro Jahr 30 £). Inhaber der Karte können drei Erwachsene zum gleichen ermäßigten Preis mitnehmen, Kinder bis 15 Jahre bezahlen sogar 60 % weniger.

KENT

Nicht umsonst wird Kent „der Garten Englands" genannt. Die vom Meer umarmte Grafschaft setzt sich aus sanften Hügeln, fruchtbarem Ackerland, gepflegten Landgütern und voll behangenen Obstplantagen zusammen. Sie könnte locker auch den Titel „Biergarten Englands" beanspruchen, denn der Hopfen aus Kent ist weltberühmt und einige der besten englischen Biere (wie auch Weine) werden hier produziert. Das Herz der Grafschaft schlägt in Canterbury mit seiner legendären Kathedrale. Auch die Küste hat mit netten Städtchen und Dörfern ihren besonderen Reiz, angefangen mit dem sympathisch altmodischen Broadstairs über das elegante Whitstable bis hin zum kontrastreichen Dover mit seinem Hafen.

Canterbury

55 240 EW.

Wenn es um englische Kathedralen geht, kommt keiner an Canterbury vorbei. Die Stadt ist einer der größten Touristenmagneten im Süden und viele halten den als Welterbe gelisteten Sakralbau in ihrem Zentrum für eine der schönsten Kirchen Europas. Die alten Stadtmauern, die schmalen, mittelalterlichen Gassen und die Ufergärten laden zum gemütlichen Bummel ein. Dabei zehrt Canterbury keineswegs nur vom Glanz vergangener Zeiten. Die aufgeweckte Studentenszene und eine ganze Latte moderner Bars, Restaurants, Veranstaltungsorte und kleiner, individueller Läden halten die quirlige Stadt jung. Um sich bei Unterkünften und Restaurants nicht mit der zweiten Wahl begnügen zu müssen, empfiehlt es sich, rechtzeitig zu reservieren – Canterbury ist immer noch ein Wallfahrtziel, auch wenn die Pilger mittlerweile anstatt des Wanderstocks das Handy dabeihaben.

Geschichte

Canterbury hat einiges mitgemacht. Den Grundstein legten die Römer um 200 n. Chr., danach wurde es die Hauptstadt des angelsächsischen Königreichs Kent. Als Augustinus 597 aus Afrika kam, um die heidnischen Horden zu bekehren, wählte er Canterbury als *cathedra* (Sitz) und begann mit dem Bau einer Abtei am Stadtrand. Nach dem Märtyrertod von Thomas Becket, Erzbischof von Canterbury, wurde die Stadt zum wichtigsten Pilgerziel in Nordeuropa. Damit inspirierte sie Geoffrey Chaucer zu den berühmten *Canterbury Tales*, einem der bedeutendsten Werke der englischen Literatur.

Obwohl grausame Morde an Würdenträgern und Touristenhorden dem Seelenheil nicht gerade zuträglich sind, hält die Church of England an Canterbury als ihrem Hauptsitz fest.

⊙ Sehenswertes

★ Canterbury Cathedral   KATHEDRALE
(www.canterbury-cathedral.org; Erw./erm. 12/ 10,50 £, Führung Erw./erm. 5/4 £, Audioguide Erw./ erm. 4/3 £; ⊙ Mo–Sa 9–17.30, So 12.30–14.30 Uhr) Das Mutterschiff der Church of England ist ein Archiv für über 1400 Jahre Religionsgeschichte und hat selbst eine faszinierende Vergangenheit. Unter den als Weltkulturerbe eingestuften Stätten Canterburys ist das gotische Bauwerk das absolute Highlight, das sowohl Gläubige wie auch Touristen in seinen Bann zieht. In seinen Mauern fand der berühmteste Mord in Englands Geschichte statt: Erzbischof Thomas Becket wurde hier 1170 grausam niedergemetzelt. Für die Besichtigung mindestens zwei Stunden einplanen!

Die Kathedrale ist eine faszinierende Mischung aus packenden Geschichten, überwältigender Architektur und tiefer Spiritualität – mit einem unterschwelligen Hauch

von Gewalt und Blutvergießen, der bei jedem Besucher für leichte Gänsehaut sorgt.

Viele Monumente erinnern an Schlachten, die auf englischem Boden geschlagen wurden. Ein Beispiel dafür ist das Grab mit der Rüstung eines der heldenhaftesten Kriegsherren Englands, des „Schwarzen Prinzen" Edward of Woodstock (1330–1376). Die Stelle im nordwestlichen Querschiff, an der Thomas Becket sein grausames Schicksal ereilte, ist seit über 800 Jahren ein Pilgerziel. Flackerndes Kerzenlicht beleuchtet den überraschend modernen Altar, der dort aufgestellt wurde.

Neben dem Altar liegt der Eingang zur Krypta. Ein verheerender Kirchenbrand legte das damalige Gebäude 1174 in Schutt und Asche, nur dieser höhlenartige Raum blieb von den Flammen verschont und ist ebenfalls ein Besuchermagnet. Vor allem die erstaunlich gut erhaltenen Steinmetzarbeiten an den vielen Säulen verdienen es, näher in Augenschein genommen zu werden. Es gibt in der Kathedrale so viel zu sehen, dass es sich wirklich lohnt, die einstündige Führung (Mo–Sa 3-mal tgl.) mitzumachen oder sich den Audioguide (40 Min.) auszuleihen.

Canterbury Heritage Museum   MUSEUM
(www.canterbury-museums.co.uk; Stour St; Erw./ Kind 8 £/frei; ⊙11–17 Uhr) Das imposante Gebäude wurde im 14. Jh. als Poor Priests' Hospital errichtet und pflegt heute die Stadtgeschichte. Seine eklektische Sammlung beleuchtet sämtliche wichtigen Perioden und Ereignisse, von der vorrömischen Ära über die Ermordung Beckets bis hin zu Joseph Conrad und anderen berühmten Söhnen Canterburys. Es gibt einen für Kids konzipierten Raum, in dem neben anderen, spannenden Objekten ein „echter" Kothaufen aus dem Mittelalter zu sehen ist. Eisenbahnfans werden von der Invicta-Dampflokomotive begeistert sein, die auf der weltweit dritten Eisenbahnlinie für Personenverkehr, der „Crab & Winkle" zwischen Canterbury und Whitstable, ihren Dienst verrichtete.

St. Martin's Church   KIRCHE
(www.martinpaul.org; North Holmes Rd; ⊙ Di, Do & Sa 11–15, So 9.50–10.20 Uhr, Gottesdienst So 9 Uhr) Angeblich ist das trutzige, kleine Gebäude nicht weit von der Straße nach Sandwich Englands dienstälteste Pfarrkirche. Hier hieß Königin Bertha (Gattin des angelsächsischen Königs Ethelbert) Augustinus

willkommen, als er im 6. Jh. nach England kam. Von der damaligen Kirche ist aufgrund ständiger Umbauten so gut wie nichts mehr übrig. Aber für einen Spaziergang ist St. Martin's allemal ein lohnendes Ziel.

Eastbridge Hospital HISTORISCHES GEBÄUDE
(www.eastbridgehospital.org.uk; 25 High St; Erw./Kind 2/1 £; ⊙ Mo–Sa 10–17 Uhr) Seit 1180 bietet das gastfreundliche Haus Pilgern, Soldaten und (heute) Alten ein Dach über dem Kopf. Damit ist es das letzte der ehemals in Canterbury in großer Zahl vorhandenen Hospitäler (von engl. *hospitality* für „Gastlichkeit"), das noch in Betrieb ist. Ein Besuch lohnt sich wegen der romanischen Kellergewölbe und der alten Kapelle. Die Armenhäuser kamen im 16. Jh. dazu; sie sind ebenfalls noch bewohnt und stehen auf Großbritanniens ältester Straßenbrücke, die über 800 Jahre auf dem Buckel hat.

Roman Museum MUSEUM
(www.canterburymuseums.co.uk; Butchery Lane; Erw./Kind 8 £/frei; ⊙ 10–17 Uhr) Die unterirdische Ausgrabungsstätte lädt zu einem Spaziergang in die Vergangenheit ein. Ein rekonstruierter Marktplatz und Wohnräume inklusive Küche und Mosaikböden geben faszinierende Einblicke in das Alltagsleben einer Römersiedlung. Der Fund ist übrigens Bomben aus dem Zweiten Weltkrieg zu verdanken, die die Überreste ungewollt „freilegten".

West Gate Towers MUSEUM
(www.onepoundlane.co.uk; St. Peter's St; Erw./erm. 4/3 £; ⊙ 11–16 Uhr) Das einzige noch erhaltene mittelalterliche Stadttor (1380) war in den letzten Jahren Diskussionsthema Nr. 1 in Canterbury. Nach mehrfachen Schließungen und Wiedereröffnungen betreibt seit 2015 ein Privatunternehmen im Innern der Gemäuer ein Museum. Die Ausstellung widmet sich der ehemaligen Nutzung des Stadttors als Gefängnis. Die Aussicht ist hübsch und von oben kann man dabei zuschauen, wie sich unten die Busse mit eingeklappten Seitenspiegeln durch die verdammt schmale Toröffnung quetschen.

Greyfriars Chapel KIRCHE
(⊙ Ostern–Sept. Mo–Sa 14–16 Uhr) Interessierte finden die Kapelle in einem friedlichen Ufergarten hinter dem Eastbridge Hospital. Die Parkanlage des ältesten Franziskanerklosters in England (1267) lädt dazu ein, mitten in der Stadt die Picknickdecke auszubreiten.

**Beaney House of
Art & Knowledge** MUSEUM
(18 High St; ⊙ Mo–Mi, Fr & Sa 9–17, Do 9–19, So 10–17 Uhr) GRATIS Auch wenn das Gebäude nur ein Nachbau ist, gibt's in der gesamten Einkaufsstraße kein schöneres Beispiel für die Architektur der Tudorzeit. Das ehemalige Royal Museum & Art Gallery beherbergt seit 1899 ein Museum, eine Kunstgalerie und die städtische Bibliothek. Später wurde es zu Ehren des Wohltäters, der den Bau im 19. Jh. finanzierte, umbenannt. Mittlerweile ist auch die Touristeninformation eingezogen, sodass es sich auf jeden Fall lohnt, hier kurz hereinzuschauen.

Geführte Touren

**Canterbury Historic
River Tours** BOOTSTOUREN
(📞 07790-534744; www.canterburyrivertours.co.uk; Kings Bridge; Erw./Kind 9/5 £; ⊙ März–Okt. 10–17 Uhr) Ruderer mit kräftigen Muskeln erweisen sich auf den mehrfach preisgekrönten, kurzen Ausflugsfahrten auf dem Fluss Stour als kundige Fremdenführer. Die Anlegestelle liegt hinter dem Old Weaver's House.

**Canterbury River Navigation
Company** BOOTSTOUREN
(📞 07816-760869; www.crnc.co.uk; Westgate Gardens; Erw./Kind ab 10/6 £; ⊙ April–Okt.) Bei gutem Wetter bietet die Agentur Fahrten mit dem Stechkahn auf dem lieblichen Stour an.

**Canterbury
Guided Tours** STADTRUNDGANG
(📞 01227-459779; www.canterburyguidedtours.com; Erw./Kind/erm. 7,50/5,50/7 £; ⊙ Feb.–Okt. 11 Uhr, Juli–Sept. auch 14 Uhr) Die Stadtführung beginnt gegenüber vom Eingang zur Kathedrale. Tickets gibt's in der Touristeninformation.

Festivals & Events

Canterbury Festival KULTURFESTIVAL
(📞 Tickets 01227-787787; www.canterburyfestival.co.uk; ⊙ Mitte Okt.–Anfang Nov.) Jede Menge Musiker, Comedians, Theatergruppen und andere Künstler aus aller Welt machen dieses fast dreiwöchige Festival zur Riesenparty.

Schlafen

Kipp's Independent Hostel HOSTEL £
(📞 01227-786121; www.kipps-hostel.com; 40 Nunnery Fields; B 16,50–24,50 £, EZ 25–35 £, DZ 50–70 £; @ 🛜) Das Backsteingebäude in einer ruhigen Wohngegend rund 1 km vom Stadt-

Canterbury

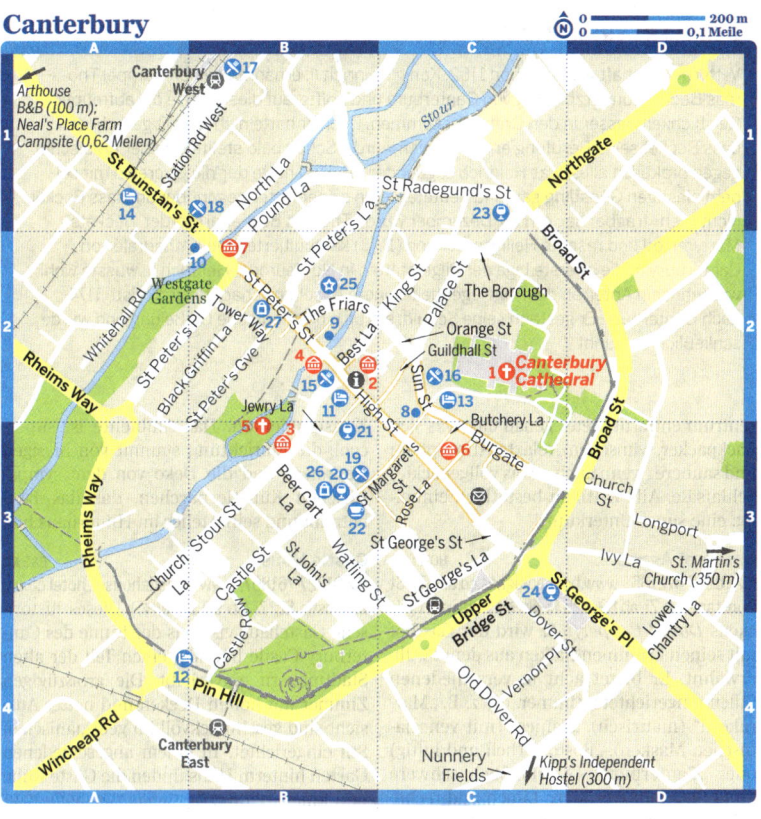

Canterbury

⦿ Highlights
1 Canterbury Cathedral C2

⦿ Sehenswertes
2 Beaney House of Art & Knowledge B2
3 Canterbury Heritage Museum B3
4 Eastbridge Hospital B2
5 Greyfriars Chapel B3
6 Roman Museum C3
7 West Gate Towers B2

✚ Aktivitäten, Kurse & Touren
8 Canterbury Guided Tours C2
9 Canterbury Historic River Tours B2
10 Canterbury River Navigation Company B2

🛏 Schlafen
11 ABode Canterbury B2
12 Castle House A4
13 Cathedral Gate Hotel C2

14 House of Agnes A1

✖ Essen
15 Boho B2
16 Deeson's C2
17 Goods Shed B1
18 Refectory Kitchen B1
19 Tiny Tim's Tearoom B3

🍷 Ausgehen & Nachtleben
20 Alberry's Wine Bar B3
21 Foundry Brewpub B3
22 Micro Roastery B3
23 Parrot C1
24 Steinbeck & Shaw C3

✪ Unterhaltung
25 New Marlowe Theatre B2

🛍 Shoppen
26 Chaucer Bookshop B3
27 Revivals B2

DER MÄRTYRER THOMAS BECKET

Vetternwirtschaft gab es schon 1162. König Heinrich II. ernannte seinen Kumpel Thomas Becket zum Erzbischof von Canterbury und hoffte, auf diese Weise die aufmüpfige Geistlichkeit besser in den Griff zu bekommen. Doch er hatte nicht damit gerechnet, dass Becket seine Berufung ernst nehmen würde. Schon bald stellte sich der Erzbischof gegen praktisch alles, was Heinrich sagte oder tat. 1170 hatte der die Querelen mit seinem einstigen Günstling satt und deutete vieren seiner Ritter gegenüber an, dass Becket nicht mehr tragbar sei. Am 29. Dezember wurde Thomas Becket ermordet. Beckets Märtyrertod und rasante Heiligsprechung (1173) katapultierten die Kathedrale von Canterbury in die oberste Liga der Pilgerstätten in Nordeuropa. Heinrich II. wusste wohl, wie sehr sein Anteil an der Angelegenheit seinem Ansehen schadete, und reiste 1174 nach Canterbury. Er gestand seine Schuld, ertrug eine öffentliche Geißelung und wurde schließlich entsühnt.

zentrum entfernt bietet genau das, was sich Backpacker wünschen: relaxte Atmosphäre und saubere (wenn auch etwas vollgepackte) Schlafsäle. Alle Kritiken bestätigen einhellig: eine super Unterkunft!

House of Agnes
HOTEL ££

(☎ 01227-472185; www.houseofagnes.co.uk; 71 St Dunstan's St; Zi. ab 89–125 £; @ 🛜) Schon in Dickens *David Copperfield* wird der Gasthof mit seinen krummen Balken aus dem 13. Jh. erwähnt. Er bietet acht in verschiedenen Stilen eingerichtete Zimmer, die z. B. „Marrakesh" (maurisch), „Venice" (mit venezianischen Masken), „Boston" (hell und luftig) oder „Canterbury" (Antikmöbel, schwere Stoffe) heißen. Wer klare Linien und rechte Winkel bevorzugt, wählt eines von acht weiteren „Stallzimmern" im Gartenanbau, die schlichter, aber genauso komfortabel sind.

Cathedral Gate Hotel
HOTEL ££

(☎ 01227-464381; www.cathgate.co.uk; 36 Burgate; EZ/DZ 50/112 £, ohne Bad 50/81,50 £; 🛜) Das Hotel steht hier schon seit dem 15. Jh. und ist damit älter als das spektakuläre Portal der Kathedrale gleich nebenan. Ein Labyrinth aus steilen Treppen und engen Fluren führt zu den 27 charmant-altmodischen Zimmern mit verwinkelten Grundrissen, niedrigen Türen und schiefen Wänden. Einige haben Blick auf die Kathedrale, andere auf den hübschen Buttermarkt. Es gibt keinen Aufzug.

Arthouse B&B
B&B ££

(☎ 07976-725457; www.arthousebandb.com; 24 London Rd; Zi. ab 65 £; 🅿🛜) Wer in Canterburys lockerster Unterkunft nächtigt (ein Feuerwehrhaus aus dem 19. Jh.), kommt sich ein bisschen vor wie in einer WG von Kunststudenten. Das Ambiente ist supercool, die Einrichtung stammt von hiesigen Designern und die Deko von dem sympathischen Künstlerpärchen, das das B&B betreibt und sein Atelier im Hinterhaus hat.

Castle House
B&B ££

(☎ 01227-761897; www.castlehouse hotel.co.uk; 28 Castle St; Zi. ab 90 £; 🅿🛜) Dieses historische Gästehaus vis-à-vis der Ruine des Canterbury Castle hat sich einen Teil der alten Stadtmauern einverleibt. Die großzügigen Zimmer mit hohen Decken und netter Aussicht sind geschmackvoll im georgianischen Stil eingerichtet. In einem abgeschiedenen Garten hinterm Haus finden die Gäste Ruhe und Entspannung.

★ ABode Canterbury
HOTEL £££

(☎ 01227-766266; www.abodecanterbury.co.uk; 30–33 High St; Zi. ab 98 £; 🛜) Die 72 Zimmer des zentral gelegenen, einzigen Boutiquehotels der Stadt sind in Kategorien von „komfortabel" bis „märchenhaft" eingeteilt und die meisten werden den Bezeichnungen auch gerecht. Betten vom Tischler, Chesterfield-Sofas, Tweedkissen und wunderschöne, moderne Bäder erhöhen den Wohlfühlfaktor genauso wie die herrliche Champagnerbar, das Restaurant und das Pub im Haus.

✕ Essen

★ Tiny Tim's Tearoom
CAFÉ £

(www.tinytimstearoom.com; 34 St Margaret's St; Hauptgerichte 6–10,50 £; ⊘Di–Sa 9.30–17, So 10.30–16 Uhr) Es gehört einiges dazu, um als „Kent's Tearoom of the Year" ausgezeichnet zu werden. Dem schicken Café im Stil der 1930er-Jahre wurde diese Ehre 2015 zuteil. Die Zutaten für das üppige English Breakfast kommen aus Kent, die Etageren mit Kuchen, *crumpets*, Gurkensandwiches und *scones* mit dickem Rahm sind unwiderstehlich. An geschäftigen Tagen sind die Anstehschlangen lang!

Refectory Kitchen
BRITISCH **£**

(☎01227-638766; www.refectorykitchen.com; 16 St. Dunstan's St; Hauptgerichte um 8 £ ⊙Mo–Mi 8–17, Do & Fr 8–16 & 18–21.30, Sa 9–16 & 18–21.30, So 9–15 Uhr) Das kleine Café mit Holzbalkendecke beglückt den ganzen Tag über mit diversen Frühstücksangeboten. Mittags und abends gibt es eine überschaubare Auswahl an Hauptgerichten, die nach Möglichkeit mit Zutaten aus Kent zubereitet werden. Die Begrüßung ist freundlich, die Atmosphäre einladend, aber zu den Stoßzeiten herrscht ziemlicher Betrieb.

Boho
INTERNATIONAL **£**

(43 St Peter's St; Snacks 4–14 £; ⊙Mo–Do 9–18, Fr & Sa 9–22, So 10–17 Uhr) Die hippe Essadresse mitten im Zentrum ist extrem beliebt und wenn viele Shopper unterwegs sind, ist kaum ein Tisch zu bekommen. Ein cooler Soundtrack wabert durch die im Retrostil eingerichteten Räume, in denen sich die Gäste genussvoll Frühstücksvarianten mit allem Drum und Dran, riesigen Burgern und internationalen Speisen des in der Küche wirbelnden Besitzers hingeben. Da keine Reservierungen entgegengenommen werden, ist mit Wartezeit zu rechnen.

★ Deeson's
BRITISCH **££**

(☎01227-767854; www.deesonsrestaurant.co.uk; 25–26 Sun St; Hauptgerichte 15–24 £; ⊙12–15 & 17–22 Uhr) „Lokal, saisonal und lecker", so könnte man die ausgezeichnete britische Küche, die hier zubereitet wird, in drei Worten charakterisieren. Obst und Gemüse, preisgekrönte Biere und Ciders kommen alle aus Kent und manche Zutat erntet der Besitzer sogar im eigenen Schrebergarten. Das Lokal ist schlicht und modern eingerichtet und liegt nur einen Steinwurf von der Kathedrale entfernt.

Goods Shed
MARKT **££**

(☎01227-459153; www.thegoodsshed.co.uk; Station Rd West; Hauptgerichte 17–20 £; ⊙Markt Di–Sa 9–19, So 10–16 Uhr, Restaurant Di–Sa 8–21.30, So 9–15 Uhr) Ein Bauernmarkt, eine Markthalle und ein fabelhaftes Restaurant – dieses Dreierpack bietet das umgebaute Kaufhaus nicht weit vom Bahnhof Canterbury West. Selbstversorger können hier Vorräte bunkern. Wer sich lieber bedienen lässt, nimmt

an einem der erhöht aufgestellten rustikalen Holztische Platz, lässt den Blick über das rege Treiben schweifen und bestellt eines der Tagesgerichte aus leckeren Produkten ganz frisch vom Bauernhof.

🍷 Ausgehen & Nachtleben

Steinbeck & Shaw
CLUB

(www.steinbeckandshaw.co.uk; 41 St. George's Pl; ⊙Mo–Do 18–2, Fr & Sa 18–3 Uhr) Canterburys jüngster Club ist ein Kind des 21. Jahrhunderts. Das ultracoole Interieur mit urbanem Retroschick bietet eine tolle Kulisse für die bunte Mischung aus Rock und House. Gleichermaßen beliebt bei Studenten, Touristen und trendbewussten Einheimischen.

Foundry Brewpub
BRAUEREI

(www.thefoundrycanterbury.co.uk; White Horse Lane; ⊙Mo–Do 12–24, Fr & Sa 12–open end, So 12–23 Uhr) Im industriellen Ambiente einer ehemaligen Gießerei verwöhnt Canterburys Brauereipub seine Gäste mit frisch gezapftem, preisgekröntem Craft-Bier. Das Angebot umfasst außerdem eine breite Palette lokaler und britischer Ales und Ciders sowie kleine Snacks und Speisen.

Micro Roastery
KAFFEE

(www.microroastery.co.uk; 4 St Margaret's St; ⊙Mo–Fr 8–18, Sa 9–18, So 10–17 Uhr; 🔊) In seinem Café verkauft und serviert das englisch-peruanische Pärchen unübertrefflich guten Kaffee aus selbstimportierten und -gerösteten, frisch gemahlenen Bohnen. Ausgediente Kaffeesäcke und Werke lokaler Künstler verschönern das Lokal, in dem eine Espressomaschine von La Marzocco zischt.

Parrot
PUB

(www.theparrotonline.com; 1–9 Church Lane; ⊙Mo–Sa 12–22, So 12–21.30 Uhr) Canterburys älteste Kneipe wurde 1370 auf römischen Grundmauern errichtet. Im Erdgeschoss mit Holzbalken wie auch im darüber liegenden Speisesaal mit noch mehr altem Eichenholz fließt der Gerstensaft aus Kleinbrauereien; die Küche wird hoch gelobt.

Alberry's Wine Bar
CLUB

(www.alberrys.co.uk; 38 St Margaret's St; ⊙23–3 Uhr) Nachtschwärmer lassen sich hier von einem Soundtrack berieseln, der von Live Jazz über von DJs animiertem Drum'n'Bass bis zu Mainstream-Pop reicht, chillen bei einem Cocktail im Obergeschoss oder hängen unten an der Bar ab.

ABSTECHER

LEEDS CASTLE

Das Wasserschloss **Leeds Castle** (www.leeds-castle.com; Erw./Kind 24,50/16,50 £; ☉ April–Sept. 10–18 Uhr, Okt.–März bis 17 Uhr) östlich von Maidstone ist ein absoluter Besuchermagnet. Viele halten es für unschlagbar romantisch. Das prächtige, auf zwei kleine Inseln gebaute „Frauenschloss" war in seiner über 1000-jährigen Geschichte die Residenz zahlloser Königinnen, darunter die erste Gattin Heinrichs VIII., Katharina von Aragon.

Im Lauf der Jahrhunderte wandelte es sich von einer Festung zum luxuriösen Palast. Die letzte Besitzerin, Lady Baillie, veranstaltete hier verschwenderische Partys für Englands High Society und mit so illustren Gästen wie Errol Flynn, Douglas Fairbanks und John F. Kennedy.

Die weitläufige Anlage bietet Attraktionen für ein tagesfüllendes Programm: idyllische Spazierwege, ein Enten- und ein Vogelhaus, Falkenflugvorführungen, das wohl einzige Hundehalsband-Museum der Welt und viele Angebote für Kinder. Ein Highlight ist der Irrgarten, dessen Hecken von einem grasbewachsenen Damm aus einsehbar sind. Dort versammeln sich Besucher gerne, um die „Verirrten" anzufeuern – oder noch mehr zu verwirren.

Seit Lady Baillies Tod 1974 wird das Anwesen von einem privaten Trust verwaltet. Zeitweise sind bestimmte Trakte gesperrt, weil darin Privatveranstaltungen stattfinden.

Anfahrt per Zug ab London Victoria bis Bearsted, von wo ein Shuttlebus zum Schloss fährt.

 Unterhaltung

New Marlowe Theatre   THEATER
(☎01227-787787; www.marlowetheatre.com; The Friars) Canterburys größtes Theater holt erfolgreiche Tourneeproduktionen in die Stadt. Im Saal bildet die Bestuhlung im knalligen Orange von Rettungsjacken einen bizarren Kontrast zur dunklen Täfelung aus Holzimitat. Im Haus befindet sich eine zweite, kleinere Bühne: The Studio.

 Shoppen

Chaucer Bookshop   BÜCHER
(6–7 Beer Cart Lane; ☉Mo–Sa 10–17, So 11–16 Uhr) Gebrauchte und antiquarische Bücher sowie interessante Drucke und Zeichnungen.

Revivals   KLAMOTTEN
(42 St Peter's St; ☉Mo–Sa 10–17, So bis 16 Uhr) Canterburys beste Fundgrube für Vintage-Klamotten.

ⓘ Praktische Informationen

Postamt (19 St George's St; ☉Mo–Sa 9–17.30, So 10.30–14.30 Uhr) Im ersten Stock von WH Smiths.

Touristeninformation (☎01227-862162; www.canterbury.co.uk; 18 High St; ☉Mo–Mi, Fr & Sa 9–17, Do bis 19, So 10–17 Uhr) Im Beaney House of Art & Knowledge. Die Mitarbeiter sind bei Buchungen von Unterkünften, Ausflügen und Theaterkarten behilflich.

ⓘ An- & Weiterreise

BUS

Der **Busbahnhof** (St George's Lane) liegt gerade noch innerhalb der Stadtmauern. Es bestehen Verbindungen nach:

Dover (National Express; 5,80 £, 40 Min., stündl.)

London Victoria (National Express; 15,50 £, 2 Std., stündl.)

Margate (5,30 £, 50 Min., 4-mal stündl.)

Ramsgate (5,30 £, 45 Min., stündl.)

Sandwich (3,70 £, 40 Min., 3-mal stündl.)

Whitstable (4,70 £, 30 Min., alle 10 Min.)

ZUG

Von den beiden Zugbahnhöfen ist Canterbury East für Verbindungen nach London Victoria zuständig, während es von Canterbury West nach London Charing Cross und St. Pancras geht. Canterbury hat Zugverbindungen nach:

Dover Priory (8,20 £, 25 Min., halbstündl.) Verkehrt vom Bahnhof Canterbury East.

London St. Pancras (34,80 £, 1 Std., stündl.) Schnellzug.

London Victoria/Charing Cross (29,30 £, 1¾ Std., 2-mal stündl.)

ⓘ Unterwegs vor Ort

Weite Teile des Zentrums sind Fußgängerzone. Entlang der Stadtmauern und unmittelbar dahinter liegen mehrere Parkplätze und -häuser. Wer den dichten Stadtverkehr meiden will, kann sein Auto auf einem der drei P&R-Plätze abstellen. Sie kosten 3 £ pro Tag, der Pendelbus zum Zentrum (Mo–Sa 7–19.30, So 10–18 Uhr) fährt alle acht Minuten.

Whitstable

30 195 EW.

Ob es an den Austern liegt, die hier schon den alten Römern schmeckten? Oder an den Holzhäusern und Kiesstränden? Vielleicht auch an der nostalgischen Hauptstraße mit ihren kleinen Galerien, alteingesessenen Geschäften und Secondhandläden. Jedenfalls ist Whitstable eine Art Zufluchtsort für Städter geworden, die sich hier am Wochenende vom Stress erholen wollen. Dank regelmäßiger Busverbindungen bietet sich der Besuch als bequemer Tagesausflug von Canterbury an.

Sehenswertes

Whitstable Museum & Gallery　　MUSEUM
(www.canterburymuseums.co.uk; 5 Oxford St; Erw./erm. 3/2 £; ⊙11–16.30 Uhr) Das kleine, mit Glasvitrinen bestückte Museum informiert über die Austernindustrie von Whitstable, die Crab & Winkle Railway, die das Städtchen einst mit Canterbury verband, und die örtliche Fischereiflotte. Eine Ecke ist dem Schauspieler Peter Cushing gewidmet. Der Star diverser Horrorfilme war bis zu seinem Tod 1994 Whitstables prominentester Einwohner.

Festivals & Events

Whitstable Oyster Festival　　ESSEN & TRINKEN
(www.whitstableoysterfestival.co.uk; ⊙Ende Juli) Seafood, Kunst und Musik stehen im Zentrum des einwöchigen Spektakels, das Ende Juli in Whitstable mit vielen Veranstaltungen begangen wird: von historischen Stadtrundgängen über Wettbewerbe im Krebsfangen und Austernessen bis zur Bierverkostung und der traditionellen Wassersegnung.

 Schlafen

Hotel Continental　　HOTEL **££**
(☎01227-280280; www.hotelcontinental.co.uk; 29 Beach Walk; Zi. ab 75 £; ☎) Die lichten, luftigen Zimmer in diesem eleganten Art-déco-Bau am Meer beindrucken nach einer Komplettüberholung mit hell gestrichener Holzverkleidung, strahlend weißen Betten und blitzblanken Bädern. Zu dem Komplex gehören auch ein gutes Restaurant und eine Bar.

Whitstable Bay　　B&B **££**
(☎01227-779362; www.whitstablebay.com; 74 Joy Lane; EZ/DZ ab 65/70 £; ℗☎) Dieses viel gepriesene B&B befindet sich ein paar Fußminuten südwestlich der High Street in einem ruhigen Wohngebiet. Es verfügt über drei sehr gut ausgestattete, stilvoll eingerichtete Doppelzimmer. Das kontinentale Frühstück ist im Preis inbegriffen, English Breakfast kostet 6,50 £ extra.

 Essen

Samphire　　MODERN BRITISCH **££**
(☎01227-770075; www.samphirewhitstable.co.uk; 4 High St; Hauptgerichte 10–19 £; ⊙10–22 Uhr) Die im Shabby-Chic zusammengewürfelten Tische und Stühle, eine groß gemusterte Tapete und Tafeln, auf denen die Tagesauswahl notiert ist, bilden den perfekten Rahmen für liebevoll zusammengestellte Kreationen. Verwendet werden geschmackreiche Zutaten aus East Kent. Eine interessante Beilage ist der namensgebende *samphire*, ein spargelähnlicher Meerfenchel. Er wächst auf meerwasserfeuchten Felsen und Klippen und ist in dieser Gegend keine Seltenheit auf den Speisekarten.

★ Sportsman Pub　　BRITISCH **£££**
(www.thesportsmanseasalter.co.uk; Faversham Rd; Hauptgerichte um 20 £; ⊙Restaurant Di–Sa 12–14 & 19–21, So 12.30–14.45 Uhr, Bar Di–Sa 12–15 & 18–23, So 12–22 Uhr) Das gesichtslose Dorf mit dem seltsamen Namen Seasalter liegt 6,5 km östlich von Whitstable und hätte wohl kaum Besucher – wäre da nicht das Sportsman Pub. Der baufällige Schein trügt, das Restaurant wurde als einziges in East Kent mit einem Michelin-Stern gekrönt. Der aus Whitstable stammende Koch Stephen Harris verwandelt regionale Zutaten aus dem Meer, der Marsch und dem Wald in erlesenste Köstlichkeiten, die Gourmets in Verzückung geraten lassen.

Wheeler's Oyster Bar　　FISCH & MEERESFRÜCHTE **£££**
(☎01227-273311; www.wheelersoysterbar.com; 8 High St; Hauptgerichte 18,50–22,50 £; ⊙Mo, Di & Do 10.30–21, Fr 10.15–21.30, Sa 10–22, So 11.30–21 Uhr) Das Restaurant mit dem himmelblau-rosa Anstrich serviert das beste Seafood der Stadt und besticht mit einer tollen saisonalen Auswahl. Platz findet man auf Hockern an der Bar oder an einem der vier Tische in der viktorianischen Gaststube. In der Küche sind Könner am Werk – Wheeler's Oyster Bar ist schließlich seit 1856 auf Aus-

tern spezialisiert. Wenn man nicht alleine unterwegs ist, empfiehlt sich eine Reservierung. Nur Bargeld.

Ausgehen & Nachtleben

Old Neptune
PUB

(www.neppy.co.uk; Marine Tce; ⊙12–22.30 Uhr) Das windschiefe Pub liegt so nah am Wasser wie nur eben möglich (und wurde schon mehrfach vom Hochwasser überflutet). Gemütliche Fensternischensitze und durchgetretene Holzdielen vermitteln eine heimelige Atmosphäre, es gibt regelmäßig Livemusik und im Sommer zieht es die Gäste hinaus auf den Kiesstrand.

ℹ An- & Weiterreise

BUS

Von Whitstable fahren Busse nach Canterbury (4,70 £, 30 Min., alle 10 Min.) und London Victoria (15,50 £, 2¼ Std., 3-mal tgl.).

ZUG

Von Whitstable bestehen Verbindungen nach:
London St. Pancras (28 £, 80 Min., stündl.)
London Victoria (22 £, 80 Min., stündl.)
Margate (7,20 £, 20 Min., 2-mal stündl.)
Ramsgate (9,30 £, 36 Min., 2-mal stündl.)

Margate

49 700 EW.

Über 200 Jahre lang strömten Urlauber nach Margate. Doch dann tauschten die sonnenhungrigen Briten den viktorianischen Prunk gegen spanische Strände ein und ein langer Niedergang begann. Mittlerweile hat der einst glamouröse Badeort mit seinen schönen Sandstränden den Tiefpunkt hinter sich. Groß angelegte Projekte auf dem Kultursektor, darunter die faszinierende Kunstgalerie Turner Contemporary, bringen Margate langsam wieder zu Ansehen. In der Hochsaison sind in den neu eröffneten Cafés und der aufgepeppten Altstadt sogar vereinzelt ausländische Besucher zu sehen.

◉ Sehenswertes

★ Turner Contemporary
KUNSTGALERIE

(www.turnercontemporary.org; Rendezvous; ⊙Di–So 10–18 Uhr) GRATIS William Turner, der berühmte englische Farbenmagier, bewohnte einst das Gästehaus am Strand, das zu einer absolut spannenden Galerie für zeitgenössische Kunst umfunktioniert wurde und heute eine der Top-Attraktionen im Osten Kents ist. Nichts in dem bemerkenswert schlichten Gebäude lenkt von den darin ausgestellten Werken ab, außer dem Blick durch die wandhohen Fenster aufs Meer. Und genau das begeisterte Turner an Margate – dieser einzigartige Dreiklang von Wasser, Himmel und Licht an der Nordküste Kents.

Die Ausstellung überzeugt mit Installationen hochkarätiger Künstler der Avantgarde wie Tracey Emin (die in Margate aufwuchs) und Alex Katz. Nach dem Kunstgenuss lockt das Café mit kulinarischen Genüssen, sehr lohnenswert ist auch der Museumsladen.

Shell Grotto
GROTTE, HÖHLE

(www.shellgrotto.co.uk; Grotto Hill; Erw./Kind 3,50/1,50 £; ⊙April–Okt. 10–17 Uhr, Nov.–März Sa & So 11–16 Uhr) Margates geheimnisvolle Grotte, die 1835 entdeckt wurde, ist wirklich einzigartig. Aus 4,6 Mio. Muscheln zusammengesetzte, symbolreiche Mosaike bedecken die Wände diverser Kammern und Gänge. Ihr Ursprung ist bis heute ein Rätsel. Manche vermuten einen 2000 Jahre alten, heidnischen Tempel, andere datieren die Dekoration auf das 19. Jh. Wie auch immer, die Pracht ist auf jeden Fall sehenswert!

Dreamland
FREIZEITPARK

(www.dreamland.co.uk; Marine Terrace; Erw./Kind 18/15 £; ⊙Mai–Okt. 11–21 Uhr) Dank Lotteriefonds und öffentlicher Gelder konnte Margates berühmter Freizeitpark reanimiert werden. Nachdem er jahrzehntelang brach lag, kommt er allmählich wieder in Schwung. Die Hauptattraktion ist die Scenic Railway, eine denkmalgeschützte Holzachterbahn aus den 1920er-Jahren, die nach einem Brandanschlag von 2008 neu aufgebaut wurde. Jede Menge weitere historische Fahrgestelle und Attraktionen beglücken Alt und Jung. Einige stammen aus anderen ehemaligen Freizeitparks aus dem letzten Jahrhundert und wurden quer durchs Land hierher transportiert.

🛏 Schlafen & Essen

★ Reading Rooms
B&B £££

(☏01843-225166; www.thereadingroomsmargate. co.uk; 31 Hawley Sq; Zi. 180 £; 🛜) Kein Schild weist auf die georgianische Stadtvilla aus dem 18. Jh. hin, die an einem ruhigen Platz nur wenige Minuten vom Strand steht. Das darin untergebrachte Luxus-B&B ist eine echte Augenweide. Großzügig geschnittene Zimmer mit gewachsten Holzböden und wunderschönen Reproduktionen französischer Stilmöbel werden von ultramodernen, nach REN-Produkten duftenden Bädern apart ergänzt. Das Frühstück wird aufs Zimmer gebracht. Reservierung erforderlich. Kinder und Haustiere sind nicht willkommen.

Sands Hotel
BOUTIQUEHOTEL £££

(☎ 01843-228228; www.sandshotelmargate.co.uk; 16 Marine Dr; Zi. 120–200 £; ❊ ❐) Das perfekt gestylte Boutiquehotel an der Strandpromenade überzeugt mit seinem dezenten Farbkonzept in Naturtönen, den schönsten Bädern im ganzen Südosten und einem Restaurant mit spektakulärem Meerblick (den es mit rund der Hälfte der Zimmer teilt). Der Eingang versteckt sich unter den Arkaden, direkt neben der im Sommer geöffneten Eisdiele, die ebenfalls zum Hotel gehört.

★ Mad Hatter
CAFÉ £

(www.facebook.com/TheMadHatterMargate; 9 Lombard St; Snacks & kleine Gerichte 3,50–11 £; ⊙ Sa 11–17.30 Uhr, Juli & Aug. gelegentlich zusätzl. Öffnungstage) Echt schräg: Der Besitzer trägt Zylinder, die zwei Räume in einem Gebäude aus den 1690er-Jahren sind mit Trödelkram vollgepackt, die Weihnachtsdekoration bleibt das ganze Jahr über hängen und die Toiletten sind viktorianische Porzellanschönheiten. Die hausgemachten Kuchen und Snacks schmecken superlecker. Zu schade, dass dieses Café nicht häufiger geöffnet hat.

Great British Pizza Company
PIZZA £

(www.greatbritishpizza.com; 14 Marine Dr; Pizza 4–9,50 £; ⊙ Di–Sa 12–21, So bis 15 Uhr; ❐) Was in Großbritannien normalerweise als Pizza durchgeht, hat nichts mit dem zu tun, was hier serviert wird: runde, mit Käse überbackene Köstlichkeiten aus den besten heimischen und italienischen Rohprodukten. Das beliebte Lokal liegt direkt am Strand, ist originell, aber nicht überladen eingerichtet und serviert auch Kaffee, der den Kreislauf in Schwung bringt, sowie Eiscreme, die auf überflüssige Chemie verzichtet.

❶ Praktische Informationen

Touristeninformation (☎ 01843-577577; www.visitthanet.co.uk; Droit House, Stone Pier; ⊙ Ostern–Okt. 10–17 Uhr, Nov.–Ostern Di–Sa 10–17 Uhr) Die Touristeninformation neben der Turner Contemporary ist für die gesamte Isle of Thanet zuständig. Hier gibt's auch die kostenlose Zeitschrift *The Isle* mit Veranstaltungsterminen.

ISLE OF THANET

Um die Isle of Thanet mit den Städten Margate, Ramsgate und Broadstairs zu erreichen, sind weder Taucherausrüstung noch Fähre erforderlich: Der 3,2 km breite Wantsum Channel, der die Insel vom Festland trennte, versandete im 16. Jh., was damals die Küstenlinie Kents stark veränderte. Als Insel war Thanet Ausgangspunkt mehrerer historischer Ereignisse. Von hier aus fielen die Römer im 1. Jh. in England ein und im Jahr 597 landete Augustinus auf Thanet, um von hier seine Christianisierungskampagne zu starten. Wenn die Prognosen zum Klimawandel stimmen, könnte Thanet Ende dieses Jahrhunderts allerdings wieder eine Insel sein.

❶ An- & Weiterreise

BUS

Die Regionalbusse halten in der Queen Street und der benachbarten Cecil Street.
Broadstairs (Thanet Loop Bus; 1,90 £, bis zu 6-mal stündl.)
Canterbury (5,20 £, 50 Min., 3-mal stündl.)
London Victoria (National Express; 14,50 £, 3 Std., 7-mal tgl.)
Ramsgate (Thanet Loop Bus; 2,30 £, bis zu 6-mal stündl.)

ZUG

Der Zugbahnhof liegt nur ein paar Schritte von der Strandpromenade entfernt. Es gibt zweimal stündlich Verbindungen nach London Victoria (35,50 £, 1¾ Std.) und stündlich eine Schnellzugverbindung nach London St. Pancras (41,40 £, 1½ Std.).

Broadstairs
25 000 EW.

Während die größeren, ehrgeizigeren Nachbarorte versuchen, ihr Image aufzupolieren, bleibt das altmodische kleine Broadstairs bei seinem Erfolgsrezept, das seit 150 Jahren funktioniert. Besucher zieht es mit der schmalen rötlichen Sandsichel namens Viking Bay, in der sich sonnenwarme Wellen brechen, in seinen Bann. Das hat anscheinend auch bei Charles Dickens geklappt, der die meisten Sommer zwischen 1837 und 1859 hier verbrachte. Damit hat Broadstairs noch einen weiteren Trumpf im Ärmel und jedes zweite Geschäft im viktorianischen Nostalgie-Look nennt sich nach einer Figur oder einem Werk des prominenten Feriengasts.

◉ Sehenswertes

Dickens House Museum　　　MUSEUM
(www.dickensfellowship.org; 2 Victoria Pde; Erw./ Kind 3,75/2,10 £; ☉Ostern–Mitte Juni & Mitte Sept.–Okt. 13–16.30 Uhr, Mitte Juni–Mitte Sept. 10–16.30 Uhr, Nov. Sa & So 13–16.30 Uhr). Als ehemaliges Wohnhaus von Mary Pearson Strong, die den Schriftsteller zu seiner Figur Betsy Trotwood in *David Copperfield* inspirierte, ist es *die* Besucherattraktion von Broadstairs. Seine Dickens-Sammlung beinhaltet auch Briefe der englischen Literaturikone.

✬ Festivals & Events

Dickens Festival　　　KULTURFESTIVAL
(www.broadstairsdickensfestival.co.uk; ☉Ende Juni) Broadstairs' größtes Event ist das einwöchige Festival Ende Juni mit einem Bankett und Ball in viktorianischen Kostümen als Höhepunkt.

⎙ Schlafen & Essen

Copperfields Guest House　　　B&B ££
(☎01843-601247; www.copperfieldsbb.co.uk; 11 Queen's Rd; EZ/DZ 65/85 £; ☎) ⚑ Drei gemütliche Zimmer mit Bad und ein herzlicher Empfang durch die Besitzer und ihren Hund erwartet die Gäste dieses B&B. Es gibt vegetarische wie auch vegane Küche; die (kostenlosen) Körperpflegeartikel in den Bädern werden ohne Tierversuche hergestellt.

★ **Bleak House**　　　HISTORISCHES HOTEL £££
(☎01843-865338; www.bleakhousebroadstairs.
co.uk; Fort Rd; Zi. 155–200 £, Apartment 300 £; ☎) Nachdem das klobige Gebäude aus napoleonischen Zeiten zu einem viktorianischen Hotel mit Strandblick umgebaut worden war, mietete sich Charles Dickens 22 Sommer (1837–1859) darin ein. Von der Lounge-Bar bis zur Copperfield-Suite mit Blick auf die Viking Bay und Fünfsterne-Bad strotzt alles nur so vor historischem Flair. Von 10 Uhr bis 18 Uhr werden Führungen durch das Gebäude angeboten.

★ **Wyatt & Jones**　　　BRITISCH ££
(www.wyattandjones.co.uk; 23–27 Harbour St; Hauptgerichte 6–19 £; ☉Mi & Do 9–11, 12–15 & 18.30–21, Fr & Sa bis 22, So 9–17 Uhr) Das beste Essen von Broadstairs serviert dieses moderne Restaurant. Es ist nur ein paar Meter vom Strand entfernt und bekennt sich zur lokalen Küche, etwa mit Whitstable-Austern, Seebrassen oder Muscheln mit Pommes. Für einen herzhaften Start in den Tag sorgt das ausgezeichnete English Breakfast. Eine Wand des in kühlem Graublau gehaltenen, sparsam eingerichteten Lokals ist mit alten Spiegeln dekoriert, in denen die Gäste nach dem Essen ihre Speckröllchen über dem Hosenbund betrachten können.

Tartar Frigate　　　BRITISCH ££
(www.tartarfrigate.co.uk; 42 Harbour St; Hauptgerichte 16,50–24,50 £; ☉11–23 Uhr) Das bei Einheimischen und Touristen beliebte Pub am Meer stammt aus dem 18. Jh. Im Sommer tummeln sich die Gäste am Strand. Das Restaurant im Obergeschoss bringt exzellentes Seafood auf den Tisch und bietet einen tollen Blick über die Bucht. Im Pub gibt es regelmäßig Folk-Jamsessions.

ℹ An- & Weiterreise

BUS

Von Broadstairs bestehen Verbindungen nach:
Canterbury (5,20 £, 1½ Std., 2-mal stündl.)
London Victoria (National Express; 14,50 £, 3¼ Std., 7-mal tgl.)
Margate (Thanet Loop Bus; 1,90 £, 21 Min., bis zu 6-mal stündl.)
Ramsgate (Thanet Loop Bus; 1,50 £, 14 Min., bis zu 6-mal stündl.)

ZUG

Es gibt eine Zugverbindung nach London Victoria (22,50 £, 2 Std., stündl.) und eine Schnellzugverbindung nach London St. Pancras (39,30 £, 80 Min., 2-mal stündl.).

Ramsgate

39 600 EW.

Von den Städtchen im Thanet-Gebiet ist Ramsgate das abwechslungsreichste. Es hat eine freundlichere Atmosphäre als die alte Rivalin Margate und ist lebendiger als der kleine, verschlafene Nachbar Broadstairs. Eine leichte Brise lässt den Wald von Schiffsmasten vor den geschwungenen Mauern von Großbritanniens einzigem königlichen Hafen knarren. Bars und urban wirkende Straßencafés säumen die Uferfront; fehlt nur noch ein Lokal von einem Starkoch, dann würde Ramsgate als neuer Geheimtipp gehandelt. Sein noch unentdeckter, etwas schäbiger Charme und die endlosen Strände, die mit der Blauen Flagge als umweltfreundlich zertifiziert wurden, sowie ein paar prächtige Bauten aus der viktorianischen Ära sind auf jeden Fall einen Abstecher wert.

◎ Sehenswertes

Spitfire Memorial Museum   MUSEUM
(www.spitfiremuseum.org.uk; Manston Rd; ⏰ April–Okt. 10–17 Uhr, Nov.–März bis 16 Uhr) **GRATIS**
Rund 6,5 km nordwestlich vom Zentrum wurde am Manston Airport ein Museum für zwei Jagdbomber aus dem Zweiten Weltkrieg errichtet, eine Spitfire und eine Hawker Hurricane. Beide sehen nagelneu aus, sind aber so empfindlich, dass Besucher leider nicht an Bord dürfen. Rund um die Flugzeuge wurden alle möglichen Objekte, die etwas mit Luftfahrt zu tun haben, aufgestellt. Viele davon erinnern an Manstons Rolle als Flugstützpunkt während der Luftschlacht um England. Anfahrt mit Bus 38 oder 11 ab King Street, die Fahrer halten auf Nachfrage in Museumsnähe.

Ramsgate Maritime Museum   MUSEUM
(www.ramsgatemaritimemuseum.org; The Clock House, Royal Harbour; Erw./Kind 2/1 £; ⏰ Ostern–Sept. Di–So 10–17 Uhr) Das interessante, aber unregelmäßig geöffnete Museum zeigt Fundstücke von den über 600 Schiffswracks, denen die heimtückischen Goodwin Sands vor der Küste zum Verhängnis wurden.

🛏 Schlafen & Essen

Royal Harbour Hotel   HOTEL ££
(☎01843-591514; www.royalharbourhotel.co.uk; Nelson Crescent 10/11; EZ/DZ ab 79/100 £) Dieses Boutiquehotel erstreckt sich über zwei im Regency-Stil erbaute Stadthäuser, die direkt am Meer sichelförmig zueinander stehen. Die liebenswert skurrile Einrichtung strahlt Wärme und Geborgenheit aus, dafür sorgen auch die vielen Bücher, Zeitschriften, Spiele und Kunstwerke, mit denen die Räumlichkeiten gespickt sind. Die charaktervollen Zimmer sind bestens ausgestattet und reichen von winzigen „Kajüten" bis zu Gemächern im Landhausstil mit Himmelbett und Postkartenblick auf den Schiffsmastenwald im Hafen.

Glendevon Guesthouse   B&B ££
(☎01843-570909; www.glendevonguesthouse.co.uk; 8 Truro Rd; EZ/DZ ab 52,50/70 £; P🛜) 🌱 Die engagierten, kompetenten Betreiber des gemütlichen B&B tun etwas für die Umwelt: Es gibt Mülltrennung, Ökoduschen und sogar energiesparende Haartrockner. Die Flure in dem prächtigen viktorianischen Gebäude einen Block hinter Ramsgates Uferpromenade wurden mit Werken lokaler Künstler dekoriert. Alle Zimmer haben Kochgelegenheit, das Frühstück wird kontaktfördernd am großen Tisch serviert.

Vinyl Head Cafe   CAFÉ £
(2–3 Addington St; Snacks 1–5 £; ⏰ Di–So 9–15 Uhr) Das kultige Nachbarschaftscafé liegt abseits vom Trubel an einer ruhigen Straße, die vom Westende des Hafens hinaufführt. Neben ausgezeichnetem Kaffee und hausgebackenem Kuchen gibt's hier Retrosounds vom Plattenteller und zum Plauschen aufgelegte Einheimische.

Bon Appetit   FRANZÖSISCH ££
(www.bonappetitramsgate.co.uk; 4 Westcliff Arcade; Hauptgerichte 7–21 £; ⏰ Di–Sa 12–14.30 & 19 Uhr–spät) Das erstklassige Bistro verwöhnt mit der besten Küche am West Cliff. Die Zutaten für die französisch inspirierten Gerichte kommen aus der Gegend, gegessen wird in einem einfachen Speisesaal oder auf der Terrasse mit Hafenblick. Auf der Karte stehen z. B. gebratener Fasan aus Kent und Seezunge aus Dover.

❶ Praktische Informationen

Touristeninformation (☎01843-598750; www.ramsgatetown.org; Customs House, Harbour Pde; ⏰ tgl. 10–16 Uhr) Wenn das kleine Besucherzentrum geschlossen ist, stehen zumindest Ständer mit Prospekten zur Verfügung.

❶ An- & Weiterreise

Bus
Von Ramsgate fahren Busse nach:
Broadstairs (Thanet Loop Bus; 1,50 £, bis zu 6-mal stündl.)
London Victoria (National Express; 14,50 £, 3 Std., 6-mal tgl.)
Margate (Thanet Loop Bus; 2,30 £, bis zu 6-mal stündl.)
Sandwich (3 £, 25 Min., stündl.)

ZUG
Von Ramsgate besteht eine Zugverbindung nach London Victoria (22,50 £, 2 Std., 2-mal stündl.) und eine Schnellzugverbindung nach London St. Pancras (39,70 £, 1¼ Std., 2-mal stündl.).

Sandwich

5000 EW.

Was heute wie ein lebendes Museum wirkt, war einst die viertgrößte Stadt Englands (nach London, Norwich und Ipswich).

Kaum zu glauben angesichts der verschlafenen mittelalterlichen Gassen, halbverwitterten Kirchen, Volutengiebel, Tonziegeldächer und Fachwerkhäuser mit Schlagseite. Bis ins 16. Jh. machte Sandwichs Hafen dem von London ernsthaft Konkurrenz. Dann begann die Hafeneinfahrt zu verschlammen und der einst so wichtige Umschlagplatz für Waren aus und nach Kontinentaleuropa sank für die nächsten 400 Jahre in einen Dornröschenschlaf in ländlicher Idylle. Aber Sandwich kümmert sich um sein kulturelles Erbe und die Einwohner legen großen Wert auf eine authentische Präsentation der Stadtgeschichte. Das Minikino mit 100 Plätzen wird als Art-déco-Juwel gehegt und gepflegt und das Autohaus aus den 1920er-Jahren macht mit Oldtimern mehr Umsatz als mit modernen Wagen. Fast alle Häuser im Stadtkern stehen unter Denkmalschutz.

⊙ Sehenswertes

Sandwichs Labyrinth aus mittelalterlichen und elisabethanischen Straßen ist wie geschaffen dafür, sich treiben zu lassen (auch wenn sich viele dabei verirren). In der Strand Street ist die Dichte von Fachwerkhäusern so hoch wie fast nirgendwo sonst auf der Insel. Dekorative Backsteinornamente tragen die Handschrift von 350 protestantischen Flüchtlingen aus Flamen, die sich auf Einladung von Königin Elisabeth I. im 16. Jh. hier niederließen und „the strangers" – die Fremden – genannt wurden.

Sandwich Quay   UFERANLAGE

Der Fluss Stour wird von mehreren Attraktionen gesäumt. Den Anfang macht eine fast putzig wirkende, befestigte Zollbrücke. Sie wurde unter Heinrich VIII. errichtet, um den Verkehr auf der einzigen Straße, die den Fluss überquert, zu kontrollieren. Nicht weit davon steht das Fishergate von 1384, das ehemalige Haupttor zur Stadt, das Waren vom Kontinent und von noch weiter her passieren mussten. Bei schönem Wetter bietet sich eine Fahrt mit dem **Sandwich River Bus** (☎07958 376183; www.sandwichrb.uk;Fahrt 30 Min. Erw./Kind 7/5 £, 1 Std., 12/8 £; ☉April–Sept. Do–So 11–18 Uhr halbstündl. bis stündl.) an. Das Boot legt neben der Zollbrücke ab und fährt zu Seehundkolonien am Fluss Stour und in der Pegwell Bay sowie zum **Richborough Roman Fort** (Richborough Rd; Erw./Kind 5,80/3,40 £; ☉April–Sept. 10–18 Uhr, Okt. Mi–So bis 17 Uhr, Nov.–März Sa & So bis 16 Uhr)

Salutation Gardens   GÄRTEN

(www.the-salutation.com; The Salutation, Knightrider St; Eintritt 7 £; ☉10–17 Uhr) Hinter einem Herrenhaus von 1912, nicht weit vom Fishergate, liegt ein Ensemble herrlicher Gärten, die Anfang des 20. Jhs. von den berühmten Landschaftsplanern Jekyll und Lutyens entworfen wurden. Anfang dieses Jahrtausends erweckten Dom und Steph Parker, dem britischen Publikum aus der TV-Show *Gogglebox* bekannt, den prachtvollen Park zu neuem Leben. Für schwere Schäden sorgte eine Überflutung im Jahr 2013, davon haben sich die Anpflanzungen aber inzwischen erholt. Zu der Anlage gehört auch ein wunderschöner Tearoom und eine millionenteure Villa, in der die Parkers ein Hotel betreiben.

St. Peter's   KIRCHE

(King St; ☉10–17 Uhr) Sandwichs älteste Kirche, nicht mehr für Gottesdienste genutzt, ist ein Patchwork aus Bauperioden und Stilen. Der Turm war 1661 eingestürzt, er wurde von den flämischen „strangers" wiederaufgebaut und mit einer zwiebelähnlichen Kuppel versehen. Neuerdings ist die Turmspitze für Besucher zugänglich und bietet eine grandiose Aussicht.

Guildhall Museum   MUSEUM

(www.sandwichtowncouncil.gov.uk; Guildhall; Erw./Kind 1 £/50 p; ☉April–Nov. Di, Mi, Fr & Sa 10.30–12.30 & 14–16, Do & So 14–16 Uhr) Sandwichs kleines, aber feines Museum ist der ideale Startpunkt, um das Städtchen zu entdecken. Es handelt dessen Vergangenheit als Mitglied der Cinque Ports ab, zeigt, welche Rolle es in diversen Kriegen spielte, und erläutert, was für grausame Strafen Schwindler, Schurken und Wüstlinge hier erwarteten.

🛏 Schlafen & Essen

⭐ Bell Hotel   HOTEL ££

(☎01304-613388; www.bellhotelsandwich.co.uk; Sandwich Quay; EZ/DZ ab 100/105 £; ☎) Schon zu Tudorzeiten fanden Reisende in dem Haus am Kai ein gemachtes Bett. Große Teile des Gebäudes stammen allerdings aus dem 19. Jh. und heute steigen hier vor allem bekannte Golfer ab. Eine prächtige, geschwungene Treppe führt hoch zu den luxuriösen Zimmern, die teilweise schöne Blicke auf die Uferstraße bieten. Das Hotelrestaurant The Old Dining Room gehört zu den nobelsten Essadressen in East Kent.

No Name Shop
FEINKOST, BISTRO ££

(www.nonameshop.co.uk; No Name St; Snacks 1,90–6,25 £, Gerichte 6,95–13,50 £; ⊙ Mo–Sa 8–17, So 9–16 Uhr) Von wegen no name! Die Kombination von Feinkostladen (im Erdgeschoss) und Bistro (im Obergeschoss) nicht weit von der Bushaltestelle ist fest in französischer Hand und eine sichere Anlaufstelle für ein leckeres, schnelles Sandwich in Sandwich oder einen *croque-monsieur*. Aber auch die aufwendigeren Gerichte schmecken köstlich, vor allem mit einem Gläschen Wein aus Frankreich. Offensichtlich lassen dafür auch viele Einheimische die englische Küche gerne mal links liegen.

King's Arms
BRITISCH ££

(☎ 01304-617330; www.kingsarms-sandwich.co.uk; Ecke Church St/Strand St; kleine Gerichte 4–11 £, Hauptgerichte 11–17 £; ⊙ 12–15 & 18–22 Uhr; 🐾) Das gemütliche Gasthaus gegenüber der Kirche St. Mary's stammt aus dem 15. Jh. und hat im Obergeschoss auch sechs Fremdenzimmer zu vermieten. Im Speisezimmer mit Balkendecke und großen Kaminen wird gute englische Küche serviert; viele kommen sonntags zum Mittagessen hierher.

ℹ Praktische Informationen
Touristeninformation (☎ 01304-613565; www.open-sandwich.co.uk; Guildhall, Cattle Market; ⊙ April–Okt. Mo–Sa 10–16 Uhr) In der historischen Guildhall.

ℹ An- & Weiterreise

BUS
Von Sandwich verkehren Busse nach Ramsgate (3 £, 22 Min., stündl.), Dover (7,90 £, 45 Min., stündl.) und Canterbury (5,20 £, 40 Min., 3-mal stündl.).

ZUG
Es gibt Zugverbindungen zum Bahnhof Priory in Dover (6,90 £, 22 Min., stündl.), nach Ramsgate (5 £, 12 Min., stündl.) und London St. Pancras (30,20 £, 2 Std., stündl.).

Dover
37 400 EW

Dover hat eindeutig schon bessere Tage gesehen. Mit seiner bröckelnden Nachkriegsarchitektur und dem schäbigen Zentrum bereitet es Reisenden, die mit der Fähre oder Kreuzfahrtschiffen nach England kommen, einen traurigen Empfang. Die meisten bleiben auch nicht lange.

Zum Glück hat Dover wenigstens ein paar spektakuläre Attraktionen, die alles wieder herausreißen. Seiner bevorzugten Lage so nah am europäischen Festland verdankt die Stadt eine prächtige Burg, die auf eine 2000-jährige Geschichte zurückblickt. Die weißen Kalksteinklippen rangieren als nationales Symbol für Durchhaltevermögen in Kriegszeiten in einer Reihe mit Winston Churchill oder der Luftschlacht um England und verleihen Dover einen majestätischen Rahmen.

◉ Sehenswertes

★ Dover Castle
BURG

(EH; Erw./Kind 18,30/11 £; ⊙ April–Juli & Sept. 10–18 Uhr, Aug. 9.30–18 Uhr, Okt. bis 17 Uhr, Nov.–März Sa & So 10–16 Uhr; 🅿) Der absolute Höhepunkt Dovers – sowohl wörtlich wie auch im übertragenen Sinn – ist die imposante Festung, die Englands Schwachstelle mit dem kürzesten Seeweg zum Kontinent schützen sollte. Besuchermagneten sind die **geheimen Kriegstunnel** (Dover Castle; Erw./Kind 18,30/11 £; ⊙ April–Juli & Sept. 10–18 Uhr, Aug. 9.30–18 Uhr, Okt. bis 17 Uhr, Nov.–März Sa & So 10–16 Uhr) und der **Great Tower**, aber die riesige Anlage hat weit mehr zu bieten. Drei Stunden sollten für die Besichtigung mindestens veranschlagt werden; wer die herrlichen Blicke über den Kanal bis zur französischen Küste genießen will, kalkuliert lieber großzügiger.

Schon vor 2000 Jahren leistete das Bollwerk gute Dienste. Der **römische Leuchtturm** von 50 n. Chr. ist wahrscheinlich das älteste noch intakte Bauwerk auf britischem Boden. Daneben steht die restaurierte angelsächsische **Church of St. Mary in Castro**.

Der mächtige Great Tower aus dem 12. Jh. mit bis zu 7 m dicken Mauern beherbergt diverse interaktive Ausstellungen und Sound-&-Light-Shows, die Besucher in die Ära von Heinrich II. zurückversetzen.

Die größte Attraktion sind jedoch die geheimen Tunnel, die in Kriegszeiten benutzt wurden. Die engen Gänge wurden während der Napoleonischen Kriege in den Kalkstein gehauen und später erweitert. Im Zweiten Weltkrieg beherbergten sie eine Kommandozentrale und ein Militärkrankenhaus. Eine spannende, 50-minütige Führung (alle 20 Min., im Eintrittspreis inbegriffen) beschäftigt sich mit der berühmten Operation Dynamo. Sie wurde 1940 von hier aus geleitet und umfasste die Evakuierung Hun-

Dover

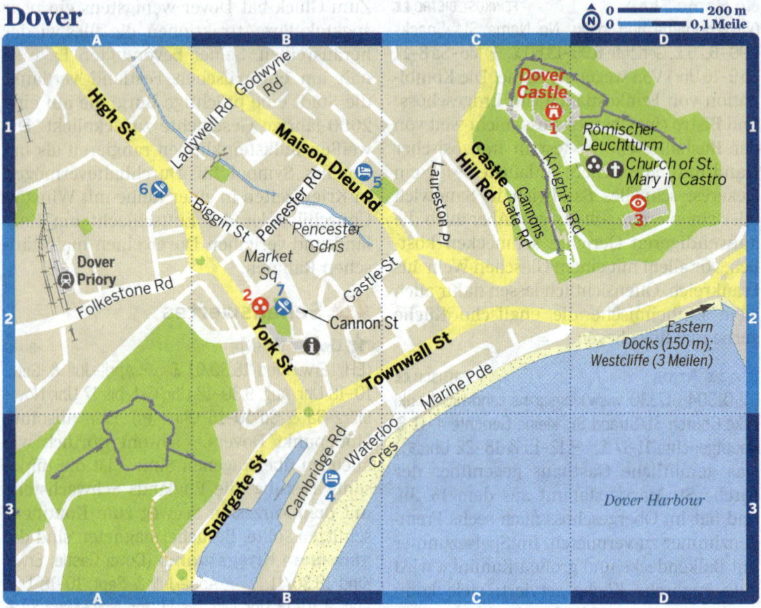

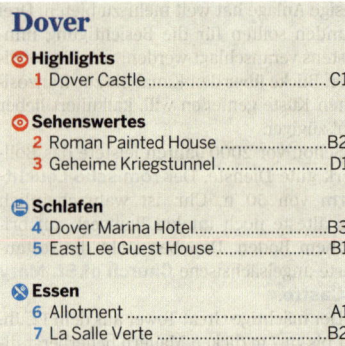

Dover

Highlights
1 Dover Castle C1

Sehenswertes
2 Roman Painted House B2
3 Geheime Kriegstunnel D1

Schlafen
4 Dover Marina Hotel B3
5 East Lee Guest House B1

Essen
6 Allotment A1
7 La Salle Verte B2

derttausender Soldaten von den Stränden Dunkerques. Die Geschichte wird äußerst anschaulich erzählt. Videoprojektionen an den Tunnelwänden und dramatische Soundeffekte unterstützen die Wirkung; mal scheint ein kompletter Tunnel in Flammen aufzugehen, mal werden die Besucher in schwärzeste Finsternis gestürzt.

Roman Painted House RUINE
(www.theromanpaintedhouse.co.uk; New St; Erw./Kind 3/2 £; ⌚Juni–Sept. Di–So 10–17 Uhr; 🅿) Keiner würde in dem schäbigen Gebäude aus den 1960er-Jahren solch einen Schatz vermuten: die herrlichsten (wenn auch etwas mitgenommenen) römischen Wandmalereien nördlich der Alpen. Einige Szenen zeigen Bacchus, den Gott des Weines und des Rausches – kein Wunder, denn die Mauern gehörten zu einer großen *mansio* (Herberge), wo sich Reisende rund 200 n. Chr. bei einem guten Tropfen von den Strapazen erholen konnten.

Schlafen

Dover Marina Hotel HOTEL ££
(☎01304-203633; www.dovermarinahotel.co.uk; Waterloo Cres; Zi. 97–164 £; 📶) Nur ein paar Schritte vom Strand entfernt bietet das hübsch geschwungene Gebäude aus den 1870er-Jahren 81 Zimmer verschiedener Größe an. Die langen Flure tragen zwar Altersspuren, aber die Zimmer sind mit trendigen Ethnostoffen, Mustertapeten und moderner Kunst tipptopp. Rund die Hälfte hat Meerblick, die zehn mit Balkon sind besonders begehrt.

East Lee Guest House B&B ££
(☎01304-210176; www.eastlee.co.uk; 108 Maison Dieu Rd; DZ 65–80 £; 🅿📶) Hinter der Fassade, die mit Schmuckelementen aus Tonziegeln verziert ist, verbergen sich top gepflegte Zimmer und elegant gestylte Ge-

meinschaftsbereiche. Die sehr engagierten Gastgeber verwöhnen mit einem hervorragenden, vielseitigen Frühstücksangebot.

⭐ Wallett's Court   HOTEL £££

(📞 01304-852424; www.wallettscourt.com; Westcliffe, St Margaret's-at-Cliffe; DZ ab 135 £; 🅿 🛜 ☎) Mit Spa, Gourmetrestaurant und erstklassigem Service ist das Landhotel eine Oase im Grünen. Neben geräumigen Zimmern im jakobinischen Stil gibt's auch Blockhütten und Wigwams der Kategorie „glamping" (steht für Glamour-Camping). Anfahrt auf der A258 in Richtung Deal, nach ca. 3,2 km rechts abbiegen nach Westcliffe.

✖ Essen

La Salle Verte   CAFÉ £

(14–15 Cannon St; Snacks 2–6 £; 🕙 Mo–Sa 9–17 Uhr) Interessante Schwarzweißfotos vom alten Dover an den Wänden, gemütliche Atmosphäre und freundliches Personal machen das Kellercafé zum beliebten Treffpunkt auf eine Tasse Tee oder einen Happen zwischendurch. Mittags sind die Tische alle besetzt, selbst an einem Mittwoch im Winter.

⭐ Allotment   BRITISCH ££

(www.theallotmentdover.com; 9 High St; Hauptgerichte 8,50–16 £; 🕙 Di–Sa 8.30–22 Uhr) Dovers beste Essadresse tischt regionalen Fisch und Fleisch aus dem Umland von Canterbury auf. Gewürzt wird mit Kräutern aus dem idyllischen Garten hinter dem Haus. Dazu schmeckt ein Wein aus Kent. Es gibt sowohl Frühstück wie auch Mittag- und Abendessen. Das Ambiente ist entspannt und unaufdringlich. Durch die wunderschönen Buntglasscheiben haben die Gäste Blick auf die Maison Dieu, ein Pilgerhospiz aus dem 13. Jh., direkt gegenüber.

ℹ Praktische Informationen

Touristeninformation (📞 01304-201066; www.whitecliffscountry.org.uk; Market Sq; 🕙 Mo–Sa 9.30–17 Uhr, April–Sept. auch So 10–15 Uhr) Im Dover Museum.

ℹ An- & Weiterreise

BUS

Von Dover verkehren Busse nach:
Canterbury (5,10 £, 40 Min., 4-mal stündl.)
London Victoria (Coach 007; 15,50 £, 2½–3½ Std., 12-mal tgl.)
Sandwich (5,70 £, 50 Min., stündl.)

SCHIFF

Die Fähren nach Frankreich legen an den Eastern Docks unterhalb der Burg ab. Die Preise variieren je nach Saison und Zeitpunkt der Buchung. Die Fahrpläne scheinen sich ständig zu ändern und die Anbieter wechseln fast so oft wie Ebbe und Flut.

DFDS (📞 0871-5747235; www.dfdsseaways.co.uk) Fährt nach Dunkerque (2 Std., alle 2 Std.) und Calais (1½ Std.,mind. stündl.).
P&O Ferries (📞 0871-6642020; www.po ferries.com) Fährt nach Calais (1½ Std., alle 40–60 Min.).

ZUG

Von Dover gibt es eine Zugverbindung über Sandwich nach Ramsgate (9,60 £, 35 Min., stündl.) und eine Schnellzugverbindung nach London St. Pancras (40 £, 1 Std., stündl.).

ℹ Unterwegs vor Ort

Die Strecke von den Eastern Docks bis zum Bahnhof ist zu Fuß kein Pappenstiel, erst recht nicht mit Gepäck. Da die Busverbindung wurde eingestellt, bleibt nur noch das **Taxi** (📞 01304-201915; www.dovertaxis.com). Letzteres empfiehlt sich auch für den steilen Weg hinauf zur Burg.

Die White Cliffs of Dover

Unzählige Lieder, Filme und Bücher haben die weißen Klippen von Dover unsterblich gemacht. Sie sind ein nationales Wahrzeichen, bei dessen Anblick Generationen von Reisenden und Soldaten wussten: Jetzt bin ich wieder zu Hause. Beiderseits von Dover ragen die beeindruckenden Felsen 100 m senkrecht in die Höhe. Der spektakulärste Abschnitt beginnt 3,2 km östlich der Stadt, ist 9,6 km lang und heißt Langdon Cliffs. Entlang der Klippen führt ein Pfad bis nach St. Margaret's Bay, einem bei den Einheimischen sehr beliebten Fleckchen.

⊙ Sehenswertes & Aktivitäten

South Foreland
Lighthouse   HISTORISCHER LEUCHTTURM

(NT; Erw./Kind 6/3 £; 🕙 Führungen Mitte März–Okt. Fr–Mo 11–17.30 Uhr) Von der Touristeninformation an den Langdon Cliffs führt ein steiniger Fußweg über 3,2 km ostwärts am Klippenrand entlang zu dem kompakten viktorianischen South Foreland Lighthouse. Dieser Leuchtturm war der erste, der mit

EIN GLAS AUF KENT & SUSSEX

Früher war es schick, die Fähre nach Calais zu nehmen, um Alkohol zu bunkern. Mittlerweile besinnt man sich in Kent und Sussex auf die eigenen Tropfen. Beide Grafschaften produzieren einige der besten Ales der Insel und die Weine aus Englands Südosten machen denen vom Festland ernsthaft Konkurrenz.

Die **Shepherd Neame Brewery** (☎01795-542016; www.shepherdneame.co.uk; 10 Court St, Faversham; Führung 11,50 £) in Kent ist die älteste Brauerei Großbritanniens. Heimischer Qualitätshopfen macht ihre Biere besonders aromatisch. Sussex' Antwort ist die **Harveys Brewery** (S. 172), die ganz Lewes in hopfige Duftwolken hüllt. Führungen müssen in den Brauereien vorab gebucht werden.

Englischer Wein – dafür hatten Kenner bisher nur ein verächtliches Schnauben übrig. Aber dank Klimaerwärmung und engagierter Winzer werden die hiesigen Gewächse (vor allem Schaumweine) immer beliebter.

Die Kalksteinböden von Sussex und Kent, die oft mit denen der Champagne verglichen werden, bringen preisgekrönte Weine hervor und viele Winzer bieten Weinproben und Führungen an. Populäre Weingüter sind die **Biddenden Vineyards** (☎01580-291726; www.biddendenvineyards.com; Führung frei; ⊙ Führung Mi & Sa 10 Uhr), 1,9 km von Wealden enfernt, und die **Chapel Down Vinery** (☎01580-766111; www.englishwinesgroup.com; Tenterden; Führung 10 £; ⊙ Führung April–Okt. tgl.), 4 km südlich von Tenterden an der B2082.

Strom betrieben wurde, und diente 1898 als Sender für die ersten internationalen Radioübertragungen.

St. Margaret's Bay
DORF

Wer dem Klippenpfad vom Leuchtturm weitere 1,6 km folgt, landet in dem hübschen Dorf St. Margaret's Bay. In der von Kalksteinfelsen umschlossenen Bucht wartet ein sonniger Kiesstrand. Kein Punkt der Insel kommt Frankreich näher und viele Schwimmer haben sich hier schon für eine Kanalüberquerung in die Fluten gestürzt.

Dover Sea Safari
BOOTSTOUREN

(☎01304-212880; www.doverseasafari.co.uk; Dover Sea Sports Centre, Esplanade; Erw./Kind 35/20 £; ⊙ganzjährig) Der Anbieter kurvt mit schnellen, kompakten Schlauchbooten durch die Küstengewässer vor den weißen Klippen und veranstaltet Trips zu den Seehunden in der Pegwell Bay.

White Cliffs Tours
BOOTSTOUREN

(☎07971-301379; www.doverwhiteclifftours.com; Erw./Kind 10/5 £; ⊙Juli & Aug. tgl., April–Juni & Sept.–Okt. Sa & So) Mindestens dreimal täglich legt dieses Unternehmen an den Western Docks zu einer 40-minütigen Rundfahrt ab.

✕ Essen

Coastguard Pub
GASTROPUB ££

(www.thecoastguard.co.uk; St. Margaret's Bay; Hauptgerichte 10–16 £; ⊙Mo–Sa 10–23, So bis 22 Uhr; ) Das freundliche, am Meer gelegene Pub in St. Margaret's Bay ist die Frankreich am nächsten liegende Kneipe Englands. Besonders gemütlich sind die kürzlich renovierte Bar und der Speisesaal im Winter, wenn das Feuer im Kamin knistert. Im Sommer lockt die Terrasse mit tollem Blick auf den Strand und den Kanal. Auf der Speisekarte mit britischer Kneipenküche finden sich erstklassige Fish and Chips.

❶ An- & Weiterreise

Am Ende des Klippenpfads in St. Margaret's Bay hält Bus 15 nach Dover und Deal, der im Stundentakt verkehrt.

OST-SUSSEX

Saftig grüne Landschaften, mittelalterliche Dörfer und spektakuläre Küsten sind die Markenzeichen dieser spannenden Ecke Großbritanniens. Sie wird an Wochenenden von erholungsbedürftigen Londonern überschwemmt, sobald sich nur der kleinste Sonnenstrahl zeigt. Recht haben sie, die armen Großstädter, denn die Pflastergassen von Rye, die historischen Schlachtfelder, wo Wilhelm der Eroberer 1066 den Angelsachsen gegenüberstand, oder die Kalksteinklippen Seven Sisters und Beachy Head mit ihren atemberaubenden Ausblicken nicht weit vom netten Badeort Eastbourne sind wirklich etwas Besonderes. Brighton ist natürlich ein Must-See und macht mit spannenden Ausgehmöglichkeiten, interessanten Läden und quirligem Strandleben Laune. Wem der Rummel zu viel wird, der kann sich auf dem South Downs Way durch Englands jüngsten Nationalpark, den South Downs National Park, die Füße vertreten.

Rye

4770 EW.

Rye ist vermutlich Englands hübschestes Städtchen. Der Ort wirkt wie ein Kleinod aus der Vergangenheit, eine Modellsiedlung aus dem Mittelalter, in der jemand die Zeit angehalten hat. Selbst abgeklärteste Pragmatiker können sich dem Charme der Pflastergässchen, versteckten Durchgänge und krummen Fachwerkhäuser aus der Tudorzeit nicht entziehen. Und natürlich weben sich unzählige Geschichten von Schmugglern, Geistern, Dichtern und Künstlern um diese historische Idylle.

Einst gehörte Rye zu den Cinque Ports. Damals thronte es noch auf einem Felssporn über dem Meer; inzwischen liegt das Ufer gut 3 km entfernt und wo einst die Wellen des Ärmelkanals mit den Gezeiten kamen und gingen, grasen heute Schafe.

Sehenswertes

Mermaid Street   HISTORISCHE GASSE
Meist beginnt der Bummel durch Rye in der berühmten Mermaid Street nicht weit vom Rye Heritage Centre. Hier drängen sich Fachwerkbauten aus dem 15. Jh. mit lustigen Namen wie „The House with Two Front Doors" (Das Haus mit zwei Eingangstüren) oder „The House Opposite" (Das Haus gegenüber).

Ypres Tower   MUSEUM
(www.ryemuseum.co.uk; Church Sq; Erw./Kind 4 £/frei; ⊘April–Okt. 10.30–17 Uhr, Nov.–März bis 15.30 Uhr) Ein paar Schritte vom Church Square entfernt erhebt sich der wie eine Sandburg wirkende Ypres (sprich: waipers) Tower. Ein Streifzug durch das Gebäude aus dem 13. Jh. offenbart dessen lange Geschichte als Festung, Gefängnis, Leichenhaus und Museum (die letzten beiden Funktionen erfüllte es zeitweise parallel). In einem Anbau befand sich eines der letzten viktorianischen Frauenzuchthäuser des Landes. Von hier hat man einen weiten Panoramablick auf die Rye Bay, das Atomkraftwerk von Dungeness und – an besonders klaren Tagen – die französische Küste.

Church of St. Mary the Virgin   KIRCHE

(Church Sq; Turm Erw./Kind 3,50/1 £; ⊘April–Sept. 9–17.30 Uhr, Nov.–März bis 16.30 Uhr) Die Kirche verbindet Baustile aus dem Mittelalter und späteren Zeiten. Die Turmuhr von 1561 ist die älteste Englands. Sie wird immer noch vom Originalpendel angetrieben, das beim Eintreten über den Köpfen der Besucher schwingt. Wer die Stadt und ihre Umgebung aus der Vogelperspektive sehen will, sollte sich ein Ticket für den Turm kaufen. Anschließend lohnt ein Besuch der kleinen Ausstellung mit interessanten historischen Objekten, die in und um Rye gefunden wurden.

🛏 Schlafen

⭐ **Jeake's House**   HOTEL ££
(☎01797-222828; www.jeakeshouse.com; Mermaid St; EZ/DZ ab 75/95 £; ℗ 🛜) Einst gehörte das Stadthaus aus dem 17. Jh. dem amerikanischen Dichter Conrad Aitken. Die elf Zimmer sind nach Schriftstellern benannt, die hier übernachteten, als sie wahrscheinlich noch nicht so edel mit gewachsten Antiquitäten und üppigen Stoffen ausgestattet waren. In der mit Bücherregalen dekorierten Bar laden alte Kirchenbänke zu einem Drink ein und das Frühstück wird – um beim Thema zu bleiben – in einer ehemaligen Quäkerkapelle aus dem 18. Jh. angerichtet.

Windmill Guesthouse   B&B ££
(☎01797-224027; www.ryewindmill.co.uk; Mill Lane; DZ ab 80 £; ℗ 🛜) Eine originellere Unterkunft als die weiße Windmühle, deren Flügel nach wie vor intakt sind, findet man in Rye nicht. Aufgrund der Gebäudeform sind die Zimmer unterschiedlich groß, auch der Standard variiert. Fast ganz oben in der Mühle erstreckt sich die begehrte „Windmill Suite" über zwei Ebenen und bietet einen grandiosen Rundumblick. Das Frühstück wird in der ehemaligen Kornkammer serviert und im Erdgeschoss gibt es eine achteckige Gästelounge. Am besten im Voraus buchen!

George in Rye   HOTEL £££
(☎01797-222114; www.thegeorgeinrye.com; 98 High St; DZ ab 135 £; 🅿🛜) Die Verwandlung der ehemaligen Kutschenstation in ein modernes Boutiquehotel ist perfekt gelungen, ohne dass dabei Charakter und Authentizität auf der Strecke blieben. In der traditionell eingerichteten, holzgetäfelten Lounge lodern die Holzscheite im Kamin.

Die Zimmer im Haupthaus wurden von der Szenenbildnerin Sarah Greenwood (*Stolz & Vorurteil*) mit diskretem Schick gestylt.

Mermaid Inn
HOTEL £££

(☎01797-223065; www.mermaidinn.com; Mermaid St; EZ/DZ ab 90/150 £; Ⓟ) Nur wenige Unterkünfte sind so stimmungsvoll wie dieser Gasthof von 1420. Jedes der 31 Zimmer ist anders, aber allen gemeinsam sind die Bleiglasfenster und das dunkle Gebälk. Zu einigen führen sogar Geheimgänge, die heute als Fluchtwege im Brandfall dienen. Das Hotelrestaurant gehört zu den besten Essadressen in Rye.

Essen

Simon the Pieman
CAFÉ £

(3 Lion St; Snacks 2,50–9 £; ⊗Mo–Fr 9.30–16.45, Sa bis 17.30, So 12.30–17.30 Uhr) Viele einheimische Kenner des *cream tea* schwören darauf, dass dieser traditionelle Tearoom, übrigens der älteste von Rye, die beste *scone-cream-jam*-Kombination diesseits der Romney Marsh kredenzt. Das Schaufenster lockt mit jeder Menge weiterer verführerischer Köstlichkeiten.

Haydens
CAFÉ £

(www.haydensinrye.co.uk; 108 High St; Snacks/Gerichte 4,50–9 £; ⊗10–17 Uhr) Bio und Fairtrade sind die Prinzipien des hellen, lebhaften Cafés, das leckere Omeletts, *ploughman's lunches* (Vesperteller), Salate und Bagels serviert. Die erhöhte Terrasse auf der Rückseite bietet herrliche Ausblicke auf Rye und Umgebung. Dazu gehört ein umweltfreundlicher Gastbetrieb mit sieben schönen Gästezimmern im Obergeschoss.

Landgate Bistro
BRITISCH ££

(www.landgatebistro.co.uk; 5–6 Landgate; Hauptgerichte 14–20 £; ⊗Mi–Fr 19–23, Sa 12–15.30 & 19–23, So 12–15.30 Uhr) Zu den Lokalen im Zentrum mit ihrem aufdringlichen Mittelalter-Touch bietet dieses Bistro einen erfrischenden Kontrast. Es liegt etwas abseits der Touristenpfade, nicht weit vom trutzigen Landgate aus dem 14. Jh. Die Küche versteht ihr Handwerk und verwendet Lamm und Fisch aus der Region. Das Interieur ist angenehm schlicht, die Tische gruppieren sich um eine alte Feuerstelle.

Praktische Informationen

Rye Heritage Centre (☎01797-226696; www.ryeheritage.co.uk; Strand Quay; ⊗April–Okt. 10–17 Uhr, Nov.–März kürzer) Hier gibt es ein Stadtmodell, das in einer audiovisuellen

Autotour
Von Dover nach Rye

START DOVER EASTERN DOCKS
ZIEL RYE
LÄNGE/DAUER 57 KM; MIND. VIER STUNDEN (OHNE ABSTECHER ZUR HALBINSEL DUNGENESS)

Wer mit der Fähre in Dover ankommt oder mit dem Kreuzfahrtschiff dort einen Tag pausiert, muss nicht unbedingt gleich nach London eilen. Viel schöner ist diese Spazierfahrt entlang weißer Klippen und Marschlandschaften zwischen Sussex und Kent, um einige versteckte Ecken von Englands Südosten zu entdecken. Die Busse 100, 101 und 102 von Dover nach Lydd und Hastings folgen derselben Route.

Los geht's in Dover am Ausgang der ① **Eastern Docks**, wo alle Kanalfähren festmachen, auf der A20 entlang der Küste. Schon bald klettert die vierspurige Straße hinauf zu den berühmten weißen Klippen westlich von Dover. Erster Halt ist der ② **Naturpark Samphire Hoe**, dessen Abzweigung ausgeschildert ist. Fünf Millionen Kubikmeter Schutt vom Bau des Kanaltunnels wurden recycelt, um diese Parklandschaft zwischen Felsen und Meer zu schaffen. Während des Picknicks nach den 30 hier heimischen Schmetterlingsarten Ausschau halten!

Zurück auf der A20 kommt nach 2,8 km die Abfahrt nach Capel-Le-Ferne an der B2011. Hinweisschilder am Dorfende führen zum ③ **Battle of Britain Memorial**, das den Männern gewidmet ist, die in der entscheidenden Luftschlacht über Kent und Sussex gegen die Luftwaffe kämpften. In der Mitte eines riesigen Spitfire-Propellers sitzt die Skulptur eines Piloten, der gelassen über den Ärmelkanal schaut. Ein Besucherzentrum und ein Museum, beide neu, laden zu einer multimedialen Erkundungstour ein. Zurück auf der B2011 erscheinen schon bald die ersten Ausläufer von ④ **Folkestone**. Am ersten Kreisverkehr links abbiegen und dann in die sechste Straße rechts (Dover Road) einbiegen. Sie führt ins Zentrum des einstmals prächtigen und beliebten Badeorts, wo schon der lebenslustige König Eduard VII. gerne kurte. Nach einem Spaziergang durch den exotischen Leas Coastal Park und einer Portion Fish and Chips am alten Fischmarkt lohnt

sich ein Abstecher ins Creative Quarter in der Altstadt, wo sich Künstlerateliers und Kunstgewerbeläden angesiedelt haben.

Von Folkestone auf der Sandgate Road/A259 westwärts nach Sandgate mit seinen Trödelläden und Kiesstränden fahren. Von dort sind es nur noch 8 km bis nach **5 Hythe**. Das faszinierende, ehemalige Cinque-Ports-Mitglied hätte genug Attraktionen für einen ganzen Tag zu bieten. Es ist nicht nur Endpunkt der Schmalspurbahn Romney, Hythe and Dymchurch Railway (RH&D Railway), sondern liegt auch am Royal Military Canal und hat eine hübsche Hauptstraße und einen schönen Strand.

Weiter geht's westwärts auf der A259, vorbei an den nicht sehr attraktiven Badeorten Dymchurch und St. Mary's. Sie kauern hinter hohen Deichen, ohne die sich der Küstenstreifen längst in Meeresboden verwandelt hätte. Die Klippen bleiben nun zurück und es geht hinein in die **6 Romney Marsh**, einen flachen, spärlich besiedelten Landstrich mit Schilfgebieten und Schafweiden. Wer Zeit hat, schaut in dem Besucherzentrum (www.kent wildlifetrust.org.uk) an der A259 zwischen St. Mary's und New Romney vorbei.

Hinter New Romney, das ebenfalls zu den Cinque Ports gehörte, geht's links ab auf die B2075 nach **7 Lydd**, einem idyllischen Städtchen, das dem Bund später beitrat. Von hier bietet sich ein Abstecher auf der kaum befahrenen Dungeness Road durch die einsamen Ebenen der von Kiessträngen eingefassten **8 Dungeness Peninsula** an, aus denen drohend die Silhouette eines Kernkraftwerks aufragt. Dungeness hat die größte Seevogelkolonie hier im Südosten und ist der westliche Endpunkt der RH&D Railway.

Zurück in Lydd geht's wieder auf die B2075, und zwar knapp 10 km westwärts bis nach Camber. Wer glaubt, an der Südküste gäbe es nur Kiesstrände, wird mit den **9 Camber Sands** eines Besseren belehrt. Der breite Streifen aus Sand und Dünen ist perfekt zum Picknicken und für einen Strandspaziergang.

Die B2075 windet sich nun durch steinige, struppige Feuchtgebiete bis zur Kreuzung mit der A259 in East Guldeford. Hier links in Richtung Rye abbiegen. Unterwegs wird deutlich, was die Haupteinnahmequelle dieser Gegend ist: Schafe, die zu Tausenden in den grünen Niederungen grasen. Auch die A259 mäandert durch Marschlandschaften und erreicht schließlich das Endziel **9 Rye** (S. 165), eines der hübschesten Städtchen des Südostens.

Vorführung zum Leben erweckt wird (3,50 £), sowie im Obergeschoss eine witzige Ausstellung von immer noch funktionstüchtigen Glücksspielautomaten. Außerdem veranstaltet das Zentrum geführte Themenspaziergänge durch die Stadt. Details finden sich auf der Website.

ℹ An- & Weiterreise

Von Rye fahren Busse nach Dover (Bus 100; 6,40 £, 2 Std., 2-mal stündl.) und Hastings (Bus 100/101; 5,60 £, 40 Min., 2-mal stündl.).

Außerdem bestehen Zugverbindungen nach London St. Pancras (31,70 £, 1½ Std., stündl., mit Umsteigen in Ashford).

Hastings

90 300 EW.

Der Name der Stadt ist untrennbar mit der normannischen Invasion von 1066 verbunden, auch wenn die Schlacht knapp 10 km entfernt tobte. Als einer der Cinque Ports erlebte Hastings eine Blütezeit und in der viktorianischen Ära traf sich die britische High Society in dem schicken Badeort. Es folgte eine lange Durststrecke, aber mittlerweile ist Hastings ein kleines Comeback gelungen – als spannende Mischung aus Fischerhafen, touristisch-kitschigem Seebad und Hangout für künstlerisch angehauchte New-Age-Jünger.

◎ Sehenswertes

Stade　　　　　　　　　　　STADTVIERTEL
(Rock-A-Nore Rd) Das Gebiet in Strandnähe, unterhalb von East Hill, wird Stade genannt und fällt durch die mit Holzplanken verkleideten Häuser, die Net Shops, auf. Sie stammen aus dem 17. Jh. und dienten als Lagerschuppen für Fischernetze und anderes Arbeitsgerät. Einige davon werden heute von Fischhändlern genutzt, die den Fang von Europas größter vom Strand aus operierender Fischfangflotte verkaufen. Die Boote liegen meist auf dem Kiesstreifen hinter den Net Shops. Diese Aktivitäten verleihen dem Stade-Viertel eine geschäftige Atmosphäre, die durch den Geruch nach Diesel und Fischinnereien verdichtet wird.

Hastings Museum & Art Gallery　MUSEUM
(www.hmag.org.uk; Johns Place, Bohemia Rd; ◎ April–Sept. Di–Sa 10–17, So 12–17 Uhr, Okt.–März kürzer) GRATIS Ein paar Schritte westlich vom Bahnhof beherbergt ein rotes Backsteingebäude das wunderbare kleine Museum. Zu seinen Highlights gehören die faszinierende maurische Durbar Hall und die Abteilung über John Logie Baird, der sich nach einer Krankheit von Februar 1923 bis November 1924 in Hastings erholte und die Zeit nutzte, um das Fernsehen zu erfinden.

Jerwood Gallery　　　　　　KUNSTMUSEUM
(www.jerwoodgallery.org; Rock-A-Nore Rd; Erw./Kind 9/3,50 £; ◎ Di–So 11–17 Uhr) Die große Kunsthalle am Rand des Viertels Stade wird für Wanderausstellungen zeitgenössischer britischer Kunst sowie für themenbezogene Installationen mit Exponaten aus der Jerwood-Sammlung genutzt. Das angeschlossene Café ist perfekt für eine Erholungspause und bietet Blick auf den Ärmelkanal.

ABSTECHER

BATTLE & BATTLE ABBEY

„If there'd been no battle, there'd be no Battle" (Hätte es keine Schlacht gegeben, gäbe es Battle nicht) heißt es in dem unauffälligen Dorf. Battle entstand rund um den Hügel, auf dem der Herzog der Normandie alias Wilhelm der Eroberer dem englischen König Harald II. 1066 eine entscheidende Niederlage beibrachte. Sie besiegelte die letzte erfolgreiche Eroberung Englands. Das Ereignis hatte einschneidende Folgen für die Sozialstruktur, die Sprache und das Leben der Bevölkerung. Der geschichtsträchtige Ort zieht Heerscharen von Besuchern an, vor allem Mitte Oktober, wenn die Schlacht nachgestellt wird.

Die **Battle Abbey** (EH; Erw./Kind 10,10/6 £; ◎ April–Sept. 10–18 Uhr, Okt.–März Sa &So bis 16 Uhr) wurde von den Normannen vier Jahre nach ihrem Triumph auf dem einstigen Schlachtfeld erbaut. Sie kamen damit der Forderung des Papstes nach einem Zeichen der Buße für die vielen Todesopfer nach. Von der damaligen Kirche existieren nur noch die Grundmauern. Der Altar soll an der Stelle gestanden haben, wo König Harald von einem Pfeil ins Auge niedergestreckt wurde.

Bus 304/305 fährt nach Hastings (2,70 £, 28 Min., stündl.). Zugverbindungen bestehen nach Hastings (4,20 £, 15 Min., 2-mal stündl.) und London Charing Cross (22,30 £, 80 Min., 2-mal stündl.).

Hastings Castle RUINE

(www.discoverhastings.co.uk; Castle Hill Rd; Erw./Kind 7/5 £; ⊘ Ostern–Sept. 10–16 Uhr) Die Burg geht auf Wilhelm den Eroberer zurück. Ihre Geschichte und die der Schlacht von Hastings (1066) sind die Hauptthemen einer Ausstellung auf dem Burggelände.

🛏 Schlafen & Essen

Swan House B&B ££

(☑ 01424-430014; www.swanhousehastings.co.uk; 1 Hill St; EZ/DZ ab 90/120 £; @ 🕾) Die Fachwerkhülle aus dem 15. Jh. umschließt eine gelungene Kombination aus Alt und Neu. Biotoiletten, frische Blumen, künstlerische Wandgestaltung und breite Betten werten die vier Gästezimmer auf. In der Lounge ergeben Sofas in Pastelltönen, lackierte Holzböden, moderne Skulpturen, alte Holzbalken und ein riesiger steinerner Kamin ein kontrastreiches Ambiente, das überzeugt.

The Laindons B&B ££

(☑ 01424-437710; www.thelaindons.com; 23 High St; EZ/DZ ab 105/120 £; 🕾) Das gemütliche B&B residiert in einer denkmalgeschützten georgianischen Poststation am ruhigeren Ende der High Street. Zum Meer ist es nur ein kurzer Spaziergang. Dank überdimensionaler Fenster sind die fünf einladend gestalteten Zimmer lichtdurchflutet. Die Einrichtung besticht durch eine geschmackvolle Mischung aus luftigem, zeitgenössischem Design und historischem Mobiliar. Das von den Besitzern zubereitete Frühstück wird am Gemeinschaftstisch eingenommen.

Dragon Bar INTERNATIONAL ££

(www.dragon-bar.uk; 71 George St; Hauptgerichte 10–17,50 £, Mittagsmenü werktags 7 £; ⊘ 12–23 Uhr; 🕾) Unter den jüngeren Mitgliedern der Alternativszene in der Altstadt ist das Bar-Restaurant ein beliebter Treffpunkt. Dunkle Wände, frech kombinierte Möbel und abgewetzte Ledersofas sorgen für Atmosphäre, auf der Speisekarte geht's genauso unorthodox weiter: Die Spanne reicht vom Madras Curry über Lamm aus Winchelsea bis zur Pizza.

🍸 Ausgehen & Nachtleben

Hanushka Coffee House CAFÉ

(28 George St; ⊘ 9.30–18 Uhr) Hastings' beste Koffein-Tankstelle erinnert an einen gut sortierten Secondhand-Buchladen, denn jeder Quadratzentimeter Wand ist mit Büchern bedeckt, die zum Schmökern bereitstehen.

Schummrige Beleuchtung und drangvolle Enge machen Kontakte mit dem Nachbartisch unvermeidlich; wer unbedingt seine Ruhe haben will, flüchtet sich auf die Sofas und Fensterbänke.

❶ Praktische Informationen

Touristeninformation (☑ 01424-451111; www.visit1066country.com; Aquila House, Breeds Pl; ⊘ April–Sept. Mo–Fr 9–17, Sa 9.30–17.30, So 10.30–16 Uhr, Okt.–März etwas kürzer)

❶ An- & Weiterreise

BUS

Von Hastings fahren Busse nach:

Eastbourne (Bus 98/99; 4,60 £, 75 Min., 4-mal stündl.)

London Victoria (National Express; 14,40 £, 3 Std., tgl.)

Rye (Bus 100/101; 5,60 £, 40 Min., 2-mal stündl.)

ZUG

Es gibt Zugverbindungen nach Brighton (über Eastbourne, 13,30 £, 60–80 Min., 3-mal stündl.) und London Victoria (17,80 £, 2 Std., stündl.).

❶ Unterwegs vor Ort

Hastings hat zwei hübsche viktorianische Seilbahnen, die East Hill Cliff Railway und die West Hill Cliff Railway – für Fußmüde eine lohnende Alternative, um den Weg auf die Klippen besser zu bewältigen. Die **East Hill Cliff Railway** (Rock-A-Nore Rd; Erw./Kind Hin- und Rückfahrt 2,50/1,50 £; ⊘ April–Sept. 10–17.30 Uhr, Okt.–März Sa & So 11–16 Uhr) startet im Stade-Viertel und hangelt sich hoch zum Hastings Country Park. Wer keine Lust hat, zum Hastings Castle hoch zu keuchen, setzt sich in die **West Hill Cliff Railway** (George St; Erw./Kind Hin- und Rückfahrt 2,50/1,50 £; ⊘ März–Sept. 10–17.30 Uhr, Okt.–März 11–16 Uhr). Ansonsten lässt sich die Stadt aber gut zu Fuß erkunden.

Eastbourne

99 400 EW.

Trotz des offiziellen Titels als „Großbritanniens sonnigste Stadt" hat Eastbourne lange gebraucht, um sein Image als „Wartezimmer des Todes am frösteligen Ärmelkanal" loszuwerden, das es den vielen Achtzigjährigen verdankt, die dort in Liegestühlen vor sich hin dämmern. Allenfalls ein paar Schotten mit akutem Vitamin-D-Mangel, die sich für ein verlängertes Wochenende in den muffigen Pensionen einmieteten, konnten den

Altersschnitt leicht drücken. Diese Klientel ist zwar auch heute noch dort anzutreffen, aber in den letzten zehn Jahren etwa hat der Zuzug von Studenten und die Herausbildung der größten polnischen Gemeinde im britischen Südosten das Bild deutlich belebt.

Eastbournes 5,6 km lange, von Palmen gesäumte Strandpromenade sucht landesweit ihresgleichen. Ein brandneues Museum für moderne Kunst und der kürzlich geschaffene South Downs National Park, der am Westrand der Stadt beginnt, sind ebenfalls gute Argumente für einen Tagesausflug ab London oder Brighton. Außerdem beginnt bzw. endet hier der 160 km lange Wanderweg South Downs Way.

 Sehenswertes

Towner Art Gallery
KUNSTGALERIE
(☎ 01323-434670; www.townereastbourne.org.uk; Devonshire Park, College Rd; ☺ Di–So 10–17 Uhr) GRATIS Für Kunstfreaks ist das für Wechselausstellungen ideal geeignete Museum *die* Adresse im Südosten. Im Erdgeschoss und in der zweiten Etage wird Zeitgenössisches gezeigt, der erste Stock ist für themenbezogene Ausstellung reserviert, die aus dem eigenen, rund 5000 Werke umfassenden Fundus bestückt werden. Die Führung umfasst auch einen Abstecher in das klimatisierte Archiv; Termine und Zeiten finden sich auf der Website.

Eastbourne Pier
WAHRZEICHEN
(☺ 24 Std.) Während am 30. Juli 2014 die Spielhalle am landseitigen Ende des Piers und rund ein Drittel der Seebrücke in Flammen aufgingen, wurden die anderen zwei Drittel wie durch ein Wunder und dank des mutigen Einsatzes der Feuerwehr gerettet. Die Wiederaufbau der baufälligen, rostigen Seebrücke aus glanzvollen viktorianischen Zeiten dauerte über ein Jahr. Das Casino wurde nicht erneuert, sondern durch ein attraktives, offenes Flanierdeck ersetzt – eine lange überfällige Schönheitskur für das beliebteste Wahrzeichen der Stadt.

Geführte Touren

Sussex Voyages
BOOTSTOUREN
(☎ 01293-888780; www.sussexvoyages.co.uk; Lower Quayside, The Waterfront, Sovereign Harbour Marina; Erw./Kind 24/14 £) Der einstündige Trip in Festrumpfschlauchbooten zum Beachy Head und den Seven Sisters beginnt am Sovereign Harbour (wo Bus 51 stündlich vorbeikommt). Reservierung erforderlich.

Schlafen und Essen

Albert & Victoria
B&B ££
(☎ 01323-730948; www.albertandvictoria.com; 19 St Aubyns Rd; EZ/DZ ab 35/70 £; ☎) Wer in dem wunderschönen viktorianischen Reihenhaus nächtigen will, sollte unbedingt im Voraus buchen. Es bietet vier duftende Zimmer mit Himmelbetten und Kristalllüstern, benannt nach Königin Victorias Kindern sowie einen intimen, ummauerten Garten fürs sommerliche Frühstück und liegt nur ein paar Schritte von der Strandpromenade entfernt.

Big Sleep
HOTEL ££
(☎ 01323-722676; www.thebigsleephotel.com; King Edward's Pde; EZ/DZ ab 44/59 £; ☎) Frisch, freundlich und mit Pepp: Das sind die 50 Zimmer des Strandhotels mit ihren großgemusterten Tapeten, Retromöbeln und Plüschvorhängen, die an Schafe erinnern, die eben noch auf dem Beachy Head grasten. Dazu eine trendige Bar, eine Spielhalle im Untergeschoss und Blicke auf den Ärmelkanal – eindeutig die coolste Unterkunft von Eastbourne.

Lamb Inn
GASTROPUB ££
(www.thelambeastbourne.co.uk; www.thelamb.eu; 36 High St; Hauptgerichte 10–17 £; ☺ So–Do 11–23, Fr & Sa bis 24 Uhr) In der uralten lokalen Institution in der oft vernachlässigten Altstadt 1,5 km nordwestlich vom Bahnhof werden schon seit 800 Jahren gepflegte Biere aus Sussex gezapft. Mittlerweile ist britische Kneipenküche der Luxusklasse dazugekommen. Schon Charles Dickens, der gegenüber Feriengast war, hat hier verschmierte Servietten hinterlassen. Die Busse 1, 1A und 12 halten ganz in der Nähe.

Belgian Cafe
BELGISCH ££
(www.thebelgiancafe.co.uk; 11–23 Grand Pde; Hauptgerichte 10–18,50 £; ☺ 11–23 Uhr) Wer bisher nicht wusste, dass belgisches Bier nach Früchten schmecken kann, Muscheln mit Pommes das belgische Nationalgericht sind und Tintin aus Brüssel stammt, kann in dem beliebten belgischen Café nicht weit von der Seebrücke Nachhilfeunterricht nehmen – bei 50 verschiedenen Muschelgerichten und ebenso vielen belgischen Biersorten.

Praktische Informationen

Touristeninformation (☎ 01323-415 415; www.visiteastbourne.com; Cornfield Rd; ☺ Mai–Sept. Mo–Fr 9–17.30, Sa bis 17, So 10–13 Uhr, Okt.–April kürzer, So geschl.)

ℹ An- & Weiterreise

Es gibt Busse nach Brighton (Bus 12; 4 £, 75 Min., bis zu 6-mal stündl.) und Hastings (Bus 98/99; 4,50 £, 70 Min., 3-mal stündl.). Zwei-mal stündlich verkehren Züge nach Brighton (10,60 £, 30–40 Min.) und London Victoria (17,80 £, 1½ Std.).

South Downs National Park

Der über 1554 km^2 große South Downs Na-tional Park erstreckt sich westlich von East-bourne 160 km weit über Kalksteingrate und -täler und wird auf seiner ganzen Länge vom Wanderweg South Downs Way durch-schnitten.

◉ Sehenswertes

Beachy Head   WAHRZEICHEN
(www.beachyhead.org.uk) Am Südende der South Downs überragen die berühmten Klippen von Beachy Head die zerklüftete Kalksteinkette entlang der Küste. Sie lie-gen nicht weit von der B2103, die zwischen Eastbourne und Newhaven von der A259 abzweigt. In Richtung Westen erheben die **Seven Sisters Cliffs** ihre steinernen Häup-ter; ein Klippenweg (ein Ableger des South Downs Way) folgt den Kalksteinwellen bis ins malerische Cuckmere Haven.

Pevensey Castle   RUINE
(EH; Castle Rd, Pevensey; Erw./Kind 5,80/3,40 £; ☉ April–Sept. 10–18 Uhr) Die Ruine der ersten Festung Williams des Eroberers auf engli-schem Boden liegt 8 km östlich von East-bourne, nicht weit von der A259. Züge von London Victoria nach Hastings über East-bourne halten in Westham, nur 800 m von Pevensey entfernt. Die Burg versinkt mittler-weile in ihrem eigenen Burggraben, ist aber immer noch ein imposanter Verweis auf die Stelle, wo der normannische Herzog 1066 anlandete, um sich zwei Wochen später in die Schlacht von Hastings zu stürzen.

🛏 Schlafen

⭐ **Belle Tout Lighthouse**   B&B £££
(☎ 01323 423-185; www.belletout.co.uk; South Downs Way, Beachy Head, Eastbourne; DZ ab 165 £) Der stillgelegte Leuchtturm steht atembe-raubend nah an Abgrund der weißen Klippen und ist ein wunderbarer Ort zum Übernach-ten. Seine Geschichte ist im wahrsten Sinne des Wortes bewegt. Im Zweiten Weltkrieg wurde er fast zerstört, die BBC drehte hier die

GLYNDEBOURNE THEATRE

John Christie und seine Frau, die Opern-sängerin Audrey Mildmay, beschlos-sen 1934, mitten in der Wallachei ein Opernhaus mit 1200 Plätzen zu bauen. Damals erschien die Idee verrückt, heute ist das **Glyndebourne** (☎ 01273-812321; www.glyndebourne.com; Glynde-bourne) von Mai bis August eine der besten Opernadressen in England. Die Tickets sind begehrt und müssen früh-zeitig gebucht werden. Glyndebourne liegt 6,4 km östlich von Lewes abseits der B2192.

Serie *The Life and Loves of a She-Devil* und bevor der Leuchtturm sich in ein originelles B&B verwandelte, sorgte 1999 sein „Umzug" für Furore – wegen Erosionsgefahr wurde er weiter ins Landesinnere versetzt.

Lewes

17 300 EW.

In dem auf charmante Weise Wohlstand aus-strahlenden Städtchen Lewes (sprich: Luis) flankieren elegante georgianische Häuser die buckelige High Street. Der Ort in Hü-gellage, der neben einem halb zerfallenen Schloss auch eine Traditionsbrauerei behei-matet, hat eine turbulente Vergangenheit und pflegt eine feurige Tradition. Beim Ab-stieg durch enge, gewundene Gassen abseits der Hauptstraße zeigt sich Lewes von einer intimeren Seite. Die sogenannten *twittens* sind Überreste des ursprünglichen, mittelal-terlichen Wegenetzes der Stadt.

Eine Besonderheit von Lewes ist seine Lage auf dem 0. Längengrad. An der Wes-tern Road markiert eine unscheinbare Pla-kette den Meridian. Moderne Messungen haben allerdings ergeben, dass sich der Län-gengrad 100 m weiter östlich befindet.

◉ Sehenswertes & Aktivitäten

Lewes Castle & Barbican House Museum   BURG
(www.sussexpast.co.uk; 169 High St; Erw./Kind 7,40/4 £; ☉ Di–Sa 10–17.30, So & Mo 11–17.30 Uhr; P) Von der kurz nach der normannischen Eroberung (1066) erbauten Burg sind heute nur noch Überreste zu sehen. Die Burg war nie Schauplatz von Kriegshandlungen, aber

nach dem Sieg der britischen Marine über die spanische Armada (1588) kam es hier zu tumultartigen Freudenfesten. Vom Glück berauschte Bürger rissen ganze Gesteinsblöcke aus der Festung, ließen jedoch genug imposantes Gemäuer stehen. Der windumtoste Burgfried ist kilometerweit zu sehen und bietet einen umwerfenden Panoramablick über die Stadt und die Umgebung.

Das angeschlossene Barbican House Museum zeigt eine umfangreiche Sammlung ortsgeschichtlicher Exponate. Die Hauptattraktion ist aber das faszinierend akkurate Stadtmodell, das Mitte der 1980er-Jahre von einer Armee aus Freiwilligen zusammengeklebt wurde. Es zeigt, wie die Stadt vor einem Jahrhundert aussah. Ein zwölfminütiger Film befasst sich mit der Entwicklung des Homo Sussexicus vom Höhlenmenschen bis zum Viktorianer.

Harveys Brewery — BRAUEREI
(☏01273-480217; www.harveys.org.uk; Bridge Wharf; 3 £ pro Pers.; ☺Juni, Juli & Sep.–Nov. drei Abende pro Woche) Sussex' älteste unabhängige Brauerei hüllt das Stadtzentrum von Lewes in eine hopfenlastige Duftwolke. Besichtigungstouren sollten mehrere Monate im Voraus gebucht werden.

Festivals & Events

⭐ Lewes Bonfire Celebrations — FEUERWERK
(www.lewesbonfirecelebrations.com; ☺5. Nov.) Eigenen Angaben zufolge veranstaltet Lewes das größte Bonfire-Night-Spektakel der Welt. Zehntausende Besucher strömen in die Stadt, um die Umzüge und das Feuerwerk zu bestaunen und Puppen-Nachbildungen der Schurken der Stunde in Flammen aufgehen zu sehen.

Schlafen & Essen

Castle Banks Cottage — B&B ££
(☏01273-476291; www.castlebankscottage.co.uk; 4 Castle Banks; EZ/DZ 42,50/85 £; 🅿) Das winzige B&B versteckt sich in einer kleinen Gasse in der Nähe der Burg und hat nur zwei Zimmer. Der entspannte Inhaber, seines Zeichens Reiseautor, ist ein wandelndes Heimatkundelexikon. Im Sommer wird das Frühstück im lauschigen Garten serviert.

Shelleys — HOTEL £££
(☏01273-472361; www.the-shelleys.co.uk; 135–136 High St; Zi. ab 130 £; 🅿) Das Herrenhaus aus dem 16. Jh. versprüht jede Menge altmodischen Charme. Es befand sich einst im Besitz der Familie Shelley (die durch ihren Sprössling Percy Bysshe berühmt wurde) und diente auch schon dem Earl von Dorset als Wohnsitz. Die gemütlichen Zimmer sind im Landhausstil eingerichtet und das exzellente Restaurant überblickt den hübschen, eingemauerten Garten.

Bill's — CAFÉ £
(www.bills-website.co.uk; 56 Cliffe High St; Hauptgerichte & Snacks 3,50–12 £; ☺8–23 Uhr) Mit einem Meer aus Farben und Düften betört der Laden – eine Mischung aus Lebensmittelhandlung, Feinkostgeschäft und rustikalem Café – die Sinne schon beim Betreten. Richtig zur Sache geht es dann mit kulinarischen Verführungen wie Tartelettes, die im Mund zergehen, Gourmetpizzen, Salate, Desserts und anderen, kunstvoll von Hand zubereiteten Snacks. Zu Stoßzeiten, aber auch sonst, sollte man genug Zeit mitbringen, meistens ist es rappelvoll.

Real Eating Company — BRITISCH ££
(18 Cliffe High St; Hauptgerichte 10–19 £; ☺Mo-Sa 8.30–21, So 10–17 Uhr) Die große luftige Café-Brasserie erstreckt sich nach hinten hinaus auf eine schöne Terrasse. Das belebende Frühstück ist ein toller Start in den Tag, außerdem gibt's Fish and Chips auf Feinschmeckerniveau und deftige britische Fleisch-mit-zweierlei-Gemüse-Combos. Alle Gerichte werden nach Möglichkeit mit Zutaten aus Sussex zubereitet.

Shoppen

Fifteenth Century Bookshop — BÜCHER
(www.oldenyoungbooks.co.uk; 99 High St; ☺Mo-Sa 10–17.30 Uhr) Der wunderbare Buchladen ist in einer ehemaligen Kerzenfabrik mit Fachwerkfassade untergebracht – eine Schatzkiste voller antiquarischer Werke und aktueller Literatur, die zum Stöbern einlädt.

❶ Praktische Informationen

Touristeninformation (☏01273-483448; www.lewes.gov.uk; 187 High Street; ☺April–Sept. Mo–Fr 9.30–16.30, Sa bis 16 ,So 10–14 Uhr, Okt.–März So geschl. und kürzere Öffnungszeiten)

❶ An- & Weiterreise

Die einzige verlässliche Busverbindung besteht zwischen Lewes und Brighton (3,50 £, 30 Min., 4-mal stündl.).

Züge fahren nach:
Brighton (4,30 £, 15 Min., 4-mal stündl.)
Eastbourne (7,70 £, 20 Min., 3-mal stündl.)
London Victoria (17,80 £, 1–1½ Std., 4-mal stündl.)

Brighton & Hove

275 800 EW.

Raves am Strand, Romane von Graham Greene, Mods und Rocker, die sich an langen Wochenenden Schlägereien liefern, Otto Normalverbraucher, der sich mal was Verrücktes leisten will, die lebhafteste Schwulenszene der Insel und die besten Clubs am Ärmelkanal – das sind die Assoziationen der Briten, wenn sie den Namen Brighton hören. Sicher ist jedenfalls: Mit seinen künstlerischen, weltmännischen und hedonistischen Vibes ist das der Badeort in England, den die Leute nicht kühl, sondern cool finden.

Kaum eine andere Stadt der Insel wirkt so bunt und schrill. Hier trifft Burlesque auf modernes Design, schmuddelige Hostels haben originelle Boutiquehotels als Nachbarn, an den Bars wird sowohl Ale aus Mikrobrauereien wie auch „Sex on the Beach" ausgeschenkt und Junggesellenabschied feiernde Cliquen feuern Drag Queens an. Brighton ist die Stadt, die den ersten Abgeordneten der Green Party ins Parlament schickte, in der ausgiebigst Valentinstag gefeiert wird und wo laut einer Umfrage von 2001 mehr Jedis wohnen als irgendwo sonst auf der Insel.

Das Highlight unter den Sehenswürdigkeiten ist der Royal Pavilion, den der spätere König Georg IV. im 19. Jh. als seine Party-Location bauen ließ und mit dem Brightons Vorliebe für alles Exotische begann.

⊙ Sehenswertes

★ Royal Pavilion   PALAST

(☎03000-290901; http://brightonmuseums.org.uk/royalpavilion; Royal Pavilion Gardens; Erw./Kind 12,30/6,90 £; ☉ April–Sept. 9.30–17.45 Uhr, Okt.–März 10–17.15 Uhr) Eine der Hauptattraktionen ist unbestritten der prächtige Royal Pavilion Georgs IV., eines der opulentesten Gebäude in ganz England und sicherlich das schönste Beispiel in Europa für den im frühen 19. Jh. so beliebten asiatisch-chinesischen Stil. Kein Bauwerk könnte Brightons Hang zur Dekadenz besser repräsentieren. Königin Victoria bezeichnete es herablassend als „fremdartigen, skurrilen chinesischen Ort", aber das Volk liebt es als schillernden Beitrag zur Geschichte von Sussex.

Der gesamte Palast ist ein Fest fürs Auge, aber einige Bereiche sind besonders spektakulär. Der mit Drachenmotiven dekorierte Festsaal ist in ganz England konkurrenzlos. Noch mehr Drachen und Schlangen be-

völkern den Musiksaal, dessen Decke von 26 000 goldenen Schuppen bedeckt ist. Angesichts der damals hochmodernen Küche mit automatischen Drehspießen und beheizter Anrichte dürfte einigen Gästen vor Staunen der Mund offen stehen geblieben sein. Prinz Albert ließ die gesamte Möblierung entfernen, aber einige Stücke hat die Queen als Leihgaben wieder zurückgegeben.

Brighton Museum & Art Gallery   MUSEUM, GALERIE

(www.brighton-hove-museums.org.uk; Royal Pavilion Gardens; Erw./Kind 5,20/3 £; ☉ Di–So 10–17 Uhr) GRATIS In den renovierten ehemaligen Stallungen des Royal Pavilion ist ein Museum mit Galerie untergebracht, das eine glänzende Sammlung von Kunst und Design aus dem 20. Jh. zeigt, darunter Dalis berühmtes, knallrotes Sofa, für das die Lippen von Mae West Modell standen. Auch die Abteilungen für Ethnokunst und ägyptische Artefakte sind beeindruckend. Die Multimediapräsentation „Bilder von Brighton" umfasst eine Serie mündlicher Geschichten und ein Modell des West Pier in seiner Glanzzeit.

i360 Tower   AUSSICHTSTURM

(☎03337-720 360; www.britishairwaysi360.com; Lower King's Rd; Erw./Kind 15/7,50 £; ☉ So–Do 10–19.30, Fr & Sa bis 21.30 Uhr) Brightons jüngste Attraktion öffnete ihre Tore 2016 genau dort, wo der inzwischen dahingeschiedene West Pier einst den Strand erreichte. Der schlankeste Turm der Welt ist ein 162 m hoher Schaft aus verstärktem Stahl und Beton, an dem sich ein riesiger gläserner Donut in die Lüfte erhebt und seine Passagiere 138 m hoch über die Stadt befördert. Die Aussicht auf die Küste von Sussex ist sensationell. Dahinter steht der Plan, den Gewinn, den der „vertikale Pier des 21. Jhs." abwirft, einmal für den Wiederaufbau des West Pier zu verwenden.

Brighton Pier   WAHRZEICHEN

(www.brightonpier.co.uk; Madeira Dr) Die prächtige Seebrücke wurde Ende des 19. Jhs. errichtet und gehört zu den Orten in Brighton, wo ungehemmt dem Kitsch gehuldigt wird. Fahrgeschäfte und Spielsalons, Zuckerwatte und Brighton Rock (Zuckerstangen) sorgen für Vergnügungen, die nur Leute mit starken Magennerven wirklich genießen können. Westlich davon erheben sich die traurigen Überreste des **West Pier** (www.westpier.co.uk), ein Eisenskelett, das bei Sonnenuntergang Schwärme von Staren anzieht.

Brighton & Hove

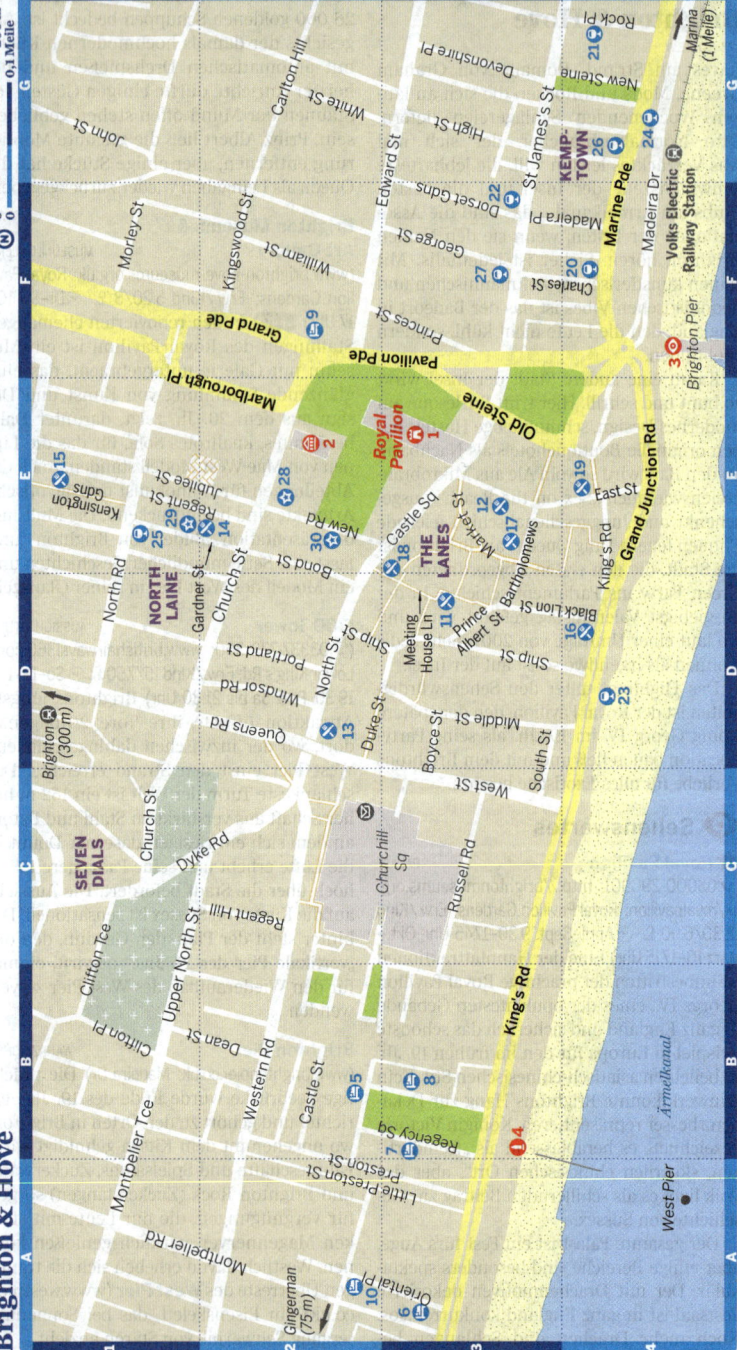

Brighton (300 m)

Gingerman (75 m)

SEVEN DIALS

NORTH LAINE

THE LANES

KEMP TOWN

Churchill Sq

Regency Sq

West Pier

Brighton Pier

Marina (1 Meile)

Volks Electric Railway Station

Armelkanal

✨ Festivals & Events

Brighton Festival · DARSTELLENDE KÜNSTE
(☎01273-709709; www.brightonfestival.org; ☺Mai)
Das nach Edinburgh zweitgrößte Kunstfestival Großbritanniens bringt für drei Wochen internationale Stars an den Ärmelkanal.

Brighton Pride · LGBT
(www.brighton-pride.org; ☺Anfang Aug.) Einer der größten LGBT-Aufmärsche der Insel mit großer Parade und Konzerten im Preston Park.

🛏 Schlafen

Kipps Brighton · HOSTEL £
(☎01273-604182; www.kipps-brighton.com; 76 Grand Pde; B 14–35 £, DZ 42–90 £; @ 🔊) Die Besitzer des hochgelobten Hostels in Canterbury haben ihr Erfolgsrezept auch in Brighton umgesetzt. Die Rezeption der Budgetunterkunft wirkt wie ein cooles Café, es gibt eine Selbstversorgerküche und Angebote wie kostenlose Filmvorführungen, Pubnächte und Pizzaservice bringen die Gäste sogar dazu, sich zeitweise vom Internet zu trennen (WLAN verfügbar).

Baggies Backpackers · HOSTEL £
(☎01273-733740; www.baggiesbackpackers.com; 33 Oriental Pl; B/DZ 16/40 £; 🔊) Die familiäre Atmosphäre, der behagliche Charme, das hilfsbereite Personal und die sauberen, komfortablen Zimmer haben dieses alteingesessene Hostel zu einer Institution in Brighton werden lassen. Der gemütliche Gemeinschaftsraum im Keller ist perfekt zum Musik hören und chillen. Es gibt auch eine TV-Lounge mit Stapeln von Videokassetten, die es irgendwie geschafft haben, die digitale Revolution zu überleben. Weitere Ableger des Hostels finden sich in Bath und Bournemouth.

★ No 27 Brighton · B&B ££
(☎01273-694951; www.brighton-bed-and-breakfast.co.uk; 27 Upper Rock Gardens; EZ 61,50–72,50 £, DZ 84–110 £) Brightons bestes B&B verfügt über fünf prachtvolle Zimmer, die nach Weggefährten von König Georg IV. benannt sind und mit Antiquitäten und nostalgischem Flair daherkommen. Stoffe, Möbel und Dekoration wurden sorgfältig nach ihrem Bezug zum Thema ausgewählt. Einige Zimmer haben Meerblick, aber es ist durchaus denkbar, dass die Gäste angesichts des grandiosen Dekors gar nicht auf die Idee kommen, aus dem Fenster zu schauen. Das Frühstück (7,50 £) wird auf gestärktem Leinen und feinem englischen Porzellan serviert.

Hotel Pelirocco · HOTEL ££
(☎01273-327055; www.hotelpelirocco.co.uk; 10 Regency Sq; EZ 65–125 £, DZ 95–125 £; 🔊) Für ein Rock'n'Roll-Wochenende mit Flirtpotenzial ist das abgefahrene Pelirocco eine der coolsten Adressen in Brighton. Unter den ausgefallen gestylten Zimmern, von denen einige von Künstlern eingerichtet wurden, finden sich „Dollywould", eine Hommage an Dolly Parton, „Modrophenia", ein Mod- & Pop-Art-Schrein, und das Doppelzimmer

Brighton & Hove

„Pretty Vacant", das den Sex Pistols huldigt. Unübertroffen: die Suite „Kraken's lair" mit einem runden Bett von 3 m Durchmesser, einer verspiegelten Decke und einer Pole-dance-Plattform.

Snooze
HOTEL ££

(☎01273-605797; www.snoozebrighton.com; 25 St George's Tce; EZ/DZ ab 75/95 £; ☎) Retro-fans werden sich in dem schrägen Hotel in Kemptown pudelwohl fühlen. Alte Poster und grelle Tapeten aus den 1960er- und 1970er-Jahren, Filmplakate aus Bollywood, Waschbecken in Blütenform und Knallfar-ben sind noch nicht alles – die Zimmer sind echt komfortabel und makellos sauber. Ein weiteres Highlight ist das vegetarische Früh-stücksangebot. Das Snooze liegt nicht weit von der St. James' Street, rund 500 m östlich von New Steine.

Blanch House
BOUTIQUEHOTEL ££

(☎01273-603504; www.blanchhouse.co.uk; 17 At-lingworth St; Zi. ab 109 £; @☎) Thematisch ein-gerichtete Zimmer sind das Markenzeichen des Boutiquehotels, aber von Kitsch keine Spur – das „Legacia" hat sich mit schicken Art-déco-Elementen in Schale geworfen, während im „Snowstorm" kühles Weiß und eine glitzernde Eisoptik vorherrschen. Das noble, stylische Restaurant ist mit weißen Lederbänken und futuristischen Drehstüh-len ausgestattet. Auch ein Besuch der exqui-siten Cocktailbar lohnt sich. Von New Steine geht man 150 m gen Osten die St. James Street entlang und biegt dann rechts in die Atlingworth Street.

Neo Hotel
BOUTIQUEHOTEL ££

(☎01273-711104; www.neohotel.com; 19 Oriental Pl; Zi. 90–200 £; ☎) Niemand wird überrascht sein, zu hören, dass der Besitzer auch als Innenarchitekt tätig ist. Die neun Zimmer könnten aus einer Wohnzeitschrift stam-men: kräftige Farben, haptische Materia-lien, auffällige florale und asiatische Muster, schwarz gekachelte Bäder ... Hausgemachte Smoothies und Pancakes machen das Früh-stück zum Fest.

★ Hotel Una
BOUTIQUEHOTEL £££

(☎01273-820464; www.hotel-una.co.uk; 55–56 Regency Sq; EZ 55–75 £, DZ 115–200 £, alle inkl. Frühstück; ❋☎) Alle 19 Zimmer sind großzü-gig geschnitten und begeistern mit auffällig gemusterten Stoffen, riesigen Ledersofas und freistehender Badewanne. Das Früh-stück (auch vegetarisch oder vegan) wird ans Bett serviert. Die Suite auf zwei Ebenen

mit eigenem Minikino oder die Zimmer mit Wellnessbereich und Whirlpool sind absolut sensationell – und nicht so teuer, wie sie aussehen.

Zusammen mit der coolen Cocktailbar und den vielen Details in allen möglichen Stilrichtungen lautet unser abschließendes Urteil: Das Una ist unsere Numero Uno!

★ Artist Residence
BOUTIQUEHOTEL £££

(☎01273-324 302; www.artistresidencebrighton. co.uk; 33 Regency Sq; DZ 129–260 £; ☎) Die 23 Zimmer in dem schönen Stadthaus am prächtigen Regency Square sind wahre Wunder gekonnter Stilvermischung. Getreu dem Hotelnamen kommt jedes Zimmer als Kunstwerk daher, bestückt mit verwegenen Wandgemälden, Vintage- und maßgefertig-ten neuen Möbeln, rauer Holzverkleidung und freistehenden Badewannen. Das Res-taurant Set im Erdgeschoss genießt einen exzellenten Ruf. Bei Direktbuchung ist das Frühstück im Preis inbegriffen.

✕ Essen

★ Iydea
VEGETARISCH £

(www.iydea.co.uk; 17 Kensington Gardens; Haupt-gerichte 6–8 £; ☺9.30–17.30 Uhr; ☎✎) Selbst am hohen Standard von Brighton gemessen bietet das mehrfach preisgekrönte vegetari-sche Café Außergewöhnliches. Das täglich wechselnde Angebot an Currys, Lasagne, Falafel, Enchiladas und Quiches schmeckt durchweg göttlich, dazu gibt's vegane Weine, Ökobiere und hausgemachte Limonaden. Wer's eilig hat, bekommt die Köstlichkeiten in umweltfreundlicher Verpackung zum Mit-nehmen.

Choccywoccydoodah
CAFÉ £

(www.choccywoccydoodah.com; 3 Meeting House Lane; Kuchen & Snacks 2–5 £; ☺Mo-Sa 10–18, So 11–17 Uhr) Selbst wenn man weder Hunger noch Durst hat, ist der Besuch dieses Scho-koladentempels ein Muss. Im Erdgeschoss der außen wie innen blutrot gestrichenen Chocolaterie stapeln sich verführerische belgische Schokoladenkreationen zwischen nachgebauten Rokoko-Spiegeln, Kunstblu-men und quastenbehängten Lampenschir-men. Oben im kleinen Café enthält alles, was es zu bestellen gibt, Schokolade. Da der Laden sehr beliebt ist, gehört Anstehen so gut wie immer dazu.

Foodilic
BUFFET £

(www.foodilic.com; 60 North St; Box zum Mit-nehmen 5 £; Buffet 7 £; ☺Mo-Sa 8–21.30, So bis

18 Uhr) Vom Frühstück für 4,50 £ bis zum späten Abendessen ist in diesem flippigen Laden alles drin. Das mit allen (gesunden) Schikanen beladene All-you-can-eat-Buffet sorgt allerdings dafür, dass den ganzen Tag über die Hölle los ist. Größere Räumlichkeiten wären wünschenswert, denn ein wenig wird das Foodilic vom eigenen Erfolg überrannt: mittags gibt's Warteschlangen und drinnen kann es ganz schön eng werden.

Infinity Foods Kitchen VEGETARISCH £
(www.infinityfoodskitchen.co.uk; 50 Gardner St; Hauptgerichte 3,50–8 £; ⊙Mo–Sa 9–17, So 10–16 Uhr; 🛜🍴) Der Ableger des Bioladens Infinity Foods (einer in Brighton seit Langem etablierten Kooperative) serviert vegetarische Biokost, darunter zahlreiche vegane und weizen- bzw. glutenfreie Angebote. Die Riesenauswahl reicht von Tofuburgern über Mezzeplatten bis zu Sandwiches mit fleischfreien Würstchen. Von den Sitzplätzen im Obergeschoss sieht man unten den Hipstermob vorbeiziehen.

⭐ Terre à Terre VEGETARISCH ££
(☎01273-729051; www.terreaterre.co.uk; 71 East St; Hauptgerichte 15 £; ⊙Mo–Fr 12–22.30, Sa 10–23, So 10–22 Uhr; 🍴) Selbst eingeschworene Fleischfans geraten in dem legendären vegetarischen Restaurant in Verzückung. Das moderne, lebhafte Ambiente, die informative Speisekarte und die kreativen Gerichten mit oft ungewöhnlichen Zutaten addieren sich zu einem denkwürdigen Gourmeterlebnis. Auch an Veganer wird gedacht und die Desserts sind einsame Spitze.

Gingerman MODERN EUROPÄISCH ££
(☎01273-326688; www.gingermanrestaurants.com; 21a Norfolk Sq; 2-/3-Gänge-Menü 17/20 £; ⊙Di–So 12.30–14 & 19–22 Uhr) Fisch und Meeresfrüchte aus Hastings, Rindfleisch aus Sussex, Lämmer aus der Romney Marsh, Sekt aus Südengland und viele weitere lokale, saisonale und britische Spezialitäten werden in der Küche des mit 32 Plätzen intimen Lokals zu Köstlichkeiten verarbeitet, die meist kurz in der Pfanne gebraten oder sanft bei Niedrigtemperatur gegart werden. Der Norfolk Square liegt westlich des Einkaufszentrums Churchill Square und ist über die Western Road zu erreichen. Reservierung empfohlen.

Riddle & Finns FISCH & MEERESFRÜCHTE ££
(www.riddleandfinns.co.uk; 12 Meeting House Lane; Hauptgerichte 14–36 £; ⊙So–Fr 12 Uhr–spät, Sa 11.30–23 Uhr) Die Topadresse für Fisch und Meeresfrüchte verzichtet auf Kitsch und Klischeedekor (weiße Metzgerkacheln, Marmortische und Kerzen genügen) und konzentriert sich voll auf den Geschmack. Die Küche ist von der Straße aus einsehbar, die Passanten bekommen sozusagen einen Gratiskochkurs für die Zubereitung von geräuchertem Dorsch in Champagnersauce oder Seebarsch aus Wildfang.

English's of Brighton FISCH & MEERESFRÜCHTE ££
(☎01273-327980; www.englishs.co.uk; 29–31 East St; Hauptgerichte 15–30 £; ⊙Mo–Sa 12–22 Uhr) Das Paradies für Köstlichkeiten aus dem Meer hat knapp 70 Jahre auf dem Buckel und schon einige Promis mit Austern, Hummer und Seezunge aus heimischen Gewässern satt und glücklich gemacht. Ehemalige Fischerhütten wurden zu einem Lokal umgebaut, das elegant edwardianisch eingerichtet ist und auf dem verkehrsfreien Platz davor zusätzlich Tische aufgestellt hat.

Plateau INTERNATIONAL ££
(☎01273-733085; www.plateaubrighton.co.uk; 1 Bartholomewmews; Tapas 6–16 £, Hauptgerichte um 30 £; ⊙12–16 & 18–22 Uhr) Der Neuzugang in der Restaurantszene von Brighton serviert ausgezeichnete Tapas wie Chorizo aus Sussex, geröstetes Knochenmark oder Mozzarella mit Erbsen, Minze und Zitrone sowie höherpreisige Hauptgerichte. Zum Interieur im Shabby-Retro-Look gehören abgenutzte Bodendielen und Buntglasfenster aus älteren Inkarnationen des Gebäudes. Am späteren Abend verwandelt sich das Restaurant in eine Wein- & Cocktailbar.

JB's American Diner FAST FOOD ££
(http://jbsdiner.co.uk; 31 King's Rd; Burger 7–10 £, Hauptgerichte 6,50–15 £; ⊙Mo–Sa 10–22, So 9–22 Uhr) Der Würstchenduft beim Hereinkommen, die roten Lacklederbänke, die Stars & Stripes an der Wand, der Soundtrack aus den 1950ern und dazu Burger, Pommes und Milchshakes im XXL-Format: Kein Zweifel, hier hat sich auf britischem Boden ein Stück USA breitgemacht.

🍷 Ausgehen & Nachtleben

Concorde 2 CLUB
(www.concorde2.co.uk; Madeira Dr) Brightons bekanntester und beliebtester Club ist das Gegenteil von schick, was ihn umso sympathischer macht. Hier hat DJ Fatboy Slim seine Big Beat Boutique aus der Taufe gehoben und lässt sich auch heute noch gele-

gentlich blicken. Jeder Monat ist vollgepackt mit Clubnächten, Livebands und Auftritten internationaler Größen.

Coalition
BAR

(www.coalitionbrighton.com; 171–181 Kings Rd Arches; ⊙Mo–Fr 10–5, Sa bis 7 Uhr) An Sommertagen gibt's keinen besseren Ort, um die Welt an sich vorbeiziehen zu lassen, als diese beliebte Strandbar mit Restaurant und Club. Das Unterhaltungsprogramm reicht von Comedy über Livemusik bis zu Clubnächten.

Black Dove
PUB

(www.blackdovebrighton.com; 74 St James's St; ⊙16 Uhr–open end) Sympathisch abgewetztes Mobiliar, riesige alte Deckenventilatoren, eine gut bestückte Bar und ein gemütlicher Gastraum im Untergeschoss kommen bei der bunt gemischten Crowd bestens an, vor allem wenn Livebands und DJs für einen entspannten Soundtrack sorgen. Sobald das Wetter mitspielt, wird auch draußen fröhlich gezecht.

Patterns (ex AUDIO)
CLUB

(www.patternsbrighton.com; 10 Marine Pde; ⊙Mi–Sa, unterschiedliche Zeiten) Auch wenn ein Gehörschaden droht, machen die Clubnächte hier total Laune. Der ausgesuchte Soundtrack trifft vor allem bei jungen, feierwütigen Gästen ins Schwarze.

Dorset
PUB

(www.thedorset.co.uk; 28 North Rd; ⊙9 Uhr–open end; ☎) Bei schönem Wetter stehen Fenster und Türen des entspannten, alteingesessenen Pubs weit offen und die Gäste können draußen sitzen. Hier schmeckt morgens ein Kaffee und abends ein zünftiges Pint – und für zwischendurch gibt's eine Karte mit anständiger Kneipenkost.

☆ Unterhaltung

Brighton Dome
THEATER

(☎01273-709709; www.brightondome.org; Church St) Der Baukomplex im Stil des Art déco ist Teil des Royal Pavilion. Wo früher die Pferde von König Georg IV. versorgt wurden, sind heute drei Bühnen eingerichtet. Auf einer von ihnen gewann ABBA 1974 den Eurovision Song Contest.

Theatre Royal
THEATER

(☎0844 871 7650; New Rd) Der spätere König Georg IV. gab 1806 den Bau des prächtigen Theaters in Auftrag, in dem heute Musical, Oper und Schauspiel geboten werden.

Komedia Theatre
COMEDY

(☎0845 293 8480; www.komedia.co.uk; 44–47 Gardner St) Die Bühne für Comedy, Theater und Kabarett hat die besten Stand Ups des englischsprachigen Raums im Programm.

SCHWULE & LESBEN IN BRIGHTON

Außerhalb von London hat Brighton die spannendste LGBT-Szene der Insel. Sie konzentriert sich rund um die St. James Street. Brunswick Town in Hove ist eine relaxtere Alternative zu den schrillen, oft etwas zwielichtigen Clubs in Kemptown. Aktuelle Infos zu Locations und Events in Brighton stehen auf den Websites www.gay.brighton.co.uk und www.realbrighton.com sowie in dem kostenlosen Monatsmagazin Gscene (www.gscene.com), das in Bars ausliegt.

Legends Club (www.legendsbrighton.com; 31–34 Marine Pde; ⊙Bar 11–5, Club Mi & Fr–So 22–5) Der Club und die Bar unter dem Legends Hotel gelten als Perlen der Regenbogenszene Brightons.

A Bar (www.amsterdam.uk.com; 11–12 Marine Pde; ⊙12–2 Uhr; ☎) Mega-angesagte Bar mit Sauna im Hotel Amsterdam. Die Sonnenterrasse ist der Hit.

Brighton Rocks (www.brightonrocksbar.co.uk; 6 Rock Pl; ⊙Mo–Do 16–23, Sa bis 1, So 12–23 Uhr; ☎) Trotz der nicht gerade ansprechenden Lage in einer Gasse voller Kfz-Werkstätten und Gebrauchtwagenhändler ist die Bar eine Institution der Schwulenszene, aber auch Heteros haben Spaß an den Sussex Martinis, den kulinarischen Kreationen und den Themenpartys.

Queen's Arms (www.queensarmsbrighton.com; 7 George St; ⊙15 Uhr–open end) Tuntiges Varieté und Karaoke.

Bulldog (www.bulldogbrighton.com; 31 St. James's St ⊙11–open end) Älteste Schwulenbar Brightons mit meist ausschließlich männlichem Publikum.

Shoppen

Für vegane Schuhe, ein Legomännchen-Porträt im Stil der naiven Malerei, einen versauten Brieföffner oder sonstige ausgefallene Souvenirs, neu oder gebraucht, ist Brighton eine super Adresse. Im populärsten Einkaufsviertel, den von Menschenmassen bevölkerten **Lanes**, drängen sich Juweliere, Geschenkeläden, Coffeeshops und Boutiquen, die von alten Waffen bis zu seltenen Vinylplatten wirklich alles bieten, was das Herz begehrt.

Etwas weniger Getümmel herrscht in **North Laine**, einem weiteren Shopping-Areal nördlich der Lanes, zu dem die teilweise autofreien Straßen Bond, Gardner, Kensington und Sydney Street gehören. Hier sind nette Secondhand-Boutiquen und gemütliche Cafés zu Hause. Die großen Ketten haben sich im Einkaufszentrum Churchill Square und entlang der Western Road niedergelassen.

❶ Praktische Informationen

Unglaublich, aber wahr: Brightons stark frequentierte Touristeninformation wurde 2013 geschlossen! Als Ersatz verteilte man 15 Informationsstände quer über die Stadt. Größtenteils handelt es sich dabei um Broschürenständer in Hotels, Läden und Museen. Weitere Informationen bietet **Visit Brighton** (☏ 01273-290337; www.visitbrighton.com).

Jubilee Library (Jubilee St; ⊘ Mo, Di & Do 10–19, Mi, Fr & Sa bis 17, So 11–17 Uhr) Die Stadtbücherei bietet kostenlosen Internetzugang (gegen Vorlage des Personalausweises). **Postamt** (2–3 Churchill Sq; ⊘ Mo–Sa 9–17.30, So 11–15 Uhr) Hat einen Schalter im Buch- und Papierwarenladen WH Smiths.

❶ An- & Weiterreise

BUS

Es gibt u. a. Busverbindungen nach:
Arundel (Bus 700; 2 Std., 2-mal stündl.)
Chichester (Bus 700; 3 Std., 2-mal stündl.)
Eastbourne (Bus 12; 70 Min., bis zu 6-mal stündl.)
London Victoria (National Express; ab 10 £, 2½ Std., stündl.)

ZUG

Die Züge nach London fahren über Gatwick Airport (9,80 £, 25–40 Min., bis zu 5-mal stündl.).
Chichester (13,50 £, 50 Min., halbstündl.)
Eastbourne (10,60 £, 30–40 Min., halbstündl.)
Hastings (13,30 £, 80 Min., halbstündl.)

London St. Pancras (17,20 £, 1¼ Std., halbstündl.)
London Victoria (17,80 £, 1 Std., 3-mal stündl.)
Portsmouth (15,30 £, 1½ Std., stündl.)

❶ Unterwegs vor Ort

Für die Busse von Brighton und Hove gibt's eine Tageskarte (5 £), die beim Fahrer gekauft werden kann. Wer seine Zugfahrkarte mit einem PlusBus-Ticket für 3,60 £ aufstockt, kann an dem Tag ebenfalls sämtliche Busse benutzen.

Die städtischen Parkplätze haben Parkscheinautomaten; im Zentrum kostet eine Stunde zwischen 1 £ und 3,60 £, die maximale Parkdauer ist auf zwei Stunden beschränkt. In Withdean, 4 km nordwestlich des Zentrums, gibt's einen P&R-Parkplatz, der von Bus 27 angefahren wird.

Taxis fahren u. a. für **Brighton Streamline Taxis** (☏ 01273-202020) und **City Cabs** (☏ 01273-205205); sie stehen an der Kreuzung von East Street und Market Street.

WEST-SUSSEX

West-Sussex bietet einen erholsamen Kontrast zum Touristenrummel. Die einsamen Hügel und Täler der South Downs ziehen sich durch die Grafschaft bis hinunter zur felsigen Küste. Das schmucke Arundel und das kulturell interessante Chichester eignen sich als Standorte für Ausflüge ins Hinterland und zu beeindruckenden römischen Ruinen.

Arundel

3500 EW.

Für viele ist Arundel für das hübscheste Städtchen von ganz West-Sussex. Seine Häuser kauern sich rund um das weitläufige Schloss, das einem Ritterroman entsprungen scheint, und die steilen Sträßchen quellen über vor Läden im Nostalgielook, Tearooms und Esslokalen. Das Gesamtbild wirkt zwar mittelalterlich – die Burg war Jahrhunderte lang der Familiensitz der Grafen von Norfolk –, aber die meisten Gebäude stammen aus der viktorianischen Ära.

⊙ Sehenswertes

Arundel Castle
SCHLOSS
(www.arundelcastle.org; Erw./Kind 18/9 £; ⊘ Ostern–Okt. Di–So 10–17 Uhr) Die Burg geht auf das 11. Jh. zurück, aber von der damaligen Anlage sind nur ein paar dürftige Reste des Burgfrieds erhalten geblieben. Während

CANTERBURY & SÜDOSTENGLAND ARUNDEL

ABSTECHER

RÖMERVILLA FISHBOURNE PALACE

Fishbourne Palace (www.sussexpast. co.uk; Roman Way; Erw./Kind 8,90/4,70 £; ◷ März–Okt. 10–17 Uhr, sonst seltener & kürzer) ist die größte römische Villa in Großbritannien. Sie liegt 2,4 km westlich von Chichester, nahe der A259 (Anfahrt mit Bus 700 ab der Kathedrale). Die 1960 entdeckte Ruine war wahrscheinlich die Residenz eines zu den Römern übergelaufenen lokalen Herrschers. Sie werden auf ca. 75 n. Chr. datiert. Die Fundamente, das Heizsystem und sorgfältig rekonstruierte Mosaiken wurden mit einem Pavillon überbaut.

Die Hauptattraktion ist ein spektakuläres Bodenmosaik, das Amor auf einem Delfin zeigt. Dazu kommen ein kleines, interessantes Museum und ein im römischen Stil angelegter Garten.

des Bürgerkriegs trug sie schwere Schäden davon und ihr heutiges Aussehen ist größtenteils das Ergebnis der Restaurierungsarbeiten, die der 8., der 11. und der 15. Herzog von Norfolk zwischen 1718 und 1900 durchführen ließen. Ein Trakt des Schlosses wird noch vom amtierenden 18. Herzog von Norfolk bewohnt; Besucherhighlights sind der stimmungsvolle Burgfried, die beeindruckende Great Hall und die Bibliothek.

Arundel Cathedral KATHEDRALE
(www.arundelcathedral.org; London Rd; ◷April–Okt. 9–18 Uhr, Nov.–März 9 Uhr–Sonnenuntergang) `GRATIS` Die katholische Kathedrale aus dem 19. Jh. ist der zweite Blickfang in Arundels Skyline. Sie wurde 1868 vom 15. Herzog von Norfolk in Auftrag gegeben und nach Plänen von Joseph Aloysius Hansom (dem Erfinder der „Hansom Cab" genannten Kutsche) erbaut. Das neogotische Gebäude ist von viktorianischer Sparsamkeit und Zurückhaltung geprägt und mit nur 500 Plätzen von überschaubarer Größe, wirkt aber dank architektonischer Raffinesse trotzdem äußerst imposant.

🛏 Schlafen & Essen

Arundel House B&B ££
(☏01903-882136; www.arundelhouseonline.com; 11 High St; DZ/Suite ab 90/125 £; ☏) Die modern eingerichteten Zimmer des hübschen „Restaurants mit Zimmern" haben zwar niedrige

Decken, sind aber makellos sauber und sehr komfortabel – in den Duschen ist Platz für zwei. Dass seine Küche als eine der besten in Arundel gilt, können Hausgäste beim leckeren Frühstück nachvollziehen.

Arden Guest House B&B ££
(☏01903-884184; www.ardenguesthouse.net; 4 Queens Lane; DZ 99 £, ohne Bad 89 £; P ☏) So sieht ein klassisches englisches B&B aus: Sieben ansprechende Zimmer mit allem Komfort und freundliche Besitzer, die ihre Gäste mit einem liebevoll zubereiteten Frühstück verwöhnen. Es liegt nicht weit von der Altstadt entfernt, gleich auf der anderen Seite des Flusses. Kinder unter 14 Jahren und Haustiere sind nicht willkommen. Alleinreisende erhalten lediglich einen Rabatt von 10%.

Bay Tree MODERN EUROPÄISCH ££
(www.thebaytreearundel.com; 21 Tarrant St; Hauptgerichte 11–18 £; ◷ Mo–Fr 11.30–15 & 18.30 Uhr–spät, Sa & So 10.30–16.30 & 18.30 Uhr–spät) Nach einer Runde Antiquitätenjagd auf der Tarrant Street ist das Bay Tree mit seinen virtuos zubereiteten Gaumenfreuden der ideale Ort für eine Lunchpause. Das Ambiente ist angenehm einfach, über den lasierten Tischen aus Eichenholz lenkt hier und da ein Kunstwerk den Blick vom Essen ab. Auf der Karte finden sich Pasta, Panini, Risotto und andere kleine und große Speisen, ebenso wie das sehr empfehlenswerte englische Frühstück.

⭐ **Town House** BRITISCH £££
(☏01903-883847; www.thetownhouse.co.uk; 65 High St; Menü mittags/abends ab 17,50/25,50 £; ◷Di–Sa 12–14.30 & 19–21.30 Uhr) Schon die prächtige Decke im Florentiner Stil aus vergoldetem Walnussholz (16. Jh.) im Speisesaal des eleganten Restaurants sorgt für einen Wow-Effekt, wird aber von der angeregten Atmosphäre und der britischen Küche mit paneuropäischem Touch noch übertroffen. Reservierung empfohlen. Es gibt auch gut ausgestattete Gästezimmer.

ℹ An- & Weiterreise

Von Arundel fährt der Bus 700 nach Brighton (2 Std., 2-mal stündl.)

Es bestehen folgende Zugverbindungen:
Brighton (10,70 £, 1¼ Std, 2-mal stündl.) Umsteigen in Ford oder Barnham.
Chichester (4,60 £, 25 Min., 2-mal stündl.) Umsteigen in Ford oder Barnham.
London Victoria (17,80 £, 1½ Std, 2-mal stündl.)

Chichester

28 700 EW.

Bis heute wird das quirlige georgianische Städtchen fast gänzlich von mittelalterlichen Mauern umschlossen. Chichester, in der Ebene zwischen Küste und den South Downs gelegen, ist das administrative Zentrum der Grafschaft. Anziehungspunkte für Besucher sind die prächtige Kathedrale, die hübschen Stadthäuser aus dem 18. Jh. sowie das berühmte Theater, dazu kommt eine attraktive Fußgängerzone, die sowohl mit bekannten Namen als auch mit individuellen Einzelhandelsgeschäften zum Bummeln einlädt. Die ehemalige römische Garnisonsstadt bietet sich als Ausgangspunkt für Ausflüge zu weiteren, faszinierenden Ausgrabungen aus der Römerzeit sowie nach Arundel und an die Küste an.

◉ Sehenswertes

Chichester Cathedral KATHEDRALE
(www.chichestercathedral.org.uk; West St; ⊙7.15–19 Uhr, kostenlose Führung Mo–Sa 11.15 & 14.30 Uhr) Der Grundstein für die vergleichsweise schlichte Kathedrale wurde bereits 1075 gelegt, doch die wichtigste Bauphase lag im 13. Jh. Der Vierungsturm aus dem 15. Jh. brach im 19. Jh. ein, wurde neu aufgebaut und mit dem heutigen Turmhelm versehen. Der Innenraum überwältigt mit drei übereinanderliegenden Arkadenreihen und romanischen Steinmetzarbeiten. Ein Blickfang ist das Buntglasfenster von Marc Chagall (1978) sowie das romanische Bodenmosaik, das von einer Glasplatte geschützt wird.

Links vom Eingang informiert eine kleine Ausstellung über die Geschichte des Bauwerks. Nicht weit dahinter zeigt die Schatzkammer jede Menge Kirchensilber und eine interessante Sammlung von Eichentruhen aus dem 13. Jh. Der friedliche Kreuzgang beherbergt ein tolles Café, dessen Erlös dem Erhalt der Kathedrale zugute kommt.

Pallant House Gallery KUNSTGALERIE
(www.pallant.org.uk; 9 North Pallant; Erw./Kind 9 £/frei; ⊙Di, Mi, Fr & Sa 10–17, Do bis 20, So 11–17 Uhr) Das Pallant House stammt aus der Zeit von Königin Anne (frühes 18. Jh.) und gehörte einem reichen Weinhändler. Zusammen mit einem im 21. Jh. angebauten Trakt behaust es ein sehenswertes Kunstmuseum mit Schwerpunkt britische Moderne, darunter Werke von Patrick Caulfield, Lucian Freud, Graham Sutherland, Frank Auerbach und Henry Moore. Auch ein paar ausländische Kollegen (Emil Filla, Le Corbusier, R. B. Kitaj) sind vertreten. Die ältere Generation ist standesgemäß im Haupthaus untergebracht, während im neuen Flügel Pop Art und Wechselausstellungen zeitgenössischer Kunst gezeigt werden.

Novium Museum MUSEUM
(www.thenovium.org; Tower St; ⊙April–Okt. Mo–Sa 10–17, So bis 16 Uhr, Nov.–März Mo–Sa 10–17 Uhr) **GRATIS** Der Neubau wurde für die umfangreiche Sammlung des ehemaligen District Museum errichtet, hat werden dort aber auch Fundstücke aus der Römervilla Fishbourne Palace und ein großes Mosaik aus der römischen Villa im Chilgrove-Tal ausgestellt. Herzstück und Highlight des Museums sind die in den 1970er-Jahren entdeckten römischen Bäder, um die herum das 6 Mio. £ teure Gebäude errichtet wurde.

🛏 Schlafen & Essen

Trents B&B ££
(☑01243-773714; www.trentschichester.co.uk; 50 South St; DZ ab 75 £; 🛜) Wohl der einzige Ort, an dem man mitten im nächtlichen Gewusel im Stadtzentrum eine Schlafgelegenheit findet. Die fünf lässig eingerichteten Zimmer über der angesagten Restaurant-Bar sind entsprechend begehrt.

Ship Hotel BOUTIQUEHOTEL £££
(☑01243-778000; www.theshiphotel.net; North St; EZ/DZ ab 103/145 £; 🛜) Die prächtige Mitteltreppe in dem georgianischen Stadthaus führt zu 36 recht geräumigen Zimmern mit nostalgischem Charme. In der Stadt ist das Hotel die beste Wahl, zumal auch ein todschick gestyltes Restaurant dazu gehört. Rechtzeitig reservieren!

Duke & Rye AMERIKANISCH £
(14 West St; Hauptgerichte 4–11 £; ⊙Mo–Sa 11–23, So 12–20 Uhr; 🛜) Die geräumige Ex-Kirche gegenüber der Kathedrale hat sich in einen Tempel der leiblichen Genüsse verwandelt. In skurril-sakralem Ambiente laben sich seine Besucher an Speis und Trank. Zum kürzlich aufgemöbelten Interieur gehören Shabby-Chic-Elemente wie kuriose Tapeten, Rüschenstehlampen und Perserteppiche. Die nicht gerade kalorienbewusste Speisekarte erinnert mit Hamburgern und *sundaes* an ein amerikanisches Diner und macht Durst auf ein frisch gezapftes Ale.

Amelie & Friends INTERNATIONAL ££
(☑01243-771444; www.amelieandfriends.com; 31 North St; Hauptgerichte 12,50–18 £; ⊙Mo–Fr 12–

14.30 & 17.30–21, Sa 12–15 & 17–21 Uhr, So 12–14.30 Uhr) Das preisgekrönte, französisch angehauchte Restaurant serviert sorgsam zubereitete saisonale Gerichte, die eine Vorliebe für Fisch und Meeresfrüchte erkennen lassen. Gegessen wird im stilvoll einfach eingerichteten Speisesaal oder im lauschigen Garten hinterm Haus. Der Service ist der beste in der Stadt und auf der Karte finden sich die üblichen Verdächtigen (Fish and Chips auf Feinschmeckerniveau, *banoffee pie*), aber auch ungewöhnlichere Kreationen (mit Chicorée gefüllte Crêpes, *Bermuda Seafood Chowder*).

 Unterhaltung

Chichester Festival Theatre
THEATER
(☎ 01243-781312; www.cft.org.uk; Oakland's Park) Das Theater Baujahr 1962 erinnert im Architekturstil etwas an die Sowjetunion, aber seine Geschichte ist umso glanzvoller: Sir Laurence Olivier war hier der erste Direktor und große Namen wie Ingrid Bergman, Sir John Gielgud und Sir Anthony Hopkins standen schon auf dieser Bühne. Heute wird hier eine bunte Mischung aus Musical, Oper, Stand-up-Comedy und Shakespeare-Dramen herausgebracht.

ℹ Praktische Informationen

Touristeninformation (☎ 01243-775888; www.visitchichester.org; Novium Museum, Tower St; ⊗ Mo–Sa 10–17, So bis 16 Uhr) Im Novium Museum.

ℹ An- & Weiterreise

BUS
Von Chichester bestehen Busverbindungen nach:
Brighton (Bus 700; 4,80 £, 3 Std., bis zu 3-mal stündl.)
London Victoria (National Express; 16 £, 3¾ Std., 8-mal tgl.) Mit Umsteigen am Gatwick Airport.
Portsmouth (Bus 700; 4,50 £, 70 Min., bis zu 3-mal stündl.)

ZUG
Zugverbindungen gibt es nach:
Arundel (4,60 £, 20 Min., 2-mal stündl.) Mit Umsteigen in Ford oder Barnham.
Brighton (13 £, 50 Min., 2-mal stündl.)
London Victoria (17,50 £, 1½ Std., halbstündl.)
Portsmouth (7,60 £, 30–40 Min., 2-mal stündl.)

SURREY

Surrey wird von gut betuchten Londoner Pendlern bevölkert, die sich der Kinder wegen ein Häuschen auf dem Land gekauft haben. Ansonsten besteht die Grafschaft aus ein paar gesichtslosen Städtchen und den ständig wachsenden, eintönigen Vororten Londons. Abseits der lauten Autobahnen und vollgepackten Pendlerzüge hat die Landschaft ihren ursprünglichen Charme bewahrt, wie er in Büchern von Sir Arthur Conan Doyle, Sir Walter Scott und Jane Austen beschrieben wird.

Farnham
39 500 EW.

Nur einen Katzensprung von der Grenze zu Hampshire und in nächster Nachbarschaft zum Garnisonsstädtchen Aldershot liegt Farnham, der reizvollste Ort der Grafschaft. Seine Einkaufsstraßen, in georgianischer Symmetrie angelegt, die Burg aus dem 12. Jh. und hübsche Spazierwege am Wasser entlang machen es zu einem lohnenden Ziel für einen entspannten Tagesausflug ab London, das nur eine Stunde Fahrt entfernt ist.

◎ Sehenswertes

Museum of Farnham
MUSEUM
(www.farnhammaltings.com; 38 West St; ⊗ Di–Sa 10–17 Uhr) GRATIS Das faszinierende kleine Museum befindet sich im prächtigen Willmer House, einer georgianischen Villa, die 1718 für den reichen Hopfenhändler und Mälzer John Thorne gebaut wurde. Die themenbezogenen Räume erzählen Farnhams Geschichte von der Steinzeit bis zur Ära der Bakelit-Telefone. Eine Ecke ist William Cobbett gewidmet, dem berühmtesten Sohn der Stadt. Der radikale Parlamentsabgeordnete, Reformer, Schriftsteller und Journalist führte im 19. Jh. die protokollarische Aufzeichnung von Parlamentsdebatten (Hansard) ein.

Im idyllischen Garten hinter dem Museum steht eine Büste Cobbetts sowie ein Holzhaus, das für Wechselausstellungen genutzt wird.

Farnham Castle
BURG
(EH; ☎ 01252-721194; www.farnhamcastle.com; Castle St; Schloss Erw./Kind 3,50/2,50 £, Burgfried frei; ⊗ Schloss Mi 14–16 Uhr, Burgfried Mo–Fr 9–17, Sa & So 10–16 Uhr, Jan. geschl.) Farnham Castle wurde 1138 unter Heinrich von Blois, einem

Enkel Wilhelm des Eroberers, erbaut. Abgesehen von den imposanten Festungsmauern ist vom Burgfried nicht mehr viel zu sehen. Aber selbst außerhalb der Öffnungszeiten lohnt sich ein Spaziergang rund um die Anlage wegen der malerischen Ausblicke.

Das Schloss wurde im 13. Jh. als Unterkunft für den öfter nach London reisenden Bischof von Winchester errichtet. Von 1926 bis in die 1950er-Jahre stand es den Bischöfen von Guildford zur Verfügung.

🛏 Schlafen & Essen

Bush Hotel   HOTEL ££

(☎01252-234800; www.mercure-uk.com; The Borough; Zi. ab 89 £; P❄☎) Der geschmackvoll eingerichtete Gasthof aus dem 17. Jh. ist die beste Übernachtungsadresse der Stadt und steht dort, wo in Farnham am meisten los ist. Kontinuierliche Renovierungsarbeiten halten alles gut in Schuss, die Bar wirkt mit ihren Holzbalken urgemütlich und das äußerst empfehlenswerte Restaurant hat auch ein paar Tische im einladenden Innenhof.

Brasserie Blanc   FRANZÖSISCH ££

(www.brasserieblanc.com; 5 Castle St; Hauptgerichte 13,50–20 £; ⊙ Mo–Do 8–22, Fr & Sa 8–22.30, So 8.30–21 Uhr) Wen es nach etwas französischer Raffinesse gelüstet, der wird sich in dem betont einfach gestylten Lokal nicht weit vom Farnham Castle garantiert wohlfühlen. Die Brasserie ist eines von 18 Restaurants, die der französische Koch Raymond Blanc in Großbritannien betreibt. Tische ohne Schnickschnack, Art-déco-Lampen mit gedimmtem Licht, viel Kunst an den Wänden und ein hübscher ummauerter Garten zaubern ein Flair unaufdringlicher Eleganz. In der Küche werden erstklassige, aus Frankreich importierte Zutaten gekonnt zu saisonalen Gerichten verarbeitet.

❶ An- & Weiterreise

Es fährt täglich ein Bus nach London Victoria (National Express; 9,90 £, 1½ Std.) und es gibt halbstündlich Busverbindungen nach Hindland (30–60 Min.).

Züge fahren zweimal stündlich nach London Waterloo (15,70 £, 1 Std.) und Winchester (19,90 £, 60–80 Min.; mit Umsteigen in Woking).

Oxford, Cotswolds & Umgebung

Gut essen

➡ Hind's Head (S. 229)
➡ Edamamé (S. 195)
➡ Le Champignon Sauvage (S. 218)
➡ Waterside Inn (S. 229)
➡ Wheatsheaf (S. 208)

Schön übernachten

➡ Star Cottage (S. 204)
➡ Barnsley House (S. 203)
➡ Glove House (S. 199)
➡ Bradley (S. 217)

Auf nach Oxford und in die Cotswolds

Dieser Teil des Landes mit seinen entzückenden kleinen Dörfern ist der Inbegriff einer englischen Idylle vergangener Zeiten. Eine Zauberwelt aus sanften grünen Hügeln, rosenumrankten Cottages, anmutigen Kirchen und Reetdächern. Und dann ist da noch die legendäre Universitätsstadt Oxford mit ihrer majestätischen Architektur, einer geschichtsträchtigen Atmosphäre und einer lebhaften Studentenszene. Kein Wunder, dass die Region ein beliebtes Reiseziel ist.

Im Sommer herrscht auf den Straßen reger Verkehr und die bekanntesten Dörfer sind ziemlich überlaufen, aber es ist nicht schwer, dem Trubel zu entrinnen. Die goldenen Cotswolds entfalten ihre Magie dort, wo man sein eigenes romantisches Refugium entdeckt. Buckinghamshire, Bedfordshire und Hertfordshire warten mit herrlichen Landhäusern auf und in Windsor herrscht eine königliche Atmosphäre. Ganz im Westen lädt der Forest of Dean zu diversen Outdoor-Sportaktivitäten ein.

Ein Tagesausflug von London aus ist machbar, aber Oxford und die Cotswolds verdienen mehrere entspannte Tage.

Reisezeit

➡ Am 1. Mai begrüßt der Magdalen College Choir in Oxford die Morgendämmerung mit einem Hymnengesang vom Turm des Colleges.

➡ Im Juli fließt bei der Henley Royal Regatta Champagner für die Zuschauer der Ruderrennen.

➡ Die schönste Zeit zum Wandern in den Cotswolds sind die Monate April bis Juni und September: Das Wetter spielt (meist) mit, aber es ist nicht so voll wie im Juli und August.

➡ Anfang Oktober lockt Cheltenham Leseratten zehn Tage lang zum berühmten Literatur-Festival.

➡ Beim Royal Ascot, dem größten Pferderenn-Ereignis des Landes, kann man sich jedes Jahr im Juni unter die illustren Gäste mischen.

Highlights

1 Oxford (S. 186) In den magischen Colleges auf den Spuren von Tolkien, C. S. Lewis und Oscar Wilde wandeln

2 Die Cotswolds (S. 200) Die honigfarbenen Dörfer

der Cotswolds wie Chipping Campden besuchen

3 Windsor Castle (S. 225) Im Wochenendhaus der Queen einen Blick aufs königliche Leben werfen

4 Blenheim Palace (S. 199) In Woodstock eines der prachtvollsten Schlösser Großbritanniens besuchen

5 Stowe (S. 222) In der erhabenen Atmosphäre der

meisterlich angelegten Gärten aus dem 18. Jh. lustwandeln

6 Gloucester Cathedral (S. 220) Den eleganten Kreuzgang dieser majestätischen Perle der Gotik abschreiten

7 Painswick (S. 214) Durch ein hübsches, unverfälschtes Cotswolds-Dorf schlendern

8 Making of Harry Potter (S. 223) Auf der Studio-Tour den Zauberer in sich entdecken

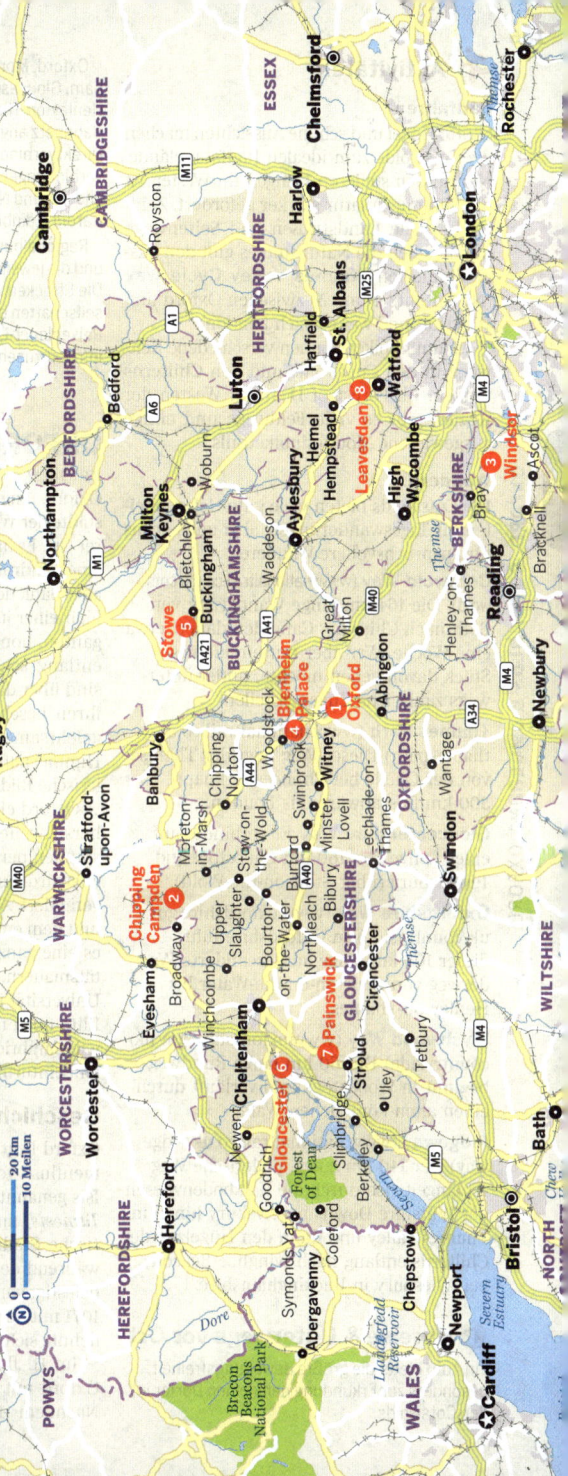

🏃 Aktivitäten

Radfahren

Sanfte Hügel und schöne Aussichten machen die Cotswolds zum idealen Radfahrgelände. Nur an den steileren Hängen im Westen ist die Beinmuskulatur stärker gefordert. Zahlreiche stille Landstraßen und Seitenwege durchziehen die Natur und es gibt den ausgeschilderten **Thames Valley Cycle Way** (NCN-Route 4 und 5) zwischen Oxford und Windsor (und weiter nach London).

Mountainbiker können verschiedene Reitwege in den Cotswolds und den Chilterns nutzen. Im Forest of Dean im Westen der Region gibt es viele Feldwege und einige ausgewiesene Mountainbiketrails.

Wandern

Die Cotswolds bieten viele gute Gelegenheiten für Tageswanderungen, aber auch etwas für anspruchsvollere Wanderer.

Cotswold Way (www.nationaltrail.co.uk/cotswold). Die 164 km lange Wanderung von Bath nach Chipping Campden dauert etwa eine Woche. Wer aber nur ein kleines Stück davon gehen möchte, findet unterwegs zahlreiche Zugangsstellen.

Thames Path (www.nationaltrail.co.uk/thamespath) Dieser Weg folgt der Themse von der Quelle bei Cirencester knapp 300 km flussabwärts bis London.

Gloucestershire Way Er verbindet auf einer Länge von 160 km Chepstow und Tewkesbury (über Stow-on-the-Wold).

Oxfordshire Way (www.oxfordshire.gov.uk/countryside) In Oxfordshire führt dieser 104 km lange ausgeschilderte Wanderweg von Bourton-on-the-Water bis Henley-on-Thames.

Wychwood Way (www.oxfordshire.gov.uk/countryside) Der 60 km lange Rundweg beginnt in Woodstock und verläuft durch einen alten königlichen Wald.

Ridgeway (www.nationaltrail.co.uk/ridgeway) Der 140 km lange, malerische Weg schlängelt sich durch die Kalkbodenwiesen der Wiltshire Downs bei Avebury hinab ins Thames Valley und dann den Hügelzug der Chilterns entlang nach Ivinghoe Beacon bei Aylesbury in Buckinghamshire.

ℹ Anreise & Unterwegs vor Ort

Ein Auto bietet die größte Bewegungsfreiheit, besonders zur Erkundung der kleinen Dörfer in den Cotswolds.

Oxford, Moreton-in-Marsh, Stroud, Cheltenham, Gloucester, Hatfield, Bletchley, St. Albans, Henley-on-Thames und Windsor sind an das Bahnnetz angeschlossen und haben fast alle Direktverbindungen mit London. Weitere Direktverbindungen bestehen mit Birmingham, Manchester und Newcastle (ab Oxford) sowie mit Cardiff, Edinburgh und Exeter (ab Cheltenham).

Regionalbusse verbinden größere Ortschaften und die jeweils umliegenden Dörfer miteinander. Die Strecken werden von verschiedenen Busgesellschaften bedient. Fahrpläne sind über den Reiseplaner-Link auf **Traveline** (www.traveline.info) einzusehen.

OXFORD

159 994 EW.

Oxford, eine der berühmtesten Universitätsstädte der Welt, ist ein schöner und besonderer Ort. Es hat eine große Vergangenheit und eine eindrucksvolle Architektur, versprüht aber dank der vielen Studenten dennoch das Flair einer jungen, lebendigen Stadt. Die eleganten, honigfarbenen College-Gebäude entlang schmaler Kopfsteinpflastergassen sind über das ganze Stadtgebiet verteilt. In ihren beschaulichen Innenhöfen herrscht gelehrsame Ruhe. Die berühmten in den Himmel aufragenden Türme runden das malerische Bild ab.

Oxford eignet sich wunderbar zum Umherschweifen: Die ältesten Colleges entstanden bereits im 13. Jh. und in ihren altehrwürdigen Hallen hat sich kaum etwas verändert. Aber neben Geschichte, Tradition und dem emsigen Wissenschaftsbetrieb gibt es eine ganze Welt außerhalb der Universitätsmauern. Die Bevölkerung außerhalb der Universität ist gegenüber der akademischen Elite noch immer in der Überzahl. Ebenso wie Cambridge ist Oxford akademischer Elfenbeinturm und normale Stadt gleichzeitig.

Geschichte

Oxford liegt strategisch günstig am Zusammenfluss von Cherwell und Themse (hier Isis genannt, nach dem lateinischen Namen *Tamesis*) und war eine wichtige angelsächsische Stadt, die von Alfred dem Großen während des Kriegs gegen die Dänen stark befestigt wurde. Als die Normannen im Jahr 1071 mit der Errichtung der Burg begannen, dehnte sich die Stadt weiter aus.

Im 11. Jh. begann die Augustinerabtei in Oxford mit der Ausbildung von Priestern. Nachdem 1167 die anglonormannischen

Theologiestudenten aus der Sorbonne vertrieben wurden, wurde der Zustrom stärker. Die ersten drei Colleges – University, Balliol und Merton – wurden in der Mitte des 13. Jhs. gegründet. Mit dem wachsenden Wohlstand Oxfords nahmen aber auch die Feindseligkeiten zwischen der Stadtbevölkerung und den Studenten zu. Sie kulminierten 1355 im St. Scholastica's Day Riot, einer tödlichen Massenprügelei, die mit einem Streit um Bier begann, aber mit 30 Toten endete. Daraufhin ordnete der König die Unterteilung der Universität in Colleges an, die jeweils ihre eigenen Traditionen entwickelten.

Die Universität, in jener Zeit weitgehend eine kirchliche Einrichtung, wurde im 16. Jh. durch die Reformation schwer erschüttert: Unter Maria I. wurde den Protestanten öffentlich der Prozess gemacht und sie wurden als Ketzer auf dem Scheiterhaufen verbrannt. Unter ihrer Nachfolgerin Elisabeth I. wurden Katholiken gehängt, ausgeweidet und geviertelt. Im Bürgerkrieg stand Oxford als royalistische Hochburg auf der Verliererseite, florierte aber nach der Restauration der Monarchie. Einige der namhaftesten Gebäude entstanden Ende des 17. und Anfang des 18. Jhs.

Der Bau der Kanäle 1790 hatte weitreichende Folgen für Oxford. Es entstand eine Verbindung mit den Industriezentren in den Midlands und Arbeit und Handel expandierten. Eine Entwicklung, die durch den Bau der Schienenwege weiter vorangetrieben wurde.

Der wahre industrielle Aufschwung der Stadt begann jedoch 1913, als William Morris mit der Autoproduktion begann. Mit dem Erfolg seines Bullnose Morris und Morris Minor wurde die Fabrik in Cowley zu einer der größten Autofabriken der Welt. Zwar wurde die Produktionsstätte, die heute BMW gehört, abgespeckt, aber in Cowley rollen noch immer Minis vom Band.

Sehenswertes

Universität Oxford

Auf die Frage, wo sich eigentlich die Universität Oxford befindet, lautet die Antwort meistens: überall. Ein Großteil des Zentrums von Oxford besteht aus imposanten Universitätsgebäuden und eleganten Colleges. Jedes sieht anders aus und jedes hat ein anderes akademisches Fachgebiet. Die von Colleges und der Bodleian Library flankierte Catte Street gehört zu den am meisten besuchten Straßen.

Die ersten Colleges (Balliol, Merton und University) wurden im 13. Jh. gegründet, in den folgenden Jahrhunderten kamen noch jeweils mindestens drei hinzu. Noch im 19. Jh. und 20 Jh. wurden weitere Colleges, wie Keble, gegründet, um die ständig steigende Studentenzahl zu bewältigen. Tradition ist in Oxford jedoch nicht totzukriegen. So durften Dozenten erst ab 1877 heiraten. Ein Jahr später wurden die ersten Studentinnen zugelassen, es dauerte aber noch weitere 42 Jahre, ehe Frauen ein akademischer Grad gewährt wurde. Bis heute hat die Universität Oxford 26 Premierminister hervorgebracht.

Derzeit sind an den 38 Colleges 22 600 Studenten eingeschrieben. Nicht alle Gebäude sind der Öffentlichkeit zugänglich. Die Besuchszeiten für jene, die man – meist gegen Gebühr – besichtigen kann, ändern sich je nach Semester und Prüfungszeiten; genauere Infos dazu unter www.ox.ac.uk.

★ Pitt Rivers Museum   MUSEUM
(☎01865-270927; www.prm.ox.ac.uk; South Parks Rd; ⊙Mo 12–16.30, Di–So 10–16.30 Uhr) GRATIS Im hinteren Teil des Oxford University Museum of Natural History befindet sich der Durchgang zu dem herrlich gruseligen ethnografischen Museum. Es ist eine Schatzkammer mit einer halben Million Objekten aus aller Welt – mehr als genug, um jeden Lehnstuhlabenteurer in Entzücken zu versetzen. Einer der Gründe, warum das Museum so toll ist: Es gibt keine Computer oder irgendwelchen anderen neumodischen Schnickschnack. Die gedämpfte Beleuchtung verleiht den Glasvitrinen mit der reichen Beute viktorianischer Entdeckungsreisender etwas Geheimnisvolles.

Trinity College   COLLEGE
(☎01865-279900; www.trinity.ox.ac.uk; Broad St; Erw./Kind 2/1 £; ⊙Mo–Fr 10–12.15 & 13.30–16, Sa & So 13.30–16 Uhr) Das kleine, 1555 gegründete College besitzt einen schönen Hofgarten, der im 17. Jh. von Christopher Wren entworfen wurde. Die Kapelle mit kunstvollen Holzschnitzereien ist ein Meisterwerk des englischen Barock und eine der schönsten in der Stadt. Zu den berühmten Absolventen des Trinity College zählten Kardinal Newman, William Pitt der Ältere und zwei andere britische Premierminister.

Exeter College   COLLEGE
(☎01865-279600; www.exeter.ox.ac.uk; Turl St; ⊙14–17 Uhr) GRATIS Das 1314 gegründete Exeter College ist für seinen prächtigen Speisesaal aus dem 17. Jh. und seine viktorianisch-neu-

gotische Kapelle bekannt, die mit dem Wandteppich *The Adoration of the Magi* von William Morris (der hier Student war) und psychedelischem Bombast aus Goldmosaiken und Buntglas ausgestattet ist. Das College war Vorlage für das Jordan College in Philip Pullmans Trilogie *His Dark Materials*; auch Pullman hat am Exeter studiert.

Sheldonian Theatre
THEATER

(📞01865-277299; www.admin.ox.ac.uk/sheldonian; Broad St; Erw./Kind 3,50/2,50 £, Führungen 8/6 £; März–Nov. tgl. 10–16 Uhr, Dez.–Feb. Mo–Sa 10–15 Uhr) Das monumentale Gebäude von 1663 war das erste größere Werk von Christopher Wren, der zu jener Zeit Professor für Astronomie war. Nach seinem Vorbild, dem antiken Marcellustheater in Rom, hat es eine rechteckige Fassade, eine halbrunde Rückwand und eine mit klassischen Büsten geschmückte Umzäunung. Das Deckengemälde in der Haupthalle stammt aus dem 17. Jh. und zeigt den Triumph der Wahrheit über die Ignoranz. Die Länge der Decke ist bemerkenswert, denn mangels hoher Bäume standen den Zimmerleuten für die Konstruktion nur kurze Balken zur Verfügung.

New College
COLLEGE

(📞01865-279500; www.new.ox.ac.uk; Holywell St; Erw./Kind 4/3 £, Okt.–Feb. frei; ⏰Ostern–Okt. 11–17 Uhr, Nov.–Feb. 14–16 Uhr) Das 1379 gegründete New College ist ein herrliches Beispiel englischer Spätgotik. Die Kapelle ist voller Schätze, darunter prächtige, überwiegend originale Buntglasfenster und Jacob Epsteins verstörende Lazarus-Statue. Die Kreuzgänge aus dem 15. Jh. und die immergrüne Eiche aus dem 19. Jh. haben Eingang gefunden in *Harry Potter und der Feuerkelch*. Während des Semesters können Besucher der Abendandacht beiwohnen, einem Gottesdienst mit Chorgesang, der täglich um 18.15 Uhr stattfindet.

Seufzerbrücke
BRÜCKE

(Hertford Bridge; New College Lane) Die New College Lane überspannt die spitzbogige Seufzerbrücke. Sie verbindet die beiden Hälften des Hertford College, das 1914 vollendet wurde. Gelegentlich wird sie irrtümlich als eine Nachbildung der gleichnamigen Brücke in Venedig bezeichnet. In Wirklichkeit ähnelt sie weit mehr der Rialtobrücke.

Bodleian Library
BIBLIOTHEK

(📞01865-287400; www.bodleian.ox.ac.uk/bodley; Catte St; Führungen 6–14 £; ⏰Mo–Sa 9–17, So 11–17 Uhr) Die Bodleian Library ist eine der ältesten öffentlichen Bibliotheken der Welt und vermutlich die großartigste von allen. Besucher können jederzeit durch den Innenhof schlendern und die Ausstellung im Foyer besuchen. Der Eintritt in die Divinity School kostet 1 £. Der Rest kann nur im Rahmen einer Führung besichtigt werden (Termine sind online oder am Informationsschalter zu erfahren). Im Voraus können nur ausgedehnte Spezialführungen gebucht werden; die Karten für alle anderen sind erst am Geltungstag erhältlich.

Radcliffe Camera
BIBLIOTHEK

(www. bodleian.ox.ac.uk; Radcliffe Sq) Die wie goldener Sand leuchtende Radcliffe Camera ist das Wahrzeichen von Oxford schlechthin und eines der meistfotografierten Gebäude der Stadt. Der schöne von natürlichem Licht durchströmte Rundbau mit seinen Säulen dient heute als Bibliothek und Lesesaal mit Schwerpunkt auf die Geisteswissenschaften. Er wurde von 1737 bis 1749 im noblen palladianischen Stil erbaut und besitzt die drittgrößte Kuppel in Großbritannien. Er ist nur im Rahmen einer erweiterten Tour (90 Min., 14 £) durch die Bodleian Library (s. o.) zu besichtigen.

University Church of St. Mary the Virgin
KIRCHE

(📞01865-279111; www.university-church.ox.ac.uk; High St; ⏰Mo–Sa 9.30–17, So 11.30–17 Uhr) GRATIS Die schmucklose Kirche mit einem Turm von 1280 und einem spätgotischen Schiff war der Schauplatz eines berühmten Prozesses. Unter der Herrschaft von Maria I. wurden im Jahr 1556 drei anglikanische Bischöfe wegen Ketzerei verurteilt und später in der Broad Street auf dem Scheiterhaufen verbrannt. In der Kirche befindet sich ein Denkmal für die Opfer der Reformation – die protestantischen wie die katholischen.

All Souls College
COLLEGE

(📞01865-279379; www.asc.ox.ac.uk; High St; ⏰Mo–Fr 14–16 Uhr, im Aug. geschl.) GRATIS All Souls, eines der reichsten und beschaulichsten Colleges in Oxford, wurde 1438 als kirchliche Institution gegründet. Es ist eines von mehreren Graduierten-Colleges in Oxford, akzeptiert aber nicht jeden. Jedes Jahr werden die besten Studierenden der Universität zu einer Aufnahmeprüfung eingeladen, die im Durchschnitt nur zwei bestehen. Es gilt als der schwerste Test der Welt und damit gehört eine Fellowship im All Souls College zu den höchsten akademischen Ehren des Landes.

St. Edmund Hall
COLLEGE

(☏01865-279000; www.seh.ox.ac.uk; Queen's Lane; ⏱10–16 Uhr) GRATIS St. Edmund Hall (intern „Teddy Hall") wurde einige Zeit vor 1317 gegründet und ist die einzige erhaltene der mittelalterlichen Halls, aus denen die Universität vor Entstehung der Colleges bestand. Der Mohikanerhäuptling Oronhyatekha war 1862 eingeschrieben (und brannte mit der Tochter des Rektors durch). Bekannt ist die kleine Kapelle des Colleges aus dem späten 17. Jh., die später von William Morris und Edward Burne-Jones ausgestaltet wurde.

Magdalen College
COLLEGE

(☏01865-276000; www.magd.ox.ac.uk; High St; Erw./Kind 5/4, 45-min. Touren 6 £; ⏱Okt.–Juni 13–18 Uhr, Juli–Sept. 12–19 Uhr, Touren Juli–Sept. tgl. 18 Uhr) Magdalen (sprich: *mod*-lin), 1458 gegründet, liegt auf einem 40 ha großen Gelände mit Rasenflächen, Wäldchen, Uferwegen und Wildpark und ist eines der reichsten und schönsten Colleges in Oxford. Es genießt einen guten Ruf und gilt als musisch orientiert. Zu seinen namhaften Ehemaligen gehörten die Autoren Julian Barnes, Alan Hollinghurst, C. S. Lewis, John Betjeman, Seamus Heaney und Oscar Wilde, nicht zu vergessen Eduard VIII., T. E. Lawrence „von Arabien", Dudley Moore und Kardinal Thomas Wolsey.

Ein elegantes viktorianisches Tor führt zur mittelalterlichen Kapelle (mit einem prächtigen Turm aus dem 15. Jh.) und weiter zu einem bemerkenswerten und vor Kurzem restaurierten Kreuzgang aus dem 15. Jh. mit merkwürdigem Getier auf den Pfeilern, der zu den schönsten in Oxford gehört. Die phantastischen Wasserspeier und Fratzen an der Fassade sollen C. S. Lewis zu den Steinstatuen in *Die Chroniken von Narnia* inspiriert haben. Hinter dem Kreuzgang führt der schöne Addison's Walk über ca. 1½ km am Ufer des Cherwell entlang. Mitte der 1870er-Jahre führte hier Oscar Wilde sein Haustier, einen Hummer, spazieren.

Das College hat einen bekannten Chor, der am Maifeiertag (1. Mai) um 6 Uhr von dem 44 hohen Turm herunter den Hymnus Eucharisticus singt.

Botanischer Garten
GARTEN

(☏01865-286690; www.botanic-garden.ox.ac.uk; High St; Erw./Kind 5 £/frei; ⏱Mai–Aug. 9–18 Uhr, März, April, Sept. & Okt. 9–17 Uhr, Nov.–Feb. 9–16 Uhr) Der beschauliche Garten am Ufer des Cherwell wurde 1621 zur Erforschung von Heilpflanzen angelegt. Er ist der älteste seiner Art in England und gehört noch immer zur Universität. Er beherbergt ein Lilienhaus, einen Steingarten und die Bank, auf der sich in Phillip Pullmans Romanreihe *His Dark Materials* das Mädchen Lyra aus einer Parallelwelt und ihr irdischer Freund Will einmal im Jahr treffen wollen.

Merton College
COLLEGE

(☏01865-276310; www.merton.ox.ac.uk; Merton St; Erw./Kind 3 £/frei; ⏱Mo–Fr 14–17, Sa & So 10–17 Uhr) Merton wurde 1264 gegründet. Es gehört zu den drei ältesten Colleges in Oxford und war das erste, das eine Satzung einführte und damit die formelle Gemeinschaft von Studenten und Dozenten mit fester Unterkunft auf dem Campus einführte. Zu den architektonischen Besonderheiten gehören große Wasserspeier, deren Gesichter aussehen, als müssten sie sich gleich erbrechen, und der reizende **Mob Quad** aus dem 14. Jh. – der älteste Collegehof in Oxford.

Gleich außerhalb des Hofs befinden sich die **Kapelle** aus dem 13. Jh. und die **Old Library** (Zutritt nur mit Führung), die älteste noch benutzte mittelalterliche Bibliothek (beachtenswert sind die angeketteten Bücher). Es heißt, dass Tolkien, dereinst Englisch-Professor am Merton, hier viele Stunden mit dem Schreiben von *Der Herr der Ringe* zubrachte, und dass die Bäume im Fellows' Garden Inspiration für die Ents von Mittelerde waren. Weitere literarische Größen mit Beziehung zum College sind u. a. T. S. Eliot und Louis MacNeice. Thomas Bodley, Gründer der Bodleian Library, war hier Fellow.

Von Juli bis September werden 40-minütige Führungen über das Gelände angeboten (5 £). Ebenfalls im Sommer finden in der Kapelle Konzerte bei Kerzenlicht statt, die auf Plakaten angekündigt werden.

Hinter dem Merton College verläuft der **Dead Man's Walk**, der seinen ominösen Namen daher hat, dass die jüdische Gemeinde im Mittelalter ihre Toten nicht innerhalb der Stadt begraben durfte und die Leichname auf diesem Weg zum jüdischen Friedhof (heute der Botanische Garten) überführte.

★ Christ Church
COLLEGE

(☏01865-276492; www.chch.ox.ac.uk; St Aldate's; Erw./Kind 8/7 £; ⏱Mo–Sa 10–16.15, So 14–16.15 Uhr) Mit 650 Studenten ist Christ Church das größte und beliebteste College

Oxford

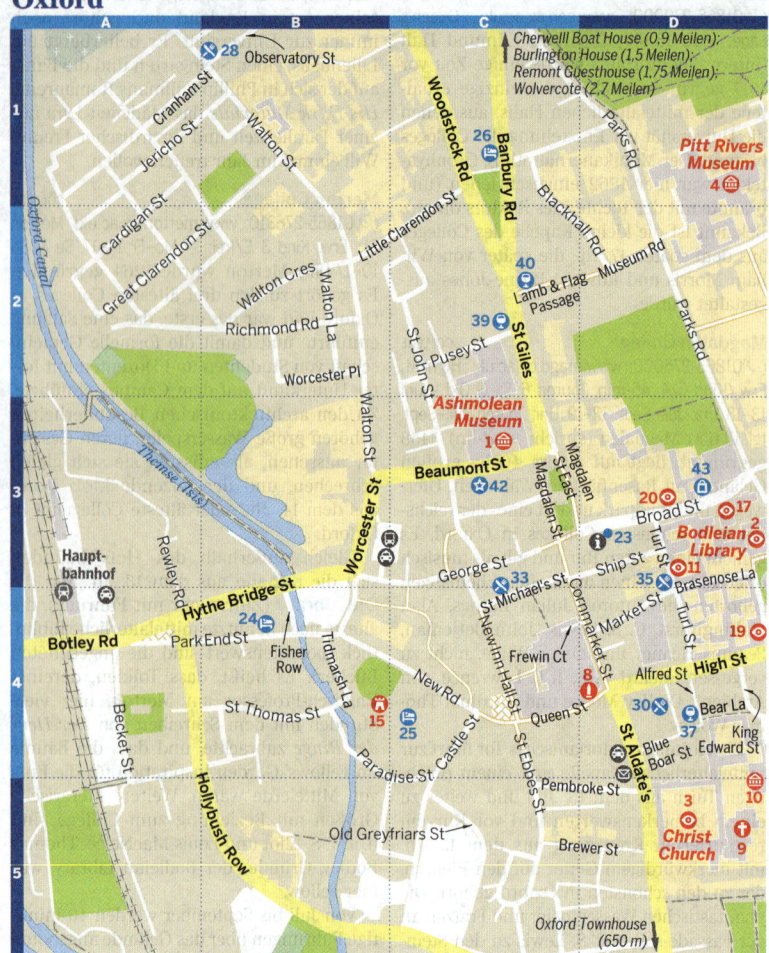

Cherwell Boat House (0,9 Meilen);
Burlington House (1,5 Meilen);
Remont Guesthouse (1,75 Meilen);
Wolvercote (2,7 Meilen)

OXFORD, COTSWOLDS & UMGEBUNG OXFORD

in Oxford und besitzt den prachtvollsten Collegehof von allen. Die großartigen Gebäude, die glanzvolle Vergangenheit und der jüngste Ruhm als Drehort der Harry-Potter-Filme locken scharenweise Touristen an. Das College wurde 1524 von Kardinal Thomas Wolsey gegründet, der dazu das Kloster aus dem 9. Jh., das sich hier befand, auflöste und mit dem Erlös sein verschwenderisches Bauprojekt finanzierte.

Über die Jahre studierten hier zahlreiche Berühmtheiten, darunter Albert Einstein, der Philosoph John Locke, der Dichter W. H. Auden, Charles Dodgson (Lewis Carroll, der die damalige Tochter des Dekans in seinen Geschichten wie *Alice im Wunderland* verewigte) sowie 13 britische Premierminister. Der Haupteingang befindet sich unter dem imposanten **Tom Tower** aus dem 17. Jh., dessen oberer Teil vom ehemaligen Studenten Christopher Wren entworfen wurde. Great Tom, die 6 t schwere Turmglocke, läutet noch immer jeden Abend um 21.05 Uhr (Oxford liegt fünf Minuten westlich von Greenwich) 101 Mal, um den ursprünglich 100 Studenten – plus einen, der 1663 hinzukam – den Zapfenstreich zu verkünden.

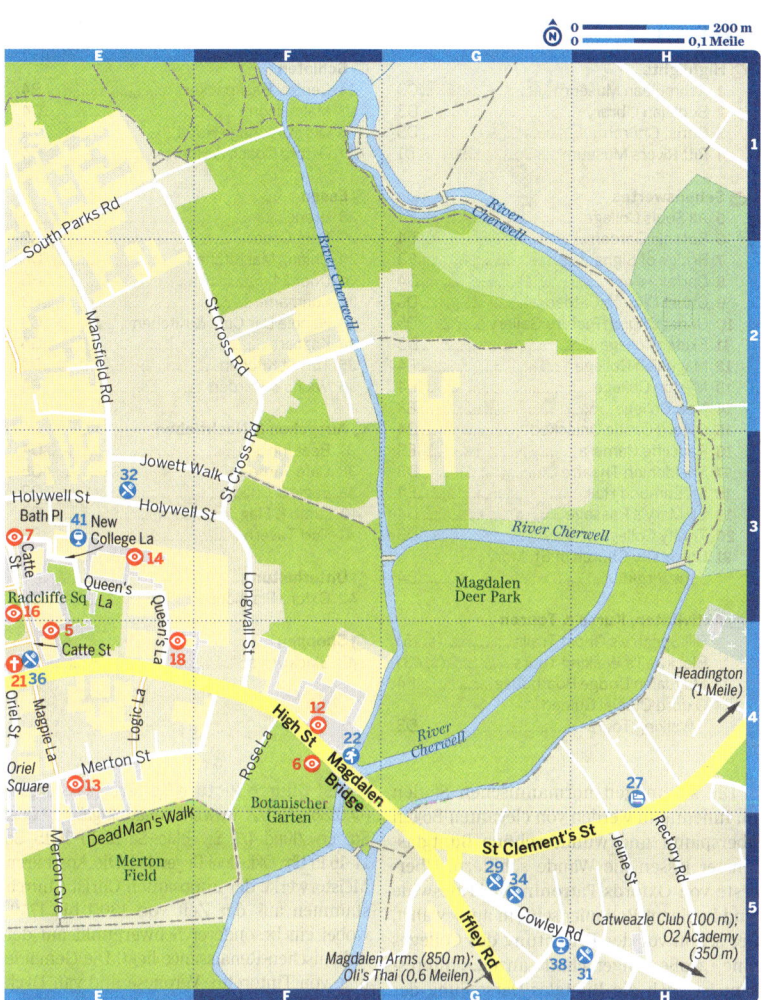

Besucher müssen die St Aldate's weiter runter zum Besuchereingang gehen (und eventuell anstehen). Von dort geht es hoch in die **Great Hall**, den prachtvollen Speisesaal des Colleges, mit Stichbalkendecke und imposanten Gelehrtenporträts. Für die Harry-Potter-Filme wurde sie in den Filmstudios als Speisesaal in Hogwarts nachgebildet. Die Hall ist zwischen 12 und 14 Uhr oft geschlossen.

Die große Treppe (auf der Professor McGonagall im Film *Harry Potter und der Stein der Weisen* Harry begrüßt) führt hinab zum **Tom Quad**, Oxfords größtem und zwei-

fellos eindrucksvollstem Collegehof mit einer Merkur-Statue im Teich.

Vom Hof aus gelangt man zur **Christ Church Cathedral** (☏01865-276150; www.chch.ox.ac.uk/cathedral; St Aldate's; Eintritt frei; hMo–Sa 10–16.15, So 14–16.15) aus dem 12. Jh. Sie war ursprünglich die Abteikirche und diente später die College-Kapelle, wurde aber von Heinrich VIII. zur Kathedrale erklärt, als der sich von der katholischen Kirche lossagte, weitere Klöster abschaffte und dem College 1546 seinen heutigen Namen gab. Bis dahin hieß es Cardinal's College.

Oxford

Die stämmigen normannischen Säulen im Innenraum werden von eleganten Bogen überspannt und wunderschöne Buntglasfenster lassen die Wände schillern. Überreste von Oxfords Patronin St. Frideswide sind in einem Reliquienschrein aufbewahrt, der schon vor der Errichtung des Colleges eine große Pilgerschaft anzog. Interessant ist auch die Buntglas-Darstellung der Ermordung von Thomas Becket (1320) über dem Seitenaltar rechts. Für einen Besuch der anglikanischen Kirche zum privaten Gebet oder zum Gottesdienst wird kein Eintritt verlangt, die Wärter am Haupttor sind darüber informiert. Die Abendandacht findet fast täglich um 18 Uhr statt.

Am Ende des Rundgangs durchschreitet man den **Kreuzgang** aus dem 15. Jh., er gehörte ursprünglich zum alten Münster von St. Frideswide.

Südlich des Colleges erstreckt sich die **Christ Church Meadow**, eine Grünanlage an den Flüssen Cherwell und Isis. Sie eignet sich prima für einen Spaziergang.

Christ Church Picture Gallery KUNSTGALERIE
(☏ 01865-276172; www.chch.ox.ac.uk/gallery; Oriel Sq; Erw./Kind 4/2 £; ☺ Mo–Sa 10.30–16.15, So 14–16.15 Uhr, Okt.–Juni Di geschl.) Die kostbaren Meisterwerke der imposanten Christ Church stammen aus der Zeit von 1300 bis 1750, wobei ein besonderer Schwerpunkt auf der italienischen Renaissance liegt. Die Gemälde u. a. von Tintoretto, Veronese und van Dyck nehmen einen Ehrenplatz ein. Dazu gibt es eine feine Sammlung mit Zeichnungen von Meistern wie Michelangelo, Leonardo da Vinci, Rubens und Raffael. Mit einer gültigen Eintrittskarte für Christ Church kostet es hier nur die Hälfte. Montags um 14.30 Uhr finden kostenlose Führungen statt.

Weitere Sehenswürdigkeiten

★ Ashmolean Museum MUSEUM
(☏ 01865-278000; www.ashmolean.org; Beaumont St; ☺ Di–So 10–17 Uhr) GRATIS Das älteste öffentliche Museum Großbritanniens genießt nach dem British Museum in London das höchste Renommee im Land. Es wurde 1683 gegründet, als Elias Ashmole der Universi-

tät die Raritäten schenkte, die der weitgereiste John Tradescant, Gärtner im Dienst Karls I., gesammelt hatte. Heute verfügt das vierstöckige Museum über interaktive Bildschirme, ein riesiges Atrium, Glaswände zwischen den Abteilungen auf verschiedenen Ebenen und ein schönes Dachrestaurant.

Die Exponate aus der ganzen Welt sind in hellen, geräumigen Galerien in einem der schönsten klassizistischen Bauten des Landes ausgestellt. Zu den historischen Schätzen gehören ägyptische Mumien, islamische Kunst, indische Textilien, alte Dokumente, seltenes Porzellan, Tapisserien, Silberwaren, wertvolle Musikinstrumente, zahlreiche europäische Kunstwerke und das legendäre angelsächsische Alfred Jewel.

Carfax Tower   TURM
(Queen St; Erw./Kind 2,50/1,50 £; ⊙10–17 Uhr) Das Wahrzeichen im Zentrum, das seit 1000 Jahren an einer einstigen Wegkreuzung steht, ist der einzige Überrest der mittelalterlichen St. Martin's Church und bietet einen schönen Blick über das Stadtzentrum.

St Mary's Passage   STRASSE
In dieser winzigen Gasse gibt es eine Tür mit einem Löwenkopf-Klopfer und goldenen Faunen zu beiden Seiten. Es heißt, dass sie C. S. Lewis zu seiner magischen Welt in den *Chroniken von Narnia* inspiriert haben soll. Wie dem auch sein, die kleine Gasse zwischen der High Street und der oft fotografierten Radcliffe Camera ist in jedem Falle sehenswert.

🏃 Aktivitäten

Punting (Stechkahnfahren) gehört in Oxford einfach dazu. Die Rede ist von einer entspannten Tour in einem flachen Boot mit vielen Pimms (das typische englische Sommergetränk) und Blick auf die herrliche Architektur der Stadt, die langsam vorbeizieht. Was natürlich bedeutet, dass jemand anderes die Arbeit übernehmen muss – Kahnstechen ist weitaus schwieriger, als es aussieht. Wer es dennoch selbst wagen will, muss in der Regel eine Kaution hinterlegen. Die meisten Kähne fassen fünf Personen, einschließlich des Kahnstechers. Die Bootsmiete beträgt zwischen 16 und 24 £ pro Stunde.

Magdalen Bridge Boathouse   BOOTFAHREN
(📞01865-202643; www.oxfordpunting.co.uk; High St; 4-er-Boot mit Kahnstecher 30 Min. 30 £, Selbstfahrer pro Std. 24 £; ⊙Feb.–Nov. 9.30 Uhr–Sonnenuntergang) Der zentralste Bootsverleih in der Stadt direkt neben der Magdalen Bridge. Von hier geht es flussabwärts durch den Botanischen Garten und die Christ Church Meadow oder flussaufwärts durch den Magdalen Deer Park. Paddel- und Tretboote werden ebenfalls verliehen.

Cherwell Boat House   BOOTFAHREN
(📞01865-515978; www.cherwellboathouse.co.uk; 50 Bardwell Rd; Boot pro Std. 16–18 £; ⊙Mitte März–Mitte Okt. 10 Uhr–Sonnenuntergang) Das Bootshaus liegt etwa 1,5 km nördlich vom Zentrum (von der Banbury Road nach Norden rechts in die Bardwell Road). Das beliebteste Ziel für eine Kahnfahrt auf dem Cherwell durch die Landschaft ist das viel besuchte Pub Victoria Arms. Auch Ruderboote und Kanus stehen zur Verfügung.

👉 Geführte Touren

Bill Spectre's Ghost Trails   STADTRUNDGANG
(📞07941 041811; www.ghosttrail.org; Oxford Castle Unlocked; Erw./Kind 8/6 £; ⊙Fr & Sa 18.30 Uhr) Einen höchst unterhaltsamen und informativen Blick auf Oxfords dunkle Seite bietet der viktorianische Bestatter Bill Spectre auf seiner 1¾-stündigen Tour durch finstere Ecken und Gassen. Sie beginnt am Oxford Castle Unlocked (www.oxfordcastleunlocked.co.uk; 44–46 Oxford Castle); mit aktiver Mitwirkung durch die Teilnehmer ist zu rechnen. Reservierung nicht erforderlich.

Oxford Official Guided
Walking Tours   STADTRUNDGANG
(📞01865-686441; www.experienceoxfordshire.org/ official-tours; 15–16 Broad St; Erw./Kind ab 12/ 7,50 £) Führungen durch die Stadt und zu den Colleges (ganzjährig um 10.45 und 13 Uhr, bei

TOLKIENS GRAB

J. R. R. Tolkien, der Autor von *Der Herr der Ringe*, ist zusammen mit seiner Frau Edith auf dem **Wolvercote Cemetery** (Banbury Rd, Wolvercote; Eintritt frei; ⊙Mo–Fr 7–20 Uhr, April–Sept. Sa & So 8–20 Uhr, Okt.–März bis 17 Uhr), gut 3 km nördlich des Stadtzentrums von Oxford, begraben. Auf dem Grabstein sind auch die Namen Beren und Lúthien eingraviert, eine Anspielung auf eine Geschichte von Tolkien über die Liebe zwischen einem sterblichen Mann und einer Elbin, die für ihn ihre Unsterblichkeit aufgibt.

starker Nachfrage auch um 11 und 14 Uhr) sowie ein überwältigendes Angebot an thematischen Touren, von *Inspektor Morse*, *Alice im Wunderland* und *Harry Potter* bis hin zum mittelalterlichen Oxford, William Morris und Glasmalerei. Einzelheiten stehen auf der Website; Karten in der Touristeninformation (S. 197) erhältlich.

Blackwell's Walking Tours STADTRUNDGANG
(☎01865-333602; www.blackwells.co.uk/oxford; 48–53 Broad St; Touren 9 £; ☺ Mitte April–Okt.) Der renommierteste Buchladen Oxfords veranstaltet vom Frühjahr bis zum Herbst eine Reihe von literaturbezogenen Rundgängen. Einer davon ist die Inklings Walking Tour, die zu den Lieblingsplätzen der Mitglieder der Inkling-Gruppe wie z. B. J. R. R. Tolkien oder C. S. Lewis führt.

🛏 Schlafen

Zwischen Mai und September und an Wochenenden sollte reserviert werden. Neben den hier genannten gibt es außerdem etliche weitere B&Bs in der Iffley, Abingdon, Banbury und Headington Road sowie mehrere Budgetunterkünfte in Bahnhofsnähe.

Central Backpackers HOSTEL £
(☎01865-242288; www.centralbackpackers.co.uk; 13 Park End St; B 20–25 £; ☎) Das kleine Hostel ist eine freundliche Budgetunterkunft über einer Bar und liegt zwischen Bahnhof und Stadtzentrum. Es hat einfache, helle und ansprechende Schlafsäle (mit Schließfächern) für jeweils vier bis zwölf Personen, eine Dachterrasse und eine kleine TV-Lounge. Es gibt auch einen Frauen-Schlafsaal mit 6 Betten.

⭐ Oxford Coach & Horses B&B ££
(☎01865-200017; www.oxfordcoachandhorses. co.uk; 62 St. Clement's St; EZ/DZ/3BZ 125/135/ 165 £; ℗☎c) Die einstige Poststation aus dem 18. Jh. ist heute ein tolles Boutique-B&B mit englisch-mexikanischen Besitzern und taubenblauem Außenanstrich, nur ein paar Meter entfernt von der betriebsamen Cowley Road. Die acht hellen Zimmer sind gemütlich, geräumig und farblich individuell gestaltet. Das Erdgeschoss wurde zu einem luftigen, schönen Frühstücksraum umgebaut.

Burlington House B&B ££
(☎ 01865-513513; www.burlington-hotel-oxford.co. uk; 374 Banbury Rd, Summertown; EZ/DZ ab 70/ 96 £; ℗☎) In dem rundum erneuerten viktorianischen Kaufmannshaus stehen zwölf

modern-elegante Zimmer mit gemusterten Tapeten und Farbtupfern, pieksauberen Bädern und allerlei Luxus zur Auswahl. Der Service ist genauso sensationell wie das köstliche Frühstück mit Bio-Eiern, frischem Orangensaft, selbst gebackenem Brot, Joghurt und Müsli. Das Haus liegt rund 3 km nördlich des Stadtzentrums und ist gut ins öffentliche Verkehrsnetz eingebunden.

Remont B&B ££
(☎01865-311020; www.remont-oxford.co.uk; 367 Banbury Rd, Summertown; Zi. 127–147 £; ℗@☎) Moderner Stil, dezente Beleuchtung und farbenfrohe Möblierung bestimmen das Ambiente in der 25-Zimmer-Pension. Die Zimmer sind in kühlen, neutralen Farben gehalten und mit seidigen Bettüberwürfen, abstrakter Kunst, Betten mit kunstvoll gestalteten Kopfteilen, Schreibtischen und Plasma-TVs ausgestattet. Einen sonnigen Garten gibt's auch.

University Rooms
Oxford STUDENTENUNTERKUNFT ££
(www.universityrooms.com; EZ/DZ/4BZ 37–70/75– 110/138–195 £; ☎) Wie wäre es in den Semesterferien (Weihnachten, Ostern und im Sommer) mit einer echten Studentenunterkunft in einem der Colleges und mit Frühstück in einem prächtigen Speisesaal? Die meisten Zimmer sind zweckmäßige Einzelzimmer mit schlichter Möblierung und Gemeinschaftsbad. Aber es gibt auch einige mit eigenem Bad, Zweibettzimmer und kleine Wohnungen. Einige Zimmer blicken auf College-Höfe.

Oxford Townhouse BOUTIQUEHOTEL £££
(☎01865-722500; www.theoxfordtownhouse.co.uk; 90 Abingdon Rd; EZ/DZ 120/145–175 £, alle mit Frühstück; ℗☎) Die gelungene Restaurierung dieser zwei viktorianischen Stadthäuser ca. 800 m südlich des Zentrums war zur Zeit der Recherche erst seit zwei Monaten abgeschlossen. Hier bekommen die Besucher neben Wohnkomfort auch herzliche Gastfreundschaft und gutes Frühstück. Die Zimmer sind stilvoll minimalistisch gestaltet und in Grau- und Blautönen gehalten (allerdings für den Preis meist relativ klein). Das Bettzeug ist weiß-blau gestreift und ein Holzschreibtisch sowie farbenfrohe Bilder von Oxford schmücken die Zimmer.

Malmaison HISTORISCHES HOTEL £££
(☎01865-689944; www.malmaison.com; Oxford Castle, 3 New Rd; DZ/Suite ab 190/325 £; ℗☎) In dem ehemaligen viktorianischen Gefängnis

würde sich wohl jeder gerne einsperren lassen. Es gehört zum Oxford Castle und wurde zu einem feinen, modernen Hotel mit nobler Einrichtung, stimmungsvoller Beleuchtung und 95 Zimmern umgebaut. Aus je drei Zellen wurde ein Zimmer. In den riesigen Betten und bei dem guten Service kann man sich nur wohlfühlen.

Old Parsonage Hotel
BOUTIQUEHOTEL **£££**

(☎01865-310210; www.oldparsonage-hotel.co.uk; 1–3 Banbury Rd; Zi. ab 229 £; P 🛜) Das kleine, originelle Boutiquehotel in einem von Glyzinien überwucherten Haus aus dem 17. Jh. mit 35 Zimmern hat genau die richtige Mischung aus historischem Charme und modernem Luxus. Oscar Wilde machte es zu seinem Zuhause. Es verdankt seine einzigartige Atmosphäre zeitgenössischer Kunst und einer Sammlung geschickt zusammengewürfelter Möbel sowie den stilvoll in Rot-, Violett- und Grautönen gestalteten Zimmern mit handgefertigten Betten und Marmorbädern.

 **Essen**

⭐ Edamamé
JAPANISCH **£**

(☎01865-246916; www.edamame.co.uk; 15 Holywell St; Hauptgerichte 6–9,50 £; ⏱Mi 11.30–14.30, Do–Sa 11.30–14.30 & 17–20.30, So 12–15.30 Uhr) Die Schlange bis vor die Tür sagt alles über die Qualität des Essens. Das winzige, authentische, freundliche wuselige Lokal ganz in hellem Holz mit Platten voller Leckereien ist Oxfords Topadresse für genial einfache und schmackhafte japanische Küche. Serviert werden u. a. Hühnchen-Miso-Ramen, gebratener Tofu und donnerstags Sushi. Keine Reservierungen, also am besten früh kommen und sich auf etwas Wartezeit einstellen. Barzahlung nur mittags.

⭐ Vaults & Garden
CAFÉ **£**

(☎01865-279112; www.thevaultsandgarden.com; University Church of St Mary the Virgin, Radcliffe Sq; Hauptgerichte 7–10 £; ⏱8.30–18 Uhr; 🛜) Dieses bei den Einheimischen beliebte Lokal befindet sich in einem der Gewölbe des Old Congregation House der University Church aus dem 14. Jh. Auf den Tisch kommen saisonale Gerichte wie Suppen, Salate, Pasta, Currys, Sandwiches und Kuchen und viele davon sind vegetarisch bzw. glutenfrei. Es zählt zu den schönsten Mittagslokalen Oxfords, nicht zuletzt, weil man auch im hübschen Garten mit Blick auf den Radcliffe Square essen kann.

LE MANOIR AUX QUAT' SAISONS

Da Oxford kein Sternerestaurant hat, begeben sich die örtlichen Feinschmecker zu besonderen Anlässen 16 km weiter östlich ins stattliche Herrenhaus **Le Manoir aux Quat'Saisons** (☎01844-278881; www.belmond.com/le-manoir-aux-quat-saisons-oxfordshire; Church Rd, Great Milton; 5-Gänge-Menü mittags/abends 82/138 £; ⏱7.30–10, 11.45–14.15 & 18.45–21.30 Uhr; 🅿). Chefkoch Raymond Blanc vollführt hier bereits seit über 30 Jahren Küchenmagie vom Feinsten und serviert kreative, vielschichtige und exquisit präsentierte Speisen. Frühzeitige Reservierung und elegante Kleidung sind erforderlich.

Handle Bar Cafe & Kitchen
CAFÉ **£**

(Bike Zone, 28–32 St Michael's Street; Gerichte 5–7 £; ⏱Mo-Sa 8–22, So 10–19 Uhr; 🛜) Dieses quirlige Café ist bei den Kaffeeliebhabern unter den Studenten und Berufstätigen der Stadt sowie den wenigen Touristen, die hierher finden, sehr angesagt. Sie genießen die herrlich gesunden Leckerbissen wie herzhaften Toast mit Avocado und Feta, Halloumi von Grünkohl umhüllt und frische Frucht-Smoothie-„Töpfe" sowie köstlichen Kuchen, Tee- und Kaffee-Spezialitäten. Kernstück des Lokals ist ein Sockel mit einem antiken Hochrad und von der Decke hängen die namensgebenden Räder.

Oli's Thai
THAILÄNDISCH **£**

(☎01865-790223; www.olisthai.com; 38 Magdalen Rd; Hauptgerichte 6–12 £; ⏱Di 12–15, Mi–Sa 12–14 & 17–22 Uhr) Der kleine Familienbetrieb mit der sonnigen Terrasse liegt zwar abseits der Touristenpfade, lohnt aber auf alle Fälle einen Besuch. Die wechselnden Speisen auf der eher kleinen Karte sind köstlich und dank des thailändischen Kochs wirklich authentisch. Oli's liegt 1,5 km südöstlich der Magdalen Bridge; man folgt der Iffley Road und biegt dann in die Magdalen Road ab. Eine frühe Reservierung ist ratsam, denn viele buchen schon Monate im Voraus.

Fishes
KNEIPENESSEN **££**

(☎01865-249796; www.fishesoxford.co.uk; North Hinksey Village; Hauptgerichte 13–20 £; ⏱Mo–Do 9.30–23, Fr & Sa bis 24, So bis 22.30 Uhr; 🅿) Das beliebte Gastropub liegt idyllisch auf dem Land, 2,4 km westlich von Oxfords Stadtzentrum. Das ausgezeichnete Angebot an modern-britischen Klassikern wie knusprigen Ricotta-Teigtaschen, dry-aged Steaks, üppigen Sandwiches und wechselnden Tagesgerichten zieht viele einheimische Stammgäste an. Essen kann man im hellen, gemütlichen Speisesaal oder im Garten auf Liegestühlen oder Picknickdecken. Reservierung sinnvoll.

Turl St Kitchen
MODERN BRITISCH ££

(☑01865-264171; www.turlstreetkitchen.co.uk; 16-17 Turl St; Hauptgerichte 11–19 £; ⏱8–10, 12–14.30 & 18.30–22 Uhr; ⏹) Da die Speisekarte zweimal täglich wechselt, sorgt dieses gut besuchte, super zentral gelegene Lokal auf mehreren Stockwerken immer wieder für Überraschungen. Frische, nachhaltige, regionale Bio-Produkte werden hier kreativ zu modernen Gerichten verarbeitet, z. B. Veggie-Tajines, Roastbeef, Spieße mit Seehecht und Chorizo oder Salate mit Fenchelmarinade. Der Erlös geht an eine regionale Wohltätigkeitsorganisation. Die rustikal-schicke Inneneinrichtung besteht aus blauen Fußbodenfliesen, Tischen aus altem Holz und Lichterketten. Guter Kuchen und Kaffee.

Kazbar
TAPAS ££

(☑01865-202920; www.kazbar.co.uk; 25–27 Cowley Rd; Tapas 3.50–6 £; ⏱Mo–Fr 17–24, Sa 12–00.30, So bis 23 Uhr; ⏹) Dieses Bar-Restaurant im marokkanischen Stil ist eine nette Mischung aus plüschig und stylisch mit Laternen, drapierten Stoffen, dezenter Beleuchtung, warmen Farben und lockerer Atmosphäre. Hier schlürfen die meist eleganten Gäste ihre Cocktails und genießen spanische und nordafrikanische Tapas wie z. B. Hummus-Dips, Chili-Garnelen oder Käseplatten.

Chiang Mai Kitchen
THAILÄNDISCH ££

(☑01865-202233; www.chiangmaikitchen.co.uk; 130a High St; Hauptgerichte 7–15 £; ⏱Mo–Sa 12–22.30, So bis 22 Uhr; ⏹) Reelle Thai-Küche in einer kleinen Gasse im Herzen der Stadt. Hier gibt es alles von tränentreibend scharfem *sôm·đam* (Papayasalat), verschiedenen Currys, Seafood, Reis- und Nudelgerichten bis hin zu Klassikern wie Brathühnchen mit Cashewnüssen sowie ausgezeichnete vegetarische Gerichte.

Café Coco
MEDITERRAN ££

(☑01865-200232; www.cafecoco.co.uk; 23 Cowley Rd; Frühstück 4,50–9 £, Hauptgerichte 7–12 £; ⏱Mo–Do 10–22, Fr bis 24, Sa 9–24, So bis 22 Uhr; ⏹) Das Café ist eine Institution an der Cowley Road und wird gern zum Brunch aufgesucht. Die Dekoration besteht aus klassischen Plakaten an den warm-gelben Wänden, klotzigen Spiegeln und einem Clown aus Gips, der gerade ein Eisbad nimmt. Das Angebot reicht von warmem und „gesundem“ Frühstück bis zu Pizza, Salaten, Burgern, Pasta, Mezze, mediterranen Speisen und superfrischen Säften. Auch gut für Leute, die nur Cocktails wollen (Happy Hour von 17 bis 19.30 Uhr).

Door 74
MODERN BRITISCH ££

(☑01865-203374; www.door74.co.uk; 74 Cowley Rd; Hauptgerichte 10–14 £; ⏱Di–Sa 11–14.30 & 17–21.30, So 11–14.30 Uhr; ⏹) Das behagliche, kleine Lokal lockt Gäste mit seiner Mischung aus britischer und mediterraner Küche, freundlichem Service und lauschiger Atmosphäre. Das Angebot ist nicht groß und die Tische stehen dicht gedrängt, aber das Essen ist stets gut (Pasta, Risotto, Burger) und der Brunch am Wochenende (englisches Frühstück, French Toast, Lachs mit Rührei usw.) reichlich und sättigend. Reservierung ist ratsam.

Branca
ITALIENISCH ££

(☑01865-556111; www.branca.co.uk; 110–111 Walton St, Jericho; Hauptgerichte 8–17 £; ⏱10–22 Uhr) Im beliebten Branca in Jericho werden fulminante Pizzen, Pasta, Risottos sowie italienische Grillgerichte mit Fleisch und Fisch serviert, abgerundet mit coolen Cocktails und herzhafter Focaccia. Es wird schnell voll. Der Feinkostladen nebenan gehört auch dazu. Von Montag bis Samstag gibt es einen günstigen 2-Gänge-Mittagstisch für 14 £.

🍷 Ausgehen & Nachtleben

Bear Inn
PUB

(www.bearoxford.co.uk; 6 Alfred St; ⏱So–Do 11–23, Fr & Sa bis 24 Uhr;) Beim Eintritt in das stimmungsvoll knarzige Pub, zweifellos das älteste in Oxford (schon seit 1242 steht an dieser Stelle ein Pub), müssen die allermeisten Menschen ihren Kopf einziehen. An den Wänden und den Decken hängt eine merkwürdige Krawattensammlung und meistens gibt es ein paar leckere Gast-Ales und Biere von Kleinbrauereien kennenzulernen.

Eagle & Child
PUB

(☑01865-302925; www.nicholsonspubs.co.uk/theeagleandchildoxford; 49 St Giles; ⏱12–23 Uhr;) Das skurrile Pub von 1650, liebevoll „Bird

& Baby" genannt, war einst eine der Lieblingskneipen der Autoren J. R. R. Tolkien und C. S. Lewis und ein paar anderen aus der Inkling-Gruppe. Die niedrigen holzgetäfelten Räume und die Auswahl an *real ales,* Craft-Bieren und Gin zieht ein gesetzteres Publikum an.

Turf Tavern — PUB

(☎01865-243235; www.theturftavern.co.uk; 4–5 Bath Pl; ⏰11–23 Uhr) Das winzige, mittelalterliche Pub (seine Wurzeln reichen mindestens zurück bis 1381) in einer engen Gasse ist das meistgeliebte der Stadt. Hier hat der ehemalige US-Präsident Bill Clinton bekanntermaßen „nicht inhaliert". Auch Oscar Wilde, Stephen Hawking und Margaret Thatcher waren schon hier. Elf Ale-Sorten gibt es und der Laden ist immer voll von Studenten, Berufstätigen und eher seltenen Touristen. Viele Straßentische.

Café Tarifa — BAR

(☎01865-256091; www.cafe-tarifa.co.uk; 56–60 Cowley Rd; ⏰Mo–Fr 17–24, Sa bis 1, So bis 23 Uhr) Die ungezwungene Lounge ist einer spanischen Kitesurfing-Stadt nachempfunden und im neumaurischen Stil gehalten: gepolsterte Nischen, niedrige Tische, Mosaikwaschbecken und Sitzsäcke. Die Cocktailkarte ist lang und es gibt Filmabende und Livemusik.

Lamb & Flag — PUB

(Ecke St Giles & Lamb & Flag Passage; ⏰Mo–Sa 12–23, So bis 22.30 Uhr) Dieses versteckte Pub mit seinen holzvertäfelten Wänden ist schon seit dem 17. Jh. ein schönes Plätzchen für ein Glas Bier oder Wein. Es heißt, Thomas Hardy habe hier einen Teil seines Romans *Juda, der Unberühmte* geschrieben, und die Schriftsteller C. S. Lewis und J. R. R. Tolkien waren dereinst Stammgäste. Das Pub wird vom St. John's College geführt, und ein Teil der Einnahmen fließt in Stipendien für Doktoranden am College.

⭐ Unterhaltung

Fans klassischer Musik haben in Oxford mehr als eine Auswahl: In der Stadt gibt es tolle Veranstaltungssäle und das ganze Jahr über Konzerte und Theateraufführungen. Ein Programmverzeichnis steht auf www.dailyinfo.co.uk und www.musicatoxford.com.

⭐ Creation Theatre — THEATER

(☎01865-766266; www.creationtheatre.co.uk) Das Theaterensemble tritt an verschiedenen, ungewöhnlichen Orten auf, darunter

Stadtparks, Blackwell's Bookshop, Oxford Castle und verschiedene Colleges. Auf dem Spielplan der ambitionierten Truppe stehen höchst originelle Inszenierungen, meist Shakespeare, mit viel Magie und Spezialeffekten.

Oxford Playhouse — THEATER

(☎01865-305305; www.oxfordplayhouse.com; Beaumont St) An der Hauptbühne der Stadt für hochkarätige Schauspielkunst werden auch eindrucksvolle Gastspiele (Musik, Tanz und Theater) aufgeführt. Im Burton Taylor Studio werden oft schräge Studenteninszenierungen und andere innovative Stücke aufgeführt.

Catweazle Club — LIVEMUSIK

(www.catweazleclub.com; East Oxford Social Club, 44 Princes St; Eintritt 6 £; ⏰Do 20 Uhr) Legendärer Open-Mic-Abend mit Musikern, Dichtern, Schriftstellern und allen möglichen Szenegrößen.

O2 Academy — LIVEMUSIK

(☎01865-813500;www.academymusicgroup.com/o2academyoxford; 190 Cowley Rd) Im bestbesuchten Club und Livemusikladen Oxfords gibt's ein breites Angebot, von berühmten DJs und internationalen Künstlern bis zu Indie-Bands und Hard Rock.

Shoppen

⭐ Blackwell's — BÜCHER

(☎01865-792792; www.blackwell.co.uk, 48–51 Broad St; ⏰Mo–Sa 9–18.30, So 11–17 Uhr) Blackwell's, der berühmteste Buchladen in der studentischsten aller Studentenstädte, ist mit seinem riesigen Sortiment an Literatur, akademischen Abhandlungen und heimlichen Lesevergnügen ein Paradies für Buchliebhaber. Die riesige, kopfstehende Stufenpyramide aus Bücherregalen im Norrington Room im Untergeschoss ist unbedingt sehenswert. Die seit 1966 bestehende Konstruktion hat eine Gesamtregallänge von fast 5 km. Von April bis Oktober veranstaltet Blackwell's literaturbezogene Stadtrundgänge (S. 194).

❶ Praktische Informationen

John Radcliffe Hospital (☎01865-741166; www.ouh.nhs.uk; Headley Way, Headington; ⏰24 Std.) Liegt 4 km östlich des Stadtzentrums von Oxford.

Post (102 St Aldate's; ⏰Mo–Sa 9–17.30 Uhr)

Touristeninformation (☎01865-686430; www.experienceoxfordshire.com; 15–16 Broad

St; ⊙ Mo–Sa 9.30–17, So 10–15.30 Uhr) Hat Infos über ganz Oxfordshire sowie gedruckte Wanderführer und bucht offizielle Touren und Rundgänge.

ℹ An- & Weiterreise

BUS

Oxfords **Busbahnhof** (Gloucester Green) befindet sich im Zentrum nahe Ecke Worcester Street/George Street. Die wichtigsten Busgesellschaften sind **Oxford Bus Company** (☎ 01865-785400; www.oxfordbus.co.uk), **Stagecoach** (☎ 01865-772250; www.stage coachbus.com) und **Swanbrook** (☎ 01452-712186; www.swanbrook.co.uk).

Busse fahren zu folgenden Orten:
Burford (853; 3,80 £, ¾ Std.)
Cambridge (X5; 13 £, 3¾ Std.)
Chipping Norton (S3; 4,60 £, 1 Std.)
Cheltenham (853; 8 £, 1½ Std.)
London Victoria (Oxford Tube/X90; 15 £, 1¾ Std.)
Woodstock (S3; 3,70 £, ½ Std.)
National Express (☎ 0871-7818181; www. nationalexpress.com) fährt nach:
Bath (7 £, 2 Std.)
Birmingham (13,50 £, 2 Std.)
Bristol (7 £, 3 Std.)
London Victoria (16 £, 2 Std.)

Die Oxford Bus Company befährt die Strecke „The Airline" von/zu den Flughäfen Heathrow (23 £, 1½ Std.) und Gatwick (28 £, 2 Std.).

AUTO

Autofahren und Parken in der Oxforder Innenstadt ist ein Albtraum. Es gibt fünf Park & Ride-Parkplätze an den größeren Einfallstraßen in die Stadt. Parken kostet pro Tag 2 bis 4 £; die Busse in die und aus der Stadt fahren alle 15 bis 30 Minuten und kosten 2,80 £ (hin & zurück, Fahrtzeit 12–25 Min.).

ZUG

Der Hauptbahnhof von Oxford (Botley Rd) liegt günstig im Westen des Stadtzentrums. Einige Zielorte sind:
Birmingham (18 £, 1¼ Std.)
London Paddington (25 £, 1¼ Std.)
Manchester (50 £, 3 Std.)
Moreton-in-Marsh (9,90 £, 35 Min.)
Newcastle (111 £, 4½ Std.)
Winchester (17 £, 1¼ Std.)

Vom Bahnhof Oxford Parkway (Banbury Rd) 6,5 km nördlich vom Zentrum fahren Züge nach London Marylebone (25 £, 1 Std.). Er liegt günstig für Besucher in Summertown und hat Busverbindungen ins Zentrum von Oxford.

ℹ Unterwegs vor Ort

FAHRRAD

Fahrradfahren ist in Oxford sehr beliebt. **Cyclo Analysts** (☎ 01865-424444; www.cycloana lysts.com; 150 Cowley Rd; pro Tag/Woche ab 10/36 £; ⊙ Mo–Sa 9–18 Uhr) und **Summertown Cycles** (☎ 01865-316885; www.summertown cycles.co.uk; 200–202 Banbury Rd, Summertown; pro Tag/Woche 18/35 £; ⊙ Mo–Sa 9–17.30, So 10–16 Uhr) verkaufen, reparieren und verleihen Fahrräder, auch Hybridräder.

BUS

Oxford Bus Company (s. o.) und **Stagecoach** (s. o.) betreiben ein umfassendes Stadtbusnetz mit regelmäßigen Verbindungen auf den Hauptstrecken. Eine kurze Fahrt kostet 2,10 £ (hin & zurück 3,50 £); eine Tageskarte lohnt sich (4 £). Fahrkarten werden im Bus gekauft (nur Barzahlung).

TAXI

Taxistände gibt es am Bahn- und am Busbahnhof sowie in der St. Giles und am Carfax. Alternativ **001 Taxis** (☎ 01865-240000; www.001taxis. com; New Inn Yard, 108 St Aldate's) oder **Oxford Minicab Service** (☎ 01865-987749; www.ox fordminicab.co.uk; 25 Croft Rd) kontaktieren.

RUND UM OXFORD

Ländlichen Charme haben die Dörfer und Städtchen um Oxford reichlich zu bieten. Sie eignen sich für Tagesausflüge oder als Stationen auf dem Weg in die Cotswolds Richtung Westen. Nordwestlich liegt Witney mit seinem schönen Stadtzentrum, aber das Highlight ist das Blenheim Palace (S. 199) in Woodstock, Geburtsstätte von Sir Winston Churchill. Südwestlich von Oxford wartet das Vale of the White Horse mit faszinierenden frühgeschichtlichen Attraktionen auf.

Woodstock

2521 EW.

In den Steinhäusern im schönen Ortskern von Woodstock, durch den eine betuchte Klientel bummelt, sind vorwiegend alte Pubs und Antiquitätenläden zu finden. Die Stadt liegt knapp 13 km nordwestlich von Oxford und spielt seit langem eine Rolle in der Geschichte des Königshauses. Doch der größte Besuchermagnet ist Blenheim Palace, jenes prächtige Barockschloss, in dem Winston Churchill geboren wurde.

⊙ Sehenswertes

★ Blenheim Palace   SCHLOSS

(☎ 01993-810530;   www.blenheimpalace.com;
Woodstock; Erw./Kind 24,90/13,90 £, nur Park &
Gärten 14,90/6,90 £; ⊙ Schloss 10.30–17.30 Uhr,
Park & Gärten 9–18 Uhr; Ⓟ) Blenheim Palace
gehört zu den schönsten Schlössern Großbritanniens. Es ist eine monumentale Ba-
rockphantasie, nach Entwürfen von John
Vanbrugh und Nicholas Hawksmoor zwischen 1705 und 1722 erbaut. Land und Geld
wurden John Churchill, dem Herzog von
Marlborough, von einer dankbaren Königin
Anne nach seinem Sieg über die Franzosen in der Schlacht von Blenheim 1704 ge-
schenkt. Sir Winston Churchill wurde 1874
hier geboren. Derzeit wird Blenheim (sprich
blen-nem), das zum Unesco-Welterbe gehört, vom 12. Herzog von Marlborough bewohnt.

Hinter majestätischen Eichentüren ist
das Schloss angefüllt mit protzigen Möbeln,
schweren Tapisserien, Skulpturen, kostba-
rem Porzellan und gigantischen Ölgemälden in prunkvollen, vergoldeten Rahmen.
Die Besichtigung beginnt in der **Great Hall**,
die eine 20 m hohe Decke hat und mit Bildern vom ersten Herzog von Marlborough
geschmückt ist. Rechts vom Eingang folgt
die **Churchill Exhibition**, eine Ausstellung
zu Leben, Werk, Gemälden und Schrif-
ten von Winston Churchill. Der britische
Premierminister war ein Nachkomme des
Herzogs, ebenso wie Prinzessin Diana, und
wurde auf dem nahe gelegenen Friedhof
Bladon begraben.

Danach kann man auf eigene Faust
durch verschiedene **Prunksäle** schlendern
oder sich einer der kostenlosen 45-minüti-
gen Führungen anschließen, die den ganzen Tag über alle halbe Stunde stattfinden
(außer sonntags; dann befinden sich Führer in allen Sälen). Zu den Highlights gehören die berühmten Blenheim Tapestries,
zehn große Wandteppiche, auf denen die
militärischen Triumphe Marlboroughs dargestellt sind, der State Dining Room mit
Wand- und Deckenbemalung sowie die
prachtvolle Long Library mit einer meis-
terhaften Statue von Queen Anne aus dem
Jahr 1738.

Im ersten Stock erzählt eine geisterhafte
Kammerjungfer die *„Untold Story"*, wozu
sie ihre Gäste durch verschiedene Szenen-
arrangements führt, in denen Ereignisse
aus der Schlossgeschichte nachgestellt sind.
Von Februar bis September finden zusätz-

KELMSCOTT MANOR

Kelmscott Manor (☎ 01367-252486;
www.sal.org.uk/kelmscott-manor; Kelmscott; Erw./Kind 9,50/5 £; ⊙ April–Okt. Mi
& Sa 11–17 Uhr), mitten auf dem Land
32 km westlich von Oxford (bei Faring-
don), ist ein hinreißendes, von Gärten
umgebenes Tudorhaus, das einst
das Sommerhaus von William Morris
(19. Jh.) war, seines Zeichens Dichter,
Künstler und Gründer der Arts-and-
Crafts-Bewegung. Die Innenausstattung
entspricht vollkommen seiner Philoso-
phie, dass man nichts besitzen sollte,
was nicht schön oder nützlich ist. Das
Haus enthält viel persönliche Habe von
Morris sowie Stoffe und Möbel, die von
ihm und seinen Mitstreitern entworfen
wurden.

lich Führungen (Erw./Kind 6/5 £) durch die
Privatgemächer des Herzogs, die Schlafzim-
mer des Schlosses oder die Quartiere der
Bediensteten statt.

Wem der Rummel im Haus zu viel ist, der
kann in die üppigen **Gärten und den Park**
flüchten, der teilweise vom großen Lancelot „Capability" Brown gestaltet wurde.
Eine Minibahn (50 p) bringt die Besucher
zu den Pleasure Gardens mit Eibenlaby-
rinth, Abenteuerspielplatz, Lavendelgarten
und Schmetterlingshaus. Herrliche Wege,
die vorbei an Teichen zu einem Arboretum, einem Rosengarten, einer Kaskade
und einem Tempel sowie zu Vanbrughs
Grand Bridge führen, laden zu einem ausgedehnten, ruhigen Spaziergang ein (bis zu
7 km).

Eintrittskarten können bei der Ankunft
oder online bis zu 24 Stunden im Voraus
erworben werden.

🛏 Schlafen & Essen

★ Glove House   B&B £££

(☎ 01993-813475; www.theglovehouse.co.uk; 24
Oxford St; EZ 155–165, DZ 170–180, Suite 200–
220 £; ☎) Das elegante, 400 Jahre alte Stadthaus wurde luxuriös renoviert, zeigt aber
trotzdem stolz sein ehrwürdiges Alter und
bietet neben drei wunderbar ausgestatteten Zimmern einen herrlichen Garten. Im
wohnzimmerähnlichen Bad der Charlbury
Suite steht eine frei stehende Kupferbadewanne.

La Galleria
ITALIENISCH ££

(☏01993-813381; www.lagalleriawoodstock.com; 2 Market Pl; Hauptgerichte 11–23 £; ⊙Di–So 12–14 & 19–22 Uhr; 🐾) Durch große Fenster strömt Licht in den schlichten Raum des beliebten italienischen Restaurants. Der Gastraum ist mit schweren, drapierten Vorhängen, rosa Tischdecken und Blumen auf jedem Tisch altmodisch eingerichtet. Die überwiegend sardischen Speisen reichen von delikater Pasta und leichten Salaten bis zu perfekt zubereitetem Kalb und Fisch. Von Dienstag bis Samstag gibt es ein günstiges 3-Gänge-Mittagsmenü (14,95 £)

Vale of the White Horse

In dem grünen Tal ca. 32 km südwestlich von Oxford liegt der historische Marktflecken Wantage, der Geburtsort von Alfred dem Großen (899 n. Chr.). Aber die interessantesten Ausflugsziele sind sehr viel älter. Auf dem White Horse Hill etwa 13 km westlich von Wantage gibt es gleich drei Sehenswürdigkeiten: das Uffington White Horse (die älteste Erdzeichnung Großbritanniens), Uffington Castle aus dem 7. Jh. v. Chr. und Wayland's Smithy (ein jungsteinzeitliches Hünengrab).

◉ Sehenswertes

Uffington White Horse
WAHRZEICHEN

(NT; www.nationaltrust.org.uk; White Horse Hill; ⊙Sonnenaufgang–Sonnenuntergang) GRATIS Das stilisierte Bild eines Pferdes gleich unterhalb der höchsten Erhebung in Oxfordshire stammt aus der Bronzezeit und gilt als älteste Erdzeichnung in Großbritannien. Es wurde vor etwa 3000 Jahren durch Ausheben von Gräben geschaffen, die dann mit Kreideblöcken aufgefüllt wurden. Die Einheimischen haben die Zeichnung jahrhundertelang instand gehalten. Vielleicht wurde das Pferd zu Ehren der Götter erschaffen, denn am besten ist es aus der Luft zu erkennen. Vom an der B4507 ausgeschilderten Parkplatz auf dem Hügel aus ist es zu Fuß über einen 800 m langen Feldweg zu erreichen.

Dragon Hill
WAHRZEICHEN

(NT; www.nationaltrust.org.uk; White Horse Hill; ⊙Sonnenaufgang–Sonnenuntergang) GRATIS Der 10 m hohe und oben abgeflachte Hügel erhielt seinen Namen nach dem Glauben der Einheimischen, dass der hl. Georg hier den Drachen tötete. Er befindet sich gleich unterhalb des Uffington White Horse (s. o.), das an der B4507 ausgeschildert ist.

DIE COTSWOLDS

Die Cotswolds erstrecken sich über sechs Grafschaften und erfreuen die Besucher mit goldenen Dörfern, reetgedeckten Häusern, beeindruckenden Kirchen, klapprigen Armenhäusern und altehrwürdigen Villen aus honigfarbenem Sandstein. Wer sich nach freiliegenden Balken, Cream Tea oder Gerichten aus regionalen Produkten sehnt, braucht nicht weiter zu suchen.

Der blühende Wollhandel im Mittelalter brachte den Cotswolds Reichtum und mithin viele wunderbare Gebäude. 1966 wurde sie zur Area of Outstanding Natural Beauty (AONB; „Gebiet von außergewöhnlicher Naturschönheit") erklärt und mit 2046 km² Fläche ist sie nach dem Lake District das zweitgrößte Naturschutzgebiet in England. Obwohl sich die Cotswolds von Chipping Campden im Norden bis nach Bath im Süden ausdehnen, gehört der größte Teil zu Gloucestershire. Über 83 % sind Agrarland, gleichwohl leben rund 139 000 Menschen innerhalb der AONB.

Die sanften, aber durchaus spektakulären Hügel sind zum Wandern, Radfahren und Reiten bestens geeignet. Etliche Fernwanderwege führen durch das Gebiet, insbesondere der 164 km lange Cotswold Way.

Cirencester
16 325 EW.

Das zauberhafte Cirencester (sprich: sai-ren-sester) 24 km südlich von Cheltenham ist die bedeutendste Stadt in den südlichen Cotswolds. Der Ort ist zwar erfrischend unprätentiös, aber dennoch wohlhabend und elegant. Es ist kaum zu glauben, dass Cirencester unter den Römern (die den Ort Corinium nannten) in Sachen Größe und Bedeutung gleich nach London kam. Aus dieser Zeit ist jedoch kaum etwas erhalten. Der mittelalterliche Wollhandel brachte mehr Erfolg: Reiche Kaufleute finanzierten den Bau einer großartigen Kirche.

Heute ist der lebhafte Markt am Montag und Freitag genauso gut besucht wie die labyrinthartigen Antiquitätengeschäfte, teuren Boutiquen und trendigen Feinkostläden in den engen Gassen. Im Herzen der Stadt, der geschäftigen Market St, reihen sich schöne viktorianische Häuser aneinander, während in den umgebenden Straßen eine harmonische Mischung aus Gebäuden unterschiedlicher Epochen zu finden ist.

🔴 Sehenswertes

⭐ Corinium Museum MUSEUM

(📞01285-655611; www.coriniummuseum.org; Park St; Erw./Kind 5,20/2,50 £; ⊙Mo–Sa 10–17, So April–Okt. 14–17 Uhr, Nov.–März bis 16 Uhr; 🚻) Der größte Teil des gut gemachten, modernen Museums ist natürlich der römischen Vergangenheit von Cirencester gewidmet. Rekonstruierte Zimmer, Videos und interaktive Ausstellungsbereiche erwecken die damalige Zeit zum Leben. Highlights sind u. a. die unglaublichen Bodenmosaiken (darunter ein Mosaik aus dem 4. Jh., das den mythischen Musiker Orpheus bei der Bezauberung von Tieren zeigt) und die Jupiter-Säule aus dem 2. Jh., ein Kapitell mit Reliefs, die Bacchus und seine betrunkenen Kumpane darstellen. Außerdem gibt es eine hervorragende angelsächsische Abteilung sowie Exponate über das mittelalterliche Cirencester und den blühenden Wollhandel der Stadt.

St. John the Baptist's Church KIRCHE

(📞01285-659317; www.cirenparish.co.uk; Market Sq; ⊙10–16 Uhr) Die kathedralenartige Kirche, mit deren Bau 1100 begonnen wurde, ist eine der größten Gemeindekirchen Englands. Sie besitzt einen herausragenden spätgotischen Turm mit Strebebögen (ca. 1400) und eine majestätische, dreistöckige Vorhalle an der Südseite, die Ende des 15. Jhs. als Arbeitsraum für die Äbte gebaut wurde und später als Rathaus diente. Hohe Bögen und ein prachtvolles Fächergewölbe prägen das lichtdurchflutete Kirchenschiff aus der Tudorzeit. Ein Mauertresor zeigt den **Boleyn-Kelch**, der 1535 für Anne Boleyn gefertigt wurde.

🛏️ Schlafen

⭐ No 12 B&B ££

(📞01285-640232; www.no12cirencester.co.uk; 12 Park St; DZ/Suite 130/150 £; 🅿🐾) Gastfreundliches georgianisches Stadthaus direkt im Zentrum von Cirencester. No 12 hat vier wunderbare, sehr persönlich wirkende Zimmer, die mit einer geschmackvollen Mischung aus antiken und modernen Möbeln ganz ohne Schnickschnack eingerichtet sind. Das romantische Zimmer Nr. 1 verfügt über eine Badewanne direkt im Raum, die Suite geht auf den schönen Garten hinaus und in allen Zimmern gibt es Massen von Federkissen, extralange Betten und schicke, moderne Badezimmer.

Kings Head LUXUSHOTEL £££

(📞01285-700900; www.kingsheadhotel.co.uk; 24 Market Pl; DZ/Suite ab 125/300 £; 🐾🚻🍴) Das vornehme Hotel gegenüber der Kirche von Cirencester bietet nach einer aufwendigen Renovierung hervorragenden Service und stilvoll eingerichtete Zimmer hinter einer Fassade aus dem 19. Jh. Zwischen den Originalbalken, roten Backsteinwänden und Holzverkleidung prangen Nespresso-Maschinen und Apple-Fernseher. Die Standardzimmer sind angenehm modern und komfortabel und Suite 103 glänzt mit einer frei stehenden Kupferbadewanne. Weitere Annehmlichkeiten: dezenter Wellnessbereich, gemütliche Bar und schickes **Restaurant** (📞01285-700900; www.kingsheadhotel.co.uk; 24 Market Pl; Hauptgerichte 11–17 £; ⊙ Mo–Sa 7.30–10, 12–14.30 & 18.30–21.30, So 7.30–10.30, 12–16 & 18–21 Uhr).

 Essen

Jack's CAFÉ £

(📞01285-640888; www.facebook.com/jackscoffeecirencester; 44 Black Jack St; Gerichte 4–8 £; ⊙Mo–Sa 9–17, So 11–17 Uhr) Man deckt sich am Tresen am besten mit dem hausgemachten Kuchen, Brownies, *scones* und Haferkeksen ein und setzt sich damit gemütlich in eine der Ecken dieses betriebsamen und bei den Einheimischen beliebten Cafés direkt neben dem Museum. Ansonsten gibt es auch guten Kaffee sowie leckere Suppen, Salate, Sandwiches und andere leichte Mittagsgerichte.

Made by Bob MODERN BRITISCH ££

(📞01285-641818; www.foodmadebybob.com; Corn Hall, 26 Market Pl; Hauptgerichte 10–20 £; ⊙Mo–Do 7.30–10 & 12–17.30, Fr 7.30–10, 12–17 & 19–21, Sa 8–10 & 12–17.30 Uhr) Das Bob, teils Feinkostladen, teils schicke Brasserie, ragt heraus wegen seiner zwanglosen Atmosphäre und seiner raffinierten, innovativen britischen Gerichte, die mit Produkten aus der Region in einer riesigen offenen Küche hergestellt werden. Die Frühstücksauswahl ist hervorragend (Müsli, Avocadomus, englisch), mittags gibt es leichte Imbisse wie Suppen, Salate, Pasta, Risotto und kalte Platten. Keine Reservierung.

Jesse's Bistro MODERN BRITISCH £££

(📞01285-641497; www.jessesbistro.co.uk; The Stableyard, 14 Black Jack St; Hauptgerichte 14,50–24 £; ⊙ Mo 11.45–14.45, Di–Sa 11.45–14.45 & 18.45–21.30, So 11.45–17 Uhr) Das wunderbare, kleine Bistro liegt versteckt in einem kopfsteingepflasterten Stallhof und ist mit Steinfliesen,

OXFORD, COTSWOLDS & UMGEBUNG CIRENCESTER

Die Cotswolds

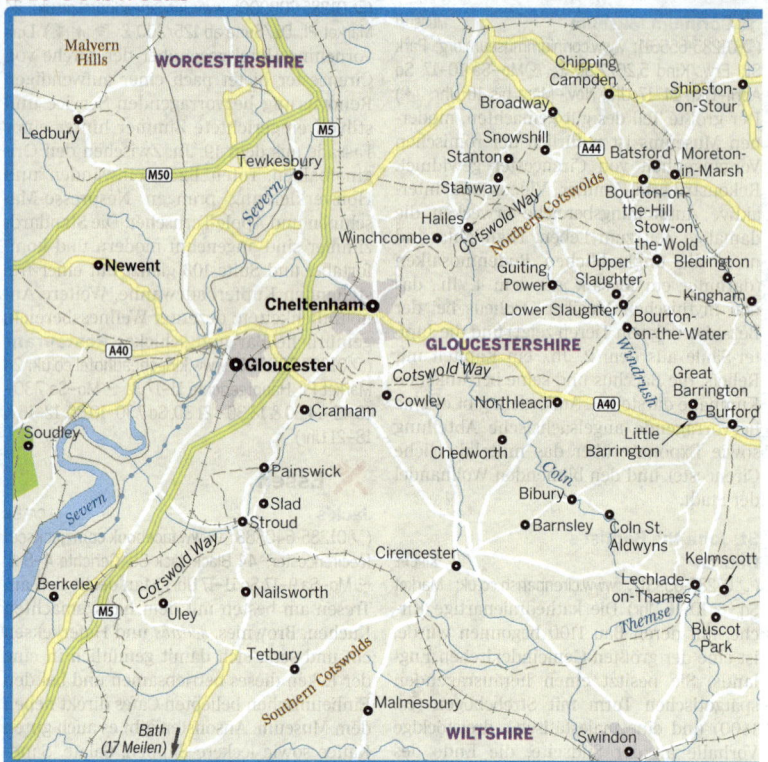

Decken mit Holzbalken und Mosaiktischen ausgestattet. Die köstlichen Gerichte kommen frisch aus der halb offenen Küche und werden aus lokalen, saisonalen Zutaten zubereitet, z. B. kornischer Fisch und Fleisch aus den Cotswolds vom Fleischer nebenan.

🛈 Praktische Informationen

Touristeninformation (☏ 01285-654180; www.cotswolds.com; Corinium Museum, Park St; ◷ Mo–Sa 10–17, So April–Okt. 14–17 Uhr, Nov.–März bis 16 Uhr) Hat ein Faltblatt mit einem ausführlich beschriebenen Stadtrundgang (50 p).

🛈 An- & Weiterreise

Züge verkehren zwischen London Paddington (25 £, 1¾ Std.) und Kemble, 7,2 km südlich von Cirencester.

Stagecoach, Pulhams und Cotswold Green fahren Cirencester an. Die meisten Busse halten vor der Corn Hall am Market Place. Sie befahren folgende Strecken:

Cheltenham (Nr. 51; 3,60 £, 40 Min.)
Gloucester (852; 2,60 £, 1¼ Std.)
Northleach (855; 2,70 £, 20 Min.)
Stroud (Nr. 54/54A; 3,50 £, 40 Min.)
Tetbury (881; 2,50 £, 30 Min.)
National Express (www.nationalexpress.com) Busse nach:
Birmingham (15 £, 2½ Std.)
Leeds (53 £, 6¾ Std.)
London Victoria (13 £, 2½ Std.)
Newcastle-upon-Tyne (60 £, 11 Std.)
Nottingham (28 £, 5¼ Std.)

Bibury
627 EW.

William Morris bezeichnete Bibury einst als das allerschönste Dorf Englands. Mit seinen perfekten Cottages am Fluss und einem

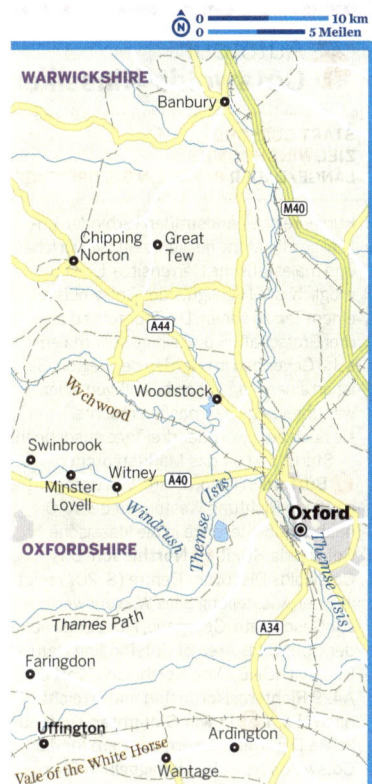

Church of St. Mary the Virgin
KIRCHE

(Church Rd; ⊙10 Uhr–Sonnenuntergang) Die ursprünglich von den Angelsachsen errichtete Dorfkirche wurde im Lauf der Zeit stark verändert, aber zwischen all den Um- und Anbauten aus dem 12., 13. und 15. Jh. sind noch viele Details aus dem 8. Jh. zu sehen. Sie liegt ein Stück abseits der B4425, auf der man von Nordosten ins Dorf hinein fährt.

🛏 Schlafen

New Inn
PUB ££

(✆01285-750651; www.new-inn.co.uk; Main St, Coln St Aldwyns; Zi. mit Frühstück 79–169 £; P 🛜 📶 🐾) Das beliebte, von Jasmin bewachsene New Inn vermietet im Haupthaus mit dem Pub und in einem benachbarten Cottage modern-komfortable Zimmer in 16.-Jh.-Umgebung. Alle 15 Zimmer sind geräumig und stimmungsvoll, in kräftigen Farben gehalten und hübsch möbliert. Es gibt kuschelige Überwürfe, hier und da eine frei stehende Badewanne und Holzbalken. Lage: ca. 3 km südöstlich von Bibury.

⭐ Barnsley House
LUXUSHOTEL £££

(✆01285-740000; www.barnsleyhouse.com; B4425, Barnsley; Zi. mit Frühstück ab 249 £; P 🛜 🐾) In Sachen Luxus und Romantik à la Cotswolds ist das Landhaus von 1697 mit seinem phantastischen Garten einfach unschlagbar. Alle 18 Zimmer sind individuell eingerichtet. Einige muten orientalisch an oder haben eine frei stehende Badewanne im Zimmer mit Blick auf Privatgärten. Andere glänzen eher durch elegantes Understatement. Zum Haus gehören ein Spa, ein beheizter Pool, ein Privatkino, ein Restaurant und ein Pub. Der Service ist hervorragend.

ℹ An- & Weiterreise

Bus 855 von Pulhams fährt montags bis samstags von/nach Cirencester (2,20 £, 15 Min.), Barnsley (1,50 £, 10 Min.) und Northleach (2,20 £, 20 Min.).

Burford

1410 EW.

Das Dorf Burford, 32 km westlich von Oxford, das sich einen steilen Hang hinab bis zu einem mittelalterlichen Übergang über den Fluss Windrush erstreckt, hat sich seit den Glanzzeiten des Wollhandels kaum verändert. Die höchst unterschiedlichen Cottages und die schönen goldgetönten Stadt-

---

Gewirr aus engen und von hübschen Steinhäuschen gesäumten Straßen ist es der Inbegriff eines Cotswolds-Dorfes und entsprechen beliebt bei Besuchern. Es liegt knapp 13 km nordöstlich von Cirencester.

⊙ Sehenswertes

⭐ Arlington Row
STRASSE

Diese pittoreske Häuserzeile (ursprünglich ein Lager für Wolle aus dem 14. Jh., das im 17. Jh. umgebaut wurde) ist die berühmteste Attraktion in Bibury. Ihr gegenüber liegt die Rack Isle, eine Wasserwiese, die heute Naturschutzgebiet ist und damals von den Webern genutzt wurde, um die gewaschene Wolle zum Trocknen aufzuspannen. Die Arlington Row hat schon oft als Filmkulisse (am bekanntesten *Der Sternwanderer*) gedient und gilt als heißer Anwärter auf den Titel der meistfotografierten Straße in Großbritannien.

häuser mit dem ein oder anderen elisabethanischen oder georgianischen Schmuckstück darunter sind ein pittoresker Anblick. Hinzu kommen die gut erhaltene, jahrhundertealte Kirche sowie die zahlreichen ansprechenden Hotels und Restaurants. Kurzum: Burford lohnt einen Besuch. Antiquitätenläden, Teestuben und kleine Fachgeschäfte bieten den vielen Besuchern, die im Sommer hierher kommen, vor allem eines: Nostalgie. Trotz der vielen Touristen sind abseits der Hauptstraße noch ruhige Seitenstraßen zu finden, in denen die Zeit scheinbar stillsteht.

⊙ Sehenswertes

St. John the Baptist's Church
KIRCHE

(www.burfordchurch.org; Church Lane; ⊙ 9–17 Uhr) Die solide Kirche von Burford, mit deren Bau 1175 begonnen wurde und die im Lauf der Jahrhunderte etliche Veränderungen erfuhr, überstand Reformer und Roundheads (Unterstützer des Parlaments gegen den König im englischen Bürgerkrieg). Die Fächergewölbedecke, der normannische Westeingang, der Turm aus dem 15. Jh. und mehrere prächtige Grabmäler blieben unbeschadet. Glücklicherweise auch das makabre Tanfield Tomb von 1625, das ein Adelspaar oben in vollem Staat und unten als Skelette darstellt.

Cotswold Wildlife Park
ZOO

(☎ 01993-823006; www.cotswoldwildlifepark.co.uk; Bradwell Grove; Erw./Kind 15/10 £; ⊙ April–Okt. 10–18 Uhr, Nov.–März bis 17 Uhr, letzter Einlass 1 ½ Stunden vor Schließung; P ♿) ⚑ Ein Besuch in dem stark frequentierten Wildtierpark 5 km südlich von Burford mit einer Fläche von 0,64 km² ist vor allem für jüngere Besucher ein Erlebnis. Hier leben 250 verschiedene Tierarten, z. B. Pinguine, Zebras, Löwen, Rentiere, Otter und gefährdete Breitmaulnashörner. Eine Minibahn macht die Sache noch attraktiver.

🛌 Schlafen & Essen

★ Star Cottage
B&B ££

(☎ 01993-822032; www.burfordbedandbreakfast.co.uk; Meadow Lane, Fulbrook; Zi. 110–125 £, Apt. 115–140 £; 🖧♿) Das wunderbare alte Cotswold-Cottage, 1,6 km nordöstlich von Burford, hat zwei höchst komfortable und stimmungsvolle Zimmer mit Bad und herrlichen Quilt-Vorhängen, die geschmackvoll und kreativ in Blau-, Weiß- und Grautönen

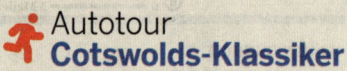

Autotour
Cotswolds-Klassiker

START BURFORD
ZIEL WINCHCOMBE
LÄNGE/DAUER 87 KM; EIN BIS DREI TAGE

Kurvenreiche Landstraßen verbinden unzählige alte Marktflecken, zeitlose Dörfchen und majestätische Herrensitze. Es ist unmöglich, alle Highlights der Cotswolds an einem Tag zu sehen. Die Tour führt durch drei Grafschaften und einige sehr malerische Gegenden im Norden der Region. Sie ist an einem Tag gut zu bewältigen, aber wer unterwegs haltmachen möchte, kann sie auch auf zwei oder drei Tage ausdehnen.

Startpunkt ist das Marktstädtchen ❶ **Burford** in Oxfordshire. Von dort geht es 16 km Richtung Westen auf der A40 nach Gloucestershire in die klassische Cotswolds-Stadt ❷ **Northleach**. Das Cotswolds Discovery Centre (S. 207) zeigt in einer Ausstellung alles Wissenswerte zur Geschichte, Geografie, Flora und Fauna der Cotswolds Area of Outstanding Natural Beauty (AONB). Von Northleach führt die A429 Richtung Nordosten und erreicht nach 11 km ❸ **Lower Slaughter**, ein friedliches Dorf mit Häusern aus dem für die Cotswolds typischen honiggelben Stein. Wer mag, spaziert die eineinhalb Kilometer nordwestlich bis ❹ **Upper Slaughter**. Dieses Schwesterdorf ist weniger besucht, aber wegen der Lage zwischen einer kleinen Furt und den Hügeln nicht weniger hübsch. Bei rechtzeitiger Reservierung kann man im Sternerestaurant Lords of the Manor (S.206) auch zu Mittag essen.

Nun geht's auf der A429 knapp 5 km Richtung Norden nach ❺ **Stow-on-the-Wold**, mit 244 m der höchstgelegene Cotswold-Ort und seit dem 12. Jh. Marktstadt. Nach einer Runde um den Marktplatz geht es auf der A429 weiter nach Norden. Nach gut 7 km ist das geschäftige ❻ **Moreton-in-Marsh** erreicht. Hier gibt es dienstags einen Wochenmarkt und ausgezeichnete Lebensmittelläden.

Nach 5 km westwärts auf der A44 kommt das winzige ❼ **Bourton-on-the-Hill** mit schönen Cottages aus dem 17. und 18. Jh. Im Horse & Groom (S. 210) lässt sich gut eine Mittagspause einlegen. Zwei Dinge haben das Dorf bekannt gemacht: ein Käfig, in dem im 19. Jh. die Leichen von

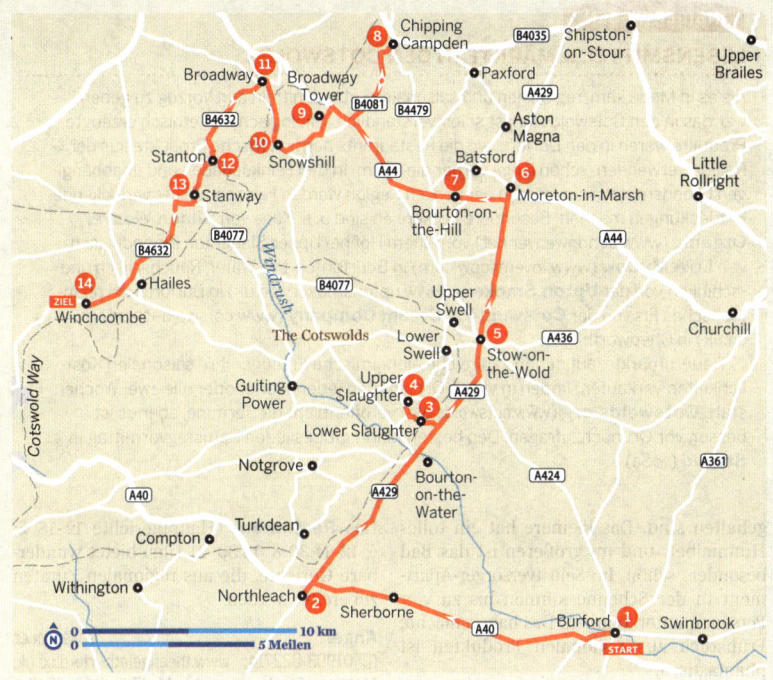

Wegelagerern zur Abschreckung ausgestellt wurden, und das Pferdetraining. Im Umland liegen mehrere Gestüte.

Auf der Weiterfahrt auf der A44 zweigt nach knapp 5 km rechts die B4081 nach **8 Chipping Campden** ab, einem der idyllischsten Orte in den Cotswolds. Sehenswert sind die **St. James' Church** (S. 211) aus dem 15. Jh. und die Gebäude an der High Street. Dann geht es zurück auf die A44 in den Worcestershire-Teil der Cotswolds nach Nordwesten und nach 1,5 km an der ausgeschilderten Abzweigung zum **9 Broadway Tower** (www.broadwaytower.co.uk), einer gotischen Kuriosität aus dem 18. Jh.

1,5 km nach dem Broadway Tower in Richtung Süden an der Kreuzung rechts abbiegen und den Schildern weitere 1,5 km ins niedliche Dorf **10 Snowshill** folgen. Im Juni oder Juli blühen überall in der Gegend herrliche Lavendelwiesen. Ab Snowshill geht es 4 km nach Norden weiter nach **11 Broadway**. Hier folgt man zunächst der Hauptstraße und biegt dann auf die B4632, um südwestwärts Richtung Cheltenham zu fahren.

Nach 5 km zweigt links (nach Osten) eine Straße nach **12 Stanton** ab. Idyllische Häuser aus Cotswolds-Stein – und kein Laden

oder niedlicher Teesalon weit und breit. Ins Auge fallen das jakobinische **Stanton Court** und der schöne, spätgotische Turm der **St. Michael & All Angels' Church**, die einen fabelhaften mittelalterlichen Innenraum hat.

Meist begegnet man hier Wanderern, die auf dem Cotswold Way Richtung Süden nach **13 Stanway** unterwegs sind, das etwa 1,5 km weiter südlich liegt. Weiter geht es auf der schmalen Straße parallel zum Wanderweg. Das idyllische Stanway besteht aus nicht mehr als ein paar Reetdachhäuschen, einer Kirche und dem Stanway House (www.stanwayfountain.co.uk), einem jakobinischen Herrenhaus hinter einem Tor mit drei Giebeln. In seinem barocken Wassergarten befindet sich die höchste Fontäne Großbritanniens.

Hinter Stanway geht's rechts (westlich) auf die B4077 und dann links (südwestlich) zurück auf die B4632. Nächste Station ist **14 Winchcombe**, eine alte angelsächsische Stadt. Sie ist beliebt bei Wanderern und hat gute Unterkünfte und Restaurants, z. B. das 5 North St (S. 214). Hier zu übernachten ist empfehlenswert, etwa um am nächsten Morgen Sudeley Castle (S. 213) zu besichtigen. Sonst geht's auf der B4632 13 km weiter Richtung Südwesten nach Cheltenham.

INSIDERWISSEN

LEBENSMITTEL & MÄRKTE IN DEN COTSWOLDS

Als es in Mode kam, regionalen und saisonalen Lebensmitteln den Vorzug zu geben, war das in den Cotswolds längst selbstverständlich. Ökologisch und ethisch erzeugte Produkte waren in den Dörfern, wo die Restaurants herrlich frische Produkte aus der Region verwenden, schon lange vorher die Norm. In den Feinkostläden und unabhängigen Lebensmittelgeschäften in der ganzen Region werden Feinschmecker verlockende Entdeckungen machen. Besondere Leckereien sind u. a. Käse von **Simon Weaver Organic** (www.simonweaver.net) von einem Hof bei Upper Slaughter, Biorindfleisch von **LoveMyCow** (www.lovemycow.com) in Bourton-on-the-Water, Räucherfisch und -schinken von der **Upton Smokery** (www.uptonsmokery.co.uk) in Burford und phantastisches Eis von der **Cotswold Ice Cream Company** (www.cotswold-icecream.co.uk) in Chedworth.

Bauernmärkte, auf denen zahlreiche einheimische Erzeuger ihre saisonalen Köstlichkeiten verkaufen, finden in vielen Ortschaften jeden Monat oder alle zwei Wochen statt. **Cotswolds.org** (www.cotswolds.org) veröffentlicht die Termine, aber es ist besser, vor Ort nachzufragen. Den besten Markt gibt es jeden Samstagvormittag in **Stroud** (⏲Sa).

gehalten sind. Das kleinere hat ein tolles Himmelbett und im größeren ist das Bad besonders schön. Im Selbstversorger-Apartment in der Scheune können bis zu vier Personen unterkommen. Das hausgemachte Frühstück aus regionalen Produkten ist phantastisch.

Swan Inn PUB ££

(☎01993-823339; www.theswanswinbrook.co.uk; Swinbrook; EZ 90–100 £, DZ 125–150 £, Suite 195 £, alle mit Frühstück; [P][WLAN][Kinder]) Das Swan liegt 4,8 km östlich von Burford direkt am Fluss Windrush im kleinen Dorf Swinbrook. Das ganz in Pastelltönen mit einzelnen Farbtupfern gehaltene Anwesen bietet angenehmen Landkomfort. Die sechs elegant-gemütlichen Zimmer im ehemaligen Stall haben Ausblick auf Haine. Außerdem gibt es im Obergeschoss eine Suite mit Dachschrägen (ideal für Familien). Die fünf schönen Zimmer im neueren Cottage am Fluss sind etwas moderner eingerichtet. Weiteres Plus: ein hervorragendes **Restaurant** (☎01993-823339; Hauptgerichte 15–20 £; ⏲12–14 & 19–21 Uhr; [P]).

Bull HOTEL ££

(☎01993-822220; www.bullatburford.co.uk; 105 High St; EZ 70–120 £, DZ 75–180 £, alle mit Frühstück; [P][WLAN]) Wer in der umgebauten Poststation aus dem 15. Jh. nächtigt, wandelt auf den Spuren illustrer Gäste wie Karl II. und Horatio Nelson. Die vornehmeren Zimmer haben Himmelbetten, geblümte Stoffe und antikes Mobiliar, aber alle Zimmer zeichnen sich durch den Charme alter Zeiten aus. Das **Restaurant** (Hauptgerichte 12–18 £; ⏲12–14.30 & 18.30–21 Uhr) bietet wunderbare Gerichte, die aus regionalen Zutaten zubereitet werden.

Angel PUBESSEN ££

(☎01993-822714; www.theangelatburford.co.uk; 14 Witney St; Hauptgerichte 14–17 £; ⏲12–22 Uhr; [WLAN][vegetarisch][Kinder]) Das stilvoll aufgemöbelte Pub in einer ehemaligen Poststation aus dem 16. Jh. serviert leckere, modern britische Küche mit raffiniert gewürzten Hautgerichten und „Pubklassikern". Im Winter essen die Gäste am prasselnden Kaminfeuer und in kuscheligen Nischen, im Sommer draußen im hübschen ummauerten Garten. Oben gibt es drei gemütliche Zimmer (110–130 £).

ℹ Praktische Informationen

Touristeninformation (☎01993-823558; www.oxfordshirecotswolds.org; 33a High St; ⏲Mo–Sa 9.30–17, So 10–16 Uhr). Infos zu Spaziergängen.

ℹ An- & Weiterreise

Die Busse von Stagecoach und Swanbrook fahren ab/bis Burford. Die meisten Busse halten in der High Street oder der Sheep Street. Verbindungen u. a. nach:

Cheltenham (853; 4,20 £, 45 Min.)
Gloucester (853; 5,50 £, 1¼ Std.)
Oxford (853; 3,80 £, 45 Min.)
Minster Lovell (233/853; 1,80 £, 10–20 Min.)
Witney (233/853; 3,20 £, 19 Min.)
Woodstock (233; 4 £, 1 Std.)

Minster Lovell

1236 EW.

Minster Lovell liegt an einem sanften Hang am mäandernden Fluss Windrush. Das romantische Dorf mit steinernen, reetgedeckten Cottages, einem alten Pub und einer Mühle am Fluss hat sich seit dem Mittelalter kaum verändert. William Morris liebte den ruhigen mit Blumen übersäten Weiler. Er liegt 29 km westlich von Oxford und besteht aus zwei Teilen: Old Minster, das im Domesday Book (1086) verzeichnet ist, und das neuere (allerdings nicht so reizvolle) Minster Lovell auf der anderen Flussseite.

◉ Sehenswertes

Minster Lovell Hall   HISTORISCHES GEBÄUDE
(EH; www.english-heritage.org.uk; Old Minster; ⊘24 Std.) GRATIS Die Hauptsehenswürdigkeit in Old Minster ist die am Fluss gelegene Minster Lovell Hall, ein Herrenhaus aus dem 15. Jh., das einst der Viscount Francis Lovell bewohnte. Das seit 1747 unbewohnte Haus ist eine Ruine, aber man kann durch die gewölbte Vorhalle gehen und hinter den geschwärzten Mauern in die dachlose Great Hall, auf den Innenhof und den verfallenen Turm gucken, während der Wind schaurig durch die Fensterhöhlen pfeift. Der Weg dorthin führt durch die Kirchengärten im Ostteil von Old Minster.

🛏 Schlafen & Essen

Old Swan & Minster Mill   LUXUSHOTEL **£££**
(☎01993-774441; www.oldswanandminstermill.com; Old Minster; Zi./Suite mit Frühstück ab 125/295 £; P🅿🚻♿🐾) ✏ Das luxuriöse, vorwiegend mit Wasserkraft betriebene Anwesen bietet 14 zauberhafte, im historischen Stil gehaltene Zimmer in einem 600 Jahre alten Pub und 39 modern-schicke Zimmer in einer umgebauten Mühle aus dem 19. Jh. Die idyllisch am Fluss gelegene Mühle bietet Wellnessbehandlungen, Tennisplätze und Feuerstellen. Das Old Swan serviert exzellentes Gastropub-Essen (Hauptgerichte 12 bis 20 £, Öffnungszeiten 12.30 bis 15 und 18.30 bis 21 Uhr); z. B. leichte Pastagerichte, frischen Fisch, abends Wild und mittags Sandwiches.

❶ An- & Weiterreise

Die Busse von Stagecoach und/oder Swanbrook fahren zu folgenden Zielorten:
Burford (233/853; 1,70 £, 10–20 Min.)
Cheltenham (853; 5,10 £, 50 Min.)

Gloucester (853; 6,20 £, 1 ¼ Std.)
Oxford (S2/853; 4 £, 1 Std.)
Witney (233/S2/853; 2,70 £, 7–30 Min.)

Northleach

1923 EW.

Das kaum besuchte und wenig gewürdigte Northleach existiert seit 1227. Es ist eine kleine Marktstadt mit spätmittelalterlichen Cottages, stattlichen Kaufmannsläden und Fachwerkhäusern aus der Tudorzeit. Eine wunderbare Mischung architektonischer Stile findet sich rund um den Marktplatz und in den engen Gassen drumherum. Northleach liegt 22,5 km südöstlich von Cheltenham.

◉ Sehenswertes

Chedworth Roman Villa   AUSGRABUNGSSTÄTTE
(NT; ☎01242-890256; www.nationaltrust.org.uk; Yanworth; Erw./Kind 9/4,50 £; ⊘März–Okt. 10–15, Feb. & Nov. bis 16 Uhr; P) Die weitläufigen Ruinen, die 1864 von einem Wildhüter auf der Pirsch entdeckt wurden, sind die Überreste einer der größten und vornehmsten römischen Villen in England. Der älteste Teil stammt aus dem Jahr 175 n. Chr. Es wird angenommen, dass die Villa zu ihren Glanzzeiten um 362 mit zwei Badehäusern, einem Wasserschrein und einem Speiseraum mit Fußbodenheizung ausgestattet war. Besonders sehenswert sind die gut erhaltenen Mosaike. Wer Details erfahren möchte, schließt sich einer der 45-minütigen, kostenlosen Führungen an. Die Ausgrabungsstätte liegt gut 7 km westlich von Northleach und ist ab der A429 ausgeschildert.

Church of St. Peter & St. Paul   KIRCHE
(www.northleach.org; Church Walk; ⊘9–17 Uhr) Die Pracht und Vielfalt dieses Meisterwerks des spätgotischen Stils in den Cotswolds ist ein Zeugnis des Reichtums aus dem Wollhandel. Der Altarraum und der 30 m hohe Turm stammen aus dem 14. Jh., aber der Rest wurde zu Zeiten des Wollbooms im 15. Jh. umfassend umgebaut. Ein modernes Highlight ist das Buntglasfenster von 1964 hinter dem Altar, das Christus auf dem Thron darstellt. Zu den älteren Schätzen gehört ein Taufbecken aus dem 14. Jh.

**Cotswolds
Discovery Centre**   BESUCHERZENTRUM
(Escape to the Cotswolds; www.cotswoldsaonb. co.uk; A429; ⊘9.30–16.30 Uhr; P🖂) GRATIS Das offizielle Besucherzentrum für die Cots-

ABSTECHER

DAYLESFORD ORGANIC

Daylesford Organic (☎01608-731700; www.daylesford.com; Daylesford; ◷ Mo–Mi 8–17, Do–Sa 8–20, So 10–16 Uhr) ist eine der Säulen der Bio-Bewegung in den Cotswolds. Der einstige Familienhof hat sich über 35 Jahre hinweg zu einem expandierenden, preisgekrönten Landwirtschaftsbetrieb für nachhaltigen biologischen Anbau entwickelt. Die grandiose Verkaufshalle ist von oben bis unten mit den Erzeugnissen der Marke Daylesford angefüllt. Im ausgezeichneten (allerdings teuren) Café-Restaurant werden täglich wechselnde Bio-Gerichte (7 bis 17 £) serviert. Außerdem gibt es noch ein Luxus-Spa und eine schicke Boutique. Die Anlage liegt 6,4 km östlich von Stow-on-the-Wold.

wolds Area of Outstanding Natural Beauty (AONB) befindet sich im Old Prison (altes Gefängnis) und erläutert in Ausstellungen Geschichte, Ökologie, Traditionen und Attraktionen der Gegend. Es gibt hier auch ein gemütliches Café und im hinteren Hof eine Sammlung landwirtschaftlicher Fuhrwerke.

🛏 Schlafen & Essen

⭐**Wheatsheaf** BOUTIQUEHOTEL **£££**
(☎01451-860244; www.cotswoldswheatsheaf.com; West End; Zi. mit Frühstück 123–255 £, P 🛜 ♿ 🐾) Die 14 unterschiedlichen Zimmer in der ehemaligen Poststation verbinden historische Details, z. B. frei stehende Badewannen, mit modernem Komfort, wie Powerduschen, Bio-Toilettenartikel und Dekor im Landhausstil. Das äußerst beliebte **Restaurant** (Hauptgerichte 14–27 £; ◷ Mo–Do & So 8–10, 12–15 & 18–21, Fr & Sa bis 22 Uhr; P 🛜 ♿) im Erdgeschoss serviert saisonale britische Küche mit modernem Einschlag.

❶ An- & Weiterreise

Busverbindungen mit Swanbrook oder Pulhams bestehen mit folgenden Orten:
Burford (853; 2,20 £, 15 Min.)
Cheltenham (801/853; 2,70 £, 30 Min.)
Cirencester (855; 2,70 £, 20 Min.)
Gloucester (853; 3,30 £, 1 Std.)
Moreton-in-Marsh (801; 2,20 £, 44 Min.)
Oxford (853; 6,60 £, 1 Std.)

Die Slaughters

400 EW.

Die Bilderbuchdörfer Upper und Lower Slaughter 5,6 km südwestlich von Stow-on-the-Wold haben ihren gemächlichen, mittelalterlichen Charme trotz Besucherandrang bewahrt. Ihr Name hat nichts mit Schlachthäusern zu tun, sondern kommt von dem altenglischen *sloughtre*, was „schlammiger Ort" bedeutet. Heute ist der Fluss Eye von Kalksteinufer eingefasst und mäandert friedlich durch die beiden Dörfer, an klassischen honigfarbenen Cotswolds-Häusern und dem Slaughters Manor House aus dem 17. Jh. (jetzt ein vornehmes Hotel) vorbei.

🛏 Schlafen & Essen

Lords of the Manor MODERN BRITISCH **£££**
(☎01451-820243; www.lordsofthemanor.com; Upper Slaughter; 3-Gänge-Abendmenü 72,50 £; ◷ Sa & So 12–13.30, tgl. 18.45–21 Uhr; P) Dieses romantische Restaurant mit Michelin-Stern in einem herrlichen Landhaus serviert phantasievolle, wunderbar präsentierte Gerichte mit französischer Note, weitgehend zubereitet aus den Qualitätsprodukten der Region, und nachmittags beliebte Teespezialitäten. Außerdem gibt es 26 gemütliche **Zimmer** (mit Frühstück 150–465 £; P 🛜 🐾). Im Voraus buchen.

❶ An- & Weiterreise

Da in den Slaughters keine Busse fahren dürfen, ist ein eigenes Auto ratsam (es sei denn, man trampt).

Stow-on-the-Wold

2042 EW.

Stow ist der höchstgelegene Ort in den Cotswolds (244 m) und liegt 7,2 km südlich von Moreton-in-Marsh. Er hat einen großen Marktplatz im Zentrum, der von schönen Häusern umgeben ist und auf die Viehtriebgassen (mit Mauern) zulaufen, durch die Schafherden zum Markt geführt wurden. In der Vergangenheit war Stow wegen seiner Lage an der Römerstraße Fosse Way (heute die A429) ein strategisch wichtiger Ort in den Cotswolds, an dem sich noch sechs weitere Straßen kreuzten. Heute ist er noch immer ein Handelsplatz, bekannt für seinen zweimal jährlich stattfindenden Pferdemarkt. Dank seiner Marktstadtatmosphäre lockt der malerische Ort auf dem Hügel aber auch zu anderen Zeiten viele Besucher an.

⊙ Sehenswertes

Cotswold Farm Park
ZOO

(☎01451-850307; www.cotswoldfarmpark.co.uk; Guiting Power; Erw./Kind 10,50/9,50 £; ⊙Mitte Feb.–Okt. 10.30–17 Uhr, Nov.–Mitte Dez. bis 16.30 Uhr; 🅿🚻) ⊘ Der im Besitz von Fernsehmoderator Adam Henson befindliche Cotswold Farm Park soll einerseits Kindern die Welt der bäuerlichen Nutztiere nahe bringen und andererseits seltene Zuchttiere wie die Exmoor-Ponys und die Cotswold-Schafe erhalten. Es gibt Melkvorführungen, Lämmerfütterungen, einen Abenteuerspielplatz, einen 3,2 km langen Tierbeobachtungsweg und Fahrten mit einem Pedaltraktor. Der Park liegt knapp 10 km westlich von Stow-on-the-Wold und ist an der B4077 und B4068 ausgeschildert.

🛏 Schlafen & Essen

King's Head Inn
PUB ££

(☎01608-658365; www.thekingsheadinn.net; The Green, Bledington; EZ 75–100 £, DZ 100–130 £, alle mit Frühstück; 🅿🛜) Dieses stilvoll renovierte Cider House aus dem 15. Jh, 6,2 km südöstlich von Stow, liegt an einem friedvollen Dorfanger. Hier sind Altes und Neues perfekt miteinander verwoben. Es gibt zwölf dezent luxuriöse und individuell gestaltete Zimmer sowie ein gutes Restaurant (Hauptgerichte 12–18 £; ⊙Mo–Sa 12–14 & 18.30–21, So 12–15 & 18.30–21 Uhr; 🅿🍽) ⊘. Die Zimmer im ursprünglichen Gebäude versprühen einen heimeligen Charme (freiliegende Balken, Läufer mit Karomuster). Die sechs ruhige-

---

ABSTECHER

COTSWOLDS DISTILLERY

Die ambitionierte, umweltbewusste **Cotswolds Distillery** (☎01608-238533; www.cotswoldsdistillery.com; Phillip's Field, Whichford Road, Stourton; Führung ohne/mit Probe 6/10 £; ⊙Führungen Mo–Sa 11 & 14 Uhr, Laden 9–17, So 11–16 Uhr) produziert seit 2014 Gin und Whisky. Sie liegt im Norden der Cotswolds 11 km nördlich von Chipping Norton. Wer mag, schließt sich einer Führung an und erfährt alles über die Produktion der Schnäpse mit dem köstlichen Cotswolds-Aroma. Bei einer Probe kann man sich dann selbst einen Eindruck verschaffen. Im Voraus buchen.

---

ren Zimmer im Hof sind modern und luxuriöser und mit Powerduschen und Nespresso-Maschinen ausgestattet.

Old Stocks Inn
BOUTIQUEHOTEL £££

(☎01451-830666; www.oldstocksinn.com; Market Sq; Zi. 139–279 £; 🛜🚻🐾) Das direkt am Marktplatz von Stow gelegene Gasthaus aus dem 17. Jh. ist von Grund auf renoviert worden und präsentiert sich jetzt in frischem Glanz. Die Mischung aus Charme vergangener Zeiten (freiliegende Balken, schmale Treppen) und modernem Komfort (Kaffeekapselmaschinen, Telefone im Retro-Look) ist gelungen. Zur Einrichtung gehören Stoffe in Weiß- und Türkistönen sowie gemusterte Kissen. Die günstigsten Zimmer sind lauschige Mansarden mit Dachschrägen und die „großen" Zimmer sind üppiger und mit Löwenfußbadewannen ausgestattet.

❶ An- & Weiterreise

Pulhamsbusse fahren montags bis samstags zu folgenden Orten:
Cheltenham (801; 3 £, 1¼ Std.)
Moreton-in-Marsh (801; 1,70 £, 10 Min.)
Northleach (801; 2,10 £, 30 Min.)

Chipping Norton

6300 EW.

Das schöne hügelige Städtchen Chipping Norton („Chippy" unter Einheimischen) wird oft übersehen. Es hat viele stille Seitenstraßen, eine elegante Kirche aus der Wollhandelszeit und ist nicht so überlaufen wie andere Orte in den Cotswolds. Schöne georgianische Häuser, alte Poststationen und das mit Säulen geschmückte Rathaus aus dem 19. Jh. säumen den Marktplatz und in der Church Street steht eine Reihe honiggelber Armenhäuser aus dem 17. Jh.

⊙ Sehenswertes

St. Mary's Church
KIRCHE

(☎01608-646202; www.stmaryscnorton.com; Church St; ⊙10 Uhr–Sonnenuntergang) Die etwas abgelegene Kirche mit einem prachtvollen spätgotischen Schiff und Fenstergeschoss, mehreren Alabastergräbern und gerillten, diamantförmigen Säulen ist eine typische Cotswolder Wollkirche. Ein Großteil wurde erst 1448 gebaut, aber zwei Bögen im Altarraum stammen aus dem Jahr 1200. Die im 15. Jh. angefertigten Schnitzereien an den Deckenbossen im sechseckigen Vorraum zeigen u. a. ein Schaf, das einen Wolf überwältigt, und den Grünen Mann. Diese Fabelgestalt ist wahrscheinlich heidnischen Ursprungs, aber in vielen britischen Kirchen zu finden.

 Essen

Wild Thyme   MODERN BRITISCH **£**
(☎01608-645060; www.wildthymerestaurant.co.uk; 10 New St; Hauptgerichte 18–20 £, 2-/3-Gänge-Menü ab 20/25 £; ☺Di & Mi 19–21, Do 12–14 & 19–21, Fr & Sa 12–14 & 18.30–21.30 Uhr) Das Wild Thyme, ein kleines „Restaurant mit Zimmern", erfreut die Gaumen seiner Besucher mit erstklassigen kreativen Gerichten wie z. B. Spargel mit Ziegenkäse-Risotto oder gedämpfter Glattbutt mit Schellfisch-Ravioli. Die Desserts – vom Apple Crumble bis hin zu Platten mit Schokoladenspezialitäten – sind einfach himmlisch. Im Obergeschoss verstecken sich drei supergemütliche **Zimmer** mit pastellfarbenen Wänden (EZ 65–75 £, DZ 75–85 £; ☎).

Shoppen

★ Jaffé & Neale Bookshop Cafe   BÜCHER
(☎01608-641033; www.jaffeandneale.co.uk; 1 Middle Row; ☺Mo–Sa 9.30–17.30, So 11–17 Uhr;☎) Der tolle Buchladen kredenzt köstlichen Kuchen und Kaffee an kleinen Tischen, die zwischen den Bücherregalen stehen, und im gemütlichen Leseraum mit Sofas im Obergeschoss.

❶ An- & Weiterreise

Stagecoach- und/oder Pulhamsbusse fahren zu folgenden Zielorten:

Oxford (S3; 4,60 £, 1 Std.)
Stratford-upon-Avon (50; 5,85 £, 50 Min.)
Witney (X9; 3,90 £, 40 Min.)
Woodstock (S3; 4 £, 20 Min.)

Moreton-in-Marsh

3493 EW.

In Moreton-in-Marsh stehen ein paar schöne Häuser aus dem 17. und 18. Jh., aber der Verkehr, der die breite High Street (A429, über die Römerstraße Fosse Way gebaut) verstopft, ist heftig. Der Ort ist ein Verkehrsknotenpunkt und bekannt für exzellente Lebensmittelläden, die Erzeugnisse aus den Cotswolds führen. Dienstags ist mächtig was los, denn da ist Wochenmarkt. Moreton liegt 7,2 km nördlich von Stow-on-the-Wold.

◉ Sehenswertes

★ Cotswold Falconry Centre   VOGELPARK
(☎01386-701043; www.cotswold-falconry.co.uk; Batsford Park; Erw./Kind 10/5 £; ☺Mitte Feb.–Mitte Nov. 10.30–17 Uhr; ℗) Der spektakuläre Vogelpark mit über 150 Greifvogelarten (Eulen, Geier, Adler und natürlich Falken) veranstaltet täglich um 11.30, 13.30 und 15 Uhr (von April bis Oktober auch um 16.30 Uhr) Falknerei-Vorführungen. Die Vögel fliegen am besten an windigen Tagen. Weitere Angebote zur Vogelbeobachtung in kundiger Begleitung ab 40 £, z. B. der einstündige „Flying Start", bei dem die Besucher selbst Falken fliegen lassen können.

Batsford Arboretum   PARK
(☎01386-701441; www.batsarb.co.uk; Batsford Park; Erw./Kind 7,20/3,15 £; ☺Mo–Sa 9–17, So 10–17 Uhr; ℗🐾) ❀ Der von Bertie Mitford (Lord Redesdale) 1880 angelegte exotische Waldpark mit einer Fläche von 22 ha besteht aus rund 1600 beschrifteten Baumarten, Bambussen und Sträuchern aus Nepal, China, Japan und Nordamerika. Viele davon sind selten oder gefährdet oder wurden bereits vor dem Ersten Weltkrieg gepflanzt. Zu den Highlights gehören riesige amerikanische Rotholzbäume, japanische Kirschbäume (am schönsten im Frühjahr), ein riesiger Taschentuchbaum und die „Kathedralen-Linde", die tatsächlich Ähnlichkeit mit einer Kirche hat.

🛏 Schlafen & Essen

White Hart Royal Hotel   HOTEL **££**
(☎01608-650731; www.whitehartroyal.co.uk; High St; EZ/DZ mit Frühstück ab 75/95 £; ℗☎) Das „Royal" im Namen bezieht sich darauf, dass hier während des Bürgerkriegs Karl I. nächtigte. Auch wenn er nicht in den Genuss von iPod-Stationen, Flachbildschirm-TVs und Zimmern mit Bad kam, in die knarzigen Fachwerkflure hat er auf jeden Fall seinen Fuß gesetzt. Die Standardzimmer sind zwar nicht besonders stilvoll, aber gemütlich und gut ausgestattet. Das Restaurant unten im Haus (Hauptgerichte von 12 bis 20 £, Öffnungszeiten Montag bis Samstag 18 bis 21, Sonntag 12 bis 14 und 18 bis 21 Uhr) besitzt viel Charme.

★ Horse & Groom   PUBESSEN **££**
(☎01386-700413; www.horseandgroom.info; Bourton-on-the-Hill; Hauptgerichte 12,50–21,50 £; ☺tgl. 12–14, Mo–Sa 19–21 Uhr; ℗☎) ❀ Das quirlige, zwanglose Pub, gut 3 km westlich von More-

ton-in-Marsh, zeichnet sich durch gehobene Landküche mit einheimischem Lamm, Rind und Gemüse sowie schmackhaften Fischgerichten aus. Was es jeweils gibt, steht in bunter Kreide auf einer großen Tafel in der Bar. Es wird regelmäßig von betuchten Gutsherrengestalten aufgesucht. Im Obergeschoss werden auch fünf schicke Zimmer (EZ 80 £, DZ 120 bis 170 £) vermietet.

An- & Weiterreise

BUS

Montags bis samstags fahren Busse von Pulhams, Stagecoach und/oder Johnsons Excelbus zu folgenden Zielorten:
Broadway (21/22; 3,20 £, 30 Min.)
Cheltenham (801; 3,30 £, 1½ Std.)
Chipping Campden (21/22; 3,20 £, 50 Min.)
Cirencester (855; 2,70 £, 1 Std.)
Northleach (855; 2,20 £, 40 Min.)
Stow-on-the-Wold (801; 1,70 £, 10 Min.)
Stratford-upon-Avon (21/22/23/50, 5,85 £, 1 Std.)

ZUG

Der Bahnhof liegt im nördlichen Teil der Stadt nahe der Hight Street; es bestehen folgende Zugverbindungen:
Hereford (18 £, 1¾ Std.)
Ledbury (17 £, 1½ Std.)
London Paddington (35 £, 1½ Std.)
Oxford (9,90 £, 35 Min.)
Worcester (12,40 £, 40 Min.)

Chipping Campden

2037 EW.

Chipping Campden liegt wie ein Edelstein umgeben von hübschen Ortschaften in der Landschaft und hält die Erinnerung an das Leben in den Cotwolds im Mittelalter lebendig. Malerisch aneinander gereiht säumen Stein-Cottages, Reihenhäuschen, alte Gasthöfe und Wohnhäuser, viele aus jenem schönen honiggelben Cotswolds-Stein, die verschlungene Hauptstraße. Die reetgedeckten Cottages an der Westington am südwestlichen Rand des Ortes sind besonders beeindruckend. Trotz seiner Reize bleibt Chipping Campden von Besuchermassen relativ verschont, ist aber sehr beliebt bei Wanderern, die auf dem Cotswold Way unterwegs sind. Dieser erstreckt sich über 164 km von Bath bis hierher.

Der Name des Dorfs leitet sich zwar vom altenglischen *ceapen* ab, was „Markt"

bedeutet, aber „Chippys" sichtbarer Reichtum geht auf seine Wollhandel-Vergangenheit zurück.

 Sehenswertes

St. James' Church
KIRCHE

(☎ 01386-841927; www.stjameschurchcampden. co.uk; Church St; Eintritt gegen Spende; ⊙ April–Okt. Mo–Sa 10–16.30, So 12–16 Uhr, Nov.–März Mo–Sa 11–15, So 14–16 Uhr) Die imposante, spätgotische St. James' Church wurde in der zweiten Hälfte des 15. Jhs. mit Einnahmen aus dem Wollhandel erbaut. Sie besitzt einen prachtvollen Turm und einige schöne Grabmäler aus dem 17. Jh. Im Inneren findet man ein Priestergewand aus dem Jahr 1400. Außerhalb der Kirche stehen in der Church Street bemerkenswerte Armenhäuser, die 1612 erbaut wurden.

Grevel House
HISTORISCHES GEBÄUDE

(High St; ⊙ für die Öffentlichkeit geschlossen) Das Grevel House aus dem 14. Jh. ist eines der prächtigsten Wohnhäuser in der High Street und Chipping Campdens ältestes Gebäude. Hier lebte der Wollhändler William Grevel. Von der Straße aus sieht man das großartige spätgotische Giebelfenster und die Sonnenuhr.

Hidcote
GÄRTEN

(NT; www.nationaltrust.org.uk; Hidcote Bartrim; Erw./Kind 10,90/5,45 £; ⊙ 10–18 Uhr, Okt. bis 17 Uhr, Nov., Dez. & Mitte Feb.–März kürzere Öffnungszeiten, Jan. geschl.; ℗) Der Garten, der etwa 6,5 km nordöstlich von Chipping Campden liegt, ist einer der schönsten Landschaftsparks, die nach den Prinzipien der Arts-and-Crafts-Bewegung in England angelegt wurden. Die „Zimmer" im Freien sind mit Blumen und seltenen Pflanzen aus der ganzen Welt gefüllt. Der Park verdankt seine einzigartige Schönheit dem passionierten Landschaftsgärtner Lawrence Johnston (1871–1958).

Schlafen & Essen

Eight Bells Inn
PUB ££

(☎ 01386-840371; www.eightbellsinn.co.uk; Church St; EZ 60–95 £, DZ 95–140 £, alle mit Frühstück; ☎) Das Gasthaus aus dem 14. Jh. ist eine ausgesprochen einladende Unterkunft mit Flair. Die sechs Zimmer sind hell und modern und mit eisernen Bettgestellen, wohltuend neutraler Einrichtung, geblümten Tapeten und warmen Akzenten ausgestattet. Zimmer 7 beeindruckt besonders durch seine alten Balken. Das gemütliche **Pub** (Hauptgerichte 13–16 £; ⊙ Mo–Do 12–14 & 18.30–21, Fr &

Sa 12–14.30 & 18.30–21.30, So 12.15–21 Uhr; 🖼️📺) im Erdgeschoss serviert gute modern britische Landküche.

Chef's Dozen
MODERN BRITISCH ££

(📞 01386-840598; www.thechefsdozen.co.uk; High St; 3-/4-Gänge-Menü 28/45 £; ⏰ Di–Do 8.30–21, Fr & Sa 12–13.30 & 18.30–21 Uhr;) 🍴 Was diese frische, freundliche Restaurantperle so attraktiv macht, sind die je nach Saison wechselnden Gerichte, die aus hochwertigen Bioprodukten aus der Region gezaubert werden. Im geschmackvoll eingerichteten Gastraum, der in dezenten Cremetönen gehalten ist, genießt man meisterlich und kreativ zubereitete Speisen wie z. B. Hasen-Ravioli oder Risotto mit Kürbis und Käse aus den Cotswolds. Draußen im ruhigen Innenhof kann auch gegessen werden.

ℹ️ Praktische Informationen

Touristeninformation (📞 01386-841206; www.campdenonline.org; Old Police Station, High St; ⏰ Mitte März–Mitte Nov. tgl. 9.30–17 Uhr, Mitte Nov.–Mitte März Mo–Do bis 13, Fr–So bis 16 Uhr) Hier gibt es einen Stadtführer (1,50 £) mit einer Tour entlang der wichtigsten Gebäude, außerdem werden Führungen von den Cotswold Voluntary Wardens (Mai–Sept.; erbetene Spende 3 £) durchgeführt.

ℹ️ Anreise & Unterwegs vor Ort

Johnsons Excelbus fährt montags bis samstags von/nach Moreton-in-Marsh (Nr. 21/22/; 3,20 £, 50 Min.), Broadway (21/22/24; 2,70 £, 20 Min.) und Stratford-upon-Avon (21/22/24; 4,20 £, 50 Min.).

Marchants Bus 606S (nur sonntags) fährt von/nach Broadway (4,50 £, 20 Min.), Cheltenham (8 £, 1 Std.), Stratford-upon-Avon (4,50 £, 25 Min.) und Winchcombe (8 £, 35 Min.). Marchants Bus 606 bedient dieselben Strecken montags bis samstags.

Broadway

2540 EW.

Broadway ist ein typisch englisches Dorf mit Antiquitätenläden, Teestuben und Kunstgalerien. Mit seinen hübschen, honiggelben Cottages zu Füßen eines Steilhangs hat es in der Vergangenheit Schriftsteller, Künstler und Komponisten inspiriert. Es überrascht kaum, dass Broadway, nur etwa 8 km westlich von Chipping Campden, zu den beliebteren Orten in den Cotswolds gehört.

Sollte einem das 4 km südlich gelegene Dorf Snowshill bekannt vorkommen, dann deshalb, weil es in dem Film *Bridget Jones – Schokolade zum Frühstück* auftaucht. Eines der Häuser war Bridgets Elternhaus.

🔴 Sehenswerts

Ashmolean Museum Broadway
MUSEUM

(📞 01386-859047; www.ashmoleanbroadway.org; Tudor House, 65 High St; Erw./Kind 5/2 £; ⏰ Di–So 10–17 Uhr) Das Museum ist Partner des berühmten Namensvetters in Oxford und war im 17. Jh. eine Poststation. Zu den faszinierenden Exponaten gehören Handwerksgegenstände, Antiquitäten und Objekte, die die Geschichte vom 17. Jh. bis heute illustrieren. Die Sammlung umfasst Tongefäße aus Winchcombe, antike Möbel, aufwendig gefertigte Wandteppiche und Gemälde von Joshua Reynolds und Thomas Gainsborough aus dem 18. Jh.

Snowshill Manor & Garden
HERRENHAUS

(NT; www.nationaltrust.org.uk; Snowshill; Erw./Kind 10,40/5,40 £; ⏰ März–Okt. 12–17 Uhr) In diesem schönen Cotswold-Herrenhaus, etwa 5 km südlich von Broadway, lebte einst der exzentrische Dichter und Architekt Charles Paget Wade (1883–1956). Das Haus birgt Wades außerordentliche Sammlung kunsthandwerklicher Objekte, von Musikinstrumenten bis zu südostasiatischen Masken und japanischen Samurai-Rüstungen. Der beeindruckende Garten wurde mit Teichen, Terrassen und herrlichen Aussichten als Erweiterung des Hauses gestaltet.

🛏️ Schlafen & Essen

Russell's
HOTEL ££

(📞 01386-853555; www.russellsofbroadway.co.uk; The Green, 20 High St; Zi. mit Frühstück ab 120 £; ⏰ Restaurant Mo–Sa 12–14.15 & 18–21.15, So 12–14.30 Uhr; 🅿️📶📺) Das gepflegte und stilvolle Russell's vermietet sieben geräumige, individuell gestaltete Zimmer, einige mit Balkendecke, Himmelbett und Sesseln und alle mit heutigem Luxus wie modernen Badezimmern und Ausstattung in frischem Weiß. Bekannt ist das Haus für seine gute britische Küche, u. a. Sonntagsbraten (Hauptgerichte 16 bis 26 £).

Foxhill Manor
DESIGNHOTEL £££

(📞 01386-852711; www.foxhillmanor.com; Farmcombe Estate; Zi. mit Frühstück ab 375 £; 🅿️📶📺) 4 km nordöstlich von Broadway liegt das ehemalige Herrenhaus von 1904 auf einem hügeligen Grundstück von 160 Hektar Fläche. Das ultraluxuriöse Foxhill verbindet den Chic der Cotswolds mit schlichtem

Scandi-Stil. Gewagte Einrichtung von Kissen mit Leopardenmuster über grellrosa Badezimmer und Doppelbadewannen mit Blick durchs Fenster bis zu altem Stuckwerk verleiht den acht eleganten, sämtlich unterschiedlichen Zimmern Charakter. Der hauseigene Koch passt sich ganz den Wünschen der Gäste an.

Mount Inn   PUBESSEN **££**
(☑ 01386-584316; www.themountinn.co.uk; Stanton; Hauptgerichte 13–22 £; ⊙ 12–13 & 18–21 Uhr; Ⓟ) Das Mount Inn, am Hang oberhalb des hübschen Ortes Stanton und 4,8 km südwestlich von Broadway, gehört zu den am idyllischsten gelegenen Pubs der Cotswolds. Auch das Essen ist phantastisch: herzhafte Landgerichte mit Sorgfalt und modernem Flair zubereitet. Zur Auswahl stehen u. a. panierter St.-Eadburgha-Käse aus der Region, Schellfisch in Bierteig, Räucherschinken-Steaks, Burger mit Pilzen und Halloumi sowie täglich wechselnde saisonale Speisen. Von den Bänken draußen ist der Blick über die Hügel einfach grandios.

❶ Praktische Informationen

Touristeninformation (☑ 01386-852937; www. visit-broadway.co.uk; Russell Sq; ⊙ April–Okt. Mo–Sa 10–17, So 11–15 Uhr, Nov.–März Mo–Sa 10–16 Uhr). Verkauft Wanderkarten für die Region.

❶ An- & Weiterreise

Busverbindungen mit Marchants und Johnsons Excelbus bestehen mit folgenden Orten:
Cheltenham (606/606S; 3,10 £, 35 Min.)
Chipping Campden (21/22/24/606S; 2,70 bis 4,50 £, 20 Min.)
Moreton-in-Marsh (21/22; 3,20 £, 30 Min.)
Stratford-upon-Avon (21/22/24/606S; 4,20 £, 1 Std.)
Winchcombe (606/606S; 2,80 £, 30 Min.)

Winchcombe

4538 EW.
Winchcombe, 13 km nordöstlich von Cheltenham, ist ein lebendiges Städtchen, dessen Hauptstraßen Metzger, Bäcker und Läden säumen. Einst war es die Hauptstadt des angelsächsischen Königreichs Mercia und bis ins Mittelalter eine der bedeutenden Städte in den Cotswolds. Bedeutung gewann es auch in der Tabakproduktion. Reste dieser glanzvollen Vergangenheit sind noch immer an den beeindruckenden

Stein- und Fachwerkhäusern abzulesen. Besonders sehenswert sind die malerischen Cottages in der Vineyard Street und in der Dents Terrace.

Winchcombe ist wegen seiner idealen Lage besonders beliebt bei Wanderern.

⊙ Sehenswertes

Sudeley Castle   SCHLOSS
(☑ 01242-604244; www.sudeleycastle.co.uk; Erw./Kind 14,50/5,50 £; ⊙ Mitte März–Okt. 10–17 Uhr; Ⓟ🅷) Das prächtige Schloss ist Winchcombes Hauptattraktion und hat im Laufe seiner tausendjährigen Geschichte so manchen Monarchen beherbergt, darunter Richard III., Heinrich VIII. und Karl I. Berühmt wurde es aber als Wohnsitz und letzte Ruhestätte von Catherine Parr (Heinrichs VIII. Witwe), die hier mit ihrem vierten Ehemann Thomas Seymour lebte. **Catherines Grab** befindet sich in der spätgotischen St. Mary's Church des Schlosses. Sudeley ist damit das erste Privathaus, in dem eine Königin bestattet wurde. Hier gibt es auch zehn wundervolle Gärten.

Heinrich VIII. und Anne Boleyn besuchten Sudeley 1535. Prinzessin Elisabeth (die später Elisabeth I. wurde) lebte hier, bis Seymours Nachstellungen Catherine veranlassten, sie rauszuwerfen. Lady Jane Grey, die unglückselige „Neuntagekönigin", wurde in den Haushalt aufgenommen. Sie führte bei Catherines Beerdigung den Trauerzug an (1548).

Das Anwesen ist noch immer bewohnt und nur teilweise der Öffentlichkeit zugänglich. Aber die beeindruckenden Verhältnisse werden auch beim Besuch der Ausstellung, die Kleidungsstücke, Memorabilien und Gemälde zeigt, sowie beim Erkunden des herrlichen Gartens deutlich. Zum Park gehören Alleen mit geformten Eiben, ein Irrgarten (inspiriert durch das Muster eines der Gewänder von Elisabeth I.) und Volieren mit Fasanen mit prächtig buntem Federkleid. Der **Queen's Garden** mit seinen Rosen ist dem ursprünglichen Tudor-Barockgarten nachempfunden und leitet seinen Namen von der Tatsache ab, dass hier bereits vier englische Königinnen (Anne Boleyn, Catherine Parr, Lady Jane Grey und Elisabeth I.) lustwandelten.

Hailes Abbey   RUINE
(EH; www.english-heritage.org.uk; Hailes; Erw./Kind 5/3 £; ⊙ Juli & Aug. 10–18 Uhr, Ostern–Juni, Sep. & Okt. bis 17 Uhr; Ⓟ) Knapp 5 km nordöstlich von Winchcombe steht die kümmerliche

Ruine dieser Zisterzienserabtei aus dem 13. Jh., die dank eines im Mittelalter in die Welt gesetzten Schwindels eine der wichtigsten Pilgerstätten Englands war. Angeblich waren die Mönche im Besitz einer Phiole mit dem Blut Christi gewesen, das sich aber als gefärbtes Wasser herausstellte. Bevor der Betrug aufflog, machten Tausende Pilger die Abtei reich. Rundgang mit kostenlosen Audioguides.

Belas Knap
Long Barrow   ARCHÄOLOGISCHE STÄTTE
(EH; www.english-heritage.org.uk; nahe Charlton Abbots; ☉Sonnenaufgang–Sonnenuntergang) **GRATIS** Belas Knap ist über 5000 Jahre alt und gehört zu den am besten erhaltenen neusteinzeitlichen Grabkammern des Landes. Die Stätte besitzt einen „falschen „ Eingang", der nirgendwohin führt. Bei der Ausgrabung der vier Kammern wurden die Überreste von 31 Menschen gefunden. Vom 290 m hohen Hügel bietet sich ein atemberaubender Blick auf Sudeley Castle und die Umgebung. Zum Grab führt ein Weg von Winchcombe aus über eine Strecke von 4 km nach Süden am Cotswold Way entlang. Wer mit dem Auto anreist, kann in der Corndean Lane parken; von da aus geht es über einen steilen Feldweg 800 m nach oben.

🛏 Schlafen & Essen

Wesley House   B&B ££
(☎01242-602366; www.wesleyhouse.co.uk; High St; EZ 70–95 £, DZ 85–110 £; ☉Restaurant Di-Sa 12–14 & 19–21, So 12–14 Uhr; 🛜🏠) Der Gründer der methodistischen Kirche John Wesley nächtigte in diesem wundervollen Fachwerkhaus aus dem 15. Jh. Es gibt fünf hübsch eingerichtete Zimmer, in denen die Gäste herzlich empfangen werden. Das „Mumble Meadow" zeichnet sich durch rote Farbtupfer und Blick zur Straße aus. Das „Almsbury" verfügt über eine eigene Terrasse, von der man einen schönen Blick auf die Landschaft hat. Im Erdgeschoss befinden sich eine zwanglose Bar mit Grill und ein gehobeneres Restaurant, das fabelhafte modern britische Küche serviert (Hauptgerichte 16 bis 24. £)

⭐ 5 North St   MODERN EUROPÄISCH £££
(☎01242-604566; www.5northstreetrestaurant.co.uk; 5 North St; 2-/3-Gänge-Mittagsmenü 26/30 £, 3- bis 7-Gänge-Abendmenü 47–70 £; ☉Di 19–21, Mi-Sa 12–13.30 & 19–21, So 12–13.30 Uhr; 🅿) Das alteingesessene Sternerestaurant ist rundum eine Freude, von der schönen,

400 Jahre alten Fachwerkfassade bis zu den innovativen kulinarischen Kreationen von Marcus Ashenford. Seine Küche verlässt sich auf traditionelle, saisonale Zutaten, einen zusätzlichen Reiz bieten jedoch einige spielerische Experimente (z. B. Pasta aus Enteneiern oder Malzeis). Für Vegetarier gibt es eigene, ebenso reizvolle Speisekarte.

ℹ Praktische Informationen
Touristeninformation (☎01242-602925; www.winchcombe.co.uk; Town Hall, High St; ☉April–Okt. tgl. 10–16 Uhr, Nov.–März Sa & So bis 15 Uhr) Das Büro hat Karten für Rundgänge in der Umgebung und veranstaltet sonntags von Ostern bis Oktober kostenlose Stadtführungen um 11 und 14.30 Uhr.

ℹ An- & Weiterreise
Die **Gloucestershire Warwickshire Railway** (GWR; ☎01242-621405; www.gwsr.com; Tageskarte Erw./Kind 16/7 £; ☉März–Dez.; 🚗) verkehrt zwischen Winchcombe und Cheltenham (12 £, 25 Min.).

Marchants-Busse fahren von/nach Broadway (606/606S; 2,80 £, 30 Min.) und Cheltenham (606/606S/W1/W2; 2,50 £, 20 bis 45 Min.).

Painswick
1762 EW.

Das Hügeldorf Painswick liegt 16 km südwestlich von Cheltenham, doch hierher verschlägt es nur wenige Besucher. Hier ist es deshalb noch möglich, gemächlich durch die engen, gewundenen Sträßchen des unberührten Ortes zu schlendern und die bildschönen Cottages, hübschen Steinhäuser und mittelalterlichen Gasthäuser zu bewundern. Beachtenswert ist die Bisley Street, die ursprünglich die Hauptstraße war, bevor sie im Mittelalter durch die heute alt aussehende New Street ersetzt wurde.

Im Slad Valley, 3,2 km südlich von Painswick, befindet sich das idyllische Dörfchen Slad, in dem dereinst der Schriftsteller Laurie Lee eine glückliche Kindheit verbrachte. In seiner Erzählung *Des Sommers ganze Fülle* hat er der Schönheit des Ortes ein unsterbliches Denkmal gesetzt.

◉ Sehenswertes

Painswick Rococo Garden   GÄRTEN
(☎01452-813204; www.rococogarden.org.uk; abseits der B4073; Erw./Kind 7/3,30 £; ☉Mitte Jan.–Okt. 10.30–17 Uhr; 🅿) Der Garten nördlich von Painswick ist der einzige seiner Art in

England. Er wurde in den 1740er-Jahren von Benjamin Hyett als „riesiges Zimmer im Freien" entworfen und mittlerweile in all seiner Pracht restauriert. Gewundene Pfade führen die Besucher durch die ansonsten streng geometrische Anlage zu den vielen neugotischen Zierbauten, die um den zentralen Gemüsegarten, das Tauchbecken und den Teich herum liegen. Einer davon ist das exzentrische Red House, in dessen Buntglasfenster lateinische Sprüche aus dem Hohelied Salomons eingearbeitet sind.

St. Mary's Church — KIRCHE

(www.stmaryspainswick.org.uk; New St; 9.30 Uhr–Sonnenuntergang) Mittelpunkt von Painswick ist die schöne spätgotische Kirche. Sie ist von Hochgräbern aus dem 18. Jh. und gestutzten Eiben umgeben, die riesigen Lutschern gleichen. Einer Legende wegen durften hier nicht mehr als 99 Bäume wachsen, da ansonsten der Teufel persönlich den 100. Baum verdorren lassen würde. Anlässlich der Jahrtausendwende wurde er dennoch gepflanzt und – siehe da! – ein paar Jahre später stürzte einer der Bäume um. Beim Kirchhof steht an der Straße eine seltene alte Vorrichtung mit eisernen Fußfesseln.

Schlafen & Essen

Troy House — B&B ££

(01452-812339; www.troyguesthouse.co.uk; Gloucester St; EZ/DZ 75/85 £;) Das tolle, kleine B&B hat vier hübsche, geräumige Zimmer für seine Gäste. Zwei davon sind in einem eigenen Cottage hinter dem Haus untergebracht, das über einen hübschen Hof zu erreichen ist. Die Ausstattung ist in angenehmen Cremetönen gehalten und es gibt bequeme Betten und körbeweise Toilettenartikel. Das frisch zubereitete warme Frühstück ist hervorragend.

⭐ The Painswick — LUXUSHOTEL £££

(01452-813688; www.thepainswick.co.uk; Kemps Lane; Zi./Suite ab 119/344 £; Restaurant 12–14.30 & 19–21.30 Uhr;) Das Painswick wurde 2016 nach einer grundlegenden Renovierung wieder eröffnet. Es präsentiert sich jetzt in einer gelungenen Mischung aus Architektur aus dem 18. Jh. und ausgesprochen moderner Ausstattung mit zwangloser Atmosphäre und 16 individuell eingerichteten und in Pastellfarben gestrichenen Zimmern. Sie alle verfügen über luxuriöse Annehmlichkeiten wie Nespresso-Maschinen; einige haben Löwenfußbadewannen, andere Himmelbetten oder gefliese Bade-

ABSTECHER

PRINCE CHARLES' HIGHGROVE

Highgrove (0303 123 7310; www.highgrovegardens.com; Doughton; Führungen 25 £; April–Mitte Okt.), die Privatresidenz von Prinz Charles und der Herzogin von Cornwall, ist für ihre herrlichen nachhaltigen, biologischen Gärten berühmt. Hier findet man u. a. in Form geschnittene Eibenhecken und einen einem Orientteppich nachempfundenen „Teppichgarten". An bestimmten Tagen werden zweistündige Führungen durchgeführt. Die Karten dafür sind meist schon lange im Voraus ausverkauft, aber mit Glück bekommt man noch eine kurzfristig im **Highgrove Shop** (www.highgroveshop.com; 10 Long St; Mo–Sa 9.30–17, So 10.30–16 Uhr). Highgrove liegt 1,6 km südwestlich von Tetbury.

zimmer. Es gibt Räume für Massagen und andere Behandlungen sowie eine futuristische Bar, eine farbenprächtige Lounge und ein gutes, modernes Restaurant (Hauptgerichte 15 bis 24 £)

Woolpack — PUBESSEN ££

(01452-813429; www.thewoolpackslad.com; Slad; Hauptgerichte 11–16 £; 12–24 Uhr;) Das herrlich authentische Dorfpub mit seinem altehrwürdigen Charme und den vielen Gästen aus der Nachbarschaft besuchte schon gern der in Slad ansässige Schriftsteller Laurie Lee. Überall an den Wänden findet man Porträts und Bücher von ihm. Es gibt ausgezeichnetes Bier in verschiedenen Sorten, darunter regional hergestellte wie das Uley Bitter. Auf der täglich wechselnden Speisekarte findet man neben Pasta, Burgern, Currys und Pizza (montags) auch klassischen Räucherschinken und Fisch. Slad liegt 3,2 km südlich von Painswick.

Praktische Informationen

Touristeninformation (01452-812278; www.painswicktouristinfo.co.uk; Gravedigger's Hut, St. Mary's Church, New St; Mo & Mi–Fr 10–16 Uhr, März–Okt. Di & Sa bis 13 Uhr) Auf dem Kirchengelände.

An- & Weiterreise

Der Stagecoach-Bus 61 fährt von/nach Cheltenham (3,40 £, 32 Min.) und Stroud (2 £, 15 Min.).

Uley

998 EW.

Das kleine Dorf mit idyllischem Anger und einem Flickenteppich aus hübschen Häuschen liegt zu Füßen der überwucherten Reste von Uley Bury, der größten eisenzeitlichen Bergfeste Englands. In der Nähe gibt es einige faszinierende Sehenswürdigkeiten, u. a. zwei prähistorische Hünenbetten. Uley liegt 12 km südwestlich von Stroud.

🎯 Sehenswertes

Uley Bury   ARCHÄOLOGISCHE STÄTTE

(⏱ 24 Std.) **GRATIS** Englands größte eisenzeitliche Bergfestung wurde etwa 300 v. Chr. angelegt und erstreckt sich oberhalb von Uley über ein überwuchertes Gelände von 13 Hektar. Beim 1,8 km langen Rundgang entlang der Wallanlage bieten sich spektakuläre Aussichten über Uley und das Severn Vale. Autofahrer können auf dem Parkplatz an der B4066 1,6 km nördlich des Dorfs parken. Von dort führt ein nicht ausgeschilderter Pfad über 100 m hinauf zur Festung.

Vom Parkplatz aus gelangt man ein Stück den Cotswold Way entlang nach Norden auch zum Uley Long Barrow, einem Grabhügel aus der Zeit um 3500 v. Chr.

ABSTECHER

SLIMBRIDGE WETLAND CENTRE

Auf einer Fläche von 325 ha bietet das **Slimbridge Wetland Centre** (WWT; ☎ 01453-891900; www.wwt.org.uk/slimbridge; Bowditch, Slimbridge; Erw./Kind 11,90/6,55 £; ⏱ April–Okt. 9.30–17.30 Uhr, Nov.–März bis 17 Uhr; 🅿) seit 1946 Tausenden von Zug- und Standvögeln Schutz. Vom Beobachtungsturm aus bietet sich ein spektakulärer Rundumblick. Zu den über 200 Arten, die hier beobachtet werden können, gehören Schwalben, Wanderfalken, Weißstirngänse und Bewick-Schwäne, ja sogar hier heimische rosa Flamingos. Im Winter lassen sich die Zugvögel bewundern, während im Frühling die zahlreichen Jungvögel das Bild beherrschen. Man kann einiges unternehmen, z. B. Kanufahren (5 £). Das Schutzgebiet liegt 8 km nordöstlich von Berkeley nahe der A38.

Woodchester Mansion   HERRENHAUS

(☎ 01453-861541; www.woodchestermansion.org.uk; Woodchester Park, Nympsfield; Erw./Kind 7,50 £/frei; ⏱ März–Okt. Di–Sa 11–17 Uhr) Das Herrenhaus Woodchester Mansion, das seit Mitte der 1870er-Jahre so gut wie unverändert geblieben ist, wurde noch vor der Fertigstellung aufgegeben und ist dennoch erstaunlich imposant und elegant. Türen öffnen sich ins Nichts, Kamine hören auf halber Wandhöhe auf und Flure enden an Kanten mit Blick auf das Stockwerk darunter. Das Gebäude schmücken ein paar mächtige, schaurige Wasserspeier und es ist das Zuhause einer der größten Kolonien von Hufeisennasen (einer Fledermausart) in England sowie mehrerer Geister. Durch den Park rund ums Herrenhaus führen ausgeschilderte Wege. Das Haus liegt 4,8 km nördlich von Uley nahe der B4066.

ℹ️ An- & Weiterreise

Der Stagecoach-Bus 35 fährt nach/von Stroud (2,80 £, 35 Min.), mit dem eigenen Auto ist man allerdings besser dran.

WESTGLOUCESTERSHIRE

Der größte Pluspunkt von Gloucestershire westlich der Cotswolds ist die elegante Regency-Stadt Cheltenham mit baumbestandenen Wohnstraßen, einer gehobenen Geschäftskultur und einem verlockenden Angebot an Hotels und Restaurants. Die Hauptstadt der Grafschaft, Gloucester, lohnt den Besuch wegen der prachtvollen spätgotischen Kathedrale. Ein Stück südwestlich liegt Berkeley mit seiner normannischen Burg. Der Forest of Dean im Westen ist ein Refugium, ideal zum Wandern, Radfahren, Kajakfahren und anderen Abenteueraktivitäten.

Cheltenham

115 700 EW.

Cheltenham, am Westrand der Cotswolds, ist die bedeutendste Stadt der Region. Es besitzt noch immer das Flair kultivierter Eleganz aus seiner Glanzzeit als Kurort im 18. Jh. Damals stand die Stadt als Heilbad für reiche Kranke auf einer Stufe mit Bath und noch immer gibt es hier viele schöne Regency-Häuser und gepflegte Anlagen. Heute ist Cheltenham jedoch vor allem für seine Rennbahn und die Mitte März stattfindenden Pferderennen bekannt.

BERKELEY CASTLE

Das schöne **Berkeley Castle** (📞01453-810303; www.berkeley-castle.com; Erw./Kind 11/6 £; ☉April–Okt. So–Mi 11–17 Uhr; P 🚻) blieb seit seinem Bau als wehrhafte Normannenburg so gut wie unverändert und ist seit fast 900 Jahren der Sitz der Berkeleys. Eduard II. wurde hier 1327 auf Anordnung seiner Frau und ihres Liebhabers gefangen genommen und ermordet. Die Besichtigung führt u. a. durch den Wohnturm aus dem 12. Jh., die King's Gallery (mit Zelle und Kerker) und die mittelalterliche Great Hall (mit Wandteppichen). Alle halbe Stunde gibt es eine kostenlose 45-minütige Führung.

Dank der hervorragenden Hotels und Restaurants ist Cheltenham ein viel reizvollerer Ausgangspunkt zur Erkundung der Region als etwa die Grafschaftshauptstadt Gloucester (20 km westlich), viel mehr hat die mittelständische Stadt aber nicht zu bieten.

Das Zentrum von Cheltenham erstreckt sich um die baumbestandene Promenade mit dem modischen Viertel Montpellier am südlichen Ende.

⊙ Sehenswertes

Montpellier   STADTVIERTEL

Neben der schönen Architektur gibt es in Montpellier eine lebendige Szene mit Bars, Restaurants, Geschäften und Boutiquen. Die 32 Karyatiden (gewandete Frauenfiguren wie an der Athener Akropolis) am **Montpellier Walk** fungieren als Stützen zwischen den Läden aus den 1840-er Jahren und tragen alle ein kunstvoll gearbeitetes Gesims auf dem Kopf. Direkt gegenüber befinden sich die hübschen Montpellier Gardens aus dem Jahr 1809.

The Wilson   MUSEUM, KUNSTGALERIE

(📞01242-237431; www.thewilson.org.uk; Clarence St; ☉9.30–17.15 Uhr) GRATIS Cheltenhams ausgezeichnetes Museum schildert die Geschichte der Stadt und zeigt wunderbare Ausstellungen zu William Morris und der Arts-and-Crafts-Bewegung. Dazu gehören ein von Morris entworfener bemalter Pinientisch sowie britische Keramik, Kunst und Schmuck und Exponate aus der Römerzeit. Ein berühmter Sohn der Stadt war Edward Wilson, der bei der tragischen Expedition von Kapitän Robert F. Scott in die Antarktis eine wichtige Rolle spielte. Ihm, dem Namensgeber des Museums, ist eine eigene Abteilung gewidmet.

🛏 Schlafen

★ **Bradley**   B&B ££

(📞01242-519077; www.thebradleyhotel.co.uk; 19 Royal Pde, Bayshill Rd; EZ/DZ ab 94/99 £; P 🛜) Bei seiner Verwandlung von einem hervorragend erhaltenen Regency-Haus in Montpellier in ein wunderbares, komfortables B&B hat das Bradley nichts von seinem ursprünglichen Charme verloren. Jedes der sechs Zimmer hat einen individuellen Stil, bei dem antike Möbel, Nippes aus unterschiedlichen Epochen und Kunstwerke mit modernen Annehmlichkeiten vermischt werden.

Wyastone Townhouse   B&B ££

(📞01242-245549; www.wyastonehotel.co.uk; Parabola Rd; EZ/DZ ab 75/125 £; P 🛜🚻) Ein engagiertes junges Pärchen führt das große, weiße viktorianische Haus in Montpellier. Die Zimmer im Haupthaus sind nobler als die im hübschen Hinterhof, aber alle 16 sind sehr komfortabel und gut ausgestattet. Die Einrichtung ist hell und frisch gehalten und überall hängen Bilder von örtlichen Künstlern. Es gibt viel Infomaterial über Cheltenham und die Cotswolds sowie herrliches selbst gemachtes Frühstück. Super Preis-Leistungs-Verhältnis.

No 131   BOUTIQUEHOTEL £££

(📞01242-822939; www.no131.com; 131 The Promenade; Zi. mit Frühstück 145–335 £; 🛜) Mit dem No 131 in einem herrlichen georgianischen Gebäude hat die Hotelszene von Cheltenham luxuriösen Zuwachs bekommen. In den elf höchst komfortablen Zimmern mit Landhaus-Schick gehen echte Kunst, antike Elemente (wie Löwenfußbadewannen aus dem 19. Jh.) und moderner Komfort (Nespresso-Maschinen, iPod-Dockingstationen) eine harmonische Verbindung ein. Bei einigen steht die Badewanne direkt im Zimmer und andere haben tiefer gelegte Duschen. Die Flure erfüllt das Aroma von Duftkerzen, in der Bar ist was los und die Atmosphäre ist elegant-entspannt.

🍴 Essen & Trinken

L'Artisan   FRANZÖSISCH ££

(📞01242-571257; www.lartisan-restaurant.com; 30 Clarence St; Hauptgerichte 12–20 £; ☉Di–Sa 12–14 & 18–21 Uhr; 🍴) Das L'Artisan mit seinen

Cheltenham

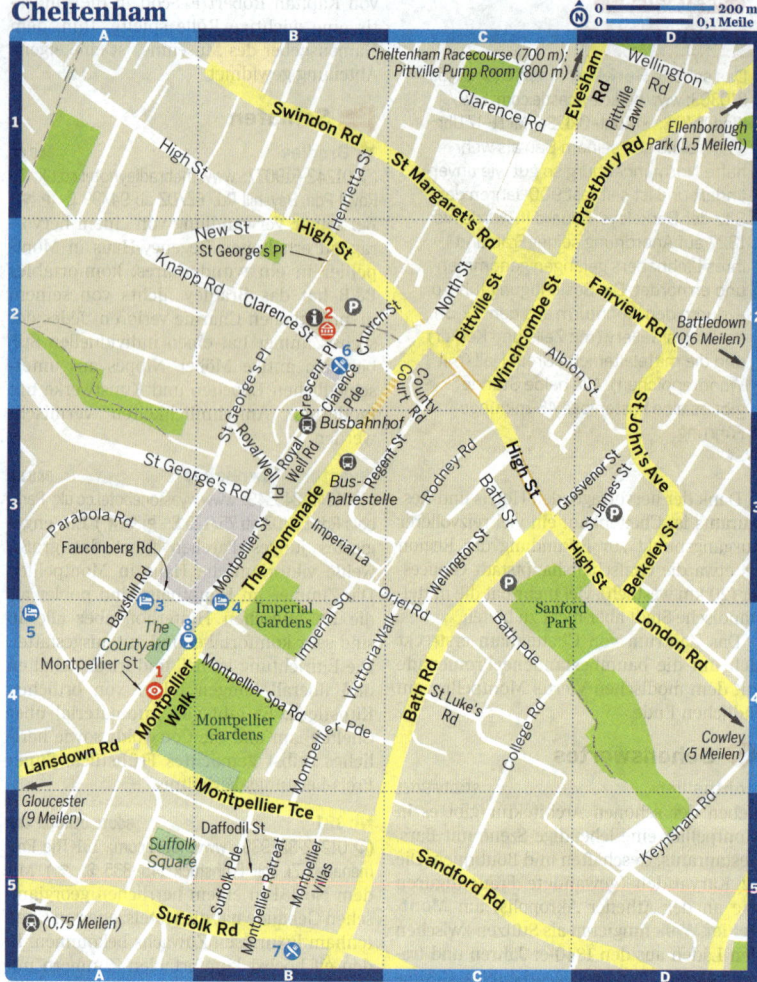

0   200 m
0   0,1 Meile

Map labels:
Cheltenham Racecourse (700 m);
Pittville Pump Room (800 m)
Wellington Rd
Ellenborough Park (1,5 Meilen)
Swindon Rd
Clarence Rd
Evesham Rd
Prestbury Rd
Pittville Lawn
High St
St Margaret's Rd
Henrietta St
Fairview Rd
Battledown (0,6 Meilen)
New St
St George's Pl
Knapp Rd
Clarence St
Church St
North St
Pittville St
Winchcombe St
Albion St
St John's Ave
St George's Pl
Crescent Pl
Clarence Pde
County Court Rd
Rodney Rd
High St
Grosvenor St
St James' St
Berkeley St
Busbahnhof
Royal Well Rd
Regent St
St George's Rd
Bus-haltestelle
Wellington St
Bath St
London Rd
Parabola Rd
The Promenade
Imperial La
Bath Pde
Fauconberg Rd
Bayshill Rd
Montpellier St
Imperial Sq
Oriel Rd
Sanford Park
Imperial Gardens
The Courtyard
Montpellier St
Imperial Walk
Victoria Walk
St Luke's Rd
Montpellier Walk
Montpellier Spa Rd
Montpellier Pde
Bath Rd
College Rd
Lansdown Rd
Montpellier Gardens
Cowley (5 Meilen)
Gloucester (9 Meilen)
Montpellier Tce
Daffodil St
Suffolk Square
Suffolk Pde
Montpellier Retreat
Montpellier Villas
Sandford Rd
Keynsham Rd
Suffolk Rd
(0,75 Meilen)

Cheltenham

Schmuckspiegeln, rot gestreiften Stühlen, Mini-Kronleuchtern und gelben Wänden erfreut durch seine sprühende Atmosphäre und meisterlich präsentierte echt-französische Küche. Zu Beginn werden hausgemachtes Brot und Aufstriche gereicht und dann folgen Köstlichkeiten wie lockeres Risotto, gefüllte Hähnchenbrust, Omelettes oder ein „Fische-Duo". Der Service ist effizient und superb.

★ Le Champignon Sauvage   FRANZÖSISCH £££
(☎ 01242-573449; www.lechampignonsauvage.co.uk; 24–28 Suffolk Rd; 2-/3-/4-Gänge-Menü 50/63/

73 £; ☉ Di–Sa 12.30–13.30 & 19.30–20.45 Uhr) Seit fast 30 Jahren beglückt diese mit 2 Michelin-Sternen ausgezeichnete Institution in Cheltenham Reisende und Einwohner mit fein zubereiteten Gerichten und kreativen Geschmackskombinationen von Chefkoch David Everitt-Matthias. Wir sind nicht die Einzigen, die es für Gloucestershires bestes Restaurant halten. Die Mittags- und Abendmenüs bieten ein gutes Preis-Leistungs-Verhältnis.

John Gordons   WEINBAR

(☎ 01242-245985; www.johngordons.co.uk; 11 Montpellier Arcade; ☉ Mo–Mi 10.30–22, Do bis 23, Fr & Sa bis 1, So 12–21 Uhr) In dieser elegant-zwanglosen Bar können die Gäste mit diversen Sorten Whisky, Gin, Wein, Bier und Cider getränkemäßig auf Weltreise gehen. Dazu gibt es Platten mit regionalem Käse, Wurst und Aufschnitt und andere Kleinigkeiten (3 bis 14 £). Perfekt zum Ausprobieren von riesigen Gläsern mit dem überaus beliebten Gin aus den Cotswolds (natürlich mit Tonic).

 Feste

Cheltenham Literature Festival   LITERATUR

(www.cheltenhamfestivals.com; ☉ Anfang Okt.) Dieses zehntägige Literaturfestival, das zu den ältesten der Welt gehört, findet im Herbst statt. 600 Top-Schriftsteller, Schauspieler, Gelehrte und andere Personen aus der Literaturszene nehmen an Gesprächen, Workshops, Interviews und Diskussionen teil.

❶ Praktische Informationen

Touristeninformation (☎ 01242-237431; www.visitcheltenham.com; The Wilson, Clarence St; ☉ 9.30–17.15 Uhr) Im Stadtmuseum.

❶ Verkehrsmittel

BUS

Stagecoach, Pulhams, Marchants und Swanbrook betreiben örtliche Buslinien in der Region Cheltenham. Die meisten Busse fahren vom **Busbahnhof** ab (Royal Well Road), einige aber auch von Haltestellen in der Promenade. Zu den Zielorten gehören u. a.:

Broadway (606/606S; 3,10 £, 35 Min.)
Cirencester (51; 3,60 £, 40 Min.)
Gloucester (10/94/97/98/99; 3,20 £, 45 Min.)
Oxford (853; 8 £, 1½ Std.)
Stow-on-the-Wold (801; 3 £, 1¼ Std.)
Stratford-upon-Avon (606S, nur sonntags; 8 £, 1½ Std.)
Stroud (61; 3,60 £, 45 Min.)
Winchcombe (606/606S; 2,50 £, 20 Min.)

National Express-Busse fahren nach:
Birmingham (12 £, 1½ Std.)
Bristol (9 £, 1½ Std.)
Leeds (42 £, 5½ Std.)
London Victoria (7 £, 3 Std.)
Newcastle-upon-Tyne (56 £, 8 Std.)
Nottingham (25 £, 4 Std.)

ZUG

Der Bahnhof Cheltenham Spa liegt 1,6 km westlich vom Zentrum. Busse (2 £) fahren vom/zum Bahnhof alle 10 Minuten. Zielorte u. a.:
Bath (14,30 £, 1½ Std.)
Bristol (9 £, 40 Min.)
Cardiff (18 £, 1½ Std.)
Edinburgh (130 £, 6 Std.)
Exeter (23 £, 1¾ Std.)
Gloucester (4,60 £, 10 Min.)
London Paddington (33 £, 2¼ Std.)

Forest of Dean

Der Forest of Dean ist der älteste Eichenwald in England und herrlich für Outdoor-Abenteueraktivitäten. Das 109 km² große Waldgebiet, 1938 zum ersten National Forest Park Englands ernannt, war einst ein königliches Jagdrevier und ein Zentrum des Eisen- und Kohlebergbaus. Seine geheimnisvollen Tiefen sollen J. R. R. Tolkien zu den Wäldern Mittelerdes inspiriert haben und er war Schauplatz einiger Schlüsselszenen in *Harry Potter und die Heiligtümer des Todes*.

Der Forest of Dean lieh seinen Namen auch einem Bezirk. Zu ihm gehören die Orte Newent und Coleford, die nördlich und westlich des Walds liegen. Im Nordwesten erstreckt sich der Wald bis nach Herefordshire hinein. Der Fluss Wye, der am Westrand entlang fließt, bietet Kanufahrern, die z. B. im Dorf Symonds Yat lospaddeln, großartige Aussichten.

Ein guter Startpunkt zu seiner Erkundung ist das **Dean Heritage Centre** (☎ 01594-822170; www.deanheritagecentre.com; Camp Mill, Soudley; Erw./Kind 7,20/5,40 £; ☉ April–Okt. 10–17 Uhr, Nov.–März bis 16 Uhr; ℗ ♿), am Ostrand des Waldes gleich außerhalb von Soudley.

◉ Sehenswertes

★ International Centre for Birds of Prey   VOGELPARK

(☎ 01531-820286; www.icbp.org; Boulsdon House, Newent; Erw./Kind 10,90/7 £; ☉ Feb.–Nov. 10.30–16.30 Uhr; ℗) Auf dem großen, traditionsreichen Gelände auf dem Land 3 km südwestlich von Newent (ausgeschildert) werden Flugschauen mit Greifvögeln gezeigt. Es gibt drei Vorstellungen am Tag (11.30, 14 und 16.15 Uhr) sowie Volieren, in denen 70 Arten Eulen, Falken, Turmfalken, Adler, Bussarde, Habichte, Milane und Greifvögel aus der ganzen Welt gehalten werden. Wer alles ganz hautnah erleben möchte, sollte sich einen der „Erfahrungstage" mit Themen wie „Jagd" oder „Eulen" (ab 70 £) aussuchen.

Clearwell Caves HÖHLE

(☏01594-832535; www.clearwellcaves.com; Clearwell; Erw./Kind 6,50/4,50 £; ⊙ Mitte Feb.–Dez. 10–17 Uhr; P⛟) Die feuchte, unterirdische Welt einer 4500 Jahre alten Eisen- und Ockermine ist ein Gewirr aus schwach beleuchteten Gängen, Höhlen und Teichen, in dem mehrere Fledermausarten leben. Wer ganz tief hinein will, schließt sich einer „Deep Level Caving" Führung an (Erw./Kind 25/18 £). Ab November werden die Höhlen in eine höchst beliebte Weihnachtsgrotte verwandelt. Sie liegen 1,6 km südlich von Coleford und sind ab der B4228 ausgeschildert.

Puzzlewood WALD, BAUERNHOF

(☏01594-833187; www.puzzlewood.net; Perrygrove Rd, Coleford; Erw./Kind 6,50/5 £; ⊙April–Sep. 10–17 Uhr, März, Nov. & Dez. Mi, Sa & So bis 15.30 Uhr; P⛟) Im gespenstischen Puzzlewood, eine 6 ha große Tagebäume aus vorrömischer Zeit, die von urwüchsigen, moosbedeckten Bäumen überwachsen ist, gibt es merkwürdige Felsformationen, Rankendschungel, klapprige Brücken, 200 schiefe Stufen und dunkle Gänge, die durchstreifenden Besuchern kalte Schauer über den Rücken jagen. Teile der Fernsehserien *Doctor Who* und *Merlin* sowie von *Krieg der Sterne: Das Erwachen der Macht* wurden hier gedreht. Es gibt viele Wege zu erforschen und Kinder können Bauernhoftiere kennenlernen. Puzzlewood liegt 1,6 km südlich von Coleford an der B4228.

Aktivitäten

Way2Go Adventures ABENTEUERSPORT

(☏01594-800908; www.way2goadventures.co.uk; 20 Forest Rd, Milkwall) Bietet Kanu- und Kajakfahrten, Floßbauen, Stand Up Paddling (SUP) und Nordic Walking. Geöffnet je nach Wetterbedingungen. Milkwall liegt 1,6 km südöstlich von Coleford.

Schlafen

Wye Valley YHA HOSTEL £

(☏0845 371 9666; www.yha.org.uk; Welsh Bicknor; Bett 15–25 £, DZ 30 £, Rundzelt im Sommer ab 49 £; ⊙März–Okt.; P📶⛟) Das nüchterne, viktorianische ehemalige Pfarrhaus in schö-

---

ABSTECHER

GLOUCESTER CATHEDRAL

Die spektakuläre **Gloucester Cathedral** (www.gloucestercathedral.org.uk; 12 College Green; Eintritt frei, Turmführungen Erw./Kind 7/1 £; ⊙ 7.30–18 Uhr) gehört zu den ältesten und schönsten Bauwerken der englischen Spätgotik. Benediktinermönche bauten im 12. Jh. auf dem Grund einer angelsächsischen Abtei eine normannische Kirche. Im 15. Jh. wurden weitere Elemente hinzugefügt (darunter der heutige Turm). Nachdem Eduard II. im Jahr 1327 unter mysteriösen Umständen im nahe gelegenen Berkeley Castle ums Leben kam, wurde diese Kirche zu seiner Begräbnisstätte.

Im Innenraum wurden normannisch-romanische und gotische Bauformen geschickt mit stämmigen Pfeilern zusammengefügt, was den Eindruck von Anmut und Bodenständigkeit zugleich vermittelt. Vom hölzernen Chorgestühl aus dem 14. Jh. bietet sich ein guter Blick auf das beeindruckende **Great East Window**, das mit einer Höhe von 22 m bei seinem Einbau um 1350 das größte Kirchenfenster Europas war. Unter dem Fenster, im nördlichen Chorumgang, befindet sich das prachtvolle **Grab von Eduard II.** Das kunstvoll gefertigte Grab aus Alabaster zog noch 70 Jahre nach seinem Tod Scharen von Pilgern in die Kathedrale. Direkt hinter dem Altar liegt die **Lady Chapel** aus dem späten 15. Jh., in der gemeißelter Stein und Buntglas wunderbar zusammenwirken.

Einer der prächtigsten Schätze der Kathedrale ist der **Great Cloister**, der im ersten, zweiten und sechsten *Harry-Potter*-Film als Kulisse diente. Der 1367 fertiggestellte Kreuzgang ist der erste Bau mit Fächergewölbe in England und in seiner Schönheit nur mit der Kapelle Heinrichs VII. in Westminster Abbey zu vergleichen. Wenn die Sonne durch die Buntglasfenster fällt, erstrahlt er in sanftem Rosa.

SYMONDS YAT VILLAGE & ROCK

Symonds Yat Symonds Yat liegt direkt am nordwestlichen Rand des Forest of Dean zwischen dem Fluss Wye und dem hohen Kalksteinfelsen Symonds Yat Rock (504 m). Das Dorf ist ein hübscher Flickenteppich aus Pubs, Pensionen, Campingplätzen und Kanuzentrum. Der Fluss teilt es in zwei Hälften, die durch eine alte, von Hand gezogene Fähre verbunden sind (Erw./Kind/Fahrrad 1,20/0,60/0,60 £; Sonnenaufgang bis Sonnenuntergang).

Symonds Yat Rock (Symonds Yat East; Eintritt frei; ⊘ 24 Std.; P) Der Kalksteinfelsen, der sich 504 m hoch über Symonds Yat East erhebt, bietet wunderbare Ausblicke auf den Wye und die Landschaft. Er ist sehr beliebt bei Vogelbeobachtern, die hier mit etwas Glück einen Blick auf ein Wanderfalkenpaar erhaschen. Der Weg dorthin beginnt in Symonds Yat East. Eine Bude oben auf dem Felsen verkauft Getränke und Snacks. Beschauliche Wanderwege führen weiter nach Osten durch den Wald.

Wyedean Canoe & Adventure Centre (☏ 01600-890238; www.wyedean.co.uk; Symonds Yat East; Verleih halbtags ab 23 £) Verleiht Kanus und Kajaks und organisiert Wildwasserausflüge, Bogenschießen, Seilrutschen, Abseilen, Höhlenklettern, Felsklettern und Stand Up Paddling (SUP). Öffnungszeiten je nach Wetterbedingungen.

ner Flusslage 2,4 km von Goodrich blickt über die Landschaft. Hier gibt es saubere Doppelzimmer mit Gemeinschaftsbad und Schlafsäle für vier bis zehn Personen sowie Frühstück, Grillen am Fluss und Wandertipps. Autofahrer sollten sich auf eine lange, steile und schwierige Zufahrtsstraße gefasst machen; zu finden über die ausgeschilderte Straße bei Goodrich Castle und dann an der Gabelung rechts.

Garth Cottage
B&B ££

(☏ 01600-890364; www.garthcottage-symondsyat. com; Symonds Yat East; EZ/DZ 50/85 £; ⊘ Mitte März–Okt.; P 🛜) Das überaus freundliche und effektiv geführte B&B in Familienbesitz liegt am Fluss Wye direkt am Fähranleger. Die komfortablen, etwas kitschigen, makellos sauberen Zimmer haben geblümte Stoffe, Tee- und Kaffeemaschinen sowie herrlichen Flussblick. Das hausgemachte Frühstück ist hervorragend. Bei längerem Aufenthalt gibt es Ermäßigungen.

★ Tudor Farmhouse
BOUTIQUEHOTEL £££

(☏ 01594-833046; www.tudorfarmhousehotel.co. uk; High St, Clearwell; DZ 100–200 £, Suite 200–230 £, alle mit Frühstück; P 🛜 🐾) Das hervorragend modernisierte Bauernhaus birgt innen eine schicke Welt aus Weiß- und Cremetönen mit Wendeltreppen aus der Tudorzeit. Die Zimmer im Haupthaus mit freiliegenden Balken sind stilvoll eingerichtet und mit karierten Decken und Nespresso-Maschinen ausgestattet. Besonders romantisch ist die geräumige „Roost"-Suite mit ihrer Löwenfußbadewanne. In Nebengebäuden

gibt es weitere Zimmer. Das außergewöhnliche **Restaurant** serviert modern britische Küche (Hauptgerichte 13–25 £, 2-/3-Gänge-Mittagsmenü 22/25 £; ⊘ 8–10, 12–17 & 18.30–21 Uhr; P 🛜).

★ Saracens Head Inn
MODERN BRITISCH ££

(☏ 01600-890435; www.saracensheadinn.co.uk; Symonds Yat East; Hauptgerichte 11–18 £; ⊘ 12–14.30 & 18.30–21 Uhr; P 🛜 🖉 🐾) In diesem einladenden Gastropub direkt neben dem Fähranleger ist jedes der modern interpretierten britischen Gerichte mit Zutaten aus der Region 1A. Auf der Speisekarte stehen u. a. Grillhähnchen mit Knoblauch, Brioche-Burger, vegetarisches Risotto, Platten mit gebackenem Camembert und zahlreiche saisonale Spezialitäten. Mit etwas Glück gibt es den sensationellen „zermanschten" Käsekuchen zum Nachtisch. Man kann nicht nur im warmen Pub, sondern auch draußen auf Bänken mit Flussblick speisen. Reservierung ist ratsam.

BUCKINGHAMSHIRE, BEDFORDSHIRE & HERTFORDSHIRE

Die grünen Grafschaften, die heute im Einzugsgebiet von London liegen, waren einst ländliche Rückzugsorte für reiche und adlige Stadtbewohner, besonders als Gestank und Dreck des industriellen Zeitalters ihren Höhepunkt erreichten. In den weiten Tälern und auf den bewaldeten Hügeln sind etliche herrschaftliche Anwesen und Gärten zu finden, viele davon heute der Öffentlichkeit zugänglich.

Die **Chilterns Area of Outstanding Natural Beauty** (AONB: „Gebiet von außergewöhnlicher Naturschönheit"; www.visit chilterns.co.uk) erstreckt sich über eine Fläche von 840 km² von Hitchin (Hertfordshire) über Bedfordshire und Buckinghamshire bis nach Oxfordshire.

Woburn

933 EW.

Das beschauliche Dorf im ländlichen Bedfordshire, etwa 10 km südöstlich von Milton Keynes, existiert seit dem 10. Jh. Trotz Besucherattraktionen, dem einzigen Sternerestaurant der Grafschaft und einer belebten Hauptstraße ist es noch immer zauberhaft verschlafen.

Sehenswertes

Woburn Abbey HERRENHAUS
(📞01525-290333; www.woburnabbey.co.uk; Park St; Erw./Kind 16/7,25 £; ⊙Haus Mitte März–Okt. 11–17 Uhr, Gärten Mitte März–Okt. 10–17 Uhr) Woburn Abbey, ein wunderbares Herrenhaus in einem 1200 ha großen Wildpark, war ursprünglich eine Zisterzienserabtei, wurde aber von Heinrich VIII. aufgelöst und dem

---

ABSEITS DER ÜBLICHEN PFADE

STOWE GARDENS

Die herrlichen 160 ha großen **Stowe Gardens** (NT; 📞01280-817156; www. nationaltrust.org.uk; New Inn Farm; Erw./ Kind 11,20/5,60 £; ⊙März–Okt. 10–18 Uhr, Nov.–Feb. bis 16 Uhr; 🅿) wurden im 18. Jh. von den besten Landschaftsgärtnern Großbritanniens angelegt, unter ihnen Lancelot „Capability" Brown, dessen Karriere in Stowe begann. Die Anlagen sind berühmt für ihre zahlreichen Tempel und Zierbauten, die der superreiche Richard Temple (erster Viscount Cobham) in Auftrag gab. Sein Familienmotto lautete Templa Quam Deiecta („Wie lieb sind mir deine Tempel"). Die Wege schlängeln sich vorbei an Teichen, Tempeln, Brunnen und Kaskaden, führen über Brücken und durch das „Griechische Tal" von Capability Brown.

Grafen von Bedford übereignet (der heutige Herzog von Bedford lebt dort immer noch). In den opulenten Räumlichkeiten sind Gemälde von Gainsborough, Reynolds und van Dyck sowie 21 beindruckende Ansichten von Venedig von Canaletto ausgestellt. Zu den Highlights zählen das Schlafzimmer von Königin Victoria, wunderschöne Wandbehänge und Vitrinen im Chinesischen Salon sowie die mysteriöse Geschichte der „Fliegenden Herzogin".

Woburn Safari Park ZOO
(www.woburnsafari.co.uk; Woburn Park; Erw./Kind 23/16 £; ⊙Mitte Feb.–Okt. 10–17 Uhr) Der Zoo ist mit seiner Fläche von 150 ha das größte Freigehege im Land. Nashörner, Tiger, Löwen, Zebras, Bisons, Affen, Elefanten, Giraffen, Wölfe und Wallabys durchstreifen das Gelände und können vom Auto aus beobachtet werden. Im Areal der „Safari zu Fuß" sind Löwen, Pinguine, Erdmännchen und Lemuren zu sehen.

 Essen

⭐ **Paris House** MODERN BRITISCH £££
(📞01525-290692; www.parishouse.co.uk; Woburn Park, London Rd; mittags 43 £, abends 91–109 £; ⊙Mi & Do 12–13.30 & 19–20.30, Fr & Sa bis 21, So 12–14 Uhr) Das Paris House auf dem Woburn Estate ist ein hübsches Gebäude in Schwarz-Weiß, an dem der 9. Herzog von Bedford bei einem Besuch in der französischen Hauptstadt Gefallen fand, weshalb er es nach England verfrachten ließ. Im Zweiten Weltkrieg hielt sich hier die Königin oft auf. Heute ist es das beste und einzige Restaurant mit Michelin-Stern in Bedfordshire, das exquisite Probiermenüs mit sechs bis zehn Gängen serviert.

ℹ Praktische Informationen

Der Woburn Passport (Erw./Kind 29,99/18,99 £) gilt von April bis November und kann innerhalb von zwölf Monaten an zwei verschiedenen Tagen benutzt werden und dient als Eintrittskarte für Woburn Abbey und den Woburn Safari Park.

Waddesdon

1797 EW.

Das kleine, verschlafene Waddesdon liegt 8 km nordwestlich von Aylesbury an der A41 und lohnt wegen seines prächtigen Herrenhauses aus dem 19. Jh. durchaus einen Besuch.

WARNER BROS STUDIO TOUR: THE MAKING OF HARRY POTTER

Egal ob nur mäßig interessiert oder absoluter Potter-Fan: Die magische **Warner Bros Studio Tour: The Making of Harry Potter** (☎ 0345 084 0900; www.wbstudiotour.co.uk; Studio Tour Dr, Leavesden, WD25; Erw./Kind 35/27 £; ⊙ 10–18 Uhr, tageweise unterschiedlich; ℗; ▣ Watford Junction, dann Pendelbus) ist die zugegebenermaßen gepfefferten Eintrittspreise wert. Der Besuch muss für ein festes Datum und eine feste Uhrzeit gebucht werden. Man sollte 20 Minuten vorher da sein und mindestens zwei bis drei Stunden Zeit mitbringen, um dem gerecht zu werden, was hier geboten wird. Die Tour beginnt mit einem kurzen Film, bevor es durch riesige Tore in die echte Kulisse der Great Hall von Hogwart geht – nur der erste von vielen „Wow"-Momenten.

Ab dort können die Besucher weitere Schauplätze auf eigene Faust erkunden, auch einen großen Hangar mit den bekanntesten Innenkulissen (Dumbledores Büro, der Gemeinschaftsraum im Haus Gryffindor, Hagrids Hütte), einen weiteren Hangar mit Bahnsteig 9¾ und dem Hogwarts Express sowie ein Freiluftareal mit dem Privet Drive, dem lilafarbenen Dreifachdecker Knight Bus, Sirius Blacks Motorrad und einem Laden, der Snacks und Butterbier (sehr süß!) verkauft. Unterwegs schalten sich Videobildschirme ein und gewähren viele weitere Einblicke in die Produktionsarbeit.

Zu den weiteren Highlights zählen die Trickwerkstatt (Hallo Hippogreif!) und ein Bummel die Winkelgasse hinunter. Ausgestellt sind all die beliebten Kreaturen von der riesigen Aragog bis hin zu Hauself Dobby. Der magischste Moment kommt zum Schluss – ein schimmerndes, atemberaubendes Modell von Hogwarts im Maßstab 1:24, das für die Außenaufnahmen genutzt wurde. Dann folgt die größte Herausforderung für Fans und Eltern: ein ebenfalls gut gemachter Laden mit allen Zauberaccessoires, den Schuluniformen der einzelnen Hogwarts-Häuser und Kopien der Zauberstäbe von jeder nur denkbaren Figur.

Für Besucher, die mit dem eigenen Auto kommen, gibt es einen großen, kostenlosen Parkplatz und ausführliche Wegbeschreibungen auf der Website. Ansonsten fahren Züge von London Euston (9,80 £, 20 Min.) zur Watford Junction, wo ein Pendelbus abfährt (hin & zurück 2,50 £, 10 Min.).

◉ Sehenswertes

Waddesdon Manor · HERRENHAUS

(NT; ☎ 01296-653226; www.waddesdon.org.uk; an der A41; Erw./Kind 18/9 £, nur Gärten 9/4,50 £; ⊙ Haus Mi–Fr 12–16, Sa & So 11–16 Uhr, Gärten Ende März–Dez. Mi–So 10–17 Uhr; ℗) Waddesdon Manor, ein Märchenschloss im französischen Renaissancestil, wurde 1889 für Baron Ferdinand de Rothschild gebaut, damit er seine Sammlung französischer ornamentaler Kunst ausstellen und glanzvolle Partys feiern konnte. Beim Anblick der pompösen Pracht fällt es nicht schwer, sich dazu die Crème de la Crème der viktorianischen Gesellschaft vorzustellen, wie sie in den prunkvollen Räumen die Puppen tanzen lässt. Das Haus ist nur im Rahmen einer Führung (im Voraus buchen) zu besichtigen, aber die exquisiten Gärten stehen jederzeit offen.

Nur wenige Ecken im Innern sind nicht verziert, allein der Bachelor's Wing zeichnet sich spürbar durch Zurückhaltung aus. Zu sehen sind herausragende Sammlungen von Gemälden alter niederländischer Meister und englischer Porträts (von Größen wie Reynolds und Gainsborough), Sèvres-Porzellan, reich verziertes Mobiliar und der große Weinkeller.

Auf dem Grundstück gibt es einen herrlichen Barockgarten mit Blumen in allen Farben und einem Brunnen mit Figuren von Pluto und Proserpina sowie moderne Skulpturen, einen Rosengarten und ein Vogelhaus mit Rokokoarchitektur und seltenen exotischen Vögeln.

Von April bis Oktober verkehrt ein kostenloser Pendelbus täglich nach/von Aylesbury (Zeiten online).

🛏 Schlafen & Essen

Five Arrows Hotel · HOTEL £££

(☎ 01296-651727; www.thefivearrows.co.uk; High St; EZ/DZ mit Frühstück ab 85/210 £; ℗ 🛜) Das Five Arrows wurde ursprünglich als Gasthaus für die Kunsthandwerker errichtet, die in Waddesdon Manor beschäftigt waren. Die 16 Zimmer sind stilvoll renoviert worden und Gäste haben freien Zugang zu den Schlossgärten. Das helle, elegante **Restaurant** (Hauptgerichte 17–23 £; ⊙ 12–14.15 & 18.30–

ROYAL ASCOT

Wer sich in Schale wirft, kann sich beim **Royal Ascot** (☎ 0844 346 3000; www.ascot.co.uk; Ascot; Windsor Enclosure pro Tag ab 34 £, Queen Anne Enclosure pro Tag ab 75 £; ⊙ Mitte Juni) unter die Schickeria mischen. Es ist das größte Pferderennen des Jahres und besteht bereits seit 1711. Hier treffen die königliche Familie, hohe Prominenz und die Reichen und Schönen zusammen, um ihre Jimmy Choos vorzuzeigen und die eine oder andere Wette abzuschließen. Tickets für das fünftägige Event müssen allerdings lange im Voraus gebucht werden.

Atmosphäre lässt sich von der Windsor Enclosure aus schnuppern, in der Queen Anne Enclosure trifft man auf die Damen mit den ausgefallenen Hüten.

21.15 Uhr; ℗) serviert in seinem vornehmen Saal ausgezeichnete britisch moderne Küche der gehobenen Art.

⊙ An- & Weiterreise

Waddesdon liegt 8 km nordwestlich von Aylesbury an der A41. Dort gibt es zwei Bahnhöfe mit regelmäßigen Zugverbindungen nach London Marylebone (16 £, 1 Std.). Bus 16 und 16 von **Red Rose Travel** (www.redrosetravel.com) verkehren montags bis samstags zwischen Waddesdon und Aylesbury (3 £, 15 Min.).

St. Albans

82 146 EW.

Unter dem Namen Verulamium war St. Albans einst die drittgrößte Stadt im römischen Britannien. Ihren heutigen Namen erhielt sie nach einem christlichen, römischen Soldaten, der hier um 250 n. Chr. sein Leben ließ und der erste englische Märtyrer wurde. Heute ist St. Albans eine geschäftige und wohlhabende Marktstadt an der Grenze zu den nordwestlichen Ausläufern Londons mit vielen windschiefen Tudorgebäuden, eleganten georgianischen Stadthäusern und einer phantastischen epochenüberspannenden Kathedrale.

⊙ Sehenswertes

★ St. Alban's Cathedral   KATHEDRALE

(☎ 01727-890200; www.stalbanscathedral.org; nahe Ecke High St/Holywell Hill; Eintritt frei; ⊙ 8.30–17.45 Uhr, kostenlose Führungen Mo–Fr 11.30 & 14.30, Sa 11.30 & 14, So 14.30 Uhr) Die gewaltige Kathedrale ist eine prachtvolle Mischung aus normannisch-romanischer und gotischer Architektur. König Offa von Mercia ließ sie 793 um das Grab von St. Alban erbauen, der hier um das Jahr 250 n. Chr. den Märtyrertod erlitt. Das längste mittelalterliche Kirchenschiff des Landes besitzt eine reich geschmückte Decke, halb verblichene Wandgemälde aus dem 13. Jh., runde normannische Bögen gefertigt aus Ziegelsteinen des römischen Verulamium und natürlich den Schrein von St. Alban hinter einer steinernen Altarwand.

Verulamium Museum   MUSEUM

(☎ 01727-751810; www.stalbansmuseums.org.uk; St. Michael's St; Erw./Kind 5/2,50 £; ⊙ Mo–Sa 10–17.30, So 14–17.30 Uhr) Das phantastische multimediale Museum zum Alltagsleben im römischen Verulamium zeigt Haushaltsgegenstände, landwirtschaftliche Geräte, Legionärsrüstungen, Plastiken, Schmuck, Glaswaren, Münzen, Tongegenstände und Grabbeigaben. Das große Highlight ist jedoch der Mosaikraum, in dem fünf großartige Mosaikböden ausgelegt sind, die zwischen 1930 und 1955 entdeckt wurden. Darunter befindet sich auch ein schönes Mosaik in Muschelform, das auf die Zeit um das Jahr 130 n. Chr. zurückgeht. Im angrenzenden Verulamium Park stehen die Reste einer Basilika, eines Badehauses, eines Mosaiks und Teile der Stadtmauer.

🛏 Schlafen & Essen

St Michael's Manor Hotel   HOTEL £££

(☎ 01727-864444; www.stmichaelsmanor.com; Fishpool St; DZ mit Frühstück 145–200 £; ℗ 🛜) Die 30 Zimmer in diesem 500 Jahre alten Herrenhaus, das malerisch an einem See liegt, verstecken sich hinter ruhigen Fluren mit Teppichboden und sind opulent und individuell eingerichtet. Es gibt acht besonders schicke „Luxus-Gartenzimmer", deren moderner Stil durch tiefe Purpur- und Rottöne sowie gemusterte Tapeten geprägt ist. Das „Mulberry" verfügt über ein Himmelbett und eine verspiegelte Badezimmertür. Die Zimmer im Haupthaus sind nicht ganz so prächtig, entschädigen aber durch ihren historischen Charme und modernen Komfort.

Lussmanns Fish & Grill   MODERN BRITISCH ££

(☎ 01727-851941; www.lussmanns.com; Waxhouse Gate, nahe der High St; Hauptgerichte 13–20 £; ⊙ So–Do 12–21.30, Fr & Sa bis 22.30 Uhr; ✍) ☘

Das helle, moderne Restaurant, nur ein paar Schritte von der Kathedrale entfernt, serviert ein wechselndes, saisonal und ethisch bestimmtes Angebot kreativer, britischer Gerichte mit mediterranem Touch und meist regionalen Zutaten wie z. B. Salat mit Granatapfeldressing oder Hühnchen mit Pancetta. Es gibt einen günstigen Mittagstisch mit einem Glas Wein (zwei/drei Gänge 12,50/17,95 £).

❶ Praktische Informationen

Touristeninformation (☏ 01727-864511; www.enjoystalbans.com; Alban Arena, nahe der St Peter's St; ⊙ Mo–Sa 10–16.30 Uhr)

❶ An- & Weiterreise

Zwischen St. Albans City, 1,6 km östlich vom Zentrum, und London King's Cross/St. Pancras (11,60 £, 20 Min.) sowie London Blackfriars (11,60 £, 30 Min.) bestehen regelmäßige Zugverbindungen.

THAMES VALLEY

Dieses wohlhabende Ende der Welt im Westen Londons dient einigen der wichtigsten Persönlichkeiten Englands als ländlicher Zufluchtsort. Die Hauptstadt ist leicht zu erreichen und doch Welten entfernt. In der idyllischen Landschaft liegen ein paar schöne Dörfer und historische Herrensitze sowie einige Spitzenattraktionen. Viele Menschen auf der Suche nach royaler Pracht zieht es nach Windsor und Eton und Henley-on-Thames ist für seine Ruderregatta im Juli berühmt. Das kleine Bray wiederum trumpft mit seinen Sternerestaurants als gastronomische Hauptstadt des Landes auf.

Windsor & Eton

31 225 EW.

Die beiden benachbarten Orte an der Themse werden vom massiven Windsor Castle dominiert. Surreale Atmosphäre kommt auf, wenn in Windsor vormittags mit allem Pomp der zeremonielle Wachwechsel stattfindet und im winzigen Eton Schuljungen im Frack durch die Straßen flitzen.

Das Ortszentrum von Windsor steckt voller teurer Boutiquen, vornehmer Cafés und gut besuchter Restaurants. Eton, direkt nördlich auf der anderen Flussseite, ist ruhiger. Die einzige Straße im Zentrum säumen

rauf und runter Antiquitätenläden und Kunstgalerien. Beide lassen sich von London aus gut bei einem Tagesausflug besuchen.

◎ Sehenswertes

★**Windsor Castle** BURG, SCHLOSS
(☏ 0303 123 7304; www.royalcollection.org.uk; Castle Hill; Erw./Kind 20/11,70 £; ⊙ März–Okt. 9.30–17.15 Uhr, Nov.–Feb. 9.45–16.15 Uhr; ♿; 🚌 702 ab London Victoria, 🚆 London Waterloo nach Windsor & Eton Riverside, 🚆 London Paddington nach Windsor & Eton Central über Slough) Windsor Castle, die größte und älteste noch bewohnte Burg der Welt, ist ein majestätisches Bauwerk aus Festungsmauern und Türmen. Sie wird zu Staatsanlässen genutzt und ist eine offizielle Residenz der Queen. Ist die daheim, flattert der Royal Standard am Round Tower. Auf kostenlosen Führungen (alle halbe Stunde) können die Höfe besichtigt werden. Mit einem Multimediagerät in der Hand geht es durch die opulenten Prunkzimmer und wunderschönen Kapellen. Einzelne Teile können jedoch jederzeit auch kurzfristig wegen besonderer Anlässe gesperrt sein. Wer nicht Schlange stehen möchte, bucht die Eintrittskarten online.

Die erste königliche Residenz in Windsor errichtete Wilhelm der Eroberer 1080; seither haben seine Nachfolger den Burgkomplex neugebaut, umgestaltet und renoviert und so den massiven, luxurösen Komplex von heute geschaffen. Heinrich II. ersetzte 1170 die hölzerne Einfriedung durch Steinmauern, Elisabeth I. sorgte für die Renovie-

ABSTECHER

BLETCHLEY PARK

Bletchley Park (☏ 01908-640404; www.bletchleypark.org.uk; Bletchley; Erw./Kind 17,25/10,25 £; ⊙ 9.30–17 Uhr; 🅿) war der Schauplatz einer gewaltigen Dechiffrierungsoperation im Zweiten Weltkrieg, die in dem Film *The Imitation Game – Ein streng geheimes Leben* von 2014 dramatisiert wurde. Fast 8500 Menschen waren hier unter strengster Geheimhaltung mit Abhören, Entziffern, Übersetzen und Auswerten der täglich bis zu 20 000 feindlichen Nachrichten beschäftigt. In Block B befindet sich die Dekodierungsmaschine mit dem Namen „Turing-Bombe"; ehrenamtliche Fremdenführer erklären gern, wie sie funktioniert.

Windsor & Eton

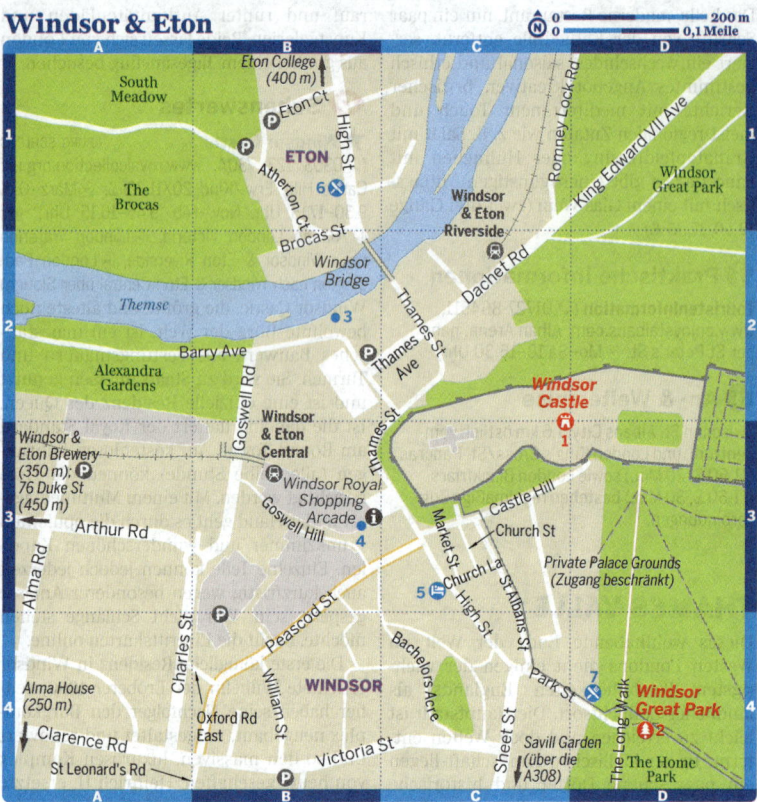

Windsor & Eton

rung großer Teile des Schlosses, Karl II. ließ die State Apartments aufwendig im barocken Stil einrichten, Georg IV. fügte seine eigenen Neuerungen hinzu und Königin Victoria veranlasste die Umgestaltung einer Kapelle zur Erinnerung an ihren geliebten Albert.

➡ Queen Mary's Dolls' House

Die erste Station auf der Führung ist meistens das unglaubliche Puppenhaus, das Edwin Lutyens zwischen 1921 und 1924 im Maßstab 1:12 für Königin Maria entwarf. Die Detailtreue ist faszinierend – es gibt fließend Wasser, Strom und Licht, winzige Kronjuwelen, Jahrgangswein im Keller und Mini-Bücher literarischer Größen in der Bibliothek. Mit Warteschlagen rechnen.

➡ State Apartments

Die Prunktreppe, gesäumt von Rüstungen, Waffen und einer Statue von Königin Victoria, ist der Auftakt zu einer Reihe spektakulärer Prunksäle, die von Blattgold glänzen und in denen jeder Zentimeter bemalter Fläche und jeder glitzernde Kronleuchter das „royal" nur so herausposaunen. Zu den Highlights gehört die St. George's Hall, die für Staatsbankette für bis zu 162 Personen genutzt wird; ihre hohen Decken sind mit bemalten Schilden der Ritter vom Hosenbandorden verkleidet. Für intimere Zusammenkünfte (bis zu 60 Personen) nutzt die Queen das Waterloo Chamber, das mit Porträts von Staatsmännern wie dem Herzog von Wellington und Georg IV. den Sieg über Napoleon im Jahr 1815 feiert.

Die State Apartments beherbergen eine Reihe exquisiter Kunstwerke wie Gemälde von Rubens, Canaletto und Anthony van Dyck.

➧ St. George's Chapel

Die elegante Kapelle, die 1475 von Eduard IV. für den Hosenbandorden in Auftrag gegeben wurde, ist eines der schönsten Bauwerke der Spätgotik in England. Das Schiff mit seinem schönen Fächergewölbe wurde unter Heinrich VII. vollendet, aber gänzlich fertiggestellt wurde die Kapelle erst 1528 unter Heinrich VIII.

Die Kapelle dient als königliches Mausoleum neben Westminster Abbey. Hier ruhen zehn Monarchen, unter ihnen Heinrich VIII., Jane Seymour, Karl I. sowie Vater (König Georg VI.), Mutter (Königin Elisabeth) und Schwester (Prinzessin Margaret) der derzeitigen Königin.

Die St. George's Chapel ist sonntags geschlossen, aber wer einen Besuch plant, kann am Frühgottesdienst oder an der Abendandacht um 17.15 Uhr teilnehmen.

➧ Albert Memorial Chapel

Die kleine Kapelle, die 1240 gebaut und Eduard dem Bekenner gewidmet ist, war das Gotteshaus des Hosenbandordens, bis diese Ehre der St. George's Chapel zuteil wurde. Nach dem Tod von Prinz Albert 1861 in Windsor Castle befahl Königin Victoria die aufwendige Neugestaltung zu Ehren ihres geliebten Gatten. Ein wichtiger Teil des Umbaus ist die prachtvolle Gewölbedecke, deren Goldmosaiksteine in Venedig hergestellt wurden.

Es gibt ein Grabmal für den Prinzen, aber bestattet ist er zusammen mit Königin Victoria im Royal Mausoleum im Frogmore House im Windsor Great Park. Ihr jüngster Sohn, Prinz Leopold (Herzog von Albany), ist jedoch in der Albert Memorial Chapel begraben.

➧ Changing of the Guard

Der Wachwechsel ist ein fabelhaftes Spektakel mit schmetternder Militärmusik und reichlich Fußgestampfe von aufgeputzten Jungs in roter Uniform und Bärenfellmütze. Das Ritual lockt jeden Tag massenhaft Besucher zum Windsor Castle. Von April bis Juli findet die Ablösung montags bis samstags um 11 Uhr, von August bis März nur jeden zweiten Tag statt.

⭐ Windsor Great Park   PARK

(☑01753-860222; www.windsorgreatpark.co.uk; Windsor; ☉Sonnenaufgang–Sonnenuntergang) **GRATIS** Im etwa 20 km² großen Windsor Great Park, der sich hinter dem Windsor Castle südwestlich fast bis nach Ascot erstreckt, gibt es einen See, Wanderwege, einen Reitweg, Gärten und einen Wildpark mit 500 Tieren Rotwild. Der beliebte Long Walk ist ein 4 km langer Spazierweg vom King George IV Gate, südlich vom Schloss, bis zur Statue Copper Horse (Georg III.) aus dem Jahr 1831 auf dem Snow Hill, dem höchsten Punkt des Parks. Von Windsor aus erfolgt der Zugang über die Park Street.

Eton College   GEBÄUDE

(☑01753-370100; www.etoncollege.com; High St, Eton; ☉für die Öffentlichkeit geschl.) Eton College ist Englands größte und berühmteste private Internatsschule für Jungs zahlender Eltern und zweifellos das beständigste Symbol der englischen Klassengesellschaft. Zu den berühmten Absolventen gehören 19 britische Premierminister, zahllose Prinzen, Könige und Maharadschas, Forschungsreisende, Autoren, Schauspieler und Wirtschaftswissenschaftler, z. B. die Prinzen William und Harry, George Orwell, Ian Fleming, John Maynard Keynes, Bear Grylls und Eddie Redmayne.

Eton wurde 1440 von Heinrich VI. zur Unterweisung von 70 hochbegabten Jungen gegründet, die ein Stipendium aus der Kasse des Königs erhielten. Seither werden in strengen Prüfungen jedes Jahr 70 „King's Scholars" ausgewählt. Diese Jungen wohnen in separaten Quartieren, getrennt von den etwa 1300 anderen Schülern. Alle sind Internatsschüler und müssen zum Unterricht eine Schuluniform aus Frack, Weste und weißem Kragen tragen (der Zylinder wurde 1948 abgeschafft).

Im Sommer werden meist Führungen über den Schulcampus angeboten (2017: 5. Mai–8. Sept. freitags 14 & 16 Uhr, 10 £, mit Online-Reservierung, s. Website).

Runnymede   HISTORISCHE STÄTTE

(NT; www.nationaltrust.org.uk; Windsor Rd, Old Windsor; Parkplatz pro Std. 1,50 £; ☉Stätte Sonnenaufgang–Sonnenuntergang, Parkplatz April–Sept. 8.30–19, Okt., Nov., Feb. & März bis 17 Uhr, Dez. & Jan. bis 16 Uhr) **GRATIS** Im Juni 1215 versam-

READING FESTIVAL

Am Bank-Holiday-Wochenende im August fallen bis zu 87 000 Fans in die Industriestadt Reading ein, um eines der größten Rock-Festivals des Landes mitzuerleben. Beim dreitägigen **Reading Festival** (📞020-70093001; www. readingfestival.com; Reading; Tickets Tag/ Wochenende 66,50/213 £; ⏱ Aug.) treten Spitzenmusiker aus der Rock-, Indie-, Punk-, Metal- und Alternativszene auf. Hardcore-Fans zelten übers ganze Wochenende, die anderen kaufen sich eine Tageskarte.

melte König Johann Ohneland seine Barone auf diesem Feld 5 km südöstlich von Windsor und vereinbarte mit ihnen einen Grundrechtekatalog, der Freiheiten der Untertanen und Einschränkungen der absoluten Macht des Monarchen festlegte. Das von allen unterzeichnete Dokument war die Magna Carta, die erste Verfassung der Welt. Das Feld sieht heute noch ziemlich genauso aus wie in jener Zeit, außer dass dort inzwischen mehrere Denkmäler aus neuerer Zeit und zwei Landhäuser (1929) nach Entwürfen von Edwin Lutyens stehen.

Die Magna Carta bildete die Grundlage für die Gesetzgebung in allen Demokratien der Welt. Sowohl die Verfassung der USA als auch die Verfassungen der einzelnen Bundesstaaten der USA, die 500 Jahre später proklamiert wurden, berufen sich auf sie. Zum Gedenken an dieses Vermächtnis errichtete die American Bar Association 1957 hier das **Memorial to Magna Carta** im Stil eines griechischen Tempels auf dem Feld hinter dem Parkplatz. Ein kleines Stück den Hügel hinauf steht umgeben von Bäumen das **President John F. Kennedy Memorial** von 1965 auf einem halben Hektar Land, das Großbritannien den USA schenkte. Mitten auf dem Hauptfeld befindet sich das Denkmal **The Jurors**, das mit seinen 12 Bronzestühlen an den 800. Jahrestag der Magna Carta (2015) erinnert.

Nach einem Marsch durch das matschige Gelände zu diesen drei Denkmälern kann man, den Hügel weiter hinauf, einem 2,4 km langen Rundweg zum bewegenden **Commonwealth Airforces Memorial** folgen, wo die Namen von 20 000 Piloten aus Großbritannien, Kanada, Neuseeland, Australien, Indien und Südafrika festgehalten sind, die

im Zweiten Weltkrieg ums Leben kamen, ohne ein Grab zu finden.

Von Windsor aus hält Bus Nr. 71 (4,20 £, 10 Min.) 800 m nordwestlich von Runnymede an der Windsor Road (A308).

Geführte Touren

French Brothers BOOTSTOUREN
(📞01753-851900; www.frenchbrothers.co.uk; Windsor Promenade, Barry Ave, Windsor; ⏱ Mitte Feb.–Okt. 10–17 Uhr) Verschiedene Bootsausflüge auf/nach der Themse von/nach Runnymede (Erw./Kind 14,40/9,60 £ hin und zurück) und rund um Windsor (Erw./Kind ab 7,40/4,95 £).

Royal Windsor Town Walks STADTRUNDGANG
(📞01753-743900; www.windsor.gov.uk; Touristeninformation, Old Booking Hall, Windsor Royal Shopping Arcade, Thames St; Erw./Kind 7,50/6,50 £; ⏱ Ostern–Aug. Sa 11.45 & So auch 14.30 Uhr) Ausführliche einstündige Rundgänge starten von der Touristeninformation (S. 229); können auch online gebucht werden.

Schlafen

Alma House B&B ££
(📞01753-862983; www.almahouse.co.uk; 56 Alma Rd, Windsor; EZ/DZ ab 65/75 £; 🖥🅿) Die vier renovierten Zimmer in diesem schönen viktorianischen Stadthaus 800 m südwestlich vom Schloss verfügen über bequeme Betten, viel Licht und eine Einrichtung in geschmackvollen Creme- und Purpurtönen. Zwei der Zimmer sowie das im ebenso gemütlichen Ausbau an der Hinterseite sind für Familien geeignet. Beim kleinen kontinentalen Frühstück bedienen sich die Gäste selbst.

Macdonald Windsor Hotel HOTEL £££
(📞0344 879 9101; www.macdonaldhotels.co.uk/Windsor; 23 High St, Windsor; Zi. ab 158 £; 🅿🖥🍴) Das Hotel, die eleganteste Unterkunft in Windsor, sieht von außen klein und urig aus, aber hinter der Drehtür verbergen sich 120 schicke Zimmer. Dunkelbraune und Creme-, Rot- und Purpurtöne verleihen der modernen Einrichtung vornehmes Flair. Ein weiteres Plus sind Annehmlichkeiten wie Kaffeekapselmaschinen und ein freundlicher, professioneller Service. Einige Zimmer haben Schlossblick.

Essen & Trinken

Two Brewers PUBESSEN ££
(📞01753-855426; www.twobrewerswindsor.co.uk; 34 Park St, Windsor; Hauptgerichte 12,50–17 £; ⏱ Mo–Do 11.30–23, Fr & Sa 11.30–23.30, So

12–22.30 Uhr) Das Essen in diesem gemütlichen Pub aus dem 18. Jh. am Rand des Windsor Great Park ist schmackhaft und einen Tick besser als die übliche Pubkost. Auf der Speisekarte stehen u. a. Suppen, Salate, Tapas, Steaks, Fischfrikadellen und Käseplatten. Vor der blumenbedeckten Außenfassade stehen Bänke und innen sorgen niedrige Balkendecken, schummrige Beleuchtung und im Winter ein prasselndes Feuer im Kamin für die richtige Atmosphäre.

Gilbey's
MODERN BRITISCH **£££**

(☎01753-854921; www.gilbeygroup.com; 82–83 High St, Eton; Hauptgerichte 17–23 £, 2-/3-Gänge-Menü 22,50/28,50 £; ☺Mo 18–22, Di–So 12–15 & 18–22 Uhr) Das klein, aber perfekt eingerichtete Bistro-Restaurant im Herzen Etons ist eines der besten in der Gegend. Mit seinen Terrakottafliesen, der dunkelgrünen Einrichtung, dem sonnigen Hofgarten und dem Wintergarten wirkt das Gilbey's eher wie ein kontinentales Café, aber auf den Tisch kommt hervorragende modern britische Küche, d. h. Suppen, Steaks, Pies, besondere Käsesorten und Sonntagsessen. Dazu gibt's den passenden Wein aus der umfangreichen Weinkarte.

Windsor & Eton Brewery
BRAUEREI

(☎ 01753-854075; www.webrew.co.uk; 1 Vansittart Estate, Windsor; ☺Mo–Fr 8–18, Sa 10–15 Uhr) Prämiertes Knight of the Garter (ein helles Ale), Eton Rifles oder Windsor Knot, ein Spezialgebräu zur Hochzeit von Kate und William, gehören zu den Bieren, die diese Kleinbrauerei westlich vom Stadtzentrum ausschenkt und verkauft. Ab und zu gibt es zweistündige Führungen.

❶ Praktische Informationen

Touristeninformation (☎ 01753-743900; www. windsor.gov.uk; Old Booking Hall, Windsor Royal Shopping Arcade, Thames St; ☺April–Sept. 10–17 Uhr, Okt.–März bis 16 Uhr) Hier gibt's eine Karte zu einem historischen Stadtspaziergang (2,20 £).

❶ An- & Weiterreise

BUS

Ab Windsor fahren Courtney-Busse nach/von Bray (16/16A; 3,30 £, 30 Min.). First-Busse verbinden Windsor und Eton mit Heathrow Terminal 5 (60/61/71/77; 5 £, 30 bis 50 Min.). Die Busse von Green Line (www.greenline.co.uk) fahren nach/von London Victoria (6 £, 2 Std.).

ZUG

Züge verkehren direkt von Windsor & Eton Riverside (Dachet Road) nach London Waterloo (10 £, 1 Std.), deutlich schneller geht es aber von Windsor & Eton Central (Thames Street) mit Umsteigen in Slough nach London Paddington (10 £, 28 bis 46 Min.).

Bray
8425 EW. (GEMEINDE)

Kaum zu glauben, dass dieses winzige Dorf an der Themse 7,2 km nordwestlich von Windsor mit seinen Häuschen aus Feuerstein, Ziegeln und Fachwerk die Feinschmeckerhauptstadt Großbritanniens sein soll. Aber in Bray gibt es eins von nur drei Restaurants im ganzen Land, die 2016 in der Gourmetbibel Michelin drei Sterne erhalten haben (mehr geht nicht). Hinzu kommen zwei Pubs, die ebenfalls mit einem Michelin-Stern ausgezeichnet wurden. Ende 2015 hat Heston Blumenthal sein viel gepriesenes Fat Duck (S. 230) hier wieder eröffnet.

Viel mehr als ausgezeichnet speisen kann man in Bray allerdings nicht.

✖ Essen

★ Waterside Inn
FRANZÖSISCH **£££**

(☎01628-620691; www.waterside-inn.co.uk; Ferry Rd; Hauptgerichte 53–59 £, 2-/3-Gänge-Mittagsmenü 49,50/62 £; ☺Mi–So 12–14 & 19–22 Uhr, Ende Dez.–Ende Jan. geschl.) Von dem Moment, da der Hausdiener die Autotür öffnet, bis zur letzten Servierplatte mit Petit Fours ist klar, dass es sich um ein mit drei Michelin-Sternen ausgezeichnetes Restaurant handelt. Seit 40 Jahren zaubert Chefkoch Alain Roux seine Kunst und kreiert außergewöhnliche Gerichte, die eine kleine Kellnerarmee in einem Raum serviert, der auf die Themse blickt. Zimmer werden ebenfalls vermietet (ab 260 £).

★ Hind's Head
GASTROPUB **£££**

(☎01628-626151; www.hindsheadbray.com; High St; Hauptgerichte 18–30 £; ☺Mo–Sa 12–14.30 & 18.15–21.15, So 12–15.30 Uhr; ℗) Das Pub aus dem 15. Jh. bietet viel Atmosphäre und die Chance, die höchst kreative Küche von Heston Blumenthal relativ erschwinglich und in zwanglosem Ambiente zu genießen. Das Essen ist weniger extravagant, als man es von ihm gewohnt ist, aber es gibt immer noch genug kapriziöse Kniffe, z. B. Hühn-

chen-Schinken-Lauch-Pie mit grober Senf-
sahne oder Brot-Käse-Royale mit Marmite-
Emulsion im Zwiebelmantel.

Fat Duck
MODERN BRITISCH £££

(☎01628-580333; www.thefatduck.co.uk; High St;
Probiermenü pro Person 255 £; ☺Di–Sa 12–14 &
19–21 Uhr) Das Fat Duck, das Flaggschiff-
Lokal von Kochmagier Heston Blumenthal,
ist wohl das berühmteste Restaurant des
Landes und selbst zu den günstigsten Zeiten
ist hier kaum ein Platz zu bekommen. Nach
einem Abstecher ins australische Melbourne
2015 ist es jetzt wieder zurück und entzückt
die Glücklichen, die erfolgreich einen Tisch
reserviert haben (mindestens drei Monate
im Voraus versuchen!), mit der sehnsüch-
tig erwarteten Speisekarte. Die Gerichte
zu gesalzenen Preisen orientieren sich am
Thema Reisen.

Henley-on-Thames

11 494 EW.

Der hübsche Vorort Henley, 24 km nordwestlich von Windsor, ist gleichbedeutend
mit der Henley Royal Regatta, dem weltberühmten Ruderwettkampf. Ansonsten kann
man in diesem hübschen Städtchen am
Fluss wunderbar spazieren gehen, insbesondere an der Themse, oder sich ein paar ganz
nette Sehenswürdigkeiten ansehen.

◉ Sehenswertes

River & Rowing Museum
MUSEUM

(☎01491-415600; www.rrm.co.uk; Mill Meadows;
Erw./Kind 11/9 £; ☺10–17 Uhr; Ⓟ) Das Museum
etwa 800 m südlich vom Bahnhof widmet
sich der Rudertradition Henleys. Die Säle
im luftigen Obergeschoss präsentieren die
Geschichte des Ruderns als olympische
Sportart. Zudem sind beeindruckende Boote
ausgestellt, so z. B. die Royal Oak aus dem
frühen 19. Jh., Großbritanniens ältestes
Rennruderboot. Im Erdgeschoss widmet
sich eine 3D-Austellung Kenneth Grahames
Roman *Der Wind in den Weiden*; der hiesige
Abschnitt der Themse soll die Vorlage für den
darin vorkommenden Fluss gewesen sein.

✺ Festivals & Events

Henley Royal Regatta
SPORT

(www.hrr.co.uk; Tickets 27–30 £; ☺Juli) Fünf
Tage lang bringt die berühmte Regatta pulsierendes Leben nach Henley. Auch wenn
es ein Wettkampf der besten Ruderer ist, so
wird die Regatta doch mehr und mehr zu
einem wichtigen sozialen Ereignis für Aufsteiger, deren von Sekt angeheizte Kapriolen
den Sport schon mal in den Hintergrund
treten lassen. Aber an einem sonnigen Tag
macht es immer noch Spaß, im ausgewiesenen Bereich am Fluss zu picknicken und die
Boote vorbeirauschen zu sehen.

Bath & Südwestengland

Gut essen

→ Paul Ainsworth at No 6 (S. 348)

→ Riverford Field Kitchen (S. 298)

→ Menu Gordon Jones (S. 333)

→ Boathouse (S. 252)

Schön übernachten

→ Vintage Vacations (S. 250)

→ Scarlet (S. 349)

→ Queensberry Hotel (S. 330)

→ Hotel du Vin Exeter (S. 290)

Auf nach Bath & Südwestengland

Englands Südwesten ist einfach spektakulär. Hier ist die Vergangenheit stets präsent – in Steinkreisen, Hügelfestungen der Eisenzeit und römischen Bädern. Neben umwerfenden herrschaftlichen Häusern stehen romantische Burgen; stille Kathedralen überragen opulente georgianische Stadtlandschaften. Die Landschaft taucht Besucher in die Mythen von König Artus und Alfred dem Großen sowie in die Romane von Thomas Hardy, Jane Austen und Daphne du Maurier.

Aber der Südwesten ist auch aufgeschlossen für die Zukunft. Besucher können alternative Ökostädte, wegweisende Restaurants und coole Surferreviere ansteuern und auf Campingplätzen in schicken Jurten oder altmodischen Wohnwagen nächtigen. Dazu kommen noch drei Nationalparks, mit Fossilien reich gesegnete Küsten, Englands beste Surfspots und eine Küste voller schöner Buchten, steiler Felsformationen und stiller Sandstrände. Als Besucher hat man hier die Qual der Wahl: Wohin zuerst in Englands Südwesten?

Reisezeit

→ Klippen, Hügel und kunstvolle Gärten betören im April und Mai mit einer duftenden Blütenpracht. Saisonale Sehenswürdigkeiten öffnen und Bootstouren werden wieder angeboten.

→ Im Juni finden in Glastonbury und auf der Isle of Wight Musikfestivals statt.

→ Das beste Wetter herrscht zumindest theoretisch in der Hauptferienzeit im Juli und August.

→ Mit dem Ende der Sommerferien im September werden die Unterkünfte billiger, die Strände leerer und das Meer wärmer. Auf der Isle of Wight erklingen beim alternativen Bestival lässige Grooves.

→ Im Oktober locken höhere Wellen Surfer nach Cornwall und Norddevon. In Exmoor liefern sich riesige Hirschböcke heftige Brunftkämpfe und es beginnt die Zeit, Winterstürme zu beobachten.

Highlights

1 **Stonehenge** (S. 273) Im magischen Licht der Morgendämmerung den Steinkreis betreten

2 **Isles of Scilly** (S. 370) Im idyllischsten Archipel Großbritanniens per Fähre von Insel zu Insel hüpfen

3 **Royal Crescent** (S. 328) An Englands prächtigster georgianischer Straße entlangbummeln

4 **Dartmoor National Park** (S. 304) Im Park die einsamen Berge durchstreifen

5 **Portsmouth** (S. 239) Das mächtige alte Schlachtschiff Heinrichs VIII. bestaunen

GLOUCESTERSHIRE

Oxford

Southern
Cotswolds

Newport

M4

Swindon

*Severn
Estuary*

Bristol 9

M4

Chippenham

*Avebury Avebury
Circles Pewsey Vale*

M4

Reading

Cardiff

Bristol
Airport

Lacock

Devizes

Newbury

Weston-
per-Mare

3 **Bath**

Farnborough

Cheddar

Mendip Hills

A36

Trowbridge

Salisbury Plain

A34

Basingstoke

Burnham-
on-Sea

Wells

Frome

Stonehenge

Chawton

Jane Austen's
House Museum

ether
towey

Bridgwater

Warminster

1

WILTSHIRE

M3

The
Quantocks

Glastonbury

SOMERSET

A303

Salisbury 8

Winchester

M5

Taunton

Shaftesbury

Avon

A36

HAMPSHIRE

ellington

A303

Sherborne

Yeovil

A354

Moors

New Forest
National Park

Airport

Southampton

Chichester

loniton

Axminster

A35

Bridport

Cerne
Abbas

DORSET

A31

Lyndhurst

Beaulieu

Brockenhurst

Buckler's Hard

5 **Portsmouth**

yme Regis

7

Maiden
Castle

Dorchester

Bournemouth

Lymington

Cowes

Ryde

**Jurassic
Coast**

Abbotsbury

Wareham

Poole

Yarmouth

Newport

Chesil Beach

Weymouth

Lulworth
Cove

*Corfe
Castle*

Purbeck
Peninsula

The
Needles

Swanage

**ISLE OF
WIGHT**

Shanklin

*Lyme
Bay*

Isle of Portland

Fortuneswell

Portland
Bill

Ventnor

*Le Havre
(Frankreich, 100 Meilen);
Caen (Frankreich, 120 Meilen)*

Armelkanal

N

0 — 40 km
0 — 20 Meilen

*Cherbourg (Frankreich, 75 Meilen);
St-Malo (Frankreich, 140 Meilen)*

6 **Eden Project** (S. 363)
Die futuristisch anmutenden
Biome erkunden

7 **Jurassic Coast** (S. 262)
An Dorsets Küste 200 Mio.
Jahre alte Fossilien suchen

8 **Salisbury** (S. 270) In der
hoch aufragenden Kathedrale
die Stille auf sich wirken
lassen

9 **SS Great Britain**
(S. 315) In Bristol Brunels

bahnbrechendes Dampfschiff
besteigen

10 **Greenway** (S. 296) In
Agatha Christies reizender
Residenz die Schauplätze von
Krimimorden entdecken

🏃 Aktivitäten

Radfahren

Radfahren im Südwesten ist eine wundervolle, wenn auch anstrengende Art und Weise, die freie Natur Englands zu erleben. Das National Cycle Network (NCN) der Region umfasst u. a. den **West Country Way** (NCN Route 3), eine 386 km lange Strecke von Bristol über Glastonbury, Taunton und Barnstaple nach Padstow, und die 166 km lange **Devon Coast to Coast Cycle Route** zwischen Ilfracombe und Plymouth.

Die 257 km lange Rundstrecke des **Wiltshire Cycleway** verläuft an den Grenzen der Grafschaft entlang. In Hampshire winden sich im New Forest Hunderte Kilometer Radwege durch eine an Tieren reiche Landschaft. Die Isle of Wight wartet mit 100 km an fahrradfreundlichen Strecken und einem eigenen Fahrradfest auf (S. 247).

Zu den Highlights für Mountainbiker zählen die North Wessex Downs, der Exmoor National Park und der Dartmoor National Park. Viele Radrouten folgen den Trassen alter Bahnlinien, so auch der 18 km lange **Granite Way** zwischen Okehampton und Lydford in Devon und der beliebte, 29 km lange **Camel Trail** zwischen Padstow und Bodmin Moor in Cornwall.

Nähere Informationen bieten **Sustrans** (www.sustrans.org.uk) und die örtlichen Touristeninformationen.

Wandern

Der 1014 km lange **South West Coast Path** ist Großbritanniens längster Fernwanderweg: Er erstreckt sich von Minehead in Somerset über Land's End nach Poole in Dorset. Man muss natürlich nicht die ganze Strecke gehen, sondern kann überall an der Küste spektakuläre Tages- oder Mehrtageswanderungen unternehmen. Die **South West Coast Path Association** (www.southwestcoastpath.org.uk) hat eine detaillierte Website und gibt einen jährlichen Führer heraus.

In puncto Wildniswanderungen sind die Nationalparks Dartmoor und Exmoor kaum zu überbieten. Dartmoor ist größer und abgeschiedener; Exmoors As im Ärmel sind seine 55 km Steilküste. Der dritte Nationalpark der Region, der New Forest, präsentiert sich mit seinen zahllosen alten Pfaden weitaus sanfter.

Andere Highlights für Wanderer sind der 82 km lange **Coleridge Way** (www.cole ridgeway.co.uk), die Isle of Wight und Bodmin Moor. Der 140 km lange **Ridgeway National Trail** (www.nationaltrail.co.uk/ridgeway) windet sich von Avebury in Wiltshire durch Kreidehügelland und die bewaldeten Chiltern Hills.

Surfen & Segeln

Nordcornwall und zu einem geringeren Grad auch Norddevon warten mit den besten Surfspots Englands auf. Das Epizentrum der Szene ist die Partystadt Newquay; weitere Top-Spots sind Bude in Cornwall und Croyde in Devon. Über regionale Surfbedingungen informiert www.magicsea weed.com.

Zu den Highlights für Segler zählen die Austragungsstätten der Segelwettkämpfe bei den Olympischen Spielen 2012 in Weymouth und Portland und die Seglerparadiese Isle of Wight, Falmouth, Dartmouth und Poole.

Andere Aktivitäten

Der englische Südwesten ist ein Top-Revier fürs Kitesurfen, Windsurfen, Tauchen, Seekajakfahren, Wildwasser-Kajakfahren und Wakeboarden. Wachsender Beliebtheit erfreut sich besonders an ruhigen Küstenabschnitten das Stand up Paddling (SUP; Stehpaddeln).

Außerdem werden vielerorts Höhlenerkundungen, Coasteering, Mountainboarding, Klettern und Kitebuggying angeboten. Links zu den einzelnen Grafschaften und zu den Anbietern von Outdooraktivitäten sind auf www.visitsouthwest.co.uk zu finden.

ℹ Unterwegs vor Ort

AUTO

Die großen Autoverleiher sind an den Flughäfen und Hauptstrecken-Bahnhöfen der Region vertreten. Die Preise für Leihwagen sind denen im übrigen Großbritannien ähnlich.

BUS

Das regionale Busnetz ist recht umfassend, jedoch abseits der Hauptorte lückenhaft. **National Express** (www.nationalexpress.com) bietet oft die schnellsten Verbindungen zwischen den Städten und größeren Orten. **PlusBus** (www.plusbus.info) bietet Inhabern von Zugtickets Anschlussbusse (ab 2 £ pro Tag). Zu den teilnehmenden Städten gehören Bath, Bournemouth, Bristol, Exeter, Plymouth, Salisbury, Truro und Weymouth. Tickets gibt's an den Bahnhöfen. **First** (www.firstgroup.com) Eines der größten Busunternehmen der Region. Betreibt Busse in Bath, Bristol, Cornwall, Dorset, Portsmouth und Somerset und bietet Regionaltickets wie den Freedom Travelpass für Bath, Bristol und Nordostsomerset (Tag/Woche 13,50/59 £).

More (www.wdbus.co.uk) Nützliche Busverbindungen in Wiltshire und Dorset und in den New Forest. Bietet Tageskarten (Erw./Kind 8,50/5,50 £) und 7-Tage-Netzkarten (25 £) für Strecken an der Südküste.

Stagecoach (www.stagecoachbus.com) Wichtiges Busunternehmen für Cornwall, Devon, Hampshire und Somerset. Bietet verschiedene Tageskarten (Erw./Kind ab 4/3 £) und Megarider-Wochenkarten ab 8 £ (keine Ermäßigung für Kinder).

ZUG

Der Hauptbahnknotenpunkt des Südwestens ist Bristol mit Verbindungen nach London Paddington, Schottland und Birmingham sowie regional nach Bath, Swindon, Chippenham, Weymouth, Southampton und Portsmouth. Von London Waterloo verkehren Züge nach Bournemouth, Salisbury, Southampton, Portsmouth und Weymouth.

Bahnhöfe an der Strecke von London Paddington nach Penzance sind z. B. Exeter, Plymouth, Liskeard, St. Austell und Truro. Nebenstrecken verlaufen nach Barnstaple, Paignton, Gunnislake, Looe, Falmouth, St. Ives und Newquay.

Der Freedom of the South West Rover Pass (Erw./Kind 112/56 £) ermöglicht innerhalb von 15 Tagen an 8 Tagen unbegrenztes Bahnreisen im Gebiet westlich von (und einschließlich) Salisbury, Bath, Bristol, Portsmouth und Weymouth. Außerdem ist ein an drei von sieben Tagen gültiges Ticket (81/41 £) erhältlich.

HAMPSHIRE

Die Geschichte Hampshires ist bewegt und voller Royals. Die Könige Alfred der Große, Knut und Wilhelm der Eroberer hatten ihre Machtzentren allesamt in der alten Bischofsstadt Winchester mit ihren zahlreichen historischen Gebäuden inmitten des sanft gewellten Kreidehügellands. Auch an der Küste der Grafschaft ist jede Menge Geschichte zu finden – im revitalisierten Portsmouth können Besucher den Stolz von Nelsons Marine besteigen, die HMS *Victory*, und sich die *Mary Rose* anschauen, das Flaggschiff Heinrichs VIII., um sich danach in die Restaurants, Läden und Bars an den quirligen Kais zu stürzen. Hampshires Südwestecke ist bedeckt von den offenen Heiden und Wäldern des New Forest (S. 243), der separat beschrieben wird.

Winchester

116 600 EW.

Die stille College-Stadt Winchester ist ein Muss für Reisende. In den Mauern der alten Bischofsstadt ist die Vergangenheit noch deutlich präsent. Winchester war die Hauptstadt der sächsischen Könige und eine bischöfliche Machtbasis. Statuen und Sehenswürdigkeiten erinnern an zwei der am meisten von Mythen umrankten Gestalten Englands: Alfred den Großen und König Artus. Die Architektur der Stadt ist herausragend, von den hübschen elisabethanischen und Regency-Gebäuden in den engen Gassen bis zur prächtigen Kathedrale im Zentrum. Und dank der Lage am Fluss stehen für Erkundungsspaziergänge reizende Uferwege zur Verfügung.

⊙ Sehenswertes

★ **Winchester Cathedral**   KATHEDRALE
(☎01962-857225; www.winchester-cathedral.org.uk; The Close; Erw./Kind mit Langhaus- & Krypta-Führungen 8 £/frei; ⊙Mo–Sa 9.30–17, So 12.30–15 Uhr) Die aufs 11. Jh. zurückgehende Winchester Cathedral ist eines der imposantesten Gebäude Südenglands. Sie verfügt über eine schöne gotische Fassade, eines der längsten mittelalterlichen Langhäuser Europas (164 m) und einen faszinierenden Mischmasch von Ausstattungselementen aus allen Epochen. Zu den weiteren Highlights zählen das filigran geschnitzte mittelalterliche Chorgestühl mit mythischen Wesen und dem schelmischen Grünen Mann, Jane Austens Grab nicht weit vom Eingang im nördlichen Querhaus sowie eine der schönsten illuminierten Handschriften Großbritanniens.

Die atemberaubende vierbändige **Winchester Bible** ist die größte und schönste englische Bibel des 12. Jhs. und beeindruckt mit ihren bunt leuchtenden Seiten. Sie wurde 1160 vielleicht vom Enkel Wilhelm des Eroberers in Auftrag gegeben. Bei Redaktionsschluss wurde die Bibel gerade neu gebunden – ein Band ist immer noch ausgestellt. Wenn alles fertig ist, soll die Bibel das Herzstück einer neuen Ausstellung in der Kathedrale bilden, die sich mit der Entstehung der Bücher befasst. Infos über den aktuellen Stand der Dinge gibt's auf der Website.

Die heutige Kathedrale erhebt sich neben den Fundamenten des ursprünglichen Münsters aus dem 7. Jh. Mit dem Bau der

Kathedrale wurde 1070 begonnen. Nach der Fertigstellung 1093 hielten hier die Gebeine des Schutzpatrons der Kirche, des hl. Swithin, Einzug, Bischof von Winchester von 852 bis 862. Am besten bekannt ist er durch eine alte Bauernregel: Regnet es am Tag des hl. Swithin (15. Juli), dann folgen 40 weitere Tage Regen.

In der Anfangszeit hatten der matschige Baugrund und die mangelnde Qualität der Bauarbeiten schlimme Folgen für die Kathedrale. Der ursprüngliche Turm stürzte 1107 zusammen und größere Umbaumaßnahmen dauerten bis zur Mitte des 15. Jhs. an. Am Ende des Gebäudes erinnert ein Denkmal an den Taucher William Walker: Er rettete das Gotteshaus vor dem Einsturz, indem er zwischen 1906 und 1912 wiederholt ins Grundwasser unter der Kirche tauchte, um verfaulende Holzfundamente mit Beton und Backstein zu sichern.

Sehr stimmungsvoll ist die vom Chor begleitete Abendandacht, der **Evensong** (Mo–Sa 17.30, So 15.30 Uhr). Die Sonntagsgottesdienste finden um 8, 9.45 und 11 Uhr statt.

Die sehr informativen einstündigen **Langhausführungen** (Mo–Sa 10–15 Uhr) und die stimmungsvollen **Kryptaführungen** (Mo–Sa 10.30, 12.30 und 14.30 Uhr) sind im Eintrittspreis für die Winchester Cathedral inbegriffen. Die **Turm- und Dachführungen** (Juni–Sept. Mo, Mi, Fr & Sa 14.15, Sa auch 11.30 Uhr, Jan.–Mai & Okt.–Nov. nur Mi & Sa 14.15, Sa auch 11.30 Uhr) kosten 6 £; vom Dach bieten sich Ausblicke bis zur Isle of Wight. Diese Führungen sind sehr begehrt – also weit im Voraus buchen!

Auf der Kryptaführung sollte man nach *Sound II* Ausschau halten, einer geheimnisvollen lebensgroßen Darstellung eines nachdenklichen Mannes von Anthony Gormley. Bei der Turm- und Dachführung geht es 213 Stufen durch enge Treppen hinauf, an einer Galerie hoch über dem Langhaus entlang sowie zur Glockenkammer.

Die **Rasenflächen** um die Kathedrale herum sind von Bäumen beschattet und bieten sich wunderbar zum Relaxen an, besonders auf der ruhigeren Südseite hinter dem Kreuzgang. Am antiquarischen Bücherstand im **Deanery Porch** (The Close; ⊙ Sa & So 10–16 Uhr) kann man schön nach billigen Büchern stöbern.

★ **Winchester College** HISTORISCHES GEBÄUDE
(☎01962-621209; www.winchestercollege.org; College St; Erw./Kind 7 £/frei; ⊙Führungen Mo, Mi,

Fr–So 10.15, 11.30, 14.15, 15.30 Uhr) Im Winchester College hat man die seltene Gelegenheit, sich eine prestigeträchtige englische Privatschule aus nächster Nähe anzuschauen. Gegründet wurde die Schule 1393 von William Wykeham, damals Bischof von Winchester, 14 Jahre zuvor hatte er das New College in Oxford gegründet. Bei den einstündigen Führungen sehen die Teilnehmer die gotische Kapelle aus dem 14. Jh. mit ihrem Holzgewölbe, den Speisesaal, die sogenannte College Hall, sowie einen großen offenen Klassenraum des 17. Jhs., heute School genannt, in dem immer noch Prüfungen stattfinden – ein schöner Einblick in die Art, wie die Kinder der Wohlhabenden lernen.

★ **Wolvesey Castle** BURG
(EH; ☎0370-333 1181; www.english-heritage.org.uk; College St; ⊙April–Okt. 10–17 Uhr) GRATIS Die verfallenen Überreste des aus dem frühen 12. Jh. stammenden Wolvesey Castle werden von der Stadtmauer geschützt. Die unter Heinrich von Blois fertiggestellte Burg diente im Mittelalter als bischöfliche Residenz. Hier hielten Königin Maria I. und Philip II. von Spanien ihre Hochzeit ab. Gemäß der Überlieferung verdankt die Burg ihren Namen der Forderung eines sächsischen Königs nach einer Tributzahlung von 300 Wolfsköpfen pro Jahr. Heute residiert der Bischof im **Wolvesey Palace** nebenan.

City Museum MUSEUM
(www.hampshireculturaltrust.org.uk; The Square; ⊙Mo–Sa 10–16, So 12–16 Uhr, Nov.–März Mo geschl.) GRATIS Das Stadtmuseum bietet anhand von Schmuck, Mosaiken, Skulpturen, Münzen und Tabaksdosen eine Reise durch Winchesters Vergangenheit von der Eisenzeit über die Römer und Angelsachsen bis zur Gegenwart.

**Round Table &
Great Hall** HISTORISCHES GEBÄUDE
(☎01962-846476; www.hants.gov.uk/greathall; Castle Ave; empfohlene Spende 3 £; ⊙10–17 Uhr) GRATIS Die riesige Great Hall ist der einzige Teil des aus dem 11. Jh. stammenden Winchester Castle, das Oliver Cromwell nicht zerstören ließ. Die Wand krönt wie eine gewaltige Dartscheibe mit grünen und cremefarbenen Speichen eine Tischplatte, die der Legende nach König Artus' Runder Tisch ist. Tatsächlich handelt es sich um eine 700 Jahre alte Kopie, aber sie ist dennoch faszinierend. Sie soll im späten 13. Jh.

Winchester

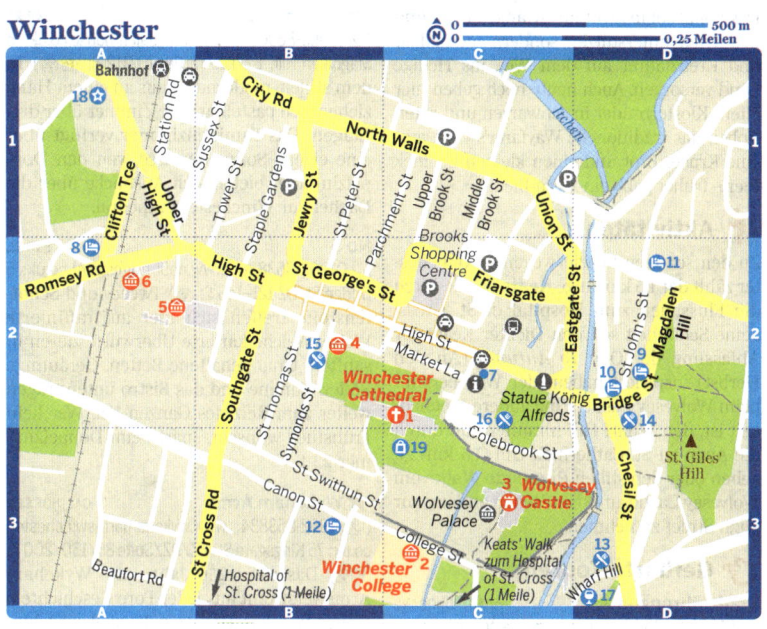

Winchester

◉ Highlights

◉ Sehenswertes

❖ Aktivitäten, Kurse & Touren

🛏 Schlafen

🛏 (Schlafen, Forts.)

✕ Essen

◉ Ausgehen & Nachtleben

✪ Unterhaltung

🔒 Shoppen

entstanden und dann unter Heinrich VIII. bemalt worden sein – das Bildnis von König Artus erinnert wenig überraschend an das jugendliche Konterfei Heinrichs.

Royal Green Jackets Museum   MUSEUM
(The Rifles; ☎01962-877826; www.winchester militarymuseums.co.uk; Peninsula Barracks, Romsey Rd; Erw./Kind 4 £/frei; ⊙ganzjährig Di–Sa 10–17 Uhr, Juli–Sept. auch So & Mo) Das beste von mehreren Militärmuseen der Stadt hat eine kleine Gewehrschussanlage, einen Raum mit 6000 Medaillen und ein eindrucksvolles Diorama der Schlacht von Waterloo.

Hospital of St. Cross   HISTORISCHES GEBÄUDE
(☎01962-851375; www.stcrosshospital.co.uk; St Cross Rd; Erw./Kind 4,50/2,50 £; ⊙April–Okt. Mo–Sa 9.30–17, So 13–17 Uhr, Nov.–März Mo–Sa 10.30–15.30 Uhr) Dies ist die älteste karitative Einrichtung im Land, 1132 gegründet vom Enkel Heinrich des Eroberers, Heinrich von Blois.

Das Spital sollte nicht nur Kranke heilen und Bedürftige unterstützen, sondern auch Pilger und Kreuzfahrer auf dem Weg ins Heilige Land versorgen. Auch heute noch geben hier ältere Klosterbrüder in schwarzen und roten Roben das traditionelle Wayfarer's Dole aus, eine Kruste Brot und einen kleinen Schluck Bier – früher gab's ein Horn Bier.

Aktivitäten

Zu den schönen Spazierwegen in Winchester zählt die 1,5 km lange **Keats' Walk** durch die Flussauen zum Hospital of St. Cross. Seine Schönheit soll den Dichter Keats zur Abfassung der Ode *To Autumn* (An den Herbst) inspiriert haben; der Weg beginnt beim Wolvesey Castle. Eine andere Möglichkeit ist, den Wharf Hill hinunter und durch die Auen zu St. Catherine's Hill (1,5 km) zu gehen oder den stillen **Riverside Walk** vom Wolvesey Castle am River Itchen entlang zur High Street zu nehmen.

Geführte Touren

Stadtführungen STADTRUNDGANG

(☎01962-840500; www.winchestertouristguides. com; Erw./Kind 5 £/frei; ☺April–Okt. Mo–Sa, Nov.–März wöchentl.) Zu den 90-minütigen Stadtführungen zählen die Touren City Highlights und Upper and Lower Winchester. In der Hauptsaison finden ab der Touristeninformation (S. 239) bis zu vier Führungen täglich statt.

Schlafen

★ St John's Croft B&B ££

(☎01962-859976; www.st-johns-croft.co.uk; St John's St; EZ/DZ/FZ 55/90/120 £; P🖨) Die Gäste verlieben sich oft in dieses so locker stilvolle, große Queen-Anne-Stadthaus: Hier gehen Bastteppiche und indische Kunst eine schöne Ehe mit vollgestopften Bücherregalen und Antiquitäten im *Shabby-chic* ein. Die Zimmer sind riesig, der Garten still und das Frühstück wird neben dem Herd in der Landhausküche serviert.

5 Clifton Terrace B&B ££

(☎01962-890053; cliftonterrace@hotmail.co.uk; 5 Clifton Tce; EZ 75–85 £, DZ 80–90 £, FZ ab 110 £; 🖨) In diesem hohen georgianischen Stadthaus herrscht eine faszinierende Atmosphäre lockerer Eleganz. Familienerbstücke finden sich neben bonbonfarben gestreiften Teppichen und pfefferminzgrünen Klauenfußbadewannen. Und das Haus bietet ein tolles Preis-Leistungs-Verhältnis.

Magdalen House B&B ££

(☎01962-869634; www.magdalen-house.co.uk; 5 Magdalen Hill; EZ/DZ/FZ 60/70/112 £; P🖨) In dem stillen, modernen Haus an einem Hang ziehen sich pastellfarbene Zimmer über drei Etagen. Das Familienzimmer verfügt über eine eigene Sonnenterrasse, von den Doppelzimmern bieten sich Ausblicke über die Dächer zur Winchester Cathedral.

No 5 B&B ££

(☎01962-863838; www.no5bridgestreet.co.uk; Bridge St; DZ 121–146 £; 🖨) Tweed- und Schottenstoffe treffen sich hier auf raffinierte Weise. Weiche karierte Überwürfe zieren in sanftem Grau gehaltene Betten. Geräumige Bäder, Kamine und das Bistro unten tragen weiter zum Reiz des Ganzen bei. Wer kein Frühstück wünscht, spart beim Doppelzimmer 22 £.

★ Wykeham Arms GASTHOF £££

(☎01962-853834; www.wykehamarmswinchester. co.uk; 75 Kingsgate St; EZ/DZ/Suite 85/150/200 £; P🖨) Das rund 250 Jahre alte Wykeham Arms verströmt aus jeder Pore Geschichte – früher war das Haus ein Bordell und hier schlüpfte auch Nelson für eine Nacht unter. Über knarzende Treppen gelangt man zu üppigen Zimmern, die gleichermaßen altbewährt wie trendig sind: Messing-Bettgestelle treffen hier auf schicke Decken, Eichenholzkommoden verfügen über stilvolle Lampen. Einfach umwerfend!

Die exzentrische Bar ist schon fast eine Sehenswürdigkeit: Bierkrüge und Schulstöcke hängen von der Decke und die abgenutzten Schultische verleihen dem Biertrinken etwas Anrüchiges. Allabendlich um 18 Uhr werden heiße Würste (0,75 £ das Stück) gereicht.

Die Bandbreite der Karte hier ist wirklich bemerkenswert, von saftigen Hamburgern und Fish and Chips bis zu sättigenden Schöpfungen des Küchenchefs.

Essen

River Cottage Canteen BRITISCH ££

(☎01962-457747; www.rivercottage.net; Abbey Mill, Abbey Mill Gardens; Hauptgerichte 9–17 £; ☺Di–Sa 12–15 & 18–21.15 Uhr; 🖍) Die Lage in einer phantasievoll umgebauten georgianischen Mühle an einem rauschenden Fluss ist ziemlich idyllisch. Und auch das Essen hat's in sich: z. B. Gemüse- oder Fleischplatten für mehrere Personen, Seezunge mit Seetangbutter oder eine würzige Suppe mit weißen Bohnen und Lauch.

Chesil Rectory
BRITISCH ££

(☎01962-851555; www.chesilrectory.co.uk; 1 Chesil St; Hauptgerichte 14–21 £; ⏱12–14.20 & 18–21.30 Uhr) Man könnte meinen, hier hätte jemand eine Checkliste für ein tolles Rendezvous abgearbeitet: gedämpfte Farben, flackernde Kerzen, dunkle Holzbalken. Und auch das Essen ist gut, von leichteren Speisen wie Zwiebelrisotto bis zu klebrig glänzenden Rinderrippchen und mit Apfel und Vanille aromatisiertem Schweinefleisch.

Old Vine
PUB ££

(☎01962-854616; www.oldvinewinchester.com; 8 Great Minster St; Hauptgerichte 10–20 £; ⏱12–14.30 & 18.30–21 Uhr) Am besten fragt man nach einem Tisch mit Blick auf das schöne Cathedral Green, saugt die entspannte Atmosphäre eines alten Gasthauses auf und wählt dann zwischen Hausmannskost (Pastete mit Rindfleisch, Pilzen und Bier) und Edlerem wie in Rotwein geschmorter Lammhüfte.

★ Black Rat
MODERN BRITISCH £££

(☎01962-844465; www.theblackrat.co.uk; 88 Chesil St; Hauptgerichte 20–24 £, 2/3-Gänge-Mittagessen 26/29 £; ⏱tgl. 19–21.15, Sa & So 12–14.15 Uhr) Unwiderstehliche Aromen, einfach fabelhaftes Essen, meisterhafte Kochkunst und überraschende Zutaten – das Ergebnis sind Gerichte wie Lammnacken mit Bier-Zwiebel-Püree, Blutwurst mit Jakobsmuscheln und scharf angebratener Tintenfisch mit Chorizo. Damit hat sich das Black Rat seinen Michelin-Stern verdient.

 Ausgehen & Nachtleben

Black Boy
PUB

(www.theblackboypub.com; 1 Wharf Hill; ⏱Mo–Do 12–23, Fr & Sa bis 24, So bis 22.30 Uhr) Zwei offene Kamine, ein ramponierter Kicker, bunt zusammengewürfeltes Mobiliar, verschiedene Cider und fünf Real Ales vom Fass machen dieses Pub zu einer örtlichen Legende. Nach 12 Uhr empfehlen sich auf jeden Fall die Black Boy Bangers (2,50 £), eine Wurst in einem knusprigen Brötchen, falls gewünscht mit gebratenen Zwiebeln und Senf.

Railway Inn
LIVEMUSIK

(www.railwayinn.pub; 3 St Paul's Hill; ⏱So–Do 17–24, Fr bis 2, Sa bis 1 Uhr) Das über zwei Säle verfügende Railway Inn zählt zu den besten Livemusikläden und Clubs der Gegend. Hier lassen heimische wie auswärtige Bands alles von Rock und Blues bis zu Folk und Jazz hören.

❶ Praktische Informationen

Discovery Centre (www3.hants.gov.uk/wdc; Jewry St; ⏱Mo–Fr 9–18.45, Sa bis 16.45, So 11–14.45 Uhr; 🖥) Kostenloser Internetzugang.
Touristeninformation (☎01962-840500; www.visitwinchester.co.uk; High St; ⏱Mo–Sa 10–17 Uhr, Mai–Sept. auch So 11–16 Uhr)

❶ An- & Weiterreise

Winchester liegt 105 km westlich von London. **Direktbusse** von National Express fahren alle zwei Stunden nach London Victoria (14 £, 1¾ Std.). Züge verkehren halbstündlich bis stündlich nach London Waterloo (32 £, 1¼ Std.) sowie stündlich nach Portsmouth (11 £, 1¼ Std.). Außerdem gibt's schnelle Verbindungen in die Midlands.

❶ Unterwegs vor Ort

Fahrräder verleiht die Touristeninformation (halber/ganzer Tag 7/10 £; 50 £ Kaution).
Parkplätze (3 £ pro Tag) sind an den Ausfahrten 10 und 11 an der M3 ausgeschildert. Taxis warten in der High Street, am Bahnhof und vor der Touristeninformation oder man bestellt eins bei **Wintax** (☎01962-878727; www.wintax cars.com).

Portsmouth
205 100 EW.

Das wundervolle maritime Erbe von Portsmouth ist auf jeden Fall einen Tagesausflug wert. Hier können sich Besucher drei atemberaubende historische Schiffe, ein U-Boot und eindrucksvolle Museen anschauen. Außerdem lockt das Viertel The Point mit Kopfsteinpflasterstraßen und alten Pubs, vom Spinnaker Tower eröffnen sich umwerfende Ausblicke und der Hafen ist ein tolles Tor zur Isle of Wight.

◉ Sehenswertes

★ Portsmouth Historic Dockyard
HISTORISCHE SCHIFFE

(☎02392-839766; www.historicdockyard.co.uk; Victory Gate; All-Attractions-Ticket Erw./Kind 33/23 £; ⏱April–Okt. 10–17.30 Uhr, Nov.–März bis 17 Uhr) Portsmouths Hafen lockt als Publikumsmagnet mit dem stimmungsvollen Rumpf des Flaggschiffs Heinrichs VIII., der *Mary Rose* (S. 240), sowie der HMS *Victory* (S. 240) – dem Kriegsschiff, das Nelson in der Schlacht von Trafalgar befehligte. Außerdem gibt's noch die viktorianische HMS *Warrior*, das U-Boot HMS *Alliance* (S. 240) aus dem Zweiten Weltkrieg sowie eine Reihe phantasievoller Seefahrtsmuseen. Der Hafen lässt sich auch auf einer Schiffstour besichtigen. Wer sich mehr als ein Ausstellungsstück anschauen möchte, sollte zum All-Attractions-Ticket greifen. Online sind die Karten 20 % günstiger.

Die Hafenrundfahrten (S. 242) sind im All-Attractions-Ticket inbegriffen. Letzter Einlass zur Werft ist eine Stunde vor Schließung.

★ Mary Rose Museum · MUSEUM
(www.maryrose.org; Portsmouth Historic Dockyard; Erw./Kind 18/13 £; ☉ April–Okt. 10–17.30 Uhr, Nov.–März bis 17 Uhr) Die Hebung des Kriegsschiffs *Mary Rose* aus dem 16. Jh. im Jahr 1982 war eine außerordentliche Leistung der Meeresarchäologie. Im 35 Mio. £ teuren schiffsförmigen Museum, das um das Schiff herum erbaut wurde, genießt man einen freien Blick auf den großen Rumpf des Kahns. Außerdem ist das Schiff von verschieden hohen Galerien zu sehen und anhand einiger der 19 000 Gegenstände, die zusammen mit dem Schiff geborgen wurden, wird das Leben auf den einzelnen Decks rekonstruiert. Unter den ausgestellten Gegenständen befindet sich Militärisches wie Kanonen und Langbögen sowie Prosaisches wie Trinkkrüge, Kämme, Lederschuhe und sogar das Skelett von Hatch, dem Schiffshund.

Die schwimmende 700-t-Festung war das Lieblingsschiff Heinrichs VIII. Jedoch sank es 1545 vor Portsmouth beim Kampf gegen die Franzosen. Von 400 Mann Besatzung sollen dabei 360 ums Leben gekommen sein.

★ HMS Victory · HISTORISCHES SCHIFF
(www.hms-victory.com; Portsmouth Historic Dockyard; Erw./Kind 18/13 £; ☉ April–Okt. 10–17.30 Uhr, März–Nov. bis 17 Uhr) Die prächtige, altehrwürdige HMS *Victory* war Lord Nelsons Flaggschiff in der Schlacht von Trafalgar (1805). Hier sprach Nelson nach dem Sieg über die Franzosen seine berühmten letzten Worte „kiss me, Hardy". Das wundervolle Schiff ist mit einem Wald aus Masten und Seilen gekrönt und darunter befindet sich ein geschwollener Bauch voller Kanonen und Sachen für die 850 Mann Besatzung. Sich hier duckend durch die niedrigen Decks und Mannschaftsquartiere zu bewegen ist ein sehr eindrucksvolles Erlebnis.

Im Sommer besichtigt man Nelsons Flaggschiff auf eigene Faust. Von November bis März finden extrem beliebte 50-minütige Führungen statt. Wer daran teilnehmen möchte, muss früh da sein – vorher reservieren ist nicht möglich.

★ HMS Warrior · HISTORISCHES SCHIFF
(www.hmswarrior.org; Portsmouth Historic Dockyard; Erw./Kind 18/13 £; ☉ April–Okt. 10–17.30 Uhr, März–Nov. bis 17 Uhr) Überall sonst würde das großartige Kriegsschiff HMS *Warrior* im Rampenlicht stehen. Als sie 1860 gebaut wurde, war diese stattliche Dame auf dem allerneuesten Stand der Technik, genau am Übergang von Holz zu Eisen und von Segeln zu Dampf. Das glänzende Oberdeck, das riesige Kanonendeck und die schummrigen Kabelspinde beschwören den Alltag der viktorianischen Marine herauf.

Action Stations! · MUSEUM
(www.actionstations.org; Portsmouth Historic Dockyard; Erw./Kind 18/13 £; ☉ April–Okt. 10–17.30 Uhr, März–Nov. bis 17 Uhr) Action Stations! ist ein Lagerhaus voller interaktiver Gerätschaften für Kinder: Hier können sie ein Kriegsschiff kommandieren, wie ein Astronaut auf die Erde blicken und durch ein Periskop schauen. Das Ganze ist eine kaum verhüllte Werbeaktion für die heutige britische Kriegsmarine, aber dennoch recht vergnüglich.

National Museum of the Royal Navy · MUSEUM
(www.nmrn-portsmouth.org.uk; Portsmouth Historic Dockyard; Erw./Kind 13/8 £; ☉ April–Okt. 10–17 Uhr, Nov.–März bis 16.15 Uhr) In der multimedialen Nachstellung der Schlacht von Trafalgar gibt's Geschützfeuer, zurückprallende Kanonen und blutverschmierte verletzte Soldaten – selbst Nelson und Napoleon tauchen auf, um taktische Anweisungen zu geben.

HMS Alliance at the Submarine Museum · HISTORISCHES SCHIFF
(www.submarine-museum.co.uk; Haslar Rd, Gosport; Erw./Kind 14/10 £; ☉ April–Okt. 10–17.30 Uhr, Nov.–März Mi–So 10–16.30 Uhr) Den Bauch des U-Boots HMS *Alliance* aus dem Zweiten Weltkrieg aufzusuchen, ist wirklich spannend: Die Beleuchtung, die Geräusche und sogar die Gerüche suggerieren, dass die Besatzung gerade erst an Land gegangen ist. Die HMS *Alliance* liegt in Gosport, von Portsmouth kommend auf der anderen Seite des Hafens; vom Historic Dockyard fahren kostenlose Wasserbusse (30 Min.) dorthin.

Spinnaker Tower · TURM
(☎ 02392-857520; www.spinnakertower.co.uk; Gunwharf Quays; Erw./Kind 10/8 £; ☉ 10–18 Uhr) Der Spinnaker Tower erhebt sich 170 m über den Gunwharf Quays. Von einigen Blickwin-

BATH & SÜDWESTENGLAND PORTSMOUTH

Portsmouth

Portsmouth

keln aus ähneln seine beiden weißen Bögen einem vom Wind geblähten Segel, von anderen dem Skelett eines Brustkorbs. Von hier oben blickt man auf Portsmouth, die Isle of Wight und bis in die South Downs. Die Aussichtsplattform 1 erfreut Abenteuerlustige mit einem Glasboden; im offenen „Krähennest" auf Plattform 3 kann man sich den Wind um die Nase wehen lassen. Übers Internet gebuchte Tickets sind 15 % billiger.

The Point
HISTORISCHE STÄTTE

Die stimmungsvollen Kopfsteinpflasterstraßen von The Point sind gesäumt von schiefen Häusern und alten Seefahrerkneipen – von ihren Terrassen lässt sich schön das Auf und Ab der Fähren und Marineschiffe betrachten. Außerdem kann man hier den **Round Tower** Heinrichs V. erklimmen und an den Festungsmauern entlang zum **Square Tower** aus dem 15. Jh. bummeln. Darunter führen Gewölbe zu den **Ausfallstoren**, Öffnungen in den Befestigungen, durch die die Kapitäne Zugang zum Meer hatten; heute gelangen Sonnenanbeter durch die Tore zu einem kleinen Kieselstrand.

Geführte Touren

Hafenrundfahrten
BOOTSTOUREN

(☎02392-839766; www.historicdockyard.co.uk; Portsmouth Historic Dockyard; Erw./Kind 7/5 £; ☺unterschiedliche Zeiten) Auf diesen 45-minütigen Hafenrundfahrten können die Teilnehmer die HMS *Warrior* und HMS *Victory* sowie einige moderne Kriegsschiffe vom Wasser aus sehen. Beim All-Attractions-Ticket (S. 239) sind die Touren im Preis inbegriffen.

Stadtrundgänge
SPAZIERGANG

(☎02392-826722; Erw./Kind 3 £/frei) Stadtrundgänge gibt's z. B. zu den Themen Nelson, The Point, Dickens und D-Day. Näheres in der Touristeninformation.

Essen

Still & West
PUB £

(www.stillandwest.co.uk; 2 Bath Sq; Hauptgerichte 10–17 £; ☺Küche Mo–Sa 12–21, So bis 20 Uhr) Klasse: zwei tolle britische Institutionen unter einem Dach – ein Fish-and-Chips-Laden in einem Pub. Die frittierten Köstlichkeiten werden in traditionelles Chips-Papier gewickelt. Also holt man sich einfach ein Pint, setzt sich an einen Tisch am Fenster und lässt es sich schmecken, während draußen die Schiffe vorbeigondeln.

A Bar
BISTRO ££

(☎02392-811585; www.abarbistro.co.uk; 58 White Hart Rd; Hauptgerichte 13–22 £; ☺11–23 Uhr, Küche 12–22 Uhr; 🛜) In dem lockeren Lokal kann man wunderbar regionale Erzeugnisse probieren und dem hiesigen Alltag zu-

schauen: Auf der Karte steht viel Fisch, der nur wenige Schritte entfernt an Land ging, und an der Theke halten sich ab dem Nachmittag Cider trinkende Fischer fest. Sehr gut ist die Weinkarte; die Betreiber des Bistros haben oben eine Weinhandlung.

Old Customs House
PUB ££

(www.theoldcustomshouse.com; Gunwharf Quays; Hauptgerichte 13–20 £; ☺Küche 9–21 Uhr; 🛜) Dieses elegante Pub ist das beste der Esslokale an den Gunwharf Quays. Es residiert in einem ehemaligen Marinehospital des 18. Jhs. Heute wird hier inmitten von himbeerroten Wänden und goldgerahmten Spiegeln überdurchschnittliche Kneipenkost (Kaninchenschenkel-Confit mit Ziegenkäse und Quinoa-Salat, Meerforelle mit eingelegtem Meerfenchel) serviert.

❶ Praktische Informationen

Portsea Library (www.johnpoundscentre. co.uk; John Pounds Centre, 23 Queen St; ☺Mo–Fr 10.30–16.30 Uhr) Kostenloser Internetzugang.

Touristeninformation (☎02392-826722; www.visitportsmouth.co.uk; Clarence Esplanade; ☺April–Sept. 10–17.30 Uhr, Okt.–März bis 17 Uhr) Im D-Day Museum in Southsea.

❶ An- & Weiterreise

Portsmouth liegt 160 km südwestlich von London.

BUS

Von London Victoria (14 £, 2 Std.) fahren montags bis samstags jede Stunde direkte National-Express-Busse nach Portsmouth. Bus 700 fährt mindestens stündlich nach Chichester (4,50 £, 1 Std.).

SCHIFF/FÄHRE

Autofähren und **Luftkissenboote** fahren von Portsmouth zur **Isle of Wight** (S. 247).

Es gibt mehrere Fährverbindungen von Portsmouth nach Frankreich. Die Preise hängen stark von der Reisezeit ab; als Anhaltspunkt kann man auf der Strecke Portsmouth–Cherbourg für die einfache Fahrt mit 130 £ rechnen für ein Fahrzeug und zwei Erwachsene. Am besten bucht man im Voraus, reist außerhalb der Hauptreisezeiten und hält nach Sonderangeboten Ausschau.

Brittany Ferries (www.brittanyferries.co.uk) Regelmäßige Verbindungen von Portsmouth nach St-Malo (10¾ Std.), Caen (7 Std.), Cherbourg (3 Std.) und Le Havre (8 Std.) in Frankreich sowie zweimal pro Woche nach Santander (24 Std.) und Bilbao (24 Std.) in Spanien.

Condor Ferries (www.condorferries.co.uk)
Bietet von Juni bis September eine Auto- und
Passagierfähre pro Woche von Portsmouth
nach Cherbourg (6½ Std.).

ZUG

Stündliche Direktverbindungen gibt's ab Lon-
don Victoria (33 £, 2 Std.), halbstündliche von
London Waterloo (33 £, 2½ Std.). Zum Historic
Dockyard steigt man am letzten Stopp aus,
Portsmouth Harbour.

Andere Verbindungen:
Brighton 16 £, 2 Std., stündl.
Chichester 8 £, 40 Min., 2-mal pro Std.
Southampton 10 £, 1 Std., 3-mal pro Std.
Winchester 11 £, 1¼ Std., stündl.

❶ Unterwegs vor Ort

Bus 1 fährt alle 20 Minuten vom Busbahnhof
Portsmouth Harbour über Old Portsmouth zum
South Parade Pier in Southsea. Eine Tageskarte
kostet 4,20 £.

Alle 15 Minuten pendelt die **Gosport
Passenger Ferry** (www.gosportferry.co.uk;
The Hard; Erw./Kind/Fahrrad hin & zurück
3,30/2,10/1,20 £; ☺ 5.30–24 Uhr) vom Bahnhof
Portsmouth Harbour nach Gosport.

Taxistände gibt's beim Bus- und Zugbahnhof
Portsmouth Harbour. Oder man ruft **Aquacars**
(☑ 02392-654321; www.aquacars.co.uk;
☺ 24 Std.) an.

New Forest

Typisch englische Ironie: Der New Forest
ist alles andere als neu – er wurde 1079
zum ersten Mal als königliches Jagdrevier
ausgewiesen. Außerdem ist er auch kein
richtiger Wald, sondern besteht zumeist
aus Heideland – das „Forest" stammt vom
altfranzösischen Wort für „Jagdrevier". 2005
wurde der New Forest in den Rang eines
Nationalparks erhoben und bietet heute
Möglichkeiten für tolle Erkundungen. Auf
hübschem Buschland grasen Wildpferde, in
der Ferne ist Wild zu erspähen und im Blatt-
werk der Bäume flattern seltene Vögel umher. Hübsche Dörfer spicken die Landschaft,
miteinander verbunden durch Wander- und
Radwege.

Aktivitäten

New Forest Activities   ABENTEUERSPORT
(☑01590-612377; www.newforestactivities.co.uk;
High St, Beaulieu) Bietet Kanufahren (Erw./
Kind 32/17 £ für 2 Std.), Kajakfahren (32 £
für 2 Std.) und Bogenschießen (Erw./Kind
22/17 £ für 1½ Std.).

❶ ZELTEN IM NEW FOREST

Der New Forest ist ein Paradies für
Camper. Die **Forestry Commission**
(www.campingintheforest.co.uk) unterhält
zehn recht ländliche Plätze. Die Touristeninformation (S. 244) in Lyndhurst
hält ein Faltblatt (0,50 £) bereit, auf
dem noch andere ausgewiesene Plätze
verzeichnet sind; siehe auch www.the
newforest.co.uk.

Wandern

Der New Forest ist ein erstklassiges Wanderrevier. Ordnance Survey (OS) gibt eine detaillierte Explorer Map (*New Forest*; Nr. 22, 9 £)
im Maßstab 1:25 000 heraus. Crimsons *New
Forest Short Walks* (8 £) beschreibt 20 Wanderungen von 3 bis 10 km Länge.

Die Touristeninformation von Lyndhurst
(S. 244) hält Karten und Broschüren bereit,
die auch auf der Website erhältlich sind.

Ranger Walks   WANDERN
(☑ 0300 068 0400; www.forestry.gov.uk/newforest
events; ab 5,50 £) Tageswanderungen z. B. mit
Schwerpunkt Fotografie, Ponys oder Management des New Forest.

Radfahren

➡ Mit 160 km an Radwegen zwischen den
Hauptorten und dem zentralen Bahnhof in
Brockenhurst eignet sich der New Forest
bestens zum Radfahren.

➡ Die Karte *The New Forest By Bike*
(3,50 £) umfasst 22 Strecken mit einer
Länge von 12 bis 50 km. Die Ordnance-
Survey-Karte *New Forest Cycling Guide*
(4 £) im Maßstab 1:25 000 stellt sechs
Strecken (6,5–35 km) für Radtouren vor.

➡ Karten und Führer gibt's in der Touristeninformation von Lyndhurst (S. 244) und
auf deren Website.

➡ Wer ein Fahrrad leihen möchte, muss
eine Kaution zahlen (gewöhnlich 20 £) und
benötigt einen Ausweis.

AA Bike Hire   RADFAHREN
(☑02380-283349; www.aabikehirenewforest.co.uk;
Fern Glen, Gosport Lane, Lyndhurst; Erw./Kind
10/5 £ pro Tag) Am Hauptparkplatz von Lyndhurst.

Cyclexperience   RADFAHREN
(New Forest Cycle Hire; ☑01590-624808; www.
newforestcyclehire.co.uk; 2 Brookley Rd, Brockenhurst; Erw./Kind 17,50/9 £ pro Tag) Am Bahnhof
von Brockenhurst.

Country Lanes RADFAHREN
(☎ 01590-622627; www.countrylanes.co.uk; Bahnhof, Brockenhurst; Erw./Kind 18/9 £ pro Tag) In einem alten Eisenbahnwaggon.

Forest Leisure Cycling RADFAHREN
(☎ 01425-403584; www.forestleisurecycling.co.uk; The Cross, Burley; Erw./Kind 17/9 £ pro Tag) Mit gutem Zugang zu neun Radstrecken.

Reiten

Einige Reiterhöfe bieten auch Ausritte für Anfänger an.

Arniss Equestrian Centre REITEN
(☎ 01425-654114; www.arnissequestrian.co.uk; Godshill, Fordingbridge; 27 £ pro Std.) Für alle Fertigkeitsstufen.

Burley Manor REITEN
(☎ 01425-403489; www.burleymanorridingstables.com; Ringwood Rd, Burley; 33/60 £ für 1/2 Std.) Bietet auch Pubausritte an.

Burley Villa REITEN
(Western Riding; ☎ 01425-610278; www.burleyvilla.co.uk; bei New Milton; ab 35 £ pro Std.) Ausritte mit traditionellem englischem und auch Western-Sattel (48 £ für 90 Min.).

ⓘ Praktische Informationen

Touristeninformation (☎ 02380-282269; www.thenewforest.co.uk; Hauptparkplatz, Lyndhurst; ☉ Ostern–Okt. 10–17 Uhr, Nov.–Ostern bis 16 Uhr) Die zentrale Touristeninformation des Nationalparks im New Forest Centre bietet jede Menge Infos sowie Wander- und Radkarten und Campingführer.

ⓘ Anreise & Unterwegs vor Ort

BUS

→ National-Express-Busse halten in Lyndhurst, Lymington und Ringwood.

→ Es bestehen regelmäßige Verbindungen zwischen den beiden wichtigsten Städten am Rand des Parks, Bournemouth (8,50 £) und Southampton (7,40 £).

→ Die **New Forest Tour** (www.thenewforesttour.info; Erw. für 1/2/5 Tage 15/20/30 £, Kind 8/10/15 £; ☉ Mitte Juni–Mitte Sept. 10–18 Uhr stündl.) umfasst drei miteinander verbundene Routen von hop-on/hop-off-Bussen; Haltestellen sind u. a. der Hauptparkplatz von Lyndhurst, der Bahnhof von Brockenhurst sowie Lymington, Beaulieu und Exbury.

ZUG

→ Von London Waterloo (18 £, 2 Std.) fahren zwei Züge pro Stunde über Winchester (12 £, 30 Min.) nach Brockenhurst und weiter nach Bournemouth (8 £, 20 Min.).

→ Zwischen Brockenhurst und Lymington (4 £, 10 Min.) pendelt zweimal stündlich ein Regionalzug.

Lyndhurst, Brockenhurst & Umgebung

Die urigen Örtchen Lyndhurst und Brockenhurst liegen nur 6,5 km auseinander. Ihre malerischen Unterkünfte und tollen Restaurants machen sie zu stimmungsvollen Ausgangspunkten für die Erkundung des New Forest.

◉ Sehenswertes

New Forest Museum MUSEUM
(www.newforestcentre.org.uk; Hauptparkplatz, Lyndhurst; ☉ April–Okt. 10–17 Uhr, Nov.–März bis 16 Uhr) GRATIS Mit einem Arbeitercottage (komplett mit am Feuer trocknenden Socken), Setzhölzern für Kartoffeln und einer Cider-Presse. Ein kleiner Film bietet eine kurze Einführung zum Park und man kann sich auch Aufnahmen von den herbstlichen Pferdeverkäufen anhören, die nach dem jährlichen Zusammentrieb stattfinden.

Beaulieu HISTORISCHES GEBÄUDE
(☎ 01590-612345; www.beaulieu.co.uk; Erw./Kind 24/12 £; ☉ April–Sept. 10–18 Uhr, Okt.–März bis 17 Uhr) PS-Jünger, Historiker und Geisterjäger zieht es nach Beaulieu (sprich: bjuh-lie). Auf dem Gelände eines Zisterzienserklosters des 13. Jhs. gibt's ein Automuseum, ein stattliches Herrenhaus und einen Touristenkomplex. Autofreaks ergötzen sich an Lord Montagues **National Motor Museum**. Die Eintrittskarten sind ein Jahr lang gültig; wer seine Karte online kauft, spart bis zu 5 £. Beaulieu liegt an der Route der New Forest Tour (s. o.).

Die Abtei im Herzen des heutigen Beaulieu war recht bedeutend. Nach der Auflösung der Klöster durch Heinrich VIII. 1536 fiel die Abtei an die Vorfahren der derzeitigen Besitzer, der Familie Montague. Das Automuseum präsentiert eine prachtvolle Sammlung an Automobilen, darunter auch früher Klassiker, außerdem Formel-1-Rennwagen und düsenbetriebene Geschwindigkeits-Rekordhalter wie den Bluebird, der 1964 649 km/h erreichte. An Promikutschen stehen hier von James Bond und Mr. Bean gefahrene Karossen.

Beaulieus stattlicher, gleichzeitig aber auch heimeliger **Palast** begann sein Dasein als gotisches Torhaus einer Abtei des

14. Jhs., wurde aber in den 1860er-Jahren von Baron Montague umfassend im schottischen Baronialstil umgebaut. Wer die Ohren spitzt, vernimmt vielleicht unheimliche gregorianische Gesänge – die Abtei ist angeblich eines der Gebäude Englands, in denen es am meisten spukt.

 Schlafen

Daisybank Cottage
B&B ££
(☎01590-622086; www.bedandbreakfast-new forest.co.uk; Sway Rd, Brockenhurst; EZ 90 £, DZ 110–130 £; P🖰) Die fünf wunderhübschen Suiten hier sind kleine Verwöhnpaläste. Die glitzernden Bäder duften aromatisch, die Einrichtung ist stilvoll und luxuriös und dazu kommen kleine Extras wie Frühstück mit vielen guten Sachen aus dem New Forest, handgemachte Pralinen, Smartphone-Dockingstationen, DAB-Radios und bei der Ankunft Kuchen aus eigener Herstellung.

Little Hayes
B&B ££
(☎02380-283816; www.littlehayesguesthouse.co.uk; 43 Romsey Rd, Lyndhurst; EZ 70–80 £, DZ 100–110 £) Kiefernholz-Himmelbetten, schicke Bäder und kräftige Farbtöne von Himbeer bis Aquamarin heben dieses B&B aus dem restlichen Angebot heraus. Besonders ansprechend ist Zimmer 5 mit seiner schrägen Decke und dem geräumigen Bad.

★ The Pig
BOUTIQUEHOTEL £££
(☎0345 225 9494; www.thepighotel.co.uk; Beaulieu Rd, Brockenhurst; Zi. 175–265 £; P🖰) Eines der edelsten Hotels im New Forest ist nach wie vor eine echte Freude: Körbe mit Holzscheiten, Croquet-Schläger und die Gummistiefel der Gäste verleihen dem Ganzen ein Landhausflair und Espressomaschinen und Minivorratsschränkchen verpassen den Zimmern einen Hauch von Luxus. Tatsächlich vermittelt all die mühelose Eleganz das Gefühl, dass man im (sehr stilvollen) Landrefugium von Freunden angekommen ist.

✕ Essen

★ The Pig
MODERN BRITISCH ££
(☎0345 225 9494; www.thepighotel.co.uk; Beaulieu Rd, Brockenhurst; Hauptgerichte 10–17 £; ◷12–14.30 & 18.30–21.30 Uhr; 🖰) Hier sollte man mal gegessen haben. Die findigen Köche des „Schweins" richten ihr Angebot nach der Mikrosaison aus: Es wechselt quasi stündlich, je nachdem, was die Umgebung und der Gemüsegarten des Hotels gerade

so hergeben. Daraus resultieren phantasievolle Kombinationen mit würzig duftendem wildem Knoblauch, kräftigem, selbst geräuchertem Schinken oder frisch gesammelten Pilzen im cremigen Risotto.

Oak Inn
PUB ££
(☎02380-282350; www.oakinnlyndhurst.co.uk; Pinkney Lane, Bank; Hauptgerichte 12–24 £; ◷Mo–Fr 12–14.30 & 18–21, Sa & So 12–21 Uhr) In diesem geselligen, üppig mit Blumen geschmückten Gasthaus herrscht der Geist des alten Englands. Zaumzeugbeschläge aus Messing und getrockneter Hopfen hängen über den Gästen, die sich an Wurstplatten, saftigem Wild aus dem New Forest, gebratenem Hampshire-Fasan und Lymington-Krebsen gütlich tun.

ℹ An- & Weiterreise

Bus 6 pendelt zwischen Lyndhurst, Brockenhurst und Lymington (3,70 £, Mo–Sa stündl., So 5-mal), genauso wie die **New Forest Tour** (S. 244).
Zwischen Brockenhurst und Lymington (4 £, 10 Min.) verkehrt zweimal stündlich ein Zug.

Buckler's Hard

Für so einen winzigen Ort hat diese malerische Ansammlung von Cottages aus dem 18. Jh. bei der Mündung des River Beaulieu eine wirklich große Geschichte. Diese begann 1722, als der Herzog von Montague zur Finanzierung einer Karibikexpedition einen Hafen anlegen ließ. Sein Traum ging nicht in Erfüllung, doch als Krieg mit Frankreich ausbrach, entwickelte sich dieses kleine Dörfchen mit seinem geschützten Kieselufer zu einer geheimen Schiffswerft, in der mehrere von Nelsons in der Schlacht von Trafalgar siegreichen Schiffen gebaut wurden. Im 20. Jh. spielte der Ort eine Rolle bei den Vorbereitungen zur Landung der Alliierten in der Normandie.

◉ Sehenswertes

Buckler's Hard Story
MUSEUM
(☎01590-616203; www.bucklershard.co.uk; Erw./Kind 6,50/4,50 £; ◷April–Sept. 10–17 Uhr, Okt.–März bis 16 Uhr) Das faszinierende Seefahrtsmuseum und Geschichtszentrum des Orts erzählt die Geschichte des hiesigen Schiffsbaus und die Rolle des Orts im Zweiten Weltkrieg. Zu sehen sind u. a. makellos erhaltene Arbeiterhäuschen aus dem 18. Jh.

🛏 Schlafen & Essen

Master Builder's House Hotel · HOTEL ££

(☎01590-616253; www.hillbrookehotels.co.uk; DZ 105–170 £; ☺Küche 12–15 & 19–21 Uhr; 🅿) Das schön restaurierte Hotel aus dem 18. Jh. wartet mit 25 stattlichen, stilvollen Zimmern mit dezenter Beleuchtung, polierten Truhen und üppigen Stoffen auf.

Im stimmungsvollen **Restaurant** (Hauptgerichte 12–23 £) genießen die Gäste mit Blick auf den Fluss feine klassische Gerichte. In der holzvertäfelten **Yachtsman's Bar** (Hauptgerichte 7–16 £) wird gutes Kneipenessen serviert.

Lymington

15 400 EW.

Die ansprechende georgianische Hafenstadt Lymington ist ein Seglermekka, eine Basis für den New Forest und ein Tor zur Isle of Wight. In dem ehemaligen Schmugglerort gibt's Läden für Schiffsausrüstung, sehr gute Restaurants und Unterkünfte sowie mit der Quay Street eine sehr urige Kopfsteinpflastergasse.

👁 Sehenswertes & Aktivitäten

St. Barbe Museum · MUSEUM

(☎01590-676969; www.stbarbe-museum.org.uk; New St; Erw./Kind 5,45/2,70 £; ☺Mo–Sa 10–16 Uhr) Das Museum erzählt anhand von Modellen, interaktiven Exponaten und Gegenständen die Geschichten von Bootsbauern, Seeleuten, Schmugglern, Salzmachern und Bauern. Zur Zeit der Recherche war das Museum für einen 2 Mio. £ teuren Umbau geschlossen, soll aber bald wieder eröffnen.

Puffin Cruises · BOOTSTOUREN

(☎07850-947618; www.puffincruiseslymington. com; Town Quay) Der beste Ausflug ist eine erfrischende dreistündige Sonnenuntergangstour über den Solent zur Isle of Wight (Erw./Kind 20/9 £, Mai–Okt. Mo, Mi, Fr & Sa 18 Uhr). Dort erheben sich der Leuchtturm und die Kreidefelsen der Needles aus dem Wasser.

🛏 Schlafen

Auplands · B&B ££

(☎01590-675944; www.auplands.com; 22 Southampton Rd; EZ 55–65 £, DZ 75–85 £; 🅿🐾) Die freundlichen Gastgeber betreiben dieses B&B schon seit mehr als 30 Jahren. Das zeigt sich in den effizienten Abläufen genauso wie in ihrer charmanten Lockerheit. Die gemütlichen Zimmer zieren Kiefernholz und große Pflanzen und es wird Flaschenwasser bereitgestellt; Lymingtons Restaurants sind nur einen zehnminütigen Spaziergang entfernt.

⭐ Mill at Gordleton · BOUTIQUEHOTEL £££

(☎01590-682219; www.themillatgordleton.co.uk; Silver St, Hordle; DZ 195–275 £, Suite 175–295 £; 🅿🐾) Wer dieses Hotel betritt, weiß sofort, dass man sich hier gut um ihn kümmern wird. Die exquisiten Zimmer sind mit Korbmöbeln, Samt- und Gingham-Stoffen eingerichtet – in jedem gibt's außerdem eine süße Plüschente. Der Garten erweist sich als zauberhafte Mischung aus plätscherndem Wasser, Lichterketten und modernen Skulpturen. Die Mühle liegt 6,5 km westlich von Lymington.

Stanwell House · BOUTIQUEHOTEL £££

(☎01590-677123; www.stanwellhouse.com; 14 High St; DZ 145–205 £, Suite 256 £; @🐾) Die eleganten Zimmer des Stanwell sind gleichzeitig historisch und modern. Die Zimmer mit Himmelbetten zeichnen sich durch dunkle Hölzer und schwungvolle Farben aus, die mit Unterhaltungselektronik ausgestatteten Suiten sind einfach unwiderstehlich – zwei verfügen sogar über ihre eigene Dachterrasse für sonnige Tage und mondbeschienene Abende.

🍴 Essen

Fish & Chips · FISH & CHIPS £

(130 High St; Hauptgerichte 8 £; ☺Mo–Fr 12–14.30 & 16.30–20.30, Sa 12–21, So 12–19.30 Uhr) Vor diesem klassischen britischen Fish-and-Chips-Imbiss bilden sich oft Schlangen. Verlockend sind neben tollem Fisch und Soleiern die Resopaltische. Vor Ort verputzen oder mitnehmen.

Ship Inn · PUB ££

(☎01590-676903; www.theshiplymington.co.uk; The Quay; Hauptgerichte 9–17 £; ☺Küche 12–22 Uhr; 🐾) Ein Pub für alle Jahreszeiten: Im Sommer genießen die Gäste ihre Drinks auf der Terrasse am Wasser, im Winter wärmt drinnen ein Kaminfeuer. An herzhaften Speisen gibt's alles von mariniertem Huhn bis zu hausgemachten Rote-Bete-Trüffel-Ravioli, an Getränken leckere *real ales*, aber auch Jahrgangsschampus.

⭐ Elderflower · MODERN BRITISCH £££

(☎01590-676908; www.elderflowerrestaurant.co. uk; 5 Quay St; Hauptgerichte 19–24 £; ☺Di–Sa 12–14.30 & 18.30–21.30, So 12–14.30 Uhr) Auf der Karte des Elderflowers herrscht ein anglo-französisches Flair, vom geschmorten New-Forest-Wild mit Trüffelaroma bis zum Apfel-Vanille-Soufflé mit Calvados-Pudding. Oder man entscheidet sich für die Tapas-ähnlichen *petites assiettes* (2–10 £) wie über Kiefernholz geräucherte Muscheln, Waldpilze mit Sauce bordelaise oder 72 Stunden gegarte Rinderrippchen.

❶ Praktische Informationen

Bücherei (☑ 0300 555 1387; North Close; ☺ Mo, Mi, Do & Sa 9–17, Di & Fr bis 19 Uhr; ☎) Kostenloser Internetzugang.

❶ An- & Weiterreise

Lymington verfügt über zwei Bahnhöfe, Lymington Town und Lymington Pier. Die Fähren zur Isle of Wight fahren beim Bahnhof Lymington Pier ab. Zweimal pro Stunde fahren Züge nach Southampton (11 £, 40 Min.; umsteigen in Brockenhurst).

Wightlink Ferries (☑ 0333 999 7333; www.wightlink.co.uk) Autofähren fahren stündlich nach Yarmouth auf der Isle of Wight (30 Min.). Für Fußgänger kostet eine Tagesrückfahrkarte 14,60 £ für Erwachsene, 7,30 £ für Kinder; ein Auto kostet hin und zurück bei einem Aufenthalt von bis zu vier Nächten ab etwa 60 £.

ISLE OF WIGHT

Auf der Isle of Wight liegt neuerdings etwas Grooviges in der Luft. Jahrzehntelang war diese Insel vor Portsmouth ein Ferienmagnet für Familien und es gibt auch heute noch jede Menge Seebadkitsch. Jedoch haben sich inzwischen zu den Promenaden und Spielplätzen echt abgefahrene Nischen gesellt. Einige Musikfestivals locken Partygänger an, frisch gefangene Meeresfrüchte werden in schrägen Fischercafés serviert und es gibt echt coole Campingplätze mit Öko-Jurten und alten Wohnwagen. Doch der eigentliche Reiz der Insel ist immer noch derselbe: ein mildes Klima, zahllose Outdooraktivitäten und 40 km Küste mit Stränden, dramatischen weißen Klippen und stillen Sanddünen.

 Aktivitäten

Radfahren

Mit einem 320 km umspannenden Radwegenetz ist die Isle of Wight ein echtes Paradies für Pedalritter. Auf der offiziellen Besucherwebsite der Insel (www.visitisleofwight.

co.uk) sind verschiedene Routen mit Karten verzeichnet, von familienfreundlichen Spazierfahrten entlang alter Eisenbahntrassen bis zum 80 km langen Klippenweg **Chalk Ridge Extreme**. Jedes Jahr findet im September ein **Cycling Festival** (☑ 01983-821000; www.sunseaandcycling.com) statt.

Leihräder sind ab etwa 13/45 £ pro Tag/Woche zu haben. Viele Verleiher bringen bei Aufträgen über 30 £ die Räder zur Unterkunft und holen sie wieder ab.

Tavcycles ⬩ RADFAHREN
(☑ 01983-812989; www.tavcycles.co.uk; 140 High St, Ryde) Leihräder für einen halben Tag (7 £), 24 Stunden (15 £) oder eine Woche (45 £).

Top Gear ⬩ RADFAHREN
(☑ 01983-299056; www.top-gearhire.com; 1 Terminus Rd, Cowes; Erw. Tag/Woche 15/70 £, Kind Tag/Woche 13/70 £) Liefert Leihräder inselweit.

Wight Cycle Hire ⬩ RADFAHREN
(☑ 01983-761800; www.wightcyclehire.co.uk; Station Rd, Yarmouth; Erw. Tag/Woche 16/70 £, Kind Tag/Woche 10/40 £) Verleiht auch E-Bikes (35 £ pro Tag) und Tandems (32 £ pro Tag).

Wandern

Mit 800 km an markierten Wegen ist dies eines der besten Wanderreviere in Südengland; mehr als 100 km führen an der Küste entlang. Das zweiwöchige **Walking Festival** (www.isleofwightwalkingfestival.co.uk; ☺ Mai) gilt als das größte Wanderfest Großbritanniens.

Wassersport

Wassersport ist ein großes Thema auf der Isle of Wight. Das Zentrum für Segler ist Cowes. Surfer und Wind- und Kitesurfer zieht es in den Südwesten der Insel, besonders die Gegend um die Compton Bay, und zu den Needles führen Motorboottrips.

---

❶ PREISE FÜR AUTOFÄHREN

Die Preise für die Autofähren zur Isle of Wight schwanken teils erheblich. Wer Geld sparen möchte, bucht im Voraus, erkundigt sich nach Angeboten und reist *off-peak* (zur Wochenmitte und später am Tag). Wer länger auf der Insel bleibt, zahlt weniger für die Überfahrt, und bei einigen Angeboten sind Eintrittspreise zu Sehenswürdigkeiten auf der Insel eingeschlossen. Wer online bucht, spart z. T. bis zu 20 £.

Isle of Wight

Isle of Wight

◉ Highlights

◉ Sehenswertes

◆ Aktivitäten, Kurse & Touren

◉ Schlafen

✕ Essen

Isle of Wight Adventure Activities
ABENTEUERSPORT

(☎01983-755838; www.isleofwightadventureactivities.co.uk; Freshwater) Aktivitäten von Surfen, Stehpaddeln und Kajakfahren (Erw./Kind 40/25 £ für 2 Std.) bis zu Bogenschießen (12 £ pro Std.).

ⓘ Praktische Informationen

Die zentrale **Touristeninformation** (☎01983-813813; www.visitisleofwight.co.uk; High St, Newport; ◷ Mo–Fr 10.30–15.30, Sa bis 14.30 Uhr) der Isle of Wight ist in Newport. Außerdem gibt es z. B. an den wichtigsten Fähranlegern noch Infokioske.

❶ An- & Weiterreise

Hovertravel (☏ 01983-717700; www.hover travel.co.uk; Tagesrückfahrkarte Erw./Kind 19/9,60 £) Befördert jede halbe bis volle Stunde Fußgänger von Southsea (einem Vorort von Portsmouth) nach Ryde.

Red Funnel (☏ 02380-019192; www.red funnel.co.uk) Betreibt Autofähren zwischen Southampton und East Cowes (Tagesrück fahrkarte Erw./Kind 16,80/8,40 £, mit Auto ab 45 £, 60 Min., stündl.) sowie schnelle Passagierfähren zwischen Southampton und West Cowes (Tagesrückfahrkarte Erw./Kind 24/12 £, 25 Min., 1- bis 2-mal pro Std.).

Wightlink Ferries (☏ 0333 999 7333; www. wightlink.co.uk) Betreibt jede halbe Stunde Passagierfähren von Portsmouth nach Ryde (Tagesrückfahrkarte Erw./Kind 18,40/9,20 £, 22 Min.), außerdem jede Stunde Autofähren von Portsmouth nach Fishbourne (45 Min.) und von Lymington nach Yarmouth (30 Min.). Für beide Fähren kostet eine Tagesrückfahrkarte für Fußgänger 14,60/7,30 £ (Erw./Kind). Ein Auto kostet hin und zurück bei einem Aufenthalt von bis zu vier Nächten ab etwa 60 £.

❶ Unterwegs vor Ort

AUTO

1st Call (☏ 01983-400055; www.1stcallcar sales.com; 15 College Close, Sandown; ab 30/150 £ pro Tag/Woche) Bringt Mietwagen zu Unterkünften auf der gesamten Insel und holt sie wieder ab.

BUS

Southern Vectis (www.islandbuses.info) Bietet ungefähr jede halbe Stunde Busver bindungen zwischen den Orten im Osten. Verbindungen in den abgeschiedeneren Süd westen, besonders zwischen Blackgang Chine und Brook, sind weniger häufig; zwischen April und September macht der **Island Coaster** (www.islandbuses.info; Erw./Kind 10/5 £ pro Tag, Erw./Kind 15/7,30 £ für 2 Tage) jedoch je Richtung vier Fahrten am Tag entlang der Südküste von Ryde nach Yarmouth im Westen.

Die Rover Tickets gelten für alle Southern-Vectis-Routen, entweder einen (Erw./ Kind 10/5 £) oder zwei Tage (Erw./Kind 15/7,30 £) lang.

ZUG

Island Line (www.southwesttrains.co.uk) Fährt alle zwei Stunden von Ryde über Smallbrook Junction, Brading und Sandown nach Shanklin (Tagesrückfahrkarte 4,40 £, 25 Min.).

Cowes & Umgebung

Die hügelige georgianische Hafenstadt Cowes ist berühmt für die Cowes Week An fang August. Sie fand 1826 zum ersten Mal statt und ist die größte und älteste Segel regatta der Welt. Fiberglasboote und alte Segelboote säumen den Hafen von Cowes, das durch den malerischen River Medina in East und West Cowes geteilt wird. Die Hauptstadt der Insel, Newport, liegt 8 km südlich.

◉ Sehenswertes

★ Osborne House · HISTORISCHES GEBÄUDE
(EH; ☏01983-200022; www.english-heritage.org. uk; York Ave, East Cowes; Erw./Kind 15/9 £; ☻April–Sept. 10–18 Uhr, Okt. bis 17 Uhr; ℗) Das pastellgelbe, italienisch anmutende Osborne House ist echter viktorianischer Pomp. Es wurde in den 1840er-Jahren im Auftrag Königin Victorias erbaut – die Monarchin zog sich nach dem Tod ihres Gatten hierher mehrere Jahre zum Trauern zurück. Zu den extravaganten Räumen zäh len die opulenten Royal Apartments und der Durbar Room. Weitere Highlights sind Ritte und Kutschfahrten, das Swiss Cot tage – wo die königlichen Knöchelbeißer spielten – und der Spaziergang den Rho dodendron Walk entlang zum Privatstrand der Königin.

Carisbrooke Castle · BURG
(EH; ☏01983-522107; www.english-heritage.org. uk; Castle Hill, Newport; Erw./Kind 9/5 £; ☻April–Sept. 10–18 Uhr, Okt. bis 17 Uhr, Nov.–März Sa & So bis 16 Uhr; ℗) Vor seiner Hinrichtung 1649 war hier Karl I. eingesperrt. Heute können Besucher auf den stabilen Festungsanlagen herumturnen und auf dem Platz, den auch der dem Tode geweihte König nutzte, Bowls spielen.

Festivals & Events

Cowes Week · SPORT
(www.aamcowesweek.co.uk; ☻Aug.) Eine der größten und ältesten Segelregatten der Welt.

 Schlafen

★ onefiftycowes · B&B ££
(☏07795 296399; www.onefiftycowes.co.uk; 150 Park Rd, West Cowes; EZ 60–75 £, DZ 85–90 £; ℗⊜) Das onefiftycowes hat alle Merkmale eines Luxushotels, aber auch die Individuali-

tät eines B&B: Hier stehen neben den Standwaschbecken Korbstühle und in den Zierkaminen liegen vom Meer geglättete Kieselsteine. Das beste Zimmer ist das Solent, von dem mit dem bereitliegenden Fernglas auch Blicke aufs Meer zu erhaschen sind.

Fountain
HOTEL ££

(☑ 0845 608 6040; www.fountaininn-cowes.co.uk; High St, West Cowes; EZ 60–100 £, DZ 75–110 £; 🕾) In diesem ansprechenden Hotel am Hafen wird georgianischer Stil imitiert, mit Velourtapeten und alten Holzmöbeln in den gemütlichen Zimmern. Zimmer 21 hat schräge Decken und bietet tolle Blicke auf den geschäftigen Kai. In der gemütlichen Bar und auf der Sonnenterrasse lassen sich wunderbar ein Pint sowie Pubfood-Klassiker (Hauptgerichte 9 £; geöffnet 11–22 Uhr) genießen.

Ryde & Umgebung

Die schnellste Passagierfähre zwischen der Insel und Portsmouth legt in **Ryde** an, einem viktorianischen Städtchen mit den typischen Kennzeichen britischer Badeorte. Danach kommen das niedliche Dorf **Brading** mit seiner schönen römischen Villa und das fotogene, von Sandstränden gesäumte **Bembridge Harbour**.

Weiter südlich liegen die beiden Badeorte **Sandown** und **Shanklin** mit ihren Seepromenaden und zahllosen mit Eimer und Schaufel bewaffneten Familien.

◉ Sehenswertes

★ Brading Roman Villa
RUINE

(☑ 01983-406223; www.bradingromanvilla.org.uk; Morton Old Rd, Brading; Erw./Kind 9,50/4,75 £; 🕑 10–17 Uhr) Die wunderbar erhaltenen Mosaike hier – darunter der berühmte hahnenköpfige Mann – machen dies zu einer der schönsten römisch-britischen Stätten im ganzen Land. Holzstege führen über Mauerreste und bunt bemalte Fliesen und man kann direkt auf die Ruinen unter einem schauen.

St. Helens Duver
NATURSCHUTZGEBIET

(NT; www.nationaltrust.org.uk; 🕑 24 Std.; 🅿) Auf dieser idyllischen, aus Sand und Kiesel bestehenden Landspitze an der Mündung des River Yar führen Wege vorbei an Sandglöckchen, Dünengras und seltenen Kleearten. Das Schutzgebiet ist im Dorf St. Helens bei Bembridge Harbour ausgeschildert.

Isle of Wight Steam Railway
HISTORISCHE EISENBAHN

(☑ 01983-882204; www.iwsteamrailway.co.uk; Erw./Kind hin & zurück 12/6 £, 1. Klasse 17/11 £; 🕑 Mitte April–Sept.) Bewältigt schnaufend regelmäßig die einstündige Strecke zwischen Smallbrook Junction und Wootton Common.

🛏 Schlafen

★ Vintage Vacations
CAMPINGPLATZ £

(☑ 07802 758113; www.vintagevacations.co.uk; Ashey, bei Ryde; 4-Pers.-Wohnwagen 475–710 £ pro Woche; 🕑 April–Okt.; 🅿) Die Airstream-Wohnwagen aus den 1960er-Jahren auf dieser Farm verkörpern echten Retroschick. Die glänzenden Aluminiumwagen sind liebevoll eingerichtet, u. a. mit fröhlichen Patchworkdecken und bunten Teewärmern. Außerdem stehen noch eine Strandhütte, eine Scout-Hütte aus den 1930er-Jahren und die „Mission" zur Auswahl, eine spätviktorianische Blechkapelle.

Xoron Floatel
B&B ££

(☑ 01983-874596; www.xoronfloatel.co.uk; Bembridge Harbour; DZ 70 £; 🅿) Eine wirklich einzigartige Unterkunft: Dieses alte Kanonenboot aus dem Zweiten Weltkrieg ist heute ein freundliches, mit Wimpeln geschmücktes Hausboot. Die winzigen, gemütlichen Kabinen sind mit klitzekleinen Bädern ausgestattet. Der Hafenblick von der blumengeschmückten Sonnenterrasse ist einfach erstklassig.

Kasbah
B&B ££

(☑ 01983-810088; www.kasbahiw.com; 76 Union St, Ryde; DZ 70 £; 🕾) Das Kasbah bringt ein bisschen Nordafrika in die Straßen von East Wight. Die groben Holzmöbel und die bunte Einrichtung verleihen den Zimmern ein marokkanisches Flair; teils bieten sie auch einen Blick aufs Wasser. In der Bar unten geht's recht munter zu – wer selbst keine Nachteule ist, sollte nicht am Wochenende hier absteigen oder um ein Zimmer im obersten Geschoss bitten.

✖ Essen

Pilot Boat
PUB £

(☑ 01983-872077; www.thepilotboatinn.com; Station Rd, Bembridge; Hauptgerichte 9 £; 🕑 12–14 & 18–20 Uhr; 🅿🕾) Es ist ein gutes Zeichen, wenn sich die Gäste einfach ans Klavier setzen oder sich eine der Gitarren des Pubs schnappen. Zur geselligen Atmosphäre tragen auch der Holzofen, die Schiffsfahnen und das gute hausgemachte Essen bei (z. B.

MUSIKFESTIVALS AUF DER ISLE OF WIGHT

Die Festivaltradition auf der Isle of Wight nahm 1968 ihren Anfang: Damals strömten geschätzte 200 000 Hippies auf die Insel, um die Doors, The Who, Joni Mitchell und den letzten Auftritt der Rocklegende Jimi Hendrix zu sehen. Eine Generation später zählen die Inselfestivals noch immer zu den Top-Musikevents Englands.

Isle of Wight Festival (www.isleofwightfestival.com; ⊙ Mitte Juni) Bei diesem Festival haben schon die Stereophonics, Muse, die Red Hot Chili Peppers, die Kings of Leon und die Rolling Stones gespielt.

Bestival (www.bestival.net; ⊙ Sept.) Das Bestival Anfang September ist mit Acts wie den Super Furry Animals, den Scissor Sisters und Candi Staton eher bunt und alternativ aufgelegt.

Krebssalat und große Schüsseln Chili con carne). Die tadellos sauberen Gästezimmer (DZ 90 £) sind schön nach nautischem Motto eingerichtet.

Black Sheep CAFÉ £
(☎01983-811006; www.theblacksheepbar.co.uk; 53 Union St, Ryde; Hauptgerichte 8–10 £; ⊙ Mo–Do 12–15, Fr & Sa bis 20 Uhr) Chillige Klänge aus der Stereoanlage, Zeitungsstapel und eine Terrasse mit Palmen locken die Einheimischen in dieses relaxte Café in Ryde. Außerdem gibt's hier regelmäßig Musiksessions. Auf der Karte stehen etwa hausgemachte Burger, dampfende Schüsseln mit Muscheln und Focaccia mit Honig, Feigen und Blutwurst.

Floating Cafe & Shop FISCH & MEERESFRÜCHTE ££
(☎01983-874758; www.thebestdressedcrabintown. co.uk; Fisherman's Wharf, Bembridge Harbour; Hauptgerichte 6–22 £; ⊙ Ostern–Dez. tgl. 10–16 Uhr, Jan.–Ostern Sa & So 10–16 Uhr) In diesem idyllischen kleinen Café auf einem Ponton wird der Krebs- und Hummerfang des Tages in äußerst köstlichen Sandwiches, Salaten und Suppen verarbeitet. Am schönsten lassen sich diese an einem der Tische am Wasser verspeisen, während die Fischer ihren Fang anlanden. Zu Recht sehr beliebt, also reservieren! Von Mitte Juli bis Ende August ist das Café bis 20.30 Uhr geöffnet.

Ventnor & Umgebung

Das viktorianische Städtchen Ventnor erstreckt sich so steil an der Südküste der Insel zum Meer hinab, dass man sich wie in Südfrankreich vorkommt. Die Geschäfte in den gewundenen Straßen lohnen durchaus eine Inspektion und auch die Uferpromenade kann sich sehen lassen.

◉ Sehenswertes & Aktivitäten

St. Catherine's Lighthouse LEUCHTTURM
(☎01983-730435; www.trinityhouse.co.uk; bei Niton; Erw./Kind 4/3 £; ⊙ Juli & Aug. 13–16.30 Uhr, April–Juni & Sept. unterschiedliche Öffnungszeiten) Der zinnenbewehrte Leuchtturm aus dem 19. Jh. markiert den südlichsten Punkt der Insel. Bei den Führungen geht's über rund 90 Stufen hinauf zum Lampenhaus mit weiten Meerblicken.

St. Catherine's Oratory LEUCHTTURM
(bei Niton) GRATIS Der vor Ort als Pepperpot (Pfeffertopf) bekannte, achteckige und 10,5 m hohe Turm aus dem 14. Jh. ist der einzige erhaltene mittelalterliche Leuchtturm Englands.

Blackgang Chine FREIZEITPARK
(☎01983-730330; www.blackgangchine.com; Blackgang; Eintritt 91,50 £; ⊙ April–Juli 10–17 Uhr, Aug. bis 18 Uhr, Sept.–März bis 16 Uhr) Die kinderfreundliche Attraktion mit Dinosauriern, Piraten und Drachen wartet mit Wassergärten, Trickfilmshows und einem Heckenlabyrinth auf.

🛏 Schlafen & Essen

Harbour View B&B ££
(St. Augustine Villa; ☎01983-852285; www.harbour viewhotel.co.uk; The Esplanade, Ventnor; EZ 80–96 £, DZ 89–105 £; P 🛜) Landhaussachen schmücken diese viktorianische Villa im italienischen Stil. In den stattlichen Zimmern stehen Ohrensessel und zwischen tiefroten Gardinen hindurch blickt man aufs Meer. Überhaupt der Ausblicke: Von ihrem Sofa aus können die Gäste den Sonnenuntergang betrachten oder von ihrem Himmelbett den Wellen beim Schäumen zuschauen.

Hambrough
B&B £££

(☎01983-856333; www.thehambrough.com; Hambrough Rd, Ventnor; DZ 120–230 £; P🛜) In diesem Boutique-B&B machen die kleinen Dinge den großen Unterschied aus: die dezente, aber schicke Einrichtung, die Kaffeemaschinen, die auch die Milch aufschäumen, und der Räucherlachs von der Isle of Wight zum Frühstück. Zwei der Zimmer verfügen über Balkone, von denen man direkt aufs Meer schaut – in einigen der Zimmer in der obersten Etage blickt man sogar von der Badewanne aus auf die Wellen.

Spyglass Inn
PUB ££

(☎01983-855338; The Esplanade, Ventnor; Hauptgerichte 10–25 £; ◷12–21.30 Uhr) Wenn eine Strandkneipe so vollgestopft ist mit Piratennippes, Schiffslampen und Rettungsringen, hegt man gegenüber dem Essen gewöhnlich gewisse Vorbehalte. Aber keine Sorge: Die Meeresfrüchteplatten und -salate hier sind hervorragend, besonders der gegrillte Hummer mit Knoblauchbutter – den bestellt man am besten vor, denn er ist schnell weg.

Ale & Oyster
BISTRO ££

(☎01983-857025; www.thealeandoyster.co.uk; The Esplanade, Ventnor; Hauptgerichte 9–20 £; ◷Mi-So 12–14 & 18–21 Uhr) Zu den modernen Gerichten aus Zutaten von der Isle of Wight zählen ein Risotto mit Waldpilzen und geräuchertem Knoblauch, Krebse mit Mornaysauce und gebratene Jakobsmuscheln mit Haselnussstaub – am besten zu genießen auf der Terrasse direkt an der Promenade von Ventnor.

Steephill Cove

Der winzige Sandstrand der Steephill Cove ist von unterschiedlichsten Gebäuden gesäumt, die Bandbreite reicht von Steincottages bis zu wackelig aussehenden Schuppen. Am Strand gefundene Stücke schmücken Veranden, die mit Treibholzmöbeln und Fischernetzen wohnlich gemacht wurden. Über der Szenerie thront ein kleiner hölzerner Leuchtturm. Hier ist alles bemüht maritim, aber dennoch sehr nett.

🛏 Schlafen & Essen

★ Lighthouse
APARTMENT £

(☎07903-689984; www.steephill-cove.co.uk; Steephill Cove; 6 Pers. 990–1950 £ pro Woche) Diese tolle Unterkunft besticht mit einem traumhaften Ausblick aufs Meer – ein zweistöckiger weißer Holzleuchtturm im Neuenglandstil direkt am Ufer. Vom Bett aus kann man den Wellen zuschauen oder man geht ein paar Schritte und nimmt ein Bad im Meer oder speist auf der eigenen Terrasse. Himmlisch!

Dieselben Betreiber bieten in der Nähe außerdem ein Haus (für bis zu 6 Pers., 950–1490 £ pro Woche) und das romantische Crow's Nest (390–600 £) für zwei Personen.

Crab Shed
CAFÉ £

(Steephill Cove; Snacks 5 £; ◷April–Sept. 12–15 Uhr) Vor dem Schuppen mit seinen Korkschwimmern und verblichenen Bojen säumen Hummerkörbe und Fischerboote die Helling. Zu den unwiderstehlichen Leckereien hier zählen Krebssalat, Makrelen-Ciabatta und Krabben-*pasties*.

★ Boathouse
FISCH & MEERESFRÜCHTE £££

(☎01983-852747; www.steephill-cove.co.uk; Steephill Cove; Hauptgerichte 19–41 £; ◷Ende Mai-Anfang Sept. Do–Di 12–15 Uhr) Wer früh genug da ist, kann den Fischern von Steephill Cove (Jimmy und Mark) dabei zusehen, wie sie das Mittagessen an Land bringen – die Holztische hier stehen nur Schritte vom Meer entfernt. Ein wunderbares Örtchen für ein kühles Gläschen Weißwein und einen saftigen Hummer inmitten des neuen Treibholzschicks der Insel. Reservieren!

❶ An- & Weiterreise

Die Steephill Cove liegt rund 1,5 km westlich von Ventnor und ist für Autos gesperrt. Entweder man geht vom nahen Botanischen Garten (Parken 5 £) hierher oder vom Parkplatz 200 m westlich der Ventnor Esplanade und folgt dem teils steilen Küstenpfad bis zur Bucht.

West Wight

Die ländliche und abgeschiedene Westecke der Insel zeigt deren eigentliches Wesen. Wo sich die atemberaubende Küste Richtung Alum Bay herumwindet, erheben sich schiere weiße Klippen aus der tosenden See. Die berühmtesten Kreidefelsen der Region, die zerklüfteten Needles, ragen wie Scherben aus dem Wasser und erscheinen wie das Rückgrat eines prähistorischen Seeungeheuers. In West Wight gibt's außerdem den vielleicht besten Strand der Insel, nämlich an der sandigen, windgepeitschten Compton Bay.

⊙ Sehenswertes & Aktivitäten

★ Needles Old & New Battery   FESTUNG
(NT; ☎01983-754772; www.nationaltrust.org.uk; The Needles; Erw./Kind 6,30/3,10 £; ⊗ Mitte März–Okt. 11–16 Uhr) Der viktorianische Festungskomplex an der Westspitze der Isle of Wight beherbergt zwei Geschützstellungen. Hier wird sehr spannend dargelegt, wie die Festung 1862 angelegt wurde, welche Funktion sie in den beiden Weltkriegen erfüllte und wie sie im Kalten Krieg schließlich zu einer geheimen Raketentestbasis mutierte. Von der Alum Bay sind es zu Fuß 1,5 km über die Klippen hierher oder man nimmt den Touristenbus (www.islandbuses.info; Erw./Kind 10/5 £ für 24 Std.; ⊗ Mitte März–Sept. 10–17 Uhr), der alle zwei Stunden zwischen der Festung und der Bucht verkehrt.

Needles Pleasure Cruises   BOOTSTOUREN
(☎01983-761587; www.needlespleasurecruises.co.uk; Alum Bay; Erw./Kind 5,50/3,50 £; ⊗ Ostern–Okt. 10.30–16.30 Uhr) Vom Strand von Alum Bay führen jede halbe Stunde 20-minütige Bootstouren zu den Kreidefelsnadeln The Needles und ermöglichen Blicke auf die weißen Felsen aus nächster Nähe.

🛏 Schlafen

★ Really Green   CAMPINGPLATZ £
(☎07802 678591; www.thereallygreenholidaycompany.com; Blackbridge Rd, Freshwater Bay; Jurte 375–705 £ pro Woche; ⊗ Ostern–Okt.; [P]) ⁌ Zelten war noch nie so einfach: Die voll ausgestatteten Jurten für zwei bis fünf Personen auf diesem schattigen Platz warten mit Himmelbetten, Futons, Holzöfen und abgenutzten Antiquitäten auf. Der Platz mit Flussblick liegt inmitten abgeschiedener Weiden und nur ein paar Minuten entfernt befindet sich ein Feinkost-Hofladen.

Totland Bay YHA   HOSTEL £
(☎0845 371 9348; www.yha.org.uk; Hirst Hill, Totland Bay; B/DZ 18/25 £; [P]📶) In dem knarzenden, munter geführten viktorianischen Haus gibt's bis zu acht Betten pro Zimmer. Das Personal versorgt Gäste gern mit Infos zur Region.

DORSET

Der Urlaubermagnet Dorset ist schlichtweg bezaubernd. Seine Küste zählt zu den schönsten Englands, u. a. wegen der Jurassic Coast, einer Welterbestätte mit von der See ausgewaschenen Buchten, zerbröselnden Klippen und Stränden voller fossiler Souvenirs. Es ist einfach ein tolles Erlebnis, hier zu baden, Kajak zu fahren und zu wandern. Im Landesinneren wartet Thomas Hardys lyrische Landschaft mit riesigen Festungen aus der Eisenzeit, gewagten Kreidefiguren, märchenhaften Burgen und sehr sehenswerten herrschaftlichen Häusern auf. Dazu kommen Seebäder voller Feierwütiger, von Millionärsvillen gesäumte goldene Strände und Segelreviere, in denen schon olympische Wettkämpfe ausgefochten wurden. Dorset ist auf jeden Fall eine Reise wert!

❶ Praktische Informationen

Visit Dorset (www.visit-dorset.com) Offizielle Tourismuswebsite der Grafschaft.

❶ Anreise & Unterwegs vor Ort

BUS
First (www.firstgroup.com) bietet Busverbindungen zwischen den größeren Orten.

More (www.morebus.co.uk) ist das wichtigste Busunternehmen in Bournemouth, Poole und Umgebung.

ZUG
Eine Bahnstrecke verläuft von Bristol über Bath und Dorchester West nach Weymouth (20 £, 3 Std., mind. 6-mal tgl.).

Jede Stunde fahren Züge von London Waterloo über Southampton, Bournemouth, Poole und Dorchester South nach Weymouth (20 £, 3 Std.).

Bournemouth

183 491 EW.

Wenn eine Sache Bournemouth geprägt hat, dann ist es sein Strand. Dieser wunderbare, 11 km lange weiche Sandstreifen lockte schon zu viktorianischer Zeit Urlauber an. Heute zieht das Seebad sowohl ältere Teilnehmer von Busausflügen als auch Junggesellenabschiede an – samstagabends ist überall Verkleidung angesagt: Engel mit Joints treffen auf Männer in Mankinis. Doch Bournemouth ist mehr als eine ausgerastete Partystadt. Es wartet auch mit einigen hippen Refugien, tollen Restaurants, verlockenden Wassersportmöglichkeiten und mit Boscombe, gut 3 km östlich des Zentrums, einem Vorort mit einem coolen Surferflair auf.

⊙ Sehenswertes & Aktivitäten

Bournemouth Beach
STRAND

Bournemouths sandige Küstenlinie fährt immer wieder Auszeichnungen für seine Seebäder ein. Sie erstreckt sich von Southbourne im Osten bis nach Alum Chine im Westen – eine ellenlange Promenade gesäumt von rund 3000 Strandliegen, Ziergärten, Kinderspielplätzen und Cafés. Zudem gibt's zwei Seebrücken. Um den **Bournemouth Pier** kann man bunte **Strandhütten** (📞01202-451781; www.bournemouthbeachhuts.co.uk; 40/158 £ pro Tag/Woche), Sonnenliegen (3 £ pro Tag), Windschutz (5,50 £) und Sonnenschirme (6 £) leihen. **Boscombe Pier** ist das Zentrum des Wassersports.

Russell-Cotes
MUSEUM

(📞01202-451858; www.russellcotes.com; Russell-Cotes Rd; Erw./Kind 6/4 £; ⊙Di–So 10–17 Uhr) Aus jedem Quadratzentimeter dieses interessanten Baus, einer Mischung aus italienischer Villa und schottischem Schloss, strömt der Wille zur Prahlerei. Das Haus entstand am Ende des 19. Jhs. für Merton und Annie Russell-Cotes, damit sie irgendwo ihre umfangreiche Sammlung an Mitbringseln von ihren Weltreisen präsentieren konnten.

Alum Chine
GÄRTEN

(Mountbatten Rd; ⊙24 Std.) Die Blütezeit Bournemouths in den 1920er-Jahren wird in dieser subtropischen Enklave wunderbar heraufbeschworen mit Pflanzen von den Kanarischen Inseln, aus Neuseeland, Mexiko und dem Himalaja. Die knallroten Blätter, silbernen Disteln und lila Blüten heben sich schön vom glitzernden Meer ab. Der Garten liegt 2,5 km westlich des Bournemouth Pier.

Sorted Watersports
WASSERSPORT

(📞01202-300668; www.sortedsurfschool.co.uk; Overstrand Bldg, Undercliff Dr) Von seiner Station an der Boscombe-Promenade bietet Sorted Watersports Unterricht im Surfen und Stehpaddeln (30 £ für 2 Std.). Außerdem werden Neoprenanzüge (2/8 Std. 10/30 £), Surfbretter (2/8 Std. 10/30 £), Paddleboards (1/2 Std. 15/25 £) und Kajaks (1/2 Std. 15/25 £) verliehen.

🛏 Schlafen

Bournemouth Backpackers
HOSTEL £

(📞01202-299491; www.bournemouthbackpackers.co.uk; 3 Frances Rd; B/DZ 15/34 £; 🅿🤙) Schlafsäle mit drei bis sechs Betten in einem Vororthaus voller Reiseandenken – eine Wand ist mit Schokoriegelpapier aus aller Welt gepflastert. Nur für Gäste aus dem Ausland; Reservierung nur über das Buchungsformular auf der Website.

★ B&B by the Beach
B&B ££

(📞01202-433632; www.bedandbreakfastbythebeach.co.uk; 7 Burtley Rd, Southbourne; DZ 110 £; 🅿🤙) Charmante Eigentümer und reizende Zimmer sind hier die Erfolgsgarantie. Segelmotive, Meeresblau und Rubinrot prägen das Ambiente und eine blumengeschmückte Terrasse, edle Pralinen und hausgemachter Kuchen sorgen genauso wie das Gratisgläschen Wein für wohlige Entspannung.

★ Urban Beach
BOUTIQUEHOTEL ££

(📞01202-301509; www.urbanbeach.co.uk; 23 Argyll Rd; EZ 72 £, DZ 99–180 £; 🅿@🤙) Das Urban Beach ist nach wie vor die Lieblingsabsteige hipper Bournemouth-Besucher und sorgt für eine Rundum-sorglos-Stimmung – Gäste können kostenlos Gummistiefel, Schirme und DVDs ausleihen. Die stylischen Zimmer sind in Schwarz, Dunkelgrau und Limettengrün gehalten. Auf der Terrasse gönnt man sich Essen aus dem gehobenen Bistro (geöffnet 12–22 Uhr).

Mory House
B&B ££

(📞01202-433553; www.moryhouse.co.uk; 31 Grand Ave, Southbourne; EZ 55–70 £, DZ 75–97 £, FZ ab 117 £; 🅿🤙) In diesem stillen, tadellosen B&B weisen Buntglas und eine elegante Treppe auf die Entstehung des Hauses im edwardianischen Zeitalter hin. Die modernen Zimmer sind in gedämpften Farben gehalten; das schönste ist die Nr. 3, auf deren winzigem Balkon man schön an den Keksen und Süßigkeiten knabbern kann, die überall im Haus zu finden sind. Außerdem gibt's ein Familienzimmer für vier Personen.

Amarillo
B&B ££

(📞01202-553884; www.amarillohotel.co.uk; 52 Frances Rd; EZ 35–45 £, DZ 70–90 £; 🅿🤙) Die schicken, stilvollen Zimmer des Amarillo mit auffallenden Tapeten, flotten Decken und raffinierter Beleuchtung weisen ein tolles Preis-Leistungs-Verhältnis auf.

Essen

★ Urban Reef
BISTRO ££

(📞01202-443960; www.urbanreef.com; Undercliff Dr, Boscombe; Hauptgerichte 8–22 £; ⊙9–22 Uhr, im Winter unterschiedliche Öffnungszeiten; 🤙) An sonnigen Wochenenden gibt's vor dem funkigen Urban Reef eine Warteschlange aus coolen Leuten. Kein Wunder angesichts der Terrasse und des Balkons am Wasser, des starken Kaffees, der erstklassigen Snacks und der sehr guten Restaurantkost. An stürmischen Tagen kann man es sich am Holzofen gemütlich machen und dem Rauschen des Meeres lauschen.

Reef Encounter   BISTRO ££
(www.reef-encounter.com; 42 Sea Rd, Boscombe; Hauptgerichte 7–15 £; ⊙Mo–Fr 11–22, Sa & So 9–22 Uhr, im Winter kürzere Öffnungszeiten; 🛜) Große Sofas, sanfte Hintergrundmusik und eine Terrasse mit Seeblick verleihen diesem entspannten Esslokal das Flair einer Surferkneipe. Zu den kreativen Brunchspeisen gehören Räucherlachs, Ei und Avocado oder man genießt köstliche Burger, Rippchen und Wings – vielleicht zu einem kühlen Bierchen, während man den Wellen bei ihrer Arbeit zuschaut.

West Beach   FISCH & MEERESFRÜCHTE ££
(📞01202-587785; www.west-beach.co.uk; Pier Approach; Hauptgerichte 15–35 £; ⊙12–15 & 18–22 Uhr) Die Meeresfrüchte und die Lage sind kaum zu toppen – wer auf der Terrasse am Strand einen Stuhl ergattert, kann zuschauen, wie die Wellen den Bournemouth Pier umspülen. Serviert wird perfekt zubereitetes frisches Seafood wie Meeräsche mit Chorizo und Safranöl oder eine Schalentierplatte voller Austern, Kaisergranat und Muscheln.

Ausgehen & Nachtleben

Sixty Million Postcards   PUB
(www.sixtymillionpostcards.com; 19 Exeter Rd; ⊙So–Do 12–24, Fr & Sa bis 2 Uhr) Das Sixty Million ist eine Hipster-Oase in einer Stadt der Getränke-Specials und lockt ein echtes Beatnik-Publikum an. Abgewetzte Holzböden und Lampenschirme mit Troddeln bilden den Rahmen für DJ-Abende, Livemusik, Diskos, Film- und Comedy-Abende, das sonntägliche Pubquiz und Trödelmärkte mit Jazz.

Old Firestation   CLUB
(www.oldfirestation.co.uk; 36 Holdenhurst Rd; ⊙Do–Sa 22–3 Uhr) Konzerte, Clubnächte und Studentenpartys. An Musik gibt's Indie, Punk, Rock 'n' Roll und Old Skool.

❶ Praktische Informationen

Rio Internet Cafe (📞01202-312021; 130 Commercial Rd; 1,80 £ pro Std.; ⊙Mo–Fr 10–19, Sa & So bis 17 Uhr)

Touristeninformation (📞01202-451734; www.bournemouth.co.uk; Pier Approach; ⊙April–Okt. 10–17 Uhr, Nov.–März bis 16 Uhr) Direkt am Bournemouth Pier.

❶ Anreise & Unterwegs vor Ort
BUS
Direktbusse von National Express z. B. nach:
Bristol 20 £, 4 Std., Mo–Sa tgl.
London 15 £, 2½ Std., stündl.
Oxford 18 £, 3½ Std., 3-mal tgl.
Southampton 8 £, 50 Min., stündl.
Praktische Regionalbusse:
Poole Bus M1/M2; 2,30 £, 25 Min., alle 15 Min.
Salisbury Bus X3; 8,50 £, 1¼ Std., mind. stündl.
Mit der Tageskarte Morebus Zone A Dayrider (Erw./Kind 4,10/3,60 £) genießt man einen Tag unbegrenztes Busfahren in einem großen Teil von Poole, Bournemouth und dem benachbarten Christchurch.

ZUG
Züge z. B. nach:
Dorchester South 12 £, 45 Min., stündl.
London Waterloo 24 £, 2¾ Std., stündl.
Poole 4,10 £, 12 Min., halbstündl.
Weymouth 14,60 £, 1 Std., stündl.

Poole
147 645 EW.
In der urigen alten Hafenstadt Poole liegt der Duft des Geldes in der Luft: Hinter dem wunderschönen Strand von Sandbanks erstrecken sich einige der teuersten Grundstücke der Welt. Außerdem beeindruckt Poole mit ausgezeichneten Restaurants und wartet mit Wassersportaktivitäten und unwiderstehlichen Bootsausflügen auf.

◉ Sehenswertes

Brownsea Island   INSEL
(NT; 📞01202-707744; www.nationaltrust.org.uk; Erw./Kind 6,30/3,15 £; ⊙Ende März–Okt. 10–17 Uhr) Auf dieser kleinen, bewaldeten Insel mitten im Poole Harbour winden sich Pfade durch Heide und Wald vorbei an Pfauen, Eichhörnchen, Rotwild und jeder Menge Vögeln. Atemberaubend sind die Ausblicke auf die Isle of Purbeck. Kostenlose geführte Spaziergänge befassen sich mit der Insel in Kriegszeiten, mit Schmugglern und Piraten. Die von **Brownsea Island Ferries** (📞01929-462383; www.brownseaislandferries.com; ⊙Ende März–Okt. 10–17 Uhr) betriebenen Boote fah-

ren mindestens stündlich ab dem Poole Quay (Erw./Kind hin & zurück 10,75/6,75 £) und Sandbanks (Erw./Kind hin & zurück 6,50/5 £).

Waterfront Museum
MUSEUM

(☎01202-262600; www.boroughofpoole.com/museums; 4 High St; ⊙Mo–Sa 10–17, So 12–17 Uhr) GRATIS Schon das Gebäude selbst lohnt einen Blick: ein schön restauriertes Lagerhaus aus dem 15. Jh. Das Starexponat drinnen ist der 2300 Jahre alte **Eisenzeiteinbaum**, der aus dem Poole Harbour geborgen wurde. Mit einer Länge von 10 m und einem Gewicht von 14 t ist er der größte je in Südengland gefundene und bot wahrscheinlich 18 Personen Platz.

Sandbanks
STRAND

Sandbanks, eine 3 km lange schmale Halbinsel am Ende des Poole Harbour, beherbergt einige der teuersten Häuser der Welt. Doch die weißen Sandstrände davor sind gratis und bieten mit die beste Wasserqualität im ganzen Land. Hier sind außerdem zahlreiche Wassersport-Anbieter ansässig.

🛏 Schlafen

Old Townhouse
B&B ££

(☎01202-670950; www.theoldtownhouse.co.uk; 7 High St; EZ/DZ 65/95 £; ☎) Über diesem B&B am Hafen liegt behaglich ein reizendes Old-England-Flair. Das ist vor allem dem polierten Holz, den großen Messingwasserhähnen und der Einrichtung zu verdanken, die bewusst retro daherkommt. Weitere Pluspunkte sind die zentrale Lage und ein winziger Innenhof.

Quayside
B&B ££

(☎01202-683733; www.poolequayside.co.uk; 9 High St; EZ/DZ/FZ 45/75/85 £; ☎) Schnuckelige Zimmer mit Kiefernholz und bunten großen Mustern im Herzen des alten Hafens.

Merchant House
B&B £££

(☎01202-661474; www.themerchanthouse.org.uk; 10 Strand St; EZ 110 £, DZ 140–160 £) Der große Backsteinbau des nur eine Straße vom Wasser entfernten Merchant House bietet Boutiquestandard auf höchstem Niveau. Große Holzskulpturen, Korbschaukelstühle und frische Bettwäsche sorgen für Stil und die Teddybären hier und da sind dafür zuständig, dass das Ganze einen fröhlichen Anstrich bekommt.

✖ Essen

Storm
FISCH & MEERESFRÜCHTE ££

(☎01202-674970; www.stormfish.co.uk; 16 High St; Hauptgerichte 16–20 £; ⊙Mo–Sa 18–22 Uhr) Nicht allzu oft passiert es, dass das, was man gerade verspeist, vom Koch selbst gefangen wurde. Im relaxten Storm rührt der Fischer Peter auch in den Töpfen und Pfannen und produziert z. B. ein aromatisches goanisches Fischcurry, einen Seelachs mit *Welsh-rarebit*-Kruste und pikante Dorset-Klaffmuscheln.

Poole Arms
PUB ££

(www.poolearms.co.uk; Poole Quay; Hauptgerichte 9–16 £; ⊙So–Do 12–21, Fr & Sa bis 21.30 Uhr) Das Essen in diesem uralten Pub besteht vorwiegend aus Fisch und Meeresfrüchten aus der Gegend – Tipps: die hausgemachte Fisch-Pie, Krebse oder gebratener Heringsrogen. Mit einem Bier aus dem New Forest ausgestattet kann man sich zu den Einheimischen in die gemütliche Bar setzen oder auch auf die Terrasse mit Blick auf die Uferstraße.

★ Guildhall Tavern
FRANZÖSISCH £££

(☎01202-671717; www.guildhalltavern.co.uk; 15 Market St; Hauptgerichte 18–20 £; ⊙Di–Sa 12–16 & 18–24 Uhr) Die beste Speiseadresse der Stadt verwöhnt ihre Gäste, indem regionale Zutaten mit französischem Flair verarbeitet werden. Wie zu erwarten spielt Fisch eine zentrale Rolle – das Lachs-Confit mit

---

WASSERSPORT – POOLE HARBOUR

Die geschützten Ufer des Poole Harbour laden dazu ein, sich hier ins Wasser zu begeben. Anbieter von Aktivitäten tummeln sich am Anfang der Sandbanks-Halbinsel.

Poole Harbour Watersports (☎01202-700503; www.pooleharbour.co.uk; 284 Sandbanks Rd) Unterricht im Stand up Paddling (SUP; 20 £ für 1½ Std.), Windsurfen (45 £ für 3 Std.) und Kitesurfen (99 £ pro Tag), dazu schöne Kajak- und SUP-Touren (30–40 £ für 3 Std.).

Watersports Academy (☎01202-708283; www.thewatersportsacademy.com; 15 Banks Rd) Unterricht in Kitesurfen (100 £ pro Tag), Schnupperkurse im Windsurfen (25/110 £ für 2 Std./Tage), Segelunterricht (65/165 £ für 2 Std./Tage) und Wakeboarden und Wasserski (60 £ pro Std.).

KINGSTON LACY

Das Herrenhaus **Kingston Lacy** (NT; ☑ 01202-883402; www.nationaltrust.org.uk; Wimborne Minster; Erw./Kind 13,50/6,70 £; ☺ Haus März–Okt. 11–17 Uhr, Nov. & Dez. bis 16 Uhr, Außenanlagen März–Okt. 10–18 Uhr, Nov.–Feb. bis 16 Uhr; ℗) in Dorset ist auf jeden Fall einen Abstecher wert. Jede Ecke wirkt wie die perfekte Kulisse für ein Historiendrama. Besonders reich geschmückt ist der Spanische Saal, der quasi in Gold ertrinkt. Weitere Highlights sind die Hieroglyphen im Ägyptischen Saal und die elegante Marmortreppe und Loggia. Zu den Kunstwerken des Hauses zählen das herrliche Deckenfresko *Die Trennung von Tag und Nacht* von Guido Reni sowie Gemälde von Rubens, Tizian und van Dyck. Kingston Lacy liegt 4 km westlich von Wimborne.

Vanille ist herausragend und der saftige Rochenflügel wird *à la provençale* zubereitet –, doch das Bœuf Bourguignon und das Dorset-Lamm mit Rosmarin zaubern auch Fleischfreunden ein Lächeln auf die Lippen. Reservieren!

❶ Praktische Informationen

Touristeninformation (☑ 01202-262600; www.pooletourism.com; 4 High St; ☺ Sept.–Juni 10–17 Uhr, Juli & Aug. bis 18 Uhr) Jetzt im Waterfront Museum.

❶ Anreise & Unterwegs vor Ort

BUS

Bournemouth Bus M1/M2; 2,30 £, 25 Min., alle 15 Min.

London Victoria National Express; 25 £, 3½ Std., alle 2 Std.

Sandbanks Bus 52; 3,50 £, 25 Min., Mo–Sa stündl.

Mit der Tageskarte Morebus Zone A Dayrider (Erw./Kind 4,10/3,60 £) genießt man einen Tag unbegrenztes Busfahren in einem großen Teil von Poole und Bournemouth.

SCHIFF/FÄHRE

Brittany Ferries (☑ 0330 159 7000; www.brittany-ferries.com) Schippert von Poole nach Cherbourg in Frankreich (4½ Std., 1-mal tgl.). Die Sommerpreise (hin & zurück) reichen von 85 £ für Fußgänger bis 310 £ für ein Fahrzeug und zwei Erwachsene.

Sandbanks Ferry (☑ 01929-450203; www.sandbanksferry.co.uk; Fußgänger/Auto 1/4,10 £; ☺ 7–23 Uhr) Fährt alle 20 Minuten von Sandbanks nach Studland (4 Min.). Von Poole nach Swanage, Wareham und zur Isle of Purbeck ist es ebenfalls nicht weit, doch im Sommer können sich hier nervig lange Warteschlangen bilden.

TAXI

Dial-a-Cab (☑ 01202-666822; www.pooletaxis.co.uk)

ZUG

Bournemouth 4,10 £, 12 Min., halbstündl.
Dorchester South 10,20 £, 30 Min., mind. stündl.
London Waterloo 17 £, 2¼ Std., halbstündl.
Weymouth 14 £, 45 Min., stündl.

Corfe Castle

Die massiven Ruinen von Corfe Castle erheben sich so dramatisch über der Landschaft, dass sie wie eine Filmkulisse anmuten. Die Reste der Verteidigungsanlagen thronen über einem gleichermaßen fotogenen Dorf, das den Namen der Burg trägt und ein romantisches Örtchen für ein Essen oder eine Übernachtung darstellt.

◉ Sehenswertes

★ Corfe Castle   BURG

(NT; ☑ 01929-481294; www.nationaltrust.org.uk; The Square; Erw./Kind 8,50/4,25 £; ☺ April–Sept. 10–18 Uhr, Okt.–März bis 16 Uhr) Wovon heute nur noch diese malerischen Ruinen übrig sind – eines der markantesten Wahrzeichen Dorsets –, das war früher das Zuhause von Sir John Bankes, der rechten Hand Karls I. Im Englischen Bürgerkrieg wurde die Burg von Truppen Cromwells belagert; 1646 organisierte die mutige Lady Bankes eine sechs Wochen währende Verteidigung und erst durch einen Verrat fiel die Burg schließlich. Daraufhin sprengten sie die Roundheads. Heute erheben sich hier Türme und Mauern in gefährlichen Winkeln und das Torhaus sieht so aus, als sei es gerade erst in die Luft gejagt worden.

Swanage Steam Railway   HISTORISCHE EISENBAHN

(☑ 01929-425800; www.swanagerailway.co.uk; Erw./Kind hin & zurück 12,50/7,60 £; ☺ April–Okt. tgl., Nov.–März Sa & So) Alte Dampfeisenbahnen verkehren mindestens stündlich zwischen Swanage und Norden (25 Min.) und halten unterwegs in Corfe Castle.

Schlafen & Essen

Ammonite
B&B £

(☎01929-480188; www.ammonite-corfecastle.co.uk; 88 West St; EZ 55 £, DZ 65–85 £; P🛜) Die netten Zimmer in diesem ruhigen B&B am Dorfrand warten mit Pastellfarben und Kiefernholz auf. Zum Frühstück gibt's Eier aus der Gegend, hausgemachte Marmelade und knuspriges Brot aus der Bäckerei von Corfe Castle.

Olivers
B&B ££

(☎01929-477111; www.oliverscorfecastle.com; 5 West St; EZ/DZ/FZ 80/95/105 £) Das in einer schönen Straße im Herzen des alten Dorfs gelegene Olivers vermählt honigfarbene Balken mit Cottage-Schick: altmodische Sessel, Pseudo-Velourtapeten und schwere Holzmöbel – hier gibt's stilvolle, ansprechende Zimmer mit einem sehr guten Preis-Leistungs-Verhältnis.

Castle Inn
PUB ££

(☎01929-480208; www.castleinncorfe.co.uk; 63 East St; Hauptgerichte 12–20 £; ⊗Mo–Sa 12–15 & 18–21, So 12–21 Uhr; 🌐) Hier treffen sich die Einheimischen, in einem Ambiente aus Steinplattenböden und alten, mit Lichterketten geschmückten Balken. Zu essen gibt's köstliche Pubklassiker sowie einige Überraschungen von der Tafel für die Tagesgerichte wie vielleicht Seebarsch mit geräucherter Paprika oder Kichererbseneintopf.

ℹ An- & Weiterreise

Bus 40 pendelt stündlich zwischen Poole, Wareham, Corfe Castle und Swanage. Die 15-minütige Fahrt nach Wareham kostet 4,40 £.

Lulworth Cove & Umgebung

740 EW.

Die Küste in diesem Teil von Südostdorset ist einfach überwältigend. Millionen Jahre lang haben die Elemente hier eine komplexe Küstenlandschaft mit sichelförmigen Buchten, Höhlen, Felsnadeln und merkwürdig wunderbaren Gesteinsformationen geschaffen – z. B. die riesige natürliche Felsbrücke Durdle Door.

Im schönen Dörfchen Lulworth Cove geht es vorbei an reetgedeckten Cottages und Fischereiausrüstung hinunter zu einem perfekten Halbmond aus weißen Klippen.

◉ Sehenswertes & Aktivitäten

Lulworth Cove Heritage Centre
BESUCHERZENTRUM

(☎01929-400587; www.lulworth.com; Hauptparkplatz, Lulworth Cove; ⊗10–17 Uhr) Eine ausgezeichnete Ausstellung informiert darüber, wie Geologie und Erosion die außergewöhnliche Küste hier geschaffen haben. Das Personal informiert gern über Wandermöglichkeiten.

Stair Hole Bay
BUCHT

(Lulworth Cove) Die Stair Hole Bay liegt nur ein paar hundert Meter westlich von Lulworth Cove. Der winzige Halbkreis ist fast gänzlich von Klippen mit klitzekleinen Felsbögen eingeschlossen – hier sind gerne Kajaker unterwegs. An Land befindet sich der **Lulworth Crumple**, wo Gesteinsschichten faszinierende Zickzackfalten bilden.

★ Durdle Door
WAHRZEICHEN

Das Aushängeschild der Jurassic Coast in Dorset ist diese große, im Meer stehende, 150 Mio. Jahre alte Brücke aus Portland-Stein, die durch ein Zusammenwirken von massiven Erdbewegungen und Erosion entstand. Heute ist sie von einer glitzernden Bucht gesäumt. Wer seine Badesachen eingepackt hat, kann hier über unzählige Stufen hinunter zum Strand gelangen und ein unvergessliches Bad nehmen. Oben auf den Klippen gibt's Parkplätze (2 Std. 3 £, 4 Std. 4 £), am schönsten ist es aber, auf dem Küstenpfad von Lulworth Cove (1,5 km) hierher zu wandern.

Lulworth Castle
BURG

(EH; ☎01929-400352; www.lulworth.com; East Lulworth; Erw./Kind 5/3 £; ⊗April–Dez. So–Fr 10.30–17 Uhr) Dieser verträumte Kasten sieht mehr wie ein französisches Château als wie eine traditionelle englische Burg aus. Das 1608 als Jagdschloss errichtete Gemäuer hat extravagante Besitzer, umfassende Umbauten und ein verheerendes Feuer im Jahr 1929 überlebt. Inzwischen ist es umfassend renoviert worden – interessant sind etwa die rekonstruierte Küche und die Keller. Vom Turm bieten sich schöne Ausblicke auf die Küste. Parken kostet 3 £.

★ Jurassic Coast Activities
ABENTEUERSPORT

(☎01305-835301; www.jurassiccoastactivities.co.uk; Lulworth Cove; 60 £ pro Pers.; ⊗bis zu 3 Touren tgl.) Auf dieser wunderbaren dreistündigen Paddeltour bieten sich umwerfende Ausblicke auf die zerklüftete Küste Dorsets. Los geht's an der Lulworth Cove, dann vorbei an den Höhlen und Felstürmen der Stair Hole, über die Man O'War Bay und schließlich durch den Bogen der Durdle Door. Unterwegs werden Bade- und Picknickstopps eingelegt.

🛏 Schlafen

Lulworth YHA
HOSTEL £

(☎ 0845 371 9331; www.yha.org.uk; School Lane, West Lulworth; B 13–23 £, DZ 40 £; 🅿) Neben diesem gemütlichen Hostel im Chaletstil am Dorfrand erheben sich die Hügel und rund herum blöken die Schafe.

Durdle Door Holiday Park
CAMPINGPLATZ £

(☎ 01929-400200; www.lulworth.com; Stellplatz 26–43 £; ⊘ März–Okt.; 🅿) Schöner und geräumiger Platz nur ein paar Minuten von den Kreidefelsen entfernt sowie 2,5 km westlich des Örtchens Lulworth Cove.

★ Lulworth Cove
GASTHOF ££

(☎ 01929-400333; www.lulworth-coveinn.co.uk; Main Rd, Lulworth Cove; DZ 110–150 £; 🅿 🛜) Das bekommt man für einen 1,4 Mio. £ teuren Umbau: echten Treibholz-Schick mit weißen Holzböden, marineblauer Holzvertäfelung, bemalten Korbstühlen und Retrobadewannen. Dazu kommen noch tolle Meerblicke, eine kleine Dachterrasse und erstklassiges Gastropubessen (Hauptgerichte 9–15 £, Küche 12–21 Uhr) – insgesamt ein unwiderstehliches Paket.

Bishops
GASTHOF £££

(☎ 01929-400552; www.bishopslulworth.co.uk; Main Rd, Lulworth Cove; DZ 160–180 £; 🛜 📶) Eine idyllische Lage, ein zurückhaltendes Design, erstklassige Bettwäsche und Verwöhnhygie-

neartikel machen dies zu einer Unterkunft, an die man sich noch lange erinnert – besonders, wenn man ein Zimmer mit Blick auf die Lulworth Cove ergattert. Oder man fläzt sich einfach an den Pool und genießt den Ausblick von dort. An köstlichem Essen (Hauptgerichte 15–20 £; Küche 12–14.30 & 19–21 Uhr) gibt's z. B. Hummer, Risotto und Muscheln.

🍴 Essen & Ausgehen

Cove Fish
FISCH & MEERESFRÜCHTE £

(☎ 01929-400807; Lulworth Cove; Fisch ab 3 £, Krebse 3–4 £; ⊘ Ostern–Sept. Di–So 10–16 Uhr, im Winter an einigen Wochenenden) Der Fisch und die Meeresfrüchte, die in diesem Schuppen am Weg zum Strand serviert werden, werden von Joe und Levi gefangen, Fischer in zehnter bzw. elfter Generation. Entweder man schnappt sich ein Fisch für den Grill oder setzt sich an einen wackeligen Tisch und genießt Lulworth-Cove-Krebse (3–4 £) oder -Hummer, die ihr bisheriges Leben nur wenige Schritte entfernt verbracht hatten.

★ Castle
PUB

(www.thecastleinn-lulworthcove.co.uk; West Lulworth; ⊘ 12–22 Uhr; 🛜) Mit seiner berauschenden Auswahl an über 40 Sorten Cider ist dieses reetgedeckte Pub ein Magnet für Fans des goldenen Apfelmosts. Vom süffigen Bumble Berry (4 %) bis zum epischen Old Rosie (7,3 %) – diese Kneipe bietet auch Probiersets mit drei verschiedenen Drittelpints, damit man ein paar verkosten kann.

ℹ An- & Weiterreise

Bus 104 verbindet Lulworth mit Wareham (5 £, 35 Min., Mo–Sa 2-mal tgl.).

LAWRENCE VON ARABIEN

Das winzige Cottage **Clouds Hill** (NT; ☎ 01929-405616; www.nationaltrust.org.uk; bei Bovington; Erw./Kind 6/3 £; ⊘ März–Okt. 11–17 Uhr; 🅿), in dem T. E. Lawrence (1888–1935) zu Hause war, gewährt einen spannenden Einblick in eine komplexe Persönlichkeit. Der britische Soldat gelangte zu legendärem Ruhm, nachdem er sich im Ersten Weltkrieg im Kampf gegen die Osmanen mit arabischen Stämmen verbündet hatte. Interessant sind z. B. Lawrence' stimmungsvolle Feldzugsfotos, seine Skizzen einer französischen Kreuzfahrerburg und der Schreibtisch, an dem er eine gekürzte Fassung von *Die sieben Säulen der Weisheit* anfertigte.

Unter den vier Zimmern des Landhäuschens befinden sich ein überraschend komfortables Badezimmer, ein mit Aluminiumfolie ausgekleideter Schlafraum und ein Musikzimmer mit schweren Balken. Das Haus sieht mehr oder weniger genauso aus, wie Lawrence es hinterließ – er starb nach einem Motorradunfall in der Nähe im Alter von 46 Jahren.

Dorchester & Umgebung

19 143 EW.

In Dorchester erhält man zwei Orte auf einmal: eine echte geschäftige Landstadt sowie Thomas Hardys fiktionales Casterbridge. Der viktorianische Schriftsteller wurde in der Nähe geboren und die Schauplätze seiner Romane sind auch heute noch inmitten der weißen und ziegelroten georgianischen Häuserreihen der Stadt zu finden. Außerdem können Literaturfreunde die ehemaligen Wohnhäuser Hardys besuchen und Originalmanuskripte begutachten. Dazu kommen noch tolle archäologische Stätten sowie schöne Unterkünfte und Speiselokale: Fertig ist eine ansprechende Bleibe für eine oder zwei Nächte.

Sehenswertes

★ Dorset County Museum   MUSEUM

(01305-262735; www.dorsetcountymuseum.org; High West St; Erw./Kind 5,35/3,50 £; April–Okt. Mo–Sa 10–17 Uhr, Nov.–März bis 16 Uhr) Die hiesige Thomas-Hardy-Sammlung ist die weltweit größte und gewährt außergewöhnliche Einblicke in seinen Schaffensprozess. Wer Hardys verkrampfte Handschrift liest, kann sehen, wo er Wörter gestrichen und ersetzt hat. Außerdem sind hier ein stimmungsvoller Nachbau seines Arbeitszimmers in seinem Haus Max Gate sowie ein Brief zu sehen, in dem Siegfried Sassoon um Erlaubnis bittet, seinen ersten Gedichtband Hardy widmen zu dürfen.

Weitere Ausstellungen zeigen Fossilien von der Jurassic Coast wie einen großen Ichthyosaurier und die 1,80 m lange Vorderflosse eines Plesiosauriers. Zu den Bronze- und Eisenzeitfunden aus dem Maiden Castle zählen Münzen und Halsringe, zu den römischen Artefakten 70 Goldmünzen, Nagelreiniger und (ziemlich ekelige) Ohrlöffel.

Roman Town House   HISTORISCHES GEBÄUDE

(www.romantownhouse.co.uk; Northern Hay; 24 Std.) GRATIS Die kniehohen Flintsteinmauern und schön erhaltenen Mosaike beschwören die römische Ära Dorchesters – damals Durnovaria – herauf. Im Sommerspeisezimmer ist die Fußbodenheizung erkennbar: Hier zirkulierte durch Kohlenfeuer erwärmte Luft um Säulen herum und schuf eine angenehme Temperatur von 18 °C.

Maiden Castle   ARCHÄOLOGISCHE STÄTTE

(EH; www.english-heritage.org.uk; Sonnenaufgang–Sonnenuntergang; P) GRATIS Das gewaltige Maiden Castle nimmt am südlichen Stadtrand von Dorchester einen erheblichen Teil des Horizonts ein: Es ist die größte und komplexeste eisenzeitliche Hügelfestung in Großbritannien. Die ersten Befestigungen entstanden hier um 500 v. Chr.; zur Blütezeit war die Anlage dicht besiedelt, mit Rundhäusern und einem Straßennetz. Die Römer belagerten die Festung 43 n. Chr. und nahmen sie auch schließlich ein – es wurde später das Skelett eines Briten mit einem römischen Armbrustpfeil im Rückgrat gefunden.

Schlafen

★ Beggars Knap   B&B ££

(01305-268191; www.beggarsknap.co.uk; 2 Weymouth Ave; EZ 60–80 £, DZ 80–100 £, FZ ab 115 £; P) Trotz des Namens ist dieses rundum fabelhafte B&B mit leichtem Hang zur Dekadenz alles andere als eine Absteige für Bettler. Die opulenten Zimmer präsentierten sich mit Kronleuchtern und Goldbrokat; die mit feinen Stoffen bedeckten Betten reichen vom französischen Schlitten bis zum Himmelbett. Man kann sehr viel mehr für eine Unterkunft zahlen, die nur halb so schön ist.

Westwood   B&B ££

(01305-268018; www.westwoodhouse.co.uk; 29 High West St; EZ/DZ/FZ 75/95/130 £;) In diesem Stadthaus aus dem 18. Jh. war ein geschickter Designer am Werk, der einen modern-georgianischen Mischstil geschaffen hat, mit gedämpften Grüntönen, Messinglampen, zarten Karos und Minisofas. Die modernen Bäder glitzern und in den winzigen Kühlschränken steht frische Milch für den Tee.

Yalbury Cottage   HOTEL ££

(01305-262382; www.yalburycottage.com; Lower Bockhampton; EZ/DZ 85/120 £; P) Fast ein typisches englisches Cottage, blumengeschmückt und mit einem moosbewachsenen Reetdach. Drinnen befinden sich frische, einfache und dezent rustikale Zimmer mit Garten- oder Feldblick. Das Restaurant (2/3 Gänge 33/38 £) serviert täglich von 18.30 bis 20.30 Uhr sowie sonntags außerdem von 12 bis 14 Uhr in geselligem, clubähnlichem Ambiente erstklassige Versionen britischer Klassiker – Reservierung erforderlich.

In Lower Bockhampton, 5 km östlich von Dorchester.

THOMAS HARDYS DORCHESTER

Thomas-Hardy-Fans machen sich im modernen Dorchester sicher auf die Spuren der Schauplätze aus dem *Bürgermeister von Casterbridge*. Dazu zählt **Lucetta's House** (Trinity St), ein stattlicher georgianischer Kasten mit verzierten Türpfosten in der Trinity Street; in der parallel verlaufenden South Street gilt ein Backsteinhaus aus dem mittleren 18. Jh. (heute eine Bank) als Vorbild für das **Haus des Bürgermeisters** (South St) selbst. Die **Touristeninformation** (S. 261) verkauft Führer zu den Schauplätzen des Buchs.

Max Gate (NT; ☏ 01305-262538; www.nationaltrust.org.uk; Alington Ave; Erw./Kind 6/3 £; ⊙ Mitte März–Okt. Mi–So 11–17 Uhr; ℗) Der Romancier Thomas Hardy war ein ausgebildeter Architekt und entwarf dieses schöne Haus, in dem er von 1885 bis zu seinem Tod 1928 lebte. Sowohl *Tess von den D'Urbervilles* als auch *Jude the Obscure* (dt. zuletzt als *Im Dunkeln*) wurden hier zu Papier gebracht. Das Haus beherbergt außerdem mehrere originale Möbelstücke. Es liegt 1,5 km östlich von Dorchester an der A352.

Hardy's Cottage (NT; ☏ 01305-262366; www.nationaltrust.org.uk; Higher Bockhampton; Erw./Kind 6/3 £; ⊙ Mitte März–Okt. Mi–So 11–17 Uhr; ℗) Dieses malerische Strohlehmhaus ist die Geburtsstätte von Thomas Hardy und wartet mit sparsam eingerichteten Zimmern und einem üppigen Garten auf. Es befindet sich in Higher Bockhampton, 5 km nordöstlich von Dorchester.

Essen

⭐ **No 6** FRANZÖSISCH ££
(☏ 01305-267679; www.no6-restaurant.co.uk; 6 North Sq; Hauptgerichte 20 £; ⊙ Di–Fr 12–14 & 18.30–21, Sa 18–22 Uhr) Hier werden regionale Zutaten mit mehr als nur einem französischen Touch präsentiert. So gibt's z. B. im Ofen gegarte Ente mit normannischer Cidresauce, ohne Firlefanz zubereiteten frischen Fisch und eine grandiose Käseplatte mit Erzeugnissen aus Südwestengland wie höhlengereiftem Cheddar, Brie aus Somerset und geräuchertem Dorset Red.

Trinity FISCH & MEERESFRÜCHTE ££
(☏ 01305-757428; Trinity St; Hauptgerichte ab 11–20 £; ⊙ Mi–Sa 12–15 & 19–22 Uhr) Aus der offenen Küche wabern köstliche Aromen in den Speiseraum. Und da die Karte weltweit unterwegs ist, können diese Aromen von allem Möglichen stammen wie einer Suppe mit geräuchertem Schellfisch, Linguine mit Seehecht oder *jerk fish*. Alles ist schnörkellos, aber gut und der Fisch ist superfrisch. Nur Barzahlung.

Sienna MODERN BRITISCH ££
(☏ 01305-250022; www.siennadorchester.co.uk; 36 High West St; Hauptgerichte 16–19 £; ⊙ Di–Sa 12–14 & 19–21 Uhr) Im Sienna ist die Karte mit Raritäten gepflastert: So findet man auf seinem Teller vielleicht gegrillten Brokkoli, *jerk*-Möhren oder einen Tintenfischsud. Auch die Nachspeisen zeugen von Einfallsreichtum, z. B. das Schokoladenmousse mit einem Hauch von Backpflaume, Orange und Earl Grey.

Unterhaltung

⭐ **Plaza Cinema** KINO
(☏ 01305-262488; www.plazadorchester.com; Trinity St) In dem Art-déco-Juwel mit vier Kinosälen in Rot, Schwarz und Gold stellt das glamouröse Ambiente die Filme glatt in den Schatten.

ℹ Praktische Informationen

Touristeninformation (☏ 01305-267992; www.visit-dorset.com; Antelope Walk; ⊙ April–Okt. Mo–Sa 9–17 Uhr, Nov.–März bis 16 Uhr)

ℹ An- & Weiterreise

BUS
London Victoria National Express; 23 £, 4 Std., 1-mal tgl.
Lyme Regis Bus X51; 4,60 £, 1¼ Std., Mo–Sa stündl.
Sherborne Bus 216 über Cerne Abbas; 4,50 £, 1 Std., Mo–Sa 4- bis 6-mal tgl.
Weymouth Bus 10; 1,80 £, 30 Min., halbstündl.

ZUG
Dorchester hat zwei Bahnhöfe.

Von Dorchester West fahren Züge nach Bath und Bristol (20 £, 3 Std., mind. 6-mal tgl.).

Von Dorchester South verkehren mindestens stündlich z. B. Züge nach:

JURASSIC COAST

Die Jurassic Coast (Jura-Küste) ist Englands erstes Weltnaturerbe und steht damit auf einer Stufe mit dem Great Barrier Reef und dem Grand Canyon. Die atemberaubende Küste erstreckt sich von Exmouth in Ostdevon bis nach Swanage in Dorset und erzählt auf nur 153 km Länge 185 Mio. Jahre Erdgeschichte. So können Wanderer hier innerhalb nur weniger Stunden Millionen Jahre geologischer Zeit abdecken.

Das Ganze begann, indem sich Gesteinsschichten ausbildeten, die je nach Klima unterschiedlich zusammengesetzt waren und abbilden, wie auf wüstenähnliche Bedingungen höhere, dann wieder niedrigere Meeresspiegel folgten. Durch massive Erdbewegungen wurden die Gesteinsschichten dann gekippt: Ältere Formationen gelangten in den Westen, die jüngsten nach Osten. Und anschließend wurden die verschiedenen Schichten durch Erosion freigelegt.

Die Unterschiede sind leicht zu erkennen. Das rostrote Triasgestein Devons ist 200 bis 250 Mio. Jahre alt. Die fossilienreichen dunklen Tonfelsen von Lyme Regis sind 190 Mio. Jahre alt. Besonders um die Lulworth Cove herum, wo durch die Erosion eine überwältigende Szenerie aus Buchten, Felsnadeln und Felsbrücken entstanden ist, tritt immer wieder erheblich jüngerer, cremefarbener Kreidefels hervor, der nur 65 bis 140 Mio. Jahre alt ist.

Eine tolle Informationsquelle ist die Website (www.jurassiccoast.com) der Jurassic Coast. Vor Ort und über www.jurassiccoasttrust.org ist auch der sehr lesenswerte *Official Guide to the Jurassic Coast* (4,95 £) erhältlich.

Bournemouth 12 £, 45 Min.
London Waterloo 32 £, 2¾ Std.
Southampton 25 £, 1½ Std.
Weymouth 5 £, 10 Min.

Cerne Abbas & der Cerne Giant

Wer ein typisches verschlafenes Dorset-Dorf beschreiben müsste, würde etwas heraufbeschwören, das stark Cerne Abbas ähnelt: Häuser aller möglichen englischen Architekturstile, von Rosen umrankte Türen und Fachwerkhäuser rund um eine honigfarbene Kirche aus dem 12. Jh. Aber dieses Dorf wartet mit einer gewaltigen Überraschung auf: dem Cerne Giant, der Kreidefigur eines nackten Mannes.

◎ Sehenswertes

★ **Cerne Giant**   WAHRZEICHEN
(⊙ 24 Std.; ⓟ) GRATIS Solch eine schlüpfrige Touristenattraktion gibt's nur selten. Nackt, direkt von vorne und gut bestückt, zeigt sich diese Kreidefigur in ihrer ganzen Pracht. Und sie befindet sich in einem Zustand der Erregung, die für die allermeisten Zeitschriften tabu wäre. Der rund 60 m hohe und 51 m breite Riese stellt nach wie vor ein Mysterium dar: Teils wird behauptet, er sei römischen Ursprungs. Doch die erste urkundliche Erwähnung stammt von 1694, als für seine Reparatur vier Schillinge bereitgestellt wurden. Heute bieten sich von einem Parkplatz wundervolle Ausblicke.

Die Viktorianer fanden das Ganze natürlich sehr peinlich und ließen über sein hervorstechendstes Merkmal Gras wachsen. Heute grasen auf dem Hügel Schafe und Kühe, jedoch dürfen nur die Schafe im Bereich des Riesen herumknabbern – die Kühe würden ihm zu viel Schaden zufügen.

🛏 Schlafen & Essen

★ **New Inn**   GASTHOF ££
(☎ 01300-341274; www.thenewinncerneabbas.co.uk; 14 Long St; DZ 95–140 £, Suite 170 £; ⓟ 🛜) Nur in England kann das New Inn in Wahrheit mehr als 400 Jahre alt sein. Mit ihrer dunklen Holzvertäfelung, den riesigen goldgerahmten Spiegeln und den Balken in den Bädern strotzen die Zimmer nur so vor historischem Flair. Oder man bevorzugt das moderne Nebengebäude, das von bemalten Hölzern und einer Einrichtung in Blau und Weiß geprägt ist. Wunderbar sind die Suiten, besonders die Suite Cerne, mit ihren frei stehenden Badewannen in den Zimmern.

Abbots   B&B ££
(☎ 01300-341349; www.abbotsbedandbreakfast.co.uk; 7 Long St; EZ/FZ 60/130 £, DZ 75–85 £; 🛜) Die Zimmer im Obergeschoss sind zwar sehr stimmungsvoll, aber auch recht beengt, sodass über 1,80 m große Gäste auf ihren Kopf

achten müssen. Doch das gesamte Haus ist sehr reizvoll mit seinen in Hellgrau, Zitronengelb und Blau gehaltenen Zimmern. Der Kuchen im Café (geöffnet 10–16 Uhr) sprengt jede Diät.

ℹ An- & Weiterreise

Dorchester liegt 13 km südlich. Bus X11 (Mo–Sa 4- bis 6-mal tgl.) fährt nach Dorchester (2,60 £, 30 Min.) und Sherborne (3 £, 30 Min.).

Weymouth

52 168 EW.

Mit ihren gut 225 Jahren auf dem Buckel ist Weymouth die alte Dame unter den Seebädern, hat aber noch ein paar Asse in den verblichenen Ärmeln. Bunt gestreifte Kioske und Strandliegen säumen den goldenen, 5 km langen Strand. Und wer dann noch Muscheln und Pommes einwirft, kann vollends in alter Seebadnostalgie schwelgen. Aber Weymouth hat mehr zu bieten als den Strand: einen quirligen Hafen, einige ausgezeichnete Fischrestaurants und eine gute Anbindung an die Wassersportzentren der benachbarten Isle of Portland.

◉ Sehenswertes & Aktivitäten

Weymouth Beach   STRAND
Der schöne Sandstrand von Weymouth kann glatt nostalgisch stimmen: Hier gibt's geschickte Baumeister von Sandskulpturen, Strandliegen und Tretboote, Riesenrutschen, Trampoline, Kasperletheater und Eselsritte. Oder man wird zum Kalifornier und beteiligt sich an einem Volleyballmatch.

Nothe Fort   FESTUNG
(☎01305-766626; www.nothefort.org.uk; Barrack Rd; Erw./Kind 8/1 £; ☺April–Sept. 10.30–17.30 Uhr) Die fotogene Festung aus dem 19. Jh. strotzt vor Kanonen, Suchscheinwerfern und 12-Zoll-Küstengeschützen. Eine Ausstellung informiert über die Eroberung Dorsets durch die Römer, den Drill viktorianischer Soldaten und Weymouth im Zweiten Weltkrieg.

Sea Life   AQUARIUM
(☎0871 423 2110; www.sealifeweymouth.com; Lodmoor Country Park; 23 £; ☺April–Okt. 10–17 Uhr, Nov.–März bis 16 Uhr; ℗) Zu den Highlights hier zählen Haie, Pinguine und Seepferdchen. Im Voraus gekaufte Tickets kosten nur 16,50 £.

Coastline Cruises   BOOTSTOUREN
(☎01305-785000; www.coastlinecruises.com; Brewers Quay; Erw./Kind hin & zurück 10/6 £; ☺April–Okt. tgl. 10.30 Uhr) Diese windige 90-minütige Fahrt führt vorbei an den historischen Befestigungen von Weymouth und über den Portland Harbour, auf dem 2012 die olympischen Segelwettkämpfe ausgetragen wurden, hinüber zum Hafen von Portland. Abfahrt ist an der Westseite des Weymouth Harbour.

🛏 Schlafen

★ Roundhouse   B&B ££
(☎01305-761010; www.roundhouse-weymouth. com; 1 The Esplanade; DZ 85–145 £; 🖥) Die Einrichtung ist genauso etwas exzentrisch wie der Eigentümer: Sie ist in Himmelblau-, Lila- und grellen Pinktönen gehalten und fluffige Kissen ergänzen schicke moderne Kunst. Aber am besten ist der Ausblick: Von allen Zimmern ist vorne der Strand und hinten der Hafen zu sehen.

B+B   B&B ££
(☎01305-761190; www.bb-weymouth.com; 68 The Esplanade; EZ 60–80 £, DZ 70–100 £; ℗🖥) Das stilbewusste B&B ist mit seinen minimalistischen Zimmern – einige mit Meerblick – so weit von Plüsch und Kiefer entfernt wie nur möglich. Die zahlreichen Gratiszugaben wie Mineralwasser, Kekse und Kaffee lassen sich am besten in der schicken Lounge im 1. Stock mit Blick auf die Bucht genießen.

Old Harbour View   B&B ££
(☎01305-774633; www.oldharbourviewweymouth. co.uk; 12 Trinity Rd; EZ/DZ 70/98 £; ℗🖥) Von diesem makellosen georgianischen Reihenhaus blicken die Gäste direkt auf die Boote im Hafen. Eins der weißen Zimmer geht nach vorn zum geschäftigen Kai hinaus, das andere nach hinten.

 Essen

★ Marlboro   FISH & CHIPS £
(www.marlbororestaurant.co.uk; 46 St Thomas St; Hauptgerichte ab 7,50 £; ☺12–21.45 Uhr) In dem traditionellen, 40 Jahre alten Fish-and-Chips-Laden nur wenige Meter vom Hafen entfernt werden verschiedene superfrische Fische angeboten, darunter Makrele. Wer sein Futter nicht mitnehmen möchte, kann es auch im Café (geöffnet bis 20 Uhr; mit Alkoholausschank) verspeisen.

Dining Room Steakhouse
MODERN BRITISCH ££

(📞01305-783008; www.thediningroomweymouth.co.uk; 67 St Mary St; Hauptgerichte 10–25 £; ⊙Mi–Sa 18–21 Uhr) Trotz des Namens gibt's hier nicht nur Steaks, sondern etwa auch gegrillten Hummer, mariniertes Lamm oder langsam geschmorte Grillrippchen. Doch die meisten Gäste kommen wegen der Sirloin-, Filet-, Ribeye- und T-Bone-Steaks. Oder man teilt sich zu zweit oder zu dritt ein sage und schreibe 1,3 kg schweres Tomahawk.

Dorset Burger Co
BURGER ££

(DBC; 📞01305-780888; www.thedorsetburgercompany.co.uk; 6 King St; Burger 9–13 £; ⊙ Mo–Fr 18–20, Sa & So 12–20.30 Uhr) Diese handgeformten, saftigen, über Holzkohle gegrillten Hamburger werden größtenteils mit Zutaten aus Dorset zubereitet.

No 4
FISCH & MEERESFRÜCHTE ££

(📞01305-780010; www.no4.restaurant; 4 Trinity Rd; Hauptgerichte 13–20 £; ⊙Di–So 12–14, Di–Sa 18.30–21 Uhr) Im mit Treibholz verzierten No 4 sind Fisch und Meeresfrüchte superfrisch, was zu den vielen Fischerbooten passt, die draußen vor Anker liegen. Geboten wird ohne Mätzchen gegrillter Fisch des Tages mit Kapern oder Zitronenbutter; oder man wählt die hocharomatische Fischsuppe.

❶ Praktische Informationen

Touristeninformation (📞01305-561983; www.visit-dorset.com; 7 Coburg Place, St Thomas St; ⊙ganzjährig Mo–Sa 10–17 Uhr, April–Okt. auch So 10–16 Uhr)

❶ An- & Weiterreise

BUS
Der Jurassic Coaster X53 (4-mal tgl. bis stündl., im Winter So keine Busse) fährt von Weymouth nach Wareham (50 Min.), Poole (1½ Std.), Abbotsbury (35 Min.), Lyme Regis (1¾ Std.), Axminster (2 Std.) und Exeter (3 Std.). Ein Day-Rider-Ticket kostet für Erwachsene/Kinder 10/5 £; auch Fahrkarten für kürzere Zeitspannen sind erhältlich.
Dorchester Bus 10; 1,80 £, 30 Min., halbstündl.
Fortuneswell, Isle of Portland Bus 1; 1,80 £, 20 Min., 4-mal pro Std.
London National Express; 23 £, 4¼ Std., tgl. 1-mal direkt
Portland Bill, Isle of Portland Bus 501; 1,80 £, 45 Min., Juni–Sept. 5-mal tgl.

ZUG
Mindestens stündliche Zugverbindungen:
Bournemouth 15 £, 1 Std.
Dorchester South 5 £, 10 Min.
London Waterloo 25 £, 3 Std.
Züge alle zwei Stunden:
Bath 26 £, 2 Std.
Bristol 18 £, 2¾ Std.

Isle of Portland

Die Isle of Portland ist keine Insel, sondern ein felsiges, hohes Komma, das mit dem restlichen Dorset durch die Landbrücke Chesil Beach verbunden ist. Das Innere der Halbinsel, das 150 m hohe Plateau, prägen noch immer die Spuren der Steinbrüche wie riesige Krater und große Kalksteinblöcke. Von der Halbinsel bieten sich außerdem wunderbare Aussichten auf den 29 km lan-

WASSERSPORT – PORTLAND HARBOUR

Im 890 ha großen Portland Harbour unmittelbar südlich von Weymouth fanden 2012 die olympischen Segelwettkämpfe statt. Hier herrschen außerdem erstklassige Tauchbedingungen, mit sehr unterschiedlichen Tiefen und Unterwasserlandschaften und Wracks. Neben anderen örtlichen Anbietern bietet das **Old Harbour Dive Centre** (📞01305-760888; www.oldharbourdivecentre.co.uk; 11 Nothe Pde) in Weymouth verschiedene PADI-Kurse (90 Min./4 Tage 45/430 £), verleiht Ausrüstung und chartert Boote.

OTC (📞07817 717904; http://uk.otc-windsurf.com; Osprey Quay, Portland Harbour) Unterricht im Stand up Paddling (SUP; 1/2 Std. 25/40 £) und Windsurfen (45/95/185 £ für 2 Std./1 ag/2 Tage). Es vermietet auch SUP-Bretter (10 £ pro Std.) und Windsurfing-Boards und -Segel (15 £ pro Std.).

Andrew Simpson Sailing Centre (📞01305-457400; www.andrewsimpsonsailing.org; Osprey Quay, Portland Harbour) Segelunterricht (Erw./Kind 2 Tage 175/199 £).

Dive Beyond (📞01305-861441; www.divebeyond.co.uk; Castletown, Portland) Fünftägige PADI-Open-Water-Kurse (475 £), Ausrüstungsverleih (komplette Ausrüstung 45 £ pro Tag) und Bootstouren zu Tauchspots (ab 15 £).

gen Chesil Beach mit der Fleet Lagoon, der größten Gezeitenlagune Großbritanniens.

Die stolze, teils karge und raue Portland-Halbinsel unterscheidet sich stark vom restlichen Dorset und ist daher umso interessanter. Mit seinem industriellen Erbe, den Wassersportmöglichkeiten, der reichen Vogelwelt und den düster-schönen Klippen lohnt sie auf jeden Fall mindestens einen Tagesausflug.

⊙ Sehenswertes

★ Tout Quarry
SKULPTURENPARK

(bei Fortuneswell; ⊙ 24 Std.; Ⓟ) GRATIS Der weiße Kalkstein von Portland wird schon seit Jahrhunderten abgebaut und ist bei einigen der schönsten Gebäude des Landes zum Einsatz gekommen, z. B. beim British Museum und der St. Paul's Cathedral. Im stillgelegten Steinbruch Tout Quarry stehen heute 53 Skulpturen, die vor Ort aus dem Stein geschlagen wurden – eine faszinierende Kombination des Rohmaterials mit den Hinterlassenschaften des Steinbrechens und der Schönheit der geschaffenen Kunstwerke.

Portland Castle
BURG

(EH; ☎ 01305-820539; www.english-heritage.org. uk; Liberty Rd, Chiswell; Erw./Kind 5,30/3,10 £; ⊙ April–Sept. 10–18 Uhr, Okt. bis 17 Uhr) Ein besonders schönes Produkt des Burgenbauprogramms Heinrichs VIII., es erlaubt weite Blicke über den Portland Harbour.

Portland Lighthouse
LEUCHTTURM

(☎ 01305-821050; www.trinityhouse.co.uk; Portland Bill; Erw./Kind 7/5 £; ⊙ Juni–Sept. 10–17 Uhr; Ⓟ) Ein echtes Gefühl für die Abgeschiedenheit der Halbinsel erhält man an ihrer Südspitze, Portland Bill. Dort kann man den 41 m hohen, gestreiften Leuchtturm besteigen und von oben atemberaubende Ausblicke auf zerklüftete Kliffs und das Race genießen, einen brandenden Strudel gegenläufiger Tiden. Zu den interaktiven Ausstellungen in den alten Leuchtturmwärterhäuschen gehört die Ausstellung Into the Dark: Hier ist nachgestellt, wie es ist, in stürmische See hinauszufahren.

Außerhalb der Hauptsaison ist der Leuchtturm an einigen Wochenenden geöffnet – Termine können telefonisch erfragt werden.

🛏 Schlafen & Essen

Portland YHA
HOSTEL £

(☎ 0845-3719339; www.yha.org.uk; Castle Rd, Castletown; B 19 £, 4BZ 39–60 £; Ⓟ 🛜) Gemütliches, großes edwardianisches Haus mit Seeblick von den meisten Zimmern.

★ Queen Anne House
B&B ££

(☎ 01305-820028; www.queenannehouse.co.uk; 2 Fortuneswell; EZ 55–60 £, DZ 80–95 £; 🛜) Hier kann man sich gar nicht entscheiden, welches Zimmer man nehmen soll: das White mit Oberlicht, Balken und Hobbit-artiger Tür, das Lotus mit seinen prachtvollen Möbeln, das Oyster mit seinem Halbhimmelbett oder die Suite mit ihrem französischen Bad und dem kleinen Wintergarten? Aber eigentlich ist's auch egal – alle Zimmer sind wunderbar und bieten ein tolles Preis-Leistungs-Verhältnis.

★ Crab House Cafe
FISCH & MEERESFRÜCHTE ££

(☎ 01305-788867; www.crabhousecafe.co.uk; Portland Rd, Wyke Regis; Hauptgerichte 11–22 £; ⊙ Mi–Sa 12–14 & 18–20.30, So 12–15.30 Uhr) Hierher strömen die Einheimischen an warmen Sommertagen, um sich an der Fleet Lagoon inmitten von Strandbudenschick an äußerst frischen Meeresfrüchten schadlos zu halten. Dem Fisch wird mit Chili, Curry, Zitrone und Kräutern Beine gemacht, die Krebse werden scharf im chinesischen Stil oder als Ganzes serviert, damit man sie selbst aufbrechen kann. Die Austern kommen mit Pesto und Parmesan oder mit Frühstücksspeck und Sahne auf den Tisch.

Cove House
PUB ££

(☎ 01305-820895; www.thecovehouseinn.co.uk; Chiswell Seafront; Hauptgerichte 10–18 £; ⊙ Mo–Fr 12–14.30 & 18–21, Sa & So 12–21 Uhr) Tolle Blicke auf den Chesil Beach, erinnerungswürdige Sonnenuntergänge und tolles Essen (Tipp: die Lyme-Bay-Jakobsmuscheln) in einem an Geschichte reichen Fischergasthaus.

ℹ An- & Weiterreise

Bus 1 fährt von Weymouth nach Fortuneswell (1,80 £, 20 Min., 4-mal pro Std.).

Von Juni bis September fährt Bus 501 von Weymouth nach Portland Bill (1,80 £, 45 Min., 5-mal tgl.).

Chesil Beach

Der 29 km lange und 15 m hohe Chesil Beach ist einer der atemberaubendsten Strände Großbritanniens. Mit einer Geschwindigkeit von 5 m pro Jahrhundert wandert er landeinwärts. Diese 100 Mio. t schwere Kieselsteinlandbrücke ist ein Kind der Jurassic Coast und erst 6000 Jahre alt. Die Größe der Steine reicht von erbsengroß im Westen bis zu handgroß im Osten.

BATH & SÜDWESTENGLAND CHESIL BEACH

 Sehenswertes & Aktivitäten

Chesil Beach Centre BESUCHERZENTRUM

(Fine Foundation; ☎01305-206191; www.dorset wildlifetrust.org.uk; Ferrybridge; ⊙Ostern–Sept. 10–17 Uhr, Okt.–Ostern bis 16 Uhr) GRATIS Das an der Brücke nach Portland gelegene Zentrum bildet ein tolles Tor zum Strand. Hier ist der Kieselsteinkamm am höchsten – 15 m, verglichen mit 7 m bei Abbotsbury. Vom Parkplatz führt eine anstrengende Wanderung über rutschige Kiesel zur beständigen Brandung und zum Klackern der Wellen auf den Steinen sowie zu atemberaubenden Ausblicken aufs Meer. Hinter einem erstrecken sich der dünne Kieselkamm und die große Fleet Lagoon.

★ Abbotsbury Swannery TIERSCHUTZGEBIET

(☎01305-871130; www.abbotsbury-tourism.co.uk; New Barn Rd, Abbotsbury; Erw./Kind 12/9 £; ⊙Ende März–Okt. 10–17 Uhr) Jedes Jahr im Mai nisten in dieser Swannery in der durch den Chesil Beach geschützten Fleet Lagoon rund 600 freilebende Schwäne. Ein Bummel entlang der Wege, die zwischen den Schwanennestern hindurchführen, ist wirklich faszinierend, und zuweilen versichern sich die Schwäne durch Schniefen, Husten und aufrechtes Flügelschlagen ihres Territoriums, sodass auch die frechsten Küken keinen Mucks mehr von sich zu geben wagen.

Die Swannery befindet sich im malerischen Dorf Abbotsbury, 16 km von Weymouth abseits der B3157.

Lyme Regis

3637 EW.

Das unglaublich fossilienreiche Lyme Regis ist historisch von immenser Bedeutung. Aus den umliegenden Klippen treten nach Landrutschen an der erodierenden Küste regelmäßig steinharte Relikte der Vergangenheit hervor. Lyme Regis ist mittlerweile ein Zentrum der Jurassic Coast, die als Unesco-Welterbe gelistet ist. Alle möglichen Leute sind vom Fossilienfieber ergriffen, von Profi-Paläontologen bis zu Amateuren, die rein zum Spaß ein bisschen an der Küste herumsuchen. Dazu kommen noch Sandstrände und einige reizende Unterkünfte und Restaurants, und das Resultat ist ein verlockender Ausgangspunkt für Erkundungstouren.

 Sehenswertes

Lyme Regis Museum MUSEUM

(☎01297-443370; www.lymeregismuseum.co.uk; Bridge St; Erw./Kind 4 £/frei; ⊙Ostern–Okt. 10–17 Uhr, Nov.–Ostern Mi–So 11–16 Uhr) Im Jahr 1814 fand Teenager Mary Anning bei Lyme Regis das erste vollständige Skelett eines Ichthyosaurus – damit gelangte die Stadt ins Rampenlicht der Weltöffentlichkeit. Miss Anning war zu ihrer Zeit eine berühmte Fossilienforscherin und trug erheblich zur Ausbildung der modernen Paläontologie als Wissenschaft bei. Das Museum an der Stelle, wo früher ihr Haus stand, erzählt ihre Geschichte und zeigt spektakuläre Fossilien und andere prähistorische Funde.

Cobb WAHRZEICHEN

Die ursprünglich aus dem 13. Jh. stammenden, geschwungenen Hafenmauern von Lyme sind im Verlauf der Zeit weiter befestigt und ausgebaut worden und sehen heute nicht mehr so elegant aus wie früher. Aber auch heute zieht es einen hinaus zu einem Spaziergang bis zu ihrem Ende.

Dinosaurland MUSEUM

(☎01297-443541; www.dinosaurland.co.uk; Coombe St; Erw./Kind 5/4 £; ⊙Mitte Feb.–Mitte Okt. 10–17 Uhr) Dieser vergnügliche kleine Jurassic Park ist vollgepackt mit Fossilienfunden. Interessant sind v. a. die Belemniten, ein Plesiosaurus und der eindrucksvolle, in der Nähe gefundene Ichthyosaurus. Lebensgroße Dinosauriermodelle erfreuen besonders die jungen Besucher – die steinharten Tyrannosauruseier und der 73 kg schwere Dinosaurierdung werden sie sicher fesseln.

Town Mill HISTORISCHES GEBÄUDE

(☎01297-444042; www.townmill.org.uk; Mill Lane; erbetene Spende 2,50 £; ⊙April–Okt. Mo–Fr 11–14, Sa & So bis 16 Uhr) GRATIS Eine stimmungsvolle, knarrende Wassermühle aus dem 14. Jh., die noch immer in Betrieb ist. Daneben tummeln sich Cafés, Galerien, ein Schmuckatelier und eine Kleinbrauerei. Im Winter ist das Ganze zu unterschiedlichen Zeiten geöffnet – am besten ruft man vorher an.

 Aktivitäten

Undercliff WANDERN

Dieses wild gefaltete, 304 ha große Naturschutzgebiet unmittelbar westlich von Lyme entstand durch gewaltige Erdrutsche. Das Resultat ist ein anspruchsvolles Wanderterrain mit abgerutschten Kliffs, Spalten und Graten, wo sich die Pfade durch dichte

Vegetation, freiliegende Baumwurzeln und Dornengestrüpp winden. Undercliff beginnt 1,5 km westlich des Zentrums von Lyme Regis – vom Holmbush Car Park den Schildern folgen.

Schlafen

Sanctuary
B&B £

(☎01297-445815; www.lyme-regis.demon.co.uk; 65 Broad St; EZ/DZ 45/56 £) Ein B&B für Bibliophile: Die reizenden Zimmer voller Bücher gehören zu einem vierstöckigen Buchladen mit 18 Zimmern. Überall finden sich alte Bücher, die nur darauf warten, durchgeblättert zu werden – sie können einem auf dem Weg zum ausgezeichneten Frühstück aufhalten, aber Gott sei Dank herrscht hier eine wunderbar relaxte Stimmung. Und ja – auch der Preis stimmt!

Coombe House
B&B ££

(☎01297-443849; www.coombe-house.co.uk; 41 Coombe St; DZ 64–72 £, 5-Pers.-Apt. 360–630 £ pro Woche; P) Die luftigen, stilvollen Zimmer in diesem sehr preisgünstigen B&B präsentieren sich mit *bay windows*, Korbmöbeln und weißem Holz. Das Frühstück wird samt selbst gebackenem Brot und Toaster auf einem Wägelchen ins Zimmer geliefert – perfekt für einen faulen Start in den Tag.

★ Hix Townhouse
B&B £££

(☎01297-442499; www.hixtownhouse.co.uk; 1 Pound St; DZ 120–150 £, Suite 165 £; ☎) Mit seiner witzigen Designereinrichtung, seiner Luxusausstattung und der Lage in der Stadt ist dieses B&B in einem Reihenhaus schwer zu toppen. Jedes Zimmer steht unter einem

Freizeitmotto wie Gärtnern, Lesen oder Angeln. Am schönsten ist das Zimmer Sailing mit seinen Pseudo-Bullaugen, kunstvoll drapierten Tauen, der kleinen Dachterrasse und dem tollen Seeblick.

Essen

★ Alexandra
BRITISCH £

(☎01297-442010; www.hotelalexandra.co.uk; Pound St; afternoon tea 7,50–29 £; ⊙15–17.30 Uhr; P ☎) Dies ist wie die Kulisse für einen Agatha-Christie-Krimi, allerdings ohne den Mord. Korbstühle zieren gepflegte Rasenflächen, dahinter erstreckt sich die glitzernde Lyme Bay – das perfekte Plätzchen für einen echten englischen *afternoon tea* mit *scones*, Marmelade und appetitlichen Sandwiches.

Harbour Inn
PUB ££

(☎01297-442299; www.harbourinnlymeregis.co.uk; Marine Pde; Hauptgerichte 9–25 £; ⊙12–14.30 & 18–21 Uhr) Eine von Blumen umrankte Veranda zum Strand hin, eine schicke, aber gemütliche Inneneinrichtung und ein Angebot an Bistro-Kneipenessen, das zu den besten der Stadt gehört – die geschmacksintensive Bouillabaisse passt bestens zum Ambiente.

Millside
MODERN BRITISCH ££

(☎01297-445999; www.themillside.co.uk; 1 Mill Lane; Hauptgerichte 13–18 £; ⊙Di–So 12–14.30, Di–Sa 18.30–21 Uhr) In diesem stilvollen Lokal stehen Speisen mit Zutaten aus Südwestengland auf der Karte, von saftigen Burgern mit Cheddar aus Cheddar bis zu vor Ort frisch gefangenem Fisch. An einem sonnigen Tag lädt die kleine Terrasse zu einem schönen Mittagsmahl ein.

BATH & SÜDWESTENGLAND LYME REGIS

AUF DER JAGD NACH FOSSILIEN

Fossilienfieber ist ansteckend. Lyme Regis liegt an einer der instabilsten Küsten Großbritanniens. Nach Erdrutschen kullern hier regelmäßig Juwele aus grauer Vorzeit aus den Klippen.

Fachmännischer ist man auf einer geführten Wanderung unterwegs. Das **Charmouth Heritage Coast Centre** (☎01297-560772; www.charmouth.org; Lower Sea Lane, Charmouth; ⊙Ostern–Okt. tgl. 10.30–16.30 Uhr, Nov.–Ostern Do–So) GRATIS 5 km östlich von Lyme bietet einen bis sieben Ausflüge pro Woche (Erw./Kind 7,50/3 £). Das **Lyme Regis Museum** (S. 266) in Lyme selbst veranstaltet drei bis sieben Wanderungen wöchentlich (Erw./Kind 11/6 £). Auch der ortsansässige Experte **Brandon Lennon** (☎07854 377519; www.lymeregisfossilwalks.com; Erw./Kind 8/6 £; hSa–Mo) bietet entsprechende Expeditionen. Alle Führungen sind sehr beliebt, daher frühzeitig buchen!

Die besten Chancen, etwas zu finden, herrschen in der Zeit bis zwei Stunden vor und nach der Ebbe. Wer allein unterwegs ist, sollte sich über die Gezeiten informieren und bei ablaufendem Wasser auf Suche gehen, Warnschilder beachten, sich von den Klippen fernhalten, nur am Strand etwas aufsammeln und auch für andere etwas übrig lassen. Und wer über was ganz Tolles gestolpert ist, sollte den Experten Bescheid sagen.

ABSTECHER

FORDE ABBEY

Die **Forde Abbey** (☎01460-220231; www.fordeabbey.co.uk; Chard; Haus Erw./Kind 12,50 £/frei, Garten 10 £/frei; ⊗Haus Mai–Okt. Di–Fr & So 12–17 Uhr, Garten ganzjährig tgl. 10–17.30 Uhr) wurde im 12. Jh. als Zisterzienserkloster erbaut, dient aber seit 1649 als Privatresidenz. Die Gebäude beeindrucken mit prächtigen Stuckarbeiten und schönen Tapisserien, doch die Hauptattraktion sind die Gärten: 12 ha Rasen, Teiche, Gebüsch und Blumenbeete mit Hunderten seltener, schöner Arten. Die Abtei liegt 16 km nördlich von Lyme Regis; öffentliche Verkehrsmittel fahren nicht hierher.

★Hix Oyster & Fish House
FISCH & MEERESFRÜCHTE £££

(☎01297-446910; www.hixoysterandfishhouse.co.uk; Cobb Rd; Hauptgerichte 13–23 £; ⊗12–22 Uhr) Das superstylische Restaurant beeindruckt mit weiten Ausblicken über die Hafenmauern und atemberaubendem Essen. Die Lyme-Bay-Schalentiersuppe wird mit kornischem Pastis zubereitet; dem Newlyn-Seehecht leisten Poole-Herzmuscheln Gesellschaft. Vielleicht gönnt man sich zu Beginn erst einmal ein paar Austern: Brownsea-Island- oder Portland-Austern kosten 2,75 £ das Stück.

ℹ Praktische Informationen

Touristeninformation (☎01297-442138; www.visit-dorset.com; Church St; ⊗April–Okt. Mo–Sa 10–17 Uhr, Nov.–März bis 15 Uhr)

ℹ An- & Weiterreise

Bus X51 (4,60 £, 1¼ Std., Mo–Sa stündl.) pendelt nach Dorchester.

Bus X53 (4-mal tgl. bis stündl., im Winter So keine Busse) fährt Richtung Westen nach Exeter (7,20 £) und Richtung Osten über Chesil Beach nach Weymouth (7,40 £).

Sherborne

9581 EW.

Sherborne leuchtet im sanften Widerschein des orangegelben Steins, aus dem im 15. Jh. Gebäude rund um eine eindrucksvolle Abteikirche errichtet wurden. Dieses stille Städtchen strahlt Wohlstand aus.

◉ Sehenswertes

Sherborne Abbey
KIRCHE

(☎01935-812452; www.sherborneabbey.com; Abbey Cl; empfohlene Spende 4 £; ⊗April–Sept. 8–18 Uhr, Okt.–März bis 16 Uhr) In ihrer bedeutungsvollsten Zeit diente die prächtige Abteikirche St. Mary the Virgin, die auf das 8. Jh. zurückgeht, 26 aufeinanderfolgenden sächsischen Bischöfen als Kathedrale. 998 wurden die Kirchengebäude zu einer Benediktinerabtei und die Kirche fungierte noch bis 1075 als Kathedrale. Die Kirche verfügt über ein faszinierendes Fächergewölbe, das älteste des Landes, einen von sächsisch-normannischen Stützpfeilern getragenen Vierungsturm und ein normannisches Portal von 1180.

Sherborne Old Castle
BURG

(EH; ☎01935-812730; www.english-heritage.org.uk; Castleton; Erw./Kind 4/2,40 £; ⊗April–Juni, Sept. & Okt. 10–17 Uhr, Juli & Aug. bis 18 Uhr) Sherbornes Old Castle stellt heute die Verkörperung einer malerischen Ruine dar. Es wurde 1120 von Roger, Bischof von Salisbury, errichtet. Im 16. Jh. schenkte Elisabeth I. es ihrem Günstling Sir Walter Raleigh. Während des Englischen Bürgerkriegs war die Burg ein Bollwerk der Royalisten, wurde jedoch von Cromwell 1645 nach 16-tägiger Belagerung in Schutt und Asche gelegt. Übrig blieben nur das zerstörte Torhaus im Südwesten, der große Turm und die North Range.

Sherborne New Castle
BURG

(☎01935-812072; www.sherbornecastle.com; New Rd; Haus & Gärten Erw./Kind 11 £/frei, nur Gärten 6 £/frei; ⊗April–Okt. Di–Do, Sa & So 11–17 Uhr) Mit dem Bau des eindrucksvollen Sherborne New Castle begann Sir Walter Raleigh im Jahr 1594, konnte jedoch nur den Mittelteil fertigstellen, bevor er von Jakob I. ins Gefängnis geworfen wurde. Jakob verkaufte das Haus kurzerhand an Sir John Digby, der die prächtigen Flügel anfügen ließ, die heute zu sehen sind. 1753 wurden die Außenanlagen vom legendären Landschaftsgärtner Lancelot „Capability" Brown völlig umgekrempelt: Er ließ einen großen See sowie 12 ha Gärten anlegen.

☞ Geführte Touren

Stadtrundgänge
SPAZIERGANG

(www.sherbornewalks.co.uk; Führungen 5 £; ⊗Juli–Sept. Di & Do 10.30 Uhr) Die 90-minütigen Rundgänge ab der Touristeninformation erkunden die fotogene Altstadt.

🛏 Schlafen & Essen

⭐ Cumberland House
B&B ££

(✆ 01935-817554; www.bandbdorset.co.uk; Green Hill; DZ 75–80 £; Ⓟ 📶) Die geschichtsträchtigen Zimmer verströmen ein künstlerisches Flair: Auf Steinplattenböden sind bunte Teppiche verteilt, zwischen wunderbar schrägen Balken erstrecken sich Wände in Zitronengelb und Hellbeige. Zum Schlemmerfrühstück gibt's frisch gepressten Orangensaft. Wer gegen 16 Uhr eintrudelt, dem wird Tee angeboten, den man im Garten oder am Kamin einnehmen kann.

Stoneleigh Barn
B&B ££

(✆ 01935-389288; www.stoneleighbarn.co.uk; North Wootton; EZ 60–75 £, DZ 80–95 £, FZ ab 160 £; Ⓟ 📶) Warmer, verwitterter Stein und ein großer Garten sorgen dafür, dass diese wundervolle Scheune aus dem 18. Jh. von außen ein wahres Fest für die Sinne ist. Drinnen rahmen Balken geräumige Zimmer, die in den Farben ihrer namengebenden Blumen gehalten sind – die Gäste haben die Wahl zwischen Orchidee, Flieder und Rose. Stoneleigh liegt 5 km südöstlich von Sherborne.

George
PUB ££

(www.thegeorgesherborne.co.uk; 4 Higher Cheap St; Hauptgerichte 9–13 £; ⊘ 12–14.30 & 18–21 Uhr; 📶) Es ist schon fünf Jahrhunderte her, dass in Sherbornes ältestem und gemütlichstem Gasthaus das erste Pint ausgeschenkt wurde. Heute zeigt sich das Alter des Pubs an den von zahllosen Hinterteilen blankpolierten Holzbänken. Hier werden bewährte Kneipenklassiker serviert: ordentliche Steaks, Schinken und Eier, hausgemachte Desserts und ein Tagesbraten.

⭐ Green
MODERN BRITISCH £££

(✆ 01935-813821; www.greenrestaurant.co.uk; 3 The Green; Hauptgerichte 20–25 £; ⊘ Di–Sa 12–14.30 & 18.30–21.30 Uhr) In diesem geselligen, eleganten Speiselokal wirkt das Mobiliar eher schick als schäbig. Das Essen verkörpert wunderbar den Spirit des Westcountry – vielleicht steht gerade Lyme-Bay-Glattbutt mit wildem Knoblauch oder Kaninchenrücken mit Waldpilzen auf der Karte. Oder man entscheidet sich für das sehr preisgünstige *menu du jour* (3 Gänge 20 £).

ℹ Praktische Informationen

Touristeninformation (✆ 01935-815341; www.visit-dorset.com; Digby Rd; ⊘ April–Nov. Mo–Sa 9.30–16 Uhr, Dez.–März bis 15 Uhr)

ℹ An- & Weiterreise

BUS

Dorchester (Bus X1; 4,50 £, 1 Std., Mo–Sa 4- bis 6-mal tgl.) Über Cerne Abbas (30 Min.)
Yeovil Bus 57/58; 4,50 £, 15 Min., Mo–Sa 10-mal tgl.

ZUG

Stündliche Verbindungen:
Exeter 18 £, 1¼ Std.
London Waterloo 20 £, 2½ Std.
Salisbury 14 £, 45 Min.

Wiltshire

Wiltshire ist reich an rituellen Zeugnissen und faszinierenden Sehenswürdigkeiten. Seine üppige Landschaft ist mit mehr geheimnisvollen Steinkreisen, Prozessionsalleen und alten Grabhügeln gespickt als alle anderen Gegenden Großbritanniens. Diese Region fordert die Phantasie heraus und beflügelt sie – hier erlebt man die prähistorische Erhabenheit von Stonehenge und den stimmungsvollen Steinkreis von Avebury. Dazu noch die 800 Jahre alte Kathedrale von Salisbury, die hochherrschaftlichen Häuser Stourhead und Longleat und das überaus malerische Dorf Lacock, und fertig ist eine Grafschaft voll englischem Charme.

ℹ Praktische Informationen

In **Salisbury** gibt's eine große Touristeninformation (S. 273). Infos für Reisende bietet auch **Visit Wiltshire** (www.visitwiltshire.co.uk).

ℹ Anreise & Unterwegs vor Ort

BUS

Das Busnetz in Wiltshire ist teilweise etwas lückenhaft, besonders im Nordwesten.
First (www.firstgroup.com) Bedient das westliche Wiltshire.
Salisbury Reds (www.salisburyreds.co.uk) Bedient Salisbury und viele ländliche Gegenden. Bietet Rover-Tagestickets (8,50 £) und 7-Tage-Pässe (Raum Salisbury 13,50 £, gesamtes Busnetz 24 £).
Stagecoach (www.stagecoachbus.com) Verbindungen rund um Swindon und Salisbury.

ZUG

Bahnlinien verlaufen von London Waterloo nach Salisbury (25 £, 1½ Std., halbstündl.) und weiter nach Exeter und Plymouth, mit Abzweigungen Richtung Norden nach Bradford-on-Avon, Bath und Bristol.

Salisbury

40 300 EW.

Mit seiner majestätischen Kathedrale, die vom höchsten Kirchturm Englands gekrönt wird, bildet Salisbury eine schöne Basis für Wiltshire. Seit mehr als tausend Jahren ist Salisbury eine bedeutende Provinzstadt. Seine Straßen stellen eine architektonische Zeitachse dar, von den mittelalterlichen Mauern und Tudor-Fachwerkhäusern bis zu georgianischen Herrenhäusern und viktorianischen Villen. Salisbury ist eine lebendige, moderne Stadt mit zahlreichen Restaurants und Bars sowie einer Ansammlung hervorragender Museen.

◉ Sehenswertes

★ Salisbury Cathedral   KATHEDRALE

(☎01722-555120; www.salisburycathedral.org.uk; Cathedral Close; erwünschte Spende Erw./Kind 7,50 £/frei; ⊙Mo-Sa 9–17, So 12–16 Uhr) England kann mit zahlreichen atemberaubenden Kirchen aufwarten, aber nur wenige sind so prachtvoll und spektakulär wie die Salisbury Cathedral aus dem 13. Jh. Dieses im frühgotischen Early English Style erbaute Gotteshaus verfügt über ein reich verziertes Äußeres mit Spitzbögen und Strebepfeilern sowie ein düsteres, schlichtes Inneres, um die versammelten Gläubigen in ihrer Frömmigkeit zu bestärken. Herausragend sind die Statuen und Grabmale. Faszinierend ist auch das Originalexemplar der **Magna Carta** (www.salisburycathedral.org.uk; Cathedral Close; ⊙Mo–Sa 9.30–16.30, So 12–15.45 Uhr) aus dem 13. Jh.

Die Kathedrale wurde zwischen 1220 und 1258 erbaut. Hinter der reich geschmückten **Westfassade** führt ein kleiner Gang ins 70 m lange **Langhaus**, gesäumt von schönen Pfeilern aus Purbeck-Stein. Die **astronomische Uhr** im nördlichen Seitenschiff stammt von 1386 und ist wahrscheinlich die älteste funktionierende Uhr der Welt. Das prächtige Buntglasfenster **Prisoners of Conscience** (1980) am östlichen Ende des Chorumgangs erhebt sich über dem reich verzierten **Grabmal** von Edward Seymour (1539–1621) und Lady Catherine Grey. Andere Denkmäler und Grabstätten säumen das Langschiff, darunter das von William Longespée, Sohn Heinrichs II. und Halbbruder von König Johann. Als das Grabmal ausgegraben wurde, fand man in Longespées Schädel eine gut erhaltene Ratte.

Der 123 m hohe **Kirchturm** wurde im 14. Jh. errichtet; er ist der höchste in Großbritannien. Sein Bau stellte für die mittelalterlichen Baumeister eine enorme technische Herausforderung dar. Er wiegt rund 6500 t. Um den Turm aufrecht zu halten, war ein ausgeklügeltes System aus Querstreben, Scherenbögen und Stützpfeilern notwendig. Wer genau hinschaut, erkennt, dass sich die vier Pfeiler unter dem Vierungsturm unter der Last gekrümmt haben.

Sir Christopher Wren vermaß die Kathedrale 1668 und kam zu dem Ergebnis, dass sich der Turm um 75 cm neigt. Eine Messingplatte im Boden dient dazu, Veränderungen zu messen, jedoch wurde weder 1951 noch 1970 eine Verstärkung der Neigung festgestellt. Trotz allem wird die Bausubstanz des berüchtigt „wackeligen Turms" ständig weiter gestärkt.

Besonders stimmungsvoll wirkt die Kathedrale beim **Evensong** (nur während der Schulzeit: Mo-Sa 17.30 & So 16.30 Uhr).

Am beeindruckendsten erweist sich die Salisbury Cathedral bei einer 90-minütigen Turmführung (1- bis 5-mal tgl.). Dabei geht es 332 Stufen zur Basis des Turmhelms hinauf. Von oben bieten sich überwältigende Ausblicke auf die Stadt und ihr Umland. An der Führung können nur zwölf Personen teilnehmen – eine Buchung ist daher unerlässlich. Erwachsene 12,50 £, Kinder 8 £.

Cathedral Close   HISTORISCHE STÄTTE

Die mittelalterliche Domfreiheit Salisburys, eine stille Enklave mit schönen Gebäuden, verströmt ein außerirdisches Flair. Viele der Häuser stammen aus dem 13. Jh., wenn das Areal auch im 18. Jh. bei einer Sanierung von James Wyatt umfassend restauriert wurde. Der Dombezirk ist von einer robusten Mauer von 1333 umgeben; die massiven Tore, die in den Bezirk hineinführen, werden auch heute noch jeden Abend abgesperrt.

★ Salisbury Museum   MUSEUM

(☎01722-332151; www.salisburymuseum.org.uk; 65 Cathedral Close; Erw./Kind 8/4 £; ⊙ganzjährig Mo-Sa 10–17, Juni–Sept. auch So 12–17 Uhr) Zu den bedeutenden archäologischen Funden zählt der Stonehenge Archer (Bogenschütze von Stonehenge), das Skelett eines Mannes, das aus einem den Steinkreis umgebenden Graben ausgegraben wurde. Eine der Pfeilspitzen, die bei ihm gefunden wurden, war wahrscheinlich für seinen Tod verantwortlich. Dieses Museum ist eine tolle Einführung in die Geschichte Wiltshires, nicht zuletzt wegen der Goldmünzen von 100 v. Chr. und einer Goldkette aus der Bronzezeit.

Salisbury

Salisbury 🚉 (300 m);
Wilton House (2,5 Meilen)

Old Sarum (2 Meilen);
Stonehenge (10 Meilen)

Salisbury Arts
Centre (100 m)

⭐15

11 ✖

Fisherton St

Castle St

Minster St

Endless St

Church St

Greencroft St

Winchester St

Queen St

Butcher Row

14 🍴 Poultry Cross

Bridge St

Fish Row

New Canal

High St

Old George Mall

New St

Mill Rd

Crane Bridge Rd

Crane St

Queen Elizabeth Gardens

Nadder

🅿

Milford St

6 ℹ

13 🍴

Milford Hill

Catherine St

Gigant St

Rampart Rd

Churchill Way East

12 ✖

Ivy St Trinity St

St Johns St

Brown St

St Ann St

8 🛏

5 🏛 High St Gate

Choristers Green

North Walk

West Walk

Bishop's Walk

Friary La

10 🛏

7 🛏
9 🛏

Salisbury Cathedral ⛪2

Magna Carta 1 ◎ ◎4

3 🏛 Salisbury Museum

Exeter St

Broad Walk

Avon

Carmelite Way

Churchill Way South

🅿

Winston Churchill Gardens

Salisbury

Mompesson House HISTORISCHES GEBÄUDE
(NT; ☎01722-335659; www.nationaltrust.org.
uk; Cathedral Close; Erw./Kind 6,30/3 £; ⊙ Mitte
März–Okt. Sa–Mi 11–17 Uhr) Prachtvolle Stuckdecken, schöne Stilmöbel sowie eine
breite Holztreppe schmücken dieses noble
Queen-Anne-Gebäude (1701). Seine Pracht

prädestinierte es auch als Kulisse für den
1995er-Film *Sinn und Sinnlichkeit* nach
Jane Austens Roman.

Old Sarum ARCHÄOLOGISCHE STÄTTE
(EH; ☎01722-335398; www.english-heritage.org.
uk; Castle Rd; Erw./Kind 4,50/2,70 £; ⊙ April–Sept.

10–18 Uhr, Okt. bis 17 Uhr, Nov.–März bis 16 Uhr; P) Die gewaltigen Ringwälle von Old Sarum befinden sich auf einem gräsernen Hügel gut 3 km nördlich von Salisbury. Zu sehen sind hier heute noch die Steinfundamente der alten Kathedrale sowie über die grüne Landschaft Wiltshires hinweg auch der Turm der neuen Kathedrale in Salisbury. An ausgewählten Tagen finden hier mittelalterliche Turniere, Freilufttheatervorführungen und Scheingefechte statt. Bus X5 fährt zweimal pro Stunde von Salisbury nach Old Sarum (2,30 £, So stündl.). Auch der Stonehenge-Tourbus (S. 273) hält hier.

★ **Wilton House** HISTORISCHES GEBÄUDE
(☎01722-746714; www.wiltonhouse.com; Wilton; Haus & Außenanlagen Erw./Kind 15/8 £; ⊙Mai–Aug. So–Do 11.30–17 Uhr; P) Das stattliche Wilton House gewährt einen Einblick in die exklusive Welt des britischen Adels. In diesem Gemäuer, einem der schönsten Herrenhäuser Englands, residieren seit 1542 die Grafen von Pembroke. Das Haus wurde von Generation zu Generation immer wieder um- und ausgebaut. Zu den Highlights zählen der **Single Cube Room** (Würfelsaal) und der **Double Cube Room** (Doppelwürfelsaal), entworfen vom wegweisenden Architekten des 17. Jhs., Inigo Jones.

Wilton House liegt 4 km westlich von Salisbury; Bus R3 fährt von Salisbury (2,70 £, 10 Min., Mo–Sa 1- bis 3-mal stündl.) hierher.

👉 Geführte Touren

Salisbury Guides STADTRUNDGANG
(☎07873-212941; www.salisburycityguides.co.uk; Erw./Kind 6/3 £; ⊙April–Okt. tgl. 11 Uhr, Nov.–März Sa & So 11 Uhr) 90-minütige Stadtrundgänge ab der Touristeninformation.

🛏 Schlafen

★ **Chapter House** GASTHOF ££
(☎01722-412028; www.thechapterhouseuk.com; 9 St Johns St; Zi. 100–140 £) Diese 800 Jahre alte Schönheit prägen Holzpaneele, schiefe Treppen und niedrige Deckenbalken. Die billigeren Zimmer sind schon schick, aber wirklich umwerfend sind die edleren mit Retrobadewannen und hier und da einem alten Wappen. Am schönsten ist Zimmer 6, wo angeblich schon König Karl nächtigte – Glückspilz!

St Ann's House B&B ££
(☎01722-335657; www.stannshouse.co.uk; 32 St Ann St; EZ 64 £, DZ 89–110 £; 🛜) Die Düfte,

die vom Frühstück heraufwabern, können einen glatt aus dem Bett reißen: kräftiger Kaffee, Bananenbrot mit Zimt und Zitrone, Rindswürste mit Chili, verlorene Eier mit Parma-Schinken. Oben regiert äußerste Eleganz – sorgsam ausgewählte Antiquitäten, warme Farbtöne und türkisches Leinen sorgen für einen sehr komfortablen Aufenthalt.

Cathedral View B&B ££
(☎01722-502254; www.cathedral-viewbandb.co.uk; 83 Exeter St; EZ 75–85 £, DZ 80–100 £; P🛜) In dem georgianischen Stadthaus wird viel Wert aufs Detail gelegt. Kleine Blumenarrangements und selbst gebackene Kekse erwarten die Gäste in den dezent eleganten Zimmern. Zum Frühstück werden u. a. erstklassige Wiltshire-Würste sowie Brot und Marmelade aus eigener Herstellung geboten; nachmittags wird zum Tee hausgemachter Zitronenkuchen gereicht.

Spire House B&B ££
(☎01722-339213; www.salisbury-bedandbreakfast. com; 84 Exeter St; EZ/DZ/FZ 60/75/90 £; P🛜) In diesem B&B mit gepflegten, schönen Zimmern herrscht auch beim Frühstück (5 £ extra) eine lockere Stimmung: Man schreibt seine Bestellung am Abend davor einfach auf eine Schiefertafel. Zur Wahl stehen z. B. langsam gekochter Porridge mit Blaubeeren, Croissants und anderes Gebäck sowie *bacon and eggs* (Frühstücksspeck mit Eiern).

🍴 Essen & Ausgehen

Anokaa INDISCH ££
(☎01722-414142; www.anokaa.com; 60 Fisherton St; Hauptgerichte 12–18 £; ⊙12–14 & 17.30–23 Uhr; 🍴) Rosa Neonlicht und bunte Blubbersachen deuten schon an, was einen hier erwartet: eine sehr moderne Variante der indischen Küche. Die Gewürz- und Geschmackskombinationen bringen die Zutaten zum Tanzen und die fleischlosen Angebote auf der Karte zaubern Vegetariern ein breites Lächeln auf die Lippen. Das Mittagsbuffet (9 £) schließlich bereitet allen Gästen Freude.

Cloisters PUB ££
(www.cloisterspubsalisbury.co.uk; 83 Catherine St; Hauptgerichte 9–19 £; ⊙12–21 Uhr) Das Gebäude stammt von 1350 und seit dem 17. Jh. befindet sich hier ein Pub. Heute sorgen die grotesk schiefen Balken für ein altmodisches Flair. Die Kneipe ist ein geselliges Plätzchen für Rindfleischburger und hausgemachte Pasteten sowie anspruchsvol-

lere Speisen wie ein Lachsfilet mit Pesto und Lammsteaks mit Johannisbeersauce.

Haunch of Venison PUB
(www.haunchpub.co.uk; 1 Minster St; ☺ Mo–Sa 11–23, So bis 18 Uhr) Holzvertäfelte *snugs* (kleine Nebenräume), Wendeltreppen und schiefe Decken verleihen dieser Kneipe aus dem 14. Jh. unglaublich viel Flair – und spuken soll es hier auch. Einer der umherirrenden Geister ist ein betrügerischer Whist-Spieler, der bei einem Spiel seine Hand einbüßte – seine mumifizierten Knochen sind drinnen ausgestellt.

Chapel CLUB
(www.chapelnightclub.co.uk; 34 Milford St; ☺ Do–Sa 21.30–3 Uhr) Munterer Club mit drei Sälen und angrenzender Bar, in dem DJs alles von Funk bis zu Hip-Hop der 90er und Chart 'n' Cheese auflegen.

Unterhaltung

Salisbury Playhouse THEATER
(☎01722-320333; www.salisburyplayhouse.com; Malthouse Lane) Neben eigenen Inszenierungen sind hier auch Gastinszenierungen und Musicals zu sehen.

Salisbury Arts Centre KULTURZENTRUM
(☎01722-321744; www.salisburyartscentre.co.uk; Bedwin St) In dem innovativen Kulturzentrum stehen Avantgarde-Theater, Indie-Filme, Tanzaufführungen und Konzerte auf dem Programm.

❶ Praktische Informationen

Bücherei (www.wiltshire.gov.uk; Market Walk; Internet 1 £ für 30 Min.; ☺ Mo, Di, Fr 10–19, Mi, Do & Sa 9–17 Uhr; 🛜)
Touristeninformation (☎01722-342860; www.visitsalisbury.co.uk; Fish Row; ☺ Mo–Fr 9–17, Sa 10–16, So 10–14 Uhr)

❶ An- & Weiterreise

BUS
Direktbusse von National Express:
Bath 11 £, 1¼ Std., 1-mal tgl.
Bristol 11 £, 2¼ Std., 1-mal tgl.
London (17 £, 3 Std., 3-mal tgl.) Fährt über Heathrow.
  Regionalverbindungen:
Devizes Bus 2; 5,50 £, 1 Std., Mo–Sa stündl.
Shaftesbury Bus 29; 4,80 £, 1¼ Std., Mo–Sa 5-mal tgl.
  Regelmäßig fahren Tourbusse von Salisbury nach **Stonehenge** (☎01202-338420; www.thestonehengetour.info; Erw./Kind 27/17 £).

ZUG
Halbstündliche Verbindungen z. B. nach:
Bath 10 £, 1 Std.
Bradford-on-Avon 13 £, 40 Min.
Bristol 15 £, 1¼ Std.
London Waterloo 25 £, 1½ Std.
Southampton 10 £, 30 Min.
  Stündliche Verbindungen:
Exeter 20 £, 2 Std.
Portsmouth 20 £, 1¼ Std.

Stonehenge

Willkommen bei der berühmtesten archäologischen Stätte Englands! Dieser faszinierende Monolithsteinkreis zieht schon seit 5000 Jahren Pilger, Dichter und Philosophen an und ist auch heute noch ein geheimnisvoller, entrückter Ort – ein verstörendes Echo aus der Vergangenheit Großbritanniens und eine Erinnerung an die Menschen, die einst auf den Prozessionsalleen der Salisbury Plain unterwegs waren.

Sehenswertes

★Stonehenge ARCHÄOLOGISCHE STÄTTE
(EH; ☎0370 333 1181; www.english-heritage.org.uk; Erw./Kind Tickets für denselben Tag 18/11 £, Vorausbuchung 15,50/9,30 £; ☺Juni–Aug. 9–20 Uhr, April, Mai & Sept. 9.30–19 Uhr, Okt.–März 9.30–17 Uhr; 🅿) Das uralte Stonehenge ist ultramodern saniert worden. Dabei entstand ein eindrucksvolles Besucherzentrum, zugleich wurde eine störende Straße gesperrt und in eine Rasenfläche zurückverwandelt. Dadurch können Besucher nun den historischen Kontext viel anschaulicher nachempfinden – das archäologische Juwel wurde mit neuer Würde ausgestattet und zeigt sich rätselhafter denn je.

Um den Steinkreis führt ein Pfad herum. Zwar können Besucher nicht in den Steinkreis hineingehen – außer bei einem sehr empfehlenswerten Stone Circle Access Visit (S. 275) –, doch sie sehen ihn ganz aus der Nähe. Der Zutritt zur Anlage erfolgt mit Zeitfenstertickets, die man sich weit im Voraus sichern sollte.

Stonehenge ist eines der großen archäologischen Rätsel Großbritanniens: Es kursieren zahllose Theorien über den Zweck der Anlage, vom Zeremonienzentrum bis zur Himmelsuhr. In Wahrheit weiß niemand sicher, was die prähistorischen Bewohner Britanniens dazu veranlasste, so viel Zeit und Mühe in ihren Bau zu investieren.

Stonehenge

| 0 | | 50 m |
| 0 | | 0,025 Meilen |

Visitor Centre (1,5 Meilen)

Fußweg und Shuttlebus-Route

The Avenue

Graben

Pfad

Heel Stone

Graben

North Barrow

Slaughter Stone

Station Stone

Blaustein-hufeisen

Mittsommer-Sonnenaufgang

Altar-stein

Sarsen-kreis

Trilithen-hufeisen

Mittwinter-Sonnenaufgang

Station Stone

South Barrow

Pfad

erhaltener Stein
fehlender Stein

Die erste Bauphase begann um 3000 v. Chr.: Damals entstanden der äußere Ringwall und -graben. Tausend Jahre später kam der innere Kreis aus Granitsteinen, den sogenannten Blausteinen, dazu. Diese gewaltigen, 4 t schweren Blöcke sollen aus den rund 400 km entfernten Preseli Mountains in Südwales stammen – eine fast unerklärliche Leistung für die Steinzeitmenschen, denen nur die einfachsten Werkzeuge zur Verfügung standen. Obwohl sich niemand sicher ist, wie die Steine so weit transportiert wurden, geht man davon aus, dass Seile, Schlitten und aus Baumstämmen gefertigte Rollen zum Einsatz kamen – die Salisbury Plain war in der Entstehungszeit von Stonehenge noch bewaldet.

Um 1500 v. Chr. wurden die Hauptsteine zur Anlage geschafft, in einem Kreis aufgestellt und mit großen Decksteinen belegt – so entstanden die sogenannten Trilithen (Steintore), bestehend aus zwei stehenden Stei-

nen und einem Deckstein. Die Sarsensteine (Sandsteine) wurden aus extrem hartem Fels in den Marlborough Downs rund 32 km von der Stätte entfernt herausgeschnitten. Für den Transport eines dieser 50-t-Steine sollen rund 600 Menschen nötig gewesen sein.

Ebenfalls zu dieser Zeit wurden die 500 Jahre alten Blausteine neu zu einem inneren **Blausteinhufeisen** mit einem **Altarstein**

ⓘ TICKETS FÜR STONEHENGE

Die Eintrittskarten für Stonehenge gelten für festgelegte Zeiten. Wer sicher sein möchte, dass er reinkommt, muss im Voraus buchen. Das gilt auch für English-Heritage- und National-Trust-Mitglieder, die freien Zutritt haben. Wer in der Hauptreisezeit unterwegs ist, sollte sich sein Ticket weit im Voraus sichern.

in der Mitte angeordnet. Darum wurde das **Trilithenhufeisen** bestehend aus fünf großen Steingruppen errichtet. Danach kam der große **Sarsenkreis** aus 30 großen Menhiren, von denen heute noch 17 Steinpfeiler und sechs Decksteine existieren.

Viel weiter außerhalb markierten 58 Aubrey Holes, benannt nach John Aubrey, der sie im 17. Jh. entdeckte, einen weiteren Kreis. Unmittelbar innerhalb dieses Kreises befinden sich der **South** und der **North Barrow**; jeder der beiden kleinen Grabhügel war ursprünglich mit einem Stein bedeckt. Wie bei vielen Steinkreisen in Großbritannien – z. B. im 35 km entfernten Avebury – sind die inneren Hufeisen mit Bezug zum Sonnenaufgang zur Sommersonnenwende ausgerichtet. Daraus schließen manche Forscher, dass die Stätte als eine Art astronomischer Kalender diente.

Die prähistorischen Pilger betraten die Stätte über einen **Prozessionsweg**. An dessen Eingang zum Kreis befinden sich der **Slaughter Stone** (Opferstein) und der **Heel Stone** (Sonnenstein); Letzterer liegt etwas außerhalb des Kreises.

Für English-Heritage- sowie National-Trust-Mitglieder ist der Eintritt zu Stonehenge frei.

★**Visitor Centre** BESUCHERZENTRUM
(EH; ☏0370 333 1181; www.english-heritage.
org.uk; inkl. Zugang zu Stonehenge, Tickets für denselben Tag Erw./Kind 18/11 £, Vorausbuchung 15,50/9,30 £; ☉Juni–Aug. 9–20 Uhr, April, Mai & Sept. 9.30–19 Uhr, Okt.–März 9.30–17 Uhr) Im schicken neuen Besucherzentrum steht man in der Mitte einer Projektion des Steinkreises im Verlauf der Zeiten und Jahreszeiten – komplett mit Sonnenaufgang zur Sommersonnenwende und Sternenhimmel. Anhand spannender audiovisueller Darstellungen werden der Transport der Steine und die verschiedenen Bauphasen beleuchtet. Zu den 300 Fundstücken aus der Umgebung des Kreises zählen Feuersteinscherben, Knochennadeln und Pfeilspitzen. Außerdem ist die Rekonstruktion des Gesichts eines Mannes der Jungsteinzeit zu sehen, dessen Skelett in der Nähe gefunden wurde.

☞ **Geführte Touren**

★**Stone Circle Access Visits** FÜHRUNG
(☏0370 333 0605; www.english-heritage.org.uk; Erw./Kind 32/19 £) Die Circle Access Visits sind ein unvergessliches Erlebnis. Normalerweise können Besucher nicht ins Innere

des Steinkreises gelangen, doch bei diesen Rundgängen auf eigene Faust können sie auch den Kern der Anlage betreten und sich die Blausteine und Trilithen aus nächster Nähe anschauen. Bei jedem dieser Visits sind höchstens 30 Personen zugelassen; man muss mindestens zwei Monate im Voraus buchen.

Salisbury Guided Tours GESCHICHTE
(☏07775 674816; www.salisburyguidedtours.com; ab 80 £ pro Pers.) Bietet verschiedene von Experten geführte Touren nach Stonehenge, in die umliegende Rituallandschaft und nach Salisbury.

ⓘ **An- & Weiterreise**

Nach Stonehenge verkehren keine öffentlichen Busse.

Die **Stonehenge Tour** (S. 273) startet von Juni bis August jede halbe Stunde am Bahnhof von Salisbury, von September bis Mai jede Stunde. Im Fahrpreis ist der Eintritt für Stonehenge und die eisenzeitliche Festung **Old Sarum** (S. 271) eingeschlossen; dort halten die Busse auf der Rückfahrt.

RITUALLANDSCHAFT

Stonehenge gehört zu einem großen Komplex uralter Monumente.

Nördlich von Stonehenge befindet sich der grob in ostwestlicher Richtung verlaufende **Cursus** (Großer Umlauf), ein längliches Oval mit umlaufendem Erdwall. In der Nähe ist der **Lesser Cursus** (Kleinerer Umlauf). Zum Zweck dieser Anlagen kursieren unterschiedlichste Theorien, von alten Sportarenen bis zu Prozessionswegen für die Verstorbenen. Zwei Gruppen von Grabhügeln, die **Old** und die **New King Barrows**, befinden sich neben der **Avenue** (Prozessionsallee), die ursprünglich Stonehenge mit dem gut 3 km entfernten River Avon verband.

Von der Website des **National Trust** (www.nationaltrust.org.uk) kann man sich die Beschreibung des 5,6 km langen Rundwegs A King's View herunterladen. Er verläuft von Stonehenge vorbei am Cursus und den King Barrows sowie auf einem Abschnitt des Prozessionswegs durch die Kreidehochebene. Auch im **Besucherzentrum** von Stonehenge gibt's Faltblätter zu Wandermöglichkeiten.

Stourhead

⭐ **Stourhead** HISTORISCHES GEBÄUDE

(NT; ☎01747-841152; www.nationaltrust.org.uk;
Mere; Erw./Kind 14,10/7,10 £; ◷Mitte Feb.–
Ende Okt. 11–16.30 Uhr, Ende Okt.–Ende Dez. bis
15.30 Uhr; Ⓟ) Mit seinen vielen Ausblicken,
Tempeln und Zierbauten wartet Stourhead
mit Landschaftsarchitektur vom Feinsten
auf. Im palladianischen Haus gibt's ein
paar schöne Chippendale-Möbel und Gemälde von Claude und Gaspard Poussin,
doch das Ganze verblasst im Vergleich zur
prächtigen Gartenanlage (geöffnet Nov.–
März 9–17 Uhr, April–Okt. bis 18 Uhr) aus
dem 18. Jh., die sich übers Tal erstreckt.
Stourhead liegt abseits der B3092, 13 km
südlich von Frome.

Ein malerischer, gut 3 km langer Garten-
rundweg führt vorbei an den am reichsten
geschmückten Zierbauten, um den See
herum und zum Apollotempel; ein 5,5 km
langer Abstecher führt in der Nähe des
Pantheons zum **King Alfred's Tower** (NT;
☎01747-841152; www.nationaltrust.org.uk; bei
Mere; Erw./Kind 4/2 £; ◷März–Okt. Sa & So
12–16 Uhr), einem 50 m hohen Bau mit wunderbarer Aussicht.

Longleat

⭐ **Longleat** ZOO

(☎01985-844400; www.longleat.co.uk; All-inclu-
sive-Ticket Erw./Kind 34/24 £, Haus & Außenanlagen
18,50/13,50 £; ◷Feb.–Mitte Okt. 10–17 Uhr, Ende Juli
& Aug. bis 19 Uhr; Ⓟ) Auf dem alten herrschaftlichen Anwesen Longleat entstand 1966
Großbritanniens erster Safaripark. Dadurch
wurden die von Lancelot „Capability" Brown
gestalteten Gartenanlagen in einen atemberaubenden Autozoo mit zahlreichen Tieren
verwandelt, die sich in der afrikanischen
Wildnis sicher eher zu Hause fühlen als auf
den Weiden Wiltshires. Daneben gibt's weitere Attraktionen wie ein Herrenhaus, eine
Schmalspurbahn, eine Doctor-Who-Ausstel-
lung, ein Postman-Pat-Dorf, eine Haustier-
ecke und einen Schmetterlingsgarten.

Longleat war das erste Herrenhaus in
England, das seine Türen für die Öffentlichkeit öffnete: Angesichts hoher Steuern
und nach dem Zweiten Weltkrieg steigen-
den Ausgaben musste sich das Haus seinen
Unterhalt selbst verdienen.

Das Haus selbst wartet mit schönen
Wandbehängen, Möbeln und verzierten
Decken auf sowie einer Bibliothek mit rund
40 000 Bänden. Das Highlight sind jedoch
die Gemälde und psychedelischen Wandbilder des derzeitigen Marquis, der in den
1960er-Jahren Kunst studierte und die lange
Tradition exzentrischer englischer Adliger
fortführt. Näheres auf seiner Website (www.
lordbath.co.uk).

Longleat House liegt an der A362, 5 km
von Frome. An vielen Sommerwochenenden
ist es bis 18 Uhr geöffnet.

Lacock

1159 EW.

Mit seinen geraniengeschmückten Cottages
und seinen schiefen Dächern scheint das
mittelalterliche Dorf Lacock teils in der
Mitte des 19. Jhs. steckengeblieben zu sein.
Seit 1944 wird das Dorf vom National Trust
verwaltet und ist großteils frei von Zeugnissen der Moderne: So gibt es hier keine
Telefonmasten oder elektrischen Straßen-
lampen und dank dem großen Parkplatz
am Ortsrand herrscht hier auch fast kein
motorisierter Verkehr. Insgesamt überrascht
es daher kaum, dass der Ort eine beliebte
Kulisse für Historien- und andere Spielfilme
abgibt: Das Dorf und seine Abtei tauchen
in den Harry-Potter-Filmen auf, in *Down-
ton Abbey, Die Schwester der Königin* und
in den BBC-Verfilmungen von *Wölfe, Moll
Flanders* und *Stolz und Vorurteil*.

◉ Sehenswertes

Lacock Abbey ABTEI

(NT; ☎01249-730459; www.nationaltrust.org.uk;
Hither Way; Erw./Kind 12/6 £; ◷März–Okt. 10.30–
17.30 Uhr, Nov.–Feb. 11–16 Uhr) Lacock Abbey ist
ein Fenster zur Welt des Mittelalters. Die
stimmungsvollen Räume und die beeindruckende gotische Eingangshalle der im 13. Jh.
als augustinisches Nonnenkloster gründeten Abtei sind von bizarren Terrakottafigu-
ren gesäumt – z. B. einem Sündenbock mit
einem Stück Zucker auf der Nase. Im Kreuzgang ist noch etwas von der ursprünglichen
Bausubstanz erhalten und es sind auch Spuren mittelalterlicher Wandbilder zu finden.

Fox Talbot Museum MUSEUM

(NT; ☎01249-730459; www.nationaltrust.org.uk;
Hither Way; mit Lacock Abbey Erw./Kind 12/6 £;
◷März–Okt. 10.30–17.30 Uhr, Nov.–Feb. 11–16 Uhr)
William Henry Fox Talbot (1800–1877) war
ein Pionier des Fotonegativs. Der umtriebige
Erfinder begann 1834, als er in der Lacock
Abbey arbeitete, mit der Entwicklung des

Negativ-Positiv-Verfahrens. Das Museum erläutert die Einzelheiten seiner wegweisenden Arbeit und stellt eine erstklassige Sammlung seiner Bilder vor.

🛏 Schlafen & Essen

⭐ Sign of the Angel   GASTHOF ££
(☎01249-730230; www.signoftheangel.co.uk; 6 Church St; Zi. 120–140 £; ⓟ🛜) Jeder Quadratzentimeter dieses wundervollen Gasthofs aus dem 15. Jh. versprüht historisches Flair. Holzbalken, schiefe Böden und offene Kamine gesellen sich zu Daunendecken, recycelten Möbeln und neutralen Farben, wodurch ein frisches ländliches Ambiente entsteht. Zum Verwöhnprogramm gehören luxuriöse Hygieneartikel, selbst gebackene Kekse und für Leute, die eines der teureren Zimmer gebucht haben, ein kostenloses Glas Prosecco.

Red Lion   GASTHOF ££
(☎01249-730456; www.redlionlacock.co.uk; 1 High St; DZ 120 £; ⓟ🛜) Im urigen Lacock steigt man kaum besser ab als in dieser georgianischen Postkutschenstation, die durch und durch stimmungsvoll ist – mit Steinplattenböden, offenen Kaminen und einer prächtigen Treppe. In den einladenden Zimmern gewähren Stabkreuzfenster einen Blick auf malerische alte Straßen. Auch das Essen ist gut (Hauptgerichte 13 £, erhältlich 12–20 Uhr).

King John's Hunting Lodge   CAFÉ £
(☎01249-730313; www.kingjohnslodge.2day.ws; 21 Church St; Snacks ab 5 £; ⊙Feb.–Mitte Dez. Mi–So 10.30–16 Uhr; ⓟ) In Lacocks ältestem Gebäude bilden ein gemütlicher Gastraum mit Balken und ein friedvoller Garten eine schöne Kulisse für einen *afternoon tea* auf feinem Porzellan, ein leichtes Mittagsmahl oder köstlichen Kuchen.

George Inn   PUB ££
(www.georgeinnlacock.co.uk; 4 West St; Hauptgerichte 10–16 £; ⊙Küche Mo–Sa 12–14.30 & 18–21, So 18–20 Uhr) Schön zubereitetes klassisches Kneipenessen und Bier aus der Region in einem Pub aus dem 14. Jh. voller Messing-Zaumzeugbeschläge.

Avebury & Umgebung

530 EW.

Während die Tourbusse schnurstracks auf Stonehenge zuhalten, begeben sich die Vorgeschichtspuristen zum großen Steinkreis von Avebury. Zwar fehlen diesem Kreis die eindrucksvollen Trilithen (Steintore) der Schwesterstätte auf der anderen Seite der Salisbury Plain, doch lohnt Avebury in gleichem Maße eine Besichtigung. Der hiesige Steinkreis ist größer und älter und ein großer Teil des Dorfs liegt innerhalb des Kreises – um die Steine herum führen Fußwege, sodass man die einzigartige Stimmung wirklich voll genießen kann. Das Umland von Avebury ist zudem reich an anderen prähistorischen Stätten und es wartet mit einem Herrenhaus auf, dessen restaurierte Räume fünf komplett unterschiedliche Epochen repräsentieren.

◉ Sehenswertes

⭐ Avebury
Stone Circle   ARCHÄOLOGISCHE STÄTTE
(NT; ☎01672-539250; www.nationaltrust.org.uk; ⊙24 Std.; ⓟ) GRATIS Mit einem Durchmesser von 348 m ist Avebury der größte Steinkreis der Welt. Außerdem ist er einer der ältesten: Er stammt von 2500 bis 2200 v. Chr. Heute stehen noch 30 Steine an Ort und Stelle; Säulen deuten an, wo einst die fehlenden Steine standen. Wer hier herumspaziert, erkennt schnell die gewaltigen Ausmaße der Anlage. Davon zeugen auch der große Wall und der Graben um den Steinkreis herum. Besonders stimmungsvoll ist die Nordwestecke der Anlage. Der National Trust bietet fast täglich Führungen (3 £) an.

Avebury Henge bestand ursprünglich aus einem äußeren Kreis aus 98 bis zu 6 m hohen Menhiren, von denen viele 20 t wogen. Die Steine waren von einem weiteren Kreis umgeben, bestehend aus einem 5 m hohen Erdwall und einem 9 m tiefen Graben. Innerhalb des Kreises lagen im Norden (27 Steine) und im Süden (29 Steine) kleinere Steinkreise.

Als der Kirche im Mittelalter das heidnische Erbe peinlich war, wurden viele der Monolithe vergraben, entfernt oder zerstört. 1934 überwachte der wohlhabende Geschäftsmann und Archäologe Alexander Keiller die Wiederaufrichtung der Steine. Später erwarb er mit Geldern aus dem Familienvermögen, das mit Marmelade verdient worden war, die Stätte für die Nachwelt.

Die heutigen Straßen, die nach Avebury hineinführen, teilen den Steinkreis genau in vier Sektoren ein. Wer an der High Street beim Henge Shop (S. 279) losgeht und dann dem Kreis gegen den Uhrzeigersinn folgt, trifft im Südwestsektor auf elf Menhire.

BATH & SÜDWESTENGLAND AVEBURY & UMGEBUNG

Avebury

0 — 100 m
0 — 0,05 Meilen

- ● erhaltener Stein
- ○ fehlender Stein

4 Swindon Rd

NORDWEST-SEKTOR

NORDOST-SEKTOR

Cove Stones
Nördlicher innerer Kreis
Cove Stones
Cove Stones

2 ✳ **Avebury Stone Circle**

1 Avebury Manor

🏛 Dovecote

⛪ St. James Church

5 🏨

6 🏨

7 🍺

Green St

SÜDOST-SEKTOR

High St

8 🔒

SÜDWEST-SEKTOR

Südlicher innerer Kreis
Obelisk
Z-Form

Ring Stone

Portal-steine
3 ✳
Portal-steine

Fußweg zum
Silbury Hill (1 Meile);
West Kennet
Long Barrow (1,5 Meilen)

🅿

West Kennet Avenue

(Seitenrand:) **BATH & SÜDWESTENGLAND** AVEBURY & UMGEBUNG

Avebury

Darunter ist der **Barber Surgeon Stone**, benannt nach dem Skelett eines Mannes, das unter dem Stein gefunden wurde – die Gegenstände, die mit ihm bestattet worden waren, lassen vermuten, dass es sich bei ihm um einen Barbier und Arzt gehandelt hatte.

Der Südostsektor beginnt mit den großen **Portalsteinen**, die den Eingang zum Kreis an der **West Kennet Avenue** markieren. Im diesem Sektor befand sich der **südliche innere Kreis** mit einem Obelisken und einer Steingruppe in Z-Form. Unmittelbar außerhalb dieses kleineren Kreises ist vom Ring Stone nur die Basis erhalten.

Im **nördlichen inneren Kreis** im nordöstlichen Sektor sind von einer **U-Form** nur drei Sarsensteine übrig. Der Nordwestsektor wartet mit der komplettesten Sammlung von Steinpfeilern auf, darunter der gewaltige, 65 t schwere **Swindon Stone**, einer von nur wenigen, die nie umgestoßen worden sind.

★ **Avebury Manor** HISTORISCHES GEBÄUDE
(NT; ☎01672-539250; www.nationaltrust.org.uk; Erw./Kind 6,75/3,35 £; ⏰ April–Okt. 11–17 Uhr, Mitte

Feb.–März bis 16 Uhr, Nov. & Dez. Do–So 11–16 Uhr)
Dieses Herrenhaus aus dem 16. Jh. wurde umfassend umgebaut: Mit alten Techniken und Materialien wurden Innenausstattungen aus fünf verschiedenen Epochen verwirklicht. Heute können Besucher hier auf Betten sitzen, Billard spielen und einem Grammophon lauschen – in Räumen, deren Einrichtung von der Tudorzeit über die georgianische Ära bis in die 1930er-Jahre alles abdeckt. Die Besichtigung ist nur mit Eintrittskarten mit festen Zeiten möglich – früh da sein!

Silbury Hill
ARCHÄOLOGISCHE STÄTTE

(EH; www.english-heritage.org.uk; P) GRATIS Der 40 m hohe Silbury Hill erhebt sich abrupt aus der Landschaft unmittelbar südlich von Avebury; er ist der größte von Menschenhand geschaffene Erdhügel in Europa, hinsichtlich Höhe und Volumen vergleichbar mit den ägyptischen Pyramiden. Er wurde schrittweise ab etwa 1500 v. Chr. angelegt, doch sein Zweck ist nach wie vor unklar. Der Hügel darf nicht betreten werden, man kann ihn aber von einer Parkbucht an der A4 sehen.

West Kennet
Long Barrow
ARCHÄOLOGISCHE STÄTTE

(EH; ☎0370 333 1181; www.english-heritage.org.uk; ☉Sonnenaufgang–Sonnenuntergang) GRATIS Der schönste Begräbnishügel Englands stammt von ungefähr 3500 v. Chr. Seinen Eingang bilden große Sarsensteine, sein Dach besteht aus gigantischen überlappenden Decksteinen. Als die Grabkammer ausgegraben wurde, wurden etwa 50 Skelette gefunden. Die Funde aus dem Grabhügel sind im Wiltshire Heritage Museum in Devizes ausgestellt. Von den Parkbuchten ist ein knapper Kilometer zu Fuß über die Felder zum Hügel.

Vom Avebury Stone Circle führt außerdem ein Fußweg vorbei am Silbury Hill nach West Kennet (3,2 km).

🛏 Schlafen & Essen

⭐ Manor Farm
B&B ££

(☎01672-539294; www.manorfarmavebury.com; High St; EZ 70–80 £, DZ 90–100 £; P🐾) Hier haben Gäste die seltene Gelegenheit, stilvoll innerhalb eines Steinkreises zu nächtigen: Dieses gemütliche Backstein-Bauernhaus schmiegt sich drinnen an den Avebury Henge. Die eleganten, komfortablen Zimmer bieten eine Mischung aus alten Hölzern und heller Ausstattung und

aus den Fenstern blickt man auf 4000 Jahre alte Menhire.

Avebury Lodge
B&B £££

(☎01672-539023; www.aveburylodge.co.uk; High St; EZ/DZ 140/175 £; P🐾) Hier herrscht der Eindruck, als hätten sich die adligen Archäologen gerade erst verabschiedet: Die Wände sind mit alten Stichen von Steinkreisen bedeckt und überall finden sich Schabracken und Kronleuchter. Und wer aus dem Fenster blickt, erspäht sicher einen Teil des Steinkreises von Avebury. Das Haus ist hübsch, aber die Übernachtung hier vielleicht überteuert – die Lage macht den Preis.

Red Lion
PUB

(www.oldenglishinns.co.uk; High St; ☉11–23 Uhr) Wer sich hier ein Pint genehmigt, trinkt im einzigen in einem Steinkreis gelegenen Pub weltweit. Das Essen (erhältlich 12–21, So bis 20 Uhr, Hauptgerichte 8–16 £) steht fest auf dem Boden der Tradition – z. B. Schweinebauch und *sausage and mash*.

🛍 Shoppen

Henge Shop
GESCHENKE & SOUVENIRS

(☎01672-539229; www.hengeshop.com; High St; ☉9.30–17 Uhr) Verkauft jede Menge Souvenirs sowie Bücher, Karten, Schmuck und Geschenke, die mit dem Steinkreis zu tun haben.

ℹ An- & Weiterreise

Bus 49 fährt stündlich nach Swindon (2,80 £, 30 Min.) und Devizes (2,80 £, 10 Min.).

EXMOOR NATIONAL PARK

Exmoor macht süchtig! Selbst wenn man wieder zu Hause ist, hat man noch das rotbraune Breitwandpanorama vor Augen. Im Herzen des Nationalparks erstreckt sich unter einem endlosen Himmel das Hochmoor: eine verlassene, weitläufige, gelbe Graslandschaft wie aus einer anderen Welt. Das malerische Dorf Exford bietet sich hier als ideales Basislager an. Im Norden durchschneiden klare, felsige Flusstäler das Plateau und pechschwarze Klippen stürzen ins Meer. Zwischen den aufgetürmten Kaps locken stimmungsvolle Orte zum Verweilen, wie das charismatische Porlock oder die Zwillingsorte Lynton und Lynmouth. Das entspannte Dulverton besticht mit ländlichem Kleinstadtflair, während der ansprechende Ort Dunster mit Kopfsteinpflasterstraßen und einem rostroten Schloss auftrumpft. Und überall zeigt sich das Leben im Einklang mit dem Rhythmus der Jahreszeiten. Exmoor ist wie ein Blick in eine andere Welt und wer einmal hier war, wird bald wiederkommen wollen.

Aktivitäten

Exmoor Adventures OUTDOORAKTIVITÄTEN
(☏07976-208279; www.exmooradventures.co.uk) Bietet Kajak-, Kanu-, Mountainbike-, Coasteering- und Felsklettertouren.

Radfahren
Trotz beachtlicher Steigungen ist Radfahren sehr beliebt in Exmoor. Mehrere Routen des **National Cycle Network** (NCN; www.sustrans. org.uk) verlaufen durch den Park, darunter der West Country Way (NCN-Route 3) von Bristol nach Padstow sowie die Devon Coast-to-Coast Cycle Route (NCN-Route 27), die von Ilfracombe durch Exmoor und Dartmoor nach Plymouth führt.

Mit seinen vielen Reitwegen und für Räder zugelassenen Pfaden ist Exmoor eins der attraktivsten Crossrad-Gelände Devons. Die ENPA hat eine farbkodierte Karte für Crossradler erstellt (10 £); erhältlich ist sie bei Touristeninformationen.

Exmoor Adventures (s. o.) bietet einen fünfstündigen Mountainbike-Kurs (50 £) und vermietet auch Räder (25 £ pro Tag).

Pompys RADFAHREN
(☏01643-704077; www.pompyscycles.co.uk; Mart Rd, Minehead; 18 £ pro Tag; ⊙Mo–Sa 9–17 Uhr) Verkauf und Verleih von Fahrrädern.

Ponytrekking & Reiten
Exmoor ist bestes Reitterrain. Reiterhöfe bieten Pony- und Pferderitte, zweistündige Ausritte kosten etwa 40 bis 45 £.

Brendan Manor Stables REITEN
(☏01598-741246; www.ridingonexmoor.co.uk; Brendon Manor) Bietet alle möglichen ein- bis dreistündigen Reitausflüge aufs offene Moor und hinunter in die Täler. Ab 30 £. In Lynton.

Burrowhayes Farm REITEN
(☏01643-862463; www.burrowhayes.co.uk; West Luccombe; 1/2 Std. 22/42 £) Burrowhayes bei Porlock bietet Ausritte ins Horner Valley und ins Moor. Außerdem halbstündige Ponyritte für Kinder (12 £).

Outovercott Stables REITEN
(☏01598-753341; www.outovercott.co.uk; bei Lynton; 30 £ pro Std.) Die Reittouren aufs offene Moorland reichen von einstündigen Ausritten für Anfänger bis zu Exkursionen für erfahrenere Reiter mit Ausblicken aufs Valley of Rocks und die Küste.

Wandern
Die weiten Moore und zahlreichen markierten Pfade von Exmoor lassen jedes Wanderherz höher schlagen. Zu den besten Fernwanderwegen zählen der **Somerset & North Devon Coast Path**, der zum **South West Coast Path** (www.southwestcoastpath. org.uk) gehört, sowie die Exmoor-Etappe des **Two Moors Way**. Letzterer beginnt in Lynmouth und führt gen Süden nach Dartmoor und noch weiter.

Der **Coleridge Way** (www.coleridgeway.co. uk) windet sich auf einer Länge von 82 km durch Exmoor, die Brendon Hills und die Quantocks. Auch ein Abschnitt des 290 km langen **Tarka Trail** durchquert den Park. Wer diesem Weg ab Combe Martin folgt, kann entlang der Klippen nach Lynton und Lynmouth und dann quer durchs Moor nach Barnstaple wandern.

Die Exmoor National Park Authority veranstaltet das ganze Jahr über Wanderungen, u. a. Rotwildsafaris, Nachtschwalben-Spaziergänge und Nachtwanderungen.

ℹ Praktische Informationen

Active Exmoor www.activeexmoor.com
Snowdrop Valley www.wheddoncross.org.uk/ snowdropvalley.htm
Visit Exmoor www.visit-exmoor.co.uk
What's On Exmoor www.whatsonexmoor.com

Die Exmoor National Park Authority unterhält drei Besucherzentren: in **Dulverton** (☏01398-323841; www.exmoor-nationalpark.gov.uk; 7–9 Fore St; ⊙April–Okt. 10–17 Uhr, im Winter eingeschränkte Öffnungszeiten), **Dunster** (☏01643-821835; www.exmoor-nationalpark. gov.uk; The Steep; ⊙April–Okt. 10–17 Uhr, im Winter eingeschränkte Öffnungszeiten) und **Lynmouth** (S. 285).

ℹ Unterwegs vor Ort

Der **MoorRover** (☏01643-709701) ist ein Ruf-Minibus, mit dem man jedes Ziel in Exmoor ansteuern kann. Je nach Strecke liegt der Fahrpreis bei 10 bis 30 £. Der Bus kann auch Fahrräder befördern und bietet zudem einen Gepäcktransportservice. Mindestens einen Tag vorher buchen!

Exmoor National Park

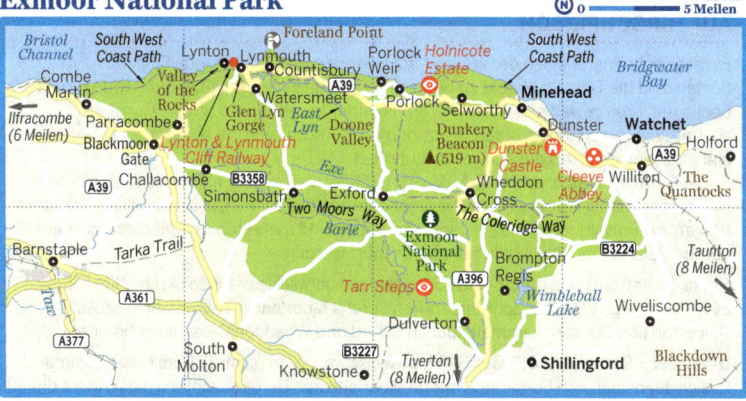

Die Busverbindungen in Exmoor finden sich auf der Website **ExploreMoor** (www.explore moor.co.uk). Achtung: Manche Verbindungen sind saisonabhängig und besonders die in abgelegeneren Gegenden ändern sich häufig. Einige Verbindungen:

28 (mind. stündl.) Von Taunton nach Minehead (1¼ Std.).

300 (Juli & Aug. Mo–Sa 2-mal tgl.) An der Küste entlang von Minehead über Porlock nach Lynmouth.

309/310 (Mo–Sa 13-mal tgl.) Von Barnstaple über Parracombe nach Lynton oder Lynmouth, ganzjährig.

467 (Mo–Fr 1-mal tgl.) Von Minehead über Dunster und Wheddon Cross nach Dulverton (1 Std.).

Dulverton

1500 EW.

Dulverton ist das südliche Tor zum Exmoor-Nationalpark und schmiegt sich nahe des Zusammenflusses von Exe und Barle ins Barle Valley. Das traditionelle Landstädtchen beherbergt mehrere Fachgeschäfte für den Jagd- und Angelbedarf sowie einige Geschenkartikelläden und bietet sich als reizvolle Basisstation am Rande des Moors an.

Sehenswertes

★ Tarr Steps
WAHRZEICHEN

(⊙24 Std.) GRATIS Exmoors berühmtestes Wahrzeichen ist eine alte Brücke aus großen Sandsteinplatten. Diese ruhen auf steinernen Pfeilern, die im Fluss Barle versenkt sind. Die *clapper bridge* (Steinplattenbrücke) wurde der Sage nach vom Teufel zum

Sonnenbaden erbaut. Urkundlich erwähnt wurde die Brücke zum ersten Mal im 17. Jh.; im 21. Jh. musste sie nach Flutschäden erneuert werden. Die Tarr Steps sind 8 km nordwestlich von Dulverton an der B3223 zwischen Dulverton und Simonsbath ausgeschildert.

Schlafen

★ Streamcombe Farm
B&B ££

(☎01398-323775; www.streamcombefarm.co.uk; Streamcombe Lane, bei Dulverton; EZ 65–75 £, DZ 80–100 £; P) Die elegant-rustikalen Zimmer in einem reizenden Bauernhaus aus dem 18. Jh. beeindrucken mit Kaminen und antiken Deckenbalken. Nur die Schafe, Hirsche und Fasane draußen unterbrechen hier und da die Stille. Und wer noch mehr Lust auf Zurück-zur-Natur hat, kann im Wald zelten (9 £ pro Pers.) oder zu zweit in einer Schäferhütte (85 £) übernachten.

Town Mills
B&B ££

(☎01398-323124; www.townmillsdulverton.co.uk; High St; EZ/DZ 85/95 £; P🛜) Die beste Wahl, wenn man mitten in Dulverton übernachten will. Die Zimmer in der umgebauten Mühle am Fluss sind ganz modern mit cremeweißen Teppichen, magnolienfarbenen Wänden und kleinen floralen Kunstwerken ausgestattet.

Tarr Farm
HOTEL £££

(☎01643-851507; www.tarrfarm.co.uk; Tarr Steps; EZ/DZ 90/150 £; P🛜) Ein perfekter Ort zur Tiefenentspannung. Das charmante Bauernhaus liegt versteckt mitten im Wald bei den Tarr Steps, 11 km von Dulverton entfernt. Die neun Zimmer sind geräumig und luxu-

AUF HIRSCHPIRSCH

Exmoor beheimatet einen der größten frei lebenden Rotwildbestände Englands. Am besten sind die Tiere im Herbst zu beobachten, wenn in der Brunftzeit röhrende Hirschböcke mit ihren gewaltigen Geweihen aufeinander losgehen und um die Gunst ihrer zukünftigen Hirschkuh kämpfen. Trotz ihrer großen Zahl sind die scheuen Tiere ohne einheimische Kenntnis nur schwer aufzufinden.

Die **Exmoor National Park Authority** (ENPA; www.exmoor-nationalpark.gov.uk) organisiert regelmäßig Führungen zur Tierbeobachtung (kostenlos), u. a. abendliche Wanderungen zur Rotwildbeobachtung. Eine Alternative sind mehrstündige Jeepsafaris quer durchs Gelände, bei denen Wildtiere aufgespürt werden.

Barle Valley Safaris (☎01643-841326; www.exmoorwildlifesafaris.co.uk; Erw./Kind 35/25 £) Halbtägige Wildbeobachtungstouren durchs Moorland im Allradfahrzeug. Ab Dulverton und Dunster, sammelt auch in Exford und Wheddon Cross Teilnehmer ein.

Discovery Safaris (☎01643-863444; www.discoverysafaris.com; 25 £ pro Pers.) Zweimal täglich Jeepsafaris ab Porlock ins offene Moorland zur Tierbeobachtung, besonders des berühmten Rotwilds von Exmoor.

Exmoor Safari (☎01643-831229; www.exmoorsafari.co.uk; Exford; Erw./Kind 35/16 £) Alteingesessener Anbieter von Rotwildbeobachtungstouren in Allradfahrzeugen. Hat auch Fotosafaris im Programm.

riös und verwöhnen mit Extras wie biologischen Badeprodukten oder selbst gebackenen Keksen.

✕ Essen

Exclusive Cake Co
BÄCKEREI £

(www.exclusivecakecompany.co.uk; 19 High St; Snacks ab 3 £; ⊙Mo–Fr 9–16, Sa bis 14 Uhr) In den Regalen stapeln sich die Gourmetköstlichkeiten: Exmoor-Ale, -Käse und -Vollkorn-Senfbrot, Somerset-Cider-Kuchen, Wildbret-Portwein-Pastete (samt der für Exmoor typischen Warnung „Wildbretpasteten können Flintenschrot enthalten").

★ Woods
BISTRO ££

(☎01398-324007; www.woodsdulverton.co.uk; 4 Bank Sq; Hauptgerichte 15–20 £; ⊙12–14 & 19–21.30 Uhr) Mit seinen Hirschgeweihen, den Jagdszenen und dem großen Holzofen verkörpert das Woods das Wesen von Exmoor. Da überrascht auch das Angebot an Speisen mit kräftigen Aromen nicht: So gibt es etwa ein Wild-Confit, Schweinebauch mit Blutwurst und Waldpilze mit Trüffeln und Weißwein. Einfacher kommt die Kneipenkarte (10–12 £, Küche 18–21.30 Uhr) daher: Hier gibt's z. B. Steaks, Omeletts und ein Lamm-*rogan josh*.

Tarr Farm Inn
RESTAURANT ££

(☎01643-851507; www.tarrfarm.co.uk; Tarr Steps; Snacks ab 5 £, Hauptgerichte abends 13–27 £; ⊙11–14.30 & 18.30–21.30 Uhr) Hier ist jeder willkommen: Wanderer und Familien genießen ihren *cream tea* (11–17 Uhr) oder ein herzhaftes Mittagessen, abends wird dann feinere Landkost aufgetischt. Alles erfreut sich zu ziemlich großer Beliebtheit bei den Wachsjackenträgern.

Das Gasthaus liegt an der Tarr-Steps-Steinbrücke und ist an der B3223 von Dulverton nach Simonsbath 8 km nordwestlich von Dulverton ausgeschildert.

Exford

Exford am Ufer des River Exe im Herzen von Exmoor ist eine reizende Ansammlung von Cottages und schiefergedeckten Häusern rund um einen Dorfanger.

🛏 Schlafen

Exford YHA
HOSTEL £

(☎01643-831229; www.yha.org.uk; Exe Mead, Exford; B/DZ 20/50 £; ℗) Nach einer kreativen Umgestaltung präsentieren sich die Lounge und die Küche dieses bei Wanderern beliebten Hostels jetzt recht glamourös. Im White Horse gegenüber wird ein tolles warmes Frühstück (8 £) serviert. Die schattige Lage des Hotels am plätschernden River Exe (Zeltstellplätze Erw. 10 £) ist göttlich.

Exmoor White Horse
GASTHOF £££

(☎01643-831229; www.exmoor-whitehorse.co.uk; Exford; DZ 180–205 £; ℗🐾) Hier gibt's alles, was man von einem Gasthof in Exmoor erwartet: eine freundliche Bar mit echtem Kamin, Essen aus regionalen Zutaten (Hauptgerichte 14–22 £) und behagliche Zimmer. An Sommernachmittagen übt die Terrasse am Fluss eine magische Anziehungskraft auf die Einheimischen aus – ein idyllisches Plätzchen, um die Reitausflügler vorbeitraben zu sehen.

Dunster

850 EW.

Dunster ist einer der ältesten Orte Exmoors und gruppiert sich mit seinen sprudelnden Bächen, kleinen Brücken und Kopfsteinpflasterstraßen um ein rosafarbenes Schloss und den mittelalterlichen *yarn market* (Woll- und Stoffmarkt).

Sehenswertes

★ Dunster Castle   BURG

(NT; ☎01643-821314; www.nationaltrust.org.uk; Castle Hill; Erw./Kind 10,30/5,15 £; ⏰März–Okt. 11–17 Uhr; P) Das rosafarbene Dunster Castle residiert hoch oben auf einem dicht bewaldeten Hügel. Das Schloss wurde von den Luttrells errichtet, denen einst ein Großteil des nördlichen Exmoor gehörte. Der älteste Gebäudeteil stammt aus dem 13. Jh., allerdings wurden die Türme und Außenmauern im 19. Jh. angefügt. Innen ist das Schloss mit Tudormöbeln, Stuckatur aus dem 17. Jh. und einer überbordend prächtigen Treppe ausgestattet, draußen überblicken die Terrassengärten die Exmoorküste.

Watermill   HISTORISCHES GEBÄUDE

(NT; ☎01643-821759; www.nationaltrust.org.uk; Mill Lane; ⏰März–Okt. 10–17 Uhr) Diese funktionierende Wassermühle aus dem 18. Jh. besitzt größtenteils noch ihre originalen Mühlräder, Zahnkränze und Mahlsteine. Am Flussufer wartet ein uriger Teesalon.

Der Eintritt zur Mühle ist im Ticket fürs Dunster Castle inbegriffen.

🛏 Schlafen & Essen

Spears Cross   B&B ££

(☎01643-821439; www.spearscross.co.uk; 1 West St; DZ 97–107 £; P🛜) „Wir wollen einfach, dass das Frühstück mehr Spaß macht", sagen die Eigentümer dieses B&B aus dem 15. Jh. Das erklärt leckere Versuchungen wie Rührei mit Brunnenkresse, Tomaten und Cheddar oder Toastbrötchen mit Spargel und verlorenem Ei. Die ebenso schöne Ein-

richtung wartet mit alten Holzbalken und -paneelen, Blümchenmustern und himbeerroten Wänden auf.

Mill Stream Cottage   B&B ££

(☎01643-821966; www.millstreamcottage.co.uk; 2 Mill Lane; EZ 60 £, DZ 74–84 £) In den ehemaligen Armenhaus aus dem 17. Jh. logiert heute eine zuckersüße Pension mit Zimmern im Cottagestil. Bei der Ankunft gibt's selbst gebackenen Kuchen, zum Tee werden selbst gemachte Kekse gereicht und in der Gästelounge kann man es sich auf den Sofas vor dem Holzofen bequem machen.

Luttrell Arms   GASTHOF £££

(☎01643-821555; www.luttrellarms.co.uk; High St; Zi.140–195 £; P🛜) Im Vorzeigezimmer dieses exquisiten alten Gasthauses braucht man für das hohe Himmelbett fast eine Leiter. Im Mittelalter war dies das Gästehaus der Äbte von Cleeve. Selbst die normaleren Zimmer sind hier wunderschön – mit viel Messing, Balken und dem einen oder anderen Gipskamin.

Reeve's   BRITISCH ££

(☎01643-821414; www.reevesrestaurantdunster.co.uk; 20 High St; Hauptgerichte 18 £; ⏰Di–Sa 19–21, So 12–14 Uhr) Der namengebende Küchenchef im wahrhaft stylischen Reeve's ist preisgekrönt. Kein Wunder: Seine komplexen Kreationen bringen die Zutaten von Exmoor in Gerichten wie langsam gebratener Schweinebacke mit Kalbfleisch und Cidrejus oder zartem Lammbraten mit Rosmarin und Knoblauch zum Leuchten.

ℹ An- & Weiterreise

Bus 467 (Mo–Fr 1-mal tgl.) fährt Richtung Norden nach Minehead und Richtung Süden über Wheddon Cross nach Dulverton (1 Std.).

Die Züge der **West Somerset Railway** (☎01643-704996; www.west-somerset-railway.co.uk; 24-Std.-Rover-Tickets Erw./Kind 19/9,50 £), die eine 35 km lange Strecke befahren, halten im Sommer in Dunster; von Mai bis Oktober fahren vier bis sieben Züge täglich.

Porlock & Umgebung

Das kleine Dorf Porlock ist einer der hübschesten Orte an der Küste Exmoors. Er bettet sich zwischen das Meer und einen steilen Hang, an dem die Häuser hinaufklettern. Reetgedeckte Cottages säumen die Hauptstraße und gewundene Pfade führen zum verträumten Hafen Porlock Weir 3 km westlich von Porlock, mit einem bogenförmigen Kieselsteinstrand und schönen Küstenblicken.

◎ Sehenswertes

Porlock Weir
HAFEN

(◷24 Std.; Ⓟ) GRATIS Die trutzige Granitkaimauer von Porlock Weir säumt einen Kieselstrand; auf der anderen Seite stehen Pubs, Fischerschuppen und einzelne saisonale Geschäfte. Diese Hafensiedlung gibt es schon fast seit tausend Jahren – im *Domesday Book* heißt sie Portloc. Hier kann man schön in einem Pub zu Mittag essen und dann einen Spaziergang mit nettem Ausblick auf das Vale of Porlock und leichtem Zugang zum Küstenpfad unternehmen.

Holnicote Estate
HISTORISCHE GEBÄUDE

(NT; ☏01643-862452; www.nationaltrust.org.uk; bei Porlock; ◷24 Std.; Ⓟ) GRATIS Das 50 km² große Holnicote Estate südöstlich von Porlock umfasst eine Reihe reetgedeckter Bilderbuchdörfer. Auf das malerische **Bossington** folgt das charmante **Allerford** mit einer im 15. Jh. für Lastpferde erbauten Brücke. Im größten Dorf, **Selworthy**, gruppieren sich pittoreske Lehmhäuser mit Strohdächern um die Dorfwiese und es gibt phänomenale Aussichten auf Exmoor sowie ein Café und einen Laden.

🛏 Schlafen & Essen

★ Millers at the Anchor
BOUTIQUEHOTEL ££

(☏01643-862753; www.millersuk.com/anchor; Porlock Weir; EZ 85–105 £, DZ 85–155 £; Ⓟ🛜) Das Millers beherbergt ein wildes Antiquitätensammelsurium, überquellende Bücherregale sowie etliche exotische Teppiche und sprüht über vor liebenswerter englischer Exzentrik. Die Zimmer, in denen goldgerahmte Spiegel mit Marmorbüsten konkurrieren, punkten mit riesigen Betten und einer faszinierenden Aussicht auf Porlock Weir. Aber das Schachbrett in der Lounge oder das skurrile Heimkino locken so manchen Gast schnell wieder vor die Zimmertür.

Sea View
B&B ££

(☏01643-863456; www.seaviewporlock.co.uk; High Bank, Porlock; DZ 65–70 £; 🛜) Was so billig ist, sollte eigentlich nicht so schön sein. Aber das Sea View ist es tatsächlich. Die winzigen Zimmer sind mit bemalten Möbeln, allerlei Krimskrams und Ölbildern nett eingerichtet – und es gibt noch ein paar Aufmerksamkeiten wie Blasenpflaster und

Mittelchen für die strapazierten Muskeln der Wanderer, die es mit den steilen Hügeln um Porlock aufnehmen.

Ship Inn
PUB ££

(Top Ship; ☏01643-862507; www.shipinnporlock.co.uk; High St, Porlock; Hauptgerichte 8–16 £; ◷12–14.30 & 18–20.30 Uhr; Ⓟ) Der Dichter Coleridge und sein Kumpel Robert Southey haben sich in diesem reetgedeckten Pub aus dem 13. Jh. in Porlock beide schon das eine oder andere Pint gegönnt. Es wird sättigendes Pubessen serviert – hauptsächlich Steaks, Braten und Eintöpfe.

Culbone
BRITISCH ££

(☏01643-862259; www.theculbone.com; bei Porlock; Hauptgerichte 9–25 £; ◷Mo-Sa 12–14.30 & 18–21, So 12–15 Uhr; Ⓟ🛜) Dieses schicke Restaurant ist ein Mekka für Fleischesser. Wer sich für das 28 Tage gereifte Devon-Red-Steak entscheidet, hat die Wahl aus drei verschiedenen Zuschnitten und aus Saucen wie Meerrettich und Rosmarin, Knoblauch und Schalotten oder einer sahnigen Sauce mit Devon-Blue-Käse.

Cafe Porlock Weir
BRITISCH ££

(☏01643-863300; www.thecafeporlockweir.co.uk; Porlock Weir; Hauptgerichte 10–20 £; ◷Mi-So 12–20 Uhr) Das Essen hier heimst regelmäßig Preise ein. Ein Ausblick auf die Küste und ein schönes Landhausambiente machen den weiteren Reiz des Hauses aus. Die Zutaten für die Gerichte auf der Karte stammen vom Moor und aus dem Meer und besonders schön lassen sich Krebsrisotto, Rochen mit Nussbutter und ein Ribeye-Steak vom Grill an einem der Fenstertische genießen.

❶ Praktische Informationen

Touristeninformation (☏01643-863150; www.porlock.co.uk; West End, Porlock; ◷Ostern–Okt. Mo-Sa 10–17 Uhr, Nov.–Ostern Di-Sa bis 12.30 Uhr)

❶ An- & Weiterreise

Bus 300 (Juli & Aug. Mo–Sa 2-mal tgl.) fährt von Porlock Richtung Osten an der Küste entlang nach Minehead sowie Richtung Westen nach Lynmouth.

Wer mit dem Auto unterwegs ist, kann das Dorf Porlock auf zwei malerischen Routen erreichen. Die New Road Toll Road windet sich durch Kiefernwald und Spitzkehren und am Porlock Hill (A39) geht's sehr steil den Berg hinunter. Eine Alternativstrecke hoch von Porlock Weir ist eine weitere Mautstraße, die Porlock Scenic (Worthy) Toll Road.

Lynton & Lynmouth

Mit ihren abfallenden Klippen und steilen, baumbestandenen Abhängen ist die Landschaft rund um diese beiden netten Küstenorte ausgesprochen reizvoll. Unten am Meer liegt das quirlige Hafenstädtchen Lynmouth mit seinen Pubs und Souvenirläden. Sehr viel nobler wirkt das oben auf dem felsigen Kap thronende Lynton. Den Weg dorthin bewältigt eine Standseilbahn, die mit dem Wasser des West Lyn River angetrieben wird, der in der Nähe zahlreiche Kaskaden und Wasserfälle speist.

Sehenswertes

★ Cliff Railway
HISTORISCHE EISENBAHN

(☎01598-753486; www.cliffrailwaylynton.co.uk; einfach/hin & zurück Erw. 2,70/3,70 £, Kind 1,60/2,20 £; ⊘ Feb.–Mai, Sept. & Okt. 10–17 Uhr, Juni-Aug. bis 19 Uhr) Ein Meisterwerk viktorianischer Ingenieurskunst: Zwei Waggons, die mit einem Stahlkabel verbunden sind, fahren die steile Klippe je nach Wassermenge in ihren Tanks hinauf oder hinab. Die mit poliertem Holz und glänzendem Messing ausgestattete Bahn läuft seit 1890 wie geschmiert und ist unbedingt eine Fahrt wert.

Flood Memorial Hall
BESUCHERZENTRUM

(The Esplanade, Lynmouth; ⊘Ostern–Okt. 9–17 Uhr) GRATIS Nach sintflutartigen Regenfällen am Tag zuvor wälzte sich am frühen Morgen die 16. August 1952 eine riesige Sturzflutwelle durch Lynmouth. Die Katastrophe war verheerend – 34 Menschen kamen ums Leben, vier Brücken und unzählige Häuser wurden von den Wassermassen mitgerissen. Die Ausstellung in der Memorial Hall zeigt Fotos von Gebäuden, die damals zerstört wurden, und persönliche Berichte von Zeitzeugen.

Aktivitäten

Zu den beliebten Wanderwegen durch die spektakuläre Landschaft rund um Lynton und Lynmouth zählen die Touren zum Leuchtturm am **Foreland Point**, nach **Watersmeet** (3 km östlich von Lynmouth, entlang der verträumten Ufer des East Lyn) und durch die idyllische **Glen Lyn Gorge**.

Valley of the Rocks
WANDERN

Die dramatische Geologie dieses Tals der Felsen beschrieb der Dichter Robert Southey mit den Worten: „Fels rollt sich auf Fels, Stein schichtet sich auf Stein, eine gewaltige, bedrohliche, taumelnde Masse". Viele der Formationen haben phantasievolle Namen wie Devil's Cheesewring (Käsepresse des Teufels) oder Ragged Jack (eine Kohlsorte). Mit etwas Glück sieht man sogar ein paar wilde Ziegen über die Hänge klettern. Das Tal liegt 1,5 km westlich von Lynton und der Weg hierher führt über einen wildromantischen Küstenpfad.

Schlafen

★ Rock House
B&B ££

(☎01598-753508; www.rock-house.co.uk; Manor Green, Lynmouth; EZ 45–88 £, DZ 110–125 £) Die Lage ist einfach grandios. Das B&B logiert direkt am kleinen Hafen von Lynmouth und ist zu drei Seiten umringt von steilen Hügeln. Die zeitgenössisch eingerichteten Zimmer sind mit ledernen Bettköpfen, fliederfarbenen Sofakissen und Minisesseln ausgestattet. Die Aussicht ist in allen Zimmern faszinierend, aber den besten Blick bietet die Nummer vier mit ihrem Strandpanorama.

Bath Hotel
HOTEL ££

(☎01598-752238; www.bathhotellynmouth.co.uk; The Esplanade, Lynmouth; DZ 78–130 £; P ☏) Zwei Hoteliers der dritten Generation hauchen dem Bath Hotel, das schon seit viktorianischer Zeit eine Institution im Ort ist, neues Leben ein. Zur stylischen neuen Cocktailbar kommen Zimmer mit limettengrünen Stoffen, dunklem Leder und tollen Ausblicken auf den Hafen und die Landspitze.

STERNEGUCKEN

Exmoor wurde dank seinem pechschwarzen Nachthimmel zum ersten europäischen „International Dark Sky Reserve" (Schutzgebiet zur Bewahrung des dunklen Nachthimmels) erklärt. Die ENPA veranstaltet kostenlos nächtliche Sternbeobachtungswanderungen. Das einzige Licht bei diesen schaurig-schönen Touren über finstere Hügel spenden die faszinierenden Sternenbilder. Die Nationalparkverwaltung hat zudem kostenlose Prospekte mit Sternenschaubildern und Karten erstellt. Die beste Sternensicht bietet der zentrale, höher gelegene Teil des Nationalparks – vielversprechend sind z. B. die Berge um Dunkery Beacon.

North Walk House
B&B ££

(☑ 01598-753372; www.northwalkhouse.co.uk; North Walk, Lynton; DZ 66–71 £; P ☎) Abgeschliffene Holzböden, gestreifte Bettwäsche und kleine bunte Teppiche verleihen dem North Walk House einen netten, unkonventionellen Touch. Die Aussicht aufs Meer und die zerklüfteten Klippen ist phantastisch. Zum Biofrühstück bekommen die Gäste Speck und Würstchen aus Exmoor sowie gebackene Eier aus dem gusseisernen Aga-Ofen.

Rising Sun
GASTHOF £££

(☑ 01598-753223; www.risingsunlynmouth.co.uk; Harbourside, Lynmouth; DZ 160–190 £) Hier ist eine Schmugglerkneipe aus dem 14. Jh. in ein romantisches Refugium mit schickem Designer-Flair verwandelt worden. Von den Gelenklampen und der regionalen Kunst bis zu den weichen, geschmackvollen Überdecken zeigt sich überall eine gewisse Eleganz. Wer ein Zimmer mit Meerblick gebucht hat, kann vom Wechsel der Gezeiten draußen im Hafen zuschauen.

✖ Essen

Charlie Friday's
CAFÉ £

(www.charliefridays.co.uk; Church Hill, Lynton; Snacks ab 4 £; ⊙ Feb.–Nov. Di–So 10–17 Uhr) Ein sympathischer, alternativ angehauchter Ort zum Entspannen. Das Gebäck und die dick belegten Sandwiches sind erste Sahne und der doppelte Espresso (aus fairem Handel) hat es wirklich in sich.

Bath Bar
PUB ££

(☑ 01598-752238; www.bathhotellynmouth.co.uk; The Esplanade, Lynmouth; Hauptgerichte 14 £; ⊙ 12–21 Uhr, im Winter unterschiedlich) Das Bath bringt mit einer Kupfertheke, gebogenen Schiffsplanken und einer nicht gänzlich bekleideten Galionsfigur Schiffbruchschick nach Lynmouth. Am besten lässt man das Ganze auf sich wirken, während man einen turmhoch gestapelten Bath Burger mit Exmoor-Ale und geschmorter Rinderbrust, Zwiebelkonfitüre und Blaukäsemousse verdrückt.

Rising Sun
MODERN BRITISCH ££

(☑ 01598-753223; www.risingsunlynmouth.co.uk; Harbourside, Lynmouth; Hauptgerichte 14–26 £; ⊙ 12–14.30 & 18–21 Uhr) Im am Hafen gelegenen Rising Sun erfreut Küchenchef Matthew Terrett seine Gäste nicht nur mit Fleisch und Gemüse aus Exmoor, sondern auch mit frischen Meeresfrüchten aus den Gewässern vor der zerklüfteten Küste. Zu den saisonalen Schmankerln zählen vielleicht saftiger Hummer, frischer Seebarsch und Muscheln, alles selbstbewusst und mit viel Schwung serviert.

❶ Praktische Informationen

Touristeninformation Lynmouth (☑ 01598-752509; www.exmoor-nationalpark.gov.uk; The Esplanade, Lynmouth; ⊙ 10–17 Uhr) Touristeninformation der Exmoor National Park Authority.

Touristeninformation Lynton (☑ 01598-752225; www.lynton-lynmouth-tourism.co.uk; Lynton Town Hall, Lee Rd; ⊙ Mo–Sa 10–17, So bis 14 Uhr)

DEVON

Devon heißt Freiheit! Zwischen den Küsten mit ihren zahllosen Stränden erstrecken sich Landschaften voller historischer Herrenhäuser, quirliger Städte und wildromantischer Moore. Hier kann man alle Pläne über Bord werfen und zerklüftete Küstenpfade entlangwandern, tolle Bootsausflüge unternehmen oder sich auf von Hecken gesäumten Landsträßchen verirren, die noch nicht mal auf der Karte verzeichnet sind.

An Städten gibt's die Unistadt Exeter, das touristische Torquay, das Seglermekka Dartmouth und das alternative Totnes zu entdecken. Oder man steuert die Wildnis Dartmoors und die abgeschiedene Nordküste mit ihrer wilden Brandung an. Hier werden die Reisenden mit Wein verwöhnt, der gleich nebenan wächst, und mit Essen, das frisch vom Feld oder aus dem Meer auf dem Tisch landet. Hier kann man surfen, Rad und Kajak fahren, reiten, im Meer baden und barfuß am Strand entlangstreifen.

❶ Praktische Informationen

Visit Devon (www.visitdevon.co.uk) Die erste Anlaufstelle für Infos über Devon.

❶ Unterwegs vor Ort

BUS

Die meisten Busverbindungen zwischen den größeren Orten und Dörfern werden mittlerweile von Stagecoach betrieben. Einige kleinere Unternehmen bieten unregelmäßige Busverbindungen in andere Gegenden. Dartmoor ist mit Bussen schlecht zu erreichen; hier benötigt man für seine Erkundungen also ein eigenes Auto oder ein Fahrrad.

Es sind mehrere Buspässe erhältlich: Das **Devon Day Ticket** (Erw./Kind/Fam. 8,50/5,70/17 £) gilt für alle Busunternehmen, während der **Stagecoach Explorer** (Erw./Kind/Fam. 7,70/5,10/15,40 £) und der **Megarider Gold** (1/4 Wochen 27/97 £) nur für Stagecoach-Busse gelten.

Traveline South West (www.travelinesw.com) ist ein tolles Internettool für die Reiseplanung. Auf dem interaktiven Busplan für Devon auf https://new.devon.gov.uk/travel kann man sich die Busrouten schön vor Augen führen.

ZUG

Die Hauptbahnstrecke Devons führt auf dem Weg von Exeter nach Plymouth am südlichen Dartmoor vorbei und verläuft weiter nach Cornwall. Nebenstrecken sind z. B. die 63 km lange Tarka Line von Exeter nach Barnstaple, die 24 km lange Tamar Valley Line von Plymouth nach Gunnislake und die schöne Paignton Line von Exeter nach Torquay. Dazu kommen noch mehrere nette Dampfeisenbahnen.

Der **Freedom of Devon & Cornwall Rover** (3 Tage Erw./Kind 46,45/23,30 £, 8 Tage 71,20/35,60 £) lohnt sich dann, wenn man viel mit dem Zug unterwegs ist, mit drei Reisetagen innerhalb von sieben Tagen oder acht Reisetagen innerhalb von fünfzehn Tagen.

Exeter

117 800 EW.

Die wohlhabende Universitätsstadt Exeter ist reich an Zeugnissen aus den vergangenen Jahrhunderten, in denen die Stadt kulturelles und administratives Zentrum der Grafschaft Devon war. Davon zeugen die alte Kathedrale, die über Kopfsteinpflasterstraßen mit mittelalterlichen und georgianischen Bauten thront, sowie Reste einer römischen Mauer, während einzelne ultramoderne Bauten und eine quicklebendige Kulturszene für frischen Wind sorgen. Der schöne Quai am Fluss Exe bietet den idealen Ausgangspunkt für Fahrrad- oder Kajaktouren und eine Handvoll schicker Hotels und Restaurants sind weitere Gründe, Exeter als Urlaubsort zu wählen.

Geschichte

Die Geschichte der Stadt lässt sich leicht anhand ihrer Gebäude verfolgen. Um 55 n. Chr. bauten die Römer eine 17 ha große Festung, die von einer 3,2 km langen Verteidigungsmauer umbaut wurde. Von dieser Mauer existieren noch Überreste, besonders in den Rougemont und Northernhay Gardens. Unter den Sachsen und Normannen wuchs die Stadt: 1068 wurde eine Burg hoch-

gezogen, die Kathedrale dann 40 Jahre später. Die Wollindustrie der Tudorzeit machte Exeter reich und brachte Fachwerkhäuser ins Stadtbild. Der Wohlstand setzte sich bis in die georgianische Ära fort, als Kaufleute noble Stadthäuser bauten. Im Zweiten Weltkrieg wurde die Stadt durch deutsche Luftangriffe stark zerstört. 1942 starben in nur einer Nacht 156 Menschen und 12 ha der Stadt wurden dem Erdboden gleichgemacht. Ins 21. Jh. führte schließlich die glänzende Glas- und Stahlkonstruktion des für 220 Mio. £ erbauten Einkaufszentrums Princesshay und eröffnete eine neue Epoche in der Architektur-Chronik der Stadt.

⊙ Sehenswertes

★ Exeter Cathedral — KATHEDRALE
(Cathedral Church of St. Peter; ☏01392-285983; www.exeter-cathedral.org.uk; The Close; Erw./Kind 7,50 £/frei; ⊙Mo–Sa 9.30–17, So 11.30–15.30 Uhr)

Die in einem warmen, honigfarbenen Stein erbaute prächtige Kathedrale zählt zu den bedeutendsten Sehenswürdigkeiten Devons. Die größtenteils aus dem 12. und 13. Jh. stammende **Westfassade** ist mit außerordentlichen mittelalterlichen Skulpturen geschmückt. Im Inneren zieht die Decke die Besucher in ihren Bann: das weltweit längste durchgehende gotische Gewölbe, dessen atemberaubend hohe Fächerrippen am Scheitelpunkt mit verzierten Schlusssteinen in Bronze und lebhaften Farben enden. Nett ist das Lego-Modell, das beim Haupteingang entsteht: Für 1 £ kann man ein Steinchen hinzufügen.

Hier war schon mindestens seit dem 5. Jh. eine religiöse Stätte. An der gleichen Stelle begannen die Normannen 1114, die Kathedrale zu bauen. Die Türme stammen noch aus dieser Zeit. 1270 begann ein insgesamt 90-jähriger Umbau, durch den die englischen

---

INSIDERWISSEN

DER KATHEDRALE AUFS DACH STEIGEN

Einen sensationellen Blick auf die **Exeter Cathedral** (S. 287.) bieten die **Dachführungen** (S. 289). Nach 251 Stufen auf einer Wendeltreppe geht es hinauf auf das weitläufige Dach bis zur Spitze des Nordturms, von wo man die ganze Stadt überblickt. Die Dachtouren sind beliebt, also mindestens zwei Wochen vorher buchen.

Exetér

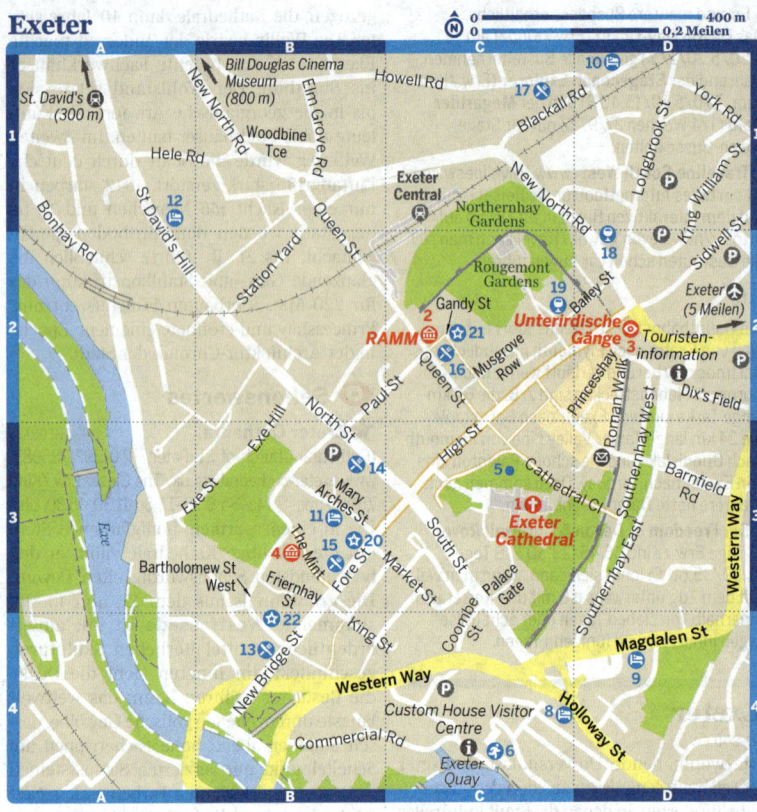

BATH & SÜDWESTENGLAND EXETER

Exeter

Gotikvarianten Early English und Decorated Style in den Kirchenbau eingeführt wurden.

An der **Westfassade** zieren Dutzende von verwitterten Figuren eine ursprünglich in leuchtenden Farben bemalte, riesige Bildwand. Die Figuren gelten heute als die größte englische Ansammlung von Skulpturen aus dem 14. Jh. Ein weiterer Hingucker befindet sich drinnen im nördlichen Querschiff: die **Exeter Clock**. Die Uhr stammt aus dem 15. Jh. und zeigt die Erde nach den astronomischen Annahmen des Mittelalters im Zentrum des Universums, die von der Sonne (in Lilienform) umkreist wird. Bis heute dreht sich das Uhrwerk zuverlässig und zu jeder vollen Stunde schlägt die Uhr.

Der riesige Eichenbaldachin über dem **Bischofsstuhl** wurde 1312 geschnitzt und die **Sängertribüne** von 1350 schmücken zwölf Engel, die Musikinstrumente spielen. Das Personal in der Kathedrale verweist gerne auf die berühmte Skulptur der Dame mit zwei linken Füßen und die winzige **St. James Chapel.** Sie ersetzte eine während eines Luftangriffs zerstörte Kapelle und überrascht mit den ungewöhnlichen Schnitzereien einer Katze, einer Maus und seltsamerweise sogar eines Rugbyspielers.

Im Eintritt inbegriffen sind regelmäßige informative **Führungen** durch die Kathedrale. Oder man erkundet sie mit einem der kostenlosen Audioguides auf eigene Faust. Am eindrucksvollsten zeigt sich das Bauwerk jedoch vom Turm aus. Die **Dachführungen** (☏ 01392-285983; www.exeter-cathedral. org.uk; mit Eintritt zur Kathedrale Erw./Kind 12,50/5 £; ⏱ April–Sept.) können über Internet gebucht werden (Mindestalter 8 Jahre).

Eine gesungene Andacht, der **Evensong**, findet montags bis freitags um 17.30 Uhr und samstags und sonntags um 16 Uhr statt.

⭐ **RAMM**   MUSEUM
(Royal Albert Memorial Museum & Art Gallery; ☏ 01392-265858; www.rammuseum.org.uk; Queen St; ⏱ Di–So 10–17 Uhr; 🔊) GRATIS Der imposante Ziegelsteinbau sieht aus wie ein viktorianisches Museum, aber ein 24 Mio. £ teurer Umbau hat die Ausstellung in die Moderne katapultiert. Interaktive Bildschirme erklären die Geschichte Exeters von der Ur- und Frühgeschichte bis heute, die Erkundung der Welt und das Prinzip des Sammelns. Es gibt Gegenstände aus der Zeit der Römer zu entdecken sowie Schnitzereien aus der Tudorzeit und eindrucksvolle ethnografische Stücke wie afrikanische Masken, Samuraiwaffen und die Mumie Shep en-Mut.

⭐ **Unterirdische Gänge** UNTERIRDISCHE GÄNGE
(☏ 01392-665887; www.exeter.gov.uk/passages; Paris St; Erw./Kind 6/4 £; ⏱ Juni–Sept. Mo–Sa 9.30–17.30, So 10–16 Uhr, Okt.–Mai Di–Fr 10.30–16.30, Sa 9.30–17.30, So 11–16.30 Uhr) Wer sich nicht scheut, einen Helm aufzusetzen, in die Knie zu gehen und eventuell sogar Geistern zu begegnen, kann Englands einzige öffentlich zugängliche Kanalisation besichtigen. In den Gewölben der mittelalterlichen Tunnel verliefen einst Rohre, die die Stadt mit frischem Trinkwasser aus den Quellen der Umgebung versorgten. Unterhaltsame Führer begleiten ihre Gruppen durch einen Teil dieses riesigen, klammen Tunnelsystems und würzen den Rundgang mit Geschichten über Geister, Fluchten und die Cholera. Die letzte Führung beginnt eine Stunde vor Schließung. Die Führungen sind begehrt, also im Voraus buchen!

Bill Douglas Cinema Museum   MUSEUM
(☏ 01392-724321; www.bdcmuseum.org.uk; Old Library, Prince of Wales Rd; ⏱ 10–17 Uhr; Ⓟ) GRATIS Dieses exzentrische Museum ist für Filmfreunde Pflicht: Hier hat der schottische Regisseur Bill Douglas, der vor allem für seine halbautobiografische Kindheitstrilogie bekannt ist, eine riesige Sammlung von Filmerinnerungsstücken zusammengetragen. Zu den 50 000 Stücken zählen Laternae magicae, Guckkästen, original Zelluloid aus Disney-Filmen, Flaschenverschlüsse im Charlie-Chaplin-Look, alte Filmplakate und Spielzeug aus *Star Wars*. Das Bill Douglas Centre befindet sich auf dem Campus der Universität von Exeter 1,5 km nordwestlich der Stadtmitte.

St. Nicholas Priory   HISTORISCHES GEBÄUDE
(☏ 01392-265858; www.exeter.gov.uk/priory; The Mint) Das 900 Jahre alte Gebäude gehörte einst zu einem mittelalterlichen Benediktinerkloster und diente in elisabethanischer Zeit als Herrenhaus. Derzeit ist es zwecks Renovierung geschlossen – aktuelle Infos auf der Website.

Powderham Castle   HISTORISCHES GEBÄUDE
(☏ 01626-890243; www.powderham.co.uk; Erw./Kind 11,50/9,50 £; ⏱ April–Juni, Sept. & Okt. So–Fr 11–16.30 Uhr, Juli & Aug. bis 17.30 Uhr; Ⓟ) Irgendwie schafft es der historische und auch aktuelle Stammsitz des Earl of Devon, gleichzeitig herrschaftlich und heimelig zu wirken. Das Herrenhaus wurde 1391 erbaut und dann in der viktorianischen Ära umgebaut. Zu den Highlights gehören die schöne,

BATH & SÜDWESTENGLAND EXETER

holzgetäfelte Great Hall, der Park mit 650 Hirschen und die Küche, die einen Einblick in das Leben der Angestellten gewährt. Powderham liegt am Fluss Exe bei Kenton, 13 km südlich von Exeter.

Aktivitäten

Saddles & Paddles
OUTDOORAKTIVITÄTEN

(☎01392-424241; www.sadpad.com; Exeter Quay; ⊙9–18 Uhr) Verleiht Fahrräder (Erw. 6/15 £ pro Std./Tag), Kajaks (10/35 £) und Kanadier (15/50 £); die Touristeninformation hält Karten bereit.

Geführte Touren

★ Redcoat Tours
STADTRUNDGANG

(☎01392-265203; www.exeter.gov.uk/visiting; ⊙April–Okt. tgl. 15–18 Uhr, Nov.–März 2-mal tgl.) **GRATIS** Während dieser 1½-stündigen Spaziergänge breitet sich die lange Geschichte Exeters aus. Die Themen reichen von Mord und Handel bis zu den Tudors und Religion – es werden sogar Erkundungen der Katakomben bei Fackellicht und abendliche Geisterführungen angeboten. Die Führungen beginnen im Cathedral Yard oder am Exeter Quay; vorab Buchen ist nicht erforderlich.

🛏 Schlafen

Globe Backpackers
HOSTEL £

(☎01392-215521; www.exeterbackpackers.co.uk; 71 Holloway St; B/DZ 17,50/45 £; ⊙ Rezeption 8.30–12 & 15.30–23 Uhr; P🐾) Diese makellos saubere, weitläufige Unterkunft mit drei Doppelzimmern, geräumigen Schlafsälen und sechs Duschräumen ist zu Recht ein beständiger Favorit bei den Rucksackreisenden. Außerdem gibt's eine nette Lounge, eine eher kleine Küche, kostenloses WLAN und Gepäckschließfächer.

Townhouse
B&B ££

(☎01392-494 994; www.townhouseexeter.co.uk; 54 St David's Hill; EZ 52–72 £, DZ 80–100 £; P🐾) Eines der besseren B&Bs in Exeter: ein in Efeu gehülltes Backsteinhaus mit neun schicken Zimmern mit Holzböden, einer Farbgebung in Grau und Karmesinrot und jeder Menge alten Ausstattungsmerkmalen wie Kaminen und Schiebefenstern.

St Olaves
HOTEL ££

(☎01392-217736; www.olaves.co.uk; Mary Arches St; EZ 75–90 £, DZ 90–109 £; P🐾) Das geweißte, schicke georgianische Haus wurde für einen reichen Kaufmann errichtet und diente später als Pfarrhaus. Heute beherbergt es ein stilvolles, wenn auch recht biederes Hotel mit 15 geräumigen Zimmern mit Bettgestellen aus Messing und vornehmer Einrichtung; von einigen Zimmern blickt man in den Garten. Sehr stattlich ist die Treppe in der Mitte des Hauses.

Raffles
B&B ££

(☎01392-270200; www.raffles-exeter.co.uk; 11 Blackall Rd; EZ 48–55 £, DZ/FZ ab 78/88 £; P🐾) Das von einem Antiquitätenhändler geführte B&B ist überladen mit knarzenden Antiquitäten und einem Sammelsurium viktorianischer Kinkerlitzchen; dazu kommen Bakelitradios, hölzerne Pflanzenständer und glänzende Truhen. Frühstück in (überwiegend) Bioqualität und ein ummauerter Garten runden das Angebot ab.

★ Hotel du Vin Exeter
BOUTIQUEHOTEL £££

(☎01392-790120; www.hotelduvin.com/locations/exeter; Magdalen St; DZ 119–169 £, Suite 189 £; @🐾♿) Der imposante Backsteinbau, einst die Augenklinik von Exeter, wurde kürzlich von der Edelhotelkette Hotel du Vin aufgekauft. Die stilvollen Zimmer weisen inmitten gedämpfter Farben, origineller Tapeten und Sofas im skandinavischen Stil Merkmale der ursprünglichen viktorianischen Architektur auf. Dazu kommen noch ein stilvolles achteckiges Restaurant, eine ausgezeichnete Bar und jede Menge Designakzente.

Essen

★ Rusty Bike
MODERN BRITISCH ££

(☎01392-214440; www.rustybike-exeter.co.uk; 67 Howell Rd; Hauptgerichte 13–20 £; ⊙Mo–Sa 17–22, So 12–22.30 Uhr) Das Rusty's befindet sich zwar in der Stadt, doch seine Seele ist tief auf dem Land verankert. Hier kommt das Essen frisch vom Bauernhof auf den Tisch und bei den Zutaten stammt so viel wie möglich von örtlichen Erzeugern: Wild von Ländereien in der Umgebung, wildes Gemüse, das von Hand geerntet wurde, Fleisch von Aberdeen-Angus-Rindern, die auf nah gelegenen Höfen gezüchtet wurden.

Jasmine Thai
BISTRO ££

(☎01392-689988; www.jasmine-thai.co.uk; 153 Fore St; Hauptgerichte 11–19 £; ⊙Mo–Sa 12–14.30, tgl. 18–22 Uhr) Das neue thailändische Restaurant hat sich inzwischen bestens etabliert. Wer auf Nummer sicher gehen will, wählt einen der Klassiker wie ein rotes, grünes, Penang- oder Dschungel-Curry. Etwas ausgefallener sind ganzer Seebarsch mit Thai-Kräutern oder das „Weeping Tiger"-

RIVER COTTAGE CANTEEN

Fernsehkoch Hugh Fearnly-Whittingstall ist für seine Medienkampagnen zur Förderung von nachhaltiger Ernährung und Biokost bekannt. Seine Sendungen werden meist in seinem **River Cottage HQ** (☎ 01297-630300; www.rivercottage.net; Trinity Hill Rd, Axminster; 2-Gänge-Mittagessen 55 £, 4-Gänge-Abendessen 70–90 £) bei Axminster knapp 50 km von Exeter produziert. Zwar wurde das Haus 2012 durch ein Feuer stark beschädigt, doch inzwischen ist es wieder aufgebaut und mehr oder weniger wieder voll im Rennen. Wer sich die Fernsehkulisse selbst anschauen möchte, kann einen Tisch für ein opulentes viergängiges Menü mit Zutaten aus Hughs eigenem Garten buchen oder an einem der regelmäßig stattfindenden Kochkurse teilnehmen. Billiger ist ein Essen in seiner **Canteen** (☎ 01297-631715; www.rivercottage.net; Trinity Sq, Axminster; Hauptgerichte 8–16 £; ⊗ tgl. 9–17, Di–Sa 18.30–21 Uhr; ⊿) im nahen Dorf Axminster.

Steak. Das thailändische Dekor mit Buddhas, Pagoden und Ähnlichem vervollständigt das fernöstliche Flair.

Ruby
BURGER ££

(☎ 01392-436168; www.rubyburgers.com; 74 Queen St; Hauptgerichte 6–11 £; ⊗ 10–22 Uhr) Exeters Edelburgerschmiede ist bei Hipstern, Studenten und Leuten jeden Alters beliebt. Das Ganze präsentiert sich bewusst trendy: im Retrostil, mit flinkem Service und einem Angebot von klassischen Burgern bis zu Hühnchenfilets mit Pankomehlpanade und Falloumi-Burgern für Vegetarier.

Herbies
VEGETARISCH ££

(☎ 01392-258473; 15 North St; Hauptgerichte 7–12 £; ⊗ Mo–Sa 11–14.30, Di–Sa 18.30–21.30 Uhr; ⊿) Das gemütliche Herbies mit seinem entspannten Groove füttert Exeters Vegetarier und Veganer seit über 20 Jahren fröhlich durch. Sehr lecker sind die toskanischen Pilze, die marokkanische Tajine oder das Kürbis-Thymian-Risotto. Auch für Veganer ein heißer Tipp.

@Angela's
MODERN BRITISCH £££

(☎ 01392-499038; www.angelasrestaurant.co.uk; 38 New Bridge St; Hauptgerichte 19,50–28,50 £; ⊗ Mo–Sa 18–21.30 Uhr) Das etwas altmodische Gourmetrestaurant bietet vor allem schwere Gerichte wie Lammlende mit Knoblauch und Rosmarin und gebratenen Seeteufel mit Sahnesauce. Das Ganze wirkt mit den gestärkten weißen Tischdecken und den wie Muscheln geformten Servietten sehr formell – nett, wenn man's mag.

Ausgehen & Nachtleben

★ Old Firehouse
PUB

(☎ 01392-277279; www.oldfirehouseexeter.co.uk; 50 New North Rd; ⊗ Mo–Mi 12–2, Do–Sa bis 3, So bis 1 Uhr) Wer diese lauschige, kerzenbeschienene Institution Exeters betritt, fühlt sich gleich wie zu Hause. Von den Dachsparren hängt getrockneter Hopfen, der Fußboden besteht aus Steinplatten, die Wände sind unverputzt. Es gibt eine eindrucksvolle Auswahl gezapfter Ciders und Ales vom Fass und die Pizza, die nach 21 Uhr aufgetischt wird, hat schon zahllose Studenten gesättigt.

Timepiece
CLUB

(www.timepiecenightclub.co.uk; Little Castle St; ⊗ Mo–Mi 21.30–1.30, Fr & Sa 22–2 Uhr) Bei Studenten beliebter Club mit Indie, Electro, House und schnulzigen Clubklassikern.

☆ Unterhaltung

Bike Shed
THEATER

(☎ 01392-434169; www.bikeshedtheatre.co.uk; 162 Fore St; ⊗ Mo–Do 12–24, Fr & Sa bis 2, So 17–23 Uhr) In dem kahlen, von Backsteinwänden umgebenen Bühnenraum im Keller des Bike Shed werden Nachwuchsautoren vorgestellt. In der Vintage-Cocktailbar gibt's freitag- und samstagabends Livemusik und es legen DJs auf.

Exeter Phoenix
KULTURZENTRUM

(☎ 01392-667080; www.exeterphoenix.org.uk; Bradninch Pl, Gandy St; ⊗ Mo–Sa 10–23 Uhr; ☎) Die Seele der Kultur von Exeter – das Phoenix bietet eine Mischung aus unabhängigem Kino, Kunstperformances, Galerien und einer angesagten Café-Bar (kleine Speisen bis 21 Uhr).

Exeter Picturehouse
KINO

(☎ 0871 902 5730; www.picturehouses.co.uk; 51 Bartholomew St West) Gemütliches kleines Programmkino. Zu sehen sind sowohl Mainstream- als auch Arthouse-Filme.

ⓘ Praktische Informationen

Custom House Visitor Centre (☎ 01392-271611; customhouse@exeter.gov.uk; 46 The Quay; ⊙ April–Okt. tgl. 10–17 Uhr, Nov.–März 11–16 Uhr) Kleine Touristeninformation beim Kai.

Polizei (☎ 08452-777444; Heavitree Rd; ⊙ 24 Std.)

Royal Devon & Exeter Hospital (Barrack Rd) Mit Notaufnahme.

Stadtbücherei (Castle St; 3 £ für 30 Min.; ⊙ Mo, Di, Do & Fr 9–18, Mi 10–17, Sa 9–16 Uhr; ☏) Internetzugang und kostenloses WLAN.

Touristeninformation (☎ 01392-665700; www.heartofdevon.com; Dix's Field; ⊙ April–Sept. Mo–Sa 9–17 Uhr, Okt.–März Mo–Sa 9.30–16 Uhr) Effizient und gut geführt, mit jeder Menge Infos zu Exeter und dem restlichen Devon.

ⓘ An- & Weiterreise

BUS

Busverbindungen u. a. nach:

Lyme Regis (7,70 £, Mo–Fr 6-mal tgl., Sa & So 5-mal) Bus X52 fährt über Beer; vier Busse fahren weiter nach Bridport.

Plymouth Bus X38; 9,70 £, 1¼ Std., Mo–Sa alle 2 Std., So 2-mal

Totnes Bus X64; 9,70 £, 50 Min., Mo–Fr 8-mal tgl., Sa 7-mal, So 3-mal

Der Transmoor Link/Bus 82 verkehrt nur im Sommer (Mitte Mai–Mitte Sept.) samstags und sonntags, mit jeweils einer Fahrt pro Richtung von Exeter über Moretonhampstead, Postbridge, Princetown und Yelverton nach Tavistock (5,80 £).

FLUGZEUG

Exeter International Airport (www.exeter-airport.co.uk) 10 km östlich der Stadt. Flüge in mehrere Städte in Großbritannien wie Manchester, Newcastle, Edinburgh und Glasgow sowie auf die Isles of Scilly und die Kanalinseln. Außerdem Verbindungen in europäische Städte wie Paris, Amsterdam und Dublin.

Bus 56 fährt vom Bahnhof St. David's und vom Busbahnhof zum Flughafen (3 £, 30 Min., 7–18 Uhr stündl.).

ZUG

Züge vom Bahnhof St. David's u. a. nach:

Bristol 27,50 £, 1¼ Std., halbstündl.

London Paddington 47,50 £, 2½ Std., halbstündl.

Paignton 6,60 £, 50 Min., halbstündl.

Penzance 20,40 £, 3 Std., halbstündl. bis stündl.

Plymouth 9,10 £, 1 Std., halbstündl.

Torquay 6,60 £, 45 Min., halbstündl. bis stündl.

Totnes 11 £, 35 Min., halbstündl.

Einige Nebenstreckenverbindungen führen auch durch Exeter Central.

ⓘ Unterwegs vor Ort

AUTO

Die meisten großen Autovermietungen sind am Flughafen vertreten, einige auch am Bahnhof.

Im Stadtzentrum gibt's jede Menge Parkplätze, doch während der Hauptverkehrszeiten und am Wochenende kann es sehr voll sein. Park-and-Ride-Busse (Erw./Kind hin & zurück 2,50/1,60 £) verkehren montags bis samstags alle 20 Minuten von Sowton (M5, Abfahrt 30) und Matford (M5, Abfahrt 31) sowie täglich ab der Honiton Road (M5, Abfahrt 29).

BUS

Bus H (2- bis 4-mal pro Std.) verbindet den Bahnhof St. David's mit der Central Station und der High Street und kommt unterwegs auch in der Nähe des Busbahnhofs vorbei.

FAHRRAD

Saddles & Paddles (S. 290) verleiht Fahrräder.

TAXI

Taxistände gibt's am Bahnhof St. David's sowie in der High Street und Sidwell Street.

Capital Taxis (☎ 01392-434343)

Club Cars (☎ 01392-213030)

Gemini (☎ 01392-666666)

Torquay & Umgebung

114 266 EW.

Torquay liegt zwar am Ärmelkanal und nicht am Mittelmeer, aber die Palmen, Bootsstege und rostroten Klippen verleihen dem Küstenabschnitt rund um Torquay schon lange den Beinamen „Englische Riviera". Auf den ersten Blick ist Torquay ein typisches englisches Seebad mit etwas verblasstem Charme, das bei Rentnern auf Kaffeefahrt genauso beliebt ist wie bei Partywütigen auf Junggesellenabschied. Mittlerweile haben das milde Mikroklima und das türkisblaue Wasser auch eine gehobenere Klasse angezogen, sodass die kulinarische Szene in Torquay inzwischen als brandheiße Konkurrenz für die Gourmethochburg Dartmouth gilt. Wenn man dann noch einmalige Attraktionen wie eine riesige Voliere, prähistorische Höhlen, die Hinterlassenschaften Agatha Christies, Fischerhäfen und Dampflokomotiven dazu nimmt, darf man sich auf ein paar unvergessliche Tage am Meer gefasst machen.

Torquays Nachbarseebad Paignton mit einem viktorianischen Pier liegt 5 km südlich; nach weiteren 8 km folgt der Fischerhafen Brixham.

⊙ Sehenswertes & Aktivitäten

Torquay hat entlang einer sage und schreibe 35 km langen Küstenlinie 20 Strände. Die Urlauber scharen sich am zentral gelegenen **Torre Abbey Sands**, der bei Flut unter Wasser steht. Die Einheimischen gehen eher an die Sand- und Kiesstrände neben den 73 m hohen roten Felsen in **Babbacombe**.

Eisenbahnfreaks sollten sich auf keinen Fall eine Fahrt mit der Dartmouth Steam Railway (S. 296) ab Paignton entgehen lassen.

Living Coasts   ZOO

(☏ 0844-474 3366; www.livingcoasts.org.uk; Beacon Quay; Erw./Kind 12,20/9,15 £; ⊙10–17 Uhr) Diese Großraumvoliere bietet die einmalige Gelegenheit, freilaufende Pinguine, Papageientaucher mit Punkerfrisur und niedliche Otter aus nächster Nähe zu erleben. Online-Tickets sparen Geld und Wartezeit.

Babbacombe
Model Village   MINIATURDORF

(☏ 01803-315315; www.model-village.co.uk; Hampton Ave; Erw./Kind 10,95/8,95 £; ⊙10–16 Uhr, an einigen Sommerabenden bis 21 Uhr) Eine faszinierende Sehenswürdigkeit voller britischer Exzentrik auf 1,6 ha Fläche mit Mini-Stonehenge, Fußballstadion, Strand, Burg (belagert von einem Feuer speienden Drachen) und reetgedecktem Dörfchen, in dem die Feuerwehr gerade im Einsatz ist. Besonders schön ist abends die Beleuchtung bestimmter Miniaturen, z. B. des Piccadilly Circus, der inklusive aller Leuchtreklamen in ganzer Pracht erstrahlt. Sehr kitschig, aber auch sehr vergnüglich!

Babbacombe
Cliff Railway   HISTORISCHE EISENBAHN

(☏ 01803-328750; www.babbacombecliffrailway.co.uk; Erw./Kind hin & zurück 2,20/1,50 £; ⊙Feb.–Okt. 9.30–16.55 Uhr) In Babbacombe rattert die winzige Holzgondel einer tollen Seilbahn aus den 1920er-Jahren auf im Fels verankerten Schienen die Klippen hoch und runter.

Paignton Zoo   ZOO

(☏0844-474 2222; www.paigntonzoo.org.uk; Totnes Rd, Paignton; Erw./Kind 16,95/12,75 £; ⊙10–17 Uhr; ℗) Eine Naturschutzorganisation betreibt diesen innovativen Zoo. Die Tiergehege imitieren auf insgesamt 32 ha die unterschiedlichsten Lebensräume von Savanne über Feuchtbiotop und tropischen Regenwald bis zur Wüste. Highlights sind die Orang-Utan-Insel, das riesige, von Glaswänden begrenzte Löwengehege und der Lemurenwald, in dem Besucher zwischen den herumturnenden Primaten über eine hölzerne Hängebrücke laufen. Und im Krokodilsumpf schlängeln sich erhöhte Wege vorbei an furchterregenden Nil-, Kuba- und Salzwasserkrokodilen, die bis zu 6 m lang sind.

🛏 Schlafen

Torquay Backpackers   HOSTEL £

(☏01803-299924; www.torquaybackpackers.co.uk; 119 Abbey Rd; B/DZ 17/38 £; @ �🕾) Hier schmücken Fotos grinsender Gäste die Pinnwände und Flaggen aller Länder die Wände. An Ausflügen ins Reich des Luxus gibt's einen DVD-Raum und eine Holzterrasse mit Billardtisch. Allerdings kann es in den Schlafsälen recht laut zugehen, da das Hostel bei Junggesellen- und -gesellinnenabschieden beliebt ist. Freitags und samstags kostet die Übernachtung 1 £ mehr.

Hillcroft   B&B ££

(☏01803-297247; www.thehillcroft.co.uk; 9 St Lukes Rd; Zi. 79 £, DZ 105–120 £; ℗@�🕾) Eins der besseren B&Bs in Torquay mit Zimmern, die im Stil von Marokko, Bali, Lombok und der Toskana eingerichtet sind. Am schönsten sich die geräumigen Suiten: die Suite Provençal mit Betten mit Goldbronzeverzierungen und Salon oder India mit indischer Kunst und Himmelbett.

★ Cary Arms   BOUTIQUEHOTEL £££

(☏01803-327110; www.caryarms.co.uk; Babbacombe Beach; DZ 195–295 £, Suite 375–450 £; ℗�🕾⛱) Das Heritage-Hotel in verträumter Lage am Babbacombe Beach wartet mit hellen, lichtdurchfluteten Zimmern mit bunt gestreiften Überdecken und weißen Möbeln auf – sehr stilvoll! Die besten verfügen über Balkone mit Meerblick. Außerdem gibt's ein himmlisches Spa.

Orestone   HOTEL £££

(☏01803-328098; www.orestonemanor.com; Rock House Lane; Zi. 150–275 £, Suite 350 £; ℗�🕾) Ein erlesenes Refugium in einem bewaldeten Tal 5 km nördlich von Torquay. Die Giebelfassade und die opulenten öffentlichen Bereiche bieten einiges an historischer Eleganz. Die Zimmer variieren hinsichtlich

AGATHA CHRISTIE

In Torquay stand die Wiege der „Queen of Crime" Agatha Christie (1890–1976), Verfasserin von 75 Romanen und 33 Bühnenstücken. Sie schuf Hercule Poirot, den arroganten belgischen Privatdetektiv mit Schnauzer, und Miss Marple, die erstaunlich scharfsinnige alte Jungfer, die sich überall einmischt. Die gebürtige Agatha Miller wuchs in Torquay auf, traf hier ihren Liebsten und verbrachte auch ihre Flitterwochen hier. Außerdem arbeitete sie im Zweiten Weltkrieg in der Apotheke eines hiesigen Krankenhauses und verschaffte sich so ihr berühmtes Wissen über Gifte.

Die Touristeninformation hält die kostenlose Broschüre Agatha Christie Mile bereit, die zu bedeutenden Christie-Orten der Stadt führt. Das **Torquay Museum** (☏01803-293975; www.torquaymuseum.org; 529 Babbacombe Rd; Erw./Kind 6,45/3,95 £; ☉10–16 Uhr) beherbergt eine Sammlung an Agatha-Christie-Erinnerungsstücken mit Fotos, handschriftlichen Notizen und Exponaten, die ihren berühmten Spürnasen gewidmet sind. Das Highlight ist jedoch **Greenway** (S. 296), ihr Sommerhaus bei Dartmouth. Dorthin tuckert vom Torquay's Princess Pier die **Greenway Ferry** (S. 297) – am besten vorab buchen. Auch von Dartmouth und Totnes verkehren Boote zum Haus, von Paignton ein Dampfzug.

BATH & SÜDWESTENGLAND TORQUAY & UMGEBUNG

Größe und Komfort beträchtlich: Die klassischen Doppelzimmer sind ein bisschen klein und setzen stark auf Blümchenmuster, sodass sich der Aufpreis für mehr Stil und Platz lohnt. Wunderschön ist die Terrasse mit Blick über den subtropischen Garten aufs Meer.

Essen

★ **The Elephant**   MODERN BRITISCH ££
(☏01803-200044; www.elephantrestaurant.co.uk; 3 Beacon Tce; 2-Gänge-Mittagsmenü 14,50 £, Hauptgerichte 15,50–24 £; ☉Di-Sa 12–14 & 18.30–21 Uhr) Das Nobelrestaurant ist nach wie vor der wichtigste Gourmettempel in Torquay, wenn das Ganze inzwischen auch verschlankt wurde: Zwei Restaurants sind zu einem verschmolzen. Koch Simon Hulstone führt das Haus. Nach wie vor steht ihm der Sinn nach saisonalen Speisen und raffinierter Präsentation, doch mittlerweile geht es etwas entspannter zu. Die Gäste können sich auf gute Bistrogerichte wie Jakobsmuschel-Ceviche und geschmorte Schweinebacken freuen, zubereitet aus erstklassigen Zutaten aus Devon.

Number 7   FISCH & MEERESFRÜCHTE ££
(☏01803-295055; www.no7-fish.com; 7 Beacon Tce; Hauptgerichte 13,75 £; ☉ganzjährig Mi-Sa 12-13.45 Uhr, Juli-Sept. tgl. 19-21 Uhr, Okt.-Juni Di-Sa) In dem kleinen familiengeführten Bistro steht Fisch ohne Mätzchen auf dem Programm. Die Einrichtung ist etwas altbacken, doch das Essen ist stets frisch: Krebs, Hummer, Jakobsmuscheln und Kabeljausteaks, entweder mit Knoblauchbutter oder bestäubt mit marokkanischen Gewürzen.

Rockfish   FISCH & MEERESFRÜCHTE ££
(☏01803-212175; 20 Victoria Pde; Hauptgerichte 11,95-18,95 £; ☉12-21.30 Uhr) Mitch Tonks' schnell wachsende kleine Kette mit Fischrestaurants ist um einen neuen Ableger am Hafen von Torquay erweitert worden. Und wie zu erwarten, hat sich das entspannte Verspeisen des Tagesfangs als sehr beliebt herausgestellt. Weiß getünchtes Holz und Seefahrernippes verleihen dem Ganzen ein maritimes Flair. Zu essen gibt's alles von klassischen Fish and Chips bis zu italienischem *fritto misto* (frittierte Meeresfrüchte).

ⓘ Praktische Informationen

Post (7–13 Union St)
Touristeninformation (☏01803-211211; www. theenglishriviera.co.uk; Vaughan Pde; ☉Mo-Sa 9.30–14 Uhr) Die zentrale Touristeninformation von Torquay hat Infos zu Torquay, Paignton und Brixham.

ⓘ An- & Weiterreise

BUS

Brixham (Bus 12; 4,10 £, 50 Min., halbstündl.) Über Paignton.
Dartmouth (4,50 £, 1¼ Std., Mo-Sa stündl.) Stagecoach Gold.
Totnes (3,50 £, 45 Min., Mo-Sa halbstündl., So 7-mal) Stagecoach Gold.

SCHIFF/FÄHRE

Fähren (S. 299) pendeln regelmäßig zwischen Torquay und Brixham (einfach/hin & zurück 2/3 £).

ZUG

Von Exeter fahren Züge über Torquay (6 £, 45 Min., halbstündl. bis stündl.) nach Paignton (6 £, 52 Min.).

Brixham

17 457 EW.

Ansprechende, pastellfarbene Fischerhütten führen hinunter zum hufeisenförmigen Hafen von Brixham. Spielhallen und Souvenirläden existieren hier neben gewundenen Straßen, leuchtend bunten Booten und einem der geschäftigsten Fischereihäfen von England. Es ist zwar malerisch, aber Brixham hat nichts von einem hübsch verpackten Ferienort. Sein rauer Charme gibt dafür ein wesentlich authentischeres Bild vom Leben an der Küste von Devon.

Sehenswertes

Golden Hind HISTORISCHES SCHIFF
(📞 01803-856223; www.goldenhind.co.uk; The Quay; Erw./Kind 7/5 £; ⊙ März–Okt. 10.30–16 Uhr) Der aus Devon stammende Entdecker Sir Francis Drake segelte im späten 16. Jh. mit der *Golden Hind* um die Welt. Auf diesem originalgroßen Nachbau des Schiffes können Besucher über die Laufplanken schlendern, unter Deck klettern, einen Blick in die Kabine des Kapitäns werfen und das Hüttendeck erkunden.

Brixham Heritage Museum MUSEUM
(📞 01803-856267; www.torbaymuseums.com; Bolton Cross; Erw./Kind 2 £/frei; ⊙ Di–Fr 10–16, Sa 10–13 Uhr) Thema der vielseitigen Ausstellung mit Stücken und Infos zu Segelbooten, Schmugglern, Schiffsbau und Seerettung ist die maritime Geschichte der Stadt. Zu sehen ist etwa der Nachbau eines Fischerhäuschens und einer Polizeizelle, doch am interessantesten sind vielleicht die alten Fotos aus der Vergangenheit des Städtchens.

Geführte Touren

Fischmarkt LEBENSMITTEL & GETRÄNKE
(📞 07973 297620; bfmt2014@gmail.com; The Quay; Führung inkl. Frühstück 12,50 £) In Brixham dreht sich der Alltag um den Fischmarkt und im Sommer werden Führungen über den Markt angeboten. Die Teilnehmer werden an Käufern in weißen Mänteln und mit Eis gefüllten Plastikschüsseln voller Fisch vorbeigeführt, bevor die hektische Auktion beginnt. Danach gibt es Frühstück in der Fishermen's Mission. Allerdings muss man früh aufstehen, da es schon um 6 Uhr losgeht. Buchung unerlässlich.

Essen & Ausgehen

David Walker & Son FISCH & MEERESFRÜCHTE £
(www.davidwalkerandson.com; Unit B, Fischmarkt; ⊙ Mo–Fr 9–15, Sa 8–15 Uhr) Fisch gibt's nirgendwo frischer als an Mr. Walkers Fischstand: Hier türmt sich auf einem Bett aus Eis der Fang des Tages wie Krebse, Hummer, Rochen, Seehecht und Seebarsch – vielleicht verspeist man einen davon am Abend.

Beamers FISCH & MEERESFRÜCHTE ££
(📞 01803-854777; www.beamersrestaurant.co.uk; 19 The Quay; Hauptgerichte 16,95–29,95 £; ⊙ Mi–Mo 6.30–21 Uhr; 📶) In diesem tollen Fischrestaurant stammt der gesamte Fisch tagesfrisch vom Markt. Meerfenchel, Safran und Pernod begleiten einige der Menüüberraschungen. Und wer einen Fenstertisch ergattert, bekommt dazu noch einen faszinierenden Hafenblick.

Maritime PUB
(www.themaritime.co.uk; 79 King St; ⊙ 19–23 Uhr) Durchgeknalltes altes Pub mit Tausenden von Schlüsselringen, Steinkrügen und Nachttöpfen und hauseigenem Papagei, Mr. Tibbs.

An- & Weiterreise

Fähren (S. 299) pendeln regelmäßig zwischen Brixham und Torquay (einfach/hin & zurück 2/3 £).

Kingswear (Bus 22; 3,20 £, 15 Min., halbstündl. bis stündl.) Per **Fähre** (S. 297) weiter nach Dartmouth.

Torquay (Bus 12; 4,10 £, 50 Min., halbstündl.) Über Paignton.

Dartmouth & Umgebung

10 716 EW.

Die Flussstadt Dartmouth beherbergt die renommierteste Marineschule Großbritanniens und ist überdies sicher eine der hübschesten Städte Devons: Die pastellfarbenen, schiefen Häuser aus dem 17. und 18. Jh. lehnen sich in irren Winkeln aneinander und im malerischen Hafen dümpeln Jachten und andere Boote. Heute zeigt sich das Städtchen sehr schick, doch der Hafen wird noch kommerziell genutzt. Und schließlich lassen Flussrundfahrten, das Art-déco-Haus

Coleton Fishacre und Agatha Christies ehemaliges Zuhause Greenway Dartmouth gänzlich unwiderstehlich erscheinen.

Dartmouth liegt auf der Westseite des Mündungsgebiets des Dart River. Zum Dorf Kingswear am gegenüberliegenden Ufer tuckern jede Menge Auto- und Personenfähren, die somit eine wichtige Verkehrsverbindung nach Torquay bilden.

Sehenswertes

⭐ Greenway HISTORISCHES GEBÄUDE

(NT; 📱01803-842382; www.nationaltrust.org.uk; Greenway Rd, Galmpton; Erw./Kind 10,30/5,10 £; ⊙10.30–17 Uhr) Weit oben auf der Liste von Devons Schmuckstücken steht das hinreißende Ferienhaus der Krimiautorin Agatha Christie am gemächlichen River Dart. Heute bietet es ein einzigartiges Erlebnis: Führungen geben Besuchern anregende Infos, lassen aber genug Spielraum, um allein durch die Zimmer zu streifen, in denen größtenteils alles noch so ist, wie es die Grande Dame des Krimis hinterlassen hatte. Die reizenden Gärten am Wasser tauchen teils in ihren Krimis auf, sodass man sich hier auf die Suche nach Tatorten fiktiver Morde machen kann. Parkplätze müssen vorgebucht werden; am besten kommt man zu Fuß oder mit der Greenway Ferry (S. 297) hierher.

Christie gehörte das Anwesen von 1938 bis 1959. So liegen im Flur noch stapelweise ihre Hüte, in der Bibliothek sind noch ihre Bücher und im Kleiderschrank ihre Klamotten zu bewundern. Im Salon kann man sie sogar aus einem nachgebauten Dampfradio sprechen hören. Im Garten säumen hübsche Wäldchen durchbrochen von Magnolien, Narzissen und Hortensien den Flusslauf, während die Anpflanzungen versteckte, lauschige Schlupfwinkel schaffen. Das Bootshaus und die Aussicht auf den Fluss sind herrlich. Natürlich hat Agatha Christie Greenway in einem Roman verewigt: In *Wiedersehen mit Mrs. Oliver* diente es als Vorlage für Nasse House – und das Bootshaus wurde zum Schauplatz für einen Mord.

Das ganze Jahr über pendelt die Greenway Ferry zum Haus oder man nimmt die Dartmouth Steam Railway von Paignton nach Greenway Halt und geht dann einen knappen Kilometer durch den Wald. Eine Wanderung von Kingswear (6,5 km) auf dem malerischen **Dart Valley Trail** führt ebenfalls hierher.

⭐ Coleton Fishacre HISTORISCHES GEBÄUDE

(NT; 📱01803-842382; www.nationaltrust.org.uk; Brownstone Rd, bei Kingswear; Erw./Kind 10,30/5,10 £; ⊙10.30–17 Uhr; 🅿) Dieses Gemäuer verströmt die glanzvolle Magie des Zeitalters des Jazz. Es wurde in den 1920er-Jahren für die Familie D'Oyly Carte erbaut, die ihr Geld als Theateragenten verdiente. Die Zimmer wurden verschwenderisch mit Art-déco-Elementen dekoriert: Lalique-Lampen in Tulpenform, Badezimmerfliesen mit neckischen Motiven und ein glamouröser Salon wie aus dem Film – komplett mit klimperndem Piano. Ein Croquet-Rasen führt hinunter zu einem subtropischen Garten, in dem sich immer wieder Ausblicke aufs Meer auftun. Von Kingswear (6,5 km) führt ein Klippenweg nach Coleton Fishacre; die Anreise im eigenen Pkw ist auch unproblematisch.

Dartmouth Castle BURG

(EH; 📱01803-833588; www.english-heritage.org.uk/visit/places/dartmouth-castle; Erw./Kind 6,10/3,70 £; ⊙April–Sept. 10–18 Uhr, Okt. bis 17 Uhr, Nov.–März Sa & So bis 16 Uhr) Die Burg präsentiert sich mit einem Gewirr an Gängen, stimmungsvollen Wachstuben und Festungsmauern mit tollem Ausblick. Die Anfahrt erfolgt mit der winzigen offenen Castle Ferry (S. 297).

⭐ Dartmouth Steam Railway HISTORISCHE EISENBAHN

(📱01803-555872; www.dartmouthrailriver.co.uk; Torbay Rd, Paignton; Erw./Kind/Fam. hin & zurück 16/9,50/43,25 £; ⊙März–Nov. 4- bis 9-mal tgl.) Die alten Dampfeisenbahnen stellen eine wunderbare Zeitreise dar: Sie zuckern vom am Meer gelegenen Paignton zu den schönen Ufern des River Dart. Auf der 10 km langen, halbstündigen Fahrt geht's vorbei an den Goodrington Sands mit Stopp am Greenway Halt nicht weit vom ehemaligen Zuhause von Agatha Christie; danach kommt das Dorf Kingswear, von wo Fähren zum malerischen Dartmouth übersetzen.

Es werden verschiedenste Ausflüge angeboten, u. a. inklusive Bootsfahrt an der Küste entlang und Exkursion auf einem Raddampfer – das gesamte Programm steht auf der Website.

🛏 Schlafen

⭐ Bayard's Cove B&B ££

(📱01803-839278; www.bayardscoveinn.co.uk; 27 Lower St; DZ 125–155 £, FZ 185 £; 📶) Bayard's Cove strotzt vor Originalität und hat überall

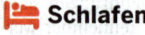BATH & SÜDWESTENGLAND DARTMOUTH & UMGEBUNG

Balken. Gäste schlafen zwischen gekalkten Steinwänden und riesigen Kirchenkerzen. Die wunderbaren Suiten haben große Doppelbetten sowie Minizimmer mit Etagenbett und winzigen Fernsehern für die Kids. Die Flussmündung ist aus den Zimmern zu erahnen.

Alf Resco
B&B ££

(📞01803-835880; www.cafealfresco.co.uk; Lower St; DZ ab 70–90 £, Apt. 100 £) Ahoi, meine Lieben – das Alf's bietet nicht nur mit das beste Essen der Stadt, sondern auch ein paar behagliche Zimmer, Etagenbetten in den Crew's Quarters und eine unters Dach gequetschte Captain's Cabin mit dem Flair einer Schiffskajüte mit Laternen, holzvertäfelten Wänden und Ausblick aufs Wasser.

Just B
GÄSTEHAUS ££

(📞01803-834311; www.justbdartmouth.com; Rezeption 17 Fosse St; Zi. 75–110 £) Die neun extravaganten Schlafmöglichkeiten reichen von Schlafzimmern mit Badezimmer bis zu Miniapartments. Alle sind schick möbliert, haben frische Bettwäsche und komfortable Betten. Sie sind verteilt auf drei zentral gelegene Gebäude und das „nur B" (kein „&B" bedeutet kein Frühstück) sorgt für günstige Preise.

✗ Essen

⭐ Alf Resco
CAFÉ £

(📞01803-835880; www.cafealfresco.co.uk; Lower St; Hauptgerichte ab 6 £; ⏰7–14 Uhr; 📞) Bei Alf trifft sich ein buntes Völkchen – Hipster, Familien, Touristen und Flussschiffer. Morgens und mittags gilt dieselbe Karte mit haufenweise in der Pfanne Gebratenem, unwiderstehlichen Backwaren und die Augen öffnenden Espressos. Die wunderhübschen B&B-Zimmer (s. o.) sind reinster *Shabby-chic.*

Rockfish
FISH & CHIPS ££

(📞01803-832800; www.rockfishdevon.co.uk; 8 South Embankment; Hauptgerichte 10–18 £; ⏰12–21.30 Uhr) Dies ist die Dartmouth-Filiale von Mitch Tonks' vier Läden umfassender Bistrokette. Die Spezialität des Hauses sind Fisch und Meeresfrüchte und die verwitterten Planken und die maritime Einrichtung passen bestens nach Dartmouth. Die Fish and Chips sind köstlich.

⭐ Seahorse
FISCH & MEERESFRÜCHTE £££

(📞01803-835147; www.seahorserestaurant.co.uk; 5 South Embankment; Hauptgerichte 19–28 £; ⏰Di–So 12–15, Di–Sa 18–22 Uhr) Was Rick Stein in Cornwall ist, ist Mitch Tonks in Devon – ein Meister des Fischs und der Meeresfrüchte und mehrerer Restaurants in der Grafschaft. Das Seahorse ist der Ursprung des kulinarischen Imperiums und immer noch das beste: ein klassisches Fischrestaurant, in dem die frischen Meeresbewohner über dem offenen Holzkohlefeuer gegrillt werden. Ledersitzbänke, Holzböden und eine Weinwand verleihen dem Ganzen ein französisches Bistroflair.

❶ Praktische Informationen

Touristeninformation (📞01803-834224; www.discoverdartmouth.com; Mayor's Ave; ⏰Mo, Di & Do–Sa 10–16 Uhr)

❶ An- & Weiterreise

BUS

Plymouth (7,20 £, 2½ Std., Mo–Sa stündl.) Stagecoach-Bus 3. Sonntags fahren zwei Busse bis nach Kingsbridge.

Totnes (3,70 £, 50 Min., Mo–Sa stündl.) Stagecoach-Bus X64 fährt weiter nach Exeter.

SCHIFF/FÄHRE

Vom Anleger in Dartmouth fahren mehrere Fähren:

Castle Ferry (www.dartmouthcastleferry.co.uk; Erw./Kind hin & zurück 5/3 £; ⏰April–Okt. 10–16.45 Uhr) Zum Dartmouth Castle.

Dartsmouth–Kingswear Higher Ferry (📞07866 531687; www.dartmouthhigherferry.com; Auto/Fußgänger einfach 5,60/0,60 £; ⏰6.30–22.45 Uhr) Bringt Autos und Fußgänger alle sechs Minuten über die Flussmündung, sodass man sich nicht durch die engen Straßen der Stadt quälen muss.

Dartmouth–Kingswear Lower Ferry (www.southhams.gov.uk/DartmouthLowerFerry; Auto/Fußgänger 4,50/1,50 £; ⏰7.10–22.55 Uhr) Der älteste Fährservice der Stadt – es gibt ihn seit dem 14. Jh.

Greenway Ferry (📞01803-882811; www.greenwayferry.co.uk; Erw./Kind hin & zurück 8,50/6,50 £) Boote nach Greenway und Dittisham sowie Flussrundfahrten.

ZUG

Dartmouth Steam Railway (S. 296) Verkehrt zwischen Kingswear und Paignton.

Totnes & Umgebung

8041 EW.

Dass in Totnes die Alternativszene regiert, zeigt sich schon am Ortsschild, dem die Einwohner den Zusatz „Partnerstadt von Narnia" (der fiktiven Welt aus Lewis' Fantasy-Romanen) verpasst haben. Jahrzehntelang berühmt als das Hippieparadies von Devon, wurde Totnes 2005 außerdem Großbritanniens erste *transition town*: Es wollte sich von der Abhängigkeit vom Öl lösen. Neben der Nachhaltigkeit beeindruckt die Stadt mit einem verführerischen Weingut, einer anmutigen normannischen Burg und jeder Menge schöner Tudorhäuser. Dazu ist sie ein gutes Sprungbrett zu allen möglichen Abenteuersportarten.

⊙ Sehenswertes & Aktivitäten

★ Sharpham Wine & Cheese
WEINGUT

(☑01803-732203; www.sharpham.com; ☺Mai–Sept. 10–18 Uhr, März & April 10/11 Uhr, Okt.–Dez. 10–15 Uhr, für einige Touren Buchung erforderlich; P) Dies ist eines der renommiertesten Weingüter Devons, bekannt vor allem für seine knackigen, prickelnden Weißweine. Die steilen Weinberge kann man auf eigene Faust erkunden (8,95 £) und dann im Shop Wein probieren oder im ausgezeichneten **Anchorstone Café** (☑01803-732178; www.anchorstoneatsharphamvineyard.co.uk; Sharpham Vineyard; Hauptgerichte 7–15 £; ☺10–16.30 Uhr, Mittagessen April–Sept. 12–14.30 Uhr; ☑) eine Mahlzeit einnehmen. Längere Führungen inklusive angeleiteter Verkostung sind nach Vereinbarung möglich.

Der Sharpham Vineyard liegt knapp 5 km südlich von Totnes abseits der A381.

Totnes Castle
BURG

(EH; ☑01803-864406; www.english-heritage.org.uk; Castle St; Erw./Kind 4/2,40 £; ☺April–Sept. 10–18 Uhr, Okt. bis 17 Uhr, Nov.–März Sa & So bis 16 Uhr) Der äußere Burgfried der normannischen Turmhügelburg von Totnes oberhalb der Stadt gewährt einen fesselnden Überblick über das Dächermeer und das Flusstal. Bemerkenswert ist das mittelalterliche Klo.

Dartington Estate
HISTORISCHE STÄTTE

(☑01803-847000; www.dartington.org; ☺Gärten Sonnenaufgang–Sonnenuntergang, Besucherzentrum 9–17 Uhr) Heinrich VIII. schenkte dieses 324 ha große Anwesen zwei seiner Frauen, Catherine Howard und Catherine Parr. Viele Jahre lang war hier die Kunstschule der Stadt ansässig. Heute finden in dem Herrenhaus aus dem 14. Jh. Veranstaltungen wie die renommierten Festivals für klassische Musik und für Literatur statt. Außerdem gibt's ein tolles Programmkino, ein recht gutes Pub und Übernachtungsmöglichkei-

ten – aber auch ohne all dies lohnt das wunderschöne Anwesen einen Spaziergang. Gut 3 km nordwestlich von Totnes.

★ Dynamic Adventures
ABENTEUERSPORT

(☑01803-862725; www.dynamicadventurescic.co.uk; The Shops at Dartington, Dartington) Hier werden wunderbare Ausflüge und Aktivitäten angeboten wie Kanu-, Kajak- (halber/ganzer Tag 35/70 £) und Seekajakfahren (ab 75 £) sowie Felsklettern und Bogenschießen (beides 15 £ pro Std.). Es werden auch Fahrräder verliehen (halber/ganzer Tag 12/16 £).

Gut 3 km nordwestlich von Totnes.

Totnes Kayaks
KAJAKFAHREN

(☑07799 403788; www.totneskayaks.co.uk; The Quay, Stoke Gabriel; 1/3/6 Std. 20/25/40 £) Der beste Weg, den ruhigen Fluss Dart zu erkunden? Sich im verschlafenen Stoke Gabriel (8 km südöstlich von Totnes) ein Kajak mieten und dort zwischen unverbauten Hügeln paddeln. Am einfachsten ist es, den Gezeiten zu folgen (Besitzer Tom gibt Rat) und flussaufwärts vorbei am Sharpham Vineyard zu paddeln oder flussabwärts zum attraktiven Dittisham.

🛏 Schlafen & Essen

★ Dartington Hall
B&B ££

(☑01803-847147; www.dartington.org; Dartington, bei Totnes; EZ/DZ ab 59/99 £; P🐾) Die Flügel des idyllischen alten Herrenhauses wurden behutsam zu Schlafzimmern umgebaut, die thematisch von historisch bis modern-luxuriös gestaltet sind. Die Zimmer mit Blick auf den grünen, mit Pflastersteinen gesäumten Schlosshof sind am besten – perfekt für eine wahrhaft ruhige Nacht. Das Anwesen liegt rund 2,5 km von Totnes entfernt.

Willow
VEGETARISCH £

(☑01803-862605; 87 High St; Hauptgerichte 5–10 £; ☺So–Di 11–20, Mi–Sa 11–21 oder 22 Uhr; ☑) 🍃 Die alternative Szene der Stadt zieht es in dieses alteingesessene vegetarische Naturkostcafé, das so gemütlich wie ein altes Batik-T-Shirt ist. Quiches, Pasteten, Salate, Moussaka, glutenfreier Kuchen – hier findet man alles. Einmal pro Woche werden abends Currys serviert.

★ Riverford Field Kitchen
MODERN BRITISCH ££

(☑01803-762074; www.riverford.co.uk; Wash Barn; 3-Gänge-Mittag-/Abendessen 23,50/27 £; ☺tgl. 12–14.30 Uhr, an den meisten Abenden 18–22 Uhr;

🌱) 🍴 Auf diesem umweltfreundlichen Bio-hof wollen alle essen, wenn sie nach Totnes kommen – Buchung sehr ratsam! Das Ganze begann als Gemüsekistenprojekt und jetzt gibt's hier dieses reizende Scheunenbistro, in dem die Gäste zusammen an langen Gemein-schaftstischen sitzen und die Tagesgerichte herumreichen. Es herrschen rustikale Aro-men vor, mit köstlichen Salaten, Braten und phantasievollen vegetarischen Speisen.

Rumour PUB **££**
(📞01803-864682; www.rumourtotnes.com; 30 High St, Totnes; Hauptgerichte 9–18 £; ⊙Mo–Sa 12–15, tgl. 18–21 Uhr) 🍴 Das Rumour ist eine lokale Institution – ein enges, gemütliches Pub-Restaurant mit schummriger Beleuch-tung, moderner Kunst und ausliegenden Zeitungen. Legendär ist die Pizza (9 £), aber es gibt auch Risotto, Steaks, Eintöpfe und einen Fisch des Tages.

ℹ️ Praktische Informationen

Touristeninformation (📞01803-863168; www.totnesinformation.co.uk; Coronation Rd; ⊙April–Okt. Mo–Sa 10–16 Uhr, Nov.–März Mo–Fr 10–16, Sa 10–13 Uhr) Die kleine, aber gut ausgestattete Touristeninformation bietet viele gute Links zu Unterkünften und Veranstaltern von Touren und Aktivitäten.

ℹ️ Anreise & Unterwegs vor Ort

BUS

Totnes verfügt über ein gutes Busnetz, wenn auch einige Busse nach einem sehr unüber-sichtlichen Fahrplan verkehren. Nützliche Verbindungen:
Exeter (9,70 £, Mo–Sa alle 2 Std., So 3-mal) Stagecoach Bus X64; fährt in der anderen Richtung weiter nach Dartmouth.
Plymouth (3,40 £, 1 Std., Mo–Fr halbstündl., Sa & So stündl.) Stagecoach Gold.
Torquay (3,70 £, 45 Min., Mo–Fr halbstündl., Sa & So stündl.) Stagecoach Gold.

SCHIFF/FÄHRE

Fähren der **Dartmouth Steam Railway and Riverboat Company** (📞01803-555872; www. dartmouthrailriver.co.uk) tuckern flussabwärts nach Dartmouth.

ZUG

Züge verkehren mindestens stündlich nach Exe-ter (11 £, 35 Min.) und Plymouth (8 £, 30 Min.).
Die urige **South Devon Steam Railway** (www.southdevonrailway.co.uk; Erw./Kind hin & zurück 14/8,40 £; ⊙April–Okt. 3- bis 9-mal tgl.) schnauft nach Buckfastleigh am Rand von Dartmoor.

Plymouth & Umgebung
258 000 EW.

Plymouth war wegen seiner architektoni-schen Schandflecken und der teils offen-sichtlichen Armut jahrzehntelang als wu-chernde, hässliche Stadt verschrien. Aber die Ankunft von zwei berühmten Chef-köchen (Hugh Fearnley-Whittingstall und Mitch Tonks) und die fortdauernde Hafen-sanierung haben ein Umdenken eingeleitet. Ja, die Stadt (ein wichtiger Hafen für die Royal Navy) hat stark unter den Bombardie-rungen im Zweiten Weltkrieg gelitten und auch heute ist sie manchmal eher trostlos als hübsch, aber Plymouth ist zugleich eine Stadt der vielen Möglichkeiten. Man kann in einem Art-déco-Freibad schwimmen, eine Gin-Destille besuchen, das Kajakfahren er-lernen, ein Aquarium entdecken, mit dem Boot durch die Bucht schippern, ein Stück in einem erstklassigen Theater sehen und bis in die Puppen feiern. Und das Beste? Ply-mouth Hoe – eine weite, grüne Landzunge mit Cafés und mit atemberaubendem Blick auf die Bucht und ihre vielen Schiffe.

Geschichte

Die Geschichte von Plymouth wurde vom Meer geschrieben. 1211 wurden hier ur-kundlich erwähnt zum ersten Mal Waren verschifft und ab dem späten 16. Jh. war Ply-mouth der Hafen für Entdecker und Aben-teurer: Sir Francis Drake, Sir Walter Raleigh, die Flotte, die die Spanische Armada be-siegte, die Pilgerväter, die Amerika „grün-deten“, Charles Darwin, Captain Cook und unzählige Schiffe, die Auswanderer nach Australien und Neuseeland verschifften – alle stachen von Plymouth aus in See.
In den 1940er-Jahren litt Plymouth als Standort der Marinewerften fürchterlich un-ter den Angriffen der deutschen Luftwaffe. Mehr als 1000 Zivilisten starben im Bom-benhagel und das Stadtzentrum wurde in Schutt und Asche gelegt. In jüngster Zeit ist der Hafen saniert worden, es entstand das 200 Mio. £ teure Einkaufszentrum Drake Cir-cus und die Universität, an der heute 30 000 Studenten eingeschrieben sind, bescherte dem Stadtzentrum einige neue Gebäude.

🔴 Sehenswertes

⭐ Plymouth Hoe WAHRZEICHEN
Der Legende nach war es auf dieser begrün-ten Landzunge, wo Sir Francis Drake die spanische Armada erblickte und angeblich

Plymouth

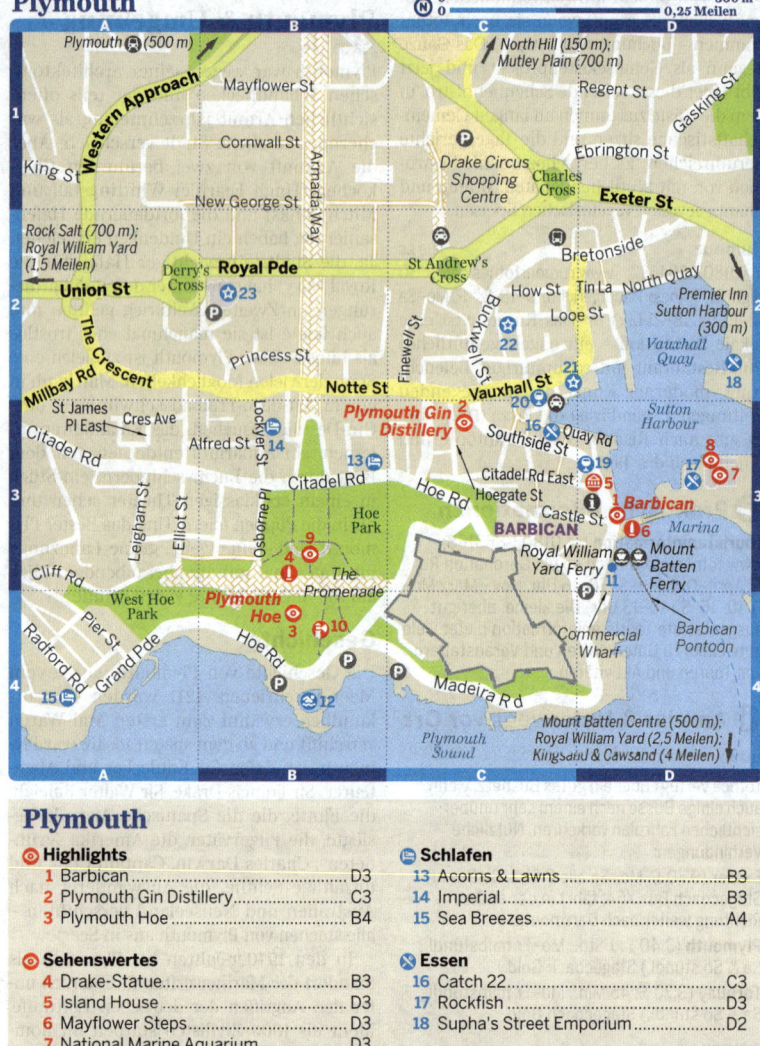

Plymouth

darauf bestand, erst sein Bowlsspiel zu beenden, bevor er sich dem Feind widmen
kann. Dieses sagenumwobene Bowlsfeld war

höchstwahrscheinlich genau dort, wo heute
seine **Statue** steht. Das riesige **Plymouth
Naval Memorial** ist die größte der vielen

Gedenkstätten auf dem Hoe. Es ist den See-männern des Commonwealth gewidmet, die im Ersten und Zweiten Weltkrieg mit ihren Schiffen untergegangen sind.

Smeaton's Tower LEUCHTTURM

(☎01752-304701; www.plymouth.gov.uk/museum smeatonstower; The Hoe; Erw./Kind 3/1,50 £; ☺Di–So 10–17 Uhr) Aus der Mitte des Ply-mouth Hoe erhebt sich der rot-weiß ge-streifte Smeaton's Tower. Der 21 m hohe Leuchtturm stand früher auf dem Eddy-stone Riff, 22,5 km vor der Küste, und wurde in den 1880er-Jahren Stein für Stein abge-baut und hierher versetzt. Heute erlaubt er Besuchern einen im wahrsten Sinne er-leuchtenden Einblick in das Leben früherer Leuchtturmwärter. Wer alle 93 Stufen der steinernen Wendeltreppe erklimmt und die runden Zimmer durchquert, wird schließ-lich auf einer Freiluftplattform durch einen atemberaubenden Ausblick auf Plymouth, Dartmoor und das Meer belohnt.

★Barbican STADTVIERTEL

(www.barbicanwaterfront.com) In diesem histo-rischen Hafenviertel säumen Häuser aus der Tudor- und Jakobinerzeit kopfsteingepflas-terte Straßen. Die alten Lagerhäuser wur-den mittlerweile in Bars, Restaurants und Galerien verwandelt. Besucher bekommen hier einen Eindruck davon, wie Plymouth ausgesehen haben mag, bevor die Bomber der deutschen Luftwaffe ihr zerstörerisches Werk verrichteten. Außerdem ist das Viertel bekannt als der Ort, von dem aus die Pil-gerväter 1620 in die Neue Welt aufbrachen; den Abfahrtsort markieren die **Mayflower Steps**.

Nicht weit entfernt hängt an der Wand des **Island House** die Passagierliste der *Mayflower*. An den Stufen wird außerdem an Captain James Cooks Entdeckungsreise von 1768 und die ersten Auswandererschiffe nach Australien und Neuseeland erinnert.

Heute ist das Barbican eines der leben-digsten und angesagtesten Viertel der Stadt – und natürlich eins der schönsten.

★Plymouth Gin Distillery BRENNEREI

(☎01752-665292; www.plymouthdistillery.com; 60 Southside St; Führung 7 £; ☺6 Führungen tgl.) In dieser Destille mit den vielen Holzbalken wird seit 1793 Gin gebrannt. Sie ist damit der älteste Schnapshersteller der Welt. Die Offi-ziere der Royal Navy hatten ihr Lieblingsge-tränk auf der ganzen Welt im Gepäck. Aber erst in den 1930er-Jahren wurde „Plymouth

Gin" zum ersten Mal offiziell als Zutat in einem Rezept für Martini Dry angegeben. Bei einer Führung laufen Besucher an Destillierapparaten vorbei und dürfen bei einer Verkostung ihre Geschmacksnerven trainieren. Zum Abschluss gibt's in der schö-nen denkmalgeschützten Cocktailbar einen kostenlosen Gin Tonic. Die Führungen kön-nen im Internet gebucht werden.

Plymouth Fish Market MARKT

(☎01752-204738; www.plymouthfisheries.co.uk; Sutton Harbour) Rund 6000 t Fisch passieren diesen Fischmarkt am Sutton Harbour – da-mit ist er im Handelsvolumen nach Billings-gate der zweitgrößte Englands. Wenn hier richtig Action ist, ist der Markt ein beein-druckendes Erlebnis. Wer möchte, kann mit dem Hafenmeister (p.bromley@sutton-har-bour.co.uk) eine Führung vereinbaren. Au-ßerdem werden regelmäßig „Fish In Sutton Harbour (FISH)"-Führungen mit einem ört-lichen Fischer angeboten – Näheres auf der Sutton-Harbour-Facebook-Seite.

National Marine Aquarium AQUARIUM

(☎0844 893 7938; www.national-aquarium.co.uk; Rope Walk; Erw./Kind 14,95/10,95 £; ☺10–17 Uhr, April–Sept. bis 18 Uhr) In riesigen Becken glei-ten Haie lautlos durch eine von Muränen und knallbunten Fischen bevölkerte Un-terwasserwelt. Hin und wieder paddelt so-gar eine Unechte Karettschildkröte namens Snorkel ins Bild, die von einem Strand in Cornwall gerettet wurde. In gläsernen Bo-gengängen gleiten riesige Rochen den Besu-chern lautlos über die Köpfe hinweg, wäh-rend im noch größeren Atlantic-Reef-Becken das Meeresgetier zu bewundern ist, das nur ein paar Kilometer vor der Küste herumlun-gert. Zu den wichtigsten Veranstaltungen hier zählen die Haishows um 11 und 15 Uhr und die Begegnungen mit Tintenfischen um 13.30 und 16 Uhr.

Wer sein Ticket online kauft, spart ein bisschen Geld.

🏃 Aktivitäten

★Tinside Lido SCHWIMMEN

(☎01752-261915; www.everyoneactive.com; Hoe Rd; Erw./Kind/Fam. 4/3/11,60 £; ☺Mai–Sept. tgl. 12–18 Uhr, Sa, So & in Ferien 10–18 Uhr, Abend-schwimmen Mi 18–19.30 Uhr) Dieses wunderbare Freibad ist eine der schönsten Überraschun-gen in Plymouth. Es befindet sich unterhalb des Hoe mit Blick auf den Plymouth Sound

und ist ein Juwel des Jazz-Zeitalters: erbaut 1935 mit eleganten weißen Rundungen und blauen Kacheln im Schachbrettmuster – so scheint es direkt einem Roman von F. Scott Fitzgerald entsprungen zu sein.

Mount Batten Centre — WASSERSPORT

(☎01752-404567; www.mount-batten-centre.com; 70 Lawrence Rd) Aus einer ganz anderen Perspektive kann Plymouth erkunden, wer sich aufs Wasser wagt. Dieses Wassersport- und Aktivitätenzentrum befindet sich draußen auf der Mount-Batten-Halbinsel und ist vom Viertel Barbican mit einer Passagierfähre (www.mountbattenferry.com; Erw./Kind hin & zurück 3/2 £) zu erreichen. Zweistündige Schnupperkurse auf einem Sit-on-top-Kajak kosten 18,50 £ oder man versucht sich für 19,95 £ im Segeln oder Stehpaddeln.

Plymouth Boat Trips — BOOTSTOUREN

(☎01752-253153; www.plymouthboattrips.co.uk; Barbican Pontoon; ☺April–Mitte Okt. 4-mal tgl.) Diese Reederei bietet vom Barbican-Kai aus verschiedene Rundfahrten, u. a. regelmäßig startende einstündige Hafenrundfahrten (Erw./Kind 8,50/5 £) sowie eine 4½-stündige Tour das Tamar Valley hinauf zum kornischen Dorf Calstock (17,50/12 £).

🛏 Schlafen

⭐ St Elizabeth's House — BOUTIQUEHOTEL ££

(☎01752-344840; www.stelizabeths.co.uk; Longbrook St, Plympton St. Maurice; DZ 119–129 £; [P][☎]) Hier können sich Gäste echt verwöhnen lassen: Das Minihotel in einem Herrenhaus aus dem 17. Jh. wartet mit frei stehenden Badewannen, Eichenmöbeln und Bettwäsche aus ägyptischer Baumwolle auf. Die Suiten haben feudale Badezimmer und private Terrassen. Einziger Nachteil: Das Haus liegt im dörflichen Vorort Plympton St. Maurice, 8 km östlich von Plymouth.

Imperial — HOTEL ££

(☎01752-227311; www.imperialplymouth.co.uk; Lockyer St; EZ 80 £, DZ 90–110 £, FZ 140 £; [P][☎]) Wahrscheinlich das beste der zahlreichen B&Bs auf dem Hoe: ein Stadthaus aus den 1840er-Jahren, das einst einem Admiral gehörte und inzwischen umfassend aufgefrischt wurde. Zwar sind noch einige alte Ausstattungselemente zu finden, doch insgesamt wirkt das Haus eher modern, mit beigefarbenen Teppichen, Holzmöbeln und hier und da Orla-Kiely-Tapeten. Der Parkplatz bietet zwölf Fahrzeugen Platz.

Acorns & Lawns — B&B ££

(☎01752-229474; www.acornsandlawnsguesthouse.com; 171 Citadel Rd; DZ 60–75 £; [☎]) Das kleine, moderne B&B ein Stück weg vom Hoe bietet von den Zimmern nach vorne raus einen Blick auf Rasenflächen. Hier kümmert man sich um die grundsätzlichen Dinge: Die Zimmer verströmen mit ihrer Aufgeräumtheit und ihrer frischen, modernen Ausstattung einen gewissen Ikea-Charme. Dazu kommt ein netter Frühstücks- und Aufenthaltsraum mit Laminatboden und bunter Kunst. Parken am Straßenrand kostet 2 £ pro Tag.

Sea Breezes — B&B ££

(☎01752-667205; www.plymouth-bedandbreakfast.co.uk; 28 Grand Pde; EZ/DZ/FZ 55/85/105 £; [P]) Angeblich wird hier „Luxus auf dem Niveau der besten 5-Sterne-Hotels" geboten – das ist sicher übertrieben, doch dieses 6-Zimmer-B&B ist trotzdem eine gute Wahl. Die Zimmer sind geschmackvoll in Weiß und Meeresblau gehalten und verfügen über weiche Kissen, gusseiserne Bettgestelle, altmodische Wecker und einige nette Akzente. Ausblicke aufs Meer bieten sich allenthalben und Eigentümerin Anne Anderson ist eine ausgezeichnete Gastgeberin.

Premier Inn Sutton Harbour — HOTEL ££

(☎0871 527 8882; www.premierinn.com; 28 Sutton Rd; Zi. 69–99 £; [❄][♿][📶]) Zwar gehört das Haus zu einer Hotelkette und ist business- und zweckmäßig, doch das Premier Inn ist eine sehr praktische Unterkunft. Die Einrichtung ist mehr oder weniger nichtssagend – cremefarbene Wände, Faserplattenmöbel, schlichte Bäder –, doch hier logiert man in bester Lage am Sutton Harbour. Die Übernachtung wird keinen großen Eindruck hinterlassen, doch manchmal ist praktisch besser als vornehm.

🍴 Essen

⭐ Supha's Street Emporium — ASIATISCH £

(☎01752-228513; www.suphas.co.uk; Unit 1, East Quay House; Gerichte 6,95–14,95 £; ☺Di & So 12–21, Mi–Sa 12–22 Uhr;) Ein exotischer Neuling in der aufstrebenden Gegend um den Sutton Harbour: Dieses Lokal ist auf würziges, aromatisches thailändisches Straßenessen spezialisiert. So gibt's z. B. klassisches Massaman Curry, gedämpften Seebarsch und *larb*- und Papaya-Salate. Die Gäste können wählen, wie sie speisen möchten: Es gibt kleine Imbissteller, Teller für mehrere Personen und zusammenstellbare Currys. Alle

Speisen sind authentisch und köstlich und auch für Fleischverächter ist ausreichend gesorgt.

Royal William Bakery

CAFÉ, BÄCKEREI £

(www.royalwilliambakery.com; Royal William Yard; Hauptgerichte 3–6 £; ☺8.30–16.30 Uhr; ✍) Stapelweise riesige, frisch gebackene Brote, mit Suppe gefüllte Terrinen, krümeliges Gebäck und unwiderstehliche Kuchen: Diese Bäckerei sucht ihresgleichen. Das Selbstbedienungskonzept ist so relaxt, dass es nicht einmal eine Rechnung gibt. Man sagt an, was man hatte, und dann wird am Ende alles zusammengezählt. Der Royal William Yard liegt gut 3 km westlich vom Stadtzentrum an der Buslinie 34.

★ Rock Salt

MODERN BRITISCH ££

(☎01752-225522; www.rocksaltcafe.co.uk; 31 Stonehouse St; Hauptgerichte mittags 12,95–14,95 £, abends 14,95–19,95 £; ☺12–15 & 17–21.30 Uhr; ☎) Der aus Plymouth stammende Koch Dave Jenkins hat in seiner kleinen Brasserie wahre Wunder vollbracht und sich eine loyale Gefolgschaft sowie einige Auszeichnungen erkocht. Hier gibt's zu jeder Tageszeit etwas Passendes: zum Frühstück z. B. fluffige *eggs royale*, mittags ein leichtes Kürbis-Risotto und abends eine langsam geschmorte Ochsenbacke. Ausgezeichnet!

Catch 22

FISCH & MEERESFRÜCHTE

(☎07557 476530; @Catch22; Quay Rd; Hauptgerichte 10–14 £; ☺12–20 Uhr) ✍ Dieses von Mark Tam und Sam Johnson geführte Fischlokal hat seit seiner Eröffnung das Hafenviertel im Sturm erobert. Los ging's als winziges Lokal, in dem schnörkellose Meeresfrüchtegerichte wie frische Muscheln, Tempura-Tintenfisch und Knoblauch-Riesengarnelen serviert wurden. Das Ganze war so erfolgreich, dass man sich mit der benachbarten Live Lounge zusammengetan hat; so gibt's jetzt Sitzplätze, abendliches Grillen und Festabende.

River Cottage Canteen

MODERN BRITISCH ££

(☎01752-252702; www.rivercottage.net; Royal William Yard; Hauptgerichte 10–18 £; ☺Mo–Sa 10–23, So bis 16 Uhr; ✍) Fernsehkoch Hugh Fearnley-Whittingstall setzt sich seit Langem für regionale, nachhaltige, saisonale und ökologische Zutaten ein – und genau das gibt es hier. Das Fleisch wird über einem offenen Feuer gebraten, der Fisch ist einfach gegrillt und die bekannten Gemüsesorten erhalten eine aromatische Verfeinerungskur. Im Royal William Yard, gut 3 km westlich vom Stadtzentrum, erreichbar mit Bus 34.

ROYAL WILLIAM YARD

Einst versorgte dieser Lagerhauskomplex aus den 1830er-Jahren zahllose Schiffe der Royal Navy. Heute befinden sich hier schicke Apartments, Kunstgalerien, ein lockeres Pub, eine elegante Weinbar und einige Restaurants – zu den besten zählen die **River Cottage Canteen** (S. 303) und die **Royal William Bakery** (S. 303).

Der Komplex steht gut 3 km westlich vom Stadtzentrum; Anfahrt mit Bus 34 (1,20 £, 8 Min., halbstündl.) oder schöner mit der Fähre (☎07979 152008; www.royalwilliamyardharbour.co.uk/ferry.php; Erw./Kind 3/2 £; hMai–Sept. 10–17 Uhr, Juli & Aug. bis 18 Uhr) vom Barbican Pontoon.

Rockfish

FISCH & MEERESFRÜCHTE ££

(☎01752-255974; www.therockfish.co.uk; 3 Rope Walk; Hauptgerichte 9,95–14,95 £; ☺12–21.30 Uhr) Im fröhlichem Bistro des bekannten Kochs Mitch Tonks direkt am Fischmarkt werden zum perfekt zubereiteten Kabeljau so viele Pommes gereicht, wie man möchte. Außerdem stehen gebratene Jakobsmuscheln, gedämpfte Garnelen und süße Devon-Krebse auf der phantasievollen Karte.

🍸 Ausgehen & Nachtleben

Wie jeder andere Stützpunkt der Royal Navy wartet Plymouth mit einem mehr als munteren Nachtleben auf. Clubs tummeln sich an der Union Street, studentischer geht's in Mutley Plain und North Hill zu und in Barbican verstecken sich zwischen den Bars zahlreiche Restaurants. Besonders am Wochenende kann es in all diesen Gegenden ruppig zugehen.

Dolphin

PUB

(☎01752-660876; 14 The Barbican; ☺10–23 Uhr) In dieser herrlich renovierten Barbican-Kneipe sorgen abgenutzte Tische und gepolsterte Sitzbänke für eine authentische, geradlinige Atmosphäre. Hungrig? Einfach zwei Türen weiter Fish and Chips holen und sich mit einem Pint hier niederlassen.

Live Lounge

BAR

(☎07714 001991; 11 The Parade; ☺10–4 Uhr) Eine der vielen Bars und Clubs im Barbican-Viertel: Mit seinem Gewölbe und seinen guten Cocktails lohnt es einen Besuch.

Vignoble
WEINBAR

(www.levignoble.co.uk; Royal William Yard; ⊙12–23.30 Uhr) In der schmucken kleinen Bar können Gäste in Probiergläsern verschiedene Weine verkosten. Im Royal William Yard, 3 km westlich des Zentrums.

Unterhaltung

★ Annabel's
VARIÉTÉ

(www.annabelscabaret.co.uk; 88 Vauxhall St; ⊙Do 21–2, Fr & Sa 20.30–3 Uhr) Im Varietéclub Annabel's im Barbican-Viertel weiß man nie so genau, was einen erwartet – Burlesque oder Blues, Comedy oder Country. Aber es macht immer Spaß und die Stimmung in der Loungebar trifft genau ins Schwarze.

Plymouth Arts Centre
KINO

(☑01752-206114; www.plymouthartscentre.org; 38 Looe St; ⊙Di–Sa 10–20.30, So ab 16 Uhr) Tolles Programmkino, Ausstellungen mit moderner Kunst sowie vegetarierfreundliches Bistro mit Alkoholausschank (So geschl.).

Theatre Royal
THEATER

(TRP; ☑01752-267222; www.theatreroyal.com; Royal Pde) Das Theatre Royal zeigt auf seiner Hauptbühne Eigeninszenierungen sowie groß angelegte Gastspiele. Das preisgekrönte Drum Theatre ist hingegen für neue Stücke bekannt.

Praktische Informationen

Polizei (Charles Cross; ⊙24 Std.)

Stadtbücherei (Drake Circus; 2 £ für 30 Min.; ⊙Mo–Fr 9–18, Sa bis 17 Uhr; ☎) Internetzugang und kostenloses WLAN.

Touristeninformation (☑01752-306330; www.visitplymouth.co.uk; 3 The Barbican; ⊙April–Okt. Mo–Sa 9–17, So 10–16 Uhr, Nov.–März Mo–Sa 10–16 Uhr) Stapelweise Infos sowie Eintrittskarten für viele Sehenswürdigkeiten.

An- & Weiterreise

BUS

National-Express-Busse u. a. nach:

Bristol 16–21 £, 3 Std., 4- bis 6-mal tgl.

Exeter 5 £, 1–1½ Std., 4-mal tgl.

London 27,80 £, 5–6 Std., 6-mal tgl.

Penzance 6,20 £, 3¼ Std., 5-mal tgl.

Regionalverbindungen:

Exeter Bus X38; 9,70 £, 1¼ Std., Mo–Sa alle 2 Std., So 3-mal

Totnes Stagecoach Gold; 3,40 £, 1 Std., Mo–Fr halbstündl., Sa & So stündl.

ZUG

Züge u. a. nach:

Bristol 18,50–27,90 £, 2 Std., 2- bis 3-mal pro Std.

Exeter 8,60 £, 1 Std., halbstündl.

London Paddington 54 £, 3¼ Std., halbstündl.

Penzance 10 £, 2 Std., halbstündl.

Totnes 8 £, 30 Min., halbstündl. bis stündl.

Dartmoor National Park

Dartmoor ist das wilde Herz Devons. Der 950 km² große Nationalpark scheint mit seinen honigfarbenen Heiden, moosbewachsenen Felsen, gluckernden Bächen und geheimnisvollen Granithügeln, den sogenannten *tors*, geradewegs einem Roman von Tolkien entsprungen zu sein.

An sonnigen Tagen ist Dartmoor idyllisch: Ponys streifen umher und Schafe grasen neben der Straße. Es ist eine filmreife Landschaft, die Steven Spielberg veranlasste, hier sein Weltkriegsdrama *Gefährten* zu drehen. Und es ist auch der Schauplatz von Sir Arthur Conan Doyles *Der Hund von Baskerville* – im Schneeregen und wabernden Nebel wird schnell klar warum: Das Moor verwandelt sich in eine düstere Wildnis, in der die Geschichte eines Phantomhundes wirklich wahr sein könnte.

Dartmoor ist ein absolutes Mekka für Frischluftfanatiker. Hier kann man wandern, Rad fahren, reiten, klettern und wildwasserraften. Und rustikale Pubs und Landhaushotels bieten perfekte Schlupflöcher, wenn der Nebel aufkommt.

Aktivitäten

Dartmoor ist ein ideales Terrain für Outdooraktivitäten, ob auf Schusters Rappen oder auf echten Pferden. Anbieter wie **CRS Adventures** (☑01364-653444; www.crsadventures.co.uk; Holne Park, Ashburton) und Adventure Okehampton (S. 306) haben ein breitgefächertes Programm an Möglichkeiten, den Puls in die Höhe zu treiben.

Wandern

Rund 1175 km öffentliche Fußwege durchkreuzen die Heideflächen und felsigen *tors* von Dartmoor. Im Pathfinder-Führer *Dartmoor Walks* (12 £) stehen 28 Wanderungen mit bis zu 15 km Länge, in *Dartmoor Short Walks* (8 £) werden dagegen eher familienfreundliche Wanderungen vorgestellt.

Der 29 km lange **Templer Way** führt in zwei bis drei Tagen von Haytor nach Teign-

Dartmoor National Park

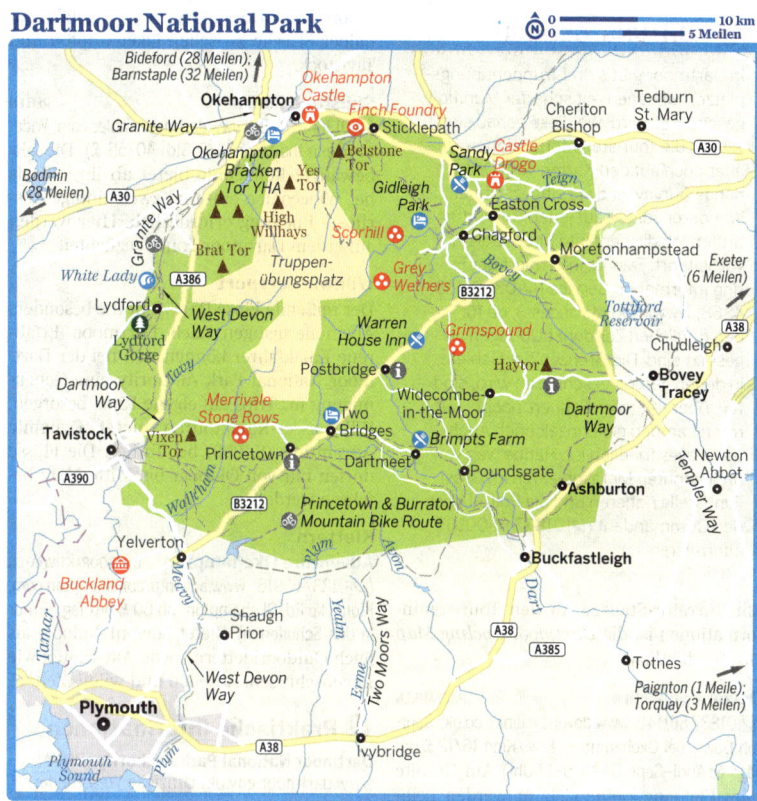

mouth, der 58 km lange **West Devon Way** von Okehampton nach Plymouth. Der 153 km lange **Dartmoor Way** dreht von Buckfastleigh im Süden eine Runde durch Moretonhampstead, Richtung Nordwesten nach Okehampton und Richtung Süden durch Lydford nach Tavistock. Der 188 km lange **Two Moors Way** führt von Wembury an der Südküste von Devon über Dartmoor und Exmoor nach Lynmouth an der Nordküste.

Das Wetter in Dartmoor ist bekanntermaßen launisch. Viele Wege sind nicht ausgeschildert, also Karte und Kompass nicht vergessen. Die Explorer-Karte *Dartmoor* (8 £) des Ordnance Survey (OS) im Maßstab 1:25 000 (Nr. 28) ist die detaillierteste Karte und zeigt sowohl die Grenzen des Parks als auch die Truppenübungsplätze.

⭐ **Moorland Guides**　　　WANDERN
(www.moorlandguides.co.uk; Erw. 5–10 £, Kind frei) Unterschiedliche geführte Wanderungen von einstündigen Spaziergängen bis zu anstrengenden Tageswanderungen, zu Themen wie Geschichte, Geologie, Tiere und Pflanzen, Mythologie und Orientierung.

DNPA Guided Walks　　　WANDERN
(www.dartmoor.gov.uk/visiting; Erw./Kind 5 £/frei) Diese von Parkrangern geführten Wanderungen decken verschiedene Aspekte der Moorlandschaft wie Geologie und Naturkunde ab und richten sich an Personen unterschiedlichster Fitness. Sie dauern eine bis sechs Stunden.

Radfahren

Zu den Radrouten im Nationalpark zählen der **Granite Way**, der 17 km einer ehemaligen Eisenbahnstrecke zwischen Okehampton und Lydford folgt und über offenes Gelände führt. Anstrengender ist die 21 km lange **Princetown & Burrator Mountain Bike Route**, ein Rundkurs auf Feld- und Reitwegen durchs Moor; er verläuft durch Princetown, das Dorf Sheepstor und vorbei

ⓘ ACHTUNG, GEFAHR!

In Dartmoor gibt's drei Truppenübungsplätze, auf denen mit scharfer Munition geschossen wird. Wo diese genau sind, wissen die Touristeninformationen, aber auch auf den Karten vom Ordnance Survey sind sie eingezeichnet. Wanderer sollten auf jeden Fall vorher prüfen, ob die geplante Route dort vorbeiführt. Falls ja, informiert der Firing Information Service (☎ 0800 458 4868; www.mod.uk/access), ob für den fraglichen Zeitpunkt Übungen angesetzt sind. Die Grenzen der Gebiete, in denen gerade geschossen wird, sind tagsüber mit roten Fahnen, nachts mit roten Lampen gekennzeichnet. Auch wenn alles friedlich ist: Hände weg von unbekannten Metallobjekten im Gras! Fundstelle notieren und die Polizei oder den Commandant (☎ 01837-650010) informieren.

am Burrator-Stausee. In den Touristeninformationen ist die *Dartmoor Cycling Map* (13 £) erhältlich.

Devon Cycle Hire   RADFAHREN
(☎ 01837-861141; www.devoncyclehire.co.uk; Sourton Down, bei Okehampton; Erw./Kind 16/12 £ pro Tag; ⊙ April–Sept. Do–Di 9–17 Uhr) Am Granite Way. Für eine kleine Gebühr werden Leihräder auch gebracht.

Princetown Cycle Hire   RADFAHREN
(☎ 01822-890238; www.princetowncyclehire.co.uk; Fox Tor Cafe, Two Bridges Rd, Princetown; Erw./Kind 18,50/10 £ pro Tag; ⊙ 9–17 Uhr) Im Fox Tor Cafe. Praktisch für die Princetown & Burrator Mountain Bike Route.

Reiten
Reiterhöfe bieten Ausritte übers Moor auf allen Fertigkeitsniveaus.

Babeny Farm   REITEN
(☎ 01364-631296; www.babenystables.co.uk; Poundsgate, bei Ashburton; Ausritte 1/2 Std. 25/50 £) Die Familienfarm bietet Ausritte, Reitunterricht und einen sehr britischen „Ritt zum Pub".

Cholwell   REITEN
(☎ 01822-810526; www.cholwellridingstables.co.uk; bei Mary Tavy; 1/2 Std. 22/40 £) Der familiengeführte Reiterhof richtet sich sowohl an Neulinge als auch an alte Hasen. Er befindet sich unweit einer alten Silbermine am Rand des

Moors beim Dorf Mary Tavy, ungefähr auf halber Strecke zwischen Okehampton und Tavistock.

Shilstone Rocks   REITEN
(☎ 01364-621281; www.dartmoorstables.com; Widecombe-in-the-Moor; 1/2 Std. 40/55 £) Die altbewährte Reitschule bietet ab ihrer Basis bei Widecombe ein- und zweistündige Ausritte – Buchung erforderlich. Hier werden außerdem Dartmoor-Ponys gezüchtet.

Wildwassersport
Der reißende Fluss Dart zieht die besonders Abenteuerlustigen nach Dartmoor. Erfahrene Kajakfahrer können sich bei der Dartmoor National Park Authority eine Genehmigung für Trips auf eigene Faust besorgen. Wildwasser-Kajaktouren bietet Dynamic Adventures (S. 298) bei Totnes. Die Flüsse dürfen nur von Oktober bis Mitte März befahren werden.

Klettern
Adventure Okehampton   OUTDOORAKTIVITÄTEN
(☎ 01837-53916; www.adventureokehampton.com; Klondyke Rd, Okehampton; ab 60 £ pro Tag; ⊙ nur in den Schulferien) Bietet sowohl Indoor- als auch Outdoorklettern sowie Aktivitäten wie Bogenschießen, Abseilen und wildes Zelten.

ⓘ Praktische Informationen

Dartmoor National Park Authority (DNPA; www.dartmoor.gov.uk) Offizielle Website der Parkverwaltung.

DNPA Haytor (☎ 01364-661520; ⊙ April–Sept. 10–17 Uhr, März & Okt. bis 16 Uhr, Nov.–Feb. Do–So 10.30–15.30 Uhr)

DNPA Postbridge (☎ 01822-880272; ⊙ April–Sept. 10–17 Uhr, März & Okt. bis 16 Uhr, Nov.–Feb. Do–So 10.30–15.30 Uhr)

Higher Moorland Touristeninformation (DNPA; ☎ 01822-890414; www.dartmoor. gov.uk; Princetown; ⊙ April–Sept. 10–17 Uhr, März & Okt. bis 16 Uhr, Nov.–Feb. Do–So 10.30–15.30 Uhr)

Visit Dartmoor (www.visitdartmoor.co.uk)

ⓘ Anreise & Unterwegs vor Ort

Theoretisch lässt sich Dartmoor per Bus erkunden, aber die Verbindungen sind teils nervig unregelmäßig und stark von der Jahreszeit abhängig.

Busfahrpläne halten die Touristeninformationen bereit; siehe auch https://new.devon. gov.uk/travel.

Bus 98 (Mo–Sa 1-mal tgl.) Dies ist der einzige reguläre Bus mitten ins Moor. Es fährt von

Tavistock nach Princetown, Two Bridges und Postbridge und anschließend zurück nach Yelverton. Nachmittags fahren zwei Busse bis nach Princetown und dann wieder zurück.

Bus 23 (1. Sa im Monat) Fährt von Tavistock über Princetown, Postbridge, Two Bridges und Moretonhampstead nach Exeter, aber nur einmal im Monat.

Bus 6A (Mo–Sa stündl., So 3-mal) Verkehrt auf dem Weg von Bude nach Exeter am Nordrand des Moors vorbei, mit Halt in Okehampton.

Bus 178 (Mo–Sa 2-mal tgl.) Fährt von Newton Abbot über Bovey Tracey, Chagford und More-tonhampstead nach Okehampton.

Haytor Hoppa Verkehrt nur samstags zwischen Juni und September, und zwar vier-mal zwischen Newton Abbot, Bovey Tracey, Haytor und Widecombe-in-the-Moor (Tages-karte 5 £).

Princetown

1767 EW.

Mitten im Herzen des einsamen Hoch-moors kauert Princetown im Schatten eines grauen, Unheil verkündenden Gebäude-komplexes, des berühmten Dartmoor Pri-son. Bei schlechtem Wetter wirkt die Stadt teils recht trostlos. Aber der Ort gewährt auch einen faszinierenden Einblick in die Härten des Lebens im Moor und ist ein stimmungsvoller Ausgangspunkt für einige tolle Wanderungen.

◉ Sehenswertes

**Higher Moorland
Tourist Office**   BESUCHERZENTRUM
(DNPA; ☎01822-890414; Tavistock Road, Prin-cetown; ☺April–Sept. tgl. 10–17 Uhr, März & Okt. bis 16 Uhr, Nov.–Feb. Do–So 10.30–15.30 Uhr) Die historischen Ausstellungen befassen sich u. a. mit Zinngruben, Schießpulverfabriken und Legenden und es gibt ein umwerfen-des Zeitraffervideo. Einst residierte in dem Gebäude das Duchy Hotel, in dem auch Sir Arthur Conan Doyle nächtigte, um dann später den *Hund von Baskerville* zu schrei-ben. Es heißt, dass Conan Doyle vom hier ansässigen Henry Baskerville zu einer Kut-schfahrt eingeladen wurde, auf der ihn die düstere Landschaft und die Legenden von einem riesigen Phantomhund inspirierten.

Dartmoor Prison Museum   MUSEUM
(☎01822-322130; www.dartmoor-prison.co.uk; Princetown; Erw./Kind 3,50/2,50 £; ☺Mo–Do & Sa 9.30–16.30, Fr & So 9.30–16 Uhr; ℗) Anfang des 19. Jhs. waren in dem Gefängnis fran-zösische und amerikanische Kriegsgefan-gene untergebracht, bis es 1850 schließlich in eine ganz normale Justizvollzugsanstalt umgewandelt wurde. Direkt hinter dem bedrohlichen Eingangstor jagt einem das Dartmoor Prison Museum einen Schauder über den Rücken und lässt erahnen, wie der Knastalltag aussieht. Zu den Exponaten gehören Zwangsjacken, Handfesseln und von heutigen Insassen selbst gebastelte Mes-ser. Ausbrüche sind natürlich ebenfalls ein Thema. Wer möchte, kann auch eine Füh-rung (Erw./Kind 6,50/5,50 £) außen ums Gefängnis herum und zu den ansonsten unzugänglichen französischen und amerika-nischen Friedhöfen buchen.

Das Gefängnis wird immer noch als sol-ches genutzt und hat etwa 640 Insassen.

🛏 Schlafen & Essen

Prince of Wales   PUB, HOSTEL **£**
(☎01822-890219; www.theprinceofwalesprince town.co.uk; Tavistock Rd; B/EZ/DZ 10/45/65 £; ℗) Prasselndes Kaminfeuer, niedrige Decken, ein freundlicher Wirt – das Prince of Wales lockt Gäste zu einem Pint des pubeige-nen Jail Ale und einem Teller wärmenden Essens. Aber sie kommen noch aus einem anderen Grund: Hier gibt's nämlich auch einfache B&B-Zimmer sowie hinterm Haus ein preisgünstiges *bunkhouse* mit unerwar-teten Annehmlichkeiten wie Zentralheizung und Trockenraum.

Tor Royal Farm   B&B **££**
(☎01822-890189; www.torroyal.co.uk; Tor Royal Lane, bei Princetown; EZ 60 £, DZ 80–100 £; ℗ 🛜) Dies ist ein lässiges Bauernhaus mit leben-diger Atmosphäre. Die Zimmer sind recht altmodisch – Möbel in Beige und Weiß, dicke Bettdecken, Sessel –, aber sehr gemüt-lich. Schon allein ein Grund für eine Über-nachtung hier ist der opulente *afternoon tea* (14 £) mit Biskuitkuchen, Cupcakes und anderen Leckereien.

Two Bridges   HOTEL **£££**
(☎01822-892300; www.twobridges.co.uk; Two Bridges; Zi. 120–230 £; ℗ 🛜) Dies ist vielleicht der Inbegriff des klassischen Moorlandho-tels: Holzvertäfelung, riesige Kamine und eine Gästeliste, auf der z. B. Wallis Simpson, Winston Churchill und Vivien Leigh gestan-den haben. Die „Premier"- und „Historic"-Zimmer wirken mit ihren großen Himmel-betten und ihren alten Möbeln geradezu museumsreif; die billigeren Zimmer präsen-tieren sich sehr geblümt. Das Two Bridges liegt 2,5 km nordöstlich von Princetown.

ℹ FAHREN IN DARTMOOR

Auf den Straßen von Dartmoor herumzukurven macht echt Spaß, aber oft sind die Felder beiderseits der Straßen nicht eingezäunt, sodass schon mal Ponys, Schafe und sogar Kühe mitten auf der Straße stehen können. Auf vielen Straßen gilt eine Geschwindigkeitsbegrenzung von 40 Meilen pro Stunde (knapp 65 km/h). Bei den Parkplätzen im Moor handelt es sich oft nur um Haltebuchten, die mitunter sehr holprig sein können.

Fox Tor Cafe   CAFÉ £

(☎ 01822-890238; www.foxtorcafe.com; Two Bridges Rd; Hauptgerichte 3–12 £; ⊗ Mo–Fr 9–17, Sa 7.30–17, So 7.30–17 Uhr) Das freundliche kleine Café lockt mit herzhaftem Frühstück, dicken Sandwiches und großen Stücken Kuchen, aber es gibt hier Sättigenderes wie scharfe Chili-Gerichte und ein Pilz-Stroganoff. Im einfachen *bunkhouse* (Bett 11 £) hinterm Haus nächtigen Wanderer und Radler.

Postbridge & Umgebung
170 EW.

Die urige Ortschaft Postbridge verdankt ihre Berühmtheit – und seinen Namen – einer mittelalterlichen Brücke aus Steinplatten, einer sogenannten *clapper bridge*. Die Brücke aus dem 13. Jh. besteht aus vier Steinplatten mit jeweils 3 m Länge, die durch stabile Säulen aus aufgeschichteten Steinen gestützt werden. Darunter sprudelt der East Dart. Neben dem Fluss führen Pfade zu lauschigen Plätzchen am Ufer, die dazu einladen, die Wanderstiefel auszuziehen und die müden Füße ins eiskalte Wasser zu hängen.

🛏 Schlafen & Essen

Brimpts Farm   B&B £

(☎ 0845 034 5968; www.brimptsfarm.co.uk; Stellplatz 5 £ pro Pers., EZ/DZ/FZ 42,50/65/97,50 £; ℗) Ein wunderschöner Dartmoor-Bauernhof, so traditionell wie *afternoon tea* – ein echtes Juwel! Gäste können in urigen, sehr verspielten B&B-Zimmern, auf zwei Campingfeldern oder in fünf Holz-Aluminium-Campinghütten nächtigen – von allen bieten sich zauberhafte Ausblicke in die Moorlandschaft. Auch das Essen ist gut, sowohl das herzhafte Frühstück als auch die Lunchpakete und die schönen *cream teas*. Abseits der B3357, der Straße von Two Bridges nach Dartmeet.

Dartmoor YHA   HOSTEL £

(Bellever; ☎ 0845 371 9622; www.yha.org.uk; B 19–23 £, 4BZ 59–89 £; ℗) Ein stimmungsvoller ehemaliger Bauernhof am Rand einer Nadelbaumpflanzung mit riesiger Küche, jeder Menge rustikalen Steinwänden und gemütlichen Schlafsälen. Außerdem werden Fahrräder verliehen. Das Hostel liegt 1,5 km südlich von Postbridge.

Runnage Farm Camping Barns   HÜTTE £

(☎ 01822-880222; www.runnagecampingbarns.co.uk; B 10 £; ℗) Auf dieser netten Farm sind zwei alte Scheunen in Schlafsäle mit einfachen erhöhten Betten und Kocheinrichtungen umgewandelt worden; Toiletten und Duschen befinden sich in einem separaten Gebäude. Für 13 £ pro Nacht können die Scheunen zentral beheizt werden. Eine weitere Scheune ist für Gruppen reserviert. Die Farm liegt 2,5 km östlich von Postbridge: von der B3212 nach Moretonhampstead die Abzweigung Widecombe nehmen.

★ Warren House Inn   PUB £

(www.warrenhouseinn.co.uk; Hauptgerichte 8,75–12,75 £; ⊗ Küche 12–20.30 Uhr, im Winter kürzere Öffnungszeiten) Die ehemalige Bergarbeiterkneipe strahlt so viel Wärme und Gastfreundschaft aus, wie es nur ein Pub inmitten einer gottverlassenen Wildnis fertigbringt. Seine Steinböden, die rustikalen Tische und das herzhafte Essen werden vom Schein des prasselnden Kaminfeuers vergoldet, das hier seit 1845 geschürt wird. Legendär ist die Warreners' Pie mit Kaninchen. Das Lokal liegt an der B3212, gut 3 km nordöstlich von Postbridge. Das Pub ist von 11 bis 23 Uhr geöffnet.

Widecombe-in-the-Moor
566 EW.

Widecombe ist so typisch Dartmoor, wie es typischer schon nicht mehr geht – bis hin zu den Ponys, die auf dem Dorfanger grasen, der von honigfarbenen Gebäuden aus dem 15. Jh. gesäumt wird. Widecombe wird in dem traditionellen englischen Volkslied *Widecombe Fair* besungen. Der Jahrmarkt, um den es hier geht, findet am zweiten Dienstag im September statt.

🎯 Sehenswertes

St. Pancras Church   KIRCHE

Der 40 m hohe Turm von St. Pancras trägt den Titel „Kathedrale des Moors". Berühmt sind drinnen die Holztafeln, die die Ge-

Autotour
Eine Fahrt durch Dartmoor

START TAVISTOCK
ZIEL CHAGFORD
LÄNGE/DAUER 32 KM; EIN TAG

Dartmoor gleicht einer dramatischen Filmkulisse. Diese West-Ost-Route führt vorbei an einem düsteren Gefängnis, prähistorischen Zeugnissen, einem rustikalen Pub und einem einzigartigen Schloss durch die Wildnis.

Vor dem Start lohnt ein Spaziergang durch **1 Tavistocks** feine Architektur aus dem 19. Jh. und ein Abstecher zu den Antiquitäten auf dem Pannier Market. Danach geht es auf der B3357 Richtung Princetown. Sie steigt steil an, führt über ein Weiderost (hier beginnt das „richtige" Moor) und hinauf auf einen Hügel mit Sicht auf ein Feld honigfarbener *tors*. In **2 Merrivale** rechts direkt hinter dem Dartmoor Inn parken und über die (südliche) Anhöhe schlendern, nur 100 m hinter einer Steinschlange gibt's einen winzigen Steinkreis und einen Menhir. Zurück im Auto, nach einem kurzen Anstieg rechts nach Princetown abbiegen. Wenn das mäch-

tige Gemäuer von Dartmoor Prison in Sicht kommt, folgt etwas später ein Aussichtspunkt. Das **3 Dartmoor Prison Museum** (S. 307) erzählt die düstere Gefängnisgeschichte. Hinter **4 Princetown** geht's auf der B3212 weiter Richtung Two Bridges. Von der **5 Parkbucht** direkt hinter Princetown bietet sich ein toller Blick auf das Dartmoor Prison. Wenn man danach den Schildern nach Moretonhampstead folgt, entfaltet sich eine tolle weite Landschaft. In **6 Postbridge** über die 700 Jahre alte Brücke spazieren und danach die Füße in den kalten Fluss Dart hängen. Einige Kilometer weiter liegt das **7 Warren House Inn** (S. 308), ein stimmungsvolles Lokal für die Mittagspause. Bei **8 Lettaford** eine der ausgeschilderten, abfallenden Straßen nach **9 Chagford** nehmen; am hübschen Platz mit reetgedeckten Häusern gibt's tolle altmodische Geschäfte. Dann weiterfahren zum 1920er-Jahre-Anwesen **10 Castle Drogo** (S. 310). Eine edle Adresse für Essen und Übernachtung ist **11 22 Mill Street** (S. 311) in Chagford.

schichte des schlimmen Sturms von 1638 erzählen. Er blies eine Zinne vom Dach herunter und riss damit mehrere Einwohner in den Tod. Und wie alles im Dartmoor galt er als Werk des Teufels, der sich wieder einmal ein paar arme Seelen greifen wollte.

Schlafen & Essen

Manor Cottage
B&B £

(☎ 01364-621218; www.manorcottagedartmoor.co.uk; DZ 50–65 £; P⚙) Rund um die Tür des mitten im Ort gelegenen alten Dartmoor-Cottage klettern Rosen. Das beste Quartier ist eine Suite mit Badezimmer, zu der eine eigene Wendeltreppe führt. Zum Frühstück gibt's Beerenkompott, Würstchen aus der Region und frisch gelegte Eier der Hühner, die um das Haus herum gackern.

★ Rugglestone Inn
PUB ££

(☎ 01364-621327; www.rugglestoneinn.co.uk; Hauptgerichte 11 £; ⚙ Küche 12–14 & 18.30–21 Uhr) Nur ein Pint in diesem von Glyzinien überwucherten Pub und man möchte alles hinschmeißen und nach Dartmoor ziehen! Dies ist eine klassische Dorfkneipe mit Holzbalken, niedriger Decke, jeder Menge Flair und einer langen Geschichte. Es werden einige *real ales* vom Fass ausgeschenkt und auf der Karte stehen Pasteten, Lasagne, Quiches und *potted crab*.

ⓘ An- & Weiterreise

Die Busverbindungen nach Widecombe sind erbärmlich, aber Bus 672 hält hier einmal pro Woche (mittwochs) auf dem Weg nach Buckfastleigh und Newton Abbot. Im Sommer wird Widecombe samstags vom Haytor Hoppa (S. 307) angesteuert.

Chagford & Moretonhampstead

Die schiefen Reetdachhütten und cremeweißen Häuschen des am Rand von Dartmoor gelegenen Chagford stehen rund um einen quirligen Platz – offensichtlich ein zeitloses Heidelanddorf durch und durch. Aber hier sind auch einige überaus stilvolle Restaurants und Unterkünfte ansässig.

Der muntere Marktflecken Moretonhampstead liegt 8 km östlich.

◎ Sehenswertes

★ Castle Drogo
HISTORISCHES GEBÄUDE

(NT; ☎ 01647-433306; www.nationaltrust.org.uk; bei Drewsteignton; Erw./Kind 9/4,45 £; ⚙ Mitte März–Okt. 11–17 Uhr; P) Diese schräge Architektur-Phantasterei 5 km nordöstlich von Chagford wurde von Sir Edwin Lutyens für den Selfmademan und Lebensmittelmillionär Julius Drewe entworfen und zwischen 1911 und 1931 erbaut. Herauskommen sollte ein modernes mittelalterliches Schloss mit all den Annehmlichkeiten eines Landhauses. Leider hatte Drewes hochtrabende Vision einen stattlichen Preis: Schon von Beginn an verfiel das Schloss Stück für Stück und wird derzeit im Rahmen eines gewaltigen fünfjährigen Restaurierungsprojekts gerettet. Während der Sanierung bleiben Teile des Hauses weiter zugänglich.

Schlafen & Essen

Sparrowhawk
HOSTEL £

(☎ 01647-440318; www.sparrowhawkbackpackers.co.uk; 45 Ford St, Moretonhampstead; B/DZ 17/38 £) ⚙ In den hellen Zimmern dieses altbewährten Backpackerlieblings, dessen Gebäude sich um einen Hof gruppieren, treffen Primärfarben auf Balken und nackte Steinwände.

★ Gidleigh Park
HOTEL £££

(☎ 01647-432367; www.gidleigh.com; Gidleigh; Zi. 315–1050 £; P⚙) Ohne Zweifel das prächtigste, nobelste und teuerste Hotel in Devon: Das am Ende einer langen Auffahrt gelegene Haus im Tudorstil ist ein schamlos opulenter Verwöhnpalast. Er beherbergt riesige Suiten, luxuriöse Lounges mit Kaminen und ein erstklassiges Restaurant (Mittags-/Abendmenü ab 30/118 £) unter der Leitung von Michael Wignall, der schon mehrere Michelin-Sterne eingeheimst hat. Gut 3 km westlich von Chagford.

Horse
GASTROPUB ££

(☎ 01647-440242; www.thehorsedartmoor.co.uk; 7 George St, Moretonhampstead; Hauptgerichte 5–19 £; ⚙ Küche Di–Sa 12.30–14.30, tgl. 18.30–22 Uhr) Eine Kneipe, die sich als „Pub und Futtersack" anpreist, muss man einfach mögen. Trotz der Lage in einem Dorf würde dieser hippe Gastropub auch gut in eine Großstadt passen. Serviert wird einfaches, gut zubereitetes Essen wie Muscheln, Antipasti, Ribeye-Steak vom Grill und jede Menge Pizzas.

Sandy Park
GASTHOF ££

(☎ 01647-433267; www.sandyparkinn.co.uk; Sandy Park, Chagford; Hauptgerichte 8–12 £; ⚙ Di 16–23, Mi–Sa 12–23 Uhr; P) Dieses reetgedeckte Pub ist eine gute Adresse für schnörkellose, schlichte Kost zu erschwinglichen Preisen wie panierten Schellfisch, Rindfleisch-Lasagne und ein Korma-Curry.

22 Mill Street
RESTAURANT **£££**

(☏ 01647-432244; www.22millst.com; 22 Mill St, Chagford; 2-/3-Gänge-Mittagsmenü 19/24 £, 2-/3-Gänge-Abendmenü 36/42 £; ⊙ Mi–Sa 12–14.30 & 19–21 Uhr) Im urigen Chagford erwartet man nicht unbedingt ein Feinschmeckerbistro dieses Kalibers, aber hier wird man angenehm überrascht: Das Essen ist erste Sahne und holt in seinen französisch angehauchten Gerichten aus den Zutaten aus dem Moorland alles heraus. Polierte Holztische und durch Fensterläden gefiltertes Licht sorgen für ein elegantes Ambiente. Oben werden außerdem zwei Zimmer (ab 169 £) vermietet.

Okehampton & Lydford

Okehampton drängt sich am Rande eines unbewohnten Geländes mit zugewachsenen Abhängen und Granit-*tors*. Die alle Sinne öffnende Landschaft wird auch als Hochmoor bezeichnet. Die traditionellen Geschäfte und Pubs machen Okehampton zu einem guten Platz, um die Vorräte aufzufüllen, bevor es weiter in die Wildnis geht.

Das 14,5 km südwestlich von Okehampton gelegene Dorf Lydford ist vor allem für seine dramatische Schlucht bekannt, die sich ganz in der Nähe auf dem Weg zu einem schönen Wasserfall in die Landschaft schneidet. Die mittelalterliche Burg des Örtchens, früher ein strategisches Bollwerk, ist schon seit langer Zeit verfallen.

◎ Sehenswertes

★ Lydford Gorge
WASSERFALL

(NT; ☏ 01822-820320; www.nationaltrust.org.uk; Lydford; Erw./Kind 7,40/3,70 £; ⊙ Mitte März–Okt. 10–17 Uhr) Diese Schlucht ist die tiefste im Südwesten Englands. Ein 2,5 km langer Wanderweg führt durch zerklüftetes Terrain vorbei an einigen blubbernden Strudeln – u. a. dem Furcht einflößenden Devil's Cauldron – zum donnernden 30 m hohen Wasserfall White Lady.

Okehampton Castle
BURG

(EH; ☏ 01837-52844; www.english-heritage.org. uk; Castle Lodge, Okehampton; Erw./Kind 5/3 £; ⊙ April–Okt. 10–17 Uhr, Juli & Aug. bis 18 Uhr) Die Burg des Orts geht auf normannische Zeiten zurück und erfreut sich einer strategisch hervorragenden Lage auf einem Felsen.

Einst war dies Devons größte Burg, heute ist es nur noch eine malerische Ruine. Vom Burginneren ist nur wenig übrig, doch es stehen noch mehrere der robusten Außenmauern.

Finch Foundry
HISTORISCHE STÄTTE

(NT; ☏ 01837-840046; www.nationaltrust.org.uk; Sticklepath; Erw./Kind 5,60/2,80 £; ⊙ Mitte März–Okt. 11–17 Uhr; P) Vor hundert Jahren hätten in diesem Gebäude Hämmer und schleifendes Metall gedröhnt. Dies war eine der wichtigsten Werkzeugfabriken im Südwesten Englands, in der jeden Tag Hunderte Meißel, Messer, Scheren und Sensen hergestellt wurden. Zwar ist es heute nicht mehr das Kraftpaket vergangener Zeiten, doch ist die Schmiede immer noch in Betrieb und wird von drei Wassermühlen angetrieben. Zu erreichen ist sie per Auto oder Fahrrad oder man begibt sich auf eine 6,5 km lange Wanderung (3½ Std.) auf dem Tarka Trail von Okehampton Richtung Osten.

🛏 Schlafen & Essen

Okehampton Bracken Tor YHA
HOSTEL **£**

(☏ 0844 293 0555; www.yha.org.uk/hostel/oke hampton-bracken-tor; Saxongate; B 24 £; ⊙ Rezeption 8–10 & 16–20 Uhr; P @ 🖰) Dieses 100 Jahre alte Landhaus auf einem 1,6 ha großen Gelände am Rande des Hochmoors ist die perfekte Bleibe für die Sparfüchse unter den Naturfreaks. Hier kann man bestens klettern und Kanu fahren und es werden Fahrräder verliehen. Die Herberge liegt 1,5 km südlich von Okehampton. Auch in Okehampton selbst gibt es ein Hostel – nicht verwechseln!

★ Dartmoor Inn
GASTHOF **££**

(☏ 01822-820221; www.dartmoorinn.com; Moorside, Lydford; DZ 115 £; P) Es sieht zwar altehrwürdig aus, aber davon sollte man sich nicht täuschen lassen: Hinter der geweißten Fassade ist dieser Gasthof durch und durch modern. Die meisten Gäste kommen wegen des hervorragenden Essens wie Entenkeulen-Confit oder Lammhüfte (Hauptgerichte 11,95–19,95 £) hierher, doch man kann auch schön übernachten: Die Zimmer sind mit Roberts-Radios, Schlittenbetten und edlen Stoffen ausgestattet.

Castle
GASTHOF **££**

(☏ 01822-820241; www.castleinnlydford.com; Lydford; DZ 70–95 £; P 🖰) Der Dorfgasthof mit fast 500-jähriger Geschichte – Teile des Gebäudes stammen aus dem 16. Jh. – bietet nicht nur eine altmodische Einrichtung mit Holzbalken, sondern auch einen Ausblick auf die Burg von Lydford. Das gebotene Essen hat kein Feinschmeckerniveau, aber nach einer langen Wanderung durch die Schlucht stillen Steaks, *beef-and-ale pies* und Fisch im Bierteig erfolgreich den Hunger. Außerdem werden etwas kitschige Zimmer vermietet.

❶ Praktische Informationen

Touristeninformation (☎01837-53020; www. everythingokehampton.co.uk; Museum Courtyard, 3 West St, Okehampton; ◷April–Okt. Mo–Sa 10–17 Uhr, Nov.–März Mo, Fr & Sa bis 16 Uhr)

Croyde & Braunton

8131 EW.

Während es die Surfer in Cornwall nach Newquay zieht, steuern die Wellenreiter in Devon Croyde an. Die Nordküste von Devon hat im Prinzip die gleiche Dünung wie die Küste von Cornwall, doch hier ist die Szene weit weniger aufgeplustert als in Newquay: Hier stehen die Surferläden und Verleiher von Neoprenanzügen in friedlicher Eintracht neben den reetgedeckten Cottages und den Pubs des alten Dorfs – ein freundlicher Mix und ideal, um sich ein bisschen im Meer auszutoben.

Der gewöhnlichere Ort Braunton liegt 6,5 km entfernt im Landesinneren.

◉ Sehenswertes & Aktivitäten

Das Wasser ist extrem einladend. Mehrere Anbieter verleihen Surfausrüstungen, darunter **Ralph's** (☎01271-890147; Hobbs Hill, Croyde; Surfboard & Neoprenanzug 12/18 £ für 4/24 Std., Bodyboard & Neoprenanzug 10/15 £; ◷Mitte März–Dez. 9 Uhr–Sonnenuntergang). Unterricht bieten **Surf South West** (☎01271-890400; www.surfsouthwest.com; Croyde Burrows, Croyde; halber/ganzer Tag 34/64 £; ◷März–Nov.) und **Surfing Croyde Bay** (☎01271-891200; www.surfingcroydebay.co.uk; 8 Hobbs Hill, Croyde; halber/ganzer Tag 35/70 £).

★ Museum of British Surfing   MUSEUM
(☎01271-815155; www.museumofbritishsurfing. uk; Caen St, Braunton; Erw./Kind 2 £/frei; ◷Ostern–Dez. Mi–Mo 11–15 Uhr) Nur wenige Museen kommen so cool daher. An den Wänden hängen schnittige Surfbretter, antike Surfanzüge und Sepiafotos. Die Ausstellung erzählt spannende Geschichten von britischen

Soldaten, die im 18. Jh. auf hawaiischen Wellen ritten, und würdigt die einheimischen Surfpioniere der 1920er-Jahre sowie die Erfinder der Neoprenanzüge in den 1960er-Jahren – sehr kultig!

Braunton Burrows   TIERSCHUTZGEBIET
(www.brauntonburrows.org; ◷24 Std.) ⒼⓇⒶⓉⒾⓈ Die ausgedehnte Dünenlandschaft ist die größte Großbritanniens. Pfade führen vorbei an Sandhügeln, Salzmarschen, Thymian, Hohem Habichtskraut und Pyramidenorchis. Vor der Landung der Alliierten in der Normandie im Zweiten Weltkrieg war dies das wichtigste Trainingsgelände der amerikanischen Truppen. Beim Parkplatz an der Südspitze verstecken sich in den grasbewachsenen Dünen immer noch Attrappen von Landungsfahrzeugen.

🛏 Schlafen & Essen

★ Baggy   HOSTEL, B&B £
(www.baggys.co.uk; Baggy Point; B/DZ ab 35/110 £; ☏) Diese Surferlodge samt Café am Küstenpfad an der Croyde Bay schießt in Sachen Eleganz den Vogel ab. Die Zimmer hier sind wirklich schick, die Doppelzimmer mit Seeblick haben die Qualität eines Boutiquehotels und das bis 11 Uhr erhältliche Frühstück kann auf einer Terrasse eingenommen werden, von der man dem Spiel der Wellen zuschauen kann.

Ocean Pitch   CAMPINGPLATZ £
(☎07581 024348; www.oceanpitch.co.uk; Moor Lane, Croyde; Stellplatz für 2 Erw. 26–30 £; ◷Mitte Juni–Sept.; 🅿☏) Der Surferliebling am Nordende der Croyde Bay mit tollem Blick auf die Wellen bietet neben Zeltstellplätzen auch fertig aufgestellte Rundzelte (85 £ pro Nacht, mind. 2 Nächte) sowie einen klassischen VW-Campingbus (99 £ pro Nacht, mind. 2 Nächte).

Thatch   GASTHOF ££
(☎01271-890349; www.thethatchcroyde.com; 14 Hobbs Hill, Croyde; DZ 60–110 £, FZ 130 £) Dieses große reetgedeckte Pub ist ein legendärer Surfertreff. Die modernen Zimmer sind in beigen und braunen Farbtönen gehalten und kleiden sich mit dezenten Streifen- und Karomustern. Die Besitzer vermieten weitere Zimmer über einem anderen Pub und im Cottage gegenüber. Am besten sind jedoch die Gästezimmer in ihrem nahe gelegenen (ruhigeren) Haus Priory mit alten Holzbalken und freigelegtem Mauerwerk. Auch das Essen ist gut (Hauptgerichte 9,95–14,95 £).

Devonia Cottage B&B **££**
([✎] 01271-891434; www.devoniacottage.com; 32 St Marys Rd, Braunton; DZ 95–105 £; [☎]) Dies ist bei Weitem das beste B&B in Braunton, eine von einem Ehepaar geführte, zauberhafte Unterkunft. Die zwei Zimmer wirken modern, warten aber dennoch mit Landhauselementen wie dicken Balken und Kieferntüren auf. Sehr schön ist das gemütliche Dachzimmer „Mavericks" mit seinen Veluxfenstern.

❶ Praktische Informationen

Touristeninformation ([✎] 01271-816688; www.visitbraunton.co.uk; Caen St, Braunton; [☺] Mo–Fr 10–15, Sa bis 13 Uhr) Im Museum in Braunton.

Ilfracombe & Umgebung

11 509 EW.

Wenn ein Ort die verblichene Pracht der britischen Seebäder verkörpert, dann ist das sicherlich Ilfracombe. Das von steilen Klippen eingerahmte Städtchen mit seinen eleganten Häusern, verrückten Golfplätzen und einer von Lichtern gesäumten Promenade scheint ganz in der Vergangenheit zu verharren. Aber wer ein bisschen an der Oberfläche kratzt, stößt schon bald auf ein ganz anderes Ilfracombe – wo sich gern der Künstler Damien Hirst aufhält, der fürs Ufer eine umstrittene Statue gestiftet hat, und wo sich inzwischen einige faszinierende Restaurants niedergelassen haben. St-Tropez ist's nicht gerade, doch Ilfracombe lohnt auf jeden Fall einen Abstecher.

◉ Sehenswertes & Aktivitäten

★ Verity WAHRZEICHEN
(The Pier) **GRATIS** Schwanger, nackt und mit einem riesigen, gen Himmel gestreckten Schwert thront Damien Hirsts 20 m hohe Statue *Verity* über der Hafeneinfahrt von Ilfracombe. Auf der zum Meer gewandten Seite ist die Haut abgezogen und enthüllt Sehnen, Fett und einen Fötus. Kritiker nörgeln, sie lenke von der Landschaft ab, der Künstler sagt, sie verkörpere Wahrheit und Gerechtigkeit. So oder so ist sie ein Publikumsmagnet.

Ilfracombe Aquarium AQUARIUM
([✎] 01271-864533; www.ilfracombeaquarium.co.uk; The Pier; Erw./Kind 4,50/3,50 £; [☺] 10–16.30 Uhr, Ende Juli & Aug. bis 17.45 Uhr) Die hier nachgestellten Unterwasserwelten erstrecken sich samt Flussmündung, Hafen und Gezeitentümpel von Exmoor bis zum Atlantik.

★ Tunnelsbeaches SCHWIMMEN
([✎] 01271-879882; www.tunnelsbeaches.co.uk; Granville Rd; Erw./Kind 2,50/1,95 £; [☺] April–Juni, Sept. & Okt. 10–17 Uhr, Juli & Aug. bis 19 Uhr) Eine bemerkenswerte Leistung: 1823 hackten hier Hunderte walisische Bergarbeiter von Hand vier Tunnel aus dem Fels. Sie führen zu einem Strandstreifen mit viktorianischen Gezeitenschwimmbecken, wo man auch heute noch ins Meer hüpfen kann.

🛏 Schlafen & Essen

Ocean Backpackers HOSTEL **£**
([✎] 01271-867835; www.oceanbackpackers.co.uk; 29 St James Pl; B 16–19 £, DZ 42–48 £, FZ 68–75 £; [P] [@] [☎]) Bunte Schlafsäle mit Bad, eine gesellige Küche und kostenloser Kaffee verleihen diesem alteingesessenen unabhängigen Hostel eine lockere Stimmung. Die riesige Weltkarte in der Lounge hat schon unzählige Reisegeschichte aus den Gästen hervorgezaubert. Sehr preiswert sind die Doppel- und Familienzimmer.

★ Norbury House B&B **££**
([✎] 01271-863888; www.norburyhouse.co.uk; Torrs Park; DZ 85–110 £, FZ 120–145 £; [P] [☎]) Jedes der reizenden Zimmer in dieser famosen Pension ist in einem anderen Stil eingerichtet. Die Gäste haben die Wahl zwischen Pop-Art, Art déco und zeitgenössischem Chic. Geschmackvolle Teppiche, Vorhänge und Kissen, das lichtdurchflutete Wohnzimmer (samt Stutzflügel) und die tolle Aussicht auf das Meer und die Stadt tragen ebenfalls dazu bei, dass man sich hier rundum wohlfühlt.

Olive Branch & Room BISTRO **££**
([✎] 01271-879005; www.olivebranchguesthouse.co.uk; 56 Fore St; Hauptgerichte 21–23 £; [☺] Di–Sa 18.30–21 Uhr; [☎]) Der ins kulinarische Rampenlicht strebende Koch Thomas Carr, ein Protegé von Nathan Outlaw, hat vor Kurzem in diesem schicken Bistro-B&B die Zügel übernommen. Seither werden in diesem lauschigen georgianischen Stadthaus erstklassige Meeresfrüchtegerichte und andere exquisite Köstlichkeiten serviert. Auch die Zimmer (DZ 85–105 £) oben im Haus sind hübsch, geräumig und stylisch und warten mit tollem Ausblick auf die Bucht auf.

The Quay EUROPÄISCH **££**
([✎] 01271-868090; www.11thequay.co.uk; 11 The Quay; Hauptgerichte 15–25 £; [☺] 10–22 Uhr) Ilfracombes bei Weitem hipstes Hafenlokal gehört Damien Hirst, dessen Schöpfungen

hier die Wände zieren. Während die Gäste also Hummer-Makkaroni oder Exmoor-Angus-Steaks verspeisen, können sie Modelle seiner Statue *Verity* und – eine schöne Ironie – Fische in Formaldehyd studieren.

ⓘ Praktische Informationen

Touristeninformation (☎ 01271-863001; www.visitilfracombe.co.uk; The Seafront; ⊙ Mo–Fr 9.30–16.30, Sa & So ab 10.30 Uhr) Im Landmark Theatre.

ⓘ An- & Weiterreise

Verbindungen u. a.:
Bus 21/21A (Mo–Sa halbstündl., So stündl.) Über Braunton (1,80 £) nach Barnstaple (2,40 £, 40 Min.)
Bus 300 Fährt samstags zweimal und sonntags einmal nach Lynton und Lynmouth (3,80 £, 45 Min.).

Clovelly

440 EW.

Clovelly wartet mit der Postkartenidylle eines typischen Devon-Dorfes auf. Seine Cottages ergießen sich neben den steilen Klippen den Hügel hinunter bis zum von Hummerkörben gesäumten Hafen, der wie eine Krebsschere nach dem tiefblauen Ozean greift. Und dank einiger unglaublich malerischer Gasthöfe und B&Bs ist es wirklich nciht einfach, den Ort wieder zu verlassen.

⦿ Sehenswertes & Aktivitäten

Clovelly Historic Village

HISTORISCHE STÄTTE

(www.clovelly.co.uk; Erw./Kind 7/4,40 £; ⊙ Juni–Sept. 9–18.30 Uhr, April, Mai & Okt. 9.30–17 Uhr, Nov.–März 10–16 Uhr; 🅿) Clovelly ist in Privatbesitz und im Besucherzentrum oben am Berg muss man daher Eintritt berappen. Die Kopfsteinpflasterstraßen des Dorfs sind für Autos viel zu steil. Deshalb transportieren die Einwohner alles Notwendige auf Schlitten – oft lehnen die riesigen „Brotkörbe" auf Kufen außen an den Hauswänden. Charles Kingsley, der Autor des Kinderbuchklassikers *Die Wasserkinder,* verbrachte einen Großteil seiner Kindheit in Clovelly. Neben seinem **Wohnhaus** sind im Dorf außerdem das sehr stimmungsvolle **Fischercottage** sowie die beiden **Dorfkapellen** von Interesse.

🛏 Schlafen & Essen

Donkey Shoe Cottage

B&B £

(☎ 01237-431601; www.donkeyshoecottage.co.uk; 21 High St; EZ/DZ 30/60 £) Das mit Holzböden und himbeerroten Wänden im Landhausstil eingerichtete B&B am wahnsinnig steilen Hügel von Clovelly wartet mit schönen Meerblicken auf – die beste Aussicht bietet Zimmer drei unterm Dach.

★ Berridon Farm

CAMPINGPLATZ ££

(☎ 01409-241552; www.berridonfarm.co.uk; bei Bradworthy; 3 Nächte 400–680 £, 7 Nächte 500–1060 £; ⊙ Ostern–Mitte Okt.; 🅿) Luxuscamping mit Gemütlichkeitsgarantie! Die wärmeisolierten Safarizelte haben Platz für fünf bis sechs Personen und verwöhnen mit Ledersofas, Holzöfen, richtigen Betten und WCs. Bei Regen winkt die umgebaute Scheune mit einem Sitz- und Essbereich im *Shabby-chic.* Das Ganze liegt 18 km südlich von Clovelly.

Red Lion

GASTHOF £££

(☎ 01237-431237; www.stayatclovelly.co.uk/red-lion; DZ 156–190 £) Der beste der Gasthöfe im Dorf sonnt sich mit seinen urigen Zimmern mit niedriger Decke in einer Spitzenlage am Wasser und bietet Ausblicke hinaus aufs blaue Meer oder auf den malerischen Hafen. Das Ganze ist etwas kitschig und altmodisch. Fürs Abendessen haben die Gäste die Wahl zwischen der stimmungsvollen Gaststube mit Kneipenkost und dem schickeren Speiseraum mit normalem Essen.

ⓘ Praktische Informationen

Touristeninformation (☎ 01237-431781; www.clovelly.co.uk; ⊙ Juni–Sept. 9–18.30 Uhr, April, Mai & Okt. 9.30–17 Uhr, Nov.–März 10–16 Uhr) Die Touristeninformation samt Ticketbüro befindet sich am Ortseingang.

ⓘ An- & Weiterreise

Bus 319 (Mo–Sa 5-mal tgl.) verkehrt zwischen Clovelly, Hartland Village, Bideford (2,20 £, 40 Min.) und Barnstaple (3 £, 1 Std.). In entgegengesetzter Richtung steuert er Bude (3,80 £, Mo–Sa 1-mal tgl.) an.

BRISTOL

442 500 EW.

Wenn es unter den britischen Städten einen Aufsteiger gibt, dann ist das mit Sicherheit Bristol. Das einstige Zentrum der Schwerindustrie, die größte Stadt des englischen Südwestens, hat sich in den vergangenen paar Jahrzehnten neu erfunden als Mekka der Kultur und der Kreativität. Von Cliftons berühmter Hängebrücke bis zu Brunels wegweisendem Dampfschiff, der SS *Great Britain,* – Bristol ist eine Stadt mit einem reichen historischen Erbe. Doch die Metropole ist auch für ihre alternative Szene bekannt: Hier tummeln sich jede Menge Künstlerkollektive, Community-Cafés und Musikschuppen – nicht zu vergessen natürlich auch die Wandbilder, die der berüchtigtste Sohn der Stadt hinterlassen hat, der scharfsinnige Streetart-Künstler Banksy.

Dazu kommen noch der sanierte Hafenbezirk, das neue aufsehenerregende Geschichtsmuseum M-Shed und ein schnell gedeihender Ruf als Gourmethochburg. Und so überrascht es kaum, dass Bristol letztens zur britischen Stadt mit der größten Lebensqualität gekürt wurde. Einfach klasse!

Geschichte

Die Stadt begann ihr Dasein als sächsisches Dorf und entwickelte sich zum mittelalterlichen Flusshafen Brigstow, einem wichtigen Umschlagplatz für Tuche und Wein.

Im Jahr 1497 segelte der „Lokalheld" John Cabot – eigentlich ein genuesischer Seemann namens Giovanni Caboto – von Bristol Richtung Amerika und entdeckte im selben Jahr Neufundland. In der Folgezeit entwickelte sich die Stadt zu einem der größten Häfen Großbritanniens und lebte bestens vom Handel mit afrikanischen Sklaven (die aus Afrika in die Neue Welt verschifft wurden) sowie Zucker, Rum, Tabak und Baumwolle (die aus der Neuen Welt nach England gebracht und hier sehr profitabel weiterverkauft wurden). Ein Großteil der Pracht des 18. Jhs. wie die Häuserreihen von Clifton und das Theater Old Vic wurde teils mit den so erwirtschafteten Gewinnen finanziert.

Nachdem Bristol von den Häfen London und Liverpool überflügelt worden war, etablierte es sich als Industrie- und Werftenzentrum. 1840 wurde es zum westlichen Endbahnhof der neuen Great Western Railway ab London.

Im frühen 20. Jh. wurde in Bristol ein wegweisendes Flugzeugdesign entwickelt, der Bristol Boxkite, und die Stadt mauserte sich zu einem Zentrum der Luftfahrt. Viele Teile für die Concorde wurden im nahen Filton gefertigt. Durch ihre Bedeutung als Industriestandort war die Stadt im Zweiten Weltkrieg dann leider ein Ziel der deutschen Luftwaffe und ein großer Teil des Stadtzentrums und des Hafengebiets wurden in Schutt und Asche gelegt.

Im Jahr 2006 feierte die Stadt den 200. Geburtstag von Isambard Kingdom Brunel, dem technischen Pionier der viktorianischen Ära. Auf sein Konto geht u. a. der Bau der Great Western Railway, der Clifton Suspension Bridge und der SS *Great Britain.*

⦿ Sehenswertes

★ Brunel's

SS Great Britain HISTORISCHE STÄTTE
(☏0117-926 0680; www.ssgreatbritain.org; Great Western Dock, Gas Ferry Rd; Erw./Kind 14/8 £; ⊙April–Okt. 10–17.30 Uhr, Nov.–März bis 16.30 Uhr) Bristols ganzer Stolz ist das mächtige Dampfschiff SS *Great Britain,* das der geniale Ingenieur Isambard Kingdom Brunel 1843 entwarf. Die Räumlichkeiten des Dampfers wie die Kombüse, die Arztkabine und der Speisesaal wurden liebevoll wiederhergestellt und es wurde ein funktionierender Nachbau der originalen 340 t schweren und drei Stockwerke hohen Dampfmaschine eingebaut. Ein Highlight ist auch das „Glasmeer", in dem das Schiff steht und das ein Trockendock luftdicht abschließt; so wird der Schiffsrumpf geschützt und Besucher haben die Möglichkeit, die Schiffsschraube aus nächster Nähe zu bestaunen.

Die SS *Great Britain* war eines der größten und technisch fortschrittlichsten Dampfschiffe, die je gebaut wurden: Es war stolze 98 m lang. Die Geschichte des Schiffs war recht wechselhaft. Von 1843 bis 1886 diente es wie geplant als Passagierdampfer; die Überfahrt von Bristol nach New York schaffte es in nur 14 Tagen. Doch leider ging es aufgrund hoher Betriebskosten und anwachsender Schulden einem unwürdigen Ende entgegen: Es wurde schließlich verkauft und diente danach als Truppentransporter, Quarantäneschiff, Auswandererschiff und Kohlenhulk, bis es 1937 bei Port Stanley auf den Falklandinseln stillgelegt wurde.

Doch glücklicherweise war das nicht das Ende. 1970 wurde das Schiff zurück nach Bristol geschleppt und wurde anschließend 30 Jahre lang restauriert. Das eindrucksvolle Ergebnis ist ein Besichtigungserlebnis, das alle Sinne anspricht: Man kann auf Deck entlangbummeln, einen Blick in die Luxus-

Bristol

kabinen werfen, den Geschichten der Passagiere lauschen und einen Eindruck vom Alltag an Bord erhalten. Die Eintrittskarten sind ein Jahr lang gültig.

★ **M Shed**   MUSEUM
(☎0117-352 6600; www.bristolmuseums.org.uk; Princes Wharf; ◎Di–Fr 10–17, Sa & So bis 18 Uhr) GRATIS Das inmitten der Kranlandschaft des Bristoler Hafens gelegene, eindrucksvolle Museum ist eine Schatzkiste mit allen möglichen Sachen aus der Geschichte der Stadt. Das Museum ist in die drei Abteilungen Menschen, Ort und Leben unterteilt

und liefert einen panoramaartigen Abriss der Stadtgeschichte – es zeigt Besitztümer von Sklaven genauso wie alte Busse, Wallace-und-Gromit-Figuren und zwei von der Band Massive Attack benutzten Decks.

Banksys verstörendes Schablonenbild *Grim Reaper* befand sich genau auf der Wasserlinie des Partyschiffs *Thekla*, wurde aber trotz Protesten entfernt und befindet sich jetzt im 1. Stock.

Das Ganze ist sehr interaktiv und kinderfreundlich. Im Sommer werden spezielle Wochenendaktivitäten geboten wie die Möglichkeit, in einem Hafenkran mitzufahren,

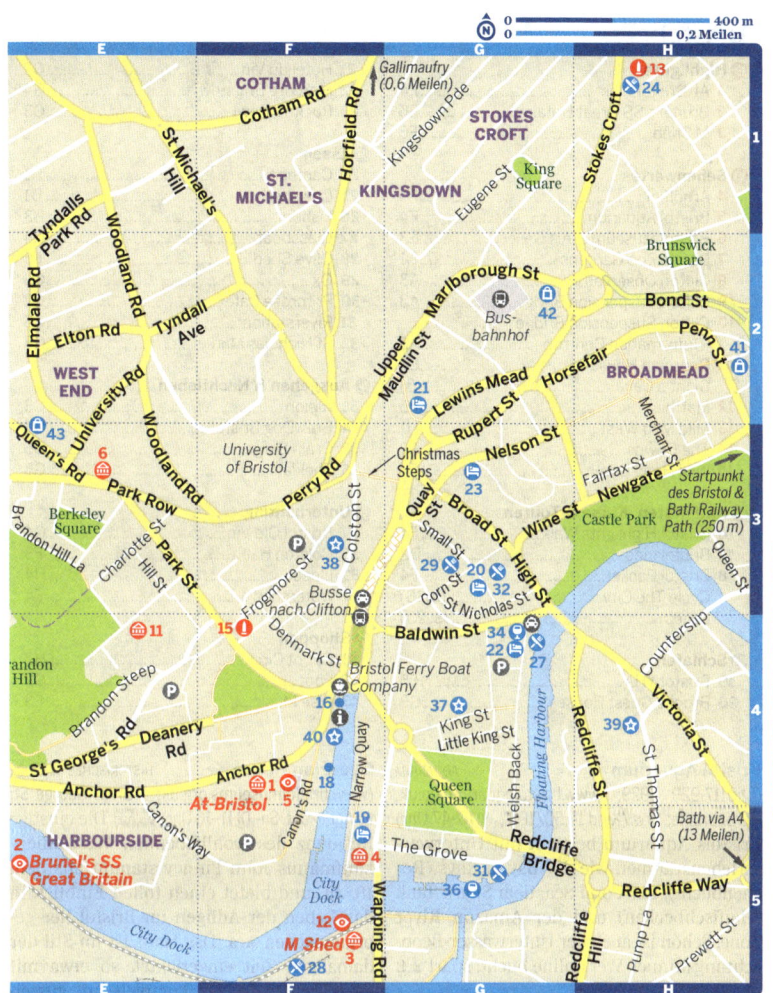

das alte Pyronaut-Feuerlöschboot in Aktion zu erleben oder mit einem der weltweit ältesten Dampfschlepper mitzufahren – Termine auf der Website. Außerdem veranstaltet das Museum Führungen zur Geschichte des Hafens.

Matthew HISTORISCHE STÄTTE

(☏0117-927 6868; www.matthew.co.uk; Princes Wharf; ◷März–Okt. Di–So 10–16 Uhr, Nov.–Feb. Sa & So) GRATIS Das Auffallendste an diesem Nachbau von John Cabots Schiff, mit dem der Entdecker 1497 seine legendäre Reise nach Neufundland unternahm, ist seine Größe. Mit einer Länge von nur 24 m wirkt es viel zu klein, hatte aber eine 18 Mann starke Crew an Bord. Man kann unter Deck die Mannschaftsquartiere in Augenschein nehmen, über Deck spazieren und die Takelage inspizieren.

Arnolfini GALERIE

(☏0117-917 2300; www.arnolfini.org.uk; 16 Narrow Quay; ◷Di–So 10–18 Uhr) GRATIS Die avantgardistische Kunstgalerie der Stadt residiert in einem großen Lagerhaus am Fluss und ist nach wie vor die Topadresse in Bristol für moderne Kunst. Manchmal finden hier auch Tanz- und Filmvorführungen und Fotoausstellungen statt.

Bristol

Bristol Aquarium　　　　　　AQUARIUM
(☎0117-929 8929; www.bristolaquarium.co.uk; Harbourside; Erw./Kind 14,50/10 £; ◷10–17 Uhr) Bristols Aquarium besticht mit Unterwasserlebensräumen wie der Bay of Rays (Rochenbucht), der Coral Sea, dem Shark Tank (Haifischbecken) und der Amazon River Zone. Schön ist auch der Unterwasser-Beobachtungstunnel. Wer online bucht, spart 2 £ pro Ticket.

★ **At-Bristol**　　　　　　MUSEUM
(☎0845 345 1235; www.at-bristol.org.uk; Anchor Rd; Erw./Kind 14,60/9,40 £; ◷Mo–Fr 10–17, Sa & So bis 18 Uhr) Bristols interaktives Wissenschaftsmuseum bietet verschiedene Bereiche zu den Themen Weltall, Technologie, Sport, das Meer und das menschliche Hirn. In der Curiosity Zone können Besucher durch einen Tornado gehen, sich auf einem menschlichen Kreisel drehen und die Saiten einer virtuellen Harfe zupfen. Außerdem gibt's hier ein 3D-Planetarium mit abendlichen Sternenshows. Das unterhaltsame Museum sollte Eltern wie Kinder stundenlang bei Laune halten.

Georgian House　　　HISTORISCHES GEBÄUDE
(www.bristolmuseums.org.uk; 7 Great George St; ◷April–Okt. Sa–Di 11–16 Uhr) GRATIS Die einstige Residenz des wohlhabenden Westindienkaufmanns John Pinney stammt aus dem 18. Jh. und bietet einen tollen Einblick in das Leben der Adligen im Bristol der georgianischen Ära. Das Haus ist im Stil der damaligen Zeit eingerichtet, so etwa mit einer großen Küche (komplett mit gusseisernem Bratspieß), einer Bibliothek und einem prächtigen Salon. Und im Untergeschoss hatte Pinney sogar ein Kaltwasser-Schwimmbecken.

**Bristol Museum
& Art Gallery**　　　　　　MUSEUM
(☎0117-922 3571; www.bristolmuseums.org.uk; Queen's Rd; ◷Mo–Fr 10–17, Sa & So bis 18 Uhr) GRATIS Das klassische alte edwardianische Museum wartet mit einigen Überraschungen auf. In der Eingangshalle werden Besucher mit dem *Paint-Pot Angel* des berühmten Streetart-Künstlers Banksy begrüßt: Dabei handelt es sich um eine Grabstatue mit einem ausgekippten Topf rosa Farbe

auf dem Kopf – sie soll uns unsere Museumserwartungen und den Wert von Kunst bewusst machen. Außerdem erinnert sie an die extrem erfolgreiche Ausstellung des Künstlers in diesem Haus im Jahr 2009. Gleich darüber hängt von der Decke der Bristol Boxkite, der Prototyp eines propellerbetriebenen Doppeldeckers.

Clifton Suspension Bridge
BRÜCKE

(www.cliftonbridge.org.uk) Das berühmteste Wahrzeichen von Clifton ist diese 76 m hohe Hängebrücke über die Avon Gorge. Entworfen wurde sie vom Meisteringenieur Isambard Kingdom Brunel. Mit ihrem Bau wurde 1836 begonnen, doch Brunel starb vor ihrer Fertigstellung im Jahr 1864. Zu Fuß und mit dem Fahrrad kann man die Brücke umsonst überqueren, Autofahrer zahlen 1 £.

Beim Turm auf der Leigh-Woods-Seite befindet sich ein **Informationszentrum** (www. cliftonbridge.org.uk; 10–17 Uhr). Von Ostern bis Oktober werden samstags und sonntags um 15 Uhr kostenlose Brückenführungen angeboten.

The Downs
PARK

( ) Mit ihren Rasenflächen bieten die Parks Clifton Down und Durdham Down – oft einfach die Downs genannt – bei der Clifton Suspension Bridge (s. o.) schöne Möglichkeiten für ein Picknick. Das kleine **Clifton Observatory** (0117-974 1242; www. cliftonobservatory.com; Litfield Rd, Clifton Down; Erw./Kind 2,50/1,50 £; Feb.–Okt. 10–17 Uhr, Nov.–Jan. bis 16 Uhr) in der Nähe beherbergt eine **Camera obscura**. Ein Tunnel führt hinunter zur **Giant's Cave**, einer Höhle auf halber Höhe der Klippe, von der sich tolle Ausblicke auf die Avon Gorge bieten.

Bristol Zoo Gardens
ZOO

(0117-974 7399; www.bristolzoo.org.uk; Cecil Rd; Erw./Kind 17/11 £; 9–17.30 Uhr;) Zu den Highlights des preisgekrönten städtischen Zoos zählen eine Familie von acht Westlichen Flachlandgorillas, die vom Patriarchen Jock herumkommandiert wird, und die Seal and Penguin Coast mit Brillenpinguinen, Eiderenten und Südamerikanischen Seebären. Dazu kommen ein Reptilien- und Käferhaus, ein Schmetterlingswald, ein Löwengehege, ein Affendschungel und der Baumwipfel-Abenteuerpark **Zooropia** (Erw./Kind 8/7 £). Online gekaufte Tickets sind 15 % billiger. Anfahrt vom Stadtzentrum mit Bus 8/9.

 ## Aktivitäten

Lanes
BOWLING

(0117-325 1979; www.thelanesbristol.co.uk; Nelson St; Spiele 4–6 £; So–Do 12–23, Fr & Sa bis 2 Uhr) Die fünf alten Brunswick-Bahnen in dieser kleinen Bowlinghalle bestehen aus glänzendem Metall und poliertem Holz. Außerdem gibt's hier eine Craft-Bier-Bar und riesige, knusprige Pizzas im New Yorker Stil.

Bristol Packet
BOOTSTOUREN

(0117-926 8157; www.bristolpacket.co.uk; Wapping Wharf, Gas Ferry Rd) Diese Reederei bietet Hafenrundfahrten (Erw./Kind 6/4 £, April–Okt. 6-mal tgl., im Winter Sa & So), von April bis September außerdem einmal pro Woche eine Fahrt zur spektakulären Avon Gorge (Erw./Kind 17/13 £) und sonntagnachmittags einen Ausflug zu Beese's Tea Gardens (13/8 £). Von Mai bis September finden außerdem einmal im Monat Bootstouren nach Bath (28,50/21 £) statt.

Cycle the City
RADFAHREN

(07873-387167; www.cyclethecity.org; 1 Harbourside; Touren 15 £) Auf diesen 1½-stündigen geführten Radtouren durch das weitläufige Hafengebiet Bristols lassen sich wunderbar die Sehenswürdigkeiten am Wasser erkunden. Im Preis inbegriffen sind Fahrrad und Helm. Das Unternehmen verleiht auch Fahrräder (16 £ pro Tag). Es gibt keinen Laden, die Fahrräder und die Touren müssen also vorab gebucht werden. Fahrräder können bei der Adresse Nr. 1 Harbourside abgeholt werden; hier beginnen auch die Touren.

Bristol Highlights Walk
RUNDGANG

(www.bristolwalks.co.uk; Erw./Kind 6/3 £; März–Nov. Sa 11 Uhr) Führungen durch die Altstadt, das Stadtzentrum und das Hafengebiet – einfach vor der Touristeninformation (S. 324) erscheinen. Außerdem werden auf Anfrage Themenführungen zu Clifton, Bristol im Mittelalter und der Geschichte des Bristoler Sklaven- und Weinhandels angeboten.

 ## Festivals & Events

Bristol Shakespeare Festival
THEATER

(www.bristolshakespeare.org.uk; Juli) Eins von Großbritanniens größten Freiluft-Shakespeare-Festivals findet im gesamten Juli statt.

Encounters
FILM

(www.encounters-festival.org.uk; Sept.) Bristols größtes Filmfestival.

BATH & SÜDWESTENGLAND BRISTOL

🛏️ Schlafen

Bristol YHA
HOSTEL £

(☎0845 371 9726; www.yha.org.uk; 14 Narrow Quay; B 13–22 £, DZ 30–70 £; @🛜) Nur wenige Jugendherbergen können mit einer so guten Lage punkten wie diese hier: Sie befindet sich in einem Backsteinlagerhaus direkt am Fluss. Zur Benutzung stehen den Gästen Küchen, ein Fahrradabstellraum, Spielezimmer und die tolle Kaffeelounge Grainshed zur Verfügung – die Schlafsäle sind jedoch recht funktional und die Doppelzimmer können ganz schön teuer sein.

Rock 'n' Bowl
HOSTEL £

(☎0117-325 1980; www.thelanesbristol.co.uk/hostel; 22 Nelson St; B 13–18 £, DZ 45 £; 🛜) Fröhliches, gut geführtes Backpackerhostel in einem weitläufigen Gebäude aus den 1930er-Jahren mit Streetart an den Wänden, Tischtennisplatte im großen Aufenthaltsraum und kostenlosem Frühstück.

Brooks Guest House
B&B ££

(☎0117-930 0066; www.brooksguesthousebristol.com; Exchange Ave; DZ 90–130 £, Wohnwagen 100–105 £; 🛜) In diesem zentral gelegenen B&B stehen auf dem Kunstrasen des kleinen Dachgartens drei alte Airstream-Wohnwagen. Die sind natürlich recht klein, verfügen aber dennoch über Sitzbereiche und winzige Bäder. Im Gästehaus selbst sind die Zimmer kompakt, aber nett, in Oliv gehalten und mit Decken im Schottenkaro.

BANKSY – EIN STREETART-KÜNSTLER

Wenn es einen Sohn Bristols gibt, von dem fast jeder schon einmal gehört hat, dann ist das **Banksy** (www.banksy.co.uk), der Streetart-Künstler: Seine provokativen Werke im typischen Schablonenstil haben ihn weltweit bekannt gemacht.

Zwar ist seine Identität nach wie vor ein Rätsel, doch soll er 1974 in Yate, 19 km von Bristol, geboren worden sein und seine Kunst in einer örtlichen Sprühercrew verfeinert haben. Seine Arbeiten nehmen eine ironische Haltung zur Kultur des 21. Jhs. ein, besonders zum Kapitalismus, zum Konsum und zum Promikult. Zu seinen besten Arbeiten zählen seine Geldscheinparodien mit dem Konterfei von Prinzessin Diana anstelle dem der Königin, eine Serie von Wandbildern an der israelischen Sperrmauer im Westjordanland, die Menschen beim Löchergraben und Leitererklimmen zeigen, sowie das Bild eines einen Einkaufswagen schiebenden Höhlenmenschen im British Museum, das das Museum gleich in seine Sammlung aufnahm. Sein Dokumentarfilm *Exit Through the Gift Shop* über einen Streetart-Künstler in Los Angeles wurde 2011 für einen Oscar nominiert.

Lange von den Behörden verteufelt, ist Banksy inzwischen eine Touristenattraktion. Zwar sind viele seiner Arbeiten nur vorübergehend zu sehen, doch sind in Bristol noch einige vorhanden. **Well Hung Lover** (Frogmore St) zeigt einen wütenden Ehemann, eine untreue Ehefrau und einen aus dem Fenster hängenden nackten Mann. Der **Paint-Pot Angel** (rosa Farbe trifft auf Grabdenkmal) steht im Foyer des Bristol Museum & Art Gallery (S. 318) und erinnert an die sehr erfolgreiche Ausstellung des Künstlers in diesem Museum im Jahr 2009. **Mild Mild West** (80 Stokes Croft) zeigt einen Teddybären, der einen Molotowcocktail schleudert und sich drei Bereitschaftspolizisten gegenübersieht – vielleicht ein Kommentar zu Bristols alternativer, aber auch gemütlicher Szene. Das Schablonenbild eines ein Ruderboot steuernden **Grim Reaper** (Sensenmann) befand sich einst an der Wasserlinie des Partyschiffs *Thekla* und ist jetzt im 1. Stock des Museums **M Shed** (S. 316) in Bristol. Weiter außerhalb sind weitere Werke zu finden; die **Touristeninformation** (S. 324) verkauft ein ausgezeichnetes Informationsblatt zu Banksy (0,50 £) und kennt auch die Standorte der Werke.

Im Jahr 2014 machte Banksy wieder Schlagzeilen, als eines seiner Bilder unerwartet auf einer Holzfläche am Broad Plain Boys' Club erschien. Das als **Mobile Lovers** bekannte Wandbild zeigte ein junges Paar, das sich umarmt, aber gleichzeitig auf seine Smartphones starrt. Wie vorherzusehen entwickelte sich eine Debatte über die Urheberschaft des Werks, jedoch stellte der Künstler klar, dass er das Bild als Geschenk an den Jugendclub angefertigt habe, den er als Jugendlicher aufgesucht haben soll. Nachdem das Werk ein paar Monte lang im Bristol City Museum ausgestellt worden war, wurde es im August 2014 für 400 000 £ an einen privaten Sammler verkauft. Der Erlös wurde für die gemeinnützigen Projekte des Clubs gestiftet. Gut gemacht, Banksy!

Greenhouse
B&B ££

(☑0117-902 9166; www.thegreenhousebristol.co.uk; 61 Greenbank Rd; EZ/DZ 85/115 £; P☎) ✦ Hier gibt's nicht viel Schnickschnack, sondern einfach ein hübsches, freundliches, ruhiges B&B in Southville, ein paar Gehminuten vom Fluss und Stadtzentrum entfernt. Die cremefarbenen Zimmer, die weiße Bettwäsche und das ausgezeichnete Biofrühstück machen das Haus zu einer guten Wahl. Extrapunkte gibt's für die kostenlosen Parkplätze.

Mercure Brigstow
HOTEL ££

(☑0117-929 1030; www.mercure.com; Welsh Back; DZ 90–200 £; ☎) Die Lage am Hafen und die schöne moderne Ausstattung machen das Mercure zu einer guten Wahl im Zentrum. Alle Zimmer verfügen über gewölbte Holzvertäfelungen und in den Badezimmerfliesen winzige Fernseher. Von den billigeren Zimmern blickt man nach hinten raus, von den teureren aufs Wasser; einige verfügen über Balkone und Kaffeepadmaschinen.

★ Number 38
B&B £££

(☑01179-466 905; www.number38clifton.com; 38 Upper Belgrave Rd, Clifton; EZ/Suite 115/180 £, DZ 130–165 £; P☎) Dieses gehobene B&B am Rand der Downs ist etwas für Stilbewusste. Die Zimmer sind riesig und modern – nüchterne Grau- und sanfte Blautöne prägen das Bild und Luxus gibt's in Form von Waffle-Bademänteln und Designer-Badezimmerartikeln. Von der Dachterrasse blickt man auf die Stadt. Die beiden Suiten überraschen mit altmodischen Metallbadewannen.

Hotel du Vin
HOTEL £££

(☑0117-403 2979; www.hotelduvin.com; Narrow Lewins Mead; DZ 145–170 £, Suite 194–260 £; P☎) Diese britische Luxushotelkette erfreut sich großer Beliebtheit bei gut situierten Städtereisenden. Die Bristoler Niederlassung residiert in einem alten Zuckerlagerhaus und vermählt Industriechick mit elegantem Minimalismus: Nackter Backstein und Eisenpfeiler treffen auf Futonbetten und Klauenfußbadewannen. Die Zimmer sind nach Champagnern benannt. Am besten sind die Maisonette-Suiten.

Auch das stylische Bistro ist toll.

 Essen

Canteen
CAFÉ £

(☑0117-923 2017; www.canteenbristol.co.uk; 80 Stokes Croft; Hauptgerichte 4–10 £; ☺Mo–Do 10–24, Fr & Sa bis 1, So bis 23 Uhr; ☎) ✦ Dieses Community-Café im Erdgeschoss eines alten Bürogebäudes verkörpert den Geist der alternativen Szene der Stadt: Hier dreht sich alles um Slow Food, Zulieferer aus der Umgebung und faire Preise, egal ob für ein Schinkensandwich, ein vegetarisches Chili oder ein richtiges Abendgericht. Draußen gibt's kein Schild: einfach nach den Hipstern auf der Terrasse und der Beschriftung Hamilton House Ausschau halten!

St Nicholas Market
MARKT £

(www.stnicholasmarketbristol.co.uk; Corn St; ☺Mo–Sa 9.30–17 Uhr) Der muntere Markt der Stadt wartet mit zahlreichen Ständen auf, auf denen alles von Mezze-Tellern bis zu Pulled-Pork-Sandwiches von den Grillspezialisten Grillstock geboten wird. Mittags können die Schlangen etwas länger werden, aber das Warten lohnt sich. Mittwochs findet ein Bauernmarkt statt.

Olive Shed
BISTRO £

(☑0117-929 1960; www.theoliveshed.com; Princes Wharf; Hauptgerichte 4–8 £; ☺Di–Sa 11–22, So bis 16 Uhr) Mit seinen Tischen direkt am Floating Harbour ist dieses rustikale Speiselokal eine Top-Adresse für einen Lunch am Wasser. Serviert werden Tapas und mediterran inspirierte Gerichte wie eingelegte Makrele, Pilze mit geräuchertem Knoblauch und geräuchertes Huhn mit Harissa.

★ Riverstation
BRITISCH ££

(☑0117-914 1434; www.riverstation.co.uk; The Grove; mittags 2/3 Gänge 14/17 £, Hauptgerichte abends 15–18 £; ☺12–14.30 & 18–22.30 Uhr) Eines der alteingesessenen Restaurants der Stadt und immer noch ganz vorn mit dabei. Die Lage am Fluss mit Blick auf den Floating Harbour ist kaum zu toppen, doch kommen die Gäste wegen des Essens immer wieder hierher zurück: klassisch und mit einem starken kontinentaleuropäischen Einschlag, von französischer Fischsuppe bis zum Steak à la béarnaise.

Fishers
FISCH & MEERESFRÜCHTE ££

(☑0117-974 7044; www.fishers-restaurant.com; 35 Princess Victoria St; Hauptgerichte 14–25 £; ☺tgl. 12–15 & 17.30–22 Uhr, Mo mittags geschl.) Erste Wahl für ein Fischmahl, von gebratenem Seebarsch mit Chorizo bis zu einem saftigen gegrillten ganzen Hummer. Die warme Schalentierplatte (46 £ für 2 Pers.) ist allein nicht zu schaffen. Das einfache Ambiente mit weißen Wänden, Schiffslaternen und nautischem Nippes sorgt für maritimes Flair.

Cowshed
BRITISCH **££**

(☎ 0117-973 3550; www.thecowshedbristol.com; 46 Whiteladies Rd; 2-/3-Gänge-Mittagessen 11/13 £, Hauptgerichte abends 14–26 £; ☺ Mo–Sa 12–14.45 & 18–22, So 12–16 & 18.30–21.15 Uhr) Im Cowshed wird Landküche mit modernem Touch serviert. Das Hauptaugenmerk liegt auf der Qualität des aus der Region stammenden Fleisches: gut abgehangenes Rindfleisch, wildes Kaninchen, Schweinebauch. Das Vorzeigegericht ist das *steak on stone*, ein brutzelnd auf einem heißen Lavastein serviertes Steak. Sehr preisgünstig ist der dreigängige Lunch.

Primrose Café
BISTRO **££**

(☎ 0117-946 6577; www.primrosecafe.co.uk; 1 Boyce's Ave; Hauptgerichte mittags 7–9 £, abends 14–20 £; ☺ Di–Sa 9–17 & 18–22, So 9.30–15, Mo 9–17 Uhr) Der Klassiker in Clifton eignet sich genauso toll für einen Kaffee am Morgen wie für ein richtiges Abendgericht. Mit seinen Tischen draußen und seiner Einrichtung mit viel Holz ähnelt es stark einem Pariser Straßencafé. Besonders klasse ist das Frühstück: Die Eier Benedikt und die belgischen Waffeln sind legendär.

Ox
BRITISCH **££**

(☎ 0117-922 1001; www.theoxbristol.com; The Basement, 43 Corn St; Hauptgerichte 13–29 £; ☺ Mo–Fr 12–14.30, Mo–Sa 17–22.30, So 12–16 Uhr) Mit seinem wunderschönen polierten Holz, dem glänzenden Messing, der dezenten Beleuchtung und dem coolen Jazz ähnelt

TYNTESFIELD HOUSE

Die ehemalige Residenz der Adelsfamilie Gibbs, **Tyntesfield** (NT; ☎ 01275-461900; www.nationaltrust.org.uk; Wraxall; Erw./Kind 14/7 £, nur Garten 9/4,50 £; ☺ Haus März–Okt. 10–18 Uhr, Nov.–Feb. 11–15 Uhr, Garten ganzjährig 10–17 Uhr), ist eine der wichtigsten Erwerbungen des National Trust der letzten Jahre. Der märchenhafte Kasten mit seinen vielen Spitzen und Türmchen, ausladenden Treppen und großen Räumen voller Antiquitäten vermittelt einen Einblick in das einstige opulente Leben in englischen Adelshäusern. Die Eintrittskarten gelten nur für ein bestimmtes Zeitfenster und umfassen eine Führung. Das Haus liegt 11 km südwestlich von Bristol abseits der B3128.

dieses elegante Lokal einem noblen Pullman-Waggon, in den sich irgendwie präraffaelitische Wandbilder verirrt haben. Dies ist mit Wurstplatten, Gourmet-Hamburgern und fünf Steakzuschnitten ein Mekka für Fleischliebhaber.

Das Restaurant ist nicht leicht zu finden – nach den Marmorstufen Ausschau halten, die unterhalb des Wetherspoon-Pubs nach unten führen.

Soukitchen
ORIENTALISCH **££**

(☎ 0117-966 6880; www.soukitchen.co.uk; 277 North St; Hauptgerichte 8–14 £; ☺ Mi–So 12–14.30, Di–So 17.30–21 Uhr) Das freundliche Lokal in Southville bietet orientalische Marktspeisen wie Börek mit Fleisch oder Gemüse, Mezze-Teller und Kebabs – ehrliches Essen mit Herz.

Glassboat
FRANZÖSISCH **££**

(☎ 0117-332 3971; www.glassboat.co.uk; Welsh Back; mittags 2/3 Gänge 10/12 £, Hauptgerichte abends 17–21 £; ☺ tgl. 8–11.30, 12–15 & 17.30–22 Uhr, So abends geschl.) Dieser umgebaute Flusskahn lädt mit seinen kerzenbeschienenen Tischen und den Hafenblicken durch den Glasanbau zu romantischen Abendessen ein. Das stilvolle Essen kreist um französische und italienische Aromen.

Ausgehen & Nachtleben

BrewDog Bristol
PUB

(www.brewdog.com; 58 Baldwin St; ☺ So–Mi 12–24, Do–Sa bis 1 Uhr) Der Bristoler Ableger der Punker unter den britischen Brauern zieht sowohl Leute an, die gerade von der Arbeit kommen, als auch solche, die hier länger verweilen wollen – an warmen Abenden sind die Tische draußen sehr begehrt. Vom Fass gibt's Biere wie Libertine Black, Vagabond Pale und Hardcore.

Thekla
CLUB

(www.theklabristol.co.uk; The Grove, East Mud Dock; ☺ Do–Sa 21.30–3 oder 4 Uhr) Bristols Clubboot bietet Nächte für jede Stimmung: Electro-Punk, Indie, Disco und New Wave, dazu unter der Woche regelmäßige Live-Gigs. Termine auf der Website.

Albion
PUB

(www.thealbionclifton.co.uk; Boyce's Ave; ☺ Mo–Sa 9–24, So bis 23 Uhr) Die gut situierten Kneipengänger von Clifton zieht es nach der Arbeit zu einem Drink in dieses schicke Pub. Hier gibt's erstklassiges Essen, von klassischer Kneipenkost bis zu in Sirup marinierten Schweinskoteletts (Hauptgerichte 9–14 £).

BRISTOL LIDO

Bath ist nicht die einzige Stadt in Englands Südwesten mit seiner eigenen heißen Freiluftbadewanne. Nur wenige wissen, dass auch Bristol auf heißen Quellen sitzt: Sie sprudeln durch den Fels der Avon Gorge nach oben. Im 19. Jh. machte das Thermalwasser die Gegend um Hotwells zu einem beliebten Kurort. Das Wasser, so nahm man an, lindere alle möglichen Leiden wie Schwind- und Wassersucht, Asthma und Geschlechtskrankheiten. Zwischen Hotwells und Clifton gab's sogar eine Standseilbahn; im Zweiten Weltkrieg diente der Tunnel als Luftschutzkeller.

Zwar gehören Bristols Tage als Kurort der Vergangenheit an, doch von ihnen zeugt noch der wunderbare Bristol Lido (%0117-933 9530; www.lidobristol.com; Oakfield Pl; Tagesgäste 20 £; hTagesgäste Mo–Fr 13–16 Uhr). Die ursprünglich 1849 als Clifton Lido eröffneten Bäder verfielen später und wurden 1990 geschlossen, sind jedoch in den vergangenen Jahren sorgfältig restauriert worden. Heute sind sie mit ihrem schönen 24-m-Becken unter freiem Himmel, das stets um die 24 °C warm ist, ein echter Geheimtipp. Außerdem werden Wellnessbehandlungen und Massagen angeboten und es gibt ein ausgezeichnetes Bistro.

Der einzige Nachteil für Reisende ist, dass Mitglieder bevorzugt werden. Am Wochenende und an vollen Tagen ist das Bad für Tagesgäste geschlossen. Am besten erkundigt man sich vor einem Besuch telefonisch, ob man kommen kann.

Grain Barge   PUB

(www.grainbarge.com; Mardyke Wharf, Hotwell Rd; ☺So–Do 12–23, Fr & Sa bis 23.30 Uhr) Der liebevoll restaurierte Frachtkahn aus den 1930er-Jahren transportierte einst Gerste und Weizen. Daher passt es gut, dass hier jetzt die Bristol Beer Factory ihre Craft-Biere präsentiert. Donnerstags gibt's ab 20 Uhr Livemusik.

Unterhaltung

Watershed   KINO

(www.watershed.co.uk; 1 Canon's Rd) Bristols Zentrum für digitale Medien zeigt regelmäßig anspruchsvolle Filme und bietet auch andere Filmevents wie das Encounters Festival (S. 319) im September.

Bristol Old Vic   THEATER

(☎0117-987 7877; www.bristololdvic.org.uk; 103 The Cut) Bristols renommiertes, prächtiges Theater, eins der ältesten Englands, bietet in seinem reich verzierten Saal großen Gastinszenierungen eine Bühne, im kleineren Studiotheater experimenteller Arbeiten.

Fleece   LIVEMUSIK

(www.thefleece.co.uk; 12 St Thomas St) Eine bei Indie-Künstlern beliebte Musikkneipe.

Colston Hall   LIVEMUSIK

(☎0844 887 1500; www.colstonhall.org; Colston St) Die historische Konzerthalle verfügt jetzt über ein neues fünfstöckiges Nebengebäude. Sie lockt gewöhnlich die besten Bands und bekanntesten Comedy-Acts an.

Shoppen

Bristol ist eine gute Einkaufsstadt. Wer sich abseits der Filialen großer Ketten, die sich um den Cabot Circus (www.cabotcircus.com; Glass House; ☺Mo–Sa 10–20, So 11–17 Uhr) und Broadmead herum tummeln, umschauen möchte, muss allerdings der Innenstadt den Rücken kehren.

Für unabhängige Läden, besonders für Vintage-Mode, Kunsthandwerk und Secondhand-CDs, sind die Straßen Stokes Croft und Gloucester Road am besten. Gehobener ist das Angebot in Clifton: Hier gibt's teure Designersachen, Haushaltswaren und Antiquitäten.

Rise Music   MUSIK

(☎0117-929 7511; www.rise-music.co.uk; 70 Queen's Rd; ☺Mo–Sa 10–19, So 12–18 Uhr) Der beste unabhängige Musikladen der Stadt, mit regaleweise CDs und Vinyl, regelmäßigen Veranstaltungen sowie unten einer Kaffeebar.

Loot   BEKLEIDUNG

(☎0117-922 0633; www.gimmetheloot.co.uk; 9 Haymarket Walk; ☺Mo–Sa 10–17.30, So 11–17 Uhr) Der größte Shop der Stadt für Vintage-Mode befindet sich etwas überraschend unten im Premier Inn.

❶ Praktische Informationen

Bristol Royal Infirmary (www.uhbristol.nhs.uk; Marlborough St; ☺24 Std.)

Touristeninformation (☑ 0906 711 2191; www.visitbristol.co.uk; E-Shed, 1 Canons Rd; ⊙ Mo–Sa 10–16, So 11–16 Uhr) Wer sich hier telefonisch informiert, zahlt satte 50 p pro Minute.

 An- & Weiterreise

BUS

National Express fährt nach Birmingham (22 £, 2 Std., 6- bis 8-mal tgl.), London (21 £, 2½ Std., stündl.) Cardiff (10 £, 1¼ Std., alle 2 Std.) und Exeter (15 £, 2 Std., 5-mal tgl.).

Nützliche Regionalbusse:

Bath (5,50 £, 50 Min., Mo–Sa 4-mal pro Std., So halbstündl.) Bus 38/39/X39.

Wells (5,50 £, 1 Std., halbstündl. bis stündl.) Bus 376, der dann nach Glastonbury (5,50 £, 1¼ Std.) weiterfährt.

FLUGZEUG

Bristol International Airport (☑ 0871-3344344; www.bristolairport.co.uk) Bristols Flughafen liegt 13 km südwestlich der Stadt. Von hier werden britische und irische Ziele wie Aberdeen, Edinburgh, Cork, Glasgow und Newcastle (v. a. von EasyJet) sowie Städte auf dem Kontinent wie Barcelona, Berlin, Mailand und Paris angeflogen.

Bristol Airport Flyer (http://flyer.bristol airport.co.uk) Betreibt Shuttlebusse (einfach/hin & zurück 7/11 £, 30 Min., zu den Hauptzeiten alle 10 Min.) vom Busbahnhof und von Temple Meads.

Checker Cars (☑ 01446-711747; www.checkercars.com) Der offizielle Taxiservice des Flughafens. Preise ab etwa 27 £ in die Innenstadt.

ZUG

Bristol ist ein wichtiger Eisenbahnknotenpunkt. **Great Western Railway** (www.gwr.com) bietet regelmäßige Verbindungen nach London Paddington, **CrossCountry** (www.cross countrytrains.co.uk) Verbindungen nach Nordengland und Schottland. Am günstigsten fährt, wer im Voraus bucht.

ZIEL	PREIS (£)	DAUER (STD.)	HÄUFIGKEIT
Birmingham	26	1½	stündl.
Edinburgh	80	6½	stündl.
Exeter	14	1	halbstündl.
Glasgow	85	6½	stündl.
London	32	1¾	halbstündl.
Penzance	35	5½	stündl.
Truro	40	4	stündl.

❶ Unterwegs vor Ort

Traveline South West (www.travelinesw.com) bietet umfassende Infos zu Verkehrsverbindungen in Bristol und der gesamten Region.

AUTO & MOTORRAD

Viel Verkehr und teure Parkplätze machen das Autofahren in Bristol nicht gerade zum Vergnügen. Ab den Parkplätzen Portway, Bath Road und Long Ashton fahren alle 20 Minuten **Park-and-Ride-Busse** (☑ 0117-9020 157; www.ctplus bristol.org; Hauptzeiten/Nebenzeiten hin & zurück 4/3 £; ⊙ Mo–Fr 6–21.30, Sa 7–20 Uhr). Auf diesen Parkplätzen darf man allerdings nicht über Nacht parken.

BUS

Busfahrten im Zentrum von Bristol kosten 1 £ für bis zu drei Stopps, sonst 1,50 £. Eine Tageskarte (DayRider) kostet 4,50 £.

Bus 8/9 Alle 15 Minuten ab der St Augustine's Parade nach Clifton (10 Min.), zur Whiteladies Road und zu den Bristol Zoo Gardens. Ab Temple Meads zehn Minuten länger.

Bus 73/X73 Fährt alle 20 Minuten von der Parkway Station ins Zentrum (3,50 £, 30 Min.).

FAHRRAD

Bristol Bike Project (☑ 0117-942 1794; www.thebristolbikeproject.org; City Ride; Mo–Fr 12 £ pro Tag, Wochenende 25 £; ⊙ Mo–Fr 9–18, Sa 10.30–17.30 Uhr) Community-Fahrradladen und -verleiher in Stokes Croft.

Roll for the Soul (☑ 07856-544471; www.rollforthesoul.org; 2 Quay St; ⊙ Mo & Di 8–18, Mi–Fr bis 21, Sa 10–21 Uhr) Gemeinnütziges Fahrradcafé mit Werkstatt – toll, um andere Fahrradfreaks kennenzulernen.

SCHIFF/FÄHRE

Bristol Ferry Boat Company (☑ 0117-927 3416; www.bristolferry.com) Es werden jede Stunde zwei Routen befahren: Richtung Hotwells geht's nach Westen mit Stopps u. a. am Millennium Square und bei der SS *Great Britain;* Richtung Temple Meads geht's nach Osten mit Stopps u. a. in Welsh Back, beim Castle Park (für den Cabot Circus) und in Temple Meads (für den Bahnhof). Die Boote fahren vom Anleger bei der Touristeninformation. Die Fahrpreise hängen von der jeweiligen Entfernung ab; eine Tageskarte kostet für Erwachsene/Kinder 6,50/5,50 £.

TAXI

Taxis warten gewöhnlich am Taxistand an der **St. Augustine's Pde**, aber es gibt auch jede Menge Funktaxi-Unternehmen wie **Streamline Taxis** (☑ 0117-926 4001; www.bristolstream linetaxis.com) oder **1st Call Taxi** (☑ 0117-955 5111; www.1stcalltaxis.net). Wer ein Taxi ohne Taxameter nimmt, sollte den Fahrpreis vorher aushandeln!

BATH

88 900 EW.

Hübsche Städte gibt's in Großbritannien in Hülle und Fülle, doch nur sehr wenige können es an Schönheit mit Bath aufnehmen. Diese elegante, kultivierte und versnobte Stadt, gegründet über natürlichen warmen Quellen, besticht mit prachtvoller georgianischer Architektur sowie mit einem der besterhaltenen römischen Bäder überhaupt. Schon seit fast 2000 Jahren lockt Bath Reisende an.

Bath erlebte seine Blütezeit im 18. Jh.: Damals verwandelten der einheimische Unternehmer Ralph Allen und sein Vater-Sohn-Architektenteam aus John Wood dem Älteren und dem Jüngeren dieses verschlafene Provinznest in die Lieblingsstadt der georgianischen Gesellschaft und errichteten fabelhafte Wahrzeichen wie den Circus und den Royal Crescent.

Geschichte

Der Überlieferung zufolge gründete König Bladud, Flüchtling aus Troja und Vater von König Lear, Bath vor rund 2800 Jahren, nachdem seine Schweine durch ein Bad im schlammigen Sumpf von Lepra geheilt worden waren. Die Römer gründeten die Stadt 44 n. Chr. als Aquae Sulis und errichteten den großen Badekomplex und einen Tempel für die Göttin Sulis Minerva.

Lange nach dem Abzug der Römer kamen die Angelsachsen hierher und 944 wurde dort, wo heute die Abteikirche steht, ein Kloster gegründet. Im Mittelalter war Bath ein kirchliches Zentrum und eine Stadt des Wollhandels. Aber erst im frühen 18. Jh. machten Ralph Allen und der gefeierte Dandy Richard „Beau" Nash Bath zum Mekka der feinen Gesellschaft. Allen erschloss die Steinbrüche von Coombe Down, erbaute Prior Park und beauftragte die beiden John Woods mit der Errichtung der Gebäude, für die Bath heute so berühmt ist.

Im Zweiten Weltkrieg wurde Bath bei den sogenannten *Baedeker raids* (Baedeker-Angriffen) von der deutschen Luftwaffe bombardiert – die griff historische Städte an, um die Moral der britischen Bevölkerung zu schwächen. Mehrere Häuser am Royal Crescent und am Circus wurden schwer beschädigt und die Assembly Rooms der Stadt brannten aus, jedoch sind inzwischen sämtliche Bauten wieder restauriert worden.

Im Jahr 1987 wurde Bath als bisher einzige britische Stadt in ihrer Gesamtheit zu einer Unesco-Welterbestätte erklärt. Daraus ergaben sich in der Folgezeit zahlreiche Streitigkeiten über Baumaßnahmen und Erschließungsprojekte, in jüngster Zeit v. a. zum Aussehen des neu erschlossenen Thermae Bath Spa und des Einkaufszentrums SouthGate.

ⓘ MUSEUMS-KOMBITICKETS

Kombitickets für die Roman Baths und das Fashion Museum kosten für Erwachsene/Kinder/Familien 21/11/53 £. Es gibt auch ein Kombiticket für No 1 Royal Crescent und das Museum of Bath Architecture für 13/5/28 £.

◉ Sehenswertes

★ Roman Baths HISTORISCHES GEBÄUDE

(☎ 01225-477785; www.romanbaths.co.uk; Abbey Churchyard; Erw./Kind 15/9,50 £; ⊘ Juli & Aug. 9–21 Uhr, Sept.–Juni bis 17 Uhr) In typisch opulenter Manier errichteten die Römer über den drei natürlichen heißen Quellen der Stadt, die mit konstanten 46 °C hervorsprudeln, neben einem der Heilgöttin Sulis Minerva geweihten Tempel einen Komplex aus Badehäusern. Diese Bäder zählen heute zu den besterhaltenen römischen Bädern überhaupt. Sie sind von Gebäuden aus dem 18. und 19. Jh. umgeben. Da die Bäder die wichtigste Sehenswürdigkeit in Bath sind, kann es sehr voll werden. Am besten kommt man unter der Woche hierher – Juli und August sind besser zu meiden.

Den Herz des Komplexes bildet das 1,60 m tiefe **Great Bath**, ein bleiverkleidetes Becken mit dampfendem, geothermisch erhitztem Wasser aus der sogenannten Heiligen Quelle. Heute befindet es sich unter freiem Himmel, ursprünglich war es jedoch mit einem 45 m hohen Tonnengewölbe überdacht.

Östlich und westlich schließen sich weitere Badebecken und Umkleideräume an. Hier wurde teils die **Hypokaustheizung**, mit der die Baderäume beheizt wurden, freigelegt. Nach dem Warmwasserbad kühlten sich die Römer im runden **Kaltwasserbecken** ab, in dem heute Filme von Badenden in Lebensgröße an die Wände projiziert werden.

Im 12. Jh. wurde bei der ursprünglichen Heiligen Quelle das **King's Bath** errichtet. Jeden Tag fließen 1,5 Mio. l heißes Wasser in das Becken. Unter dem Pump Room befin-

Bath

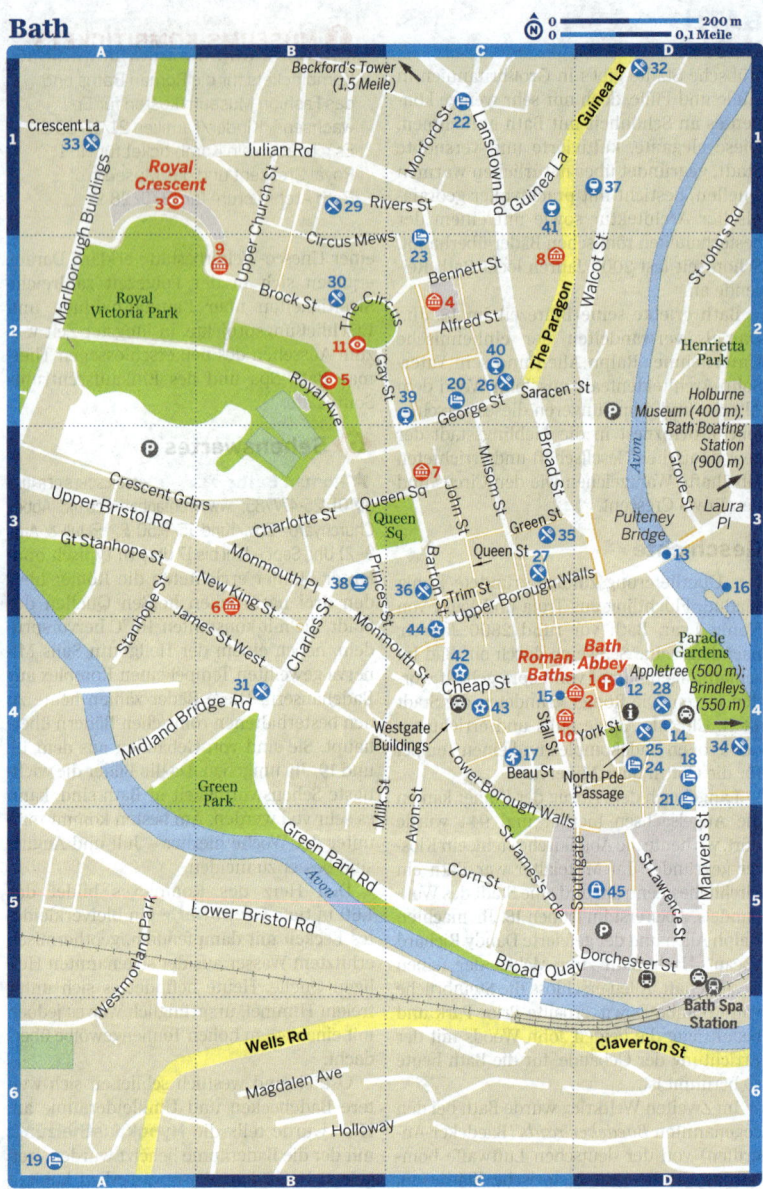

den sich die Überreste des **Sulis-Minerva-Tempels**.

Das faszinierende **Museum** zeigt hier vor Ort gefundene Gegenstände wie den berühmten vergoldeten Bronzekopf der Minerva und ein interessantes Gorgonen-

haupt. Außerdem sind hier einige der rund 12 000 römischen Münzen zu sehen, die als Opfergabe für die Göttin in die Quelle geworfen wurden.

Der Gebäudekomplex um die Bäder herum entstand schrittweise im 18. und 19. Jh.

Bath

Die beiden John Woods entwarfen die Gebäude um die Heilige Quelle herum. Den berühmten **Pump Room** (www.romanbaths.co.uk; Stall St; ⊙10–17 Uhr) GRATIS, die Brunnenhalle, errichteten ihre Zeitgenossen Thomas Baldwin und John Palmer im klassizistischen Stil mit hoch aufragenden ionischen und korinthischen Säulen. Das Gebäude beherbergt heute ein Restaurant (S. 332), in dem ein großartiger *afternoon tea* (22 £, mit Champagner 31 £) kredenzt wird. Wer möchte, kann auch das Wasser probieren, dem besonders in viktorianischer Zeit Heilkräfte zugesprochen wurden. Und wer Glück hat, kommt auch noch in den Genuss von Livemusik des Pump-Room-Streichertrios.

Im Eintritt zu den Roman Baths inbegriffen ist ein Audioguide in acht Sprachen. Einer der englischen Kommentare wird vom Bestsellerautor Bill Bryson gesprochen. Die stündlich stattfindenden kostenlosen Führungen beginnen im Great Bath. Kombitickets für die Roman Baths und das Fashion Museum kosten für Erwachsene/Kinder/Familien 21/11/53 £.

★ **Bath Abbey** KIRCHE
(www.bathabbey.org; Abbey Churchyard; erwünschte Spende Erw./Stud. 2,50/1,50 £; ⊙Mo 9.30–17.30, Di–Fr 9–17.30, Sa 9–18, So 13–14.30 & 16.30–17.30 Uhr) Über dem Stadtzentrum erhebt sich die große Abteikirche. Sie wurde zwischen 1499 und 1616 erbaut und war somit die letzte große Kirche des Mittelalters, die in England entstand. Ihr augenfälligstes Merkmal ist die Westfassade: An ihr steigen Engel Steinleitern hoch und runter und erinnern damit an einen Traum des Bauherrn der Kathedrale, Bischof Oliver King.

Turmführungen (www.bathabbey.org; Erw./Kind 6/3 £; ⊙ April–Aug. 10–17 Uhr, Sept.–März 11–15 Uhr, So keine Führungen) beginnen montags bis freitags jeweils zur vollen Stunde sowie samstags jede halbe Stunde.

Jane Austen Centre MUSEUM
(☎01225-443000; www.janeausten.co.uk; 40 Gay St; Erw./Kind 11/5,50 £; ⊙April–Okt. 9.45–17.30 Uhr, Nov.–März 10–16 Uhr) Bath ist vielen Literaturliebhabern als Schauplatz der Romane Jane Austens bekannt; u. a. spielen

ABSTECHER

PRIOR PARK ESTATE

Der teils vom Landschaftsarchitekten Lancelot „Capability" Brown entworfene Park des aus dem 18. Jh. stammenden Herrenhauses **Prior Park** (NT; ☎ 01225-833977; www.natio naltrust.org.uk; Ralph Allen Dr; Erw./Kind 6,50/3,40 £; ⊙ Feb.–Okt. tgl. 10–17.30 Uhr, Nov.–Jan. Sa & So bis 16 Uhr) am südlichen Stadtrand von Bath wartet mit Seekaskaden und einer anmutigen **palladianischen Brücke** auf, einem von nur vier solcher Bauwerke weltweit. Übrigens stammen einige der Graffiti hier aus dem 19. Jh.

Der Park liegt gut 1,5 km südlich des Zentrums von Bath. Bus 1 (alle 45 Min.) hält in der Nähe, ebenso die Busse der „City Skyline"-**Tour** von Bath City Sightseeing (S. 329).

hier *Überredung* und *Northanger Abbey*. Zwar lebte Austen nur fünf Jahre lang in Bath, von 1801 bis 1806, doch blieb sie der Stadt durch regelmäßige Besuche verbunden und erforschte engagiert das gesellschaftliche Leben der Stadt. Das Museum beherbergt Erinnerungsstücke, die mit dem Leben der Schriftstellerin in Bath zu tun haben, und Guides in Regency-Kleidung geben Austen'sche Anekdoten zum Besten.

Herschel Museum of Astronomy
MUSEUM

(☎ 01225-446865; www.herschelmuseum.org.uk; 19 New King St; Erw./Kind 6,50/3 £; ⊙ März–Sept. Mo–Fr 13–17, Sa & So 11–17 Uhr) Im Jahr 1781 entdeckte der Astronom William Herschel vom Garten seines Hauses aus die Planeten Uranus – heute ist hier ein Museum. Das Haus hat sich seit dem 18. Jh. kaum verändert. Ein Astrolab im Garten markiert die Position von Herschels Teleskop.

★ Royal Crescent
ARCHITEKTUR

(Royal Cres) Bath ist berühmt für seine wundervolle georgianische Architektur. Eines der absoluten Highlights ist der Royal Crescent, eine sichelförmige Reihe majestätischer Stadthäuser am Royal Victoria Park. Die von John Wood dem Jüngeren (1728–1782) entworfenen und zwischen 1767 und 1775 errichteten Häuser sehen von außen perfekt symmetrisch aus, doch durften sie die Eigentümer im Inneren an ihre eigenen Bedürfnisse anpassen. Daher sind keine zwei Häuser des Crescent völlig gleich. Einen Einblick in eins der Häuser ermöglicht **No 1 Royal Crescent**.

Wer vom Royal Crescent der Brock Street Richtung Osten folgt, gelangt zum **Circus** (The Circus), einem Ring aus 33 Häusern, eingeteilt in drei *terraces* (Häuserreihen). Tafeln an den Häusern erinnern an berühmte Bewohner wie Thomas Gainsborough, Robert Clive und David Livingstone. Der Circus

wurde von John Wood dem Älteren geplant, doch er starb 1754 und so wurde die Anlage 1768 von seinem Sohn fertiggestellt.

Über den Gravel Walk erreicht man den südlich gelegenen **Georgian Garden** (nahe Royal Ave; ⊙ 9–17 Uhr) GRATIS. Er wurde so restauriert, dass er einem typischen Stadthausgarten des 18. Jhs. ähnelt.

Bath Assembly Rooms
HISTORISCHES GEBÄUDE

(NT; www.nationaltrust.org.uk; 19 Bennett St; ⊙ März–Okt. 10.30–17 Uhr, Nov.–Feb. bis 16 Uhr) GRATIS In den 1771 eröffneten prächtigen Assembly Rooms der Stadt traf sich die High Society zum Walzertanzen, Kartenspielen und zu Kammermusikkonzerten. Zu den Räumen, die heute zugänglich sind, zählen das Kartenzimmer, der Teesalon und der Ballsaal, allesamt erleuchtet mit den Originalkronleuchtern des 18. Jhs.

Fashion Museum
MUSEUM

(☎ 01225-477789; www.fashionmuseum.co.uk; Assembly Rooms, 19 Bennett St; Erw./Kind 8,75/6,75 £; ⊙ März–Okt. 10.30–17 Uhr, Nov.–Feb. bis 16 Uhr) Das Modemuseum im Untergeschoss der Assembly Rooms wartet mit Kleidung vom 17. bis zum späten 20. Jh. auf. Teile der Ausstellungen wechseln jährlich, also schaut man am besten auf der Website nach, was gerade gezeigt wird.

Museum of Bath Architecture
MUSEUM

(☎ 01225-333895; www.museumofbatharchitec ture.org.uk; The Vineyards, The Paragon; Erw./Kind 5,50/2,50 £; ⊙ Mitte Feb.–Nov. Di–Fr 14–17, Sa & So 10.30–17 Uhr) Das Museum beleuchtet anhand von alten Werkzeugen, Informationen zu georgianischen Bautechniken und einem Bath-Modell im Maßstab 1:500 die Geschichte der Architektur der Stadt.

Ein Kombiticket für das Museum of Bath Architecture und No 1 Royal Crescent kostet für Erwachsene/Kinder/Familien 13/5/28 £.

Holburne Museum
GALERIE

(☎01225-388569; www.holburne.org; Great Pulteney St; ⊙Mo–Sa 10–17, So 11–17 Uhr) GRATIS Sir William Holburne, ein Adliger und Kunstfanatiker des 18. Jhs., trug eine gewaltige Sammlung zusammen, die heute den Grundstock des Holburne Museum bildet. Dieses residiert in einem opulenten Herrenhaus am Ende der Great Pulteney Street. Das Museum beeindruckt mit wichtigen Werken von Künstlern wie Turner, Stubbs, William Hoare und Thomas Gainsborough sowie Majolika und Porzellan aus dem 18. Jh.

American Museum in Britain
MUSEUM

(☎01225-460503; www.americanmuseum.org; Claverton Manor; Erw./Kind 11/6,50 £; ⊙Ende März–Okt. Di–So 12–17 Uhr, Ende Nov.–Mitte Dez. bis 16.30 Uhr) Großbritanniens größte Sammlung an amerikanischer Volkskunst, u. a. mit indianischen Textilien, Patchwork-Decken und historischen Karten, ist in einem schönen Herrenhaus 3 km vom Stadtzentrum untergebracht. Einige Räume sind so ausstaffiert, dass sie einem Puritanerhaus des 17. Jhs., einer Taverne des 18. Jhs. und einem Boudoir aus New Orleans von etwa 1860 ähneln. Vom Terrace Walk bei den Parade Gardens fährt ein kostenloser Shuttlebus (11.40–17 Uhr) hierher.

Aktivitäten

Mehrere Veranstalter bieten Bootsausflüge auf dem Avon ab der Gegend um die Pulteney Bridge, z. B. **Pulteney Cruisers** (☎01225-863600; www.bathboating.com; Pulteney Bridge; Erw./Kind 9/4 £; ⊙Mitte März–Nov.) und **Bath City Boat Trips** (☎07974 560197; www.bathcityboattrips.com; Pulteney Sluice Gate; Erw./Kind 10/8 £). Zwischen den verschiedenen Touren gibt's kaum Unterschiede; die meisten dauern rund eine Stunde. Von Mitte März bis November fahren mindestens fünf Boote pro Tag.

★ Thermae Bath Spa
SPA

(☎01225-331234; www.thermaebathspa.com; Hot Bath St; Mo–Fr 34 £, Sa & So 37 £; ⊙9–21.30 Uhr, letzter Einlass 19 Uhr) In den alten römischen Bädern ins warme Nass zu tauchen, ist nicht mehr möglich, doch das heilende Wasser der Stadt kann man heute in diesem fabelhaften modernen Wellnesskomplex in einem Gebäude aus Stein aus der Umgebung und Spiegelglas auf sich wirken lassen. Das Highlight des Ganzen ist der offene Dachpool: Hier kann man inmitten der Kulisse der Stadtlandschaft von Bath in natürlich warmem, mineralienreichem Wasser baden – am schönsten ist es in der Abenddämmerung.

Im Eintrittspreis inbegriffen ist die Nutzung von Dampfbädern, Wasserfallduschen und zwei Schwimmbecken.

Bath Boating Station
BOOTSTOUREN

(☎01225-312900; www.bathboating.co.uk; Forester Rd; 1. Std. Erw./Kind 7/3,50 £, jede weitere Std. 4/2 £; ⊙Ostern–Sept. 10–18 Uhr) In dem viktorianischen Bootshaus werden Boote für Törns auf dem Avon vermietet, und zwar traditionelle Skiffe, Ruderboote und Kanadier. Im Vorort Bathwick 20 Minuten zu Fuß nordöstlich vom Stadtzentrum.

Geführte Touren

★ Bizarre Bath
Comedy Walk
STADTRUNDGANG

(☎01225-335124; www.bizarrebath.co.uk; Erw./Stud. 8/5 £; ⊙März–Okt. 20 Uhr) Bei diesen witzigen Stadtführungen kommen auch Theater und Livedarbietungen zum Einsatz. Die Touren beginnen abends vor dem Huntsman Inn an der North Parade Passage. Der größte Teil der Strecke ist rollstuhltauglich.

Mayor's Guide Tours
STADTRUNDGANG

(☎01225-477411; www.bathguides.org.uk; ⊙So–Fr 10.30 & 14, Sa 10.30 Uhr) GRATIS Die exzellenten historischen Stadtführungen werden kostenlos vom The Mayor of Bath's Corps of Honorary Guides durchgeführt. Die Führungen sind gut 3 km lang und auch mit dem Rollstuhl zu bewältigen. Sie beginnen im Abbey Churchyard vor dem Pump Room. Von Mai bis September werden dienstags und donnerstags um 19 Uhr zusätzliche Führungen angeboten.

Bath City Sightseeing
BUS

(Bath Bus Company; ☎01225-444102; www.bathbuscompany.com; Erw./Kind 14,50/9 £; ⊙10–17 Uhr, Jan.–März reduziertes Angebot) Hop-on/hop-off-Stadtrundfahrten in offenen Bussen mit Kommentar in sieben Sprachen. Die Tickets sind 24 Stunden gültig.

Festivals & Events

In Bath finden zahlreiche Festivals statt. Sämtliche Buchungen werden durch **Bath Festivals** (☎01225-462231; www.bathfestivals.org.uk) abgewickelt.

Bath Literature Festival
LITERATUR

(www.bathlitfest.org.uk; ⊙Feb. & März) Großes Bücherfestival Ende Februar oder Anfang März.

Bath International Music Festival MUSIK

(www.bathmusicfest.org.uk; ☉ Mai) Vorwiegend klassische Musik und Oper, außerdem kleinere Konzerte mit Jazz, Folk und Weltmusik. Mitte bis Ende Mai.

Bath Fringe Festival THEATER

(www.bathfringe.co.uk; ☉ Mai–Juni) Großes Theaterfestival Mitte Mai bis Anfang Juni.

🛏 Schlafen

Bath wartet mit einer breiten Palette an Hotels und B&Bs auf. Im Hochsommer wird es jedoch voll und dann sind die Preise natürlich auch am höchsten. Aber auch sonst steigen die Preise am Wochenende gerne um 10 bis 50 £ pro Zimmer. Nur wenige Hotels verfügen über Parkplätze; einige bieten ermäßigte Stellplätze in städtischen Parkhäusern und -garagen.

Bath Backpackers HOSTEL £

(☎01225-446787; www.hostels.co.uk/bath; 13 Pierrepont St; B 12–17 £) Duschen sind knapp und das Ganze wirkt ein bisschen schmuddelig und verwohnt, doch das Hostel ist wegen seiner sehr günstigen Preise, der tollen Lage, der freundlichen Stimmung und einem rund um die Uhr geöffneten „Dungeon" – ein schallisolierter Keller, in dem keine Nachtruhe eingehalten werden muss – bei Rucksackreisenden sehr beliebt.

Bath YHA HOSTEL £

(☎0845 371 9303; www.yha.org.uk; Bathwick Hill; B 13–22 £, DZ ab 39 £; ☉ Rezeption 7–23 Uhr; 🅿@🤳) Die eindrucksvolle, in einer italienisch anmutenden Villa und einem modernen Nebengebäude untergebrachte Jugendherberge liegt einen steilen Spaziergang oder eine kurze Fahrt mit dem Bus U1 oder U18 vom Stadtzentrum entfernt. Das denkmalgeschützte Gebäude erfreut mit großen Zimmern, einige davon mit historischen Gestaltungelementen wie Stuckornamenten und *bay windows*.

★ Three Abbey Green B&B ££

(☎01225-428558; www.threeabbeygreen.com; 3 Abbey Green; DZ 90–200 £, Apt. 160 £; 🤳) Nur selten hat man in Bath eine Unterkunft in so zentraler Lage wie dieses georgianische Stadthaus mit solch geräumigen Zimmern. Zu der eleganten Ausstattung des 18. Jhs. gesellen sich schicke Bäder; die opulente Lord Nelson Suite verfügt über ein riesiges Himmelbett. In der Nähe wird auch eine Wohnung für zwei Personen vermietet (Mindestaufenthalt 2 Nächte).

Henry B&B ££

(☎01225-424052; www.thehenry.com; 6 Henry St; EZ 80–95 £, DZ 100–145 £, FZ ab 175 £; 🤳) Dieses hohe Stadthaus punktet mit seiner hervorragenden Lage in Fußnähe zum Zentrum. Die sieben Zimmer und das Apartment für Selbstversorger sind mit modernen Blumenmotiven, gestreiften Kissen und Minzbonbons auf den Kissen versehen. Dazu gibt's ein Familienzimmer mit Kinderbett.

Appletree B&B ££

(☎01225-337642; www.appletreebath.com; 7 Pulteney Gardens; EZ 80–150 £, DZ 90–160 £; 🅿🤳) Der Eigentümer Ling leitete 15 Jahre lang ein Hotel im Stadtzentrum. All seine Erfahrungen schlagen sich in diesem edlen B&B nieder. Die Zimmer sind nach Apfelsorten benannt. Das beste ist das Royal Gala mit Schlittenbett und Sofa, doch auch die billigeren Zimmer sind hell und frisch und mit asiatischer Kunst geschmückt.

★ Queensberry Hotel HOTEL £££

(☎01225-447928; www.thequeensberry.co.uk; 4 Russell St; Zi. 125–185 £, Suite 225–275 £; 🤳) Das preisgekrönte, originelle Queensbury ist das beste Boutiquehotel der Stadt. Vier georgianische Stadthäuser wurden nahtlos zu einem stilvollen Ganzen verschmolzen. Hier trifft Historisches auf pfiffiges Design: Neben karierten Stoffen und Landhaus-Cremetönen findet man auch helle Polsterstoffe, original Kamine und frei stehende Badewannen. Frühstück ist nicht im Preis inbegriffen; Parken kostet 7 £. Auch das Olive Tree Restaurant ist klasse.

Grays Bath B&B £££

(☎01225-403020; www.graysbath.co.uk; Upper Oldfield Park; DZ 90–205 £; 🤳) Das reizende Grays stellt eine schöne Mischung aus dezentem modernem Design und Familienstücken dar, von denen die Eigentümer viele von ihren Reisen mitgebracht haben. Alle Zimmer sind individuell eingerichtet, ob blumig, gepunktet oder maritim gestreift. Am schönsten ist vielleicht das sechseckige Zimmer 12 unterm Dach mit Teilblick auf die Stadt.

Im Osten der Stadt betreiben die Gastgeber noch ein kleineres, aber genauso schickes B&B, **Brindleys** (☎01225-310444; www.brindleysbath.co.uk; 14 Pulteney Gardens; DZ 135–200 £; 🅿🤳).

Halcyon Apartments FERIENWOHNUNGEN £££

(☎01225-585100; www.thehalcyon.com/apartments; 15a George St; Apt. 150–300 £; 🤳) Die geräumigen Apartments für zwei bis vier

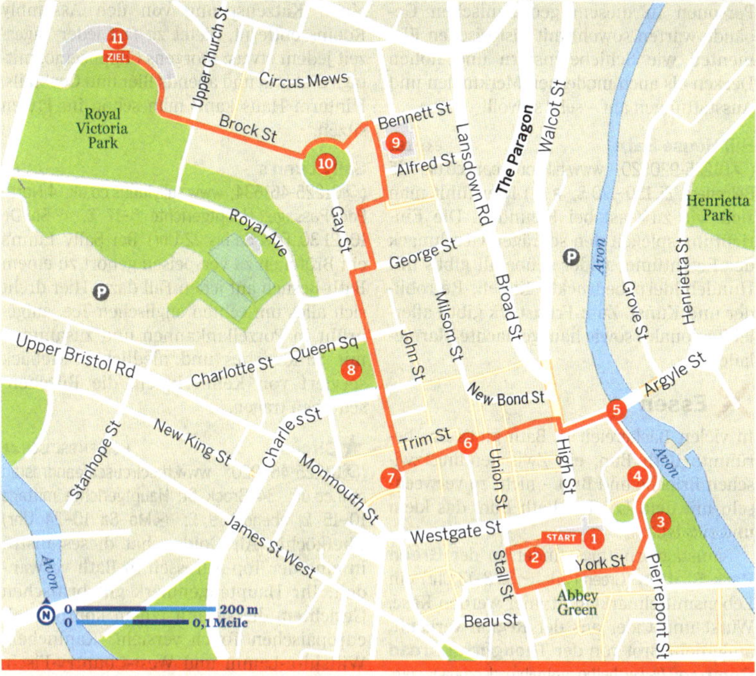

Spaziergang
Bath

START BATH ABBEY
ZIEL ROYAL CRESCENT
LÄNGE/DAUER 2,4 KM; ZWEI STUNDEN

Startpunkt ist die ❶ **Bath Abbey** (S. 327), das kirchliche Wahrzeichen der Stadt; hier stand vorher seit dem 8. Jh. eine Kapelle. Von der Kirche geht's weiter Richtung Süden die Stall Street entlang zum ❷ **Pump Room** (S. 327) aus dem 19. Jh. Über die York Street gelangt man in östlicher Richtung zu den viktorianischen ❸ **Parade Gardens** am Avon.

Von hier führt die Grand Parade nach Norden; interessant ist das Eckgebäude ❹ **The Empire**, 1901 als Luxushotel erbaut. Am Nordende der Grand Parade ist die 1773 von Robert Adams entworfene ❺ **Pulteney Bridge**, eine von nur wenigen bebauten Brücken weltweit. Westlich der Brücke markieren die ❻ **Upper Borough Walls** die Nordgrenze des mittelalterlichen Bath; wer genau hinschaut, entdeckt vielleicht noch Überreste der mittelalterlichen Mauer.

Im ❼ **Theatre Royal** (S. 334) in der Sawclose wird schon seit 1805 Theater gespielt. Von hier führt die Barton Street zum ❽ **Queen Square**, dem ältesten georgianischen Platz der Stadt, der zwischen 1728 und 1736 als Vorzeigebau seines Architekten John Wood des Älteren entstand.

Weiter geht's über die Gay Street nach Norden, dann rechts in die George Street. Neben dem Pub The Porter führt eine Gasse nach Norden zu den ❾ **Assembly Rooms** (S. 328), in dem in der georgianischen Ära das gesellschaftliche Herz der Stadt schlug. Weiter geht's bis zur Bennett Street und dort links zum ❿ **Circus** (S. 328), einer Anspielung auf das Kolosseum in Rom. Die Säulen des Gebäudes verweisen auf die Schlüsselformen klassischer Architektur (dorisch, ionisch, korinthisch).

Von hier führt die Brock Street nach Westen zur georgianischen Krone der Stadt, dem ⓫ **Royal Crescent** (S. 328). Der heute denkmalgeschützte Häuserbogen wurde 1774 von John Wood dem Jüngeren gebaut. In Hausnummer 16 befindet sich das elegante Royal Crescent Hotel.

Personen in diesem georgianischen Gebäude warten sowohl mit historischen Elementen wie Schiebefenstern und hohen Decken als auch modernen Merkmalen und Ausstattungen auf – sehr stilvoll!

Hill House Bath
B&B £££

(☎01225-920520; www.hillhousebath.co.uk; 25 Belvedere; Zi. 150–170 £; P 🐾) Hier fühlt man sich wie zu Gast bei Freunden. Die Einrichtung spiegelt den schrägen Geschmack der Eigentümer wider – überall gibt's mit Hundebildern bedruckte Kissen, Retrobilder und Kunst. Zum Frühstück gibt's allerlei Regionales sowie hausgemachte Marmeladen.

 Essen

In vielen Bäckereien in Bath gibt's das berühmte Bath Bun, ein Zwischending zwischen Brioche und Brot – nicht zu verwechseln mit dem London Bath Bun, das klein und süß ist.

Samstagvormittags findet an der **Green Park Station** (Green Park; ⊙ Sa 8–13 Uhr) ein Lebensmittelmarkt statt; hier werden Käse, Wurst und Cider aus der Region verkauft, außerdem Brot von der **Thoughtful Bread Company** (www.thethoughtfulbreadcompany.com; 19 Barton St; ⊙ Di–So 9–16 Uhr).

Bertinet Bakery
BÄCKEREI £

(www.bertinet.com/bertinetbakery; 1 New Bond St Pl; Backwaren 2,50–5 £; ⊙ Mo–Fr 8–17, Sa 8.30–17.30 Uhr) Die leckeren Füllungen und der lockere Teig der Backwaren in Richard Bertinets Bäckerei sind für viele eine Offenbarung. Verlockend sind auch die reichhaltigen Quiches, Käse-Croissants, französischen Kuchen und unwiderstehlichen Pistazienkuchen.

Café Retro
CAFÉ £

(☎ 01225-339347; www.caferetro.co.uk; 18 York St; Hauptgerichte 5–11 £; ⊙ 9–17 Uhr) Dieses Café ist ein Stachel im Fleisch der großen Kaffeeketten. Der Anstrich ist oll, das Geschirr uralt und die Möbel passen nicht zusammen, aber das alles macht den Charme des Ladens aus: Dies ist ein Café der alten Schule und fast nirgendwo gibt's bessere Burger, Sandwiches und Kuchen. Im Retro-to-Go nebenan sind Sachen zum Mitnehmen (in biologisch abbaubaren Behältnissen) erhältlich.

Adventure Cafe Bar
CAFÉ £

(www.adventurecafebar.co.uk; 5 Princes Bldgs, George St; Hauptgerichte 5–10 £; ⊙ Mo–Fr 8.30–3, Sa & So 9–3 Uhr) Diese coole Café-Bar, nur einen Katzensprung von den Assembly Rooms entfernt, bietet zu fast jeder Tageszeit jedem etwas: morgens Cappuccino, mittags Ciabatta und abends Bier und Cocktails. Hinterm Haus kann man schön im Freien sitzen.

Sally Lunn's
CAFÉ £

(☎01225-461634; www.sallylunns.co.uk; 4 North Pde Passage; Hauptgerichte 6–17 £; ⊙ So–Do 10–21.30, Fr & Sa bis 22 Uhr) Bei Sally Lunn's ein Brötchen zu verspeisen gehört zu einem Bath-Besuch auf jeden Fall dazu. Hier dreht sich alles um echten englischen Tee, aufgebrüht in Porzellankannen und zusammen mit Sandwiches und niedlichem Gebäck serviert von Kellnerinnen, die Rüschenschürzen tragen.

★Circus
MODERN BRITISCH ££

(☎01225-466020; www.thecircuscafeandrestaurant.co.uk; 34 Brock St; Hauptgerichte mittags 10–15 £, abends 19 £; ⊙ Mo–Sa 10–24 Uhr) Chefköchin Ali Golden hat dieses Bistro in eine der Top-Adressen in Bath verwandelt. Ihr Hauptaugenmerk gilt britischen Gerichten, die sie mit einem kontinental-europäischen Touch versieht: Kaninchen, Wiltshire-Lamm und West-Country-Fisch, alles mit viel Kräuteraroma und cremigen Saucen serviert. Das Restaurant belegt ein elegantes Stadthaus beim Circus. Reservierung empfohlen.

Acorn
VEGETARISCH ££

(☎01225-446059; www.acornvegetariankitchen. co.uk; 2 North Pde Passage; Hauptgerichte mittags 12 £, 2/3 Gänge abends 27/33 £; ⊙ 12–15 & 17.30–21.30 Uhr; 🌱) Das beste vegetarische Restaurant in Bath verkündet stolz: „Pflanzen schmecken besser!" und lockt mit den Aromen einer kreativen globalen Küche. Die Weinbegleitung (2/3 Gänge 12/18 £) zu den Abendmenüs ist recht preiswert; oder man bestellt zur Einstimmung erstmal einen Birnen-Bellini (7 £).

Pump Room Restaurant
CAFÉ ££

(☎01225-444477; www.romanbaths.co.uk; Stall St; Snacks 6–8 £, Gerichte 8–12 £; ⊙ 10–17 Uhr) Das georgianische Restaurant strotzt vor Eleganz, vom Streichertrio und den korinthischen Säulen bis zu den Ölgemälden und funkelnden Lüstern. Dies ist die perfekte Kulisse für einen Kaffee am Morgen, ein Mittagsmahl mit klassischen Speisen und die feinen Sandwiches und Kuchen des berühmtem *afternoon tea* (22–40 £ pro Pers.) des Hauses.

Chequers
GASTROPUB ££

(☑01225-360017; www.thechequersbar.com; 50 Rivers St; Hauptgerichte 10–25 £; ⊙Bar tgl. 12–23 Uhr, Küche tgl. 18–21, Sa & So 12–14.30 Uhr) Das Chequers, ein Pub mit einem anspruchsvollen Publikum, ist schon seit 1776 im Geschäft, doch das Angebot an Speisen ist dank Küchenchef Tony Casey ganz am Puls der Zeit. Von normaler Kneipenkost ist hier keine Spur: Aufgetischt wird etwa Seehecht mit Tintenfisch und Wildreis.

Sotto Sotto
ITALIENISCH ££

(☑01225-330236; www.sottosotto.co.uk; 10 North Pde; Hauptgerichte 10–20 £; ⊙12–14 & 17–22 Uhr) Das Ambiente ist herrlich – ein kunstvoll beleuchtetes Backsteingewölbe – und das Essen passt bestens dazu. Unter den authentischen italienischen Gerichten sind wahrscheinlich in Weißwein sautierter Seebarsch in Parmaschinken und ein pikantes Pastagericht mit toskanischen Bohnen und Meeresfrüchten zu finden. Tipp: die Beilage mit sautiertem Knoblauch-Spinat.

Tasting Room
TAPAS ££

(☑01225-483070; www.tastingroom.co.uk; 6 Green St; Hauptgerichte 6–13 £; ⊙Mi–Sa 10.30–23, Mo & Di bis 16.30 Uhr) Erstklassige Weine, Tapas und Aufschnitt- und Käseplatten sind das Aushängeschild dieser schicken Café-Bar über der Top-Weinhandlung von Bath.

Marlborough Tavern
GASTROPUB ££

(☑01225-423731; www.marlborough-tavern.com; 35 Marlborough Bldgs; Hauptgerichte 13–25 £; ⊙Bar 12–23 Uhr, Küche 12–14 & 18–21.30 Uhr) Die Königin der Gastropubs der Stadt mit einem Essen, das eher dem eines Edelrestaurants entspricht – hier wird Wild- und Schweinefilet statt der Standardmahlzeit aus Fleisch mit zwei Gemüsebeilagen aufgetischt. Schwere Holztische und Weinregale hinter der Theke verleihen der Bar ein exklusives, nobles Flair.

★ Menu Gordon Jones
MODERN BRITISCH £££

(☑01225-480871; www.menugordonjones.co.uk; 2 Wellsway; 5-Gänge-Mittagessen 40 £, 6-Gänge-Abendessen 55 £; ⊙Di–Sa 12.30–14 & 19–21 Uhr) Wer sich beim Essengehen gern mal überraschen lässt, ist in Gordon Jones' Restaurant genau richtig. Die Karte stellt der Küchenchef jeden Tag neu zusammen und er beweist täglich von Neuem seine Leidenschaft für experimentelle Zutaten (Aal, *haggis* und geräucherter Milchschaum) und für eine verrückte Präsentation (Reagenz-

gläser, essbare Tassen, Schieferteller). Angesichts des hier dargebotenen Könnens bietet das Restaurant ein grandioses Preis-Leistungs-Verhältnis. Reservierung unbedingt ratsam.

Hudson Steakhouse
STEAKHAUS £££

(☑01225-332323; www.hudsonsteakhouse.co.uk; 14 London St; Hauptgerichte 22–34 £; ⊙17–22.30 Uhr) Steaks, Steaks und noch mehr Steaks – erstklassige Stücke Fleisch vom Porterhouse bis zum Filet. Alles stammt von einer Farmerkooperative in Staffordshire.

Ein echtes Schnäppchen ist das Angebot am frühen Abend: ein Steak und ein Glas Wein für 15 £.

⬤ Ausgehen & Nachtleben

★ Colonna & Smalls
CAFÉ

(www.colonnaandsmalls.co.uk; 6 Chapel Row; ⊙Mo–Sa 8.30–17.30, So 10–16 Uhr; 🖀) Echte Kaffeefreaks sollten sich dieses Café nicht entgehen lassen. Hier wird die Welt des Kaffees erkundet: Es stehen stets drei Extra-Kaffeesorten zur Auswahl und das freundliche Personal ist gern mit fachkundigen Ratschlägen zur Hand. So erfährt man auch, dass sich die Qualität von Kaffeebohnen am besten im normalen schwarzen Filterkaffee beurteilen lässt.

★ Star Inn
PUB

(www.abbeyales.co.uk; 23 The Vineyards, abseits von The Paragon; ⊙Mo–Fr 12–14.30 & 17.30–23, Sa 12–23, So 12–22.30 Uhr) Nicht viele Pubs sind denkmalgeschützt, aber das Star schon – es verfügt noch immer über einen großen Teil der Ausstattung des 19. Jhs. Dies ist das Brauhaus der in Bath ansässigen Brauerei Abbey Ales. Einige Biere werden in traditionellen Krügen kredenzt, in der „kleineren Bar" können Gäste sogar um eine Prise Schnupftabak bitten.

Bell Inn
PUB

(www.thebellinnbath.co.uk; 103 Walcot St; ⊙Mo–Sa 11.30–23, So 12–22.30 Uhr) In diesem freundlichen, lockeren Pub trifft sich die heimische Musikszene. Hier gibt's Kaminfeuer, Hopfengirlanden und einen Billardtisch (1 £ pro Spiel), außerdem Livemusik (Mo & Mi 21, So 13 Uhr) von Akustik, Country und Folk bis Blues.

Same Same But Different
BAR

(www.same-same.co.uk; 7a Prince's Bldgs, Bartlett St; ⊙Di–Fr 8–23, Sa 9–23, So 10–17 Uhr) Der Bohemetreff für die Trendies der Stadt versteckt sich in einer Gasse, die von der George Street abzweigt. Wein, Tapas und zur Sonntagszeitung ein Cappuccino.

Moles
CLUB

(www.moles.co.uk; 14 George St) Der wichtigste Liveclub der Stadt erfreut seine Gäste mit Indie, Elektropop, Clubklassikern und Schnulzen.

Unterhaltung

Komedia
COMEDY

(☎0845 293 8480; www.komedia.co.uk; 22–23 Westgate St) Auf der bekannten Comedy-Bühne gastieren auswärtige Künstler; volles Haus ist stets beim Krater Saturday Comedy Club. Außerdem Livemusik und Filme.

Little Theatre Cinema
KINO

(www.picturehouses.com; St Michael's Pl) Das exzellente Programmkino zeigt Filme abseits des Mainstreams sowie fremdsprachige Streifen.

Theatre Royal
THEATER

(☎01225-448844; www.theatreroyal.org.uk; Sawclose) Das historische Theater der Stadt ist 200 Jahre alt. Im Hauptsaal gastieren Fremdinszenierungen, kleinere Vorstellungen werden im Ustinov Studio präsentiert.

Shoppen

Das größte Einkaufszentrum der Stadt ist das Southgate (www.southgatebath.com) mit allen großen Ladenketten.

Kleinere Geschäfte sind eher nördlich des Zentrums zu finden. Die Milsom Street ist gut für gehobene Mode, die Walcot Street ist von originellen unabhängigen Lebensmittel-, Design- und Vintage-Läden gesäumt.

Praktische Informationen

Royal United Hospital (☎01225-428331; www.ruh.nhs.uk; Combe Park)

Touristeninformation (☎0844 847 5256; www.visitbath.co.uk; Abbey Chambers, Abbey Churchyard; ⊗Mo–Sa 9.30–17.30, So 10–16 Uhr) Ein Anruf kostet stolze 0,50 £ pro Minute.

An- & Weiterreise

BUS

Der **Busbahnhof** (Dorchester St) ist in der Nähe des Bahnhofs.

National-Express-Busse fahren nach London (33 £, 3½ Std., 8- bis 10-mal tgl.). Alle zwei Stunden gibt's außerdem Verbindungen nach

London Heathrow (27 £, 3 Std.). Zu vielen anderen Zielen muss man in Bristol umsteigen.

Regionalbusse:

Bristol Bus 38/39/X39; 5,50 £, 50 Min., Mo–Sa 4-mal pro Std., So halbstündl.

Wells Bus 173; 5,50 £, 1¼ Std., Mo–Sa 2-mal pro Std., So stündl.

ZUG

Der Bahnhof Bath Spa liegt am Südende der Manvers Street. Viele Bahnverbindungen gehen über Bristol, darunter diejenigen in den Südwesten und Norden Englands.

Direktverbindungen u. a. nach:

Bristol 7,30 £, 15 Min., 3-mal pro Std.

Cardiff Central 20 £, 1 Std., stündl.

London Paddington 38 £, 1½ Std., halbstündl.

Salisbury 18 £, 1 Std., stündl.

Unterwegs vor Ort

AUTO & MOTORRAD

Bath hat mit üblen Verkehrsproblemen zu kämpfen. In Lansdown im Norden, Newbridge im Westen und Odd Down im Süden stehen **Park-and-Ride-Parkplätze** (☎0871-2002233; hin & zurück Mo–Fr 3,30 £, Sa & So 2,60 £; ⊗Mo–Sa 6.15–20.30, So 9.30–18 Uhr) zur Verfügung. Von hier sind es rund zehn Minuten per Bus ins Zentrum; die Busse fahren alle zehn bis fünfzehn Minuten.

Im Zentrum befindet sich ein gutes Parkhaus unter dem Einkaufszentrum SouthGate (2/8 Std. 3,50/14 £, nach 18 Uhr 2–5 £).

BUS

Bus U18 fährt alle 20 Minuten vom Busbahnhof, der High Street und der Great Pulteney Street den Bathwick Hill hinauf an der Jugendherberge vorbei zur Universität (1,20 £).

Bus 4 fährt nach Bathampton (1,50 £, 30 Min., 1- bis 2-mal pro Std.).

FAHRRAD

Bath ist hügelig. Tolle Möglichkeiten für Radtouren bieten jedoch die Wege am Kennet and Avon Canal und der 21 km lange **Bristol & Bath Railway Path** (www.bristolbathrailwaypath. org.uk).

Bath Bike Hire (☎01225-447276; www.bathnarrowboats.co.uk; Sydney Wharf; 15 £ pro Tag; ⊗9–17 Uhr, im Winter kürzere Öffnungszeiten) Zehn Minuten zu Fuß vom Stadtzentrum entfernt und praktisch gelegen für die Wege am Kanal und an der alten Eisenbahntrasse entlang.

Take Charge Bikes (☎01225-789568; www. takechargebikes.co.uk; 1 Victoria Bldgs, Lower Bristol Rd; 17 £ pro Tag; ⊗Mo–Fr 9–17.30, Sa bis 16.30 Uhr) Verleiht E-Bikes.

SOMERSET

Mit seinen idyllischen Landschaften mit Hecken, Feldern und Hügeln ist das verschlafene Somerset der Inbegriff des ländlichen Englands und bietet sich wunderbar dafür an, dem Trubel in Bristol und Bath zu entfliehen. Auf jeden Fall geht hier alles ein wenig langsamer vonstatten – hier kann man ganz nach Lust und Laune herumstreifen, seinen Gedanken nachhängen und sich die Sehenswürdigkeiten zu Gemüte führen.

Ein stimmungsvoller Stützpunkt für die Erkundung der Kalksteinhöhlen und Schluchten um Cheddar ist das Bischofsstädtchen Wells. Das Hippiemekka Glastonbury wiederum ist ein guter Ausgangspunkt für Ausflüge in die Feuchtgebiete der Somerset Levels und das Hügelland der Quantocks.

❶ Praktische Informationen

➡ Die beste Quelle für Informationen zu Somerset ist die **Touristeninformation** (☎ 01823-340470; www.visitsomerset.co.uk/taunton; Fore St; ⌚ Mo–Sa 9.30–16.30 Uhr) von Taunton.

➡ Eine weitere nützliche Informationsquelle ist www.visitsouthsomerset.co.uk.

❶ Anreise & Unterwegs vor Ort

➡ Die M5 führt Richtung Süden an Bristol vorbei nach Bridgwater und Taunton. Die A39 führt Richtung Westen über die Quantocks nach Exmoor.

➡ Regelmäßige Bahnverbindungen bestehen zwischen Bath, Bristol, Bridgwater, Taunton und Weston-super-Mare.

➡ Ein wichtiges regionales Busunternehmen ist **First** (www.firstgroup.com). Fahrpläne und allgemeine Informationen gibt's bei **Traveline South West** (www.travelinesw.com).

Wells & Umgebung

11 340 EW.

Klein, aber fein: Wells ist die kleinste *city* Englands und verdankt diese Einstufung nur seiner großartigen mittelalterlichen Kathedrale. Diese erhebt sich neben dem prächtigen Bischofspalast, Sitz des Bischofs von Bath und Wells seit dem 12. Jh.

Von der Kathedrale erstrecken sich mittelalterliche Gebäude und Kopfsteinpflasterstraßen zu einem Marktplatz, der schon seit rund neun Jahrhunderten das quirlige Zentrum von Wells bildet – Markttage sind Mittwoch und Samstag. Filmfreaks erkennen den Platz vielleicht aus der britischen Komödie *Hot Fuzz* – die abschließende Schießerei des Films wurde hier gedreht.

🔴 Sehenswertes

★ Wells Cathedral   KATHEDRALE
(Cathedral Church of St. Andrew; www.wellscathedral.org.uk; Cathedral Green; erwünschte Spende Erw./Kind 6/3 £; ⌚ April–Sept. 7–19 Uhr, Okt.–März bis 18 Uhr) Die große gotische Kathedrale von Wells erhebt sich mächtig im Zentrum des Orts, umgeben von einem der größten Dombezirke Englands. Das Gotteshaus entstand schrittweise zwischen 1180 und 1508 und weist daher verschiedene Stilepochen der englischen Gotik auf. Zu den wichtigsten Merkmalen der Kirche gehören die **Westfassade** mit mehr als 300 Figuren und die berühmten **Scherenbögen**, eine geniale architektonische Lösung, um die Last des Vierungsturms aufzufangen.

Die **astronomische Uhr** im Nordquerhaus stammt von 1392 und ist nach der Uhr in der Kathedrale von Salisbury die älteste Englands. Sie zeigt die Position der Planeten und die Mondphasen an.

Zu den weiteren Highlights der Kirche zählen die elegante **Lady Chapel** (Marienkapelle; 1326), das **Chapter House** (Kapitelhaus; 1306) mit seinem Fächergewölbe und die berühmte **Kettenbibliothek** mit Büchern und Handschriften bis zurück ins Jahr 1472. Über die **Chain Bridge**, einen überdachten Gang, konnten die Kleriker die Kathedrale erreichen, ohne sich nasse Füße zu holen.

Von Montag bis Samstag finden regelmäßig kostenlose Führungen statt; wer Fotos machen möchte, benötigt eine Fotoerlaubnis (3 £).

Cathedral Close   HISTORISCHE STÄTTE
Die Kathedrale bildet den Kern eines Komplexes aus kirchlichen Gebäuden aus dem Mittelalter. Links der Westfassade befinden sich die **Old Deanery** (15. Jh.) und das **Wells Museum** (www.wellsmuseum.org.uk; 8 Cathedral Green; Erw./Kind 3/1 £; ⌚ Ostern–Okt. Mo–Sa 10–17 Uhr, Nov.–Ostern bis 16 Uhr).

Die nördlich gelegene **Vicars' Close** ist eine schöne Kopfsteinpflastergasse aus dem 14. Jh. mit einer Kapelle am Ende. Hier leben auch heute noch Mitglieder des Chors der Kathedrale. Dies ist angeblich die älteste komplett erhaltene Straße des Mittelalters in Europa.

Bishop's Palace
HISTORISCHES GEBÄUDE

(www.bishopspalacewells.co.uk; Market Place; Erw./Kind 7/3 £; ☉ April–Okt. 10–18 Uhr, Nov.–März bis 16 Uhr) Der von einem Wassergraben umgebene, im 13. Jh. erbaute Bischofspalast gilt als ältestes bewohntes Gebäude Englands. Die Prunkzimmer und der große Saal sind durchaus einen Blick wert, die eigentliche Attraktion ist aber der schattige Garten. Auf dem Palastgelände sprudeln auch die Quellen, denen Wells seinen Namen verdankt.

Wookey Hole
HÖHLE

(www.wookey.co.uk; Erw./Kind 18,50/14 £; ☉ April–Okt. 10–17 Uhr, Nov.–März bis 16 Uhr) Der River Axe hat dieses Netz tiefer Kalksteinhöhlen ausgewaschen, die wegen ihrer Stalagmiten und Stalaktiten berühmt sind – einer davon ist die berühmte Hexe von Wookey Hole, die von einem Priester in Stein verwandelt wurde. Die Besichtigung der Höhlen erfolgt im Rahmen von Führungen. Oben dürfen sich Besucher über Touristenkitsch wie eine Spielhalle und ein Spiegellabyrinth freuen. Wookey Hole liegt 5 km nordwestlich von Wells und ist an der A371 mit braunen Wegweisern ausgeschildert.

🛏 Schlafen

Stoberry House
B&B ££

(☎ 01749-672906; www.stoberryhouse.co.uk; Stoberry Park; EZ 85 £, DZ 95–155 £; P 🕸) Schwer zu sagen, was schöner ist: der üppige, 2,5 ha große Garten oder das Haus voller schöner Stoffe, weicher Kissen und anderer Annehmlichkeiten: Hier gibt's Kaffeepadmaschinen, edle Tees, Bücher zum Stöbern und eine gut ausgestattete Speisekammer. Das Haus liegt versteckt auf einem privaten Anwesen.

Ancient Gate House Hotel
HOTEL ££

(☎ 01749-672029; www.ancientgatehouse.co.uk; 20 Sadler St; EZ 90–95 £, DZ 110–125 £; 🕸) Diese alte Herberge ist teils direkt im Westtor der Kathedrale hineingebaut. Die Zimmer sind in Königsrot- und Enteneiblautönen gehalten. Die besten beeindrucken mit Himmelbetten und tollem Blick auf die Kathedrale – diese kosten 15 £ mehr, aber es lohnt sich.

Beryl
B&B ££

(☎ 01749-678738; www.beryl-wells.co.uk; Hawkers Lane; EZ 75–95 £, DZ 110–160 £; P 🕸🏊) Dieses stattliche Giebelhaus vermittelt einen Geschmack englischer Exzentrik. Aus jeder Pore verströmt das Haus das Flair der Vergangenheit und in den Zimmern stehen alte Uhren, Sofas und Himmelbetten. Rund 1,5 km von Wells.

⭐ Babington House
LUXUSHOTEL £££

(☎ 01373-812266; www.babingtonhouse.co.uk; bei Frome; Zi. 270–410 £; P 🕸🏊) Die Preise treiben einem die Tränen in die Augen, doch dieses gefeierte Designhotel ist eine der luxuriösesten Herbergen Großbritanniens, ein Traum der Hochglanz-Einrichtungsmagazine mit antiken Betten, Kommoden und Kaminen inmitten von minimalistischen Möbeln, abgeschliffenen Holzböden und Retrolampen. Dazu kommen eine coole Bibliothek, ein Privatkino mit 45 Plätzen und ein Spa im alten Kuhstall. 22 km östlich von Wells.

🍴 Essen

Strangers with Coffee
CAFÉ £

(☎ 07728 047233; 31 St Cuthbert St; Kuchen 2–5 £; ☉ Di-Sa 7.30–16 Uhr) „Das Leben ist zu kurz für schlechten Kaffee", steht nicht nur auf einem Schild, sondern wurde vollauf beherzigt, denn hier wird mit der beste Kaffee der Stadt gebrüht. Verlockend ist auch die Kuchenauswahl.

⭐ Goodfellows Cafe & Seafood Restaurant
CAFÉ ££

(☎ 01749-673866; www.goodfellowswells.co.uk; 5 Sadler St; Hauptgerichte 11–24 £; ☉ tgl. 11–15, Mi-Sa 18–21.30 Uhr) In den lebhaften Räumen des Goodfellows haben die Gäste die Wahl zwischen drei Verpflegungsoptionen: Die Cafékarte bietet Kuchen, Gebäck und leichte Mittagsgerichte (10 oder 19 £ für 2 Gänge & 1 Getränk). Oder man reserviert einen Tisch für ein Feinschmeckermahl: Für 29 £ erhält man drei Gänge; ein absoluter Festschmaus ist das Meeresfrüchtemenü für 49 £.

Square Edge
BISTRO ££

(☎ 01749-671166; www.square-edgecafe.co.uk; 2 Town Halls Bldgs; Hauptgerichte 8–18 £; ☉ Mo-Mi 9–17, Do–Sa bis 20.30, So 10–15 Uhr) Das Square Edge, ein Retrolokal mit Filmplakaten aus den 1950er-Jahren und alten Musikboxen und Radios, verströmt einen legeren Charme. Zu essen gibt's alles von Zuchtchampignons mit Knoblauch auf Sodabrottoast bis zu Steak mit Stilton-Sauce. Unter den unwiderstehlichen Nachspeisen befindet sich vielleicht gerade Blaubeerkuchen oder ein umwerfendes *Eton mess* mit Erdbeeren und Sahne.

ℹ Praktische Informationen

Touristeninformation (☎ 01749-671770; www.wellssomerset.com; 8 Cathedral Green; ☉ Ostern–Okt. Mo-Sa 10–17 Uhr, Nov.–Ostern bis 16 Uhr)

CHEDDAR GORGE

Cheddar Gorge (www.cheddargorge.co.uk; Cheddar Gorge; Explorer Ticket Erw./Kind 20/14 £; ⊙ 10.30–17.30 Uhr) Die in der letzten Eiszeit von Gletscherschmelzwasser ausgewaschene Cheddar Gorge bildet mit ihren Kalksteinklippen Englands tiefsten natürlichen Canyon; die Felsen ragen bis zu 138 m über der kurvigen B3135 empor. Unter den Klippen ist die Schlucht mit zahllosen Höhlen gespickt. Am leichtesten zu erreichen sind die Cox's Cave und Gough's Cave mit eindrucksvollen Stalagmiten und Stalaktiten. Der Eintrittspreis umfasst das Parken in der Schlucht und den Eintritt zu den Höhlen. Die Schlucht liegt rund 32 km nordwestlich von Wells und ist über die A371 zu erreichen.

X-Treme (☎ 01934-742343; www.cheddargorge.co.uk/x-treme; 1½-stündige Tour Erw./Kind 22/20 £) Der wichtigste Anbieter von Outdooraktivitäten an der Cheddar Gorge hat 1½-stündige Höhlenerkundungstouren im Programm. Dabei kriecht man, erklimmt Leitern und zwängt sich durch enge Passagen und wird nass und schmutzig, doch dafür gibt's am Ende ein schönes Foto von einem lehmverschmierten Höhlenforscher mit Helm und Helmlampe. Außerdem werden Klettertouren angeboten (Erw./Kind 22/20 £).

Cheddar Gorge Cheese Company (☎ 01934-742810; www.cheddargorgecheeseco.co.uk; The Cliffs, Cheddar; Erw./Kind 2 £/frei; ⊙ Ostern–Okt. 10–17 Uhr, im Winter unterschiedliche Öffnungszeiten) Neben seinen Höhlen ist Cheddar auch bekannt für den Lieblingskäse der Engländer, der hier seit dem 12. Jh. produziert wird – Heinrich II. hielt ihn für den besten Käse in Britannien und gemäß der königlichen Buchhaltung von 1170 kaufte er über 4600 kg. Besucher können sich von einer Beobachtungsgalerie den Produktionsprozess anschauen und sich im Shop mit erstklassigem Cheddar-Käse eindecken.

ℹ An- & Weiterreise

Der Busbahnhof liegt südlich der Cuthbert Street an der Princes Road. Nützliche Verbindungen:

Bath Bus 173; 5,50 £, 1¼ Std., Mo–Sa halbstündl., So stündl.

Bristol Bus 376; 5,50 £, 1 Std., halbstündl.

Cheddar Bus 26 (4,50 £, 25 Min., Mo–Sa stündl.) fährt weiter nach Weston-super-Mare (5,50 £, 1¼ Std.).

Glastonbury Bus 37/375/376; 3,50 £, 15 Min., mehrmals pro Std.

Glastonbury

8900 EW.

Energielinien treffen sich, weiße Hexen halten Meetings ab und aus jedem Laden im guten alten Glastonbury, der unzweifelhaften Hauptstadt esoterisch-alternativer Kultur in Südwestengland, wabert der Duft glimmender Räucherstäbchen. Heute ist der Ort v. a. für das jährliche Musik- und Schlammfest auf der Farm von Michael Eavis im nahen Pilton berühmt, doch seine Geschichte reicht viel weiter in die Vergangenheit zurück: Der markante Glastonbury Tor (Hügel) war eine bedeutsame heidnische Stätte und einige halten ihn für die legendäre Insel Avalon, die letzte Ruhestätte von König Artus. Der Tor gilt vielen als einer

der bedeutendsten spirituellen Knotenpunkte überhaupt, an dem zahlreiche mystische Kraftlinien zusammenlaufen – wer also seine Chakren neu ausrichten lassen möchte, ist hier an der richtigen Adresse. Was auch immer all die Legenden, die in Glastonbury herumschwirren, an Wahrheit enthalten mögen, eins ist sicher: Vom Hügel aus die Sonne aufgehen zu sehen, ist ein Erlebnis, das man so schnell nicht vergisst.

⊙ Sehenswertes

★ Glastonbury Tor WAHRZEICHEN

(NT; www.nationaltrust.org.uk) GRATIS Der markante, meilenweit sichtbare Kegelberg Glastonbury Tor ist von der Ruine der mittelalterlichen **Chapel of St. Michael** gekrönt – er ist eines der bekanntesten Wahrzeichen Somersets. Der Weg startet an der Well House Lane und führt in einer halben Stunde bis nach oben, an den steilsten Stellen gibt's Stufen. Von April bis September fährt der Tor Bus (Erw./Kind 3/1,50 £) regelmäßig vom St.-Dunstan's-Parkplatz bei der Abbey zum Beginn des Wegs. Zu Fuß braucht man 20 Minuten.

Um den Hügel kreisen zahlreiche lokale Legenden. Gemäß einer keltischen Legende ist er das Zuhause von Arawn oder Gwyn ap Nudd, König der Unterwelt und Herr der Feen. Einer bekannteren Überlieferung

Glastonbury

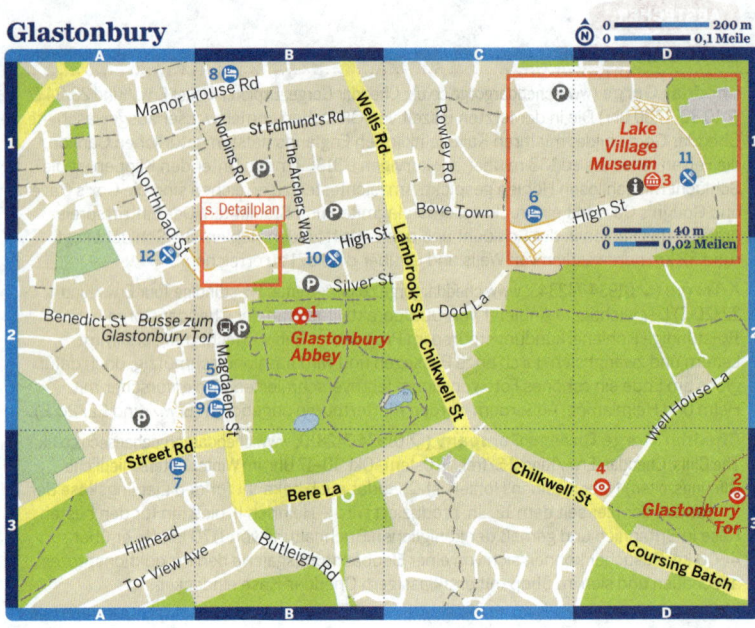

BATH & SÜDWESTENGLAND GLASTONBURY

zufolge ist der Hügel die mythische Insel Avalon, die König Artus ansteuerte, nachdem er in der Schlacht tödlich verwundet worden war, und wo Britanniens „einstiger und zukünftiger König" schläft, bis sein Land wieder nach ihm ruft. Andere wiederum glauben, dass der Glastonbury Tor einen uralten Knotenpunkt markiert, an dem unsichtbare Energielinien, die sogenannten *ley lines*, zusammenlaufen.

Warum der Kegelberg Inspirationsquelle so vieler Mythen war, ist leicht zu erkennen. In der ansonsten völlig flachen Landschaft ist er ein merkwürdiger Fremdkörper und in grauer Vorzeit, als die Gegend um Glastonbury die meiste Zeit des Jahres unter Wasser stand, erschien er tatsächlich als Insel, in Nebel gehüllt und durch Flüsse, Marschen und Sümpfe von der restlichen Welt abgeschnitten.

Chalice Well & Gardens   GÄRTEN

(☎01458-835528; www.chalicewell.org.uk; Chilkwell St; Erw./Kind 4,20/2,10 £; ⊘April–Okt. 10–18 Uhr, Nov.–März bis 16.30 Uhr) Die Chalice Well and Gardens, von Eiben beschattet und von Pfaden durchzogen, sind schon seit der Zeit der Kelten eine Pilgerstätte. Das eisenrote Wasser der 800 Jahre alten Quelle soll über Heilkräfte verfügen und gut sein für alles von Ekzemen bis zu Schweißfüßen; einigen Legenden zufolge ist in der Quelle außerdem der Heilige Gral versteckt.

★ Glastonbury Abbey   RUINEN

(☎01458-832267; www.glastonburyabbey.com; Magdalene St; Erw./Kind 7,60/4,70 £; ⊘Juni–Aug. 9–20 Uhr, März–Mai, Sept. & Okt. bis 18 Uhr, Nov.–Feb. bis 16 Uhr) Die Ruinen der Glastonbury Abbey lassen kaum erahnen, dass dies einst eines der bedeutendsten Zentren kirchlicher

Macht war. Nach der Auflösung der Klöster durch Heinrich VIII. wurde die Abtei 1539 abgerissen und der letzte Abt, Richard Whiting, wurde auf dem Glastonbury Tor gehängt, gestreckt und geviertelt. Außer ein paar Mauern des Langschiffs, der Ruine der **St. Mary's Chapel** und der Vierungsbögen, die womöglich in der Kathedrale von Wells eine Scherenform hatten, ist heute kaum etwas übrig.

Auf dem Klostergelände gibt es außerdem ein **Museum**, einen **Apfelgarten** und einen **Kräutergarten**. Gemäß der Überlieferung erwuchs der berühmte Dornenbusch der Abtei aus dem Wanderstab des Joseph von Arimathäa, des Großonkels Jesu, der den Ort angeblich nicht lange nach Christi Tod besuchte. Der Dornenbaum blüht zu Weihnachten und zu Ostern.

Die Abtei verfügt sogar über eine Verbindung zu König Artus. Im 12. Jh. sollen Mönche auf dem Abteigelände ein Grab entdeckt haben, das mit der Inschrift *Hic iacet sepultus inclitus rex arturius in insula avalonia* (Hier liegt begraben der berühmte König Artus auf der Insel Avalon) versehen war. In dem Grab befanden sich ineinander verschlungene Skelette, angeblich die von Artus und seiner Frau Guinevere. Die Gebeine wurden 1278 unter dem Altar neu bestattet, gingen jedoch nach der Zerstörung des Klosters verloren.

⭐ **Lake Village Museum**   MUSEUM
(The Tribunal, 9 High St; Erw./Kind 3,50/2 £; ⊙ Mo–Sa 10–15 Uhr) Das Lake Village Museum zeigt Funde aus einem prähistorischen Sumpfdorf, das im nahen Godney gefunden wurde. Die Häuser waren in etwa sechs Gruppen zusammengefasst und bestanden aus Reet, Haselnuss- und Weidenholz. Man nimmt an, dass sie von Sommerhändlern bewohnt wurden, die die restliche Zeit des Jahres um den Glastonbury Tor herum siedelten.

🛏 Schlafen

Crown Glastonbury Backpackers   HOSTEL £
(☎ 01458-833353; 4 Market Pl; B 25 £, DZ 35–50 £; @ 🛜) Der freundliche einstmalige Backpackerliebling ist verwohnt und schmuddelig und befindet sich über einer echten Zecherkneipe, lockt aber mit seiner großen Küche, gemütlichen Lounge, seiner guten Lage und den billigen Betten nach wie vor Gäste an.

GLASTONBURY FESTIVAL

Für viele ist Glastonbury gleichbedeutend mit dem **Glastonbury Festival of Contemporary Performing Arts** (www.glastonburyfestivals.co.uk; Tickets ab 228 £; ⊙ Juni oder Juli), einem großen, oft in eine Schlammschlacht ausartenden Festival mit Musik, Theater, Tanz, Varieté, Karnevaleskem, Spirituellem und jeder Menge verrückten Sachen. In den letzten gut 40 Jahren fand das Festival auf Feldern in Pilton nicht weit von Glastonbury fast jedes Jahr statt – manchmal wurde der Farm auch eine Erholungspause gegönnt.

Zum ersten Mal gab's das Festival 1970: Der junge Milchbauer Michael Eavis wollte auf seiner Worthy Farm eine britische Version von Woodstock veranstalten. Er lieh sich 15 000 £ und lud ein paar Bands dazu ein, auf zwei auf einem Feld improvisierten Bühnen zu spielen. Der Eintritt betrug 1 £, darin inbegriffen ein Pint Milch von Eavis' eigenen Kühen. Unter anderem trat Marc Bolan von T-Rex auf, der in typischer Manier in einem samtbezogenen Buick vorfuhr.

Mehr als 40 Jahre später ist dieses Festival das am längsten bestehende Popmusikfestival der Welt und lockt mehr als 120 000 Besucher an. Der Regisseur Julien Temple hat sogar schon einen Film darüber gedreht. Eavis' Tochter Emily hat inzwischen die Leitung des Festivals übernommen. Da sie auch Leute wie Dolly Parton, Jay-Z und U2 spielen ließ, mokieren sich jetzt viele darüber, dass Glastonbury zum Mainstream übergewechselt sei. Doch mit Auftritten von Bands wie den Rolling Stones und den Arctic Monkeys bleibt Glastonbury wohl auch weiter das wichtigste Open-Air-Festival des Landes.

Und auch die örtlichen Behörden scheinen sich inzwischen mit dem Spektakel versöhnt zu haben. Nach jahrelangem Ringen erhielt das Festival 2014 eine 10-Jahres-Lizenz – man scheint sich jetzt also der Bedeutung des Events bewusst geworden zu sein. Die Tickets werden gewöhnlich ab dem Herbst verkauft, sind aber schon innerhalb weniger Minuten vergriffen – wer also dabei sein möchte, muss wirklich superschnell sein!

Covenstead
B&B ££

(☑ 01458-830278; www.covenstead.co.uk; Magdalene St; EZ 60 £, DZ 70–90 £; P🛇) Hier hat man das Gefühl, als ob die schräge Essenz von Glastonbury herausdestilliert und über diesem irgendwie doch wunderbaren B&B ausgegossen worden wäre. Unten finden man allerlei Kuriositäten: falsche Skelette, Hexenhüte, zweckentfremdete Geweihe und Pythonhäute. Die Zimmermottos reichen von Fee über Grüner Mann und Gothic bis zu Halloween-Flitterwoche. Ein bisschen verrückt, aber nett gemacht.

Magdalene House
B&B ££

(☑ 01458-830202; www.magdalenehouseglastonbury.co.uk; Magdalene St; EZ 70–95 £, DZ 90–105 £, FZ 130–140 £; P🛇) Das kunstvoll eingerichtete Magdalene war einst eine von Nonnen geführte Schule und von einem Zimmer blickt man noch immer auf das Gelände der Abtei. Jedes der hohen, hellen Zimmer ist in Oliv-, Haferbeige- und anderen sanften Tönen gehalten und geschmackvoller Nippes verleiht dem Ganzen ein heimeliges Flair.

Glastonbury Townhouse
B&B ££

(☑ 01458-831040; www.glastonburytownhouse.co.uk; Street Rd; Zi. 75–120 £; P🛇) Das solide edwardianische Backsteinhaus wartet mit ruhigen Zimmern, jeder Menge bemalten Möbeln und einem zeitgenössischen Flair auf. Das mit Blick auf den Garten servierte Frühstück kann vegetarisch, vegan oder auch milchprodukt- und glutenfrei serviert werden.

ABSTECHER

LORD POULETT ARMS

Das wunderbar altmodische Dorfpub von Hinton St. George, **Lord Poulett Arms** (☑ 01460-73149; www.lordpoulettarms.com; Hinton St. George; Hauptgerichte 14–20 £; ⊙12–14 & 18–21 Uhr; P), ist schon mehrmals zum Somerset Dining Pub of the Year gekürt worden. Kein Wunder: Das herzhafte Essen ist phantastisch und das Haus verströmt mit seinen Balken, Kaminfeuern und Bierfässern hinter der Theke jede Menge Landatmosphäre. Da gibt's nichts auszusetzen!

Und es gibt oben sogar urige Zimmer (EZ 60–65 £, DZ 85–95 £) zum Übernachten. Das Pub liegt ungefähr 24 km von Yeovil und Taunton entfernt.

Glastonbury White House
B&B ££

(☑01458-830886; www.theglastonburywhitehouse.com; 21 Manor House Rd; EZ/DZ 60/80 £; P🛇) Das Gästehaus mit zwei Zimmern verströmt mit seinen zarten, natürlichen Farbtönen, seinen Klauenfußbadewannen, gusseisernen Kaminen und polierten Holzböden ein heiteres Flair. Überall sind außerdem umweltfreundliche Sachen zu finden, von handgefertigten Baumwollstoffen und Fair-Trade-Seife bis zum vegetarischen Frühstück (10 £ pro Pers. extra), das bis 10.30 Uhr serviert wird. Auch die Checkoutzeit ist schön relax: 12 Uhr.

 Essen

Rainbow's End
VEGETARISCH £

(☑ 01458-833896; www.rainbowsendcafe.com; 17b High St; Hauptgerichte 5–9 £; ⊙10–16 Uhr; ☑) Dieses psychedelische Café verkörpert mit seinem vegetarischen Angebot, den Topfpflanzen und der zusammengewürfelten Einrichtung den Geist Glastonburys. Hier gibt's u. a. warme Gemüsequiche und hausgemachten Kuchen. Hinterm Haus lockt eine kleine Terrasse.

Bocabar
BRITISH ££

(☑ 01458-440558; htpp://glastonbury.bocabar.co.uk; Morland Rd; mittags 5–10 £, abends 13,50–19,95 £; ⊙Di–Do 9.30–23, Fr & Sa bis 1, So & Mo 10–17 Uhr) Dieser große Backsteinbau hat sich ganz schön verändert: von einer Schaffellfabrik zu einem hippen Treff. Mehrmals pro Woche treten hier Bands auf oder finden andere Events statt. Auf der Karte stehen Gerichte aus aller Welt wie Thai-Currys, klassische Steaks, Gourmetburger und phantasievolle Crêpes. Schön ist auch der Industriechick der Einrichtung.

Etwa 2,5 km südwestlich der Stadt, zu erreichen über die Morland Road.

Hundred Monkeys Cafe
BISTRO ££

(www.hundredmonkeyscafe.com; 52 High St; Hauptgerichte 8–15 £; ⊙So–Mi 8–18, Do bis 22, Fr & Sa bis 21 Uhr; ☑) Das quirlige Bistro mit Kiefernholzmöbeln, handbeschriebenen Schiefertafeln und einer Vorliebe fürs Saisonale und fair Gehandelte bietet Mezze-Teller, Pastagerichte, Currys und Risottos, mit zahlreichen glutenfreien und veganen Gerichten. Die Auswahl an Tees ist gigantisch und die Weine sind biodynamisch. Donnerstagabends erklingt akustische Livemusik.

Who'd a Thought It Inn
PUB ££

(www.whodathoughtit.co.uk; 17 Northload St; Hauptgerichte 11–21 £; ⊙12–21 Uhr) Ein originelles Pub

SOMERSET LEVELS

Die Somerset Levels sind platt wie ein Pfannkuchen, liegen unter dem Meeresspiegel und sind von Kanälen durchzogen, die hier *rhynes* genannt werden. Die fast 650 km² großen Levels zwischen den Quantock und Mendip Hills zählen zu den größten Feuchtgebieten Englands und sind ein Paradies für Vogelfreunde, besonders im Oktober und November, wenn hier riesige Schwärme von Staren im Formationsflug unterwegs sind. Als Naturschutzgebiete ausgewiesen sind die Bereiche Ham Wall, Shapwick Heath, Sedgemoor und Westhay.

Die flache Landschaft der Levels eignet sich bestens zum Radfahren. Mehrere Radwege wie z. B. der Fernradweg River Parrett Trail führen durch das Dorf Langport.

voller Sachen wie alten Flaschen und Reklameschildern, getrocknetem Hopfen, einer alten roten Telefonzelle und einem auf dem Kopf hängenden Fahrrad unter der Decke. Das Essen ist solide Kneipenkost – Würste, Pies und Steaks – und über der Theke sind gewöhnlich Tagesgerichte angeschrieben.

❶ Praktische Informationen

Touristeninformation (☑ 01458-832954; www.glastonburytic.co.uk; The Tribunal, 9 High St; ☺ Mo–Fr 10–15.30, Sa bis 16.30 Uhr)

❶ An- & Weiterreise

In Glastonbury gibt's keinen Bahnhof.
Praktische Busverbindungen:
Taunton Bus 29; 5,50 £, 1½ Std., Mo–Sa 4-mal tgl.
Wells Bus 37/375/376; 3,50 £, 15 Min., mehrmals pro Std.

CORNWALL

Weiter nach Westen als bis zum alten keltischen Königreich Cornwall – auf Kornisch Kernow – geht's nicht. Diese stolz auf ihre Unabhängigkeit bedachte Halbinsel mit den wildesten Küsten und den atemberaubendsten Stränden des Südwestens hat immer nach ihrer eigenen Pfeife getanzt.

Zwar sind die alten Erwerbszweige wie Bergbau, Fischerei und Landwirtschaft fast allesamt gänzlich verschwunden, doch hat sich Cornwall neu erfunden als eine der kreativen Ecken Großbritanniens. Ob man nun die spacigen Kuppeln des Eden Project erkundet, sich die kulinarischen Schöpfungen eines Küchenkünstlers einverleibt oder sich an einem einsamen Strand sonnt, überall wird man angesteckt vom inspirierenden Flair. Es ist Zeit, ein bisschen Kernow in seine Seele zu lassen!

Die historischen Bergbauanlagen Cornwalls gehören zum seit 2006 bestehenden Unesco-Welterbe Cornwall & West Devon Mining Landscape (www.cornish-mining.org.uk).

❶ An- & Weiterreise

Heutzutage ist Cornwall ziemlich unkompliziert zu erreichen, doch aufgrund seiner Lage weit im Westen Englands ist die Anreise oft lang.

Der wichtigste Flughafen der Grafschaft liegt unmittelbar außerhalb von Newquay, mit Verbindungen nach London Gatwick und in andere größere Städte.

Die wichtigste Bahnstrecke ab London Paddington führt mitten durch die Grafschaft und endet in Penzance.

Auf der wichtigsten nach Cornwall führenden Straße, der A30, gibt's im Sommer oft Staus. Eine Alternative ist die A38 von Plymouth über die Tamar Bridge, allerdings ist diese Strecke länger.

Vom 8 km von Newquay entfernt gelegenen **Newquay Cornwall Airport** (☑ 01637-860600; www.newquaycornwallairport.com) gibt's derzeit Direktflüge mit **Flybe** (www.flybe.com) nach Manchester und London Gatwick und mit **IoS Skybus** (S. 370) auf die Isles of Scilly.

Der First-Kernow-Bus 56 (26 Min., Mo–Sa stündl., So 5-mal) verkehrt vom Busbahnhof von Newquay nach Padstow. Ein Taxi vom Stadtzentrum kostet 15 bis 25 £.

In der Hauptsaison werden noch weitere Ziele in Großbritannien und in Kontinentaleuropa angeflogen.

❶ Unterwegs vor Ort

Bus-, Bahn- und Fährfahrpläne finden sich auf der Website der **Traveline South West** (☑ 0871 200 2233; www.travelinesw.com).

Die praktische Website **Great Scenic Railways** (www.greatscenicrailways.com) bietet Fahrpläne und ermöglicht Internetbuchungen für die Regionalbahnen Cornwalls.

BUS

Das wichtigste Busunternehmen in Cornwall ist **First Kernow** (☏ Kundenservice 0845 600 1420, Fahrplanauskünfte 0871 200 2233; www.firstgroup.com/cornwall): Es bedient die meisten Strecken zwischen den wichtigsten Orten. Die andere größere Busgesellschaft der Grafschaft, Western Greyhound, musste 2015 Insolvenz anmelden; viele der von der Gesellschaft bedienten Strecken werden jetzt von kleineren Busunternehmen befahren, aber viele wurden auch ganz gestrichen, sodass einige ländliche Gemeinden jetzt ohne regelmäßigen Busanschluss dastehen.

ZUG

Die Hauptstrecke folgt der Küste bis nach Penzance, mit Nebenstrecken nach Gunnislake, Looe, Falmouth, St. Ives und Newquay.

Die meisten Züge betreibt **Great Western Railway** (☏ 0345 7000 125; www.gwr.com). Auch Züge von **Crosscountry Trains** (☏ 0844 811 0124; www.crosscountrytrains.co.uk) verkehren zu wichtigen Bahnhöfen.

ERMÄSSIGUNGSKARTEN

Für die öffentlichen Verkehrsmittel in Cornwall gibt's mehrere Ermäßigungspässe.

Insgesamt am preisgünstigsten für Busse und Bahnen in Cornwall ist der **Ride Cornwall Ranger** (Erw./Kind/Fam. 13/9,75/26 £ pro Tag).

Außerdem gibt's für alle Nebenstrecken Day-Ranger-Tickets sowie „Two Together"- und „Groupsave"-Tickets für zwei bzw. vier zusammen reisende Erwachsene.

Der **Freedom of Devon & Cornwall Rover** (3 Tage Erw./Kind 46,45/23,20 £, 8 Tage Erw./Kind 71,20/35,60 £) bietet drei Tage unbegrenztes Zugfahren innerhalb von sieben Tagen bzw. acht Tage Reisen innerhalb von vierzehn Tagen. Gültig werktags ab 9 Uhr und ganztägig am Wochenende.

Bude

9242 EW.

Nur ein paar Kilometer hinter der Grenze zu Devon liegt der Strandort Bude mit einigen eindrucksvollen Stränden sowie einem hübschen Strandbad aus den 1930er-Jahren. Der Ort selbst macht nicht viel her, doch die atemberaubende Küste rechtfertigt einen Abstecher.

◉ Sehenswertes & Aktivitäten

Seine Strände sind sicher das wertvollste touristische Gut Budes. Am ortsnächsten liegt **Summerleaze**, ein klassischer Sandstrand mit viel Platz bei Ebbe. Hier ist auch

MONTACUTE HOUSE

Das **Montacute House** (NT; ☏ 01935-823289; www.nationaltrust.org.uk; Montacute; Erw./Kind 11,40/5,70 £; ⊙ Haus März–Okt. 11–16.30 Uhr, Nov.–Feb. Sa & So 12–15 Uhr, Garten März–Okt. tgl. 10–17 Uhr, Nov.–Feb. Mi–Sa 11–16 Uhr) wurde in den 1590er-Jahren für Sir Edward Phelips, den Präsidenten des House of Commons, erbaut. Kaum irgendwo in England gibt es solch eine herrliche Innenausstattung aus dem des 16. und 17. Jhs. Es ist berühmt für seine Stuckarbeiten, Schornsteinaufsätze und Tapisserien, doch das Highlight ist die **Long Gallery**, der längste Saal dieser Art in England und voller elisabethanischer Porträts.

Montacute liegt 8 km westlich von Yeovil an der A3088.

der schöne **Bude Sea Pool** (www.budeseapool.net) GRATIS. In nördlicher Richtung schließt sich auf der anderen Seite der Summerleaze Down **Crooklets** an, bei Ebbe mit goldenem Sand und Felsbecken.

Wer einen der anderen Strände Budes ansteuern möchte, benötigt ein Auto oder muss sich zu Fuß auf den Weg machen. 5 km südlich der Stadt liegt die **Widemouth Bay** mit einem breiten Sandstrand, der v. a. Familien und Surfer anlockt. Gut 3 km weiter erstreckt sich der Kiesstrand **Millook**, gefolgt von den dramatischen Klippen um **Crackington Haven**.

5 km nördlich des Orts locken die Strände **Northcott Mouth** und **Sandymouth**, die sich im Besitz des National Trust befinden.

Rund 1,5 km weiter erstreckt sich der im Sommer oft ruhige Kieselstrand **Duckpool**.

Bude Castle MUSEUM
(www.thecastlebude.org.uk; The Castle; ⊙ Ostern–Okt. 10–17 Uhr, Nov.–Ostern 10–16 Uhr; ☎) GRATIS
Das sonderbare Bude Castle hinter dem Summerleaze Beach wurde vom ortsansässigen Erfinder Sir Goldsworthy Gurney errichtet. Zu seinen Schöpfungen zählten das sogenannte Bude-Licht fürs Theater und der Dampfwagen. In dem Gebäude ist heute ein kleines **Geschichtsmuseum** untergebracht, das sich mit der Schifffahrts- und Sozialgeschichte sowie der Geologie Budes befasst. Im obersten Geschoss befindet sich außerdem ein Café.

Raven Surf School
SURFEN

(☎07860-465499; www.ravensurf.co.uk; 35 £ pro Unterrichtsstunde) Die zuverlässige Schule wird von Mike Raven betrieben, einem ehemaligen Surfchampion. Angeboten werden auch Lebensrettungs- und Surflehrerkurse, außerdem Unterkünfte in „surf pods", umweltfreundlichen Holzhüttchen, und auf einem Campingplatz in der Nähe.

Big Blue Surf School
SURFEN

(☎01288-331764; www.bigbluesurfschool.co.uk; 30 £ pro Unterrichtsstunde) Die empfehlenswerte Schule bietet Unterricht hauptsächlich für Anfänger und etwas fortgeschrittene Surfer. Sonderunterricht für Surfer mit Behinderungen und ein „Frauenclub" dienstagabends und samstagvormittags zählen zu den besonderen Angeboten der Schule.

Schlafen & Essen

Bangor's Organic
B&B ££

(☎01288-361297; www.bangorsorganic.co.uk; Poundstock; DZ 100 £; P) Das umweltbewusste B&B liegt bei Poundstock, 11 km von Bude entfernt. Das Haus ist elegant viktorianisch und die beiden Zimmer sind sehr auf romantisch getrimmt; die eigentliche Attraktion ist die Lage auf einem 2 ha großen Grundstück auf dem Land. So finden die Gäste dann auch frisch gepflücktes Obst und Eier von eigenen Hühnern auf dem Frühstückstisch. Die freundlichen Gastgeber Gill und Neil betreiben außerdem einen hervorragenden Farmshop.

Elements Hotel
HOTEL ££

(☎01288-275066; www.elements-life.co.uk; Marine Dr; EZ 60 £, DZ 79–120 £; P) Elf behagliche Zimmer in Weiß und Creme, mit weiter Aussicht von der Terrasse, Fitnessraum, finnischer Sauna und Surfunterricht in der nahen Raven Surf School. Es liegt herrlich auf den Klippen oberhalb von Bude. Die Bar unten serviert recht ordentliches Essen.

Beach at Bude
HOTEL £££

(☎01288-389500; www.thebeachatbude.co.uk; Summerleaze Cres; Zi. 135–237,50 £; P) Wer in einem richtigen Hotel mit den entsprechenden Annehmlichkeiten nächtigen möchte, ist hier genau richtig. Die Gäste kommen vor allem wegen der tollen Lage am Strand von Summerleaze hierher. Aber auch die Zimmer sind schön: geräumig und elegant, mit neutraler Farbgebung, Kiefernbetten und Lloyd-Loom-Stühlen. Eingerichtet sind die Zimmer insgesamt im Stil eines neuenglischen Strandhauses.

The Bank
TAPAS £

(☎01288-352070; www.thebankatbude.co.uk; Pethericks Mill; Tapas 4,25–8,95 £; Di–Sa 15–22 Uhr) Das lockere Lokal liegt ein bisschen vom Stadtzentrum entfernt, ist aber eine beliebte Wochenendadresse. Serviert werden im netten Ambiente einer alten Mühle authentische spanische Tapas sowie Paella und Fisch- und Meeresfrüchtegerichte. Von der Touristeninformation folgt man der Straße Richtung Süden und A39 und hält nach den Schildern Ausschau.

Life's a Beach
CAFÉ ££

(☎01288-355222; www.lifesabeach.info; Summerleaze; Hauptgerichte mittags 8–12 £, abends 16,50–22,50 £; ganzjährig Mo–Sa 10.30–15 & 19–22, So 10.30–15 Uhr) Das Strandlokal oberhalb des Summerleaze Beach hat eine gespaltene Persönlichkeit: Tagsüber ist es ein Strandcafé, in dem Badegäste Panini, Kaffee und Eiscreme genießen, am Abend verwandelt es sich in ein erstklassiges Fischrestaurant. Das beliebteste Restaurant der Stadt, also reservieren!

Praktische Informationen

Touristeninformation (☎01288-354240; www.visitbude.info; The Crescent; Mo–Sa 10–17 Uhr, im Sommer auch So 10–16 Uhr) Am Hauptparkplatz beim Schloss.

BATH & SÜDWESTENGLAND BUDE

ABSTECHER

CAMEL VALLEY VINEYARD

Cornwall ist nicht gerade bekannt als Weinregion, aber der einheimische Winzer Bob Lindo keltert auf dem **Camel Valley Vineyard** (☎01208-77959; www.camelvalley.com; Geschäft Mo–Sa 10–17 Uhr, Führungen Mo–Fr 14.30, Mi auch 17 Uhr) seit 1989 preisgekrönte Weiß- und Roséweine sowie einen prickelnden Schaumwein, der bis auf den Namen alles von einem Champagner hat. Kennern zufolge verdanken die hiesigen Weine ihre Frische und Leichtigkeit dem milden Klima und der klaren Seeluft. Auf dem Weingut werden regelmäßig Führungen angeboten. Im angeschlossenen Weinladen kann man die Weine verkosten und sich mit seinen Lieblingstropfen eindecken.

❶ An- & Weiterreise

First-Kernow-Bus 95/96 (Mo–Sa 6-mal tgl., So 4-mal) fährt von Camelford (1 Std. 10 Min.) über Tintagel (50 Min.), Boscastle (40 Min.) und die Strände südlich von Bude nach Bude selbst.

Die meisten Busse haben außerdem Anschluss über Port Isaac, Polzeath, Rock und die Strände in der Nähe nach Wadebridge.

Boscastle

641 EW.

Eingebettet in ein tiefes Tal am Zusammenfluss dreier Flüsse ist Boscastle, dessen Seefahrtsgeschichte bis in elisabethanische Zeit zurückreicht, der perfekte kornische Hafen: Schiefergedeckte Häuser, mit Wildblumen bewachsene Klippen, glucksende Bäche und ein robuster Kai lassen den Ort unglaublich fotogen erscheinen.

Doch die idyllische Lage täuscht über die teils turbulente Geschichte des Orts hinweg: 2004 verursachten heftige Regenfälle dramatische Überschwemmungen, die Autos und Brücken wegspülten und viele Häuser verwüsteten. Inzwischen ist alles wieder aufgebaut, doch wer genau hinschaut, entdeckt hier und da noch Spuren der Fluten.

◎ Sehenswertes

Museum of Witchcraft   MUSEUM

(☏01840-250111; www.museumofwitchcraftand magic.co.uk; The Harbour; Erw./Kind 5/4 £; ◷ März–Nov. Mo–Sa 10.30–18, So 11.30–18 Uhr) Dieses abgedrehte Museum will die weltweit größte Sammlung von Hexensachen beherbergen, von verfluchten Schädeln bis zu Voodoo-Puppen. Das Museum ist genauso kitschig wie schauerlich und einige der Ausstellungsstücke können sensiblere Kinder (und Erwachsene) vielleicht verstören.

🛏 Schlafen & Essen

Boscastle YHA   HOSTEL £

(☏0845 371 9006; boscastle@yha.org.uk; Palace Stables, The Harbour; B 19–25 £; ◷ April–Nov.) Das kleine Hostel von Boscastle wurde von den Fluten 2004 beinahe weggespült, ist heute aber komplett wiederhergestellt. Es ist eines der ältesten Gebäude des Dorfs und steht neben dem Hafen. Die Schlafräume sind allerdings ziemlich klein, besonders angesichts des Preises.

Orchard Lodge   B&B ££

(☏01840-250418; www.orchardlodgeboscastle.co. uk; Gunpool Lane; DZ 95–110 £; Ⓟ🛜) Geoff und Shirley Barratt haben ihr weißgetünchtes Haus oberhalb des Hafens in ein charmantes B&B verwandelt. Jedes Zimmer ist individuell mit bunt zusammengewürfelten Möbeln und Stoffen eingerichtet; die Flure zieren Zitate von Thomas Hardy. Im Sommer gilt ein Mindestaufenthalt von zwei Nächten; je länger man bleibt, desto billiger wird's.

Boscastle House   B&B ££

(☏01840-250654; www.boscastlehouse.co.uk; Tintagel Rd; EZ/DZ ab 60/110 £; Ⓟ🛜) Das viktorianische Haus oberhalb des Tals ist das schickste der B&Bs in Boscastle. Die fünf Zimmer sind hell und modern mit neutralen Farben und kräftig gemusterten Tapeten eingerichtet. „Charlotte" hat Erkerfenster mit Aussicht, „Nine Windows" Doppelwaschbecken und eine frei stehende Badewanne und „Trelawney" viel Platz und ein Sofa.

Boscastle Farm Shop   CAFÉ £

(☏01840-250827; www.boscastlefarmshop.co.uk; Kuchen & Tee 3–5 £; ◷10–17 Uhr; Ⓟ) An der B3263, 800 m vom Hafen entfernt, verkauft der Hofladen seine Produkte, darunter rubinrotes Rindfleisch und die vielleicht besten Würste der Nordküste. Das Café hat große Fenster, die einen schönen Blick auf die Felder und die Küste gewähren – die perfekte Umgebung für einen *cream tea*.

Waterloo Restaurant   BRITISCH £££

(☏01840-250202; www.wellingtonhotelboscastle. com; The Harbour; 2-/3-Gänge-Menü 30/37,50 £; ◷Di–Sa 18.30–21.30 Uhr) Die mit Zinnen versehene Poststation aus dem 16. Jh. (frühere Gäste waren König Eduard VII. und Guy Gibson, der berühmte Kommandeur der Royal Navy) ist ein altmodischer Ort mit flauschigen Teppichen, polierten Möbeln und Polstersesseln. Der Stil setzt sich auch im Restaurant fort – es wird jetzt von Kit Davis geführt, der vorher in Bude ein eigenes Restaurant gehabt hatte.

❶ Praktische Informationen

Touristeninformation (☏01840-250010; www.visitboscastleandtintagel.com; The Harbour; ◷März–Okt. 10–17 Uhr, Nov.–Feb. 10.30–16 Uhr) Nicht weit vom Kai, mit einigen interessanten Broschüren zur Lokalgeschichte und zu Spaziergängen.

❶ An- & Weiterreise

Der Küstenbus 95/96 (Mo–Sa 6-mal tgl., So 4-mal) hält auf dem Weg von Camelford nach Bude in Boscastle.

Tintagel

1822 EW.

Über Tintagel und seiner spektakulären Burg schwebt überlebensgroß der Geist von König Artus. Die Ruinen auf dem Felshügel stammen zwar überwiegend aus dem 13. Jh., aber archäologische Ausgrabungen haben die Fundamente einer älteren Festung freigelegt. Das belebt die Spekulationen darüber, ob der legendäre König hier geboren wurde, wie es die örtliche Legende behauptet.

Das Dorf selbst ist nicht gerade spannend, doch wer ein kitschiges König-Artus-Souvenir sucht, wird hier sicher fündig.

◉ Sehenswertes

★ Tintagel Castle   BURG

(EH; ☏01840-770328; Erw./Kind 7,90/4,70 £; ☺April–Sept. 10–18 Uhr, Okt. bis 17 Uhr, Nov.–März bis 16 Uhr) Die angebliche Geburtsstätte von König Artus war bereits seit römischen Zeiten bewohnt und diente zwischenzeitlich als Residenz der keltischen Könige Cornwalls. Die gegenwärtige Burg jedoch wurde weitgehend in den 1230er-Jahren von Graf Richard von Cornwall erbaut. Auch ohne König Artus ist ein stimmungsvollerer Ort für eine Festung kaum vorstellbar: Die Burg klammert sich an schwarze Granitklippen, umtost von der Brandung und dem Geschrei der Möwen – so stellen sich die meisten Leute wohl ein Märchenschloss vor.

Ein Großteil der Burg ist zwar seit Langem verfallen, aber mehrere Mauern und ein Großteil des Grundrisses der Anlage sind noch auszumachen. Ein Teil der Burgruine steht auf einer felsigen Halbinsel, die nur über eine Holzbrücke und schwindelerregende Felstreppen erreichbar ist.

Auf der Landspitze entlang führen Wege zur stimmungsvollen mittelalterlichen Kapelle St. Glebe's. Unten am Strand liegt unterhalb der Burg bei Ebbe der felsige Zugang zur Merlin's Cave frei – hier soll der örtlichen Überlieferung zufolge einst der Zauberer seine Magie ausgeübt haben.

Von den Parkplätzen im Dorf ist es ein steiler Spaziergang hinunter zur Burg. Im Sommer pendeln Land-Rover-Taxis den ganzen Tag hoch und runter.

Old Post Office   HISTORISCHES GEBÄUDE

(NT; ☏01840-770024; Fore St; Erw./Kind 4/2 £; ☺Mitte März–Sept. 10.30–17.30 Uhr, Okt. 11–16 Uhr) Das Old Post Office ist eine der ältesten Besitzungen des National Trust und zugleich eines der am besten erhaltenen Exemplare eines traditionellen kornischen Langhauses aus dem 16. Jh., mit den für diese Häuser typischen Schornsteinen und winzigen Zimmern. Wie der Name andeutet, diente das Haus im 19. Jh. als Dorfpostamt.

ⓘ An- & Weiterreise

Der First-Kernow-Bus 95/96 (Mo–Sa 6-mal tgl., So 4-mal) hält auf dem Weg von Camelford (15 Min.) nach Bude (50 Min.) in Tintagel.

Port Isaac

721 EW.

Das klassische kornische Fischerdorf Port Isaac ein paar Kilometer südwestlich von Tintagel besteht aus einem Gewirr aus Kopfsteinpflastergassen, schmalen *opes* (Gässchen) und Lehmhäuschen rund um einen mittelalterlichen Hafen.

Port Isaac ist zwar noch ein geschäftiger Hafen, berühmter aber ist es als Drehort für den britischen Film *Grasgeflüster* und die Fernsehserie *Doc Martin*: Beide nutzten das Dorf als Kulisse. Ein Stückchen westlich des Orts liegt Port Gaverne und wiederum ein paar Kilometer weiter westlich Port Quin, das heute dem National Trust gehört.

Der derzeit angesagteste Kochkünstler Cornwalls, Nathan Outlaw, hat das Örtchen zum Mittelpunkt seines kulinarischen Imperiums auserkoren.

🛏 Schlafen & Essen

Old School Hotel   HOTEL ££

(☏01208-880721; www.theoldschoolhotel.co.uk; Fore St; DZ 115–165 £; 🅿🛜) Das kleine Hotel war früher das Schulhaus von Port Isaac. Dementsprechend sind die Zimmer nach Schulfächern benannt: Am schönsten sind „Latein" mit seinem Schlittenbett und dem Schrankbad, „Biologie" mit seinem Sofa und seinen Kirchenfenstern und „Mathematik" auf zwei Ebenen mit Terrasse und Etagenbetten für die Kinder.

Outlaw's Fish Kitchen   FISCH & MEERESFRÜCHTE £

(☏01208-881183; www.outlaws.co.uk/fishkitchen; 1 Middle St; Hauptgerichte 6–10 £; ☺Juni–Sept. Di–So 12–15 & 18–21 Uhr, Okt.–Mai Mo–Sa) Nathan Outlaws neustes Projekt ist dieses klitzekleine Fischrestaurant, das auf kleine Fisch-Verkostungsteller spezialisiert ist, von denen man sich mehrere teilt. Auf der Karte steht, was von den Fischern von Port Isaac gerade frisch gefangen wurde. Das Restaurant ist winzig, also sollte man auf jeden Fall reservieren.

Fresh from the Sea FISCH & MEERESFRÜCHTE **££** (✆ 01208-880849; www.freshfromthesea.co.uk; 18 New Rd; Sandwiches 5,50–9,50 £, Hauptgerichte 10,50–20 £) Callum Greehalgh fährt jeden Tag hinaus aufs Meer auf der Suche nach Krebs und Hummer und verkauft seinen Fang dann in seinem niedlichen Laden in Port Isaac – frischere Meeresfrüchte gibt's nicht. Ein Krebssalat mit einem Glas Wein kostet 12,50 £, ein ganzer Hummer 20 £. In der entsprechenden Saison kosten Austern aus dem nahen Porthilly 1,50 £ das Stück.

⭐ **Restaurant Nathan Outlaw** FISCH & MEERESFRÜCHTE **£££** (✆ 01208-862737; www.nathan-outlaw.com; 6 New Rd; Probiermenü 119 £; ⊙ Mi–Sa 19–21, Fr & Sa auch 12–14 Uhr) Port Isaac hat erheblich an Ansehen gewonnen, seit Cornwalls Topkoch Nathan Outlaw mit seinem wichtigsten Projekt von Rock hierher umgezogen ist. Hier kann man Outlaws Leidenschaft für Fisch und Meeresfrüchten aus kornischen Gewässern in die Tat umgesetzt erleben. Sein Stil ist überraschend klassisch: Er verlässt sich auf erstklassige Zutaten statt auf kulinarische Mätzchen. Wie es sich für ein mit zwei Michelin-Sternen ausgezeichnetes Restaurant gehört, ist das Essen teuer, aber auch ein echtes Erlebnis.

ℹ **An- & Weiterreise**

Der First-Kernow-Bus 95/96 hält auf dem Weg von Camelford nach Bude mindestens viermal täglich in Port Isaac.

Padstow & Rock

3162 EW.

Wenn es eine Stadt gibt, die den Wandel Cornwalls verkörpert, dann ist es **Padstow**. Der einst verschlafene Fischerhafen hat sich dank Promikoch Rick Stein in eine der kosmopolitischsten Ecken des Landes verwandelt. Zu seinem Imperium gehören mittlerweile mehrere Restaurants, Geschäfte und Hotels sowie eine Kochschule für Fischgerichte und ein Fish-and-Chips-Laden.

Durch den „Stein-Effekt" hat sich Padstow grundlegend geändert: Hier ist heute alles eher so schick wie in Kensington als urig kornisch. Neben alten Pubs, *pasty*-Läden und Hummerbooten existieren zahlreiche Edelboutiquen und gehobene Restaurants. Ob die Stadt ihren ursprünglichen Charme bewahren konnte, ist strittig, aber es ist schwierig, von ihrer Szenerie nicht fasziniert zu sein.

Gegenüber von Padstow liegt auf der anderen Seite des Camel Estuary das einst urige Dorf Rock, das heute als superexklusives Urlaubsziel gilt. Ganz in der Nähe erstreckt sich die langgezogene Daymer Bay und zwischen den beiden Küstenorten liegt die Sandbank Doom Bar.

⊙ **Sehenswertes & Aktivitäten**

Padstow ist von schönen Stränden umgeben, u. a. den sogenannten Seven Bays: Trevone, Harlyn, Mother Ivey's, Booby's, Constantine, Treyarnon und Porthcothan.

National Lobster Hatchery HUMMERZUCHT (✆ 01841-533877; www.nationallobsterhatchery.co. uk; South Quay; Erw./Kind 3,75/1,75 £; ⊙ Juli & Aug. 10–19.30 Uhr, Sept.–Juni bis 16 oder 17 Uhr) Um dem Schwinden der Hummerbestände entgegenzuwirken, werden in dieser Hummerzucht am Hafen Junghummer in Becken aufgezogen und dann wieder freigesetzt. Besucher erfahren hier einiges über den Lebenszyklus der Krustentiere und in Schaubecken sind die Bewohner der Zuchtstation zu sehen. Wer eine halbstündige Expertenführung (Erw./Kind 12/6 £) bucht, bekommt einen Blick hinter die Kulissen.

Prideaux Place HISTORISCHES GEBÄUDE (✆ 01841-532411; www.prideauxplace.co.uk; Prideaux Pl; Haus & Außenanlagen Erw. 8,50 £, nur Außenanlagen 3 £; ⊙ April–Okt. So–Do Haus 13.30–16 Uhr, Außenanlagen & Tearoom 12.30–17.30 Uhr) Das prächtige Herrenhaus ist sehr begehrt bei Regisseuren von Historienschinken. Gebaut wurde es von der Familie Prideaux-Brune, angeblich Nachfahren von Wilhelm dem Eroberer. Die etwa einstündige Führung stellt Prunksäle, Treppenhäuser und Familienerbstücke der Prideaux-Brunes sowie eine umfangreiche Sammlung an Teddybären vor.

Camel Trail RADFAHREN (www.cornwall.gov.uk/cameltrail) Die einstige Bahnstrecke Padstow–Bodmin wurde in den 1950er-Jahren stillgelegt und ist heute der beliebteste Radweg Cornwalls. Der Hauptabschnitt der Strecke führt von Padstow ostwärts nach Wadebridge (gut 9 km), der Weg führt dann aber weiter bis nach Poley's Bridge (29,5 km) in Bodmin Moor.

Fahrräder verleihen **Padstow Cycle Hire** ([☎]01841-533533; www.padstowcyclehire.com; South Quay; Erw./Kind 15/7 £ pro Tag; ⏱9–17 Uhr, im Sommer bis 21 Uhr) und **Trail Bike Hire** ([☎]01841-532594; www.trailbikehire.co.uk; Unit 6, South Quay; Erw. 14 £, Kind 5–8 £; ⏱9–18 Uhr) in Padstow sowie **Bridge Bike Hire** ([☎]01208-813050; www.bridgebikehire.co.uk; Erw. 12–14 £, Kind 6–9 £; ⏱10–17 Uhr) in Wadebridge.

Luftpumpen und Helme sind gewöhnlich im Preis inbegriffen, doch Tandems und Kinderanhänger kosten extra.

Die meisten Leute fahren in Padstow los und dann zurück, daher ist oft weniger los und man findet leichter einen Parkplatz, wenn man in Wadebridge startet.

Padstow Boat Trips
BOOTSTOUREN

(www.padstowboattrips.com; South Quay) Von Ostern bis Oktober legen Boote wie die **Jubilee Queen** ([☎]07836-798457; www.padstowboattrips.co.uk; South Quay; Erw./Kind 12/7 £) zu Rundfahrten an der Küste entlang ab. Die Boote von **Padstow Sealife Safaris** ([☎]01841-521613; www.padstowsealifesafaris.co.uk; 2-stündige Bootstour Erw./Kind 39/25 £) steuern Robben- und Seevogelkolonien in der Nähe an.

Wer's gern schneller mag: 15-minütige **Schnellbootfahrten** (7 £) führen vorbei an der gefährlichen Sandbank Doom Bar sowie den Stränden von Daymer Bay, Polzeath, Hawkers Cove und Tregirls.

Auf der Website von Padstow Boat Trips sind die Angebote aller örtlichen Veranstalter aufgeführt.

 Schlafen

Treyarnon Bay YHA
HOSTEL £

([☎]0845 371 9664; treyarnon@yha.org.uk; Treyarnon Bay; B 22–25 £; ⏱Rezeption 8–10 & 14–22 Uhr; [P][📶]) Ein herrliches Strandhostel aus den 1930er-Jahren auf den Klippen oberhalb von Treyarnon Bay, gut 7 km östlich von Padstow. Die Zimmer sind groß, es gibt ein gutes Café und im Sommer wird gegrillt – und die Sonnenuntergänge sind spektakulär. Es gibt einen Parkplatz; die nächste Bushaltestelle ist in Constantine, einen etwa 20-minütigen Spaziergang entfernt.

Althea Library
B&B ££

([☎]01841-532579; www.altheahouse-padstow.co.uk; 64 Church St, Padstow; DZ 90–120 £; [P][📶]) Im Herzen von Padstow gibt es kaum eine bessere Unterkunft als dieses charmante, efeubewachsene Haus mit zwei stilvollen Suiten für Selbstversorger: Zur Suite „Rafters" führt

eine eigene Treppe, das „Driftwood" verfügt über ein Himmelbett aus Kiefernholz. Das Ganze ist recht luxuriös: Beide Suiten sind mit Sofas, Nespresso-Maschinen und kleinen Küchen ausgestattet. Für längere Aufenthalte steht in der Nähe außerdem ein Cottage zur Verfügung.

Woodlands
B&B ££

([☎]01841-532426; www.woodlands-padstow.co.uk; Treator; DZ 118–138 £; [P][📶]) Das rund 1,5 km vom Hafen von Padstow entfernte B&B, zu erreichen über die A389, ist ein toller Stützpunkt für Padstow, geführt vom legendären Hugo Woolley, der über das hervorragende Frühstück wacht und außerdem seine kleine Nobelmarke mit Flocken und Müslis verkauft. Die Zimmer sind ein bisschen arg cremig und rüschig, aber dennoch gemütlich.

St Enodoc Hotel
HOTEL £££

([☎]01208-863394; www.enodoc-hotel.co.uk; Rock Rd; Zi. 195–495 £; [P][📶]) Dieses Hotel ist sicher äußerst kultiviert, aber auch nicht gerade billig – nicht überraschend im superschicken Rock. In den eleganten Zimmern sorgen inmitten gedämpfter Farben bunte Kissen, cappuccinobraune Teppiche, auf Alt getrimmte Kommoden und Kunst der Malerin Jessica Cooper aus Penzance für Farbtupfer. Auch das Spa ist sehr schick.

✗ Essen

Chough Bakery
BÄCKEREI £

([☎]01841-533361; www.thechoughbakery.co.uk; 1–3 The Strand, Padstow; Gebäck 3–5 £) Familienbäckerei mit den garantiert besten *pasties* der Stadt – sie hat bei den World Pasty Championships schon mehrere Preise abgeräumt.

Cornish Arms
GASTROPUB ££

([☎]01841-520288; www.rickstein.com/the-cornish-arms.html; St. Merryn; Hauptgerichte 7–18 £; ⏱11.30–23 Uhr) Dieses Landpub beim Dorf St. Merryn gehört jetzt zum Stein-Imperium und bietet mit typisch kreativem Geist modernisierte Pubklassiker wie Scampi and Chips und Garnelen-Pints. Phänomenal populär ist der Sonntagsbraten, also früh da sein. 5 km von Padstow.

Rojano's in the Square
ITALIENISCH ££

([☎]01841-532796; www.rojanos.co.uk; 9 Mill Sq, Padstow; Pizza & Pasta 8,50–17 £) Die ausgezeichnete kleine Pizzeria unter der Leitung von Paul Ainsworth beeindruckt mit Holzofenpizzas, pikanten Pastagerichten und Antipasti.

Rick Stein's Cafe
EUROPÄISCH ££

(☎01841-532700; Middle St, Padstow; Hauptgerichte 10,95–19,95 £; ☺8–21.30 Uhr) Steins Nebenstraßenbistro ist von den weltumspannenden Reisen des Kochs inspiriert: Hier gibt's Essen z. B. aus dem Fernen Osten und dem Mittelmeer wie klassische Muscheln mit Safran oder eine thailändisch gewürzte Meeresfrüchtebrühe. Das Ambiente ist locker, aber reservieren muss man trotzdem.

★ Paul Ainsworth at No 6
BRITISCH £££

(☎01841-532093; www.paul-ainsworth.co.uk/number6; 6 Middle St, Padstow; 2-/3-Gänge-Mittagessen 19/26 £, Hauptgerichte abends 28–40 £; ☺Di-Sa 12–14.30 & 18–22 Uhr) Starkoch Rick Stein ist natürlich in aller Munde, doch viele Gourmets halten Paul Ainsworth für den besten Koch von Padstow. In seinen Kreationen kombiniert er überraschende Aromen und eine perfekte Präsentation mit einer erfrischend schnörkellosen Herangehensweise – in dem Stadthaus an einer der Nebenstraßen von Padstow kann man recht entspannt und ohne Mätzchen speisen. Das jetzt mit einem Michelin-Stern ausgezeichnete Restaurant ist sicher das beste des Städtchens.

Seafood Restaurant
FISCH & MEERESFRÜCHTE £££

(☎01841-532700; www.rickstein.com; Riverside, Padstow; 3-Gänge-Mittagessen 40 £, Hauptgerichte 19,50–65,50 £; ☺12–14 & 18.30–22 Uhr) Rick Steins Vorzeigefischrestaurant ist eine der besten Adressen für Fisch und Meeresfrüchte in Großbritannien. Auf der Karte stehen hochpreisige Köstlichkeiten wie frischer Padstow-Hummer und üppige *fruits de mer*. Das Ambiente mit lichtdurchflutetem Gastraum und einem Wintergarten mit Blick auf den Hafen ist wirklich reizend. In der Regel muss man einen Tisch Monate im Voraus reservieren – manchmal ist mittags in letzter Minute jedoch noch was zu machen.

ⓘ Praktische Informationen

Touristeninformation Padstow (☎01841-533449; www.padstowlive.com; North Quay; ☺April–Sept. Mo–Sa 10–17, So 10–16 Uhr, Okt.–März Mo–Sa 10–16 Uhr) In einem Backsteinbau am Kai.

ⓘ An- & Weiterreise

Am Hafen von Padstow gibt's ein paar Parkplätze, die aber immer schnell voll sind. Gewöhnlich ist es also besser, auf einem der großen Parkplätze am oberen Ortsende zu parken und zu Fuß hinunter in den Ort zu gehen.

Der einzige praktische Bus ist der First-Kernow-Bus 56 (Mo–Sa stündl., So 5-mal, 1 Std. 25 Min.): Er fährt an der Küste entlang über Harlyn Bay, Constantine Bay, Porthcothan, Mawgan Porth, Newquay Cornwall Airport, Porth Beach und Newquay.

Newquay
19 423 EW.

Wenn Padstow das Cannes von Cornwall ist, dann ist Newquay seine Costa del Sol. Die oberhalb von weißen Sandstränden gelegene Stadt stellt mit ihren zahllosen Pubs, Bars und zwielichtigen Clubs Ibiza glatt in den Schatten und hat sich zur Hochburg von Biertrinkern, Strandhasen und Surfern entwickelt, die hier im Sommer allesamt scharenweise einfallen. Dies ist außerdem das Surfermekka Cornwalls, und wer lernen möchte, den Wellen zu trotzen, kann das hier bestens tun.

◎ Sehenswertes

Newquay erfreut sich einer atemberaubenden Lage an einigen der schönsten Strände Nordcornwalls. Am bekanntesten ist **Fistral**, der berühmteste Surferstrand England. Er erstreckt sich zehn Fußminuten vom Stadtzentrum entfernt auf der Westseite des Towan Head.

Die anderen Hauptstrände von Newquay liegen auf der Ostseite des Towan Head. Gleich unterhalb der Stadt sind **Towan**, **Great Western** und **Tolcarne**, gefolgt vom nahen **Lusty Glaze**. Hier kann man im Sommer unter dem wachsamen Auge von Rettungsschwimmern überall schön baden.

Zu den anderen Stränden Newquays benötigt man dann ein Verkehrsmittel. Nördlich von Lusty Glaze ist **Porth**, ein langer, schmaler Strand, der bei Familien beliebt ist. Ein paar Kilometer weiter folgt dann die weite Sichel der **Watergate Bay** mit Jamie Olivers renommiertem Restaurant Fifteen Cornwall. Gut 3 km nördlich liegt **Mawgan Porth**, eine hufeisenförmige Bucht, an der es oft ruhiger zugeht als an den Nachbarstränden.

Weitere Strände erstrecken sich südwestlich von Newquay, z. B. die großen familienfreundlichen Sandstrände **Crantock** (5 km von Newquay) und **Holywell Bay** (10 km von der Stadt).

Blue Reef Aquarium
AQUARIUM

(☎01637-878134; www.bluereefaquarium.co.uk/newquay; Towan Promenade; Erw./Kind/Fam. 10,50/8,25/35,50 £; ☉10–18 Uhr; ♿) Das kleine Aquarium am Towan Beach bietet Streichelbecken und Tiefseekreaturen wie Riffhaie, Unechte Karettschildkröten und Pazifische Riesenkraken.

Newquay Zoo
ZOO

(☎01637-873342; www.newquayzoo.org.uk; Trenance Gardens; Erw./Kind/Fam. 13,60/10,20/42,60 £; ☉10–17 Uhr; ♿) Dies ist kein Zoo von Weltrang, aber die Kids freuen sich sicher über Pinguine, Lemuren, Papageien und Schlangen. Besonders interessant sind das Tropenhaus und die Krötenhalle. Die Pinguine werden um 12 Uhr und die Löwen um 14.30 Uhr gefüttert.

Trerice
HISTORISCHES GEBÄUDE

(NT; ☎01637-875404; www.nationaltrust.org.uk/trerice; Erw./Kind 7,65/3,80 £; ☉Haus 11–17 Uhr, Garten 10.30–17 Uhr) Berühmt ist das elisabethanische Herrenhaus von 1751 für seine kunstvolle Tonnendecke im Prunksaal. Unter den 576 Glasscheiben des großen Fensters befinden sich auch einige wunderbare aus dem 16. Jh. Trerice liegt 5,3 km südöstlich von Newquay.

Aktivitäten

Newquay strotzt nur so vor Surfschulen, aber die Qualität schwankt erheblich. Am besten sucht man sich eine Schule, die Unterricht in kleinen Gruppen bietet und möglichst auch keine Junggesellenabschiedstrupps aufnimmt. Außerdem sollte man sich nach der Akkreditierung sowie der Erfahrung der Lehrer erkundigen und erfragen, ob die Schule auch andere Strände als Fistral ansteuert – gute Schulen fahren zu den besten Wellen.

English Surfing Federation Surf School
SURFEN

(☎01637-879571; www.englishsurfschool.com; Unterricht ab 35 £) Eine der erfahrensten und effektivsten der großen Schulen, verbunden mit dem Ausstatter Rip Curl; die Lehrer sind von der English Surfing Federation (zu der auch der britische Chefcoach gehört) anerkannt.

Kingsurf Surf School
SURFEN

(☎01637-860091; www.kingsurf.co.uk; Unterricht ab 30 £) Diese Schule am Mawgan Porth ist eine gute Wahl für alle, die den Trubel am Fistral vermeiden wollen. Hier gibt es fünf junge Lehrer, die sich individuell um kleine Kurse kümmern.

BEDRUTHAN STEPS

Ungefähr auf halber Strecke zwischen Newquay und Padstow erheben sich die stattlichen Felssäulen von **Bedruthan Steps** (Carnewas; NT; www.nationaltrust.org.uk/carnewas-and-bedruthan-steps). Diese majestätischen Felsen wurden über Tausende Jahre von unerbittlichen Winden und Wellen aus dem Meer ausgewaschen und sind heute ein ideales Örtchen für einen schönen Spaziergang. Das Gebiet gehört heute dem National Trust, der auch den Parkplatz und das Café betreibt. Es kostet keinen Eintritt, aber wer kein Mitglied des National Trust ist, zahlt fürs Parken.

Extreme Academy
ABENTEUERSPORT

(☎01637-860840; www.extremeacademy.co.uk; Watergate Bay) Die große, effiziente Einrichtung gehört zum Watergate Bay Hotel und bietet alle möglichen Wassersportarten, natürlich Surfen, aber auch ungewöhnlichere wie Stehpaddeln oder Handplaning, bei dem man mit einem am Handgelenk befestigten Minisurfbrett auf den Wellen reitet.

EboAdventure
OUTDOORAKTIVITÄTEN

(☎0800 781 6861; www.eboadventure.co.uk) In Newquay kann man nicht nur surfen, sondern sich auch im Kitebuggying, Kajakfahren, Paddleboarding und Coasteering versuchen. Dieses Aktivitätenzentrum befindet sich im Penhale Training Camp am Nordende der Holywell Bay.

🛏 Schlafen

Newquay Townhouse
B&B £

(☎01637-620009; www.newquaytownhouse.co.uk; 6 Tower Rd; DZ 50–70 £; 🅿🛜) Das recht gute B&B in der Nähe des Zentrums hat helle Zimmer mit gestreiften Kissen und Korbmöbeln.

⭐ Scarlet
HOTEL £££

(☎01637-861600; www.scarlethotel.co.uk; Mawgan Porth; Zi. ab 240 £; 🅿🛜🛁) Wenn es um echten Luxus geht, dann schießt das fabelhaft schicke Ökohotel nur für Erwachsene den Vogel ab. Die riesigen Zimmer des Hotels in königlicher Lage oberhalb von Mawgan Porth, 8 km von Newquay, haben alle einen umwerfenden Blick aufs Meer und sind mit bunten Möbeln minimalistisch eingerichtet. Das Luxusspa trumpft mit Meditationslounge, Whirlpools unter freiem Himmel und Naturschwimmbad auf. Auch das Restaurant ist eine Wucht.

Watergate Bay Hotel · HOTEL £££
(☎01637-860543; www.watergatebay.co.uk; Watergate Bay; DZ 265–410 £, Suite 365–490 £; P 🛜) Dieses alte Hotel wurde ursprünglich für die viktorianischen Touristen erbaut, die mit der schon lange nicht mehr existierenden Bahnlinie ab Newquay hierher kamen. Inzwischen ist das Haus umfassend im Stil des 21. Jhs. renoviert worden: Die Zimmer glänzen mit geschmeidigem Rosa, bunten Streifen und Meeresblau, der Stil ist elegant-minimalistisch und es gibt eine Auswahl an Restaurants. Für Wassersportaktivitäten können sich die Gäste an die angeschlossene Extreme Academy wenden.

 Essen

Zacry's · MODERN BRITISCH ££
(☎01637-861231; www.watergatebay.co.uk/food-and-drink/zacrys; Watergate Bay; 2-/3-Gänge-Menü 29,50/36,50 £; ⊙18.30–21.30 Uhr) Das neueste Speiselokal im Watergate Bay Hotel ist amerikanisch angehaucht: ein schickes Bistro mit im Halbrund angeordneten Holznischen und Blick auf eine halboffene Küche. Küchenchef Neil Haydock haben es außerdem amerikanische Aromen angetan, also stehen über Holzkohle gegrilltes Sirloin-Steak und ein Meeresfrüchte-Succotash auf der Karte.

Boathouse · BISTRO ££
(☎01637-874062; www.the-boathouse-newquay.co.uk; South Quay Hill; Hauptgerichte 12,35–18,40 £, Meeresfrüchteplatten 42–64 £; ⊙10–23 Uhr) Die beste kulinarische Wahl im Zentrum von Newquay, versteckt vorm Trubel am Fuß des Hügels am Fischerkai. Entsprechend ist das Bistro auf Fisch und Meeresfrüchte spezialisiert, die direkt von den Fischerbooten stammen – Rotzunge, Seelachs, Langusten, Seespinne sowie üppige *fruits-de-mer*-Platten. Eine schöne Überraschung!

Beach Hut · BISTRO ££
(☎01637-860877; Watergate Bay; Hauptgerichte 10–18 £; ⊙9–21 Uhr) Das Strandbistro unter Jamie Olivers Fifteen Cornwall ist eine tolle Wahl für einfaches *surf 'n' turf* (Fisch und Fleisch): klebrige Schweinerippchen, „extreme" Burger und jeden Tag anderen Fisch.

Lewinnick Lodge · BISTRO ££
(☎01637-878117; www.lewinnicklodge.co.uk; Pentire Head, Newquay; Hauptgerichte 12,50–20 £; ⊙8–22 Uhr) Wem der Sinn nach einem Mittagessen mit Aussicht steht, der ist in diesem smarten Café-Bistro genau richtig. Es thront oben an den Klippen des Pentire Head, sodass die Gäste einen wunderbaren Blick auf die Küste um Newquay genießen. Der Einrichtungsstil ist mit gebleichten Hölzern und Spiegelglas modern und auch das Essen ist gut: Gourmetburger, Muscheln und Thai-Salate stehen auf der Karte. Sehr nett sind auch die vermieteten Zimmer (ab 170 £).

Fifteen Cornwall · ITALIENISCH £££
(☎01637-861000; www.fifteencornwall.com; Watergate Bay; 2-/3-Gänge-Mittagsmenü 26/32 £, 5-Gänge-Abendmenü 65 £; ⊙8.30–10, 12–14.30 & 18.15–21.15 Uhr) Das Restaurant des Starkochs Jamie Oliver an der Watergate Bay serviert italienische Küche im typischen Oliver-Stil. Sozial benachteiligte Jugendliche können hier eine Kochlehre machen. Die Stimmung ist entspannt – weiße Wände, Streetart-Wandbilder, Retromöbel – und die Strandblicke durch die bodentiefen Fenster sind überwältigend, doch die Preise sind vielleicht einen Tick zu hoch.

Ausgehen & Nachtleben

Die Kneipenszene von Newquay gilt nicht gerade als kultiviert: An jeder Ecke findet man kitschige Clubs und laute Pubs und freitag- und samstagabends geht's im Zentrum von Newquay besonders im Sommer laut und ruppig zu.

Chy · BAR
(www.chybarandkitchen-newquay.co.uk; 12 Beach Rd; ⊙9–23 Uhr) Chrom, Holz und Leder prägen diese Café-Bar am Towan Beach. Unten im Club Koola wird bis in die frühen Morgenstunden gefeiert.

Central · PUB
(11 Central Sq; ⊙So–Do 11–24, Fr & Sa bis 1 Uhr) Wie der Name schon sagt, liegt dieses Vorglüh-Pub im Herzen der Stadt und ist am Wochenende gewöhnlich rappelvoll.

❶ Praktische Informationen

Touristeninformation (☎01637-854020; www.visitnewquay.org; Marcus Hill; ⊙Mo–Fr 9.15–17.30, Sa & So 10–16 Uhr) Kleine, aber gut ausgestattete Touristeninformation; hier kann man alles von Unterkünften bis zu Surfunterricht buchen.

❶ An- & Weiterreise

BUS
Der Busbahnhof befindet sich in der Manor Road. Nützliche Verbindungen:

Newquay Cornwall Airport Bus 56; 26 Min., Mo–Sa stündl., So 5-mal

Padstow Bus 56; 26 Min., Mo–Sa stündl., So 5-mal

St. Agnes (Bus 87; 50 Min., stündl.) Hält auf dem Weg nach Truro auch in Crantock, Holywell Bay und Perranporth.

Truro (Bus 90/92/93; 70 Min., Mo–Sa halbstündl.) Der schnellste Bus nach Truro; die verschiedenen Routen führen über unterschiedliche Dörfer, Endstation ist aber immer Truro.

Wadebridge Bus 95; 50 Min., Mo–Sa 5-mal tgl.

FLUGZEUG

Vom 8 km von Newquay entfernt gelegenen **Newquay Cornwall Airport** (S. 341) gibt's derzeit Direktflüge mit **Flybe** (www.flybe.com) nach Manchester und London Gatwick und mit **IoS Skybus** (S. 370) auf die Isles of Scilly. In der Hauptsaison werden noch weitere Ziele in Großbritannien und Kontinentaleuropa angeflogen.

ZUG

Newquay ist die Endstation der Nebenstrecke ab Par (Atlantic Coast Line; 4,70 £, 45 Min.) an der Hauptstrecke von London nach Penzance.

Von Perranporth nach Porthtowan

Südwestlich von Newquay windet sich die zerklüftete Nordküste Cornwalls durch ein atemberaubendes Panorama mit wilden, von der Brandung umtosten Klippen und Buchten mit goldenen Sandstränden wie dem familienfreundlichen Strand von Perranporth. Außerdem befinden sich hier die alte Bergbaustadt St. Agnes und das Surfermekka Porthtowan.

☉ Sehenswertes & Aktivitäten

Perranporth Beach   STRAND
(P 🚻) Der große, flache Sandstrand von Perranporth ist bei Familien mit Kindern und Surfern gleichermaßen beliebt. Er ist über 1,5 km lang und von Dünen und Felsklippen gesäumt und an den vollsten Tagen ist hier meist immer noch ein Plätzchen zu finden. Außerdem ist hier die Bar Watering Hole (s. u.).

★ Chapel Porth   BUCHT
(P) Etwa 3,2 km von St. Agnes befindet sich eine der fotogensten Buchten von Cornwall – Chapel Porth mit einem wilden, felsigen Strand, der von steilen, mit Ginster bewachsenen Felsen eingerahmt wird und

heute zum National Trust gehört. Oberhalb der Bucht befindet sich das berühmte Maschinenhaus von **Wheal Coates**, von dem noch der Schornstein und Fassadenwände übrig sind. Von hier schlängelt sich der Küstenweg bis zum windigen Kap **St. Agnes Head**.

Blue Hills Tin Streams   AUSSTELLUNG
(☎ 01872-553341; www.bluehillstin.com; Erw./Kind 6,50/3 £; ☉ Mitte April–Mitte Okt. Di–Sa 10–14 Uhr) Gut 1,5 km östlich von St. Agnes (ausgeschildert Richtung Wheal Kitty) erstreckt sich das felsige Tal **Trevellas** mit einer der letzten übrig gebliebenen Zinnwerkstätten von Cornwall. Führungen zeigen den gesamten Produktionsprozess, vom Abbau und Schmelzen bis zum Formen und letzten Schliff. Im Shop wird handgemachter Schmuck verkauft.

✕ Essen & Ausgehen

Chapel Porth Cafe   CAFÉ £
(Chapel Porth; Sandwiches & Kuchen 2–4 £; ☉ 10–17 Uhr) Das Chapel Porth Cafe ist eine örtliche Institution und serviert heiße Schokolade, Käsebaguettes und die Hausspezialität Igeleis: Vanilleeis mit Sahne und Haselnüssen.

Blue Bar   BISTRO ££
(☎ 01209-890329; www.blue-bar.co.uk; Porthtowan; Hauptgerichte 8–16 £; ☉ 10–23 Uhr) Für einen Sundowner am Meer oder einen Mittagsimbiss ist dieses Café in Porthtowan schwer zu toppen. Leider weiß das auch jeder, also früh da sein!

Bolingey Inn   PUB ££
(☎ 01872-571626; Penwartha Rd, Bolingey; Hauptgerichte 10–16 £; ☉ 12–23 Uhr) Das in einem Tal gut 3 km landeinwärts gelegene, efeuüberwucherte Bolingey Inn ist in Sachen Essen das beste Pub um Perranporth.

Watering Hole   BAR
(www.the-wateringhole.co.uk; Perranporth Beach; ☉ 10–23 Uhr) Das Watering Hole ist eine von Cornwalls ältesten Strandbars und wurde bei den schweren Stürmen 2014 fast weggespült. Ein schönes Plätzchen für einen Sonnenuntergangsdrink mit regelmäßigen Konzerten.

❶ An- & Weiterreise

First-Kernow-Busse:

Bus 57 (2-mal tgl.) Nach Perranporth und St. Agnes in der einen Richtung, nach Porthtowan, Gwithian und St. Ives in der anderen Richtung.

Bus 87 (Mo–Sa stündl., So etwas seltener)
Hält auf dem Weg von Newquay über Crantock,
Holywell und Perranporth nach Truro in
St. Agnes.

St. Ives

9870 EW.

Selbst wer St. Ives schon oft gesehen hat,
wird vom Anblick des unglaublich hübschen
Sammelsuriums der Schieferdächer, Kirchtürmen und türkisfarbenen Buchten immer
wieder aufs Neue überwältigt. In vergangenen Tagen war St. Ives ein wichtiger Sardinenhafen. In den 1920er- und 1930er-Jahren
wurde die Stadt jedoch zum Brennpunkt
der Kunstszene von Cornwall und auch
heute noch ist sie ein Zentrum künstleri-
scher Kreativität: Zahlreiche Galerien und
Kunstgewerbeläden säumen die gewundenen Kopfsteinpflastersträßchen und außerdem befindet sich hier ein Außenposten der
berühmten Londoner Tate.

Leider hat der Erfolg seinen Preis: Im
Sommer ist es in St. Ives brechend voll und
die Preise sind hier erheblich höher als in
anderen Teilen Cornwalls. Die Sommerferien und den gesamten Juli und August meidet man besser.

◉ Sehenswertes & Aktivitäten

Die größten Stadtstrände sind Porthmeor
und Porthminster, beide mit jeder Menge
Sand und Platz. Dazwischen schiebt sich
eine als Island bekannte Landzunge mit der
winzigen Chapel of St. Nicholas aus der Zeit
vor dem 14. Jh. An der kleinen Bucht Porth-
gwidden auf der Ostseite der Halbinsel kann
man oft gut den Besuchermassen entfliehen.

★ Tate St. Ives   GALERIE
(☏ 01736-796226; www.tate.org.uk/stives; Porthmeor Beach) Die Galerie schwebt wie ein weißer Betonkringel oberhalb des Porthmeor
Beach. Derzeit ist sie für ein gewaltiges
Renovierungsprojekt geschlossen, in dessen Rahmen auch ein gänzlich neuer Flügel
entsteht. Die Arbeit sollen im Frühjahr 2017
beendet sein – Details auf der Website.

Barbara Hepworth Museum   MUSEUM
(☏ 01736-796226; Barnoon Hill; Erw./Kind 6,60/
5,50 £; ⊙ März–Okt. 10–17 Uhr, Nov.–Feb. bis
16 Uhr) Barbara Hepworth (1903–1975) war
eine der führenden abstrakten Bildhaue-
rinnen des 20. Jhs. und eine Schlüsselfigur
in der Kunstszene von St. Ives. Ihr Atelier

auf dem Barnoon Hill ist seit ihrem Tod so
gut wie unverändert und im angrenzenden
Garten stehen einige ihrer berühmtesten
Skulpturen – viele davon sind von den ele-
mentaren Kräften inspiriert, die sie in ihrer
kornischen Wahlheimat vorfand: Felsen,
Meer, Sand, Wind, Himmel. Auf kostenlosen
Führungen kann man sich die Hintergründe
der Kunstwerke erläutern lassen.

St. Ives Boats   BOOTSTOUREN
(☏ 0777 300 8000; www.stivesboats.co.uk; Erw./
Kind 10/8 £) Am Kai bieten mehrere Bootsgesellschaften wie St. Ives Boats Angeltrips
und Rundfahrten an. Im Angebot sind z. B.
auch Ausflüge zur Kegelrobbenkolonie auf
Seal Island. Mit viel Glück lässt sich im Sommer auch mal ein Tümmler oder ein Riesen-
hai blicken.

Leach Pottery   GALERIE
(☏ 01736-796398; www.leachpottery.com; Higher
Stennack; Erw./Kind 4,50 £/frei; ⊙ Mo–Sa 10–17,
So 11–16 Uhr) Während andere Künstler aus
St. Ives in der Bildhauerei und der abstrakten Kunst bahnbrechende Werke schufen,
investierte der Töpfer Bernard Leach in seinem Atelier in Higher Stennack sein ganzes
Herzblut in die Erneuerung der britischen
Töpferkunst. Er ließ sich von japanischer
und orientalischer Bildhauerei beeinflussen
und verwendete einen einzigartigen, hand-
gebauten Brennofen, ähnlich denen, die er
in Japan gesehen hatte – so hat Leach in
seinen außergewöhnlichen Werken sowohl
westliche als auch östliche Ideen verarbeitet.

🛏 Schlafen

Primrose Valley Hotel   HOTEL ££
(☏ 01736-794939; www.primroseonline.co.uk; Primrose Valley; Zi. 135–180 £; ᴾ 🛜) Das nach
umfassendem Umbau neu eröffnete, schicke Hotel hat einen riesigen Vorteil: Es liegt
nur eine Minute vom Porthminster Beach
entfernt. Aber es wartet noch mit weiteren
Pluspunkten auf, etwa hellen, schönen Zimmern in Grau, Braun und Meeresblau und
mit Karomustern, außerdem mit Korblam-
pen, Kommoden im skandinavischen Stil
und Schiffsmodellen. Das Ganze wirkt sehr
modern und perfekt durchgestylt.

11 Sea View Terrace   B&B ££
(☏ 01736-798440; www.11stives.co.uk; 11 Sea View
Tce; DZ 120–140 £; ᴾ 🛜) Dieses B&B mit drei
Suiten in einer der klassischen edwardianischen Villen im oberen Teil von St. Ives ist
wirklich sehr schick. Von den beiden Suiten

Westcornwall

KELTISCHE SEE

Gwithian & Godrevy Towans

South West Coast Path

St. Ives

Carbis Bay

Gurnard's Head
Halsetown
Zennor
Towednack
Lelant
Hayle

Porthmeor
Nancledra

Pendeen Watch
Mulfra
St. Erth

Morvah
New Mill
Chysauster

Levant Mine & Beam Engine
Geevor Tin Mine
Pendeen
Ludgvan
Crowlas

Botallack Mine
Botallack
Newbridge
Madron
Gulval

St. Just-in-Penwith
Heamoor
Marazion

Cape Cornwall
Bosavern
Penzance
St. Michael's Mount
Goldsithney
Perranuthnoe

Sancreed
Drift
Newlyn
Mount's Bay

Whitesand Bay
Land's End Airport
Paul

Sennen Cove
Whitesand Beach
Mousehole

Land's End
Sennen
St. Buryan

Trethewey
Treen
Lamorna

Nanjizal Bay
Porthcurno
Ärmelkanal

Minack Theatre

vorne bieten sich hübsche Ausblicke auf den Ort und das Meer, von der Suite hinten blickt man auf eine Gartenterrasse. Wer mehr Platz braucht, kann in eine Ferienwohnung (350–975 £ pro Woche) ausweichen.

Treliska
B&B ££

(01736-797678; www.treliska.com; 3 Bedford Rd; DZ 70–90 £;) Im teuren St. Ives ist dieses B&B ein Schnäppchen, besonders angesichts der Lage einen Katzensprung vom Ortszentrum. Dafür sind die Zimmer meist eher klein; wer Platz braucht, kann nach Nr. 5 fragen.

Little Leaf Guest House
B&B ££

(01736-795427; www.littleleafguesthouse.co.uk; Park Ave; Zi. 85–125 £;) Das zuverlässige, umweltbewusste B&B im oberen Teil des Städtchens mit Blick auf die Dächer bietet besonders in der Nebensaison sehr gute Preise. Die Zimmer sind hübsch und schlicht, mit Cremetönen und Fichtenmöbeln. Zim-

mer 2 und 5 bieten einen tollen Meerblick. Das einzige Problem ist, einen Parkplatz zu finden.

Trevose Harbour House
B&B £££

(01736-793267; www.trevosehouse.co.uk; 22 The Warren; DZ 185–275 £;) Das schicke Stadthaus mit sechs Zimmern steht am kurvigen Warren und erstrahlt nach einer Renovierung in einer maritimen Mischung aus frischem Weiß und blauen Streifen. Es ist wunderschön eingerichtet mit Pflegeprodukten von Neal's Yard, iPod-Dockingstationen und Retrodesignstücken in den Zimmern. Dazu kommen noch eine Lounge voller Bücher und eine minimalistische Hofterrasse.

Boskerris
HOTEL £££

(01736-795295; www.boskerrishotel.co.uk; Boskerris Rd, Carbis Bay; DZ 170–280 £;) Dieses gehobene Minihotel im Vorort Carbis Bay hat einige gute Argumente für einen Aufenthalt: Es bietet schicke Zimmer in kühlen

St. Ives

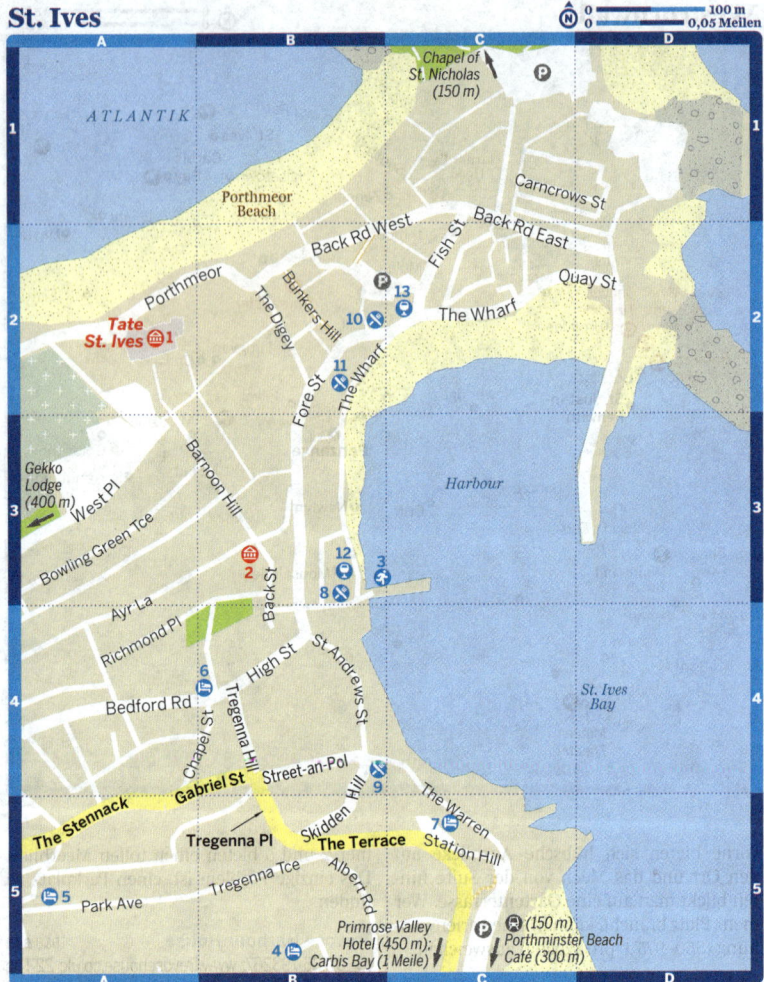

BATH & SÜDWESTENGLAND ST. IVES

St. Ives

Farben, eine elegante, aufgeräumte Einrichtung, hübsche Bäder mit frei stehenden Badewannen und schicken Keramikwaschbecken und eine wunderschöne Terrasse mit Blick auf die Bucht. Tolles Preis-Leistungs-Verhältnis in der Nebensaison.

Blue Hayes
HOTEL **£££**
(☏01736-797129; www.bluehayes.co.uk; Trelyon Ave; Zi. 150–270 £; [P]🛜) Riviera-Luxus in einem Hotel in St. Ives: gepflegte Außenanlagen, eine Frühstücksterrasse mit Balustrade und fünf Zimmer in Suitengröße.

 Essen

Moomaid of Zennor
EISCREME **£**
(www.moomaidofzennor.com; Wharf; ab 2 £; ⊙9–17 Uhr) Diese Eisdiele ist eine örtliche Legende und alle 30 Eissorten werden auf der eigenen Farm bei Zennor hergestellt, aus selbst erzeugter Milch und *clotted cream* von Rodda's. Zu den exotischen Schöpfungen zählen Feige und Mascarpone sowie das Birnencidresorbet.

★Porthminster Beach Café
BISTRO **££**
(☏01736-795352; www.porthminstercafe.co.uk; Porthminster Beach; Hauptgerichte 15–22 £; ⊙9–22 Uhr) Dies ist kein gewöhnliches Strandcafé, sondern ein richtiges Bistro mit einer wunderbaren Sonnenterrasse und einer erstklassigen, von der Mittelmeerküche beeinflussten Karte mit einem Schwerpunkt auf Fisch und Meeresfrüchten. Hier gibt's eine reichhaltige Bouillabaisse, Meeresfrüchtecurrys und provenzalische Fischsuppe, alles zu genießen bei Strandblicken und Meeresbrise. Wer die Rezepte mit nach Hause nehmen möchte: Das Café hat auch ein eigenes Kochbuch herausgebracht.

Porthminster Kitchen
BISTRO **££**
(☏01736-799874; www.porthminster.kitchen; Wharf; Hauptgerichte mittags 7,50–15 £, abends 11–17 £; ⊙9–22 Uhr) Dieses Bistro wird von denselben Leuten geführt wie das Porthminster Beach Café und ist ein willkommener Neuzugang am Hafen von St. Ives. Hier wird frische Fusionsküche aufgetischt, von Thunfisch-Sashimi und Meerforelle mit asiatischen Pilzen bis zum malaiischen Gemüsecurry – außerdem wird versucht, so wenig Milchprodukte und Gluten wie möglich zu verwenden. Hübsch ist der Gastraum mit Blick auf den Kai.

Blas Burgerworks
CAFÉ **££**
(☏01736-797272; The Warren; Burger 10–12,50 £; ⊙Juli & Aug. 12–21.30 Uhr, sonst 17.30–21.30 Uhr) 🌿 Der Gourmetburgerladen präsentiert

sich umweltfreundlich und mit einfallsreicher Karte. Auf Nummer sicher geht man mit dem Classic Blasburger mit 170 g Fleisch oder man probiert einen Ranchero mit Guacamole und Maissalsa oder gar einen Smokey mit Roter Bete, altem Cheddar und hausgemachten Piccalilli. Auch vegetarische Burger sind im Angebot. Die Besitzer betreiben außerdem das hervorragende Halsetown Inn gleich vor den Toren von St. Ives.

Halsetown Inn
KNEIPENESSEN **££**
(☏01736-795583; www.halsetowninn.co.uk; Halsetown; Hauptgerichte 13–22,50 £; ⊙12–14 & 18–21 Uhr) Erstklassiges Kneipenessen rund 1,5 km von St. Ives entfernt im winzigen Halsetown. Dies ist immer noch eine richtige Dorfkneipe, mit heimischen Ales, Leuten hinterm Tresen, die man beim Vornamen kennt, und gemütlichen Eckchen. Doch dank den Eigentümern, die auch Blas Burgerworks betreiben, ist das Essen hier besser, als zu erwarten wäre. Hauptgerichte sind etwa ein Hühnchen-Pithivier und der in Cidre gebackene Schinken; dazu kommt noch ein toller Sonntagsbraten.

Alba
MODERN BRITISCH **£££**
(☏01736-797222; www.thealbarestaurant.com; Old Lifeboat House; 2-/3-Gänge-Abendmenü 21,95/25,95 £, Hauptgerichte 16–28,95 £; ⊙12–14 & 18–22 Uhr) Andere Restaurants haben in St. Ives nach ihrer Eröffnung auch bald wieder zugemacht, doch dieses Bistro neben der alten Seerettungsstation am Hafen greift weiter nach den Sternen. Es befindet sich in einem umgebauten Bootshaus und ist zweigeteilt: Unten ist eine Art Diner, oben wird formeller gespeist – die schönen Tische am Fenster müssen lange im Voraus reserviert werden. Serviert werden hauptsächlich erstklassige Fisch- und Meeresfrüchtegerichte. Das Abendmenü wird nur von 17.30 bis 19 Uhr serviert.

Ausgehen & Unterhaltung

Sloop Inn
GASTHAUS
(☏01736-796584; www.sloop-inn.co.uk; Wharf; ⊙11–23 Uhr) Die Kneipe mit ihren Deckenbalken ist so behaglich wie ein Paar alte Hausschuhe. Es gibt auch ein paar Tische draußen am Hafen und es werden Ales aus der Region serviert.

Hub
BAR
(www.hub-stives.co.uk; Wharf; ⊙9–23 Uhr) Das offene Hub ist das Herz des (begrenzten) Nachtlebens von St. Ives. Tagsüber gibt's Kaffee und Hamburger, abends Cocktails.

ⓘ An- & Weiterreise

BUS

Bus 17/17A/17B (5 £, 30 Min., Mo–Sa halbstündl., So stündl.) Die schnellste Strecke nach Penzance, über Lelant und Marazion.

Bus 16/16A (5 £, Mo–Sa stündl.) Eine alternative Route nach Penzance: Bus 16A fährt über Zennor und das Pub Gurnard's Head, während Bus 16 über Halsetown, Ludgvan und Gulval zockelt.

ZUG

Die Nebenbahnstrecke ab St. Ives lohnt schon allein wegen der Küstenblicke eine Fahrt.

Die Züge pendeln zwischen dem Bahnhof von St. Ives und St. Erth (3 £, 14 Min., halbstündl.) an der Strecke von Penzance nach London Paddington.

Zennor & St. Just

Die Küstenstraße B3306 ab St. Ives ist eine Art Achterbahn – sie windet sich durch eine abweisende Landschaft mit uralten Feldsteinmauern, kargem Moorland, winzigen Dörfern und felsigen Klippen. Dieses wilde Stück Cornwall scheint meilenweit entfernt von den aufgehübschten Ecken der Grafschaft.

⊙ Sehenswertes

Church of St. Senara   KIRCHE

(Zennor) Diese kleine Kirche im Dörfchen Zennor wurde spätestens 1150 erbaut. Drinnen erzählt eine berühmte Schnitzarbeit von der legendären Meerjungfrau von Zennor, die sich in den Gesang des einheimischen Burschen Matthew Trewhella verliebt haben soll. Die Einheimischen sagen, man könne sie manchmal noch unten in der nahen Pen-

dour Cove singen hören – und wenn nicht, dann sind die Ausblicke vom Küstenpfad Belohnung genug.

★ Geevor Tin Mine   MINE

(☎01736-788662; www.geevor.com; Erw./Kind 12,95/7,50 £; ☼März–Okt. So–Fr 9–17 Uhr, Nov.–Feb. bis 16 Uhr) Die historische Mine unmittelbar nördlich von St. Just bei Pendeen wurde 1990 geschlossen und bietet jetzt einen spannenden Einblick in die düsteren, beengten und gefährlichen Bedingungen, unter denen die Bergarbeiter in Cornwall arbeiteten. Über Tage sind die alten Maschinen zu besichtigen, mit denen das Zinnerz ausgewaschen wurde. Unter Tage gibt es Führungen durch einige der Schächte – nichts für Klaustrophobiker.

Botallack Mine   RUINEN

Das Maschinenhaus der Zeche klammert sich atemberaubend an die Klippen bei Levant. Ihre verlassenen Minenschächte ziehen sich bis unter den tosenden Atlantik. Der Abstieg zur Mine ist ziemlich gefährlich, also schaut man sie sich am besten aus sicherer Entfernung vom nahe gelegenen **Botallack Head** an.

Levant Mine & Beam Engine   HISTORISCHE STÄTTE

(www.nationaltrust.org.uk/main/w-levantmineand beamengine; Erw./Kind 7,20/3,60 £; ☼So–Fr 10.30–17 Uhr) Bei diesem auf einer Klippe gelegenen Bergwerk befindet sich eine der wenigen noch funktionierenden Balanciermaschinen der Welt bei der ohrenbetäubenden Arbeit. Diese 1840 gebauten Dampfmaschinen trieben den kornischen Bergbauboom an und dienten dazu, das Flutwasser in tiefen Schächten abzupumpen und Erze nach oben

---

ABSTECHER

MINACK THEATRE & PORTHCURNO

Das schwindelerregende **Minack** (☎01736-810181; www.minack.com; Tickets ab 10 £) ist in die Klippen oberhalb von Porthcurno und des azurblauen Atlantiks gehauen. Ausgeheckt wurde das Klippentheater in den 1930er-Jahren von der Theaterliebhaberin Rowena Cade. Heute ist das Theater sehr beliebt für Freilichtvorstellungen; die Spielzeit dauert von Mitte Mai bis Mitte September.

Vom Minack Theatre das Tal hinauf erzählt das neu konzipierte **Porthcurno Telegraph Museum** (☎01736-810966; www.telegraphmuseum.org; Erw./Kind 8,50/5 £; ☼10–17 Uhr) die Geschichte der Gegend als erstes Telekommunikationszentrum Großbritanniens: Bis 1970 kamen hier über Unterseekabel Nachrichten aus aller Welt an. Im faszinierenden Museum sind alte Kommunikationsgerätschaften zu sehen und man kann unterirdische Tunnel erkunden, die während des Zweiten Weltkriegs gebuddelt wurden.

zu transportieren. Die Maschine wurde von engagierten Freiwilligen restauriert und bietet, wenn sie voll unter Dampf steht, ein wirklich beeindruckendes Schauspiel.

Cape Cornwall WAHRZEICHEN
Aus den Klippen heraus erstreckt sich bei St. Just Cornwalls einziges „offizielles" Kap, ein zerklüfteter Landfinger mit dem Schornstein einer verlassenen Zeche. Unterhalb des Kaps befindet sich der felsige Strand der **Priest's Cove**. Ganz in der Nähe stehen die Ruinen der **St. Helen's Oratory**, angeblich eine der ersten christlichen Kapellen Westcornwalls.

🛏 Schlafen & Essen

Zennor Chapel Guesthouse B&B
(☎01736-798307; www.zennorchapelguesthouse.com; Zi. ab 80 £; 🅿) Wie der Name vermuten lässt, residiert dieses schöne B&B, früher ein Hostel, in einer ehemaligen Kapelle am Dorfrand. In den fünf Zimmern sind meistens noch alte Ausstattungselemente aus der Kirche vorhanden, u. a. schöne Bogenfenster. Neben Doppel- und Zweibettzimmern gibt's auch Familienzimmer mit Etagenbetten. Unten sind außerdem ein Café und ein Andenkenladen.

⭐ Gurnard's Head BRITISCH ££
(☎01736-796928; www.gurnardshead.co.uk; bei Zennor; Hauptgerichte 12–19,95 £, Zi. 115–180 £; 🅿🛜🍽) Das Gurnard's an der wundervollen Küstenstraße von Zennor nach St. Just ist nicht zu übersehen – der Name ist aufs Dach gemalt. Die Kneipe unter der Leitung der Inkin-Brüder (die außerdem noch das Old Coastguard Hotel in Mousehole besitzen) ist das perfekte kornische Landpub: Holzmöbel, Bücherregale und Sepiadrucke schaffen ein angenehm heimeliges Flair. Aus der Küche kommt hier köstliches Essen.

Sennen & Land's End

Hinter St. Ives wird die Küste wilder und leerer: Man nähert sich der Spitze von Cornwall, Land's End, dem westlichsten Punkt des englischen Festlands. Hier stemmen sich schwarze Granitklippen gegen die donnernde Meeresbrandung und bei gutem Wetter sind die Isles of Scilly am Horizont auszumachen.

Leider ist in den 1980er-Jahren auf der Landspitze der Freizeitpark **Legendary Land's End** (☎0871 720 0044; www.landsendlandmark.co.uk; Tagesticket Erw./Kind 12/9 £;

⊙März–Okt. 9–17 Uhr; 🅿) gebaut worden – durch ihn hat sich der Ausblick wahrlich nicht verschönert. Am besten ist, ihn komplett zu ignorieren, nur für den Parkplatz zu zahlen und stattdessen den tollen Küstenpfad entlangzumarschieren. Auf einem Riff 2 km weit draußen im Meer erhebt sich das historische **Longships Lighthouse**.

Ab Land's End verläuft ein Küstenpfad Richtung Westen zur abgeschiedenen **Nanjizal Bay** und Richtung Osten zum alten Hafen Sennen mit dem wundervollen Strand der **Whitesand Bay**, dem schönsten Strand der Gegend.

Mousehole

697 EW.

Mit seinem dichten Gewirr aus Cottages und Gassen hinter der Kaimauer aus Granit scheint Mousehole (sprich: Mausl) einem Kinderbuch zu entstammen – das entging auch der Autorin Antonia Barber nicht, die hier ihr beliebtes Märchen *Mauzel* spielen ließ. In vergangenen Zeiten war Mousehole der geschäftigste Sardinenhafen Cornwalls, doch an der Wende zum 20. Jh. versiegten die Bestände und das Dorf lebt heute vorwiegend vom Tourismus.

Das im Sommer von Besuchern überflutete und im Winter verlassene Dorf lohnt mit seinen Slipanlagen, Netzschuppen und Höfen einen Erkundungsbummel. Bekannt ist der Ort auch für seine Weihnachtsbeleuchtung und die *stargazy pie*, eine Sardinenpastete, in der die Fischköpfe durch die Pastetenkruste nach oben ragen.

🛏 Schlafen & Essen

Old Coastguard Hotel HOTEL £££
(☎01736-731222; www.oldcoastguardhotel.co.uk; The Parade; DZ 187,50–277,50 £; 🅿🛜🍽) Diese Küstenschönheit wird jetzt von den Eigentümern des Gurnard's Head betrieben. Seitdem herrscht eine sehr viel lockerere Stimmung als früher. Die Zimmer sind immer noch klassisch mit dezenten Farben und stattlichen Betten und die besten warten mit Meerblick auf. Das schicke Restaurant (Hauptgerichte 13,50–18,50 £) bietet ebenfalls Meerblick. Im Rampenlicht stehen Fisch und Meeresfrüchte. In einem Klippengarten können sich die Gäste der Sonne zeigen.

⭐ 2 Fore St FRANZÖSISCH ££
(☎01736-731164; www.2forestreet.co.uk; Fore St; Hauptgerichte 11–20 £; ⊙12–14 & 19–21 Uhr) Kulinarische Raffinesse am Hafen von Mouse-

hole: Das noch recht neue Restaurant hat sich schon eine ganze Reihe von Bewunderern erkocht, darunter diverse Kulinarikpublikationen. Drinnen gibt's Holz, coole Farben und Hafenblicke, draußen einen reizenden Garten mit Palmen und Leinenschirmen. Die Karte ist eindeutig französisch inspiriert – wie zu erwarten von einem Koch, der bei Raymond Blanc gelernt hat.

Penzance

21 168 EW.

Die alte Hafenstadt Penzance an der majestätischen Mount's Bay verströmt einen salzigen Meerescharme, der hier sehr viel authentischer wirkt als in vielen der rausgeputzten Häfen Cornwalls. Die leicht heruntergekommenen Straßen und Einkaufspassagen der Stadt warten noch mit echtem Alltagsflair auf. An einem windigen Tag gibt's kein besseres Plätzchen für einen Spaziergang als die viktorianische Seepromenade der Stadt. Unterwegs kommt man am Jubilee Pool vorbei, dem kürzlich restaurierten Freibad der Stadt.

Im nahen Hafen von Newlyn liegt nach wie vor die größte Fischereiflotte Cornwalls vor Anker, aber auch alle möglichen anderen Boote dümpeln im Hafen.

⊙ Sehenswertes & Aktivitäten

Penlee House Gallery & Museum
GALERIE

(www.penleehouse.org.uk; Morrab Rd; Erw./Kind 4,50/3 £; ⊙ Ostern–Sept. Mo–Sa 10–17 Uhr, Okt.–Ostern 10.30–16.30 Uhr) Das Kunstmuseum von Penzance zeigt Gemälde von Künstlern der Newlyn School wie Stanhope Forbes und Lamorna Birch und veranstaltet regelmäßig Ausstellungen.

Tremenheere Sculpture Garden
GARTEN

(☎ 01736-448089; www.tremenheere.co.uk; Erw./Kind 8/4,50 £; ⊙ Mo–Do 10–16, Fr–So 10–17 Uhr; 🚶) Dieser originelle Skulpturengarten voller Kunstwerke und Installationen in einem geschützten Tal gleich vor den Toren von Penzance wurde 2012 eröffnet. Interessant sind etwa die „Skyview"-Kammer von James Turrell, ein „schwarzer Hügel" aus Baumstümpfen von David Nash und eine „Camera obscura" von Billy Wynter, durch die man einen einzigartigen Ausblick auf den Garten und die Mount's Bay hat.

Außerdem befindet sich hier ein tolles Café, die Tremenheere Kitchen (Mittagessen 8–14 £), und in den Schulferien werden Familienevents wie Budenbauen und Kunstworkshops angeboten.

★ Jubilee Pool
SCHWIMMEN

(www.jubileepool.co.uk; Western Promenade Rd; Erw./Kind 4,75/3,80 £; ⊙ Ende Mai–Anfang Sept. Mi–Mo 10.30–18, Di bis 20 Uhr) Nachdem es in den letzten Winterstürmen ordentlich in Mitleidenschaft gezogen worden war, hat das wunderbare Meerwasserbad seine Pforten wieder geöffnet und ist jetzt erneut der ganze Stolz des Städtchens. Das 1935 erbaute Bad ist ganz im Art-déco-Stil gehalten: in Weiß und mit eleganten klaren Linien – die perfekte Kulisse für ein stilvolles Bad im Meer. Nach 15.30 Uhr ist der Eintritt ermäßigt (Erw./Kind 3,10/2,50 £).

🛏 Schlafen

Penzance YHA
HOSTEL £

(☎ 0845 371 9653; penzance@yha.org.uk; Castle Horneck, Alverton; B 19–25 £; P 🛜) Die Jugendherberge von Penzance ist in einem Haus aus dem 18. Jh. am Stadtrand untergebracht. Das riesige, freundliche Hostel hat ein Café, eine Wäscherei und 4- bis 10-Bett-Zimmer. Vom Hafenkai aus läuft man 15 Minuten zu Fuß her.

★ Venton Vean
B&B ££

(☎ 01736-351294; www.ventonvean.co.uk; Trewithen Rd; Zi. 86–97 £; 🛜) Ein bildhübsches, modernes B&B, ganz in Grau, Blau und Pistaziengrün eingerichtet, mit gebeizten Holzböden, *bay windows* und originellem Design. Die Zimmer 1 und 2 sind besonders geräumig; Ersteres blickt über den Penlee Memorial Park. Zum Frühstück können Gäste Pfannkuchen, geräucherten Newlyn-Fisch, Avocado auf Sauerteigtoast und eine mexikanische Variante mit Tortillas und Bohnen bekommen.

★ Artist Residence Penzance
B&B ££

(☎ 01736-365664; www.arthotelcornwall.co.uk; 20 Chapel St; DZ 115–145 £, 2-Betten-Apt. ab 255 £; 🛜) In diesem B&B in der Chapel Street, der bei Weitem unterhaltsamsten Unterkunft in Penzance, fühlt man sich, als würde man in einer Kunstgalerie schlafen. Alle Zimmer wurden von einem Künstler aus der Stadt gestaltet und alle sind hell, bunt und phantasievoll – besonders schön sind die Attic Lofts. Für längere Aufenthalte gibt's auch Apartments; Essen ist in der Cornish Barn erhältlich.

Penzance

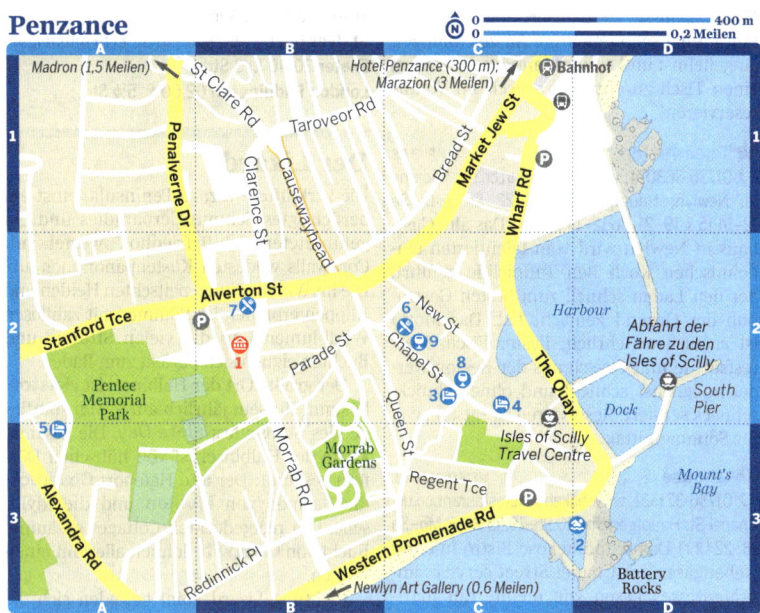

Madron (1,5 Meilen)
St Clare Rd
Taroveor Rd
Hotel Penzance (300 m);
Marazion (3 Meilen)
Bahnhof
Bread St
Market Jew St
Penalverne Dr
Clarence St
Causewayhead
Wharf Rd
Alverton St
Stanford Tce
Penlee
Memorial
Park
Parade St
Chapel St
New St
Queen St
Morrab Rd
Morrab
Gardens
Regent Tce
Western Promenade Rd
Alexandra Rd
Redinnick Pl
Newlyn Art Gallery (0,6 Meilen)
Harbour
The Quay
Abfahrt der
Fähre zu den
Isles of Scilly
Dock
South
Pier
Isles of Scilly
Travel Centre
Mount's
Bay
Battery
Rocks

Chapel House

Penzance B&B ££

(☏ 01736-362024; www.chapelhousepz.co.uk; Chapel St; Zi. ab 150 £; ☏) Dieses schöne B&B ist in einem der ältesten Häuser an der Chapel Street untergebracht, einem Kapitänshaus, das lange Jahre ein Kulturzentrum beherbergte. Wer hier logiert, verstehen sofort, warum sich das B&B zu einem Liebling der Reisemagazine gemausert hat. Die sechs Zimmer strotzen vor Designer-Ausstattung wie Retromöbeln, Wasserfallbadewannen, Eichenbetten und schicken Bädern – alles wunderbar auf die georgianische Architektur des Hauses abgestimmt.

✗ Essen

★ **Shore** MODERN BRITISCH ££

(☏ 01736-362444; www.theshorerestaurant.uk; 13/14 Alverton St; 2-/3-Gänge-Mittagessen 18/24 £, Hauptgerichte abends 17,50–20 £; ⊙ Di–Sa 12–14 & 18.30–21 Uhr) Das angesagteste neue Restaurant von Penzance – wenn nicht in ganz Cornwall – ist dieses Bistro von Küchenchef Bruce Rennie, einem Routinier aus zahlreichen Michelin-besternten Küchen. Hier dreht sich alles um Fisch und Meeresfrüchte von den Fischerbooten aus Newlyn, serviert mit einem starken französisch-italienischen Einschlag.

Penzance

★ **Ben's Cornish Kitchen** BRITISCH ££

(☏ 01736-719200; www.benscornishkitchen.com; Marazion; 2-/3-Gänge-Abendessen 24/29 £; ⊙ Di–Sa 12–13.30 & 19–20.30 Uhr; ☏) Wer auf der Hauptstraße von Marazion unterwegs ist, kann Ben Priors unscheinbares Restaurant leicht übersehen, doch kommen die Feinschmecker aus Nah und Fern angereist, um seine klassische Küche zu genießen, die sich auf französisch angehauchte kornische

Fleischgenüsse spezialisiert hat. Das Restaurant hat schon mehrere Auszeichnungen eingeheimst und es wird immer schwieriger, einen Tisch zu ergattern – weit im Voraus reservieren!

⭐**Tolcarne Inn** · PUB ££

(☎ 01736-363074; www.tolcarneinn.co.uk; Tolcarne Pl, Newlyn; Hauptgerichte 15–22 £; ⏲ Di–Sa 12–14.15 & 19–21, So 12–14.15 Uhr) Das alte Gasthaus in Newlyn wird vom talentierten einheimischen Koch Ben Tunnicliffe geführt, der den Laden schnell zum besten Gastropub der Gegend gemacht hat. Das Motto ist erfrischend ehrlich: Bester Fisch, Meeresfrüchte und Fleisch aus der Region werden möglichst schlicht und ohne Schnickschnack serviert. Reservieren ist ratsam, v. a. für Sonntagmittag.

Bakehouse · MEDITERRAN ££

(☎ 01736-331331; www.bakehouserestaurant.co.uk; Chapel St; Hauptgerichte 10,95–19,95 £; ⏲ Mo–Sa 18–22 Uhr) Das schnörkellose Bistro in einer Nebengasse der Chapel Street serviert unprätentiöses Essen wie mediterran marinierten Fisch und würzige Steaks.

 Ausgehen & Nachtleben

Admiral Benbow · PUB

(☎ 01736-363448; 46 Chapel St; ⏲ 11–23 Uhr) Diese alte Seefahrerkneipe an der geschichtsträchtigen Chapel Street könnte direkt aus der *Schatzinsel* stammen: Die Einrichtung – Anker, Laternen, Galionsfiguren usw. – stammt zumeist von Schiffswracks.

Zero Lounge · BAR

(Chapel St; ⏲ 11–23 Uhr) Diese offene Bar gibt sich eher urban schick als altmodisch und verfügt über den besten Biergarten der Stadt, eine versteckte Terrasse mit Sofas und Korbstühlen. Am Wochenende legen hier DJs auf.

 An- & Weiterreise

BUS

Regionalbusse z. B. nach:
Helston (Bus 2/2A; 5 £, Mo–Sa stündl., So alle 2 Std.) Fährt über Marazion, mit Anschluss nach Falmouth.
St. Ives Busse 17/17A/17B; 5 £, 30 Min., Mo–Sa halbstündl., So stündl.

ZUG

Penzance ist die letzte Station auf der Strecke von London Paddington.

Truro 6,60 £, 30 Min.
St. Ives (4,20 £, 50 Min.) In St. Erth umsteigen.
Exeter 20,40 £, 3 Std.
London Paddington 62,60 £, 5½ Std.

Der Lizard

Die zerklüftete Lizard Peninsula, einst ein berüchtigtes Schmugglerparadies und ein gefürchteter Schiffsfriedhof, wartet mit Cornwalls wildesten Küstenpanoramen auf. Die im Winter windgepeitschten Heiden und Klippen erblühen im Sommer mit zahllosen Wildblumen und die vielen Strände und Buchten eignen sich perfekt zum Baden.

Der größte Ort der Halbinsel ist **Helston**, bekannt für sein jährlich am 8. Mai stattfindendes Straßenfest **Flora Day**. Die gesamte Küste der Halbinsel ist von hübschen Dörfern gesäumt: Der alte Hafenort **Coverack**, die Strände von **Mullion** und die idyllische, von reetgedeckten Cottages gesäumte Bucht von **Cadgwith** lohnen allesamt einen Besuch.

Richtung Lizard Point befinden sich die atemberaubenden Satellitenschüsseln der **Goonhilly Downs** und der schöne National-Trust-Strand der **Kynance Cove**, sicher einer der fotogensten Strände Cornwalls.

Am Nordrand der Halbinsel fließt der **Helford River**. Mit seinen Zuflüssen und Ausbuchtungen inspirierte er Daphne du Maurier zu ihrer Schmugglergeschichte *Die Bucht des Franzosen*. Mehrere Anbieter veranstalten hier Kajaktouren.

◎ Sehenswertes & Aktivitäten

⭐**Kynance Cove** · STRAND

Diese Bucht gut 1,5 km nördlich des Lizard Point gehört dem National Trust und mit ihren Inselchen, die sich aus dem tiefblauen Meer erheben, eine echte Schönheit. In den Klippen an der Bucht ist viel Serpentin (Schlangenstein) zu finden; der rot-grüne Stein war in viktorianischer Zeit bei Billigschmuckherstellern beliebt. Ein **Café** (www.kynancecovecafe.co.uk; Hauptgerichte 5–14 £; ⏲ 9–17.30 Uhr) versorgt Besucher mit Getränken und Snacks.

Lizard Lighthouse Heritage Centre · MUSEUM

(☎ 01326-290202; www.lizardlighthouse.co.uk; Erw./Kind 3/2 £; ⏲ März–Okt. So–Do 11–17 Uhr) Der geweißte Leuchtturm am Lizard Point wurde 1751 errichtet und schützt seitdem

ST. MICHAEL'S MOUNT

In der Mitte der Mount's Bay erhebt sich der durch einen Damm mit dem Festland verbundene **St. Michael's Mount** (NT; ☎ 01736-710507; www.stmichaelsmount.co.uk; Haus & Garten Erw./Kind 12,50/6 £; ☉ Haus Juli–Sept. So–Fr 10.30–17.30 Uhr, März–Juni & Okt. 10.30–17 Uhr) – ein unvergesslicher Anblick und eins der berühmtesten Cornwall-Bilder. Das frühere Benediktinerkloster und der spätere Sitz der Familie St. Aubyn lohnt auf jeden Fall einen Abstecher. Bei Flut ist die Insel mit der Fähre (Erw./Kind 2/1 £) vom nahen Marazion aus zu erreichen, aber schöner ist es, bei Ebbe über den Damm zur Insel zu gehen, wie es auch die Mönche und Pilger vor Jahrhunderten taten.

Ein Kloster gab es hier mindestens seit dem 5. Jh., aber die heutige Abtei wurde größtenteils im 12. Jh. von Benediktinermönchen erbaut. Zu den Highlights zählen der Rokokosalon, das Zeughaus, die Kirche aus dem 14. Jh. und die an den Klippen klebenden subtropischen Gärten.

Bei Ausgrabungen wurden hier vor Kurzem ein Axtkopf, ein Dolch und eine Metallspange aus der Bronzezeit gefunden – die Insel ist also schon seit sehr langer Zeit besiedelt.

Die Abtei gehört nach wie vor der Familie St. Aubyn, wird aber vom National Trust verwaltet.

Bus 17B pendelt stündlich zwischen Marazion und Penzance (2 £).

die Schifffahrt vor den gefährlichen Felsen. Zwar ist er jetzt wie alle anderen Leuchttürme Großbritanniens automatisiert, doch kann man im Besucherzentrum etwas über seine ursprüngliche Funktionsweise und über die vielen Schiffsunglücke hier in der Nähe erfahren. Außerdem werden informative Führungen (Erw./Kind 7,50/4,50 £) in den Leuchtturm zum Lampenraum und Nebelhorn angeboten.

Cornish Seal Sanctuary　　TIERSCHUTZGEBIET
(☎ 01326-221361; www.visitsealife.com/gweek; Erw./Kind 14,95/12,50 £; ☉ 10–17 Uhr; 🅿) Kranke oder verwaiste Robben, die an der kornischen Küste angespült werden, werden in diesem Schutzgebiet im Nordwesten der Halbinsel aufgepäppelt, bis sie wieder ausgewildert werden können. Außerdem sind hier Otter, Pinguine und Kalifornische Seelöwen zu Hause.

Aberfal Outdoor Pursuits　　KAJAKFAHREN
(☎ 07968 770756; www.aberfaloutdoorpursuits. co.uk; halber/ganzer Tag 35/50 £) Geführte Halb- und Ganztagesausflüge mit dem Kajak auf dem Helford mit Sit-on-top-Kajaks.

🛏 Schlafen & Essen

Lizard YHA　　HOSTEL £
(☎ 0845 371 9550; www.yha.org.uk; Lizard Point; B 19–25 £; ☉ April–Okt.) Die YHA-Jugendherberge neben dem Leuchtturm, in viktorianischer Zeit ein Hotel, steht auf der Liste der besten billigen Unterkünfte in Großbritannien sicher ganz weit oben. In spektakulärer

Lage bietet sie einen kilometerweiten Blick auf Klippen und Küste. Die gut geführte Herberge hat verschiedene Schlafsäle, einer Küche für die Gäste und eine geräumige Lounge – ein Café gibt's allerdings nicht.

★ Kota　　INTERNATIONAL ££
(☎ 01326-562407; www.kotarestaurant.co.uk; 2-/3-Gänge-Menü 20/25 £, Hauptgerichte 13,95–21,95 £; ☉ Di–Sa 18–21 Uhr) Jude Kereama, halb Maori, halb chinesischer Malaie, bezieht seine kulinarischen Inspirationen von seinen Weltreisen und so ist die Karte hier mit exotischen Aromen aus allerlei Weltgegenden gespickt, von Sichuan über Thailand bis Malaysia. Sein Hauptrestaurant befindet sich in einer umgebauten Mühle in Porthleven, 5 km südlich von Helston. Außerdem betreibt er am Kai ein weiteres Café-Bistro.

Kota Kai Bar & Kitchen　　CAFÉ ££
(☎ 01326-574411; www.kotakai.co.uk; Hauptgerichte 7,95–18,95 £; ☉ Mo, Di & Do–Sa 12–14 & 17.30–21.30, So 12–14.30 Uhr; 🖥) Dieses Café im 1. Stock eines Gebäudes am Hafen von Porthleven wird von Koch Jude Kereama geführt und verrät seine Vorliebe für würzige exotische Gerichte wie Laksa-Curry, Tom-Yum-Suppe und Tintenfisch mit den asiatischen „fünf Gewürzen". Toll sind auch die Ausblicke auf den Kai.

Halzephron Inn　　PUB ££
(☎ 01326-240406; www.halzephron-inn.co.uk; Hauptgerichte 10,25–21,95 £; ☉ 11–23 Uhr) Dieses alte kornische Pub auf den Klippen oberhalb von Gunwalloe, 8 km südlich von

Helston, residiert in einem weiß getünchten Haus mit Schieferdach. Drinnen hängt aller mögliche Messingschnickschnack über der Theke. Auf der Karte stehen Fisch im Bierteig, gegrilltes Schinkensteak, Entenbrust und Ähnliches. Mit seinen Steinwänden und vielen Eckchen ist das Pub sehr gemütlich; draußen gibt's eine kleine Terrasse.

Falmouth & Umgebung

20 775 EW.

Nur wenige Städte an der Küste Cornwalls liegen so faszinierend wie Falmouth an der breiten Mündung des in den Ärmelkanal fließenden Fal River. In einer Kulisse aus grünen Hügeln und blauem Wasser säumen alte Seemannskneipen und trendige Cafés die Kopfsteinpflastergassen der Stadt. Mit seinen vielen Bars und Bistros, seinen drei Stränden und dem wichtigsten Seefahrtsmuseum des Landes ist Falmouth eine ideale Basis für die Erkundung der Südküste Cornwalls.

Heute lebt Falmouth vor allem von den Studenten der Falmouth University im nahen Penryn, doch im 18. und 19. Jh. verdankte die Stadt ihren Wohlstand ihrer Lage am drittttiefsten Naturhafen der Welt. Hier legten Klipper, Handelsschiffe und Postsegler an, um sich ihrer Waren und Sendungen zu entledigen. Auch heute ist die Stadt noch ein wichtiges Zentrum für Schiffsreparaturen – auf dem Weg zum Pendennis Point sind die Werftkräne zu sehen.

⊙ Sehenswertes & Aktivitäten

Die Strände von Falmouth können mit denen an der Nordküste nicht mithalten, doch fürs Rumplanschen und Sonnenbaden sind sie schön genug. An allen Stränden gibt es Parkplätze, die sich im Sommer jedoch schnell füllen. Der Bus 367 (Mo–Fr stündl., Sa 4-mal) fährt vom Moor-Busbahnhof nach Gyllyngvase und Swanpool.

National Maritime Museum   MUSEUM

(☎01326-313388; www.nmmc.co.uk; Discovery Quay; Erw./Kind 12,50/5 £; ⊙10–17 Uhr) Das wichtigste Museum von Falmouth befindet sich in der sanierten Gegend rund um den Discovery Quay. Das Schwestermuseum des National Maritime Museum in Greenwich beschäftigt sich mit der Geschichte von Falmouth als Hafenstadt. Außerdem werden regelmäßig Ausstellungen zu Schifffahrts-

themen gezeigt. Den Kern des Museums bildet die eindrucksvolle **Flotilla Gallery**, in der unterschiedlichste kleine Boote an Stahlseilen von der Decke hängen.

Pendennis Castle   BURG

(EH; ☎01326-316594; www.english-heritage.org. uk; Erw. 7,90/4,70 £; ⊙März–Sept. tgl. 10–18 Uhr, Okt. 10–17 Uhr, Nov.–Feb. Sa & So 10–16 Uhr) Diese Burg auf der Landspitze Pendennis Point wurde unter Heinrich VIII. als Teil einer Festungskette zur Verteidigung Englands gebaut. Zur Seite gestellt wurde ihr eine Festung in St. Mawes auf der anderen Seite des Naturhafens. Besucher können auf mehreren Etagen der Burg und auf dem Kanonendeck herumlaufen und sich auch das Gouverneursschlafzimmer, ein Wachhaus aus dem Ersten und die Geschützbatterie Half-Moon Battery aus dem Zweiten Weltkrieg anschauen. Mittags donnert die Noonday Gun los.

Bootsfahrten auf dem Fal River   BOOTSTOUREN

Am Hauptanleger der Stadt starten Schiffsrundfahrten auf dem Fal River und Fähren nach Flushing und St. Mawes. Es gibt mehrere Anbieter, die alle ähnliche Routen befahren: Am bekanntesten ist Enterprise Boats (S. 365); die Reederei führt regelmäßig Fahrten über die Trelissick Gardens nach Truro und St. Mawes durch.

🛏 Schlafen

Falmouth Lodge Backpackers   HOSTEL £

(☎01326-319996; www.falmouthbackpackers.co. uk; 9 Gyllyngvase Tce; B/EZ 19/28 £; DZ ab 28 £ pro Pers.) Das freundliche Hostel in einem Fachwerkhausnachbau am oberen Ende der Stadt ist eine vergnügliche Budgetunterkunft. Die Zimmer sind klein, aber sauber und gemütlich. In der Küche steht ein Aga-Herd und es gibt eine DVD-Lounge. Betreiberin Judi richtet für ihre Gäste oft spontane Grillabende aus.

Highcliffe Contemporary B&B   B&B ££

(☎01326-314466; www.highcliffefalmouth.com; 22 Melvill Rd; EZ 68 £, DZ 99–150 £; ☎) Alte Möbel und Upcycling-Designerstücke verleihen jedem der Zimmer hier sein ganz individuelles Flair. Das schönste ist das lichtdurchflutete Attic Penthouse mit Dachfenstern hinaus zur Falmouth Bay. Das Frühstück wird in Picknickkörben aufs Zimmer gebracht oder man labt sich im Speiseraum an Pfannkuchen und *Hog's pudding* (kornische Wurst).

Bosanneth

B&B ££

(☏ 01326-314649; www.bosanneth.co.uk; Gyllyngvase Hill; DZ ab 90 £; ☏) Das 8-Zimmer-B&B ist kunterbunt eingerichtet. Einige der Zimmer haben mit ihren alten Spiegeln, recycelten Möbeln und klassischen Farben ein Vintage-Flair, andere geben sich moderner. Besonders schön ist die Gartenoase.

Greenbank

HOTEL £££

(☏ 01326-312440; www.greenbank-hotel.co.uk; Harbourside; Zi. 129–259 £; P☏) Das schönste der alten Hotels der Stadt thront in wunderbarer Lage mit Blick über den Hafen voller Boote Richtung Flushing. Das Ganze mutet ein bisschen wie der Schauplatz eines Romans von Agatha Christie an – die öffentlichen Bereiche zieren nautischer Nippes und Schiffe in Vitrinen und durch hohe Fenster blickt man aufs Wasser. Die Zimmer wiederum sind moderner und in dezenten Beige- und Cremetönen gehalten. Zimmer mit Meerblick sind am teuersten.

 Essen

Good Vibes Café

CAFÉ £

(☏ 01326-211870; 28 Killigrew St; Sandwiches und Salate 5,95–7,45 £; ☉ Mo–Sa 8.30–17.30 Uhr) Das hübsche, moderne Café am Platz The Moor

---

CORNWALLS PRÄCHTIGE GÄRTEN

Eden Project (☏ 01726-811911; www.edenproject.com; Erw./Kind/Fam. 25/15/69 £, Kombiticket mit Lost Gardens of Heligan 34,65/18/93,50 £; ☉ 9.30–18 Uhr, letzter Einlass 16.30 Uhr) Die riesigen, in einer alten Tonerdegrube gelegenen Kuppeln des Eden Project – die größten Treibhäuser der Welt – haben sich zur Top-Sehenswürdigkeit entwickelt und lohnen auf jeden Fall einen Besuch. Die blasenförmigen „Biome" ähneln dem Unterschlupf eines Bond-Bösewichts. Sie beherbergen Miniökosysteme, in denen alle möglichen sonderbaren und wundervollen Pflanzen gedeihen – von stinkenden Rafflesia und Bananenbäumen im Regenwald-Biom bis zu den Kakteen und Palmen im Mittelmeer-Biom.

Lost Gardens of Heligan (☏ 01726-845100; www.heligan.com; Erw./Kind 13,50/6 £; ☉ März–Okt. 10–18 Uhr, Nov.–Feb. bis 17 Uhr) Dies ist Cornwalls Geheimgarten. Die prächtigen Gärten des 19. Jhs. gehörten einst zum Anwesen der Tremaynes, verwilderten nach dem Ersten Weltkrieg jedoch. Inzwischen entstanden sie wieder neu in alter Pracht – dank der Initiative von Tim Smit, dem Mann hinter dem Eden Project, und mithilfe einer großen Truppe aus Gärtnern, Gartenbauspezialisten und Freiwilligen.

Trebah Garden (☏ 01326-252200; www.trebahgarden.co.uk; Erw./Kind 9/3 £; ☉ 10.30–17.30 Uhr, letzter Einlass 16.30 Uhr) Der Trebah Garden wurde 1840 von Charles Fox angelegt, dem jüngeren Bruder von Alfred, der den nahen Glendurgan Garden begründete. Mit seinen großen Rhododendren, riesigen brasilianischen Rhabarberpflanzen und Dschungelfarnen in einer tiefen Schlucht, die hinunter zum Kai und Kieselstrand führt, ist er weniger formell. Beim Kartenschalter befinden sich ein nettes Café und ein Andenkenladen. Von November bis Februar kostet der Eintritt nur die Hälfte.

Glendurgan Garden (NT; ☏ 01326-250906; www.nationaltrust.org.uk/glendurgan-garden; Erw./Kind 8,10/4,05 £; ☉ Di–So 10.30–17.30 Uhr) Glendurgan wurde in den 1820er-Jahren von Alfred Fox angelegt. Hier sollten die vielen merkwürdigen und wunderbaren Pflanzen präsentiert werden, die aus allen Ecken des britischen Empire mit zurückgebracht wurden, von Rhododendren aus dem Himalaja bis zu kanadischen Ahornbäumen und neuseeländischen Baumfarnen. Die Gärten ziehen sich ein herrliches subtropisches Tal hinab und bieten atemberaubende Ausblicke auf den Fluss Helford. Außerdem gibt's hier ein hübsches Zierlabyrinth und beim Dorf Durgan einen abgeschiedenen Strand. Heute gehören die Gärten dem National Trust.

Potager Garden (☏ 01326-341258; www.potagergarden.org; empfohlene Spende 3 £; ☉ Do–So 10–17 Uhr) Dieser herrliche Gemüsegarten bei Constantine ist ein ganzes Stück mit dem Auto von Falmouth entfernt, doch die Mühe lohnt sich. Er wurde vom derzeitigen Besitzer vor dem Verfall gerettet und ist von Freiwilligen restauriert worden. Das Ergebnis ist ein reizender Garten nach dem Vorbild der französischen *potagers*. Zu den Highlights zählen ein 30 m langes Gewächshaus und ein tolles Café; außerdem gibt's Freiluftspielzeug und Hängematten zum Faulenzen. Der Garten veranstaltet überdies von Zeit zu Zeit Kunsthandwerksworkshops. Anfahrt siehe Website.

BATH & SÜDWESTENGLAND FALMOUTH & UMGEBUNG

ist die Top-Lunchadresse der Stadt, aber es ist vom Frühstück bis zum späten Nachmittag eigentlich immer etwas los. Besonders beliebt sind das üppige Frühstück, die kreativen Sandwiches – z. B. mit pikantem *pulled chicken* oder Erdnuss und Makrele –, die frischen Salate und der unwiderstehliche Kuchen. Gurkenwasser kommt kostenlos vom Fass und es sind auch Smoothies und Säfte erhältlich.

★ Oliver's BISTRO ££

(☎01326-218138; www.oliversfalmouth.com; 33 High St; Hauptgerichte 16,50–23,50 £; ⊙Di–Sa 12–14 & 19–21 Uhr) Das vom Koch Ken Oliver geführte kleine Bistro ist derzeit die angesagteste Schlemmeradresse der Stadt – allerdings gibt's nur wenig Platz, weshalb man lange im Voraus reservieren muss. Die weißen Wände und Kiefernholztische passen gut zu Kens einfallsreicher, mediterran beeinflusster Küche. Ein Großteil der Zutaten stammt aus der Region.

★ Wildebeest VEGAN ££

(☎01326-210602; 13 Arwenack St; Hauptgerichte 8,25–10,25 £; ⊙Mo & Mi–Sa 10–16 & 17.30–23 Uhr) Ein Paradies für Vegetarier: Dieses fabelhafte Bistro serviert mit das köstlichste Essen aller Restaurants der Stadt, und zwar 100 % vegan. Von feuriger malaiischer Laksa bis zu rohem *pad Thai* strotzt hier jedes Gericht vor exotischen Aromen – und die Eiscreme mit Kokosöl und Cashewnüssen schmeckt wirklich unglaublich. Der einzige Nachteil: Das Bistro ist winzig.

★ Wheelhouse FISCH & MEERESFRÜCHTE ££

(☎01326-318050; Upton Slip; Hauptgerichte 8–15 £; ⊙Mi–Sa 18–22 Uhr) In der in einer kleinen Gasse abseits der Church Street versteckten Meeresfrüchtebar müssen die Gäste beim Essen echten Einsatz zeigen: Die Krebse, Jakobsmuscheln und anderen Muscheln und Hummer werden in der Schale serviert – Werkzeug zum Knacken wird aber bereitgestellt. Hier ist's immer voll – wenn möglich eine oder zwei Wochen im Voraus reservieren!

Star & Garter GASTROPUB ££

(☎01326-316663; http://starandgarter.square space.com; 52 High St; Hauptgerichte 15–20 £; ⊙12–15 & 18–21 Uhr) Die uralte Kneipe oben in der alten High Street inmitten von Antiquitäten- und Naturkostläden löscht schon seit Jahrhunderten den Durst der Stadt. Die jüngste Inkarnation ist ein Gastropub für Feinschmecker mit einer fleischlastigen

FERRYBOAT INN

Das hübsche Flusspub **Ferryboat Inn** (☎01326-250625; www.thewrightbrothers. co.uk/ferryboat-inn.html; Helford Passage; Hauptgerichte 8–20 £; ⊙11–23 Uhr) gehört heute den Wright Brothers, den wichtigsten Austernunternehmern Großbritanniens, die auch die Austernzucht im nahen Porth Navas betreiben. Draußen stehen hölzerne Picknicktische mit traumhaftem Ausblick auf den Helford River. Drinnen wird der lichte Raum von Holz und Schiefer geprägt. Das Essen ist sehr gut – die Glanzpunkte sind Austern, Schalentiere und der Sonntagsbraten. Bus 35 ab Falmouth fährt jede Stunde hier vorbei.

Küche und Gerichten wie Ochsenzunge und Schweinshaxe. Am schönsten sind die Tische mit Hafenblick.

Courtyard Deli FEINKOST, CAFÉ ££

(☎01326 319526; www.courtyarddeli.co.uk; 2 Bells Court; Hauptgerichte 8–12 £; ⊙Mo–Sa 8.30–17.30, So 10.30–16 Uhr) Klein ist fein, wie dieses gemütliche Feinkostcafé wieder einmal beweist. Wurstwaren, Törtchen, Salate und Quiches füllen die Auslagen und regelmäßig wird auch abends Essen serviert. Das Ganze versteckt sich in einer Gasse neben Beerwolf Books.

Ausgehen & Nachtleben

★ Beerwolf Books PUB

(☎01326-618474; www.beerwolfbooks.com; 3 Bells Court; ⊙12–24 Uhr) Möglicherweise die beste Idee aller Zeiten: eine Kreuzung aus Pub und Buchladen, in dem man erst nach Lesestoff suchen kann, um es sich dann mit einem Pint gemütlich zu machen.

Hand Bar BAR

(☎01326-319888; 3 Old Brewery Yard; ⊙12–1 Uhr) In seiner Craft-Bier-Bar setzt Pete Walker all das Wissen um, das in Leeds mit seiner North Bar erwarb: Er präsentiert ungewöhnliche Fassbiere wie von der New Yorker Brooklyn Brewery oder der Bodmin's Harbour Brewing Company. Allerdings haben diese exotischen Biere auch ihren Preis. Die Bar residiert passenderweise in einer alten Brauerei; draußen im Hof stehen ein paar Tische, doch drinnen ist der Platz begrenzt.

The Front PUB

(☎01326-212168; Custom House Quay; ☺11–23.30 Uhr) Dieses gemütliche alte Pub ist die erste Wahl aller Bierliebhaber, mit abgewetzten Holzböden und *real ales* direkt aus den Holzfässern. Der Eingang liegt einen kleinen Hügel abseits der Arwenack Street hinunter.

Boathouse PUB

(☎01326-315425; Trevethan Hill) Das muntere Pub auf zwei Ebenen wartet mit tollen Ausblicken über den Fluss nach Flushing sowie recht gutem Essen auf.

Festivals

Falmouth Oyster Festival ESSEN & TRINKEN

(www.falmouthoysterfestival.co.uk; ☺Okt.) Bei diesem Fest im Oktober kann man frische Austern, Muscheln und andere Schalentiere verspeisen. Außerdem werden Kochunterricht und -vorführungen geboten.

❶ Praktische Informationen

Touristeninformation Fal River (☎01326-741194; www.falriver.co.uk; 11 Market Strand, Prince of Wales Pier; ☺Mo–Sa 9.30–17.30, So 10–16 Uhr)

❶ An- & Weiterreise

Falmouth liegt am Ende der Nebenbahnstrecke von Truro (4,20 £, 24 Min.). Dort kann man in die Züge von Penzance nach z. B. Plymouth, Exeter und London Paddington umsteigen.

Die **Moor Bus Station** (The Moor) liegt in der Stadtmitte. **First Kernow** (www.firstgroup.com/cornwall) bedient folgende Strecken:

U1 (5 £, Mo–Sa halbstündl., So stündl.) Über Penryn nach Truro.

U2 (5 £, stündl.) Über Penryn nach Redruth.

2 (Mo–Sa alle 2 Std.) Über Helston nach Penzance.

35/35A (5 £, Mo–Sa stündl.) Hält auf dem Weg nach Helston beim Glendurgan und Trebah Garden.

Truro

17 431 EW.

Truro, unverkennbar mit den drei Turmspitzen der im 19. Jh. erbauten Kathedrale, ist die Hauptstadt Cornwalls. Einst war es ein wichtiger Flusshafen und eine der fünf Zinnstädte Cornwalls, in denen Zinn geprüft und für den Export freigegeben wurde. Heute ist Truro eine quirlige Handelsstadt mit den üblichen Café- und Ladenketten im Zentrum.

Überreste der eleganten georgianischen Vergangenheit der Stadt sind in der **Lemon Street** und am **Walsingham Place** zu erkennen.

Sehenswertes & Aktivitäten

Truro Cathedral KIRCHE

(www.trurocathedral.org.uk; High Cross; empfohlene Spende 5 £; ☺Mo–Sa 7.30–18, So 9–19 Uhr) Wo die neugotische Truro Cathedral 1910 fertiggestellt wurde – als erste englische Kathedrale seit St. Paul's –, stand früher eine Gemeindekirche aus dem 16. Jh. Das große Langhaus beeindruckt mit schönem viktorianischem Buntglas und der imposanten Father-Willis-Orgel.

Royal Cornwall Museum MUSEUM

(☎01872-272205; www.royalcornwallmuseum.org.uk; River St; ☺Mo–Sa 10–17 Uhr) **GRATIS** Die Sammlungen des zentralen Museums der Grafschaft umfassen alles von geologischen Funden bis zu keltischen Armreifen und einer zeremoniellen Kutsche. Oben gibt's eine ägyptische Abteilung und eine kleine Galerie mit einigen überraschenden Funden wie einem Turner hier und einem van Dyck da sowie mehreren Werken von Stanhope Forbes aus Newlyn.

★ Enterprise Boats BOOTSTOUREN

(☎01326-374241; www.falriver.co.uk; hin & zurück Erw./Kind 15/7,50 £) 3 km flussabwärts vom Zentrum von Truro liegt jenseits des Boscawen Park am Fluss das Dörfchen Malpas. Von hier fahren Fähren auf dem Fal bis hinunter nach Falmouth. Die reizende Fahrt führt vorbei am bewaldeten Flussufer und an versteckten kleinen Buchten; einige Boote halten unterwegs auch in Trelissick. Vom Hafenmeisterbüro in Truro pendeln kostenlose Doppeldeckerbusse zum Anleger in Malpas, doch je nach Tidenstand kann man auch ab Truro mit dem Boot fahren.

Schlafen

Mannings Hotel HOTEL ££

(☎01872-270345; www.manningshotels.co.uk; Lemon St; Zi. 105–115 £, Apt. 135 £; [P][☎]) Die beste Unterkunft im Zentrum: Das teilweise georgianische Haus wurde geschmackvoll modernisiert, mit kräftigen Farben und funktionalen Möbeln, auch wenn der Gesamteindruck etwas geschäftsmäßig ist. Für längere Aufenthalte gibt's Apartments, außerdem ist ein Parkplatz vorhanden.

Merchant House Hotel
HOTEL ££

(📞 01872-272450; www.merchant-house.co.uk; 49 Falmouth Rd; EZ/DZ/FZ 79/99/119 £; 🅿) Das viktorianische Haus ist für Ausflüge in die Stadt günstig gelegen. Nach einer Renovierung strahlen die Zimmer in frischen Farben. Manche Zimmer haben ein Oberlicht, andere eine Aussicht in den Garten. Das Hotel ist bei Geschäfts- und Busreisenden beliebt, also frühzeitig buchen!

✗ Essen & Ausgehen

★ Falmouth Bay Seafood Café
FISCH & MEERESFRÜCHTE ££

(📞 01872-278884; www.falmouthbayseafoodcafe.com; Castle Villa, 53 Castle St; Hauptgerichte 11,95–22,95 £; ⊙ Mo–Sa 12–15.30 & 17.30–22 Uhr) Dieses schicke Fischrestaurant gilt zu Recht als bestes Restaurant der Stadt. Frisch auf den Tisch kommen hier Fal-Austern und Falmouth-Bay-Jakobsmuscheln und frisch sind auch die Zutaten zur Meeresfrüchteplatte (38 £). Ein Schnäppchen ist das von 17.30 bis 19 Uhr erhältliche Vorabendmenü: 14,50/17,50 £ für zwei/drei Gänge.

Sam's in the City
BISTRO ££

(📞 01872-859819; www.samscornwall.co.uk; 1–2 New Bridge St; Hauptgerichte 11,95–21,95 £; ⊙ 9–22 Uhr) Foweys alteingesessenes Restaurant ist jetzt in einem ehemaligen Schmuckgeschäft in einer der ältesten Straßen Truros ansässig. Auf der Karte stehen Meeresfrüchteklassiker, Steaks, moderne Salate und Platten für mehrere Personen sowie für die sehr Hungrigen Bouillabaisse- und Meeresfrüchtefestmahle.

★ 108 Coffee
CAFÉ

(📞 07582 339636; www.108coffee.co.uk; 108c Kenwyn St; ⊙ Mo–Fr 7–18, Sa 8–18 Uhr) Das von den bekennenden Kaffeenerds Paul und Michelle 2011 gegründete Café ist Truros beste Adresse für eine Koffeinspritze. Die Bohnen stammen von der renommierten kornischen Rösterei Origin Coffee und die diversen Kaffeevarianten suchen in der Gegend ihresgleichen. Wer's eilig hat, kann seine Bestellung auch vorher per SMS durchgeben!

Old Ale House
PUB

(📞 01872-271122; 7 Quay St; ⊙ 12–23 Uhr) Eine echte Bierschwemme mit Sägemehl auf dem Fußboden, Bierdeckeln an der Decke und Gast-Ales. Zum Knabbern gibt's an der Theke Erdnüsse.

ℹ Praktische Informationen

Touristeninformation (📞 01872-274555; www.visittruro.org.uk; Boscawen St; ⊙ Mo–Fr 9–17.30, Sa bis 17 Uhr) In einem kleinen Büro am Hintereingang zur Hall for Cornwall.

ℹ An- & Weiterreise

BUS

Truros Busbahnhof liegt am Lemon Quay.

Bus U1 (5 £, Mo–Sa halbstündl., So stündl.) Über Penryn nach Truro.

Bus 14/14A (5 £, 1½ Std., Mo–Sa stündl.) Nach St. Ives.

Bus 18 (5 £, Mo–Sa halbstündl., So stündl.) Nach Penzance.

ZUG

Truro liegt an der Hauptstrecke von London Paddington nach Penzance und an der Nebenstrecke nach Falmouth.

Bristol 46,50 £, 3½ Std.

Exeter 18,40 £, 2¼ Std.

Falmouth 4,20 £, 30 Min.

London Paddington 62,60 £, 4½ Std.

Penzance 6,60 £, 30 Min.

Fowey

2273 EW.

Fowey wirkt in vielerlei Hinsicht wie die Südküstenschwester von Padstow, eine alltägliche Hafenstadt, die sich zum betuchten Urlaubsort entwickelt hat. Dazu gehören ein gepflegtes Durcheinander aus pastellfarbenen Häusern, Hafenpubs und abgestufte Terrassen mit Blick auf die bewaldeten Ufer des Fowey River. Der Reichtum des Orts beruhte hauptsächlich auf dem Export von Porzellanerde aus den Gruben von St. Austell, aber Fowey war bereits seit dem 16. Jh. eine bedeutende Hafenstadt. Später ließ sich hier die Krimiautorin Daphne du Maurier nieder, die ihr Haus im nahen Menabilly Barton als Inspiration für *Rebecca* nutzte.

Heute ist Fowey ein adrettes und immer teurer werdendes Städtchen. Von hier lässt sich gut die Südostecke Cornwalls erkunden.

⦿ Sehenswertes & Aktivitäten

Readymoney Cove
STRAND

Vom Zentrum aus führt die Esplanade zur kleinen Readymoney Cove und zur Ruine der kleinen Tudor-Festung **St. Catherine's Castle** GRATIS hinunter.

Polkerris Beach
STRAND

(www.polkerrisbeach.com) Dieser Strand liegt ein paar Kilometer westlich von Fowey und ist der größte und vollste der Gegend. Hier kann man Segeln, Windsurfen und Stehpaddeln lernen.

Hall Walk
WANDERN

(www.nationaltrust.org.uk/fowey-estuary/trails/fowey-hall-walk) Dieser 5,6 km lange Rundweg beginnt in Bodinnick auf der von Fowey gesehen anderen Seite des Flusses und windet sich das bewaldete Ufer des Pont Pill Creek entlang. Danach folgt er der Küste bis zum Hafenort Polruan, von wo Fähren zurück nach Fowey fahren. Von der Website des National Trust kann man sich eine Wegbeschreibung herunterladen.

Encounter Cornwall
KAJAKFAHREN

(☏07976 466123; www.encountercornwall.com; Golant; Erw./Kind 25/15 £) Dreistündige Fahrten ab Golant unmittelbar nördlich von Fowey, entweder auf dem Fluss oder an der Küste entlang. Außerdem im Programm: zweistündige Sonnenuntergangsfahrten und Paddleboarding-Trips.

🛏 Schlafen

★ Coriander Cottages
B&B ££

(☏01726-834998; www.foweyaccommodation.co.uk; Penventinue Lane; Zi. 100–135 £; 🅿🛜) 🍴 Der schön ländliche Cottagekomplex am Ortsrand von Fowey bietet umweltfreundliche Unterkünfte in verschiedenen offenen Scheunen für Selbstversorger, allesamt mit Ausblicken aufs stille Land. Die Steinscheunen sind schön modernisiert worden und mit Solarzellen, Erdwärme und Regenwasserrückgewinnung wird der ökologische Fußabdruck möglichst niedrig gehalten. Ein tolles Refugium!

Cormorant Hotel
HOTEL ££

(☏01726-833426; www.cormoranthotel.co.uk; Golant; DZ 135–235 £) Das kleine Hotel im etwa 8 km entfernten Golant wartet mit einer fabelhaften Lage am Fluss auf und viele Zimmer verfügen über schöne Balkone mit entsprechender Aussicht. Die Zimmer sind in drei Komfortkategorien aufgeteilt: Das beste Verhältnis von Preis und Komfort bieten die Superior-Zimmer.

Old Quay House
HOTEL £££

(☏01726-833302; www.theoldquayhouse.com; 28 Fore St; DZ 160–340 £; 🛜) Dieses exklusive Hotel am Kai ist die konsequente Fortführung des Luxustrends in Fowey. Innen dominieren Naturtextilien, Rattanstühle und geschmackvolle Farbtöne, die Zimmer sind ein Mix aus Suiten mit Blick auf die Flussmündung und Penthäusern im Dachgeschoss. Insgesamt erinnert es eher an die vornehmeren Gegenden in London als an Cornwall.

🍴 Essen & Ausgehen

Lifebuoy Cafe
CAFÉ £

(☏07715 075869; www.thelifebuoycafe.co.uk; 8 Lostwithiel St; Hauptgerichte 5–10 £; ⏰8–17 Uhr) Foweys beliebtestes Frühstückslokal ist ein freundliches Café mit jeder Menge Charme – von den bunten Möbeln und getupften Fähnchengirlanden bis zu den alten Action-Figuren auf den Regalen. Zum Essen gibt's z. B. das Frühstück Fat Buoy oder einen heiß geliebten britischen Klassiker: Fischstäbchen zwischen gebutterten Brotscheiben. Und dazu natürlich eine Tasse guten, alten, englischen Tee.

BATH & SÜDWESTENGLAND FOWEY

ABSTECHER

POLPERRO

In Cornwall herrscht ja nicht gerade ein Mangel an malerischen Fischerhäfen. Und trotzdem muss man sich einfach in Polperro verlieben, mit seinem Netz aus engen Gassen mit Cottages und Anglerbedarfsläden, die sich alle um den befestigten Hafen drapieren. Dass das Dorf einst ein Schmugglernest war, überrascht kaum, und es herrscht hier trotz der Besuchermassen im Sommer nach wie vor ein gewisses Seebärenflair. Der Küstenpfad zwischen Polperro und Looe ist besonders reizvoll um die **Talland Bay** herum.

Der Hauptparkplatz liegt 750 m bergauf vom Dorf; von hier aus sind es 15 Minuten zu Fuß bis zum Kai. Natürlich kann man einfach nur herumbummeln und die Atmosphäre genießen, doch das urige **Heritage Museum** (☏01503-272423; The Warren; Erw./Kind 2/0,50 £; ⏰März–Okt. 10–16.30 oder 17 Uhr) lohnt durchaus einen Besuch. Es erkundet die Seefahrtsgeschichte des Städtchens.

Dwelling House
CAFÉ £

(☎01726-833662; 6 Fore St; Tee 3–6 £; ⊗Mai–
Sept. 10–18.30 Uhr, Okt.–April Mi–So bis 17.30 Uhr)
Die beste Adresse für Tee (über 20 Sorten!)
und feine Törtchen (verziert mit Zucker-
streuseln und bunter Glasur und serviert auf
einem richtigen Tortenständer).

Sam's
BISTRO ££

(☎01726-832273; http://samscornwall.co.uk/fo
wey; 20 Fore St; Hauptgerichte 7,95–15,95 £;
⊗12–21 Uhr) Das Sam's ist schon seit Jahren
eine Institution in Fowey. Sitznischen, bunte
Speisekarten und eine muntere Stimmung
sorgen für ein lockeres Flair. Die Hamburger, Fischgerichte, Salate und Steaks sind
heiß begehrt. Keine Reservierung möglich.

King of Prussia
PUB

(www.kingofprussia.co.uk; Town Quay; ⊗11–
23 Uhr) Fowey beeindruckt mit vielen Pubs,
aber die besten Hafenblicke hat diese nach
dem berüchtigten Schmuggler John Carter
benannte Kneipe.

❶ Praktische Informationen

Touristeninformation (☎01726-833616; www.
fowey.co.uk; 5 South St; ⊗Mo–Sa 9.30–17,
So 10–14 Uhr) Jede Menge Infos zu Fowey und
Südostcornwall.

❶ An- & Weiterreise

Es gibt nur begrenzte Busverbindungen: Der
einzige wirklich nützliche Bus ist die Linie 24
(Mo–Sa stündl., So 6-mal) nach St. Austell, Heligan und Mevagissey. Er hält auch am Bahnhof
von Par, wo man in Züge der Hauptstrecke von
Penzance nach London umsteigen kann.

Polruan Ferry (www.ctomsandson.co.uk/
polruan-ferry; Erw./Kind/Fahrrad 1,80/0,80/
1 £; ⊗letzte Fähre Mai–Sept. 23 Uhr, Okt.–April
19 Uhr) Personenfähre nach Polruan. Im Winter
und abends im Sommer fährt sie vom Town
Quay, sonst vom Whitehouse Slipway an der
Esplanade.

Bodinnick Ferry (www.ctomsandson.co.uk/
bodinnick-ferry; Auto & 2 Insassen/Fußgänger/
Fahrrad 4,60/1,80 £/frei; ⊗letzte Fähre April–
Okt. 20.45 Uhr, Nov.–März 19 Uhr) Autofähre
über den Fluss nach Bodinnick.

Looe

5280 EW.

Looe schmiegt sich in eine lange Biegung
der Küste zwischen dem Fowey River und
dem Plymouth Sound und ist halb alter
Fischerhafen und halb klassischer Urlaubsort am Meer. Die beiden Teile East und
West Looe sind durch eine historische
Bogenbrücke miteinander verbunden. Looe
ist eine nette Basis für die Erkundung des
Südostens Cornwalls. In der Nähe locken ein
paar schöne Strände.

◉ Sehenswertes

Looe Island
INSEL

Rund 1,5 km vom Hannafore Point entfernt
liegt die dicht bewaldete Looe Island (die
offiziell St. George's Island heißt), ein 9 ha
großes Naturschutzgebiet und ein Paradies
für Meerestiere. Von Mai bis September
fährt das Schiff **Islander** (☎07814-139223;
Erw./Kind hin & zurück 7/5 £, plus 3/1 £ Landungs-
gebühr) vom Kai bei der Lebensrettungssta-
tion je nach Wetterlage und Gezeiten hinüber zur Insel.

Wild Futures Monkey
Sanctuary
TIERSCHUTZGEBIET

(☎01503-262532; www.monkeysanctuary.org;
St. Martins; Erw./Kind 8,50/5 £; ⊗Sa–Do 11–
16.30 Uhr; 🅿) Die unglaublich niedlichen,
teils aus Gefangenschaft geretteten Woll-
affen und Kapuzineräffchen in diesem Tier-
schutzzentrum rund 800 m westlich des
Orts sorgen bei vielen Besuchern sicher für
große Verzückung.

🛏 Schlafen

Penvith Barns
B&B ££

(☎01503-240772; www.penvithbarns.co.uk; St.-
Martin-by-Looe; Zi. 75–80 £; 🅿🚭🐾) Keine Lust
auf das Gedränge in Looe? Diese von den
freundlichen Gastgebern Graham und Jules
geführte umgebaute Scheune im nahen St.-
Martin-by-Looe ist die perfekte Alternative.
Es werden alle Zimmergrößen von klein
bis geräumig geboten: Die winzige Piggery
versteckt sich unter dem Dach, während die
Dairy genug Platz für ein zusätzliches Bett
und Sofa hat. Ziemlich preiswert.

Commonwood Manor
B&B £££

(☎01503-262929; www.commonwoodmanor.com;
St Martins Rd; DZ 75–95 £; 🅿🚭🐾) Das elegante Herrenhaus in bester Lage am Hang
von East Looe hebt sich aus den üblichen
B&B-Angebot von Looe heraus. Die Zimmer
sind recht aufgeputzt und pastellig, aber wer
eins der Zimmer mit *bay window* erwischt,
wird mit dem besten Meerblick des Orts
belohnt.

❶ Praktische Informationen

Touristeninformation (☎01503-262072;
www.visit-southeastcornwall.co.uk; Guildhall,
Fore St; ⊗Ostern–Okt. 10–17 Uhr)

❶ An- & Weiterreise

Plymouth Citybus hat die einzigen Busse nach Looe. Bus 71A/72 (Mo–Sa stündl., So 5-mal) fährt von Plymouth über Looe und Polperro.

Bodmin Moor

Zwar besitzt Bodmin Moor nicht dieselbe wilde Erhabenheit wie Dartmoor, aber es beeindruckt mit einer ganz eigenen kargen Schönheit. Mit seinen Heidelandschaften und Granithügeln – u. a. dem **Rough Tor** (sprich: rau-tor; 400 m) und dem **Brown Willy** (419 m), der höchsten Erhebung Cornwalls – ist dies eine einsame Gegend, die die Phantasie beflügelt: Seit Jahren wird hier die berüchtigte Bestie von Bodmin Moor gesichtet; die schwarze, katzenartige Kreatur konnte aber bis dato noch von keiner Kamera eingefangen werden.

Außer den Bergen ist das bekannteste Wahrzeichen des Moors das **Jamaica Inn**, das durch Daphne du Mauriers gleichnamigen Roman berühmt wurde – leider wurde es inzwischen modernisiert.

❂ Sehenswertes & Aktivitäten

Golitha Falls WASSERFALL
Diese sprudelnden Wasserfälle rund 2 km westlich von St. Cleer gehören zu den schönsten Örtchen des Moores. Um die Fälle herum erstrecken sich die Überreste eines uralten Eichenwaldes, der früher das gesamte Bodmin Moor bedeckte. Von einem Parkplatz bei der Draynes Bridge führt ein 800 m langer Fußweg hierher.

Carnglaze Caverns HÖHLE
(☎01579-320251; www.carnglaze.com; Erw./Kind 6/4 £; ☉10–17 Uhr) In Bodmin Moor wurde früher im großen Stil Schiefer abgebaut. Davon zeugen heute tiefe Höhlen wie diese außerhalb von St. Neot. Mehrere Höhlen sind hier für die Öffentlichkeit zugänglich und können im Rahmen von Führungen besichtigt werden.

Bodmin & Wenford Railway HISTORISCHE EISENBAHN
(☎01208-73555; www.bodminandwenfordrailway.co.uk; Rover Pass Erw./Kind 13/6 £; ☉Mai–Sept. 3- bis 5-mal tgl., sonst seltener) Die von Eisenbahnfans betriebene Dampfbahn – die einzige mit Normalspurbreite, die es in Cornwall noch gibt – schnauft auf einer 10,5 km langen Strecke zwischen Bodmin und Boscarne

COTEHELE HOUSE

Das Tudor-Herrenhaus **Cotehele** (NT; ☎01579-351346; St. Dominick; Erw./Kind 10/5 £, nur Außenanlagen 6,50/3,25 £; ☉Haus 11–16 Uhr, Garten tgl. Sonnenaufgang–Sonnenuntergang) am Ende des Tamar Valley ist einer der bescheidenen Landsitze der Edgcumbe-Dynastie. Das Herzstück ist die riesige Große Halle. Außerdem beherbergt das Haus eine unvergleichliche Sammlung von Wandteppichen, Rüstungen und Möbeln aus der Tudorzeit.

Draußen ziehen sich die Gärten vorbei am Prospect Folly aus dem 18. Jh. zum Cotehele Quay. Hier gibt's ein Museum zur Geschichte des Tamar Valley und einen alten Frachtsegler, die **Shamrock**.

Junction. Viele der Züge sind noch immer wie in den 1950er-Jahren ausgestattet. In Boscarne trifft die Bahn auf den Camel Trail (S. 346); wenn Platz ist, können im Zug Räder mitgenommen werden.

Im Sommer werden teils Sonderfahrten angeboten wie etwa eine Fahrt mit Dinner inklusive Silbergeschirr oder auch Krimi- und Pubquiz-Touren.

✕ Essen

★ **St Tudy Inn** MODERN BRITISCH ££
(☎01208-850656; www.sttudyinn.com; St. Tudy; Hauptgerichte 14–25 £; ☉Küche Mo–Sa 12–14.30 & 18.30–21, So 12–14.30 Uhr) Das Dorfpub wird von der hier in der Region bekannten Köchin Emily Scott geführt, deren vorheriges Restaurant in Port Isaac begeisterte Kritiken absahnte, und hat sich schnell zu einem der Top-Restaurants in Ostcornwall etabliert. Das alte Pub ist entrümpelt und aufgehübscht worden und im Rampenlicht steht Scotts typisch leichte, frische und kreative Küche. Ein Gastropub vom Feinsten – auf jeden Fall reservieren!

★ **Woods Cafe** CAFÉ ££
(☎01208-78111; www.woodscafecornwall.co.uk; Cardinham Woods; Hauptgerichte 6–12 £; ☉10.30–16.30 Uhr) Das tolle Café in einem alten Förstercottage inmitten der Cardinham Woods hat sich zu einer kulinarischen Destination entwickelt – es ist bekannt für seinen Kuchen, seine wärmenden Suppen und seine Wurstsandwiches.

ISLES OF SCILLY

Zwar liegen sie nur 45 km westlich des Festlands, aber in vielerlei Hinsicht repräsentieren die Isles of Scilly eine ganz eigene Welt. Das Leben auf der Gruppe aus rund 140 Inselchen scheint sich seit Jahrzehnten kaum verändert zu haben: Hier gibt's keine Verkehrsstaus, keine Supermärkte und keine internationalen Hotelketten und man hört nur die Brandung und das Schreien der Möwen. Das heißt nicht, dass die Inseln der Zeit hinterherhinken – auf den Hauptinseln gibt's ein Handynetz und Breitband-Internet –, doch das Leben hat hier seinen ganz eigenen Rhythmus. Die für ihre schönen Strände bekannten Inseln sind ein wunderbarer Zufluchtsort, wenn man der modernen Welt mal entfliehen möchte.

Nur fünf Inseln sind bewohnt: St. Mary's ist die größte Insel, gefolgt von Tresco, und nur ein paar wenige Unverdrossene leben auf Bryher, St. Martin's und St. Agnes.

Natürlich ist hier im Sommer am meisten los. Im Winter ist vieles komplett geschlossen.

ⓘ Praktische Informationen

Touristeninformation (☎ 01720-424031; www.visitislesofscilly.com; Porthcressa Beach, St. Mary's; ⏱ März–Okt. Mo–Sa 9–17.30, So 9–14 Uhr, Nov.–Feb. Mo–Fr 10–14 Uhr)
Scilly Online (www.scillyonline.co.uk)
Simply Scilly (www.simplyscilly.co.uk)

ⓘ An- & Weiterreise

Buchungen für Flüge und Fähren nimmt das **Isles of Scilly Travel Centre** (☎ 0845 710 5555; www.islesofscilly-travel.co.uk; Quay St; ⏱ Mo–Sa 8–18.30 Uhr) in Penzance entgegen. Ein kleines Büro für Erkundigungen gibt's auch in Hugh Town auf St. Mary's.

Die Verbindungen zu den Inseln werden oft durch schlechtes Wetter und Nebel beeinträchtigt – am besten erkundigt man sich also vor der Abreise nach der aktuellen Lage: Sehr nützlich dafür ist der IoS-Travel-Twitter-Account (@IoSTravel).
Isles of Scilly Skybus (☎ 01736-334220; www.islesofscilly-travel.co.uk) Seit der Schließung des Hubschrauberservice 2013 bieten Flugzeuge die einzige Flugverbindung zu den Inseln. Vom Land's End Airport bei Zennor und Newquay Airport finden täglich mehrere Flüge statt. Für Erwachsene kostet der einfache Flug ab 70 £. Im Sommer gibt's außerdem Flugverbindungen von Exeter, Bristol und Southampton.

Scillonian III (☎ 0845 710 5555; www.isles ofscilly-travel.co.uk; ⏱ April–Okt.) Fähren verkehren in den berüchtigt turbulenten Gewässern zwischen Penzance und St. Mary's (Erw. 49,50 £ je Strecke). Im Sommer verkehrt mindestens eine Fähre am Tag, im Winter fahren allerdings keine Fähren. Auf dieser Strecke wird man leicht seekrank – Vorkehrungen treffen!

ⓘ Unterwegs vor Ort

Die Fähren zwischen St. Mary's und den anderen Inseln betreibt die **St. Mary's Boatmen's Association** (S. 372). Für Gäste, die in einem Hotel auf Tresco übernachten möchten, gibt's außerdem einen separaten Transferservice.

Busse und Taxis gibt's nur auf St. Mary's. Bei allen Flugankünften steht **Paulgers Transport** (☎ 01720-423701; Erw./Kind hin & zurück 7,50/3,50 £) bereit; das Unternehmen bringt Gäste zu allen Unterkünften oder zum Schiffsanleger, falls man auf eine andere Insel weiterreist.

St. Mary's

2200 EW.

St. Mary's ist die größte und betriebsamste der Inseln und der wichtigste Anlaufpunkt für Flüge und Fähren. Rund 1,5 km westlich vom Flughafen liegt der Hauptort **Hugh Town** mit den meisten Hotels, Geschäften und B&Bs des Archipels sowie dem wichtigsten Hafen.

Die meisten Besucher schaffen es nur bis **Porthcressa**, Hugh Towns schmalem Sandstrand. Doch sind noch zahlreiche weitere Buchten zu Fuß oder mit dem Rad zu erreichen wie **Porth Hellick**, **Watermill Cove** und die abgeschiedene **Pelistry Bay**.

◎ Sehenswertes

Isles of Scilly Museum   MUSEUM
(Church St, Hugh Town; Erw./Kind 3,50/1 £; ⏱ Ostern–Sept. Mo–Fr 10–16.30, Sa 10–12 Uhr, Okt.–Ostern Mo–Sa 10–12 Uhr) Das kleine Museum erkundet die Geschichte der Inseln mit einer bunten Mischung aus archäologischen Funden und Gegenständen von untergegangenen Schiffen. Zur Sammlung gehören Zeugnisse aus dem Neolithikum wie Werkzeug und Schmuck, Tonpfeifen, die Generationen von Seeleuten zurückgelassen haben, und ein paar Segelboote. Außerdem ist eine kleine Ausstellung zu Ted Heath zu sehen, dem britischen Premierminister, der die Inselgruppe so sehr liebte, dass er hier bestattet wurde.

👉 Geführte Touren

Scilly Walks WANDERN
(📞01720-423326; www.scillywalks.co.uk; Erw./
Kind 6/3 £) Dreistündige archäologische und
historische Führungen sowie Besuche auf
den anderen Inseln, geleitet von der Lokal-
historikerin und Archäologin Katherine
Sawyer.

Island Wildlife Tours WANDERN
(📞01720-422212; www.islandwildlifetours.co.uk;
halber/ganzer Tag 6/12 £) Regelmäßige Vogelbe-
obachtungs- und Wildtierwanderungen mit
dem Experten Will Wagstaff, einem hiesigen
Urgestein und unbestrittene Autorität für
das Naturleben auf den Inseln. Die meisten
Führungen beginnen um 9.45 oder 10 Uhr
auf St. Mary's, aber auch auf den anderen
Inseln werden regelmäßig Führungen angeboten – dann kommen noch die Kosten für
den Bootstransfer dazu.

Island Sea Safaris BOOTSTOUREN
(📞01720-422732; www.islandseasafaris.co.uk) Bietet Ausflüge zu örtlichen Vogel- und Robbenkolonien (Erw./Kind 33/25 £) sowie einstündige „Inselschnuppertouren" (24 £ pro
Pers.). Verleiht außerdem Neoprenanzüge
und Schnorchelausrüstung.

🛏 Schlafen

Garrison Campsite CAMPINGPLATZ £
(📞01720-422670; tedmoulson@aol.com; Tower
Cottage, Garrison; Stellplatz 9,20–11,45 £; 📶)
3,5 ha großer Campingplatz oberhalb von
Hugh Town mit Meerblick sowie elektrischen Anschlüssen, WLAN und Waschma-
schinen- und Duschblock. Außerdem kann
man hier fertig aufgebaute Zelte mieten.

Mincarlo B&B
(📞01720-422513; www.mincarlo.info; EZ 42–50 £;
DZ 85–112 £; 📶♿) Eine bessere Lage ist auf
St. Mary's kaum zu finden: Die kleine Pension am westlichen Ende des Town Beach
wartet mit Ausblicken bis hinüber nach
Hugh Town auf. Die Zimmer sind schlicht
und gemütlich – das Dachzimmer ist ein
Schnäppchen –, in der Lounge gibt's Bücher
über die Inseln, das Frühstück ist klasse und
die Eigentümer Nick und Bryony können
gute Tipps geben.

**Isles of Scilly
Country Guesthouse** B&B ££
(📞01720-422440; www.scillyguesthouse.co.uk;
High Lanes; DZ 94–114 £; 📶) Das von der Bay-
erin Sabine Schraudolph geführte B&B ist

eins der komfortabelsten auf St. Mary's. Die
großen Zimmer kommen ohne Kitsch aus
und bieten Blicke über die Felder der Insel.
In ihrem Wintergarten und Café serviert
Sabine bayerische Köstlichkeiten wie Apfel-
strudel.

Star Castle Hotel HOTEL £££
(📞01720-422317; www.star-castle.co.uk; The
Garrison; Zi. mit Abendessen 127–324 £; 📶♨♿)
Die ehemalige Festung mit sternförmigem
Grundriss am Garrison Point ist eines der
Tophotels der Inseln und bietet eine Aus-
wahl zwischen auf historisch getrimmten
Palastzimmern und moderneren Gartensui-
ten. Es ist ein bisschen steif und teuer, aber
dafür sind die Ausblicke die schönsten auf
der ganzen Insel und das Abendessen ist im
Preis enthalten. Außerhalb der Hauptsaison
(Mai–Sept.) ist's erheblich billiger.

🍴 Essen

**Juliet's Garden
Restaurant** RESTAURANT ££
(📞01720-422228; www.julietsgardenrestaurant.
co.uk; Hauptgerichte mittags 7–12 £, Hauptgerichte
abends 14–24,95 £; ⏱12–16 & 18–21 Uhr) Das
alteingesessene Bistro besteht seit drei Jahrzehnten und ist nach wie vor die beste Speiseadresse der Insel. Es befindet sich in einer
alten Scheune 15 Minuten zu Fuß von Hugh
Town und serviert tagsüber gute Salate und
Sandwiches, abends dann bei Kerzenlicht
Anspruchsvolleres wie gebratene Brasse,
langsam gegartes Lamm und ganzen Hummer. An sonnigen Tagen kann man wunderbar im Garten sitzen.

Dibble & Grub CAFÉ ££
(📞01720-423719; www.dibbleandgrub.com; Mittagessen 6–12 £, Abendessen 10–16 £; ⏱April–
Sept. 10–22 Uhr) Schickes Strandcafé in der
alten Feuerwache der Insel. Auf der Karte
stehen Tapas und mediterrane Klassiker.

ℹ️ Unterwegs vor Ort

Der Flughafenbus (3 £) fährt 40 Minuten vor
jedem Abflug in Hugh Town ab. Im Sommer
bietet der **Island Rover** (📞 01720-422131;
www.islandrover.co.uk; Tickets 8 £) zweimal
am Tag Sightseeingtouren in einem Oldtimer-
Bus.

Taxiunternehmen auf St. Mary's sind z. B.
Island Taxis (📞01720-422126), **Scilly Cabs**
(📞01720-422901) und **St. Mary's Taxis**
(📞01720-422142). Zum Flughafen fährt **Paulgers Transport** (S. 370).

Die **St. Mary's Boatmen's Association**
(☎ 01720-423999; www.scillyboating.co.uk)
betreibt regelmäßige Fährverbindungen von
St. Mary's zu den anderen Inseln der Gruppe.
Hin und zurück kostet die Fahrt zu einer Insel
9,50/4,50 £ (Erw./Kind); ein „Rundfahrtticket"
mit Rückfahrt über eine weitere Insel kostet
15/7,50 £.

Tresco

175 EW.

Nach einer kurzen Bootsfahrt ab St. Mary's
erreicht man Tresco, die zweitgrößte Insel
der Gruppe. Sie gehörte einst der Tavistock
Abbey; heute pachten die Bewohner sie vom
Herzogtum Cornwall. Dies ist ein echtes
altmodisches Inselrefugium – jahrzehntelang gab's nur ein Pub und ein Hotel. Die
Hauptattraktion ist der fabelhafte subtropische Garten auf der Insel, aber man kann
überall wunderbar spazieren gehen.

⊙ Sehenswertes

★ Tresco Abbey Garden
GARTEN

(☎ 01720-424105; www.tresco.co.uk/stay/abbey-
garden; Erw./Kind 15 £/frei; ⊙ 10–16 Uhr) Eine
der großen Attraktionen der Isles of Scilly
ist dieser subtropische Garten, 1834 vom
Gartenbauvisionär Augustus Smith auf
einem Grundstück angelegt, auf dem seit
dem 12. Jh. ein Benediktinerkloster gestan-
den hatte. Heute findet man hier mehr als
20 000 exotische Pflanzenarten, von hoch
aufragenden Palmen bis zu Wüstenkakteen
und purpurroten Feuerbäumen, die allesamt prächtig gedeihen aufgrund des warmen Golfstroms. Im Eintritt inbegriffen ist
auch die **Valhalla-Sammlung**: Sie besteht
aus Galionsfiguren und Namensschildern
von den zahlreichen Schiffen, die vor Tresco
Schiffbruch erlitten.

🛏 Schlafen & Essen

New Inn
PUB, HOTEL £££

(☎ 01720-422849; contactus@tresco.co.uk; Zi.
120–320 £) Verglichen mit Trescos zwei
superteuren Hotels ist das New Inn ein echtes Schnäppchen. Die Zimmer sind in sanften Buttergelb- und Blassblautönen gehalten; Zimmer mit Ausblick kosten noch ein
paar Pfund mehr. Im Pub wird gutes Essen
(Hauptgerichte 10–18 £) serviert, hauptsächlich Standardspeisen wie Seelachs mit Pommes, Steaks usw.

Bryher

Nur rund 70 Menschen leben auf Bryher,
der kleinsten und wildesten der bewohnten
Scillies Die mit struppigem Farndickicht und
Heidekraut bewachsene und von weißem
Sand gesäumte Insel ist den Stürmen des
Atlantiks voll ausgesetzt: Die Hell Bay trägt
ihren Namen nicht umsonst. Aber an einem
Sonnentag ist dies ein wahres Inselparadies,
das sich wunderbar zu Fuß erkunden lässt.
Über den Küstenpfad sind mehrere kleinere
Sandstrände zu erreichen, z. B. die beeindru-
ckende **Rushy Bay**. Die schönsten Ausblicke
bieten sich vom **Watch Hill**: Von hier schweift
der Blick über die gesamte Inselgruppe.

🛏 Schlafen & Essen

Bryher Campsite
CAMPINGPLATZ £

(☎ 01720-422886; www.bryhercampsite.co.uk; Stellplätze 10,25 £; ✎) Sehr einfacher Campingplatz an einem abgeschiedenen Fleckchen,
umgeben von Trockenmauern und nur ein
paar Schritte vom Meer entfernt. Heiße
Duschen und Transfer vom Boot per Traktor
sind im Preis enthalten.

Hell Bay Hotel
HOTEL £££

(☎ 01720-422947; www.hellbay.co.uk; DZ 205–
350 £) So ziemlich die schickste Unterkunft
auf den Inseln: eine echte Inselzuflucht mit
New-England-Möbeln, sonnigem Goldgelb
und Meeresblau sowie hellen Holzbalken.
Mit seinem liebevoll gepflegten Garten
wirkt das Haus wie eine luxuriöse Strand-
villa. Dazu kommt noch ein ausgezeichnetes
Restaurant (3-Gänge-Menü 45 £). Am billigsten sind die Suiten mit Gartenblick.

Fraggle Rock
CAFÉ ££

(☎ 01720-422222; www.bryher.co; Hauptgerichte
8–15 £; ⊙ 9–21 Uhr; ☎) Das lässige Café dient
gleichzeitig als Inselpub. Serviert werden
hauptsächlich Quiches, Salate und Hamburger, möglichst im Garten vorm Haus, wo
auch Hühner herumgackern und sich ein
Ausblick auf den Hangman's Rock bieten. In
der Hauptsaison ist dies abends ein munterer Treff. Wer bleiben möchte, kann in einer
der Holzhütten (620–1090 £ pro Woche)
unterkommen.

Bryher Shop
FEINKOST

(☎ 01720-423601; www.bryhershop.co.uk; ⊙ Mo-
Sa 9–17.30, So 10–13 Uhr) Der reizende Gemischt-
warenladen der Insel versorgt seine Kunden
mit dem Notwendigsten.

St. Martin's

136 EW.

Das kleine St. Martin's, die nördlichste der Hauptinseln, ist zu Recht bekannt für seine Strände. Einen Abstecher lohnen auf jeden Fall die **Lawrence's Bay** an der Südküste, an der bei Ebbe ein breiter Sandstrand entsteht, die abgeschiedene Bucht von Perpitch im Südosten und die **Great Bay** im Norden mit dem vielleicht schönsten Strand der gesamten Inselgruppe.

◉ Sehenswertes & Aktivitäten

St Martin's Vineyard   WEINGUT

(☎01720-423418; www.stmartinsvineyard.co.uk; ☺Führungen Di–Do 10.45–16 Uhr) Das kleinste und südwestlichste Weingut Großbritanniens produziert Weißweine. Die Eigentümer Val und Graham Thomas bieten auch Führungen an.

Scilly Diving   TAUCHEN

(☎01720-422848; www.scillydiving.com) Tauchkurse und 1-Flaschen-Tauchgänge; in Higher Town.

🛏 Schlafen

Außer dem superteuren Hotel **St. Martin's on the Isle** (☎01720-422090; www.stmartins hotel.co.uk; DZ 300–560 £) und einer Handvoll B&Bs ist das Angebot an Unterkünften sehr begrenzt.

St Martin's Campsite   CAMPINGPLATZ £

(☎01720-422888; www.stmartinscampsite.co.uk; Stellplätze 10–11,50 £; ☺März–Okt.) Der Campingplatz am westlichen Ende der Lawrence's Bay ist mit 50 Stellplätzen auf drei Feldern der zweitgrößte der Inselgruppe. Waschmaschinen und Duschen sind münzbetrieben und man kann Eier und Gemüse fürs Frühstück kaufen.

Polreath   B&B ££

(☎01720-422046; www.polreath.com; Higher Town; DZ 110–120 £) Das freundliche Granitcottage bietet kleine Zimmer und einen sonnigen Wintergarten, in dem *cream tea,* hausgemachte Limo und Abendessen serviert werden. Von Mai bis September sind die Zimmer nur für ganze Wochen mietbar.

✕ Essen & Ausgehen

Little Arthur Farm   CAFÉ £

(☎01720-422457; www.littlearthur.co.uk; ☺tgl. 10.30–16 Uhr) 🥬 Ein kleines Stück vom guten Leben auf St. Martin's: Diese kleine Farm hat sich auf alle möglichen Geschäftsfelder ausgedehnt. Es gibt ein Café-Bistro, die Zutaten werden selbst angebaut und es werden sogar Schuhe hergestellt – und man kann in einer Ökohütte (380 £ pro Woche) übernachten.

Adam's Fish & Chips   FISCH & MEERESFRÜCHTE £

(☎01720-422457; Fish & Chips zum Mitnehmen 8 £; ☺Juli & Aug. Di–Do 18–20.30, Sa 12–14.30 Uhr, Sept.–Juni Di & Do 18–20.30 Uhr) Viel frischeren Fisch gibt es wohl nirgends: Was tagsüber im Netz landet, kommt abends in den Teig. Den Laden führen Adam und Emma, die auf der nahe gelegenen Little Arthur Farm leben und arbeiten.

Island Bakery   BÄCKEREI £

(☎01720-42211; www.theislandbakery-stmartins. com; ☺Mo–Sa 9–17 Uhr) Die heimelige, von Barney und Ella McLachlan geführte Bäckerei produziert frisches Brot, Pizza und hausgemachte *pasties.*

Seven Stones   PUB

(☎01720-423777; sevenstonesinn@gmail.com; Hauptgerichte 8–12 £; ☺10–23 Uhr) Wunderschönes Pub, das einzige der Insel, sodass sich hier jeden Abend die Action abspielt. Recht gutes Essen, Bier aus Cornwall und tolle Ausblicke hinüber zu den anderen Inseln von der Terrasse.

St. Agnes

170 EW.

Die südlichste Insel der Isles of Scilly wirkt mit ihren leeren Buchten und wenigen prähistorischen Stätten wirklich abgeschieden. Die Besucher kommen in Porth Conger in der Nähe des alten Leuchtturms an. Von hier kann man auf dem Küstenpfad um die ganze Insel herumlaufen.

Bei Ebbe erscheint eine schmale Sandbank hinüber zur Nachbarinsel **Gugh**. Dort sind zahlreiche alte Begräbnisstätten und ein paar Kammergräber zu finden. Etwas neueren Datums ist das steinerne **Troy Town Maze**: Es soll vor rund 200 Jahren entstanden sein.

🛏 Schlafen & Essen

Troytown Farm   CAMPINGPLATZ £

(☎01720-422360; www.troytown.co.uk; Erw. 9,50 £, Zelt 2–8 £) Wo früher Blumen angepflanzt wurden, ist heute ein winziger Feldcampingplatz mit wunderbarem Meerblick. Zudem werden drei Selbstversorgercottages (ab 550 £ pro Woche) vermietet. Der Transfer per Traktor vom Kai kostet 3,50 £.

Covean Cottage
COTTAGE ££

(☎01720-422620; http://st-agnes-scilly.org/covean.htm; DZ 88–104 £) Das kleine Steincottage, dessen drei hübsche Zimmer Meerblick haben, ist mehr oder weniger das einzige B&B auf der Insel. Es hat außerdem ein kleines Café, in dem der Inhaber Frühstück und leichte Mahlzeiten serviert.

★ Turk's Head
PUB ££

(☎01720-422434; Hauptgerichte 8–14 £; ⊗Mo–Sa 11–23, So 12–22.30 Uhr) In Großbritanniens südlichstem Wirtshaus kann man die Geschichte fast riechen. Es ist mit Seefahrtsandenken vollgestopft – Modellschiffe in Vitrinen, alte Karten von den Inseln, Schwarzweißfotos von alten Seebären – und es gibt wohl nur wenige schönere Kneipen für ein gemütliches Pint. Und wenn die Jungs bei Laune sind, wird manchmal auch ein Shanty angestimmt.

Cambridge & East Anglia

Gut essen

➜ Midsummer House (S. 391)
➜ Roger Hickman's (S. 411)
➜ Butley Orford Oysterage (S. 405)
➜ Great House (S. 401)
➜ Picnic Fayre (S. 413)

Schön übernachten

➜ Varsity (S. 389)
➜ Sutherland House (S. 407)
➜ Swan (S. 401)
➜ Dedham Hall (S. 396)
➜ Cley Windmill (S. 413)

Auf nach Cambridge & East Anglia

Das flache Land von East Anglia erstreckt sich nach Osten bis hin zum Meer in einem Netz aus fruchtbaren Äckern, verträumten Niederungen, den sogenannten Fens, und rauschenden Flüssen. Die herrlichen Sandstrände, der weite Horizont und die poetische Landschaft haben Maler wie Constable und Gainsborough inspiriert.

Doch es herrscht nicht nur ländliche Idylle: Über den Fens erhebt sich die berühmte Universitätsstadt Cambridge mit ihrer klassischen Architektur und würdevollen Ausstrahlung. Östlich davon liegt das international bevölkerte Norwich. Nahebei bezeugen herrliche Domstädte, hübsche Marktflecken und malerische Dörfer, welchen Reichtum hier im Mittelalter Wollhandel und Weberei einbrachten.

Heute reihen sich entlang der Küste einladende Fischerdörfer an traditionelle Badeorte. Wer sich wirklich entspannen möchte, sollte ins Landesinnere fahren und dort die gelassene Atmosphäre der Norfolk Broads genießen.

Reisezeit

➜ Für einen Besuch der Colleges in Cambridge ist der Frühling (Anfang April bis Mitte Juni) ungeeignet, denn dann ist Examenszeit und die Unigebäude sind für Besucher geschlossen.

➜ Die beste Zeit für die Strände in Norfolk und Suffolk sowie die Norfolk Broads sind die Monate Juni bis August. Allerdings steigen während der Schulferien (Ende Juli bis August) die Besucherzahlen – und die Übernachtungspreise.

➜ Im Juni bietet Suffolk beim Aldeburgh Festival klassische Musik von Weltrang. Im Juli gibt's beim Latitude Festival von Southwold alternativen Rock, Comedy und Theater.

➜ Im November präsentieren sich bekannte Autoren beim Literaturfestival Ways With Words in Southwold.

➜ Im Dezember erklingt weihnachtliche Musik in der Kirche des King's College in Cambridge (S. 379); Höhepunkte sind das Festival of Nine Lessons und Carols on Christmas Eve.

Highlights

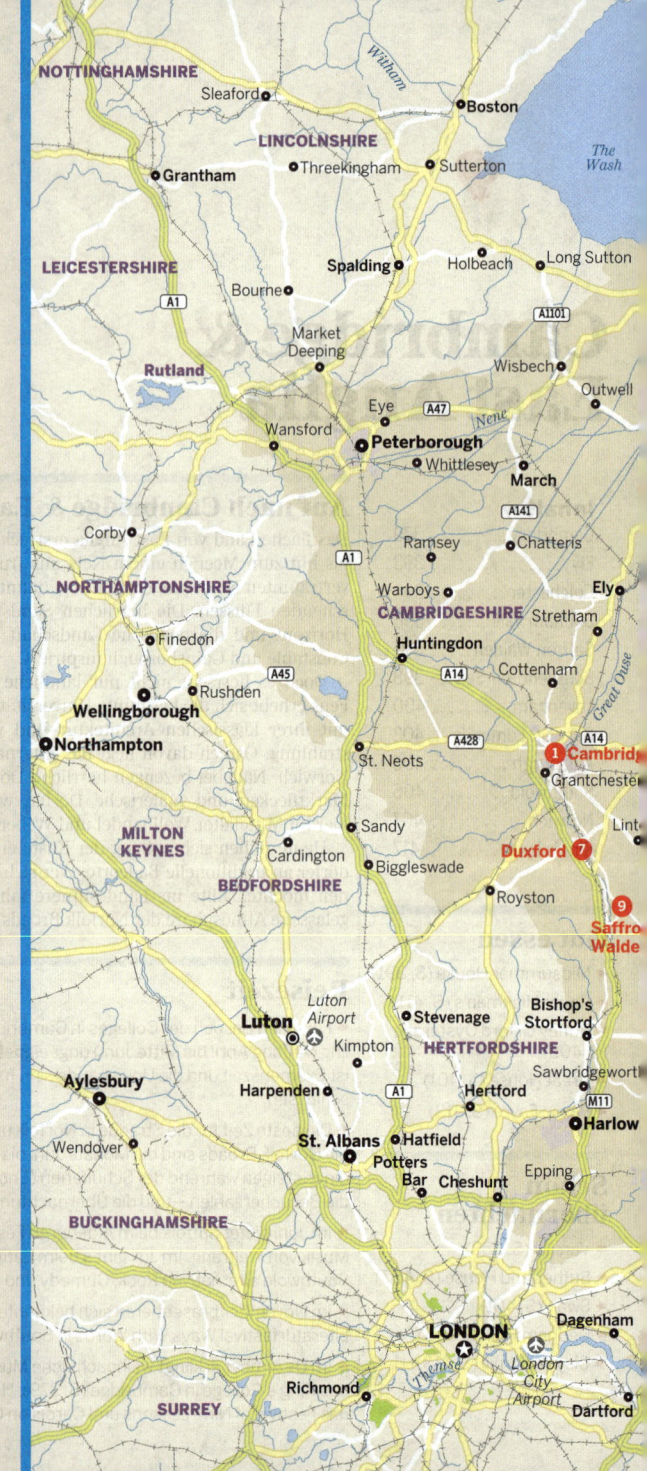

❶ Cambridge
(S. 379) Punting mit Blick auf historische Colleges und danach dem Evensong in der **King's College Chapel** (S. 379) lauschen

❷ Lavenham
(S. 400) Die mittelalterliche Atmosphäre des Marktstädtchens auf sich wirken lassen

❸ Norwich (S. 407) Zum kunstvollen Fächer-Stern-Gewölbe in der Kathedrale aufblicken

❹ Aldeburgh
(S. 405) In dem ruhigen Badeort köstliches Seafood speisen und über die Promenade spazieren

❺ Sandringham
(S. 417) Auf ihrem Landsitz das Wohnzimmer der Queen durchstöbern

❻ Norfolk Broads
(S. 414) Mit dem Kanu idyllische Wasserwege erkunden

❼ Imperial War Museum (S. 390) In Duxford einen Blick in die Geschichte der britischen und amerikanischen Luftwaffe werfen

❽ Holkham Beach
(S. 416) Zwischen Kiefern und Meer meilenweit barfuß durch den goldenen Sand stapfen

❾ Audley End
(S. 397) Eines der prachtvollsten Schlösser Englands bewundern

Geschichte

East Anglia war ein wichtiges angelsächsisches Königreich. Die in einem gesunkenen Schiff in Sutton Hoo in Suffolk gefundenen Schätze zeigen, dass die Gesellschaft schon damals sehr vielschichtig war.

Mit dem Zuzug von flämischen Webern im Mittelalter erlebte die Region ihre Blütezeit. In diese Periode geht sowohl der Bau vieler der großen Kirchen als auch die Gründung der Universität Cambridge zurück.

Bis zum 17. Jh. war der größte Teil des Marschlands und der Moore trockengelegt und in Ackerland verwandelt worden.

Die puritanische Bürgerschicht von East Anglia war ein guter Nährboden für den Englischen Bürgerkrieg. Oliver Cromwell, der ungekrönte König der Parlamentarier, war ein kleiner Kaufmann in Ely. Er fühlte sich von Gott dazu berufen, sich mit Waffengewalt gegen den in seinen Augen korrupten König Karl I. aufzulehnen.

Als im 18. Jh. die Industrielle Revolution Nordengland zu einer Vormachtstellung verhalf, begann der Stern von East Anglia zu sinken. Aufgrund seines flachen, weiten Landes und der Nähe zu Kontinentaleuropa erwies sich East Anglia während des Zweiten Weltkriegs als ideale Basis für die britische und amerikanische Luftwaffe im Kampf gegen Nazi-Deutschland.

Aktivitäten

East Anglia eignet sich wunderbar für Wander-, Rad- und Kajaktouren. Besucher können die lange Küste erkunden, in aller Ruhe über das flache Land wandern oder auf verwinkelten Wasserwegen ins Landesinnere vordringen.

Die Küste und die Norfolk Broads sind auch bei Seglern beliebt. Wer kein eigenes Boot hat, kann sich leicht eins mieten oder Stunden nehmen. Alternativ lassen sich die Broads auf den sacht dahin strömenden Flüssen auch per Motor- oder Ruderboot erkunden. Außerdem gibt es natürlich noch die ausgedehnten und oft menschenleeren Strände der Küste von Norfolk. Hier kann man herrlich Strandsegeln und Kitesurfen betreiben.

Radfahren

Die Region ist bekanntermaßen die flachste in ganz England; die Küsten von Suffolk und Norfolk sowie die Fens sind somit ideal zum Radfahren. Selbst die Tour de France machte 2014 einen Abstecher durch East Anglia.

Empfehlenswert für Mountainbiker ist Norfolks **Thetford Forest** (www.forestry.gov.uk/thetfordforestpark). Der 150 km lange Peddars Way (S. 378), der auf und neben der Hauptstraße verläuft, ist eigentlich eine Wanderstrecke, steht aber auch Radfahrern offen.

Wanderungen

Der **Peddars Way and Norfolk Coast Path** (www.nationaltrail.co.uk/peddarsway) ist ein nationaler Wanderweg, der von Knettishall Heath bei Thetford bis nach Cromer führt. Die Strecke von 150 Kilometern ist in sieben Tagen gut zu schaffen. Die erste Hälfte folgt einer altrömischen Straße, danach schlängelt sich der Wanderweg an den Stränden entlang, über Dämme, durch Salzmarschen (ideal zum Vogelbeobachten) und Fischerdörfer. Weiter im Süden verbindet der 80 km lange **Suffolk Coast Path** Felixstowe und Lowestoft über Snape Maltings, Aldeburgh, Dunwich und Southwold.

ℹ Praktische Informationen

Infos gibt's bei **Visit East of England** (www.visiteastofengland.com).

ℹ Anreise & Unterwegs vor Ort

Die Verbindungen mit öffentlichen Verkehrsmitteln zwischen London, den Midlands und East Anglia sind hervorragend. Auch in der Region gibt es meist gute Verbindungen, aber kleinere Städte und Dörfer werden nicht ganz so oft angefahren.

BUS

Das regionale Busnetz wird von mehreren kleinen und zwei größeren Gesellschaften betrieben: **First** (www.firstgroup.com) und **Stagecoach**.
➜ Fahrpläne gibt's bei **Traveline East Anglia** (www.travelineeastanglia.org.uk).

ZUG

➜ Der Regionalbahnbetreiber **Abellio Greater Anglia** (www.abelliogreateranglia.co.uk) verkauft den Anglia Plus Pass, der einen/drei Tage innerhalb von sieben Tagen gilt und 18/36 £ kostet.

CAMBRIDGESHIRE

Viele, die nach Cambridgeshire reisen, kommen nicht über die faszinierende Universitätsstadt Cambridge hinaus. Ja, die bedeutenden Gebäude, die Studenten in ihren Roben auf Fahrrädern und die erhabenen Kirchen sind schon beeindruckend.

Doch jenseits dieser ehrwürdigen Stätte der Gelehrsamkeit bieten die Fens, das üppige Ackerland und die unzähligen Wasserstraßen ideale Möglichkeiten zum Wandern und Radfahren. Und auch die außergewöhnliche Kathedrale in Ely und das sagenhafte Kriegsmuseum in Duxford brauchen sich hinter Cambridge nicht zu verstecken.

❶ Unterwegs vor Ort

Knotenpunkt für sämtliche öffentlichen Verkehrsmittel ist Cambridge. Von London King's Cross (23 £, 2- bis 4-mal pro Std.) aus ist es mit der Bahn bis dahin nur eine Stunde. Dieselbe Bahnstrecke führt nach Norden durch Ely bis King's Lynn in Norfolk. Andere Züge fahren nach Osten bis Norwich und Suffolk.

Cambridge

123 900 EW

Cambridge ist eine außergewöhnliche, geschichtsträchtige Universitätsstadt mit einer Fülle von wunderbarer Architektur und berühmt für seine recht schrulligen Traditionen und Rituale. Mit ihren eng zusammenliegenden Colleges, den malerischen „Backs" (Collegegärten) am Fluss und den grünen Wiesen ringsum wirkt sie gegenüber der ewigen Rivalin Oxford ruhiger und gemütlicher.

Doch wie in Oxford, das von den Einheimischen „the Other Place" („die andere Stadt") genannt wird, haben sich die Gebäude seit Jahrhunderten nicht verändert. Auch heute kann man die Universitätsstätten durchstreifen, wie es unzählige Premierminister, Dichter, Autoren und Wissenschaftler zuvor getan haben. Die ehrwürdigen Mauern lassen die hier gewonnenen akademischen Errungenschaften erahnen. Verstärkt wird dieser Eindruck durch Studenten, die bücherbepackt durch die Kopfsteinpflastergassen radeln oder sich auf gepflegten Wiesen erholen. In historischen Pubs diskutieren helle Köpfe über die neuesten Forschungsergebnisse. Auf dem Fluss sind Punting-Anfänger auf Zick-Zack-Kurs. Und Besucher, deren Unizeit längst vorbei ist, fragen sich, wie es wohl gewesen wäre, in solch vornehmer Umgebung zu studieren.

Geschichte

Die Geschichte der Stadt geht zwar bis in die Eisenzeit zurück, aber bis ins 11. Jh. war Cambridge nur ein unbedeutendes Nest. Dann ließen sich hier Augustinermönche nieder und gründeten die erste religiöse Institution, aus der später die Colleges wurden. 1209 kam es in der Universitätsstadt Oxford zu einem Aufstand zwischen den städtischen Autoritäten und Gelehrten. Eine Gruppe von Scholaren hatte die Nase voll von den Auseinandersetzungen, ging nach Cambridge und legte mit anderen den Grundstein für die spätere Universität. Doch auch Cambridge blieb nicht von derartigen Unruhen verschont.

Das erste Cambridger College, gegründet 1284, war Peterhouse (niemals: Peterhouse *College*) und 1318 erklärte Papst Johannes XXII. Cambridge offiziell zur Universität.

Im 14. Jh. konnten Könige, Adelige, Kirchen, Handelsgilden und quasi alle, die es sich leisten konnten, durch die Gründung eigener Colleges Prestige erwerben. Dem setzte allerdings die Reformation mit der Auflösung der Klöster ein Ende. Es dauerte 500 Jahre, bis Studentinnen an den erhabenen Stätten zugelassen wurden, und selbst dann nur an den reinen Frauencolleges Girton (gegr. 1869) und Newnham (gegr. 1871). Erst im Jahr 1948 rückte die Universitätsleitung von ihren veralteten Vorstellungen ab und gestattete Frauen, einen akademischen Abschluss zu machen.

Die Tafel zu Ehren berühmter Studenten der Universität liest sich wie ein Who is Who von großen Geistern: 87 Nobelpreisträger (keine andere Institution hat eine vergleichbare Anzahl hervorgebracht), 13 britische Premierminister, neun Erzbischöfe von Canterbury, unzählige Wissenschaftler, Dichter und Autoren. Hier verfeinerte Newton seine Gravitationstheorie, erfand Whipple das Düsentriebwerk und entdeckten Crick und Watson die DNA. Auch Berühmtheiten wie William Wordsworth, Lord Byron, Vladimir Nabokov, Stephen Hawking und Stephen Fry haben hier studiert.

Bis heute gilt die Universität als eine der besten Forschungsstätten weltweit. Dank einiger bahnbrechender Entdeckungen ist Cambridge untrennbar mit der Geschichte der Gelehrsamkeit verbunden.

◉ Sehenswertes

Die Universität Cambridge umfasst 31 Colleges, von denen allerdings nicht alle öffentlich zugänglich sind.

★ King's College Chapel   KIRCHE

(☏01223-331212; www.kings.cam.ac.uk/chapel; King's Pde; Erw./Kind 9/6 £; ⊘im Lehrbetrieb Mo–Sa 9.30–15.15, So 13.15–14.30 Uhr, Dez., Jan. & vorlesungsfreie Zeit tgl. 9.30–15.30 Uhr) Eindeutig die

Cambridge

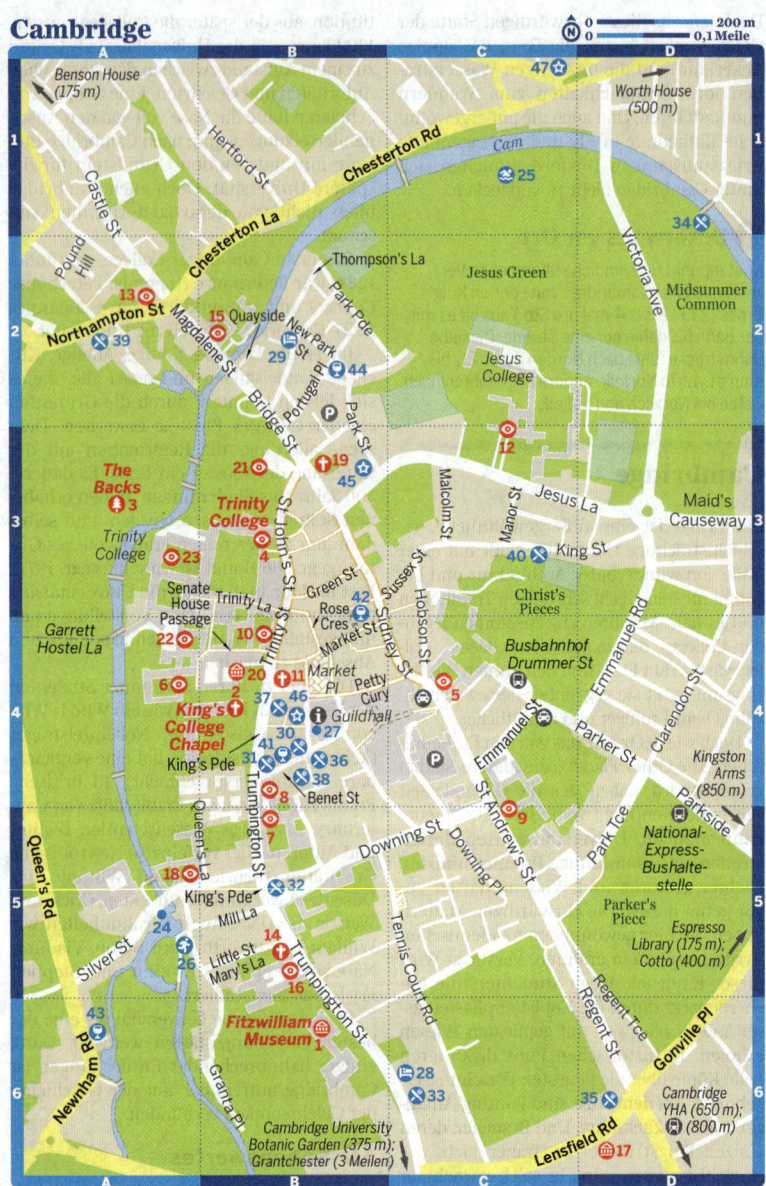

meistbesuchte Sehenswürdigkeit der Stadt. Die grandiose King's College Chapel aus dem 16. Jh. ist eines der außergewöhnlichsten Beispiele für Englands gotische Architektur. Ihr 80 m langes, fein ziseliertes Fächergewölbe ist das größte der Welt und explodiert nach oben hin geradezu in einem Feuerwerk aus Stein. Sie ist der perfekte Rahmen für den weltberühmten Chor der Kapelle, zu hören zum herrlichen Evensong (nur im Lehrbetrieb – Montag bis Samstag 17.30, Sonntag 10.30 und 15.30 Uhr, Eintritt frei).

Cambridge

Die **Türme** der Kapelle haben schon Generationen von Studenten zum nächtlichen Besteigen verführt (S. 389) und heute ziert ihr Bild Tausende von Postkarten, Geschirrhandtüchern und CDs. 1446 veranlasste Heinrich VI. den Bau als Akt der Frömmigkeit, aber erst ca. 1516 wurde die Kapelle unter Heinrich VIII. vollendet.

Dank der hohen **Buntglasfenster** in den Seitenschiffen ist es in der Kapelle erstaunlich hell. Das Glas der Fenster hat im Gegensatz zu anderen Kirchen die Zerstörung durch den Bürgerkrieg in dieser Region unbeschadet überstanden. Es heißt, Cromwell selbst habe angeordnet, dass diese Fenster verschont bleiben sollten. Als ehemaliger Student war er sich ihrer Schönheit bewusst.

Der Vorraum und der Altarraum sind durch einen meisterlich geschnitzten **Lettner** getrennt, der im Auftrag Heinrichs VIII. von Peter Stockton entworfen und ausgearbeitet wurde. Die hölzerne Trennwand trägt die Initialen des Königs verwoben mit denen Anne Boleyns. Wer genau hinschaut, findet unter der Vielzahl mythischer We-

sen und stilisierter Blumen ein wütendes menschliches Gesicht (möglicherweise das von Stockton). Oberhalb befindet sich die herrliche **Orgel**, die seit ihrem Bau 1686 viele Veränderungen erfahren hat.

Hinter dem grob geschnitzten Chorgestühl aus dunklem Holz fällt helles Licht auf den hohen **Altar**. Dieser wird umrahmt von Rubens' Meisterwerk *Die Anbetung der Heiligen Drei Könige* (1634) und dem herrlichen Ostfenster. In den Seitenkapellen links vom Altar dokumentiert eine **Ausstellung** die verschiedenen Bauabschnitte und -methoden.

Achtung: Die Kapelle (nicht jedoch das Collegegelände) ist auch während der Examenszeiten (April bis Juni) geöffnet. Jedes Jahr zu Heiligabend wird in der King's College Chapel das **Festival of Nine Lessons and Carols** aufgeführt. Es wird von der BBC weltweit ausgestrahlt und auch von rund 300 amerikanischen Rundfunkstationen übertragen. Wer früh genug ist (meist gegen 9 Uhr), kann sich in die Schlange stellen und hat gute Chancen, eingelassen zu werden.

Senate House
HISTORISCHES GEBÄUDE

(Senate House Passage) Das klassizistische Gebäude (nicht für die Öffentlichkeit zugänglich) direkt neben dem King's College wurde 1730 von James Gibbs entworfen. Hier finden im Sommer, wenn Studenten in ihren Roben und mit Doktorhut auf dem Kopf das Stadtbild prägen, die Abschlussexamen statt. Am Ende des akademischen Jahres gibt ein Aushang die Namen der erfolgreichen Absolventen bekannt.

Great St. Mary's Church
KIRCHE

(www.gsm.cam.ac.uk; Senate House Hill; ⊙ Mo–Sa 10–16, So 13–16 Uhr) GRATIS Der Ursprung dieser erhabenen Universitätskirche geht bis auf das Jahr 1010 zurück. Ende des 13. Jhs. brannte sie bis auf die Grundmauern nieder und wurde 1351 wieder aufgebaut. Der große Erweiterungsbau aus dem Jahren 1478–1519 erfolgte im spätgotischen Perpendicular Style, in dem sich die Kirche heute präsentiert. Besonders eindrucksvoll sind die mittelviktorianischen Buntglasfenster, die Sitzempore und zwei Orgeln – ungewöhnlich für eine Kirche. Der Turm (Erw./Kind 3,90/2,50 £) wurde 1690 hinzugefügt; er bietet wunderbare Ausblicke auf die verträumten Kirchtürme der Stadt.

Gonville & Caius College
COLLEGE

(www.cai.cam.ac.uk; Trinity St; ⊙ 9–14 Uhr, Ende April–Mitte Juni geschl.) GRATIS Gonville and Caius (die Einheimischen nennen das College nur Caius, gesprochen „keys") ist berühmt für drei faszinierende Tore namens Gate of Humility (Tor der Demut), Gate of Virtue (Tugend) und Gate of Honour (Ehre). Sie symbolisieren die Laufbahn des erfolgreichen Studenten, da das dritte Tor (eine wunderbarer Bau mit Kuppel und Sonnenuhr) zum Senate House (S. 382) und damit zum Abschluss führt. Zu den ehemaligen Studenten gehören Francis Crick (vom DNA-Entdeckerpaar Crick und Watson) und Edward Wilson (ein Teilnehmer der tragischen Antarktisexpedition von Scott). Stephen Hawking, der Megastar unter den Astrophysikern, hat hier einen Lehrstuhl inne.

Das College wurde zweimal gegründet: 1348 von einem Priester namens Gonville und ein zweites Mal 1557 von Dr. Caius (eigentlich Keys, aber die Latinisierung von Personennamen ist ja unter Akademikern weit verbreitet). Der renommierte Arzt soll darauf bestanden haben, dass „Stumme, Taube, Entstellte, Lahme, chronisch Kranke sowie Waliser" nicht am College aufgenommen werden durften.

Trinity Hall College
COLLEGE

(☎ 01223-332500; www.trinhall.cam.ac.uk; Trinity Lane; Eintritt mit Spende; ⊙ 9.15–12 & 14 Uhr–Sonnenuntergang, Anfang April–Juni geschl.) Trinity Hall (keine Verbindung zum Trinity College) wurde 1350 für Anwälte und Geistliche als Stätte der Zuflucht vor dem Schwarzen Tod gegründet. Die Kapelle ist eine der schönsten College-Kapellen in Cambridge. Der Besuch des Evensong ist zu gewissen Zeiten möglich; genauere Auskunft erteilt das College. Zu den Absolventen von Trinity Hall gehören die Schriftsteller J. B. Priestley, der Astrophysiker Stephen Hawking und die Schauspielerin Rachel Weisz. In der Bibliothek aus dem 16. Jh. (normalerweise nicht für Besucher geöffnet) gibt es noch Lesepulte aus jakobinischer Zeit und angekettete Bücher.

★ Trinity College
COLLEGE

(www.trin.cam.ac.uk; Trinity St; Erw./Kind 3/1 £; ⊙ 10–16.30 Uhr, Anfang April–Mitte Juni geschl.) Zu den Attraktionen des größten Colleges in Cambridge gehören ein außergewöhnliches Tudortor, eine piekfeine Atmosphäre und ein unwerfender Great Court – der größte seiner Art weltweit. Berühmt ist auch die sympathisch muffige Wren Library (www.trin.cam.ac.uk; ⊙ Mo–Fr 12–14 Uhr, im Lehrbetrieb auch Sa 10.30–12.30 Uhr) GRATIS, mit 55 000 Büchern aus der Zeit vor 1820 und über 2500 Manuskripten. Darunter sind Werke von Shakespeare, St. Jerome, Newton und Swift – sowie die Originalausgabe von A. A. Milnes *Winnie the Pooh*. Sowohl Milne als auch sein Sohn Christopher Robin haben hier studiert.

Das teilweise vergoldete Eingangstor wird geschmückt von einer Statue des Collegegründers Heinrich VIII. In seiner linken Hand hält er einen goldenen Reichsapfel und in seiner rechten ein Tischbein. Das Zepter, das er ursprünglich hielt, fiel einem Studentenstreich zum Opfer und wurde nie ersetzt. Eine wunderbare Einführung in das altehrwürdigste College von Cambridge, und ein Bild, das zeigt, wer hier Herr im Hause ist.

Dahinter im Great Court weicht der scholastische Humor angesichts der imposanten Architektur und der schieren Größe der Anlage bald einem Gefühl von Ehrfurcht. Rechts vom Eingang wurde in den 1950er-Jahren ein Baum gepflanzt. Er soll ein Ableger des Apfelbaums sein, der den Trinity-Absolventen Sir Isaac Newton berühmt machte. Des Weiteren haben hier studiert:

Francis Bacon, Lord Byron, Tennyson, Prince Charles (der Legende nach hat sein Bodyguard im Examen besser abgeschnitten als er), mindestens neun Premierminister von Großbritannien und anderer Länder sowie über 30 Nobelpreisträger.

Die riesige **Halle** wird überspannt von einem gewaltigen Stichbalkendach und einer Laterne. Es folgen die würdevollen Kreuzgänge von **Nevile's Court**. Heinrich VIII. wäre sicher stolz darauf gewesen, dass sein College einmal die beste Party der Stadt ausrichten würde, den opulenten **May Ball** (S. 383) im Juni. Wer dabei sein will, braucht eine dicke Brieftasche und Beziehungen.

St John's College COLLEGE

(www.joh.cam.ac.uk; St John's St; Erw./Kind 8/5 £; ◷ März–Okt. 10–17, Nov.–Febr. bis 15.30 Uhr, Mitte Juni geschl.) Am äußerst fotogenen St. John's College studieren sechs Premierminister, drei Heilige und Douglas Adams (Autor von *Per Anhalter durch die Galaxis*). Nach Trinity ist es das zweitgrößte College. Es wurde 1511 von Margaret Beaufort, der Mutter Henrichs VII., gegründet und erstreckt sich über beide Flussufer. Die beiden Teile sind durch die Bridge of Sighs (S. 384) verbunden, einem Meisterwerk filigraner Steinmetzkunst und beliebte Zielscheibe für Studentenstreiche. Um sie in Augenschein zu nehmen, muss man entweder St. John's besuchen oder eine Stechkahntour machen.

Auf der anderen Seite der Brücke liegt der **New Court**, ein extravagantes neugotisches Gebäude aus dem 19. Jh. Zur linken Seite eröffnen sich eindrucksvolle Ausblicke auf die Backs (S. 383). Einige Teile des Colleges sind sehr alt. Die Kapelle ist zwar kleiner als die des King's College, aber ein verborgenes Juwel unter den Kapellen von Cambridge.

Round Church KIRCHE

(www.christianheritage.org.uk; Bridge St; Eintritt 2,50 £; ◷ Mo–Fr 10–17, Sa 13.30–17, So 13.30–16 Uhr) Die stimmungsvolle Round Church ist eine von nur vier Rundkirchen in England. Sie wurde 1130 von den sagenumwobenen Tempelrittern erbaut. Das Rundschiff umgeben massige normannische Säulen mit aus dem Stein gehauenen Gesichtern, die das 12. Jh. lebendig werden lassen.

Jesus College COLLEGE

(www.jesus.cam.ac.uk; Jesus Lane; ◷ 9–17 Uhr, Anfang April–Mitte Juni geschl.) GRATIS Dieses ruhige College aus dem 15. Jh. war ursprünglich das Kloster St. Radegund, bis die Bischof von Ely, John Alcock, die Nonnen wegen „Unbe-

dachtheit, Verschwendungssucht und Unkeuschheit" hinauswarf. Zu den Highlights gehören eine **Galerie** mit normannischen Bögen, ein **Altarraum** aus dem 13. Jh. sowie Jugendstilelemente von Pugin, Ford Madox Brown, William Morris (Decken) und Burne-Jones (Buntglas). Zu seinen illustren Absolventen zählen der Erzbischof von Canterbury Thomas Cranmer, der als Reformator in Oxford auf dem Scheiterhaufen landete, und der bekannte Journalist und Radiomoderator Alistair Cooke.

Magdalene College COLLEGE

(www.magd.cam.ac.uk; Magdalene St; ◷ 8–18 Uhr, Anfang April–Mitte Juni geschl.) GRATIS Achtung: Der Name des am Fluss gelegenen Colleges wird „*mod*-lin" ausgesprochen. Hauptattraktion dieses ursprünglich von Benediktinern als Herberge gegründeten Colleges ist die **Pepys Library** (www.magd.cam.ac.uk; Magdalene St; ◷ ganzjährig Mo–Fr 14–16, Sa 11.30–12.30 & 13.30–14.30 Uhr, Okt.–April Mo–Sa 14–16 Uhr, Sept. geschl.) GRATIS Die 3000 Bücher der Bibliothek wurden dem College in der Mitte des 17. Jh. vom Chronisten Pepys höchstselbst überlassen. Die schön gebundenen Wälzer sind nach Höhe geordnet. Zu den Schätzen der eigentümlichen Sammlung gehören wunderbare mittelalterliche Manuskripte und die *Anthony Roll*, mit Darstellungen der Schiffe der Königlichen Marine von 1540.

Als das Magdalene College 1988 als letztes College in Cambridge auch Frauen zum Studium zuließ, trugen einige der männlichen Studierenden schwarze Armbinden und setzten die Collegeflagge auf Halbmast.

Kettle's Yard WOHNHAUS & KUNSTGALERIE

(www.kettlesyard.co.uk; Castle St) GRATIS Kettle's Yard, zurzeit geschlossen, Wiedereröffnung für Ende 2017 geplant, ist das Haus von H. S. „Jim" Ede, seines Zeichens Kurator der Tate Gallery in London. Wer gern in anderer Leute Haus herumstöbert, bekommt hier einen höchst privaten Einblick in das Leben und die faszinierende Persönlichkeit und Samlung des ehemaligen Bewohners. Das geräumig erscheinende Cottage ist angefüllt mit Möbeln, Keramiken und Kunstwerken von Miró, Henry Moore und anderen.

★ The Backs PARK

Hinter den beeindruckenden Fassaden und Höfen der Colleges reihen sich am Fluss Gärten und Parks aneinander. Die sogenannten Backs mit grünen Wiesen bis ans glitzernde

ℹ BESICHTIGUNG DER COLLEGES

In den zweiwöchigen Weihnachtsferien sind die Colleges für Besucher geschlossen, ebenso von Anfang April bis Mitte Juni, weil sich die Studenten dann auf ihre Examen vorbereiten. Vorsicht: Die Öffnungszeiten können täglich wechseln, also besser vorher nachfragen.

Wasser schaffen eine wunderbar ruhige Atmosphäre. Von hier aus haben die Besucher einen einzigartigen Blick auf die Colleges, den viele als typischen Eindruck von Cambridge in Erinnerung behalten. Postkartenreife Bilder vom Collegeleben und den malerischen Brücken können von den Wegen am Fluss und den Fußgängerbrücken aus genossen werden. Alternativ kann man sich in einem Stechkahn befördern lassen.

Die 1831 in St. John's (S. 383) gebaute **Bridge of Sighs** lässt sich am besten von einer anderen Brücke aus betrachten, die südlich davon ebenfalls auf dem Gelände des St John's College (S. 383) liegt und von Christopher Wren entworfen wurde. Der älteste Flussübergang liegt auf dem Gelände des **Clare College** (www.clare.cam.ac.uk; Trinity Lane; 3,50 £; ☉ Sonnenaufgang–Sonnenuntergang, Anfang April–Mitte Juni geschl.). Die Brücke wurde 1639 gebaut und ist mit dekorativen Kugeln geschmückt. Der Architekt bekam gerade mal 15 Pence für seinen Entwurf und war entsprechend verärgert. Es heißt, er habe ein Stück aus einer der Kugeln an der Balustrade gehauen, auf dass die Brücke auf ewig unvollendet bliebe.

Die kurioseste Brücke von allen ist die nicht besonders belastbar wirkende Holzkonstruktion, die die beiden Hälften des Queen's College miteinander verbindet. Sie ist von der Silver Street aus zu sehen. Die **Mathematical Bridge** wurde zum ersten Mal 1749 errichtet. Auch wenn Fremdenführer mit Sinn für gute Geschichten das gerne erzählen: Weder hat sie Sir Isaac Newton eigenhändig und ohne Nägel gebaut (er starb 1727), noch wurde sie jemals von einem Akademiker-Trupp auseinander genommen, der sie anschließend nicht wieder zusammensetzen konnte.

Queens' College   COLLEGE
(www.queens.cam.ac.uk; Queen's Lane; 3 £; ☉ 10–16 Uhr, Anfang April–Mitte Juni geschl.) Das herrliche Queens' College aus dem 15. Jh. erstreckt sich elegant auf beiden Seiten des Flusses. Die verbindende Mathematical Bridge (S. 384) macht allerdings keinen wissenschaftlich fundierten Eindruck. Zu den Highlights gehören hier: die bezaubernden mittelalterlichen Höfe **Old Court** und **Cloister Court**, die schöne **President's Lodge** sowie der Turm, in dem der niederländische Gelehrte und Erneuerer Desiderius Erasmus von 1510 bis 1514 wohnte.

Corpus Christi College   COLLEGE
(www.corpus.cam.ac.uk; King's Pde; 2,50 £; ☉ Mitte Juni–Sept. 10.30–16.30, Okt.–Anfang April 14–16 Uhr) Gegründet 1352 gehört Corpus Christi zu den ältesten Colleges in Cambridge. Seine Gebäude verströmen den Charme alter Zeiten und im **Old Court** herrscht eine geradezu klösterliche Atmosphäre. Man beachte die herrliche Sonnenuhr und die Gedächtnistafel für den Ehemaligen Christopher Marlowe (1564–1593), Autor von *Doctor Faustus* und *Tamburlaine*. Der New Court (läppische 200 Jahre alt) führt in die **Parker Library** mit der wertvollsten Sammlung angelsächsischer Manuskripte weltweit (Montag- und Donnerstagnachmittag für Touren der Touristeninformation geöffnet).

Corpus Clock   WAHRZEICHEN
(Benet St) Auf der aus 24-karätigem Gold bestehenden **Corpus Clock** zeigen mit LED-Lichter in drei konzentrischen Kreisen die Zeit. Über das obere Ende kriecht ein hässlicher, insektenartiger „Zeitfresser". Sie ist nur alle fünf Minuten zeitgenau. Zwischendurch geht sie schneller oder langsamer oder hält ganz an. Ihr Erbauer John C. Taylor wollte damit die Unregelmäßigkeit des Lebens veranschaulichen.

Christ's College   COLLEGE
(www.christs.cam.ac.uk; St Andrew's St; ☉ 9–16 Uhr, Anfang Mai–Mitte Juni geschl.) GRATIS Christ's College ist eine ehrwürdige, über 500 Jahre alte Institution. Sein glänzendes **Great Gate** schmücken Tudorrosen, ein Fallgitter und antilopenartige Tiere. Lady Margaret Beaufort, die Gründerin, schwebt über dem Ganzen wie ein Spiritus rector. Eine massive Eichentür führt in den **First Court**. Er gehört zu den schönsten Vorderhöfen in Cambridge und ist der einzige rund angelegte. Die **Gärten** sind dem ehemaligen Studenten Charles Darwin gewidmet. Viele Pflanzenarten, die der Gelehrte von seiner berühmten Galapagos-Reise mitbrachte, wurden hier angepflanzt.

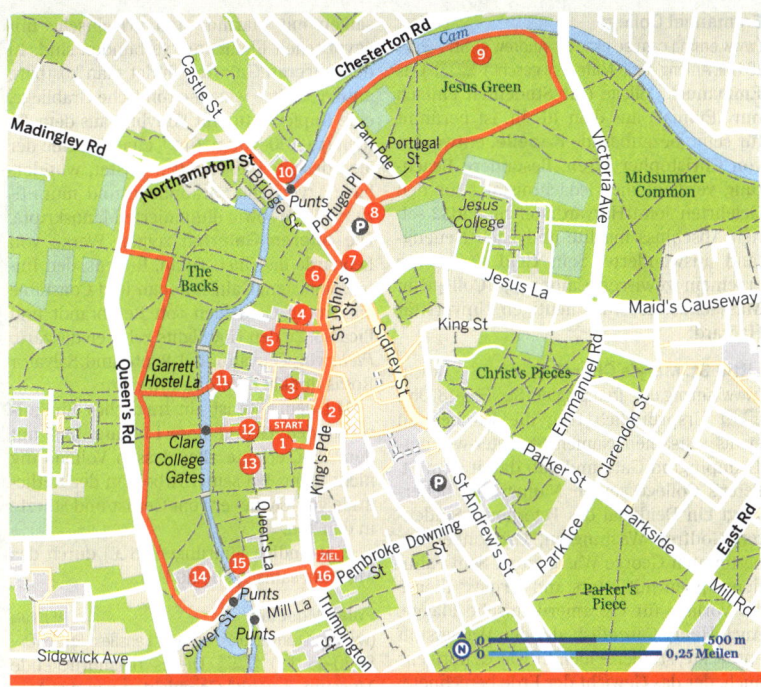

Spaziergang
Die Colleges & die Backs

START KING'S COLLEGE CHAPEL
ZIEL FITZBILLIES
LÄNGE/DAUER 5 KM; VIER STUNDEN

Vom ❶ **King's College** (S. 379) geht's nach Norden und in die ❷ **Great St. Mary's Church** (S. 382), um die Aussicht vom Turm zu genießen. Es folgt das verträumte ❸ **Gonville & Caius** (S. 382) mit seinen reich verzierten Toren. Links liegt der Eingang zum ❹ **Trinity College** (S. 382). Wenn man im Great Court die Architektur genossen hat, geht's weiter zur ❺ **Wren Library** (S. 382) mit ihren Raritäten. Am ❻ **St. John's College** (S. 383) fasziniert die herrliche Fassade, bevor man die beeindruckende ❼ **Round Church** (S. 383) betritt. Dann geht's rechts in die Straße Portugal Place mit ihren niedrigen Häusern. Am Ende bietet sich das freundliche Pub ❽ **Maypole** (S. 391) für einen Erfrischungsstopp an. Weiter führt der Weg quer über das Jesus Green. Wer mag, hüpft in den gleichnamigen ❾ **Pool** (S. 387). Richtung Südwesten dem Fluss mit Wehren und Haus-

booten folgen, bis ein Bohlenweg zu einer Stechkahnablegestelle führt. Auf der anderen Seite der Brücke liegt das ❿ **Magdalene College** (S. 383), das den Abstecher wegen der einzigartigen Pepys Library lohnt. Nach einem kurzen Stück auf der lauten Northampton St nimmt man links den Weg durch die Backs, über das Gelände von St. John's College und Trinity College. Weiter geht's im Zickzackkurs zwischen Collegewegen und Fluss. Ein paar Schritte die ⓫ **Garret Hostel Lane** hinauf hat man einen schönen Blick auf Brücken, Kähne und Colleges. Zurück auf dem Weg, geht es nach links zu den Toren des ⓬ **Clare College** (S. 384); Fellow's Garden ist hier Pflicht. Zurück bei den Backs, führt der Weg am Westflügel des King's vorbei. Das ⓭ **Fellows' Building** liegt gleich rechts. Hinter dem ⓮ **Queens' College** (S. 384) links abbiegen. Von der Brücke der Silver St sind links die ⓯ **Mathematical Bridge** (S. 384) und rechts die Stechkähne zu sehen. Zeit zum Ausruhen im ⓰ **Fitzbillies** (S. 390) mit Chelsea Bun und Tee.

Emmanuel College   COLLEGE

(www.emma.cam.ac.uk; St Andrew's St; 9–18 Uhr, Anfang April–Mitte Juni geschl.) GRATIS Das Emmanuel College (für Studenten einfach nur „Emma") aus dem 16. Jh. ist berühmt für seine bezaubernde **Kapelle**, entworfen von Christopher Wren. Besondere Beachtung verdient die Gedächtnistafel für den Gelehrten John Harvard, der hier 1632 seinen Abschluss machte und nach Neuengland auswanderte. Sein Geld vermachte er einem gewissen Cambridge College in Massachusetts – der heutigen Universität Harvard.

Little St. Mary's Church   KIRCHE

(www.lsm.org.uk; Trumpington St; 9–18 Uhr) GRATIS Ursprünglich trug die Kirche den etwas seltsamen Namen St. Peter-without-Trumpington Gate und gab damit dem St. Peter's College seinen Namen. Sie beherbergt ein Denkmal des Peterhouse-Studenten Godfrey Washington, Großonkel des berühmten George Washington. Sein Familienwappen mit „stars and stripes" diente als Vorlage für die amerikanische Flagge. Auch Henry Cavendish, der den Wasserstoff entdeckte, studierte hier. Er war es übrigens auch, der das Gewicht der Erde berechnete: rund sechs Tausend Trillionen Tonnen.

Peterhouse   COLLEGE

(www.pet.cam.ac.uk; Trumpington St; 9–17 Uhr, Anfang April–Mitte Juni geschl.) GRATIS Peterhouse wurde 1284 gegründet und ist das älteste und kleinste College. Im Laufe der Jahre wurde es oft umgebaut und erweitert, zum Beispiel 1632 um die kleine, aber feine **Kapelle**. Doch die wunderbar restaurierte **Haupthalle** stammt tatsächlich aus dem 13. Jh.

★ Fitzwilliam Museum   MUSEUM

(www.fitzmuseum.cam.ac.uk; Trumpington St; Eintritt mit Spende; Di–Sa 10–17, So 12–17 Uhr) GRATIS Der klassizistische Koloss mit dem Spitznamen „the Fitz" war eines der ersten öffentlichen Kunstmuseen in Großbritannien. Erbaut wurde es für die Schätze, die der siebte Viscount Fitzwilliam seiner alten Uni hinterließ. Ausgestellt sind römische und ägyptische Grabbeigaben, Werke namhafter Künstler und etwas eigentümliche Sammlungen von Banknoten, Autogramme von Literaten, Uhren und Rüstungen.

Das exzentrische Äußere des Gebäudes entspricht dem darin Ausgestellten. Es ist eine pompöse Stilmischung, in der die Mosaiken mit Marmor und griechische mit ägyptischen Elementen verbunden sind. In den **unteren Galerien** findet man kostbare antike Schätze wie eine römische Grabliege, eine Kupferplatte mit Votivbild aus dem Jemen (ca. 100–200 n. Chr.), eine Figurine der ägyptischen Katzengöttin Bastet, wunderbare ägyptische Sarkophage und mumifizierte Tiere sowie illuminierte Manuskripte. Die **oberen Galerien** zeigen Werke von Leonardo da Vinci, Titian, Rubens, den Impressionisten, Gainsborough und Constable bis hin zu Gemälden von Rembrandt und Picasso. Zu den Highlights gehören die zarte *Pietà* von Giovanni del Ponte und Salvator Rosas dunkle *L'Umana Fragilita*.

Mit dem Fitz ist ein tragisches Ereignis verbunden: George Basevi begann 1837 mit dem Bau, erlebte aber dessen Vollendung nicht mehr; bei seiner Arbeit an der Kathedrale von Ely fiel er vom Gerüst und stürzte in den Tod.

Einstündige Führungen (6 £) durch das Museum samstags 14.30 Uhr.

Polar Museum   MUSEUM

(www.spri.cam.ac.uk/museum; Lensfield Rd; Di–Sa 10–16 Uhr) GRATIS Dieses beeindruckende Museum „erzählt" Geschichten von der Auseinandersetzung mit der feindlichen Natur, wilder Entschlossenheit und Fehlern, die Menschenleben forderten. Im Mittelpunkt stehen die Aufzeichnungen der Polarexpeditionen von Roald Amundsen, Fridtjof Nansen und Captain Robert Falcon Scott. Ergänzt wird die bewegende Sammlung von Gemälden, Fotos, Kleidungsstücken, Ausrüstungsgegenständen, Karten, Tagebüchern und den letzten Mitteilungen von Scotts Mannschaft an die Hinterbliebenen.

Auch Modelle von Schiffen, die bis in die Gewässer der Arktis und Antarktis vordrangen, und neuartige Geräte wie der Nansen-Kocher sind zu sehen. Veränderungen der Eisschichten und des Klimas werden auf interaktiven Bildschirmen dargestellt. Die Abteilung über die Bewohner der Arktis umfasst Schnitzereien der Inuit aus Holz und Knochen, ein samisches Messer mit einer aus Rentiergeweih geschnitzten Scheide, einen Walrosszahn mit eingeritzten Szenen von der Walrossjagd und besonders kunstvolle Exemplare von *Tupilak* (aus Rentiergeweihen geschnitzte Figurinen, denen die Seelen der Ahnen innewohnen) aus Grönland. Museumsbetreiber ist das Scott Polar Institute. Es wurde mit Mitteln aus einem

Hilfsfonds ins Leben gerufen, der nach der verhängnisvollen Südpolexpedition des Forschers eingerichtet wurde. Heute spielt es eine führende Rolle in der Forschung zum Klimawandel.

Cambridge University Botanic Garden GÄRTEN

(www.botanic.cam.ac.uk; 1 Brookside; Erw./Kind 5 £/frei; ☺ April–Sept., 10–18, Febr., März & Okt. bis 17, Nov.–Jan. bis 16 Uhr) Der herrliche botanische Garten wurde von Charles Darwins Mentor, Professor John Henslow, gegründet. Hier findet man 8000 Pflanzenarten, ein phantastisches Arboretum, Gewächshäuser mit fleischfressenden Kannenpflanzen und eleganten Frauenschuhorchideen sowie einen Wintergarten und prächtige Staudenrabatten. Der Garten liegt 1200 m südlich vom Stadtzentrum (über Trumpington St).

Aktivitäten

Schwimmen

Jesus Green Pool SCHWIMMEN

(www.better.org.uk; Jesus Green; Erw./Kind 4.50/ 2.40 £; ☺ Mo, Di & Fr 7.30–19.30, Mai–Sept. Mi, Do, Sa & So 12–19.30 Uhr) An dem schmalen aber extrem langgezogenen (rund 91,5 m) Becken des Freibads aus den 1920er-Jahren wird auch in der Sonne gebadet

Stechkahnfahren

Mit einem Stechkahn auf eigen Faust an den Backs entlangzufahren, ist ein echtes Erlebnis. Es mag zu Anfang schwierig sein, aber man kriegt den Bogen schon raus. Falls gar nichts geht, kann man immer noch einen Kahn mit Fahrer anheuern.

Die Miete liegt bei 20 bis 28 £ pro Stunde, eine 45-minütige Tour mit Fahrer kostet ca. 15 bis 19 £ pro Person, und eine Tour bis Grantchester und zurück (1½ Std.) rund 18 £ pro Person.

Scudamore's Punting STECHKAHNFAHREN

(☎ 01223-359750; www.scudamores.com; Granta Place; 45-minütige Tour mit Fahrer pro Pers. 16–19 £, 6 Selbstfahrer pro Std. 22–28 £; ☺ 9 Uhr–Sonnenuntergang) Verleiht Stechkähne, Ruderboote, Kajaks und Kanus. Bei Onlinebuchung gibt's bis zu 5 £ Rabatt.

Cambridge Chauffeur Punts STECHKAHNFAHREN

(www.punting-in-cambridge.co.uk; Silver St Bridge) Veranstaltet regelmäßig Stechkahntouren mit Fahrer (Erw./Kind 16/7 £ pro Std.) und ohne Fahrer (6 Selbstfahrer pro Pers. und Std. 22 £).

Granta Moorings STECHKAHNFAHREN

(www.puntingincambridge.com; Newnham Rd; 45-minütige Tour mit Fahrer pro Pers. 15 £, 6 Selbstfahrer pro Std. 24 £; ☺ März–Okt. 9.30 Uhr–Sonnenuntergang) Günstig gelegener Stechkahnverleih, wenn man Richtung Grantchester unterwegs ist. Im Winter verkürzte Öffnungszeiten.

Geführte Touren

★ Walking Tours STADTRUNDGANG

(☎ 01223-791501; www.visitcambridge.org; Peas Hill) Die Touristeninformation veranstaltet **zweistündige Führungen** (Erw./Kind 19/9 £), bei denen zwei der wichtigsten Colleges wie zum Beispiel King's College Chapel, Queens',

PUNTING

Stechkahnfahren sieht auf den ersten Blick einfach aus, aber das täuscht. Deshalb hier ein paar Tipps, damit man nicht wild hin und her trudelt, den Stab verliert oder ins Wasser plumpst.

➡ Der Fahrer steht hinten und steckt den Stab neben den Kahn senkrecht ins Wasser.

➡ Man lässt den Stab durch die Hände gleiten, bis er den Boden berührt.

➡ Dann wird er nach vorn geneigt (d. h. in Fahrtrichtung) und nach unten gedrückt.

➡ Anschließend muss er gedreht werden, damit er sich aus dem Bodenschlamm löst. Man lässt ihn wieder hochkommen und hinter dem Kahn herschleifen. Dabei kann er zum Steuern verwendet werden.

➡ Wenn man bis jetzt noch nicht ins Wasser gefallen ist, hebt man den Stab aus dem Wasser und beginnt von vorn.

➡ Den Stab immer gut festhalten, besonders unter der Clare Bridge, wo sich Studenten gern einen Spaß daraus machen, sich die Stäbe zu schnappen.

Pembroke oder St. John's besucht werden. Der Eintritt zu den Colleges ist im Preis inbegriffen. Die Touren beginnen bei der Touristeninformation. Rechtzeitig buchen, denn sie sind gefragt! Die Führungen finden ganzjährig von Montag bis Freitag um 11 und 13 Uhr, Samstag um 11, 12, 13 und 14 Uhr und Sonntag um 13 Uhr statt. Im Juli und August gibt es täglich zusätzliche Führungen um 12 und 14 Uhr.

Die schrillen einstündigen Ghost Tours (Erw./Kind 7/5 £) starten freitags und samstags zu unterschiedlichen Zeiten zwischen 18 und 20 Uhr; Ausgangspunkt ist die Guildhall.

✹ Festivals & Events

Cambridge hat immer etwas zu bieten. Über bevorstehende Events informieren Aushänge im gesamten Stadtbereich, insbesondere im Umkreis der St. Mary's Church.

Bumps   SPORT
(www.cucbc.org/bumps; ☺Febr. & Juni) Traditionelles Wettrudern auf der Cam (bzw. der Granta, wie das durch Cambridge verlaufende Stück genannt wird). Hierbei versuchen die Bootclubs der Colleges, den vor sich liegenden Gegner „anzurempeln" *(bump)*.

Beer Festival   BIER
(www.cambridgebeerfestival.com; ☺Mai) Bei dem beliebten fünftägigen Fest fließen zu dem Jesus Green Bier und Cider im Übermaß. Es gibt diverse englische Biersorten sowie eine Vielfalt von Käse aus dem gesamten Königreich zu kosten.

May Balls   KULTUR
(☺Anfang Juni) Trotz des anderslautenden Namens finden die formellen Bälle, der größte Studentenevent des Jahres, erst im Juni statt. Von offizieller Seite wurde festgestellt, dass es nicht sinnvoll war, dieses feucht-fröhliche Vergnügen direkt vor der Prüfungen zu feiern. Daher werden die Bälle heute nach den Examen abgehalten, aber – typisch für das spleenige Cambridge – der alte Name wurde beibehalten.

Folk Festival   MUSIK
(www.cambridgefolkfestival.co.uk; ☺ Ende Juli–Anfang Aug.) Renommiertes viertägiges Musikfestival in der Cherry Hinton Hall, rund 6,5 km südöstlich der Innenstadt. Hier sind schon Berühmtheiten wie Van Morrison, Ladysmith Black Mambazo, Christy Moore, Imelda May, Paul Simon und KT Tunstall aufgetreten.

Cambridge Shakespeare Festival   THEATER
(www.cambridgeshakespeare.com; ☺Juli & Aug.) Freilichtaufführungen der beliebtesten Werke des berühmten Dichters.

🛏 Schlafen

Cambridge YHA   HOSTEL £
(☎0845-371 9728; www.yha.org.uk; 97 Tenison Rd; B 18–26 £, DZ 39–59 £; @ 🛜) Kleines, freundliches, zu Recht beliebtes und unlängst renoviertes Hostel mit kompakten Schlafsälen und guter Ausstattung. Günstige Lage in Bahnhofsnähe.

University Rooms Cambridge   B&B ££
(www.universityrooms.com/en/city/cambridge/home; EZ/DZ ab 46/80 £) Wer einen Eindruck vom Alltag der Studenten-Elite bekommen möchte, mietet sich am besten ein Studenzimmer in einem College. Die Auswahl reicht von funktionalen Einzelzimmern (Gemeinschaftsbad) mit Blick in den Collegehof bis zu moderneren Zimmern mit Bad in Nebengebäuden. Das Frühstück gibt es häufig in der Mensa. Am einfachsten sind die Zimmer während der vorlesungsfreien Zeit (Juni–Aug., Weihnachten & März–April) zu bekommen.

Worth House   B&B ££
(☎01223-316074; www.worth-house.co.uk; 152 Chesterton Rd; EZ 75–85 £, DZ 95–145 £; P 🛜) Hier werden die Gäste mit großer Herzlichkeit empfangen. Die gut ausgestatteten Zimmer sind die reine Freude. Sanfte Grau- und Cremetöne bilden einen schönen Kontrast zu roten Streifen, die schicken Badezimmer haben Wannen mit Klauenfüßen und das Tablett mit dem Teekocher ist gefüllt mit kleinen Köstlichkeiten. Zwei Türen weiter gibt es noch ein Drei-Personen-Apartment für Selbstversorger (550 £ pro Woche).

Benson House   . B&B ££
(☎01223-311594; www.bensonhouse.co.uk; 24 Huntingdon Rd; EZ 75–115 £, DZ 110–115 £; P 🛜) Viele Kleinigkeiten machen im Benson das Besondere aus: Schlafen auf Federkissen und in Bettwäsche aus ägyptischer Baumwolle und Tee nippen aus edlem Royal-Doulton-Porzellan, bevor man sich über das preisgekrönte Frühstück mit *kippers*, Croissants und frischem Obst hermacht.

Tudor Cottage   B&B ££
(☎01223-565212; www.tudorcottageguesthouse.co.uk; 292 Histon Rd; EZ/DZ 50/80 £; P 🛜) In diesem picobello Gästehaus fühlt man sich wie zu Hause: von den Zimmern mit strah-

STREICHE, NACHTKLETTERER & CUBES

In einer Stadt, in der sich so viel akademischer Geist ballt, gehört es dazu, dass sich die Studenten allerlei Schabernack ausdenken. Der beeindruckendste Streich, den Cambridge je gesehen hat, war der Austin-Seven-Lieferwagen auf dem Dach des ehrwürdigen Senate House (S. 382) im Jahr 1958. Die Aktion erforderte von den Maschinenbaustudenten eine ganze Menge Planung und hat zu ähnlichen Streichen angeregt, so hing auch schon ein Austin Seven von der Bridge of Sighs (S. 384) herunter.

Das King's College ist seit Langem das Ziel von Nachtkletterern. Die Studenten genießen den Nervenkitzel, in der Dunkelheit die hohen Gebäude zu erklimmen. Der Sport wird sehr ernst genommen. Bereits im Jahr 1900 schrieb Geoffrey Winthrop Young, Student am Trinity College, den *Roof Climber's Guide to Trinity*. Zum Beweis einer gelungenen Kletteraktion werden auf den Spitzen der King's College Chapel die unmöglichsten Dinge platziert. Vom Absperrkegel bis zur Weihnachtsmannmütze war dort schon alles zu entdecken.

Und dann gibt es noch die Cubes (Cambridge University Breaking and Entering Society) – der „Einbruchs- und Eindringverein der Universität Cambridge". Erklärtes Satzungsziel ist es, sich illegal Zugang zu Orten zu verschaffen und dort eine „Visitenkarte" zu hinterlassen. Für die meisten Furore sorgte bisher die hölzerne Stockente in den Dachsparren der Great Hall des Trinity College.

lenden Bädern bis zu den exotischen Teesorten, ausgesuchten Cerealien, Kuchen und Muffins am Frühstückstisch. Es liegt 3,2 km nördlich vom Stadtzentrum mit einer Haltestelle von Bus 8 gleich vor der Tür.

Rosa's B&B ££
(☎01223-512596; www.rosasbedandbreakfast.co.uk; 53 Roseford Rd; EZ 55–70 £; P 🕾) Ein freundliches, familiengeführtes B&B mit zwei hellen, gemütlichen Einzelzimmern mit Akzenten in Schokoladenbraun und Beige. Die Pension liegt 3,2 km nördlich vom Stadtzentrum. Vor der Tür gibt es kostenlose Straßenparkplätze und Bus 8 hält in der Nähe.

★ Varsity BOUTIQUEHOTEL £££
(☎01223-306030; www.thevarsityhotel.co.uk; Thompson's Lane; DZ 190–350 £; @🕾) Das Hotel liegt am Fluss und hat 44 individuell eingerichtete Zimmer. Die Gäste haben ihre Freude an kreativen Möbeln, u. a. mit Union-Jack-Bemalung, und Pseudo-Velourstapete, zimmerhohen Fenstern, Espressomaschinen und iPod-Docks. Der Blick von der Dachterrasse über die Colleges ist einfach umwerfend.

★ Hotel du Vin BOUTIQUEHOTEL £££
(☎01223-928991; www.hotelduvin.com; 15 Trumpington St; DZ 159–259 £, Suite 250–425 £; @🕾) Das Haus gehört zur edelsten und coolsten Hotelkette des Landes und wird diesem Anspruch voll gerecht. Die elegant eingerichteten Zimmer verfügen über maßgefer-

tigte Betten, Badewannen aus Emaille und mit gewölbtem Rand und Regenduschen. In der Kellerbar ist es unter einer Gewölbedecke ausgesprochen gemütlich, außerdem gibt es ein schickes Bistro (2-/3-Gänge-Menü 17/20 £). Die luxuriösen Suiten (in denen rotierenden TVs, Minikino und Surround-Sound warten) sind schlichtweg himmlisch.

Felix BOUTIQUEHOTEL £££
(☎01223-277977; www.hotelfelix.co.uk; Whitehouse Lane, Huntingdon Rd; EZ 205 £, DZ 220–285 £, Suite 325–345 £; P @🕾) Moderne Kunst und das phantasievolle Design (fuchsienrote Stühle auf auf Hochglanz poliertem Holzboden) fallen überall ins Auge, beides hat Boutiquestatus. Dazu kommen Seidenvorhänge, Luxusbettwäsche und Badezimmer mit Stein- und Schieferfliesen. Die Penthouse-Suite unter dem Dach lässt die Herzen der Romantiker höher schlagen. Das Felix liegt 2,4 km nordwestlich der Stadt.

Essen

★ Urban Shed SANDWICHES £
(www.theurbanshed.com; 62 King St; Sandwiches ab 4,25 £; ⊙ Mo–Do 8.30–17, Fr 8.30–16.30, Sa 9–18, So 10–16 Uhr) Der unorthodoxe Urban Shed rangiert irgendwo zwischen Retro-Imbiss und Sandwichbar. Ein Erfolgsgeheimnis ist sein *personal service*, der so weit geht, dass Stammkunden ein Schließfach für ihren persönlichen Kaffeebecher angeboten wird. Der Laden ist mit ausrangierten Flugzeug-

IMPERIAL WAR MUSEUM

Im größten europäischen Luftwaffenmuseum, dem **Imperial War Museum** (www.iwm.org.uk; Duxford; Erw./Kind 16,35/8,15 £; ⊙ Ostern–Okt. 10–18, Nov.–Ostern 10–16 Uhr; Ⓟ 🚻), werden in riesigen Hangars fast 200 liebevoll gepflegte Oldtimerflugzeuge ausgestellt. Der ausgedehnte Flugplatz bietet alles von Sturzkampfbombern bis hin zu Doppeldeckern, einer Spitfire und einer Concorde. Der Hangar des ehrfurchtgebietenden **American Air Museum** ist der Luftwaffe der USA im Zweiten Weltkrieg gewidmet. Es beherbergt die größte Sammlung amerikanischer Zivil- und Militärflugzeuge außerhalb der USA.

Duxford liegt rund 15,5 km südlich von Cambridge an der Junction 10 der M11. Mit dem Bus ist das Musem nur sonntags zu erreichen (Bus 132; 3,90 £, 50 Min.).

sitzen und Tischen, die aus Kabeltrommeln gebauten sind, möbliert. Der selbstgeröstete Kaffee schmeckt köstlich und die Auswahl an Sandwiches ist erstklassig.

Hot Numbers
CAFÉ £

(www.hotnumberscoffee.co.uk; 4 Trumpington St; Imbiss ab 5 £; ⊙ Mo–Fr 7–19, Sa & So 8–18 Uhr; 🕾) In dem entspannten Hipster-Hang-out gibt's über Ahornholz geräucherten Speck und Single-Origin-Bohnenkaffee zum Frühstück, Craft-Biere und coole Musik.

Espresso Library
CAFÉ £

(www.espressolibrary.co.uk; 210 East Rd; Hauptgerichte 5–9 £; ⊙ Mo & Di 7–19, Mi & Do bis 21, Fr & Sa bis 23, So 9–18 Uhr; 🖉) Die chillige Klangberieselung sowie ein Laptop auf fast jedem Tisch verraten, dass dieses Café im Industriechick besonders bei Studenten gut ankommt. Das ist nicht zuletzt dem guten Essen geschuldet, beispielsweise Frittata mit Süßkartoffel und Spinat, oder Burger mit Portobellopilzen, aber auch dem echt starken Kaffee.

Aromi
ITALIENISCH £

(www.aromi.co.uk; 1 Benet St; Hauptgerichte 4,50 £; ⊙ 9–19 So–Do, Fr & Sa bis 20 Uhr; 🖉) Manchmal muss man sich einfach etwas gönnen. Die Vitrine lockt mit herrlicher Sizilianischer Pizza. Der Boden ist leicht und knusprig – wie wär's mit frischem Spinat und Parmaschinken als Belag? Danach vielleicht eine unanständig dicke heiße Schokolade, am besten gleich eine große.

Die Eigentümer des Aromi betreiben auch ein Café, das nur ein paar Türen weiter am Peas Hill liegt.

Fitzbillies
CAFÉ £

(www.fitzbillies.com; 52 Trumpington St; Hauptgerichte 6–12 £; ⊙ Mo–Fr 8–18, Sa 9–19, So 10–18 Uhr) Mit seinen wahnsinnig klebrigen Chelsea

Buns und anderen süßen Versuchungen hat die älteste Bäckerei in Cambridge schon Generationen von Studenten glücklich gemacht. Genießer haben die Wahl: entweder eine Tüte voll mitnehmen oder es sich in dem gemütlichen Café gut gehen lassen.

Rainbow
VEGETARISCH £

(www.rainbowcafe.co.uk; 9a King's Pde; Hauptgerichte 7–11 £; ⊙ Di–Sa 10–22, So bis 15 Uhr; 🖉) Ein wunderbares Plätzchen für Fleischverächter ist dieses freundliche Kellerbistro, versteckt am Ende einer Gasse abseits der King's Parade. In einem Labyrinth aus gemütlichen Gaststuben werden an wackeligen Tischen alle erdenklichen Sorten Gemüse in gebackener oder gebratener Form, in Pastagerichten und Pasteten serviert. Es gibt auch leckere glutenfreie Gerichte.

Pint Shop
MODERN BRITISCH ££

(☎ 01223-352293; www.pintshop.co.uk; 10 Peas Hill; Hauptgerichte 12–21 £; ⊙ 12–22 Uhr) Erklärtes Ziel des Pint Shop ist es, Essen und Trinken gleich viel Bedeutung zukommen zu lassen. Deshalb wurden eine auf Craft-Biere (zehn vom Zapfhahn und sechs vom Fass) spezialisierte Bar und ein stilvoller Speiseraum eingerichtet, wo klassische Versionen traditioneller Speisen (gut abgehangene Steaks, in Gin marinierte Meeresforelle, Scholle vom Holzkohlengrill) aufgetischt werden. Das Konzept geht auf!

Smokeworks
GRILL ££

(www.smokeworks.co.uk; 2 Free School Lane; Hauptgerichte 9–17 £; ⊙ Mo–Do 11.45–22.30, Fr & Sa bis 23, So bis 21.30 Uhr; 🕾) Anspruchsvolle Fleischesser und ortsansässige Hipster frequentieren das dunkle Lokal im Industrielook, um hier Rippchen, die auf der Zunge zergehen, Chickenwings und köstliches geräuchertes Pulled Pork zu schlemmen. Die Bedienung ist schnell und freundlich, und der salzige Karamellmilchshake kommt in einem Glas von der Größe eine menschlichen Kopfes.

Kingston Arms
KNEIPENESSEN **££**

(www.kingston-arms.co.uk; 33 Kingston St; Hauptgerichte 5–16 £; ⊙ Mo–Fr 12–14 & 18–22, Sa & So 12–22 Uhr; ☎) Im preisgekrönten Kingston gibt es großartige, sättigende Pubküche – von Braten bis zu hausgemachtem Risotto – und preisstabile Hauptgerichte (4,99 £). Bei über zehn Ale-Sorten, Brettspielen und einer Mischung aus Studenten und Anwohnern kommt echte Cambridge-Atmosphäre auf. Das Lokal liegt 1,6 km südöstlich vom Zentrum.

Chop House
BRITISCH **££**

(www.cambscuisine.com/cambridge-chop-house; 1 King's Pde; Hauptgerichte 15–22 £; ⊙ Mo–Sa 12–22.30, So bis 21.30 Uhr) Wer einen Fensterplatz ergattert, hat beste Aussicht auf die erhabenen Mauern des King's College. Die Küche ist bürgerlich englisch: herzhafte Steaks und Kottelets mit Pommes Frites sowie ein paar Fischgerichte und Puddings. Von 10 bis 12 Uhr ist für Kaffee und Kuchen geöffnet.

Das Schwesterrestaurant **St John's Chop House** (www.cambscuisine.com/st-johns-chop-house; 21 Northampton St; Hauptgerichte 11–27 £; ⊙ Mo–Fr 12–15 & 18–22.30, Sa 12–23, So 12–21.30 Uhr) liegt nahe dem Eingang zum St. John's College.

Oak Bistro
BISTRO **££**

(☑ 01223-323361; www.theoakbistro.co.uk; 6 Lensfield Rd; Hauptgerichte 14–24 £, Mittagsmenü 2/3 Gänge 14/17 £; ⊙ Mo–Sa 12–14.30 & 18–21.30 Uhr) Dieses freundliche, etwas gehobene Esslokal serviert Ente, Lamm und Rind aus der Region. Verfeinert werden die Gerichte mit Trüffelöl, Salsa verde und Rosmarienjus. Der Mittagstisch ist nach wie vor preislich unschlagbar.

★ Midsummer House
MODERN BRITISCH **£££**

(☑ 01223-369299; www.midsummerhouse.co.uk; Midsummer Common; 5/8 Gänge 48/105 £; ⊙ Mi–Sa 12–13.30, Di–Sa 19–21.30 Uhr; ☑) In diesem mit zwei Michelin-Sternen gekrönten Restaurant kreiert Chefkoch Daniel Clifford Gerichte, die sich durch Geschmackstiefe und technische Raffinesse auszeichnen. Wie wär's mit auf Holzkohle gebackenem Sellerie, *Cornish crab* und gebratenem Täubchen mit wildem Knoblauch, gefolgt von einer Komposition aus Birne, Heidelbeere und weißer Schokolade? Weine ab 45 £. Unge-

wöhnlicherweise werden beide Menüs auch in einer vegetarischen Variante angeboten.

Cotto
INTERNATIONAL **£££**

(☑ 01223-302010; www.cottocambridge.co.uk; 183 East Rd; 3 Gänge 65–70 £; ⊙ Mi–Sa 18.30–21 Uhr; ☑) ⚲ Mit Kunstfertigkeit und Präzision zaubert Chefkoch Hans Schweitzer Gerichte, die superb aussehen und köstlich schmecken. Zu den Highlights gehören Seafood Velouté und die Spezialität des Hauses: Cotto Wildbret Wellington. Zum Nachtisch gibt es womöglich „Hans-made chocolates" oder Kokosnuss-Brûlée.

Ausgehen & Nachtleben

★ Eagle
PUB

(www.eagle-cambridge.co.uk; Benet St; ⊙ Mo–Sa 8–23, So bis 22.30 Uhr) Cambridges berühmtestes Pub hat schon vielen prominenten Akademikern die Zunge gelockert und die grauen Zellen vernebelt, zum Beispiel den Nobelpreisträgern Crick und Watson, die hier über ihre DNA-Forschung diskutierten (s. blaues Schild an der Tür). Seit dem 15. Jh. geben sich die Gäste die Klinke in die Hand. Die gemütlichen Räume sind holzvertäfelt und eine der Decken ist mit Unterschriften von Luftwaffenangehörigen aus dem Zweiten Weltkrieg verziert. Auch das Essen, das durchgehend serviert wird, ist gut.

Fez
CLUB

(www.cambridgefez.com; 15 Market Passage; ⊙ Sa 22.30–3 Uhr) Hip-Hop, Dancehall, R&B, Techno, Funk, Indie, House und Garage, Top-DJs und Clubnächte – das ist das Rezept des beliebtesten Clubs in Cambridge, dem im marokkanischen Stil eingerichteten Fez.

Maypole
PUB

(www.maypolefreehouse.co.uk; 20a Portugal Pl; ⊙ So–Do 11.30–24, Fr & Sa bis 1 Uhr) Dieses Rotklinker-Pub ist bei den Leuten aus der Nachbarschaft beliebt wegen seiner zwölf echten Ales vom Fass, wegen des großen Biergartens und wegen der lockeren Atmosphäre. Außerdem gibt es herzhaftes italienisches Essen frisch aus der Küche und es werden Bier-Festivals mit Gerstensaft aus der Region und von kleinen Privatbrauereien veranstaltet.

Granta
PUB

(www.granta-cambridge.co.uk; 14 Newnham Rd; ⊙ 11–23 Uhr) Wenn einem das Pub, das da so malerisch an einem Mühlenteich liegt, bekannt vorkommt, dann deshalb, weil es oft für Fernsehproduktionen herhalten muss.

Auf seiner romantischen Flussterrasse mit den vertäuten Stechkähnen (S. 387) lässt es sich wunderbar essen und das Treiben ringsum beobachten.

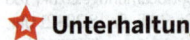 Unterhaltung

ADC
THEATER

(☏01223-300085; www.adctheatre.com; Park St) Das berühmte Theater wird von Studenten betrieben. Es ist die Heimstatt der universitätseigenen Comedy-Gruppe Footlights, zu der einst Berühmtheiten wie Emma Thompson, Hugh Laurie und Stephen Fry gehörten.

Cambridge Arts Theatre
THEATER

(☏01223-503333; www.cambridgeartstheatre. com; 6 St Edward's Passage) Das Programm des größten Theaters in Cambridge bietet alles von intellektuellem Drama und Tanz bis zum Weihnachtsmärchen und aktuellen Shows aus dem Londoner West End.

Junction
DARSTELLENDE KÜNSTE

(☏01223-511511; www.junction.co.uk; Clifton Way) Modernes Veranstaltungszentrum in Bahnhofsnähe mit Theater, Tanz, Comedy, Livebands und Clubabenden. Es liegt die Regent St (und anschließend Hills Rd) hinunter 2,4 km südöstlich vom Stadtzentrum.

Portland Arms
LIVEMUSIK

(www.theportlandarms.co.uk; 129 Chesterton Rd; ⊙Mo–Do 12–23.30, Fr & Sa bis 0.30, So bis 23 Uhr) Die bei Studenten beliebte Location mit 200 Plätzen ist das beste Musiklokal der Stadt. Hier spielen die unterschiedlichsten Bands. Die Wände der Saloon-Bar sind mit Holz vertäfelt und es gibt eine große Terrasse. Einmal im Monat steht eine Comedy-Night auf dem Programm.

Praktische Informationen

Addenbrooke's (www.cuh.org.uk; Hills Rd; ⊙24 Std. Notaufnahme) 6,5 km südöstlich vom Zentrum.

Cantab Millenium Services (☏01223-322306; 95 Mill Rd; 1,50 £ pro Std.; ⊙9.30–18.30 Uhr) Internetcafé.

Touristeninformation (☏01223-791500; www.visitcambridge.org; Peas Hill; ⊙Mo–Sa 10–17, April–Okt. So 11–15)

An- & Weiterreise

AUTO

Das Zentrum von Cambridge ist vorwiegend Fußgängerzone. Die Parkgebühren in den Parkhäusern liegen zwischen 3 und 4,60 £ für zwei Stunden.

An den Hauptstraßen um die Stadt gibt es fünf Park-&-Ride-Parkplätze (Parken pro Tag 1 £); von hier fahren von Montag bis Samstag zwischen 7 und 20 Uhr und Sonntag zwischen 9 und 17.45 Uhr alle 10 bis 15 Minuten Busse in die Innenstadt (hin und zurück 2,70 £).

BUS

Busse von **National Express** (☏0871 781 8181; www.nationalexpress.com; Parkside) fahren von Parkside u. a. nach:

Gatwick 37 £, 3¾ Std., 9-mal tgl.

Heathrow 25 £, 2¾ Std., stündl.

London Victoria 5 £, 2½ Std., alle 2 Std.

Oxford 12 £, 3½ Std., alle 30 Min.

Stansted 10 £, 45 Min., alle 2 Std.

ZUG

Der Bahnhof liegt 2,4 km südöstlich vom Zentrum. Verbindungen u. a. nach:

Birmingham New Street 55 £, 3 Std., stündl.

Bury St Edmunds 10 £, 40 Min., stündl.

Ely 5 £, 15 Min., 3-mal stündl.

King's Lynn 10 £, 50 Min., stündl.

London King's Cross 23 £, 1 Std., 2- bis 4-mal stündl.

Stansted Airport 10 £, 35 Min., stündl.

Unterwegs vor Ort

BUS

➜ Die Stadtbusse fahren vom **Busbahnhof** (Drummer St) ab.

➜ Viele verkehren bis ca. 23 Uhr.

➜ C1, C3 und C7 halten am Bahnhof.

➜ Ein Tagesticket (Dayrider) (4,10 £) gilt 24 Stunden unbegrenzt für alle Stadtbusse.

FAHRRAD

Cambridge ist ausgesprochen fahrradfreundlich und so ist das Fahrrad auch das ideale Fortbewegungsmittel zur Erkundung der romantischen Stadt.

Bewährte Fahrradverleihe sind:

City Cycle Hire (www.citycyclehire.com; 61 Newnham Rd; halber Tag/Tag/Woche 7/10/25 £; ⊙Mo–Fr 9–17.30 Uhr, April–Okt. auch Sa 9–17 Uhr) 1,6 km südwestlich vom Zentrum.

Rutland Cycling (☏01223-307655; www. rutlandcycling.com; Corn Exchange St; 4 Std./ Tag 7/10 £; ⊙Mo–Fr 9–18, So 10–17 Uhr) Unterhalb des Einkaufszentrums Grand Arcade im Herzen der Stadt. Am Bahnhof in der Station Rd gibt es eine weitere Filiale.

Grantchester

540 EW

Ein Ausflug den Fluss Cam entlang ins bilderbuchhafte Dorf Grantchester lohnt nicht nur wegen der alten reetgedeckten Cottages mit ihren blühenden Gärten, der luftigen Wiesen und der klassischen Cream Teas. Wer die knapp fünf Kilometer zu Fuß, mit dem Rad oder dem Stechkahn zurücklegt, wandelt dabei auch auf den Spuren einiger großer Intellektueller.

 **Essen**

⭐ **Orchard Tea Garden** CAFÉ £
(☎01223-551125; http://mlsb.org/orchardteagarden; Mill Way; Mittagessen 4–10 £, Kuchen 3 £; ⊙ Juni–Aug. 9.30–19.30, März–Mai & Sept.–Nov. bis 17.30, Dez.–Febr. bis 16.30 Uhr) Nach einer idyllischen Stechkahnfahrt oder einer Wanderung bzw. Fahrradtour von Cambridge herüber lädt diese typisch englische Wirtschaft zum Einkehren ein. Hier kann man auf Klappliegestühlen unter Apfelbäumen kalorienreichen Kuchen oder ein leichtes Mittagessen verspeisen. Der Orchard Tea Garden war der Lieblingstreffpunkt der Mitglieder der Bloomsbury Group, die hier kampierten, picknickten, schwimmen gingen und ihre Gedanken austauschten.

ℹ️ **An- & Weiterreise**

➤ Grantchester ist 4,8 km von Cambridge entfernt und mit dem Stechkahn auf dem Cam bzw. per pedes oder Fahrrad am Ufer entlang zu erreichen.
➤ Bus 18 fährt von Cambridge nach Grantchester (2,50 £, 15 Min., Mo–Sa, stündl.).

Ely

20 256 EW.

Das charmante Städtchen Ely mit seiner eindrucksvollen Kathedrale lohnt einen Tagesausflug von Cambridge aus. Der Name geht zurück auf die Aale *(eels)*, die einst die damals noch wasserführenden Fens ringsum bevölkerten. Im Mittelalter war Ely ein Zentrum der Opiumproduktion in Großbritannien. Vornehme Damen hielten „Mohnpartys" ab und die Mütter in der Region stellten ihre Kinder mit „Mohntee" ruhig. Bis heute hat Ely ein mittelalterliches Stadtbild, überragt von der Kathedrale, mit traditionellen Tearooms und hübschen georgianischen Häusern in einem Gewirr aus Gassen. Auch der idyllische Kai hat seinen Reiz.

◎ **Sehenswertes**

⭐ **Ely Cathedral** KATHEDRALE
(www.elycathedral.org; The Gallery; Erw./Kind 8 £/ frei, inkl. Turmführung 15 £/frei; ⊙ 7–18.30 Uhr) Die atemberaubende Kathedrale von Ely prägt die gesamte Gegend. Sie wird auch „Schiff der Fens" genannt, weil sie weithin über das ausgedehnte flache Land zu sehen ist. Das **Kirchenschiff** aus dem 12. Jh. beeindruckt durch klare Linien und die Offenheit des Raums. Meisterlich gestaltet sind die Decke, das **Oktagon** und die **Türme** aus dem 14. Jh., die in changierenden Farben in den Himmel ragen. Im normalen Eintritt enthalten ist eine Führung durch das Kirchenschiff. Bei den Turmführungen (3- bis 5-mal tgl., 165 Stufen) schauen die Besucher hinter die Kulissen und genießen herrliche Ausblicke.

Seit mindestens 673 ist Ely ein Ort für Pilger und Gottesfürchtige. In dem Jahr gründete Etheldreda, die Tochter des Königs von East Anglia, hier ein Nonnenkloster (obwohl sie schon zwei Ehen hinter sich hatte). Kurz nach ihrem Tod wurde sie heiliggesprochen. Das Kloster wurde von den Dänen geplündert, als Männerkloster wieder aufgebaut, zerstört und nach der Eroberung durch die Normannen zur Kirche umgebaut. Im Jahr 1109 wurde die Kirche von Ely zur Kathedrale ernannt. Zur Abstützung der Mauern wurden später gotische Bögen hinzugefügt.

Die weitläufige **Lady Chapel** aus dem 14. Jh. enthält gespenstisch leere Nischen, in denen einst Statuen von Heiligen und Märtyrern standen. Sie wurden von Bilderstürmern während des Bürgerkriegs kurzerhand herausgehauen. Über die filigranen Steinmetzarbeiten wacht seit dem Jahr 2000 eine umstrittene Statue der *Heiligen Maria* von David Wynne. Die Schönheit der Kathedrale wird gern für Filmarbeiten genutzt: Einige der kunstvollen Details sind zu sehen in *Elizabeth: Das Goldene Königreich* und *Die Schwester der Königin*. Am stimmungsvollsten ist die Atmosphäre beim Evensong (Mo–Sa 17.30, So 15 Uhr) oder in einem Chorgottesdienst (So 10.30 Uhr).

Oliver Cromwell's House MUSEUM
(www.olivercromwellshouse.co.uk; 29 St Mary's St; Erw./Kind 4,90/3,40 £; ⊙ April–Okt. 10–17, Nov.– März 11–16 Uhr) Englands führender Puritaner lebte von 1636 bis 1647 mit seiner Familie in diesem attraktiven Fachwerkhaus und trieb von seinen Gemeindemitgliedern den Zehn-

ten ein. Die Inneneinrichtung zeigt, wie der Alltag der Familie ausgesehen haben mag: brennende Kerzen, Schlapphüte, Schreibfedern usw.

Ely Museum
MUSEUM

(www.elymuseum.org.uk; Market St; Erw./Kind 4,50/1 £; ⏺April–Okt. Mo–Sa 10.30–17, So 13–17, Nov.–März Mi–Sa 10.30–16, So 13–16 Uhr) Hauptattraktion in diesem skurrilen, kleinen Museum im Old Gaol House sind die abschreckend eingerichteten Gefangenenzellen. Daneben gibt es Themenausstellungen über die Römer, die Angelsachsen, den Friedhof Long Barrow im nahen Haddlington sowie die Entstehung der Fens. Schließlich erhalten die Besucher Einblicke in die alten Handwerksberufe von Ely wie zum Beispiel das Kürschnern und der Aalfang.

🛏 Schlafen & Essen

⭐ Peacocks
B&B ££

(☎01353-661100; www.peacockstearoom.co.uk; 65 Waterside; DZ 125–150 £) In den geräumigen Suiten fühlt man sofort zu Hause. Im „Cottage" zieren Blumentapeten von Laura Ashley Sitzecke und Schlafzimmer; im „Brewery" erinnern vergilbte Bücher, vergoldete Spiegel und polierte Antiquitäten an einen Gentlemen-Club.

Riverside Inn
B&B ££

(☎01353-661677; www.riversideinn-ely.co.uk; 8 Annesdale; EZ 59–69 £, DZ 89–120 £; 🅿🛜) Die Zimmer in diesem georgianischen Gästehaus am Kai sind in gedämpften Gold- und tiefen Rottönen gehalten und mit Brokatbettüberwürfen, dunklen Holzmöbeln versehen. Die Bäder sind blitzblank. Ein super Ort, um die Hausboote und Ruderer auf dem Great Ouse zu betrachten.

⭐ Peacocks
CAFÉ £

(www.peacockstearoom.co.uk; 65 Waterside; Imbiss ab 7 £; ⏺Mi–So 10.30–16.30 Uhr, Juni–Sept. auch Di) Das preisgekrönte Café (Mi–So 10.30–17 Uhr) ist bekannt für exklusive Teesorten und *cream teas* (ab 7 £), selbstgemachte Suppen, Salate, Kuchen und *scones*. Man kann drinnen zwischen lustigem Krimskrams und altem Porzellan sitzen, oder draußen in einem reizenden, von Trauerweiden umhangenen Garten.

Old Fire Engine House
BRITISCH ££

(☎01353-662582; www.theoldfireenginehouse.co.uk; 25 St Mary's St; Mittagessen 2/3 Gänge 17/22 £, Hauptgerichte 16 £; ⏺Mo–Sa 12–14 & 19–21, So 12–14 Uhr) 🖉 Die Gerichte könnten dem Namen

nach direkt von einem traditionellen Bauernhof in East Anglia stammen, haben aber entschieden mehr Klasse. Zu den bevorzugten saisonalen und regionalen Produkten gehören möglicherweise frisch geräucherter Aal oder gebackenes Perlhuhn an Wildpilzen, gefolgt von einem dampfgegarten Kuchen und Ingwerpudding.

ℹ Praktische Informationen

Touristeninformation (☎01353-662062; www.visitely.org.uk; 29 St Mary's St; ⏺April–Okt. 10–17 Uhr, Nov.–März 11–16 Uhr) Hier gibt's Broschüren über den malerischen Eel Trail (50 P.) und Rundwanderungen auf dem Fen Rivers Way (2 £).

ℹ An- & Weiterreise

Wer gern wandert, kann die 27 km von Cambridge nach Ely am Fluss entlang über den Fen Rivers Way zu Fuß zurücklegen. Zugverbindungen u. a.:

Cambridge 3 £, 20 Min., 3-mal stündl.

King's Lynn 7 £, 30 Min., alle 30 Min.

Norwich 17 £, 1 Std., alle 30 Min.

ESSEX

Die Einwohner dieser Grafschaft sind seit Jahren Zielscheibe von arroganten und äußerst verletzenden Witzen. Aber von solchen Stereotypen wie Witzfiguren mit Sonnenbräune aus der Tube und Ferienorten mit Rummelplätzen abgesehen, gibt es hier idyllische mittelalterliche Dörfer in hügeliger Landschaft. Sie haben schon Constable, einen der beliebtesten englischen Maler, inspiriert. Ein Knotenpunkt ist die historische Stadt Colchester. Southend-on-Sea ist der populärste Erholungsort in der Gegend; im verschlafenen Vorort Old Leigh finden sich noch die traditionellen Muschelverkäufer und Gassen mit Kopfsteinpflaster.

Colchester

180 420 EW.

Die Anfänge von Colchester mit seiner Trutzburg und der römischen Stadtmauer gehen bis ins 5. Jh. v. Chr. zurück. Es ist Großbritanniens älteste in Chroniken erwähnte Stadt. 43 n. Chr. kamen, sahen und siegten die Römer und bauten hier ihre nördliche Hauptstadt Camulodunum. Bereits 17 Jahre später wurde sie von Boudica zerstört. Im 11. Jh. bauten die normannischen Invasoren eine mächtige Burg. Sie liegt heute mitten zwischen schmalen Straßen mit ein paar besonders schönen alte Fachwerkhäusern und außergewöhnlichen, neuen Kunsträumen.

◉ Sehenswertes

★ Colchester Castle
BURG

(www.cimuseums.org.uk; Castle Park; Erw./Kind 7,60/4,75 £; ⊙Mo–Sa 10–17, So 11–17 Uhr) Der Wohnturm wurde 1076 dort erbaut, wo zu römischer Zeit der Tempel des Claudius stand. Er ist Englands größter noch erhaltener normannischer Wohnturm, größer als der des Tower of London. Er war seither königliche Residenz, Gefängnis und Wohnhaus eines Hexenjägers. Inzwischen wurden die Mauern aus dem 11. Jh. mit einem Budget von vier Millionen Pfund und Technik aus dem 21. Jh. restauriert. Es gibt Smartphone-Apps und Tablets zum Ausleihen sowie eine phantastische Licht- und Ton Show, die verloren gegangene Gebäudeteile auferstehen lässt und die Geschichte der Burg zu neuem Leben erweckt.

firstsite
KUNSTZENTRUM

(www.firstsite.uk.net; Lewis Gardens; ⊙10–17 Uhr; ♿) GRATIS In dem geschwungenen Bau aus glänzendem Kupfer und Glas hält die Stadt ihre Bewohner künstlerisch auf dem Laufenden. Das Gebäude ist innen genauso beeindruckend wie außen: Installationen gehen in einem Meer aus Licht und Raum nahtlos ineinander über. Zeitgenössische visuelle Kunst wird alten Meistern gegenübergestellt. Ein permanentes Ausstellungsstück, das Berryfield-Mosaik, ein römisches Artefakt, das 1923 an dieser Stelle gefunden wurde, bildet – unter Glas geschützt – das Zentrum der Galerie.

Hollytrees Museum
MUSEUM

(www.cimuseums.org.uk; Castle Park; ⊙Mo–Sa 10–17 Uhr) GRATIS Ein georgianisches Stadthaus aus dem Jahr 1718 voller Spielzeug und Kostüme, Armband- und Wanduhren. Wie in einer historischen Reinszenierung werden die Besucher Zeugen des häuslichen Lebens der reichen Besitzer und ihrer Dienerschaft. So staunen sie zum Beispiel über den in Bootsform gebauten Kinderwagen eines Schiffsbauers, eine kleine Werkstatt, wo jeder seinen eigenen viktorianischen Scherenschnitt anfertigen kann, und ein Neid erweckendes Puppenhaus.

🛏 Schlafen & Essen

North Hill
HOTEL ££

(☏01206-574001; www.northhillhotel.com; 51 North Hill; EZ/DZ/Suite 90/100/120 £; 🛜) Wir empfehlen, um ein Zimmer im charaktervollen cottageähnlichen rückwärtigen Gebäude zu bitten, wo Holzbalken, Backsteinmauerwerk und schicke Möbel Laune machen. Stilvolle, zeitgenössische Zimmer gibt's in der ehemaligen Anwaltskanzlei gleich nebenan, in denen Bücherregale voller Juristenliteratur stehen.

★ Company Shed
FISCH & MEERESFRÜCHTE ££

(☏01206-382700; http://thecompanyshed.co; 129 Coast Rd, West Mersea; Hauptgerichte 5–16 £; ⊙9–16 Di–Sa, So 10–16 Uhr) In diesem einfachen Fischlokal dürfen die Gäste selbst Brot und Wein mitbringen. Serviert werden Muscheln, Austern, Garnelen, Hummer, Aal in Aspik sowie Räucherfisch und die Spezialität des H: der Seafoodteller. Betrieben wird der „Schuppen" von der Familie Howard – Austernsammler in der achten Generation. Er liegt 14 km südlich von Colchester auf Mersea Island. Es ist ratsam, die Gezeitentabelle zu checken, denn auf dem Höhepunkt der Flut ist das Lokal nicht erreichbar. Da keine Reservierung möglich ist, sollten Gäste, die sichergehen wollen, dass sie wirklich etwas zu essen bekommen, früh (im Sommer gegen 11.30 Uhr) herkommen.

Green Room
MODERN BRITISCH ££

(☏01206-574001; www.northhillhotel.com; 51 North Hill; Hauptgerichte 12–18 £; ⊙Mo–Sa 12–14.30 & 18–21.30, So 12–20 Uhr) Lokales, saisonales klassisches Comfort Food bekommt in diesem hübschen, freundlichen Restaurant einen zeitgenössischen Touch. Das Angebot reicht von Fish and Chips oder Wild mit gekochtem Spinat bis zu perfekt gegrillten Hummer mit viele Knoblauch. Das Mittagsmenü für Werktätige (Hauptgerichte 6–8 £) ist ein echtes Schnäppchen.

ℹ Praktische Informationen

Touristeninformation (☏01206-282920; www.visitcolchester.com; Castle Park; ⊙Mo–Sa 10–17 Uhr) Im Hollytrees Museum.

ℹ An- & Weiterreise

Busse von National Express fahren rund alle zwei Stunden nach London Victoria (10 £, 2½ Std.).

➤ Züge fahren bis London Liverpool Street (15 £, 1 Std., alle 15 Min.).

Dedham Vale

In diesem ruhigen Tal ließ sich John Constable zu seinen romantischen Darstellungen von Feldwegen, Frühlingswiesen und sprudelnden Bächen inspirieren. Der Künstler wurde 1776 in East Bergholt geboren und wuchs hier auf. Auch wenn der in seinem berühmten Bild *Der Heuwagen* verewigte klapprige Karren nicht mehr da ist, können sich die Besucher noch immer an hübschen Cottages, der hügeligen Landschaft und dem sanften Charme der Gegend erfreuen.

Das auch Constable Country genannte Dedham Vale umfasst die Dörfer Dedham, East Bergholt und Flatford. Das Gebiet mit seinen schattigen Wegen, schönen Wiesen und alten Kirchen lässt sich wunderbar zu Fuß oder mit dem Fahrrad erkunden.

⊙ Sehenswertes

Flatford Mill
HISTORISCHES GEBÄUDE

(Flatford, nahe East Bergholt; P) Constable-Fans erkennen sofort die Flatford Mill, die Mühle, die er so oft gemalt hat und die heute noch genauso idyllisch da liegt. Im dem einstige Familienbesitz der Familie Constable befindet sich heute ein Bildungszentrum. Man kann leider nicht hinein, aber zumindest Fotos von allen Seiten schießen.

Flatford
HISTORISCHES GEBÄUDE

(Bridge Cottage, NT; ☎ 01206-298260; www.natio naltrust.org.uk; Bridge Cottage, nahe East Bergholt; Parkgebühr 4 £; ⊙ April–Okt. 10.30–17.30, Nov.– März Sa & So 10.30–15.30 Uhr; P) GRATIS Das reetgedeckte Bridge Cottage liegt gleich neben der von Constable oft gemalten Mühle von Flatford. Es beherbergt eine Ausstellung, die einen guten Überblick über Leben und Werk des Künstlers vermittelt. Die täglichen Führungen (3 £, April–Okt. 12 und 14 Uhr) gewähren Blicke auf die Flatford Mill, Willy Lott's Cottage (mit dem Bild *Der Heuwagen*) und andere von Constable gemalte Plätze. Man kann die Runde auch auf eigene Faust unternehmen.

➘ Kurse

Malkurse
KURS

(☎ 01206-323027; www.dedhamhall.co.uk; Brook St, Dedham; Tagesbesucher 3/7 Tage 325/380 £) Wer die Landschaften im Dedham Vale mag, kann an einem der renommierten Malkurse in der Dedham Hall (S. 396) teilnehmen; die Atmosphäre dieser einstigen Scheune aus dem 14. Jh. inspiriert jeden. Tagesbesu-

cher zahlen den genannten Preis, mit Übernachtung und Halbpension wird's teurer, macht aber auch mehr Spaß (DZ 3/7 Tage ab 450/740 £).

🛏 Schlafen & Essen

★ Dedham Hall
B&B ££

(☎ 01206-323027; www.dedhamhall.co.uk; Brook St, Dedham; EZ/DZ 75/120 £; P) Dedham Hall, ein verwunschenes Bauernhaus aus dem 15. Jh., verströmt authentisches Alt-England-Flair: Polstersessel, Gebälk, Kerzenleuchter auf dem Sims backsteingemauerter Kamine und dicke Kissen auf gemütlichen Betten. Dazu einen bunten Garten voller Liegestühle, man möchte gar nicht mehr weg.

Auf Wunsch wird für die Gäste des Hauses ein elegantes, ideenreiches Abendessen zubereitet (Abendessen und B&B für 2 Pers. kosten 190 £).

Sun
GASTHAUS ££

(☎ 01206-323351; www.thesuninndedham.com; High St, Dedham; DZ 145 £; P 🛜) Das jahrhundertealte Gasthaus ist der Inbegriff von Heritage-Schick: knarrende Böden und schiefe Wände, restaurierte Spiegel, Messingbetten und eine zurückhaltene Farbgebung, die Terracotta, Hellgelb und Olivgrün verbindet. Das schönste Zimmer ist „Elsa" mit Blick auf die Kirche: neben einem riesigen Bett stehen zwei Ohrensessel und das Bad versteckt sich hinter einer holzvertäfelten Tür.

Milsoms
HOTEL ££

(☎ 01206-322795; www.milsomhotels.com; Stratford Rd, Dedham; DZ 100–210 £; P 🛜) Stilsicheres Design mit einem Hauch Unkonventionalität: rote Ledersessel, Anglepoise-Lampen und Telefone im Retrolook mischen sich mit riesigen Standspiegeln und moderner Kunst. Der angeschlossene Rad- und Kanuverleih bietet alle Möglichkeiten, Dedham Vale in Ruhe zu erkunden.

Im belebten Restaurant (geöffnet 12–21.30 Uhr, Hauptgerichte 9–28 £) sind Steaks aus der Region, Mezze-Teller, Tacos mit Entenfleisch und verführerische Eiscreme zu haben.

Maison Talbooth
BOUTIQUEHOTEL £££

(☎ 01206-322367; www.milsomhotels.com; Stratford Rd, Dedham; Suite 150–450 £; P 🛜 ❤) Auf einem ruhigen Gelände mit Aussicht auf Constables Dedham Vale bietet dieses fabelhafte Retreat luxuriöse, noble Suiten mit Gänsefederbettdecken, urgemütlichen Betten und Entspannung im Whirlpool, Spa und beheizten Outdoorpool. Im Poolhouse prasselt ein Holzfeuer.

Sun
KNEIPENESSEN **££**

(www.thesuninndedham.com; High St, Dedham; Hauptgerichte 13–20 £; ⊘12–14.30 & 18–21.30 Uhr) An den blankpolierten Holztischen dieses alten typisch englischen Gasthofs wartet eine Überraschung: hier werden nämlich mediterrane Gerichte aufgetragen. Die holzgetäfelten Wände und freiliegenden balken schaffen ein behagliches Ambiente, in dem Risotto mit wildem Knoblauch, mit Brennesseln und Mangold gefüllte Ravioli und cremige Vanille-Panna Cotta gut munden.

❶ An- & Weiterreise

Für Zugreisende ist es vom Bahnhof Manningtree ein schöner Spaziergang bis zur Mühle von Flatford (gut 3 km).

Busse fahren von Colchester nach:

Dedham Bus 80, 81 und 102 (2,40 £, 30 Min., 2–7-mal tgl.)

East Bergholt Bus 93 und 94 (2,80 £, 40 Min., Mo–Sa, stündl.)

Saffron Walden

15 210 EW.

Die seit dem 12. Jh. bestehende Marktstadt Saffron Walden machen schöne Fachwerkarchitektur, enge Gassen, schiefe Dächer und krumme Gebäude sehenswert. Ihr Name leitet sich vom purpurfabenen Safrankrokus ab (aus ihm wird das teuerste Gewürz der Welt gewonnen), der hier vom 15. bis zum 18. Jh. angebaut wurde. Die beste Zeit für einen Besuch ist Dienstag- oder Samstagmorgen, wenn im Stadtzentrum Markt abgehalten wird.

⊙ Sehenswertes

Saffron Walden Museum
MUSEUM

(www.saffronwaldenmuseum.org; Museum St; Erw./Kind 2,50 £/frei; ⊘Di–Sa 10–16.30, So 14–16.30 Uhr) In dem hervorragenden Museum, das nach eigenen Angaben schon seit 1835 existiert, findet sich eine erlesene Sammlung von Objekten aus allen möglichen Bereichen von Lokalgeschichte über Bekleidung aus dem 18. und 19. Jh. bis zu viktorianischem Spielzeug und Artefakten aus dem alten Ägypten sowie eine in Teilen interaktive Naturkundeausstellung. Nachwuchs-Ärchäologen können in einer Sandkuhle buddeln. Interessant für alle ist die faszinierende Abteilung „Worlds of Man", wo u. a. westafrikanische Schnitzereien und aus Knochen gefertigte Harpunen der Inuit zu sehen sind. Auf dem Museumsgelände liegt auch das von Brombeerhecken überwucherte **Walden Castle Keep**, das um das Jahr 1125 entstand.

St. Mary the Virgin
KIRCHE

(www.stmaryssaffronwalden.org; Church St; ⊘9–17 Uhr) GRATIS Die ältesten Teile von St. Mary stammen aus dem Jahr 1250. Die Kirche symbolisiert das Goldene Zeitalter der Stadt, als hier noch mit Safran gehandelt wurde. Sie gehört zu den größten in der Grafschaft und zu ihren Besonderheiten zählen die beeindruckenden gotischen Bögen und das Grab des Gutsbesitzers Lord Audley.

Bridge End Gardens
GÄRTEN

(Bridge End; ⊘ Gärten 24 Std., Labyrinth & Küchengarten Mo–Do 9–15, Fr bis 13, Sa & So 10–16 Uhr) GRATIS Die sieben miteinander verbundenen Gärten erstrahlen nach sorgfältiger Restaurierung wieder in ihrer alten viktorianischen Pracht. Ein Besuch lohnt sich besonders dann, wenn auch das Labyrinth und der artenreich bepflanzte Küchengarten geöffnet sind.

ABSTECHER

AUDLEY END HOUSE & GARDENS

Der erste Earl von Suffolk steckte all seine Ambitionen in die herrliche frühjakobinische Anlage **Audley End House & Gardens** (EH; ☑01799-522842; www.english-heritage.org.uk; abseits London Rd; Erw./Kind 16,60/10 £; ⊘Haus April–Sept. 12–17, Okt. bis 16 Uhr, Gärten April–Sept. 10–18, Okt. bis 17 Uhr). Von Größe und Stil her eher ein Palast, wurde Audley End tatsächlich zur Residenz, als König Karl II. es 1668 erwarb. Mit Räumlichkeiten voller Silberwaren, wertvoller Möbel und Gemälde gilt es als einer der prachtvollsten Landsitze Englands. Die schmucke Parkanlage wurde nach einem Entwurf von Lancelot „Capability" Brown gestaltet. Audley End House liegt 1,6 km westlich von Saffron Walden an einem Abzweig der B1383.

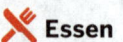 Essen

Eight Bells
KNEIPENESSEN ££

(www.8bells-pub.co.uk; 18 Bridge St; Hauptgerichte 12–18 £; ⊘ 12–21.30 Uhr; 🖉) In diesem Gastropub aus dem 16. Jh. mischen sich Mittelalterliches und Modernes auf gefällige Weise. Hier gibt es zum Beispiel Suffolk-Lammbraten, in Lavendel marinierte Ente und ein leckeres, selbstverständlich mit Saffran verfeinertes Bohnen-Zuccini-Risotto.

Alternativ laden gebohnerte Holzfußböden, Fachwerkwände, abstrakte Kunst, breite Ledersofas und prasselndes Kaminfeuer dazu ein, auf ein Glas Bier einzukehren.

Cafe Coucou
CAFÉ ££

(www.cafecoucou.co.uk; 17 George St; Hauptgerichte 8–11 £; ⊘ Mo–Sa 9.30–17 Uhr) Köstliche hausgemachte Quiches, riesige *scones* und Sandwiches sowie Salate gehen in diesem fröhlichen Familienbetrieb weg wie die sprichwörtlichen warmen Semmeln.

ⓘ Praktische Informationen

Touristeninformation (🖉 01799-524002; www.visitsaffronwalden.gov.uk; 1 Market Pl; ⊘ Mo–Sa 9.30–17 Uhr) Gibt eine gute kostenlose Broschüre mit einem Rundgang zu den historischen Gebäuden in der Stadt heraus.

ⓘ An- & Weiterreise

Bus 7 verkehrt zwischen Saffron Walden und Cambridge (4,40 £, 1¼ Std., Mo–Sa 7-mal tgl.).

Der nächste Bahnhof ist in Audley End, gut 3 km westlich von Saffron Walden. Bus 301 verbindet den Bahnhof Audley End mit Saffron Walden (1,90 £, 15 Min., Mo–Sa stündl.). Zugverbindungen von da u. a. nach:

Cambridge 7 £, 15 20 Min., alle 20 Min.
London Liverpool Street 10 £, 1 Std., 2-mal tgl.

Southend-on-Sea & Umgebung

177 900 EW.

Southend ist am Wochenende der Spielplatz für die Londoner. Hier gibt es alles, was das Herz begehrt: blinkende Lichter, Jahrmarkt, bunte Unterhaltung und rappelvolle Clubs. Aber darüber hinaus bietet die Stadt einen herrlichen Sandstrand, eine absurd lange Seebrücke und den Ortsteil Old Leigh, der noch entfernt an das traditionelle Fischerdorf erinnert, das er einmal war.

◉ Sehenswertes

Southend Pier
WAHRZEICHEN

(www.southend.gov.uk/pier; Western Esplanade; Erw./Kind 2/1 £; ⊘ Mo–Fr 8–18, April–Sept. Sa & So bis 20, Okt.–März Mi–So 9–17 Uhr) Willkommen auf der längsten Seebrücke der Welt! Sie ist ganze 2 km lang, wurde 1830 erbaut und scheint Boote, Stürme und Feuer geradezu magisch anzuziehen. Beim letzten Brand im Jahr 2005 wurde die Spitze zerstört. Heute führt der angenehme Spaziergang ans oft windige Pierende zu einem Café, einem Sonnendeck, einem Geschenkeladen, Ausstellungsflächen und einer Rettungsbootstation. Die **Pier Railway** (einfache Fahrt Erw./Kind 4/2,20 £) erspart den langen Rückmarsch.

Pier Museum
MUSEUM

(🖉 01702-611214; www.southendpiermuseum.co.uk; Western Esplanade; Erw./Kind 1,50 £/50 p; ⊘ Mai–Okt. Sa, So, Di & Mi 11–17 Uhr) Das charmante Museum erweckt die Blütezeit Southends zum Leben mit Ausstellungsstücken wie einer viktorianischen Pierbahn samt einem immer noch funktionstüchtigen Stellwerk, Fotos in Sepia und (Bade)Kostümen aus der alten Zeit. Am schönsten aber sind die alten Münzspielautomaten, die noch funktionieren.

Old Leigh
STADTTEIL

Kopfsteinpflasterstraßen, Muschelbuden, Kunstgalerien und Kunsthandwerksläden machen Old Leigh zu einem stimmungsvollen Fleckchen Erde. Von der Uferpromenade geht man ein ganzes Stück nach Westen, aber mit dem Vorortzug ist es nur ein Katzensprung.

🛏 Schlafen & Essen

Roslin Beach
HOTEL ££

(🖉 01702-586375; www.roslinhotel.com; Thorpe Esplanade; EZ 71–130 £, DZ 109–159 £, Suite 154–245 £; ⊘ Essen Mo–Sa 12–15 & 18–21.30, So 12–17 & 19–21 Uhr; P 🅟 🛜 🐾) Das am Wasser gelegene Roslin bietet sämtlichen Schick eines neuenglischen Strandhauses: Skulpturen aus Treibholz, mit Muscheln verzierten Bilderrahmen und angewehten Sand auf den Treppenstufen vor dem Haus. Hier entspannt man in Sauna und Spa und genießt eine vor Ort gefangene Fleckengalaxie (Hauptgerichte 10–22 £) auf der Terrasse mit Meerblick umgeben von Palmen.

Osborne Bros
FISCH & MEERESFRÜCHTE £

(www.osbornebros.co.uk; High St, Leigh-on-Sea; Imbiss/Hauptgerichte 2,50/8 £; ⊘ 8–17 Uhr) Das

Osbourne ist halb Fischbude halb einfaches Café direkt am Wasser in Old Leigh und bietet weite Ausblicke auf die Themse-Mündung. Die Aussicht lässt sich am besten beim Verzehr von Garnelen, Aal in Aspik oder einem Meeresfrüchteteller (Herzmuscheln, Miesmuscheln, Garnelen und Krebse; 8 £) und dazu einem Bierchen aus dem Pub nebenan genießen. Im Sommer und an Schönwetterwochenenden hat das Lokal oft länger geöffnet.

★ **Simply Seafood** FISCH & MEERESFRÜCHTE £££
(☑ 01702-716645; www.simply-seafood.com; 1 The Cockle Sheds, Leigh-on-Sea; Hauptgerichte 18–35 £; ⊙ Di–Sa 12–15.30 & 17–22, So 12–16.30 Uhr) Das helle kleine Esslokal unter der Überführung westlich von Old Leigh ist eine Hommage an die Meeresfrüchte der Region. Die Austern kommen aus dem Fluss Chelmer, die Krabben aus Cromer und der Fisch direkt aus den Fischerbooten vor der Tür. Die Jakobsmuscheln sind perfekt zubereitet und der Teller mit den *fruits de mer* ist ein Gedicht. Dem Restaurantnamen zum Trotz stehen auch drei Steakgerichte zur Wahl.

❶ Praktische Informationen

Touristeninformation (☑ 01702-215620; www.visitsouthend.co.uk; Southend Pier, Western Esplanade; ⊙ Juni–Sept. 8.30–21, Okt.–Mai Mi–So 10–18 Uhr) Am Eingang zur Seebrücke.

❶ An- & Weiterreise

Am einfachsten ist die Anreise per Bahn. Die dienlichsten Bahnhöfe sind Central (10 Min. zu Fuß vom Meer) und Victoria (15 Min. vom Meer). Züge fahren u. a. nach:
Leigh-on-Sea (von Central) 3 £, 7 Min., alle 15 Min.
London Fenchurch St (von Central) 12 £, 1¼ Std., 3-mal stündl.
London Liverpool Street (von Victoria) 17 £, 1 Std., 3-mal stündl.

SUFFOLK

Suffolk ist geprägt von malerischen Dörfern, in denen die Zeit still zu stehen scheint. Im Mittelalter verdiente die Grafschaft ihr Geld mit dem Wollhandel, wovon noch heute prachtvolle Kirchen und prunkvolle Tudorhäuser Zeugnis ablegen. Im Westen liegen die Bilderbuchdörfer Lavenham und Long Melford. Weiter im Norden wird das Stadtbild von Bury St. Edmunds von historischen Gebäuden geprägt. Am Meer versprühen die Badeorte Aldeburgh und Southwold vornehmen Charme.

❶ Unterwegs vor Ort

Verkehrsknotenpunkt der Grafschaft ist Ipswich. Busverbindungen gibt's online bei **Traveline** (www.travelineeastanglia.org.uk).

Zugverbindungen von Ipswich u. a. nach:
Bury St Edmunds 9 £, 30 Min., 1–2-mal stündl.
London Liverpool Street 20 £, 1¼ Std., 2-mal stündl.
Norwich 15 £, 40 Min., 2-mal stündl.

Long Melford

2800 EW.

Was einen Abstecher nach Long Melford lohnt, sind zwei elisabethanische Herrenhäuser und ein paar feine Esslokale. Der große Dorfanger, Antiquitätenläden und kleine Geschäfte laden zum Spazierengehen und Bummeln ein.

◎ Sehenswertes

Kentwell Hall HISTORISCHES GEBÄUDE
(☑ 01787-310207; www.kentwell.co.uk; Erw./Kind 12,20/9,20 £; ⊙ variierende Öffnungszeiten; Ⓟ) Das prunkvolle Herrenhaus Kentwell Hall mit Türmen und Hausgeistern wurde zwar bereits im 16. Jh. erbaut, aber es ist heute noch bewohnt und strahlt daher eine heimelige Atmosphäre aus. Es ist umgeben von einem rechteckigen Wassergraben und hat schöne Gärten. Ebenfalls dazu gehört ein beeindruckender Hof für seltene Zuchttiere. Bunt wird es hier bei Veranstaltungen, die die Tudorzeit wiederauferstehen lassen: Dann wimmelt es auf dem Gelände von Korsetts, Schamkapseln und Kniehosen. Die Öffnungszeiten bitte telefonisch checken. Gewöhnlich ist das Haus in den Sommerferien an fast allen Tagen von 11 bis 17 Uhr geöffnet, außerdem an bestimmten Wochenenden.

Melford Hall HISTORISCHES GEBÄUDE
(NT; www.nationaltrust.org.uk; Hall St; Erw./Kind 7,50/3,75 £; ⊙ April–Okt. Mi–So 12–17 Uhr; Ⓟ) Von außen betrachtet scheint sich an dem romantischen elisabethanischen Herrenhaus Melford Hall kaum etwas verändert zu haben, seit Königin Elisabeth I. 1578 hier empfangen wurde. Innen überrascht es mit einem holzvertäfelten Bankettsaal und üppigem Prunk aus Regency- und viktorianischen Zeiten sowie mit einer Beatrix-Pot-

---

GAINSBOROUGH'S HOUSE

Die meisten Besucher, die nach Sudbury kommen, wollen das stimmungsvolle **Gainsborough's House** (www.gainsborough.org; 46 Gainsborough St; Erw./Kind 6,50/2 £; ⊙ Mo–Sa 10–17 Uhr) besichtigen. Das Geburtshaus des Künstlers beherbergt heute die weltgrößte Sammlung seiner Werke. Die georgianische Fassade, die das Haus aus dem 16. Jh. schmückt, wurde von Gainsboroughs Vater gebaut. Besonders sehenswert sind *Pitminster Boy* in der Eingangshalle, das exquisite *Portrait of Harriett, Viscountess Tracy*, das wegen des feinen Faltenwurfs berühmt wurde, sowie seine seelenvollen Landschaftsbilder.

ter-Ausstellung. Die Kinderbuchautorin und -illustratorin war eine Cousine der Hyde Parkers, denen das Haus von 1786 bis 1960 gehörte.

Holy Trinity KIRCHE
(www.longmelfordchurch.com; Church Walk; ⊙ April–Okt. 10–18, Nov.–März bis 16 Uhr) GRATIS Holy Trinity ist von der Größe her eher eine Kathedrale als eine Kirche und ein wunderbares Beispiel für eine Wollkirche aus dem 15. Jh. Die Buntglasfenster und das Flushwork aus Feuerstein und Kalkstein sind hervorragend.

🛏 Schlafen & Essen

Black Lion HOTEL ££
(☎01787-312356; www.blacklionhotel.net; The Green; EZ/DZ/Suite 100/125/175 £; P🛜) Im umwerfenden Black Lion lassen die schottischen Highlands grüßen: Teppiche mit Tartanmuster, offene Kamine und angestaubte Ölgemälde. Die extravaganten Schlafzimmer mit drapierten Vorhängen sind nach klassischen Weinen benannt.

Bull GASTHAUS ££
(☎01787-378494; www.oldenglishinns.co.uk; Hall St; EZ 60 £, DZ 80–120 £; P🛜) Das Haus wurde um 1450 für einen Wollhändler gebaut und ungefähr seit 1580 wird in dem höhlenartigen Pub Bier gezapft. Die Gewölbedecke und die Wappen in der Bartheke zeugen von diesem hohen Alter. Am meisten Flair haben die nach vorn hinausgehenden Gästezimmer mit alten Balken und viel dunklem Holz.

Zwischen 12 und 21.30 Uhr wird gediegene Kneipenkost wie Lammkeule und Rindfleisch-Ale-Pie serviert (Hauptgerichte 9–12 £).

★ **Scutcher's** MODERN BRITISCH £££
(☎01787-310200; www.scutchers.com; Westgate St; Hauptgerichte 19–29 £; ⊙Do–Sa 12–14 & 19–21.30 Uhr) Das schlichte Bistro hat im ganzen Stour Valley einen guten Namen, weil traditionelle Gerichte hier neu interpretiert werden. So bekommt die Gressingham-Ente einen asiatischen Touch, das Fischragout eine Wermutsauce und der warme, gegrillte Käse eine Quitte als Beilage. Das Lokal ist modern, hat Klasse und ist stolz darauf.

ℹ An- & Weiterreise

Busverbindungen u. a. nach:
Bury St Edmunds 4,10 £, 50 Min., Mo–Sa stündl.
Sudbury 1,50 £, 10 Min., Mo–Sa stündl.

Lavenham

1413 EW.
Lavenham, East Anglias schönste Stadt und unbedingt einen Besuch wert, war einst das Zentrum des Wollhandels. Hier haben sich prachtvolle mittelalterliche Gebäude erhalten. Windschief, aber bestens restauriert beeindrucken sie die erstaunten Besucher. Seit dem 15. Jh. blieben die 300 Fachwerkhäuser mit Stuck und Reetdächern praktisch unberührt. In vielen von ihnen kann man heute wunderbar essen und übernachten.

◉ Sehenswertes & Aktivitäten

Lavenham Guildhall HISTORISCHES GEBÄUDE
(NT; www.nationaltrust.org.uk; Market Pl; Erw./Kind 6,20/3,10 £; ⊙März–Okt. tgl. 11–17, Nov.–Febr. Sa & So bis 16 Uhr) Die schönsten Gebäude der Stadt liegen in der High St, Water St und am Marktplatz mit seiner ungewöhnlichen dreieckigen Form. Hervor sticht das weiß getünchte Gildenhaus aus dem frühen 16. Jh., ein ausgezeichnetes Beispiel für Fachwerk mit enger Balkenlage. Es beherbergt heute ein Museum für Ortsgeschichte und dokumentiert den Wollhandel und die mittelalterlichen Gilden. Im beschaulichen Garten stehen immer noch solche Pflanzen, die den Färbern die für das Mittelalter typischen Farben lieferten.

Little Hall HISTORISCHES GEBÄUDE
(www.littlehall.org.uk; Market Pl; Erw./Kind 4 £/frei; ⊙ Mo 10–13, Ostern–Okt. Di–So 13–16 Uhr) Die in einem Karamellton gestrichene Little Hall wurde im 14. Jh. erbaut und war einmal das Wohnhaus eines erfolgreichen Wollhändlers. In den 1920er- und 1930er-Jahren war es im Besitz der Zwillingsbrüder Gayer-Anderson. Ihnen ist es zu verdanken, dass die Zimmer wieder in ihrer mittelalterlichen Pracht erstrahlen.

St Peter & St Paul KIRCHE
(www.lavenhamchurch.onesuffolk.net; Church St; ⊙8.30–17.30 Uhr) Mit den wohl proportionierten Fenstern, dem großen Turm aus Feuerstein und den Wasserspeiern scheint diese Kirche im späten Perpendicular Style dem Himmel entgegenzustreben. Sie wurde zwischen 1485 und 1530 erbaut und gehört zu den letzten großen Wollkirchen in Suffolk. Am Vorabend der Reformation vollendet, kündet sie von Lavenhams vergangenem Reichtum.

Guided Walks STADTRUNDGANG
(☑01787-248207; Erw./Kind 4,50 £/frei; ⊙ Ostern–Okt. Sa 14.30, So 11 Uhr) Auf geführten Spaziergängen werden die Geschichten erzählt, die hinter den schönen Gebäuden von Lavenham stecken. Startpunkt ist die Touristeninformation (Buchung nicht erforderlich).

🛏 Schlafen & Essen

Angel HOTEL ££
(☑01787-247388; www.cozypubs.co.uk; Market Pl; EZ 80–109 £, DZ 99–119 £; ⊙Essen Mo–Fr 12–15 & 18–22, Sa 12–22, So 12–20 Uhr; 🅿🛜) In Lavenhams ältestem Gebäude führen dunkelgrüne Korridore zu liebevoll renovierten, großen, hellen Zimmern mit Balkenwerk. Das handverlesene Dekor der Bar (Theaterscheinwerfer und zerschlissene Schiffskoffer) macht einen selbstbewussten Eindruck ebenso wie die Speisekarte, auf der das Angebot von englischen Gasthof-Standardgerichten über Superfoodsalate bis zu deftigen *à la carte* Gerichten (Hauptgerichte 12–24 £) reicht.

Brett Farm B&B ££
(☑01787-248533; www.brettfarm.com; The Common; DZ 80 £) Am äußersten Rand von Lavenham liegt die Brett Farm, ein moderner, in blauem Karomuster und Kiefernholz gehaltener Bungalow und eine Oase der Ruhe. Ihr größter Vorzug ist die Lage: 11 ha Feld und Weiden, überall zwitschern Vögel und an einem schattigen Flussufer laden Tische und Stühle zum Seelebaumelnlassen ein.

★Swan HOTEL £££
(☑01787-247477; www.theswanatlavenham.co.uk; High St; EZ/DZ/Suite 100/140/315 £; 🅿🛜) Für die herrlich mittelalterliche Atmosphäre und den Verwöhnfaktor geben wir dem Swan den Vorzug vor anderen Unterkünften. Die geschmackvollen Möbel kommen vor den Wänden in Beige, Olive und rötlichen Tönen und Gitterwerk aus altem Holz gut zur Geltung. Der Service läuft reibungslos und die Suiten mit hohen Bogendecken und Balkenwerk sind umwerfend.

Das Spa umfasst eine Trockensauna, eine Dampfsauna und einen beheizten Outdoor-Jacuzzi. Hier kann man entspannen und anschließend die hausinterne Airmen's Bar aufsuchen. Die Bar verdankt ihren Namen einer Wand mit Signaturen von US-Piloten, die während des Zweiten Weltkriegs in der Nähe stationiert waren.

Lavenham Priory APARTMENT £££
(☑01787-247404; www.lavenhampriory.co.uk; Water St; 2-Pers.-Apt. pro 2 Nächte/Woche 325/900 £; 🅿🛜) Ein echtes Juwel: hingebungsvoll restaurierte Cottages aus dem 13. Jh. für zwei oder bis zu sechs Personen eingerichtet, die einen bezaubern, sobald man über die Schwelle getreten ist. Die Räume atmen vergangene Zeiten, sie zieren vom Alter gebeugte Holzbalken, geschnitzte Eichenholztreppen, Holzöfen und historische Möbel. Und ein Präsentkorb voller Lebensmittel aus der Region.

★Great House MODERN BRITISCH ££
(☑01787-247431; www.greathouse.co.uk; Market Pl; 3-Gänge-Mittagessen/-Abendessen 25/37 £; ⊙ Mi–So 12–14.30, Di–Sa 19–21.30 Uhr) Gegensätzliche Kulturen werden hier aufs Angenehmste vereint: Traditionelles und Modernes, Zutaten aus East Anglia französisch zubereitet. Das könnte bedeuten: gebratene Gressingham-Ente oder karamellisiertes Suffolk-Schweinefleisch und danach ein Kaffee-Praline-*Millefeuille* oder geschmacksintensive Käsespezialitäten aus Frankreich oder Suffolk. Es gibt auch ein sehr günstiges 2-Gänge-Mittagessen (20 £).

ℹ Praktische Informationen

Touristeninformation (☑01787-248207; www.heartofsuffolk.co.uk; Lady St; ⊙ März–Okt. 10–16.45, Nov.–Febr. Sa & So 11–15 Uhr) Liegt etwas versteckt am Marktplatz.

❶ An- & Weiterreise

Bus 753 geht Mo–Sa stündl. nach Bury St. Edmunds (4 £, 30 Min.).

Bury St. Edmunds

41 113 EW.

In Bury ist die Vergangenheit allgegenwärtig. Die Stadt war jahrhundertelang ein Pilgerzentrum und von ihrer reichen Geschichte zeugen die stimmungsvolle Ruine einer Abtei, schöne georgianische Architektur und beschauliche Gärten. Es laden auch zwei Brauereien zum Besuch ein.

◎ Sehenswertes

Abbey Gardens   RUINE
(Mustow St; ☉Sonnenaufgang–Sonnenuntergang) **GRATIS** Die einst mächtige Abtei liegt jetzt als malerische Ruine auf dem Parkgelände hinter der Kathedrale. Sie ist nach wie vor beeindruckend, auch wenn sich die Stadtbewohner nach der Auflösung der englischen Klöster einen Großteil der Steine unter den Nagel gerissen haben. Als Folge von Zerfall und Erosion bilden die Mauern (insbesondere auf der Westseite) phantastische Formen. Weitere sind Highlights das schmuckreiche Great Gate, das kleine Taubenhaus und die Blumengärten.

Zwei gut erhaltene alte Tore bilden den Eingang zu den Abteigärten; das massive **Great Gate** aus der Mitte des 14. Jhs. ist aufwendig verziert, offenbart mit Zinnen, Fallgitter und Pfeilscharten aber auch seine Funktion als Verteidigungswall. Weiter oben am Angel Hill gibt es noch einen Eingang; hier erhebt sich der **Norman Tower** aus dem frühen 12. Jh. mit seinen Wasserspeiern.

Gleich hinter dem Great Gate liegt mit dem **Great Court**, in dem es einst sehr geschäftig zuging, heute ein friedvoller Garten. Das **Taubenhaus** ist das Einzige, was vom Palast des Abts erhalten blieb. Am beeindruckendsten sind die Überreste an der Westseite. Hier wurden im 18. Jh. die Mauern der ursprünglichen Abtei zu Wohnstätten umfunktioniert. Sie sehen aus, als wären sie wie Höhlen in den Stein geschlagen worden, und werden nach wie vor genutzt. Ganz in der Nähe steht der **Samson Tower** mit einer schönen Statue von St. Edmund, geschaffen von Dame Elisabeth Frink (1976). Der restliche Teil der Abtei erstreckt sich nach Osten wie ein zerfleddertes Skelett. Verstreute Steinbrocken und Säulen lassen erahnen, wie groß sie einst gewesen sein muss.

St. Edmundsbury Cathedral   KATHEDRALE
(www.stedscathedral.co.uk; Angel Hill; Eintritt mit Spende Erw./Kind 3 £/50 p; ☉8.30–18 Uhr) Der 45 m hohe Turm der Kathedrale wurde erst 2005 vollendet und ist eine Vision aus Lincolnshire-Kalkstein. Der traditionelle gotische Baustil zeigt, wie viele der englischen Kathedralen direkt nach Beendigung der Steinmetzarbeiten einmal ausgesehen haben müssen. Der Großteil des Gebäudes stammt aus dem 16. Jh., nur der Ostteil entstand erst nach 1945. Die Kathedrale mit dem herrlichen Polygonaldach wirkt insgesamt leicht und erhaben. Beeindruckend ist eine Skulptur des gekreuzigten Christus, geschaffen von Dame Elisabeth Frink, im nördlichen Querschiff.

Bei kostenlosen 30-minütigen **Führungen** (Mai–Sept. Mo–Sa 11 Uhr) erfahren die Besucher einiges zur Geschichte der Kathedrale.

St. Mary's Church   KIRCHE
(www.wearechurch.net; Honey Hill; Eintritt mit Spende; ☉Mo–Sa 10–16, Nov.–März bis 15 Uhr) St. Mary's ist eine der größten Stadtkirchen von ganz England und birgt das Grab von Mary Tudor, der Schwester von Heinrich VIII. und einstigen Königin von Frankreich. Der in den 1430er-Jahren entstandene Bau ist berühmt für sein Stichbalkendach, auf dem sich vampirähnliche Engel tummeln. Wie im Mittelalter wird immer noch die Abendglocke geläutet.

Greene King Brewery   BRAUEREI
(☎01284-714297; www.greeneking.co.uk; Westgate St; Besucherzentrum frei; Führungen 12 £; ☉Mo–Sa 10.30–16.30 Uhr) Seit 1799 wird hier schon das bei den Engländern so beliebte Getränk hergestellt. Das informative Besucherzentrum vermittelt Einblick in die bereits 900-jährige Geschichte der Braukunst in der Stadt. Die Führung (Mo–Fr 14 Uhr, Mi–So auch 11 Uhr sowie Sa 12.30 und 15.30 Uhr) bringt einen vorbei an den Bottichen und Rohren in dem historischen Brauhaus bis aufs Dach, wo sich eine herrliche Aussicht auf die Stadt bietet, und endet am Zapfhahn mit Bier vom Fass. Rechtzeitig buchen, denn die Tour ist sehr beliebt.

Moyse's Hall   MUSEUM
(www.stedmundsbury.gov.uk/moyseshall; Cornhill; Erw./Kind 4/2 £; ☉Mo–Sa 10–17, So 12–16 Uhr) Das Museum befindet sich in einem unterirdischen Gewölbe aus dem 12. Jh. Moyse's Hall's zeigt Raritäten wie ein Medaillon mit

SUTTON HOO

Über 1300 Jahre blieb das riesige angelsächsische Bootsgrab offenbar von Grabräubern und Schatzsuchern verschont. 1939 wurde es in **Sutton Hoo** (NT; ☎ 01394-389700; www.nationaltrust.org.uk; Sutton Hoo, nahe Woodbridge; Erw./Kind 8,20/4,10 £; ☺ Ostern–Okt. 10.30–17 Uhr, Nov.–Ostern Sa & So 10.30–16 Uhr; P ♿) unter einem Erdhügel entdeckt. Das Schiff war die letzte Ruhestätte König Raedwalds von East Anglia, der im Jahr 625 starb, und enthielt eine Fülle wertvoller Grabbeigaben. Die Ausgrabungsstätte zeigt, wie hoch entwickelt die sächsische Kultur damals war.

Der Aufwand, mit dem Raedwald begraben wurde, spricht für dessen sehr hohe Stellung. Die Beigaben sind so reich und filigran verziert, dass sie ein ganz neues Licht auf die damalige Zeit werfen. Im Besucherzentrum lassen sich viele Fundstücke sowie eine Rekonstruktion des Schiffs und der Grabkammer in Originalgröße besichtigen. Die wertvollsten Gegenstände wie der fein gearbeitete Königshelm, Schilde, Goldschmuck und byzantinisches Silber werden im British Museum in London ausgestellt. Hier sind zumindest Nachbildungen sowie ein originales Prinzenschwert zu sehen.

Im Umfeld wurden weitere Gräber entdeckt. Die 18 Grabhügel des „Königsfriedhofs" sind von Gehwegen umgeben, die aber nur im Rahmen der einstündigen, äußerst faszinierenden **Führung** (Erw./Kind 2,50/1,25 £) begehbar sind. Gewöhnlich findet mindestens eine pro Tag statt. Zeiten telefonisch erfragen. Sutton Hoo liegt rund 5 km westlich von Woodbridge und rund 17,5 km nordöstlich von Ipswich an einem Abzweig der B1083.

einer Haarlocke von Mary Tudor und Fundstücke aus der Abtei. Daneben gibt es Darstellungen wichtiger Ereignisse der Stadtgeschichte, zum Beispiel von den gruseligen Hexenprozessen.

Theatre Royal
HISTORISCHES GEBÄUDE
(NT; ☎ 01284-769505; www.theatreroyal.org; Westgate St) Dies ist das einzige Regency-Theater in Großbritannien, das noch in Betrieb ist. Auf einem geführten (6,50 £) oder selbstgeführten (kostenlosen) Rundgang bekommen die Besucher den üppig mit Gold verzierten Saal mit seinen schönen Logen und *trompe l'oeil* an der Decke sowie Bühne und Hinterbühne zu sehen. Führungen finden in der Regel zwischen Februar und November, jedoch zu unterschiedlichen Zeiten statt – bitte telefonisch erfragen.

🛏 Schlafen

⭐ Chantry
HOTEL ££
(☎ 01284-767427; www.chantryhotel.com; 8 Sparhawk St; EZ/Suite 75/145 £, DZ 115–130 £; P @ 🖥) Im Chantry, einem familiengeführten Zwischending aus Hotel und B&B in einem Stadthaus, stimmt einfach alles. Schiebefenster und geschmiedete Kamingitter verraten seine georgianischen Ursprünge, französische Betten und ebenerdige Duschen fügen modernen Komfort hinzu und die gemütliche Lounge sowie die winzige Bar zaubern Wohlfühlatmosphäre.

Old Cannon
B&B ££
(☎ 01284-768769; www.oldcannonbrewery.co.uk; 86 Cannon St; EZ/DZ 96/130 £) Die Betreiber einer hippen Mikrobrauerei vermieten einladende Gästezimmer in umgebauten Nebengebäuden. Sie sind in unaufdringlichen Farben gehalten und haben Terracottawände. Jedes Zimmer ist nach einem der Biere benannt, die hier gebraut werden. Bei der Ankunft gibt's eine Flasche davon gratis. Hat geschmeckt? Dann ab ins Pub nebenan.

Fox
GASTHAUS ££
(☎ 01284-705562; www.oldenglishinns.co.uk; 1 Eastgate St; DZ 119–150 £; P 🖥) Ehemalige Stallungen laden heute zum Übernachten ein. Viel von der alten Substanz wurde erhalten: abgeschliffene Balken, verwitterte Ziegelwände und sogar die Ringe, an denen die Tiere angebunden wurden. Bemalte Korbstühle und ein Kronleuchter hier und da ergänzen die niveauvolle Gestaltung. Beim Sonntagnacht-Sonderangebot können die Preise auf bis zu 85 £ für ein Doppelzimmer runtergehen.

Angel
HOTEL ££
(☎ 01284-714000; www.theangel.co.uk; 3 Angel Hill; DZ 115–180 £, Suite 330 £; P 🖥) Die teureren Zimmer in dieser efeubewachsenen georgianischen Poststation sind schon etwas Besonderes. Sie verfügen über Luxusbad, Möbelkopien im Stil des frühen 18. Jhs.

(neben dem einen oder anderen pinken Plastikstuhl) und die Suiten haben frei stehende Kupferbadewannen. Die billigeren Zimmer sind zwar makellos, aber weniger extravagant.

Essen & Ausgehen

★Pea Porridge   MODERN BRITISCH ££

(☎01284-700200; www.peaporridge.co.uk; 29 Cannon St; Hauptgerichte 13–18 £; ⊗Do–Sa 12–13.45, Di–Sa auch 18.30–21 Uhr) Das freundliche Nachbarschaftslokal begrüßt seine Gäste mit Warmherzigkeit, fröhlichem Geplauder und verlockenden Aromen. Die Küche macht Anleihen in Ländern wie Italien und Frankreich. Zur Auswahl stehen u. a. Stockfisch, Risotto, Blutwurst aus der Normandie oder Lende vom Breckland-Muntjak – alles köstlich.

Die *menus du jour* (2/3 Gänge 14,50/18,50 £) sind ein Superdeal.

Maison Bleue   FRANZÖSISCH £££

(☎01284-760623; www.maisonbleue.co.uk; 31 Churchgate St; Hauptgerichte 29–40 £; ⊗Di–Sa 12–14 & 19–21.30 Uhr) Hier lässt sich moderne französische Küche in elegantem Ambiente genießen – eine Wohltat für Gaumen und Auge. Wie wär's mit gebratenem Norfolk Black Chicken, kurzgebratenen Jakobsmuscheln oder karamellisiertem Schweinefleisch von der Dingley Dell Farm? Die Drei-Gänge-Menüs (Mittagessen/Abendessen 25/37 £) sind vergleichsweise günstig.

★Old Cannon   PUB

(☎01284-768769; www.oldcannonbrewery.co.uk; 86 Cannon St; ⊗11–23 Uhr) 🍺 Auf Hochglanz polierte glänzende Maischbottiche stehen direkt neben der tollen Bartheke dieser Mikrobrauerei, in der man unbedingt ein Rusty Gun (Alkoholgehalt 4 %) oder das etwas gehaltvollere St Edmund's Head (5 %) probieren sollte. Etwas von dem Selbstgebrauten kommt übrigens auch ins Essen (Mo–Sa 8.30–21, So bis 15 Uhr), beispielsweise in die leckeren Gunner's Daughter *sausages* (Würstchen) oder in den in Stout eingelegten Schinken.

Nutshell   PUB

(www.thenutshellpub.co.uk; The Traverse; ⊗Mo–Do 11–23, Fr & Sa bis 24, So 12–22.30 Uhr) Winzige Bänke, winzige Tische, eine mit Geldscheinen aus aller Welt tapezierte Decke und ein präparierter Kugelfisch: es ist erstaunlich, was alles in diese „Nussschale" voller Memorabilien hineingequetscht wurde, die im *Guinness Buch der Rekorde* als Großbritanniens kleinstes Pub geführt wird.

Wer nicht zu zart besaitet ist, möchte vielleicht Ausschau nach der fast mumifizierten, 400 Jahre alten Katze halten.

❶ Praktische Informationen

Touristeninformation (☎01284-764667; www. visit-burystedmunds.co.uk; The Apex Centre, Charter Sq; ⊗Mo–Sa 10–17 Uhr)

❶ An- & Weiterreise

BUS

Der Hauptbusbahnhof befindet sich in der St. Andrew's St North.

Cambridge Stagecoach-Bus 11 (5 £, 1 Std., Mo–Sa stündl.)

London Victoria National Express (12 £, 3½ Std., 3-mal tgl.)

ZUG

Der Bahnhof liegt zehn Minuten zu Fuß nördlich der Innenstadt.

Cambridge 10 £, 40 Min., stündl.

Ely 10 £, 30 Min., alle 2 Std.

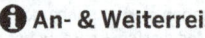

Orford

713 EW.

Das etwas abgelegene, aber durchaus reizvolle Dorf Orford liegt knapp 10 km südlich von Snape Maltings und lohnt einen Abstecher. Hier geht es ruhig zu, aber unter den hübschen Häusern ragt eine wahre Kuriosität heraus: das polygonale Orford Castle.

◎ Sehenswertes

Orford Castle   BURG

(EH; www.english-heritage.org.uk; Orford; Erw./Kind 6,90/4,10 £; ⊗April–Sept. 10–18, Okt. bis 17, Nov.–März Sa & S bis 16 Uhr; 🅿) Das Gebäude aus dem 12. Jh. hat die Form eines 18-seitigen Tambour und wird von drei viereckigen Türmen flankiert. Vom Dach aus bietet sich ein herrlicher Ausblick auf das Naturschutzgebiet Orford Ness.

Orford Ness   NATURSCHUTZGEBIET

(NT; www.nationaltrust.org.uk; Erw./Kind mit Fährtickets 4/2 £; ⊗Juli–Sept. Di–Sa 10–17, Ende März–Juni & Okt. Sa 10–17 Uhr) Das windzerzauste, abgeschiedene Orford Ness ist die größte bewachsene Kieselnehrung in Europa und wurde früher vom Militär als geheimes Testgelände genutzt. Heute ist es ein Naturschutzgebiet und Zufluchtsort für seltene

Stelzvögel, Tiere und Pflanzen. Vom Orford Quay verkehren Fähren; die letzte verlässt Orford um 14 Uhr und fährt um 17 Uhr zurück. Die Fähren haben nur begrenzte Kapazität, also früh ankommen und einen Platz reservieren.

 Essen

Pinney's FISCH & MEERESFRÜCHTE £
(www.pinneysoforford.co.uk; The Quay; ab 3,50 £; ☺10–16.30, So bis 16 Uhr) Verkauft hausgeräucherte Gaumenfreuden aus dem Meer wie Aal, Shrimps und Sardinen, außerdem Fleisch und frischgefangenen Fisch.

★ Butley Orford Oysterage FISCH & MEERESFRÜCHTE ££
(☎01394-450277; www.pinneysoforford.co.uk; Market Hill; Hauptgerichte 8–18 £; ☺tgl. 12–14.15, außerdem Aug. tgl. 18.30–21 Uhr, April–Juli, Sept. & Okt. nur Mi–Sa, Nov.–März nur Fr & Sa) Vieles von dem hervorragenden Seafood, das hier serviert wird, angeln und räuchern die Betreiber selber. Besondere Leckerbissen sind die Butley-Austern und die mit Knoblauch gewürzten Garnelen im Pfannkuchenteig. Die Gäste können schlichte Metallstühle, ein mit Kreide an die Tafel geschriebenes Menü, göttliches Essen und Charme ohne Ende erwarten.

❶ An- & Weiterreise

Busse fahren nach Melton (2,20 £, 30 Min., Mo–Sa 2-mal tgl.), von wo regelmäßig Verbindungen nach Aldeburgh und Ipswich bestehen.

Aldeburgh

3225 EW.

Die Zeit hat ihre Spuren in der Küstenstadt Aldeburgh (sprich: „*orld*-börah") hinterlassen, dennoch gehört sie zu den reizvollsten Orten der Region. Die malerischen Straßen und der breite Kieselstrand werden gesäumt von pastellfarbenen Häusern, kleinen Läden, Kunstgalerien und Fischbuden. Für Musikfans könnte die Stadt auch wegen ihrer Verbindung zu dem Komponisten Benjamin Britten und zweier Musikfestivals interessant sein.

◉ Sehenswertes

Moot Hall MUSEUM
(www.aldeburghmuseum.org.uk; Market Cross Pl; Erw./Kind 2 £/frei; ☺Juni–Aug. 12–17 Uhr, April, Mai, Sept. & Okt. 14.30–17 Uhr) Ausstellungen zu den Themen Fischerei, Schiffbau, Küstenverteidigung und Tourismus in der Regency-Ära in einem mit feinen Schnitzereien verzierten Fachwerkhaus aus dem 16. Jh.

Scallop SKULPTUR
(nahe Parkplatz an der Thorpe Rd) Die Skulptur von Maggi Hambling erinnert an die Verbindung von Aldeburgh mit dem Komponisten Benjamin Britten, der den Großteil seines Lebens in dieser Stadt verbrachte. Die 4 m hohe, mit einem Zitat versehene Stahlkonstruktion in Form einer Jakobsmuschel *(scallop)* und ihr Standort am Strand sind überaus umstritten. Sie ist zu Fuß nach einem kurzen Spaziergang am Meer entlang nördlich der Stadt leicht zu finden.

⚜ Festivals & Events

Aldeburgh Festival MUSIK
(www.aldeburgh.co.uk; ☺Juni) Das von Benjamin Britten 1948 ins Leben gerufene Musikfestival ist eines der größten in East Anglia. Neben klassischer Musik, neuen, neu interpretierten und wiederentdeckten Werken wird auch visuelle Kunst präsentiert.

Aldeburgh Food & Drink Festival ESSEN & TRINKEN
(www.aldeburghfoodanddrink.co.uk; ☺Ende Sept.) Das zweitägige Fest zelebriert Produkte aus Suffolk und erstklassige Kochkunst.

🛏 Schlafen & Essen

★ Ocean House B&B ££
(☎01728-452094; www.oceanhousealdeburgh.co.uk; 25 Crag Path; EZ 50 £, DZ 100–120 £, Apartment pro Woche 1050 £) Das Ocean House steht genau sieben Schritte (bitte nachzählen!) vom Strand, und viele der rustikal-schicken Zimmer haben direkten Meerblick. Das 5-Personen-Apartment ist mit einer gemütlichen Küche und einem kleinen Balkon ausgestattet; das Doppelzimmer im Obergeschoss lässt jedes Herz höher schlagen: von drei Seiten Blick aufs Wasser und ein Wohnzimmer mit einem Stutzflügel.

Dunan House B&B ££
(☎01728-452486; www.dunanhouse.co.uk; 41 Park Rd; DZ 90–100 £, FZ 105–115 £; ⓟ🛜) Hier wird schnell klar, dass der Besitzer Künstler ist: Das Haus ist voller abstrakter Gemälde in hellen Farben, Selbstportraits und getöpferten Objekten. Die Wandfarben wechseln zwischen Rot, Orange und Limonengrün, alte Bücher und ramponierte Reisetruhen

liegen herum und in der Familiensuite im Obergeschoss gibt es sogar ein Fernglas, das das Mündungsgebiet ganz nah heranholt.

Fish & Chip Shop
FISH & CHIPS £

(www.aldeburghfishandchips.co.uk; 226 High St; Hauptgerichte 5–6 £; ⊙ Di–So 12–14, Do–Sa auch 17–21 Uhr) In Aldeburgh gibt es angeblich die leckersten Fish and Chips der Gegend und dies ist der beste Laden, um das herauszufinden.

★ Lighthouse
MODERN BRITISCH ££

(☑01728-453377; www.lighthouserestaurant.co.uk; 77 High St; Hauptgerichte 11–19 £; ⊙12–14 & 18.30–22 Uhr; ☑) Der neue Besitzer dieses einladenden Bistros arbeitete hier jahrelang als Kellner und sorgt dafür, dass in dem Lokal eine ganz besonders freundliche Atmosphäre herrscht. Und auch das Essen ist etwas Besonderes. Die Spezialität des Hauses ist Fisch, aber auch Fleischesser kommen auf ihre Kosten, vielleicht bei Rebhuhnconfit oder einem saftigen Steak. Eines jedoch sollte jeder, der herkommt, wissen: Das Risotto aus frischem Kabeljau und Seafood ist praktisch nicht zu übertreffen.

Regatta Restaurant
FISCH & MEERESFRÜCHTE ££

(☑ 01728-452011; www.regattaaldeburgh.com; 171 High St; Hauptgerichte ab 10 £, 2/3 Gänge 15/18 £; ⊙12–14 & 18–22 Uhr) Die Fischgerichte im Regatta sind einfach, aber gut; von knackigem Tintenfisch mit Salz und Pfeffer über den selbstgeräucherten Lachs bis zu den klassischen Kombinationen wie Heilbutt mit Meerfenchel, neuen Kartoffeln und Salat.

❶ Praktische Informationen

Touristeninformation (☑ 01728-453637; www.thesuffolkcoast.co.uk; 48 High St; ⊙ Mo–Sa 10–15, So 12–16 Uhr)

❶ An- & Weiterreise

Bus 64/65 geht Mo–Sa stündl. nach Ipswich (7 £, 1½ Std.). Dort bestehen Verbindungen in alle Richtungen.

Southwold
1090 EW.

Seine Attraktivität hat dem Ferienort Southwold den Namen „Kensington-on-Sea" (nach dem schicken Londoner Stadtteil) eingetragen. Die wunderbaren Sandstrände, die Cottages mit Kieselsteinmauern, die Klippe mit Kanone drauf und die Badehäuschen

am Wasser sind zweifellos malerisch. All das zog und zieht Künstler wie William Turner, Charles Rennie Mackintosh, Lucian Freud und Damien Hirst an.

◉ Sehenswertes & Aktivitäten

Adnams
BRAUEREI

(☑ 01502-727225; www.adnams.co.uk; Adnams Pl; Führung 12 £; ⊙ 2–4 Führungen tgl. März–Sep) Zur Führung gehören ein einstündiger Rundgang durch die moderne Anlage der Brauerei aus viktorianischer Zeit, eine halbstündige Verkostung und eine Flasche Bier zum Mitnehmen gratis. Rechtzeitig anmelden! Seit neuestem werden auch Besichtigungen der Gin-Destillerie Adnams angeboten. Unter 18-Jährige dürfen an den Führungen nicht teilnehmen.

Seafront & Pier
STADTTEIL

(www.southwoldpier.co.uk; ⊙Pier 9–17, Fr–So bis 20 Uhr) GRATIS Die Strandpromenade ist Southwolds Hauptanziehungspunkt. Die Leute schlendern die Promenade entlang, bewundern den kompakten **Leuchtturm** aus dem 19. Jh. und besuchen dann die 190 m lange **Seebrücke**. Sie wurde 1899 gebaut und hat vor Kurzem eine Generalüberholung erfahren. Die **Under the Pier Show** (⊙10–18, Fr–So bis 20 Uhr) präsentiert eine kuriose Sammlung von selbstgebauten Spielautomaten, die alberne Späße und Politsatire kombinieren.

Coastal Voyager
BOOTSTOUREN

(☑07887 525082; www.coastalvoyager.co.uk; Blackshore, Hafen von Southwold) Es gibt verschiedene Angebote: eine 30-minütige Fahrt in der Bucht mit dem Schnellboot (Erw./Kind 26/13 £), eine gemütliche Tour über 3½ Stunden im Blyth-Mündungsgebiet (30/15 £) und eine 3-stündige Fahrt nach Scroby Sands (40/20 £) mit Seehundkolonie und Windpark.

Festivals & Events

Latitude Festival
KUNST & KULTUR

(www.latitudefestival.co.uk; Henham Park; ⊙ Juli) Ausgefallene Mischung aus Musik, Literatur, Tanz, Drama und Comedy auf einem Gutshof.

Ways with Words
LITERATUR

(www.wayswithwords.co.uk; ⊙Nov.) Lesungen und Gespräche mit bekannten Autoren an verschiedenen Veranstaltungsorten.

🛏 Schlafen & Essen

Home@21
B&B **££**

(📞 01502-722573; www.homeat21.co.uk; 21 North Pde; DZ 99–125 £; 🛜) Die Zimmer mit Meerblick sind vorzüglich: viel Platz, gemütliche Möbel und große Fenster, die Aussicht auf die Anlegestelle und das Ufer von Southwold bieten. Die Zimmer nach hinten raus fallen nicht ganz so bezaubernd aus, können sich aber trotzdem sehen lassen. Das lebensgroße „Tanzmädchen" aus Gips in der sonnigen Gästelounge sorgt für gute Stimmung.

⭐ Sutherland House
HOTEL **£££**

(📞 01502-724544; www.sutherlandhouse.co.uk; 56 High St; DZ 90–199 £; 🅿🛜) Zu den erlesenen Gästen in diesem ehemaligen Rathaus gehörten schon der spätere Jakob II. und der Earl of Sandwich. Auch die heutige Ausstattung dürfte ihnen zugesagt haben: stuckverzierte Decken, rohe Balken und frei stehende Badewannen – alles erstklassiger, luxuriöser Heritage-Schick. Die Speisekarte (Hauptgerichte 16–20 £; 12–14 und 19–21 Uhr, Mo geschl.) präsentiert vorwiegend Gerichte aus einheimischen Produkten, bereichert beispielsweise um Bouillabaisse mit Sauce Rouille, Dillcracker und frische Kräuter.

Swan
HOTEL **£££**

(📞 01502-722186; www.adnams.co.uk; Market Sq; EZ 115–125 £, DZ 185–255 £; 🅿🛜🐾) Ein Paradies für Bierfreunde: Das Hotel gehört dem Southwolder Brauerei-Riesen Adnams. Nach einer vier Millionen englische Pfund teuren Renovierung ist der altehrwürdige Gasthof wieder up to date und vereint leuchtende Farben und moderne Badezimmer mit der Noblesse des 17 Jhs. Das Personal in der Bar kredenzt mit Begeisterung die Biere, die nur eine Tür weiter gebraut werden.

Coasters
MODERN BRITISCH **££**

(📞 01502-724734; www.coastersofsouthwold.co.uk; 12 Queen St; Hauptgerichte 10–22 £; 12–14.30 & 18–21 Uhr) In dem heimeligen Bistro dreht sich alles um das Geschmackserlebnis und gute Zutaten. Die umfangreiche Speisekarte reicht von ganzen Krustentieren und Rind mit Stilton bis zu Schweinswürstchen von der Dingley Dell Farm mit Kartoffelpüree und Senf.

❶ Praktische Informationen

Touristeninformation (📞 01502-523442; www.eastsuffolk.gov.uk/visitors; North Green; Mo–Sa 10–13 & 14–17, So 11–16 Uhr) Das Fremdenverkehrsamt von Southwold hat dichtgemacht; dieser Infoschalter befindet sich in der Stadtbücherei.

❶ An- & Weiterreise

Es gibt nur begrenzt Verkehrsverbindungen: Bus 146 fährt nach Norwich (4 £, 1½ Std., Mo–Sa stündl.). Wer Richtung Süden fahren möchte, beispielsweise nach Aldeburgh, nimmt den Bus 88 nach Halesworth (2,70 £, 30 Min., stündl. Mo–Sa), von wo es weitergeht.

NORFOLK

Ein weiter Himmel, umwerfende Strände, sturmgepeitschtes Marschland, mäandernde Flüsse und Bäche und hübsche Feuersteinhäuser ergänzen sich in Norfolk in idealer Weise. Von den Einheimischen heißt es, sie stünden „mit einem Fuß auf dem Land und mit einem im Meer". Hier ist das Wasser immer in Reichweite – sowohl in den Norfolk Broads mit von Windmühlen gesäumten Flüssen als auch an der Küste mit breiten Stränden und Vogelparadiesen. Im Landesinneren hat die quirlige Stadt Norwich einiges zu bieten: eine schöne Burg, eine Kathedrale, einen geschäftigen Markt und ein paar ausgezeichnete Unterkünfte und Restaurants.

❶ Transport vor Ort

Norwich ist ein Verkehrsknotenpunkt. Bahnverbindungen bestehen u. a. nach London Liverpool Street (20 £, 2 Std., 2-mal stündl.). Busverbindungen gibt's online bei **Traveline** (www.travelineeastanglia.org.uk). Eine der nützlichsten ist der in kurzen Abständen verkehrende **Coasthopper Bus** (www.coasthopper.co.uk), der auf seiner Strecke zwischen Cromer und King's Lynn immer an der Küste entlang fährt.

Norwich

132 512 EW.

In der bis heute wohlhabenden Stadt Norwich (ausgesprochen „norr-itsch") bilden die Straßen und Sträßchen ein dichtes Netz, das dank des Reichtums, den der Wollhandel der Stadt im Mittelalter einrachte, mit architektonischen Perlen gespickt ist. Gerahmt wird das Stadtbild von einer prächtigen Kathedrale und einer beeindruckenden Burg; dazwischen liegen ruhige Gassen mit windschiefen Fachwerkhäusern. Blühende

Märkte und die große Zahl Studenten tragen zum entspannten Lebensstil der Stadt bei. Kurze Wege in die Broads und an die Strände von Norfolk machen Norwich zur idealen Ausgangsbasis für die Erkundung der Gegend.

◉ Sehenswertes

★ Norwich Cathedral   KATHEDRALE

(www.cathedral.org.uk; The Close; Eintritt mit Spende; ☺7.30–18 Uhr) Die anglikanische Kathedrale ist Norwichs beeindruckendes Wahrzeichen. Ihr Turm reicht höher in den Himmel als irgendein anderer Kirchturm in England und breitere Säulengänge findet man nur in Salisbury. Zu den Highlights gehören das faszinierende Deckengewölbe und die moderne Gestaltung der Hostry, die die Vergangenheit der Kathedrale mit Hightech illustriert. Wer mehr erfahren möchte, schließt sich einer einstündigen Führung an (gegen Spende, stündl. Mo–Sa 11–15 Uhr).

Mit dem Bau der Kathedrale wurde 1096 begonnen und es wurde eine der großartigsten anglonormannischen Abteikirchen des Landes daraus. Allein die Größe des Kirchenschiffs ist überwältigend, noch berühmter ist allerdings das 1463 hinzugefügte gotische Fächer-Stern-Gewölbe. Die 1200 Schlusssteine der Pfeiler zeigen Szenen aus der Bibel. Sie gehören zu den größten Leistungen englischer Baukunst im Mittelalter.

Ähnliche Schlusssteine finden sich in den eindrucksvollen zweistöckigen Säulengängen, wo sie aus geringerer Entfernung besser betrachtet werden können. Die Säulengänge entstanden zwischen 1297 und 1430. Sie sind einzigartig in England und dienten ursprünglich zur Unterbringung von etwa 100 Mönchen.

Über dem bronzenen Taufbecken, das einmal eine Schale in einer Schokoladenfabrik in der Nähe war, schwebt der *Censing Angel* (2012). Das Himmelswesen wurde von Bildhauer Joy Whiddett aus Weidenzweigen geflochten.

Außerhalb der Kathedrale befindet sich an ihrem Ostende das Grab der Kriegsheldin Edith Cavell. Die aus Norfolk stammende Krankenschwester wurde im Ersten Weltkrieg exekutiert, weil sie Hunderten von alliierten Soldaten zur Flucht aus dem von den Deutschen besetzten Belgien verhalf. Auf dem Gelände steht auch die alte Kapelle der King Edward VI School (die der Seeheld Admiral Nelson besuchte). Der Chor, der bei den Gottesdiensten auftritt, besteht gänzlich aus Studenten.

Tombland & Elm Hill   STADTTEIL

Im grünen Stadtteil Tombland nahe der Kathedrale von Norwich fand ursprünglich der Markt statt („tomb" ist ein altnordisches Wort für „leer", gleichbedeutend mit Platz für einen Markt). Von dort gelangt man über die Princes St nach Elm Hill, der schönsten Straße in Norwich. Auf mittelalterlichen Pflastersteinen führt sie vorbei an Häusern mit schiefen Balken und Türen, verlockenden Läden und versteckten Cafés.

★ Museum of Norwich at the Bridewell   MUSEUM

(www.museums.norfolk.gov.uk; Bridewell Alley; Erw./Kind 5,50/4,40 £; ☺Di–Sa 10–16.30 Uhr) Hier sind gute Manieren angesagt: Das aus dem 14. Jh. stammende Bridewell war einmal eine Besserungsanstalt, ein „Gefängnis für Frauen, Bettler und Landstreicher". Das Museum dokumentiert die Vorrangstellung von Norwich im Mittelalter und seine Industriegeschichte im 19. Jh. Außerdem können die Besucher in einem Raum mit 1950er-Jahre-Einrichtung Spiele spielen, Schustern lauschen, die aus ihrem Leben erzählen, und in einem winzigen Kino Filme sehen. Nicht den skurrilen Stiefel übersehen, der seine Träger vor Schlangenbissen schützen soll!

★ Norwich Castle   MUSEUM

(www.museums.norfolk.gov.uk; Castle Hill; Erw./Kind 8,80/7 £; ☺ Mo–Sa 10–16.30, So 13–16.30 Uhr) Norwich Castle aus dem 12. Jh. blickt von einem Hügel auf die Innenstadt herab und ist eines der am besten erhaltenen Beispiele für anglonormannische Militärarchitektur in England. Das hervorragende interaktive Museum quillt über von Relikten und Infos zu Königin Boudicca, den Icenern, Angelsachsen und Wikingern. Doch das Beste ist der Wohnturm: In beklemmender Enge wird auf drastischer Weise vorgeführt, welche Strafen die Verurteilten in dem damaligen Gefängnis zu erdulden hatten. Zweimal täglich gibt es eine Führung (Erw./Kind 3,50/2,80 £) (2 £) durch die Festungsmauern und unheimlichen Verliese.

Sainsbury Centre for Visual Arts   KUNSTGALERIE

(www.scva.ac.uk; University of East Anglia; ☺10–18 Uhr Di–Fr, Sa & So bis 17 Uhr) GRATIS Das wichtigste Kunstzentrum der Region ist in einem Bau von dem renommierten Archi-

CAMBRIDGE & EAST ANGLIA NORWICH

Norwich

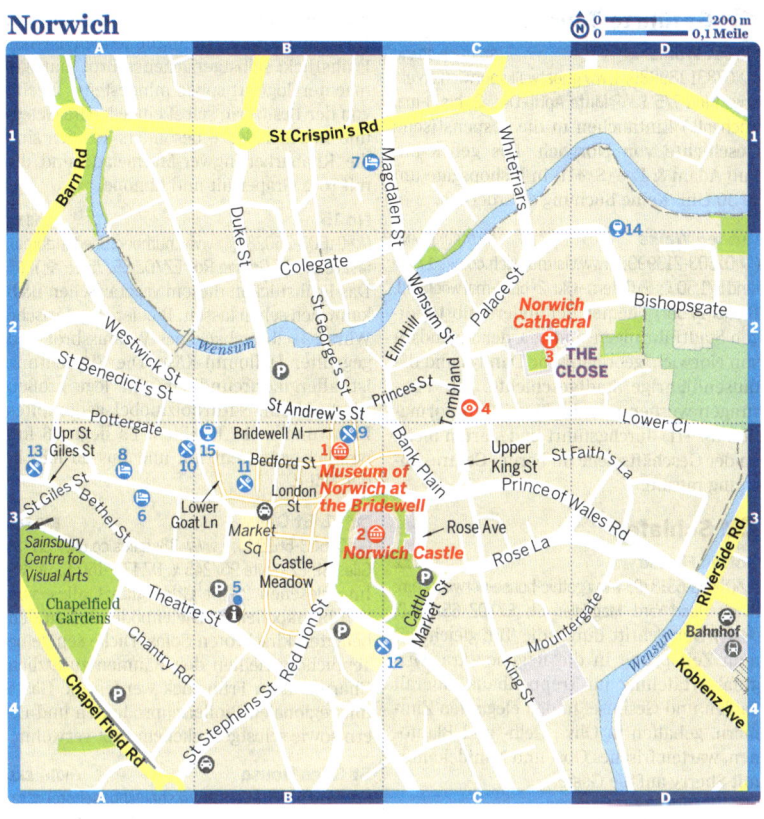

Norwich

🔴 Highlights
1 Museum of Norwich at the
   Bridewell B3
2 Norwich Castle B3
3 Norwich Cathedral C2

🔴 Sehenswertes
4 Tombland & Elm Hill C2

➕ Aktivitäten, Kurse & Touren
   Ghost Walks ....(s. 14)
5 Guided Walks B3

🛏 Schlafen
6 38 St Giles A3

tekten Norman Foster untergebracht. Es ist das erste öffentliche Gebäude von Bedeutung in der Laufbahn des Architekten. Die ungewöhnliche Sammlung enthält Werke von Picasso, Moore, Degas und Bacon, zu denen sich Kuriositäten aus Afrika, der Pa-

zifikregion und Nord- und Südamerika gesellen. Die Kunstgalerie liegt ca. 3 km westlich von der Innenstadt auf dem Gelände der University of East Anglia. Dorthin fahren die Busse 25, 22 und 26 ab Castle Meadow (20 Min.).

👉 Geführte Touren

Ghost Walks
STADTRUNDGANG

(☎07831 189985; www.ghostwalksnorwich.co.uk; Erw./Kind 7/5 £; ⊙Mitte April–Dez. 2- bis 3-mal wöchentl.) Eintauchen in die gespenstische Geschichte von Norwich. Los geht's am Pub Adam & Eve (S. 411) in Bishopsgate um 19.30 Uhr. Keine Buchung erforderlich.

Guided Walks
STADTRUNDGANG

(☎01603-213999; www.visitnorwich.co.uk; Erw./Kind 5/1,50 £; ⊙Ostern–Okt. 2- bis 4-mal wöchentl. 11 oder 14 Uhr) Themen der anderthalbstündigen Stadtführungen sind u. a. der Jugendstil von Norwich, georgianische Dandys und die tausendjährige Stadtgeschichte. Alle Führungen werden von der Touristeninformation (S. 411) durchgeführt und starten meist an der Geschäftsstelle im Forum Centre. Buchung ratsam.

🛏 Schlafen

Gothic House
B&B ££

(☎01603-631879; www.gothic-house-norwich.com; King's Head Yard, Magdalen St; EZ/DZ 65/95 £; P🐾) Der Schritt durch die Tür gleicht einem Zeitsprung in die Regency-Ära. Originalvertäfelung im Treppenhaus, überall Säulen und Gesimse. In den eleganten Zimmern, gehalten in Oliv-, Gelb- und Blautönen, warten frisches Obst und Minidekanter mit Sherry auf die Gäste.

Wedgewood House
B&B ££

(☎01603-625730; www.wedgewoodhouse.co.uk; 42 St Stephens Road; DZ 80–90 £; P🐾) Farbenfrohe Bettüberwürfe, zeitgenössische Drucke, die zentrale Lage und ein Parkplatz sind die Pluspunkte dieses gemütlichen B&B. Das ganz große Highlight jedoch ist das Frühstück: selbstgebackenes Brot, hausgemachter Joghurt sowie mindestens (!) zehn von der Besitzerin selbst eingekochte Gelees und Marmeladen – besonders köstlich sind die Rhabarber-Ingwer-Marmelade und die mit rosa Grapefruit und Limone.

No 15
B&B ££

(☎01603-250283; www.number15bedandbreakfast.co.uk; 15 Grange Rd; EZ/DZ 55/75 £; 🐾) Das Frühstück in diesem vegetarischen B&B kann sich sehen lassen: Bioeier, vegetarische Würste, selbstgebackenes Walnussbrot und gegrillter Halloumi-Käse. Die Einrichtung ist allergikerfreundlich und legt großen Wert auf Stil: Naturholzmöbel, gedämpftes Licht und helle Textilien. Es liegt 1,6 km westlich vom Zentrum und Bus 25 hält in der Nähe.

⭐ 38 St Giles
B&B £££

(☎01603-662944; www.38stgiles.co.uk; 38 St Giles St; EZ/Suite 95/245 £, DZ 130–160 £; P🐾) Im erlesenen 38 St Giles glänzt alles, von den blankpolierten Dielenböden bis zu den betagten kirschroten Sofas. Dicke senfgelbe Teppiche verleihen den Räumen zusätzlich Charme. Zum Frühstück werden die Gäste mit regionalen Biofleischprodukten und Eiern sowie selbstgebackenem Brot verwöhnt.

St Giles House
HOTEL £££

(☎01603-275180; www.stgileshousehotel.com; 41 St Giles St; DZ/Suite 130/220 £; P🐾) Die Jugendstilelemente im luxuriösen St. Giles House aus dem Jahr 1919 sind nicht zu übersehen: schon die elegante Lobby weist entsprechende Verzierungen auf. Das gilt

---

ABSTECHER

GEISTERSCHLOSS BLICKLING HALL

Das im 17. Jh. für Sir Henry Hobart, Lordoberrichter unter James I., grundlegend umgestaltete **Blickling Hall** (NT; www.nationaltrust.org.uk; Blickling; Erw./Kind 12,65/6,80 £; ⊙Haus Ostern–Okt. Mi–Mo 12–17 Uhr, Gelände Mi–So 11–16 Uhr; P) stammt aus dem 11. Jh. und war erst Herrenhaus und danach Bischofspalast. Die imposanten Räume aus jakobinischer Zeit sind mit edlen georgianischen Möbeln, Bildern und Wandteppichen ausgestattet. Die Stuckdecke in der Long Gallery ist eine Augenweide. Das Herrenhaus liegt heute in einer ausgedehnten Parklandschaft, durchzogen von Rad- und Spazierwegen.

1437 gelangte das einsam gelegene Haus in den Besitz der Familie Boleyn und wurde über Generationen hinweg weitergegeben, zuletzt an Thomas, den Vater von Anne Boleyn. Annes Ehemann, Heinrich VIII., ließ seine Frau 1533 hinrichten. Sie wurde auf seinen Wunsch hin enthauptet. Der Legende nach fährt jedes Jahr an ihrem Todestag eine Kutsche zum Haus hinauf. Pferde und Kutscher sind kopflos und die Königin sitzt in der Kutsche und hält ihren eigenen Kopf im Schoß.

Blickling Hall liegt 24 km nördlich von Norwich an einem Abzweig der A140.

auch für die Zimmer (kräftige Muster und fließende Linien), aber auch Spa, Bistro und Cocktailterrasse sind schön.

 Essen

Grosvenor Fish Bar
FISH & CHIPS £

(www.fshshop.com; 28 Lower Goat Lane; Hauptgerichte ab 5 £; ⏱Mo–Sa 11–19.30 Uhr) Dieser tolle Laden ist ein bisschen anders. Zu den Chips gibt es frische Kabeljau-Goujons, die Seebarsch-Wraps werden mit Mango-Salsa veredelt und ein „Big Mack" ist hier ein knuspriges Makrelenfilet im Brötchen. Das Ganze gibt's zum Mitnehmen oder zum direkten Verzehr auf den Bänken im Laden.

Mustard
CAFÉ £

(www.mustardcoffeebar.co.uk; 3 Bridewell Alley; Snacks/Hauptgerichte 2/7 £; ⏱Mo–Sa 8–17 Uhr; ☎) Was einmal der Colman's Mustard Shop war, ist jetzt ein funkiges, studentenfreundliches Café in zum Jahren passenden Gelbtönen. Unter den qualitativ hochwertigen Gerichten findet sich Hausgemachtes (warmes Pittabrot, gefüllt mit Halloumi und gerösteter Paprika) und Spezialitäten wie Schottische Eier mit Chorizo. Der Kaffee ist selbstgeröstet.

Bishops
MODERN BRITISCH ££

(☎01603-767321; www.bishopsrestaurant.co.uk; 8 St Andrew's Hill; 2-Gänge-Mittagessen/-Abendessen 15/29 £; ⏱Di–Sa 12–14.30 & 18–21.45 Uhr) Das Ungewöhnliche, das Unerwartete und Produkte aus Norfolk dominieren die Speisekarte im Bishops. Wie wär's mit Räucheraal mit Meerrettich, Rebhuhn à la Wellington oder gegartem Schweinebauch aus Suffolk? Zum süßen Abschluss empfehlen sich Mocha Fondant und gesalzene Karamelleiscreme.

Library
BRASSERIE ££

(☎01603-616606; www.thelibraryrestaurant.co.uk; 4a Guildhall Hill; Hauptgerichte 12–20 £; ⏱Mo–Sa 12–14.30 & 18–22, So 12–16 Uhr) Der Chefkoch hegt eine Vorliebe für den Holzkohlengrill. Das unverwechselbare Aroma prägt alles vom Hühnchen- übers Lamm- bis zum Rindfleisch. Das Ganze ist ein Hit, ebenso die Location: die Wände der ehemaligen Bibliothek säumen viktorianische Regalböden, und wer hier speist, fühlt sich wie ein Ehrenmitglied in einem exklusiven Club.

No 12
BISTRO ££

(www.number12norwich.org; 12 Farmers Ave; Hauptgerichte 7–15 £; ⏱Mo–Sa 12–15 & 17–20.30, So 12–15 Uhr) Lounge-Musik, Tartan-Mus-

ter in Heide-Farben schman den Wänden, eine Balkendecke und mit beigem Leder bespannte Barhocker – klingt etwas schräg, funktioniert aber. Die Auswahl an Gerichten reicht von leichten Standard-Mittagsgerichten bis zu Trüffelrisotto und Bœuf Bourguignon.

★ Roger Hickman's
MODERN BRITISCH £££

(☎01603-633522; www.rogerhickmansrestaurant.com; 79 Upper St Giles St; Abendessen 2/3/7 Gänge 36/45/60 £; ⏱Di–Sa 12–14.30 & 19–22 Uhr) Hier heißt das Motto „unaufdringliche Eleganz": helle Holzdielen, weiße Tischwäsche und ein unauffälliger Service. Serviert wird u. a. Wild mit Feigen, Seeteufel mit Oktopus, und Schweinebäckchenterrine. Die Küche zeichnet Flair, Phantasie und der Anspruch auf Qualität aus. Die Mittagsmenüs (2/3 Gänge 20/25 £) lohnen sich besonders.

Ausgehen & Nachtleben

★ Birdcage
PUB

(www.thebirdcagenorwich.co.uk; 23 Pottergate; ⏱11–24 Uhr; ☎) Formicabeschichtete Tische, chillige Musik, Cupcakes und Cocktails lassen jedes Beatnikherz höher schlagen. Wer Lust auf Unterricht im Aktzeichnen (ja tatsächlich!) und edles Knabberzeug hat, ist in diesem einzigartigen Pub richtig. Fish and Chips gibt's gleich gegenüber.

Adam & Eve
PUB

(Bishopsgate; ⏱Mo–Sa 11–23, So 12–22.30 Uhr) Norwichs ältestes noch bestehendes Pub löscht seit 1249 den Durst der Einheimischen. Damals schauten die Kathedralenbauer hier rein. Es ist winzig, der Boden wölbt sich und die Wände sind zum Teil holzvertäfelt. Die meisten Besucher sind Stammgäste, Choristen oder Geisterjäger und kommen wegen der guten Malt-Whiskys und echten Ales hierher.

ℹ Praktische Informationen

Touristeninformation (☎01603-213999; www.visitnorwich.co.uk; Millennium Plain; ⏱Mo–Sa 9.30–17.30, Mitte Juli–Mitte Sept. auch So 10.30–15.30 Uhr) Im Forum Centre.

ℹ An- & Weiterreise

AUTO

In Norwich gibt es sechs kostenlose Park-and-Ride-Plätze. Busse (3,50 £) fahren Montag bis Samstag ungefähr zwischen 7 und 19 Uhr in die Innenstadt, zeitweilig im Abstand von nur 15 Min.

BUS

Der **Busbahnhof** (Queen's Rd) liegt 400 m südlich der Burg. Man geht über die Red Lion St in die Stephen's St und biegt dann nach links in die Surrey St ab. Beispielsweise **National Express** (www.nationalexpress.com) und **First** (www.firstgroup.com) fahren folgende Orte an:

Cromer Bus X44; 3,60 £, 1 Std., stündl.

King's Lynn Bus X1; 9 £, 1½ Std., stündl.

London Victoria 10 £, 3 Std., alle 2 Std.

FLUGZEUG

Norwich International Airport (www.norwich international.com) 6,5 km nördlich der Stadt. Das ganze Jahr über bestehen Verbindungen nach Amsterdam, Aberdeen, Edinburgh und Manchester und im Sommer auch nach Spanien und zu den Kanalinseln.

ZUG

Der Bahnhof liegt ein Stück abseits der Thorpe Rd, 600 m östlich der Burg.

Cambridge 17 £, 1¼ Std., stündl.

Ely 12 £, 1 Std., 2-mal stündl.

London Liverpool Street 20 £, 2 Std., 2-mal stündl.

Cromer

7949 EW.

In viktorianischer Zeit ein beliebtes Ferienziel, ist Cromer eine entspannte Mischung aus altmodischem englischem Badeort und malerischem Fischerhafen. In leuchtenden Farben gestrichene Häuser säumen schmale Gassen, in denen es von eigentümergeführten Läden wimmelt. Die Hauptattraktionen sind nach wie vor die süße Cromer-Krabbe, die stilvolle Seebrücke und der einladende Kieselstrand.

🎯 Sehenswertes

Henry Blogg Museum   MUSEUM

(Lifeboat Museum; www.rnlicromer.org.uk; The Gangway; ☺April–Sept. Di–So 10–17, Okt.–März bis 16 Uhr) GRATIS Museumsbesucher können eine Nachricht im Morsecode verfassen und ihren Namen mit Winkflaggen signalisieren. Technikspielereien zum selbst Ausprobieren tragen zweifellos zur Attraktivität dieses ausgezeichneten Museums bei, aber auch die mitreißend erzählten Geschichten von wagemutigen Aktionen der Seenotretter und das stolz mitten im Gebäude platzierte Rettungsboot aus dem Zweiten Weltkrieg.

ℹ️ COASTHOPPER BUS

→ Der **Coasthopper Bus** (www.coast hopper.co.uk) fährt von Cromer nach King's Lynn; er hält unterwegs u. a. in Cley, Blakeney, Wells, Holkham und Burnham Deepdale.

→ Zwischen April und September verkehrt er oft, sonst seltener.

→ Die Einzelfahrkarte kostet ab 1,40 £; auch Sammelfahrkarten sind erhältlich (1/3/7 Tage 9,50/20/33 £).

Felbrigg Hall   HISTORISCHES GEBÄUDE

(NT; www.nationaltrust.org.uk; Felbrigg; Erw./Kind 9,90/4,70 £; ☺ März–Sept. Sa–Mi 11–17, Okt. bis 16 Uhr; 🅿) Hinter der wunderschönen Fassade des eleganten jakobinischen Herrenhauses gibt es eine geniale Innenausstattung sowie herrliche ummauerte Gärten und eine Orangerie zu entdecken. Es liegt 3,2 km westlich von Cromer an einer Nebenstraße der B1436.

🛏️ Schlafen & Essen

⭐ Red Lion   GASTHAUS ££

(📞01263-514964; www.redlioncromer.co.uk; Brook St; EZ 63–95 £, DZ 115–140 £, Suite 150–180 £; 🅿🛜) Bunte Bodenfliesen, Holzgeländer und Buntglas charakterisieren das aus dem 18. Jh. stammende Seebadhotel. Der elegante maritime Einrichtungsstil in den Zimmern ist eine Augenweide. Alle haben Bäder sowie einen Kaffeebereiter – Milch wird täglich frisch geliefert. Das Nonplusultra ist die Suite (Zimmernr. 7), die sowohl vom Balkon als auch aus der Badewanne Meerblick bietet. Die intime Bar mit Natursteinwand und Aussicht aufs Meer ist der ideale Ort um ein Bierchen zu zischen.

⭐ Davies   FISCH & MEERESFRÜCHTE £

(7 Garden St; Krabben 3,50–6 £; ☺Mo–Sa 8.30–17, April–Okt. So 10–16, Nov.–März Di–Sa 8.30–16 Uhr) Mehr als nur ein Fischgeschäft, eher eine Institution: die im Davies servierten Krabben werden vom hauseigenen Boot (der *Richard William*) aus gefangen und an Ort und Stelle gekocht, geschält und zubereitet. Weitere Gaumenfreuden sind zum Beispiel die Muscheln und die hausgemachte Pâté. Ganz besonderen Pfiff hat die Pastete mit Makrele und Meerrettich.

Rocket House   CAFÉ

(www.rockethousecafe.co.uk; The Gangway; Hauptgerichte 5–10 £; ☺Mo–Fr 9–16, Sa & So 10–17 Uhr)

Das Rocket House liegt direkt am Wasser und besteht aus einem lichten Gastraum und einem Balkon, der fast über den Wellen schwebt. Es gibt leichte Speisen wie *ploughman's* mit Norfolk Dapple und Binham Blue (Käse) oder einen Salat aus vor Ort geräucherter Makrele. Spezialität des Hauses ist der Cromer-Krabbenteller.

Im Sommer hat das Lokal auch abends geöffnet (Mitte Mai–Sept. 18–21.30 Uhr); eine Tischreservierung ist ratsam.

🛈 An- & Weiterreise

Züge nach Norwich (7 £, 45 Min., stündl.). Der **Coasthopper Bus** (www.coasthopper. co.uk) fährt im Sommer etwa jede halbe Stunde an der Küste entlang nach Westen bis King's Lynn.

Cley-next-the-Sea

450 EW.

Wie der Name schon sagt, liegt das verschlafene Dorf Cley (ausgesprochen „clai") nahe beim Meer. Inmitten von hübschen Häusern und vogelreichen Marschen lässt sich hier eine fotogene Windmühle bestaunen.

◉ Sehenswertes

Cley Marshes   NATURSCHUTZGEBIET (www.norfolkwildlifetrust.org.uk; nahe Cley-next-the-Sea; Erw./Kind 5 £/frei; ☉ Sonnenaufgang–Sonnenuntergang; ℗) ✇ Die Cley Marshes sind eines der schönsten Vogelbeobachtungsgebiete in England. Hier gibt es über 300 einheimische Vogelarten sowie viele Zugvögel. Das Gelände ist durchzogen von Wanderwegen und etliche im goldenen Schilf versteckte Türme machen ornithologische Exkursionen zum Erlebnis. Selbst nicht so sehr Vogelinteressierte sollten in dem kombinierten Café/Besucherzentrum (Eintritt frei) vorbeischauen. Stühle, Teleskope und Panoramafenster laden dazu ein, sich in den Anblick der Natur zu versenken. Und weniger hart gesottene Vogelbeobachter können hier mit einem Milchkaffee in der Hand einen gemütlichen Blick auf die Rohrweihen werfen.

🛏 Schlafen & Essen

★ **Cley Windmill**   B&B £££ (☎ 01263-740209; www.cleymill.co.uk; High St; DZ 160–200 £, Apt. pro Woche 570 £; ℗) Die Windmühle aus dem 18. Jh. versprüht mit ihren schiefen Wänden genau den Charme, den man von einem solchen, früher wirtschaftlich genutzten, Gebäude erwartet. Die Zimmer sind nach ihrer ehemaligen Funktion benannt, zum Beispiel das herrlich verschachtelte „Barley Bin" (Gerstenspeicher). Viele haben direkten Blick auf die schilfbedeckten Marschen. Gleich nebenan gibt es ein hübsches Cottage für vier Selbstversorger.

George   GASTHAUS £££ (☎ 01263-740652; www.thegeorgehotelatcley.co.uk; High St; DZ 120–345 £) Das George ist zwar ein altehrwürdiges englisches Gasthaus, aber vom Stil her durch und durch zeitgenössischer Nordnorfolk-Schick. Zur geschmackvolle Ausstattung gehören abgezogene Dielen, Kaminecken mit aufgemöbelten Ohrensesseln und schmucke Kommoden. Am besten lässt man sich ein Zimmer mit Blick aufs Moor geben, denn die Aussicht ist faszinierend.

★ **Picnic Fayre**   DELI £ (www.picnic-fayre.co.uk; High St; ☉ Mo–Sa 9–17, So 10–16 Uhr) Zum Kuckuck mit der Diät – und ab in dieses Deli, wo jede Menge sündhaft leckere, überraschende Versionen englischer Picknickklassiker auf Abnehmer warten: Schweinefleischpastete mit Chorizo, Würstchen mit süßer Chilisauce und hausgebackenes Lavendelbrot. Nicht zu vergessen das köstlich-klebrige, hausgemachte Toffee und *pastéis de nata*, portugiesische Puddingtörtchen. Mjam.

Cley Smokehouse   DELI £ (www.cleysmokehouse.com; High St; ☉ 9.30–16.30 Uhr) Hocharomatischer, selbstgeräucherter Fisch, Schellfisch und Fleischsülze.

🛈 Praktische Informationen

Visitor Centre (www.norfolkwildlifetrust. org.uk; Cley Marshes; ☉ April–Okt. 10–17, Nov.–März bis 16 Uhr) Sitzplätze und Teleskope hinter großen Panoramafenstern mit Blick auf das Vogelschutzgebiet. Ein Café gibt es auch.

Blakeney

801 EW.

Das schmucke Dorf Blakeney war ein blühender Fischerei- und Handelshafen, bis er versandete. Heute wartet der Ort mit einer einladenden Uferpromenade mit Jachtliegeplätzen auf. Hier starten Bootstouren zu einer Kolonie von Seehunden und Kegelrobben, die auf dem nahegelegenen Blakeney Point leben.

UNTERWEGS IN DEN NORFOLK BROADS

Was ist reizvoll an einem Sumpf?

Die riesigen Feuchtgebiete entstanden, als die Flüsse Wensum, Bure, Waveney und Yare die großen Erdlöcher überfluteten, die im 12. Jh. von Kleinbauern auf der Suche nach Torf ausgehoben worden waren. Heute stehen die empfindlichen Ökosysteme unter Naturschutz und beheimaten einige Pflanzen und Vögel, die man in in Großbritannien nirgendwo sonst beobachten kann, was sie zu einem Paradies für Vogelbeobachter und Naturfreunde macht. Wer schon immer mal Kapitän auf seinem eigenen Boot sein wollte, kann diesem Vergnügen auf 200 km Wasserwegen ungestört von Wehren genüsslich nachgehen. Auch für Kanufahrer, die sich abseits vom Rest der Welt in den sanften Wellen wiegen wollen, ist genügend Platz.

Was kann man sehen und unternehmen, das nichts mit Wasser zu tun hat?

Museum of the Broads (☏ 01692-581681; www.museumofthebroads.org.uk; The Staithe, Stalham; Erw./Kind 5/2,50 £; ⊙ Ostern–Okt. 10–16 Uhr) Das Museum liegt 8 km nördlich von Potter Heigham an einem Abzweig der A149. Es zeigt Boote und dokumentiert das Leben der Marschbewohner, ihre Traditionen, den Torfabbau und den modernen Naturschutz. Besucher können eine Rundfahrt in einem offenen Dampfboot unternehmen.

Toad Hole Cottage (How Hill; ⊙ April–Okt. Mo–Sa 10.30–17 Uhe) GRATIS Das winzige Cottage ist typisch für die Bewohner der Fens. Es zeigt, wie die Familie eines Aalfängers lebte und welches Handwerkszeug die Leute für die Bearbeitung des umliegenden Marschlands benutzten.

Bewilderwood (www.bewilderwood.co.uk; Hornig Rd, Hoveton; Erw./Kind 15,50/13,50 £; ⊙ Ostern–Okt. 10–17.30 Uhr) Der Waldspielplatz macht nicht nur Kindern, sondern auch Erwachsenen Spaß: mit Seilrutschen, Dschungelbrücken und Baumhäusern. Hier kann man einfach im Schlamm spielen, durch Irrgärten toben oder in der Marsch laufen.

St. Helen's Church (Ranworth; ⊙ 9–17 Uhr) Das Highlight unter den Gotteshäusern in den Broads ist diese Kirche aus dem 14. Jh., die hier auch „Cathedral of the Broads" genannt wird. Sie besitzt einen kunstvoll bemalten Lettner und ein Antiphonar (illustriertes Gebetsbuch) aus dem 15. Jh.

Bure Valley Steam Railway (www.bvrw.co.uk; Aylsham; Erw./Kind Hin- und Rückfahrt 13/6 £; ⊙ April–Okt 2–6 Züge tgl.; P) Die Dampfeisenbahn, die auf einer 15 km langen Schmalspurstrecke zwischen Aylsham und Wroxham hin- und herschnauft, ist genau das Richtige für Bahnfreaks. Die Tour zurück kann auch per Boot erfolgen.

Geführte Touren

Bishop's Boats   BOOTSTOUREN
(☏ 01263-740753; www.bishopsboats.com; Blakeney Quay; Erw./Kind 12/6 £; ⊙ April–Okt. 1- bis 4-mal tgl.) Veranstaltet einstündige Fahrten zur Seehundekolonie am Blakeney Point. Die Monate Juni, Juli und August lohnen sich am meisten, weil es dann Nachwuchs bei den Seehunden gibt.

Beans Seal Trips   BOOTSTOUREN
(☏ 01263-740505; www.beansboattrips.co.uk; Morston Quay; Erw./Kind 12/6 £; ⊙ April–Okt. 1- bis 4-mal tgl.) Bietet Bootsausflüge zur Kolonie am Blakeney Point mit Hunderten von Seehunden. Die Ablegestelle ist am Morston Quay, rund 2,5 km östlich von Blakeney.

Schlafen & Essen

Kings Arms   GASTHAUS ££
(☏ 01263-740341; www.blakeneykingsarms.co.uk; Westgate St; EZ/DZ 60/80 £; P) Hübsche, einfache, altmodische Zimmer (helle Farben und Pinienholz) in einem Pub, der seine Gäste so herzlich aufnimmt, dass sie gar nicht wieder weg wollen. Nach einer ordentlichen Pubmahlzeit (berühmt für Fish and Chips; Hauptgerichte 8–15 £; warme Küche 12–21 Uhr) ist Gelegenheit, Hausherrin Marjorie über ihre Theaterkarriere auszufragen.

Moorings   MODERN BRITISCH ££
(☏ 01263-740054; www.blakeney-moorings.co.uk; High St; Hauptgerichte 7–22 £; ⊙ Di–Sa 10.30–21,

Wie kann ich die Gegend erkunden?

Auf eigene Faust in den Broads herumzufahren, ist unbefriedigend. Die Hauptzentren Wroxham, an der A1151 von Norwich aus, und Potter Heigham, an der A1062 von Wroxham aus, sind von Norwich und Great Yarmouth aus per Bus zu erreichen. Von dort geht es aufs Wasser oder über die Wanderwege.

Erkundung per Boot

Von großen Kajütbooten bis zu kleinen Booten mit Außenbordmotor können alle möglichen Modelle gemietet werden. Die Mietdauer reicht von zwei Stunden für Kurztrips bis zu einer oder mehreren Wochen. Für alle Boote gibt's eine Einweisung. Je nach Größe, Ausstattung und Saison kostet ein Boot für acht Personen pro Stunde ab ca. 18 £, für vier Stunden ab 68 £ und pro Tag ab 114 £. Die Miete für eine Woche inkl. Benzin und Versicherung liegt zwischen 660 £ und 1330 £. **Broadland Day Boats** (☎ 01692-667659; www.dayboathire.com; Ludham) verleiht Boote und Kanus. **Barnes Brinkcraft** (☎ 01603-782625; www.barnesbrinkcraft.co.uk; Wroxham) bietet kurze und lange Verleihzeiten. **Broads Tours** (☎ 01603-782207; www.broads.co.uk; Wroxham) verleiht Boote tage- und wochenweise und veranstaltet Bootstouren. Beim Bootsverleih **Blakes** (☎ 0345-498 6184; www.blakes.co.uk) gibt es viele verschiedene Ferienarrangements.

Erkundung per Kanu

Wer gern paddelt, findet Angebote pro Tag für ca. 27 bis 35 £. **Rowan Craft** (www.rowan craft.com; Geldeston) und **Waveney River Centre** (www.waveneyrivercentre.co.uk; Burgh St. Peter) sind zu empfehlen. **Mark the Canoe Man** (www.thecanoeman.com; Halbtagestour 25 £) kennt die Geheimnisse der Broads und organisiert geführte Touren (ab 25 £) in Gebiete, die andere Boote nicht anfahren können. Das Unternehmen bietet außerdem Kanu- und Kajakverleih, Kanu-Camping-Touren am Wochenende (zwei Nächte 65 £) und zweitägige Kanutrips mit Überlebenstraining (Erw./Kind 175/125 £).

Erkundung zu Fuß & mit dem Fahrrad

Ein Netz an Wanderwegen überzieht das Gebiet, darunter der 100 km lange **Weavers' Way**, der durch herrliche Landschaft von Cromer nach Great Yarmouth führt. Mit gerade mal 12 m über dem Meeresspiegel ist How Hill der höchste Punkt in den Broads und auch für weniger sportliche Wanderer erklimmbar. Die Strecke zwischen Aylsham und Stalham ist für Radler freigegeben. **Broadland Cycle Hire** (www.norfolkbroadscycling.co.uk) und **Martha's Cottage** (www.marthascottagecyclehire.co.uk; Barnby) sind zwei von mehreren Radverleihen. Die Kosten liegen bei 12 bis 18 £ pro Tag; auch stehen Kindersitze und Tandems zur Verfügung.

So bis 17 Uhr) Die perfekt zubereiteten Fischgerichte haben diesem Bistro eine treue Fangemeinde eingebracht. Wie wär's mit gebackenem Seeteufel mit Tintenfisch und scharfer Harissa, oder etwas Schlichtem wie frischen süßen Krabben mit Avocado? Auch die klassischen Fleisch- und vegetarischen Gerichte sind verführerisch. Auf keinen Fall den Nachtisch ausfallen lassen, zum Beispiel Pflaumencrumble mit Vanillecreme oder ein saftiger treacle sponge.

Wells-next-the-Sea

2165 EW.

Das charmante Örtchen Wells bietet beides: attraktives Land und Meer. Eine Straße mit hübschen georgianischen Häusern und Cottages aus Feuerstein und Backstein schlängelt sich hinab bis zu einem Bootsanleger. Im Norden lockt der breite goldene Strand hinter pinienbedeckten Dünen.

🅞 Sehenswertes

Wells Beach   STRAND

(Ⓟ) Der Sandstrand von Wells liegt hinter dichten Kiefernwäldern und Dünen und erstreckt sich kilometerweit nach Westen. Es gibt bunte Strandhäuschen und Zugänge mit Holzstufen aus Wald aus. Das Ganze schön versteckt am Ende einer langen Straße; hin kommt man zu Fuß, mit dem Auto oder einem Miniaturzug. Parkplatz ist vorhanden.

Wells & Walsingham Railway OLDTIMERZUG

(www.wellswalsinghamrailway.co.uk; Stiffkey Rd; Erw./Kind Hin- und Rückfahrt 9/7 £; ☺April–Okt. 4- bis 5-mal tgl.; Ⓟ) Die längste 260-mm-Schmalspurbahn der Welt zuckelt von Wells acht Kilometer lang durch malerische Landschaft. Sie fährt bis zum Dorf Little Walsingham, wo es ein Marienheiligtum und eine beeindruckenden Abteiruine zu entdecken gibt.

🛏 Schlafen & Essen

Wells YHA HOSTEL £

(☎0845-371 9544; www.yha.org.uk; Church Plains; B 20–26 £, DZ 49–65 £; Ⓟ) Im Herzen der Stadt in einem Gemeindesaal aus dem frühen 20. Jh. mit schönem Giebel.

★ Old Customs House B&B ££

(☎01328-711463; www.eastquay.co.uk; East Quay; EZ 80–90 £, DZ 100–110 £; Ⓟ🔊) Alkoven voller Bücher, die abgenutzte Hofzvertäfelung und eine wunderbare Aussicht auf die Bucht schaffen ein elegantes, aber trotzdem gemütliches Ambiente. Zur Wahl stehen das behagliche Captain's Quarters und das noble Zimmer mit Himmelbett. Beim Frühstück richtet sich die Gastgeberin möglichst nach den Wünschen der Gäste und serviert eventuell Gaumenfreuden wie Ziegenkäseomelette und geräucherten Schellfisch.

Wells Beach Cafe CAFÉ £

(Wells Beach; Hauptgerichte 4 £; ☺Ostern–Okt. 10–17, Nov.–Ostern bis 16 Uhr; 🔊) Hier genießen die Einheimischen gern Bacon-Brötchen, hausgemachtes Chili con Carne und eine unwiderstehliche heiße Schokolade. Sitzen kann man draußen an Picknicktischen oder, wenn es zu windig ist, drinnen an einem Holzofen.

Crown BRITISCH ££

(☎01328-710209; www.crownhotelnorfolk.co.uk; The Buttlands; Hauptgerichte 7–20 £; ☺12–14.30 & 18–21 Uhr) Beliebt wegen seiner deftigen Gerichte aus regionalen Produkten.

❶ Praktische Informationen

Touristeninformation (☎01328-710885; www.visitnorthnorfolk.com; Staithe St; ☺Mo–Sa 10–16 Uhr, April–Okt. auch So 10–13 Uhr)

Holkham

Das kleine Holkham besitzt nur zwei Highlights, aber die haben es in sich: ein prächtiger Landsitz und ein spektakulärer, sandiger Küstenstreifen.

◎ Sehenswertes

★ Holkham National Nature Reserve TIERSCHUTZGEBIET

(www.holkham.co.uk; Parken pro 2 Std./Tag 3/6,50 £) Strand, Dünen, Salzsümpfe, Sumpfwiesen, Kiefernwälder und Buschland – das 37 km² große Holkham Reserve weist eine Vielzahl von Habitaten auf. Das Schutzgebiet lässt sich problemlos vom Parkplatz am Lady Anne's Dr im Dorf Holkham aus erreichen. Von dort schlängeln sich Pfade durch Waldgebiete, an Vogelbeobachtungsposten vorbei bis zu einem langen, unberührten Strandstreifen.

Holkham Hall & Estate HISTORISCHES GEBÄUDE

(www.holkham.co.uk; Holkham; Erw./Kind 15/ 7,50 £, Parken 3 £; ☺April–Okt. So, Mo & Do 12– 16 Uhr; Ⓟ) Holkham Hall ist der Stammsitz des ersten Earl of Leicester und noch immer im Besitz der Familie. Das palladianische Herrenhaus ist von außen eher schlicht, innen jedoch herrscht Luxus pur: ein mit rotem Samt ausgekleideter Salon, Kopien von griechischen und römischen Statuen, der prächtige Green State Bedroom und geriffelte Säulen in der *marble hall*. Das Herrenhaus umgibt ein großer von William Kent entworfener Rotwildpark (tgl. 9.30–17 Uhr geöffnet).

Burnham Deepdale

800 EW.

Dieses hübsche Küstenstück mit dem winzigen Dorf Burnham Deepdale (das nahtlos in Brancaster Staithe übergeht) ist unter Spaziergängern ein beliebtes Ziel. Burnham Deepdale bietet außerdem unzählige Wassersportmöglichkeiten. Es liegt am herrlichen Norfolk Coast Path, ist umgeben von Stränden und Schilfmarschen mit einem reichen Vogelbestand und durchzogen von Radwegen.

◎ Sehenswertes

Titchwell Marsh NATURSCHUTZGEBIET

(RSPB; www.rspb.org.uk; Titchwell; Parken 5 £; ☺Sonnenaufgang–Sonnenuntergang; Ⓟ) Das kleine Titchwell hat etwas Großartiges zu bieten: das Titchwell Marsh Nature Reserve. Mit seinen Marschen, Sandbänken und Haffs zieht dieses Naturschutzgebiet unzählige Vögel an. Im Sommer machen hier Marschweihen, Säbelschnäbler, Seeschwalben und Bartmeisen Station; im Win-

SANDRINGHAM ESTATE – DER LANDSITZ DER QUEEN

Sandringham (www.sandringhamestate.co.uk; Sandringham; Erw./Kind 14/7 £; ⊙ Ostern–Sept. 11–16.45, Okt. bis 15.45 Uhr; P), der Landsitz der Queen, gibt sowohl den Freunden der Monarchie als auch denen, die dem englischen System eher skeptisch gegenüberstehen, einiges zum Nachdenken. Das Haus thront inmitten schöner Landschaftsgärten auf einer Fläche von 25 ha und die prunkvollen Empfangssäle, die regelmäßig von den Royals genutzt werden, bergen Preziosen und wertvolle Gastgeschenke von europäischen und russischen Königsfamilien.

Sandringham wurde 1870 vom damaligen Prinzen von Wales und seiner Gattin (später König Edward VII. und Königin Alexandra) erbaut, und seit den Tagen Edwards hat sich innen und außen kaum etwas verändert. In den Ställen dagegen befindet sich heute ein **Museum** mit diversen königlichen Memorabilien. Zur ausgezeichneten Oldtimer-Sammlung gehören das allererste königliche Motorfahrzeug aus dem Jahr 1900 und der Einspänner, mit dem Queen Mum die Rennbahnen unsicher zu machen pflegte.

Die Gärten können im Rahmen einer **Führung** (3,50 £, Mi & Sa 11 und 14 Uhr) besichtigt werden. Es gibt auch einen Laden, in dem man die auf dem weitläufigen Anwesen produzierten Biolebensmittel kaufen kann. Sandringham liegt knapp 10 km von King's Lynn an einem Abzweig der A149. Bus 11 fährt von King's Lynn (4,70 £, 30 Min., stündl.).

---

ter sind über 20 Stelzvogelarten und zahllose Enten und Gänse zu sehen. Titchwell Marsh liegt rund 3 km westlich von Burnham Deepdale.

🛏 Schlafen & Essen

Deepdale Farm   HOSTEL £
(☎ 01485-210256; www.deepdalefarm.co.uk; Burnham Deepdale; B 25–30 £, DZ 30–60 £, Camping 10–20 £; P@🛜) Rucksacktouristen werden kaum etwas Besseres finden als Deepdale Farm: blitzsaubere Schlafsäle und Doppelzimmer mit Bad in einem umgebauten Stall, eine gut ausgestattete Küche, ein Grillbereich und ein gemütlicher Gesellschaftsraum mit Holzofen. Camper, die es etwas nobler wollen, wählen ein Tipi oder eine Jurte, die mit normalen Ansprüchen das gute alte Zelt.

⭐ Titchwell Manor   HOTEL £££
(☎ 01485-210221; www.titchwellmanor.com; Titchwell; DZ 125–235 £; P@🛜) Titchwell Manor ist ein schickes, trendiges Hotel, das in einem noblen viktorianischen Gebäude residiert. Traumhaft. Die Gäste dürfen sich auf liebevoll restaurierte Möbel und kräftige Farben in eleganten Zimmern freuen, von denen einige Aussicht auf den Hof mit Kräutergarten, andere dagegen einen tollen Meerblick bieten. Das stilvolle Restaurant mit Terrasse bildet eine wunderbare Kulisse für moderne Tapas und hochgelobte Gerichte à la carte (Hauptgerichte 12–31 £; Essenszeiten: 12–14 & 18–21 Uhr).

⭐ White Horse   MODERN BRITISCH ££
(☎ 01485-210262; www.whitehorsebrancaster.co.uk; Main Rd, Brancaster Staithe; Hauptgerichte 13–22 £; ⊙ 11–21 Uhr; P🛜) Mit seiner ideenreichen Speisekarte hebt sich das Gastropub deutlich von der Konkurrenz ab. Zu den angebotenen Köstlichkeiten zählen Meeresfrüchte und in Tapas-Form servierte Gerichte wie eingelegte braune Garnele, Kabeljau mit Dillsauce, geschmorter Barsch und Brancaster-Austern-Tempura. Die charmanten Zimmer (DZ 140 bis 230 £) greifen die zarten Farben der Küste auf.

❶ Praktische Informationen

Touristeninformation (☎ 01485-210256; www.deepdalefarm.co.uk; Burnham Deepdale; ⊙ Mo–Sa 8–11 & 14–20, So bis 19 Uhr)

King's Lynn & Umgebung

12 200 EW.

King's Lynn war dereinst der wichtigste englische Hafen und galt lange Zeit als „Warehouse on the Wash" (Lagerhaus am „Wash", wie dieser Teil der Nordsee genannt wurde). Es hieß, in seiner Blütezeit hätte man nur von Boot zu Boot springen müssen, um von der einen Seite der Great Ouse auf die andere zu gelangen. Das heutige King's Lynn mit seinen Kopfsteinpflasterstraßen, geschäftigen Wochenmärkten und betagten Kaufmannshäusern in engen Gassen hat noch einiges an Hafenatmosphäre bewahrt.

⊙ Sehenswertes

King's Lynn Minster
KIRCHE

(St. Margaret's Church; www.stmargaretskingslynn.org.uk; St Margaret's Pl; ⊙ 8–18 Uhr) In dieser Kirche mischen sich diverse Stile; u. a. sind von Flamen gefertigte Gedenktafeln und eine seltene Tidenmonduhr aus dem 17. Jh. zu sehen, die nicht die Zeit, sondern auch Ebbe und Flut anzeigt. Am Westeingang lässt sich an historischen Flutmarken ablesen, wie hoch das Wasser hier schon kam. Die Trinity Guildhall von 1421 gegenüber hat eine attraktive Steinfassade.

Stories of Lynn
MUSEUM

(www.kingslynntownhall.com; Saturday Market Pl; Erw./Kind 5/3,50 £; ⊙ 10–16.30 Uhr) Im Zuge einer zwei Millionen Pfund teuren Renovierung wurden Fakten aus dem Stadtarchiv in Multimediaerlebnisse verwandelt, die es den Besuchern erlauben, die Lebensgeschichten hiesiger Seefahrer, Entdecker, Bürgermeister und Taugenichtse einzutauchen. Das Ganze spielt in der Guildhall aus dem 15. Jh. und den Räumlichkeiten des georgianischen Stadtgefängnisses, einschließlich der Verliese.

Lynn Museum
MUSEUM

(www.museums.norfolk.gov.uk; Market St; Erw./Kind 4,20/3,20 £; ⊙ Di–Sa 10–17, So 12–16 Uhr) Hervorzuheben sind die Sammlung von Goldmünzen der Icener und die Seahenge Gallery, die den Bau und die Erhaltung von Seahenge dokumentiert. Der bronzezeitliche Kreis aus Baumstämmen, der 4000 Jahre Überflutung durch die Nordsee überlebt hat, wurde erst 1998 entdeckt. Im Museum steht eine naturgetreue begehbare Replik der Anlage.

True's Yard
MUSEUM

(www.truesyard.co.uk; North St; Erw./Kind 3/1,50 £; ⊙ Di–Sa 10–16 Uhr) Das Museum befindet sich in zwei umgebauten Fischerkaten, den einzigen Überresten einer einst blühenden und unabhängigen Gemeinschaft von Fischern. Es gibt Einblicke in das Leben und die Traditionen der Fischer, die hier wie die Sardinen eingepfercht waren.

Castle Rising
BURG

(www.castlerising.co.uk; Castle Rising; Erw./Kind 4,50/3 £; ⊙ April–Okt. 10–18, Nov.–März Mi–So bis 16 Uhr; P) Der Turm der reich verzierten Burg hat fast schon etwas Sakrales. Sie wurde 1138 gebaut und sitzt auf einem großen Erdhügel. Die Steinmetzarbeiten sind so delikat, dass es niemanden verwundern wird zu hören, dass hier dieselben Handwerker am Werk wie an den schönsten Kathedralen von East Anglia. Hier residierte dereinst Königin Isabelle, die den grausamen Mord an ihrem Mann Edward II. eingefädelt haben soll. Das Schloss steht rund 6,5 km nordöstlich von King's Lynn, zu erreichen mit Bus 11 (2 £, 15 Min., stündl.).

Houghton Hall
HISTORISCHES GEBÄUDE

(www.houghtonhall.com; near King's Lynn; Erw./Kind 15/5 £; ⊙ Mai–Ende Sept. Mi, Do & So 11–16.30 Uhr; P) Die palladianische Houghton Hall wurde 1730 für den ersten britischen Premierminister Sir Robert Walpole gebaut. Ein Besuch lohnt sich allein schon wegen der prunkvollen Raumgestaltung mit Goldzierat, Wandteppichen und Samtverkleidung und wegen der Originalmöbel. Die 2 ha große Parkanlage, in der 600 Tiere leben, eignet sich wunderbar zum Lustwandeln zwischen zeitgenössischen Skulpturen. Houghton Hall liegt ein kleines Stück abseits der A148, 21 km von King's Lynn entfernt.

Festivals & Events

King's Lynn Festival
KULTUR

(www.kingslynnfestival.org.uk; ⊙ Juli) East Anglias wichtigstes Kulturereignis mit Musik unterschiedlicher Stilrichtungen von mittelalterlichen Balladen bis Oper, aber auch Gesprächsrunden über Literatur.

🛏 Schlafen & Essen

★ Bank House
BOUTIQUEHOTEL ££

(☎ 01553-660492; www.thebankhouse.co.uk; King's Staithe Sq; EZ 85–129 £, DZ 115–220 £; P 🛜) 🍽 Die Vorzüge des stilvollen georgianischen Stadthauses sind unübersehbar: wunderbare Lage am Meer, flippig angehauchtes Styling und luxuriöse Badezimmer. Das schönste Gästezimmer, der geräumige Captain's Room, ist ein Traum, aber selbst das wesentlich günstigere „Cosy" mit Flussblick ist immer noch ein Träumchen. In der hippen, in Purpurrot und Pink gehaltenen Brasserie im Erdgeschoss (Gerichte 5–14 £; Essen: 12–20.30 Uhr) wird richtig gute moderne britische Kost serviert.

Market Bistro
MODERN BRITISCH ££

(☎ 01553-771483; www.marketbistro.co.uk; 11 Saturday Market Pl; Hauptgerichte 14–22 £; ⊙ Di–Sa 12–14 & 18–20.30 Uhr) 🍽 Der freundliche Familienbetrieb hat viele Fans, auch, weil hier vorwiegend Produkte aus Norfolk verwendet werden. In der Saison gibt es zum Beispiel saftigen Spargel aus der Region mit Wachteleiern oder gebratenen Goldbarsch mit eingelegten Herzmuscheln und Algensauce. Mit einer Auswahl aus mehreren kleineren Gerichten (3–4 £) hat man ein prima Mittagessen vor sich.

❶ Praktische Informationen

Touristeninformation (☏ 01553-763044; www.visitwestnorfolk.com; Purfleet Quay; ☺ April–Sept. Mo–Sa 10–17, So 12–17, Okt.– März bis 16 Uhr) Organisiert historische Stadtführungen (Erw./Kind 5/1 £, Mai–Okt. Di, Fr & Sa 14 Uhr).

❶ An- & Weiterreise

Bus Der **Coasthopper** (www.coasthopper. co.uk) fährt von King's Lynn immer am Meer entlang bis nach Cromer (8,60 £, 2½ Std.).

Zug Es fahren stündl. Züge über Ely nach Cambridge (8 £, 50 Min.) und London King's Cross (24 £, 1¾ Std.).

Birmingham, Midlands & Marches

Gut essen

➜ The Cross (S. 438)

➜ Hammer & Pincers
(S. 494)

➜ Hercules Revived (S. 493)

➜ Chatsworth Estate Farm
Shop Cafe (S. 513)

Schön übernachten

➜ Warwick Castle
Accommodation (S. 437)

➜ George Hotel (S. 485)

➜ Brownsover Hall (S. 444)

➜ Hotel Maiyango (S. 491)

Auf nach Birmingham, in die Midlands und die Marches

Grüne Täler und Puppenstubendörfer mit schiefen schwarz-weißen Fachwerkhäusern, legendäre Wälder wie der Sherwood Forest in Nottinghamshire und herrschaftliche Anwesen, die aussehen, als käme jeden Moment ein Lord um die Ecke galoppiert – wer typisch englische Landschaften liebt ist hier, im Herzen des Landes, goldrichtig.

Auch die Industriegeschichte hat ihre Spuren hinterlassen. Paradebeispiele dafür sind die als Weltkulturerbe eingestuften Fabrikgebäude von Ironbridge oder das Derwent Valley. Dazu kommen dynamische Städte wie Englands zweitgrößte Metropole Birmingham: Der von einem Kanalnetz durchzogene Industriestandort hat sich zu einem kulturellen Schmelztiegel und Magneten entwickelt, in dem es von kühner Architektur des 21. Jhs., hippen Restaurants, Bars und Ausgehmöglichkeiten nur so wimmelt. Alles liegt eingebettet in eine sanfte Hügellandschaft, in der Luftholen ein wortwörtlich reines Vergnügen ist. Die Natur, vor allem im Peak District National Park und in den Shropshire Hills, zieht viele Wanderer und Radfahrer an, die in die Weite eintauchen.

Reisezeit

➜ Im Februar oder März findet in Ashbourne das Shrovetide-Fußballspiel statt, das meist in einem wilden Chaos endet.

➜ Auf dem Literaturfestival von Stratford im April/Mai stellen moderne Wortschmiede den guten alten Shakespeare in den Schatten.

➜ Feinschmecker sollten im September das berühmte Food and Drink Festival in Ludlow ansteuern.

➜ Von Mai bis September fährt der Long Mynd and Stiperstones Shuttle vom Carding Mill Valley bei Church Stretton zu den Dörfern in der Heide- und Hochmoorlandschaft Long Mynd in den schönen Shropshire Hills.

➜ Juni bis September ist Hochsaison für Wander- und Radtouren im Peak District.

🏃 Aktivitäten

Berühmte Wanderwege wie der **Pennine Way** und der **Limestone Way** schlängeln sich durch die Hügel des Peak District, Radfahrern stehen anspruchsvolle Routen wie der **Pennine Cycleway** offen. Ein wunderbares Wanderrevier sind auch die Marches an der Grenze zwischen England und Wales.

Für Wassersport bietet sich Rutland Water an; Kanuten und Kajaker kommen in Hereford und Ironbridge Gorge voll auf ihre Kosten.

ℹ Anreise & Unterwegs vor Ort

Die beiden größten Flughäfen der Region sind **Birmingham Airport** (BHX; ☑ 0871 222 0072; www.birminghamairport.co.uk) und **East Midlands Airport** (EMA; ☑ 0871 271 0711; www.eastmidlandsairport.com) bei Derby.

Die Midlands haben ein ausgezeichnetes Eisenbahnnetz. **National Express** (☑ 08717 818181; www.nationalexpress.com) mit Büro in der Birmingham Coach Station und einige lokale Busunternehmen sorgen für die Verbindungen zwischen den Städten und Dörfern, die jedoch in der Nebensaison deutlich eingeschränkt werden. Ein hilfreicher Routenplaner ist **Traveline** (☑ 0871 200 2233; www.travelinemidlands. co.uk). Nach preisgünstigen Tagestickets am besten vor Ort fragen.

BIRMINGHAM

1 073 045 EW.

In der zweitgrößten Metropole des Landes wird seit Jahren im großen Stil Stadtsanierung betrieben und neu gebaut. Eine ultramoderne Bücherei, ein neonfunkelndes Einkaufszentrum über der generalüberholten New Street Station, wunderschön restaurierte viktorianische Gebäude und eine Verlängerung der Straßenbahn durch die Innenstadt sind Resultate des Big City Plan und machen älteren Prestigeprojekten wie den Shoppingcentern Mailbox und Bullring oder dem Selfridges-Gebäude mit seiner wie von Luftpolsterfolie überzogenen Fassade Konkurrenz. Die Quartierserneuerung am Paradise Circus ist voll im Gange. 2018 soll der Mix aus neuen Hotels, öffentlichem Raum, Geschäfts- und Wohnhäusern fertig sein.

Neben den malerischen Kanälen mit ihren diversen Attraktionen und den tollen Museen und Galerien gibt es mittlerweile auch immer mehr ambitionierte Restaurants und coole Bars (oft noch Geheimtipps) sowie Craft-Beer-Brauereien, die die Stadt attraktiv machen. Zu den wiederbelebten Hinterlassenschaften aus Birminghams Industriegeschichte gehören das Jewellery Quarter, die Cadbury-Produktionsanlagen und eine ehemalige Puddingfabrik, in der sich ein innovatives Kreativzentrum eingerichtet hat. „Brum", wie die Stadt von ihren Bewohnern getauft wurde, brummt tatsächlich!

Geschichte

Erstmals erwähnt wurde Birmingham im Domesday Book von 1086: als Ansiedlung einer Handvoll Bauern mit zwei Pflügen, Gesamtwert 1 £. Ein bescheidener Anfang, doch schon bald erlebte Brum seinen ersten Boom als Industrie- und Handelszentrum. Zunächst brachte der Wollhandel das große Geld, ab dem 16. Jh. spielte die Metallverarbeitung eine entscheidende Rolle.

Mitte des 18. Jhs. bestellte die Lunar Society führende Geologen, Chemiker, Ingenieure, und andere kluge Köpfe ein, die Birmingham zur ersten Industriestadt der Welt entwickelten. Das löste eine Zuwanderungswelle von Arbeitern aus ganz England aus.

Rund 100 Jahre später machten sich visionäre Stadtväter wie Bürgermeister Joseph Chamberlain (1836–1914) daran, die Slumgebiete zu säubern und das Zentrum mit beeindruckenden öffentlichen Gebäuden zu bestücken. Viele davon sind allerdings den Bombern des Zweiten Weltkriegs zum Opfer gefallen – und den Abrisskampagnen übereifriger Stadtplaner, die Birmingham unbedingt in Großbritanniens „Motor City" verwandeln wollten.

In den letzten Jahren wurden jede Menge Sanierungsprojekte in Angriff genommen, die alte Wahrzeichen in Birminghams Skyline auf Vordermann bringen und neue hinzufügen.

🔴 Sehenswertes

🔴 Stadtzentrum

Die prächtigsten Gebäude konzentrieren sich rund um den verkehrsberuhigten **Victoria Square** am Westende der New Street, darunter das **Council House** (Victoria Sq) mit seiner beeindruckenden Fassade, das zwischen 1874 und 1879 errichtet wurde. 1993 wurde der Platz mit modernistischen Sphingen und einem großen **Brunnen** verschönert, auf dem sich eine nackte Frau räkelt. Die Einheimischen haben die Skulptur *the floozy in the jacuzzi* („das Flittchen

Highlights

1 **Library of Bir-mingham** (S. 424) Im „geheimen (Dach) Garten" der Bibliothek sitzen und Birmingham von oben betrachten

2 **Peak District** (S. 501) Durch Englands ersten Nationalpark wandern, radeln oder fahren

3 **Woolsthorpe Manor** (S. 483) Den Apfelbaum suchen, der Isaac Newton zu seinem Gravitationsgesetz inspirierte

4 **Ironbridge Gorge** (S. 459) Die Museen in der Wiege der Indus-triellen Revolution abklappern

5 **King Richard III: Dynasty, Death & Discovery** (S. 488) In Leicester alles über König Richard III. und die Entdeckung seiner Gebeine erfahren

6 **Stratford-upon-Avon** (S. 438) Nach der Besichtigung von Shakespeares Klassenzimmer und Wohnstatt einer Auf-führung der Royal Shakespeare Company beiwohnen

7 **Morgan Motor Company** (S. 449) Die altehrwürdige Autofabrik in Great Malvern besichtigen und mit einem der Flitzer eine Spritztour machen

8 **Burghley House** (S. 485) Durch die herrlichen Gebäude, Garten- und Park-anlagen des stattlichen Landsitzes in Stamford schlendern

0 40 km
0 20 Meilen

Manchester

Liverpool

Edale
Castleto
Tideswe

Buxton

Peak District National Park **2**

Chester

Leek

Tissingto

WALES

Stoke-on-Trent

Oakamoor
Cheadle Alton
Towers

Whitchurch

Stone

Uttoxete

Llangollen Canal

Tern Hill

M6

Oswestry

Harmerhill

Stafford

Rugeley

Newport

Cannock
Chase

Pentreheyling

Shrewsbury

Telford

Gailey

Lichfie

A5

A5

Attingham
Park

Gosford

M6

Snailbeach

Much Wenlock

4 **Ironbridge Gorge**

Rathinghope

Church
Stretton

Shipton

Bridgnorth

Birmingham **1**

Bishop's
Castle

Craven Arms

Shropshire Way

Ludlow

Kidderminster

Knighton

Bromsgrove

Mortimer Trail

A49

Teme

Leominster

Lower
Broadheath

Worcester

Alcest

Eardisland

Kington

**Great
Malvern** **7**

Dore

Dorstone

Malvern
Hills

Evesham

Golden
Valley

Peterchurch

Hereford

Eastnor

Much Marcle

Ledbury

Northern
Cotswolds

Abbey Dore

Three Choirs Way

Wye

M50

Seven Way

Severn

Ross-
on-Wye

M5

Cheltenham

Forest
of Dean

Gloucester

Nordsee

Scunthorpe

Grimsby

Doncaster

M180

Rotherham

M1

Gainsborough

Market Rasen

Louth

Sheffield

A57

Worksop

Chatsworth House

Chesterfield

Sherwood Forest National Nature Reserve

Tuxford

Lincoln

Horncastle

Skegness

akewell Hardwick Hall

A1(M)

Edwinstowe

Waddington

Spilsby

lock Bath

Newstead Abbey

Clipstone

Southwell

Newark-on-Trent

Coningsby

Cromford

Belper

M1

A46

Sleaford

A17

Boston

The Wash

bourne

Derby

Nottingham

Grantham

Spalding

A17

East Midlands Airport

A38

Wymeswold

3 Woolsthorpe Manor

A1

The Fens

rton-pon-rent

National Forest Packington

Loughborough

Melton Mowbray

A16

Whitwell

Stamford

mworth

Sutton Cheney

M1

5 Leicester

Oakham

Rutland Water

Edith Weston

8 Burghley House

Peterborough

Drayton Manor

Bosworth Battlefield

A5

A47

Lyddington

Market Harborough

Birmingham Airport

Coventry

Kettering

Cambridge

enilworth

Rugby

Althorp House

Stoneleigh Abbey

Warwick

Northampton

Charlecote Park

Sulgrave Manor

tratford-upon-Avon

Stoke Bruerne

Towcester

Banbury

Silverstone

M1

Milton Keynes

Luton

im Whirlpool") getauft und die **Statue von Königin Victoria** hat für sie nur einen missbilligenden Blick übrig.

Der westlich davon gelegene **Centenary Square** wird von der Hall of Memory (einem Kriegerdenkmal im Art-déco-Stil), dem **International Convention Centre** (ICC; Broad St) und der Symphony Hall beherrscht. Zu ihnen gesellen sich eine goldglänzende **Statue** der Lichtgestalten der Industriellen Revolution, Matthew Boulton, James Watt und William Murdoch, sowie die Stadtbibliothek.

★ Library of Birmingham BIBLIOTHEK

(www.libraryofbirmingham.com; Centenary Sq; ⊙ Erdgeschoss Mo & Di 9–21, Mi–Fr 11–21, Sa 11–17 Uhr, restliches Gebäude Mo & Di 9–19, Mi–Sa bis 17 Uhr; ☎) Was wie ein Stapel hübsch verpackter Geschenkkartons aussieht, ist Francine Houbens Vision einer Stadtbibliothek und ein architektonisches Meisterwerk. Der 2013 eröffnete Komplex besteht aus einem in die Erde eingelassenen Amphitheater, spiralförmig ineinander übergehenden Ebenen und Galerien sowie dem „geheimen Garten" in der 7. Etage, zu dem sich Besucher mit einem gläserneren Lift bringen lassen können, um den tollen Panoramablick auf die Stadt zu genießen. Neben dem Buchbestand, Fotoarchiven und Sammlungen seltener Bücher – darunter die erste Shakespeare-Gesamtausgabe – stehen ihnen Ausstellungsräume, über 160 PCs und ein Café offen. Die British Film Institute Mediatheque bietet kostenlosen Zugang zum National Film Archive.

Birmingham Museum & Art Gallery MUSEUM

(☎ 0121-348 8038; www.birminghammuseums. org.uk; Chamberlain Sq; ⊙ Sa–Do 10–17, Fr 10.30–17 Uhr; ♿) GRATIS Großartige Werke der Präraffaeliten Rossetti, Edward Burne-Jones & Co. sind die Highlights der wunderbaren Museums, dessen beeindruckende Sammlung neben einigen älteren Schätzen vor allem viktorianische Kunst umfasst.

Birmingham Back to Backs HISTORISCHES GEBÄUDE

(NT; ☎ 0121-666 7671; www.nationaltrust.org.uk; 55–63 Hurst St; Führungen Erw./Kind 7,85/4,55 £; ⊙ Di–Do 13–17, Fr–So 10–17 Uhr) Auf der originellen Tour durch mehrere restaurierte Reihenhäuser werden vier Arbeiterwohnungen besichtigt und die Lebensgeschichten der Bewohner von 1840 bis in die 1970er-Jahre erzählt. Besichtigung nur im Rahmen einer Führung (telefonisch buchbar) möglich.

Wer das Lebensgefühl von damals noch intensiver mitbekommen will, kann sich in einem der einfach eingerichteten historischen Cottages einmieten (Inge Street 52 & 54, DZ mit WLAN ab 119 £). Für Gäste ist die Back-to-Backs-Führung gratis.

Town Hall HISTORISCHES GEBÄUDE

(☎ 0121-780 3333; www.thsh.co.uk; Victoria Sq) Birminghams klassizistisches Rathaus wurde 1834 errichtet, und zwar nach dem Vorbild des Tempels von Castor und Pollux in Rom. Heute finden hier klassische Konzerte und andere Veranstaltungen statt.

Birmingham Cathedral KATHEDRALE

(☎ 0121-262 1840; www.birminghamcathedral.com; Colmore Row; Eintritt gegen Spende; ⊙ Mo–Fr 8–18.30, Sa & So 9–17 Uhr) Die kleine, aber harmonisch konzipierte Kathedrale ist dem Hl. Philippus gewidmet und wurde zwischen 1709 und 1715 im klassizistischen Stil erbaut. Einige der wunderschönen Buntglasfenster stammen von dem Präraffaeliten Edward Burne-Jones.

Thinktank MUSEUM

(☎ 0121-348 0000; www.birminghammuseums. org.uk; Millennium Point, Curzon St; Erw./Kind 13/9,50 £; ⊙ 10–17 Uhr) Zehn Fußminuten nordöstlich des Zentrums wurde in einem ehemaligen Industriegebiet der Millennium-Point-Komplex hochgezogen. Hier wartet ein unterhaltsames Museum, das sich die anspruchsvolle Aufgabe stellt, Kinder für Naturwissenschaften zu begeistern. Zu seinen Highlights gehören Gänge durch Vergangenheit (Birminghams industrielle Glanzzeiten), Gegenwart (was wie funktioniert) und Zukunft sowie das digitale Planetarium (im Eintrittspreis inbegriffen).

◉ Birmingham Canals

Während der Industrieära war Birmingham einer der wichtigsten Häfen der englischen Binnenschifffahrt und bis heute kann die Stadt mehr Kanalkilometer vorweisen als Venedig. Schmale Boote gleiten auf den Wasserstraßen durch das Stadtzentrum, vorbei an einer ganzen Reihe origineller Neubauten, die an den Ufern errichtet wurden.

Ikon Gallery GALERIE

(☎ 0121-248 0708; www.ikon-gallery.org; 1 Oozells Sq; ⊙ Di–So 11–17 Uhr) GRATIS Nicht nur Banken und Designerrestaurants gehören zu der

BIRMINGHAM IN ZWEI TAGEN

Den Anfang macht das abwechslungsreiche **Birmingham Museum & Art Gallery** (S. 424). Weiter geht's über den Centenary Square westlich davon zu den Birmingham Canals, mit einem Stopp in der **Library of Birmingham** (S. 424). Nun stehen eine **Kanalfahrt** (S. 428), ein Nachmittag im **National Sea Life Centre** (S. 425) oder in der **Ikon Gallery** zur Wahl. Zum Abendessen bietet sich eine von Birminghams In-Adressen wie das **Adam's** (S. 430) an. Tag zwei beginnt mit einer Shopping-Tour in den schicken Einkaufszentren **Bullring** (S. 433) und **Mailbox** (S. 433), die auch fürs Mittagessen gute Anlaufstellen sind. Nachmittags steht Sozialgeschichte im Museum **Birmingham Back to Backs** auf dem Programm. Der abendliche Kneipenbummel könnte im **Lost & Found** (S. 431) beginnen.

eleganten Neugestaltung des Brindley Place, sondern auch ein umgebautes gotisches Schulhaus, in dem die avantgardistische Ikon Gallery zu Hause ist. Manche finden die dort gezeigte Konzeptkunst spannend, andere sind abgestoßen, wieder andere fühlen sich durch sie zum Nachdenken angeregt.

National Sea Life Centre   AQUARIUM

(☑ 0121-643 6777; www.visitsealife.com; 3a Brindley Pl; 17,50 £; ⊙ Mo–Fr 10–17, Sa & So bis 18 Uhr) Das National Sea Life Centre in Birmingham, ein Bau von Norman Foster, ist Englands größtes Aquarium. In seinen Becken wimmelt es von exotischen Meeresbewohnern, darunter Hammerhaie, Schildkröten und Otter. Wer sein Ticket online kauft, vermeidet Wartezeiten am Eingang und kann bis zu 40 % sparen. Auch die 15-minütige Führung hinter die Kulissen (1,50 £) und die einstündigen Führungen mit Fütterung von Schildkröten, Pinguinen und teilweise auch Haien (65–105 £; Mindestalter 12 Jahre) können online gebucht werden.

◎ Jewellery Quarter

Seit Charles II. in Frankreich im 17. Jh. seine Leidenschaft für Schmuck entdeckte, ist Birmingham ein Zentrum der Juwelierskunst. Das Jewellery Quarter gut 1 km nordwestlich des Zentrums, das zunehmend angesagt ist, produziert heute rund 40 % des Glitzerkrams made in England. In der Gratisbroschüre *Jewellery Quarter: the Essential Guide* (erhältlich in den Touristeninformationen) sind Dutzende von Werkstätten aufgelistet, die besichtigt werden können. Weitere Informationen bietet www.jewelleryquarter.net.

Die U-Bahn ab Snow Hill und der Zug ab Moor Street fahren zur Haltestelle Jewellery Quarter.

Museum of the Jewellery Quarter   MUSEUM

(☑ 0121-348 8140; www.birminghammuseums.org.uk; 75 Vyse St; Erw./Kind 7/3 £; ⊙ Di–Sa 10.30–17 Uhr) Die Schmuckfabrik Smith & Pepper sieht noch exakt so aus wie am Tag ihrer Schließung 1981. 80 Jahre wurde hier produziert. Auf einer einstündigen Führung wird die Entwicklung des Schmuckhandwerks in Birmingham dargestellt. Einige Techniken werden direkt von vor Ort arbeitenden Juwelieren gezeigt. Der Eintritt zu den Wechselausstellungen und dem Museumsshop ist frei.

St. Paul's Church   KIRCHE

(www.stpaulsjq.church; St Paul's Sq; ⊙ Di–Sa 10–16 Uhr) Die wunderschöne georgianische Kirche (18. Jh.) überragt den St. Paul's Square. Birminghams Geistesleuchten Matthew Boulton und James Watt kamen hierher, um Zwiesprache mit Gott zu halten. Am ersten Donnerstag im Monat finden von 13.15 bis 13.45 Uhr kostenlose Orgelkonzerte statt. Voranmeldung ist nicht erforderlich.

◎ Außerhalb des Zentrums

Soho House   MUSEUM

(☑ 0121-348 8150; www.birminghammuseums.org.uk; Soho Ave, Handsworth; Erw./Kind 7/3 £; ⊙ Ostern–Okt. Mi–So 11–15 Uhr) Von 1766 bis 1809 lebte der Industriemagnat Matthew Boulton im Soho House rund 2,5 km nordwestlich des Jewellery Quarter. Die Räume mit ihrer Einrichtung aus dem 18. Jh. wurden restauriert. Das Esszimmer diente Boulton und den Mitgliedern der renommierten Lunar Society als Treffpunkt. Hier diskutierten sie ihre bahnbrechenden Ideen, die der Welt den technologisch größten Fortschritt seit der Erfindung des Rads bescherten. Anfahrt ab Priory Queensway mit Bus 74 oder 75 bis Haltestelle Lozells, von da fünf Minuten zu Fuß.

Birmingham

★ Barber Institute of Fine Arts
GALERIE

(☎0121-414 7333; http://barber.org.uk; University of Birmingham, Edgbaston; ☺Mo–Fr 10–17, Sa & So 11–17 Uhr) GRATIS Das Barber Institute of Fine Arts knapp 5 km südlich des Zentrums gehört zur Uni und zeigt eine beeindruckende Sammlung von Meisterwerken aus der Renaissance. Dazu kommen Bilder europäischer Genies wie Rubens und Van Dyck, britischer Ausnahmekünstler wie Gainsborough, Reynolds und Turner sowie moderner Titanen wie Picasso oder Magritte. Anfahrt per Zug ab New Street bis Bahnhof University, dann zehn Minuten zu Fuß.

Cadbury World
MUSEUM

(☎0844 880 7667; www.cadburyworld.co.uk; Linden Rd, Bournville; Erw./Kind 16,75/12,30 £; ☺11–16.30 Uhr, saisonale Abweichungen möglich) Fast so genial wie Willy Wonkas Schokoladenfabrik ist Cadbury World, 6,5 km südlich von Birmingham. Die trockene Theorie über die Geschichte der Kakaobohne und der Familie Cadbury wird mit Gratiskostproben versüßt, Maschinen zur Schokoladeherstellung und interaktive Angebote zum Thema Schoko-

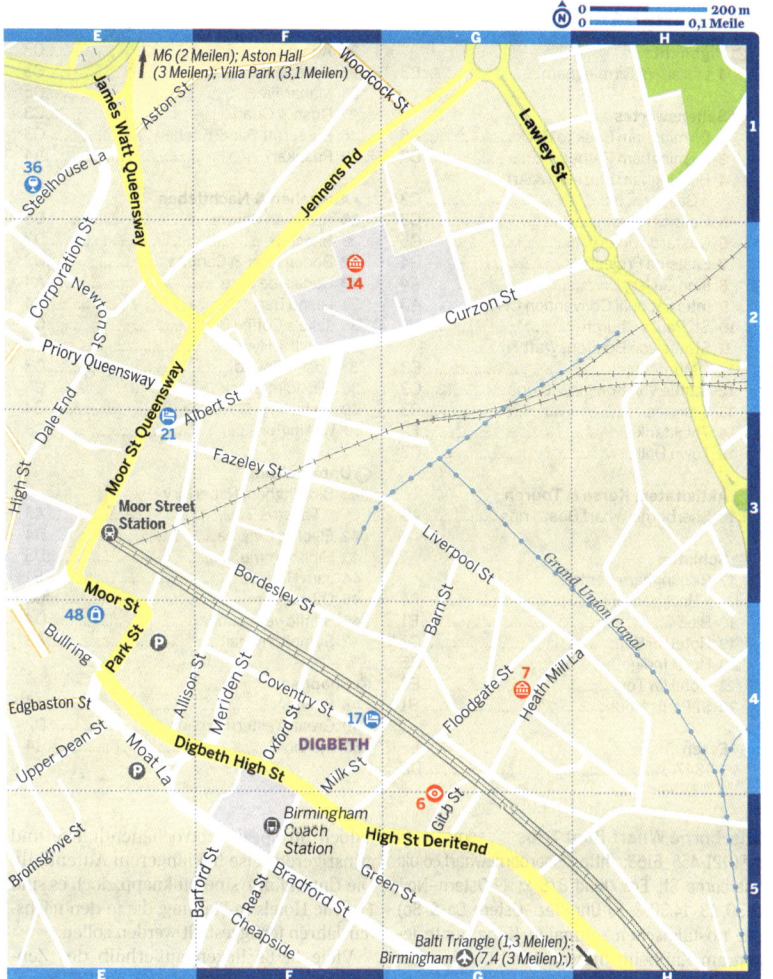

lade sorgen ebenfalls für Abwechslung. Die Öffnungszeiten variieren; in der Hochsaison unbedingt vorab buchen! Letzter Einlass 90 Minuten vor Schließung. Anfahrt per Zug ab Bahnhof New Street bis Bourneville, dann zehn Minuten zu Fuß (ausgeschildert).

Aston Hall　　　HISTORISCHES GEBÄUDE
(☎0121-348 8100; www.birminghammuseums.org. uk; Trinity Rd, Aston; Haus Erw./Kind 8/3 £, Gelände frei; ⊙Ostern–Okt. Di–So 11–16 Uhr) Knapp 5 km nördlich des Zentrums liegt das gut erhaltene Herrenhaus, das von gepflegtem Grün umgeben ist. Es wurde zwischen 1618 und 1635 im jakobinischen Stil errichtet und beeindruckt im Inneren mit Friesen, Deckenornamenten und Wandteppichen. Anfahrt per Zug ab New Street Station, dann zehn Minuten zu Fuß.

👉 Geführte Touren

Big Brum Buz　　　BUSTOUR
(☎0121-427 2555; www.birmingham-tours.co.uk; Tagesticket Erw./Kind 12/5 £; ⊙Mai–Sept. Sa & So 10.30, 12.30 & 14.30 Uhr) Die Bustour zum Jewellery Quarter, zur Golden Mile und nach Edgbaston und Digbeth bietet freie Zu- und Ausstiegsmöglichkeiten.

Birmingham

⊙ Highlights
1 Library of Birmingham B3

⊙ Sehenswertes
2 Birmingham Back to Backs D5
3 Birmingham Cathedral D2
4 Birmingham Museum & Art
    Gallery C3
5 Council House C3
6 Custard Factory G5
7 Eastside Projects G4
8 Ikon Gallery A4
9 International Convention Centre A3
10 St. Paul's Church B1
11 Statue von Boulton, Watt &
    Murdoch B3
12 Statue von Königin Victoria C3
13 Brunnen C3
14 Thinktank F2
15 Town Hall C3

⊙ Aktivitäten, Kurse & Touren
16 Sherborne Wharf Boat Trips A3

⊙ Schlafen
17 Birmingham Central
    Backpackers F4
18 Bloc B1
19 Hotel du Vin C2
20 Hotel Indigo B5
21 Hotel La Tour E3
22 St Pauls House B1

⊗ Essen
23 1847 .... D2

24 Adam's C3
25 Bureau C3
26 Maharaja D5
27 Nosh & Quaff C3
28 Purecraft Bar & Kitchen C3
29 Pushkar A4

⊙ Ausgehen & Nachtleben
30 Arcadian Centre D5
31 Bacchus D3
32 Bodega Bar & Cantina C3
33 Canalside Cafe A4
34 Island Bar C4
35 Jake's Coffee Box C3
36 Jekyll & Hyde E1
37 Lost & Found C3
38 Old Joint Stock C3
39 Victoria C4
40 Wellington C3

⊙ Unterhaltung
41 Birmingham Repertory
    Theatre A3
42 Electric Cinema D4
43 Hippodrome D5
44 Jam House B1
45 O2 Academy C5
46 Sunflower Lounge D4
47 Symphony Hall A3

⊙ Shoppen
48 Bullring E4
49 Great Western Arcade D2
50 Mailbox C4

Sherborne Wharf Boat Trips BOOTSTOUREN
(☏0121-455 6163; http://sherbornewharf.co.uk;
Sherborne St; Erw./Kind 8/6 £; ☺Ostern–Nov.
11.30, 13, 14.30 & 16 Uhr, Dez.–Ostern Sa & So)
Die nostalgischen schmalen Kanalboote legen am Kai beim International Convention
Centre ab.

Festivals & Events

**Frankfurt Christmas Market
& Craft Fair** WEIHNACHTSMARKT
(www.birmingham.gov.uk/frankfurtmarket; ☺Mitte
Nov.–Mitte Dez.) Rund 200 Stände mit Essen,
Trinken und Kunsthandwerk aus Birminghams Partnerstadt Frankfurt am Main und
von Herstellern aus der Umgebung bilden
den größten Weihnachtsmarkt auf der Insel.

🛏 Schlafen
Die meisten Hotels der Stadt sind Kettenhotels, die sich an Geschäftsreisende richten,
und folglich an Werktagen eher teuer, bieten
jedoch oft spezielle Wochenendtarife und
günstigere Preise bei längerem Aufenthalt.
Die Unterkünfte sind oft knapp, doch es sind
14 neue Hotels in Planung, die in den nächsten Jahren fertiggestellt werden sollen.

Viele B&Bs liegen außerhalb des Zentrums, vor allem in Acocks Green (Südosten)
sowie Edgbaston und Selly Oak (beide im
Südwesten).

Birmingham Central Backpackers HOSTEL £
(☏0121-643 0033; www.birminghambackpackers.
com; 58 Coventry St; B/DZ/3BZ/4BZ mit Frühstück
ab 14/36/57/72 £; @🛜) Trotz der Lage direkt
an einer Eisenbahnbrücke ist das in Lila und
Türkis gehaltene Hostel mit sauberen, bunt
gestylten Schlafsälen und Schlafkabinen
eine gute Adresse. Es liegt nicht weit von
Busbahnhof und bietet viele Extras wie z. B.
die Lounge mit DVDs, in der regelmäßig
Filmabende veranstaltet werden, die Bar (es
darf kein Alkohol mitgebracht werden) und
die Küche für Selbstversorger.

⭐ **Hotel La Tour** HOTEL ££

(☎ 0121-718 8000; http://hotel-latour.co.uk; Albert St; DZ ab 119 £; ❄ 🛜) Die raumhohen Fenster in den Gemeinschaftsbereichen des Hotels lassen viel Sonne herein, die Zimmer sind geräumig und haben technische Spielereien wie ein digital bedienbares „Bitte nicht stören"-Zeichen sowie eine Multimediaanlage. Ein rund um die Uhr geöffnetes Fitnessstudio sowie das schicke Restaurant **Mr. White's English Chophouse** von Promikoch Marco Pierre White mit moderner britischer Küche sind weitere Vorzüge des 2012 eröffneten modernen Hauses.

St Pauls House BOUTIQUEHOTEL ££

(☎ 0121-272 0999; www.saintpaulshouse.com; 15–20 St Paul's Sq; DZ ab 119 £; 🅿 ❄ 🛜) Der 2016 eröffnete unabhängige Neuling in der Übernachtungsszene von Birmingham wartet mit 34 frischen, modernen Zimmern mit netten Extras wie Wärmflaschen in Wollbezügen auf. In der hippen Bar und im Restaurant erinnert die Einrichtung mit Industrieseil daran, dass das Gebäude früher eine Seilfabrik war. Die Lage an einem Park im Jewellery Quarter ist perfekt.

Hotel du Vin BOUTIQUEHOTEL ££

(☎ 0121-794 3605; www.hotelduvin.com; 25 Church St; DZ ab 124 £; ❄ @ 🛜) Der attraktive Backsteinkomplex im viktorianischen Stil mit schmiedeeisernen Balustraden, klassischen Wandmalereien und viel Nostalgieflair, war einmal eine Augenklinik. Heute beherbergt er das Hotel du Vin. Die von Art déco inspirierte Einrichtung der Zimmer mit beeindruckenden Bädern, der Fitness- und Wellnessbereich, das Bistro mit alten Holzdielen und einer exzellenten Weinkarte sowie ein Pub und eine Lounge-Bar mit bequemen Ledersesseln sind weitere Pluspunkte.

Hotel Indigo BOUTIQUEHOTEL ££

(☎ 0121-643 2010; www.hotelindigobirmingham. co.uk; The Cube, Wharfside St; DZ ab 90 £; 🛜 🛁) Das Hotel Indigo ist eine stillvolle Herberge im 23. und 24. Stock des Mailbox-Anbaus The Cube. Zur zentralen Lage kommen tolle Extras wie ein kleiner Pool und fabelhafte Ausblicke von den 52 Zimmern, einige davon mit Balkon. Auch vom **Marco Pierre White Steakhouse Bar & Grill** und der **Laurent Perrier Champagne Bar** im 25. Stock eröffnen sich weite Panoramablicke.

Bloc HOTEL ££

(☎ 0121-212 1223; www.blochotels.com; St Paul's, Caroline St; DZ ab 75 £; ❄ 🛜) Das Bloc im Jew-ellery Quarter überzeugt mit zeitgemäßem, sehr gut durchdachtem Design. Der Raum in den winzigen Zimmer wird optimal ausgenutzt – mit in die Wand integrierten Flachbildschirmen, Stauraum unter den Betten und kompakten Bädern mit Luxusduschköpfen. Bei der Buchung beachten: Manche Zimmer haben keine Fenster. Für Sonderangebote die Website konsultieren!

🍴 Essen

Zur Auswahl stehen coole Cafés und gemütliche Pubs wie auch ambitionierte Gastronomieprojekte – jedes Jahr eröffnen Dutzende kreative Läden. Gaumenfreuden für den kleineren Geldbeutel stehen auf den Speisekarten der vielen Restaurants in Chinatown auf der südwestlichen Seite des Einkaufszentrums Bullring.

Praza INDISCH ££

(☎ 0121-456 4500; http://praza.co.uk; 94–96 Hagley Rd, Edgbaston; Hauptgerichte 11–12 £, Bankettmenüs 29–39 £; ⊙ Mo-Sa 17–23.30 Uhr) Nach dem Erfolg des indischen Restaurants mit Cocktailbar Pushkar (S. 430) haben die Betreiber in Edgbaston einen Ableger eröffnet, wo andere typische Gerichte wie *nilgiri* (langsam gegartes Huhn in duftigem Kräutercurry) und andere Cocktails wie Red Carpet (Midori-Likör, Gurke, Wodka, Erdbeeren und Cranberrysaft) serviert werden. Das denkmalgeschützte georgianische Herrenhaus ist im Art-déco-Stil eingerichtet, die Gasträume erstrecken sich über zwei Etagen.

Bureau GASTROPUB ££

(☎ 0121-236 1110; www.thebureaubar.co.uk; 110 Colmore Row; Hauptgerichte 7–19,50 £, Platten 12 £; ⊙ Küche Di–Sa 10–22, So & Mo bis 20 Uhr, Bar Mo 10–22.30, Di–So bis 24, Fr & Sa bis 1, So bis 20 Uhr) In dem ehemaligen Bürogebäude von 1902 mit glänzender Marmorauskleidung werden hervorragende Cocktails serviert, doch der Besuch lohnt sich vor allem wegen des Essens. Zu den Köstlichkeiten zählt ein Enten-*Scotch egg*: ein weichgekochtes Entenei in Enten-Confit und einem Mantel aus frittierten Brotkrumen, serviert auf einem Nest aus Brunnenkresse mit Zwiebelkonfitüre. Auf der Dachterrasse lässt sich Sonne tanken.

Purecraft Bar & Kitchen GASTROPUB ££

(☎ 0121-237 5666; www.purecraftbars.com; 30 Waterloo St; Hauptgerichte 11–18 £; ⊙ Küche Mo–Sa 12–22, So bis 17 Uhr, Bar Mo–Do 11–23, Fr & Sa 11–24,

So 12–22 Uhr) Zu den fabelhaften Gerichten, die in diesem Paradies für Freunde des Craft Beer aus der Küche kommen, wird jeweils eine passende Bierbegleitung empfohlen. Die Karte wechselt monatlich. Vielleicht gibt's gerade Fish and Chips in Lawless-Lager-Bierteig (dazu wird Veltins Pilsener empfohlen), Brewer's-Grain-Spargel und Ackerbohnen-Risotto (dazu Odell St. Lupulin American Pale Ale) oder gegrillte Scholle mit Bier-Petersilien-Butter und neuen Jersey-Royal-Kartoffeln (dazu Purity Mad Goose).

Nosh & Quaff AMERIKANISCH ££
(☏ 0121-236 4246; http://noshandquaff.co.uk; 130 Colmore Row; Hauptgerichte 10–18 £, ganzer Hummer 25 £; ☺ 11–23 Uhr) Zu den amerikanischen Speisen in diesem großen, superhippen Laden zählen Gourmetburger, Hotdogs und langsam gegarte Rippchen sowie Beilagen wie gegrillte Maiskolben und Süßkartoffel-Wedges mit Sour Cream. Der Star des Hauses ist jedoch der ganze Hummer, der lebendig aus Kanada eingeflogen und mit Knoblauch und Zitronenbuttersauce serviert wird. In der quirligen Bar werden fabelhafte Craft-Biere serviert.

Pushkar INDISCH ££
(☏ 0121-643 7978; http://pushkardining.com; 245 Broad St; 2-/3-Gänge-Mittagsmenü 11/14 £, Hauptgerichte 8–19 £; ☺ Mo–Fr 12–14.30 & 17–23.30, Sa 17–23.30, So 17–23 Uhr) Gehobene Küche aus Nordindien und dem Punjab ist die Attraktion hinter den Glasfronten des weiß eingedeckten Speisesaals mit seiner opulenten Golddekoration. Der elegante Stil setzt sich mit in Kassetten präsentierten Speisekarten, in Servietten eingeschlagenes Naan und gekonnt gemixten Cocktails fort. Die Mittagsmenüs sind ein echtes Schnäppchen. Ebenfalls ausgezeichnet ist der schicke Ableger Praza (S. 429) in Edgbaston.

1847 VEGETARISCH ££
(☏ 0121-236 2313; www.by1847.com; 26 Great Western Arcade, Colmore Row; 2-/3-Gänge-Mittagsmenü 19,75/25,50 £; ☺ Mo–Fr 12–15 & 17–22, Sa 12–22.30, So 12–20 Uhr; ☑ ⊛) ◐ Das schicke Restaurant residiert auf zwei Etagen einer wunderschönen, denkmalgeschützten viktorianischen Einkaufspassage und liefert den Beweis, dass vegetarisches und veganes Essen topmodern daherkommen kann: von Vorspeisen wie Pilz-Lakritz-Pastete, Waldpilz-Cappuccino und Birnen-Fenchel-Confit über Hauptgerichte wie Halloumi im Cidreteigmantel bis zu köstlichen Desserts wie

Passionsfrucht-Chia-Crème brûlée und pikanter *clotted cream*. Es sind auch Kindermenüs erhältlich.

Maharaja INDISCH ££
(☏ 0121-622 2641; www.maharajarestaurant.co.uk; 25 Hurst St; Hauptgerichte 6,75–11,25 £; ☺ Mo–Sa 12–14 & 17.30–23 Uhr; ☑) Das intime Restaurant, das nordindische Küche serviert, hebt sich von seinen Nachbarn durch einen makellosen Service und hervorragendes Essen ab. Kreative Vorspeisen, leckeres Naan und ein Tagesgericht werden stets frisch zubereitet. Sehr schmackhaft ist auch der hausgemachte Panir, indischer Frischkäse.

★ Simpsons MODERN BRITISCH £££
(☏ 0121-454 3434; www.simpsonsrestaurant.co.uk; 20 Highfield Rd; Menü mittags 35 £, abends 55–85 £; ☺ Mo–Do 12–14 & 19–21, Fr & Sa 12–14 & 19–21.30, So 12–16.30 Uhr; ☑ ⊛) Die sensationellen, mit einem Michelin-Stern bedachten Kreationen sind der 4 km langen Abstecher zu dem prächtigen Herrenhaus im georgianischen Stil im grünen Vorort Edgbaston auf jeden Fall wert. Auch für Kinder und Vegetarier ist bestens gesorgt. Wer will, kann in einem der vier luxuriösen Zimmer (ab 110 £, nur Mo–Sa) übernachten oder einen Kochkurs (ganztägig, inklusive 3-Gänge-Mittagsmenü, ab 135 £, nur Sa) belegen. Reservierung empfohlen.

Adam's MODERN BRITISCH £££
(☏ 0121-643 3745; www.adamsrestaurant.co.uk; New Oxford House, 16 Waterloo St; 3-Gänge-Mittagsmenü 35 £, Abendmenü 60–85 £; ☺ Di–Sa 12–14 & 19–21.30 Uhr) Das mit einem Michelin-Stern gekrönte Restaurant ist so erfolgreich, dass es in größere und elegantere Räume umgezogen ist. Es lockt aber weiterhin mit geschmacklich und optisch kaum zu überbietenden Küchenkreationen wie Wild mit Banane, Schalotten und Rotkohl, lila Brokkoli mit Nordseegarnelen und Sauce béarnaise oder Meeresforelle mit Morcheln, dicken Bohnen und Oregano. Rechtzeitig reservieren!

Ausgehen & Nachtleben

Wie in allen britischen Städten sind auch in Birmingham jede Menge Läden von Pub-Ketten zu finden, doch gibt es überall in der Stadt auch spannende unabhängige Kneipen.

Zu den Anlaufpunkten für Nachtschwärmer gehört die Broad Street, auch „goldene

Meile" genannt (manche meinen, wegen der üppig zur Schau gestellten künstlichen Bräune), sowie das **Arcadian Centre** (www.thearcadian.co.uk; Hurst St) in Chinatown. Die Alternativszene trifft sich im postindustriellen Digbeth, wo Clubs rund um die Custard Factory (S. 432) mit zahlreichen Events locken.

★ **Jake's Coffee Box**   KAFFEE
(abseits der Colmore Row; ⊙Mo–Do 7–16, Fr 7–15, Sa 8–14 Uhr) Geniale Verwandlung: Aus einer klassischen britischen roten Telefonzelle in einer autofreien Gasse wurde eine winzige Kaffeebar. Hier brüht Jake Espresso & Co. aus in Birmingham gerösteten Quarterhorse-Bohnen und serviert dazu Snacks wie *sausage rolls* (Blätterteigrollen mit Wurstfüllung wie Schweinefleisch, Spargel und schwarzer Pfeffer oder Schweinefleisch und Wildschwein), Brownies, Cookies und Möhrenkuchen. Manchmal gibt's auch Gegrilltes.

★ **Jekyll & Hyde**   PUB
(☏0121-236 0345; www.thejekyllandhyde.co.uk; 28 Steelhouse Lane; ⊙Mo–Do 12–23, Fr bis 24, Sa bis 1 Uhr) Gehaltvolle Cocktails werden in dem spacigen Lokal als *elixirs, concoctions* und *potions* (Elixiere, Gebräue und Zaubertränke) angeboten und in Bonbongläsern, Tee- und Gießkannen, Mini-Badewannen oder sogar in einem Kulturbeutel (mit Rum-Minze-Zahnpasta und Kaffirlimette) serviert. Zu Mr Hyde's Reich im Erdgeschoss gehören ein gemütliches Wohnzimmer und eine Terrasse mit Motiven aus *Alice im Wunderland*. Darüber liegt Dr Jekyll's Gin Parlour mit mehr als 90 verschiedenen Ginsorten.

Lost & Found   BAR
(http://the-lostandfound.co.uk; 8 Bennett's Hill; ⊙Mo–Do 11–23, Fr & Sa bis 1, So bis 22 Uhr) Das Motto für die Gestaltung der Bar in einem ehemaligen Bankgebäude von 1869 lieferte einen ausgedachte Persönlichkeit: die Botanikerin Hettie G. Watson, die hier im viktorianischen Zeitalter gelebt haben soll. Durch einen prächtigen Eingang mit Kuppeldach betritt man den höher gelegenen mit Pflanzen, Vogelkäfigen, Büchern und Landkarten ausgestatteten Gastraum. Hinter einem Bücherregal versteckt sich der Eingang zu „Hetties geheimem Reich". Unser Tipp, um dorthin vorzudringen: freitags und samstags gegen 19.30 Uhr.

SCHWULE & LESBEN IN BIRMINGHAM

Birminghams lebendige Schwulenszene konzentriert sich auf das **Gay Village** rund um die Hurst Street südlich vom Bullring. Gerockt wird vor allem an den Wochenenden und ein Höhepunkt ist der **Birmingham Pride** (www.birminghampride.com; ⊙Mai) im Mai. Updates und Aktuelles gibt's auf www.visitgaybrum.com.

Wellington   PUB
(www.thewellingtonrealale.co.uk; 37 Bennett's Hill; ⊙10–24 Uhr) Tapeten in Pastellfarben, Holztresen und viel poliertes Messing sorgen für Nostalgie-Optik, doch das auf *real ales* spezialisierte Pub wurde erst kürzlich generalüberholt und um eine Dachterrasse erweitert. Zu den 15 handgezapften Bieren gehören die Publikumslieblinge Black Country und Wye Valley sowie ein paar Raritäten, daneben gibt's auch drei Ciders vom Fass.

Bacchus   BAR
(☏0121-632 5445; www.nicholsonspubs.co.uk; Burlington Arcade, New St; ⊙So–Do 11–23, Fr & Sa bis 1 Uhr) Unter der Burlington Arcade führt eine von falschem Marmor eingefasstes Treppenhaus in die schummrige Bar, die mit Säulen, Steingewölben, Armleuchtern, Ritterrüstungen und -waffen sowie riesigen Wandgemälden mit Motiven aus der griechischen Antike an den Hades erinnert.

Old Joint Stock   PUB
(☏0121-200 1892; www.oldjointstocktheatre.co.uk; 4 Temple Row West; ⊙Mo–Fr 8–23, Sa 9–23, So 10–17 Uhr; ☏) In den tempelartigen Hallen des ehemaligen Bankgebäudes trifft sich heute eine aufgeweckte Crowd zum Feierabendbier. Im darüberliegenden Theater mit 80 Plätzen stehen Comedyshows und Theaterinszenierungen auf dem Spielplan.

Canalside Cafe   CAFÉ
(☏0121-643 3170; 35 Worcester Bar, Gas St; ⊙Mo–Sa 9–23, So bis 22.30 Uhr) Schmale Kanalboote gleiten an der Terrasse des ehemaligen Schleusenwärterhäuschens aus dem 18. Jh. vorbei, dessen niedrige Räume mit Andenken an die Flussschiffahrt dekoriert sind. Für Wärme sorgt das Feuer im offenen Kamin, an dem es sich mit einer Tasse

KÜNSTLERVIERTEL DIGBETH

Gut 1,5 km südöstlich des Zentrums liegt das Künstlerviertel Digbeth mit der **Custard Factory** (☑0121-224 7777; www.custardfactory.co.uk; Gibb St). Die hippe Location war früher eine Fabrik, die den allseits beliebten Bird's Custard (eine Art Pudding) produzierte. In dem entkernten Gebäude haben sich Galerien, schräge Designboutiquen, Secondhandläden, Skateboardshops und alternative Cafés niedergelassen. Wer will, kann sich kostenlos auf einer Mini-Skaterrampe und an Tischtennistischen austoben.

Künstler betreiben die experimentelle Galerie **Eastside Projects** (www.eastsideprojects.org; 86 Heath Mill Lane; ☉Mi–Sa 12–17 Uhr) ganz in der Nähe.

Tee, einem *real ale* oder einem Glas Cider, im Winter auch beim Glühwein gemütlich sitzen lässt.

☆ Unterhaltung

Tickets für die meisten Events verkauft der Branchenriese **TicketWeb** (☑0333 321 9990; www.ticketweb.co.uk; ☉Telefonservice Mo–Fr 9–20, Sa & So 10–16 Uhr).

Livemusik

In der **Barclaycard Arena** (☑0121-780 4141; www.barclaycardarena.co.uk; King Edwards Rd) nördlich des Brindley Place und in der **National Exhibition Centre Arena** (☑0121-780 4141; www.thenec.co.uk; North Ave; ☎) nicht weit vom Birmingham Airport treten stadionfüllende Rock- und Popgrößen auf.

Sunflower Lounge   LIVEMUSIK
(☑0121-632 6756; http://thesunflowerlounge.com; 76 Smallbrook Queensway; ☉Bar Mo–Do 12–1, Fr & Sa bis 2, So bis 23 Uhr) Von Kennern ausgesuchte Tunes aus der alternativen Kiste bilden den Soundtrack der kleinen, originellen Indie-Bar. Live-Gigs und DJs ergänzen das Programm.

Jam House   LIVEMUSIK
(☑0121-200 3030; www.thejamhouse.com; 3–5 St Paul's Sq; ☉Di & Mi 18–24, Do bis 1, Fr & Sa bis 2 Uhr) Hinter dem Konzept der stimmungsvollen Musikbar für gehobene Ansprüche

steht der Pianist Jools Holland, der sowohl Jazz-Bigbands wie auch berühmte Soulgrößen auf die Bühne bringt. Wer sich unter das gestylte Publikum mischen will, muss über 21 sein.

O2 Academy   LIVEMUSIK
(☑Ticketschalter 0844 477 2000; www.academymusicgroup.com/o2academybirmingham; 16–18 Horsefair, Bristol St; ☉Ticketschalter Mo–Sa 12–16 Uhr) Birminghams populärste Bühne für berühmte Rockstars, Coverbands und vielversprechende Newcomer.

Symphony Hall   KLASSISCHE MUSIK
(☑0121-345 0600; www.thsh.co.uk; Broad St) Die ultramoderne Symphony Hall ist das offizielle Zuhause des City of Birmingham Symphony Orchestra. Weitere Konzerte finden in der ansprechenden Aula der Town Hall (S. 424) statt.

Theater & Kino

Electric Cinema   KINO
(www.theelectric.co.uk; 47–49 Station St; normale/Deluxe-Plätze 7,80/13,50 £) Ein Art-déco-Schild kündigt das älteste noch aktive Kino Großbritanniens an, das seit 1909 in Betrieb ist und vor allem Autorenfilme mit künstlerischem Anspruch zeigt. Getränke werden sowohl zu den zweisitzigen Plüschsofas gebracht als auch in der kleinen Bar (mit Absinth-Fontäne!) serviert.

Birmingham Repertory Theatre   THEATER
(☑0121-236 4455; www.birmingham-rep.co.uk; Centenary Sq) Das „Rep" hat schon über ein Jahrhundert auf dem Buckel und bietet heute drei Bühnen: Main House, Door (für eher experimentelle Stücke) und ein neues Studiotheater mit 300 Plätzen, dessen Theater- und Musicalprogramm zeitgenössische und kontroverse Beiträge liefert.

Hippodrome   THEATER
(☑0844 338 5000; www.birminghamhippodrome.com; Hurst St) Hier tritt das Birmingham Royal Ballet auf.

Sport

Gleich drei große Fußballteams sind in und um Birmingham zuhause: der Birmingham City Football Club, West Bromwich Albion („West Brom") und natürlich der Aston Villa Football Club, der seine Heimspiele im **Villa Park** (☑0333 323 5353; www.avfc.co.uk; Trinity Rd, Witton; Führungen Erw./Kind 15/10 £) austrägt.

Shoppen

In den Fußgängerzonen rund um den Bullring werden auf quirligen Märkten frische Lebensmittel und importierte Billigklamotten angeboten.

Great Western Arcade
LADENPASSAGE
(www.greatwesternarcade.co.uk; zw. Colmore Row & Temple Row; ⊙ Passage Mo–Sa 6.30–22, So 10.50–17.30 Uhr, Läden unterschiedlich) Die wunderschöne viktorianische Einkaufspassage mit Fliesenböden und Glasdach ist vor allem mit unabhängigen Einzelhandelsgeschäften bestückt.

Mailbox
EINKAUFSZENTRUM
(www.mailboxlife.com; 61 Wharfside St; ⊙ Einkaufszentrum Mo–Sa 10–19, So 11–17 Uhr, Läden unterschiedlich) Birminghams stylisches Einkaufsparadies am Kanalufer entstand aus der ehemaligen Briefsortierstelle der Royal Mail und beherbergt neben Boutiquehotels und einer ganzen Flotte schicker Restaurants einen Ableger des Luxuskaufhauses Harvey Nichols sowie jede Menge Designerläden. In der 25. Etage seines metallisch funkelnden Auswuchses The Cube residiert Marco Pierre Whites **Steakhouse Bar & Grill**.

Bullring
EINKAUFSZENTRUM
(www.bullring.co.uk; St Martin's Circus; ⊙ Mo–Fr 10–20, Sa 9–20, So 11–17 Uhr) Alle nur denkbaren internationalen Marken und Caféketten haben eine Filiale im Bullring, der in die beiden Ladenzonen East Mall und West Mall unterteilt ist. Zum Einkaufszentrum gehört auch der architektonische Hingucker von Selfridges, der wie das überdimensionale Facettenauge eines Roboterinsekts über die Stadt blickt.

❶ Praktische Informationen

Wie in den meisten Großstädten ist es auch in Birmingham angebracht, als Fußgänger unbeleuchtete Zonen nachts zu meiden. Und wie in den meisten britischen Städten toben sich am Wochenende im Zentrum, vor allem südlich des Bullring und in der Broad Street und Umgebung, trinkfreudige Nachtschwärmer ungehemmt aus.

Auch die Gegend rund um den Busbahnhof Digbeth ist nach Einbruch der Dunkelheit ein ziemlich raues Pflaster.

Birmingham Children's Hospital (☎ 0121-333 9999; www.bch.nhs.uk; Steelhouse Lane) Hat eine Notaufnahme.

Heartlands Hospital (☎ 0121-424 2000; www.heartofengland.nhs.uk; Bordesley Green East) Liegt 6,5 km östlich des Zentrums und hat eine Notaufnahme.

Heart of England Tourist Board (☎ 01905-887690; www.visitheartofengland.com)

Polizei (☎ Notfälle 999, sonst 101; www.west-midlands.police.uk; Steelhouse Lane)

Touristeninformation (☎ 0844 888 3883; www.visitbirmingham.com; Ecke Corporation & New St; ⊙ Mo–Sa 9–17, So 10–16 Uhr) Kiosk mit ständerweise Infomaterial zu Aktivitäten, Sehenswürdigkeiten und öffentlichen Verkehrsmitteln.

❶ An- & Weiterreise

BUS

Die meisten Fernbusse fahren an der **Birmingham Coach Station** (☎ 0871 781 8181; Mill Lane, Digbeth) ab. Ausnahme: Der Bus X20 nach Stratford-upon-Avon (5,20 £, 1½ Std., bis zu 14-mal tgl.) fährt auch von einer Haltestelle in der Carr's Lane gegenüber von Moor Street Station, die bequemer zu erreichen ist.

Die Busse von National Express verbinden Birmingham mit sämtlichen wichtigen Städten des Landes, darunter:

London Victoria 5–12,50 £, 2¾ Std., alle 30 Min.

Manchester 4 £, 3 Std., 12-mal tgl.

Oxford 5 £, 2¼ Std., 6-mal tgl.

FLUGZEUG

Der **Birmingham Airport** (S. 421) liegt rund 13 km östlich des Zentrums und bietet Direktflüge in britische und europäische Städte sowie Langstreckenflüge nach Dubai, Indien, Kanada und in die USA an.

Zwischen dem Bahnhof New Street und Birmingham International bestehen schnelle, zuverlässige Verbindungen (3,60 £, 20 Min., alle 10 Min.). Von 5.15 bis 2 Uhr verkehrt die Flughafenbahn Air-Rail Link (kostenlos, 2 Min., häufig) zwischen New Street und Terminal.

Außerdem wird der Flughafen rund um die Uhr von den Bussen 97 und 900 (2,30 £, 30 Min., bis zu 2-mal pro Std.) bedient, die an der Haltestelle Moor Street Queensway starten.

Ein Taxi vom Zentrum zum Flughafen kostet rund 30 £.

ZUG

Die meisten Fernzüge fahren am Bahnhof New Street ab. Mit Chiltern Railways beginnt die Fahrt nach London Marylebone (48 £, 2 Std., halbstündl.) am Bahnhof Birmingham Snow Hill. Die Züge der London Midland nach Stratford-upon-Avon (7,70 £, 1 Std., halbstündl.) fahren von den Bahnhöfen Snow Hill und Moor Street.

Für das Jahr 2017 ist der Baubeginn für die Schnellfahrstrecke High Speed 2 geplant, über die ab 2026 London von Birmingham aus in nur 40 Minuten zu erreichen sein soll.

Verbindungen ab New Street:
Derby 16,60 £, 40 Min., 4-mal pro Std.
Leicester 13,40 £, 1 Std., 2-mal pro Std.
London Euston 51,20 £, 1½ Std., alle 15 Min.
Manchester 35,50 £, 1¾ Std., halbstündl.
Nottingham 18,10 £, 1¼ Std., 3-mal pro Std.
Shrewsbury 14,30 £, 1 Std., 2-mal pro Std.

❶ Unterwegs vor Ort

AUTO

Da im Zentrum von Birmingham kräftig gebaut wird, ist der Verkehr stark beeinträchtigt und es stehen nur sehr begrenzt Parkplätze zur Verfügung. Wie die einzelnen Hotels zu erreichen sind, sollte vorher telefonisch abgeklärt werden – nicht aufs Navi verlassen! Der größte Teil der Straßenbauarbeiten soll aber Ende 2018 beendet sein.

Alle großen Autovermietungen haben Filialen in der Stadt und am Flughafen.

ÖFFENTLICHE VERKEHRSMITTEL

Die Stadtbusse starten am günstig gelegenen Busbahnhof in der Corporation Street, gleich nördlich der Kreuzung mit der New Street. Alle Linien sind in der kostenlosen Broschüre *Network Birmingham Map and Guide* verzeichnet, die es in der Touristeninformation gibt. Ein Einzelfahrschein kostet ab 1,90 £.

Pendlerzüge in den Norden Birminghams (Aston eingeschlossen) fahren am Bahnhof Moor Street ab, nicht weit von Selfridges.

Die einzige Straßenbahnlinie Birminghams, die **Metro** (http://nxbus.co.uk), verbindet den Bahnhof New Station mit Wolverhampton und fährt durch das Jewellery Quarter, West Bromwich und Dudley. Tickets kosten ab 1 £. Inzwischen sollte auch die Verlängerung von der New Street zur Birmingham Town Hall und zum Centenary Square in Betrieb sein.

Verschiedene Sparpreistickets für Busse und Züge bietet **Network West Midlands** (☑ 0121-2147 7550; www.networkwestmidlands.com; Bahnhof New Street; ⊘ Mo–Sa 8.30–17.30 Uhr) im Bahnhof New Street an. Ein zuverlässiges Black-Cab-Unternehmen ist **TOA Taxis** (☑ 0121-427 8888; www.toataxis.co.uk).

WARWICKSHIRE

Warwickshire könnte einfach nur eine dieser englischen Landidyllen sein, mit sanften Hügeln und netten Städtchen – wäre es nicht die Heimat einer Ikone der Literatur: William Shakespeare ist in Stratford-upon-Avon geboren und gestorben und sämtliche Orte, die mit seinem Leben zu tun hatten, sind nun einmal Pilgerziele für Literaturfans aus aller Welt. Das berühmte Warwick Castle ist ein ähnlicher Touristenmagnet. Trotz allgemein sinkender Besucherzahlen kann sich auch die romantische Ruine des Kenilworth Castle über mangelnden Zulauf nicht beklagen. In Rugby wird der gleichnamige Sport in der World Rugby Hall of Fame gefeiert. Coventry steuert zwei außergewöhnliche Kathedralen bei und als Dreingabe ein absolut sehenswertes Verkehrsmuseum.

❶ Anreise & Unterwegs vor Ort

Der Verkehrsknotenpunkt von Warwickshire ist Coventry, mit regelmäßigen Zugverbindungen nach London Euston und Birmingham New Street.

Coventry

337 428 EW.

Coventry war einst ein florierendes Industriezentrum mit den Branchen-Schwerpunkten Textilien, Uhren, Fahrräder, Autos und Munition. Letztgenanntes war der Hauptgrund, warum die Deutsche Luftwaffe Coventry in der Nacht vom 14. auf den 15. November 1940 massiv bombardierte, sodass sich unter den Nazis das Verb „coventrieren" einbürgerte, was so viel bedeutete wie „dem Erdboden gleichmachen". Der Niedergang der Automobilindustrie in den 1980er-Jahren war ein weiterer Schlag ins Kontor, doch im Zuge des Ausbaus der Universität und dank der Nähe zu London erlebt Coventry heute so etwas wie eine kleine Renaissance. Eine leichte Ahnung davon, wie das alte Coventry ausgesehen haben mag, vermittelt eine Handvoll mittelalterlicher Straßen, die den Bombenhagel überstanden.

◎ Sehenswertes

★ **Coventry Transport Museum**   MUSEUM
(☑ 024-7623 4270; www.transport-museum.com; Hales St; ⊘ 10–17 Uhr) GRATIS Hunderte von Fahrzeugen, von pferdelosen Kutschen bis zu High-Tech-Boliden mit Jet-Antrieb, veranschaulichen die Entwicklung des Automobils. Hingucker sind ein DeLorean DMC-12 mit Flügeltüren (bekannt aus dem Film *Zurück in die Zukunft*) im Edelstahl-Look, ein Jaguar E-Type, ein gepanzerter Daimler-Benz und – für Fans britischer Skurrilitäten aus den 1970er-Jahren – ein Triumph TR7 und ein Austin Allegro „Spezial". Der Thrust SCC hält momentan den Geschwindigkeitsweltrekord zu Lande, mit dem er den Thrust 2 überrundete.

Coventry Cathedral

KATHEDRALE

(☎ 024-7652 1210; www.coventrycathedral.org.uk; Priory Row; Erw./Kind 6 £/frei; ⊙ Kathedrale Mo–Sa 10–16, So 12–15 Uhr, Ruine tgl. 9–17 Uhr) Die Reste der **St. Michael's Cathedral,** die 1300 erbaut und von den Nazis schwer bombardiert wurde, erinnern an Coventrys dunkelste Stunde und sind ein Mahnmal für Friede und Versöhnung. Wer die 180 Stufen den **gotischen Kirchturm** hinauf nicht scheut, wird mit einem Panoramablick belohnt (Erw./Kind 2,50 £/frei).

Sir Basil Spence entwarf die symbolische Verlängerung der Sandsteinmauern von St. Michael. Seine **Coventry Cathedral** ist ein Meisterwerk moderner Architektur mit futuristischer Orgel, Buntglasfenstern und einer Skulptur von Erzengel Michael und dem Teufel von Jacob Epstein.

Herbert Art Gallery & Museum

GALERIE

(☎ 024-7623 7521; www.theherbert.org; Jordan Well; ⊙ Mo–Sa 10–16, So 12–16 Uhr) GRATIS Hinter der Doppel-Kathedrale befindet sich das Kunstmuseum mit einer Sammlung von Gemälden und Plastiken, darunter Werke von T. S. Lowry und Stanley Spencer. Ein hübsches Café, viele Angebote für Kinder und vor allem die beiden Galerien zu den Themen Geschichte und Friede und Versöhnung gehören zu den Attraktionen.

St. Mary's Guildhall

HISTORISCHES GEBÄUDE

(☎ 024-7683 3328; www.stmarysguildhall.co.uk; Bayley Lane; ⊙ Mitte März–Sept. So Do 10–16 Uhr) GRATIS Ein Eindruck davon, wie Coventry vor dem Zweiten Weltkrieg aussah, lässt sich hier gewinnen: In der Halle aus Fachwerk und Backstein trafen sich im Mittelalter die Handwerker und Kaufleute Coventrys, um über städtische Angelegenheiten zu beraten. Sie gilt als eine der schönsten Zunfthäuser Englands. Darüber hinaus beherbergte sie eine äußerst prominente Gefangene: Maria Stuart, Königin von Schottland. Wunderschöne Buntglasfenster sind den verschiedenen Monarchen Englands gewidmet, ein mittelalterlicher Wandteppich zeigt Heinrich VI. und W. C. Marshall steuerte die Statue der Lady Godiva bei.

🛌 Schlafen & Essen

Von Birmingham aus bietet sich Coventry als Tagesausflug an. Wer dort übernachten will, findet in der Touristeninformation Hilfe beim Buchen einer Unterkunft.

Blue Bistro

BISTRO ££

(☎ 024-7622 9274; www.blue-bistro.com; 21 Spon St; Hauptgerichte 12–17,50 £; ⊙ Mi–Sa 17–21, So 13–18 Uhr) Ein Fachwerkhaus von 1450 mit freiliegenden Balken und Holzmobiliar bildet die Kulisse für liebevoll zubereitete und präsentierte Bistrokost wie geschmorte Lammhaxe, gegrillte Schweinerippchen und gebratenen Seebarsch.

Playwrights

CAFÉ ££

(☎ 024-7623 1441; www.playwrightsrestaurant.co.uk; 4–6 Hay Lane; Hauptgerichte mittags 5–8,50 £, abends 10–19,50 £; ⊙ Mo–Do 10–21, Fr & Sa 9–22.30, So 10–20 Uhr; 🖉 🐾) Ein hübsches Pflastergässchen zwischen Earl Street und Kathedrale ist die Adresse des einladenden Bistrocafés, das sich sowohl fürs Frühstück wie auch für einen Happen zu Mittag oder ein stimmungsvolles Abendessen eignet. Für Vegetarier und Veganer wie auch für Kinder gibt's eine eigene Speisekarte. Wenn das Wetter mitspielt, werden Tische im Freien aufgestellt.

❶ Praktische Informationen

Die **Touristeninformation** (☎ 024-7622 5616; www.visitcoventryandwarwickshire.co.uk; Bayley Lane; ⊙ Mo–Fr 9.30–12.30 & 13–16.30, Sa & So ab 10 Uhr) befindet sich im restaurierten Turm der St. Michael's Cathedral.

❶ An- & Weiterreise

Busse von National Express fahren zu Zielen in ganz Großbritannien.

Die Busse X17 und X19 (alle 15 Min.) fahren nach Kenilworth (2,70 £, 25 Min.) und Warwick (2,90 £, 35 Min.).

Regelmäßige Verbindungen:

Birmingham 4,50 £, 30 Min., alle 10 Min.

London Euston 49 £, 1¼ Std., alle 10–20 Min.

Rugby 5,70 £, 10 Min., bis 4-mal pro Std.

Warwick

58 679 EW.

Shakespeare-Fans ist der Name Warwick bestens bekannt: Hier residierte die Earls of Warwick, die in den Rosenkriegen eine wichtige Rolle spielten. Trotz einer verheerenden Feuersbrunst 1694 ist die Stadt ein Schaukasten mittelalterlicher Baukunst geblieben, mit geschichtsträchtigen Ecken, bezaubernden Sträßchen und dem von Türmchen bekrönten Warwick Castle.

Warwick

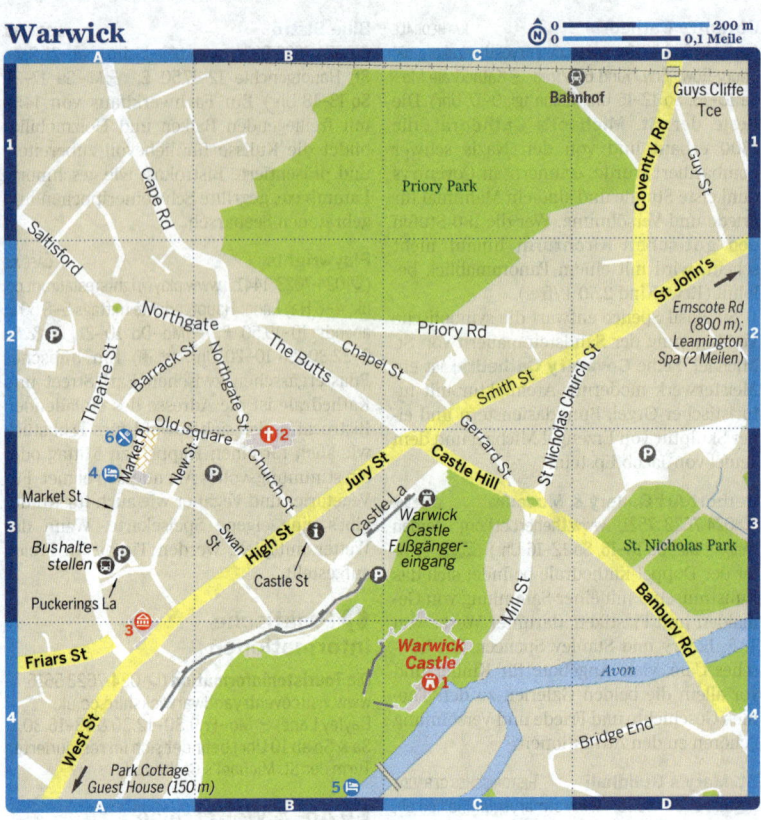

Warwick

◉ Highlights

◉ Sehenswertes

🛏 Schlafen

✕ Essen

◉ Sehenswertes

★ Warwick Castle
BURG

(☎0871 265 2000; www.warwick-castle.com; Castle Lane; Burg Erw./Kind 25,20/22,20 £; Burg & Verlies 30,20/27,20 £; ⏰April–Sept. 10–18 Uhr, Okt.–März bis 17 Uhr; 🅿🛜) Wilhelm der Eroberer ließ 1068 die noch sehr gut erhaltene Burg errich-ten und schenkte der Stadt damit einen ech-ten Touristenmagnet. Die Tussauds Group hat sie mit Attraktionen bestückt, welche die abwechslungsreiche Geschichte Warwicks spannend (und familienfreundlich) nach-erzählen. Die Privatgemächer werden von Wachsfiguren bewohnt, es finden Ritterturni-ere statt, täglich schleudert das Trébuchet (Katapult) Geschosse durch die Gegend, es werden Themenabende veranstaltet und das Verlies ist immer gut besucht. Wer Tickets online kauft, bezahlt weniger und muss nicht anstehen. 2016 wurden einige großar-tige Unterkünfte (S. 437) vor Ort eröffnet.

Collegiate Church of St. Mary
KIRCHE

(☎01926-403940; www.stmaryswarwick.org.uk; Old Sq; Kirche Eintritt gegen Spende von 2 £, Turm Erw./Kind 2,50/1 £; ⏰April–Sept. 10–18 Uhr, Okt.–März bis 16.30 Uhr) Die prachtvolle, 1123 von den Normannen errichtete Kirche trug bei der Feuersbrunst 1694 große Schäden davon. Erhalten geblieben sind die Grufte aus dem

16. und 17. Jh. Sehenswert sind außerdem die normannische Krypta mit ihrer Erweiterung aus dem 14. Jh., die zwischen 1442 und 1464 gebaute Beauchamp-Kapelle, in der die sterblichen Überreste der Earl of Warwick ruhen, und der **Turm**, dessen 134 Stufen zu einer herrlichen Aussicht über die Stadt führen (Kinder müssen über acht Jahre alt sein).

Lord Leycester
Hospital   HISTORISCHES GEBÄUDE
(☑01926-491422; www.lordleycester.com; 60 High St; Erw./Kind 5,90/4,90 £, nur Garten 2 £; ⊙April-Sept. Di–So 10–17 Uhr, Okt.–März bis 16 Uhr) Auch das rührend krumme und schiefe Lord Leycester Hospital hat den Brand von 1694 überlebt. Seit 1571 wurde es als Altersheim (nicht als Krankenhaus) für Soldaten im Ruhestand genutzt. Besucher können die Kapelle, den Zunftsaal, das Militärmuseum und den restaurierten Garten mit Knotenbeet und normannischem Torbogen besichtigen.

🛏 Schlafen & Essen

Park Cottage Guest House   B&B ££
(☑01926-410319; www.parkcottagewarwick.co.uk; 113 West St; EZ 59–80 £, DZ 80–99 £, FZ 92,50–115 £; P🅿🛜♿) Südwestlich des Zentrums wartet dieses freistehende Haus mit Flechtwerkwänden aus dem 16. Jh. auf Gäste. Die ehemalige Molkerei des Warwick Castle mit Originalfußböden und einem Vorgarten bietet sieben hübsche Zimmer, jedes mit Teddybär. In zwei Zimmern haben je zwei Erwachsene und zwei Kinder Platz.

Rose & Crown   PUB ££
(☑01926-411117; www.roseandcrownwarwick.co.uk; 30 Market Pl; EZ/DZ/FZ mit Frühstück ab 80/100/105 £; 🛜♿) Dieser Gasthof aus dem 17. Jh. am Hauptplatz der Stadt hat fünf hübsche, geräumige und geschmackvoll eingerichtete Zimmer über dem Pub sowie acht weitere in dem Gebäude auf der anderen Seite der Gasse. Neben köstlichen Bieren wird erstklassiges Essen (Hauptgerichte 12,50–27 £) serviert. Vier Zimmer sind auch für Familien geeignet.

⭐ Warwick Castle
Accommodation   UNTERKÜNFTE
(☑01926-406660; www.warwick-castle.com; Warwick Castle; Turmsuite/Lodge/Glamping-Zelt ab 550/203/149 £ pro Nacht; P🅿🛜♿) Das Warwick Castle bietet Unterkünfte für jeden Geldbeutel. In dem Preis für die Übernachtung inbegriffen ist der Burgeintritt für zwei Tage. In der Burg selbst stehen zwei Turm-

suiten mit Baldachinbetten inklusive Privatführung, Sekt und Frühstück zur Verfügung. Das **Knight's Village** (Ritterdorf) am Fluss und inmitten von Bäumen bietet Holzlodges mit überdachter Terrasse, teils auch mit kleiner Küche. Dazu gibt's ein mittelalterliches Unterhaltungsprogramm. Auf dem **Glamping**-Gelände (Luxus-Camping) stehen Ritterzelte und Gemeinschaftsbäder.

Tailors   MODERN BRITISCH £££
(☑01926-410590; www.tailorsrestaurant.co.uk; 22 Market Pl; 2-/3-Gänge-Mittagsmenü 18/23 £, 2-/3-/6-Gänge-Abendmenü 29,50/39,50/62,50 £; ⊙Di–Sa 12–13.30 & 18.30–20.45 Uhr) Das in einer ehemaligen Schneiderei residierende, von zwei jungen Köchen betriebene Restaurant bietet erstklassige Küche in elegantem Ambiente. Zu Perlhuhn, Schweinebauch und Lamm werden Kreationen wie Rote-Bete-Baiser, Trüffel-Fenchel-Bonbons und Blutwurst-Streuselkuchen gereicht. Dieses Lokal sollte man im Auge behalten!

ℹ Praktische Informationen

Die **Touristeninformation** (☑01926-492212; www.visitwarwick.co.uk; Court House, Jury St; ⊙Mo–Fr 9.30–16.30, Sa 10–16.30, So 10–16 Uhr) befindet sich im Court House von 1725.

ℹ An- & Weiterreise

BUS

Die Busse fahren vor dem **Westgate House** (Market St) ab.

National-Express-Busse fahren nach London Victoria (12,50 £, 3½ Std., bis zu 4-mal tgl.).

Die Stagecoach-Busse X16, X17 und X18 fahren über Kenilworth (3,75 £, 35 Min.) nach Coventry (5,20 £, 1¼ Std., Mo–Sa alle 15 Min.).

Stagecoach-Bus 18A fährt nach Stratford-upon-Avon (4,30 £, 45 Min., Mo–Sa halbstündl., So stündl.).

ZUG

Der Bahnhof liegt rund 800 m nordöstlich der Innenstadt an der Station Road.

Züge verkehren nach Birmingham (6,80 £, 40 Min., halbstündl.), Stratford-upon-Avon (6,60 £, 30 Min., stündl.) und London Marylebone (31,80 £, 1½ Std., alle 20 Min.).

Kenilworth

23 480 EW.

Von der A46 zwischen Warwick und Coventry ist Kenilworth Castle ein netter Abstecher. Die malerische Ruine inspirierte Walter Scott zu seinem Roman *Kenilworth* und bis heute herrscht dort eine besondere Stimmung. Das Städtchen Kenilworth wird vom Finham Brook in zwei Teile geteilt: in die für Besucher interessantere dorfähnliche Altstadt auf der Nordseite und das moderne Zentrum auf der Südseite des Wassers.

🎯 Sehenswertes

Kenilworth Castle
BURG

(EH; ☎01926-852078; www.english-heritage.org.uk; Castle Green; Erw./Kind 10,10/6 £; ⊙Mitte März–Sept. 10–18 Uhr, Okt.–Mitte März kürzer; 🅿) Eingebettet in eine von Feldern und Hecken geprägte Landschaft, strahlt die Ruine am Ortsrand von Kenilworth etwas wahrhaft Erhabenes aus. Die um 1120 erbaute Burg trotzte 1266 der längsten Belagerung in der englischen Geschichte. Damals versuchten die Mannen des späteren Königs Eduard I. sechs Monate lang, Graben und Wehrmauern zu überwinden. In der Tudorära wurde die Burg erheblich erweitert, dann während des Bürgerkriegs geschleift. Der Burggraben fiel trocken, die Mauern wurden eingerissen und als Baumaterial verwendet. Der restaurierte elisabethanische Garten ist eine Augenweide.

Stoneleigh Abbey
HISTORISCHES GEBÄUDE

(☎01926-858535; www.stoneleighabbey.org; Erw./Kind 9,50/4,50 £, nur Garten 4,50 £/frei; ⊙Führungen Ostern–Okt. So–Do 11.30, 13 & 14.30 Uhr, Garten Ostern–Okt. So–Do 11–17 Uhr; 🅿) Filmregisseure bekommen beim Anblick solcher Anwesen einen glasigen Blick. Der 850 Jahre alte Landsitz 3,2 km östlich von Kenilworth nahe dem Fluss Avon (an der B4115) hat schon so illustre Besucher wie Karl I. und Jane Austen gesehen. Der Westflügel im palladianischen Stil wurde 1726 fertiggestellt und kann nur im Rahmen einer Führung besichtigt werden. Reich verzierte Stuckdecken und Holztäfelungen prägen das Interieur. Die top gepflegte Grünanlage eignet sich perfekt zum Picknicken.

🛏 Schlafen & Essen

The Old Bakery
B&B ££

(☎01926-864111; www.theoldbakery.eu; 12 High St; EZ/DZ/3BZ ab 75/95/115 £; ⊙Bar Mo–Sa 17.30–23, So bis 22.30 Uhr; 🅿🌐) Das nette B&B hat gut ausgestattete, moderne Zimmer und im Erdgeschoss eine gemütliche Bar, in der *real ales* gezapft werden.

Harringtons on the Hill
MODERN BRITISCH ££

(☎01926-852074; www.harringtonsonthehill.com; 42 Castle Hill; Hauptgerichte 10–19 £; ⊙Mo–Sa

12–15 & 18–23, So 12–16 Uhr) Gewölbte Fenster und Blumenampeln schmücken das reizende Cottage gegenüber dem Kenilworth Castle, in dem Küchenchef Ryan New seine erfolgreichen Kreationen für diverse Londoner Top-Lokale wieder aufleben lässt, als da wären gebratener Seebarsch in Knoblauchbutter, Schweinemedaillons im Speckmantel oder Wildbret mit Meerrettichpüree und Johannisbeerjus. Die Preise sind absolut im Rahmen.

★ The Cross
GASTROPUB £££

(☎01926-853840; www.thecrosskenilworth.co.uk; 16 New St; 2-/3-Gänge-Mittagsmenü 25/30 £, 5-Gänge-Abend-Probiermenü 65 £, mit Wein zusätzl. 35 £, Hauptgerichte 25–32 £; ⊙Mo–Do 12–14 & 18.30–22, Fr 12–14 & 18–22, Sa 12–14.30 & 18–22, So 12–16 Uhr; 🚗🧒) Der mit einem Michelin-Stern ausgezeichnete Gastropub in einem romantischen Gasthaus aus dem 19. Jh. ist eine kulinarische Offenbarung. Hier werden die Gäste mit exquisiten Genüssen wie Jakobsmuscheln mit Räucherbutter und geröstetem Blumenkohl, Jungtaube mit Weizenschrot und Joghurt oder Schwarzwälder-Kirsch-Dessert mit Eiscreme aus gerösteten Mandeln verzaubert.

Auch an Vegetarier wird gedacht; für junge Feinschmecker gibt's ein dreigängiges Kindermenü (12 £).

ℹ An- & Weiterreise

Von Montag bis Samstag fahren die Busse X17 und X19 im 15-Minuten-Takt von Coventry nach Kenilworth (2,70 £, 25 Min.) und weiter nach Warwick (3,75 £, 20 Min.). Sonntags fahren keine Busse.

Stratford-upon-Avon

27 455 EW.

Der wohl berühmteste Schriftsteller englischer Zunge, William Shakespeare, wurde 1564 in Stratford geboren und fand hier 1616 auch den Tod. Durch den ganzen Shakespeare-Rummel wirkt der Ort mit dem stark vom Tudorstil geprägten Stadtbild zwar an einigen Ecken touristisch-kitschig (vieles ist auf Mittelalter getrimmt, Teestuben im Shakespeare-Look usw.), doch er beschert auch nachdenkliche Eindrücke (z. B. Shakespeares bescheidenes Grab in der Holy Trinity Church) sowie echte Glücksmomente (z. B. beim Besuch einer Aufführung der weltberühmten Royal Shakespeare Company).

◉ Sehenswertes

★ **Shakespeare's**
Birthplace HISTORISCHES GEBÄUDE
(☎01789-204016; www.shakespeare.org.uk; Henley St; mit Shakespeare's New Place & Halls Croft Erw./Kind 17,50/11,50 £; ⊘Juli & Aug. 9–17.30 Uhr, Sept.–Juni bis 17 Uhr) Eine Tour auf Shakespeares Spuren beginnt am besten in dem Haus, in dem er geboren worden und seine Kindheit verbracht haben soll. Ob es tatsächlich so war, darüber streiten die Experten nach wie vor. Jedenfalls pilgern die Fans der englischen Literaturikone spätestens seit dem 19. Jh. hierher, sich mit ihrem Namenszug an einem der Fenster zu verewigen. Hinter der modernen Fassade verbergen sich restaurierte Zimmer im Tudorstil, in denen Figuren aus Shakespeares Werken zum Leben erweckt werden. Eine ansprechende Ausstellung liefert weitere Einblicke in das Leben von Stratfords berühmtestem Sohn.

★ **Shakespeare's**
New Place HISTORISCHE STÄTTE
(☎01789-204016; www.shakespeare.org.uk; Ecke Chapel St & Chapel Lane; mit Shakespeare's Birthplace & Hall's Croft Erw./Kind 17,50/11,50 £; ⊘Juli & Aug. 9–17.30 Uhr, Mitte März–Juni, Sept. & Okt. 9–17 Uhr, Nov.–Mitte März 10–16 Uhr) In fortgeschrittenem Alter tauschte Shakespeare den Glamour Londons gegen ein gemütliches Stadthaus am New Place ein, in dem er im April 1616 starb (Todesursache unbekannt). Das Haus wurde 1759 abgerissen; erhalten blieb ein elisabethanischer Knotengarten, der einen Teil des Grundstücks einnimmt. Im Rahmen eines ehrgeizigen Restaurierungsprojekts wurde Shakespeares Küche zu Tage gefördert und zusammen mit anderen Objekten in eine Nachbildung vom Haus, so, wie es ausgesehen haben könnte, integriert. Auch das Nash's House nebenan, in dem Shakespeares Enkelin Elizabeth lebte, ist zu besichtigen.

Hall's Croft HISTORISCHES GEBÄUDE
(☎01789-204016; www.shakespeare.org.uk; Old Town; mit Shakespeare's Birthplace & Shakespeare's New Place Erw./Kind 17,50/11,50 £; ⊘Mitte März–Okt. 10–17 Uhr) Das hübsche jakobinische Stadthaus südlich des Zentrums gehörte Shakespeares Tochter Susanna und ihrem Ehemann, dem angesehenen Arzt John Hall. Die darin arrangierte Ausstellung gibt faszinierende Einblicke in die Medizin des 16. und 17. Jhs. Heilpflanzen für Tinkturen, Salben und andere Mittelchen sprießen im angeschlossenen Garten.

❶ SHAKESPEARE-HÄUSER

Fünf Häuser, die eine enge Verbindung zu Shakespeare haben, sind heute Museen und Stratfords größte Besuchermagnete. Sie werden vom Shakespeare Birthplace Trust (www.shakespeare.org.uk) verwaltet.

Der Eintritt für die drei Häuser im Stadtgebiet – Shakespeare's Birthplace, Shakespeare's New Place und Hall's Croft – kostet pro Erw./Kind 17,50/11,50 £. Das Kombiticket für 26,25/17 £ schließt auch Anne Hathaway's Cottage und Mary Arden's Farm sein.

Holy Trinity Church KIRCHE
(☎01789-266316; www.stratford-upon-avon.org; Old Town; Shakespeares Grab Erw./Kind 2/1 £; ⊘April–Sept. Mo–Sa 8.30–18, So 12.30–17 Uhr, Okt.–März kürzer) Angeblich ist Shakespeares letzte Ruhestätte die meistbesuchte Pfarrkirche von ganz England. Neben dem Grab des Dichters, dessen Inschrift warnt *„cvrst be he yt moves my bones"* (Verflucht sei der, der meine Knochen bewegt), sind, vor allem in der Clopton-Kapelle, weitere ehrwürdige Grabmale aus dem 16. und 17. Jh. sowie ein prachtvolles geschnitztes Chorgestühl zu sehen.

Anne Hathaway's
Cottage HISTORISCHES GEBÄUDE
(☎01789-204016; www.shakespeare.org.uk; Cottage Lane, Shottery; Erw./Kind 10,25/6,50 £; ⊘Mitte März–Okt. 9–17 Uhr, Nov.–Mitte März geschl.) Vor ihrer Heirat mit Shakespeare lebte Anne Hathaway in diesem bezaubernden strohgedeckten Cottage in Shottery, 1,6 km westlich vom Ortskern von Stratford. Neben der Einrichtung mit Möbeln aus der damaligen Zeit ist vor allem der Garten sehenswert, zu dem eine Obstplantage und ein Arboretum gehören, wo Exemplare aller in Shakespeares Werken erwähnter Baumarten wachsen. Am Evesham Place beginnt ein Fußweg (für Fahrräder gesperrt) nach Shottery. Die Busse von **City Sightseeing** (☎01789-299123; www.city-sightseeing.com; Erw./Kind 13,90/6,95 £; ⊘April–Sept. alle 30 Min., Okt.–März seltener, April–Sept. alle 30 Min., Okt.–März seltener) halten hier.

Mary Arden's Farm HISTORISCHE STÄTTE, HOF
(☎01789-204016; www.shakespeare.org.uk; Station Rd, Wilmcote; Erw./Kind 13,25/8,50 £; ⊘Mitte März–Okt. 10–17 Uhr, Nov.–Mitte März geschl.) Ahnenforscher fanden heraus, dass Shakes-

BIRMINGHAM, MIDLANDS & MARCHES STRATFORD-UPON-AVON

Stratford-upon-Avon

peares Mutter in Wilmcote, 5 km westlich von Stratford, aufwuchs. Der bewirtschaftete Bauernhof mit Naturlehrpfaden, Falknervorführungen und selten gewordenen Nutztierrassen gibt Einblicke ins bäuerliche Leben vergangener Jahrhunderte und ist vor allem für Familien reizvoll. Wilmcote wird vom City Sightseeing Bus angefahren und ist mit dem Rad über den Treidelpfad am Stratford-upon-Avon-Kanal ab Anne Hathaway's Cottage erreichbar.

Shakespeare's
School Room
HISTORISCHE STÄTTE
(www.shakespearesschoolroom.org; King Edward VI School, Church St; Erw./Kind 8,90/5,50 £; ☺ während der Schulzeiten Mo–Fr 11–17 Uhr, Sa, So & Ferien 10–17 Uhr) Die King Edward VI School, in dem Shakespeare die Schulbank drückte, ist heute noch eine renommierte *grammar school* (Gymnasium). In einem großen schwarz-weißen Fachwerkgebäude von 1420, dem einstigen Gildehaus der Stadt,

kann man in seinem alten Klassenzimmer am Unterricht, wie er zur Tudorzeit ausgesehen haben soll, teilnehmen, einen kurzen Film sehen und sogar sein Wissen bei Hausaufgaben im Tudorstil testen.

Daneben befindet sich die 1269 erbaute **Guild Chapel** (Ecke Chapel Lane & Church St; ☺ Gottesdienste April–Sept. Mi 10, 1. Sa im Monat 12 Uhr).

☞ Geführte Touren

Stadtführungen
STADTRUNDGANG
(☎07855-760377; www.stratfordtownwalk.co.uk; Erw./Kind 6/3 £; ☺ Mo & Fr 11, Sa & So 11 & 14 Uhr) Die lebendige, informative Führung dauert zwei Stunden und beginnt an der Waterside, gegenüber der Sheep Street.

Avon Boating
BOOTSTOUREN
(☎01789-267073; www.avon-boating.co.uk; The Boathouse, Swan's Nest Lane; Flussrundfahrten Erw./Kind 6/4 £; ☺ Ostern–Okt. 9 Uhr–Sonnenun-

Stratford-upon-Avon

tergang) Alle 20 Minuten startet ein Ausflugsboot an einer der Anlegestellen beiderseits der Hauptbrücke zu einer 40-minütigen Flusstour. Außerdem werden Ruderboote, Kanus und Stechkähne (6 £ pro Std.) sowie Motorboote (33 £ pro Std.) verliehen.

Stratford Town Ghost Walk STADTRUNDGANG (☎07855-760377; www.stratfordtownwalk.co.uk; Erw./Kind 6/4 £; ⊙ Fr & Sa 19.30 Uhr) Horrorfans kommen bei der zweistündigen „Geisterführung" auf ihre Kosten. Sie beginnt an der Waterside, gegenüber der Sheep Street.

✦ Festivals & Events

Stratford Literary Festival LITERATUR (☎01789-470185; www.stratfordliteraryfestival.co. uk; ⊙ April oder Mai) Ein Höhepunkt im Stratforder Kulturkalender ist das einwöchige jährliche Literaturfestival, das berühmte Schreiber wie John Simpson oder Jonathan Miller hierher holt.

🛏 Schlafen

Das Angebot an B&Bs ist üppig, vor allem entlang der Grove Road und am Evesham Place. In der Hochsaison kann es allerdings zu Engpässen kommen – ein Unterkunftsverzeichnis bietet www.shakespeare-country. co.uk. Gegen eine Gebühr von 5 £ übernimmt die Touristeninformation Buchungen.

Stratford-upon-Avon YHA HOSTEL £ (☎0845 371 9661; www.yha.org.uk; Hemmingford House, Wellesbourne, Alveston; B/DZ/Campingkabine ab 19/90/89 £; [P][@][🛜][♿]) Das Edelhostel in einer 200 Jahre alten, großen Stadtvilla 2,5 km östlich vom Zentrum ist bei Travellern jeden Alters beliebt. Es bietet 32 Zimmer und Schlafsäle, die Hälfte davon mit eigenem Bad, sowie Campingkabinen für vier Personen, ebenfalls mit eigenem Bad. Außerdem gibt's eine Kantine, eine Bar, eine Selbstversorgerküche und kostenloses WLAN in den Gemeinschaftsräumen. Anfahrt mit Bus X15, X18 und 18A ab Bridge Street.

Falcon Hotel
HOTEL ££

(☎01789-279953; www.sjhotels.co.uk; Chapel St; DZ/FZ ab 85/145 £; P 🛜 ♿) Wer sich hier einbucht, sollte unbedingt auf ein Zimmer im Haupthaus aus dem 15. Jh. bestehen und sich nicht mit dem gesichtslosen modernen Anbau oder dem schäbigen Gartenhaus aus dem 17. Jh. abspeisen lassen. Dann ist das ultimative Tudorfeeling garantiert: knarrende Holzböden, schiefe Fachwerkwände und was sonst noch dazugehört. Im Gemeinschaftsbereich flackern Kaminfeuer. Doch das größte Plus des zentral gelegenen Hotels sind die für Stratford superbilligen Parkplätze (5 £). In den Familienzimmern finden drei Personen Platz.

Emsley Guesthouse
B&B ££

(☎01789-299557; www.theemsley.co.uk; 4 Arden St; DZ 65–90 £, FZ 105–130 £; P 🛜) Der sympathische Besitzer der Pension in einem viktorianischen Haus vermietet fünf pieksaubere, attraktive Doppelzimmer sowie im Obergeschoss ein geräumiges Familienzimmer mit freigelegten Deckenbalken. An Wochenenden wird ein Mindestaufenthalt von zwei Nächten verlangt.

White Sails
B&B ££

(☎01789-550469; www.white-sails.co.uk; 85 Evesham Rd; EZ 75–100 £, DZ 105–130 £; ❄🛜) Schwere Stoffe, gerahmte Drucke, Messingbetten, Tische und Lampen mit Vintage-Optik: Die vier individuell eingerichteten Zimmer der kleinen Pension am westlichen Stadtrand sind urgemütlich. Flachbildschirme, Klimaanlagen und schicke Bäder steigern den Komfort.

Church Street Townhouse
BOUTIQUEHOTEL £££

(☎01789-262222; www.churchstreet-th.co.uk; 16 Church St; DZ ab 110 £; 🛜) Flachbildschirme, iPod-Dockingstationen und eine luxuriöse Einrichtung (manche Bäder haben eine freistehende Badewanne mit Klauenfüßen) machen die zwölf Zimmer zu Wohlfühloasen. Lärmempfindliche Gäste sollten allerdings Zimmer 1 neben der Bar meiden. Das Hotel in einem Schmuckstück aus dem 17. Jh. liegt zentral und bietet neben der Bar auch ein Restaurant. An Wochenenden gilt ein Mindestaufenthalt von zwei Nächten.

Arden Hotel
HOTEL £££

(☎01789-298682; www.theardenhotelstratford. com; Waterside; DZ mit Frühstück ab 129 £; P @) Das elegante Gebäude gegenüber dem Swan Theatre beherbergt auch eine Brasserie und eine Champagner-Bar. Designerstoffe veredeln die 45 Zimmer, geschliffener Stein lässt die Bäder glänzen.

✖ Essen

Fourteas
TEAROOM £

(☎01789-293908; www.thefourteas.co.uk; 24 Sheep St; Gerichte 4–7 £, afternoon tea mit/ ohne Prosecco 18,50/14 £; 🕐 Mo-Sa 9.30–17, So 11–16 Uhr) 🍴 Hier folgt das Dekor mal ausnahmsweise nicht dem Shakespeare-Hype, sondern lässt mit wunderschönen alten Teekannen, Postern und entsprechend gekleidetem Personal die 1940er-Jahre wieder aufleben. Neben hausgemachten Kuchen und Blatttees gibt's herzhafte Frühstücksangebote, leckere Sandwiches (gedünsteter Lachs, Brie mit Trauben), ein warmes Tagesgericht und *afternoon tea* mit allen Schikanen (auch in glutenfreier Version).

Church Street Townhouse
BISTRO ££

(☎01789-262222; www.churchstreettownhouse. com; 16 Church St; Hauptgerichte 11–24 £; 🕐 Küche 12–15 & 17–21.45 Uhr, Bar Mo-Sa 8–24, So bis 22.30 Uhr; 🛜) Hier kommt Stratfords historischer Charme voll zum Zuge, die Küche zaubert leckere Gerichte und die Atmosphäre stimmt. Musikschüler von schräg gegenüber (wo schon Shakespeare zur Schule ging) zeigen täglich um 17.30 Uhr am Klavier ihr Können – was allerdings manchmal im lebhaften Geräuschpegel untergeht.

Lambs
MODERN EUROPÄISCH ££

(☎01789-292554; www.lambsrestaurant.co.uk; 12 Sheep St; Hauptgerichte 13–19 £; 🕐Mo 17–21, Di-Sa 12–14 & 17–21, So 12–14 & 18–21 Uhr) Anstelle von verschlissenem Shakespeare-Brokat zieren Jalousien und moderne Möbel die Räume unter einem Deckengebälk aus dem 16. Jh., was einen attraktiven Kontrast ergibt. Auf der Speisekarte stehen Gressingham-Ente, frittierter Ziegenkäse oder im Ofen geschmorte Lammstelze, für passende Begleitung sorgt eine gute Weinkarte.

Edward Moon's
MODERN BRITISCH ££

(☎01789-267069; www.edwardmoon.com; 9 Chapel St; Hauptgerichte 10–17 £; 🕐 Mo-Fr 11–14.30 & 17–21.30, Sa 11–15 & 17–22, So 11–15 & 17–21 Uhr) Namensgeber des Lokals war ein berühmter Koch, der heimwehkranke Briten in den Kolonien mit Genüssen aus dem Mutterland kurierte. Dementsprechend gibt's hier leckere, deftige Traditionskost, oft mit Kräutern und Gewürzen aus Fernost aufgepeppt – und für Kinder abgespeckte Variationen der Gerichte für Erwachsene.

🍷 Ausgehen & Nachtleben

⭐ Old Thatch Tavern PUB
(www.oldthatchtavernstratford.co.uk; Greenhill St; ⏰Mo–Sa 11.30–23, So 12–18 Uhr; 📶) Wer so richtig in Stratford-Nostalgie baden will, trifft sich mit den Einheimischen auf ein Pint im ältesten Pub der Stadt. In den Gemäuern von 1470 mit Strohdach und niedrigen Decken werden astreine naturtrübe Biere gezapft. Im Sommer verlagert sich der Betrieb in den wunderschönen Innenhof.

Dirty Duck PUB
(Black Swan; Waterside; ⏰Mo–Sa 11–23, So bis 22.30 Uhr) Als einziges Pub in Englands ist dieses hier ganz offiziell unter zwei Namen registriert: Die „Schmutzige Ente" hat ein Alias als „Schwarzer Schwan". An der Bar sind schon viele Schauspieler versackt, darunter illustre Persönlichkeiten wie Laurence Olivier und Richard Attenborough.

Windmill Inn PUB
(Church St; ⏰So–Do 10–23, Fr & Sa bis 24 Uhr) Schon während aus Shakespeares Feder die Worte flossen, strömte hier aus den Hähnen das Bier – das Pub mit seinen niedrigen Decken hat schon einige Jährchen auf dem Buckel.

☆ Unterhaltung

⭐ Royal Shakespeare Company THEATER
(RSC; ☑ Theaterkasse 01789-403493; www.rsc.org.uk; Waterside; Führungen Erw. 6,50–8,50 £, Kind 3–4,50 £, Turm Erw./Kind 2,50/1,25 £; ⏰Zeiten der Führungen variieren, Turm April–Sept. So–Fr 10-18.15, Sa 10–12.15 & 14–18.15 Uhr, Okt.–März So–Fr 10–16.30, Sa 10–12.15 & 14–16.30 Uhr) Stratford hat zwei prächtige, von der Royal Shakespeare Company betriebene Schauspielhäuser, das **Royal Shakespeare Theatre** mit dem **Swan Theatre** (☑01789-403493; www.rsc.org.uk; Waterside) an der Waterside sowie das kleinere **Other Place** (☑Theaterkasse 01789-403493; www.rsc.org.uk; 22 Southern Lane). Hier standen legendäre Größen wie Laurence Olivier, Richard Burton, Judi Dench, Helen Mirren, Ian McKellen und Patrick Stewart auf der Bühne. Einen Blick hinter die Kulissen ermöglichen verschiedene einstündige **Führungen**.

ℹ Praktische Informationen

Die **Touristeninformation** (☑ 01789-264293; www.discover-stratford.com; Bridge Foot; ⏰Mo–Sa 9–17.30, So 10–16 Uhr) befindet sich gleich westlich der Clopton Bridge.

ℹ An- & Weiterreise

AUTO
Selbstfahrer, seid gewarnt: Die städtischen Parkplätze sind horrend teuer, und das rund um die Uhr!

BUS
Die Busse von National Express und anderen Unternehmen fahren ab dem Busbahnhof Riverside (hinter dem Stratford Leisure Centre am Bridgeway) u. a. zu folgenden Zielen:

Birmingham National Express; 8,50 £, 1 Std., 2-mal tgl.

London Victoria National Express; 7 £, 3 Std., 3-mal tgl.

Oxford National Express; 10,80 £, 1 Std., 2-mal tgl.

ZUG
Die Züge der London Midland fahren nach Birmingham (7,70 £, 50 Min., halbstündl.), die der Chiltern Railways nach London Marylebone (28,90 £, 2 Std., bis zu 2-mal stündl.) und die der East Midlands nach Warwick (6,60 £, 30 Min., stündl.).

Der nostalgische **Shakespeare Express Steam Train** (☑ 0121-708 4960; www.shakespeareexpress.com; Erw./Kind 20/15 £) dampft im Juli und August sonntags zweimal nach Birmingham Snow Hill und zurück. Die einfache Fahrt dauert eine Stunde.

ℹ Unterwegs vor Ort

Von April bis Oktober pendelt von 10 bis 18 Uhr eine per Handwinde betriebene **Kettenfähre** (einfach 0,50 £) von 1937 zwischen den Ufern des Avon.

Ein Fahrrad ist praktisch, um die verschiedenen Shakespeare-Stätten abzuklappern. **Stratford Bike Hire** (☑ 07711-776340; www.stratfordbikehire.com; The Stratford Greenway, 7 Seven Meadows Rd; Leihrad halber/ganzer Tag ab 10/15 £; ⏰9.30–17 Uhr) bringt in einem 10-km-Radius rund um Stratford Leihräder gratis zum Hotel.

Rugby

101 373 EW.

Warwickshires zweitgrößte Stadt, Rugby, kann ihre Geschichte bis in die Eisenzeit zurückverfolgen. Aber ihren Ruhm verdankt sie der gleichnamigen Sportart, die hier erfunden wurde, weshalb Fans aus Nah und Fern nach Rugby pilgern.

Das Ballspiel wurde 1823 in der renommierten Rugby School erfunden, als – so will es die Legende – William Webb Ellis wäh-

ABSTECHER

ALTON TOWERS

Der Freizeitpark **Alton Towers** (☎ 0871 222 3330; www.altontowers.com; Farley Lane, Alton; Erw./Kind 51,60/45,60 £, Wasserpark 17,50/12,75 £; ⊙ Freizeitpark Mitte Juli–Aug. 10–18 Uhr, Ostern–Mitte Juli, Sept. & Okt. bis 17 Uhr, Nov.–Ostern geschl., Wasserpark Mitte Juli–Aug. 10–20 Uhr, Sept.–Mitte Juli bis 16 Uhr) östlich von Cheadle, nicht weit von der B5032, erfreut sich nicht ohne Grund hoher Besucherzahlen, denn hier ist was geboten fürs Geld. Zu rasanten Fahrten laden die Achterbahnen Th13teen, Nemesis, Oblivion und die 2016 eröffnete Galactica ein. Etwas zahmer geht's bei den Karussells und Bühnenshows, im Aquarium (Thema Piraten) und im nur saisonal geöffneten **Wasserpark** zu. Wer online bucht, bekommt Rabatt und umgeht die Schlangen am Eingang. Das angeschlossene **Hotel** (DZ ab 192 £) bietet Motto-Zimmer und einige Vergünstigungen wie Eintritt zum Park eine Stunde vor der regulären Öffnung.

rend eines Fußballmatches den Ball mit den Händen fing und regelwidrig damit davonstürmte. Die Schule gewährt Fremden keinen Zutritt, durch das Tor in der Barby Road können Interessierte aber wenigstens einen Blick auf die heilige Stätte werfen. Gegenüber liegt das **Webb Ellis Rugby Football Museum** (☎ 01788-567777; www.rugbyfootball museum.org.uk; 5–6 Matthews St; ⊙ Mo–Sa 9.30–17 Uhr) GRATIS. Vor dem Haupttor der Rugby School in der Lawrence Sheriff Street steht eine goldene **Statue von William Webb Ellis** (Lawrence Sheriff St).

In der **Rugby Art Gallery, Museum & Library** (☎ 01788-533201; www.ragm.co.uk; Little Elborow St; ⊙ Di–Fr 10–17, Sa bis 16 Uhr; 🛜) GRATIS hat vor Kurzem die interaktive World Rugby Hall of Fame ihre Pforten geöffnet.

🛏 Schlafen & Essen

⭐ **Brownsover Hall**   HISTORISCHES HOTEL ££
(☎ 01788-546100; www.brownsoverhall.co.uk; Brownsover Lane, Old Brownsover; DZ ab 82 £; 🅿🛜) Das denkmalgeschützte neogotische Herrenhaus, in dem Frank Whittle das Strahltriebwerk erfand, liegt auf einem 2,8 ha großen Anwesen mit Wäldchen und gepflegter Gartenanlage 4,4 km nördlich von Rugby. Es

verfügt im alten Haus mit zentralem Treppenaufgang mit Holzausstattung und in den modern umgebauten Stallungen insgesamt über 47 Zimmer. Das Personal ist freundlich und versiert. Es werden auch Arrangements mit Abendessen und Frühstück angeboten.

Manor Farm Shop & Cafe   CAFÉ, FEINKOST £
(☎ 01788-869002; www.manorfarmcatthorpe.co. uk; Main St, Catthorpe; Gerichte 4–11 £; ⊙ Café & Laden Mo–Sa 9–18, So 10–17 Uhr; 🚗👶) 🌿 Auf dem Bauernhof gut 7 km nordöstlich von Rugby können Besucher Tiere seltener Rassen streicheln, selbst Obst pflücken (nach Gewicht zu bezahlen) und im Feinkostladen stöbern. Im Café im Scheunen-Look wird Herzhaftes wie Pasteten (*cottage pie*, *steak and ale pie*), Leber-Schinken-Auflauf und Kanincheneintopf angeboten, dazu vegetarische Gerichte wie überbackener Lauch-Kartoffel-Auflauf sowie English Breakfast mit allem Drum und Dran.

Café Vin Cinq   FRANZÖSISCH, INTERNATIONAL ££
(☎ 01788-541304; www.cafevincinq.com; 25 High St; Hauptgerichte 14–20 £; ⊙ Mo–Fr 18–22, Sa 11–14.30 & 18–22 Uhr) Auf der Karte steht in erster Linie französische Kost wie *coq au vin*, Bouillabaisse und ein erstklassiges Steak, aber mit feurigen Currys und süßen Versuchungen werden auch Ausflüge in thailändische und britische Gefilde unternommen. Drinnen (alte Möbel, gemusterte Tapeten, Kronleuchter) wie draußen (vor aquamarinblauer Fassade und mit rot-weiß karierten Tischdecken) ist das Restaurant auch etwas fürs Auge.

🍺 Ausgehen

⭐ **William Webb Ellis**   PUB
(22 Warwick St; ⊙ Mo–Do 11–23, Fr & Sa bis 1, So bis 22 Uhr) In dieser Schänke wird die Leidenschaft für den in der Stadt ins Leben gerufenen Sport auf die Spitze getrieben. Die Wände sind mit Erinnerungsstücken gepflastert, das Personal trägt Rugbytrikots, die Cocktails tragen Rugby-Namen – „Half Time" (Halbzeit) auf Whiskybasis, „Full Time" (Spielende) mit Kahlúa und Wodka –, genauso wie das Essen. Auf den Bildschirmen laufen nicht nur Live-Übertragungen, sondern auch historische Begegnungen. Super!

ℹ Praktische Informationen

Die **Touristeninformation** (☎ 01788-533217; www.enjoyrugby.co.uk; Little Elborow St; ⊙ Mo–Sa 10–16 Uhr) ist in der Rugby Art Gallery, Museum and Library.

❶ An- & Weiterreise

Rugby liegt 21 km östlich von Coventry, wohin eine gute Zugverbindung besteht (5,70 £, 10 Min., bis zu 4-mal stündl.). Weitere Züge fahren nach Birmingham (9,50 £, 40 Min., 2- bis 4-mal pro Std.) und Leicester (14 £, 1 Std., stündl.).

STAFFORDSHIRE

Die ausufernden Ballungszentren Birmingham und Manchester nehmen Staffordshire ordentlich in die Zange. Trotzdem ist es überraschend grün geblieben, vor allem im nördlichen Teil, der sich bis zu den schroffen Hügeln des Peak District erstreckt.

❶ Anreise & Unterwegs vor Ort

Viele Züge sowie Busse von National Express fahren nach Stafford und in andere größere Städte der Grafschaft. Der größte regionale Busbetreiber ist **First Group** (☑ 08456 020 121; www.firstgroup.com). Fahrpläne und weitere Details gibt's auf der Website www.staffordshire.gov.uk unter der Rubrik *„Transport"* sowie bei Traveline (S. 472).

Lichfield

32 219 EW.

Selbst ohne die spektakuläre gotische Kathedrale, die zu den schönsten des Landes zählt, wäre das malerische Provinzstädtchen mit seinen Pflastergassen einen Besuch wert. Es ist die Heimat von Erasmus Darwin, Naturphilosoph und Großvater des berühmten Charles, und von Samuel Johnson, Gelehrter und Lexikograf, der die Einwohner Lichfields für „die anständigsten und vernünftigsten Leute Englands" hielt – eine wohlwollende Einschätzung angesichts der Tatsache, dass hier noch Menschen auf dem Scheiterhaufen verbrannt wurden, als diese Strafe im restlichen Königreich längst abgeschafft war.

◉ Sehenswertes

★ Lichfield Cathedral KATHEDRALE
(☑ 01543-306100; www.lichfield-cathedral.org; 19 Cathedral Close; Eintritt gegen Spende; ☉ Mo–Fr 7–18.15, Sa 8–18.15, So 7.30–16.30 Uhr) Drei spitz aufragende Türme krönen die Lichfield Cathedral, deren gotische Pracht zwischen 1200 und 1350 entstand. Das gewaltige Kirchenschiff liegt nicht ganz in einer Linie mit dem Chor, was vom Westeingang her gesehen eine etwas verwirrende Perspektive ergibt. Der Skulpturenschmuck im Inneren trägt noch deutliche Spuren des Bürgerkriegs, als Soldaten daran ihre Schwerter wetzten.

Erasmus Darwin House HISTORISCHES GEBÄUDE
(☑ 01543-306260; www.erasmusdarwin.org; Beacon St; ☉ April–Okt. 11–17 Uhr, Nov.–März Do–So bis 16 Uhr) GRATIS Das Jobangebot als Leibarzt von König Georg III. lehnte Erasmus Darwin ab – da der Monarch zunehmend dem Wahnsinn verfiel, war das wahrscheinlich ein weiser Entschluss. Stattdessen wurde er eine treibende Kraft der Lunar Society, in der er mit anderen hellen Köpfen wie Wedgwood, Boulton und Watt über die Ursprünge des Lebens diskutierte, Jahrzehnte bevor sein Enkel Charles die Evolutionstheorie entwickelte. Im ehemaligen Wohnhaus des „Großvaters der Evolution" sind diverse persönliche Gegenstände ausgestellt. Der duftende Kräutergarten hinter dem Haus führt zum Cathedral Close.

Samuel Johnson Birthplace Museum MUSEUM
(☑ 01543-264972; www.samueljohnsonbirthplace.org.uk; Breadmarket St; ☉ April–Sept. 10.30–16.30 Uhr, Okt.–März 11–15.30 Uhr) GRATIS Ein hochinteressantes Museum, das sich dem Leben des Dichters, Kritikers und Urvaters aller Wörterbücher Samuel Johnson widmet. Als Sohn der Stadt Lichfield war er nach

---

ABSTECHER

LORD LICHFIELDS SHUGBOROUGH

Das klassizistische Anwesen **Shugborough** (☑ 0845 459 8900; www.shugborough.org.uk; Great Haywood; Erw./Kind 15/9 £, nur Garten 3,50 £; ☉ Mitte März–Mitte Okt. Mi–Mo 11–17 Uhr, Garten ganzjährig tgl. 11–17 Uhr) ist der Familiensitz des königlichen Fotografen Lord Lichfield. Seine Arbeiten zieren einen großen Teil der Wände. Das Highlight ist jedoch die Sammlung edler Louis-XV- und Louis-XVI-Möbeln in den Prunkgemächern. Die im Eintrittspreis inbegriffene einstündige Führung wird zwischen 11 und 13 Uhr angeboten. Shugborough liegt 10 km östlich von Stafford an der A513; der zwischen Stafford und Lichfield verkehrende Bus 825 hält 1,5 km vom Haus entfernt (3,10 £, 20 Min., Mo–Sa halbstündl., So stündl.).

ABSTECHER

DIE POTTERIES – STOKE-ON-TRENT

Stoke-on-Trent liegt im Herzen der Potteries, der berühmten Töpferregion von Staffordshire. Bei der hier hergestellten Ware handelte es sich allerdings nicht um handgetöpferte Vasen & Co, sondern um Massenproduktion, die mit der Industriellen Revolution aufkam. Stoke ist ein Konglomerat von Industriesiedlungen, die durch Unter- und Überführungen miteinander verbunden sind. Im Großraum von Stoke gibt's Dutzende Unternehmen, die noch produzieren, wie etwa die berühmte Wedgwood-Fabrik.

Die **Touristeninformation** (☑ 01782-236000; www.visitstoke.co.uk; Bethesda St, Hanley; ◷ Mo-Sa 10–17, So 11–16 Uhr) hat Prospekte von sämtlichen Töpferbetrieben, die besichtigt werden können.

Potteries Museum & Art Gallery (☑ 01782-236000; www.stokemuseums.org.uk; Bethesda St, Hanley; ◷ Mo-Sa 10–17, So 11–16 Uhr) Mit einer umfangreichen Keramikausstellung, von Toby-Jugs über Jasperware bis zu dekorativen Schaustücken, gibt das Museum einen umfassenden Überblick über die Geschichte der Potteries. Weitere Highlights sind Objekte aus dem 2009 entdeckten Schatz von Staffordshire, dem größten Hortfund mit angelsächsischer Gold- und Silberschmiedekunst, der je ans Tageslicht gebracht wurde (5,1 kg Gold, 1,4 kg Silber sowie rund 3500 andere Einzelteile). Daneben sind Exponate zum Jagdflugzeug Spitfire, das der aus Stoke stammende Flieger Reginald Mitchell konstruierte, und Werke von T. S. Lowry und Henry Moore zu sehen.

Wedgwood Visitor Centre (☑ 01782-282986; www.worldofwedgwood.com; Wedgwood Dr, Barlaston; Fabriktour & Museum Erw./Kind 15/7,50 £, nur Fabriktour 10/5 £, nur Museum 7,50/3,75 £; ◷ Mo–Fr 10–17, Sa & So bis 16 Uhr) 13 km südlich von Hanley liegt das moderne Produktionszentrum des Porzellanherstellers Josiah Wedgwood in einem attraktiven Park. Besucher können eine große Anzahl historischer Stücke bewundern, darunter feinste Jasperware im klassischen blau-weißen Design, den faszinierenden Herstellungsprozess kennenlernen und einen Film über Leben und Werk Wedgwoods anschauen, in dem auch seine Beteiligung am Kanalbau und sein Engagement zur Abschaffung der Sklaverei Beachtung finden.

London gezogen, um dort in neunjähriger Arbeit das *Dictionary of the English Language* zusammenzustellen. Kein Wunder, dass er darin das Wort *dull* (langweilig) mit folgendem Beispiel erläutert: „Wörterbücher zu verfassen, ist eine langweilige Arbeit." Im ersten Stock wird Johnsons Leben in einem kurzen Spielfilm erzählt. Ein Besuch lohnt sich unbedingt!

Lichfield Museum   MUSEUM
(☑ 01543-256611; www.stmaryslichfield.co.uk; Market Sq; Museum frei, Turm Erw./Kind 3/1,50 £; ◷ Ende März–Mitte Sept. tgl. 9.30–15.30 Uhr, Mitte Sept.–Ende März Mo–Sa) In der alten St. Mary's Church erzählen Exponate die 1300-jährige Geschichte von Lichfield. Wer die 120 Stufen im Turm hochkeucht, wird mit herrlichen Blicken über die Stadt belohnt.

🛏 Schlafen & Essen

George Hotel   HOTEL ££
(☑ 01543-414822; www.thegeorgelichfield.co.uk; 12–14 Bird St; EZ/DZ ab 90/105 £; 🅿 🛜) Aus einem alten georgianischen Pub ist ein angenehmes Mittelklassehotel mit 44 Zimmern geworden, das zur Kette Best Western gehört. Es flirrt nicht gerade vor Atmosphäre, aber die Lage ist attraktiv.

Damn Fine Cafe   CAFÉ £
(www.damnfinecafelichfield.co.uk; 16 Bird St; Gerichte 4–10 £; ◷ Di, Do & Fr 9–16, Mi bis 15.30, Sa bis 17, So 10–16 Uhr; 🛜) Ein bei Einheimischen beliebtes Café, das Sandwiches, Suppen, üppige Frühstücksvarianten mit Würstchen und Speck (den ganzen Tag erhältlich), aber auch vegetarische Aufläufe anbietet. Man bestellt an der Theke und zahlt auch gleich.

Chapters Cathedral Coffee Shop   CAFÉ £
(☑ 01543-306125; 19 Cathedral Close; Gerichte 3,50–8 £; ◷ Juli & Aug. Mo–Sa 9–17, So 10–16 Uhr, Sept.–Juni Mo–Sa 9–16, So 10–16 Uhr) Eingerahmt von seinem ummauerten Garten aus dem 13. Jh. auf der einen und der Kathedrale auf der anderen Seite, bietet das Café in einem hübschen Haus aus dem 18. Jh. Frühstück und *afternoon tea* sowie sonntags Mittagessen an.

Trooper GASTROPUB **££**

(☎ 01543-480413; www.thetrooperwall.co.uk; Watling St, Wall; Hauptgerichte 9,50–23 £; ⊙ Küche Mo–Mi 12–21.15, Do–Sa bis 21.45, So bis 20 Uhr, Bar Mo–Sa 12–24, So bis 22 Uhr; 🅿) ✐ Knapp 5 km südwestlich von Lichfield liegt das Dörfchen Wall mit diesem idyllischen Gastropub. Seine Spezialitäten sind 28 Tage lang abgehangene Steaks (mit handgemachten, in Schmalz frittierten Pommes und süßem Tomatenchutney), Schweinebauch (mit Apfel-Quitten-Essenz) sowie vegetarische Gerichte, für die der Koch Kräuter aus dem eigenen Garten verwendet. Auch die *real ales* (naturtrübe Biere) und der sonnige Biergarten sind eine Wucht.

Wine House MODERN BRITISCH **££**

(☎ 01543-419999; www.thewinehouselichfield.co. uk; 27 Bird St; Hauptgerichte 10–40 £; ⊙ Mo–Sa 12–22, So bis 18 Uhr) Clever ausgesuchte Weiß- und Rotweine, Rosés und Sekt (viele davon offen) ergänzen die äußerst leckere Küche des schicken Lokals im roten Backsteinkleid. Auf der Karte stehen mit Feigen gefülltes Schweinefilet im Pancettamantel und schottische Muscheln mit Riesengarnelen und schwarzem Tintenfischrisotto.

Ausgehen & Nachtleben

 Whippet Inn PUB

(www.whippetinnmicro.co.uk; 21 Tamworth St; ⊙ Mi & Do 12–14.30 & 16.30–22, Fr & Sa 12–22, So 12–17 Uhr) ✐ In diesem schnuckeligen Einzimmerpub stammen alle Biere aus einem 50-Meilen-Umkreis um Lichfield. Dazu kommen wunderbare naturtrübe und klare Ciders aus dem West Country, Wales und Schottland sowie britische Weine. Lager, Bier aus Metallfässern oder Spirituosen sucht man hier vergeblich. Zu den guten kleinen Speisen zählen Schweinefleischpasteten, *Scotch eggs* und *sausage rolls*.

❶ Praktische Informationen

Die **Touristeninformation** (☎ 01543-256611; www.stmaryslichfield.co.uk; Market Sq; ⊙ ganzjährig Mo–Sa 9.30–16 Uhr, Ostern– Sept. auch So 10–16 Uhr) ist im Lichfield Museum.

❶ An- & Weiterreise

Der Busbahnhof liegt gegenüber dem Hauptbahnhof Lichfield City in der Birmingham Road. Bus 825 fährt nach Stafford (3,60 £, 1½ Std., Mo–Sa halbstündl., So stündl.).

Lichfield hat zwei Zugbahnhöfe:

Lichfield City Züge nach Birmingham (5 £, 35 Min., alle 20 Min.) fahren vom Bahnhof Lichfield City im Zentrum ab.

Lichfield Trent Valley Züge nach London Euston (37 £, 1¾ Std., bis zu 2-mal stündl.) fahren vom Bahnhof Lichfield Trent Valley etwa 2,5 km östlich des Stadtzentrums ab.

WORCESTERSHIRE

Das berühmteste Kind der Region ist die Worcestersauce, die zwei hiesige Chemiker 1837 entwickelten. Hier geht die industrielle Kernregion der Midlands in die ländliche Idylle der Welsh Marches über. Die südlichen und westlichen Ausläufer der Grafschaft bezaubern mit grünen Wiesen und verschlafenen Marktflecken. Das Verwaltungszentrum Worcester ist eine typische englische Provinzstadt, deren prächtige Kathedrale den Komponisten Edward Elgar zu einigen seiner großartigsten Werke inspirierte.

Aktivitäten

Auf seinem Weg von Plynlimon in Wales nach Bristol an der Küste windet sich 338 km lange **Severn Way** durch Worcestershire. Eine etwas weniger große Herausforderung ist der 160 km lange **Three Choirs Way**, der Worcester mit Hereford und Gloucester verbindet. Die Malvern Hills (S. 450) sind ein ideales Radfahr- und Wandergebiet. Infos dazu stehen auf www.malvern hillsaonb.org.uk.

❶ An- & Weiterreise

Worcester verfügt über gute Verkehrsverbindungen. Kidderminster ist die südliche Endstation der historischen Severn Valley Railway (S. 464).

Busse und Züge verbinden alle größeren Orte, aber in ländlichen Gegenden lässt der Busservice oft zu wünschen übrig. Auskünfte über Busunternehmen und Fahrpläne geben die Website www. worcestershire.gov.uk und Traveline (S. 472).

Worcester

99 600 EW.

Worcester (sprich: *Wu*-ster) bietet genügend historische Schätze, die die architektonischen Missgriffe der Betonhysterie in der Nachkriegszeit wieder ausbügeln. Die alte Bischofsstadt und Heimat der berühmten Worcestershiresauce (eine verblüffende

Kombination aus fermentierter Tamarinde und Sardellen) war der Austragungsort der letzten Schlacht des Bürgerkriegs am 3. September 1651. Nur knapp entkam der unterlegene König Karl II. seinen Gegnern, den Roundheads, indem er sich in einer hohlen Eiche versteckte. An dieses Ereignis erinnert der Gedenktag am 29. Mai, an dem alle öffentlichen Gebäude mit Eichenzweigen geschmückt sind.

👁 Sehenswertes

⭐ Worcester Cathedral
KATHEDRALE

(📞 01905-732900; www.worcestercathedral.co.uk; 8 College Yard; Kathedrale frei, Turm Erw./Kind 4/2 £, Führungen 4 £/frei; ⏱ 7.30–18 Uhr, Turm April–Okt. Sa 11–17 Uhr, Führungen April–Nov. Mo–Sa 11 & 14.30 Uhr, Dez.–März Sa) Hoch über dem Fluss Severn erhebt sich Worcesters majestätische Kathedrale, die als letzte Ruhestätte des Unterzeichners der Magna Carta, König Johann Ohneland, bekannt ist. Wer genügend Beinmuskeln hat, kann die 249 Stufen zur Spitze des **Turms** hochsteigen, von wo aus Karl II. die vernichtende Niederlage seiner Truppen in der Schlacht von Worcester beobachtete. Die einstündige **Führung** beginnt im Souvenirshop. Diverse Werke des vonhier stammenden Komponisten Edward Elgar wurden in der Kathedrale uraufgeführt. Einen Eindruck ihrer Akustik vermittelt der **Evensong** (Abendandacht; Mo–Sa 17.30, So 16 Uhr).

Commandery
MUSEUM

(📞 01905-361821; www.worcester.gov.uk; College St; Erw./Kind 5,50/2,50 £; ⏱ Di–Sa 10–17, So 13.30–17 Uhr) Das Museum zur Stadtgeschichte residiert in einem prächtigen Gebäude im Tudorstil, das Karl II. während der Schlacht von Worcester als Hauptquartier diente. Gut gemachte Audioguides und interaktive Ausstellungsbereiche veranschaulichen die wichtigsten Stationen in Worcesters Vergangenheit. Ein Highlight ist das „bemalte Zimmer", dessen Wände mit faszinierenden religiösen Fresken aus dem 15. Jh. bedeckt sind.

Royal Worcester Porcelain Works
MUSEUM

(📞 01905-21247; www.museumofroyalworcester. org; Severn St; Erw./Kind 6 £/frei; ⏱ März–Okt. Mo–Sa 10–17 Uhr, Nov.–Feb. bis 16 Uhr) Beim Kampf um den Zuschlag als königlicher Hoflieferant hatte die Porzellanfabrik Royal Worcester gegenüber ihren regionalen Konkurrenten die Nase vorn. Eine unterhaltsame Führung mit Audioguide enthüllt auch eher ungewöhnliche Details aus der

Firmengeschichte, zum Beispiel den kurzzeitigen Flirt mit Porzellangebissen oder transportablen Taufbecken, die bei Cholera-Epidemien Anwendung fanden. Zum attraktiven Sortiment des Souvenirshops gehören Kerzenlöscher in Mönchgestalt oder hübsch verzierte Fingerhüte und Pillendöschen.

🛏 Schlafen & Essen

Diglis House Hotel
HOTEL ££

(📞 01905-353518; www.diglishousehotel.co.uk; Severn St; DZ 78–153 £; P 🖥) Mit seinen 28 Zimmern ist das georgianische Gebäude gleich neben dem Bootshaus am Flussufer, nahe der Kathedrale, recht weitläufig. Trotzdem verströmt es eine gemütliche Atmosphäre. Einige Zimmer haben Himmelbetten, Luxusbäder und Ausblicke auf den Fluss. Die Benutzung des Fitnessstudios in der Nähe ist für Hausgäste kostenlos.

Lenchford Inn
GASTHOF ££

(📞 01905-620229; www.thelenchfordinn.co.uk; Shrawley; DZ/3BZ/FZ ab 75/90/95 £; P 🖥🐕) Rund 13 km nördlich von Worcester erscheint das am Ufer des Severn gelegene Gasthaus wie ein ruhiger Hafen. Seine neun Zimmer mit Bad, darunter Familienzimmer, sind etwas altmodisch eingerichtet, aber sauber und geräumig. Alle haben direkten Zugang zu einer Terrasse mit Flussblick. Eine gemütliche Bar und ein großes Restaurant (mit Kinderkarte) vervollständigen das Angebot.

Mac & Jac's
FEINKOST, CAFÉ £

(www.macandjacs.co.uk; 44 Friar St; Gerichte 4,50–14 £; ⏱ Mo–Sa 9–17 Uhr) Im Untergeschoss lockt eine Feinkostabteilung, das entspannte Café darüber serviert neben koffeinhaltigen Muntermachern auch Sandwiches z. B. mit Brie und Trauben sowie herzhafte warme Gerichte (kross gebackener Schweinebauch mit gerösteten Mandeln und Koriander). In Abständen werden auch sehr gute Abendmahlzeiten (2-/3-Gänge-Menü 27/33 £) angeboten. Das Lokal hat noch einen Ableger in Great Malvern (S. 449).

⭐ Old Rectifying House
MODERN BRITISCH ££

(📞 01905-619622; www.theoldrec.co.uk; North Parade; Hauptgerichte 13–24,50 £; ⏱ Di–Do 12–15 & 18–21, Fr & Sa 12–21.30, So 12–18 Uhr, Bar Di–Do 12–23, Fr & Sa bis 0.30, So bis 23 Uhr) Worcesters hippstes Esslokal überzeugt mit Kerzenlicht, gestrichenen Backsteinwänden und von Sonnenschirmen beschatteten Tischen im Hof. Auf der zeitgemäßen Speisekarte stehen Gerichte wie gebratene Taubenbrust mit Blutwurst und Brunnenkresse oder trocken gereiftes Ribeye-Steak mit Entenei und Rotweinjus. In der Loungebar gibt's tolle Cocktails und oft sorgen DJs für einen abwechslungsreichen Soundtrack.

🍷 Ausgehen & Unterhaltung

⭐ Cardinal's Hat PUB

(📞01905-724006; www.the-cardinals-hat.co.uk; 31 Friar St; ⊘Mo–Sa 12–23, So bis 22.30 Uhr; 🛜) Worcesters ältestes Pub stammt aus dem 14. Jh. – ein Hausgeist soll hier sein Unwesen treiben. Nach einer umfassenden Renovierung erstrahlen alte Ausstattungselemente wie etwa die Kamine wieder in alter Pracht. Gezapft werden vor allem englische Craft-Biere und Ciders, zu essen gibt's britische Klassiker aus regionalen Zutaten. Im Obergeschoss befinden sich vier schöne Zimmer (DZ 80–125 £), die im georgianischen Stil eingerichtet sind.

Marr's Bar LIVEMUSIK

(📞01905-613336; www.marrsbar.co.uk; 12 Pierpoint St; ⊘20 Uhr–spät) Im Umkreis von einigen Meilen ist das die beste Location für Livemusik. Die Tanzfläche mit Schwingboden ist ein Überbleibsel aus der Vergangenheit als Tanzstudio. Das abwechslungsreiche Programm aus Gigs, Comedyshows, Unplugged-Konzerten und Jam-Sessions bietet fast jeden Abend etwas.

ℹ️ Praktische Informationen

Die **Touristeninformation** (📞01905-726311; www.visitworcestershire.org/worcester; Guildhall, High St; ⊘Mo–Sa 9.30–17 Uhr) in der denkmalgeschützten Guildhall von 1721 hat Infos zu historischen Stadtrundgängen.

ℹ️ An- & Weiterreise

BUS

Der **Busbahnhof** liegt im Crowngate Centre am Friary Walk. National Express bietet Verbindungen nach London Victoria (19,20 £, 3½ Std., 2-mal tgl.).

ZUG

Worcester Foregate ist der Hauptbahnhof, aber es fahren auch Züge ab Worcester Shrub Hill. Regelmäßige Verbindungen gibt's u. a. nach:
Birmingham 8,10 £, 1 Std., alle 20 Min.
Great Malvern 5,20 £, 15 Min., bis zu 4-mal pro Std.

ABSTECHER

ELGAR BIRTHPLACE MUSEUM

Das **Elgar Birthplace Museum** (📞01905-333224; www.elgarmuseum.org; Crown East Lane, Lower Broadheath; Erw./Kind 7,50/3,50 £; ⊘Ostern–Mitte Sept. 11–17 Uhr) feiert Englands beliebtesten Komponisten klassischer Musik mit dem gebührenden Pomp. Es befindet sich in dem bescheidenen Cottage, in dem er 1857 geboren wurde. Im Eintrittspreis enthalten ist ein Audioguide mit Musikbeispielen, der aufzeigt, welche besondere Wertschätzung die Briten Edward Elgars Werk entgegenbringen.

Das Cottage liegt 6,5 km westlich von Worcester und ist nur mit einem eigenen fahrbaren Untersatz zu erreichen.

Hereford 9,40 £, 50 Min., stündl.
Ledbury 6,80 £, 25 Min., stündl.
London Paddington 18 £, 2½ Std., stündl.

Great Malvern

32 900 EW.

Rund 11 km südwestlich von Worcester schmiegt sich der malerische Kurort Great Malvern an einen bewaldeten Hügelkamm. Er bildet das Tor zu den Malverns, einer beeindruckenden, knapp 15 km langen Hügelkette vulkanischen Ursprungs, die unerwartet aus den grünen Wiesen herauswächst. In viktorianischer Zeit galt das Wasser von Great Malvern als Heilmittel, das von Gicht bis zu Augenkrankheiten alles kurierte. Ob das stimmt, lässt sich einfach feststellen, denn über das Städtchen verstreute Trinkbrunnen mit Quellwasser laden zu Kostproben ein.

🔴 Sehenswertes

⭐ Morgan Motor Company MUSEUM

(📞01684-584580; www.morgan-motor.co.uk; Pickersleigh Rd; Museum frei, Führungen Erw./Kind 20/10 £; ⊘Museum Mo–Do 8.30–17, Fr bis 15 Uhr, Führungen Mo–Fr 10, 12.30 & 14.30 Uhr) GRATIS Seit 1909 werden in den barackenähnlichen Werkstätten von Morgan in Handarbeit elegante Sportwagen hergestellt. Im Rahmen einer zweistündigen Führung (Anmeldung erforderlich) können Besucher den Mechanikern bei der Arbeit über die Schulter gucken und neben dem Museum eine ganze

Flotte nostalgische Gefühle weckende Klassiker bestaunen. Wem die Anschaffung eines dieser wunderschönen Flitzer zu teuer ist, der kann sich seinen Traumwagen für 200/975 £ pro Tag/Woche (Versicherung inklusive) ausleihen und eine Spritztour durch die Malvern Hills machen.

Great Malvern Priory
KLOSTER

(☎01684-561020; www.greatmalvernpriory.org.uk; Church St; ◷9–17 Uhr) **GRATIS** Bemerkenswerte Architekturdetails machen das Kloster aus dem 11. Jh. einzigartig, von den mächtigen normannischen Pfeilern bis zu modernen Buntglasfenstern. Der Chor wird von einem gekachelten Lettner aus dem 15. Jh. abgeschirmt und die Seitenwände des Chorgestühls ziert despektierliche Darstellung von Basilisken (drachenähnliche Fabelwesen) und Ratten, die eine Katze erhängen. Charles Darwins Tochter Annie fand in der Klosterkirche ihre letzte Ruhestätte.

Malvern Museum of Local History
MUSEUM

(☎01684-567811; www.malvernmuseum.co.uk; Priory Gatehouse, Abbey Rd; Erw./Kind 2/0,50 £; ◷März–Okt. 10.30–17 Uhr) Das Stadtmuseum im prächtigen Priory Gatehouse von 1470,

---

WANDERN IN DEN MALVERN HILLS

Unvermittelt wachsen aus den Niederungen des Severn zwischen Worcestershire und Herefordshire die Malvern Hills empor und recken sich auf bis zum 419 m hohen Worcester Beacon. Zu seinem „Gipfel" führt ein steiler, 4,8 km langen Anstieg oberhalb von Great Malvern. Ein über 160 km langes Wegenetz erschließt die meist von Gras bedeckten Bergkuppen. Wer den Blick in die Ferne schweifen lässt, hat den Eindruck, die gesamte Landschaft sei in Bewegung.

In der **Touristeninformation** (S. 451) von Great Malvern stapeln sich die Wanderbroschüren, darunter eine Karte mit allen Mineralquellen und -brunnen der Gegend. Auch die von Wanderliebhabern betreute Website www.malverntrail.co.uk ist eine wahre Goldgrube für Information.

Ein Parkschein (4 £) gilt 24 Stunden lang für sämtliche Wanderparkplätze in den Malvern Hills.

---

das über der Abbey Road aufragt, erläutert minutiös die Besonderheiten der Stadt: das Heilwasser, die mittelalterlichen Klöster, die Malvern Hills und Autohersteller Morgan Motor.

☞ Geführte Touren

Great Malvern Walking Tours
STADTRUNDGANG

(Erw./Kind 3/0,50 £; ◷Führungen April–Sept. Sa & So 10.30 Uhr) Der 1½-stündige Stadtspaziergang auf den Spuren mittelalterlicher und viktorianischer Zeitzeugen beginnt an der Touristeninformation (S. 451). Keine Reservierung erforderlich.

🛏 Schlafen & Essen

Como House
B&B ££

(☎01684-561486; www.comohouse.co.uk; Como Rd; EZ/DZ 45/70 £; P✿🐾) Das hübsche Steinhaus profitiert von seiner ruhigen Lage abseits des Trubels im Zentrum. Die Zimmer sind gemütlich, der Garten ist eine wahre Wonne und das Ambiente friedvoll. Auf Wunsch wird vegetarisches und glutenfreies Frühstück gereicht. Die freundlichen Eigentümer holen ihre Gäste am Bahnhof ab und bringen sie zu den Wanderwegen.

Abbey Hotel
HOTEL £££

(☎01684-892332; www.sarova-abbeyhotel.com; Abbey Rd; DZ 149–205 £; P @ ♿) Das majestätische Gebäude mit 103 elegant eingerichteten Gästezimmern ist von Kletterpflanzen überwuchert und sieht wie ein Märchenschloss der Gebrüder Grimm aus. Die Lage nicht weit von Museum und Kloster ist ein weiteres Plus.

Mac & Jac's
CAFÉ £

(www.macandjacs.co.uk; 23 Abbey Rd; Gerichte 4,50–14 £; ◷Di–Sa 9–19, So 10–16 Uhr) Kreative Salate, Fladenbrote, Platten für zwei (oder mehr Personen), Dinkelrisotto und eine leckere Tarte des Tages stehen auf der Karte des Newcomers in der hiesigen Gastroszene. Der Zwilling des beliebten Cafés in Worcester (S. 448) reiht sich nahtlos in die in vornehmem Weiß gehaltene Ladenreihe bei der Great Malvern Priory ein.

St Ann's Well Cafe
CAFÉ, VEGETARISCH £

(☎01684-560285; www.stannswell.co.uk; St Ann's Rd; Gerichte 2–4,50 £; ◷Ostern–Sept. Di–Fr 11.30–15.30, Sa & So 10–16 Uhr; ✎) Wer sich an den sehr steilen Anstieg zu diesem Café heranwagt, sollte vorher erfragen, ob es geöffnet ist. Wenn ja, ist die nostalgische

Villa aus dem 19. Jh. mit einem dekorativen Steinbrunnen neben dem Eingang, aus dem frisches Quellwasser sprudelt, ein paar Schweißtropfen unbedingt wert. Die vegetarische, zum Teil auch vegane Karte bietet Suppen, Pasteten, belegte Baguettes, Kuchen und Desserts.

Fig Tree MODERN BRITISCH ££
(☎01684-569909; www.thefigtreemalvern.co.uk; 99b Church St; Hauptgerichte 8–17,50 £; ☺Di–Sa 12–14 & 17.30–21.30 Uhr) Ein schmaler Durchgang an der Church Street führt zu den ehemaligen Ställen aus dem 19. Jh., in denen es heute eher nach Knoblauch und Basilikum duftet: Auf der Karte stehen marinierte Schweinefleischstreifen mit karamellisierten Äpfeln, roten Zwiebeln und Rosmarinkartoffeln oder Hähnchen vom Holzkohlegrill mit Minzjoghurt und Safranreis.

☆ Unterhaltung

Theatre of Small Convenience THEATER
(☎01684-568933; www.wctheatre.co.uk; Edith Walk; Vorstellungen Erw./Kind 2,50/1,50 £; ☺Ostern–Sept.) Eine viktorianische Bedürfnisanstalt wurde mit neoklassizistischem Pomp in ein originelles Minitheater mit nur zwölf Plätzen verwandelt. Ob Oper, Marionettentheater oder Poesie, der Kunstgenuss dauert immer nur zwischen fünf und zehn Minuten.

Malvern Theatres THEATER
(☎01684-892277; www.malvern-theatres.co.uk; Grange Rd) Das alteingesessene Kulturhaus gehört zu den renommiertesten Provinztheatern des Landes und zeigt ein abwechslungsreiches Programm aus Schauspiel, klassischer Musik, Tanz, Comedy und Kino.

❶ Praktische Informationen

Die **Touristeninformation** (☎01684-892289; www.visitthemalverns.com; 21 Church St; ☺April–Okt. 10–17 Uhr, Nov.–März Mo–Sa 10–17, So bis 16 Uhr) ist eine wahre Goldgrube für Infos zum Wandern und Radfahren.

❶ An- & Weiterreise

Es gibt nur wenige Busverbindungen, sodass man mit der Bahn besser bedient ist. Vom Bahnhof bei der Ave Road östlich vom Zentrum fahren Züge u. a. nach:
Hereford 7,90 £, 35 Min., stündl.
Ledbury 5 £, 10 Min., stündl.
Worcester 5,20 £, 15 Min., bis zu 4-mal stündl.

HEREFORDSHIRE

Herefordshire an der walisischen Grenze ist ein Patchwork aus Feldern, Hügeln und hübschen schwarz-weiß gesprenkelten Dörfern, die seit der Tudorzeit oder noch länger vor sich hin dämmern.

Aktivitäten

Neben dem **Offa's Dyke Path** ist der **Herefordshire Trail** (www.herefordshiretrail. com), ein rund 240 km langer Rundweg durch Leominster, Ledbury, Ross-on-Wye und Kington, für Wanderer ein attraktives Angebot. Etwas kürzer ist der 219 km lange **Wye Valley Walk** (www.wyevalleywalk.org) von Chepstow in Wales durch Herefordshire und zurück nach Plynlimon. Der 160 km lange **Three Choirs Way** verbindet die Kathedralen von Hereford, Worcester und Gloucester.

Radfahrer können auf dem **Six Castles Cycleway** (NCN-Route 44) von Hereford nach Leominster und Shrewsbury in die Pedale treten oder auf dem NCN-Radweg 68 nach Great Malvern und Worcester strampeln.

❶ Unterwegs vor Ort

Nach Hereford und Ledbury verkehren regelmäßig Züge; der Rest der Grafschaft ist per Bus zu erreichen. Auskünfte über Busfahrpläne gibt's bei Traveline (S. 472).

Hereford

60 000 EW.
Umgeben von Apfelplantagen und saftig grünen Wiesen breitet sich im Herzen der Marches am Fluss Wye das Städtchen Hereford aus. Seine berühmtesten Exportprodukte sind saftige Steaks, Cider und die Pretenders – drei Gründungsmitglieder der Band (Gitarrist James Honeyman-Scott, Bassist Pete Farndon und Schlagzeuger Martin Chambers) stammen aus Hereford. Die Hauptattraktion für Touristen ist jedoch die prachtvolle Kathedrale.

◎ Sehenswertes & Aktivitäten

★Hereford Cathedral KATHEDRALE
(☎01432-374202; www.herefordcathedral.org; 5 College Cloisters; Kathedrale Eintritt gegen Spende von 5 £, Mappa Mundi 6 £; ☺Kathedrale Mo–Sa 9.15–17.30, So bis 15.30 Uhr, Mappa Mundi Mitte März–Okt. Mo–Sa 10–17 Uhr, Nov.–Mitte März bis

16 Uhr) Nachdem walisische Plünderer die ursprüngliche angelsächsische Kirche abgefackelt hatten, errichteten die normannischen Herrscher von Hereford an ihrer Stelle einen größeren, prächtigeren Bau, der im Verlauf des Mittelalters im jeweils aktuellen Stil verändert und erweitert wurde.

Der größte Schatz der Kathedrale ist die herrliche **Mappa Mundi**. Die unglaublich detaillierte und recht phantasievolle Weltkarte, gemalt auf ein aus Kalbshaut hergestelltes Stück Pergament, zeigt, welche Vorstellung sich die Menschen um 1290 von unserer Erde machten. An gleicher Stelle befindet sich die weltgrößte Kettenbuch-Bibliothek, in der die seltenen Werke zum Schutz vor Diebstahl mit Ketten an den Regalen befestigt wurden.

Cider Museum & King Offa Distillery
BRAUEREI

(☎ 01432-354207; www.cidermuseum.co.uk; Pomona Pl; Erw./Kind 5,50/3 £; ☉ April–Okt. Mo–Sa 10–17 Uhr, Nov.–März Mo–Sa 11–15 Uhr) Die Ausstellung des Brauereimuseums beleuchtet die Geschichte der Ciderherstellung, dazu werden Kostproben aus der aktuellen Produktion angeboten. Ein Hingucker sind die hübschen *costrels* (Minifässer), in denen Landarbeiter ihren flüssigen Lohn nach Hause trugen. Die Brauerei liegt rund 800 m westlich vom Zentrum: Der Eign Street folgen und dann südwärts in die Ryelands Street abbiegen.

Ultimate Left Bank
KANUFAHREN

(☎ 01432-264807; www.leftbankcanoehire.co.uk; 15 Bridge St; Leihkanu halber/ganzer Tag 20/25 £) Der Kanuverleih bietet auch offene Boote an, um auf dem Fluss Wye herumzupaddeln.

🛏 Schlafen

Charades
B&B £

(☎ 01432-269444; www.charadeshereford.co.uk; 32 Southbank Rd; EZ/DZ ab 55/61 £; P@🖥🛜) Nicht weit vom Busbahnhof wartet dieses majestätische viktorianische Haus mit sechs einladenden Zimmern. Hohe Decken und große Fenster sorgen für Licht und Weite und z. T. idyllische Ausblicke aufs Land. Alte Dienstbotenklingeln und jede Menge Titanic-Erinnerungsstücke zaubern eine nostalgische Atmosphäre.

Kidwells Guest House
B&B £

(☎ 01432-270315; www.kidwellshouse.com; 9 Newtown Rd; EZ/DZ 55/65 £, ohne Bad 35/55 £; P🛜) Das freundliche B&B im Norden von Hereford bietet 20 gemütliche Zimmer in verschiedenen Kategorien an; zwei haben einen großen Balkon, eins einen eigenen Hof. Der sonnendurchflutete Glasanbau blickt auf einen großen Garten.

⭐ Castle House
BOUTIQUEHOTEL £££

(☎ 01432-356321; www.castlehse.co.uk; Castle St; EZ/DZ/Suite ab 130/150/190 £; P🛜) Früher residierte in der prächtigen georgianischen Stadtvilla der Bischof von Hereford, heute beherbergen die luxuriösen Räumlichkeiten ein ruhiges Hotel mit 16 Zimmern und ein Gourmetrestaurant. Der von der Sonne verwöhnte Garten erstreckt sich bis hinunter zum Flussufer. Das Hotel hat weitere acht Zimmer – einige davon rollstuhlgerecht – in der Castle Street Nr. 25.

🍴 Essen & Ausgehen

⭐ A Rule of Tum
BURGER £

(☎ 01432-351764; www.aruleoftum.com; 32 Aubrey St; Burger 7–9,50 £; ☉ Mo–Sa 12–22, So bis 20 Uhr) Nackter Backstein, lange Holzbänke und ein Hofgarten bilden den Rahmen für Burger mit lockeren Brioche-Brötchen, die allein schon den Abstecher nach Hereford lohnen. Zu den besten zählen der Hereford Hop (*pulled beef*, Hereford-Hop-Käse, Dillpickles und Senfmajo), walisisches Lamm mit Selleriesalat und Zuchtchampignons mit pikantem Shropshire-Blaukäse – die vegetarischen Burger werden auf einem separaten Grill zubereitet.

La Madeleine
FRANZÖSISCH ££

(☎ 01432-265233; www.church-street-cafe-restaurant-hereford.co.uk; 17 Church St; Hauptgerichte 7,50–17 £, 2-Gänge-Abendmenü 15 £; ☉ Mo, Di & Do 9.30–16, Mi bis 22, Fr bis 22.30, Sa bis 16.30 Uhr; ♿) Ansprechendes Ambiente mit Holzdielen und Tischen draußen, in einer grün überwucherten Laube, und eine modern-französische Speisekarte (Croissants zum Frühstück, Tartes zu Mittag und abends Filetsteak mit Meerrettichcreme, Pommes und Salat von grünen Bohnen) – da würde jeder Pariser sein Heimweh glatt vergessen! Ein besonderes Vergnügen für Kinder: Milchshakes, die in alten Milchflaschen serviert werden. Abends wird um 20 Uhr die letzte Bestellung aufgenommen.

⭐ Beer in Hand
PUB

(www.beerinhand.co.uk; 136 Eign St; ☉ Mo–Do 17–22, Fr & Sa 16–23, So 12–23 Uhr) Die Ciders in diesem unabhängigen Pub sind himmlisch, die meisten stammen aus der Umge-

CIDERTOUR DURCH HEREFORDSHIRE

Die **Herefordshire Cider Route** (www.ciderroute.co.uk) führt bei zahlreichen Produzenten vorbei, die freizügig Kostproben anbieten. Im Bewusstsein, welche Folgen das haben kann, verteilen Touristeninformationen Broschüren und Karten, die bei der Planung der Tour per Bus oder Fahrrad helfen.

Westons Cider Mills (☑ 01531-660108; www.westons-cider.co.uk; Much Marcle; Touren Erw./Kind 10/4 £; ☺ Mo–Fr 9–17, Sa & So 10–17 Uhr) Wer nur Zeit für einen einzigen Cider-Produzenten in Herefordshire hat, sollte sich für die Westons Cider Mills entscheiden. Sie liegen 1,5 km westlich von Much Marcle und ihre Hausmarke wird selbst in den Houses of Parliament geschätzt. Die informative Führung (1½ Std.) beginnt um 11, 12.30, 14 und 15.30 Uhr, Kostproben von Apfel- und Birnencider (für Erwachsene) sind inbegriffen. Das Flaschenmuseum ist ebenfalls interessant.

Walwyn Arms (☑ 01531-660601; www.bucaneer.co.uk; Much Marcle; Hauptgerichte 9,50–17 £; ☺ Küche Mo–Sa 12–14.30 & 18–21.30, So 12–16 & 18–21 Uhr, Bar Mo–Sa 11–23, So bis 22 Uhr) Das freundliche Landpub gegenüber den Westons Cider Mills serviert natürlich Westons-Cider, verwendet ihn aber auch in der Küche, z. B. für das doppelt gebackene „Old Rosie Scrumpy"-Soufflé mit altem Cheddar oder den frittierten Dorsch im Cider-Teig mit Chips und Erbsenpüree. Die Sandwiches aus handgeschnittenem Brot mit Belägen wie Garnelen in Bloody-Mary-Mayonnaise sind ebenfalls superlecker.

bung. Außerdem werden hier die eigenen Odyssey-Biere gezapft, wie das Black Out vom nahen National-Trust-Anwesen Brockhampton Estate, ein dunkles, vollmundiges American Black Ale, mit frischen Orangen gebraut. Es gibt Brettspiele, aber keine Fernseher.

Lichfield Vaults PUB
(www.lichfieldvaultshereford.co.uk; 11 Church St; ☺ So–Do 10.30–24, Fr & Sa bis 2 Uhr; ☎) In einem gepflasterten Gässchen nicht weit von der Kathedrale kümmert sich das „Lich" seit dem 18. Jh. um durstige Gäste. Der freundliche Besitzer Andy stammt aus Zypern. Er serviert köstliche griechische Leckerbissen (Fleischbällchen, Mezze-Platten usw.), veranstaltet regelmäßig Live-Events wie den sonntäglichen Blues-Lunch und hat noch einen Trumpf im Ärmel: den überdachten Biergarten auf der Rückseite des Pubs.

Venue CLUB
(www.venuehereford.co.uk; Gaol St; ☺ Fr & Sa 22–3 Uhr) Herefords angesagtester Club überzeugt mit ambitionierten Underground-DJs und alternativen Soundtracks. Nicht selten lassen sich hier Szene-Größen zu einem inoffiziellen Set blicken.

Praktische Informationen

Die **Touristeninformation** (☑ 01432-268430; www.visitherefordshire.co.uk; St Owen St; ☺ Mi–Fr 9.30–16 Uhr) ist im Rathaus.

An- & Weiterreise

BUS

Der Busbahnhof liegt in der Commercial Road, 500 m nordöstlich vom Zentrum. Busse von National Express fahren nach London Victoria (21,10 £, 4½ Std., bis zu 4-mal tgl.) und Gloucester (5,60 £, 1 Std., 4-mal tgl.).

Regionalbusse nach z. B. Ross-on-Wye (Bus 44; 3,90 £, 50 Min., Mo–Fr 5-mal tgl., Sa 4-mal) fahren von der St Owen Street im Stadtzentrum.

ZUG

Der Bahnhof befindet sich 950 m nordöstlich vom Zentrum.

Regelmäßige Verbindungen:
Birmingham 16 £, 1½ Std., stündl.
Ledbury 6,20 £, 15 Min., stündl.
London Paddington 39,70 £, 3 Std., stündl. – entweder direkt oder mit Umsteigen in Newport, South Wales
Ludlow 9,80 £, 25 Min., halbstündl.
Worcester 9,40 £, 50 Min., halbstündl.

Ross-on-Wye

10 582 EW.

Dort, wo der Fluss Wye einen Bogen schlägt, sitzt auf einem roten Sandsteinfelsen das Städtchen Ross-on-Wye. Es erlebte seinen großen Moment, als die beiden Schriftsteller Alexander Pope und Samuel Taylor Coleridge im 18. Jh. dem Philanthropen John Kyrle ein dichterisches Denkmal setzten – der „Man of Ross" widmete sein Leben und Vermögen den Armen seiner Gemeinde.

⊙ Sehenswertes

Market House
GALERIE

(☎01989-260675; www.madeinross.co.uk; Market Pl; ⊙10–16 Uhr) 🎫 GRATIS Den Marktplatz beherrscht das auf verwitterten Sandsteinsäulen thronende Market House aus dem 17. Jh. In dem lachsrosa Gebäude stellt heute des Künstlerkollektiv Made in Ross aus. Die Mitglieder leben und arbeiten in einem Umkreis von etwa 30 km und verkaufen ihre Werke hier auch. Auf dem Platz vor dem Haus finden regelmäßig Märkte statt.

🛏 Schlafen & Essen

White House Guest House
B&B ££

(☎01989-763572; www.whitehouseross.com; 13 Wye St; EZ/DZ/3BZ/FZ 50/70/90/100 £; P 🛜 📶 🐕) Das Natursteinhaus aus dem 18. Jh. steht in schöner Lage auf der Flussseite der Straße. Bunt bepflanzte Blumenkästen sorgen für Farbtupfer; die sieben ruhigen, komfortablen Zimmer, einige mit Flussblick, sind in Burgundertönen und frischem Weiß gehalten. In den Familienzimmern haben vier Personen Platz.

Truffles Delicatessen
FEINKOST £

(www.trufflesdeli.co.uk; 46 High St; Gerichte 2,50–5,50 £; ⊙Mo–Sa 8–17, So 11–17 Uhr) Der Laden ist bis an die Decke vollgepackt mit Produkten aus der Umgebung (Käse, Brot, Chutneys usw.). Er verkauft außerdem superleckere Sandwiches, Suppen und Salatboxen, die sich für ein Picknick am Flussufer eignen.

Pots & Pieces
CAFÉ £

(www.potsandpieces.com; 40 High St; Gerichte 3–6 £; ⊙ganzjährig Mo–Fr 9–16.45, Sa 10–16.45 Uhr, Juni–Sept. auch So 11–15.45 Uhr) In diesem Teesalon am Marktplatz können die Gäste Töpferwaren und anderes Kunsthandwerk erwerben und sich Leckereien wie Zitronen-, Kaffee- und Walnuss-Karotten-Kuchen oder Herzhaftes wie Quiche oder Sandwiches einverleiben. Außerdem gibt es eine Tagessuppe.

King's Head
MODERN BRITISCH ££

(☎01989-763174; www.kingshead.co.uk; 8 High St; Hauptgerichte 12–19 £; ⊙Küche 12–14.15 & 18.30–21 Uhr, Bar 12–23 Uhr; 🛜 🐕) Das unscheinbare Gasthaus aus dem 14. Jh. mit seinem stimmungsvoll beleuchteten Speisesaal und seinem Wintergarten ist ein kleines Juwel.

Zu den beliebtesten Gerichten zählen Schellfisch in Bierteig, gebratener Lachs mit Basilikumpüree und walisische Lammlende mit Rotkohl. Die in Schoko- und Austerntönen eingerichteten 15 Zimmer (DZ 65–105 £) haben z. T. Himmelbetten. Es stehen nur begrenzt Gästeparkplätze zur Verfügung.

Ledbury
9636 EW.

Ledbury ist ein geschichtsträchtiger Ort, in dem es heute unzählige Trödelläden gibt. Krumme Straßen in Schwaz-Weiß umzingeln das originelle hochbeinige **Market House**. Die Fachwerkkonstruktion balanciert auf einer Reihe von Holzpfosten, die angeblich von gestrandeten Schiffen der Spanischen Armada stammen.

Die malerische Church Lane führt von der High Street zur Kirche und wird von anrührend schiefen Fachwerkhäusern gesäumt.

Am Ende der gepflasterten Gasse erhebt sich die Kirche **St. Michael & All Angels** (www.ledburyparishchurch.org.uk; Church St; ⊙Ostern–Okt. 9–17.30 Uhr, Nov.–März bis 16 Uhr) mit einem beeindruckenden Spitzturm aus dem 18. Jh. und dem davon abgesetzten, mittelalterlichen Kirchenschiff.

🛏 Schlafen & Essen

Verzon House Hotel
HOTEL £££

(☎01531-670381; www.verzonhouse.com; Hereford Rd, Trumpet; EZ/DZ/Suite ab 80/110/180 £; P 🛜 🐕) 🎫 Das reizende georgianische Bauernhaus 6 km nordwestlich von Ledbury an der A438 ist das ultimative Landhausschick-Refugium. Die acht luxuriös eingerichteten Zimmer bieten schöne Stoffe, freistehende Badewannen, Daunenbetten und dicke Teppiche. Das Essen in der stilvollen Brasserie (2-/3-Gänge-Mittagsmenü 23/27 £, Hauptgerichte abends 14–32 £) wird zumeist aus regionalen Zutaten zubereitet.

Feathers Hotel
HOTEL £££

(☎01531-635266; www.feathers-ledbury.co.uk; 25 High St; DZ ab 110 £; P 🛜 📶 🐕) Das bezaubernde Hotel im schwarz-weißen Tudorstil in der Hauptstraße ist ein Wahrzeichen von Ledbury. Dazu gehören das stimmungsvolle, holzgetäfelte Restaurant **Quills** (Hauptgerichte 10–26 £) und ein beheiztes Hallenbad. Die 22 Zimmer im ältesten Gebäudeteil haben dank schiefer Dielenböden und getünchter Holzbalken weit mehr Charme als die im moderneren Trakt.

Chez Pascal · FRANZÖSISCH ££

(☎01531-634443; www.chezpascal.co.uk; Church Lane; Hauptgerichte 14–16 £; ◷Mo–Do 9.30–17.30, Fr & Sa bis 23 Uhr) Das Lokal mit Gartentischen im hübschen Innenhof ist unter Einheimischen eine populäre Ausgehadresse. Als Hauptgang tischt der französische Besitzer, Koch und Konditor Pascal Klassiker wie gebratenen Fasan in Rotwein, Meeresfrüchteragout oder Fischgratin auf, aber die wahren Highlights sind die Desserts wie Zitronen-Ingwer-Tarte oder Himbeertörtchen.

Shoppen

★ Three Counties Cider Shop · GETRÄNKE

(www.onceuponatree.co.uk; 5a The Homend; ◷Di–Do 10–17.30, Fr & Sa bis 18 Uhr) Apfelduft durchweht den ansprechenden, kleinen Laden für Cider (auch aus Birnen) und Fruchtsäfte von Kleinproduzenten aus den drei Grafschaften Herefordshire, Worcestershire und Gloucestershire. Ein gutes Dutzend Apfel- und Birnenmoste gibt's vom Fass, lokal hergestellte Köstlichkeiten wie Cider-Schokolade, Chutneys und Marmeladen ergänzen das Angebot.

An- & Weiterreise

Busse fahren hier kaum, dafür gibt es regelmäßige Zugverbindungen u. a. nach:

Great Malvern 5 £, 10 Min., stündl.

Hereford 6,20 £, 15 Min., stündl.

Worcester 6,80 £, 25 Min., stündl,

SHROPSHIRE

Eine malerische Ansammlung von Hügeln, Burgen und Fachwerkdörfchen entlang der Grenze zu Wales: Das ist die Grafschaft Shropshire. Zu den Highlights zählen Ludlow, das von einer Burg bekrönt wird, Ironbridge, die Wiege der Industriellen Revolution, und die herrlichen Shropshire Hills mit den besten Wander- und Radwegen in den Marches.

Aktivitäten

Wandern

Die welligen Shropshire Hills üben auf Wanderer eine magische Anziehungskraft aus. Zwischen Shrewsbury und Ludlow schlägt die Landschaft dramatische Falten und wunderschöne Wanderwege ziehen sich die Flanken am Wenlock Edge und den Long Mynd bei Church Stretton hinauf. Auch mehrere

Fernwanderwege durchqueren das Gebiet, darunter der berühmte Offa's Dyke Path und der ebenfalls sehr populäre Shropshire Way, der sich um Ludlow und Church Stretton herumwindet.

Radfahren

Mountainbiker sind ganz erpicht auf die matschigen Pisten über den Long Mynd bei Church Stretton, während Genussradler auf dem Six Castles Cycleway (NCN-Route 44) auf ihre Kosten kommen, der über 93 km von Shrewsbury nach Leominster führt.

Die Touristeninformationen verkaufen das Kartenpacket *Cycling for Pleasure in the Marches*, mit fünf Karten und Führern, die die gesamte Grafschaft abdecken. Die Website www.travelshropshire.co.uk stellt kostenlose Downloads von Tourenbeschreibungen zur Verfügung.

❶ Anreise & Unterwegs vor Ort

Shrewsbury ist der Verkehrsknotenpunkt mit den besten Bus- und Zugverbindungen, aber auch von und nach Church Stretton und Ludlow gibt's Bahnverbindungen.

Von Mai bis September bietet **Shropshire Hills Shuttles** (www.shropshirehillsshuttles. co.uk) an Wochenenden und Feiertagen einen Shuttlebusservice entlang der bekanntesten Wanderrouten an.

Shrewsbury

71 715 EW.

Verwinkelte mittelalterliche Sträßchen und bedenklich schiefe Fachwerkhäuser im Tudorstil machen den Reiz von Shrewsbury aus. Einst war das Städtchen ein Zankapfel zwischen England und Wales. Bis heute heißt die Straßenbrücke in Richtung London „English Bridge" und die in Richtung Holyhead „Welsh Bridge". Shrewsbury ist der Geburtsort von Charles Darwin (1809–1882).

Die Aussprache des Namens der Stadt ist seit ewigen Zeiten umstritten. Aus einer 2015 vom University Centre Shrewsbury für einen wohltätigen Zweck veranstalteten Debatte ging „*schruhs*-brie" gegenüber dem vornehmeren „*schrous*-brie" als Sieger hervor. Dasselbe Ergebnis brachte eine Umfrage des *Shropshire Star*, doch sowohl in der Stadt selbst als auch in den britischen Medien sind weiterhin beide Aussprachen zu hören.

BIRMINGHAM, MIDLANDS & MARCHES SHREWSBURY

Shrewsbury

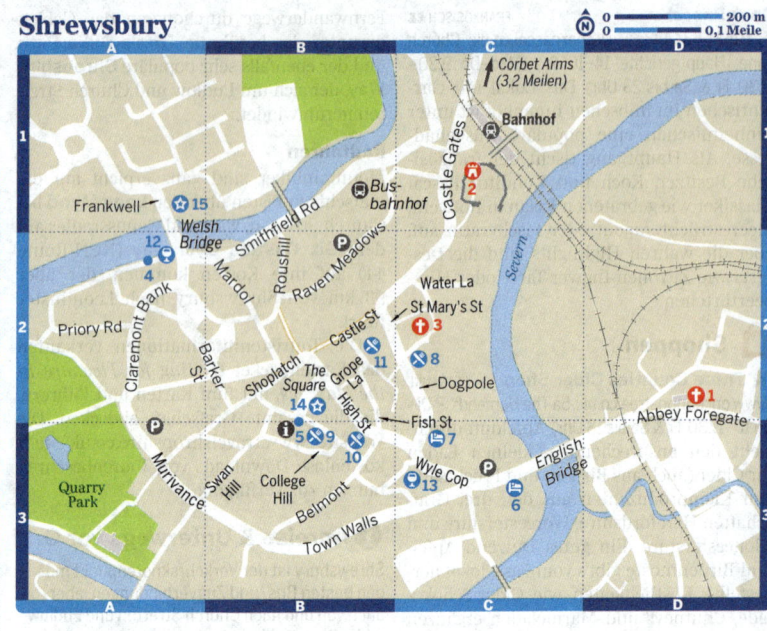

Shrewsbury

◉ Sehenswertes

St. Mary's Church KIRCHE
(www.visitchurches.org.uk; St Mary's St; ⊙ Mai–Anfang Dez. Mo–Sa 10–17 Uhr, Anfang Dez.–April bis 16 Uhr) Der Innenraum der mittelalterlichen Kirche mit dem spitz aufragenden Turm überwältigt mit wunderbaren Buntglasfenstern. Eines davon stammt von 1340 und zeigt die Wurzel Jesse (biblische Darstellung der Abstammung Jesu). Ein Großteil der Fenster wurde ursprünglich für Kirchen in ganz Europa angefertigt, ein besonders schönes Exemplar aus dem 16. Jh. stammt aus den Niederlanden. Das Hauptschiff überspannt

eine herrliche Eichendecke, die 1894 bei einem Sturm, der die Turmhaube vollständig wegriss, schwer beschädigt wurde.

Shrewsbury Abbey KIRCHE
(☎ 01743-232723; www.shrewsburyabbey.com; Abbey Foregate; Eintritt gegen Spende; ⊙ April–Okt. 10–16 Uhr, Nov.–März 10.30–15 Uhr) Von dem riesigen, kreuzförmig angelegten Benediktinerkloster, das hier 1083 gegründet wurde, ist nur die hübsche Shrewsbury Abbey aus rotem Sandstein übriggeblieben. Das Kloster hatte zweimal die Ehre, als Versammlungsort des englischen Parlaments zu dienen. Doch die Auflösung und Zerstörung

1540 kosteten den Turm und die Seitenschiffe. Weitere Schäden entstanden, als der Ingenieur Thomas Telford 1826 die Straße von London nach Holyhead quer über das Gelände führte. Trotzdem weist die Kirche immer noch einige sehenswerte Bauteile in normannischen, frühenglischen und viktorianischen Stil auf, darunter das außergewöhnliche Westfenster aus dem 14. Jh.

Shrewsbury Castle BURG

(☏01743-358516; www.shropshireregimentalmuseum.co.uk; Castle St; Erw./Kind 4/1 £; ⊘ Juni–Mitte Sept. Mo–Mi, Fr & Sa 10.30–17, So bis 16 Uhr, Mitte Feb.–Mai & Mitte Sept.–Mitte Dez. Mo–Mi, Fr & Sa bis 16 Uhr) Der poröse rote Sandstein der Gegend diente als Baumaterial für die Burg, die das **Shropshire Regimental Museum** beherbergt. Die Festungsmauern mit **Laura's Tower** bieten herrliche Ausblicke. Der untere Teil der **Great Hall** stammt von 1150.

 Geführte Touren

Sabrina BOOTSTOUREN

(☏01743-369741; www.sabrinaboat.co.uk; Victoria Quay; Erw./Kind 8/4 £; ⊘ März–Okt. 11–16 Uhr stündl.) An Bord der *Sabrina*, die den Fluss Severn entlanggleitet, lässt sich Shrewsbury vom Wasser aus erkunden. Montagabends wird eine „Geisterfahrt" angeboten (19–22.30 Uhr), Dienstagabends eine „Musiknacht" (19.30–22.30 Uhr). Die normalen Fahrten dauern 45 Minuten und beginnen am Victoria Quay bei der Welsh Bridge.

Shrewsbury Walking Tours STADTRUNDGANG

(☏01743-258888; Erw./Kind 7,50/2,50 £; ⊘ Mai–Sept. Mo–Sa 14, So 11 Uhr, Okt. Di–Sa 14, So 11 Uhr, Nov.–März Sa 14 Uhr) An der Touristeninformation (S. 458) starten 1½-stündige geführte Rundgänge durch die Altstadt.

 Schlafen

Old House Suites B&B ££

(☏07813-610904; www.theoldhousesuites.com; The Old House, 20 Dogpole; Suite 85–100 £; [P][🏠]) In ganz Shrewsbury gibt's keine geschichtsträchtigere Stätte, um sein Haupt zu betten, als das Old House mit seinen drei luxuriös ausgestatteten Suiten. Das schön-schiefe Herrenhaus im Tudorstil mit prächtigem Garten gehörte einmal einem Höfling von Katharina von Aragon. Auf Wunsch erklärt der Hausherr Gästen auf einer einstündigen Führung durch das Anwesen die historischen Details. Von der Bushaltestelle Dogpole führt eine Treppe hinauf zum Old House.

Lion & Pheasant BOUTIQUEHOTEL ££

(☏01743-770345; www.lionandpheasant.co.uk; 50 Wyle Cop; EZ/DZ mit Frühstück ab 99/119 £) Die frühere Postkutschenstation ist heute ein elegantes Stadthaus mit 22 individuell eingerichteten Zimmern mit Bettdecken aus Enten- und Gänsedaunen. Zur im gesamten Haus erhaltenen Originalausstattung zählen eindrucksvolle Balkenkonstruktionen. Im Restaurant mit weiß getünchten Wänden wird moderne britische Küche serviert (Hauptgerichte 14–23 £).

Corbet Arms PUB ££

(☏01743-709232; www.thecorbetarms.com; Church Rd, Uffington; DZ 65–105 £; [P][🏠][🐾]) In dem winzigen Dorf Uffington, 6,5 km östlich der Stadt, hält das entspannte, familienfreundliche Pub für seine Gäste neun wunderschön eingerichtete Zimmer (mit Bad) bereit, die über eine Treppe erreichbar sind. Zimmer Nr. 10 ganz oben hat freigelegtes Fachwerk, einen großen Sitzbereich und gewährt einen schönen Blick auf die Umgebung. Auch die Küche des Pubs ist äußerst empfehlenswert – besonders der *Sunday roast* (Sonntagsbraten).

Essen & Ausgehen

Ginger & Co CAFÉ £

(30–31 Princess St; Gerichte 4–9,50 £; ⊘ Mo–Sa 8.30–17, So 10–16 Uhr; [🚲]) [♿] Die Wiedereröffnung des luftigen, L-förmigen Cafés voller Secondhand-Möbel verdankt sich einer erfolgreichen Crowdfunding-Kampagne. Es ist ein herrlicher Ort für ein spätes Frühstück oder ein leichtes Mittagessen (Avocadomus auf Toast mit über Eichenholz geräuchertem Schinken), süße Sünden (Zitronen-Earl-Grey-*scones* mit hausgemachter Himbeermarmelade), guten Kaffee und vitaminreiche Smoothies. Außerdem gibt's jede Menge glutenfreie, milchfreie und vegane Angebote.

⭐ Golden Cross MODERN BRITISCH ££

(☏01743-362507; www.goldencrosshotel.co.uk; 14 Princess St; Hauptgerichte 10,50–19,50 £; ⊘ Di–Sa 12–14.30 & 17.30–21.30, So 12–14.30 Uhr) Romantikern wird im Kerzenscheinambiente des 1428 eröffneten Gasthofs das Herz aufgehen. Die Küche ist ohne Fehl und Tadel und zaubert Köstlichkeiten wie Gnocchi mit geröstetem Kürbis und Kastanien oder mit Knoblauch und Rosmarin mariniertes Lamm mit Lauchcreme sowie üppige Desserts wie Panna Cotta mit pochiertem Rhabarber. Die fünf exquisiten Gästezimmer im Ober-

ABSTECHER

ATTINGHAM PARK

Eine Location wie aus einem Historienschinken: **Attingham Park** (NT; ☎ 01743-708123; www.nationaltrust.org.uk; Atcham; Haus & Park Erw./Kind 11,25/5,60 £, nur Park 6,75/3,35 £; ⊙ Haus Mitte März–Anfang Nov. 10.30–17.30 Uhr, Park Mai–Sept. 8–19 Uhr, März–April & Okt. 9–18 Uhr, Nov.–Feb. 9–17 Uhr) wurde 1785 im klassizistischen Stil errichtet. Ein Portikus ist der pompösen Fassade vorgebaut, der Rasen ist perfekt gepflegt und im Hof gibt's eine extra Wendeschleife für Kutschen. Der wunderschöne Park umschließt einen dekorativen See und ist das Zuhause von rund 300 Stück Damwild. Der ummauerte Garten ist ein Prachtexemplar seiner Gattung.

Attingham Park liegt 6,5 km südöstlich von Shrewsbury. Anfahrt mit Bus 81 oder 96 (2,10 £, 20 Min., Mo–Sa 6-mal tgl.).

---

geschoss (DZ 75–150 £) haben so luxuriöse Details wie freistehende Badewannen und Chaiselongues.

No 4 Butcher Row
CAFÉ ££

(☎ 01743-366691; www.number-four.com; 4 Butcher Row; Hauptgerichte mittags 7–12 £, 2-/3-Gänge-Abendmenü 18/22 £; ⊙ Mo–Mi 9–16, Do–Sa bis 23 Uhr; 🖶) Das hippe Café mit unbearbeiteten Dielen und Räumlichkeiten über zwei Ebenen liegt versteckt unweit der St. Alkmond's Church. Es ist vor allem für sein phantastisches Frühstücksangebot bekannt, von Eiern Benedikt bis zum Schinkenbaguette oder einem kompletten englischen Frühstück und frisch gepresstem Saft. Unter den leichten Mittagsspeisen finden sich Burger und tolle Salate z. B. mit Blutwurst, Spinat, Mozzarella und Kartoffeln. Beim Abendessen geht's mit Gerichten wie langsam gegartem Schweinebauch mit Apfel und Kartoffelpüree gehobener zu.

Drapers Hall
FRANZÖSISCH £££

(☎ 01743-344679; www.drapershallrestaurant.co.uk; 10 St Mary's Pl; Hauptgerichte 18–24 £; ⊙ 12–14.30 & 18.30–21 Uhr; 🅿 🕾) Wer in diesem wunderbar erhaltenen Herrenhaus aus dem 16. Jh. absteigt, spürt den Hauch der Geschichte mit jedem Atemzug. Hinter der eleganten elisabethanischen Fassade wird in holzgetäfelten, mit Kunstobjekten geschmückten Gasträumen sterneverdächtige Haute Cuisine mit englischem Einschlag zelebriert. Die Zimmer im Obergeschoss (DZ 90–155 £) sind mit grandiosen alten Erbstücken eingerichtet.

Henry Tudor House
PUB

(www.henrytudorhouse.com; Barracks Passage; ⊙ Mo–Do 12–23, Fr & Sa 11–1, So 12–22 Uhr) Die schwarzweiße Fachwerkschönheit aus dem frühen 15. Jh. hat eindeutig Schlagseite. Hier trank sich schon Heinrich VII. Mut an, bevor er sich in die Schlacht von Bosworth stürzte. Seither hat das Pub in einer Passage am Wyle Cop ein paar moderne Einrichtungsdetails wie einen Metalltresen, Kronleuchter in Vogelkäfigen und einen Wintergarten dazubekommen. Die Angebote auf der Speisekarte machen Appetit und die häufigen Livegigs Laune.

Armoury
PUB

(www.armoury-shrewsbury.co.uk; Victoria Quay; ⊙ Mo–Sa 12–23, So bis 22.30 Uhr) Das Armoury ist zwar eine Neueröffnung, wirkt aber mit seinen Backsteinwänden, den langen Holztischen, Bücherregalen vom Boden bis zur Decke, einem Sammelsurium an Krimskrams und dem Duft von gehobener Küche, als würde es schon seit Generationen bestehen.

☆ Unterhaltung

Old Market Hall Film & Digital Media
KINO

(☎ 01743-281281; www.oldmarkethall.co.uk; The Square; Tickets Erw./Kind 8/6,50 £; ⊙ Mo–Sa 10–21, So 12–18 Uhr; 🕾) Die Filmauswahl in dem bezaubernden Kino in einem elisabethanischen Gebäude bedient sich sowohl aus der Autorenkiste wie auch beim Mainstream.

Theatre Severn
THEATER

(☎ 01743-281281; www.theatresevern.co.uk; Frankwell Quay) Das hochgelobte Theater am Flussufer bietet allen Kunstrichtungen, von Schauspiel bis Comedy und von Pop bis Klassik, eine Bühne.

ℹ Praktische Informationen

Die **Touristeninformation** (☎ 01743-258888; www.visitshrewsbury.com; The Square; ⊙ April–Okt. tgl. 10–17 Uhr, Nov.–März Di–So) befindet sich im selben Gebäude wie das Shrewsbury Museum and Art Gallery.

ℹ An- & Weiterreise

BUS

Der **Busbahnhof** (Smithfield Rd) liegt nicht weit vom Fluss.

Regelmäßige Verbindungen:

Birmingham National Express; 6,70 £, 1½ Std., 3-mal tgl.

Church Stretton Bus 435; 3 £, 45 Min., Mo–Fr stündl., Sa alle 2 Std.

Ironbridge Bus 96; 3 £, 50 Min., Mo–Sa alle 2 Std.

London Victoria National Express; 20,70 £, 5½ Std., 3-mal tgl.

Ludlow Bus 435; 3,85 £, 1½ Std., Mo–Fr stündl., Sa alle 2 Std.

ZUG

Der Bahnhof befindet sich am Nordostrand der Innenstadt am Fuß des Castle Foregate.

Einige Ziele in England und Wales:

Birmingham 14,60 £, 1 Std., alle 2 Std.

Holyhead 45,60 £, 2½ Std., bis zu 2-mal pro Std.

London Euston 70,40 £, 2¾ Std., alle 20 Min.

Ludlow 12,70 £, 30 Min., halbstündl.

Swansea 26,50 £, 3 Std., stündl.

ⓘ Unterwegs vor Ort

Dave Mellor Cycles (☏ 01743-366662; www.davemellorcycles.com; 9a New St, Frankwell; halber/ganzer Tag 7,50/15 £; ⊘ Mo–Sa 9–18 Uhr) verleiht Räder für Erwachsene, aber leider keine Kinderräder.

Ironbridge Gorge

2582 EW.

Wer durch die Wälder, Hügel und Dörfer entlang der verträumten Schlucht wandert oder radelt, kann sich kaum vorstellen, dass dies der Geburtsort der Industriellen Revolution sein soll. Aber genau hier entwickelte Abraham Darby 1709 eine Methode, um Eisenerz mit Steinkohle zu verhütten, und ermöglichte damit die Herstellung von Gusseisen im großen Stil.

ⓘ IRONBRIDGE-GORGE-MUSEUMSPASS

Die zehn Ironbridge-Museen werden vom Ironbridge Gorge Museum Trust (S. 463) verwaltet. Wer sich in einem davon oder in der Touristeninformation einen Museumspass (Erw./Kind 25/15 £) kauft, fährt erheblich günstiger. Er ist ein Jahr lang gültig und gewährt unbegrenzten Zutritt zu sämtlichen Attraktionen in der Ironbridge Gorge.

Sein Sohn, Abraham Darby II., erfand eine neue Schmelztechnik zur Produktion einzelner Eisenbarren. So konnte Enkel Abraham Darby III. die Welt mit der ersten Eisenbrücke überhaupt verblüffen, die er 1779 bauen ließ. Die Brücke ist das Herzstück des als Weltkulturerbe eingestuften Areals mit zehn sehr unterschiedlichen Museen. Sie alle erzählen die Geschichte der Industriellen Revolution in Gebäuden, in denen sie damals von statten ging.

◉ Sehenswertes & Aktivitäten

★ Iron Bridge   BRIDGE

GRATIS Die geschwungene, mit einem Kiesbelag versehene Iron Bridge, der die Gegend ihren Namen verdankt, wurde 1779 von der Darby-Familie errichtet, als Anschauungsbeispiel für eine von ihr entwickelten Technik zur Herstellung von Eisenteilen. Damals konnte sich keiner vorstellen, dass es möglich wäre, eine Eisenbrücke von dieser Länge zu konstruieren, ohne dass sie unter ihrem Eigengewicht – immerhin 384 t – zusammenbrach. Eine kleine Ausstellung im **Zollhaus** (www.ironbridge.org.uk; ⊘ März–Anfang Nov. Sa & So 10–17 Uhr, Anfang Nov.–Feb. Sa & So bis 16 Uhr, während der Schulferien tgl.) **GRATIS** beleuchtet die Geschichte der Brücke.

★ Museum of the Gorge   MUSEUM

(☏ 01952-433424; www.ironbridge.org.uk; The Wharfage; Frw./Kind 4,50/3,15 £; ⊘ 10–17 Uhr) Die meisten beginnen ihren Besuch in diesem Museum, das mit Film- und Fotomaterial sowie u. a. einem 12 m langen 3D-Modell der Stadt im Jahr 1796 einen Überblick über alles vermittelt, was Besucher auf dem Areal erwartet. Es ist in einem neogotischen Lagerhaus am Fluss untergebracht.

Blists Hill Victorian Town   MUSEUM

(☏ 01952-433424; www.ironbridge.org.uk; Legges Way; Erw./Kind 16,25/10,75 £; ⊘ Anfang März–Anfang Nov. 10–17 Uhr, Anfang Nov.–Anfang März bis 16 Uhr) Am oberen Ende der Hay Inclined Plane (einer Seilbahn, mit der früher mit Kohle beladene Boote vom Shropshire-Kanal hochgezogen wurden) liegt das liebevoll restaurierte viktorianische Museumsdorf Blists Hill. Seine stilgerecht eingekleideten „Bewohner" gehen ihren alltäglichen Pflichten nach und es gibt sogar eine Bank, in der Besucher ihr Geld in Shillings eintauschen können, um in den Dorfläden einzukaufen. Eine zusätzliche Attraktion, besonders für Kinder, ist der Markt im Sommer.

Ironbridge Gorge

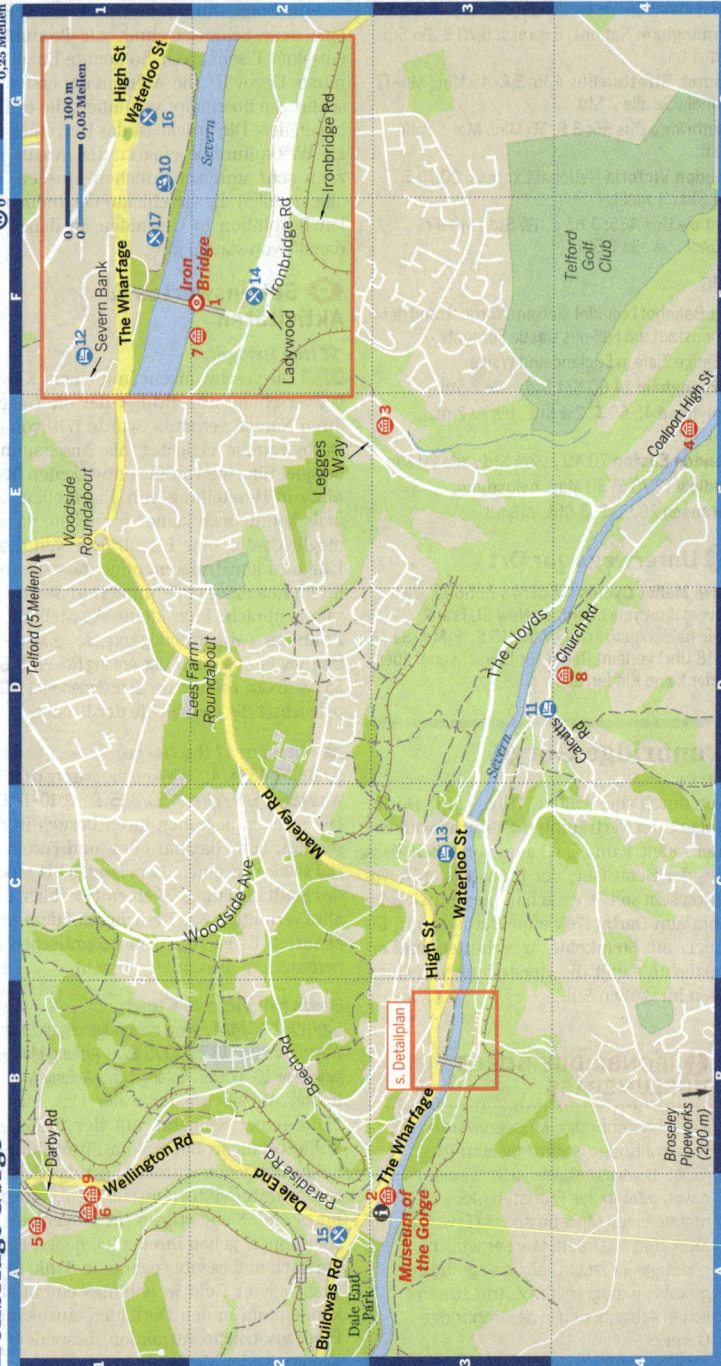

500 m
0,25 Meilen

100 m
0,05 Meilen

High St
Waterloo St
16

10
17

The Wharfage

Severn

Iron Bridge
1

14

Ladywood

Ironbridge Rd

Ironbridge Rd

Severn Bank

12

7

Telford Golf Club

3

Legges Way

Coalport High St
4

Woodside Roundabout

Telford (5 Meilen)

Lees Farm Roundabout

The Lloyds

Church Rd
8

11
Calcutts Rd

Severn

Madeley Rd

13
Waterloo St

High St

Woodside Ave

s. Detailplan

Broseley Pipeworks (200 m)

Beechfield Rd

Darby Rd

Wellington Rd
9
6

5

Dale End
Paradise Rd

The Wharfage
2
i
Museum of the Gorge

15

Buildwas Rd
Dale End Park

Ironbridge Gorge

Museum of Iron · MUSEUM

(www.ironbridge.org.uk; Wellington Rd; Erw./Kind 8,85/5,65 £, mit Darby Houses 9,25/6,35 £; ⊙10–17 Uhr) In den düsteren Hallen von Abraham Darbys erster Eisenhütte überrascht das Museum mit einigen clever konzipierten interaktiven Objekten. Hier wurden nicht nur die Träger für die Iron Bridge produziert, sondern auch schwere Maschinen und ausgefallene Deko-Elemente aus Gusseisen, z. B. die Tore für den Londoner Hyde Park.

Darby Houses · MUSEUM

(☑01952-433424; www.ironbridge.org.uk; Darby Rd; Erw./Kind 5,30/3,75 £, mit Museum of Iron 9,25/6,35 £; ⊙Anfang März–Anfang Nov. 10–17 Uhr) Generationen von Darbys wohnten in den wunderschön restaurierten Häusern aus dem 18. Jh. direkt oberhalb des Museum of Iron. Da es sich um ein Quäker-Familie handelte, ist die Einrichtung eher spartanisch. Im Haus Rosehill können sich Erwachsene und Kinder viktorianisch kostümieren und eine Porzellanausstellung anschauen, das Highlight des Familiensitzes ist jedoch das Arbeitszimmer, in dem Abraham Darby III. die Iron Bridge entwarf. Im Eintritt inbegriffen ist der Zutritt zum Familien-Friedhof.

Coalport China Museum & Tar Tunnel · MUSEUM

(www.ironbridge.org.uk; Coalport High St; Museum Erw./Kind 8,85/5,65 £, Tar Tunnel 3,40/2,50 £; ⊙Anfang März–Anfang Nov. 10–17 Uhr) Mit dem Niedergang der Eisenindustrie verlegte sich Ironbridge auf andere Produktionszweige. Dazu gehörte die Herstellung von Porzellangefäßen aus Kaolin, das rund um Blists Hill abgebaut wurde. Zwei flaschenförmige Brennöfen dominieren die Fabrikanlage, die heute ein faszinierendes **Museum** beherbergt, in dem die Geschichte der Porzellanproduktion beleuchtet und traditionelle Töpfertechniken demonstiert werden.

Ein kurzer Spaziergang am Kanal entlang führt zum 200 Jahre alten **Tar Tunnel**. Beim Bau des Kanaltunnels wurde natürlich vorkommendes Bitumen entdeckt, das durch die Wände sickerte, woraufhin er niemals für die Schifffahrt genutzt wurde.

Jackfield Tile Museum · MUSEUM

(☑01952-433424; www.ironbridge.org.uk; Erw./Kind 8,85/5,65 £; ⊙10–17 Uhr) Die Jackfield Fabrik war einmal die größte Fabrik für dekorative Boden- und Wandfliesen der Welt. Die besonderen Muster entstanden durch den Auftrag verschiedenfarbiger Tonschichten. Für Restaurierungsprojekte werden die Fliesen bis heute hier produziert. In den Galerien wurden eine ganze Reihe historischer gefliester Räume rekonstruiert, z. B. eine viktorianische Bedürfnisanstalt. Das Museum liegt am Südufer des Severn und ist über die Fußgängerbrücke am unteren Ende der Hay Inclined Plane erreichbar. Dienstags finden **Workshops** statt (ab 10 Uhr; 5 £).

Enginuity · MUSEUM

(www.ironbridge.org.uk; Wellington Rd; Erw./Kind 8,85/6,95 £; ⊙10–17 Uhr) Das Wissenschaftsmuseum bringt die Kleinen auf Trab: Sie können Roboter per Fernsteuerung herumkommandieren, eine Dampflokomotive mit der bloßen Hand (und etwas technischem Verständnis) in Bewegung setzen und einen Staubsauger mit selbsterzeugtem Strom aufladen.

Shropshire Raft Tours · RAFTING

(☑01592-426100; www.shropshirerafttours.co.uk; The Wharfage; Raftingtrips Erw./Kind 14,95/6,95 £; ⊙mit Vorausbuchung Ostern–Okt. 9, 11.30, 14 & 16.30 Uhr, Juli & Aug. auch 19 Uhr) Die Iron-

BIRMINGHAM, MIDLANDS & MARCHES IRONBRIDGE GORGE

COSFORD ROYAL AIR FORCE MUSEUM

Das berühmte **Cosford Royal Air Force Museum** (☎01902-376200; www.rafmuseum.org.uk; Shifnal; ☺10–17 Uhr) liegt 21 km östlich von Ironbridge wird von der Royal Air Force betrieben, deren Piloten viele der rund 70 ausgestellten Wundermaschinen durch die Lüfte steuerten. Highlights sind der V-Bomber (britischer Kernwaffenträger) und der winzige, hubschrauberähnliche Gleiter FA330 „Bachstelze", der von deutschen U-Booten gezogen wurde und sie vor feindlichen Schiffen warnte. Besucher dürfen den Black Hawk Simulator ausprobieren. Vom Bahnhof Cosford (an der Eisenbahnlinie Birmingham–Shrewsbury) sind es noch 800 m zu Fuß bis zum Museum.

bridge Gorge fordert Rafter nicht mit Stromschnellen heraus, vielmehr lässt es sich hier auf einem 2 km langen Abschnitt des River Severn rund 90 Minuten auf gemächliche, sehr vergnügliche und umweltbewusste Art durch eine umwerfende Schluchtlandschaft treiben. Schwimmwesten werden gestellt.

Ironbridge Leisure
KANU- & KAJAKFAHREN

(☎01952-426111; 31 High St; Leihkajak/-kanu ab 30 £; ☺Ostern–Okt. Sa & So 9–20 Uhr) Im Sommer, wenn sich die Wassermassen des Severn beruhigt haben, macht eine Entdeckungsfahrt auf der 8 km langen Strecke durch die Schlucht und ihre Umgebung Laune (rund 3 Std.). Es werden auch Mehrtagestouren mit Camping angeboten.

🛏 Schlafen

Ye Olde Robin Hood
PUB £

(☎01952-433071; www.holdensyeolderobinhoodinnironbridge.co.uk; 33 Waterloo St; EZ/DZ ab 50/70 £; P🖤🛜🐾) Zur Ausstattung der drei pieksauberen Zimmer in diesem netten Traditionsgasthof mit weiß getünchter Fassade, der am Flussufer liegt, gehören King-Size-Betten. In der geselligen Bar werden neue Gäste wie Stammkunden aufgenommen.

★ Library House
B&B ££

(☎01952-432299; www.libraryhouse.com; 11 Severn Bank; EZ/DZ ab 75/95 £; P🛜) Das liebevoll renovierte georgianische Haus in einer Gasse, die von der Hauptstraße abgeht, ist von Kletterpflanzen bewachsen und hat nach hinten hinaus einen wunderschönen Garten. Im Inneren zaubern Stapel alter Bücher, Nippes, Drucke und Lithografien eine gemütliche Atmosphäre. Die vier hübsch-altmodisch eingerichteten Zimmer namens Milton, Chaucer, Eliot und Hardy sind individuell eingerichtet und bestens in Schuss. Ein kontaktfreudiger Hund namens Millie gehört ebenfalls zum Inventar.

Calcutts House
B&B ££

(☎01952-882631; www.calcuttshouse.co.uk; Calcutts Rd; EZ/DZ ab 50/65 £; P🖤🛜) Die ehemalige Villa eines Eisenhüttenbesitzers stammt aus dem 18. Jh. Sie liegt am Südufer des Severn beim Jackfield Tile Museum (S. 461) um die Ecke, rund 1,5 km östlich der Brücke. Die traditionell eingerichteten Zimmer (darunter eines mit einem riesigen, 200 Jahre alten Baldachinbett) haben viel Charme.

 Essen

Deli-Dale
FEINKOST £

(☎01952-432508; www.deli-dale.com; Dale End, Coalbrookdale; Gerichte 3,50–6 £; ☺Mo–Mi & Fr 8.30–16.30, Sa 9–16, So 10–16 Uhr; 🛜🖤) Der wunderschöne Feinkostladen ist weit und breit die beste Adresse für eine Zwischenmahlzeit. Dampfende Suppen, Salate, Sandwiches und Kuchen werden frisch zubereitet und über die Theke verkauft oder an Tischen im Laden und im Hof unter Sonnenschirmen serviert. Die üppigen Picknickkörbe (12–21,50 £) müssen 48 Stunden im Voraus bestellt werden.

Pondicherry
INDISCH ££

(☎01952-433055; www.pondicherryrestaurant.co.uk; 52 Waterloo St; Hauptgerichte 11–16 £; ☺Mo–Do 18–23, Fr & Sa bis 24, So bis 22.30 Uhr) Zur Originalausstattung der 1862 erbauten Polizeistation samt Gerichtszimmer zählen vier Gefängniszellen – in einer davon wartet man jetzt auf seine Takeaways –, die Richterbank und die blau gestrichenen Gitterstäbe vor den Fenstern. Die überdurchschnittlich gute moderne indische Küche umfasst Publikumsrenner wie Tandoori-Platten und *chicken tikka masala* sowie Spezialitäten des Hauses wie Lamm-*saag mamyam* (geschmortes Staffordshire-Lamm mit Spinat).

D'arcys at the Station
MEDITERRAN ££

(☎01952-884499; www.darcysironbridge.co.uk; Ladywood; Hauptgerichte 11,50–15 £; ☺Di–Sa 18–21.30 Uhr) Das alte Bahnhofsgebäude auf der anderen Flussseite ist eine wunderschöne Kulisse für leckere Mittelmeerspezialitäten, von marokkanischem Huhn über zypriotisches Kebab bis zu toskanischem Bohneneintopf.

Restaurant Severn   BRITISCH, FRANZÖSISCH ££££
(☏01952-432233; www.restaurantsevern.co.uk; 33 High St; 2-/3-Gänge-Mittagessen 18,95/20,95 £, abends ab 25,95/27,95 £; ⊙Mi–Sa 18.30–20.30, So 12–13.30 Uhr) Die gelungene englisch-französische Fusionsküche des kleinen, unauffälligen Lokals am Flussufer erntet viel Lob. Produkte der Region bilden das Rückgrat der wöchentlich wechselnden Speisekarte, auf der z. B. Rehmedaillons aus Shropshire an Cognacsauce mit sonnengetrockneten Preiselbeeren stehen könnten. Freitags und samstags werden die Preise leicht angehoben.

❶ Praktische Informationen

Die **Touristeninformation** (☏01952-433424; www.visitironbridge.co.uk; The Wharfage; ⊙10–17 Uhr) ist im Museum of the Gorge.
Ironbridge Gorge Museum Trust (☏01952-433424; www.ironbridge.org.uk)

❶ An- & Weiterreise

Der nächste Bahnhof liegt im 9,6 km entfernten Telford. Von dort fährt Bus 96 nach Ironbridge (2,10 £, 15 Min., Mo–Sa 8-mal tgl.) und weiter nach Shrewsbury (3 £, 50 Min.). Bus 99 verbindet Ironbridge mit Bridgnorth (3,20 £, 45 Min., Mo–Sa 9-mal tgl.), Bus 88 ist die Verbindung nach Much Wenlock (3,60 £, 25 Min., Mo -Sa alle 2 Std.).

❶ Unterwegs vor Ort

Zwischen Ostern und Mitte September fährt an Wochenenden und Feiertagen der Bus Gorge Connect (2,20 £, mit Museumspass 1 £) vom Busbahnhof Telford zu allen Museen am Nordufer des Severn.

Much Wenlock & Umgebung

3041 EW.

Auf dem Land sind ausgefallene Namen wie dieser sehr verbreitet und Much Wenlock ist genauso bezaubernd, wie es sich anhört. Die Straßen rund um die vom Zahn der Zeit angenagte Ruine der Wenlock Priory sind gesäumt von Häusern im jakobinischen, georgianischen und Tudorstil. Hier kennt jeder jeden und Besucher werden herzlich aufgenommen.

◉ Sehenswertes

Guildhall   HISTORISCHES GEBÄUDE
(☏01952-727509; Wilmore St; ⊙April–Okt. Fr–Mo 11–16 Uhr) GRATIS Die Zunfthalle von 1540 ist ein Tudorbau, wie er im Buche steht. Ihr vom Alter gebeugtes Fachwerk weist höchst dekorative Schnitzereien auf. An einem der Stützpfeiler wurden im Mittelalter Delinquenten öffentlich ausgepeitscht.

Wenlock Priory   RUINE
(EH; ☏01952-727466; www.english-heritage.org. uk; 5 Sheinton St; Erw./Kind inkl. Audioguide 4,70/ 2,80 £; ⊙April–Sept. 10–18 Uhr, Okt. bis 17 Uhr, Nov.–März Sa & So bis 16 Uhr; P) Auf sattgrünem Rasen mit Büschen, die in Tierformen geschnitten sind davor, dümpeln die kläglichen Überreste einer Cluniazenserabtei vor sich hin, die von normannischen Mönchen auf den Überresten eines angelsächsischen Klosters von 680 errichtet wurde. Hauptattraktionen sind das reich verzierte Kapitelhaus und ein auffälliges Steinbecken, an dem sich die Mönche vor den Mahlzeiten wuschen.

🛏 Schlafen & Essen

Wilderhope Manor YHA   HOSTEL £
(☏0845 371 9149; www.yha.org.uk; Longville-in-the-Dale; B/DZ/FZ ab 16/65/99 £; P) Die Jugendherberge liegt in einem elisabethanischen Natursteinhaus mit Satteldach, Wendeltreppen, Holztäfelungen, einem riesigen Speisesaal mit Steinboden und geräumigen Zimmern, denen alte Eichenbalken viel Flair verleihen. Wahrhaft ein Hostel für Könige! Die Herberge liegt 12 km südwestlich von Much Wenlock und ist am besten mit einem eigenen Fahrzeug zu erreichen.

Raven Hotel   HOTEL ££
(☏01952-727251; www.ravenhotel.com; Barrow St; DZ 120–130 £, Suite 150 £; P🛜) Mit ihren umgebauten Stallungen ist die ehemalige Kutschenstation aus dem 17. Jh. Wenlocks Top-Adresse. Die geschmackvolle Einrichtung im Country-Look unterstreicht den historischen Charme. Im **Restaurant** (Hauptgerichte mittags 12,50–18 £, 2-/3-/5-/7-Gänge-Menü abends 29/39/45/59 £) mit Blick auf den üppig blühenden Garten werden die Gäste mit Klassikern der britischen und mediterranen Küche verwöhnt.

Fox   PUB ££
(☏01952-727292; 46 High St; Hauptgerichte 10–23 £; ⊙Mo–Fr 17–21, Sa 12–21, So 12–20 Uhr; 🛜) Ein riesiger Kamin sorgt für heime-

lige Wärme, während die Küche Produkte aus der Umgebung (Rind, Fasan, Reh) zu schmackhaften Gerichten verarbeitet, zu denen am besten ein Pint Ale aus Shropshire passt. Wem der Sinn nach einem romantischen Abendessen mit Kerzenlicht steht, bekommt auch das. Die fünf Gästezimmer (EZ/DZ/FZ ab 65/85/115 £) sind modern eingerichtet.

❶ Praktische Informationen

Zur **Touristeninformation** (☑ 01952-727679; www.shropshire.gov.uk; The Square; ⊗ April–Okt. 10.30–13 & 13.30–17 Uhr, Nov.–März Fr–So 10.30–13 & 13.30–16 Uhr) gehört ein kleines Museum (Eintritt frei) zur Lokalgeschichte.

❶ An- & Weiterreise

Bus 436 fährt von Shrewsbury nach Much Wenlock (3,10 £, 35 Min., Mo–Sa stündl.) und weiter nach Bridgnorth (3 £, 20 Min.). Mit Bus 88 geht's nach Ironbridge (2,90 £, 30 Min., Mo–Sa alle 2 Std.).

Bridgnorth & Umgebung

12 212 EW.

Eingeklemmt zwischen zwei spektakulären, steil zum Severn abfallenden Sandsteinbrocken wartet eines der schönsten historischen Städtchen Shropshires mit einer Vielzahl architektonischer Schmuckstücke auf, auch wenn große Teile der Oberstadt während des Bürgerkriegs 1646 einem Brand zum Opfer fielen.

Einige der schönsten Häuser liegen im **St. Leonard's Close** rund um die gleichnamige Kirche, darunter ehemalige Armenhäuser und ein prächtiges, sechsgiebliges Gebäude, in dem früher die höhere Schule untergebracht war.

Eine Bergbahn aus dem 19. Jh., die steilste Großbritanniens, sowie mehrere enge Gassen verbinden die High Town (Oberstadt) mit der Low Town (Unterstadt). Am unteren Ende des steilen, nur für Fußgänger zugänglichen Cartway steht das **Bishop Percy's House** von 1580.

◉ Sehenswertes & Aktivitäten

Daniels Mill   MÜHLE

(☑ 01746-762753; www.danielsmill.co.uk; The Cankhorn, Eardington; Erw./Kind 5/4 £; ⊗ Ostern–Okt. Do–So 11–16 Uhr) Die größte noch arbeitende Wassermühle des Landes beliefert die an-

sässigen Bäckereien mit Mehl. Der Müller wohnt im Gebäude und erklärt Besuchern bei laufenden Maschinen, wie die Mühle funktioniert. Sie steht rund 1,5 km südlich vom Zentrum und ist zu Fuß oder mit einem eigenen Fahrzeug zu erreichen.

Severn Valley Railway   HISTORISCHE EISENBAHN

(☑ 01299-403816; www.svr.co.uk; Hollybush Rd; einfach/hin & zurück Erw. 13,50/19 £, Kind 9,50/13 £; ⊗ Mai–Sept. tgl., Okt.–April Sa & So) Bridgnorth ist die nördliche Endstation der Severn Valley Railway, deren historische Dampf- und Dieselloks durch das Tal nach Kidderminster schnaufen. Der Bahnhof liegt in der Hollybush Road. Termine für Sonderveranstaltungen können dort erfragt werden.

Parallel zu den Schienen verläuft ein landschaftlich schöner, rund 32 km langer Abschnitt des Radwegs Mercian Way (MCN 45) in Richtung Wyre Forest.

Bridgnorth Cliff Railway   HISTORISCHE EISENBAHN

(☑ 01746-762052; www.bridgnorthcliffrailway.co.uk; Eingänge 6a Castle Tce & Underhill St; hin & zurück 1,60 £; ⊗ Mai–Sept. Mo–Sa 8–20, So 12–20 Uhr, Okt.–April bis 18.30 Uhr) Großbritanniens steilste Bergbahn quält sich seit 1892 die 50 m hohen Felsen hinauf. An der Endstation beginnt ein Fußgängerweg (mit schönsten Ausblicken besonders bei Nacht), der um die Felsnase herum zu einem hübschen Park mit teils bedenklich schiefen Überresten des **Bridgnorth Castle** führt und dabei die beeindruckende **St. Mary's Church** von Thomas Telford, die von einer Kuppel bekrönt wird, passiert.

🛏 Schlafen & Essen

Severn Arms Hotel   HOTEL ££

(☑ 01746-764616; www.thesevernarms.co.uk; 3 Underhill St; EZ mit/ohne Bad ab 32/46 £, DZ 66 £, FZ 75 £; ☎) Am Fuß der Felsnase, gleich neben der Bergbahn, bietet das Hotel in einem georgianischen Gebäude Komfort und beste Sicht auf die Brücke über den Severn. Die hilfsbereiten Besitzer erklären Gästen den Weg zum Parkplatz auf der anderen Flussseite, der ein paar Minuten zu Fuß entfernt liegt. Die Familienzimmer bieten Platz für zwei Erwachsene und zwei Kinder.

Cinnamon Cafe   CAFÉ £

(☑ 01746-762944; Waterloo House, Cartway; Gerichte 5–8 £; ⊗ Mo–Fr 9–18, Sa 10–16 Uhr; 🖉 📶) Dank der Lage nicht weit vom oberen Ende des Cartway bieten Gastraum und Terrasse des Cafés (mit Schanklizenz) fabelhafte Ausblicke. Zu essen gibt's leckere Ofengerichte (auch vegetarisch und vegan), Quiches, hausgemachtes Müsli und Kuchen.

❶ Praktische Informationen

Die **Touristeninformation** (☑ 01746-763257; www.visitbridgnorth.co.uk; Listley St; ⊙ Mo–Fr 9.30–17, Sa 9–17 Uhr) ist in der Stadtbücherei.

❶ An- & Weiterreise

Bus 436 fährt von Shrewsbury nach Bridgnorth (3,40 £, 1 Std., Mo–Sa stündl.) mit Zwischenstation in Much Wenlock (3,40 £, 25 Min.). Bus 99 verbindet Bridgnorth mit Ironbridge (3,40 £, 30 Min., Mo–Sa alle 2 Std.).

Church Stretton & Umgebung

2789 EW.

Der Long Mynd und die Caradoc Hills bilden ein tiefes Tal, in dem sich Church Stretton als Ausgangspunkt für Wander- und Radtouren durch die Shropshire Hills anbietet. Die meisten der schwarz-weißen Fachwerkhäuser sind Nachbauten. Sie wurden in viktorianischer Zeit errichtet, als sich hier die High Society vom Smog der Städte erholte.

⦿ Sehenswertes & Aktivitäten

Die große Attraktion sind die Wandermöglichkeiten. In der Touristeninformation gibt's Karten mit Mountainbike-Routen und Infos über Reitmöglichkeiten (s. auch unter www.shropshireriding.co.uk).

Church Stretton klammert sich an die steilen Hänge des 517 m hohen **Long Mynd**, der bekanntesten Erhebung in den Shropshire Hills. Im 19. Jh. tauften die Touristen die kahlen aber dramatischen Felsen liebevoll *Little Switzerland*. Zahlreiche Wanderwege bieten herrliche Aussichten in die Umgebung. Ein beliebter Ausgangspunkt für Touren ist der Parkplatz des National Trust (pro Tag 3,60 £) am Ende des **Carding Mill Valley** (www.cardingmillvalley.org.uk), knapp einen Kilometer westlich der Shrewsbury Road. Dort bietet ein **Tearoom** (Carding Mill Valley; Gerichte 3,50–7,50 £; ⊙ April–Okt. 10–17 Uhr, Nov.–März bis 16 Uhr) Getränke und Snacks an.

Ein Wirrwarr einspuriger Landstraßen klettert über den Long Mynd hinüber zum Nachbarkamm **Stiperstones**, der von etwas unheimlich wirkenden Felszacken überzogen ist. Auf der Weiterfahrt bietet sich The Bog mit Touristeninformation und Café als Zwischenhalt an. Um das ehemalige Schulhaus aus viktorianischer Zeit stehen die Überreste eines verlassenen Bergarbeiterdörfchens. Nicht weit entfernt liegt das Dorf Snailbeach mit interessanten Zeugnissen aus der Zeit, als hier Blei abgebaut wurde.

Snailbeach   MINE
(☑ 01952-405105; www.shropshiremines.org.uk) Das ehemalige Blei- und Silberbergbaudorf Snailbeach ist buchstäblich übersät mit interessanten Überresten von Maschinen, die vor sich hin rosten. Das **Bog Centre** (☑ 01743-792484; www.bogcentre.co.uk; The Bog, Stiperstones; ⊙ Ostern–Sept. Mo 12–17, Di–So 10–17 Uhr, Okt.–Anfang Nov. Mo 12–16, Di–So 10–16 Uhr; ☎) verkauft Faltblätter (0,50 £) für die Erkundung der Stätte. Die Alternative sind zwei Führungen: Die 30-minütige **Day Level & Surface Tour** (Juni–Sept. So 11–16 Uhr alle 30 Min.; Erw./Kind 7,50/3 £) erkundet die Außenanlagen und den Eingang zur Mine. Die 2½-stündige **Roberts/Perkins Level Tour** (Juni–Sept. So nach Vereinbarung; Erw./Kind 5/3 £) führt tief in die Mine hinein.

Plush Hill Cycles   RADFAHREN
(☑ 01694-720133; www.plushhillcycles.co.uk; 8 The Square; halber/ganzer Tag ab 17/22 £; ⊙ Mo, Di, Do & Fr 9–17.30, Sa 9–17, So 10–16 Uhr) Der Fahrradverleih hat eine gute Auswahl an Mountainbikes und Elektrorädern. Helme, Karten und Kindersitze sind im Preis inbegriffen. Es muss eine Kaution von 50 £ hinterlegt werden. Ab 40 £ wird der gewünschte fahrbarer Untersatz im Umkreis von zehn Meilen (16 km) kostenlos geliefert.

🛏 Schlafen & Essen

Bridges Long Mynd YHA   HOSTEL £
(☑ 01588-650656; www.yha.org.uk; Bridges; B ab 19 £, Camping ab 8 £ pro Pers.; Ⓟ) 🌿 Das in schönster Stille gelegene Hostel am anderen Ende des Long Mynd ist bei Wanderern sehr beliebt. Es logiert im ehemaligen Schulhaus des winzigen Weilers Bridges, hat weder WLAN noch Telefonanschluss, akzeptiert keine Kreditkarten und bietet keine Onlinebuchung an. Anfahrt per Pkw über Ratlinghope – von dort liegt das Hostel knapp 2,5 km südwestlich –, oder mit dem Long Mynd & Stiperstones Shuttlebus (S. 468).

1. Ploughman's Lunch **2.** *Scones* mit *jam* und *cream*
3. Ein typisches englisches Frühstück **4.** Fish & Chips

MONKEY BUSINESS IMAGES / SHUTTERSTOCK ©

AS FOOD STUDIO / SHUTTERSTOCK ©

So schmeckt England

Die Zeiten, in denen England ein Synomym für fades Essen war, sind vorbei. Heute bekommt man in jedem Winkel des Landes hochwertige Gerichte, die sich um regionale und saisonale Zutaten drehen. Es gibt immer noch keine englische Entsprechung für *„bon appetit"*, aber zumindest kann man diesen Ausdruck inzwischen aufrichtig benutzen – anstatt mit einem Hauch Ironie.

Frühstück

Für viele Gäste beginnt der kulinarische Tag im Hotel oder B&B mit dem Phänomen des *full English breakfast* – einem großen Teller mit vorwiegend gebratenen Speisen, der jeden überwältigt, der sonst nur ein Schälchen Müsli isst. Aber nur Mut, derartig gestärkt ist man garantiert fit für stundenlange Besichtigungstouren.

Mittag- & Abendessen

Unbedingt sollte man hierfür zwei urenglische Institutionen ausprobieren, Café und Pub. In Städten sind Cafés eine gute günstigere Ess-Option. Auf dem Land heißen sie oft Teashops und sind ideal für einen traditionellen Afternoon Tea mit *scones*, *jam* und *cream*. Pubs sind natürlich in erster Linie der Ort, um traditionelles englisches Bier zu kosten, sie bieten daneben aber auch preiswerte Mahlzeiten an. Diejenigen mit besonderem Schwerpunkt auf ihrer Küche nennt man auch „Gastropubs".

Englische Klassiker

Fish & Chips Am besten schmeckt die traditionelle Leibspeise an der Küste.

Sandwich Die englische „Erfindung" aus dem 18. Jh. hat die Welt erobert.

Ploughman's Lunch Brot, Käse und Branston Pickle, fehlt auf kaum einer Pub-Speisekarte, perfekt zu einem Pint.

Roast Beef & Yorkshire Pudding Der gute alte englische Sonntagsbraten.

Cumberland Sausage Spezialität aus dem Norden, so groß, dass sie nur aufgerollt auf den Teller passt.

Cornish Pasty Ursprünglich nur im Südwesten, heute landesweit zu haben.

Mynd Guest House
B&B ££

(☎01694-722212; www.myndhouse.co.uk; Ludlow Rd, Little Stretton; EZ/DZ ab 55/80 £; P ☎) Rund 3 km südlich von Church Stretton liegt das ansprechende B&B direkt am Mynd. Es bietet wunderschöne Talblicke aus vier Zimmern, die nach den Hügeln der Umgebung benannt sind. Dazu gibt's eine kleine Bar, eine Lounge mit Literatur über die Gegend und einen Trockenraum für Wanderschuhe und -bekleidung.

Berry's Coffee House
CAFÉ £

(☎01694-724452; www.berryscoffeehouse.co.uk; 17 High St; Gerichte 3,50–8 £; ⏱9–17 Uhr; ☎) 🍃 Bioanbau, artgerechte Haltung und Fair Trade sind Prinzip in der Küche des sehr gemütlichen Cafés, das sich in einem Gebäude aus dem 18. Jh. mehrere Räume füllt. Die Shropshire-Frühstücke wie auch alle anderen Speisen werden frisch zubereitet. Weißwein, Bier und Cider stammen aus Shropshire. Keine Kreditkarten.

Bridges
PUB ££

(☎01588-650260; www.thebridgespub.co.uk; Ratlinghope; Hauptgerichte mittags 5,50–9,50 £, abends 10–18 £; ⏱Küche Mo–Sa 11.30–21, So 12.30–20.30 Uhr, Bar 11–23 Uhr; 🚗☎) Rund 8 km nordöstlich von Church Stretton liegt versteckt am Fuße des Long Mynd eines dieser wunderbaren ländlichen Pubs mit Livemusik, Uferterrasse, ein paar netten Zimmern (Bett/DZ ab 27/55 £) und richtig leckerer Küche (Lammhaxe mit Minzsauce, Rindfleisch-Lasagne). Mini-Burger, panierter Fisch und Würstchen zählen zu den Hits auf der Kinderkarte.

❶ Praktische Informationen

Die **Touristeninformation** (☎ 01694-723133; www.churchstretton.co.uk; Church St; ⏱April–Sept. Mo–Sa 9.30–13 & 13.30–17 Uhr, Okt.–März Mo–Sa 9.30–13 & 13.30–15 Uhr) liegt neben der Bücherei und bietet umfangreiches Infomaterial zu Wandermöglichkeiten sowie kostenlosen Internetzugang.

❶ An- & Weiterreise

BUS

Bus 553 fährt von Shrewsbury nach Bishop's Castle und hält in Stiperstones und Snailbeach (3,70 £, 1 Std., Mo–Sa 5-mal tgl.).

Von Mai bis September pendelt an Wochenenden der **Long Mynd & Stiperstones Shuttle** (www.shropshirehillsaonb.co.uk; Tagesticket 7 £; ⏱Mai–Sept.) zwischen dem Carding Mill Valley bei Church Stretton und den Dörfern um den Long Mynd. Er hält nach Bedarf (kräftig winken!) und macht Station an der Jugendherberge von Bridges sowie in Stiperstones, nicht weit von der Bleimine Snailbeach.

ZUG

Die Züge zwischen Ludlow (7,10 £) und Shrewsbury (6,20 £) halten stündlich auf halber Strecke in Church Stretton (jeweils 15 Min.). Eine Alternative ist der Bus 435 ab Shrewsbury oder Ludlow (2,95 £, 40 Min., Mo–Fr stündl., Sa alle 2 Std.).

Bishop's Castle
1630 EW.

Bishop's Castle, eine Handvoll Fachwerkhäuser und Cottages wie aus dem Bilderbuch, liegt friedlich eingebettet inmitten der herrlichen Natur Shropshires. Die High Street klettert von der Dorfkirche hoch zum restaurierten **Rathaus** von 1765 und zu dem **House on Crutches** (Haus auf Stelzen; ☎01588-630556; www.hocmuseum.org.uk; High St; ⏱April–Sept. Sa & So 14–17 Uhr) GRATIS, in dem das kleine **Heimatmuseum** untergebracht ist.

In der Galerie über der **Touristeninformation** (☎01588-630023; www.bishopscastle townhall.co.uk; High St; ⏱Mo–Sa 10–16 Uhr) stellen ortsansässige Künstler ihre Werke aus.

◉ Sehenswertes & Aktivitäten

Für Wanderer bietet sich ab Bishop's Castle der **Shropshire Way** (www.shropshirewal king.co.uk) an, der auf den Fernwanderweg **Offa's Dyke Path** sowie im Westen auf den **Kerry Ridgeway** stößt. Die nördlichen Abschnitte des Shropshire Way winden sich nahe bei Church Stretton hinauf zu den Felskämmen von Stiperstones und Long Mynd. Außerdem liegt Bishop's Castle am beliebten Radweg **Six Castles Cycleway** (NCN-Route 44) von Shrewsbury nach Leominster.

★ Kerry Vale Vineyard
WEINGUT

(☎01588-620627; www.kerryvalevineyard.co.uk; Pentreheyling; Führungen 10–25 £; ⏱Führungen April–Okt. Mi, Sa, So & Feiertage 12 Uhr, Shop & Café Mitte März–Dez. Di–So 10–16 Uhr) Auf 2,4 ha des ehemaligen Pentreheyling Roman Fort, wo Töpfer- und Metallwaren gefunden wurden, die in den Verkaufsräumen des Weinguts zu sehen sind, stehen inzwischen über 6000 Rebstöcke. Die 90-minütige Führung umfasst einen Spaziergang durch die Weinberge, einen Vortrag zur römischen Geschichte der Stätte und drei Verkostungen. Bei der dreistündigen Führung gibt's fünf Verkostungen samt Anleitung und einen *afternoon tea* mit dem Schaumwein des Guts. Oder man bestellt sich im Café ein Probierset (ab 2 £).

🛏 Schlafen & Essen

Poppy House
B&B **££**

(☎01588-638443; www.poppyhouse.co.uk; 20 Market Sq; EZ/DZ ab 40/60 £, Cafégerichte 2,50–9,50 £; ☺Café Mi–Mo 10–16 Uhr; 🛜📶) Die an ein freundliches **Café** angeschlossene Pension bietet individuell eingerichtete Zimmer mit Riegeltüren und altem Gebälk. Von Samstag auf Sonntag kosten die Doppelzimmer 80 £. Für Kinder im Alter von fünf bis 16 Jahren, die im Zimmer der Eltern übernachten, werden 20 £ pro Nacht berechnet; Kinder unter fünf Jahren nächtigen gratis.

Castle Hotel
HOTEL **££**

(☎01588-638403; www.thecastlehotelbishopscastle.co.uk; Market Sq; EZ/DZ/FZ mit Frühstück ab 75/95/140 £; 🅿🛜📶🍽) Beim Bau des wuchtigen Gasthofs im 18. Jh. wurden Steine aus dem Gemäuer einer mittlerweile verschwundenen Burg verwendet, aus der auch die wunderschöne Holztäfelung im Speiseraum stammt (Hauptgerichte 11–22 £). Die zwölf Zimmer mit Bad sind mit modernen Stoffen sehr ansprechend eingerichtet. Es gibt auch Familienzimmer mit drei Betten und Kinderbetten. Am Wochenende kosten Doppelzimmer ab 115 £.

New Deli
FEINKOST **£**

(35 High St; Gerichte 2,50–8,50 £; ☺Di–Sa 9.30–16.30 Uhr) 🥗 Käse und Brot aus England und Wales, dazu Schinken, Salami und Wurstwaren, fertige Salate, Chutneys und Pickles, Kuchen und Kekse sowie Bier, Wein und Spirituosen – in diesem verführerischen Feinkostladen kann man sich wunderbar für ein Picknick auf einer Wanderung in den umliegenden Hügeln eindecken.

🍷 Ausgehen

Three Tuns
PUB

(www.thethreetunsinn.co.uk; Salop St; ☺Mo–Sa 12–23, So bis 22 Uhr; 🛜) Die beste Kneipe vor Ort gehört zur der winzigen Three Tuns Brewery, über deren Hof seit 1642 Fässer mit haselnussbraunem Ale gerollt werden. Kein Wunder, dass sich hier die Einheimischen tummeln: Das Bier ist wirklich spitze! Im Sommer treten regelmäßig Jazz-, Blues- und Blasensembles auf.

ℹ An- & Weiterreise

Bus 553 sorgt für die Verbindung mit Shrewsbury (3,60 £, 1¼ Std., Mo–Sa 4-mal tgl.).

Ludlow

11 003 EW.

In dem feine Marktstädtchen am Nordufer des River Teme rund um die Ruine einer einstmals prächtigen normannischen Burg säumt schönste Fachwerkarchitektur im Tudorstil die Kopfsteinpflasterstraßen.

👁 Sehenswertes & Aktivitäten

Die Umgebung von Ludlow ist landschaftlich außerordentlich reizvoll. Direkt vor dem Eingang zur Burg beginnt der **Mortimer Trail**, ein 48 km langer, gut ausgeschilderter Wanderweg durch typisch englische Naturidylle bis nach Kington in Herefordshire. In der Touristeninformation gibt's Broschüren, weitere Infos stehen auf www.exploremortimercountry.com.

Fahrräder verleiht **Wheely Wonderful** (☎01568-770755; www.wheelywonderfulcycling.co.uk; Petchfield Farm, Elton; Rad für Erw./Kind ab 20/15 £ pro Tag; ☺April–Okt. Mo–Sa 9–17, So nach Absprache) 8 km westlich von Ludlow.

Ludlow Castle
BURG

(☎01584-873355; www.ludlowcastle.com; Castle Sq; Erw./Kind 5/2,50 £; ☺Aug. tgl. 10–18 Uhr, April–Juli & Sept. bis 17 Uhr, Okt., Nov., Feb. & März bis 16 Uhr, Dez. & Jan. Sa & So bis 16 Uhr) In strategisch günstiger Lage thront die Burg auf einem Felsen, der sich über der Flussbiegung erhebt. Sie wurde als Bollwerk gegen plündernde Waliser – oder als Vorposten in Wales einfallender Engländer, je nach Sichtweise – kurz nach der normannischen Eroberung errichtet und im 14. Jh. stark vergrößert.

Die normannische Kapelle im Innenhof gehört zu den wenigen noch existierenden Rundkapellen Englands. Der dicke Wachturm (um 1090 erbaut) bietet schöne Ausblicke über die Hügellandschaft.

Church of St. Laurence
KIRCHE

(www.stlaurences.org.uk; 2 College St; Eintritt gegen Spende von 3 £; ☺10–17 Uhr) St. Laurence ist eine der größten Pfarrkirchen Großbritanniens. Sie beherbergt eindrucksvolle elisabethanische Grabmale aus Alabaster sowie ein mittelalterliches Chorgestühl, dessen Stützbretter mit hämischen Schnitzereien verziert sind, z. B. einem auf einem Bierfass reitenden fröhlichen Zecher. Ein Hingucker in der Marienkapelle ist das wunderschöne **Jesse-Fenster** von 1330 (das Glas wurde jedoch größtenteils in der viktorianischen Ära ausgetauscht). Vier Fenster in der Johannes-Kapelle stammen aus dem 15. Jh., darunter das honigfarbene **Golden Window**. 200 Stufen führen hinauf in den **Turm** (Zutritt in der Spende enthalten), von dessen Spitze sich herrliche Ausblicke bieten.

Ludlow Brewing Company BRAUEREI

(☎ 01584-873291; www.theludlowbrewingcompany. co.uk; The Railway Shed, Station Dr; Führungen 6 £; ⊙ Führungen Mo–Fr 15, Sa 14 Uhr, Pub Mo–Do 10–17, Fr bis 18, Sa bis 16 Uhr) Eine unauffällige Gasse führt zu der Brauerei, die ihre preisgekrönten naturbelassenen Biere direkt vor Ort in einer weitläufigen, im Industrie-Look gestylten Bar ausschenkt. Es werden auch einstündige Führungen angeboten (inklusive einem Pint und sechs Probiergläschen).

Ghost Walk STADTRUNDGANG

(www.shropshireghostwalks.co.uk; Erw./Kind 5/4 £; ⊙ Ostern–Dez. Fr 20 Uhr) Ob es in Ludlow spukt, können Besucher auf einer 90-minütigen „Geistertour" feststellen, die vor dem Church Inn am Buttercross beginnt.

Festivals & Events

Ludlow Spring Festival KULTURFESTIVAL

(www.ludlowspringestival.co.uk; ⊙ Mitte Mai) Das dreitägige Fest nutzt die Burg als spektakuläre Kulisse für mehr als hundert Bier-, Cider- und Essensstände, eine Oldtimershow und Konzerte.

Ludlow Food & Drink Festival ESSEN & TRINKEN

(www.foodfestival.co.uk; ⊙ Sept.) Das 1995 ins Leben gerufene Schlemmerfestival findet an einem langen Septemberwochenende statt.

Schlafen

Feathers Hotel HISTORISCHES HOTEL ££

(☎ 01584-875261; www.feathersatludlow.co.uk; 21 Bull Ring; EZ/DZ/FZ ab 95/145/180 £; ᴾ ᴾ ᴾ ᴾ) Hinter der unglaublich reich verzierten jakobinischen Fachwerkfassade von 1619 wartet ein Hotel, in dem Wandteppiche, knarzende Holzmöbel, freigelegte Balken und Buntglasfenster eine so dichte Atmosphäre schaffen, dass die Ritter zu hören meint, die einen Trinkspruch auf ihren König ausbringen. Die Zimmer im alten Gebäudeteil haben erheblich mehr Charme und Charakter als die im neuen Trakt. Das **Restaurant**

(2-/3-Gänge-Menüs 34,50/42 £) ist wärmstens zu empfehlen.

Clive BOUTIQUEHOTEL ££

(☎ 01584-856565; www.theclive.co.uk; Bromfield Rd, Bromfield; DZ/FZ mit Frühstück ab 89/137,50 £; ᴾ ᴾ ᴾ ᴾ) Für Gourmets ist dies die beste Unterkunft in Ludlow. Sie liegt 6,5 km nordwestlich vom Ort, neben dem Ludlow Food Centre (S. 471), und verfügt über ein eigenes erstklassiges Restaurant. Das Frühstück wird in der Ludlow Kitchen (S. 471) serviert. Viele der 15 geräumigen Zimmer liegen im Erdgeschoss; die Familienzimmer umfassen zwei durch ein Badezimmer voneinander getrennte Schlafbereiche, sodass Eltern und Kinder jeweils ihre eigenen Räumlichkeiten haben.

Charlton Arms GASTHOF ££

(☎ 01584-872813; www.charltonarms.co.uk; Ludford Bridge; DZ 100–160 £; ᴾ ᴾ ᴾ) Die besten Zimmer des charaktervollen Landgasthofs haben Blick auf den Fluss Teme, und unter denen gibt es wiederum welche mit eigener Terrasse (der Spitzenreiter mit Holzwanne im Freien und mit Himmelbett). Im Familienzimmer ist Platz für drei Personen. Das Hotelrestaurant, ebenfalls mit Terrasse, entspricht mit moderner britischer Küche dem (hohen) Ludlow-Standard, beim Service gibt's absolut nichts zu meckern. Weiterer Pluspunkt: ein großer Gästeparkplatz.

Dinham Hall Hotel HOTEL £££

(☎ 01584-876464; www.dinhamhall.com; Dinham Rd; EZ/DZ/Suite ab 120/135/235 £; ᴾ ᴾ ᴾ) Das herrschaftliche Landhaus aus dem 18. Jh. bietet verschwenderisch mit Stilmöbeln eingerichtete Zimmer und phantastische Ausblicke auf die Burg und den Fluss Teme. Das Feinschmeckerrestaurant **Elliots** ist für seinen *afternoon tea* (ab 15 Uhr; ab 18 £ pro Pers.) berühmt.

Essen & Ausgehen

Green Cafe CAFÉ £

(☎ 01584-879872; www.thegreencafe.co.uk; Mill on the Green, Linney; Gerichte 5–11 £; ⊙ Feb.–Dez. Di–So 10–16 Uhr; ᴾ) Das „grüne Café", das sich der Slow-Food-Bewegung zurechnet, nutzt seine optimale Lage am Wehr für einen großen Außenbereich mit 25 Sitzplätzen (drinnen gibt's weitere 30 Plätze). Das lukullische Angebot reicht von *salt brisket-beef baps* (warme Brötchen mit gepökeltem Rindfleisch) bis zur Ochsenzunge mit Haselnusspesto und Zitronen-Polenta-Kuchen. Wein, Bier und Cider werden von Kleinproduzenten geliefert. Für Kinder gibt's heiße Schokolade, Smoothies und mehr.

Ludlow Kitchen
CAFÉ £

(☎01584-856020; www.ludlowkitchen.co.uk; Bromfield Rd, Bromfield; Frühstück 3,50–8,50 £, Hauptgerichte mittags 7–12,50 £; ☺Mo–Sa 7–17.30, So 8–16 Uhr; ☑) ✎ In diesem sonnendurchfluteten Café 6,5 km nordwestlich von Ludlow in der Nähe der Bromfield Road (A49) werden Erzeugnisse aus dem Hofladen Ludlow Food Centre (S. 471) serviert. Nach dem phantastischen Frühstück (hausgemachtes geröstetes Müsli, englisches Frühstück mit Eiern aus Freilandhaltung, Bioschinken und Blutwurst, *eggs royale*) folgt das Mittagessen mit Gerichten wie Kabeljau im Bierteig, mit Bier der Ludlow Brewing Company und serviert mit pikanter Tatarensoße.

Fish House
FISCH & MEERESFRÜCHTE £

(☎01584-879790; www.thefishhouseludlow.co.uk; 50 Bull Ring; Probierteller 4–10 £, Meeresfrüchteplatte 68 £; ☺Mi–Sa 12–15 Uhr) Wer an einem der aus Fässern gebauten Tische sitzen will, sollte unbedingt vorbestellen (außer samstags, da gilt: Wer zuerst kommt, mahlt zuerst). Die landesweit angesagte Fisch- und Austernbar bietet wahre Meeresschätze: tischfertige Whitby-Krebse, geräucherten Arbroath-Schellfisch, Austern aus der Bigbury Bay usw. Auf dem Verkostungsteller kommen Biobrot, -zitrone und -mayonnaise dazu. Die Meeresfrüchteplatte (nur Fr und Sa) verdient ein Glas Champagner als Begleitung.

Wheatsheaf Inn
PUB

(www.wheatsheafludlow.co.uk; Lower Broad St; ☺12–23 Uhr) In dem kleinen, ruhigen Pub am mittelalterlichen Broadgate mit unverputzten Wänden, freiliegenden Holzbalken, zwei gemütlichen Kaminen und einer guten Auswahl an regionalen Bieren ist es ausgesprochen gemütlich.

Church Inn
PUB

(www.thechurchinncom; Buttercross, King St; ☺Mo–Do 10–24, Fr & Sa bis 1, So bis 23 Uhr) Das mit Hopfen dekorierte Pub ist eine Gnadenstätte mit Predigerkanzel an der Bar. Es versteckt sich in einer engen Gasse neben dem ehemaligen Buttermarkt.

Unterhaltung

Ludlow Assembly Rooms
KINO

(☎01584-878141; www.ludlowassemblyrooms.co.uk; Erw. Standard/Balkon 7/8 £, Kind 6,50/7,50 £) Die Ludlow Assembly Rooms am Marktplatz beherbergen das Kino von Ludlow.

Shoppen

★ Ludlow Food Centre
LEBENSMITTEL & GETRÄNKE

(☎01584-856000; www.ludlowfoodcentre.co.uk; Bromfield Rd, Bromfield; ☺Mo–Sa 9–17.30, So bis 16.30 Uhr) ✎ Über 80 % des Angebots an Käse, Fleisch, Brot, Obst und Gemüse, das in dem riesigen Bauernladen zu verlockenden Stapeln aufgebaut ist, stammen aus der Region. Das gesamte Sortiment besteht aus über 4000 Produkten. Kunden können zuschauen, wie hinter Glaswänden traditionelle Marmeladen, Pies, Eiscremes und weitere Leckereien hergestellt werden. Die Anfahrt zum Food Centre 6,5 km nordwestlich von Ludlow an der Bromfield Road (A49), ist ausgeschildert.

Ludlow Market
MARKT

(www.ludlowmarket.co.uk; Castle Sq; ☺Mo, Mi, Fr & Sa 9.30–14 Uhr) Der Markt wird auf dem Platz abgehalten, auf dem früher das viktorianische Rathaus stand, das 1986 praktisch über Nacht abgerissen wurde. Donnertags und sonntags finden verschiedene andere Märkte wie Bauern-, Floh-, Bücher- oder ein Kunstgewerbemarkt statt.

ⓘ Praktische Informationen

Die **Touristeninformation** (☎01584-875053; www.visitshropshirehills.co.uk; Castle Sq; ☺April–Sept. tgl. 10–17 Uhr, Okt.–März Mo–Sa bis 16 Uhr) betreibt auch ein kleines Heimatmuseum (Erw./Kind 1 £/frei).

ⓘ An- & Weiterreise

Bus 435 fährt über Church Stretton (2,95 £, 40 Min.) nach Shrewsbury (3,85 £, 1½ Std., Mo–Fr stündl., Sa alle 2 Std.).

Vom Bahnhof am Nordrand von Ludlow fahren Züge nach Hereford (9,80 £, 25 Min., halbstündl.) und Shrewsbury (12,70 £, 30 Min., halbstündl.), teils mit Zwischenstopp in Church Stretton (7,10 £, 15 Min., stündl.).

NOTTINGHAMSHIRE

Wer Nottinghamshire hört, denkt automatisch an Robin Hood. Ob der Rächer der Armen tatsächlich existierte, ist umstritten, aber die Grafschaft zehrt von seinem Ruhm. Das Geschichtenerzählen scheint den Menschen hier im Blut zu liegen – Literaten wie D. H. Lawrence, Verfasser des Skandalromans *Lady Chatterley's Lover* und der hedonistische Dichter Lord Byron stammen aus

Nottinghamshire. Quirliges Zentrum der Grafschaft ist Nottingham, aber wer sich zu Streifzügen in die Umgebung entschließt, wird rund um den Sherwood Forest viele historische Orte und prächtige Landgüter entdecken.

❶ Anreise & Unterwegs vor Ort

Die meisten Busse fahren für National Express und **Trent Barton** (☎ 01773-712265; www.trentbarton.co.uk). Fahrpläne sind abrufbar bei **Traveline** (☎ 0871 200 2233; www.travelineeastmidlands.co.uk). Zu den meisten größeren Städten und einigen kleineren Orten im Peak District gibt es regelmäßige Zugverbindungen.

Nottingham & Umgebung

310 800 EW.

Männer in Leggings und ein Sheriff, dem ein Kurs in Stressmanagement gut tun würde – wer sich von den Robin-Hood-Stereotypen lösen kann, wird erkennen, dass Nottingham eine dynamische Provinzmetropole mit erkennbaren Tendenzen zur Großstadt ist. Zu den stimmungsvollen historischen Ecken kommt sich dank der vielen Studenten auch eine lebendige Musik- und Clubszene.

❍ Sehenswertes

⭐ Nottingham Castle   BURG, GALERIE
(☎0115-876 1400; www.nottinghamcastle.org.uk; Lenton Rd; Erw./Kind 6/5 £, Höhlenführungen 5 £/ frei; ☉Mitte Feb.–Okt. tgl. 10–17 Uhr, Nov.–Mitte Feb. Mi–So bis 16 Uhr, Höhlenführungen 12–15 Uhr stündl.) Nottinghams Burg thront auf einem von Höhlen und Tunneln durchzogenen Sandsteinmassiv. Sie geht auf Wilhelm den Eroberer zurück und diente einer ganzen Reihe englischer Könige als Stützpunkt, bevor sie im Bürgerkrieg geschleift wurde. Der an ihrer Stelle im 17. Jh. errichtete „Ersatz" gleicht mehr einem hochherrschaftlichen Landsitz und beherbergt ein landesgeschichtliches **Museum** sowie eine **Kunstgalerie**. Eine von mehreren verschiedenen Höhlenführungen erkundet den unterirdischen Felsentunnel **Mortimer's Hole** und endet bei fünf Cottages aus dem 17. Jh., in denen das **Museum of Nottingham Life at Brewhouse Yard** (☎0115-876 1400; www.nottinghamcity.gov.uk; Castle Blvd; Erw./Kind 2,50 £/ frei; ☉Sa & So 12–16 Uhr) beheimatet ist. Im alten Burggraben steht die vielfotografierte **Robin-Hood-Statue** (Castle Rd).

City of Caves   HÖHLE
(☎0115-988 1955; www.cityofcaves.com; Drury Walk, Upper Level, Broadmarsh Shopping Centre; Erw./Kind 7,95/5,95 £, mit Galleries of Justice 15/ 11,75 £; ☉10.30–16 Uhr) Im Verlauf der Jahrhunderte wurde in die Sandsteinschicht im Untergrund von Nottingham ein Labyrinth aus Gängen und Höhlen gegraben. Führungen mit Audioguide (Mo–Fr) und nachgespielten Szenen (Wochenende und Schulferien) bringen Besucher vom Einkaufszentrum Broadmarsh zu einem Luftschutzkeller aus dem Zweiten Weltkrieg, einer unterirdischen Gerberei aus dem Mittelalter, diversen Bierkellern und dem Nachbau einer Armenbehausung, wie es sie in der viktorianischen Ära hier gab. Reservierung erforderlich.

Galleries of Justice   MUSEUM
(☎0115-952 0555; www.galleriesofjustice.org.uk; High Pavement; Erw./Kind 9,95/7,95 £, mit City of Caves 15/11,75 £; ☉Mo–Fr 9–18, Sa & So 10–17.30 Uhr, Führungen Mo–Fr 10–16, Sa & So 10.30–16 Uhr) In der prächtigen georgianischen Shire Hall bieten die Galleries of Justice einen makabren Streifzug durch mehrere Jahrhunderte britischer Justizgeschichte, angefangen bei mittelalterlichen Strafen wie Ertränken und Verbrennen. Montags und dienstags gibt's die Führungen per Audioguide, von Mittwoch bis Sonntag (während der Schulferien täglich) sorgen schauspielerische Einlagen von „Kerkermeistern" für Action.

Nottingham Contemporary   GALERIE
(☎0115-948 9750; www.nottinghamcontemporary.org; Weekday Cross; ☉Di–Sa 10–18, So 11–17 Uhr) **GRATIS** Hinter der wie von Klöppelspitze überzogenen Betonfassade wird avantgardistische Kunst aus den Bereichen Malerei, Druck, Fotografie und Skulptur gezeigt.

St. Mary's Church   KIRCHE
(www.nottinghamchurches.org; High Pavement; ☉8–18.30 Uhr) Die Kirche wurde bereits zu angelsächsischer Zeit gegründet. Ein Besuch während des Evensong (Abendandacht; Mi 18.15, Sa 18.30 Uhr) ist ein stimmungsvolles Erlebnis.

Wollaton Hall   HISTORISCHES GEBÄUDE
(☎0115-876 3100; www.wollatonhall.co.uk; Wollaton Park, Derby Rd; Führungen Erw./Kind 5/3 £, Außenanlagen frei; ☉Führungen 11, 14 & 15 Uhr, Außenanlagen Mitte Feb.–Okt. Mo–Fr 8–20, Sa & So 9–20 Uhr, Nov.–Mitte Feb. Mo–Fr 9–19, Sa & So 10–19 Uhr)

SHERWOOD FOREST NATIONAL NATURE RESERVE

Wollte sich Robin Hood heute im Sherwood Forest verstecken, bräuchte er sich und seine tapferen Mannen nur in Radlertrikots zu stecken und auf Mountainbikes zu setzen. Der Waldbestand beschränkt sich mittlerweile auf 182 ha und ist für die Bevölkerung Nottinghams ein beliebtes Naherholungsgebiet.

Bis zur Eröffnung des geplanten Neubaus bleibt das **Sherwood Forest Visitor Centre** (www.nottinghamshire.gov.uk; Swinecote Rd, Edwinstowe; ☉ Ostern–Okt. 10–17.30 Uhr, Nov.–März bis 16.30 Uhr) an der B6034 eine wenig inspirierende Anlaufstelle mit Cafés und Souvenirläden in heruntergekommenen Gebäuden aus dem späten 20. Jh. Doch hier beginnen Wanderwege zu den diversen Attraktionen im Sherwood Forest, darunter die **Major Oak** (Rundweg, 1,6 km), eine Eiche mit ausladendem, von Pfählen gestütztem Astwerk, unter der Robin Hood Zuflucht gefunden haben soll.

Informative Führungen durch den Wald bietet **Ezekial Bone Tours** (S. 473).

Sherwood Pines Cycles (📞 01623-822855; www.sherwoodpinescycles.co.uk; Sherwood Pines Forest Park, Clipstone; Leihrad Erw./Kind 9/8 £ pro Std., 28/20 £ pro Tag; ☉ Do–Di 9–17, Mi bis 19 Uhr) Vermietet Fahrräder. Von Nottingham aus zu erreichen mit dem Sherwood-Arrow-Bus (5 £, 55 Min., Mo–Sa 4-mal tgl., So 2-mal).

Robin Hood Festival (www.nottinghamshire.gov.uk; ☉ Anfang Aug.) Anfang August wird der Sherwood Forest eine Woche lang ins Mittelalter zurückversetzt.

Wollaton Hall wurde 1580–1588 von dem Renaissancebaumeister Robert Smythson für den Landbesitzer und Magnaten Sir Francis Willoughby erbaut. Das Herrenhaus steht in einem 200 ha großen Park, in dem Dam- und Rotwild grast. Neben extravagant eingerichteten Räumen im Tudor-, Regency- und viktorianischen Stil, die zur Besichtigung stehen, sind hier das Naturkunde- und das Industriemuseum von Nottingham untergebracht.

Wollaton Hall liegt 4 km westlich vom Zentrum und ist mit den Bussen 30 und 2 ab Busbahnhof Victoria (2,20 £, 15 Min., Mo–Sa alle 15 Min., So halbstündl.) erreichbar.

Newstead Abbey　　　　HISTORISCHES GEBÄUDE
(📞 01623-455900; www.newsteadabbey.org.uk; Erw./Kind Haus 7/5 £, nur Garten 1 £; ☉ Haus Sa & So 12–17 Uhr, Garten tgl. 10–17 Uhr) Die stimmungsvolle Ruine der Newstead Abbey am Seeufer ist untrennbar verbunden mit dem von Gefühlen zerrissenen Romantiker Lord Byron (1788–1824), dem das Anwesen bis 1817 gehörte. Die um 1170 gegründete Augustinerabtei war 1539 in ein Wohnhaus umgewandelt worden.

Newstead Abbey liegt knapp 20 km nördlich von Nottingham, nicht weit von der A60. Die Pronto-Busse ab Busbahnhof Victoria halten am Eingangstor (3,20 £, 25 Min., Mo–Sa alle 10 Min., So halbstündl.). Von dort sind es noch rund 1,5 km bis zum Haus und den Gärten.

🏃 Aktivitäten & Geführte Touren

⭐ **Ezekial Bone Tours**　　STADTRUNDGANG
(📞 07941 210986; www.ezekialbone.com; Robin Hood Town Tours Erw./Kind 12/7 £; ☉ Robin Hood Town Tours mit Vorausbuchung März–Okt. Sa 14 Uhr) Nottinghams „moderner" Robin Hood, Ezekial Bone (eigentlich der Historiker, Schauspieler und Schriftsteller Ade Andrews), bietet sehr unterhaltsame geschichtliche **Robin-Hood-Stadtführungen**. Die 2½-stündigen Führungen beginnen am Pub Cross Keys. Infos zur 90-minütigen **Lace-Market-Führung** und zur 80-minütigen **Guts & Gore-Geisterführung** sowie zur auf Anfrage möglichen **Robin-Hood-Sherwood-Forest-Tour** sind auf der Website zu finden.

National Ice Centre　　　　EISLAUFEN
(📞 0843 373 3000; www.national-ice-centre.com; Bolero Sq; Eislaufen 6,50 £, Leihschlittschuhe 2 £) Am Bolero Square (benannt nach der legendären Kür, mit der das aus der Stadt stammende Eistanzpaar Jayne Torvill und Christopher Dean 1984 olympisches Gold holte) liegt das berühmteste britische Eislaufzentrum mit zwei Eisflächen mit Wettkampf-Maß (60 x 30 m). Zu dem Komplex gehört auch die **Motorpoint Arena**, das größte überdachte Stadion der East Midlands für Sport- und Showveranstaltungen.

Nottingham

N
0   200 m
0   0,1 Meile

Talbot St

Wollaton St

Victoria (350 m); Igloo
Backpackers Hostel (540 m)

Forman St

Upper Parliament St

Angel Row

Cannon
Ct.

Long Row

Market St

Bury St

Queen St

Clumber St

Lincoln St

George St

Broad St

Heathco

HOCKLEY

E Circus St

Park Row

Mount St

Maid Marian Way

Long Row

Old Market
Sq

Smithy Row

Pelham St

Victoria St

Carlton St

Woolpack La

National
Ice Centre
(150 m)

St James's Tce

St James's
St

Friar La

Spaniel
Row

South Pde

Wheeler
Gate

St Peter's Gate

Bridlesmith Walk

Bridlesmith
Gate

Weekday
Cross

Fletcher
Gate

St Mary's Gate

Pilcher
Gate

Broadway

LACE
MARKET

Rutland St

Hounds Gate

Castlegate

Low Pavement

Listergate

High Pavement

Middle Hill

Popham St

Lenton Rd

Castle Rd

Nottingham
Castle

Peveril Dr

Greyfriar
Gate

Collin St

Busbahnhof
Broadmarsh

Cliff Rd

Castle Blvd

Wilford St

Carrington St

Canal St

Castle
Wharf

Trent St

Nottingham Canal

Station St

Restaurant Sat
Bains (2,2 Meilen)

Bahnhof

Die Öffnungszeiten der Schlittschuhbahnen
(mit Disko am Wochenende) sind auf der
Website zu finden.

Festivals & Events

Goose Fair   VOLKSFEST

(www.nottinghamcity.gov.uk; Anfang Okt.) Aus
dem fünftägigen Gänsemarkt, zu dem im
Mittelalter fliegende Händler von überallher
zusammenkamen, ist ein großes Volksfest
geworden.

**Robin Hood Beer &
Cider Festival**   BIER & CIDER

(www.beerfestival.nottinghamcamra.org; Mitte
Okt.) Das viertägige Fest zieht unzählige Besucher aufs Burggelände, wo sie über 1000 Bier-
und 200 Cider-Sorten verkosten können.

Robin Hood Pageant   KULTURFEST

(www.nottinghamcastle.org.uk; Ende Okt.) Das
zweitägige Kostümfest Ende Oktober garantiert Spaß für die ganze Familie.

Schlafen

Igloo Hybrid Hostel   HOSTEL £

(☎0115-948 3822; www.igloohostel.co.uk; 4–6
Eldon Chambers, Wheeler Gate; B ab 19 £, EZ/
DZ-Schlafbox ab 29/64 £, EZ ohne/mit Bad ab
34/48 £, DZ ohne/mit Bad 72/98 £; ☎) Das 2015
eröffnete Schwesterhostel des sehr beliebten **Igloo Backpackers Hostel** (☎0115-947
5250; www.igloohostel.co.uk; 110 Mansfield Rd; B/
DZ ab 19/44 £; ☎) liegt hyperzentral einen
Katzensprung vom Old Market Square entfernt. Die Schlafkabinen im japanischen Stil
verfügen über USB-Anschlüsse und Leselampen. Außerdem stehen den Gästen eine
Küche und ein Hofgarten, in dem es gesellig
zugeht, zur Verfügung.

★ Lace Market Hotel   BOUTIQUEHOTEL ££

(☎0115-948 4414; www.lacemarkethotel.co.uk; 29–
31 High Pavement; EZ/DZ mit Frühstück ab 85/
135 £; P❋☎) Das Hotel in einem eleganten georgianischen Stadthaus mitten im

Nottingham

trendigen Viertel Lace Market bietet schick eingerichtete Zimmer mit ultramodernen Details und Annehmlichkeiten (einige haben Klimaanlage). Sowohl das angeschlossene Feinschmeckerrestaurant Merchants (S. 476) als auch das gemütliche Pub **Cock & Hoop** (www.lacemarkethotel.co.uk; 25 High Pavement; ⊙ Mo–Do 11–23, Fr bis 24, Sa bis 1, So bis 22.30 Uhr) sind absolute spitze.

St James Hotel   BOUTIQUEHOTEL **££**
(☑0115-941 1114; www.stjames-hotel.com; St James's Tce; EZ/DZ/Suite 74,50/89,50/204,50 £; ☎) Wunderschöne gemusterte Tapeten, Stoffe in kräftigen Farben und Designerelemente wie Hirschköpfe aus Edelstahl heben das St. James aus dem Einerlei vieler Unterkünfte heraus. Es liegt in einem immer attraktiver werdenden Viertel direkt beim Nottingham Castle, nicht weit von alten Pubs aber auch neuen Bars und Restaurants. In der Bibliothek mit mehr als 500 Büchern findet sich reichlich Lesestoff. Parkplätze stehen nebenan zur Verfügung (24 Std. 11 £).

Hart's   BOUTIQUEHOTEL **£££**
(☑0115-988 1900; www.hartsnottingham.co.uk; Standard Hill, Park Row; DZ 93–212 £, Suite 127–302 £, jeweils mit Frühstück; ℗☎) Wo früher das städtische Krankenhaus stand, hat sich nun das schickste Hotel Nottinghams niedergelassen. Der moderne Anbau ist ein Hingucker, auch die Zimmereinrichtung ist auf der Höhe der Zeit. Ein Fitnessraum und ein Garten steigern den Wohlfühlfaktor. Das **Hart's Restaurant** (☑0115-988 1900; www. hartsnottingham.co.uk; Standard Hill, Park Row; Hauptgerichte 16–30 £; ⊙12–14.30 & 18–22 Uhr; ☑) befindet sich im historischen Flügel aus rotem Backstein.

Essen

★ Delilah Fine Foods   FEINKOST, CAFÉ **£**
(www.delilahfinefoods.co.uk; 12 Victoria St; Gerichte 4–16 £, Platten 15–35 £; ⊙ Mo–Fr 8–19, Sa 9–19, So 11–17 Uhr; ☑) ⌖ Eine beeindruckende Käseauswahl (über 150 Sorten), Pâtés, Fleisch und andere handwerklich hergestellte Leckereien zum hier Essen oder Mitnehmen machen den Laden mit Sitzgelegenheiten auf der Galerie zum Feinschmeckerparadies. Der prächtige Bau war früher eine Bank.

Annie's Burger Shack   BURGER, AMERIKANISCH **£**
(www.anniesburgershack.com; 5 Broadway; Burger 8,90–13,20 £, Frühstück 6–10 £; ⊙Mo–Do 8–10.15 & 12–23.30, Sa 8–10.15 & 12–0.30, So 12–23.30 Uhr; ☎) Mehr als 30 verschiedene Burger, vegan, vegetarisch und mit Fleisch, stehen bei Annie's, einem extrem beliebten Laden am Lace Market, auf der Karte. Damit bleibt die Inhaberin ihren amerikanischen Wurzeln treu, auch wenn dazu *real ales* ausgeschenkt werden. Unter der Woche sind amerikanische Frühstücksklassiker wie

Blaubeerpfannkuchen mit Ahornsirup und Schinken oder *Boston franks 'n beans* (Bohnen mit Würstchen) zu haben. Reservieren!

Aubrey's Traditional Crêperie CRÊPERIE £
(www.aubreystraditionalcreperie.com; 14–16 West End Arcade; Gerichte 2,75–8 £; ⊘Mi–Sa 10–18 Uhr; 🖋) Pikante *galettes* aus Buchweizenmehl und ihre süßen Varianten mit Salzkaramell und bretonischem Cider kommen hier genauso auf den Tisch, wie der Franzose sie sich vorstellt. Für einen preisgünstigen Mittagshappen ist das reizende Minilokal perfekt. Neben den Klassikern gibt's aber auch Kreationen, die absolut nichts mit der Bretagne am Hut haben, z. B. mit einen Belag aus schwarzen Oliven, karamellisierten Zwiebeln, getrockneten Tomaten und Balsamessig oder Ingwer, Chili-Relish, Rucola und Chorizo.

Purecraft Bar & Kitchen GASTROPUB ££
(☎0115-934 9040; www.purecraftbars.com; 13 St Peter's Gate; Hauptgerichte 9–16 £, Platten 8,50–9,50 £; ⊘Küche Mo–Sa 12–22, So bis 18 Uhr, Bar Mo–Do 11–23, Fr & Sa 11–24, So 12–22 Uhr) Im Purecraft werden zu Craft-Bieren aus aller Welt passende Speisen gereicht, z. B. Platten mit Schweinefleisch aus dem Wyre Forest oder Käse aus Großbritannien, kleine Gerichte wie *Scotch egg* mit Purity-Bier-Ketchup, in Stout gepökelter Schinken und *rarebit* mit Old-Winchester-Käse, außerdem Wagyu-Burger und traditionelle Schweinefleischpasteten mit hausgemachtem Piccalilli-Relish.

Das Original zu diesem Ableger befindet sich in Birmingham (S. 429).

Merchants GOURMETKÜCHE £££
(☎0115-948 4414; www.lacemarkethotel.co.uk; 29–31 High Pavement; Hauptgerichte 19–30 £, 2-/3-Gänge-Mittagsmenü 14,50/18,50 £, 3-Gänge-Abendmenü 45 £; ⊘Mo–Sa 7–10, 12–14 & 17–22, So 7–10.30 & 12–14 Uhr) Ein großer Speisesaal mit Kassettendecke ist die Bühne für eine der besten Küchen in Nottingham. Zu ihren Spitzenkreationen gehören Texel-Lamm mit Pistazien und Zucchini, irische Meeresforelle mit Meerfenchel und Radieschen oder Morcheln mit dicken Bohnen und Ziegenweißkäse. Unser Vorschlag zum Dessert: Pochierter Rhabarber mit Panna Cotta, Crumble von Schwarzem Pfeffer und Basilikumeis.

Restaurant Sat Bains GOURMETKÜCHE £££
(☎0115-986 6566; www.restaurantsatbains.com; Lenton Lane; 7-/10-Gänge-Probiermenü 85/95 £; ⊘Mi & Do 18–21, Fr & Sa 18–21.45 Uhr; 🖋) Zwei Michelinsterne funkeln über Sat Bains' zweifellos revolutionärer modern europäischer Küche. Tische müssen lange im Voraus reserviert werden und bei Nichterscheinen wird eine saftige Ausfallzahlung fällig. Es gibt auch acht todschicke **Gästezimmer** (DZ 140–190 £, Suite 285 £). Gut 3 km südwestlich des Zentrums an der A52.

🍷 Ausgehen & Nachtleben

⭐ Ye Olde Trip to Jerusalem PUB
(☎0115-947 3171; www.triptojerusalem.com; Brewhouse Yard, Castle Rd; ⊘So–Do 11–23, Fr & Sa bis 24 Uhr) Das Bierlokal in den Felsen unterhalb der Burg prahlt, das „ältestes Pub von England" zu sein. Seit 1189 im Geschäft, haben hier wohl schon Kreuzritter vor dem Aufbruch ins Heilige Land einen gehoben. Jedenfalls sind der Schankraum und die gepflasterten Innenhöfe nach wie vor Nottinghams stimmungsvollste Adresse für ein Pint mit dem Geschmack der guten alten Zeit. Die unterhaltsame Führung durch die Keller (2,50 £) muss im Voraus gebucht werden.

⭐ Crafty Crow PUB
(www.craftycrownotts.co.uk; 102 Friar Lane; ⊘So–Do 12–23, Fr & Sa 11–24 Uhr; 🕿) 🖉 Zu den wechselnden Bieren, die hier getrunken werden, zählen auch die der eigenen Magpie Brewery, gebraut in Nottingham aus britischem Hopfen und Malz. Dazu gibt's gezapftes Bier von Kleinstbrauereien aus der Region sowie mehr als ein Dutzend Craft-Biere und Ciders vom Fass. Holzpaneele verkleiden die Wände in beiden fernsehfreien Geschossen. Sehenswert sind die Toiletten mit Spülbecken und Wasserhähnen aus alten Bierfässern. Die Zutaten für das Gastropub-Speisenangebot stammen aus der Region.

Dragon PUB
(www.the-dragon.co.uk; 67 Long Row; ⊘Mo–Do 12–24, Fr & Sa 12–2, So 11–22 Uhr; 🕿) Dank leckerer Hausmacherküche, einem hübschen Biergarten und funkiger Musik (am Wochenende) herrscht im „Drachen" immer gute Stimmung. Ihren Höhepunkt erreicht sie dienstags ab 19.30 Uhr im Racing Room (Teilnahmegebühr 5 £): Da werden Gäste zu Formel-1-Piloten und jagen ihren boliden über die 55 m lange Scalextric-Rennbahn durch eine maßstabsgetreue Nachbildung von Nottingham.

Brass Monkey BAR
(www.brassmonkeybar.co.uk; 11 High Pavement; ⊘Mo–Sa 17–3, So 20–3 Uhr) Im Trendviertel

Lace Market heizt der „Messingaffe" mit DJ-Sets und originellen Varianten alter Cocktailklassiker (z. B. Holunderblüten-Mojito) ein. Im Sommer ist die Dachterrasse proppenvoll.

Tilt COCKTAILBAR
(www.tiltbar.co.uk; 9 Pelham St; ⊘Di–Do 17–24, Fr & Sa bis 1.30 Uhr) Die winzige Cocktailbar im ersten Stock bietet sowohl erstklassige Blues-Gigs wie auch Cocktails, die es der (in Nottingham ziemlich großen) Konkurrenz schwermachen. Zu den Hausspezialitäten gehört der Blue Blazer mit Cognac, Drambuie, Vanillezucker und Orangenschale, der als Special Effect flambiert wird.

NG1 CLUB
(☎0115-958 8440; www.ng1club.co.uk; 76–80 Lower Parliament St; ⊘Fr 23–6, Sa bis 6.30 Uhr) In der ausgelassenen, toleranten Atmosphäre dieser Nottinghamer Szene-Institution fühlen sich Schwule wie Heteros wohl. Electro, House und Pop heizen ihnen in den vier Bars und auf zwei Tanzflächen kräftig ein.

Malt Cross PUB
(www.maltcross.com; 16 St James's St; ⊘Mo–Fr 11–23, Sa 10–24, So 10–22 Uhr) Eine gute Adresse für ein zünftiges Pint. In der viktorianischen Music Hall stand schon Charlie Chaplin auf den Brettern. Heute hat der Christian Charity Trust die Location unter seiner Fittiche und organisiert hier Kunstausstellungen und Livemusik. Zum erstklassigen Kneipenessen zählen köstliche Burger.

☆ Unterhaltung

Nottingham Playhouse THEATER
(☎0115-941 9419; www.nottinghamplayhouse.co.uk; Wellington Circus) Anish Kapoors schüsselförmige Skulptur *Sky Mirror* ist das Markenzeichen des Theaters, dessen ambitioniertes Programm von Klassikern bis Avantgarde-Dramatik reicht. In der Theaterbar mit Restaurant trifft sich die Künstlerszene von Nottingham.

Theatre Royal &
Royal Concert Hall THEATER, LIVEMUSIK
(☎0115-989 5555; www.trch.co.uk; Theatre Sq; ⊘Kartenschalter Mo–Sa 9.30–20.30 Uhr) Das Theatre Royal und die Royal Concert Hall teilen sich Gebäude und Kartenschalter. Auf dem Programm stehen Musicals, Tourneetheater und Live-Acts bekannter Musikteranen. Auf Anfrage werden Backstage-Führungen gegeben (6,50 £, 90 Min.).

Broadway Cinema KINO, GALERIE
(www.broadway.org.uk; 14–18 Broad St; Kinotickets Erw./Kind 8,20/4 £) Ein Kulturzentrum mit Programmkino, Galerie für Medienkunst und Café-Bar, in der eine Ruhe herrscht, die echte Gespräche möglich macht.

❶ Praktische Informationen

Die freundliche **Touristeninformation** (☎0844 477 5678; www.experiencenottinghamshire.com; The Exchange, 1–4 Smithy Row; ⊘Mo–Sa 9.30–17.30 Uhr, Ende Juli–Aug. & Mitte–Ende Dez. auch So 11–17 Uhr) hat Regale voller Infomaterial und Robin-Hood-Souvenirs.

❶ An- & Weiterreise

BUS

Der Busbahnhof Victoria für den Regionalverkehr liegt hinter dem **Victoria Shopping Centre** (Lower Parliament St) in der Milton Street. Bus 100 fährt nach Southwell (4,15 £, 55 Min., Mo–Sa alle 30 Min., So stündl.), Bus 90 nach Newark (5 £, 50 Min., Mo–Fr alle 30 Min., Sa stündl., So alle 2 Std.).

Fernbusse starten am **Busbahnhof Broadmarsh** (Collin St).

Busse von National Express fahren u. a. nach:
Birmingham 10,90 £, 2¼ Std., 8-mal tgl.
Derby 7,80 £, 40 Min., Mo–Sa 6-mal tgl., So 4-mal
Leicester 5,50 £, 55 Min., mind. stündl.
London Victoria 14 £, 3½ Std., mind. stündl.

FLUGZEUG

Der **East Midlands Airport** (S. 421) liegt gut 20 km südwestlich des Zentrums von Nottingham und wird von Skylink-Bussen angefahren (einfach/hin und zurück 5/9,90 £, 1 Std., rund um die Uhr mindestens stündl.).

ZUG

Der Bahnhof liegt am Südrand des Zentrums.
Derby 7,30 £, 30 Min., 4-mal pro Std.
Lincoln 11,30 £, 1 Std., stündl.
London King's Cross/St. Pancras 29,50 £, 2 Std., Mo–Sa mind. 2-mal pro Std., So mind. stündl.
Manchester 23,50 £, 2 Std., bis zu 2-mal pro Std.

❶ Unterwegs vor Ort

Auskünfte über das örtliche Busnetz gibt's bei **Nottingham City Transport** (☎0115-950 6070; www.nctx.co.uk). Die Tageskarte, das Robin Hood Day Ticket, kostet 4,50 £ und berechtigt zur unbegrenzten Nutzung der Straßenbahnen und Busse im Stadtgebiet.

Die Straßenbahnen betreibt **Nottingham Express Transit** (www.thetram.net; Einzelfahrschein/Tageskarte ab 2,20/4 £). Eine Kurzstrecke kostet 1,10 £.

Das Fahrradleihsystem der Stadt Nottingham, **City Card Cycles** (www.citycardcycles.co.uk; 1 £ pro Tag), bietet bei der Touristeninformation und am Busbahnhof Broadmarsh Leihräder. Man meldet sich mit einer Kreditkarte an und entsperrt sein Rad dann mit dem Code, der einem aufs Handy geschickt wird.

Southwell
6900 EW.

Mit seinen wie hingeworfen daliegenden, von wuchernden Glyzinien berankten Landhäusern scheint Southwell geradewegs einem Werk der englischen Romantik entsprungen zu sein.

⊙ Sehenswertes

★ Southwell Minster   KIRCHE
(www.southwellminster.org; Church St; empfohlene Spende 5 £; ⊙ März–Okt. 8–19 Uhr, Nov.–Feb. bis 18.30 Uhr) Mitten im Ort erhebt sich auf römischen und auch auf angelsächsischen Fundamenten das beeindruckende Southwell Minster, das mit Rundbögen und gezackten Türeinfassungen architektonische Elemente aus dem 12. und 13. Jh. aufweist. Das Kapitelhaus besitzt herrliche Buntglasfenster und unglaublich feinteilig in den Stein gemeißelte Blattornamente, Tiere und Gesichter.

Southwell Workhouse   MUSEUM
(NT; www.nationaltrust.org.uk; Upton Rd; Erw./Kind 8/4 £; ⊙ Aug. tgl. 12–17 Uhr, Mitte Feb.–Juli & Sept.–Nov. Mi–So) Das Southwell Workhouse, 1,5 km östlich vom Ortszentrum an der Straße nach Newark, ist eine ernüchternde Erinnerung an das harte Leben der Obdachlosen, die hier im 19. Jh. regelmäßig zur Zwangsarbeit herangezogen wurden. Der Rundgang durch Fabrik und Arbeiterquartiere wird von einem Audioguide mit Kommentaren von „Insassen" und „Aufsehern" begleitet. Kostenlose einstündige Führungen durch die Außenanlagen finden um 11 Uhr statt.

Schlafen & Essen

Saracen's Head Hotel   HISTORISCHES HOTEL ££
(☏ 01636-812701; www.saracensheadhotel.com; Market Pl; EZ/DZ/FZ/Suite mit Frühstück ab 90/100/130/150 £; [P][⊛][✈][※]) Hier stiegen schon Karl I., Lord Byron und Dickens ab. Der große Gasthof im Ortszentrum residiert

in einem Fachwerkhaus samt blumengeschmücktem Innenhof. Über einen alten und einen neuen Flügel verteilt, hat er 27 wunderschön renovierte Zimmer, einige mit Baldachinbett und Klauenfuß-Badewanne. Das mit Eichenholz getäfelte Restaurant serviert traditionelles britisches Essen (2-/3-Gänge-Menü 15,95/19,95 £).

Mosedales Bakery   BÄCKEREI £
(7 King St; Gerichte 3–8 £; ⊙ Mo–Fr 9–16, Sa 8.30–16, So 9.30–15 Uhr) In dieser Backstube im Ortszentrum steht die Kundschaft regelmäßig bis vor die Tür Schlange.

❶ An- & Weiterreise

Bus 100 fährt nach Nottingham (4,15 £, 55 Min., Mo–Sa halbstündl., So stündl.). Für Newark-on-Trent sind die Busse 28 und 29 (4 £, 20 Min., halbstündl.) zuständig.

Newark-on-Trent
37 457 EW.

Im Bürgerkrieg auf der falschen Seite gestanden zu haben, hat Newark-on-Trent teuer bezahlt: Nachdem es vier Belagerungen durch Oliver Cromwells Männer überstanden hatte, wurde es 1646 nach der Niederlage Karls I. von den Roundheads geplündert. Heute ist das Städtchen am Fluss eine friedliche Oase, die zum Bummel durch die Burgruine einlädt.

⊙ Sehenswertes

Newark Castle   BURG
(www.newark-sherwooddc.gov.uk/newarkcastle; Castle Gate; Gelände Eintritt frei, Führung Erw./Kind 5/2,50 £; ⊙ Außenanlagen 9–18 Uhr, Führungen Mi & Fr–So 11, 13 & 15 Uhr) In einem hübschen Park mit Blick auf den Trent sind die Überreste der Burg mitsamt einem imposanten normannischen Tor sowie unterirdische Gänge und Höhlenkammern zu entdecken. König Johann Ohneland, der in der Legende um Robin Hood Legende als Bösewicht dargestellt wird, hauchte hier 1216 sein Leben aus. Führungen können auf www.palace newarktickets.com gebucht werden. Auf dem Gelände finden regelmäßig Konzerte, Festivals und verschiedene andere Kulturevents statt.

Newark Air Museum   MUSEUM
(☏ 01636-707170; www.newarkairmuseum.org; Drove Lane, Winthorpe; Erw./Kind 8,50/4,50 £; ⊙ März–Okt. 10–17 Uhr, Nov.–Feb. bis 16 Uhr) Das Luftfahrtmuseum gut 3 km östlich von

Newark am Winthorpe Showground zeigt eine beeindruckende Sammlung von Flugzeugen, darunter ein Exemplar des berüchtigten V-Bombers.

Essen & Ausgehen

Old Bakery Tea Rooms
TEAROOM **£**

(☎01636-611501; www.oldbakerytearooms.co.uk; 4 Queens Head Ct; Hauptgerichte 6–12 £; ☺Mo–Sa 9.30–17 Uhr; 🖈) Alles, auch die mörderisch guten *scones*, wird vor Ort gebacken. Das Gebäude aus der Tudorzeit (15. Jh.) erinnert an das Knusperhäuschen von Hänsel und Gretel. Die Mittagsangebote reichen von Suppe über Omeletts und Bruschetta bis zu Räucherlachs auf Brioche. Nur Barzahlung.

Castle Barge
BAR

(www.castlebarge.co.uk; The Wharf; ☺10.30–23 Uhr) Der zur Bar umfunktionierte Flusskahn, der einst Getreide zwischen Hull und Gainsborough transportierte, liegt so vor Anker, dass Gäste bei einem gemütlichen Pint die Burg im Blick haben. Das Essen ist gut und ein paar Picknicktische am Ufer machen die Idylle komplett.

❶ Praktische Informationen

Die **Touristeninformation** (☎01636-655765; www.newark-sherwooddc.gov.uk/tourism; 14 Appleton Gate; ☺10–17 Uhr) befindet sich am Nordostrand der Altstadt.

❶ An- & Weiterreise

Die Busse 28 und 29 fahren nach Southwell (4 £, 25 Min., bis zu 4-mal pro Std.).

Newark hat zwei Bahnhöfe:

Newark North Gate Züge auf der East Coast Main Line fahren nach London King's Cross (20 £, 1½ Std., 2-mal pro Std.) und in den Norden.

Newark Castle Züge von East Midlands verkehren nach Leicester (12,80 £, 1¼ Std., stündl.), Nottingham (6,10 £, 30 Min., 2-mal stündl.) und Lincoln (5,10 £, 30 Min., bis zu 2-mal stündl.).

LINCOLNSHIRE

Lincolnshire erstreckt sich über sanfte Hügel und die nur spärlich besiedelten, bügelbrettflachen Fens (Moorgebiete). Die auffälligsten menschlichen Spuren sind Windmühlen und deren modernere Version, Windräder. Rund um die freundliche Provinzstadt Lincoln finden sich malerische Flüsse und Kanäle, Badeorte, friedliche Naturschutzgebiete und kleine Gemeinden, deren Natursteinhäuser wie für Historienfilme geschaffen scheinen.

Die beiden berühmtesten *yellowbellies*, wie sich die Bewohner der Grafschaft selbst nennen, sind Sir Isaac Newton, dessen Haus, Woolsthorpe Manor, besichtigt werden kann, und die ehemalige Premierministerin Margaret Thatcher, Tochter eines Gemüsehändlers aus dem Marktflecken Grantham.

Aktivitäten

Der 225 km lange Wanderweg **Viking Way** erstreckt sich über ein Gebiet, das im 9. Jh. von den Wikingern in Beschlag genommen wurde. Er schlängelt sich von den Ufern des Humber durch die hügeligen Lincolnshire Wolds bis nach Oakham in Rutland.

Für Radfahrer gibt's diverse Routen durch die Grafschaft, über die die Touristeninformationen gerne Auskunft geben. Der 53 km lange **Water Rail Way** ist eine von Skulpturen gesäumte flache Straßen-Route, die dem Fluss Witham entlang einer alten Bahnstrecke durch die Fens zwischen Lincoln und Boston folgt.

Detaillierte Informationen zu Aktivitäten gibt's auf www.visitlincolnshire.com.

❶ Anreise & Unterwegs vor Ort

Die Züge von East Midlands verbinden Lincoln, Newark Castle und Nottingham. Newark North Gate und Grantham liegen an der East Coast Main Line zwischen London King's Cross und Edinburgh.

Das regionale Busnetz verbindet die Orte der Grafschaft miteinander, doch die Busse brauchen ewig und fahren nicht sehr häufig. Nähere Auskünfte dazu wie auch Infos über Radwege stehen unter „*Transport and Roads*" auf der Website www.lincolnshire.gov.uk.

Umfassende Verkehrsinformationen sind bei Traveline (S. 472) erhältlich.

Lincoln

96 200 EW.

Mehrere historische Stadttore umringen die Altstadt von Lincoln, darunter der Newport Arch in der Bailgate, ein Überrest der einstigen römischen Siedlung. Das Netz von mittelalterlichen Pflasterstraßen wird von der majestätischen Kathedrale aus dem 12. Jh. überragt. Alteingesessene Pubs, interessante Läden und Stadthäuser aus der Tudorzeit schmücken die Gassen, die sich am Rand des Lincoln Cliff entlanghangeln.

Lincoln

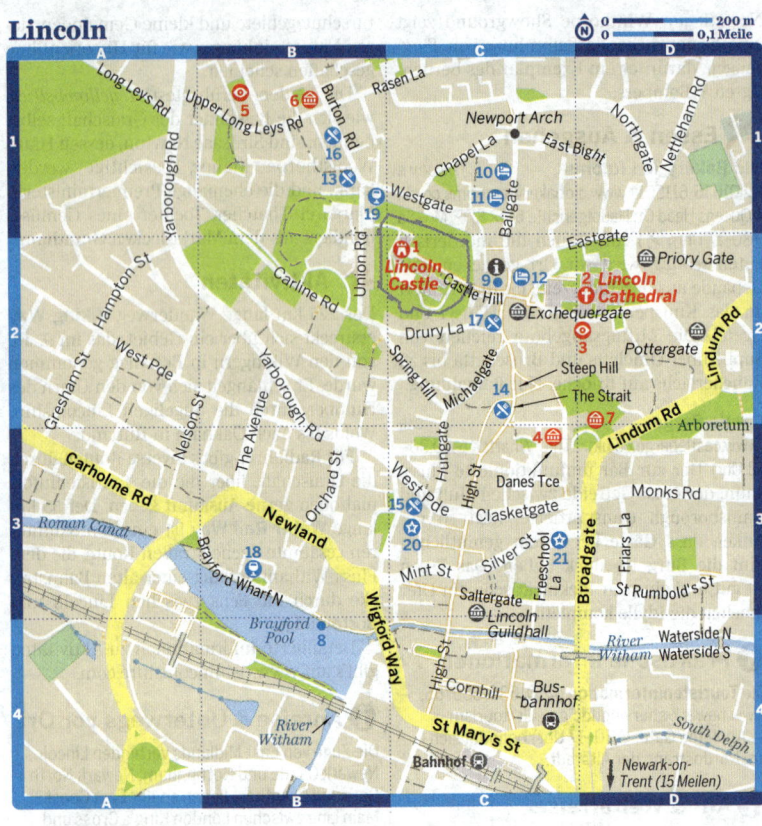

Lincoln

Am Fuße dieser Erhebung ist entlang des Flusses Witham die nicht besonders prickelnde Neustadt gewachsen. Die Brayford Waterfront nicht weit von der Universität wurde in letzter Zeit etwas aufgepeppt und bietet nun ein paar beliebte Flecken, um zu relaxen und die Schiffe an sich vorbeiziehen zu lassen.

⦿ Sehenswertes

★ Lincoln Cathedral
KATHEDRALE

(☎01522-561600; www.lincolncathedral.com; Minster Yard; Erw./Kind Kombiticket mit Burg 16/10 £, Kathedrale Mo–Sa 8/4,80 £, So gegen Spende; ☺ Juli & Aug. Mo–Fr 7.15–20, Sa & So bis 18 Uhr, Sept.–Juni Mo–Sa 7.15–18, So bis 17 Uhr, Evensong Mo–Sa 17.30, So 15.45 Uhr) Wie ein Wolkenkratzer aus dem Mittelalter ragt die Kathedrale aus dem Häusermeer, als beeindruckendes Beispiel dafür, zu was der Mensch mit göttlicher Inspiration fähig ist. Mit 83 m ist der Vierungsturm der dritthöchste in England. Im Mittelalter, als er noch von einer mit Blei eingefassten Turmhaube aus Holz gekrönt wurde, erreichte er die stolze Höhe von 162 m und überragte damit sogar die Pyramiden von Gizeh. Mindestens zweimal am Tag werden einstündige **Führungen** angeboten (im Eintritt inbegriffen); außerdem Touren aufs Dach und den Turm (4 £, vorausbuchen).

★ Lincoln Castle
BURG

(☎01522-554559; www.lincolncastle.com; Castle Hill; Erw./Kind Kombiticket mit Kathedrale 16/10 £, Burg, Magna-Carta-Ausstellung & Mauern 12/7,20 £, nur Mauern 5/3 £; ☺ April–Sept. 10–17 Uhr, Okt.–März bis 16 Uhr) Eine der ersten Burgen, die Wilhelm der Eroberer errichten ließ, um sein neues Reich abzusichern, war das beeindruckende Lincoln Castle. Von hier aus hatte er die Stadt und das gesamte Umland im Blick. Im Rahmen umfassender Instandsetzungsmaßnahmen, die 2015 abgeschlossen waren, wurden sämtliche Burgmauern zugänglich gemacht und eine der vier verbliebenen Kopien der 1215 aufgesetzten **Magna Carta** fand im Lincoln Castle eine schicke unterirdische Heimstatt. Die im Eintrittspreis inbegriffene einstündige Führung beginnt am Osttor; die Zeiten sind auf einer Tafel angeschlagen.

Bishops' Palace
HISTORISCHE STÄTTE

(EH; ☎01522-527468; www.english-heritage.org.uk; Minster Yard; Erw./Kind 5,70/3,40 £; ☺ Mai–Aug. 10–18 Uhr, April & Sept. bis 17 Uhr, Okt.–März bis 16 Uhr) Nicht weit von der Kathedrale liegt die von der Zeit gezeichnete, aber immer noch beeindruckende Ruine des Bishop's Palace aus dem 12. Jh. Er diente dem Bischof als Verwaltungssitz einer Diözese, die vom Humber bis zur Themse reichte, und wurde während des Bürgerkriegs auf Anweisung des Parlaments verwüstet. Ein Audioguide mit unterhaltsamen Informationen ist im Eintritt inbegriffen. Von Ostern bis Oktober finden freitags um 12, 14 und 16 Uhr kostenlose halbstündige Führungen statt.

Collection
MUSEUM

(www.thecollectionmuseum.com; Danes Tce; ☺ 10–16 Uhr, 1. Mo im Monat ab 10.45 Uhr) **GRATIS** Die interaktive Ausstellung des Museums macht Archäologie lebendig. Objekte zum Anfassen und Gewänder aus verschiedenen Epochen zum Verkleiden laden Kids zum spielerischen Lernen ein. Eine besondere Attraktion ist der 4000 Jahre alte eingeschlagene Schädel eines *yellowbelly* (wie die Einheimischen sich selbst nennen), der von einer Ausgrabungsstelle bei Sleaford stammt. Samstags findet um 14 Uhr eine kostenlose einstündige Führung statt, außerdem gibt's regelmäßig besondere Abendveranstaltungen.

Usher Gallery
GALERIE

(www.thecollectionmuseum.com; Danes Tce; ☺ 10–16 Uhr, 1. Mo im Monat ab 10.45 Uhr) **GRATIS** Das stattliche edwardianische Gebäude ist mit Stierschädeln verziert, die in den Stein gemeißelt wurden. Es beherbergt eine eindrucksvolle Sammlung, zu der Werke von Größen wie Turner, Lowry und dem berühmten englischen Aquarellmaler Peter de Wint (1784–1849) gehören.

Museum of Lincolnshire Life
MUSEUM

(www.lincolnshire.gov.uk; Old Barracks, Burton Rd; ☺ 10–16.30 Uhr) **GRATIS** Kasernen aus der viktorianischen Ära haben als Heimatmuseum eine neue Aufgabe gefunden. Die höchst ansprechend präsentierte Sammlung enthält alle möglichen Objekte, von alten landwirtschaftlichen Geräten bis zu einem Panzer aus Blechbüchsen, der in Lincoln für den Einsatz im Ersten Weltkrieg gebaut wurde. Gleich um die Ecke rattert das Mahlwerk der putzigen **Ellis Mill** (www.lincolnshire.gov.uk; Mill Rd; ☺ April–Sept. Sa & So 14–17 Uhr, Okt.–März So 14–16 Uhr) **GRATIS**, in der seit dem 18. Jh. das Mehl für Lincolns Bäcker produziert wird.

☞ Geführte Touren

Ghost Walks
STADTRUNDGANG

(☎01522-874056; Erw./Kind 5/3 £; ☺ ganzjährig Mi–Sa 19 Uhr) Die tatsächlich gruselige, 75-minütige Führung startet am Castle Square, gleich neben der Touristeninformation.

Brayford Belle
BOOTSTOUREN

(☎01522-881200; www.lincolnboattrips.co.uk; Brayford Wharf North; Erw./Kind 7/4 £; ☺ Touren Ostern–Mitte Okt. 11, 12.15, 13.30, 14.45 & 15.45 Uhr)

Die *Brayford Belle* schippert über den Fluss Witham und die Fossdyke Navigation, ein Kanalsystem römischen Ursprungs. Keine Kreditkarten.

Stadtführungen STADTRUNDGANG

(☎01522-521256; www.lincolnguidedtours.co.uk; Erw./Kind 4 £/frei; ☺Führungen Juli & Aug. tgl. 11 Uhr, Juni, Sept. & Okt. Sa & So 11 Uhr) Die 90-minütige Führung mit Schwerpunkt Stadtgeschichte beginnt vor der Touristeninformation.

🛏 Schlafen

⭐ Castle Hotel BOUTIQUEHOTEL ££

(☎01522-538801; www.castlehotel.net; Westgate; mit Frühstück EZ 90–130 £, DZ 110–150 £, Kutschenhaus 250–270 £; 🅿🛜📶) Auf dem Gelände eines römischen Forums wurde 1852 der rote Backsteinbau errichtet, der vor seiner Hotelkarriere schon als Schule und im Zweiten Weltkrieg als Aussichtsposten gedient hat. Alle 18 Zimmer wurden aufwendig renoviert und zeigen sich nun im Farbendreiklang Olive/Trüffel/Auster; auch die Remise ist modernisiert worden. Es wird auch Halbpension angeboten, zu der das preisgekrönte Restaurant Reform (S. 482) das Abendessen beisteuert.

ℹ LINCOLNS HÜGEL UMGEHEN

Wer zwischen Lincolns Altstadt und Neustadt unterwegs ist, kommt sich vor wie auf einer Everest-Expedition. Zum Glück gibt's Alternativen.

Lincolns **Steep Hill Shuttle** (www. visitlincoln.com; einfache Fahrt Erw./Kind 1,50/0,70 £, Tageskarte 3/1,60 £; ☺Mo–Sa 9.10–14.45 & 16.10–17.20 Uhr) fährt alle 20 Minuten und hält an der Burg, der Kathedrale, dem Newport Arch, der Brayford Waterfront und am Bahnhof und Busbahnhof.

Wer bequem in Lincoln herumkommen will, schnappt sich den **Tour-Lincoln-Bus** (www.visitlincoln.com; Erw./ Kind 10/4 £; ☺Juni–Sept. 10.30–16.30 Uhr, März–Mai & Okt. Sa & So 10.30–16.30 Uhr) mit offenem Verdeck, der an neun wichtigen Sehenswürdigkeiten hält. Tickets gibt's beim Fahrer und in der Touristeninformation. Die Tour dauert eine Stunde, das Ticket gilt den ganzen Tag. Für jeden zahlenden Erwachsenen fährt ein Kind unter 16 Jahren gratis mit.

Bail House B&B ££

(☎01522-541000; www.bailhouse.co.uk; 34 Bailgate; DZ/FZ ab 69/179 £; 🅿@🛜🏊📶) Natursteinmauern, vom Alter glatt geschliffene Bodenplatten, verträumte Gärten und ein Zimmer mit wunderschöner Balkendecke sind nur ein paar der Pluspunkte der liebevoll restaurierten georgianischen Stadtvilla im Zentrum. Den Gästen stehen einige Parkplätze, ein Garten, ein Kinderspielplatz und ein beheizter Pool zur Verfügung. In den Familienzimmern haben vier Personen Platz.

White Hart Hotel HOTEL ££

(☎01522-526222; www.whitehart-lincoln.co.uk; Bailgate; DZ/3BZ/Suite ab 110/150/160 £; 🅿🛜) In ganz Lincoln gibt's keine ehrwürdigere Unterkunft als in dieser Grande Dame unter den hiesigen Hotels. Standesgemäß hat sie die Burg und die Kathedrale als Nachbarn und kann selbst auf 600 Jahre Berufserfahrung zurückblicken. Die Zimmer sind im Landhausstil eingerichtet, darunter Dreibettzimmer mit drei Einzelbetten.

🍴 Essen

La Bottega Delitalia CAFÉ, FEINKOST £

(☎01522-537775; 9 West Pde; Gerichte 3–7,50 £; ☺Mo–Mi 8.30–16, Do & Fr bis 21, Sa bis 15 Uhr) Mit Fertigprodukten hat das preisgünstige Café mit Feinkosttheke nichts am Hut: Aus frischen Zutaten werden hier original italienische Gaumengenüsse wir Hummerravioli in cremiger Tomaten-Basilikum-Sauce gezaubert. Nur Barzahlung.

Bronze Pig MODERN BRITISCH ££

(☎01522-524817; www.thebronzepig.co.uk; 4 Burton Rd; Hauptgerichte 16–27 £; ☺mit Reservierung Mi–Sa 19–21.30, So 12–15 Uhr) Eamonn Hunt, ein irischer Starkoch, der es bei der TV-Kochshow *Masterchef* bis in die Endrunde schaffte, und sein sizilianischer Kollege Pompeo Siracusa haben Lincolns Gourmetszene im Sturm erobert. Ihre außergewöhnliche moderne britische Küche hat italienischen Einschlag, die Zutaten kommen aus der Region. Wer sich hier verwöhnen und überraschen lassen will, sollte rechtzeitig reservieren.

Reform MODERN BRITISCH ££

(☎01522-538801; www.castlehotel.net; The Castle Hotel, Westgate; Hauptgerichte 12,50–22 £; ☺Mo–Sa 12–14.30 & 19–21, So 12–15 & 19–21 Uhr) Saisonale Produkte aus der Region dienen dem Gourmetrestaurant des Castle Hotel als Grundlage für Vorspeisen wie Kaninchen in Parmaschinken und Leberterrine sowie für

GRANTHAM & UMGEBUNG

Grantham, etwa 40 km von Lincoln, hat wenig zu bieten, aber im Umkreis liegen einige schöne Landsitze.

Woolsthorpe Manor (NT; www.nationaltrust.org.uk; Water Lane; Haus & Außenanlagen Erw./Kind 6,45/3,27 £, nur Außenanlagen 3,50/2,27 £; ⊘ März–Okt. Mi–Mo 11–17 Uhr, Nov.–Feb. Fr–So) Isaac-Newton-Fans fühlen sich wahrscheinlich durch Gravitationskräfte zu seiner Geburtsstätte 13 km südlich von Grantham hingezogen. In dem bescheidenen Gebäude aus dem 17. Jh. wurden Newtons Wohnräume rekonstruiert. Der Apfel, der ihn zum Gravitationsgesetz inspirierte, fiel vermutlich von dem Baum im Garten. Für kleine Schlaumeier gibt's einen Wissenschaftsraum, für die Eltern ein Café. Anfahrt mit Centrebus 28 ab Grantham (2,60 £, 25 Min., Mo–Sa 4-mal).

Belton House (NT; ☎ 01476-566116; www.nationaltrust.org.uk; Belton; Haus & Außenanlagen Erw./Kind 13,10/8,40 £, nur Außenanlagen 10,30/7 £; ⊘ Haus März–Okt. Mi–So 12.30–17 Uhr, Nov.–Feb. geschl., Außenanlagen März–Okt. 9.30–17.30 Uhr, Nov.–Feb. bis 16 Uhr) Das umgeben von 14,2 ha eleganter formeller Gärten gelegene Belton House war die traumhafte Kulisse für englische Historienfilme wie *Jane Eyre, Tom Jones* und die Colin-Firth-Version von *Stolz und Vorurteil*. Der 1688 im Stil der Restaurationszeit errichtete Landsitz weist wunderbare originale Bauelemente auf wie Zierholzschnitzereien des niederländischen Meisters Grinling Gibbons. Das Anwesen befindet sich abseits der A607 4 km nordöstlich von Grantham und ist mit dem Stagecoach-Bus 1 (2,20 £, 15 Min., Mo–Sa stündl., So alle 2 Std.) erreichbar.

Belvoir Castle (☎ 01476-871001; www.belvoircastle.com; Belvoir; Burgführungen Erw./Kind 15/8 £, nur Garten 8/5 £; ⊘ Burgführungen nach Vereinbarung, Garten März–Sept. 11–17 Uhr, saisonale Abweichungen möglich) Der Familienstammsitz des Duke und der Duchess of Rutland ist eine barockes Märchenschloss aus dem 19. Jh., das auf den Überresten dreier Vorgängerbauten ruht. Bis heute wohnt darin die Manners-Dynastie, umgeben von antiken Möbeln, Wandteppichen und Ölgemälden. Belvoir (sprich: Bie-wer) gehört eigentlich zu Leicestershire, aber die nächste Stadt ist Grantham, 10 km weiter östlich in Lincolnshire. Bus 9 (2,60 £, 20 Min., Mo–Sa 4-mal tgl.) hält am Chequers Inn, von wo es bis zum Schloss noch 20 Minuten zu Fuß sind.

Chequers Inn (☎ 01476-870701; www.chequersinn.net; Main St, Woolsthorpe by Belvoir; Hauptgerichte 11–20 £; ⊘ Küche Mo–Sa 12–14.30 & 18–21.30, So 12–16 & 18–20.30 Uhr, Bar Mo–Sa 10–23, So 12–21 Uhr; 🛏) Eine der besten Küchen der Midlands wird im Garten neben der Schafweide oder drinnen vor dem flackernden Kamin serviert, begleitet von einer großen Auswahl an Ciders und *real ales* vom Fass. Der bezaubernde Landgasthof liegt 11 km südwestlich von Grantham. In den ehemaligen Ställen auf der anderen Straßenseite befinden sich vier einfache, aber schick eingerichtete Gästezimmer (EZ/DZ/Loft 50/70/120 £).

Hauptgerichte wie geräucherte Entenbrust mit in Orangensaft eingelegten Karotten. Die Krönung sind allerdings die Desserts, von *tarte Tatin* aus karamellisierter Banane mit Sauerrahm und Erdnussstreuseln bis zu Zitronenkuchen mit Zitronen-Minze-Sorbet und Limonen-Panna Cotta.

Old Bakery   MODERN BRITISCH ££
(☎ 01522-576057; www.theold-bakery.co.uk; 26–28 Burton Rd; Hauptgerichte 17,50–26 £, 2-/3-Gänge-Mittagsmenü 14,50/18 £, 5-Gänge-Probiermenü 48 £, mit Wein 65 £; ⊘ Di & Mi 19–20.30, Do–Sa 12–13.30 & 19–20.30, So 12–13.30 Uhr) 🍴 In diesem alteingesessenen Restaurant kreist

die Karte um regionale Zutaten und – seines Namens eingedenk – frisch gebackenes Brot. Außerdem werden regelmäßig halbtägige Kochkurse (ab 95 £) veranstaltet sowie im Obergeschoss drei urige Zimmer (DZ 75–80 £; bei einem ist das Bad nicht direkt am Zimmer) angeboten.

Wig & Mitre   PUB ££
(☎ 01522-535190; www.wigandmitre.com; 30 Steep Hill; Hauptgerichte 12,50–19,50 £; ⊘ Küche Mo–Sa 8.30–22.30, So bis 22 Uhr, Bar Mo–Sa 8.30–24, So bis 23 Uhr; 🍴) Trotz anspruchsvoller Speisekarte hat das Wig & Mitre seine freundschaftliche Kneipenatmosphäre beibehal-

LINCOLNSHIRE: BOMBER-COUNTY

Nach dem Ersten Weltkrieg wurde 1918 die Royal Air Force (RAF) gegründet. Zwei Jahre später eröffnete sie in Lincolnshire ihre Offiziersschule. Im Zweiten Weltkrieg waren mehrere Fliegerstaffeln in der Grafschaft stationiert und 1945 gab es dort mehr Militärflugplätze (49) als in jeder anderen Grafschaft. Flugboote der US Navy unternahmen von hier aus U-Boot-Aufklärungsflüge und B-29s hatten ihre Basis hier.

Die Touristeninformation von Lincoln (S. 485) hat Material zur Geschichte der Luftwaffe in Lincolnshire.

Battle of Britain Memorial Flight Visitor Centre (☎ 01522-552222; www.lincoln shire.gov.uk/bbmf; Dogdyke Rd, Coningsby; Hangarführung Erw./Kind 6,50/4,50 £; ⊙ Mo–Fr 10–17 Uhr) Spitfires und die viermotorige *Lancaster City of Lincoln* gehören zu den Attraktionen auf der 90-minütigen Führung. Anfahrt mit dem Interconnect-Bus 5 (4,10 £, 50 Min., Mo–Sa stündl.) ab Lincoln.

Lincolnshire Aviation Heritage Centre (☎ 01790-763207; www.lincsaviation.co.uk; East Kirkby, bei Spilsby; Erw./Kind 7/3 £; ⊙ Ostern–Okt. Mo–Sa 9.30–17 Uhr, Nov.–Ostern Mo–Sa 10–16 Uhr) Das Zentrum liegt auf einem Flugplatz der britischen Bomberflotte aus dem Zweiten Weltkrieg, der Kontrollturm steht noch. Es ist 48 km von Lincoln entfernt und über die A153 in Richtung Südosten zu erreichen; Verbindungen mit öffentlichen Verkehrsmitteln gibt es nicht.

Waddington Air Show (www.waddingtonairshow.co.uk; ⊙ Juli) Die Flugtage der RAF finden am ersten Juli-Wochenende in Waddington 5 km südlich von Lincoln statt. Tickets und Unterkünfte rechtzeitig buchen!

ten. Die Küche ist unermüdlich am Wirbeln, von leckeren Pfannengerichten morgens über Sandwiches zu Mittag bis zum deftigen Abendessen mit Braten und Beilagen. Zuweilen werden Weinverkostungen und Feinschmeckerabende veranstaltet.

Jew's House MODERN EUROPÄISCH ££
(☎ 01522-524851; www.jewshouserestaurant.co.uk; 15 The Strait (Steep Hill); 2-/3-Gänge-Mittagsmenü 16,50/19,95 £, Hauptgerichte 16–24,50 £; ⊙ Di 19–21.30, Mi–Sa 12–14 & 19–21.30 Uhr) Den Rahmen für den Darling der Lincolner Foodiegemeinde bildet eines der ältesten Häuser Englands: das „Judenhaus" wurde um 1160 errichtet. Das sechsgängige Probiermenü (auf Vorbestellung, 70 £) ist ein Schlemmervergnügen.

🍷 Ausgehen & Nachtleben

Strugglers Inn PUB
(83 Westgate; ⊙ Di & Mi 12–24, Do–Sa bis 1, So & Mo bis 23 Uhr) Ein sonniger, ummauerter Biergarten, ein gemütlicher Kneipenraum und ein erstklassiges Sortiment an *real ales* vom Fass machen das Strugglers Inn zur Nummer eins unter Lincolns konzessionsfreien Pubs.

Electric Bar & Restaurant BAR
(☎ 01522-565182; www.electricbarandrestaurant. co.uk; 5. Etage, DoubleTree by Hilton Lincoln, Bray-

ford Wharf North; ⊙ So–Do 11–23, Fr & Sa bis 24 Uhr; 🛜) Im obersten Geschoss von Lincolns schickem Viersternehotel Double Tree Hilton verwöhnt die glamouröse Bar mit Flussblick ihre Gäste mit einer großen Cocktailauswahl: Unter den 40 Mixturen befinden sich Ananas-Daiquiris mit schwarzem Pfeffer und den Lincoln Aphrodisia mit Limoncello, Passionsfrucht und Prosecco. Oft sorgen Jazz-Gigs für den Soundtrack. Das Restaurant serviert britische Edelküche mit Retrotouch.

⭐ Unterhaltung

Home Nightclub LIVEMUSIK
(www.homelincoln.co.uk; Park St; ⊙ Mo & Mi 11.30–23, Di & Do–Sa bis 3, So 19–3 Uhr) Sechs Räume mit Livemusik oder tanzbaren Sounds sowie acht Bars machen die weitläufige Location zu einem zweiten Zuhause für Lincolns Studenten.

Lincoln Drill Hall KULTURZENTRUM
(☎ 01522-873894; www.lincolndrillhall.com; Freeschool Lane) in der ehemaligen Exerzierhalle aus dem späten 19. Jh., den Hügel hinunter beim Bahnhof, treten Bands und Orchester auf, werden Shows und Comedy auf die Bühne gebracht oder Spektakel und Tagesfestivals abgehalten.

ℹ️ Praktische Informationen

Die freundliche **Touristeninformation**
(📞 01522-545458; www.visitlincoln.com;
9 Castle Hill; ⊙ Mo–Sa 10–17, So 10.30–16 Uhr,
saisonale Abweichungen möglich) liegt in einem
Fachwerkhaus aus dem 16. Jh.

ℹ️ An- & Weiterreise

BUS

Der **Busbahnhof** (Melville St) befindet sich
unmittelbar nordöstlich vom Bahnhof in der
Neustadt.

National Express bietet Direktverbindungen
nach London Victoria (20,20 £, 5¼ Std., bis
zu 2-mal tgl.) und Birmingham (17 £, 3¼ Std.,
1-mal tgl.).

Bus 1 von Stagecoach fährt nach Grantham
(5 £, 1¼ Std., Mo–Sa stündl., So 5-mal).

ZUG

Der Bahnhof befindet sich 250 m östlich der
Brayford Waterfront in der Neustadt.
Boston 13,60 £, 1¼ Std., stündl., in Sleaford
umsteigen
Newark-on-Trent (Newark Castle) 5,10 £,
25 Min., Mo–Sa halbstündl., So weniger häufig
Nottingham 11,30 £, 1 Std., stündl.
Sheffield 14,50 £, 80 Min., stündl.
York 37,10 £, 2 Std., bis zu 2-mal pro Std.

Stamford

10 704 EW.

In Stamford scheint die Zeit still zu stehen.
Mit seinen eleganten Straßen, die von honigfarbenen Steinhäusern gesäumt sind, ist
der Ort ein besonderer Hingucker. In den
schmalen Gassen ducken sich urige Pubs, interessante Esslokale und kleine Boutiquen.
Ein ganzer Wald von Kirchtürmen zeichnet
die Stadtsilouette, zu deren Füßen sich der
Fluss Welland gemütlich glucksend durch
das Zentrum schlängelt. Auch Filmemacher
schätzen diese Postkartenidylle: Stamford
ist in unzähligen Streifen zu sehen, von *Stolz
und Vorurteil* bis zu *The Da Vinci Code –
Sakrileg.*

🔴 Sehenswertes

⭐ Burghley House   HISTORISCHES GEBÄUDE
(www.burghley.co.uk; Haus & Garten Erw./Kind
14/7 £, nur Garten 8,50/5,50 £; ⊙ Haus Mitte
März–Okt. Sa–Do 11–17 Uhr, Park & Garten Juni–
Sept. 8–18 Uhr, Mitte März–Mai & Okt. bis 17 Uhr)
Bauherr des pompösen Burghley (sprich:
*Bör-*lie) House war William Cecil, der engste

Berater von Königin Elisabeth I. Seine Nach-
kommen wohnen bis heute darin. Der umliegende 810 ha große Park wurde von dem
berühmten Gartenarchitekten Lancelot „Capability" Brown angelegt. Das Gebäude ist
verschwenderisch mit Kuppeln, Pavillons,
Erkern und Kaminen ausgestattet. Ein besonderes Highlight sind die Prunkgemächer.
Anfang September finden die berühmten
Burghley Horse Trials statt, ein Wettbewerb
im Vielseitigkeitsreiten. Das Anwesen liegt
2 km südöstlich von Stamford; ein ausgeschilderter Fußweg (15 Min.) führt vom
Bahnhof Stamford durch den Park zum Burghley House.

St. Mary's Church   KIRCHE
(www.stamfordstmary.com; St Mary's St; ⊙ 8–
18 Uhr, saisonale Abweichungen möglich) Ein
schief sitzender spitzer Turmhelm krönt
die St. Mary's Church aus dem 12. Jh. Im
Sommer finden in der Kirche klassische
Konzerte statt. Tickets (ab 14 £) verkauf die
Touristeninformation von Stamford.

🛏️ Schlafen & Essen

Stamford Lodge   B&B ££
(📞 01780-482932; www.stamfordlodge.co.uk; 66
Scotgate; EZ/DZ 75/95 £; 🐾) Das zentral gelegene B&B ist in einem ehemaligen Backhaus
aus dem 18. Jh. untergebracht. Es hat fünf
frische, moderne Zimmer und serviert ein
leckeres Frühstück mit Lebensmitteln von
örtlichen Bauernmärkten.

⭐ George Hotel   HISTORISCHES HOTEL £££
(📞 01780-750750; www.georgehotelofstamford.com;
71 St Martin's; EZ/DZ/mit Himmelbett ab 120/
195/260 £; 🅿️🐾) Das luxuriöse Hotel ist
schon seit 1597 im Geschäft und in Stamford eine Institution. Seine 45 individuell
eingerichteten und unterschiedlich großen
Zimmer bieten eine perfekte Mischung aus
historischem Charme und moderner Eleganz. Im mit Eichenholz vertäfelten Restaurant wird erstklassige moderne britische
Küche serviert. Das zwanglosere Garten-
zimmer-Restaurant veranstaltet *afternoon
tea* im Hof. Eine der beiden Bars ist eine
Sektbar.

William Cecil at
Stamford   HISTORISCHES HOTEL £££
(📞 01780-750070; www.hillbrookehotels.co.uk; High
St, St Martins; EZ/DZ/3BZ/FZ ab 100/135/185/
215 £; 🅿️🐾) Bei der Renovierung des 27-Zim-
mer-Hotels auf dem Gelände des Burgh-
ley-Anwesens diente das Burghley House als

Inspiration. Stilmöbel und Annehmlichkeiten wie Bettwäsche aus Makobaumwolle und kostenloser Biowodka sorgen für Luxus. In den Familienzimmern haben zwei Erwachsene und zwei Kinder Platz. Das elegante Restaurant offeriert stilvolle britische Klassiker und geht in einen mit Korbsesseln möblierten Patio über.

No 3 The Yard
MODERN BRITISCH ££

(☏01780-756080; www.no3theyard.co.uk; 3 Ironmonger St; Hauptgerichte 14,50–21,50 £; ⊙Di–Do 11.30–14.30 & 18–21.30, Fr & Sa 11.30–14.30 & 18–22, So 12–15 Uhr) Ein schmaler Durchgang führt zu dem Hof, in dem sich das No 3 The Yard versteckt. Es serviert anspruchsvolle Speisen wie gebratene Meeresforelle mit neuen Jersey-Royal-Kartoffeln mit Minze, Norfolk-Meerfenchel und Zitronen-Hollandaise. Ein sehr gutes Preis-Leistungs-Verhältnis bieten die mehrgängigen Menüs (2-/3-Gänge-Mittagsmenü 16/19,50 £, 3-Gänge-Abendmenü 22 £).

Tobie Norris
PUB

(www.kneadpubs.co.uk; 12 St Pauls St; ⊙Mo–Do 11–23, Fr & Sa bis 24, So 12–22.30 Uhr) Natursteinmauern und -bodenplatten sorgen in dem auf mehrere Räume verteilten Pub mit offenen Kaminen, sonnigem, blumengeschmücktem Innenhof für Atmosphäre. Das Pub ist stolz auf das Angebot von über 40 verschiedenen Holzofenpizzas, die es zu bekömmlichen Ales aus der Umgebung auftischt.

❶ Praktische Informationen

Die **Touristeninformation** (☏01780-763203; www.southwestlincs.com; 27 St Mary's St; ⊙Mo–Sa 9.30–17 Uhr; 🖥) ist im Stamford Arts Centre.

❶ An- & Weiterreise

Der Centre-Bus 4 fährt nach Grantham (4,10 £, 1 Std., Mo–Fr 3-mal, Sa 2-mal). Busse von National Express bedienen die Strecke nach London Victoria (15,50 £, 4 Std., 1-mal tgl.).

Züge fahren nach Birmingham (22,80 £, 1½ Std., stündl.), über Leicester (13,40 £, 40 Min.) nach Nottingham (24,30 £, 1½ Std., stündl.) und über Cambridge (23,70 £, 1¼ Std.) und Peterborough (8 £, 15 Min.) zum Flughafen Stansted (32,70 £, 1¾ Std., stündl.).

Boston
66 500 EW.

Kaum zu glauben, dass das verschlafene Boston seinem weit größeren und berühmteren Namensvetter in den USA als Vorbild diente. Zwar befand sich unter den Passagieren der *Mayflower* kein einziger Bostoner, aber die Stadt war eine Anlaufstelle für Puritaner aus ganz Nottinghamshire, die der religiösen Verfolgung durch Auswanderung in die Niederlande und nach Amerika zu entkommen suchten. Die flammenden Predigten des Bostoner Vikars John Cotton den 1630er-Jahren animierten auch viele Stadtbewohner, ihr Glück in der neuen Welt zu suchen. Einer davon war John Quincy Adams, der es zum sechsten amerikanischen Präsidenten brachte. Die aus Boston stammenden Pioniere gründeten in der neuen Kolonie Massachusetts eine Stadt gleichen Namens, der Rest ist Geschichte.

◎ Sehenswertes

St. Botolph's Church
KIRCHE

(www.parish-of-boston.org.uk; Church St; Turm Erw./Kind 3/1 £; ⊙Kirchenbesichtigung Mo–Sa 8.30–16, So 7.30–16 Uhr, Turm Mo–Sa 10–15.30, So 13–15.30 Uhr, letzter Aufstieg 15 Uhr) Die St. Botolph's Church (Der Name Boston entstand durch die Zusammenziehung von St. Botolph's Stone) aus dem frühen 14. Jh. wird allgemein „the stump" (der Stumpen) genannt, weil ihr 88 m hoher Turm so gestaucht wirkt. Wer die 365 Stufen erklimmt, kann an klaren Tagen die 52 km entfernte Kathedrale von Lincoln sehen.

Guildhall
MUSEUM

(☏01205-365954; www.bostonguildhall.co.uk; South St; ⊙Mi–Sa 10.30–15.30 Uhr) GRATIS Vor ihrem Aufbruch in die Neue Welt wurden die Pilgrim Fathers vorübergehend in der Guildhall aus den 1390er-Jahren zusammengepfercht. Sie ist eines der ältesten Backsteingebäude in Lincolnshire und steht nicht weit vom Fluss Witham entfernt. Drinnen warten eine unterhaltsame interaktive Ausstellung, ein restaurierter Gerichtssaal aus dem 16. Jh. und die Rekonstruktion einer georgianische Küche. Wie auch zu den regelmäßig stattfindenden Sonderausstellungen ist der Eintritt frei.

Maud Foster Windmill
WINDMÜHLE

(☏01205-352188; www.maudfoster.co.uk; 16 Willoughby Rd; Erw./Kind 4/2 £; ⊙Mi & Sa 10–17 Uhr; 🖥) Rund 800 m nordöstlich vom Market Place erhebt sich Englands größte betriebsfähige Windmühle. Jede Flügeldrehung lässt die sieben Stockwerke ächzen und erbeben. Besucher können frisch gemahlenes

Mehl kaufen, Unterkünfte für Selbstversorger gibt's in der Kornkammer nebenan (DZ 430 £ für 3 Nächte inkl. Mühlenführung und Parkplatz; Kinder sind nicht zugelassen).

ℹ️ Praktische Informationen

Die **Touristeninformation** (☎ 01205-365954; www.bostonguildhall.co.uk; South St; ⊘ Mi–Sa 10.30–15.30 Uhr) ist in der Guildhall.

ℹ️ An- & Weiterreise

Boston hat Zugverbindungen nach Leicester (22,80 £, 2½ Std., stündl.) und Lincoln (13,60 £, 1¼ Std., stündl.) mit Umsteigen in Sleaford.

NORTHAMPTONSHIRE

Dörfer mit putzigen, strohgedeckten Fachwerkhäuschen im Tudorstil, aber auch eine Reihe herrschaftlicher Anwesen wie die Familienstammsitze von George Washington und Prinzessin Diana machen den Reiz von Northamptonshire aus.

ℹ️ Unterwegs vor Ort

Der Verkehrsknotenpunkt der Grafschaft ist Northampton. Infos und Fahrpläne für Busse und Bahnen bietet Traveline (S. 472). London Midland hat gute Zugverbindungen nach Northampton.

Stoke Bruerne

373 EW.

In dem hübschen Dörfchen und 13 km südlich von Northampton gehen die bunten Kähne auf dem Grand Union Canal (der Hauptader der Binnenschifffahrt) vor Anker, bevor sie nach Leicester, Birmingham oder London weitertuckern.

◉ Sehenswertes & Aktivitäten

Canal Museum   MUSEUM
(www.canalrivertrust.org.uk/the-canal-museum/stoke-bruerne; 3 Bridge Rd; Erw./Kind 4,75/2,75 £; ⊘April–Okt. 10–17 Uhr, Nov.–März kürzer) In einer umgebauten Getreidemühle erzählt das unterhaltsame Museum die Geschichte des Kanalnetzes, seiner Schiffer, Schleusenwärter und der Bergarbeiter. Neben zahlreichen Schiffsmodellen dient das denkmalgeschützte historische Kanalboot *Sculptor* vor der Haustür als Anschauungsmaterial.

Indian Chief   BOOTSTOUREN
(☎ 01604-862428; www.boatinn.co.uk; Rundfahrten Erw./Kind 3,50/2,50 £; ⊘So & Feiertagswochenenden 11.30–15 Uhr) Das ganze Jahr über starten beim Boat Inn (S. 487) einstündige Rundfahrten mit dem Kanalboot *Indian Chief.*

🛏️ Schlafen

Waterways Cottage   B&B ££
(☎01604-863865; www.waterwayscottage.co.uk; Bridge Rd; DZ 55–80 £; P 🛜) Mit seinem Strohdach wirkt das malerische B&B direkt am Kanal wie ein Motiv auf dem Deckel einer alten Keksdose. Mindestaufenthalt zwei Nächte.

Boat Inn   PUB ££
(☎01604-862428; www.boatinn.co.uk; Hauptgerichte 6,50–24 £; ⊘Küche Mo–Fr 12–15 & 18–21, Sa 12–21, So 12–20.30 Uhr, Bar Mo–Sa 9–23, So bis 22.30 Uhr) Das gesellige Pub, ein echtes Wahrzeichen am Kanal, teilt sich in ein lockeres Bistro und ein formelleres Restaurant. Das Angebot an Bier ist umfassend und gut ausgewählt.

ABSTECHER

ALTHORP HOUSE

Der Familienstammsitz der Spencers, **Althorp House** (☎01604-770107; www.spencerofalthorp.com; Erw./Kind 18,50/11 £; ⊘Anfang Juli Anfang Sept. 11–15 Uhr, Mai–Anfang Juli & Anfang–Ende Sept. unterschiedliche Öffnungszeiten, Ende Sept.–April geschl.), ist auch die letzte Ruhestätte von Prinzessin Diana, an die ein Denkmal erinnert. Das Haus beherbergt eine hochkarätige Kunstsammlung mit Werken von Rubens, Gainsborough und van Dyck. Die Besucherzahl ist begrenzt, Tickets müssen vorab telefonisch oder online gebucht werden.

Althorp liegt knapp 9 km nordwestlich von Northampton an der A428; ein Taxi kostet etwa 20 £. Der Stagecoach-Bus 96 (Northampton–Rugby, 2,35 £, Mo–Sa stündl.) hält am Eingangstor des Anwesens. Von dort sind es noch rund 1,5 km bis zum Haus. Die Einnahmen durch den Ticketverkauf fließen in den Princess Diana Memorial Fund, der verschiedene Wohltätigkeitsorganisationen unterstützt.

ABSTECHER

SULGRAVE MANOR

Das bestens erhaltene Herrenhaus **Sulgrave Manor** (☎01295-760205; www.sulgravemanor.org.uk; Manor Rd, Sulgrave; Erw./Kind 7,90/3,60 £, nur Garten 3,60 £/frei; ⊗Aug. Sa–Do 10–17 Uhr, Ende März–Juli, Sept. & Okt. Sa & So) wurde 1539 für Lawrence Washington gebaut und diente seiner Familie knapp 120 Jahre lang als Wohnsitz. Dann wanderte Colonel John Washington (der Urgroßvater des ersten amerikanischen Präsidenten, George Washington) 1656 nach Virginia aus.

Sulgrave Manor liegt 32 km südwestlich von Northampton nicht weit von der B4525 bei Banbury und ist nicht mit öffentlichen Verkehrsmitteln erreichbar.

❶ An- & Weiterreise

Wer nicht mit einem Kanalboot unterwegs ist, kommt mit den eigenen vier Rädern am besten voran.

Bus 86 verkehrt zwischen Stoke Bruerne und Northampton (4,50 £, 45 Min., Mo–Sa 4-mal tgl.), so auch Bus X4 (4,50 £, 25 Min., So 4-mal).

LEICESTERSHIRE

Während der Industriellen Revolution war Leicestershire ein bedeutendes Wirtschaftszentrum, von dem zahlreiche kreative Neuentwicklungen ausgingen. Viele Fabriken wurden während des Zweiten Weltkriegs von deutschen Bombern ins Visier genommen und in den meisten Städten der Grafschaft sind die Narben dieser Verwüstungswelle bis heute sichtbar. Trotzdem bietet die Grafschaft einige beeindruckende historische Attraktionen, von römischen Ausgrabungen bis zu Burgen aus Zeiten Elisabeths I. Die kürzliche Entdeckung und Umbettung der sterblichen Überreste von Richard III. brachte der quirligen, multikulturellen Hauptstadt Leicester neuen Ruhm. 2016 gewann Leicester City völlig überraschend den Titel in der Premier League und sorgte damit für eine der größten Sensationen in der britischen Sportgeschichte.

❶ Anreise & Unterwegs vor Ort

Leicester hat gute Bus- und Zugverbindungen. Infos über Buslinien und Fahrpläne stehen unter „Roads and Transport" auf der Website www.leicestershire.gov.uk.

Zwischen Leicester, Rutland, Stamford und anderen Städten der Umgebung besteht regelmäßiger Busverkehr.

Leicester

337 653 EW.

Leicester (sprich: Les-ter) steht auf Ruinen aus zweitausend Jahren Geschichte. Die deutsche Luftwaffe wie auch Stadtplaner der Nachkriegszeit haben hässliche Spuren hinterlassen. Auf der anderen Seite hat sich die Stadt dank der Zuwanderung von Arbeitern aus Indien und Pakistan während der Blütezeit der Textilindustrie in den 1960er-Jahren zu einem aufstrebenden, multikulturellen Zentrum entwickelt.

Die sensationelle Entdeckung (2012) und Identifizierung (2013) der sterblichen Überreste König Richards III. auf einem Parkhausgelände war Anlass für eine ganze Reihe stadtplanerischer Maßnahmen. Ein Ergebnis ist das schicke Besucherzentrum am Fundort, ein weiteres die Restaurierung der Kathedrale, in der der König 2015 neu bestattet wurde. 2016 schrieb die Stadt dann Sportgeschichte: Obwohl die Chancen zu Saisonbeginn 5000:1 gegen den Leicester City Football Club standen, gewann die Mannschaft den Titel in der Premier League – zum allerersten Mal in der 132-jährigen Vereinsgeschichte.

◉ Sehenswertes & Aktivitäten

⭐ **King Richard III: Dynasty, Death & Discovery** HISTORISCHES MUSEUM (www.kriii.com; 4a St Martin's Pl; Erw./Kind 7,95/4,75 £; ⊗So–Fr 10–16, Sa bis 17 Uhr) Das nach der Entdeckung und Identifizierung der sterblichen Überreste von König Richard III. erbaute hochmoderne Heritage Centre setzt sich aus drei Bereichen zusammen: „Dynasty" beschäftigt sich mit Richards Aufstieg zum letzten König der Plantagenet-Dynastie. „Death" nimmt die Schlacht von Bosworth unter die Lupe (nach Richard III. ist kein englischer König mehr in einer Schlacht ums Leben gekommen) und „Discovery" erläutert die Ausgrabungs- und Identifizierungsarbeit der University of Leicester und gewährt Zutritt zur Fundstelle des Grabs.

⭐ **Leicester Cathedral** KATHEDRALE (www.leicestercathedral.org; Peacock Lane; ⊗Mo–Sa 10–17, So 12.30–14.30 Uhr) GRATIS Der ganze Stolz des großen mittelalterlichen Kirchenbaus ist das moderne Kalksteinmonument über dem Gewölbe, in dem 2015 die sterblichen Überreste von König Richard III. beigesetzt wurden. Sehenswert sind auch die Steinmetzarbeiten an den Dachstützen der Kathedrale.

Guildhall
HISTORISCHES GEBÄUDE

(www.leicester.gov.uk/leisure-and-culture; Guildhall Lane; ⏰11–16.30 Uhr) GRATIS Leicesters perfekt erhaltene Guildhall aus dem 14. Jh. ist eine der schönsten in ganz Englands und angeblich ein Hotspot für Geister. Ob es in der herrlichen Great Hall, im holzgetäfelten *Mayor's Parlour* (Sprechzimmer des Bürgermeisters) und in den Gefängniszellen mit dem Nachbau eines Galgens aus dem 19. Jh. tatsächlich spukt, kann nur ein Besuch vor Ort erweisen.

New Walk Museum & Art Gallery
MUSEUM, GALERIE

(www.leicester.gov.uk/leisure-and-culture; 53 New Walk; ⏰Mo–Sa 10–17, So 11–17 Uhr; 🚻) GRATIS Zu den Highlights des Museums in einem viktorianischen Prachtbau gehören die Gemäldesammlung mit Werken von Turner und Degas, die Galerie der Dinosaurier sowie die ägyptische Abteilung mit echten Mumien und Exponaten zu Boris Karloffs Film *Die Mumie*. Kinder unter fünf Jahren können in The Den interaktiv spielen.

National Space Centre
MUSEUM

(www.spacecentre.co.uk; Exploration Drive; Erw./Kind 14/11 £; ⏰Mo–Fr 10–16, Sa & So bis 17 Uhr) Leicesters Weltraummuseum gibt faszinierende Einblicke in die Geheimnisse des Alls. Britische Raumfahrtprojekte starten normalerweise in Französisch-Guyana oder Kasachstan, aber die (gescheiterte) Marsexpedition der *Beagle 2* wurde von hier gesteuert. Die kinderfreundlichen Exponate mit hohem Spaßfaktor decken eine große Bandbreite ab, von Astronomie bis zu aktuellen Raumfahrtmissionen. Das Museum liegt 24 km nördlich vom Zentrum in der Nähe der A6. Anfahrt mit Bus 54 (15 Min., alle 20 Min.) ab Charles Street.

Newarke Houses Museum
MUSEUM

(www.leicester.gov.uk/leisure-and-culture; The Newarke; ⏰Mo–Sa 10–17, So 11–17 Uhr) GRATIS Zwei Stadtvillen aus dem 16. Jh. sind angefüllt mit Objekten, die auf unterhaltsame Weise das Alltagsleben der hiesigen Bevölkerung im Verlauf der Jahrhunderte dokumentieren. Zu den Höhepunkten zählen ein Gang durch die Nachbildung eines Schützengrabens aus dem Ersten Weltkrieg und die Trophäen des Royal Leicestershire Regiment, darunter ein zur Tabaksdose umfunktionierter Tigerschädel.

Leicester Castle
RUINE

(Castle View) Rund um das Newarke Houses Museum verteilt, stehen die Überreste des Leicester Castle aus dem Mittelalter, in dem Richard III. seine letzten Tage verbrachte, bevor er in der Schlacht von Bosworth umkam. Beeindruckend ist vor allem das

---

KÖNIG RICHARD III.
....

Was es nicht alles gibt! Viereinhalb Jahre lang fahndete Philippa Langley, ein Mitglied der Richard III Society, nach den sterblichen Überresten König Richards III., der in der Schlacht von Bosworth (S. 491) fiel. Die 1924 gegründete Gesellschaft erforscht das Leben des Königs, dessen Reputation sehr darunter gelitten hat, dass er von Shakespeare und anderen Literaten, aber auch von vielen Historikern als grausam und berechnend dargestellt wurde. Mrs Langleys Recherchen wiesen recht bald auf ein Parkhaus in Leicester hin, das an der Stelle der schon vor langer Zeit verschwundenen Greyfriars-Kirche errichtet worden war. Aber sie brauchte drei Jahre, um den Stadtrat zu Grabungen zu überreden.

Archäologen von der University of Leicester leiteten die Ausgrabungen im August 2012, die nach nur drei Wochen ein Skelett zu Tage förderten. Im Februar 2013 brachte eine DNA-Analyse die Bestätigung, dass es sich um die Gebeine Richards III. handelte.

Anhand des Schädels konnte das Gesicht des Königs rekonstruiert werden, von dem nach derzeitigem Kenntnisstand keine Porträts mehr existieren. Nach der Rekonstruktion wurde eine Plastik angefertigt, die im hypermodernen Museum King Richard III: Dynasty, Death & Discovery (S. 488) ausgestellt ist. Hier ist auch die Stätte zu sehen, an der er 500 Jahre lang bestattet war. 2015 wurden Richards Gebeine nach einer Prozession durch die Stadt in der Leicester Cathedral (S. 488) beigesetzt.

Über die Seite der Touristeninformation (S. 493) kommt man zur kostenlosen „Richard III Audio Tour" über alle Stätten in Leicester und Umgebung, zu denen Richard III. einen Bezug hatte. Sie lässt sich auch als App aufs Smartphone laden.

Leicester

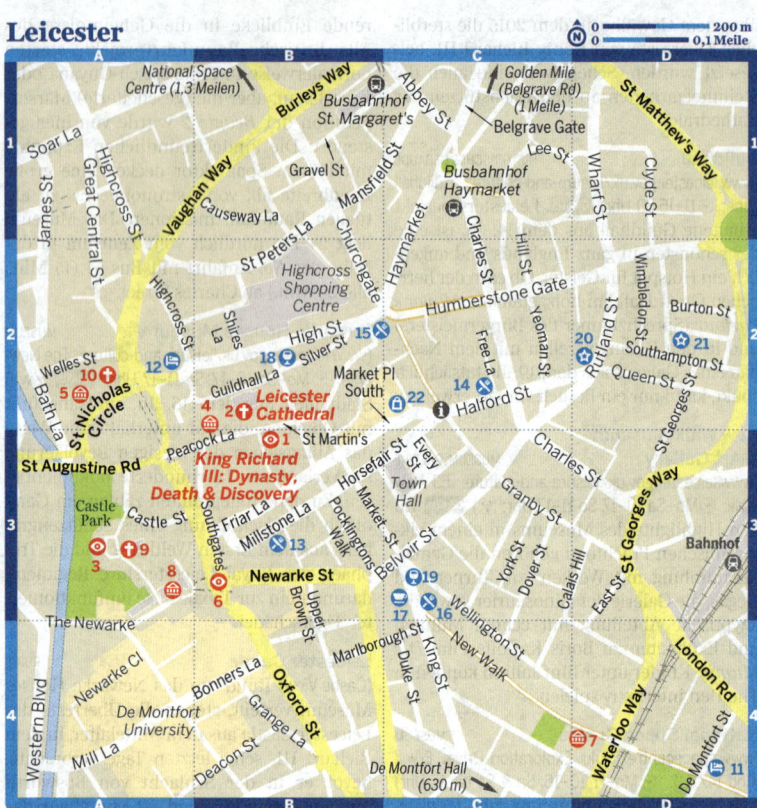

Leicester

massive Torhaus, auch **Magazine** (Newarke Street) genannt. Darin wurden Kanonenkugeln und Pulver gelagert. Ein georgianischer Backsteinbau aus dem 12. Jh. beherbergt die **Great Hall** (Castle Yard), zu der ein Tor aus dem 15. Jh. führt. Nicht weit davon steht

die Kirche **St. Mary de Castro** (www.stmary
decastro.org.uk; 15 Castle View; ⊙ Mo–Fr 12–14, Sa
14–16 Uhr), in der Geoffrey Chaucer 1366 ge-
traut wurde.

Jewry Wall Museum
MUSEUM
(www.visitleicester.info; St Nicholas Circle; ⊙ Feb.–
Okt. 11–16.30 Uhr) `GRATIS` Wunderschöne römische Mosaiken und Fresken sind die Attraktionen des Museums, in dem Leicesters
Geschichte von den Römern bis heute abge-
handelt wird. Die **Jewry Wall** davor gehörte
einmal zu einer römischen Bäderanlage.
Diverse Mauerreste und Fliesen aus den Bädern wurden beim Bau der benachbarten **St
Nicholas Church** (www.stnicholasleicester.com;
St Nicholas Circle; Eintritt per Spende; ⊙ Sa 14–16,
So 17.30–18.30 Uhr) recycelt. Auf der Website
der Touristeninformation (S. 493) ist eine
kostenlose Audioführung zum Herunterladen.

Great Central Railway
HISTORISCHE EISENBAHN
(📞01509-632323; www.gcrailway.co.uk; hin &
zurück Erw./Kind 16/9 £) Dampflokomotiven
keuchen vom Bahnhof Leicester North
am Redhill Circle bis nach Loughborough
Central und zurück und folgen damit jener
13 km langen Route, die Thomas Cook 1841
als erste Pauschalreise anbot. Die Bahn fährt
das ganze Jahr über an den meisten Wochenenden, im Sommer teils auch unter der
Woche. Die Fahrpläne sind online einsehbar.

Anfahrt zum Bahnhof Leicester North
mit Bus 127 (4,20 £, 20 Min., alle 10 Min.)
ab Busbahnhof Haymarket (S. 493) in der
Charles Street.

Festivals & Events

Leicester Caribbean Carnival
KULTURFESTIVAL
(www.leicestercarnival.com; ⊙ Aug.) Am ersten
Samstag im August wird in Leicester das
zweitgrößte Karibik-Spektakel des Landes
(nach dem Londoner Notting Hill Carnival)
mit prächtigen Kostümen gefeiert. Auf zwei
Bühnen spielen Bands; außerdem gibt's Kir-
mes, einen betreuten Kinderspielbereich
und jede Menge Streetfood.

Leicester Comedy Festival
COMEDY
(www.comedy-festival.co.uk; ⊙ Feb.) Englands
ältestes Comedyfestival bringt sowohl altbe-
kannte Veteranen wie auch Nachwuchstalente auf die Bühne. An acht Tagen im Februar finden an mehr als 60 Orten über 700
Events statt.

ABSTECHER

BOSWORTH BATTLEFIELD

Nach ein paar Hundert Jahren sieht
jedes Schlachtfeld wieder wie ein einfaches Feld aus. Nicht so das Bosworth
Battlefield, wo Richard III. anno 1485
das Zeitliche segnete. Hier hütet das
spannende **Bosworth Battlefield
Heritage Centre** (📞01455-290429;
www.bosworthbattlefield.org.uk; Ambion
Lane, Sutton Cheney; Erw./Kind 7,95/4,75 £;
⊙ Museum 10–17 Uhr, letzter Einlass 16 Uhr,
Gelände 7 Uhr–Sonnenuntergang) Skelette
und Musketenkugeln und jedes Jahr im
August spielen Geschichtsbegeisterte in
historischen Kostümen das große Ereignis nach. Das Schlachtfeld liegt 26 km
südwestlich von Leicester in Sutton
Cheney, nicht weit von der A447. Ein Taxi
ab Leicester kostet um die 25 £.

🛏 Schlafen

★ Hotel Maiyango
BOUTIQUEHOTEL **££**
(📞0116-251 8898; www.maiyango.com; 13–21
St Nicholas Pl; DZ ab 79 £; ❄🐾) Am Ende der
autofreien High Street steht das noble Hotel mit 14 geräumigen Zimmern, denen in
Handarbeit hergestellte asiatische Möbel,
zeitgenössische Kunst und riesige Plasma-
bildschirme Klasse verleihen. Neben dem
romantischen **Maiyango Restaurant &
Bar**, wo die besten Cocktails der Stadt serviert werden, sorgt das **Kitchen Deli**, ein
fabelhaftes Gourmetcafé mit Feinkosttheke,
für das kulinarische Wohlergehen der Gäste.

Belmont Hotel
HOTEL **££**
(📞0116-254 4773; www.belmonthotel.co.uk; 20 De
Montfort St; EZ/DZ/FZ ab 60/75/89 £; 🅿❄@
🐾) Seit vier Generationen betreibt dieselbe Familie das Hotel in einem Bau aus
dem 19. Jh. in bester Lage und mit Blick
auf den grünen New Walk. Die Zimmer sind
individuell und mit Schick eingerichtet. Die
Familienzimmer verfügen über ein Doppelbett und Etagenbetten. Das Hotelrestaurant
hat einen guten Ruf, den beiden Bars, Jamie's und Bowie's, ist eine Terrasse bzw. ein
Wintergarten vorgelagert.

 Essen

Walkers
BÄCKEREI **£**
(Walker & Son; www.walkerspies.co.uk; 4–6 Cheap-
side; Gerichte 0,90–5 £; ⊙ Mo–Sa 8.30–17.30 Uhr)

Für ein schnelles Mittagessen gibt's nichts Besseres als Schweinefleischpastete von Walkers. Dies ist der Originalladen, mit dem das Unternehmen 1824 gegründet wurde. Die berühmte Chipsmarke wurde inzwischen verkauft, doch die Pastetenherstellung ist noch immer Familiensache. Neben solchen mit Schwein gibt's auch welche mit Huhn, Schinken und Pilzen, Steak, Wildbret und Pulled Pork. Draußen vor dem Laden stehen ein paar Tische.

Good Earth
VEGETARISCH £

(☏ 0116-262 6260; 19 Free Lane; Hauptgerichte 3,50–6,50 £; ⊙ Mo–Fr 10–15, Sa bis 16 Uhr; ☑) ✿ Für seine täglich wechselnden vegetarischen Ofengerichte, riesigen Salate und hausgemachten Kuchen hat das altehrwürdige vegetarische Café seinen guten Ruf mehr als verdient.

Boot Room
BISTRO ££

(☏ 0116-262 2555; www.thebootroomeaterie.co.uk; 29 Millstone Lane; Hauptgerichte 13–19,50 £; ⊙ Di–Fr 12–14 & 17.30–21.30, Sa 12–14.30 & 17.30–22 Uhr; ☎) Die ehemalige Schuhfabrik beherbergt heute ein konzessionsfreies, modernes Bistro. Aus Zutaten bester Qualität entstehen Köstlichkeiten wie gebackener Kabeljau (aus Cornwall) begleitet von Risotto mit geräucherten Tomaten oder Entenschlegel mit Clonakilty Blackpudding (irischer Blutwurst). Wer zum Nachtisch das Soufflé des Tages nicht mehr schafft, hat was verpasst.

White Peacock
MODERN BRITISCH £££

(☏ 0116-254 7663; www.the-white-peacock.co.uk; 14–16 King St; 2-/3-Gänge-Mittagsmenü 15/18 £, 2-/3-Gänge-Abendmenü 26,50/28,50 £; ⊙ Di–Fr 12–15 & 17.30–21.45, Sa 12–15 & 18–21.45 Uhr) Das White Peacock residiert in einem schönen denkmalgeschützten Gebäude mit Blick auf den verkehrsberuhigten New Walk. Die anspruchsvollen Menüs von Küchenchef Philip Sharpe beginnen vielleicht mit einer Ziegenkäse- Panna Cotta mit Balsamessiggelee, gefolgt von gebratenem Schweinebauch mit Blutwurst und Selleriepüree; den Abschluss könnte eine Lokum-Crème brûlée mit dunkler Schokolade und Pistaziensorbet bilden.

Ausgehen & Nachtleben

Bread & Honey
KAFFEE

(15 King St; ⊙ Mo–Sa 7.30–14.30 Uhr; ☎) Sortenreine Bohnen von Kooperativen, geröstet von der Londoner Rösterei Monmouth, werden in diesem winzigen Café mit Plankenboden u. a. zum besten Milchkaffee weit und breit verarbeitet. Im Sommer gibt's auch Smoothies, im Winter wärmende Suppen sowie das ganze Jahr über phantastischen Kuchen wie Schokoladentoffeekuchen mit einer Glasur aus weißer Schokolade oder Bananenkuchen mit Honigglasur.

XY Club
CLUB

(www.xyclub.co.uk; 2 King St; ⊙ Fr & Sa 22.30–6 Uhr) Hinter der mächtigen, auf Tudor getrimmten Fassade sorgen Haus-DJs wie auch Kapazitäten von auswärts für eine abwechslungsreiche Musikmischung. Besondere Events unter der Woche werden auf der Website angekündigt.

Globe
PUB

(www.everards.co.uk; 43 Silver St; ⊙ So–Do 11–23, Fr & Sa bis 1 Uhr) In den malerischen Lanes – einem Gewirr von Gassen südlich der High Street – wartet dieses altmodische Pub auf Bierliebhaber, denen Qualität wichtiger ist als Quantität.

Unterhaltung

Curve Theatre
THEATER

(☏ 0116-242 3595; www.curveonline.co.uk; 60 Rutland St; Backstage-Führung Erw./Kind 3/2 £) Das Theater bringt sowohl erfolgreiche Produk-

---

INSIDERWISSEN

DIE GOLDENE MEILE

Die von Sari-Läden, Juwelieren und Curryhäusern gesäumte Belgrave Road, auch „Golden Mile" genannt, ist eine Top-Adresse für indische vegetarische Küche.

Hier gibt's viele authentische Lokale. Zu den besten gehört **Bobby's** (☏ 0116-266 0106; www.eatatbobbys.com; 154–156 Belgrave Rd; Gerichte 3,75–6 £; ⊙ Mo–Fr 11–22, Sa & So 10–22 Uhr; ☑) mit legendärem *namkeen* – einer Knabberei aus Linsenmehl verschiedener Form und Größe. Mehrere Läden verkaufen *mithai*, eine indische Süßigkeit aus Nüssen, Früchten, gestockter Milch und viel Zucker.

Die Belgrave Road liegt 1,6 km nordöstlich vom Zentrum – der Belgrave Gate folgen und den Burleys Flyover überqueren oder am **Busbahnhof St. Margaret's** (S. 493) in Bus 2 oder 127 (7 Min., alle 5 Min.) oder am **Busbahnhof Haymarket** (S. 493) in Bus 5 steigen.

tionen wie auch innovative Inszenierungen moderner Stücke auf die Bühne und ist auf Besucher mit eingeschränkter Hör- oder Sehfähigkeit besonders eingestellt. Backstage-Führungen können telefonisch an der Theaterkasse gebucht werden. Die schicke Bar ist perfekt für einen Drink zum Feierabend.

Phoenix Square · KINO
(☎ 0116-242 2800; www.phoenix.org.uk; 4 Midland St; Tickets Erw./Kind ab 7,50/5,50 £) Das Phoenix ist Leicesters Nr. 1 für Filmkunst und Projekte mit digitalen Medien.

De Montfort Hall · LIVEMUSIK
(☎ 0116-233 3111; www.demontforthall.co.uk; Granville Rd) Berühmte Orchester, Ballettensemble, Musicalproduktionen und Shows mit Musik und Tanz bestreiten das breitgefächerte Programm in dem riesigen Veranstaltungskomplex.

 Shoppen

Leicester Market · MARKT
(www.leicestermarket.co.uk; Market Pl; ⏱ Freiluftmarkt Mo–Sa 7–18 Uhr, Markthalle Mo–Sa 9–17 Uhr) Das Areal im Freien und die Markthalle werden von über 300 Ständen bestückt, deren Angebot von Biogemüse über Gewürze, Fisch und Meeresfrüchte bis zu Kleidung – neu und Secondhand –, Haushaltswaren, Elektrogeräten, Kosmetik, Schmuck, Blumen und Stoffen reicht.

ℹ **Praktische Informationen**

Die hilfsbereite **Touristeninformation** (☎ 0116-299 4444; www.visitleicester.info; 51 Gallowtree Gate; ⏱ Mo–Sa 9.30–17.30, So 10–16 Uhr) verfügt über umfangreiches Infomaterial über Leicester und Umgebung und veranstaltet außerdem Stadtführungen (5 £, unterschiedliche Zeiten).

ℹ **An- & Weiterreise**

BUS

Alle Überlandbusse starten am **Busbahnhof St. Margaret's** in der Gravel Street nördlich des Zentrums. Der Skylink-Bus fährt zum East Midlands Airport (7,50 £, 50 Min., rund um die Uhr mind. stündl.) und weiter nach Derby (1 Std.).

Busse von National Express:
Coventry 6,70 £, 45 Min., 4-mal tgl.
London Victoria 14 £, 2¾ Std., 4-mal tgl.
Nottingham 5 £, 45 Min., 4-mal tgl.

ZUG

Züge von East Midlands:
Birmingham 13,40 £, 1 Std., 2-mal pro Std.

GASTROPUB: HERCULES REVIVED

Eine der besonderen Freuden auf einer Reise durch die Midlands ist es, in ein pittoreskes Landpub zu stolpern und dort eine Küche zu genießen, sich auch in den gastronomischen Hochburgen der Welt nicht verstecken müsste. Das **Hercules Revived** (☎ 01455-699336; www.herculesrevived.co.uk; Sutton Cheney; Hauptgerichte 10,50–21,50 £; ⏱ Mo–Sa 12–14.30 & 18–21.30, So 12–14.30 & 18–20 Uhr) in einer Kutschstation aus dem 17. Jh. liegt nur 2 km östlich von Bosworth Battlefield (S. 491). Auf himmlische Vorspeisen wie Stilton-Brûlée folgen Hauptgerichte wie scharf angebratene Entenbrust in Brombeersauce.

London St. Pancras 79,50 £, 1¼ Std., 2- bis 4-mal pro Std.

ℹ **Unterwegs vor Ort**

Eine Reihe von Unter- und Überführungen trennt das Stadtzentrum von den Randgebieten. Die Kernstadt von Leicester lässt sich bequem zu Fuß erlaufen.

Die Stadtbusse fahren am **Busbahnhof Haymarket** (Charles St) und am Busbahnhof St. Margaret's ganz in der Nähe ab. Ein Flexi Day Ticket (5 £) gilt ganztägig für unbegrenzte Fahrten auf allen städtischen Linien.

RUTLAND

Nach der Zusammenlegung mit Leicestershire im Jahr 1974 wurde Rutland 1997 wieder „unabhängig" und ist heute Englands kleinste Grafschaft.

Rutland Water

Die Hauptattraktion der Grafschaft ist das Rutland Water, ein 10 km² großer Stausee, der 1976 durch den Dammbau im Gwash Valley entstand. Er bietet 20 000 Vögeln eine Heimat, darunter auch Fischadlern.

◉ **Sehenswertes & Aktivitäten**

Rutland Water Nature Reserve · NATURSCHUTZGEBIET
(www.rutlandwater.org.uk; Egleton; Erw./Kind inkl. Parkplatz 5,70/3,30 £; ⏱ März–Okt. 9–17 Uhr, Nov.–

ABSTECHER

GASTROPUB: HAMMER & PINCERS

Foodies aufgepasst: Im kleinen Dörfchen Wymeswold wartet ein galaktisches Esserlebnis. In einem idyllischen Garten am Dorfrand serviert das Gastropub **Hammer & Pincers** (☎01509-880735; www.hammerandpincers.co.uk; 5 East Rd, Wymeswold; Hauptgerichte 14,50–24,50 £, 8-Gänge-Menü 45 £, mit Wein 65 £; ⊙Di–Sa 12–14 & 18–21.30, So bis 16 Uhr; ☑) vom Brot bis zu den Würzsaucen durchweg Hausgemachtes. Saisonale Highlights sind in Cider eingelegte Meeresforelle, in Gin marinierter Fasan oder Rosmarin-Rhabarber-Sorbet. Eine Sensation ist das doppelt gebackene Käsesoufflé. Das Pub liegt 26 km nördlich von Leicester, erreichbar über die A46.

Feb. bis 16 Uhr) Im Naturschutzgebiet Rutland Water Nature Reserve bei Oakham gibt es Ausgucke, um die vielfältige Vogelwelt zu beobachten.

Normanton Church
KIRCHE

(☎01780-686800; www.anglianwater.co.uk; Normanton; ⊙April–Okt. unterschiedliche Öffnungszeiten, Nov.–März geschl.) GRATIS Eine Kalksteinmauer schützt die kleine Kirche vor Überschwemmungen. Drinnen ist eine Dokumentation über den Rutland-Stausee aufgebaut. Wegen häufig stattfindender Konzerte und Privatveranstaltungen wie Hochzeiten ist es ratsam, sich vor dem Aufbruch zu vergewissern, dass die Kirche zugänglich ist.

Rutland Belle
BOOTSTOUREN

(☎01572-787630; www.rutlandwatercruises.com; Whitwell; Erw./Kind 8,50/5,50 £; ⊙Mitte Juli–Aug. Mo–Sa 12–15, So 11–15 Uhr, April–Mitte Juli, Sept. & Okt. kürzere Betriebszeiten, stündl.) Das Boot schippert auf einer 45-minütigen Rundfahrt von Whitwell nach Normanton am Südufer, wo ein gepflasterter Dammweg über das Wasser zur Normanton Church führt und von dort zurück nach Whitwell.

Rutland Watersports
WASSERSPORT

(☎01780-460154; www.anglianwater.co.uk/leisure; Whitwell Leisure Park, Bull Brigg Lane, Whitwell; Ausrüstungsverleih fürs Windsurfen/Kajakfahren/Paddleboarding ab 7 £ pro Std.; ⊙April–Okt. Fr–Di 9–19, Mi & Do bis 20 Uhr, Nov.–März kürzer) Rutland Watersports bietet Wassersportaktivitäten wie Windsurfen, Kajakfahren und Stehpaddeln. Ausrüstungsverleih und Unterricht gehören mit zum Angebot.

Rutland Sailing School
SEGELN

(☎01780-721999; www.rutlandsailingschool.co.uk; Gibbet Lane, Edith Weston; Segelbootverleih ab 20 £ pro Std., halbtägige Segelkurse Erw./Kind ab 125/105 £; ⊙April–Okt. 7.30 Uhr–Sonnenuntergang) Vermietet Boote und bietet Segelkurse an.

Rockblok
KLETTERN

(☎01780-460060; www.rockblok.com; Whitwell Leisure Park, Bull Brigg Lane, Whitwell; Kletterwand/Hochseilgarten 4/10 £, Fahrradverleih Erw./Kind 23/10 £; ⊙Mitte März–Mitte Sept. 9–19 Uhr, Mitte Sept.–Mitte März bis 16 Uhr) Für Schwindelfreie gibt's eine Kletterwand und einen Hochseilgarten. Wer lieber gemütlich eine Runde um den See drehen will, leiht sich ein Rad.

Giant-Bike
RADFAHREN

(☎01780-720888; www.giant-rutland.co.uk; Normanton; Fahrradverleih Erw./Kind 23/10 £ pro Tag; ⊙9–18 Uhr) Der Fahrradverleih liegt in der Nähe der Schiffsanlegestelle von Normanton. Neben Rennrädern werden auch Tandems, E-Bikes und Fahrradanhänger verliehen.

🛏 Schlafen

Hambleton Hall
HISTORISCHES HOTEL £££

(☎01572-756991; www.hambletonhall.com; Hambleton; EZ/DZ mit Frühstück ab 220/295 £; 🅿🛜) Die große ehemalige Jagdlodge Hambleton Hall, erbaut 1881, gehört zu Englands nobelsten Landhotels. Sie steht knapp 5 km östlich von Oakham auf einer Halbinsel am Rutland Water in schönster Lage. Herrliche Gärten umgeben die luxuriösen Zimmer mit floralem Dekor und das angeschlossene Sternerestaurant (2-/3-Gänge-Mittagsmenü 29/37,50 £, 3-Gänge-Abendmenü 69 £).

ⓘ Praktische Informationen

Das **Rutland Water Visitor Centre** (☎01780-686800; www.rutlandwater.org.uk; Skyes Lane, Empingham; ⊙Mitte März–Mitte Sept. 9–17 Uhr) bei Empingham, wo viele Rad- und Wanderwege beginnen, bietet neben Infomaterial über die Gegend auch einen Kiosk mit Snacks.

ⓘ An- & Weiterreise

Bus 9 verbindet Oakham mit Stamford (3,10 £, 45 Min., Mo–Sa stündl.) und fährt dazu am Nordufer des Rutland Water entlang.

Züge verbinden Oakham mit Leicester (12,20 £, 30 Min., mind. stündl.).

DERBYSHIRE

Die Landschaft von Derbyshire leuchtet in zwei Farben: in saftigem Grün in den von Trockensteinmauern durchzogenen Tälern und in erdigem Braun auf den kahlen Hügelkuppen in den Moorgebieten. Die größte Attraktion der Grafschaft ist der Peak District National Park mit typisch englischen Landschaftsformen. Er zieht Heerscharen von Wanderern, Kletterern, Radfahrern und Caving-Fans an.

ℹ An- & Weiterreise

Der nächste größere Flughafen ist der **East Midlands Airport** (S. 421). Derby selbst hat gute Zugverbindungen, aber mit Anschlüssen zu kleineren Orten der Grafschaft sieht es eher mau aus. Die Derwent Valley Line von Derby nach Matlock bedient den Peak District. Edale und Hope liegen an der Hope Valley Line von Sheffield nach Manchester.

Ein vollständiges Verzeichnis der Buslinien in Derbyshire steht unter der Rubrik „Transport and Roads" auf der Website www.derbyshire.gov.uk.

Derby

252 500 EW.

Derby genießt eine wunderbare Lage am Südostrand der Hügel von Derbyshire, die sich Richtung Peak District ziehen, und gehört zu den dynamischsten und kreativsten Städten in den Midlands. Derby war eine Keimzelle der Industriellen Revolution. Praktisch über Nacht verwandelte sich das verschlafene Provinzstädtchen damals in ein Produktionszentrum für Waren aller Art, von Seide bis Porzellan. Später wurden hier Lokomotiven und Flugzeugmotoren für Rolls Royce gebaut. Die Rezession in den 1980er-Jahren erwischte Derby voll, aber beeindruckende Initiativen im kulturellen Bereich und eine komplette Sanierung des Flussufers halfen der Stadt wieder auf die Beine.

◉ Sehenswertes

Derby Cathedral KATHEDRALE
(www.derbycathedral.org; 18 Irongate; ◷Mo–Sa 8.30–17.15, So 8–18 Uhr) Der Grundstein für die Kathedrale von Derby wurde 943 gelegt. Nach umfangreichen Um- und Neubauten bis ins 18. Jh. glänzt sie heute mit einer prächtigen Gewölbedecke und einer beeindruckenden Anzahl historischer Grabmale, darunter die opulente Gruft von Bess of Hardwick. Dank einer ganzen Serie ge-

schickter Heiraten hielt sie in Hardwick Hall, Chatsworth House und Bolsover Castle Hof. Im Turm der Kathedrale nisten Wanderfalken, deren Privatleben auf www.derbyperegrines.blogspot.com verfolgt werden kann.

Derby Museum & Art Gallery MUSEUM
(www.derbymuseums.org; The Strand; ◷Di–Sa 10–17, So 12–16 Uhr) GRATIS Unter den Exponaten zur Geschichte und industriellen Entwicklung der Stadt finden sich exquisite Porzellanstücke von Royal Crown Derby. Eine archäologische Abteilung ergänzt die Sammlung.

Quad GALERIE, KINO
(☎01332-290606; www.derbyquad.co.uk; Market Pl; Galerie frei, Kinotickets 5–17 £; ◷Galerie Mo–Sa 11–18, So 12–18 Uhr, Kino 11–21 Uhr) Der ultramoderne Würfel am Marktplatz beheimatet eine futuristische Galerie und ein Filmkunsttheater.

Royal Crown Derby Factory MUSEUM
(☎01332-712800; www.royalcrownderby.co.uk; Osmaston Rd; Museum & Fabrikführung Erw./Kind 5/2,50 £, nur Museum 2/1 £; ◷Museum Mo–Sa 10–17 Uhr, Fabrikführungen Di–Do 10.30 Uhr, Shop Mo–Sa 10–17 Uhr, Tearoom Di–Fr 10–16 Uhr) Bis heute stellt die alteingesessene Manufaktur einige der feinste Porzellanwaren des Landes her, von Großmutters Sammeltassen bis zu ausgefallenen, asiatisch inspirierten Designobjekten. Die 90-minütige Fabrikführung inklusive Museumsbesuch muss vorab gebucht werden. Im Fabrikshop wird Royal Crown Derby verkauft, darunter auch Ware zweiter Wahl und Stücke, die im Handel nicht mehr erhältlich sind. Die Gäste im angeschlossenen Tearoom essen und trinken von Geschirr des Hauses.

🛏 Schlafen

Cathedral Quarter Hotel HOTEL ££
(☎01332-546080; www.cathedralquarterhotel.com; 16 St Mary's Gate; EZ/DZ mit Frühstück ab 60/80 £; 🖥) Nur einen Glockenschlag von der Kathedrale entfernt empfängt Derbys nobelstes Hotel seine Gäste im georgianischen Gewand. Der Service ist so makellos wie die prächtige Marmortreppe. Ein Wellnessbereich und ein Gourmetrestaurant machen den Aufenthalt zum Genuss.

Farmhouse at Mackworth GASTHOF ££
(☎01332-824324; www.thefarmhouseatmackworth.com; 60 Ashbourne Rd; DZ/FZ mit Frühstück ab 70/90 £; P🖥♿) Der Designer-Gasthof ist

INSIDERWISSEN

CONKERS & NATIONAL FOREST

National Forest (www.nationalforest.org) heißt ein ehrgeiziges Projekt, das durch die Pflanzung von 30 Millionen Bäumen auf einer Gesamtfläche von 520 km² in Leicestershire, Derbyshire und Staffordshire neue, nachhaltige Waldgebiete schaffen will. Über 8 Mio. Setzlinge haben bereits Wurzeln geschlagen. Zusätzlich sind Attraktionen geplant, um Besucher anzulocken.

Conkers (☏01283-216633; www.visitconkers.com; Rawdon Rd, Moira; Erw./Kind 9,05/7,95 £; ⊙Ostern–Mitte Sept. 10–18 Uhr, Mitte Sept.–Ostern bis 17 Uhr) Das Naturzentrum mit interaktiven Ausstellungsobjekten, Spielplätzen (innen und im Freien, der letztere mit Hochseilgarten), einem Aussichtsturm und Plankenwegen durch den Wald richtet sich vor allem an Familien. Es liegt 32 km nordwestlich von Leicester nicht weit von der A444.

Hicks Lodge (☏01530-274533; Willesley Wood Side, Moira; Leihrad Erw./Kind 30/15 £ pro Tag; ⊙Trails 8 Uhr–Sonnenuntergang, Fahrradverleih & Café Mitte Feb.–Okt. Fr–Mi 9–17, Do 9–21 Uhr, Nov.–Mitte Feb. Mo–Mi & Fr 10–16, Do 9–21, Sa & So 9–17 Uhr) Zu den Radwegen im National Forest zählt ein 2 km langer, flacher Weg, der von Hicks Lodge um den See herum führt. Im Fahrrad-Zentrum werden Räder verliehen und geführte Touren und abendliche Rundfahrten organisiert. Das angeschlossene Café stärkt mit Kuchen und Sandwiches.

National Forest YHA (☏0845 371 9672; www.yha.org.uk; 48 Bath Lane, Moira; B/DZ/FZ ab 15/49/65 £; P 🛜) Das Hostel in der Bath Lane, 300 m westlich vom Naturzentrum Conkers, überzeugt mit seinem ökologischen Konzept (Grauwassernutzung, Solarpaneele, Biomasseheizkessel), Doppelzimmern mit eigenem Bad und einem Restaurant, das heimische Produkte verarbeitet und Bioweine ausschenkt. Die Familienzimmer bieten Platz für fünf Personen.

eine Schöpfung der Pub-Kette Marston's. Er liegt nur 4 km nordwestlich von Derby in sanft welliger Landschaft – der Vorteil: jede Menge kostenlose Parkplätze. Die zehn Zimmer sind mit Karostoffen, viel Holz und Chromlampen eingerichtet und mit Nespresso-Maschinen und flauschigen Bademänteln ausgestattet. Die Familienzimmer bieten drei Personen Platz. Dazu kommen eine fabelhafte Bar und ein Restaurant mit Josper-Ofen.

 **Essen**

Forge   BURGER £
(☏01332-987030; www.forgederby.com; 1–6 Blacksmiths Yard, Sadler Gate; Burger 7,50–13 £; ⊙Küche Mo–Sa 12–21, So 12–17 Uhr) Zu den Burger-Kreationen aus regionalen Zutaten (englisches Mehl, Rindfleisch aus Derbyshire) gehören der Fire Starter (Jalapeños, rote Chilis und Chilisauce) und der PJ mit Erdnussbutter und Himbeermarmelade, an dem sich die Geschmäcker scheiden. Insgesamt haben die Gäste die Qual der Wahl aus 24 Burgervarianten. Die Terrasse des Restaurants liegt am gepflasterten Blacksmiths Yard, wo noch weitere tolle Restaurants und Bars zu finden sind.

Wonky Table   BISTRO ££
(☏01332-295000; www.wonkytable.co.uk; 32 Sadler Gate; Hauptgerichte mittags 5,50–12 £, abends 15–18 £; ⊙Mo 17–22, Di–Sa 12–14 & 17–22 Uhr) Nomen est omen: Im „Wackeligen Tisch" sorgen Flohmarktmöbel für Retroatmosphäre, zu der auch das Sichtmauerwerk beiträgt. Tagsüber beschränkt sich das Angebot auf ein Menü und Sandwiches mit Belägen wie warmem Ziegenkäse mit karamellisierten Zwiebeln und Walnüssen. Abends läuft die Küche zur Hochform auf: Gänsebrust mit Honig und Balsamico, Lammfilet in Rosmarinkruste, Bällchen von Risotto mit Roter Bete und Ziegenkäse auf Brunnenkressecreme …

Darleys   MODERN BRITISCH £££
(☏01332-364987; www.darleys.com; Waterfront, Darley Abbey Mill; Hauptgerichte 21,50–25 £, 2-/3-Gänge-Mittagsmenü 20/25 £; ⊙Mo–Sa 12–14 & 19–21, So 12–14.30 Uhr) Schon die Location, eine umgebaute Getreidemühle mit Flussblick, ist genial. Aus der Küche des schicken, hellen Restaurants gut 3 km nördlich vom Zentrum kommen feine Leckereien wie Lammbauch im Grießmantel mit Minzgelee, Perlhuhn nach Kiewer Art mit Spinat und ein Himbeer-Rhabarber-Soufflé.

🍷 Ausgehen & Nachtleben

⭐ Brooklyn Social BAR
(34–35 Sadler Gate; ⊙ Mo–Do 12–24, Fr & Sa 12–1, So 11–23 Uhr) Die dreistöckige Bar in einem denkmalgeschützten Haus eröffnete der aus Derby stammende Tom Warner nach Aufenthalten im Londoner Eastend und in den USA. Retro- und Industrieeinrichtung sind einer neonbeleuchteten amerikanischen Spelunke nachgebildet. Zu den herausragenden Burgern schmecken Cocktails wie der Stewed, Screwed und Tattooed (mit Rum, Ingwerbier, Honig und Tabasco) und Craft-Biere.

⭐ Old Bell Hotel PUB
(www.bellhotelderby.co.uk; 51 Sadler Gate; ⊙ So–Do 11.30–23.30, Fr & Sa bis 1.30 Uhr) Seit seiner Eröffnung 1650 hat das Pub viel mitgemacht. 1745 diente es Bonnie Prince Charlies Mannen als Unterkunft. Später dämmerte das schwarz-weiße Gebäude dem Verfall entgegen, bis sich der lokale Unternehmer Paul Hurst seiner erbarmte und es restaurieren ließ. Nun flackert im Kamin wieder ein munteres Feuer, der Innenhof sieht picobello aus und auch die Hausgeister sind angeblich wieder zurück. Beste Küche garantiert das Feinschmeckerrestaurant Zest.

Silk Mill PUB
(www.silkmillderby.co.uk; 19 Full St; ⊙ Mo–Do 12–23, Fr & Sa bis 24, So bis 22.30 Uhr; 🎤) In diesem *real-ale*-Pub wird mehrere Male die Woche Livemusik zu Gehör gebracht, der Sonntag ist für Jazz reserviert.

Ye Olde Dolphin PUB
(📞01332-267711; www.yeoldedolphin.co.uk; 5a Queen St; ⊙ Mo–Do 11.30–23, Fr 11.30–24, Sa 11–24, So 12–23 Uhr) Derbys ältestes Pub mischt seit 1530 mit und bietet deftige Hausmannskost und einen Biergarten mit Livemusik von Donnerstag bis Samstag. Außerdem werden Geisterführungen veranstaltet.

Shoppen

Bennetts KAUFHAUS
(www.bennettsirongate.co.uk; 8 Irongate; ⊙ Mo–Sa 9–17, So 11–16 Uhr) Derbys historisches Kaufhaus startete 1734 als Eisenwarenhandlung und hat immer noch eine entsprechende Abteilung, daneben aber mittlerweile ein hochkarätiges Sortiment an Bekleidung, Haushaltswaren, Wohnaccessoires, Geschenkartikeln und Ähnlichem. Das Special in der ausgezeichneten **Lisa Jean at Bennetts Brasserie** (📞01332-344621; www.lisajean-ben

netts.co.uk; 8 Irongate; Hauptgerichte 8,50–12,50 £, 5-Gänge-Sektfrühstück 24 £; ⊙ Mo–Sa 9–15, So 11–14 Uhr) auf der Galerie in der ersten Etage ist ein fünfgängiges Sektfrühstück, das bis 14 Uhr serviert wird.

❶ Praktische Informationen

Die **Touristeninformation** (📞 01332-643411; www.visitderby.co.uk; Market Pl; ⊙ April–Sept. Mo–Sa 9.30–16.30 Uhr, Okt.–März Mo–Sa 10–15.30 Uhr) ist unter den Assembly Rooms am Hauptplatz.

❶ Anreise & Unterwegs vor Ort

BUS
Stadt- und Überlandbusse starten am Busbahnhof östlich vom Einkaufszentrum Westfield. Highpeak-Busse pendeln im Stundentakt zwischen Derby und Buxton (5,90 £, 1¾ Std.) mit Halt in Matlock (4,30 £, 35 Min.) und Bakewell (4,80 £, 1¼ Std.). Fünf Busse fahren weiter bis Manchester (8 £, 2¼ Std.).

Andere Verbindungen:

Leicester Skylink; 7 £, 1½ Std., 1- bis 2-mal pro Std.

Nottingham Red Arrow; 5 £, 35 Min., Mo–Sa alle 10 Min., So 3-mal pro Std.

FLUGZEUG
Der **East Midlands Airport** (S. 421), 18 km südlich von Derby, wird regelmäßig von Skylink-Bussen angefahren (4,30 £, 30 Min., rund um die Uhr mind. stündl.).

ABSTECHER

KEDLESTON HALL
Kedleston Hall (NT; Kedleston; Haus & Garten Erw./Kind 12/6 £, nur Garten 5/2,50 £; ⊙ Haus Feb.–Okt. Sa–Do 12–17 Uhr, Garten Feb.–Okt. 10–18 Uhr, Nov.–Jan. bis 16 Uhr) Der klassizistische Landsitz, eingebettet in einen riesigen Landschaftspark, ist ein Muss für alle Fans vornehmer Herrenhäuser. Betritt man das Haus durch den stattlichen Portikus steht man in der atemberaubenden *Marble Hall* (Marmorhalle) mit mächtigen Alabastersäulen und Statuen griechischer Gottheiten.

Kedleston Hall liegt 8 km nordwestlich von Derby nicht weit von der A52. Bus 114 zwischen Derby und Ashbourne (3,20 £, 30 Min., Mo–Sa bis zu 6-mal tgl.) hält bei The Smithy, 1,5 km nordwestlich von Kedleston.

ZUG

Der Bahnhof liegt rund 800 m südöstlich vom Zentrum an der Railway Terrace.

Birmingham 18,40 £, 40 Min., 4-mal pro Std.

Leeds 33,60 £, 1½ Std., 2-mal pro Std.

London St. Pancras 72 £, 1¾ Std., bis zu 4-mal pro Std.

Ashbourne

7800 EW.

Ashbourne, ein hübsches Örtchen mit steilen, gepflasterten Straßen, Cafés, Pubs und Antiquitätenläden, zwängt sich in den südlichen Zipfel des Peak District National Park.

Schlafen & Essen

Compton House   B&B ££

(☎ 01335-343100; www.comptonhouse.co.uk; 27–31 Compton St; DZ 70 £; P 🕿) Frische, saubere, mit allerlei Nippes ausstaffierte Zimmer, der herzliche Empfang und die zentrale Lage machen das Compton House zur Perle unter den B&Bs von Ashbourne.

Flower Cafe   CAFÉ £

(5 Market Pl; Hauptgerichte 5,50–12,50 £; ⊙ 8.30–17 Uhr; 🖋) Suppenkreationen wie Pastinakencreme, Chorizo-Kastanie, Broccoli-Stilton oder Bohnen mit Linsen und Gewürzen sind die Spezialität des netten, kleinen Cafés, das nur hausgemachte Leckereien anbietet. Im Sommer kommen köstliche Quiches mit Poree, Pilzen und Käse oder mit Schinken, Brie und Cranberry aus der Küche. Auch gluten- und milchfreie Speisen sind verfügbar.

Bramhalls   FEINKOST, CAFÉ £

(☎ 01335-342631; www.bramhallsdeli.co.uk; 22 Market Pl; Gerichte 4–8 £; ⊙ Mo–Sa 8–17, So 9–17 Uhr) Im integrierten Café werden stilvolle leichte Gerichte und Sandwiches serviert. Die Feinkostabteilung lockt mit hausgemachtem Brot und Gebäck, kalten Wurst- und Fleischwaren und mehr als 60 Sorten Käse.

 Ausgehen

Smith's Tavern   PUB

(36 St John's St; ⊙ So–Fr 11–15 & 17–23, Sa 12–22.30 Uhr) Das winzige Pub an der Hauptgeschäftsstraße macht mit einer großen Auswahl an *real ales* und einem alten Klavier Laune.

❶ Praktische Informationen

Die **Touristeninformation** (☎ 01335-343666; www.visitashbourne.co.uk; Market Pl; ⊙ Juni–Aug. 10–17 Uhr, März–Mai & Sept.–Dez. kürzer, Jan. & Feb. geschl.) befindet sich im Rathaus von Ashbourne.

❶ Anreise & Unterwegs vor Ort

Busse fahren u. a. nach:

Buxton Highpeak 441 und 442; 4,30 £, 1¼ Std., Mo–Sa 8–12 tgl., So 5-mal

Derby Trent Barton Swift; 4 £, 40 Min., Mo–Sa stündl., So 5-mal

Cycle Hire Centre (☎ 01335-343156; www.peakdistrict.gov.uk/visiting/cycle; Mapleton Lane; halber/ganzer Tag ab 14/17 £; ⊙ März–Nov. 9.30–17.30 Uhr, Dez.–Feb. kürzer)

Matlock Bath

753 EW.

Matlock Bath – nicht zu verwechseln mit dem etwas größeren, unauffälligen Städtchen Matlock gut 3 km weiter nördlich – wimmelt von Menschen. Das Örtchen wirkt wie ein Seebad, das sich in den Peak District National Park verirrt hat. Die große Promenade am Fluss Derwent, der sich hier durch eine steile Schlucht zwängt, wird von Spielhallen, Fish-and-Chips-Buden, Pubs und Läden gesäumt, die von den Bikern leben, die an Sommerwochenenden in Massen einfallen. Außerhalb der Saison geht's hier bedeutend ruhiger zu.

◉ Sehenswertes & Aktivitäten

Steile Pfade klettern die Schlucht an der Ostseite hinauf. Sie sind von der A6 aus über Fußgängerbrücken erreichbar. In der Touristeninformation liegen Broschüren über längere, anspruchsvollere Wanderwege durch die Schlucht und in der Umgebung aus.

Achtung: Viele Wege, die bergauf führen, sind für Pkws zu schmal und bieten keine Wende- und Parkmöglichkeiten.

Peak District Lead Mining Museum   MUSEUM

(☎ 01629-583834; www.peakdistrictleadminingmuseum.co.uk; The Grand Pavilion, South Pde; Museum Erw./Kind 4/3 £, Mine 4,50/3,50 £, Kombiticket 7/5 £; ⊙ April–Okt. 10–17 Uhr, Nov.–März Mi–Fr 11–15, Sa & So bis 16 Uhr) Das Museum wird von Enthusiasten betrieben, denen es ein persönliches Anliegen ist, eine Einführung in die Geschichte des Bergbaus in Matlock zu geben. Es ist in einer ehemaligen viktorianischen Music Hall untergebracht und verfügt über ein Labyrinth von Tunneln und Schächten, in denen sich die Kids vergnügen können, während sich ihre Eltern mit trockener Theorie beschäftigen. Täglich um 12 und 14 Uhr (von November bis März nur am Wochenende) können Besucher in der **Temple Mine** „Gold schürfen" (gemeint sind glänzende Mineralien).

Heights of Abraham   FREIZEITPARK

(☎01629-582365; www.heightsofabraham.com; Dale Rd; Erw./Kind 15/10,50 £; ⊘Mitte März–Okt. tgl. 10–16.30 Uhr, Mitte Feb.–Mitte März Sa & So, Nov.–Mitte Feb. geschl.) Eine spektakuläre **Seilbahnfahrt** (nur mit Eintrittskarte zum Park) bringt die Besucher vom Talgrund hinauf zum Vergnügungspark, wo eine Fossilienausstellung genauso große Begeisterung bei den Kids auslöst wie die Fahrten durch Höhlen und Stollen.

Peak Rail   HISTORISCHE EISENBAHN

(☎01629-580381; www.peakrail.co.uk; Erw./Kind 8,50/4,50 £; ⊘März–Nov., unterschiedliche Öffnungszeiten) Ein nostalgischer Zug mit Dampflok startet am Mini-Bahnsteig beim Supermarkt Sainsbury's am Stadtrand von Matlock (nicht Matlock Bath!) zu einer 6,5 km langen Reise nach Rowsley. Dort steht die Caudwell's Mill (S. 499). Das Ticket gilt für beliebig viele Fahrten am Tag des Kaufs.

🛏 Schlafen

Hodgkinson's Hotel & Restaurant   HOTEL ££

(☎01629-582170; www.hodgkinsons-hotel.co.uk; 150 South Pde; DZ/FZ mit Frühstück ab 95/145 £; P🛜👪) Mit Antikmöbeln, Blumentapeten und gusseisernen Kaminen erinnern die acht Zimmer der denkmalgeschützten viktorianischen Schönheit an die goldenen Zeiten von Matlock. Wer einen der fünf Parkplätze in Anspruch nehmen möchte, muss früh kommen. Da das Restaurant (2-/3-Gänge-Menü 26/29 £) nur 16 Plätze hat, empfiehlt sich eine Reservierung. Der Service ist spitze.

Grouse & Claret   GASTHOF ££

(☎01629-733233; www.grouseclaretpub.co.uk; Station Rd, Rowsley; DZ/FZ mit Frühstück ab 75/90 £; P🛜👪) Der Gasthof in einem Steinhaus aus dem 18. Jh. im Dorf Rowsley, 10 km nordwestlich von Matlock Bath, ist vom Pub-Kette Marston's umgebaut worden und verfügt nun über acht gemütliche Zimmer im Landhausstil, in denen teils bis zu drei Personen nächtigen können. Zum Restaurant gehört ein riesiger, lichter Biergarten mit Tischen unter Sonnenschirmen.

Ashdale Guest House   B&B ££

(☎01629-57826; www.ashdaleguesthouse.co.uk; 92 North Pde; EZ/DZ ab 50/70 £; P🛜🐾) Das Natursteinhaus aus den 1840er-Jahren im Schatten mächtiger Araukarien gleich un-

---

FABRIKEN IM DERWENT VALLEY

Klingt verrückt, aber die Mills (Fabriken) im Derwent Valley stehen auf der Liste des Unesco-Weltkulturerbes auf einer Stufe mit dem Taj Mahal.

Cromford Mill (☎01629-823256; www.cromfordmills.org.uk; Mill Lane, Cromford; Führung Erw./Kind 3/2,50 £; ⊘9–17 Uhr, Führung Sa–Do 11, 13 & 14.30 Uhr, nach Vereinbarung auch Fr 11 Uhr) Die in den 1770er-Jahren von Richard Arkwright gegründete Cromford Mill war die erste moderne Fabrik, in der Baumwolle von Maschinen hergestellt wurde. Eine ganze Batterie von Wasserrädern entlang dem Fluss Derwent sorgte für die nötige Energie. Dem Pionier folgten schon bald weitere Mills und das Industriezeitalter begann. Die Arkwright Society bietet spannende Führungen an. Die Fabrik liegt 1,5 km südlich von Matlock Bath, 20 Minuten zu Fuß oder mit dem Zug eine Station zur Haltestelle Cromford (0,70 £, 3 Min., stündl.).

Caudwell's Mill (☎01629-734374; www.caudwellsmill.co.uk; Rowsley; Mühlenführung Erw./Kind 4,50/2 £; ⊘Mühlenführung 9.30–16.30 Uhr, Shop 9–17 Uhr) Die ächzende, von einem Wasserrad angetriebene Mühle produziert bis heute Mehl auf althergebrachte Art und Weise – es werden 25 verschiedene Sorten zum Verkauf angeboten, außerdem acht verschiedene Haferprodukte sowie Hefe und Kekse. Dazu beherbergt die Mühle einen Tearoom und Ateliers mit Kunsthandwerk. Rowsley ist ab Matlock Bath mit dem Highpeak-Bus (2,80 £, 15 Min., stündl.), der nach Bakewell fährt, erreichbar. Eine Alternative ist die Dampfeisenbahn **Peak Rail** (S. 499); vom Bahnhof führt ein Fußweg am Fluss entlang zur Mühle.

terhalb der Amüsiermeile bietet vier geräumige, geschmackvoll eingerichtete Zimmer und ein Frühstück mit Biolebensmitteln.

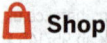 Shoppen

Scarthin Books BÜCHER
(www.scarthinbooks.com; The Promenade, Cromford; ☉Mo–Sa 9–18, So 12–18 Uhr) Über 100 000 neue und alte Bücher (Antiquariat und modernes Antiquariat) stapeln sich in den zwölf Räumen dieses Paradieses für Leseratten. Die Buchhandlung veranstaltet regelmäßig Lesungen und hat ein kleines, vegetarisches Café (Speisen 3,50–6,50 £) mit Pizzas, Wraps, Pies und Burritos aus Biozutaten.

❶ Praktische Informationen

Die **Touristeninformation** (☎01629-583834; www.visitpeakdistrict.com; The Grand Pavilion, South Pde; ☉April–Okt. 10–17 Uhr, Nov.–März Mi–Fr 11–15, Sa & So bis 16 Uhr) findet sich im Peak District Lead Mining Museum.

❶ An- & Weiterreise

Matlock ist ein Verkehrsknotenpunkt für die Buslinien im Peak District.
Bakewell Highpeak; 3,30 £, 30 Min., stündl.
Derby Transpeak; 4,30 £, 35 Min., stündl.
Züge verkehren im Stundentakt zwischen Matlock Bath und Derby (5,60 £, 30 Min., stündl.).

Chesterfield & Umgebung

104 300 EW.

Chesterfield ist das östliche Tor zu den Peaks und verdient einen Besuch schon wegen der merkwürdig verdrehten Turmspitze der St. Mary & All Saints Church und des prächtigen elisabethanischen Herrenhauses Hardwick Hall ganz in der Nähe.

◉ Sehenswertes

St. Mary & All Saints Church KIRCHE
(☎01246-206506; www.chesterfieldparishchurch.org.uk; Church Walk; Turmführungen Erw./Kind 5/3 £; ☉Kirche Mo–Sa 9–17, So 8–18.30 Uhr, Turmführungen Mo–Sa) GRATIS. Die Kirche wurde 1360 fertiggestellt und ihr 68 m hoher Turm trägt eine Spitze, die eine korkenzieherähnliche Drehung aufweist und einige Meter in südwestlicher Richtung gekippt ist. Schuld daran hat die Bleieinfassung, die sich auf der Südseite unter der Sonneneinstrahlung verzogen hat. Mehr dazu verrät das bezaubernde **Chesterfield Museum &**

Art Gallery (☎01246-345727; www.chesterfield.gov.uk/museum; St Mary's Gate; ☉Mo & Do–Sa 10–16 Uhr; GRATIS).

Hardwick Hall HISTORISCHES GEBÄUDE
(NT; www.nationaltrust.org.uk; Haus & Garten Erw./Kind 13,10/6,55 £, nur Garten 6,55/3,30 £, mit Hardwick Old Hall 19,10/10,15 £; ☉Haus Ende Feb.–Okt. Mi–So 11–17 Uhr, Nov.–Ende Feb. Mi–So bis 15 Uhr, Garten ganzjährig tgl. 9–18 Uhr) Nur wenige elisabethanische Herrenhäuser sind noch so gut erhalten wie dieses. Hardwick Hall wurde von dem berühmten Architekten Robert Smythson entworfen und verfügte über die neuesten architektonischen Errungenschaften der damaligen Zeit, z. B. vollverglaste Fenster. Die stimmungsvollen Innenräume sind mit herrlichen Wandteppichen und Ölporträts längst vergessener Würdenträger ausgeschmückt.

Das Anwesen wurde von der zweitmächtigsten Dame in England im 16. Jh. bewohnt, Elisabeth Gräfin von Shrewsbury, besser bekannt als Bess of Hardwick. Durch strategische Heiraten mit reichen Adligen, die bereits mit einem Fuß im Grab standen, häufte sie ein unglaubliches Vermögen an. Für den Bau von Hardwick Hall musste die Erbschaft von Ehemann Nr. 4 herhalten, der 1590 das Zeitliche segnete.

Wer Hardwick Hall besucht, sollte genug Zeit einplanen, um die wunderschönen formalen Gärten zu besichtigen oder einen längeren Spaziergang durch den Hardwick Park zu machen.

In nächster Nachbarschaft steht Bess' erstes Haus, **Hardwick Old Hall** (EH; www.english-heritage.org.uk; Erw./Kind 6,60/4 £, mit Hardwick Hall 19,10/10,15 £; ☉Ostern–Sept. Mi–So 10–18 Uhr, Okt. bis 17 Uhr, Nov.–Ostern kürzer). Die romantische Ruine wird von English Heritage verwaltet.

Hardwick Hall liegt 16 km südöstlich von Chesterfield, nicht weit von der M1, und ist am einfachsten mit dem Pkw erreichbar.

❶ Praktische Informationen

Die **Touristeninformation** (☎012246-345777; www.visitchesterfield.info; Rykneld Sq; ☉Mo–Sa 9–18 Uhr) liegt direkt gegenüber der St. Mary and All Saints Church.

❶ An- & Weiterreise

BUS
Am Busbahnhof von Chesterfield in der Beetwell Street startet Bus 170 nach Bakewell (3,30 £, 50 Min., stündl.).

ZUG

Es bestehen direkte Bahnverbindungen von und nach Nottingham (12,50 £, 45 Min., bis zu 3-mal pro Std.), Derby (11,10 £, 25 Min., bis zu 3-mal pro Std.) und Sheffield (5,10 £, 15 Min., bis zu 3-mal pro Std.). Der Bahnhof liegt unmittelbar östlich der Innenstadt.

PEAK DISTRICT

Die südlichen Ausläufer der Pennines bilden den Peak District National Park. In die Täler der Hügellandschaft schmiegen sich uralte Dörfer mit Natursteinhäusern; die sanften Hänge sind von Felsennasen gesprenkelt, dazwischen erheben sich immer wieder imposante Adelssitze. Der Dark Peak besteht aus Hochmooren und Sandsteingraten, den White Peak im Süden charakterisieren Weideland und Kalksteintäler.

Keiner weiß, wie der Peak District zu seinem Namen kam. Die Landschaft weist zwar Hügel und Täler, Schluchten und Seen, Moorgebiete und Sandsteinformationen auf, aber bestimmt keine Gipfel (peaks). Allgemein wird angenommen, dass die Region nach den Pecsaetan benannt wurde, einem angelsächsischen Volksstamm, der in diesem Teil Englands siedelte.

Der 1951 gegründete Peak District National Park war Englands erster Nationalpark und ist heute der meistbesuchte Europas. Aber keine Sorge. Selbst in der Hochsaison findet in dem 1437 km² großen Gebiet jeder eine ruhige Ecke, um die Landschaft ungestört zu genießen.

🏃 Aktivitäten

Klettern & Caving

Die Kalksteinabschnitte des Peak District sind von Höhlen und Kammern durchsetzt. Einige wurden für Besucher zugänglich gemacht, z. B. in Castleton, Buxton und Matlock Bath. Ambitionierte Höhlenwanderer sollten die Website www.peakdistrict caving.info studieren, die von **Hitch n Hike** (01433-651013; www.hitchnhike.co.uk; Hope Rd, Bamford; 9–17.30 Uhr) betrieben wird. Der Caving-Ausrüster betreibt seinen Laden nicht weit von Castleton und gibt auch dort wertvolle Tipps und Ratschläge.

Die Kletter-Elite Englands trainiert im Peak District, da die Kalksteinschluchten, Felsformationen und Sandsteinklippen, die im Süden in die Staffordshire Moorlands übergehen, ein hohes Maß an Technik erfordern. Vor allem für die Touren auf Gritstone (grobkörniger Sandstein) empfiehlt sich traditionelles Klettern in Seilschaften mit Normalhaken und Klemmkeilen. Mehrere Kalksteinfelsen im Peak District haben markierte Klettertouren mit Bohrhaken. Aber vielerorts werden noch die alten Normalhaken benutzt und meistens sind zusätzlich mobile Sicherheitsmittel erforderlich. Die Klettergärten sind am einfachsten mit dem eigenen Auto zu erreichen. Je nach Saison werden auch Busse eingesetzt; Näheres dazu kann in den Touristeninformationen erfragt werden.

Radfahren

Die tief eingeschnittenen Täler und beinahe senkrecht aufragenden Steilhänge sind für Radfahrer eine echte Herausforderung. Dementsprechend liegen in den Touristeninformationen stapelweise Karten und Routenbeschreibungen aus. Anhänger von autofreiem Genussradeln freuen sich über den 28 km langen **High Peak Trail**, der der alten Eisenbahnlinie von Cromford (bei Matlock Bath) nach Dowlow (bei Buxton) folgt. Die Route schlängelt sich durch sanfte Hügel, Acker- und Weideland nach Parsley Hay, wo der **Tissington Trail**, ein Abschnitt der NCN-Route 68, weiter nach Süden ins 21 km entfernte Ashbourne führt. Die gesamte Strecke besteht aus autofreien Radwegen, die mit einem Standard-Fahrrad zu bewältigen sind.

Parallel zum Fernwanderweg Pennine Way wurde der **Pennine Bridleway** an-

---

ℹ️ GÜNSTIGER FAHREN IM PEAK DISTRICT

Für Fahrten im Peak District gibt's verschiedene praktische Buspässe.

Die Tageskarte Peaks Plus (Peaks Plus Erw./Kind 7,50/5 £, Peaks Plus Xtra 12,50/7 £) erlaubt die Nutzung aller Trent-Barton-Busse sowie des Transpeak zwischen Ashbourne, Matlock Bath und Buxton. Die Tageskarte Peaks Plus Xtra gilt für alle Transpeak- und TM-Busse zwischen Derby, Sheffield und Buxton.

Mit dem Derbyshire Wayfarer (Erw./Kind 12,40/6,20 £) kann man per Bus und Zug in der ganzen Grafschaft und sogar bis nach Sheffield fahren. Jeder Erwachsene darf kostenlos ein Kind unter 16 Jahren mitnehmen.

Peak District National Park

gelegt, der die Wadenmuskeln ordentlich auf die Probe stellt. Die rund 193 km lange Route zwischen Middleton Top und den South Pennines eignet sich für Reiter, Radler und Wanderer. Eine weitere Möglichkeit ist der **Pennine Cycleway** (NCN-Route 68) von Derby nach Buxton und weiter. Ebenfalls beliebt sind der **Limestone Way** von Castleton Richtung Süden nach Staffordshire und der **Monsal Trail & Tunnels** zwischen Bakewell und Wyedale bei Buxton.

Peak Tours (☎01457-851462; www.peak-tours.com; Mountainbikeverleih 20 £ pro Tag) bringt die Leihräder zu jedem gewünschten Ort im Peak District und bietet auch geführte Radtouren an. Die Peak District National Park Authority (S. 503) betreibt mehrere Fahrradverleihstellen, wo neben Rennrädern, Mountainbikes, Tandems und E-Bikes auch Kinderräder gemietet werden können.

Wandern

Der Peak District gehört zu Englands beliebtesten Wandergebieten. Hügel, Täler und Himmel fügen sich zu Panoramen, bei die das Herz höher schlagen lassen, weshalb hier im Sommer scharenweise Wanderer unterwegs sind. White Peak ist ideal für gemütliche, lange Spaziergänge, die keiner vorgezeichneten Route folgen müssen. Wichtig ist nur, beim Überqueren von Weidegebieten die Tore wieder zu schließen. Wer im unwegsameren Gelände des Dark Peak unterwegs ist, sollte wasserdichtes, festes Schuhwerk tragen und sich vor rutschigen Stellen in Acht nehmen, die einen schnell in einen Bach oder Sumpf befördern können.

Der berühmteste Wanderweg im Peak District heißt **Pennine Way** und führt von Edale über 400 km weit nordwärts bis nach Scottish Borders. Wer nicht drei Wochen, sondern nur drei Tage Zeit hat, kann immerhin bequem das hübsche Städtchen Hebden Bridge in Yorkshire erreichen.

Der 74 km lange **Limestone Way** windet sich über Wander- und Wirtschaftswege und ruhige Sträßchen von Castleton durch das ländliche Derbyshire bis nach Rocester in Staffordshire. Besonders beliebt ist der 42 km lange Abschnitt zwischen Castleton und Matlock – für eine Tagestour trotzdem fast ein bisschen viel, deshalb besser auf zwei Tage verteilen. Die Touristeninformationen halten detaillierte Streckenbeschreibungen bereit.

Weitere bekannte Routen sind **High Peak Trail**, **Tissington Trail** und **Monsal Trail & Tunnels**, daneben gibt's noch zahlreiche kürzere Wanderwege.

❶ Praktische Informationen

Touristeninformationen oder Besucherzentren gibt's u. a. in Buxton, Bakewell, Castleton und Edale. Die Website der **Peak District National Park Authority** (www.peakdistrict.gov.uk) bietet jede Menge Infos zu öffentlichen Verkehrsmitteln, Aktivitäten und Veranstaltungen.

❶ An- & Weiterreise

Von größeren Orten wie Sheffield und Derby fahren Busse zu Zielen im gesamten Peak District. Was die Häufigkeit der Verbindungen angeht, ist das Angebot am Wochenende deutlich größer. Manche Linien stellen den Verkehr im Winter ein. Bakewell und Matlock (nicht Matlock Bath) sind die beiden großen Anlaufstellen für den Peak District, von dort aus gibt's Anschlüsse in fast alle Richtungen. Fahrpläne sind in allen Touristeninformationen sowie bei Traveline (S. 472) erhältlich. Züge fahren nach Matlock Bath, Buxton, Edale und in einige weitere Städte und Dörfer.

Buxton

24 001 EW.

Die „Hauptstadt" des Peak District National Park liegt zwar knapp außerhalb der Parkgrenze, ist aber mit ihren georgianischen Reihenhäusern, viktorianischen Vergnügungstempeln und Parks ein Besuchermagnet in der sanften Hügellandschaft der Derbyshire Dales. Thermalquellen bescherten dem Städtchen Ende des 19./Anfang des 20. Jhs. eine Blütezeit als angesagter Kurort.

Heute erfreuen sich die Gäste vor allem an Architekturperlen im Regency-Stil und genießen die Naturschönheiten in der Umgebung. Dienstags und samstags belebt der Wochenmarkt den in grauem Kalkstein gehaltenen Marktplatz mit buntem Treiben.

◉ Sehenswertes

Buxtons historischer Stadtkern quillt über vor viktorianischen Pavillons, Konzertsälen und Glaskuppeln. Das berühmteste Gebäude ist das von zwei Türmen flankierte Opernhaus (S. 506).

★**Pavilion Gardens**　　　GARTEN
(www.paviliongardens.co.uk; ⏰9.30–17 Uhr) GRATIS Hinter Buxtons opulentem Opernhaus breiten sich die nicht weniger opulenten, 9,3 ha großen Pavilion Gardens mit gleich mehreren von Kuppeln gekrönten Pavillons aus. Im Musikpavillon finden das ganze Jahr über Konzerte statt. Im Hauptgebäude befinden sich ein tropisches Gewächshaus, ein nostalgisches Café und die Touristeninformation (S. 503).

Devonshire Dome　　HISTORISCHES GEBÄUDE
(Devonshire Rd) Auch der Devonshire Dome ist ein Paradebeispiel viktorianischer Pracht. Er gehört zum Campus der University of Derby. Im Gebäude bietet das **Devonshire**

Buxton

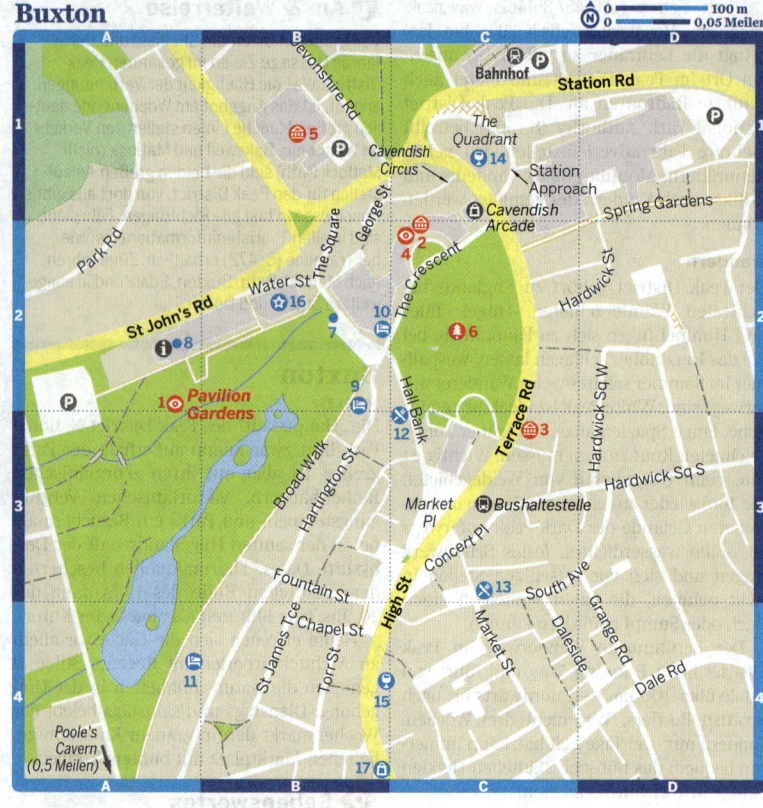

Buxton

Spa (☎ 01298-330334; www.devonshiredome. co.uk; 1 Devonshire Rd; 2-stündige Ganzkörperbehandlung 20 £, Meeres- oder Frangipani-Packung 50 £, Tagespaket ab 95 £; ⊙ Di, Mi, Sa & So 9–18, Do & Fr bis 21 Uhr) einen ganzen Katalog an Wellnessbehandlungen an.

Buxton Baths
HISTORISCHES GEBÄUDE

(The Crescent) Zu viktorianischen Zeiten konzentrierte sich das Kurangebot auf die extravaganten Buxton Baths, die 1854 im Regency-Stil erbaut worden waren. Die dem Bäderkomplex vorgelagerte geschwungene Fassade, der **Crescent**, erinnert an den Royal Crescent von Bath. Die Anlage soll 2019 als Fünfsternehotel und Spa wiedereröffnet werden.

Slopes
PARK

(⊙ 24 Std.) Gegenüber dem Crescent klettert die Parkanlage Slopes in mehreren begrünten Terrassen steil bergauf. Wer die Mühe nicht scheut, kann von oben den ultimativen Blick über die viktorianischen Dächer von Buxton genießen.

Buxton Museum & Art Gallery
MUSEUM, GALERIE

(www.derbyshire.gov.uk/leisure/buxton_museum; Terrace Rd; ⊙ Di–Fr 9.30–17.30, Sa bis 17 Uhr, Ostern–Sept. auch So 10.30–17 Uhr) GRATIS In einem stattlichen viktorianischen Gebäude zeigt das Heimatmuseum Exponate zur Stadtgeschichte sowie alle möglichen skurrilen Objekte, die aus dem „House of Wonders" (einem Museum aus viktorianischen Zeiten) in Castleton stammen, darunter Harry Houdinis Handschellen.

Poole's Cavern
HÖHLE

(⌖ 01298-26978; www.poolescavern.co.uk; Erw./Kind 9,75/5,25 £; ⊙ März–Okt. 9.30–17 Uhr, Nov.–Feb. Sa & So 10–16 Uhr) Ein netter 1,6 km langer Spaziergang südwestwärts bringt Interessierte zur Poole's Cavern. 28 Stufen führen hinunter in die natürliche Kalksteinhöhle, in der erfrischende 7 °C herrschen. Von März bis Oktober werden Führungen im 20-Minuten-Takt angeboten, von November bis Februar um 10.30 Uhr, 12.30 Uhr und 14.30 Uhr; sie dauern jeweils 20 Minuten.

Vom Parkplatz aus führt ein weiterer 20-minütiger Spaziergang durch den Grin Low Wood hinauf zum **Solomon's Temple**, einer Turmruine mit schönem Ausblick auf die Stadt.

🏃 Aktivitäten

⭐ Buxton Tram
BUS

(⌖ 01298-79648; Erw./Kind 6/4 £; ⊙ Ostern–Okt. 10–17 Uhr, Nov.–Ostern 11–16 Uhr, jeweils stündl.) Am Eingang zu den Pavilion Gardens (S. 503) nimmt ein ehemaliges Milchauto Passagiere mit auf die rund einstündige, unterhaltsame „Wonder of the Peak"-Tour durch das Stadtzentrum. Das Retrogefährt tuckert mit 20 km/h durch die Straßen und hat nur acht Sitzplätze, deshalb am besten vorher buchen.

Das Unternehmen bietet außerdem täglich um 14 Uhr einstündige Rundgänge (Erw./Kind 6/4 £) vom selben Treffpunkt aus.

Roman Buxton Town Walks
STADTRUNDGANG

(freiwillige Spende erbeten; ⊙ Juni–Aug. tgl. 11 Uhr, Sept.–Mai Sa) An der Touristeninformation (S. 506) beginnen einstündige Stadtspaziergänge durch Buxtons römische Vergangenheit.

Parsley Hay Cycle Hire
RADFAHREN

(⌖ 01298-84493; www.peakdistrict.gov.uk/visiting/cycle; Leihrad halber/ganzer Tag Erw. ab 14/17 £, Kind ab 9/12 £; ⊙ März–Okt. 9.30–17 Uhr, Nov.–Feb. 10–16 Uhr) Der von der Peak District National Park Authority betriebene Fahrradverleih liegt rund 13 km südlich von Buxton an der A515 an der Kreuzung der Wanderwege High Peak Trail und Tissington Trail. Vermietet werden Mountainbikes, Tandems und E-Bikes.

🛏 Schlafen

Old Hall Hotel
HISTORISCHES HOTEL ££

(⌖ 01298-22841; www.oldhallhotelbuxton.co.uk; The Square; EZ/DZ mit Frühstück ab 69/79 £; 🐾🛜) Jedes Knarren der Bodendielen in diesem altehrwürdigen Gebäude erzählt eine Geschichte. Angeblich ist die Old Hall das älteste Hotel Englands. Jedenfalls kann es eine lange Liste illustrer Gäste vorweisen, darunter Maria Stuart, Königin von Schottland, die hier (wenn auch gegen ihren Willen) von 1576 bis 1578 weilte. Was die Zimmer betrifft, ist auch heute in ganz Buxton nichts Grandioseres zu finden. Mehrere Bars, Lounges und Catering-Angebote bieten zusätzlichen Komfort.

Roseleigh Hotel
B&B ££

(⌖ 01298-24904; www.roseleighhotel.co.uk; 19 Broad Walk; EZ/DZ ab 44/55 £; 🅿 @ 🛜) Das geniale B&B wird von einem großen viktorianischen Gebäude betrieben, das schon viel in der Welt herumgekommen ist und einige interessante Geschichten auf Lager hat. Die Zimmer sind liebevoll eingerichtet und haben teilweise Blick auf die Pavilion Gardens. An Sommerwochenenden wird ein Mindestaufenthalt von zwei Nächten verlangt.

ABSTECHER

CATHEDRAL OF THE PEAK

Die **Cathedral of the Peak** (☎ 01298-871317; www.tideswellchurch.org; Commercial Rd, Tideswell; ⊙ 9–18 Uhr) erhebt sich über der Ortschaft Tideswell, einer ehemaligen Bleimine 10 km östlich von Buxton. Die große Pfarrkirche St. John the Baptist (Johannes der Täufer), auch bekannt als „Kathedrale des Peak District", steht hier seit dem 14. Jh. so gut wie unverändert. Interessant sind z. B. die beiden Holztafeln mit den Zehn Geboten und das prachtvolle Grabmal des lokalen Landesherren Thurston de Bower aus dem 14. Jh., der in voller Rüstung dargestellt ist. Die Kirche befindet sich 13 km östlich von Buxton und ist mit den Bussen 65 und 68 (2,40 £, 30 Min., Mo–Sa stündl., So alle 2 Std.) zu erreichen.

Grosvenor House
B&B ££

(☎ 01298-72439; www.grosvenorbuxton.co.uk; 1 Broad Walk; EZ/DZ/FZ ab 55/70/100 £; P ⚹ ⚹) Das Grosvenor an den Pavilion Gardens ist eine altmodische Pension mit einem großen viktorianischen Salon mit Parkblick. Die acht Zimmer, darunter ein Familienzimmer für drei Personen, sind mit floralen Motiven auf Möbelbezügen, Vorhängen usw. geschmückt. In der Hauptsaison wird ein Mindestaufenthalt von zwei Nächten verlangt und es werden keine Einzelzimmer vermietet.

✖ Essen & Ausgehen

Columbine Restaurant
MODERN BRITISCH ££

(☎ 01298-78752; www.columbinerestaurant.co.uk; 7 Hall Bank; Hauptgerichte 13,50–20 £; ⊙ Mo & Mi–Sa 19–22 Uhr) ⚹ Unter Eingeweihten ist das unauffällige Restaurant in einer Gasse neben der Town Hall ein Top-Tipp. Für seine einfallsreichen Kreationen verwendet der Küchenchef hauptsächlich Produkte der Region. Reservierung empfohlen. Zwei der drei Gasträume befinden sich im stimmungsvollen steinernen Keller.

Number 13
MODERN BRITISCH ££

(☎ 01298-25397; www.number13.co.uk; Ecke Market St & South Ave; Hauptgerichte 9–17 £; ⊙ Mo–Fr 16.30–22.30, Sa & So 12–22.30 Uhr) ⚹ Das trubelige Restaurant im Zentrum serviert vor allem Burger, Pasteten, Steaks und Fish and Chips. Sonntagnachmittags groovt die Bar

mit Livejazz. Die einfachen **Doppelzimmer** im Geschoss darüber kosten 50 £ pro Nacht.

Barbarella's
WEINBAR

(www.barbarellaswinebar.co.uk; 7 The Quadrant; ⊙ So–Do 12–23, Fr & Sa bis 24 Uhr; ⚹) Schwarzweiße Tapeten mit Paisleymuster, Kronleuchter und polierte Holztische machen die schicke Retrobar zum angesagtesten Ausgeh-Spot Buxtons. Das Essen ist ebenfalls top.

Old Sun Inn
PUB

(www.theoldsuninnbuxton.com; 33 High St; ⊙ Mo & Mi 12–23, Di, Do & So bis 23.30, Fr & Sa bis 24 Uhr) Unter Buxtons Pubs ist dieses eindeutig das gemütlichste. Die verwinkelten Räumlichkeiten stecken voller origineller Details, es gibt ein Dutzend verschiedener Ales vom Fass und das Publikum rekrutiert sich aus allen Altersklassen.

☆ Unterhaltung

Opera House
OPER

(☎ 0845 127 2190; www.buxtonoperahouse.org.uk; Water St; Führungen 2,50 £; ⊙ Führungen gewöhnlich Sa 11 Uhr) Buxtons aufwendig restauriertes Opernhaus bietet ein umfangreiches Programm, zu dem auch Schauspiel, Konzert, Tanz und Comedy gehören. Daneben dient es als Location für verschiedene Events, darunter das **Buxton Festival** (www.buxtonfestival.co.uk; ⊙ Juli).

🔒 Shoppen

Scrivener's Books & Bookbinding
BÜCHER

(☎ 01298-73100; www.scrivenersbooks.co.uk; 42 High St; ⊙ Mo–Sa 9.30–17, So 12–16 Uhr) Der sympathisch desorganisierte Buchladen erstreckt sich über fünf Stockwerke, die Bücher türmen sich in Stapeln. Von der Dewey-Dezimalklassifikation scheint hier noch niemand gehört zu haben.

Cavendish Arcade
EINKAUFSPASSAGE

(www.cavendisharcade.co.uk; Cavendish Circus; ⊙ Mo–Sa 9–18, So 10–17 Uhr, Läden unterschiedliche Öffnungszeiten) In der Einkaufspassage mit noch erhaltenen alten Wandkacheln in Creme und Türkis-Blau gibt es u. a. schöne Mitbringsel zu kaufen.

ℹ Praktische Informationen

Die gut organisierte, hilfsbereite **Touristeninformation** (☎ 01298-25106; www.visitpeakdistrict.com; Pavilion Gardens; ⊙ 9.30–17 Uhr;) hält Material zu Wanderungen in der Umgebung bereit.

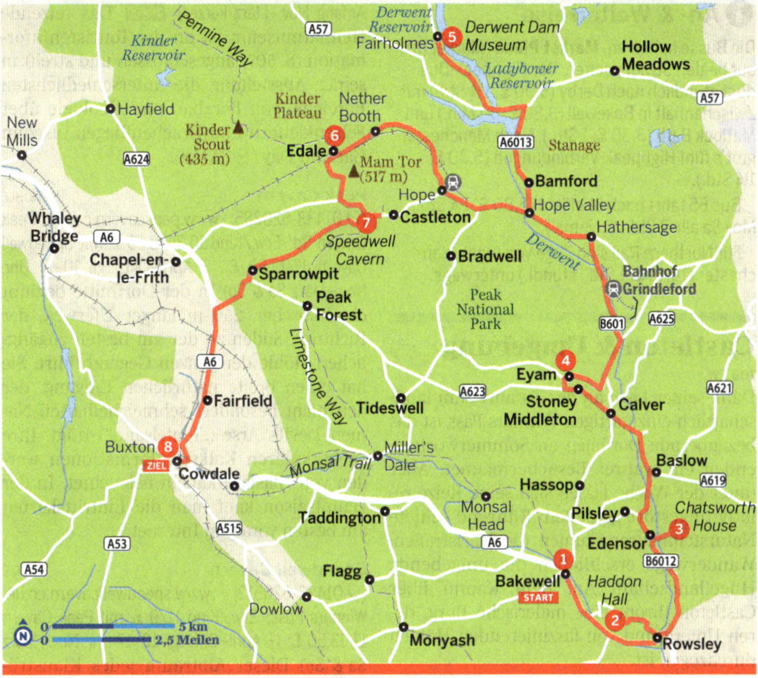

Autotour
Peak District

START BAKEWELL
ZIEL BUXTON
LÄNGE/DAUER 84 KM; EIN BIS ZWEI TAGE

Erst mal auftanken (Auto wie Passagiere) im hübschen ❶ **Bakewell**, das für den Bakewell Pudding bekannt ist. Dann geht's 5,6 km südwärts auf der A6 bis Rowsley und dort links ab auf die kurvige Church Lane. Nach 3,2 km lädt ein mittelalterliches Anwesen zum Besuch ein: ❷ **Haddon Hall** (S. 512).

Zurück in Rowsley links auf die A6 und wieder links auf die B6012 abbiegen, nach 4,7 km rechts zum „Palast des Peak District", dem ❸ **Chatsworth House** (S. 512) abfahren.

Zurück auf der B6012 rechts in die A619 einbiegen. In Baslow im Kreisverkehr links abbiegen und auf der A623 weiterfahren, bis nach 5,5 km die Abzweigung nach ❹ **Eyam** auftaucht. Den Hügel hochfahren zum kleinen Museum, das von der Pestepidemie erzählt, die das Städtchen heimsuchte. Hier gibt's tolle Wandermöglichkeiten.

Weiter hügelauf fahren, rechts in die Edge Road und erneut rechts in die Sir William Hill Road abbiegen. In Grindleford links auf die B6001 abbiegen, bis Hathersage weiterfahren und links auf die A6187 ins Hope Valley hinein. Dort geht's rechts auf der A6013 weiter, am Ladybower Reservoir vorbei, bis zum ❺ **Derwent Dam Museum** (S. 509), wo verraten wird, wie die Dambusters hier im Zweiten Weltkrieg ihre Rollbomben testeten.

Nun geht's 9,3 km zurück bis zum Abzweig im Hope Valley. Dort rechts auf die Hathersage Road und wieder rechts auf die Edale Road abbiegen. Dem Talverlauf folgen bis zum nächsten Wanderparadies, ❻ **Edale**, um sich dort die Beine zu vertreten. Eine einzigartige Landschaft wartet auf der Fahrt südwestwärts nach Castleton. Die Straße klettert steil bergauf zur Winnats Road, mit dem 517 m hohen Mam Tor in nächster Nähe. Durch die spektakuläre Schlucht des Winnats Pass geht's zum nächsten Programmpunkt: einer Höhlenwanderung in der ❼ **Speedwell Cavern** (S. 508).

Danach geht's westwärts am Arthurs Way entlang auf die Winnats Road. Rechts auf die A623 abbiegen, um sich von viktorianischer Pracht erschlagen zu lassen – im ehemaligen Badeort ❽ **Buxton**.

❶ An- & Weiterreise

Die Busse halten am **Market Place** (Market Pl) auf beiden Straßenseiten. Der Highpeak-Bus düst stündlich nach Derby (5,90 £, 1¾ Std.) mit Zwischenhalt in Bakewell (3,80 £, 30 Min.) und Matlock Bath (3,30 £, 1 Std.). Nach Manchester gibt's fünf Highpeak-Verbindungen (5,30 £, 1¼ Std.).

Bus 65 fährt nach Sheffield (5,80 £, 1¼ Std., Mo–Sa alle 2 Std., So 3-mal).

Für Northern Rail sind Züge von/nach Manchester (10,10 £, 1 Std., stündl.) unterwegs.

Castleton & Umgebung

706 EW.

Dank seiner Lage an der Zufahrt zum landschaftlich einzigartigen Winnats Pass ist das bezaubernde Dörfchen an Sommerwochenenden ein wahrer Besuchermagnet. Aber unter der Woche lassen sich seine Reize relativ ungestört genießen. Rührend schiefe Natursteinhäuser säumen die Dorfstraßen, Wanderwege erschließen die umgebende Hügellandschaft. Auf dem Kamm über Castleton thront eine malerische Burg, deren Untergrund von faszinierenden Höhlen durchzogen ist.

◉ Sehenswertes & Aktivitäten

Castleton liegt am Fuß des 517 m hohen Mam Tor und bildet das nördliche Ende des **Limestone Way**, der weit unterhalb der Ostseite der Burg im schmalen, felsigen Cave Dale verschwindet. Broschüren zu der Route wie auch zu zahlreichen kürzeren Wanderwegen gibt's in der Touristeninformation.

Peveril Castle   BURG

(EH; www.english-heritage.org.uk; Erw./Kind 5,10/3 £; ◷Ostern–Sept. 10–18 Uhr, Okt. bis 17 Uhr, Nov.–Ostern Sa & So bis 16 Uhr) Der Zahn der Zeit hat der Burg auf den Felsen südlich von Castleton, 350 m zu Fuß vom Ortszentrum entfernt, so zugesetzt, dass sie fast wie verwittertes Gestein wirkt. Sie wurde von William Peveril, einem Sohn Wilhelm des Eroberers, erbaut und von den Königen Heinrich II., Johann Ohneland und Heinrich III. als Jagdschloss genutzt. Von der bröckelnde Ruine hat man einen herrlichen Blick ins Hope Valley.

Castleton Museum   MUSEUM

(☏01629-816572; www.peakdistrict.gov.uk; Buxton Rd; ◷Ende Juli–Anfang Sept. 10–17.30 Uhr, April–Ende Juli & Anfang Sept.–Okt. bis 17 Uhr,

Anfang Nov.–März kürzer) **GRATIS** Das reizende Heimatmuseum ist an die Touristeninformation (S. 507) angeschlossen und streift in seiner Ausstellung die unterschiedlichsten Bereiche, von Bergbau und Geologie über Felsenklettern und Drachenfliegen bis zum Garland Day (◷29. Mai).

Peak Cavern   HÖHLE

(☏01433-620285; www.peakcavern.co.uk; Peak Cavern Rd; Erw./Kind 10,25/8,25 £, mit Speedwell Cavern 17/13,50 £; ◷April–Okt. tgl. 10–17 Uhr, Nov.–März Sa & So) In der Dorfmitte beginnt ein hübscher, 250 m langer Uferweg, der Richtung Süden zu der am besten zugänglichen Höhle der ganzen Gegend führt. Sie hat einen breite natürlichen Eingang, der den nicht besonders schmeichelhaften Namen Devil's Arse („Teufelsar…") trägt. Ihre spektakulären Kalksteininformationen werden von Glasfaserkabeln beleuchtet. In der Hauptsaison kauf man die Eintrittskarten am besten vorab im Internet.

Speedwell Cavern   HÖHLE

(☏01433-620512; www.speedwellcavern.co.uk; Winnats Pass; Erw./Kind 11/9 £, mit Peak Cavern 17/13,50 £; ◷April–Okt. tgl. 10–17 Uhr, Nov.–März Sa & So) Dieser Albtraum jedes Klaustrophobikers liegt rund 800 m westlich von Castleton am Anfang des Winnats Pass. Eine gespenstische Bootsfahrt durch geflutete Tunnel, die auf einen riesigen, unterirdischen See namens Bottomless Pit („bodenlose Grube") zulaufen, bringt Besucher in die Höhle. Neugierige Caving-Fans entdecken auf ihren Erkundungstouren ständig neue Kammern.

Treak Cliff Cavern   HÖHLE

(☏01433-620571; www.bluejohnstone.com; Erw./Kind 9,50/5,20 £; ◷März–Okt. 10–16.15 Uhr, Nov.–Feb. bis 15.15 Uhr) In dem faszinierenden Höhlensystem Treak Cliff liegen wahre Wälder von Stalaktiten sowie offene Adern des violetten Derbyshire Blue John Stone (ein Fluorit), der hier bis heute gewonnen und zu Schmuck verarbeitet wird. Führungen thematisieren vor allem den Abbau. Während der Schulferien können Kids ihren eigenen Blue John klopfen, polieren und mit nach Hause nehmen. Die Höhle liegt rund 1,5 km westlich der Ortsmitte von Castleton.

Blue John Cavern   HÖHLE

(☏01433-620638; www.bluejohn-cavern.co.uk; Erw./Kind 11/6 £; ◷April–Okt. 9.30–17.30 Uhr, Nov.–März bis Sonnenuntergang) Blue John ist ein Labyrinth von Höhlenkammern in der südöstlichen Flanke des Mam Tor gut 3 km westlich von Castleton. Die reichen Vorkommen an Derbyshire Blue John Stone werden bis heute in der Wintersaison gefördert. Fußgänger können das Höhlensystem über den gesperrten Abschnitt der Straße auf den Mam Tor erreichen.

 Schlafen

Rowter Farm CAMPINGPLATZ **£**
(☑ 01433-620271; Platz für 2 Pers. 10 £; ☺ Ostern–Okt.; 🅿🐾) Die perfekte Lage in den Hügeln rund 3 km westlich von Castleton ist der größte Trumpf des einfachen Campingplatzes, wo es weder einen Aufenthaltsbereich noch einen Laden gibt. Anfahrt im Pkw über den Winnats Pass (oben die linke Weggabelung nehmen und dann sofort gleich wieder links abbiegen); Fußgänger können dem Cave-Dale-Wanderweg folgen.

Ye Olde Nag's Head Hotel PUB **££**
(☑ 01433-620248; www.yeoldenagshead.co.uk; Cross St; DZ 50–95 £; 🛜🐾) Das gemütlichste unter den „Einheimischen-Pubs" an der Hauptstraße vermietet auch zehn komfortable, gut ausgestattete Zimmer (z. T. mit Himmelbett und Spa-Bad). Dazu kommen Bierverkostungen, regelmäßig Livemusik und ein beliebtes Restaurant.

Causeway House B&B **££**
(☑ 01433-623921; www.causewayhouse.co.uk; Back St; EZ/DZ ab 35/75 £) Zugegeben, die Fußböden in dem alten, unheimlich stimmungsvollen Naturstein-Cottage sind ziemlich abgetreten. Aber die kleinen Zimmer wirken hell und freundlich. Die Doppelzimmer haben ein eigenes Bad, die beiden Einzelzimmer (wovon in einem ein zweites Bett aufgestellt werden kann) teilen sich ein Bad.

✖ Essen

Three Roofs Cafe CAFÉ **£**
(www.threeroofscafe.co.uk; The Island; Gerichte 6–11 £; ☺ 9.30–16.30 Uhr; 🛜) Das Café gegenüber der Abzweigung, an der es zur Touristeninformation geht, ist Castletons Anlaufstelle für *cream teas*, serviert aber auch sättigende Sandwiches, Pasteten und Folienkartoffeln.

1530 ITALIENISCH **££**
(☑ 01433-621870; www.1530therestaurant.co.uk; Cross St; Hauptgerichte mittags 5–7,50 £, abends 8–17 £; ☺ Mi & Do 12–14 & 18–20.30, Fr & Sa 12–14 & 18–21.30, So & Mo 12–14 & 18–20 Uhr; 🖉) Knusprig dünne Pizzas und frische Pasta (z. B.

Linguine mit Riesengarnelen, Krebsen, Krabben und Tintenfisch) sind die Spezialitäten des Italieners in Castleton.

★ **Samuel Fox** MODERN BRITISCH **£££**
(☑ 01433-621562; www.samuelfox.co.uk; Stretfield Rd, Bradwell; Hauptgerichte mittags 12,50–14 £, abends 13,50–21 £; ☺ Küche Feb.–Dez. Mi & Do 18–21, Fr & Sa 12–14 & 18–21, So 13–20 Uhr; 🅿🛜) Bradwell, ein Dorf im Hope Valley 4 km südöstlich von Castleton, ist stolz auf diesen malerischen Landgasthof unter der Ägide des preisgekrönten Küchenchefs James Duckett. Er komponiert Gaumenfreuden der Extraklasse, beispielsweise bei Niedertemperatur gegartes Wild mit eingelegtem Rotkohl oder Fasan aus dem Ofen mit kurz gebratenem Rosenkohl, Bacon und Pastinaken. Im Preis der wunderschönen, in Pastellfarben gehaltenen **Zimmer** (EZ/DZ 95/130 £) inbegriffen sind ein lukullisches Frühstück sowie Sherry, Trauben und Pralinen zur Begrüßung.

❶ Praktische Informationen

Die **Touristeninformation** (☑ 01629-816572; www.peakdistrict.gov.uk; Buxton Rd; ☺ Ende Juli–Anfang Sept. 10–17.30 Uhr, April–Ende Juli & Anfang Sept.–Okt. bis 17 Uhr, Anfang Nov.–März kürzere Öffnungszeiten) ist im Castleton Museum.

❶ An- & Weiterreise

Es gibt u. a. Busverbindungen nach:
Bakewell Bus 173; 3,10 £, 50 Min., 4-mal tgl. über Hope (5 Min.) und Tideswell (20 Min.)
Buxton Bus 68; 3,90 £, 1 Std. (fährt Mo–Sa morgens in Castleton ab und nachmittags wieder zurück)
Der nächste Bahnhof liegt in Hope, gut 3 km östlich von Castleton, an der Eisenbahnlinie zwischen Sheffield (5,50 £, 30 Min., alle 2 Std.) und Manchester (11,10 £, 55 Min., stündl.).

Derwent Reservoirs

Die oberen Abschnitte des Derwent Valley nördlich des Hope Valley wurden zwischen 1916 und 1935 geflutet und es entstanden drei große Reservoirs, die Sheffield, Leicester, Nottingham und Derby seitdem mit Wasser versorgen. Die künstlichen Seen erwiesen sich bald als äußerst nützlich: Die **Dambusters** („Dammbrecher"), eine Staffel der Royal Air Force, übten hier vor ihrem Angriff auf deutsche Talsperren im Zweiten Weltkrieg. Im **Derwent Dam Museum** (www.dambusters.

org.uk; Fairholmes; ⊙So 10–16 Uhr) GRATIS im westlichen Turm über dem Staudamm wird die Militäroperation ausführlich erklärt.

Heute sind die drei Staubecken Ladybower, Derwent und Howden beliebte Ziele für Wanderer, Radfahrer und Mountainbiker – aber auch für Heerscharen von Enten, deshalb ist auf den Wegen Vorsicht geboten.

Fairholmes ist ein guter Ausgangspunkt für Wanderungen und Radtouren. Ein **Fahrradverleih** (☏01433-651261; www.peakdistrict. gov.uk; Fairholmes; halber/ganzer Tag Erw. 14/17 £, Kind 10/12 £; ⊙April–Okt. Mo–Fr 10–16.30, Sa & So bis 17.30 Uhr, Nov.–März Sa & So 10–15.30 Uhr) ist vor Ort.

Die **Touristeninformation** (☏01433-650 953; www.peakdistrict.gov.uk; Fairholmes; ⊙April–Okt. Mo–Fr 10–16.30, Sa & So bis 17.30 Uhr, Nov.–März Sa & So 10–15.30 Uhr) von Fairholmes hat Tipps für Wanderungen und Radtouren parat.

Fairholmes liegt gut 3 km nördlich der A57 zwischen Sheffield und Manchester. Es gibt kaum Busverbindungen nach Fairholmes, ein eigener fahrbarer Untersatz ist praktisch unerlässlich.

Edale

316 EW.

Die malerische Ansammlung von Natursteinhäusern um eine hübsche Pfarrkirche inmitten der majestätischen Szenerie des Peak District ist wie geschaffen für eine Erholungspause. Edale liegt zwischen dem White Peak und dem Dark Peak und ist die südliche Endstation des Pennine Way. Erstaunlicherweise führt die Eisenbahnlinie Manchester-Sheffield durch diesen abgelegenen Ort, was Scharen von Wochenendausflüglern nutzen.

Aktivitäten

Die herrlichen Wandermöglichkeiten sind Edales Trumpfkarte. Auch wer nicht regelmäßig trainiert, findet hier viele abwechslungsreiche Wanderwege.

Neben den Touren zum Hollins Cross und zum Mam Tor über den Kamm zwischen Edale und Castleton bietet sich im Norden das **Kinder Plateau** als Ziel an. Oft versinkt es in düsteren Nebelschwaden, aber sobald die Sonne herauskommt, vermittelt es ein Gefühl von Weite, dass einem das Herz aufgeht. Das Plateau war Schauplatz eines Akts zivilen Ungehorsams: Naturfreunde erkämpften sich 1932 mit einer Massenveranstaltung das „Recht auf freies Wandern", was zur Gründung von Nationalparks in England führte.

Wenn das Wetter mitspielt, empfiehlt sich eine Rundtour, die anfangs dem **Pennine Way** folgt, der durch Felder zum **Upper Booth** führt. Dann geht's auf einem Pfad namens Jacobs Ladder weiter und am Südrand des Kinder Plateau entlang, um dann entweder über das schluchtartige, felsige Tal Grindsbrook Clough oder über den Kamm des Ringing Roger wieder nach Edale abzusteigen.

🛏 Schlafen & Essen

Upper Booth Farm
CAMPINGPLATZ £

(☏01433-670250; www.upperboothcamping.co.uk; Upper Booth; Stellplätze 6/4 £ pro Pers./Auto, Campingscheune 8 £ pro Pers.; ⊙Ostern–Anfang Nov.; 🅿) 🌱 Der stille Campingplatz knapp 3 km westlich von Edale am Pennine Way befindet sich bei einem Bauernhof mitten in einer spektakulären Landschaft. Für Wanderer gibt es eine Campingscheune und einen kleinen Laden. Picknickkörbe (ab 20 £; bei der Übernachtungsbuchung vorbestellen) werden je nach Wunsch mit Brot, Kuchen, Keksen, Eiern, Honig, Grillfleisch und Eingemachtem aus der Umgebung bestückt.

Fieldhead Campsite
CAMPINGPLATZ £

(☏01433-670386; www.fieldhead-campsite.co.uk; Stellplätze ab 6/3,50 £ pro Pers./Auto; ⊙April–Sept.; 🅿🛜🚻) Sechs Felder bilden das Gelände des hübschen, gut ausgestatteten Campingplatzes neben dem Moorland Tourist Office (S. 511). Einige Parzellen liegen direkt am Flussufer. Duschen kostet 0,20 £.

Edale YHA
HOSTEL £

(☏0845 371 9514; www.yha.org.uk; Rowland Cote, Nether Booth; B/DZ/FZ ab 11,50/65/69 £; 🅿@🛜) Spektakuläre Ausblicke auf den Back Tor sind das kostenlose Extra des Hostels in einem Landhaus 2,4 km östlich von Edale (Anfahrt über die Straße nach Hope – den Hinweisschildern folgen). Oft ist die Herberge mit Schülergruppen belegt, daher auf jeden Fall vorher anfragen, ob es Platz gibt!

Stonecroft
B&B ££

(☏01433-670262; www.stonecroftguesthouse.co. uk; Grindsbrook; EZ/DZ ab 55/99 £; 🅿🛜) 🌱 Das hübsch hergerichtete Natursteinhaus vom Anfang des 19. Jhs. bietet zwei komfortable Zimmer. Vegetarier und Veganer werden gut versorgt: Gastgeberin Julia ist eine preisgekrönte Köchin und serviert ein köstliches Frühstück (auch glutenfrei) aus Biozutaten. Bei der Buchung kann auch ein Lunchpaket (7,50 £) bestellt werden. Leihräder kosten 30 £ pro Tag. Es besteht die Möglichkeit, sich kostenlos am Bahnhof abholen zu lassen.

Rambler Inn
PUB ££

(☎01433-670268; www.theramblerinn.com; Grindsbrook; Hauptgerichte 9–20 £; ☺Küche Mo–Sa 12–21.30, So bis 20 Uhr, Bar Mo–Fr 12–23, Sa bis 24, So bis 21 Uhr; ᴾ☺ⓦ☺) Edales Herz und Seele: Das heimelige Pub in einem Natursteinhaus serviert *real ales* und sättigende Speisen wie Steaks, Schweinefleischpasteten und Lammauflauf. Es hat auch eine Kinderkarte, außerdem **Gästezimmer** (DZ/3BZ/FZ ab 85/105/125 £) und gelegentlich Livemusik.

❶ Praktische Informationen

Die **Moorland-Touristeninformation** (☎01433-670207; www.peakdistrict.gov.uk; Fieldhead; ☺April–Sept. 9.30–17 Uhr) mit Dachbegrünung und Wasserkaskade über dem Eingang hält Karten bereit und zeigt eine kleine Ausstellung über die Moorlandschaft.

❶ An- & Weiterreise

Es gibt Zugverbindungen von Edale nach Manchester (11 £, 45 Min., stündl.) und Sheffield (7,10 £, 40 Min., alle 2 Std.).

Eyam

926 EW.

Das winzige Fleckchen Eyam (sprich: *Ih*-em), ein ehemaliges Bergarbeiterdorf, hat eine ergreifende Geschichte: 1665 wütete hier der gefürchtete Schwarze Tod, die Pest. Der Erreger war von Fliegen eingeschleppt worden, die als blinde Passagiere mit einer Stofflieferung aus London eintrafen. Der Dorfpfarrer William Mompesson beschwor seine Schäfchen, auf jeden Kontakt zur Außenwelt zu verzichten. 270 der damals 800 Dorfbewohner wurden dahingerafft, aber die umliegenden Gemeinden blieben von der Epidemie weitgehend verschont. Heute ist Eyam mit seinen steilen Sträßchen und alten Cottages ein beliebter Ausgangsort für Streifzüge in das wellige grüne Umland.

❶ Sehenswertes & Aktivitäten

Eyam Parish Church
KIRCHE

(www.eyam-church.org; Church St; ☺Ostern–Sept. 9–18 Uhr, Okt.–Ostern bis 16 Uhr) Viele Opfer der Pestepidemie von 1665 wurden hier beigesetzt. Buntglasfenster und eine anrührende Ausstellung erinnern an die dunkelste Zeit des Dorfs. Im Kirchhof steht ein keltisches Kreuz aus dem 8. Jh.

Eyam Museum
MUSEUM

(www.eyam.museum.org.uk; Hawkhill Rd; Erw./Kind 2,50/2 £; ☺Ostern–Okt. Di–So 10–16.30 Uhr) Ein traditionell gestalteter, von Mauern eingefasster Garten umgibt das solide Herrenhaus aus dem 17. Jh. mit steinernen Tür- und Fensterrahmen. Es beherbergt ein Zentrum für Kunsthandwerk und mehrere Esslokale.

🛏 Schlafen

Crown Cottage
B&B ££

(☎01433-630858; http://crown-cottage.co.uk; Main Rd; EZ/DZ ab 50/70 £; ᴾ☺) Wanderer und Radfahrer sind hier willkommen. Das B&B in einem Natursteinhaus gegenüber der Post ist am Wochenende meist bis auf den letzten Winkel ausgebucht. Mindestaufenthalt am Wochenende zwei Nächte. Neben sicheren Abstellmöglichkeiten für Fahrräder steht den Gästen auch ein Klavier zur Verfügung.

Miner's Arms
PUB ££

(☎01433-630853; www.theminersarmseyam.co.uk; Water Lane; EZ/DZ 45/70 £; ☺) Sein Alter ist ihm nicht unbedingt anzusehen, das Pub wurde kurz vor dem Ausbruch der Pest 1665 eröffnet. Die Stube bezaubert mit Balkendecken und einem knisternden offenen Kamin, das Personal ist sehr freundlich und die Küche preiswert und gut (Hauptgerichte 8–12,50 £). Die komfortablen Zimmer haben alle ein eigenes Bad.

❶ An- & Weiterreise

Es gibt u. a. Busverbindungen nach:
Bakewell Bus 275; 3,60 £, 20 Min., Mo–Sa 3-mal tgl.
Buxton Bus 65 und 66; 3,60 £, 40 Min., Mo–Sa 5-mal tgl., So 3-mal
Sheffield Bus 65; 5,70 £, 40 Min., Mo–Sa 5-mal tgl., So 3-mal

Bakewell & Umgebung

3950 EW.

Bakewell ist der zweitgrößte Ort im Peak District und mit seinen märchenhaften Steinhäuschen ein reizender Ausgangspunkt für Streifzüge durch die Kalksteintäler des White Peak. In der Umgebung wimmelt es nur so von schönen Herrenhäusern und lohnenswerten Wanderwegen. Aber seine Berühmtheit verdankt der Ort etwas ganz anderem, nämlich dem Bakewell Pudding. Das Gebäck mit einer Füllung aus Mandel-Ei-Creme und Marmelade wurde 1820 hier kreiert.

☉ Sehenswertes

All Saints Church
KIRCHE

(www.bakewellchurch.co.uk; South Church St; 2 £ Spende erwünscht; ☉ April–Okt. 9–17 Uhr, Nov.–März bis 16 Uhr) Die Kirche oberhalb des Rutland Square ist vollgepackt mit Sehenswürdigkeiten, darunter ein Taufbecken aus dem 14. Jh., zwei normannische Torbögen, diverse mit Wappen geschmückte Grabmale sowie eine Handvoll grob behauener Grabsteine und Kreuze aus dem 12. Jh.

Old House Museum
MUSEUM

(www.oldhousemuseum.org.uk; Cunningham Pl; Erw./Kind 4/2 £; ☉ 11–16 Uhr) Das Museum in einem vom Alter gezeichneten Natursteinhaus nicht weit von der Kirche widmet sich der Geschichte von Bakewell. Interessant sind die Tudor-Toilette und die anschauliche Erläuterung der traditionellen Flechtwerkbauweise mit Weidenruten und einem Verstrich aus Rinderdung.

Thornbridge Brewery
BRAUEREI

(☎ 01629-815999; www.thornbridgebrewery.com; Buxton Rd; Führungen Erw./Kind 7,50/3 £; ☉ Führungen Mi & Fr 15 Uhr, Shop Mo–Fr 9–16.30, letzter So im Monat 10–14 Uhr) Zu den prickelnden Gerstensäften in dieser Brauerei am Fluss zählen das fruchtige erdbeerblonde Ale I Love You Will You Marry Me, ein Rhubarbe De Saison, ein Bamberger Rauchbier und das Lager Kill Your Darlings im Wiener Stil. Außerdem gibt es Kooperationen mit unabhängigen Brauereien im Ausland. Auf den 1½-stündigen Führungen werfen die Teilnehmer einen Blick hinter die Kulissen und verkosten Biere in Thornbridge-Gläsern, die sie später mit nach Hause nehmen dürfen. Kinder müssen mindestens fünf Jahre alt sein. Rund 800 m von der Ortsmitte am nordwestlichen Ortsrand gelegen.

Haddon Hall
HISTORISCHE STÄTTE

(www.haddonhall.co.uk; Haddon Rd; Erw./Kind 13,50/7 £; ☉ Mai–Sept. tgl. 10.30–17 Uhr, April & Okt. Sa–Mo, Anfang–Mitte Dez. bis 16 Uhr) Mit Steintürmchen, verwitterten Balken und ummauerten Gärten sieht Haddon Hall genau so aus, wie sich jeder einen Adelssitz aus dem Mittelalter vorstellt. Die Anlage stammt aus dem 12. Jh. und wurde in den folgenden Jahrhunderten ständig umgebaut und erweitert. Die „Modernisierungsmaßnahmen" endeten erst, als die letzten Bewohner im 18. Jh. auszogen. Haddon Hall liegt 3,2 km südlich von Bakewell an der A6 und ist von Bakewell aus mit dem Highpeak-Bus (2,30 £, 10 Min., stündl.) erreichbar. Die Alternative ist ein Fußweg durch die Felder, der größtenteils auf der östlichen Flussseite verläuft.

ABSTECHER

CHATSWORTH HOUSE

Über Jahrhunderte hinweg bewohnten die Earls und Dukes von Devonshire das riesige Anwesen **Chatsworth House** (☎ 01246-565300; www.chatsworth.org; Haus & Garten Erw./Kind 20/12 £, nur Garten 12/7 £, Spielplatz 6 £, Park Eintritt frei; ☉ Ende Mai–Anfang Sept. 10.30–17 Uhr, Mitte März–Ende Mai & Anfang Sept.–Anfang Jan. kürzer) rund 5 km nordöstlich von Bakewell, das den Spitznamen „Palace of the Peak" (Palast des Peak District) trägt. Seine luxuriösen Apartments und mit prächtigen Wandmalereien verzierten Prunkgemächer quellen über vor Gemälden und Antikmöbeln von unschätzbarem Wert. Die 65 km² große Parkanlage mit ornamentalen Gärten wurde von Lancelot „Capability" Brown mitgestaltet. Kinder sind begeistert vom Abenteuerspielplatz zum Thema Landleben.

Anfahrt ab Bakewell mit Bus 218 (2,40 £, 15 Min., halbstündl.).

☆ Aktivitäten

Wandern und Radfahren sind hier die Hauptaktivitäten. Der landschaftlich schöne **Monsal Trail** folgt einer stillgelegten Eisenbahnlinie ab dem Combs Viaduct am Ortsrand von Bakewell bis zur Abzweigung Topley Pike in Wye Dale, rund 4,8 km östlich von Buxton. Er führt durch diverse stillgelegte Eisenbahntunnel und ist 13,6 km lang.

Eine lohnende, kürzere Tour folgt dem Monsal Trail 4,8 km weit bis zum Aussichtspunkt **Monsal Head**, wo das **Monsal Head Hotel** (☎ 01629-640250; www.monsalhead.com; Monsal Trail; Hauptgerichte 11,50–16 £; ☉ Küche So–Do 12–20, Fr & Sa bis 21 Uhr; P ☻) zu einer Ruhepause einlädt. Seine *real ales* sind gute Durstlöscher, die moderne britische Küche ist ausgezeichnet. Wer noch Puste hat, geht weiter bis zum **Miller's Dale**, wo Viadukte spektakuläre Ausblicke über das tief eingeschnittene Tal ermöglichen. Nähere Auskünfte zu den Touren erteilen die Touristeninformationen von Bakewell und Buxton.

Schöne Wanderwege führen auch nach Haddon Hall und Chatsworth House.

Schlafen

Melbourne House & Easthorpe
B&B **££**

(☎01629-815357; www.bakewell-accommodation. co.uk; Buxton Rd; DZ ab 70 £; Ⓟ🖥) Das grün bewachsene Melbourne House hat schon über 300 Jahre auf dem Buckel und dient jetzt als atmosphärisches B&B, das um ein zweites Haus, das Easthorpe mit gradlinig eingerichteten Zimmern in neutralen Farbtönen, erweitert wurde. Direkt an der Hauptstraße nach Buxton.

Rutland Arms Hotel
HOTEL **£££**

(☎01629-812812; www.rutlandarmsbakewell.co.uk; The Square; EZ 64–76 £, DZ 92–165 £; Ⓟ🖥🛒) Jane Austen soll im Zimmer Nr. 2 genächtigt haben, während sie an *Stolz und Vorurteil* schrieb. Das noble, erst kürzlich renovierte Landgasthaus aus Naturstein hat 33 Zimmer. Die teureren sind mit viktorianischem Mobiliar und Dekor ausstaffiert.

🍽 Essen & Ausgehen

In Bakewells Straßen drängen sich einladende Tearooms und Bäckereien, die Bakewell Pudding verkaufen.

⭐Chatsworth Estate Farm Shop Cafe
CAFÉ, FEINKOST **£**

(www.chatsworth.org; Pilsley; Gerichte 4,50–10 £; ⏱Café & Shop Mo–Sa 9–17, So 10–17 Uhr; 🖥) Das ländlich-idyllische Café ist eine der besten Adressen im Peak District: Bis 11.30 Uhr serviert es herzhaftes Frühstück (Eier Benedikt mit Schinken oder Lachs, Müsli mit Erdbeer-Honig-Joghurt aus eigener Herstellung), danach wird bis 15 Uhr Mittagessen aufgetischt (*Steak and kidney suet pudding*, traditionelle Braten) und danach gibt es noch eine Nachmittagskarte. Mehr als die Hälfte der Waren im Hofladen nebenan stammt vom Gut selbst.

Old Original Bakewell Pudding Shop
BÄCKEREI, TEAROOM **£**

(www.bakewellpuddingshop.co.uk; The Square; Gerichte 7–12 £; ⏱Mo–Sa 8.30–18, So 9–18 Uhr) Eine der Bäckereien, die Urheberrechte auf den Bakewell Pudding anmeldet. Sie hat einen reizenden Tearoom mit Balkendecke im Obergeschoss, wo leichte Gerichte und *afternoon tea* (mit Leckereien auf einer dreistöckigen Etagère) serviert werden.

Piedaniel's
FRANZÖSISCH **££**

(☎01629-812687; www.piedaniels-restaurant.com; Bath St; Hauptgerichte mittags 12 £, abends 15–25 £; ⏱Di–Sa 12–14 & 19–21 Uhr) Die moderne französische Küche von Eric und Christiana Piedaniel ist in Bakewell absolut angesagt. Der weiß getünchte Speiseraum ist ein würdiges Ambiente für exquisite Kreationen wie Garnelen-Fenchel-Bisque mit *quenelles* (federleichte Klößchen aus Mehl, Ei und Sahne), gefolgt von Hummer und Lachs Thermidor oder Rotzunge mit Jakobsmuschelfüllung.

⭐Fischer's Baslow Hall
GOURMETKÜCHE **£££**

(☎01246-583259; www.fischers-baslowhall.co.uk; 259 Calver Rd, Baslow; 2-/3-/7-Gänge-Mittagsmenü 20/27/60 £, 2-/3-/9-Gänge-Abendmenü 55/72/80 £; ⏱12–14 & 19–21 Uhr; 🛒🖥) Über dem Herrenhaus von 1907, rund 6,5 km nordöstlich von Bakewell, steht ein Michelinstern. Was im eleganten Speisesaal serviert wird, ist eine Demonstration dessen, was aus guten britischen Produkten (Derbyshire-Lamm, Wild aus Yorkshire, Krebse aus Cornwall, Gemüse aus dem eigenen Garten …) herausgekitzelt werden kann.

Sechs luxuriöse Zimmer mit floralem Dekor stehen im Haupthaus zur Verfügung, das Gartenhaus bietet fünf weitere (DZ ab 200 £); im Übernachtungspreis am Wochenende (ab 344 £) ist ein 3-Gänge-Menü eingeschlossen.

Castle Inn
PUB

(☎01629-812103; www.oldenglishinns.co.uk; Bridge St; ⏱So–Do 8–22, Fr & Sa bis 24 Uhr; 🛒🐶🖥) Das von Efeu überwucherte Castle Inn ist ein Pub der gehobenen Klasse und weiß aus vierhundertjähriger Erfahrung, wie ausgehungerte Wanderer und ihre Hunde – Haustiere sind hier willkommen – wieder aufgepäppelt werden. Die Gourmet-Burger sind ein Highlight (Hauptgerichte 8–19 £). Zudem werden vier gemütliche Zimmer (DZ/FZ ab 85/95 £) vermietet. Der Eingang ist in der Castle Street.

ℹ Praktische Informationen

Die **Touristeninformation** (☎01629-816558; www.visitpeakdistrict.com; Bridge St; ⏱April– Okt. 9.30–17 Uhr, Nov.–März 10.30–16.30 Uhr) ist in der alten Market Hall. Die freundlichen Mitarbeiter übernehmen die Buchung von Unterkünften.

ℹ An- & Weiterreise

Bakewell wird von Highpeak-Bussen bedient. Sie fahren stündlich nach Buxton (3,30 £, 30 Min.), Derby (4,80 £, 1¼ Std.) und Matlock Bath (3,30 £, 30 Min.). Fünf Busse täglich fahren weiter bis Manchester (6 £, 1¾ Std.).

Andere Linien:

Castleton Bus 173; 3,10 £, 50 Min., 4-mal tgl.

Chesterfield Bus 170; 3,30 £, 50 Min., stündl.

Yorkshire

Gut essen

➜ Pipe and Glass Inn (S. 571)
➜ Norse (S. 534)
➜ Hare Inn (S. 542)
➜ Crafthouse (S. 560)
➜ Cochon Aveugle (S. 529)

Schön
übernachten

➜ Millgate House (S. 555)
➜ Windmill (S. 536)
➜ West Park (S. 533)
➜ Art Hostel (S. 558)

Auf nach Yorkshire

Mit genauso vielen Einwohnern wie Schottland und einer Fläche von der Hälfte Belgiens ist Yorkshire schon fast ein eigenes Land. Es hat seine eigene Flagge, seinen eigenen Dialekt und seinen eigenen Feiertag, den Yorkshire Day (1. August). Zwar sind die Einheimischen stolz darauf, Engländer zu sein, aber noch stolzer sind sie darauf, in „God's Own Country" (Gottes eigenem Land) zu leben.

Was macht Yorkshire so besonders? Zuallererst ist da die Natur – mit düsteren Mooren und grünen Tälern, die sich bis zur spektakulären Küste hinunterziehen, bietet Yorkshire Landschaften, die zu den schönsten Englands gehören. Und zweitens ist da die reiche Geschichte Yorkshires: Jeder Aspekt britischer Vergangenheit hat auch hier seinen Niederschlag gefunden, von den Römern bis in unser Jahrhundert.

Aber der größte Schatz Yorkshires sind seine Menschen. Sie gelten als fleißig und eigensinnig und verfügen über einen trockenen Humor und eine verschmitzte Freundlichkeit. Wer sich hier eine Weile aufhält, der wird wie die Einheimischen bald davon überzeugt sein, dass Gott tatsächlich ein Yorkshireman ist.

Reisezeit

➜ Während des einwöchigen Jorvik Festival im Februar wird York von den Wikingern übernommen.

➜ Im Frühjahr erblühen in den Dales und den North York Moors an den Straßenrändern gelbe Narzissen. In Horton-in-Ribblesdale findet das Three Peaks Race statt.

➜ Im Juli wird mit der Great Yorkshire Show in Harrogate die Landwirtschaft gefeiert. Zur selben Jahreszeit nisten an den Klippen Yorkshires zahllose Seevögel.

➜ Der September ist ideal für Wanderungen in den Yorkshire Dales; dann findet in Richmond auch das Walking Festival statt. York verwandelt sich beim zehntägigen Food Festival in ein Gourmetmekka, während sich in Harrogate bei der Autumn Flower Show die Gartenfreunde ein Stelldichein geben.

Geschichte

Wer in Yorkshire auf der Fernstraße A1 unterwegs ist, folgt den Fußspuren der römischen Legionen, die das nördliche Britannien im 1. Jh. n. Chr. eroberten. Viele Städte in Yorkshire wie York, Catterick und Malton sind römische Gründungen und einige moderne Straßen wie die A1, A59, A166 und A1079 gehen auf Römerstraßen zurück.

Als die Römer im 5. Jh. das Feld räumten, kämpften die einheimischen Briten mit einwandernden teutonischen Stämmen wie den Angeln um die Vorherrschaft. Für eine Weile gehörte Yorkshire zum Königreich Northumbria. Im 9. Jh. erschienen die Wikinger auf der Bildfläche und eroberten den größten Teil Nordbritanniens – dieses Gebiet war bald als Danelag bekannt. Die Wikinger untergliederten das heute als Yorkshire bekannte Gebiet in *thridings* (Drittel), die in der blühenden Handelshauptstadt Jorvik (York) zusammentrafen.

Im Jahr 1066 war Yorkshire Schauplatz einer wegweisenden Schlacht im Kampf um die englische Krone: Der angelsächsische König Harald II. besiegte hier im Norden, in der Schlacht von Stamford Bridge, die Truppen des norwegischen Königs Harald Hardrada. Danach kehrte er in den Süden zurück, um sich in der Schlacht von Hastings mit Wilhelm dem Eroberer auseinanderzusetzen – und von einem tödlichen Pfeil getroffen zu werden.

Die Bewohner Nordenglands nahmen die folgende Invasion der Normannen nicht einfach hin. Um sie zu unterwerfen, errichteten normannische Adlige in ganz Yorkshire eine Kette mächtiger Festungen, u. a. in York, Richmond, Scarborough, Pickering und Helmsley. Die normannischen Eroberungen bildeten den Grundstock sämtlicher großer Ländereien, die die Machtbasis des englischen Adels im Mittelalter bildeten.

Im 15. Jh. waren die Herzogtümer York und Lancaster so reich und mächtig, dass sie sich im Rosenkrieg (1455–1487) um den englischen Thron balgten. Durch die Auflösung der Klöster durch Heinrich VIII. zwischen 1536 und 1540 gelangten die Vermögen der großen Klöster Rievaulx, Fountains und Whitby in die Hände von Adelsfamilien. In den folgenden 200 Jahren erlebte Yorkshire dank seiner ertragreichen Landwirtschaft im Norden und dem Schneidwarengewerbe in Sheffield im Süden eine stille Blüte – bis die Industrielle Revolution die Landschaft entscheidend veränderte.

South Yorkshire entwickelte sich zu einem Zentrum der Kohle- und Stahlindustrie, der Westen Yorkshires zu einem Zentrum der Textilindustrie. Die Städte Leeds, Bradford, Sheffield und Rotherham florierten. Am Ende des 20. Jhs. fand eine weitere Revolution statt: Die Schwerindustrie war eingegangen und die Städte Yorkshires erfanden sich als glitzernde Hightechcenter des Finanzwesens, der höheren Bildung und des Tourismus neu.

Aktivitäten

Die abwechslungsreiche Landschaft Yorkshires mit wilden Hügeln, stillen Tälern, Hochmooren und spektakulären Küsten bietet jede Menge Möglichkeiten zu Aktivitäten in der freien Natur. Näheres auf www.outdooryorkshire.com.

Radfahren

Im Jahr 2014 startete die Tour de France in Yorkshire und das bescherte dem Radsport hier einen gewaltigen Aufschwung. Infolgedessen etablierte sich 2015 das jährliche Radrennen **Tour de Yorkshire** (www.letour.yorkshire.com). Das riesige Netz an kleinen Landstraßen ist perfekt für Straßenradler; jedoch locken die Nationalparks auch zahlreiche Autofahrer an, sodass an den Wochenenden selbst auf Nebenstraßen viel Verkehr herrschen kann.

North York Moors MOUNTAINBIKEN
(www.mtb-routes.co.uk/northyorkmoors) Für Mountainbiker wurden Reitwege, ehemalige Bahntrassen und alte Bergbaustraßen für den Zweiradverkehr umgestaltet. Im Dalby Forest (www.forestry.gov.uk/dalbyforest) bei Pickering gibt's extra angelegte Mountainbiketrails aller Schwierigkeitsgrade von grün bis schwarz und beim Besucherzentrum Sutton Bank gibt's neu markierte Trails.

Moor to Sea Cycle Route RADFAHREN
(www.moortoseacycle.net) Das Streckennetz zwischen Pickering, Danby and der Küste umfasst eine 32 km lange verkehrsfreie Route, die einer ehemaligen Bahnstrecke zwischen Whitby und Scarborough folgt.

White Rose Cycle Route RADFAHREN
(www.sustrans.org.uk; NCN Route 65) Die 211 km lange Straßenroute führt von Middlesbrough nach York und weiter nach Hull und Hornsea, über die atemberaubende westliche Abbruchkante der North York Moors und die sanften Hügel der Yorkshire Wolds. Auf einer alten Eisenbahntrasse zwischen Selby und York gibt's einen autofreien Abschnitt.

Highlights

1 York (S. 519)
Die mittelalterlichen Straßen der Stadt und eine atemberaubende Kathedrale erkunden

2 Yorkshire Dales National Park (S. 548) Die Touristenpfade verlassen und unbekanntere Gelände durchstreifen

3 Fountains Abbey (S. 538) Durch eine stimmungsvolle mittelalterliche Ruine geistern

4 Scarborough (S. 534) Im traditionellen Seebad Zeit am Meer verbringen

5 North Yorkshire Moors Railway (S. 540) Eine der landschaftlich reizvollsten Bahnstrecken Englands befahren

6 Whitby (S. 543) Auf dem Pier die weltbesten Fish and Chips verspeisen

7 Castle Howard (S. 530) Im Anblick adliger Prachtentfaltung ein *Wiedersehen mit Brideshead* feiern

8 Malham Cove (S. 551) Die steilen Pfade rund um die schöne Bucht erklimmen

9 National Coal Mining Museum for England (S. 564) Die dunklen Seiten des Bergbaus ergründen

10 National Media Museum (S. 562) In Bradford interaktiv durch die Medienwelt surfen

Yorkshire Dales Cycleway

RADFAHREN, MOUNTAINBIKEN

(www.cyclethedales.org.uk) Die wunderbare 209 km lange Schleife führt durch die schönsten Teile des Nationalparks; auf der Website ist auch die Strecke der ersten Etappe der Tour de France 2014 verzeichnet. Außerdem gibt's zahlreiche Möglichkeiten, sich abseits der Straßen auf rund 800 km Reitwegen und Trails auszutoben. Genaueres siehe www.mtbthedales.org.uk.

Wandern

Die beste Gegend für kürzere Wanderungen sind die **Yorkshire Dales** mit diversen Wegen durch schöne Täler und über wilde Hügel sowie einige höhere Berge. Mit versteckten Schönheiten warten die **Yorkshire Wolds** des East Riding auf und auch die stillen Täler und dramatischen Küsten der **North York Moors** bieten viele Wandergelegenheiten.

Cleveland Way

WANDERN

(www.nationaltrail.co.uk/clevelandway) Ein altehrwürdiger Klassiker für eine Wanderung vom Moor zur Küste ist der Cleveland Way. Auf der 175 km langen, neuntägigen Strecke von Helmsley nach Filey führt er um den North York Moors National Park herum.

Coast to Coast Walk

WANDERN

(www.wainwright.org.uk/coasttocoast.html) Dies ist einer der beliebtesten Wanderwege Englands: 306 km durch Nordengland vom Lake District durch die Nationalparks Yorkshire Dales und North York Moors. Für den in Yorkshire gelegenen Abschnitt braucht man eine Woche bis zehn Tage; er zählt zu den schönsten Wanderwegen Englands.

Dales Way

WANDERN

(www.dalesway.org.uk) Der reizvolle und nicht zu anstrengende Wanderweg führt über 129 km von den Yorkshire Dales zum Lake District, am River Wharfe entlang durch das Herz der Dales bis nach Bowness-on-Windermere.

Pennine Way

WANDERN

(www.nationaltrail.co.uk/pennineway) Der Yorkshire-Abschnitt des berühmtesten Fernwanderwegs Englands verläuft über eine Länge von mehr als 160 km über Hebden Bridge, Malham, Horton-in-Ribblesdale und Hawes und nicht weit von Haworth und Skipton.

White Rose Way

WANDERN

(www.whiteroseway.co.uk) Der 167 km lange Fernwanderweg führt auf der Strecke vom Stadtzentrum von Leeds nach Scarborough durch abgelegene, pittoreske Dörfer.

Wolds Way

WANDERN

(www.nationaltrail.co.uk/yorkshirewoldsway) Der schöne, oft übersehene Wanderweg windet sich durch den malerischsten Teil des Distrikts East Riding.

❶ Touristeninformation

Auf der Website des **Yorkshire Tourist Board** (www.yorkshire.com) kann man sich verschiedene Broschüren herunterladen. Nähere Informationen zu einzelnen Reisezielen halten die örtlichen Touristeninformationen bereit.

❶ Anreise & Unterwegs vor Ort

Die wichtigsten Nord-Süd-Straßenverbindungen, die Autobahn M1 und die Fernstraße A1, führen mitten durch Yorkshire, vorbei an den größten Städten Sheffield, Leeds und York. Für Reisende aus Nordeuropa, die mit dem Schiff ankommen, ist Hull im Distrikt East Riding der wichtigste Hafen der Region.

Traveline Yorkshire (☎ 0871 200 2233; www.yorkshiretravel.net) bietet für ganz Yorkshire Informationen zu öffentlichen Verkehrsmitteln.

BUS

Fernbusse von **National Express** (☎ 08717 818181; www.nationalexpress.com) verkehren von London, Südengland, den Midlands und Schottland zu den meisten Städten in Yorkshire.

In Yorkshire selbst gibt es gute Busverbindungen, besonders zwischen den wichtigsten Städten. In den Nationalparks sind die Verbindungen lückenhafter, aber immer noch ausreichend, um die meisten Orte zu erreichen, besonders in den Sommermonaten von Juni bis September.

ZUG

Die Hauptbahnstrecke von London nach Edinburgh verläuft durch Yorkshire; unterwegs halten in York und Doncaster mindestens zehn Züge am Tag und dort kann man dann zu anderen Zielen in Yorkshire umsteigen. Außerdem gibt es Direktverbindungen zu nordenglischen Städten wie Manchester und Newcastle. Fahrplanauskünfte gibt's bei **National Rail Enquiries** (☎ 08457 48 49 50; www.nationalrail.co.uk). Zwischen den größeren Orten und Städten in Yorkshire bestehen Direktverbindungen.

NORD-YORKSHIRE

Dies ist das größte der vier Countys in Yorkshire und auch das schönste. Im Unterschied zum restlichen Nordengland überstand es die Industrielle Revolution so gut wie unbeschadet. Seit dem Mittelalter dreht sich in Nord-Yorkshire alles um Schafe und den

Reichtum, den sie mit ihrer Wolle hervorgebracht haben.

Statt geschlossener Fabriken und Bergwerke zieren hier stattliche Adelssitze und wohlhabende Abteien die Landschaft, die – ob verfallen oder restauriert – davon zeugen, dass sich auf dem Rücken der Schafe jede Menge Geld verdienen ließ.

Und doch ist die größte Attraktion in Nord-Yorkshire eine Stadt. Zwar haben auch die vornehme Bäderstadt Harrogate und die luftigen Seeorte Scarborough und Whitby viele Fans, aber alles verblasst im Vergleich zum prächtigen York, der nach London meistbesuchten Stadt Englands.

York

198 000 EW.

Nichts in Nordengland präsentiert sich so mittelalterlich wie York, eine kulturell und historisch ungeheuer reiche Stadt, die kaum etwas von ihrem vorindustriellen Reiz eingebüßt hat. Eindrucksvolle Stadtmauern aus dem 13. Jh. umfassen ein mittelalterliches Labyrinth enger Gassen. Im Herzen des Ganzen thront das gewaltige, atemberaubende York Minster, eine der schönsten gotischen Kathedralen der Welt. Die lange Geschichte und das reiche Erbe Yorks stecken in jedem Ziegelstein und in jedem Balken und die heutige, tourismusorientierte Stadt mit ihren vielen Museen, Restaurants, Cafés und traditionellen Pubs ist sorgfältig darauf bedacht, dieses Vermächtnis zu bewahren.

Übrigens sollte man sich nicht davon verwirren lassen, dass *gate* hier oben Straße bedeutet und *bar* Tor.

Geschichte

Im Jahr 71 n. Chr. errichteten die Römer das Militärlager Eboracum, aus dem sich mit der Zeit eine große Festung mit ziviler Besiedlung vor den Toren entwickelte. Hadrian nutzte sie als Stützpunkt für seine Feldzüge in den Norden und 306 wurde hier Konstantin der Große zum Kaiser ausgerufen. Als das Römische Reich zusammenbrach, wurde die Stadt von den Angelsachsen übernommen, die sie Eoforwic nannten und zur Hauptstadt des unabhängigen Königreichs Northumbria machten.

Im Jahr 625 kam der römische Mönch Paulinus hierher und bekehrte König Edwin und seine Adligen zum Christentum. Zwei Jahre später wurde hier eine erste Holzkirche errichtet. Im folgenden Jahrhundert war die Stadt ein bedeutendes Zentrum der Gelehrsamkeit, das Studenten aus ganz Europa anzog. 866 kamen die nächsten Eindringlinge, dieses Mal die Wikinger, die der Stadt einen zungenfreundlicheren Namen verpassten, Jorvik. Für die nächsten 100 Jahre fungierte sie als ihre Hauptstadt und in dieser Zeit verwandelten sie die Stadt in einen wichtigen Handelsplatz.

König Eadred von Wessex vertrieb 954 den letzten Wikingerherrscher und vereinte das Danelag wieder mit dem Süden, aber neuer Ärger ließ nicht lange auf sich warten. 1066 wehrte König Harald II. bei Stamford Bridge östlich von York eine norwegische Invasion ab, unterlag aber ein paar Monate später in der Schlacht von Hastings Wilhelm dem Eroberer.

Nachdem Wilhelms zwei Holzburgen von einer anglo-skandinavischen Armee eingenommen worden waren, ließ er die gesamte Stadt – wie auch die Stadt Durham – sowie das Umland niederbrennen. Dann machten sich die Normannen daran, die Stadt wieder aufzubauen und schmückten sie mit einem prächtigen neuen Münster. In den folgenden 300 Jahren florierte York – eine Ableitung des alten Wikingernamens Jorvik – dank königlicher Gunst, Tuchproduktion, Handel und Kirche.

Im gesamten 18. Jh. war die Stadt ein angesagtes gesellschaftliches Zentrum, dominiert vom Adel, der sich vom kulturellen Leben und der neuen Rennbahn der Stadt anziehen ließ. Als 1839 die Eisenbahn die Stadt erreichte, fanden Tausende Beschäftigung in neuen Industrien, die sich in ihrem Umfeld bildeten, wie etwa der Süßwarenproduktion: die Marken Terry und Rowntree stammen von hier. In der zweiten Hälfte des 20. Jhs. erlebten diese Industriezweige einen Niedergang, jedoch stand schon ein neuer Eroberer vor den Toren und fragte nach dem Weg, bewaffnet mit nichts als einem Reiseführer.

◉ Sehenswertes

★ York Minster KATHEDRALE
(www.yorkminster.org; Deangate; Erw./Kind 10 £/ frei, mit Turm 15/5 £; ◷ Mo–Sa 9–17.30, So 12.45–17 Uhr, letzter Einlass 30 Min. vor Schließzeit) Das großartige York Minster ist die größte mittelalterliche Kirche in ganz Nordeuropa und eines der schönsten gotischen Gebäude der Welt. Hier hat der Erzbischof von York seinen Sitz, der Primas von England, den für die anglikanische Kirche nur der Erzbischof

von Canterbury, der Primas *of all England*, an Bedeutung übertrifft – die beiden Titel wurden geschaffen, um einen Streit über das wahre Zentrum der englischen Kirche beizulegen. Wer in England nur diese eine Kathedrale besichtigt, für den hat sich der Weg schon gelohnt.

Die erste Kirche an diesem Ort war eine Holzkapelle für die Taufe König Edwins von Northumbria zu Ostern 627; ihre Position ist in der Krypta markiert. Die Kapelle wurde durch eine Steinkirche ersetzt, die dort entstand, wo früher eine römische Basilika existiert hatte, von der Teile noch in den Fundamenten zu sehen sind. Das erste normannische Münster entstand im 11. Jh. und wiederum sind heute noch Fragmente der Kirche in den Fundamenten und der Krypta der heutigen Kathedrale zu entdecken.

Die Kathedrale, wie wir sie heute sehen, entstand hauptsächlich zwischen 1220 und 1480 und umfasst alle wichtigen Phasen der englischen Gotik. Die Querschiffe (1220–1255) sind im Early English Style erbaut, das achteckige Kapitelhaus (1260–1290) sowie das Langschiff (1291–1340) im Decorated Style und die Westtürme, die Westfassade und der Vierungsturm (1470–1472) im Perpendicular Style.

➡ Hauptschiff

Man betritt die Kathedrale durch die Westtür, die in das bemerkenswert hohe und breite Hauptschiff führt. Die Seitenschiffe sind mit einem Steingewölbe überdacht, während das Mittelschiff ein Holzgewölbe trägt, das so bemalt ist, dass es wie Stein aussieht. Beiderseits des Mittelschiffs finden sich bemalte Steinschilde der Adligen, die sich mit Edward II. in York zu einem Parlament trafen. Interessant ist auch der Drachenkopf, der vom Triforium heraussteht: Dabei handelt es sich um eine Art Kran, der zum Anheben eines Taufbeckendeckels benutzt worden sein soll. Die Kathedrale wartet mit mehreren schönen Fenstern aus dem frühen 14. Jh. auf, am eindrucksvollsten ist jedoch das **Große Westfenster** (1338) über dem Eingang mit seinem schönen herzförmigen Steinmaßwerk.

➡ Querschiffe & Kapitelhaus

Das südliche Querschiff wurde 1984 durch einen Brand empfindlich beschädigt, ist aber inzwischen wieder vollständig restauriert. Dominiert wird es von einer kunstvollen **Fensterrose**. Sie erinnert an die Vereinigung der Häuser Lancaster und York durch die Hochzeit von Heinrich VII. mit Elisabeth

von York. Dieses Ereignis beendete die Rosenkriege und begründete die Dynastie der Tudors.

Gegenüber, im nördlichen Querschiff, lässt sich das prächtige **Five Sisters Window** mit fünf über 15 m hohen Lanzettfenstern bestaunen. Es ist das älteste komplett erhaltene Fenster der Kathedrale; das Grisailleglas stammt zumeist von um 1250. Rechts dahinter befindet sich das **Kapitelhaus** aus dem 13. Jh., ein schönes Beispiel für den Decorated Style. Den luftigen Raum, der sich unbehindert entfalten kann, säumen fein gearbeitete Steinplastiken – mehr als 200 ausdrucksstarke Köpfe und Figuren.

➡ Chorschranke und Ostfenster

Eine Chorschranke aus dem 15. Jh. trennt den Chorraum vom Hauptschiff ab. Sie schmückt sich mit 15 Statuen, die die Könige Englands von Wilhelm I. bis zu Heinrich VI. darstellen. Hinter der Chorschranke und dem geschnitzten Chorgestühl aus Holz befinden sich die Lady Chapel (Marienkapelle) und dahinter der Hochaltar, über dem das riesige **Große Ostfenster** (1405) thront. Mit einer Größe von 23,7 mal 9,4 m – was ungefähr der Größe eines Tennisplatzes entspricht – ist es das größte mittelalterliche Buntglasfenster der Welt und der bedeutendste Schatz der Kirche. Und es überrascht natürlich nicht, dass das Thema des Fensters seiner Größe entspricht: Dargestellt sind Schöpfung und Apokalypse, wie sie im ersten Buch Mose und der Offenbarung des Johannes beschrieben sind.

➡ Gewölbe

Im Südquerschiff führt eine Treppe hinunter zum Gewölbe, (Öffnungszeiten: Mo-Sa 10-17, So 13-17 Uhr), dem Innersten des Bauwerks. Als der Vierungsturm 1967 zusammenzustürzen drohte, wurden die Fundamente der Kathedrale verstärkt. Während Ingenieure sich unter Hochdruck mühten, das Gebäude zu retten, entdeckten Archäologen römische und normannische Überreste. Einer der außergewöhnlichsten Funde war eine unterirdische römische Wasserleitung, die immer noch Wasser in den Ouse transportierte. Die interaktive Ausstellung **York Minster Revealed** führt hier Besucher durch die 2000-jährige Geschichte der Stätte, an der sich die Kathedrale erhebt. Die benachbarte **Schatzkammer** versammelt Artefakte aus dem 11. Jh. wie Relikte aus den Gräbern von Bischöfen des Mittelalters.

➜ Krypta

Der Eingang zur Krypta befindet sich im Chorraum nahe beim Altar. Sie beherbergt Fragmente der normannischen Kathedrale, darunter das Taufbecken mit einer Darstellung der Taufe König Edwins; hier stand auch die ursprüngliche Holzkapelle. Interessant ist auch der **Doomstone**, eine Steinplastik aus dem 12. Jh. mit einer Darstellung des Jüngsten Gerichts: Dämonen stoßen verdammte Seelen in die Hölle.

➜ Turm

Das Herz der Kathedrale ist ein untersetzter Turm, von dem sich schöne Ausblicke auf York bieten. Allerdings sind es 275 recht enge Stufen bis nach oben und wahrscheinlich muss man sich unten in eine Warteschlange kamerabewehrter Besucher einreihen. Der Zugang zum Turm befindet sich im Südquerschiff.

★ National Railway Museum   MUSEUM

(www.nrm.org.uk; Leeman Rd; ⊙10–18 Uhr; 🅿️♿) **GRATIS** Während viele Eisenbahnmuseen nur für einsame Männer in Anoraks interessant sind, die sich am Duft des Maschinenöls, dem Kohlendampf und der Nostalgie berauschen, ist dieses Museum von einem ganz anderen Kaliber. Das National Railway Museum, mit mehr als 100 Lokomotiven das größte Eisenbahnmuseum der Welt, ist so gut konzipiert und strotzt vor so vielen tollen Sachen, dass es selbst für Leute ein Erlebnis ist, die beim Anblick einer Pacific-Lokomotive nicht in Tränen der Rührung ausbrechen.

Zu den Highlights des Museums zählen ein Nachbau von George Stephensons **Rocket** (1829), der ersten „modernen" Dampflok der Welt, der elegante, stromlinienförmige **Mallard**, der 1938 mit gut 200 km/h einen Geschwindigkeitsweltrekord für Dampfloks aufstellte, ein japanischer **Shinkansen-Hochgeschwindigkeitszug** aus den 1960er-Jahren und der weltberühmte **Flying Scotsman**, die erste Dampflokomotive, die die 100-Meilen-Geschwindigkeitsschallmauer durchbrach. Eine riesige Dampflok von 1949 ist in zwei Hälften geschnitten worden, sodass man sehen kann, wie sie funktioniert (Vortrag tgl. um 16 Uhr).

Auch wer kein Bahnfreak ist, wird die glänzenden, mit Seide verkleideten Waggons der **königlichen Züge** bewundern, in denen einst die Königinnen Mary, Adelaide und Victoria und König Edward VII. reisten, oder sich an Tee und *scones* im Bahn-steigcafé des Museums erfreuen. Für den Besuch sollte man insgesamt zwei Stunden einplanen.

Das Museum liegt etwa 400 m westlich vom Bahnhof. Wer keine Lust hat zu laufen, kann mit dem **Roadtrain** (Erw./Kind 2/1 £, April–Okt.) fahren, der von 11 bis 16 Uhr alle 30 Minuten zwischen dem Minster und dem Museum verkehrt.

★ Jorvik Viking Centre   MUSEUM

(www.jorvik-viking-centre.co.uk; Coppergate; Erw./Kind 10,25/7,25 £; ⊙April–Okt. 10–17 Uhr, Nov.–März bis 16 Uhr) Interaktive Multimedia-Exponate, die Geschichte zum Leben erwecken sollen, bewirken oft gerade das Gegenteil, doch das stark gehypte Jorvik erreicht dieses Ziel sehr souverän. Nach den Hochwasserschäden von 2015 wurde das Museum sorgfältig restauriert und neu gestaltet. Die detailgetreu nachgebaute Wikingersiedlung wurde hier bei Ausgrabungen Ende der 1970er-Jahre zutage gefördert. Mit speziellen „Zeitfahrzeugen" werden Besucher durch das Jorvik (so der Wikingername für York) des 9. Jhs. transportiert. Wer online bucht, spart sich Wartezeiten.

Zwar ist der „Zeitreisen"-Schnickschnack teils ein bisschen albern, doch insgesamt erweist sich das Ganze als eine gute Kombination aus historischer Authentizität und humorvoller Aufarbeitung, die alle Sinne anspricht und einen recht guten Eindruck davon vermittelt, wie das Leben zur Zeit der Wikinger ausgesehen haben muss. In der Museumsausstellung am Ende der Rundfahrt ist besonders der Lloyds-Bank-Koprolith interessant: fossile menschliche Exkremente mit einer Länge von knapp 23 cm und einem Gewicht von einem halben Pfund – wahrscheinlich das einzige Exkrement weltweit mit einem eigenen Wikipedia-Eintrag.

ℹ️ YORK PASS

Wer ein paar Sehenswürdigkeiten abklappern möchte, kann mit dem **York Pass** (www.yorkpass.com) ein bisschen Geld sparen. Er gewährt freien Zugang zu mehr als 30 kostenpflichtigen Sehenswürdigkeiten in und um York, u. a. zum York Minster, Jorvik und Castle Howard. Erhältlich ist der Pass in der Yorker Touristeninformation und im Internet. Für 1/2/3 Tage zahlen Erwachsene 38/50/60 £, Kinder 20/26/30 £.

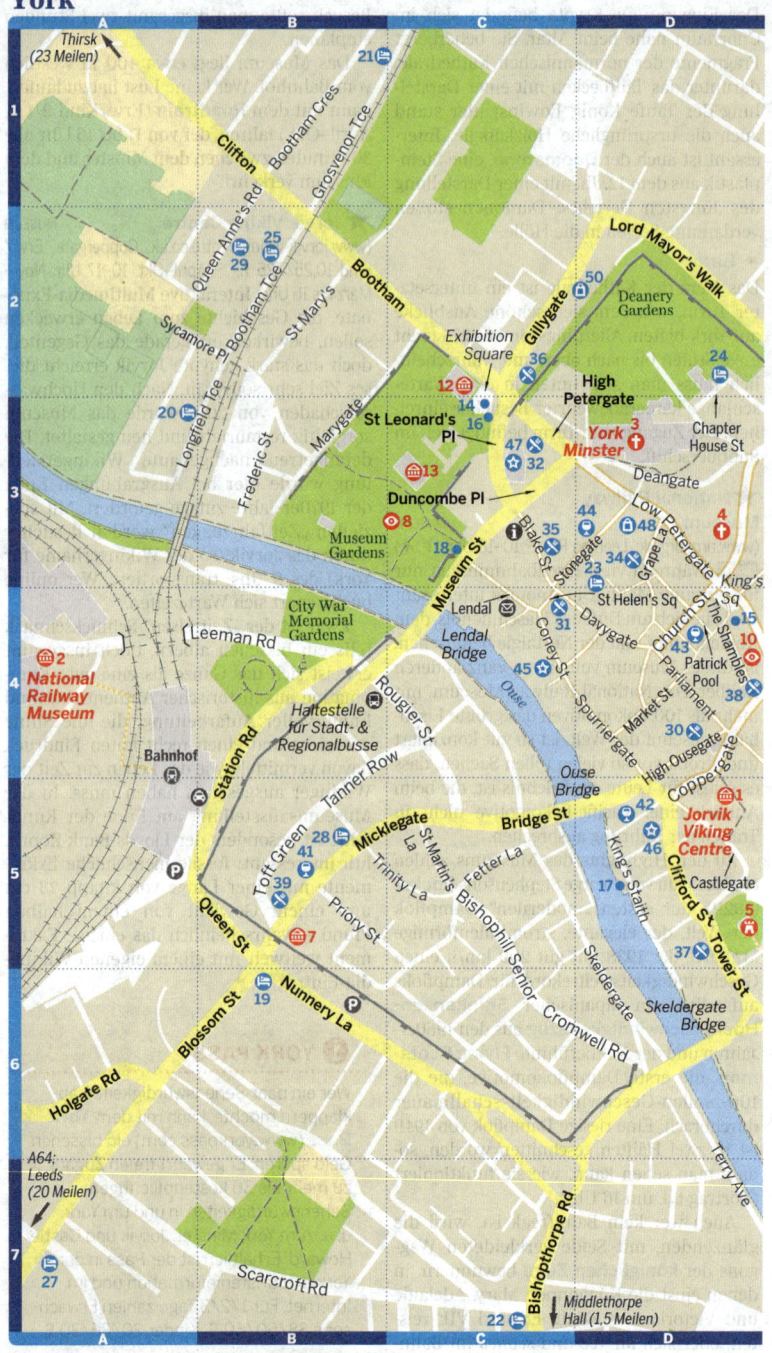

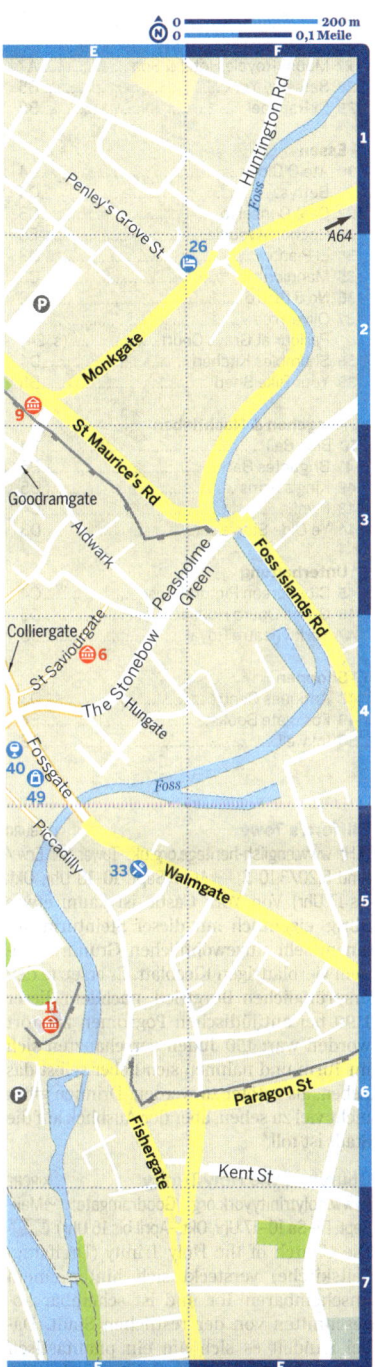

Yorkshire Museum MUSEUM

(www.yorkshiremuseum.org.uk; Museum St; Erw./ Kind 7,50 £/frei; ⊙ 10–17 Uhr) Der größte Teil der römischen Geschichte Yorks liegt unter der mittelalterlichen Stadt verborgen. Die imposanten Exponate im Yorkshire Museum sind daher von umso größerer Bedeutung für alle, die sich einen Eindruck davon verschaffen möchten, wie Eboracum ausgesehen hat. Hier gibt's Karten und Modelle des römischen York, Begräbnismonumente, Mosaikböden und Wandgemälde sowie eine Büste von Kaiser Konstantin aus dem 4. Jh. Kinder haben sicher ihren Spaß in der Dinosaurier-Ausstellung mit riesigen Ichthyosaurier-Fossilien von der Jurassic Coast in Yorkshire.

Museum Gardens GÄRTEN

(Eingänge Museum St & Marygate; ⊙ Sonnenaufgang–Sonnenuntergang) Auf dem Gelände der friedvollen Museum Gardens steht der **Multangular Tower**, ein Teil der Stadtmauer, einst der Westturm der Verteidigungsanlagen des römischen Legionärslagers. Die römischen Fundamente wurden im 13. Jh. überbaut. Auf der anderen Seite der Gärten befinden sich die Ruinen der **St. Mary's Abbey** (1270–1294). Durch die **Gatehall**, ihren Haupteingang, hatte die Abtei Zugang zum Fluss.

The Shambles STRASSE

Die Shambles verdanken ihren Namen dem sächsischen Wort *shamel* (Schlachthaus): 1862 gab es in dieser Straße 26 Metzgereien. Die Fleischer sind heute längst verschwunden, aber diese enge Kopfsteinpflastergasse mit ihren Tudorhäusern aus dem 15. Jh., die so weit überkragen, dass sie sich oben zu treffen scheinen, ist die malerischste in ganz Großbritannien – und daher oft auch gerammelt voll mit Touristen, die noch schnell ein kitschiges Souvenir kaufen wollen, bevor sie zurück zu ihrem Tourbus müssen.

York Castle Museum MUSEUM

(www.yorkcastlemuseum.org.uk; Tower St; Erw./ Kind 10 £/frei; ⊙ 9.30–17 Uhr) Das ausgezeichnete Museum beleuchtet mit rekonstruierten Zimmereinrichtungen und einer viktorianischen Straße das Alltagsleben in York im Verlauf der Jahrhunderte. In einer Gefängniszelle kann man die Pritsche eines zum Tode Verurteilten ausprobieren – in diesem Fall die des Straßenräubers Dick Turpin, der hier eingesperrt war, bevor er 1739 gehängt wurde. Dazu kommen zahllose interessante Gegenstände aus den vergangenen 400 Jah-

York

ren, gesammelt ab den 1920er-Jahren von einem gewissen Dr. Kirk. Er befürchtete, wenn sie erst einmal außer Gebrauch kämen, würden sie ganz von der Bildfläche verschwinden.

Dig
MUSEUM

(www.digyork.com; St. Saviour's Church, St. Saviourgate; Erw./Kind 6,50/6 £; ☉10–17 Uhr, letzter Einlass 16 Uhr; 🔊) Das von denselben Leuten wie das Jorvik (S. 521) betriebene Dig reitet auf der Popularitätswelle archäologischer Fernsehsendungen und gibt Besuchern Gelegenheit, sich als „archäologischer Detektiv" zu beweisen. Dabei sollen Geheimnisse der Vergangenheit Yorks zutage gefördert werden, gleichzeitig will man den Besuchern die Welt der Archäologen näherbringen – was sie machen, wie sie arbeiten usw. Das Museum richtet sich v. a. an Kinder und ist sehr viel interaktiver als Jorvik. Viel hängt allerdings davon ab, wie gut und unterhaltsam der Führer ist, den man erwischt.

Clifford's Tower
BURG

(EH; www.english-heritage.org.uk; Tower St; Erw./Kind 5,20/3,10 £; ☉April–Sept. 10–18 Uhr, Okt. bis 17 Uhr) Von York Castle ist kaum etwas übrig, eigentlich nur dieser Steinturm mit einem sehr ungewöhnlichen Grundriss, einem vierblättrigen Kleeblatt. Er ersetzte den ursprünglichen Burgfried, nachdem dieser 1190 bei antijüdischen Pogromen zerstört worden war: 150 Juden verschanzten sich im Turm und nahmen sich lieber selbst das Leben, als getötet zu werden. Drinnen gibt's nicht viel zu sehen, aber der Ausblick auf die Stadt ist toll.

Church of the Holy Trinity
KIRCHE

(www.holytrinityyork.org; Goodramgate; ☉Mai–Sept. Di–Sa 10–17 Uhr, Okt.–April bis 16 Uhr) GRATIS Die Church of the Holy Trinity (Dreifaltigkeitskirche) versteckt sich hinter einem unscheinbaren Tor und scheinbar abgeschnitten von der restlichen Stadt. Dabei handelt es sich um ein phantastisch stimmungsvolles altes Gebäude, das die letzten 200 Jahre so gut wie vollständig unverändert überdauert hat – hier gibt's auch heute noch keinen Strom und kein fließend Wasser. Drinnen befinden sich seltene Kastenkirchenbänke aus dem 17. und 18. Jh., Buntglas aus dem 15. Jh. und schiefe Wände, die ohne Lot und Wasserwaage errichtet zu sein scheinen.

York City Art Gallery
KUNSTGALERIE

(www.yorkartgallery.org.uk; Exhibition Sq; Erw./Kind 7,50 £/frei; ⊙Mo–Fr 10–17, Sa bis 18, So 11–16 Uhr) Nach einer Rundumrenovierung feierte die York Art Gallery 2015 ihre Wiedereröffnung mit einem neuen Kunstgarten und einer Ausstellung, die sich britischer Keramik widmet (www.centreofceramicart.org.uk) – die **Wall of Pots** beinhaltet mehr als 1000 Arbeiten, die von der Römerzeit bis heute reichen. Neben einer beeindruckenden Sammlung alter Meister gibt es Werke von L. S. Lowry, Picasso, Grayson Perry, David Hockney und dem umstrittenen Yorker Künstler William Etty, der sich in den 1820er-Jahren als erster bedeutender britischer Künstler auf Aktmalerei spezialisierte.

Geführte Touren

Ghost Hunt of York
STADTRUNDGANG

(www.ghosthunt.co.uk; Erw./Kind 6/4 £; ⊙Touren 19.30 Uhr) Die preisgekrönte und sehr unterhaltsame 75-minütige Führung, gewürzt mit echten Spukgeschichten, erfreut v. a. Kinderherzen. Die Tour beginnt bei jedem Wetter – sie fällt nie aus! – am oberen Ende der Shambles und muss nicht vorgebucht werden: Einfach hingehen und warten, bis die Handglocke erklingt.

Yorkwalk
STADTRUNDGANG

(www.yorkwalk.co.uk; Erw./Kind 6/5 £; ⊙Touren Feb.–Nov. 10.30 & 14.15 Uhr) Bietet verschiedene zweistündige Rundgänge zu unterschiedlichsten Themen von den Klassikern – römisches York, Gassen und Stadtmauern – bis zu Schokolade und Süßwaren, Frauen in York und den unausweichlichen Friedhofs-, Grab- und Pesttouren. Startpunkt ist das Museum Gardens Gate in der Museum Street. Keine Buchung erforderlich.

YorkBoat
BOOTSTOUREN

(www.yorkboat.co.uk; King's Staith; Erw./Kind ab 8/4 £; ⊙Touren Feb.–Nov. 10.30, 12, 13.30 & 15 Uhr) Einstündige Bootstouren auf dem Ouse mit Abfahrt am King's Staith und 10 Minuten später an der Lendal Bridge. Auf dem Programm stehen auch Touren mit Mittag- oder Abendessen sowie Abendrundfahrten.

York Citysightseeing
BUSTOUR

(www.city-sightseeing.com; Tagesticket Erw./Kind 13/5 £; ⊙Ostern–Nov. 9–17.30 Uhr) Bustour mit 20 Haltestellen an den wichtigsten Sehenswürdigkeiten, wo man beliebig oft aus- und wieder einsteigen kann. Abfahrt der Busse ist alle 10 bis 30 Minuten am Exhibition Square beim York Minster.

Association of Voluntary Guides
STADTRUNDGANG

(www.avgyork.co.uk; ⊙Touren ganzjährig 10.15 Uhr, zusätzl. April–Okt. 14.15 Uhr, Juni–Aug. 18.15 Uhr, Nov.–März 1.15 Uhr) GRATIS Kostenlose zweistündige Stadtrundgänge ab der York Art Gallery am Exhibition Square.

Festivals & Events

Jorvik Viking Festival
KULTUR

(www.jorvik-viking-festival.co.uk) Mitte Februar übernehmen eine Woche lang die Wikinger York. Dann gibt's nachgestellte Schlachten, Themenführungen, Märkte und andere Wikingervergnügungen.

York Food Festival
ESSEN & TRINKEN

(www.yorkfoodfestival.com) Im September und Oktober wird hier zehn Tage lang alles aufgefahren, was man in Yorkshire Gutes essen und trinken kann. Es gibt Lebensmittelstände, Verkostungen, ein Bierzelt, Kochvorführungen u. v. m.

York Christmas
WEIHNACHTEN

(www.visityork.org/christmas) Die Adventszeit mit geschmückten Straßen, Marktständen, Weihnachtsliedsängern und Glühwein wird Ende November mit dem Markt St. Nicholas Fayre eingeläutet.

🛏 Schlafen

Im Hochsommer können Betten rar sein, selbst zu den überhöhten Hochsaisonpreisen. Der Buchungsservice der Touristeninformation verlangt 4 £ Gebühren – aber das sind sehr gut investierte 4 £, wenn man ohne Zimmerreservierung in der Stadt ankommt.

Die Übernachtungspreise sind umso höher, je zentraler die Unterkunft liegt. Jedoch gibt's zahlreiche recht gute B&Bs in den Straßen nördlich und südlich von Bootham. Südwestlich des Stadtzentrums tummeln sich B&Bs in der Scarcroft, Southlands und Bishopthorpe Road und um diese herum.

★ Fort
HOSTEL £

(☎01904-620222; www.thefortyork.co.uk; 1 Little Stonegate; B/DZ ab 18/74 £; 🕾) Das Boutique-Hostel präsentiert Arbeiten junger britischer

YORKS STADTMAUERN

Bei gutem Wetter lohnt sich unbedingt ein Spaziergang auf den Stadtmauern von York (www.yorkwalls.org.uk). Sie folgen den alten römischen Befestigungen und bieten eine ganz eigene Perspektive. Für den gut 7 km langen Rundgang sind 1½ bis zwei Stunden einzuplanen. Wer weniger Zeit hat: Einen besonders schönen Blick auf das York Minster hat man vom Abschnitt zwischen Bootham Bar und Monk Bar.

Ideale Ausgangspunkte sind die Museum Gardens oder **Bootham Bar** – hier stand in römischer Zeit ein Tor –, wo eine Multimedia-Ausstellung die historischen Hintergründe beleuchtet. Von hier aus geht man im Uhrzeigersinn. Zu den Highlights gehören **Monk Bar**, das am besten erhaltene mittelalterliche Stadttor mit immer noch funktionierendem Fallgitter, und **Walmgate Bar**, Englands einziges Stadttor mit vollständigem Vorwerk.

Das Museum **Richard III Experience** (www.richardiiiexperience.com; Monk Bar; Erw./Kind inkl. Henry VII Experience 5/3 £; ☉ April–Okt. 10–17 Uhr, Nov.–März bis 16 Uhr) beim Monk Bar untersucht den Fall der „Prinzen im Tower" und lädt Besucher dazu ein, selbst zu urteilen, ob Onkel Richard seine Neffen tatsächlich ermorden ließ. Das Museum **Henry VII Experience** (www.richardiiiexperience.com; Micklegate Bar; Erw./Kind inkl. Richard III Experience 5/3 £; ☉ 10–16 Uhr) beim Micklegate Bar liefert einen Abriss der Geschichte der Stadtmauern und befasst sich mit der Herrschaft des ersten englischen Tudorkönigs.

Designer und schafft so eine erschwingliche Unterkunft mit einem Schuss Einzigartigkeit und Flair. Es gibt 6- und 8-Bett-Zimmer sowie sechs Doppelzimmer. Ruhebedürftige sollten sich lieber anderswo umsehen, das Haus liegt mitten im Ausgehviertel von York und unten ist ein munterer Club (Ohrstöpsel werden gestellt!).

Safestay York
HOSTEL £

(☎ 01904-627720; www.safestayyork.co.uk; 88–90 Micklegate; B/2BZ ab 18/75 £; @☎🛏) Das große und gut ausgestatte Hostel mit coolem Dekor hat sich in einem denkmalgeschützten georgianischen Gebäude eingenistet, in dem einst der High Sheriff of Yorkshire residierte. Besonders beliebt ist es bei Schülergruppen und Leuten, die Junggesellen- und Junggesellinenabschiede feiern – Ruhe gibt's hier also eher nicht!

York YHA
HOSTEL £

(☎ 0845 371 9051; www.yha.org.uk; 42 Water End, Clifton; B/4BZ ab 15/79 £; 🅿☎🛏) Das hübsche viktorianische Haus war einst die Residenz des Süßwarenherstellers Rowntree und ist heute ein geräumiges und kinderfreundliches Hostel mit überwiegend 4-Bett-Zimmern. Es ist oft voll, also vorausbuchen! Es liegt eine Meile nordwestlich vom Stadtzentrum. Von der Lendal Bridge gibt's einen Fußweg am Fluss entlang, der aber abends schlecht beleuchtet und daher besser zu meiden ist. Vom Bahnhof oder von der Museum Street nimmt man den Bus 2.

★ Hedley House Hotel
HOTEL ££

(☎ 01904-637404; www.hedleyhouse.com; 3 Bootham Tce; DZ/FZ ab 105/115 £; 🅿☎🛏) 🍽 Das Hotel in einem Backsteinreihenhaus bietet diverse gekonnt aufgemöbelte, familienfreundliche Zimmer für bis zu fünf Personen sowie einige Apartments für Selbstversorger. Außerdem gibt's auf der Terrasse hinterm Haus eine Sauna und einen Whirlpool. Das Hotel liegt nur knapp fünf Minuten Fußweg durch die Museum Gardens vom Stadtzentrum entfernt.

Bar Convent
B&B ££

(☎ 01904-643238; www.bar-convent.org.uk; 17 Blossom St; EZ/DZ 67/96 £; ☎) Die elegante Backsteinvilla kurz hinter dem Stadttor Micklegate Bar ist weniger als zehn Gehminuten vom Bahnhof entfernt. Sie beherbergt nicht nur tolle B&B-Zimmer, sondern auch ein immer noch bewohntes Kloster, ein Café, ein Konferenzzentrum und Ausstellungsräume. Gläubige aller Konfessionen und Nichtgläubige sind hier gleichermaßen willkommen. Die charmanten Zimmer sind modern und gut ausgestattet, das Frühstück ist exzellent, ein Garten bietet Möglichkeiten zum Entspannen und es gibt eine versteckte Kapelle.

Beech House
B&B ££

(☎ 01904-634581; www.beechhouse-york.co.uk; 6–7 Longfield Tce; EZ/DZ ab 50/80 £; ☎) Stilvolle, nüchterne Zimmer und der herzliche Empfang durch die netten Besitzer versprechen einen angenehmen Aufenthalt in diesem Backsteinreihenhaus. Die gleichzeitig ruhige und zentrale Lage ist optimal, zum Stadtzentrum geht man nur zehn Minuten durch die Museum Gardens.

Monkgate Guesthouse
B&B ££

(☎01904-655947; www.monkgateguesthouse.com; 65 Monkgate; EZ/DZ/FZ ab 50/78/117 £; Pⓢ⛄) Die sympathische Pension außerhalb der Stadtmauern verfügt über sieben ansprechend eingerichtete Zimmer, darunter eine Familiensuite mit getrenntem Schlafzimmer für zwei Kinder.

St Raphael
B&B ££

(☎01904-645028; www.straphaelguesthouse.co.uk; 44 Queen Anne's Rd; DZ/3BZ 94/125 £; Pⓢ) Historisches Haus im englischen Fachwerklook in toller zentraler Lage. Die Zimmer sind hell und luftig, zum Frühstück gibt's selbstgebackenes Brot.

Dairy Guesthouse
B&B ££

(☎01904-639367; www.dairyguesthouse.co.uk; 3 Scarcroft Rd; DZ/FZ ab 80/100 £; ⓢ) Das hübsche viktorianische Haus hat sich viele originale Ausstattungselemente wie Kiefernholztüren, Buntglas und gusseiserne Kamine bewahrt. Aber das Highlight ist eindeutig der toll bepflanzte Hof, über den man die Zimmer im Cottage erreicht. Zwei Nächte Mindestaufenthalt.

Brontë House
B&B ££

(☎01904-621066; www.bronte-guesthouse.com; 22 Grosvenor Tce; EZ/DZ/FZ ab 45/85/115 £; ⓢ) Das Brontë bietet fünf heimelige, individuell gestaltete Zimmer mit Bad. Das Sahnestück ist das romantische Doppelzimmer mit beschnitztem, samtbehangenem Himmelbett aus dem 19. Jh. Das Frühstück wird im historischen Speisezimmer serviert, das mit einer kunstvoll bearbeiteten Eichenanrichte aufwartet. Auf den Tisch kommen dabei z. B. Blutwurst aus Yorkshire und Eier von örtlichen Bauernhöfen.

★ Middlethorpe Hall
HOTEL £££

(☎01904-641241; www.middlethorpe.com; Bishopthorpe Rd; EZ/DZ ab 118/126 £; Pⓢ⛄⛱⛱) Das herrliche Landhaus aus dem 17. Jh. liegt mitten in einem 8 ha großen Park und war das Zuhause der Schriftstellerin Lady Mary Wortley Montagu. Die Zimmer verteilen sich auf das Haupthaus und die restaurierten Hofgebäude und es gibt drei Cottage-Suiten. Alle Räume sind geschmackvoll mit Antiquitäten und alten Gemälden ein-

gerichtet, die sorgfältig ausgewählt wurden, um die Epoche angemessen widerzuspiegeln.

Grays Court
HISTORISCHES HOTEL £££

(☎01904-612613; www.grayscourtyork.com; Chapter House St; DZ ab 170 £; Pⓢ) Das mittelalterliche Herrenhaus liegt zwar praktisch im Schatten des York Minster, hat aber mehr die Aura eines Landhaushotels. Das von gepflegten Gärten umgebene und der alten Stadtmauer gesäumte Anwesen verfügt über herrschaftliche Zimmer, in denen Antiquitäten mit modernem Komfort und zeitgenössischem Design harmonieren. Der älteste Gebäudeteil stammt aus dem 11. Jh. und König James I. dinierte einst in der Long Gallery, die inzwischen das erstklassige Restaurant **Parlour at Grays Court** (S. 528) beherbergt.

Mount Royale Hotel & Spa
HOTEL £££

(☎01904-628856; www.mountroyale.co.uk; The Mount; EZ/DZ/Suite ab 95/125/225 £; Pⓢ⛱) Ein prächtiges denkmalgeschütztes Gebäude aus dem frühen 19. Jh. wurde in ein tolles Luxushotel verwandelt, mit Solarium, Spa und beheiztem Außenpool. Schon die Zimmer im Haupthaus sind umwerfend, am schönsten sind jedoch die Gartensuiten, die man über eine Arkade aus tropischen Obstbäumen und Bougainvilleen erreicht.

✕ Essen

★ Mannion's

CAFÉ, BISTRO £

(☎01904-631030; www.mannionandco.co.uk; 1 Blake St; Hauptgerichte 6–11 £; ⊘Mo–Fr 9–17.30, Sa bis 18, So 10–17 Uhr) Es dauert oft ein Weilchen, bis man in diesem beliebten Bistro einen freien Tisch ergattert – keine Reservierung möglich. In den rustikalen, holzverkleideten Räumen werden verschiedene Tagesgerichte angeboten, etwa Eier Benedikt zum Frühstück, ein dickes *Yorkshire rarebit* (überbackene Käseschnitte) mit hausgemachtem Brot oder Mittagsteller mit Käse und Wurst aus dem angeschlossenen Feinkostladen. Zum Nachtisch gibt's Pavlova.

Shambles Kitchen
FASTFOOD £

(☎01904-674684; www.shambleskitchen.co.uk; 28 The Shambles; Hauptgerichte 6 £; ⊘Mo–Fr 9–16, Sa bis 17, So 10–16 Uhr; ⓢ) ⌘ Fastfood muss nicht ungesund sein, das beweist dieser enorm gut besuchte, kleine Imbiss (drinnen gibt's nur drei Tische). Er ist besonders für seine Pulled-Pork-Sandwiches mit Sauerteigbrot bekannt, aber es gibt auch leckere vegetarische Wraps, Tagesangebote wie Goa-

Curry oder koreanisches Hühnchen sowie eine Auswahl frisch gepresster Säfte und Smoothies.

Your Bike Shed   CAFÉ £

(☎01904-633777; www.yourbikeshed.co.uk; 148-150 Micklegate; Hauptgerichte 4-7 £; ⊙Mo-Sa 9-17, So 10-17 Uhr; ☎🖥🚼) 🥢 Die Radlerszene von York, durch die 2014er Tour de France (die in Yorkshire startete) und die seit 2015 alljährliche Tour de Yorkshire zu neuem Leben erweckt, tummelt sich gerne in diesem coolen Café mit Fahrradwerkstatt. Der „Fahrradschuppen" ist mit recycelten Möbeln und kultigen Rädern bestückt und beglückt hungrige Radler mit stärkenden Portionen Halloumi-Burger, *pie and peas* (Pastete und Erbsen) und Möhrenkuchen. Dazu gibt's ausgezeichneten Kaffee.

★ No 8 Bistro   BISTRO ££

(☎01904-653074; www.no8york.co.uk/bistro; 8 Gillygate; 3-Gänge-Mittagsmenü/Abendmenü 16/25 £; ⊙Mo-Do 12-22, Fr-So 9-22 Uhr; ☎🖥) 🥢 Das No 8 ist ein cooles kleines Café mit moderner Kunst, die das edwardianische Buntglas am Eingang imitiert. Es bietet klassische Bistrospeisen aus frischen regionalen Zutaten wie Topinamburrisotto mit frischen Kräutern oder in Heu und Lavendel geschmortes Yorkshire-Lamm. Außerdem wird Frühstück (Hauptgerichte 6-9 £) und sonntags Mittagessen (2 Gänge 18 £) serviert. Buchung empfehlenswert.

★ Parlour at Grays Court   CAFÉ, BRITISCH ££

(www.grayscourtyork.com; Chapter House St; Hauptgerichte 9-20 £; ⊙10-17 & 18-21 Uhr; ☎) Das Herrenhaus aus dem 16. Jh. – heute ein Hotel – ist eine unerwartete Entdeckung im Herzen von York, denn es verströmt eine eher ländliche Atmosphäre. Hier kann man im sonnigen Garten bei gutem Kaffee und leckerem Kuchen entspannen, als leichtes Mittagessen *Yorkshire rarebit genießen* oder sich drinnen im historischen, eichenholzverkleideten Ambiente Jakobsmuscheln oder Wolfsbarsch gönnen. Auf der Karte gibt's auch einen traditionellen *afternoon tea* (18,50 £).

Café Concerto   CAFÉ, MEDITERRAN ££

(☎01904-610478; www.cafeconcerto.biz; 21 High Petergate; Hauptgerichte mittags 6-9 £, abends 13-19 £; ⊙9-21 Uhr) Mit Notenblättern tapezierte Wände, gechillter Jazz aus der Stereoanlage und eine bunte Sammlung abgenutzter Tische und Stühle sorgen in dem gemütlichen Café-Bistro für künstlerisches Flair. Tagsüber werden Frühstück, Bagels und super-große Cappuccinos serviert, abends gibt's eine raffinierte mediterrane Karte.

Ate O'Clock   BISTRO ££

(☎01904-644080; www.ateoclock.co.uk; 13a High Ousegate; Hauptgerichte 8-18 £; ⊙Di-Fr 12-14 & 18-21.30, Sa 12-14.30 & 17.30-21.30 Uhr; ☎) 🥢 Das verführerische Angebot an klassischen Bistrospeisen (Filetsteak, langsam gerösteter Schweinebauch, in der Pfanne gebratene Entenbrust) aus frischen Zutaten aus Yorkshire sorgt dafür, dass dieses Restaurant bei den Einheimischen äußerst beliebt ist – also am besten reservieren! Ein 3-Gänge-Abendessen kostet dienstags bis donnerstags zwischen 18 und 19.55 Uhr 19,50 £.

Olive Tree   MEDITERRAN ££

(☎01904-624433; www.theolivetreeyork.co.uk; 10 Tower St; Hauptgerichte 9-21 £; ⊙12-14 & 17.30-22 Uhr) In dem hellen, luftigen Bistro werden regionale Zutaten mediterran verarbeitet. Neben Pizza und klassischen Pastagerichten gibt's auch Aufwendigeres wie Langusten-Chorizo-Risotto oder marokkanischen Lammeintopf. Mittags und abends ist ein 2-Gänge-Menü für 15 £ im Angebot (freitags und samstags nur bis 18.30 Uhr).

Bettys   TEAROOM ££

(www.bettys.co.uk; St. Helen's Sq; Hauptgerichte 6-14 £, afternoon tea 18,95 £; ⊙So-Fr 9-21, Sa 8.30-21 Uhr; 🚼) Zwischen den von einer Teekannensammlung gezierten Wänden servieren weiß beschürzte Bedienungen auf Leinentischdecken altmodischen *afternoon tea*. Die Spezialität des Hauses ist der Yorkshire Fat Rascal, ein riesiger Obst-Scone mit geschmolzener Butter. Unser Lieblingsmittagsgericht – leider nur saisonal im Angebote – ist aber der geräucherte Schellfisch mit verlorenen Eiern und Sauce hollandaise. Keine Reservierung möglich – zu Stoßzeiten muss man oft auf einen Tisch warten.

El Piano   VEGAN ££

(☎01904-610676; www.el-piano.com; 15 Grape Lane; Mittagsgericht 12 £, 2-Gänge-Abendmenü 15 £; ⊙Mo-Sa 11-22, So 12-21 Uhr; ☎🖥🚼) 🥢 Mit einer zu 100 % veganen, nuss- und glutenfreien Karte ist dieser bunte Laden im spanischen Stil ein Schlaraffenland für Vegetarier. Unten gibt's ein reizendes Café und oben drei thematisch eingerichtete Räume. Auf der Karte stehen Gerichte wie Falafel, Zwiebel-Bhaji, frittierte Maisbällchen und Pilz-Basilikum-Salat, entweder in Tapasportionen oder als gemischte Teller. Die Speisen gibt's auch zum Mitnehmen.

⭐ **Cochon Aveugle** FRANZÖSISCH **£££**

(☑01904-640222; www.lecochonaveugle.uk; 37 Walmgate; 6-/9-Gänge Probiermenü 40/60 £; ⊙Di–Sa 18–21 Uhr) 🥢 Wie wär's mit Black-Pudding-Makronen, Erdbeer-Holunder-Sandwiches oder mit dem Bunsenbrenner gegarter Makrele mit Melonen-Gazpacho? Wer hier einkehrt, sollte ein wenig Abenteuerlust mitbringen. Das kleine, äußerst ambitionierte Restaurant komponiert ein ständig wechselndes Probiermenü (es gibt keine À-la-carte-Gerichte) mit unglaublich einfallsreichen Kreationen. Man weiß nie, was als nächstes aufgetischt wird, darf sich aber auf Köstlichkeiten gefasst machen. Unbedingt reservieren.

 Ausgehen & Nachtleben

⭐ **Blue Bell** PUB

(☑01904-654904; bluebellyork@gmail.com; 53 Fossgate; ⊙Mo–Do 11–23, Fr & Sa bis 24, So 12–22.30 Uhr) So sieht ein echtes englisches Pub aus: ein winziger, 200 Jahre alter holzvertäfelter Raum mit Kamin, seit 1903 mit unveränderter Einrichtung, einem Stapel alter Brettspiele in der Ecke, freundlichem und effizientem Personal und Bieren von Timothy Taylor und Black Sheep vom Fass. Eine echte Wonne – wenn man reinkommt, denn es ist oft voll.

Ye Olde Starre PUB

(www.taylor-walker.co.uk; 40 Stonegate; ⊙So–Mi 11–23, Do–Sa bis 24 Uhr; 🐾🚰) Mit einer Schanklizenz seit 1644 ist dies Yorks ältestes Pub – ein Labyrinth aus kleinen Räumen und mit einem kleinen Biergarten und einem halben Dutzend *real ales* vom Fass. Während des Englischen Bürgerkriegs wurde das Pub von den Rundköpfen, den Anhängern des Parlaments, als Leichenhaus benutzt, aber seitdem ist die Stimmung hier erheblich besser geworden.

Pivní CRAFT-BIER

(www.pivni.co.uk; 6 Patrick Pool; ⊙So–Do 12–23.30, Fr & Sa 11–23.30 Uhr; 🐾) Das schicke, moderne Pub in einem alten Fachwerkhaus bietet ein stimmungsvolles Ambiente, um eins oder mehrere der über 80 Fass- und Flaschenbiere aus aller Welt zu probieren.

Brigantes Bar CRAFT-BIER

(☑01904-675355; www.brigantesyork.co.uk; 114 Micklegate; ⊙12–23 Uhr) In der für ihre lauten Samstagabendgelage berüchtigten Straße ist das holzvertäfelte Brigantes eine Oase der Ruhe und Kultiviertheit. Es gibt zehn Ales

vom Fass (die meisten aus Yorkshire) und einen Speisesaal, in dem klassische Kneipenkost wie Nachos, Burger oder Fish and Chips serviert wird.

King's Arms PUB

(☑01904-659435; King's Staith; ⊙Mo–Sa 11–23, So 12–22.30 Uhr) Yorks bekanntestes Pub erfreut sich einer fabelhaften Lage am Fluss und hat auch Tische draußen am Ufer – perfekt an einem Sommerabend. Mehrere Hundert andere Gäste sehen das allerdings genauso.

 Unterhaltung

York Theatre Royal THEATER

(☑01904-623568; www.yorktheatreroyal.co.uk; St. Leonard's Pl) Hier kommen renommierte Theater-, Opern- und Ballettinszenierungen auf die Bühne.

Grand Opera House LIVEMUSIK, COMEDY

(☑0844 871 3024; www.facebook.com/GrandOperaHouseYork; Clifford St) Trotz des Namens werden hier keine Opern geträllert, stattdessen gibt's alle möglichen Unterhaltungsangebote von Konzerten und Musicals bis zu Stand-up-Comedy und Pantomime.

City Screen Picturehouse KINO

(☑0871 902 5726; www.picturehouses.co.uk; 13–17 Coney St; 🐾🚰) In dem ansprechenden modernen Gebäude auf dem Gelände einer umgebauten Druckerei laufen sowohl Mainstream- als auch Kunstfilme. Dazu gibt's ein nettes Café mit Flussterrasse.

🛍 **Shoppen**

Coney Street, Davygate und die angrenzenden Straßen bilden das Einkaufsviertel der Yorker Innenstadt. Interessanter sind aber die Secondhand-Buchläden, Antiquitätenhändler, Trödelläden und kleinen, individuellen Shops in den Straßen Gillygate, Colliergate, Fossgate und Micklegate.

Fossgate Books BÜCHER

(☑01904-641389; fossgatebooks@hotmail.co.uk; 36 Fossgate; ⊙Mo–Sa 10–17.30 Uhr) Ein Antiquariat alter Schule mit einem Irrgarten aus prall gefüllten Buchregalen, die vom Boden bis zur Decke reichen. Die Titel decken jedes erdenkliche Genre und Thema ab, von Krimis und Taschenbuchbestsellern bis zu akademischen Wälzern und Erstausgaben.

Inkwell MUSIK

(☑07846 610777; www.ink-well.co.uk; 10 Gillygate; ⊙Mo–Sa 10–17.30, So 11–16 Uhr) Der wie ein altes Klassenzimmer samt Schulbänken und

Tafel aufgemachte Laden ist ein Paradies für alle Vinylfreunde. Neben neuen und neu aufgelegten Platten laden Holzkisten voller Secondhand-LPs zum Stöbern ein und den Plattenspieler kann man gleich dazu kaufen. Außerdem gibt es eine gute Auswahl an Secondhand-Büchern und Comics.

Antiques Centre
ANTIQUITÄTEN
(www.theantiquescentreyork.co.uk; 41 Stonegate; ⊙Mo–Sa 9–17.30, So bis 16 Uhr) In dem georgianischen Stadthaus, ein Labyrinth aus Stockwerken, Räumen und Fluren, präsentieren rund 120 Händler ihre Schätze: von Reversnadeln und Schnupftabakdosen bis zu Ölgemälden und Standuhren. Außerdem soll's hier spuken …

❶ Praktische Informationen

Post (22 Lendal; ⊙Mo–Fr 8.30–17.30, Sa bis 16 Uhr)

Touristeninformation (✆01904-550099; www.visityork.org; 1 Museum St; ⊙Mo–Sa 9–17, So 10–16 Uhr) Besucherinformationen (auch über öffentliche Verkehrsmittel) für ganz Yorkshire sowie Zimmerbuchung, Kartenvorverkauf und Internetzugang.

York Hospital (✆01904-631313; www.york hospitals.nhs.uk; Wiggington Rd) Mit Notaufnahme, 1,5 km nördlich vom Zentrum.

❶ An- & Weiterreise

AUTO

Im Stadtzentrum ist ein Auto eher hinderlich, sodass Autofahrer besser einen der Park-and-Ride-Parkplätze am Stadtrand benutzen. Wer für die Erkundung des Umlands ein Auto mieten möchte, kann dies z. B. bei **Europcar** (✆0844 846 0872; www.europcar.co.uk; Queen St; ⊙Mo–Fr 8–18, Sa bis 15 Uhr) neben dem Dauerparkplatz des Bahnhofs tun.

BUS

York hat keinen Busbahnhof. Fernbusse halten vor dem Bahnhof, Stadt- und Regionalbusse stoppen am Bahnhof und in der **Rougier Street**, etwa 200 m nordöstlich vom Bahnhof.

Fahrplanauskünfte erteilen die **Traveline Yorkshire** (✆0871 200 2233; www.yorkshire travel.net) oder die rund um die Uhr zugänglichen Computer-Infopoints am Bahnhof und in der Rougier Street. Im Reisezentrum des Bahnhofs gibt's einen Bus-Informationsstand.

Birmingham 29 £, 3½ Std., 1-mal tgl.
Edinburgh 40 £, 6¼ Std., 1-mal tgl.
London ab 25 £, 5½ Std., 3-mal tgl.
Newcastle 15,40 £, 2¼ Std., 2-mal tgl.

ZUG

York ist ein wichtiger Eisenbahnknotenpunkt mit häufigen Direktverbindungen in viele britische Städte.

Birmingham 45 £, 2¼ Std., 2-mal stündl.
Cambridge (in Peterborough umsteigen) 71 £, 2¾ Std., stündl.
Edinburgh 60 £, 2½ Std., alle 30 Min.
Leeds 13,90 £, 25 Min., alle 15 Min.
London Kings Cross 80 £, 2 Std., alle 30 Min.
Manchester 25 £, 1½ Std., alle 15 Min.
Newcastle 25 £, 1 Std., alle 30 Min.
Scarborough 14 £, 50 Min., stündl.

❶ Unterwegs vor Ort

Das Zentrum von York ist leicht zu Fuß zu erkunden. Man ist nie mehr als 20 Gehminuten von den wichtigsten Sehenswürdigkeiten entfernt.

BUS

Das städtische Busnetz wird von **First York** (www.firstgroup.com/york) betrieben. Einfache Fahrkarten kosten zwischen 1 und 3 £, eine Tageskarte für alle Stadtbusse kostet 4 £ (erhältlich im Bus oder an den Park-and-Ride-Parkplätzen).

FAHRRAD

Die Touristeninformation hat eine praktische kostenlose Karte mit den Radwegen der Stadt oder man schaut bei iTravel-York (www.itravel york.info/cycling) nach. Ein interessantes Ziel für einen Ausflug ist Castle Howard (24 km nordöstlich von York via Haxby und Strensall), und ein Abschnitt des Fernradwegs **Trans-Pennine Trail** (www.transpenninetrail.org.uk) führt von Bishopthorpe in York entlang einer alten Eisenbahntrasse nach Selby (24 km).

Fahrräder verleiht **Cycle Heaven** (✆01904-622701; www.cycle-heaven.co.uk; York Railway Station, Station Rd; ⊙Mo–Fr 8.30–17.30, Sa 9–17 Uhr, Mai–Aug. So 11–16 Uhr) am Bahnhof für 20 £ pro Tag.

TAXI

Station Taxis (✆01904-623332; www.york stationtaxis.co.uk; Train Station, Station Rd) hat einen Kiosk vor dem Bahnhof.

Castle Howard

Stattliche Herrenhäuser gibt's in England in Hülle und Fülle, aber nur wenige sind so atemberaubend wie das prächtige und verwegene **Castle Howard** (www.castlehoward. co.uk; Erw./Kind Haus & Außenanlagen 17,50/9 £, nur Außenanlagen 9,95/7 £; ⊙Haus 10.30–16 Uhr, letzter Einlass 16 Uhr, Außenanlagen 10–17 Uhr; ℗) in den sanften Howardian Hills. Das wirklich wunderschöne Gebäude ist bekannt aus der Fernsehserie *Wiedersehen mit Brideshead* aus den 1980er-Jahren und dem gleichnamigen Kinofilm von 2008 auf der Grundlage von Evelyn Waughs Roman von 1945.

Als der Earl of Carlisle seinen Kumpel Sir John Vanbrugh 1699 damit beauftragte, ihm ein neues Domizil zu entwerfen, erteilte er den Auftrag einem Mann ohne formale Ausbildung, der v. a. als Dramatiker bekannt war. Glücklicherweise warb Vanbrugh wiederum Nicholas Hawksmoor an, der als Christopher Wrens Werkmeister gearbeitet hatte. Hawksmoor hatte nicht nur einen großen Anteil am Entwurf für dieses Haus, später schufen er und Vanbrugh noch Großes mit dem Blenheim Palace. Castle Howard ist noch immer das Zuhause des Honorable Simon Howard und seiner Familie, und er ist oft auf dem Anwesen zu sehen.

Wer kann, sollte für seinen Besuch einen Wochentag wählen, um diese hedonistische Vermählung von Kunst, Architektur, Landschaftsgestaltung und natürlicher Schönheit in Ruhe genießen zu können. Beim Bummel über das von Pfauen bevölkerte Gelände eröffnet sich die Aussicht auf Vanbrughs verspielten Temple of the Four Winds, Hawksmoors stattliches Mausoleum und Hügel in der Ferne, doch immer wieder zieht das große Barockschloss mit seiner großartigen zentralen Kuppel den Blick auf sich. Drinnen sind alle möglichen Schätze zu entdecken, wie den hohen korinthischen Pilastern in der monumentalen Great Hall, präraffaelitischer Glasmalerei in der Kapelle und Antiquitäten in den Korridoren.

Im Eingangshof befinden sich ein gutes Café, ein Andenkenladen und ein Hofladen mit Leckereien von Erzeugern aus der Umgebung.

Castle Howard liegt 24 km nordöstlich von York abseits der A64. Von York führen mehrere organisierte Touren hierher – Näheres in der Touristeninformation. Stephenson's of Easingwold (www.stephensonsofeasingwold.co.uk) bedient mit dem Bus 181 die Strecke zwischen York und Castle Howard (10 £ hin & zurück, 40 Min., ganzjährig Mo–Sa 4-mal tgl., Mai–Sept. zusätzl. So 3-mal tgl.).

Harrogate

73 580 EW.

Als Inbegriff eines viktorianischen Heilbads verkörpert das propere und hübsche Harrogate schon seit Langem etwas altmodisch Englisches. Es gilt als Mekka pensionierter Armeemajore und respekteinflößender Wit-

KIRKHAM PRIORY & STONE TROUGH INN

Die malerische Ruine der **Kirkham Priory** (EH; www.english-heritage.org.uk; Erw./Kind 4,50/2,70 £; ☉ April–Sept. Mi–So 10–18 Uhr, Aug. tgl., Okt. Mi–So 10–17 Uhr; ℗) erhebt sich anmutig über dem Ufer des River Derwent. Die Bodenfliesen stammen aus dem Mittelalter und das eindrucksvolle Torhaus aus dem 13. Jh. ist mit heraldischen Symbolen geschmückt.

Der benachbarte traditionelle Landgasthof **Stone Trough Inn** (☎ 01653-618713; Kirkham; Hauptgerichte 11–18 £; ☉ Küche Mo–Sa 12–21, So bis 20 Uhr; ℗ 🖥 🏠 🐾) bietet mit freigelegten Steinwänden, Holzbalken, vielen gemütlichen Nischen und Kaminfeuern ein uriges Ambiente und serviert Gourmet-Kneipenkost (z. B. Fish and Chips oder *steak pie* mit Erbsen und Bratensauce). Von der Terrasse eröffnet sich ein toller Blick auf das Flusstal des Derwent und die Ruine der Kirkham Priory. Sonntags gibt's ein 3-Gänge-Mittagsmenü für 17 £.

wen, die den *Daily Telegraph* beziehen und seit Jahr und Tag konservativ wählen. Sie kommen nach Harrogate, um sich an den Blumenschauen und Gärten zu erfreuen, die die Stadt besonders im Frühjahr und Herbst in ein prachtvolles Farbenmeer tauchen. Die berühmteste Besucherin der Stadt war Agatha Christie, die hier 1926 inkognito Ablenkung von ihrer zerrütteten Ehe suchte.

Die Neuauflage der viktorianischen Ära ist aber nur ein Teil des Stadtbilds. Zwar kommen tatsächlich viele Menschen in ihren „goldenen Jahren" nach Harrogate, aber die Stadt verfügt auch über zahlreiche schicke Hotels und trendige Restaurants für das immer stärker boomende Konferenzwesen. Alle die jungen, dynamischen Verkaufs- und Marketing-Strategen müssen schließlich irgendwo schlafen und essen.

◉ Sehenswertes & Aktivitäten

Royal Pump Room Museum MUSEUM
(www.harrogate.gov.uk; Crown Pl; Erw./Kind 4/2,35 £; ☉ April–Okt. Mo–Sa 10.30–17, So 14–17 Uhr, Nov.–März bis 16 Uhr) Im reich verzierten Royal Pump Room, 1842 über der berühmtesten

HARLOW CARR BOTANICAL GARDENS

Hut ab für die Gärtner von Harrogate: Die Stadt besitzt einen der schönsten öffentlichen Gärten Englands. Die **Harlow Carr Botanical Gardens** (www.rhs.org.uk/gardens/harlow-carr; Crag Lane, Beckwithshaw; Erw./Kind 11/5,50 £; ⊙ März–Okt. 9.30–18 Uhr, Nov.–Feb. bis 16 Uhr) Das Vorzeigeobjekt der Royal Horticultural Society liegt 2,4 km südwestlich der Stadt. Der Weg dorthin führt entweder über die B6162 Otley Road oder zu Fuß durch die Pine Woods südwestlich der Valley Gardens. Letzter Einlass ist eine Stunde vor Schließzeit.

der schwefelhaltigen Quellen der Stadt erbaut, können Besucher alles Mögliche über die Geschichte Harrogates als Kurort erfahren. Hier wird ein Eindruck davon vermittelt, wie die Mode, in Kurorten Heilwässer zu sich zu nehmen, den Ort prägte, und es werden die illustren Gäste der Stadt aufgezählt. Wer sich traut, kann am Ende auch noch das Heilwasser probieren.

Das Ritual, zu Gesundheitszwecken Kurorte aufzusuchen, kam im 19. Jh. in Mode. Seinen Höhepunkt erreichte das Phänomen in der edwardianischen Zeit in den Jahren vor dem Ersten Weltkrieg. Charles Dickens stattete Harrogate 1858 einen Besuch ab und beschrieb es als „den merkwürdigsten Ort, mit den komischsten Leuten, die ein sonderbares Leben mit Tanzen, Zeitunglesen und Speisen führen." Hört sich eigentlich gar nicht schlecht an!

Montpellier Quarter
STADTVIERTEL

(www.montpellierharrogate.com) Der schönste Teil der Stadt ist das Montpellier Quarter oberhalb der Prospect Gardens zwischen Crescent Road und Montpellier Hill. In den autofreien Straßen mit vielen restaurierten Gebäuden aus dem 19. Jh. haben sich Kunstgalerien, Antiquitätenläden, Modeboutiquen, Cafés und Restaurants angesiedelt – eine noblere Erweiterung des Haupteinkaufsviertels um Oxford und Cambridge Street.

Turkish Baths
SPA

(☏ 01423-556746; www.turkishbathsharrogate.co.uk; Parliament St; 15,50–29,50 £, Führungen 3,75 £ pro Pers.; ⊙ Führungen Mi 9–10 Uhr) Im exqui-

sit gefliesten „Türkischen Bad" kann man eine Reise in die Vergangenheit Harrogates unternehmen. Die pseudomaurische Einrichtung ist wunderbar viktorianisch und wartet mit unterschiedlichen feuchten Stätten wie Dampfbädern, Schwitzstuben und Tauchbecken auf. Die meisten Besucher verbringen hier rund 1½ Stunden. Die komplizierten Öffnungszeiten – geschlechtergetrennt oder gemischt – kann man telefonisch erfragen oder im Internet nachschauen. Wer es vorzieht, nicht nass zu werden: Es gibt auch Führungen durchs Gebäude.

Festivals & Events

Spring Flower Show
GARTENBAU

(www.flowershow.org.uk; 16–17,50 £) Das Hauptevent des Jahres findet Ende April statt: eine bunte dreitägige Schau der Blumen und Blüten mit Blumenwettbewerben, Gartenbauvorführungen, Marktständen, Kunsthandwerk und Gärtnereiläden.

Great Yorkshire Show
LANDWIRTSCHAFT

(www.greatyorkshireshow.co.uk; Erw./Kind 27/13 £) Auf der dreitägigen Schau, die Mitte Juli von der Yorkshire Agricultural Society veranstaltet wird, konkurrieren herausgeputzte Nutztiere um Preise. Außerdem wird alle mögliche Unterhaltung geboten, von Schauspringen und Falknerei bis zu Kochvorführungen und Heißluftballonfahrten.

Schlafen

★ Bijou
B&B ££

(☏ 01423-567974; www.thebijou.co.uk; 17 Ripon Rd; EZ/DZ ab 59/94 £; P ⊙) Die viktorianische Villa heißt nicht nur Bijou, sie ist auch ein Schmuckstück und damit am oberen Ende der B&B-Skala angesiedelt. Alle Räumlichkeiten sind genau durchdacht und wurden mit Liebe geplant. Das Betreiberehepaar ist als Gastgeber phantastisch: warmherzig und hilfsbereit, aber nicht aufdringlich.

Hotel du Vin
BOUTIQUEHOTEL ££

(☏ 01423-856800; www.hotelduvin.com/locations/harrogate; Prospect Pl; Zi./Suite ab 95/255 £; P @ ⊙) Das Boutiquehotel kommt äußerst elegant daher. Die Loftsuiten mit freiliegenden Eichenbalken, Hartholzböden und Designerbädern gehören zu den schönsten Unterkünften in der Stadt, doch auch die Standardzimmer sind geräumig und sehr komfortabel (wenn auch z. T. nicht gerade ruhig), jedes mit einem großen Bett, bezogen mit weicher ägyptischer Baumwolle.

Acorn Lodge

B&B **££**

(☎01423-525630; www.acornlodgeharrogate.com; 1 Studley Rd; EZ/DZ ab 49/89 £; ᴘ🛜) Die Liebe zum Detail macht den Unterschied zwischen einem durchschnittlichen und einem ausgezeichneten B&B aus und in der Acorn Lodge ist alles bestens. Stilvolle Einrichtung, frische Baumwollbettwäsche, kräftige Duschen und perfekte verlorene Eier zum Frühstück. Auch die Lage nur zehn Gehminuten vom Zentrum ist optimal.

Arden House

B&B **££**

(☎01423-509224; www.ardenhousehotel.co.uk; 69–71 Franklin Rd; EZ/DZ ab 58/80 £; ᴘ🛜) Das stattliche edwardianische Haus wurde umfassend modernisiert und wartet jetzt mit stilvollem zeitgenössischem Mobiliar, Bettwäsche aus Mako-Baumwolle und edlen Toilettenartikeln auf. Es gibt aber auch noch einige historische Einrichtungsmerkmale wie gekachelte gusseiserne Kamine. Aufmerksamer Service, gutes Frühstück und eine zentrale Lage kommen als Sahnehäubchen oben drauf.

⭐ West Park

BOUTIQUEHOTEL **£££**

(☎01423-524471; www.thewestparkhotel.com; 19 West Park; Zi./Suite ab 140/200 £; 🛜) Das noble Hotel liegt nur fünf Gehminuten südlich vom Stadtzentrum und überblickt die weiten Wiesen des Parks The Stray. Neben geschmackvoll gestalteten, modernen Zimmern verfügt das West Park über ein beliebtes Restaurant und eine Cocktailbar. Wer sich eine der beiden Penthouse-Suiten gönnt, kann in der Badewanne fernsehen oder auf der eigenen Dachterrasse Champagner schlürfen.

 **Essen**

Fat Badger

GASTROPUB **££**

(☎01423-505681; www.thefatbadgerharrogate.com; Cold Bath Rd; Hauptgerichte 10–16 £; ⏱Küche Mo–Do 12–21.30, Fr & Sa bis 22, So bis 21 Uhr; 🛜🖨) Dies ist die Harrogate'sche – gemeint ist vornehme – Interpretation eines typisch englischen Pubs: Poliertes Holz, goldgerahmte Spiegel, Ohrensessel und Separees mit Lederbänken sorgen für einen gehobenen Rahmen, hier und da hockt zur Dekoration ein Stofftier. Ein geselliger Ort, an dem man sich mittags Muscheln mit Speck und Cider oder ein Steak mit Pommes schmecken lassen kann. Zur Verdauung bietet sich anschließend ein Pint Yorkshire Ale an einem der Tische draußen an.

Bettys

TEAROOM **££**

(☎01423-814070; www.bettys.co.uk; 1 Parliament St; Hauptgerichte 6–14 £, afternoon tea 18,95 £; ⏱9–21 Uhr; 🖨) Bettys, ein klassischer Tearoom in toller Lage mit Blick auf den Park, ist eine echte Institution in der Stadt. Es wurde 1919 von einem zugewanderten Schweizer

INSIDERWISSEN

ESSEN & TRINKEN WIE DIE EINHEIMISCHEN

Yorkshire Pudding Der Klassiker in der Region: Die aufgeblasenen Pfannkuchen werden traditionell mit Rinderbraten serviert, aber in Tearooms in Yorkshire gibt es sie oft als eigenständiges Gericht mit Sauce. Probieren kann man sie z. B. im Ye Olde Naked Man (S. 552) in Settle.

Theakston's Ale Theakston's braute schon allerfeinstes Bier, bevor der Begriff „Craft-Bier" überhaupt erfunden wurde. Es wird in Pubs in ganz Großbritannien ausgeschenkt und selbstverständlich auch in der Theakston's Brewery (S. 535) in Masham.

Wensleydale Berühmt als Lieblingsspeise der Knetfiguren Wallace und Gromit: Der bröckelige Weißkäse kommt aus dem Herzen der Yorkshire Dales. Am besten schmeckt er direkt an der Quelle in der Wensleydale Creamery (S. 553) in Hawes.

Yorkshire-Rhabarber Er wächst traditionell im „Rhabarber-Dreieck" bei Wakefield: *Forced rhubarb* (in Dunkelheit gezogener Frührhabarber) aus Yorkshire besitzt inzwischen eine geschützte Ursprungsbezeichnung. Tipp: Rhabarber-*Trifle* im Sternerestaurant Pipe & Glass Inn (S. 571) bei Beverley.

Curd Tart Eine sehr alte Speise aus Yorkshire, ein bisschen wie ein Käsekuchen, die traditionell zu Pfingsten gebacken wird. Probieren kann man die Quarktorte im Bettys (S. 533) in Harrogate.

Parkin Ein schwerer, klebriger Kuchen, zubereitet mit Hafermehl und gewürzt mit Ingwer und Sirup. Zu bekommen bei Thomas of Helmsley (S. 542).

YORKSHIRE HARROGATE

Konditor gegründet, der den falschen Zug genommen hatte, in Yorkshire gelandet war und sich entschloss, zu bleiben. Hier gibt's ausgezeichnetes hausgemachtes Brot, *scones*, Kuchen, guten Tee und Kaffee sowie eine Galerie mit Jugendstil-Einlegearbeiten.

Le Jardin
BISTRO ££

(☑ 01423-507323; www.lejardin-harrogate.com; 7 Montpellier Pde; Hauptgerichte 9–15 £, ⊘ Mo–Sa 11.30–14.30 & 18–22.30, So 12–15 Uhr;) In dem coolen kleinen Bistro herrscht eine gemütliche Stimmung, besonders wenn abends Kerzenlicht ein romantisches Funkeln herbeizaubert. Zu essen gibt es solide Bistrokost – gegrilltes Hühnchen, Kasselerbraten, Würstchen und Kartoffelpüree. Tagsüber genießen die Einheimischen hier gerne tolle Salate und Sandwiches und hausgemachte Eiscreme. Am frühen Abend gibt es von 18–19 Uhr ein 2-/3-Gänge-Menü zum Angebotspreis von 9,95/12,95 £.

★ Norse
SKANDINAVISCH £££

(☑ 01423-202363; www.norserestaurant.co.uk; 22 Oxford St; 4-/8-Gänge-Probiermenü 40/60 £; ⊘ Di–Sa 18–21 Uhr) 🍷 Das Norse verquickt gehobene Küche mit einer vergnüglichen Portion Gewitztheit. Bei den diversen Probiermenüs vereinen sich beste britische Erzeugnisse mit skandinavischer Inspiration zu außergewöhnlichen Aromakombinationen wie Rote Bete, Kakao und Meerrettich; Schweinefleisch, Austern und Erbsen oder Joghurt, Stachelbeeren und Orangenblüten. Die Getränkekarte versammelt sorgfältig ausgewählte Craft-Biere, Cocktails und Weine. Unbedingt reservieren.

🍷 Ausgehen & Nachtleben

★ Bean & Bud
KAFFEE

(☑ 01423-508200; www.beanandbud.com; 14 Commercial St; ⊘ Mo–Sa 8–17 Uhr 🐾) Dieses kleine, unprätentiöse Café besteht seit 2010 und serviert den vielleicht aromatischsten Kaffee der Stadt, wenn nicht sogar ganz Yorkshires. Jeden Tag gibt es zwei frisch gemahlene Bohnenmischungen zur Auswahl. Erlesene weiße, grüne, Oolong- und schwarze Tees runden das Angebot ab.

Harrogate Tap
CRAFT-BIER

(☑ 01423-501644; www.harrogatetap.co.uk; Station Pde; ⊘ So–Do 11–23, Fr 11–24, Sa 10–24 Uhr; 🐾) Das Tap beschwört in einem restaurierten Ziegelsteinbahnhof von 1862 das Ambiente eines trubeligen viktorianischen Pubs herauf, bereichert dieses Vergnügen

aber um ein Dutzend handgezapfter cask ales und einem weiteren Dutzend keg ales. Auf der Karte finden sich zudem etwa 130 Craft-Flaschenbiere aus aller Welt.

North Bar
CRAFT-BIER

(☑ 01423-520772; www.northbar.com/harrogate; Cheltenham Pde; ⊘ Mo–Do 8–23, Fr 8–24, Sa 9–24, So 10–23 Uhr; 🐾) Der neue Ableger der berühmten North Bar in Leeds erstreckt sich über drei Etagen. Er mischt die eher gesetzte Pubszene Harrogates nicht nur mit ein bisschen Großstadtflair auf, sondern bietet auch eine erquickende internationale Bierauswahl und eine durchgehend geöffnete Küche, die morgens mit gutem Kaffee und Croissants für einen belebenden Start in den Tag sorgt.

☆ Unterhaltung

Royal Hall
LIVEMUSIK

(☑ 01423-500500; www.royalhall.co.uk; Ripon Rd) Das prachtvolle edwardianische Theater gehört heute zum Konferenz- und Veranstaltungskomplex Harrogate International Centre. Auf dem Musikprogramm stehen Orchester-, Chor-, Klavier- und Jazzkonzerte und vieles mehr.

Harrogate Theatre
THEATER

(☑ 01423-502116; www.harrogatetheatre.co.uk; Oxford St) In einem viktorianischen Theater von 1900 werden Varieté, Comedy, Musicals und Tanz präsentiert.

❶ Praktische Informationen

Post (11 Cambridge Rd; ⊘ Mo–Sa 9.30–17.30 Uhr)

Touristeninformation (☑ 01423-537300; www.visitharrogate.co.uk; Crescent Rd; ⊘ April–Okt. Mo–Sa 9–17.30, So 10–13 Uhr, Nov.–März Mo–Sa 9.30–17 Uhr)

❶ An- & Weiterreise

Bus Von Harrogate fährt der Harrogate & District Bus 36 (www.harrogatebus.co.uk) nach Leeds (6,50 £, 45 Min., alle 10–20 Min.) und Ripon (6,20 £, 30 Min., alle 15 Min.).

Zug Mit dem Zug ist Harrogate u. a. von Leeds (8,20 £, 35 Min., alle 30 Min.) und York (8,50 £, 40 Min., stündl.) erreichbar.

Scarborough

61 750 EW.

Scarborough hat sich alle Markenzeichen eines klassischen Seebads bewahrt, ist aber gerade dabei, sich als Zentrum für kreative

ABSTECHER

MASHAMS BRAUEREIEN

Masham liegt 15 km nordwestlich von Ripon an der A6108 nach Leyburn und ist von Richmond mit dem Bus 159 (in Richtung Ripon) zu erreichen.

Theakston's Brewery (☎01765-680000; www.theakstons.co.uk; The Brewery, Masham; Führung Erw./Kind 7,50/4,75 £; ⊙ Juli & Aug. 10.30–17.30 Uhr, Sept.–Juni bis 16.30 Uhr) Die 1827 gegründete Brauerei wird noch immer von der Theakston-Familie betrieben (obwohl sie sich zwischenzeitlich im Besitz des Weltkonzerns Scottish & Newcastle befand) und ist schon lange eine der berühmtesten Brauereien Yorkshires. Old Peculier, ihr bekanntestes Ale, verdankt seinen Namen dem Peculier of Masham, einem im Mittelalter eingerichteten Pfarrgericht, das sich mit Vergehen wie Trunkenheit und Schlägereien befasste. Das angeschlossene Besucherzentrum ist gleichzeitig Bar und es gibt täglich vier (im August sechs) Brauereitouren.

Black Sheep Brewery (☎01765-680101; www.blacksheepbrewery.com; Wellgarth, Masham; Führungen Erw./Kind 8,50/4,95 £; ⊙ So–Mi 10–17, Do–Sa bis 23 Uhr; P🚻) Als der Bierriese Scottish & Newcastle 1987 Yorkshires renommierte Brauerei Theakston übernahm, weigerte sich das „schwarze Schaf" der Familie Theakston, für das multinationale Unternehmen zu arbeiten, und gründete stattdessen 1992 die Black Sheep Brauerei. Inzwischen ist sie fast so legendär wie ihr Nachbar. Es gibt täglich vier Führungen sowie ein exzellentes Restaurant, in dem die Gäste ihr Essen mit dem brauereieigenen Bier herunterspülen können.

Künste und digitale Industrien neu zu erfinden. Das viktorianische Heilbad wurde zum Konferenz- und Veranstaltungscenter umgemodelt, ein ehemaliges Museum beherbergt heute Künstlerateliers, 2016 eröffnete ein großes neues Erlebnisbad und an der Hafenpromenade gibt's kostenloses, frei zugängliches WLAN – das Areal wird als Kneipen-, Café- und Restaurantviertel der Stadt beworben.

Neben den üblichen Attraktionen einer Stadt am Meer bietet Scarborough ausgezeichnete Möglichkeiten für Küstenwanderungen, ein Geologiemuseum, eine der am eindrucksvollsten gelegenen Burgen Yorkshires und ein renommiertes Theater, Heimatbühne des beliebten Dramatikers Alan Ayckbourn, dessen Stücke grundsätzlich dort uraufgeführt werden.

◉ Sehenswertes

★ Scarborough Castle BURG

(EH; www.english-heritage.org.uk; Castle Rd; Erw./Kind 6,10/3,70 £; ⊙ April–Sept. 10–18 Uhr, Okt. bis 17 Uhr, Nov.–März Sa & So bis 16 Uhr) Der große mittelalterliche Burgfried von Scarborough Castle hat eine einzigartige beherrschende Stellung auf einer Landspitze. Der Legende nach liebte Richard I. den Ausblick von hier oben so sehr, dass sein Geist immer wieder hierher zurückkehrt. Wer bis zum Rand der Klippe geht, sieht die 2000 Jahre alten Überreste einer **römischen Signalstation**. Schon die Römer erfreuten sich also an dieser Aussicht.

★ Rotunda Museum MUSEUM

(www.rotundamuseum.co.uk; Vernon Rd; Erw./Kind 3 £/frei; ⊙ Di–So 10–17 Uhr; 🚻) Das Rotunda Museum widmet sich der Küstengeologie im nordöstlichen Yorkshire: Hier wurden viele der bedeutendsten Dinosaurierfunde Großbritanniens gemacht. Die Gesteinsschichten der hiesigen Klippen waren außerdem wichtig für die Erforschung der Geogeschichte Englands. Das Museum wurde von William Smith, dem „Vater der englischen Geologie", der in den 1820er-Jahren in Scarborough lebte, gegründet und wartet sowohl mit viktorianischen Originalexponaten als auch einer interaktiven Abteilung für Kinder auf.

Sea Life Sanctuary AQUARIUM

(www.sealife.co.uk; Scalby Mills; Erw./Kind unter 3 J. 18 £/frei; ⊙ 10–18 Uhr, letzter Einlass 17 Uhr; P🚻) In dieser auf Familien ausgerichteten Wasserwelt gibt's Korallenriffe, Schildkröten, Kraken, Seepferdchen, Otter und viele andere faszinierende Geschöpfe zu sehen. Das Highlight ist jedoch der **Seal Pool** (Fütterungszeiten 11.30 und 14.30 Uhr) am nördlichen Ende des North Beach. Auf der 1,2 km langen Strecke dorthin verkehrt die Minibahn North Bay Railway (S. 539). Ein

Großteil der Attraktionen befindet sich unter freiem Himmel – an einem Regentag also nicht die allerbeste Wahl. Online sind die Tickets günstiger.

Peasholm Park
PARK

(www.peasholmpark.com; Columbus Ravine; ⊙ 24 Std.) GRATIS Scarboroughs schöner edwardianischer Park an der North Bay ist berühmt für die Sommerveranstaltung **Naval Warfare** (Erw./Kind 4,10/2,30 £; ⊙ Juli & Aug. Mo, Do & Sa 15 Uhr). Dann werden auf dem dafür vorgesehenen See mit großen Modellschiffen legendäre Seeschlachten nachgestellt (Termine auf der Website).

St. Mary's Church
KIRCHE

(Castle Rd; ⊙ Mai–Sept. Mo–Fr 10–16, So 13–16 Uhr) GRATIS Diese Kirche stammt aus dem 12. bis 15. Jh. Ihre Geschichte wird drinnen auf Tafeln erläutert. Am interessantesten ist aber der kleine Friedhof auf der anderen Seite der Gasse. Hier befindet sich das **Grab von Anne Brontë**, der Autorin von *Die Herrin von Wildfell Hall* und Schwester von Charlotte Brontë.

Aktivitäten

Die Nordostküste Englands ist mit einer recht guten Brandung gesegnet, die eine wachsende Surferszene nährt. Ein guter Surfspot ist die **Cayton Bay** 6,5 km südlich der Stadt. Kurse bietet hier die **Scarborough Surf School** (☎ 01723-585585; www.scarboroughsurfschool.co.uk; Cayton Bay). Am besten sind die Wellen von September bis Mai.

In Scarborough selbst gibt's Infos und Tipps im **Secretspot Surf Shop** (☎ 01723-500467; www.secretspot.co.uk; 4 Pavilion Tce; ⊙ Mo–Fr 9–17 Uhr) beim Bahnhof.

🛏 Schlafen

YHA Scarborough
HOSTEL £

(☎ 01723-361176; www.yha.org.uk; Burniston Rd; B/4BZ ab 18/70 £; P 🐾) Das idyllische Hostel in einer alten Wassermühle aus dem 17. Jh. liegt zwei Meilen nördlich der Stadt an der A165 Richtung Whitby. Vom York Place fahren Bus 3 und 3A bis zum Ivanhoe Pub, von dort sind es noch fünf Minuten zu Fuß.

★ Waves
B&B ££

(☎ 01723-373658; www.scarboroughwaves.co.uk; 39 Esplanade Rd, South Cliff; EZ/DZ ab 54/79 £; P 🔊) 🏄 Frische Baumwollbettwäsche und kräftige Duschen sorgen in diesem retrogestylten B&B für komfortables Nächtigen, aber eigentlich herausragend ist das zweite

B – das Frühstück hier reicht von veganen Obstsalaten und Smoothies bis zu Pfannenspeisen, Bücklingen und *kedgeree*, einem Reisgericht mit Fisch, Eiern und Butter. Toll ist auch die Jukebox in der Lounge mit Hits aus den 60ern und 70ern. Das B&B liegt einen guten Kilometer südlich des Stadtzentrums abseits der A165 (Ramshill Rd).

★ Windmill
B&B ££

(☎ 01723-372735; www.scarborough-windmill.co.uk; Mill St; DZ ab 85 £; P 🔊) Dieses B&B urig zu nennen wäre noch stark untertrieben: Es residiert in einer wundervoll umgebauten Windmühle aus dem 18. Jh. mitten in der Stadt. Geboten werden zwei Selbstversorger-Cottages und drei Doppelzimmer mit Himmelbetten, die alle um einen kopfsteingepflasterten Hof herum liegen. Am schönsten ist jedoch die Suite (ab 110 £ pro Nacht) in den oberen Etagen der Windmühle selbst mit tollem Ausblick vom umlaufenden Balkon.

Helaina
B&B ££

(☎ 01723-375191; www.hotelhelaina.co.uk; 14 Blenheim Tce; Zi. ab 90 £; ⊙ April–Nov. tgl., Feb. & März nur Fr & Sa; 🔊) Es dürfte schwerfallen, eine Unterkunft mit einem besseren Meerblick zu finden als ihn dieses elegante B&B auf einer Klippe oberhalb des North Beach bietet. Und auch drinnen sieht's ziemlich gut aus, mit stilvollen modernen Möbeln und perfekt abgestimmten Farben. Die günstigeren Zimmer sind etwas klein, der Aufpreis für das Zimmer mit Seeblick (ab 100 £) lohnt sich.

Interludes
B&B ££

(☎ 01723-360513; www.interludeshotel.co.uk; 32 Princess St; EZ/DZ 45/70 £; 🔊) Die Eigentümer des seit 1991 bestehenden B&B haben eine Ader fürs Theatralische und ihre reizende, schwulenfreundliche georgianische Pension mit alten Plakaten, Drucken und anderen Theater-Erinnerungsstücken gespickt. Auch in den individuell eingerichteten Zimmern gibt es viele Kleinigkeiten zum Schmunzeln zu entdecken. Keine Kinder.

North Bay Guest House
B&B ££

(☎ 01723-374406; therussells1@btinternet.com; 137 Columbus Ravine; EZ/DZ ab 34/79 £; 🔊 🐾 📶) Gemütliche, bunte Zimmer, reichhaltiges Frühstück und die Herzlichkeit der Betreiber sorgen in diesem ausgezeichneten B&B für ein außergewöhnlich gutes Preis-Leistungs-Verhältnis. Es liegt in fußläufiger Nähe zum Peasholm Park, zur North Bay Railway und zum Strand der North Bay.

Scarborough

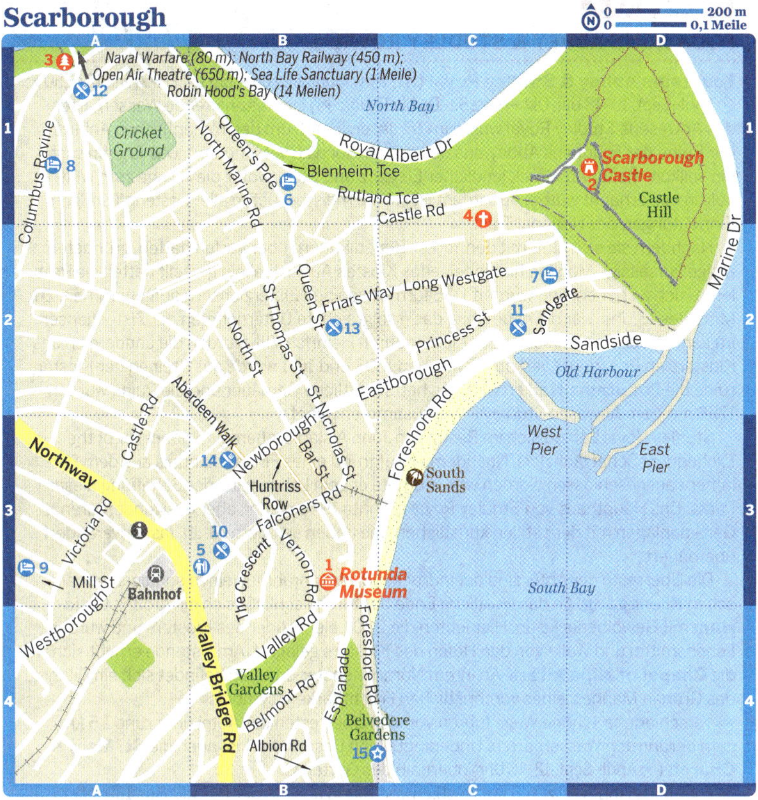

200 m
0,1 Meile
Naval Warfare (80 m); North Bay Railway (450 m); Open Air Theatre (650 m); Sea Life Sanctuary (1 Meile) Robin Hood's Bay (14 Meilen)
North Bay
Cricket Ground
Columbus Ravine
Queen's Pde
North Marine Rd
Royal Albert Dr
Blenheim Tce
Rutland Tce
Castle Rd
Scarborough Castle
Castle Hill
Marine Dr
Long Westgate
Friars Way
Queen St
St Thomas St
North St
Sandgate
Princess St
Sandside
Old Harbour
Eastborough
Aberdeen Walk
Castle Rd
Northway
Newborough
St Nicholas St
Bar St
Huntriss Row
Foreshore Rd
West Pier
East Pier
South Sands
Falconers Rd
Victoria Rd
Mill St
Bahnhof
The Crescent
Vernon Rd
Rotunda Museum
South Bay
Westborough
Valley Bridge Rd
Valley Rd
Valley Gardens
Belmont Rd
Esplanade
Foreshore Rd
Belvedere Gardens
Albion Rd

Scarborough

Highlights
1 Rotunda Museum B3
2 Scarborough Castle D1

Sehenwertes
3 Peasholm Park A1
4 St. Mary's Church C1

Aktivitäten, Kurse & Touren
5 Secretspot Surf Shop B3

Schlafen
6 Helaina B1
7 Interludes C2
8 North Bay Guest House A1
9 Windmill A3

Essen
10 Cafe Fish B3
11 Golden Grid C2
12 Jeremy's A1
13 Lanterna B2
14 Roasters B3

Unterhaltung
15 Scarborough Spa B4

Essen

Roasters CAFÉ £
(www.roasterscoffee.co.uk; 8 Aberdeen Walk; Hauptgerichte 4–7 £; ⏲9–17 Uhr) Ein einladendes Café mit schweren Kiefernholztischen, Bugholzstühlen und einer tollen Auswahl an frisch gemahlen Kaffeesorten. Außerdem gibt's eine Saft- und Smoothies-Theke und mittags z. B. Ciabatta, Salate und Backkartoffeln.

★ **Cafe Fish** FISCH & MEERESFRÜCHTE ££
(☎01723-500301; www.cafefish.co.uk; 19 York Pl; Hauptgerichte 11–26 £; ⏲17.30–22 Uhr) Wer hochwertiges lokales Seafood ohne Schnick-

FOUNTAINS ABBEY & STUDLEY ROYAL

Fountains Abbey & Studley Royal (NT; www.fountainsabbey.org.uk; Erw./Kind 13/6,50 £; ⏱ April–Sept. 10–18 Uhr, Okt.–März Sa–Do bis 17 Uhr; Ⓟ) Der faszinierende Wassergarten des Anwesens Studley Royal wurde im 18. Jh. errichtet, um den romantischen Anblick der Ruine der Fountains Abbey aus dem 12. Jh. noch zu verschönern. Das Ergebnis ist ein vollkommener Ausdruck ländlicher Eleganz und Stille, wofür die Anlage zum Weltkulturerbe ernannt wurde. Außerdem ist sie die meistbesuchte aller kostenpflichtigen Einrichtungen des National Trust.

Nachdem sie sich 1132 mit den Yorker Benediktinern überworfen hatten, gründeten einige aufsässige Mönche hier ihr eigenes Kloster. Auf sich allein gestellt hatten sie Probleme, sich zu halten, und wurden 1135 formell von den Zisterziensern aufgenommen. Zur Mitte des 13. Jhs. war die neue Abtei das erfolgreichste Unternehmen der Zisterzienser im Land. Nach der Auflösung der Klöster durch Heinrich VIII. wurden die Ländereien des Klosters an Privatleute verkauft. Zwischen 1598 und 1611 wurde aus Steinen der Klosterruine die **Fountains Hall** erbaut. Das herrschaftliche Gemäuer und die Ruine wurden 1768 mit dem Anwesen Studley Royal zusammengelegt.

Studley Royal befand sich im Besitz von John Aislabie, ehemals Chancellor of the Exchequer (Schatzkanzler). Nachdem er aufgrund eines Finanzskandals aus dem Parlament ausgeschlossen worden war, widmete er sein Leben ganz der Schaffung dieses Parks. Das Haupthaus von Studley Royal brannte 1946 nieder, aber die wunderbaren Gartenanlagen mit dem stillen künstlichen See haben seit dem 18. Jh. fast unverändert überdauert.

Die Überreste der Abtei sind beeindruckend; sie umrahmen einen sonnigen romanischen **Kreuzgang**. An das westliche Ende der Kirche schließt sich ein großes **Cellarium** mit Gewölbedecke an. Hier lebten die 200 Laienbrüder des Klosters und wurden Lebensmittel und Wolle von den Höfen des Klosters gelagert. Am Ostende erhebt sich die **Chapel of Nine Altars**. An ihrem Nordostfenster draußen befindet sich ein Bildnis des Grünen Mannes, eines vorchristlichen Fruchtbarkeitssymbols.

Verschiedene schöne Wege führen von den Überresten der Abtei über rund 1,5 km zum berühmten Wassergarten. Unbedingt einen Besuch wert ist auch die **St. Mary's Church** (⏱ April–Sept. 12–16 Uhr) oberhalb des Gartens.

Fountains Abbey liegt 6,5 km westlich von Ripon abseits der B6265. Bus 139 fährt ganzjährig von Ripon zum Besucherzentrum der Fountains Abbey (2,60 £ hin & zurück, 15 Min., Mo–Sa 4-mal tgl., im Sommer So 7-mal tgl.).

---

schnack sucht, ist im Cafe Fish genau richtig. Frisch gefangene Hummer und Krebse aus der Gegend von Scarborough, Austern, Mies- und Jakobsmuscheln aus Schottland oder Kabeljau, Schellfisch und Hechtdorsch aus der Nordsee werden hier einfach zubereitet und zu vernünftigen Preisen angeboten. Für diejenigen, die keinen Fisch mögen, gibt es eine kleine Auswahl an Fleisch- und vegetarischen Gerichten.

⭐ **Jeremy's**   BRITISCH, FRANZÖSISCH ££
(☎01723-363871; www.jeremys.co; 33 Victoria Park Ave; Hauptgerichte 16–25 £, 3-Gänge-Mittagsmenü sonntags 25 £; ⏱ Do–Sa 18–21.30, So 12–15 Uhr, Juli & Aug. zusätzl. Di & Mi 18–21.30 Uhr; 🅰) 🍴 Das phantastische Nachbarschaftsbistro liegt abseits der Touristenpfade und wird von einem Koch geführt, der sich seine Michelin-Lorbeeren bei Marco Pierre White

verdient hat. Das Juwel wartet mit Art-déco-Ambiente und einer Karte auf, die beste Zutaten aus Yorkshire und dem restlichen Großbritannien mit französischer Kreativität und Raffinesse vermählt. Am Wochenende sollte man reservieren.

Golden Grid   FISH & CHIPS ££
(☎01723-360922; www.goldengrid.co.uk; 4 Sandside; Hauptgerichte 9–20 £; ⏱11.30–23 Uhr; 🅰) In diesem Fischrestaurant wird seit 1883 der vorzüglichste Kabeljau in Scarborough serviert. Die gestärkten weißen Tischdecken und gestärkten weißen Schürzen sind umwerfend traditionell, genauso wie die Speisekarte – neben Kabeljau mit Pommes, Austern oder frisch gefangenen Krebsen und Hummern gibt's z. B. noch *sausage and mash* (Wurst und Kartoffelpüree), Rinderbraten mit *Yorkshire pudding* und *steak and chips*.

⭐ **Lanterna** ITALIENISCH £££
(📞 01723-363616; www.lanterna-ristorante.co.uk; 33 Queen St; Hauptgerichte 15–24 £; ⊙Di–Sa 19–21.30 Uhr) 🍴 Die gemütliche, altmodische Trattoria ist auf frische regionale Meeresfrüchte (Hummer ab 32 £) und klassische Gerichte vom Stiefel spezialisiert wie *stufato de ceci* (Kichererbseneintopf mit Ochsenschwanz). In der Saison werden außerdem Gerichte mit weißem Trüffel aufgetischt (Okt.–Dez., 30–45 £). Die Zutaten kommen nicht nur aus Yorkshire, sondern auch direkt aus Italien.

☆ **Unterhaltung**

Open Air Theatre KONZERTBÜHNE
(📞 01723-818111; www.scarboroughopenairtheatre. com; Burniston Rd) In der Sommersaison bringt Europas größtes Open-Air-Theater namhafte Showgrößen auf die Bühne. Letztere thront auf einer Insel im See.

Scarborough Spa MUSIK, TANZ
(📞 01723-821888; www.scarboroughspa.co.uk; Foreshore Rd; 📞🏠) Im wiederbelebten Heilbadkomplex wird vielfältige Unterhaltung geboten, besonders in den Sommermonaten: Orchesterkonzerte, Varieté, populäre Musicals und altmodische Tanztees.

ℹ️ **Praktische Informationen**

Es gibt kostenloses WLAN am Hafen zwischen West Pier und East Pier.

In der Lobby des Stephen Joseph Theatre befindet sich ein kleiner **Informationsschalter** (📞 01723-383636; www.discoveryorkshire coast.com; Stephen Joseph Theatre, Westborough; ⊙9–17 Uhr); in den Sommermonaten gibt es einen zweiten Informationsschalter an der Kasse des Open Air Theatre gegenüber vom Eingang zum Peasholm Park.

ℹ️ **An- & Weiterreise**

BUS

Bus 128 (www.eyms.co.uk) fährt auf der A170 von Helmsley über Pickering nach Scarborough. Die Busse 93 und X93 von Arriva (www.arrivabus.co.uk) kommen aus Middlesborough und Whitby über Robin Hood's Bay. Der Bus 843 von Coastliner (www.coastliner. co.uk) fährt von Leeds und York nach Scarborough.

Helmsley 7,60 £, 1¾ Std., Mo–Sa stündl., So 4-mal-tgl.

Leeds 12,30 £, 2¾ Std., stündl.

Whitby 5,70 £, 1 Std., alle 30 Min.

York 11,30 £, 1¾ Std., stündl.

ZUG

Hull 12 £, 1½ Std., stündl.

Leeds 20 £, 1¼ Std., stündl.

York 14 £, 50 Min., stündl.

ℹ️ **Unterwegs vor Ort**

In Scarborough rattern kleine viktorianische Drahtseilbahnen die steilen Klippen zwischen der Stadt und dem Strand rauf und runter. Die **Central Tramway** (www.centraltramway. co.uk; Marine Pde; pro Pers. 90 p; ⊙Feb.–Juni, Sep. & Okt. 9.30–17.45 Uhr, Juli & Aug. bis 21.30 Uhr) verbindet das Grand Hotel mit der Promenade, während der **Spa Cliff Lift** (www. scaroroughspa.co.uk/cliff_lift; Esplanade; pro Pers. 1 £; ⊙mind. 10–17 Uhr, Öffnungszeiten variieren, siehe Website) zwischen dem Scarborough Spa und der Esplanade verkehrt.

Der verdeckfreie Doppeldeckerbus 109 pendelt an der Uferpromenade zwischen dem Scarborough Spa und dem Sands-Komplex an der North Bay hin und her (2 £, alle 20 Min., 9.30–15 Uhr). Der Bus fährt von Ostern bis September täglich, im Oktober nur am Wochenende. Ein Tagesticket, mit dem man beliebig aus- und einsteigen kann, kostet an allen Tagen 3 £.

Die Minibahn **North Bay Railway** (www.nbr. org.uk; hin & zurück Erw./Kind 3,50/2,70 £; ⊙April–Sept. tgl. 10.30–15 Uhr, ganzjährig Sa & So) fährt auch zum North Beach.

Ein Taxi kann man bei **Station Taxis** (📞 01723-366366; www.taxisinscarborough.co.uk) bestellen; für 5 £ sollte ein Großteil der Stadt erreichbar sein.

NORTH YORK MOORS NATIONAL PARK

Die wilden, windgepeitschten North York Moors landeinwärts der Küste von Nord-Yorkshire erheben sich in einsamer Pracht. Drei Viertel des Heidemoorlands der Welt sind in Großbritannien zu finden und dies ist die größte Fläche im Land. Aus üppigen grünen Tälern winden sich Straßen hinauf zum trostlosen offenen Hochmoor, wo vom Wetter gezeichnete Steinkreuze den Verlauf alter Wege markieren. Im Sommer erblüht die Heide zu einem lilafarbenen Teppich.

Dies ist klassisches Wanderterrain. Die North York Moors sind von alten und neuen Pfaden durchzogen und mit hübschen, blumengeschmückten Dörfern gespickt. Im Nationalpark verkehrt außerdem eine der schönsten Dampfbahnen Englands.

Der Nationalpark gibt die praktische Besucherbroschüre *Out & About* heraus,

North York Moors National Park

erhältlich in Touristeninformationen und Hotels. Siehe auch www.northyorkmoors. org.uk.

❶ Praktische Informationen

Zwei Nationalpark-Besucherzentren halten Informationen zu Wander- und Radfahrmöglichkeiten, Wildtieren und öffentlichen Verkehrsmitteln bereit:

Moors National Park Centre (☎ 01439-772737; www.northyorkmoors.org.uk; Lodge Lane, Danby; ☉ April–Okt. 10–17 Uhr, Nov.–März 10.30–16 Uhr, Jan. & Feb. nur Sa & So; ⊞)

Sutton Bank National Park Centre (☎ 01845-597426; www.northyorkmoors.org.uk; Sutton Bank, bei Thirsk; ☉ April–Okt. 10–17 Uhr, März 10.30–16 Uhr, Jan. & Feb. nur Sa & So; ☎)

❶ Unterwegs vor Ort

Von Ende Mai bis September sind sonntags und an gesetzlichen Feiertagen auch montags eine Reihe von Minibusunternehmen unterwegs, um Wanderer zu verschiedenen Orten im Nationalpark zu kutschieren. Informationen dazu sind auf der Website von Moorsbus (www.moorsbus. org) aufgeführt.

Zum Beispiel fährt der **Moors Explorer** (☎ 01482-592929; www.eyms.co.uk) von Hull zum Moors National Park Centre in Danby, über Beverley, Pickering, Hutton-le-Hole und das Lion Inn in Blakey; zwischen Danby und Pickering

verkehrt ein Shuttle. Ein Tagesticket, mit dem man beliebig aus- und wieder einsteigen kann, kostet 12,50 £.

Die North Yorkshire Moors Railway (www. nymr.co.uk) verkehrt zwischen Pickering und Whitby und ist eine tolle Möglichkeit, im Sommer die Moore im Landesinnern zu erkunden. Wer auf den kleinen Landstraßen im Moor unterwegs ist, sollte besonders auf Schafe und Lämmer auf der Straße achten – jedes Jahr fallen Hunderte unachtsamen Autofahrern zum Opfer.

Helmsley & Umgebung

1515 EW.

Helmsley ist ein klassischer Marktflecken in Nord-Yorkshire: ein hübscher Haufen alter Steinhäuser, historischer Poststationsherbergen und mit dem unvermeidlichen kopfsteingepflasterten Marktplatz (Freitag ist Markttag), alles bewacht von einer robusten normannischen Burg. Ganz in der Nähe befinden sich die romantische Ruine der Rievaulx Abbey, mehrere exzellente Restaurants und eine Handvoll Wanderwege.

❻ Sehenswertes

Helmsley Castle   BURG

(EH; www.english-heritage.org.uk; Castlegate; Erw./ Kind 6,40/3,80 £; ☉ April–Sept. 10–18 Uhr, Okt. bis 17 Uhr, Nov.–März Sa & So bis 16 Uhr; ℗) Die eindrucksvolle Ruine des Helmsley Castle aus dem 12. Jh. schützt ein Ring aus tiefen Gräben und hohen Wällen, auf denen spätere Herrscher dicke Steinmauern und Wehrtürme errichteten. Nach dem Schleifen der Burg durch Sir Thomas Fairfax im Englischen Bürgerkrieg ist heute nur noch ein zahnförmiger Turm übrig. Die turbulente Geschichte der Festung wird im Besucherzentrum gut erläutert.

Helmsley Walled Garden
GÄRTEN

(www.helmsleywalledgarden.org.uk; Erw./Kind 7,50 £/frei; ☉April–Okt. 10–17 Uhr) Der Helmsley Walled Garden wäre eigentlich nichts Besonderes, wären da nicht seine tolle Lage neben dem Helmsley Castle und seine fabelhafte Sammlung an Blumen, Obst und Gemüse – mit einigen seltenen Sorten – und, nicht zu vergessen, an Kräutern, darunter allein 40 Sorten Minze! Leute, die sich für historischen Gartenbau interessieren, werden sich hier wie im Paradies fühlen.

Duncombe Park Gardens
GÄRTEN

(www.duncombepark.com; Erw./Kind 5/3 £; ☉April–Aug. So–Fr 10.30–17 Uhr; P⛹) Südlich von Helmsley erstreckt sich die wundervolle Ziergartenlandschaft des Duncombe Parks. Angelegt wurde er 1718 für Thomas Duncombe, dessen Sohn später Rievaulx Terrace erbaute. Das Herzstück ist das stattliche georgianische Herrenhaus Duncombe Park House. Vom nicht öffentlich zugänglichen Haus und den architektonischen Gärten ziehen sich breite Graswege und Terrassen durch Waldland zu pseudoklassischen Tempeln. Längere Wanderwege führen durch das gestaltete Parkland, das heute als Naturschutzgebiet ausgewiesen ist.

★ Rievaulx Abbey
RUINE

(www.english-heritage.org.uk; Erw./Kind 8/4,80 £; ☉April–Sept. 10–18 Uhr, Okt. bis 17 Uhr, Nov.–März nur Sa & So bis 16 Uhr; P) Im abgeschiedenen Tal des River Rye, knapp 5 km westlich von Helmsley, steht inmitten von Feldern und Wäldern, die vom Gesang der Vögel erfüllt sind, die Ruine der Rievaulx Abbey (sprich: *Rie*-woh). Die umfangreichen Überreste vermitteln einen wunderbaren Eindruck von der Größe und Komplexität der einstigen Anlage. Die Geschichte der Gemeinschaft, die hier einst lebte, wird in einer Reihe faszinierender Ausstellungen im neuen Museum und Besucherzentrum beleuchtet.

Im Jahr 1132 wählten Zisterziensermönche das idyllische Fleckchen als Basis für ihre missionarische Tätigkeit im Norden Großbritanniens. St. Aelred, der dritte Abt, beschrieb die Lage der Abtei folgendermaßen: „Überall Friede, überall Stille und eine wundervolle Freiheit vom Chaos der Welt". Aber die Mönche von Rievaulx waren alles andere als weltabgewandt und bauten schnell ein Netz wirtschaftlicher Unternehmungen auf, von der Schafzucht bis zum Bleibergbau.

Es gibt einen tollen, 5,6 km langen **Wanderweg** von Helmsley zur Rievaulx Abbey. Die Touristeninformation in Helmsley hält Wegbroschüren bereit und informiert über Busverbindungen, sollte man nur eine Strecke laufen wollen. Dieser Weg ist zugleich der Beginn des Cleveland Way.

Auf den Hügeln oberhalb der Abtei liegt die **Rievaulx Terrace** (www.nationaltrust.co. uk; Erw./Kind 5,95/3 £; ☉Mai–Aug. 11–17 Uhr, März, April, Sept. & Okt. bis 16 Uhr; P⛹) Thomas Duncombe II. ließ sie im 18. Jh. errichten, um von hier den Blick auf die Abtei zu genießen. Zwischen Abtei und Terrasse gibt es keine direkte Verbindung, und es gibt auch keine Kombitickets. Die Zugangstore liegen rund 1,5 km voneinander entfernt an einer kleinen Straße, die von der Abtei zur Terrasse steil bergauf führt.

🛏 Schlafen

Canadian Fields
CAMPINGPLATZ ££

(☎01439-772409; www.canadianfields.co.uk; Gale Lane; Safarizelt 60–90 £; ☉Feb–Mitte Nov.; P⛹) Der luxuriöse Campingplatz etwa 5 km östlich von Helmsley offeriert ein ebenso komfortables wie außergewöhnliches Übernachtungserlebnis in Safarizelten. Die geräumigen Hütten mit Leinenwänden verfügen über Küchen, Elektrizität und Holzöfen. Es gibt zudem Stellplätze für mitgebrachte Zelte (ab 15 £ pro Nacht) und als geselligen Mittelpunkt eine Restaurant-Bar, die in einem riesigen Tipi untergebracht ist.

Helmsley YHA
HOSTEL £

(☎0845 371 9638; www.yha.org.uk; Carlton Lane; B/4BZ ab 15/49 £; P⛹) Dank ihrer zentralen Lage nur 400 m östlich des Marktplatzes am Beginn des Cleveland Way ist die Jugendherberge häufig ausgebucht – also besser reservieren!

Feathers Hotel
GASTHOF ££

(☎01439-770275; www.feathershotelhelmsley.co. uk; Market Pl; EZ/DZ ab 90/100 £; P⛹) Eine von mehreren alten Poststationsherbergen am Marktplatz, die B&B, recht gute Kneipenkost und handgepumptes *real ale* bieten. In einigen Zimmern stehen Himmelbetten und im ganzen Haus gibt's historische Einrichtungsdetails.

Feversham Arms
HOTEL £££

(☎ 01439-770766; www.fevershamarms.com; High St; Zi. ab 200 £; P 🎇 🏊) Das Feversham Arms, ein rustikales Hotel, das im Designerlook modernisiert wurde, bietet eine gemütliche und kultivierte Atmosphäre – hier trifft ländlicher Charme auf Boutiquehotelschick. Neben individuell eingerichteten Zimmern gibt's ein ausgezeichnetes Restaurant, Wellnessanwendungen und im Innenhof einen beheizten Außenpool.

 Essen

⭐ Hare Inn
MODERN BRITISCH £££

(☎ 01845-597769; www.thehare-inn.com; Scawton; pro Pers. 30–60 £; ⊙ Mi–Sa 12–14.30 & 18–21, So 12–16 Uhr; P) 🍴 Auch wenn der Begriff „verstecktes Juwel" etwas abgenutzt ist, hier trifft er voll und ganz zu. Das Hare Inn hat sich in einem Gasthaus aus dem 13. Jh in einem abgelegenen Weiler gut 6 km westlich von Helmsley einquartiert, ist aber ein aufgewecktes Kind des 21. Jhs. Hier wird das Gourmetdinner zum zwanglosen, vergnüglichen Gaumenkitzel. Es gibt keine Speisen à la carte, sondern drei verschiedene Probiermenüs, die ständig wechseln, um dem jeweiligen saisonalen Angebot gerecht zu werden.

⭐ Star Inn
MODERN BRITISCH £££

(☎ 01439-770397; www.thestaratharome.co.uk; Harome; Hauptgerichte 16–29 £; ⊙ Di–Sa 11.30–14, Mo–Sa 18.15–21.30, So 12–18 Uhr; P 🐕) 🍴 Das reetgedeckte Landpub beherbergt ein Michelin-besterntes Restaurant: Die Speisen auf der Karte werden aus erstklassigen regionalen Erzeugnissen zubereitet. So gibt es z. B. Whitby-Krebs mit eingelegten Herzmuscheln und Avocado-Eis oder gebratene englische Wachtel mit geschmortem Bocksbart und Bergamottenkonfitüre. Es gibt auch ein 3-Gänge-Menü für 25 £ (Mo–Sa). Harome liegt gut 3 km südöstlich von Helmsley abseits der A170.

Das Star Inn ist einer dieser Orte, die man nicht mehr verlassen möchte, und zum Glück ist das auch gar nicht nötig: Die benachbarte Lodge wartet mit neun prächtigen Zimmern (170–260 £) auf, jedes im luxuriösen klassischen Landhausstil eingerichtet.

🔒 Shoppen

Hunters of Helmsley
FEINKOST

(☎ 01439-771307; www.huntersofhelmsley.com; 13 Market Pl; ⊙ So–Do 9–16.30, Fr & Sa 8–17.30 Uhr) Der Delikatessenladen ist ein Füllhorn an Chutneys, Marmeladen, Bier, Käse, Schinken, Feinschmecker-Pies, *sausage rolls*, Süßigkeiten und Eiscreme, alles aus der Region. Der richtige Ort, um sich für ein Gourmetpicknick einzudecken.

Thomas of Helmsley
FEINKOST

(☎ 01439-770249; 18 Market Pl; ⊙ Mo–Sa 7.30–17.30, So 10–16 Uhr) Der Fleischer und Feinkostladen ist auf Lebensmittel aus der Region spezialisiert, zu denen köstliche selbstgemachte Würste gehören.

ℹ Praktische Informationen

Die **Touristeninformation** (www.visitryedale.co.uk; Cut-Price Bookstore, 11 Market Pl; ⊙ Mo–Sa 9.30–17.30, So 11–16.30 Uhr) befindet sich in einem Buchladen und bietet Broschüren und Karten sowie Informationen zum öffentlichen Verkehr.

ℹ An- & Weiterreise

Alle Busse halten am Hauptplatz. Von York fährt Bus 31X nach Helmsley (7,60 £, 1¼ Std., Mo–Sa 4-mal tgl.). Von Scarborough verkehrt Bus 128 (7,60 £, 1¾ Std., Mo–Sa stündl., So 4-mal) über Pickering.

Pickering

6590 EW.

Pickering, das sich als „Tor zu den North York Moors" bezeichnet, ist eine lebendige Marktstadt mit einer imposanten normannischen Burg. Hier befindet sich die Endstation der wunderbaren North Yorkshire Moors Railway, eine pittoreske Überlebende aus den glorreichen Zeiten der Dampfeisenbahnen.

Zwei landschaftlich reizvolle Autostrecken führen durchs Moor gen Norden: Die A169 nach Whitby passiert das schöne Tal des **Hole of Horcum** und das Wandergebiet um **Goathland**, und auf der Blakey Ridge Road (die knapp 10 km westlich der Stadt beginnt) kommt man auf dem Weg nach Danby an dem hübschen Dorf **Hutton-le-Hole** und am berühmte **Lion Inn** vorbei.

⊙ Sehenswertes

North Yorkshire Moors Railway
HISTORISCHE EISENBAHN

(NYMR; www.nymr.co.uk; Pickering–Whitby Day Rover Ticket Erw./Kind 30/13,50 £; ⊙ April–Okt.) Die privat betriebene Eisenbahn befährt eine 29 km lange Strecke, die durch die schöne Landschaft zwischen Pickering und Whitby führt. Liebevoll restaurierte Dampflokomotiven ziehen historische Waggons mit viel poliertem Messing und bunter Farbgestaltung. Das Angebot richtet sich sowohl Eisenbahnfreaks als auch an Tagesausflügler. Wer ohne eigenes Fahrzeug unterwegs ist, kann mit dieser Bahn bequem abgeschiedene Orte erreichen und zwischen den Bahnhöfen auf eigene Faust draufloswandern.

Pickering Castle — BURG

(EH; www.english-heritage.org.uk; Castlegate;Erw./Kind 5,10/3,10 £; ☉April–Sept. 10–18 Uhr, Okt. bis 17 Uhr) Pickering Castle sieht so aus, wie man sich als Kind eine Burg vorstellt: Dicke Außenmauern umringen den Bergfried und das Ganze thront auf einem hohen Hügel mit toller Aussicht auf das umliegende Land. Die ursprünglich von Wilhelm dem Eroberer angelegte Festung wurde von späteren Herrschern immer wieder aus- und umgebaut.

🛏 Schlafen & Essen

★ Eleven Westgate — B&B ££

(☎01751-475111; www.elevenwestgate.co.uk; 11 Westgate; EZ/DZ 65/89 £; 🛜🛝) Das ansprechende Haus mit Terrasse und Garten liegt nur wenige Minuten zu Fuß westlich vom Stadtzentrum und bietet gemütliche Zimmer zu einem Schnäppchenpreis. Einen besonderen Service genießen hier Radfahrer bzw. deren Vehikel, die mit einer Fahrradwäsche, einem Trocknungsraum und gesicherter Aufbewahrung umsorgt werden. Zusätzlich zum deftigen Yorkshire-Frühstück mit allem Drum und Dran gibt es eine vegetarische Version zur Auswahl.

17 Burgate — B&B ££

(☎01751-473463; www.17burgate.co.uk; 17 Burgate; EZ/DZ 95/110 £; 🅿🛜) 🍴 Das B&B in einem eleganten georgianischen Stadthaus verwöhnt seine Gäste zur Begrüßung mit Tee und Kuchen. Die ruhigen und luxuriösen Zimmer lassen vergangene Zeiten aufleben. Zum – auf dem AGA-Herd zubereiteten – Frühstück kommen Köstlichkeiten aus regionalen Zutaten, selbstgemachte Orangenmarmelade und ein hausgemachtes Müsli auf den Tisch.

★ White Swan Hotel — HOTEL £££

(☎01751-472288; www.white-swan.co.uk; Market Pl; Zi. ab 149 £; 🅿🛜🛝) 🍴 Die Topadresse der Stadt vereint ein schickes Pub, ein erstklassiges Restaurant, in dem regionale Zutaten mit kontinentaleuropäischem Touch verarbeitet werden (Hauptgerichte 14–25 £), und ein Luxus-Boutiquehotel unter einem Dach. Neun moderne Zimmer in dem umgebauten Kutschenhaus beeindrucken mit Flachbild-TVs und anderen neuzeitlichen Paraphernalia.

Pickering Station Tearoom — TEAROOM £

(Park St; Hauptgerichte 4–6 £; ☉8.30–16 Uhr) Der Tearoom am Bahnhof serviert ausgezeichnete Backwaren aus eigener Herstellung und leckere Mittagsgerichte wie *Yorkshire pudding* mit Rinderbraten und Sauce.

❶ Praktische Informationen

Die **Touristeninformation** (Morlands Newsagent, 7 Market Pl; ☉Mo–Sa 5–17.30, So bis 12.30 Uhr) bietet neben dem Üblichen auch zahlreiche Infos für Eisenbahnfreunde.

❶ An- & Weiterreise

Bus 128 verkehrt zwischen Helmsley (4,50 £, 40 Min.) und Scarborough (5,50 £, 50 Min.) stündlich über Pickering. Bus 840 zwischen Leeds und Whitby verbindet Pickering mit York (8,80 £, 70 Min., stündl.).

Whitby

13 215 EW.

Whitby besteht aus zwei Teilen, die durch den River Esk voneinander getrennt sind. Außerdem besitzt die Stadt zwei Persönlichkeiten: Einerseits ist sie ein geschäftiger Handels- und Fischereihafen – hier lebte im 18. Jh. der Forschungsreisende Captain James Cook – mit einem lebendigen Fischmarkt am Wasser, andererseits ein traditionelles Seebad mit Sandstrand, Spielhallen und Urlaubern. Über der Stadt wacht oben auf dem East Cliff eine imposante Abteiruine. Sie diente als Inspiration und teils auch als Kulisse für Bram Stokers Schauerroman *Dracula*.

Außerdem ist Whitby bekannt dafür, dass hier jahrhundertelang in den Seekliffs Gagat (fossiles Holz) abgebaut wurde. Die glänzende schwarze Substanz war im 19. Jh. sehr beliebt, weil Königin Victoria oft Trauerschmuck aus Whitby-Gagat trug. Morbide Assoziationen wie diese haben dazu geführt, dass in Whitby seit ein paar Jahren einige sehr beliebte Grufti-Festivals stattfinden.

🔴 Sehenswertes

★ Whitby Abbey — RUINE

(EH; www.english-heritage.org.uk; Erw./Kind 7,90/4,70 £; ☉April–Sept. 10–18 Uhr, Okt. bis 17 Uhr, Nov. Di–Sa bis 16 Uhr, Dez.–März Sa & So bis 16 Uhr; 🅿)

Es gibt Klosterruinen, es gibt malerische Klosterruinen, und es gibt Whitby Abbey, deren Silhouette den Himmel über dem East Cliff wie ein riesiger Grabstein aus einem Horrorfilm beherrscht. Sie sieht aus, als sei sie als stimmungsvolle Filmkulisse errichtet worden, und so ist es kaum verwunderlich, dass der viktorianische Romanschriftsteller Bram Stoker – der in Whitby Urlaub machte – das mittelalterliche Monstrum zu jenem Ort auserkor, an dem Graf Dracula in dramatischer Weise an Land kam.

Vom Ende der Church Street führen die 199 Stufen der **Church Stairs** steil hinauf zur Whitby Abbey. Mit dem Auto fährt man auf der A171 von Scarborough kommend vor der Brücke über den Esk rechts ab und dann am östlichen Flussufer entlang.

★ Captain Cook Memorial Museum

MUSEUM

(www.cookmuseumwhitby.co.uk; Grape Lane; Erw./Kind 5,40/3,50 £; ☺ April–Okt. 9.45–17 Uhr, März 11–15 Uhr) Das faszinierende Museum befindet sich in dem Haus des Reeders, bei dem James Cook seine Seefahrerlaufbahn begann. Zu den Highlights zählen das Dachzimmer, in dem Cook als junger Lehrling logierte, Cooks eigene Karten und Briefe, Stiche aus der Südsee und ein wunderbares

---

CAPTAIN COOK – WHITBYS ADOPTIVSOHN

Er wurde zwar in Marton, heute ein Vorort von Middlesborough, geboren, doch Whitby hat den legendären Entdeckungsreisenden James Cook quasi adoptiert. Schon seitdem in viktorianischer Zeit die ersten Touristen aus dem Zug stiegen, haben sich Geschäftsleute schamlos an der Erinnerung an Cook bereichert, wie die zahllosen Endeavour-Cafés und Captain-Cook-Chipsbuden beweisen.

Whitby spielte tatsächlich eine wichtige Rolle in Cooks Entwicklung zu einem weltberühmten Entdecker. Von hier aus stach er das erste Mal in See, während er bei einem örtlichen Reeder in die Lehre ging, und die Bauweise der Schiffe, die er auf seinen Forschungsreisen einsetzte, wie die *Endeavour*, beruhte auf dem Design der *Whitby cats*, Schiffen mit flachem Boden, mit denen Kohle von Newcastle nach London befördert wurde.

Modell der *Endeavour*, deren Mannschaft und Proviant zur Inspektion aufgereiht sind.

Whitby Sands

STRAND

Auf den Whitby Sands, die sich von der Flussmündung Richtung Westen erstrecken, werden Eselsritte und Eiscreme angeboten. Die Kids können sich hier mit Eimer und Schaufel austoben, allerdings ist bei Flut vom Sand nicht mehr viel zu sehen. Der Strand ist vom Whitby Pavillon über einen Pfad oder vom West Cliff mit dem **Cliff Lift** (0,60 £ pro Pers.; ☺ Mai–Sept. 10–17.30 Uhr) zu erreichen, einem Fahrstuhl, der seit 1931 in Betrieb ist.

Whitby Museum

MUSEUM

(www.whitbymuseum.org.uk; Pannett Park; Erw./Kind 5 £/frei; ☺ Mo–Sa 9–17, So 9.30–16.30 Uhr; 🚻) In einem Park westlich des Stadtzentrums befindet sich das wunderbar vielseitige Whitby Museum. Es wartet mit Plesiosaurier-Fossilien und Dinosaurier-Fußstapfen, Captain-Cook-Erinnerungsstücken, Buddelschiffen, Gagatschmuck und der schauerlichen „Hand of Glory" auf: Die konservierte menschliche Hand wurde angeblich einem hingerichteten Kriminellen abgeschnitten.

🏃 Aktivitäten

Whitby Whale Watching

TIERE

(☎ 07941 450381; www.whitbywhalewatching.net; Brewery Steps; pro Pers. 40 £) Auf der vierstündigen Meeressafari per Boot gibt es ganzjährig fast garantiert Seehunde, Tümmler und Delfine zu sehen. Im August und September hat man gute Karten, auch Wale (meist Zwergwale, seltener Buckel-, Sei- und Finnwale) zu sichten.

Trailways

RADFAHREN

(☎ 01947-820207; www.trailways.info; Old Railway Station, Hawsker; pro Tag ab 17 £; ☺ 9.30–18 Uhr) Der Fahrradverleih am Radweg von Whitby nach Scarborough ist in einem alten Bahnhof 4 km südöstlich von Whitby untergebracht.

Festivals & Events

Whitby Goth Weekends

KULTUR

(www.whitbygothweekend.co.uk; Tickets 1/2 Tage 34/65 £) Ein Grufti- und Steampunk-Paradies mit Konzerten, Events und dem Bizarre Bazaar, auf dem Dutzende Händler Grufti-Klamotten, -Schmuck, -Kunst und -Musik verkaufen. Zweimal im Jahr, Ende April und Oktober/Anfang November.

Whitby

N 0 — 200 m
0 — 0,1 Meile

Whitby

⦿ Highlights
1 Captain Cook Memorial Museum......... C2
2 Whitby Abbey.. D2

⦿ Sehenswertes
3 Whitby Museum................................... A3
4 Whitby Sands....................................... B1

⦿ Aktivitäten, Kurse & Touren
5 Whitby Whale Watching...................... C2

⦿ Schlafen
6 Argyle House.. A2
7 La Rosa Hotel...................................... B1
8 Langley Hotel....................................... A1
9 Marine Hotel.. C1
10 Shepherd's Purse C2

11 YHA Whitby... D2

⦿ Essen
12 Fisherman's Wife............................... C1
13 Humble Pie 'n' Mash C2
14 Java Cafe-Bar..................................... C2
15 Magpie Cafe.. C1
16 Moon & Sixpence............................... C2

⦿ Ausgehen & Nachtleben
17 Duke of York C2
18 Station Inn C3

⦿ Shoppen
19 Fortune's Kippers................................ D1
20 Hildoceras.. C2

Whitby Spring Session MUSIK, KUNST
(www.moorandcoast.co.uk; Tickets ab 40 £) Bärte,
Sandalen und *real ale* in Hülle und Fülle gibt's
bei diesem traditionellen Festival am langen
Maifeiertagswochenende mit Volksmusik,
Volkstanz und dubioser keltischer Kunst.

🛌 Schlafen

YHA Whitby HOSTEL £
(☎ 0845 371 9049; www.yha.org.uk; Church Lane;
B/2BZ 23/59 £; P @ 🛜 👪) Das Hostel in un-
schlagbarer Lage in einem alten Herren-

haus direkt neben der Abtei ist unglaublich
beliebt – wer hier nächtigen möchte, muss
weit im Voraus reservieren. Zur Herberge
gelangt man über die Church Stairs, die von
der Stadt hochführen, oder mit dem Bus 97
vom Bahnhof zur Whitby Abbey (Mo–Sa
2-mal stündl.).

Harbour Grange HOSTEL £
(☎ 01947-600817; www.whitbybackpackers.co.uk;
Spital Bridge; B ab 18 £; P) Das saubere und einfache Hostel mit Picknicktischen am Hafen

YORKSHIRE WHITBY

DRACULA IN WHITBY

Den berühmten Roman *Dracula*, Vorbild für Tausende von reißerischen Horrorfilmen, schrieb Bram Stoker, als er 1897 in Whitby Urlaub machte – eine blaue Tafel am Haus 6 Royal Crescent markiert das Gebäude, in dem er logierte. Obwohl sich die meisten Hollywood-Versionen der Geschichte auf das tiefste, düsterste Transsilvanien konzentrieren, spielte ein großer Teil des Originalbuchs in Whitby. Viele Schauplätze sind auch heute noch vorhanden.

Die Touristeninformation verkauft ein Faltblatt zum *Dracula Trail* (1 £), der zu allen Orten der Stadt führt, die mit Bram Stoker und dem Grafen zu tun haben.

ist praktisch gelegen und bietet tolle Ausblicke, schließt aber abends um 23.30 Uhr – gerade richtig für Leute, die nicht unbedingt in der Stadt noch einen draufmachen wollen. Vom Bahnhof hierher sind es weniger als zehn Gehminuten.

⭐ La Rosa Hotel   HOTEL ££

(☎01947-606981; www.larosa.co.uk/hotel; 5 East Tce; DZ 86–135 £; 🛜) 🧲 Schräg, aber klasse! Lewis Carroll, Verfasser von *Alice im Wunderland*, stieg während eines Urlaubs in Whitby in diesem Haus ab. Und wer es heute betritt, hat das Gefühl, durch den Spiegel in eine altmodische Welt voller viktorianischem Nippes und Kitsch zu treten, die man entweder mag oder hasst. Acht originelle und stimmungsvolle Zimmer (eins mit Holzbadewanne!), kein Fernsehen, dafür toller Meerblick und Frühstückskorb aufs Zimmer.

Trailways   APARTMENT ££

(☎01947-820207; www.trailways.info; Hawsker; HS 699 £ pro Woche; 🅿) Wer bei der Fahrt mit der North Yorkshire Moors Railway auf den Geschmack gekommen ist, möchte vielleicht auch in einem Zug nächtigen. Trailways bietet am alten Bahnhof von Hawsker am Radweg Whitby–Scarborough einen schön umgebauten InterCity-125-Waggon für luxuriöses Übernachten mit Selbstversorgung, mit allen Annehmlichkeiten für zwei bis sechs Personen.

Langley Hotel   B&B ££

(☎01947-604250; www.langleyhotel.com; 16 Royal Cres; EZ/DZ ab 70/105 £; 🛜) Mit der Farbgestaltung in Creme und Purpur und güldenem Himmelbett in einem Zimmer besitzt das stattliche alte Gästehaus einen Hauch viktorianischen Glanz. Am besten sind Zimmer 1, 2 und 6 mit dem schönsten Panoramablick. Den genoss auch Bram Stoker, der Autor von *Dracula,* der 1897 ein paar Türen weiter in Nr. 6 Urlaub machte.

Shepherd's Purse   GÄSTEHAUS ££

(☎01947-820228; www.theshepherdspurse.com; Sanders Yard, Church St; DZ 65–85 £) Das romantische Refugium versteckt sich in einem Hof abseits der geschäftigen Church Street. Die Zimmer mit Bad sind charmant und rustikal. Die Himmelbetten machen zwar ein bisschen den Eindruck, als seien sie in die Zimmer hineingezwängt worden, aber der Gesamteindruck ist eher niedlich als beengt. Von April bis Oktober zwei Nächte Mindestaufenthalt. Kein Frühstück.

Argyle House   B&B ££

(☎01947-821877; www.argyle-house.co.uk; 18 Hudson St; 37–43 £ pro Pers.; 🛜) 🧲 Das reizende viktorianische B&B in Strandnähe ist urgemütlich. Zum Frühstück gibt's Bücklinge. Bei mehrnächtigen Aufenthalten wird Rabatt gegeben.

⭐ Marine Hotel   GASTHOF £££

(☎01947-605022; www.the-marine-hotel.co.uk; 13 Marine Pde; Zi. 100–195 £; 🛜) Die vier Zimmer im Marine Hotel wirken eher wie kleine Suiten als wie normale Hotelzimmer und sind originell, stilvoll und behaglich. Hier möchte man eigentlich lieber im Haus verweilen, anstatt vor die Tür zu gehen. Am schönsten sind die beiden Zimmer mit Balkon und tollem Blick auf den Hafen.

Essen

Humble Pie 'n' Mash   BRITISCH £

(www.humblepie.tccdev.com; 163 Church St; Hauptgerichte 6 £; 🕙Mo–Sa 12–20, So bis 16 Uhr) 🧲 Sehr gute hausgemachte Pies mit Füllungen von Lamm, Lauch und Rosmarin bis zu gebratenem Gemüse und Schafskäse, serviert in einem anheimelnden Fachwerk-Cottage.

Java Cafe-Bar   CAFÉ £

(☎01947-821973; 2 Flowergate; Hauptgerichte 5–8 £; 🕙8–18 Uhr; 🛜) Cooles kleines Café mit Edelstahltresen und Retro-Einrichtung, Musikvideos auf Flachbildschirmen und einer Speisekarte voller gesunder Salate, Sandwiches und Wraps. Dazu gibt's ausgezeichneten Kaffee.

★ Fisherman's Wife
FISCH & MEERESFRÜCHTE ££

(☎01947-603500; thefishermanswife.co.uk; Khyber Pass; Hauptgerichte 8–15 £; ⊙Mo–Do 12–20.30, Fr & Sa bis 20.45, So bis 20 Uhr; ⊞) ✎ Das Restaurant in Toplage mit Blick auf den Strand und die Hafeneinfahrt verwöhnt seine Gäste mit lokalem Seafood in stilvollem Ambiente. Patente Kellner in marineblauen Schürzen servieren vor Ort gefangenen Hummer (halb/ganz etwa 20/36 £, je nach Marktpreis) als Salat, mit Knoblauch gegrillt oder als Hummer Thermidor. Die heimischen Krebse kommen mit geräuchertem Lachs, Avocado, Apfel und Fenchel auf den Tisch.

★ Moon & Sixpence
BRASSERIE ££

(☎01947-604416; www.moon-and-sixpence.co.uk; 5 Marine Pde; Hauptgerichte 9–18 £; ⊙9–24 Uhr; ☎) ✎ Die Brasserie und Cocktailbar in toller Lage beeindruckt mit Ausblicken über den Hafen und auf die Abteiruine. Die fischlastige Karte umfasst v. a. herzhafte schnörkellose Gerichte wie eine dicke Gemüsesuppe, Fischsuppe, Fisch-Pie, hausgemachte Hamburger und Muscheln mit Pommes frites. Auch das Frühstück ist exzellent – es gibt u. a. Bücklinge aus dem Hause Fortune's Kipper (S. 547) mit Brot und Butter.

Magpie Cafe
FISCH & MEERESFRÜCHTE ££

(www.magpiecafe.co.uk; 14 Pier Rd; Hauptgerichte 8–23 £; ⊙11.30–21 Uhr; ☎⊞) ✎ Das Magpie wirbt mit seinem Renommee, die besten Fish and Chips der Welt zu servieren. Und sie sind tatsächlich erstklassig, aber das weiß auch alle Welt und im Sommer zieht sich die Warteschlange mitunter die ganze Straße entlang. Fish and Chips zum Mitnehmen kosten 4,95 £; im Restaurant ist's teurer, aber hier ist auch das Angebot an Fischgerichten größer, von gegrilltem Seebarsch bis zu Paella.

🍷 Ausgehen & Nachtleben

Station Inn
PUB

(www.stationinnwhitby.co.uk; New Quay Rd; ⊙Mo–Sa 10–24, So bis 23.30 Uhr; ☎) Das beste Pub der Stadt, was Atmosphäre und Qualität des Biers betrifft, mit einem eindrucksvol-len Angebot an naturbelassenen Bieren wie Timothy Taylor's Golden Best und Ossett Silver King. Livemusik mittwochs, freitags, samstags und sonntags.

Duke of York
PUB

(www.dukeofyork.co.uk; Church St; ⊙So–Do 11–23, Fr bis 23.30, Sa bis 24 Uhr; ☎) Beliebte Kneipe am unteren Ende der Church Stairs mit Timothy-Taylor-Ales, Fish and Chips und tollem Hafenblick.

🛍 Shoppen

Fortune's Kippers
RÄUCHERFISCH

(☎01947-601659; www.fortuneskippers.co.uk; 22 Henrietta St; ⊙Mo–Sa 9–15, So 10–13 Uhr) Die kleine Räucherei Fortune's ist berühmt für ihre *kippers* (geräucherter Hering), die hier seit 1872 gemacht werden und immer noch zu den vortrefflichsten des Landes gehören. In vielen Hotels und B&Bs Whitbys sind sie fester Bestandteil des Frühstücksangebots. Bevor sie auf den Tisch kommen, werden sie entweder mit Butter bestrichen und gegrillt bis sie Blasen schlagen oder fünf Minuten in kochendem Wasser pochiert.

Hildoceras
GESCHENKE & SOUVENIRS

(☎01947-604188; 12 Sandgate; ⊙10–18 Uhr) Faszinierender Geschenkeladen, der alles Mögliche verkauft, darunter Fossilien, Mineralien, Kristalle, in Bernstein konservierte Insekten, Schmuck und Lederwaren.

ℹ Praktische Informationen

Touristeninformation (☎01947-602674; www.visitwhitby.com; Langbourne Rd; ⊙April–Okt. 9.30–18 Uhr, Nov.–März bis 16.30 Uhr)

ℹ An- & Weiterreise

Bus Die beiden Busse 93 und X93 fahren Richtung Süden nach Scarborough (5,70 £, 1 Std., alle 30 Min.), davon gibt jeder zweite über Robin Hood's Bay (4 £, 15 Min., stündl.), sowie Richtung Norden nach Middlesborough (5,70 £, 1 Std., stündl., So weniger häufig).

Der Coastliner 840 verkehrt von Leeds über York und Pickering nach Whitby (13,50 £, 3¼ Std., Mo–Sa 6-mal tgl.).

Zug Wer von Norden kommt, kann von Middlesborough (6,80 £, 1½ Std., 4-mal tgl.) – mit Anschlüssen von Durham und Newcastle – mit der Esk Valley Railway nach Whitby gelangen. Aus südlicher Richtung nimmt man am besten einen Zug von York nach Scarborough und von dort einen Bus nach Whitby.

Robin Hood's Bay

Der pittoreske Ort **Robin Hood's Bay** hat nichts mit dem Helden des Sherwood Forest zu tun – der Namensursprung liegt im Dunkeln und die Einheimischen nennen den Ort Bay Town oder einfach Bay. Aber auf jeden Fall ist das Fischerdorf eines der hübschesten Örtchen an der Küste von Yorkshire.

Wer mit dem Auto unterwegs ist, lässt es auf dem Parkplatz im Oberdorf (3,50 £ für 4 Std.), wo sich Schiffskapitäne im 19. Jh. komfortable viktorianische Villen errichten ließen, und geht zu Fuß hinunter nach Old Bay, dem ältesten Teil des Dorfs. Mit dem Auto runterzufahren, sollte man gar nicht erst in Erwägung ziehen. Das Labyrinth aus engen Gassen und Durchgängen ist mit Tearooms, Pubs, Kunstgewerbeläden und Künstlerateliers gespickt (es gibt sogar ein winziges Kino). Bei Ebbe kann man hinunter an den Strand gehen und die Felsbecken erkunden.

⊙ Sehenswertes

Old Coastguard Station
INFORMATIONSZENTRUM

(www.nationaltrust.org.uk; The Dock; ⊙ April–Nov. 10–17 Uhr, Dez.–März Sa & So bis 16 Uhr) GRATIS Das vom National Trust betriebene Besucherzentrum zeigt eine Ausstellung zur Geologie und Naturkunde des Orts.

✗ Essen & Ausgehen

Swell Cafe
CAFÉ £

(www.swell.org.uk; Chapel St; Hauptgerichte 3–8 £; ⊙ Mo–Fr 9.30–15.30, Sa & So bis 16 Uhr; 🕾🕭) Das Swell holt Stiche mit tollem Kaffee, leckeren Suppen, Salaten und Sandwiches, aber Trumpf ist die Terrasse mit Strandblick.

Ye Dolphin
PUB

(📞 01947-880337; King St; ⊙ Mo–Sa 11.30–23, So 12–23 Uhr; 🕾🕭) Sowohl stimmungs- als auch biertechnisch das beste Pub in Robin Hood's Bay. Freitagabends trifft sich hier der örtliche Folk-Music-Club.

❶ An- & Weiterreise

Robin Hood's Bay liegt knapp 10 km südöstlich von Whitby. Zwischen Whitby und Scarborough verkehrt stündlich Bus 93 über Robin Hood's Bay – die Bushaltestelle liegt oben am Berg im neuen Teil des Orts.

YORKSHIRE DALES NATIONAL PARK

Die Yorkshire Dales – vom altnorwegischen Wort *dalr*, Tal – sind seit den 1950er-Jahren als Nationalpark ausgewiesen und die mittlere Perle in der Kette aus drei Nationalparks, die sich über Nordengland spannt, mit den atemberaubenden Bergen des Lake District im Westen und den düsteren Heidelandschaften der North York Moors im Osten.

Die Gletschertäler des Parks, von bekannteren wie Wensleydale und Ribblesdale bis zu unbekannten wie Langstrothdale und Arkengarthdale, sind geprägt durch einzigartige Hochmoor-Heidelandschaften, Karststufen und Hügel mit flachen Gipfeln. Unten in den mit Bruchsteinmauern durchzogenen und mit kleinen Scheunen gespickten grünen Tälern liegen malerische Dörfer, in denen auch heute noch Schafe und Rinder auf dem Dorfanger weiden. In den südlichen Dales hat das Regenwasser Englands schönste Karstlandschaften aus dem Kalksteinboden ausgewaschen.

❶ Anreise & Unterwegs vor Ort

Rund 90 % der Besucher des Parks kommen mit dem Auto hierher und im Sommer kann auf den engen Straßen ziemlich viel Verkehr herrschen. Problematisch kann sich auch die Parkplatzsuche gestalten – also möglichst oft öffentliche Verkehrsmittel nutzen!

Es gibt relativ wenige Busverbindungen, viele bestehen nur im Sommer, manche nur an Sonn- und Feiertagen. Die Touristeninformationen halten den DalesBus-Fahrplan bereit; dieselben Infos bietet auch die Website DalesBus (www.dalesbus.org). Die Hauptrouten sind die Strecken von Richmond nach Ribblehead über Reeth, Keld und Hawes, von Richmond nach Leyburn und von Skipton nach Kettlewell über Grassington.

Mit dem Zug gelangt man am besten über die berühmte **Settle–Carlisle Line** (S. 555) in die Dales. Die zwischen Leeds und Carlisle verkehrenden Züge halten in Skipton, Settle und zahlreichen kleinen Dörfern und ermöglichen so Zugang zu den Bergen direkt vom Bahnsteig aus.

Skipton

14 625 EW.

Die geschäftige Marktstadt am Südrand der Dales verdankt ihren Namen dem angelsächsischen *sceape ton* (Schafstadt). Damit weiß man auch, womit hier Geld ver-

Yorkshire Dales National Park

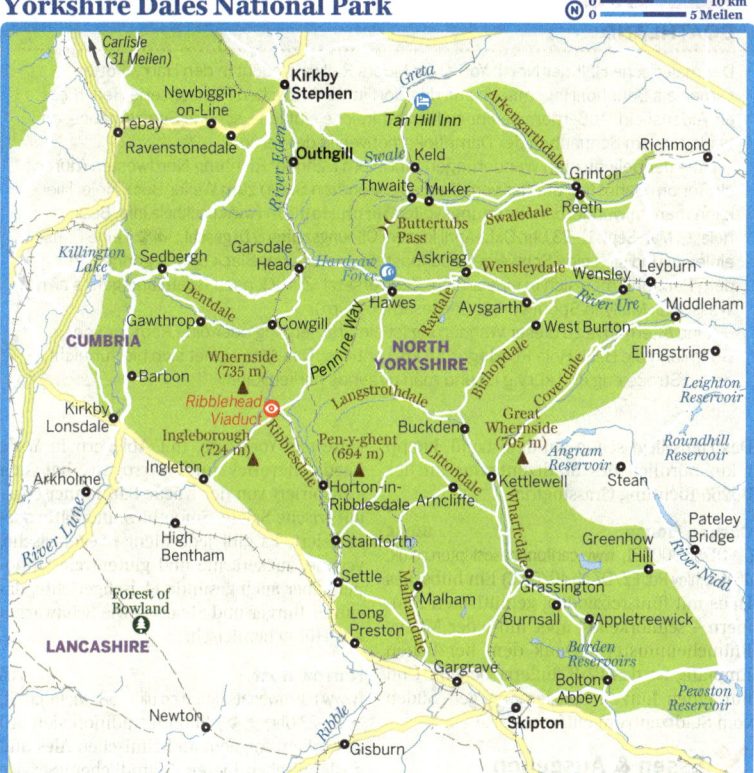

dient wurde. An den Markttagen kommen aus der ganzen Umgebung Leute hierher und es herrscht eine Art Feststimmung im Städtchen.

⦿ Sehenswertes & Aktivitäten

High Street   STRASSE

Skiptons ganzer Stolz ist die breite, geschäftige High Street, eine der schönsten Einkaufsstraßen Yorkshires. An vier Tagen der Woche (montags, mittwochs, freitags und samstags) findet hier **Markt** statt und am ersten Sonntag des Monats gibt's am nahen Kanalbecken einen **Bauernmarkt** (9–15 Uhr).

Skipton Castle   BURG

(www.skiptoncastle.co.uk; High St; Erw./Kind 7,80/4,90 £; ⊙ April–Sept. Mo–Sa 10–18, So 12–18 Uhr, Okt.–März bis 17 Uhr) Durch ein Tor neben der Kirche am Nordende der High Street geht's zum Skipton Castle. Die mit-

telalterliche Burg ist sehr gut erhalten und damit ein faszinierender Gegensatz zu den vielen Ruinen überall.

Pennine Cruisers   BOOTSTOUREN

(www.penninecruisers.com; The Wharf, Coach St; 4 £ pro Pers.; ⊙ März–Okt. 10.30 Uhr–Sonnenuntergang) Zu einem Besuch in Skipton gehört auf jeden Fall eine Bootsfahrt auf dem Leeds and Liverpool Canal, der mitten durch die Stadt führt. Pennine Cruisers bietet halbstündige Fahrten zum Skipton Castle und zurück.

🛏 Schlafen

Park Hill   B&B ££

(☎01756-792772; www.parkhillskipton.co.uk; 17 Grassington Rd; DZ 85 £; P@🕾) 🖉 Von dem Willkommenssherry bei der Ankunft bis zum herzhaften Frühstück mit Zutaten aus der Region, farmfrischen Eiern und Tomaten aus eigenem Anbau: Dieses B&B bietet einen Empfang nach echter Yorkshire-Art.

ABSTECHER

GOATHLAND

Der malerische Halt der North Yorkshire Moors Railway taucht in den Harry-Potter-Filmen als Bahnhof Hogsmeade auf, das Dorf in der britischen Fernsehserie *Heartbeat* als Aidensfield. Außerdem beginnen hier zahlreiche einfache, schöne Spaziergänge, oft begleitet vom Schnauben der Dampflokomotiven in der Ferne.

Eine der beliebtesten Wanderungen führt vom Bahnhof Richtung Nordwesten (durch ein Tor am Bahnsteig auf der vom Dorf abgewandten Seite) zum Weiler Beck Hole. Hier kann man im wunderbar stimmungsvollen **Birch Hall Inn** (www.beckhole.info; Beck Hole; ☉ Mai–Sept. 11–23 Uhr, Okt.–April kürzere Öffnungszeiten & Di geschl.; 🅿🛇) eine Pause einlegen und sich eine Schweinefleischpastete und ein Pint Black Sheep gönnen. In dem Pub fühlt man sich in eine andere Zeit versetzt. Zurück nach Goathland geht's am Wasserfall Mallyan Spout vorbei (insgesamt 6,5 km).

Eine Alternative zu dieser Wanderung ist ein Spaziergang oder eine Radtour von Goathland die Beck Hole Road (gut 1,5 km) entlang. Das Auto eignet sich hierfür nicht, da die Straße eng und kurvig ist und man nirgends parken kann.

Das Haus liegt schön auf dem Land, knapp 1 km nördlich des Stadtzentrums an der B6265 Richtung Grassington.

Carlton House   B&B ££

(☎ 01756-700921; www.carltonhouseskipton.co.uk; 46 Keighley Rd; EZ/DZ ab 40/60 £) Ein hübsches Haus mit fünf reizenden, gemütlichen Zimmern – schnörkellos, aber mit jeder Menge Blümchenmustern. Dank dem herzlichen Empfang ist das B&B äußerst beliebt. Und nur einen kurzen Spaziergang gen Süden vom Stadtzentrum entfernt.

✖ Essen & Ausgehen

Bizzie Lizzies   FISH & CHIPS £

(☎ 01756-701131; www.bizzielizzies.co.uk; 36 Swadford St; Hauptgerichte 6–10 £; ☉ 11–21 Uhr; 🅿🛇) Preisgekröntes Fish-and-Chips-Restaurant am Kanal. Zum Mitnehmen gibt's bis 23.30 Uhr Fish and Chips für 5 £.

⭐ Le Caveau   BRITISCH ££

(☎ 01756-794274; www.lecaveau.co.uk; 86 High St; Hauptgerichte 17–20 £; ☉ Di–Fr 12–14.30 & 19–21.30, Sa 17–21.30 Uhr) 🍴 Das freundliche Bistro in einem stilvoll eingerichteten Keller mit Tonnengewölbedecke aus dem 16. Jh. bietet eine saisonale Karte mit Gerichten auf der Grundlage heimischer Erzeugnisse. Zu den Tagesgerichten zählen hausgeräucherte Meerforelle mit Senfaioli oder in Cider mariniertes Schweinefilet mit knuspriger Blutwurst. Unter der Woche gibt's ein 2-Gänge-Mittagessen für 12 £.

Filmore & Union   GESUNDE KOST ££

(☎ 01756-700738; www.filmoreandunion.com; 66 High St; Hauptgerichte 8–16 £; ☉ Mo–Mi 8–18, Do–Sa bis 22, So 9–17 Uhr; 🛇🅿🛇) Die Restaurantkette aus Yorkshire, mit Ablegern in York, Leeds, Beverley und Harrogate, hat sich – inspiriert von der Küche San Franciscos – auf frische Salate, Smoothies und Säfte spezialisiert. Es gibt jede Menge vegetarische, vegane, zuckerarme und glutenfreie Optionen, aber auch gesunde Fleischgerichte, darunter Burger und Steaks sowie Schawarma aus Hühnchenfleisch.

Narrow Boat   PUB

(www.narrowboatskipton.co.uk; 38 Victoria St; ☉ 12–23 Uhr; 🛇🛇) Pub im traditionellen Stil mit tollem Angebot an heimischen Ales und ausländischen Bieren, freundlichem Service und Kneipenessen.

ⓘ Praktische Informationen

Die **Touristeninformation** (☎ 01756-792809; www.welcometoskipton.com; High St; ☉ Mo–Sa 9.30–16, 1. So des Monats 10–16 Uhr) befindet sich im Rathaus.

ⓘ An- & Weiterreise

Skipton ist der letzte Bahnhof im Metro-Verkehrsnetz von Leeds (9,40 £, 45 Min., halbstündl., So stündl.). Drei Busse pro Tag (nur Mo–Fr) fahren von Skipton nach Settle (6,20 £, 40 Min.).

Grassington

Grassington ist der perfekte Stützpunkt für Erkundungstouren in die südlichen Dales. Im hübschen georgianischen Zentrum tummeln sich im Sommer Wanderer und andere Touristen und erfreuen sich an einem Ambiente, das trotz der ein wenig gekünstelten Rustikalität sehr nett und urig ist.

Das Highlight des Jahres ist das Grassington Festival, ein zweiwöchiges Kunst- und Musikspektakel im Juni.

Schlafen & Essen

Ashfield House
B&B ££

(✆01756-752584; www.ashfieldhouse.co.uk; Summers Fold; Zi. ab 105 £; P @ 🛜) Im abgeschiedenen Landhaus aus dem 17. Jh., umgeben von einer Gartenmauer und mit unverputzten Steinwänden und offenen Kaminen, herrscht das ganze Jahr über ein gemütlichen Ambiente. Nicht weit vom Hauptplatz.

★ Devonshire Fell
HOTEL £££

(✆01756-718111; www.devonshirefell.co.uk; Burnsall; Zi. ab 129 £; P @ 🛜) Der ehemalige Gentleman's Club für Fabrikbesitzer hat inzwischen ein sehr zeitgenössisches Flair; das schöne moderne Mobiliar stammt von Handwerkern aus der Region. Vom Wintergarten, der als Restaurant und Frühstücksraum genutzt wird, bieten sich atemberaubende Ausblicke auf das Tal. Das Haus liegt knapp 5 km südöstlich von Grassington an der B6160.

Corner House Cafe
CAFÉ £

(✆01756-752414; www.cornerhousegrassington.co.uk; 1 Garr's Lane; Hauptgerichte 6–9 £; ⏱10–16 Uhr; 🛜 ♿ 🐾) Das niedliche kleine weiße Cottage unmittelbar hügelaufwärts vom Dorfplatz serviert guten Kaffee und delikaten hausgemachten Kuchen (eine Köstlichkeit ist z. B. der Zitrus-Lavendelsirup-Biskuitkuchen) sowie leckere Schmankerl zum Mittagessen wie *croque monsieur* (ein mit Käse und Schinken gefülltes Gourmettoast) oder Hühnchen-Chorizo-Gratin. Frühstück gibt's bis 11.30 Uhr, das Angebot reicht von Zimttoast bis zum deftigen englischen Frühstück mit allem Drum und Dran.

🎉 Festivals & Events

Grassington Festival
KULTUR

(www.grassington-festival.org.uk) Der krönende Höhepunkt im Kulturkalender der Yorkshire Dales ist das zweiwöchige Grassington Festival (www.grassington-festival.org.uk) im Juni, das bekannte Namen aus den Bereichen Musik, Theater und Comedy herholt und auch so ungewöhnliche Veranstaltungen wie Trockensteinmauerbau-Workshops umfasst.

❶ Praktische Informationen

Die Touristeninformation (✆01756-751690; Hebden Rd; ⏱April–Okt. 10–17 Uhr, Nov., Dez., Feb. & März Sa & So bis 16 Uhr) befindet sich am großen Parkplatz am Ortsrand.

❶ An- & Weiterreise

Vom knapp 10 km südlich gelegenen Ort Skipton fährt Bus 72 vom Bahnhof und Busbahnhof nach Grassington (3,90 £, 30 Min., Mo–Sa stündl.). Sonntags verkehrt auf dieser Strecke Bus X43 (stündl., Abfahrt nur vom Busbahnhof). Bus 72 fährt weiter nach Norden durch das Tal und hält in den Dörfern Kettlewell und Buckden.

Malham

120 E.W.

Von Grassington Richtung Westen nach Ingleton erstreckt sich die größte Kalksteinlandschaft Englands mit Gruben, Trockentälern, Kalksteinformationen und Schluchten. Zwei der spektakulärsten Naturformationen – Malham Cove und Gordale Scar – liegen in der Nähe des hübschen Dörfchens Malham.

🏃 Aktivitäten

★ Malham Cove
AMPHITHEATER

Ein 1,2 km langer Spaziergang vom Dorf Malham führt zur Malham Cove, einem großen Felsamphitheater mit 80 m hohen senkrechten Klippen. Im Frühjahr nisten hier Wanderfalken; dann richtet die Royal Society for the Protection of Birds (RSPB) einen Vogelbeobachtungsposten ein. Die steilen Stufen auf der linken Seite der Klippe (Teil des Fernwanderwegs Pennine Way) kann man hochsteigen und sich oben die weitläufige zerklüftete Kalksteinoberfläche anschauen. Weitere 2,4 km weiter nördlich liegt der Gletschersee **Malham Tarn**, ein Naturschutzgebiet.

Rund 1,5 km östlich von Malham liegt die eindrucksvolle **Gordale Scar**, eine tiefe Kalksteinschlucht mit hübschen Kaskaden und den Überresten einer Siedlung der Eisenzeit.

🛏 Schlafen

YHA Malham
HOSTEL £

(✆0845 371 9529; www.yha.org.uk; B/2BZ 25/55 £; P 🛜 ♿) Das eigens als solches erbaute, kürzlich modernisierte Hostel liegt dem Dorfzentrum gegenüber auf der anderen Seite der Brücke. Zu den erstklassigen Einrichtungen zählen ein Shop, eine Bar und ein Café. Auch für kleine Kinder ist gut gesorgt.

★ Beck Hall
HOTEL ££

(✆01729-830332; www.beckhallmalham.com; DZ 90–110 £; P 🛜 ♿ 🐾) Das große Landhaus aus dem 17. Jh. liegt in idealer Entfernung für einen Spaziergang zur Malham Cove. Die 18 rustikalen Zimmer sind individuell mit schweren, alten Möbeln eingerichtet, manche verfügen über historische Himmelbetten. Durch den Garten fließt ein sprudelnder Bach und in der eichenholzvertäfelten Lounge flackert im Winter ein Kaminfeuer.

❶ Praktische Informationen

Das **Nationalparkzentrum** (☎ 01969-652380; www.yorkshiredales.org.uk; ☉ April–Okt. 10–17 Uhr, Nov.–März nur Sa & So bis 16 Uhr) am Parkplatz südlich des Dorfs bietet die üblichen Infos; siehe auch www.malham dale.com.

❶ An- & Weiterreise

Von Skipton fahren täglich außer dienstags und donnerstags zwei bis fünf Busse nach Malham (4 £, 45 Min.). Der Malham Tarn Shuttle verkehrt von Ostern bis Oktober sonntags viermal zwischen Settle und Malham (3,50 £, 25 Min.). Näheres auf der Dalesbus-Website (www.dales bus.org) oder in der Touristeninformation von Skipton. Die schmalen Straßen, die nach Malham führen, können im Sommer stark befahren sein. Am besten lässt man sein Fahrzeug beim Nationalparkzentrum stehen und geht zu Fuß ins Dorf.

Ribblesdale & die Three Peaks

Das reizvolle Ribblesdale durchschneidet die Südwestecke des Yorkshire Dales National Park. Drei einzigartige Berge beherrschen die Landschaft, die Three Peaks – Whernside (735 m), Ingleborough (724 m) und Pen-y-ghent (694 m). Die Gegend ist mit der Settle–Carlisle Line (S. 555) gut erreichbar und eine beliebte Freizeitregion: Jedes Wochenende sind hier Tausende Wanderer, Radfahrer und Höhlenerkunder unterwegs.

Am Ende des Tals, 8 km nördlich von Horton, befindet sich der spektakuläre 30 m hohe Ribblehead Viadukt, 1874 errichtet und mit einer Länge von 400 m der längste Viadukt an der Settle–Carlisle Line. Man kann auf dem Pennine Way hinwandern und dann vom Bahnhof Ribblehead mit dem Zug zurückfahren.

Settle

3660 EW.

Der geschäftige Marktflecken Settle mit seinem großen neogotischen Rathaus ist das Tor zum Ribblesdale und markiert den Beginn des landschaftlich faszinierenden Abschnitts der berühmten Bahnstrecke Settle–Carlisle. Vom Marktplatz (Markt ist am Dienstag) führen schmale, von Läden und Pubs gesäumte Kopfsteingassen weg. Der Ort bietet jede Menge Übernachtungsmöglichkeiten.

Essen

Ye Olde Naked Man CAFÉ £
(Market Pl; Hauptgerichte 4–8 £; ☉ Do–Di 9–17, Mi bis 16 Uhr; ▥) In dem ehemaligen Bestattungsinstitut – draußen unbedingt Ausschau nach dem „nackten Mann" von 1663 halten – wird ausgezeichneter *Yorkshire pudding* mit verschiedenen Füllungen serviert.

❶ Praktische Informationen

Die **Touristeninformation** (☎ 01729-825192; Town Hall, Cheapside; ☉ ganzjährig Mo–Sa 9.30–16 Uhr, April–Okt. So bis 16 Uhr, Nov.–März So 10–14 Uhr) hat Karten und Broschüren im Angebot.

❶ An- & Weiterreise

Züge von Leeds nach Carlisle halten am Bahnhof von Settle nicht weit vom Ortszentrum (12,40 £, 1 Std., alle 2 Std.).

Horton-in-Ribblesdale

560 EW.

Das Dörfchen Horton-in-Ribblesdale ist ein Treffpunkt für Naturliebhaber und liegt mit seinem Bahnhof 8 km nördlich von Settle. Dreh- und Angelpunkt des Dorfs ist das Pen-y-Ghent Cafe, das als Touristeninformation, Schlechtwetter-Zufluchtsort und Informationszentrum für Wanderer dient.

Horton ist der Ausgangspunkt für die Besteigung des Pen-y-ghent sowie für den **Three Peaks Walk**; außerdem ist es eine Zwischenstation auf dem Pennine Way.

🛏 Schlafen & Essen

Holme Farm Campsite CAMPINGPLATZ £
(☎ 01729-860281; Zeltstellplätze 4 £, zusätzl. pro Pers. 3 £, Dusche 1 £) Einfacher Campingplatz ohne Drum und Dran neben dem Golden Lion, sehr beliebt bei Wanderern auf dem Pennine Way.

Golden Lion GASTHOF £
(☎ 01729-860206; www.goldenlionhotel.co.uk; EZ/DZ ab 45/70 £, Schlafsaal 12 £ pro Pers.; ℙ ▥) Der Golden Lion ist ein munteres Pub mit gemütlichen B&B-Zimmern, einem 15-Bet-

ten-Schlafsaal und drei Bars, in denen man das Kneipenessen mit einem handgepumpten Pint Ale hinunterspülen kann.

Pen-y-Ghent Cafe
CAFÉ £

(Hauptgerichte 3–6 £; ⊙Mo & Mi–Fr 9–17.30, Sa & So 8–17.30 Uhr; P🚲🚶) Das traditionelle Café wird seit 1965 von derselben Familie geführt und stärkt müde Wanderer mit Spiegeleiern und Pommes, hausgemachten *scones* und Riesenbechern Tee. Außerdem werden Karten, Führer und Wanderausrüstung verkauft.

Hawes

885 EW.

Hawes ist das Herz des Wensleydale, eine florierende, malerische Marktstadt – Markt ist dienstags – mit mehreren Antiquitäten-, Kunst- und Kunsthandwerksläden sowie einem Wasserfall im Dorfzentrum. An Sommerwochenenden sind die engen Straßen des Orts jedoch hoffnungslos verstopft. Sein Auto lässt man am besten auf dem Parkplatz beim Nationalparkzentrum am östlichen Ortseingang stehen.

◉ Sehenswertes

Dales Countryside Museum
MUSEUM

(☑01969-666210; www.dalescountrysidemuseum.org.uk; Station Yard; Erw./Kind 4,50 £/frei; ⊙10–17 Uhr, Jan. geschl.; P) Das Dales Countryside Museum befindet sich im selben Gebäude wie das Nationalparkzentrum und wartet mit einer gelungenen Aufbereitung der Sozialgeschichte der Gegend auf. Hier wird erläutert, welche Kräfte die Landschaft formten, von der Geologie über den Bleiabbau bis zur *land enclosure* (Einhegung).

Wensleydale Creamery
MUSEUM

(www.wensleydale.co.uk; Erw./Kind 2,50/1,50 £; ⊙10–16 Uhr; P🚶) Die Wensdale Creamery stellt jenen bröckeligen Weißkäse her, den die TV-Trickfilmfiguren Wallace und Gromit so gerne essen. Man kann das Käsemuseum besuchen, bei der Käseproduktion zuschauen und dann im Laden Käse probieren und kaufen. Eine neue, interaktive Ausstellung für Kinder verfolgt den Entstehungsprozess vom Grashalm durch die Kuh bis zum Käse.

Hardraw Force
WASSERFALL

(www.hardrawforce.com; Hardraw; pro Pers. 2,50 £; P) Knapp 2,5 km nördlich von Hawes befindet sich der 30 m hohe Wasserfall Hardraw Force. Er ist der höchste durchgehende

ABSEITS DER ÜBLICHEN PFADE

DIE DALES ERKUNDEN

Ob auf zwei oder vier Rädern – es macht großen Spaß, die versteckten Ecken der weniger bekannten Täler der Yorkshire Dales zu erkunden. Von Swaledale kann man zu den Mooren oberhalb von Arkengarthdale hochklettern und das **Tan Hill Inn** (☑01833-628246; www.tanhillinn.com; Tan Hill; Reeth; ⊙Juli & Aug. 8–23.30 Uhr, Sept.–Juni 12–21.30 Uhr; 🛏🚶🐕) ansteuern, Großbritanniens höchstgelegenes Pub. Einen Abstecher ist auch der malerische Dorfanger von **West Burton** am Eingang des Bishopdale wert. Wer von Grassington dem hübschen Littondale Richtung Norden folgt, kann bald im **Falcon Inn** (www.thefalconinn.com; Arncliffe; ⊙Mo–Do 12–15 & 19–23, Fr & Sa 12–23, So 12–22.30 Uhr) einkehren. Dort wird das Bier nach alter Sitte aus einem Krug auf die Theke eingeschenkt.

Wasserfall in England, wenn auch im internationalen Vergleich nicht sonderlich eindrucksvoll – außer vielleicht nach schweren Regengüssen. Zu erreichen ist der Wasserfall mit einem landschaftlich reizvollen Spaziergang (400 m). Ausgangspunkt ist der Parkplatz hinter dem Green Dragon Inn (S. 554), das eine Eintrittsgebühr verlangt.

Sheepdog Demonstrations
FARM

(www.sheepdogdemo.co.uk; Hardraw; Erw./Kind 5/1 £; ⊙Mai–Aug. Do 18.30 Uhr, Sept. & Okt. Do 14.30 Uhr; P) Von Mai bis Oktober zeigt ein Farmer donnerstags Schäferhunde bei ihrer Arbeit, und zwar auf einer Weide 800 m nördlich von Hawes an der kleinen Straße Richtung Hardraw.

🛏 Schlafen & Essen

Bainbridge Ings Caravan & Camp Site
CAMPINGPLATZ £

(☑01969-667354; www.bainbridge-ings.co.uk; Wanderer & Radfahrer 6 £, Stellplatz, Auto & 2 Erw. 16 £; 🛏🐕) Schöner Campingplatz rund um ein großes Bauernhaus zwischen mit Steinmauern umgebenen Feldern knapp 1 km östlich von Hawes. Vor Ort werden frisch gelegte Eier verkauft.

YHA Hawes
HOSTEL £

(☑0845 371 9120; www.yha.org.uk; Lancaster Tce; B/2BZ 25/55 £; 🛏🚶) Modernes Hostel am westlichen Ortsrand an der Kreuzung der A684 (Aysgarth Rd) und der B6255. Familienfreundlich und mit tollem Ausblick aufs Wensleydale. Unter der Woche sind die Preise günstiger (Schlafsaalbett ab 13 £).

Herriot's Guest House
B&B ££
(☏01969-667536; www.herriotsinhawes.co.uk; Main St; EZ/DZ ab 48/80 £; ☏) Das reizende B&B in einem alten Steingebäude nahe der Brücke beim Wasserfall bietet sieben gemütliche Zimmer mit Bad über einer Kunstgalerie und einem Café.

Green Dragon Inn
GASTHOF ££
(☏01969-667392; www.greendragonhardraw.co. uk; Hardraw; B&B 35–50 £ pro Pers.; P🛜🐾) Schönes altes Pub mit Steinplattenboden, niedrigen Holzbalkendecken, alten Eichenmöbeln und Theakston's vom Fass. Der Dragon serviert ein köstliches *steak-and-ale pie* und bietet Unterkunft im Schlafsaal (17,50 £ pro Pers.), Camping (8 £ pro Pers.) und B&B in schlichten, aber annehmbaren Zimmern sowie zwei größeren, komfortableren Suiten. Rund 1,5 km nordwestlich von Hawes.

Cart House
TEAROOM £
(☏01969-667691; Hardraw; Hauptgerichte 4–7 £; ☺Mitte März–Okt. 10–17 Uhr) Der Tearoom eines Kunstgewerbeladens bietet gesunde Kost wie hausgemachte Suppen, Biobrot und einen Fellman's Lunch mit Wensleydale (Käse), Pickles und Salat. Hinterm Haus befindet sich ein einfacher Zeltplatz (8 £ pro Pers. inkl. Zelt und Auto). Rund 1,5 km nordwestlich von Hawes.

🛈 Praktische Informationen

Hawes National Park Centre
(☏01969-666210; Station Yard; ☺April–Okt. 10–17 Uhr, im Nov., Dez., Feb. & März eingeschränkte Öffnungszeiten, Jan. geschl.)

🛈 An- & Weiterreise

Die Busse 156 und 157 fahren von Hawes nach Leyburn (5,50 £, 50 Min., 4-mal tgl.); dort gibt es Anschlussbusse nach Richmond.

Vom Bahnhof Garsdale an der Strecke Settle–Carlisle fährt Bus 113 nach Hawes (20 Min., Mo–Fr 2–4-mal tgl.). Von April bis September verkehrt Bus 831 sonn- und feiertags von Richmond nach Hawes (4 £, 80 Min., 2-mal tgl.) über Reeth und Keld und dann weiter zum Bahnhof Ribblehead (3,50 £, 25 Min.) Auskunft über Busfahrpläne erteilen Traveline Yorkshire und die Touristeninformationen – die Zeiten besser noch einmal vorher bestätigen lassen!

Richmond
8415 EW.

Die hübsche Marktstadt Richmond ist ein Geheimtipp: Sie liegt auf einem Felsen oberhalb des River Swale und wird von einer gewaltigen Burg bewacht. Vom breiten, abschüssigen Marktplatz (Markt ist samstags) geht ein Labyrinth von Kopfsteinpflasterstraßen ab, gesäumt von eleganten georgianischen Gebäuden und fotogenen Steincottages. Durch die Lücken eröffnen sich Ausblicke auf die umliegenden Berge und Täler.

🔴 Sehenswertes & Aktivitäten

Richmond Castle
BURG
(EH; www.english-heritage.org.uk; Tower St; Erw./ Kind 5,90/3,50 £; ☺April–Sept. 10–18 Uhr, Okt. bis 17 Uhr, Nov.–März nur Sa & So bis 16 Uhr) Das eindrucksvolle Richmond Castle, das auf das Jahr 1070 zurückgeht, war seit der Römerzeit eine der ersten aus Stein erbauten Festungen des Landes. Im Verlauf der Jahre hat es verschiedenen Zwecken gedient, im Ersten Weltkrieg z. B. als Gefängnis für Wehrdienstverweigerer – darüber informiert eine kleine, ernüchternde Ausstellung. Das Beste an der Burg ist vielleicht der Blick von der Spitze des bemerkenswert gut erhaltenen, 30 m hohen Bergfrieds.

Richmondshire Museum
MUSEUM
(www.richmondshiremuseum.org.uk; Ryder's Wynd; Erw./Kind 3 £/frei; ☺Ostern–Okt. 10.30–16.30 Uhr) Zu den lokalgeschichtlichen Exponaten dieses wunderbaren Museums zählen ein früher Höhlenbewohner in Yorkshire und Ausstellungskästen über den Bleibergbau, der vor einem Jahrhundert die Landschaft des Swaledale unwiederbringlich veränderte. Zu sehen gibt's außerdem die Originalkulisse von James Herriots Tierarztpraxis aus der Fernsehserie *Der Doktor und das liebe Vieh*.

Green Howards Museum
MUSEUM
(www.greenhowards.org.uk; Trinity Church Sq; Erw./ Kind 4,50/frei £; ☺Feb.–Dez. 10–16.30 Uhr) Militärfans kommen in dem dreistöckigen, kürzlich umfassend sanierten Museum, das einem berühmten Regiment aus Yorkshire gewidmet ist, auf ihre Kosten.

Georgian Theatre Royal
FÜHRUNG
(www.georgiantheatreroyal.co.uk; Victoria Rd; Erw./ Kind 5/2 £; ☺Führungen Mitte Feb.–Mitte Nov. Mo–Sa 10–16 Uhr stündl.) Das 1788 eröffnete

Theater ist heute das einzige georgianische Theater in ganz Großbritannien, das sein ursprüngliches Aussehen bewahrt hat. Bei Führungen bekommen die Teilnehmer das älteste erhaltene Bühnenbild des Landes zu sehen; es entstand zwischen 1818 und 1836.

Festivals & Events

Richmond Walking & Book Festival
LITERATUR

(www.booksandboots.org) Bei dem Literaturfestival im September/Oktober stehen zehn Tage lang geführte Spaziergänge, Vorträge, Filme und anderen Events auf dem Programm.

 Schlafen

★ Old Dairy
B&B ££

(☏01748-886057; www.olddairylowrow.wordpress.com; Low Row, Swaledale; Zi. 65–75 £; P 🚭 📶 🐾) Die zwei heimeligen Gästezimmer in dem liebevoll restaurierten 200 Jahre alten Haus mitten im Herzen der Dales punkten mit einer wunderschönen Aussicht auf das Tal. Die Besitzer kennen sich bestens mit den Wander-, Rad- und Mountainbikerouten in der Gegend aus. Außerdem können Besucher unter ihrer Anleitung im nachtschwarzen Garten Sterne beobachten und Astrofotos schießen. Das Old Dairy liegt 24 km westlich von Richmond in der Nähe von Reeth.

Frenchgate Hotel
HOTEL ££

(☏01748-822087; www.thefrenchgate.co.uk; 59–61 Frenchgate; EZ/DZ ab 88/118 £; P 📶) Neun elegante Zimmer verteilen sich auf die oberen Etagen des umgebauten georgianischen Stadthauses, das heute ein mit Kunst aus der Region geschmücktes Boutiquehotel ist. In den Zimmern bilden coole Designerstücke tolle Kontraste zu einem alten Kamin hier oder einer viktorianischen Badewanne dort. Unten gibt's ein ausgezeichnetes Restaurant (3-Gänge-Abendessen 39 £) und eine gemütliche Lounge mit Eichenbalken und Kamin.

Frenchgate Guest House
B&B ££

(☏01748-823421; www.66frenchgate.co.uk; 66 Frenchgate; EZ/DZ ab 70/100 £; 📶) Das prachtvolle Gästehaus thront am oberen Ende einer gepflasterten Gasse und ist im Stil vergangener Epochen eingerichtet. Zwei der acht luxuriösen Zimmer haben – wie der Frühstücksraum – eine phantastische Aussicht auf das Flusstal des River Swale.

★ Millgate House
B&B £££

(☏01748-823571; www.millgatehouse.com; Market Pl; Zi. 125–165 £; P @ 📶 🐾) Hinter einer unscheinbaren grauen Tür verbirgt sich eines der schönsten Gästehäuser Englands. Das Haus selbst ist ein georgianisches Juwel

---

DIE SETTLE–CARLISLE LINE

Die 116 km lange **Settle–Carlisle Line** (SCL; www.settle-carlisle.co.uk), erbaut zwischen 1869 und 1875, ist eine der malerischsten Bahnstrecken Englands. Der Bau der Strecke gehörte zu den größten Leistungen der Ingenieurskunst der viktorianischen Zeit: 5000 mit Hacken und Schaufeln bewaffnete Arbeiter bauten unter schwierigsten Bedingungen 325 Brücken und 21 Viadukte und sprengten 14 Tunnel aus den Bergen – fast 200 verloren dabei ihr Leben. Die Züge verkehren heute rund achtmal am Tag von Leeds über Settle nach Carlisle. (Der Abschnitt zwischen Appleby und Armathwaite ist wegen Reparaturarbeiten bis März 2017 gesperrt.)

Der erste Abschnitt der Strecke ab Leeds führt durch das Aire Valley, mit Halt in Keighley. Hier zweigt die Keighley & Worth Valley Railway (S. 565) nach Haworth und Oxenhope ab. Danach arbeitet sich die Bahn am River Ribble entlang das Tal hinauf, durch Horton-in-Ribblesdale, über den spektakulären **Ribblehead Viaduct** und dann durch den Blea Moor Tunnel zum abgeschiedenen Bahnhof **Dent** auf 350 m Höhe, dem höchsten Bahnhof an einer Hauptstrecke in Großbritannien.

Ihren höchsten Punkt (356 m) erreicht die Strecke in Ais Gill. Hier verlässt die Bahn die Dales und führt hinunter nach Kirkby Stephen. Die letzten Stopps sind Appleby und Langwathby, unmittelbar nordöstlich von Penrith (einem Tor zum Lake District). Schließlich erreicht die Bahn Carlisle.

Die gesamte Fahrt von Leeds nach Carlisle dauert zwei Stunden und 40 Minuten. Außerdem sind verschiedene *Hop-on-/hop-off*-Pässe für einen oder drei Tage erhältlich. An den meisten Bahnhöfen in Yorkshire gibt's einen kostenlosen Fahrplan für die Bahn mit farbiger Karte der Strecke und kurzen Erläuterungen zu Sehenswürdigkeiten an der Strecke.

MOUNTAINBIKEN IN DEN YORKSHIRE DALES

Das Epizentrum in Sachen Mountainbiken in den Yorkshire Dales ist das **Dales Bike Centre** (☎ 01748-884908; www.dalesbikecentre.co.uk; Fremington; Leihrad 35 £ pro Tag; ☺ 9–17 Uhr; ☎) 19 km westlich von Richmond. Hier gibt's einen Fahrradverleih, ein Fachgeschäft samt Reparaturservice, Beratung, Kartenmaterial, geführte Touren (199 £ pro Tag für bis zu acht Teilnehmer), erstklassigen Kaffee (den besten in den Dales) und bequeme Schlafsaalbetten für bis zu 14 Personen (ein Vierbettzimmer kostet 116 £ pro Nacht).

voller Einrichtungsgegenstände von damals, doch noch schöner ist der vielfach preisgekrönte Garten hinterm Haus, von dem sich tolle Ausblicke auf den River Swale und die Cleveland Hills bieten. Wenn möglich die Garden Suite buchen!

✕ Essen & Ausgehen

Cross View Tearooms TEAROOM £
(www.crossviewtearooms.co.uk; 38 Market Pl; Hauptgerichte 5–10 £; ☺ 9–17.30 Uhr; ☎) Das Cross View ist so beliebt bei den Einheimischen, dass man mittags vielleicht auf einen Tisch warten muss. Dies ist die beste Adresse für herzhaftes Frühstück, Kuchen aus eigener Herstellung, eine warme Mittagsmahlzeit oder einfach nur eine gute Tasse Tee.

⭐ **George & Dragon** GASTROPUB ££
(☎ 01748-518373; www.georgeanddragonhudswell. co.uk; Hudswell; Hauptgerichte 8–10 £; ☺ Küche Mo–Sa 12–14 & 18–21, So 12–16 Uhr; ☎) Das George & Dragon liegt 2,5 km westlich von Richmond an einer Nebenstraße südlich des Flusses und ist ein echtes Dorfpub, das von den Einheimischen in Gemeinschaftsbesitz betrieben wird. Die überschaubare Auswahl an frisch zubereiteter Kneipenkost beinhaltet Würstchen mit Kartoffelbrei, Kaninchenpastete oder Rinderbraten mit Yorkshire pudding. Auf der Terrasse hinter dem Pub, die mit einem grandiosen Talblick auftrumpft, lässt es sich unter freiem Himmel essen und trinken.

Rustique FRANZÖSISCH ££
(☎ 01748-821565; www.rustiquerichmond.co.uk; Chantry Wynd, Finkle St; Hauptgerichte 12–22 £; ☺ 12–21 Uhr) Das in einer Einkaufspas-

sage versteckt liegende knuffige Bistro beeindruckt immer wieder mit seiner französischen Landküche, von *confit de canard* (im eigenen Fett langsam garte Ente) bis zu *moules marinière* (Muscheln mit Weißwein, Knoblauch und Sahne). Buchung ratsam.

Black Lion Hotel PUB
(www.blacklionhotelrichmond.co.uk; Finkle St; ☺ 11–23 Uhr; ☎) Gemütliche Bars, niedrige Deckenbalken und gutes Bier und Essen.

ⓘ Praktische Informationen

Die **Touristeninformation** (☎ 01609-532980; www.richmond.org; Richmond Library, Queens Rd; ☺ Mo & Do 10–18, Di & Fr bis 17, Mi bis 12, Sa bis 13 Uhr) in der örtlichen Bibliothek bietet die üblichen Karten und Führer sowie einige Faltblätter zu Spaziergängen in der Stadt und Wanderungen durchs Umland.

ⓘ An- & Weiterreise

Von Darlington (an der Bahnstrecke von London nach Edinburgh) ist Richmond leicht mit den Bussen X26 oder X27 (4,70 £, 30 Min., jede halbe Std., So stündl.) zu erreichen. Alle Busse halten am Market Place.

Von Mai bis September fährt der Northern-Dalesman-Bus 830 sonn- und feiertags von Richmond über Reeth nach Hawes (4 £, 1½ Std., 1-mal tgl.) und weiter nach Ribblehead (6,50 £, 2 Std., 1-mal tgl.).

WEST-YORKSHIRE

Vom 18. Jh. an war die Wirtschaft West-Yorkshires von der Tuchindustrie mit ihren harten und unerbittlichen Arbeitsbedingungen geprägt. Die Tuchfabriken und Kanäle für den Transport des Rohmaterials und der Fertigprodukte beherrschten einen großen Teil der Landschaft. Aber das ist alles Vergangenheit und in den letzten Jahren hat sich diese einst raue Gegend fast in eine Postkartenidylle verwandelt.

Leeds und Bradford, zwei benachbarte Städte, die inzwischen fast vollständig zusammengewachsen sind, verändern derzeit radikal ihr Gesicht und erfinden sich geradezu neu: Sie hübschen ihr Stadtzentrum auf und locken unternehmungslustige Touristen mit neuen Museen, Galerien und Restaurants an. Außerhalb der Städte besteht West-Yorkshire aus wilden Moorlandschaften, zerschnitten durch tiefe Täler mit alten Fabrikstädten und -dörfern. Diese Landschaften wurden auf sehr lebendige Weise von den Brontë-Schwestern beschrieben, dem berühmten literarischen Exportartikel und wichtigstem Tourismuszugpferd West-Yorkshires.

ℹ️ Unterwegs vor Ort

West-Yorkshires sehr effizientes Bahn- und Busnetz mit Leeds und Bradford im Zentrum heißt Metro. Leeds und Bradford sind außerdem die wichtigsten Tore zur Region. Auskunft über die öffentlichen Verkehrsmittel erteilt **West Yorkshire Metro** (☎ 0113-245 7676; www.wymetro.com).

Mit einem Day Rover Ticket (8 £) kann man unter der Woche ab 9.30 Uhr und am Wochenende ganztägig einen Tag lang unbegrenzt Metrobahnen und -busse nutzen. Weitere Rover-Tickets für Busse und/oder Bahnen sowie praktische Übersichts- und Fahrpläne gibt's an Bahnhöfen und Busbahnhöfen sowie in den Touristeninformationen in West-Yorkshire.

Leeds

751 500 EW.

Leeds, eine der am schnellsten wachsenden Städte im Vereinigten Königreich, verkörpert auf glänzende Weise das wiedergefundene Selbstbewusstsein des Nordens. Nach 15 Jahren Stadtsanierungsarbeiten hat sich die heruntergekommene Industriestadt in ein Musterexemplar des urbanen Schicks im Stil des 21. Jhs. verwandelt, mit hoch aufschießenden Bürokomplexen, Wohngebäuden aus Glas und Stahl am Wasser und renovierten viktorianischen Einkaufspassagen. Während der Finanzkrise von 2008 bis 2010 wurden viele Vorzeigeprojekte auf Eis gelegt, aber inzwischen schmücken wieder zahlreiche Baukräne die Skyline.

Auf die Eröffnung des Unterhaltungskomplexes Leeds Arena und des Shoppingcenters Leeds Trinity im Jahr 2013 folgten der Bau eines neuen Südeingangs zum Bahnhof, ein neues Hilton Hotel nahe der Leeds Arena und dem Victoria Gate östlich der Vicar Lane noch ein weiteres Einkaufszentrum. Mittlerweile hat die Stadt sich einen Namen als Shoppingmekka des Nordens gemacht.

🔴 Sehenswertes

⭐ Royal Armouries   MUSEUM

(www.royalarmouries.org; Armouries Dr; ⊙10–17 Uhr; P 🚻) GRATIS Das interessanteste Museum in Leeds wurde 1996 ursprünglich für die Aufbewahrung von Rüstungen und Waffen aus dem Londoner Tower erbaut, später jedoch so erweitert, dass es nun 3000 Jahre Militärgeschichte abdeckt. Das hört sich etwas machomäßig an, doch die Exponate sind sehr vielseitig und faszinierend: Es werden so unterschiedliche Themen behandelt wie Ritterturniere, Fechten und indische Elefantenrüstungen. Um zum Museum zu gelangen, geht man entweder von der Centenary Footbridge Richtung Osten am Fluss entlang (10 Min.) oder nimmt an der Infirmary Street Bus 70 (50 p, 10 Min., 4-mal stündl.).

Leeds Industrial Museum   MUSEUM

(www.leeds.gov.uk/armleymills; Canal Rd, Armley; Erw./Kind 3,80/1,90 £; ⊙Di–Sa 10–17, So 13–17 Uhr; P 🚻) Eine der größten Textilfabriken der Welt wurde in ein Museum verwandelt, das die so glorreiche wie düstere Industriegeschichte der Stadt erzählt. Dank der Tuchindustrie wurde die Stadt reich, aber auch zu einem hohen Preis für die Menschen – die Arbeitsbedingungen waren wirklich katastrophal. Neben verschiedenen Fabrikmaschinen gibt es eine besonders informative Ausstellung zur Tuchherstellung. Das Museum liegt gut 3 km westlich vom Stadtzentrum, vom Bahnhof aus mit Bus Nr. 15 zu erreichen.

Leeds Art Gallery   KUNSTGALERIE

(www.leeds.gov.uk/artgallery; The Headrow; ⊙Mo, Di & Do–Sa 10–17, Mi 12–17, So 13–17 Uhr; 🚻) GRATIS Die städtische Kunstgalerie, die bis Herbst 2017 wegen Dachreparaturen geschlossen ist, wartet mit zahlreichen Schwergewichten unter den britischen Malern des 19. und 20. Jhs. wie Turner, Constable, Stanley Spencer und Wyndham Lewis auf. Dazu kommen Arbeiten zeitgenössischer Künstler wie Antony Gormley, der den *Angel of the North* schuf.

Kirkstall Abbey   KLOSTER

(www.leeds.gov.uk/kirkstallabbey; Abbey Rd, Kirkstall; ⊙April–Okt. Di–So 10–16.30 Uhr, Nov.–März bis 16 Uhr) GRATIS Der schönste mittelalterliche Bau in Leeds ist die sehr gut erhaltene Kirkstall Abbey, die 1152 von Zisterziensermönchen aus der Fountains Abbey in North Yorkshire gegründet wurde. Auf der gegenüberliegenden Straßenseite befindet sich das **Abbey House Museum** (www.leeds.gov.uk/museumsandgalleries; Abbey Walk, Kirkstall; Erw./Kind 4,20/2,10 £; ⊙Di–So 10–17 Uhr; P 🚻). Die Abtei und das Museum liegen knapp 5 km nordwestlich vom Stadtzentrum und sind mit den Bussen 33, 33A und 757 zu erreichen.

✷ Festivals & Events

Leeds Festival
MUSIK

(www.leedsfestival.com) Am Bank Holiday Weekend im August (dem Wochenende vor dem letzten Montag des Monats) strömen mehr als 50 000 Musikfans zum Leeds Festival in den Bramham Park 16 km vom Stadtzentrum. Das Festival findet auf vier Bühnen statt und ist eines der größten Rockspektakel Englands.

🛏 Schlafen

⭐ Art Hostel
HOSTEL £

(☎0113-345 3363; www.arthostel.org.uk; 83 Kirkgate; B/2BZ 22,50/55 £; 🔊) Das nagelneue Hostel in einem charmant heruntergekommenen, 200 Jahre alten Backsteingebäude mitten im Nachtschwärmerviertel von Leeds ist ein Vorzeigebeispiel für die Wiederbelebung des Stadtzentrums. Die Zimmer wurden individuell von verschiedenen örtlichen Künstlern gestaltet und stecken voller Recyclingmöbel und innovativer Ideen.

Roomzzz Leeds City
APARTMENTS ££

(☎0203 504 5555; www.roomzzz.co.uk; 10 Swinegate; 2-Pers.-Apt. ab 79 £; @🔊) Hier gibt's helle, moderne Luxusapartments mit Küche sowie einer rund um die Uhr besetzten Hotelrezeption und einer tollen Lage im Zentrum. Eine weitere Filiale, Roomzzz Leeds City West, befindet sich knapp 1 km Richtung Westen an der Burley Road.

42 The Calls
BOUTIQUEHOTEL ££

(☎0113-244 0099; www.42thecalls.co.uk; 42 The Calls; Zi. ab 89 £; @🔊) Das erste Boutiquehotel von Leeds eröffnete 1991 in einer alten Getreidemühle aus dem 19. Jh. am Fluss. Es wirkt ein wenig abgenutzt, aber die kräftigen Farben und die Designerästhetik haben immer noch Stil. Die kleineren „Study"-Zimmer sind allerdings ziemlich kompakt und das Frühstück ist nicht inbegriffen – ein englisches Frühstück kostet 15 £.

⭐ Chambers
APARTMENTS £££

(☎0113-386 3300; www.morethanjustabed.com; 30 Park Pl; 2-Pers.-Apt. ab 145 £; P🔊) Das große edwardianische Bürogebäude in einem der reizvollsten Innenstadtviertel wurde in einen Apartmentkomplex mit luxuriösem Hotelservice umgewandelt. Das Angebot reicht vom 2-Personen-Studio bis zum 2-Zimmer-Penthouse (360 £ pro Nacht), in dem bis zu vier Erwachsene schlafen können. Die Einrichtung und das Design harmonieren mit der wunderschönen Architektur und der Service ist erstklassig.

⭐ Quebecs
BOUTIQUEHOTEL £££

(☎0113-244 8989; www.quebecshotel.co.uk; 9 Quebec St; DZ/Suite ab 99/179 £; @🔊) Viktorianische Anmut in ihrer opulentesten Form prägt dieses Hotel im umgebauten alten Leeds & County Liberal Club. Die raffinierte Holzvertäfelung und die mit Wappen verzierten Buntglasfenster in den öffentlichen Bereichen bilden einen schönen Kontrast zu dem zeitgenössischen Design der Zimmer. Wer übers Internet bucht, bekommt vielleicht eine Suite zur Hälfte des Listenpreises.

🍴 Essen

Belgrave Music Hall & Canteen
STREETFOOD £

(www.belgravemusichall.com; 1 Cross Belgrave St; Hauptgerichte 4–8 £; ⏱Küche 11–22 Uhr) Im Belgrave gibt es nicht nur Konzerte und eine Bar, sondern auch leckeres Essen – und das aus zwei Küchen. Die eine serviert frisch zubereitete Pizza (Achtung, die Napalm-Chili-Soße hat es in sich), die andere die wohl besten Burger Yorkshires, alles zu einem fairen Preis. Jeden zweiten Sonntag im Monat steigt hier das **Belgrave Feast** (11–20 Uhr), eine Art Markt und Streetfood-Festival.

⭐ Friends of Ham
DELI ££

(☎0113-242 0275; www.friendsofham.co.uk; 4–8 New Station St; Hauptgerichte 7–20 £; ⏱Mo–Do 11–23, Fr & Sa bis 1, So bis 22 Uhr; 🔊) Die stilvolle Bar kredenzt erlesenste Käse und Wurstwaren aus Spanien, Frankreich und Großbritannien. Dazu gibt's exquisite Weine und Craft-Biere. Alle Speisen sind sorgfältig zubereitet und schmecken himmlisch. Das Angebot reicht von kleinen, tapasähnlichen Portionen über große Platten für mehrere Personen, zu denen mit Olivenöl beträufeltes Brot gereicht wird, bis zum Brunch (11–12 Uhr).

Pintura
BASKISCH ££

(☎0113-430 0915; www.pinturakitchen.co.uk; Unit 3.26, Trinity Leeds; Tapas 4–8 £; ⏱Mo–Fr 12–22, Sa & So 10–22 Uhr) 🍴 Die riesige Tapasbar neben dem Nordeingang des Trinity Shoppingcenters (an der Lands Lane) erstreckt sich über drei Etagen, ist aber immer gerammelt voll und das hat seinen Grund. Unbedingt empfehlenswert sind die authentischen baskischen Gerichte wie *bacalao* (gesalzener Kabeljau) und *morcilla* (Blutwurst), die sich hier neben spanischen Klassikern wie

Leeds

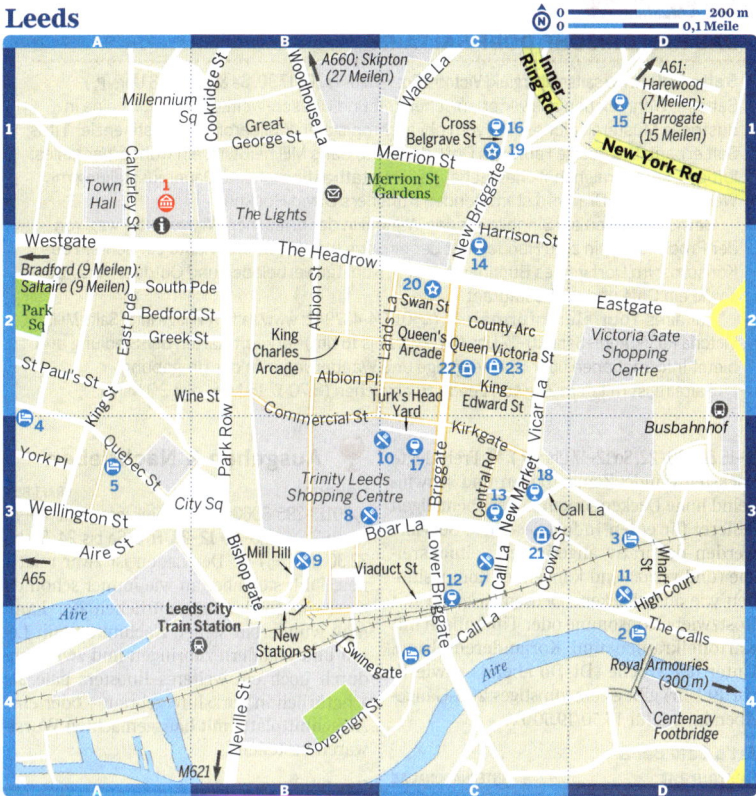

Leeds

albondigas (Fleischbällchen) und *gambas a la plancha* (Garnelen mit Knoblauch und Chili) ein Stelldichein geben.

Shears Yard   MODERN BRITISCH ££
(☎0113-244 4144; www.shearsyard.com; 11–15 Wharf St; Hauptgerichte 11–25 £; ⊙Di–Fr 17.30–22, Sa

DAS HISTORISCHE DORF SALTAIRE

Salts Mill (www.saltsmill.org.uk; Victoria Rd; ⏱ Mo–Fr 10–17.30, Sa & So bis 18 Uhr; P)
Saltaire, Wahrzeichen aus viktorianischer Zeit und Unesco-Weltkulturerbe, ist eine industrielle Mustersiedlung, 1851 vom philanthropischen Wollbaron und Abstinenzler Titus Salt erbaut. Die riesige Fabrik im Dorf, die heute Salts Mill heißt, ist ein wunderbar helles, luftiges, kathedralenähnliches Gebäude. Hauptattraktion ist eine Dauerausstellung mit Werken des aus Bradford stammenden Künstlers David Hockney.

Gewissermaßen ein Sinnbild für den Wandel in der britischen Wirtschaft – weg von der Produktion, hin zum Handel – ist der einstige Industriemotor heute ein Schrein des Konsums: Im Dorf gibt es Buchhandlungen, Kunstgewerbeläden und Outdoor-Ausstatter sowie ein Café und ein Restaurant.

Saltaires **Touristeninformation** (☎ 01274-437942; www.saltairevillage.info; Salts Mill, Victoria Rd; ⏱ April–Sept. 10–17 Uhr, Okt.–März bis 16 Uhr) verkauft Karten der Siedlung und bietet Informationen über Spaziergänge und Wanderungen in der Umgebung.

Saltaire ist mit dem Zug von Leeds zu erreichen (3,70 £, 15 Min., alle 30 Min.).

11–15 & 17.30–22, So 12–17 Uhr; ☎) ⬥ Freigelegte Backsteinwände, Zementböden und schwindelnd hohe Decken sorgen in der ehemaligen Seilerei für edlen Industriechick. Serviert werden dekorativ angerichtete, einfallsreiche (und verlockend klingende) Kompositionen wie ausgebackene Ochsenbäckchen mit Röstzwiebelconsommé oder Tintenfisch mit Kartoffelkrapfen und Korianderemulsion. Unter der Woche (Di–Do abends sowie Fr vor 19 Uhr) gibt es ein günstiges 2-/3-Gänge-Abendmenü für 16,50/19,50 £.

Art's Cafe Bar & Restaurant
INTERNATIONAL ££

(www.artscafebar.co.uk; 42 Call Lane; Hauptgerichte 7–17 £; ⏱ 12–23 Uhr; ☎) Kunst aus der Region an den Wänden und Boheme-Atmosphäre machen das Café zu einem beliebten Ort, um seinen Gedanken nachzuhängen, für ein gemütliches Pläuschchen und für einen wirklich guten Kaffee. Auf der Abendkarte stehen sechs klassische Gerichte und ein dreigängiges Frühesser-Abendmenü (tgl. außer Samstag bis 19 Uhr) kostet 15 £.

★ Crafthouse
MODERN BRITISCH £££

(☎ 0113-8970444; www.crafthouse-restaurant.com; Level 5, Trinity Leeds, 70 Boar Lane; Hauptgerichte 22–37 £; ⏱ Mo–Sa 12–14.45 & 17–22, So 12–22 Uhr; ☎♿) ⬥ Das Dachrestaurant ist mit seiner coolen grau-schwarzen Einrichtung und den großen Panoramafenstern, durch die der Blick auf den benachbarten Kirchturm fällt, sehr eindrucksvoll. Ebenso besonders ist das Essen, mit gewagten Geschmackskombinationen wie Lachs vom Holzkohlengrill mit Kapuzinerkresse oder Wachtel mit sauren grünen Erdbeeren. Sonntags ist ein 2-/3-Gänge-Menü (20/25 £) erhältlich.

Ausgehen & Nachtleben

Reliance
CRAFT-BIER

(☎ 0113-295 6060; www.the-reliance.co.uk; 76–78 North St; ⏱ Mo–Do 12–23, Fr & Sa 24, So bis 22.30 Uhr; ☎) ⬥ Der Laden ist zwar relativ neu, fühlt sich aber an wie immer schon da gewesen. In der urgemütlichen Bar kann man wunderbar seinen Nachmittag mit Lesen und Plaudern zubringen und zwischendurch noch ein weiteres Roosters pale ale – natürlich in Yorkshire gebraut – oder eine Aufschnittplatte mit hausgemachten Wurstwaren bestellen.

Bar Fibre
CLUB

(www.barfibre.com; 168 Lower Briggate; ⏱ So–Do 12–1, Fr bis 3, Sa bis 4 Uhr) In der beliebtesten Schwulenbar von Leeds am Queen's Court treffen sich all die schönen Menschen. Der Dresscode ist streng, wer sich nicht in Schale schmeißt, bleibt draußen. Eine weitere Ansammlung von Schwulenkneipen befindet sich bergab an der Kreuzung von Lower Briggate und The Calls.

Sandinista
COCKTAILBAR

(www.sandinista.co.uk; 5/5a Cross Belgrave St; ⏱ Mo–Do 15–3, Fr–So 12–3 Uhr; ☎) Die entspannte, nach dem vierten Album von The Clash benannte Bar präsentiert sich im Latino-Look und lockt mit ihrem nonkonformen Musikgeschmack und einer unprätentiösen Stimmung ein gemischtes Publikum an.

Whitelocks
PUB

(www.whitelocksleeds.com; 6–8 Turk's Head Yard; ⏱ Mo–Do 11–24, Fr & Sa bis 1, So bis 23 Uhr; ☎♿🍽) Das beliebte traditionelle Pub von 1715 wartet mit viel poliertem Holz, glänzendem Messing und Buntglas auf. Theakston's,

Deuchars IPA und mehrere andere *real ales* gibt's vom Fass, im Winter brennt ein Kaminfeuer und im Sommer tummeln sich die Gäste auch draußen im Hof.

North Bar
CRAFT-BIER
(www.northbar.com; 24 New Briggate; ⊙ Mo & Di 11–1, Mi–Sa bis 3, So 12–24 Uhr; 🐾) Die lange und schmale, minimalistische Bar verströmt kontinentaleuropäisches Flair, nicht nur wegen der für England ungewöhnlichen Biere, von Dortmunder und Duvel bis zu Schneider und Snake Dog. In der Tat widmet sich die North Bar ganz der Welt des Gerstensafts, mit mehr als einem Dutzend Bieren vom Fass und jeder Menge Flaschenbieren. Auch die Auswahl an Whisky ist gut.

HiFi Club
CLUB
(www.thehificlub.co.uk; 2 Central Rd; ⊙ Mi & Fr–So 23–3 Uhr) Der intime Club bietet eine gute Abwechslung zu den Hardcore-Sounds der elektronischen Tanzmusik: Wer sich gern zu Tamla Motown oder den perkussiven Beats von Dancefloor-Jazz bewegt, ist hier genau richtig. Samstagabends gibt es außerdem Stand-up-Comedy.

Wire
CLUB
(www.wireclub.co.uk; 2–8 Call Lane; ⊙ 23–3 Uhr) Der kleine, stimmungsvolle Kellerclub mit gemauerten Gewölbedecken und einem Wald aus viktorianischen gusseisernen Stützen darunter erbebt jeden Abend zu einem anderen Beat, von Rock and Roll bis Drum and Bass. Die einzige Regel ist: kein Mainstream. Beliebt bei den Studenten der Stadt.

Unterhaltung

★ Belgrave Music Hall & Canteen LIVEMUSIK
(📞 0113-234 6160; www.belgravemusichall.com; 1 Cross Belgrave St; ⊙ So–Mi 11–24, Do bis 1, Fr & Sa bis 3 Uhr) Das Belgrave hat alles, was das Nachtschwärmerherz begehrt. Die beste Adresse in Leeds für Livemusik füllt drei Etagen. An der riesigen Bar gibt's frisch gezapftes Craft-Bier, zwei Küchen (S. 558) zaubern das leckerste Streetfood weit und breit, jede Menge Gemeinschaftstische und einladende Sofas bieten viel geselligen Platz und die kultige Dachterrasse überblickt die Stadt. Man möchte direkt einziehen und nie wieder gehen.

City Varieties
LIVEMUSIK, COMEDY
(www.cityvarieties.co.uk; Swan St) Das 1865 gegründete City Varieties ist das älteste Varietétheater der Welt. Hier traten Harry Houdini, Charlie Chaplin und Lily Langtry

auf. Heute finden in dem 2011 umgebauten und danach wiedereröffneten Haus Stand-up-Comedy, Livemusik, Pantomime und traditionelle Varietéshows statt.

Shoppen

Victoria Quarter
MALL
(www.victoria-quarter.co.uk; Vicar Lane) Die mit Mosaiken gepflasterten und mit Buntglas überdachten viktorianischen Arkaden des Victoria Quarter zwischen Briggate und Vicar Lane lohnen einen Besuch allein schon wegen der Architektur. Einkaufswütige können wie die Fußballerfrauen in Shops von Louis Vuitton, Vivienne Westwood und Swarovski stöbern. Der größte Laden ist **Harvey Nichols** (www.harveynichols.com; 107–111 Briggate; ⊙ Mo–Sa 10–19, So 11–17 Uhr).

Corn Exchange
EINKAUFSZENTRUM
(www.leedscornexchange.co.uk; Call Lane; ⊙ Mo–Sa 10–18, So 10.30–16.30 Uhr; 🐾) Der spektakuläre Rundbau von 1865 war früher die Getreidebörse. Heute versammelt sich unter der imposanten schmiedeeisernen Kuppel eine erlesene Auswahl kleiner, eigenständiger Läden und Boutiquen, die Kunst, Mode, Schmuck und Kosmetik verkaufen.

❶ Praktische Informationen

Die **Touristeninformation** (📞 0113-242 5242; www.visitleeds.co.uk; Leeds Art Gallery, Headrow; ⊙ Mo–Sa 10–17, So 11–15 Uhr) befindet sich im Untergeschoss der Leeds Art Gallery neben dem Museumsshop.

Post (St. John's Centre, 116 Albion St; ⊙ Mo–Sa 9–17.30 Uhr)

An- & Weiterreise

BUS

National Express (www.nationalexpress.com) bietet Verbindungen in die meisten wichtigen Städte. Die Busse von Yorkshire Coastliner (www.coastliner.co.uk) fahren nach York, Scarborough und Whitby. Mit einem Day Tripper Plus Ticket (15 £) kann man einen Tag lang unbegrenzt mit allen Coastliner-Bussen fahren.
London 10–20 £, 5 Std., stündl.
Manchester 3–6 £, 1¼ Std., alle 30 Min.
Scarborough 12,30 £, 3 Std.
Whitby 13,50 £, 3¾ Std.
York 6,50 £, 1¼ Std.

FLUGZEUG

Vom **Leeds Bradford International Airport** (www.leedsbradfordairport.co.uk), 18 km nordwestlich der Stadt und über die A65 zu erreichen, gehen Flüge zu Zielen im In- und

Ausland. Zwischen dem Busbahnhof von Leeds und dem Flughafen verkehrt der Flying-Tiger-Bus 757 (www.flyingtigerbus.co.uk; 3,60 £, 40 Min., alle 20–30 Min., So stündl.). Ein Taxi kostet rund 20 £.

ZUG

Die Leeds City Train Station, der Bahnhof von Leeds, bietet gute landesweite Zugverbindungen. Außerdem starten hier die Züge, die auf der berühmten Settle–Carlisle Line (S. 555) verkehren.

London King's Cross 85 £, 2¼ Std., stündl.
Manchester 20 £, 1 Std., stündl.
Sheffield 13 £, 1 Std., 2-mal stündl.
York 13,90 £, 25 Min., alle 15 Min.

ⓘ Unterwegs vor Ort

Die Busse von Leeds City Bus (www.wymetro.com) fahren montags bis samstags von 6.30 bis 19.30 Uhr alle paar Minuten und verbinden Bahn- und Busbahnhof mit allen wichtigen Einkaufszentren im Zentrum (Pauschalfahrpreis 1 £). Der CityBus 70 South Bank (Pauschalfahrpreis 50 p) fährt von der Infirmary Street über den Bahnhof zum Leeds Dock (und dem dortigen Museum Royal Armouries).

Verschiedene WY-Metro-Day Rover-Pässe für Bahnen und/oder Busse gelten auch für die Fahrt nach Bradford, Haworth und Hebden Bridge.

Bradford

522 452 EW.

Ihre Vororte sind zwar zu einem einzigen großen Ballungsraum verschmolzen, doch Bradford unterscheidet sich stark von seinem glamouröseren Nachbarn Leeds. Dank seiner Bedeutung für den Wollhandel lockte Bradford im 20. Jh. zahlreiche Einwanderer aus Bangladesch und Pakistan an. Trotz gelegentlicher ethnischer Spannungen haben diese Neuankömmlinge stark zur Wiederbelebung der Stadt beigetragen, ihr neue Energie verliehen – und ihr dazu einen Ruf für erstklassige Curryrestaurants eingebracht. Ein Höhepunkt des Jahres ist das bunte, multikulturelle Bradford Festival mit Musik, Tanz, Kunst, Kunsthandwerk und Essen aus aller Welt.

◎ Sehenswertes

★ **National Media Museum** — MUSEUM
(www.nationalmediamuseum.org.uk; abseits der Little Horton Lane; ◷10–18 Uhr) GRATIS Bradfords Topattraktion ist das National Media Museum in einem eindrucksvollen Gebäude

mit Glasfassade. Hier wird die Geschichte der Fotografie, von Film und Fernsehen, des Radios und des Internets erzählt. Von Kameras aus dem 19. Jh. und frühen Zeichentrickfilmen bis zur Digitaltechnik und Psychologie der Werbung. Viele Exponate sind interaktiv: Die Besucher können sich in einer Schlafzimmerszene filmen, sich als Nachrichtensprecher versuchen und sich mit Videospielen aus den 1970er- und 80er-Jahren vergnügen. Außerdem gibt es ein **IMAX-Kino** (www.picturehouses.com; National Media Museum; Erw./Kind 12/9,50 £).

Das Museum liegt am **City Park**, Bradfords preisgekröntem zentralem Platz mit dem Mirror Pool, dem größten städtischen Wasserspiel Großbritanniens.

Festivals & Events

Bradford Festival — KULTUR
(www.bradfordfestival.org.uk) Das multikulturelle Bradford Festival im Juli mit Musik, Tanz, Kunst, Kunsthandwerk und kulinarischen Spezialitäten ist einer der Höhepunkte des Jahres. Die meisten Veranstaltungen finden im City Park im Stadtzentrum statt.

✗ Essen

Bradford ist berühmt für seine Currygerichte – von 2011 bis 2015 wurde es fünfmal in Folge zur Curry-Hauptstadt des Landes gewählt. Daher sollte niemand darauf verzichten, mindestens eines der rund 100 Restaurants der Stadt auszuprobieren. Hilfestellung bietet der **Bradford Curry Guide** (www.visitbradford.com/explore/Bradford_Curry_Guide.aspx).

Kashmir — INDISCH £
(☎01274-726513; 27 Morley St; Hauptgerichte 4–6 £; ◷So–Do 11–2 Uhr; Fr & Sa bis 4 Uhr; ☑) Bradfords ältestes Curryrestaurant bietet erstklassiges, schnörkelloses Essen, schenkt jedoch keinen Alkohol aus (man kann aber selbst welchen mitbringen). Die Tische oben sind auf jeden Fall zu bevorzugen, das schummrige fensterlose Untergeschoss hat den Charme einer Fabrikkantine der 1950er-Jahre. Gleich um die Ecke vom National Media Museum.

Zouk Tea Bar — INDISCH ££
(☎01274-258025; www.zoukteabar.co.uk; 1312 Leeds Rd; Hauptgerichte 8–12 £; ◷12–24 Uhr; ☎☑♿) Das moderne und stilvolle Café-Restaurant, dessen Köche aus Lahore kommen, serviert alles von *chana puri* (Kichererbsencurry) zum Mittagessen bis zum

legendären Nihari-Lamm (langsam gegartes Lammfleisch mit einer dicken und pikanten Sauce) zum Abendessen.

ℹ An- & Weiterreise

Bradford ist an das Metro-Verkehrsnetz angebunden mit Verbindungen nach Leeds (3,80 £, 20 Min., 3–4-mal stündl.).

Hebden Bridge

4235 EW.

Yorkshires unkonventionellstes kleines Dorf schmiegt sich eng in ein steiles Tal. Der ehemalige Textilort wollte nach dem Untergang der Industrie nicht einfach den Geist aufgegeben, sondern verwandelte sich in eine hübsche kleine Touristenfalle mit deutlich künstlerisch angehauchtem Flair. Heute leben hier Akademiker, Künstler, Althippies und Schwule. Daraus erklärt sich das Übermaß an Kunstgewerbeläden, Biocafés und Antiquariaten.

Das Stadtzentrum wurde Weihnachten 2015 von einem Hochwasser schwer getroffen, aber die meisten Geschäfte konnten bald danach wieder öffnen. Der örtliche Kulturkalender ist gut gefüllt. Der Höhepunkt ist das Hebden Bridge Arts Festival (hebdenbridge artsfestival.co.uk) Ende Juni/Anfang Juli.

◉ Sehenswertes & Aktivitäten

Heptonstall   DORF
(www.heptonstall.org) Oberhalb von Hebden Bridge liegt das viel ältere Dorf Heptonstall. Seine engen Kopfsteinpflastergassen säumen 500 Jahre alten Cottages, dazu kommt noch die Ruine einer Kirche aus dem 13. Jh.

Es ist jedoch der Friedhof der jüngeren **St. Thomas' Church** (1854), der Literaturpilger anzieht: Hier liegt die Dichterin Sylvia Plath (1932–1963) begraben, Ehefrau des ebenfalls berühmten Dichters Ted Hughes (1930–1998), der im nahen Mytholmroyd geboren wurde.

Gibson Mill   HISTORISCHES GEBÄUDE
(NT; www.nationaltrust.org.uk; Erw./Kind 4,50/ 2,20 £; ⊙ März–Okt. Sa–Do 11–16 Uhr, Nov.–Feb. nur Sa & So bis 15 Uhr; P) In der renovierten Baumwollfabrik aus dem 19. Jh. ist ein Besucherzentrum mit Ausstellung zur Industrie- und Sozialgeschichte der Fabrik und ihrer Arbeiter untergebracht. Das Gebäude liegt zwischen Wäldern und Wasserfällen in dem idyllischen Tal **Hardcastle Crags** (Zugang Sonnenaufgang–Sonnenuntergang, Eintritt frei) 2,5 km nördlich von der Stadt. Zu erreichen ist es mit einem 30-minütigen Spaziergang am Fluss entlang.

Hebden Bridge Cruises   BOOTSTOUREN
(☎07966 808717; http://hebdenbridgecruises. com; Stubbing Wharf, King St; pro Pers. 15 £; ⊙ Sa 13 & 14.15 Uhr) Im Preis für die kommentierte Fahrt in einem bunten Boot auf dem Rochdale-Kanal sind Tee und *scones* inbegriffen. Ausgangspunkt ist das Pub Stubbing Wharf, knapp 1 km westlich vom Stadtzentrum.

🛏 Schlafen & Essen

Hebden Bridge Hostel   HOSTEL £
(☎01422-843183; www.hebdenbridgehostel.co.uk; Birchcliffe Centre, Birchcliffe Rd; B/2BZ/4BZ 20/ 55/75 £; ⊙ Ostern–Anfang Nov.; P @ ☎) Das Hostel, vom Ortskern nur zehn Minuten zu Fuß den Hügel hinauf, residiert in einem friedlich daliegenden Steingebäude mit

Seitenrand: YORKSHIRE HEBDEN BRIDGE

ABSTECHER

DIE GESCHICHTE DER KOHLE

Fast drei Jahrhunderte lang waren West- und Süd-Yorkshire ein Inbegriff des Kohlebergbaus. Zechen formten und verschandelten die Landschaft und ganze Dörfer entstanden rund um die Bergwerke. In den 1980er-Jahren kam die gesamte Industrie abrupt zum Erliegen, doch die Spuren der Kohleförderung sind noch immer deutlich zu sehen, selbst wenn nur noch ein paar Zechen übrig sind. Eine davon, die ehemalige Caphouse Colliery, ist heute das faszinierende **National Coal Mining Museum for England** (www.ncm. org.uk; Overton, bei Wakefield; ⏱ 10–17 Uhr, letzte Führung 15.15 Uhr; P 🚻 GRATIS, das hervorragend das Innenleben und die Arbeitsabläufe einer Kohlegrube erklärt.

Das Highlight eines Besuchs hier ist die Untertagetour (Abfahrt alle 10 Min.): Ausgestattet mit Helm und Stirnlampe geht's im „Käfig" zunächst 140 m hinunter, dann durch unterirdische Gänge zum Kohleflöz, wo die riesigen Bohrmaschinen untätig herumstehen. Ehemalige Kumpel arbeiten hier als Führer und erklären die Details – manchmal in einer authentischen, fast unverständlichen Mischung aus örtlichem Dialekt (in Yorkshire als „Tyke" bekannt) und technischem Fachjargon.

Überirdisch gibt's dann audiovisuelle Exponate, einige faszinierende Erinnerungsstücke (darunter Skizzen von Henry Moore) und Ausstellungen zu Gewerkschaften, Streiks und den Bergarbeitersiedlungen, allerdings zum Teil arg romantisch verklärt. Außerdem können sich Besucher die Ställe der Zechenponys anschauen (deren einstige Bewohner sich heute ebenfalls im Ruhestand befinden) sowie das etwas unheimliche Badehaus, das unverändert geblieben ist, seit die Bergarbeiter sich hier zum letzten Mal den Kohlestaub abwuschen und dann ihre Spinde leerräumten.

Das Museum liegt 16 km südlich von Leeds an der A642 zwischen Wakefield und Huddersfield, zu erreichen über die Junction 40 der M1. Oder man nimmt einen Zug von Leeds nach Wakefield (3,50 £, 15–30 Min., stündl.) und dann Bus 232 Richtung Huddersfield (3,10 £, 25 Min., stündl.).

---

sonnigem Hof, versteckt hinter einer ehemaligen Baptistenkapelle (nach den grünen Hostelschildern Ausschau halten). Es gibt eine gemütliche Bibliothek, wohnliche und saubere Zimmer mit Bad sowie eine Küche, in der nur vegetarisches Essen zubereitet werden darf. Das Hostel ist täglich von 10.30 bis 17 Uhr geschlossen.

⭐ **Thorncliffe B&B**　　　　　　B&B ££

(☏ 01422-842163; www.thorncliffe.uk.net; Alexandra Rd; EZ/DZ 55/75 £; 🕿) Das reizende viktorianische Haus thront auf dem Hügel oberhalb der Stadt. Die Zimmer für die Gäste befinden sich oben im Haus: ein geräumiges, ruhiges Dachdoppelzimmer mit Bad und hübschem Blick aufs Tal sowie ein Doppelzimmer mit Bad im ersten Stock, allerdings ohne Ausblick. Ein kleines vegetarisches Frühstück wird auf dem Zimmer serviert.

Mooch　　　　　　　　　　　CAFÉ £

(☏ 01422-846954; 24 Market St; Hauptgerichte 4–9 £; ⏱ Mi–Mo 9–20 Uhr; 🕿🖉🚻) Die chillige kleine Café-Bar zeigt Hebdens alternative Seite: Hier gibt's veganes Frühstück, Brie-und-Trauben-Ciabatta sowie mediterrane Lunchteller mit Oliven, Hummus,

gefüllten Weinblättern, Taboulé und mehr. Außerdem wird hier Krombacher vom Fass gezapft und ausgezeichneter Espresso gebrüht. Hinterm Haus locken ein paar Tische unter freiem Himmel.

⭐ **Green's Vegetarian Café**　　VEGETARISCH ££

(☏ 01422-843587; www.greensvegetariancafe.co. uk; Old Oxford House, Albert St; Hauptgerichte mittags 5–9 £, abends 11 £; ⏱ Mi–So 11–15, Fr & Sa 18.30–22 Uhr; 🖉) 🍃 Das Green's ist eines der besten vegetarischen Restaurants in Yorkshire: Es serviert vegetarische und vegane Gourmetküche mit Gerichten wie Spaghetti mit sizilianischer *caponata* (Auberginen, Paprika, Sellerie, Oliven und Kapern) oder Thai Green Curry mit Kichererbsen, Kürbis und Tofu. Zum Frühstück (11–12 Uhr) gibt's u. a. ein hervorragendes Rührei aus Freilandeiern auf getoasteter Focaccia. Besonders abends lohnt sich eine Reservierung.

⭐ **Unterhaltung**

Trades Club　　　　　　　　LIVEMUSIK

(☏ 01422-845265; www.thetradesclub.com; Holme St) Der Trades Club wurde 1923 als Gesellligkeitsverein von den örtlichen Gewerkschaften gegründet. Seit seiner Wiederbelebung in den 1980er-Jahren hat er sich zu einer der coolsten Livemusikadressen Großbritanniens entwickelt. Auf dieser Bühne standen schon Größen wie die Buzzcocks, Patti Smith, The Fall und Martha Wainwright, aber auch aufstrebende Indie-Talente sind hier gern gesehen.

ℹ Praktische Informationen

Hebden Bridge Visitor & Canal Centre
(☏ 01422-843831; www.hebdenbridge.co.uk; Butlers Wharf, New Rd; ⊙ Mitte März–Mitte Okt. 10–17 Uhr, sonst kürzere Öffnungszeiten) Hält eine gute Auswahl an Karten und Broschüren zu Wanderungen und Radwegen in der Umgebung bereit und informiert über die wöchentlichen Bauern- und Flohmärkte.

ℹ An- & Weiterreise

Hebden Bridge liegt an der Bahnstrecke von Leeds (5,40 £, 50 Min., Mo–Sa alle 20 Min., So stündl.) nach Manchester (9,50 £, 30 Min., 3–4-mal stündl.).

Haworth

6380 EW.

Von Shakespeare einmal abgesehen, werden hierzulande wohl keine Literatur-Genies mehr verehrt als die geliebten Brontë-Schwestern Emily, Anne und Charlotte. 8 Mio. Besucher wandern pro Jahr den Berg vom Bahnhof hoch zum hübschen Pfarrhaus, in dem Klassiker wie *Jane Eyre* und *Wuthering Heights (Sturmhöhe)* zu Papier gebracht wurden.

Da überrascht es kaum, dass sich das ganze Dorf dem Brontë-Tourismus verschrieben hat. Dabei würde Haworth auch ohne diesen einen Besuch durchaus lohnen. Allerdings kann man dem Kommerz, um die Schwestern und ihre zweifellose großartigen Romane herum gewachsen ist, kaum aus dem Weg gehen.

◉ Sehenswertes

Haworth Parish Church   KIRCHE
(Church St; ⊙ Mo–Sa 9–17.30 Uhr) Erster Anlaufpunkt in Haworth sollte die Pfarrkirche sein, ein charmantes altes Gotteshaus aus dem späten 19. Jh. Die Kirche, die hier vorher stand und die auch die Brontës kannten, wurde 1879 abgerissen. Die Familiengruft der Brontës befindet sich unter einer Säule in der südöstlichen Ecke der Kirche. Am Boden erinnert eine polierte Gedenktafel an

Charlotte und Emily. Anne wurde in Scarborough auf dem Friedhof der St. Mary's Church beerdigt.

Brontë Parsonage Museum   MUSEUM
(www.bronte.org.uk; Church St; Erw./Kind 7,50/ 3,75 £; ⊙ April–Okt. 10–17.30 Uhr, Nov.–März bis 17 Uhr) Das Haus, in dem die Familie Brontë von 1820 bis 1861 lebte, liegt in einem hübschen Garten mit Blick auf die Haworth Parish Church und den Friedhof. Heute ist es ein Museum. Die Zimmer sind penibel so eingerichtet und ausstaffiert, wie sie es in der Zeit der Brontës waren, Charlottes Zimmer z. B. mit ihren Kleidern und ihren Schreibutensilien. Dazu gibt's eine informative Ausstellung, in der u. a. die entzückenden Miniaturbücher zu sehen sind, die die Brontës als Kinder verfassten.

🏃 Aktivitäten

Oberhalb von Haworth erstrecken sich die trostlosen Moore der South Pennines, die Brontë-Fans sofort wiedererkennen. Die Touristeninformation hält Faltblätter über Spaziergänge und Wanderungen zu allen möglichen Plätzen bereit, die irgendwie mit den Brontës zu tun haben. Ein beliebter, 10 km langer Weg führt zu **Top Withins**, der Ruine eines Gehöfts, das als Vorbild für Sturmhöhe gedient haben soll; allerdings weist eine Tafel ausdrücklich darauf hin, dass der Hof demjenigen, über den Emily schrieb, in nichts ähnelte.

Ein weiterer Wanderweg ist der längere **Brontë Way** von Bradford über Haworth nach Colne. Oder man wandert oder radelt 13 km Richtung Süden durch das schöne Tal Hardcastle Crags nach Hebden Bridge.

DAMPFLOKS & EISENBAHNKINDER

Die **Keighley & Worth Valley Railway** (www.kwvr.co.uk; Erw./Kind hin & zurück 11/5,50 £, Day Rover 16/8 £) betreibt zwischen Keighley und Oxenhope über Haworth Dampfloks und klassische Dieselloks. Hier wurde 1969 der Filmklassiker *The Railway Children* gedreht: Mr. Perks war Stationsvorsteher in Oakworth, das seinen edwardianischen Look sorgfältig konserviert hat. Das ganze Jahr über verkehren am Wochenende stündlich Züge, zu Ferienzeiten jeden Tag stündlich.

Schlafen

Apothecary Guest House
B&B £

(☎ 01535-643642; www.theapothecaryguesthouse. co.uk; 86 Main St; EZ/DZ 40/60 £; ☎) In dem skurrilen, alten Haus am oberen Ende der Main Street führen enge, schiefe Flure zwischen Eichenbalken zu eher kleinen, aber fröhlich eingerichteten Zimmern. Sehr gutes Preis-Leistungs-Verhältnis.

YHA Haworth
HOSTEL £

(☎ 0845 371 9520; www.yha.org.uk; Longlands Dr; B/2BZ 13/29 £; P @) Passend zum Vermächtnis der Brontës hat das YHA Hostel ein viktorianisch-neogotisches Herrenhaus bezogen. Zur Ausstattung gehören ein Spielezimmer, eine Lounge, ein Fahrradlagerraum und Waschmaschinen. Am nordöstlichen Ortsrand abseits der Lees Lane.

★ Old Registry
B&B ££

(☎ 01535-646503; www.theoldregistryhaworth.co. uk; 2–4 Main St; Zi. 80–125 £; ☎) Dieses Gästehaus ist etwas Besonderes. Jedes der liebevoll eingerichteten Zimmer in dem auf elegante Weise rustikalen Haus verfügt entweder über ein Himmelbett, einen Whirlpool oder einen besonders schönen Blick ins Tal. Vom Zimmer „Secret Garden", das sich mit geblümten Stoffen schmückt, hat man eine Bilderbuch-Aussicht auf die Landschaft bis hinunter ins Dorf, durch die mit etwas Glück gerade ein Dampfzug zuckelt.

Ye Sleeping House
B&B ££

(☎ 01535-546992; www.yesleepinghouse.co.uk; 8 Main St; EZ/DZ ab 58/64 £; P ☎ ⋈) Das einladende B&B bietet gemütliches Landcottage-Flair. Es hat nur drei kleine Zimmer sowie eine freundliche Katze. Am besten ist das einzige Zimmer mit Bad, in dem eine Familie mit zwei Kindern unterkommen kann und das mit einem tollen Talblick aufwartet.

Essen

Cookhouse
CAFÉ, BISTRO £

(☎ 01535-958904; www.thecookhousehaworth. co.uk; Main St; Hauptgerichte 4–9 £; ⊙ 10–17.30 Uhr; ☎ ⋈)  Das helle, luftige Café serviert stärkendes Frühstück (bis 11.45 Uhr) wie etwa Eier Benedict oder Schinken-Käse-Zwiebel-Haschee, außerdem köstliche Mittagsgerichte wie *bangers and mash* (Würstchen mit Kartoffelbrei) mit Zwiebelsauce, Pulled-Pork-Sandwiches mit Grillsauce oder *crumpets* (Toastbrötchen) mit Wensleydale (Käse) und Chutney.

Cobbles & Clay
CAFÉ £

(www.cobblesandclay.co.uk; 60 Main St; Hauptgerichte 5–8 £; ⊙ 8.45–17 Uhr; ⋈ ⋈) Das hübsche, kinderfreundliche Café bietet nicht nur Fair-Trade-Kaffee und gesunde Salate und Snacks – toskanischen Bohneneintopf oder Hummus mit Pitabrot und rohen Gemüsesticks –, sondern auch die Gelegenheit, sich im Bemalen von Töpferwaren zu versuchen.

Haworth Old Hall
GASTROPUB ££

(☎ 01535-642709; www.hawortholdhall.co.uk; Sun St; Hauptgerichte 10–15 £) Das Pub aus dem 16. Jh. serviert *real ale* und recht gutes Essen und besticht mit seinem tollen Biergarten. Wer länger verweilen möchte: Es gibt hier auch zwei gemütliche Doppelzimmer (ab 60 £).

Praktische Informationen

Die **Touristeninformation** (☎ 01535-642329; www.visitbradford.com/discover/Haworth. aspx; 2–4 West Lane; ⊙ April–Sept. 10–17 Uhr, Okt.–März bis 16 Uhr) bietet ausgezeichnete Infos zum Dorf, zur Umgebung und natürlich zu den Brontës.

An- & Weiterreise

Von Leeds gelangt man am einfachsten über Keighley, das an das Metro-Verkehrsnetz angebunden ist, nach Haworth. Bus 500 (www. keighleybus.co.uk) fährt vom Busbahnhof in Keighley nach Haworth (2,20 £, 20 Min., stündl.) und weiter nach Todmorden und Hebden Bridge. Am interessantesten ist aber die Anreise mit der Keighley & Worth Valley Railway (S. 565).

SÜD-YORKSHIRE

Was Wolle für West-Yorkshire war, war Stahl für Süd-Yorkshire. Da es hier jede Menge Kohle, Eisenerz und Wasser gab, wurde dieser Teil des Landes zum Zentrum der britischen Eisen- und Stahlindustrie. Vom 18. zum 20. Jh. schlug hier das industrielle Herz Nordenglands.

Die Hochöfen von Sheffield und Rotherham und die Zechen von Barnsley und Doncaster haben zwar schon vor langer Zeit geschlossen, aber die monumentalen Zeugen des Unternehmergeists, der hier in viktorianischer Zeit regierte, sind nach wie vor vorhanden: Nicht nur die alten Stahlwerke und Fördertürme – von denen einige in Museen und Ausstellungsflächen verwandelt wurden –, sondern auch die stattlichen Verwaltungsgebäude im Zentrum von Sheffield erzählen von den grenzenlosen Ambitionen ihrer Erbauer im 19. Jh.

Sheffield

551 800 EW.

Stahl ist überall in Sheffield. Heute ist es jedoch nicht mehr der Stahl aus den Gießereien, Hütten und Schmieden, der der Stadt ihren Reichtum verschaffte, auch nicht das Besteck, das den „Sheffield Steel" in Großbritannien in jedem Haushalt bekannt machte, sondern es ist der Stahl der Gerüste und Kräne, der modernen Skulpturen und Straßenbahnen sowie der neuen Hochhäuser, die sich in die Skyline schrauben.

Die Stahlindustrie ist schon lange verschwunden, aber nach vielen Jahren des Niedergangs geht's mit der Stadt jetzt wieder aufwärts. Wie viele nordenglische Städte hat sie die Gelegenheit, die die Stadterneuerung bietet, beim Schopf gepackt und arbeitet hart an einem neuen Anfang. Die heutige Wirtschaft Sheffields gründet sich auf Dienstleistungen, auf Konsum und dank den Universitäten der Stadt auch auf das Bildungswesen.

Seit 2000 wird die Innenstadt umfassend saniert und neu erschlossen. Das Ganze soll bis mindestens 2020 andauern, sodass noch lange mit Baustellen und Straßenbauarbeiten zu rechnen ist.

Sehenswertes

Kelham Island Museum   MUSEUM

(www.simt.co.uk; Alma St; Erw./Kind 6 £/frei; ⊙Mo–Do 10–16, So 11–16.45 Uhr; P ✿) Das spannende Museum beschäftigt sich mit Sheffields außerordentlichem Industrieerbe. Es befindet sich standesgemäß auf einer künstlichen Insel im ältesten Industriegebiet der Stadt, etwa 800 m nördlich vom Stadtzentrum. Die Ausstellungen umfassen alle möglichen Industriezweige von der Stahlproduktion bis zur Herstellung von Messerklingen, z. B. kann man in der Little Mesters Lane dem letzten Messerschmied der Stadt über die Schulter schauen. Das beeindruckendste Ausstellungsstück ist die hausgroße Dampfmaschine River Don mit dröhnenden 12 000 PS, die zweimal am Tag angeworfen wird. Ein lohnendes Schauspiel!

Winter Gardens   GÄRTEN

(Surrey St; ⊙8–18 Uhr; ✿) Der ganze Stolz der Innenstadt von Sheffield ist dieser wunderbar ambitionierte öffentliche Raum unter einem hohen Glasdach, das von anmutigen Bögen aus laminiertem Holz getragen wird. Der Baustil des 21. Jhs. bildet einen deutlichen Kontrast zum benachbarten viktorianischen **Rathaus** und den **Peace Gardens** mit ihren Brunnen, Skulpturen und Rasenflächen, auf denen sich bei entsprechendem Wetter die Büroangestellten herumlümmeln.

Graves Gallery   KUNSTGALERIE

(www.museums-sheffield.org.uk; Surrey St; ⊙Di–Sa 11–16 Uhr) GRATIS Die Galerie zeigt eine durchdachte und gut präsentierte Sammlung britischer und europäischer Kunst vom 16. Jh. bis heute. Zu den Topnamen, die hier vertreten sind, zählen Turner, Sisley, Cézanne, Gaugin, Miró, Klee, Picasso und Damien Hirst.

Abbeydale Industrial Hamlet   MUSEUM

(www.simt.co.uk; Abbeydale Rd S; Erw./Kind 4 £/frei; ⊙Mo–Do 10–16, So 11–16.45 Uhr; P ✿) In der Zeit vor den großen Stahlhütten war die Metallverarbeitung genauso wie die Woll- und Baumwollverarbeitung eine Heimindustrie. Einen Einblick in diese frühe, unschuldige Zeit verschaffen die restaurierten Öfen, Werkstätten und Maschinen aus dem 18. Jh. in diesem Industriemuseum. Es liegt 6,5 km südwestlich der Innenstadt an der A621 Richtung Peak District.

Schlafen & Essen

Leopold Hotel   BOUTIQUEHOTEL ££

(☎0845 078 0067; www.leopoldhotel.co.uk; 2 Leopold St; Zi. ab 70 £; ✿) Sheffields erstes Boutiquehotel hat sich in einem ehemaligen Gymnasium niedergelassen und verleiht der hiesigen Hotelszene einen dringend benötigten Schuss Stil und Kultiviertheit – jedoch ohne die überhöhten Londoner Preise. Spätabends kann es in den Bars an der Leopold Street etwas laut werden – lieber ein ruhiges Zimmer nach hinten raus nehmen.

Houseboat Hotels   HAUSBOOT ££

(☎01909-569393; www.houseboathotels.com; Victoria Quays, Wharfe St; EZ/DZ/4BZ ab 79/99/159 £; P ✿) Mal was anderes: Hier können Gäste auf ihrem eigenen Hausboot entspannen, ausgestattet mit Küche und Terrasse. Außerdem können sie das Fitnessstudio und den Pool des Hilton auf der anderen Straßenseite zu einem reduzierten Preis mitbenutzen.

Marmaduke's   CAFÉ £

(www.marmadukescafedeli.co.uk; 22a Norfolk Row; Hauptgerichte 6–11 £; ⊙Mo–Sa 9–17, So 10–16 Uhr; ✿) 🖉 Das sympathisch enge und chaotische Café voller recycelter Möbel und unter der Regie einer jungen, engagierten Crew serviert Frühstücksleckereien aus regionalen Biozutaten (bis 11.30 Uhr). Das Mittagsangebot reicht von Feinkostsandwiches und

Quiches bis zu vegetarischen Tagesgerichten wie dem Halloumi-Kräuter-Burger.

Street Food Chef TEX-MEX£

(☏ 0114-275 2390; www.streetfoodchef.co.uk; 90 Arundel St; Hauptgerichte 3–6 £; ⏱ Mo–Sa 10–22, So bis 21 Uhr) Das bodenständige mexikanische Lokal ist besonders bei Sheffields Studenten beliebt. Die frisch zubereiteten, preiswerten Speisen wie Nachos, Burritos, Tacos und quesadillas mit scharf gewürztem Fleisch oder vegetarischen Füllungen gibt's auch zum Mitnehmen.

★ Vero Gusto ITALIENISCH ££

(☏ 0114-276 0004; www.verogusto.com; 12 Norfolk Row; Hauptgerichte 9–27 £; ⏱ Di–Sa 11–23 Uhr; 🐾 ✏) Das Gusto ist ein waschechtes italienisches Restaurant: Hier servieren italienische Betreiber echte italienische Hausmannskost und es wird echter italienischer Kaffee kredenzt. Kaffee und italienischen Kuchen gibt's am Nachmittag, mittags und abends exquisite italienische Gerichte. Für den Abend sollte man reservieren.

🍷 Ausgehen & Unterhaltung

Fat Cat CRAFT-BIER

(☏ 0114-249 4801; www.thefatcat.co.uk; 23 Alma St; ⏱ So–Do 12–23, Fr & Sa bis 24 Uhr) Mit seinem charmanten Original-Interieur ist das Fat Cat eines der besten Pubs in Sheffield und hat eine breite Auswahl *real ales* im Ausschank (einige davon werden direkt vor Ort gebraut). Es gibt drei Bars (davon eine Nichtraucherbar), gute Kneipenkost und im Winter ein knisterndes Kaminfeuer. Das Fat

Cat liegt nördlich vom Stadtzentrum in der Nähe des Kelham Island Museum.

Showroom KINO

(☏ 0114-275 7727; www.showroomworkstation.org. uk; 15 Paternoster Row) Das größte unabhängige Kino Englands ist in einem prächtigen Art-déco-Komplex untergebracht und zeigt eine tolle Mischung aus Arthousefilmen und anderen – mal mehr, mal weniger – unkonventionellen Werken.

ℹ Praktische Informationen

Post (Norfolk St; ⏱ Mo–Fr 8.30–17.30, Sa bis 15 Uhr)

Touristeninformation (☏ 0114-275 7754; www. welcometosheffield.co.uk; Surrey St; ⏱ Mo–Fr 9.30–17, Sa bis 16 Uhr, 13–13.30 Uhr geschl.)

ℹ An- & Weiterreise

Informationen über die öffentlichen Verkehrsmittel in Sheffield und Süd-Yorkshire bietet **Travel South Yorkshire** (☏ 01709-515151; www.travelsouthyorkshire.com).

BUS

Der Busbahnhof, genannt Interchange, liegt unmittelbar östlich des Zentrums und ca. 250 m nördlich vom Bahnhof.

Leeds 4,70 £, 1 Std., stündl.

Manchester 8,70 £, 1½ Std., 4-mal tgl.

London 14 £, 4 Std., 4-mal tgl.

ZUG

Leeds 13 £, 1 Std., 2-mal stündl.

London St. Pancras 75 £, 2½ Std., stündl.

Manchester 15 £, 1 Std., 2-mal stündl.

York 16 £, 1¼ Std., 2-mal stündl.

ABSTECHER

MAGNA

Zu seinen Hochzeiten war das Stahlwerk Templeborough die produktivste Stahlhütte der Welt. In sechs 3000 °C heißen elektrischen Lichtbogenöfen wurden pro Jahr 1,8 Mio. Tonnen Metall hergestellt. Heute ist das **Magna** (☏ 01709-720002; www.visitmagna.co.uk; Sheffield Rd, Templeborough, Rotherham; Erw./Kind 11,95/9,95 £; ⏱ 10–17 Uhr, letzter Einlass 16 Uhr; P ♿), in dem einst eine 10 000-köpfige Belegschaft arbeitete, ein Museum und eine Verneigung vor der Schwerindustrie. Das interaktive Erkundungsparadies für Kinder jeden Alters bietet eine große Bandbreite an wissenschaftlichen und technologischen Exponaten. Es liegt 6,4 km nordöstlich von Sheffield bei Rotherham, fast direkt an der M1. Die Öffnungszeiten besser zuvor telefonisch bestätigen lassen.

In dem weitläufigen, schummerig beleuchteten Gebäude riecht es noch ein wenig nach Maschinenöl, heißem Metall und vergangenem Glanz. Es gibt verschiedene Ausstellungen mit den Themenschwerpunkten Erde, Luft, Wasser und Feuer. Letztere ist besonders beeindruckend. Ihr Herzstück ist ein großer Flammentornado, außerdem kann man mithilfe eines echten elektrischen Lichtbogens seine eigene winzige Stahlpfütze schmelzen. Der stündliche „Big Melt" – eine gewaltige Ton-, Licht- und Feuerwerksshow – inszeniert auf spektakuläre Weise das Anwerfen eines der originalen Lichtbogenöfen.

EAST RIDING OF YORKSHIRE

Das sanft gewellte Ackerland des East Riding of Yorkshire zieht sich bis hinüber nach Hull, einer schnörkellosen Hafenstadt, die von der Nordsee und der Mündung des Humber lebt. Gleich nördlich von Hull liegt das ganz anders geartete Beverley, die schönste Stadt des East Riding, mit jeder Menge georgianischem Flair und einer mehr als ansehnlichen Kirche.

HULL PIER TOILETS

Es gibt nicht viele Orte, an denen eine öffentliche Toilette als Touristen-attraktion gilt, aber bei den **Hull Pier Toilets** (Nelson St) legen regelmäßig ganze Reisebusladungen einen Fotostop ein. Der bildschöne edwardianische Notdurfttempel mit strahlend weißen Fliesen, blitzblanken Kupferrohren, lasiertem Mahagoniholz und einem kleinen Dschungel aus Topfpflanzen ist ein wahres Kleinod.

Hull

284 320 EW.

Hull heißt eigentlich Kingston-upon-Hull – dem alten Hafen am River Hull wurde 1299 das königliche Stadtrecht verliehen und er hieß von da an King's Town. Schon seit Langem ist Hull der wichtigste Hafen an der englischen Ostküste. Früher war er vor allem für den Woll- und Weinhandel sowie als Walfang- und Fischereihafen von Bedeutung.

Als Hull zur britischen Kulturhauptstadt 2017 (www.hull2017.co.uk) auserkoren wurde, startete die Stadt umfassende Sanierungsarbeiten im Hafenbereich und in der Old Town. Im Fruitmarket-Viertel um die Humber Street herum hat sich bereits eine kleine Kultur-Renaissance ereignet: Heruntergekommene Gebäude wurden in Ateliers und Veranstaltungsorte verwandelt.

Zwar wird die Stadt nie einen Schönheitswettbewerb gewinnen, doch sie verströmt einen rauen Charme, der besonders Leute anspricht, die sich für die britische Industriegeschichte interessieren und gerne mal die ausgetretenen Touristenpfade verlassen. Hull ist bekannt als Heimat des Dichters Philip Larkin und hat einige interessante Beispiele bürgerlicher Architektur in viktorianischem England, ein paar faszinierende Museen und eines der besten Aquarien Großbritanniens vorzuweisen.

◉ Sehenswertes & Aktivitäten

★ The Deep
AQUARIUM

(☎01482-381000; www.thedeep.co.uk; Tower St; Erw./Kind 12/10 £; ◷10–18 Uhr, letzter Einlass 17 Uhr; Ⓟ♿) Hulls größte Touristenattraktion ist The Deep, Großbritanniens spektakulärstes Aquarium. Das kolossale verwinkelte Gebäude scheint sich über den trüben Wassern des Humber wie ein gewaltiger Haikopf zu erheben. Auch drinnen präsentiert es sich überaus dramatisch, mit hallenden Kommentaren und computergenerierten interaktiven Exponaten, die Besucher durch die Entstehungsgeschichte der Ozeane und des Meereslebens geleiten.

Das größte Aquariumbecken ist 10 m tief, voller Haie, Stachelrochen und bunter Korallenfische sowie Muränen, die wie schillernder Schleim über den Felsen hängen. Im Becken fährt ein Fahrstuhl hoch und runter, aber besser ist die Sicht von der Treppe aus. Unbedingt lohnend ist das Café im obersten Stock mit einem tollen Ausblick auf das Mündungsgebiet des Humber.

Ferens Art Gallery
KUNSTGALERIE

(☎01482-300300; www.hullcc.gov.uk/ferens; Queen Victoria Sq; ◷Mo–Sa 10–17, So 1.30–16.30 Uhr) GRATIS Nach umfassenden Renovierungsarbeiten feierte die Ferens Art Gallery im Rahmen der Ernennung Hulls zur Kulturhauptstadt 2017 ihre Wiedereröffnung. Zum Auftakt zeigte sie Spencer Tunicks **Sea of Hull**, eine Fotoinstallation, für die mehr als 3000 nackte, mit blauer Körperfarbe bemalte Freiwillige die Straßen der Stadt füllten. Die Dauerausstellung umfasst Werke von alten Meistern wie Frans Hals sowie moderne Arbeiten von Stanley Spencer, Peter Blake, David Hockney und Gillian Wearing.

Arctic Corsair
HISTORISCHE STÄTTE

(www.hullcc.gov.uk/museums; ◷April–Okt. Mi & Sa 10–16.30, So 13.30–16.30 Uhr) GRATIS Hinter dem Streetlife Museum liegt vertäut im Schlamm des River Hull die *Arctic Corsair*. Der Atlantiktrawler ist ein Veteran der sogenannten Kabeljaukriege in den 1970er-Jahren, als sich Großbritannien und Island um Fischereirechte balgten. Kostenlose Führungen – zu erfragen am Empfangstresen des

Hull & East Riding Museum (www.hullcc. gov.uk/museums; High St; ⊙Mo–Sa 10–17, So 1.30–16.30 Uhr) GRATIS – zeigen, was für eine harte Arbeit es war, nördlich des nördlichen Polarkreises zu fischen.

Spurn Lightship MUSEUM
(www.hullcc.gov.uk/museums; Castle St; ⊙Ende Juni–Mitte Sept. So 13.30–16 Uhr) GRATIS Das 1927 gebaute Feuerschiff diente einst Schiffen, die in die berüchtigt gefährliche Mündung des Humber einfuhren, als Navigationsmarke. Heute liegt das Schiff sicher in der Marina vor Anker und beherbergt eine spannende Ausstellung über seine eigene Geschichte. Interessant ist auch der Unterschied zwischen den Behausungen von Kapitän und Crew.

Old Town STADTTVIERTEL
Hulls Old Town erstreckt sich auf dem Zipfel Land zwischen dem River Hull im Osten und dem Princes Quay im Westen. Die stattlichen öffentlichen Gemäuer hier zeugen vom einstigen Wohlstand der Stadt. Die eindrucksvollste Hinterlassenschaft aus vergangenen Zeiten ist die **Guildhall** (Low Gate; ⊙Mo–Do 8.30–16.30, Fr bis 15.30 Uhr) GRATIS, ein riesiger neoklassizistischer Kasten von 1916.

🛏 Schlafen & Essen

Garden Mews B&B £
(☎01482-215574; http://the-garden-mews-gb.book. direct; 13–14 John St.; EZ/DZ/FZ ab 30/45/60 £; 🛜♿) Das B&B in der Nähe des New Theatre überblickt den grünen Kingston Square und punktet mit einem der besten Preis-Leistungs-Verhältnisse im Stadtzentrum. Die Zimmer sind nichts Besonderes, aber sauber und komfortabel und die Besitzer sind freundlich und hilfsbereit.

Kingston Theatre Hotel HOTEL ££
(☎01482-225828; www.kingstontheatrehotel.com; 1–2 Kingston Sq; EZ/DZ/Suite ab 75/110/190 £; 🛜) Das Hotel ist eine der nettesten Übernachtungsmöglichkeiten in Hull. Es bietet elegante Zimmer, zuvorkommenden Service und ein ausgezeichnetes Frühstück. Ein weiterer Pluspunkt ist die ruhige Lage an einem parkähnlichen Platz gegenüber des New Theatre. Bei Buchung über die Website winkt ein Rabatt.

Bait FISCH & MEERESFRÜCHTE ££
(☎01482-343088; www.baithull.co.uk; 13–15 Princes Ave; Hauptgerichte 11–18 £; ⊙Di–Do 12–14.30 & 17–21, Fr–So 12–21.30 Uhr) 🌿 Ganz im Zeichen der Seefahrertradition Hulls versammelt die Speisekarte vorzügliches britisches Seafood, darunter Lindisfarne-Austern au naturel, Hummercremesuppe, Meeräsche mit Cider-Zwiebel-Chutney, Risotto mit geräuchertem Schellfisch und die gute, alte fish pie. Es gibt auch Fleisch- und vegetarische Gerichte und das rustikale Holzinventar sorgt für eine lebendige, ungezwungene Atmosphäre.

Fudge AMERIKANISCH ££
(☎01482-441019; www.fudgefood.com; 93 Princes Ave; Hauptgerichte 8–17 £; ⊙Di–Do & So 10.30–15, Fr & Sa 9–15, Di–So 18–21 Uhr; 🛜♿) Das frische, in Pink und Pfefferminz gehaltene Café serviert den ganzen Tag lang Brunch, Kaffee und Kuchen. Es gibt aber auch ein verführerisches Angebot an amerikanischen Spezialitäten wie saftige Burger (vegetarisch oder mit Rindfleisch), kreolisches Hühnchen, Feinkost- und Südstaatensandwiches *(po' boys)*.

⭐**1884 Dock Street Kitchen** MODERN BRITISCH £££
(☎01482-222260; www.1884dockstreetkitchen.co. uk; Humber Dock St; Hauptgerichte 17–33 £; ⊙Mo 18–21.30, Di–Sa 12–14, & 18–21.30, So 12–15 Uhr; 🛜) 🌿 Das große und gewagte Restaurant ist das Aushängeschild der Hafenerneuerung. Hier wird versucht, britische Küche mit dem sepiagetönten Look eines New Yorker Steakhauses aus dem späten 19. Jh. zu vermählen – und es klappt auch einigermaßen. Neben Steaks gibt's viel schottischen Fisch, Schweinefleisch aus Yorkshire und Lamm aus Lancashire sowie Gerichte mit wildem Knoblauch und Enteneiern. Ein dreigängiges Mittagsmenü kostet 21 £.

🍷 Ausgehen & Unterhaltung

Olde Black Boy PUB
(☎01482-215040; 150 High St; ⊙Mo–Di 17.30–23.30, Mi–So 12.30–23.30 Uhr) Hulls ältestes Pub schenkt schon seit 1726 Bier aus und war die Stammkneipe des Dichters Philip Larkin. Eichenholzböden und -dachbalken, die dunkle Holzvertäfelung und ein behagliches Holzfeuer im Winter schaffen ein stimmungsvolles Ambiente. Mittwochs gibt's Folk-Jam-Sessions.

Fuel CLUB
(www.fuel-hull.co.uk; 6 Baker St; ⊙Mi 23–3, Fr & Sa 20–6 Uhr; 🛜) Hinter einer unscheinbaren Fassade versteckt sich Hulls derzeit angesagtester Club. Besonders die LGBT-Szene

feiert hier gerne, aber auch Heteros haben Spaß an den DJs, Drag-Shows und Camp Comedy.

Fruitspace · LIVEMUSIK, COMEDY
(☎01482-221113; www.fruitspace.co.uk; 62–63 Humber St; 🚆) Die alte Industrieanlage bildet das Herzstück des Kultur-Revivals im Fruitmarket-Viertel. Heute ist sie ein Mehrzweck-Veranstaltungsort mit Bar, Kino und Bühne. Regelmäßig spielen hier Bands aus der Stadt – manchmal auch bekanntere Namen – und es gibt einen monatlichen Comedy Club sowie am dritten Sonntag des Monats den Humber Street Market.

ℹ Praktische Informationen

Touristeninformation (☎01482-300300; www.visithullandeastyorkshire.com; 1 Paragon St; ⊙Mo–Sa 10–17, So 11–15 Uhr)

Beverley

30 590 EW.

Das hübsche, unverdorbene Beverley ist eine der schönsten Städte in Yorkshire, v. a. dank einem großartigen Münster, das es in Sachen Schönheit mit jeder Kirche in England aufnehmen kann, und dem Straßenlabyrinth zu seinen Füßen mit wunderbaren georgianischen und viktorianischen Häusern.

Alle Sehenswürdigkeiten liegen nur einen kurzen Spaziergang vom Bahnhof und Busbahnhof entfernt. Samstags findet auf dem Hauptplatz, der Saturday Market heißt, ein großer Markt statt, mittwochs ein kleinerer auf dem passend benannten Platz Wednesday Market.

◎ Sehenswertes

★ Beverley Minster · KIRCHE
(www.beverleyminster.org; St. John St; ⊙März–Okt. Mo–Sa 9–17, So 12–17 Uhr, Nov.–März bis 16 Uhr) GRATIS Das Beverley Minster ist ein Juwel englischer Kirchenarchitektur und die eindrucksvollste Kirche des Landes, die keine Kathedrale ist. Schon von außen ist das Gotteshaus mit seinen himmelwärts strebenden Linien eindrucksvoll, seine wahre Schönheit offenbart es jedoch erst drinnen. Das nördliche Seitenschiff aus dem 14. Jh. ist mit Original-Steinbildnissen gesäumt, zumeist von Musikern. Von diesen Bildern stammt ein Großteil unseres Wissens über alte Musikinstrumente. Daneben sind auch Kobolde, Teufel und groteske Fi-

---

PIPE & GLASS INN

Das in einem pittoresken Weiler 6,4 km nordwestlich von Beverley gelegene entzückende Landpub **Pipe and Glass Inn** (☎01430-810246; www.pipe andglass.co.uk; West End, South Dalton; Hauptgerichte 11–30 £; ⊙Di–Sa 12–14 & 18.30–21.30, So 12–16 Uhr; P 🚆 🅿 ⓦ) hat seit 2010 einen Michelin-Stern. Das Ambiente ist erfrischend locker, mit alten Holztischen, Steinkamin und Ledersofas, und das Essen wird mit viel Liebe zubereitet – selbst scheinbar einfache Gerichte wie eine Fischpastete sind unvergesslich.

Wer über Nacht bleiben will, hat fünf luxuriöse Zimmer zur Auswahl (180– 225 £ pro Nacht, Frühstück inkl.).

guren dargestellt. Besonders interessant ist der Dudelsackpfeifer.

Mit dem Bau der Kirche, der dritten an dieser Stelle – die erste stammte aus dem 7. Jh. –, wurde 1220 begonnen, danach wurde zwei Jahrhunderte lang weitergewerkelt. Somit sind alle drei Stilepochen der englischen Gotik vertreten: Early English, Decorated und Perpendicular Style.

Das reich verzierte **Percy Canopy** (1340) in der Nähe des Altars, ein Baldachin über dem Grabmal der Adligen Lady Eleanor Percy, zeugt vom Können des Bildhauers und ist das schönste Stück gotischer Steinbildhauerei in England. Den Gegensatz dazu bildet der angelsächsische **Frith Stool** aus dem 10. Jh. im Chor: ein schlichter, polierter Steinstuhl, auf den sich einst jeder vor der Hand des Gesetzes flüchten konnte.

Im Dach befindet sich ein restaurierter Tretradkran, mit dem die Arbeiter beim Bau der Kirche schwere Lasten transportierten. Zugang zum Turm hat man nur im Rahmen einer Führung (5 £ pro Pers.).

Beverley Westwood · PARK
(Walkington Rd) Die große, mit alten Bäumen übersäte Gemeindeweide liegt am westlichen Stadtrand von Beverley. Seit Jahrhunderten grast hier das örtliche Vieh. Das Land ist als Allmende seit 1380 im Besitz der Gemeinde und wird von den *Pasture Masters* verwaltet, einer Gruppe von Männern, die alljährlich im März von den *Freemen of Beverley* gewählt wird. Das Bild prägen zu-

friedene Kühe, die kein Zaun davon abhält, über die Straße zu trotten, und Spaziergänger, die den grandiosen Blick genießen, den man von auf das Beverley Minster hier hat.

🛏 Schlafen & Essen

⭐ YHA Beverley Friary
HOSTEL £

(☎ 0845 371 9004; www.yha.org.uk; Friar's Lane; B/DZ ab 15/49 £; ⓟ 🛜 📶) In Beverley hat die billigste Unterkunft die beste Lage und das schönste Ambiente. Diese Jugendherberge befindet sich in einem perfekt restaurierten Dominikanerkloster aus dem 14. Jh., das auch in Chaucers *Canterbury Tales* vorkommt, und liegt nur 100 m vom Münster und nicht weit vom Bahnhof entfernt.

Kings Head
GASTHOF ££

(☎ 01482-868103; www.kingsheadpubbeverley.co.uk; 38 Saturday Market; Zi. ab 90 £; 🛜) Der Kings Head in einer modernisierten georgianischen Postkutschenstation ist ein munteres Pub mit zehn hellen und stilvollen Zimmern über der Kneipe. Die hat am Wochenende lange geöffnet und für Gäste, die ihren Schlaf brauchen, stehen Ohrstöpsel zur Verfügung.

Vanessa Delicafe
CAFÉ ££

(☎ 01482-868190; www.vanessadelicafe.co.uk; 21-22 Saturday Market; Hauptgerichte 7-15 £; ⊙ Mo-Sa 9-16.30, So 10-15.30 Uhr; 🛜 📶) Das beliebte Café befindet sich über einem Feinkostladen. Die Tische stehen zwischen Sofas und Bücherregalen und von den Fenstersitzen fällt der Blick auf den Marktplatz. Der rich-tige Ort also, um sich bei einem Cappuccino und Stück Kuchen in die Sonntagszeitung zu vertiefen. Mittags locken herzhafte Tagesgerichte wie Wildburger oder eine Yorkshire-Platte mit Schweinefleischpastete, Schinkenbraten, Käse und Chutney.

Grant's Bistro 22
MODERN BRITISCH £££

(☎ 01482-887624; www.grantsbistro.co.uk; 22 North Bar Within; Hauptgerichte 14-25 £; ⊙ Fr & Sa 12-14, Mo-Sa 18-21.30 Uhr; ✍) 🚭 Ein wundervolles Restaurant für ein romantisches Dinner zu zweit, mit dunklen Holztischen, frischen Blumen und Kerzenlicht. Rindfleisch, Wild und besonders Meeresfrüchte aus der Region werden hier bestens in Szene gesetzt, in Gerichten wie in der Pfanne gebratenen Jakobsmuscheln mit Blutwurst. Dazu kommt eine gute vegetarische Auswahl. Ein 2-/3-Gänge-Mittagsmenü kostet 15/20 £.

ℹ Praktische Informationen

Touristeninformation (☎ 01482-391672; www.visithullandeastyorkshire.com/beverley; 34 Butcher Row; ⊙ Mo-Sa 9.30-17 Uhr)

ℹ An- & Weiterreise

Von Hull bestehen regelmäßige Busverbindungen nach Beverley, u. a. mit den Bussen 121, 122, 246 und X46/X47 (4,05 £, 30 Min., alle 20 Min.). Bus X46/X47 verbindet Beverley mit York (6,45 £, 1¼ Std., stündl.).

Es bestehen Zugverbindungen nach Scarborough (13,70 £, 1¼ Std., alle 2 Std.) und Hull (6,80 £, 15 Min., 2-mal stündl.).

Manchester, Liverpool & Nordwestengland

Gut essen

➡ Northcote Hotel (S. 606)

➡ Manchester House (S. 584)

➡ Little Fish Cafe (S. 608)

➡ Simon Radley at the Grosvenor (S. 591)

➡ Salt House (S. 599)

Schön übernachten

➡ Inn at Whitewell (S. 606)

➡ 2 Blackburne Terrace (S. 599)

➡ King Street Townhouse (S. 583)

➡ Stone Villa (S. 590)

➡ Richmond Hotel (S. 598)

Auf nach Manchester, Liverpool & Nordwestengland

Zwei rivalisierende Städte mit viel Tradition, ein mittelalterliches Meisterwerk, eine Insel und eine der schönsten Landschaften Englands ... all dies ist nur ein kleiner Vorgeschmack dessen, was der Nordwesten anzubieten hat. Das Zentrum der Region bildet Manchester, die wohl aufregendste Stadt Englands und die inoffizielle Hauptstadt des Nordens. Jenseits der Pennines liegt Liverpool, das stolz auf sein reiches Erbe zurückblickt und bei den wichtigen Dingen – von Essen bis Fußball – durchaus in der Liga seines größeren Nachbarn mitspielen kann. Nahe der beiden Metropolen liegt Chester, eine malerische Tudorstadt, deren Vergangenheit bis in die Römerzeit zurückreicht. Doch der Nordwesten zeugt nicht nur von der Bautätigkeit des Menschen, sondern er bietet im nördlichen Lancashire und auf der Isle of Man auch erholsame Landschaften, die zu den schönsten Großbritanniens zählen und wunderbare Wanderreviere darstellen.

Reisezeit

➡ Vor den Toren Liverpool findet am ersten Aprilwochenende das berühmteste Hindernisrennen der Welt statt, das Aintree Grand National.

➡ Mai und Juni sind auf der Isle of Man die Zeit des Tourist Trophy Festival, beliebt bei Motorsportfans aus aller Welt.

➡ Das Highlight im Kulturkalender der Region ist alle zwei Jahre im Juli das Manchester International Festival.

➡ Musikfans sollten in der letzten Augustwoche Liverpool ansteuern: Dann findet hier das Creamfields-Tanzfest und das Mathew Street Festival statt, eine Huldigung der Beatles.

➡ Fußball wird von Ende August bis Mai gespielt.

Highlights

1 International Slavery Museum
(S. 596) In Liverpools aufregendstem Museum eine aufschlussreiche Geschichtsstunde erleben

2 Beatles' Childhood Homes
(S. 597) Die Liverpooler Häuser besuchen, in denen John und Paul aufwuchsen – und ihre ersten Hits schrieben

3 HOME (S. 586)
Eine Veranstaltung in Manchesters spannendem und provokantem Kulturzentrum besuchen

4 City Walls
(S. 588) Auf den Spuren der Römer die Befestigungsanlagen von Chester erkunden

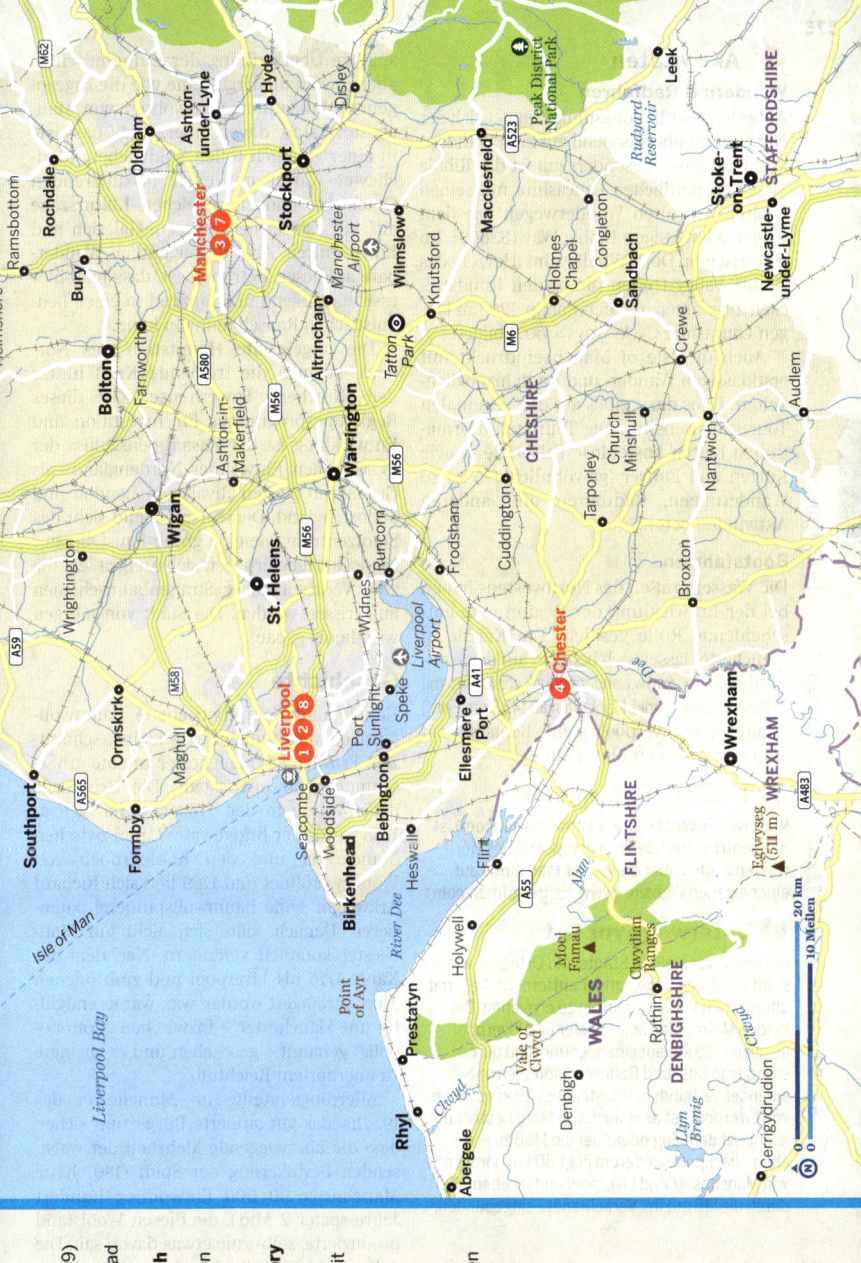

5 Lady Isabella Laxey Wheel (S. 609)
Das größte noch betriebene Wasserrad der Welt bestaunen

6 Pleasure Beach (S. 603) Adrenalin auf einer Achterbahn in Blackpool ausschütten

7 People's History Museum (S. 577) Interessantes über soziale Gerechtigkeit in Manchester erfahren

8 Philharmonic (S. 600) In diesem Liverpooler Pub, einem der schönsten in Großbritannien, genüsslich etwas trinken

Aktivitäten

Wandern & Radfahren

Außerhalb der Ballungsräume eignet sich der Nordwesten überraschend gut zum Wandern und Radfahren. Besonders gut ist das Ribble Valley im nördlichen Lancashire mit seinen zahlreichen guten Wanderwegen wie dem über 110 km langen Ribble Way (S. 602). Im historischen Dorf Whalley im Herzen des Ribble Valley treffen die beiden Rundstrecken zusammen, die den knapp 420 km langen Lancashire Cycle Way (S. 602) bilden.

Auch die Isle of Man beeindruckt mit erstklassigen Wander- und Radfahrmöglichkeiten. Infos dazu gibt's auf den regionalen Tourismuswebsites. Die Touristeninformationen halten kostenlose Faltblätter sowie Karten und Führer (gewöhnlich 1–5 £) zu Wanderungen, Radtouren und anderen Aktivitäten bereit.

Bootsfahrten

Die Wasserstraßen des Nordwestens haben bei der Entwicklung der Region eine entscheidende Rolle gespielt. Die Kanäle in Manchester lassen sich bequem auf der **Wandering Duck** (www.wanderingduck.co.uk; Trip mit 2 Übernachtungen inkl. Mahlzeiten ab 145 £ pro Pers.) erkunden; in Liverpool ist eine Bootstour auf dem Mersey ein absolutes Muss.

ℹ Touristeninformation

Visit North-West (www.visitnorthwest.com) ist das zentrale Fremdenverkehrsportal des Nordwestens; Infos über die **Isle of Man** gibt's auf einer eigenen Website (www.visitisleofman.com).

ℹ Unterwegs vor Ort

Die hier vorgestellten Städte und Orte sind allesamt nicht weit voneinander entfernt und gut mit öffentlichen Verkehrsmitteln zu erreichen. Die beiden Metropolen Manchester und Liverpool liegen nur 55 km auseinander und sind durch stündliche Bus- und Bahnverbindungen miteinander verbunden. Chester liegt 29 km südlich von Liverpool, ist aber auch von Manchester aus leicht mit dem Zug oder über die M56 zu erreichen. Blackpool wiederum liegt 80 km nördlich von Manchester und Liverpool und ist ebenfalls durch die M6 gut ins Verkehrsnetz eingebunden.

MANCHESTER

527 240 EW.

Der Wetterbericht auf dem lokalen Radiosender Key 103FM beginnt immer mit den Worten „die Vorhersage für die großartigste Stadt der Welt". Das ist natürlich nur eine spaßige Übertreibung der Einheimischen, aber sowohl die Urgesteine wie die zugezogenen Mancunians (Einwohner von Manchester) sind davon überzeugt, dass sie in einer ziemlich tollen Stadt leben. Manchester wartet mit einer faszinierenden Geschichte und einer reichen Kulturszene auf, mit zahlreichen Museen, Galerien und Kunstzentren. Aber das eigentlich Wunderbare an dieser Metropole ist, dass man hier essend, trinkend und tanzend in einen hedonistischen Rausch taumeln kann.

Die ungekrönte Hauptstadt des Nordens ist auch die treibende Kraft hinter dem Northern Powerhouse. Ziel dieses Regierungsprogramms für Investition und Entwicklung ist der Zusammenschluss der 15 Millionen Einwohner Nordenglands als Gegenkraft zu den Rivalen in London und Südostengland. Dementsprechend sieht das Stadtzentrum wie eine große Baustelle aus. Neue Gebäude erheben sich an Straßen, die zum Verlegen neuer Straßenbahnschienen aufgerissen werden. Die Stadt von morgen wird heute gebaut.

Geschichte

Kanäle und dampfbetriebene Baumwollfabriken verwandelten das kleine, schmutzige Provinznest Manchester in eine große, schmutzige Industriestadt. Die Grundlage dafür wurde in den 1760er-Jahren gelegt: 1763 wurde der Bridgewater Canal zwischen Manchester und den Kohlegruben von Worsley eröffnet und 1769 ließ sich Richard Arkwright seine Baumwollspinnerei patentieren. Danach sollte sich nicht nur Manchester komplett verändern. Nachdem der Kanal 1776 bis Liverpool und zum offenen Meer verlängert worden war, war es endgültig um Manchester – inzwischen „Cottonopolis" genannt – geschehen und es gelangte zu unerhörtem Reichtum.

Allerdings stellte im Manchester des 19. Jhs. das gut situierte Bürgertum sicher, dass die überwiegende Mehrheit der wachsenden Bevölkerung der Stadt (1801 hatte Manchester 90 000 Einwohner, hundert Jahre später 2 Mio.), die diesen Wohlstand produzierte, selbst nie etwas davon sah. Die Arbeiter fristeten ihr Dasein in einer neuen urbanen Siedlungsform, dem Slum der Industriestädte. Die Arbeitsbedingungen waren furchtbar, mit unglaublich langen Arbeitszeiten, Kinderarbeit und häufigen, auch tödlichen Arbeitsunfällen. Mark Twain meinte, er würde gern gerade hier leben, da

MANCHESTER AN EINEM TAG

Die lichtdurchfluteten Säle der **Manchester Art Gallery** (S. 580) beherbergen eine der wichtigsten Sammlungen im Norden. Für das **Museum of Science & Industry** (S. 577) braucht man mindestens zwei Stunden – mehr, wer mit Kindern unterwegs oder Wissenschaftsnerd ist. Als Alternative lohnt im faszinierenden **People's History Museum** (S. 577) ein Einblick in die Sozialgeschichte. Mittagessen beim Chinesen **Tattu** (S. 584) oder in **The Kitchens** (S. 584).

Mit der Straßenbahn geht's weiter bis Salford Quays, um einen Besuch des **Imperial War Museum North** (S. 581) oder eine Führung durch den Nordengland-Sitz der **BBC** (S. 581) anzuschließen. Fans von Manchester United sollten die Führung durchs Stadion **Old Trafford** (S. 583) mitmachen; hier können sie im Tunnel stehen und sich mal wie die Spieler fühlen. Tisch fürs Abendessen im **Manchester House** (S. 584) reservieren.

Nach dem Abendessen geht's ins Northern Quarter. Hier empfiehlt sich eines der vielen Ales im **Port Street Beer House** (S. 585) oder ein Pint mit Musik im **The Castle Hotel** (S. 585); nebenan gibt's oft Livemusik. Alternativ begibt man sich Richtung Süden nach Castlefield, schaut einen Film oder spielt im wunderbaren Kulturzentrum **HOME** (S. 586).

der Übergang zwischen Manchester und dem Tod nicht spürbar sei. So viel also zu den Werten der Viktorianer.

Doch bereits am Ende des 19. Jhs. begann sich der Niedergang abzuzeichnen. Die USA fingen an, ihr eigenes industrielles Potenzial auszuschöpfen, und übernahmen einen großen Teil des Textilhandels. Die Produktion in den Textilfabriken Manchesters ging zurück und kam schließlich gänzlich zum Erliegen. Zu Beginn des Zweiten Weltkriegs wurde in der Stadt kaum genug Baumwolle für eine einzige Tischdecke hergestellt. Und nach dem Krieg war's auch nicht besser: Zwischen 1961 und 1983 gingen 150 000 Arbeitsplätze in der Produktion verloren und der Hafen – 1963 noch der drittgrößte Großbritanniens – schloss 1982 schließlich ganz seine Tore. Der Niedergang erreichte seinen traurigen Höhepunkt, als am 15. Juni 1996 ein großer Teil der Innenstadt durch eine IRA-Bombe zerstört wurde. Doch der nachfolgende Wiederaufbau sollte die Grundlagen legen für die Glas-und-Chrom-Revolution, die das Stadtbild heute so stark prägt.

🎯 Sehenswertes

🎯 Stadtzentrum

⭐ People's History Museum   MUSEUM

(☎0161-838 9190; www.phm.org.uk; Left Bank, Bridge St; ⏰10–17 Uhr) GRATIS In diesem hervorragenden, in einer edwardianischen Pumpstation untergebrachten Museum wird die Geschichte des 200 Jahre dauernden Wegs Großbritanniens zur Demokratie mit all seinen Problemen und Leidenschaften erzählt.

Im 1. Stock stempeln Besucher ein, und zwar an einer alten Fabrik-Stechuhr – diese wurden früher meist so manipuliert, dass die Arbeiter länger arbeiten mussten. Und dann geht's mitten hinein in den Kampf für die demokratischen Grundrechte, die Reform des Arbeitsrechts und gerechte Bezahlung.

Inmitten von Exponaten wie dem winzigen Schreibtisch, an dem Thomas Paine (1737–1809) seine *Rights of Man* (1791) verfasste, und schönen bunten Gewerkschaftsfahnen finden sich fesselnde interaktive Exponate. Auf einem Bildschirm lassen sich z. B. die Auswirkungen aller im Museum dargestellten Ereignisse auf fünf Generationen einer Familie verfolgen. Im 2. Stock wird erzählt, wie vom Zweiten Weltkrieg bis zur Gegenwart um Gleichberechtigung gekämpft wurde; behandelt werden Schwulenrechte, Antirassismus und wichtige sozialpolitische Ereignisse in Großbritannien in den letzten 50 Jahren: die Gründung des National Health Service (NHS), der große Bergarbeiterstreik Mitte der 1980er-Jahre und die umfassenden Proteste gegen die Poll Tax (Kopfsteuer) Ende der 1980er-Jahre, beides unter der Regierung Thatcher.

⭐ Museum of Science & Industry   MUSEUM

(MOSI; ☎0161-832 2244; www.msimanchester. org.uk; Liverpool Rd; Sonderausstellungen 2,50– 4 £; ⏰10–17 Uhr) GRATIS Das hervorragende Museum auf dem riesigen Gelände des alten Bahnhofs Liverpool Street, des ältesten Endbahnhofs der Welt, widmet sich dem reichen industriellen Erbe Manchesters. Die große Sammlung an Dampfmaschinen und -lokomotiven sowie Fabrikmaschinen erzählt die

Manchester

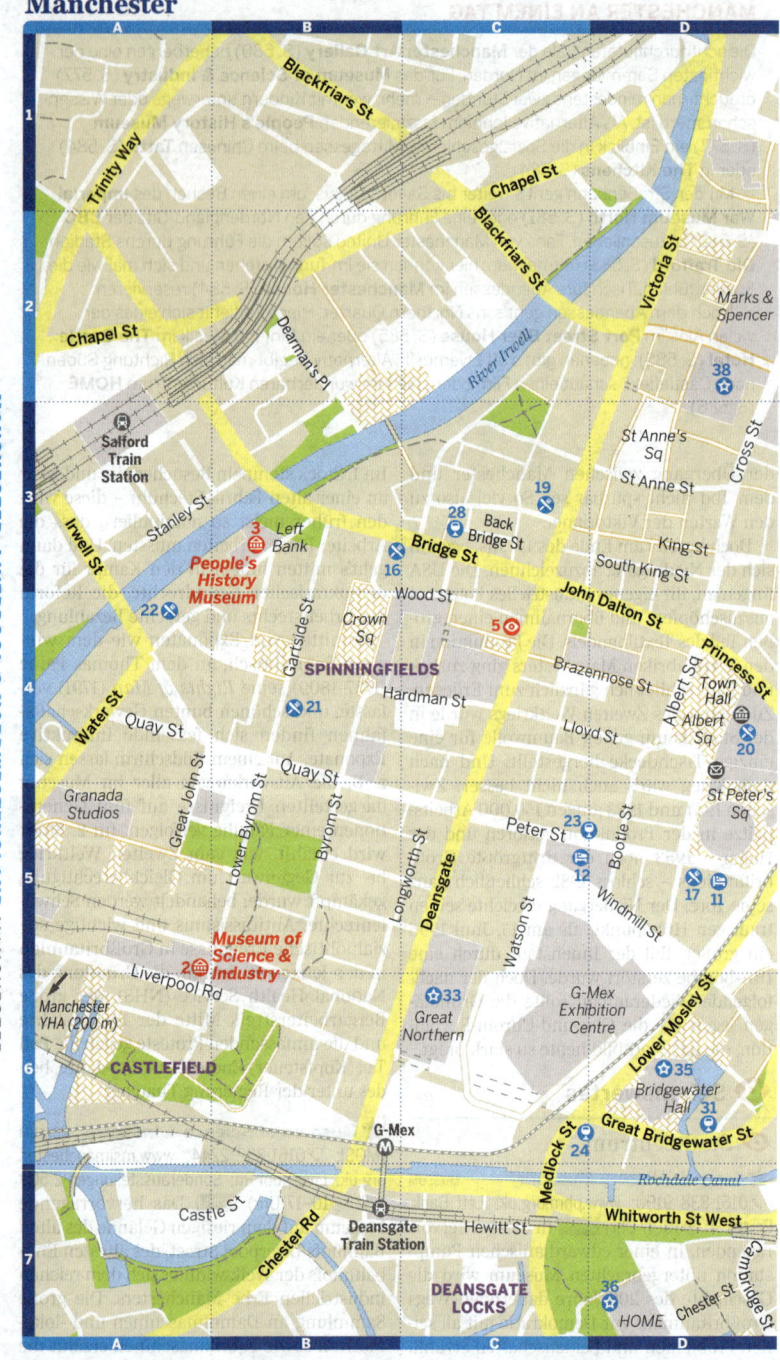

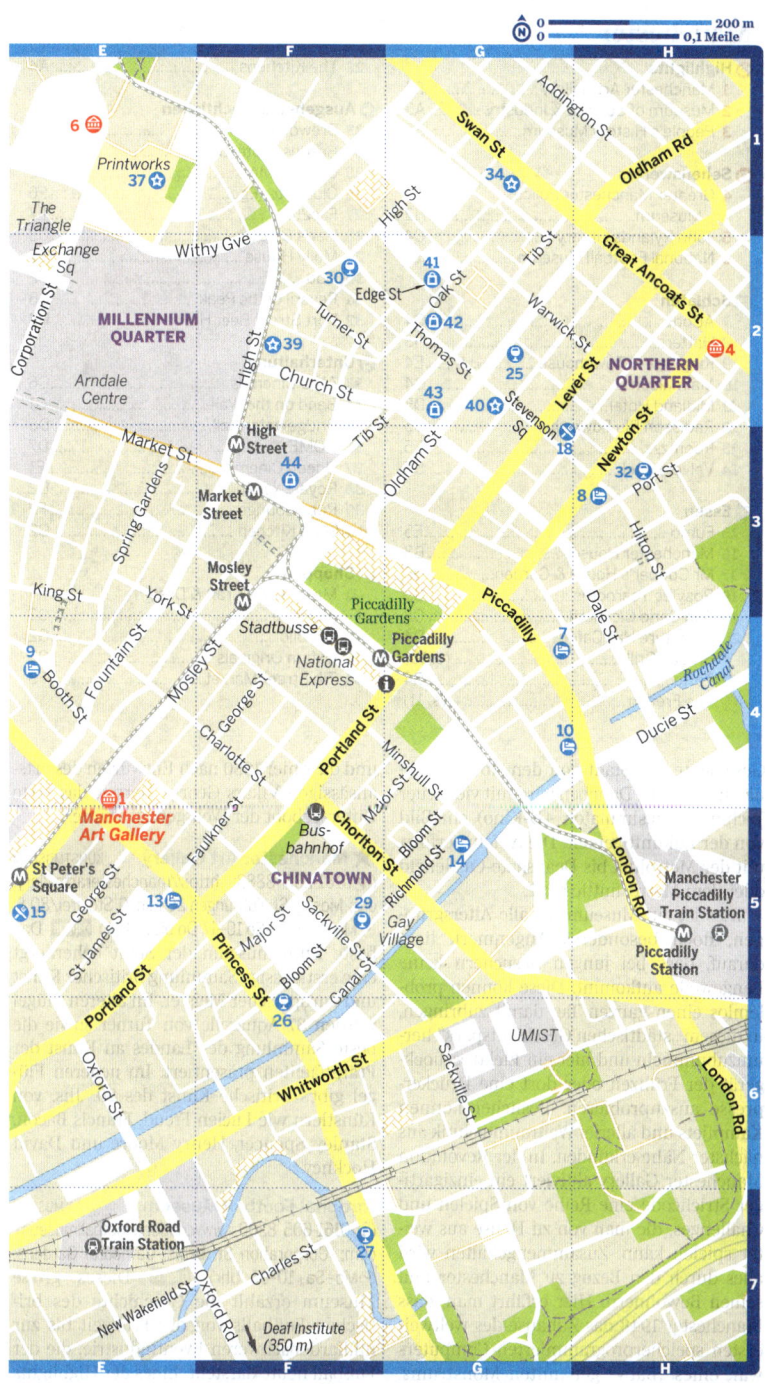

0 ————— 200 m
0 ————— 0,1 Meile

E **F** **G** **H**

6 ⌂

Printworks
37 ☆

The Triangle

Exchange Sq

Withy Gve

Corporation St

MILLENNIUM QUARTER

Arndale Centre

Market St

Spring Gardens

King St

York St

Fountain St

Mosley St

High St

30 ☆

39 ☆

Church St

High Street
M
44

Market Street
M

Mosley Street
M

Stadtbusse

National Express

Piccadilly Gardens

Piccadilly Gardens
M i

9 ☆
Booth St

George St

Charlotte St

Faulkner St

1 ⌂
Manchester Art Gallery

St Peter's Square
M

15 ☆
George St

St James St

13 ☆

Portland St

Princess St

26 ☆

Oxford St

High St

Turner St

Edge St

41 ☆
Oak St

42 ☆
Thomas St

43 ☆

40 ☆

Tib St

Oldham St

Piccadilly Gardens

Portland St

Minshull St

Major St

Bloom St

Richmond St

Chorlton St
Bus-bahnhof

CHINATOWN

29 ☆
Sackville St

Bloom St

Canal St

Major St

Gay Village

Swan St

Addington St

High St

Warwick St

34 ☆

Tib St

Lever St

25 ☆

Stevenson Sq

18 ☆

Newton St

Piccadilly

Oldham Rd

Great Ancoats St

NORTHERN QUARTER

4 ⌂

32 ☆
Port St

8 ☆

Hilton St

Dale St

7 ☆

Rochdale Canal

10 ☆

Ducie St

14 ☆

London Rd

Manchester Piccadilly Train Station
M

Piccadilly Station

Princess St

Whitworth St

Sackville St

UMIST

London Rd

Oxford St

New Wakefield St

Oxford Rd

Charles St

27 ☆

Oxford Road Train Station

Deaf Institute (350 m)

1 **2** **3** **4** **5** **6** **7**

MANCHESTER, LIVERPOOL & NORDWESTENGLAND MANCHESTER

Manchester

Geschichte der Stadt von den Abwasserkanälen aufwärts. Daneben wird mit viel neuer Technik (Flugsimulator, 4D-Kino) ein Bild von der Zukunft gemalt. Die Anfahrt erfolgt mit der Metrolink bis Deansgate-Castlefield oder dem Metroshuttle Nr. 2.

Dies ist ein Museum für alle Altersgruppen, doch besonderes Augenmerk liegt darauf, dass bei jungen Besuchern keine Langeweile aufkommt. Diese können problemlos einen ganzen Tag damit zubringen, in diesem „städtischen Geschichtspark" herumzubummeln und hier ein Elektroschockgerät der Frühzeit oder dort eine Druckerpresse auszuprobieren. Besucher können Kampfjets und allerlei Weltraumtechnik aus nächster Nähe erkunden. In der Revolution Manchester Gallery aktiviert ein einzigartiger Strichcode eine Reihe von Spielen und Challenges, die man von zu Hause aus weiter spielen kann. Zusammengehalten wird alles durch den Bezug zu Manchester und seinen Bewohnern: Hier erfährt man, dass Manchester 1948 das Zuhause des weltweit ersten speicherprogrammierten Computers war, eines „Baby" genannten Monstrums,

und dass hier 1880 nach Entwürfen des ortsansässigen Vikars George Garrett das erste Unterseeboot der Welt gebaut wurde.

★ **Manchester Art Gallery** KUNSTMUSEUM
(☎0161-235 8888; http://manchesterartgallery.org; Mosley St; Führungen 20 Min./1 Std. frei/80 £; ☉Mo–Mi & Fr–So 10–17, Do bis 21 Uhr) GRATIS Das beste Kunstmuseum der Stadt beherbergt eine erstklassige Sammlung britischer Kunst und europäischer Meister. Im älteren Flügel werden 37 Aquarelle von Turner sowie die beste Sammlung des Landes an Kunst der Präraffaeliten präsentiert. Im neueren Flügel gibt's britische Kunst des 20. Jhs. von Künstlern wie Lucien Freud, Francis Bacon, Stanley Spencer, Henry Moore und David Hockney.

National Football Museum MUSEUM
(☎0161-605 8200; www.nationalfootballmuseum.com; Corporation St, Urbis, Cathedral Gardens; ☉Mo–Sa 10–17 Uhr) GRATIS Dieses große Museum erzählt die Geschichte des britischen Fußballs von der Frühzeit bis zur milliardenschweren Eventindustrie, die der Fußball heute darstellt. Eines der Highlights

ist **Football Plus**, eine Reihe interaktiver Stationen, an denen man unter simulierten Bedingungen seine fußballerischen Fähigkeiten unter Beweis stellen kann; man erwirbt Gutscheine (2 für 5 £, acht für 10 £) und versucht sein Glück – für Kinder ab sieben Jahren.

John Rylands Library   BIBLIOTHEK
(☏0161-306 0555; www.library.manchester.ac.uk/rylands; 150 Deansgate; ◷Di–Sa 10–17, Mo & So 12–17 Uhr) Dies ist weniger eine Bibliothek als eine Kathedrale der Bücher: Basil Champneys' atemberaubendes Gebäude ist ein tolles Beispiel viktorianischer Gotik, besonders der Lesesaal mit seinen hohen Deckengewölben und Buntglasfenstern. Genauso eindrucksvoll ist die Sammlung an Wiegendrucken und seltenen Manuskripten, darunter eine Gutenberg-Bibel, das älteste erhaltene Fragment des Neuen Testaments und die zweitgrößte Sammlung des Landes von Arbeiten des ersten Druckers Großbritanniens, William Caxton. Es werden regelmäßig Führungen veranstaltet (s. Webseite)

Town Hall   HISTORISCHES GEBÄUDE
(☏0161-234 5000; www.manchester.gov.uk; Albert Sq; Führung Glockenturm 9 £; ◷Mo–Sa 9–17 Uhr) Das eindrucksvollste Gebäude Manchesters ist das Rathaus. Es fällt in die Denkmalschutz-Kategorie Grade I und gilt damit als Bauwerk von außerordentlicher Bedeutung. Der Entwurf stammt von Alfred Waterhouse und der Bau wurde 1877 vollendet. Besucher können das Rathaus besichtigen oder sich am besten einer Führung anschließen, entweder mit **Manchester Guided Tours** (☏07505-685 942; www.manchesterguidedtours.com; 8 £; ◷11 Uhr) oder **New Manchester Walks** (☏07769-298 068; www.newmanchesterwalks.com; 8–10 £), den 85 m hohen Turm besteigen oder eine Kleinigkeit im schönen Sculpture Hall Café essen. Leider ist die Great Hall (der imposanteste Saal mit Wandgemälden von Ford Madox Ford) nur für offizielle Anlässe geöffnet.

◉ Salford Quays

Unmittelbar westlich der Innenstadt liegt der Stadtteil Salford Quays mit einigen der wichtigsten Attraktionen Manchesters und der MediaCityUK, dem Sitz von BBC und ITV für Nordengland. Das Gebiet ist leicht mit der Metrolink (2,80 £) zu erreichen. Weitere Infos auf www.mediacityuk.org.uk.

Imperial War Museum North   MUSEUM
(☏0161-836 4000; www.iwm.org.uk/north; Trafford Wharf Rd; ◷10–17 Uhr) GRATIS Daniel Libeskinds architektonisches Meisterwerk in Aluminium ist ein Kriegsmuseum der besonderen Art. Statt Zerstörungswerkzeuge zu Fetischen zu stilisieren, widmet es sich den Auswirkungen von Konflikten auf die Gesellschaft. In sechs Miniausstellungen in der Haupthalle wird das Thema Krieg seit Beginn des 20. Jhs. aus unterschiedlichen Perspektiven beleuchtet, darunter die Rolle der Frauen und der Einfluss von Wissenschaft und Technik. Anfahrt mit der Metrolink bis Harbour City oder MediaCityUK.

MediaCityUK   MEDIENZENTRUM
(☏0161-886 5300; www.mediacityuk.co.uk; Salford Quays; Erw./Kind 11/7,25 £; ◷Führungen Mo–Mi, Sa & So 10.30, 12.30 & 15 Uhr) Der Nordengland-Hauptsitz der BBC macht nur einen Teil dieses gewaltigen, 81 ha großen Komplexes aus: Hier befinden sich sechs Abteilungen des staatlichen Rundfunk- und Fernsehsenders. Außerdem stehen hier die Kulissen der ältesten Seifenoper der Welt, der nach wie vor sehr beliebten *Coronation Street* (die auf ITV ausgestrahlt wird). Man fährt mit der Metrolink bis MediaCityUK.

Allerdings gibt's bisher keine Pläne, Führungen durch die Kulissen von *Coronation Street* anzubieten. Dafür kann man den eindrucksvollen Einrichtungen der BBC einen Besuch abstatten und sich bei einer 90-minütigen Führung die Kulissen von einigen der wichtigsten Sendungen des britischen Fernsehens anschauen. Kinder können in einem interaktiven Studio eine Sendung „aufnehmen" – Näheres auf www.bbc.co.uk/showsandtours. Wer eine Stärkung benötigt: In der Gegend wimmelt es von Cafés und Restaurants.

Lowry   KULTURZENTRUM
(☏0161-876 2020; www.thelowry.com; Pier 8, Salford Quays; ◷So–Fr 11–18, Sa 10–20 Uhr) Mit seinen Veranstaltungssälen, Bars, Restaurants und Geschäften zieht dieses zeitgenössische Kulturzentrum jährlich mehr als 1 Mio. Besucher an. Als Magnet dienen die unterschiedlichsten Events, von Theateraufführungen mit bekannten Schauspielern bis zu Comedy, Kindertheater und sogar Hochzeiten. Das Zentrum beherbergt zudem 300 wunderbare Darstellungen städtischer Landschaften von L. S. Lowry (1887–1976), der im nahen Stretford geboren wurde –

nach ihm ist der Komplex benannt. Anfahrt mit der Metrolink bis Harbour City oder MediaCity UK.

Festivals & Events

Screenings at the Garden Leftbank FILM
(www.spinningfieldsonline.com; The Garden, Irwell Sq, Spinningfields; ⊙ Mai–Juli Do 17.30 Uhr) GRATIS Freilichtkino ab Mai mit Liegestühlen. Mit leckerem Essen aus The Kitchens lässt sich der Film so richtig genießen.

Manchester International Festival KUNST & KULTUR
(☎0161-238 7300; www.mif.co.uk) Alle zwei Jahre jeweils in ungeraden Jahren zeigt dieses dreiwöchige Kulturfest unter der Leitung von Künstlern neue Arbeiten aus den Bereichen bildende und darstellende Kunst und Popkultur.

Manchester Food & Drink Festival ESSEN & TRINKEN
(www.themanchesterdayparade.co.uk; ⊙ Mitte Okt.) Hier wird alles gefeiert, was aus Manchester kommt, mit Kunst, Musik und diversen Vorführungen sowie einem Umzug durch die Innenstadt.

Schlafen

★ Manchester YHA HOSTEL $
(☎0845 371 9647; www.yha.org.uk; Potato Wharf; B/DZ ab 10/80 £; P@🖘) Dieses an einem Kanal in Castlefield gelegene Hostel ist eines der besten des Landes, mit 4- und 6-Bett-Schlafsälen, allesamt mit Bad, sowie drei Doppelzimmern und einer Vielzahl von praktischen Gemeinschaftseinrichtungen. Potato Wharf zweigt links von der Liverpool Street ab.

Hatters HOSTEL $
(☎0161-236 9500; http://hattershostels.com; 50 Newton St; B/EZ/DZ ab 16/35/50 £; P@🖘) Von der alten Hutfabrik sind nur ein altmodischer Aufzug und Porzellanwaschbecken übrig geblieben. Heute residiert hier eines der besten Hostels der Stadt, dazu noch in toller Lage mitten im Herzen des Northern Quarter. Von hier aus ist es nicht weit zum Zentrum des alternativen Manchester.

ABode HOTEL $$
(☎0161-247 7744; www.abodemanchester.co.uk; 107 Piccadilly St; Zi. ab 100 £; ❋@🖘) Die alte Ausstattung dieser umgebauten Textilfabrik wurde erfolgreich in die 61 Zimmer integriert. Diese sind je nach Luxus in vier Kategorien aufgeteilt: Comfortable, Desirable, Enviable und Fabulous on Fifth. Die letzte umfasst fünf echt schicke Suiten im obersten Stock.

Midland Hotel HOTEL $$
(☎0161-236 3333; www.qhotels.co.uk; 16 Peter St; Zi. ab 100 £; ❋@🖘) Dieses frisch renovierte edwardianische Hotel der Denkmalschutzkategorie Grade II hat seine alte Bestform wiedererlangt. Die 312 Zimmer sind allesamt elegant eingerichtet: Die Juniorsuiten haben eine separate Lounge und in den sieben Midland-Suiten residierten dereinst Royals. Die beiden Restaurants im Erdgeschoss, The French von Simon Rogan (S. 585) und Mr Cooper's House & Garden (www.mrcoopershouseandgarden.co.uk; Midland Hotel, 16 Peter St; Hauptgerichte 15–25 £; ⊙ Mo–Do 12–14 & 17–22, Fr & Sa 12–14.30 & 17–22, So 13–20 Uhr) gehören zu den besten der Stadt.

Roomzzz APARTMENTS $$
(☎0161-236 2121; www.roomzzz.co.uk; 36 Princess St; Zi. ab 99 £; ❋@🖘) Der unelegante Name passt nicht recht zu den Designzimmern in diesem schön restaurierten, denkmalgeschützten Haus. Drinnen gibt's Apartments mit Hotelservice sowie Küche und dem allerneusten Telekommunikations-Schnickschnack wie schicken iMac-Computern und kostenlosem WLAN im ganzen Haus. Unten sind in einem kleinen Vorratsraum einige Lebensmittel erhältlich. Sehr gut für Leute, die länger in der Stadt sind.

Malmaison HOTEL $$
(☎0161-278 1000; www.malmaison.com; Piccadilly St; Zi. ab 105 £; ❋@🖘) Das Malmaison Manchester ist umwerfend trendig und strotzt vor rotem Knautschsamt, satten Purpurtönen, Art-déco-Eisenarbeiten und schwarz-weißen Kacheln – somit folgt es dem eigenwilligen Designstil der Kette und ihrer Leidenschaft für das Coole. Und das geht selten auf Kosten der Gemütlichkeit: Die Zimmer sind einfach klasse. Sehr beliebt ist der Smoak Grill (☎0161-278 1000; www.smoak-grill.com; Piccadilly St; Hauptgerichte 14–26, Steaks 25–45 £) unten im Haus.

Radisson Blu Edwardian HOTEL $$
(☎0161-835 9929; www.radissonblu-edwardian.com/manchester; Peter St; Zi. ab 100 £; P@🖘) Gladstone, Dickens und Fitzgerald sind nur einige Namen, die mit der historischen Free Trade Hall verbunden sind. Heute ist dies ein elegantes Businesshotel mit erstklassiger Ausstattung. Man hat sich größte Mühe

MANCHESTERS FUSSBALLTEAMS

Wenn der moderne Fußball zu gleichen Teilen aus Show, Seifenoper und Sportdrama besteht, dann hat Manchester das Zeug für das größte Spektakel der Welt. Hier spielen zwei der weltweit bekanntesten Clubs und 2016 begrüßte die Stadt die berühmtesten Trainer: den „Chosen One", José Mourinho, der United übernommen hat, und Josep „Pep" Guardiola, der City jetzt seine stilvolle und überzeugende Art Fußball spielen lässt. Beide sind extrem erfolgreich und allein ihre Anwesenheit wird die besten Fußballer der Welt nach Manchester ziehen. Für die Fans am spannendsten ist allerdings ihre ausgeprägte Rivalität, die erbitterte Züge annahm, als Mourinho Real Madrid und Guardiola Barcelona leitete.

Old Trafford (Manchester United Museum & Führung) (☎0161-868 8000; www. manutd.com; Sir Matt Busby Way; Führungen Erw./Kind 18/12 £; ☺Museum 9.30–17 Uhr, Führungen außer an Spieltagen 9.40–16.30 Uhr alle 10 Min.) Man muss kein Fan eines der berühmtesten Fußballvereine der Welt sein, um seinen Spaß an einer Besichtigung dieses eindrucksvollen, 75 000 Zuschauer fassenden Fußballtempels zu haben – aber es hilft. Bei den Führungen geht man durch den Spielertunnel bis zum Rand des Spielfelds, auf dem die Superstars von Manchester United 20 Jahre lang die Premier League, die englische 1. Bundesliga, beherrschten, angeführt vom unvergleichlichen Trainer Sir Alex Ferguson. Anfahrt mit der Metrolink bis Old Trafford.

Zu den weiteren Highlights der erstklassigen Führung zählt ein Besuch auf der Tribüne und in den Umkleideräumen sowie ein Blick in die Spielerlounge, zu der der Trainer keinen Zutritt hat, es sei denn, er wird von den Spielern eingeladen – alles wunderbare Erlebnisse für ManU-Fans. Das Museum bietet eine ausführliche Geschichte des Vereins und ein hypermodernes Videosystem, auf dem man sich seine Lieblingstore anschauen kann.

Etihad Stadium Tour (☎0161-444 1894; www.mcfc.co.uk; Etihad Campus; Führungen Erw./Kind 17/11 £; ☺Mo–Sa 9–17, So außer an Spieltagen 10–16 Uhr) Die 70-minütige Tour durchs Heimstadion von Manchester City führt in den Umkleidebereich, die Lounge und den Aufwärmraum der Spieler. Außerdem können die Besucher auf dem Trainerplatz der Spielerbank sitzen, von hoch oben aus der Direktorenloge einen Blick aufs Spielfeld werfen und im Spielertunnel dem eingespielten Getöse von 55 000 Fans lauschen. Es gibt außerdem noch ein kleines Museum und den unvermeidlichen Gang durch den Fanartikelladen. Anfahrt mit der Metrolink bis Etihad Campus.

---

gegeben, die Erinnerung an die berühmtesten Besucher des Gebäudes wach zu halten: So wurden Suiten nach Bob Dylan und Shirley Bassey benannt, Tagungsräume nach Disraeli, Thackeray und Pankhurst.

⭐**King Street Townhouse** BOUTIQUEHOTEL **$$$** (☎0161-667 0707; www.eclectichotels.co.uk; 10 Booth St; Zi./Suite ab 210/350 £; ⊞@🅿🔊☎) Die ehemalige Bank, 1872 im Renaissance-Stil gebaut, beherbergt heute die wohl schönsten Unterkünfte im Stadtzentrum. Die Kategorien der 40 Zimmer in diesem hervorragenden Boutiquehotel reichen von komfortabel bis Suite. Die Einrichtung ist eine harmonische Verbindung von Eleganz vergangener Zeiten und modernem Stil. Im Obergeschoss gibt es einen kleinen Wellnessbereich und einen Infinity Pool mit Blick aufs Rathaus; im Erdgeschoss befinden sich eine schöne Bar und ein Restaurant.

Velvet Hotel BOUTIQUEHOTEL **$$$** (☎0161-236 9003; www.velvetmanchester.com; 2 Canal St; Zi. ab 115 £; ☎) Die 19 schönen individuellen Zimmer warten mit jeder Menge Stil auf: In Zimmer 24 gibt's ein Schlittenbett, in Zimmer 34 eine Doppelbadewanne und dazu kommen die gewagten Fotos eines halbnackten David Beckham (schließlich befinden wir uns hier im Gay Village). Trotz Einrichtung und Lage ist das Hotel bei heterosexuellen Besuchern genauso beliebt wie bei homosexuellen.

 Essen

Die Restaurants in Manchester werden höchstens von denen in London übertroffen. Im Viertel Spinningfields bei der Deansgate befinden sich einige der interessantesten Lokale und das Northern Quarter bietet alternative Cafés und Restaurants mit Bio-Gerichten.

GREATER MANCHESTER POLICE MUSEUM

Zu den bestgehüteten Geheimnissen der Stadt gehört das **Greater Manchester Police Museum** (www.gmpmuseum.co.uk; 57a Newton St; ⊙ Di 10.30–15.30 Uhr), das in einer ehemaligen viktorianischen Polizeiwache untergebracht ist. Das Gebäude wurde wunderbar restauriert, hat aber auch eine etwas unheimliche Note bekommen. Zu besichtigen sind die Zellen aus dem 19. Jh., wo die Gefangenen auf hölzernen Kopfkissen schliefen, und ein Amtsgericht aus dem Jahr 1895. Man kann sogar die Akten von berüchtigten Tätern einsehen (inklusive Fotos der Verbrecher und ihrer Waffen).

Sculpture Hall Cafe
CAFÉ $

(Town Hall, Albert Sq; Hauptgerichte 3,95–6,95 £, afternoon tea 12,50 £; ⊙Mo–Fr 8–16, Sa & So 10–16 Uhr) Im schönen Café im Rathaus gibt es Sandwiches, Salate, traditionelle *Lancashire hotpots* (eine Art Eintopf mit Kartoffelscheiben oben drauf) sowie *afternoon tea*, zu dem man etwas Herzhaftes oder Süßes wie Yorkshire-Schinken-Rilette im Topf und *Manchester Sponge Cake* auswählen kann. Die Variante mit Sekt kostet 19,95 £.

The Kitchens
INTERNATIONAL $

(http://thekitchensleftbank.com; Irwell Sq; Hauptgerichte 4–12 £; ⊙Mo–Mi 12–15, Do–So bis 21, Bangers & Bacon Mo–Fr 7–24, Sa & So ab 9.30 Uhr) Hier versammeln sich unter einem Dach mehrere Hersteller von „Street Food", z. B. Bangers and Bacon (@bangersandbacon), Chaat Cart (indisch; @chaatcart), der Hip Hop Chip Shop (@thehiphopchippy), Dim Sum Su (@dimsumsu) und Well Hung (@wellhungkitchen); Letzterer serviert Aged Steaks (28 Tage am Knochen gereift) und Sandwiches. Das Essen ist bei allen super. Bei Twitter gibt's aktuelle Infos.

★ Rosylee Tearooms
CAFÉ $$

(www.rosylee.com; 11 Stevenson Sq; Hauptgerichte 10–12 £, 2-/3-Gänge-Menü 11,95/14,95 £; ⊙Mo–Do 12–21, Fr & Sa 10–22, So 10–18 Uhr) Edwardianische und georgianische Eleganz zeichnet diese herrliche Teestube im Northern Quarter aus. Die Speisekarte ist inzwischen um britische Klassiker wie Schellfisch in Bierteig mit Pommes frites und *steak suet pud-*

ding erweitert worden. Der *afternoon tea* (18,25 bzw. 25,25 £ mit einem Glas Sekt) ist hervorragend.

San Carlo Cicchetti
ITALIENISCH $$

(www.sancarlocicchetti.co.uk; King St W, House of Fraser; kleine Teller 6,95–8,95 £; ⊙Mo–Fr 8–11, Sa ab 9, So 9–22 Uhr) Die Speisekarte in diesem kunstvoll gestalteten italienischen Restaurant im Erdgeschoss des House of Fraser hat Promikoch Aldo Zilli selbst entworfen. Anstelle von großen Portionen mit einer Unmenge Kohlehydraten gibt es kleine, die sogenannten *cicchetti*. Die Ravioli mit Trüffel und Pecorino sind einfach himmlisch. Zum Frühstück gibt es aber auch herkömmlichere Eiergerichte.

Tattu
CHINESISCH $$

(☎0161-819 2060; www.tattu.co.uk; Gartside St, 3 Hardman Sq, Spinningfields; Hauptgerichte 14–27 £; ⊙Mo–Do 12–15 & 17–22.45, Fr–So 12–22.45 Uhr) Dieser relativ neue und höchst elegante Chinese in Spinningfields gehört zu den schönsten Restaurants der Stadt. Die Ausstattung ist genauso stilvoll wie das Essen lecker (z. B. das Safran-Miso mit Schwarzem Zackenbarsch): Das beginnt in der maritim dekorierten Bar im Erdgeschoss (Nischen in dunklem Holz, herabhängende Anker) und zieht sich durch bis zum Restaurant im Obergeschoss, wo man unter einem Kirschbau dinieren kann.

Fumo
ITALIENISCH $$

(www.sancarlofumo.co.uk; 1 St Peter's Sq; Gerichte 4,50–7,95£; ⊙Mo–Sa 12–23, So bis 22 Uhr) Dieses Restaurant mit großer Glasfront ist spezialisiert auf *cicchetti*, Tapas auf venezianische Art. Auf der umfangreichen Speisekarte finden sich u. a. verschiedene Arten Carpaccio, Pasta- und Fleischgerichte, ja sogar Mini-Pizzen. Das Fumo gehört zu derselben Gruppe, die das genauso gute San Carlo Cicchetti im Erdgeschoss des House of Fraser führt.

★ Manchester House
MODERN BRITISCH $$$

(www.manchesterhouse.uk.com; Tower 12, 18–22 Bridge St; Hauptgerichte 37 £, 10-/14-Gänge-Probiermenü 70/95 £; ☑) Dieses viel gepriesene Restaurant auf dem Dach eines nüchternen Hochhauses aus den 1960er-Jahren serviert Molekularküche mit Manchester-Einschlag. Koch Aiden Byrne bietet eine vereinfachte Version von Blumenthal und Adriá, ohne allerdings dabei Kompromisse beim Geschmack zu machen. Die ständig wechselnde Speisekarte (mit eigenem Veggie-Teil) ist einfach außergewöhnlich. Da dies eines der besten Esslokale im Nordwesten ist, gibt es ohne Reservierung keine Chance auf einen freien Tisch.

The French
MODERN BRITISCH **$$$**

(☏0161-932 4198; www.the-french.co.uk; Midland Hotel, 16 Peter St; 6-/10-Gänge-Menü 65/85 £; ⊙12–13.30 & 18.30–21.30 Uhr) 🖉 Das modernisierte Restaurant des Midland Hotel – in dem Mr. Rolls Mr. Royce traf, um daraufhin gemeinsam Automobilgeschichte zu schreiben – bringt heute Simon Rogans exquisite moderne britische Küche auf den Tisch. Die Zutaten stammen ausschließlich von seiner Farm in Cartmel in Cumbria mit dem Michelin-Stern-gekrönten Restaurant L'Enclume. Das zehn Gänge umfassende Probiermenü (nicht erhältlich mittwochs bis freitags Mittag) ist ein Fest, das man so schnell nicht vergisst.

 Ausgehen & Nachtleben

⭐ Port Street Beer House
CRAFT-BIER

(39–41 Port St; ⊙16–24 Uhr) In dieser Kneipe im Northern Quarter mit sieben Handpumpen, 18 Zapfhähnen und über 100 Biersorten aus der ganzen Welt kommen Liebhaber von *real ale* auf ihre Kosten. Darunter gibt es sogar glutenfreies Ale und ein paar Starkbiere: Brewdog's Tactical Nuclear Penguin ist ein 32-prozentiges Stout, aber beim Preis von 45 £ pro Flasche braucht man ohnehin nur eins. Es gibt regelmäßig Proben und *tap takeovers* (Proben, bei denen eine Brauerei ihre Produkte vorstellt).

⭐ Sankey's
CLUB

(☏0161-950 4201; www.sankeys.info; Radium St, Ancoats; Eintritt frei bis 6 £; ⊙Fr & Sa 22.30–5 Uhr) Für Freunde von Techno, Electro und allen anderen Arten von Nicht-Mainstream-House ist ein Abstecher zum Sankey's ein absolutes Muss: Hier verdienten sich Bands wie The Chemical Brothers und Daft Punk ihre Sporen. Neben den hauseigenen DJs legen auch weltbekannte Gast-DJs auf. Einer der besten Clubs in Großbritannien.

Castle Hotel
PUB

(66 Oldham St; ⊙So–Do 12–1, Fr & Sa bis 2 Uhr) Altmodische Kneipe aus dem Jahr 1776 mit langer Musiktradition. Der englische Radiomoderator John Peel interviewte hier 1979 Ian Curtis von Joy Division und ein paar der Ales sind nach Songs der einheimischen Band Elbow benannt: Build a Rocket Boys, Trooper. Angeschlossen ist ein kleiner Saal, in dem regelmäßig Gigs stattfinden.

Brewdog
BAR

(35 Peter St; ⊙Mo–Sa 12–1, So bis 24 Uhr) Die Filiale der abgefahrenen schottischen Brauerei (Motto:„Wir brauen Hardcore-Bier für Punks") hat all die Biersorten, die ihr im ganzen Land zu Ruhm verholfen haben: 5am Red Ale, Brixton Porter und Dead Pony Pale Ale sowie ein paar stärkere India Pale Ales aus ihrem Amplified-Sortiment.

Britons Protection
PUB

(☏0161-236 5895; 50 Great Bridgewater St; ⊙Mo–Do 12–24, Fr & Sa bis 1, So bis 23 Uhr) In diesem die Leber strapazierenden, echten

---

SCHWULES & LESBISCHES MANCHESTER

Manchester hat nach London die beste Schwulen- und Lesbenszene des Landes und bedient jegliche Vorlieben. Ihr Herz schlägt im Gay Village um die hübsche Canal Street herum. Hier gibt's Bars, Clubs, Restaurants und – wichtig! – Karaoke-Bars, die fast ausschließlich auf die Queerszene ausgerichtet sind.

Big Weekend (☏0161-831 7700; www.manchesterpride.com; ⊙Aug.) Eines der größten Pride-Festivals in Großbritannien, zu dem am Bank Holiday Ende August über 500 000 Menschen strömen.

Molly House (www.themollyhouse.com; 26 Richmond St; ⊙Mo & Di 12–24, Mi, Do & So bis 1, Fr & Sa bis 2 Uhr) Bei dieser Bar kann man nicht viel falsch machen: Es gibt super Ales, leckere Tapas und Türsteher, die mit großer Gelassenheit auf allzu ausschweifendes Verhalten achten.

Club Alter Ego (105–107 Princess St; ⊙Do–Sa 23–5 Uhr) Hier finden Tanzwütige alles, was sie brauchen.

For Nähere Infos bietet die **Lesbian & Gay Foundation** (☏0161-235 8035; http://lgbt. foundation; 5 Richmond St; ⊙16–22 Uhr). Aktuelle Informationen sind außerdem unter dem Suchwort „LGBT" auf www.visitmanchester.com erhältlich.

englischen Pub ist Whisky – es gibt über 300 Sorten – das Getränk der Wahl. Eine besondere Spezialität ist der Cu Dhub „Black Whisky" mit einem Hauch Kaffee und Honig. Außerdem wird hier Hausmannskost serviert (Räucherschinken, Pies usw.). Die Hinterzimmer der altmodischen Kneipe haben einen Kamin und das Ganze versprüht ein heimeliges Flair – perfekt für einen kalten Abend.

Liar's Club
BAR

(www.theliarsclub.co.uk; 19a Back Bridge St; ⊙ Mo–Sa 17–4, So bis 3 Uhr; 🛜) Der Liar's Club ist eine im Stil einer Flüsterkneipe und Südsee-Lounge eingerichtete Bar und serviert einem bunten Publikum aus Feiernden, Studenten und Kneipenpersonal, das seine Schicht beendet hat, starke Cocktails – eine tolle Atmosphäre an jedem Abend der Woche.

Odd
BAR

(☑ 0161-833 0070; www.oddbar.co.uk; 30–32 Thomas St; ⊙ So–Mi 11–24, Do bis 1, Fr & Sa bis 2 Uhr) Diese bunte kleine Bar mit ihrer zusammengewürfelten Einrichtung, der verrückten Musik und dem alternativen Publikum ist das perfekte Gegenstück zu all den sich immer ähnlicher sehenden modernen Bars. Ein Stück Manchester, das man in Ehren halten sollte.

Fac251
CLUB

(☑ 0161-272 7251; www.factorymanchester.com; 112–118 Princess St; Eintritt 1–6 £; ⊙ Mo–Sa 23–4 Uhr) Das Fac251 in Tony Wilsons ehemaligem Hauptsitz von Factory Records ist einer der beliebtesten Clubs der Stadt. Es gibt drei Räume, allesamt mit einem breitem Musikspektrum von Drum and Bass bis Motown und Indierock – für jeden ist etwas dabei. Montags Quids In (für Studenten), samstags Big Weekender (kommerzieller R&B).

☆ Unterhaltung

★ HOME
KULTURZENTRUM

(☑ 0161-200 1500; http://homemcr.org; 2 Tony Wilson Pl, First St; Karten 5–20 £; ⊙ Kasse 12–20 Uhr; Bar Mo–Do & So 10–23, Fr & Sa bis 24 Uhr) Das Home ist eines der besten Kulturzentren in Großbritannien. Auf zwei Theaterbühnen werden provokante neue Werke aufgeführt, die von Proszeniums- bis Promenadentheater reichen. Die fünf Kinos zeigen die neuesten Indie-Filme, aber auch Klassiker. Im Erdgeschoss gibt es eine Bar und im 1. Stock ein Café.

Kinos

AMC Cinemas
KINO

(www.amccinemas.co.uk; The Great Northern, 235 Deansgate; ⊙ 12–23 Uhr) Ein Multiplex mit 16 Sälen in einem Einkaufszentrum, einem früheren Lagerhaus der Northern Railway Company.

Odeon Cinema
KINO

(www.odeon.co.uk; The Printworks, Exchange Sq; ⊙ 12–23 Uhr) Ein Multiplex mit 20 Sälen inmitten des Printworks-Komplexes.

Klassische Musik

Bridgewater Hall
KONZERTHALLE

(☑ 0161-907 9000; www.bridgewater-hall.co.uk; Lower Mosley St) Das weltbekannte Hallé Orchestra hat seine Heimstatt in dieser großen, eindrucksvollen Konzerthalle. Hier finden pro Jahr bis zu 250 Konzerte und andere Events statt. Das breite Programm umfasst auch Oper, Folk, Kindershows, Comedy und zeitgenössische Musik.

Cricket

Lancashire County Cricket Club
CRICKET

(☑ 0161-282 4000; www.lccc.co.uk; Warwick Rd; Karten 15, Testspiele 40 £; 🚇 Old Trafford) Das Gentlemen-Spiel Cricket erfreut sich in Manchester großer Beliebtheit und die wichtigste Begegnung der gesamten Spielzeit ist das Roses Match gegen Yorkshire. Lancashire – und Lancashire Lightning, ihr Team für Ein-Tages-Spiele – tragen ihre Heimspiele in Old Trafford aus, neben dem gleichnamigen Fußballstadion; hier finden gelegentlich auch internationale Begegnungen statt.

Livemusik

Soup Kitchen
LIVEMUSIK

(http://soup-kitchen.co.uk; 31–33 Spear St; 3–5 £; ⊙ Mo–Mi & So 12–23, Do bis 1, Fr & Sa bis 4 Uhr) Tagsüber ist die Soup Kitchen eher ein für das Northern Quarter typisches kantinenartiges Café, aber abends verwandelt sie sich in einen der besten Veranstaltungsorte für Livemusik. Hier wird ein volles Programm mit Gigs von tourenden Indie-Bands geboten. Nach den Auftritten legen hervorragende DJs auf, oft auch bis 6 Uhr morgens.

Deaf Institute
LIVEMUSIK

(www.thedeafinstitute.co.uk; 135 Grosvenor St; ⊙ 10–24 Uhr) Tolles Konzerthaus mittlerer Größe in einer ehemaligen Gehörloseneinrichtung, mit kleinerem Saal im Untergeschoss und Café im Erdgeschoss.

Hier spielen Dutzende Bands aus der Stadt Alternative Rock und Pop. Die meisten sind garantiert unbekannt, aber manchmal schauen auch namhaftere vorbei.

Ruby Lounge · LIVEMUSIK
(☑0161-834 1392; www.therubylounge.com; 28–34 High St; Karten um die 8 £; ☻12–24, Clubs 23–3 Uhr) Erstklassiger Konzertladen im Northern Quarter mit überwiegend Rockmusik. Hier wird's sehr laut. Nach den Bands gibt's meist Disko bis spät nachts.

Band on the Wall · LIVEMUSIK
(☑0161-834 1786; www.bandonthewall.org; 25 Swan St; ☻5–23 Uhr) Erstklassiger Veranstaltungsort für alles von Rock bis Weltmusik sowie einem Schuss Jazz, Blues und Folk.

Theater

Royal Exchange · THEATER
(☑0161-833 9833; www.royalexchange.co.uk; St. Anne's Sq) Interessante zeitgenössische Stücke in einem großartigen modernen Rundtheater.

Shoppen

Mit ihren 14 denkmalgeschützten Gebäuden ist die King Street Manchesters eleganteste Einkaufsstraße. Hier reihen sich teure Boutiquen und unabhängige Einzelhändler aneinander. Im Northern Quarter dominiert Boho-Indie-Mode und Spinningfields wartet mit ein paar piekfeinen Läden auf. Ansonsten konzentrieren sich die Geschäfte in der Market Street mit dem Arndale Centre.

Manchester Craft & Design Centre · KUNSTGEWERBE
(www.craftanddesign.com; 17 Oak St; ☻Mo–Sa 10–17.30, So 11–17 Uhr) In diesem preisgekrönten Zentrum (in einem Gebäude aus dem Jahr 1873) werden Schmuck, Keramik, Taschen und Einrichtungsgegenstände verkauft – sämtlich von heimischen Designern in Handarbeit hergestellt. Zum Haus gehört auch ein Café.

Oi Polloi · KLEIDUNG
(www.oipolloi.com; 63 Thomas St; ☻Mo–Sa 10–18 Uhr) Neben einem eindrucksvollen Sortiment an Freizeitschuhen bietet dieser hippe Laden auch Bekleidung der Marken A Kind of Guise, LA Panoplie, Nudie Jeans Co und Fjällräven.

Oxfam Originals · VINTAGE
(Unit 8, Smithfield Bldg, Oldham St; ☻Mo–Sa 10–18, So 12–17 Uhr) Für Fans von Retromode

bietet dieser tolle Laden erstklassige Bekleidung aus den 1960er- und 1970er-Jahren. Und das Ganze ist für einen guten Zweck!

Tib Street Market · MARKT
(☑0161-234 7357; Tib St; ☻Sa 10–17 Uhr) Auf diesem wöchentlich stattfindenden Markt können junge Designer der Stadt ihre Arbeiten präsentieren. Hier gibt's alles von Brieftaschen bis zu Unterwäsche und von Hüten bis zu Schmuck.

ⓘ Praktische Informationen

Cameolord Chemist (St Peter's Sq; ☻8–24 Uhr) Apotheke

Manchester Royal Infirmary (Oxford Rd; ☻24 Std.) Krankenhaus

Post (Town Hall Annexe, Albert Sq; ☻Mo–Fr 9–18 Uhr)

Besucherinformationszentrum (www.visitmanchester.com; 1 Piccadilly Gardens; Führungen tgl. 8 £; ☻Mo–Sa 10–17.15, So bis 16.30 Uhr)

An- & Weiterreise

FLUGZEUG

Manchester Airport (☑0161-489 3000; www.manchesterairport.co.uk) Der Flughafen liegt etwa 20 km südlich der Stadt.

Bus (30 Min., 4,10 £) Alle 20 Min. bis Manchester **Coach Station** (Chorlton St)

Metrolink (40 Min., 4,20 £) Alle 12 Min.; Richtung Zentrum umsteigen in Cornbrook oder Firswood. **Taxi** (25 bis 40 Min., 20 bis 30 £)

Zug (20 Min., 5 £) Alle 10 Min. bis Piccadilly Station.

BUS

National Express (☑08717 81 81 81; www.nationalexpress.com) bietet vom **Busbahnhof** (S. 587) Verbindungen in die meisten größeren Städte, z. B. nach:

Leeds (4 £, 1 Std., stündl.)

Liverpool (6,50 £, 1½ Std., stündl.)

London (20,70 £, 4¼ Std., stündl.)

ZUG

Manchester Piccadilly (östlich von Piccadilly Gardens) ist der Hauptbahnhof für die meisten Fernzüge. Von der Victoria Station (nördlich des National Football Museum) gehen Züge in den Nordwesten, z. B. nach Halifax und Huddersfield, aber auch nach Leeds und Liverpool. Die beiden Bahnhöfe sind durch Metrolink miteinander verbunden. Erheblich billiger fährt man in Zeiten mit geringer Auslastung (off-peak).

Zielorte sind u. a.:

Blackpool (16,90 £, 1¼ Std., halbstündl.)
Liverpool Lime St (9,20 £, 45 Min., halbstündl.)
London Euston (110 £, 3 Std., 7-mal tgl.)
Newcastle (64,90 £, 3 Std., 6-mal tgl.)

ⓘ Unterwegs vor Ort

Für die exzellenten öffentlichen Transportmittel sind verschiedene Day Saver Tickets erhältlich. Infos dazu wie auch zu den Nachtbussen gibt's im **Travelshop** (☎ 0161-228 7811; www.tfgm. com; 1 Piccadilly Gardens; ⊙ Mo–Sa 7–18, So 10–18 Uhr).

BUS

Der kostenlose Metroshuttle pendelt alle zehn Minuten auf drei verschiedenen Strecken durch das Herz Manchesters. Streckenkarten gibt's in der Touristeninformation. Die meisten Stadtbusse fahren ab **Piccadilly Gardens**.

METROLINK

Die **Metrolink** (www.metrolink.co.uk) bietet die beste Verbindung zwischen den Bahnhöfen Victoria und Piccadilly (und dem G-Mex für Bahnen nach Castlefield) und fährt auch hinaus nach Salford Quays, Didsbury und in andere Vororte. Es gibt auch eine Verbindung zum Flughafen, allerdings mit Umsteigen in Cornbrook oder Firswood. Von 6 bis 23 Uhr fahren Straßenbahnen alle paar Minuten. Tickets gibt's an Automaten an den Bahnsteigen.

ZUG

Der Bahnhof von Castlefield ist die Deansgate Station, mit Verbindungen zu den Bahnhöfen Piccadilly, Oxford Road und Salford.

CHESTER

79 645 EW.

Chester ist eines der größten Geschenke der englischen Geschichte an die modernen Touristen. Seine Stadtmauer aus rotem Sandstein, die heute eine hübsche Ansammlung von Häusern aus der Tudor- und der viktorianischen Zeit umschließt, wurde gebaut, als dies noch die Castra Devana war, das größte römische Kastell in Großbritannien.

Außerhalb der Altstadt präsentiert sich Chester als gewöhnliche Wohnstadt. Heute kaum zu glauben, aber im Mittelalter war Chester der wichtigste Hafen des Nordwestens. Jedoch versandete der River Dee im Verlauf der Zeit und Chester büßte gegenüber Liverpool stark an Bedeutung ein.

◉ Sehenswertes

★ Stadtmauer   WAHRZEICHEN

Einen guten Eindruck von Chesters einzigartigem Charakter erhält man bei einem Spaziergang entlang der gut 3 km langen Stadtmauer um die Altstadt herum. Die Stadtbefestigung wurde ursprünglich um 70 n. Chr. von den Römern angelegt, im Verlauf der folgenden Jahrhunderte aber umfassend verändert. Ihr heutiger Verlauf entspricht dem von etwa 1200. Ein ausgezeichneter Führer für einen Rundgang ist die in der Touristeninformation erhältliche Broschüre *Walk Around Chester Walls*. Alternativ kann man sich auch einem geführten Rundgang (1 ½ Std.) anschließen.

Das auffallendste Merkmal entlang der Stadtmauer ist das **Eastgate** mit der nach dem Londoner Big Ben berühmtesten Uhr Englands, 1897 zum diamantenen Thronjubiläum Königin Victorias angefertigt.

In der Südostecke der Stadtmauer befinden sich die 1785 entstandenen **wishing steps**, die „Wunschstufen": Angeblich geht ein Wunsch in Erfüllung, wenn man diese ungleichen Stufen ohne Luft zu holen hoch- und runterläuft.

Am Southgate oder **Bridgegate** (am Nordende der Old Dee Bridge) befindet sich das Pub **Bear & Billet** (www.bearandbillet.com; 94 Lower Bridge St; ⊙12–23.30 Uhr), Chesters ältester Fachwerkbau (1664), einst ein Zolltor.

★ Rows   ARCHITEKTUR

Charakteristisch für Chester sind neben der Stadtmauer die Rows, Einkaufsarkaden im 1. Stock, die sich vom **Central Cross** in alle vier Himmelsrichtungen erstrecken und vier Straßen entlang führen. Die schönen Häuser sind Originalgebäude der Tudorzeit oder viktorianische Nachbauten und beherbergen phantastische kleine Läden.

Chester Cathedral   KATHEDRALE

(☎ 01244-324756; www.chestercathedral.com; 12 Abbey Sq; ⊙ Mo–Sa 9–18, So 11–16 Uhr) GRATIS An dieser Stelle stand ursprünglich eine sächsische Kirche, die der hl. Werburg geweiht war, der Schutzpatronin der Stadt. Auf den Überresten der Kirche entstand eine Benediktinerabtei. Diese wurde 1540 unter Heinrich VIII. aufgelöst, die Klosterkirche wurde im folgenden Jahr jedoch als Kathedrale neu geweiht. Zwar wurde die Kirche in viktorianischer Zeit umfassend umgestaltet, aber dennoch ist ein Großteil des ursprünglichen Baus aus dem 12. Jh. erhalten geblieben. Wer die Kathedrale nicht nur auf eigene

Chester

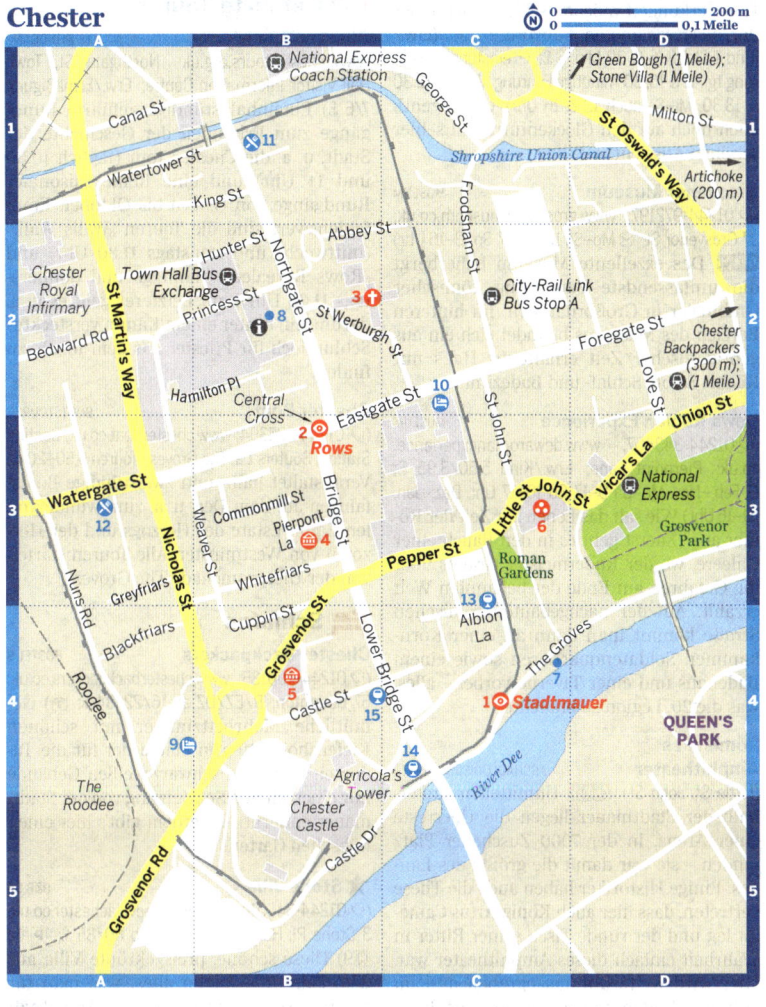

Chester

◉ Highlights
1	Stadtmauer	C4
2	Rows	B3

◉ Sehenswertes
3	Chester Cathedral	B2
4	Dewa Roman Experience	B3
5	Grosvenor Museum	B4
6	Römisches Amphitheater	C3

✈ Aktivitäten, Kurse & Touren
	Kathedralenführungen	(s. 3)
7	Chester Boat	C4
8	Chester Tour	B2

🛏 Schlafen
9	ABode Chester	A4
10	Chester Grosvenor Hotel & Spa	C2

✴ Essen
11	Joseph Benjamin	B1
12	Mockingbird Taproom	A3
	Simon Radley at the Grosvenor	(s. 10)

☕ Ausgehen & Nachtleben
13	Albion	C3
14	Bear & Billet	C4
15	Brewery Tap	B4

Faust erkunden möchte, schließt sich einer der ausgezeichneten **Führungen** an (Erw./Kind 1 Std. 8/6 £, 30 Min. 6 £; ⊙ einstündige Führung tgl. 11 & 15, 30-minütige Führung Mo & Di 12.30 & 13.30, Mi–Sa auch 12 & 16 Uhr); dabei geht's auch hoch auf den Glockenturm mit seiner schönen Aussicht.

Grosvenor Museum MUSEUM

(☎01244-972197; www.grosvenormuseum.co.uk; 27 Grosvenor St; ⊙ Mo–Sa 10.30–17, So 13–16 Uhr) GRATIS Das exzellente Museum beherbergt die umfassendste Sammlung römischer Grabmäler in Großbritannien. Im hinteren Bereich des Museums befindet sich ein aus georgianischer Zeit erhaltenes Haus mit Küche, Salon, Schlaf- und Badezimmer.

Dewa Roman Experience MUSEUM

(☎01244-343407; www.dewaromanexperience.co.uk; Pierpoint Lane; Erw./Kind 5,50/3,95 £; ⊙ Feb.–Nov. Mo–Sa 9–17, So 10–17 Uhr, Dez.–Jan. 10–16 Uhr) Wie sah das Leben zur Zeit der Römer aus? Zuerst geht es in den Bauch einer Galeere, wo der Rudermeister Grapus über die Gefahren am Ende der bekannten Welt erzählt. Auf der nachgebauten römischen Straße kommt man dann an einer Kornkammer, Soldatenquartieren sowie einem Badehaus und einer Taverne vorbei – alles, was die 20. Legion so brauchte.

Römisches Amphitheater ARCHÄOLOGISCHE STÄTTE

(Little St. John St) GRATIS Unmittelbar außerhalb der Stadtmauer liegen die Überreste einer Arena, in der 7000 Zuschauer Platz fanden – sie war damit die größte des Landes. Einige Historiker haben auch die These vertreten, dass hier auch König Artus Camelot lag und der runde Tisch seiner Ritter in Wahrheit einfach dieses Amphitheater war. Hier wird weiterhin ausgegraben und im Sommer finden manchmal Veranstaltungen statt.

Blue Planet Aquarium AQUARIUM

(www.blueplanetaquarium.com; Erw./Kind 17/12,25 £; ⊙ Mo–Fr 10–17, Sa & So bis 18 Uhr) Das Blue Planet ist das größte Aquarium des Landes, denn hier in Chester macht man keine halben Sachen. Von einem 70 m langen beweglichen Gang aus kann man zehn verschiedene Haiarten aus nächster Nähe beobachten. Das Aquarium liegt an Junction 10 der M53 nach Liverpool, 14,5 km nördlich von Chester. Von der Chester Town Hall Bus Exchange fahren die Busse 1 und 4 alle halbe Stunde hierher.

👉 Geführte Touren

Chester Tour RUNDGANG

(www.chestertours.org.uk; Northgate St, Town Hall Visitor Information Centre; Erw./Ermäßigung 7/6 £) Eineinhalbstündige geführte Rundgänge zum Erkunden der Geschichte der Stadt, u. a. die Chester Tour (täglich 10.30 und 14 Uhr) und eine Reihe saisonaler Rundgänge von Ostern bis Oktober. Empfehlenswert sind die Touren „Walls Walk" (mittwochs und samstags 11.30 Uhr) und „Rows Revealed" (montags und donnerstags 11.30 Uhr); bei Letzterer geht es u. a. darum, ein hinter einem Kamin verstecktes Schlupfloch für Priester aus dem 16. Jh. zu finden.

Chester Boat BOOTSTOUREN

(☎01244-325394; www.chesterboat.co.uk; Boating Station, Souters La, The Groves; Touren 6,50–20 £) Veranstaltet halb- und zweistündige Bootsfahrten auf dem Dee, u. a. zum wundervollen Eaton Estate des Herzogs und der Herzogin von Westminster. Alle Touren starten von der Uferpromenade The Groves.

🛏 Schlafen

Chester Backpackers HOSTEL $

(☎01244-400185; www.chesterbackpackers.co.uk; 67 Boughton; B/EZ/DZ ab 16/22/34 £; 🖰) Gemütliche Mehrbettzimmer mit schönen Kiefernholzbetten in einem der für die Tudorzeit typischen schwarz-weißen Gebäude nur einen kurzen Spaziergang von der Stadtmauer entfernt. Außerdem gibt's hier einen hübschen Garten.

⭐ Stone Villa B&B $$

(☎01244-345014; www.stonevillachester.co.uk; 3 Stone Pl, Hoole Rd; EZ/DZ ab 60/85 £; 🅿🖰 🖰9) Diese schöne, preisgekrönte Villa aus dem Jahr 1850 bietet alles, was man für einen erinnerungswürdigen Aufenthalt braucht. Elegante Zimmer, ein fabelhaftes Frühstück und freundliche Gastgeber machen diese zu einer der besten Unterkünfte der Stadt. Rund 1,5 km vom Stadtzentrum entfernt.

ABode Chester HOTEL $$

(☎01244-347000; www.abodechester.co.uk; Grosvenor Rd; Zi. ab 100 £; 🅿✱🖰) Alle 84 Zimmer dieses modernen Hotels haben handgemachte Vispring-Betten und schöne Bäder mit Regenduschen. Die guten Hygieneartikel, Flachbildfernseher und Tagesdecken aus Cashmere verleihen ihnen einen Hauch von Eleganz. Bis Dezember 2015 trug das

Restaurant im 5. Stock den Namen von Koch Michael Caines, aber auch wenn er nicht mehr mit an Bord ist, kann man hier immer noch sehr gut essen.

★ Chester Grosvenor
Hotel & Spa
HOTEL $$$

(☏01244-324024; www.chestergrosvenor.com; 58 Eastgate St; Zi. ab 195 £; P @ ☎) Das in schwarz-weißem Fachwerk erbaute Grosvenor ist das Top-Hotel der Stadt – die Lage (gleich neben der Eastgate Clock) ist so hervorragend wie die Qualität, die hier in jeder Hinsicht einem 5-Sterne-Hotel entspricht. Die Lobby beeindruckt mit ihrem Kronleuchter, der aus 28 000 Kristallen gefertigt ist. Danach geht es in die riesigen Zimmer mit feinen Stilmöbeln. Es gibt auch ein erstklassiges Spa (auch für Tagesgäste offen) und ein mit einem Michelin-Stern ausgezeichnetes Restaurant, das Simon Radley at the Grosvenor.

Essen

Mockingbird Taproom
CAJUN $$

(www.mockingbirdtaproom.co.uk; 85 Watergate St; Hauptgerichte 10–15 £; ⊙Mo–Mi 12–22, Do & Fr bis 1, Sa 10–1, So bis 23 Uhr) Wer Essen mit Kick mag, ist in diesem von der Cajun-Küche inspirierten Restaurant genau richtig. Alle Gerichte werden im gewünschten Schärfegrad serviert: Burger, Krebse, Rippchen und diverse Burritos, Nachos und Fajitas. Spannend ist auch das Lucifer Licked, ein nicht sehr ansehnliches Gumbo aus Hühnchen, Süßkartoffeln und würziger Wurst – gekrönt von der hauseigenen scharfen Sauce „Howling at the Moon".

Artichoke
MODERN BRITISCH $$

(www.artichokechester.co.uk; The Steam Mill, Steam Mill St; Hauptgerichte 13–17 £; ⊙Mo–Sa 10–15.30 & 17–22, So 10–20 Uhr) Diese Café-Bar ist eins von mehreren umgebauten Lagerhäusern am Shropshire Union Canal (heute Canal Quarter) und serviert Sandwiches und andere kleine Imbisse, aber auch leckere Hauptspeisen wie z. B. Meerforelle in süßer Erbsen-Wasabi-Creme oder Confit von Entenkeulen mit Jersey-Kartoffeln, Pancetta und Rotkohl. Hier wird auch gern etwas getrunken.

Joseph Benjamin
MODERN BRITISCH $$

(☏01244-344295; www.josephbenjamin.co.uk; 140 Northgate St; Hauptgerichte 13–17 £; ⊙Di–Sa 12–15, Do–Sa auch 18–21.30, So 12–16 Uhr) Ein leuchtender Stern an Chesters kulinari-

schem Himmel ist diese Kombination aus Restaurant, Bar und Feinkostladen. Die aus regionalen Zutaten sorgfältig zubereiteten Gerichte kann man vor Ort verzehren oder auch mitnehmen. Den Schwerpunkt des Takeaway-Angebots bilden ausgezeichnete Sandwiches und wunderbare Salate. Auf der Speisekarte stehen tolle Vertreter der modernen britischen Küche.

★ Simon Radley at
the Grosvenor
MODERN BRITISCH $$$

(☏01244-324024; www.chestergrosvenor.com; 58 Eastgate St, Chester Grosvenor Hotel; Probiermenü 99 £, À-la-carte-Menü 75 £; ⊙Di–Sa 18.30–21 Uhr) Seit 1990 serviert Simon Radleys formelles Restaurant (die Gäste werden angewiesen, 30 Minuten vor dem Essen zum Einnehmen von Drinks und Canapés einzutreffen) nahezu perfekte modern britische Küche. Und über all die Zeit trägt es auch schon seinen Michelin-Stern. Das Essen ist himmlisch und die Weinkarte endlos. Eines der besten Restaurants Großbritanniens, wo bleibt der zweite Stern? Schicke Kleidung, keine Kinder unter 12.

🍷 Ausgehen & Nachtleben

Brewery Tap
PUB

(www.the-tap.co.uk; 52–54 Lower Bridge St; ⊙12–23, So bis 22.30 Uhr) Wenn man den Kennern der Campaign for Real Ale (CAMRA) glauben darf, dann gibt es in dieser Kneipe das beste Bier der Stadt. Im ehemaligen jakobinischen Bankettsaal werden an sieben Zapfhähnen wechselnde Sorten hochwertiger Biere aus ganz England ausgeschenkt.

Albion
PUB

(www.albioninnchester.co.uk; Park St; ⊙12–23 Uhr) Keine Kinder, keine Musik und keine Spielautomaten oder Großbildschirme – dafür aber jede Menge britische Fahnen. Dieser „familienfeindliche" edwardianische Pubklassiker führt zurück in eine Zeit, als das Biertrinken noch festen Ritualen unterworfen war. Dennoch ist dies eines der schönsten Pubs in Nordwestengland – genau deshalb, weil es sich hartnäckig weigert, modern zu werden.

ⓘ Praktische Informationen

Touristeninformation (☏01244-402111; www.visitchester.com; Town Hall, Northgate St; ⊙März–Okt. Mo–Sa 9–17.30, So 10–17 Uhr, Nov.–Feb. Mo–Fr 9.30–16.30, Sa 9–16, So 10–16 Uhr)

MANCHESTER, LIVERPOOL & NORDWESTENGLAND CHESTER

ℹ️ Anreise & Unterwegs vor Ort

BUS

Die Nahverkehrsbusse fahren von der **Town Hall Bus Exchange** (Princess St). Die Busse von **National Express** (☎ 08717 81 81 81; www.nationalexpress.com) halten an der Vicar's Lane gegenüber der Touristeninformation am römischen Amphitheater. Zielorte u. a.:

Birmingham 13,90 £, 2 Std., 4-mal tgl.
Liverpool 8 £, 1 Std., 4-mal tgl.
London 27,60 £, 5½ Std., 3-mal tgl.
Manchester 7,60 £, 1¼ Std., 3-mal tgl.

ZUG

Der Bahnhof liegt rund 1,5 km vom Stadtzentrum entfernt, zu erreichen über die Foregate Street und City Road oder über die Brook Street. City-Rail-Link-Busse sind für Reisende mit Bahnticket kostenlos; sie verkehren zwischen dem Bahnhof und dem **Bus Stop A** (Frodsham St). Zugverbindungen bestehen z. B. nach:

Liverpool (6,90 £, 45 Min., stündl.)
London Euston 69 £, 2½ Std., stündl.
Manchester 12,60 £, 1 Std., stündl.

LIVERPOOL

467 500 EW.

Nur wenige englische Städte sind so sehr auf ein Image festgelegt wie Liverpool und kaum eine andere hat sich so viel Mühe gegeben, den Klischees zu entkommen, mit denen sie so lange beschrieben wurde.

Liverpool ist eine von Armut geprägte Stadt mit einem besonderen Witz und einer obsessiven Liebe zum Fußball, verfügt jedoch auch über ein reiches kulturelles Erbe: Es besitzt nach London die meisten denkmalgeschützten Gebäude des Landes und seine Kunstgalerien und Museen zählen zu den besten Großbritanniens. Dank der anhaltenden Stadtsanierung verwandelt sich das Zentrum nach und nach in eine der schönsten Städte Nordenglands, in der das Bummeln Spaß macht. Und dann gibt's da noch die Beatles. Liverpool verehrt sie nicht etwa deshalb, weil sie einfach zum Erbe der Stadt gehören, sondern weil es angesichts der Attraktivität der Band für Touristen Wahnsinn wäre, ihnen nicht zu huldigen.

Die Hauptattraktionen der Stadt sind das Albert Dock westlich der Innenstadt und das angesagte Viertel Ropewalks südlich der Hanover Street und westlich der beiden Kathedralen. Der Eisenbahnhof Lime Street Station, der Busbahnhof und das Cavern Quarter – ein Mekka für Beatles-Fans – liegen unmittelbar nördlich.

Geschichte

Liverpool verdankte seinen Reichtum dem Dreieckshandel mit Sklaven, Rohmaterialien und fertigen Gütern. Ab 1700 transportierten Schiffe Baumwollprodukte und Industriegüter von Liverpool nach Westafrika, von dort wurden Sklaven in die Karibik und nach Virginia verschifft und von dort wurden wiederum Zucker, Rum, Tabak und Baumwolle nach England gebracht.

Als großer Seehafen lockte Liverpool Tausende von Zuwanderern aus Irland und Schottland an und deren keltischer Einfluss ist nach wie vor spürbar. Gleichzeitig begaben sich zwischen 1830 und 1930 rund 9 Mio. Auswanderer, v. a. Engländer, Schotten und Iren, aber auch Schweden, Norweger und russische Juden, von hier in die Neue Welt.

Mit dem Beginn des Zweiten Weltkriegs nahm Liverpool wieder an Bedeutung zu. Vor der alliierten Landung in der Normandie gingen hier 1 Mio. amerikanische GIs an Land und der Hafen war als westenglisches Tor zum Atlantik erneut immens wichtig. Die GIs brachten aus den USA die neuesten Schallplatten mit und Liverpool war daher das europäische Einfallstor für den neuen Rhythm and Blues, aus dem schließlich der Rock and Roll werden sollte. Nur 20 Jahre später war der Mersey Beat *der* Sound der britischen Popmusik und vier Pilzköpfe hatten eine Skiffleband gegründet …

⊙ Sehenswertes

Das wunderbare Albert Dock ist die größte Touristenattraktion der Stadt und der Schlüssel zum Verständnis der Geschichte Liverpools. Der eigentliche Alltag spielt sich jedoch eher im Stadtzentrum ab.

⊙ Stadtzentrum

⭐ World Museum ⠀⠀⠀⠀⠀⠀⠀⠀ MUSEUM

(☎ 0151-478 4399; www.liverpoolmuseums.org.uk/wml; William Brown St; ⊙ 10–17 Uhr) `GRATIS`
Naturkunde, Wissenschaft und Technologie sind die Themen des ältesten Museums der Stadt, gegründet 1853. Die Exponate hier reichen von lebenden Käfern bis zur Anthropologie des Menschen. Das äußerst unterhaltsame und lehrreiche Museum belegt fünf nach Themen geordnete Etagen. Im 1. Stock

LIVERPOOL AN EINEM TAG

Der Tag beginnt mit der **Beatles Story** am Albert Dock: Das ist eine ausgezeichnete Einführung in das Thema Fab Four, aber die Fans sollten nicht vergessen, eine morgendliche Tour nach **Mendips** und **20 Forthlin Road** zu buchen; diese Tour zu den Häusern, in denen John Lennon und Paul McCartney als Kinder lebten, startet vom Albert Dock. Wer nicht so unbedingt auf die Beatles steht, kann das **Museum of Liverpool** besuchen oder, gleich südlich davon, das **International Slavery Museum**. Mittagessen im **Salt House** oder **Etsu**.

Wer noch mehr Appetit auf Kultur hat, erforscht im Zentrum die **Walker Art Gallery** oder die wunderbaren wissenschaftlichen Exponate im **World Museum**. Fußballfans sollten sich nach **Anfield** aufmachen und sich der Führung im **Liverpool Football Club** (☎ 0151-263 9199, Kasse 0151-220 2345; www.liverpoolfc.com; Anfield Rd) anschließen. Für das Abendessen bietet sich eine Reservierung im **London Carriage Works** oder **The Art School** an.

Nach dem Essen unbedingt im **Philharmonic** etwas trinken. Livemusik gibt's gleich gegenüber in der **Philharmonic Hall**. Wer etwas mehr Adrenalin braucht, versucht die Clubs im Baltic Triangle: Unsere Empfehlung ist **Constellations**, wo immer etwas Interessantes geboten wird.

befindet sich ein Aquarium mit Fischen, im 5. ein Planetarium. Hier oben werden außerdem Ausstellungen zum Thema Weltall (mit Mondsteinen, Fernrohren usw.) und Zeit (mit Uhren vom 16. Jh. bis 1960) präsentiert. Sehr empfehlenswert!

★ Liverpool Cathedral
KIRCHE

(☎ 0151-709 6271; www.liverpoolcathedral.org.uk; Upper Duke St; Besucherzentrum & Turm Eintritt 5,50 £; ⊙ 8–18 Uhr) Liverpools anglikanische Kathedrale ist ein Gebäude der Superlative. Sie ist nicht nur die größte Kirche Großbritanniens, sie ist auch die größte anglikanische Kathedrale der Welt. Erbaut wurde sie nach Entwürfen von Sir Gilbert Scott, dem England auch die roten Telefonzellen und die Southwark Power Station in London verdankt, die heutige Tate Modern. Die mittlere Glocke des Geläuts ist die drittgrößte der Welt (das Glockenspiel insgesamt das höchste und schwerste der Welt) und die Orgel mit ihren 9765 Pfeifen ist wahrscheinlich die größte noch spielbare der Welt.

Im Besucherzentrum ist der zehnminütige Film *Great Space* über die Geschichte der Kathedrale zu sehen. Danach können sich Besucher mit einem Kopfhörer ausgestattet auf einen audiovisuellen Rundgang begeben. Mit der Eintrittskarte hat man auch Zugang zum 101 m hohen Turm; von oben eröffnen sich phantastische Ausblicke auf die Stadt und ihr Umland – an klaren Tagen ist der Blackpool Tower zu erkennen! Die Kathedrale beherbergt auch eine Reihe von Kunstwerken, so u. a. ein Objekt mit dem Titel *For You* von Tracey Emin: eine rosa Leuchtschrift mit den Worten „I felt you and I knew you loved me" („Ich fühlte dich und ich wusste, dass du mich liebst").

★ Walker Art Gallery
GALERIE

(☎ 0151-478 4199; www.liverpoolmuseums.org.uk/walker; William Brown St; ⊙ 10–17 Uhr) GRATIS Das wichtigste Kunstmuseum der Stadt ist mit seiner herausragenden Sammlung von Kunst des 14. bis 21. Jhs. so etwas wie die Nationalgalerie Nordenglands. Besonders gut vertreten sind präraffaelitische Kunst und moderne britische Malerei und Bildhauerei. Dazu kommen noch Wechselausstellungen mit Gegenwartskunst. Das Museum ist zudem sehr familienfreundlich: Die Abteilung Big Art for Little People im Erdgeschoss richtet sich an Kinder bis zu acht Jahren und umfasst interaktive Exponate und Spiele, die eine lebenslange Liebe zur Kunst wecken sollen.

St George's Hall
KULTURZENTRUM

(☎ 0151-707 2391; http://liverpoolcityhalls.co.uk; William Brown St; ⊙ 13–17 Uhr) GRATIS Das vielleicht eindrucksvollste Gebäude der Stadt ist die denkmalgeschützte St. George's Hall, ein großartiges Beispiel klassizistischer Architektur, das heute noch genauso imposant erscheint wie im Jahr 1854, als es fertiggestellt wurde. Ursprünglich diente das Bauwerk als Gerichtsgebäude und Konzerthaus – wahrscheinlich sollten sich die Richter nach ihren Urteilssprüchen bei Streichquartetten entspannen.

Liverpool

200 m
0,1 Meile

Dalby St
Pembroke Pl
London Rd
National Express
Coach Station
Arriva Express
Bus 500

World 6
Museum
Walker Art
Gallery 5
9
34

Lime St
Train Station
Lime St

Russell St
Brownlow Hill
Mt Pleasant
Oxford St
Hope St
Brownlow Hill
Clarence St
Rodney St
Leece St
Hardman St
Myrtle St
Catherine St
Blackburne St
Blackburne Pl
Blackburne Tce
Canning St
Upper Duke St

Liverpool
Cathedral 3

30
35 26
16 23 14
Rice St
Falkner St
Hope Pl

31
Berry St
Great George St

Renshaw St
Ranelagh St
M Central

Bold St
Wood St
Concert
Seel St
28
Slater St
32
Duke St
24
Pars St
Campbell
Par St
ROPEWALKS

CHINATOWN
Nelson St
District (200 m);
Constellations
(350 m)

27

Queen
Sq
Victoria St
Cavern
Quarter
Williamson
Sq
Church St
Paradise St
School La
29

Clayton
Sq

Liverpool
ONE Bus
Station
25

Park La
Tabley St
17
Wapping
Wapping
Dock
Wapping
Basin

Hatton Gdn
20
Dale St
Cook St Mathew St
15 33
Harrington St
Lord St

Tithebarn St
Moorfields
Temple La
Castle St
21

Hanover St
Liver St

Strand St
Strand St
Salthouse
Dock
Wapping
12
13
Monarch's Quay
King's
Pde

Old Hall St
Chapel St
Town
Hall
Rumford St
11
22
Water St
James St
Strand St
New Quay
Goree Piazza

PIER
HEAD
7 4
Mann Island
Brunswick St

Canning
Dock
Canning
Half Tide
Basin

ALBERT
DOCK
8
2
10
Beatles
Story 1

King Edward St
Bath St
William Jessop Way
Princes Dock
19
18

Mersey
Ferry
Mersey Tunnel

Museum of
Liverpool 4

International Slavery
Museum

Mersey

Mersey Tunnel

Liverpool

Drinnen können sich Besucher den kürzlich renovierten Gerichtssaal und das Umkleidezimmer der Richter anschauen, unten einen Blick in die Zellen werfen und auch die Great Hall mit der drittgrößten Orgel Großbritanniens bestaunen – ihre 7737 Pfeifen wurden lange Zeit nur von der Orgel in der Londoner Albert Hall übertroffen. Inzwischen steht die größte Orgel in der Kathedrale von Liverpool. Im Gebäude finden außerdem Konzerte, Firmenveranstaltungen und andere Events statt und der Platz vor dem Bau ist ein Magnet für alle möglichen städtischen Feiern.

Western Approaches Museum   MUSEUM
(www.liverpoolwarmuseum.co.uk; 1–3 Rumford St; Erw./Kind 6/4 £; ☺März–Okt. Mo–Do & Sa 10.30–16.30 Uhr, letzter Einlass 1 Std. vor Schließung) Das geheime Kommandozentrum für die Atlantikschlacht des Zweiten Weltkriegs, der Western Approaches Command, wurde am Ende des Krieges mit seiner fast vollständig intakten Einrichtung einfach aufgegeben. Heute erhält man hier einen guten Einblick in die labyrinthhafte Steuerzentrale der alliierten Operationen. Das Herzstück der Anlage, der Kartenraum, sieht so aus, als könnte man hier eine lebensechte Partie *Risiko* spielen.

◎ Albert Dock

Liverpools größte Touristenattraktion ist das Albert Dock, ein 2,75 ha großes Wasserbecken umgeben von großen Gusseisensäulen und beeindruckenden fünfstockigen Gebäuden – die größte Konzentration des Landes an denkmalgeschützten Gebäuden und als Unesco-Weltkulturerbe gelistet. Dank einem tollen Erschließungsprojekt sind die Docks wieder zu neuem Leben erwacht: Es gibt hier mehrere erstklassige Museen und eine Filiale der Tate Gallery sowie einige Top-Restaurants und -Bars.

★ Beatles Story   MUSEUM
(☎0151-709 1963; www.beatlesstory.com; Albert Dock; Erw./Kind 14,95/9 £; ☺9–19 Uhr, letzter Einlass 17 Uhr) Liverpools beliebtestes Museum beleuchtet keine dunklen, anstößigen Kapitel in der turbulenten Geschichte der berühmtesten Viererbande der Welt – bandinterne Spannungen, Drogen oder Yoko Ono werden nicht erwähnt. Aber dafür gibt's hier jede Menge Original-Erinnerungsstücke, die echte Beatles-Fans sicher glücklich machen. Das Ticket schließt auch den Eintritt zur Ausstellung (S. 597) im Beatles-Story-Ableger am Pier Head ein.

Besonders eindrucksvoll sind der 1:1-Nachbau des Cavern Club – der wirklich winzig war – und das Abbey-Road-Plattenstudio, in dem die Jungs ihre ersten Singles aufnahmen. George Harrisons mickrige erste Gitarre, die heute eine halbe Million Pfund wert ist, sollte mittellose Nachwuchsmusiker dazu inspirieren, den Glauben an den großen Durchbruch nicht aufzugeben.

★ International Slavery Museum

MUSEUM

(☎ 0151-478 4499; www.liverpoolmuseums.org.uk/ism; ⊙ 10–17 Uhr) GRATIS Museen sind ihrem Wesen nach Standbilder aus der Vergangenheit, doch das herausragende International Slavery Museum schlägt auch in der Gegenwart ziemlich hohe Wellen. Es erzählt klar und kompromisslos von den unsagbaren Gräueln der Sklaverei – und unterschlägt auch nicht Liverpools eigene Rolle im Sklavenhandel. Dies geschieht mithilfe von sehr guten Multimedia- und anderen Exponaten und schreckt auch nicht vor einer Auseinandersetzung mit dem Rassismus zurück, der düstern ideologischen Rechtfertigung für die unmenschliche Praxis der Sklaverei.

Den Besuchern wird die Sklaverei anhand einer Reihe persönlicher Geschichten nahegebracht. Ein sorgsam geführtes Schiffs- und ein Kapitänstagebuch erzählen die Geschichte eines Sklavenhändlers auf einer typischen Reise von Liverpool nach Westafrika. Dort wurden dann so viele Sklaven wie möglich gekauft oder gekidnappt; anschließend ging es auf die gefürchtete „mittlere Passage" des Handelsdreiecks über den Atlantik in die Karibik. Die Sklaven, die diese qualvolle Fahrt überlebten, wurden dann für Zucker, Rum, Tabak und Baumwolle eingetauscht; diese Waren wurden am Ende in England gewinnbringend verkauft.

Zu den Ausstellungsstücken im Museum zählen Original-Fußeisen und -Ketten sowie Instrumente, mit denen aufrührerische Sklaven bestraft wurden – eins schrecklicher als das andere.

Das ist alles harter Tobak; jedoch erleben Besucher hier nicht nur eine spannende Geschichtsstunde, sondern sie werden im gesamten Museum immer wieder auch an ihre eigene Verantwortung für Menschlichkeit und Gerechtigkeit erinnert. Dies geschieht nicht zuletzt in der Ausstellung „Legacies of Slavery", die den fortdauernden Kampf für Freiheit und Gleichheit dokumentiert.

Merseyside Maritime Museum

MUSEUM

(☎ 0151-478 4499; www.liverpoolmuseums.org.uk/maritime; ⊙ 10–17 Uhr) GRATIS Dieses ausgezeichnete Museum ist der Geschichte eines der bedeutendsten Häfen der Welt gewidmet, und das auf wirklich sehr fesselnde Weise. Eine der vielen tollen Ausstellungen hier ist „Emigration to a New World" (im Untergeschoss) zur Geschichte der 9 Mio. Auswanderer, die sich in Liverpool nach Nordamerika und Australien einschifften. Das begehbare Modell eines typischen Auswandererschiffs verdeutlicht, wie hart die Bedingungen an Bord wirklich waren.

Tate Liverpool

GALERIE

(☎ 0151-702 7400; www.tate.org.uk/liverpool; Sonderausstellungen Erw./Kind ab 5/4 £; ⊙ 10–17.50 Uhr) GRATIS Dieses Museum, das sich als Hort der modernen Kunst in Englands Norden anpreist, wartet auf seinen vier Etagen mit einer eindrucksvollen Liste von Künstlern des 20. Jhs. auf. Dazu kommen Gastausstellungen aus der Hauptniederlassung an der Londoner Bankside. Aber es ist alles ein wenig dürftig –von der Energie der weltbekannten Tate ist hier nichts zu spüren. Im

---

LIVERPOOLS FUSSBALLTEAMS

Anfield Stadium Tour (www.liverpoolfc.com; Anfield Stadium; Stadiontour Erw./Kind 19,50/13,50 £) Fans des Liverpool FC werden von der Anfield Stadium Tour begeistert sein, denn sie führt sie in die Umkleideräume der Heimmannschaft und durch den Spielertunnel am berühmten „This is Anfield"-Schild vorbei zur Trainerbank.

Das Stadion liegt 4 km nordöstlich vom Stadtzentrum. Anfahrt mit Bus 26 oder 27 vom Busbahnhof Liverpool ONE oder Bus 17 von der Queen Street Bus Station.

Goodison Park Tours (☎ 0151-530 5212; www.evertonfc.com; Erw./Kind 12/6 £; ⊙ Mo, Mi & Fr 11 & 13, So 10, 12, 14 & 16 Uhr) Touren (75 Minuten) durch das Stadion Goodison Park des Everton FC mit dem üblichen Besuch der Umkleideräume und der Trainerbank. Im Vergleich zu moderneren Stadien wirkt Goodison fast heimelig antiquiert. An Spieltagen und an den Nachmittagen vor einem Heimspiel finden keine Touren statt.

Clore Learning Centre können sich Kinder (und Erwachsene) von den anstrengenden Kunstbetrachtungen erholen und selbst Kunst machen.

Nördlich des Albert Dock

Das Gebiet nördlich des Albert Dock ist als **Pier Head** bekannt, nach einer steinernen Seebrücke aus den 1760er-Jahren. Hier fahren noch immer die Fähren über den River Mersey ab und hier standen Millionen von Auswanderern zum letzten Mal auf europäischem Boden.

Das Museum of Liverpool ist eine eindrucksvolle architektonische Errungenschaft, doch der ganze Stolz dieses Teils des Hafengebiets sind nach wie vor drei edwardianische Gebäude, die zusammen als die „Drei Grazien" bekannt sind. Sie stammen aus den Tagen, als Liverpools Stern noch im Steigen begriffen war: das **Port of Liverpool Building,** das Cunard Building und das Royal Liver Building, das vom Liverpooler Symbol, dem berühmten 5,5 m großen Liver Bird gekrönt wird.

⭐ **Museum of Liverpool**　MUSEUM
(☎ 0151-478 4545; www.liverpoolmuseums.org.uk/mol; Pier Head; ☺ 10–17 Uhr) GRATIS Liverpools Vergangenheit wird hier anhand von interaktiven Erkundungen von Meilensteinen der Stadtgeschichte erzählt – Eisenbahn, Armut, Reichtum, *Brookside* (eine populäre Seifenoper der 1980er-Jahre, die in Liverpool spielt), die Beatles und Fußball (der 15-minütige Film zur Bedeutung des Sports für die Stadt lohnt sich). Da die reiche Geschichte der Stadt gänzlich abgedeckt werden soll, geht das Ganze leider kaum in die Tiefe, doch für Kinder ist's klasse.

Um den Besuchern ein aktuelles Bild von der Stadt zu vermitteln, bringt das Museum ständig neue Elemente und temporäre Ausstellungen. Zu den aktuellen Ausstellungen gehören „Liverpool und Krieg" (die Fotosammlung aus der Zeit des Blitzkriegs im Zweiten Weltkrieg ist besonders eindringlich) und „Stolz und Vorurteil" zum Thema der LGBT-Identität der Stadt.

Beatles Story Pier Head　AUSSTELLUNG
(☎ 0151-709 1963; www.beatlesstory.com; Mersey Ferries Terminal, Pier Head; Erw./Kind 14,95/9 £; ☺ 10–18 Uhr) Wem das Beatles-Angebot im Hauptmuseum nicht gereicht hat, bekommt hier mit seiner Eintrittskarte noch mehr geboten: rotierende Fotoaustellungen zu den Fab Four, ein 4D-Kino und einen Laden mit einer Riesenauswahl an Beatles-Artikeln.

⛿ Geführte Touren

⭐ **Beatles' Childhood Homes Tour**　TOUR
(☎ 0151-427 7231; www.nationaltrust.org.uk; Jury's Inn, 31 Keel Wharf, Wapping Dock; Erw./Kind 23/7,25 £; ☺ März–Nov. Mi–So 10, 11, 14.15 & 15.15 Uhr) Den eindringlichsten Einblick in das Leben von John und Paul bietet die vom National Trust organisierte Tour zu den Häusern, in denen die beiden ihre Kindheit verbrachten. John lebte von 1945 bis 1963 (dies ist übrigens auch der Zeitraum, den Sam Taylor-Woods wunderbarer Film von 2009 über den jungen Lennon, Nowhere Boy, abdeckt) bei seiner Tante Mimi in Mendips und Paul in einem einfachen Reihenhaus in der Forthlin Road Nr. 20. Sämtliche Touren starten vom Jury's Inn an der Wapping Dock, nur die Tour um 15.15 Uhr beginnt an der Speke Hall (www.nationaltrust.org.uk).

Besonderes Highlight im Haus in der Forthlin Road Nr. 20 ist das Wohnzimmer, in dem John und Paul frühe Songs wie „Love Me Do" und „I Saw Her Standing There" schrieben.

Magical Mystery Tour　STADTRUNDGANG
(☎ 0151-709 9100; www.cavernclub.org; 16,95 £ pro Pers.; ☺ Touren stündl. 11–16 Uhr) Die zweistündige Tour führt zu allen Beatles-Sehenswürdigkeiten: wo sie geboren wurden, wo sie aufwuchsen, wo sie zur Schule gingen, dazu zu Orten wie der Straße Penny Lane und dem ehemaligen Waisenhaus Strawberry Field. Die Tour endet am Cavern Club, der allerdings nicht der echte Cavern Club ist. Los geht's gegenüber der Touristeninformation am Albert Dock.

Beatles Fab Four Taxi Tour　TAXITOUR
(☎ 0151-601 2111; www.thebeatlesfabfourtaxitour.co.uk; 2-/3-stündige Tour 50/60 £) Zu den Touren zu den Pilzkopf-Sehenswürdigkeiten der Stadt zählen eine dreistündige Lennon-Tour und eine zweistündige Epstein-Expresstour. Abholung wird bei der Buchung arrangiert. Bis zu fünf Personen pro Tour.

🎊 Festivals & Events

Gin Festival Liverpool　ESSEN & TRINKEN
(www.ginfestival.com; Lutyens Crypt, Metropolitan Cathedral of Christ the King; Eintritt 7,50 £; ☺ Ende Juli) Beim größten Gin-Festival des Landes können 100 unterschiedliche Ginsorten, darunter 40 Neuschöpfungen und Verschnitte, probiert werden. Es findet in der Krypta der katholischen Kathedrale statt. Man kauft sich Getränkemarken (5 £ pro Drink) und legt los! Nur für Personen über 18.

MANCHESTER, LIVERPOOL & NORDWESTENGLAND LIVERPOOL

DAS GRAND NATIONAL

Das berühmteste **Hindernisrennen**
(☑ 0151-522 2929; www.aintree.co.uk;
Aintree Racecourse, Ormskirk Rd; ☑ 300,
311, 345, 350 & 351 ab Busbahnhof Liverpool ONE, ☑ Aintree ab Liverpool Central)
der Welt – und eines der wichtigsten
Events in England überhaupt – findet
am ersten Samstag im April statt. Es
führt über eine Distanz von gut 7 km
und über die schwierigsten Hindernisse
in der Welt des Pferderennsports. Die
Teilnehmer sind rund 40 Veteranen des
Jagdrennsports, alternde Kraftmeier
angefüllt mit den ach so englischen
Qualitäten Charakterstärke und Draufgängertum. Wer einem Rennen beiwohnen möchte, sollte sich sehr frühzeitig
um Karten kümmern.

Aintree liegt 9,5 km nördlich vom
Stadtzentrum.

Liverpool International Music Festival
MUSIK
(☑ 0151-239 9091; www.limfestival.com; ☉ Ende
Juli) Am letzten Juliwochenende zeigen
Bands aus der Umgebung und dem Ausland
an fünf Veranstaltungsorten, was sie drauf
haben.

International Beatleweek
MUSIK
(www.cavernclub.org; ☉ Ende Aug.;) Tribute-
Bands unterhalten Ende August eine Woche
lang mit von den Beatles inspirierter Musik
und vom Cavern Club werden Vorträge organisiert.

Creamfields
MUSIK, TANZ
(www.creamfields.com; ☉ Bank Holiday im Aug.)
Das Freiluft-Tanzfest bringt am letzten
Augustwochenende einige der weltbesten
DJs und Tanzproduktionen in die Stadt. Das
Ganze findet auf dem Daresbury Estate bei
Halton in Cheshire statt.

🛏 Schlafen

Tune Hotel
HOTEL $
(☑ 0151-239 5070; www.tunehotels.com; 3–19
Queen Bldgs, Castle St; Zi. ab 40 £; ✳@☎) Das
Tune ist ein besseres Pod-Hotel, in dem
man dank einer hervorragenden Matratze
und hochwertigem Bettzeug gut übernachten kann. Die unterschiedlichen Zimmer
haben alle ein eigenes Bad. In den billigsten
gibt es zwar kein Fenster und sie sind recht
klein, aber bei dem Preis und der guten

Lage ist das kein allzu großer Nachteil.
Die Bäder sind allesamt mit Powerduschen
ausgestattet.

Liverpool YHA
HOSTEL $
(☑ 0845-371 9527; www.yha.org.uk; 25 Tabley St; B
ab 11 £; P☎) Es sieht vielleicht aus wie ein
osteuropäischer Wohnblock, doch dieses
preisgekrönte Hostel, das mit zahlreichen
Beatles-Erinnerungsstücken geschmückt ist,
gehört zu den komfortabelsten Großbritanniens. Die Schlafsäle mit eigenem Bad verfügen sogar über beheizte Handtuchhalter.

★ Richmond Hotel
HOTEL $$
(www.richmondliverpool.com; 24 Hatton Garden;
DZ ab 80 £, 2-Schlafzimmer-Apt. ab 199 £) Das
zentral gelegene und vollständig renovierte
Richmond bietet praktische Unterkunft in
klassischen Doppelzimmern und Suiten
sowie voll ausgestatteten Apartments mit
einem, zwei oder drei Schlafzimmern. Alle
Zimmer sind gehoben eingerichtet, u. a.
mit 50-Zoll-Flachbild-TVs sowie schicken
Hygieneartikeln. Die Gäste haben außerdem
Zugang zum hoteleigenen Spa.

Hope Street Hotel
BOUTIQUEHOTEL $$
(☑ 0151-709 3000; www.hopestreethotel.co.uk;
40 Hope St; Zi./Suite ab 90/120 £; @☎) Eines
der erstklassigen Hotels der Stadt ist dieses
umwerfende Boutiquehotel in der elegantesten Straße Liverpools. Große Betten mit
Wäsche aus ägyptischer Baumwolle, Eichenböden mit Fußbodenheizung, LCD-TVs und
schicke moderne Bäder (mit Pflegeartikeln
von REN) sind nur die offensichtlichsten
Luxuselemente dieses überaus coolen Hauses. Das Frühstück, das in den grandiosen
London Carriage Works serviert wird, kostet
16,50 £.

Radisson Blu
HOTEL $$
(☑ 0151-966 1500; www.radissonblu.co.uk; 107 Old
Hall St; Zi. ab 90 £; @☎) Die Zimmer in diesem frischen skandinavischen Designhotel
teilen sich in „Ocean" mit Königsblautönen
und Ausblick auf die Docks und den Mersey
und „Urban" mit satten Rot- und Lilatönen
und Stadtblick. Jedes Zimmer verfügt über
die zu erwartende Ausstattung wie Flachbild-TVs, kostenloses schnelles WLAN und
superhippe Bäder. Die Zimmer sind nicht
besonders groß, dafür aber echt cool.

Malmaison
HOTEL $$
(☑ 0151-229 5000; www.malmaison.com; 7 William
Jessop Way, Princes Dock; Zi./Suite ab 80/125 £;
P@☎) Die Lieblings-Farbkombination des

Malmaison, Pflaume und Schwarz, findet sich in diesem eigens erbauten Hotel überall und verleiht ihm ein Flair von zeitgenössischer Raffinesse. Hier ist alles opulent, von den großen Betten und den tiefen Badewannen bis zu den schweren Samtvorhängen und dem ausgezeichneten Frühstücksbuffet. Mit der Zeit gewöhnt man sich auch an die ständig dudelnde Beatles-Musik.

Hard Days Night Hotel   HOTEL $$

(☎0151-236 1964; www.harddaysnighthotel.com; Central Bldgs, North John St; Zi. 70–115 £, Suite ab 500 £; @ 🛜) Dieses Hotel ist nicht nur etwas für Hardcore-Fans. Die 110 luxuriösen und hypermodernen Zimmer sind mit speziell in Auftrag gegebenen Zeichnungen von den Beatles dekoriert. Bei den nach Lennon und McCartney benannten Suiten sind ein weißer Stutzflügel im Stil von „Imagine" und eine teure Flasche Sekt inklusive.

★ 2 Blackburne Terrace   B&B $$$

(www.2blackburneterrace.com; 2 Blackburne Tce; Zi. 160–180 £; ❄ @ 🛜) Dieses hervorragende denkmalgeschützte (Grade II) B&B befindet sich in einem georgianischen Stadthaus aus dem Jahr 1826. Die vier Zimmer sind mit wunderbaren Stilmöbeln eingerichtet. Hier stimmt alles bis aufs Detail: vom französischen Sekretär aus Vogelaugenahorn in Zimmer 2 bis zur frei stehenden Badewanne in Zimmer 3. Alle haben einen schönen Ausblick auf die Kathedrale.

🍴 Essen

Die Revolution im Gastronomiebereich ist auch an dieser Stadt nicht vorbeigegangen. Es gibt jetzt viele neue angesagte Lokale, ein paar außergewöhnliche Gastropubs und eine Reihe von vornehmen Restaurants, die durchaus mit denen in anderen Landesteilen mithalten können. Die größte Auswahl bieten Ropewalks, die Hardman Street und die Hope Street sowie die Straßen in der Umgebung der Dale Street.

★ Salt House   SPANISCH $$

(www.salthousetapas.co.uk; Hanover Sq; Tapas 5–8 £; ⊙12–22.30 Uhr) In Liverpool werden die Tapas-Bars immer beliebter. Das wunderbare Salt House – halb Feinkostladen, halb Restaurant – ist die beste in der Stadt. Die Küche, von Fleisch- und Wurstwaren bis hin zu herrlichen Fischgerichten, ist authentisch, vielfältig und köstlich. Als Takeaway gibt es leckere Sandwiches.

The Art School   MODERN BRITISCH $$

(☎0151-230 8600; www.theartschoolrestaurant.co.uk; 1 Sugnall St; 2-/3-Gänge 23,50/29 £, Probiermenü 89 £; 🍴) Das alte Laternenzimmer

(NEVER) LET IT BE

Sie trennten sich vor über 40 Jahren und zwei ihrer Mitglieder sind bereits tot, aber die Beatles sind in Liverpool heute ein größeres Geschäft als je zuvor.

Der größte Teil des Beatles-Rummels spielt sich um die winzige Mathew Street ab, wo früher der Cavern Club stand; heute ist sie die Hauptstraße des sogenannten Cavern Quarter. Hier kann man in der Rubber Soul Oyster Bar Austern schlürfen, im Laden From Me to You George-Harrison-Kissenbezüge kaufen und sie über die Kissen des Hard Day's Night Hotel stülpen. Ringo hat die Stadt 2008 ziemlich heruntergemacht, als er erklärte, er hätte keinen Grund sie zu vermissen. Dennoch schlachtet das Liverpooler Fremdenverkehrsamt die Verbindung der Stadt zur berühmtesten Popgruppe der Welt weiterhin ordentlich aus – und zwar sehr erfolgreich. Das ursprünglich Beatles-orientierte Mathew Street Festival erfreute sich ungeheurer Beliebtheit und lockte über 350 000 Fans an. Heute heißt es Liverpool International Music Festival (S. 598) und widmet sich auch Musik jenseits der Pilzköpfe.

Über die Mathew Street zu bummeln macht viel Spaß – und Andenken kauft man am besten im Beatles-Shop. Wer jedoch ein echtes Stück Beatles erleben möchte, muss sich zum Haus **Mendips** auf den Weg machen, das heute dem National Trust gehört. Hier lebte John Lennon von 1945 bis 1963 bei seiner Tante. Paul McCartney wuchs im schlichten Reihenhaus **20 Forthlin Road** auf. Die beiden Häuser sind nur im Rahmen der vorgebuchten Beatle's Childhood Home Tour (S. 597) zu besichtigen. Die Tour um 15.15 Uhr startet von der Speke Hall.

Wer sich lieber auf eigene Faust auf die Spuren der Beatles macht, für den hält die Touristeninformation den Führer *Discover Lennon's Liverpool* samt Karte sowie Ron Jones' *The Beatles' Liverpool* bereit.

eines viktorianischen „Heims für arme Kinder" ist jetzt dank Meisterkoch Paul Askew (früher im London Carriage Works) eine der Top-Adressen für modern britische Küche der Stadt. Die meisterlich präsentierten Klassiker lassen sich in unterschiedlichen Menüs genießen, darunter in zwei vegetarischen und einem veganen. Die Weinkarte lässt keine Wünsche offen.

Etsu
JAPANISCH **$$**

(☎0151-236 7530; www.etsu-restaurant.co.uk; 25 The Strand, nahe Brunswick St; Hauptgerichte 12,95–16,95 £, 15 Stück Sashimi 14 £; ☺Di, Do & Fr 12–14.30 & 17–21, Mi & Sa 17–21, So 16–21 Uhr) In diesem modernen Lokal im Erdgeschoss eines Bürogebäudes gibt es das beste japanische Essen der Stadt. Neben frischem Sushi und Sashimi umfasst die Speisekarte die üblichen Klassiker von Hühnchen-*karaage* (knusprig gebratene Hühnchenstücke mariniert in Soja, Ingwer und Knoblauch) bis hin zu *unagi don* (gegrillter Aal auf Reis).

HOST
ASIATISCH, FUSIONSKÜCHE **$**

(www.ho-st.co.uk; 31 Hope St; Hauptgerichte 10–14 £; ☺Mo-Sa 11–23, So 12–22 Uhr; ☑🏠) In einem hellen, luftigen Raum, der an eine schicke moderne New Yorker Brasserie erinnert, werden ausgezeichnete asiatische Gerichte wie indonesisches Schmorlamm mit gebratenem Reis und rotes Enten-Curry.

NACHTLEBEN: DAS BALTIC TRIANGLE

Ropewalks ist out – der größte Teil von Liverpools Nachtleben findet jetzt im Baltic Triangle statt. Das einst heruntergekommene Lagerhausviertel zwischen der City und den Docks nördlich von Toxteth ist derzeit das kreative Zentrum der Stadt. Auf jeden Fall reinschauen sollte man bei **24 Kitchen Street** (www.facebook.com/24kitchenstreet; 24 Kitchen St; Eintritt 8–12 £; ☺Fr & Sa 21–4 Uhr), der umgebauten Vielzweckhalle **Constellations** (☎051-345 6302; www.constellations-liv.com; 37–39 Greenland St; ☺Mo-Do 21–24, Fr & Sa bis 2, So 10–24 Uhr) und dem **District** (☎07812-141 936; www.facebook.com/District-473098799400626; 61 Jordan St; ☺Fr & Sa 19–4 Uhr), das in diesem Gebiet als Erstes aufgemacht hat.

mit Litschis serviert. Auch die als Vorspeise erhältlichen Knabbereien sind lecker.

Monro
GASTROPUB **$$**

(☎0151-707 9933; www.themonro.com; 92 Duke St; 2-Gänge-Mittagessen 12,50 £, Hauptgerichte abends 11,50–18 £; ☺11–23 Uhr) 🍴 Das Monro hat sich schnell zu einem der beliebtesten Lokale der Stadt fürs Mittag- und Abendessen und besonders für den Wochenendbrunch gemausert. Die ständig wechselnde Karte mit klassischen britischen Gerichten, deren Zutaten so regional wie möglich sind, hat dieses schöne alte Pub in ein erstklassiges Restaurant verwandelt. Pubessen dieser Qualität ist sonst nur schwer zu finden.

London Carriage Works
MODERN BRITISCH **$$$**

(☎0151-705 2222; www.thelondoncarriageworks.co.uk; 40 Hope St; 2-/3-Gänge-Menü 19,50/25,50 £, Hauptgerichte 15–30 £; ☺Mo–Fr 7–10, 12–15 & 17–22, Sa 8–11 & 12–22, So bis 21 Uhr) Küchenchef Dave Critchley macht da weiter, wo Paul Askews aufgehört hat: Das preisgekrönte Restaurant gibt weiterhin den kulinarischen Ton in der Stadt an. Verschiedene Einflüsse aus aller Welt werden erfolgreich mit alten britischen Lieblingsspeisen zusammengeführt und das Ganze kommt in einem schönen Speiseraum auf den Tisch – eigentlich einer Art hellem Glaskasten, unterteilt nur durch Glasscheiben, die wie große Scherben aussehen. Reservierung ratsam.

🍷 Ausgehen & Nachtleben

★ Philharmonic
PUB

(36 Hope St; ☺10–24 Uhr) Diese außergewöhnliche Bar, entworfen von den Schiffsbauern, die auch die *Lusitania* bauten, gehört zu den schönsten Kneipen in ganz England. Sie strotzt nur so vor Ätz- und Buntglas, Schmiedeeisen, Mosaiken und Keramikkacheln – wer hiervon schon überwältigt ist, den werden die marmornen Männertoiletten gänzlich umhauen, die einzigen denkmalgeschützten Klos im Land.

Red Door
COCKTAILBAR

(21–23 Berry St; ☺Mo-Mi 19–2, Do 18–4, Fr & Sa 17–4, So 17–1 Uhr) In dieser schönen Bar wird die Cocktailkunst in Perfektion zelebriert. Die Barkeeper präsentieren ihre hochwertigen Kreationen mit fast theatralischem Stolz. Der „Rise and Shine" (Southern Comfort, Orangensaft, Grenadine und Bananenlikör) wird effektvoll mit rauchendem Trockeneis serviert. Die Ginauswahl ist riesig.

NICHT VERSÄUMEN

DIE BESTEN PUBS IM NORDWESTEN

Philharmonic (S. 600), Liverpool

Port Street Beer House (S. 585), Manchester

Albion (S. 591), Chester

Peveril of the Peak (☎ 0161-236 6364; 127 Great Bridgewater St; ⊙ 11–23 Uhr), Manchester

The Merchant
BAR

(40 Slater St; ⊙ Mo–Do & So 12–24, Fr bis 2, Sa bis 3 Uhr) Diese neue Bar in einem umgebauten Kaufmannshaus wirkt recht skandinavisch – unverputzte Wände, Bartische aus Holz – und galt zur Zeit der Recherche als der angesagte Hot-Spot. Es gibt 50 verschiedene Craft-Biere, Gin im Becher und – man höre und staune – Prosecco aus dem Zapfhahn. Gute DJs sorgen für die richtige Atmosphäre.

Everyman Bistro
BAR

(www.everymanplayhouse.com; Williamson Sq; ⊙ Mo–Do 8.30–23, Fr & Sa bis 24 Uhr; 🖬) Diese Liverpooler Institution zog 2014 um und ist besser als je zuvor. Die Bar und das Bistro sind an den meisten Abenden voll, für einen Drink und eine Mahlzeit ist dies eines der besten Lokale der Stadt. Und das WLAN ist besser als in den meisten anderen Bars.

Arts Club
CLUB

(☎ 0151-707 6171; www.academymusicgroup.com/artscluburbliverpool; 90 Seel St; 4–11 £; ⊙ Mo–Sa) Im einstigen Theater befindet sich einer der beliebtesten Clubs Liverpools, bei dem im Laufe der Jahre immer wieder Name und Management gewechselt haben. Bei dem stadtbesten Mix aus Livemusik und Disko kann man immer noch herrlich abtanzen.

⭐ Unterhaltung

Philharmonic Hall
KLASSISCHE MUSIK

(☎ 0151-709 3789; www.liverpoolphil.com; Hope St) Eines der schönsten Gebäude der Stadt ist die im Art-déco-Stil erbaute Philharmonic Hall. Hier ist das wichtigste Sinfonieorchester Liverpools zu Hause, aber es werden auch Werke von Avantgarde-Musikern wie John Cage und Nick Cave aufgeführt.

Cavern Club
LIVEMUSIK

(☎ 0151-236 1965; www.cavernclub.org; 8–10 Mathew St; Eintritt vor/nach 14 Uhr frei/4 £; ⊙ Mo–Mi & So 10–24, Do bis 1.30, Fr & Sa bis 2 Uhr) Dies

ist ein getreuer Nachbau des Clubs, in dem die Beatles ihre frühen Gigs spielten, zwar an falscher Stelle (der ursprüngliche Club war ein paar Häuser weiter), aber im „berühmtesten Club der Welt" kann man immer noch toll heimischen Bands lauschen, darunter (natürlich) auch Beatles-Coverbands.

O2 Academy
LIVEMUSIK

(☎ 0151-794 6868; www.academymusicgroup.com/o2academyliverpool; Liverpool University, 11–13 Hotham St; ⊙ 7–23 Uhr) Dieser mittelgroße Konzertsaal für rund 1200 Leute bietet den Bands eine Bühne, die gerade im Kommen (oder am Absteigen) sind.

❶ Praktische Informationen

Merseyside Police Headquarters (☎ 0151-709 6010; Canning Pl)

Royal Liverpool University Hospital (☎ 0151-706 2000; Prescot St)

Post (Liverpool ONE; ⊙ Mo–Sa 9–17.30 Uhr)

Touristeninformation (☎ 0151-707 0729; www.visitliverpool.com; Anchor Courtyard; ⊙ 10–18 Uhr) Kleines Büro am Albert Dock.

❶ An- & Weiterreise

FLUGZEUG

Vom **Liverpool John Lennon Airport** (☎ 0870-750 8484; www.liverpoolairport.com; Speke Hall Ave) gibt's Verbindungen zu Zielen im In- (Belfast, London und Isle of Man) und Ausland. Der Flughafen liegt knapp 13 km südlich vom Zentrum.

Der **Arriva Express** (www.arriva.co.uk; 4,30 £; ⊙ 4.45–12.15 Uhr) Bus 500 fährt alle 30 Minuten zum Busbahnhof Liverpool ONE. Die Fahrt dauert ca. 30 Minuten. Ein Taxi ins Zentrum sollte nicht mehr als 20 £ kosten.

BUS

Die **National Express Coach Station** (www.nationalexpress.com; Norton St) liegt 300 m nördlich des Bahnhofs Lime Street. Es bestehen Verbindungen zu den meisten größeren Städten Englands wie:

Birmingham 13,20 £, 2½ Std., 5-mal tgl.
London 25,80 £, 5–6 Std., 6-mal tgl.
Manchester 2 £, 1 Std., stündl.
Newcastle 12 £, 5½ Std., 3-mal tgl.

ZUG

Liverpools Hauptbahnhof ist die Lime Street Station. Von hier gibt's stündliche Verbindungen fast überall hin, z. B. nach:

Chester 6,90 £, 45 Min.
London Euston 31 £, 3¼ Std.
Manchester 8,20 £, 45 Min.

ⓘ Unterwegs vor Ort

SCHIFF/FÄHRE

Die berühmten **Mersey Ferries** (www.mersey ferries.co.uk; einfach/hin & zurück 2,60/3,20 £) fahren vom Pier Head Ferry Terminal neben dem Royal Liver Building (nördlich vom Albert Dock) hinüber nach Woodside und Seacombe.

AUTO & MOTORRAD

Ein Auto ist in Liverpool kaum eine Hilfe, aber wer dennoch mit einem unterwegs ist, kann beruhigt sein: Die Parkgebühren in den meisten Parkhäusern sind relativ niedrig – normalerweise zwischen 2,50 und 3,50 £ pro Tag. Einzige Ausnahme ist das riesige Liverpool ONE Parkhaus; hier kostet eine Stunde 2,50 £ und ein Tag 16 £. Ein relativ häufiges Problem sind aufgeknackte Autos – also nichts Wertvolles im Wagen lassen!

ÖFFENTLICHE VERKEHRSMITTEL

Der **Busbahnhof Liverpool ONE** (www.merseytravel.gov.uk; Canning Pl) liegt im Stadtzentrum. Der Betreiber der öffentlichen Verkehrsmittel ist **Merseytravel** (www.mersey travel.gov.uk). Mit dem Saveaway-Ticket (Erw./Kind 5,20/2,70 £) kann man *off-peak* (nach 9.30 Uhr) mit allen Bussen, Bahnen und Fähren im gesamten Gebiet Liverpool und Wirral (auf der anderen Merseyseite) fahren. Fahrkarten sind in Geschäften in der ganzen Stadt erhältlich.

Merseyrail (www.merseyrail.org) betreibt ein umfassendes Stadtbahnnetz im Großraum Greater Merseyside. Im Stadtzentrum gibt's vier Bahnhöfe: Lime Street, Central (praktisch für Ropewalks), James Street (nicht weit vom Albert Dock) und Moorfields (fürs Liverpool War Museum).

TAXI

ComCab (☎ 0151-298 2222)

LANCASHIRE

Auf dem Weg nach Norden, vorbei an der Betonwüste, welche die Südhälfte des Countys großteils bedeckt, entfaltet die sanft hügelige Landschaft Lancashires langsam ihren ländlichen Charme. Das Ribble Valley östlich von Blackpool – der gealterten Königin der englischen Seebäder – ist eine sanfte und hübsche Vorbereitung auf den Lake District jenseits der Nordgrenze des Countys. Lancaster ist die reizende georgianische Hauptstadt von Lancashire.

Blackpool

142 065 EW.

Blackpool ist immer noch populär – trotz der heutigen Billigflieger, mit denen viele Leute in sonnigere Gefilde fliehen. Hier zelebrieren die Besucher etwas trotzig eine altmodischere Art von Urlaub und nutzen womöglich nebenbei die adrenalintreibenden Hightech-Fahrgeschäfte im Freizeitpark Pleasure Beach.

Die Stadt ist auch berühmt für ihren Turm und ihre drei Seebrücken. Mit den

---

RIBBLE VALLEY

Die schönsten Landschaften Lancashires, in der Region als „Little Switzerland" bekannt, erstrecken sich östlich von Blackpool und nördlich des Ballungsraums Preston/Blackburn.

Die Nordhälfte des Tals nimmt größtenteils die dünn besiedelte Moorlandschaft des Forest of Bowland ein, ein wunderbares Wanderrevier. Die Südhälfte zeichnet sich durch sanftes Hügelland, schöne Marktflecken und romantische Ruinen aus und hier fließt auch der River Ribble.

Ribble Valley Food Trail (www.ribblevalleyfoodtrail.com) Preisgekrönter Trail rund um das Thema Essen, auf dem man die Produkte von über 30 heimischen Erzeugern, Köchen und Gastronomen genießen kann. Hier zeigt sich das reichhaltige Angebot für Gourmets in dieser Region. Die Broschüre ist als Download auf der Webseite erhältlich.

Ribble Way Der 112 km lange Ribble Way folgt dem River Ribble von seiner Quelle bei Ribblehead in den Yorkshire Dales bis zur Mündung in Preston. Er ist einer der beliebtesten Fernwanderwege in Nordengland und führt u. a. durch Clitheroe.

Lancashire Cycle Way (www.visitlancashire.com) Durch das Ribble Valley führt auch die Nordschleife des Lancashire Cycle Way. Nähere Informationen dazu gibt's bei **Blazing Saddles** (☎ 01442-844435; www.blazingsaddles.co.uk; 35 West End, Hebden Bridge, West Yorkshire), einem Fahrradladen in Yorkshire.

„Illuminations" hat man einen cleveren Trick zur Verlängerung der kurzen Sommersaison gefunden: Von Anfang September bis Anfang November werden 8 km der Uferpromenade mit Tausenden von elektrischen und Neonlichtern erleuchtet.

⊙ Sehenswertes

Blackpool Pleasure Beach
FREIZEITPARK

(☎ Kasse 0871-222 9090, Anfragen 0871-222 1234; www.blackpoolpleasurebeach.com; Ocean Beach; Pleasure Beach Pass 6 £, Unlimited-Ride-Armband 1 Tag Erw./Kind 30/27 £; ☺ unterschiedlich, meist 10–20 Uhr im Sommer) Der Hauptgrund für die enorme Beliebtheit Blackpools ist der Blackpool Pleasure Beach, eine 16 ha große Ansammlung von mehr als 145 Fahrgeschäften, die jedes Jahr rund 7 Mio. Besucher anziehen. Wer so etwas mag: Unter den Vergnügungsparks in Großbritannien ist dies bei Weitem der beste.

Die Fahrgeschäfte sind in Kategorien eingeteilt. Mit dem Pleasure Beach Pass kann man für einzelne Kategorien oder eine Kombination von mehreren weitere Tickets kaufen. Oder man erwirbt ein Unlimited-Ride-Armband für unbegrenzte Nutzung der Fahrgeschäfte; der Eintrittspreis ist dann bereits inbegriffen. Wer seine Tickets im Voraus übers Internet bucht, erhält erhebliche Rabatte. Mit dem Speedy Pass (15 £), der „gemietet" wird, brauchen Besucher sich nicht bei den Fahrgeschäften anzustellen; sie erhalten eine feste Fahrzeit und können außerdem noch weitere Personen mit ihrem Pass mitnehmen. Noch besser sind der VIP Speedy Pass (25 £), mit dem man 50 % Wartezeit spart, und der VIP Plus Speedy Pass (45 £), bei dem die Wartezeit fast komplett wegfällt. Es gibt keine festen Schließzeiten; der Park wird dann geschlossen, wenn nichts mehr los ist.

Blackpool Tower
UNTERHALTUNGSKOMPLEX

(☎ 0844-856 1000; www.theblackpooltower.com; Tower Pass an der Kasse Erw./Kind 53,45/41 £; ☺ ab 10 Uhr, unterschiedlich) Der 1894 erbaute, 154 m hohe Turm ist Blackpools augenfälligstes Wahrzeichen. Im seit 2011 bestehenden **Blackpool Tower Eye** können sich Besucher einen 4-D-Film über die Geschichte der Stadt anschauen und dann geht's mit dem Fahrstuhl hoch zur Aussichtsplattform. Von oben bieten sich tolle Ausblicke – zwischen den Besuchern und den ameisengroßen Menschen unten auf der Erde befindet sich nur ein (dicker) Glasboden. Tickets kauft

man am besten online, da sie an der Kasse bis zu 50 % teurer sein können.

Unten am Boden gibt's neben dem Gruselkabinett **Dungeon** einen alten maurischen Zirkus und einen prächtigen Rokoko-Ballsaal mit wundervollen vergoldeten Gipsarbeiten, Wandbildern und Kronleuchtern; zu den melodramatischen Tönen einer riesigen Wurlitzerorgel schieben sich hier Paare über den schön polierten Holzboden. Kinder werden mit dem Abenteuerspielplatz **Jungle Jim's** bei Laune gehalten.

🛏 Schlafen

Number One
BOUTIQUEHOTEL **$$**

(☎ 01253-343901; www.numberoneblackpool.com; 1 St. Lukes Rd; EZ/DZ ab 85/120 £; P 🤶 🛜) Dieses umwerfende Boutiquehotel ist weit schicker als alle anderen Unterkünfte der Gegend: Hier dreht sich alles um Luxus und zeitgenössischen Stil. Alles verströmt eine Aura dezenter Eleganz, von dem dunklen Holzmobiliar und den edlen modernen Annehmlichkeiten bis zum erstklassigen Frühstück. Das Haus liegt an einer ruhigen Straße landeinwärts der South Promenade in der Nähe des Freizeitparks Pleasure Beach.

Big Blue Hotel
HOTEL **$$**

(☎ 01253-400045; www.bigbluehotel.com; Blackpool Pleasure Beach; Zi. ab 90 £; P @ 🛜 🛜 🛝) Ein hübsches Familienhotel mit schick eingerichteten Zimmern am Südeingang des Blackpool Pleasure Beach. Kinder können sich außerdem mit DVDs und Computerspielen vergnügen.

ℹ Praktische Informationen

Touristeninformation (☎ 01253-478222; www.visitblackpool.com; Festival House, Promenade; ☺ Mo & Di 9–18, Mi–Sa bis 17, So 10–16 Uhr)

ℹ An- & Weiterreise

BUS
Der zentrale Busbahnhof liegt an der Talbot Road beim Stadtzentrum. Es gibt Busse u. a. nach:

London 38,10 £, 7 Std., 4-mal tgl.

Manchester 8,60 £, 1¾ Std., 4-mal tgl.

ZUG
Der Hauptbahnhof ist Blackpool North, etwa fünf Straßen östlich des North Pier an der Talbot Road. Auf der Fahrt nach Blackpool muss man meist in Preston umsteigen, aber es gibt Direktverbindungen u. a. nach:

Manchester 16,90 £, 1¼ Std., halbstündl.

Liverpool 18,10 £, 1½ Std., 7-mal tgl.

Preston 7,80 £, 30 Min., halbstündl.

ⓘ Unterwegs vor Ort

Angesichts der mehr als 14 000 Parkplätze in Blackpool sollte es kein Problem sein, ein Plätzchen fürs Auto zu finden. In der Touristeninformation und an den meisten Zeitungskiosken sind verschiedene Ermäßigungskarten für Straßenbahnen und Busse erhältlich, von Tages- bis zu Wochenkarten. Die Straßenbahn (ein Halt 1,60 £, bis zu 16 Haltestellen 2,60 £; ☉ April–Okt. ab 10.30 Uhr) pendelt etwa alle acht Minuten über eine Strecke von 18 km an der Küste bis zur Fylde Coast entlang (auch vorbei an den Parkplätzen).

Lancaster

140 000 EW.

Die schöne georgianische Stadt in der Grafschaft Lancashire ist heute eher beschaulich, aber überall sieht man die Spuren ihrer Blütezeit im 18. Jh.: Damals war sie ein wichtiger Handelshafen und führend im Sklavenhandel.

⊙ Sehenswertes

Lancaster Castle   BURG

(☎01524-64998; www.lancastercastle.com; Castle Park; Erw./Kind 8/6,50 £; ☉10–17 Uhr, Führungen Mo–Fr 10–16 Uhr stündl., Sa & So alle 30 Min.) Lancasters imposantestes Gebäude ist die Burg aus dem Jahr 1150, die in den folgenden Jahrhunderten kontinuierlich erweitert wurde. 1325 kam der **Well Tower** (Brunnenturm) hinzu, auch bekannt als Witches' Tower (Hexenturm), denn in seinem Verlies wurden die Beschuldigten im berüchtigten Pendle-Hexenprozess von 1612 gefangen gehalten. Ebenfalls im 14. Jh. entstand das eindrucksvolle **Torhaus** mit seinen zwei Türmen. Die Burg lässt sich nur im Rahmen von Führungen besichtigen, da hier noch Gerichtsverhandlungen stattfinden.

Zu den hier Gefangenen gehörte auch der Begründer der Quäker-Bewegung, George Fox (1624–91). Im 18. und 19. Jh. wurde die Burg stark umgebaut, da sie dann auch als Gefängnis dienen sollte. Noch bis 2011 saßen hier Häftlinge ein. Flügel A des Gefängnisses ist jetzt Teil der Führung.

Priory Church   KIRCHE

(Priory Cl; ☉ 9.30–17 Uhr) Neben Lancaster Castle befindet sich die schöne Priory Church. Sie geht auf das Jahr 1094 zurück, wurde dann später im Mittelalter jedoch umfassend umgestaltet.

Judges' Lodgings   MUSEUM

(Church St; Erw./Kind 3/2 £; ☉ Juni & Juli Mo–Fr 11–16, Sa & So ab 12 Uhr, Ostern–Mai & Aug.–Okt. Mo–Sa 13–16 Uhr) Das einstige Zuhause des Hexenjägers Thomas Covell, der die armen Pendle-Frauen „fasste", ist Lancasters ältestes Stadthaus und ein denkmalgeschütztes georgianisches Gebäude. Heute ist hier das **Museum of Furnishings** mit Möbeln von den Baumeistern Gillows aus Lancaster untergebracht, deren Arbeiten auch die Londoner Houses of Parliament zieren. Außerdem befindet sich hier das **Museum of Childhood** mit Spielsachen von der Wende zum 20. Jh.

Williamson Park & Tropical Butterfly House   GÄRTEN

(Tropical Butterfly House Erw./Kind 3,20/2,60 £; ☉ April–Sept. 10–17 Uhr, Okt.–März bis 16 Uhr; 🚌25 oder 25A vom Bahnhof) Lancasters höchste Erhebung befindet sich in diesem eleganten, 22 ha großen Park. Neben dem Ausblick zählen zu den Highlights das **Tropical Butterfly House** mit jeder Menge wunderschönen exotischen Schmetterlingen und das **Ashton Memorial**, ein 67 m hoher spätbarocker Kuppelbau – Lord Ashton, der Sohn des Parkgründers James Williamson, ließ ihn für seine Frau errichten. Das Denkmal steht auf dem ehemaligen Lancaster Moor, dem Exekutionsort, an dem bis 1800 die in der Burg zum Tode Verurteilten ihrem Henker vorgeführt wurden.

🛏 Schlafen

Borough   BOUTIQUEHOTEL $$

(☎01524-64170; www.theboroughlancaster.co.uk; 3 Dalton Sq; Zi. 100 £; 🅿@🛜) Das Borough hat neun schön eingerichtete Zimmer, verteilt auf zwei Etagen in diesem eleganten georgianischen Gebäude. Als zusätzlichen Luxus verfügt jedes davon über eine Nasszelle aus italienischem Marmor. Da der Bar im Erdgeschoss eine Kleinbrauerei angeschlossen ist, braucht man für ein vor Ort gebrautes Bier nicht weit zu gehen.

Sun Hotel & Bar   HOTEL $$

(☎01524-66006; www.thesunhotelandbar.co.uk; 63–65 Church St; Zi. ab 90 £; 🅿🛜) Ein gutes Hotel in einem 300 Jahre alten Bau mit einer rustikalen, altmodischen Erscheinung, die aber nur bis zu den Zimmertüren reicht – dahinter verbergen sich 16 stilvolle moderne Zimmer. Das Pub unten zählt zu den besten der Stadt und ist eine Top-Adresse fürs Essen; Hauptgerichte kosten zwischen 10 und 12 £.

Whale Tail Cafe
VEGETARISCH **$**

(www.whaletailcafe.co.uk; 78a Penny St; Hauptgerichte 6–8 £; ⏰ Mo-Sa 9–16.30, So 10–15 Uhr; ✐) Dieses prächtige vegetarische Restaurant im 1. Stock wartet mit einem eleganten Speisesaal auf; für ein Mittagessen an einem sonnigen Tag gibt's außerdem einen informelleren, schön bepflanzten Hof. Besonders gut ist der würzige Bohnenburger. Die Zutaten stammen aus der Region und soweit möglich aus biologischem Anbau.

❶ Praktische Informationen

Touristeninformation (☎ 01524-582394; www. visitlancashire.com; The Storey, Meeting House Lane; ⏰ Mo-Sa 9–17 Uhr)

❶ An- & Weiterreise

Der Busbahnhof Lancaster ist der Hauptverkehrsknotenpunkt für ganz Lancashire; von hier fahren regelmäßig Busse in alle größeren Städte und Dörfer.

Lancaster liegt an der Hauptbahnstrecke entlang der Westküste, mit Verbindungen z. B. nach:

Carlisle 21,80 £, 1 Std., stündl.
Manchester 17,40 £, 1 Std., stündl.
Morecambe 3,20 £, 15 Min., halbstündl.

Clitheroe
14 765 EW.

Der größte Marktflecken des Ribble Valley liegt nordöstlich von Preston und ist v. a. für seinen eindrucksvollen normannischen Burgfried bekannt, erbaut im 12. Jh. und nun leider leer. Von oben bieten sich tolle Ausblicke auf das Tal darunter.

◉ Sehenswertes

Norman Keep & Castle Museum
HISTORISCHES GEBÄUDE

(Castle Hill; Museum Erw./Kind 4,20/3,10 £; ⏰Burgfried Sonnenaufgang–Sonnenuntergang, Museum März–Okt. 11–16 Uhr, Nov.–Feb. Mo, Di & Fr–So 12–16 Uhr) Seit 800 Jahren dominiert dieser normannische Burgfried die Skyline. Er ist Englands kleinste Burg und die einzige noch erhaltene des Landes, die im Bürgerkrieg eine königliche Garnison beherbergte. Sie wurde 1186 gebaut und 1644 von Royalisten eingenommen; dennoch blieb ihr anschließend das Schicksal der Zerstörung erspart. Auf dem ausgedehnten Gelände befindet sich auch ein Museum, das 350 Millionen Jahre Lokalgeschichte dokumentiert.

✈ Festivals & Events

Clitheroe Food Festival
ESSEN & TRINKEN

(http://clitheroefoodfestival.com; ⏰Mitte Aug.) Kulinarisches Festival heimischer Produkthersteller am zweiten Samstag im August, das über 20 000 Menschen anzieht. Zu den Highlights gehört das Pudding Feast, bei dem der beste selbstgemachte Nachtisch prämiert wird.

🛏 Schlafen & Essen

Old Post House Hotel
HOTEL **$$**

(☎ 01200-422025; www.posthousehotel.co.uk; 44-48 King St; EZ/DZ ab 65/95 £; P🐾) Ein altes Postamt ist heute Clitheroes hübschestes Hotel, mit elf wunderschön eingerichteten Zimmern.

Emporium
BRITISCH

(Moor La; Hauptgerichte 14–19 £; ⏰Mo-Sa 12–14.30 & 18.30–21.30, So 12–16.30 Uhr) Das Emporium ist eines der beliebtesten Lokale der Stadt und eine Kombination aus Handwerksladen, Bar, Café und Restaurant. Auf der ausgezeichneten Speisekarte in der Brasserie finden sich vorwiegend regionale Fleichgerichte (Goosnargh-Hühnchen und -Ente, Lamm und Rind aus der Region). Sonntags Livejazz.

❶ Praktische Informationen

Touristeninformation (☎ 01200-425566; www.visitribblevalley.co.uk; Church Walk; ⏰ Mo-Sa 9–17 Uhr)

❶ An- & Weiterreise

Von Clitheroe gehen Busse zu sämtlichen kleinen Städten und Dörfern in Nordlancashire, aber auch in größere Städte wie Blackburn (Bus 22, 40 Min., halbstündl.).

Mit dem Zug gibt es Direktverbindungen nach Manchester (10,80 £, 1½ Std., 10-mal tgl.).

Forest of Bowland

Der Name dieser ausgedehnten, von zahllosen Moorhühnern bewohnten Moorlandschaft ist irreführend. Die Bezeichnung „Forest" (Wald) rührt daher, dass das Gebiet früher als königliches Jagdrevier diente. Heute ist es eine sogenannte Area of Outstanding Natural Beauty (Gebiet von außerordentlicher natürlicher Schönheit; AONB) und ein Mekka für Wanderer und Radfahrer. Der **Pendle Witch Way**, ein 72 km langer Wanderweg von Pendle Hill bis in den Nordosten von Lancaster, führt mitten durch dieses Gebiet; der Lancashire Cycle

Way führt an seiner Ostgrenze entlang. Der Hauptort im Forest ist **Slaidburn**, rund 15 km nördlich von Clitheroe an der B6478.

Andere lohnende Dörfer sind **Newton**, **Whitewell** und **Dunsop Bridge**.

🛏 Schlafen & Essen

Slaidburn YHA HOSTEL **$**
(☎0845 371 9343; www.yha.org.uk; King's House; B 13 £; ☺April–Okt.) Der umgebaute Dorfgasthof aus dem 17. Jh. ist besonders bei Wanderern und Radlern beliebt.

Hark to Bounty Inn GASTHOF **$$**
(☎01200-446246; www.harktobounty.co.uk; Slaidburn; EZ/DZ ab 45/90 £) Dieser herrliche Gasthof aus dem 13. Jh. bietet stimmungsvolle Zimmer mit freiliegenden Eichenbalken. Das hervorragende Restaurant unten ist auf hausgemachtes Kräuterbrot spezialisiert (Hauptgerichte 10–17 £).

⭐ **Inn at Whitewell** GASTHOF **$$$**
(☎01200-448222; www.innatwhitewell.com; EZ/DZ ab 95/132 £) Hier wohnte einst der Wildhüter des Forest of Bowland. Heute ist dies eine der besten Unterkünfte in Nordengland mit antiken Möbeln, Torffeuern und viktorianischen Klauenfußbadewannen. Alles ist erstklassig, auch der Ausblick; es kommt einem vor, als würde man auf eine französische Landschaft schauen. Auch das Restaurant (Hauptgerichte 19–26 £) ist erstklassig.

⭐ **Northcote Hotel** MODERN BRITISCH **$$$**
(☎01254-240555; www.northcote.com; Northcote Rd, Langho; Hauptgerichte 45–55 £; ☺12–14 & 19–21.30 Uhr) Das mit einem Michelin-Stern ausgezeichnete Northcote gehört zu den besten Restaurants in Nordengland. Die schlichte Speisekarte mit den köstlichen Gerichten ist die Kreation von Chefkoch Nigel Haworth und Sommelier Craig Bancroft. Ente, Lamm, Rind und Hühnchen werden auf modern britische Art zubereitet und das Ergebnis ist phantastisch. Im Obergeschoss gibt es 26 stilvoll eingerichtete Zimmer (ab 265 £), die das Hotel zu einem der Top-Gourmet-Ausflugsziele im Nordwesten machen. Reservierung ratsam.

ISLE OF MAN

Was die Leute auf dem Festland sagen, kann man getrost vergessen: Es ist nichts Merkwürdiges an der Isle of Man – bzw. auf Ellan Vannin, wie die Insel auf Manx

heißt, der Sprache der Insel – nicht mal die berühmte schwanzlose Katze. Nein, der Ruf, dass die Insel seltsam sei, beruht einzig und allein darauf, dass die Insulaner ihr eigenes Ding machen wollen. Sie haben sich der herzlichen Umklammerung durch die Engländer widersetzt und sich ihren halbautonomen Status (mit dem ältesten Parlament der Welt, dem Tynwald) bewahrt. Und das bedeutet, dass die Insel nach wie vor ein beliebtes Steuerparadies ist.

Die schöne Insel besticht mit üppigen Tälern, kahlen Hügeln und zerklüfteten Küsten. 2016 stufte die Unesco die Isle of Man als Biosphärenreservat (eines von fünf in Großbritannien) ein. Damit zählt sie zu den landschaftlich schönsten Gebieten in Großbritannien. Nur beim weltberühmten Motorradrennen der Tourist Trophy (TT) im Mai und Juni wird die Idylle gestört. Dazu reisen rund 50 000 Zuschauer und Motorradfreaks an. Wem also der Sinn nach etwas Ruhe steht, der sollte die Zeit des PS-Taumels meiden.

🏃 Aktivitäten

Mit ihren vielen schönen Wanderwegen erfreut sich die Isle of Man großer Beliebtheit bei Wanderern und wird regelmäßig zu einem der besten Wanderziele Großbritanniens gekürt. Die Ordnance Survey (OS) Landranger Map 95 (8,99 £) deckt die gesamte Insel ab; in der Touristeninformation in Douglas ist außerdem die kostenlose Broschüre *Walks on the Isle of Man* erhältlich. Auf der Insel gibt es vier gekennzeichnete Langwanderwege:

Bayr Ny Skeddan (22,5 Kilometer) Die „Herring Road" ist Küstenweg zwischen Castletown und Peel; diesen Weg haben früher die Fischer der Insel benutzt.

Heritage Trail (42 Kilometer) Der Fußweg folgt die Küste entlang der alten Bahnlinie zwischen Douglas und Peel; die Wegmarkierungen sind blaue Zeichen mit einer fliegenden Möwe.

Millennium Way (42 Kilometer) Verläuft über die ganze Insel zwischen Sky Hill und Castle Rushen inmitten einer spektakulären Landschaft.

Raad ny Foillan (153 Kilometer) Die „Straße der Seemöwe" ist der anspruchsvollste Wanderweg der Insel. Der gut gekennzeichnete Weg geht einmal um die gesamte Insel herum und wird gewöhnlich in fünf Tagen zurückgelegt.

Die Insel verfügt über sechs ausgewiesene Mountainbike-Trails mit unterschiedlichen Schwierigkeitsgraden. Details unter: www.visitisleofman.com.

✳️ Festivals & Events

Isle of Man Food & Drink Festival
ESSEN & TRINKEN

(www.gov.im; Villa Marina Gardens, Douglas; 3 £; ☺Mitte Sept.) Mitte September treffen sich über 50 Erzeuger der Insel, um ihre Waren zu präsentieren. Es gibt eine große Auswahl an Street-Food, Backwaren, Bier und Cider sowie Musik.

Isle of Man Walking Festival
WANDERN

(www.iomevents.com; ☺Mitte Mai) Das Festival geht über fünf Tage im Mai.

ℹ️ Praktische Informationen

Die meisten historischen Stätten auf der Insel werden von Manx Heritage (www.manxnational heritage.im) verwaltet. Einen Veranstaltungs-kalender sowie touristische Infos bietet auch www.iomevents.com.

Touristeninformation (📞01624-686766; www.visitisleofman.com; Sea Terminal Bldg, Douglas; ☺Mai–Sept. 9.15–19 Uhr, Okt.–April So geschl.)

ℹ️ An- & Weiterreise

FLUGZEUG

Der **Ronaldsway Airport** (www.iom-airport. com) liegt 16 km südlich von Douglas bei Castle-town. Fluggesellschaften mit Flügen zur Insel:

Aer Lingus Regional (www.aerlingus.com; ab 30 £)

Citywing (www.citywing.com; ab 40 £)

Easyjet (www.easyjet.com; ab 20 £)

Flybe (www.flybe.com; ab 21 £)

SCHIFF/FÄHRE

Die **Isle of Man Steam Packet** (www.steam-packet.com; Fußgänger einfach/hin & zurück ab 18/33 £, Auto & 2 Insassen hin & zurück ab 150 £) betreibt eine Autofähre und einen schnellen Katamaran von Liverpool und Hey-sham nach Douglas. Außerdem gibt's von Mitte April bis Mitte September eine Verbindung nach Dublin und Belfast.

ℹ️ Unterwegs vor Ort

Vom Flughafen fahren von 7 bis 23 Uhr jede halbe Stunde Busse nach Douglas. Taxis haben Festpreise für Fahrten zu allen Orten auf der Insel; ein Taxi nach Douglas kostet 20 £, nach Peel 25 £.

Die Insel verfügt über ein umfassendes **Bus-netz** (www.gov.im); die Touristeninformation in Douglas hält Fahrpläne bereit und verkauft Karten. Außerdem ist dort das **Go Explore-Ticket** (1 Tag Erw./Kind 16/8 £, 3 Tage 32/16 £) erhältlich, mit dem man alle öffentlichen Ver-kehrsmittel unbegrenzt nutzen kann, auch die Bergbahn zum Snaefell und die Pferdewagen in Douglas.

Fahrräder verleiht **Simpsons Ltd** (📞01624-842472; www.cyclehire.im; 15–17 Michael St, Peel; pro Tag/Woche 15/90 £; ☺Mo–Sa 9–17 Uhr) in Peel.

Autofreaks freuen sich über die schönen, kur-venreichen Straßen, auf denen man wunderbare Touren unternehmen kann – und außerhalb von Douglas gibt's keine Geschwindigkeitsbeschrän-kungen! Die beliebteste Tour führt natürlich über die Strecke der Tourist Trophy. Autoverleiher gibt's am Flughafen; Mietwagen kosten um die 38 £ pro Tag.

Mit den elektrischen und dampfbetriebenen **Eisenbahnen** (📞01624-663366; www.iombus andrail.info; ☺März–Okt.) des 19. Jhs. kommt man bestens von A nach B:

Douglas–Castletown–Port Erin Steam Train
Hin und zurück 12,40 £

Douglas–Laxey–Ramsey Electric Tramway
Hin und zurück 12,40 £

Laxey–Summit Snaefell Mountain Railway
Hin und zurück 12 £

Douglas

27 000 EW.

Die größte Stadt der Insel und das wich-tigste Wirtschaftszentrum hat schon mal bessere Zeiten gesehen, insbesondere in sei-ner Blüte um die Mitte des 19. Jhs. Damals war es wie Blackpool auf der anderen Seite des Wassers ein beliebtes Ziel für britische Urlauber. Doch gibt es hier nach wie vor den größten Teil der Hotels und Restaurants der Insel. Außerdem haben hier die meisten Finanzinstitute ihren Sitz, die von Briten mit einer Aversion gegen Steuern so gern aufgesucht werden.

◎ Sehenswertes

Manx Museum & National Art Gallery
MUSEUM

(MH; www.manxnationalheritage.im; Kingswood Grove; ☺Mo–Sa 10–17 Uhr) `GRATIS` Der Besuch die-ses modernen Museums beginnt mit einem Film über die 10 000-jährige Geschichte der Insel. Dann folgen in chronologischer Reihenfolge Exponate wie Gold und Silber der Wikinger sowie zur Geschichte des Tyn-wald, zu den Internierungslagern im Zweiten Weltkrieg und berühmten TT-Rennen. Dem Museum angeschlossen ist das National Art Gallery, die Werke der bekanntesten Insel-künstler wie Archibald Knox und John Miller Nicholson zeigt.

 Schlafen

Saba's Glen Yurt
JURTE $$

(www.sabasglenyurt.com; nahe Ny Howin, Main Rd, Union Mills; Jurte für 2 Personen 110 £) Im Naturschutzgebiet Union Mills kann man in einer solarbetriebenen Öko-Jurte übernachten. Zur Ausstattung gehören ein Kingsize-Bett und ein Holzofen. Draußen gibt es Hottubs mit dampfendem Wasser, in denen man bis zu den Schultern versinken kann. Die Anlage liegt knapp 4 km nordöstlich der Stadt an der Straße nach Peel.

Inglewood
BOUTIQUEHOTEL $$

(01624-674734; www.inglewoodhotel-isleofman.com; 26 Palace Tce, Queens Promenade; EZ/DZ mit Frühstück ab 42,50/85 £; P@) Die Suiten mit Meerblick in diesem schön renovierten, freundlichen Hotel haben Holzbetten und Ledersofas. Das frisch zubereitete Frühstück ist ausgezeichnet und die den Hotelgästen vorbehaltene Bar ist auf Whisky aus aller Welt spezialisiert.

Claremont Hotel
HOTEL $$$

(01624-617068; www.claremonthoteldouglas.com; 18–22 Loch Promenade; Zi. ab 200 £; P@) Dieses frisch renovierte klassische Hotel an der Promenade ist das schickste der Insel. In den riesigen Zimmern gibt es schöne Holzfußböden und bequeme Betten mit duftig frischem Bettzeug.

Essen

★ Little Fish Cafe
FISCH & MEERESFRÜCHTE $$

(www.littlefishcafe.com; 31 North Quay; Hauptgerichte 11,50–14,50 £; 9–21 Uhr) Herrliches Seafood in unterschiedlichen Zubereitungsarten von Seehecht mit Senf und Zitronenbutter bis hin zu Fischcurry à la Kerala. Himmlisch zum Brunch sind die Queenie Po'Boy – in Teig gebackene Manx-Königin-Jakobsmuscheln, Paprikamayonnaise und Avocado auf Sauerteigbrioche. Es gibt auch Fleischgerichte, aber das Hauptgewicht liegt natürlich auf Fisch und Meeresfrüchten.

14North
MODERN BRITISCH $$

(01624-664414; www.14north.im; 14 North Quay; Hauptgerichte 18–22 £; Mo–Sa 12–14.30 & 18–21.30 Uhr) Das einstige Haus eines Holzhändlers beherbergt heute dieses schicke Speiselokal. Serviert werden vor allem regionale Gerichte wie eingelegter Hering, Lamm und – natürlich – Königin-Jakobsmuscheln.

Tanroagan
FISCH & MEERESFRÜCHTE $$

(01624-472411; www.tanroagan.co.uk; 9 Ridgeway St; Hauptgerichte 17–20 £; Mo–Sa 12–14 & 18–21.30 Uhr) Dieses Fischrestaurant serviert frischen Fisch direkt vom Boot, mit ganz dezentem kontinentaleuropäischem Einschlag oder ganz kurz gegrillt. Reservierung ratsam.

Ausgehen & Nachtleben

Bath & Bottle
COCKTAILBAR

(6 Victoria St; Di & Mi 12–14.30 & 17–23, Do bis 1 Fr & Sa 12–2 Uhr) Eine Cocktailbar im Stil einer Ginkneipe der goldenen Zwanzigerjahre. Neben hervorragenden Cocktails gibt es mittwochs um 20 Uhr im Speakeasy Cinema Filmklassiker.

Bar George
BAR

(www.bargeorge.im; St George's Chambers, 3 Hill St; 11–24 Uhr) Eine elegante Bar, gut geeignet für ein Glas Wein.

Rund um Douglas

Nördlich der Hauptstadt überragt der Snaefell (621 m), der höchste Berg der Insel, die Landschaft. Man kann der Strecke der Tourist Trophy über die Berge Richtung Ramsey folgen oder die Küstenstraße nehmen. In Laxey fährt eine Straßenbahn bis kurz vor den Gipfel und von da aus ist es nur ein leichter Aufstieg.

Sehenswertes

Grove Museum of Victorian Life
MUSEUM

(MH; www.manxnationalheritage.im; Andreas Rd, Ramsey; Erw./Kind 5/2,50 £; Juni–Aug. 10–17 Uhr, Sept. bis 16 Uhr) Am Ortsrand von Ramsey im Norden der Insel liegt dieses imposante Gebäude, das in der Mitte des 19. Jhs. von Schifffahrtskaufmann Duncan Gibb als Sommerhaus für sich und seine Familie gebaut wurde. Es ist gut erhalten und noch fast so wie in seiner viktorianischen Blütezeit. Beim Durchschreiten der Zimmer kann man sogar erfahren, wie der Alltag eines Küchenmädchens aussah. Familie Gibb lebte bis in 1970er Jahre hier.

Maughold Church & Stone Crosses
CHRISTLICH

(MH; www.manxnationalheritage.im; Maughold) Wo heute im kleinen Dorf Maughold die Kirche steht, gab es früher ein keltisches Kloster (gegründet 600 n. Chr.); in einem kleinen Unterstand ist eine recht schöne Sammlung von Steinkreuzen und alten Inschriften aus der Zeit zwischen dem 6. und 13. Jh. zu sehen.

★ Great Laxey Wheel WASSERRAD
(MH; www.manxnationalheritage.im; Mines Rd, Laxey; Erw./Kind 5/2,50 £; ☉April–Okt. 9.30–17 Uhr) Das 1854 gebaute Lady Isabella Laxey Wheel ist mit 22 m Durchmesser wirklich beachtlich groß. Mit ihm konnten aus einem Bergwerk aus 550 m Tiefe 1140 l Wasser pro Minute hochgepumpt werden. Das Wasserrad ist das größte der Welt und trägt den Namen der Gattin des damaligen Gouverneurs der Insel.

Lonan Old Church KIRCHE
Das Radkreuz an der **Lonan Old Church**, unmittelbar nördlich von Douglas, ist das eindrucksvollste der frühen christlichen Kreuze auf der Insel.

Castletown & Umgebung

Am südlichen Ende der Insel liegt Castletown, eine stille Hafenstadt, früher Hauptstadt der Isle of Man. Der Ort beherbergt das alte Parlament und eine der schönsten Burgen auf der Insel.

◉ Sehenswertes

Castle Rushen BURG
(MH; www.manxnationalheritage.im; Castletown Sq, Castletown; Erw./Kind 6/3 £; ☉April–Aug 10–17 Uhr, Sept–Okt. bis 16 Uhr) Castletown wird vom imposanten Castle Rushen aus dem 13. Jh. beherrscht. Zu besichtigen sind das Torhaus, die mittelalterlichen Küchen, der Kerker und die Great Hall. Vom Fahnenturm bieten sich schöne Ausblicke auf den Ort und die Küste.

Nautical Museum MUSEUM
(MH; www.manxnationalheritage.im; Bridge St, Castletown; Erw./Kind 5/2,50 £; ☉Ostern–Okt. 10–16 Uhr) Dieses kleine Museum zeigt u. a. die 1791 gebaute *Peggy* in ihrem ursprünglichen Bootshaus.

Balladoole
Iron Age Fort ARCHÄOLOGISCHE STÄTTE
GRATIS Zur Ansammlung urzeitlicher Monumente zwischen Castletown und Cregneash gehören ein Grab aus der Bronzezeit (10 000 Jahre v. Chr.), eine christliche Kapelle aus der Zeit um 900 n. Chr. und die Überreste eines 11 m langen Wikingerschiffs, in dem ein Mann und eine Frau bestattet wurden.

Das im Erdreich verborgene Schiff wurde 1945 von einem deutschen Flüchtling und einem Team des örtlichen Internierungslagers aus dem Zweiten Weltkrieg freigelegt.

Cregneash Village Folk Museum MUSEUM
(MH; www.manxnationalheritage.im; Erw./Kind 5/2,50 £; ☉April–Aug. 10–17 Uhr, Sept. bis 16 Uhr) Das Cregneash Village Folk Museum an der Südspitze der Insel erinnert an das traditionelle Landleben auf der Isle of Man.

Essen

Castle Deli @
Radcliffe Butchers FEINKOSTGESCHÄFT $
(4 Malew St, Castletown; ☉Mo–Sa 8–17 Uhr) Anständige Sandwiches mit Fleisch vom Metzger nebenan. Die Auswahl an Käse und Fisch ist auch recht gut.

Port Erin & Port St. Mary

Port Erin, ein viktorianisches Seebad, beherbergt ein kleines **Railway Museum** (Station Rd; Erw./Kind 2/1 £; ☉April–Okt. 9.30–16.30 Uhr, Führungen auch Mitte Juli–Mitte Sept. Do 19.30 & 21.30, So 11–13 Uhr) zur Geschichte der Dampfeisenbahnen auf der Insel. Port St. Mary liegt auf der anderen Seite der Landzunge, zu erreichen mit der Dampfeisenbahn.

◉ Sehenswertes

Calf of Man VOGELSCHUTZGEBIET
(www.manxnationalheritage.im; ☉April–Sept.) Diese kleine Insel vor Cregneash liegt auf einer der wichtigen Vogelflugrouten in Westbritannien. Zu den 33 Arten, die hier jedes Jahr brüten, gehören der Manx-Sturmvogel, die Klippenmöwe, der Tordalk und die Krähenscharbe. Man trifft gewöhnlich auch auf Wanderfalken, Kornweihen, Drosselkrähen und Raben. Die Insel ist seit 1939 offizielles Vogelschutzgebiet. **Gemini Charter** (☎01624-832761; www.geminicharter.co.uk; Tour 25–30 £ pro Person) bietet Vogelbeobachtungstouren zur Insel von Port St. Mary aus.

🛏 Schlafen

Aaron House B&B $$
(☎01624-835701; www.aaronhouse.co.uk; The Promenade, Port St. Mary; Zi. ab 70 £) Das Aaron House ist ein B&B im viktorianischen Stil, das sich allen Einrichtungsdetails mit viel Liebe widmet, von den großartigen Messingbetten und Klauenfußbädern bis zu den altmodischen Fotos an den Wänden. Auch hier sind die Seeblicke überwältigend.

Falcon's Nest Hotel `HOTEL`
(☎01624-834077; www.falconsnesthotel.co.uk; Station Rd, Port Erin; EZ/DZ ab 55/90 £;☎) Das viktorianische Falcon's Nest Hotel, einst äußerst elegant, ist heute nur noch in nostalgischer Verklärung hübsch. Die Zimmer sind nichts Besonderes, aber die Aussicht aufs Meer ist wunderbar.

Peel

4280 EW.

Peel ist der netteste Ort an der Westküste und hat einen schönen Sandstrand.

◎ Sehenswertes

Peel Castle `BURG`
(MH; www.manxnationalheritage.im; Erw./Kind 5/2,50 £; ⏱Juni–Aug. 10–17 Uhr, Sept.–Okt. 10–16 Uhr) Die große Attraktion von Peel ist Peel Castle aus dem 11. Jh. in grandioser Lage auf St. Patrick's Island, mit Peel verbunden durch einen Damm.

House of Manannan `MUSEUM`
(MH; www.manxnationalheritage.im; Erw./Kind 6/3 £; ⏱10–17 Uhr) Das House of Manannan erläutert anhand von interaktiven Exponaten die Geschichte der Insel und ihre Seefahrttraditionen. Daneben gibt es den Nachbau eines Langschiffes und Langhauses der Wikinger und eines keltischen Rundhauses.

 Schlafen & Essen

Fernleigh Hotel `B&B $$`
(☎01624-842435; www.isleofman-bedandbreakfast.com; Marine Pde; DZ ab 75 £; ⏱Feb.–Nov.; P☎) Komfortables, von einer Familie geführtes B&B mit zwölf ziemlich schlichten Zimmern.

Creek Inn `PUBESSEN $`
(☎01624-842216; www.thecreekinn.co.uk; East Quay; Hauptgerichte ca. 8 £; ⏱10–23 Uhr) In diesem maritimen Pub am Wasser gibt es überdurchschnittlich gutes Essen. Auf der Barspeisekarte stehen u. a. *Manx queenies*, Jakobsmuscheln mit Käsesauce.

Lake District & Cumbria

Gut essen

➡ Lake Road Kitchen (S. 625)

➡ L'Enclume (S. 647)

➡ Old Stamp House (S. 625)

➡ Rogan & Company (S. 647)

➡ Drunken Duck (S. 629)

Schön übernachten

➡ Forest Side (S. 626)

➡ Brimstone Hotel (S. 634)

➡ Daffodil Hotel (S. 626)

➡ Augill Castle (S. 651)

➡ Wasdale Head Inn (S. 636)

Auf in den Lake District

„Kein Teil des Landes ist so erhaben wie dieser", schrieb William Wordsworth und bis heute haben seine Worte nichts von ihrem Wahrheitsgehalt eingebüßt. Was die Schönheit der Natur anbelangt, kann kein anderer Ort in England mit dem Lake District mithalten. Poeten, Maler und Reisende auf der Suche nach Inspiration und Erholung zog es hierher und noch heute ist die Gegend das beliebteste Reiseziel der Nation für all jene, denen der Sinn nach wildromantischer Landschaft steht.

Hauptanziehungspunkt ist der Lake District National Park, mit rund 2292 km² der größte Nationalpark des Landes. Hinter jeder Straßenbiegung öffnen sich atemberaubende Ausblicke auf tiefe Täler, steile Gebirgspässe, glitzernde Seen und schroffe Hügel. Doch auch außerhalb des Parks gibt es einiges zu entdecken. Historisch interessant sind die Städtchen Carlisle, Kendal und Penrith und die windgepeitschte cumbrische Küste hat ihren ganz eigenen Charme.

Reisezeit

➡ Der Lake District ist der beliebteste Nationalpark im Vereinigten Königreich. Am wenigsten überlaufen ist er am Frühlingsanfang und im Spätherbst.

➡ Die Unbeständigkeit des Wetters ist berüchtigt – Regenkleidung gehört zu jeder Jahreszeit mit ins Gepäck.

➡ Mitte Mai wird in Keswick das größte „Fest der Berge" von Cumbria abgehalten und zum Bierfest im Juni finden sich Gerstensaftliebhaber aus aller Welt ein.

➡ Auf Amblesides traditionellem Sportfest am letzten Samstag im Juli werden Spürhundrennen und landestypische Ringwettkämpfe ausgetragen. Das Sportfest von Grasmere findet am letzten Montag im August statt.

➡ Im November versammeln sich die besten Lügenerzähler der Welt in Santon Bridge zum jährlichen Wettkampf im Flunkern.

Highlights

1 **Scafell Pike** (S. 636) Englands höchsten Berg bezwingen

2 **Hill Top** (S. 628) Herausfinden, woher Beatrix Potter die Ideen für ihre Geschichten nahm

3 **Steam Yacht Gondola** (S. 632) Im herrschaftlichen Stil des 19. Jhs. über Coniston Water schippern

4 **Grizedale Forest** (S. 632) Zwischen Freiluftskulpturen über Waldtrails biken

5 **Honister Pass** (S. 641) In die Stollen der letzten Schiefermine im Lake District hinabsteigen

6 **La'al Ratty** (S. 648) Die Minidampfeisenbahn ins Eskdale nehmen

7 **Dove Cottage** (S. 625) Das berühmte Lakeland-Cottage des Dichters Wordsworth besichtigen

8 **Carlisle Castle** (S. 648) Die Wehranlagen von Carlisles mächtiger mittelalterlicher Burg abschreiten

9 **Sarah Nelson's Shop** (S. 627) In Grasmere legendäre Lebkuchen probieren

10 **Helvellyn** (S. 644) Über den steilen Grat der Striding Edge zum Gipfel klettern

Geschichte

Gegen 5000 v. Chr. erreichten neolithische Siedler den Lake District. Anschließend besiedelten Kelten, Angeln, Wikinger und Römer die Region, und im Frühmittelalter bildete sie das Zentrum des Königreichs Rheged.

Im Hochmittelalter begannen in Cumbria die *debatable lands* (die umstrittenen Ländereien), die gesetzlose Grenzregion zwischen England und Schottland. Regelmäßige Plünderungen durch Räuberbanden, die sogenannten *border reivers*, führten zum Bau von Wehrtürmen *(pele towers)* und Burgen in Carlisle, Penrith und Kendal.

Im 19. Jh. wurde die Landschaft des Lake District zum Anziehungspunkt für die englischen Romantiker. Großen Anteil daran hatte der in Cumbria geborene Dichter William Wordsworth, der auch den Schutz der Natur vor übermäßiger Erschließung forderte – ein Traum, der sich 1951 erfüllte, als der Lake District National Park eingerichtet wurde.

Die heutige Grafschaft Cumbria entstand 1974 aus dem Zusammenschluss der Nachbardistrikte Cumberland und Westmorland.

Aktivitäten

Radfahren

Der Lake District und Cumbria lassen sich wunderbar mit dem Fahrrad erkunden, sofern man kein Problem mit Steigungen hat. Sehr beliebt für kurze Mountainbiketouren sind die Trails im Grizedale Forest (S. 632) und im Whinlatter Forest Park (S. 638).

Empfehlenswerte Langstrecken-Radwege sind beispielsweise der 112 km lange **Cumbria Way** zwischen Ulverston, Keswick und Carlisle; die 224 km lange **Sea to Sea Cycle Route** (C2C; NCN 7; www.c2c-guide.co.uk), die in Whitehaven beginnt und über die nördlichen Pennines nach Newcastle führt, und die rund 277 km lange **Reivers Route** (NCN 10; www.reivers-route.co.uk) vom River Tyne nach Whitehaven.

Mehrere Lokalbusse (darunter Bus 599 von Bowness nach Grasmere, Bus X33 von Ambleside nach Ravenglass und der Cross Lakes Experience) nehmen Fahrräder mit. Außerdem gibt's den Bus 800, der im Sommer das Westufer des Windermeres entlang fährt und bis zu zwölf Drahtesel befördern kann. Er verkehrt im Juli und August mehrmals täglich, im Mai und Juni am Wochenende. Die Fahrradmitnahme kostet genauso viel wie ein Personenfahrschein, nämlich 1,50 £. Weitere Informationen unter www.golakes.co.uk/travel/by-bus.aspx.

Wandern

Viele Leute kommen hauptsächlich zum Wandern in den Lake District. In allen Touristeninformationen und Buchläden werden Karten und Wanderführer verkauft, z. B. *Lakeland Fellranger* von Collins und die *Pathfinder Guides* des Ordnance Survey. Puristen ziehen Alfred Wainwrights siebenbändiges Werk *Pictorial Guides to the Lakeland Fells* (1955–1966) vor. Die Bücher – teils Wanderführer, teils illustrierter Kunstband und teils philosophische Memoiren – sind Reproduktionen eines handgeschriebenen und mit sorgfältigen Federzeichnungen versehenen Manuskripts.

Vernünftige Landkarten sind unverzichtbar. Die meisten offiziellen Stellen verwenden die *Landranger*-Karten des Ordnance Survey im Maßstab 1:25 000, manche Wanderer halten die *Superwalker*-Karten von Harvey, ebenfalls im Maßstab 1:25 000, für geeigneter.

Zu den Langstrecken-Radwegen, die durch Cumbria führen, gehören der 86,5 km lange **Allerdale Ramble** von Seathwaite zum Solway Firth, der 112 km lange **Cumbria Way** von Ulverston nach Carlisle und der rund 305 km lange **Coast to Coast** von St. Bees nach Robin Hood's Bay in Yorkshire. Firmen wie **Coast to Coast Packhorse** (☎017683-71777; www.c2cpackhorse.co.uk) oder **Sherpa Van** (☎0871 520-0124; www.sherpavan.com) befördern das Gepäck von Tür zu Tür.

Weitere Aktivitäten

Cumbria ist ein Paradies für Outdooraktivitäten, darunter Felsklettern, Orientierungslaufsport, Reiten, Bogenschießen, *fell running* (Berglauf) und *ghyll* (Wasserfall)-Klettern. Auskünfte erteilen die Outdoor Adventure Company (S. 645), das Rookin House (S. 621) und das Keswick Adventure Centre (S. 638).

ℹ An- & Weiterreise

National-Express-Busse fahren direkt von London (Victoria Station) und Glasgow nach Windermere, Carlisle und Kendal.

Carlisle liegt an der West-Coast-Bahnstrecke von London Euston nach Manchester und Glasgow. Um zum Lake District zu gelangen, muss man in Oxenholme nach Kendal und Windermere umsteigen. Landschaftlich besonders reizvoll sind die Strecke entlang der cumbrischen Küste sowie die zwischen Settle und Carlisle.

ℹ️ Unterwegs vor Ort

Traveline (☎ 0871-200 2233; www.traveline northeast.info) hat umfangreiche Reiseinformationen.

Ausflugsschiffe mit mehreren Anlegestellen rund um die Seen befahren Windermere, Coniston Water, Ullswater und Derwentwater, über den Windermere verkehrt auch eine **Fähre** (S. 621).

In der Hochsaison und an langen Wochenenden herrscht oft ein hohes Verkehrsaufkommen. In vielen Städten ist zeitlich begrenztes Parken am Straßenrand erlaubt. Die erforderlichen Parkscheine sind kostenlos vor Ort in Geschäften und Tourismusinformationen erhältlich.

Die wichtigste Busgesellschaft ist Stagecoach (www.stagecoachbus.com). Im Winter verkehren die Busse auf den meisten Strecken seltener. Fahrpläne zum Herunterladen findet man auf der Website von Stagecoach und auf der Website des Cumbria County Council (www.cumbria. gov.uk). Alle Busfahrpläne gibt's auch bei den Touristeninformationen.

Bus 555 (Lakeslink) Von Lancaster nach Keswick, hält in allen größeren Ortschaften, darunter Windermere und Ambleside.

Bus 505 (Coniston Rambler) Nach Kendal, Windermere, Ambleside und Coniston.

Bus X4/X5 Von Penrith über Troutbeck, Keswick und Cockermouth nach Workington.

TAGES- & WOCHENKARTEN

In Cumbria sind diverse Tages- und Wochenkarten erhältlich.

Lakes Day Ranger (Erw./Kind/Fam. 22,50/ 11,25/44 £) Das Ticket mit dem besten Preis-Leistungs-Verhältnis erlaubt unbegrenzte Fahrten mit Bahn und Bus im Lake District innerhalb eines Tages. Außerdem deckt es eine Bootsfahrt auf dem Windermere ab und gewährt 10 % Rabatt bei Fahrten mit der Dampfeisenbahn sowie 20 % Ermäßigung für die Coniston Launch, die Keswick Launch und die Ullswater Steamers.

Cumbria Day Ranger (Erw./Kind 41,90/ 20,95 £) Ein Pass für einen Tag unbegrenztes Bahnfahren in Cumbria und Teilen von Lancashire, North Yorkshire, Northumberland und Dumfries sowie Galloway.

Central Lakes Dayrider (Erw./Kind/Fam. 8/6/20 £) Gültig für alle Stagecoach-Busse, die in der Umgebung von Bowness, Ambleside, Grasmere, Langdale und Coniston verkehren, darunter die Linien 599, 505 und 516. Wer pro Erwachsenem/Kind 4/2 £ drauflegt, erhält dazu noch eine Bootsfahrt auf dem Windermere oder dem Coniston Water.

Keswick & Honister Dayrider (Erw./Kind/ Fam. 8/6/20 £) Gültig für Busse von Keswick durch Borrowdale, Buttermere, Lorton und den Whinlatter Forest Park.

North West Megarider Gold (Erw./Fam. 27,30/55 £) Erlaubt sieben Tage lang unbegrenztes Fahren mit allen Stagecoach-Bussen in Cumbria und Lancashire sowie grenzüberschreitend nach/von Dumfries. Mit dem Familienticket können zwei Erwachsene und drei Kinder reisen.

DER LAKE DISTRICT

Der Lake District (oder Lakeland, wie er in England oft genannt wird) ist mit Abstand der meistbesuchte Nationalpark im Vereinigten Königreich. Jedes Jahr erkunden rund 15 Mio. Menschen die Fells (Berge) und die Landschaft – der Grund lässt sich unschwer erkennen. Seitdem sich im 19. Jh. die Poeten der englischen Romantik hier niederließen, verzaubert das Ansichtskartenpanorama aus zerklüfteten Gipfeln, in Täler eingebetteten Weihern und schimmernden Seen die Besucher.

Das Angebot an Outdooraktivitäten ist riesig und reicht von Seerundfahrten bis zu Bergwanderungen, doch es kommen auch viele Reisende wegen der literarischen Bezüge: Zu den Schriftstellern, die hier ihre Inspiration fanden, zählen William Wordsworth, Samuel Taylor Coleridge, Arthur Ransome und natürlich Beatrix Potter, die den Lakes ein Leben lang treu blieb und deren 150. Geburtstag 2016 im gesamten Nationalpark gefeiert wurde.

ℹ️ Praktische Informationen

Das Hauptbesucherzentrum des Nationalparks befindet sich in Brockhole (S. 621), am Rand von Windermere. Außerdem gibt es Tourismusinformationen in Windermere (S. 621), Bowness (S. 621), Ambleside (S. 625), Keswick (S. 640), Coniston (S. 633) und Carlisle (S. 650).

Alle haben Infos zu lokalen Sehenswürdigkeiten, Aktivitäten, Unterbringung und öffentlichen Transportmitteln und die Mitarbeiter können bei der Zimmersuche helfen.

Windermere & Umgebung

5423 EW.

Zwischen Ambleside und Newby Bridge erstreckt sich der 16,8 km lange Windermere. Er ist nicht nur der größte See im Lake District, sondern auch das größte Gewässer von ganz England und ähnelt landschaftlich eher einem schottischen *loch*. 1847 erreichte die erste Eisenbahn keuchend die Ortschaft Windermere, die zum Tourismuszentrum wurde und bis heute einer der belebtesten Flecken im Nationalpark ist.

Verwirrenderweise ist Windermere zweigeteilt: Bowness-on-Windermere (meist zu Bowness verkürzt) liegt am Ostufer des Sees, Windermere Town dagegen 2,5 km weiter landeinwärts auf einer steilen Anhöhe namens Lake Road.

Wichtig bei der Reiseplanung: In den Ferien und zu begehrten Reisezeiten sind Gästebetten (und Parkplätze) oft Mangelware.

◉ Sehenswertes

2017 soll nach langem Warten das Museum **Windermere Jetty** (www.windermerejetty. org) wieder eröffnet werden: Es beschäftigt sich mit der Geschichte der Schifffahrt auf den Seen und anderen Gewässern. Über den aktuellen Stand informiert die Website.

Blackwell House   HISTORISCHES GEBÄUDE
(☎01539-722464; www.blackwell.org.uk; Erw./Kind bis 16 J. 7,70 £/frei; ◷ April–Okt. 10.30–17 Uhr, Feb.–März, Nov. & Dez. bis 16 Uhr) Das gut 3 km südlich von Bowness an der B5360 gelegene Blackwell House ist ein erstklassiges

WINDERMERE & DIE INSELN

Der Name Windermere geht, wie viele Ortsnamen in Cumbria, auf einen altnordischen Begriff zurück. Der *Vinandr mere*, d. h. der See von Vinandr („Lake Windermere" ist also eigentlich eine Tautologie), liegt zwischen Ambleside und Newby Bridge und hat eine Fläche von 14,7 km². An seiner breitesten Stelle misst er 1,6 km und an seiner tiefsten ungefähr 65 m. Besonders schön ist es, den See mit einem Boot zu erkunden.

Das Seeufer gehört Privatleuten, der National Park Authority und dem National Trust, aber das Seebett (und damit der See selbst) ist verbriefter Besitz der Anwohner. Der ortsansässige Philanthrop Henry Leigh Groves ermöglichte 1938 die Erwerbung.

Im Windermere liegen 18 Inseln. Die größte ist die 16 ha große **Belle Isle**, auf der eine italienisch anmutende Villa aus dem 18. Jh. steht. Die kleinste, **Maiden Holme**, besteht nur aus einem Stück Erdboden und einem einzigen Baum.

Beispiel für das Arts and Crafts Movement, eine Bewegung in der Kunst und im Produktdesign, die Anfang des 19. Jhs. gegen automatisierte Massenfertigungstechniken eine Rückbesinnung auf die handwerkliche Einzelfertigung propagierte.

Das von Mackay Hugh Baillie Scott für Sir Edward Holt, einen wohlhabenden Brauereibesitzer, entworfene Gebäude weist zahlreiche Markenzeichen des Arts-and-Crafts-Designs auf: helle, luftige Räume und maßgefertigte Handarbeit (Holzverkleidung, Buntglas und Delfter Kacheln). Besonders schön sind die Great Hall im Stil des Mittelalters und der stilvoll schlichte White Drawing Room. Vom Café hat man eine sensationelle Aussicht über Windermere.

Fell Foot Park   GÄRTEN
(NI; www.nationaltrust.org.uk/fell-foot-park; ◷ April–Sept. 8–20 Uhr, Okt.–März 9–17 Uhr, Café 10–17 Uhr) GRATIS Der 7 ha große Park befindet sich am Südende des Sees, 11,2 km südlich von Bowness. Früher gehörte er zu einem Gutshaus, heute ist er Eigentum des National Trust und seine Uferwege und saftigen Wiesen sind an sonnigen Tagen ideal für einen Picknickausflug. Es gibt ein kleines Café sowie einen Ruderbootverleih.

Lakes Aquarium   AQUARIUM
(☎015395-30153; www.lakesaquarium.co.uk; Lakeside; Erw./Kind 6,95/4,95 £; ◷ April–Okt. 9–18 Uhr) In dem Aquarium am Südende des Sees nahe Newby Bridge werden diverse Unterwasserhabitate vorgestellt. Die Bandbreite reicht vom tropischen Afrika bis zur Morecambe Bay. Windermere Lake Cruises (S. 617) und die Züge der Lakeside & Haverthwaite Railway (S. 617) halten direkt beim Aquarium, ebenso Bus 6/X6 von Bowness. Je Onlineticket winkt ein Rabatt von 1 £.

Lakeland Motor Museum   MUSEUM
(☎015395-30400; www.lakelandmotormuseum. co.uk; Backbarrow; Erw./Kind 8,50/5 £; ◷ April–Sept. 9.30–17.30 Uhr, Okt.–März bis 16.30 Uhr) Das gut 3 km südlich von Newby Bridge in einem eigens zu diesem Zweck errichteten Neubau an der A590 untergebrachte Automuseum beherbergt eine sagenhafte Oldtimersammlung: Klassiker (Minis, Austin Healeys, MGs), Sportwagen (DeLoreans, Audi Quattros, Aston Martins) und Raritäten (Scootacars, Amphicars). Dazu kommt eine schräge Ausstellung zur Geschichte des Wohnwagens und eine mit Vintage-Fahrrädern.

In einem separaten Gebäude erfahren die Besucher alles über die Geschwindigkeits-

Lake District

Map of the Lake District showing locations including Maryport, Cockermouth, Workington, Whitehaven, Keswick, Windermere, Kendal, and surrounding lakes and peaks.

rekordversuche von Donald und Malcolm Campbell bei Coniston Water und können Nachbildungen des Bluebird-Rennwagens von 1935 und des 1967 eingesetzten Rennboots *Bluebird K7* besichtigen.

Lakeside & Haverthwaite Railway
HISTORISCHE EISENBAHN
(☎015395-31594; www.lakesiderailway.co.uk; Erw./ Kind/Fam. hin & zurück 6,70/4,10/19 £, Rover-Tagesticket Erw./Kind 10/5 £; ☉Mitte März–Okt.) Ursprünglicher Zweck der alten Dampfeisenbahn, die sich schnaufend ihren Weg zwischen Haverthwaite nahe Ulverston, Newby Bridge und Lakeside bahnt, war es, Eisenerz und Nutzhölzer zu den Häfen bei Ulverston und Barrow zu befördern. Pro Tag verkehren fünf bis sieben Züge. Ihr Fahrplan ist auf den der Windermere-Ausflugsdampfer abgestimmt. Außerdem sind Kombitickets inklusive Bootsfahrt nach Bowness oder Ambleside erhältlich.

🏃 Aktivitäten

Windermere Lake Cruises
BOOTSTOUREN
(☎015394-43360; www.windermere-lakecruises. co.uk; Tickets ab 2,70 £) Seit 1845 die erste Passagierfähre den Betrieb aufnahm, ist eine Fahrt auf dem See unverzichtbarer Bestandteil jeder Reise nach Windermere. Einige Schiffe sind modern, aber es tuckern auch noch ein paar wunderschöne alte Schätzchen aus den 1930er-Jahren auf dem Wasser herum.

Im Angebot sind unterschiedliche, farbig codierte Routen zu verschiedenen Teilen des Sees. Bei allen darf man aussteigen und ein späteres Schiff zurück nehmen.

Das Ticket Freedom of the Lake (Erw./ Kind/Fam. 19,50/9,75/52,50 £) gilt einen ganzen Tag für unbegrenzte Fahrten auf sämtlichen Strecken.

Die beliebteste Tour ist die **Islands Cruise** (Erw./Kind/Fam. 8/4/21 £), eine 45-minütige Fahrt rund um den Windermere und seine Inseln. Die **Red Cruise** (Erw./Kind/Fam.

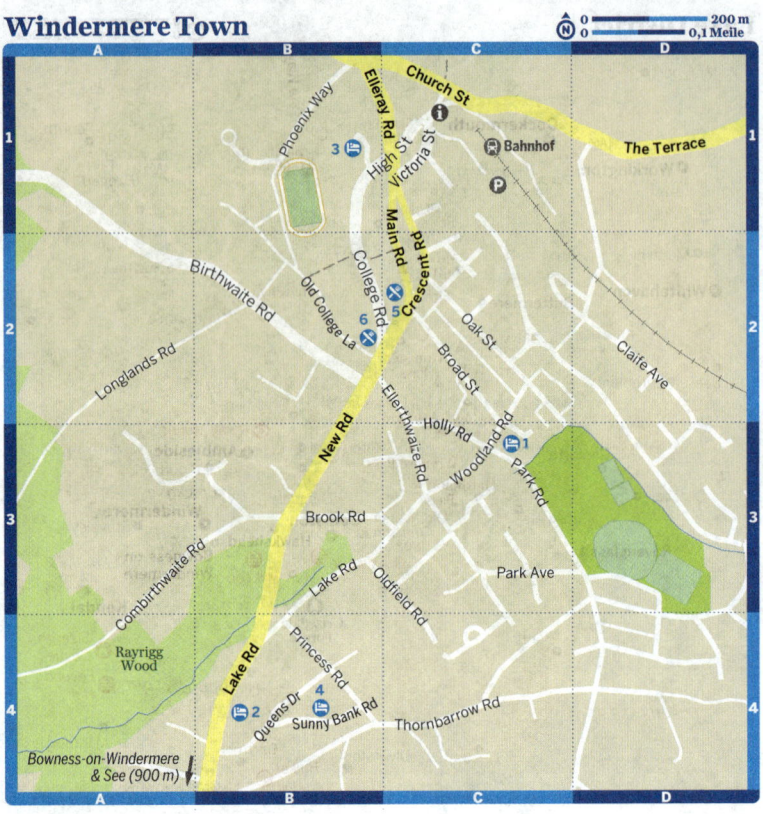

Windermere Town

Windermere Town

🛏 Schlafen

✖ Essen

10,50/6,30/30 £) auf dem nördlichen Teil des Sees geht von Bowness nach Ambleside und die **Yellow Cruise** (Erw./Kind/Fam. 11/6,50/31,50 £) auf dem südlichen Teil fährt nach Lakeside und zum Lakes Aquarium.

Die ausschließlich im Sommer fahrende **Green Cruise** (Erw./Kind/Fam. 8/4/21 £) bedient Waterhead/Ambleside via Wray Castle und Brockhole Visitor Centre. Im Sommer werden auch Sonnenuntergangstouren angeboten. Wer auch noch andere Attraktionen wie das Lakeland Motor Museum und/oder das Lakes Aquarium besuchen möchte, besorgt sich am besten eines der verschiedenen Kombitickets.

Von April bis Oktober können am Anleger in Bowness Ruderboote (15 £ pro Std.) und Motorboote (ab 31 £ für 2 Erw. pro Std., Kinder bis 16 J. gratis) geliehen werden. Auf dem See gilt eine Höchstgeschwindigkeit von 16 km/h.

🛏 Schlafen

Lake District Backpackers Lodge　　　　　　　　　　HOSTEL £

(☎015394-46374; www.lakedistrictbackpackers. co.uk; High St, Windermere Town; B/Zi. 16,50/39 £; @) Das einfache Hostel in einem kleinen, alten Haus in einer schmalen Gasse beim Bahnhof hat keinen besonderen Pfiff, ist aber so ziemlich das einzige Logis für schmale Geldbeutel direkt im Ort. Es verfügt über zwei kleine 4-Bett-Schlafsäle sowie zwei Privatzimmer mit einem Doppelbett und einem Einzel-Stockbett darüber. Die Gästeküche ist winzig, doch das Wohnzimmer ist gemütlich.

★ Rum Doodle
B&B **££**

(☎015394-45967; www.rumdoodlewindermere. com; Sunny Bank Rd, Windermere Town; DZ 85–119 £; P ☎) Das nach einem Reiseroman-Klassiker über eine fiktive Bergbesteigung benannte B&B ist sehr phantasievoll gestaltet. Die Zimmer sind mit Büchertapeten und alten Karten und Koffern eingerichtet und Orten und Figuren aus dem Buch zugeordnet. Das gelungenste ist The Summit unterm Dach mit separatem Aufenthaltsbereich. Im Sommer zwei Nächte Mindestaufenthalt.

★ Boundary
B&B **££**

(☎015394-48978; www.boundaryonline.com; Lake Rd, Windermere Town; DZ 99–210 £; P ☎) Edel und schick, mit in neutralen Farben gehaltenen Zimmern, die nach bedeutenden englischen Cricketspielern benannt sind: Am schönsten sind das Hobbs mit *bay window* und einem riesigen Bad und das Ranji mit netter Flamingo-Tapete und freistehender Badewanne im Zimmer. Der Aufenthaltsraum im Erdgeschoss wird mit einem trendigen Holzofen beheizt.

1 Park Road
B&B **££**

(☎015394-42107; www.1parkroad.com; 1 Park Rd, Windermere Town; DZ 82–112 £; P ☎) Es sind kleine Extras, die das gemütliche Gästehaus vor anderen auszeichnen. Im Bad gibt's Produkte von Pure Lakes und The White Company, in jedem Zimmer ein iPod-Dock und zum Frühstück selbstgemachte gebackene Bohnen und Marmeladen. Die Zimmer sind einladend und die Preise das ganze Jahr über fair – eine Seltenheit in Windermere.

Gilpin Lodge
HOTEL **£££**

(☎015394-88818; www.gilpinlodge.co.uk; Crook Rd; Zi. 335–615 £; P) Die B&Bs in Windermere verlangen inzwischen astronomische Preise, doch dieses noble Landhausrefugium legt die Messlatte verdammt hoch. Die fabelhaft schicken Zimmer sind nach Fells benannt; die Gartensuiten verfügen über ihre eigene Terrasse und Whirlpools im Freien. Zum neuen Lake House gehört sogar ein persönlicher Chauffeur.

Ein erstklassiges Restaurant, ein Spa und ein riesiges Grundstück machen das Glück vollkommen.

Samling
HOTEL **£££**

(☎015394-31922; www.thesamlinghotel.co.uk; Ambleside Rd; Zi. 220–670 £) Wenn Geld keine Rolle spielt, ist dieser vornehme Gutshof die erste Wahl. Die Zimmer und Cottages sind im klassischen Stil eingerichtet und bestechen durch Luxusdetails wie Mezzanine, Regenduschen oder separate Wohnbereiche. Das Hausrestaurant hat einen Michelin-Stern eingeheimst. Frühbuchern winkt ein erheblicher Rabatt. Das Hotel liegt 4,8 km nordwestlich von Windermere Town abseits der A591.

Cranleigh
HOTEL **£££**

(☎015394-43293; www.thecranleigh.com; Kendal Rd, Bowness-on-Windermere; DZ 119–189 £, Suite 305–515 £; P ☎) In diesem Haus wurde viel Wert auf eine repräsentative Einrichtung gelegt, doch hinter den Kulissen ist es nichts weiter als ein B&B. Wegen der geräumigeren Badezimmer lohnt es sich, etwas mehr Geld für ein Superior-Zimmer auszugeben, oder gleich tief in die Tasche zu greifen und eine der beiden Topsuiten zu nehmen (z. B. die Sanctuary, die über eine Bose-Stereoanlage, ein gläsernes Bad und Kamin verfügt).

✖ Essen

Homeground
CAFÉ **£**

(☎015394-44863; www.homegroundcafe.co.uk; 56 Main Rd, Windermere Town; Kaffee 2–4 £, Hauptgerichte 7–10 £; ☺9–17 Uhr) Windermere hat endlich einen Treffpunkt für Kaffee-Nerds: Hier gibt's ausgezeichneten Milch- und Filterkaffee sowie Ristrettos, die kunstvoll verzierte Schaumhäubchen tragen. Auch die Brunch-Optionen liegen voll im Trend, z. B. opulente Eier Benedikt und Waffeln mit Frühstücksspeck und Ahornsirup. Ein toller Neuzugang im Ort!

---

❶ BUCHUNGEN FÜR NATIONAL-TRUST-CAMPING-PLÄTZE

National Trust Lake District Campsite Bookings (NT; ☎015394-32733; www.nationaltrust.org.uk/features/camping-in-the-lake-district; ☺Mo–Fr 10–17 Uhr) Buchungen für sämtliche NT-Campingplätze im Lake District laufen über diese zentrale Anmeldestelle. Reservierungen sind bis 24 Stunden vor Ankunft möglich. Bei Onlinebuchung wird eine Gebühr von 2,50 £ fällig. Mindestaufenthalt zwei Nächte.

★ Mason's Arms
PUB ££

(☎015395-68486; www.masonsarmsstrawberry
bank.co.uk; Winster; Hauptgerichte 12,95–18,95 £)
Das bezaubernde Mason's Arms 5 km ört-
lich vom See nahe Bowlands Bridge ist ein
Geheimtipp. Die Dachsparren, Steinfliesen
und der Gusseisenherd sind Jahrhunderte
alt und die Aussicht vom Hof über die Felder und Fells ist traumhaft. Das Essen ist
deftig – cumbrischer Schmortopf, langsam
gebratenes Cartmel-Lamm – und Übernachtungsgäste finden hübsche Zimmern und
Cottages (175–350 £) vor. Kurz gesagt: der
Hammer.

Brown Horse Inn
PUB ££

(☎015394-43443; www.thebrownhorseinn.co.uk;
Winster; Hauptgerichte 11,95–17,95 £; ⊙mittags
12–14, abends 18–21 Uhr) Das 5 km von Windermere entfernt in Winster gelegene Brown
Horse zählt zu den besten *dining pubs* von
Windermere. Die Lebensmittel stammen
vom Brown Horse Estate, das die Küche mit
Fleisch, darunter Rotwild, Frühlingslamm
und Täubchen, versorgt. Holzbalken und
Kamine schaffen eine rustikale Atmosphäre
und es werden zwei hausgebraute Biere vom
Fass ausgeschenkt (Old School und Best Bitter). Die Fahrt heraus lohnt sich!

Watermill
PUB ££

(☎01539-821309; www.watermillinn.co.uk; Ings;
Hauptgerichte 12–20 £; ⊙Mo–Sa 11–23, So bis
22.30 Uhr) Gut 3 km sind es von Windermere
nach Ings, wo der traditionelle Landgasthof steht. Er ist der Inbegriff dessen, was
man sich gemeinhin unter einem cumbrischen Pub vorstellt: Holzbalken in der
Decke, weißgetünchte Wände, Holzscheite

ABSEITS DER ÜBLICHEN PFADE

WRAY CASTLE & CLAIFE HEIGHTS

Am ruhigeren Westufer des Windermere
kann man den Massen prima entgehen.
Nördlich des Fähranlegers beim Ferry
House zieht sich ein Netz aus Wald-
wegen durch Claife Heights und in der
Nähe befindet sich das zum National
Trust gehörende Wray Castle (NT;
www.nationaltrust.org.uk/wray-castle; Erw./
Kind 8,50/4,25 £; ⊙10–17 Uhr). Das 25 ha
große Anwesen, auf dem ein türmchen-
bewehrtes Herrenhaus aus dem 19. Jh.
steht, war einmal das Feriendomizil der
Familie von Beatrix Potter.

---

im Kamin, Handpumpen etc. Dazu kommen noch leckeres Essen und ein 16 Sorten umfassendes Biersortiment – darunter
selbstgebrautes Collie Wobbles – kein Wunder, dass das Pub eine Menge örtlicher Auszeichnungen bekommen hat.

Porto
BISTRO ££

(☎015394-48242; www.porto-restaurant.co.uk; 3
Ash St, Bowness-on-Windermere; Hauptgerichte
14,95–24,45 £, Menü 18,95 £; ⊙Mi–Mo 12–16 &
18–22 Uhr) Bowness' edelste Essmöglichkeit
liegt versteckt in einem geweißten Haus
in der Ash Street. Serviert wird verwegene
britische Bistrokost, schlicht präsentiert auf
Schiefertellern. Küchenchef David Bewick
hat schon bei Gordon Ramsay und Nigel
Haworth geschuftet und weiß, wo der Hase
langläuft. Toll ist auch der *afternoon tea*.

Hooked
FISCH & MEERESFRÜCHTE ££

(☎015394-48443; www.hookedwindermere.co.uk;
Ellerthwaite Sq, Windermere Town; Hauptgerichte
19,95–21,95 £; ⊙Di–So 17.30–22.30 Uhr) Fisch
und Meeresfrüchte kommen einem in Windermere nicht unbedingt als Erstes in den
Sinn, doch Paul Whites erstklassiges Fischrestaurant ist auf jeden Fall eine Erwägung
wert: Hier gibt's Seehecht mit mediterranem Gemüse und Pesto, Meerforelle mit
Erbsen und Pancetta und Zitronenseezunge
mit Kapern und Petersilienbutter. Das Restaurant ist klein, daher reservieren!

Angel Inn
PUB ££

(☎015394-44080; www.the-angelinn.com; Helm
Rd, Bowness-on-Windermere; Hauptgerichte 10,95–
16,50 £; ⊙11.30–16 & 17–21 Uhr) Das schicke
Gastropub thront auf einem kleinen grünen
Hügel am Ufer und bietet hervorragendes
Kneipenessen, z. B. Feinkostplatten und
tolles Thai-Hühnchen. Wer einen Tisch auf
dem Rasen ergattern möchte, muss früh
da sein – die Aussicht auf den See ist spitze,
daher sind die Plätze schnell belegt. Bei der
kürzlich erfolgten Renovierung wurden die
Gästezimmer (90–150 £) mit natürlichen
Stoffen und Karoakzenten aufgefrischt.

🍷 Ausgehen & Nachtleben

Hawkshead Brewery
BRAUEREI

(☎01539-822644; www.hawksheadbrewery.co.uk;
Mill Yard, Staveley) Die Mikrobrauerei hat ein
eigenes Bierlokal in Staveley, knapp 5 km
östlich von Windermere. Zu den Kernbieren
zählen Hawkshead Bitter, dunkles Brodie's
Prime und fruchtiges Red. Bei vorheriger
Anmeldung sind Führungen möglich.

Hole in T' Wall
PUB

(☐015394-43488; Fallbarrow Rd, Bowness-on-Windermere; ☺11–23 Uhr) Die älteste Kneipe von Bowness eröffnete im Jahr 1612. Im Gastraum mit unbehauenen Holzbalken und niedriger Decke herrscht viel Atmosphäre.

❶ Praktische Informationen

Bowness Tourist Office (☐ 0845 901 0845; bownesstic@lake-district.gov.uk; Glebe Rd, Bowness-on-Windermere; ☺9.30–17.30 Uhr) Neben den Bootsanlegestellen am See.

Brockhole National Park Visitor Centre (☐ 015394-46601; www.lake-district.gov. uk; ☺Ostern–Okt. 10–17 Uhr, Nov.–Ostern bis 16 Uhr) Das in einem Herrenhaus aus dem 19. Jh., 4,8 km nördlich von Windermere an der A591 eingerichtete Besucherzentrum, ist das Haupt-Informationszentrum des Lake District und hat auch einen Teashop, einen Abenteuerspielplatz und eine Gartenanlage.

Windermere Tourist Office (☐ 015394-46499; www.windermereinfo.co.uk; Victoria St, Windermere Town; ☺8.30–17 Uhr) Die Touristeninformation von Windermere wird von dem Aktivitätenanbieter **Mountain Goat** (☐ 015394-45161; www.mountain-goat.com; Victoria St, Windermere) betrieben.

❶ An- & Weiterreise

BUS

Einmal täglich hält der National-Express-Bus aus London (31,50 £, 8 Std.) in Lancaster und Kendal.

Bus 555/556 Lakeslink (5,20–10,80 £, mind. stündl., inkl. So) Der Bus fährt am Bahnhof ab, hält in Troutbeck Bridge (5 Min.), am Brockhole Visitor Centre (7 Min.), in Ambleside (5,20 £, 15 Min.), Grasmere (6,50 £, 30 Min.) und Keswick (10,80 £, 1 Std.). In der entgegengesetzten Richtung fährt er weiter bis nach Kendal (6,70 £, 25 Min.).

Bus 505 Coniston Rambler (3,50–4,50 £, stündl., inkl. So) Fährt von Bowness über Troutbeck, Brockhole, Ambleside, Skelwith Fold, Hawkshead und Hawkshead Hill nach Coniston (4,50 £, 50 Min.). Zwei Busse am Tag bedienen Kendal.

Bus 599 Lakes Rider (4–6,50 £, 3-mal stündl., inkl. Sa & So) Die oben offenen Busse verkehren zwischen Bowness, Troutbeck, Brockhole, Rydal Church (Ausgangspunkt zum Rydal Mount), Dove Cottage und Grasmere. Einige Busse halten am Bahnhof von Windermere.

SCHIFF/FÄHRE

Südlich von Bowness können Autofahrer, Radler und Fußgänger den Windermere auf dem Fährschiff der **Windermere Ferry** (www.cumbria. gov.uk/roads-transport/highways-pavements/ windermereferry.asp; Auto/Fahrrad/Fußgänger 4,40/1/0,50 £; ☺ alle 20 Min.: März–Okt. Mo–Fr 6.50–21.50, Sa & So 9.10–21.50 Uhr, Nov.–Feb. bis 20.50 Uhr) überqueren. Sie pendelt zwischen Ferry Nab am Ostufer und Ferry House am Westufer.

ZUG

Windermere ist die einzige per Bahn erreichbare Stadt im Nationalpark. Es liegt an der Bahnstrecke nach Kendal und Oxenholme.

ZIEL	PREIS (£)	DAUER
Edinburgh	61,20	2½ Std.
Glasgow	53,50	2¼–2¾ Std.
Kendal	4,70	15 Min.
Lancaster	13,90	45 Min.
London Euston	102,50	3½ Std.
Manchester Piccadilly	36,20	1½ Std.

Troutbeck

Die in die Fells eingebettete ländliche Siedlung nördlich von Windermere, an der Straße zum Kirkstone Pass, scheint Lichtjahre vom Trubel in Bowness entfernt zu sein und gewährt wunderbare Ausblicke über Windermere.

⊙ Sehenswertes & Aktivitäten

Townend
HISTORISCHES GEBÄUDE

(NT; ☐01539 432628; www.nationaltrust.org.uk/ townend; Erw./Kind 5,90/3,25 £; ☺März–Okt. Mi–So 13–17 Uhr, in den Schulferien tgl.) In dem nach umfassender Renovierung jetzt wieder eröffneten historischen Bauernhaus in Townend sind altes Bauernwerkzeug und Möbel aus dem Besitz der Familie Browne ausgestellt, der das Haus bis 1943 gehörte. Zwischen 11 und 13 Uhr werden einstündige Führungen angeboten.

Rookin House
OUTDOORAKTIVITÄTEN

(☐017684-83561; www.rookinhouse.co.uk; Troutbeck) Das Freizeitzentrum zwischen Penrith und Keswick bietet eine breite Palette an Aktivitäten unter freiem Himmel, von Reiten, Tontauben- und Bogenschießen bis zu ungewöhnlicheren Angeboten wie Bagger- und Amphibienfahrzeugfahren.

🍴 Schlafen & Essen

Queen's Head
GASTHOF ££

(☐015394-32174; www.queensheadhotel.com; DZ 99–110 £; ℗) Die Kutschstation mit Pub aus dem 17. Jh. kombiniert erfolgreich Herkömmliches und Fortschritt. Die Zimmer sind unerwartet schick, mit hellen Bettdecken, Flachbildfernsehern und Teddybären, doch für den Gäste-Ansturm sorgen solide Hausmannskost und Bier (Hauptgerichte 12,95–16,95 £). Über dem Kamin ist das 3-Gänge-Menü (20 £) angeschrieben.

⭐ **Mortal Man**   PUB ££
(📞015394-33193; www.themortalman.co.uk; Hauptgerichte 8,95–15,95 £; P🐾) Das älteste Pub von Troutbeck, 1689 eröffnet, wartet mit Giebelfassade, traditionellen Zimmern (89–105 £) und einem Biergarten mit herrlichem Blick in die Fells auf. Zu essen gibt's vor allem Klassiker wie *bangers and mash* und *shepherd's pie*. Wer sich über den merkwürdigen Namen („sterblicher Mensch") wundert, werfe einen Blick auf das Kneipenschild – der Name stammt aus einem alten Lakeland-Vers.

ℹ An- & Weiterreise

Die Fahrt mit Bus 508 von Windermere kostet 3,20 £. Der Bus fährt montags bis freitags alle zwei Stunden, samstags und sonntags viermal am Tag.

Ambleside
2529 EW.

Ambleside war früher ein wichtiges Mühlen- und Textilzentrum am Nordzipfel des Windermere und ist eine attraktive Kleinstadt. Die Gebäude sind aus dem gleichen Schiefer und schlichten grauen Stein erbaut, wie er auch im übrigen Lakeland vorherrscht. Der von Fells umgebene Ort ist eine Hochburg für Wanderfreunde mit einer Reihe Outdoorgeschäften und zahlreichen behaglichen Pubs und Cafés zur Stärkung.

◉ Sehenswertes & Aktivitäten

Armitt Museum   MUSEUM
(📞015394-31212; www.armitt.com; Rydal Rd; Erw./Kind 3,50 £/frei; ⏰10–17 Uhr) Trotz einiger Schäden, die Überschwemmungen im Jahr 2015 verursachten, ist das ausgezeichnete kleine Museum von Ambleside wieder geöffnet. Neben seiner festen Sammlung zeigt es auch hervorragende saisonale Ausstellungen. Ständig zu sehen sind zahlreiche Objekte mit Bezug zu wichtigen Lakeland-Persönlichkeiten wie Beatrix Potter, dem National-Trust-Gründer Canon Hardwicke Rawnsley sowie Herbert Bell und den Gebrüdern Abraham, Pionieren der Fotografie. Außerdem hängen hier Werke des dadaistischen Künstlers Kurt Schwitters, der Deutschland auf der Flucht vor den Nazis verließ und sich nach dem Zweiten Weltkrieg in Ambleside niederließ.

⭐ **Rydal Mount**   HISTORISCHES GEBÄUDE
(📞015394-33002; www.rydalmount.co.uk; Erw./Kind 7,50/3,50 £, nur Gelände 4,50 £; ⏰März–Okt. 9.30–17 Uhr, Nov., Dez. & Feb. Mi–Mo 11–16 Uhr) Der bekannteste Wohnsitz des Dichters William Wordsworth im Lake District ist Dove Cottage (S. 625), doch in Wirklichkeit verbrachte er sehr viel mehr Zeit in Rydal Mount, 3 km nordwestlich von Ambleside abseits der A591. Hier lebte die Familie Wordsworth von 1813 bis zum Tod des Poeten im Jahr 1850 und das Haus ist eine wahre Schatztruhe an Wordsworth-Erinnerungsstücken. Bus 555 (April–Okt. auch Bus 599) hält am Ende der Auffahrt.

Im Erdgeschoss liegen die Bibliothek, das Esszimmer und das Wohnzimmer. In den Vitrinen lassen sich Wordsworth Schreibfeder, Tintenfass und Butterbrotdose entdecken und über dem Kamin hängt ein berühmtes Porträt des Dichters, gemalt von dem amerikanischen Maler Henry Inman. Oben befinden sich die Schlafzimmer der Familie und Wordsworths Mansarden-Schreibstube, in der seine Enzyklopädie und ein Schwert von seinem Bruder John ausgestellt sind, der 1805 bei einem Schiffsuntergang ums Leben kam.

Auch der Garten ist reizend. Wordsworth sah sich selbst als Landschaftsgärtner und ein großer Teil wurde nach seinen Vorstellungen gestaltet. Unterhalb des Hauses liegt Dora's Field, eine stille Weide, wo Wordsworth zum Gedenken an seine 1847 an Tuberkulose verstorbene Tochter ein Narzissenbeet anlegen ließ.

Stock Ghyll Force   WANDERN
Die beliebteste Wanderstrecke von Ambleside ist der halbstündige Anstieg zum 18 m hohen Wasserfall Stock Ghyll Force; der Weg ist hinter der alten Market Hall am Fuß der Stock Ghyll Lane ausgeschildert. Wer noch überschüssige Energie hat, erklimmt hinter dem Wasserfall den Pfad zum **Wansfell Pike** (482 m) – eine ziemlich steile Angelegenheit, die rund zwei Stunden Zeit beansprucht.

Low Wood Watersports   BOOTFAHREN
(📞015394-39441; www.englishlakes.co.uk/watersports; Low Bay Marina) Das Angebot des Wassersportzentrums umfasst Wasserskilaufen,

Segeln und Kajakfahren sowie einen Ruder- und Motorbootverleih. Kajaks kosten 15 £ pro Stunde, Kanus 18 £ pro Stunde.

Schlafen

★ Ambleside YHA HOSTEL £

(☎0845 371 9620; www.yha.org.uk; Lake Rd; B 21–30 £; P 📶) Das riesige Haus am See ist eins der YHA-Vorzeigehostels im Lake District und eine Lieblingsanlaufstelle von Aktivurlaubern (für alle möglichen Sportarten von Kajakfahren bis *ghyll*-Klettern). Dank der vorzüglichen Ausstattung (Küche, Fahrradverleih, Bootsanlegestelle und Bar) ist die Herberge mächtig gefragt und muss lange im Voraus gebucht werden. Familien können einen ganzen Schlafsaal für sich reservieren. Das Hostel liegt auf halber Höhe zwischen Ambleside und Windermere an der Lake Road (der A591).

Low Wray CAMPINGPLATZ £

(NT; ☎Buchung 015394-63862; www.ntlakescampsites.org.uk; Stellplätze 13–35,50 £, Eco-Pods 45–55 £; ⏲Anreise März–Okt. Sa–Do 15–19, Fr bis 21 Uhr) Dies ist einer der beliebtesten der vier Campingplätze des National Trust im Lake District: Es befindet sich in schöner Lage am Windermere, 5 km von Ambleside, zu erreichen über die B5286. Neben 120 Zeltstellplätzen und neun befestigten Stellplätzen für Wohnwagen gibt's hier eine Handvoll kleiner Hütten *(camping pods)* und zwei Safarizelte. Bei den Stellplätzen hat man die Wahl zwischen Seeblick, Wäldchen, Feld oder Seeufer. Bus 505 hält in der Nähe.

Regent Hotel HOTEL ££

(☎015394-32254; www.regentlakes.co.uk; Waterhead Bay; DZ 99–195 £; P 📶 👪) Das kleine Hotel am See ist ausgesprochen günstig. Die Zimmer sind unterschiedlich ausgestattet. Manche haben einen Balkon mit Aussicht auf den Garten, andere Stockbetten für die kleinen Gäste oder barrierefreie Badezimmer und ein paar gewähren sogar Blick auf den Windermere. Das Sail Loft im obersten Stock hat romantische Dachfenster und eine Terrasse.

Gables B&B ££

(☎015394-33272; www.thegables-ambleside.co.uk; Church Walk; DZ 102–122 £; P 📶) Das B&B ist eins der preisgünstigsten in Ambleside. Das Haus mit Doppelgiebel – daher der Name – liegt in einer ruhigen Gegend, mit Blick auf ein großes Freizeitgelände. Bunt verstreute Kissen und farbenfrohe Drucke schaffen ein behagliche Atmosphäre, die Zimmergröße variiert jedoch und größer ist definitiv besser. Die Gästen bekommen Rabatt im Restaurant **Sheila's Cottage** (☎015394-33079; The Slack; Hauptgerichte 12,50–18 £; ⏲12–14.30 & 18.30–22 Uhr), das denselben Besitzer hat.

Riverside B&B ££

(☎015394-32395; www.riverside-at-ambleside.co.uk; Under Loughrigg; DZ 112–122 £; P 📶) Die viktorianische Villa am River Rothay einen knappen Kilometer außerhalb zeichnet sich durch ihre Extras aus: Wanderführer, ethisch einwandfreie Badeprodukte und frische Chutneys von der Hawkshead Relish Company. Zwei Zimmer verfügen über Whirlpools, eins über ein Himmelbett aus Kiefernholz.

Lakes Lodge B&B ££

(☎015394-33240; www.lakeslodge.co.uk; Lake Rd; Zi. 106–129 £; P 📶) Das schicke Minihotel verspricht einen Hauch mehr Luxus als die anderen Gästehäuser von Ambleside. Klare Linien und null Kinkerlitzchen zeichnen den Einrichtungsstil der 16 Zimmer aus. Die meisten schmückt ein einzelnes Gemälde, das eine ganze Wand einnimmt und eine Sehenswürdigkeit der Gegend zeigt. Ein Teil der Zimmer befindet sich im Hauptgebäude, die restlichen in einem Anbau. Das Frühstück wird im in Rotbraun und Limonengrün gehaltenen Speiseraum serviert.

Randy Pike B&B £££

(☎015394-36088; www.randypike.co.uk; Zi. Mo–Fr 200 £, Sa & So 225 £) Andy und Chrissy Hill, die Eigentümer des Restaurant Jumble Room in Grasmere, managen das ehemalige Jagdhaus und sorgen dafür, dass sich ein Aufenthalt mehr wie ein Besuch bei Freunden auf dem Land anfühlt und nicht wie eine B&B-Übernachtung. Die drei Zimmer haben Bohème-Flair: abgezogene Holzdielen, urige Möbel und bunt zusammengewür-

LUXUSCAMPING AM SEE

Wild in Style (Jurten 4 Nächte ab 290 £, Wohnwagen 3 Nächte 285 £) bietet selbstgebaute Jurten und Gypsy-Wohnwagen. Im Lake District stehen die Unterkünfte derzeit auf zwei Campingplätzen im Lake District: Low Wray (S. 623) bei Ambleside und Hoathwaite bei Coniston.

NICHT VERSÄUMEN

TOP 5: KLASSISCHE LAKELAND-WANDERUNGEN

Der berühmteste Fellwanderer des Lake District, der schriftstellernde Buchhalter Alfred Wainwright, handelt in seinem siebenbändigen Werk *Pictorial Guides* 214 Fells ab (und als ob das nicht genug wäre, beschreibt er meistens mindestens zwei Routen auf jeden Gipfel, im Fall des Scafell Pike sogar fünf). Für Besucher mit begrenzter Zeit hier fünf Wanderungen, die einen Eindruck davon geben, was das *fell walking* im Lake District so besonders macht.

Scafell Pike (978 m) Der Klassiker unter den Lakeland-Wanderungen, eine sechs- bis siebenstündige Tour auf den Gipfel von Englands höchstem Berg. Die Route beginnt in Wasdale Head.

Helvellyn (950 m) Nur für Schwindelfreie! Eine senkrechte Klettertour am messerscharfen Felsgrat Striding Edge entlang. Sie startet in Glenridding oder Patterdale und dauert mindestens sechs Stunden.

Blencathra (868 m) Der freistehende Blencathra bietet einen Panoramablick über Keswick und die nördlichen Fells. Für die Besteigung von Threlkeld aus ist mit vier Stunden zu rechnen.

Haystacks (597 m) Wainwrights Lieblingsberg, an dem auch seine Asche verstreut wurde. Der steile An- und Abstieg vom/zum Dorf Buttermere dauert insgesamt drei Stunden.

Catbells (451 m) Der Fell für jedermann, ob sechs oder siebzig Jahre alt. Er liegt an der Westseite des Derwentwater und lässt sich in zwei Stunden besteigen.

---

felte Stoffe plus mit Musik bestückte iPods. Im Garten steht sogar eine Tardis.

Das Haus liegt rund 4 km von Ambleside entfernt abseits der B5286 nach Hawkshead.

Waterhead Hotel
HOTEL £££

(☎08458-504503; www.englishlakes.co.uk; Lake Rd; Zi. 140–350 £; [P][?][食][※]) Das vornehmste Hotel von Ambleside erfreut sich einer erstklassigen Lage am Seeufer. Von außen präsentiert es sich im klassischen Lakeland-Look, d. h. massiver Stein und Erkerfenster, und dagegen überwiegend modern. Es hat geräumige, mit antiken Möbeln und Designertextilien eingerichtete Zimmer und ein feines Restaurant, das Mountain View. Das Haus ist sehr familienfreundlich und bietet bei Internetbuchung gute Rabatte.

 **Essen**

Apple Pie
CAFÉ £

(☎015394-33679; www.applepieambleside.co.uk; Rydal Rd; Mittagsgerichte 4–10 £; ⊙9–17.30 Uhr) Das freundliche kleine Café ist eine gute Adresse für eine kurze Mittagspause: Hier gibt's Sandwiches, warme Pasteten, Folienkartoffeln und köstlichen Kuchen – der Apfelkuchen ist legendär. Im Haus nebenan hat der Besitzer einige sehr preisgünstige Zimmer (DZ 60–80 £) zu vermieten.

Zeffirelli's
ITALIENISCH £

(☎015394-33845; www.zeffirellis.com; Compston Rd; Pizzas & Hauptgerichte 8–14 £; ⊙11–22 Uhr) Zeff's ist eine Institution der Gegend und oft rappelvoll mit Gästen, die sich über köstliche Pizzas und Pasta hermachen. Wer das *Double Feature* für 20,75 £ nimmt, bekommt zwei Gänge sowie eine Eintrittskarte fürs Kino (S. 625) nebenan.

Fellini's
VEGETARISCH ££

(☎015394-32487; www.fellinisambleside.com; Church St; Hauptgerichte 12,95 £; ⊙17.30–22 Uhr; [✔]) Keine Angst, liebe Vegetarier: selbst im Land der Cumberland-Würstchen und der fleischlastigen Eintöpfe müsst ihr dank Fellinis ausgezeichnetem „vegeterranem" Essen nicht Hunger leiden. Die Küche ist sehr kreativ. Appetit auf Paranuss-Haselnuss-Mandelbraten oder Zwiebel-Lauch-Feta-Pastete?

Lucy's on a Plate
CAFÉ, BISTRO ££

(☎015394-31191; www.lucysofambleside.co.uk; Church St; Hauptgerichte 12,95–20,95 £; ⊙Mo–Fr 9–17, Sa & So bis 22 Uhr) Das alteingesessene Szenebistro erfreut sich seit Jahren einer treuen Anhängerschaft. Die Speisekarte ist originell und bunt wie die Einrichtung mit Möbel-Mix und allerlei Krimskrams – bei Rumpy Pumpy, Wild About Bambi und Bobbing Bobotie handelt es sich um Lammbraten, Wildbret und südafrikanischen Eintopf.

⭐ Lake Road Kitchen
BISTRO £££

(☎015394-22012; www.lakeroadkitchen.co.uk; Lake Rd; 5-/8-Gänge-Probiermenü 50/80 £; ☺Mi–So 18–21.30 Uhr) Das in den höchsten Tönen gepriesene Bistro hat neuen Glanz in die Restaurantszene von Ambleside gebracht. Der im Noma ausgebildete Chefkoch James Cross erkundet die Küche des Nordens. Die mehrgängigen Verkostungsmenüs stecken voller regionaler und saisonaler Zutaten, vom Seetang bis zu Waldpilzen. Die Aromen sind experimentell, die Präsentation ist makellos und die Einrichtung im skandinavisch Stil genau passend. Ein erstklassiges Speiseerlebnis!

⭐ Old Stamp House
BISTRO £££

(☎015394-32775; www.oldstamphouse.com; Church St; Hauptgerichte abends 19–26 £; ☺Mi–Sa 12.30–14, Di–Sa 18.30–22 Uhr) Ein echtes Ambleside-Schmankerl: Hier gibt's feines Essen original cumbrischer Herkunft. Die Gerichte wirken modern und vertraut zugleich: Das Herdwick-Lamm wird mit Erbsen, Bohnen und Gersteneintopf aufgepeppt, der Entenbraten mit Bocksbart, Chicoree und Orange. Das Restaurant befindet sich im Untergeschoss eines Gebäudes, in dem Wordsworth einst als *distributor of stamps* arbeitete, mit Balken, weiß getünchten Wänden, verkratztem Holz und Schwarzweißfotos – sehr stilvoll!

Ausgehen & Unterhaltung

In Ambleside gibt's jede Menge Pubs: die Einheimischen zieht es der guten Ale-Auswahl wegen vor allem ins **Golden Rule** (☎015394-32257; www.robinsonsbrewery.com/goldenrule; Smithy Brow), Wanderer nach vollbrachter Tour eher ins **Royal Oak** (☎015394-33382; www.johnbarras.com/pub/royal-oak-ambleside/s6627/; Market Pl).

Zeffirelli's Cinema
KINO

(☎015394-33100; Compston Rd; Tickets vor/nach 18.45 Uhr 7/8,50 £) Das Kino von Ambleside, das Zeffirelli's Cinema mit zwei Sälen, befindet sich gleich neben dem Restaurant Zeffirelli's. Mehr Kinounterhaltung gibt's in einer entwidmeten Kirche ein Stück weiter die Straße herunter.

❶ Praktische Informationen

Hub (☎015394-32582; tic@thehubofambleside.com; Central Bldgs, Market Cross; ☺9–17 Uhr) Hier sind sowohl die Touristeninformation als auch die Post untergebracht.

❶ Anreise & Unterwegs vor Ort

BUS

Bus 555 Fährt mindestens stündlich (auch So) nach Grasmere und Keswick (8,20 £) und in der entgegengesetzten Richtung nach Bowness und Windermere (5,20 £) sowie Kendal (6,70 £).

Bus 599 Der obenn offene Bus fährt mindestens stündlich (auch Sa & So) nach Grasmere (8,20 £), Bowness (5,20 £), Windermere (5,20 £) und zum Brockhole Visitor Centre; vier Busse fahren täglich weiter nach Kendal (6,70 £).

Bus 505 Nach Hawkshead und Coniston (4,20 £, stündl., auch So).

Bus 516 Nach Elterwater und Langdale (3,70 £, 7-mal tgl.).

FAHRRAD

Biketreks (☎015394-31505; www.biketreks.net; Rydal Rd; 20 £ pro Tag)

Ghyllside Cycles (☎015394-33592; www.ghyllside.co.uk; The Slack; 18 £ pro Tag)

Grasmere
1458 EW.

Selbst ohne Bezug zu den Dichtern der Romantik wäre das bezaubernde Grasmere ein Hauptanziehungspunkt der Gegend. Umgeben von Wäldern, Wiesen und schiefergrauen Hügeln schmiegt sich das Dörfchen ans Ufer eines mit Inseln getupften Sees und ist eins der schönsten Dörfchen von Lakeland. Doch von den Tausenden von Tagesausflüglern kommen die meisten auf der Suche nach seinem prominentesten ehemaligen Bewohner: dem Dichter William Wordsworth, der sich 1799 im nahe gelegenen Dove Cottage häuslich niederließ. Angesichts dieses großartigen literarischen Erbes ist es kein Wunder, dass in Grasmere ganz schön was los ist.

◉ Sehenswertes

⭐ Dove Cottage
HISTORISCHES GEBÄUDE

(☎015394-35544; www.wordsworth.org.uk; Erw./Kind 7,50/4,50 £; ☺9.30–17.30 Uhr) Der berühmteste Bewohner des mit Kletterpflanzen überrankten Häuschen (ein ehemaliges Pub namens Dove & Olive Bough) am Rand von Grasmere war William Wordsworth, der hier 1799 einzog. Die kleinen Zimmer sind ziemlich vollgestopft, aber mit etwas Glück lassen sich die Pass des Dichters erspähen, eine seiner Brillen und ein Porträt seines Lieblingshundes Pepper, ein Geschenk von

Sir Walter Scott. Damit sich nicht zu viele Besucher gegenseitig auf die Füße treten, gilt die Eintrittskarte nur für einen begrenzten Zeitraum. Sie berechtigt aber zur Teilnahme an einer interessanten Führung.

Wordsworth bewohnte das Haus mit seiner Schwester Dorothy, Ehefrau Mary und den drei Kindern John, Dora und Thomas. 1808 zog die Familie ins nahe gelegene Allen Bank und das Cottage wurde an Thomas de Quincey, den Verfasser der *Confessions of an English Opium Eater (Bekenntnisse eines englischen Opiumessers)*, vermietet.

Die Eintrittskarte berechtigt auch zum Besuch des **Wordsworth Museum & Art Gallery** nebenan, wo eine der wichtigsten Sammlungen des Landes zur Romantik untergebracht ist, darunter zahlreiche Originalmanuskripte und die gruseligen Totenmasken einiger namhafter Vertreter der Epoche.

St. Oswald's Church
KIRCHE
(Church Stile) Auf dem Friedhof der kleinen Kapelle mitten in Grasmere ruhen die Mitglieder der Familie Wordsworth. Wer sucht, der findet die Grabsteine von William, Mary, Dorothy und allen drei Kindern. Auch Samuel Taylor Coleridges Sohn Hartley liegt hier begraben.

Grasmere Lake & Rydal Water
SEE
Die Ufer des zweigeteilten Sees Grasmere säumen idyllische Spazierwege. Am nördlichen Ende des Grasmere kann man bei den

---

Grasmere Tea Gardens (☎015394-35590; Stock Lane; ◷9.30–17 Uhr), fünf Minuten zu Fuß vom Dorfkern, Ruderboote ausleihen.

🛏 Schlafen

Grasmere Hostel
HOSTEL £
(☎015394-35055; www.grasmerehostel.co.uk; Broadrayne Farm; B 20–23 £; P @) Das unabhängige Hostel wirkt mit überraschenden Luxus-Extras wie nordischer Sauna, Dachfenstern, zwei Küchen und einem eigenen Badezimmer für jeden Schlafsaal im Stil eher skandinavisch. Durch Bullaugenfenster bieten sich eindrucksvolle Ausblicke auf die Fells. Das umgebaute Landhaus liegt an der A591 rund 2,5 km nördlich des Orts, in der Nähe des Pubs Traveller's Rest.

Heidi's Grasmere Lodge
B&B ££
(☎0774-382 7252; www.heidisgrasmerelodge.co.uk; Red Lion Sq; DZ 99–130 £; 🛜) In dem edlen B&B direkt über dem gleichnamigen Café mitten im Ort gibt's sechs ausgesprochen feminin eingerichtete Gästezimmer voller Zierkissen und Accessoires im Cath-Kidston-Design. Sie sind ziemlich klein, aber echt gemütlich. Zimmer Nr. 6 besitzt einen eigenen, über eine Wendeltreppe erreichbaren Sonnenbalkon.

How Foot Lodge
B&B ££
(☎015394-35366; www.howfootlodge.co.uk; Town End; DZ 76–85 £; P) Das nur einen Katzensprung vom Dove Cottage entfernte Steinhaus hat sechs in unterschiedlichen Beigetönen gehaltene Gästezimmer. Die schönsten sind die Deluxe-Doppelzimmer, von denen eins eine Sonnenterrasse besitzt und das andere ein separates Wohnzimmer. Angesichts der Lage ein absolutes Schnäppchen.

⭐ Forest Side
BOUTIQUEHOTEL £££
(☎015394-35250; www.theforestside.com; Zi. mit VP 279–399 £; P 🛜) Das von dem bekannten Hotelier Andrew Wildsmith betriebene Boutique-Juwel bietet Luxus pur. Ein wahrer Designpalast mit Knautschsamtsofas, Paradiesvogel-Tapeten, Hirschköpfen und 20 schicken Zimmern unterschiedlicher Kategorien. Küchenchef Kevin Tickle war vorher im L'Enclume tätig und verarbeitet im zugehörigen Top-Restaurant Erzeugnisse aus dem eigenen Gemüsegarten.

⭐ Daffodil Hotel
BOUTIQUEHOTEL £££
(☎015394-63550; www.daffodilhotel.co.uk; DZ 99–159 £, Suite 179–259 £; P 🛜 ♿) Das 2012 eröffnete Nobelhotel residiert in einem viktorianischen Gebäude, doch die 78 Zimmer

---

TOP-CAMPINGPLÄTZE IM LAKE DISTRICT

Zusätzlich zu den vier hervorragenden Campingplätzen des National Trust (nahe Ambleside, Great Langdale, Wasdale und Coniston) gibt es noch weitere tolle Schlafplätze unter der Sternen:

Bowkerstead Farm (S. 632)

Fisherground Farm (S. 635)

Syke Farm (☎01768-770222; www.sykefarmcampsite.com; Erw./Kind 8/4 £; ◷Ostern–Okt.)

Quiet Site (☎07768-727016; www.thequietsite.co.uk; Stellplätze 15–37 £, Pods 35–60 £, Hobbithöhlen 65–90 £; ◷ganzjährig; P 🛜)

Seatoller Farm (☎017687-77232; www.seatollerfarm.co.uk; Erw./Kind 7/3,50 £; ◷Ostern–Okt.)

sind ganz modern eingerichtet, mit Teppichen mit Strudelmuster, Kunstdrucken und kräftigen Farben wie Limone, Lila und Türkis. Die Gäste haben die Wahl zwischen See- und Talblick. In den hübschen Bädern gibt's Badeartikel von Molton Brown. Ein gutes Restaurant und ein luxuriöses Spa machen das Paket komplett. Nicht schlecht!

Das Hotel liegt nicht weit von der A591, die von Ambleside Richtung Norden nach Grasmere führt, noch vor dem Dove Cottage.

Essen & Ausgehen

Baldry's Tea Room CAFÉ £
(☏ 015394-35301; Red Lion Sq; Mittagsgerichte 5–9 £; ⏱ 10–17 Uhr) Der altmodische Tearoom ist so traditionell englisch wie ein Sonntagsbraten und die richtige Adresse für einen klassischen *cream tea* mit Tee aus einer Kanne aus feinem Porzellan und buttrigen *scones*, Haferkeksen oder einem Stück *Victoria sponge cake* dazu. Zu Mittag werden auch *rarebits* (Käsetoasts), Salate und Corned-Beef-Sandwiches serviert.

★ **Jumble Room** MODERN BRITISCH ££
(☏ 015394-35188; www.thejumbleroom.co.uk; Langdale Rd; Hauptgerichte abends 14,50–21 £; ⏱ Mi–Mo 17.30–21.30 Uhr) Das Ehepaar Andy und Crissy Hill hat eine Dorfkneipe in ein hübsches, einladendes Esslokal und einen Gourmet-Hotspot verwandelt. Farbenfrohes Geschirr, Kuh-Gemälde und Primärfarben sorgen für Boho Atmosphäre. Passend dazu gibt's eine bunt gemischte Speisekarte vom Linsen-Dal und Steak auf japanische Art bis zum Pinatubo-Huhn (mit asiatischen Gewürzen und Kokosmilch).

Lewis's BISTRO ££
(☏ 015394-35266; Broadgate; Hauptgerichte 12,50–18,95 £; ⏱ 12–14 & 18–21 Uhr) Das kleine Restaurant, früher Sara's Bistro, wird vom namengebenden Eigentümer mit großem Enthusiasmus geführt und serviert herzhafte Gerichte wie Lammbraten mit Rotweinjus und Morecambe-Bay-Seebarsch mit Meerfenchel. Tendenziell eher Hausmannskost als Haute Cuisine und vielleicht ein bisschen zu teuer, aber durchaus einen Versuch wert.

Traveller's Rest PUB
(☏ 015394-35604; www.lakedistrictinns.co.uk/travellers-rest; A591, bei Grasmere; Hauptgerichte 8–16 £; ⏱ 10–23 Uhr) Mit seinen flackernden Kaminen ist der Kutschgasthof aus dem 16. Jh. an der A591 ein nettes Plätzchen für ein Pint und ein einfaches Abendessen mit Pasteten.

 Shoppen

★ **Sarah Nelson's Gingerbread Shop** LEBENSMITTEL
(☏ 015394-35428; www.grasmeregingerbread.co.uk; Church Cottage; ⏱ Mo–Sa 9.15–17.30, So 12.30–17 Uhr) Seit 1854 produziert der namhafte Süßwarenhersteller direkt neben der Dorfkirche das unverzichtbare Grasmere-Souvenir: traditionelle, nach einem streng gehüteten Geheimrezept gebackene Lebkuchen, halb Keks, halb Kuchen (6/12 Stück für 3,50/5,95 £). Für die freundliche Bedienung durch Verkäuferinnen in hübschen Trägerschürzen und gestärkten Häubchen gibt's noch einen Pluspunkt obendrauf.

❶ An- & Weiterreise

Bus 555 fährt von Windermere über Ambleside, Rydal Church und Dove Cottage nach Grasmere (15 Min.). Der oben offene Bus 599 (im Sommer 2- oder 3-mal pro Std.) verkehrt von Grasmere via Ambleside und Troutbeck Bridge nach Windermere und Bowness. Die Preise sind für beide Bussen gleich. Die Fahrt von Grasmere nach Ambleside kostet 5,80 £, nach Windermere 6,50 £.

Hawkshead

1640 EW.

Das kleine Hawkshead ist das Musterbeispiel eines Lakeland-Dorfs, ein Haufen weißgetünchter Cottages, kopfsteingepflasterte Gassen und alte Pubs inmitten der flaschengrünen Landschaft zwischen Ambleside und Coniston. Auch literarischen Ruhm hat das Dorf aufzuweisen: Wordsworth ging hier zur Schule und Beatrix Potters Ehemann William Heelis war lange Jahre in Hawkshead als Anwalt tätig (sein ehemaliges Büro ist heute eine Kunstgalerie).

Das Dorfzentrum ist Fußgängerzone.

◉ Sehenswertes

Beatrix Potter Gallery GALERIE
(NT; www.nationaltrust.org.uk/beatrix-potter-gallery; Red Lion Sq; Erw./Kind 6/3 £; ⏱ Mitte März–Okt. Sa–Do 10.30–17 Uhr) Beatrix Potter war nicht nur Kinderbuchautorin, sondern auch eine talentierte Pflanzenmalerin und Amateurbotanikerin. Besonders angetan war sie von Pilzen. In der kleinen Kunstgalerie (in den ehemaligen Büroräumen von Potters Ehemann, dem Rechtsanwalt William Heelis) sind von ihr gemalte Aquarelle mit Darstellungen der lokalen Flora und Fauna ausgestellt. 2016 feierte die Galerie den 150.

ⓘ DIE CROSS LAKES EXPERIENCE

Wer nicht mit dem Auto unterwegs ist, gelangt mit der **Cross Lakes Experience** (www.mountain-goat.co.uk/Cross-Lakes-Experience; Erw./Kind hin & zurück 12,45/7,15 £; ⊙ April–Nov.) auf angenehme Weise von Bowness nach Hawkshead: erst mit der Windermere Ferry (S. 621), dann mit dem Minibus nach Hill Top und weiter bis nach Hawkshead. Ein Angebot von Mountain Goat (S. 621).

Geburtstag der Schriftstellerin mit einer Sonderausstellung mit Auszügen aus ihrem verschlüsselten Tagebuch.

★ Tarn Hows   SEE

(NT; www.nationaltrust.org.uk/coniston-and-tarn-hows) **GRATIS** Rund 3 km abseits der B5285 von Hawkshead her schlängelt sich eine Landstraße zu dem künstlich angelegten See. Er ist ein populäres Fotomotiv und gehört mittlerweile zum National Trust. Fußpfade durchziehen das Seeufer und den Wald ringsum – wer die Augen offen hält, sieht Eichhörnchen in den Baumwipfeln herumturnen.

Es gibt einen kleinen National-Trust-Parkplatz, der aber schnell voll ist. In der Nähe halten mehrere Busse, darunter der 505.

★ Hill Top   HISTORISCHES GEBÄUDE

(NT; ☎ 015394-36269; www.nationaltrust.org.uk/hill-top; Erw./Kind 10/5 £, Eintritt zum Garten & Shop frei; ⊙ Haus Mo–Do 10–17.30, Fr–So 10–16.30 Uhr, Garten Mo–Do bis 17.45, Fr–So bis 17 Uhr) Das idyllische Bauernhaus 3 km südlich von Hawkshead im winzigen Dorf Near Sawrey, das Beatrix Potter 1905 erwarb , diente ihr als Inspirationsquelle für viele Geschichten. In *Samuel Whiskers (Die Geschichte von Bernhard Schnautzbart)*, *Tom Kitten (Die Geschichte von Tom Kitten)*, *Pigling Bland (Die Geschichte von Schweinchen Schwapp)* und *Jemima Puddleduck (Jemima Pratschel-Watschel)* ist es naturgetreu beschrieben. Mancher wird auch den Gemüsegarten aus *Peter Rabbit (Die Geschichte von Peter Hase)* wiedererkennen. Die Eintrittskarten gelten nur für einen begrenzten Zeitraum. Um dem Massensturm ein wenig zu entgehen, kommt man am Wochenende besser erst am späten Nachmittag oder am besten unter der Woche her.

In Efeu gehüllt und mit Erinnerungsstücken vollgestopft, scheint das Haus einem Märchenbuch entsprungen zu sein. Beatrix Potter bewohnte es nur bis zu ihrer Hochzeit mit William Heelis. 1913 zog das frisch vermählte Paar auf die größere Farm Castle Cottage ganz in der Nähe, wo die Autorin bis zu ihrem Tod 1943 zahlreiche weitere Geschichten schrieb.

Sie vermachte Hill Top (sowie Castle Cottage und mehr als 1600 ha Land) dem National Trust, unter der Bedingung, dass das Haus samt ihrer Habseligkeiten und der Einrichtung erhalten blieb. 2016 stand es im Mittelpunkt der Feierlichkeiten zum 150. Geburtstag der Schriftstellerin.

🛏 Schlafen & Essen

Hawkshead YHA   HOSTEL £

(☎ 0845-371 9321; www.yha.org.uk; B 10–21 £; P @ ☎) Das große Hostel residiert in einem denkmalgeschützten Gebäude im Regency-Stil mit Blick auf das Esthwaite Water rund 1,5 km von Hawkshead an der Straße nach Newby Bridge. In Anbetracht der günstigen Preise ist die Unterkunft wirklich schick: Die Schlafsäle und die Küche sind geräumig und es gibt Camping-Pods sowie einen Fahrradverleih. Bus 505 hält am Ende des kleinen Straße.

Yewfield   B&B ££

(☎ 015394-36765; www.yewfield.co.uk; Hawkshead Hill; EZ 49 £, DZ 106–140 £; P ☎) 🍃 Die große viktorianische Villa ist eine der besten Unterkünfte rund um Hawkshead, auch wenn sie außerhalb des Orts bei Tarn How an der Straße nach Coniston liegt. Sie wird von den Eigentümern des Zeffirelli's in Ambleside betrieben und bietet verschiedene behagliche Zimmer und Aufenthaltsbereiche mit Antiquitäten sowie umweltfreundliche Maßnahmen wie einen Holzheizkessel und vegetarisches Frühstück. Wer drei Nächte bleibt, erhält Rabatt.

Summer Hill Country House   HOTEL ££

(☎ 015394-36180; www.summerhillcountryhouse.com; Hawkshead Hill; DZ 102–122 £; P @ ☎) Das aus dem 18. Jh. stammende Haus auf dem Hawkshead Hill erfreut sich einer wunderbar abgeschiedenen Lage jeweils 5 km von Coniston und Hawkshead entfernt. Die fünf Zimmer variieren hinsichtlich Form und Größe, doch in allen stehen edle Badeprodukte und ans Internet angeschlossene Mac Minis, mit denen man z. B. Filme schauen kann. Den Garten schmücken Skulpturen sowie ein Sommerhäuschen, das einst John Ruskin gehörte.

Love Shack
COTTAGE £££

(☎015394-41242; www.lakedistrictloveshack.com; Cunsey; ☺3 Tage 500–850 £, Zi. 700–1250 £ pro Woche) 🌱 Die umweltfreundliche und supercoole Holzhütte wurde an einer Stelle erbaut, an der in den 1960er-Jahren eine Liebeslaube stand (daher der Name) und ist das Geisteskind der Künstler Karen Guthrie und Adam Sutherland. Es ist eine Mischung aus modern und retro – aufgemöbeltes Holz, Bio-Farben und Eichenholzdielen, dazu hippe Möblierung und abgerockte mega-retro Love Seats. Das Ganze in abgeschiedener Waldlage unweit von Near Sawrey.

Queen's Head
PUB ££

(☎015394-36271; www.queensheadhawkshead. co.uk; Main St; Hauptgerichte 12–15 £; ☺12–15 & 18–22 Uhr) Das beste von mehreren Pubs in Hawkshead, mit sehr niedriger Decke und Eichenvertäfelung. Zum recht guten Essen kommen nette Zimmer (98–158 £) mit Himmelbetten, direkt über dem Pub sowie in einem modernen Nebengebäude.

⭐ Drunken Duck
PUB £££

(☎015394-36347; www.drunkenduckinn.co.uk; Barngates; Hauptgerichte mittags 7–12 £, abends 22 £; ☺12–14 & 18–22 Uhr; 🅿🛜) Das Drunken Duck an einer baumbestandenen Kreuzung auf dem Hawkshead Hill ist schon lange eines der Top-Restaurants im Lake District. Hier sind historisches Pub-Ambiente und Feinschmeckerkost vereint. Das Lokal ist für sein opulentes Essen und seine hausgebrauten Ales bekannt. Steinplatten und Druckgrafiken mit Motiven aus der Welt des Sports schaffen ländliches Flair. Fürs Abendessen muss weit im Voraus gebucht werden, mittags kann man sein Glück versuchen.

Übernachtungsgäste werden feststellen, dass die Zimmer (105–325 £) genauso hochkarätig sind wie die Speisen. Das Pub ist nicht leicht zu finden: Autofahrer nehmen die B5286 von Hawkshead Richtung Ambleside und halten Ausschau nach den braunen Schildern.

ℹ An- & Weiterreise

Zwischen Hawkshead und Windermere, Ambleside und Coniston verkehrt Bus 505 (3,50–4,50 £; stündl., inkl. So).

Coniston
641 EW.

Das Dorf am Seeufer duckt sich unter einen zerklüfteten Berg namens **Old Man of Coniston** (803 m). Es entstand als Versorgungszentrum für die Bergwerke der Umgebung und in den Hügeln ringsum finden sich überall Reste alter Kupferminen. Heutzutage plant, wer Coniston einen Besuch abstattet, normalerweise zwei Unternehmungen: eine Fahrt mit der reizenden alten Coniston Launch und den Aufstieg zum Gipfel des Old Man, eine steile, aber wunderschöne Wanderung von insgesamt rund 11 km.

Coniston wurde aber auch als Schauplatz einer Reihe von Geschwindigkeitsrekordversuchen bekannt, die Sir Malcolm Campbell und sein Sohn Donald von den 1930er- bis in die 1960er-Jahre anstellten. Nachdem er den Weltrekord mehrmals gebrochen hatte, kam Donald bei einem weiteren Versuch 1967 ums Leben, als sich sein raketengetriebenes Schnellboot *Bluebird* bei 527 km/h überschlug. Erst 2001 wurden das Boot und sein Kapitän geborgen und Campbell auf dem Friedhof der Kirche St. Andrew's begraben.

◉ Sehenswertes

Brantwood
HISTORISCHES GEBÄUDE

(☎015394-41396; www.brantwood.org.uk; Erw./ Kind 7,50 £/frei, nur Grundstück 4,95 £/frei; ☺Mitte März–Mitte Nov. 10.30–17 Uhr, Mitte Nov.–Mitte März Mi–So bis 16 Uhr) John Ruskin (1819–1900) war einer der großen Denker des 19. Jhs. Der Gelehrte, Philosoph, Maler und Kunsthistoriker verfasste Abhandlungen über eine Vielzahl von Themen, von venezianischer Architektur bis zum Spitzenklöppeln. 1871 erwarb Ruskin dieses Haus am See und baute es in den folgenden 20 Jahren um, wobei er großen Wert aufs Handwerkliche legte – er entwarf sogar die Tapeten selbst. Besonders sehenswert sind Ruskins riesige Muschelsammlung und mehrere Gemälde von William Turner.

Von Coniston fahren regelmäßig Boote hierher. Außerdem ist das Anwesen an der B5285 ausgeschildert.

Coniston Water
SEE

Das 8 km lange Coniston Water, nach Windermere und Ullswater der drittgrößte See im Lake District, befindet sich knapp 1 km vom Ort entfernt und ist über die Lake Road zu erreichen.

1

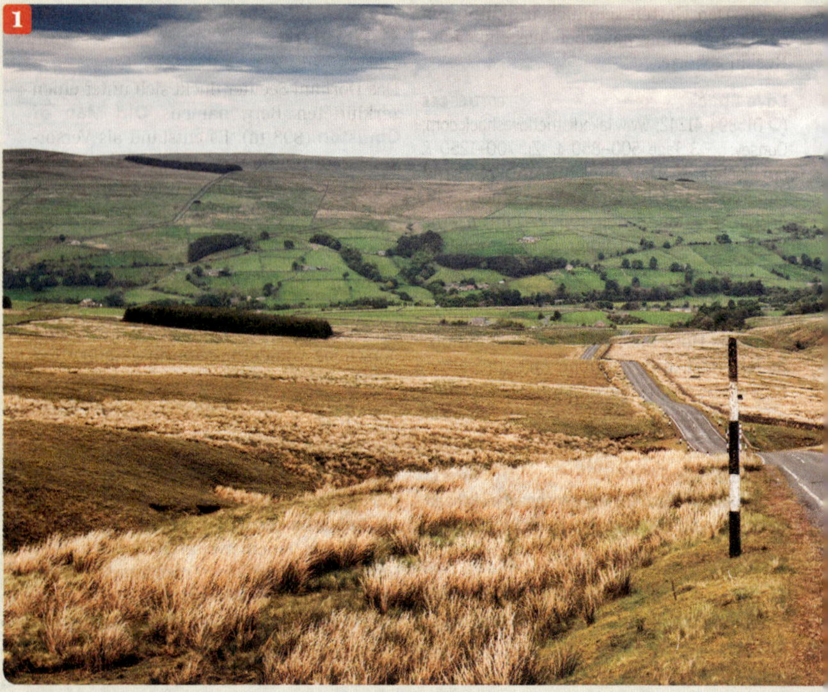

2

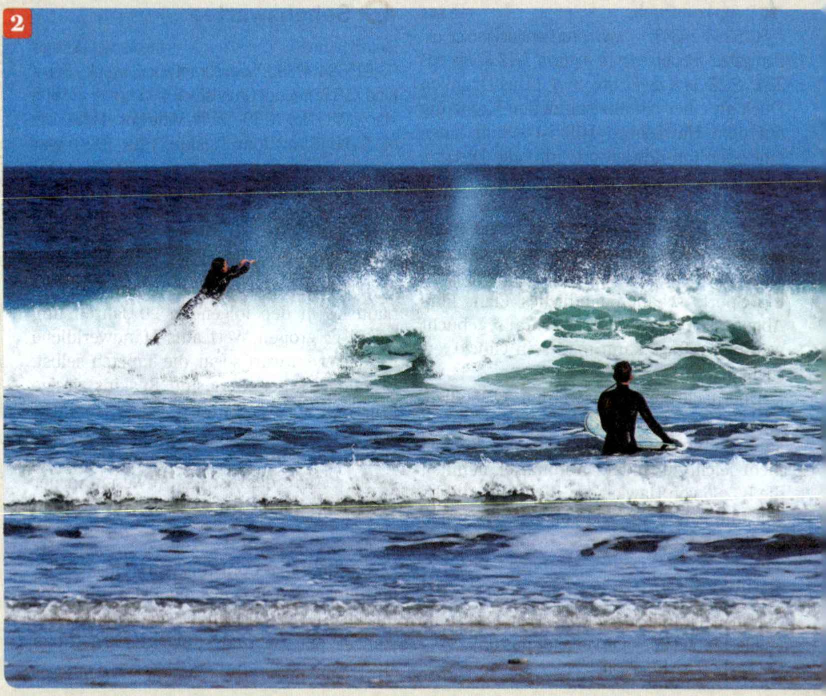

JOE DUNCKLEY / SHUTTERSTOCK ©

Ein Radfahrer strampelt das Chapel Fell in den Pennines (S. 653) hinauf **2.** Surfer in Newquay (S. 348) **3.** Am Hadrianswall (S. 671) gibt's eine Reihe einfacher Spazierwege

Englands schöne Landschaften

Die Engländer lieben ihre phantastischen Naturlandschaften. Jedes Wochenende fliehen sie in Scharen aus den Städten in die Berge, Moore und an die Küste. Am beliebtesten sind Wandern und Radfahren, aber daneben gibt's noch eine Menge anderer Möglichkeiten – und sich nass und schmutzig zu machen, kann sogar zu einem Highlight der Reise werden!

Wandern

Sobald man die überfüllten Städten hinter sich lässt, bieten sich wunderschöne Landschaften zum Wandern an. Vom kurzen Spaziergang am Flussufer bis zur ambitionierten Bergwanderung ist alles drin. Zu den besten Regionen gehören die Cotswolds, der Lake District und die Yorkshire Dales.

Radfahren

Ein Fahrrad ist ideal, um ländliche Gegenden Englands kennenzulernen. Regionen wie Suffolk, Yorkshire und Wiltshire bieten ein ausgedehntes Netz von ruhigen Landstraßen, die sich für Radtouren eignen. Mountainbiker können sich im Peak District, den North Yorkshire Moors und den South Downs etwas weiter in die Wildnis wagen.

Reiten

Wer die Hügel und Moore in einem gemütlicheren Tempo erkunden möchte, kann die unberührteren Gegenden Englands vom Pferderücken aus betrachten. In ländlichen Regionen und National-parks wie Dartmoor und Northumberland bieten Reiterhöfe Ausritte für jedes Niveau an.

Surfen

England ist vielleicht nicht das naheliegendste Ziel für Surfer, aber an einigen Orten sind die Bedingungen überraschend gut. An der Spitze der Hitliste stehen die Westküsten von Cornwall und Devon, kleinere Surfszenen gibt's an der Ostküste, vor allem in Norfolk und Yorkshire.

Der See lässt sich auf einer Schiffsrundfahrt erkunden oder besser noch mit den Jollen, Ruderbooten, Kanus, Kajaks und Motorbooten, die das **Coniston Boating Centre** (☏015394-41366; www.conistonboatingcentre.co.uk; Coniston Jetty) verleiht.

Aktivitäten

Coniston Water inspirierte bekanntermaßen Arthur Ransome zu seinem Kinderbuch-Klassiker *Swallows and Amazons (Kampf um die Insel)*. Peel Island, zum südlichen Ende des Sees hin gelegen, wurde im Buch zu Wild Cat Island und der Dampfer *Gondola* soll Ransome die Idee zu Captain Flints Hausboot eingegeben haben.

★ **Steam Yacht Gondola**   BOOTSTOUREN

(NT; ☏ 015394-63850; www.nationaltrust.org.uk/steam-yacht-gondola; Coniston Jetty; Half Lake Erw./Kind 11/5,50 £, Full Lake Erw./Kind/Fam. 21,50/10/51 £) Das wunderbare, 1859 gebaute und in den 1980er-Jahren mit Mitteln des National Trust restaurierte Fahrgastschiff sieht aus wie eine Kreuzung zwischen einem venezianischen *vaporetto* und einem englischen Hausboot, samt Salons mit Polstersitzen und polierten Holzbänken. Mit der *Gondola* lässt sich der See auf stilvolle Weise erkunden, vor allem wenn ein Besuch von Brantwood auf dem Programm steht. Und umweltfreundlich ist das auch, denn seit 2008 wird das Schiff mit Abfallholz betrieben.

Von Mitte März bis Oktober werden täglich mehrere 45-minütige „Half Lake"-Trips durchgeführt. Die längeren, 105-minütigen „Full Lake"-Fahrten finden nur ein paarmal pro Woche statt und werden kommentiert mit Informationen zu Ransome, den Campbells und Ruskin. Im Sommer stehen auch eine Walkers' Cruise sowie Picknick- und sonntägliche *afternoon tea*-Fahrten auf dem Programm. Für National-Trust-Mitglieder gibt's 10 % Rabatt.

Coniston Launch   BOOTSTOUREN

(☏015394-36216; www.conistonlaunch.co.uk; Coniston Jetty; Northern Service Rückfahrkarte für Erw./Kind 11/5,50 £, Southern 16,50/8,25 £)  Die beiden modernen Coniston-Barkassen fahren seit 2005 mit Solarenergie. Der reguläre 45-minütige **Northern Service** legt am Waterhead Hotel, in Torver und Brantwood an. Der 105-minütige **Southern Service** fährt von Montag bis Donnerstag unter wechselnden Mottos. Montag und Mittwoch lautet es *Swallows and Amazons*, Dienstag und Donnerstag *Campbells on Coniston*.

🛏 Schlafen

Coppermines YHA   HOSTEL £

(☏0845-371 9630; www.yha.org.uk; B ab 16 £; ⊙Rezeption Ostern–Okt. 7–11 & 17–22 Uhr) Das rustikale Hostel an einer steilen steinige Straße, 1,5 km vom Dorf entfernt, diente früher als Unterkunft für Bergleute aus den Kupferminen. Heute ist es eine begehrte Wanderherberge: Von hier aus kann man schön früh auf den Old Man aufbrechen. Die Schlafsäle sind klein, aber es gibt eine Küche, Duschen und sogar eine Bar mit Alkohollizenz.

Lakeland House   B&B ££

(☏015394-41303; www.lakelandhouse.co.uk; Tilberthwaite Ave; EZ 30–60 £, DZ 65–99 £, Suite 90–160 £) Das preiswerte, einfache B&B liegt

---

GRIZEDALE FOREST

Grizedale Forest (www.forestry.gov.uk/grizedale) Den sich über die Berge zwischen Coniston Water und Esthwaite Water auf 2428 ha erstreckenden Wald durchziehen neun Wanderwege und sieben Biketrails, einige davon einfach und für Familien mit Kindern geeignet, andere für Hardcore-Wanderer und -Biker. Unterwegs stehen versteckt im Unterholz mehr als 40 Skulpturen, die seit 1977 von verschiedenen Künstlern geschaffen werden – einen informativen Guide gibt's auf www.grizedalesculpture.org. Nähere Infos hat die Touristeninformation (☏0300 067 4495; grizedale@forestry.gsi.gov.uk; ⊙Sommer 10–17 Uhr, Winter 10–16 Uhr).

Velo Bikes (☏01229-860335; www.velobikes.co.uk; Erw./Kind halber Tag ab 20/12 £; ⊙9–17 Uhr) Verleiht Mountainbikes und verkauft Radwegkarten. Letzte Vermietung um 15 Uhr.

Bowkerstead Farm (☏01229-860208; www.grizedale-camping.co.uk; Satterthwaite; Erw./Kind 7/3 £, Camping Pods 30 £; ⊙April–Sept.) Am Rand des Grizedale Forest kann man entweder sein eigenes Zelt aufschlagen oder in einer luxuriösen Jurte bzw. einem Eco-Pod aus Holz nächtigen. Dazu kommen eine Schlafscheune für Wanderer und ein Farmshop.

über dem Café Hollands mitten im Zentrum von Coniston. Die Zimmer wurden kürzlich mit frischen Farben und einer Badmodernisierung auf Vordermann gebracht. Einige haben Mansardenfenster, andere bieten einen Blick auf den Old Man. Die Lookout Suite wartet mit einem zweiten Zimmer und einer Badewanne im Schlafzimmer auf.

Bank Ground Farm B&B ££
(☎ 015394-41264; www.bankground.com; East of the Lake; DZ ab 90 £; P) Das Bauernhaus am See wurde literarisch verarbeitet: Es diente Arthur Ransome als Vorbild für Holly Howe in *Swallows and Amazons*. Teile des Hauses datieren aus dem 15. Jh. und so sind die Zimmer ziemlich kuschlig. Manche haben Schlittenbetten, andere freiliegende Holzbalken. Auch der Tearoom kann sich sehen lassen. Für Besucher, die längere Zeit bleiben möchten, stehen Cottages bereit. Zwei Nächte Mindestaufenthalt.

✖ Essen & Ausgehen

Steam Bistro BISTRO ££
(☎ 01539-441928; www.steambistro.co.uk; Tilberthwaite Ave; 2-/3-Gänge-Menü 18,95/22,95 £; ☺ Mi–So 18–23 Uhr) Das schicke neue Bistro hat sich zur Top-Speiseadresse in Coniston gemausert. Auf der sehr vielfältigen Karte werden Aromen aus aller Welt kombiniert, so z. B. beim knusprigen Chili-Rind mit Pak Choi oder griechischem *kleftiko* (langsam geschmortem Lamm) mit Minzepesto – alles zum Festpreis.

Sun Hotel PUB
(☎ 015394-41248; www.thsunconiston.com; ☺ 10–23 Uhr) Das traditionelle Gasthaus diente Donald Campbell während seines fatalen letzten Rekordversuchs als Hauptquartier. Hier lässt sich wunderbar ein Pint genießen, entweder im Biergarten mit Blick auf die Fells oder in einem der vielen gemütlichen Eckchen. Überall sind Campbell-Erinnerungsstücke zu entdecken. Wenn es voll ist, ist das Essen (Hauptgerichte 12–20 £) teils durchwachsen. Das Pub liegt auf einem kleinen Hügel an der Brücke über den Church Beck.

Black Bull PUB
(☎ 015394-41335; www.conistonbrewery.com/black-bull-coniston.htm; Yewdale Rd; ☺ 10–23 Uhr) Das alte Black Bull ist Conistons beliebtester Treffpunkt und hat eine stattliche Anzahl an Gaststuben und eine gutbesuchte Freiterrasse zu bieten. Die Kneipenkost (Hauptgerichte 8–18 £) ist in Ordnung, aber berühmt ist der Schwarze Stier vor allem wegen der hausgebrauten Biere: Bluebird Bitter und Old Man Ale werden jederzeit gezapft, andere nur zu bestimmten Jahreszeiten.

❶ Praktische Informationen

Touristeninformation (☎ 015394-41533; www.conistontic.org; Ruskin Ave; ☺ Ostern–Okt. 9.30–17.30 Uhr, Nov.–Ostern bis 16 Uhr) Die private Touristeninformation hält haufenweise Infos zu Coniston und Umgebung bereit, u.a. über geführte Wanderungen.

❶ An- & Weiterreise

Bus 505 fährt über Ambleside nach Windermere (4,50 £, stündl. inkl. So) und zweimal täglich nach Kendal (9,50 £, 1¼ Std.).

Das Coniston-Bus-and-Boat-Ticket (Erw./Kind 18/8 £) gilt für die Hin- und Rückfahrt mit Bus 505 plus eine Fahrt mit der Coniston Launch und Eintritt in Brantwood.

Elterwater & Great Langdale

Nördlich von Coniston führt die Straße in die wildromantische, menschenleere Landschaft von Great Langdale, einem der meistbesuchten Wandertäler der Lakelands. Hinter dem schmucken Dorf Elterwater reihen sich vor der pastoralen Kulisse eines Flickenteppichs aus baufälligen Scheunen und sattgrünen Feldern am Horizont imposante Fells wie Dominosteine auf.

🏃 Aktivitäten

Die berühmteste Wanderung von Langdale führt über die **Langdale Pikes**: Pike O' Stickle (709 m), Loft Crag (682 m), Harrison Stickle (736 m) und Pavey Ark (700 m). Auf der anderen Talseite erheben sich die zackigen Gipfel des **Bowfell** (902 m) und der **Crinkle Crags**, die selbst für erfahrene Wanderer eine Herausforderung darstellen.

🛏 Schlafen

Great Langdale Campsite CAMPINGPLATZ £
(NT; ☎ 015394-63862; www.nationaltrust.org.uk/features/great-langdale-campsite; Great Langdale; Zeltstellplätze 13–23 £, zusätzl. Erw. 6 £, Pods 35–57,50 £; ☺ Anreise Sa–Do 15–19, Fr bis 21 Uhr; P) Der wahrscheinlich am spektakulärsten gelegene Campingplatz im Lake District erstreckt sich über eine Wiese, hinter der die Langdale Fells aufragen. In der Haupt-

saison wird es hier voll, aber 140 Stellplätze können im Voraus reserviert werden. Die restlichen 30 werden nach dem Motto „Wer zuerst kommt, mahlt zuerst" vergeben. Es stehen auch Camping-Pods und Jurten zur Verfügung.

Langdale YHA
HOSTEL £
(☎0845-371 9748; www.yha.org.uk; High Close, Loughrigg; B 13–25 £; ☺Rezeption März–Okt. 7–10 & 17–22.15 Uhr; P@) Wenn man nicht wüsste, dass es sich um ein Hostel handelt, könnte das Haus glatt als prächtiges Landhotel durchgehen: Es ist viktorianisch groß und steht auf einem Grundstück mit eigenem Arboretum. Von den großen Schlafsälen mit Schiebefenstern bietet sich ein Blick auf die Fells; dazu gibt's eine riesige Küche und eine Lounge mit verziertem Originalkamin. Im Café sind Frühstück, Lunchpakete und ein zweigängiges Abendessen zu bekommen.

★ Old Dungeon Ghyll
HOTEL ££
(☎015394-37272; www.odg.co.uk; Great Langdale; EZ 58 £, DZ 116–132 £; P🖛🛅) Der Gasthof, liebevoll The ODG genannt, bietet Lakeland-Erbe pur. Hier haben schon viele berühmte Wanderer genächtigt, darunter Prince Charles und der Bergsteiger Chris Bonington. Es ist ganz bezaubernd *olde-worlde* (in Ehren abgewohntes Mobiliar, Himmelbetten). Wer nicht hier absteigt, muss wenigstens nach der Wanderung auf ein Pint in der Hiker's Bar mit Schieferboden und Kamin vorbeischauen – seit Dekaden Mittelpunkt des gesellschaftlichen Lebens von Langdale.

★ Brimstone Hotel
HOTEL £££
(☎015394-38062; www.brimstonehotel.co.uk; Langdale Estate, Great Langdale; Zi. 220–350 £; P) Der prächtige Cottagekomplex auf dem Langdale Estate definiert das Wort Luxus neu. Die riesigen Suiten kennzeichnen eher London-Chique als Lakeland-Gemütlichkeit. Zum Standard gehören Mezzanine, edle Kacheln, eigene Patios und ultramoderne Holzbrenner. Eine Bibliothek, ein Restaurant, ein Spa, das in jüngster Zeit komplett erneuert wurde, und ein privates Waldstück dürfen da natürlich nicht fehlen.

★ Eltermere Inn
HOTEL £££
(☎015394-37207; www.eltermere.co.uk; Elterwater; Zi. 145–295 £; P🛜) Der von den Hoteliers Mark und Ruth Jones liebevoll renovierte Landgasthof ist eines der reizendsten ländlichen Refugien des Lakeland. Die Zimmer

sind klassisch-schlicht eingerichtet, nach einem geschmackvollen Farbkonzept beigeanthrazit gehalten und weisen bezaubernde Details wie tiefe Fensterbänke und frei stehende Badewannen auf. Auch das Essen, das in der gemütlichen Hausbar serviert wird, ist von erster Güte. Der *afternoon tea* wird an sonnigen Tagen auf dem Rasen eingenommen.

Essen

Stickle Barn
PUB £
(☎015394-37356; Great Langdale; Hauptgerichte 6–12 £) In dem quirligen, bei Wanderern sehr beliebten Pub in der Nähe des Old Dungeon Ghyll wird Nahrhaftes wie Currys, Chilis und Hotpots aufgetragen.

Chesters by the River
CAFÉ ££
(☎015394-32553; www.chestersbytheriver.co.uk; Skelwith Bridge; Hauptgerichte mittags 8–15 £; ☺9–17 Uhr) Das hübsche Café an einem rauschenden Bach in Skelwith Bridge auf halber Strecke zwischen Ambleside und Elterwater ist hat mehr von einem Feinschmeckerlokal als von einem Imbiss: Die köstlichen Salate, Tagesgerichte und Kuchen lohnen einen Zwischenstopp auf jeden Fall. Angeschlossen ist ein schnieker Geschenkeladen, u. a. mit Souvenirs aus Schiefer aus der Atelierwerkstatt um die Ecke.

ℹ An- & Weiterreise

Als einziger Bus verkehrt der Bus 516 (Mo–Fr 6-mal tgl., Sa & So 7-mal). Er hält in Skelwith Bridge, Elterwater und am Old Dungeon Ghyll Hotel in Great Langdale. Die Fahrt von Ambleside bis nach Great Langdale kostet 4,80 £.

Eskdale
304 EW.

In der Vergangenheit war das Tal Eskdale für die vielen Minen bekannt, in denen die umfangreichen Vorkommen von Eisen, Kupfer und anderen Mineralien der umgebenden Berge abgebaut wurden. Heute ist die Gegend ein Paradies für Wanderer. Eine kleine Dampfeisenbahn, die einst für den Bergbau unterwegs war, ist heute eine beliebte Touristenattraktion.

Am langen Feiertagswochenende im August findet im Dorf Eskdale Green ein traditioneller Landjahrmarkt statt: Schafhirten und Züchter aus der Umgebung führen ihre besten Herdwicks vor, es gibt Hundeschauen, Bergläufe und Kunsthandwerk.

DIE STEILSTE STRASSE ENGLANDS?

Eine haarsträubend steile Bergstraße führt im Zickzackkurs über die Fells zwischen den Tälern **Little Langdale** und **Eskdale**. Der einstige Maultierpfad, der später von den Römern stark ausgebaut wurde, war eine wichtige Handelsroute zwischen den zentralen Tälern von Lakeland und den Häfen an der cumbrischen Küste. Sie überquert die beiden höchsten Straßenpässe Englands, den **Wrynose** und den **Hardknott**, und erreicht stellenweise ein Gefälle von atemberaubenden 30 %. Auf dem Hardknott Pass stehen die Ruinen einer römischen Festung. Erhalten sind Reste der Außenmauer, vom Exerzierplatz und vom Kommandantenhaus. Von hier oben eröffnen sich traumhafte Ausblicke.

Solange man es vorsichtig und entspannt angeht, lässt sich die Straße gut befahren. Aber wer nicht gern im Rückwärtsgang oder am Rand von Abhängen fährt (für Wohnwagen und Busse definitiv ungeeignet), sollte auf die Fahrt verzichten. Wichtig zu wissen: Die Straße ist fast durchgehend einspurig und es gibt nur wenige, weit auseinanderliegende Ausweichstellen, aber mit Gegenverkehr ist zu rechnen. Vor der Fahrt muss man sich vergewissern, dass die Bremsen einwandfrei funktionieren und das Kühlwasser auffüllen – meist wird im ersten oder zweiten Gang gefahren.

Um von Ambleside zur Passstraße zu gelangen, folgt man auf der A593 den Straßenschildern nach Skelwith Bridge und biegt dann Richtung Little Langdale ab. Hinter dem Three Shires Inn wird die Straße steil. Wer dagegen von Westen kommt, nimmt auf der Küstenstraße A595 die Abfahrt Richtung Eskdale und fährt an Boot vorbei hoch zu den Pässen.

Schlafen & Essen

Fisherground Farm
CAMPINGPLATZ £

(019467-23349; www.fishergroundcampsite.co.uk; Erw./Kind 6,50/3,50 £, Auto 2,50 £; März–Okt.) Ein familienfreundlicher Campingplatz im idyllischen Eskdale in günstiger Nähe zur Ravenglass & Eskdale Railway. Im Sommer ist es hier sehr voll; die Zwischensaison ist unbedingt vozuziehen.

Stanley House
B&B ££

(019467-23327; www.stanleyghyll-eskdale.co.uk; Eskdale; EZ 64 £, DZ 110–120 £, FZ 140–170 £;) Die Jahundertwende-Villa befindet sich auf halbem Weg in das Tal beim Bahnhof Beckfoot. In ihr können sich die Gäste ganz wie zu Hause fühlen. Sie dürfen das gesamte Haus mit gemütlichen Aufenthaltszimmern, Gärten voller Rhododendren und eine offene Speisekammer, bestückt mit Bohnen, Brot und Dosennudeln, nutzen. Die Zimmer im ersten Stock stehen auch Hunden offen und das warme Wasser und die Heizungswärme produziert ein umweltfreundlicher Biomasseheizkessel.

Woolpack Inn
PUB ££

(019467-23230; www.woolpack.co.uk; Boot; Hauptgerichte 8,50–14,95 £;) Der alte Gasthof hat zwei Gesichter: Er ist teils modernes Café und teils traditionelle Kneipe. In beiden Bereichen gibt's eine entsprechende Karte: mit Salaten, Kuchen und kleinen Speisen im Café und sättigenden Aufläufen und Cumberland-Würstchen im Pub. Die Zimmer sind schlicht, aber preiswert (EZ 60 £, DZ 80–110 £) und bieten zumeist einen Ausblicke auf die Berge um Eskdale.

An- & Weiterreise

Die Züge der Ravenglass & Eskdale Railway (S. 648) fahren das Tal bis zum Dorf Dalegarth hinauf, von dort ist es ein kurzer Spaziergang bis nach Boot.

Wasdale

Im schroffen, windgepeitschten Tal Wasdale, nur 8 km von der cumbrischen Küste entfernt, zeigt sich der Lake District von seiner unwirtlichen Seite. Die Senke wurde von einem längst verschwundenen Gletscher geformt und beherbergt die höchsten und rauesten Gipfel der Region sowie das stahlgraue Gewässer Wastwater, den tiefsten und kältesten See Englands.

Die Fells von Wasdale ziehen Wanderer magisch an, vor allem die, die Englands höchsten Berg bezwingen möchten, den **Scafell Pike** (978 m).

Sehenswertes & Aktivitäten

Wastwater
SEE

In seinem *Guide to the Lakes* von 1810 beschrieb William Wordsworth das Wastwater als „lang, schmal, ernst und einsam" und

ABSEITS DER ÜBLICHEN PFADE

ENNERDALE

Wer Urlaub weit abseits der ausgetretenen Pfade machen möchte, sollte das weltabgeschiedene Ennerdale ansteuern. In diesem nördlich von Wasdale gelegenen Tal mit dem gleichnamigen See gab es früher Schieferbergwerke und ausgedehnte Nutzwälder. Sie werden aber allmählich abgeholzt, denn das Tal soll im Rahmen des Wild-Ennerdale-Projekts (www.wildennerdale.co.uk) der Natur zurückgegeben werden.

Ennerdale ist ein Paradies für Wanderer, die stille Wege lieben. Mehrere schöne Strecken führen über die Fells nach Wasdale, und wer Richtung Buttermere wandert, passiert **Black Sail YHA** (☎ 0845-371 9680; www.yha.org.uk; B 25–30 £; ☉ Rezeption 8–10 & 17–22 Uhr, Hostel Mitte März–Okt.) 🖉, ein wunderbar einsames Hostel in einer Schäferhütte. Die bei Bergsteigern und Wanderern sehr begehrte Herberge hat sich zu einem YHA-Aushängeschild entwickelt. Unbedingt vorbuchen, denn Schlafplätze sind dort Mangelware.

diese Beschreibung scheint noch immer zu passen. Der See befindet sich in der Obhut des National Trust und ist das tiefste Gewässer im Nationalpark (ca. 79 m an der tiefsten Stelle). Außerdem ist es eins der kältesten und klarsten: In dem unwirtlichen Gewässer kann außer dem robusten Seesaibling kaum ein Lebewesen überleben.

★ Scafell Pike WANDERN

Der mit einer Höhe von 978 m höchste Berg Englands steht auf der Wunschliste eines jeden Wanderers, der auch nur ein bisschen etwas auf sich hält. Die klassische Route beginnt am Wasdale Head und ist nicht einfach, aber für die einigermaßen fitte Wanderfreunde machbar. Bei schlechtem Wetter ist der steile Weg allerdings schwierig zu begehen. Hin und zurück braucht man ungefähr sechs bis sieben Stunden und man sollte mit Regenjacke, Rucksack, Karte, Proviant, Wasser und vernünftigen Wanderstiefeln ausgerüstet sein. Bei gutem Wetter bieten sich tolle Ausblicke.

🛏 Schlafen

Wasdale Hall YHA HOSTEL £

(☎ 0845-371 9350; www.yha.org.uk; Wasdale Hall, Nether Wasdale; B 18–30 £; ☉ Rezeption 8–10 & 17–22.30 Uhr; Ⓟ) Das Hostel am Ufer des Wastwater erfreut sich einer Lage, für die man normalerweise einen Haufen Geld hinlegen muss. Es ist in einem im 19. Jh. im Tudorstil errichteten Herrenhaus untergebracht, dessen ursprüngliche Bausubstanz größtenteils noch erhalten ist, inklusive Original-Fachwerkdach und Gitterfenster. Die Herberge hat die üblichen Selbstverpflegereinrichtungen und darüber hinaus ein ordentliches Restaurant.

Wasdale Head Campsite CAMPINGPLATZ £

(NT; ☎ Buchung 015394-63862; www.ntlakescampsites.org.uk; Stellplätze 13–23 £, zusätzl. Erw. 6 £, Pods 35–57,50 £; ☉ Rezeption Mo–Fr 8–10.30, Sa & So 8–10.30 & 17–18.30 Uhr) Der National-Trust-Campingplatz liegt in schöner Natur am Fuß des Scafell. Die Einrichtungen sind schlicht (Waschraum, Duschen), aber der Blick ist überirdisch. Falls das berüchtigte Wasdale-Wetter zuschlägt, bieten Camping-Pods und Tipis ein bisschen mehr Schutz.

★ Wasdale Head Inn B&B ££

(☎ 019467-26229; www.wasdale.com; EZ 59 £, DZ 118–130 £, 3BZ 177 £; Ⓟ 🛜) Das ehrwürdige Bergwanderer-Gasthaus aus dem 19. Jh. schmiegt sich an den Fuß des drohend aufragenden Scafell Pike. Es ist bezaubernd altmodisch und mit alten Fotos und Bergsteigerzubehör vollgestopft. Den Gästen stehen gemütliche Zimmer und geräumigere Suiten in einem umgebauten Stall zur Verfügung. Im holzvertäfelten Speiseraum werden Gourmetgerichte serviert, in Ritson's Bar dagegen Kneipenkost und Biere aus der Great Gable Brewing Co.

❶ An- & Weiterreise

Nach Wasdale Head fahren keine öffentlichen Busse.

Gosforth Taxis (☎ 01946-734800)

Cockermouth

9146 EW.

Das georgianische Städtchen Cockermouth am Zusammenfluss von River Cocker und River Derwent ist als Geburtsort von William Wordsworth und Heimat der renommierten Jenning's Brewery bekannt. Leider wird der Ort durch seine Lage an zwei größeren Flüssen immer wieder von Überschwemmungen heimgesucht, zuletzt 2009 und 2015, als er zum großen Teil überflutet wurde.

◉ Sehenswertes

★ Wordsworth House HISTORISCHES GEBÄUDE

(NT; ☑ 01900-824805; Main St; Erw./Kind 7,20/ 3,60 £; ☉ März–Okt Sa–Do 11–17 Uhr) In diesem hübschen georgianischen Haus am Ende der Main St wurde am 7. April 1770 der Dichter William Wordsworth geboren, der ein führender Vertreter der englischen Romantik war. Das um 1745 erbaute Haus wurde nach Aufzeichnungen aus Wordsworths Nachlass liebevoll restauriert: Die Küche, das Wohnzimmer, das Arbeitszimmer und die Schlafzimmer sehen jetzt ungefähr wieder so aus, wie sie der junge William kannte. Dank der im Stil der damaligen Zeit gekleideten Guides können sich die Besucher auch eine Vorstellung davon machen, wie das Leben im Haus damals aussah. Leider wurden Erdgeschoss und Gemüsegarten bei den Überschwemmungen 2015 überflutet und werden noch immer instandgesetzt.

Jennings Brewery BRAUEREI

(☑ 01900-821011; www.jenningsbrewery.co.uk; Erw./Kind 9/4,50 £; ☉ Führungen Mi–Sa 13.30 Uhr) Bierkennern ist der Name Jennings ein Begriff: Die renommierte Brauerei existiert seit 1874 und ihr Bier wird in Pubs im ganzen Lake District ausgeschenkt. Bei einer Führung wird der Herstellungsprozess gezeigt und anschließend können in der Old Cooperage Bar die Gerstensäfte Cocker Hoop und Sneck Lifter probiert werden. Kinder unter 12 Jahren dürfen nicht teilnehmen.

🛏 Schlafen & Essen

Six Castlegate B&B ££

(☑ 01900-826749; www.sixcastlegate.co.uk; 6 Castlegate; EZ 60–75 £, DZ 80–90 £; 🅿 🛜) Das elegante B&B in einem denkmalgeschützten georgianischen Haus verströmt durchaus Grandezza. Die Zimmer sind nach Bergen benannt. Wer möglichst viel Platz haben möchte, sollte sich für Blencathra, Melbreak oder Latrigg entscheiden.

Old Homestead B&B ££

(☑ 01900-822223; www.byresteads.co.uk; Byresteads Farm; EZ 40–50 £, DZ 60–80 £; 🅿) „Byre" ist ein altenglisches Dialektwort für „Kuhstall", aber keine Sorge, den Platz in diesem umgebauten Bauernhaus muss man sich nicht mit Tieren teilen. Die ausgesprochen hübschen Zimmer sind mit Kiefernholz, Stein und verputzten Wänden traditionell eingerichtet und zugleich mit modernen Annehmlichkeiten wie Duschen mit starkem Wasserstrahl und Fußbodenheizung versehen. Am schönsten sind die Cruck Rooms und Master's Loft. Gut 3 km von Cockermouth.

★ Merienda CAFÉ £

(☑ 017687-72024; www.merienda.co.uk; 7a Station St; Hauptgerichte 4–8 £; ☉ Mo–Do 8–21, Fr & Sa 8–22, So 9–21 Uhr) Das beliebte Café ist täglich geöffnet und seit Kurzem gibt's auch einen Ableger in Keswick. Die Einrichtung ist luftig und licht und das mediterran angehauchte Essen aromareich. Gerichte mit und ohne Fleisch halten sich die Waage: Fleischfreunde werden den großen Burger mit langsam gegrillter Rinderbrust zu schätzen wissen, Fleischverächter sollten die ausgezeichneten gebackenen Eier mit Feta und Aubergine probieren.

❶ Praktische Informationen

Touristeninformation (☑ 01900-822634; www.cockermouth.org.uk; 4 Old Kings Arms Lane; ☉ Mo–Fr 10–16, Sa bis 14 Uhr) In neuer Lage direkt bei der Hauptstraße neben Boots Chemists.

❶ An- & Weiterreise

Bus X4/X5 (Mo–Sa halbstündl., So stündl.) fährt von Cockermouth nach Keswick (5,30 £) und Penrith (7,10 £).

Keswick

4821 EW.

Keswick, die nördlichste der größeren Städte im Lake District, erfreut sich einer bezaubernden Lage. Eingerahmt von wolkenumhüllten Fells kuschelt sie sich ans Ufer des idyllischen Derwentwater. Den silbrig schimmernden See mit vier Inseln überzieht ein Netz tuckernder Ausflugsboote. Auch als Ausgangspunkt für Erkundungszüge in die nahe gelegenen Täler Borrowdale und Buttermere ist Keswick bestens geeignet.

Leider wurde das Städtchen 2015, als die Flüsse Greta und Derwent über ihre Ufer traten, schwer in Mitleidenschaft gezogen. Der Wasserstand des Sees stieg um ungefähr einen Meter und die A591 zwischen

Keswick und Grasmere wurde teils weggespült, sodass Nord- und Südhälfte des Nationalparks mehr oder weniger voneinander abgeschnitten waren. Viele Geschäfte standen meterweit unter Wasser und zwei Brücken des beliebten Keswick to Threlkeld Railway Path wurden fortgerissen. Langsam kehrt die Stadt wieder zur Normalität zurück, doch funktioniert noch nicht alles wieder wie vorher und es wird weiterhin aufgeräumt und gewerkelt.

⦿ Sehenswertes

★ Keswick Museum   MUSEUM
(☏ 017687-73263; www.keswickmuseum.org.uk; Station Rd; Erw./Kind 4/2,50 £; ⊙ 10–16 Uhr) Keswicks uriges Stadtmuseum wurde nach langen Umbauarbeiten endlich wiedereröffnet. Es erkundet die Geschichte der Gegend von der Frühzeit bis zur Industrialisierung. Zur bunten Sammlung zählt alles Mögliche von neolithischen Axtköpfen aus dem Langdale bis zu einer Unmenge an präservierten Schmetterlingen. Die bekanntesten Stücke sind eine 700 Jahre alte mumifizierte Katze und die Musical Stones of Skiddaw, ein merkwürdiges Instrument aus Hornfels-Gestein, das auch schon für Königin Victoria gespielt wurde.

Castlerigg Stone Circle   DENKMAL
GRATIS Auf einem Hügel 1,6 km östlich der Stadt befindet sich dieser atemberaubende Kreis aus 48 zwischen 3000 und 4000 Jahre alten Steinen, umgeben von einer majestätischen Runde aus Berggipfeln.

Lakes Distillery   BRENNEREI
(☏ 017687-88850; www.lakesdistillery.com; Führungen 12,50 £; ⊙ 11–18 Uhr) Die erste und einzige Schnapsbrennerei im Lake District hat seit ihrer Eröffnung 2014 viel Aufsehen erregt. Sie wurde von einer Gruppe von Meisterbrennern auf einem ehemaligen Modellhof aus den 1850er-Jahren gegründet. Gebrannt werden bisher ein Gin, ein Wodka und ein Whisky, der das Aushängeschild der Destillerie ist. Auf Führungen wird der Brennprozess erklärt und die drei Erzeugnisse können verkostet werden; außerdem erhalten die Teilnehmer einen 5-£-Gutschein für den Shop.

🏃 Aktivitäten

Rund um Keswick bieten sich zahllose Wandermöglichkeiten. Das beliebteste Ziel ist der Catbells (451 m), ein kleiner Berg am Westufer des Derwentwater, der mit der Keswick Launch bequem zu erreichen ist. Anspruchsvoller sind der imposante Skiddaw (931 m) nördlich der Stadt und der Blencathra (868 m) im Nordosten.

Auf allen drei Routen hinterließen die Überschwemmungen von 2015 Schäden, doch waren die Wege zur Zeit der Recherche begehbar. Bevor man aufbricht, sollte man sich jedoch in der Touristeninformation nach dem Stand der Dinge erkundigen.

★ Keswick Launch   BOOTSTOUREN
(☏ 017687-72263; www.keswick-launch.co.uk; Seerundfahrt Erw./Kind/Fam. 10,25/5,15/24 £) Das von zerklüfteten Bergen gesäumte Derwentwater südlich von Keswick mit seinen Inselchen ist einer der schönsten Seen im Lake District.

Am schönsten lässt er sich auf dem Wasser erkunden. Die Keswick Launch bietet regelmäßig Rundfahrten an; beim Bootsanleger können außerdem Ruder- und Motorboote (12/27 £ pro Std.) geliehen werden.

Keswick Adventure Centre   OUTDOORAKTIVITÄTEN
(☏ 017687-75687; www.keswickadventurecentre.co.uk; Newlands) Das Aktivitätenzentrum in Keswick organisiert Wanderungen und hat eine Kletterwand.

Whinlatter Forest Park   OUTDOORAKTIVITÄTEN
(www.forestry.gov.uk/whinlatter) GRATIS Der rund 12 km² große, mit Kiefern, Lärchen und Fichten bestandene Whinlatter, Englands einziger natürlicher Bergwald, steigt rund 8 km von Keswick steil bis auf 790 m an. Er ist als Eichhörnchenschutzgebiet ausgewiesen; auf einem Bildschirm im Visitor Centre (☏ 01768-778469; ⊙ 10–16 Uhr) sind Live-Übertragungen von den Eichhörnchen-Fütterungsstationen zu sehen.

Im Wald gibt's zwei tolle Mountainbiketrails und den Kletterwald Go Ape (www.goape.co.uk/days-out/whinlatter; Erw./Kind 33/25 £; ⊙ Mitte März–Okt. 9–17 Uhr). Neben dem Besucherzentrum vermietet zudem Cyclewise (☏ 017687-78711; www.cyclewise.co.uk; Whinlatter Forest Park; 3 Std. Erw./Kind 19/15 £; ⊙ 10–17 Uhr) Fahrräder.

Keswick Mountain Bikes   RADFAHREN
(☏ 017687-75202; www.keswickbikes.co.uk; 133 Main St; Räder für Erwachsene 15–40 £ pro Tag; ⊙ 9.30–17.30 Uhr) Vermietet Mountainbikes. Der Rennradladen befindet sich im ersten Stock über dem Lakeland Pedlar Café.

 **Festivals & Events**

Keswick Mountain Festival OUTDOORAKTIVITÄTEN
(www.keswickmountainfestival.co.uk) Beim „Fest der Berge" im Mai wird alles gefeiert, was mit der Bergwelt zu tun hat.

Keswick Beer Festival BIER
(www.keswickbeerfestival.co.uk) Viel Bier rinnt beim Keswicker Bierfest im Juni die Kehlen hinunter.

Schlafen

★ Howe Keld B&B ££
(☎017687-72417; www.howekeld.co.uk; 5–7 The Heads; EZ 60–85 £, DZ 112–130 £; P 🛜) Das fabelhafte B&B zieht alle Register: Eider-daunenbetten, Schieferplattenfußboden im Bad, schicke Farben und Möbel, die in der Region gefertigt wurden. Die besten Zimmer bieten Blick auf den Crow Park und den Golfplatz. Das Frühstücksbuffet ist ein Gedicht. Falls Platz ist, kann man auf den Heads kostenlos parken.

★ Lookout B&B ££
(☎017687-80407; www.thelookoutkeswick.co.uk; Chestnut Hill; DZ 95–120 £; P 🛜) Wie der Name vermuten lässt, dreht sich hier alles um die Aussicht – von jedem Fenster eröffnet sich ein atemberaubendes Bergpanorama. Das B&B befindet sich in einem Giebelhaus aus den 1920er-Jahren, wirkt mit seinen Cappuc-cino- und Cremetönen, Holzbetten und mini-malistischen Glasduschen aber sehr modern. Anfahrt über die Penrith Road Richtung Wes-ten und rechts in die Straße Chestnut Hill; das B&B liegt auf der linken Seite.

Linnett Hill B&B ££
(☎017687-44518; www.linnetthillkeswick.co.uk; 4 Penrith Rd; EZ 48 £, DZ 85–95 £; 🛜) Viele Rei-sende empfehlen das liebevoll geleitete B&B, das zahlreiche Pluspunkte verbuchen kann: strahlend weiße Zimmer, eine tolle Lage in der Nähe des Fitz Park und scharf kalku-lierte Preise, die das ganze Jahr über gleich bleiben. Auch das Frühstück, bei dem die Gäste aus verschiedenen Gerichten, die auf einer Tafel angeschrieben sind, wählen dürfen, ist gut. Die Esszimmertische zieren Vichy-Karo-Tischdecken und ein bollernder Holzofen sorgt für Wärme.

Powe House B&B ££
(☎017687-73611; www.powehouse.com; Portin-scale; EZ 48–65 £, DZ 84–92 £; P 🛜) Das schicke freistehende Haus liegt angenehm abseits vom Trubel in Keswick rund 1,5 km entfernt in Portinscale und wartet mit sechs sehr preisgünstigen Zimmern auf. Beson-ders viel Platz bieten Zimmer 3 und 5, Zim-mer 2 einen Blick auf den Skiddaw vom Bett aus.

★ Cottage in the Wood HOTEL £££
(☎017687-78409; www.thecottageinthewood.co.uk; Braithwaite; DZ So–Do 110–190 £, Fr & Sa 120–205 £; ⊗ Restaurant Di–Sa 18.30–21 Uhr; P 🛜) Wer sich etwas gönnen möchte, ist in die-sem abgeschiedenen Hotel richtig. Es ist in einer komplett modernisierten Poststation untergebracht und liegt am Weg zum Whin-latter Forest. Von den elegant eingerichteten Zimmern aus sieht man auf Wälder und Wiesen. Das Zimmer „Mountain View" bie-tet Aussicht auf das Skiddaw-Massiv, aber uns haben die angenehm separat gelegene „Attic Suite" und der „Garden Room" mit Holzboden und super Badezimmer am bes-ten gefallen. Das Restaurant ist eine Wucht (Abendmenü 55 £).

Essen & Ausgehen

Pumpkin Cafe CAFÉ £
(☎017687-75973; 19 Lake Rd; Mittagsgerichte 4–8 £; ⊗ Mo–Sa 8.30–17 Uhr) Die beliebte Lunch-adresse, ein Café mit Bäckerei und Fein-kostladen, hat neue Besitzer, doch die Karte ist unverändert. Wie wäre es mit einem Deli-Sandwich oder einem selbst zusam-mengestellten mediterranen Salat, gefolgt von einem *flat white* (Espresso mit heißer, unaufgeschäumter Milch) und einem Stück köstlichstem Möhrenkuchen? Oben sind Sitzgelegenheiten; wer weiter möchte, kann sich das Essen auch zum Mitnehmen einpa-cken lassen.

Morrel's BRITISCH ££
(☎017687-72666; www.morrels.co.uk; Lake Rd; 3-Gänge-Menü 21,95 £, Hauptgerichte 12–19,50 £; ⊗ Di–So 17.30–21 Uhr) Das Morrel's ist viel-leicht das beste Speiselokal im Ort: ein modernes Bistro mit Fusionsgerichten wie Cajun-Lachs, asiatischem Schweinebauch und Sommerrisotto. Glänzendes Holz, Punktstrahler und Pop-Art-Drucke von Steve McQueen und Marilyn Monroe sorgen für Flair.

Pheasant Inn PUB ££
(☎017687-76234; www.the-pheasant.co.uk; Bas-senthwaite Lake; Hauptgerichte 13,50–21 £; ⊗ Res-taurant Di–Sa 19–21, So 12–14 Uhr, Bistro 12–16.30 & 18–21 Uhr) Das Feinschmecker-Pub ist

nach einer kurzen Fahrt am Bassenthwaite Lake entlang zu erreichen. Drucke von Jagdszenen und Bierseidel mit Zinndeckeln schmücken die alte, mit Vintage-Whiskys und Lakeland-Bieren wohlgefüllte Bar. Die zwei getrennten Räumlichkeiten (ein legeres Bistro und ein elegantes Restaurant) haben sich beide der gehobenen Landküche verschrieben. Auch der *afternoon tea* wird streng nach englischer Tradition auf einer Etagere serviert, einschließlich der obligatorischen *scones* und Gurken-Sandwiches.

Square Orange   CAFÉ, BAR
(☎ 017687-73888; www.thesquareorange.co.uk; 20 St John's St; ☺ So–Do 10–23, Fr & Sa 10–24 Uhr) Das muntere kleine Café hat sich zu einem echten Szenetreff entwickelt mit regelmäßiger Livemusik, Tapas und Pizza, einem umfangreichen Wein- und Bierangebot und dem besten Kaffee der Stadt. Wen die Langeweile überkommt, der angelt sich eins der Brettspiele.

Dog & Gun   PUB
(☎ 017687-73463; 2 Lake Rd; ☺ 11–23 Uhr) Bänke, Balken, Kamine, Teppiche – das alte Dog ist der Inbegriff eines Lakeland-Pubs. Hier wird Thirst-Rescue-Bier serviert – ein Teil vom Verkaufserlös geht an das Bergrettungsteam von Keswick.

Shoppen

⭐ **George Fisher**   SPORT- & OUTDOORAUSRÜSTUNG
(☎017687-72178; www.georgefisher.co.uk; 2 Borrowdale Rd; ☺Mo–Sa 9–17.30, So 10–16 Uhr) Der vielleicht bekannteste Outdoorladen im Lake District wurde 1967 aus der Taufe gehoben und noch heute kaufen anspruchsvolle Wanderer hier ihre Ausrüstung, selbst wenn sie vielleicht etwas teurer ist als anderswo. Auf drei Stockwerken führt das Geschäft Boote, Zelte und Outdoorzubehör, dazu kommt eine unübertroffen sorgfältige Beratung beim Kauf von Wanderschuhen.

ⓘ Praktische Informationen

Post (48 Main St; ☺ Mo–Fr 9–17.30, Sa bis 12.30 Uhr)

Touristeninformation (☎017687-72645; keswicktic@lake-district.gov.uk; Moot Hall, Market Pl; ☺ April–Okt. 9.30–17.30 Uhr, Nov.–März bis 16.30 Uhr) Das Personal der gut geführten Touristeninformation kennt sich bestens aus. Außerdem werden hier ermäßigte Tickets für die Keswick Launch verkauft.

ⓘ An- & Weiterreise

Der **Keswick & Honister Dayrider** (S. 615) erlaubt einen Tag lang unbegrenztes Busfahren in der Region von Keswick bis nach Borrowdale und Buttermere. Nützliche Busse ab Keswick:

Bus 555/556 Lakeslink Fährt stündl. nach Grasmere (7,70 £, 40 Min.), Ambleside (8,20 £, 45 Min.), Windermere (8,90 £, 1 Std.) und Kendal (9,60 £, 1½ Std.).

Bus 77/77A Verkehrt auf der Rundstrecke (5- bis 7-mal tgl.) von Keswick über Portinscale, Catbells, Grange, Seatoller, Honister Pass, Buttermere, Lorton und Whinlatter.

Bus 78 (Mo–Fr mind. stündl., Sa & So halbstündl.) Der wichtigste Borrowdale-Bus. Er hält in Lodore, Grange, Rosthwaite und Seatoller.

Borrowdale

417 EW.

Die Nachbartäler Borrowdale und Buttermere sind Flickenteppiche aus schroffen Hügeln, ausgedehnten Feldern, plätschernden Bächen und Steinmauern und entsprechen damit ganz und gar der landläufigen Vorstellung von der typischen Lakeland-Landschaft. Früher war Borrowdale ein Bergbauzentrum (in den Minen wurden vor allem Schiefer, Kohle und Graphit abgebaut), heute ist es ein Wanderparadies. Abgesehen von der einen oder anderen wackligen Scheune oder einem herumtuckernden Traktor trübt weit und breit so gut wie nichts die herrliche Aussicht.

Südlich von Keswick führt die B5289 am Derwentwater entlang ins Herz von Borrowdale, vorbei an den Bauerndörfchen Grange-in-Borrowdale, Rosthwaite und Stonethwaite.

◉ Sehenswertes & Aktivitäten

Lodore Falls   WASSERFALL
Der Wasserfall am Südende des Derwentwater ist berühmt, denn er wird in einem Gedicht von Robert Southey besungen, lohnt einen Besuch aber nur nach reichlich Regen. Er befindet sich auf dem Gelände des Lodore Hotel; Eintritt wird in Form einer Spende in die *honesty box* entrichtet.

Bowder Stone   OUTDOORAKTIVITÄTEN
Eine 1,5 km südlich von Grange abzweigende Straße führt hinauf zu der geologischen Kuriosität. Ein abschmelzender Gletscher ließ den 1870 t schweren Felsbrocken, den man auf über eine Leiter erklimmen kann, zurück.

Watendlath Tarn SEE

Der von Bergen umgebene Weiher gehört zum National Trust und ist über eine Abfahrt von der B5285 südlich von Keswick zu erreichen. Unterwegs passiert man die **Ashness Bridge**, einen viel fotografierten Packpferdeübergang, von denen es im Lake District mehrere gibt. Für National-Trust-Mitglieder ist das Parken am See kostenlos. Die Straße ist allerdings schmal und hat nur wenige Ausweichstellen, deshalb macht es zumindest im Sommer mehr Spaß, zu Fuß hochzugehen.

Platty+ BOOTFAHREN

(☎ 017687-76572; www.plattyplus.co.uk; Kajaks & Kanus 8–15 £ pro Std.) Der Anbieter mit Sitz an den Lodore Boat Landings am Südende des Derwentwater vermietet Kajaks, Kanus, Ruderboote und Segeljollen und bietet Kurse an.

🛏 Schlafen & Essen

Derwentwater
Independent Hostel HOSTEL £

(☎017687-77246; www.derwentwater.org; Barrow House; B 20,50–22,50 £, DZ 49–54 £, 3BZ 72–77 £, 4BZ 93–104 £; P🐾) Die denkmalgeschützte stattliche Villa aus dem 19. Jh. ist eins der architektonisch interessantesten Hostels in England. Früher gehörte es zum Herbergsverband YHA, jetzt wird es privat betrieben, und es ist eine echte Schönheit: In vielen Räumen ist die ursprünglichen Ausstattung mit Stuck und Kaminen noch erhalten. Die 88 Betten verteilen sich auf

elf Zimmer; die kleineren Schlafsäle können von Gruppen oder Familien gebucht werden.

⭐**Langstrath Inn** B&B ££

(☎ 017687-77239; www.thelangstrath.com; Stonethwaite; DZ 106–136 £; ⊘Restaurant Di–So 12–14–30 & 18–20.30 Uhr; P🛜) Der einfache Landgasthof zählt zu den schönsten kleinen Refugien im Borrowdale. Den acht gemütlichen, einfachen Zimmern verleihen purpurrote Bettüberwürfe und hier und da ein Holzbalken Flair – das beste sind jedoch die Ausblicke. Im Restaurant werden Hausmannskost (Hauptgerichte abends 13,95 £) und Biere aus der Hawkshead Brewery serviert.

Yew Tree Farm B&B ££

(☎017687-77675; www.borrowdaleherdwick.co.uk; Rosthwaite; DZ 85 £; P) Jede Menge Blumenmuster schmücken das robuste cumbrische Bauernhaus im ländlichen Rosthwaite. Die drei schnuckligen Gästezimmer besitzen mit Haselnussholz vertäfelte Wände und winzige Fenster (und weder WLAN noch Fernseher!). Die Gastgeber betreiben eine Schaffarm; ihre Herdwicks grasen auf den Wiesen ringsum. Das Frühstück ist üppig und im **Flock In Tea-Room** auf der anderen Straßenseite gibt's köstliche Kuchen und Puddings.

🛈 An- & Weiterreise

Bus 77/77A (2,30–7,70 £, 5- bis 7-mal tgl.) fährt ab Keswick eine Tour durch alle Dörfer des Borrowdale sowie über den Honister Pass und durch

LAKE DISTRICT & CUMBRIA BORROWDALE

ABSTECHER

HONISTER PASS & MINE

Von Borrowdale schlängelt sich eine enge, sehr steile Straße den Berg zum Honister Pass hoch. Oben am Pass befindet sich die letzte Schiefermine des Landes, die noch in Betrieb ist.

Honister Slate Mine (☎017687-77230; www.honister-slate-mine.co.uk; Minenführung Erw./ Kind 12,50/7,50 £; ⊘Führungen März–Okt. 10.30, 12.30 & 15.30 Uhr) Bei den unterirdischen Führungen geht es tief in die Eingeweide der alten Schieferbergwerksschächte „Edge" und „Kimberley" (auf Anfrage wird freitags eine Führung in den Stollen „Cathedral" veranstaltet, allerdings müssen mindestens acht Personen teilnehmen und sie kostet 19,75 £ pro Person).

Via Ferrata (Klassische Route Erw./Kind 35/25 £, Xtreme 39,50/29,50 £) Auf dem Gelände der Honister Slate Mine befindet sich der erste Klettersteig Großbritanniens, ein schwindelerregendes Netz aus Kletterseilen und Leitern, die früher von den Bergleuten benutzt wurden. Das Herumturnen macht Riesenspaß, ist aber nur etwas für Schwindelfreie. Es gibt auch eine Extremroute mit der aus einem einzigen Seil bestehenden Infinity Bridge – nichts für Leute mit schwachen Nerven. Eine Tageskarte inklusive Minenführung kostet für Erwachsene/Kinder 56,50/43,50 £.

Buttermere. Bus 78 (2,30–4 £, mind. stündl.) pendelt bis nach Seatoller durch das Borrowdale. Wer am selben Tag zurückfahren möchte, spart mit dem Ticket **Keswick & Honister Dayrider** (S. 615) ein bisschen Geld.

Buttermere

121 EW.

Auf der anderen Seite des Honister Pass fällt die Straße steil hinunter in den tiefen Kessel von Buttermere, der von einem Gletscher ausgeschürft wurde und von imposanten Gipfeln und smaragdgrünen Hügeln umgeben ist. Die beiden Seen **Buttermere** und **Crummock Water** waren einmal einer, wurden aber durch Gletscherschlamm und Felsstürze getrennt. Das kleine Dorf Buttermere auf halber Strecke zwischen beiden Gewässern ist eine pittoreske Ausgangsstation für Erkundungen im Tal und in den Bergen rundherum. Zu ihnen gehört der **Haystacks** (597 m), Lieblingsberg und letzte Ruhestätte des Patrons der Lakeland-Wanderer, des Schriftstellers Alfred Wainwright.

Dort, am Nordrand des Tals, führt die B5289 aus diesem heraus und zurück Richtung Keswick.

🛏 Schlafen & Essen

Buttermere YHA   HOSTEL £

(☎0845-371 9508; www.yha.org.uk; B 10–30 £; ⊙ Rezeption 8.30–10 & 17–22.30 Uhr, Hostel Mitte März–Okt.; P 🐕 🚻) Das ausgezeichnete Hostel genießt eine perfekte Lage an der Straße von Honister nach Buttermere und bietet Zimmer mit Seeblick. Die Einrichtung ist schick, bunt und überraschend modern. Es gibt eine tolle Café-Küche und jede Menge 4- und 6-Bett-Zimmer – am Wochenende und in den Sommerferien ist das Hostel nur für Einzelreisende geöffnet.

★ Kirkstile Inn   PUB ££

(☎01900-85219; www.kirkstile.com; Hauptgerichte 11,50–15,95 £) Schöner kann ein Country Pub einfach nicht sein! Das in der Nähe des kleinen Sees Loweswater, rund 1,5 km nördlich von Buttermere gelegene Kirkstile ist ein echtes Schmuckstück mit prasselndem Kaminfeuer, Eichenholzbalken, abgetretenen Teppichen, Holzbar usw. Die Gästezimmer (EZ 64 £, DZ 98–115 £) sind idyllisch; manche bieten Aussicht auf das Lorton Vale.

Bekannt ist das Pub vor allem für seine preisgekrönten Biere (Tipp: das Loweswater Gold).

Bridge Hotel   PUB ££

(☎017687-70252; www.bridge-hotel.com; Hauptgerichte 10–16 £; P 🐕) Wie der Name schon andeutet, steht das Hotel direkt an der Dorfbrücke von Buttermere. Im Pub wird Standard-Kneipenkost geboten, im leger-eleganten Restaurant gehobenere Küche. Dazu kommen noch Zimmer (EZ 74,50 £, DZ 159–169 £) mit ein wenig altmodischem Ambiente.

🛈 An- & Weiterreise

Bus 77/77A (5,60 £, 5- bis 7-mal tgl.) fährt von Keswick nach Buttermere und zum Honister Pass. Wer am selben Tag zurückfährt, spart mit dem Keswick & Honister Dayrider (S. 615) ein bisschen Geld.

Ullswater & Umgebung

Der nach dem Windermere zweitgrößte See im Lake District ist **Ullswater**. Er erstreckt sich auf einer Länge von 12 km zwischen **Pooley Bridge** im Norden und **Glenridding** und **Patterdale** im Süden. Um das tiefe, von einem eiszeitlichen Gletscher geformte Tal, in dem der See liegt, stehen eine Reihe imposanter Fells. Am eindrucksvollsten ist der rasiermesserscharfe Grat des **Helvellyn**, mit 950 m Cumbrias dritthöchster Berg. Die Gegend ist außerdem dafür bekannt, dass sie William Wordsworth zu seinem berühmtesten Gedicht, *Daffodils (Narzissen)*, inspirierte.

Leider gehört die Region zu denen, die von den furchtbaren Unwettern 2015 am schlimmsten betroffen waren. Der Wasserstand des Sees stieg um rund einen Meter und zahlreiche Fließe traten über die Ufer, sodass sich durch Pooley Bridge und Glenridding wahre Sturzfluten ergossen, die Geschäfte überfluteten, Brücken zerstörten und am Seeufer heftige Schäden anrichteten. Ein enormer Aufwand war nötig, um alles wieder in Ordnung zu bringen, und hier und da sieht man noch immer Spuren der Verwüstung.

🅾 Sehenswertes & Aktivitäten

Gowbarrow Park & Aira Force   PARK, WASSERFALL

GRATIS Der hügelige Park säumt das Seeufer zwischen Pooley Bridge und Glenridding. Gut ausgeschilderte Wege führen zu dem eindrucksvollen, 20 m hohen Wasserfall **Aira Force**. Ein Stück weiter oben am Berg

Map with locations including Bassenthwaite Lake, River Derwent, Low Lorton, High Lorton, Whinlatter Forest Park, Whinlatter Pass, Latrigg (368 m), Portinscale, START/ZIEL, Keswick, B5289, Thackthwaite, Braithwaite, Walla Crag (379 m), Lowcswater, Loweswater, Grasmoor (852 m), Lake District National Park, Derwentwater, Catbells (451 m), Crummock Water, Newlands Valley, Maiden Moor, Lodore Falls, Grange-in-Borrowdale, Buttermere, Castle Crag (290 m), Borrowdale Valley, Bowder Stone, Red Pike (755 m), Buttermere, Rosthwaite, Ennerdale Water, High Stile (807 m), Honister Pass, Seatoller, Haystacks (597 m)

0 — 4 km / 0 — 2 Meilen

Autotour
Borrowdale & Buttermere

START KESWICK
ZIEL KESWICK
LÄNGE/DAUER 45 KM; DREI BIS VIER STUNDEN

Zu einer wunderschönen Fahrt durch die unberührten Täler Borrowdale, Buttermere und Lorton geht's nach dem Frühstück in ① **Keswick** auf der B5289 nach Borrowdale. Der erste Stopp wird bei den ② **Lodore Falls** (S. 640), einem hübschen Wasserfall am Südende des Derwentwater eingelegt. Es folgt ein Abstecher in das Dörfchen ③ **Grange-in-Borrowdale**, wo ein Pfad die schieferübersäten Hänge des Castle Crag hinaufführt, eines kleinen Fells mit herrlicher Aussicht über Borrowdale.

Nächster Halt ist am ④ **Bowder Stone** (S. 640). Der riesige Felsbrocken ist eine Hinterlassenschaft des Gletschers, der das Tal formte. Weiter geht's nach ⑤ **Rosthwaite** zu Kuchen im Tearoom Flock-In oder durch bis ⑥ **Seatoller** zum Lunch.

Der Nachmittag beginnt mit der steilen Anfahrt zum ⑦ **Honister Pass** (S. 641), wo man Souvenirs aus Schiefer kaufen, an einer Führung durch die alte Mine teilnehmen oder sich auf den haarsträubenden Klettersteig begeben kann.

Hinter dem Pass geht's runter ins malerische Tal von ⑧ **Buttermere**. Über dem See thronen High Stile, Haystacks und Red Pike. Eine Erfrischung gibt's im Fish Inn – und nicht vergessen, dem Wanderer und Schriftsteller Alfred Wainwright in der St. James' Church die Ehre zu erweisen.

Die Fahrt führt am Ufer des Crummock Water entlang, vorbei an ⑨ **Loweswater**. Hier lohnt sich ein Abstecher zum urigen Kirkstile Inn. Hinter ⑩ **Low Lorton** hält man sich rechts. Über den Whinlatter Pass geht's zum ⑪ **Whinlatter Forest** (S. 638). Das Café im Besucherzentrum und eine Ausstellung zur Fauna der Region laden zu einer Pause ein.

Am Weg zurück nach Keswick warten ein paar ausgezeichnete Lokale auf Gäste zum Abendessen, z. B. das Cottage in the Wood (S. 639) direkt vor ⑫ **Braithwaite** oder das traditionelle Pheasant Inn (S. 639) am Bassenthwaite Lake.

befindet sich ein weiterer Wasserfall, der **High Force**.

Südlich des Gowbarrow Park liegt die **Glencoyne Bay**, deren Anblick William Wordsworth die unsterblichen Zeilen eingab: „*I wandered lonely as a cloud / That floats on high o'er vales and hills / When all at once I saw a crowd / A host, of golden daffodils*" („Ich wandert' einsam wie die Wolk' / Die über Tal und Hügel zieht / Da sah ich, dass ein ganzes Volk - /Ein Heer! - von Goldnarzissen blüht").

★ Helvellyn
WANDERN

Neben der Besteigung des Scafell Pike ist auch diese Wanderung eine, die alle auf dem Zettel haben. Der klassische Aufstieg, der über die beiden Kämme Striding und Swirral Edge führt, ist spektakulär, aber sehr exponiert und man muss etwas kraxeln. Zu beiden Seiten tun sich schwindelerregende Abgründe auf. Wer auch nur leichte Höhenangst hat, sollte den Helvellyn besser auslassen. Die etwa weniger anspruchsvollen Routen führen durch Glenridding oder Patterdale hinauf. Immer auf die Wettervorhersage achten und nur mit angemessener Ausrüstung losmarschieren!

Ullswater Steamers
BOOTSTOUREN

(☎017684-82229; www.ullswater-steamers.co.uk; Seerundfahrt für Erw./Kind 13,90/6,95 £) Nach den verheerenden Unwettern von 2015 endlich wieder in Betrieb, bieten die historischen Ausflugsdampfer eine tolle Möglichkeit, Ullswater zu erkunden. Die vornehme *Lady of the Lake* lief 1877 zum ersten Mal aus und soll das älteste Fahrgastschiff der Welt sein, das immer noch seinen Dienst tut. Die Dampfer verkehren von Pooley Bridge aus in Ost-West-Richtung über Howtown nach Glenridding. Im Sommer finden neun Fahrten pro Tag statt, im Winter drei.

🛏 Schlafen & Essen

Helvellyn YHA
HOSTEL £

(☎0845-371 9742; www.yha.org.uk; Greenside; B 13–25 £; ⊙Ostern–Okt.) Das einsame Hostel ist sehr beliebt bei Wanderern, die frühmorgens den Helvellyn in Angriff nehmen wollen. Die alte Minenarbeiterhütte ist über einen rund 900 m langen Aufstieg vom Talgrund aus zu erreichen. Die Schlafsäle sind klein und die Ausstattung ist bescheiden, aber die Mitarbeiter bereiten Mahlzeiten zu und es gibt sogar eine Bar.

Old Water View
B&B ££

(☎017684-82175; www.oldwaterview.co.uk; Patterdale; DZ 98 £; 🅿🛜♿) In Patterdale gibt es mehrere B&Bs, aber dieses ist das beste. In der schlichten Unterkunft konzentriert man sich auf das Wesentliche: freundlicher Service, gemütliche Zimmer und ein gutes Preis-Leistungs-Verhältnis. Das zweigeschossige Zimmer „Bothy" mit Stockbetten für die kleinen Gäste ist für Familien ideal, „Little Gem" hat Aussicht auf einen Bach und „Place Fell" soll das Lieblingszimmer von Alfred Wainwright gewesen sein.

Lowthwaite B&B
B&B ££

(☎017684-82343; www.lowthwaiteullswater.com; Matterdale; DZ 96 £; 🅿🛜) Das entzückende Bauernhaus in Matterdale hat sich komplett der Nachhaltigkeit verschrieben. Die Besitzer, die früher Kilimandscharo-Besteigungen geführt haben, haben es mit Gegenständen eingerichtet, die sie von ihren eigenen Reisen mitgebracht haben, darunter klobige Holzbetten aus Tansania, die wunderbar zu den robusten Holzbalken im Haus passen. Es liegt rund 3 km vom See entfernt abseits der A5091 Richtung Dockray. Am Wochenende zwei Nächte Mindestaufenthalt.

Fellbites
CAFÉ ££

(☎01768-482781; Glenridding; Hauptgerichte mittags 3,95–9,95 £, abends 12,50–18 £; ⊙Do–Di 9–20.30, Mi bis 17.30 Uhr) Das Café am Hauptparkplatz von Glenridding bietet zu jeder Tageszeit Stärkung: zum Frühstück üppig bemessenes Gebratenes, zum Mittagessen Suppen, Pulled-Pork-Burger und *rarebits*, zum Abendessen Lammhaxe und Entenbrust. Hier gibt's ehrliches Essen ohne irgendwelche Mätzchen.

Traveller's Rest
PUB ££

(☎017684-82298; Glenridding; Hauptgerichte 5,50–15 £; ⊙10–23 Uhr) Das Traveller's Rest, ein Wahrzeichen von Glenridding, eignet sich prima für ein Bierchen mit Blick auf die Fells. Das Essen ist nicht weltbewegend (Steaks, Pies, Grillteller), aber die Portionen sind mächtig.

❶ Praktische Informationen

Die **Touristeninformation** (☎017684-82414; ullswatertic@lake-district.gov.uk; Glenridding; ⊙April–Okt. 9–17 Uhr) bietet umfassende Infos zu Wanderungen und anderen Aktivitäten rund um Ullswater.

ℹ An- & Weiterreise

Das Ullswater Bus and Boat Combo Ticket (Erw./Kind/Fam. 15,50/8,50/33 £) gilt einen Tag lang für den Bus 108 sowie eine Hin- und Rückfahrt mit einem Ullswater Steamer. Das Ticket kauft man im Bus.

Bus 108/508 fährt von Penrith über Pooley Bridge und Glenridding nach Patterdale (5,20 £, Mo–Fr 9-mal tgl., Sa & So 4-mal).

Kendal

28 586 EW.

Geografisch gesehen liegt Kendal nicht im Lake District, ist aber ein wichtiges Zugangstor. Wegen des schlichten grauen Steins, aus dem viele Gebäude erbaut sind, wird die Stadt auch „Auld Grey Town" genannt. Kendal ist ein pulsierendes Handelszentrum mit guten Restaurants, einem unkonventionellen Kulturzentrum und spannenden Museen. Für viele Menschen ist Kendal gleichbedeutend mit seinem berühmten *mint cake*. Seitdem Edmund Hillary und Tenzing Norgay während ihrer Besteigung des Everest im Jahr 1953 *mint cake* knabberten, darf der in keinem britischen Wanderrucksack mehr fehlen.

👁 Sehenswertes & Aktivitäten

Abbot Hall Art Gallery GALERIE
(☎01539-722464; www.abbothall.org.uk; Erw./Kind 7 £/frei, Kombiticket mit Museum of Lakeland Life & Industry 8,60 £; ☉April–Okt. Mo–Sa 10.30–17, Nov.–März bis 16 Uhr) Die Kunstgalerie von Kendal beherbergt eine der besten Sammlungen im Nordwesten von Kunstwerken aus dem 18. und 19. Jh. Besonders gut vertreten sind Porträtmalerei und Lakeland-Landschaften. Highlights sind die Werke von Constable, John Ruskin und George Romney. Letzterer ist ein Sohn der Stadt und zählt zu den Schlüsselfiguren der Kendal School. Die Galerie ist an der Kirkland Road Richtung Süden ausgeschildert.

Museum of Lakeland Life & Industry MUSEUM
(☎01539-722464; www.lakelandmuseum.org.uk; Erw./Kind 5 £/frei, Kombiticket mit Abbot Hall Art Gallery 8,60 £; ☉März–Okt. Mo–Sa 10.30–17 Uhr, Nov.–Feb. bis 16 Uhr) In dem Museum direkt gegenüber dem Abbot Hall sind diverse Lakeland-Räumlichkeiten des 18. und 19. Jhs. nachgestellt. Dazu zählen eine Bauernwohnstube, eine typische Küche, eine Apotheke

und das Schreibzimmer von Arthur Ransome, dem Autor von *Swallows and Amazons (Kampf um die Insel)*. Einige seiner Skizzenbücher sind zu sehen.

Levens Hall HISTORISCHES GEBÄUDE
(☎015395-60321; www.levenshall.co.uk; Haus & Gärten Erw./Kind 12,80/5 £, nur Gärten 9,50/4 £; ☉Haus 12–16.30 Uhr, Gärten März–Okt. So–Do 10–17 Uhr) Das Anwesen aus elisabethanischer Zeit wurde um einen *pele tower* aus der Mitte des 13. Jhs. herum errichtet und ist mit erlesenem Mobiliar jakobitischer Zeit eingerichtet. Das eigentliche Highlight ist jedoch der Formschnittgarten aus dem 17. Jh. – eine surreale Assemblage aus Pyramiden, Kegeln, Kringeln, Püscheln und Pfauen, die direkt aus *Alice im Wunderland* stammen könnte.

Outdoor Adventure Company OUTDOORAKTIVITÄTEN
(☎01539-722147; www.theoutdooradventurecompany.co.uk; Old Hutton) Das anerkannte Outdoorzentrum bei Kendal bietet zahlreiche Aktivitäten von Bogenschießen bis Panzerfahren.

🎊 Festivals & Events

Kendal Calling MUSIK
(www.kendalcalling.co.uk) Das größte Freiluftmusikfestival im Lake District findet jedes Jahr im Juli statt. Rund 12 000 Menschen strömen in den Lowther Deer Park bei Kendal. Zu den Hauptacts zählten in letzter Zeit Madness, The Charlatans, Elbow und die Kaiser Chiefs.

Kendal Mountain Festival NATUR
(www.mountainfest.co.uk) Bei dem alljährlich im November stattfindenden „Fest der Berge" werden Filme gezeigt, Bücher vorgestellt und Vorträge gehalten.

🛏 Schlafen & Essen

Gute Unterkünfte sind in Kendal Mangelware, aber die Stadt ist von Windermere aus gut zu erreichen.

Brew Brothers CAFÉ £
(☎01539-722237; www.brew-brothers.co.uk; 69 Highgate; Hauptgerichte 8,50–10 £; ☉Mo–Sa 8.30–17.30 Uhr) Mit diesem Laden an der Highgate hat Kendal nun auch ein Hipster-Café. Verkratzte Holzmöbel und Baristas mit schwarzen Schürzen – die Ästhetik stimmt, auch wenn die Betreiber durch und durch im Lakeland verwurzelt sind. Früher betrieben sie ein Café in Windermere. Zum

Frühstück schmecken Avocadomus und verlorene Eier, mittags ein warmes Räucherlachs-Sandwich. Lecker!

1657 Chocolate House
CAFÉ £

(☎01539-740702; 54 Branthwaite Brow; Mittagsgerichte 3–8 £) Ein Paradies für Schokoholics. Im Souterrain warten handgemachte Schokolade und Kendal Mint Cakes auf Abnehmer, im Café darüber zig Variationen von heißer Schokolade.

★ Punch Bowl Inn
PUB ££

(☎015395-68237; www.the-punchbowl.co.uk; Crosthwaite; Hauptgerichte 13,95–19,95 £; ⊙12–16 & 17.30–20.30 Uhr; 🅿) Wenn auch etwas abgelegen, der renommierte Gastropub im Dorf Crosthwaite ist zweifellos das beste Restaurant in und um Kendal. Das außen weiß getünchte und innen sorgsam modernisierte Gebäude ist gemütlich und einladend. Küchenchef Scott Fairweather kombiniert für seine erstklassigen Schöpfungen klassische Rezepte mit originellen Zutaten wie Austernmousse, Kartoffelkroketten, Erbsenfrikassee und Bocksbart.

Auch die Zimmer (105–305 £) sind reizend: Sie sind alle verschieden eingerichtet; die schönsten haben alte Holzbalken, schräge Decken sowie Bäder mit Schieferboden und zwei Badewannen – eine für sie, eine für ihn.

New Moon
BISTRO ££

(☎01539-729254; www.newmoonrestaurant.co.uk; 129 Highgate; Hauptgerichte 12,95–17,50 £; ⊙Di–Sa 11.30–14.15 & 17.30–21 Uhr) Das alteingesessene Lokal ist die beste Adresse in Kendal für Bistrokost. Es bietet eine bunte Palette an Gerichten wie Kabeljau in Mandelkruste, Gemüsetarte, marokkanisches Huhn und cumbrisches Rumpsteak – da sollte für jeden etwas dabei sein. Supergünstig ist das vor 19 Uhr erhältliche 2-Gänge-Menü für 13,95 £.

☆ Unterhaltung

Brewery Arts Centre
THEATER, KINO

(☎01539-725133; www.breweryarts.co.uk; Highgate) In dem tollen Kulturzentrum mit Galerie, Café, Bühne und zwei Kinosälen wird neben aktuellen Filmen auch Musik, Theater, Tanz und vieles mehr geboten.

Shoppen

★ Low Sizergh Barn
LEBENSMITTEL

(☎015395-60426; www.lowsizerghbarn.co.uk; ⊙9–17.30 Uhr) Der Hofladen an der A590 vor den Toren von Kendal hat ein unglaubliches Sortiment an Lakeland-Leckerbissen: Brot aus der Grange Bakery, Fleisch und Wurstwaren von der Mansergh Hall, Käse aus der Thornby Moor Dairy und Biere von der Coniston Brewery Company sind nur einige der angebotenen Köstlichkeiten. Bei gutem Wetter lädt ein *farmtrail* zu einem Spaziergang über das Gelände, zwischen den Weiden und im angrenzenden Wald ein.

ℹ An- & Weiterreise

Von Windermere kommen Züge auf dem Weg nach Oxenholme durch Kendal (4,70 £, 15 Min., stündl.).

Bus 555/556 Verkehrt regelmäßig (Mo–Fr halbstündl., Sa & So stündl.) nach Windermere (6,70 £, 30 Min.), Ambleside (6,90 £, 40 Min.) und Grasmere (8,90 £, 1¼ Std.).

Bus 106 Nach Penrith (10,80 £, 80 Min., Mo–Fr 1- oder 2-mal tgl.).

DIE CUMBRISCHE KÜSTE

Die Seen und Fells im Binnenland ziehen an einen nicht abreißenden Besucherstrom an. Doch überraschend wenige unternehmen die Reise nach Westen, um die Küste Cumbrias zu erkunden. Das ist jammerschade. Auch wenn sie vielleicht nicht ganz mit der erhabenen Wildheit Northumberlands oder der Rauheit der zerklüfteten schottischen Küste mithalten kann, lohnt die cumbrische Küste unbedingt eine nähere Betrachtung. Die Landschaft ist von zaghafter Schönheit mit sandigen Buchten, grasbewachsenen Landspitzen, Salzmarschen und Dörfern am Meer von der Morecambe Bay bis zur Solway Coast. Am St. Bees Head liegt ein wichtiges Meeresvogelschutzgebiet und Holker Halls prächtige Gärten laden zu einem schönen Spaziergang ein.

In der Vergangenheit war die cumbrische Küste durch Bergbau und Schifffahrt geprägt und Barrow-in-Furness ist auch heute noch ein wichtiger Werftenstandort. Das Kernkraftwerk Sellafield ist ein wichtiger Arbeitgeber und auch rund 50 Jahre nach Inbetriebnahme noch immer für allerlei Kontroversen gut.

◉ Sehenswertes

★ Holker Hall
HISTORISCHES GEBÄUDE

(☎015395-58328; www.holker.co.uk; Erw./Kind 12 £/frei; ⊙Haus 11–16 Uhr, Außenanlagen März–Okt. Mi–So 10.30–17 Uhr) Die ungefähr 5 km östlich von Cartmel an der B5278 gelegene

CARTMEL

Für drei Dinge ist Cartmel bekannt: für die aus dem 12. Jh. stammende **Cartmel Priory** (☉ Mai–Okt. 9–17.30 Uhr, Nov.–April bis 15.30 Uhr), die als eines von wenigen Klöstern deren Auflösung während der Reformation mehr oder weniger unbeschadet überstand, für die **Miniaturrennbahn** und für den weltberühmten *sticky toffee pudding*, den man im **Cartmel Village Shop** (☎ 015395-36280; www.cartmelvillageshop.co.uk; ☉ Mo–Sa 9–17, So 10–16.30 Uhr) kaufen kann.

Neuerdings hat sich das Dorf auch einen Namen als Heimat von Gourmetkoch Simon Rogan (Cumbrias Antwort auf Heston Blumenthal) gemacht. In seinem Restaurant **L'Enclume** (☎ 015395-36362; www.lenclume.co.uk; Cavendish St, Cartmel; Mittagsmenü 49 £, Mittags- & Abendmenü 130 £; ☉ Di–So 12–13.30 & 18.30–20.30 Uhr) kann man sich von seiner Kochkunst, seiner Passion für ungewöhnliche Zutaten und einer umwerfenden Präsentation der Speisen überzeugen.

Am anderen Ende des Ortes betreibt Rogan das weniger förmliche Bistro **Rogan & Company** (☎ 015395-35917; www.roganandcompany.co.uk; The Square, Cartmel; 2-/3-Gänge-Mittagsmenü 18/24 £, Hauptgerichte 18,95–26,95 £; ☉ Di–Sa 12–14, Mo–Sa 18.30–21 Uhr). Hier liegt der Schwerpunkt auf klassischen britischen Gerichten wie Schweinebauch, in Butter pochiertem Kabeljau und gebratener Scholle, perfekt zubereitet und angerichtet. Das Bistro ist gemütlich und einladend, mit Kaminfeuer und viel Holz. Ein echtes Fest ist der Sonntagsbraten. Für beide Lokale ist eine Tischreservierung unerlässlich.

Ebenfalls einen Abstecher lohnt das **Cavendish Arms** (☎ 015395-36240; www.the cavendisharms.co.uk; Cavendish St, Cartmel; Hauptgerichte 16–21 £; ☉ 11–23 Uhr) mit gehobener Küche. Holzbalken, mehr Holz und eine sonnengelbe Fassade sorgen für ein uriges Ambiente und es gibt auch einen sonnigen Biergarten.

Holker Hall diente der Familie Cavendish fast 400 Jahre als Residenz. Teile des Bauwerks stammen noch aus dem 16. Jh., doch nach einem verheerenden Brand 1871 wurde fast das gesamte Anwesen neu aufgebaut. Es ist ein typisch viktorianisches pompöses Gemäuer mit jeder Menge Stabkreuzfenstern, Giebeln und Kupferdachtürmchen und einem Labyrinth verschwenderisch ausgestatteter Räume.

Muncaster Castle   SCHLOSS

(☎ 01229-717614; www.muncaster.co.uk; Erw./Kind 13,50/6,75 £; ☉ Park & Eulenzentrum 10.30–17 Uhr, Schloss So–Fr 12–16 Uhr) Das zinnenbewehrte Schloss rund 2,5 km östlich von Ravenglass wurde um einen *pele tower* aus dem 14. Jh. herum erbaut, der zum Schutz gegen Überfälle durch die *reivers* diente. Sieben Jahrhunderte lang war es der Sitz der Familie Pennington. Die architektonischen Highlights der Burg sind ihre noble Eingangshalle und die achteckige Bibliothek. In den schöne Parkanlagen befindet sich ein Irrgarten. Außerdem gibt es ein Falken- und Eulenzentrum beim Schloss, das mehrmals am Tag Flugvorführungen veranstaltet.

Berühmt-berüchtigt ist Muncaster für die Gespenster, die hier spuken. Vorsicht vor dem Muncaster Boggle (Schreckgespenst von Muncaster) und einem bösartigen Spaßvogel namens Tom Fool (daher der englische Begriff *tomfoolery* für Albernheit)!

Laurel & Hardy Museum   MUSEUM

(☎ 01229-582292;   www.laurel-and-hardy.co.uk; Brogden St, Ulverston; Erw./Kind 5/2,50 £; ☉ Ostern–Okt. tgl. 10–17 Uhr, sonst Mo & Mi geschl.) Der passionierte Fan und Sammler Bill Cubin gründete das Museum 1983 in Ulverston, dem Geburtsort von Stan Laurel. Inzwischen hat es größere Räumlichkeiten im alten Stadtkino Roxy bezogen. Sie stecken vom Boden bis zur Decke voll mit kinematografischen Memorabilien, von Originalpostern bis Filmrequisiten. In einem winzigen Kinosaal laufen pausenlos Laurel-and-Hardy-Klassiker. Das Museum wird heute von Bills Enkel geführt und ist ein absolutes Muss für Filmfreunde.

South Lakes Safari Zoo   ZOO

(www.southlakessafarizoo.com; Melton Tce, Lindal-in-Furness, Ulverston; Erw./Kind 16,50/9 £; ☉ 10–17 Uhr) Erst kürzlich hat sich dieser Zoo neu erfunden und zwar als erster britischer Safaripark für Fußgänger: Die Besucher können den Tieren ganz nahekommen, Giraffen und Lemuren von Hand füttern und Geier, Aras und Kondore vorbeifliegen sehen. Um die

Raubkatzen kümmern sich dankenswerter Weise nach wie vor die Wärter. Den ganzen Tag über finden Fütterungen statt; einer Fütterung beizuwohnen kostet 3 £. Durch das Fehlen von Gitterstäben unterscheidet sich das Erlebnis doch deutlich von einem gewöhnlichen Zoobesuch.

St. Bees Head
TIERSCHUTZGEBIET
(RSPB; stbees.head@rspb.org.uk) Die windumtoste Landzunge, 8,8 km südlich von Whitehaven und 3,2 km nördlich des Städtchens St. Bees, ist eins der wichtigsten Seevogelschutzgebiete von Cumbria. Je nach Jahreszeit nisten hier beispielsweise Eissturmvögel, Dreizehenmöwen und Tordalken, zudem ist hier die einzige Gryllteisten-Kolonie Großbritanniens zu Hause. Felspfade von insgesamt über als 3 km Länge laden zum Herumspazieren ein.

❶ Anreise & Unterwegs vor Ort

Die Bahnstrecke der Furness and Cumbrian Coast Railway beschreibt einen 192 km langen Bogen von Lancaster nach Carlisle. Die Züge halten in den Küstenurlaubsorten Grange, Ulverston, Ravenglass, Whitehaven und Workington. Das Ticket **Cumbria Coast Day Ranger** (Erw./Kind 19,50/9,75 £) gilt einen Tag lang für unbegrenztes Fahren auf der Strecke und ist billiger als eine Hin- und Rückfahrkarte von Carlisle oder Lancaster.

Nord- & Ost-Cumbria

Viele Besucher fahren ohne anzuhalten durch die nördlichen und östlichen Ausläufer Cumbrias, um so schnell wie möglich den Lake District zu erreichen. Man sollte sich jedoch die Zeit nehmen und vom Nationalpark einen Abstecher landeinwärts machen. Zwar gibt's hier keine berühmten Fells und Lebkuchenhaus-Dörfchen zu sehen, dafür aber ganz andere interessante Sachen: alte Städte, im Verfall begriffene Schlösser, verwaiste Klöster und weite Moore – und alle liegen sie nahebei einem großartigen Bauwerk aus römischer Zeit, dem Hadrianswall.

Carlisle

75 306 EW.
Carlisle gehört sicher nicht zu den schönsten Städten Großbritanniens, hat aber Geschichte und damit verbundene Hinterlassenschaften im Überfluss vorzuweisen. Die Hauptstadt Cumbrias liegt in prekärer Lage auf der Grenze zwischen England und

INSIDERWISSEN

RAVENGLASS & ESKDALE RAILWAY

Die liebevoll La'al Ratty genannte **Ravenglass & Eskdale Railway** (☎ 01229-717171; www.ravenglass-railway.co.uk; Erw./Kind/Fam. hin & zurück 13,50/6,75/38 £) wurde erbaut, um Eisenerz von den Bergwerken in Eskdale zur Küste zu befördern. Heute ist sie eine der beliebtesten Familienattraktionen in Cumbria; Zwischen der Küstenstadt Ravenglass und dem Dorf Dalegarth zuckeln die Minidampfzüge auf eine 11,2 km langen Strecke durch das Eskdale. Je nach Jahreszeit verkehren pro Tag sieben bis 14 Züge. Ein fünf Tage gültiger Ratty-Rover-Pass kostet 40/20/110 £ für Erwachsene/Kinder/Familien.

Schottland, in einer Gegend, die früher unheilvoll *debatable lands* (umstrittene Ländereien) genannt wurde, und blickt auf bewegte Zeiten zurück: Von den Wikingern gebrandschatzt, von den Schotten ausgeraubt und von den *border reivers* geplündert, war die Stadt mehr als 1000 Jahre vorderste Front in der Feindabwehr Englands.

Steinerne Zeugen der Vergangenheit sind das imposante Schloss und die ehrfurchtgebietende Kathedrale, beide aus dem gleichen roten Sandstein erbaut wie die meisten Häuser der Stadt. In der English Street sind außerdem zwei massive runde **Türme** zu sehen, die einst das Stadttor flankierten.

Der am nächsten gelegene Abschnitt des Hadrianswalls beginnt ganz in der Nähe bei Brampton.

◎ Sehenswertes

★ Carlisle Castle
BURG
(EH; ☎ 01228-591922; www.english-heritage.org.uk/visit/places/carlisle-castle/; Castle Way; Erw./Kind 6,40/3,80 £, Kombiticket mit Cumbria's Museum of Military Life 9,20/5,15 £; ⊙ April–Sept. 10–17 Uhr, Okt.–März bis 16 Uhr) Drohend überragt die wuchtige rostrote Burg von Carlisle den Nordrand der Stadt. Sie wurde um eine keltische und eine römische Festungsanlage herum erbaut. Den normannischen Burgfried fügte 1092 William Rufus hinzu, später wurde der von Heinrich II., Eduard I. und Heinrich VIII. (der die angeblich kanonensicheren Türme ergänzte) noch weiter ver-

stärkt. Von den Wehrgängen eröffnen sich sensationelle Ausblicke bis nach Schottland hinüber.

Die Burg beherbergt das **Cumbria's Museum of Military Life** (☎01228-532774; Erw./Kind 4/2 £, Kombiticket mit Carlisle Castle 9,20/5,15 £; ⊘April–Okt. 10–18 Uhr, Nov.–März Sa–Do bis 17 Uhr) mit Sammlungen von Militaria zur Regimentsgeschichte in der Region.

Im Lauf der Jahrhunderte war die Burg Zeuge dramatischer Ereignisse. 1568 wurde die schottische Königin Maria Stuart hier gefangen gehalten. Und im englischen Bürgerkrieg erlebte die Burg eine acht Monate andauernde Belagerung, die in die Geschichte einging: Um nicht zu verhungern, verspeisten die Soldaten des Königs Ratten, Mäuse und die Schlosshunde, bevor sie sich 1645 schließlich ergaben. Sehenswert sind die mittelalterlichen Graffiti und die „Lecksteine" im Kerker, an denen verdurstende jakobitische Gefangene auf der Suche nach Flüssigkeit geclutscht haben sollen.

Carlisle Cathedral　　KIRCHE
(☎01228-548151; www.carlislecathedral.org.uk; 7 The Abbey; empfohlene Spende 5 £, fotografieren 1 £; ⊘Mo–Sa 7.30–18.15, So bis 17 Uhr) Die aus dem gleichen roten Sandstein wie die Burg errichtete Kathedrale von Carlisle wurde 1122 als Klosterkirche erbaut. Den Rang einer Kathedrale erhielt sie, als ihr erster Abt, Athelwold, zum ersten Bischof von Carlisle ernannt wurde. Zu den Highlights zählen das Chorgestühl aus dem 15. Jh., das Deckengewölbe und das aus dem 14. Jh. stammende East Window (Ostfenster), eines der größten gotischen Fenster in England. In der Umgebung der Kathedrale befinden sich noch Überreste des Klosters, darunter der **Fratry** (Mönchsspeisesaal) aus dem 16. Jh. und der **Prior's Tower** (Turm des Priors).

Tullie House Museum　　MUSEUM
(☎01228-618718; www.tulliehouse.co.uk; Castle St; Erw./Kind 7,70 £/frei; ⊘Mo–Sa 10–17, So 11–17 Uhr) Carlisles Vorzeigemuseum beschäftigt sich mit 2000 Jahren Stadtgeschichte. Die Roman Frontier Gallery erörtert die römischen Ursprünge Carlisles, die Border Galleries decken die Zeit von der Bronzezeit bis zur Industriellen Revolution ab. Zwei neue Abteilungen sind einzelnen Aspekten der Geschichte gewidmet: Die Ausstellung Border Reivers handelt von den marodierenden Banditen, die die Region einst in

Angst und Schrecken versetzten, die Ausstellung Vikings Revealed zeigt Funde vom Wikingerfriedhof Cumwhitton wie Helme, Schwerter und Grabbeigaben. Vom Ausguck im obersten Stockwerk bietet sich ein toller Blick auf die Burg.

Settle to Carlisle Railway　　HISTORISCHE EISENBAHN
(www.settle-carlisle.co.uk; Day-Ranger-Ticket Erw./Kind 15/7,50 £) Die alte Bahnstrecke führt von Carlisle nach Settle in North Yorkshire und ist berühmt für den Panoramablick über die Yorkshire Dales.

🛏 Schlafen

⭐ **Willowbeck Lodge**　　B&B ££
(☎01228-513607; www.willowbeck-lodge.com; Lambley Bank, Scotby; DZ 100–130 £; 🅿🛜) Für Leute, die nicht unbedingt im Stadtzentrum nächtigen müssen, ist dieses palastartige B&B die beste Wahl. Die vier Zimmer sind riesig, modern und opulent ausgestattet, mit Annehmlichkeiten wie Fußbodenheizung, Bettwäsche aus Makobaumwolle und einer geschmackvollen Farbgebung in Beige- und Braungrautönen. Einige Zimmer verfügen über Balkone mit Blick auf Garten und Teich. Außerdem gibt's ein Restaurant, **Fini's Kitchen** (Hauptgerichte 14–22 £).

Crown & Mitre　　HISTORISCHES HOTEL ££
(☎01228-525491; www.peelhotels.co.uk/hotels/crown-and-mitre-hotel-cumbria-england; English St; DZ 72,50–118,50 £; 🅿🛜) In ganz Carlisle findet sich kein imposanteres Haus als dieser edwardianische Kasten, der nach dem Anschluss der Stadt ans Eisenbahnnetz als schickstes Hotel der Stadt errichtet wurde. In der Lobby samt repräsentativer Treppe verströmt das Hotel noch immer etwas von der alten Pracht, doch

---

SOUTH TYNEDALE RAILWAY

Die historische Schmalspurbahn **South Tynedale Railway** (☎01434-381696, Fahrplan 01434-382828; www.south-tyne dale-railway.org.uk; Hin- und Rückfahrkarte nach Lintley Erw./Kind 10/4 £; ⊘April–Okt.) – die höchstgelegene ihrer Art in England – keucht und rattert über eine gut 5 km lange Strecke zwischen Alston in Cumbria und Lintley in Northumberland und überquert drei große Viadukte: South Tyne, Gilderdale und Whitley.

die Zimmer wirken inzwischen eher zweckmäßig. Moderne Einrichtung bieten die King-Zimmer.

Warwick Hall
B&B £££

(☎ 01228-561546; www.warwickhall.org; Warwick-on-Eden; EZ 88–130 £, DZ 128–164 £) Der wunderschöne Landsitz gut 3 km von der Innenstadt an der Warwick Road ist ein ländlicher Rückzugsort wie er im Buche steht. In den riesigen Räumen, unter hohen Decken und zwischen alten Möbeln fühlt man sich hier ein wenig wie zu Besuch bei adligen Freunden. Zum Grundstück gehören viele Hektar Land und sogar ein Flussabschnitt, an dem die Gäste angeln dürfen.

 Essen

Hell Below & Co
FUSIONSKÜCHE £

(☎ 01228-548481; www.hellbelowandco.co.uk; 14 Devonshire St; Hauptgerichte 8–9,50 £; ⊗ Mo–Sa 11–24 Uhr) Eine neue Speisekarte hat dem angesagten Bistro mit nackten Wänden und nacktem Holz neues Leben eingehaucht: Von Käse- und Aufschnittplatten für mehrere Personen bis zu Steaks, Fajitas und Hühnchen ist darauf allerlei zu entdecken. Wer nicht zum Essen kommt, kann kreative Cocktails kosten.

Foxes Cafe Lounge
CAFÉ £

(☎ 01228-491836; www.foxescafelounge.co.uk; 18 Abbey St; Hauptgerichte 4–8 £; ⊗ 8–16.30 Uhr) Das coole Café ist eine gute Anlaufstelle für einen Cappuccino und ein Gebäckstück oder einen Apfel-Holunder-Smoothie. Ebenfalls im Angebot ist ein herzhafter Brunch, je nach Wunsch mit Wurst oder vegetarisch.

David's
BRITISCH ££

(☎ 01228-523578; www.davidsrestaurant.co.uk; 62 Warwick Rd; 2-Gänge-Mittagessen 16,95 £, Hauptgerichte abends 15,95–25,50 £; ⊗ Di–Sa 12–15.30 & 18.30–23 Uhr) Seit Jahren ist dieses Restaurant die Topadresse für feine Küche in Carlisle und es sieht nicht so aus, als würde sich das bald ändern. Auf der Karte stehen vor allem schwere traditionelle Gerichte mit französischem Einschlag wie Lamm mit Pistazienkruste und Portweinsauce oder gebratenes Huhn mit Lauch und Estragonpüree. Die Restauranteinrichtung ist klassisch.

Ausgehen & Unterhaltung

Das Nachtleben von Carlisle spielt sich überwiegend in Botchergate ab. Zu fortgeschrittener Stunde wird das Pflaster dort aber ziemlich heiß.

Fats
PUB

(☎ 01228-511774; 48 Abbey St; ⊗ 11–23 Uhr) Eine unaufgeregtere Alternative zu den Pubs von Botchergate ist das Fats, wo regelmäßig Comedy Nights stattfinden und DJs auflegen.

Brickyard
MUSIK

(☎ 01228-512220; www.thebrickyardonline.com; 14 Fisher St) Carlisles Bühne für rockige Veranstaltungen ist in der ehemaligen Memorial Hall untergebracht.

❶ Praktische Informationen

Touristeninformation (☎ 01228-625600; www.historic-carlisle.org.uk; Greenmarket; ⊗ Mo–Sa 9.30–17, So 10.30–16 Uhr)

❶ An- & Weiterreise

BUS

National-Express-Busse fahren am Busbahnhof in der Lonsdale St ab, z. B. nach London (29,60–34,50 £, 7½ Std., 2- oder 3-mal tgl. direkt), Manchester (27,70 £, 3–3½ Std., 3-mal tgl.) und Glasgow (19,70 £, 2 Std., 4- bis 6-mal tgl.).
Keswick Bus 554; 12,10 £, 70 Min., Mo–Sa 4-mal tgl., So 3-mal
Penrith Bus 104; 6,50 £, 40 Min., Mo–Sa halbstündl., So 9-mal

ZUG

Carlisle liegt an der Strecke der West Coast Main Line von London nach Glasgow. Es ist auch der Endbahnhof der Panoramaeisenbahnen Cumbrian Coast Line und Tyne Valley Line sowie der historischen Settle to Carlisle Railway (S. 650) durch die Yorkshire Dales. Wichtigste Ziele:
Glasgow 28 £, 1¼ Std.
Lancaster 30 £, 45 Min.
London Euston 113,50 £, 3½ Std.
Manchester 56 £, 2 Std. 10 Min.
Newcastle-upon-Tyne 15,90 £, 1½ Std.

❶ Unterwegs vor Ort

Telefonische Taxibestellung bei
Radio Taxis (☎ 01228-527575) oder
Cumbria Cabs (☎ 01228-899599).

Penrith

15 181 EW.

Direkt außerhalb der Nationalparkgrenze gelegen, hat das aus rotem Backstein erbaute Penrith vielleicht mehr mit den behäbigen Marktstädten der Yorkshire Dales gemein als mit den Ortschaften des Lake District. Es ist ein bodenständiges, traditionelles Städtchen mit vielen gemütlichen Pubs und einladenden Teashops; dienstags wird ein lebhafter Markt abgehalten. Penrith ist außerdem der beste Ausgangspunkt für die Erkundung des malerischen Eden Valley.

⊙ Sehenswertes

Rheged   BESUCHERZENTRUM
(☑01768-868000; www.rheged.com; ⊙10–18 Uhr)
Das Besucherzentrum gut 3 km westlich von Penrith tarnt sich als Lakeland-Mühle und beherbergt ein Imax-Kino und wechselnde Ausstellungen. In einer großen Verkaufshalle sind Lebensmittel und Andenken aus Cumbria erhältlich. Der aus der Gegend stammende Koch Peter Sidwell gibt Kochkurse und zeichnet auch für die Karte im Café verantwortlich.

Penrith Castle   RUINE
(⊙Ostern–Okt. 7.30–21 Uhr, Nov.–Ostern bis 16.30 Uhr) Am Rand der Stadt, gegenüber vom Bahnhof, ragt die Ruine von Penrith Castle auf. Die im 14. Jh. von William Strickland (dem späteren Bischof von Carlisle und Erzbischof von Canterbury) erbaute Burg wurde von Richard III. weiter ausgebaut, um schottischen Überfällen besser trotzen zu können. 1345 war die Stadt bei einem solchen Raubzug in Schutt und Asche gelegt worden.

🛏 Schlafen & Essen

Brooklands   B&B ££
(☑01768-863395; www.brooklandsguesthouse.com; 2 Portland Pl; EZ 40–60 £, DZ 85–95 £; 🐾)
Das weitaus beste B&B des Städtchens belegt eine Reihe von viktorianischen Backsteinhäusern am Portland Place. Mit edlem Mobiliar und exquisiten Extras (wie White-Company-Toilettenartikeln, Kühlschrank und Schokoladentäfelchen auf dem Teetablett) übertrumpft es die Konkurrenz. In einem der Zimmer steht ein Himmelbett.

★ Augill Castle   HOTEL £££
(☑01768-341967; www.stayinacastle.com; Kirkby Stephen; Zi. 180–240 £; 🅿🛜🐾) Wer davon träumt, in einem englischen Schloss abzusteigen, kann sich diesen Wunsch in dem imposanten Gemäuer in Kirkby Stephen erfüllen. Das Augill hat alles, was dazugehört: Türmchen mit Zinnen, Bleiglasfenster und gewölbeartige Räume. Innen schaffen bunt zusammengewürfelte alte und moderne Möbel ein cooles Ambiente. Sogar ein Mini-Kino ist vorhanden. Das Hotel liegt 40 km südöstlich von Penrith.

★ Four & Twenty   BISTRO ££
(☑01768-210231; www.fourandtwentypenrith.co.uk; 14 King St; Hauptgerichte mittags 10 £, abends 14–18 £; ⊙Di–Sa 12–14.30 & 18.30–21.30 Uhr) Erstklassige Küche zu erschwinglichen Preisen, so lautet der Anspruch des edlen Bistros, in dem zeitgemäßes Dekor auf rustikales Holz und Sitzbänke auf bunt gemischtes Mobiliar treffen. Wer in Penrith fein essen möchte, z. B. zweimal gebackenes Stilton-Soufflé oder Rinderschmorbraten an karamellisierten Zwiebelrösti, ist hier an der richtigen Adresse.

ⓘ Praktische Informationen

Die **Touristeninformation** (☑01768-867466; pen.tic@eden.gov.uk; Middlegate; ⊙Mo–Sa 9.30–17, So 13–16.45 Uhr) beheimatet auch das winzige Museum von Penrith.

ⓘ An- & Weiterreise

Es bestehen zahlreiche Bahnverbindungen nach Carlisle (10,50 £, 15 Min.) und Lancaster (18,50 £, 1 Std.).

Der Busbahnhof liegt nordöstlich des Zentrums unweit der Sandgate.

Carlisle Bus 104; 6,50 £, 40 Min., Mo–Sa halbstündl., So 9-mal

Cumbrische Küste (Bus X4/X5; 6,50–10,20 £, Mo–Sa halbstündl., So stündl.) Über Rheged, Keswick und Cockermouth.

Newcastle & Nordostengland

Gut essen

➜ Jolly Fisherman (S. 682)

➜ Cross Lanes Organic
Farm Shop (S. 670)

➜ Bouchon Bistrot (S. 676)

➜ Broad Chare (S. 661)

➜ House of Tides (S. 661)

Schön schlafen

➜ Langley Castle Hotel
(S. 657)

➜ Marshall Meadows
Country House Hotel
(S. 687)

➜ Otterburn Castle Country
House Hotel (S. 679)

➜ Jesmond Dene House
(S. 660)

Auf nach Newcastle & Nordostengland

Die unverwüstliche Stadt Newcastle-upon-Tyne ist der Anker Nordostenglands. Die steilen Hügel der ehemaligen Industrie- und Bergbaumetropole am mächtigen Fluss Tyne sind von hübschen viktorianischen Häusern gesäumt. Viele der einstigen Fabriken und Lagerhäuser haben sich in Galerien, Museen, Bars und Veranstaltungsorte verwandelt. Das Nachtleben von Newcastle ist legendär, wer hier abends um die Häuser zieht, sollte auf wilde Partyexzesse gefasst sein.

Newcastle ist auch ein idealer Ausgangspunkt, um in die urwüchsige, schroffe Natur Nordostenglands zu entfliehen. Hier locken die sanft geschwungenen Cheviot Hills, der melancholische Northumberland National Park und die entlegenen North Pennines. Der monumentale Hadrianswall schneidet sich samt Wanderpfad einsam durch eine Landschaft, in der versprenkelte gespenstische Festungsruinen an die blutigen Kämpfe mit den Schotten im Norden erinnern. Entlang der unberührten Küste bezaubert die Region mit langen, menschenleeren Stränden, verwitterten Burgen und winzigen, magischen Inseln.

Reisezeit

➜ Das ganze Jahr hindurch finden am Hadrianswall Nachinszenierungen historischer Ereignisse mit kostümierten Darstellern und Römerfeste statt.

➜ Die beste Zeit für die kilometerlangen, breiten Sandstrände ist der Sommer (Juni bis August), für Wassersportler bietet der Weltklasse-Surfspot Tynemouth dagegen im Winter und Frühling die besten (wenn auch kältesten) Wellen.

➜ September und Oktober sind prima, um durch die Herbstlandschaften des Northumberland National Park stapfen.

➜ Im September haben Besucher zudem Gelegenheit – ausgerüstet mit Laufschuhen oder einem Newkie Brown Ale – beim Great North Run in Tyneside mitzumischen, einem der größten Halbmarathons der Welt

Geschichte

Keine andere Region Englands hat eine so gewaltvolle Geschichte hinter sich wie der Nordosten, was vor allem der Grenzlage geschuldet ist. Auch wenn der Hadrianswall nicht in erster Linie als Verteidigungsbollwerk diente, markierte er die nördliche Grenze des römischen Britanniens und war die mächtigste Grenzbefestigungsanlage des Römischen Reichs. Nach Abzug der Römer gehörte die Region zu Bernicia, einem Königreich der Angeln, das 604 mit Deira (einem Großteil des heutigen Yorkshire) zu Northumbria vereinigt wurde.

Das von Angelsachsen und Dänen umkämpfte Königreich stand fortan unter wechselnder Herrschaft und im Laufe der folgenden 500 Jahre verschoben sich die Grenzen mehrmals. Im Jahr 1018 bekam Schottland schließlich das Gebiet nördlich des Flusses Tweed zugesprochen. Das im Entstehen begriffene Königreich England behielt alle Gebiete südlich des Flusses.

Als die Normannen 1066 England eroberten, war Wilhelm I. sehr erpicht darauf, die Nordgrenze zu Schottland abzusichern. Die meisten Festungen, die heute an der Küste zu sehen sind, wurden in seinem Auftrag gebaut und durch diverse Geschäfte mit den Fürstbischöfen von Durham erkaufte er sich deren Loyalität. Die neuen Feudalherren von Northumberland gewannen ihrerseits Macht und Einfluss, weil sie als *Marcher Lords* (Grenzlords) dem König die Schotten vom Leibe hielten.

Northumberlands Ruf als Brutstätte der Rebellion verstärkte sich in der Tudorzeit. Angeführt von Thomas Percy, dem 7. Grafen von Northumberland, erhob sich der überwiegend katholische Norden 1569 im schnell niedergeschlagenen *Rising of the North* (Aufstand des Nordens) gegen Elisabeth I. Die *border reivers*, Banditen beider Seiten, sorgten im 16. Jh. in der Region für fortwährende Gesetzlosigkeit. Dieser Zustand ließ erst 1707 mit dem *Act of Union* (Vereinigungsgesetz) zwischen England und Schottland nach.

Kohlebergwerke waren der Schlüssel für die Industrialisierung des Nordostens im 19. Jh. Sie lieferten die Energie für die Stahlwerke, Werften und Rüstungsfabriken, die sich an den Flüssen Tyne und Tees ansiedelten. Der Bedarf an Kohletransporten inspirierte den hier beheimateten Ingenieur George Stephenson 1825 zum Bau der ersten Dampfeisenbahn der Welt namens Stockton & Darlington. Als es im 20. Jh. während der Großen Depression und in den Nachkriegsjahren mit dem Bergbau, den Werften, der Stahlproduktion und der Eisenbahnindustrie bergab ging, führte das verstärkt zu sozialen Spannungen. Die Neuerfindung des Nordostens ist ein Mammutprojekt, aber die Wiederbelebung läuft auf Hochtouren.

Aktivitäten

Wander- und Radfahrmöglichkeiten gibt es in der Region in Hülle und Fülle. Allerdings sollte man zu jeder Jahreszeit auf Wind und Regen und im Winter auf äußerst raue Bedingungen gefasst sein. Die örtlichen Tourismuswebsites verzeichnen Wander- und Radfahrtipps und die Touristeninformationen vergeben Broschüren und Karten zu Wanderungen, Radtouren und anderen Aktivitäten.

Radfahren

Der Nordosten kann sich einiger der attraktivsten Radrouten Englands rühmen. Ein Dauerbrenner ist die 320 km lange **Coast & Castles Cycle Route** (www.coast-and-castles.co.uk; NCN Route 1). Sie gehört zum National Cycle Network (NCN) und verläuft von Süden nach Norden zwischen Newcastle-upon-Tyne, Berwick-upon-Tweed und dem schottischen Edinburgh entlang der wildromantischen Küste Northumberlands.

Die 225 km lange **Sea to Sea Cycle Route** (www.c2c-guide.co.uk) zieht sich quer durch den Norden Englands: von der Küste Cumbrias (wahlweise von Whitehaven oder Workington) über den nördlichen Lake District und die Hügellandschaft der North Pennines bis nach Tynemouth und Sunderland.

Von Küste zu Küste radeln kann man alternativ auch auf dem 282 km langen **Hadrian's Cycleway** (www.hadrian-guide.co.uk), der von South Slides oder Tynemouth am Hadrianswall entlang nach Ravenglass in Cumbria führt.

Wandern

Die North Pennines werden – zusammen mit den weiter nördlich gelegenen Cheviots – als „Englands letzte Wildnis" gehandelt. Zu den Fernwanderwegen durch die Hügel zählt der beliebte **Pennine Way National Trail**. Er passiert hauptsächlich das Hochland zwischen den Yorkshire Dales und der schottischen Grenze, kreuzt jedoch auch immer wieder Flusstäler. Die gesamte Strecke ist 435 km lang, aber der 113 km

20 km
10 Meilen

N O R D S E E

FARNE ISLANDS

Embleton Bay
Dunstanburgh Castle
Craster
Low Newton-by-the-Sea
High Newton-by-the-Sea
Embleton
A1

Alnwick ❿

Alnmouth
Warkworth
Amble

Newbiggin-by-the-Sea
Ashington

Morpeth

NORTHUMBERLAND

Kirkwharle
Rothbury

A697
A696

Bellingham

Coquet
Truppen-übungsplatz

Northumberland National Park

▲ Cheviot (815 m)

Kielder Forest Park

🔭 **Kielder Observatory** ②

Kielder Water
Kielder Burn

Lewis Burn
Liddel Water

North Tyne

A68

Otterburn

Bonchester Bridge

ROXBURGHSHIRE

Jedburgh
A68

Kate Water
Kale Water

Town Yetholm
Kirk Yetholm

Bowmont Water

Wooler

Belford

Bamburgh
Seahouses

Holy Island (Lindisfarne) ③

Berwick-upon-Tweed ⑤

Eyemouth
St. Abbs

EAST LOTHIAN
Cockburnspath
Coldingham
Grantshouse
Chirnside
Duns

SCHOTTLAND
86355

BERWICKSHIRE

Coldstream
A698

Kelso
A698

Earlston

Melrose
St. Boswell's
Ale Water
Teviot

Crookham
Ford
Etal
A698

Till

Cheviot

A697

A1

Highlights

① **Victoria Tunnel** (S. 657) In Newcastle einen im Krieg als Luftschutzbunker genutzten Tunnel erkunden

② **Kielder Observatory** (S. 678) In der Sternwarte im Northumberland International Dark Sky Park Himmelskörper anschauen

③ **Holy Island (Lindisfarne)** (S. 684) Über einen nur bei Ebbe befahrbaren Damm eine der Welt entrückte Pilgerstätte besuchen

④ **Bowes Museum** (S. 670) In Barnard Castle ein Museum wie ein Château und eine ungewöhnliche Kunstsammlung bewundern

⑤ **Berwick Walls** (S. 686) In Berwick-upon-Tweed, Englands nördlichster Stadt, die elisabethani-

nach Ijmuiden

Seven

Loftus

A171

Danby

Saltburn-by-the-Sea

North York Moors National Park

Guisborough

Esk

Castleton

Redcar

Billingham

Middlesbrough

Leven

Stokesley

A174

Whitley Bay

South Shields

Tynemouth

Wallsend

Sunderland

Seaham

Peterlee

8 Hartlepool

Stockton-on-Tees

Darlington

Sedgefield

Eaglescliffe

A19

Northallerton

Angel of the North

Newcastle upon Tyne **1**

9 Beamish Open-Air Museum

Stanley

6 Durham

Bishop Auckland

Shildon

Pierce Bridge

Catterick

A1

Bedale

Ponteland

Newcastle Airport

Belsay

Consett

Knitsley

Croxdale

A167

West Auckland

Raby Castle

Richmond

NORTH YORKSHIRE

Corbridge

Tyne

Hedley on the Hill

Edmundbyers

Wolsingham

Crook

Hamsterley Forest

DURHAM

Teesdale

4 Barnard Castle

Bowes

The Pennines

Reeth

Yorkshire Dales National Park

Hexham

Hadrianswall

Derwent Reservoir

Blanchland

Stanhope

Frosterley

Middleton-in-Teesdale

Tees

B6278

Pennine Way

M66

Butter-tubs Pass

Hawes

Haltwhistle

A686

Allendale Town

Allenheads

Killhope

Ireshopeburn

Weardale

Langdon Beck

North Pennines

Newbiggin

Brough

Kirkby Stephen

B6270

7 Hadrianswall

A68

Nenthead

Alston

CUMBRIA

A66

Coupland

Appleby

Newbiggin-on-Line

B683

Tebay

M6

Carlisle (20 Meilen)

South Tyne

Eden

lange Abschnitt zwischen Bowes und dem Hadrianswall ist eine nette, viertägige Kostprobe.

Entlang des **Hadrianswalls** gibt es eine große Auswahl an einfachen Rundwegen, die an Festungen und anderen historischen Highlights vorbeiführen.

Eine der schönsten Wanderungen an der windumtosten **Küste Northumberlands** verläuft von Craster über Dunstanburgh nach Bamburgh und führt an zwei spektakulären Burgen vorbei. Ein weiterer besonders schöner Küstenwanderweg ist der 48 km lange **Berwickshire Coastal Path** (www.walkhighlands.co.uk/borders/berwick shire-coastal-path.shtml) von Berwick-upon-Tweed nach Cockburnspath in Schottland.

ℹ Anreise & Unterwegs vor Ort

BUS

Busverbindungen sind in dieser Gegend ziemlich dünn gesät, besonders in den abgelegenen westlichen Regionen Northumberlands. Informationen zu Fahrplänen und Preisen bietet **Traveline** (☏ 0871 200 2233; www.traveline northeast.info).

ZUG

Die Züge der East Coast Main Line fahren von London King's Cross über Durham, Newcastle und Berwick nach Edinburgh. Northern Rail unterhält im Norden etliche Regional- und Fernverbindungen, u. a. nach Carlisle.

Verschiedene Rovertickets berechtigen zu unbegrenztem Fahrvergnügen für einen oder mehrere Tage, Infos dazu liefert die Website www.networkonetickets.co.uk.

Newcastle-upon-Tyne

280 200 EW.

Inmitten einer sensationellen Kulisse, die viktorianische Eleganz und schroffe Industrieszenerie vereint, kultiviert die ungemein eigenwillige und unabhängige Stadt einen schwungvollen Mix aus lokalem Erbe und urbanem Esprit. Hier tummeln sich exzellente neue Kunstgalerien, eine pompöse Konzerthalle, diverse Boutiquehotels, einige außergewöhnliche Restaurants und natürlich allerhand interessante Bars. Newcastle ist in ganz Großbritannien für sein turbulentes Nachtleben berühmt, das von den rund 42 000 feierfreudigen Studierenden angetrieben wird.

Die Stadt hat sich ihre tiefverwurzelten Traditionen bewahrt. Das verkörpern auch die geradlinigen, sympathischen Einheimischen. Für die Erkundung des viktorianischen Stadtzentrums und der Uferviertel am Tyne und in Gateshead auf der anderen Flussseite sollte man mehrere Tage einplanen. Außerdem lohnen sich ein Besuch im aufgemöbelten Stadtteil Ouseburn Valley im Osten und im szenig-schicken Vorort Jesmond im Norden sowie ein Ausflug an die Surfstrände von Tynemouth.

◉ Sehenswertes

◉ Stadtzentrum

Newcastles prächtiges viktorianisches Stadtzentrum ist eines der überzeugendsten Beispiele urbaner Verjüngung in England. Das kompakte Gebiet wird im Westen von der Grainder Street und im Osten von der Pilgrim Street begrenzt. Am Flussufer scharen sich die augenfälligsten Touristenattraktionen: die berühmten Brücken (S. 657), die den Tyne überspannen, und markante Gebäude, die ihn flankieren.

Newcastle Castle   BURG
(☏ 0191-230 6300; www.newcastlecastle.co.uk; Castle Garth; Erw./Kind 6,50/3,90 £; ◷ 10–17 Uhr) Das Bollwerk, dem die Stadt ihren Namen verdankt, ist größtenteils vom Bahnhof verschluckt worden. Zu den wenigen Überbleibseln gehören der quadratische normannische Bergfried und das Black Gate, die beide gerade eine Restaurierung für insgesamt 1,67 Mio. £ hinter sich haben. In den zwei Gebäuden werden Ausstellungen zur Geschichte der Burg, der Stadt und ihrer Bewohner seit den Tagen der Römer gezeigt. Vom Dach des Wachturms eröffnet sich mit einem 360-Grad-Panorama der beste Blick über die Stadt

★ Discovery Museum   MUSEUM
(https://discoverymuseum.org.uk; Blandford Sq; ◷ 10–16 Uhr) GRATIS Das sehenswerte Museum dokumentiert die bewegte Geschichte des Ballungsraums Tyneside. Die Ausstellung erstreckt sich über drei Etagen eines ehemaligen Verbrauchergenossenschaftsgebäudes. Zentrales Ausstellungsstück ist die imposante 30 m lange *Turbinia*, die 1897 das schnellste Schiff der Welt war und das erste, das von einer Dampfturbine angetrieben wurde. Weitere Highlights sind der Museumsbereich zum Schiffsbau auf dem Tyne mit einem Maßstabsmodell des Flusses von 1929 und die Dauerausstellung „Story of Newcastle". Sie veranschaulicht die Geschichte der Stadt von ihren Anfängen als römische Festung

Pons Aelius bis zu Cheryl Cole, der jüngsten berühmten Tochter der Stadt.

★ Great North Museum
MUSEUM

(☑0191-208 6765; https://greatnorthmuseum.org. uk; Barras Bridge; Eintritt frei, Planetarium Erw./ Kind 2,50/1,50 £; ⊘ Mo–Fr 10–17, Sa bis 16, So 11– 16 Uhr) Das renommierte Hancock Museum residiert in einem klassizistischen Gebäude und präsentiert neben naturgeschichtlichen Exponaten auch die Sammlung des Museums der Universität von Newcastle. Das Ergebnis dieser Liaison ist ein faszinierendes Sammelsurium mit Dinosauriern, römischen Altarsteinen, ägyptischen Mumien, Samuraikriegern und eindrucksvollen Tierpräparaten. Herausragend sind die lebensgroße Nachbildung eines Tyrannosaurus Rex und ein interaktives Modell vom Hadrianswall, das jede einzelne Meilenfestung und Burg berücksichtigt. Es gibt viele Mitmachangebote für Kinder und ein Planetarium, in dem ganztägig Vorführungen stattfinden.

Laing Art Gallery
KUNSTGALERIE

(www.laingartgallery.org.uk; New Bridge St; ⊘Di–Sa 10–17, So 14–17 Uhr) GRATIS Zu der außergewöhnlichen Sammlung gehören Werke von Gainsborough, Gauguin und Henry Moore sowie bedeutende Gemälde des aus Northumberland stammenden Künstlers John Martin (1789–1854). Unter der Rubrik „What's on" verzeichnet die Website kostenlose Veranstaltungen, Führungen und Vorträge. Für Sonderausstellungen wird oft Extra-Eintritt erhoben.

★ Life Science Centre
MUSEUM

(☑0191-243 8210; www.life.org.uk; Times Sq; Erw./ Kind 14/8 £; ⊘ Mo–Sa 10–18, So 11–18 Uhr) Das an ein nüchternes Genforschungsinstitut angeschlossene Zentrum widmet sich mit einer Reihe spannender, interaktiver Ausstellungen den Geheimnissen des Lebens. Höhepunkt ist der *Motion Ride*, ein Simulator, der die Besucher Bungeesprünge u. ä. „erleben" lässt (der 4-D-Film wechselt jährlich). Vor allem die kleinen Nachwuchsforscher begeistern sich für die vielen anregenden Videospiele. Auch wenn der Informationsgehalt dabei manchmal zur Nebensache verkommt, Spaß macht's allemal! An besucherreichen Tagen lohnt es sich, die Tickets vorab zu kaufen. An Schultagen ist das Museum vormittags voller Schulklassen; wer ihnen entgehen möchte, kommt besser erst nach 14 Uhr.

◉ Ouseburn Valley

Das inzwischen zur Häfte durchsanierte Ouseburn Valley, etwa 1,6 km östlich vom Stadtzentrum, war im 19. Jh. Newcastles Industriegebiet. Inzwischen hat es sich zu einem angesagten Viertel mit Töpfereien, Glasbläsereien und anderen kreativen Werkstätten sowie einer großen Auswahl an Pubs, Bars und Veranstaltungsorten gemausert.

★ Victoria Tunnel
HISTORISCHE STÄTTE

(☑0191-261 6596; www.ouseburntrust.org.uk; Arch 6, Stepney Bank; Führungen Erw./Kind 6/4 £; ⊘nach Anmeldung) Der 4 km lange Tunnel unter den Straßen Newcastles wurde zwischen 1839 und 1842 zur Kohlenbeförderung erbaut und im Zweiten Weltkrieg als Luftschutzbunker genutzt. Ehrenamtlich geleitete, zweistündige Touren führen durch einen 700 m langen Abschnitt, der die Geschichte des Tunnels sehr anschaulich lebendig werden lässt. Da die Teilnehmeranzahl auf zwölf Personen begrenzt ist, empfiehlt sich eine Anmeldung. Außerdem sind gutes Schuhwerk und eine waschbare Jacke wegen der gekalkten Wände ratsam. Die Führungen endet an der Ouse St, nahe bei der Quayside.

Ouseburn Farm
BAUERNHOF

(☑0191-232 3698; www.bykerbridge.org.uk/farm; Ouseburn Rd, nahe Lime St; ⊘Mo–Fr 9.30–16.30, Sa & So 10.30–16.30 Uhr) GRATIS Shetlandponys, Schweine, Schafe, Ziegen, Hühner und Acker-

---

BRÜCKENBAUKUNST

Das berühmteste Postkartenmotiv in Newcastle sind die vielen Bücken, die den Tyne überspannen. Die prominenteste Überführung ist die **Tyne Bridge** (1925–1928), die wie die Sydney Harbour Bridge (1923–1932), von dem Ingenieurbüro Dorman Long erbaut wurde. Die kuriose kleine **Swing Bridge** (1876) dreht sich auf dem mittigen Brückenpfeiler parallel zum Fluss, um großen Schiffen Platz zu machen. Nicht weit davon steht die von Robert Stephenson entworfene **High Level Bridge** (1849). Sie war die erste kombinierte Straßen- und Eisenbahnbrücke der Welt. Der jüngste Neuzugang ist die mehrfach preisgekrönte **Millennium Bridge** (2002), die sich wie ein Augenlid hebt, um Schiffe passieren zu lassen.

Newcastle-upon-Tyne

früchte erwartet man in Newcastle als letztes, sind aber auf diesem gemeinnützigen Bauernhof zu bestaunen. Die Erzeugnisse, Eier, Milchprodukte usw., werden im Hofladen verkauft und für die Zubereitung des Speisenangebots im Tearoom verwendet.

Seven Stories – The Centre for Children's Books
MUSEUM

(www.sevenstories.org.uk; 30 Lime St; Erw./Kind 7,70/6,60 £; ⊙ Mo–Sa 10–17, So bis 16 Uhr) Das interaktive Kinderbuchmuseum Seven Stories befindet sich in einer einfallsreich umgebauten viktorianischen Mühle. Es entführt auf sieben Etagen in die wundervolle Welt der Kinderliteratur. Neben Originalmanuskripten und Schätzen der Kinder- und Jugendbuchillustration seit den 1930er-Jahren gibt es ein ständig wechselndes, auf Kinder zugeschnittenes Programm mit Ausstellungen, Aktivitäten und Veranstaltungen, um Nachwuchstalente zu beflügeln.

⊙ Gateshead

Auf der Südseite des Tyne liegt die „Stadt" Gateshead, die faktisch ein Stadtteil ist. Die Stadtverwaltung bezeichnet den gesamten Ballungsraum am Tyne als „NewcastleGateshead".

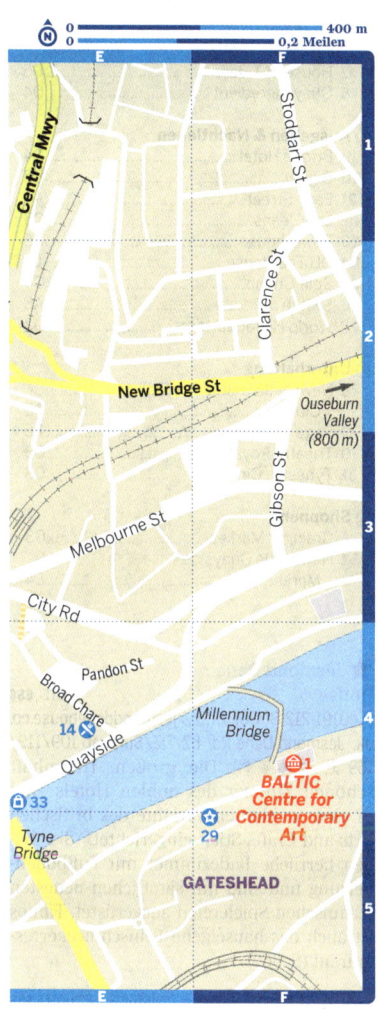

ein Restaurant im Erdgeschoss mit Tischen am Fluss. Eine Terrasse im 4. Stock und eine Panoramabox im 5. Stock bieten eine umwerfende Aussicht auf den Tyne.

🏃 Aktivitäten

⭐ Lane 7 BOWLING

(📞0191-261 6161; http://lane7.co.uk; 80–90 St James's Blvd; Bowlen ab 6 £; ⏲Mo–Do 16–24, Fr & Sa 11–14, So 11–24 Uhr) Die supercoole Bowlinghalle hat nicht nur zehn Walnussholzbahnen, sondern auch einen Neun-Loch-Minigolfplatz, Ping-Pong-Tische, Donkey Kong-Spiele, Billardtische und einen Karaokeraum. Obendrein gibt's Snacks (Pulled Pork Burger; Gourmet Hot dogs) und eine Craft-Bier-Bar. Bis 19 Uhr sind auch Kinder willkommen.

🎊 Festivals & Events

Great North Run SPORT

(www.greatrun.org) Newcastles Halbmarathon findet Mitte September statt. Wer mitmachen will, muss sich rechtzeitig anmelden. Ansonsten kann man sich auch unter die Zuschauer mischen, die den Läufern entlang der Strecke applaudieren. Die Route führt von der Innenstadt über die Tyne Bridge und durch Gateshead bis nach South Shields.

🛏 Schlafen

Obwohl die Zahl der innerstädtischen Unterkünfte zunimmt, beschränkt sich das Angebot im Allgemeinen immer noch auf Budget- oder Businesshotelketten, die auf Partytouristen und auf Geschäftsreisende ausgerichtet sind. In dem gentrifizierten Vorort Jesmond, rund 2,5 km nördlich der Innenstadt, gibt es eine Reihe von Mittelklasseunterkünften, die sich per Metro (bis Jesmond oder West Jesmond) erreichen lassen.

⭐ BALTIC – Centre for Contemporary Art KUNSTGALERIE

(www.balticmill.com; Gateshead Quays; ⏲10–18 Uhr) GRATIS Das riesige, senffarbene ehemalige Getreidelager macht heute als riesige, senffarbene Kunstgalerie der Londoner Tate Modern Konkurrenz. Statt einer festen Sammlung zeigt BALTIC wechselnde Ausstellungen mit Arbeiten und Installationen einiger der angesagtesten zeitgenössischen Künstler. Der Komplex beherbergt Ateliers für Residenzkünstler, Performance-Räumlichkeiten, ein Kino, eine Bar, ein fabelhaftes Dachrestaurant (unbedingt reservieren) und

Grey Street Hotel BOUTIQUEHOTEL $$

(📞0191-230 6777; www.greystreethotel.co.uk; 2-12 Grey St; DZ ab 70 £; ❄🞍) Das hübsche, denkmalgeschützte Hotel logiert in der edelsten Straße der Stadt und wurde zeitgemäß überholt. So sind z. B. die Schiebefenster mit einer Dreifachverglasung versehen. Die individuell gestalteten Zimmer sind modern eingerichtet und mit großen Betten ausgestattet.

Newcastle Jesmond Hotel HOTEL $$

(📞0191-239 9943; www.newcastlejesmondhotel. co.uk; 105 Osborne Rd; EZ/DZ/FZ ab 55/75/105 £; 🅿🞍🞍) Die Zimmer in diesem frisch re-

Newcastle-upon-Tyne

novierten, roten Backsteinbau sind nicht riesig, aber gemütlich und komfortabel. Die Bars und Restaurants der Osbourne Road sind nur wenige Schritte entfernt und es gibt Gratisparkplätze (wenn auch nicht allzu viele). Die Familienzimmer sind für drei Personen gedacht. Das WLAN ist nicht immer stabil.

Royal Station Hotel HOTEL $$
(☎ 0191-232 0781; www.royalstationhotel.com; Neville St; EZ/DZ ab 58/63 £; P✿✖) Kein Hotel in Newcastle kann mit einer besseren Lage punkten als dieses. Der schmucke, denkmalgeschützte viktorianische Bau am Bahnhof verfügt über eine Lobby mit Kronleuchter und 144 moderne, zurückhaltend eingerichtete Zimmer, darunter einige günstigere, kleinere Doppelzimmer (ab 60 £). Außerdem gibt's ein kleines Schwimmbad. Der Service ist superfreundlich und äußerst hilfsbereit. Wer früh kommt, ergattert einen der 20 kostenlosen Parkplätze auf der Straße.

Avenue B&B $$
(☎ 0191-281 1396; 2 Manor House Rd; EZ/DZ/FZ ab 45/70/85 £; ☎♿) Das schlichte, aber gut geführte, familienfreundliche B&B mit leckerem Frühstück und netten Gastgebern liegt in einer ruhigen Wohngegend.

★ **Jesmond Dene House** HOTEL $$$
(☎ 0191-212 3000; http://jesmonddenehouse.co.uk; Jesmond Dene Rd; EZ/DZ/Suite ab 109/119/169 £; P✿◈✖) Die großen, traumhaft schönen Zimmer des noblen Hotels sind in einer modernen Variante des britischen Arts-and-Crafts-Stils eingerichtet. Sie haben herrliche Badezimmer mit Fußbodenheizung und sind mit sämtlichen neuesten technischen Spielereien ausgerüstet. Famos ist auch das hauseigene Feinschmeckerrestaurant (S. 662).

Vermont Hotel HISTORISCHES HOTEL $$$
(☎ 0191-233 1010; www.vermont-hotel.com; Castle Garth; DZ/Suite ab 119/179 £; P✿♿) Das bezaubernde Steingebäude (die ehemalige County Hall) verströmt die Eleganz des frühen 20. Jhs. mit seinem Jugendstil-Ballsaal, den 101 Zimmer mit Marmorbädern und poliertem Holz (darunter miteinander verbundene Zimmer für Familien und exquisite Suiten), den beiden Bars und einem Gourmetrestaurant. Die hoteleigenen Parkplätze sind begrenzt und schnell belegt, aber kostenfrei. Elf zum Haus gehörende luxuriöse Selbstversorgerapartments (2-/4-Personenapartments ab 169/229 £) befinden sich in unmittelbarer Nähe.

 Essen

✖ Stadtzentrum

Quay Ingredient CAFÉ $

(☎0191-447 2327; http://quayingredient.co.uk; 4 Queen St; Gerichte 3–17 £; ⏰8–17 Uhr; 🛜) Das schicke, kleine Café unter den hohen Stahlträgern der Tyne Bridge hat sich mit seinen Eierspezialitäten (Eier Benedikt, Florentine und Montreal) viele treue Stammkunden angelacht. Aber auch sonst ist die Speisekarte nicht zu verachten: *kippers* (kalt geräucherte Bücklinge) aus Craster mit eingelegter Roter Bete, Scampi mit hausgemachter Tartarsoße oder Pulled Beef mit Bourbon Whiskey …

⭐ Broad Chare GASTROPUB $$

(☎0191-211 2144; www.thebroadchare.co.uk; 25 Broad Chare; Hauptgerichte 10–19,50 £; ⏰Küche Mo–Sa 12–14.30 & 17.30–22, So 12–17 Uhr) Das großartige Gastropub mit Zwischengeschoss und dunkler Holzbar verwöhnt mit besten Ales vom Fass und vortrefflichen englischen Klassikern. Auf Vorspeisen wie knusprige Schweinsöhrchen, Schweinefleischpastete und Wildterrine folgen Hauptgerichte wie göttliches gegrilltes Schweinekotelett mit Blutwurst und Cidersauce. Zum krönenden Abschluss lockt Treacle Tart mit Walnusskrokant.

Fat Hippo Underground BURGER $$

(☎0191-447 1161; www.fathippo.co.uk; 2-6 Shakespeare St; Burger 8–14 £; ⏰Mo–Do 12–22, Fr & Sa 11–22.30, So 11–22 Uhr) In einem Backsteinkellergewölbe im Stadtzentrum residiert dieser Ableger eines Jesmonder Top Acts, des Fat Hippo (S. 662). Der namensgebende Fat Hippo Burger ist mit zwei gebratenen Rinderhackpattys, Bacon, Chorizo, Käse und Zwiebelringen belegt und mit der Geheimsauce des Hauses gewürzt. Ein Vergnügen sind aber auch die Chicken- und Veggieburger und die als Beilage servierten dreimal frittierten Pommes. Burger für Kids kosten 5 £.

Hop & Cleaver GASTROPUB $$

(☎0191-261 1037; www.hopandcleaver.com; 44 Sandhill; Hauptgerichte 9–18 £; ⏰Küche So–Do 12–21, Fr & Sa bis 22 Uhr, Bar 11–1 Uhr) Das Lokal im wunderschönen jakobinischen Bessie Surtees House (http://historicengland.org.uk; 41–44 Sandhill; ⏰Mo–Fr 10–16 Uhr) GRATIS eignet sich prima für einen Drink (hier werden ein paar Craft-Biere gebraut), aber auch das Essen ist erstklassig, z. B. die hausgeräucherte

Rinderbrust mit Apfel-Zwiebel-Bratlingen, das 12 Stunden lang gekochte Pulled Pork mit hausgemachtem Krautsalat und Barbequesauce, die in Bourbon marinierte Rippchen vom Holzkohlengrill und das mit Bier eingestrichene, gegrillte Hühnchen. Vegetarische Angebote sind spärlich, aber immerhin vorhanden.

⭐ House of Tides GOURMET $$$

(☎0191-230 3720; http://houseoftides.co.uk; 28–30 The Close; 7-/8-Gänge-Mittagsmenü 35/60 £, mit Wein 65/110 £, 8-Gänge-Abendmenü 68 £, mit Wein 118 £; ⏰Di–Fr 12–14 & 18–21.30, Sa 12–14 & 17–22 Uhr) Das Haus eines Kaufmanns aus dem 16. Jh. beherbergt heute das meistgerühmte Restaurant Newcastles. Der Michelinstern-bekrönte Starkoch Kenny Atkinson (zweimaliger Gewinner der BBC-Sendung Great British Menu) verarbeitet in seinen regelmäßig wechselnden Kreationen nur erstklassige Zutaten: Orkney-Muscheln, Norfolk-Wachteln, wilde Brombeeren, schwarze Trüffeln und Kapuzinerkresse. Bei entsprechender Voranmeldung kann das Menü auch auf Vegetarier und andere diätetische Besonderheiten abgestimmt werden.

⭐ Blackfriars BRITISCH $$$

(☎0191-261 5945; www.blackfriarsrestaurant.co.uk; Friars St; Hauptgerichte 12–25 £; ⏰Mo–Sa 14.30 & 17.30–23, So 12–16 Uhr) 🍴 Ein Kloster

SEGEDUNUM

Das Römerkastell **Segedunum** (☎0191-278 4217; http://segedunum romanfort.org.uk; Buddle St, Wallsend; Erw./Kind 5,95 £/frei; ⏰Juni–Mitte Sept. 10–17 Uhr, Ostern–Mai & Mitte Sept.–Anfang Nov. bis Nov, Anfang Nov.–Ostern Mo–Fr bis 14.30 Uhr) war das letzte in der Festungskette des Hadrianswalls. Es steht 8 km östlich von Newcastle im heutigen Vorort Wallsend. Der 35 m hohe Turm des Forts bietet eine umwerfende Aussicht. Zu ebener Erde umfasst die beeindruckende Anlage ein rekonstruiertes römisches Badehaus (samt Dampfbad und Fresken) und ein Museum, das einen guten Einblick in das Leben zur Römerzeit gewährt.

Segedunum liegt drei Minuten zu Fuß von der Metrostation Wallsend (ab Newcastle 3,20 £, 20 Min.) entfernt.

ABSTECHER

ANGEL OF THE NORTH

Etwa 10 km südlich von Newcastle erhebt sich über der A1 (M) seit 1998 ein 200 t schwerer, rostbrauner Stahlengel, der **Angel of the North** (Durham Rd, Low Eighton). Er ist 20 m hoch und seine Flügelspannweite übertrifft die einer Boeing 767. Seine offenherzige Pose hat dem „Engel des Nordens" den Spitznamen „Gateshead Flasher" (Exhibitionist von Gateshead) eingebracht. Die berühmte Skulptur ist eine Arbeit von Sir Antony Gormley (der 2014 zum Ritter geschlagen wurde) und ist das größte und bekannteste öffentliche Kunstwerk im Vereinigten Königreich. Vom Eldon Square in Newcastle fährt Bus 21 (2,10 £, 20 Min.) hierher.

aus dem 12. Jh. dient als stimmungsvolle Kulisse für „moderne mittelalterliche" Küche. Die Tischuntersetzer erläutern die Herkunft der kredenzten Dorsche, Ringeltauben und seltenen Schweinerassen. Alles andere wird direkt vor Ort hergestellt, darunter Würste, Brote, Gebäck und Eis. Reservierung empfohlen.

✕ Jesmond

Fat Hippo   BURGER $$

(☏0191-340 8949; www.fat-hippo.co.uk; 35a St Georges Tce, West Jesmond; Burger 8–14 £; ⊙ Mo-Do 12–21.30, Fr 12–22, Sa 11–21.30, So 11–21.30 Uhr) Das fette Nilpferd ist eine gefeierte lokale Größe. Auf Holzbrettern werden gigantische Burger serviert, dazu gibt's handgeschnittene, dreimal frittierte Pommes in Emailleschalen. Der Stinky Pete enthält Blauschimmelkäse, Jalapeños und ein Rote-Zwiebeln-Chutney; im 4 x 4 stecken in der Tat vier Fleischpattys. Wer kein Fleisch mag, kann z. B. einen Mac the Ripper bestellen (Makkaroni-Käsebällchen mit Kopfsalat und weißer BBQ-Sauce). Als Beilagen gibt es u. a. frittierte Cornichons und hausgemachten Krautsalat.

Pizzeria Francesca   PIZZERIA $$

(134 Manor House Rd; Pizza & Pasta 5–8,40 £, Hauptgerichte 9–17 £; ⊙Mo-Sa 12–14.30 & 17–21.30 Uhr) Temperamentvolle Kellner und riesige Portionen Pizza und Pasta sind der Grund dafür, dass die Einheimischen vor diesem chaotischen, aber charmanten Lokal Schlange stehen. Einfach hinten anstellen und warten, reservieren kann man nicht.

Jesmond Dene House   MODERN BRITISCH $$$

(☏0191-212 5555; http://jesmonddenehouse.co.uk; Jesmond Dene Rd; Hauptgerichte 16–36 £, 2-/3-Gänge-Mittagsmenü 19,50/22 £; ⊙Mo-Do 7–10, 12–17 & 19–21, Fr 7–10, 12–17 & 19–21.30, Sa 7.30–10.30, 12–17 & 21.30, So 7.30–10.30 & 12–21 Uhr) Für seine exquisiten Kreationen verwendet Chefkoch Michael Penaluna mit Vorliebe regionale Zutaten. Zum Einsatz kommen Wildfleisch aus County Durham, Austern aus Lindisfarne und Kräuter aus dem eigenen Garten. Das Ergebnis ist ein Gourmeterlebnis der Extraklasse.

🍷 Ausgehen & Nachtleben

Freitag- und Samstagabend steppt in Newcastle der Bär, besonders in der Umgebung des Bigg Market (unmittelbar südlich der Newgate St) und der Newcastle Central Station. Weniger turbulent geht es in den Bars von Jesmond und im Ouseburn Valley zu, wo sich „zivilisiertere", künstlerisch angehauchte Partygänger vergnügen.

🍷 Stadtzentrum

★ Bridge Hotel   PUB

(http://sjf.co.uk/our-pubs/bridge-hotel; Castle Sq; ⊙Mo-Do 11.30–23, Fr & Sa bis 24, So 12–22.30 Uhr) Aus dem Jahr 1901 stammt dieses Paradebeispiel eines traditionellen Pubs, das noch viktorianische Originaldetails wie kleine Extra-Zimmer (*snugs*), Holzschnitzereien, Bleiglasfenster und Wandfliesen aufweist. Es stehen mindestens elf verschiedene, handgezapfte Biere zur Wahl und fast jeden Abend wird unaufdringliche Livemusik geboten (Folk, Singer-Songwriters). Der dazugehörige Biergarten mit herrlicher Aussicht über die High Level- und die Tyne-Brücke bezieht einen Teil der mittelalterlichen Stadtmauer von Newcastle mit ein.

Lola Jeans   COCKTAILBAR

(www.lolajeans.co.uk; 1–3 Market St; ⊙Mo-Do 12–24, Fr–So bis 1 Uhr) In dieser Jazz-Age-gestylten Bar gibt's umwerfende Cocktails – Fog on the Tyne (Bols Genever, Newcastle-Brown-Ale-Konzentrat, Rosenlimonade und Nettle Cordial), Garden of Babylon (weißer Rum, Maracuja, Limone, Zuckerschote, brauner Zucker und Mango) oder Hot Buttered Hor-

chata (brauner Rum, kondensierte Mandelmilch und Chaigewürze) in alten Cocktail-
gläsern und dazu klassische Grillspeisen.

World Headquarters CLUB
(www.welovewhq.com; Curtis Mayfield House, Car-
liol Sq; ⊘11–16 Uhr, wechselnde Tage) Der bril-
lante Club ist Welten entfernt von kommerzieller Langeweile und hat sich den Perlen
schwarzer Musik verschrieben. Gespielt
werden Funk, Rare Groove, Dancefloor Jazz,
Northern Soul, echter R&B, satte Discobeats,
House, Reggae und mehr.

Split Chimp PUB
(www.splitchimp.pub; Arch 7, Westgate Rd; ⊘Di 16–
21, Mi 16–22, Do 15–22, Fr & Sa 13–23 Uhr) Auch
wenn überall ein im Retrostil gezeichneter
Schimpanse das kleine, zweigeschossige
Mikropub schmückt, eigentlich stammt sein
Name von der Bezeichnung für den Holz-
keil, den man unter Bierfässer schiebt, um
sie anzukippen. Die Kneipe befindet sich in
einem Eisenbahnviaduct, besitzt eine 9,5 m
lange Kegelbahn und bietet gelegentlich
Livemusik. Es gibt wechselnde, von Hand
gezapfte regionale Biere, aber auch Craft-
Biere, Ciders und Wein.

QB Tea House TEESTUBE
(☎0191-261 4861; www.quilliambrothers.com;
Claremont Buildings, 1 Eldon Pl; ⊘Mo–Fr 10–24,
Sa 9–24 Uhr) Als „Alternative zu Newcastles
Trinkgelagen" haben drei Brüder dieses
hippe Teehaus im ungarischen Stil eröffnet – mit postindustriellem Dekor, 100 verschiedenen Teesorten, einem winzigen Kino,
in dem Kultfilme gezeigt werden (Zeiten
variieren), und verschiedenen Konzert- und
Kunstveranstaltungen.

Digital CLUB
(http://yourfutureisdigital.com; Times Sq; ⊘Mo
& Do–Sa 23–3 Uhr) Dank seines unübertreff-
lichen Soundsystems wurde der Megaclub
vom *DJ Magazine* zu einem der besten 20
Clubs der Welt gewählt. Der Dancemusic-
Tempel erstreckt sich über zwei Etagen und
hat auch Livekonzerte im Programm.

🍷 Ouseburn Valley

⭐**Tyne Bar** PUB
(☎0191-265 2550; www.thetyne.com; 1 Maling St;
⊘Mo–Do 12–23, Fr & Sa bis 24, So bis 22.30 Uhr;
🛜) Kostenlose Konzerte auf der Open-Air-
Bühne, eine gebührenfreie Jukebox, Bier-
garten-Stühle und -Tische unter einem der
Backsteinbögen der Glasshouse Bridge und
eine ausgedehnte Rasenfläche samt phäno-
menalem Flusspanorama – das versteckte
Pub am Ufer zieht einheimische Insider an
wie Motten das Licht. Dienstags zwischen 19
und 21 Uhr gibt's sogar Kneipenkost gratis.

Ship Inn PUB
(☎0191-222 1322; Stepney Bank; ⊘Mo–Do 12–22,
Fr & Sa bis 24, So bis 23 Uhr) Maritime Memorabilien und historische Fotos vom Ouseburn
Valley verleihen dem charmanten, roten
Backsteinbau uriges Flair. Die ersten Pints
wurden hier bereits um 1800 ausgeschenkt.
Wenn viel los ist, schwappt das feuchtfröhli-
che Geschehen hinaus auf die kleine Grünfläche vor dem Pub.

⭐ Unterhaltung

The Crack (www.thecrackmagazine.com) informiert über Theater-, Musik-, Kino- und
Clubveranstaltungen im gesamten Nord-

NEWCASTLE FÜR SCHWULE & LESBEN

Das Herz der pulsierenden Schwulen- & Lesbenszene von Newcastle ist das „Pink
Triangle", das die drei Straßen Waterloo, Neville und Collingwood bilden. Viele Anlauf-
punkte finden sich auch weiter südlich, Richtung Scotswood Road. Ausgehtipps
listet www.gaynewcastle.co.uk.

Eazy Street (www.eazy-street.co.uk; 8–10 Westmorland Rd; ⊘12–3 Uhr) In dieser Schwulenbar ist jeder und jede willkommen. DJs und Dragqueen-Revues lassen hier allabendlich
die Puppen tanzen.

Powerhouse (9–19 Westmorland Rd; ⊘Mo 23–4, Di–Do 22–4, Fr & Sa 22–5 Uhr) Der vierstöckige Megaclub mit gigantischem Licht- und Soundsystem zieht ein überwiegend
schwules Publikum an. Hoher Flirtfaktor!

Switch (10a Scotswood Rd; ⊘Mo 21–1.30, Do 21–2, Fr 18–2.30, Sa 17–3, So 17–2 Uhr) Die
kleine, bis in die Morgenstunden geöffnete Kneipe hieß früher Loft und ist ein Dauerbrenner.

HARTLEPOOL

Stahlwerke und Schiffswerften bescherten der Küstenstadt an der Nordsee im 19. Jh. ein Vermögen, ließen sie im Ersten Weltkrieg aber auch zur Zielscheibe werden. Am 16. Dezember 1914 wurde Hartlepool mit 1150 Granaten beschossen. 117 Menschen starben, darunter der 29-jährige Infanteriesoldat Theophilus Jones aus Durham. Er war der erste Soldat, der in diesem Krieg auf britischem Boden fiel. Die Kanonenbatterien von Hartlepool erwiderten das Feuer und beschädigten drei feindliche Schiffe. Es blieb das einzige Mal, dass die englischen Küstengeschütze im Ersten Weltkrieg zum Einsatz kamen. Nach dem Zweiten Weltkrieg kollabierte sowohl die Stahl- als auch die Schiffsbauindustrie. Infolgedessen siechte Hartlepool bis zur Wiederbelebung des Jachthafens um die Jahrtausendwende vor sich hin. Heute kann man hier bei einem Zwischenstopp das spannende Seefahrer- und kriegszeitliche Erbe der Stadt erkunden.

Hartlepool's Maritime Experience (☑ 01429-860077; www.hartlepoolsmaritimeexperience.com; Jackson Dock, Maritime Ave; Erw./Kind 9,25/7 £; ☉ Ostern–Okt. 10–17 Uhr, Nov.–Ostern 11–16 Uhr) Die beliebte Familienattraktion beherbergt das Museum von Hartlepool. Die gezeigten Exponate reichen von der Bronzezeit bis in die Gegenwart. Außerdem liegt hier die 1817 erbaute HMS *Trincomalee* vor Anker. Sie ist das älteste noch schwimmende britische Kriegsschiff. Am historischen Museumsufer stehen Nachbildungen von Geschäften und Werkstätten (z. B. von Büchsenmachern und Schwertschmieden). Kostümierte Mitarbeiter und Audioguides lassen die Vergangenheit aufleben.

Heugh Gun Battery Museum (☑ 01429-270746; www.heughbattery.com; Moor Tce; Erw./Kind 5/3 £; ☉ Do–So 10–16 Uhr) Etwa 3 km westlich hält auf dem windgepeitschten Kap Hartlepool Headland die aus dem 19. Jh. stammende Heugh (sprich: Jaff) Gun Battery noch immer die Stellung. Sie ist eine der beiden Kanonenbatterien von Hartlepool, die im Ersten Weltkrieg zum Einsatz kamen. Besucher des angeschlossenen Museums können u. a. die unterirdischen Munitionslager und den Exerzierplatz inspizieren oder auch nur die Aussicht vom Beobachtungsturm genießen.

Der Bus 22 von/nach Durham (6,10 £, 1¼ Std., stündl.) hält am Bahnhof. Züge verbinden Hartlepool mit Newcastle (9,20 £, 45 Min., stündl.).

osten Englands und liegt in Clubs, Touristeninformationen und einigen Hotels aus.

Sage Gateshead
LIVEMUSIK

(☑ 0191-443 4661; www.sagegateshead.com; Gateshead Quays) Norman Fosters Konzerthaus erinnert an eine liegende Flasche. Allein schon die Architektur ist eine Wucht. Als Heimstätte der Northern Sinfonia und von Folkworks ist es aber auch ein Garant für erstklassige Konzerte.

Tyneside Cinema
KINO

(☑ 0191-227 5500; www.tynesidecinema.co.uk; 10 Pilgrim St) Das Art-déco-Filmtheater eröffnete 1937 als Newcastles erstes Wochenschaukino. Auch heute noch können Besucher auf den üppigen, roten Samtsesseln Ausgaben der Wochenschau verfolgen (tgl. 11.15 Uhr). Gezeigt werden außerdem Kassenschlager aber auch ausgefallene Filmware und Schätze aus dem British Pathé Archiv. Montags, dienstags, freitags und samstags starten um 11 Uhr kostenlose, einstündige Führungen durch das Gebäude.

Theatre Royal
DARSTELLENDE KÜNSTE

(☑ 08448 112121; www.theatreroyal.co.uk; 100 Grey St) Das Winterquartier der Royal Shakespeare Company erstrahlt in viktorianischer Pracht. Das exzellente Programm beinhaltet Theater, Oper, Musical, Ballett und zeitgenössischen Tanz.

Head of Steam
@ The Cluny
LIVEMUSIK

(www.headofsteam.co.uk; 36 Lime St; ☉ Mo–Do 12–23, Fr & Sa bis 24, So bis 22.30 Uhr) Im Cluny, das der Künstlerkooperative 36 Lime Street angeschlossen ist, treten allabendlich tourende Musiker und lokale Talente auf. Von experimentellem Prog-Rock bis zu angehenden Popgöttinnen ist alles vertreten. In Newcastle und ganz England existieren mehrere dieser Läden, aber der hier ist der Originalschuppen.

🛍️ Shoppen

Newcastle Quayside Market
MARKT

(unter der Tyne Bridge; ⏰So 9–16 Uhr) Jeden Sonntag bieten Marktbuden am Ufer rund um die Tyne Bridge Schmuck, Fotografien, Kleidung und Haushaltswaren feil. Musiker und Essensstände sorgen für Straßenfeststimmung.

Grainger Market
MARKT

(www.graingermarket.org.uk; zwischen Grainger St & Clayton St; ⏰Mo–Sa 9–17.30 Uhr) In der pittoresken, denkmalgeschützten Markthalle von Newcastle wird seit 1835 Handel getrieben. Über 100 Stände verkaufen hier alles Mögliche von Fisch, Fleisch, Gemüse und anderen landwirtschaftlichen Erzeugnissen über Mode und Accessoires bis zu Haushaltswaren. Zwischen den Gängen 1 und 2 steht noch das historische Wiegehäuschen, in dem früher die Ware gewogen wurde. An ein paar ausgezeichneten Essensständen gibt's ein Mittagessen auf die Hand.

ℹ️ Praktische Informationen

Newcastle besitzt kein Büro für Touristeninformation, doch wer online Informationen sucht, wird auf www.newcastlegateshead.com fündig.

Newcastle City Centre Police Station
(📞 Notfall 999, sonst 101; www.northumbria.police.uk; Forth Banks; ⏰24 Std.)

ℹ️ An- & Weiterreise

BUS

Regional- und Stadtbusse verkehren von den Busbahnhöfen Haymarket und Eldon Square. Die Busse von National Express starten an der **Coach Station** am St James Blvd. Für die meisten Regionalbusverbindungen im Nordosten ist das preiswerte Explorer North East Ticket (Erw./Kind 9,70/8.60 £) gültig.

Die Busse X15 und X18 fahren gen Norden nach Berwick-upon-Tweed (6,80 £, 2 Std., alle 2 Std.). National Express unterhält Verbindungen nach Edinburgh (13,40 £, 3 Std., 3-mal tgl.), London (22 £, 7 Std., 3-mal tgl.) und Manchester (22,50 £, 4½ Std., 4-mal tgl.).

FLUGZEUG

Newcastle International Airport (📞 0871 882 1121; www.newcastleairport.com) Der Flughafen liegt 11 km nördlich der Stadt an der A696. Neben Direktflügen zu vielen britischen und kontinentaleuropäischen Städten starten von hier auch Langstreckenflüge nach Dubai. Außerdem bieten diverse Reiseveranstalter Charterflüge in die USA, den Nahen Osten und nach Afrika. Der Flughafen ist mit der Metro an die Stadt angeschlossen (3,30 £, 25 Min., alle 12 Min.).

ZUG

Newcastle liegt an der Bahnstrecke zwischen London und Edinburgh und ist Ausgangspunkt der landschaftlich reizvollen Tyne Valley Line, die westwärts nach Carlisle führt.

Alnmouth (von hier fahren Busse nach Alnwick) 10,30 £, 25 Min., stündl.
Berwick-upon-Tweed 7,50 £, 45 Min., bis zu 2-mal pro Std.
Carlisle 15,90 £, 1½ Std., stündl.
Durham 6,80 £, 10 Min., alle 20 Min.
Edinburgh 49 £, 1½ Std., alle 30 Min.
Hartlepool 9,20 £, 45 Min., stündl.
London King's Cross 138 £, 3 Std., alle 30 Min.
York 40 £, 1 Std., mind. 2 pro Std.

ℹ️ Unterwegs vor Ort

AUTO

Für Kraftfahrzeuge gibt's zwei gebührenpflichtige **Vehicle Tunnels** (TT2; www.tt2.co.uk; pro Richtung 1,70 £, keine Geldscheine und Kupfermünzen), die unter dem Tyne hindurchführen.

ÖFFENTLICHE VERKEHRSMITTEL

Newcastle hat ein großes Busnetz, aber am besten kommt man mit der reibungslos funktionierenden Metro (www.nexus.org.uk) herum, die den gesamte Ballungsraum bedient. Fahrkarten

NEWCASTLE-UNITED-FOOTBALL-CLUB-TOUR

Der **Newcastle United Football Club** (NUFC; 📞 0844 372 1892; www.nufc.co.uk; St James Park, Strawberry Pl) ist mehr als nur eine Fußballmannschaft – er verkörpert Hoffnung und Stolz der Geordies. Das heilige Rund, St James Park, ist fast immer ausverkauft, aber es gibt geführte Stadiontouren (Erw./Kind 15/8 £, Rooftoptouren 20/15 £; ⏰Stadiontouren tgl. 11.30, 12.30 & 14.30 Uhr, an Spieltagen 10.30 Uhr, Rooftoptouren an spielfreien Samstagen 12 & 14 Uhr), die auch die Trainerbank und die Umkleidekabinen besuchen, sowie eine Dachführung (Rooftoptour). Die Karten für ein Spiel gehen etwa zwei Wochen vor Anpfiff in den Verkauf.

kosten ab 1,70 £, außerdem sind verschiedene Spartickets erhältlich.

Das Ticket DaySaver (2,80–4,80 £) gilt ab 9 Uhr einen Tag lang unbegrenzt für das ganze Metronetz, mit dem Ticket DayRover (Erw./Kind 7/3,90 £) lassen sich alle Verkehrsmittel in der Region Tyne und Wear einen Tag lang nutzen.

TAXI

Am Wochenende können Taxis abends und nachts knapp werden; einen Versuch wert ist **Noda Taxis** (☏ 0191-222 1888; www.noda-taxis.co.uk) . Das Unternehmen betreibt einen Kundenschalter vor dem Eingang zum Hauptbahnhof.

Tynemouth

67 520 EW.

Die Mündung der Tyne, etwa 14 km östlich von Newcastle, gehört zu den besten Surfspots in England. Am halbmondförmigen Strand, der mit dem Gütesiegel der Blauen Flagge ausgezeichnet ist, lassen sich das ganze Jahr über tolle Wellen reiten. Gelegentlich finden hier auch die britischen Surfmeisterschaften statt.

◎ Sehenswertes & Aktivitäten

Tynemouth Priory RUINE
(EH; www.english-heritage.org.uk; Pier Rd; Erw./Kind 5,20/3,10 £; ⊙April–Sept. 10–18 Uhr, Okt. bis 17 Uhr, Nov.–März Sa & So 10–16 Uhr) Die im 11. Jh. von Benediktinermönchen erbaute Abtei thront in strategisch günstiger Lage auf einer Steilklippe über der Mündung des Tyne. Im Zuge Auflösung der Klöster während der Reformationszeit wurde sie 1539 geplündert. Danach ließ sich für vier Jahrhunderte das Militär hier nieder und verließ den Standort erst 1960. Heute ruhen rund um die skelettartigen Überbleibsel der Klosterkirche alte militärische Anlagen. Ihre aufs Meer gerichteten Kanonen scheinen immer noch auf einen Feind zu warten, der niemals kam.

Tynemouth Surf Company SURFEN
(☏0191-258 2496; www.tynemouthsurf.co.uk; Grand Pde; ⊙10–17.30 Uhr) Dieser nette Surferladen bietet alles, was das Wellenreiterherz begehrt, u. a. zweistündige Gruppenkurse für 25 £ pro Person von März bis Oktober täglich um 14 Uhr (wenn die Brandungsbedingungen gut sind). Das angeschlossene entspannte Café verwandelt sich abends in eine coole Bar und Livemusikbühne.

🛏 Schlafen & Essen

Grand Hotel HISTORISCHES HOTEL $$$
(☏0191-293 6666; www.grandhotel-uk.com; Grand Pde; DZ/FZ mit Frühstück 96–199 £/FZ 156–196 £) Viele der 46 Zimmer in dem 1872 erbauten Hotel (eine ehemalige Sommerresidenz des Herzogs und der Herzogin von Northumberland) und dem benachbarten Stadthaus bieten Strandblick. Manche haben sogar Himmelbetten und Spa-Bäder, WLAN ist allerdings auf die Gemeinschaftsbereiche beschränkt. Die im viktorianischen Stil eingerichtete Bar, das Speisezimmer, wo der *High Tea* kredenzt wird, und das Gourmetrestaurant (Hauptgerichte 12–22 £) sind ausgezeichnet.

Barcá Art Cafe CAFÉ $$
(☏0191-257 7959; www.barcaart.co.uk; 68 Front St; Hauptgerichte 12–17 £; ⊙Küche Mo–Sa 17–22, So 12–18 Uhr, Bar tgl. 12–1 Uhr) Das kuriose Barca Art Cafe ist Bar, Restaurant und Kunstgalerie (die ausgestellten Arbeiten lokaler Künstler sind alle verkäuflich) in einem. Die Küche ist modern und ambitioniert, allerdings gibt es – von einigen Tapas abgesehen – nur wenige vegetarische Optionen. Samstags legen ab 22 Uhr DJs auf.

❶ An- & Weiterreise

Tynemouth erreicht man von Newcastle aus am einfachsten mit der Metro (3,20 £, 25 Min., alle 12 Min.).

Durham

48 069 EW.

Durham eignet sich als Ziel für einen Tagesausflug von Newcastle, ist aber auch eine Übernachtung wert. Rund um die riesige Burg und die romanische Kathedrale, die als schönste Englands gilt, ziehen sich Pflasterstraßen über die Hügel. Bevölkert sind sie vornehmlich von Elitestudenten, die hier die drittrenommierteste Universität Englands (nach Oxford und Cambridge) besuchen.

◎ Sehenswertes

★ Durham Cathedrai KATHEDRALE
(www.durhamcathedral.co.uk; Palace Green; Kathedrale Eintritt mit Spende, Turm Erw./Kind 5/2,50 £; Kathedrale Führungen Erw./Kind 5/4,50 £; Kathedrale Mo–Sa 7.30–18, So bis 17.30, Turm Mi & Sa 12–14, Kathedrale Führungen Juni–Aug. 10.30, 11 & 14 Uhr, Sept.–Mai 11 & 14 Uhr) Die monumentale

Durham

N 0 ———— 200 m
0 ———— 0,1 Meile

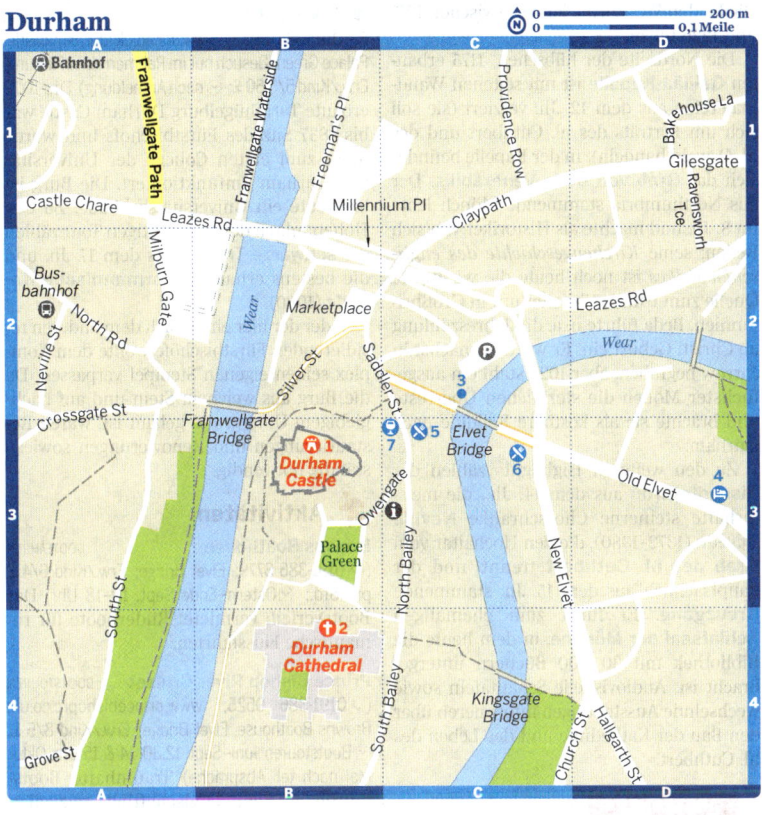

Kathedrale ist das Paradestück des anglo-normannischen romanischen Baustils und ein prachtvolles Denkmal der englischen Kirchengeschichte. Seit 1986 gehört sie zum Unesco-Weltkulturerbe. Auf dem Weg in das überwältigende Kircheninnere passiert man am Haupteingang den berühmten **Türzieher**. Mittelalterliche Straftäter betätigten ihn, um ein 37-tägiges Asyl in der Kirche zu erhalten, bevor sie vor Gericht gestellt wurden oder das Land verließen. Wer über die 325 Stufen den Turm hinaufsteigt, wird mit einer atemberaubenden Aussicht belohnt.

Die Kathedrale von Durham war die erste europäische Kirche mit einem durchgehenden steinernen Kreuzrippengewölbe. Es stützte das schwere, steinerne Dach und ermöglichte den Bau spitz zulaufender Gurtbögen. Sie waren die ersten ihrer Art in England und eine beachtliche architektonische Leistung. Der Mittelturm stammt von 1262. Bei einem Brand, den ein Blitz

ausgelöst hatte, wurde er allerdings schwer beschädigt und nach halbherzigen Reparaturversuchen 1470 komplett neu errichtet.

Die beiden Westtürme kamen zwischen 1217 und 1226 hinzu.

Die Nordseite der hübschen, 1175 erbauten **Galiläa-Kapelle** ist mit seltenen Wandmalereien aus dem 12. Jh. verziert (sie soll sich um Porträts des hl. Cuthbert und des hl. Oswald handeln). In der Kapelle befindet sich das **Grab von Beda Venerabilis**. Der aus Northumbria stammende Mönch lebte im 8. Jh. und machte als Historiker von sich Reden, seine *Kirchengeschichte des englischen Volkes* ist noch heute die wichtigste Quelle zum frühen Christentum in Großbritannien. Beda führte u. a. die Jahreszählung ab Christi Geburt ein. Er wurde zunächst in Jarrow begraben, aber 1022 stahl ein ausgefuchster Mönch die sterblichen Überreste und brachte sie als kostbare Reliquie nach Durham.

Zu den weiteren Highlights zählen der **Bischofsthron** aus dem 14. Jh., die meisterhafte steinerne Chorschranke **Neville Screen** (1372–1380), die den Hochaltar vom **Grab des hl. Cuthbert** trennt, und der hauptsächlich aus dem 15. Jh. stammende **Kreuzgang**. Er führt zum ehemaligen **Schlafsaal der Mönche**, in dem heute die Bibliothek mit 30 000 Büchern untergebracht ist. Audiovisuelle Schautafeln sowie wechselnde Ausstellungen informieren über den Bau der Kathedrale und das Leben des hl. Cuthbert.

> **ABSTECHER**
>
> **FREILICHTMUSEUM BEAMISH OPEN**
>
> Das 14,5 km nordwestlich von Durham gelegene **Beamish Open-Air Museum** (☎ 0191-370 4000; www.beamish.org.uk; Beamish; Erw./Kind 18,50/10,50 £; ⊙ Ostern–Okt. 10–17 Uhr, Nov.–März geschl.) entführt seine Besucher in das Zeitalter der Industrialisierung und gibt einen Einblick in die Lebens- und Arbeitsbedingungen in Nordostengland im 19. und frühen 20. Jh. Die für alle Altersgruppen unterhaltsame und lehrreiche Anlage ist 120 ha groß. Für einen Rundgang sind gut drei Stunden einzuplanen.
>
> Von Newcastle (4,90 £, 1 Std., alle 30 Min.) fahren die Busse 28 und 28A hierher, von Durham Bus 128 (3,40 £, 30 Min., stündl.).

★ **Durham Castle** BURG

(☎ 0191-334 2932; www.dur.ac.uk/durham.castle; Palace Green; Besuch nur im Rahmen einer Führung, Erw./Kind 5/3,50 £; ⊙ nach Anmeldung) Die 1072 erbaute Turmhügelburg Durham Castle war bis 1837 Sitz des Fürstbischofs und wurde dann zum ersten College der Universität von Durham umfunktioniert. Die Burg ist bis heute ein Universitätsgebäude. Zu den Höhepunkten der 45-minütigen Tour zählen die **schwarze Treppe** aus dem 17. Jh. und die bestens erhaltene **normannische Kapelle** (1080).

Jeder der hier einer nach dem anderen residierenden Fürstbischöfe wollte dem Komplex seinen eigenen Stempel verpassen. Da die Burg aus weichem Stein und auf nachgiebigem Untergrund gebaut ist, waren Restaurierungen und Renovierungen sowieso ständig notwendig.

 Aktivitäten

Browns Boathouse BOOTFAHREN

(☎ 0191-386 3779; Elvet Bridge; Erw./Kind 6/4 £ pro Std.; ⊙ Ostern–Ende Sept. 10–18 Uhr) Der Bootsverleih vermietet Ruderboote für romantische Flussfahrten.

Prince Bishop River Cruiser BOOTSTOUREN

(☎ 0191-386 9525; www.princebishoprc.com; Browns Boathouse, Elvet Bridge; Erw./Kind 8/5 £; ⊙ Bootstouren Juni–Sept. 12.30, 14 & 15 Uhr, Okt.–Mai nach tel. Absprache) Traumhafte Bootstouren auf dem landschaftlich reizvollen Fluss Wear.

🛏 Schlafen & Essen

Honest Lawyer GASTHOF $$

(☎ 0191-378 3780; www.strhotels.co.uk; Croxdale Bridge, Croxdale; DZ 58–83 £, FZ 89–110 £; P ⓟ ♿ ❄) Der „ehrliche Rechtsanwalt" liegt bequeme 5 km südlich von Durham an der A167 und bietet vorwiegend motelartige Zimmer mit bäuerlichen Karostoffen und Parkplatz vor der eigenen Tür. Die Familienzimmer sind für bis zu vier Personen geeignet. Im Hauptgebäude gibt es eine holzvertäfelte Bar und ein Restaurant, das großzügige Portionen guter Kneipenkost aufträgt.

★ **Townhouse** BOUTIQUEHOTEL $$$

(☎ 0191-384 1037; www.thetownhousedurham.co.uk; 34 Old Elvet; DZ 99–200 £; ❄) Jedes der elf opulenten Zimmer hat ein Motto. Das „Le Jardin" kommt mit Schuppen und Gartenmöbeln daher, das „Premiere" hat eine riesige Leinwand und eine Popcornmaschine

KNITSLEY FARM SHOP & CAFÉ

Einen Verproviantierungsstopp lohnt der **Knitsley Farm Shop & Cafe** (☎01207-592059; www.knitselyfarmshop. co.uk; East Knitsley Grange Farm, Knitsley; Gerichte 3,50–9,50 £; ☺Shop Di–Sa 10–17, So bis 16 Uhr, Café Di–Fr 10–17, Sa 9.30–17, So 9.30–16 Uhr) 19,2 km nordwestlich von Durham, Richtung Northumberland National Park und Hadrianswall. Hier kann man sich mit leckerem Käse, herzhaften Wursterzeugnissen, hausgemachten Süßigkeiten, Kuchen und Brot eindecken. Noch besser: Eine längere Pause einlegen und in dem tollen Café superfrische Suppen, Würstchen direkt vom Bauernhof oder Pulled Pork schlemmen.

und das „Edwardian Express" ist aufgemacht wie ein Schlafwagenabteil von anno dazumal. Das „normalste" Zimmer heißt „Garden Lodge" und ist mit Freiluftbadewanne und Fußbodenheizung ausgestattet. Das Restaurant ist erstklassig.

Tealicious CAFÉ **$**
(☎0191-340 1393; www.tealiciousstearoom.co.uk; 88 Elvet Bridge; Gerichte 2–5,50 £, afternoon tea Erw./Kind 12,50/6,95 £; ☺Di–Sa 10–16, So 12–16 Uhr) In dem kuriosen, blau-weißen Häuschen befindet sich ein antik eingerichteter Teesalon mit selbstgemachtem Backwerk (z. B. Käsekuchen mit weißer Schokolade oder Limettenkuchen mit Ingwer), Sandwiches und über einem Dutzend Sorten Tee, der in edlen Porzellankannen kredenzt wird. Es lohnt sich, hier zum *afternoon tea* einzukehren. Der Gastraum ist winzig und eine Reservierung ratsam.

Cellar Door Durham MODERN BRITISCH **$$**
(☎0191-383 1856; www.thecellardoordurham.co.uk; 41 Saddler St; Hauptgerichte 11–22 £, 2-/3-Gänge-Mittagsmenü 14/17 £; ☺10.30–22.30 Uhr) Durch eine unscheinbare Tür in der Saddler Street gelangt man in das aus dem 12. Jh. stammende Gebäude. Die Aussicht auf den Fluss ist sowohl drinnen als auch draußen auf der Terrasse hinreißend. Die Küche vereint britische und mediterrane Einflüsse. Auf der Karte finden sich Vorspeisen wie doppelt gebackenes Camembertsoufflé, Hauptgerichte wie Rinderrippchen mit Räucherkartoffelbrei und in Bier eingelegten Zwiebeln,

und Nachspeisen wie Terrine aus dunkler Schokolade und gebräunter Butter mit Pistazieneiscreme. Der Service ist hervorragend.

Ausgehen

Shakespeare Tavern PUB
(63 Saddler St; ☺11–23.30 Uhr) Authentischer geht's nicht. Das Pub existiert seit 1190 und hat alles, was dazugehört: eine Dartscheibe, gemütliche Extra-Zimmer (*snugs*), eine grandiose Bier- und Spirituosenauswahl, originelle Stammgäste und angeblich auch ein Hausgespenst. Mittwochabends gibt es Folk-Jam-Sessions.

❶ Praktische Informationen

Durhams **Touristeninformation** (World Heritage Site Visitor Centre; ☎0191-334 3805; www.thisisdurham.com; 7 Owengate; ☺Mitte Juni–Aug. 9.30–18 Uhr, Anfang April–Mitte Juni, Sept. & Okt. bis 17 Uhr, Nov.–Anfang April bis 16.30 Uhr) befindet sich am Fuß der Burg.

❶ Anreise & Unterwegs vor Ort

BUS

Der **Busbahnhof** (North Rd) liegt am westlichen Flussufer.

Busse fahren u. a. nach:
Hartlepool Bus 57A; 6,10 £, 1¼ Std., stündl.
London National Express; 28 £, 6½ Std., 4-mal tgl.
Newcastle Bus 21, X12 und X21; 4,10 £, 1¼ Std., mind. 4-mal stündl.

TAXI

Pratt's (☎0191-386 4040; http://prattstaxis. co.uk) ist ein zuverlässiges Taxiunternehmen.

ZUG

Durham liegt an der East Coast Main Line, der wichtigsten Nord-Süd-Verbindung an der Ostküste. Viele Orte sind daher zügig zu erreichen, wie:
Edinburgh 61 £, 1½ Std., stündl.
London King's Cross 138 £, 3 Std., alle 30 Min.
Newcastle 6,80 £, 10 Min., 3-mal stündl.
York 33,90 £, 50 Min., 4-mal stündl.

Barnard Castle

5694 EW.

Das idyllische Marktstädtchen Barnard Castle, besser bekannt als Barney, ist der Traum jedes Traditionalisten. Es wimmelt nur so von Antiquitätenläden und urigen alten Pubs, die eine tolle Kulisse für die beiden

RABY CASTLE

Die mittelalterliche Burg **Raby Castle** (www.rabycastle.com; Staindrop; Burg, Gärten & Park Erw./Kind 10/4,50 £, nur Gärten & Park 6/2,50 £; ⊙ Juli & Aug. So–Fr 13–16.30 Uhr, Mai, Juni & Sept. So–Mi 13–16.30 Uhr) rund 11 km nordöstlich von Barnard Castle war einst Sitz der katholischen Familiendynastie Neville. Wegen ihrer Beteiligung an dem gescheiterten Aufstand *Rising of the North* musste sie das Anwesen 1569 räumen. Die Inneneinrichtung stammt größtenteils aus dem 18. und 19. Jh. Äußerlich sieht die weitläufige Anlage mit Innenhof und Burggraben jedoch fast noch aus wie eh und je, hinzugekommen sind prachtvolle Gartenanlagen und ein Wildpark. In Barnard Castle Bus 85A (3 £, 15 Min., Mo–Sa alle 2 Std.) nehmen.

Hauptattraktionen abgeben: eine gewaltige Burgruine und ein elegantes Schloss in französischem Stil.

⊙ Sehenswertes

Barnard Castle   BURG
(EH; www.english-heritage.org.uk; Scar Top; Erw./Kind 5/3 £; ⊙ Ostern–Sept. 10–18 Uhr, Okt. bis 17 Uhr, Nov.–Ostern Sa & So 10–16 Uhr) Die von Guy de Bailleul auf einer Klippe über dem Fluss Tees angelegte Burg wurde um 1150 erweitert und einige Jahrhunderte später teilweise abgerissen. Die Ruine erstreckt sich aber bis heute über beachtliche 2 ha Land und bietet phantastische Ausblicke auf den Fluss. Auf dem Gelände lädt ein Sinnesgarten zum Riechen, Schmecken, Fühlen – und Pausieren ein.

★ Bowes Museum   MUSEUM
(www.thebowesmuseum.org.uk; Newgate; Erw./Kind 10,50 £/frei; ⊙ 10–17 Uhr) Das mit großem Aufwand eingerichtete Bowes Museum residiert in einem prunkvollen Château 1 km östlich von Ortszentrum. Der Industrielle John Bowes ließ hier den Traum seiner Frau Josephine, einer Pariser Schauspielerin, Wirklichkeit werden. Der nach Entwürfen des französischen Architekten Jules Pellechet errichtete Kulturpalast eröffnete 1892. Er war von Anfang an Ausstellungsort für die Kunstsammlung geplant, die das Ehepaar auf Reisen in der ganzen Welt zusam-

mengetragen hatte. Das Prachtstück dieser Sammlung ist ein bezaubernder mechanischer Schwan aus dem 18. Jh. Er ist täglich um 14 Uhr in Aktion zu erleben. Wer die Vorführung verpasst, kann sich das Spektakel in einem Film anschauen. Zu sehen sind außerdem Werke von Canaletto, El Greco oder Goya und 55 Gemälde von Josephine selbst. Unter den 15 000 weiteren Kunstobjekten befinden sich kostbare Uhren sowie silbernes und goldenes Tafelgeschirr. Eine Ausstellung über Textilien im Wandel der Zeit zeigt phantastische Kleider aus verschiedenen Epochen vom 17. Jh. bis in die 1970er-Jahre. Auch Fundstücke aus dem nahegelegenen römischen Fort Binchester sind zu sehen.

🛏 Schlafen & Essen

Old Well Inn   GASTHOF $$
(☎ 01833-690130; http://theoldwellinn.co.uk; 21 The Bank; EZ/DZ mit Frühstück ab 60/83 £; 🌐) Die über einem riesigen (nicht sichtbaren) Brunnen erbaute, ehemalige Postkutscherherberge verfügt über zehn großzügige Zimmer. Die Nummer 9 samt Privateingang, Steinplattenboden und Bad ist am imposantesten. Im Pub werden Biere aus der Region ausgeschenkt, die bei schönem Wetter im begrünten Biergarten besonders gut schmecken.

Jersey Farm Country Hotel   HOTEL $$
(☎ 01833-638223; www.jerseyfarmhotel.co.uk; Darlington Rd; EZ/DZ ab 72/99 £; P🌐🐾) Der Name lässt eines der üblichen nobel umgebauten Bauernhäuser mit gediegenem Landhausflair vermuten, aber weit gefehlt. Stattdessen überraschen die 22 Zimmer mit coolen Retromustern und -spielereien. Das gepflegte Restaurant serviert schnörkellose Klassiker (Hauptgerichte 7,50–16 £). Das Hotel ist rund 2 km östlich der Innenstadt an der Darlington Rd (A67) ausgeschildert.

★ Cross Lanes Organic Farm Shop   FEINKOST, CAFÉ
(☎ 01833-630619; www.crosslanesorganics.co.uk; Cross Lanes; Gerichte 4,50–11 £; ⊙ Café Mo–Sa 8.30–16 Uhr, Laden 8.30–17, So 10–17 Uhr; 🌐🐾) 🌱 Auf dem grasbewachsenen Dach des preisgekrönten Hofladens und Cafés, rund 2,5 km südlich von Barnard Castle, weiden Schafe. Im höhlenartigen Inneren stapeln sich Bioprodukte und bei der Gastronomie geht es vom Frühstück (hausgeräucherter Speck, selbstgemachte Würstchen und Eier von den eigenen Hühnern) nahtlos ins Mit-

tagessen mit Gourmet-Sandwiches, Steak,- Veggieburgern oder Holzofenpizzas und schließlich in den „rustikalen Nachmittagstee" mit Bio-Sahne und Wildfruchtmarmelade über.

ⓘ Praktische Informationen

Touristeninformation (☎ 01833-631107; www.thisisdurham.com; 3 Horsemarket; ◷ Mo & Mi–Sa 10–16 Uhr) Im Kulturzentrum The Witham.

ⓘ An- & Weiterreise

Öffentliche Verkehrsmittel sind Fehlanzeige in Barnard Castle – ein eigenes Fahrzeug ist unbedingt vonnöten.

Hadrianswall

Der Hadrianswall war eines der größten Bauvorhaben, die das alte Rom je gesehen hat: ein gigantischer, 117 km langer Grenzwall, der von 122 bis 128 n. Chr. errichtet wurde, um den Außenposten des Reichs gegen Einfälle der schottischen Pikten zu schützen. Seinen Namen verdankt er Kaiser Hadrian, der das Mammutprojekt anordnete. Die noch erhaltenen Abschnitte sind atemberaubende Zeugen vom Ehrgeiz und Tatendrang der Römer.

Nach seiner Vollendung zog sich das Bollwerk quer über den schmalen Hals der Insel, von Solway Firth im Westen bis zur Mündung des Tyne im Osten. Im Abstand einer römischen Meile (1,5 km) wurden Tore eingefügt, über die jeweils kleine Kastelle (*milecastles*) wachten. Zwischen diese setzten die Römer jeweils zwei Wachtürme. Die Meilenfestungen sind von Osten nach Westen durchnummeriert: beginnend mit der Meilenfestung 0 in Wallsend (dort ist mit Segedunum das letzte Kastell des Walls (S. 661) zu besichtigen) bis zur Meilenfestung 80 in Bowness-on-Solway.

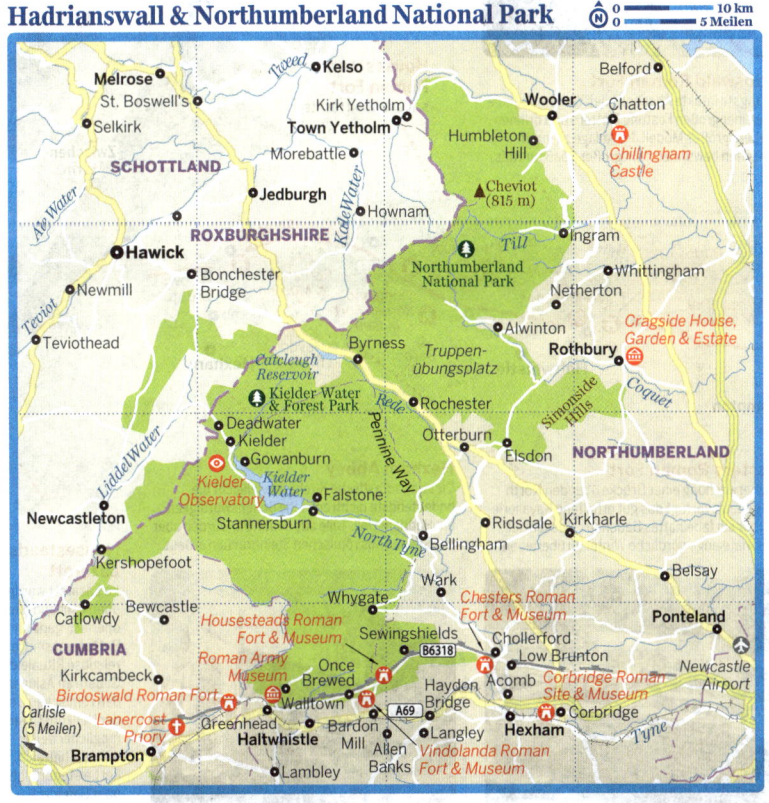

Hadrianswall

ROMS LETZTE GRENZE

Von allen römischen Stätten in Großbritannien ist der Wall von Kaiser Hadrian aus dem 2. Jh., der Nordengland von der Irischen See bis zur Nordsee durchschneidet, bei Weitem die spektakulärste. Die Unesco verlieh ihr 1987 den Status einer Weltkulturerbestätte.

Wir haben die Highlights herausgepickt – eines ist das gut erhaltene römische Kastell Housesteads, das hier rekonstruiert dargestellt ist.

Housesteads' Getreidespeicher
Eine so clevere Untergrundbelüftung, welche die lebenswichtigen Getreidevorräte in Northumberlands regnerischem Klima trocken hielt, hat man hier die nächsten 1500 Jahre nicht gesehen.

Meilenkastell

Nord-tor

Zwischen-turm

Birdoswald Roman Fort
Der längste intakte Abschnitt des Walls – über die Reste einer großen Festung klettern und drinnen ein lebensgroßes Modell der Anlage zu ihren Hochzeiten bewundern: ein großer Spaß für Kids.

Housesteads Roman Fort
s. Illustration rechts

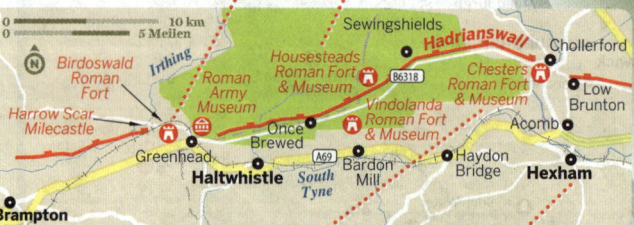

Chesters Roman Fort
Zur Überwachung einer Brücke über den North Tyne gebaut, verfügt das gut erhaltene Kavalleriefort über ein fabelhaftes Badehaus – essenziell, um monatelange nördliche Winter zu überleben.

Hexham Abbey
Diese phantastische Kirche ist vielleicht die bedeutendste nichtrömische Sehenswürdigkeit am Hadrianswall. Teile aus dem 7. Jh. wurden aber mit Steinen aus römischen Steinbrüchen erbaut.

Housesteads' Lazarett
Im Lazarett wurde überraschend effektiv operiert, ganz ohne Betäubungsmittel; religiöse Rituale und Gebete an Äskulap, den römischen Gott der Heilkunst, waren möglicherweise weniger hilfreich bei Leistenbrüchen oder Blinddarmentzündungen.

Housesteads' Latrinen
Gemeinschaftstoiletten waren in römischer Zeit die Norm und die in Housesteads sind besonders gut erhalten – zum Glück ist aber von den essiggetränkten Schwämmen, die statt Klopapier benutzt wurden, nichts mehr übrig.

ZAHLEN & FAKTEN

» **Lateinischer Name** Vallum Aelium

» **Länge** 117,5 km (80 römische Meilen)

» **Bauzeit** 122–128 n. Chr.

» **Für den Bau benötigte Arbeitskräfte** Drei Legionen (etwa 16 000 Mann)

» **Bestandteile** Mindestens 16 Festungen, 80 Meilenkastelle, 160 Türme

» **Schon gewusst?** Der Hadrianswall war nicht die einzige römische Wallanlage in Großbritannien. 142–144 n. Chr. wurde der Antoniuswall quer durchs heutige Schottland errichtet, aber bald wieder aufgegeben.

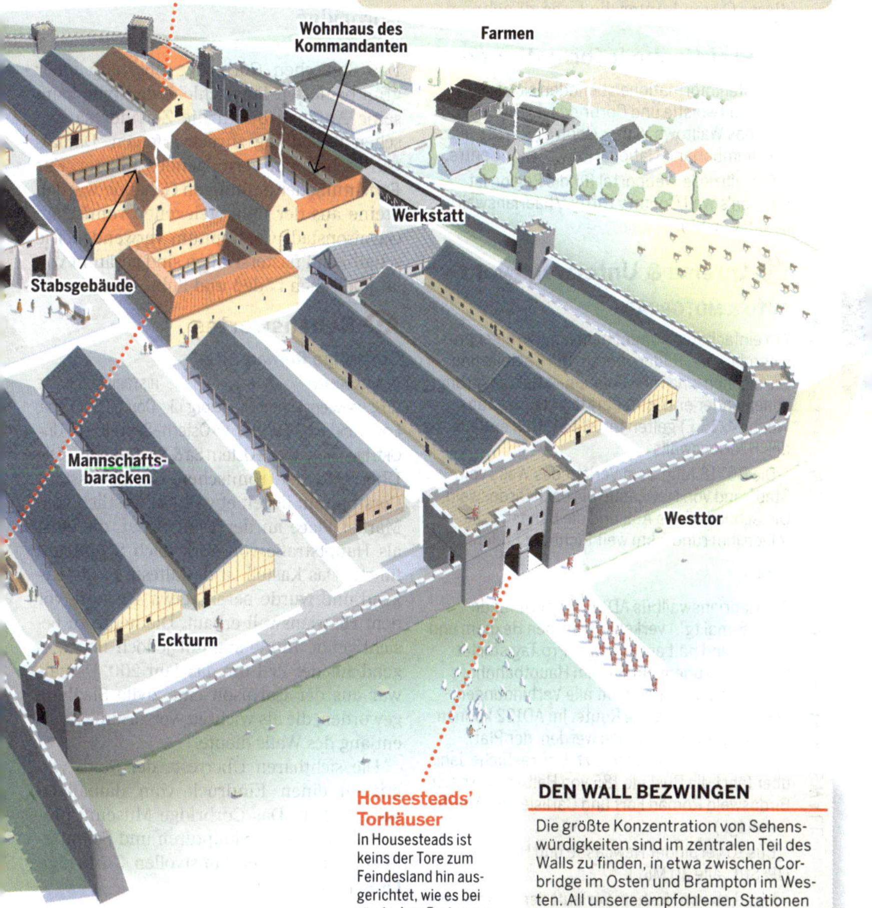

Wohnhaus des Kommandanten

Farmen

Werkstatt

Stabsgebäude

Mannschafts-baracken

Westtor

Eckturm

Housesteads' Torhäuser
In Housesteads ist keins der Tore zum Feindesland hin ausgerichtet, wie es bei römischen Festungen sonst üblich war, stattdessen liegen sie auf einer Ost-West-Achse. Im Stein sind immer noch Spurrillen von Wagenrädern zu erkennen.

DEN WALL BEZWINGEN

Die größte Konzentration von Sehenswürdigkeiten sind im zentralen Teil des Walls zu finden, in etwa zwischen Corbridge im Osten und Brampton im Westen. All unsere empfohlenen Stationen liegen in diesem Bereich. Am einfachsten ist es, mit dem Auto über die B6318 zu flitzen, aber Spezialbus AD122 bringt einen auch hin. Wer den ausgewiesenen Hadrian's Wall Path (135 km) entlangwandert, kann die Leistung der Römer aus nächster Nähe bewundern.

KOSTENLOSE GUIDES

An einigen Stätten sind kenntnisreiche ehrenamtliche Führer zur Hand, die Fragen beantworten und die Ruinen zum Leben erwecken.

Eine Reihe von Festungen wurde (möglicherweise schon früher) weiter im Süden als Garnisonen errichtet und weitere 16 liegen beiderseits des Walls verstreut.

 Aktivitäten

Der 135 km lange Fernwanderweg **Hadrian's Wall Path** (www.nationaltrail.co.uk/hadrians-wall-path) erstreckt sich von Wallsend im Osten am Hadrianswall entlang bis nach Bowness-on-Solway im Westen. Die gesamte Strecke ist zu Fuß in sieben Tagen gut zu schaffen. Dabei bleibt genug Zeit, um unterwegs das reiche archäologische Erbe dieser Gegend unter die Lupe zu nehmen.

 Praktische Informationen

Touristeninformationen befinden sich in Hexham, Haltwhistle und Corbridge. In Greenhead liegt das Walltown Visitor Centre (S. 678), alias Northumberland National Park Visitor Centre.

Das offizielle Webportal für die Region ist Hadrian's Wall Country (http://hadrianswall country.co.uk).

 Anreise & Unterwegs vor Ort

AUTO & MOTORRAD

Am einfachsten kommt man auf den eigenen vier oder zwei Rädern voran. Die Kastelle und Garnisonen sind meist nur einen Katzensprung voneinander entfernt. Parktickets (pro Tag/Woche 4/15 £) gelten für alle Stätten entlang des Hadrianswalls.

Die B6318 folgt dem Verlauf des Walls vom Stadtrand von Newcastle bis nach Birdoswald. Die Schnellstraße A69 und die Bahnstrecke folgen ihm rund 5 km weit Richtung Süden.

BUS

Der Hadrianswallbus AD122 (Ostern–Ende Sept. 5-mal tgl.) verkehrt zwischen Hexham und Carlisle und hält auf Anfrage. Pro Tag startet und endet zudem ein Bus am Hauptbahnhof von Newcastle, aber nicht alle Verbindungen bedienen die gesamte Route. Im AD122 können Fahrräder mitgenommen werden, der Platz dafür ist allerdings begrenzt. Das restliche Jahr über führt die Buslinie 185 von Haltwhistle nach Birdoswald Roman Fort und Carlisle (nur Mo–Sa 3-mal tgl.).

Bus 10 verbindet Newcastle und Hexham (1½ Std., alle 30 Min.).

Westlich von Hexham verläuft der Wall parallel zur A69, die Carlisle und Newcastle miteinander verbindet. Auf dieser Strecke verkehren die Buslinien 85 und 685 das ganze Jahr über stündlich und führen 3 bis 5 km südlich an den wichtigsten Sehenswürdigkeiten vorbei.

Für alle diese Verbindungen gilt das **Hadrian's Wall Rover Ticket** (Erw./Kind 1 Tag 12,50/6,50 £, 3 Tage 25/13 £, 7 Tage 50/26 £). Erhältlich ist es bei den Busfahrern und Touristeninformationen. Wer das Rover Ticket vorzeigen kann, bekommt 10 % Ermäßigung für alle Museen und Sehenswürdigkeiten.

ZUG

Auf der Zugstrecke zwischen Newcastle und Carlisle (Tyne Valley Line; 15,90 £, 1½ Std., stündl.) gibt es Bahnhöfe in Corbridge, Hexham, Haydon Bridge, Bardon Mill, Haltwhistle und Brampton. Nicht alle Züge halten an allen Stationen.

Corbridge

3011 EW.

Das Städtchen Corbridge oberhalb einer grün beuferten Flussschleife des Tyne kann seine Anfänge bis in die Zeit der sächsischen Besiedlung zurückverfolgen. Damals gab es hier ein vermögendes Kloster. Zur Errichtung der anmutigen Gebäude wurden Steine aus der nahe gelegenen römischen Garnisonstadt Corstopitum verwendet. Die schattigen Pflasterstraßen sind gesäumt von altmodischen Läden und Pubs.

 Sehenswertes

Corbridge Roman Site & Museum   HISTORISCHE STÄTTE

(EH; www.english-heritage.org.uk; Corchester Lane; Erw./Kind 6,10/3,70 £; ☉Ostern–Sept. 10–18 Uhr, Okt. bis 17 Uhr, Nov.–Ostern Sa & So 10–16 Uhr) Die Überreste der römischen Garnisonsstadt Corstopitum liegen etwa 1 km westlich von Market Place an der Dere Street, die einst als Hauptstraße von York nach Schottland führte. Das Kastell ist das älteste in der Gegend und wurde bereits etwa 40 Jahre vor dem Hadrianswall erbaut. Die heute zu besichtigende Ruine stammt jedoch überwiegend aus der Zeit um das Jahr 200. Damals war aus der Garnison eine zivile Siedlung geworden, die als wichtige Versorgungsbasis entlang des Walls diente.

Die sichtbaren Überreste der Stadt vermitteln einen Eindruck vom damaligen Alltagsleben. Das Corbridge Museum präsentiert römische Skulpturen und Schnitzereien, darunter den kunstvollen **Corbridge Lion** aus dem 3. Jh.

 Schlafen & Essen

2 The Crofts   B&B $$

(☎01434-633046; www.2thecrofts.co.uk; Newcastle Rd; EZ/DZ ab 55/75 £; P ☎) Mit Abstand die beste Adresse, um sich in Corbridge wohl zu betten. Das abgeschiedene B&B befindet sich in einem schönen viktorianischen Haus rund 1 km östlich vom Ortszentrum. Die zwei Zimmer mit hohen Decken haben eigene Bäder und die aufgeweckten Besitzer zaubern morgens ein verführerisch gutes, warmes Frühstück (und auf Wunsch auch ein Lunchpaket). Musikalische Gäste dürfen gern Klavier spielen.

★ **Corbridge Larder**   FEINKOST, CAFÉ **$**
(☎01434-632 948; www.corbridgelarder.co.uk; 18 Hill St; Gerichte 4–7 £, Hauptgerichte abends 10 £; ◷Mo–Fr 9–17, Sa 9–17 & 18.30–22.30, So 10–16 Uhr) In diesem ausgezeichneten Feinkostladen gibt es alle nur erdenklichen Zutaten für ein Gourmetpicknick: Brot, über 100 Sorten Käse, Chutneys, Kuchen, Schokolade, Wein, nach Wunsch zubereitete Sandwichs, Pies, Quiches und Tartes sowie Antipasti und Mezze. Man kann sich auch komplette Picknickkörbe zusammenstellen lassen. Über dem Schlaraffenland lockt ein kleines Café. Samstagabends wird bei Livemusik gegessen.

Black Bull   BRITISCH **$$**
(www.oldenglishinns.co.uk; Middle St; Hauptgerichte 8–17 £; ◷Küche 12–21, Bar 12–24 Uhr; ⊠⊞) Der „schwarze Bulle" öffnete seine Pforten schon 1755. Er umsorgt seine Gäste mit britischer Hausmannskost und beglückt sie z. B. mit Rindfleischburgern, Fisch in Bierteig oder geschmortem Lammfleisch. Sonntags stehen fünf verschiedene Braten zur Auswahl. Serviert wird das Ganze in rustikalen, urgemütlichen Speisezimmern mit niedrigen Decken.

❶ Praktische Informationen

Corbridges **Touristeninformation** (☎01434-632815; www.visitnorthumberland.com; Hill St; ◷Ostern–Okt. Mo–Sa 10–16.30 Uhr, Nov.–März geschl.) ist in einer Ecke der Stadtbibliothek untergebracht.

❶ An- & Weiterreise

In Corbridge halten die zwischen Newcastle (4,80 £, 45 Min., stündl.) und Carlisle (7,10 £, 2¼ Std., stündl.) verkehrenden Busse 85, 685 und X85 sowie der Bus 10 von Newcastle (5,10 £, 1 Std., alle 30 Min.) nach Hexham (2,90 £, 20 Min.). In Hexham besteht Anschluss an den Hadrianswallbus AD122.

Corbridge liegt an der Zugstrecke von Newcastle (6,20 £, 45 Min., stündl.) nach Carlisle (14,10 £, 1½ Std., stündl.).

Hexham

13 100 EW.

Das geschäftige Hexham ist ein hübsches, wenn auch ein wenig in die Jahre gekommenes Marktstädtchen. Es hat sich rund um ein stattliches Augustinerkloster angesiedelt und versammelt in seinen Kopfsteinpflastergassen mehr Geschäfte und Einkaufsmöglichkeiten als irgendeine andere Stadt am Hadrianswall zwischen Carlisle und Newcastle.

◎ Sehenswertes

Hexham Abbey   KIRCHE
(www.hexhamabbey.org.uk; Beaumont St; empfohlene Spende 3 £; ◷9.30–17 Uhr, sächsische Krypta 11 & 15.30 Uhr) Die Abtei von Hexham dominiert den winzigen Market Place und ist ein Paradebeispiel frühenglischer Baukunst. Der Auflösung der englischen Klöster entkam sie durch einen cleveren Schachzug. Sie wurde 1537 kurzerhand zur Gemeindekirche umfunktioniert und erfüllt diesen Zweck bis heute. Das Highlight ist die **Krypta** aus dem 7. Jh. Sie ist das einzige Überbleibsel des ursprünglichen Klosters, das der hl. Wilfrid 674 gründete. Für den Bau wurden damals mit Inschriften versehene Steine aus Corstopitum verwendet.

Old Gaol   HISTORISCHES GEBÄUDE
(www.hexhamoldgaol.org.uk; Hallgate; Erw./Kind 3,95/2,50 £; ◷Aug. Mo–Sa 11–16.30 Uhr, April–Juli & Sept. Di–Sa 11–16.30 Uhr, Okt., Nov., Febr. & März

---

LANGLEY CASTLE HOTEL

Auf einem 4,8 ha großen bewaldeten Grundstück liegt das **Langley Castle Hotel** (☎01434-688888; www.langleycastle.com; Langley; Lodge EZ/DZ ab 129,50/159 £, Schloss EZ/DZ ab 199,50/245 £; ⓟ⊠⊞⊠). In der pittoresken Burg aus dem Jahr 1350 gibt es Flure mit knarrenden Dielen und Ritterrüstungen, durch die angeblich ein Schlossgespenst schwebt. Die neun Gästezimmer sind mit antiken Möbeln luxuriös eingerichtet. Fast alle haben ein Baldachinbett. Von den angrenzenden, kürzlich ausgebauten Lodge hat man einen bezaubernden Blick auf das Schloss. Auf der Website werden interessante wechselnde Pauschalpakete (Abendessen, Übernachtung, Frühstück) angeboten.

Di & Sa 11–16.30 Uhr, Dez. geschl.) Das 1333 als erstes eigens zu diesem Zweck erbaute Gefängnis Englands dokumentiert heute als Museum auf vier Etagen seine Vergangenheit in allen schaurigen Details. Die Ausstellung erzählt neben Anekdoten über die hier verhängten Strafen auch die Geschichte der *border reivers*. Jene Clans bekämpften, entführten, erpressten und töteten sich im 16. Jh. gegenseitig, um in dem rechtsfreien Raum entlang der angloschottischen Grenze ihre Macht auszuspielen.

🛏 Schlafen & Essen

Hallbank Guest House
B&B $$

(☎01434-605567; www.hallbankguesthouse.com; Hallgate; DZ/FZ ab 120/130 £; 🅿🛜) Das altehrwürdige Haus hinter dem Old Gaol stammt aus der Zeit Edwards VII. Seine antike Eleganz verträgt sich wunderbar mit den in Herbstfarben stilvoll eingerichteten Zimmern mit gemusterten Tapeten und riesige Betten. Auf Wunsch wird Abendessen für die Übernachtungsgäste zubereitet. Das B&B ist sehr beliebt, eine Reservierung lohnt sich.

Deli at Number 4
FEINKOST, CAFÉ $

(☎01434-608091; www.deliatnumber4.co.uk; 4 Beaumont St; Gerichte 2–6 £; ⊙Mo–Sa 9–17, So 11–17 Uhr) 🖋 Die bunte Schaufensterauslage gegenüber der Hexham Abbey lässt einem das Wasser im Mund zusammenlaufen: In dem Feinkostladen stapeln sich Brote, Käse, Oliven und Marmelade aus der Region, selbstgebackener Kuchen und viele andere Köstlichkeiten. Der Duft aus der Küche verleitet dazu, treppauf im Café Platz zu nehmen und sich dort mit Suppen, Sandwichs und verschiedensten Spezialitäten verwöhnen zu lassen.

★ Bouchon Bistrot
FRANZÖSISCH $$

(☎01434-609943; www.bouchonbistrot.co.uk; 4–6 Gilesgate; Hauptgerichte 12–20 £, 2-/3-Gänge-Mittagsmenü 14/15 £; ⊙Mo–Sa 12–14 & 18–21.30 Uhr) Niemand erwartet in Hexham ein Feinschmeckerrestaurant, aber der gallische Gourmettempel genießt einen hervorragenden Ruf. Die klassisch inspirierte Auswahl reicht von echter französischer Zwiebelsuppe mit Greyerzer über Knoblauchschnecken bis zu gebratenem Seelachsfilet mit Brunnenkressesauce. Die Zutaten sind alle taufrisch und auf der Weinkarte finden sich edle Champagner und erstklassige Rot- und Weißweine.

ℹ Praktische Informationen

Hexhams **Touristeninformation** (☎01670-620450; www.visitnorthumberland.com/hexham; Queen's Hall, Beaumont St; ⊙Mo–Fr 10–17, Sa bis 16 Uhr) residiert in der Stadtbücherei.

ℹ An- & Weiterreise

In Hexham halten die zwischen Newcastle (4,80 £, 1¼ Std., alle 30 Min.) und Carlisle (6,60 £, 1½ Std., alle 30 Min.) verkehrenden Busse 85, 685 und X85. Außerdem besteht über den Hadrianswallbus AD122 Anschluss an andere Orte entlang des Walls. Bus 10 fährt von Hexham nach Newcastle (5,50 £, 1½ Std., alle 30 Min.).

Hexham liegt an der landschaftlich reizvollen Zugstrecke von Newcastle (6,90 £, 40 Min., stündl.) nach Carlisle (13 £, 1 Std., stündl.).

Haltwhistle & Umgebung

3811 EW.

Obwohl das Dorf Haltwhistle aus nicht viel mehr als einer Straßenkreuzung besteht, hat es in seiner Umgebung mehr Hadrianswall-Sehenswürdigkeiten aufzuweisen als alle anderen Orte entlang der Befestigungsanlage. Angesichts dieser Tatsache ist die touristische Infrastruktur erstaunlich dürftig.

Haltwhistle ist eine von mehreren Ortschaften, die behaupten, der geografische Mittelpunkt des britischen Festlands zu sein. Eine offizielle Entscheidung dazu steht allerdings noch aus.

⊙ Sehenswertes

★ Housesteads Roman Fort & Museum
HISTORISCHE STÄTTE

(EH; www.english-heritage.org.uk; Haydon Bridge; Erw./Kind 7/4,10 £; ⊙Ostern–Sept. 10–18 Uhr, Okt. bis 17 Uhr, Nov.–Ostern bis 16 Uhr) Housesteads ist die markanteste Festung des Hadrianswalls und das besterhaltene römische Kastell in ganz Großbritannien. Zu finden ist es 5 km nordöstlich von Bardon Mill an der B6318 und ca. 11 km östlich von Haltwhistle. Das hoch auf einem Felsgrat gelegene Fort erstreckt sich über 2 ha Land. Es überblickt die Moore des Northumberland National Park und den sich dahinschlängelnden Wall. Den Betrachter erfasst Ehrfurcht vor der Landschaft und vor den römischen Beobachtungsposten.

Zeitweilig waren in Housesteads bis zu 800 Soldaten stationiert. Die Ruine von Housesteads umfasst ein Lazarett von beachtlicher Größe, Kasernenbaracken und Kornspeicher mit einem ausgeklügelten Belüftungssystem. Bemerkenswert sind auch die Gemeinschaftslatrinen mit Spülfunktion und Panoramablick. Wie die jeweiligen Gebäude zur Zeit der Römer aussahen, zeigen verschiedene Schautafeln. In dem kleinen Museum beim Ticketschalter gibt es das gesamte Kastell als Maßstabsmodell zu bestaunen.

Vindolanda Roman Fort & Museum
HISTORISCHE STÄTTE

(www.vindolanda.com; Bardon Mill; Erw./Kind 6,07/3,86 £, mit Roman Army Museum 9,55/5,50 £; ⊙April–Sept. 10–18 Uhr, Okt. bis 17 Uhr, Nov.–März bis 16 Uhr) Die weitläufige Ausgrabungsstätte Vindolanda gewährt einen faszinierenden Einblick in das Alltagsleben einer römischen Garnisonsstadt. Teil der großen Anlage, die mit beeindruckenden Ruinen eines Kastells und einer Stadt sowie rekonstruierten Türmen und Tempeln aufwartet, ist ein Museum, das die Besucher auf eine Zeitreise mitnimmt.

Der Komplex, in dem auch heute noch Ausgrabungen vorgenommen werden, liegt 9,3 km nordöstlich von Haltwhistle und 2,4 km nördlich von Bardon Mill zwischen der A69 und der B6318.

Roman Army Museum
MUSEUM

(www.vindolanda.com; Greenhead; Erw./Kind 5/2,95 £, mit Vindolanda 9,55/5,50 £; ⊙April–Sept. 10–18 Uhr, Okt. bis 17 Uhr, Nov.–März Sa & So 10–16 Uhr) Das generalüberholte Museum auf dem Gelände der römischen Festung Carvoran rund 1,5 km nordöstlich von Greenhead, nahe Walltown Crags, hat drei neue Abteilungen: eine dreht sich um das römische Heer sowie das expandierende und wieder schrumpfende Reich, eine um den Hadrianswall (mit einem 3-D-Film, der zeigt, wie der Wall vor rund 2000 Jahren aussah und was heute noch davon erhalten ist) und die dritte liefert farbenfrohes Hintergrundwissen zum Alltag am Hadrianswall (beispielsweise wird erklärt, womit sich die Soldaten ihre Freizeit in diesem gottverlassenen Außenposten des Reichs vertrieben).

Birdoswald Roman Fort
HISTORISCHE STÄTTE

(EH; ☎01697-747602; www.english-heritage.org.uk; Gilsland, Greenhead; Erw./Kind 6,10/3,70 £; ⊙April–Sept. 10–18 Uhr, Okt. bis 17 Uhr, Nov.–März Sa & So 10–16 Uhr) Dieses einst stattliche Fort wurde an einem Steilhang mit Blick auf die schöne Schlucht Irthing Gorge angelegt. Seine Überreste stehen streng genommen

in Cumbria. Die 5 km westlich von Greenhead gelegene Ruine des Kastells ist von der B6318 über eine Nebenstraße zu erreichen. Von hier führt der längste noch erhaltene Wallabschnitt bis zu der Meilenfestung Harrow's Scar.

🛏️ Schlafen

Greenhead
HOSTEL, B&B $

(☎01697-747411; www.greenheadhotelandhostel.co.uk; Greenhead; B/DZ mit Frühstück ab 15/85 £; ⊙April–Sept.; 🅿🕸) Das unabhängige Hostel hat in einer umgebauten Methodistenkapelle (Baujahr 1866) mit einem Bächlein vor der Tür Quartier bezogen. Es gibt eine Waschmaschine und eine geräumige Küche. Wer nicht selber am Herd stehen will, kehrt gegenüber im Greenhead Hotel ein, das ein Restaurant und eine Bar mit WLAN betreibt. Das Hostel liegt 5 km westlich von Haltwhistle in der Nähe des Roman Army Museum und ist mit dem Hadrianswallbus AD122 zu erreichen.

★ Ashcroft
B&B $$

(☎01434-320213; www.ashcroftguesthouse.co.uk; Lanty's Lonnen, Haltwhistle; EZ/DZ/Apt. ab 72/94/140 £; 🅿🕸♿) Pittoresker kann ein britisches B&B kaum sein. Das elegante Pfarrhaus aus der Zeit Edwards VII. ist umgeben von ei-

> ### CHESTERS ROMAN FORT & MUSEUM
>
> Die hervorragend erhaltenen Überreste des römischen Reiterkastells im **Chesters Roman Fort & Museum** (EH; ☎01434-681379; www.english-heritage.org.uk; Chollerford; Erw./Kind 6,20/3,70 £; ⊙Ostern–Sept. 10–18 Uhr, Okt. bis 17 Uhr, Nov.–Ostern Sa & So 10–16 Uhr) liegen umgeben von einer grünen Wald- und Wiesenlandschaft in der Nähe des Dorfs Chollerford. Ursprünglich wurde das Fort als Quartier für eine bis zu 500 Mann starke Truppeneinheit aus dem nordspanischen Asturien errichtet. Die Funde umfassen Reste einer Brücke (am besten vom östlichen Flussufer zu sehen), vier Pförtnerhäuser, ein Badehaus und eine Fußbodenheizungsanlage. Das Museum zeigt eine umfangreiche Sammlung römischer Skulpturen und ist mit dem Hadrianswallbus AD122 zu erreichen. Auf dem Gelände lädt ein schlichter Tearoom zum Einkehren ein.

nem fast hektargroßen, sorgsam gepflegten Garten mit terrassierten Rasenflächen. Die neun Zimmer haben hohe Decken, teilweise eigene Balkons oder Terrassen und sind mit jedem erdenklichen Gadget des 21. Jhs. ausgerüstet. Das Frühstück wird in einem noblem Speisezimmer eingenommen. Auf dem Gelände gibt es auch ein Selbstversorgerapartment mit fünf Schlafgelegenheiten.

Holmhead Guest House B&B $$
(☏01697-747402; http://bandb-hadrianswall.co.uk; Greenhead; Camping pro Pers. 7 £, B/EZ/DZ ab 13,50/55/70 £; [P][🛜][🍴]) Das malerische Bauernhaus steht auf dem Fundament einer Mauer, aus deren recycelten Steinen es erbaut wurde. Es liegt knapp 1 km nördlich von Greenhead und bietet wohnliche Zimmer, eine Scheune mit einfachem Schlafsaal und fünf Zeltstellplätze ohne Elektroanschluss. Der Pennine Way und der Hadrian's Wall Path führen über das Grundstück und im Hintergrund thront die zerklüftete Ruine von Thirlwall Castle. Neugierige sollten sich die römischen Graffiti aus dem 3. Jh. zeigen lassen.

❶ Praktische Informationen

Haltwhistles kleine **Touristeninformation** (☏01434-321863; www.visitnorthumberland. com; Mechanics Institute, Westgate; ⊙Mo–Fr 10–16.30 Uhr, April–Okt. Sa bis 13 Uhr, Nov.– März Mo–Fr 10–13 & 13.30–16.30, Sa 10–13 Uhr) an der Hauptstraße hat Infos zu den Hadrianswall-Sehenswürdigkeiten.

Das Besucherzentrum des Northumberland National Park, das **Walltown Visitor Centre** (☏01697-747151; www.northumberland nationalpark.org.uk; Greenhead; ⊙April–Sept. 10–18 Uhr, Okt. bis 17 Uhr, Nov.–März Sa & So 10–16 Uhr) befindet sich in Greenhead.

❶ An- & Weiterreise

Bus 685 fährt nach Hexham (3,40 £, 25 Min., stündl.) und Newcastle (6,50 £, 1½ Std., stündl.).

Haltwhistle ist per Bahn mit Hexham (6,40 £, 20 Min., stündl.) und Newcastle (12,60 £, 1 Std., stündl.) verbunden.

Northumberland National Park

Großbritanniens am dünnsten besiedelter Nationalpark ist ein 1050 km² großes Naturwunderland und Englands letzte große Wildnis. Entlang des südlichen Parkrands verläuft der schönste Abschnitt des Hadri-

answalls und die Landschaft ist mit prähistorischen Ruinen und Wehrbauten übersät. Die einzigen soliden Gebäude, die hier bis Mitte des 18. Jhs. gebaut wurden, waren die aus dicken Mauern errichteten *pele tower*.

Im angrenzenden Kielder Water & Forest Park liegt der riesige künstliche See Kielder Water. Er fasst 200 000 Mio. Liter Wasser. Rund um sein 43 km langes Ufer erstreckt sich Englands größter angepflanzter Wald mit 150 Mio. Fichten und Kiefern.

Dank ihrer geringen Bevölkerungsdichte wurden beide Parks Ende 2013 von der International Dark Skies Association gemeinsam zum Dark Sky Park gekürt. Sie bilden damit das größte der europäischen Dunkelheitsschutzgebiete, die der Lichtverschmutzung trotzen.

◉ Sehenswertes

★ **Kielder Observatory** STERNWARTE
(☏0191-265 5510; www.kielderobservatory.org; Black Fell, nahe Shilling Pot; Sternbeobachtung Erw./Kind 16,50/15 £; ⊙nach Anmeldung) Wer den Sternen über dem Northumberland International Dark Sky Park besonders nahe kommen will, kann in diesem supermodernen, 2008 eröffneten Observatorium einen moderierten Sternguckerabend besuchen. Auf dem Programm stehen zudem viele andere Veranstaltungen wie eine Sternstunde für Kinder, Kurse für Astrofotografie und Übernachtungen unterm Sternenhimmel. Alle Events sollten rechtzeitig im Voraus gebucht werden, da sie schnell ausverkauft sind. Ratsam ist auch warme Kleidung, nachts wird es hier eiskalt. Beim Hinweisschild „Kielder Observatory und Skyscape" links abbiegen und dann 3 km den Weg hochfahren.

Cragside House, Garden & Estate HISTORISCHES GEBÄUDE, PARK
(NT; ☏01669-620333; www.nationaltrust.org.uk; Erw./Kind 15,80/7,90 £, nur Park & Außenanlagen 10,20/5,10 £; ⊙Haus Mitte März–Okt. Di–So 11– 17 Uhr, Park Mitte März–Okt. Di–So 10–18 Uhr) Der extravagante Landsitz des ersten Lord Armstrong liegt 1,6 km nordöstlich von Rothbury direkt an der B6341. Das Haus war bereits in den 1880er-Jahren mit fließend warmem und kaltem Wasser, einem Telefon, einer Alarmanlage und – als erstes Haus der Welt – elektrischem Licht ausstaffiert. Der Strom dafür wurde aus Wasserkraft gewonnen. Der weitläufige viktorianische Park besticht u. a. mit Seen, Mooren und einem der größten Steingärten Europas. Von

Ende Mai bis Mitte Juni können Besucher die berühmte Rhododendren-Blütenpracht bewundern.

Chillingham Castle
BURG

(☎01668-215359; www.chillingham-castle.com; Chillingham; Burg Erw./Kind 9,50/5,50 £, Chillingham Wild Cattle 8/3 £, Burg & Chillingham Wild Cattle 16/6 £; ⊙Burg April–Okt. So–Fr 12–17 Uhr, Chillingham-Wild-Cattle-Führungen Ostern–Okt. Mo–Fr 10, 11, 12, 14, 15 & 16, So 10, 11 & 12 Uhr, Nov.–Ostern nach Anmeldung) Das von der Geschichte, Kriegen und Folter gezeichnete Anwesen aus dem 12. Jh. soll heute eines der umtriebigsten Geisterschlösser des Landes sein. Zu den Spukphänomenen zählen z. B. eine Phantombeerdigung oder der rastlose Geist von Lady Mary Berkeley, die ihren untreuen Gatten sucht. Der Besitzer Sir Humphrey Wakefield hat die luxuriösen Gemächer, Bankettsäle und grausigen Folterkammern mit viel Liebe und Enthusiasmus renoviert. Chillingham liegt 10 km südöstlich von Wooler.

Der Bus 470 (Mo–Sa 3-mal tgl.) hält auf der Strecke zwischen Alnwick (3,70 £, 30 Min.) und Wooler (3,10 £, 20 Min.) am Schloss.

Aktivitäten

Der spektakulärste Abschnitt des **Hadrian's Wall Path** verläuft im Süden des Parks zwischen Sewingshields und Greenhead.

Es gibt diverse abwechslungsreiche Wanderungen durch die Cheviots (u. a. eine Kletterpartie auf den 815 m hohen **Cheviot**, den höchsten Gipfel dieser Bergkette), die zahlreiche prähistorische Relikte passieren. Karten, Routentipps und Wanderführer sind bei den örtlichen Touristeninformationen erhältlich.

Auch wenn's mitunter anstrengend wird, macht das **Radfahren** hier Spaß. Die Straßen sind gut in Schuss und der Verkehr hält sich sehr in Grenzen.

Wassersportler können sich auf dem Kielder Water austoben (hier toben aber auch die Mücken, unbedingt Insektenschutzmittel mitbringen). Rund um den See finden sich schöne Rad- und Wanderwege und tolle Möglichkeiten zur Vogelbeobachtung. Detaillierte Informationen bietet die Website www.visitkielder.com.

 Schlafen

Wooler YHA
HOSTEL $

(☎0845 371 9668; www.yha.org.uk; 30 Cheviot St, Wooler; B/DZ/Hütte ab 15,50/35/42 £; ⊙März–Nov.; P🐾) Der niedrige, rote Backsteinbau oberhalb von Wooler verfügt über eine moderne Lounge und ein kleines Restaurant. Die 57 Betten verteilen sich auf verschieden gestaltete Zimmer und vier handgezimmerte Schäferhütten, in denen Stockbetten für zwei bzw. drei Personen stehen. Es gibt eine Selbstversorgerküche, einen Trockenraum und eine Fahrradaufbewahrung.

★Otterburn Castle Country House Hotel
HISTORISCHES HOTEL $$

(☎01830-520620; www.otterburncastle.com; Main St, Otterburn; mit Frühstück DZ 90–140 £, FZ 110–170 £; P🐾🐾) Ein Cousin Wilhelm des Eroberers namens Robert Umfraville erbaute dieses Märchenschloss 1086 auf einem fast 13 ha großen Anwesen. Die 17 frisch renovierten Zimmer sind teilweise mit Himmelbetten ausgestattet und erstaunlich preiswert. Das außergewöhnlich gute Essen (modern britisch) wird im hauseigenen holzvertäfelten **Oak Room Restaurant** (2-/3-Gängemenü 29,50/35,50 £) eingenommen. Günstigere Speisen sind in der **Stable Bar & Bistro** (Hauptgerichte 8,50–16,50 £) zu haben.

Katerina's Guest House
B&B $$

(☎01669-620691; www.katerinasguesthouse.co.uk; High St, Rothbury; DZ 80 £; 🐾) Eine der besten Unterkünfte in Rothbury: Die Zimmer haben Holzbalkendecken, steinerne Kamine, Himmelbetten, eigene Bäder und Kühlschränke. In unmittelbarer Nähe liegen entlang der Straße zahlreiche Bäckereien, Cafés und Pubs.

❶ Praktische Informationen

Umfangreiche Informationen bietet die **Nationalparkverwaltung** (☎01434-605555; www.northumberlandnationalpark.org.uk). Neben den Touristeninformationen in den Ortschaften **Wooler** (☎01668-282123; www.wooler.org.uk; Cheviot Centre, 12 Padgepool Pl, Wooler; ⊙April–Okt. 10–16.30 Uhr, Nov.–März Mo–Sa 10–16.30 Uhr) und **Rothbury** (☎01669-620887; www.visitkielder.com; Coquetdale Centre, Church St, Rothbury; ⊙April–Okt. Mo–Sa 10–16.30, So 10.30–16 Uhr, Nov.–März geschl.), gibt es auch ein Nationalparkbüro, das **Walltown Visitor Centre** (S. 678), in der Nähe von Haltwhistle. Alle genannten Stellen helfen bei der Unterkunftssuche.

❶ Anreise & Unterwegs vor Ort

Die öffentlichen Transportmöglichkeiten sind ausgesprochen begrenzt. Für ausgiebige Entdeckungstouren ist ein eigener fahrbarer Untersatz erforderlich.

Bus 808 (3,70 £, 55 Min., Mo–Sa 1-mal tgl.) verkehrt zwischen Otterburn und Newcastle.

Bus 15 (4 £, 25 Min., Mo–Sa 4-mal tgl.) fährt von Rothbury nach Alnwick.

Die **Busse 470** und **473** verbinden Wooler und Alnwick (3,90 £, 50 Min., stündl.). Die Busse 267 und 464 verkehren zwischen Wooler und Berwick-upon-Tweed (3,90 £, 50 Min., stündl.).

Northumberland Coast

Genauso wie das abgeschiedene Landesinnere ist auch die Küste Northumberlands sehr dünn besiedelt. Statt rummeliger Ferienanlagen finden sich hier charmante, von Burgen bekrönte Dörfer und kilometerlange, breite Sandstrände, die man oft ganz für sich allein hat.

Alnwick

8116 EW.

Über Northumberlands historische Herzogsstadt Alnwick (sprich: Ännick) und ihr Labyrinth aus engen Pflasterstraßen wacht eine gewaltige mittelalterliche Burg. Alnwick beherbergt außerdem einen bezaubernden Buchladen und den opulenten Park Alnwick Garden.

⊙ Sehenswertes

⭐ **Alnwick Castle** BURG
(www.alnwickcastle.com; The Peth; Erw./Kind 14,95/7,75 £, mit Alnwick Garden 25,60/10,90 £; ⊙ Ostern–Okt. 10–17.30 Uhr) Der herrschaftliche Familiensitz des Herzogs von Northumberland in einem Park, der von dem Landschaftsarchitekten Lancelot „Capability" Brown entworfen wurde, hat sich seit dem 14. Jh. äußerlich kaum verändert. Bei Filmemachern ist die Burg daher als Drehort sehr beliebt, u. a. stellte sie in den ersten *Harry-Potter*-Verfilmungen die Schule Hogwarts dar. Das Interieur ist feudal und prunkvoll. Die sechs der Öffentlichkeit zugänglichen Zimmer – Schlafgemächer, Speisesaal, Wachstube und Bibliothek – bergen eine unglaubliche Sammlung italienischer Gemälde, darunter Tizians *Ecce Homo* und etliche Canalettos.

Es gibt diverse kostenlose Führungen, mehrere befassen sich mit *Harry Potter* und anderen Kino- und Fernsehproduktionen, die die Burg als Kulisse nutzten, so auch die britische Comedy-Serie *Blackadder*.

Wer die schönste Aussicht auf das Schloss genießen möchte, nimmt The Peth zum Nordufer des Flusses Aln und folgt dem Waldweg nach Osten.

Alnwick Garden PARK
(www.alnwickgarden.com; Denwick Lane; Erw./Kind 12,10/4,40 £, mit Alnwick Castle 25,60/10,90 £; ⊙ Ostern–Okt. 10–18 Uhr, Nov.–Ostern bis 16 Uhr) Der 4,8 ha große, ummauerte Park umfasst mehrere prächtige Anlagen. Im Mittelpunkt steht der phänomenale Springbrunnen Grand Cascade. Bei diesem ausgeklügelten Wasserspiel ergießen sich aus 120 einzelnen Strahldüsen mehr als 30 000 l Wasser über 21 Staustufen und erfreuen die staunenden Großen ebenso wie die planschenden Kleinen.

Zu einem halben Dutzend weiterer Gärten gehören ein französisch-italienisch inspirierter ornamentaler Garten (mit über 15 000 Pflanzen), der Rose Garden und der wortwörtlich berauschende Poison Garden, der einige der tödlichsten – und höchst illegalen – Pflanzen der Welt beheimatet, darunter Cannabis, Zauberpilze, Tollkirsche und Tabak.

🛏 Schlafen

⭐ **Alnwick Lodge** B&B, CAMPINGPLATZ **$$**
(☎01665-604363; www.alnwicklodge.com; West Cawledge Park, A1; Zeltstellplatz ab 12 £, B&B EZ/DZ/FZ ab 55/72/100 £; 🅿🛜♿🐕) Die 15 Zimmer des viktorianischen Bilderbuchgehöfts sind wahre Antiquitätenschatztruhen und bergen nette Kuriositäten wie freistehende Badewannen mit Abdeckung. Zum warmen Frühstück versammeln sich die Gäste an einem riesigen, runden Banketttisch. Lust auf Glamping? Zur Verfügung stehen renovierte Plan- und Bauwagen oder Schäferhütten (ab 45 £, Bettwäsche pro Bett 15 £, Gemeinschaftsbäder). Wer es noch einfacher mag, kann sein Zelt auf einer Wiese in geschützter Lage aufschlagen. Die Alnwick Lodge liegt 3 km südlich von der A1.

White Swan Hotel HOTEL **$$**
(☎01665-602109; www.classiclodges.co.uk; Bondgate Within; DZ/FZ ab 115/135 £; 🅿🛜♿🐕) Die 300 Jahre alte Postkutschenherberge im Herzen der Stadt ist das beste Haus am Platz. Die Zimmer (darunter Familienzimmer mit vier Schlafgelegenheiten) sind erstklassig ausgestattet. Ein innenarchitektonisches Juwel ist das zugehörige Feinschmeckerlokal **Olympic Restaurant** (☎01665-602109; www.classiclodges.co.uk; Bond-

gate Within; Hauptgerichte 11–18 £, 2-/3-Gänge-Mittagsmenü 12/15 £, 3-Gänge-Abendmenü 31,50 £; ⏱12–15 & 17–21 Uhr).

Ausgehen

Bari Tea CAFÉ
(www.baritea.co.uk; 28 Narrowgate; ⏱Ostern–Sept. 11–16 Uhr, Okt.–Ostern Do–Mo 11–16 Uhr; ☎) Ungefähr 30 verschiedene lose Teesorten stehen in dieser Teestube zur Wahl, dazu werden *scones*, Kuchen und Gebäck gereicht. *Afternoon tea* für zwei Personen kostet 10 £.

Shoppen

★ Barter Books BÜCHER
(☏01665-604888; www.barterbooks.co.uk; Alnwick Station, Wagon Way Rd; ⏱9–19 Uhr) Im Zweiten Weltkrieg entwarf die britische Regierung ein Propagandaposter mit dem Slogan „Keep Calm and Carry On" (ruhig bleiben und weitermachen). Die Renaissance des inzwischen zum geflügelten Wort avancierten Spruchs ist diesem anheimelnden modernen Antiquariat im ehemaligen viktorianischen Bahnhof von Alnwick zu verdanken. Als der Ladenbesitzer den Bahnhof umbaute, entdeckte er einen Stapel der Poster und machte damit ein blühendes Geschäft. Das Original hängt heute gerahmt über der Kasse.

Kohlenfeuer, samtbezogene Ottomanen, Lesezimmer und ein Café lassen die Zeit vergessen und verlocken dazu, hier tagelang zu schmökern. Das einzige Geräusch, das die Stille unterbricht, ist das leise Rattern einer Spielzeugeisenbahn, die über den Bücherregalen ihre Runden dreht

Taste of Northumberland RUM & WHISKY
(4–6 Market Pl; ⏱Mo–Sa 10–15 Uhr) Der Laden im Ortszentrum hat sich, zumindest teilweise, Produkten der Region verschrieben: Hier werden in Alnwick destillierter Rum und in Lindisfarne gebrautes Met verkauft, zusammen mit ein paar handverlesenen englischen Gin- und schottischen Whiskysorten. Guter Alnwick-Rum steckt auch in den *Christmas puddings*, die nur zur Weihnachtszeit im Sortiment sind.

Praktische Informationen

Alnwicks **Touristeninformation** (☏01670-622152; www.visitalnwick.org.uk; 2 The Shambles; ⏱Ostern–Okt. Mo–Sa 9.30–17, So 10–16 Uhr, Nov.–Ostern Mo–Sa 10–16 Uhr) befindet sich am Market Pl.

An- & Weiterreise

Die Busse X15 und X18 fahren nach Berwick-upon-Tweed (6,10 £, 50 Min., alle 2 Std.) und Newcastle (6,30 £, 1 Std., alle 2 Std.).

Der nächste Bahnhof ist in Alnmouth und wird von Bus X18 angefahren (2,70 £, 10 Min., stündl.). Züge fahren von Alnmouth beispielsweise nach Berwick-upon-Tweed (13,60 £, 20 Min., bis zu 2-mal pro Std.), Edinburgh (38,90 £, 1 Std., bis zu 2-mal pro Std.) und Newcastle (10,30 £, 30 Min., bis zu 2-mal pro Std.).

Craster

305 EW.

Sand und Salz sind die Urelemente von Craster. Das kleine Fischerdorf liegt geschützt 10 km nordöstlich von Alnwick und hat sich mit *kippers* (kalt geräucherte Bücklinge) einen Namen gemacht. Anfang des 20. Jhs. wurden hier pro Tag 2500 Heringe geräuchert. Die *kippers*, die noch heute hergestellt werden, landen regelmäßig auf dem Frühstückstisch der Queen.

Sehenswertes

Dunstanburgh Castle BURG
(EH; www.english-heritage.org.uk; Dunstanburgh Rd; Erw./Kind 5,20/3,10 £; ⏱Ostern–Sept. 10–18 Uhr, Okt. bis 16 Uhr, Nov.–Ostern Sa & So 10–16 Uhr) Der reizvollste Spaziergang zu dem verwitterten Gemäuer (nicht für Autos zugänglich) verläuft von Craster 2,5 km an der Küste entlang. Nachdem die Burg 1314 errichtet und während der Rosenkriege ausgebaut bzw. verstärkt worden war, überließ man sie dem Verfall. Um 1550 war sie be-

INSIDERWISSEN

AMBLE PUFFIN FESTIVAL

Zwischen Ende Mai und Anfang Juni feiert das Städtchen Amble acht Tage lang das Schlüpfen der Papageientaucherküken auf Coquet Island (1,2 km vor Amble) mit dem **Amble Puffin Festival** (http://amblepuffinfest.co.uk). Zu diesem Anlass finden Heimatkunde-veranstaltungen, Vogelbeobachtungs-wanderungen, Wassersport-Events, Ausstellungen, ein Kunsthandwerks-markt, ein Foodfestival und Konzerte statt. Außerdem gibt's einen Kajak-Angelwettbewerb und jeden Tag ein Teddybären-Fallschirmspringen.

reits zur Ruine verkommen. Teile der Originalmauer und des Torhauses stehen aber bis heute, was ihren Erbauern hoch anzurechnen ist.

Ein weiterer Fußweg (2,5 km) führt von Embleton zur Burg; bei Flut ist er jedoch manchmal nicht begehbar.

✕ Essen

⭐ **Jolly Fisherman**　　　GASTROPUB **$$**
(☎016650-576461; www.thejollyfishermancraster.co.uk; Haven Hill; Hauptgerichte mittags 7–10 £, abends 15–22 £; ☺Küche Mo–Sa 11–15 & 17–20.30, So 12–19 Uhr, Bar Mo–Do 11–23, Sa bis 24, So bis 21 Uhr; 🖶) Krebse in allen Variationen (sensationelle Suppen, Sandwichs, Seafoodteller und mehr) sind die Spezialität des ausgezeichneten Gastropubs. Zu den weiteren vortrefflichen Kreationen des Chefkochs und Paul-Bocuse-Schülers John Blackmore zählen gebackener Fasan mit Estragonsenf, Wild aus Northumbria und Waldtaube. Zudem gibt es eine erlesene Weinkarte, wunderbare *real ales*, ein knisterndes Feuer in der Bar und einen lauschigen Biergarten mit Blick auf die Burg Dunstanburgh.

🛍 Shoppen

⭐ **Robson & Sons**　　　RÄUCHERFISCH
(☎01665-576223; www.kipper.co.uk; Haven Hill; kippers pro kg ab 9 £; ☺Mo–Sa 9–16.30, So 10–16 Uhr) Die traditionelle Fischräucherei geht ihrem Handwerk bereits seit vier Generationen nach; zu ihren Stammkunden zählt auch die Royal Family. Bekannt ist das Restaurant in erster Linie für seine *kippers* (kalt geräucherte Bücklinge), aber auch Lachs und andere Fische landen hier im Räucherofen.

ℹ Praktische Informationen

Crasters **Touristeninformation** (☎ 01665-576007; www.visitnorthumberland.com; Quarry Car Park; ☺Ostern–Okt. 10–16.30 Uhr) hat die wärmere Hälfte des Jahres über geöffnet.

ℹ An- & Weiterreise

Bus X18 fährt nach Berwick-upon-Tweed (6,10 £, 1½ Std., alle 2 Std.) und Newcastle (5,60 £, 1½ Std., alle 2 Std.). Die Buslinie 418 verkehrt zwischen Craster und Alnwick (5,10 £, 30 Min., stündl.).

Embleton Bay

Die schöne Bucht Embleton Bay mit ihrem breiten, vanillefarbenen Sandstrand zieht sich in einem schwungvollen Bogen von Dunstanburgh an dem reizenden, abschüssigen Dorf Embleton vorbei. An ihrem nördlichen Ende kauert der winzige, weiß getünchte Weiler Low Newton-by-the-Sea, den der National Trust in Schuss hält.

◉ Sehenswertes & Aktivitäten

Hinter der Bucht führt ein Pfad zum **Newton Pool Nature Reserve**. Das Schutzgebiet dient Brut- und Zugvögeln wie Lachmöwen und Feldschwirlen als Zufluchtsort und steht mit seinen versteckten Beobachtungsposten bei Ornithologen hoch im Kurs. Weiter geht's am Kap entlang bis zu dem einladenden Strand **Football Hole**, der sich hinter Low Newton zwischen den Landzungen verbirgt.

Das Dunstanburgh Castle (S. 681) ist am einfachsten von Craster her zu erreichen; bei Flut kann der Fußweg von der Embleton Bay zur Burg unpassierbar sein.

🛏 Schlafen & Essen

Joiners Arms　　　PUB **$$$**
(☎01665-576112; http://joiners-arms.com; High Newton-by-the-Sea; DZ 140–155 £; 🅿🛜🖶🐾) Die Einheimischen lieben dieses Gastropub aus gutem Grund: Die Küchenzutaten stammen aus der Umgebung, Seafood und Steaks sind exzellent (Hauptgerichte 13–20 £) und Familien sind herzlich willkommen. Es lohnt sich auch, über Nacht zu bleiben. Die fünf modernen Gästezimmer sind individuell eingerichtet und überraschen mit flotten Extras wie freigelegtem Mauerwerk, freistehender Badewanne und Baldachinbett.

Ship Inn　　　KNEIPENESSEN **$$**
(☎01665-576262; www.shipinnnewton.co.uk; Low Newton-by-the-Sea; Hauptgerichte 8,50–18 £; ☺Küche Mi–Sa 12–14.30 & 19–20, So–Di 12–14.30 Uhr, Bar April–Okt. Mo–Sa 11–23, So 11–22 Uhr, Nov.–März kürzere Öffnungszeiten) 🐾 Dieses famose Pub an der Dorfwiese braut 26 verschiedene Biere: Helle, Hefeweizen, Roggenbiere, Bitter, Stouts und saisonale Varianten. Das Brauwasser liefert der benachbarte Fluss Coquet. Auch das Essen ist vorzüglich, aufgetischt werden vor Ort gefangene Krebse und geschmorte Biolammkeule von der Peelham Farm mit Zitronen-Petersilien-Couscous. Keine Kreditkarten. Am Wochenende ist oft Livemusik geboten.

Autotour
Die Küste von Northumberland

START NEWBIGGIN-BY-THE-SEA
ZIEL BERWICK-UPON-TWEED
LÄNGE/DAUER 125 KM; EIN TAG

Man kann von Tynemouth bis Schottland durchgehend an der Küste entlang fahren. Landschaftlich interessant wird die Strecke ab **1 Newbiggin-by-the-Sea**, wo 2007 der Strand mit über 500 000 Tonnen Sand wiederaufgefüllt wurde. Vor der Küste schaut Sean Henrys Skulptur *The Couple* aufs Meer.

Auf der A1068 geht's 21 km weiter nordwärts zum Fischerhafen **2 Amble**, wo Bootstouren zu Papageientaucherkolonien starten. Knapp 3 km nördlich kauert in einer Flussschleife die biscuitfarbene Häuseransammlung **3 Warkworth** unterhalb der Ruinen der namensgleichen Burg (14. Jh.). Sie kann sich prominenter Auftritte rühmen – u. a. in Shakespeares *Henry IV* und im Film *Elizabeth* (1998). Ein paar hundert Meter flussaufwärts versteckt sich die winzige, in den Fels gehauene Einsiedelei Warkworth Hermitage (14. Jh.).

Die nächste Station ist das 8 km entfernte **4 Alnmouth** mit bunten Häusern und hübschen Stränden. Von hier führt die Tour 8 km ins Landesinnere zum geschäftigen Städtchen **5 Alnwick**, das mit einer sehenswerten Burg – die im Film Harry Potters Zauberschule Hogwarts mimte – und dem prächtigen Park Alnwick Garden viel zu bieten hat. Danach geht's zurück Richtung Küste nach **6 Craster**. Der Ort ist berühmt für seine *kippers*, die es direkt bei der Räucherei zu kaufen gibt. Unbedingt empfehlenswert ist das Restaurant Jolly Fisherman mit einer grandiosen Aussicht auf die düstere Burgruine Dunstanburgh. Im 8 km weiter nördlich gelegenen **7 Low Newton-by-the-Sea** lockt das Ship Inn mit selbstgebrautem Bier.

Hinter dem Fischerdorf Seahouses (Ausgangspunkt für einen Trip zu den Farne Islands) liegt das malerische **8 Bamburgh**. Der Ort wird überragt von einer imposanten Burg. Nach weiteren 27 km führt ein nur bei Ebbe befahrbarer Damm (Zeiten beachten!) auf die weltentrückte Insel **9 Holy Island (Lindisfarne)**. Die berühmte Klosterruine zieht heute noch Pilger an. Zurück auf dem Festland erreicht man nach 22 km Englands nördlichste Stadt **10 Berwick-upon-Tweed**, deren elisabethanische Stadtmauer fast komplett abgelaufen werden kann.

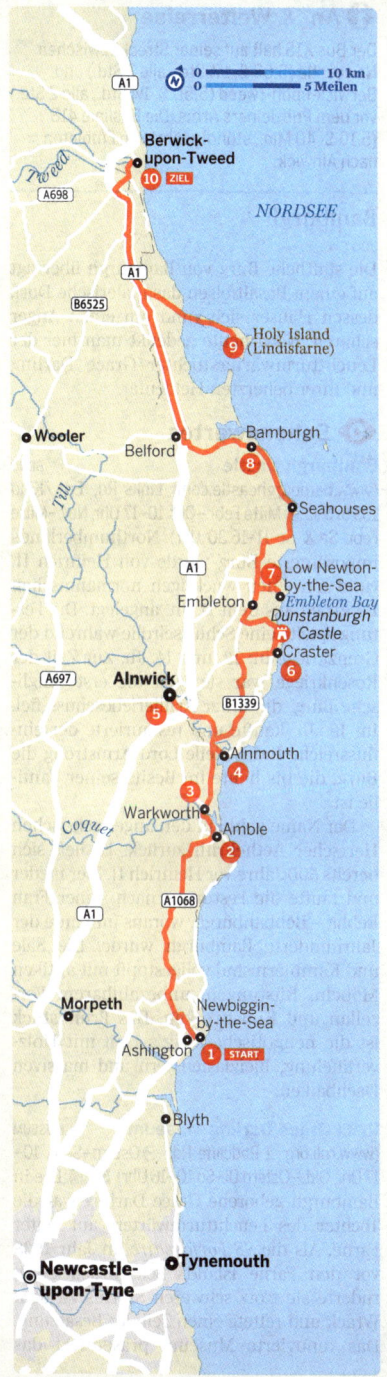

❶ An- & Weiterreise

Der Bus X18 hält auf seiner Strecke zwischen Newcastle (5,60 £, 1¾ Std., alle 2 Std.) und Berwick-upon-Tweed (5,50 £, 1¼ Std., alle 2 Std.) vor dem Pub Joiners Arms. Die Buslinie 418 (5,10 £, 40 Min., stündl.) fährt von Embleton nach Alnwick.

Bamburgh

300 EW.

Die stattliche Burg von Bamburgh überragt auf einem Basaltfelsen das malerische Dorf, dessen Häuser sich rund um einen Anger scharen. Noch heute gedenkt man hier der Leuchtturmwärterstochter Grace Darling und ihrer beherzten Heldentat.

◎ Sehenswertes

Bamburgh Castle BURG
(www.bamburghcastle.com; Links Rd; Erw./Kind 10,75/5 £; ⊙ Mitte Febr.–Okt. 10–17 Uhr, Nov.–Mitte Febr. Sa & So 11–16.30 Uhr) Northumberlands imposanteste Burg wurde um Heinrich II. rund um einen wuchtigen normannischen Bergfried aus dem 11. Jh. angelegt. Die Festung spielte eine Schlüsselrolle während der Grenzkriege im 13. und 14. Jh. Zur Zeit der Rosenkriege war sie 1464 die erste englische Burg, die unter Artilleriebeschuss fiel. Im 19. Jh. kaufte und restaurierte der einflussreiche Industrielle Lord Armstrong die Burg, die bis heute im Besitz seiner Familie ist.

Der Name geht auf den angelsächsischen Herrscher Aethelfrith zurück. Er ließ sich bereits 500 Jahre vor Heinrich II. hier nieder und taufte die Festung – nach seiner Frau Bebba – Bebbanburgh, woraus im Laufe der Jahrhunderte Bamburgh wurde. Die Säle und Kammern sind vollgestopft mit antiken Möbeln, Rüstungen, unbezahlbarem Porzellan und Kunstwerken. Das Prunkstück ist die neugotische **King's Hall** mit Holzvertäfelung, Bleiglasfenstern und massiven Dachbalken.

RNLI Grace Darling Museum MUSEUM
(www.rnli.org; 1 Radcliffe Rd; ⊙ Ostern–Sept. 10–17 Uhr, Okt.–Ostern Di–So 10–16 Uhr) GRATIS Die in Bamburgh geborene Grace Darling war die Tochter des Leuchtturmwärters auf Outer Farne. Als die *SS Forfarshire* im Jahr 1838 vor den Farne Islands Schiffbruch erlitt, ruderte sie trotz schweren Sturms zu dem Wrack und rettete einen Teil der Besatzung. Das renovierte Museum präsentiert das

Originalruderboot und einen Film über die Ereignisse in jener Nacht. Das Geburtshaus von Grace ist nur drei Häuser vom Museum entfernt, begraben ist sie auf dem Friedhof gegenüber.

Das Grabmal aus Sandstein und verschnörkeltem Schmiedeeisen wurde extra hoch gebaut, damit es für vorbeifahrende Schiffe sichtbar ist.

✖ Essen

 ★ **Mizen Head** MODERN BRITISCH $$
(☎ 01668-214254; www.mizen-head.co.uk; Lucker Rd; Hauptgerichte 10–32,50 £; ⊙ Mo–Mi 18–21, Do–So 12–13.45 & 18–21 Uhr; 🅿 🛜) Seit seiner Eröffnung im Jahr 2011 ist das grandiose Restaurant mit angeschlossenen Hotelzimmern die beste Adresse in Bamburgh zum Essen und/oder Übernachten. Die Spezialität sind regionale Fische und Meeresfrüchte (z. B. Lobster Thermidor oder gebratener Steinbutt mit Spargel, Estragon und Zitronenbutter) sowie Steaks vom Holzkohlegrill. Auf müde Gäste warten sechs helle, geräumige Zimmer (DZ 100–140 £), die sich mit karierten Stoffen und Schwarz-Weiß-Fotos von der Küste herausgeputzt haben. Der Service ist erfahren und auf Zack.

WLAN gibt es nur in den Gemeinschaftsräumen.

❶ An- & Weiterreise

Der Bus X18 fährt Richtung Norden nach Berwick-upon-Tweed (6 £, 35 Min., alle 2 Std.) und Richtung Süden nach Newcastle (6,10 £, 2 Std., alles 2 Std.).

Holy Island (Lindisfarne)

160 EW.

Die winzige, 5 km² große Insel hat geradezu etwas Jenseitiges. Mit dem Festland ist sie durch einen schmalen Damm verbunden, der aber nur bei Ebbe aus dem Wasser ragt. Rund fünf Stunden pro Tag ist die Insel vom Festland abgeschnitten. Das einsame, weltentrückte Eiland hat sich kaum verändert seit der hl. Aidan hier 635 ein Kloster gründete.

Beim Überqueren der Sandbänke kann man sich gut ausmalen, wie brandschatzende Wikinger die Ansiedlung zwischen 793 und 875 wiederholt plünderten. Schließlich verstanden die Mönche den Wink mit dem Zaunpfahl und verließen die Insel. Mit im Gepäck hatten sie das kunstvoll verzierte Evangelienbuch *Lindisfarne Gospels* (heute im Besitz der British Library in London)

FARNE ISLANDS

Während der Brutzeit (ca. Mai–Juli) lassen sich auf dem felsigen Archipel der **Farne Islands** (NT; www.nationaltrust.org.uk; Erw./Kind ohne Bootstransport 5,75/2,90 £; ⊙ nach Anmeldung, jahreszeiten- und witterungsabhängig April–Okt.) 20 verschiedene Meeresvogelarten beobachten, die hier ihre Küken aufpäppeln, darunter Papageientaucher, Dreizehenmöwen, Küstenseeschwalben, Eiderenten, Kormorane und Möwen. Darüber hinaus leben 6000 Kegelrobben auf der Inselgruppe, die 5 km vor dem Fischerdorf Seahouses im Meer liegt. Von dort aus steuern vier Bootsgesellschaften, erreichbar über die **Touristeninformation** von Seahouses (☎ 01670-625593; http://visitnorthumberland.com; Seafield Parkplatz, Seahouses; ⊙ Ostern–Okt. 10–16.30 Uhr), die Farne Islands an. Einer der Betreiber ist **Billy Shiel** (☎ 01665-720308; www.farne-islands.com; Erw./Kind 2½-stünd. Tour 15/10 £, 6-stünd. Tour 35/20 £).

Die Überfahrt kann rau sein (und ist bei schlechtem Wetter nicht möglich). Warme, wasserdichte Kleidung ist ebenso ratsam wie ein alter Hut zum Schutz vor Vogelkot!

Bus X18 verbindet Seahouses mit Berwick-upon-Tweed (5,70 £, 45 Min., alle 2 Std.) und Newcastle (6,60 £, 2 Std., alle 2 Std.). Bus 418 fährt nach Alnwick (5,30 £, 55 Min., stündl.).

und den wie durch ein Wunder unverwesten Leichnam des hl. Cuthbert. Letzterer lebte ein paar Jahre hier, bevorzugte allerdings ein Eremitendasein auf Inner Farne. Im 11. Jh. wurde auf Holy Island erneut ein Kloster gebaut, das aber der Klosterauflösung im Zuge der Reformation zum Opfer fiel.

⊙ Sehenswertes

Lindisfarne Priory   RUINE
(EH; www.english-heritage.org.uk; Erw./Kind 6/ 3,60 £; ⊙ April–Sept. 10–18 Uhr, Okt. bis 17 Uhr, Nov.–März Sa & So 10–16 Uhr) Die skelettartigen roten und grauen Ruinen des Klosters sind ein unheimlicher Anblick und vermitteln einen Eindruck von dem isolierten Leben der Mönche auf Lindisfarne. Die **St. Mary the Virgin Church** wurde im 13. Jh. zwischen Tees und Firth of Fourth am Standort einer älteren Kirche errichtet. Das benachbarte **Museum** versammelt die Überreste des ersten Klosters und erzählt die Geschichte der Mönchsgemeinschaft vor und nach der Klosterauflösung. Die Öffnungszeiten variieren, da sich der Betrieb nach den Gezeiten richten muss.

Lindisfarne Heritage Centre   MUSEUM
(www.lindisfarne-centre.com; Marygate; Erw./Kind 4/2 £; ⊙ April–Okt. 10–17 Uhr, Nov.–März kürzere Öffnungszeiten) 20 Seiten der leuchtend bunten *Lindisfarne Gospels* lassen sich in diesem Heimatmuseum auf Touchscreens durchblättern. Es zeigt auch eine spannende Ausstellung über die Wikinger und den

Überfall auf Lindisfarne im Jahr 793. Die Öffnungszeiten sind abhängig von Ebbe und Flut.

Lindisfarne Castle   BURG
(NT; www.nationaltrust.org.uk; Erw./Kind 7,30/ 3,60 £; ⊙ Mitte Febr.–Okt. Di–So 10–15 Uhr, Nov.– Mitte Febr. manchmal am Wochenende) Die kleine Bilderbuchburg steht knapp 1 km außerhalb des Dorfes, wo sie 1550 auf einem Felshügel erbaut wurde. Zwischen 1902 und 1910 baute Sir Edwin Lutyens die Burg für Mr. Hudson, den Herausgeber der Zeitschrift *Country Life,* aus und um. Man kann sich lebhaft vorstellen, wie hier in den Goldenen Zwanzigern so manch dekadente Party gefeiert wurde. Die Öffnungszeiten sind abhängig von Ebbe und Flut.

🛏 Schlafen & Essen

Crown & Anchor   GASTHAUS $$
(☎ 01289-389215; http://holyislandcrown.co.uk; Market Pl; EZ 55–80 £, DZ 70–100 £; 🐾) Das einzige von Einheimischen betriebene Inn auf der Insel ist ein entspannter, bodenständiger Ort mit bunt gestrichenen Gästezimmern und solider Kneipenkost (wie *steak-and-ale pie* oder Rib-Eye-Steak mit Zwiebelringen; Hauptgerichte 6,50–18 £). Das Allerbeste ist jedoch der Biergarten samt Postkartenpanorama mit Burg, Kloster und Hafen.

Manor House Hotel   HOTEL $$
(☎ 01289-389207; http://manorhouseholyisland. com; Market Sq; EZ/DZ/FZ mit Frühstück ab 60/95/180 £; 🅿🖥) Von den zehn modernen

Zimmern in der in den 1870er-Jahren erbauten Villa fällt der Blick auf den Hafen, das Kloster oder die Burg. Außerhalb der Sommermonate fallen die Preise, aber ohne Buchung geht nichts. Das hauseigene **Priory Restaurant** (Hauptgerichte 9–14 £) im Erdgeschoss öffnet sich auf einen geräumigen Biergarten und verarbeitet saisonale, regionale Produkte. Fahrradabstellraum vorhanden.

Lindisfarne Inn GASTHAUS $$
(☎ 01289-381223; www.lindisfarneinn.co.uk; Beal; EZ/DZ/FZ ab 70/76/125 £; [P][⊙][⊗]) Die Unterkunft befindet sich zwar auf dem Festland (an der A1 bei der Abzweigung zum Damm), ist bei knappen Überfahrtszeiten aber eine praktische Alternative zu einer Inselübernachtung. Die 21 makellosen Zimmer sind weit genug von der Straße zurückgesetzt und entsprechend ruhig. Die Bar (Hauptgerichte 10–20 £) serviert überdurchschnittlich gutes Essen, z. B. *fisherman's pie* mit dem fangfrischen Fisch des Tages. WLAN gibt es nur in der Bar.

Pilgrim's Coffee House KAFFEE, CAFÉ
(www.pilgrimscoffee.com; Marygate; ⊙ So–Fr 9.30–17 Uhr, März–Nov. Sa bis 21 Uhr, Dez.–Febr. geschl., Öffnungszeiten variieren; [⊙]) ✒ Fairtrade-Bio-Bohnen und eine kompostierbare Verpackung sind das Markenzeichen dieser ausgezeichneten unabhängigen Kaffeerösterei. Der wie ein Wohnzimmer eingerichtete Gastraum mit Chesterfield-Sesseln und offenem Kamin ist ein gemütliches Plätzchen, um Sandwiches, Pellkartoffeln, hausgemachten Kuchen und Gebäck zu verdrücken. Samstagsabends werden auch Pizzas und Cocktails offeriert. An sonnigen Tagen sitzt es sich im Hofgarten wunderschön.

 Shoppen

St Aidan's Winery HONIGWEIN & LIKÖRE
(Lindisfarne Mead; www.lindisfarne-mead.co.uk; Prior Lane; ⊙ gezeitenabhängig Ostern–Okt. 9–18 Uhr, Nov.–Ostern 10–17 Uhr) ✒ St Aidan's Winery produziert „Mead made on Lindisfarne", einen Honigwein nach traditioneller römischer Rezeptur, für den nur Mineralwasser und Honig aus der Gegend verwendet werden. Bei Gratisverkostungen wird er in den drei Geschmacksrichtungen – natur, Blutorange und gewürzt – angeboten, ebenso diverse Liköre (Ingwer, wilde Erdbeere, Holunderbeere, Brombeere, Kirsche

usw.). Weitere Produkte der Winery sind Schokotrüffel und Marmeladen auf der Basis von Met.

ℹ An- & Weiterreise

Gelegentlich fährt der Bus 477 von Berwick-upon-Tweed zur Insel (4,50 £, 40 Min., gezeitenabhängig); die Touristeninformation in Berwick informiert über den aktuellen Fahrplan.

Autofahrer sollten unbedingt die Überfahrtzeiten beachten, die in der ganzen Gegend an Tafeln und in den Touristeninformationen angeschlagen bzw. auf www.holy-island.info veröffentlicht werden. Jedes Jahr werden motorisierte Besucher auf dem Damm von der Flut überrascht und müssen ihre Fahrzeuge aufgeben.

Kraftfahrzeuge müssen auf dem ausgewiesenen Parkplatz abgestellt werden (4,60 £ pro Tag). Von Ostern bis September fährt ein Shuttlebus (Hin- & Rückfahrt 2 £) alle 20 Minuten vom Parkplatz zur Burg. Wer lieber zu Fuß geht, spaziert 300 m auf ebenem Weg zur Dorfmitte und anschließend 1,6 km bis zur Burg.

Berwick-upon-Tweed

11 500 EW.

Die pittoreske Festungsstadt Berwick-upon-Tweed ist Englands nördlichste Stadt. Mitten hindurch strömt der Fluss Tweed, über den sich zwei Brücken spannen: die denkmalgeschützte Berwick Bridge (alias Old Bridge), die zwischen 1611 und 1624 aus Sandstein erbaut wurde, und die Royal Tweed Bridge (1925–1928).

Berwick ist hartnäckiger Titelverteidiger zweier einmaliger Auszeichnungen: Zum einen ist die Stadt wohl die am meisten umkämpfte Ansiedlung in der Geschichte Europas (zwischen 1174 und 1428 erlebte sie 14 Herrscherwechsel und befand sich mal in englischer, mal in schottischer Obhut). Zum anderen spielt die örtliche Fußballmannschaft als einziges englisches Team in der schottischen Liga (wenn auch nur viertklassig in der Scottish League Two). Obwohl Berwick seit dem 15. Jh. fest in englischer Hand ist, hat die Stadt eine eigene Identität und einen hörbar schottisch geprägten Dialekt bewahrt.

◎ Sehenswertes

⭐ **Berwick Walls** HISTORISCHE STÄTTE
(EH; www.english-heritage.org.uk; ⊙ Sonnenaufgang–Sonnenuntergang) Die mächtige elisabethanische Stadtmauer kann fast in ihrer gesamten Länge abgelaufen werden. Sie wurde 1558 errichtet, um bereits unter

Edward II. fertiggestellte Befestigungsanlagen zu verstärken. Der etwa 1,5 km lange Spaziergang ist ein absolutes Muss und eröffnet überwältigende, weite Ausblicke. Von der einst gewaltigen **Grenzburg** sind nur noch Fragmente übrig, der Großteil des Gebäudes musste dem Bahnhof weichen.

Berwick Barracks MUSEUM, KUNSTGALERIE
(EH; www.english-heritage.org.uk; The Parade; Erw./Kind 4,60/2,80 £; ☺Ostern–Sept. 10–16 Uhr, Okt. bis 16 Uhr, Nov.–Ostern geschl.) Die älteste speziell als solche erbaute Kaserne Großbritanniens (1717) wurde von Nicholas Hawksmoor entworfen. Heute versammelt sie unter ihrem Dach verschiedene Kunstgalerien und Museen, die sich mit der Geschichte der Stadt und des britischen Militärs seit dem 17. Jh. befassen. Die **Gymnasium Gallery** zeigt hochkarätige zeitgenössische Kunstausstellungen.

Cell Block Museum MUSEUM
(Marygate; Erw./Kind 2 £/50 ☺Führungen Ostern–Sept. Mo–Fr 10 & 14 Uhr) Schuld und Sühne sind das Thema des schaurigen Museums, das die originalen Gefängniszellen im oberen Stockwerk des Rathauses (1750–1761) bezogen hat. Die Führungen zeigen neben dem Museum auch den ehemaligen Gerichtssaal, die Ratssäle und den Glockenturm.

 Geführte Touren

Time to Explore
Guided Tours STADTRUNDGANG
(☎01289-330218; www.visitberwick.com; 106 Marygate; Town & Walls Erw./Kind 7 £/frei; ☺nach Anmeldung Ostern–Okt. Mo–Fr 11 Uhr) Derek Sherman ist ein passionierter Sohn seiner Stadt und hat unterschiedliche Führungen im Programm. Die Tour Town & Walls (1¼ Std.) widmet sich den Hauptattraktionen von Berwick. Startpunkt ist die Touristeninformation.

🛏 Schlafen

Berwick YHA HOSTEL $
(☎0845 371 9676; www.yha.org.uk; Dewars Lane; B/DZ ab 10/58 £; P@🖤) Die hochmoderne Jugendherberge mit 55 Betten in Schlafsälen und Doppelzimmern, alle mit eigenem Bad, ist in einem 240 Jahre alten umgebauten Kornspeicher untergebracht. Den Gästen stehen u. a. ein Fernsehzimmer, eine Waschküche und WLAN in den Gemeinschaftsbereichen zur Verfügung. Die Mitarbeiter sind superfreundlich und hilfsbereit.

⭐**Marshall Meadows**
Country House Hotel HISTORISCHES HOTEL $$
(☎01289-331133; http://marshallmeadowshotel.co. uk; Marshall Meadows; mit Frühstück EZ 70–90 £, DZ 89–139 £, FZ 99–149 £; P🖤🏤) Das nördlichste Hotel Englands liegt nur 600 m von der Grenze zu Schottland entfernt und ist ein echtes Juwel. Die georgianische Villa auf einem 6 ha großen Grundstück mit Wald und Gartenanlagen hat 19 Zimmer (darunter ein Familienzimmer im Erdgeschoss), die im Landhausstil mit Karo- und Blumenmustern eingerichtet sind. Dazu zwei gemütliche Bars mit offenen Kaminen und ein Gewächshaus. Das Frühstück (einschließlich *kippers*) wird im eichenholzgetäfelten Restaurant (2-/3-Gänge-Abendmenü 21,95/29,95 £) serviert. Am Hotel vorbei verläuft der Berwickshire Coastal Path.

Granary Guesthouse B&B $$
(☎01289-304403; www.granaryguesthouse.co.uk; 11 Bridge St; EZ/DZ ab 80/96 £; P🖤) Das romantischste B&B Berwicks in charmanter Innenstadtlage verfügt über drei elegante, moderne Gästezimmer. Die Frühstückszutaten (auch in glutenfreier Variante) stammen aus regionalem und/oder biologischem Anbau und im hauseigenen Behandlungsraum werden Massagen angeboten.

🍴 Essen & Ausgehen

Audela MODERN BRITISCH $$
(☎01289-308827; www.audela.co.uk; 41–47 Bridge St; Frühstücksgerichte 5,50–9,50 £, Hauptgerichte mittags 5,50–11,50 £, abends 8–19 £; ☺9–21 Uhr; 🖤) Das Audela ist das angesagteste Lokal der Stadt. Der Name zollt dem letzten Schiff (1979) Tribut, das in der Werft von Berwick gebaut wurde. Die verwendeten Zutaten kommen aus dem Umland. Nach ihrer kunstvollen Zubereitung wandern sie z. B. als doppelt gebackenes Northumberland-Käsesoufflé, Heilbutt mit Zitronenbuttersauce oder Lammkarree mit Kräuterkruste in den markanten, salbeigrünen Speisesaal. Zur Mittagszeit werden Feinschmeckersandwiches zubereitet, darunter eins mit Berwick-Krabben und Zitronenmayo.

Barrels Alehouse PUB
(59–61 Bridge St; ☺So–Do 12–24, Fr & Sa bis 1 Uhr; 🖤) Die beste Kneipe von Berwick zieht ein gemischtes, entspanntes Publikum an. Von früh bis spät gehen *real ales* sowie Gin und Whisky aus Mikrodestillerien über die Theke. Freitagabends gibt's in der stimmungsvollen, schummrigen Kellerbar Livemusik.

ⓘ Praktische Informationen

Die **Touristeninformation** (☎ 01670-622155; www.visitberwick.com; 106 Marygate; ⊙ Ostern–Sept. Mo–Sa 10–17 Uhr, So 11–16 Uhr, Okt.–Ostern Mo–Sa 10–16 Uhr) befindet sich mitten im Städtchen.

ⓘ An- & Weiterreise

BUS

In Berwick halten die Fernbusse von National Express auf ihrer Strecke zwischen Edinburgh (11,60 £, 1¼ Std., 2-mal tgl.) und London (33 £, 8 Std., 2-mal tgl.). Nach Newcastle fahren die Busse X15 (über Alnwick) und X18 (6,80 £, 2½ Std., alle 2 Std.). Die Buslinie 477 steuert Holy Island bzw. Lindisfarne an (4,50 £, 40 Min., gezeitenabhängig, die Touristeninformation in Berwick informiert über den aktuellen Fahrplan). Alle Busse halten am Golden Square (an der Ecke der Marygate Street).

ZUG

Berwick liegt an der East Coast Main Line, die London mit Edinburgh verbindet, und befindet sich fast genau auf halber Strecke zwischen Edinburgh (25,10 £, 40 Min., 2-mal pro Std.) und Newcastle (26,10 £, 45 Min., 2-mal pro Std.).

England
verstehen

England aktuell

Die jüngsten Ereignisse haben England erschüttert. Mit dem Erstarken des schottischen und walisischen Nationalismus schienen sich die Engländer ihrer Identität immer unsicherer zu werden. 2016 hatte das Land beim Referendum über den Verbleib Großbritanniens in der EU die Möglichkeit, sich selbst zu definieren – und entschied sich mehrheitlich für den „Brexit". Die Abstimmung offenbarte ein zutiefst zerrissenes Land und die langfristigen Konsequenzen des EU-Austritts sind unklar.

Top-Filme

Begegnung (1945) Klassische Geschichte über eine verklemmte englische Liebschaft.

Mein wunderbarer Waschsalon (1985) Bewegende und launige Studie über Rassismus und Homophobie im London der Thatcher-Ära.

Gefährten (2011) Das Erwachsenwerden eines jungen Mannes, der den Ersten Weltkrieg überlebt.

Pride (2014) Schwul-lesbische AktivistInnen sammeln Geld für vom Bergarbeiterstreik 1984/85 betroffene Familien – witzig und einfühlsam.

Suffragette (2015) Spannender Film über den Kampf für Frauenrechte vor dem Ersten Weltkrieg.

Top-Bücher

Reif für die Insel (Bill Bryson) Schon etwas älter, aber der liebevolle Blick des US-Autors auf britische Verhaltensweisen trifft noch immer ins Schwarze.

Erste Riten (Jonathan Coe) Eine Jugend in den 1970er-Jahren: Streiks, IRA-Anschläge und Punkrock.

Gebrauchsanweisung für England (Heinz Ohff) Eine humorige Beschreibung der Absonderlichkeiten im Königreich.

Queenig & spleenig?! Wie die Engländer ticken (Nina Puri) Die gebürtige Engländerin gibt einen Einblick in die Verrücktheiten ihrer Landsleute.

England, glorious England. Ein Länderporträt (Holger Ehling) Ein unterhaltsamer Streifzug durch Geschichte und Alltag der Inselbewohner.

Engländer oder Europäer?

Am 24. Juni 2016 sah sich England mit einschneidenden Neuigkeiten konfrontiert. In einem Referendum hatte sich Großbritannien mit knapper Mehrheit dafür ausgesprochen, die EU zu verlassen und eine Verbindung zu kappen, die 43 Jahre bestanden hatte. Kurz nach Bekanntgabe des Ergebnisses verkündete Premierminister David Cameron, der für einen Verbleib in der EU gekämpft hatte, seinen Rücktritt. Das Pfund fiel auf den niedrigsten Stand seit 31 Jahren.

Seit 1973 waren britische Gesetze und -Richtlinien mit den EU-weit geltenden auf unterschiedlichsten Gebieten eng verwoben worden – von Einwanderung über Handel, Fischerei bis Menschenrechte, Maße und Gewichte bis Umwelt. Diese enge Verflechtung bedeutete den einen Sicherheit, den anderen ein zu enges Korsett. Die EU-Befürworter schätzten die europäischen Bürgerrechte, während die Gegner das Recht der Briten, über ihr eigenes Schicksal zu entscheiden, beschnitten sahen. Für einige drehte sich die Abstimmung um die Frage, ob sie sich in erster Linie als Briten oder Europäer sahen.

Wichtige Fragen betrafen die Wirtschaft und das Gesundheitswesen, doch vor dem Hintergrund der europäischen Flüchtlingskrise war der eigentliche Dreh- und Angelpunkt die Zuwanderung – dieses Thema hatte schon seit Jahrzehnten unter der Oberfläche englischer Politik gebrodelt. Dieses Mal drehte sich die Debatte darum, ob Großbritannien das Recht zurückgewinnen sollte, das Ausmaß der Zuwanderung aus den EU-Ländern zu steuern. Das eine Lager argumentierte, dass England nicht genug Ressourcen hätte, um noch mehr Migranten aufzunehmen, das andere Lager verwies auf die Bedeutung der EU-Migranten für die britische Wirtschaft. Heftig wurde darüber gestritten, ob ein höheres Maß an Zuwanderung die „englische Identität" bedrohe oder ob sich in dieser Angst ein latenter Rassismus zeige.

Der knappe Ausgang des Referendums – 52 zu 48 % – zeigt ein gespaltenes Land. Einige meinten, dass sich das Land nun von den Fesseln einer kränkelnden EU befreien könne, andere sahen das Land auf einem gefährlichen Sonderweg. Das Ergebnis der Abstimmung verdeutlichte auch den großen Unterschied zwischen London und dem restlichen England: In London stimmten 60 % der Bürger für den Verbleib in der EU. Auch beim Alter gab es klare Unterschiede: 73 % der 18- bis 24-Jährigen wollten in der EU bleiben, 60 % der über 65-Jährigen wollten raus aus der EU – junge Briten sehen sich also als sehr viel europäischer als vorherige Generationen. Zwar war die Beteiligung mit 72 % recht hoch, doch über ein Viertel aller Stimmberechtigten konnten sich entweder nicht entscheiden oder sich nicht dazu aufraffen, zur Abstimmung zu gehen.

Die Entscheidung zum Brexit hat in der politischen, wirtschaftlichen und sozialen Landschaft Englands Unsicherheit hervorgerufen. Bestimmungen zu fast allen Facetten des Alltags müssen nun neu verhandelt werden, von Zoll- und Grenzkontrollen bis zu EU-weiten Roaminggebühren und Regelungen zur Gesundheitsversorgung. In den nächsten Jahren werden sich Touristen in England wie auch die Engländer selbst in einigen Dingen sicher umgewöhnen müssen. Theresa May, die im Juli 2016 das Ruder als Premierministerin übernahm, hat auf jeden Fall alle Hände voll zu tun.

Getrennt & vereint

Ein Aspekt des ganzen Kuddelmuddels sind sicher auch die Unterschiede zwischen England, Großbritannien und dem Vereinigten Königreich als Ganzem. Großbritannien bezeichnet eigentlich nur England, Schottland und Wales, das United Kingdom (UK; Vereinigtes Königreich) ist die politische Union zwischen Großbritannien und Nordirland. Die Engländer sind sich ihrer Identität oft nicht sicher – sind sie Engländer, Briten oder Bürger des United Kingdom?

Diese Unterscheidungen erhielten durch das EU-Referendum mehr Gewicht: England und Wales entschieden sich mehrheitlich für den EU-Austritt, Schottland und Nordirland für den Verbleib. Schon kurz nach Bekanntwerden des Ergebnisses kündigte die schottische Premierministerin Nicola Sturgeon an, dass eine neue Abstimmung über die Unabhängigkeit Schottlands jetzt „sehr wahrscheinlich" sei, um zu verhindern, dass Schottland gegen seinen Willen aus der EU gezerrt werde. 2014 hatten sich die Bewohner Schottlands dafür ausgesprochen, im Vereinigten Königreich zu bleiben – rund 45 % waren für die Unabhängigkeit. Und in Nordirland wurden jetzt Stimmen laut, die eine Abstimmung über eine Vereinigung Nordirlands mit der Republik Irland forderten. Englands Platz im Vereinigten Königreich und überhaupt die Zukunft dieser Union scheint sehr ungewiss.

Keep Calm & Carry On

Eins ist in England jedenfalls unumstritten: das Königshaus. Es genießt nach wie vor eine breite Unterstützung bei der Bevölkerung, 2012 meinten bei einer Umfrage nur 22 % der Befragten, dass die Monarchie abgeschafft werden sollte.

BEVÖLKERUNG: **53 MIO.**

FLÄCHE: **130 395 KM²**

WIRTSCHAFTSWACHSTUM (UK): **2,2 %**

INFLATION (UK): **2 %**

ARBEITSLOSIGKEIT (UK): **4,9 %**

Gäbe es nur 100 Engländer, wären …

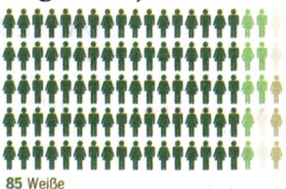

85 Weiße
8 Asiaten
Schwarze
3 Sonstige

Religionszugehörigkeit
(% der Bevölkerung)

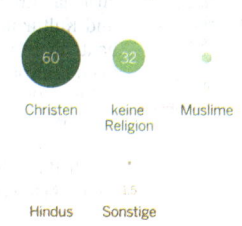

60 Christen

32 keine Religion

Muslime

Hindus

Sonstige

Einwohner pro km²

England   Großbritannien   London

= 260 Personen

Geschichte

Das kleine England wartet mit einer hochkomplexen Geschichte auf und die Vergangenheit ist im Land überaus präsent. Um England wirklich verstehen zu können, muss man in seine turbulente Geschichte eintauchen, in der Invasoren und Einwanderer deutliche Spuren hinterließen. Das Ergebnis ist eine faszinierende Mischung aus Landschaft, Kultur und Sprache. Dieses reiche historische Vermächtnis – von Stonehenge über den Hadrianswall bis zur Canterbury Cathedral und dem Tower of London – ist Englands Hauptattraktion.

Steinzeit & Eisenzeit

England ist (zusammen mit Wales und Schottland) Teil der Insel Großbritannien. Die Begriffe „England" und „Britannien" sind nicht synonym, was nicht allen Besuchern bewusst ist. Wer den Unterschied kennt, wird englische Geschichte und Kultur leichter begreifen.

Steinwerkzeuge, die auf einem Strand in Norfolk entdeckt wurden, belegen, dass in England seit mindestens 840 000 Jahren Menschen leben. Diese frühen Bewohner waren Sammler und Jäger, aber etwa um 4000 v. Chr. waren die meisten bereits sesshaft, besonders in offenen Gebieten wie der Salisbury Plain in Südengland. Sie legten Felder an und bauten Hügelgräber, aber ihr dauerhaftestes Vermächtnis sind die großen Steinkreise von Avebury und Stonehenge, die bis heute noch deutlich sichtbar sind.

Ein oder zwei Jahrtausende später folgte die Eisenzeit. Mit besseren Werkzeugen konnten nun Bäume gefällt und mehr Ackerland gewonnen werden. Die Landschaft veränderte sich, aber es war auch eine Zeit des Kulturwandels: Eine neue Welle von Einwanderern – die Kelten – kamen vom europäischen Kontinent nach Britannien. Es ist nicht klar, ob die Neuankömmlinge die Alteingesessenen integrierten oder umgekehrt, aber das Ergebnis war die umfassende Übernahme keltischer Sprache und Kultur und das Entstehen einer keltisch-britischen Bevölkerung – heute meist als Briten bezeichnet (oder Britannier, um sie von den heutigen Einwohnern zu unterscheiden).

Etwa 100 v. Chr. waren die Britannier in etwa 20 verschiedene Stämme aufgeteilt, darunter die Cantae (in der heutigen Grafschaft Kent), die Icener (im heutigen Norfolk) und die Briganten (Nordengland). Verantwortlich für die lateinisch lautenden Namen der Stämme sind übrigens die nächsten Ankömmlinge an den Gestaden Englands …

ZEITACHSE

4000 v. Chr.	55 v. Chr.	43 n. Chr.
Neusteinzeitliche Menschen wandern vom europäischen Festland ein. Anders als frühere Ankömmlinge lassen sie sich nieder und betreiben Ackerbau, anstatt zu jagen und weiterzuziehen.	Relativ kleine Gruppen römischer Invasoren unter Führung von Julius Cäsar stoßen von der Nordküste Galliens (des heutigen Frankreichs) nach Südengland vor.	Unter Kaiser Claudius beginnt die erste richtige römische Invasion Britanniens. Seine Armee führt einen gnadenlosen Feldzug und 50 n. Chr. beherrschen die Römer fast ganz Südengland.

Die Römer

Es gab zwar schon frühere Expeditionsfeldzüge, aber die große römische Invasion im heutigen England begann 43 n. Chr. Sie nannten ihre neu eroberte Provinz Britannia und nach einem Jahrzehnt stand der größte Teil Südenglands unter römischer Herrschaft. Ein Kinderspiel war das nicht: Einige Einheimische wehrten sich, am prominentesten die Kriegerkönigin Boudicca, die eine Rebellenarmee gegen Londinium anführte, die römische Hafenstadt und Vorgängerin des heutigen Londons.

Widerstand gab es jedoch nur sporadisch und war keine echte Bedrohung für die römische Militärmacht. Um 80 n. Chr. umfasste Britannia in etwa das heutige England und Wales. Die Versuchung ist zwar groß, sich edle Eingeborene im tapferen Kampf gegen die Besatzungsmacht vorzustellen, aber römische Herrschaft und Stabilität wurden wahrscheinlich von der allgemeinen Bevölkerung begrüßt, die die ständig streitenden Häuptlinge und unsicheren Stammesgebiete leid waren.

Die römische Besiedlung Britanniens setzte sich über fast 400 Jahre fort. Mischehen zwischen Einheimischen und Zuzüglern (viele aus anderen Teilen des Reichs, u. a. aus dem heutigen Belgien, Spanien und Syrien statt aus Rom selbst) waren üblich. So entstand vor allem in Städten eine römisch-britische Bevölkerung, während die ländlichen Gebiete keltisch-britisch blieben.

Neben Stabilität und Wohlstand führten die Römer auch einen anderen kulturellen Aspekt ein: eine neue Religion, das Christentum, nachdem sie von Kaiser Konstantin im 4. Jh. anerkannt worden war. (Jüngste Forschungen weisen jedoch darauf hin, dass keltische Christen die

GESCHICHTE DIE RÖMER

Stonehenge steht seit über 5000 Jahren in der Salisbury Plain und ist somit älter als die großen Pyramiden Ägyptens.

RÖMISCHES ERBE

Zur Überwachung ihres neu eroberten Gebiets bauten die Römer in ganz England Garnisonen. Viele entwickelten sich zu Städten, was an den Ortsnamen zu erkennen ist, die mit „chester" oder „caster" enden (aus dem lateinischen *castrum*, Militärlager) – Lancaster, Winchester, Manchester und natürlich Chester, um nur einige zu nennen. Die Römer bauten auch Straßen, anfänglich, damit die Soldaten rasch von Ort zu Ort marschieren konnten, später auch, um den Handel zu fördern. Wo immer möglich, waren die Straßen gerade Linien (weil es effizient war, nicht – wie der alte Witz besagt – um zu verhindern, dass die alten Britannier hinter Kurven lauerten). Dazu gehören die Ermine Street zwischen London und York, die Watling Street zwischen Kent und Wales und der Fosse Way zwischen Exeter und Lincoln. Bei Fahrten durch England wird deutlich, dass viele moderne Fernstraßen noch immer dem Verlauf der römischen Straßen folgen. In einem Land, das eher für seine alten Sträßchen und Landstraßen bekannt ist, die sich durch die Landschaft winden, fallen diese wie mit dem Lineal gezogenen Straßen auf der Karte auf.

ca. 60	ca. 200	ca. 410	5. Jh.
Boudicca, die Krieger-Königin der Icener, führt eine Rebellenarmee gegen die Römer an, zerstört die römische Stadt Colchester und steht bald vor der Hafenstadt Londinium (dem heutigen London).	Die Römer bauen eine Wehrmauer um London, deren vier Haupttore noch in den Namen der Bezirke Aldgate, Ludgate, Newgate und Bishopsgate erhalten sind.	Als das größte Reich der Antike nach fast 300 Jahren relativen Friedens und Wohlstands zerbröckelt, endet die römische Herrschaft in Britannien sang- und klanglos statt mit einem Knall.	Germanische Stämme – heute als Angelsachsen bezeichnet – aus dem heutigen Deutschland wandern nach England ein und breiten sich rasch fast im ganzen Land aus.

Religion schon früher nach Britannien brachten.) Die römisch-britische Kultur blühte in dieser Zeit zwar in Britannien, aber im südländischen Kernland des Reichs war sie bereits im Niedergang begriffen.

Es war ein schnörkelloses Finale. Die Römer wurden von den Britanniern nicht vertrieben – nach mehr als 300 Jahren war die römisch-britische Kultur so etabliert, dass es für viele kein Zurück mehr gab. Tatsächlich wurde Britannia von den Herrschern in Rom einfach aufgegeben und die Kolonie verlief langsam im Sand. Aber Historiker sind ordentliche Menschen und so wird das Ende der römischen Herrschaft in England auf das Jahr 410 n. Chr. datiert.

Die Angelsachsen

Als die römische Macht schwand, ging es mit der Provinz Britannia bergab. Römisch-britische Städte wurden verlassen und ländliche Gebiete verwandelten sich in gefährliches Terrain, auf dem sich lokale Kriegsherren um Lehensgüter bekämpften. Das Machtvakuum blieb nicht unbemerkt und wieder kamen Invasoren vom europäischen Kontinent – dieses Mal germanische Stämme, die Angeln und die Sachsen.

A History of England in 100 Places von John Julius Norwich ist ein faszinierendes Handbuch, das Geschichte und Geografie verbindet und zahlreiche Orte „von Stonehenge bis zum Gherkin" beschreibt.

Historiker sind sich uneins, was dann geschah: Entweder die Angelsachsen überwältigten oder integrierten die römisch-britischen und keltischen Einwohner oder die einheimischen Stämme übernahmen schlichtweg angelsächsische Sprache und Kultur. Wie auch immer, Ende des 6. Jhs. war England vorwiegend angelsächsisch und in einzelne Königreiche aufgeteilt, allen voran Wessex (in Südengland), Mercia (die heutigen Midlands) und Northumbria (Nordengland).

Einige Gebiete blieben von den Neusiedlern unbeeinflusst, aber insgesamt waren die Folgen enorm – der Name England bedeutet „Land der Angeln" und der Kern der heutigen englischen Sprache ist das Angelsächsische. Viele Ortsnamen haben angelsächsische Wurzeln und allein der Begriff „Angelsachse" wurde (im anglophonen Sprachraum oft missbraucht und sachlich unzutreffend) zum Synonym für „reiner Engländer".

Die Wikinger & Alfred der Große

Im 9. Jh. drang in England erneut ein Haufen aufdringlicher Kontinentaleuropäer ein. Dieses Mal waren es die Wikinger aus dem heutigen Dänemark. Sie eroberten rasch die östlichen und nordöstlichen Gebiete Englands und breiteten sich dann bis ins Zentrum aus. Die angelsächsischen Armeen machten sich auf nach Norden, um ihren Vormarsch abzuwehren – unter Führung von Alfred dem Großen, König von Wessex und einer der bekanntesten Gestalten der englischen Geschichte.

England wurde somit zweigeteilt: Der Norden und Osten war Wikingerland, das „Danelow", der Süden und Westen war angelsächsisches

8. Jh.	9. Jh.	927	1066
König Offa von Mercia befiehlt den Bau einer Grenzmarkierung zwischen seinem Königreich und Wales – einen Wehrgraben namens Offa's Dyke, der noch heute zu sehen ist.	Wikinger aus dem heutigen Dänemark erobern Ost- und Nordostengland. Als Hauptstadt wählen sie Jorvik, die heutige Stadt York.	Athelstan, der Enkel Alfred des Großen und Sohn von Eduard dem Älteren, wird als erster Monarch zum König von England gekrönt, nachdem seine Vorfahren Wikingerland zurückerobert hatten.	Der amtierende König Harald wird von einer normannischen Invasionsarmee in der Schlacht von Hastings besiegt und England hat einen neuen Monarchen: Wilhelm den Eroberer.

Territorium. Alfred wurde als König der Engländer gefeiert – das erste Mal, dass die Angelsachsen sich als wirklich vereintes Volk begriffen. Seine Hauptstadt war Winchester; wer hier die berühmte Kathedrale besucht, sollte ganz in der Nähe auf die Statue Alfreds im Stadtzentrum achten.

Alfreds Sohn und Nachfolger war Eduard, genannt Eduard der Ältere. Nach weiteren Schlachten erlangte er die Macht über Danelow und wurde so zum ersten König, der das ganze Land beherrschte – ein wichtiger Meilenstein in der englischen Geschichte.

Aber es war kaum ein Grund zum Feiern. Später im 10. Jh. bedrohten weitere Überfälle aus Skandinavien die junge englische Einheit und am Ende des ersten Jahrtausends war die Zukunft ungewiss.

Und natürlich 1066

Als König Eduard der Bekenner 1066 starb, ging die Krone an seinen Schwager Harald II. über. Das wäre soweit in Ordnung gewesen, aber Eduard hatte einen Cousin in der Normandie (Nordfrankreich) namens Wilhelm, der meinte, dass er den Thron von England hätte besteigen sollen.

Das Ergebnis war die Schlacht bei Hastings 1066, das einprägsamste Datum für alle, die sich mit englischer Geschichte beschäftigt haben. Wilhelm setzte mit einer Armee von der Normandie über, die Angelsachsen wurden besiegt und König Harald II. getötet – der Legende nach durch einen Pfeil ins Auge. Wilhelm wurde König von England und erhielt den glanzvollen Beinamen „der Eroberer".

In den Jahren nach der Invasion blieben die Französisch sprechenden Normannen und die Englisch sprechenden Angelsachsen jeweils unter sich. An der Spitze des Feudalsystems stand der Monarch und darunter die Adligen mit Grundbesitz: Barone und Baronessen, Herzöge und Herzoginnen sowie die Bischöfe. Dann folgten Grafen, Ritter und Lords – und ihre Ladys. Ganz unten waren die landlosen Bauern bzw. Leibeigene. Diese strikte Hierarchie wurde zur Grundlage eines Klassensystems, das bis zu einem gewissen Grad bis heute in England existiert.

Zank zwischen König & Kirche

Wilhelms Nachfolger, Wilhelm II., wurde auf einem Jagdausflug ermordet. Ihm folgten Heinrich I., Stephan von Blois, dann Heinrich II., der erste Herrscher der Plantagenet-Dynastie. Dieser Zeitraum begründete auch die langjährige englische Tradition der Rivalität um den Thron und die ebenso lang währende Neigung zu Streitereien zwischen König und Kirche. Das Ganze kulminierte, als Heinrich II. den „widerspenstigen Priester" Thomas Becket in der Kathedrale von Canterbury ermorden ließ.

Trotz der Dominanz der Angelsachsen ab etwa 500 n. Chr. wurde die keltische Sprache noch in Teilen Südenglands gesprochen, als die Normannen im 11. Jh. dort eindrangen.

1085–1086	1096	12. Jh.	1215
Die normannischen Invasoren erstellen das Domesday Book – eine umfassende Auflistung der Grundbesitzverhältnisse Englands; es ist noch heute ein wichtiges historisches Dokument.	Offizieller Beginn des ersten Kreuzzugs – ein Feldzug christlicher Armeen gegen die muslimische Besetzung von Jerusalem und des „Heiligen Lands". Weitere Kreuzzüge folgen bis 1272.	Die Universität von Oxford wird gegründet. König Heinrichs II. Verbot von 1167, an der Pariser Universität zu studieren, festigt rasch ihre Bedeutung.	König Johann unterzeichnet die Magna Carta, mit der die Macht des Königs eingeschränkt wird: ein erster Schritt in Richtung konstitutioneller Herrschaft.

Vielleicht wollte der nächste König, Richard I., Wiedergutmachung für die ruchlose Haltung seiner Vorfahren leisten, indem er gegen muslimische „Ungläubige" im Heiligen Land kämpfte (dem heutigen Israel und Palästina sowie Teilen von Syrien, Jordanien und des Libanon). Leider hielten ihn seine Kreuzzüge davon ab, England zu regieren – allerdings erwarb sich Richard mit seiner Tapferkeit den Beinamen Löwenherz – und das Land fiel in seiner Abwesenheit ins Chaos.

Nachfolger Richards war sein Bruder Johann. Der Legende nach verbarg sich in dieser Zeit ein Adliger namens Robert of Loxley, besser bekannt als Robin Hood, im Sherwood Forest und beschäftigte sich mit Vermögensumverteilung.

Medieval Women von Henrietta Leyser blickt aus der weiblichen Perspektive auf die englische Geschichte im Zeitraum von 450 bis 1500 n. Chr.; ein Leben aus Arbeit, Ehe, Sex und Kindern – nicht unbedingt in dieser Reihenfolge.

Aufstieg der Plantagenet-Dynastie

Anfang des 13. Jhs. war den mächtigen Baronen die unberechenbare Herrschaft von König Johann zu viel und sie zwangen ihn, ein Dokument, die Magna Carta, zu unterzeichnen, die die Macht des Monarchen einschränkte. Es wurde in Runnymede bei Windsor unterzeichnet; der Ort kann noch heute besichtigt werden.

Der nächste König war Heinrich III., dem 1272 Eduard I. folgte – ein geschickter Herrscher und ehrgeiziger General. Während seiner 35-jährigen, tatkräftigen Herrschaft war er unverhohlen expansionistisch und führte Feldzüge nach Wales und Schottland, wo ihm sein gnadenloses Vorgehen den Titel „Hammer der Schotten" einbrachte.

Auf Eduard I. folgte Eduard II., dem der militärische Erfolg seines Vorfahren versagt blieb. Auch mit der Ehe hatte er nicht viel Glück und starb eines grausamen Tod, als, so wird vermutet, seine Frau Isabella und ihr Liebhaber Roger Mortimer ihn im Berkeley Castle ermorden ließen. Fans von schaurigen Todesfällen können den exakten Schauplatz besuchen.

Die Häuser Lancaster & York

1399 wurde Richard II. von einem mächtigen Baron namens Henry Bolingbroke vertrieben, der als Heinrich IV. den Thron bestieg – der erste Monarch aus dem Haus Lancaster. Ihm folgte ganz ordentlich Heinrich V., der meinte, dass es nun Zeit sei, den Hundertjährigen Krieg zu beenden, einen Dauerkonflikt zwischen England und Frankreich. Heinrichs Sieg in der Schlacht von Agincourt und die patriotische Rede, die ihm Shakespeare in seinem gleichnamigen Stück in den Mund legte („Gott mit Heinrich! England! Sankt Georg!"), machte ihn zu einem der berühmtesten englischen Monarchen.

Noch immer ganz ordentlich folgte Heinrich VI. seinem Vorgänger auf den Thron. Berühmtheit erlangte er als Bauherr großartiger Gotteshäu-

1337–1453	1348	1415	1459–1471
England und Frankreich bekämpfen sich im Hundertjährigen Krieg. Eigentlich bestand er aus einer Reihe kleiner Konflikte. Auch dauerte er länger als ein Jahrhundert ...	Auftreten der Beulenpest, im Volksmund als „Schwarzer Tod" bezeichnet. Die Pandemie tötet über 1,5 Mio. Menschen, mehr als ein Drittel der gesamten Bevölkerung Englands.	Die englische Invasionsarmee unter Heinrich V. schlägt die Franzosen in der Schlacht von Agincourt – eine entscheidende Schlacht im Hundertjährigen Krieg (der noch weitere knapp 40 Jahre dauert).	Die Rosenkriege: Ein Konflikt zwischen zwei rivalisierenden Dynastien – dem Haus Lancaster und dem Haus York. Die Yorker gewinnen und König Eduard IV. besteigt den Thron.

ser – die King's College Chapel in Cambridge, die Eton Chapel bei Windsor – und durch ebenso großartige Anfälle von Wahnsinn.

Der Hundertjährige Krieg war schließlich 1453 beendet. Aber nur ein paar Jahre später stürzte England in einen Bürgerkrieg, die Rosenkriege. Die verliefen in Kürze folgendermaßen: Heinrich VI. aus dem Haus Lancaster (Wappen: eine rote Rose) wurde von Richard, Herzog von York (Wappen: eine weiße Rose) bekämpft. Heinrich war schwach und für Richard wäre es fast ein leichtes Spiel gewesen. Doch Heinrichs Frau Margarete von Anjou war aus härterem Holz geschnitzt und besiegte mit ihren Truppen die Kontrahenten. Dann trat Richards Sohn mit einer Armee auf den Plan, drehte den Spieß um, vertrieb Heinrich und wurde zum König Eduard IV. – der erste Monarch aus dem Haus York.

Dunkle Machenschaften im Tower

Eduard IV. hatte kaum Zeit zum Verschnaufen, da er sich mit dem Grafen von Warwick herumschlagen musste. Der hatte sich mit der tatkräftigen Margarete von Anjou verbunden, um Eduard ins Exil abzuschieben und Heinrich VI. wieder auf den Thron zu setzen. Ein Jahr später kam Eduard IV. wieder zurück, tötete Warwick, nahm Margarete gefangen und ließ Heinrich im Tower of London hinrichten.

Nachfolger Eduards IV. war dessen zwölfjähriger Sohn Eduard V. Doch 1483 wurde der Knabenkönig zusammen mit seinem Bruder auf mysteriöse Weise ermordet – und wieder war der Tatort der Tower of London.

Da die „kleinen Prinzen" nun aus dem Weg geräumt waren, war der Thron frei für ihren alten Onkel Richard. Ob er der Mörder der Prinzen war, bleibt umstritten, aber seine Herrschaft als Richard III. war von kurzer Dauer: 1485 wurde er von einem walisischen Adligen aus der rivalisierenden Lancaster-Linie namens Heinrich Tudor gestürzt, der als Heinrich VII. den Thron bestieg.

Frieden & Trennung von der Kirche

Da die Rosenkriege kurz zuvor ein Ende gefunden hatten, heiratete Heinrich VII. Elisabeth von York und vereinte so die Häuser Lancaster und York. Er wählte die Tudorrose als Symbol – die nun die Farben beider Häuser in sich vereinte. Außerdem verheiratete er seine Tochter mit Jakob IV. von Schottland und verband so Tudors und Stuarts miteinander. Das führte zu einer von allen Seiten begrüßten Friedenszeit für England.

Der nächste König, Heinrich VIII., ist einer der berühmtesten Monarchen Englands, hauptsächlich wegen seiner sechs Ehefrauen – die Folge eines verzweifelten Wunsches nach einem männlichen Thronerben. Auch die Kirchengeschichte Englands hat er tiefgreifend verändert: Sein

GESCHICHTE DUNKLE MACHENSCHAFTEN IM TOWER

Über 500 Jahre nach den Rosenkriegen ist Yorkshires Symbol noch heute die weiße Rose und Lancashires die rote Rose. Die Rivalität zwischen den beiden Grafschaften ist noch immer sehr ausgeprägt – besonders wenn es um Cricket und Fußball geht.

Die Filmversion von Shakespeares *Richard III.* von 1955 mit Laurence Olivier und John Gielgud gewann seinerzeit einen Oscar. Sie ist noch heute sehenswert und wirft einen Blick auf diese turbulente Phase der englischen Geschichte.

1485	1509–1547	1558–1603	1605
Heinrich Tudor schlägt Richard III. in der Schlacht von Bosworth und wird König Heinrich VII. Er begründet somit die Tudordynastie und beendet die Rivalität um den Thron zwischen Lancaster und York.	Herrschaft von König Heinrich VIII. Der Widerstand des Papstes gegen dessen mehrfache Eheschließungen führt zur Englischen Reformation – der Gründung der anglikanischen Kirche.	Herrschaft von Königin Elisabeth I., eine Zeit des ungebremsten Optimismus. William Shakespeare betritt die Bühne, die Seefahrer Walter Raleigh und Francis Drake machen sich nach Westen auf.	König Jakobs Bemühungen um einen Religionsfrieden scheitern: Der Gunpowder Plot, ein Versuch unter Führung von Guy Fawkes, das Parlament in die Luft zu jagen, löst eine antikatholische Protestwelle aus.

Zerwürfnis mit dem Papst und der römisch-katholischen Kirche führte zur Abspaltung von der päpstlichen Herrschaft und Gründung der Anglikanischen Kirche. Viele Klöster wurden daraufhin aufgelöst, deren Ruinen noch heute zu sehen sind, z. B. die der Fountains Abbey und der Rievaulx Abbey in Yorkshire.

Das elisabethanische Zeitalter

Heinrichs VIII. Nachfolger war sein Sohn Eduard VI., dann seine Tochter Maria I., deren Regentschaft jedoch nur kurze Zeit währte. Und so bestieg unerwartet Elisabeth den Thron, die Dritte in der Erbfolge.

Elisabeth I. erbte ein wahres Fiasko aus religiösen Konflikten und gespaltenen Loyalitäten. Aber nach anfänglicher Unsicherheit gewann sie an Selbstbewusstsein und gab dem Land eine neue Richtung. Sie weigerte sich zu heiraten und wurde mit starkem Bezug auf biblische Motive als „Virgin Queen" bekannt, die jungfräuliche Königin – vielleicht die erste englische Monarchin, die sich ein Kult-Image schuf.

Zu den Glanzpunkten ihrer 45-jährigen Regentschaft gehörten der Sieg über die spanische Armada, die weitreichenden Entdeckungsfahrten der Seefahrer Walter Raleigh und Francis Drake und die Ausweitung der englischen Handelswege, darunter zu den neuen Kolonien an der amerikanischen Ostküste – und natürlich die Kulturblüte dank Literaten wie William Shakespeare und Christopher Marlowe.

Elisabeths katholische Cousine Maria Stuart (Tochter des schottischen Königs Jakob V.) wurde derweil zur Königin von Schottland. Sie hatte ihre Kindheit in Frankreich verbracht und den Dauphin, den französischen Kronprinzen, geheiratet und war somit auch Königin von Frankreich. Nach dem Tod ihres Gemahls (also keine Königin von Frankreich

Shakespeares *Heinrich V.* wurde 1989 als großartiges Epos mit Kenneth Brannagh in der Rolle des titelgebenden Königs verfilmt. Ebenso sehenswert ist ein früherer Film gleichen Namens mit Laurence Olivier in der Titelrolle, der 1944 als patriotischer Propagandastreifen gedreht wurde.

EIN GEFÄHRLICHER JOB

Der Galopp durch die Geschichte der englischen Herrscherdynastien zeigt deutlich, dass das Leben für die Person an der Spitze nie langweilig ist. Trotz enormer Macht und Privilegien war der Job als Monarch (oder vielleicht schlimmer: *potentieller* Monarch) einer der unsichersten Berufe der Geschichte. Zu den englischen Königen, die einen frühzeitigen Tod starben, gehören Harald II. (in der Schlacht umgekommen), Wilhelm II. (ermordet), Karl I. (von Republikanern geköpft), Eduard V. (angeblich von einem Onkel ermordet), Richard II. (vermutlich verhungert), Jakob II. (abgesetzt), Eduard II. (von seiner Frau und ihrem Liebhaber beiseitegeschafft) und Wilhelm III. (starb, als sein Pferd über einen Maulwurfshügel stolperte). Beim Besuch der Burgen und Schlachtfelder mag vielleicht etwas Mitleid – aber nur ein bisschen – für diese mächtigen Gestalten aufkommen, die immer auf der Hut sein mussten.

1644–1649	1660	1749	1775–1783
Englischer Bürgerkrieg. Königstreue Truppen stehen Oliver Cromwells „parlamentarischer" Armee gegenüber. Cromwell siegt und England wird zur Republik.	Nach Cromwells Tod brechen die alten Gräben wieder auf. Dem ältesten Sohn von Karl I. wird der Thron angeboten. Er wird als Karl II. gekrönt – die Monarchie ist zurück („Restauration").	Der Autor und Friedensrichter Henry Fielding gründet die Bow Street Runners, die erste professionelle Polizei Londons. Durch ein Gesetz von 1792 verbreitet sich dieses Modell in ganz England.	Der amerikanische Unabhängigkeitskrieg ist die erste große Niederlage des britischen Weltreichs. William Pitt der Jüngere wird im Alter von 24 Jahren zum jüngsten Premierminister aller Zeiten.

mehr), kehrte Maria nach Schottland zurück, um dort ihre Herrschaft auszuüben; jedoch wurden ihr Untreue und Mord vorgeworfen und sie wurde zur Abdankung gezwungen.

Maria konnte nach England fliehen und bat Elisabeth um Hilfe. Da Maria aber zugleich die englische Krone für sich beanspruchte, galt sie als Sicherheitsrisiko und wurde wieder eingesperrt. Die Wissenschaft ist sich nicht einig, ob Maria selbst einige der zahlreichen katholischen Versuche initiierte, die protestantische Königin Elisabeth vom Thron zu stürzen, oder ob es nur ihre Anhänger waren, die diese Pläne ohne ihr Wissen ausheckten – jedenfalls stellte Elisabeth Maria 19 Jahre lang in verschiedenen Häusern unter Arrest. Wer heute durch England reist, kann viele Schlösser besichtigen (und sogar ein paar Pubs, die stolz behaupten, dass „Mary Queen of Scots" hier genächtigt habe). 1587 befahl Elisabeth schließlich Marias Hinrichtung.

Der Film *Elizabeth* von Shekhar Kapur (1998) mit Cate Blanchett in der Titelrolle behandelt die frühen Herrschaftsjahre der jungfräulichen Königin und ihre Entwicklung von der Prinzessin zur souveränen Monarchin – eine Zeit der verbotenen Liebe, unerwünschten Verehrer, Intrigen und Tod.

Vereinigtes & zerstrittenes Britannien

Als Elisabeth 1603 nach einer fruchtbaren Herrschaft starb, hinterließ die Jungfräuliche Königin keinen Erben. Auf den Thron folgte ihr nächster Verwandter, der schottische König Jakob, der protestantische Sohn der ermordeten Maria Stuart. Er also nun wurde Jakob I. von England und Jakob VI. von Schottland, der erste englische Monarch aus dem Haus Stuart. Jakob gab sich alle Mühe, die Spannungen zwischen Protestanten und Katholiken abzubauen, und vereinte erstmals England, Wales und Schottland zu einem Königreich – ein weiterer Schritt zur britischen Einheit, wenigstens auf dem Papier.

Aber die Kluft zwischen König und Parlament schwelte weiterhin. Der Machtkampf verschärfte sich unter der Herrschaft von Karl I. und mündete schließlich in den Englischen Bürgerkrieg. Die antiroyalistischen (also „parlamentarischen") Streitkräfte standen unter dem Kommando von Oliver Cromwell, einem Puritaner, der gegen die Exzesse der Monarchie und der Kirche wetterte. Seine Armee (die Roundheads) kämpfte gegen die Truppen des Königs (die „Cavaliers") in einem Konflikt, der England entzweite. Er endete mit dem Sieg der Roundheads – der König wurde hingerichtet und England zur Republik erklärt. Cromwell wurde als Lordprotektor eingesetzt.

Rückkehr des Königs

1653 war Cromwell das Parlament leid; es erschien ihm als zu einschränkend und so riss er diktatorische Machtbefugnisse an sich, sehr zum Entsetzen seiner Anhänger. Nach seinem Tod 1658 folgte ihm halbherzig sein Sohn nach, aber 1660 beschloss das Parlament die Wiedereinsetzung der Monarchie, da sich die republikanische Alternative als weitaus schlimmer herausgestellt hatte.

1799–1815	1837–1901	1863	1914
Großbritannien wird in den Napoleonischen Kriegen von einer Invasion Napoleons bedroht, der aber in den berühmten Schlachten von Trafalgar (1805) und Waterloo (1815) vernichtend geschlagen wird.	Herrschaft von Königin Victoria. Das britische Weltreich – „das Reich, in dem die Sonne nie untergeht" – dehnt sich von Kanada über Afrika und Indien bis nach Australien und Neuseeland aus.	Im Londoner Untergrund verkehren die ersten dampfbetriebenen Züge der Metropolitan Railway, der ersten U-Bahn der Welt.	Erzherzog Franz Ferdinand von Österreich wird in Sarajevo ermordet – der letzte Funke in einer zehn Jahre dauernden Krise, der den Ersten Weltkrieg auslöst.

Karl II. (der verbannte Sohn von Karl I.) bestieg den Thron und unter seiner Herrschaft – der Restauration – erblühten, nach der Zeit der puritanischen Moral Cromwells, Wissenschaft und Kultur. Auch Forschungsreisen und Expansion standen auf dem Programm. Mithilfe der Armee und der Marine (die von Cromwell modernisiert wurden) erstreckten sich die Kolonien bald über die ganze amerikanische Küste, während die Ostindische Kompanie ihre Hauptniederlassung in Bombay einrichtete und somit den Grundstein für das zukünftige britische Weltreich legte.

Dem nächsten König, Jakob II., erging es weniger gut. Sein Bemühen, die restriktiven Gesetze für Katholiken zu lockern, endete mit seiner Niederlage in der Schlacht am Boyne in Irland gegen Wilhelm III., den protestantischen König der Niederlande, bzw. Wilhelm von Oranien. Wilhelm war mit Jakobs Tochter Maria verheiratet. Beide hatten das gleiche Anrecht auf den Thron und ihre gemeinsame Thronbesteigung 1689 ging als „Glorreiche Revolution" in die Geschichte ein.

The Isles: A History von Norman Davies ist eine hochgelobte und sehr lesenswerte Abhandlung über die letzten 10 000 Jahre in England im Rahmen der umfassenderen Geschichte der britischen Inseln.

Aufbau des Weltreichs

1702 waren sowohl Maria als auch Wilhelm tot, sodass nun Wilhelms Schwägerin Anne den Thron bestieg. Unter ihrer Herrschaft wurde 1707 der Act of Union verabschiedet, der England, Wales und Schottland erstmals unter einem einzigen Parlament – in London – vereinigte.

Königin Anne starb 1714 ohne Erben, was das Ende der Stuarts bedeutete. Der Thron ging an entfernte (aber immer noch gut protestantische) deutsche Verwandte über – aus dem Haus Hannover.

Das britische Weltreich – das trotz seines Titels überwiegend eine englische Kolonialmacht war – dehnte sich unterdessen auf dem amerikanischen Kontinent und in Asien immer weiter aus. Auch auf Australien wurde nach James Cooks abenteuerlicher Reise von 1769 Anspruch erhoben.

A History of England in a Nutshell von John Mathew gibt auf knapp 200 Seiten einen Überblick über die wichtigsten Ereignisse der englischen Geschichte.

Das Industriezeitalter

Während sich das Weltreich immer weiter ausdehnte, wurde Britannien selbst zur Schmiede der Industriellen Revolution. Die Dampfkraft (von James Watt in den 1760er- und 1770er-Jahren erfunden) und Dampflokomotiven (von George Stephenson in den 1820er- und 1830er-Jahren entwickelt) revolutionierten Produktionsverfahren und Verkehrswege. Die Städte in den englischen Midlands entwickelten sich zu den ersten Industriestädten.

Das industrielle Wachstum brachte erstmals eine größere Binnenmigration in Britannien mit sich, da viele Menschen auf Suche nach Arbeit vom Land in die Städte strömten. Gleichzeitig erhöhten medizi-

1926	1939–1945	1945	1946–1948
Zunehmender Unmut gegen die Regierung wegen der hohen Arbeitslosigkeit führt zum Generalstreik. Millionen Arbeiter – Zugführer, Bergarbeiter, Schiffsbauer – legen die Arbeit nieder und das Land lahm.	Der Zweite Weltkrieg wütet in ganz Europa und weiten Teilen von Afrika und Asien. Großbritannien und die Alliierten besiegen schließlich Deutschland, Japan und Italien.	In der Wahl unmittelbar nach dem Krieg schlägt die Labour Party unter Clement Attlee die Konservativen unter Winston Churchill, trotz dessen wichtiger Rolle beim britischen Sieg im Zweiten Weltkrieg.	Die Labour Party verstaatlicht wichtige Industriezweige wie Werften, Kohlebergwerke und Stahlwerke. Großbritanniens vier Eisenbahngesellschaften werden zu British Railways zusammengefasst.

nische Fortschritte die Lebenserwartung, was zu einem steilen Bevölkerungsanstieg führte. Der wirtschaftliche Aufschwung bedeutete jedoch für viele Menschen Entwurzelung und Armut.

Doch trotz der sozialen Umbrüche zu Beginn des 19. Jhs. dominierten zum Zeitpunkt der Thronbesteigung von Königin Victoria 1837 die britischen Fabriken und Flotten den Welthandel. Das restliche 19. Jh. wird als Großbritanniens Goldenes Zeitalter betrachtet – eine Zeit des patriotischen Selbstvertrauens, wie sie seit der Regierung der letzten großen Königin, Elisabeth I., nicht mehr vorgekommen war.

Optimismus beherrschte die Epoche und es war nicht alles nur demagogischer Hurrapatriotismus. Der Premierminister Disraeli und sein Nachfolger William Gladstone führten auch Sozialreformen ein, um die mit der Industrialisierung einhergehende Ausbeutung der Arbeiter in den Griff zu bekommen. Bildung wurde in der gesamten Gesellschaft verankert, Gewerkschaften legalisiert und das Wahlrecht durch mehrere Reformen gesetzlich ausgeweitet – 1918 durften schließlich alle Männer über 18 Jahren und ab 1928 auch alle Frauen wählen.

Erster Weltkrieg

Nach Königin Victorias Tod 1901 erlebte das Land eine Zeit des Niedergangs. Auf dem europäischen Kontinent rasselten derweil die Militärmächte Russland, Österreich-Ungarn, Deutschland und die Türkei in den Balkanstaaten mit dem Säbel, ein Konflikt, der schließlich den Ersten Weltkrieg entzündete. Der erschöpfende Krieg endete 1918 mit Millionen Toten, von denen kaum eine Straße oder ein Dorf in England unberührt blieben, wie die Namenslisten auf Kriegsdenkmälern in ganz England noch bezeugen.

Die Ernüchterung der aus dem Krieg zurückgekehrten Soldaten über die alte Sozialordnung führte zur Gründung der Labour Party, einer Arbeiterpartei und politischen Macht, die das altgewohnte Gleichgewicht zwischen den Liberalen und Konservativen gehörig durcheinanderbrachte.

Die Labour Party kam erstmals in einer Koalition mit den Liberalen 1923 an die Macht. Aber Mitte der 1920er-Jahre übernahmen wieder die Konservativen das Ruder. Die Weltwirtschaftslage verschlechterte sich und Arbeiterunruhen breiteten sich aus.

Die Lage verschlimmerte sich in den 1930er-Jahren mit der Weltwirtschaftskrise, die ein weiteres Jahrzehnt des Elends und der politischen Unruhen einläutete. Selbst die königliche Familie hatte ihr Päckchen zu tragen, als Eduard VIII. 1936 abdankte, um Wallis Simpson zu heiraten, eine zweifach Geschiedene und – absolut untragbar – Amerikanerin.

Einer der besten Romane über den Ersten Weltkrieg ist *Gesang vom großen Feuer* von Sebastian Faulks. Er erzählt subtil, mit perfektem Tempo und äußerst bewegend von Leidenschaft, Angst, Verlust, unfähigen Generälen und dem Elend der Infanterie.

1948	1952	1960–1966	1971
Aneurin Bevan, der Gesundheitsminister der Labour-Regierung, gründet den National Health Service: freie Gesundheitsfürsorge für alle – der Kern des britischen „Wohlfahrtsstaats".	Prinzessin Elisabeth wird Königin Elisabeth II., als ihr Vater George VI. stirbt. Im Juni 1953 wird sie in der Westminster Abbey gekrönt.	In Afrika und in der Karibik erlangen Nigeria, Tansania, Jamaika, Trinidad & Tobago, Kenia, Malawi, Gambia und Barbados ihre Unabhängigkeit.	Großbritannien übernimmt die „dezimale" Währung (ein Pfund sind 100 Pence) und gibt das alte System von 20 Schilling oder 240 Pence pro Pfund auf – die jahrhundertealte Plage im Matheunterricht.

Zweiter Weltkrieg

Der nächste Monarch war Eduards nicht gerade charismatischer Bruder George VI. Großbritannien dümpelte durch das restliche Jahrzehnt mit einer mittelmäßigen Regierung, die den tiefsitzenden Problemen des Landes nichts entgegenzusetzen hatte.

In Deutschland kam derweil Adolf Hitler an die Macht und marschierte 1939 in Polen ein. Zwei Tage später war Großbritannien wieder

WINSTON CHURCHILL

Über ein Jahrhundert, nachdem er Mitglied der britischen Regierung wurde, ist der 1874 geborene Winston Churchill noch immer eine der bekanntesten politischen Figuren des Landes. Trotz seiner Herkunft aus einer aristokratischen Familie waren seine ersten Jahre nicht vielversprechend; in der Schule war er bekanntermaßen ein „Dummkopf", ein Image, das er im späteren Leben bewusst kultivierte.

Churchill trat als junger Mann der britischen Armee bei, betätigte sich als Kriegskorrespondent für verschiedene Zeitungen und schrieb zudem mehrere Bücher über seine Großtaten. 1900 wurde er als konservativer Abgeordneter ins Parlament gewählt. 1904 wechselte er zu den Liberalen über, der größten Oppositionspartei jener Zeit. Ein Jahr später erhielt er nach einem Wahlsieg der Liberalen ein Ministeramt. 1924 trat Churchill wieder den Konservativen bei und übte in den restlichen 1920er-Jahren verschiedene Ministerämter aus. Zu seinen denkwürdigen Äußerungen in dieser Zeit gehören die Bezeichnung Mussolinis als „Genie" und Gandhis als „halbnackter Fakir".

Churchill kritisierte 1938 Premierminister Neville Chamberlains „Appeasement-Politik" gegenüber Hitler und forderte angesichts der wachsenden deutschen Bedrohung eine britische Wiederaufrüstung. Aber sein politisches Leben war in der Regel ruhig – also konzentrierte er sich aufs Schreiben. Sein mehrbändiges Werk *A History of the English-Speaking Peoples* verfasste er in dieser Zeit; es war zwar parteiisch und fehlerhaft, ist aber noch immer sein bekanntestes Werk.

1939 trat Großbritannien in den Zweiten Weltkrieg ein und 1940 wurde Churchill Premierminister und gleichzeitig Verteidigungsminister. Hitler hatte einen leichten Sieg erwartet, doch Churchills außerordentlicher Einsatz (nicht zu vergessen seine Radioansprachen, darunter die berühmteste, in der er „nichts als Blut, Mühsal, Tränen und Schweiß" anbot und versprach, „an den Stränden zu kämpfen …") inspirierte die Briten zum Durchhalten.

Zwischen Juli und Oktober 1940 hielt die Royal Air Force den deutschen Bombenangriffen stand und gewann die Luftschlacht um England – ein wichtiger Wendepunkt im Krieg und eine Chance für die Landstreitkräfte, ihre Stärke wiederzugewinnen. Großbritanniens Weigerung, mit Deutschland zu verhandeln, und die Entscheidung, sich allein gegen Hitlers Truppen zu stellen, war eine gewagte Strategie. Aber sie zahlte sich aus und Churchill wurde als Nationalheld gefeiert – eine Würdigung, die bis über seinen Tod 1965 hinaus bis heute besteht.

1970er-Jahre	1979	1990	1997
Das Jahrzehnt wird weitgehend von Inflation, unfähigen Regierungen, Gewerkschaftsstreit, Streiks, Mangelversorgung und Stromausfällen geprägt, was im „Winter des Unmuts" 1978/79 kulminiert.	Die Konservativen mit Margaret Thatcher gewinnen die Wahl, ein Meilenstein in der britischen Geschichte des 20. Jhs., der ein Jahrzehnt dramatischen politischen und sozialen Wandels einläutet.	Thatcher verliert den Parteivorsitz und die konservative Partei erlebt eine Zeit des Niedergangs, bleibt aber an der Macht, hauptsächlich dank einer unfähigen Labour-Opposition.	In der Wahl führt Tony Blair „New" Labour mit einer parlamentarischen Rekordmehrheit zum Sieg und beendet die 18-jährige Regierungszeit der Konservativen.

in einen Krieg verwickelt. Die deutsche Armee überrannte Europa und drängte die britischen Truppen zurück zu den Stränden von Dünkirchen in Nordfrankreich. Im Juni 1940 evakuierte eine Flottille aus Rettungsbooten die Soldaten und machte aus einer kompletten Katastrophe eine tapfere Niederlage – an den Dunkirk Day wird in Großbritannien noch immer jedes Jahr mit Stolz und Trauer gedacht.

Mitte 1940 wurde fast ganz Europa von Deutschland beherrscht. Russland hatte mit Hitler einen Nichtangriffspakt geschlossen und die USA waren neutral – Großbritannien war praktisch isoliert. Ein neuer Premierminister betrat nun die Arena: Winston Churchill.

Zwischen September 1940 und Mai 1941 begann die deutsche Luftwaffe mit ihrem Blitzkrieg („The Blitz") in England, eine Abfolge von (meist nächtlichen) Bombenangriffen auf London und andere Städte. Aber die Stimmung in Großbritannien hielt stand, u. a. auch dank der regelmäßigen Radioansprachen Churchills. Nach der japanischen Bombardierung von Pearl Harbour traten die USA in den Krieg ein und Ende 1941 begann sich das Blatt zu wenden.

1944 befand sich Deutschland im Rückzug. Russland rückte von Osten vor und Großbritannien, die USA und andere Alliierte landeten erneut an den Stränden Frankreichs. Die Landung in der Normandie (der „D-Day") markierte den Beginn der Befreiung des europäischen Westens. 1945 war Hitler tot und der Krieg vorbei.

Umschwung & Abschwung

In den Jahren nach dem Zweiten Weltkrieg kam es zu einem unerwarteten politischen Umschwung. Die kriegsmüden Briten wählten Churchills Konservative zugunsten der Labour Party ab. Auch außerhalb Großbritanniens wehte ein anderer Wind: Teile des British Empire erhielten ihre Unabhängigkeit, darunter Indien und Pakistan 1947 und Malaya 1957, gefolgt von großen Teilen Afrikas und der Karibischen Inseln.

Die Sonne des Weltreichs mochte zwar untergegangen sein, aber die königliche Familie Großbritanniens hielt sich noch immer wacker. 1952 folgte Elisabeth II. ihrem Vater George VI. auf den Thron.

Ende der 1950er-Jahre waren die Nachkriegsfolgen weitgehend überwunden und Premierminister Harold Macmillan erinnerte das britische Volk daran, dass „es ihm noch nie so gut ging". Einige betrachteten das als Ruhmrede für eine sorgenfreie Zukunft, andere als Warnung, dass schwere Zeiten bevorstünden. Den meisten Leuten war es aber ohnehin egal, da die 1960er-Jahre begannen und das graue England sich plötzlich viel lebensfroher und quirliger zeigte, als es viele Generationen lang gewesen war.

Die 60er-Jahre mögen zwar die Swinging Sixties gewesen sein, aber in den 1970er-Jahren setzte dank einer Kombination aus Inflation, Ölkrise

London ist ein epischer Roman von Edward Rutherfurd – oder vielmehr etwa 50 einzelne Miniromane –, jeder mit Schauplatz in einer anderen Ära, von der römischen Invasion bis zum Blitzkrieg im Zweiten Weltkrieg. Ausführlich und erschöpfend, aber toll für einen Einblick in jede Periode.

GESCHICHTE UMSCHWUNG & ABSCHWUNG

2003	2007	2010	2012
Großbritannien marschiert mit den USA in den Irak ein, zunächst mit Unterstützung eines Teils der Öffentlichkeit – trotz der großen Antikriegsdemonstrationen in London und anderen Städten.	Tony Blair, Großbritanniens dienstältester Labour-Premierminister, tritt zurück und Schatzkanzler Gordon Brown wird Parteivorsitzender und Premierminister.	Labour wird bei den Wahlen knapp geschlagen; die Liberaldemokraten schließen sich mit den Konservativen zusammen und bilden die erste Koalitionsregierung der britischen Nachkriegsgeschichte.	Boris Johnson gewinnt gegen Ken Livingstone knapp seine zweite Wahl zum Bürgermeister von London; die britische Hauptstadt ist Schauplatz der Olympischen und Paralympischen Spiele.

und internationalem Wettbewerb, der die Schwächen der britischen Wirtschaft offenlegte, der Abschwung ein. 1973 trat Großbritannien der Europäischen Wirtschaftsgemeinschaft bei; bei einem Referendum zwei Jahre später sprachen sich 67 % der Briten für einen Verbleib in der EWG aus.

Die restlichen 1970er-Jahre waren geprägt von Streiks, Konflikten und allgemeinem Trübsinn. Aber weder die Konservativen (die Tories) unter Premierminister Edward Heath noch Labour unter den Premierministern Harold Wilson und Jim Callaghan waren in der Lage, die Probleme in den Griff zu bekommen. Das britische Volk hatte genug und bei den Wahlen im Mai 1979 betrat eine neue Premierministerin die Bühne: die bislang kaum bekannte konservative Politikerin Margaret Thatcher.

Websites zur Geschichte

....
www.royal.gov.uk
....
www.bbc.co.uk/ history
....
www.victorianweb. org

Die Thatcher-Jahre

Bald kannte jeder Margaret Thatcher. Ob Anhänger oder Gegner, niemand konnte leugnen, dass ihre Maßnahmen drastisch waren. Viele hatten eine langfristige Wirkung, vor allem die Reprivatisierung von Industriezweigen, die Ende der 1940er-Jahre verstaatlicht worden waren.

Einige Kommentatoren sind der Ansicht, dass rein ökonomisch betrachtet die Strategien der Thatcher-Regierung weitgehend erfolgreich waren. Andere wiederum meinen, dass sie unter sozialen Gesichtspunkten ein Misserfolg waren und Großbritannien polarisierten: Auf der einen Seite waren die Menschen, die von den Chancen in den „neuen" Wirtschaftszweigen profitierten, auf der anderen Seite jene, die Arbeit und Besitz verloren, da die „alten" Branchen wie Kohlebergbau und Stahlproduktion immer unbedeutender für die Wirtschaft des Landes wurden.

Trotz ihrer häufig als rücksichtslos bezeichneten Politik war Margaret Thatcher 1988 die dienstälteste Premierministerin des 20. Jhs. Ihre wiederholten Wahlsiege errang sie jedoch auch dank der erfolglosen Wahlkampagnen und destruktiven internen Konflikte der Labour Party.

New Labour, neue Koalition, Neubeginn

Anfang der 1990er-Jahre schlug das Pendel erneut um. Margaret Thatcher wurde durch John Major ersetzt, aber die Wähler betrachteten Labour noch immer mit Misstrauen, was den Konservativen 1992 einen unerwarteten Wahlsieg einbrachte. Die Wahl von 1997 brachte schließlich die Wende, als „New" Labour unter einem neuen, jugendlichen Premier namens Tony Blair zur Macht stürmte.

Blair und die Labour Party genossen eine lange Flitterwochenperiode und die nächste Wahl (2001) gewannen sie ebenfalls mühelos. Die Konservativen taten sich auch weiterhin schwer, was Labour 2005 eine histo-

2013	2014	2015	2016
The Shard, mit 310 m das höchste Gebäude in der EU, wird offiziell eröffnet; das Parlament stimmt für ein Gesetz, das gleichgeschlechtliche Ehen legalisiert.	In einem Referendum stimmen 55 % der Schotten für den Verbleib im Vereinigten Königreich. Das Referendum löst eine Debatte über ein eigenes englisches Parlament innerhalb des Vereinigten Königreichs aus.	Die Konservativen gewinnen überraschend eine Mehrheit von zwölf Sitzen. Ihr alter Koalitionspartner, die Liberaldemokraten, verliert 49 Sitze. Labour geht in Schottland fast völlig unter. Die UKIP sichert sich einen Sitz.	Beim Referendum über die britische EU-Mitgliedschaft stimmen 52 % der Briten für den Brexit. England und Wales sind mehrheitlich für den Austritt, Schottland und Nordirland für den Verbleib.

rische dritte Amtszeit einbrachte. Ein Jahr später war Blair der dienstälteste Labour-Premier in der britischen Geschichte.

Im Mai 2010 war die Rekordzeit von 13 Jahren unter einer Labour-Regierung zu Ende und Konservative und Liberaldemokraten gingen eine Koalition ein – die erste seit dem Zweiten Weltkrieg.

Dieses Experiment endete für die Liberaldemokraten bei den Parlamentswahlen des Jahres 2015 mit einer Katastrophe: Sie verloren 49 Sitze und hatten jetzt nur noch acht Abgeordnete. Und die Labour Party musste sich auf die Suche nach einer neuen Identität begeben, während die Konservativen jetzt allein regieren konnten.

Gut ein Jahr später stimmten 52 % der Briten für den Austritt des Landes aus der EU, obwohl sich die großen Parteien weitgehend für einen Verbleib ausgesprochen hatten.

Essen & Trinken

England mag von billigen Cafés und Fastfood-Läden übersät sein, aber es gibt genauso viele Pubs und Spezialitätenrestaurants, die leckere, hausgemachte Kost servieren. Seit Jahrzehnten hat so gut wie jeder Ort seinen Italiener, Chinesen und Inder, sodass Spaghetti Carbonara, Chow Mein oder Vindaloo fast schon als englische Küche durchgehen. Auch außerhalb von London, das sich mittlerweile zu einer Hochburg der Gastronomie entwickelt hat, wird die kulinarische Landschaft immer spannender.

Mahlzeiten

Für den Durchschnittsengländer besteht der tägliche Essensfahrplan aus *breakfast* (Frühstück), *lunch* (Mittagessen) und *dinner* (Abendessen). Je nach Gegend und sozialer Schicht kann *dinner* auch Mittagessen bedeuten und das Abendessen wird häufig *supper* oder *tea* genannt.

Frühstück

Viele werfen nur schnell eine Scheibe Toast oder ein Schälchen Frühstücksflocken ein, bevor sie zur Arbeit abzischen. Aber wer in Hotels oder B&Bs übernachtet, wird unweigerlich in den Genuss des *full English breakfast* kommen. Es besteht normalerweise aus gebratenem Speck, Würstchen, Eiern, Grilltomate, gebratenen Pilzen, *baked beans* (Bohnen in Tomatensauce) und *fried bread* (gebratenem Brot) oder Toast. Wer sich nicht in der Lage fühlt, gleich nach dem Aufstehen einen halben Bauernhof herunterzuschlingen, bestellt einfach nur das, worauf er Lust hat – Eier und Tomate beispielsweise. Manchmal wird auch *kippers* (geräucherter Fisch) angeboten oder *continental breakfast*, das nur aus Toast, Butter und Marmelade besteht, gelegentlich ergänzt durch Croissants oder ähnliche Exoten.

In Yorkshire wird der berühmte *Yorkshire pudding* (im Ofen gebackener Pfannkuchen) als Vorspeise gegessen. Diese Sitte stammt aus der Zeit, als Lebensmittel knapp waren und der Magen schon vor dem Fleischgericht mit etwas Billigem gefüllt wurde.

Mittagessen

Eine der großen Erfindungen, mit denen England die Welt beglückte, ist das Sandwich. Es dient oft als Mittagessensersatz. Ein Stück Käse oder Schinken zwischen zwei Brotscheiben zu klemmen, hört sich eigentlich nicht besonders kompliziert an. Aber anscheinend kam niemand auf die Idee, bis sich der Earl of Sandwich genau das bei seinem Koch bestellte, um während des Essens am Schreibtisch weiterarbeiten zu können – oder, wie manche behaupten, das nächtliche Kartenspiel nicht unterbrechen zu müssen. Seinen Titel verdankt er übrigens der Stadt Sandwich im Südosten Englands, die die Wikinger „Sandstrand" getauft hatten.

Ein weiterer englischer Klassiker ist der *ploughman's lunch*. Er besteht im Grunde aus einem Stück Brot, einem Stück Käse und *pickles* (sauer eingelegtem Gemüse) und es ist gut vorstellbar, dass sich zünftige Bauern früher ein solches Picknick mit aufs Feld genommen haben. Tatsächlich ist diese kalte Mahlzeit aber eine Erfindung des englischen Käsereiverbands aus den 1960er-Jahren, der mit dem nostalgischen Namen den Käsekonsum ankurbeln wollte.

Einige Pubs bieten noch die schlichte Originalversion an (zu der ein heimisches Bier natürlich bestens passt). Aber meistens wird der Vesperteller heutzutage mit Butter, Salat und Dressing aufgepeppt. Manche Pubs servieren eine regelrechte Käseplatte oder Abwandlungen wie *farmer's lunch* (Brot und Hähnchenfleisch), *stockman's lunch* (Brot und Schinken), *Frenchman's lunch* (Brie und Baguette) und *fisherman's lunch* (erraten: mit Fisch).

Abendessen

Für Generationen von Engländern bedeutete Abendessen *meat and two veg* (Fleisch und zwei Gemüsesorten), also ein Stück Schweine-, Rind- oder Lammfleisch plus Kartoffeln und standardmäßig Karotten, Kraut oder Blumenkohl (ebenso standardmäßig zu weich gekocht). Die Essgewohnheiten ändern sich zwar, aber in vielen Familien kommt diese klassische Kombination immer noch mehrmals die Woche auf den Tisch.

Rindfleisch wird traditionell als Roastbeef serviert und dazu gibt's (vor allem sonntags) *Yorkshire pudding*. Das ist eigentlich nur Pfannkuchenteig, der im Ofen gebacken wird, schmeckt aber unheimlich lecker (wenn er richtig gemacht wird). *Yorkshire pudding* mit Würstchen ergibt ein weiteres populäres Gericht mit dem lustigen Namen *toad-in-the-hole* (Kröte im Loch).

Eine weitere Variante des *Yorkshire pudding* findet sich vor allem in nordenglischen Cafés und Pubs. Dafür wird der Pfannkuchenteig zu einer Art Schale gebacken, die dann mit Fleischragout, Sauce, Gemüse oder sogar – im Zeitalter der Fusionsküche – mit einem Curry gefüllt wird.

Das wahrscheinlich bekannteste Gericht der englischen Küche sind *fish and chips*, die meist in Papier eingewickelt beim *„chippie"* zum Mitnehmen gekauft und vor Ort, unterwegs oder zu Hause gegessen werden. Das kann eine echte Delikatesse sein! Aber oft sind die *chips* (dicke Fritten) weich und der panierte Fisch geschmacklos, vor allem, wenn das Meer nicht um die Ecke ist. In Küstenorten dagegen ist der frittierte Klassiker immer einen Versuch wert.

Dessert

Nach dem Hauptgericht gibt's abends (oder bei einem umfangreicheren Mittagessen) ein Dessert, auch *pudding* genannt. Eine englische Spezialität ist der *rhubarb crumble*, für den die sauren Stangen geschnitten, gedünstet und gesüßt werden, um dann mit einer leckeren Streuselschicht in den Ofen zu wandern. Dazu wird Vanillepudding oder Eiscreme serviert. Weitere süße Leckereien sind *treacle sponge* (Auflauf mit Zuckersirup), *bread-and-butter-pudding* (Brotauflauf mit Rosinen und Eiermilch) und *plum pudding*. Letzterer enthält Trockenfrüchte, Nüsse und Rum oder Brandy, wird nach dem Backen aus der Form gestürzt und traditionell an Weihnachten gegessen.

Rick Stein, ein Fernsehkoch, engagierter Restaurantbesitzer und Prediger für besseres Essen, bricht in seinen Büchern *Food Heroes* und *Food Heroes – Another Helping* eine Lanze für Kleinproduzenten und regionale Produkte, von Biogemüse bis zu Wildschweinwürsten.

LECKERES AUS CORNWALL

Cornish pasty aus dem Südwesten war ursprünglich eine mit Gemüse gefüllte Teigtasche. Heute wird sie oft mit Fleischfüllung angeboten (was in Cornwall nur Kopfschütteln hervorruft) und in ganz England verkauft. Lange vor der Ankunft der Tupperdose war sie ein perfekt verpacktes Mittagessen der Minenarbeiter. Um das auf einer Ablage im Stollen deponierte Gebäckstück identifizieren zu können, wurde es an einem Ende mit den Initialen des Besitzers markiert. So konnte er sich sogar die zweite Hälfte für einen Snack aufheben, ohne befürchten zu müssen, dass sie versehentlich im Magen eines seiner Kumpel landete. Am Ende der Schicht ließen die Arbeiter ein paar Krümel als Geschenk an die Geister der Zinnmine, die *knockers*, zurück. Durch diese Opfergabe hofften sie, auch den nächsten Tag unter der Erde sicher zu überstehen.

Regionale Spezialitäten

Angesichts der langen Küstenlinie ist es kein Wunder, dass Fisch und Meeresfrüchte in vielen Regionen eine Hauptrolle spielen. Yorkshire ist bekannt für Kabeljau, der in den Hafenstädtchen in großzügigen Portionen serviert wird (auch wenn die Bestände wegen Überfischung bedrohlich zurückgehen). Restaurants in Devon und Cornwall haben oft Austern, Garnelen und Muscheln auf der Speisekarte. In anderen Küstenregionen gibt's weitere lokale Spezialitäten wie z. B. Norfolk-Krebse und *kippers* (Räucherhering) aus Northumberland.

In Nord- und Mittelengland werden gerne die langen, zu Schnecken aufgerollten Cumberland-Würste aus Schweinebrät und Kräutern gegessen. Ebenfalls lecker sind *Melton Mowbray pork pies,* mit Schinken gefüllte Pasteten, die kalt serviert werden. Laut einem Gerichtsbeschluss von 2005 dürfen sich nur Pasteten aus dem gleichnamigen Ort in den Midlands so nennen (ähnlich wie Schaumwein, der aus der Champagne stammen muss, um als Champagner durchzugehen). Eine weitere englische Spezialität mit geschützter Herkunftsbezeichnung ist Stilton, ein kräftiger, weißer Käse mit oder ohne Blauschimmel. Nur fünf Käsereien dürfen Stilton produzieren.

Black pudding ist vielleicht nicht jedermanns Sache, aber in Nordengland gehört das Wursterzeugnis aus Schweineblut und Haferflocken zu einem traditionellen Frühstück.

Im 16. Jh. bestimmte Elisabeth I., dass Hammel nur mit bitteren Kräutern gegessen werden dürfen. Damit wollte sie den Fleischkonsum drosseln und den Wollhandel fördern. Aber ihre Untertanen erfanden die Minzsauce, die bis heute beliebt ist.

Auswärts essen

Eating out bedeutet so viel wie in einem Lokal essen gehen, egal ob in einem Café oder Restaurant, und davon bietet die Insel eine riesige Auswahl.

Picknick & Selbstversorger

Wer Lebensmittel einkaufen will, sollte neben den üblichen Supermarktketten und Eckläden auch Märkte in Betracht ziehen. Dort gibt's alles, von Tomaten in verbeulten Dosen über selbst gebackenen Kuchen bis hin zum Bioziegenkäse, und das oft zu Schnäppchenpreisen. Besonders Bauernmärkte sind lohnende Ziele, weil da die Ware direkt vom Erzeuger zum Verbraucher wandert, ohne dass sich Zwischenhändler eine goldene Nase verdienen.

Cafés & Tearooms

Ein traditionelles englisches Café ist nicht mit einem Café in Deutschland zu vergleichen. Schon wer zu seinem Kaffee einen Cognac bestellt, wird auf Unverständnis stoßen, weil Cafés in England selten eine Alkohollizenz haben. Meistens handelt es sich um einfache Lokale, die simple kleine Gerichte wie Fleischpasteten, Bohnen auf Toast, Ofenkartoffeln

NICHTS VERKOMMEN LASSEN

Einer der vielen Küchentrends in England heißt *nose-to-tail cooking* und bedeutet, das ganze Tier zu verwenden, nicht nur die besseren Stücke wie Braten, Filet usw. Keine Angst, niemand muss ein komplettes Schwein oder Schaf grillen (obwohl Spießbraten sehr beliebt sind). Aber alles, selbst wenn es unappetitlich oder sogar ungenießbar aussieht, kann irgendwie zubereitet werden. Folglich tauchen auf den Speisekarten von In-Lokalen nun Gerichte mit Leber, Herz, Darm und anderen Innereien auf und traditionelle Genüsse wie Mark auf Toast oder Kutteln mit Zwiebeln feiern ein Revival. Ein Pionier dieser Bewegung ist Fergus Henderson mit seinem Restaurant St. John in London und seinem viel beachteten Kochbuch, das in Deutschland mit dem Titel *Nose to Tail* erschienen ist.

RAUCHEN

Sämtliche Lokale Englands sind Nichtraucherzone! Auch die Pubs, vor denen sich oft Rauchergrüppchen auf dem Gehweg versammeln. Manche haben draußen Raucherecken eingerichtet, oft nur ein Stück Hof, manchmal auch aufwendige Pavillons mit Stoffwänden, Beleuchtung, Heizung, Musikberieselung und Fernsehbildschirmen – wären da nicht die stinkenden Rauchwolken, könnten selbst Nichtraucher vergessen, dass sie eigentlich im Freien stehen.

oder Rührei mit Pommes servieren (Kostenpunkt 3–6 £). Dazu gibt's meistens noch Snacks wie Sandwiches oder Kuchen (2–3 £). Der Standard schwankt beträchtlich; manche werden völlig zu Recht als *greasy spoon* (fettiger Löffel) abqualifiziert, andere sind proper und gemütlich.

In London und anderen Städten wehrt sich eine alte Garde klassischer Cafés mit Resopaltischen, Sitzbänken und Dekor aus den goldenen 1950er-Jahren tapfer gegen den Ansturm internationaler Ketten. Auf dem Land, in Kleinstädten und Dörfern, haben sich Cafés auf Touristen, Wanderer, Radfahrer und andere Outdoorfreaks eingestellt und verzichten im Sommer auf einen Ruhetag. Aber egal wo, ist ein traditionelles englisches Café eine wunderbare Einrichtung und immer für eine Pause gut.

Die etwas schickere Version eines Cafés heißt Teashop oder Tearoom und ist eher in ländlichen Gegenden zu Hause. Die teureren Preise machen sie durch kleine Extras wie hübschere Einrichtung und Tischservice wieder wett.

Neben den traditionellen Cafés gibt's in allen Städten mittlerweile Coffee Shops, nicht nur von internationalen Ketten, sondern auch als unabhängige Kleinbetriebe. Dazu kommt eine wachsende Anzahl an Café-Bars im italienischen Stil, die Espresso und Caffè Latte servieren, dazu „moderne" Snacks wie Bagel und Ciabatta anstelle von Bohnen auf Toast (und vielleicht auch den erwähnten Cognac). Manche gehen sogar so weit, draußen Tische und Stühle aufzustellen, was angesichts der schmalen Gehwege und des englischen Wetters ganz schön mutig ist.

In vielen englischen Städten finden regelmäßig Bauernmärkte statt, auf denen Großbetriebe wie auch Kleinerzeuger ihre Produkte anbieten. Mehr dazu steht auf der Website www.localfoods.org.uk (mit Suchfunktion).

Restaurants

Mit seinem Riesenangebot an ausgezeichneten Restaurants braucht sich London im internationalen Vergleich bestimmt nicht zu verstecken. Aber auch Bath, Leeds und Manchester können locker mithalten (und das zu meist deutlich niedrigeren Preisen). Uns hat es jedenfalls total Spaß gemacht, die besten und günstigsten Essadressen Englands zu entdecken.

Das Preisgefälle von einer Region zur anderen ist beträchtlich. Ein anständiges Hauptgericht ist schon ab 10 £ (oder noch weniger) zu haben, in Mittelklasserestaurants kostet es zwischen 10 und 20 £. Wer in Gourmetlokalen mit schickem Ambiente und perfektem Service speisen will, muss zwischen 20 und 50 £ anlegen (in London auch mal schnell das Doppelte).

Für Vegetarier sieht's in England nicht einmal so schlecht aus. Viele Restaurants und Pubs haben zumindest ein fleischloses Alibi-Gericht, engagierte Köche lassen sich aber oft noch mehr Vegetarisches einfallen. Veganer haben es da schon schwerer und sind meist auf bekennend vegetarische/vegane Lokale angewiesen.

Fleisch ja, aber nicht aus Massentierhaltung? Das ist das Thema der Website RSPCA Assured (www.rspcaassured.org.uk) der Royal Society for the Prevention of Cruelty to Animals.

Pubs & Gastropubs

Noch vor ein paar Jahren war ein Pub dazu da, den Durst zu löschen. Punkt. Wenn der Magen knurrte, gab's vielleicht ein Schinken- oder Käsesandwich, bestenfalls garniert mit eingelegten Zwiebeln. Mittlerweile haben Pubs ein ziemlich großes Speiseangebot zu meist relativ günstigen Preisen, das von einem getoasteten Sandwich auf dem Weg von einem Londoner Museum zum nächsten bis zum dreigängigen Abendmenü nach einer Burgen-und-Landgüter-Tour in Yorkshire reicht.

Wohlgemerkt, die meisten Pubs bieten gute, preiswerte Hausmannskost. Für alle, die es etwas raffinierter lieben, gibt's als neueste Entwicklung das Gastropub. Die besten Gastropubs sind mit ihrer schicken Einrichtung, einer anspruchsvollen Speisekarte, Kellnern in Uniform und dem gelegentlichen Michelin-Stern von Restaurants kaum noch zu unterscheiden. Aber in den meisten geht's relativ entspannt zu; da passt die Gabel nicht unbedingt zum Messer und der Mitarbeiter im T-Shirt schreibt das Tagesangebot auf die Schiefertafel. Nur eines ist allen Gastropubs gemeinsam: Bei Speis und Trank machen sie keine Kompromisse. Und wer einen Tag Hard-core-Sightseeing hinter sich hat, kann sich nichts Schöneres vorstellen, als bei einem anständigen *shepherd's pie* (Hackfleisch-Kartoffel-Auflauf) und einem Pint zu relaxen, ohne rätseln zu müssen, welche der drei Gabeln er jetzt in die Hand nehmen soll.

Getränke

Was Getränke angeht, fallen einem bei England vor allem zwei ein: Tee und Bier. Beide schmecken hier anders als ihre Namensvettern in der restlichen Welt und sind es wert, unterwegs immer wieder getestet zu werden.

KULINARISCHES GLOSSAR

bangers – umgangssprachlich: Würstchen

bap – großes, flaches Brötchen

bevvy – umgangssprachlich: Getränk (Abkürzung aus Nordengland für „beverage")

bill – Rechnung (im Restaurant)

bitter – Biersorte, auch *ale* genannt

black pudding – Wurstprodukt aus Schweineblut und anderen Zutaten

bun – Brötchen, meistens süß (z. B. mit Rosinen oder dickem Rahm)

BYO – *„bring your own"* („bring's selbst mit", meist in Bezug auf Alkohol in Restaurants)

caff – Abkürzung für Café

candy floss – Zuckerwatte

chips – Pommes frites

cider – Apfelmost (Cidre)

clotted cream – dicker, stichfester Rahm (55 % Fettgehalt, nicht gesäuert)

corkage – Korkengeld in BYO-Lokalen

courgette – Zucchini

cream cracker – ungesalzener, einfacher Keks

cream tea – Tee und Scone mit Marmelade und dickem Rahm

crisps – Kartoffelchips

crumpet – rundes Hefeküchlein, wird getoastet und meist mit Butter bestrichen

double cream – dicker Rahm (48 % Fettgehalt)

dram – Maßeinheit für Whisky (3,55 ml)

fish fingers – Fischstäbchen

greasy spoon – umgangssprachlich: billiges Esslokal

Tee & Kaffee

Wer in England einen *drink* angeboten bekommt, darf nicht automatisch einen Gin Tonic erwarten. Genauso gut kann eine *cuppa* (*cup of tea*, also eine Tasse Tee) gemeint sein, das populärste Getränk des Landes. Das dunkle, starke Gebräu schmeckt hier bitterer als in vielen anderen europäischen Ländern, was mit ein Grund dafür ist, dass es gewöhnlich mit einem Schuss Milch getrunken wird.

Tee gilt zwar als Nationalgetränk, aber in den fünf Jahren bis 2016 fiel der Teekonsum um 20 % und Kaffee ist stark im Kommen. Knapp acht Milliarden Pfund werden jährlich mit Kaffee umgesetzt, was angesichts der Preise in manchen Coffee Shops nicht wirklich überrascht. Übrigens, wenn auf der Schiefertafel *white coffee* angeboten wird, ist das einfach nur Kaffee mit Milch.

Die Kampagne für Real Ale (CAMRA) wirbt für traditionelles britisches Bier. Beteiligte Pubs haben einen Aufkleber am Fenster, mehr dazu steht auf www.camra.org.uk.

Bier & Wein

Was alkoholische Getränke betrifft, ist Bier wahrscheinlich die größte Stärke der Engländer und es lohnt sich auf jeden Fall, die verschiedenen regionalen Brauereien zu testen. Das dunkelbraune bis bernsteinfarbene englische Bier hat meist Zimmertemperatur. Streng genommen handelt sich es dabei um *ale*, das aber oft als *bitter* bezeichnet wird, um es vom *lager* abzusetzen, das goldgelb ist, eiskalt getrunken wird und dem entspricht, was sich die restliche Welt normalerweise unter einem Bier vorstellt.

ice lolly – Wassereis am Stiel

icing – Zuckerguss

jam – Marmelade

jelly – Wackelpudding

joint – Fleischstück (meist ein Braten)

kippers – gesalzener und geräucherter Hering

pickle – in Essig eingelegte Konserve, meist Gemüse (Zwiebeln, rote Bete usw.)

Pimm's – beliebter Likör, als Mixgetränk mit Limonade, Minze und frischen Früchten serviert

pint – Biermaß (0,568 l)

pop – Sprudelgetränk

salad cream – cremiges Salatdressing

scrumpy – aromatischer, trockener Apfelmost (Cidre)

shandy – Mixgetränk aus Bier und Limonade zu gleichen Teilen

shepherd's pie – Auflauf aus Hack mit Zwiebeln, bedeckt von Reibekartoffeln oder Kartoffelpüree

shout – umgangssprachlich: eine Runde (Getränke in einem Lokal)

single cream – flüssiger Rahm (18 % Fettgehalt)

snug – kleiner, abgeschirmter Raum in einem Pub, meist gleich am Eingang

squash – Fruchtsirup, wird mit Wasser vermischt getrunken

stout – dunkles, aromatisches Bier mit Malz; berühmtester Vertreter ist das Guinness

swede – auch „yellow turnip" genannt; Steckrübe

sweets – Süßigkeiten

treacle – Zuckersirup aus Melasse, die hellere Variante heißt „golden syrup"

Nach traditionellen Methoden gebrautes und gezapftes Bier heißt im Unterschied zu den Massenprodukten aus Großbrauereien *real ale* und tritt in vielen regionalen Varianten auf. Aber eingeschworene Fans des göttlichen Gerstensafts seien gewarnt: Für viele ist das erste *real ale* ein lauwarmer, schaler und dazu noch teurer Schock! Verantwortlich dafür sind das britische Klima und die Tatsache, dass der Druck beim Zapfen nicht mit Gas, sondern per Handpumpe erzeugt wird. Aber so wollen es die Briten: Auf den Geschmack kommt es an, und der soll nicht durch Kohlensäure oder Kühlung leiden.

In den letzten zehn Jahren sind immer mehr Kleinbrauereien entstanden, die eigene Interpretationen traditioneller Biere wie auch innovative Gerstensäfte produzieren, gewöhnlich *craft beer* genannt. Außerhalb der eigenen Brauhäuser gibt's diese Biere meist nur in der Flasche.

An warmen Tagen schmeckt ein *shandy*, die englische Version eines Radlers aus Bier und Limonade zu gleichen Teilen. Normalerweise fragt der Barkeeper, ob es ein *bitter shandy* oder ein *lager shandy* sein soll. Die Mischung ist auf jeden Fall ein perfekter Durstlöscher mit deutlich niedrigerem Alkoholgehalt.

Eine weitere erfrischende Alternative ist *cider*, also Apfelmost, den es süß oder trocken gibt. Inzwischen wird auch immer mehr *craft cider* angeboten, oft aus unterschiedlichen Obstsorten oder mit Kräuterzusätzen. Im Westen und Südwesten schmeckt der aus lokalen Apfelsorten hergestellte, trockene *scrumpy* besonders aromatisch.

Viele Besucher sind überrascht, wenn sie hören, dass es englischen Wein gibt, und das seit den Zeiten der Römer. Über 400 Winzerbetriebe produzieren rund zwei Millionen Flaschen jährlich, von denen viele internationale Preise abräumen. Besonders erfolgreich sind englische Sekte, vor allem aus dem Südosten der Insel, wo die Anbaubedingungen denen in der Champagne gleichen.

Bars & Pubs

Die Unterschiede zwischen einer Bar und einem Pub sind oft nicht klar zu definieren. Im Allgemeinen sind Bars schicker und lauter als Pubs und haben ein jüngeres Publikum. Die Getränke sind meistens teurer – wenn nicht gerade eine der vielen Werbeaktionen im Stil von „eine Gallone Wodka mit Red Bull für einen Fünfer" läuft.

Neben Bier und Wein wird in Bars wie auch Pubs das übliche Sortiment an härterem Stoff ausgeschenkt, das sich in beliebten Mixgetränken wie Gin Tonic, Cola-Rum oder Wodka mit Limette wiederfindet. Sie werden als *singles* oder *doubles* angeboten, was ca. 35 ml bzw. 70 ml

---

DAS ÄLTESTE PUB ENGLANDS?

Selbst alte Kneipengänger wissen oft nicht, dass das nostalgisch klingende Wort „Pub" (Kurzform von *public house*, also öffentliches Haus) erst im 19. Jh. aufkam. Natürlich gab es schon lange vorher Lokale, in denen Bier ausgeschenkt wurde, und „das älteste Pub Englands" ist ein heiß umkämpfter Titel.

Eins der ältesten, das sich auf schriftliche Beweise stützen kann, ist Ye Olde Trip to Jerusalem (S. 476) in Nottingham. Darin gönnten sich schon Kreuzritter im 12. Jh. ihr Abschiedsbier.

Andere Titelanwärter tun diesen Konkurrenten als „Neuling" ab. Das Royalist Hotel in Stow-on-the-Wold (Gloucestershire) behauptet, schon seit 947 im Geschäft zu sein, während das Ye Olde Fighting Cocks in St. Albans (Hertfordshire) seine Anfänge auf das 8. Jh. datiert (wahrscheinlicher ist das 13. Jh.).

Darauf kontert das Ye Olde Trip to Jerusalem, dass eine seiner Bars in einem ausgehöhlten Felsen untergebracht sei – und der sei über eine Million Jahre alt!

entspricht. Cocktails finden sich in den hipperen Bars größerer Städte in großer Auswahl.

Noch zwei Dinge zum Abschluss: Wenn sich ein Pub *free house* nennt, bedeutet das nicht, dass Getränke hier frei sind, sondern dass es konzessionslos, also an keine Brauerei gebunden ist und jede beliebige Biermarke ausschenken kann. Und: In englischen Pubs bestellen und bezahlen Gäste an der Bar. Leute, die etwas verloren an ihrem Tisch sitzen und darauf warten, bedient zu werden, sind eindeutig frisch angekommene Touristen.

In Pubs und Bars wird üblicherweise kein Trinkgeld gegeben. Aber wer eine große Runde ausgibt oder sich den ganzen Abend lang besonders nett behandelt fühlt, kann dem Mitarbeiter hinter der Theke ein Getränk spendieren. Er/sie wird es möglicherweise nicht konsumieren, aber den entsprechenden Betrag auf die Rechnung setzen und als Trinkgeld für sich behalten.

Architektur

Die Geschichte der englischen Architektur umfasst rund fünf Jahrtausende: vom mysteriösen Steinkreis von Stonehenge bis zu den glitzernden Wolkenkratzern Londons. Wer weiß, nach was er Ausschau halten muss, kann in den Dörfern und Städten Englands den Wandel der Baukunst verfolgen, und wer sich ein bisschen mit den verschiedenen Stilen auskennt, hat gleich erheblich mehr von seinem Aufenthalt. Architekturfans können sich auf römische Bäder, Pfarrkirchen, mächtige Burgen, prachtvolle Kathedralen, einfache Cottages und herrschaftliche Landsitze freuen.

Erste Bauten

Die ältesten erhaltenen Bauwerke in England sind die grasüberwachsenen Erdhügel, die Tumuli oder Hügelgräber, Begräbnisstätten prähistorischer Bewohner Englands. Die Erdhügel – von nur 2 m hohen Halbkugeln bis zu viel größeren, länglichen, eiförmigen Erhebungen von 5 m Höhe und 10 m Länge – finden sich von Cornwall bis Cumbria überall in der Landschaft, besonders häufig in Kalkgebieten wie der Salisbury Plain und den Wiltshire Downs in Südengland.

Der wohl berühmteste künstlich angelegte Hügel – auf jeden Fall der größte und geheimnisvollste – ist der Silbury Hill bei Marlborough. Die Archäologen sind sich über den Zweck des 40 m hohen konischen Hügels nicht im Klaren – es gibt keine Belege, dass er tatsächlich als Grabstätte benutzt wurde. Manchen Theorien zufolge wurde er für kulturelle Zeremonien genutzt oder als Kultstätte zur Anbetung von Gottheiten, ähnlich wie die südamerikanischen Pyramiden. Welchem Zweck er auch immer diente, ist er noch heute, mehr als vier Jahrtausende nach seinem Bau, sehr eindrucksvoll.

Noch imposanter als riesige Grabhügel sind eine weitere Hinterlassenschaft aus der Jungsteinzeit: die Menhire (Hünensteine), besonders, wenn sie ringartig angeordnet sind. Dazu gehören der berühmte Steinkreis Stonehenge und der sogar noch größere Avebury Stone Circle, beide in Wiltshire. Auch hier ist der ursprüngliche Zweck ein Rätsel, was zu reichlich Hypothesen und Spekulationen führt. Die jüngsten Theorien behaupten, dass Stonehenge eine Pilgerstätte für Kranke gewesen sein könnte, ähnlich wie das heutige Lourdes. Aber es wurde auch als Grabstätte und für die Ahnenverehrung genutzt.

> Der Bau von Stonehenge war ein Höhepunkt der Baukunst der Jungsteinzeit. Gewaltige Menhire wurden über eine große Entfernung hinweg hierher transportiert, viele waren wegen der perspektivischen Ansicht an der Spitze etwas breiter geformt – ein Trick, den die alten Griechen Jahrhunderte später anwandten.

Bronzezeit & Eisenzeit

Im Vergleich zu den großen Steinkreisen aus der Jungsteinzeit sind die noch erhaltenen Bauten aus der Bronzezeit eher alltägliche Angelegenheiten. Hüttenkreise aus dieser Zeit sind noch in mehreren Teilen Englands zu sehen, insbesondere im Dartmoor.

Als die Eisenzeit anbrach, bildeten die frühen Bewohner Englands Clans oder Stämme. Zu ihren Hinterlassenschaften gehören die Überreste der Festungswälle, die sie zur Verteidigung ihres Territoriums und zum Schutz vor rivalisierenden Stämmen oder anderen Eindringlingen bauten. Die meisten Festungen bestanden aus einem großen runden oder ovalen Graben mit einem steilen Erdhügel dahinter. Ein berühmtes Beispiel ist das Maiden Castle in Dorset.

Die Zeit der Römer

Reste römischer Bauten sind in vielen englischen Städten zu finden, u. a. in Chester, Exeter und St. Albans – nicht zu vergessen die opulenten Römischen Bäder in Bath. Aber das größte und beeindruckendste römische Relikt ist der 117 km lange Hadrianswall, der im 2. Jh. als Verteidigungswall von Küste zu Küste quer durch Nordengland gebaut wurde, vom heutigen Newcastle nach Carlisle. Ursprünglich sollte er ein Eindringen der marodierenden Pikten im Norden (dem heutigen Schottland) in die römischen Gebiete im Süden verhindern, später war er aber ebenso ein Symbol römischer Macht wie Verteidigungsanlage.

Mittelalterliche Meisterwerke

Die Vervollkommnung der Steinmetzkunst in den Jahrhunderten nach der normannischen Eroberung von 1066 führte zu einer rasanten Zunahme von Steinbauten, die von den zwei dringlichsten Anliegen jener Zeit angeregt wurden: Religion und Verteidigung. Frühere Bauten aus Holz und Geröll wurden durch Kirchen, Abteien und Klöster aus behauenem Naturstein ersetzt. Die runden Bögen, gedrungenen Türme und gezackten Ausschmückungen des normannischen bzw. romanischen Stils (11.–12. Jh.) entwickelten sich langsam zu den hohen Spitzbögen, Kreuzrippengewölben und hohen Turmspitzen der Gotik (13.–16. Jh.). Diese Entwicklung kann oft in einer einzigen Kirche nachvollzogen werden – der Bau dauerte oft ein paar Hundert Jahre bis zur Fertigstellung. Viele Kathedralen sind noch heute Wahrzeichen, wie die in Salisbury, Winchester, Canterbury und York.

Stein wurde auch zum Bau von aufwendigen Wehrbauten eingesetzt. Burgen gibt es in allen Formen, von den malerischen Ruinen von Tintagel und Dunstanburgh bis zu den feudalen Bergfrieden in Lancaster und Bamburgh und den massiven Festungen in Warwick und Windsor. Und dann ist da noch der eindrucksvollste aller Bauten: der Tower of London, der seit mehr als 900 Jahren über die Hauptstadt wacht.

Die englischen Herrenhäuser

Das Mittelalter war turbulent, aber um 1600 wurde das Leben ruhiger und der Adel hatte kaum noch Bedarf für seine Burgen. Zwar ließen sich damit Rivalen und das gemeine Gesindel fernhalten, aber sie waren oft zu dunkel, kalt und zugig, um wohnlich zu sein. Also wurden viele Burgen nach Art jener Zeit „modernisiert" – sie erhielten größere Fenster, breitere Treppen und bessere Abflüsse. Andere wurden einfach für ein nagelneues Haus nebenan aufgegeben; ein Beispiel hierfür ist Hardwick Hall in Derbyshire.

Nach dem Bürgerkrieg setzte sich der Trend zur Abkehr von Burgen verstärkt fort und im 17. Jh. entwickelte der Landadel einen Geschmack für feine „Landhäuser", die von den berühmtesten Architekten ihrer Zeit entworfen wurden. Viele wurden zu den „herrschaftlichen Anwesen" – in Noël Cowards berühmtem Lied *The Stately Homes of England* besungen –, die ein wesentliches Merkmal der englischen Landschaft und eine

---

In England gibt es über 1000 Hügelfestungen aus der Eisenzeit. Beindruckende Beispiele: Danebury Ring in Hampshire, Barbury Castle in Wiltshire, Uffington Castle in Oxfordshire, Carl Wark in Derbyshire, Cadbury Castle in Somerset und das gewaltige Maiden Castle in Dorset.

ARCHITEKTUR DIE ZEIT DER RÖMER

Burgen & Schlösser

Berkeley Castle (Gloucestershire)

Carlisle Castle (Cumbria)

Corfe Castle (Dorset)

Leeds Castle (Kent)

Skipton Castle (Yorkshire)

Tintagel Castle (Cornwall)

Tower of London (London)

Windsor Castle (Berkshire)

HEIM UND HERD

Nicht alles dreht sich um die großen Anwesen. Neben den Herrenhäusern gibt es in ländlichen Gebieten auch noch ganz normale Wohnhäuser ab dem 16. Jh.: Schwarzweiße Fachwerkhäuser prägen noch immer Grafschaften wie Worcestershire, Cottages aus Back- und Feuerstein gibt es reichlich in Norfolk und Suffolk und jahrhundertealte, robuste Bauernhäuser aus Schiefer und grobem Sandstein sind typisch für Gegenden wie Derbyshire und den Lake District.

Die Kunstgalerie Turner Contemporary (S. 156) von David Chipperfield

Hauptattraktion für Besucher sind. Zu den extravagantesten gehören Holkham Hall in Norfolk, Chatsworth House in Derbyshire und Blenheim Palace in Oxfordshire.

Die großen Herrenhäuser zeigten die Proportionen, Symmetrie und architektonische Harmonie, die im 17. und 18. Jh. sehr in Mode waren. Diese Stilformen fanden sich später in den eleganten Stadthäusern der georgianischen Ära wieder – am deutlichsten in Bath, wo der atemberaubend schöne Royal Crescent die Verkörperung des Genres ist.

Viktorianisches Erbe

Die viktorianische Epoche war eine Zeit der regen Bautätigkeit. Damals entwickelte sich der Stil der viktorianischen Gotik bzw. Neugotik, der an die Türme und Turmspitzen anknüpfte, die typisch für die originalen gotischen Kathedralen waren. Das berühmteste Beispiel ist der Palace of Westminster (besser als Houses of Parliament bekannt) und der Elizabeth Tower (mit dem Big Ben) in London. Weitere Glanzlichter sind das Natural History Museum und der Bahnhof St. Pancras in London.

Zu Beginn des 20. Jhs., als die Städte Englands immer größer und bedeutender wurden, bebaute die neureiche Mittelschicht Straßen und Plätze mit schicken Stadthäusern. Gleichzeitig ließen die ersten Stadtplaner in den Vororten endlose Reihen von backsteinernen Häusern errichten, um die zahllosen Arbeiter unterzubringen, die für die Fabriken benötigt wurden – nicht besonders hübsch, aber vielleicht der typischste Anblick in der heutigen architektonischen Landschaft Englands.

Wiederaufbau in der Nachkriegszeit

Im Zweiten Weltkrieg wurden viele englische Städte durch Bombenangriffe beschädigt und der folgende Wiederaufbau nahm kaum Rücksicht auf städtebauliche Ästhetik oder die Menschen, die dort lebten. Die Reihenhäuser wurden abgerissen und stattdessen hohe Wohnblocks gebaut. Die „brutalistischen" Architekten der 1950er- und 1960er-Jahre nutzten die modernen und effizienten Materialien Stahl und Beton, wie beim Londoner South Bank Centre.

Vielleicht deswegen sind die Engländer im Großen und Ganzen eher konservativ, wenn es um Architekturstile geht, und lehnen oft ehrgeizige oder experimentelle Konstruktionen ab, besonders bei öffentlichen Gebäuden oder wenn die Form wichtiger erscheint als die Funktion. Aber das folgt oft einem vertrauten Muster: Erst wird jahrelang genörgelt, dann folgt ein Spitzname, schließlich widerwillige Akzeptanz und zum Schluss – wenn sich die Leute erst einmal daran gewöhnt haben – Stolz und Zuneigung für das neue Bauwerk. Die Engländer lassen sich halt nicht gern drängen.

Mit dieser Haltung im Hinterkopf hat sich die englische Architektur in den letzten Jahrzehnten rehabilitiert. In vielen Großstädten gibt es nun moderne Gebäude, auf die ihre Bewohner stolz sein und in denen sie sich wohlfühlen können. Zu den Highlights im Londoner Bankenviertel gehören der gewölbte Kegel mit der offiziellen Adresse 30 St. Mary Axe (aber allgemein nur Gherkin genannt) und der Millennium Dome (heute mit dem neuen Namen O2), der sich von einer peinlichen Fehlinvestition zu einer der führenden Konzerthallen der Hauptstadt entwickelt hat.

21. Jahrhundert

In der ersten Dekade des 21. Jhs. wandte man sich vielerorts in England einer fortschrittlichen Architektur zu, die Teil eines allgemeinen Erneuerungsprozesses bilden sollte. Zu den wichtigsten Beispielen gehören das Imperial War Museum North in Manchester, das Aquarium The Deep in Hull, das futuristische Eden Project in Cornwall und die Konzerthalle Sage in Gateshead bei Newcastle.

Ab etwa 2010 stockten die Neubaupläne; einige Projekte wurden infolge der globalen Wirtschaftskrise aufgeschoben, andere vollendet, darunter die Galerie Turner Contemporary in Margate (2011 eröffnet) und die futuristische Library of Birmingham (2013).

Doch das größte und prominenteste Bauprojekt Englands in jüngster Zeit war natürlich der Olympic Park, das Kernstück der Olympischen Spiele von 2012 im Londoner Außenbezirk Stratford. Neben dem Olympic Stadium wurden noch andere Stadien gebaut, darunter das Velodrome und das Aquatics Centre – allesamt selbst spektakuläre Bauten mit innovativen Bautechniken. Das Velodrom wurde 2011 schließlich mit dem Better Public Buildings Award der Baubranche ausgezeichnet.

Im Zentrum der Hauptstadt wurde derweil im Juli 2012 The Shard (Scherbe) eröffnet, mit 306 m eines der höchsten Gebäude Europas. Auf der anderen Seite der Themse entstanden 2014 zwei weitere Wolkenkratzer: 20 Fenchurch Street (Walkie-Talkie) und das Leadenhall Building (Cheesegrater: Käsehobel). Und im Jahr 2015 wurde schließlich der atemberaubende 60 m hohe Anbau der Tate Modern eröffnet.

DER STIRLING PRIZE FÜR ARCHITEKTUR

Höhepunkt des Jahres für alle Fans moderner Architektur ist die Bekanntgabe der engeren Auswahl für den Stirling Prize, der jährlich vom Royal Institute of British Architects (RIBA) für herausragende neue Architektur verliehen wird. Den Preis gibt es seit 1996 für „das Gebäude, das im vergangenen Jahr den größten Beitrag zur Entwicklung der Architektur geleistet hat". Zu den berühmten Preisträgern zählen die Millennium Bridge in Gateshead (2002), 30 St. Mary Axe (bzw. „Gherkin") in London (2004) und das schottische Parlamentsgebäude in Edinburgh (2005). Zuletzt wurden das Everyman Theatre in Liverpool (2014), die Burntwood School in London (2015) und die Newport Street Gallery in London (2016) ausgezeichnet.

ARCHITEKTUR 21. JAHRHUNDERT

London wächst also weiterhin in die Höhe und die englische Architektur setzt neue Maßstäbe in puncto Stil und Technologie. Die Gebäude mögen zwar etwas andersartig sein, aber es ist großartig, dass der Geist von Stonehenge nach all den Jahrhunderten noch immer weiterlebt.

ENGLISCHE ARCHITEKTURBEGRIFFE

bailey	Burgwall; der äußerste Wall einer Burg
bar	Festungstor; befestigtes Tor in einer Stadtmauer (York und einige andere Städte in Nordengland)
barrel vault	Tonnengewölbe; halbrund gewölbte Decke
brass	Messing; eine Gedenktafel aus Messing an der Seite oder auf dem Deckel eines Grabmals oder im Boden einer Kirche als Hinweis auf ein darunter gelegenes Grab
buttress	Gewölbepfeiler; senkrechte Stütze für eine Mauer; siehe auch „flying buttress"
campanile	Freistehender Glockenturm
chancel	Altarraum; im östlichen Bereich der Kirche, meist für Chor und Geistliche reserviert
choir	Chor; ursprünglich der Platz für den Kirchenchor
cloister	Kreuzgang; überdachter Gang, der die Kirche mit den zugehörigen Klostergebäuden verbindet
close	Einfriedung; Gebäude um eine Kathedrale
cob	Lehmhaus; Mischung aus Lehm und Stroh als Baumaterial
corbel	Kragstein; steinerner oder hölzerner Vorsprung aus einer Wand, gestützt von einem Balken oder Bogen
flying buttress	Strebebogen; Stützpfeiler in Form eines offenen Halbbogens
lancet	Lanzette; spitzwinkliges Fenster im frühenglischen Stil
lierne vault	Lierne-Gewölbe; ein Gewölbe mit vielen Nebenrippen
Martello tower	Martello-Turm; kleine runde Festungstürme an der Küste
minster	Münster; traditionell die Kirche eines Klosters, heute hebt der Begriff die Bedeutung einer Kirche hervor
nave	Kirchenschiff; Hauptraum der Kirche am westlichen Ende, wo die Gemeinde sitzt
oast house	Hopfendarre; Gebäude mit Trockenkammer, um Hopfen zu trocknen
pargeting	Stuck; dekorative Stuckarbeiten
pele	Wohnturm; befestigtes Haus
precincts	Kirchengelände; siehe „close"
priory	Priorei; Kloster ohne Abt, aber mit Vorsteher, dem Prior
quire	Mittelalterlicher Begriff für Chor
rood	Viertelmorgen; alter Begriff für Kreuz (in Kirchen)
transept	Querschiff; nord-südliche Seitenschiffe vom Hauptschiff, die der Kirche eine Kreuzform verleihen
undercroft	Krypta; unterirdischer Raum oder Keller in einer Kirche
vault	Gewölbe; Dach mit gebogenen Rippen, meist in dekorativem Muster

Landschaft

Landschaftliche Extreme besitzt England nicht; es gibt hier weder Alpen noch Himalaya, keinen Amazonas und auch keine Sahara. Dennoch findet man auch hier sehr unterschiedliche Landschaften, deren Vielfalt zum Reiz einer Englandreise beiträgt. Das Land mag zwar klein sein, aber selbst eine relativ kurze Fahrt zeigt, wie abwechslungsreich es ist. Die Veränderungen unterwegs – manchmal fast unmerklich, manchmal dramatisch – gehören zu den besonderen Reizen dieses Landes.

Strände

In England gibt es sehr viele Strände – von kleinen versteckten Buchten in Cornwall bis zu großen, von Neonlichtern gesäumten Stränden wie die in Brighton oder Blackpool. Tolle Strände haben auch Devon, Somerset und die Südküste sowie Suffolk, Norfolk, Lancashire, Yorkshire und Northumberland zu bieten, jeder mit ganz eigenem Charakter. Die besten Badestrände werden mit der begehrten internationalen Blauen Flagge (www.blueflag.org) ausgezeichnet, ein Zeichen, dass Sand und Wasser sauber und unbelastet sind. Weitere Faktoren sind die Ausstattung mit Rettungsschwimmern, Mülleimern und Recyclinganlagen – was bedeutet, dass einige wilde Strände die Auszeichnung zwar nicht erhalten, aber dennoch hinreißend sind.

Landschaft im Internet

....
www.nationalparks.
gov.uk
....
www.landscapes
forlife.org.uk
....
www.rspb.org.uk
....
www.countryfile.
com
....
www.environ
ment-agency.
gov.uk

Nationalparks

1810 schlug der englische Dichter und Naturfreund William Wordsworth vor, dass die wilde Landschaft des Lake District in Cumbria eine Art Nationalbesitz sein solle, „auf den jeder Mensch ein Recht hat". Über ein Jahrhundert später wurde der Lake District tatsächlich zum Nationalpark erklärt, ebenso der Peak District, Dartmoor, Exmoor, die North York Moors, die Yorkshire Dales und Northumberland. Und es sollten weitere Nationalparks – oder Schutzgebiete mit ähnlichem Status – folgen, wie die Norfolk und Suffolk Broads, der New Forest und die South Downs.

Der Begriff „Nationalpark" kann jedoch verwirrend sein. Erstens gehören die Parks nicht dem Staat: Fast alles Land ist in Privatbesitz, es gehört Bauern, Gutsbesitzern und Naturschutzorganisationen. Zweitens sind die Parks keine Wildnisgebiete wie in vielen anderen Ländern.

In Englands Nationalparks sind in den Niederungen Äcker und in höheren Gebieten Schafe zu sehen, auch Straßen, Bahnstrecken und Dörfer, in manchen Parks sogar Städte, Steinbrüche und Fabriken. Der Grund liegt in dem Kompromiss, der in diesem dicht bevölkerten Land zwischen Naturschutz und den Bedürfnissen der Menschen, die hier leben, geschlossen wurde.

Trotz dieser Besonderheiten bestehen die englischen Nationalparks auch aus Bergen, Hügeln, Niederungen, Mooren, Seen, Wäldern, Flusstälern und anderen stillen Landschaften, die alle bestens dazu geeignet sind, in jedweder Form die Natur zu genießen.

Naturschutzgebiete

Neben den Nationalparks sind auch andere Teile der englischen Landschaft als Areas of Outstanding Natural Beauty (AONB; Gebiete von außerordentlicher Naturschönheit) ausgewiesen, nach den Nationalparks die zweite Stufe des Naturschutzes. Zu den schönsten AONBs in England gehören die Chilterns, Cornwall, die Cotswolds, die Isles of Scilly, die North Pennines, die Northumberland Coast, die Suffolk Coast und das Wye Valley.

Hinzu kommen noch Conservation Areas (Naturschutzgebiete), Sites of Special Scientific Interest (SSSI; Stätten von besonderem wissenschaftlichen Interesse) und viele andere Arten geschützter Landschaften, die unterwegs erkundet werden können.

NATIONALPARKS

NATIONALPARK	BESONDERHEITEN	AKTIVITÄTEN	BESTE REISEZEIT
Dartmoor	sanfte Hügel, Felsnasen, beschauliche Täler; Relikte der Bronzezeit; wilde Ponys, Hirsche, Wanderfalken	Wandern, Mountainbiken, Reiten, Klettern, Winterkajakfahren	Mai–Juni (Blüte der Wildblumen)
Exmoor	weite Moore, schroffe Meeresklippen; Rothirsche, wilde Ponys, gehörnte Schafe	Reiten, Wandern, Mountainbiken	Aug.–Sept. (Heidekrautblüte)
Lake District	majestätisches Hochland, schroffe Berge, schimmernde Seen; literarisches Erbe; Rote Eichhörnchen, Fischadler	Wassersport, Wandern, Bergsteigen, Felsklettern	Sept.–Okt.(Sommerbesucher sind weg, Herbstfarben erglühen)
New Forest	Wälder, Heide; wilde Ponys, Otter, Provencegrasmücken, Helm-Azurjungfern (Libellenart)	Wandern, Radfahren, Reiten	April–Sept. (üppige Vegetation)
Norfolk & Suffolk Broads	weite, flache Seen, Flüsse, Sumpfniederungen; Windmühlen; Seerosen, Wildgeflügel, Otter	Wandern, Radfahren, Bootfahren	April–Mai (Vögel sind am aktivsten)
North York Moors	mit Heidekraut bedeckte Hügel, dunkelgrüne Täler, abgelegene Dörfer; Zwergfalken, Brachvögel, Goldregenpfeifer	Wandern, Mountainbiken	Aug.–Sept (Heidekrautblüte)
Northumberland	wilde, hügelige Moore, Heidekraut, Ginster; Hadrianswall; Birkhühner, rote Eichhörnchen	Wandern, Radfahren, Mountainbiken, Klettern	April–Mai (Lämmer) & Sept. (Heidekrautblüte)
Peak District	Hochmoore, stille Täler, Kalksteinhöhlen; Turmfalken, Dachse, Moorhühner	Wandern, Radfahren, Mountainbiken, Drachenfliegen, Klettern	April–Mai (noch mehr Lämmer)
South Downs	sanfte, grasbewachsene Kalksteinhöhlen, Kalksteinklippen, Ginster, Heidekraut; Himmelblaue Bläulinge	Wandern, Mountainbiken	Aug. (Heidekrautblüte)
Yorkshire Dales	schroffe Hügel, üppig grüne Täler, Karstlandschaften; rote Eichhörnchen, Hasen, Brachvögel, Kiebitze, Bussarde	Wandern, Radfahren, Mountainbiken, Klettern	April–Mai (weniger Besucher als, na was wohl, Lämmer)

Tiere & Pflanzen

Für ein so kleines Land besitzt England eine vielfältige Pflanzen- und Tierwelt. Viele einheimische Arten existieren im Verborgenen, aber es gibt zweifellos einige Schätze – von Auenwäldern voller schimmernder Glockenblumen bis zu imposanten Hirschherden in den Hochmooren. Wer genau hinschaut, kann seine Reise enorm bereichern.

Tiere

Agrarland

Kaninchen gibt es auf dem Land überall, aber auf Wanderungen sind manchmal auch Feldhasen zu sehen, die immer seltener werden. Männchen, die im beginnenden Frühjahr mit boxenden Hinterbeinen um Reviere kämpfen, führten zu der englischen Redensart *mad as a March hare* („verrückt wie ein Märzhase").

Zu den weit verbreiteten Vögeln in landwirtschaftlichen Gebieten (und in Stadtgärten) gehören Rotkehlchen, die an ihrer roten Brust und dem fröhlichen Gezwitscher sofort zu erkennen sind, Zaunkönige, deren lauter, trillernder Gesang über ihre winzige Gestalt hinwegtäuscht, und Goldammern, deren Gesang (mit etwas Phantasie) dem Rhythmus des Satzes „a-little-bit-of-bread-and-no-cheese" folgt. Ein weiterer typischer, aber nun selten zu hörender Gesang in der englischen Natur ist auf offenen Feldern der trillernde Ruf der Lerche. Häufiger sind Fasane zu sehen, ein großer Vogel, der ursprünglich aus Russland für die Jagdreviere des Adels eingeführt wurde, aber nun als einheimisch gilt.

Dem einstmals seltenen Otter ist an den Flussufern ein Comeback gelungen. Der schwarzweiß gestreifte Dachs wurde hingegen in einigen Gegenden versuchsweise gekeult – manche Leute glauben, dass er Rindertuberkulose aufs Vieh überträgt, während andere dies als keineswegs erwiesen sehen. Auch der Fuchs steht im Mittelpunkt von Kontroversen – 2005 wurde die Fuchsjagd mit Hunden nach leidenschaftlicher Debatte verboten. Das Tier ist auf dem Land weit verbreitet und hat sich an die Futtersuche in Dörfern und sogar städtischen Vororten gut angepasst.

Surrey ist trotz der Nähe zu London erstaunlicherweise die Grafschaft mit den meisten Wäldern. Der Boden ist für die Landwirtschaft ungeeignet. Während also andernorts in England die Wälder gerodet wurden, blieben Surreys Bäume verschont.

Wälder

Zu den Säugetieren in Waldgebieten gehören der kleine Damhirsch und das noch kleinere Reh. Auch zahlreiche Vögel leben in den Wäldern, aber sie sind eher zu hören als zu sehen, z. B. der Fitis (dessen trillernder Gesang eine absteigende Kadenz hat), der Zilpzalp (der ein wiederholtes „zilpzalp"-Geräusch macht) und der Specht mit seinem Tack-Tack-Tack.

Wenn es im Laub auf dem Boden raschelt, könnte das ein Igel sein, ein stacheliger Insektenfresser. Aber das Rascheln wird heutzutage immer seltener; Naturschützer befürchten, dass Igel in Großbritannien wegen des Insektizideinsatzes in der Landwirtschaft, des Verschwindens geeigneter Lebensräume und ihres Unvermögens, unbeschadet Straßen zu überqueren, bis 2025 ausgestorben sein werden.

Grauhörnchen (aus Nordamerika eingeführt) haben sich so gut angepasst, dass die einheimischen roten Eichhörnchen Englands extrem gefährdet sind, da die Grauhörnchen ihnen das Futter wegfressen.

Überraschend ist vielleicht, dass in England ganze Herden „wilder" Ponys leben, besonders im New Forest, Exmoor und Dartmoor. Sie mögen zwar frei umherstreifen, sind aber in Privatbesitz und werden regelmäßig gepflegt. Bei Lynmouth in Devon gibt es sogar ein Gebiet mit Wildziegen, in dem sie anscheinend seit fast 1000 Jahren fröhlich umherspringen.

HANDLICHE NATURFÜHRER

Ist das nun ein Karnickel oder ein Hase? Eine Möwe oder eine Seeschwalbe? Eine Butterblume oder eine Schlüsselblume? Wer etwas mehr über die englische Tier- und Pflanzenwelt erfahren will, ist mit den folgenden praktischen Führern gut beraten, die für alle Einsteiger ideal sind:

➜ *Collins Complete Guide to British Wildlife* von Paul Sterry ist handlich und höchst empfehlenswert. Enthalten sind Säugetiere, Vögel, Fische, Pflanzen, Schlangen, Insekten und sogar Pilze, alles mit Kurzbeschreibung und tollen Fotos.

➜ Wem die gefiederten Freunde ausreichen, der findet im *Collins Complete Guide to British Birds* von Paul Sterry eindeutige Fotos und Beschreibungen sowie Hinweise, wo und wann jede Vogelart zu sehen ist.

➜ *Wildlife of the North Atlantic* des weltberühmten Filmemachers Tony Soper beschreibt wunderbar die Tiere, die vom Strand, Boot oder von den Klippen auf den britischen Inseln und darüber hinaus zu sehen sind.

➜ In der Reihe Collins GEM erscheinen handliche kleine Bücher zu speziellen Themen wie Vögel, Bäume, Fische und Wildblumen.

Berge & Hochmoore

Das Säugetier, das sich in Bergen und Hochmooren am häufigsten blicken lässt, ist der Rothirsch. Die berühmten großen Geweihe der Männchen wachsen zwischen April und Juli und werden im Februar abgeworfen. Zu den bekannten und leicht zu erkennenden Vögeln in höheren Lagen gehören das Moorhuhn, das sich oft im Heidekraut verbirgt und erst mit einem lauten Warnruf davonfliegt, wenn man fast draufgetreten ist, und der Brachvogel mit seinen stelzenden langen Beinen und dem elegant gebogenen Schnabel. Wer genau hinschaut, wird vielleicht den Goldregenpfeifer mit seinem schönen Tarnfederkleid entdecken, wohingegen die spektakulären Flugkünste der Kiebitze nicht zu übersehen sind.

Wildlife of Britain von George Mc-Gavin u. a. trägt den Untertitel „Der endgültige Fotoführer". Das Buch mit seinen wunderschönen Fotos ist zwar etwa schwer zum Mitschleppen, aber toll, um sich vor der Reise inspirieren zu lassen oder sich danach zu erinnern.

Küstengebiete

Zwei Robbenarten tummeln sich an englischen Küsten: die größere Kegelrobbe, die häufiger zu sehen ist, und der Gemeine Seehund. In Gegenden wie Norfolk und Northumberland sind Bootsausflüge zu Robbenkolonien eine beliebte Attraktion. Delfine, Tümmler, Zwergwale und Riesenhaie sind oft vor der Westküste zu sehen, besonders von Mai bis September, wenn die Sichtverhältnisse besser sind – allerdings sollte man sich an jemanden halten, der weiß, wo sie auftauchen könnten. Bootstouren werden in vielen Ferienorten an der Küste angeboten.

Englands Flussmündungen und Wattgebiete bilden Futtergründe für zahlreiche wandernde Watvögel; leicht zu entdecken sind die schwarz-weißen Austernfischer mit ihrem langen, roten Schnabel und ganze Schwärme Sandregenpfeifer, die im Sand umherflitzen. Im Frühsommer kämpfen an den Meeresklippen, besonders in Cornwall und Yorkshire, Abertausende Lummen, Tordalken, Klippenmöwen und andere brütende Meeresvögel um Platz auf gedrängt vollen Felsvorsprüngen und erfüllen die Luft mit ihrem Geschrei. Selbst für Leute, die für Vogelbeobachtung nichts übrig haben, ist dies eines der großartigsten Naturschauspiele.

Pflanzen

In den sanften Hügeln Südenglands und den Kalksteingebieten weiter nördlich (wie dem Peak District und den Yorkshire Dales) gedeihen Wildblumen am besten auf den Feldern, die unberührt von industrieller

Landwirtschaft geblieben sind – im April und Mai sind sie oft übersät von Schlüsselblumen und Primeln.

Für Waldblumen sind April und Mai ebenfalls die beste Zeit, bevor das Blätterdach voll entwickelt ist. Dann kann das Sonnenlicht noch Pflanzen wie Glockenblumen erreichen – eine wunderschöne und seltene Blume. Eine weitere typische englische Pflanze ist Ginster: Der stachlige Busch ist in Heidemooren wie Dartmoor, Exmoor und dem New Forest überall vorhanden. Seine leuchtend gelben Blüten zeigen sich das ganze Jahr über und haben einen charakteristischen, kokosartigen Duft.

Die Blütezeit für Heidekraut ist hingegen recht kurz, aber nicht weniger spektakulär; im August und September sind Gebiete wie die North York Moors und Dartmoor von einem violetten Teppich bedeckt.

Umweltprobleme

Angesichts von Englands langer Besiedlungsgeschichte verwundert es kaum, dass die Landschaft fast überall von menschlichen Eingriffen in die Natur geprägt ist. Seit frühester Zeit wurden Bäume gefällt, um Felder als Weide- und Ackerland zu gewinnen. Aber am stärksten veränderten sich die ländlichen Gebiete in der Zeit nach dem Zweiten Weltkrieg vom Ende der 1940er- bis in die 1960er-Jahre hinein, als intensive und industrielle Formen der Landbewirtschaftung eingeführt wurden, um die unabhängige Nahrungsproduktion sicherzustellen. Die Folgen waren dramatisch: Mauern wurden abgerissen, Wälder gerodet, Teiche aufgefüllt, Feuchtgebiete trockengelegt und – besonders augenfällig – Hecken herausgerissen, und so wandelte sich ein uralter Flickenteppich aus kleinen Wiesen zu einer Landschaft aus riesigen Feldern.

In den meisten Fällen bestanden die alten Hecken aus dichten Gebüsch- und Baumreihen, die sich wie ein Netzwerk durch die Landschaft zogen. Sie schützten Felder vor Erosion und boten Schutz und Lebensraum für viele Blumenarten, Insekten, Vögel und kleine Säugetiere. Aber in der Nachkriegszeit wurden zur raschen Erhöhung der Agrarerträge Tausende Kilometer vernichtet; zwischen Mitte der 1980er- und Anfang der 2000er-Jahre verschwanden weitere 25 %.

Die Hecken gelten heute als Symbol für viele andere Umweltprobleme in ländlichen Gebieten und in jüngerer Zeit werden sie immer seltener zerstört – teils weil Bauern ihre Bedeutung für den Erosionsschutz erkannt haben, teils weil sie (mit finanziellen Anreizen von britischen oder EU-Behörden) dazu motiviert werden, solche Gebiete als Lebensraum für Tiere und Pflanzen „stillzulegen".

Die Hecken um Felder sind zwar weitgehend verschwunden, aber in der Landschaft entstanden neue „Hecken": die langen Gras- und Gebüschstreifen an Autobahnen und Hauptverkehrsstraßen. Sie bieten Tausenden Insektenarten sowie diversen Mäusen und anderen kleinen Säugetieren einen Lebensraum, weswegen Turmfalken dort oft in der Nähe unbeeindruckt vom Verkehr in den Lüften gleiten.

FUCHSJAGD

Der Rotfuchs, ein hundeähnliches Tier mit einem charakteristischen buschigen Schwanz und einem Ruf der Schlauheit, den ihm die Menschen angedichtet haben, ist in England eine umstrittene Kreatur. Anhänger der Fuchsjagd behaupten, dass dieser seit Jahrhunderten traditionelle englische Sport dazu beitrage, die Fuchspopulation unter Kontrolle zu halten. Die Gegner erwidern, dass es ein brutaler Blutsport sei, der praktisch keinen Einfluss auf die Gesamtpopulation habe. Die Abscheu vor dieser Jagd ist nicht neu: Schon Oscar Wilde beschrieb vor über einem Jahrhundert diese Aktivität als „die Unsäglichen auf der Jagd nach dem Ungenießbaren". Doch die Fuchsjagd wurde als Bestandteil eines vermeintlich typischen englischen Landlebens in Tausenden von Gemälden verewigt und findet sich in unzähligen Pubnamen. Einige Beobachter meinen heute, dass die Jagdkontroverse mittlerweile für ein viel größeres Problem stehe: Stadt gegen Land bzw. die Frage, wo die Grenzen zwischen Privilegien, staatlicher Kontrolle und individueller Freiheit liegen. Zumindest wurde die Fuchsjagd mit Hunden 2005 gesetzlich verboten. Und der Meinungsstreit geht mit unverminderter Härte weiter.

Neben der Heckenrodung sind auch andere landwirtschaftliche Maßnahmen hoch problematisch. Studien ergaben, dass Pestizide und intensive Bewässerung zur Verseuchung oder schlichtweg zur Austrocknung von Flüssen führen. Monokulturen bewirken, dass Weiden nur aus einer einzigen Grassorte bestehen, wobei weit und breit keine andere Pflanze zu sehen ist. In solchen „grünen Wüsten" leben keine Insekten, sodass auch die Wildvögel wegbleiben. Das ist kein Klagelied hutzeliger, alter Bauern, die die idyllische Zeit ihrer Vorfahren beschwören; selbst 40-jährige Engländer können sich noch an eine Landschaft erinnern, als Vögel wie Lerchen und Kiebitze noch deutlich zahlreicher waren.

Aber es gibt noch Hoffnung. Entgegen aller Wahrscheinlichkeiten besteht in England noch immer eine große Artenvielfalt. Einige der schönsten Biotope sind (mehr oder weniger) geschützt, sei es durch die Schaffung von Nationalparks und ähnlichen Naturschutzgebieten oder durch private Reservate im Besitz von Umweltinitiativen wie Wildlife Trusts (www.wildlifetrusts.org), National Trust (www.nationaltrust.org.uk), Woodland Trust (www.woodlandtrust.org.uk) und der Royal Society for the Protection of Birds (www.rspb.org.uk). Viele dieser Gebiete sind frei zugänglich und lohnen einen Besuch – ob zum Wandern, Vogelbeobachten oder um einfach Frieden und Schönheit der Natur zu genießen.

Kunst & Kultur

Englands Beitrag zu Literatur, Theater, Kino und Pop findet in der ganzen Welt ein großes Echo. Unterwegs in England werden Reisende viele Landschaften wiedererkennen,
die als Filmset und literarischer Schauplatz berühmt wurden oder in Songs Erwähnung
fanden. Wir haben also einige wichtige Meilensteine ausgesucht und uns auf Werke konzentriert, die mit tatsächlichen Orten verknüpft sind – so kann auf der Rundreise eine
enge Verbindung zwischen Ort und Kultur geknüpft werden.

Literatur

Die literarischen Wurzeln der Dicht- und Erzählkunst Englands reichen
bis zu den nordischen Sagas und altenglischen Epen wie *Beowulf* zurück,
aber die moderne englische Literatur begann um 1387 (doch ja, das ist im
geschichtsträchtigen England „modern"), als Geoffrey Chaucer *The Canterbury Tales* schuf. Das gigantische Werk ist eine Sammlung von Fabeln,
Geschichten und Moralitäten, eingebettet in eine Rahmenhandlung von
reisenden Pilgern – *The Knight, The Wife of Bath* usw.

Der *Oxford Guide
to Literary Britain
and Ireland,*
herausgegeben
von Daniel Hahn
und Nicholas Ro-
bins, beschreibt
Städte, Dörfer
und Landschaf-
ten, die von Au-
toren unsterblich
gemacht wurden,
von Geoffrey
Chaucers Canter-
bury bis zu Jane
Austens Bath.

William Shakespeare

Der nächste Star der englischen Literatur betrat im 16. Jh. die Bühne:
William Shakespeare. Am berühmtesten sind seine Theaterstücke, aber
er war auch ein bemerkenswert produktiver und einflussreicher Dichter.
„Soll ich denn einen Sommertag dich nennen?" ist eine seiner berühmtesten Sonettzeilen, in England noch oft zitiert. Sein Geburtsort Stratford-upon-Avon wartet mit zahlreichen Shakespeare-Sehenswürdigkei-
ten auf.

Die Romantik

Ende des 18. und Anfang des 19. Jhs. ließ sich eine neue Generation von
Dichtern von der menschlichen Phantasie und der Natur inspirieren. Zu
den führenden Köpfen dieser Bewegung gehörten William Blake, John
Keats, Percy Bysshe Shelley, Lord Byron und Samuel Taylor Coleridge sowie der wohl bekannteste englische Dichter William Wordsworth. Seine
berühmte Zeile aus *Daffodils* – *„I wandered lonely as a cloud"* – wurde
von einem Spaziergang an einem Seeufer im Lake District in Nordengland inspiriert.

Viktorianische Ära

Als sich die Industrialisierung unter der Herrschaft von Königin Victoria
ausbreitete, befassten sich auch wichtige Romane jener Zeit mit sozialen Themen. Charles Dickens ging viele aktuelle Fragen seiner Zeit an:
In *Oliver Twist* beschreibt er das Leben von jungen Taschendieben in
den Londoner Slums, *Bleakhaus* ist eine Kritik am englischen Rechtssys-
tem und *Harte Zeiten* kritisiert die Exzesse des Kapitalismus. Etwa zur
gleichen Zeit, aber mit ländlichem Schauplatz, schrieb George Eliot (der
Künstlername von Mary Ann Evans) *Die Mühle am Floss*, wo der Haupt-
charakter gegen gesellschaftliche Erwartungen ankämpft.

JANE AUSTEN & DIE BRONTËS

Zu Beginn des 19. Jhs. traten einige der bekanntesten und beliebtesten Autorinnen der englischen Literatur in Erscheinung: Jane Austen und die Schwestern Brontë.

Austens Ruhm beruht auf ihren hervorragenden Beobachtungen von Liebe, Freundschaft, Intrigen und Leidenschaften, die unter den sittenstrengen Konventionen des Bürgertums gären, und auf der endlosen Reihe von Kino- und Fernsehfilmen, die auf ihren Werken basieren, z. B. *Stolz und Vorurteil* und *Sinn und Sinnlichkeit*. Der Ort, den Besucher heute am engsten mit Jane Austen verbinden, ist Bath – auch ohne den literarischen Bezug eine wunderschöne Stadt. Wie eine ihrer Heldinnen sagte: *Who can ever be tired of Bath?* („Wer könnte jemals genug haben von Bath?").

Vom umfänglichen Werk der Brontë-Schwestern ist Emily Brontës *Sturmhöhe* das bekannteste – eine epische Geschichte von Obsession und Rache, in der die düstere und unbeständige Landschaft eine ebenso große Rolle spielt wie die Figuren. Charlotte Brontës *Jane Eyre* und Anne Brontë's *Die Herrin von Wildfell Hall* sind Klassiker der Leidenschaften und Geheimnisse. Fans zieht es immer noch in ihr einstiges Haus in Haworth in Yorkshire am Rand der wilden Pennine Moors, die viele ihrer Bücher inspiriert haben.

Thomas Hardys Klassiker *Tess von den D'Urbervilles* befasst sich mit dem Niedergang der Landbevölkerung und *John Loveday, der Stabstrompeter* beschreibt das Bild des idyllischen englischen Landlebens, das von Krieg und der übergreifenden Moderne erschüttert wird. Viele Werke Hardys spielen in der fiktiven Grafschaft Wessex, dem heutigen Dorset und den umliegenden Grafschaften, wo Städte wie Dorchester zahlreiche literarische Verbindungen aufweisen.

Helen Fieldings Buch *Bridget Jones – Schokolade zum Frühstück*, ursprünglich eine Zeitungskolumne, ist ein liebevoller Blick auf den Herzschmerz einer modernen Single-Frau, die tollpatschig nach Liebe sucht, und der Inbegriff der leichten Frauenliteratur der 1990er-Jahre. Es basiert (sehr frei) auf *Stolz und Vorurteil* von Jane Austen.

Das 20. Jahrhundert

Das Ende des Ersten Weltkriegs und der nachfolgende soziale Umbruch mündete in der Literatur der Moderne, deren vielleicht bester Vertreter D. H. Lawrence ist; *Söhne und Liebhaber* zeichnet Leben und Liebschaften von Generationen in den englischen Midlands nach, in einer Zeit, in der sich das Land von einer ländlichen Idylle in eine zunehmend industrielle Landschaft wandelte. Seine kontroverse Ergründung der Sexualität in *Lady Chatterley* wurde hingegen anfänglich als „obszön" verboten. Weitere Highlights sind Daphne du Mauriers romantischer Krimi *Rebecca* mit Schauplätzen an der kornischen Küste und Evelyn Waughs *Wiedersehen mit Brideshead,* eine Studie des moralischen und sozialen Zerfalls der englischen Aristokratie, die teils in Oxford spielt.

In den 1970er-Jahren traten zwei Schriftsteller in Erscheinung, die den Rest des Jahrhunderts und darüber hinaus erfolgreich blieben. Martin Amis veröffentlichte *Das Rachel-Tagebuch* und schrieb daraufhin etliche Romane, zu deren Grundthemen die Absurdität und die unangenehmen Seiten des modernen Lebens gehören, z. B. *1999* (1989) und *Lionel Asbo: State of England* (2012). Ian McEwan debütierte mit *Der Zementgarten* und erhielt viel Kritikerlob für seine fein beobachteten Studien des englischen Charakters wie z. B. in *Ein Kind zur Zeit* (1987), *Abbitte* (2001) und *Am Strand* (2007) – letzterer Roman spielt am knapp 30 km langen Chesil Beach in Dorset.

Neues Jahrtausend

Um die Jahrtausendwende bot die multikulturelle Gesellschaft des Landes eine reiche Inspirationsquelle für zeitgenössische Schriftsteller: Hanif Kureishi bereitete den Boden mit seinem bahnbrechenden Buch *Der Buddha aus der Vorstadt* über eine Gruppe Angloasiaten in den Vorstädten Londons. Zadie Smith veröffentlichte 2000 ihr gefeiertes Debüt

Zähne zeigen, gefolgt von einer Reihe von Bestsellern, z. B. *Der Auto-grammhändler* und *London NW* von 2012. *Eine englische Art von Glück* von Andrea Levy erzählt die Geschichte eines jamaikanisches Paares im Nachkriegslondon und Monica Alis *Brick Lane* stand 2003 in der engeren Auswahl für den renommierten Man Booker Prize.

Zu den weiteren aktuellen Autoren zählen Will Self, bekannt für seine surrealen, satirischen Romane wie *The Book of Dave,* und Nick Hornby, am bekanntesten für Romane wie *Fever Pitch: Ballfieber,* eine Studie der Unsicherheiten englischer Fußballfans. Hinzu kommen Julian Barnes mit Büchern wie *England, England,* einer düster ironischen Studie u. a. über Nationalismus und Tourismus, und *Vom Ende einer Geschichte,* Preisträger des Man Booker Prize von 2011. Hilary Mantel, Autorin zahlreicher Romane mit einem erstaunlich breiten Themenspektrum, erhielt zweimal den Man Booker Prize, erst 2009 für den Historienbestseller *Wölfe* (über Heinrich VIII. und seinen skrupellosen Berater Thomas Cromwell) und nochmals 2012 für die Fortsetzung *Falken* (zur Zeit der Recherche schrieb Mantel gerade an der dritten und letzten Folge, *The Mirror and the Light*).

Englands größtes literarisches Phänomen des 21. Jhs. sind J. K. Rowlings Harry-Potter-Bücher, eine Serie von magischen Abenteuern, die Millionen Kinder (uns sehr viele Erwachsene) verschlungen haben, seit das erste Buch 1996 erschienen ist. Die Geschichten sind die jüngsten in einer langen Reihe britischer Kinderbücher, an denen auch Erwachsene Freude hatten, angefangen von den Werken von Lewis Carroll *(Alice im Wunderland),* E. Nesbit *(The Railway Children),* A. A. Milne *(Pu der Bär)* und C. S. Lewis *(Die Chroniken von Narnia).*

Andere Welten und abgründigen Humor bieten zwei der witzigsten – und erfolgreichsten – Autoren Englands: Douglas Adams (*Per Anhalter durch die Galaxis* und mehrere Fortsetzungen) und Terry Pratchett (die Scheibenwelt-Romane).

Kino

Das englische Kino hat eine lange Geschichte mit vielen Regisseuren, die ihre ersten Erfahrungen beim Stummfilm machten. Der wohl bekannteste war Alfred Hitchcock, der 1929 Regie bei *Erpressung* führte, einem der ersten englischen Tonfilme. In den 1930er-Jahren drehte er weitere Filme, bevor er Anfang der 1940er-Jahre nach Hollywood emigrierte.

Krieg & Nachkriegszeit

Im Zweiten Weltkrieg wurden Filme wie *In Which We Serve* (1942) und *We Dive at Dawn* (1943) zur Stärkung des Kampfgeistes gedreht. Ein junger Regisseur namens David Lean drehte hingegen mit *Begegnung* (1945) eine klassische Geschichte zugeknöpfter englischer Leidenschaft, bevor er sich Hollywood-Epen wie *Lawrence von Arabien* und *Doktor Schiwago* zuwandte.

Nach den Entbehrungen des Kriegs stand der Sinn der britischen Zuschauer nach Wirklichkeitsflucht und Unterhaltung. Ende der 1940er- und Anfang der 1950er-Jahre spezialisierte sich die einheimische Film-

Das British Film Institute (BFI; www.bfi.org.uk) fördert Film und Kino in Großbritannien und veröffentlicht die wissenschaftliche Monatszeitschrift *Sight & Sound.*

WALLACE & GROMIT

Eine der großen Erfolgsgeschichten des englischen Fernsehens und Films waren der Trickfilmer Nick Park und die Produktionsfirma Aardman Animations aus Bristol, am bekanntesten für ihr preisgekröntes Duo aus Mann und Hund *Wallace & Gromit.* Das liebenswerte Gespann erschien erstmals in Parks Abschlussfilm *Alles Käse* (1989), dann in *Die Techno-Hose* (1993), *Unter Schafen* (1995) und in ihrem Spielfilm *Auf der Jagd nach dem Riesenkaninchen* (2005). Für die Wallace-und-Gromit-Filme, bekannt für ihre verwickelten Handlungen, Filmhommagen und erstaunlich realistischen Animationen, gewann Nick Park vier Oscars. Weitere Aardman-Filme sind *Chicken Run – Hennen rennen* (2000), *Flutsch und weg* (2006) und *Die Piraten! – Ein Haufen merkwürdiger Typen* (2012).

industrie auf exzentrische britische Komödien vor allem aus den Ealing Studios: Zu den namhaften Filmen gehören *Blockade in London* (1949), *Adel verpflichtet* (1949) und *The Titfield Thunderbolt* (1953).

Swinging Sixties

Die „British New Wave" und das „Free Cinema" erkundeten die harten Realitäten des britischen Lebens im halbdokumentarischen Stil. Die Regisseure Lindsay Anderson und Tony Richardson verdichteten diese Thematik in Filmen wie *Lockender Lorbeer* (1961) und *Bitterer Honig* (1961). Am anderen Ende des Spektrums standen die *Carry-On*-Filme, das filmische Äquivalent einer zotigen Urlaubskarte, voller derber Gags und Zweideutigkeiten. Die 1960er-Jahre waren auch die Geburtsstunde eines weiteren klassischen englischen Genres: die James-Bond-Filme mit Sean Connery (der eigentlich Schotte ist).

Ladykillers (1955) ist eine klassische Komödie aus den Ealing-Studios über eine Bande glückloser Bankräuber, die sich in einer Londoner Pension verstecken. Die Hauptrolle spielt Alec Guinness mit dem haarsträubendsten falschen Gebiss, das jemals auf Zelluloid gebannt wurde.

„Brit Flicks"

Die 1970er-Jahre waren ein hartes Jahrzehnt für die britische Filmindustrie, die sich aber in den 1980er-Jahren erholte, teils auch durch den Oscar für David Puttnams *Die Stunde des Siegers* (1981) und durch den neuen Sender Channel Four, der in unkonventionelle Filme wie *Mein wunderbarer Waschsalon* (1985) investierte.

Eine weitere kleinere Renaissance gab es in den 1990er-Jahren, eingeleitet von dem enorm erfolgreichen Film *Vier Hochzeiten und ein Todesfall* (1994), der Hugh Grant in seiner typischen Rolle als schüchterner Engländer mit Popperfrisur vorstellte, eine Rolle, die er in nachfolgenden Hits wie *Notting Hill, About a Boy oder: Der Tag der toten Ente* und *Tatsächlich ... Liebe* erneut ausfüllte.

Das „Brit Flick"-Genre lässt sich charakterisieren mit Ironie, Sozialrealismus und Humor im Angesicht des Elends. Es setzte sich mit folgenden Filmen fort: *Brassed Off – Mit Pauken und Trompeten* (1996) über eine erfolglose Bergarbeiterkapelle, *Ganz oder gar nicht* (1997) über eine Truppe entlassener Stahlarbeiter, die sich zum Strippen entschließen, und *Billy Elliott – I will dance* (2000), die Geschichte eines ehrgeizigen jungen Balletttänzers, der den Abraumhalden und geschlossenen Fabriken des industriellen Nordens entkommen möchte.

Daneben erkundeten Filme wie *East Is East* (1999) und *Kick it like Beckham* (2002) die Spannungen im modernen, multikulturellen Großbritannien. Der altgediente Regisseur Mike Leigh, bekannt für seinen Improvisationsstil, hatte derweil Erfolg mit *Life Is Sweet* (1991), *Nackt* (1993) und *Lügen und Geheimnisse* (1996), mit dem er die Goldene Palme in Cannes gewann.

Das größte Filmmagazin Großbritanniens ist das *Empire* (www.empireonline.com). Weniger konventionelle Kritiken gibt es im *Little White Lies* (lwlies.com).

Kinohits des 21. Jahrhunderts

In den ersten Jahren des 21. Jhs. brachten Literaturadaptionen der britischen Filmindustrie nach wie vor die größten Erfolge ein, darunter *Anna Karenina* von 2012 unter der Regie von Joe Wright mit Keira Knightley in der Titelrolle und natürlich die Blockbuster aus der Harry-Potter-Reihe. Filmbiografien sind ebenfalls beständige Favoriten: Zu den jüngsten Filmthemen zählen Elisabeth I. (*Elizabeth: Das goldene Königreich*, 2007), Margaret Thatcher (*Die eiserne Lady*, 2011) und der Künstler William Turner aus dem 19. Jh. (*Mr. Turner – Meister des Lichts*, 2014).

Unterdessen rollt auch die älteste englische Filmreihe weiter: ein knallharter, durchtrainierter James Bond des 21. Jhs. erschien 2006 in Form von Daniel Craig und dem Blockbuster *Casino Royale* (2006), gefolgt von *Ein Quantum Trost* (2008), *Skyfall* (2012) und *Spectre* (2015). Derzeit wird viel darüber spekuliert, wer den legendären Spion als Nächster verkörpern wird.

Pop- & Rockmusik

Seit einige pilzköpfige Jungs aus Liverpool die Beatles gründeten, hat England der Welt immer wieder den musikalischen Takt vorgegeben. Elvis mag zwar den Rock'n'Roll erfunden haben, aber es waren die Fab Four, die ihn zu einem globalen Phänomen machten, unterstützt von anderen Bands der „British Invasion" der 1960er-Jahre – The Rolling Stones, The Who, Cream und The Kinks. Und seitdem hat England am laufenden Band Pop- und Rockstars hervorgebracht.

Von Glam zu Punk

Glam-Rock war die Musik der 1970er-Jahre, an vorderster Stelle standen Künstler wie Queen, deren Songs zu Hymnen wurden, und der chamäleonartige David Bowie, dessen Tod 2016 weltweit Trauer auslöste. Ebenfalls in den 1970er-Jahren waren Led Zeppelin die Vorläufer von Heavy Metal und das Psychedelische des letzten Jahrzehnts wandelte sich zum Prog-Rock von Pink Floyd und Yes.

Am Ende der Dekade wurde alles beiseite gewischt, als Punk die Szene aufmischte, angeführt von den Sex Pistols und unterstützt von The Clash, The Damned, den Buzzcocks und The Stranglers. Aus Punk entstand schließlich die New Wave mit Musikern wie The Jam und Elvis Costello, die bissige Songs und pfiffige Texte zu einem radiofreundlicheren Sound verbanden.

Die 1980er-Jahre

Der offenkundige Genusswahn der frühen 1980er-Jahre beeinflusste die Popszene jener Zeit. Fönfrisuren und Schulterpolster wurden zur neuesten Uniform, zu den großen Namen gehörten Wham! (ein jungenhaftes Duo mit einem Nachwuchs-Popster namens George Michael) und New-Romantic-Bands wie Spandau Ballet und Duran Duran. Abseits des Glamours fanden Fans Gefallen an den pessimistischen Texten von The Cure, dem Heavy Metal von Iron Maiden und Black Sabbath sowie der Melancholie von The Smiths.

Dance & Britpop

In den späten 1980er- und in den 1990er-Jahren entstand die von Ecstasy durchtränkte Rave-Kultur, besonders in berühmten Clubs wie Haçienda in Manchester und Ministry of Sound in London. Manchester war auch der Brennpunkt der jungen britischen Indie-Szene mit gitarrenlastigen

Filme über die englische Musikszene: *Backbeat* (1994) über die frühen Jahre der Beatles, *Sid und Nancy* (1986) über den Bassisten der Sex Pistols und seine Freundin, *Quadrophenia* (1979) über Mods und Rocker, *Velvet Goldmine* (1998) über Glam-Rock, *24 Hour Party People* (2002) über die Manchester-Szene und *Nowhere Boy* (2009) über John Lennon vor den Beatles.

KUNST & KULTUR POP- & ROCKMUSIK

ROCK 'N' ROLL LOCATIONS ...

Fans kaufen die Single, dann das T-Shirt. Aber echte Fans besuchen die Locations, die auf dem Albumcover abgebildet sind. Hier ein paar der besten:

➜ Abbey Road, St. John's Wood, London – *Abbey Road,* The Beatles

➜ Battersea Power Station, London – *Animals,* Pink Floyd (das aufblasbare Schwein ist aber weg)

➜ Berwick Street, Soho, London – *(What's the Story) Morning Glory,* Oasis

➜ Big Ben und eine Ecke des Sockels der Boudicca-Statue, London – *My Generation* (US-Version), The Who

➜ Durdle Door, Dorset – *North Atlantic Drift,* Ocean Colour Scene

➜ Salford Boys Club, Manchester – *The Queen is Dead,* The Smiths

➜ Thor's Cave, Manifold Valley, bei Ashbourne, Peak District National Park – *A Storm In Heaven,* The Verve

➜ Yes Tor, Dartmoor, Devon – *Tomato,* Yes

Bands wie The Stone Roses, James und Happy Mondays. Dann entwickelte sich Indie zum Britpop, mit Oasis, Pulp, Supergrass und Blur, deren ausgeprägt britische Musik mit dem wiederauferstandenen Optimismus nach dem Erdrutschsieg von New Labour 1997 in Einklang stand.

Sounds des neuen Jahrtausends

Im neuen Jahrtausend setzte sich die ständige Veränderung und Neuerfindung in der Musikszene fort. R&B, Hip-Hop und Drum and Bass verschmolzen zu Grime und Dubstep, repräsentiert von Künstlern wie Dizzee Rascal, Tinie Tempah und Stormzy. Die beiden anfangs auf London beschränkten Szenen breiten sich weltweit immer mehr aus. Dance-Acts wie Calvin Harris und Disclosure wurden international erfolgreich.

Große kommerzielle Erfolge landete auch die Boygroup One Direction: Ihre ersten drei Alben kamen auf Nummer eins in den US-Charts und 2013 veröffentlichten sie das meistverkaufte britische Album des Jahres und wurden als *die* internationale Spitzenband bezeichnet. Doch auch der Geist von Punk und Indie wird dank Arctic Monkeys, Florence & the Machine, Coldplay, Muse, Kasabian, Radiohead und The Horrors am Leben erhalten.

Nebenbei hatten auch Singer-Songwriter ein Comeback, wie Katie Melua, Ed Sheeran und die unschlagbare Adele. Deren lang erwartetes neues Album *25* wurde von der Kritik hochgelobt und erwies sich als weiterer internationaler Megaseller – es wurde so schnell wie noch kein anderes Album in der britischen Musikgeschichte eine Million Mal verkauft.

Malerei & Bildhauerei

Viele Jahrhunderte lang hatte Kontinentaleuropa – besonders die Niederlande, Spanien, Frankreich und Italien – in der Kunst den Ton angegeben. Der erste Künstler mit einem wirklich britischen Stil und Empfinden war William Hogarth, dessen wilde Bilder die Laster und Korruption im London des 18. Jhs. bloßstellten. Sein berühmtestes Werk ist *A Rake's Progress,* das eine lange Tradition britischer Karikaturen in Gang setzte, die sich in direkter Linie bis zu den Werken heutiger Cartoonisten wie Gerald Scarfe und Steve Bell fortsetzte. Zu sehen ist es im Sir John Soane's Museum in London.

Porträts

Während Hogarth emsig die Gesellschaft verspottete, mühten sich andere Künstler, sie im besten Licht zu zeigen. Führend unter den englischen Porträtisten des 18. Jhs. waren Joshua Reynolds, Thomas Gainsborough (sein Haus in Sudbury in Suffolk kann besichtigt werden) und George Romney; George Stubbs hingegen ist für seine detailreichen Tierbilder (besonders Pferde) bekannt. Die meisten Künstler sind in der Tate Britain oder in der National Gallery in London repräsentiert.

ANISH KAPOOR

Der Bildhauer Anish Kapoor arbeitet seit den 1970er-Jahren in London. Bekannt ist er für seine großen Freiluftinstallationen, die oft aus gerundeten Formen und reflektierenden Materialien wie hochpoliertem Stahl bestehen. Zu seinen jüngsten Werken gehört eine Installation im Londoner Queen Elizabeth Olympic Park von 2012: der *ArcelorMittal Orbit*. Mit über 110 m ist es das größte öffentliche Kunstwerk in Großbritannien und wer möchte, kann eine haarsträubende 40 Sekunden lange Rutschpartie den Turm hinunter unternehmen.

Landschaften & Fabeln

Die führenden Maler des 19. Jhs. widmeten sich der englischen Landschaft. Zu den bekanntesten Werken von John Constable zählen *Salisbury Cathedral* und *The Hay Wain,* welches in der National Gallery zu sehen ist; wer möchte, kann sich auch die abgebildete Mühle in Flatford in Suffolk anschauen. William Turner wiederum war fasziniert von den Effekten von Licht und Farbe in englischen Landschaften. In den 1840er-Jahren wurden seine Werke nahezu vollständig abstrakt.

Die präraffaelitischen Maler des späten 19. Jhs. zogen einen metaphorischen Stil vor, der den viktorianischen Geschmack für englische Fabeln und Märchen widerspiegelte. Wichtige Protagonisten dieser Bewegung waren u. a. Dante Gabriel Rossetti, John Everett Millais und William Holman Hunt, die alle in London in der Tate Britain oder im Victoria & Albert Museum ausgestellt sind.

Steine & Hölzchen

Im turbulenten 20. Jh. wurde die englische Kunst zunehmend experimentell. Francis Bacon verarbeitete die freudianische Psychoanalyse in seinen Porträts und bahnbrechende Bildhauer wie Henry Moore und Barbara Hepworth experimentierten mit Naturformen in Stein und neuen Materialien. Etwa zur gleichen Zeit bevölkerte der Maler L. S. Lowry seine Bilder von Schornsteinen in Nordengland mit *matchstick men,* „Streichholzmännchen". Heute wird er in dem bedeutenden Kunstzentrum in Manchester geehrt, das seinen Namen trägt.

Pop-Art

Mitte der 1950er- und Anfang der 1960er-Jahre trat die englische „Pop-Art" massiv auf den Plan, in der Künstler sich von der Popkultur inspirieren ließen. Eine der Leitfiguren war David Hockney. Seine kräftigen Farben und einfachen Linien waren in jener Zeit bahnbrechend und sind ein halbes Jahrhundert später noch immer stark vertreten. Sein Zeitgenosse Peter Blake entwarf die Collage für das Cover des innovativen Beatles-Albums *Sgt Pepper's Lonely Hearts Club Band.* Die 1960er-Jahre waren auch die Zeit des Bildhauers Anthony Caro, der mit seinen großen, abstrakten Werken in Stahl und Bronze einer der maßgeblichsten Bildhauer Englands war.

Britart & die Zeit danach

Dass in den 1990er-Jahren eine neue Welle britischer Künstler in den Blickpunkt rückte, ist zu einem großen Teil der Förderung (und dem Geld) des Werbemagnaten Charles Saachti zu verdanken, Die Bewegung wurde, natürlich, „Britart" genannt; zu ihren Stars gehören Damien Hirst, zunächst berühmt (oder berüchtigt) für Werke mit konservierten Haien, einer in zwei Hälften geschnittenen trächtigen Kuh *(Mother and Child Divided)* und in jüngerer Zeit für einen mit Diamanten besetzten Schädel mit dem Titel *For the Love of God.* Am Hafen von Ilfracombe in Norddevon sticht seine schwangere, nackte und teils enthäutete *Verity* 20 m hoch in den Himmel.

Eine Zeitgenossin ist Tracey Emin. Das einstige Enfant terrible zog sich den Zorn der Boulevardpresse mit Werken wie *My Bed* zu (ein zerwühltes Bett, das 2014 für 2,5 Mio. £ verkauft wurde), ist aber heute eine angesehene Persönlichkeit und Mäzenin der neuen Turner Gallery in Margate, die nach dem berühmten englischen Künstler William Turner benannt ist.

Einige Werke von Henry Moore sind im Yorkshire Sculpture Park ausgestellt. Barbara Hepworth wird in der gleichnamigen Galerie in Wakefield geehrt; ihr Haus und Garten in St. Ives in Cornwall können ebenfalls besichtigt werden.

KUNST & KULTUR MALEREI & BILDHAUEREI

Theater

Das englische Theater führt seine Wurzeln auf mittelalterliche Moralitätsspiele, Hofnarren und reisende Geschichtenerzähler zurück, wahrscheinlich auch auf römische Dramen in den Amphitheatern – von denen noch einige erhalten sind, wie in Chester und Cirencester. Aber die meisten Wissenschaftler sind sich einig, dass der eigentliche Wendepunkt die Eröffnung des ersten Theaters Englands – schlicht „The Theatre" genannt – 1576 in London war. Innerhalb von 25 Jahren waren noch das Rose Theatre und das Globe Theatre hinzugekommen und die Bühne war frei für den berühmtesten Theaterdichter Englands.

William Shakespeare

Für die meisten Besucher in England (auch für die meisten Engländer) ist das englische Drama nur mit einem Namen verbunden: William Shakespeare. Der Dichter, der 1564 in Stratford-upon-Avon in den Midlands geboren wurde – wo es immer noch zahlreiche mit Shakespeare verbundene Sehenswürdigkeiten gibt –, machte sich zwischen etwa 1590 und 1610 in London einen Namen, wo die meisten seiner Stücke im Globe Theatre aufgeführt wurden. Seine genialen Handlungen und sein spektakulärer Einsatz der Sprache sowie der schiere Umfang seines Werks (darunter Klassiker wie *Hamlet, Romeo und Julia, Heinrich V.* und *Ein Sommernachtstraum*) haben Shakespeare zur nationalen – und internationalen – Ikone gemacht, sodass heute, fast 400 Jahre nachdem er das Zeitliche gesegnet hat, seine Stücke noch immer ein großes Publikum finden.

Shakespeares Stücke werden im wiederaufgebauten Globe Theatre in London oder im eigenen Theater der Royal Shakespeare Company in Stratford-upon-Avon aufgeführt.

Englisches Theater heute

Wie auch immer der Zeitplan und das Reisebudget einer Englandreise aussehen mögen, ein Theaterbesuch sollte immer drin sein. Das englische Theater wird seinem Ruf als bestes der Welt locker gerecht, besonders in London. Aber auch andere Großstädte im ganzen Land besitzen Spitzenhäuser, wie das Repertory Theatre in Birmingham, das Old Vic in Bristol, das Festival Theatre in Chichester und das Playhouse in Nottingham.

Viele versierte britische Schauspieler, z. B. Judi Dench, Ralph Fiennes, Brenda Blethyn, Toby Stephens und Simon Callow, bringen hochbezahlte Hollywood-Rollen mit Auftritten auf englischen Bühnen unter einen Hut. Und auch mehrere amerikanische Stars nahmen im Lauf des letzten Jahrzehnts massive Gagenkürzungen in Kauf, um in Londoner Theatern zu spielen, darunter Glenn Close, Kevin Spacey, Gwyneth Paltrow, Gillian Anderson, Christian Slater und Danny DeVito.

Londoner Bühnen sind das Donmar Warehouse und das Royal Court Theatre, die neue und experimentelle Werke in Szene setzen. Große Inszenierungen sind vorwiegend im West End zu sehen, mit berühmten Häusern wie das Shaftesbury, Adelphi und das Theatre Royal at Drury Lane. Und dann gibt es noch *Die Mausefalle*, Agatha Christies legendärer Krimi und das am längsten laufende Stück der Welt, das seit 1952 ununterbrochen aufgeführt wird.

West-End-Musicals

Das Londoner West End steht außer für Schauspiel auch seit jeher für große Musicals und Kassenmagneten, wie *Cats, The Wizard of Oz, Les Misérables, Sweeney Todd, The Phantom of the Opera* und *The Lion King*. Viele Shows greifen heute auch in die Kiste der Popkultur, z. B. *We Will Rock You,* von der Musik von Queen inspiriert, und das Abba-Musical *Mamma Mia!*

Sport

Wer sich gleich mitten ins Herz der englischen Kultur begeben will, sollte die Engländer beim Sport beobachten. In diesem sportverrückten Land feuern jedes Wochenende Tausende von Fußballfans ihre Mannschaft an und Events wie Wimbledon (Tennis), die Six Nations (Rugby) und *test matches* (Cricket) fesseln die ganze Nation. Und dann gibt es noch die ganzen begeisterten Amateure, ob in Kneipenmannschaften oder bei dörflichen Cricketspielen – die Engländer scheinen eine Vorliebe für Regeln, Hierarchien und Spiele zu haben.

Fußball

In der englischen Premier League (www.premierleague.com) spielen die besten Teams der Welt. In den vergangenen Jahren dominierten die vier Spitzenmannschaften Arsenal, Liverpool, Chelsea und Manchester United, 2012 kam noch Manchester City als fünftes großes Team hinzu. Doch 2016 konnte ihr vieles Geld nichts ausrichten: Der eigentlich völlig chancenlose Verein Leicester City gewann zur Freude nicht nur der eigenen Fans sensationell die Meisterschaft.

72 weitere Teams spielen in den nächstbesten Ligen nach der Premiership, in England sind das die Championship, die League One und die League Two.

Die Fußballsaison ist für alle Ligen die gleiche (August bis Mai), ein Spiel anzuschauen passt also gut in die Reisezeit der meisten Besucher. Tickets für die wichtigsten Spiele sind jedoch wie Goldstaub – die Chance, eines zu erwischen, ist ziemlich gering, außer man ist ein Clubmitglied oder kennt eines. Biller und leicht ist es, ein Ticket für die weniger angesagten Teams zu kaufen. Oft können Tickets vor Ort gekauft werden oder über Internetagenturen wie www.ticketmaster.co.uk und www.myticketmarket.com.

Landesweite Termine und Details zu wichtigen Fußball- und Cricket-Spielen, Pferderennen und anderen Sportereignissen verrät die Sportrubrik auf www.britevents.com.

DER LEGENDÄRE POKAL

Die Football Association trug erstmals 1871/72 Wettkämpfe zwischen den Clubs aus: 15 Clubs nahmen teil und kämpften um einen hübschen Silberpokal, den FA Cup – der damals einen Wert von 20 £ hatte.

Heute spielen rund 600 englische Clubs um die legendäre und kostbare Trophäe. Der Wettkampf unterscheidet sich insofern von vielen anderen Spielen, da jedes Team – von den untersten Rängen der Halbprofis bis zu den Stars der Premier League – daran teilnehmen kann. Die Vorrunden beginnen im August und das Cup Final findet im Mai im berühmten Wembley Stadium in London statt.

Manchester United und Arsenal haben die meisten FA Cups, aber vom Publikum werden ausnahmslos die „Favoritenschrecks" beachtet (und geliebt): kleine Clubs, die sich durch die Runden kämpfen und unerwartet ihren ranghöheren Gegner schlagen. Eines der besten Favoritenschreck-Spiele fand 1992 statt, als Wrexham, damals an 24. Stelle in der 3. Liga, in der dritten Runde nach anfänglichem Rückstand den Erstligisten Arsenal schlug.

Cricket

Cricket ist – neben Big Ben, den Beatles und einer schönen Tasse Tee – durch und durch englisch. Der Sport entstand im 18. Jh. (aber die Anfänge sind viel älter) und hat sich während der britischen Kolonialzeit über das gesamte Commonwealth verbreitet. Australien, die karibischen Inseln und der indische Subkontinent übernahmen das Spiel mit Begeisterung. Heute freuen sich die ehemaligen Kolonien diebisch, wenn sie dem einstigen Mutterland auf dem Cricket-Rasen ordentlich eins überbraten können.

Viele Engländer betrachten Cricket zwar wie eine Religion, aber für Uneingeweihte kann der Sport ein undurchdringliches Mysterium sein. Der Verlauf der „Test Matches" über einen Tag oder fünf Tage scheint unglaublich langsam voranzugehen und wird von obskuren Fachausdrücken wie *innings, cover drives, googlies, outswingers, leg-byes* und *silly-mid-off* bestimmt. Trotzdem sollte mindestens ein Cricket-Spiel auf dem Reiseprogramm stehen. Wer Geduld hat und die Feinheiten lernt, wird vielleicht Cricket genauso faszinierend finden wie die Briten, die den ganzen Sommer über an ihrem Radio oder Computer hängen, nur um zu sehen, „wie England vorankommt".

Zu Kontroversen führt das Twenty20-Cricket, ein relativ neues Format, das die Zahl der Bälle für jedes Team begrenzt und auf schnelle Schlagpunkte setzt. Traditionalisten kritisieren, dass es den Charakter des Spiels ändert, aber die Popularität ist nicht zu leugnen – die meisten Twenty20-Spiele sind ausverkauft.

Zu den bekanntesten Cricketplätzen zählen Lord's in London, Edgbaston in Birmingham und Headingley in Leeds. Tickets kosten von 30 bis weit über 200 £. In der County Championship spielen die besten Teams aus dem ganzen Land gegeneinander; Tickets kosten 5 bis 25 £ und nur die wichtigsten Spiele sind ausverkauft. Infos gibt's auf der Website des English Cricket Board (www.ecb.co.uk).

Königin Elisabeth II. ist ein großer Fan von Pferderennen und aus den königlichen Stallungen stammen viele Sieger. Das Grand National von 2005 fand gleichzeitig wie die Hochzeit von Prinz Charles statt; es gab Gerüchte, dass der Start verschoben würde, damit die Queen an der Hochzeit teilnehmen und das Rennen sehen konnte.

THE ASHES

Die historische Test-Cricket-Serie zwischen England und Australien, die Ashes, wird seit 1882 jedes zweite Jahr ausgetragen (mit einigen Unterbrechungen während der Weltkriege). Sie findet abwechselnd in England und Australien statt, jeweils im Sommer des Gastlandes und jedes der fünf Spiele in einem anderen Cricket-Platz.

Der Name des Wettkampfs geht auf das einschneidende Testspiel von 1882 zurück, das (zum allerersten Mal) von den Australiern gewonnen wurde. Die Niederlage des Mutterlandes durch einen kolonialen Emporkömmling war ein tiefer nationaler Schock: In einem satirischen Nachruf beklagte die *Sporting Times* den Tod des englischen Cricket, dessen Asche nach Australien mitgenommen wurde.

Den Namen erhielt später eine Urne aus Terrakotta, die im folgenden Jahr dem englischen Mannschaftskapitän Ivo Bligh (später Lord Darnley) überreicht wurde. Angeblich enthielt sie die eingeäscherten Reste eines Stabs oder Querholzes, das in besagtem Spiel benutzt wurde. Seit 1953 steht diese geheiligte Reliquie im Museum des Marylebone Cricket Club (MCC) im Lord's Cricket Ground. Trotz der enormen Bedeutung eines Siegs in der Serie ist die Urne selbst nur winzige 15 cm hoch.

Die jüngste Geschichte der Ashes hat einiges an Drama zu bieten. In den Test-Matches von 2010/11 wurde Australien von England vernichtend geschlagen, das erstmals seit der Serie 1986/87 auf australischem Boden gewonnen hatte. 2013 schließlich schlugen die Australier England mit 5:0 und wiederholten den demütigenden Dreifachsieg, den sie 2006/07 errungen hatten. Doch 2015 besiegte England zur Freude des ganzen Landes Australien mit 3:2.

Englands faszinierende Sportarten haben eine ebenso spannende Geschichte. Niemand weiß, wann der Fußball erfunden wurde, aber das englische Wort *soccer* (für Fußball) stammt angeblich von *sock* („Socke") ab. Im Mittelalter war dies eine Art harter Schuh aus Leder, der vom Landvolk getragen wurde – ideal um an einem Samstagnachmittag im Park eine Schweinsblase herumzukicken.

Rugby hingegen kann seinen Ursprung auf ein Fußballspiel 1823 in der Rugby School in Warwickshire zurückführen. Ein Spieler namens William Webb Ellis, dem das bloße Kicken zu beschränkt war, soll den Ball ergriffen und mit ihm zum Tor gerannt sein. Getreu dem englischen Fair Play wurde Ellis nicht vom Platz verwiesen, sondern um seine Taktik ein völlig neuer Sport entwickelt. 1871 wurde die Rugby Football Union formell gegründet. Der Rugby World Cup wurde nach dem beherzten jungen Rabauken Webb Ellis Trophy genannt.

Am einfachsten – und oft am vergnüglichsten – lässt sich Cricket irgendwo auf einer Dorfwiese beobachten, wenn zufällig eines stattfindet. Zuschauer müssen nichts zahlen und keinen kümmert es, wenn man bei einem langweiligen Spielabschnitt schnell mal ins Pub geht.

Pferderennen

Die Tradition der Pferderennen ist in Großbritannien schon Jahrhunderte alt und es gibt so ziemlich jeden Tag irgendwo ein Rennen. Außer bei größeren Veranstaltungen dürfte es kein Problem sein, am gleichen Tag noch ein Ticket zu bekommen. Sie sind auch im Voraus über die Vermarktungsgesellschaft des Sports, Great British Racing (www.greatbritishracing.com), erhältlich.

Das wichtigste Event des Jahres ist Royal Ascot (www.ascot.co.uk) Mitte Juni auf dem Ascot Racecourse, wo die Reichen und Berühmten zum Sehen und Gesehenwerden antreten und die Mode fast so wichtig ist wie die Gäule. Selbst die Queen taucht auf, um einen Fünfer auf Lucky Boy im 3.15 zu setzen.

Weitere Highlights sind das Grand-National-Hindernisrennen in Aintree (www.aintree.co.uk) Anfang April und das Derby in Epsom (www.epsomdowns.co.uk) am ersten Samstag im Juni. Letzteres ist besonders beim normalen Volk beliebt, viele Cutaways und verrückte Hüte sind anders als in Ascot dort also nicht zu erwarten.

Rugby

Ein Witzbold sagte einst, dass Fußball ein Spiel für Gentlemen sei, das von Hooligans gespielt wird, während Rugby ein Spiel für Hooligans sei, das von Gentlemen gespielt wird. Da mag was dran sein, aber Rugby ist sehr populär, besonders seit England 2003 Weltmeister wurde und 2015 die Weltmeisterschaft in England stattfand. Es lohnt sich wegen des Geschicks (okay, und der Muskeln) der Spieler und der vergnügten Atmosphäre auf dem Platz ein Spiel anzuschauen. Tickets für die Spiele kosten etwa 15 bis 50 £ je nach Status und Spielstand des Clubs.

Es gibt zwei Versionen des Spiels: Rugby Union (www.rfu.com) wird eher in Südengland, Wales und Schottland gespielt und gilt traditionell als Spiel der Mittel- und Oberschicht. Rugby League (www.therfl.co.uk) wird überwiegend in Nordengland und traditionell von der Arbeiterschicht gespielt. Zu den führenden Rugby-Union-Clubs gehören heute Leicester, Bath, Exeter und Gloucester, auch London hat etliche gute Teams (darunter die Wasps und die Saracens). Interessante Teams der Rugby League sind die Wigan Warriors, Bradford Bulls und Leeds Rhinos.

Ein Highlight der internationalen Rugby-Saison ist die jährliche Six Nations Championship (www.rbs6nations.com) im Februar und März, bei der England gegen Teams aus Wales, Schottland, Irland, Frankreich und Italien antritt.

Tennis

Tennis wird überall auf Club- und Regionalebene gespielt, aber der berühmteste Wettkampf sind die All England Championships – allgemein nur als Wimbledon (www.wimbledon.com) bekannt –, wenn das Tennisfieber in der letzten Juni- und der ersten Juliwoche das ganze Land erfasst. Die Kombination aus Rasenplätzen, höflichem Applaus, Zuschauern mit Strohhüten und dazu massenhaft Erdbeeren mit Sahne hat etwas sehr Englisches.

Die Nachfrage nach Plätzen in Wimbledon ist immer höher als das Angebot, aber um jedem eine Chance zu geben, werden Tickets über ein Losverfahren verkauft. Man kann auch sein Glück vor Ort versuchen: Etwa 5000 Tickets werden jeden Tag direkt vor Ort verkauft, darunter in der Frühphase des Turniers auch Karten für die *show courts*. Aber dafür muss man früh aufstehen: Leidenschaftliche Fans stellen sich schon vor dem Morgengrauen an die Kasse. Mehr Infos stehen auf der Website.

Praktische Informationen

Allgemeine Informationen

Einreise- & Zollbestimmungen

Die Einreise nach Großbritannien geht gewöhnlich problemlos vonstatten; eventuell bilden sich an den Sicherheitsschleusen und bei der Passkontrolle längere Schlangen.

Innerhalb der EU gibt es keine Einfuhrbeschränkungen (wenn es sich um versteuerte Waren handelt). Die Zollbeamten halten sich aber an folgende Richtlinien, um persönlichen Bedarf von kommerziellen Einfuhren zu unterscheiden: 800 Zigaretten, 200 Zigarren, 10 l Spirituosen, 90 l Wein und 110 l Bier. Immer noch genug, um eine wilde Party zu feiern.

Nach dem Referendum im Juni 2016, das den Austritt Großbritanniens aus der EU zur Folge haben wird, können sich die Einreise- und Zollbestimmungen ändern – auf jeden Fall sollte man sich vor der Reise über den aktuellen Stand informieren.

Feiertage

Feiertage in ganz Großbritannien:

Neujahr 1. Januar
Ostern März/April (Karfreitag bis einschließlich Ostermontag)
Maifeiertag Erster Montag im Mai
Spring Bank Holiday (Frühlingsfeiertag) Letzter Montag im Mai

SCHULFERIEN

In den Schulferien herrscht viel Verkehr und die Hotelpreise steigen. Die genauen Termine ändern sich von Jahr zu Jahr und von Region zu Region, liegen aber ungefähr in folgenden Zeiträumen:

Osterferien Die Woche vor und die nach Ostern.
Sommerferien Dritte Woche im Juli bis erste Woche im September.
Weihnachtsferien Mitte Dezember bis erste Woche im Januar.

Hinzu kommen drei einwöchige Trimesterferien, meistens Ende Februar (oder Anfang März), Ende Mai und Ende Oktober. Sie sind abgestuft, sodass nicht das ganze Land in der gleichen Woche Ferien hat.

Summer Bank Holiday (Sommerfeiertag) Letzter Montag im August
Christmas Day (1. Weihnachtstag) 25. Dezember
Boxing Day (2. Weihnachtstag) 26. Dezember

Wenn ein Feiertag auf ein Wochenende fällt, ist stattdessen der nächste Montag Feiertag. Die meisten Geschäfte und Banken schließen an diesen Montagen (daher der Begriff „Bank Holiday").

Einige kleinere Museen und Sehenswürdigkeiten sind an Feiertagen geschlossen, in größeren Attraktionen ist dann hingegen am meisten los. Ist eine Attraktion sonntags geschlossen, dann ist sie es meist auch an einem Bank Holiday.

Praktisch alles – Sehenswürdigkeiten, Läden, Banken, Büros – ist am ersten Weihnachtstag geschlossen, Pubs sind jedoch zur Mittagszeit geöffnet. Am ersten Weihnachtstag verkehren meist auch keine öffentlichen Verkehrsmittel und nur eingeschränkt am zweiten Weihnachtstag.

Geld

Die britische Währung ist das Pfund Sterling (£). Banknoten gibt es im Wert von 5, 10, 20 und 50 £. Manche Läden akzeptieren keine 50-Pfund-Noten, da Fälschungen im Umlauf sind.

Andere Währungen werden sehr selten akzeptiert, mit Ausnahme von einigen Souvenirläden, die u. a. auch Euros annehmen.

Geldautomaten

Geldautomaten (in England *cash machine* genannt) gibt

es in Städten und auch in kleineren Orten überall. Die Bargeldabhebung ist bei einigen Automaten gebührenpflichtig, die meisten sind aber kostenlos. Mit der heimischen Karte ist jedoch mit einer Auslandsgebühr bei Abhebung zu rechnen. Vorsicht vor manipulierten Geldautomaten; ein Trick von Betrügern sind Kartenleser oder eine Minikamera.

Geldwechsel

In Städten und größeren Ortschaften gibt es Banken und Wechselstuben, die andere Währungen in Pfund Sterling wechseln. Der Wechselkurs sollte zuvor verglichen werden; einige Wechselstuben bieten schlechte Kurse und erheben unverschämte Provisionen. Auch einige Postämter bieten Geldwechsel an – sehr praktisch auf dem Land und die Kurse sind anständig.

Kredit- & Bankkarten

Kreditkarten von Visa und MasterCard werden in England fast überall akzeptiert, außer in einigen kleineren B&Bs, die nur Bargeld annehmen. Die meisten Geschäfte erwarten eine Chip-Karte (statt PIN und Unterschrift). Wenn die Karte keinen Chip hat, geht es manchmal auch mit Unterschrift.

Trinkgeld

Pubs & Bars Bei Bestellung und Bezahlung an der Bar (Essen

**PREIS-
KATEGORIEN
RESTAURANTS**

Die folgenden Preiskategorien gelten für ein Hauptgericht:

£ bis 10 £ (London 12 £)

££ 10–20 £ (London 12–25 £)

£££ über 20 £ (London 25 £)

oder Getränke) wird kein Trinkgeld erwartet. Rund 10 %, wenn Essen am Tisch bestellt und serviert wird.

Restaurants Rund 10 % in Restaurants und Teestuben, 15 % in schickeren Restaurants. Das Trinkgeld ist eventuell schon als *service charge* (Bedienungsgeld) auf die Rechnung aufgeschlagen. Trinkgeld zu geben ist nicht Pflicht.

Taxis Gewöhnlich 10 % oder auf den nächsten vollen Pfundbetrag aufgerundet, besonders in London.

Gesundheit

Für Großbritannien sind keine Impfungen erforderlich.

Krankenversicherung

➡ EU-Bürger sollten die Europäische Krankenversicherungskarte (EHIC) mitführen, die von der heimischen Krankenversicherung ausgestellt wird und einen Großteil der Krankenversorgung abdeckt. Sie gilt jedoch nur in dringenden Fällen. Die Rückführung in Notfällen ist allerdings nicht abgedeckt. Daher ist zusätzlich eine Auslandskrankenversicherung ratsam.

Medizinische Versorgung

➡ Für eine gute medizinische Grundversorgung sorgen im ganzen Land die Krankenhäuser des staatlichen Gesundheitswesens, des National Health Service (NHS). Dazu gibt es noch wesentlich teurere private Einrichtungen.

➡ Apotheker beraten bei kleineren Beschwerden, z. B. bei Hals- oder Ohrenschmerzen. In großen Städten gibt es mindestens eine Nachtapotheke.

➡ Für normale ärztliche Beratungen – nicht im Notfall! – kann man den Telefonservice NHS 111 (📞111) anrufen.

Internetzugang

➡ 3G- und 4G-Datenübertragung ist in dicht bevölkerten Zentren gewährleistet, aber auf dem Land nur teilweise möglich. Vorsicht vor hohen Roaming-Gebühren – der heimische Mobilfunk-Provider sollte vor der Reise befragt werden.

➡ Die meisten Hotels, B&Bs, Hostels, Bahnhöfe und Cafés (sogar einige Züge und Busse) haben WLAN, entweder kostenlos oder bis zu 6 £ pro Stunde.

➡ Internetcafés sind in England sehr selten, besonders außerhalb der Großstädte und Touristenzentren. Die meisten verlangen ab 1 £ pro Stunde, aber in der Pampa bis zu 5 £ pro Stunde.

➡ Öffentliche Bibliotheken haben oft Computer mit kostenlosem Internetzugang, aber nur für jeweils 30 Minuten – und bei starker Nachfrage. Wie üblich gelten alle Warnungen vor Keylogger-Software und anderen Sicherheitsrisiken.

Öffnungszeiten

Banken

➡ Mo–Fr 9.30–16 oder 17 Uhr, einige auch Sa 9.30–13 Uhr.

Cafés & Restaurants

Die meisten Restaurants und Cafés sind zum Lunch oder zum Dinner oder zu beiden Zeiten geöffnet.

➡ Standardöffnungszeiten für Cafés: 9–17 Uhr. Die meisten Cafés sind täglich geöffnet.

➡ In Großstädten öffnen einige Cafés zum Frühstück ab 7 Uhr und schließen um 18 Uhr oder später.

➡ In ländlichen Gebieten sind Cafés im Sommer bis 19 Uhr geöffnet, im Winter schließen sie früher. Einige Cafés sind von Oktober bis Ostern ganz geschlossen.

➡ Standardöffnungszeiten für Restaurants: 12–15 Uhr

& 18–21 oder 22 Uhr (in Großstädten bis 24 Uhr oder später). Die meisten Restaurants sind täglich geöffnet; einige schließen sonntagabends oder montags den ganzen Tag.

➡ Einige Restaurants servieren auch Frühstück (meist ab 9 Uhr), aber in der Regel tun das Cafés.

Läden

➡ Mo–Sa 9–17.30 Uhr (in Städten bis 18 Uhr), oft auch So 11–17 Uhr. In London und anderen Großstädten gibt es kleine Mini-Märkte, die rund um die Uhr geöffnet haben.

➡ In kleineren Orten und auf dem Land sind Läden oft über Mittag geschlossen (meist 13–14 Uhr) sowie am Mittwoch- oder Donnerstagnachmittag.

Museen & Sehenswürdigkeiten

➡ Große Museen und Sehenswürdigkeiten sind in der Regel täglich geöffnet.

➡ Einige kleinere Attraktionen sind samstags und sonntags geöffnet, aber montags und/oder dienstags geschlossen.

➡ Kleinere Sehenswürdigkeiten sind in der Hochsaison täglich geöffnet, in der Nebensaison jedoch nur an Wochenenden oder gar nicht.

Postämter

➡ Mo–Fr 9–17 Uhr (in Städten bis 17.30 oder 18 Uhr).

➡ Sa 9–12.30; Hauptpostämter bis 17 Uhr.

Pubs & Bars

➡ Mo–Do 11–23, Fr & Sa 11–1, So 12.30–23 Uhr.

Post

Die britische Post ist in der Regel effizient und zuverlässig. Informationen zu Postämtern und Portogebühren sind auf www.postoffice.co.uk zu finden.

Rechtsfragen

➡ Die Polizei kann jeden, der einer Straftat (auch Drogenvergehen) verdächtig ist, bis zu sechs Stunden in Haft nehmen. Sie kann auch jeden durchsuchen, der verdächtigt wird, Drogen zu besitzen.

➡ Illegale Drogen sind überall erhältlich, besonders in Clubs. Der Besitz von Cannabis ist eine Straftat; der Besitz einer kleinen Menge hat eine Verwarnung, ein Bußgeld oder eine Haftstrafe zur Folge. Dealer erhalten härtere Strafen, auch Leute, die mit anderen Drogen erwischt werden.

➡ Schwarzfahrer in Bussen und Zügen (auch in der Londoner U-Bahn) müssen sofort ihre Strafe zahlen – 80 £, reduziert auf 40 £, wenn man innerhalb von 21 Tagen zahlt.

Reisen mit Behinderung

Alle Neubauten sind barrierefrei und selbst Hotels in alten Landhäusern haben oft einen Aufzug. Hotels und B&Bs in historischen Gebäuden sind meist schwerer umzubauen, die Auswahl ist daher eingeschränkter.

Moderne Stadtbusse und Straßenbahnen sind niederflurig, aber nur wenige haben einen Schaffner, der beim Ein- und Ausstieg behilflich sein könnte. Viele Taxis nehmen Rollstühle mit bzw.

Klima

London

°C Temperatur   Niederschlag mm

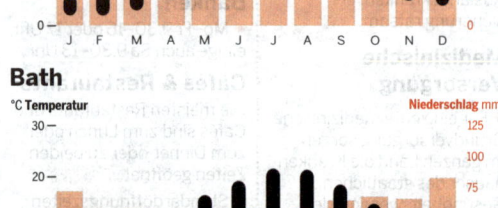

Bath

°C Temperatur   Niederschlag mm

York

°C Temperatur   Niederschlag mm

ALLGEMEINE INFORMATIONEN SCHWULE & LESBEN UNTERWEGS

PRAKTISCH & KONKRET

→ **Zeitungen** Boulevardblätter sind *Sun, Daily Mail* und *Mirror*; seriöse Zeitungen (politisch von rechts nach links) sind *Telegraph, Times, Independent* und *Guardian*.

→ **Fernsehen** Wird in England digital übertragen. Führende Sender sind BBC, ITV und Channel 4. Zu den Satelliten- und Kabelsendern gehören Sky und Virgin Media.

→ **Radio** Die wichtigsten BBC-Sender und Wellenlängen sind Radio 1 (98–99,6 FM), Radio 2 (88–92 FM), Radio 3 (90–92,2 FM), Radio 4 (92–94,4 FM) und Radio 5 Live (909 AM oder 693 AM). Zu den landesweiten kommerziellen Sendern gehören der eher volkstümliche Klassikspezialist Classic FM (100–102 FM) und Virgin Radio UK (nur digital). Alle werden digital übertragen.

→ **DVD** In Großbritannien wird wie im restlichen Europa das PAL-Format angewendet.

→ **Rauchen** Ist in allen geschlossenen öffentlichen Räumen in England verboten. Die meisten Pubs haben draußen eine Raucherecke.

→ **Gewichte & Maße** In England wird eine Mischung aus metrischen und imperialen Maßeinheiten benutzt (z. B. wird Benzin nach Litern, aber Bier nach Pints verkauft; Höhen sind in Metern, Entfernungen jedoch in Meilen angegeben).

haben einfach mehr Platz im Rückraum.

Reisebusse auf Langstrecken können für Gehbehinderte problematisch sein, aber das größte Unternehmen, National Express (www. nationalexpress.com), hat auf vielen Strecken rollstuhlgerechte Busse. Genauere Infos gibt die Hotline **Disabled Passenger Travel Helpline** (☑ 0371 781 8181).

In Intercityzügen gibt es mehr Platz und eine bessere Ausstattung. Meist steht auch Bahnhofspersonal zur Verfügung, das gerne behilflich ist. Die BahnCard für Behinderte, die Disabled Person's Railcard (www. disabledpersons-railcard. co.uk), kostet 20 £ und bietet 33 % Ermäßigung auf fast alle Bahnfahrkarten.

Auf http://lptravel.to/ AccessibleTravel kann man sich kostenlos den *Accessible Travel Guide* von Lonely Planet herunterladen.

Hilfreiche Organisationen:

Disability Rights UK (www. disabilityrightsuk.org) Zu den Publikationen gehört auch ein *Holiday Guide*. Weiterhin ist hier auch ein Schlüssel für 7000 öffentliche Behindertentoiletten in ganz Großbritannien erhältlich.

Good Access Guide (www. goodaccessguide.co.uk)

Tourism For All (www.tourism forall.org.uk)

Schwule & Lesben unterwegs

England ist generell tolerant gegenüber Schwulen und Lesben. In London, Manchester und Brighton gibt es lebhafte Schwulengemeinden, auch in anderen größeren Städten geht es recht offen zu. Abgesehen davon ist in einigen Ecken noch immer Schwulenfeindlichkeit zu erleben. Infos bieten folgende Websites:

Diva (www.divamag.co.uk)

Gay Times (www.gaytimes. co.uk)

Switchboard LGBT+ Helpline (www.switchboard.lgbt; 0300 330 0630)

Sicherheit

England ist ein bemerkenswert sicheres Land, aber Kriminalität gibt es in London und anderen Großstädten natürlich.

→ Vorsicht vor Taschendieben und Gaunern in belebten Gegenden, die beliebt bei Touristen sind, z. B. um die Westminster Bridge in London.

→ Bei nächtlichen Fahrten mit der U-Bahn, Straßenbahn oder Stadtbahn immer ein Abteil mit anderen Menschen besteigen.

→ In vielen Stadtzentren kann es freitag- und samstagnachts, wenn sich die Pubs und Clubs leeren, ziemlich wüst zugehen.

→ Minicabs ohne Konzession – ein Typ mit Auto, der sich nebenher was verdient – betreiben ihr Geschäft in Großstädten und sollten vermieden werden, es sei denn, man weiß, auf was man sich einlässt.

Strom

230 V / 50 Hz

Telefon

Handys

Wie alle europäischen Länder benutzt Großbritannien den Mobilfunkstandard GSM 900/1800.

ROAMINGGEBÜHREN

Nachdem das Brexitverfahren offiziell gestartet ist, gelten die Bestimmungen der EU in Großbritannien noch weitere zwei Jahre, also bis mindestens 2019. Wie sich die Regeln zu Roaminggebühren in Großbritannien für Touristen aus der EU danach gestalten, bleibt abzuwarten.

Ab Juni 2017 sollen zwar alle Roaminggebühren innerhalb der EU abgeschafft werden, aber bis dahin können sie noch sehr hoch sein. Eine britische Nummer könnte daher billiger kommen. Das geht einfach mit einer SIM-Karte (um 10 £ inkl. Guthaben), die ins eigene Handy gesteckt wird. Ist das eigene Handy an die SIM-Karte des heimischen Providers gebunden (SIM-Lock), kann man es entweder entsperren lassen oder sich ein billiges Prepaid-Handy mit der neuen SIM-Karte kaufen (ab 10 £ inklusive Gesprächsguthaben).

Guthaben für die Prepaid-Handys gibt es über Gutscheine, die in fast allen Läden verkauft werden.

Vorwahlen

Anrufe nach Großbritannien Die internationale Vorwahl von Großbritannien ist ☎0044, danach folgt die Ortsvorwahl (ohne die erste 0) gefolgt von der Teilnehmernummer.

Anrufe aus Großbritannien Die internationale Vorwahl ist ☎00, danach folgt die gewünschte Landesvorwahl.

Internationale R-Gespräche Vorwahl für die Vermittlung: ☎155. R-Gespräche sind teuer, aber nicht für den Anrufer.

Ortsvorwahlen Es gibt kein standardisiertes Format, z. B. hat Edinburgh ☎0131, London ☎020, Ambleside ☎015394.

Fernsprechauskunft Zahllose Anbieter bieten diesen Service, z. B. unter den Nummern ☎118 118, ☎118 500 und ☎118 811, doch die Gebühren sind horrend (ca. 6 £ für einen 45-Sekunden-Anruf). Besser sucht man kostenlos auf www.thephone book.bt.com.

Handys Handynummern beginnen meist mit ☎07.

Gebührenfrei Nummern, die mit ☎0800 oder ☎0808 anfangen, sind kostenlos.

Gesprächsgebühren Näheres steht auf www.gov.uk/call-charges.

Inlandsvermittlung ☎100

Auslandsvermittlung ☎155

Notfälle & wichtige Telefonnummern

Landesvorwahl Großbritannien	☎44
Internationale Vorwahl	☎00
Notruf (Polizei, Feuerwehr, Krankenwagen, Bergrettung und Küstenwache)	☎112 oder ☎999

Toiletten

Die öffentlichen Toiletten in England sind in der Regel sauber und modern, doch aufgrund von Sparmaßnahmen im öffentlichen Sektor sind viele öffentliche Toiletten jetzt geschlossen. Am besten nutzt man die Toiletten in einem Museum, für das kein Eintritt fällig ist. Für die Toiletten in Bahnhöfen und Busbahnhöfen wird oft etwas Geld verlangt (0,20–0,50 £) und in den meisten Restaurants und Pubs sind die Toiletten den Gästen vorbehalten.

Touristeninformation

In den meisten Städten gibt es in der einen oder anderen Form eine Touristeninformation. Diese haben hilfsbereite Mitarbeiter, die Tipps zu Aktivitäten und Sehenswürdigkeiten geben, verkaufen Bücher, Landkarten und Stadtpläne und verteilen Broschüren und Faltblätter. Manchmal buchen sie auch Unterkünfte. Einige werden von Nationalparks betrieben und haben oft eine kleine Ausstellung zum jeweiligen Gebiet.

Die meisten Touristeninformationen haben regelmäßige Öffnungszeiten; in weniger besuchten Gegenden schließen sie von Oktober bis März, in touristischen Gebieten sind sie das ganze Jahr über täglich geöffnet. In jüngerer Zeit mussten

---

ETIKETTE

Benehmen Die Engländer gelten als höflich und in den meisten Lebenslagen werden gute Manieren für wichtig erachtet. Wer nach dem Weg fragt, sollte also besser „Excuse me, can you tell me the way to …" sagen als „Hey, where's …".

Schlangen In England ist das geordnete Schlangestehen, ob beim Einsteigen in einen Bus, beim Kartenkauf an einem Schalter oder vor den Toren einer Sehenswürdigkeit, die absolute Norm. Wer sich vordrängelt, wird mit entrüstetem Kopfschütteln bestraft.

Rolltreppen Wer eine Rolltreppe (besonders in den Londoner U-Bahnhöfen) oder ein Rollband (z. B. am Flughafen) benutzt, muss rechts stehen, um links überholt werden zu können.

DENKMALSCHUTZORGANISATIONEN

Ein Highlight einer Englandreise ist der Besuch der zahlreichen Burgen und Schlösser sowie der historischen Stätten, die sich im ganzen Land verteilen. Mitglieder einer Denkmalschutzorganisation erhalten freien Eintritt (meist eine große Ersparnis) sowie informative Handbücher und dergleichen.

National Trust (NT; www.nationaltrust.org.uk) Eine gemeinnützige Organisation, die historische Gebäude und Gebiete von landschaftlicher Bedeutung in England und Wales schützt. Die Jahresmitgliedschaft kostet 58 £ (Ermäßigungen für unter 26-Jährige und Familien). Der Touring Pass ermöglicht freien Eintritt in NT-Gebäude für 1/2 Wochen (25/30 £ pro Pers.); Familien und Paare zahlen weniger.

English Heritage (EH; www.english-heritage.org.uk) Staatliche Organisation, die für zahlreiche historische Stätten verantwortlich ist. Die Jahresmitgliedschaft kostet 49 £ (Ermäßigungen für Paare und Senioren). Der Overseas Visitors Pass ermöglicht freien Eintritt zu den meisten Stätten für 9/16 Tage für 25/30 £ (billiger für Paare und Familien).

viele kleinere Touristeninformationen aus Spargründen schließen. Einige sind durch Infoständer mit Broschüren und Karten in z. B. öffentlichen Bibliotheken und in Rathäusern ersetzt worden.

Vor der Reise lohnt ein Blick auf die umfassende Website der offiziellen englischen Tourismusbehörde, Visit England (www.visit england.com), die alle touristischen Aspekte berücksichtigt und Links zu zahlreichen anderen Websites hat.

Unterkunft

B&Bs

Das B&B *(bed and breakfast)* ist eine großartige englische Institution. In kleineren B&Bs ist es eigentlich nur ein Zimmer in einem Privathaus, größere Häuser werden oft *guesthouse* genannt (Pension; eine Unterkunft zwischen B&B und Hotel). Preise beginnen bei etwa 30 £ pro Person für ein einfaches Zimmer mit Gemeinschaftsbad, rund 35 bis 45 £ kosten Zimmer mit eigenem Bad – entweder im Flur oder direkt

ans Zimmer angeschlossen *(en suite)*.

In Großstädten sind einige B&Bs nur für Langzeitmieter und Sozialhilfeempfänger gedacht und nehmen keine durchreisenden Touristen auf. Auf dem Land sind die meisten B&Bs auf Wanderer und Radfahrer eingestellt, einige aber nicht. Man sollte also ankündigen, ob dreckige Wanderschuhe oder Fahrräder zu erwarten sind.

Bei der Reservierung ist darauf zu achten, wo genau das B&B liegt. Auf dem Land ist in der Adresse der nächste Ort enthalten, der 30 km entfernt sein mag – wichtig für die Wanderplanung! Einige B&B-Besitzer holen ihre Gäste gegen ein kleines Entgelt mit dem Auto ab.

Preise Sind meist pro Person angegeben, wobei die Übernachtung zu zweit im Doppelzimmer zugrunde gelegt wird. Einzelzimmer sind schwer zu finden und Alleinreisende müssen meist einen Aufpreis von 20 bis 50 % zahlen. Einige B&Bs nehmen, besonders im Sommer, schlichtweg keine Einzelpersonen auf (es sei denn,

sie zahlen den vollen Doppelzimmerpreis).

Reservierung B&Bs bevorzugen vorherige Reservierung und in Hauptreisezeiten ist diese unerlässlich. Viele B&Bs können über Internetagenturen gebucht werden, aber es kommt manchmal billiger, direkt zu buchen. Wer nicht reserviert hat, findet in den meisten Orten eine Straße mit mehreren B&Bs; ist ein Zimmer frei, hängt draußen ein Schild mit der Aufschrift „Vacancies". Viele B&Bs verlangen an Wochenenden einen Mindestaufenthalt von zwei Nächten, einige bieten Ermäßigungen für längere Aufenthalte (zwei oder drei Nächte) an Werktagen. Ist ein B&B belegt, empfehlen die Besitzer oft eine Alternative in der Nähe (möglicherweise ein Privathaus, das gelegentlich Gäste aufnimmt und nicht im Tourismusverzeichnis auftaucht).

Essen Die meisten B&Bs servieren ein gigantisches Frühstück, manche bieten auch Lunchpakete (um 6 £) und Abendessen (um 15–20 £) an.

Bunkhouses & Campingscheunen

Ein *bunkhouse* (Schlafbaracke) ist ein einfaches Haus, meist auf dem Land, mit einem Schlafsaal und einem Bad sowie Kochgelegenheit zur Selbstversorgung. Gäste bringen ihren Schlafsack und eventuell Kochgeschirr mit. Die meisten verlangen um 12 bis 15 £ pro Person und Nacht.

Campingscheunen *(camping barns)* sind noch schlichter: Meistens handelt es sich um umgebaute landwirtschaftliche Gebäude. Für sie muss wie beim Campen alles mitgebracht werden, bis aufs Zelt. Die Preise liegen bei etwa 6 bis 10 £ pro Person.

Camping

Das Angebot an Campingplätzen reicht vom Feld eines Bauern mit Wasserhahn und Plumpsklo für 5 £ pro Person und Nacht bis zu schickeren Anlagen mit heißen Duschen

KEINE STANDARDPREISE IM HOTEL

In England gibt es für Hotels keine sogenannten Standardpreise. Viele Hotels, besonders größere oder Kettenhotels, ändern ihre Preise je nach Nachfrage – oder haben verschiedene Preise ja nach Buchung im Internet, übers Telefon oder direkt an der Rezeption – ganz ähnlich wie Flug- oder Bahngesellschaften. Wer also frühzeitig für eine Nacht bucht, wenn das Hotel eher unausgelastet ist, erhält einen günstigeren Preis. Bei kurzfristiger Buchung oder für Wochenenden um einen Feiertag wird's teuer. Wer hingegen bis zur letzten Minute wartet, kann manchmal ein Schnäppchen machen, da die Preise wieder fallen. Daher kann das gleiche Hotelzimmer irgendetwas zwischen 25 und 200 £ kosten. Die in diesem Buch angegebenen Hotelpreise sind daher oft nur ein Richtwert. (Preise für B&Bs sind hingegen beständiger.)

und vielen anderen Einrichtungen für bis zu 15 £. Meist muss alle Ausrüstung selbst mitgebracht werden.

Ein paar Campingplätze vermieten auch Hütten, Wohnwagen, Tipis, Jurten und stilvolle „Campingkabinen", oft als „Glamping" bezeichnet.

Wer in Großbritannien mit Zelt oder Wohnmobil unterwegs ist, sollte vielleicht dem Camping & Caravanning Club (www.campingandcaravanningclub.co.uk) beitreten, der gegen einen Jahresbeitrag von 37 £ auf seinen Plätzen 30 % Ermäßigung anbietet. Der Club besitzt fast 100 Campingplätze und hat in seinem unschätzbarem *Big Sites Book* (für Mitglieder kostenlos) Tausende mehr aufgelistet.

Ferienwohnungen & -häuser

Für Leute, die an einem Ort bleiben möchten, ist eine wochenweise Anmietung ideal, ob kompakte Apartments in Städten oder hübsche alte Häuser auf dem Land (immer „Cottage" genannt, egal wie groß sie sind). Cottages für vier Personen kosten in der Hochsaison zwischen 275 und 700 £. In ruhigeren Zeiten sind sie billiger, auch sind sie dann unter Umständen für ein langes Wochenende zu haben.

Hausboote

Eine beliebte englische Ferienunterkunft sind Hausboote auf einer der malerischen Wasserstraßen Englands, eine Kombination aus Unterkunft und Verkehrsmittel für ein paar Tage oder eine Woche.

Hostels

Es gibt in England zwei Arten von Hostels: jene der Youth Hostel Association (YHA; www.yha.org.uk) und unabhängige Hostels, die im Independent Hostel Guide (www.independenthostelguide.co.uk) verzeichnet sind.

Hostels sind in ländlichen Gebieten, Dörfern und Städten zu finden und richten sich an alle möglichen Reisenden, ob jung oder alt. Einige Hostels sind umgebaute Cottages, Landhäuser und sogar Burgen – oft mit wunderbaren Standorten. Meist bieten

sie nur Schlafsäle, aber einige auch Zwei- oder Vierbettzimmer.

YHA HOSTELS

Die einfachsten YHA-Hostels kosten um 13 bis 17 £ pro Person und Nacht, größere und besser ausgestattete Hostels 18 bis 30 £, in London ab 32 £. Reservierung und Bezahlung mit Kreditkarte ist meist möglich.

Eine Mitgliedschaft in der YHA (oder in einer anderen HI-Organisation) ist nicht nötig. Aber die meisten Hostels verlangen von Nichtmitgliedern ein Aufgeld (3 £ in YHA-Hostels), eine Mitgliedschaft lohnt sich also. Der Mitgliedsbeitrag in der YHA kostet pro Jahr 20 £; Personen bis 26 Jahre und Familien erhalten eine Ermäßigung.

Die meisten Hostelpreise variieren je nach Nachfrage und Saison. Wer z. B. frühzeitig für einen Dienstag im Mai bucht, erhält den besten Preis, wer hingegen spät für ein Wochenende im August bucht, zahlt den Spitzenpreis – wenn überhaupt etwas frei ist. In diesem Buch sind generell die billigsten Preise genannt (entsprechend jenen, die auf der Website der YHA aufgeführt sind); es kann aber teurer werden.

YHA-Hostels haben oft komplizierte Öffnungszeiten, besonders in abgelegenen Gegenden oder außerhalb der Touristensaison; sie sollten vor der Ankunft erfragt werden.

UNABHÄNGIGE HOSTELS

In ländlichen Gegenden sind einige unabhängige Hostels kaum mehr als

PREISKATEGORIEN UNTERKÜNFTE

Die folgenden Preiskategorien gelten für ein Doppelzimmer mit Bad in der Hochsaison. Hotels in London sind teurer als im restlichen Land.

£ bis 65 £ (London 100 £)

££ 65–130 £ (London 100–200 £)

£££ über 130 £ (London 200 £)

einfache Hütten (für etwa
13 £), andere haben fast
B&B-Standard (ab 20 £).
In den Städten richten sich
die Backpacker-Hostels in
der Regel an junge Budget-
reisende. Die meisten sind
durchgängig geöffnet, haben
eine lebhafte Atmosphäre,
ein breites Zimmerangebot
(Doppelzimmer oder Schlafsäle), Bar, Café, WLAN und
Waschmaschinen. Die Preise
liegen bei rund 20 £ für ein
Bett im Schlafsaal bis zu
40 £ für ein Bett in einem
privaten Zimmer.

Hotels

Die Hotelauswahl ist in
England sehr breit gestreut,
ob kleine Stadthäuser oder
herrschaftliche Landhäuser,
nüchterne Zweckbauten
oder schmucke Refugien. In
der Budgetkategorie kosten
Einzel-/Doppelzimmer ab
45/60 £, in den höheren
Kategorien ab 100/150 £.

Wer einfach nur ein Bett
will, ist mit den billigen Kettenhotels ganz gut bedient.
Den meisten fehlt ein gewisses Ambiente, aber was
soll's? Es sind ja nur zwölf
Stunden Aufenthalt und acht
davon im Schlaf. Die Preise

richten sich nach Nachfrage:
In ruhigeren Zeiten kosten
Zweibettzimmer ab 30 £, zu
touristischen Spitzenzeiten
sind es ab 60 £. Hotelketten
sind etwa Ibis Hotels, Premier Inn und Travelodge.

Pubs & Gasthäuser

Viele Pubs und Gasthäu-
ser verkaufen nicht nur
Getränke, sondern vermieten
auch Zimmer, besonders auf
dem Land. Für ein einfaches
Zimmer mit Frühstück ist
mit ab 30 £ pro Person zu
rechnen, für ein besseres
mit rund 45 £. Ein Vorteil für
Soloreisende: Pubs haben
oft Einzelzimmer.

Studenten-
unterkünfte

Während der Semesterfe-
rien vermieten viele Universitäten Zimmer an Besucher.
Meist handelt es sich um ein
rein zweckmäßiges Einzel-
zimmer, aber Wohnungen
stehen auch zur Verfügung.
Die Preise liegen bei etwa 25
bis 60 £ pro Person.

Versicherung

In England erhalten zwar
alle, egal welcher Natio-
nalität, eine kostenlose
Notfallbehandlung, aber
eine Reiseversicherung ist
dennoch empfehlenswert.
Sie versichert in der Regel
medizinische und zahn-
medizinische Beratung und
Behandlung in privaten Arzt-
praxen – was meist schneller
geht als in Praxen des NHS
(National Health Service).
Sie zahlt außerdem alle Ret-
tungsflüge und deckt auch
die üblichen Sachen ab, wie
verlorenes Reisegepäck.

Weltweite Reiseversiche-
rungen gibt es über www.

lonelyplanet.com/travel-
insurance. Die Versicherung
kann jederzeit, auch unterwegs, online gekauft, verlängert und beansprucht
werden.

Visa

➡ EU-Bürger und Schweizer
benötigen derzeit kein
Visum für Großbritannien
und müssen offiziell nur den
Personalausweis vorlegen.
Auch können sie hier ohne
Einschränkungen arbeiten.

➡ Die Einreise- und Aufent-
haltsbestimmungen können
sich im Zuge des Brexit
jedoch ändern.

➡ Britische Einreisebeamte
waren schon immer
knallhart; manchmal
verlangen sie auch von
EU-Bürgern einen Reise-
pass und lassen nicht mit
sich diskutieren.

Zeit

In Großbritannien gilt die
Greenwich Mean Time
(GMT). In England ist es also
eine Stunde früher als in
Deutschland, Österreich und
der Schweiz. Die Sommer-
zeit beginnt Ende März (die
Uhren werden eine Stunde
vorgestellt) und endet Ende
Oktober (die Uhren werden
wieder eine Stunde zurück-
gestellt.

Uhrzeiten werden im
Zwölf-Stunden-Takt ange-
geben, ab Mitternacht mit
nachgestelltem „a.m.", ab
12 Uhr mittags mit nach-
gestelltem „p.m.".
Für Fahrpläne der öffent-
lichen Verkehrsmittel wird
hingegen der 24-Stunden-
Takt benutzt.

Verkehrsmittel & -wege

AN- & WEITER-REISE

Die meisten Besucher kommen mit dem Flugzeug nach England. Da London ein internationaler Verkehrsknotenpunkt ist, gibt es Verbindungen mit der ganzen Welt. Durch die massive Zunahme von Billigfliegern gibt es auch mehr Strecken – und niedrigere Preise – zwischen England und anderen Ländern in Europa.

Eine weitere Möglichkeit der Anreise ist die Fähre, entweder zu Hafen zu Hafen oder mit einer Fernbusreise kombiniert. Allerdings kann die Fahrt lange dauern und die Ersparnis ist im Vergleich zu Billigfliegern nicht gerade groß.

Internationale Züge sind sehr viel komfortabler und auch „grüner"; der Kanaltunnel ermöglicht direkte Zugverbindungen zwischen England, Frankreich und Belgien mit Anschlüssen zu vielen anderen europäischen Städten.

Flüge, Autos und Bahnfahrkarten können über www.lonelyplanet.com/bookings gebucht werden.

Flugzeug

Die staatliche britische Fluggesellschaft ist British Airways (www.britishairways.com).

Londoner Flughäfen

Heathrow (www.heathrow.com) Der größte Flughafen Großbritanniens für internationale Flüge; oft chaotisch und überfüllt. Etwa 24 km westlich des Londoner Zentrums.

Gatwick (www.gatwickairport.com) Zweitwichtigster Flughafen Großbritanniens, hauptsächlich für internationale Flüge; 48 km südlich des Londoner Zentrums.

Stansted (www.stanstedairport.com) Etwa 56 km nordöstlich des Londoner Zentrums, hauptsächlich für innereuropäische Charter- und Billigflieger.

Luton (www.london-luton.co.uk) Etwa 56 km nördlich des Londoner Zentrums, hauptsächlich für Urlaubsflüge.

London City (www.londoncityairport.com) Ein paar Kilometer östlich des Londoner Zentrums, hauptsächlich für innereuropäische und Inlandsflüge.

Regionalflughäfen

Einige Flieger auf internationalen Strecken vermeiden London und fliegen größere Regionalflughäfen an, z. B. Manchester und Newcastle. Kleinere Regionalflughäfen wie Southampton und Birmingham werden von Kontinentaleuropa und Irland angeflogen.

Auf dem Landweg

Bus

Zwischen England und anderen europäischen Ländern

KLIMAWANDEL & REISEN

Jede Art der motorisierten Fortbewegung erzeugt CO_2, den Hauptverursacher der globalen Erwärmung. Reisen ist in unserer Zeit nur noch schwer ohne Flugzeuge denkbar. Sie verbrauchen zwar weniger Treibstoff pro Kilometer und Person als die meisten Autos, legen aber viel größere Entfernungen zurück. Außerdem setzen sie Treibhausgase in hohen Schichten der Atmosphäre frei, was den Treibhauseffekt verstärkt. Viele Websites bieten sogenannte CO_2-Rechner, mit denen jeder selbst errechnen kann, wie viel Treibhausgase seine Reise produziert. Häufig wird gleichzeitig angeboten, die errechneten Emissionen durch finanzielle Unterstützung von klimafreundlichen Initiativen und Projekten in der ganzen Welt auszugleichen. Alle Reisen von Mitarbeitern und Autoren von Lonely Planet werden auf diese Weise kompensiert.

gibt es zahlreiche Fernbus-verbindungen. Der internationale Verbund Eurolines (www.eurolines.de) bedient unzählige Strecken; Fahrkarten gibt es online über die jeweils heimischen Busgesellschaften, die Eurolines angeschlossen sind.

Verbindungen von/nach England werden auch von National Express (www.natio nalexpress.com) angeboten. Einige Fahrtzeiten von/nach London: München 19 Std., Frankfurt/M. 14 Std., Wien 24 Std., Zürich 23 Std.

Wer früher bucht und zeitflexibel ist (z. B. zu unpopulären Zeiten fahren kann), kann sehr günstige Preise bekommen. Zum Beispiel zwischen London und Paris oder Amsterdam ab 25 £ für die einfache Fahrt (üblicher sind aber eher 35 bis 45 £).

Zug

EUROTUNNEL-PASSAGIERZÜGE

Der Hochgeschwindigkeitszug Eurostar (www.eurostar. com) fährt mindestens zehnmal täglich zwischen London und Paris (2½ Std.) oder Brüssel (2 Std.). Fahrkarten gibt es in Reisebüros, Hauptbahnhöfen oder auf der Website von Eurostar.

Eine normale einfache Fahrt zwischen London und Paris/Brüssel kostet rund 145 £; bei früher Buchung und in verkehrsschwachen Zeiten kostet die Fahrkarte nur 29 £.

EUROTUNNEL-AUTOZÜGE

Die Autozüge werden von Eurotunnel (www.eurotunnel. com) betrieben. Die Autos fahren in Folkestone in England oder in Calais in Frankreich auf den Zug, werden durch den Tunnel transportiert und fahren am Zielort wieder runter.

Die Züge verkehren von 6 bis 22 Uhr etwa viermal stündlich, nachts einmal stündlich. Die Ver- und Entladung dauert jeweils etwa eine Stunde, die Fahrtzeit beträgt 25 Minuten.

Außer dem Eurostar verkehren auch viele „normale" Züge zwischen England und dem europäischen Kontinent. Dafür ist nur eine Fahrkarte nötig, aber Passagiere steigen am Fährhafen aus, setzen mit der Fähre über und besteigen auf der anderen Seite einen weiteren Zug.

Nach London fahren u. a. Züge (mit Fähre zwischen Hoek van Holland und Harwich) von Köln mit Umsteigen in Utrecht und Rotterdam und von Berlin mit Umsteigen in Amersford und Rotterdam sowie (mit Fähre zwischen Calais und Dover) von Köln mit Umsteigen in Lille und Brüssel.

Fahrkarten gibt es über die Website oder direkt vor Ort. Eine einfache Fahrt für ein Auto inklusive bis zu neun Passagieren kostet je nach Tageszeit zwischen 75 und 100 £, bei Sonderangeboten oft auch nur 59 £ oder weniger.

Übers Meer

Fährverbindungen

Die wichtigsten Fährverbindungen zwischen England und anderen europäischen Ländern:

➡ Dover–Boulogne (Frankreich)

➡ Dover–Calais (Frankreich)

➡ Harwich–Hoek van Holland (Niederlande)

➡ Hull–Rotterdam (Niederlande)

➡ Hull–Zeebrugge (Belgien)

➡ Liverpool–Dublin (Irland)

➡ Newcastle–Amsterdam (Niederlande)

➡ Newhaven–Dieppe (Frankreich)

Fährpreise

Die meisten Fährgesellschaften bieten flexible Preise an, also große Ersparnisse zu verkehrsschwachen Zeiten. Zum Beispiel kann eine kurze Kanalüberquerung, z. B. von Calais oder Boulogne nach Dover, nur 45 £ für ein Auto mit zwei Passagieren kosten, üblicher sind aber eher 75 bis 105 £.

Fußpassagiere und Fahrradfahrer müssen nicht unbedingt im Voraus buchen; die Preise für Kurzüberfahrten liegen bei 30 bis 50 £ pro Strecke.

Buchung

Gebucht werden kann direkt bei einer der unten aufgeführten Fährgesellschaften oder über die sehr praktische Website www.directferries. co.uk, die alle Fährstrecken sowie den Eurotunnel abdeckt.

Brittany Ferries (www.brittany ferries.com)

DFDS Seaways (www.dfds seaways.co.uk)

P&O Ferries (www.poferries. com)

Stena Line (www.stenaline.com)

UNTERWEGS VOR ORT

Auto & Motorrad

Auto- und Motorradfahrer können unabhängig und flexibel durch England reisen und abgelegene Orte erreichen. Nachteile sind allerdings Verkehrsstaus, hohe Benzinpreise und in Städten hohe Parkgebühren.

Mietwagen

Im Vergleich zu vielen anderen Ländern sind Mietwagen in Großbritannien ziemlich teuer; die kleinsten Wagen kosten um 130 £ pro Woche,

Mittelklassewagen ab 190 £ pro Woche. In allen Preisen sind Versicherung und unbegrenzte Kilometerzahl enthalten. Bei hoher Nachfrage wird's teurer (in ruhigeren Zeiten billiger).

Einige große Firmen:

Avis (www.avis.co.uk)

Budget (www.budget.co.uk)

Europcar (www.europcar.co.uk)

Sixt (www.sixt.co.uk)

Thrifty (www.thrifty.co.uk)

Eine andere Möglichkeit sind kleine, lokale Autovermieter in Großbritannien, die oft billiger als große Firmen sein können. Generell sind die Verleihfirmen in Städten preisgünstiger als auf dem Land. Schnäppchen findet man auch auf den Websites von Vermittlern oder Vergleichsseiten wie UK Car Hire (www.ukcarhire.net) oder Kayak (www.kayak.com).

Wohnmobilverleih

Ein Wohnmobil ist teurer (650–1100 £ pro Woche) als ein Leihwagen, spart aber bei Unterkünften und bietet nahezu unbegrenzte Freiheit. Einige Verleihfirmen:

Just Go (www.justgo.uk.com)

Wild Horizon (www.wildhorizon. co.uk)

Versicherung

Es ist in England verboten, ein Auto oder Motorrad ohne eine Haftpflichtversicherung zu fahren. Sie ist bei allen Mietwagen enthalten. Wer mit dem eigenen Wagen anreist, sollte die grüne Versicherungskarte mitführen.

Parken

In vielen Städten gibt es Kurzzeit- und Langzeitparkplätze; letztere sind billiger, aber oft auch ungünstig gelegen. „Park & Ride" sind Parkplätze am Stadtrand mit häufigen Direktbussen ins Zentrum, alles zu einem Preis.

Gelbe Linien (einfach oder doppelt) am Straßenrand bedeuten eingeschränktes Halte- oder Parkverbot; Schilder weisen darauf hin, wann genau geparkt werden darf und wann nicht. In London und anderen Großstädten gehen Verkehrspolizisten streng vor; Autos, die zur falschen Zeit an gelben Linien parken, bekommen eine Autokralle verpasst oder werden abgeschleppt – und es kostet 100 £ oder mehr, um das Auto wieder fahren zu können. In einigen Städten gibt es auch rote Linien. Sie bedeuten absolutes Halteverbot. Immer.

Straßen

Autobahnen und Schnellstraßen sind der schnellste Weg von einem Ende des Landes zum anderen. Kleinere Fernstraßen, Land- und Nebenstraßen sind viel reizvoller – ideal für Auto- und Motorradtouren. Man kann nicht schnell fahren, aber das macht auch nichts.

Als Geschwindigkeitsbegrenzung gilt in Ortschaften 30 mph (48 km/h), auf Landstraßen 60 mph (96 km/h) und auf Autobahnen und den meisten (aber nicht allen) Schnellstraßen 70 mph (112 km/h).

Verkehrsregeln

Ein ausländischer Führerschein ist in Großbritannien bis zu einem Jahr nach der Einreise gültig.

Alkohol am Steuer wird strikt gefahndet; die Promilleobergrenze beträgt 0,8 – Aktivisten wollen sie, wie in vielen anderen europäischen Ländern und Schottland, auf 0,5 senken.

Weitere wichtige Verkehrsregeln:

➜ In England herrscht Linksverkehr!

➜ Das Anlegen von Sicherheitsgurten ist Pflicht.

➜ Motorradfahrer müssen Helme tragen.

➜ An Kreuzungen und Kreisverkehren hat Rechts Vorfahrt.

➜ Auf Autobahnen und Schnellstraßen muss immer die linke Fahrspur benutzt werden, außer beim Überholen (das wird aber von so vielen Leuten ignoriert, als ob die Vorschrift nicht existiert).

➜ Handybenutzung beim Fahren ist verboten, außer bei Freisprechanlagen (auch das wird gerne missachtet).

Bus

Bei knapper Reisekasse sind Fernbusse fast immer das billigste Verkehrsmittel, aber auch das (manchmal mit Abstand) langsamste. Viele Ortschaften haben unterschiedliche Busbahnhöfe für Regional- und Fernbusse; sie sollten nicht verwechselt werden.

National Express (www.national express.com) Größtes Fernbusunternehmen mit großem Streckennetz und häufigen Verbindungen zwischen Großstädten. Die Preise variieren: Sie sind billiger bei vorheriger Buchung und zu verkehrsschwachen Zeiten, teurer, wenn die Fahrkarte vor Ort und an einem Freitagnachmittag gekauft wird. Als Richtlinie: Eine Fahrt über etwa 320 km (z. B. von London nach York) kostet 15 bis 25 £, wenn die Fahrkarte ein paar Tage zuvor gekauft wird.

Megabus (www.megabus.com) Ein Billigbusunternehmen mit Verbindungen zu über 100 Orten im ganzen Land. Zu verkehrsschwachen Zeiten und bei früher Buchung ist die Fahrkarte sehr billig. Bei kurzfristiger Buchung und in verkehrsstarken Zeiten ... alles klar, oder?

Pässe & Ermäßigungen

National Express bietet für Studenten und unter 26-Jährige die Young Persons Coachcard, die 10 £ kostet und auf Standardfahrpreise für Erwachsene 30 % Ermäßigung gibt. Erhältlich sind auch Coachcards für Personen über 60 Jahre, Familien und Behinderte.

Der Brit Xplorer von National Express ermöglicht Touristen unbegrenzte Fahrten für 7/14/28 Tage (79/139/219 £). Die Fahrten müssen nicht zuvor gebucht werden: Wenn ein Platz im Bus frei ist, kann er beansprucht werden.

Fahrrad

London

London ist berühmt für seine **Santander Cycles** (☎0343 222 6666; www.tfl.gov.uk/modes/cycling/santander-cycles). Die Fahrräder können direkt an den automatischen Verleihstationen ausgeliehen werden. Weitere Informationen hat die Website. Weitere Fahrradverleihe in der Hauptstadt sind auf www.lcc.org.uk (unter „Advice/Bike Shops") aufgeführt.

Andernorts

Das Fahrradverleihsystem nextbike (www.nextbike.co.uk) ist derzeit in Bath, Exeter, Oxford und Coventry vertreten, in Städten wie York und Cambridge gibt es reichlich Fahrradverleiher. Auch in Nationalparks und Forstbetrieben, die jetzt hauptsächlich als Freizeitgebiete dienen, wie Kielder Water in Northumberland und Grizedale Forest im Lake District, werden Fahrräder verliehen. In einigen Gegenden dienen stillgelegte Bahnstrecken als Fahrradwege, besonders im Peak District in Derbyshire. Die Gebühren betragen ab 12 £ oder für ein gutes Rad ab 20 £.

Fahrräder in Zügen

Fahrräder können kostenlos in den meisten Stadtbahnen mitgenommen werden (allerdings oft nicht zu Spitzenzeiten, wenn die Züge voll mit Pendlern sind). Auch auf Kurzstrecken in ländlichen Gebieten ist die Fahrradmitnahme erlaubt – falls noch Platz ist.

Fahrräder können auch auf Fernstrecken in der Bahn kostenlos mitgenommen werden, für die meisten normalen Räder muss allerdings ein Platz reserviert werden (Klappfahrräder können in so ziemlich allen Zügen und jederzeit mitgeführt werden). Theoretisch sollte das kein großes Problem sein, da die Fahrkarten für Fernstrecken ohnehin besser im Voraus gekauft werden sollten. Aber manchmal ist man ganz schön lange beschäftigt, um zunächst den eigenen Platz zu buchen, dann den fürs Fahrrad – um dann herauszufinden, dass es keinen Platz gibt. Besser ist es, die Fahrkarten in einem Hauptbahnhof zu kaufen, wo ein Schalterbeamter behilflich ist.

Noch eine Warnung: Bei Reparaturen von Bahnstrecken werden Busse als Ersatz für die ausgefallenen Züge eingesetzt – und die nehmen dann keine Fahrräder mit.

Im Rahmen des Projekts PlusBike sind sämtliche Informationen zur Fahrradmitnahme in Zügen erhältlich. In allen größeren Bahnhöfen liegen dazu Faltblätter aus, die auf www.nationalrail.co.uk/118390.aspx außerdem heruntergeladen werden können.

Flugzeug

Einheimische Fluggesellschaften sind u. a. British Airways, FlyBe/Loganair und EasyJet. Wer es wirklich eilig, kann längere Strecken innerhalb Englands fliegen (z. B. von Exeter oder Southampton nach Newcastle), allerdings versäumt man dann die herrliche Landschaft unterwegs. Rechnet man die Wartezeiten auf dem Flughafen mit ein, ist eine Bahnfahrt auf kürzeren Strecken (z. B. von London nach Newcastle oder von Manchester nach Newquay) Bahnfahrt letztlich schneller als ein Flug. Es mag zwar Schnäppchenpreise für Flugtickets geben, aber bei frühzeitiger Buchung kann eine Bahnfahrkarte billiger sein.

Nahverkehr

Die englischen Großstädte haben meist ein gutes öffentliches Nahverkehrssystem (eine Kombination aus Bus, Bahn und Straßenbahn), das oft von einer verwirrenden Anzahl verschiedener Unternehmen betrieben wird. Die Touristeninformationen haben Streckenpläne und weitere Infos.

Stadt- und Regionalbus

In Städten und größeren Ortschaften gibt es ganzjährig gute Busverbindungen. Auch in einigen ländlichen Gebieten verkehren Busse ganzjährig. Allerdings sind die Fahrpläne auf Schulen und Betriebe abgestimmt, sodass mittags und an Wochenden nicht viele Busse fahren (oder in den Schulferien gar nicht mehr), oder sie verbinden nur einmal pro Woche Dörfer mit der nächsten Marktstadt.

In touristischen Gebieten (besonders Nationalparks) gibt es von Ostern bis September häufige Verbindungen. Allerdings lohnt es sich, besser nochmals in der Touristeninformation nachzufragen, ob der gewünschte Bus tatsächlich fährt.

TAGESKARTEN

Bei mehreren Busfahrten in einem bestimmten Gebiet sind Tageskarten (mit Namen wie Day Rover, Wayfarer oder Explorer) billiger als mehrere Einzelfahrscheine. Sie sind oft im ersten benutzten Bus erhältlich und auch manchmal für Regionalzüge gültig. Es lohnt sich immer, Schalterbeamte oder Busfahrer nach den Möglichkeiten zu fragen.

Taxi

Es gibt zwei Arten von Taxis in England: solche mit Taxameter, die in den Straßen angehalten werden können, und Minicabs, die billiger sind, aber nur telefonisch bestellt werden können.

Minicabs ohne Konzession sind in manchen Städten unterwegs.

Die meisten Taxis in London sind die berühmten „Black Cabs" (manche als Werbeträger in anderen Farben), deren Preis sich nach Entfernung und Zeit berechnet. Je nach Tageszeit dauert eine Fahrt über eine Meile (1,6 km) fünf bis zehn Minuten und kostet 6 bis 9 £. Längere Fahrten sind proportional billiger.

Mit Apps wie Uber (www.uber.com) und Kabbee (www.kabbee.com) lassen sich Minicabs besonders schnell buchen.

Taxis in ländlichen Gebieten müssen telefonisch bestellt werden. Die Telefonnummer des lokalen Taxiunternehmens erfährt man am besten im nächsten Pub. Die Preise liegen bei 3 bis 5 £ pro Meile.

Traintaxi (www.traintaxi.co.uk) ist ein Webportal, das die „letzte Lücke" zwischen Bahnhof und Hotel oder anderen Zielen schließt.

Zug

Für Langstrecken in England sind Züge generell schneller und komfortabler als Busse, aber auch teurer. Mit einer BahnCard sind sie jedoch günstiger – und sie fahren oft durch herrliche Landschaften. Die Engländer meckern gerne über ihre Züge, aber rund 85 % sind pünktlich. Die restlichen 15 %, die sich verspäten oder ausfallen, sind meist eher Pendlerzüge.

Bahnunternehmen

Etwa 20 verschiedene Unternehmen betreiben die Bahnstrecken in England, die Gleise und Bahnhöfe werden hingegen von Network Rail verwaltet. Für Passagiere kann das zunächst verwirrend sein, aber Informationen und Fahrkartenverkauf sind weitgehend zentralisiert. Wer umsteigen muss oder zwei oder mehr Bahnunternehmen nutzt, braucht trotz-

dem nur eine Fahrkarte, die für die ganze Fahrt gültig ist. Auch die wichtigsten Bahncards und -pässe werden von allen Bahnunternehmen akzeptiert.

Wenn mehr als ein Bahnunternehmen die gleiche Strecke befährt (z. B. von York nach Newcastle), mag die Fahrkarte, die bei einem Unternehmen gekauft wurde, beim anderen nicht gültig sein. Wer also den ursprünglich gebuchten Zug versäumt, sollte sich erkundigen, ob die Fahrkarte für einen späteren Zug auch gültig ist.

Zuginformation

Erste Anlaufstelle sollte National Rail Enquiries (www.nationalrail.co.uk) sein, die landesweite Fahrplan- und Fahrpreisauskunft. Auf der Website sind Sonderangebote angekündigt und es gibt Live-Links zu Abfahrtsanzeigern auf Bahnhöfen sowie Streckenkarten des Bahnnetzes zum Herunterladen.

Fahrkarten & Reservierungen

FAHRKARTENKAUF

Wer den gewünschten Zug auf der Website von National Rail Enquiries gefunden hat, folgt dem Link zum entsprechenden Bahnunternehmen, bei dem die Fahrkarte gekauft werden kann. Sie wird dann per Post verschickt (nur an Adressen in Großbritannien) oder an Automaten im Bahnhof am Tag der Abreise ausgegeben. Eine Buchungsgebühr wird meist nicht erhoben.

Eine andere Möglichkeit sind Websites für den zentralisierten Fahrkartenverkauf. Sie bieten sämtliche Bahnverbindungen auf einen Blick und verlangen eine kleine Buchungsgebühr zusätzlich zum Fahrkartenpreis. Die wichtigsten:

QJump (www.qjump.co.uk)

Rail Easy (www.raileasy.co.uk)

Train Line (www.thetrainline.com)

Beim Kartenkauf im Internet muss immer der gewünschte Reisetag und die Zeit angegeben werden, selbst wenn der Termin keine Rolle spielt. Aber die Zeiten können beim Weiterklicken geändert werden und bei ein bisschen Herumsuchen sind manchmal echte Schnäppchen zu finden.

Fahrkarten können auch direkt im Bahnhof erworben werden, was für Kurzstrecken praktisch ist (unter 80 km). Ermäßigte Fahrkarten für längere Strecken sind dort allerdings in der Regel nicht erhältlich; sie müssen telefonisch oder online im Voraus gekauft werden.

PREISE

Fahrkarten für längere Strecken sind direkt vor Ort zu jeder Zeit erhältlich, aber sie sind viel billiger, wenn sie im Voraus gekauft werden. Je früher gebucht wird, desto billiger wird's, ebenso bei Fahrten zu verkehrsschwachen Zeiten. Wer im Voraus kauft, hat meist auch gleich einen Platz reserviert.

Für alle Bahnunternehmen und Verkaufsstellen gelten die folgenden drei Fahrpreiskategorien:

Anytime Kauf und Reiseantritt zu jeder beliebigen Zeit – meist die teuerste Option.

Off-peak Kartenkauf zu jeder beliebigen Zeit, Reiseantritt zu verkehrsschwachen Zeiten (die hängen von der Strecke ab).

Advance Fahrkartenkauf im Voraus, Fahrt nur in bestimmten Zügen – meist die billigste Option.

Ein Beispiel für die Preisunterschiede: Eine einfache Anytime-Fahrkarte von London nach York kostet ab 112 £, eine Off-peak-Fahrkarte um 56 £ und eine Advance-Fahrkarte um 36 bis 46 £, evtl. weniger, wenn man früh genug bucht und eine Ankunft mitten in der Nacht kein Problem ist.

Die billigsten Fahrkarten sind nicht erstattungsfähig,

wer also seinen Zug verpasst, muss eine neue Fahrkarte kaufen.

BahnCards

ERMÄSSIGUNGSKARTEN

Wer sich etwas länger in England aufhält, kann sich eine Railcard (www.railcard. co.uk) besorgen:

16-25 Railcard Gültig für Personen zwischen 16 und 25 Jahren und für Studenten in Großbritannien.

Family & Friends Railcard Gültig für bis zu vier Erwachsene und vier Kinder, die gemeinsam reisen.

Senior Railcard Für alle über 60 Jahre.
Railcards kosten 30 £ (gültig für ein Jahr, erhältlich in Hauptbahnhöfen oder online) und bieten Ermäßigungen von 33 % auf die meisten Fahrpreise, außer für jene, die ohnehin stark ermäßigt sind. Mit der Familienkarte erhalten Erwachsene 33 % und Kinder 60 % Ermäßigung. Der Preis für die Railcard rechnet sich also schon nach ein paar Fahrten.

STADT- & REGIONAL-BAHNCARDS

Städtische Bahnkarten gelten in der Regel für den Schienenverkehr in einer Stadt (viele auch für Busse).

Für Reisen im Südosten Englands (z. B. von London nach Dover, Weymouth, Cambridge oder Oxford) gibt es die Network Railcard (www.network-railcard. co.uk) für bis zu vier Erwachsene und bis zu vier Kinder, die gemeinsam außerhalb der verkehrsstarken Zeiten reisen (30 £ pro Jahr).

LANDESWEITE BAHNCARDS

Die Bahnkarten von BritRail (www.britrail.net) gelten für landesweite Reisen und richten sich an ausländische Touristen. Sie müssen im jeweiligen Heimatland (nicht in England) im Reisebüro gekauft werden. Es gibt sie in verschiedenen Versionen (z. B. nur England, ganz Großbritannien, Vereinigtes Königreich und Irland) für Zeiträume von vier bis dreißig Tagen.

VERKEHRSMITTEL & -WEGE ZUG

Sprache

Briten, Amerikaner und Neuseeländer, deutsche Geschäftsleute und norwegische Wissenschaftler, der indische Verwaltungsbeamte und die Hausfrau in Kapstadt – fast jeder auf der Welt scheint Englisch zu sprechen. Und wirklich: Englisch ist die am weitesten verbreitete Sprache der Welt (wenn's auch nur den zweiten Platz für die am meisten gesprochene Muttersprache gibt – Chinesisch ist hier die Nr. 1).

Und selbst die, die nie Englisch gelernt haben, kennen durch englische Musik oder Anglizismen in Technik und Werbung immer ein paar Wörter. Ein paar Brocken mehr zu lernen, um beim Smalltalk zu glänzen, ist nicht schwer. Hier sind die wichtigsten Wörter und Wendungen für die fast perfekte Konversation in fast allen Lebenslagen aufgelistet:

Konversation & Nützliches

Wer einen Fremden nach etwas fragt, sollte die Frage oder Bitte mit einer höflichen Entschuldigung einleiten („Excuse me, …").

Guten Tag	*Hello*
Hallo	*Hi*
Guten …	*Good …*
Morgen	*morning*
Tag	*afternoon*
Abend	*evening*

NOCH MEHR ENGLISCH?

Zusätzliche Informationen zur Sprache sowie praktische Redewendungen finden sich im *Reise-Sprachführer Englisch* von Lonely Planet. Er ist im Buchhandel und unter **http://shop.lonelyplanet. de** erhältlich.

Auf Wiedersehen	*Goodbye*
Bis später	*See you later*
Tschüs	*Bye*
Wie geht es Ihnen?/ Wie geht es dir?	*How are you?*
Danke, gut.	*Fine, thanks.*
Und Ihnen?/Und dir?	*And you?*
Wie ist Ihr Name?/ Wie heißt du?	*What's your name?*
Mein Name ist …/ Ich heiße …	*My name is …*
ja	*yes*
nein	*no*
bitte	*please*
(vielen) Dank	*thank you (very much).*
bitteschön	*you're welcome*
Entschuldigen Sie, …/ Entschuldige …	*Excuse me, …*

Fragewörter

Wer?	*Who?*
Was?	*What?*
Wo?	*Where?*
Wann?	*When?*
Wie?	*How?*
Warum?	*Why?*
Welcher?	*Which?*
Wie viel?	*How much?*
Wie viele?	*How many?*

Gesundheit

Wo ist der/die/das nächste …?
Where's the nearest …?

Apotheke	*chemist*
Zahnarzt	*dentist*
Arzt	*doctor*
Krankenhaus	*hospital*

Ich brauche einen Arzt.
I need a doctor.

Gibt es in der Nähe eine (Nacht-)Apotheke?
Is there a (night) chemist nearby?

Wo ist die Toilette?
Where are the toilets?

Ich bin krank.
I'm sick.

Es tut hier weh.
It hurts here.

Ich habe mich übergeben.
I've been vomitting.

Ich habe Durchfall/Fieber/Kopfschmerzen.
I have diarrhoea/fever/headache.

(Ich glaube,) Ich bin schwanger.
(I think) I'm pregnant.

Ich bin allergisch gegen …
I'm allergic to …

Antibiotika	*antibiotics*
Aspirin	*aspirin*
Penizillin	*penicillin*

Mit Kindern reisen

Ich brauche …
I need (a) …

Gibt es …?
Is there (a/an) …?

einen Wickelraum	*baby changing room*
einen Babysitz	*baby seat*
einen Kindersitz	*booster seat*
einen Babysitter-Service	*child-minding service*
eine Kinderkarte	*children's menu*
einen Kinderstuhl	*highchair*
(Wegwerf-)Windeln	*(disposable) nappies*
ein Kindertöpfchen	*potty*
einen Kinderwagen	*stroller*

NOTFÄLLE

Hilfe!	*Help!*
Es ist ein Notfall!	*It's an emergency!*
Rufen Sie …	*Call …*
die Polizei!	*the police!*
einen Arzt!	*a doctor!*
einen Krankenwagen!	*an ambulance!*
Lassen Sie mich in Ruhe!	*Leave me alone!*
Gehen Sie weg!	*Go away!*

Kann ich mein Kind hier stillen?
Do you mind if I breastfeed here?

Sind Kinder erlaubt?
Are children allowed?

Papierkram

Name	*name*
Staatsangehörigkeit	*nationality*
Geburtsdatum	*date of birth*
Geburtsort	*place of birth*
Geschlecht	*sex/gender*
(Reise-)Pass	*passport*
Visum	*visa*

Reservierungen vornehmen

(telefonisch oder schriftlich)

An …	*To …*
Von …	*From …*
Datum	*Date*

Ich möchte … reservieren.
I'd like to book …

auf den Namen …
in the name of …

vom … bis zum …	*from … to …*
Kreditkarte	*credit card*
Nummer	*number*
gültig bis …	*expiry date*
Sicherheitscode	*security code*

Bitte bestätigen Sie Verfügbarkeit und Preis.
Please confirm availability and price.

Shoppen & Dienstleistungen

Ich suche …
I'm looking for …

Wo ist der/die/das (nächste) …?
Where's the (nearest) …?

Wo kann ich … kaufen?
Where can I buy …?

Ich möchte … kaufen.
I'd like to buy …

Wie viel (kostet das)?
How much (is this)?

Das ist zu viel/teuer.
That's too much/expensive.

Können Sie mit dem Preis heruntergehen?
Can you lower the price?

Haben Sie etwas Billigeres?
Do you have anything cheaper?

Ich schaue mich nur um.
I'm just looking.

Können Sie den Preis aufschreiben?
Can you write down the price?

Haben Sie noch andere?
Do you have any others?

Können Sie ihn/sie/es mir zeigen?
Can I look at it?

mehr	*more*
weniger	*less*
kleiner	*smaller*
größer	*bigger*

Nehmen Sie …?
Do you accept …?
  Kreditkarten
  credit cards
  Reiseschecks
  travellers cheques

Ich möchte …
I'd like to …
  Geld umtauschen
    change money (cash)
  Reiseschecks einlösen
    change some travellers cheques

ein Geldautomat	*an ATM*
eine Wechselstube	*an exchange office*
eine Bank	*a bank*

die … Botschaft	*the … embassy*
deutsche	*German*
österreichische	*Austrian*
Schweizer	*Swiss*
das Krankenhaus	*the hospital*
der Markt	*the market*
die Polizei	*the police*
die Post	*the post office*
ein öffentliches Telefon	*a public phone*
eine öffentliche Toilette	*a public toilet*

Wann macht er/sie/es auf/zu?
What time does it open/close?

Ich möchte eine Telefonkarte kaufen.
I'd like to buy a phone card.

Wo ist hier ein Internet-Café?
Where's the local Internet cafe?

Unterkunft

Wo ist …?
Where's a …?

eine Pension	*bed and breakfast, guesthouse*
ein Campingplatz	*camping ground*
ein Hotel	*hotel*
ein Privatzimmer	*room in a private home*
eine Jugendherberge	*youth hostel*

Wie lautet die Adresse?
What's the address?

Ich möchte bitte ein Zimmer reservieren.
I'd like to book a room, please.

Für (drei) Nächte/Wochen.
For (three) nights/weeks.

Haben Sie ein …?
Do you have a …?

Einzelzimmer	*single room*
Doppelzimmer	*double room*
Zweibettzimmer	*twin room*
Familienzimmer	*family room*
Bett im Schlafsaal	*dorm bed*

Wie viel kostet es pro …?
How much is it per …?

Nacht	*night*
Person	*person*

Kann ich es sehen?
 May I see it?
Wo ist das Badezimmer?
 Where is the bathroom?
Kann ich ein anderes Zimmer bekommen?
 Can I have another room?
Es ist gut, ich nehme es.
 It's fine. I'll have it.
Ich reise jetzt ab.
 I'm leaving now.

Verständigung
Verstehen Sie (mich)?
 Do you understand (me)?
Ich verstehe (nicht).
 I (don't) understand.

Könnten Sie …?
 Could you please …?
  bitte langsamer sprechen
  speak more slowly
  das bitte wiederholen
  repeat that
  das bitte aufschreiben
  write it down

Verkehrsmittel & -wege
Wann fährt … ab?
 What time does the … leave?
  das Boot   *boat*
  der Bus   *bus*
  der Zug   *train*

Selbstfahrer
Wo kann ich … mieten?
 Where can I hire a…?

Ich möchte … mieten.
 I'd like to hire a/an …
  ein Fahrrad   *bicycle*
  ein Auto   *car*
  ein Allradfahrzeug   *4WD*
  Schaltgetriebewagen   *manual car*
  ein Motorrad   *motorbike*

Wie viel kostet es pro …?
 How much is it per …?
  Stunde   *hour*
  Tag   *day*
  Woche   *week*

Benzin   *petrol*
Diesel   *diesel*
bleifreies Benzin *unleaded*
Autogas   *LPG*

Wo ist eine Tankstelle?
 Where's a petrol station?
Führt diese Straße nach …?
 Does this road go to …?
(Wie lange) Kann ich hier parken
 (How long) Can I park here?
Wo muss ich bezahlen?
 Where do I pay?
Ich brauche einen Mechaniker.
 I need a mechanic.
Ich habe (in …) eine Panne mit meinem Auto.
 The car has broken down (at …)
Ich hatte einen Unfall.
 I had an accident.
Das Auto/Motorrad springt nicht an.
 The car/motorbike won't start.
Ich habe eine Reifenpanne.
 I have a flat tyre.
Ich habe kein Benzin mehr.
 I've run out of petrol.

Wegweiser
Wo ist (eine Bank)?
 Where's (a bank)?
Ich suche (die Kathedrale).
 I'm looking for (the cathedral).
Wie kann ich da hinkommen?
 How can I get there?
Wie weit ist es?
 How far is it?
Können Sie es mir (auf der Karte) zeigen?
 Can you show me (on the map)?
Ich habe mich verirrt.
 I'm lost.
Können Sie mir bitte helfen?
 Could you help me, please?

Hinter den Kulissen

WIR FREUEN UNS ÜBER EIN FEEDBACK

Post von Travellern zu bekommen ist für uns ungemein hilfreich – Kritik und Anregungen halten uns auf dem Laufenden und helfen, unsere Bücher zu verbessern. Unser reiseerfahrenes Team liest alle Zuschriften genau durch, um zu erfahren, was an unseren Reiseführern gut und was schlecht ist. Wir können solche Post zwar nicht individuell beantworten, aber jedes Feedback wird garantiert schnurstracks an die jeweiligen Autoren weitergeleitet, rechtzeitig vor der nächsten Auflage.

Wer Ideen, Erfahrungen und Korrekturhinweise zum Reiseführer mitteilen möchte, hat die Möglichkeit dazu auf www.lonelyplanet.com/contact/guidebook_feedback/new. Anmerkungen speziell zur deutschen Ausgabe erreichen uns über www.lonelyplanet.de/kontakt.

Hinweis: Da wir Beiträge möglicherweise in Lonely Planet Produkten (Reiseführer, Websites, digitale Medien) veröffentlichen, ggf. auch in gekürzter Form, bitten wir um Mitteilung, falls ein Kommentar nicht veröffentlicht oder ein Name nicht genannt werden soll. Wer Näheres über unsere Datenschutzpolitik wissen will, erfährt das unter www.lonelyplanet.com/privacy.

DANK VON LONELY PLANET

Vielen Dank an die folgenden Leser, die mit der letzten Ausgabe unterwegs waren und uns wertvolle Hinweise, Tipps und interessante Anekdoten geschickt haben:

Edward Jayamaha, Elaine Snider, Hugh Rooney, Jenn Nelson, John Pattison, Julie Woods, Marcus Gomm, Vivien Palcic, Yvonne Hefford

DANK DER AUTOREN
Belinda Dixon

Einen Ort zu recherchieren ist eine echte Gemeinschaftsleistung. Mitarbeiter von B&Bs, Bars und Hotels geben Empfehlungen, Angestellte in Touristeninformationen teilen ihr Wissen, Zufallsbekanntschaften opfern ihre Zeit und helfen mit diversen Gefälligkeiten aus. Ein dickes Dankeschön an sie alle. Danke auch wieder an James Smart für den Auftrag, das Produktionsteam von Lonely Planet und an die Koautoren für ihren Humor, ihre Weisheit und ihre Reisegeschichten.

Oliver Berry

Danke an James Smart für den Auftrag und für die Betreuung und Unterstützung bei diesem Projekt; an Kate Ardron, Justin Foulkes, Dave Jones, Kate Whinney, Grace Hickock und Sarah Fox für ihre Tipps und Vorschläge; an das Team von Wild Card PR und Watergate Bay für Nordküstenabenteuer und wie immer an Susie und Gracie Berry dafür, dass sie zu Hause alles am Laufen halten. Besonderer Dank an Rosie Hillier für die Begleitung bei meinen Abenteuern im Südwesten und dafür, dass sie mich immer wieder zum Lächeln bringt.

Fionn Davenport

Ein großes Dankeschön an all meine neuen Freunde in Manchester für ihre ernsthaften Bemühungen, in einer sich ständig verändernden Stadt auf dem neusten Stand zu bleiben. Danke an Laura für ihre Begleitung bei meinen Recherchereisen und an all die Redakteure bei Lonely Planet, die geholfen haben, mein Gekritzel in die richtige Form zu bringen.

Marc Di Duca

Riesendank an alle, die mich im Südosten unterstützt haben, vor allem an die Mitarbeiter der Touristeninformationen in Sandwich, Eastbourne und Rye. Danke auch an meine Frau Tanya und unsere Söhne Taras und Kirill für die Begleitung an langen Recherchetagen.

Damian Harper

Danke an all die Leute, die mir unterwegs Unterstützung angeboten und Tipps und Ideen beigesteuert haben: Fiona Jenkins, James Munroe, Jon Tyler, Daisy Harper, Amy Williams, Arlene Fraser, Sarah Andrews, Timothy Benjamin und Emma Rosalind. Dank auch (und Entschuldigung) an alle, die ich möglicherweise übersehen habe.

Catherine Le Nevez

Danke zu allererst an Julian und an all die Einheimischen, Mitreisenden und Tourismusprofis, denen ich Einblicke, Inspiration und vergnügliche Stunden verdanke, besonders an Áde Andrews. Ein Riesendankeschön auch an den Titelredakteur James Smart, den Kartografen Mark Griffiths und alle bei Lonely Planet. Und wie immer, *merci encore* an meine Eltern und meinen Bruder samt *belle-sœur* und *neveu*.

Isabella Noble

Danke an alle, die mich unterwegs unterstützt haben. Einen Riesendank an meine talentierten Koautoren, besonders meine Oxbridge-Kollegin Belinda Dixon für den „gesunden" Wettbewerb. Danke auch an Ellie,

Cathy, Rose und David in den Cotswolds; Becky, Doug, Ali und Christine in Oxford; und Elly für die perfekte Begleitung im Sternerestaurant. Ein Extraspezialdankeschön an meine Lieblingsrechercheassistenten Sarah, Jack, Dan, Andrew und Paps.

QUELLENNACHWEIS

Die Angaben auf der Klimakarte stammen von Peel MC, Finlayson BL & McMahon TA (2007) „Updated World Map of the Köppen-Geiger Climate Classification", Hydrology and Earth System Sciences, 11, 1633–44.

Titelfoto: St. Ives, Cornwall, Pietro Canali/ 4Corners.

Illustrationen S. 72–73 & S. 672–673 von Javier Zarracina; S. 100–101 von Javier Zarracina und Michael Weldon.

ÜBER DIESES BUCH

Dies ist die 2. deutsche Auflage von *England*. Sie basiert auf der 9. englischen Auflage von Belinda Dixon, Oliver Berry, Fionn Davenport, Marc Di Duca, Damian Harper, Catherine Le Nevez, Isabella Noble und Neil Wilson. Die vorige Auflage schrieben ebenfalls Neil, Belinda, Oliver, Fionn, Marc, Damian and Catherine, gemeinsam mit Peter Dragice-vich. Dieser Reiseführer wurde produziert von:

Titelredaktion James Smart
Produktredaktion Kate Kiely, Kate Chapman
Kartographie Mark Griffiths
Layout Wendy Wright
Redaktionsassistenz Imogen Bannister, Melanie Dankel, Andrea Dobbin, Gabby Innes, Helen Koehne, Kellie Langdon, Kristin Odijk, Charlotte Orr, Vicki Smith, Fionnuala Twomey

Kartografieassistenz Valentina Kremenchutskaya
Layoutassistenz Virginia Moreno
Umschlaggestaltung Naomi Parker
Dank an Cheree Broughton, Dan Corbett, Joel Cotterell, Sasha Drew, Martin Heng, Liz Heynes, Bella Li, Jenna Myers, Claire Naylor, Karyn Noble, Martine Power, Kirsten Rawlings, Kat Rowan, Ross Taylor

Register

Kartenverweise **000**
Fotoverweise **000**

Kartenlegende

Sehenswertes

- Strand
- Vogelschutzgebiet
- buddhistisch
- Burg/Schloss/Palast
- christlich
- konfuzianisch
- hinduistisch
- islamisch
- jainistisch
- jüdisch
- Denkmal
- Museum/Galerie/histor. Gebäude
- Ruine
- Sento/Onsen
- shintoistisch
- Sikh
- taoistisch
- Weingut/Weinberg
- Zoo/Wildschutzgebiet
- sonstige Sehenswürdigkeit

Aktivitäten, Kurse & Touren

- bodysurfen
- tauchen
- Kanu/Kajak fahren
- Kurs/Tour
- Ski fahren
- schnorcheln
- surfen
- Swimmingpool
- wandern
- windsurfen
- sonstige Aktivität

Schlafen

- Hotel/Pension/Hostel
- Camping

Essen

- Restaurant

Ausgehen & Nachtleben

- Bar/Kneipe/Club
- Café

Unterhaltung

- Unterhaltung

Shoppen

- Shoppen

Praktisches

- Bank
- Botschaft/Konsulat
- Krankenhaus/Arzt
- Internet
- Polizei
- Post
- Telefon
- Toilette
- Touristeninformation
- sonstige Informationen

Geografie

- Strand
- Hütte/Unterstand
- Leuchtturm
- Aussichtspunkt
- Berg/Vulkan
- Oase
- Park
- Pass
- Rastplatz
- Wasserfall

Städte

- Hauptstadt (Staat)
- Hauptstadt (Provinz)
- Großstadt
- Stadt/Ort

Transport

- Flughafen
- Grenzübergang
- Bus
- Seilbahn/Standseilbahn
- Radweg
- Fähre
- Metrostation
- Schwebebahn
- Parkplatz
- Tankstelle
- S-Bahnstation
- Taxi
- T-bane/Tunnelbana-Station
- Bahnhof/Bahnlinie
- Straßenbahn
- Tube Station
- U-Bahnstation
- sonstiger Transport

Hinweis: Nicht alle in der Legende aufgeführten Symbole sind Bestandteil der Karten dieses Buches

Verkehrswege

- Mautstraße
- Autobahn
- Hauptstraße
- Landstraße
- Verbindungsstraße
- sonstige Straße
- unbefestigte Straße
- Straße im Bau
- Platz, Promenade
- Treppe
- Tunnel
- Fußgängerbrücke
- Spaziergang
- Abstecher vom Spaziergang
- Weg/Pfad

Grenzen

- Staatsgrenze
- Provinzgrenze
- umstrittene Grenze
- Regional-/Bezirksgrenze
- Meeresschutzgebiet
- Kliff
- Mauer

Gewässer

- Fluss, Bach
- periodischer Fluss
- Kanal
- Gewässer
- Salzsee/trockener/periodischer See
- Riff

Gebietsform

- Flughafen/Flugplatz
- Strand/Wüste
- christlicher Friedhof
- sonstiger Friedhof
- Gletscher
- Watt
- Park/Wald
- Sehenswertes (Gebäude)
- Sportplatz
- Sumpf/Mangroven

Die Lonely Planet Story

Ein ziemlich mitgenommenes, altes Auto, ein paar Dollar in der Tasche und Abenteuerlust – 1972 war das alles, was Tony und Maureen Wheeler für die Reise ihres Lebens brauchten, die sie durch Europa und Asien bis nach Australien führte. Die Tour dauerte einige Monate, und am Ende saßen die beiden – erschöpft, aber voller Inspiration – an ihrem Küchentisch und schrieben ihren ersten Reiseführer *Across Asia on the Cheap*. Innerhalb einer Woche hatten sie 1500 Exemplare verkauft. Lonely Planet war geboren. Heute hat der Verlag Büros in Melbourne, London, Oakland, Franklin, Delhi und Beijing mit mehr als 600 Mitarbeitern und Autoren. Und alle teilen Tonys Überzeugung, dass ein guter Reiseführer drei Dinge erfüllen sollte: informieren, bilden und unterhalten.

Isabella Noble

Oxford, Cotswolds & Umgebung Isabellas Reisen haben sie schon quer durch Indien, Südostasien, Australien, Nordamerika und Europa geführt. Sie hat in Südspanien und Melbourne gelebt, aktuell hat sie ihre Zelte in London aufgeschlagen. Sie schreibt u. a. auch für lonelyplanet.com, Hotelegraph, Hg2 | A Hedonist's Guide To, Virgin Atlantic, Emirates' Open Skies und Red Carnation Hotels.

Neil Wilson

Yorkshire Neil ist in Schottland geboren und hat die meiste Zeit seines Lebens dort verbracht. Er lebt in Perthshire und ist seit 1988 Vollzeit-Autor. Er hat an über 80 Reiseführern für verschiedene Verlage mitgearbeitet, darunter die Lonely Planet Titel *Scotland*, *England*, *Ireland* und *Prague*. Schon als Kind war Neil am liebsten draußen unterwegs, er ist aktiver Wanderer, Mountainbiker, Segler, Snowboarder, Angler und Kletterer. Er ist schon auf vier Kontinenten gewandert und geklettert, u. a. auf den Jebel Toubkal in Marokko, den Mount Kinabalu auf Borneo, den Old Man of Hoy auf den schottischen Orkney-Inseln und die Nordwestwand des Half Dome im kalifornischen Yosemite Valley. Neil schrieb für dieses Buch auch die Planungskapitel.

Lonely Planet Global Limited
Unit E, Digital Court,
The Digital Hub,
Rainsford Street,
Dublin 8,
Ireland

Obwohl die Autoren und Lonely Planet alle Anstrengungen bei der Recherche und bei der Produktion dieses Reiseführers unternommen haben, können wir keine Garantie für die Richtigkeit und Vollständigkeit dieses Inhalts geben. Deswegen können wir auch keine Haftung für eventuell entstandenen Schaden übernehmen.

Verlag der deutschen Ausgabe:
MAIRDUMONT, Marco-Polo-Str. 1, 73760 Ostfildern,
www.lonelyplanet.de, www.mairdumont.com, lonelyplanet-online@mairdumont.com

Chefredakteurin deutsche Ausgabe: Birgit Borowski

Redaktion: Bintang Buchservice GmbH, www.bintang-berlin.de
Übersetzung: Jürgen Dünnebier, Gunter Mühl, Silvia Mayer, Julia Rickers
An früheren Auflagen haben außerdem mitgewirkt: Petra Dubilski, Katharina Grimm, Dagmar Klotz
Lektorat: Katharina Grimm, Julia Niehaus, Katja Rasmus
Satz: Stefan Müssigbrodt
Technischer Support: Typopoint, Ostfildern/Kemnat

England
2. deutsche Auflage Juli 2017, übersetzt von
England, 9th edition, April 2017, Lonely Planet Global Limited

Deutsche Ausgabe © Lonely Planet Global Limited, Juli 2017

Fotos © wie angegeben 2017

MIX
Papier aus verantwortungsvollen Quellen
FSC® C018236
www.fsc.org

Die meisten Fotos in diesem Reiseführer können bei Lonely Planet Images, www.lonelyplanetimages.com, auch lizenziert werden.

Printed in Poland

DIE AUTOREN

Belinda Dixon

Cambridge & East Anglia, Bath & Südwestengland Belinda, die nur glücklich ist, wenn ihre Füße angemessen sandig sind, schreibt seit 2006 (mit Freude) für Lonely Planet. Belinda schrieb auch die Abschnitte England verstehen und Praktische Informationen. Sie betreibt einen VideoBlog unter https://belinda dixon.com.

Oliver Berry

Bath & Südwestengland, Lake District & Cumbria Oliver ist Autor und Fotograf und lebt in Cornwall. Seine erste Auslandsreise führte ihn nach Südfrankreich – damals war er zwei Jahre alt. Seither hat er Korsika ebenso bereist wie Neuseeland, die Südpazifikregion und den Mittleren Westen der USA. 2002 schrieb Oliver zum ersten Mal für Lonely Planet, inzwischen hat er an vielen Titeln mitgearbeitet, darunter *France*, *Great Britain*, *England*, *Western Europe*, *Rarotonga & the Cook Islands* und *South Pacific & Micronesia*.

Fionn Davenport

Manchester, Liverpool & Nordwestengland Als gebürtiger und überzeugter Ire schreibt Fionn seit über 20 Jahren über sein Heimatland. Über die Jahre ist er gekommen und gegangen – das Bedürfnis, die Komfortzone in Dublin mal hinter sich zu lassen, und die Lust auf Abenteuer haben ihn zum Reisen gebracht. Dabei wurde ihm klar, dass Irland seine liebste Destination bleibt, wenn er schon nicht dort lebt. Momentan pendelt er wöchentlich von Manchester, wo er mit seiner Partnerin Laura und ihrem Auto Trevor wohnt, nach Dublin, wo er als Radiomoderator für RTE Radio 1 arbeitet und Reiseartikel für eine Reihe von Publikationen, darunter die *Irish Times* schreibt.

Marc Di Duca

Canterbury & Südostengland Marc ist seit zehn Jahren Reisebuchautor und hat in Sibirien, der Slowakei, Bayern, England, der Ukraine, Österreich, Polen, Kroatien, Portugal, Madeira und entlang der Transsibirischen Eisenbahn für Lonely Planet recherchiert und geschrieben.

Damian Harper

London Damian arbeitet seit 1997 meist Vollzeit als Reisebuchautor (und Übersetzer) und schreibt auch für *National Geographic Traveler*, den *Guardian*, den *Daily Telegraph*, Abbeville Press (*Celestial Realm: The Yellow Mountains of China*), Lexean, Frequent Traveller, China Ethos und diverse andere Magazine und Zeitungen.

Catherine Le Nevez

Birmingham, Midlands & Marches; Newcastle & Nordostengland Catherines Reiselust setzte ein, als sie mit vier Jahren von ihrem Zuhause in Paris aus durch Europa tourte. Seitdem ist sie unterwegs, sobald sich die Gelegenheit bietet, und hat um die 60 Länder bereist. Zwischenzeitlich hat sie einen Doktor im Kreativen Schreiben und einen Master im Professionellen Schreiben gemacht und weitere Qualifikationen in Redaktion und Verlagswesen erworben. Über die letzten 15 Jahre hat sie zig Lonely Planet Reiseführer und Artikel über Paris, Frankreich, Europa und andere Ziele geschrieben und ihre Texte sind in zahlreichen Online- und Printpublikationen erschienen. Catherines wichtigster Reisetipp ist, ohne irgendwelche Erwartungen loszufahren.